[Epistolographoi Hellenikoi] = Epistolographi Graeci

EPISTOLOGRAPHI GRÆCI

PARISIIS — EXCUDEBANT FIRMIN DIDOT FRATRES, VIA JACOB, 56

Epistolographi graeci

ΕΠΙΣΤΟΛΟΓΡΑΦΟΙ ΕΛΛΗΝΙΚΟΙ

EPISTOLOGRAPHI GRÆCI

RECENSUIT RECOGNOVIT

ADNOTATIONE CRITICA ET INDICIBUS INSTRUXIT

RUDOLPHUS HERCHER

ACCEDUNT FRANCISCI BOISSONADII AD SYNESIUM NOTÆ INEDITÆ

PARISIIS

EDITORE AMBROSIO FIRMIN DIDOT

INSTITUTI FRANCIÆ TYPOGRAPHO

VIA JACOB, 56

M DCCC LXXIII

VIRO ILLUSTRISSIMO

AMBROSIO FIRMIN DIDOT

LITERATORI GRÆCO ERUDITISSIMO

LITERARUM GRÆCARUM PER QUINQUAGINTA ANNOS PATRONO

D D. D.

R H.

PRÆFATIO.

Epistolographorum Græcorum greges dispersos et errantes in unum locum compulimus, ut vocis eorum modi et varietates, si cuius aures ad eam accipiendam pateant, commodius quam antea pernosci et æstimari possent. Prodeunt scriptores amplius sexaginta, epistolæ mille sexcentæ.

Auctor huius libri et inceptor Antonius Westermannus fuit, professor Lipsiensis, quem nuper ex amicorum conspectu fatalis necessitas abduxit. Is cum dimidiam fere partem eorum, quæ hoc volumine continentur, ita conformasset, ut satis voluntati suæ fecisse videretur, infirmus ex gravi et diuturno morbo susceptum onus deposuit ac schedas suas Parisios transmisit, ut futuro Epistolographorum editori traderentur. Dubnero hortante meis manibus traditæ sunt.

Westermanni exemplum Græcum meo periculo refinxi totum, ut iam unus ego præstem et quæ bene gesta reperientur et quidquid contra artis leges commissum est.

Iuvat, ut intellegatur quantum ad quorundam scriptorum redintegrationem profectum sit, pauca ponere speciminis loco.

Anacharsidis epistolam nonam in fine mutilam et amputatam manu scriptorum ope iusto supplemento explevi.

Aristæneti centunculum, qualis in novissima editione relictus est, admissis hominum doctorum sarturis assutisque fidentius quam olim factum est veterum scriptorum pannulis, quibus ille sua interpolavit, refeci et reconcinnavi. Nonnulla etiam suppeditavit liber Vindobonensis

In Hippocratis epistolas induxi infinitum prope lectionum numerum, quem in oblivione iacentem ex intimo sinu gremioque marginis Littreiani abstrahere licuit. Unde quasdam epistolas non emendavi solum sed transfiguravi.

Isocratem recognovi ad nobilissimum codicem Urbinatem, quem ipse denuo contuli.

Iuliani imperatoris epistolas nonnullas correxi ad codices Italicos, longe plurimas ad codicem Vossianum, cuius collationem Dubnerus a se confectam (nam ipse olim ceperat consilium edendi Iulianum) liberalissime mecum communicaverat Hanc ut cum ipso Vossiano componerem data postea potestas est. Unde intellexi Dubnerum diversitatem graviorem unam prætermi-

sisse, reliqua pro assidua codicum exercitatione, quam quotidie fere subibat, egregie et præclare administrasse. Est autem quod de illo dono vel maxime mihi gratuler. Dübnerus enim, ut in lucem revocaret literarum lineamenta, quæ vetustate in Vossiano evanuissent, suco infectore quodam pretiosissimas chartas illeverat ad tempus efficaci, sed in posterum funesto. Itaque ipsi quidem, ut aiebat, eventus ex sententia processit; sed paullatim factum est, ut charta liquoribus istis perfusa nigresceret; iamque eo res deducta est, ut non pauca, quæ ille artificio suo aut omnino aut ex parte recuperaverat, nullo prorsus modo dispici possint. Horum igitur locorum diiudicatio in solis Dübneri repertis collocata est.

Procopii epistolas CIV, quas Angelus Maius, vel, ut verum loquar, sordium eius impurus administer Matranga ex Vaticano codice ita descripserat, ut sexcentis locis mutila esset et hians oratio, eiusdem Vaticani diligentius scitiusque lecti et Laurentianorum duorum virtute mundulas feci iisque odiosum Procopii fucatumque nitorem restitui. Iisdem codicibus ad perluenda supplendaque Procopiana ab Aldo edita usus sum indidemque inedita quædam in lucem suscepi.

Synesii epistolæ ut quam minime inquinatæ adsumerentur, Laurentiani potissimum integritate effeci. Dicendum autem hoc loco est de schedis Boissonadianis, quas pergrata derivatione in usum meum convertit Gustavus Boissonadius, Francisci filius, vir disciplina iuris civilis eruditissimus, qui non semel antiquitatis studia beneficiis suis complexus est. Scripsit igitur Franciscus ineunte fere sæculo commentarium in Synesii epistolas, in quo quatuor codicum Parisinorum lectiones proposuit cum notis Petavii et suis, maximam partem imperfectis et postea a se supplendis. Harum eas, quæ ad epistolam quartam pertinent, anno 1842 in publico collocavit cumulatissime auctas; alias (mature enim omnem de edendo Synesio cogitationem abiecisse videtur) ita consumpsit, ut eas per multiformes commentarios, quibus procedente tempore Græcos scriptores communiebat, dispergeret ac disseminaret. Reliquæ etsi et ipsæ minus consummatæ sunt, attamen vel sic Synesii orationi interpretandæ non mediocriter inserviunt. Ex iis igitur quæ commodissime observata esse videbantur, infra apposui.

Sed de propria huius voluminis laude tantum. Αὐτὸ δείξει, ὁ τὸν ποταμὸν καθηγούμενος ἔφη. Nunc verbo monendum de nonnullis eius vitiis.

Etenim cum octavus hic sit annus, ex quo *Epistolographi Græci* typis exscribi coepti sunt (cuius moræ omnem culpam causamque in me unum confero), accidit ut semel me ipse præterirem, semel me præteriret alius. Nimirum Æliani epistolas, quas anno sexagesimo quinto operæ Parisinæ iussu meo absolverant, proximo anno paulo emendatius edidi Lipsiæ; itemque De

forma epistolari libellum, quem ex Westermanni potissimum recensione in principio huius voluminis posueram, anno sexagesimo nono Hugo Hinckius Vaticanorum librorum auctoritate ita in medium protulit, ut dubitari nequeat, quin antiquiorem ac veriorem libelli formam illi custodierint.

Deinde, tam multis tamque variis scriptoribus in unam copulam coniectis, fieri non potuit, ut æquabiliter omnes colerem, diligerem, amarem, ut eadem semper in me facies, idem vultus esset, ut eandem et unam in omnibus emendandis curam ponerem Quis enim est, qui, nisi ad hoc ipsum natus sit, Phalarideis, ut his utar, per omne anni tempus se adplicet vel Dionysii Antiocheni futilibus commenticiisque sententiis immoriatur?

Tum illud malitiose fortuna egit, quod quorundam scriptorum orationi opis indigenti præsidium manuscriptorum, quod principi editioni opponi posset, aut nullum aut satis debile et infirmum relictum est. Unde in male iacto fundamento coniecturas periclitatus sum sapore diversas et mendas non paucas aliorum acumini commisi Neque enim in *Epistologiaphorum* crisi facienda infinito tempore cessare licebat ac spe moveri perpetua ac diuturna, me per eadem vestigia errantem casui vel ingenio meo nova semper et meliora extorturum esse, sed circumcidenda tandem aliquando opera fuit

Ad aliud transeo. Interpretationem Latinam, qua Græcæ orationi proludere solet *Bibliotheca Græca*, Westermannus partim ex superioribus editionibus acceptam diligenter ac sollerter refinxit, ut Latina Græcis accuratius responderent, partim primus confecit, veluti epistolarum Diogenis. Ipse ego Dionysii et Procopii epistolas a me et a Maio primum editas Latine interpretatus sum, itemque cetera, quæ primus publici iuris feci.

Indices confeci duo, unum initiorum epistolarum, alterum nominum et rerum.

De siglis, quibus ad brevianda codicum nomina usus sum, in adnotatione suis locis dicetur. Nuda vocabula, quotienscunque post lemmata inferuntur, codicum lectiones monstrant. Aldinam litera *a* notavi. B litera Boissonadium significat, W Westermannum Rectis uncialibus ubique indicavi emendatores et coniectores, obliquis libros manu scriptos Asteriscum in notis feci, sicubi de meo codicum auctoritatem infregi vel certe infringere volui; in oratione binos, ubicunque hiatus patebat

Personatos scriptores uncis coercere nolui, ne ægre illis facerem, qui vel post Bentlei aliorumque disputationes non sophistarum frigidulas fallacias sed certos ipsorum regum tyrannorum poetarum philosophorum partus intueri sibi videntur. Hoc igitur et eorum causa dictum esto, qui adhuc Platonis et Isocratis epistolis tanquam genuinis adhærescere solent.

Male in hoc volumen rettuli Alexandri epistolas, quas Arrianus libro suo de

rebus ab Alexandro gestis infulsit. Item aliud agens ex Iosepho recepi epistolas Antiochi regis et Ptolemæi Philadelphi cum epistola Eleazaris. Hæ igitur transsiliendæ E contrario receptam oportuit Appiani epistolam et fortasse epistolas Frontonis.

Sed finem faciam præfandi Superest ut gratiam quantam maximam animus meus capere potest et agam et habeam gravissimis operæ meæ adiutoribus, Bælirio Heidelbergensi, Bruunio Havniensi, Halmio Monacensi, Pluygersio Lugdunensi, qui de thesauris suis firmissima mihi salutis Themistoclis et Iuliani fundamenta exhibuerunt

Scripsi Cal Decembr. a. MDCCCLXXI.

ADNOTATIO CRITICA.

DEMETRII PHALEREI

EPISTOLARES TYPI

Ad hoc opusculum emendandum adhibui codicem Laurentianum plut. LX 16 (*L*), cuius diversitates scio ad me transmissas ne totas exhaurirem typi iam formis inclusi vetabant. Feci quod licuit Laurentiani utilitates quivis facile indagabit

Pag 1, 1. ὦ acc ex *L* | ἐχόντων θεωρίας συνεστάναι *L* ‖ 2 να᾽ μὲν om. *L* relicto spatio ‖ 3 ἀναβάλλεσθαι *L* | ἀπὸ] ἐκ *L* ‖ 5 δ᾽ *L* ‖ 6 ταττομένοις *L* ‖ 7 θεωρῶν, ab eadem *L* | φιλομαθείαν *L* ‖ 8 δή]διά *L* | συστήσειν *L* | τόσας] τισων *L* ‖ 10 προσεκθέμενος *L* ‖ 12 εἴ τι *L* ‖ 13 εἰδήσεις *L* εἰδείης *L* ‖ 15. καὶ πέρα] γάμβ *L* ‖ 16 Post μεθέξειν in *L* inferuntur haec οὐ γὰρ μόνον γένος τι τοιοῦτον καὶ παρὰ τὴν ἡλικίαν ἐφευρίσκων μέθοδον προυθυμήθην, καὶ ταῦτα τῆς περιστάσεως τον εὐρετώτατον δυναμένης ἐμποδίζειν οὐ γὰρ οὗ ἀποδοχῆς τεύξηται πρεσβύτερος ἀνὴρ πλεῖστον καταναλώσας χρόνον πρὸς μάθησιν ὡς οὖσαν ἐπισφαλῆ καὶ περικίνδυνον ἡλικίαν πρὸς τὰ κάλλιστα τῶν μαθημάτων καταχρησάμενος ἴσως μὲν γὰρ αὐτοῖς ὁ χρόνος διαρρῶν εὐτερὴς καθηγητὴς γίνεται τούτων ἐχόντων ποικίλην πειθώ ὁ δ᾽ αὐτὸς τῆς νεότητος συνίσταται καιρὸς πολλὰς ἔχων δυσχερείας ‖ 17 μὲν οὖν] δὲ *L* | ἐπὶ τοῦ παρόντος om *L* ‖ 20 ἄλλος-τύπος om *L* ‖ 22 ἕνατ-ον *L* | οὕτω *L* ‖ 26. ἀποραςικὸς *L* ‖ 27 αἰτιολογικὸς-ἀπολογητικὸς om pr *L* ‖ 30 γράφουσι δὲ om *L* ‖ 31 ὑπάρχοις κείμενος *L* | ἐπὶ στέρους (ita) *L* ‖ 33 ἄλλους ἴσους *L* | διοιεέται *L* ‖ 34 καὶ προς om *L* | τούτους ἀγνοοῦντες *L* | οὐ γὰρ διὰ om *L* relicto spatio ‖ 35 συγκεκράσθαι *L* συγκεράσθαι *a* | μὴ] μίαν *L* ‖ 36 Post γράφουσιν in *L* additur ὑρομένειν καὶ ποιήσειν ὧν γράφουσιν cum spatio novem fere literarum ‖ 37 δὲ * · τε *a*, μέντοι *L* | καλεῖται τῆς ἐπιστολῆς *L* ‖ 38 τοιοῦτος *L* | οὕτως *L* ‖ 39 εἴδει *L* ‖ 40 πάσχω τοῦτο *L* | σοῦ] οὐδὲ *L* ‖ 41 Post με sec *L* addidit σου | οὐδὲ τῆς om *L* | ἡμῖν om *L*

Pag 2, 1 πάνυ *L* ‖ 3 γνώμην ἔχοντα *L* ‖ 5. ἔχουσι *L* ‖ 6. δεονται *L* ‖ 7 ἂν addidi ‖ 9 ἔτεκνον *L* · ἐπαίνω *L* ‖ 10 ἀγον-τες-γνώσιν] λέγοντες ἢ ἐγνωσμένος *L* | οἷον om *L* ‖ 12 σοι om *L* ‖ 13 παρ᾽ om *L* | χειριζόμενον om *L* relicto spatio ‖ 16. εἴτε πράξιν *L* πρᾶξίν τι *L* ‖ 17 καὶ * καὶ οὐ *L* ‖ 18. ἐστι χρείαν *L* χρείαν ἐστι *L* ‖ 20 δ᾽ *L* om *L* | ὁ-προσεχόμενος om *L* ‖ 22 εἰ] οἷον εἰ *L* | μηδέπω καιρὸς ὧν ἐπέπονθας ἐκτίσαι *L* ‖ 24 ὑπείληφα τὸ μὴ μνημονεύειν ὧν ἔπαθες σὺ δὲ καὶ *L* ‖ 25 προσθεὶς σοὶ μὲν οὖν μεμφόμεθα τρόπον ἔχοντι τοιοῦτον αὐτοὺς *L* ‖ 27 ἠγνόουμεν *L* ἀγνοοῦμεν *a* ‖ 28 τὸν-ἡμῶν] αὐτὸν

ἐπ᾽ αὐτοῦ *L* ‖ 29 προειεργετημένον *L* | ἔτραξ: om. *L* relicto spatio | ἀντεδίζομεν *L* ‖ 31 γνῶναι *L* | καὶ om *L* ‖ 32. γε] δ᾽ ἂν *L* | ἐφ᾽ ἡμῖν *L* ‖ 34 δὴ τούτων *L* ‖ 35 νείπερ οὐδὲ *L* καὶ εἴπερ δὲ *L* ‖ 36 σχῆμα νενεμημένος *L* (ita corrige ordinem perverterunt operae) ὅμως ἔχεις σχῆμα *a* | λέγε-ἔμαθον om *L* ‖ 39 λόγης *L* ‖ 40 ἔχει] ἐστι *L* | οὕτως] τοιοῦτος *L*. Desunt in *L* verba ἀκούσας τὰ usque ad ἀτέλευτον ἕξεις (p 4, 5), ut vacuas reliquerit librarius paginas duas .et dimidiam ‖ 41 ἀχαρίτου * ἀχαρίστου ‖ 45 συνεφράζαζον * · συνεφώραζον

Pag 3, 10. το addidi ‖ 13 νουθετητικὸς * νουθετικὸς ‖ 23 μή τι γε πανίσχατον * μήτε τὸ πᾶν ἔσχατον ‖ 43 οἷς * οἷς ἂν ‖ 46 οἷς * εἰ ‖ 51 τι * τινα

Pag 4, 6 δὲ om *L* | ἐστιν ἀδικει [ἐνθ-/ατ-δι] τύπος οὗτος κα᾽ ἔστι δωδέκα-ος *L* ‖ 9 περὶ ὧν ἔχεις αὐτὸς εἰς τὸ διατετράχθαι *L* ‖ 10. Malim προσενέχθην ‖ 11. μᾶλλον-αὐτὸς] εἴπερ σὺ *L* | διελέχθης· ἀλλ᾽ om *L* ‖ 12 ἐμοὶ] ἐμοὶ οὖν *L* | ἀνάθες καὶ εἰς *L* | συνάξει om *L* ‖ 13 οἶδα-ὄντα] σε γὰρ οἶδα καὶ χρηστὸν *L* ‖ 14 ὀλοσχερῶς-Ὁμηρικὸν om. *L* | Ὁμηρικον] Il 9, 493 ‖ 16 δὲ] τοίνυν καθ᾽ Ὅμηρον *L* | τοι *L* ‖ 17 δέ τε om *L* ‖ 18 ἐρωματικὸς *L* | δὲ ἐστιν om *L* | τινος *L* ‖ 19 ἀντιφωνῆται οἷον ἀλοῦμι *L* ‖ 20. τὸν εἰλότοσον om. *L* ‖ 21 πάρεστιν] ἐστιν πάρεστι *L* ‖ 23 ἀποφατικὸς ἐστιν τὸ πρὸς τὸν πυνθανόμενον ἀποφανεῖσθαι οἷον ἔγραψας *L* ‖ 24 ὁτιδηποτοῦν * δὴ ὁτιοσοῦν *L* ‖ 25 ὁν-πάρεστιν] ὁ δεῖνα πάρεστιν οὖν *L* ‖ 27. ἐπιμενεῖν ἐπιμένειν ‖ 28 δέ ἐστιν om *L* ‖ 29 βουλώμεθα μόνον εἰδέναι καὶ δι᾽ ἑτέρου *L* ‖ 30 εἰκόνα om *L* | Post σημαίνωμεν *L* addit οἷον *L* ‖ 32 κρατήσεις δὴ πάντως] συνιδόμαι οὖν ἀπονηεὶ γὰρ κρατήσεις *L* ‖ 33 σεσάμαγχας ὅτι ὑπείληφας *L* ‖ 34 ἕτερος *L* ‖ 36. εἰδῆτε *L* ‖ 37 πρᾶγμα om. *L* | ἐστήμενεν *L* ‖ 38 εἰπεῖν ὅτι οὐ *L* ‖ 39 καὶ δεισιδαιμονοτημένην, om *L* ‖ 41. ἢ addidi | δένδρον *L* ‖ 42 ὅτι *L* ‖ 43 οὐ γέγονεν *L* | ὁ-ιδηποτοῦν σημαίνωμεν * σημαίνωμεν ὅτιδηποτοῦν *a*, σημαίνωμεν ὁπωσδηποτοῦν *L* ‖ 45 διακομίζεσθαι] ἐλθεῖν *L* ‖ 46 τοῦ-ου-πάντα] τοῦτο προέλειπο τοῦτο κε *L* ‖ 47 ἀντιπεριπέπτωσιν *L* ‖ 48 εὑρεῖν-ἐμπαλίγμεθα] εὐ-ορίσαι πάντων εἰλνυσμένων πρὸς τὰς ειτοραφίας ων

γίας κἂν εὕρωμεν τὸν ἄνεμον ἐναντιούμενον ἀπρακτεῖν ἀνάγκη ἐν τῷ μεταξὺ δὲ καὶ εἰς τρίτην ἐμπέπλεγμαι *L* ‖ 49. οὐ γὰρ] Immo οὔτ᾽ ‖ 51 τον-σώματι om *L* ‖ 52 ἐάν] εἰ οὖν *L* ‖ 53 ἐλθεῖν ος] ἐκδέξου με *L*

Pag 5, 1 ἐστιν] ὁ *L* Scribendum ἐστιν ὁ ‖ 2 Post ἐνηργηκἔνων, *L* addit οἷον ‖ 4 πρὸς τὸν στρατηγον om *L* | γὰρ] Scr γὰρ οὐ cum *L*. Mox eum eodem legendum κακῶς δὲ καὶ οὐ τίς γατ᾽ ἐμοῦ ταῦτα λέγοντι σαυτὸν ἐνεχείρισας καίτοι εἰδὼς αὐτό, idemque in proximis quoque non raro veriora quam Aldi co-

dex propagavit. Sed hæc digito monstrasse satis habeo ‖ 8. δὲ] δὲ καὶ λυπεῖς L ‖ 9. δοκιμάσας ὅτι τῶν ἄλλων κατηγορούντων πρός σε L ‖ 10. ἐρεῖν τι] τοῦτο ποιεῖν L ‖ 13. δέ om. L | πρὸς τὰ κατηγορούμενα L ‖ 14. Post εἰσφέρων L addit οἷον ‖ 16. γεγραφέναι-ἐμοῦ om. L ‖ 17. δὴ * : δὲ a, om. L | ἐποίησεν L ‖ 18. περιποιήσασα L : ποιήσασα a ‖ 20. με acc. ex L | μᾶλλον-μηνῶν om. L | καταπλεῦσαι] καταπλεῦσαι ἡμῖν L ‖ 21. οὔτε-φίλον (v. 33)] ὥστε οὔτε συνέβη μοι ἰδεῖν οὔτε συντυχεῖν τὸν περὶ οὗ κατηγοροῦμαι. ἄλογον δὲ καὶ τὸ μηδεμιᾶς γενομένης μοι πρὸς σὲ διαφορᾶς κατηγορεῖν σου τοῦ μηδὲν ἀδικοῦντος. ἀλλὰ φαίνονται οἱ διαβάλλοντες αὐτοὶ πεπραχότες τι ἄτοπον καὶ ὑποψίαν ἔχοντες μή τί σοι περὶ αὐτῶν γράψω προδιαβεβλήκασιν ἐμέ. σὺ δὲ εἰ μὲν κεναῖς φάσεσι πεπίστευκας εἰπέ · εἰ δὲ διαμένεις οἷον δεῖ πρὸς ἐμέ, παραγενηθέντος μου μαθήσῃ πάντα. καὶ γὰρ εἰ μὲν κατ' ἄλλων πρὸς σὲ πώποτε εἴρηκα, πιστὸν ἦν, ὅτι καὶ κατὰ σοῦ πρὸς ἑτέρους. προσδέχομαι οὖν καὶ πάντα πρὸς ἔλεγχον ἐλεύσεσθαι, ἵνα σὺ μὲν γνῷς ὡς καλῶς με κέκρικας φίλον L ‖ 21. Immo ἑόρακα ‖ 33. γνῷς L : γνώσῃ a ‖ 35. ἡμᾶς μὲν] ἡμᾶς μᾶλλον ἀλλήλοις L | προσάξουσιν καὶ ἑαυτοὺς ἀποπνίξουσιν L ‖ 37. δέ om. L | μεγάλοις τισὶ ἢ παραδόξοις πράγμασι L ‖ 38. συνηδόμενοι L : συνδεόμενοι a ‖ 39. γράφωμεν οἷον οὐχ L ‖ 41. χαρὰν ἡλίκην παρ' ἐμὲ πυθόμενον τὰ συμβεβηκότα σοι ἀγαθὰ πέποιθα δὲ βουλομένης τῆς τύχης καὶ ἔτι μείζονα L ‖ 43. γὰρ σὸν L ‖ 44. τοῖς μείζοσιν] θεοῖς L | Post ἀπαρασήμαντον L addit ἐστιν ‖ 45. τοὺς om. L | τοὺς om. L ‖ 47. δέ om. L ‖ 48. ἀγαθοὺς] καλοὺς καὶ ἀγαθοὺς L | λέγωμιν] λέγωμεν οἷον L ‖ 49. ἀπέδειξας L : ἀπόδεξαι a | πάλιν L ‖ 50. χρόνων om. L | σου κἀγαθῇ * : σου καὶ ἀγαθῇ a, κἀγαθῇ σου L ‖ 51. ἀνήρηκας L : ᾕρηκας L ‖ 52. δυσφορήσῃς * : δυσφορῇς L, δυσφόρει a ‖ 53. οἷον] οἷον αὐτὸς L.

Pag. 6, 1. δέ om. L | ὁ-βουλόμενος] τὸ μνημονεύειν ὀφείλειν χάριν οἷον L ‖ 3. νῦν-καθήκοντος] σπουδάσω ἔργῳ δεῖξαι τὴν ἐμαυτοῦ προαίρεσιν ἣν ἔχω πρὸς σὲ ἐλάττον γὰρ τοῦ καθήκοντος ὑπείληφα τὸ δι' ἐμοῦ σοὶ γινόμενον L ‖ 5. γινόμενον L : γενόμενον a ‖ 6. προϊέμενος * : προδιέμενος ‖ 7. ἀποδώσειν L | εὖ acc. ex L ‖ 8. ποιῆσαι om. L ‖ 10. μουσικόν-πανήγυρις (v. 34) desunt in L ‖ 13. τι * : τε ‖ 29. πάρει * : παρῇς.

PROCLI PLATONICI
DE FORMA EPISTOLARI.

Duplicem huius libelli formam scripti codices propagarunt, ampliorem et brevem. Iidem ordine differunt, quo materies orationis disposita est, neque auctoris idem omnibus nomen inscriptum est, sed alii Proclum monstrant, alii Libanium. Illam formam anno 1862 ex codicibus Parisino 1630 et Palatino 43 a se emendatam exhibuit Westermannus, alteram, ignarus operæ Westermannianæ, ex Vaticanis libris II. Hinckius in Annall. philol. et pædag. anni 1869 p. 637 sqq. Ego (nam Hinckius eo tempore quo huius voluminis pars prior exscripta fuit nondum

sua emiserat) Westermannum secutus sum, et firmiter quidem presso vestigio; neque enim tanti esse videbatur novos conquirere codices, quo libellus pro levitate sua satis limatus aliquanto evaderet limatior. Nunc qui volet ex Hinckii fontibus hauriet. Unum addo, epistolam 36, qualis infra legitur, ceteris non esse immistam ante septimum p. Chr. sæculum; est enim Theophylacti Simocattæ. Quanquam erret qui inde coniecturam de tempore quo cetera conscripta fuerint certo iudicio fieri posse arbitretur.

26. Φιλόστρατος] Pag. 364 ed. Kays. ‖ 34. σαφήνειαν διὰ συντομίαν Kayserus ‖ 35. μιμούμενον W : μιμούμενοι ‖ 37. τὸ * : πολὺν ‖ 41. Infinitivos restituit W ita : τὸ στοχάζεσθαι-καὶ-βάλλειν-ἀλλὰ μόνον τὸ-στοχάζεσθαι καὶ-σαφηνίζειν ‖ 49. ὡς] ἔστω W, ἔσται Kayserus ‖ 49. τινας] τι τὰς Dübnerus ‖ 53. χρῆσις W : χρήσεσιν

Pag. 8, 2. συνετοὺς Vat. 306 et Venetus 531 : συνετοὺς ὑπογράψαιμι ‖ 3. Scrib. cum iisdem ἑκάστη οἰκείαν ἁρμόσας προσηγορίαν. Quod in oratione est, Westermannus coniecit, cuius codices habent ἑκάστην οἰκείας ἁρμόσας προσηγορίας ‖ 21. παράδειγμα W : χαρακτῆρα ‖ 22. ὑβρίζειν Ottobonianus 259 : ὑβρίζειν ‖ 41. ὡς καὶ φίλοις] ὃν καὶ φίλοις W ‖ 47. Glossam indicavi.

Pag. 9, 1. πάλαι * : πάλιν ‖ 5. καὶ W : ἢ ‖ 14. λεγούσῃ * : ἔχουσι Vat. 306 ‖ 22. ὑποδεξάμεθα * : ὑποδεχόμεθα Vat. 306 ‖ 51. μᾶλλον add. W.

Pag. 10, 35. Immo τοιούτου γὰρ φίλου ‖ 39. Scr. καὶ τὴν ψυχὴν ἑκάστου cum Paris. 1630 ap. Boisson. ad Theophyl. p. 260 ‖ 46. Rectius πολλὰ καὶ δεινά.

Pag. 11, 6. συνήθως ἀξιοῦμεν scripti. Delevi dittographiam | χαρίσασθε W : χαρίσασθαι ‖ 41. Uncos addidi.

Pag. 12, 23. με Theophylactus Simocatta Ep. 28 : μοι | Ex eodem corrige ἀφῆκας ἀλλ' ἔτι-ταμιεύοντες. Mox ἐκκάθαιρε W, ἐκκάθαρε scripti ‖ 52. Immo ἐπαινέσει.

Pag. 13, 6. « In editione Hartungiana subiuncta leguntur παραδείγματα τῶν ἐπιστολῶν XXXVIII, quæ utrum ex libro descripta an ab editore inventa sint ignoro. » WESTERM. Extant ista in codice manu scripto Veneto 521.

EX DEMETRII
LIBRO DE ELOCUTIONE.

18. Rhett. Gr. Walzii IX. p. 96—100 | Ἀριστοτέλης, Apud Rosium n. 615 ‖ 27. Εὐθυδήμῳ] Pag. 271, A.

Pag. 14, 7. Ἀριστοτέλης] Rosius n. 620 ‖ 22. Ἀριστοτέλης] Id. n. 609 ‖ 41. γὰρ * : δὲ ‖ 43. λέγοιντο * : γένοιντο ‖ 45. αἱ τοῦ-πολλαὶ * : τὰ-πολλὰ

Pag. 14, 8. Immo τοῦ τύπου τοῦ ἐπιστολικοῦ ‖ 28. τοιαύτη * : αὕτη ‖ 30. αἱ τοιαῦται * : τοιαῦται αἱ ‖ 32. καὶ addidit nescio quis.

EX PHILOSTRATO.

39 Pag 364 ed Turic
Pag 15, 8. ὡράζηται * ὡραΐζοιτο ‖ 15. μὴν * μὴ

GREGORII NANZIANZENI

EPISTOLA.

23. ἄν τε * : ἄν τι ‖ 46 ἀχάριτα * ἀχάριστα
Pag 16, 2 δὴ deleam ‖ 8 Immo ἀντίθετα δὲ γαί.

PHOTII

EPISTOLA

45. χρηματίζειν W χρηματίζων

ÆLIANUS.

Superstruxi coniecturas meas Aldinæ fundamentis,
scriptum enim codicem, ex quo illa expressa fuit,
frustra quæsivi

Pag. 17, 3 ἐπιτεθυμημένος * ἐπιτεθυμημένος ‖ 4
διενοούμην * διενόουν ‖ 6. καί, nisi quid excidit post
hanc vocem, delendum est. Præterea malim ἄσμενος
‖ 9. F Ἀροταίω | φελλεῖ * φελλέα | ἐτένοψε] ἐτέ-
λεψε M (Meinekius) in Hermæ vol I p 421 Sed v
Thes III. p. 1647, C ‖ 10 ἰσχυρῶς] χρηστῶς a, quod
male mutavi, v Bergler ad Alciphr I, 36 | αὐτοῦ]
Immo αὐτό, v Menandrum Com Gr IV p 98,
unde hæc expressa ‖ 13. τὴν-ἔρια] Deest participium,
velut ἔχουσαν Verum et proxima ἣν ἐπαινῶ πρός σε
labem contraxerunt ‖ 16 σοί * σοῦ ‖ 18 Malim
ἔχηται τοῦ ἔργου ‖ 20 στενάξειε * στενάξαι ‖ 21
προσελούμενον Lobeckius προσηλούμενον ‖ 22. δυοῖν *
δυεῖν M ἴσως οὐ δυοῖν μναῖν ἀξίου ‖ 25 συνιδὼν *
συνιθέων | Uncos apposui Pio ἀπαλά M ἀπαλάς ‖ 26
ἐλάδας * ἐλαίας Cf. Aristoph Acharn 998 | Malim
εἶτά μοι δεῖπνον ἦν καὶ et mox ἄσμενος ‖ 31 οἴκους *
οἴκους εἰς

Pag 18, 1. Immo ἀνθέων | 2. ὑπὸ] ἀπὸ M ‖ 3
ἀνθειστίων * ἀνθεστίων ‖ 6 οὐδὲ ἕν * οὐδέν ‖ 9
περὶ αὐτὰ] Delenda videntur Aristæn. Ep II, 1 ὁ δὲ
λειμὼν γεγήρακε περίλωτα M ‖ 10. εὐγαρίτου * εὐ-
χαρίτου ‖ 18 Callarum Ælianus sumpsit ex Demo-
sthene p 1280 | εἰ * εἰ γὰρ ‖ 20 γὰρ adieci Demo-
sthenes p 1276 οὐ γὰρ ἐκπιεῖν γε δήτου με Καλλικλῆς
αὐτὸ προσαναγχάσει ‖ 21 Scr περίστωται cum M ‖ 26
38 Δερχύλος-Δερχύλλω * Δέρχυλλος-Δερχύλλω ‖ 32. καὶ
ὁ ἀγροῖκος λεὼς M ‖ 33 καταειράσχς] κατεγελάσας a
Scribendum erat κατελάσας cum Berglero ad Aristoph
Pac 721 | τε * γε ‖ 35 συζῶντι M ‖ 40 Immo ὡρά-
ζεσθαι ‖ 45. ταύτη * ταύτης περ ‖ 47 καὶ deleam

Pag 19, 4 σῶμα adieci ‖ 11 βαρύτατον * βαρυτε-
ρον ‖ 13 ἀνκίζονται καὶ Θρύπτουσιν * ἀνκίζουσι καὶ
Θρύπτουσιν ἑαυτάς Rectius scripsissem Θρύπτονται | μω-
στιλῶνται * μυστιλλῶνται ‖ 14 ἀναλοῦσι * ἀλοῦσι
‖ 16 ὡράζονται M ‖ 18 δ' ἂν] Malim δὲ omisso ἄν
δ' ἄρα M ‖ 19. σαλλουμένην M ‖ 20 ἀράμενος μέτην]
Courier ad Asin p 198 ‖ 24 σου * . σοι ‖ 25.
ὥσπερ οὖν M ‖ 27 ἔχειν] ἄγειν idem ad Athen IV
p 228 ‖ 28 ἀποφανῶ * ἀποφαίνω ‖ 29 ὁλόκληρον *
ὁλοκλήρους ‖ 30 ὀχρος dittographia est ‖ 36 γὰρ]
δ' ἄρ' M ‖ 42 παρόντα] Videtui latere γέροντα vel
τρῖον. W malebat πατέρα ‖ 44 προσπατπαλεύσομεν *
προσπατπαλεύσομαι

Pag 20, ι δὲ * δὴ ‖ 4 διὰ σμικρότητα M ponit
post ἰδεῖν ‖ 11 Post γῆς M excidisse suspicatur ἐργά-
ταις vel ἐργατῆρσι. Hauptius γῆπας pro τῆς γῆς | γαλήν]
γαληνὴν M. Malim ἀκαλήν ‖ 12 ἄγρος M ‖ 13 οὖν]
Rectius γοῦν ‖ 19 λήθην] ἀήθη Hauptius ‖ 20 φλε M
‖ 25 αὐτόν * σαυτόν ‖ 26 φωνῶ * φωνῶ ‖ 36 πα-
θῶν * μαθῶν ‖ 39. χηρόν * γείρον ‖ 40 ἀποφαί-
νεις * ἀποφανείς ‖ 41 παθῶν * παθῶν ‖ 44 μονή-
ρης * ποιηχρός ‖ 45 ἥμερος Gesnerus ἥμεραν | καὶ
ταῦτα M ponit ante αἰδοῖ

Pag 21, 14 οὐδ' ἄν * οὐδὲν ‖ 19 νοοῦντός σοι
ἀγαθά * νοοῦντος εἰς ἀγαθόν ‖ 21 ἵν' addidi | γὰρ]
δὲ M ‖ 31 προσείεις * προσήεις ‖ 34. μεν μοι] μέντοι
M ‖ 35 ἄλλαθαι * ἄλλεσθαι ‖ 37 Διερνύλος * (resedit
pravus accentus) Δέρχυλλος ‖ 39 χρησ-ῶν] χρησ-ῶν
ὥραν M ‖ 44 πάντας M ‖ 45 ζηλότυπα * ζηλοτύπως
‖ 47 ὡς addidi | φθονεῖ M.

Pag 22, 16 ποιοῦντες * ποιοῦντες ‖ 17 Conieci
καὶ αὐτὴ οὐχπ πιστοτέρα M καὶ ταύτης πιστοτέρας
βεβαιοτέρας τ' ἔχει ‖ 19 Κομψίας? ‖ 21 μὲν * μὲν καὶ
αὐτος ‖ 28 μόλις] Malim τέλος ‖ 36 συνεπιλαμβάνη
Hemsterh ad Lucian I p 465 συναπολαμβάνη ‖ 41.
ἢ deleam | ἡ αὐτή * αὕτη ‖ 42 τῶν-χρησιμώτατον * :
ἐν τοῖς ἀγροῖς δένδρων τὰ κάλλιστα καρπῶν τὰ χρησιμώ-
τατα ‖ Quæ in Etymologico Florentino p 275 legun-
tur verba παρὰ γὰρ χηπουργῶν καὶ γλίσχρων γεωργῶν τί
ἄν τις σπούδαιε τλέον ἢ σφακέλους καὶ κλαύματα Mille-
rus ad Aristænetium rettulit, ad Ælianum Meinekius
Hermæ III. p. 455, uterque temere

ÆNEAS SOPHISTA.

Æneæ epistolarum scriptum codicem vidi unum
Vaticanum Reginæ n 139. Descriptus fuit ex Al-
dina Itaque solius Aldinæ differentias in proximis
notavi.

Pag 24, 6 ἐρᾶ * ἐρᾶ γεωργὸς εἶναι ‖ 7 ἔρως *
ἔρως κυνηγέτης εἶναι | ἄλλω * ἄλλο ‖ 10 τὸν addidi
‖ 11 σου * σοι ‖ 15 Κασσίω W ‖ 25 Rectius μα-
κρά ‖ 31 σοι * οὐ ‖ 36 ὁρίζειν * ὡρίζειν

Pag 25, 9 Scripsi Ζωναίω Ζωσαῖνος est in Bois-
sonadii An vol 5 p. 48 Ζοναίνω a Melius W Ζω-
ναίω coll Suida s v. ‖ 12 ἰδόντι * ἰδόντος ‖ 15
ἐστι * . ἐστιν ὅτι ‖ 16 μοι] Malim με ‖ 17 μιχράν *
μικρὴν ‖ 18 εἰπὼν καὶ] εἰπόντος W ‖ 19 Ὀλλήλω *

οὐλτία || 23 καλον] Malim καλον ἦν | δὲ addidi || 31 ἀντέχεσθε · ἀντέχετε || 33 Πάμπῳ] Πάππῳ W Suspicor fuisse Δάμπῳ vel Δάμπωπ || 34 μος] F σοι || 36 ἐπέγχανοι · ἐπέγχανον ὁ || 37 τῶν addidi || 40 γιγνώσκω · γινώσκω

Pag 26, 5 ἐξελάσωμεν W || 33 Μαρινιανῷ] Immo Μαρινιανῷ Cf ep 24 || 37 ἐμπέπλακται · ἐμπέπλακται || 40 ἐμπνεύσετε · ἐμπνεύσητε || 45 καὶ ante τοὺς deleam

Pag 27, 11 F ἐψῆκα || 19 Σωκρατίου ? || 35 ἀλλ'εἶναι] « Hac quid sibi velint non intelligo » Westerm || 40 συπεπαίζομεν · συνέπαιζον || 44 αὐθίστοι] Hom. II II, 216 || 47 ἀ-ὐ τοῦ W.

Pag 28, 3 καὶ] κἀν W || 33 ἀ-τμάσεις · ἀτιμάσῃ ¦ 50 Διονύσου · διόνυσος

Pag 29, 2 πρεσβευτὰς · πρεσβευτάς || 4. καὶ ante ὅτι addidi ¦ 21 καταίρουσιν οἱ · καταίρουσι | ἀκαθημίας · ἀκαθημίας || 23 Immo ὑμῖν | ἀκαθήμιαν · ἀκαθημίαν || 27 ὑπογράφουσιν · ὑπογράφουσιν || 30 γενέσθω · γινέσθω || 44 ἀλλ' ὡς] ἄλλως τε W || 46 Malim μεταξὺ τοῦ λόγου || 47 Αn πληττόμεθα? πλήττομαι ἰδ/ W

Pag 30, 4 μὲν · δὲ || 5 τῇ-φιλοσοφίᾳ · τῆς ἄλλης φιλοσοφίας || 6 ᾗ τῶι] ὡς? || 19. ἀγεννῆς] Thes vol I p 278, D || 23. μᾶλλον] ἀλλ' ? || 31 Πλάτωνος] Rep VI p 495, E || 38 ἀλλ' W ἀλλ' ἡ || 42 κελεῦσι · κελεῦσι

Pag 31, 1 εἰς κάλλος ζῆν καὶ γράφειν? εἰς κάλλος ζῆν dictum ut εἰς κάλλος κυνηγετεῖν || 3 τόσοι] πολλοὶ W || 28 ὁ] Immo καὶ ὁ || 35 ἥδιστον W ἥδισον || 37 ἕνα τοῖς · ἐν αὐτοῖς || 41 ἄξιον · ἀξίων || 42 καὶ ante συγκινεῖ deleam

Pag 32, 2 Immo γίγνεται · || 3 ἑτέρου] ἐντελοῦς; Hauptius || 4 κάθωμαι · κάθοιμεν

ÆSCHINES.

Pag 33, 3 ἡείωια · κλωι] 10 ἐ-εθοντο II Wolfius ἐπέουτο || 33 μηδὲ Bekkerus μήτε
Pag 34, 9 οὐδὲ-οὐδ' idem οὐδὲ-οὐδ' || 20 οὐδενὸς Taylerus οὐδὲι
Pag 35, 12 ὦ καὶ Brunckius ὦ-ε || 13. Πινδάρου] Boeckh fragm 46 || 18 ἐν add Heinst ad Arist Plut p 479 || 41 πάντος μᾶλλον · μᾶλλον πάντων || 51 Hanc epistolam quarte praefigendam esse Taylerus intellexit
Pag 36, 4 Restitue οὐ pro οὐδὲ || 16 δὴ · δ' || 36 ποιεῖ Reiskius ποιεῖ || 37 δοκῶ idem ῷ || 39 με · μοι || 40 μνήμη Bekkerus γνώμη || 41 Corrige κολλύσι? || 52 μηδενὸς Reiskius μηδέια || 54 συνέλθους Bekkerus συνέλθης
Pag 38, 8 ἔδοξεν videtur dittographia esse Quod si vere conieci, scribendum ἐλήλυνεν || 13 πλεῖ-στα · πλείονα || 17. ἂν μηχανώμην II Wolfius ἐμηχανώμην || 23 οὐκ ἔθους Dobraeus οὐκ ἡδέους || 28 οὐ κήδους] 28 ἂν addidi || 33 αὐτὰ ἕκαστα scribendum esse dixi in Hermæ vol 2 p. 320. Ibidem proposui ἐν ᾗ ἐγγυῶνται τοὺς γά-

μους οἱ Ἰ) ιεῖς τῶν θυγατέρων. Neque proxima san. sunt || 41 μεγάλη] καλὴ καὶ μεγάλη Marklandus | 45. τοῖς · αὐτοῖς
Pag 39, 4 ποιήσω Reiskius ποιήσω σοι || 5. οὐ μὴν · οὐ μὴν κτι || 17 οὐδὲν δι' αὐτὸ ἔδεισεν scripti. Delevi dittographiam || 26 ἐξῆ Bekkerus ἐξίοι || 34. δ' ἐδονεῖ Reiskius δὲ δοκεῖ || 35 παίζειν · παθεῖν || 39 ἀπιο-ίας] ἀγωνίας? || 44 πρὸς · πρόσθεν || 45 ἄλλως · ἄλλος || 50 Immo ᾤμην ¦ 51. τῶν delet Sauppius
Pag 40, 4 τὰ προσήκοντα · προσήκειν || 14 γράφονται · γράφονται || 39 τοῦ · τοῦ ταῦτα || 50 μὲν · μὲν ἡμῖν || 53 ἤδη · ἤδη νέων
Pag 41, 3. Malim ὅτι ἐδικάζοντο ἐν αὐτῇ καὶ ὑπὲρ αὐτῆς οἱ θεοί omissis εἰσαγένοντο ἐν αὐτῇ ¦ 18. ἐπιχειρεῖτε Bekkerus ἐπιχορηγεῖ τοῖς || 25. θαυμαστὸν Reiskius θαυμαστὰ || 34 ἐχώμεν Marklandus ἔχομεν || 38 ἀποχρησάτω Bekkerus ἀπόχρη τὸ || 48. τραχεῖς idem γράφειν
Pag 42, 15 ἐμὲ πεπολιτεῦσθαι Reiskius πολιτεύεσθαι || 17 τελέως Bekkerus || 20 ἄνθρωποι Turicenses ἄνθρωποι οὕτως || 21. ὁποῖοί τινες Bekkerus τινες ὁποῖοι || 33. ὡς-Μαχεδόνια; glossae speciem refert || 54 παραίας Marklandus σπερεὰς
Pag 43, 29 πείσαιμ' ἂν Reiskius πεισαίμην | ὡς μή μοι μὴ μόνον idem || 39 Post πάσαις idem addit ἀρεταῖς.

ALCIPHRO.

B = Berglerus
C = Cobetus
M = Meinekius
R = Reiskius
S = Seilerus

Diligenter indicavi, ubicunque in librorum vicem aut meæ coniecturæ aut aliorum sumptæ sunt. Librorum scripturas, quæ receptæ a novissimo editore probabiliores videbantur, tacite introduxi
Pag 44, » ταύτην ἡμέραν Nauckius in « Melanges Greco-Romains » a 1863 p 480 ταύτην εἶχεν ὁ λευμὼν ἡμέραν καὶ || 4 βορραῖ M βορεῖς || 7. εἴσω] ἔξω M || 8 ἀργία C ἀργία || 10. ὁρῶσιν κατέλιπον · : ὁρῶσι ἃς ἐξέτερον ἀτέλιπον || 18 ἔργου Hirschigius : ἔργων | ἀκούειν Neapolitanus ἄπωθεν || 19 ἰχθύων B ἰχθύον || 20 ὑάλους R ὑάλου || 22 ἀσιλλας Hemsterhusius εἴλας vel ὕλας || 23 ἐξαρτήσαντες M ἐξαρτήσαντες καὶ ὑπὲρ αὐτῶν καταβαλόντες ἀργύριον | ἄστυδ' · ἄστυδ' εἰ Φαλήρων || 25. ὀλίγον ὀλίγον ἔχειν τῶν || 26 λεπτοτέρων B λεπτομερῶν | ἐπιλάβοι M ἐπιλάβοιτο || 29 εἴλης B ἄλης vel δέλης || 35 ἰχθύς C ἰχθύαι || 36 ἀποχρῶν · ἀποχρὴ scripti Heliod IV, 6 ὥσπερ ἀποχρῶν αὐτῷ καὶ μόνην τὴν οὔχησιν τῆς Χαρικλείας περισκοπεῖν ὁ δὲ post participium absolutum est apud Theodorum Prodr Epigra p 5 ὅσον δὲ μισεῖν τοῦ κακοῦ τὴν αἰτίαν ὁ δ' ἀλλ' ἐπίρρους παῖζα γενιᾷ τον κἂν || 39 Post ἐπέταττε ex Parisino reducendum κομίζειν

Pag 45, 1. ὦσθ'] Malim καὶ | προσαγηγήκει (ita iam Wagnerus) ὁ δ' Ἑρμων M ‖ 2 φερνον M φορτίον ‖ 3 κωπήρους B κωπήρους ‖ 4 Θαλαττουργοῖς B βαλαττουργοῖς ‖ 7. ἀλίνδινον * ἀνίνδυνον οὐ μάττην γοῦν ἀνηπέωραν ταύτη, ὀνομάζουσιν ἀθηναῖοι ἀμείσαν ἑωρα δι' ὧν ἔστι ζῆ, καὶ σώζεσθαι ‖ 9 το-ε | τρφην M ‖ 11. ἐνερογρώων C ἐνερόγρωτος ‖ 13 ἐ-ιστι- φον M . ἐ-ιστύφοντος | δ' Ἀράτου B δὲ ἄρα -οῦτο ‖ 15. ὀλίγον] Aratus 299 ‖ 19 τόδε M τάδε ‖ 23 Κυμθόους * κύμοθος ‖ 31 ἠλαχάτην Dobræus ἀκτὴν ‖ 37. ἄπωθι * ἄπωθι εἰς τὸν ἄνδρα ‖ 43 χρυσοῦς κόμ- ματος M χρυσοῦ κόμματα ‖ 44 Delet A Kiessling- gius τῆς ἐπὶ σαλαμῖνι ναυμαχίας ἴσως λείψανα ‖ 47 ἡμετέρων C ἡμετέρων ὁ θεμιστοκλῆς ‖ 48 Restitue τῶν ante Μήδων.

Pag 46, 5 οὐθὲ * οὐθὲ μίαν ‖ 8 ἀφρ-ω B . ἀφα- ρότων ‖ 10. ἀφροδίσ-ον R ἀφροδισίων | ἐκκεχυμένος C κεχ.μένος ‖ 12. Immo Ἑρμιονίδος | ὁρώντων M ἐρώντων ‖ 17 οὔτ' ἐθέλεις * οὔτε θέλεις ‖ 24. οὔτ' S : οὐθ' ‖ 28. κατέχη R κατεάγετο ‖ 29 γὰρ M γὰρ ἢ ‖ 30 θαρραλέως * θαρσαλέως | κοινὰ M κοινὰ τὰ ‖ 34. ἐκμάμένη scribendum esse dixi in Philologi vol 10 p 299 . εὐρημένη, ‖ 40. ὁ addidit C F. Hermannus ‖ 41 ἐσ-· M τὸ | αὐτῶ B αὐτῇ ‖ 43 -ορων * -ό- ρων εὐμεγέθ-ς ‖ 49. ταλάντισε Schneiderus ταλαντίσῃ | ὅποι M ὅπου

Pag. 47, 2 Lege εἴωθεν | ἢ τῶν φίλων συμβουλὴ τῆς γνώμης * τῆς γνώμης ἢ τῶν φίλων συμβουλὴ | ὁ λυπρὰν C λυπηρὰν ‖ 19 πολλὰ R ‖ 31 ἐ-ίφρήαν M ἐπιτρέψαντες ‖ 35 οὐδενὸς M οὐθὲν ‖ 38 περινοστήσο- μεν B ἀέρι νοστήσομεν ‖ 40 Operarum sphalma Lege τῶν ἐκ ναυαγίας ‖ 43 τέρπει M ‖ 44 πρὸς delet Theodorus Heysius ‖ 46 καταβάλλων-αι M

Pag. 48, 3 λύουσι * λύουσι τῶν ἡδέων ‖ 5. δὲ ad- didit M ‖ 8 φεύγομεν] Rufinus in Anthol Pal 5, 75, 6 ‖ 9 ἀνθολογοῦσιν * ἀνθολογοῦσι δὲ | κἄ, * καὶ ‖ 11. ῥίων * . ὁρίων | δ' ἄι * δὲ ‖ 15 μενειν M μέλλειν | παραδόντας Heysius παραδιδόναι ‖ 18. ἐστὶ * εἰσὶ ‖ 21. Lege παραλεῖν cum C ‖ 33 ἐστιν ὅτε? ‖ 39 Ἱστίης Nauckius Malim Εὐτέρπη ‖ 42 πάπης M πᾶ, ‖ 43 ἐπ-ίδοι * οὐθὲ ‖ 45 βαρύ-ερον * βαρύτερος | Pio ἀτέλαθοι restitue quod M coniecit κα- τέβαλεν Scripti κατεβάλε-ο Excidit Pamphilus ‖ 46 διέχει C δέχει ‖ 49 Ἀρμένω * ἀρμενίω

Pag 49, 4 ποτε] εἴτε μοι? Vide 1, 18, 2 ‖ 10 φαντάζομαι * ἐνφαντάζομαι | τὸν B τὴν ‖ 19 χρονου C χρόνου παλαιότητος ‖ 23 περιοικούντων * . ἐνοικοῦν- των ‖ 25 ἐκείνων B ἐνοίων | ἀλλὰ γὰρ] Didymus Alexandri de trin 3, 3 p 336 Ælian. Epist 7 Ma- rin Vit Procl 3 Erat Meinekius ‖ 37 ανοικώρος Perizonius ακοικώρος ‖ 42 εὐθλίτιδος C εὐπλεος ‖ 43 ἀπορανείν M ἀπορανίν ‖ 45 μόγις ποτέ * (cf. 1, 22, 4) μόγω πολλῶ

Pag 50, 1 ἐπεγγελάσης C ‖ 3. ἐμὶ S ‖ 4 λυπρῶσοῦ B λοιθώρου ‖ 5 ἐκείνην B ἐκείνη ‖ 7 τοσθ' ὁ γει- τόνων C τοῦτο γειτόνων ὁ | Σωσίας-όλίσθοι * σωσίας ἔστι δὲ -ῶν ἐπιεικεῖς τὴν ἀλήθειαν τιμώντων καὶ οὐκ ἂν ἐκεῖνος εἰς ψευδηγορίαν ὠλίσθησι, οὗτος ἐκεῖνος Σωσίας ὁ τὸν χρηστὸν καὶ ἡδὺν γάρον ἔχων ἐν τῶ λ.πο-ιχων ἐχθίω, οὗς ἐγνω)-ίζεται -ὴ σαχγμ, ‖ 13 ὁ addidit ‖ 14

ἐριθης C ἠράσθης ‖ 15 ταύτην * . ταῦτα ‖ 18 ἢ * ἢ τὸ ‖ 19 ἔχοντι * ἔχοντί σοι | ἐπ-γαλέπασθαι * ἐ-καλεῖσθαι ‖ 21 Erat τηνάλλως ‖ 27 Post ἔγω scripti habent πρὸς θαλάττης, quod expunxi Nimirum fuit olim adscriptum a nescio quo ad πρὸς μηδρός, tum deinde alieno loco in orationem receptum ‖ 30 -φος- σοιλὸς Piersonus προσοιλὸς ὅτε τὴν ἐκ -ῆς -ω-η-ος λιπτοτητα ‖ 32 μορίθοι? ‖ 33 τρο-ὴ? ‖ 35. Hia- tum indicavit R. Suffecerit pro τῇ scribi /κὶ -ῆ. Va- λε-ὴν φορὰ habet Demosthenes ‖ 41 ἐργάσασθα B ἐργάσασθαι ‖ 43 πεωτείωσην M πρωτείωσην, Μαυκ- λοῦν τὸ πολὺ τῆς οὐσίας ‖ 44 τρίγον M τρίγων ‖ 45 ὀψὶ in scriptis post ἡμέρας lectum transposuit Valcke- narius

Pag 51, 2 Restitue ἄρτον τὸν ἐξ ἀγορᾶς et dele /κ. ‖ 5 ὅρασω * : ὁράσχμι ‖ 8. Γελωνος γλανοξ] Anony- mus apud Hauptium in Ind Scholarum Univ Berol a 1871/2 p 9 colostram cum melle et Gelontanum ‖ 9 αὐ-ὰ * ταῦ-α ‖ 16 ἐξείπιοι C ἐξ-ιναν | -ῆ-ε ad- didi | περιποιούμης * περιποιουμένης ‖ 17 καὶ * -ίδος ‖ 22 μᾶλλον Nauckius μᾶλλον ἐπράττετο ‖ 24 -κ- λος * -εῖλος ὡς εἰνὸς ‖ 28 παρολ.κὴ * παρολ.κὴ -ῆς βραχυτήτος ‖ 29 De Ἐριθωδολέοντι vide quæ dixi in Philologi vol 9 p. 42 ‖ 31. ἡμᾶς C ἡμῶν ‖ 34 ἠπετο * ἤρετο ‖ 39. θάλους C θάλους ἢ -οὺς καμ-ουε ‖ 44 βαλανεῖον * βαλανεῖον ἰδ-ω-λης οἰκίας ‖ 50 -φό- οδον B πράσοδον

Pag 52, 6 ἔχωμαι M ἐχόμεν scripti. Malim ἐχω ‖ 7 αὐτῶ τῶ μετρω Herelius (Hesiod O, et D 348) . αὐτὸ τὸ μέτρον ‖ 10 ὑπο addidi ‖ 14 χρεὼ Nauckius * χρέος ‖ 15. εἱμαρμένη Davisius ἡμέρα ἐκείνη ‖ 20 οἶδ' ὅ τι * οἶδα τί ‖ 30 Βλεψ-ου (Lucian Tim 58. Diall Mortt 27) * μαρτίου ‖ 40. οὐ-αν ὑπολησόμενος C F Hermannus οὐσίαν ὑπολύσει μηνος

Pag 53, 3 αὐ-ῆ σκαρῆ M ‖ 5 δὲ C δὲ οἴσω ‖ 7. ἀρτίως * ἀρ-ίως ἥκει ‖ 11 ἡλ-είας * ἡλικίας ἀνθρώ- πας ‖ 12 γενετάξει Nauckius κεῖπει ‖ 13. ἀρφης M ἀεργὸς ‖ 15 βλέπης B βλέ-ης βλέμμα | καὶ ἔρωτα ἀνα-νεῖε? ‖ 16 σεαυτό * σεαυτὸν ὦ -μεάὸ ‖ 18 ἡμῶ, B ἡμῶ, ‖ 20 οἶδα C οἶδας ‖ 21 ὑσταρ- σα*] Lobeck ad Aiac v 782 ‖ 25 οἶδε C οἶδε ‖ 30 αὐ-ὸν M αὐτὸ οὐκ ‖ 36 -κ C -κ ἢ ‖ 40 Υ-- ρείδη * ὑπερ-ιδη ‖ 46. μηδὲ S μήτε

Pag 54, 1 Ὑπερείδης * ὑ-ερίδης | Malim -ωχλι τοίνυν λάγχθά ‖ 6. ὅτου C ὅτη ‖ 10 εὐφες M εὐφες ὑπερίθην ‖ 15 στερούμενος C στερούμενος ‖ 18 Ὑ-- ρείδην * hic et infra . ὑ-ερίθην ‖ 21 παρ' B δ-' ‖ 21 ἂν addidit S ‖ 34 Φρύνην idem μορρίνην ‖ 43 Ζι- ξίππην R εὐξί-ππην ‖ 48 -ροσείμην C πρισείμην

Pag. 55, 6 Ζευξίππης R εὐξίππης ‖ 13 πίδεν B οἶδεν | 16 Ζευξίππη R εὐξίππη ‖ 17 μέ τι M · μ' ετι ‖ 18 οὐ * οὐκ ἐν ‖ 19 ἀλλ' * ἀλλ' δ-ι ‖ 23 Ἀναλύ- μειαν M ἀλσθημίαν ‖ 25 ἢ addidit M ‖ 31 προσί- μην C πρὸς εμην | περιθάλλουσα κοιμάσθαι delet M ‖ 34 τὸυ addidit ‖ 37 ἔστι M εἶναι ‖ 45 εἰσὶ M εἶναι ‖ 49. τερπ-νίθα C

Pag 56, 7 Hiatum signavit M ‖ 13. φέρε C ωτ- ραιν | φιλοτιμίαν C φιλοτιμίαν οἴει ‖ 22 ἐνεφορήθην (ἐνιφορησάμην ‖ 26 δ' ἔτι ἔστι aut ὅτ περίεστι C ‖ 28 ὑγρὰν * . λυπρὰν | ἐν addidit B ‖ 39. τέρπεις exhil u

auctore Nauckio pro manu scriptorum μέμψεις. Iniuria. Est enim μέμψις ἐρωτικὴ apud Iulianum quoque epist. 17 ‖ 46. ἀργυρείοις S : ἀργυρίοις

Pag. 57, 4. αὐτόθεν C. Keilius : ποθὲν ‖ 5. Verba ἀλλὰ δακρύεις πεπαύσῃ μετὰ μικρὸν vulgo post ζήσειν lecta transposui ‖ 7. φιλεῖν R : φιλεῖς ‖ 10. Hiatum indicavit M ‖ 11. Φιλῶτις S : φιλότης | εὐμενεστέροις Wagnerus : τοῖς εὐμενεστέροις ‖ 21. ἐπίκωμος] Strato Epigr. 89 ἐπίκωμος ἰών ‖ 35. κοιμησόμενος M : κοιμηθησόμενος | ἐὰν δὲ et βουληθῇ nescio unde irrepserint. Restitue εἰ δὴ et βουληθείη ‖ 37. εἰ M : ἐὰν ‖ 44. ἐκκορήσει M : ἐκκορήσειεν ‖ 46. με * : ἐμὲ

Pag. 58, 6. τότε-νῦν Abreschius : τὸ τέλος οὐ πονηροῦ τὴν ‖ 21. ἥκοντα S : ἄκοντα ‖ 25. διεωθεῖτο C : διωθεῖτο ‖ 31. ἀδίκως C ‖ 33. ψαύσω R : ψαύω ‖ 35. τοῖς | ἐν τοῖς? ‖ 36. κολακεύμασιν * : κολάσμασιν ‖ 40. πάντως Aristænetus : ἅπαντα ‖ 41. χερσὶ * : χάρισι

Pag. 59, 4. ἐκ τοσούτου χρόνου C ‖ 12. Ζευξίππη * : εὐξίππη ‖ 14. ἀποκοιμίσασα * : ἀποκοιμίσασα τὸν ‖ 20. ὑπόσχιος anonymus apud Wagnerum : ὑποσκίοις | τις * : τισι ‖ 21. ἐνέλειπε Dobræus : ἔλιπε ‖ 23. γοῦν] Lege δ’ οὖν cum S ‖ 30. ἐνεργοῦσα * : ἐνεργοῦσά τι | ὥστε με * : ὥστ’ ἐμὲ ‖ 35. καὶ addidi | ἀποδοῦσα C : ἀπεδύσατο ‖ 37. ἀκραιρνὲς * : ἀκριδές ‖ 39. ἔγκλισιν M : ἔγκρισιν ‖ 45. τὴν addidit C ‖ 46. περιάλλων M : περὶ ἄλλων ‖ 47. Hiatum indicavit M ‖ 49. οὖν * : γοῦν

Pag. 60, 3. κατῆμεν S : κάτιμεν ‖ 7. Ἀδωνίοις Piersonus : ἀλώοις ‖ 8. ἑστιασόμεθα M ‖ 10. κηπίον Bastius : κήτιον | Aut σὸν abiciendum cum quibusdam scriptis aut ὃν σὺ περιψύχεις, quod ductum esse videtur ex §. 3 ‖ 14. καὶ delet Hirschigius ‖ 16. ὃς addidit M ‖ 17. ἐπέτρεψας Wagnerus : ἐπιτρέψας | σοι Hirschigius : καὶ οὐχ ‖ 20. θεάσωμαι * : θεάσωμαι καὶ ἀκούσω | 30. εὔχομαί σε M : εὐχομένη | ἐμαυτῇ * : ἑαυτῇ ‖ 32. με M : μέγα ‖ 34. ἡ ante Μακεδονία addidit M ‖ 38. τὰ * : ταῦτα | ἔχω-νικᾶν * : ἔχω εἰ-νικᾷ ‖ 41. καὶ γὰρ S : ἂν | περιουσία * : περιουσιάσαι | γεγένηται S : γένηται | ὑπὸ] παρὰ? ‖ 43. πεποικνυῖα B : πεποικυῖα | γε B : τε

Pag. 61, 1. οὔτε-οὔτε? ‖ 3. ἀποπτῆναι * : ἀναπτῆναι ‖ 4. πτεροῦται * : πτεροῦται καὶ | εἴωθε * : εἴωθεν ἀπο-γνωσθείς ‖ 5. ἐραστὰς Iacobsius : ἐραστὰς πρὸς ὑμᾶς δὲ οὐδὲ ὑπερτίθεσθαι ἔξεστιν ὥστε φόβον εἶναι κόρου | λοιπὸν οὖν ἡμᾶς * : λοιπὸν ἡμᾶς δεῖ | σκώπτειν * : ποιεῖν ‖ 9. κοσμεῖν B : κοσμεῖν σοι ‖ 12. ἀπλούστεραι * : εὐαλούστεραι ‖ 14. ἑτέρους B : ἑτάρους ‖ 19. πλάττεσθαι B : φυλάττεσθαι scripti. Delet Keilius ‖ 22. Θηριππίδου B (male expressum Θηριππίδιου) : Θηριππίδιου ‖ 27. ἐν addidit S ‖ 28. ὕρεσι delet R ‖ 31. δὲ ἐμοὶ | δ’ ἐμοὶ ‖ 34. μειρακιευομένου B : μειρακιευομένου ‖ 36. ἔδικεῖ * : διοικεῖ ‖ 37. διωλυγίους C : ἀδιαλύτους ‖ 41. ὑπομένει * : ὑπομενεῖ ‖ 45. ἐγὼ πολιορκητὴν Kayserus : ἐπιπολιορκητὴν ‖ 46. τοῦτον Keilius : τοιοῦτον ‖ 48. στωμύλλεσθαι C : στωμυλεύεσθαι ‖ 49. τὸν addidit C.

Pag. 62, 3. τὴν σὴν addidi ‖ 7. Delenda verba καὶ τὴν πρώτην ἀφροδίτην ἔμαθον παρ’ αὐτοῦ aut transponenda post οἰκοῦσαν ‖ 10. χρυσία M : χρυσεῖα ‖ 11. Ἰνδὸς Ἰνδοῖς M, quod reponendum ‖ 16. Hiatum signavit R | πρώμη R : πρῶτον ‖ 21. μὴ M : καὶ μὴ ‖ 22. ἐπελθέτω Dobræus : ὑπελθέτω ‖ 25. θάλπει * : θάλπει

τι | 30. δ’ addidit M ‖ 34. γεραίτερον * : ἕτερον et ὕστερον | ἀντεραστὴν * : ἀντεραστὴν γέροντα ‖ 39. ἵδρωκα R : ἱδρῶ καὶ ‖ 43. κόρον] χωρισμὸν M ‖ 49. αὐτὸν * : αὐτῷ ‖ 50. τὸ ἐρᾶν] γέρων M, ὁ ἐρῶν R | τοίνυν ἔσομαι * : ἔσομαι τοίνυν

Pag. 63, 2. Post ἐναντίον errore typographi ἐκείνων excidit ‖ 3. σου χωρίζεσθαι B : σοι χαρίζεσθαι | μόνη C : μόνη ὡς ‖ 5. ἂν addidit M ‖ 7. σὰ addidit Dorvillius ‖ 11. ἐς R : ἐν ‖ 12. ζῆλος τίνων ἄλλων R ‖ 13. μὴ δὴ M : μὴ δὲ scripti. Rectius fortasse Heysius ὧν μηδὲ | 18. σῆς * : τῆς ‖ 19. παρὰ C : ἀπὸ ‖ 22. καὶ προτρέπεται, quod in scriptis post δεήσεις legitur, transposui ‖ 27. δὲ] δὲ αὐτοῦ S ‖ 29. καὶ ante ἅπαντα adiecit C ‖ 34. οὕτω C : οὕτω καὶ ‖ 36. ταυτηὶ C : ταύτῃ γε ‖ 42. αὐλὰς addidit B ‖ 43. μὲν C : μὲν οὖν | ἐλεύθερον Dobræus : ἀνελεύθερον ‖ 46. ἄφθονα C ‖ 48. πιθανίας * : ὁμολογίας ‖ 49. Ἀκαδημείας M : ἀκαδημίας

Pag. 64, 5. τοῖς ἱεροῖς κώμοις R : ταῖς ἱεραῖς κώμαις ‖ 26. κηλεῖται * : δεῖται ‖ 31. ὁ Ῥῆνος delet M ‖ 34. οὖτος * : οὖτε ‖ 36. Verba τὸν Ἀττικὸν ἀεὶ στέρεσθαι κιττὸν in scriptis post Πτολεμαῖε illata transposuit M ‖ 38. ἐσχάρας] Dittenberger. de ephebis Atticis p. 63, 10. C. Keil. in Mus. Rhen. a. 1864 p. 631 ‖ 51. ἐκπλαγὴς M : ἐκπαθὴς et ἐκπαλὴς

Pag. 65, 1. Typographi error. Lege ἥ τε μήτηρ ‖ 2. Εὐφρόνιον M : εὐφόριον ‖ 9. Lege τί ἄρα σοι cum C, τί ἄρα τί σοι scripti ‖ 10. σώματι * : σώματι καὶ πᾶσιν | ἡμῖν C : ἡμῖν τις | καὶ M : καὶ τὸ σῶμα ‖ 11. ἐπιχάριτον * : ἐπιχάριτόν τι ‖ 13. βασιλείας * : βασιλείας τρόπον τινὰ ‖ 20. δὴ adiecit M ‖ 27. ἀττικισμοῖς] ἀττικισμοῖς C ‖ 33. παρασκηνόσει M : προσκηνώσει ‖ 34. καὶ τρέμουσα post θέατρον ponitur in scriptis * ‖ 36. ἱερὰν * : ἱερὰν τῶν δραμάτων ‖ 39. Immo ὑπερθαλάσσιοι ‖ 45. σκηνοβατουμένου * : ἐνσκηνοβατουμένου ‖ 48. τὸν πάνυ * : τὸν πάντῃ διὰ τὸ κλέος αὐτοῦ ‖ 49. περικείμενον] Hom. Il. XIX, 4 εὗρε δὲ Πατρόκλῳ περικείμενον ὃν φίλον υἱόν

Pag. 66, 4. ἐπ’ αἰσίοις * : πᾶσι θεοῖς ‖ 8. ναυτις Heysius : αὐτῇ | σύμπλους C ‖ 9. κἂν-ναυτιᾷς Dobræus : καὶ-ναυτίας ‖ 11. μίτων B : μύθων ‖ 13. νησιωτικαῖς * : ναυτικαῖς ‖ 21. σε M : σε μήτε ‖ 23. ἀλλ’ οἱ πατέρες M ‖ 28. πάθει B : πᾶσι ‖ 33. ἡδονῆς C : ἡδονᾶς | ἔσται-πάθος M : τε καὶ διὰ τὸ πλῆθος ‖ 44. δὲ * : δὲ καὶ ‖ 46. χρηστηριασώμεθα * : χρηστηριασώμεθα ‖ 48. μένοντες * : μένοντες πρὸς ἀμφότερα scripti. Rectius C retento πρὸς ἀμφότερα eicit καὶ πορευόμενοι et μένοντες ‖ 50. γυναῖκα νεωστὶ Hirschigius ‖ 52. καὶ ante τῇ addidit S, itemque δὲ M ‖ 53. νεκρῶν * : θεῶν

Pag. 67, 1. ἔοικε Iacobsius : ἔφη καὶ ‖ 3. Cum M scribendum σελήνας eiecto πέμματα ‖ 4. ἀνθρώπων] ἄγνων C ‖ 11. οὐδὲ σὺ Iacobsius : οὐ δὲ σὺ ‖ 12. ὅλος C : ὅλως ‖ 18. καὶ addidit R ‖ 19. ἧσαι C : ὀνῆσαι | σαυτοῦ * : αὐτοῦ ‖ 22. Σικυώνιον εἶτα ὁτιοῦν M : σικυώοὖν cum novem literarum spatio ‖ 31. διὰ σοῦ Iacobsius : δι’ ἄλλου | αὖ S : κἂν ‖ 32. Dele σε, quod operarum stupore huc irrepsit ‖ 36. μαθήσομαι C : μνηθήσομαι

Pag. 68, 2. τὸ πρώιον Iacobs. ad Achill. p. 401 ‖ 4. αὐτοῦ Neapolitanus III, A 14 : αὐτῆς reliqui. Neque

tamen ita locum persanatum esse arbitror ‖ 14 δέον Valckenarius : δὲ | χοριχῷ B χωριχῶς ‖ 15. ἀπέξυσαι M : ἀρέξισας ‖ 16. καὶ κατὰ σεαυτήν] Malim τὸ κατὰ σεαυτήν, id est, ἧ δύνασαι. Cf Heliodor VI, 15 | καὶ post σεαυτὴν addidit | ῥᾴζε Bastius · ῥιπίζε ‖ 21. ἀρο-λέσας Dobræus : ἀπλώσας ‖ 25 τὴν ὄψιν * τὰς ὄψεις ‖ 36. Διομήδει L Dindorfius διομήτιδι ‖ 38 Φλάξ S φλοιέα ‖ 41 ἐπεπορίκειν M ἐπεπονήκειν ‖ 42. Πασίωνα S πασάωνα ‖ 44. κατ᾽ ἐξωλείας Bastius κατελώνας vel κατέξων ‖ 45. μήποτ᾽ ἂν · * μήποτε ‖ 46 εἰ add M | κατασκλῆναι Eustath ad Hom. p 1508, 26 κατα-σκληθῆναι

Pag. 69, 1. Λοπαδεχθάμβῳ Reinesius · λοπαδεχ-θάμβῳ | 2. ὥρα * : ὥρα σοι ‖ 4. χαλωδίου Herelius χαλωδίων ἀπάγξασθαι | γὰρ * γὰρ καὶ ‖ 10. οἰκέτην Boissonadius . ἱκέτην ‖ 17 Ἐτνοδιώκτης S | Μαγδα-λιοκάπτη * ·μανδιλοκολάπτη ‖ 23 ἰχθῦς * ἰχθύες ‖ 28. ὀλίγου addidit M. Rectius de hoc et proximo (32) loco statuit Bekkerus Hom. Bl p 287, 20 Pausan. IV, 17, 8 ὥστε αὐτῶν ἰδέησαν οἱ πολλοὶ καὶ ἐπιλαθέσθαι τῶν ἐν χερσίν ‖ 31 ἔναυλον nescio quis ἔναυλον ἐγγειμέ-νην | χαχχάδην * χαχάδην ‖ 32 ὀλίγου addidit M | 37 Κνισόζῳ aut Κνισοζῴῳ Nauckius Philol 1851. p 419 | μαχρὸν Irmiscus . μικρὸν ‖ 41 αἰτεῖ] ἀεὶ αἰτεῖ Kayse-rus ‖ 44 συσκλῆναι R συσταλῆναι

Pag 70, 5 μ᾽ ἐν ἀχαρεῖ * . με ἀχαρεῖ ‖ 8. θεασάμε-νος Arnaldus : θεασάμενος ἕνα τῶν κάτω | τοῖς addidit ‖ 9. ἀνελεῖν Arnaldus : ἀνελὼν ‖ 10. ἐπηνάγκασεν M ἀπηνάγκασεν ‖ 13 οἷα γὰρ B et C : οἷα γὰρ οἷα τάσχει τὰ δίκαια ‖ 16 παρεώθει C : παρώθει ‖ 18. κεραιαζόμενος S ἐργαζόμενος ‖ 19 πιθάκνια S πιθάκια et πιθάλνα; ‖ 20. πῶς C : ποῦ ‖ 21 ἐχώρησα τοσοῦτον B ἐχώρησε τοσούτου ‖ 23. κινδύνοι * κινδύνοι φανερῶς | εἰς Πει-ραιᾶ* · πειραιοῖ ‖ 25 μεταθήσων S μεταθείς ‖ 26 ὁμι-λογουμένη] Cf. III, 16, 3 ‖ 31 στενωρὸν B στερίλιο-πον ‖ 32 τὸν add R | τὴν ἄγνον B τὸν ἄγνον ‖ 35. γὰρ N δὲ ‖ 42 κἂν M καὶ ‖ 43 ἀταγάγοιμεν * ἀτά-ξαιμεν plerique scripti Operarum errore ex Meine-kiana resedit δυνησόμεθα, quod delendum et ἁρπά-ξαιμεν C ‖ 45. κόμματος R : σκέμματος ‖ 47 καὶ M καὶ τὸ

Pag. 71, 4 εἰς * . κατὰ | λαγῶ* . λαγὼν | διαστο-6ήσας* . διαστροδήσας ‖ 5. οὑμοὶ M . οἱ μοὶ ‖ 6 ἐπέ-λυσαν* ἀπέλυσαν | ἐθορύδει | ἔθει ῥύμη C frustra Vide Arrian. Cyn. 4, 3 20, 3 ‖ 7. λαγὼς * λαγωὸς ‖ 16. Ἐράστωνι vel Ἐράττω vel Ἐστάτων L Dindorfius in Thes | Recte M miratur verba κακὸς κακῶς ἀπόλοιτο ὁ κάκιστος Fortasse ad Alciphronem hæc sola re-deunt, ἐκιτριβείη ὁ κάκιστος ἀλεκτρυών ‖ 21. ἐφνειν | Immo ἐδόρυον vel ὄμην ‖ 26 ὁ post δῆμος addidit C ‖ 30 ὅμως δ᾽ C | ἐγώ delct C ‖ 33 Χιονίῳ Kayserus χρονίῳ ‖ 35 Immo ἄστεως ‖ 40. ἀπώλισθε S ἀπο-λείσθαι ‖ 42 ἀλιντόῆ * · ἄμ᾽ λλᾶ ‖ 43. ἀστιχαῖς Ruhn-kenius · ἀττικαῖς

Pag 72, 4. πίτυν M κίτυν πρὸς τὰς αὔρας ἐκκειμέ-νην ‖ 8. μου M · μοι | 13 ἡδοναῖς | νομαῖς M ‖ 17 οἷος ἦν C : οἷός τε ἤμην ‖ 18. ναματιαίον B . ναματίδιον | 30 Post φρονεῖς delevi χαίρειν, quod revocandum Si-militer Plato epist. VII. p 338, C ὅμως δ᾽ οὖν ἀσφα-λέστερόν μοι ἔδοξε χαίρειν ·ὅτι· γε πολλὰ καὶ Δίωνα

καὶ Διονύσιον ἐᾶν ‖ 32 Ἀκαδήμειαν M ἀκαδημίαν ‖ 37. πλάα S : πλεῖα ‖ 40 μακρὰν idem: μακρὸν | ἔχω * : ἔχω οὖν ‖ 41 τὸ γὰρ κοινὰ τὰ B . τὰ γὰρ κοινὰ

Pag 73, 2 ἂν * : ἂν εἴσω | 4 ἐξεθέρισας * ἐνθερί-σας ‖ 5 ἀπέθλιψας * . ἀποθλίψας | ὁ ἐπλήρωσας * πληρώσας ‖ 12. τε * : τε ὁ | γενοῦ R . ἐγγὺς ‖ 14 ἐν ῥινόη * : λειριόνη | Δηρινόη * λειριόνη ‖ 15 κατακοιμί-σασα C : κατακοιμήσασα ‖ 17. γεραμεᾶ * κεράμεια ‖ 18 ἕνεκα * : ἕνεκεν ‖ 23 Πιθαχνίωνι * · ·τιθακίωνι | ἑορτάσων M ἑορτάζων ‖ 24. Πιθαχνίων * ·τιθακίων ‖ 26 σύγκαστρον R συνέργαστρον ‖ 36 Immo Πιθαχνίων.

Pag 74, 4 εἰς σὲ B εἴσω ‖ 6. μιαρὸν * μιαρὸν οἶ-κοι ‖ 8 ·παλάθια M πάλαθα | Idem hiatum indicavit suppletque ἄστυδε ἐλήλακεναι Deinde mavult καταγα-γόντα οὖν, ὡς ταῦτα ἀπεδόμην, τῶν τις γνωρίμων ἄγει με λαβὼν εἰς τὸ θέατρον ‖ 18 εὑρίσκομεν * ἀνευράσκομεν ‖ 19 ταῖς παροψίσι * ·ταροψίδα Malim ποτὲ δὲ οὖν οἱδ᾽ δ—ως πάνθ᾽ ὑπὸ μιᾷ ‖ 23. σφαγῆς* κεφαλῆς ‖ 24 ἀνελό-μενος πάλιν * · ·πάλιν ἀνελόμενος ‖ 28 Verba τὰ κατὰ ἀγρὸν videntur delenda esse ut dittographia ‖ 30 ἡμέ-ραν Nauckius : ἡμέραν ἔχων ‖ 31. Παρμένων B παρα-μένων ‖ 34 φονῶδες φονῶδές τι ‖ 41 πρὶν C τρὶν τᾶς ‖ 42. Malim ἐπὶ τὸν μιαρὰν ἀλώπεκα et ἐτολέμει ἐκαπτεν ἀπέτεμεν ‖ 43 τοῦ σκανδάλου * τῆς σκανδάλας ‖ 44. ταῖς σταφυλαῖς R τὰς σταφυλᾶς | ἔκαπ-τον C . ἔκοπτον

Pag 75, 1 δριμὺς καὶ * δριμύς, ‖ 3 ·τυγκὸς C τυγκὸς ‖ 4. ἀταγαγὼν ἀγαγὼν ‖ 5 τοῦ addidit cum Seilero ‖ 11 νεχρὸν delet C, sed eadem abundantia Al-ciphro III, 51, 4 ‖ 15 τὸ addidit C ‖ 17 Πιτυῖσιν Kei-lius ‖ 19 Typothetæ error Scr ἔχω C ἔχων οὖν et πρῶτον μὲν τοῖς θ ἀπηρξάμην ‖ 24 εἰς M καὶ εἰς ‖ 25. Deest ἄν. μείζονα M pro μεῖζω ‖ 31 καὶ * καὶ πρὸς ‖ 33 φύττα κατακελτίνας B φύττας κατά τινος ‖ 40 No-μιε C ‖ 44 ἀστικὸν Ruhnkenius ἀττικὸν

Pag. 76, 4 ἀποθ:μένω C ἀποτιθεμένῳ ‖ 5 Κωρυ-χαῖος M χωρύκειος ‖ 8 ὥστε με * ὡς ‖ 9 τῇ ἀδιλίδι | προσοφλεῖν C. ·προσοφλῆσαι ‖ 11 Σαλμωνίδι B σαλα-μωνίδι ‖ 19 ἀναγκάσω C ἀναπείσω | 21. Σαλμωνὶς B σαλαμωνὶς ‖ 26 Revocanda librorum scriptura στυγῶ τοῦτο μὲν βδελυττομένη τὸ δάσος τοῦ σώματος καὶ ὥσπιρ τι κίνεδος ·προσφιλεῖν τοῦτο δὲ ‖ 34 Ὥρειος Bastius : ὅριος ‖ 39 ἕνεκα δικομαχοῦντας B ἕνεκεν ἀδικομαχοῦντας

Pag. 77, 2. ὅτι M : ὅτι μοι ‖ 11. στρουθῶν * στρουθῶν ‖ 15 κοινὰ γὰρ τἀγαθά * . κοινῶν γὰρ ἀγαθῶν ‖ 17 Θεστύλῳ * θεστύλλῳ ‖ 19 τοὺς addidit ‖ 20. ἀγροικίας * . ἀγροικίας μαθεῖν ‖ 21. γενήσεται · γε-νοιτο. Nunc malim cum G Hermanno Opusc vol I p 277 ἦν-γένηται | ἀπάξων C ἀπάξων νῦν ‖ 24 τά-κεῖ C ·τάκεῖθι ‖ 26 Σνορδιάδης * ·σκορπιάδης ‖ 28 τὸ μίτρῳ R τῷ μέτρῳ τὸ ‖ 29 ἑστέργε * ἑστεργε συνε-χῶς δὴ περιφερομένης τῆς κύλικος ἣν τοῖς ἀρνουμένοις τοῦτο τουπιτίμιον | γὰρ * γὰρ αὐτοῖς ‖ 31. ἡμέραν Nauckius ἡμέραν ἔχω καὶ ‖ 34. ἤδη * ἤδη λοιπὸν ‖ 38 Παρθένιον S : παρθενίαν | ἣ addidit Toupius.

Pag. 78, 1 Erat Καλλ᾽κωμίδη et Καλλικωμίδη * ‖ 3. Ἀτημάντου B ἀτήμαντον | 9. νεαρλούτων R μα-σοκλούτων ‖ 10. Φειδωνός τε B φειδώνοντες | Ὑνήμω-νος B γρίφωνες ‖ 12 πάν-α * ·πάντα ὑρομένειν | ἀνε-ξόμενον M ἀνεχόμενον ‖ 15 ἀρούρας * ἀρούρας αὐ-

τάς ‖ 19. εἶχε addidit B ‖ 20. κάπρον B : καρπὸν ‖ 21.
χόνδρους S : χόνδρους εὖ μάλα εὐρωτιῶντας ‖ 26. Πρα-
τίνας idem : πρατίνος ‖ 29. σκρίσσας B : σισάρας. Ex-
punxi alterum sigma | δέρρεις B : δέρρας ‖ 35. ὡς * :
τῷ ‖ 39. Immo ἀνθέων hic et p. 79, 6.

Pag. 79, 4. εὐρήσουσα C ‖ 7. Deletis virgulis scribe
τι ‖ 8. καὶ Nauckius : καὶ ἔχω ‖ 9. ἀπείρατον C :
ἀπείραστον ‖ 15. ἐγρήγορὸς Lobeckius : ἐγρηγορὼς ‖
16. περιχαρείας M : περιχαρίας ‖ 17. ἆρα B : ἅμα ‖
20. κεκοιμῆσθαι M : κεκοιμῆσθαι ἢ ὡς ἀκούομεν τὸν
Ἡρακλέους τριέσπερον ‖ 21. ποιοίην Hirschigius : ποιοί-
μην ‖ 23. B nomen Φιλομήτωρ ex sequentis epistolæ
inscriptione huc et Εὐθύδικος illuc transponendum cen-
set ‖ 29. εἶναι * : εἶναι παρ' ἀθηναίοις ‖ 30. θύσουσιν C :
Θύουσιν ‖ 31. ἐπειχθείης C : ἐπιχθείης ἔρχη ‖ 32. συν-
θύσεις R : συνθύσεις ‖ 33. ναὶ B : καὶ ‖ 35. ὡς-δύστρο-
πον] Delcta malim ‖ 36. δὲ * : δὴ ‖ 40. Φιλίσκω M
‖ 42. ὅτουοῦν * : ὅτου ‖ 43. αὐτὸν C : αὐτὸν οὐκ ἔχω
λέγειν ‖ 45. πάθος Wagnerus : πάθος τὴν λύτταν

Pag. 80, 6. ἄπρακτος] ἄκρατος R ‖ 10. εὐδῆλος R :
εὐδηλον | περιορῶν * : περιοράν ‖ 11. στυγῶν C : στυ-
γεῖν ‖ 18. λειωργέ * : γεωργία ‖ 21. Expunxi verba
ἀπὸ τοῦ φρονεῖν in scriptis post ἀνδραποδίζοντας illata,
quæ olim ad φροντιστήριον adscripta fuerunt ‖ 22. κα-
τέλιπον * : ἀπέλιπον ‖ 23. Μηλινόη * : μηλιόνη ‖ 26.
πρὶν C : πρὶν φθάσαι ‖ 33. δὲ C : δὲ ἡ παῖς ‖ 53. τὰς
ἐγγύθεν καμίνους?

Pag. 81, 2. καὶ τὸ-θέρεσθαι] A glossatore fictum ex
I, 23, 3 ‖ 5. Κύναιθος Keilius : κύναιθος οἱ παράσιτοι
| ἐν Στραγγείῳ * : εἰς τὸ ἐν σπραγγίῳ βαλανεῖον. ει pro
ι posuit C ‖ 8. ἄσμενος C : ἀσμένως ‖ 12. σκωμμάτων
Ἀττικῶν καὶ αὐτοχαρίτων αἰμυλίας M ‖ 13. δὴ M : δι' vel
δὲ ‖ 18. τὸ Piersonus : τὸν | τὸν Χαρικλέα C ‖ 19. ἀν-
δραπόδων C : ἀνδραπόδων ‖ 22. ὑστριχίδι M : ὑστριχῖσι
| ὀλίγας οὐδ' εὐαριθμήτους * : ὀλίγοις οὐδ' εὐαριθμήτοις ‖
32. τὸ ἄστυ B : τοῦ ἄστεος ‖ 34. ἀνάψγεν * : ἀνάψγεν ἡ
‖ 37. φέρει] Delet Hirschigius ‖ 41. δεξιᾷ Fridericus
(in Annall. Philol. et Pæd. 1870. p. 543) : δεξιᾷ τύχη
γὰρ παρὰ πάντα ἐστὶ τὰ τῶν ἀνθρώπων πράγματα. Sum-
pta sunt hæc verba ex Demosthenis Olynth. II. p. 8 C.

Pag. 82, 1. Δηρινόη * : λειριόνη ‖ 2. καινὴν R : ἱκκ-
νὴν ‖ 4. καταπύγονα Lobeckius : καταπύγονα | περικα-
τάξαι M : περικατεάξαι ‖ 5. θραύματα M : θραύσματα ‖
8. τουτωνὶ C : τούτων εἰ ‖ 12. Στεμφυλοχάρων * : στεμ-
φυλοχάρων] Erat Τραπεζοχάροντι * ‖ 13. Τραπεζοχάρων
C : τραπεζοχάρον ‖ 16. δεῖπνον C : δεῖπνον τέρπειν ‖
23. ἐξηλόμην * : ἐξηλλόμην ὡς ἐν τῇ φυγῇ τοῖν διαβά-
θροιν θάτερον ἀποβαλεῖν ‖ 26. πολύμιτον O. Iahnius in
Philol. XXVIII. p. 1 ‖ 27. Πιθακνίωνα C : πιθακίωνα
‖ 32. ᾧ addidit M ‖ 34. ἀωρὶ Nauckius : ἀωρία ‖ 38.
ἀκρωτήρια B : ἀκροθίνια ‖ 41. Post ἐπιπολῆς expunxi καί.

Pag. 83, 2. ὥστ' C : ὡς ‖ 4. καταναλώσω C : ἀπα-
ναλώσω ‖ 6. ἐπιλήσεται * : ἐπιλήσεται ‖ 7. Ματτυαφα-
νίσω * (v. Hermæ vol. I. p. 280) : ματταφανίσω ‖ 10.
τινὶ] Immo τε ‖ 17. ἀποτρώγων M : ἀπέτρωγον ‖ 20.
ἐλελούμην * : λελούμην ‖ 24. πέρα B : πέρας ‖ 26. ἀχα-
οίτου C : ἀχαρίστου ‖ 29. κεκλήρωσαι καὶ delet C ‖ 30.
συνδῶν * : συνδέων ‖ 32. γήθυα S : τητθία [ὅκ * : πόαν
‖ 40. δὲ * : δὲ καὶ

Pag. 84, 4. συνοικίας καὶ ἀγρούς B : συνοικίαι καὶ

ἀγροί ‖ 6. ποιεῖται * : ποιεῖται τοῦ | τὰ addidit B ‖ 13.
πολλὴν C : πολλὴν τὴν ‖ 25. ἀχάριτοι R : ἀχάριστοι ‖
28. ὥστ' C : ὡς | μετάδοθαι C : ἐπιμασάσθαι ‖ 30. καιν-
νουργεῖν M : καὶ νεουργεῖν ‖ 32. εἶτα * : εἶτ' ὀστέα ‖
34. περιρρηγνύντες * : ἐπιρρηγνύντες ‖ 35. τοῖς ἄλλοις]
τοῖς ἐξ ἀνθρώπων? ‖ 36. πολιούχε * : πολιούχε .τοῦ
ἄστεος ‖ 39. κεῖσθαι B : ὑεῖσθαι ‖ 40. ἀντέχεσθαι Val-
ckenarius : ἀνέχεσθαι ‖ 41. Κωκξδίων * (vide Hermæ
vol. I. p. 280) : κοπαδίων | οἱ addidit S ‖ 42. Γευ-
θίων * : γρόνθων ‖ 45. δρᾶμα M : δρᾶμα ὡς ἔστιν ἐργά-
ζεσθαι χρηστόν · φύεται γὰρ σπανίως καὶ ἐν πᾶσι τὸ χρη-
στὸν καὶ πιστὸν ἦθος καὶ ὑγιές

Pag. 85, 7. ἄλλας * : πολλὰς ‖ 11. Χωνοκράτει S :
χωνοκράτω ‖ 14. Μεγαρικὰς Herelius : μαγειρικὰς ‖ 16.
φάγοιμι C : ἂν φάγοιμι ‖ 32. Πατελλοχάρωνι * : πατελ-
λοχάροντι ‖ 41. ἐκείνοις τῶν B : τῶν ἐκείνοις et τῶν ἐκεί-
νων | ἐμοὶ B : μοι ‖ 44. ἦν * : ἤμην ‖ 45. Ὀρθίας B :
πυθίας ‖ 48. λιποθυμήσας C : λειποθυμήσας

Pag. 86, 12. Εὐθυκλῆς R : εὐοκλῆς. Rectius Εὐκλῆς
Valckenarius ‖ 13. κουριῶν Schneiderus : κουρείων |
14. ῥυσότερον M : ῥυσσότερον ‖ 18. κικίννους.B : κίκιν-
νας ‖ 19. ἐπὶ R : ὑπὸ ‖ 21. Πυθαγόρειος * (cf. §. 7) :
πυθαγορικὸς ‖ 28. στελέχει B : στελέῳ ‖ 31. ἠρτυμένην
Iacobsius : ἠρτιμένην ‖ 35. περισσδεύσης * : περισσοδευ-
σμένης ‖ 36. Εὐθυκλῆς R : νεοκλῆς. Εὐκλῆς Valck. ‖ 38.
τι * ‖ 44. ψάλτριαν * : ψάλτριαν ὡς αὐτόν. ‖ 47. ἰούρει
Lehmannus : οὖρει ‖ 50. ἀπάντων C : ἁπάντων σφῤῶντων

Pag. 87, 1. ἔτι M : ἐστι. Nunc ἦν malim cum eo-
dem ‖ 7. Θαμβόφαγος * : θαμβόφαγος ‖ 11. Ἀρητάδης
M : ἀρπάδης ‖ 15. γυμνὸν C : γυμνὸν τῆς οἰκίας | χρόνου
C : χρόνον ἐκβληθέντα ‖ 17. Ποτηριοφλυάρ(ῳ B : ποτηρο-
φλυάρῳ | τοῦ Reitzius : τὸν ‖ 20. φειδωνίῳ C : φειδωλῆ
τῷ ‖ 22. ἐνιστάντων M : ἐνιστάντων ὑποδήματα ‖ 24.
τούτῳ S : ταύταις ‖ 26. διαμασῶμαι idem : διαμασσῶμαι
‖ 29. τηνικαῦτα M : τηλικαῦτα ‖ 31. καττύειν M :
κάττυεις | ἀγεννήτους (ita corrige)] Valcken. in Mnemos.
vol. I. p. 63. ἀνηνύτους R ‖ 34. Ἑτάρας Piersonus :
ἑταίρας ‖ 35. ὑπομενούντων * : ὑπομενόντων ‖ 40. κάν-
δοκῇ B : καὶ-δοκεῖ ‖ 45. τουτωνὶ C : τούτων εἰς

Pag. 88, 11. γὰρ C : κατ' ὄναρ ‖ 15. καὶ εἶναι de-
let C ‖ 26. ἐξηγρόμην C : ἐξηγειρόμην ‖ 39. ὀνουομεί-
ναν C : ἀπομείναν. Sed illud compositum inauditum.
Verissime R ἐναπομείναν ‖ 41. τινὸς * : τι ‖ 44. ἕκα-
πτον B : ἔδαπτον ‖ 47. ἀχαρίτους C : ἀχαρίτους

Pag. 89, 4. Ὑδνοσφράντης * : ὑδροσφράντης ‖ 7. τὸ
ἄδοξον τοῦ ὑβρίζοντος? ‖ 9. κατὰ γένος delet M ‖ 12.
ἐν addidit Hemsterhusius ‖ 16. Δωσιάδης M : δοσιά-
δης | πύχνα C : πνύχα ‖ 17. κἂν S : καὶ ‖ 23. Ὑδνο-
σφράντον * : ὑδροσφράντη | C ‖ 25. Σκοροδολέπισος *:
σκοροδολέπισος | Καπνοσφράντη R : καπνοσφράντη | ἐπί-
στασο B : ἠπίστασο ‖ 28. τρέφεται Ἐλευσινίοιν C : στρέ-
φεται τοῖν θεοῖν τοῖν ἐλευσινίοιν | 32. οἴονται δ' οὐκ
ὄντε ‖ 34. προύλακτοῦσι B : προσυλακτοῦσι ‖ 36. πρὸς
τοῦτον Hemsterhusius : παρὰ τούτων ‖ 37. δίθυρα idem :
ἴδίουρα ‖ 39. συνίεσσι.B : συνίασι ‖ 42. ἔσθ' B : οἶδ' ‖
45. ὅτι C : οἶδ'

Pag. 90, 1. βλακικώτερος C ‖ 4. Πινακοσπογγίσῳ * :
πινακοσπογγίῳ ‖ 5. Λαιστρυγόνες λαικάστριαι B | Re-
stitue αὐται αἱ τῇ συμπράττουσαι B : συμπράττουσι ‖ 12.
σιγᾷν C : σιγῶν | Post σιγῶν in scriptis est σιγῇ δί

ἐστι τοῦ θυμοῦ τροφή. Delevit M ‖ 16 Scr. cum M
'Εφαλλοκύθρη | ἀγνοίας M ‖ 17 προύτρεψε M ἐπί-
τρεψε ‖ 19. ἀξιώτατον *. ἀξιώτερον ‖ 20. σγινδαλμούς *
κινδαμοὺς ‖ 23. τῶν addidit C ‖ 28 ῥαμαιτυπεῖα B
χαιραιτυπίας ‖ 30 κατολισθῶν * κατολισθήσας | αὔτη
C · αὐτή ‖ 32. ἔτι ἀντιτείνεται Arnaldus ἐτανατείνεται
‖ 35 Scr. cum C πολλὰ κἀγαθὰ ‖ 38. εἰ Iacobsius ἦν
‖ 44 Πηξάγκων * πηξάγωνος | 'Ρυτομάχῳ * ῥιγομάχῳ
| 'Ιστρίας Wagnerus ἰστρία ‖ 46 πλοσσωτάτοις C.
πλουσίοις

Pag. 91, 2 ἐκκεχυμένως C : κεχυμένως ‖ 4. μετα-
γεμφάμενος * μεταπέμψας ‖ 6 τῶν addidit M ‖ 12 τῷ
προσώπῳ αὐτοῦ *. τὸ πρόσωπον αὐτῶ ‖ 14 προσπαίσαι
B προσπεσεῖν ‖ 15 Theocrit 8, 82 ‖ 19 Φαττοδαρ-
δάπτῳ * φαγοδαρδάρτῳ. Alterius nominis posterior
pars γαρων scribenda ‖ 21. τὰ addidit C | τοὺς M . τοὺς
χειροήθεις ‖ 24. ξυρεῖσθαι L Dindorfius ξυρίσθαι |
ἄσμενος C. ἀσμένως ‖ 26. μου · μοι ‖ 39 οἰδ' addi-
dit M ‖ 40. δ * ‖ 41 Νεβρίδα B νευρίδα

Pag. 92, 2 Post με operarum errore πάντες excidit
| ἐκρινηθῆναι Boissonadius κριθῆναι ‖ 9 ἐξέχεαν C
ἐξέχεον | Βαθύλλῳ L Dindorfius βαθύλλῳ ‖ 13. ἄνα-
κτες *. ἄνακτες | Erat Λεωπρετοῦς ‖ 16. κνωσσο-ρα-
πέζω * κοσσοτραπέζω ‖ 20 ἀπεδώσατο Wyttenbachius
ἀπελώσατο ‖ 23 Τενεδίω B : στενεδίω ‖ 25 Λιμιπύκτης
M. λιμοπύστης ‖ 26 ἐπ' B ἐν | ἀστικῆς Ruhnkenius
ἀττικῆς ‖ 27. οὐ R ἢ ‖ 31 σοδεῖν * σείεν ‖ 37 ἀνεκ-
τὰ * ἄνεκτος ‖ 39. πλουσίων B μουσίων vel μου-
σίων | ἀνοσιότητος Th Heysius coll. 3, 74, 1 ἀνισότ-
ητος ‖ 44 μετέμελε B μετέμε vel μετάμελλε ‖ 45
ἐπὶ M μετά

Pag. 93, 1 ἀστείος C δεκτος ‖ 13. τοῖς addidit C ‖
15. ὧν M . ἐξ ὧν | φωνήματος M φρονήματος ‖ 17 τού-
του δὲ τραφήσεσθαι * τοῦδε τραφησόμενον ‖ 18 Ante
Διονυσίοις expunxi ἐκμαθόντα, adscriptum olim ad τὸ
τοῦ οἰκέτου σχῆμα ἀναλαβόντα et derivatum ex sequen-
tibus, ubi est τὸ δρᾶμα ἐξέμαθον ‖ 28. Οἰνοχάρων *
οἰνοχαίρων | οἱ addidit ‖ 29 Malim εἰς τὰς χεῖρας ‖ 37
κυσσοδόχη C κυσοδόχη ‖ 38. ἤγαγε C ἦγε ‖ 42 οὕ-
τως * ὡς, quod perperam mutavi ‖ 43 ταρταρίαις L.
Dindorfius ταρταρίαις ‖ 47 τὰ addidit C ‖ 48 δὲ Wa-
gnerus δὲ φύττα κατά τινας

Pag. 94, 8 κριθῶν Bastius. κριθίων Restitue οὔ-
σῶν pro ὄντων ‖ 16. συμπινόντων * συμπαρόντων ‖ 20
σχετλιάζων M σχέτλια ‖ 29 Μονογνάθῳ * μονογνα-
θῆ ‖ 33 ἕστηκα C ἕστηκα ἐπὶ | σῆς adieci "Ερω-ος *·
ἔρωτος ἅμα

Pag. 95, 4 τῆς addidit M ‖ 13 ἐδόκει προσπνεῖν C
δοκεῖ προσπνέειν ‖ 14. περισπελίδων Wagnerus. περι-
σπελλίδων ‖ 19 ὑμῶν * αὐτῶν scripti, αὐτῶν editi ‖
21. Ante Λαῒς operarum incuria intercidit Λατς ἐν
τοῖς νευφείοις | 23 πανταχῆ ἀι priora traxi Erat παν-
ταχῇ πάντες ‖ 32 ὅλης | αὐτῆς * Neque enim ὅλος idem
esse potest quod ὁλοκλήρου ‖ 33 αὐτῶν addidi ex
Aristaen I, 1. Mox scripsi μελάντατον pro αἳ κόραι με-
λάντεται ‖ 37 μυρρίναι S ‖ 39. ἄνοδος S ἄμφοδος ‖
42. ὁπόθεν C πόθεν | τοῦ S ποῦ ‖ 43 κατατειῖν C,
ἐκπιεῖν ‖ 46 γὰρ | δὲ S, οὖν M.

Pag 96, 4 Post ἀνωσθεῖσα operarum stupore periit
εὐθὺς δὲ περὶ τὴν θυσίαν ἦμεν | ἄπωθεν M ἄποθεν ‖ 7.

ἐπιπλοχῆς * ἐπιπολῆς | τῇ] Immo τῷ ‖ 13 κατηρξά-
μεθα *. καταρχόμεθα Nunc malim κατηρχόμεθα cum
S ‖ 17 εὐτρεπεῖς S εὐπρεπεῖς ‖ 19 πρός · πρός γε
scripti, quod πρός τι scribebat C ‖ 21 ἂν S οὖν ‖
22. ἦν ἰδοὺ Piersonus ἦν ἰδοῦ ‖ 23 ἐν κύκλῳ] Na-
tum esse videtur ex ἐν μέσῳ κύκλῳ, quod § 8 legitur
‖ 24. κατακλινῆναι C ! κατακλιθῆναι ‖ 25. Immo μα-
λακῶν et mox μαλακόν ‖ 26 ἔχει · ἔχέτω ‖ 31. στι-
βάδα inseruit M ‖ 33 ἄνθεμα διαποίκιλα Dorvillius :
ἀνθεμάδια ποικίλα | Immo ὡράζον ‖ 38 οὑ * ἐξ | ἔχης
Dorvillius. ἔχη ‖ 39 ἐξ Ἐλευσῖνι * ἐξ ἐλευσῖνος ‖
40 ᾠά τε τετμημένα * ᾠὰ τά τε τρέμοντα vel ᾠὰ τὰ
τρέμοντα vel ᾠά τέ τι τρέμοντα ταῦτα Nunc malim ᾠὰ
τετμημένα abiecto τε | ὥσπερ λίσπας * ὥσπερ αἱ συγαὶ
‖ 42 γαλάντινα * γαλάκτια ‖ 43. συτίας] Malim κυ-
τύρια vel κατυρίδια | σκώληκας * κόλλικας M ‖ 44 -ὰ
πεμμάτια] Expunxerim ‖ 44. ὀπώρας] ὥρας M ‖ 46.
αἱ S οἱ ‖ 49. ὑποφεκάζοντα * ὑπεψέκαζε μὲν | μὲν ad-
ieci ‖ 50 κρουμάτιον M κρουσμάτιον | Μεγαρὶς * μεγά-
ρας ‖ 51 πρὸς τὰ μέλη] Delendum videtur.

Pag 97, 2 ἰδόνησεν] Ante hanc vocem delevi ἔν-
δον, quod nihil est nisi proximarum literarum itera-
tio ‖ 3 ὑποδεδραγμένον M ὑποδεδραγμέναι | οἶσθα *.
οἶδας ‖ 4 Malim τὰς δὲ τῶι ‖ 5 οὐκ ἀπροσδιονύσως *.
πρὸς διονύσῳ ‖ 17 ἐπήνει * ἐπανήει | λόγοισα de-
leam ‖ 20. διέπρωχε * διέπρωχε ὥσπερ ἀκνιζομένη ‖
21. τᾶσα· * τᾶσα γὰρ ‖ 23 παρέρχοντο M περιέρ-
χοντο | παρεμπορευσαμέναις S παρεμπορευσαμένα· ‖ 24.
δ' ἦν M. ‖ 26 ἤδη * ἤδιον ‖ 28 Immo λαγωδίων *
‖ 29 Rectius ἄστιω· ‖ 30 κομισθέντες S οὐ κομι-
σθέντες ‖ 33 Scribendum θρᾳδακίναι. An πηλίκα· ? ‖ 40.
ἐρείσασθαι Hauptius ἐαρίσασθαι ‖ 41 μάλα S ἀλλὰ ‖
42. τοῦ addidit idem ‖ 47 ὁμιλίᾳ M φιλίᾳ ‖ 49 Hia-
tum indicavit M ‖ 50 ὄντως M οὕτως ‖ 51 ἥξειν *.
ἥξειν ἔνδον ‖ 52. οὐκ addidit M.

ANACHARSIS.

P = Parisinus 3011
L = Laurentianus plut LVII, 51

Pag 102, 1 γελᾶται ἐμῆ φωνῆ PL ‖ 5. αἴτερ PL ‖
7. ὃς ἂν ἐμφανίζῃ PL ‖ 8 ὃς ἂν ὅταν PL | ἐφίκηται * :
ἐφικνῆται, quod restituendum ‖ 10 ἢ post ἐχούσῃ
add. L ‖ 12 ἀταξίας P ‖ 13 βαρβάρων * βάρ L βαρ-
βάρου Pa ‖ 14 τρόπον PL ‖ 15 μέγα φρονοῦντες PL ‖
17. ἡμεῖς L ‖ 19 παρακολουθῇ PL παρακολουθεῖ α λό-
γοις post παρακολουθῇ ponit P ‖ 20 γίγνωνται PL
γίνωνται α ‖ 22 βαρβάρων L | διὰ P μετὰ La ‖ 24.
διότι L ‖ 25. δοκιμάζοντες L ‖ 29 τοῦτο PL | 30 ἐπι-
τερεστε P ‖ 31. ναὶ] μὴ PL ‖ 32. σολοικίζουσι τε θαρ-
χοῦντας PL σολοικίζουσιν ἐπακολουθοῦντας α ‖ 33. με-
γάλα PL μέγα α ‖ 35 μὲν post σώφρων add PL ‖
37. εἰδέναι] Corruptum Fortasse εἶναι | ἀφείλαντο P
‖ 38 θεοὶ PL οἱ θεοὶ α | ἐξετάζοντας * ἐξετάζον-ας
λόγοις ‖ 40 λόγοις πρὸς ἔργα εἰ PL λόγους γὰρ προς
ἔργ' δεῖ α ‖ 41 στολὴ W in Comment er in script
Gr III p 7 στῆλαι | κόσμοις P.

Pag. 103, 1. ἐμπόδια *PL* ‖ 3. ἀσυνεσίας post αὐτὰ
ponit *P* ‖ 5. ἠδούλετο *PL* ‖ 6. μὴ δεῖν] με δεῖ *PL* ‖ 8.
κείνω *P* | τοιοῦτον *L* ‖ 9. πότε *PL : πό* cum spatiolo *a*
‖ 10. ἐπὰν *PL* | λέγῃ *PL : λέγοι a* ‖ 11. οὖ] οὖν *PL* |
ἔχειν-δοκεῖ] ἔχει *PL* ‖ 13. ἀξιώσαντα *PL* ‖ 14. Post
ξενίας *P* addit ἀναχάρσιδι, *L* ἀνάχαρσις ‖ 15. Ἱππάρχῳ]
ἀνάχαρσις ἱππάρχῳ τυράννῳ *PL* ‖ 18. εὐχερῶς *PL* | ἃ
ἐπιβάλλεται om. *L* ‖ 21. σεαυτοῦ * : ἑαυτοῦ ‖ 22. μὴ
acc. ex *PL* ‖ 23. τότε δὲ Mazarineus 611 A : καὶ τότε
PL, τότε *a* ‖ 25. φαύλης om. *PL* ‖ 28. τούτους *PL* ‖
29. τοῖς om. *L* | εὖ προάγουσι *L* | αὐτοῖς *P* ‖ 31. ὡς
διατελοῦσιν om. *L* spatio versuum unius et dimidii re-
licto | πολέμια *P : πολέμιον a* | ἐκδιώκοντες * : ἐκδιώ-
κουσι καὶ *a*, ψυχῆς ἀποδιοπομπούντες *P* ‖ 32. Expressit
hanc epistolam Cicero Tusc. 5, 32 | μὲν om. *PL* ‖ 33.
καὶ om. *PL* ‖ 34. καὶ-καὶ om. *PL* ‖ 34. ὀπτόν-ὕδωρ]
πᾶν ὄψον πεῖνα *PL* ‖ 35. ἄγοντος] ἀπόντος *L*, οὖ ποιοῦν-
τος *P* ‖ 36. παραγίνου *PL* ‖ 37. ὑμεῖς δ' ὅσοι] καὶ δώ-
σει *P*, καὶ δόσει *L* ‖ 38. χαρκηδονίων *P* | εἰς-θεοῖς] ἃ
σὴν χάριν ἀνάθες θεοῖς *P*, οἷς χάριν σὴν ἀνάθες θεοῖς *L*.
W malebat ὑμεῖς δ' ὡς Καρχηδονίων εὐχαριστήρια ἀνά-
θεσθε θεοῖς ‖ 39. βαλάντιον *P*, βαλλάντιον *L* ‖ 41.
οὐδείς *L* | δὲ θέλεις] δ' ἐθελήσεις *P*, atque ita *L* a pr.
manu, sed eraso σ ante εισ, ut iam εισ ad ῥίψας per-
tineat.

Pag. 104, 1. Τηρεῖ] ἀνάχαρσις τυρεῖ θρακὶ *P*, ἀνά-
χαρσις τηρεῖ θρακὶ χαλεπῷ δεσπότῃ *L* ‖ 2. πρόβατον *PL*
‖ 5. σοῖς *L* | χρήσιμον *PL* ‖ 6. ὧν ἂν ᾖς] ἐὼν ἀνὴρ
ἐὼν *P*, ὧν ἀνὴρ ἐὼν *L* | οὖ] εἰ *PL* ‖ 7. σῇ *L : σὴ P*,
τῇ *a* | νῦν δὲ σπανίζῃ μὲν ἀνδρῶν *L*, νῦν μὲν σπανίζῃ
μὲν ἀνδρῶν *P*. W conicit νῦν δὲ σπανίζεις ἀνδρῶν εἰς
πόλεμον, σπανίζεις δὲ χρημάτων εἰς διοίκησιν, οὐδὲ στρα-
τιώτας κτησόμενος τηροῦντας σὸν σῶμα, ἐὰν μὴ καταλεί-
πῃς τροφὴν ἀρκοῦσαν. ἔπτηξαν καὶ ἐνοῦντες δενδρηέσιν
(ἐνδυνέντες δενδρηέσιν pro simplici ἐν præbet Mazari-
neus 611 A) ὄρεσιν καὶ ἐρήμοις πεφυκόσιν ἐν τούτοις
κτλ. ‖ 8. ἁρπάζηι *L* ‖ 10. θεωροῦντες *PL* | καταλήπης
PL ‖ 11. ἔστησαν *P* ‖ 11. ὄρεσιν] οἷς δενδρηέν ὄρος
P, δεισθρήεν ὄρος *L* ‖ 12. τούτοις] οἷς *PL* ‖ 15. φιλεῖ
τῶν] φυλάσσει *PL* | Adieci τὴν | οἰκίαν *P* ‖ 22.
Κροῖσα] ἀνάχαρσις κροίσῳ βασιλεῖ *P*, ἀνάχαρσις κροίσῳ
P ‖ 24. θαλάσσης *P* ‖ 25. ἑλληνικῆς ἰδιοπραγίας *PL*
| κοινωνίην τῶν οὐδεμίην *P* ‖ 27. ὑπελίποντο *PL*, quod
reponendum ‖ 28. πῆ ποτε *L : πῇ P*, τί ποτε *a* |
φροντίσωμεν *PL*, quod reponendum ‖ 32. παρενόμη-
σαν *P* ‖ 34. ἔριν *PL : ἔριν γὰρ a* ‖ 36. τὰ acc. ex *PL*
| ἔφυ *PL : ἔφυ τὰ a* ‖ 37. τυῖσι *P* | ἀροτοὶ *P* | σπόροι]
* * *
καὶ σπόροι *L* ‖ 39. μιχρά * : μικρῶν | τέχνας * : τέχναις
| ποικίλλοντες *P : ποικίλοντες La* ‖ 40. τροφήν *PL :*
τρυφήν *a* | γῆς *L : ἵνα τε γῆς La*. Reliqua huius epi-
stolæ pars adhuc desiderabatur. Edidi ex codicibus
PL in Hübneri Herma vol. 6. p. 56 | τε om. *L* |
διάφορα * : διαφόρως *P*, διαφόρους *L* ‖ 43. πόνῳ * :
νόμῳ ‖ 44. πόνον * : νόμον ‖ 47. εἰ ἀγρὸν σοφίαν ἐπρίω *L*.

Pag. 105, 1. οἷς] ὅσω *P* ‖ 2. πίμπλασθαι *P* | ἀπο-
χέτευσιν * : ἐποχέτευσιν *L*, ὑποχέτευσιν *P* ‖ 3. Typo-
thetarum arbitrio positum est quod in oratione legi-
tur. Sufficiendum ex *L* ἀλλὰ σωμάτων μὲν ἰατροὺς
ἔχετε ἀμέτρους δι᾽ἡδονὰς ἀμέτρους. In *P* est ἀλλὰ σω-

μάτων δι᾽ἡδονὰς ἀμέτρους ἰατροὺς ἔχετε ‖ 6. ὅτε] οὗτε
L ‖ 7. τὸ χρυσίον *L* ‖ 9. ἀπεκάθηρας * : ἀπεκάθαρας
| αὐτὸν *L* | φρονήματος *P* ‖ 10. ἐλεύθερης *L* ‖ 12. θαυ-
μαστὸν * : θαυμαστήν ‖ 12. ἄλλα * : καλὰ ‖ 12. ἀκρατῇ
δέ σε] καὶ σε ἀκρατῇ *L* ‖ 13. ἐπήμηνε * : ἐπήνεσεν ‖ 15.
ὁ om. *L* ‖ 16. τὰ ἄκαυστα * : τῆς ἀκαύστου | τὸ σὸν
πάλαι κακὸν *L* ‖ 17. ἐκείνοις * : κείνοις ‖ 18. δευτέρας *P*
‖ 20. χώραν om. *L* ‖ 21. περιβάλλοντες *L* ‖ 22. προσα-
αρκέσαι * : προσαρκέσειν ‖ 23. οὖ post κακόν addit *L* ‖
Fortasse κενῇ προσπλέοντες τῇ νηί ‖ 24. ἐπετίθεντο * :
ἐνετίθεντο ‖ 24. τῷ φόρτῳ * : τῷ φυρτίῳ *P*, τῶν φορ-
τίων *L* | καὶ τὰ ἀγώγιμα * : ἄνω ἅμα καὶ τὰ φορτία *P*,
ἅμα καὶ τὰ φορτία *L* ‖ 27. ἐκείνοις *L* ‖ 28. ᾔει *L*, ἵει
P | ἁρπαγῇ * : ἁρπαγῇ *L*, ἁρπαγήν *P* ‖ 35. προσκεί-
μεθα *P* ‖ 36. πολὺ *L* ‖ 38. τὴν τελευτὴν κελεύων *P* |
νῦν] γῆν *P* ‖ 38. ἀποδὰν * : ἀποδὰν λέγων ‖ 39. λέ-
γων * : ἔλεγεν ‖ 40. τὴν] τῇδ' *P*. Videtur dicere Ana-
charsis : *non dixit aperte quid vellet* ‖ 42. ἀκμάζει * :
ἀκμάσει ‖ 46. οὐδὲν * : οὐδὲ

ANAXIMENES.

Pag. 106, 1. Ex Diog. L. II, 4 et 5.

ANTIGONUS.

Pag. 107, 1. Ex Diog. L. VII, 7. Respondet ad
hanc epistolam Zeno p. 792.

ANTIOCHUS.

Pag. 108, 1. Ex Iosephi Antiq. Iud. XII, 3.

APOLLONIUS TYANEUS.

K = Kayserus.

Pag. 110, 9. μαθήσει K delet. Rectius cum Olca-
riana delebitur κτήσει, v. Plutarch. Mor. p. 2 B.

Pag. 111, 1. ἐκείνη? ‖ 17. γράψαιο K recte ‖ 18.
καὶ ante ἔχοις δ' abesse malim ‖ 23. Post καὶ γὰρ ope-
rarum incuria intercidit ὁ Ἕλλην ‖ 24. ἐρεῖν nescio
quis : ἱερῶν. Malim καὶ γὰρ τῶν ἐρεῶν καθαρώτερα ‖ 39.
Cf. ep. 116.

Pag. 112, 6. Immo Καισαρέων τοῖς προδούλοις ‖ 10.
τῷ] Operarum sphalma. Lege τῶν ‖ 13. ἔμοιγε ‖ ἐμοὶ
τε Spengelius ‖ 18. ἄπωθεν * : ἄποθεν ‖ 19. πρὸς
ἀμοιβὴν ἢ ὑμῶν ἂν πρὸς τίσιν K ¦ ἂν addidit W ‖ 41.
γεγεννῆσθαι K : γεγενῆσθαι

Pag. 113, 4. ἂν inserui ‖ 25. ὧδέ που] καὶ ὧδέ που?
‖ 26. δεῖνος Spengelius : διὸς ‖ 28. τοὺς θείους K.

Pag. 114, 27. θεηκόλοις K : θεηχόροις

Pag. 115, 28. Scr. φράσαιμ' ‖ 29. Respicitur Eu-
rip. Or. 485.

Pag. 116, 25. καὶ addidi ‖ 26. εὔχεσθε K.

Pag. 117, 12. εἴην] εἰμὶ K ‖ 20. λόγου K | παθῶν] καὶ παθῶν K ‖ 21. τε * : γε

Pag. 118, 8. ἂν addidit W ‖ 28. Post ὁ ἐμὸς K addit οἰκέτης | 36. μὴ add. Hamakerus ‖ 30. ἰδόντες] συνιόντες vel δόντες K. Post ἔχεις v. 31 pone signum interrogationis.

Pag. 120, 3. ἀπιέναι K : ἀπεῖναι ‖ 12. εἰ δ' ἡμῖν] εἰ δ' ἡ μὲν K ‖ 18. σοὶ post γὰρ addit K. Idem γόνος pro γάμος ‖ 87. τὰ ante τέκνα addit K.

Pag. 121, 31. τότε δὲ] τὸ δὲ μεῖζον K ‖ 42. Post βουλήσεται K addit ἀπεύχεσθαι ‖ 45. αἰτίους] ἀθλίους K ‖ 51. ἢ add. Spengelius.

Pag. 122, 3. εἴποι K : εἶπεν ‖ 23. οὐδὲ * : οὔτε | ἂν adiecit K ‖ 33. τᾶν δεδομενᾶν τιμᾶν K : τὰν δεδομέναν τιμὰν | ἀπεστάλκαμες Cobetus Mnem. VIII. p. 80 ‖ 35. εἶδῆς et ἔχεν (v. 39) idem | γᾶς idem : γάνος | οἴκων] οἰκίας idem | ἔγκτασιν K : ἔκτασιν ‖ 40. ἐστάκαμες et ἀρετᾶς Cobetus.

Pag. 123, 3. καὶ add. K ‖ 4. ὑποδεδεμένους ὑποδήματα Ἰωνικά Cobetus ‖ 9. Immo Ἀρτέμιδος ‖ 15. τὸ γὰρ ἱερὸν τῶν ἀποστερούντων μυχός ἐστιν K ‖ 18. παροικίσων Spengelius : παροικήσων ‖ 23. τῆς K : τά ‖ 31. πρόχριτον K | δύο delet idem.

Pag. 124, 4. δὲ add. W ‖ 7: Κροτωνιάτας K : κρότωνας ‖ 14. τῶν παρ' K : παρ' ‖ 30. καλῶς delet Cobetus Mnem. VI. p. 305. Idem corrigit Φαβρικίων ‖ 33. Λευκόλλων * : λουκούλλων

Pag. 125, 14. νέοι * : νέοι πάντες ‖ 39. ἔχοις] Lege ἔχεις ‖ 29. Immo Ταντάλειον.

Pag. 127, 17. Quae abhinc sequuntur usque ad fragmentum 113 in Aldina post ep. 42 extant itemque in Laurentiano LVII, 12 (L). Adieci diversitates quae inter Kayseri recensionem (k) et Laurentianum sive Aldinam intercedunt ‖ 18. Λακεδαιμονίων-διορθοῦσθαι abest a k ‖ 24. διενοήθης La ‖ 25. δὲ La : δὲ ὁ ‖ 26. λύει abest a k, item ὁ v. 27.

Pag. 128, 1. τὸ abest a k ‖ 3. εἰς ἀπολογίαν ἑαυτὸν k ‖ αὐτῶν ὑμῶν] ἑαυτῶν La ‖ 19. σοφοῖς χαίρειν] σοφοῖς La, χαίρειν k ‖ 23. ἴδεται] ἴδεται δὲ k, quod reducendum.

Pag. 129, 1. βασιλεῖ] στρατηγῷ Ῥωμαίων k ‖ 2. ὃηλων] ὃηλῳ k ‖ 8. Σουνιεῖ] χυνὶ k ‖ 9. με] μοι k ‖ 14. ἔπραττον] ἔπραττεν k.

ARCESILAUS.

Pag. 131, 1. Ex Diogene L. IV, 44.

ARCHYTAS.

Pag. 132, 1. Ex Diogene L. VIII, 80. III, 22.

ARISTÆNETUS.

Aristænetum unus propagavit codex Vindobonen-

sis, inter codices « philosophicos et philologicos » trecentesimus decimus. De cuius librariis perversa tradidit E. Hofmannus in Dilthei Cydippe p. 125 s. Veriora docui in Hermæ vol. 5. p. 281. Accuratam eius collationem ipse institui, ut iam de eius lectionibus, quarum Bastius non paucas aut minus studiose excerpserat aut omnino prætermiserat, firma fixaque prostent. Patebit etiam, ut hoc statim addam, quibus adhibitis correctionibus codicem suum secutus sit princeps Aristæneti editor, Ioannes Sambucus.

Codex correctorem expertus est, qui interdum verum vidit, sæpius corrupit orationem. Ineptias eius, ut par erat, silentio pressi, utilia commemoravi.

Argumenta epistolarum, qualia in codice præfiguntur, ut alienissima ab Aristæneto in adnotationem relegavi. A ceteris codicis verbis diductis literis distinxi.

Polyzoïs epistolam, quam Boissonadius extremis Aristæneteis adiecit, a falsario profectam esse luce clarius est. Itaque abegi.

V = Vindobonensis
A = Abreschius
B = Boissonadius
b = Boissonadiana
M = Mercerus
m = Merceriana
P = Pauwius
R = Reiskius
S = Sambucus.

Pag. 133, 1. Ἐπιστολαὶ ἀρισταινέτου V | ἀρισταίνετος φιλοκάλω V. ‖ 2. ἐχό μη v V tribus literis detritis. Supplevit manus recentissima ‖ 5. ὦ recte V ‖ 6. ὦ recte V ‖ 11. διηρμένα m : διηρημένα (sic) | ὀξὺς V | δὲ * : τε ‖ 15. τὸ δὲ-λευκόν] Ex Alciphr. fragm. 5, 4 ‖ 16. αὐτῶν μελάντατον * : αὐτῶν αἱ κόραι μελάντατον | λευκὸν * : λευκὸν αἴγλην V. Posterior vox vide ne ex οἱ γλήναι truncata sit, quam ad τὸ μέλαν adscriptam fuisse arbitror haud aliter atque αἱ κόραι | λευκότατοι V. A manu recenti suprascriptum est γρ. λευκότατον ‖ 17. ὑπερβολὴν * : ὑπερβολῇ ‖ 20. ὑακινθίνῳ M coll. Hom. Od. ζ, 231 : ὑακίνθῳ ‖ 24. περιδέραιον * : περιδέρραιον ‖ 28. συνδιατεθειμένον * :

ο|
μν'

συνδιατιθέμενον ‖ 31. φοῖνιξ V | σειο i. e. σειόμενοι V a prima manu, σειόμενος a secunda ‖ 33. δέοι] Immo δέῃ ‖ 40. οἱ-βιαίως] « E poeta sumtum videtur. Namque, si ὠθοῦσι scribas, hexameter exibit. » Dorvillius in Vanno p. 600.

Pag. 134, 4. ἡνίκα-σειρῆνες] Ex Alciphr. I, 38 ‖ 6. στωμύληθρος S : στωμυλήθρον ‖ 7. ὑπέζωσται * : ὑπεζώσατο V atque ita codices Alciphronis I, 38 | μειδιᾷ-ἐπαγωγόν] Ex Luciano Dial. Mer. 1 ‖ 8. τρυφῶσαν ὑπὸ πλούτου] Ex Platonis Euthyphr. p. 12, A ‖ 10. μωμήσατο sec. V : μιμήσατο pr. V | ἄρα Bastius : ἄρα | τοιαύτης] Saltem τῆς τοιαύτης. Sed deesse videtur substantivum ‖ 13. δίκης] νίκης Wyttenbachius ‖ 16. προσδήποντες m : προβλέποντες V. παρέεστι A : παρέστιν | εὐπρεπείας m : εὐπρέπεια ‖ 21. Ὁμήρῳ recte V ‖ 22. ἡδυτυχήσαμεν * : εὐτυχήσαμεν ‖ 23. οὐ νέμε-

σις] Hom. Il. Γ, 156 ‖ 24. ἔνθ'·κάλλος] Ex Alciphr. fragm. 5, 2 ‖ ἔνθ' οἵ * : ἔνθα ‖ 26. οὐκ·λέγω] Ex Plat. Apol. p. 20, E ‖ παύομαι S : παύσομαι ‖ 3ο.

ω
παρθένοι νεανίσκω (νεανίσκον m) ἐραμίλλ πο-θοῦσαι V. ἐραμίλλως M ‖ 31. ἀποβλέπουσαι * : ἀνα-βλέπουσαι V. Cf. p. 165, ι ‖ 32. Ἔρωτος * : ἔρωτος μειδιῶσαι | μόνῳ m : μόναι ‖ 38. ἐμπέπληχας * : ἐμπέπληκας ἑκατέρας | ἕνεκα m : ἕνεκι ‖ 42. οὐδ' ἑτέραν V ‖ 43. Scr. νεάνιδες, ut codex habet ‖ 44. ζυγομαχίας sec. V : ζυχομαχίας pr. V ‖ 46. ὅμοσον Bastius : ὅμοιον ‖ 47. οὐδ' ἑτέραν V ‖ 48. ἦν * : εἰ ‖ 49. Immo ἔφασαν | εὔκαιρον Cobetus : εὔκαιρον εὑροῦσαι ‖ 5ο. οὐκ-εἶ] Ex Plat. Euthyphr. p. 15, D. Indidem proxima hausit Aristænetus καταβαλεῖς-μεγάλης ‖ 51. καταβαλεῖς * : καταβάλης

Pag. 135, ι. μέχρι-ἐντεῦθεν] Ex Plat. Conv. p. 217, E ‖ 2 Scribe ὁντινοῦν ex Platone ‖ 3. οὐδὲ μίαν V ‖ 5. ἑταίρα καὶ νέος ὑπὸ δένδρῳ συνενωχηθέν-τες· ἀλλήλοις V | λειμῶνι pr. V | συνεστιώμην Cobetus : συνεστίαμεν ‖ 9. εἰωθυῖαι pr. V | ἐφ' ἧς-τῶν Hauptius : ἐπὶ τὸ πεδον (sic) κατεκλίθημεν οἱ τῶν ‖ 1ο. δαπίδων Heringa : δαπέδων | δένδρη τε m : δενδρῦται | ὀπώρας πληθύοντα * : τῆς ὀπώρας πλησίον V. Sed fuit fortasse πολλῆς τῆς ὀπώρας πληθύοντα ‖ 12. ὄγχναι * : ὄχναι V. Cf. Hom. Od. η, 115 ‖ 15. ὡς ἂν εὐωδέστατον παρέχοι V, quod revocandum. Sumpsit Aristænetus a Platone in Phædr. p. 23ο, B ‖ 16. φύλλον V, quod eadem manus effecit ex φύλλον. De accentu vide p. 136, 18 ‖ 19. τε P : γε V. Nunc malim πυκνήκεις καὶ σφόδρα γε ὑψηλαί. Constantinus enim Patricius, qui in Epistola ad Gabrielem Severum (in Lamii Del. Erud. t. 12. p. 35) hæc verba respexit, habet καὶ λίαν ὑψηλαί | κυπαρίττους recte codex. Patricius παντοδαπῶν δένδρων γένη περιελίττονται ‖ 21. οἱ μὲν-δοκοῦσιν] Ex Philostr. Imagg. II, 17 ‖ 25. ἀναβεβλήκως sec. V ‖ 27. γεωργῷ ὑπεργεγγρακότι * : τῷ γεωργῷ ὥσπερ γεγγρακότι | ἢ δὲ-τεχνήρασθαι] Ex Plat. Phædr. p. 23ο, B, ubi pro ὥστε γε corrigendum ὅς γε· ex Aristæneto ‖ 3ο. An συννονηχομένω? καὶ * : καὶ διαυγὲς ὑδάτιον ‖ 31. Malim καταφαίνεσθαι ‖ 32. δ' adieci ‖ 34. μαστῶν m : μασθῶν | μεταξὺ * : μεταξὺ τοῖς ὕδασι ‖ 35. κατεδραξάμην Piersonus : κατε-δεξάμην ‖ 36. μαστόν m : μασθόν ‖ 37. κιωλιάδας * : κοπίδας ‖ 38. εὐειδεστέροις P ‖ 4ο. καίπερ * : καὶ ‖ 41. ἀπρόπωπος] Plat. Charm. p. 154, D ‖ 42. εὐ-κραῶς * : εὐκραής ‖ 43. χαλεπὸν Wyttenbachius : λεπτόν V. Post hanc vocem in codice est ἅμα, quod expunxi. Natum ex proximo versu ‖ 43. περιμυθου-μένη pr. V ‖ 47. ὁμότιμος A ‖ 49. λιγυρήν-τῷ] Ex Plat. Phædr. p. 23ο, C: Indidem rectius cum m pro ἔμπνουν scribes εὔπνουν | ὑπηχεῖ τὸ M : ὑπηχεῖτο V. Male expressum est ὑπήχει ‖ 5ο. τὸ πνῖγος-ἐγεγόνει] Item e Phædr. p. 279, B. πνῖγος V.

Pag. 136, 5. ὃ μὲν-ἐκεῖθεν] Ex Philostr. Imagg. I, 9, ex quo mox ἐπισιτίσασθαι A pro codicis ἀποσιτίσα-σθαι ‖ 8. ὑφειμένη-τούτων] Philostr. ibid. I, 22 ‖ 9. ἀποπτῶνται * : ἀποπτήσωνται ‖ 11. δὲ * : τε | τοῦ m :

..
τοῦτο V. Puncta addidit manus secunda | ὀχετηγοῦ]

Hom. Od. φ, 259 ‖ 12. σμινύη m : σμηνύη ‖ 13. τὸ ῥεῦμα P : τῷ ῥεύματι ‖ 14. πώματος * : πόματος | ἠφίει A : ὑφίει ‖ 16. διακεκριμμένας V ‖ 17. ὁλκάδος sec. V, quod verum videtur ‖ 18. πτόρθον * : ὀρθρουτὸ | Μη-δικοῦ φυτοῦ m : μηδικὸν φύλον (sic) | εὔφυλλον * : φύλ-

ναι
λον ‖ 19. ἱστία m : σιτία ‖ 2ο. κυβερνωμαι V, ναι a manu secunda ‖ 21. ταχυναυτήσασαι] Ita V distincte ‖ 23. ὑμεῖς pr. V ‖ 24. ὑπουργικῶς * : ὑπαύργως ‖ 25. ἴσον V | κεκραμένην Cobetus : κεκραμένην μετρίως ‖ 26. τοσούτῳ m : τοσοῦτο | θερμότερον S : θερμότερος ‖ 28. ἐπιπολάζον αὐτῷ Gavellus : ἐπιπελάζων αὐτὸ | An ὑπο-ψύχειν? ‖ 3ο. καταλείποιτο * : καταλήψοιτο ‖ 31. ἀμφι-διατριβῇ] Ex Plat. Conv. p. 177, E ‖ 32. συνέδοντες Casaubonus ‖ 34. δεινὸς ἐπιτρέψαι M ex Philostr. Imagg. I, 21 : δὴν ἐπιτρέψαι ‖ 35. ταῖς] τοῖς Philostra-tus, quod fortasse recipiendum. Ex eodem feci ἐν

τρ'
ὥρᾳ pro codicis ὥραις ῥᾶστα | φαιδρο pr. V, i. e. ον ad-didit secunda | ῥόδοις m : λόγοις ‖ 36. ᾖ * : εἴη ‖ 37. φυλλιῶνος V ‖ 38. τοιούτων χαρίτων * : τοιοῦτον εὔχαρυ ‖ 39. συναπόλαυε m : συναπόλαβε ‖ 4ο. νέος στοχα-στικὸς τοῦ τρόπου τῶν γυναικῶν V ‖ 42. τῇ ad-ieci | παιδίσκη m : παιδίσκην ‖ 44. ὅσον * : οἷον . γοῦν} Ita V | πλησιαίτερον * : πλησίον V. Nunc πλησίον ut glossam deleverim ‖ 46. μοι * : μοι τὸ ‖ 48. οὐχ male adieci cum Bastio ‖ 49. ἀφικόμενος * : ἀφικνουμένους ‖ 51. ἀφιὴς οὗ pr. V | νὴ * : ὁ νὴ

Pag. 137, 2. προίει pr. V ‖ 4. ἐπαισθάνη * : ὑπαι-σθάνη ‖ 5. ψελίων : ψελλίων ‖ 6. ἐξ ἐπίτηδες V | ἀνακουρίζουσαι M. Hauptius : ἀνακομιζόμεναι ‖ 7. ἀκροχειρίζουσαι m : ἀκροχειρίζουσαι ‖ 8. συμβόλοις * : συμβόλοις διὰ τούτων | προκαλούμεναι * : προσκαλούμε-ναι ‖ 1ο. ἰστέον οὖν * : ἰτέον οὖν ἐστιν ‖ 12. τὸν ποτα-μὸν M ex Plat. Theæt. p. 2οο, E : τῶν ποταμῶν ‖ 13. φανερὸν m : φανερῶς | ὡς εἰ θέλοιμεν R : ὡς θέλοιμεν V, εἰ θέλοι sec V. In contextu typographi vitio factum est θέλοιμεν ‖ 14. προπελάσας; pr. V | προσειπὼν] Ita V ‖ 15. αὐτὸν pr. V ‖ 16. γῦναι V ‖ 18. οὐδὲ m : οὐδὲν ‖ 19. ἂν αὐτὴ * ex Plat. Ep. VII. p. 339, C : αὐτὴ ἂν ‖ θέλης * : ἐθέλοις | θελήσεις ex Platone * : ἐθελή-σεις ‖ 2ο. οὕτω σοι εἴη Πλεων τὸ τιτθίον Heraldus ab-surde. Sapienter B α οὕτω certum, certera non item ·

δι'
‖ 23. δὲ * : τε ‖ 24. ἠρυθρίασε b : ἐρυθρίασε‖25. αὐγὴν V, αὐὴν

ut sit αὐγὴν. Sed eadem manus punctis circa delta po-sitis supra scriptam syllabam eluendam esse indicavit. Fallitur Bastius, qui sibi legere visus est δι ‖ 25. οἷα A : οἶα ‖ 26. τότε m : τόδε ‖ 3ο. συναπόλαυσον V | ἐρωτικῶς V, sed deleto sigma ‖ 31. Post ἀμάθημα in-iuria typothetæ excidit τῶν ἐρωτικῶν. Verba τοῦτο-σῖναι a Platone mutuatus est Aristænetus; Theag. p. 128, B | ὁντινοῦν ex Platone * : ὄντινα οὖν ‖ 31. δεινότατος m : δεινότατον ‖ 33. δόλος γυναικὸς καινοπρεπῶς τὸν σύνοικον ἀπάτησης V | παν-δήμει V ‖ 35. ὀνόματι-λέγειν] Ex Plat. Apol. p. 21, C ‖ 37. προΐουσαν A : προσιοῦσαν ‖ 44. ἀγνοίας pr. V ‖ 48. Excidisse nonnulla significavi | ἐπιδῇς * : ἐπιδώσης

|| 50 ἑτέρωσε A : ἑτέρως || 52 ἐρθη-ὑπεκρυγοῦσα] Ex
Luciani Diall. Mer 15, 2.

Pag 138, 2. βουκολήσουσι] Ita *V* || 6 ἑόρακεν *
Κώρακεν || 11. ταραχθέντων * προτεθέντων * 12
ἀνένηφε Gavellus . ἀνέρηνε || 13 ὑπὸ τῆς μετανοίας * .
μετὰ τῆς ὑπονοίας; || 15 γύναι *V* || 20. περὶ τῆς προ
γάμου φθαρείσης *V* || 21. εἴπω * εἴποιμι || 22
ὀμώμοκεν *V* || 23 ὡς-εἰρῆσθαι] Ex Plat Gorg p. 462,
B || 24. εὐθὺς, ἀνακέκραγεν *V*. Delevi dittographiam ||
26. ἔχε ἡσυχῇ] Ex Plat Charm. p 159, B || 29 τί
οὖν] Ita *V*, nisi quod o a m. sec additum in litura
|| 31. καθ'-ἣν] Ex Plat Epp VII p. 329, C || 32
οἷα A . οἷα | τε addidi ex Plat. || 33 γέγονε m γεγο-
νέναι || 35 τοῦ πόθου m . τῶ πόθω || 35 μ' ἐκράτει P .
με κρατεῖ || 39 μὲν τὸ Cobetus μέντοι || 41. ἔχει pr
V || 42 μηθὲ * καὶ μὴ δὲ || 43 προήκοντι m προσ-
ίκοντι || 46 ταχὺ] Ita *V* | κατάφωρος m κατάφορος ||
συνεπινεύσειαν * συνεπινεύσουσιν || 48. δεήσει A δεή-
θεῖτι || 51 δόξειε * δόξη

Pag 139, 1. ἁλιεὺς αἰτηθεὶς ὑπὸ κόρης τὴν
αὐτῆς ἐσθῆτα φυλάξαι μέχρις ἂν ἀπολούσηται
τῇ θαλάττῃ καὶ ταύτην ὁρῶν μάλιστα γυμνω-
θεῖσαν *V* | Malim Κύρτων || 2 ἱζοῦν *V* || 6 βελ-
τίων m βελτίω || δὲ addidi Nunc malim ἄγρα αὔ-
τη, ἢ δέ α τὴν || 11 γυμνωθεῖσαν * καταγυμνωθεῖ-
σαν *V*. ἀπογυμνωθεῖσαν Cobetus || 12 χιτωνίσκον m
χειτωνίσκον / ὅλος Pauwiana ὅλως || 14 εὐανθὴς *
ξανθὴ || 16 δὲ adiecit M | φιλονεικία Iacobsius Exer-
citt. Critt vol II p 213 * φοινικία || 17 ταρεινή-
χετο * ταρενήχετο τῇ θαλάττῃ || 21 θρυλουμένων *
θρηλλουμένων || 22. ὁρῶν *V*, sed correctum ab eadem
|| 24 οὕτω-ζωγράφοι] Ex Philostr Ep 36 || 26 ἀπε-
δίδουν R ἐπεδίδουν || προσταΐζων Bastius προσ-έξων
|| 29. θυμουμένης * θυμουμένης | χάλλιον P χάλλιον ||
31 τε] Malim δὲ || 33 θαλάττη b θαλάσσῃ || 33 πα-
ρεστηκέναι * . παρεστήκειν || 36 ἱππονόμος ἱππέως
ἐρωτικοῦ * | Ἐχέπωλος m ἐξέπολος || 37 τέθυ-
σαν * πέρυσαν ὁ || 39 τριπόθητος Schneidewinus in
Philol. 1848 p 256 περιπόθητος || 42 οἰκείως] De
letum malim itemque mox ἔδωλον καὶ

Pag 140, 1. ἱππιδρόμον * ἱπποδρομὴν *V*. Fortasse
scribendum ἱπποδρομεῖν || 3 Malim ὅμως δὲ τοῦτο ||
6 δόλος γυναικὸς δι᾽ οὗ θεραπόντων καὶ συν-
οίνων (συνοίνου M) παρόντων ἐφήψατο τοῦ
μοιχοῦ *V* || 7 περιεστοιχίζετο *V*, sed eraso o ante
iota || 8 προσιόντα R προσιόντα || 11 ἀνοῖξαι pr *V*
| αὐτῇ * αὔτη || 14. πεπτωκυῖαν P πεπτωκυίας ||
16. ἀμφότεραι pr *V* || 17 οὖν adieci || 18. δῆσον] δὴ
Cobetus An fuit δῆπου? Similiter Plat Ep VII
p 338, A ἔπεισα ὅπη δῆπου· ἐδυνάμην Διονύσιον Pote-
rat etiam scribi εἶπεν ἄττα δῆπου abiecto καὶ ἔφη Infra
II, 2 καὶ ἄττα δῆπου πρὸς ἑαυτὸν φυλορίζει || 19 λάθρα
τῷ A λαθραίῳ || 20 περιλήψει P περιλήψει || 24 ὡς
ἐν ἐπιστολῇ τὸ κατὰ Ἀκόντιον καὶ Κυδίππην
ἐρωτικὸν διήγημα *V* | ἐρατοκλεία *V* F Ἐρατοκλέα
|| 25 ὡς-προσπελάζει] Ex Plat Conv. p 195, B || 26
κατὰ Θεῶν S . καταθεῶν | καὶ inserui || 27 φιλοτίμως
Taylerus φιλοτίμιος || 28 γὰρ inserui || 30 περιεφό-
ρει ε Pauwiana περχορεύει (sic) pr. *V*, περιχορεύει
ει . *V* || 31 φαιδρολ-σώφρονος] Ex Xenophonte Eph.

I, 2 | καλοὶ Γ. καλοῦ Douza, κόρου Diltheius Cydip-
pes p 127 || 32 σώφρονος Douza σώφρονες || 33 ἐπέ-
τρεψε Pauwiana ἐπιτρέχον || 35. τούτου * τούτων ||
36 πολύ pr *V* || 37. διὰ R : διὰ τοῦτο || 44 διαρῆκε
Abreschius Lectt Aristaen. p 9 διεφῆκε || 47 ἀπ-διατ-
ρλέκων] Ex Platonis Conv p 203, D.

Pag 141, 2 ἀπατηλὸν * ἀπάτης || 6 ἄρα A ἄρα |
μετεώρως * μετέωρος || 9 τεθέαται P τεθέαμαι || 14
τοῖς ὄμμα pr *V* || 15 μὰ] νὴ aut ναὶ μὰ Cobetus ||
17 δόλον * . λόγον || 19 κᾶν-ἠρυθρίασε] Ex Demosth
pro Cor p 270, 11 Scribe ἐρυθριάσειε || 23 διαφέρει
pr *V* || 24 συνελάβετο Hemsterhusius συνεβάλετο ||
28 λάβειν] Ita *V* || 29 νυξὶ *V* || 32. εἰς ἀγρον-ἐροῖτα]
Callim fr 26 || 36 ἔμελε m ἔμελλεν || 38 εἴ-οτι *
εἴπητι μόνον || 39 ἡ γοῦν-καλήν] Callim fr 101 || 40
ἐπονομάζει Cobetus ἐπονομάζει || 41 λιθῖτη-δὲ] εἰ σε
καὶ εὐορκον ὁμοίως προσείποιμι ταχύ, μὴ ἡ Ἄρτεμις ἐπὶ
σοὶ τοιναῖον βέλος ἀφῇ καὶ ἀνελῇ , μένη δὲ Struvius , qui
μένη sumsit a Pauwio μεν.Τ codex ἐπὶ σὲ scripsi cum
v d. nescio quo pro codicis ἐπὶ σεῖ Corrigendum for-
tasse λιθῖτη, καλήν σε καὶ εὔορκον ὁμοίως προσείποιμι
ταχύ, μηδὲ Ἄρτεμις ἐπὶ σὲ τοιναῖον βέλος ἀφεῖη, μένοι
δὲ ὁ πῶμα προσκείμενον τῇ φαρέτρα || 46. -ἀς ἀπολούσας
Pauwiana || 49 ἔστω m ἔσται | παρθένα * παρθένος ||
51 μεμέληκέ τοι Cobetus μεμελήσεις || 54 ᾗ-σε m
εἴπερ

Pag 142, 2 κἂν Pauwiana κἂν ἐν || 4 ἂν adieci
Praeterea ex Reiskii sententia μόνον insertum malim
ante ἐφυλλορροεῖτι· Denique requiritur οὐδὲ τοὺς pro
καὶ τοὺς || 5 δρῦς nescio quis ὑμᾶς *V* distincte
Falsa refert Bastius « Altera manus » commentum
est novissimi editoris || 6 ὑ-ονοσ-ήσας] ὑ-ονομ-σσας
Iacobs ad Achill p 481 Malim ὑπολοσθήσας || 7 τὸ
παιδίον Cobetus ἀιόντιος τὸ παιδίον *V*, quod revo-
candum Supra p 140, 45 ὦ καλλίστων παιδίον Ἀκόν-
τιε Polyzen VIII, 41 τοῦ δὴ παιδὸς τοῦ Βαττου || 11.
καὶ-φθέγμα] Ex Philostr Imagg II, 2 || 11 μελίφωνοι
ex Philostr * μελιγίφωνοι (sic) || 14 ἀνέσφηλε m
ἐνέσφηλε || 15 Τύχης m ψυχῆς || 22 λιοθίπτην] F
καὶ λιθίπτην Alian H A III, 23 ἄλλως; τε, εἴ τι
ἐγὼ νοῶ, καὶ ὑποθέσθαι τῶν θεῶν βουλομένων || 23 ἐ-
μίξειας· ἐπιμίξαις || 26 ἠλινώτισας m ἠλινώτισα; *V*
|| 28. καὶ-ἐνεδίδαζε] Ex Philostr I c || 28 ὑπεβλ-
Dorvillius ex Philostr ἐπεβλεπ || 29 ἀπέδωκαν Phi-
lostr ἀπέδωκαν | χειρονομοῦντα * χειρονομῶντα τὸν
τρόπον || 30 καὶ ἡ-ἐμιμήσάλων] Ex Philostr Imagg I,
2 || 32 τὸ m τὸν || 33. ἄπαντα-ἐδοῦν] Ex Xenoph
Eph. I, 8 || 35 ἑόρακε ναι * ἑωρακέναι || 36 νιντὸς S
νίντα sec *V*. A prima quod fuerit non liquet | ἧς A
ἀιόντιος || 37 Μίδου m μήδου || Ταντάλου R πάντα
|| 40 ὁ m ὡς *V* Malim Ἀιόντιος δ' οὖν || 41 τὸ γε
m τὸ τε || 42 ἐνάοντο * ἔκπον || 43 ὀσίδις *V*
|| 44 κάεσθαι ὁ καίεσθαι || 47 κολοφῶνα S κολοφῶ-
ναι || 50 Post κάλλος nonnulla intercidisse videntur
—κ'

|| 51 μειρ *V*, i. e. μειρακίω, quod reponendum

Pag 143, 1 γυνὴ τοθοῦσα μειράκιον συνδά-
νεται τῆς δουλῆς εἰ καλός ὁ τοθούμενος *V* ||
2 τοῦτον * ὁ-τοῦον || 12. Ἑρμᾶς M ἐρατης || 13
καλόν] Achill. Tat V, 25 κάλλους καλοῦ βάσκανε || 14

Malim ἐπὶ τῇ κάλλει ‖ 15. ὑπερηφανίαν sec. V, quod
reponendum ‖ 16. μὲν inserui ‖ 17. ἐπίγρυπον M :
ἐπήγρυπνον pr. V, ἐπηγρυπνον sec. V | ἢ κόμη-οὓς] Ex
Philostr. Imagg. I, 10 ‖ 18. καλλίων P : καλλίω ‖ 19.
τῷ Ἰούλῳ P ex Philostrato : τῶν Ἰούλων ‖ 20. χλανι-
σκίδιον? ‖ οὐ-μετανθεῖ] Ex Philostr. l. c. ‖ 25. εὐμε-
νεστέροις-εἶδον] Ex Alciphr. I, 36 ‖ 28. ὑφ'·ἠφίει] Ex
Platonis Lys. p. 113, E ‖ 29. ἠφίει R : ὑφίει ‖ 33. ἢ
adiecit P | ἐραθῇ * : ἐραθείη ‖ 34. νέος προσκα-
λούμενος (προκαλ. R) πάντας τῆς φίλης δοκι-
μάσαι (sic) τὸ κάλλος V ‖ 34. ἄρα M : ἆρα ‖ 35.
ἡκόντων * : ἡκέτωσαν ‖ 36. ἐρωτικοὶ * : ἐρωτικοὶ φιλο-
γύναικες ‖ 42. τῆς ἡλικίας * : τὴν ἡλικίαν ‖ 45. ἑταίρας
M : ἑτέρας ‖ 46. ἁπλότητα M : ἀπαλότητα ‖ 47. τῆς
τάξεως βελτίω * : τῆς τάξεως τοῦ βελτίω βίου ‖ 48. δ' ὁ
τι δῶ τις ἐπαινεῖ * ex oraculo ap. Strab. VI. p. 262 * : δὲ
ὁ τις δῶ (sic) ἐπαινεῖ ‖ 49. ἑταίρα M : ἑτέρα·

Pag. 144, 1. Feci asteriscos ‖ 3. τὰ * : τὰ τερπνὰ]
μόνον videtur glossa esse vocis τοσούτων ‖ 4. ἐρεθίσαι
M : αἱρεθεῖσα ‖ 6. ἄσθμα V ‖ εἰ-ἀπόζει ex Philostrati
Imagg. I, 15 * : ἢ-ἀπόζειν ‖ 7. τοῖς καλοῖς pr. V ‖ 9.

οὔκουν M : οὐκ οὖν ‖ 10. ἔφην V. Puncta addidit
manus secunda ‖ 12. ἃν adieci | κἃν B : κἂν ‖ 13. τὰ]
τὸ pr. M ‖ 16. ἥττων M : ἧττον ‖ 18. φασὶν V | ὁρᾷ
M : ἐρᾷ V. « Rectus erit senarius, si scripseris : Φί-
λος τοσούτον ὅσον ὁρᾷ τις ἐναντίον. » Mercerus ‖ 21. δὲ
adiecit P | διαλιπὼν * : διαλιπὼν καὶ ‖ 24. καθομηρί-
ζων] Od. ψ, 296 ‖ 25. ἀσπάσιοι Dorvillius : ἀσπάσιον
| ἵκοντο M : ἵκοιτο ‖ 26. παῖς ἐπόθει τὴν τοῦ ῥύ-
σαντος παλλακήν. ἰατρὸς διέγνω τὸν ἔρωτα
τύχῃ πλέον ἢ τέχνῃ χρησάμενος, καὶ μεθόδῳ
πεῖσαι τὸν πατέρα τῷ παιδὶ παραχωρῆσαι τῆς
παλλακίδος V ‖ 29. τῆς θεοῦ R ‖ 31. μακρόν-ἀκούϵ-
σαι] Ex Platonis Rep. IV. p. 432, E ‖ 34. πόθῳ P :
πνθῶν ‖ 36. αἰτιώμενος] F. αἰνιττόμενος ‖ 37. Πανά-
κειον * : πανάκιον ‖ 45. ἥλατο A : ἥλλατο ‖ 47. Πανά-
κειος * : πανάκιος ‖ 48. οὐχ M : οὐκ V. οὐκ εἶχεν R ‖
51. δὲ] M : τε

Pag. 145, 3. διακρινομένας V ‖ 5. ἡρμοκὼς M : ἁρ-
μονικῶς (sic) ‖ 13. προφρασιάμενος A : προφρασιασάμε-
νος ‖ 16. κομιεῖν * : κομίζειν ‖ 17. Post δυσπραγοῦντα
operarum neglegentia excidit ψυχαγωγῶν ‖ 18. ἐπηγ-
γελμένον M : ἐπηγγελμένον pr. V, ἡπηγγελμένον sec.
V ‖ 21. θεραπείαν M : θεοπρέπειαν ‖ 28. ἐκτόπως V.

Puncta et priorem accentum sec. m. adiecit ‖ 30. ἀπει-
λουμένου] F. κάκιττ· ἀπολουμένου vel simpliciter ἀπολ-
λυμένου, si verum est, quod ap. Suidam legitur v.
ἐξώλης : ἀπολλύμενος κίναιδος ‖ 31. τὴν in extremo co-
dicis versu. In proximo νόσσον (sic) ‖ 32. Πανάκειον * :
πανάκιον | ὅλος Berglerus : ὅλως ‖ 33. ἀσκνηρ pr. V
‖ 36. Πανάκειος * : πανάκιος ‖ 37. αἰνιττόμενον R : αἰ-
τιώμενον ‖ 38. μεταβαλεῖν * : μεταβάλλειν | μάστροπον
pr. V | [ ] * ‖ 39. F. εἰ καὶ μὴ ‖ 40. ἐνέκειτο * : ἐπέ-
κειτο ‖ 42. ὑποδέσει B : ἐπιθέσει ‖ 44. σὺ δ' M : σὺ δ' ἂν
εἰ ὁ B : ἂν ὅ. ‖ 46. Πανάκειος * : πανάκιος ‖ 47. Πο-
λύκλειτ B : πολυκλῆς ‖ 54. ἑαυτὴν * : ἑαυτῷ

Pag. 146, 1. δὲ Tollius inseruit ‖ 2. μετριώτερον pr.
V ‖ 3. πορνίδιον πρὸς νέους ἄμουσον οὐκ ἀρ-

γυρίῳ προτρεπομένους αὐτήν V | Φιλημάτιων M :
φιλομάτιον ‖ 3. ἑταῖραν V | λύρα τις pr. V ‖ 4. πόρνας
pr. V ‖ 6. ἐμφυσῶντες S : ἐνφυσῶντες | σύριγγι * : σύ-
ριγγι οὐδὲν ὑμᾶς ὀνήσει τὰ κιθαρίσματα | τί] Malim τί
δὲ ‖ 7. πράγματα-χορδαῖς] Ex Platonis Rep. VII.
p. 487, C ‖ 9. Post τίνος excidisse videtur μένεις ‖ 10.
ἢ] Ita V | Cobetus « Corrigendum est πάντις pro
πάντως, quod cum που coniungi non potuit. » Con-
iunxerunt Heliodorus I, 15 Longus III, 26. IV, 4 alii
‖ 11. οὐδὲν M : οὐδὲ | ἑτέραις pr. V | ἐστί] εἴ τι pr. V
‖ 14 ἢ V. Eadem manus, ut videtur, fecit ἢ ‖ 18.
παρατέθηγμε V, correxit S | ξυρὸς A ‖ 20. μεῖζον P :
μείζω ‖ 22. ἀστειζόμενοι M : ἀστιζόμενον ‖ 23. πολλά-
κης pr. V ‖ 24. εἴκεινο pr. V, εἴκεῖνο sec. V. Correxit
S ‖ 26. οὐκ οὖν V | ἀλλήλοις pr. V ‖ 27. λόγον * : νό-
μον ‖ 29. τὸ-κωλύσει] Ex Platonis Gorg. p. 458, D
‖ 30. κάλαύνεται * ex Schol. Aristoph. Eccl. 109 :
κέλαύνεται (sic) ‖ 31. δύο πόλεις κατ' ἀλλήλων
διέκειντο πολεμίως. μιᾶς τοίνυν τούτων βασι-
λεὺς ἠράσθη κόρης ἐκ τῆς ἐναντίας πόλεως ὡς
ἐπαφροδίτως ἐκμανείσης αὐτῷ, καὶ γάμου τυ-
χὼν ἐν ἀμοιβῆς μέρει πρὸς τοὺς πολίτας ἐσπεί-
σατο τῆς φιλτάτης V. ὡς ante ἐπαφροδίτως recte
delet A. ἐκμανεὶς ἐπ' αὐτῇ Casaubonus | ἀφροδίσιος pr.
V ‖ 37. παρασκευὴν Cobetus | τὸ ξότης V ‖ 39. ἀγριό-
τητα δὲ ἐξορίζων addidi cum Wyttenbachio ex Platonis
Conv. p. 325, C. ‖ 40. ὁπλίτης-δύσμαχος Struvius :
ὁπλίτην μὲν ἰδὼν εἰ καὶ δύσμαχον ‖ 43. ἀκονιτὶ M :
ἀκονιτὶ | προκνατεσχα Struvius. Sed bene habet codicis
lectio. προσ praefixum est, ne vocalium fieret concur-
sus Ita προσανατείνων II, 2 et προσῇ pro ἢ Platonis I,
18. p. 150, 2 ‖ 45. γ' οὖν V ‖ 46. Μυσῷ αἱ M : μυοῦσα
‖ 49. βραχὺ] βραχὺ τις V | καιρὸν (sic) V.

Pag. 147, 2. ἑκάτεροι R : ἑκάτερος | ἐπιούντο V.
corr. M ‖ 5. φύσει τε καλὰ M : φύσει τε καὶ κάλλει V.
τε operarum errore excidit | ἀφροδίτης pr. V ‖ 11.
κόρη * : κόρην τὴν πρώτην | φανείση M : φανεῖσαν ‖ 14.
ἐναφροδισιάσας A : ἐναφροδιάσας ‖ 15. πρέπουσα pr. V ‖
16. F χαριέστατον ‖ 19. Ante κάλλει operarum errore
excidit καὶ ‖ 21. πλοκίου Trillerus : πόλεων | περιθέ-
ραιον * : περιδέραιον V ‖ 25. ἑώρας Tollius : ἑώρας
τὸ πρόσωπον V. Cf. Plat. Alcib. II. p. 138, A ‖ 27.
ὑποκλίνασα Tollius : ἀποκλίνασα ‖ 30. ἔστιν V ‖ 34.
ἐθέλωμεν * : ἐθέλοιμεν ‖ 35. φιλόπαιδος pr. V ‖ 41. φύ-
σις pr. V | αἱ-δειναί] Ex Demosth. Ol. II. p. 23 ‖
42. τοῖς εὐτυχήμασιν] Delenda videntur ‖ 48. ἄλλως * :
ὅμως ‖ 49. ἄπρακτον glossam redolet ‖ 51. εἶθε με]
Plutarch. Mor. p. 254, B.

Pag. 148, 1. ἦρα τίς (sic) ἀπόρρητον ἔχων τὸν
πόθον· εἶτα τυχὼν (τυχὼν M) ἐκ περιχαρείας
γεγράφηκε φίλῳ V ‖ 4. γῇ τε κουρανῷ Kœnius coll.
Eur. Med. 57 : γυναιξὶν οὐρανοῦ ‖ 6. ἔτι] Ita V ‖ 7.
ἔρως] Ita V ‖ 8. ἐκκαλῶν M : ἐκκαλῶν | τῆς ἀδημονίας
Ruhnkenius : τῇ διανοίᾳ (sic) ‖ 10. ἴσῳ V. ἴσῃ Dor-
villius, qui et ἴσῳ βέλει, quod nunc verum puto. Ita-
que restituendum praeposterν codicis pro eo quod scri-
psi προστέρως ‖ 12. ἀμαυροῖσι V. Recepi ἀμαυροωθῇ,
quod nescio quis coniecit. Non minus probum est quod
Auratus coniecit ἀμαυρώσῃς ‖ 20. Scr. χειλῶν cum V
‖ 21. Ἔρως * : ὁ ἔρως ‖ 26. χεῖρός S : χειρὸς V ‖ 26.

ἐμάλαττεν-χαλῶσα] Ex Alciphr. fr 6, 13 ‖ 30 ἀνέ-
κλασε-χείλη] Ex Luciani D. Mer III, 2 | F τὸν ἐμὸν
αὐχένα ‖ 31 ἀπέπαυε * ex Luciano : ἀποσπᾶσαι ‖ 32
κατατίτριφε nescio quis κατέτριφέ (sic) ‖ 33. χειλίων
V. Scr. χειλῶν ‖ 37. τοσοῦτον] Ita V τοιοῦτον typo-
graphi errore resedit ‖ 38 πρὸς-ἐρῶν] Ex Xenophonte
Eph. I, 9, 9 ‖ 41. ὠλίσθανον * ὠλίσθαινον V 42. ὁ
τῆς κακοηθους ἐρῶν V ‖ 42 Ξενοπείθης M : ξενο-
πειθὲς | ὦ pr. V ter, quod male bis relictum est in
contextu meo ‖ 43. τετιθασευμένης * . τιθασσευομένης [
[ ] * ‖ 46. ὑπηρέτικα (sic) V. Correxit nescio quis
F. τῷ θεῷ ‖ 47. ἀμφρεῦον P ἅμα ρέων ‖ 48 πολλὰ
addidit Coheius ‖ 49. ἐπιτυχής M . ἐπιτύχης

Pag 149, 3. Ξενοπείθης M ξενοπειθής | ἐστιν V
Puncta fecit manus altera ‖ 5 ὑπερορῶ pi V ‖ 8
Recte V χειλῶν ‖ 9 μὴ σκυθρώπαζε] Ex Aristoph
Lys 7 ‖ 10 σύναγε Hemsterhusius coll. Arist Plut
756 . ἄναγε | 12. ὄνος S ἐνὸς | γρῦ V ‖ 13 ταῦτα de-
leverim ‖ 15 πέτρα pr. V ‖ 16. αὖθις] Glossæ speciem
refert ‖ 17 τά pr. V, λιν superscripsit secunda ‖
18 νικήσει * . νικήσει με | ἡ δυσμεταχείριστος V Ex-
punxi articulum ‖ 20 καὶ τοῦτο] Malim καὶ τοῦτό γε
vel καὶ τοῦτό γε τοῦ coll p. 156, 11 ‖ 24 τριχμίας M
τριχομίαις | τρόπον B . τὸν τρόπον ‖ 25 κοινῇ V ‖ 27
ἑταῖρα (sic) μόνοις καλοῖς τε καὶ νεανίαις (εὐ-
πειθὴς vel simile quid excidisse arbitratur B) V | Μει-
ρακοφίλη M ‖ 28. ἰδ·στον V. Corr. M | γ' οὖν V ‖ 32
ἐρωτικῶς-χαλῶν] Ex Platonis Conv p 216, D | ἀμε-
λὴς-ἐπιμελὴς] Indidem p 197, D ‖ 33 εὐπρεπῶν V
δυπρέπου (sic) | λακται V Correxit M ‖ 34. εὖ μετα-
θεῖς M . εὐμεταθεῖς | Post μεταθεῖς operarum errore
excidit τε | αἴσθη * . αἴσθοι ‖ 35 τοὺς δὲ πρεσβύτας καὶ
παντελῶς ἀτερπεῖς R Malim τοὺς δ π ώς π ἁ ‖ 37.
προτείνη G Hermannus . προτείνοι ‖ 38 μὴ-μεταγει-
ρίσασθαι] Ex Platonis Phædr. p 240, D Ex V resti-
tue μεταχειρίσεσθαι, quod etiam apud Platonem est ‖
39 ὁρῶσαν M : τρῶσαν ‖ 42 δὴ ἔργου V Verissime M
δὴ ἔργοις | προχειμένης V. Corr M ‖ 43 προσάσεως M
προφάσις ‖ 44 ἥλικα-ταρέξεται] Ex eodem Phædro
p. 240, C | γὰρ δεῖ καὶ V Scripsi γὰρ καὶ ex Platone
Ex eodem malim χρόνου ‖ 46 ἄγουσα M ἀλγοῦσα |
ὁμοιότητα P : ὁμοιότητον | ὁ μέν τις-ἀσπαζομενους] Ex
Platonis Rep V p 474, D ‖ 48 φής * ἔφης | τὸν V τὸ
τὸ ‖ 49. ἐμμετρότητα V. Corr. P ‖ 51 μελίχροοις M ex
Plutarcho de Rect. aud p 45, A μελιχρώτους ‖ 51.
τοὔνομα τίνος ἄλλου nescio quis τοὔνομα τινὸς V | Post
ποίημα typothetæ incuria excidit esse εἶναι

Pag 150, 2. ἐὰν * ex Platone εἰ μόνον ‖ 4 φιλαρχη-
στεῖς V, φιλερασταείας M, quod correxi Mox ἀποβάλ-
λειν posui ex Platone ἀποβαλεῖν V ‖ 8. θεωρήσαι μὲν
V, corr. M ‖ 10 μουσοκρυφῆ ἑταῖραν τίς (sic)
ἀπέστησεν (ἀνέστησεν') ἐραστὴς παιδὸς αὐτῷ
παρ' ἐκείνης ὁμοιοτάτου τεχθέντος V | ἐρρό-
νιον V. Corr. M ‖ 14 ἐκ ποδῶν V | δ' οὖν B . γ' οὖν
‖ 16. αὕτη V ‖ 19 θεάτρου μεστή] Ex Platonis Conv
p. 194, B ‖ 20 πρῶτον³ ‖ 22 κατὰ μνήμην ἐμὴν]
Plat Alc I p 106, E ‖ 26. γαρ-ζομένου V, corr.
M ‖ 26. πολύτιμον] Ex Hippocrate de nat pueri
p 236 Fœs. ‖ 30. ἀποβαλοῦ pr. V | ἠκηκόει . ἀνη-

νόει ‖ 32 γυνῆ V | μέλλῃ * μέλλοι ‖ 33 οἱ M οιεν
| μένει Cobetus ἐμμένει ‖ 35 διαφύλαττεν V, corr. M.
ἐφύλαττεν Cobetus ‖ 36 συμβὰν ⸃. τὸ συμβὰν | ἔφρασσε
V. Cori Tollius ‖ 37 ἐμπεροτέραν pr. V ‖ 46. ἑρ-
μιον V | ἑρμιον-εὐτύχημα] Ex Platonis Conv.
p 217, A ‖ 47 αὐτῇ B : αὐτῆς ‖ 48 ὑπερηγάπα V.
Corr R

Pag 151, 6. ἀρίστησεν V, corr. Cobetus coll De-
mosth de Cor. § 129 Idem ἀπὸ inserit ante τῆς,
quod reliqui propter hiatum ‖ 7 ἑτάροτρω V, corr.
Hemsterhusius | τὴν adiecit B ‖ 9. τῆς] F ἀπὸ τῆς ‖
11. περιβαλομένη P περιλαβομένη ‖ 15. ἄγαλοι V,
cori R ‖ 16 Immo χρόαν ‖ 17 τῶι θεῶ (sic) V ‖ 21.
ἀμφιδέας M ἀμφιδέτας ‖ 22. περιέργους V ‖ 23 ἐλευ-
θερία V, cori B ‖ 24 ἐν addidi | περιαυχένιον V |
25 δέ⸃ | φαταν V, corr. M ‖ 26 σχῆμα * σχῆμα δὲ
‖ 27 ἅπαντα] τοιαῦτα³ ‖ 28. γυναικῶν τισὶ V, corr. M ‖
30 μεταμριεσαμένη nescio quis μεταμριασαμένη ‖ 34
παροῦσα M · παρουσία ‖ 36 φρούραρχος μοι ρεν-
θείσης αὐτοῦ τῆς γαμετῆς ὑπό τινος ἐμβεβλη-
κέναι (ἐμβεβλημένον M) μοι ρου V | φυλανίδες (sic)
V, corr M ‖ 37 νεανικὸν Valckenarius νεανίσκον ‖
40 ὁ δέ μοι] Ita V ‖ 41. ἀποδιδοὺς Cobetus ‖ 42 φα-
σὶν M φ cum spatio septem fere literarum capaci V
‖ 45 κολπῆς V, corr M ‖ 46 πρὸς Piersonus addidit,
qui idem ἐπὶ proposuit | ἀλλ' οὐ B ἀλλὰ ‖ 48. περι-
βόητον · περιβόητον ὡς παράδοξον καὶ παγγέλοιον ‖ 51.
ἐφύλαξ pr V.

Pag. 152, 1 περὶ γυναικὸς πάντα πλὴν μι-
ξεωςοὐκ(delet P) ἐπιτρεπούσης τῷ ἐραστῇ V | τι *
τὸ | καὶ οἷον * τοιοῦτον ⸃ 2 πρότερον M τρόπον | λε-
σύτης pr. V ‖ 8 ἀντάξεις | αἰτιάσεις vel αἰτίαση Cobe-
tus ‖ 9 δεξόμεθα V δὲ μόχθω ‖ 10 εἰλήχροφη] Ex
Platonis Theæt. p 162, B | ὦ M ὡς ‖ 12. καὶ νῦν
Bastius | ἀπολαύων Rutgersius · ἀπολαβών ‖ 15 Ma-
lim ἡδύε καὶ εὔχαρις ‖ 16 περιφρονήθη V ‖ 18 αἰ-
ενάντια] Ex Platonis Ep VII p 328, B ‖ 19 καὶ *:
καὶ αὐτα⸃ | ἐαυταῖς V ‖ 21. τῇ inseruit B ‖ 24 δόλος
προαγωγοῦ V | χαρὸν pi V ‖ 27 τοῦ βούλεσθαι μι-
σεῖν τὸ λίαν φιλεῖν Hemsterhusius τὸ βούλεσθαι φιλεῖν
μισεῖν τὸ λίαν μισεῖν φιλεῖν ‖ 28 συμβολεύεται V, corr
M ‖ 29 ἄβρα P αὖρα ‖ 31 προῆλθεν V ‖ 33 φησί V
‖ 34 τί δ' ἐστι Struvius . τί δέ τι V Valckenarius τί
δαί, μή τι πρὸς θεῶν νεώτερον συμβέβηκεν, ‖ 41 ἔπλη-
ξεν M · ἔπληξεν V Sed requiri videtur καὶ ἔπλη-
ληξε πλήξειν ἀφειδῶς, ἀν σου μόνον-ἐνέγκω Pro ἠρεμεῖ
(sic), quod in codice est, periclitatus sum ἠρεμῖ Ari-
stophaneum, ἠρέμα Mercerus ‖ 43 ἐν' Wyttenba-
chius ὑ' ‖ 44. ἐκπαθῶς * . ἐγρανῶς ‖ 45 τεθνηκὸς
R τεχνηκῶς V Imitatur Æschinem de Falsa leg.
p 251, C ‖ 46. εἴωθε-καταβάλλεσθα] Ex Alciphr. I,
37 ‖ 47 βραδύτης ἐὰν M βραδύτης · νὰν | ἐδάκρυέ τε
ἀστακτί M ἐδακρύεται ἀτακτί ‖ 48 τῇ δὲ V, corr M
‖ 49. ἀποτέμεσθαι V, corr. M.

Pag. 153, 6 ἐστὶν V ‖ 7 καὶ deleverim ‖ 8 καὶ
adiecit Bastius ‖ 9. ἀναιρεθησήσομαι V, corr idem ‖
10 ἐπανήρετο S ἐπανήρητο ‖ 11 οὐδὲν nescio quis .
οὐδ' ἂν ‖ 12 κωλύσαι P κωλύειν ‖ 14 ἑτάρας M ἑτέ-
ρας ‖ 15 Verissime V τριποθητος ‖ 16 ἡ γλυκερα μὲν
τίνος τον V, corr A ‖ 18 ἐρείδουσα * ἀνερείθουσα ‖

20. ξυνέθη V. Feci sigma ‖ 21. μανικὸς Cobetus ‖ 22. φίλοον (sic) V, corr. M ‖ 26. ἐρωτικὸς κυβευτὴς περὶ ἀμφότερα δυστυχής V ‖ 28. ἔχω R : ἔχων ‖ 30. πεσσοὶ] Ita V distincte : εὐδολώτερον Salmasius : εὐβουλότερον ‖ 31. F. πρὸς τοὺς ἀντερῶντας ‖ 32. τοῦ ἔρωτος μεμηνότος] Expungenda esse videntur ‖ 34. παρολογιζόμενα (sic) pr. V ‖ 35. καταῦεεστέρων V ‖ 36. ἐν ταῖς ἡ. βολαῖς? ‖ 38. ἀπιθῶν (sic) V, corr. Tollius ‖ 40. ὁή μι τὰ Λ : ὃή μετὰ ‖ 41. δωροῦνται M : δωρεῖτε ‖ 42. ἀπὸ interposuit A ‖ με Cobetus : ἐμὲ ‖ 43. μοι] F. μοι τὸν ‖ ὅτω V, corr. M ‖ 45. ἡ τῶν ἐραστῶν ἐναπροκρίνουσα μόνον V ‖ Λύσιδι * : λυρία ‖ Error operarum. Scr. συναθροισθέντες ‖ κρυφαῖοι V, corr. M ‖ 47. τὸν τὸν : τῶν V. Cf. Plat. Phædr. p. 84, D ‖ προειόθει * : προαύθει ‖ διεξελθεῖν V ‖ 48. ὁ P : ἡ ‖ Θρασύτατος * : Θρασύτερος ‖ 49. πρόσχημάτι V, corr. M.

Pag. 154, 4. ἡμῶν B : ἡμῶν ὧν ‖ Λύσιδι * : λυσία ‖ 6. τοσούτους M : τοσούτους V. Errat Bastius ‖ 8. γοῦν δ' οὖν B. Sed videtur Aristænetus retinuisse γοῦν quod apud Platonem est in Lyside p. 204, C, unde hæc derivata sunt ‖ 9. ἐκκεκώφωκας R : ἐκκεφώκηκας ‖ 10. Λύσιδος * : λυσίδος ‖ ἀνεγερμένους V, corr. B ‖ 13. τοῦ τί V, corr. M ‖ 18. λχθέντων (sic) pr. V ‖ 19. Ὀατέῤῥου * : Ὀατέῤῥω ‖ 20. ἀπεκρίθη pr. V ‖ 21. Λῦσιν * : λυσίαν ‖ 22. μεθ' ἡμέραν P : μεθήμέρα (sic) ‖ 26. ἄγαν P: ἄγαν μετὰ μετὰ (sic) τῶν χειρῶν ‖ 28. ἐμέ-θέλω] Ex Alciphr. II, 2, 6 ‖ ἀλλ' ὃ (sic) V ‖ 29. Λῦσιν * : λυσίαν ‖ 30. μέλησας pr. V ‖ 31. φιλήματι pr. V ‖ 32. In codice spatium 26 fere literarum est ‖ 35. Λῦσι * : λυσία ‖ 39. ἐταίρα μέμφεται τῇ ἀδελφῇ ὑπελθούσης (ὑπελθούσῃ M) αὐτῆς τὸν φίλον V ‖ 40. μεταπέμπομεν V, corr. Polyzois ‖ κακὸν inserui ‖ 42. Malim πρῶτον μὲν γὰρ | ἤλθεν V ‖ 43. ἐντρίμματι Valckenarius : ἀτρέμα | F. πρὸς τὸ ἔσοπτρον ‖ 44. καθῆκε Cobetus ex Luciani Amor. 41 : ἀφῆκε ‖ 45. ἀγλαΐσματι V, corr. M | δέρης * : δέρρις ‖ 47. ἐμφυλλένια V, corr. R | περικρανίων * : περὶ κρανίον ‖ 48. ταράντιον V, corr. M | ἐξ-θεᾶται] Ex Xenophontis Mem. II, 1, 22 | **] Imperfectam orationem signavi ‖ 49. Ὀχμᾶ Dorvillius : ἄμα ‖ 50. διέσκοπεῖτο V.

Pag. 155, 1. παρακαθέζεται nescio quis : παρακαθέζετε | μέτη-διαλάθῃ] Ex Platonis Conv. p. 222, E ‖ 4. αὐτὴν V, corr. M ‖ 5. καὶ ante ἐρωτικὸς addidi ‖ 9. κεχραμένον * : κεχραμένον καὶ ‖ 10. μήλου-παρέδυσε] Ex Luciani D. Mer. 12 ‖ 14. ζηλήμονα Valckenarius : ζήλην ἐμοὶ V. Sed fortasse dederat scriptor ζήλην ἐμοὶ ‖ 15. τοιαῦτα] Ita V ‖ 21. τοίνυν] Corruptum ‖ 24. ἀδικοῦμεν V, corr. Huetius | Malim εὐρήσω κἀγὼ ἑτέραν, ἀλωπεκα reiectis τοιούτων ‖ 27. τὴν addidit A | ἀφελέσθαι M : ἀφελέτη ‖ 28. πρὸς ὀρχηστρίδα V σὴν addidit B ‖ 29. Fortasse παρέτεις. Tollius malebat παρέτηςε πρῶτον ἡ τύχη ‖ 30. ᾖ M : ἢ ‖ 31. Post ὁρῶ participium deesse videtur, velut ὄν, nisi fuit κάλλιον pro μᾶλλον ‖ 33. ἡμῖν M : ἡμᾶς ‖ ὑποκρίνειν V, corr. R ‖ 34. αὐτῶ V, corr. M ‖ 36. ὑπάρχει V, corr. P interpretatione ‖ 37. πολυσχήμω Wyttenbachius : πολυσχήμα ‖ 39. πρωτὰς pr. V ‖ 43. σοβεῖς V, corr. M | διηγοῦνται * : διηγεῖται ‖ 48. ἀνάξιον Casaubonus : ἄξιον ‖ 51. διελήλυθα nescio quis : διελήλυθα

Pag. 156, 3. ὑπερφέρουσα V, corr. M ‖ 4. ἡ τὸν ἐραστὴν αἰνιττομένη μάτην περὶ αὐτὴν πονοῦντα V ‖ 8. εὐπάρυφος V, corr. P ‖ 9. ταῖς-γραφαῖς] Ex Philostr. Imagg. II, 5 | εὔμουσο pr. V ‖ 14. ἑαυτὸν V, corr. M ‖ 16. Pro εἶναι, quod Bastius inseruit, in V spatium quinque fere literarum est ‖ 18. φιλῶν ἄτυχον V, corr. M | ἐπονόμακκεν pr. V | φρονῶν-ὅσον] Ex Platonis Conv. p. 217, A ‖ 19. πολλῶν V, corr. A | βλέπειν V, corr. M ‖ 25. τέρπου Polyzois : τέρπη | ἐρωτομανεὶς V, corr. P ‖ 27. μάτην delet Ruhnken. ad Tim. p. 199 ‖ 28. λειθηθρίων V, corr. Bastius | περιττούς R ‖ 29. τὼ θεὼ M : τῶ θ̄ω̄ (sic) ‖ 30. ἔφασκε * : ἔφασκε δὲ ‖ 33. ἕτερα-δυνατά] Ex Xenoph. Eph. I, 3 ‖ 37. ὅσα * : ὁσάκις ‖ 38. πέξεις V, corr. M ‖ 39. τοιοῦτον videtur delendum esse ‖ 40. τοῦτον V, corr. M | ἱκετεύεις V, corr. Tollius ‖ 41. τὸ σὸν Bastius : σοῦ τὸν | διαμυκωμένη V, corr. M ‖ 44. μή-γένοιτο] Ex Luciani D. Mer. 13 ‖ 45. κεναῖς-ἐπείσθης] Ex Æschyli Pers. 806 ‖ 46. **] In codice desunt quinque literæ. εἶναι supplebat v. d. nescio quis | τοιοῦτον V, corr. P ‖ 50. φησὶν V, corr. M | οὔτε πλεῖν S : οὔτ' ἐπλεῖν ‖ 51. μεθεκτέον * : ἑκτέον | ἔστιν V.

Pag. 157, 1. ὀφιλημάτων pr. V | οὔτε * : οὐδὲ ‖ 2. ἀπηλλακτέον pr. corr. Λ ‖ 3. νέος ἀδημονεῖ πρὸς τὴν τῆς ἐρωμένης παλίμβουλον (παλίμβολον M) γνώμην V | Κοχλίδος A : κοχχίδος ‖ 5. ἐκλύομαι-ἀπορίας]. Ex Luciano D. Mer. 9 | ἐκλύομαι νὴ M : ἐκλυόμενη | ὑπὸ * : ἀπορελὰς V, corr. M ‖ 6. τὸν S : τὸ ‖ 8. στάθμην λευκὴν] Ex Platonis Charm. p. 154, B ‖ 9. διατένων V, corr. M | ἐπιστῆναι V, corr. A ‖ 10. χρήσωμαι * : χρήσομαι ‖ 11. Post ἐπώνυμος typographi errore excidit ἄρα ‖ 12. ἐρῶν M : ἔρως | ἐξήγησις V, corr. M | ἀστάθμητον Casaubonus : στάθμητον pr. V, στάθμη τὴν sec. V ‖ 13. δυσξύμβουλον V, δυσξύμβολον P. Feciδυσσύμβολον ‖ 14. σφοδρότης V, corr. M ‖ 20. ὑπογίου pr. V ‖ 21. τί * : τίς ‖ 23. ἐπιθρυπομένη V, corr. M ‖ 24. ἱκετεύεις V, corr. idem ‖ 28. Τιμόκρατες nescio quis : τιμόκρατε ‖ 29. ἀνδρὸς P. Fortasse ἐπεὶ τοῦτό γε ἴδιον ἀνδρὸς τὸ τὰ ‖ 32. Κοχλίδος A : Κολχίδος

Pag. 158, 1. ἀρχὴ τοῦ δ βιβλίου V | πρὸς ἑταίραν ὑπὲρ φίλου πρεσβευτικὴ V ‖ 2. συνεργὸς] Ita V ‖ 3. ἐπιστείλω * : ἐπιστείλαιμι ‖ 4. εὔχλω * : εὐξάθω | οὕτως V, sed radendo factum οὗτος ‖ 5. φλέγεται Bastius : φθέγγεται ‖ 6. Ὀνήξεται bis in V scriptum ‖ 7. ἐπινεύσει V, corr. M ‖ 10. Ἐρινύες Hemsterhusius : ἔρωτες ‖ 12. ἔπταισεν M : ἐπταέτης | ἔσται V, corr. P ‖ 15. διέπει Nicetas Eug. in Ep. ad Grammaticam p. 11 : δίκει | τῇ idem : τῷ ‖ 16. ὁμιλοῦσα idem : οὐκ οὖσα V ‖ 17. οὖν accessit ex eodem ‖ 18. αὐτῇ V, corr. M ‖ 23. ὑποδείκνυσιν δεῖ ποθεῖν V, corr. Berglerus ‖ 26. ὅματα. pr. V | ὀξύς-ἐραστὰς] Ex Alciphr. II, 1, 37 | ἀναπτῆναι * : ἀναπτῆναι ‖ 27. καὶ deleam | ἀπαλπίσας M : ἀφαλπίσας | ταχὺ πτερορρυεῖν R : ταχυππτερορρυεῖν V ‖ 28. εἴωθεν * : εἴωθεν ἀπογνωσθεὶς | ἔστιν eraso sigma V ‖ 34. χρῆσαι M : χρήση ‖ 37. δρα-καλώδιον] Ex Luciani D. Mer. 3 | παροιμίαν M. post sequente spatio trium literarum ‖ 38. τείνοντες * : τείναντες ‖ 41. ἔστιν V ‖ 44. ὀπωρώναις Hemsterhusius : ὀπωρῶνες ‖ 45. ἔςη M interpretatione : ἔσται | γεράνδριον V, corr. M | οἶ M : οὗ ‖ 50. τέως * : ἕως

Pag 159, 2. ἄνθη του (sic) ὁ δὲ *V* cum spatio quinque literarum Asteriscos posuit nescio quis || 3 τε | δὲ? | ἦν Schwidopius εἰ || 4 ἔτι] Ita *V* || 5. ἀνανθεῖ-μένει] Ex Platonis Conv p 196, A || 8 ἀπο-τέταλκα *V*, corr M interpretatione | Addidi τὸν et v. 13 ἐπεὶ || 15 Malim ἥξω || 16. δι᾽μοῦ (sic) pr *V* | κη-ρύχνον *V*, corr. M || 18 ἀλλὰ-εὐμενῆς] Ex Platonis Phaedr p. 257, A || 20 ἠράσθη τίς κόρης ἦν ἐπι-τροσευχόμενος εἶδε καὶ ταύτῃ τροσετεοηθὼς (sic) ἐπιστέλλεις (ἐπιστέλλει nescio quis) *V* || 23 καλῶν *V*, corr M || 27. με M · μοι *V* || 29 δ' οὖν · γοῦν | δέριν *V*, corr M | προβέβληκα *V*, corr idem || 31. θέλεις M θέλοις || 32 Πυθιάδος M πυθιάδιος || 33 γενόμενος * γινόμενος | 34 ἐπαινεσομαι *V*, corr R | καὶ delet Struvius || 37 διανύσετε Valckenarius δια-νύσω | ὀμνυμι-βούλει] Ex Platonis Phaedr p 236, D || 38 ἦ · εἰ | ἐπεύξωμαι * · ἐπηυξάμην | ἀρτίως | πάντας R Malim πᾶσι θεοῖς Dativum Pauwius pixinit || 39 ἐθέλοις *V*, corr. Struvius || 41. γαμετὴ ῥήτορος ἀμιξίας αἰτιᾶται τὸν ἄνδρα *V* | Φίλιννα nescio quis φλίννα(sic) || 43 τόρω (sic) *V* || 44 ἔλαχε * ἐδ·δάχθη | δίχας M · νίκας || 46 τὼ S τῶ | χεῖρε B χεῖλε || 47 τί M τίς .

Pag 160, 1 τραγμάτων M πραγμάτων μὴ (sic) *V* Lineam subterierit manus recentior | μεταδῷ Struvius μεταδοίη || 2. διχῶ| M δοχῶν || 6. ῥήτωρ S ῥήτορ || 9. δυναμένη *V*, corr M || 12 λοιπῶν *V*, corr M || 13. ἄλλως· ἄλλως αὐτὴν *V* Sed malit fortasse aliquis καὶ ἄλλως ἐμὴν αὐτανεψιὰν οὖσαν || 14 τὸν γάμον R || 18 ἀναίτιον αἰτιάσηται] Respicit Homeri Il N, 775 || 19. ὁ τῇ δούλῃ προσκαρτερῶν τεως ἀσφολου-μένη *V* | στενοπῶ (sic) *V* || 20 προκύψας * ὑπερυ-ψασᾶ || 23 παρέστη *V*, Tollius || 23 F οὕτω κα-ταδεδηκέναι καιρός || 24 σοι Pauwius · σε *V*. Idem ille proposuit σε et περιτύξω Nunc malim σε et πε-ριψύξω Pro τυχὸν γλυκύτατε R probabiliter ψυχὴ γλυcυ-τάτη vel ψυχίδιον γλυκύτατον Restant tamen in quibus haereas || 25 ἀνάμεινον R ἄμεινον *V* Pauwius male-bat μεῖνον Similiter Bion I, 43 μεῖνον, Ἄδωνι δύστο-τμε, μεῖνον, Ἄδωνι, πανύστατον ὥς σε κιχείω, quem attulit A || 26 μελλήσεως *V*, corr M || 32 προφασιζ-μένου *V*, corr M || 33. Post ταχὺ in *V* est ἐπαυτόν, quod delevi ἐπ' αὐτό Valckenarius || 33. ἐπιλαβοῦ τῶν ὤτων (sic) *V*, correxerunt P et Valckenarius Nunc praefero τοῖν ὤμοιν, quod propius ad codicis ductus accedere videtur. Ita post pauca de puellae coma, καθεῖ-πλωται τοῖν ὤμοιν || 34 χάλτιν * · χάλπην || 38 ὤμοιν A ὤτοιν | αἱ δὲ-ἵμερον] Ex Philostr Imagg II, 5 Indidem proxima sunt φιλῆσαι-ῥάδιον || 43 Rectius τἀπὶ τούτοις Sumpsit ex Aristophanis Plut 57 || 46. παρθένος ἐρῶσα κιθάρω δο- *V* | ἀρπ-εδόνη *V*.

Pag 161, 1 ἐννοίας-μελῶν] Ex Philostr Imagg I, 21 || 2 τε M : δὲ || 5 οἶναι πινάκων R οἰκοπινάκων || 7 χείρονος *V*, corr M | τοθήσειλν *V* || 8 θεασα'μην · θεάσομαι | τούτων M τοῦτο ||·11. ταλλωμένη pr *V* || 12 ἐκπηδᾷ Struvius ἐκπηδὰν (sic) | φλέγεσθαι Dorvil-lius φθέγγεσθαι || 13 δοκεῖ B · δοχὼν εἶ (sic) | τοτὲ A τότε | εἰς τὰ ἐγχλίνει] Ex Philostr Imagg I, 18, apud quem τὰ recte deest || 14 αἰδοῦμαι-πνευστῶ] Ex Xe-

nophonte Eph I, 9, i || 16 τίς ποτέ σε * · τί ποτε | τεφύτικεν * τεφύτηγεν || 20. δὲ addidi | Malim ὑπο-πηδᾷ || 24 ἦ] Ita *V* | ὕντερ * . ὅπερ || 25 ἔρως ἡ ἔρωτος M || 28 πολεμεῖ S πολεμεῖ | ταιδισκάριον *V*, corr M || 29 Ἀφροδίτης * ἀφροδίτη | θαλα-μευομένη Γ θαλαμευόμενον Nunc relicto neutro ma-lim φρουρούμενον et προκύπτον || 31 φροντίδων S φρο-τίδων || 32 ἐπιμελήῃ M ἐπιμένης (sic) || 35. θαρρῶ M . θαρρῶν || 42 ἀνομίλητος συνουσίας] Ex Platonis Ep VII p 715, B, unde apparet initia Cobetum conie-cisse ραιδίας || 43 ἐρρέτω αἰδώς] Ex Apollon Rh III, 785 || 45 ἐπαισθάνομαι * ὑπαισθάνομαι || 46 βουλομέ-νης M βολομένης *V*, v Nauckii Fr. Tragg Gr p 516 || 48 ἀνακτήσομαι * · ἀνακτώμαι | ἕτταρον M ἕτερον || 50 εἴδε · εἶδε καὶ δι' | διὰ ante μόνων adieci || 51. ἀπολαύσωμεν R ἀπολαύσομαι || 52 ἀρτιδόνη *V* Mu-tavi spiritum | ἐξειτήτης * ἐξειτήτης δε ὡς ἔχω πάθους || 54 σύμβολος *V*, corr M

Pag 162, 1 τῶν μάλιστα ἐς γυναῖκας * μάλιστα τῶν γυναιξὶν || 3 ἐ-μνησθαι *V*, corr S || 5 νέος ὑπ' αὐ-τεραστοῦ τῆς φίλης παρεχ (παρεντεβλημένος: M) *V* | ὑπεράγριε *V*, corr S || 9 ἐπαίρεις P || 10 -οῦ φω-σώματος delebat Valckenarius Desunt verba ista apud Athen XIII p 591, F | ῥαρδιατῆς * καὶ ῥάδιως *V*. Nunc ῥαδίως glossam esse arbitror sequentis ταχύ, alieno loco in orationem immissam Copulam addidit qui in orationem recepit || 12 · ἢ μᾶλλον indicium praebet lacunae, et periodus excidit illi respondens quae incipit ab ἢ μ et finit in οὖσα » Reiskius Nihil exci-dit. ἢ μᾶλλον nihil est nisi an forte, ut p 161, 24 | ἔχω, M . ἔχον || 13 ὀνοίσθε *V*, corr M ex Luciani D. Mer XIV, 4 || 18 τὸν θορύξεις *V*, corr M || 21. ἐκ-βεβλήκατα κράτος *V*, corr. P || 22 ἥδιον * ἥδιστο || 26 περιδεοῦς φιλούσης τὸν προσφθειρόμε νον τῇ κεκτημένῃ *V* || 28. ἔλαξι Cobetus ἔλαγε | οὖνϳ γοῦν *V* || 33 αὕτη *V*, corr M || 35 ὑπὸ τῆς δουλείας vel τῇ δουλείᾳ R Sed δουλείᾳ ipsos servos hoc loco signifi-cat. V Ruhnken ad Tim p 215 || 41. φιλτατέ με *V*, corr nescio quis || 43. δοχῶι-σοι] Ex Xenoph Eph I, 9 || 44 τί φίς-ἐγώ] Ex Luciani D Mer VI || 48 ὁμ-φύλινα * ὀμφάλια

Pag 163, 1. ἀπολαύω]P ἀπέλαυσι || 5 ῥεύματι * · ῥεύματι τὸ δὲ ἆσθμα πυκνό | γὰρ adieci || 6 θερῶν] Immo χελῶν, v II, 19 | ἦν Schwidopius εἰ || 7 ὄξη *V*, corr nescio quis || 10 σῶμα *V*, corr M || 15 τὸν-Ἔρωτα] Ex Platonis Phaedro p 265, C || 16. ταῖς-ὀνειδίζουσα] Ex codem p 349, F | λάθῃς * λάθοις | σὺ M σοὶ || 17 ἐκείνων *V*, corr Tollius || 19. φησίν *V* · Ἐμπεδόκλεις * τεδολήξῃς * Nunc malim Πεδιό-λεις * || 21 ἄωρον inserui || 23 ἔστιν *V* || 24 κολακίαν *V*, corr A | οἴαπερ A οἴαπερ || 27. κατα φιλεῖτε *V*, corr S || 30 · ενθεραῆς ἐραστὴς ἐγκρατῶς ἀπομάχε-ται πρὸς τὸν πόθον *V* | Ἰτερείδη | ὑπερίδη || 31. κατενεύγνσαν * κατενινύγησαν || 34 ἀσφαλέστερος * ἀσφαλέστερον | τηνὸς *V*, unde radendo factum est τ-νὸς || 35 ἀλλ᾽ ὃ *. ἀλλὰ || 37 ἀνεδός *V*, corr manus secunda || 39 οὖν διαλέξομαι *V*, quod scripsi συ διαι-λέξομαι Nunc malim διαλέξομαι delecto οὖν || 43 τρέ-ψεις *V*, corr Cobetus || 45 νέος πρὸς ἐπίσκοπ ἐρωμένην δεδιὼς μή τι προ (sic) (πρὸς M) τῆς

ἐπιορκίας ἐκείνη πείσεται χαλεπόν V | διονυ-
σιόδωρος V, corr. B || 46. τοῦτο V, corr. A.

Pag. 164, 1. τηλικοῦτον M : τηλικῶς (sic) τὸν | τοὐ-
μὸν M : τοῦ μὲν || 2. καὶ τὸν * : καὶ σὺ || 5. ποινὴν S :
πονὴν || 6. ἀνιαρώτερον V, corr. B || 7. τὸ adieci || 10.
ἐλθεῖν * : δεῖν || 11. σοι S : σὺ (sic) || 15. τίς-ἀδικού-
μενος] Hæc verba delet Diltheius || 17. ζωγράφος εἰ-
κότος κόρης ς παρ' αὐτοῦ γεγραμμένης ἐρῶν V |
χρωματίωνι S : χρωματίων || 19. κατατοξεύομαι V,
corr. Cobetus : ὃς inserui || 20. γὰρ ἂν * : γὰρ || 28.
προσῆγε * : προσῆψε | διεκέχυτο * : διεκέχυτο ἂν || 29.
περίέρρει * : παρέρρει | ἡ μὲν-κάλλους] Ex Philostr.
Imagg. I, 23 || 35. ἡδὺ] Malim καὶ ἡδὺ || 41. προτρέπω
P : προ τρέπων || 42. ἑταίρα M : ἑταίρῳ || 43. τῇ κλίνῃ
S : τῇ κλην, ut videtur || 44. τυχην S : τυχην || 45.
Θεραπεύσῃ] Ita V | τέλεον * : πλέον || 47. δι' ἄψυχον
Bernardus : διὰ τυχὸν

Pag. 165, 3. δοίητε S : δόητε || 4. χρείσσονα τέχνης
S : χρεῖσσον ἀτέχνης V. Fortasse tamen χρεῖσσον τέχνης
verum est | φύσιν post ἔργων addebat A || 5. τέχνην
M : τε || 7. νέος γαμετῆς τε καὶ φίλης ὁμοίως
ἐρῶν V || 9. περιπέπτωκε S : περιπέπτωκα || 16. ἀπειλη-
μένω V, corr. Huetius | μὲν] μὲ' (sic) pr. V || 19. διτ-
τοὶ Diltheius coll. Anthol. Pal. XII, 88, 91 : οἱ || 20.
τὴμῆ * : τῇ ἐμῇ || 22. εὔπορος πενιχρὰν αὐθαιρέ-
τως γήμας ἵνα μηδὲν ἀλαζονικὸν ἐκ πλουσίας
ὑπομείνῃ V | εὐδολῶς ἐγισιστράτω V, corr. M |
μᾶλλον] ἄμαχον R. μᾶλλον similiter dictum est ut su-
pra in ἡ μᾶλλον p. 162, 12. V. etiam L. Dindorfium in
Thes. vol. 5. p. 335, D || 23. παρασκευᾶσθαι V, corr.
R || 26. ὑποστήσωμαι * : ὑποστήσομαι || 30. τοσοῦτον
Kœnius : τούτων || 33. καὶ-ἀπέχεται] Ex Platonis Conv.
p. 213, D || 40. ἐκ ποταμῶν] Immo ποταμηδὸν || 41.
θοιμάτιον-σπαθᾷς] Aristoph. Nub. 54 || 44. δέ με P :
με δὲ | τῶν ἀγαπῶντα M : τῶν ἀγαπῶντα || 45. ἐστιν V
|| 47. ἐκπέμψασθαι M : ἐκπέμψασθε | σκετέρον pr. V.

Pag. 166, 1. ἐπὰν M : ἅπαν || 3. ἔστω M : ἔστιν || 4.
ἄρκου pr. V | φασίν M : φησίν || 5. ἑταίρας εὐλογία
πρὸς ὑποκιχξόμενον V | χελιδόνιον M : χε-
λιδώνιον | φιλωνίδι V || 7. ὅσον] ὡς ὅσον Struvius. Ma-
lim ὅσον γάρ || 9. ἀφεὶς Μέγαράδε M : ἀφεὶς με γὰρ ὧδε
|| 10. τοῦτο nisi prorsus delendum, fortasse ad proxi-
ma trahendum est, ita, τοῦτ' οὐκ ἔστι Φιλωνίδης ἀλλὰ
Θησεύς | ἔστιν V || 12. εἴθε inserui cum Struvio || 13.
οὐκ-ἐμεμνήμην] Ex Luciano D. Mer. 9 | σοι M : μοι ||
15. τὴν adiecit Struvius || 17. καρδία pr. V || 18. πα-
ρασκευάζοι Struvius : παρασκευάζω || 19. εἰκότως glossæ
speciem refert || 33. καὶ καθ' P : καθ' || 35. φιλίας
ἀνάκλησις V | φιλοχαρίτη (sic) V, corr. P || 38.
ὑμᾶς V, corr. M || 39. μάτην] ἀλλὰ μάτην R || 41.
φίλιον Wyttenbachius coll. Plat. Alcib. I. p.27, E : φί-
λιον ἔρωτα || 42. ἐπὶ] εἰς? | δοματίον V, corr. M || 46.
ἀπιστοῦσα R : προσαπιστοῦσα || 48. ὑπὸ A : ὑπὲρ || 49.
τὸ M : τὸν | ἑώρακας * : ἑώρακας | μελιττάριον V. Feci
ττ, ut in inscriptione est.

Pag. 167, 2. ἄσμενος P : ἀσμένως || 5. τοῦτο (sic) pr.
V || 6. ἐρώτων M : ἐρώτων || 8. γαμετὴ καὶ χήρα
γεγόνασι φίλαι καὶ λοιποῖσιν ἡ μὲν τῆς χήρας
τὸν δοῦλον ἠδὲ τῆς ἑτέρας τὸν ἄνδρα V | Χρυ-
σὶς M : χρυσὸφς (sic), ut factum sit χρυσὶς ex χρυσὸς |

μυρρίνη * : μυρίνη || 11. θεραπεύσειεν * : θεραπεύσῃ |
ἐδεήθην] Videtur excidisse τῆς Ἀφροδίτης || 14. ἦν οὕτω
S : ἦν (sic) οὕτω V. οὕτω οὖν R, recte, nisi rectius
etiam οὕτω γοῦν propter hiatum | μυρίνη V. Feci ρρ ||
15. δὲ addidit A || 16. δόκει R : δόκει · δόκει οὖν | οἰ-
κείας V, corr. M || 19. εὔκτητος V, quod debebat R, v.
Mnemos. I. p. 331. Scripsi Εὔκτιτος. Nunc puto pro-
babilius scribi posse Εὔκτος V || 20. παρ'] πρὸς B. Possis
etiam ἅτε παρὰ φίλων || 22. ἐξαποστέλλω V, corr. M ||
27. συγκοιμήσει S : συγχοιμίσει | κἀμοὶ * : καί μοι || 31.
πόρνη πρὸς νέον ἄλλην αὐτῆς προκρίνοντα φί-
λην V | Malim ἐμὲ τὴν ποθοῦσαν || 34. ποτε] πρότερον
Alciphro 1, 34 | θρύπτη-εἰσεδεχόμην] Ex Luciano D.
Mer. 12 || 35. ἐλθόντα M : ἐθελόντα | Malim εἰσεδεξά-
μην ex Luciano || 37. ἐγὼ-γίγνεσθε] Ex eodem dialogo
| καόμενον * : καιόμενον (sic) || 38. ὑπεραγαπῶντα pr.
V, corr. M || 42. ὅταν * : ὅτε || 43. τὴν delet A. Vi-
detur μοῖραν deesse || 44. εἰ Wyttenbachius : ἢ || 45.
ἠλιδάτων A. Nauckius in « Mélanges Gréco-Latines »
a. 1867 p. 15 : ἡ λαικὰς τῶν || 46. ἐπομοσαμένη * : ἐπο-
μωσαμένη | Malim διαλύσειν.

Pag. 168, 1. ὑπελάμβανον Wyttenbachius : ἐπελάμ-
βανεν || 2. ἀεὶ R : δὴ || 5. ὑποτελέσαι V, corr. idem || 8.
μηδὲν R : μηδὲ | ἔτι * : αὐτὸς || 9. μοιχὸς ἐπίμονος
καὶ πρὸς σώφρονα V || 13. φωραθῇς S : φοραθῇς ||
14. οὖ * : καὶ | ἀλλ' * : ἀλλ' εἰ τοιαῦτά μοι παραινεῖς |
οὐπώποτε Cobetus : οὔπω τε || 16. ἀπειρόκατα * : ἀπειρό-
τερον || 18. δὲ η̣ S : δέοι || 22. ἀνδρελον * : ἀνδρίαν || 24.
ἐφασκον M : φάσκων || 25. ἐπὶ ταύτῃ (sic) V. Scripsi ἐπὶ
ταύτης. Nunc malim ἐπὶ ταύτην || 26. τὸ adieci | ἄσμε-
νος * : ἀσμένως || 27. τρὶς V, corr. M || 30. ἐστιν V ||
32. περὶ προαγωγοῦ πρὸς ἐραστὴν μαγγανείαν
πλασαμένη (πλασαμένου M) V || 36. κυνὶ-ἡμέρω-
τάτῳ] Ex Platonis Soph. p. 231, A | κυνὶ M : κυνιῶν |
ἀγρωτάτων * : ἀγρώτατος || 39. δεξάμενος-διεθερμάνθη]
Ex Platonis Phædro p. 251, B | ἀπορροὴν V : ἀπορρυὴν
|| 44. Deesse aliquid significavit M || 46. ἐπηγγείλατο
S : ἐπιγγείλατο || 47. λόγοις * : μόνως | δαιμονίως] Ita
V | καταδουλοῦσα pr. V || 48. πρότερον S : πρὸ πρότερον

Pag. 169, 1. τὴν M : τῶν || 3. ἐνενεανιεύετο, corr.
M || 4. M malebat ὑπόκρισιν πιστουμένη vel ὑπόκρισιν
τοῦ ἀνθρώπου πιστουμένη, ac similiter R. Posui aster-
iscos || 6. κατεπάτησεν M : κατεπάτησεν || 8. πειρασθεῖσα V,
corr. Polyzoïs || 9. δρώματα V, corr. M || 18. πενίᾳ-
μυρία] Ex Platonis Apol. p. 23, C || 19. περιπεφρονή-
κασι M : πεφρονήκασι | Post ὁ μὲν operarum socordia
excidit et mox πάλιν post ἱκέτους || 20. φιλτροποιὸν
V || 21. ἵγγας V, corr. M | ἤγετο * : ἡγεῖτο || 24. φαι-
νακίσαντες V, corr. M || 25. πλασαμένης V, corr. M ||
26. ὃ M : ἢ || 32. γυνὴ προπαρασκευάζουσα προ-
αγωγὸν αὐτῇ τὴν θεραπαινίδα γενέσθαι V || 35.
καὶ μαστῶν V, corr. M | ἐμοῦ μαχομένων Valckena-
rius : εμου   μένων V cum spatio septem literarum.
νέων κωμαστῶν φησιν Iacobs. Lectt. Stob.
p. 29 || 36. νυκτῶν Hemsterhusius : νύκτωρ || 39. ἴσα
V | στειρνος V, corr. P || 40. νέος-ὑπήνῃ] Ex Philostr.
Imagg. II, 9 || 42. ἱπποθαλὴς V | ἰκανὸς-γινώσκεσθαι]
Ex Platonis Lys. p. 204, E || 49. δοκῇ * : δοκοίη || 50.
τὴν-ἀνθίσας] Ex Philostr. Imagg. II, 15 || 51. ἀνθίσας
Piersonus : ἀνθήσασιν

Pag 170, 1 Post στέρνῳ operarum errore excidit στέρνον || 5 συναντῶσιν V | μῖξις * : ἡμῖξις (sic) || 7 περὶ γυναικὸς αὐστηρῶς ἀ ρ ο θ ο υ μ έ ν η ς (ἀ ρ ώ θ ου μ έ ν η ς M) νέον διὰ τὴν μετὰ χόρον τῶν ἐραστῶν ὑ π ε ρ ο ψ ί α ν V | 'Ὠκεάνειος * ὠκιάνιος || 8 ἀπειθούσῃ S · ἀ τ ε ι θ ο ύ σ η || 11 ὁρῶσα] Malim ἐρῶν ὁρῶσα || 18 τα-χύταται V, corr A || 21 θαυμαστὸν * θαυμαστὸν οὖν || 22 ἐπικλίνασα * ὑποκλίνασα || 24 μάλα * · ἅμα | φησίν V || 25 ἄλλως Lobeckius ad Ai p 370 : μᾶλ-λον | ἐθέλει * ἐθέλεις || 26. ἀντάκουε Lobeckius · ἄκουε || 28. ζωγρηθήτω V, corr M || 29. μανθάνει * · μαν-θάνει καὶ θυμὸν | ὡς αὔτως V || 30 ἐκδιδάσκεται V, corr. M | Malim θηριοτροφοῦντες || 31 τοὺς νέους V, corr P || 32 ἀτρώτους V, corr. M || 34. ἀξιοῦντες] Ita V || 38 ἀποπληρώσετο χόρον V, corr. P || 39 πρότερον S. πρώτερον || 40 ποιήσετε V, corr P || 42. τριποθή-τοις * πιριποθήτοις || 47. φυλαττομένας * φιλαττομέ-νας αὐτοῖς

Pag 171, 1 ὁ συμβαλὼν (συμβάλλων A) τὴν ἑαυτοῦ φίλην πρὸς τὰς ἄλλας γυναῖκας V | ὁ μὴ ΔΓ' * · μὰ δία || 2 ἄψωμαι * ἄψαιμι || 4. κἀκείνων ab eadem manu supra lineam adiectum est | τῆς-χά)-λει | Hæc glossam redolent || 6 ἀντικρίνω ἀντερίνω (sic) | εἷς * . εἷς δὲ | 7 τάση V, corr. nescio quis || 9 ἄδολος V, corr. M || 11 μέλαιναι V, quod reponendum, v Theocr. XX, 24 || 12 οὐδὲ * οὔτε | στεφανοῦσθαι αὐτῇ | Ex Philostr Imagg I, 6 || 17 ἡμέ Dorvillius ἡμέ || 20. τῷ ἴξῳ Cobetus, quod recipere debebam || 23. ζῴης-ζῴης idem ζῴοις-ζῴοις || 24. φλέγομαι idem · φέρομαι || 26. σὺ μὲν ἀεὶ ταύτην A || 29 περὶ V, corr M || 35 περὶ τῆς ἐν μεθόδῳ τὸν μοιχὸν ἀπολυούσης V | προσεμβατεύοντα M προσ-έμμματεύοντα (sic) || 39 ἐνετάραξε V, corr. Cobetus || 40 ἔρισμα V, corr P || 41 φησίν V || 42 εἰ] ἣν Schwidopius || 44 ἀνέῳξε ' | τοιχορύχον V || 46 συλ-λαγωγῆσαι V || 50 φυλάξω M

ARISTOTELES.

Contuli Palatinum 134 (R) sæc XV.

Pag. 172, 1. Φιλίππῳ] ἀριστοτέλους φιλίππῳ χαίρειν R || 2 οὐδ'] οὐ R | ὑπὸ * · ἀπὸ Ra || 3 τὰς ἀρχὰς * ταῖς ἀρχαῖς Ra || 6 ἰσχυρὸν R ἰσχυρόν a || 7. Restitue οὐδ', quod in Ra est | τραχεία] ταχεία ' | τροπῇ R | συναλλοιοῖ ' R συναλλοιεῖ a || 9. ἡμετέρας R || 10 τύχη R : φύσι α | μετασκευάζει * μετασκευάζεται Ra | διε-ψεύσμεθα * · δὲψεύσμεθα R, διεψεύμεθα a || 11 αὐτὴν R ἄλλον a | ὄντερ * ὥσπερ Ra || 12. ἕκαστα * ἕλα-στον Ra | συμβαίνειν V || 15 ῥήμασι * . ληρήμασι Ra || 16 στιβαρώτερον et ἀδουλείας Ra, quæ correxi || 22 ὑγίειαν R ὑγίειαν a || 23. Ἀλεξάνδρῳ] ἀριστοτέλους ἀλεξάνδρῳ R | ἀπορρῶ R || 24 ἂν om R | ἐπιβάλω * ἐπιβάλλω Ra | τὴν διάνοιαν * τῇ διανοίᾳ Ra || 28 προ-τρέψεως R || 30 κατατίθεσθαι * κατατίθεσθαι τὴν ἀρ-χὴν a, κατατίθεσθαι τὴν ἀρχὴν ἀρετῆς R || 32 τῶν χρεῶν R || 33 τῇ μνήμῃ R || 34 ἀλόγως R ἀλογίστως a | ἠνέχθης * ἤχθης Ra || 35 πατρῴοις Ra | παιδία R
Pag. 173, 2. συμφέροντα * ξυμφέροντα Ra || 3 Φι-

λίππῳ] ἀριστοτέλης (sic) φιλίππῳ R | ἰσόμοιρον * ἰσό-μοιον R, ἰσότιμον a || 5. δόσις καὶ ἀμοιβή * ἀμοιβὴ καὶ δόσις Ra || 8. ἀναξίως accessit ex R || 18 εὐεργετηθέν-των R εὐεργετημάτων a | ἀποδόσειν R | τὴν om R || 24 τῷ αὐτῷ] ἀριστοτέλης φιλίππῳ R || 28 ἐλατέραν R || 31 τὰ ἀναγκαῖα R | -ότερα R πρότερον a || 36 ἀλη-θῶς * ἀληθὴς Ra | εκκειται * ἔγκειται Ra || 37 δια-γωγὴ * διαγή Ra || 39. ἐκ adieci || 40 ταχύτητα Ra || 42. τήρει * ἡγοῦ Ra || 44 μὲν] δ' R

Pag 174, 1 Quam Boissonadius Aristophanis no-mine insignitam ex Vaticano 483 edidit epistolam « ad Theophrastum » (v. Notices et Extraits des Mss. de la Bibl. Roy. vol. XI. 2. p. 51)ea diversa non est a quinta Aristotelis. Vidit hoc Rosius Aristot. Pseudepigr. p 585 Extat etiam in Marciano 81 (fol 149 b (V), cuius lectiones apposui | θεορράστῳ] θεοφράστῳ ἀριστοτέλης θεο-φράστῳ R, ἀριστοφάνης θεορράστῳ V | πολυχρονίου V πολυχρονίου χάριτος Ra | λυσιτελεστέρα V λυσιτελέ-στερον Ra || 3 καὶ ante τὴν μνήμην accessit ex V | γη-ράσκουσα καὶ περιπεποιημένη | γηράσκει ὡς ἂν πεποιη-μένη Ra | ἔχθραν V ἔργον Ra | ἀίδιον * ἀυίδιμον Ra, ἀοίδημον V || 5 ταρασκευάζει V ταρασκευάζειν Ra | καὶ τῇ μὲν * καὶ τὴν μὲν V, καὶ τοι Ra | λόγον δωρησάμενοι * λόγῳ δωρησάμενοι R. δώρῳ λογισάμε-νοι a || 6 ηὕρομεν * εὕρομεν Ra, εὕραμεν V | τῇ δὲ V τῇ Ra | τὰς accessit ex V || 7 ἀνίας Boissonadius ἀνοίας V, διανοίας Ra | προθμὸν (sic) R || 8 ἑταιρεῖαν V ἀδικεῖν * εὐδοκεῖν Ra | οὐδὲ γὰρ V καὶ a, κἂν R | ἔχει RV ἔχειν a | τὴν accessit ex V | ἀκουσίως) οὐνέ-λως R || 10 τράξαντα V | μὴ accessit ex V || 11 μὴ r: μηδὲν Ra | ἐστι addidi ex V || 12 διασώζασθαι * δια-σώασθαι ἦν Ra | τι καλὸν V τις μέμψιν χαλῆς Ra || 13. τοῦτο addidi ex V | εὐσταθοῦς-ἐστιν * εὐσταθού-σης χρίσεως ἰδιόν ἐστι τὰ δ' ἄλλα ἔρρωσο Ra. τὰ δ' ἄλλα ἔρρωσο restituendum Ita τὰ δ' ἄλλα εὖ πράττε ep 1. τὰ δ' ἄλλα πράττε μὲν τὰ συμφέροντα, ἐπιτέλει δὲ τὰ δό-ξαντα ep 2 τὰ δ' ἄλλα καθὼς ἂν δυνιμάζης πράττε μὴ παροψούσι τὰς λυσιτελεῖς ψήφους ep. 3 || 14 βασιλεῖ addidi ex Gellio XX, 5, 12 | ἀκροκτικῶν Gellius ἀκροαμαχι-κῶν Ra | 16 καὶ ante ἐκδεδομένους adieci ex R et Gel-lio Ceterum cum hac epistola contungenda Alexandri Magni ep 1

ARTAXERXES.

Pag 175, 1 Ex Iosepho Antiqu Iud XI, 6, 6 et 12

BRUTUS.

Bruti epistolas ad codices Palatinum 398 (A) 356 (B) Vaticanum (C) Parisinos duos, unum bibliothecæ olim regiæ vel imperialis suppl 352 (D), alterum bibl Mazarin. 611 A (E), recensos Westermannus edidit anno 1856 A cuius recensione (w) ubi librorum auc-toritate recessi, accurate indicavi, itenique si qua ab

hominibus doctis correcta citra librorum fidem in-
orationem recepta sunt. Primus ego usus sum Mona-
censi 490 Laurentiano plut. XXXII 32 Marciano 521
(*N*) Vaticano 622 (*V*). Huius variam lectionem pro-
posui integram.

Pag. 177, 1. Mithridatis epistolam om. *V*.

Pag. 178, 11. Habet Plutarch. vit. Brut. c. 2 | δο-
λαβδέλλα *V* | Lege δεδωκέναι χρήματα cum *Vw* || 12.
ἀδικεῖν Plutarchus : ἀδικεῖν με *Vw* || 13. ἀποδείξετε *V*
|| 14. δολαβδέλλα *V* | ἔτι om. *V* || 15. ᾔτησας *A* : ᾔτη-
κας *Vw* || 19. παρέχειν *V* || 20. τῷ] τὸ *V* || 21. ὅσον-
περ *V* || 22. In *V* inter καὶ et εἰκὸς litura est trium li-
terarum || 23. ἀφήρχεσθε *V* || 26. ῥᾴδιος *V* || 31. ἐστὶν
                                                      η
ἔργον *V* || 34. φαίνεσθαι *V* || 39. βούλεσθε *V* ab
eadem.

Pag. 179, 2. ὑποσχέσεως πλείονα om. *V* || 3. μικρο-
τέρων *V* || 4. ἐπορίσαμεν] ἐσπουδάσαμεν *V* || 6. δολα-
βδέλλας *V* | μὲν om. *V* || 10. ἐς *V* | κτμεῖν *V* || 11. πρὸς
α : ὡς *Vw* || 12. κολακείαν *V* || 13. ἀποκλίνομεν *V* ||
17. ἀπεκόμισαν] ἀπέδοσαν *V* || 18. ἀπὸ *V* | στρατείαν
V || 21. δὲ] δὲ καὶ *V* | Lege τἆλλα cum *N* || 23. δολα-
βδέλλα *V* | τὰ om. *V* || 25. τάχιον] « Immo τὸ πρὶν
sive τὸ παλαιὸν vel πάλαι sive τὸν ἄλλον χρόνον. »
Westerm. Nimirum τάχιον abici non potest propter
βραδέως. Itaque malim καὶ πάλαι τάχιον | φρονοῦμεν *V*
| ἄ] ᾧ *V* || 27. πλεῖον *Va* : πλείω *w*. Malim πλεῖν *V*
28. δολαβδέλλα *V* | τάλαντα *V* || 31. ὑπεραίρει α : ὑπερ-
έχει *Vw* || 32. ἡμᾶς *V* || 33. αὐτῶν om. *V* || 34. ἡμῖν
om. *V* || 35. ἐλευθέρους δὲ καὶ αὐτονόμους αὐτοὺς εἶναι
ἀφέντες ἐξ ἐπισκευῆν *V* || 37. παρ'] ὑπ' *V* || 38. ἑαυ-
τῶν α : αὐτῶν *Vw*.

Pag. 180, 2. ξανθίους *V* || 4. ἐξηνέχθης *V* | δεκατοθέν-
τας *V* || 10. τῷ] τὸ *V* || 11. κώοις] ῥοδίοις *V* || 12.
ἰσχύος * : ἰσχύος μᾶλλον | βιαιότερον pr. *V* || 13. δ' *V*
| ἐπήκοος pr. *V* || 14. ἐκ α : om. *Vw* | ὠφελημένη *Va* :
προελομένη *w* || 15. ἑκοῦσα γὰρ εἵλετο *A* : ἑκόντες γὰρ
εἵλαντο *V*, ἑκόντες γὰρ εἵλοντο *w* | ἔμελλε μὴ βουλομένη
A : ἔμελλεν ἄκοντες *Vw*, atque ita *BCD*, unde nunc
malim ἔμελλεν ἄκουσα || 16. ἐλέσθε *A* : αἱρεῖσθε *Vw* ||
17. γενέσθαι α : λέγεσθαι *Vw* || 18. οὔτε *V* : οὔθ' *w* ||
20. ἐλπὶς μὲν γὰρ *V* | ἀξιόπιστα α : ἀξιόπιστον *Vw* || 21.
ἠλλοτριωμένοις] ἀλλοτρίοις *V* | εὐκαταφρόνητα α : εὐκα-
ταφρόνητον *Vw* || 22. ἄνωθεν] ἂν ὧδε *V* | προχωροῦν-
τες *V* || 23. εἴ γε α : εἰ *Vw* | δόξομεν * : δόξαιμεν *V* || 24.
ἀπόδειγμα in *w* typothetarum sphalma est || 25. ἐφ']
πρὸς *V* | προσαδέου α : προσαδέχου *Vw* || 26. οὔτε *Va* :
οὔτε γεωργοῖς *w* || 32. φύσει ταῦτα *Va* : ταῦτα φύσει *w*
|| 35. δυοῖν * : δυεῖν | ἀφράκτων pr. *V* || 36. παρὰ *V* :
παρ' *w* | ἑρμοδόκου *V* | τοῦ Σαμίου ἐμπόρου om. *V* | Σα-
μίου α : Σαμιακοῦ *w* || 37. τῷ α : om. *Vw*.

Pag. 181, 2. ποιῶ om. *V* | τῆς γῆς ὑμῶν * : τῆς ὑμῶν
γῆς *A*, τῆς ὑμῶν *Vw* || 3. ἀδικίαν καὶ ἀνανδρίαν *W* :
ἀδικίας καὶ ἀνανδρίας *V* || 5. σὺ *V* || 6. ἀποκλίνελεν *V* |
εἰσπεύσας pr. *V* || 7. οὕτω] οὗ pr. *V* || 8. σύγγνωθι *Va* :
σύγγνωθι καὶ *w* || 9. ἧς acc. ex α | καὶ τῇ-ὑποτίμησιν * :
ὑποτίμησιν καὶ τῇ ἀρχῇ *w* || 10. δέδωκα α : δεδωκὼς *Vw*
                                                      κα
| ἀδικίας] ἀληθείας pr. *V* | τὰ *V* | ἀταδέξασθαι *V* ab
eadem || 15. τῶν om. *V* || 17. πρεσβευόμενοι * : πρε-

σθεύοντες || 21. ὑπολειπὲς *V* || 22. Post τοὺς *W* « la-
cunae signum » posuit | ἃ μὴ α : μὴ ἃ *Vw* | σπουδάζον-
τας α : σπουδάσαντας *Vw* || 23. ὑμῖν ἐστι *A* : ἔστιν ὑμῖν
Vw | μηχανικὰ ὄργανα *A* : ὄργανα μηχανικὰ *Vw* || 24.
Καῦνον *W* : καύνου α, κανου (sic) *V*, κάνου *CD* || 26.
ταύτην τὴν ἐπιστολὴν *V* || 27. ἵνα α : ὅπως *Vw* || 28.
ἀναγκασθῶμεν-ὑμῶν * : ἀναγκασθῶμεν-ἡμῶν α, ἂν ὑστε-
ρήσητε δεήσητε (δεήσει *V*) καθ' ὑμῶν χρήσασθαι *Vw* || 29.
ἀπόκρασις *V* | ῥᾳδίως] « Exspectes ταχέως sive μὴ βρα-
δέως ». *Westerm.* || 30. φθάσαι τοῖς ἔργοις α : τοῖς ἔρ-
γοις φθάσαι *Vw* || 31. παρ'] ὑπὲρ *V* || 34. ἐπ'-ἄχρηστα]
ἐπὰν ἁλοῦσα φανῆναι διὰ παλαιότητα *V* || 35. Λυκίοις]
Λυκίοις κοινῇ *V* | αἱ μηχαναὶ] Ita sec. *V*. Prima quid
habuerit, non apparet | πόλεμον] πόλεμον μὲν *V* || 37.
κάσιος *V* || 38. ἔφθανεν *V*.

Pag. 182, 1. νικᾷν] ταχὺ pr. *V* | συμβάνει *W* :
συμβαίνει α || 2. μὴ] δὲ superscriptum a secunda m. ||
3. ἂν post κελεύσαις ponit *V* | κελεύσεις *V* | μᾶλλον χρό-
νων *V* || 4. τυγχάνῃ pr. *V* | κάσιος *V* || 5. Λυκίοις] λυ-
κίοις κοινῇ *V* || 6. τῆς Plutarchus vit. Brut. c. 2 : τῆς
ἰδίας] ἀνοίας *V* (vide v. 11) : ἀπονοίας *w* || 7. τὰ om. *V*
|| 8. καὶ om. pr. *V* || 9. παρ' ἑτέρων pr. *V* || 10. Λύκιοι]
Λύκιοι κοινῇ *V* || 11. τῆς addidi | τῷ μηδὲ] τὸ μὴ *V* ||
12. ἅμα] ἀλλὰ *V* || 13. ἃ] ἅμα ἃ *V* | ἠμέλλειν *V*.|| 14.
δ' *V* || 15. κεκωλυμένων *V* || 16. ἐλέσθαι] αἱρεῖσθαι *V*
|| 18. πείσονται Ξανθίων α : Ξανθίων πείσονται *Vw* || 19.
κωρυκίοις *V* || 20. ὑποδεξάμενοι αὐτοὺς α : αὐτοὺς ὑποδε-
ξάμενοι *Vw* || 21. ἵνα * : ἵνα τοῦτο | αὐτοῖς *W* : αὐτοὶ
|| 22. αἰσθάνονται *V* || 24. ὑποδέχεσθαι α : ὑποδέχεσθαι
V, ὑποδέχεσθαι ἂν *w*. ἂν adiecerat *W* de suo || 25. μέλ-
λομεν *Va* : ἐμέλλομεν *w* propter codices || 26. κἀκεῖνα
pr. *V* | παραλειπόντες sec. *V* || 27. ὀνήσοντας *V* || 28.
Μυρεῦσι-Φασηλίταις (vide v. 19) * : Φασηλίταις καὶ
Μυρεῦσι καὶ Κωρυκίοις *w* || 32. Χαρίζῃ pr. *V* || 35. εἰς
om. *V* || 36. τί α : εἰς τί *Vw* || 37. γὰρ πλέον *V*, atque
id ipsum *W* postulaverat. Reliqui libri et α γὰρ πλέον
ὄφελος. τί πλέον cum genetivo iunxit Ælianus ep. 6.
p. 48, 22.

                                        δεῖ
Pag. 183, 2. παρηντρεπίσθαι *V* | χρή *V* ab eadem ||
3. καταγγέλλοι *V* : καταγγέλλει *w* || 5. εἶναι acc. ex α |
διὰ *W* : εἰς | ἐλλίπη *V* || 6. γοῦν *V* | ἀκραιφνῆς * : τὸ
ἀκραιφνὲς *A*, τοῦτο ἀκραιφνὲς reliqui praeter *E*, qui ha-
bet τοῦτο ἀκραιφνῆς || 8. τὸ πλέον om. *V* | τὸ α : τὰ *Vw*
| προθύμως * : ἀπὸ τῶν προθύμως *V*, ἀπόντων *w* | εἰς ὃ
α : εἰς *Vw* || 9. ὑπακούειν α : πειθομένων *Vw* | ἐνδείκνυ-
ται *V* : ἐπιδείκνυται *w* || 10. ὑπὲρ] περὶ *V* || 12. πάσας
V || 13. βεβαιότητος * : ἀεὶ βεβαιότητος *Vw*, τῆς ἐκεῖ
βεβαιότητος *B*, τῆς βεβαιότητος ἀεὶ || 16. ἀεὶ *V* ||
17. δὲ *V* || 19. καὶ τὰ πρότερα] κἀκεῖνα *Vw* || 20. τότε-
πεπλάσθαι] μάτην κεκτῆσθαι *V* || 21. πάντως] μάτην,
pr. *V* || 23. ἀποφαίνων *V* || 25. δὲ om. *V* || 26. ἀποκρί-
νασθαι *V* || 27. μέχρι *ABE* : ἄχρι *w*, om. *V* || 29. ἂν
om. *V* | αὐτοὶ α : αὐτοὶ μάλιστα *BCDVw* | κομιδῆς α :
παρακομιδῆς *Vw* || 30. ἔλθοι ἡμῖν *V*. Post haec verba
in codicibus est ὡς ἂν εἰ καὶ παράπαν φθαρείη, quod de-
levi ut a glossatore verbis ἢ καὶ ὑπὸ τοῖς πολεμίοις γέ-
νοιτο adscriptum ac deinde a librario aliquo alieno
loco in orationem invectum. Iam utraque epistola, et

Bruti et Cyzicenorum, vocabulis constat tricenis novenis Haud aliter epistolæ tricesima tertia et quarta vocabula octona monstrant. Videtur autem personatus Brutus id egisse, ut nonnulla harum epistolarum paria simillima sibi redderet ambitu verborum, plurima versuum numero || 3o καὶ om. *V* || 33 κατὰ θάλατταν *a* ναυσὶ *Vw* || 34 τἀναντιώτατα *V* τὰ ἐναντιώτατα *ιν* | τάγος *a* . ταχυτῆτα *Vw* || 35. λιλειψόμεθα *a* λειφόμεθα pr *Vw*.

Pag. 184, 1. τὰ ἐκ τῆς τύχης συμβησόμενα *a* τὸ ἐκ τῆς τύχης συμβησόμενον *V*, τὸ ἐκ τύχης συμβησόμενον *w* || 3 μοι post ἐκομίσθη add. *V* | χαιρὸν] χαιρὸν ἐκομίσθη *V* || 4 τῆς οὖν λειτουργίας *a* τῆς λειτουργίας ὀῡ ἡμῖν *Vw* | ὑμῖν addidi ex *a* || 5 Προγόννησον] προιογοννησίαν νῆσον *V* || 7 ἐστουδάσαμεν *CD* ἐστεύσαμεν *w*, ἔστευσαν *V* || 9 ἀξιούμενοι *a* εἰ ἀξιούμεθά σοι *Vw* || 10 τροιχοννησίων *V* || 11 συνέτυχόν μοι *a* ἐμοὶ συνέτυχον *Vw* || 14 ἣν acc. ex *a* | κατεπειγούσης *V* οὕτως ἐπειγούσης *w* || 15 πρότερον *a* πρόσθεν *Vw* | ῥᾶν acc ex *a* | νῦν om *V* || 16 πλεῖον *V* | λειτουργίαν *a* ὑπουργίαν *Vw* ||17. ἐπεὶ *Va* ἐπειδὴ *w* | τὰ *a* τὴν *Vw* | προσλαβεῖν *V* | ἐλπίδι *a* ἐλπίδα *Vw* || 18. αἰτιᾶσθαι *V* || 19 ἀκούων *V* ponit post ἥδομαι | ὑμᾶς acc ex *a* | κακοὺς ὄντας ἰσχύειν *V* || 22 τοῦ om *V* || 23 *w* | ἡμᾶς post προδιδόντας ponit *V* || 24 προὐδόντας *a* προδιδόντας *Vw* || 29 ἐχθρας om *V* | γὰρ *V* γάρ *w*. πᾶν τοὐναντίον ep 42 || 30 τὸ πολυωρεῖν *a* ὡς τὸ πολυδωρεῖν *ιν*, ὡς τὸ πολυωρεῖν *V* || 31. διακονήσαντας *a* διακονήσαντας οὕτω δὲ *V* et ceteri libri Westermannus de suo οὕτω δὴ dedit || 32. πρὸς ἐρῆσθαι W προσερῆσθαι | τῇ ἀδυναμίᾳ W τῆς ἀδυναμίας || 33 ἡμῖν W · ἡμῖν | ἐλλείπειν] δεῖν *V* || 35 θέλεις *V* || 36 σου acc ex *a* || 38. νῦν δὲ | *a* νυνὶ δὲ καὶ *w* νυνὶ εὐχόμενοι om *V*

Pag. 185, 2 ἡγεμόνας] ὑπηκόους pr. *V* | τὸν] τότε *V* || 3. ὅτι om *V* | ὑπουργεῖ *V* || 4 ὑπουργεῖν *ιν*, ὑπουργῆσαν *V* || 5. ἐκπλῆξαι *V* | ὅσα] ὅσα ἂν *V* | πρὸς *a* εἰς *w* pr *V*, πρὸς sec *V* || 6 φανεῖσθε *a* φανείητε *Vw* || 9 δὲ-ἀρκεῖν *a* δ᾽ ἔστι τὸ ἔσθ᾽ ὅτε μὴ ἐξ ἀνάγκης ἀρκεῖν *Vw* || 10 τε *BCDV* δ᾽ *w* || 11 ἐπιτελεύντων *V* || 12 ἐλλιπεῖς *V* | καὶ πάλαι *a* τὰ ἄλλα *Vw* || 13 ἐλειτουργοῦμεν *a* ἐλειτουργήσαμεν *Vw* | νῦν om *V* || 14 ῥᾶν *a* πως *Vw* | ἐδόκει δοκεῖς *V* || 15 μὲν om *V* || 16. αἱ ὑπουργίαι | τὰ ἐπιτάγματα pr *V* | διαβληθήσεται pr *V* || 18. λεῖπον pr *V* || 20. τοὺς om *V* | τοῦ πολέμου om pr *V* || 22 ἴση χρῆσθαι] ἰσχυρίζεσθαι W de suo || 24 καὶ τοῖς ἄλλοις *a* τοῖς ἄλλοις δὲ *ιν*, καὶ τοῖς ἄλλοις δὲ *w* | ἀποκηρύττομεν *a* προκηρύττομεν *Vw* || 27 Ξανθίους · Ξανθίους μὲν *a* || 29 ἴση *Va* ἡδονὴ *w* | τοὺς-ἐλπὶς *a* sec *V* τοῦ πολέμου τὰς ἐλπίδας *w* pr *V* || 31 πρὸς] πρὸ *V* || 32. παρασκευαστὶν *w* · παρασκευαστὴν *w* | ἐννοίας pr *V* | ἀπειλὴ ἔλθραν *a* . ὅτι ἀπειλὴ ἦν ἐχθρά (ἐχθρὰν *V*) *Vw* || 33 πρὸς acc. ex *a* et sec. *V* || 34. διαφόρους *a* πρόσωθεν *Vw* || 37. ἀφικέσθαι om *V* | ἀμεινον *a* μᾶλλον ἀσμενίζω *Vw* || 39. βραδυτὴς *V* βραδύτης *w* || 40 γινομένῳ pr *V* γενομένῳ sec *V*, γεγενημένῳ *w*

Pag 186, 1 νικήσαντι τὸν πολέμιον *ABV* τὸν πόλεμον νικήσαντι *w* || 5. γὰρ om *V* | κινηθῆναι τοῦ κἂν ὑστερῆσαι πρὸς τὰ λοιπὰ ὅμοιον *V* || 6 χρημάτων] χρημάτων μὲν *V* || 8 μηδὲ *V* | ἔχειν γενναίως ἀνωνουμε-

νους *a* γενναίως ἀγωνιουμένους (ἀγωνιζομένους pr *V*) ἔχειν φῆσαι *Vw* || 9 ἴστε acc. ex *a* et mox τῆς || 10. ἐλεγχόμενοι *a* ἐλέγχει *Vw* | δὲ] δὲ ἃ *V* || 11 ὅσα] ὅσα οἱ *V* || 14 πολλῷ pr *V* || 15 εὑποροῦσιν διὰ] εὐπόρος ἔνδειξ pr *V* || 17 ἀρκοῦμεν *V* || 18 μέχρι om *V* | καὶ εἰ *V* | μηδὲ *a* μὴ *Vw* || 19 τῶν πέλας] ἑτέρας *V* || 25 οἱ acc ex *a* || 27 χρῆσθαι *V* || 28 αὐτὰ acc. ex *a* Rectius omittitur cum *V* et *BCD* || 29 ρήσασθαι · χρῆσθαι *ιν* || 31. τραλιανοῖς *V* | μὲν] μὲν οὖν *V* Puncta fecit manus altera | δολοβέλλαν (sic) *V* || 32. ἀνεχόμενοι ante Δολοβέλλαν ponit *w* || 34. ὄντων οἰκείων *a* οἰκείων ὄντων *Vw* || 35 οὖν om. pr *V* || 36 ὅπως μὴ ἀφ᾽ pi. *V* | ἡμῶν] ἡμῶν τι *V* || 37 φασηκτι *V* | ὧν delevit W | αὐτοὶ] αὑτὴν *ιν* præter codices

Pag. 187, 1 καὶ *a* εἰ καὶ *ιν*, τῷ καὶ *V* | δολαβέλλας *V* | στρατοπεδεύειν *V* || 2. μετ᾽ ἐκεῖνον] κοινὸν pr *V* || 3 εἰς pr *V* || 4 ἤδη] ἤδη ἂν *V* || 5 διηγγέλλομεν pr *V* || 7 ἔργῳ] ἔργῳ τὸ *V* | δολοβέλλαν *V* || 8 στρατοπεδεύειν · ἐνστρατοπεδεύειν *Vw*, στρατοπεδεύεσθαι *a* || 9 τραλιανοῖς *V* | καὶ om pr *V* | δολαβέλλαν (sic) *V* || 10 στρατοπεδεύοντα περιορῶντες *a* στρατοπεδεύειν ἐῶντες *Vw* || 11. μὲν] γὰρ pr. *V* || 12 εἰ *Va* εἰ καὶ *w* || 13 ἀντιποιησάμενοι · ἀντιποιησόμενοι *Vw*, ἀντιποιούμενοι *CD* || 14 ὡς] sec. *V* suprascripsit ὅσα | στρατοπεδεύειν ἐν τῇ ὑμετέρα ἐδόλοτε *V* || 15 -οῦ πολεμ sec *V* || 17 τραλιανοὶ *V* | δολαβέλλα *V* || 18 οὔτις ἐν] οὐ τῇ *V* || 20 τὸ pr. *V* || 23 ἐξειγείροιτες *V* | ἀκουσίους · ἀκουσίως || 24 ἐχθροὺς] ψανῆναι ῥωμαίοις *V* || 25 τραλιανοῖς *V* | ἡγελθη *V* | ὑμετέρον πολίτην *a* πολίτην ὑμέτερον *Vw* || 26 δολαβέλλα *V* || 27 στρατοπεδεύσι vsec. *V* || 28 καίαντε νῦν om pr. *V* || 29 δέξασθαι *V* || 3o δολαβέλλαν *V* | τοῦ-ων ἔτι πλείω *V* || 31 Operarum error. L προαχθεῖητε || 3a οὐδὲ μὴν *a* · οὐδὲ μὴν οὔτε *a*, οὐδὲ μὴν ὅτι *Aw*, οὐδὲ *BCD* | Post ἔξιλα plene interpungendum μὴν ὅτι in *V* erasum a manu secunda || 36 ἁμαρτία *a* ποιεῖν *Vw* || 37. Post Μηνόδωρον cum *BI w* adde μὴ || 38 λυσιτελοῦς *a* λυσιτελοῦντος *V* | ἔνεκεν *V* | Scr. γέ | τι om *V* || 39 δολαβέλλαν *V* || 40 τε τῆς *a* χώρας τ᾽ *w* Nunc malim cum *BV* τε χώρας | δὲ *aV* δε καὶ *w*, quod restitue || 41 ταῦτα *V* | ἃ προαχθῆναι *V* | ἀλλὰ *V* || 43 τούτων · ταύτην *a*, ταῦτα εἰπεῖν καὶ *Vw* | δοῦναι *a* ἐιδοῦναι *Vw*, quod et ipsum probum est | ἐθέλοντας *a* θέλοντας *ιν*, om *V*.

Pag. 188, 1 τραλιανοῖ *V* | δολαβέλλαν *V* || 2 προσηγάγετο *V* | στρατοπεδεύοντα-ἔπειδεν *a* στρατοπεδεύσαντα (στρατοπεδεύσαντος pr *V*) — ἔπεισεν (ἔπειδεν sec. *V*) *Vw* || 4 ἠιδούμεθα *V* | Idem post hanc vocem addit μὴ | αὐτῶ sec *V* || 5 τοιαύτην ἐξδουλίας ἀφορμὴν *a* τοιαύτην ἀφορμὴν συμβουλίας *Vw* | παρασχῆσθαι *V* || 6 ἂν intercidisse vidt W Inserui post γὰρ | ὡμολογήσαμεν pr. *V* ὡμολογήσωμεν sec *V* || 7 ἡμεῖς om. *V* | ἡμῶν] « Immo ἡμῖν » *Westerm.* | δολαβέλλα *V* || 9. Post γοῦν pr V addit των, quod delevit altera | περιγένοιτ᾽ ἂν *V* περιγένηται om *V* | μέντοι] τοι pr *V* || 12 δολοβέλλα *V* || 14. οὐδὲ *Va* οὐδὲν *w* | ἀδικεῖσθαι *V* | συνίστασθαι εἰς * : συνίστασθαι *AE*, συγκαθίσθαι *V*, συγκατανταθῆναι *ιν* || 17. ἀμύνεσθαι *a* ἀμύνειν τινας

Vw | δεῖν erasum in V' a manu altera, quæ super-
scripsit δεῖν μὴ || 19. μέμφῃ a : μέμφῃ Vw || 20. ἐὲ

V | ἔχθραν a : ἐχθρῶς Vw | αἰτίας V ab eadem || 22.
δολαβδέλλας (sic) V | ἔθετο V ab eadem || 26. γε a :
τι w, om. pr. V | φαῖεν pr. V || 27. γὰρ] γὰρ ἂν V |
δικαίως V || 28. τοῖς] εἶεν οἱ V | φίλοι V | ἢ-μηδὲν |
μέχρι τοῦ μηδένα V || 29. αὐτοὺς παθεῖν a : τούς τι πα-
θεῖν V, παθεῖν αὐτοὺς w | Post λυσιτελῆσαι V addit αὐ-
τοῖς || 31. τραλιανοὶ V | δολαβδέλλαν (sic) || 34. ταφῆς
pr. V || 38. ἀλυσιτελῆ εἶναι * : ἀλυσιτελῆσαι || 39. ἐὰν a :
ἂν Vw || 40. εἰσπράττομεν a : ἐπιτάττομεν Vw || 41.
ἡμεῖς a : ὑμῖν w. ἔργα ὑμῖν V || 42. φορῶν V | μεμνῆ-
σθαι om. V || 43. ἀναλοῦνται V.

Pag. 189, 2. πλεῖον] Immo πλέον cum Vw | τοῦ πο-
λέμου χρώμενος a : χρησόμενος Vw || 3. ὑμῶν] ὑμῖν
V, recte || 4. δὲ om. V || 5. ὅσον pr. V || 6. τοσοῦτον
pr. V || 7. αὐτὰ αὐτὸς ἀναλίσκων κοπιᾷς V ||10. χρᾶσθαι
V' || 11. ἐστὶ ῥάδιον om. V | καὶ om. V | πολλῶν] πολ-
λῶν χρὴ V || 12. Post ἡμᾶς sec. V addit δύνασθαι || 13.
ἑαυτῶν φροντίζοντας a : φροντίζοντας ἑαυτῶν Vw || 15.
Ἀχύλαν] * Expectes Ἀχύλλιον. » $Westerm.$ || 16.
στρογγύλους pr. V || 18. παρεσχῆσθαι V || 19. ταῦτα
om. V | ἂν addidi ex a. Indidem scripsi ἀνακομισθῇ
pro ἀνακομισθῆναι | πρὸς] εἰς V || 21. τῶν] τῶν μὲν V ||
22. τὴν-παρακομιδὴν V || 23. θάλατταν V || 24. δολα-
βδέλλα (sic) V || 25. Βιθυνοὶ] Βιθυνοὶ κοινῇ V | δολα-
βδέλλας (sic) V | τοῦτ' V || 26. ἐκείνῳ inserui ex a ||
27. ναῦς ὡς οὗ V | πλέον $BCDV$: πλείονας w || 28.
παρασκεῖν a : παρασχεῖν ἐκείνῳ Vw || 29. καὶ addidi
ex a || 30. ἐνεγκεῖν V || 31. δὲ οὐδὲ] μὲν γὰρ οὐδὲ V |
δολαβδέλλας (sic) V || 32. παρασχεῖν addidi ex a || 33.
ἐπήγγειλε a : ἐπέστειλε w, ἐπέστειλεν V | σοὶ W : οἱ
|| 34. κἀκείνῳ W : κἀκεῖνον || 35. Post Βιθυνοῖς V ad-
dit κοινῇ| τινα] τινα ἐν | ῥᾳθυμίᾳ ἐγκεῖσθαι a. In-
verso ordine Vw || 36. εἰς a : ἐπὶ Vw | ἐκεῖνον a : ἐκεῖ-
νον μὲν Vw, quod revocandum || 38. τὰ πλοῖα V punctis superscriptis | ἐπιστολαῖς V || 38.
πρ' $BCDV$: καθ' w || 40. διὰ W : δίχα || 42. ἄκον-
τας-ἑκόντας a : ἑκόντας μόνον ἀλλὰ καὶ ἄκοντας w partim
citra codices, quorum $BCDV$ exhibent ἑκόντας ἡμῖν
ἀλλὰ καὶ (hoc addit B) ἄκοντας || 43. εἰς τὰ] πλεῖστα V
| ὁμοίως scripti. W de suo ἐμοί.

Pag. 190, 1. συναγωνίζεσθαι a : συναγωνιεῖσθαι Vw
| ἐκ a : ῥάδιον γὰρ ἐκ Vw || 2. ῥάδιον acc. ex a | τεκμή-
ρασθαι V || 3 τῆς om. V || 5. ἀμελούντες V | ἀληθῶς
acc. ex a | ἐγινώσκομεν V || 6. περὶ αὐτῆς σοι a : σοι
περὶ αὐτῆς Vw || 8. δ' V || 9. διαπειλεῖς λύειν V || 14.
χερδαίνουσιν Va : κερδανοῦσιν w | ἂν addidi || 17. ἀπε-
στείλαμεν V | ἐργάτας V | σιτηρεσίῳ om. V || 22. μὴ
acc. ex Va || 23. καὶ οἱ] χαιρὸν W in oratione de suo
|| 25. φιλανθρωπίας V || 27. ἀγωνισόμεθα V || 29. ἐλ-
om. V || 31. Post θαλάσσῃ V addit πάντα || 34. ὑστε-
ρίσατε V || 37. ἐνοχλῆσαι * : ἐνοχλήσειν || 38. εἰς δὲ
ναυτικὴν παρασκευὴν ἐξηνάλωσε L.

Pag. 191, 3. τὴν om. L || 6. Habet Plutarchus vit.
Brut. c. 2 | σαλλίοις L | καὶ post ὀλίγωσι: add. L || 8.
σάλλιοι L.

| CALANUS.

Ex Philonis libro, quo omnem probum liberum
esse docet, t. II. p. 460 ed. Mang.

— • —

CHILON.

Ex Diog. L. I, 73.

— • —

CHION.

M = Mazarineus 611
o = Orelliana.

Mazarineum contulit Westermannus.

Pag. 194, 1. Χίων Μάτριδι χαίρειν] ΜΑΤΡΙΔΙ a |
Λῦσις * : Λύσις oa | 6. ἐπὶ om a | ταύταις * : ταύταις ἐπ'
|| 11. λυπούμενοι M : λυπουμένοις oa || 12. προθεῖναι
M : προσθεῖναι oa || 16. προσῆκεν M | ἔρρωσο add. M ||
17. Χίων Μάτριδι χαίρειν | τῷ αὐτῷ « hic et infra || 20.
τὴν addidi |, 22. καὶ Ma : ἢ o || 25. ἵνα-αὐτῶν om. a.

Pag. 195, 6. ἀνδρείας * : ἀνδρίας || 12. θαυμαστότε-
ρον * : θαυμασιώτερον || 15. ηὑρημένοι * : εὑρημένοι ||
17. τῶν om. M|| 19. τι om. M | σαλπικτῆς cod. August.
recte | ἐσήμηνεν M : ἐσήμαινεν oa || 21. καὶ acc. ex M ||
27. διεξιόντα M : διεξιόντα μὲν oa || 31. ζάλκγα a (Ho-
mer. Od. o, 341) || 33. βουλευομένους om. M | ὑμῖν * :
ὧν

ἡμῖν || 34 ἀπιθεῖν a || 36. αὐτοῖς M, αὐτοῦ a || 39. ἕκα-
στον M : ἕκαστος oa || 42. ἐδύνατο M : ἠδύνατο oa || 44.
Βυζαντίοις acc. ex M || 47. σωκράτην M || 49. ΔΓ M :
ε
Δία oa | διαλέγετο M.

Pag. 196, 1. νῦν Cobetus : μενοῦν Medicei 12 et 46,
με εἶναι oa. De M non liquet || 2 πλεύσεσθαι * : πλευ-
σεῖσθαι || 5. πυθόμενον a || 6. καὶ πάνυ om. M || 9. ἐκ
addidi || 10. σφόδρα λύειν M : σφοδρὸν διαλύειν oa || 14.
δὲ a || 16. ταῦτα πάντα M : inverso ordine oa || 18.
ἀνδρείαν M : ἀνδρίαν || 23. καὶ ante στρατεύματα acc.
ex M || 29. πολέμους * : πολεμίους || 31. οὐχ M : οὐδεὶ
oa || 32. οὐχ ἱκανὰ * : οὐ τοῦ ἱκανοῦ || 33. ἱκανοῖ * :
ἱκανῶ πολλοῦ M, πάνυ a, πολλοῦ o errore, ut videtur |
γίνωσκε M : γίγνωσκε oa | τῷ M et codd. Boissonadii
ad Choric. p. 341 : τὸ oa | πλεῖον (sic) M|| 35. Σῖμον * :
σεῖμον M, Σῖμον oa || 37. ἡμῖν om. a | σὺν M : ἐν oa
|| 41. ἐχλεύαξεν * : ἐχλεύασαν | προσεβλήθσθαι a || 44.
οὐδὲ a || 45. ἀληθὲς M : ἀληθὲς αὐτοῖς oa | δὲ καὶ M : δὲ
oa || 47. Σηλυμβρίαν M : Συλληβρίαν oa.

Pag. 197, 2. ἀπιόντες M || 15. Βαιτύλος etiam codd.
Boissonadii ad Choric. p. 333. Βαίτυλος a || 17. ἕκασ-
τος μάχαιραν * : ἑκάστῃ μάχαιρα || 31. δ' M : οὖν oa
|| 33. παρὰ * : περὶ || 40. γὰρ acc. ex M || 41. Erat
ἀνὴρ || 45. ἂν addidi | σηκράτην M || 46. συνήθειαν * :
σου συνήθειαν || 47. τῶν καὶ * : καὶ τῶν

Pag. 198, 5. ταρίχου Cobetus : ταρικοῦ | ῥοδιὰν]
ῥόδιαν M cum rasura duarum literarum capaci. Ῥοδίου

Cobetus ‖ 8 ἐκεῖνο *M* | δὲ *a* ‖ 10 τινας om *a* ‖ 17 δὲ *a* ͺ ὑμᾶς *M* ‖ 18 φιλοπραγμοσύνην *a* ‖ 20 ἔρρωσο add. *M* ‖ 24 τῇ ἀποπληξίᾳ · · τὴν ἀπο-ληξίαν ‖ 25 οἰηθῇ · οἰηθείη | οὗτος *M* · οὗτος γὰρ *oa* ‖ 28 ἀνεστρέφετο *M* · ἀνωθεῖτο *oa* ‖ 30. δ' *M* · δ' εἰς *oa*.

Pag. 199, 2 τὰ δὲ *a* ‖ 4. τοτε om. *M*. Vide Boisson. ad Pachym p 137 ‖ 6 λόγου *a* ‖ 7 τὸ γράμμα *M* · τὰ γράμματα *oa* ‖ 13 καὶ om *M* | αὐτὸν acc. ex *M* ‖ 16. Χίων et χαίρειν om *a* hic et infra | ἐμὲ *M* et cod ap Boisson ad Choric p 344 ἐμοῦ *oa* | οὐκ · οὐκ ἂν *a* ‖ 17. οὐδ' · οὔτε ‖ 19 γράμματα *a* | τῶν ἄλλων φίλων *M* · ἄλλων *oa* ‖ 16 Χίων et χαίρειν om *a* hic et infra ‖ 20 γεγενημένων nescio unde in orationem irrepserit Scribendum cum scriptis et editis omnibus γενομένων ‖ 22 τῷ] τὸ *M* ‖ 25. τι ἐν om *a* ‖ 31. οὐδὲ *M* ‖ 32 αὐτῷ *M* · αὐτὸν *oa* ‖ 35 τέτταρες *M* · τέσσαρες *oa* | τούτῳ *M* ‖ 36 σ-ευσίπτου *M* ‖ 37. πετόμρε *M* | δὲ *a* ‖ 45 ἔρμοσαι Cobetus ἔρμοσ-αι ‖ 46 Ἀθήνησι χαριεστάτους · χαριεσ-τάτους Ἀθήνησιν

Pag 200, 5 Χίων-χαίρειν | τῷ αὐτῷ *a* et sic deinceps ‖ 10 πλείω *Ma* · πλείονα Cobetus et nescio unde ‖ 12. οἷς συμπαθῶ *M* · ἢ συμπαθεῖν *oa* ‖ 16. εὐτελέστατα *M* · εὐτελέστερα *oa* ‖ 18 τὰ] ἃ *M* et codd duo ap Boisson. ad Choric p 340 ‖ 19 οὖν *M* · δὲ τὴν *oa* ‖ 24. ἔρρωσο add *M* ‖ 25 σοι om *a* ‖ 29 Immo πλείσομαι ‖ 32 ἂν addidi | τύχῃ · τύχοι ‖ 35 ἀρετῇ μὲν παραπλήσιον · . ἀρετὴ μὲν παραπλησία *M*, ἀρετῇ μὲ-παραπλήσιά *oa* ‖ 37 Λύσις · Λύσις ‖ 39. οὕτως *M* · οὗ-ω *oa* | σιληνὸν *M* ‖ 41. ἀρέστειλε *M* · ἐπέστειλε *oa* ‖ 42 πολιορκήσαντας *M* ‖ 43 Κότυς · τις *a*. τότις etiam Vossianus. Vide Voss ad Vell. Pat 2, 97 p 1101.

Pag. 201, 3. ὅπερ *M*. ὥσπερ *oa* ‖ 4 αὐτόν τε *a* ‖ 8 αὐτοῦ acc. ex *M* ‖ 10 ἀποτρέψας *M* ‖ 14 πλεύσομαι · πλευσοῦμαι ‖ 21 οὕτω *a* ‖ 29 δοκοίη · δοκῇ | κρωδ-ίον codex ap Boisson. ad Choric. p 333 · Κρωδίον ‖ 34 μὲν deleverim ‖ 36. στερομένη *M* · στερουμένη *oa* ‖ 39 ταῦτα · τοῦτον *M*, τούτων *oa* | συντυχίας · εὐτυχίας ‖ 41 ἀκατάλυτον *M* · ἀκατάληκτον *oa* ‖ 46 ἢ om. *a* ‖ 48 γὰρ addidi | ὑπέρχεται · ὑπέρχεται *oa*, ἐπάρχεται *M* ‖ 49 τοὺς δουλουμένους · τοῖς δουλουμένοις | λίαν *M* · λύσις *oa* ‖ 50 πρὸς τοῦ πλήθους · πρὸς βουλόμενος τὸ πλῆθος. Mihi βουλόμενον ex δουλουμένοις natum esse videbatur Westermannus malebat πρὸς δουλουμενον τὸ πλῆθος Vide etiam Boisson ad Choric p 342

Pag. 202, 4. αὐτὸ restitui ex scriptis et editis. αὐτὸς Cobetus de suo, atque ita *o* ‖ 10 γὰρ om *M* | ἐπεὶ *M* . ἐπεὶ καὶ *oa* ‖ 12 ἢ adieci et τὸ ante μέλλον ‖ 20 ἧττον ‖ In mg *M* κρεῖττον ‖ 32 πάνυ τι · πάντη *M*, πάνυ *oa* ‖ 35 αὐτός τι] αὐτόθι *M* | ἀλλὰ *M* · ἀλλ' ἵνα *oa* ‖ 39 διανήσωμαι *a* ‖ 42 διήκει *M*.

Pag 203, 1. ὤμοσαν *a* ‖ 7 ἐφ' αὑτῶι *M* V Boisson. ad Philostr Epp. p. 161 ‖ 14 τόν τε W · τον τε ‖ 16 γὰν *M* · ἂν *oa* ‖ 25 ὅταν δὴ *M* ‖ 27 ᾑρῆσθαι W · εὑρῆσθαι ‖ 31 Χίων et χαίρειν om *a* ‖ 32 ἔγραψα · ἔγραψεν ‖ 33 τὰς addidi | ἐκέλευον] Ita *Ma* ‖ 37. εὔπορον *a* · οὔτε W · οὐδὲ ‖ 38 περιεβάλου · περιεβάλλου ‖ 39. οὐδ' W . οὐδ' ‖ 42 ηὕρισκον *M* · εὕρισκον *oa* ‖ 48 ἐπεφιλοσοφήκειν · πεφιλοσοφήκειν

Pag. 204, 1 ἀπ:λθείας *M* · ἐπαχθείας *oa* ‖ 4 ἀνιαρώτερον *M* ‖ 11 μηδέτω καὶ τήμερον] Lucian Piscat 11 ‖ 12. ἑορακὼς · ἑωρακὼς ‖ 14. ἀποπτείοις *M* ‖ 15. ἀπεδήμησα μὲν Cobetus · ἀπεδημήσαμεν ‖ 21 τι · · τις ‖ 26 ἐκ *M* · ἐκ τῆς *oa* ‖ 29 Θιατης ᾕρων γελέσθαι *M* · ᾕρων *oa* ‖ 32 ἔσχον Mediceus 12 ἔχων ‖ 36 οὔτε W : οὐδὲ ‖ 37 οὔτε W · οὐδὲ ‖ 40 ὑπ' *M* · ἀπ' *oa* ‖ 41 τὴν δὲ] τὴν *M*.

Pag. 205, 4. ἀδικοῦντα · ἀδικοῦντα ἄριστον μὲν · ἀμύνεσθαι *M* (Boisson ad Choric p. 321) . ἀμείζεσθαι *oa* ‖ 7 ἀλλὰ om *a* ‖ 9 -ῶν om. *M* | τρέψεις *M* ‖ 15 ἐσῆς · ἀρῆς ‖ 17 ἡσυχίας] φιλοσοφίας *a* ‖ 33 λέγει *M* ‖ 39 ἔρρωσο add *M* ‖ 42 ἔπεμψα *a* ‖ 46 κἂν-δεη, *M* · κἂν δὴ διὰ πυρὸς ἐλθεῖν *oa* ‖ 49 ἐλπζά *M* ‖ 51. τὴν addidi ex *M*

Pag. 206, 1 ἀπολίποιμι *M* ‖ 5 ἐναργεστέραν] Ita *Ma* ‖ 14 μακαρώτερον · μακαρώτατον | γεννήσεσθαι *M* γενέσθαι *oa* ‖ 18 δράσωμεν *M* (Boisson ad Choric p. 336) δράσομεν *oa* | ὧν · οἷς ͺ

CLEOBULUS.

Pag 207, 1 Ex Diog L I, 93 ‖ 2 τουαντιωτάταν] Ahrens de dial Dor II p. 138

CRATES.

V = Vaticanus 483
N = Marcianus 81
B = Boissonadius
b = Boissonadiana

Pag 208, 1 Immo Διογενη, ut est p 212, 11. 213, 25 ‖ 7 κακίας *N* · κακῶν *a* ‖ 9 ἕξεται *N* | ἀπαιτεῖν *N* · αἰτεῖν *a* ‖ 10 ἀπαιτεῖν *N* ‖ 11 τοῦ] τὸ *N* ‖ 12. ἔξωθεν *N* · ἔξω *a* ‖ 13 ἀρετὴ *N* · ἀλλ' ἀρετὴ *a* ‖ 15 In *N* haec epistola post quintam infertur | εἴτε *N* | αἱρετὸν *N* · αἱρετόν δ *a* | τόνος · τόνος τονει *a*, πόνος τονεῖτε *N* | τόνει | τονεῖτε *N* ‖ 16 πονῆς] τονεῖτε *N* | δ·ὰ γὰρ-τόνος] οἱ γὰρ φεύγοντες τοὺς τόνους τὸ μὴ πονεῖν οὐ φεύγουσι διὰ γὰρ τοῦ πονεῖν ἀγαθοεύεται τόνος *N* ‖ 17 δ' *N* | Post ἐναντίῳ *N* add τις ‖ 18 κρεῖττον *N* ‖ 19 βαδίζεται *N* ‖ 20 ἀνάγκη τοῦ ἑκουσίου omisso τι ποιεῖν *N* ‖ 24 Post ἀδικεῖν in *N* sequitur epistola tertia , quae ita cum quinta coaluit, ut nullo discrimine distineatur ‖ 27 οἳ addidi ‖ 28 δὲ] δὲ καὶ *N*

Pag 209, 1 πρὸς δὲ] ἐπὶ *N* ‖ 2 κἂν καὶ *Λ* ‖ 4 πλουσίους *N* · αὐτοῖς *a* ‖ 5 μερικὰ *N* ‖ 6. προδόλο-φονεύεσε καὶ om *N* | ὅσα-ἐστι] τἆλλα (sic) ὅσα ἐστι τοιαῦτα *N* ‖ 9 σινωπέος *N* | τάντ' *N* · πάντα *a* ‖ 10. πάντ' *N* . πάντα *a* ‖ 11 κἂν φθόνον om *N* | κἂν κενοδοξίαν καὶ φόβον *N* ‖ 12 δὴ om. *N* ‖ 14. λαίτοι νὴ τὸν] καὶ τὸν *N* ‖ 15 γάρ] ὑπ' *N* ‖ 16 καὶ πλεύσομαι · καὶ σπίζομαι *N*, πλεύσας *a* | ἀθηνᾷ *N* ‖ 17 ἀντι τῆς ἐλευθερίας acc. ex *N* | ἐξέλετο *N* ἐξειλθ' *a* ‖ 18 ἐμαυτὸν-κτημάτων *N* · ἐμαυτῷ τὸ κρείττον πάντων κτῆμα *a* ‖ 20 Epp IX et X absunt a *N* ‖ 28 Λύσα *a* ‖ 30

Ὅμηρος] Od. φ, 295 ‖ 32. Εὐρυτίωνα Vatic. 1354 :
ἀρυτίωνα a | ἄκσε * : ὤλεσε a, ἀπώλεσε Vatic. 1354 ‖
34. διατίθησι * : διαθήσει a ‖ 38. δεῖν addidi ‖ 41. In
a hiatus est 10 literarum. Non est in Vatic. 1354 ‖
42. Deesse aliquid ad orationis integritatem signifi-
cavi ‖ 44. τό γε * : τότε a.

Pag. 210, 4. ποιῇ * : ποιεῖ a | ἄτχημον * : εὐσχη-
μον a ‖ 7. γίνεσθαι * : γενέσθαι a ‖ 10. ἂν adieci ‖ 13.
ἐγγὺς θεῶν N ‖ 14. τὸ δ' N : τὸ γὰρ a | ἐξέεται N : ἔψε-
ται a ‖ 15. Θεῶν-ζῴων * : θεῶν καὶ ἀλόγων ζώων θεοῖς
N, θεοῦ καὶ ἀνάλογον θεῖον a | τῷ N : τινι a | γένει om.
N ‖ 16. καὶ μὴ * : καὶ μὴ ἀλόγοις N, καὶ μὴ ὅτι ἀγχλό-
γως a ‖ 17. Ὡρίωνι N : Ὀριγένει a | ἄστν om. N ‖ 19.
καὶ μὴ κακούς N : ἀλλὰ μὴ φαύλους a ‖ 20. εἰς N :
κατ' a | φιλοσόφους N ‖ 21. μαθήσονται N ‖ 22. καὶ om.
N | αὐτόματος * : αὐτόματον | ἐμβαῖνον N | ψυχῇ] φύ-
σει N ‖ 24. στολὴ N : τόλμα a | Διογένειος post ἀσφα-
λὴς ponit N | πιστότερος N : πλουσιώτερος a ‖ 25. τὰ
om. N | καρχηδόνα N | φορούντων * : φρουρούντων N,
φρονούντων a ‖ 26. καὶ] κἂν (sic) N | Περσικοῦ N :
περισσοῦ a ‖ 27. διαγωγῇ N : ἀγωγῇ a | ἐλευθερωτέρα
N ‖ 28. Σαρδαναπάλλου * : σαρδαναπάλου N ‖ 28. εἰ om.
N | κρεῖττον N : κρείττων a | τὸ ἀσφαλὲς acc. ex N ‖
29. καὶ N : καὶ ἡ a ‖ 30. καὶ N : καὶ ἡ a | τῆς acc. ex N
| διαγωγῆς N : διατριβῆς a | ἡ καὶ N ‖ 31. πάντων-διο-
γένη] ἁπάντων σφῶν φιλοσοφεῖν κατάλλους ἡ διογένης
N | Immo Διογένη N ‖ 33. ἐπ'] ἐπὶ τὴν N ‖ 34. νέοις]
νεανίσκοις N, quod repone | ἐθίζεσθε * : ἐθίζε N, ἐθί-
ζετε ἑαυτοὺς a ‖ 34. ἰχθύος δὲ καὶ οἴνου N : ἰχθὺν τε
καὶ οἶνον a ‖ 35. γεύεσθε * : γεύσεσθαι N ‖ 37. Hactenus a.
Reliquas Cratetis epistolas ex libro Vaticano 483 pri-
mus edidit Boissonadius in « Notices et Extraits »
t. XI. P. 2. p. 16-46 ‖ 38. ἀδικίαν καὶ ἀκρασίαν * :
ἀδικίας καὶ ἀκρασίας ‖ 41. μόναις-ἐνατενεῖτε * : ἐπὶ μό-
ναις-ἐπιτελεῖτε V, ἐπιτελεῖται V.

Pag. 211, 4. ἀλλ'-ἀρετήν] Verba corrupta. χρυσίων
N ‖ 7. πονῶ B : πόνος ‖ 10. συντόνως B ‖ 11. ἀγα-
θοὶ * : ἀγαθὸς κακὸς λεγόμενος (sic) scripti. ἀγαθοὶ
Boissonadius quoque. Sed idem κακοὶ λεγόμενοι ante
ἠγχάλεπτι delet ‖ 12. ὅτε adieci. Poteram etiam ὅπου
vel εἰ, quod Boissonadio placebat ‖ 15. δὲ inserui ‖ 16.
πειρᾶσθαι ‖ 18. αὐτοῖς] ἑταίροις N ‖ 22. διὰ τοῦτο]
« Ces mots indiquent une relation à un antécédent
qui ne paraît pas suffisamment exprimé. » Boiss. ‖
25. διδομένου] Ita VN. διαδομένου b | Feci asteriscos.
ἔστι B, quo nihil adiuvamur. ἔτι scripti ‖ 29. ἐθίζεσθε]
Ita VN. ἐθίζετε b | ψυχρῷ * : ψυχρὰ ‖ 30. κατακλίνε-
σθαι ? ‖ 34. θερμῷ * : θερμὸν N ‖ 35. ἀμερίζεσθαι * V |
ἀλουργῇ N : ἀλουργόι V ‖ 37. ὀδυσέα N | τὸν] τῶν N
‖ 42. δὲ post ἐπαινῶν add. W.

Pag. 212, 1. ὁπόσ' ἂν B : ὁπόσα | χαρίσαιτο b. Resti-
tue χαρίζοιτο, quod exhibent VN ‖ 2. Διογένη * :
διογένην ‖ 7. ἐς τιμαῖς om. N ‖ 10. ἐξέσται-ζηλοῦντα (cf. ep.
11) * : ἔψεται-δηλοῦν ‖ 11. διογένην N | πολλοὺς W :
πολλὺν V et N, in cuius margine a manu sec. est γρ.
ο'
πολλ ‖ 12. δι' * : ἐξ ‖ 17. Post ἐμαυτῷ N addit περὶ
ὀφθαλμῶν. Idem mox omisit ὑπὲρ ὀφθαλμῶν ‖ 20. καὶ
ante οὐκέτι addidi. Nisi fuit οἱ δέ μου ταῦτα ἐπακούσαν-
τες οὐκέτι | ἐγχειρήσαντες W : ἐγχειρίσαντες ‖ 24.

ὑγιείας * : ὑγείας | ἀπελείποντο W : ἀπελίποντο ‖ 25.
ταῦτα ante ἃ ponunt VN. Correxit B ‖ 26. ἃ] ἃ ἂν ?
‖ 28. διατρέβουσιν * : διατρίβοιεν ‖ 29. τάχιον * : τάχι-
στα ‖ 31. φαίνει N : φαίνῃ V ‖ 33. ἐπίγραψαι B ‖ 37.
τὸ αὐτὸ ἐπὶ τοῖς V | ἱέμενοι B : ἱόμενοι ‖ 41. ἡ acc. ex
N ‖ 45. πάλιν adiecit B coll. Stob. Floril. XV, 9. Diog.
L. VI, 67.

Pag. 213, 2. τὴν κόμην] τὴν κεκαρμένην κόμην B |
φιλεῖς N | τὰ ἀλουργῇ] τἀλουργῇ N ‖ 3. παύσει N :
παύσῃ V ‖ 4. ὥστε N ‖ 6. εἰ] εἰς (sic) N ‖ 10. τοὺς
ἐπιβουλεύοντας B : τοὺς ἐπιβουλεύοντας τῶν ἐραστῶν |
ἔτι πελάσειν * : ἐπιπελάσειν ‖ 13. κυνῆ N ‖ 14. αὐτήν
B : αὐτῇ N ‖ 16. Deest μᾶλλον ‖ 17. ἐπιμελεῖσθε N ‖ 19.
ὑμᾶς om. N ‖ 23. χειροτονημένους ποιεῖσθε N. στρατη-
γοὺς excidisse arbitratur B ‖ 24. τὸ μὴ ὂν] τὸ μὴ ὂν
ἐπιτήδειον vel τὸ μὴ ὀνήσιμον B ‖ 28. χειροτονήσατε * :
χειροτονῆσαι VN ‖ 36. ἀτχάλεπε N | ἀπαιτεῖσθαι N ‖
37. ἔστι | Σ. (sic) N ‖ 38. τοῦ θεοῦ add. B | τῶν addidi
‖ 41. μεθισμένοι N | συμφοράζετε * : συμφοράζεσθε N,
συμφράζεσθε V.

Pag. 214, 1. τοῦ σπουδαίου B : τούτου ‖ 2. ληρμμά-
των B : λημάτων ‖ 3. οὐ τὰ W : οὔτ' | ἀλλὰ] ἀλλὰ
καὶ N ‖ 5. αἰτεῖσθε N ‖ 6. ἀποδόσθε B : ἀποδίδοσθε |
7. οὐκ add. N ‖ 9. μέμνησαι * : μέμνῃ | ἀπολιποῦ W :
ἀπολίπου ‖ 10. πείσειας B : πείσεις | ὡς] ὡς οὗ B |
θρύπτει N : θρύπτῃ ‖ 13. Sequitur in utroque codice
epistola Hipparchiæ (τῇ ἱππαρχείᾳ N) inscripta hæc :
ἐγὼ δ' ὅτι μέν σοι μελέται μου, ἀπεδεξάμην σε : ὅτι δὲ
ἰδιωτεύεις καὶ οὐ φιλοσοφεῖς, εἰς δ τε προυτρεψάμην, μέμ-
ψομαι. Ad quam Boissonadius : « Cette lettre est un
fragment de la dix-neuvième [tricesimæ secundæ hu-
ius editionis], et en a été séparée par quelque erreur
de copiste. » Verba perperam iterata delevi ‖ 14.
ἀδιαφορεῖν B : διαφορεῖν ‖ 15. ἐκάλεσαν * : ἐκάλεσαν καὶ
ἡμᾶς κύνας N ‖ 16. ἀνυπομένητα N ‖ 19. αἱ] Ita B et N,
nisi leviter eum inspexi; οἱ V ‖ 20. ὃς γε? ‖ 24.
ἀμφέγεσθαι N ‖ 25. πολλῇ σπουδῇ B : πολλῆς σπουδῆς ‖
27. ἠγόμην B : ἡγεόμην VN. Nunc præfero eiusdem
Boissonadii ἡγαγόμην | ποιεῖς * : ἐποίεις ‖ 30. τὸν om.
N ‖ 32. καὶ B : ὃ ‖ 34. ἀνθέξει N, quod repone. Post
κτήματος excidisse aliquid suspicatur B.

Pag. 215, 1. μέλλει V | καλλωπίζει N, quod restitue
| δι' ἃ B : διὸ ‖ 11. δ' deleverim | συμβῇ N : συμβῇ κἂν
συμβῇ V | νοσερὰ τὰ βρέφη] νοσερὰ μένει. Ἱππαρχείᾳ
(ἱππαρχίᾳ V). τὰ βρέφη VN, ut nova incipiatur epistola.
Correxit B ‖ 12. γεννῶνται] Immo γεννᾶται ‖ 14. μελή-
σει] μελήσει μέλησε N | ἐπεισέλθης B : ἐπεισέλθοις | Feci
asteriscos ‖ 16. γε W : καὶ ‖ 17. ὀστρακίνῳ | ὀστρακίνῳ N :
ὀστρακίνω V ‖ 20. αὐτῷ N ‖ 23. ἑαυτοῦ * : αὐτὸν N,
αὐτὸ V ‖ 24. θρέψαι * : πέμψαι ‖ 27. ἣν * : σοι scripti.
ἔτι ἂν σοι καὶ νῦν ἦν B ‖ 29. ἤνεγκα N : ἔνεικα V | ὥστε * :
ὡς ‖ 31. τί δήποτε N, quod nunc displicet. εἰ δήποτε
scripti. Boissonadius aut εἰ δήποτε aut εἰ μὲν delendum
censebat ‖ 33. οὓς] ὥς V | μέλλετε B : μέλετε ‖ 35.
ὁρώμεθα * : ὁρώμεθα ὑμῖν ‖ 36. οὐκ οἰόμεθα B : οὐχοίον-
ται N, οὐχ οἷόν τε V ‖ 37. ὧδε ἐπιμελεῖσθαι N, quod
reponendum. ἐπιμελεῖσθε ὧδε V, quod in notis B scri-
psit ἐπιμελεῖσθαι ὧδε ‖ 42. τούτῳ * : τοῦτο ‖ 45. εἰς N ‖
48. τ' ἠλοκομος B : τῆυσκον N, τῇ υσκον V. Hom. Il.
Ω, 602.

Pag. 216, 1. παύσεσθε * : παύεσθε ‖ 2. εἰς * : ἐπὶ ‖ 9. ἀπαθείας B : ἀπειθείας ‖ 11. τις B : τι ‖ 12. πωληταῖς B : πολίταις ‖ 17. ἐπράχθη N ‖ 19. ἐπιδεῖξαι N ‖ 20. ἀρήσειν * . μάθησιν ‖ 21. οὔτε‑οὔτε * : οὐδὲ‑οὐδὲ ‖ 26. ἄνερ B : ἄπερ VN • Ce mot ἄπερ a produit le datif Ἀπέρει du titre. » Boiss. | χρησμὸς * : χρησμὸς μὴ ‖ 29. ἀτυχεῖν B : τυχεῖν ‖ 35. μὲν adieci ‖ 37. γίνονται add. B | ἀγνοίας B ‖ 40. καὶ ante ἀτάραχος adieci ‖ 43. τῷ] τὸ N | συμβούλοις B : συμβόλοις ‖ 44. σε addidi ‖ 45. ἀρέσκη N ‖ 46. σαυτόν] κατὰ σαυτὸν B | ἐκεῖνον N ‖ 47. οὗ μόνον τῶν αἰτούντων ἀργύριον Δ. ἀπερ. τὸ πτωχ. B.

Pag. 217, 2. ἐλεγκτικὸν V | λήψει N, quod restitue ‖ 3. τοῦτον‑οὐδένα] Excidisse aliquid suspicatur B.

DEMETRIUS PHALEREUS.

Ex Iosepho Ant. Iud. XII, 2 et Eusebio Praep. evang. VIII, 3.

DEMOSTHENES.

Pag. 219, 20. πάντα addidi ‖ 25. ὡς Schäferus : καὶ
Pag. 220, 4. ἁπλῶς Baiterus et Sauppius : μηδ' ἁπλῶς ‖ 10. ἐν addidit Wolfius ‖ 11. μηδενὶ add. idem ‖ 22. μήτε Sauppius : μήτε πόλει μήτε ‖ 36. τινὰς] ὀλίγους τινὰς Reiskius ‖ 42. οὔτε Bekkerus : οὐδὲ ‖ 49. εἴρηται Wolfius : εἴρηνται
Pag. 222, 52. περιγενήσεσθε Schäferus.
Pag. 223, 21. οὔτε‑γεγονὼς] Hæc supra legebantur post κακῶν. Transposuit Sauppius ‖ 37. οὐδὲν Wolfius : οὐδένα ‖ 40. οὐδ' Baiterus et Sauppius : οὔτ' ‖ 44. οὐδαμοῖ Reiskius : οὐδαμοῦ ‖ 49. ἐπεὶ Bekkerus : ἔπειθ'
Pag. 224, 8. μάλιστ' ἂν Baiterus et Sauppius : μάλιστα ‖ 11. Καλαυρείᾳ G. Dindorfius : καλαυρίᾳ ‖ 30. ἂν addidi | βούλησθε * : βούλοισθε | χρήσησθε t : χρήσαισθε
Pag. 225, 32. βοηθήσαντας Schäferus : βοηθήσαντας ἂν
Pag. 226, 3. Intercidisse aliquid indicavit Dindorfius ‖ 43. γ' Schäferus : τ' ‖ 46. δῆσαι Dobræus : δηλῶσαι
Pag. 227, 37. ἢ περὶ Wolfius : ἥνπερ
Pag. 227, 3. ἀγνῶσι Dobræus : ἀγνώμοσι ‖ 24. οὐδεὶς Sauppius : οὐδεὶς ἂν
Pag. 228, 49. ἀποδεδεγμένων Schäferus.
Pag. 229, 6. ἀνέχεσθαι Reiskius : ἀνέξεσθε ‖ 9. πατρίους Wolfius ‖ 24. Operarum errore post ὅστις intercidit εἰς
Pag. 230, 15. ἂν add. Bekkerus ‖ 29. οἷς add. Schäferus ‖ 32. ἂν κομισαίμην Reiskius : ἀνακομισαίμην ‖ 38. ἀπολόμενον Schäferus : ἀπολούμενον ‖ 46. τὸ περιφανὲς Hermogenes in Walzii Rhet. vol. 3. p. 234 : ἀφανές
Pag. 331, 31. τὸν Ἀπόλλω τὸν Πύθιον] Westerm. ad Dem. de Cor. § 253.

Pag. 333, 16. ἀπὸ τῆς Reiskius : τῆς ἀπὸ τῆς ‖ 24. ἆ] οἶα Schäferus.
Pag. 234, 1. Πολεμίστου Dindorfius ‖ 7. ἕξειν Reiskius : ἔχειν

DIOGENES

P = Palatinus 398
V = Vaticanus 135
M = Mazarineus 611 A

Palatinum post Boissonadium ipse denuo contuli. Huius excerpta et mea ubi in diversum abeunt, mihi velim credatur.

Pag. 235, 2. οὖν P : γοῦν a | διὰ τοῦτο om. P ‖ 4. τὴν om. P ‖ 5. καὶ om. P ‖ 6. ἀχαιοῖς γείτοσι χρώμενοι recte P ‖ 7. πανέλλησιν P : ἕλλησιν a ‖ 8. συμπολιτεύονται P ‖ 9. ὄφελον P | ἡμῖν P ‖ 10. ἓν om. P ‖ 11. ἐπιστήσω P ‖ 12. οὖν ἐμὲ πρὸς ὑμῶν φυγαδευθῆναι συνήρει. τοὐναντίον δὲ καὶ πιστεύω P. συνερεῖ W ‖ 15. τῆς addidi ‖ 16. οὐδεὶς P : οὐδὲ a ‖ 17. ὅπου δήποτε P : που δήποτε | ἢ οὕτως ὑμῖν συνοικεῖν προσενεχθεῖσιν P ‖ 20. μειράκια ἀποθρυπτόμενα κακονάδυν ἀπὸ P. In κακονάδυν latere κακὸν ἄλυν (sequitur ἀλύοντις) certum est : de reliquis nihil affirmo ‖ 21. καισριαιν sine accentu P | ἐπεὶ] ὡς P ‖ 23. τεῦτλα] τοιαῦτα P ‖ 24. ἔλεξαν P | ἐπαύοντο P : ἐπαύσαντο a ‖ 25. ταῖς κεφαλαῖς διασπάσαντες ἐξέβαλλον καὶ τὰς χλανίδας ἐν κόσμῳ ἀνεβάλλοντο καὶ ἡσυχῇ λὰ εἰς ἄστυ P | περιεβάλλοντο * : περιεβάλλοντο ‖ 28. οὓς‑διεξῇειν) οὗ διεξῇειν P ‖ 34. δὲ acc. ex P | τε] γε P | συνετοῦ P | μὴ] μιγν και (sic) P ‖ 35. ἀπολείποιο P : ἀπολίποιο a | ἡμῖν] μιγνων P | θαμινῶς] θαλλεινως P ‖ 36. ἐπιστέλλοις P : ἐπιστέλλεις a | γὰρ αἱ M : γὰρ καὶ P, γὰρ a.

Pag. 236, 1. με] μοι P ‖ 2. μηδ' P : οὐδ' a ‖ 4. τοῦτο ἔπραξα P ‖ 5. τάχ'] τἀδ' P ‖ 6. δόξωσιν βασιλεύσιν P | ἀντειπεῖν P ‖ 7. ἀλλ' ὅτι‑ἀντειπόμεν σοι καὶ οὐχ ὑπεροψίας P. Scripsi ὑπεροψίᾳ. Operarum errore excidit σοι. Totum hoc comma abest ab a ‖ 11. ἔστι W ‑ ἕνι P, ἦν a ‖ 12. βασιλέως P : βασιλεῦσιν a | Post αὐτὴ ἡ habet φυλακῇ οὖν τῆς οὐσίας μᾶλλον ἀντείπαμεν σοι καὶ οὐχ ὑπεροψίαις | ἐὰν P | ἂν W : ἐὰν P, om. a | δύνηται P : δύναται a ‖ 13. ὦ μακάριε acc. ex P ‖ 14. δὲ] Ita P ‖ 15. ἐχθρῶν P ‖ 16. τε om. P | καταστρεψάμενος * : καταστρεψάμενος P, καταστρεφόμενος a | τὰ τῶν om. P ‖ 18. ταῦτα P : αὐτὰ a | δ' ἔτι P : δέ τι a ‖ 20. Post σχεδὸν adde οὐδ' cum P | ἐὰν ἡμᾶς ἀθῄνησιν P ‖ 26. οὖν] δὲ P | Πάνοπος M : πάνωπος a, πανὸς P ‖ 28. τις θεῶν θέραψ τῶν τὴν ἀγορὰν ἐργαζομένων P ‖ 29. εἰρύετο P ‖ 30. ἔπινε P : ἔπινεν a | δόξας (sic) P ‖ 32. σοὶ εὑρὼν] συάγρων P ‖ 33. ἐπὶ Θηεόῶν ἀνερχομένους] ἠπιοῆόων ἐρχομένας P. Rectius ἐπὶ Θηέας Paris. 1760 ‖ 34. τῶν] ὃ τῶν P ‖ 36. ἑκάτοτε post ἀγορὰν addit P | διατρίβουσιν P : δὴ τρίβουσιν a ‖ 39. ἀνθρώπου P ‖ 41. ἱκέτην P : τῷ πατρὶ Ἱκέτη a | ὦ om. P | ὅτι ὁ κύων P ‖ 43. χειροῖν P | ἐπὶ] ἔστι P ‖ 44. μᾶλλον δὲ ἥδεσθαι om. P | Post ὀλίγοις operarum errore excidit μέν.

Pag. 237, 1. ἔστιν P ‖ 2. τὸ] τὸ μὲν P ‖ 3. πρὸς ἱῷ

c.

W : πρὸς τὸ a, σὺν τῷ P [μὴ] μηδὲ P | πράγμασιν P |
δ'] τε P || 4. ἔνδοξόν πώς ἐστι] ἔτι πως ἔνδοξόν ἐστιν P
| ὃ om. P || 5. οὐχ ὁ γῆς om. P | εἰκάζω ἐμαυτόν P :
ἔοικα a || 7. ἀνατεθεικὼς] Ita P | καὶ οὐκ εἰς τὸν
πλησίον acc. ex P || 8. δὲ] μὲν γὰρ P | Ὀδυσσέα acc.
ex P || 9. φορῆσαι M : φορέται P, φορεῖσθαι a || 10.
ἐπανῇει] ἐπανῆλθεν P | ὑποθημοσύνη P | καὶ acc. ex P
| οὕτως P || 11. μὴ] μηδὲ P | εὕρημα εἶναι P : εὕρεμα
a || 13. ἔδωκεν P || 14. εὐαγέα P' | μεμορυγμένα P || 17.
πυκνὰ-ἑορτήρ acc. ex P || 18. ὦ acc. ex P | ὃ P : ὃ
a || 19. καὶ ἐπὶ P : ἐπὶ a | στολῇ τὸ μὲν κοινόν ἐστι
πρὸς θεῶν τὸ δὲ εὕρεμα P || 20. ᾖ δὲ] τὸ δὲ P | εὕ-
ρημα * : εὕρεμα | τοῦ θεοῦ abest a P, in a solum est
θεοῦ, quod restitue. Saltem esse debebat τῆς θεοῦ ||
21. Εὐγνησίῳ] Nomen corruptum, quod abest a P |
μεγάρων P : μεγαρέων a || 22. τὴν] εἰς τὴν P | προΐ-
σταμαι διδασκαλίῳ P || 23. μοι om. P || 24. αὐτοὺς]
ἐραψῴδουν P | ἔδοξέ μοι πυθέσθαι P recte || 24. αὐτοὺς]
αὐτοὺς τὰ γράμματα οἱ δέ μοι ἀπεκρίναντο P || 26. ἀπο-
κρίνασθαι P || 27. ἐπὶ τῶν βάθρων ἐκάθισα ἐμαυτὸν εὐ-
κόσμως P || 28. αὐτὸν ὁ δὲ καὶ γὰρ ἐλέγετο πρὸς P ||
29. ἐπιστρέφει P. Malim ὑποστρέφεται || 31. διονύσιε
P : διόνυσε a || 32. τῇ ἐκπτώσει P || 34. Post διόγενες
P habet τὰ ἀνθρώπων σὺ μέντοιγε || 35. τῷ] τὸ P, in
cuius mg est ab eadem manu τῷ εὖ τὸ οὐκ ἀληθές·
καλῶς ποιῶ μὴ ἀληθῶς συναλγῶν σοι | ἀληθὲς P, quod
repone || 37. τὰ νῦν καὶ] καὶ ὅτι P || 39. ἐναποθανεῖν
P : ἀποθανεῖν a | Malim καὶ κατὰ γῆν καὶ κατὰ θάλατ-
ταν | σε om. P | ἅπασαν τὴν οὐσίαν P || 44. οὖν] τε P |
46. θελῆσαι P | μεταπέμψασθαι * : μεταπέμψεσθαι (sic)
P, μεταπέμψεται a || 49. δὲ om. P.

Pag 238, 3. τὰ ἄλλα P || 5. Μητροχλεῖ] Μητροχλεῖ
εὖ πράττειν P || 5. στολῇ P : ἐπιστολῇ a || 8. γέ om. P
|| 9. ναῦς σίτου καὶ οἱ] ναυσὶ P || 10. πυρετοῦ P : πυ-
ρεττοῦ a || 11. λιμοῦ καὶ τοῖς ἐρῶσι τὰ παρα P || 12. καὶ
om. P | ἐπαρήματα P : ἀπαρήματα a || 13. φασὶν P ||
14. προῖκα * : προῖκα αἰτεῖν | Scr. οὐδὲ ex Pa | τῇ σω-
τηρίᾳ W | τῷ σωτηρίῳ || 15. ἔστιν αἰτεῖν] Ita P, qui
et supra αἰτεῖν habet. ἔστιν omisso αἰτεῖν a | τὴν om.
P || 16. ταυτί σε ποιεῖν P | καὶ om. P || 17. κρείσσονα
P | αὐτὸς om. P || 18. σοι τὴν-πρὸς τὴν om. P || 19.
πάντη μάχου] πανταχοῦ μάχου P || 20. μηθέν P | σε
τ
ἐπείγῃ] οισεπιτησκαλοῦ (sic) P | τι] τοι a || 21. σω-
χράτη δὲ λέγειν μὴ P || 22. Scr. ἀλλ' cum Pa || 23.
ταῦτ' P || 25. δὲ εἶναι P : δὲ a || 27. εὖ πράττειν addit
P | ἐν τῇ ἀγορᾷ Γ'a, quod repone || 28. ἐντεύξῃ] τεύξῃ
P || 30. κιδονολόγους; ἐπιδίδωσιν P || 31. ἑαυτοῦ-πόρρω
acc. ex P | εἰσὶ δὲ] πλησίον δέ εἰσιν P || 34. εὖ πράτ-
τειν addit P | ἐπὶ adieci P || 35. ἀκούσωσιν ἵενται] ἀκού-
σωνται P || 36. ἐπὶ φιλοσοφίαν] φιλοσοφεῖν P | δὲ P ||
37. ὡς * : ὡς οἱ. Nunc malim ὡσεὶ || 38. ἀσθμαίνοντες
P || 39. που * : ποτε | τὴν μαλακίαν-ἀπολίαν * : τῆς μα-
λακίας ἀλλὰ τῆς ἡμῶν ἀπολσίας P, atque ita a, nisi
quod habet ἀμελίας || 40. ἐὰν P || 41. γὰρ] τοιγαροῦν
P | οὕτως post αὐτοὺς add. P || 42. οὐκ εἰς P : οὐχ εἰς
a] διεδάλλουσιν P | ὃ μείζων δι' ὃν P || 43. δουλεύουσιν
P : δουλεύσουσιν a || 46. καὶ ante κατ' om. P | ἡμῖν
om. P | πέφυκεν P.

Pag. 239, 1. Ἀπολήξιδι W : ἀπολλήξιδι | χαίρειν

add. P | ἀπεθέμην] Θηβαῖε μεγάσθενες ἀπεθέμην P || 4.
ὅτι om. P | τὴν] ἢν P || 5. ἡλικίαν] ἐλευθερίαν τούτου
P || 7. χαίρειν add. P || 8. ἐπιτηδευσόμενον P || 9. ἐπι-
τείνω ἵν' ὅσοι ἂν ὦσιν οἱ μιμούμενοι P | τέλεον] Ita P
|| 10. εἶναι] γένωνται P || 11. χαίρειν add. P | ἀκούω]
Ita Pa | τριπλοῦν P || 13. εἶναί acc. ex P | δὲ a | ἕκα-
στον P || 14. αὐτῶν P : αὐτοῖν a || 15. ταύτη δεῖ κεχρῆ-
σθαι acc. ex P || 16. οὐδ' acc. ex P || 17. δὲ τὰ μηδὲν
P : δὲ μηδὲ τὰ a | ἀλλὰ τῷ-λόγον P : ἀλλ' ἅμα τῷ λόγῳ
τὸν βίον a. Nunc malim τῷ λόγῳ τὸν βίον abiecto ἅμα
|| 18. ἃ δὴ P : ὃ δεῖ a || 19. μοι] μὲν P || 20. τὸν Κο-
ρινθίων P : τῶν κορινθίων a || 21. ἔστιν P || 23. Ἀπο-
λήξιδι W : ἀπολλήξιδι a, ἀποδεξίω χαίρειν P | χάρις]
χάριτας P || 24. εὗρον Pa | ἀλεξάνεμον-πίθον P : ἀλεε-
νὴν a || 26. ταύτης acc. ex P | ἀνευρίσκουσιν P : εὑρί-
σκουσιν a || 27. χαίρειν add. P || 29. ὅτι acc. ex P |
πείσεις P : πείθεις a || 30. τε φρονεῖν περὶ σοῦ P : περὶ
σοῦ φρονεῖν τι a | οὐδὲ om. P || 31. τὴν om. P | εἰς]
ἔτι P || 32. προσενεγκεῖν P || 33. οὐδὲ σέ] σὺ δὲ σέ ||
37. ταῦτά-ἵνα μὴ om. P || 38. προσφωνεῖς P | ἀλλά |
ἀλλ' οὐ P || 39. Ἀπολήξιδι W : ἀπολλήξιδι a, ἀπολλή-
οῦ ἡ
ξιδι χαίρειν P | ἀψύχων ἡμῖν ab eadem P || 40. σοι
P : μοι a | γελοιοτάτην P : γελοιωτάτην a || 41. εἴσῃ]
οἴει P.

Pag. 240, 2. δι' αὐτοῦ P || 3. Ἀναξιλάῳ] ἀναξιλάῳ τῷ
σοφῷ χαίρειν P || 5. ἔστιν μου P : ἐμοῦ ἔστι a | χλανὶς
(sic) P || 7. καρηκομόω * : καρηκομῶ. Feci asteriscos.
Excidit forsitan λόγισαι ὅτι | ὃ acc. ex P || 8. ἐψιλοκόρ-
ρησεν P : ἐψιλοκόρρησεν a || 9. καὶ ante φρονεῖν om. P |
αὐτὸς ἔφα] αὐτόσοφα P || 11. χαίρειν add. P | λυπηθῆναι
P || 13. εἰ] ἢ P | δ' P : δὲ a || 14. ἐπλήγη P : ἐπλήχθη
a || 16. μήτε καταισχύνεσθαι P, quod restitue || 17. δὲ
P || 19. βουλευόμενοί τε τὰ P, quod probum est || 19.
προσήκοντα] προσήκοντα P || 23. χαίρειν add. P | οὐχ
ἑκτέον] οὐκ ἑκτιστέον P | οὔτε τοῦ γενεάδαι acc. ex P ||
24. οὔτε] οὔτ' ἐν P || 26. ἢ] μὴ δὲ P | γὰρ] δὲ P || 27.
ἐστὶν P || 29. ἐγὼ προφήτης P || 31. ὃ om. P || 32. ὃ
om. P || 33. χαίρειν add. P | ἐστὶν P : ἦν a || 34. πα-
ραμενεῖν W | παραμένειν | σοι acc. ex P | γράφω] :
γράφω || 35. πήρα] ἤγειρα P | ταμιεῖον Paris. 3047 :
ταμεῖον || 37. ἐμαυτῷ] ἐν αὐτῷ P | σύνοιδα om. P |
τὴν] ἢ P | τὴν acc. ex P | φθορά P || 38. ταῦτα P |
αὐτὸς σε τὰς P || 39. καὶ σοι P || 40. πλέον P : πλεῖον
a || 41. λακύδα P : ἀλεξάνδρῳ | χαίρειν add. P.

Pag. 241, 2. βουλέσθω P : βουλενέσθω a || 3. λόγων
P : λόγου a || 4. ὅσον] ὅσον ἐστὶν P || 5. καὶ om. P || 6.
ἀλεξάνδρῳ P : τῷ αὐτῷ | χαίρειν add. P | κἀγαθὸς W :
καὶ ἀγαθὸς || 10. ἵππων P : ἱππίωνι a | παρεκάλεις P :
παρακαλεῖς a || 12. γενόμενος * : ἐσόμενος | καὶ om. P
|| 13. δ' P : δὲ a || 14. Scr. τοῦτο cum Pa | εἶναι]
ἐπεῖναι P || 15. τῇ om. P | καὶ τὰ * : καὶ || 16. ἐπιτρε-
πτέα * : ἐπιτρεπτέον | ταύτη-ἐγέννησε] αὕτη γὰρ ἐγέν-
νησεν P || 17. εὐλαβηθῇς ὅλως τοὺς τότε ἀναισθησίων P
|| 19. παρατεθῆναι P : παρατεθεῖναι a | με acc. ex P |
λοιμαίνεσθαι P || 21. Abest haec ep. a P || 27. ἂν addidi
|| 30. ἀνυκέριδι P : ἀνικέριδι a | χαίρειν add. P || 31. γε]
τε P || 32. ἀποκέχρησαι P : κέχρησαι a || 33. νοσοῦντες
P | ὑπ' ἐμοῦ δὲ μόνου τὴν ἀρετὴν κατωρθῶσθαι βίου γὰρ
P || 35. ἥσκηκεν P : εὕρηκεν a | τῶν P || 36. καυχή-

σα·ο *. αὐ/ήσαιτο P, καὰ/ήσεται a | παρόντος P ρα-
νέντος a | ἀνακόλουθα P ‖ 37 τούτοις om P | ἀτείμ-
στον γὰρ δι' ἀνδρείαν δορῦντες οιχεῖν P. Unde sumpsi
ἀνδρείαν. ἀνδρίαν a ‖ 39 ἐκδεδώκασιν μηθένα P | αὐτῶν
P αὐτὸν ‖ 41 πολεμοῦν-αι] ἀπολοῦνται P ‖ 42 δι-
ταιντ' ἂν ἐρρῶσθαι Parisinus 3047 · ἠδύναντο ἀνερρῶ-
σθαι,τὴν ψυχὴν P, δύναιτ' ἂν ἐρρῶσθαι ἡ ψυχή a | κατε-
ρόντων post τῶν add. P ‖ 44 Διογένης ὁ κύων] Ita Va-
tic. 1353 Paris. 2755, om a ΔΙΟΓΕΝΗΣ ΕΛΛΙΙCΙΝ
ὁ κύων P. Malim ὁ κύων omisso Διογένης

Pag 242, 1 τοῦτο P ‖ 3 μὲν acc ex P | γιγνώ-
σκετε P, quod reponendum ‖ 4 τιμωρεῖται P τιμω-
ρεῖται μὲν a ‖ 6 μάρτυρα P | ρεφυσιωμένης P ‖ 7. οὐ-
δέποτ' P ‖ 8. καταγηράτε] καταγηρᾶτε P κατηγάγετε
W | κακῶν P κακῶς a ‖ 9 καὶ addidi | ἀλλήλοις
φθονοῦντες acc ex P, item mox ἄλλο et μικρῷ ‖ 10
ἴδηται P | 12 καὶ-ἔνδοξα P καὶ ἔνδοξα καὶ πιθανὰ a
‖ 13. κατολισθάνον-ες] κα-ολισθαίνοντες a ‖ 14 ἀλλὰ]
Ita P. ἀλλ' a | ὑπ' P ‖ 18. πολλὰ P πλείω a ‖ 19
γε acc. ex P ‖ 21. πλεονέκ-α· ὄντες] πλεονεκτοῦντες P
‖ 22 οὔκουν * οὐκοῦν ‖ 23 ὑπὸ τοῦ δημίου W ὑπὸ
τοῦ δήμου P, ἀπὸ τοῦ δήμου a ‖ 24 πιόντες·ἐπὶ P·
πιόντες οἱ δὲ δημοσίᾳ ἐπὶ a ‖ 25 δῆλον ὅτι P ‖ 27.
γὰρ acc ex P | ὑμῖν P ‖ 28 ρεία P χρεία ἐ·ύγχα-
νεν οὖσα a | μέλλομεν ἐμέλλομεν a ‖ 29 πάντως
ἐπὶ χρεία * πάντως δῆτος ἐστὶ a, πάντως ἔσται τοῦ
χρεία P. Nunc malim πάντως ἐστὶν abiecto /ρεία ‖ 31.
τὰ om. P | ἵν' P ‖ 32. ὅταν-τούτων W ὅταν -ότε
χρεία δὴ τούτων P, ὁπότε ἤ χρεία τού-ω1 a | ἀδίνος]

καὶ (sic) δικαίους P ‖ 33 ρεῖσθε P ρεῖσθαι a | ὁπό-
ταν-δικαίων P ὁπότε ἤ ρεία δικαίων a, ὁπόταν ρεια
δικαίων ᾖ (sic) P ‖ 34 χρείαν] ρείαν δῆτος P ‖ 35
ὅταν P ὁπόταν a | ὑφελέσθαι P ἀφελέσθαι a ‖ 35
Post τοῦτο operarum incuria excidit ἀλλ' ‖ 36 - ράτ-
τητε P πράσσητε a | τὰ acc ex P itemque proximo
versu ἄν ‖ 38. ἐπιχειρήσητι W ἐπιχειρήσε-ε | τούτοις
P τούτοις a ‖ 39 τοῖς acc ex P, ex eodemque ἢ
παναθήναια καὶ ἐν μέσῃ τῇ ἀγορᾷ ‖ 41 ἐσθίετε καὶ P
ἐσθίετε a | μεθύετε περαίνετε | μεθύετε συνουσιάζετε
περαινεῖτε ἐκ τῶν ἐναντίων περαίνεσθε P, μεθύετε συνου-
σίας περαίνετε ἐκ τῶν ἐναντίων περαίνεσθε a ‖ 42 γυναι-
κοπαθεῖτε-έτι P. συνδικοπαθεῖτε ἀσελεῖς ὑμεῖς ὅτι a ‖
43 μὲν ex P, recte ‖ 44 πάντα ταῦτα W . πάντα
τάδε a, ταῦτα πάντα P ‖ 45 καὶ ἀληθοῦς acc ex P ‖
46. πλημμελήσαιτε W πλημμελήσαιτε P, πλημμελή-
σητε a ‖ 49. εἴδον W ἴδον P, εἰ δὲ a ‖ 51 πόσῃς
B πό θης M, πόσεως P, πο a ‖ 52 γὰρ τούτοις
P τετάρτου τοῖς a | ἐγαργαλίσθητι Vatic 1353 . ἐγαρ-
γαλίσασθε P, ἐγαργαρίσθητε a | χρόνον P χρόνου a ‖
53. μεγάλης καὶ ἰσχυρᾶς P | ἀληγροῦσθαι P κακῶν W
κακῶς ‖ 5. εἴχετε P | ὥσπερ οὐκ ἔχετε om. P | ἐὰν | ἐὰν
μὴ P | μεθύητε P . μεθύετε a ‖ 6 σωρράτει τῷ καλῷ P |
κοινῇ βουλῇ συνελθόντες acc ex P ‖ 7 σύμπαντες om
P | ἢ σωφρονεῖν P φρονεῖν a | μαθεῖν ἢ ἀπάγξασθαι P ‖
11. ἄγηθε P . ἄγεσθε a | δύνησθε P δύνασθε a ‖ 13

Pag. 243, 1 ρ·ονοκρανα] κείμενα κρανία P | ἀλλ' οἱ
ταῖς P | 2. οὐδ' ἰσχυροποιεῖσθαι· οὐδὲ ἰσχυροποιεῖ-
σθαι a ‖ 4. καταράγη.. W καταράγηται | κακῶν W
κακῶς ‖ 5. εἴχετε P | ὥσπερ οὐκ ἔχετε om. P | ἐὰν | ἐὰν
μὴ P | μεθύητε P . μεθύετε a ‖ 6 σωρράτει τῷ καλῷ P |

γε acc ex P | τὰ om P ‖ 14 ξ] ὅσα P ‖ 15 λέγουσιν
P ‖ 16 καὶ post τέμνουσι (τέμνουσιν P) om. P | κάουσι
P κάιουσι a | καὶ om P | δεσμεύουσιν P ‖ 17. τε om.
P | εἴτω P ‖ 18 κἂν P καὶ ἐὰν a ‖ 19 ἀλλὰ * ἀλλ'
ἐὰν ὑγιασθῆτε a, ἀλλ' ἐὰν μὲν ὑγιασθῆ-ε P ‖ 20. πλείονα
δέ μοι πάρεστι P ‖ 21. καὶ εἰδέναι ἀντὶ τοῦ ἀγνοεῖ, P ‖
22 διετέλεσα μὲν γὰρ P ‖ 23 μόνοις* μόνος | διελέ-
χται τοῖς δ' ἄλλοις οὐκ εἰδόσιν P ‖ 24 λογον P λόγων
a | παρεξέβη P οὐ παρέβην a ‖ 25 κνωδάλων ἢ νηπίων
P | ὡς om. P ‖ 26 λόγος P | δὲ οὗτων] ὅσοι P ‖ 27
λέγω om P ‖ 28 γένωνται ἕλληνες ἀληθινοὶ P ‖ 29
εἰσὶν P ‖ 32 δεῖν] Ita P, om. a | ὑμῖν δ' οὐδεὶς ἱκανο1
P ‖ 35. Abest haec ep a P | κύων διονυσίῳ M | σεμ-ᵒῦ
W ἑαυτοῦ ‖ 46 Post οὖν M addit σοι, quod repo-
nendum ‖ 50 ἔχης W Restitue ἔχεις, quod in a est

Pag. 244, 1. ἀποκαθαρεῖ W ἀποκαθάρει a ‖ 2 ταῦ-
σιν W παύση a ‖ 3 καταστήσει W κατασταίη a ‖
4 Scr εὔρηκας cum a ‖ 6 παρασκευάσωσι σοι W -α-
ρασκευάσωσιν a ‖ 14 συμμίγης W συμμιγῆς a ‖ 17
οὐδὲ W . οὔτε a ‖ 18 τοῦτο W -ούτω a ‖ 20 -οιεῖ
W ποιεῖ η a ‖ 21. σωθείης W σωθείη a ‖ 39 Se-
quentes Diogenis epistolas ex codd Palatino 398 et
Vaticano 1353 primus edidit Boissonadius in · Notices
et Extraits · vol. X, 2 p 213 278 | ἐ· ράκ-νται addit
P ‖ 41 ἐτύγχανεν P ‖ 42 ταῖς φερούσαις] Hiatum
signavit B Idem mavult -αἳν ἐπ' αὐτὴν φερούσαις vel
ταῖν φερούσαιν ἐπ' αὐτήν | ἔλεγεν P ‖ 43 ἐξεῖναι W
ἐξῆν ‖ 45 ἐπειδὴ] Turbata oratio Non suffict eicere
ἐ-ειδὴ ‖ 48. ἐπαναστὰς V ‖ 50 δύω P | ἐλαφροτέρους
P

Pag. 245, 1 ῥᾴδιον P | καθιστὰς ἅμα γάρ] καὶ π-ας
ἀλλὰ γὰρ B ‖ 2 -ὴν adieci | εἴπεν P ‖ 3 δ' ἐπὶ P | αἱ-
ρεῖσθε W αἱρεῖσθαι | ἕκαστος W ἕκαστον ‖ 4 ἐθέ-
λετε* ἐθέλει V, ἐθέλω P | δὲ ἐγὼ P ‖ 6 λείαν W τὴν
λείαν ‖ 9. ἐπειγομένῳ W ἐπειγόμενον P ‖ 12 μοι * με
| ἀποκρίμνησί B in Thesauro ἀποκρίναιμι P ‖ 16. ἐρόμ-
μην P | μέ] Immo μοι ‖ 17 περιέβαλεν P ‖ 18 καῦ-
μα * τὸ καῦμα | θερείας B θερίας ‖ 21 πλείονα * .
πλέον P ‖ 23 εἴπεν P ‖ 24 Post δ·ὰ ·τ operarum errore
intercidit αὐτῇ ‖ 25 εἴπεν P ‖ 25. ἰσθναι V ‖ 26.
κάρδαμον B καρδάμωμον | μὴ inseruit W ‖ 30 εἴπε1
P ‖ 32 Φαινόλῳ W σαινίδα V, φαινόλαι εὖ πράττειν
P ‖ 33 κατὰ] καὶ κατὰ P | ὀργήντηται P | Κίκερμος]
Τίσσρμος P ‖ 37 ἔστηθι* στῆθι ‖ 40 ἐπὶ τίνι] ἐπ-
τω P. Scribe ἐπὶ τῷ ‖ 41 τὴν καταβλὴν πῦδε τῷ σει-
σάνῳ P, quod restitue ‖ 46 τοὺς* -ους δή πότερο1
τοὺς P, τοὺς δήποτε V. B coniiciebat τοὺς δὴ νενικη-
μένους πότερον Nunc malim τίνας δή, πότερον τοὺς νικ
‖ 47 ἄλλους (ἄλλος errore excusum) ἆρα δή-ουθεν
καὶ ἄλλους* ἄλλους ἂν δήπουθέν καὶ ἄλλοις P ‖ 50. αὐτον
V | μόνον* μόνοι P, 51 Ὀλυμπ'ασι W ὀλυμπία·ς
P ‖ 48. Post

Pag. 246, 7 οὐ W εἰ ‖ 10 τῆς] γῆς P ‖ 13 εἶπεν
P ‖ 16 τοῦτο] τοῦτο μὲν V ‖ 17 ὅτ·ις οὐ B ὅστις εἰς
P, ὅστις V ‖ 18. γοῦ] Lege οὖν cum V ‖ 22 ἀθρόω-
τον V ‖ 23 ἱμᾶσιν P ‖ 24 διογένει V ‖ 26 ὕδσι,
P ‖ 28 κατέβαλεν P ‖ 29 ἀφείλετο W · ἀφείλατο | ·τ
abesse malim ‖ 30. χαίρειν addit P | βασκανία * ἀσκεῖν
P ‖ 33 ὅλον B σοσον P, om V ‖ 34 ἐπαινοῦσιν P ‖
36 ἀμειρομένως W ἀμειβόμενον P ‖ 38 οὐδὲ P | μα-

γειρείων B : μαγειρίων ‖ 41. ἐστιν P ‖ 48. παρείη * :
πάρεστιν ‖ 50. ἀπαγομένους W : ἀναγομένους

Pag. 247, 2. κίνοντα] Hiare orationem suspicatur
B ‖ 5. ὀνείδων P ‖ 9. γε] τε V ‖ 13. φιλίπος μαζαβλω-
ρὸς V. φιλίτιος μάζα χλωρὸς B ‖ 14. εὖ πράττειν addit
P | καθήμην P ‖ 18. τότ' P | αὐτὸν * : τὸν | Proxima
corrupta sunt ‖ 19. ἀνέβλεψε V | προσηγόρευσαν P ‖
20. Locus librariorum et typothetarum vitio corru-
ptus. Scripti ὤρεξεν ὡς αὐτὸν καὶ αὐτὸν ἐγὼ διὰ τοῦτο
ἀντιπροσαγορεύω (ita certe P). B malebat ὤρεξεν, ὡσαύ-
τως καὶ αὐτὸν ἐγὼ ἀντιπροσηγόρευσα ‖ 22. δύναται P ‖
24. σὺ] σὲ P | εἴργασαι * : ἐργάσασθαι ‖ 27. γάρ ἐστιν P
‖ 30. εἶπεν P ‖ 34. μέντοι * : μὲν τὴν ‖ 36. εἶπεν P ‖
40. τὸ βία] τὸ βία κρατεῖν vel ἐλεῖν vel βιάζεσθαι B ‖ 42.
νάπη V ‖ 43. ἐγενήθη P ‖ 45. Feci asteriscos. B in-
tercidisse aliquid suspicatur, velut εὐτελῆ ‖ 46. παρα-
λείπεται * : παραλιπέσθω ‖ 47. οὐδὲ B : οὔτε ‖ 48.
Ἀλωειδῶν C. B. Hasius : ἄλλων εἰδῶν ‖ 50. εἰσῆλ-
θεν P.

Pag. 248, 3. εὖ πράττειν addit P ‖ 4. ἐπιπολούμενος
V ‖ 5. ἀνθρώπους * : ἀνθρώπῳ scripti. ἀνθρώπων B |
ταῦτα B : τὰ ‖ 7. δοξῶν τῶν W : δοξούντων P, δοξούν-
των V. δοξαρίων τῶν B | πολεμουσῶν W : πολεμούν-
των ‖ 9. καὶ τὴν ἑλλάδα στρεφόντων V ‖ 12. εἰς B : τὴν
‖ 13. χρηνιάσιν Meinekius (v. Nauckii Fragm. Tragg.
Gr. p. 42) : χρήναισιν ‖ 14. ἀργείας P ‖ 15. παρεγί-
νετο P ‖ 17. πτὼχ' B :. πτωχὰ | ἀμφίβληστρα Hecke-
rus : ἀμφίβλητα ‖ 18. ἀλκτήρια] Ita P | ψύχους Do-
bræus : τύχης ‖ 19. ὑποστρέψαντα * : ἐπιστρέψαντα |
φέρει ῥωγαλέου ἵππου P ‖ 20. ἀναμέστου P | δοκεῖ ἔτι
P ‖ 22. ὑγιείας * : ὑγείας ‖ 26. ἐστιν P | Τηλέφειον * :
τελέφειον ‖ 27. ἐλῶ P ‖ 29. ὑπὸ τὸν Δία] ὑποτιδία P ‖
31. ἐξιλάσκομαι * : ἐξίλαμαι ‖ 35. εὖ πράττειν add. P ‖
36. παρήκουσα * : προσήκουσα ‖ 41. προσελθὼν P | εἴσ-
ειμι P ‖ 44. πόσον B : πρὸς ὃν P, πόσον πρὸς ὃν V ‖
49. στεγγίδα P.

Pag. 249, 1. τὸ addidi ‖ 6. δ' P | ἐπηπείλησεν P ‖
8. ἑταῖρον P ‖ 11. Malim ἐπεὶ δὲ εἶδέ με ‖ 13. εἰ] ετι
P ‖ 14. τοὺς B ‖ 15. ἂν] ἄρ' P ‖ 16. ἄχθη εἶ * :
ἄθλήσει V et diserte P ; falsus est B ‖ 17. ἐστύθη B :
στήθη V, στήθει P | ῥῖνας Dobræus ap. Boiss. ad
Aristæn. p. 271 : ἵνας ‖ 20. εἰ δέ] οὐδείς P | ἐστιν
P ‖ 21. μεταρείς (operæ fecerunt μεταιρεῖς) * : μεταί-
ρειν scripti. μεταίρειν B ‖ 23. συνανακυλῆται] ἐλ̓ανακυ-
λίηται P ab eadem P ab eadem ‖ 24. κύφωνας * : κύνας | τῇ στυ-
τικῇ B : στακτικῇ | περιβαλεῖν * : παραβαλεῖν ‖ 27. ἐπὶ
τὴν θάλασσαν V ‖ 28. εὖ πράττειν add. P ‖ 30. κατοι-
κεῖ B : κατώικει P, κατώκει V ‖ 35. ἐπάναγε P ‖ 37.
ἀποκλεῖσαι P : ὑποκλεῖσαι | καὶ abest a P | προσελθὼν
V ‖ 38. ἰκμβίον P ‖ 41. ἔχουσιν P ‖ 42. αἱ addidit W
‖ 43. ὀφελεῖ P ‖ 44. αὐτὸ * : αὐτοὶ ‖ 46. κακῶς * :
ταῦτα P ‖ 48. εἶπεν P ‖ 51. ἔφησεν B : ἔφασαν

Pag. 250, 3. δ' om. P | βλάψειν * : βλάψειν ‖ 5. εἰσ-
έλθη B : εἰσέλθοι | ἅπτηται P ‖ 6. ἐκβάλη οὐχ V ‖ 7.
ἀπολέγει W : ἀπολέγει δ' ‖ 8. ὑμῶν B : ἡμῶν ‖ 10.
εἰσέλθη B : εἰσέλθοι ‖ 12. παρέντες ὑμῶν αὐτοὺς P ‖ 13.
ἰαμβίον P ‖ 15. τὴν addidi ‖ 18. χρῆναι P, unde effi-
ciendum videtur χρῆν ‖ 23. Hiatum significavi hic et

v. 27 | κατέφαγεν P ‖ 24. εἶπεν P ‖ 28. δι' addidi ‖
30. ἄλογα * : λοιπὰ P, ἄλογα λοιπὰ V transfixo ἄλογα
‖ 31. ποιεῖ B : ποιεῖν ‖ 35. σπηλαίων B : ἐπηλάτων ‖
36. τοῦ B : που ‖ 38. οὐκ-ὑμῶν] Ita Boissonadiana.
Ipse Boissonadius in notis hæc habet « Au lieu de οὐ
γὰρ αὐτὰ ἦσαν on lit dans B (Palat. 398) ὡκραταεισαν
et αιρετη au lieu de ἀρετῆ : dans A (Vatic. 1353) καὶ
au lieu de κακά ». ἀλλ' ἢ ταῦτα ἑόρα-αἱρετὰ W ‖ 39.
ἀλλα sine accentu P ‖ 47. ταῦτα] δὲ P ‖ 50. ἐστιν P
‖ 51. ἐστιν P | αὐγέα P, quod suscipiendum.

Pag. 251, 1. συνεπιγράψω * : συνεπιγράφω ‖ 7. εἶπεν
P | σοῦ χάριν scripti. σοὶ χάριν B. Adieci δὲ ‖ 8. εἰσαεὶ
B : εἴσεαι | ἀσφαλισαμένῳ * : ἀσφαλισάμενος ‖ 9. ἡμῶν
V ‖ 10. εὐθύνθη scripti ‖ 11. εὖ πράττειν add. P | ἐπα-
ναστάντος V ‖ 12. Ἀλίων B : δαλείων P, δολλείων V.
Poterat etiam scribi Ἀλείων ‖ 15. τὴν ἀγορὰν ἐξέλι-
νεν * : τῆς ἀγορᾶς ἀπέκλινεν ‖ 16. ἐπέτυχον P ‖ 21.
προσηγόρευσεν P ‖ 27. πότερον P / δοκῇι P ‖ 30. λέ-
γεις διόγενες P, quod repone ‖ 31. ἐξελθεῖν] B ἐκλι-
πεῖν vel καταλιπόντα ἐξελθεῖν. Fortasse ἐξελεῖν ‖ 37.
πολυτελείς * : πολυτελῶς ‖ 38. βαριατνοσαι] κυπαρισσσί-
νων? ‖ 40. εἰστήκεισαν PV ‖ 42. εἰς] ἐπί? ‖ 43. δ' P
‖ 45. Immo κατάκλινε ‖ Il. ι, 154 ‖ 48. οὐδὲ B : ὧδε
| ἐνταῦθα] εἰς ταῦτα V ‖ 51. δ' P.

Pag. 252, 1. ναματιαῖον * : ναματίδιον ‖ 2. κάρδαμον
B : κάρδάμωμον ‖ 6. Hiatum signavi hic et infra ‖ 13.
ὕδωρ καὶ ταῦτα οὐκ ἐν παρατοπω (sic) μάλιστα δ' P ‖
14. γυμναστέον V : γυμνναστεῖν A ‖ 19. βαδίξουσιν P
| τοι B : σοι ‖ 21. εὐδαιμονίαν * : εὐδαιμονίας ‖ 23. κα-
κὸν * : ἀγαθὸν ‖ 25. Malim « ἀλλ' ἐγὼ σοι » ἔφη
« ταῦτα ‖ 26. ἡδύτερα B : ηιδεύτερα P, δεύτερα V ‖ 27.
οἱ om. P | πρεσβεύουσιν P ‖ 28. ἐπιγράφοντες V ‖ 29.
ἐπεὶ ταῦτα] ἔπειτα V ‖ 33. παρατίθετι V ‖ 35. ἴει W :
ἀεὶ PV. ἴα S. de Sacy. αὐτῆς deleam ‖ 36. τοῦτό σοι
ἔφην δοκοίη W : τοῦτό σοι ἔφην ἂν δοκοίη V, τοῦτ' ἔφην
ἂν δοκοι P. Nunc malim δοκεῖ | ἴαθι * : οἴσω ‖ 40. εἰς
V ‖ 41. λαχών P ‖ 47. ὅτε-ὅτε P ‖ 51. ἀπ' οὐρα-
νοῦ V.

Pag. 253, 5. προΐσταμαι P ‖ 6. Immo εὑρομένου ‖
7. προελθὼν V. Malim προσελθών ‖ 8. L. εἶ. ‖ 11.
αὐτῷ B : αὐτοῦ ‖ 14. Rectius ἐπλήγη ‖ 15. Dele comma
‖ 18. ἐπηκροῶντο * : ἐπεκροῶντο ‖ 19. διαιτουμένου P
(ita) ‖ 29. οὐδὲν B : οὐδὲ | προιΐέμην P ‖ 32. Lege δὲ
cum scriptis et mox cum iisdem πάντα pro πάντη ‖ 35.
Potius ὅποι πτύσειέ ‖ 37. εἰς τὰ * : εἰς τὸ ‖ 38. Immo
ὅποι ‖ 44. πρὸς B : πῶς

Pag. 254, 1. εὖ πράττειν add. P ‖ 2. ἐστιν P ‖ 6. ἡ
ante ψυχὴ add. V ‖ 8. γεύγηται (sic) P ‖ 9. ἐξημμένη
B : ἐξημμένης ‖ 14. ὅπη V ‖ 16. φεύγουσιν P ‖ 31.
ἐπιτάττουσιν V ‖ 37. δὴ B : δεῖ ‖ 40. Hiatum signavi
‖ 44. οὐδὲ περὶ θεῶν V | περὶ μικρῶν B ‖ 45. οὐδὲ περὶ μι-
κρῶν V ‖ 47. ἀλόγοις B : ἀλόγοις καὶ V, ἀλόγοις καὶ
P. Fallitur Boissonadius, qui καὶ in P puncto notatum
esse scribit ‖ 49. ἐμεμψάμην P : ἐπέμψαμεν

Pag. 255, 1. ἐστιν P ‖ 5. ἐκθεραπεύσας ἀπαλλάξει * :
ἐκθεραπεῦσαι ἂν ἀπαλλάξῃ ‖ 8. ἔτι P : ἔστι ‖ 12. ὤν * :
οὖ ‖ 14. πονηροῖς V ‖ 21. δήπου οἴει V ‖ 23 : ἀλλ' ἢ
B : ἄλλην ‖ 26. ἀτυχοῖ B : ἀτυχῆι ‖ 29. τοιαῦτα V ‖
30. ὥσπερ ὡς οὐκ V ‖ 33. χρηστῷ] χορηγῷ V ‖ 40.
τὸν ἀποροῦντα δοκοῦντα B solœce; idem rectius τὸν

ἀπορεῖν δοκοῦντα τὸν ἀπορεῦντα τον (sic) δοκοῦντα *P V*
‖ 4 λ. διαφυλάττωσι ‘ διαφυλάττοισι · ‖ 49. σκόπει ‘
δοκει | Post δεόντων pone punctum ‖ 51 τινά · τιν'
ἂν ‖ 54 ἔχοντας] λέγοντας·

Pag 256, 3. πᾶς · · πᾶν ‖ 8 π·στεύομεν · πιστεύω-
μεν *V*, πιστεύσομεν *P* ‖ 9 χαίρειν add *P* ‖ 10. με-
ληθήτη *V* ‖ 11. ἐγίγνωσκεν *V* ‖ 15 ἐπαινῶν *P* ‖ 16
Vide Boiss ad Herodian Epim p. 181 | εὖ πράττειν
add *P* | μεταχρηματίσαντες · μεγαλοχρηματίσαντ·ς *V*,

μεγαλοχρηματίσαντες *P* ‖ 17. μακρωνίας *P* ‖ 17. Ἱππαρ-
χίαν · ἱππαρχία ‖ 20 οἰνοπότου? ‖ 21 εὖ πράττειν
add. *P* | οὖ] μὴ *V* ‖ 23 ὤφελον *W* ὄφελον *P V* ‖ 25
ἐπείγῃς · ἐπείγοις ‖ 28. σχολήτιμον *V* ‖ 33 μὴ οὖ *V*
‖ 36. εὖ πράττειν add *P* | ὅτι B τί ‖ 39 ἅπτεσθαί
μου · ἅπτεσθαι με *P*, ἕπεσθαί μὲ *V* | ἀναβάλλῃ · .
ἐπιβάλλει *P*, ἐπιβάλῃ *V* ‖ 40 οἶσθας *P* ‖ 41. ἔστιν *P*

Pag. 257, 2 ἀλλ' οὖ] ἀλλὰ *V* ‖ 4 χαίρειν add *P*
‖ 5. ὀφελοῦντα *P* ‖ 12 ὀφελεῖν *P* ‖ 13. ἐγὼ B ἐγὼ ‖
14 Scr αὐτάρκη ‖ 15. τίνα B τίνας | τοιούτοις B
τοιοῦτοι ‖ 16 πόλεμον B · πολέμιον | ἐξενέγκαιεν B
ἐξήνεγκεν ‖ 18 ἀφίσταται B · ἀφίσταται *P*, ἀφίστανται
V | ἀμετρίαν B · ἀμέτρων ‖ 19 δὲ · τι | ψευδῶν]
·νεκαταρῶν ψευδῶν *P* ‖ 22 εὖ πράττειν addit *P* | οὖ]
μὴ *V* ‖ 25. δι' ἀπειρίαν? ‖ 26 πλειόνων] πλέαν? | ἐστιν
P ‖ 32 τετελεὶς μόνος · . τετεθηρεύμενος | σύμπας βίος]
σύμβιος *V* ‖ 34 ἄρα *P* ‖ 35 ἐπιλείπει *V* ‖ 36 ἐστὶν *P*
‖ 38. χαίρειν add *P* | Λαρισαῖος · : λαρισσαῖος ‖ 39
ἄπω] σὺ ἀπὸ? φιλόσοφος-πολλῶν om. *V* ‖ 41 Hæc ep
in *P* inscribitur Διογένης ἀρουέκα.

Pag 258, 2 ἄλλαμει *P* ‖ 3 ὑλίζη *V* ‖ 4 ἄξιος B
ἄξιος εἶ (εἶ *P*) πράξεις | πᾶσιν *P* ‖ 5 ἀ/ Αἱ γραμμά-
των · Boiss ‖ 7 χαίρειν add *P* | Εὐρήμων] Ita hic
et infra *P* Εὐρήμων Boissonadiana ‖ 8 ἐξηγησάμενα ·
εἰσηγησάμενα ‖ 9 ἅ · ἂν ‖ 11 ἐντυγχάνουσιν *P* ‖ 12.
κατησκηνωμένα S de Sacy κατησκηνμένας *P*, κατησγμέ-
νας *V* ‖ 17. Hiare orationem indicavit B | συνεκτε-
ρασο · συνετέρασατο ‖ 18 ἐστὶν αἰτία · : ἐστι νὴ δία ‖
19 ἀφρήκτα B ‖ 21 ἐοίκασιν *P* ‖ 22 δεδύνηται · δε-
δύνηνται ‖ 23 Abest hæc ep. a *V* | Post Ἐπιμενίδη *P*
addit χαίρειν | ἐπιμενίδη *P*

DION.

B = · Boissonadius
E = Emperius
b = Boissonadiana.

Pag 259, 1 Ῥοῦφω B ῥοῦσω ‖ 3 Scr ἔστι cum *b*
‖ 4 ἐπαινέσειας · ἐπαινέσης ‖ 5 οὐδ' οἶμαι E οὐ δέο-
μαι ‖ 10 ἂν addidit E hic et v 17 ‖ 12 καὶ ὅσα]
ὥστε E ‖ 13 καὶ τὰ περὶ recte *b* ‖ 20 γράφοις E : γρά-
φεις ‖ 21 ἥκιστ' ἂν E ἥκιστα ‖ 22 Δρακοντίῳ *W*
δράκοντα Ottobon et Laurent LVIII, 12 δρακοντίων
b ‖ 25 Scr ἔχοντα cum *b* ‖ 26 ἔχης-ἥττᾶ · ἔχ η-ἥτ-
τᾶτο vel ἐχοιήττετο ‖ 28. δοκῆς · δοκῇ ‖ 30 Σαβ·-
ν·ανῶ *b* · Præterea Codex (Parisinus 3001) exhibet
variantes lectiones Σατιανῶ et Σαβ'ανῶ » Boiss στα-

ειανῶ Ottobonianus ‖ 31 -ὰ πρότερον] τὰ πρότερα *b* |
καὶ σοι ἂν] Scr cum *b* καὶ γὰρ ἂν | ὡμολόγουν ·
ὡμολογούμην ἂν *b*, ὁμολογούμενον libri supra nomi-
nati. Nunc malim ὡμολογούμην omisso ἂν ‖ 34 τὰ
τῶν · -ῶν *b*, τὰ iidem codices

DIONYSIUS SOPHISTA.

Vaticanus 82 (*V*) solas epistolas 24 priores conti-
net. Supplevi hanc defectionem ex eiusdem familiæ
Vaticano 1354 (*V*) Mazarineum 611 A, cum nihil
peculiare complecteretur, lectionum testem edere non
attinebat Epistolas 47-85 nunc primum editas We-
stermannus descripsit ex Parisino 2010 (*P*) Idem
codex tres habet epistolas iam ab Aldo emissas, no-
stræ editionis 21 40 46 Parisinum ego denuo
contuli

Pag 260, 1 Hæc epistola inter Libanianas est
1108 ‖ 2 αἰν abesse malim ‖ 4 ὅχι? ὅταν *V* ‖ 8
λογισθήσεται Libanii codd ‖ 9 Et hæc ep refertur
inter Libanianas, ut index Wolfii testatur Sed eadem
inter epistolas 1086 et 1088 frustra quæritur ‖ 15
ὄτακρα *V* ‖ 16 καταβαλὼν *V* ‖ 21 Εὐσεβίῳ om pr
V ‖ 25 τοῦ-πέμψαντι om *V* | τους] τὰς *V* | πρω-
τείους ἐπιχαρὰς *V* ‖ 26 ὄξος?

Pag 261, 5 ἐπὶ μὴ (sic) ἥδειν *V* ‖ 13 λυπηρὸν
δὲ] ὄξος δὲ ἔτερον *a* ‖ 17 τῶ ἄ Ἱεραπόλεως om *V* ‖
18 τούτου] τοῦτο *a* | τοὺς add *V* Pio τοὺς *V* habet
τὸ Scribendum πλέον τοῦ· ἐπιτηδεύουσι ‑ὸ τους φίλους
πλείους ποιεῖσθαι | ‑οιεῖσθαι πλείους *a* ‖ 19 γινόμεθα
V ‖ 21 ἐπιδιδοὺς *a*, quod restituendum | Μόδεστος
om *V* ‖ 23 Εὐσταθίῳ om *V* | φαίνομαι *a* ‖ 29 Post
τέσσαρε comma excidit ‖ 31 Locus corruptus, in quo
restituendo non sufficit, ut coniunctivum post ὅσα ς
illatum et pronomen σοι, quod hoc certe loco cum ἐν-
δοδόναι componi nequit, expellas scribendo ἐν δ δως τὸ
νόσημα ‖ 32. πόσον · ὅσον *V a* Sed vide ne fuerit
ὁπόσον | καὶ ὅπως παραχωρήσαι om *V* ‖ 33 περ·ερα ;
V ‖ 37 Ἱλαρίῳ *W* Ἱλασίῳ sine spiritu *a*, abest a
V. Scr Ἰλασίου Ἰλάσιος in Procopii epistolis est,
Hilasius inter poetas Anthologiæ Latinæ

Pag 262, 10. Ἀζγύλῳ om *V* ‖ 16 Ῥωμύλῳ om
V ‖ 21. Φιλοξένῳ om pr *V* ‖ 29 Πλακιδιανῷ om
pr *V* ‖ 30 -αρὰ τοῦ] ὑπο τοῦ *V* ‖ 33 ὁμοίων]
αὐτῶν *V* ‖ 34 δὲ om *V* | τέμβων *V* ‖ 35 Εὐτονίῳ
om *V* ‖ 37 μοι om *V* ‖ 38 ἐπιστέλλειν *a*

Pag 263, 1 Λεοντίῳ om *V* ‖ 2 οὐκ add *V* ‖
5 κἀγώ] ἐγώ *a* | μελήσει · μελήσεται ‖ 7 Δημοσθέ-
ῳ om *V* ‖ 12 δέδοικα *V* ‖ 13 Ἀρχέλαῳ om *V* ‖
14 ὅσοι-αι · δέχονται | μεν·] περ *V* ‖ 16 οἱ om
V ‖ 17 ἐμοῦ *a* ‖ 18 Ἀμμωνίῳ om *V* ‖ 19 ἀνε-

Δ

γνώσθην Ὀλλπιανον ? *V* ‖ 20 καὶ δι' ὑμᾶς αὐτοὺς
καὶ δι' ἐμὲ om *a* ‖ 21 ἡγούμενοι *V* ‖ 24 σπουδάζον-
τος] σπεύδοντος *a* ‖ 25 γράφειν *V* ‖ 26 οὖ] αὐτὸς *P*
| ὅπως ἂν om *P* ‖ 28 ἀποβαλεῖν *W* ἀπολαβεῖν ‖ 29.
Νείλῳ abest a *V* | ἀποδημήσειν γὰρ ἠπείλεις · ἀπο-

ἐτιμήσειν ἠπείλεις *V²*, om. *a* ‖ 3o. συνηθείᾳ] συνουσίᾳ
a ‖ 34. Καλλιοπίῳ om. *V²* | ὅτου] ὅτε *V²*.

Pag. 264, 7. Σεβήρῳ om. *V²* ‖ 16. Hactenus *V²* |
οὕτως *V²*.

Pag. 265, 6. Post μέμψωμαι insere σοι, quod in
V²a est. Mox scr. ἐκεῖνον. ἐκεῖνο *V²* a manu secunda,
ut videtur ‖ 8. δοκεῖ *V²* | 9. δὲ *a* ‖ 1o. παρηκολού-
θησε Mazarineus ‖ 14. ὁμιλίας *V²* ‖ 15. τῶν om. *a* ‖
21. Hæc epistola inter Synesianas est 3o, inter Liba-
nianas 1188. Non dubito quin vere ad Synesium per-
tineat. Monstrat, ni fallor, Gorgiæ locus Platonici,
quo eodem usus Synesius est in ep. 67. p. 215, D ‖
31. λεωνίδει *V²*, unde fortasse Λεωνίδῃ scribendum.

Pag. 266, 7. Ματέρνῳ W : Μοτερνίῳ ‖ 13. τινὰ].
τὴν ? ‖ 17. Σύρον *a*. Scr. Σύρων cum *V²P*. In inter-
pretatione corrige *Syriam* ‖ 19. ἀναγκαιότεραι *P* | γοῦν
P | μοι om. *P* ‖ 21. ἀποτίσαντες *P* ‖ 23. Scr. λόγων ex
V²a ‖ 26. Scr. σμικρολογίας cum *V²*.

Pag. 267, 2. ηὐξάμην W : εὐξάμην ‖ 18. ἐμμένειν-
δυνάμενον om. *a* ‖ 26. παλαιός] ἀληθής *P* ‖ 27. Κιλι-
κίαν *V²P* : κικίαν *a* ‖ 28. τρόπων] ἔργων *P* ‖ 29. ἦν
om. *P* ‖ 3o. μεμένηκε-ὑπόσχεσις] οὐδὲ νῦν τρόπος μετ-
ήλλαξεν ἕτερος *V²*. Ex *P* ante ὑπόσχεσις addendum
est ἦ ‖ 32. Explicit Aldina. Sequuntur epistolæ ine-
ditæ. In *P* titulus Διονυσίου ‖ 36. αὐτὴ W ‖ 41. ἀσφα-
λέστερον *P*, ut videtur.

Pag. 268, 3. ἡμέτερα *P*, sed corr. eadem manus ‖
5. Typothetæ error. Lege ὑμετέραν ‖ 18. τοῖς καιροῖς
τούτοις * : τῷ καιρῷ τούτῳ ‖ 27. τῇ] γῇ W ‖ 33. περὶ-
τιμᾶν] Verba corrupta ‖ 38. τῷ τάχει] In mg est τῷ
νέω ‖ 41. ἡμῖν *P*, quod cadem manus correxit.

Pag. 269, 4. ᾧ πάρεστιν * : ᾦπέρ ἐστιν ‖ 13. ἀμελεῖν
P, corr. W ‖ 16. ἐπιδεομένην] Ita *P*, sed ut bis, nisi
fallor, scriptum sit ην. Malim ἐπιδεόμενος ‖ 3o. ἐφυ-
λάσσομεν *P*, quod correxi.

μεῖς

Pag. 270, 1o. ἡ μὲν *P* ‖ 26. δὲ in mg additum ‖
33. τοῦτο *P*, quod restitue ‖ 36. γένηται * : γένοιτο ‖
38. τρόπῳ * : τόπῳ *P*. Scribendum potius οὐδενὶ τόπῳ
ε
μεταβληθῆναι ‖ 4o. ἠβουλόμην *P* ab eadem.

Pag. 271, 7. Post διὰ ex *P* adice τὴν ‖ 12. μελέτω* :
μενέτω ‖ 13. ἐπιδειχθῆς * : ἐπιδειχθείης ‖ 15. πῶς
γὰρ ἄν;] Rectissime *P* πῶς γάρ, v. Thes. Did. vol.
VI. p. 23o6, A ‖ 21. μὲν] Hoc inter versus ‖ 25. νο-
μισθῇ] Immo νομίσθαι. Mox cum *P* scr. διαλύσει ‖
28. Θεραπεύεις] Huic voci in *P* eadem manus super-
scripsit τιμᾷς, quod glossam esse apparet. Ita infra v.
οὐ μέτοχον κάλλους
42 ab eadem est ἀπειρόκαλος ‖ 31. Post ἄμεινον
Λ
supra versum est καὶ ‖ 32. οἷς * : οὓς ‖ 41. ὑμι *P*, i.
e. ὑμῖν, quod restituendum.

Pag. 272, 6. ὦ * : εἴην | τὰς in mg additum ‖ 7.
ἐπανάγω * : ἐπάγω ‖ 14. ἀγΐ *P* ‖ 38. οὖν * : οὖν
ἂν

Pag. 273, 1. πείθοιμεν et ἀναγκάζοιμεν *P*, sed ut
utrumque οι ab eadem in ο conversum sit ‖ 15.
κἄν * : καὶ ‖ 28. πολέμιος * : πόλεμος ‖ 32. οὐκ * : οὐκ

ε
.ν | ἐκεῖνος * : ὁ κοινὸς | παιδευτ *P* ‖ 37. Malim τὸν
κατάλογον.

ϊ
Pag. 274, 3. ἐπῄει *P* ‖ 21. ἂν addidi ‖ 23. τῷ]
Immo τοῦ, ac delenda diastole post ἀφορμάς.

—————

EURIPIDES.

P = Parisinus 1038
M = Mazarineus 611 A.

Pag. 275, 1. Ἀρχελάῳ βασιλεῖ W : εὐριπίδης ἀρχε-
λάῳ βασιλεῖ *M*, ἀρχελάῳ *P* ‖ 2. εἰ μή γε] Malim ἐπεὶ
γε vel ὅπου γε | σε abest a scriptis et *a*. Addidit nescio
quis ‖ 3. ἀποδέξεσθαι * : ἀποδέξασθαι ‖ 4. δὴ τοῦτο *Va-
tic.* 1085 : τοῦτο δὴ ‖ 5. πάντων acc. ex *MP* ‖ 1o.
Post ἀλλ' nonnulla interciderunt, certe verbum fini-
tum, velut ἀνεπέμψαμεν ‖ 11. πλεῖον] Malim πλέον ἦν
‖ 13. δὲ acc. ex *M* ‖ 14. ἤδη *M* : μὲν *Pa*‖ 19. κατὰ τὰ
ἄλλα *P*, κατ' ἄλλα *M*. κατὰ delet Osann. ad Eumath.
I, 1 ‖ 2o. Ἀθήναζε *MP* : ἀθήναζεν *a* | ἐλπίδας *M* ‖ 24.
παρὰ *Vatic.* 1085 : περὶ ‖ 25. γιγνομένη pr. *P* | ξυμ-
φορά *P* | οὕτως *M* ‖ 29. μηδὲ] καὶ μηδὲ W ‖ 33. ἐπαν-
ορθώσεται *Vatic.* 1085, quod verum videtur | Ma-
lim ὅπως ἂν ἀσφαλεστέραν ‖ 34. τὴν om. *M* ‖ 35. εἴ τι
MP : ἤτοι *a* | νηχόμενόν] Ita scripti et *a* ‖ 36. ἦ om.
M ‖ 37. νοῦν] νοῦν ἔχειν *P* ‖ 39. λαπρέπην *MP* : λαπ-
τρέτην *a*.

Pag. 276, 1. ἀντιγένην *MP* ‖ 5. βασιλεῖ acc. ex *MP*
‖ 6. ἐγένετο *MP* : ἐγένετο μὲν *a* ‖ 11. σου] Malim σε
‖ 12. συνηύξατο W : συνεύξατο | ὃ addidit Heathius ‖
15. τι om. *MP* ‖ 18. Immo υἱεῖς, ut est v. 4 ‖ 19.
τρέφει *MP* : τρέφοι *a* ‖ 23. πειράσασθαι v. d. nescio
quis : πειράσασθαι ‖ 27. γενομένης *M* : γιγνομένης *a*,
γινομένης *P* ‖ 33. πολυπράγμονι? ‖ 36. δεῖν] οὐδὲν *MP*
‖ 37. ταὐτὰ] αὐτὸ *P* ‖ 39. πυνθάνομαι *P* ‖ 4o. τού-
του? ‖ 42. δύνασθαι] τὸ δύνασθαι W ‖ 43. Immo ἐθέ-
λειν ‖ 44. ἐπ' αὐτῷ] ἐπὶ τῷ et mox οὐδ'ὃ βουληθεὶς aut
βουληθείς τις W ‖ 48. γίγνεται *MP* : γίνεται *a*.

Pag. 277, 2. Malim ὁ καιρὸς ὁ εἷς | εὐεργεσίας *P* ‖
4. μὲν suspectum | αἰεὶ *M*,‖ 6. ἐπιπνέων? ‖ 9. εὐπρα-
γίας?] ‖ 12. αἰεὶ *MP* | μενεῖ Heathius : μένει ‖ 13.
δυσπραξίαις *MP* ‖ 14. ταῦτα] ταῦτα τε *P* ‖ 15. οὐδ'
ἔστι *M* : οὐδὲ ἔστι *P*, οὐδὲ ἐστί *a* ‖ 16. ὁμοίως] ὁμοῦ?‖
17. αὐτὸ τοῦτο? ‖ 18. ἀφελθῇ] Corruptum ‖ 19. κελεύ-
σαντος *MP* : κελεύοντος *a* ‖ 2o. Nisi quid excidit, in-
finitivum μετακαλεῖσθαι ceterosque τιμελεῖν ἀναπιμ-
πλάναι Θεραπεύειν Θεραπεύεσθαι a παρακελεύεσθαι pen-
dere cum Heathio statuendum est. Sed tum certe. τὸ
expungendum ante τοὺς ἀπανταχόθι et σε post μετα-
καλεῖσθαι ‖ 21. τιμῆς τε καὶ *P* ‖ 22. τὰς acc. ex *MP* ‖
28. αἰεὶ *M* ‖ 29. καὶ * : καὶ τὸ | τούτων] τοιούτων W
‖ 32. μᾶλλον] μᾶλλον ἐθέλειν *MP*, quod verum vide-
tur. Certe μᾶλλον cum ὁμολογοῦντα vulgo male iungi-
tur ‖ 38. σ' addidi ‖ 42. συμβάλεσθαι *M* ‖ 45. καὶ de-
leverim ‖ 46. καὶ om. *P* ‖ 47. σ συντόμως suspectum. »
Westerm.

Pag. 278, 2. γίγνεσθαι *MP* γίνεσθαι *a* ‖ 3 Opera-
rum sphalma Lege cum scriptis et *a* ἀλλὰ καὶ πολὺς
μὲν·πολὺς δὲ ὁ Ἀρχέλαος ‖ 4. φρονιζειν * φρονίζειν
ἀεὶ ‖ 5. ὥστ᾽ *M* ‖ 6. οὐδὲ] ἀλλ᾽ οὐδὲ¹ ‖ 7 εὐθέως v d
nescio quis · εὐθέως *MPa*, quod retineri poterat He-
rodian IV, 5, 2 πᾶς οἰκεῖος φόνος εὐθέως ἀκουσθεὶς μι-
λίσηται Antiphanes ap. Meinek Com. Gr vol 3
p. 85 οἱ γενομένοισιν εὐθέως τοῖς παιδίοις διδόασιν ἵππων
καὶ βοῶν πίνειν γάλα Thes Didot. vol 3 p 2291,
D ‖ 8. ἦν] ἦ *P*, om *M* ‖ 11. μετάτος *MPa* Vide
Meinek Hist Crit. p 512 sq ‖ 13 ἂν nescio quis
κἂν scripti et *a* | εἰς *MP* ἰς *a* ‖ 14. ἀπυκρινομενος re-
cens editi ἀποκρινάμενος *MPa* ‖ 15 ἦν] ἦν *P* ‖ 16 ᾗ
M καὶ *a*, om. *P* ‖ 18 μὴ δεῖν] μηδεὶς *P* ‖ 20 δὲ
MP δὴ *a* Cf Saupp. ad Plat. Protag. p 313, A ‖
21 οἶσθα] Ita scripti et *a* Recens editi οἶσθά γ᾽ | οὕτω
Paris 3047 οὕτως *MPa* ‖ 25 τριβαλοῖς *M* ‖ 26
στάρχους *MParis.* 3047 : ὑπόχους *Pa* ‖ 29 ὃν *MP*
ἦν *a* ‖ 32. ἀλλὰ καὶ] ἀλλὰ καὶ ‖ 37 καταλίτω-
μεν W : καταλίτοιμεν ‖ 38. δὴ] μὴ *P* | καὶ] κἂν¹ | ἐπὶ
post προσθεὶς add *M* ‖ 41. ἀντίσχομεν] ἀντίσχομεν
M ‖ 42. μὴ] οὐ *P* | δὲ *M* τε *Pa* | δωρεῶν * δωρεῶν
Eandem mendam exemi Phalaridi ep 36 ‖ 45 φέρον-
τες *P* ‖ 47. οὕτω *M* ‖ 53 οὐ om *MP* | τοῦ] ὥστε
Heathius Malim τὸ | μὴ] μηδὲ *P* | ἦ accessit ex *Pa-*
ris 3047 ‖ 54 μὴ] καὶ W.

Pag. 279, 1. καὶ] μὴ W | εἰσαεὶ *M* ‖ 2 καλῶς· *P*
‖ 5. χρήσασθαι *MP* ‖ 7 ἐδουλόμεθα] Ita *MPa* | μὴν]
Ita iidem ‖ 8. γέ με *M* ἐμὲ *Pa* | ἡμᾶς *P* ‖ 14 δ᾽ *M*
δὲ *Pa* | φιλοτιμότερον recens editi et *MP* . φιλοτιμώ-
τερον *a* ‖ 15. εἶναι v. d nescio quis εἰδέναι¹ ‖ 16 δὲ
om *P* | διαλύσασθαι Paris 3047 ἐκλύσασθαι *MPa* ‖
17. τε *M* ‖ 19 εἶναι ἐκ τοῦ] καὶ ἕνεκα τοῦ et de-
inde θεραπεύοντας et μή τι pro ἄν τι W ‖ 20. τι] τοι
M ‖ 21 νῦν] μὴν *P* ‖ 29. σε acc ex *M*.

·HERACLITUS·

E = Mazarineus 611 A
F = Palatinus 132
B = Bernaysius

Pag 280, 1 Habet etiam Diog L IX, 13 (*d*)
Δαρεῖος] Δαρεῖος πατρὸς Ὑστάσπεω *d* | σοφὸν ἄνδρα *Fd*
ἄνδρα σοφὸν | προσαγορεύει *Ed* προσαγορεύω] χαίρειν
add *d* | γραπτον om *d* ‖ 3 μοι om *d* ‖ 4 ἀπὸ τού-
των συμβαινόντων] ἐν τούτῳ, γενομένων *d* ‖ 6. πρὸς ζή-
τησιν καὶ μάθησιν om. *d*, uncis inclusit B, idemque ea
rectius post γραμμάτων ἑλληνικῶν poni censet ‖ 7
πλεῖστον *d* ‖ 8 γραμμάτων] συγγραμμάτων *d*, qui et
om ἑλληνικῶν·φιλομάθειαν ‖ 10. φιλομάθειαν E · φιλο-
μαθίαν | διαπορεῖσθαι *d* | τῆς·διηγήσεως] τῆς ὀρθῆς δο-
κούσης γεγράφθαι παρὰ σοὶ ἐξηγήσεως *d* Pro τῆς scri-
bendum περὶ τῆς. παρὰ σοῦ edidi cum B pro codicum
παρὰ σοὶ ‖ 12 σῆς W τῆς σῆς *d*, τῆς | μεταλαβεῖν]
μεταχγεῖν *d* ‖ 13 λογικῆς] ἑλληνικῆς *d* ‖ 15 ὡς om *a*
| τὸ πλεῖστον] πλεῖον E | σοφιζομένοις] σοφοῖς *d* ‖ 17
καλὴν·δίαιταν] σπουδαίαν ἀκοὴν καὶ μάθησιν *d* | ὑ-άρχει
d ‖ 19 εὐδόκιμος] ἐνδόξιμος W, εὐδοκούμενος B ‖ 21

Hanc quoque habet Diog IX, 14 | Ἡράκλειτος] Ἡρά-
κλειτος Ἐφέσιος *d* | Ὑστάσπεως *a* | ὄντες acc ex *d* ‖ 22.
δικαιοπραγίης] Ita *EF*, δικαιοσύνης *a*, δικαιοπραγμοσύνης
d ‖ 23 δοξοκοπίη *d* δόξη τῇ E, δόξη τῇ *Fa* δόξῃ κενῇ
B | ἕνεκα *d* | ἀνοίης *d* εὐνοίης ‖ 25 πάντως οἰνευούμενον
Diogenes Cobeti, fuerat πάντος οἰνευουμένου | διὰ τὴν
ὑπερηφανίην] καὶ διὰ τὸ περιίστασθαι ὑπερηφανίην *d* ‖
26 Περσῶν *d* | ὀλίγοις] ὀλίγην ὀλίγοις *F* ‖ 27 ἔρρωσο
acc ex E. Delendum est ‖ 30 αὐτῶν W αὐτῶν

Pag 281, 1 πολεμεῖν βασιλεῖ *F* ‖ 3 ἀρχήσειν E ‖
4 τοιοῦτον] Ita *a* | ἐγχειρίσειεν *F* | κατατάξατε *F* ‖ 6
εὐηργέτησα E εὐεργέτησα ‖ 8 ὡς W ἦν *d* ‖ 13 ἐπὶ
νοῦν βέλτιον θῦμαι W ante ἐπὶ intercidisse putat
ὑμᾶς Parum probabiliter. Idem pro βέλτιον coniecit
βέλτιστον | φαύλως scripti et *a* οὐ θέσθαι τινὰ ἐπὶ νοῦν βελτίονα bar-
bare dictum sit ‖ 15. ἔρρωσθε add E ‖ 16 τοῖς] τῆς
F ‖ 17. προσέρυσι acc ex E ‖ 19 ὡς δεῖ] Rectius
scribetur ὡς, abiecto δτ', nisi forte licet Schneiderum
citare Callim. I p 198 Absurdum δ- propterea vide-
tur quod non suum, sed Herculis nomen Heraclitus
arte inscripsit ‖ 20 οὗ ἐπέστηκα] ᾧ ἐφέστηκα B ‖ 21
ἐμαυτοῦ *F* | ἀσεβέσι] ἀσεβέσι ἀσεβέ'ας B ‖ 22 εὐσεβές
EF ἀσεβὴς *d* ‖ 23 Locus turbatus. Non sufficit quod
B coniecit τετετιμωμένον ‖ 25 τί] τίς *F* ‖ 26 ἀσεβεῖς
F ἀσεβές | τιτοθεήσατ' E ‖ 29 θεὸς δὲ μιθεύεται ·
θεὸς δὲ ἀληθεύεται scripti et *a* ὁ θεὸν δὲ ἀληθεύεται· θεος,
θεος δὲ λατρεύεται W | ὃς τοῦτο τὸ λεγόμενον W ὡς
τοῦτο τὸ εὐώνυμον scripti et *a* B malebat ὃς τοῦτο ἐπώ-
νυμον ‖ 30 ἀταβόευται E ‖ 31 στειρόμητος W στει-
ρότμητος | ἐναργῆ * ἐξ ἀρχῆς scripti ἔξαρχῆ B, verbo
rarissimo usus Debebat διαρχῆ Pindar Ol 7, 75 ὡς
ἂν θεᾷ πρῶτοι κτίσαιεν βωμὸν ἐναργέα ‖ 36 ὑμεῖς W .
ὑμᾶς | ἄξυνετότε *E* ‖ 37 σοφίαν *F* ‖ 38. οὐδ᾽ ἐγὼ] οὐ-
δέτω *EF* ‖ 43 μίν acc ex *F* | καὶ acc ex E ‖ 45.
ἀποκρίναισθε W ἀπεκρίνασθε ‖ 51 ἀγῶν B αὐτῶν

Pag. 282, 9. ἡμῖν W ἡμῶν ‖ 13 ἂν addidit W
‖ 14 τἀτδεῖα E | 16 εἶναι] εἰδέναι B ‖ 17 ἱδρυθῇ h c
et infra E ἱδρυσθῇ ‖ 19 ἥλιος B Malim ἡλίῳ, sc
μαρμορεῖ ‖ 23. νοῦσον *EF* νόσον | ὥστε] ὥς γε B ὥστε
abesse malim Erravit interpres. Debebat esse quic-
quid in nobis est si ad nimiam potentiam pervenerit,
morbum gignit ‖ 26 Post τηγὸς B intercidisse intel-
lexit ὑπερβολὴ ὑγροῦ ‖ 27 αὐτὰς E ‖ Post πρῶτον com-
mate distinguendum est At vel sic locus parum expe-
ditus est ‖ 28 οὐ γὰρ εἴκαζει ἡ πρώτη, ἀτεχνία τε γὰρ
αὐτήν, ἀλλὰ ὕστερον ἄλλοι ἄλλα μιμούμενοι οἱ ἄνθρω-
ποι ἐπιστήμας τὰς ἀγνοίας ἐκάλεσαν B ‖ 30 σοφὴ *F* :
σοφία ‖ 46 τάχα] Videtur dittographia esse ‖ 48.
νοσῶ B νόσῳ ‖ 49 ἀπόλωσιν ἑαυτῆς *EF* ἀπόλωσαι
ἑαυτὸν ‖ 52 τερεπεβάλετο E τερεπεβάλλετο | βίον τ᾽
σῶμα B

Pag 283, 1 ζῆν acc ex *EF* ‖ 2 καὶ ante νεύρους
delet B ‖ 3. κατεσορίζετο B ‖ 5. ἔρρωσο acc ex *F* ‖
7 νοῦσον *EF* νόσον ‖ 13 αὐτῶν B αὐτοῖς ‖ 14 δύ-
νασθε *EF* ‖ 15 ἐὰν δέ με E, unde W effecit ἐάν γε
με ‖ 17 συνιέντες τὸ ἐρώτημα E, τὸ ἐρώτημα συνιέντας
vulgo. Scripsi συνέντες ‖ 18 καὶ] κἂν¹ ‖ 23. αἴσχιον
B αἰσχρὸν ‖ 24 αὐτοῖς ἡδὺ E ἡδὺ αὐτοῖς ‖ 27. εὐτε-
λέστεραι W εὐτυχέστεραι ‖ 32 ἐμὸν E τον ἐμὸν ‖
35 ἐπανιτοῖ * ἐπανιτῶν ‖ 38. διαληφθεῖτα B ‖ 39

καταλάμπει W ‖ 41. ὄψεως] αἰσθήσεως W, ὁράξεως B ‖ 42. πλάττων W : πλήττων | Scr. ἁρμόζων cum B ‖ 43. τὸ * : τὸ μὲν ‖ 45. χαλεσθέντα E ‖ 46. κάτωθεν] ἔνερθεν E ‖ 49. νόμον Vatic. 1354 : νόμου

Pag. 284, 3. καίτοι γε W : καὶ τόδε | ἀμείνων οὗτος * : ἀμεινον scripti et a. καὶ ὅδε ἀμείνων B | ἀπαθέστερος B : ἀπαθέστερον EF, ἀμαθέστερον a ‖ 6. συντεχνιτεύσαντα F : συντεχνητεύσαντα ‖ 7. ἐλάσαι] ἔασαι F ‖ 8. ὅτι EF : ἔτι ‖ 9. δύνοντος E : δύναντος ‖ 17. Ἐφεσίους B : ἐφεσίοις ‖ 18. δικαιότερον Vatic. 1354 : δικαιότερος | νομοθέτης εἴην] « Fort. νομοθετοίην vel νομοθετησαίμην. Nisi infra excidit aliquid velut ἀξιῶν ante ἐξιέναι. » Westerm. ‖ 20. ἐξιέναι W : ἐξεῖναι ‖ 21. εἰ] ἐπεὶ B ‖ 23. διὰ addidit W ‖ 25. φυγαδείαις E : φυγαδίαις ‖ 32. οὐ θέλετε E | W malebat βουλοίμην ἐν μόνος εἶναι ἀλλά ‖ 33. δ' addidit B ‖ 37. ἔχοντες EF : ἔχετε ‖ 38. χρήματα | τὰ χρήματα E ‖ 40. ὄχλοις ὁραθέντες] ὄρκοι φωραθέντες B ‖ 42. ἀνθρώπους ποιοῦντας] ἀνθρωποῦντας E | ἢ ante ἐσθῆτα addidit W ‖ 43. πόνους] κόμην W | φαρμάκοις ἐπειγομένη τόκον W ‖ 46. γυναικῶν E : καὶ γυναικῶν ceteri et a. γυναῖκα καὶ γυναικῶν B ‖ 47. ἤδη acc. ex F ‖ 49. συνδείπνοις E : ξυνδείπνοις | ἢ τὰς ἐν συνδείπνοις γινομένας διὰ δακτυλίων προινίας B coll. Casaub. ad Athen. 3. p. 117, E ‖ 50. ἢ τὰς δι' ἐδεσμάτων πολυτελείας κάτω γαστέρος (immo γαστρός) ῥεούσας· ἢ τοὺς ἐπὶ σκηναῖς πεπλουθετουμένους δήμους B. κάτω pro καὶ etiam W. Idem ἀγωνιζομένους μίμους ‖ 52. διαχυθῆναι B ‖ 53. ἡ ὑστέρα E.

Pg. 285, 1. καταμιαιφονεῖσθε hic tantum lectum. Fortasse μιαιφονεῖσθε. Simplex infra est v. 8. κατα ex κακᾶς natum videtur ‖ 2. σάλπιγξι B : μάστιξι | διὰ μουσικῆς] Glossæ speciem refert ut mox καὶ γεωργίας et σφαγῆς καὶ θανάτων ‖ 4. σφαγαῖς καὶ θανάτων W ‖ 5. δὲ acc. ex EF ‖ 8. Immo λιποτάκτας ‖ 10. ξίφη E : ξίφος ‖ 11. αἱ abesse malim | ἂν addidit W ‖ 12. μάχης ἔχει E : ἔχει μάχης ‖ 13. τὰ μέλη] τὰ ὅπλα ‖ Videtur delendum esse ‖ 15. πάχος EF : τάχος ‖ 16. πνεῦμα] πτῆμα vel πτέρωμα W minus recte. Præcedit enim πτερά. Spiritus significatur quarundam bestiarum letifer, velut martichoræ | οὐδενὶ E ‖ 17. πολλοῖς operarum errore huc intrusum. Expungendum est ‖ 18. μᾶλλον δὲ τοῦτο δέον ἂν εἴη. ἡ παράβασις ἐν κρείττοσι. τὸ ἀξέλξιον δὲ τέλος πολέμων B ‖ 21. οὐχὶ δὲ et ὁμοφύλων σφῶν καὶ om. E | οὐχὶ δὲ πλέον ἢ ὁμοφύλων B. Pro σφῶν W σφαγὴ vel σφαγαὶ ‖ 22. γῆ addidit W ‖ 27. ἀνορυττόμενα E : κατορυττόμενα ‖ 34. Post ὄχλοι B plene interpunxit. Vulgo oratio continuabatur ‖ 43. Verborum distinctio debetur Bernaysio. δοκοῦνται E : δοκοῦντα ὑμῶν ‖ 45. ἐπονηρεύεσθε E : ἐπορεύεσθε | νῦν δὲ εἴ τι καὶ μικρὸν ἐπιστομίζεσθε φόβῳ κολάσεως, κατέχεσθε εἰς πᾶσαν ἀδικίαν B.

Pag. 286, 1. ἔθος τὸ E : ἔθος τῶν | ἐγκλώμενα ἐπὶ E : ἐγκλείοντα τὸ ‖ 5. ἀφείλετο ἐκείνους E : ἐκείνους ἀφείλετο ‖ 9. ἀληθεῖς W : ἀληθοῦς | ὡς E : ὡς τὸ | ὑπακούσονται E : ἐπακούσονται ‖ 10. ἢ μὴ πεισθέντες E : οἱ μὴ πρεισθέντες ‖ 12. ἀγαθά] ἀγαθοῖς W. Fortasse ὅτι αὐτοὺς οὐ πλουτίζει ἀγαθά ‖ 14. σιβύλλη E | ἕξειν χώρης (nisi quod Ἰλιάδος F.) EF : ἐξ Ἰάδος χώρης ἕξειν σοφῶν Ἰταλίησιν vulgo, quod restitue. In mg E adscriptum [εἰς add. W] πυθαγόραν φασὶ εἰρῆσθαι τοῦτο ‖ 20.

ἀποτίννυνται Ea ‖ 21. ἡμᾶς] σφᾶς B ‖ 23. ἐλεγχονται Pantazides : ἐλεγχθήσονται E, ἐλεγχθήσωνται Fa ‖ 26. ἐπιλίποι E : ἐπιλίπῃ | Immo ὀνειδίζοισθε ‖ 28. τε W : γε ‖ 29. τῶν addidit W ‖ 34. στέγειν EF : στένειν ‖ 38. Ἴν' ὡς] ἵνα πως B. Rectius scribetur ἵνα omissis ὡς vel πως ‖ 39. τὸ μελετῆσαν F, μελετῆσαι Ea. τὸ μελετῆσαι B. τὸ μελήσαν W, quod male recepi ‖ 40. Primus hanc ep. edidit Boissonadius ad Eunap. p. 425 ex Vaticano 1353 (G), adhibitis simul codd. Vatic. 1085 (H) et Paris. 1760 (I). Eadem est in E et Marciano 609 Laurentiano plut. 57, 45 Vaticano 1467 ‖ 41. εἰς om. E ‖ 43. νόμους] δούλους Boissonadius, δούλοις W, ὅτι νόμοις γράφεις τοῖς ἀπελευθέροις B | ἰσοπολιτείαν W : ἰσοπολίτας I, ἰσοπολιτείας ceteri ‖ 44. καίτοι γ' εἰ ὁ μὲν W ‖ 46. οὐδ' ἦν] οὐδὲν ἧττον κἂν B ‖ 47. ἀγαθὸς W : κακὸς | οἱ] εἰ E ‖ 48. μαρτυρηθέντες E ‖ 49. ἀρετῆς I.

Pag. 287, 2. χώρης I ‖ 6. ἐν μέσαις ταῖς στήλαις] Videtur esse in mediis columnis, quibus leges incisæ sunt ‖ 10. μὴ addidit W, ut ἃ μὴ χρῇ sit τὰ σεμνά, τὰ ἱερά. Ita Æsch. Ag. 342 πορθεῖν ἃ μὴ χρή ‖ 11. πολλαὶ] οὐ πολλαὶ vel ὀλίγαι W ‖ 11. Ἐρινύες W : ἐριννύες ‖ 15. ξυνοικῶν I : ξυνοικῶ ceteri ‖ 25. οὐκ om. G ‖ 26. λέοντι W : λέοντα | οἰνοχοεῖ G : οἰνοχοεῖν ‖ 28. τῇ παρθενίᾳ Boissonadius : τὴν παρθενίαν | ἄνδρα W : ἀνδρα ‖ 29. ἢ B transponit ante ἵνα. Pro hoc W δεινά ‖ 34. ἱερά I ‖ 36. τύχη-ἀρετή I : τύχη-ἀρετῇ ‖ 38. μηδενὸς I ‖ 45. ὑφ' ὑμῶν H : ὑφ' ἡμῶν E, ἀφ' ὑμῶν ceteri ‖ 48. ἦθος] στῆθος aut ἦτορ W ‖ 49. καὶ] ὅτι et mox Ἰδ' ὧν pro ὧν W. val pro καὶ B ‖ 50. σῶμα E : σῶμα δὲ ‖ 53. ἐπίκρα B. Malim ἐπικήρια, quod Heracliteum præstare videtur Lucianus Vit. auct. 14.

Pag. 288, 10. ἠλευθεροῦτε E : ἐλευθεροῦτε ‖ 13. ἐπάσχετε] ἐπετάξατε B ‖ 19. πολέμους B.

HIPPOCRATES.

Hippocratis epistolas edolavi, non perpolivi. Verum vel sic ope præstantissimarum lectionum, quas Littreius in margine abscondit, innumeras mendas tollere licuit. Atque id quidem feci non monito lectore, itemque tacite invexi permultas formas Ionicas, quarum certa quædam in codicibus indicia et vestigia relicta erant. Quæ præterea contra codicum fidem illata sunt, accurate enumeravi. Addo L literam significare Littreium, E Ermerinsium.

Pag. 289, 5. βοηθημάτων * : ἐπινοημάτων | Post τῶν ἐκ adde τῆς ‖ 8. ἅλυς γὰρ-πολλός nescio quis : ἅλωκε γὰρ κατὰ τὸν ὄχλον πολλὸς ἅλυς πνεῦμα μέγα καὶ πυκνὸν ἔχων. ἀλύκη pro ἅλωκε L. ‖ 24. Post οὖν adice ἡμῖν cum ὀστρύφω ‖ 38. Θηρίων * : θηρίων μὲν γένους. Θηρίων μόνων γένους Wyttenbachius ad Plut. p. 97 E.

Pag. 290, 5. μετάπεμψαι nescio quis : μετάπεμψαι κελεύων | διδοὺς * : δώσειν plerique. δὸς vulgo. δούς E ‖ 14. Scr. ἐς ἡμέας. Proximam orationem, qualem ante hos quinque annos constitui, hodie cum oculis menteque perlustro, deceptum codice φ me non tam

emendasse quam corrupisse video. Itaque v 19 cum
οστυψ scr. Ἐπεμψά σοι γράψω οὖν πρὸς ταύτην κατὰ τά-
χος Ἵνα πέμψω Cum iisdem v 22 scr. πέμπε ἐς βασι-
λέα Respicit hoc responsum Plutarchus Cat Mai 23
‖ 29 Scr. Ἱπποκράτει ‖ 33 φενακισθησόμην] Alii libri
γυμνασθην vel γυμνάσθην ‖ 35 Dele καὶ ἐς ὑμέας.

Pag. 291, 1 Rescribe καὶ τῆς πρώτης ἁμαρτίης τι-
μωρίην τίσοντες δημώσας γὰρ τὴν ὑμετέραν πόλιν καὶ νῆ-
σον et ἐς τὸν ἐπίλοιπον χρόνον ‖ 6 Scr ἔδοξε τῷ δάμῳ,
uti vulgo legitur Tum Ἀρταξέρξεω ἀγγέλοισιν ὅτι-τρά-
ξουσιν-Ἡρακλέους ‖ 9 πάντως * παντες | Rescribe
οὐ δώσουσιν et dele ἄρτι versu proximo Deinde redu-
cendum Ξέρξου-γαῖαν ἔδωκεν-θνητοὺς ἰόντας καὶ νῦν
τὰν αὐτὰν ἀπόκρισιν διδοῖ ἀπὸ κύωνα ἀναχωρέιτε ὅτι
Ἱπποκράτην οὐ διδόντι ἔδοτον. ἀπαγγελλε-τι-ἀμελήσου-
σιν ‖ 48 βουλήσιος] σου ἐλεύσιος Littreius Idem ἀρο-
στερήσαντος

Pag 292, 36 ἦλθε] Scr ἧκε cum σ-ιω ‖ 38 Cum
iisdem expunge ἑορτῇ et ἡμῖν ‖ 50 εἰ addidi

Pag 293, 4 ἂν adieci ‖ 5. Scr ὑπονοίην ‖ 35 οὐ
κρυπτόμενα vulgo, οὐ κρυπτόμενα οστψω ‖ 47 ἀγνοί-
μεθα? ‖ 48 ἐξ addidi. ‖ 50 διαταράξοντες nescio quis
διαταρηνέοντες

Pag 294, 5 σιγηλοί * σιγηροί ‖ 17 πάντως] μοῦ-
νον E ‖ 22 ἐν ᾧ * ἐν ᾧ οὐ μήτηρ ‖ 40 ἀλλ' ἕντο-ος
γάρ τις * ἀλλ' ἕκτοπός τις et ἄλεγχος γάρ τις ‖ 43 συν-
νοσεύντων M. Hauptius : συννοσέειν

Pag. 295, 3. τῆς addidi ‖ 16 Post ἄνδρας interci-
disse videtur καλοὺς] κόσμιος * κόσμιον ‖ 3ς καὶ ἐς
Ἄβδηρα διαπλεύσας * καὶ μάλα εἰς Ἄβδηρα διαπλεῦσαι ‖
45 δόξης * . δόξειας

Pag 296, 4. τὰ τυγόντα τέκνα] τὰ ὕστερον τέκνα non-
nulli codd Requiritur solum τέκνα ‖ 41 μοῦνον] οἴον
codd. nonnulli, quod in οἴον convertit L ‖ 43 τί * .
τίνα

Pag 297, 10 τῶν addidi ‖ 42 λιτοψυχήσαντα *
λειτοψυχήσαντα

Pag 298, 3 ὧν * ἃ * ‖ 27 ἐξέπεμψας δέ μοι L ἐξέ-
πεμψα δέ σοι ‖ ἀληθέως *. ἀληθέως τὴν ‖ 35 μὲν * μέν-
τοι ‖ 36 που delendum tum οστυψω Mox cum
iisdem tolle τι ἐρ' ‖ 39 ξεινίνι] L Dindorfius ad
Xenoph Vectig. p. 72 ‖ 40 Lege σ'ἀκείνοισι ‖ 43 με
recte abest a plerisque ‖ 47. εἰ δ' ἄρα, τινὸς βραχέος καὶ
εὐδιορθώτου Wyttenb ad Plut p 113 B

Pag 299, 12 ἐσεσώρευτο E σεσώρευτο ‖ 37 γρα-
φείου * γραφίου ‖ 52 Restitue φράξω, quod vulgo
legitur

Pag 300, 3 Scr πειρώμενος cum -οστυψω ‖ 6
Operarum error Scrib εἰ τὸν Δήμωνος λέγεις ‖ 17
Requiritur καὶ τίνα ἂν τρόπον ‖ 46 Scr Ἡράκλεες.

Pag 301, 10. Scr ἄνθρωποι.

Pag 303, 5 ταμίεω Coraës ταμθὼν ‖ 9. Scr τὰ δὲ
δῆλα cum στχψω ‖ 10 Malim κεῖσο ὑπόδειγμα ‖ 20
μετιγόντων nescio quis μετέχοντας ‖ 26 Θάψαντες *
Θάψαντες ἐγέννησαν scripti, quod propter πάλιν τρεσουσι
absurdum erat. Nunc malim γεννήσαντες ἔθαψαν, Θά-
ψαντες ἐγέννησαν abiecto πάλιν τρέφουσι ‖ 31 Excidit
verbum, velut ζηλοῖ ‖ 54 ὅσον] ἔτ' ἂν?

Pag 304, 10 μέγα μεμφόμενον * . μεταμεμφόμενον
‖ 16 Scr ηὐχαρίστηται ‖ 22. διὰ χειρὸς παιδαγωγίης

aut post βοηθείης ponendum aut eiciendum ut glossa
Hoc praefero ‖ 33 στρεβλοῦντας G Dindorf. in Thes. ‖
42 Scr ἄλλοι δὲ θάπτοντες cum σγ'ψω et mox ὁρμώ-
μενοι pro ὡρμημένοι ‖ 50 Scr δηλοῦσι

Pag 305, 5 γέμοντα * ἔχοντα ‖ 7 Scr ἀκροῆς ‖
11 τε * δὲ ‖ 18 ἀπείρω σοι L · ἀπείριος οἱ codd es ple-
rique Addidi δὲ ‖ λεσγηνέω E λεσγάνοι vel λεσγη-
νέων ‖ 20 φιλοτωθασθέντα * φιλο-ώθασον ‖ 51 ἀμε-
ψερρωμένοντα L ἀμειψιτοῖς μιῆς ἐοντα

Pag 306, 20 παρατηρέειν * παρατηρέειν εἶτα ἐπι-
τηρεύειν τὸ πάθος ‖ 23 μαινόμεθα L μαινόμε νω δὲ ‖
25 Malim ὅταν γὰρ ὑγρότερος et v 35 ἦν μὲν οὖν ‖
45 ὀρῆ * ὁρέειν ‖ 50. ἱστόρηκα L ἱστορήσας

Pag 307, 32 πρὸς κινήσιας nescio quis πρὸς τὰς
κινήσιας ‖ 39 ἐπιγιγνόμενος * ἐπιγινόμενος ‖ 44.
ἄλλα ἄνευ πορευτοῦ * ἐς' ὧν ἀπορίτω ‖ 46 εἰς addidi

Pag 308, 6 ἀφαιρέουσι Foesius ἀφαιλοῦσι | εἰδοῖς
idem διαδιδοῖ ‖ 17 τῆς addidi nescio quis ‖ 20
διαιτᾶν Foesius διαιτῶν ‖ 23 καθ' ἥδεγν L καθίζοντι
‖ 40 δύνασθαι δνήσθαι ‖ 48 ρέητη L ρεήσθαι
ὁμοῖον τὸ * ὁμοῖόν τε

Pag 309, 1 τις L τῆς ‖ 20. ἐγκατοικίεων nescio
quis συνεισκατοικέων | ἀναγκαίη L ‖ 24 ἐνστάτ *
ἐνστασίη ‖ 25 κολαπίησι * κολασίη | ἐλέβρεται nescio
quis συνίδρει-α' ‖ 32 ἐπιὼν E | θυμός] μῦθος Palat
398 ‖ 40 ῥνευμίων] ῥνευμώων L ‖ 41 διοδευομέναι
Γ. διοδεύομεναι

Pag 310, 7 δεινὸν E ἢ sive ἢ διεινὸν ‖ 12 ἐκγο-
νων Brinckius ἔγγονοι ‖ 13 ευνοίης ἥδεη] εὔργον ἥδεη
L ‖ 15 θρίξι E θρέξιν

Pag. 311, 12 διώσασθαι * διαπύξεσθαι vel διαπ-
ξεσθαι ‖ 15 σώση * σώζε

Pag 312, 14. δνόδια * θδιον ‖ 31 ἐμεο * ἐμέ ‖
34 εὐεργεσίαι * εὐεργεσίαι τοιαῦται. Locus corruptus
Nunc malim εὐεργεσίαι τοιαῦται καὶ οὕτως ἔχουσι ὡς
ἔφην omisso σίαι ‖ 44 Μέλαιναι (ita scribe) * Μέ-
λαινα

Pag 313, 2 στρατεύμαατι * * στράτευμα ‖ 5. σγε-
τλίοισι * σχετλίως ‖ 44 νομίζειν * ὀνόμαστι ‖ 54
τῶν addidi

Pag 314, 2 F ὥς γε πατέρα ‖ 5 αὐτὸς-ἄξω post
πάλιν posui Legebatur post δονέει

Pag. 315, 13 νεῖκος L νῖκος ‖ 21 μανρὴν L τι-
ρρὴν ‖ 43 ἡμέων] ἡμετέρων?

Pag 316, 24 F ἐς ἑτέρωμ ἐξ ἑτέρω καὶ πάτουσι καὶ
ὁδοὺς ‖ 25 Scr πλείστοισι

Pag. 317, 27 γάμῳ * γάμον ‖ 35 καὶ post φίλους
addit L ‖ 38 μετέχοντας * ἰόντας ‖ 43 γίνησθε *
γενήσεσθε | ἑτέρη * ἑτέρα ‖ 47 ὅλα * πολλὰ ‖ 50
ἡμῖ L ὑμῖν

Pag 318, 12 οὔτε * οὐδὲ ‖ 22 μακρολογέοντα *
μακρὰ λέγοντα ‖ 35 ἡμῖν * ὑμῖν ‖ 40 ἐπ' ἀνάστασι *
ἐπ-κάστασιν

ISOCRATES.

Γ = Urbinas
b = Bekkeriana

Pag. 319, 6. τ' ἐστὶν (sic) Γ ‖ 8. ἐπιχειροῦσιν Γ ‖ 9. γραμμάτων] ω in rasura Γ ‖ 11. ῥᾷον Γ ‖ 12. παρόντα Γ : παρόντας b ‖ 14. πιστεύουσιν Γ ‖ 15. ἔτι Γ ‖ 17. πιστευθῆι Γ ‖ 19. συμβῆι τοιοῦτο Γ ‖ 24. ἀφέντεστὰς δυναμεισχερείας Γ punctis super ναμει adscriptis ‖ 25. πράξεσιν Γ ‖ 28. τιμαῖς Γ ‖ 31. ὡς οἷόν τ'] ὧσον τ' Γ adraso omega, ut omicron factum sit | τῇ] τῇ Γ cum litura; erat τὴν ‖ 32. ἂν Γ : ἐὰν b ‖ τις] τι Γ cum litura; erat της ‖ 37. μεγάλλων Γ.

Pag. 320, 4. πλήστοις Γ ‖ 5. διαπαράξασθαι Γ ‖ 7. εἰ μὲν] ita olim Γ, quod nunc conversum in ἐὰν ‖ 11. τίν' ἂν] τίγα Γ, ut in litura sint ίγ. gamma a recenti manu est. pro ι olim fuit η ‖ 21. πράττης Γ ‖ 22. καλλίω Γ. ν a manu recenti adscriptum ‖ 24. θαυμάσηισ Γ ‖ 25. μήτε Γ ‖ 29. μοι·add. Γ : om. b ‖ 33. δυνηθείη Γ ‖ 35. δὲ Γ ‖ 38. εἰώθασιν Γ ‖ 47. εἰ om. Γ ‖ 51. ἀκούσασιν Γ.

Pag. 321, 1. παρὰ Γ ‖ 4. ἀνδρείαν Γ : ἀνδρίαν b ‖ 4. ἔστιν Γ ‖ 7. αὑτὸν] αὐτὸν Γ, cum litura, erat αὐτῶν ‖ 23. ἀνηρήσθαι om. Γ ‖ 36. τῆς om. Γ ‖ 38. οἴδεν ἄλλοις] οὐδὲν ἄλλαις Γ ‖ 40. κατέσχεν Γ | παισὶν Γ | παρέδωκεν Γ ‖ 41. οὕτωι Γ ‖ 44. εἰ μὴ διὰ Γ : διὰ b ‖ 45. ἀπεστέργησεν Γ ‖ 50. ὦν] ὃν Γ cum rasura, erat ων | ἐνθυμούμενων Γ adraso ω, ut iam sit omicron.

Pag. 322, 6. μόνος Γ : μόνος σὺ b ‖ 10. ἐξὸν] ἐξ ὦν Γ ‖ 11. μηδ' Γ : μηδὲ b ‖ 12. ἐλπίσιν Γ ‖ 15. ἐξαρκέσει σοι] ἐξαρκέσοι Γ, sed ita, ut ἐξαρκέ in extremo versu positum sit ‖ 35. ἐστὶν Γ | τὰ Γ : τά γε b ‖ 40. προσετεθέντας Γ | προσέχειν Γ : προσέχειν σε b ‖ 44. ἔχουσιν Γ | γιγνώσκοις Γ : γινώσκοις b ‖ 45. τὴν delet Bekkerus ‖ 46. ἀποφαίνωσιν Γ.

Pag. 323, 4. ἡ πόλις in mg Γ ‖ 8. οὐ γὰρ μόνον Γ : οὐ μόνον γὰρ ἂν b ‖ 10. αλλα και λικωα ἔχειν Γ ‖ 19. δαπανῶσιν Γ ‖ 20. σέτωκεν Γ ‖ 31. ἐστιν Γ ‖ 34. τὴν om. Γ ‖ 40. ἐπιτετημηκώς Γ ‖ 41. δοκιμάζουσιν Γ ‖ 43. σοί Γ ‖ 45. ἔχουσιν Γ ‖ 46. αυτον Γ ‖ 47. ἠβουλοίμην Γ ‖ 50. δ' Γ : δὲ b ‖ 53. δεῖ πλείω * : σὺ πλείω Γ, πλείω δεῖ b ‖ 54. ἐστιν Γ.

Pag. 324, 4. τῇ πόλει in Γ iteratum inter τῶν et σοὶ et punctis superinductum ‖ 7. μὲν adieci ex Γ ‖ 8. συντομώτερων Γ, sed adraso ω, ut iam omicron sit ‖ 10. τὴν ante ἡμετέραν addidit sec. Γ in mg ‖ 15. συμβέβηκεν Γ ‖ 18. ὑπονοοῦσιν Γ. Falsa refert Bekkerus ‖ 37. ἔσται Γ ‖ 38. ὄντων] δεόντων Γ ‖ 39. εὐδοκιμοῦσιν Γ ‖ 45. Ἕλλησιν Γ ‖ 51. οὐδὲν-γενέσθαι] Ηἆc post προστάττης ponit Dobræus.

Pag. 325, 7. Ἀντιπάτρῳ] πρὸς ἀντίπατρον mg Γ a manu secunda, ἀσήμως περὶ διοδότου Γ ‖ 8. ὅτ' ἐπολεμοῦμεν Γ ‖ 11. ἅπαντας Γ : πάντας b ‖ 13. τούτων Γ ‖ 14. ὑμᾶς Γ ‖ 25. ἔσχηκεν Γ : ἔσχεν b ‖ 31. εἴη] ειν Γ. Desunt duæ literæ, aqua exesæ ‖ 33. αὐτὸν adieci ex Γ ‖ 36. παρρησιανευουχην (sic) Γ ‖ 48. αἱ om. Γ ‖ 50. εἰσίν Γ.

Pag. 326, 6. ὃ cum rasura a dextra, in qua apparet δ. Deest una litera | συνέπεσεν Γ ‖ 7. τὴν] τιν Γ |
μενος
οισπεριπολλὰ Γ : οἷς πολλὰ b | γένος   Γ, ut σ in litura sit. μενος secunda superscripsit ‖ 10. συνέφερεν Γ ‖ 12.

τυχόντων] ἄλλων Γ ‖ 15. αὐτῶν Γ ‖ 20. εἰσβαίνουσιν om. Γ ‖ 23. ποίει Γ ‖ 26. ἥδιστόν ἐστι Γ : ἐστιν ἥδιστον b ‖ 29. πολλοὶ om. Γ ‖ 35. αὐτοῦ Γ ‖ 38. τοὐμπροσθεν Γ : τοὐμπροσθε | προσελθεῖν Γ ‖ 39. ἔφασκεν Γ ‖ 52. τε Γ : τε ἢ b | θ'] τε Γ.

Pag. 327, 10. μόνον Γ : μόνο b ‖ 14. ἐκείνῳ μήτε]
ἐκεινωιῶιτε Γ ‖ 15. γράψω τι] γράψωι Γ ‖ 18. λοπὸν Γ ‖ 26. συμβαλων Γ ‖ 32. οὐδὲ Γ : οὐ b ‖ 33. συμφέρον-μᾶλλον Γ : συμφέρειν οὐδὲ πρέπειν τοῖς μείζον b. Post συμφέρον οὐδέ, quod in extremo versu collocatum est, membrana aqua exesa est, ita ut tres literæ periisse
            δικαι
videantur ‖ 41. τε Γ ‖ 43. καὶ δικαίων] κατων Γ ab eadem ‖ 44. τε addidi ex Γ ‖ 46. τῷ τε] τότε Γ ‖ 47. ὥσαν Γ : ὡς ἐὰν b.

Pag. 328, 5. ὑμῖν Γ ‖ 12. ὑπογύου Γ ‖ 18. δ-αἰσχυνθεῖν om. pr. Γ, add. sec. in mg ‖ 19. ὑμῶν ἀμελεῖν Γ : ἀμελεῖν ὑμῶν b ‖ 31. ἀγνοεῖν Γ cum litura. Erat ἀγνωεῖν ‖ 32. οὐκ ἂν] κἂν Γ ‖ 33. ὑστερων Γ, ω in litura ‖ 35. τονοῦν Γ ‖ 41. ἃ om. Γ ‖ 43. ὁρῶν ἐν] ἑώτὰ
ρων Γ ‖ 45. δὲ accessit ex Γ ‖ 50. μὴ Γ, τὰ a m. secunda.

Pag. 329, 1. λάβοιμι Γ ‖ 3. τούτου Γ : τούτων b ‖ 7. τούτω Γ ‖ 12. ἔστιν Γ ‖ 15. ἀν Γ : ἐὰν b ‖ 16. λογίσησθαι Γ ab eadem | βουλήσεσθε Γ ‖ 20. τῶν evanuit. Supplevit m. altera ‖ 24. τῇ ψυχῇ-ἐπιτεύξεσθε om. pr. Γ ‖ 36. τυρανούντων Γ | τημᾶς Γ, unde radendo factum τιμᾶς ‖ 44. ὁρῶσιν Γ ‖ 45. προσδοκῶσιν Γ ‖ 46. ἄρχουσιν Γ ‖ 50. ἐλπίζουσιν Γ.

Pag. 330, 4. τὸ] Ita Γ cum rasura. Fuerat τῶ | ποίην pr. Γ ‖ 5. καὶ τῶν ὠφελειῶν om. pr. Γ ‖ 7. οὕτω
      αἱ
μοι Γ ‖ 10. συγχωρω pr. Γ, αι a m. sec. ‖ 13. καλλὴν pr. Γ ‖ 16..ὥστε Γ ‖ 20. συμβαλέσθαι Γ : συμβάλλεσθαι b | πίστην pr. Γ ‖ 26. ἐστὶν Γ ‖ 35. τυρανεύονταιν (sic) Γ : δυναστευόντων b ‖ 36. ἄλλον Γ eraso ν | σκοποθων Γ ‖ 37. αὐτοὶ τέως Γ ‖ 39. δασμολογήσουσιν Γ ‖ 45. οὕτως Γ ‖ 48. δὲ Γ.

Pag. 331, 2. συμβέβηκεν Γ ‖ 3. μετὰ-μετὰ Γ : τυραννικῶς καὶ μετὰ βίας καὶ b ‖ 6. σε] Ita Γ. Fuerat σοι ‖ 14. ἐστὶν Γ ‖ 20. Pro ἢ ante φυγαδεύειν Γ habet καὶ ‖ 23. κατοῦσιν Γ ‖ 27. ἡγούμενος Γ ‖ 29. πλείων Γ ‖ 30. αἴτιον γενόμενον Γ : αἰτίῳ γενόμενος b ‖ 31. πλείωι Γ ‖ 38. καιτητετεχνηι Γ | πολλάκις Γ : πολλάκις τῇ b ‖ 39. τε—λευταίων Γ cum spatio trium
      ἡ
literarum ‖ 42. υμῖν Γ, ἡ a sec. m ‖ 43. τι accessit ex Γ ‖ 52. ἔλαβεν Γ.

Pag. 332, 1. δὲ Γ ‖ 7. ἡμῖν Γ ‖ 8. ὑιδεῖς Γ ‖ 12. καταλέξησθαι Γ ab eadem ‖ 13. δέ μου Γ : δ' ἐμοῦ b ‖ 31. πᾶσιν Γ ‖ 34. ἔδοξεν Γ ‖ 38. ὀνομαστοτάτους om. pr. Γ ‖ 42. τι om. Γ ‖ 43. προσήκωσιν Γ ‖ 47. ἀξιοῦσιν Γ ‖ 48. ἀγῶσιν Γ.

Pag. 333, 5. δεῖγμα τί Γ ‖ 22. μὲν addidi ex Γ ‖ 28. In ultima Urbinatis pagina antitypum (contre-

empreinte) paginæ ex adverso positæ extat, maximam partem, ut ipsa illa, detritum Possunt tamen nonnulla legi, velut βουλεύσεσθαι v. 28 ‖ 50 στρατηγίας] στρα-τείας pr. Γ | ἐστηγυίας Γ, ἐν a m sec. ‖ 52 ἄπασιν Γ

Pag. 334, 1. τῶν λόγων τὸν pr Γ (τὸν λόγον τὸν sec) τὸν b ‖ 12 ἴσασιν Γ ‖ 18. Ante ὅλης operaium errore intercidit ἀνδρείαν (ita Γ, ἀνδρίαν b) ‖ 19 πόσοις | πρὸς οἷς Γ ‖ 31 κοσμήσας μόνον καὶ pr Γ, in mg m sec ἀλλ' ἐξαριθμήσας μόνον ‖ 34 γιγνώσκων Γ eraso v ‖ 37 πλείιν Γ . μείζω b | ἔχουσιν Γ ‖ 38. βου-λεύουσιν Γ ‖ 41. ῥηθέντων] ῥηθησομένων Γ ‖ 43 τοὺς Γ τοὺς περὶ b ‖ 47 ὠφελήσουσιν Γ.

Pag 335, 2. πλείστων (adraso ω) μέρος Γ. Frrut Bekkerus ‖ 6. κοινωνοῦσιν Γ ‖ 12 ἦν om Γ ‖ 13. τοιούτων Γ ‖ 19 ῥάχεσιν Γ ‖ 23 οὔτε Γ ‖ 25. διετέλε-σεν Γ ‖ 30 τι-τοιεῖσθαι om. pi Γ ‖ 34 εικονος Γ ‖ 42. ἑτέρων Γ ‖ 48 πόλεμον Γ τὸν πόλεμον b ‖ 50 ὧν | ἧς Γ.

Pag 336, 4 ἀνανδρείαν Γ ‖ 10 δ' Γ δὲ b ‖ καὶ περὶ τηγεγονὸς pi Γ, καὶ περὶ ἔτη γεγονὸς sec Γ ‖ 11. ἀπερηκὼς Γ ‖ 13. τοιούμενον Γ τοιούμενος b ‖ 14 απαυτῶν Γ, ὑπ αυτῶν corr eadem ‖ 15 ἄλλους addidi ex Γ ‖ 17. κάλλιστα δυνηθέντα Γ ‖ 21 εἰ-ἀμελήσαιμεν om Γ ‖ 23. ἀξιώσειεν Γ ‖ 27 ἐστὶν Γ ‖ 31 μεῖζόν τιν δὲ Γ

IULIANUS.

A = Laurentianus LVIII, 16
F = Palatinus 134
L = Laurentianus XXXII, 37
M = Monacensis 490
V = Vossianus
H = Hertlinus
R = Reiskius
S = Sintenis

Epistolas Iuliani in Vossiano relictas enumeravit Cobetus in Mnem vol 8 p. 346 sqq Hertlini emen-dationes pleræque extant in Hermæ vol 3, Sintenisii vol. 1. p 69 sqq , meæ vol 2 p 457-462 Reiskii ani-madversiones αὐτογράφως Havniæ asservatas superiore anno inspexi , cum Iulianus meus dudum impressus esset Recidi ex eius coniecturis eas omnes, quibus ni-hil novi ad Iuliani emendationem afferebatur. Scheeis suis subscripsit hæc . « Absolvi Iuliani lectionem d 12 Nov 1769 festinatam illam et abiectam modo , ad quam secundis et tertiis curis perficiendam num sim un-quam rediturus, nunc equidem haud licet decernere »

Pag 337, 1 Iuliani quæ adhuc prima ferebatur epistola Procopio addicenda fuit, id quod demon-stravi in Hermæ vol 1 p 474 Eam igitur in loco quo oportebat constitui infra p 553, simulque Iulia-nearum epistolarum vulgatos numeros ita immutavi , ut ex altera facerem primam et sic deinceps ‖ 2. ἀφιέντα F ἐφιέντα | τοὺς λόγους Heylerus τοῖς λόγοις ‖ 6. ἐμιμησάμην * μιμησαίμην ‖ 20 ἑρᾶν συμβουλήν]

Plane sic Plato Epist 5 p. 321, C ‖ 22 « συντρίβειν videtui ætati Iuliani usurpatum fuissse pro illo vetu-stioriim ἐπιτρίβειν » *Reisk* ‖ 27 ἦν M ἤμην | ἀργο-τέραν-χεῖρα] Respondet ad hæc verba epistola Libanii ti uncata apud Wolfium , suppleta ab Heyleio p 179, ex Palatino 356 a me emendatius scripta in Hermæ vol 6 p 58 sq ‖ 32 δεῖ] ἀκλητὶ H.

Pag 338, 1 ταῦτα] τοιαῦτα H ‖ 2 ὅσα] οἷα H ‖ 3 πῶς*. πῶς δὲ ‖ 13 Τύανα Parisinus 963 τοιαῦτα ‖ 23 γε] τε V | τοῦ * τοῦ τοῖς | χρῆν S ἐχρῆν ‖ 26. χαλάνδων V | θεοῖσιν V ‖ 27 ἐείνης S | acc ex V ‖ 28 ὑπακονούση an ὑπακουούση sit in V non liquet | προστιμήσομαι S προστιμήσεται ‖ 29 ὅπως V πῶς ‖ 31. Posui asteriscos ‖ 32 τοὺς] μὴ τοὺς V ‖ 33 οὔ-τως] οὕτως ἂν V ‖ 36. γυναῖκας τω abscissum in V ‖ 37 διωκέσθω V δι-ώκεσθαι

Pag 339, 1. Huius epistolæ pars prior in V a re-centi manu in charta recenti scripta Antiqua manus redit a veibis ὥστε ὁ μὲν (v 16) | ἤλυθες V ‖ 2 ἰδὼν V ‖ 5 ὀλυμπίασι V ‖ 6 ἀθήνησιν V ubique ‖ 8 τέτ-τιγα φασὶν V ‖ 10 Pro κεφάλωται in V est σμικρὸν cum spatio quatuor literaium | τὴν τέχνην S ‖ 11 αὐτῷ] αὐτῇ R ‖ 14 ὄνjος * . ὄνjος δακτύλου χειρὸς impressi. In V pro δακ-ύλου χειρὸς οὐ μεῖζον spatium ϛ undecim literarum est ‖ 15 δ' ἐφ' ἕκα (sic) V | τὸ θαῦμα om V | λέγεται Baroccianus ἔχεται ‖ 17. βεῖ δι' ὅλου δυσωπῶν non est in V Abstulit qui chartæ particulam avulsit. Eadem manu periit ἡ στάσις ‖ 19. ἐναργείας sec V ‖ 20 τοιεῖς R ‖ 25 δὲ * δή ‖ 26 δεει V δέη ‖ 28 λέοντα * λέοντα τῷ μισθῷ ‖ 29 ἄλλοι δ' ἄλλων θηρίων Doehnerus, sed vide Polyænum VII, 12 μήτε ὄρνιον μήτε θηρίον Hippoci de Genit 32 θηρία τε καὶ ὄρνεα ‖ 33 μόνον post χρυστάου acc ex V ‖ 34 διανοούμενος V ὑποδ-ανοούμενος V ‖ 35. ἰδιω-τικήν μοι V : μοι ἰδιωτικήν | τὴν acc. ex V | 8-ou V ‖ 36 ἀνευρεθῇ * ἂν εὑρεθῇη ‖ 39 τοῦ H τῷ ‖ 40 ὑφαιρεθῆναι V ἀφαιρεθῆναι ‖ 42 γεώργιος V ‖ 43 μὲν acc ex V | γέρας] Operarium vitium Repone γέρως Ita V ‖ 44 ἀμωσγέπως* ἄλλως πως

Pag 340, 1 Ex Sociatis Ilist Eccl. III, 3 ‖ 2 μέ-γαν θεὸν * Θεὸν μέγαν impressi Sed fortasse delen-dum τὸν θεὸν μέγαν | ἤδεῖσθε R ‖ 5 Malim ἐν τοῖς πρώτοις ‖ 9 Melanthius ap Plut de Cohib Ira p 453, E ‖ 10 εἴ] σῇ H | τὴν ὁρμὴν V ‖ 13 ταῦτά H ‖ 25 δεδοίκασι] δεδοικὼς ἑαυτὸν παραφυλαττει ‖ 33 τῶν] τῶν μὲν * ‖ 37 ἦν * ἦ H ‖ 40 ὀφείλων] ἐθέλων H ‖ 42 αἰσχύνεται-φεούσας * αἰσχύνεται καὶ φυλάττεται καθαρὰς τὰς χεῖρας πρὸς τοὺς θεοὺς αἵματος καθαρευούσας ‖ 46 λέγοιτε * . λέγοιτο

Pag 341, 7 περίβοι * περίβοιεν V ‖ 9 διακαθῆραι * . διακαθᾶραι | ἔγωγ' ὑμῖν S ‖ 19 πῶς * ὅπως | ἔπραγ ματεύσαντο * πραγματεύσαιντο ‖ 23 Aristoph Plut. 268 ‖ 24 ἴδ' Parisinus 282a ἴδι ‖ 27 αὐτὰ * αὐτὸ ‖ 34. • Post ἐπαινοῦντες aut deest ἀλλήλους aut certe subaudiendum est • *Reisk.* ‖ 40 ἐμαυτοῦ * ἑαυτοῦ ‖ 41. ἦ * ἦ καὶ ‖ 42 κατηδολέσχησά σοι] Suidas s v. ‖ 43 - F. ἐμαυτόν, ἀλλ' οὐχ ὥσπερ Ἀστυδάμας, ἀλλ' ἵνα — » *Reisk* ‖ 48 ἥπερ R ‖ 49 βαδιεῖ * βαδιῇ

Pag 342, 3 πρὸς σὲ V ‖ 4 δράξαι V ‖ 8 θεοὶ S :

μοι οἱ Θεοί scripti. Nunc malim ἐπειδή μ' οἱ Θεοί ‖ 10.
Erat τε ὅτι καί. Expunxi ὅτι. Lenius fuerit ἄλλως τε
καὶ ὅτε ‖ 13. τὰ πάντα V : πάντα ‖ 15. Post Λιβανίῳ
V' addit σοφιστῇ καὶ κουαίστωρι | σου addidi ‖ 18. V
novies pro ὦ habet ὤ, semel ὦ' ante vocabulum
ἀφορμαί, ut gravis cum circumflexo coniunctus sit ‖
19. σύνθεσις V : σύνθεσις M, σύνεσις vulgo | ὦ 'πιχει-
ρήματα V, quod reponendum | τάξεις F ‖ 20. λέξεις F
‖ 22. νύκτα V : νύκτωρ ‖ 23. ὁμιλοίη * : ὁμιλῇ ‖ 24.
παιωνίοις Suidas s. Παιώνιον : παιωνείοις ‖ 27. σῆς acc.
ex V ‖ 31. εἰ μὴ ὅτον * : ἢ ὅτε μόνον ‖ 33. τὸν acc.
ex V ‖ 35. ἀκτῖσιν V ‖ 39. κρίναι V ‖ 41. ἐκεῖ vide-
tur dittographia esse ‖ 43. ὑποβρύχια ταῖς δίναις V :
ταῖς δίναις ὑποβρύχια ‖ 44. καθάπερ] Lex. Vindob.
p. 151, 19.

Pag. 343, 5. δύο V : δύω ‖ 8. ἑορακέναι * : ἑωρακέ-
ναι ‖ 9. σήμερον] Ita V ‖ 10. τριχαλείνῳ V ‖ 21. δια-
μενεῖ * : διαμένει | ἱδρυνθήσεται] Ita V ‖ 23. περὶ τοῦ
δὲ μιαροῦ S | ἀνδρογύνου οὗ μάθοιμ' V ‖ 24. πρίν * :
πρὶν ἢ ‖ 25. ἡμῖν V : ὑμῖν ‖ 26. ἴσθι * : ἴσασιν. R ma-
lebat περὶ αὐτὸν πολλοὶ ἴσασιν ‖ 28. ἐμαυτῷ] ἐν αὐτῷ
V ‖ 34. ἣν Wyttenbachius : εἶναι. οἶμαι Horkelius,
ἣν ἂν S, ἐδόκει εἶναι R ‖ 36. ἐχόντων] συνεχόντων aut
περιεχόντων R ‖ 39. διορθώσῃ V | ὁ δεῖνα * : οὕτως ὁ
δεῖνα V, οὗτος ὁ δεῖνα editi ‖ 40. ἐδέησε * : ἐδέησε τοῦ
‖ 41. πεποίηκεν S : πεποιηκέναι | οἷα μὰ H : ὅσα νὴ ‖
42. οὐδ' ἂν H : οὐδὲ ‖ 46. ἀμύνειν * : ἀμύνειν οἶμαι |
κύκνιον V ‖ 49. χρῆν V : χρὴ | ἱκανὰ] ἐκείνους Boiss.
ad Tzetz. Alleg. p. 314 ‖ 51. τῶν acc. ex V.

Pag. 344, 1. ὥσπερ R ‖ 4. ἂν συμβῇ * : κἂν συμβαίνῃ
‖ 5. διὰ τὸ τοιούτου τυγχάνειν ὅ. R ‖ 8. ἀγενέστερα V ‖
11. ἐμμένει * : ἐμμένειν ‖ 14. τῆς γε γνώμης R ‖ 15.
μόνῳ R | δὴ om. V ‖ 17. μελοποιὸν Parisinus 963 :
μελοποιῶν εὐχῇ | τὴν om. V ‖ 19. μέμψεως ἐρωτικῆς]
Alciphr. I, 35 ‖ 20. ἔπτην] ἐπιβῆναι ‖ 22. ἀνθρω-
πείου codex M : ἀνθρωπίνου ‖ 23. οὐ θέλει V | ἁπλῶ-
σαι] ἀναπτερῶσαι H | Post ἁπλῶσαι expunxi τὸν λόγον,
quod Vossianus habet. τῶν λόγων Heyleriana. Nunc
teneo ἁπλῶσαι τὸν λόγον, quod ductum videtur ex So-
phoclis Trach. 680 ‖ 26. ἄλλου τινὸς ἢ τούτου χάριν * :
ἄλλου του χάριν ἢ τούτου ‖ 28. ἄττοντές V ‖ 30. ἢ acc.
ex V ‖ 31. μεταθεῖν Wyttenbachius : μεταθεῖναι | εὐ-
φραίνεις V ‖ 33. ἐς V : εἰς ‖ 37. αὐτὸ V | ἀντιμαρμα-
ρύσσων R | δ' addidit S ‖ 40. ἂν τις] εἰς σὲ V ‖ 43.
ὑπὸ τῆς R ‖ 44. ὄψιν] Proxima desunt in V ‖ 47.
« ἕτερον ἀργύρεον seu ἀργυροῦν scil. νόμισμα, alium
numum, sed argenteum. » Reisk.

Pag. 345, 1. τοσοῦτον addidi ‖ 3. εἶναι * : εἶναι
τῶν ὅπλων ‖ 5. Hom. Il. XI, 237 | αἰχμὰς * : αἰχμὰς
οἱονεὶ ‖ 6. εἰδότα] οὐκ εἰδότα R ‖ 18. ἐχθρὸν post δὲ
addidi ex M ‖ 20. νῦν μόνον M : μόνον νῦν ‖ 21.
εὔνως R | δὴ om. V ‖ 22. διατεθεῖσθαι M : διατεθεῖσθαι
κεῖσθαι ‖ 23. τοῦτο M ‖ 24. καὶ acc. ex M | ἕξει M |
ὁ om. M ‖ 25. καὶ παρίππῳ ἑνὶ * : καὶ παρίππῳ M,
ἐνὶ καὶ παρίππῳ alii libri. Nunc malim καὶ ἐνὶ παρίππῳ
‖ 28. Καλλιξένῳ] Soph. O. R. 614 ‖ 29. δ' ἂν * : δὲ
‖ 30. ἐμαρτυρήθη] Videtur intercidisse τῷ χρόνῳ ‖ 31.
φῂς * : φησί | μετὰ τὸ φίλανδρον aut εἶτα μέντοι τοῦ φι-
λάνδρου R ‖ 32. Θήσει? ‖ 33. μανδραγόραν Suidas s.
v. : μανδραγόραν ἂν ‖ 37. προσθείη * : προσθήκη ‖ 40.

τὰ * : καὶ τὰ ‖ 41. δὲ acc. ex G ‖ 42. γὰρ addidi ‖ 46.
δ' add. S | τὴν acc. ex G.

Pag. 346, 5. δεδιδαγμένος Spanhemiana : δεδιδαγ-
μένου | σεαυτοῦ * : ἑαυτοῦ ‖ 6. Hom. Od. VIII, 149 ‖
9. Post ἁρμόττει in scriptis est κουφοτέρα δέ ἐστιν
αὕτη τῆς τῶν ἱππέων et mox post συντάγματι in iisdem
est γίνονται δὲ ἀπὸ τῶν ὁπλοφορησάντων οὗτοι καὶ στρα-
τευσαμένων. Expunxit Wyttenbachius | τε * : δὲ ‖ 11.
ἀποϋπάρχῳ V : Ἀφυπάρχῳ Heyleriana. ἀπὸ ὑπάρχων
mavult L. Dindorfius in Thes. s. v. et s. ἀποίπαρχος
| μοι τί V | μελητάς V | ῥήτορας acc. ex V ‖ 13. οὔ-
τοι * : οὔτι | τρικέφαλον V : πολυκέφαλον | οὔ, quod
post ὕδραν addebatur, cum libris nonnullis omisi ‖ 17.
ὄντα πᾶσι πᾶόν scripti. Expunxi dittographiam. Pro
πᾶσι Horkelius πάνυ, Hertlinus παντάπασι ‖ 18. οὖν
V : δὴ ‖ 19. ἄν om. V ‖ 20. ἐπανίστανται αὐτοῖς V
‖ 22. πάρει V ‖ 23. εὔχομαι V ‖ 25. ἄλλως H : ἄλλοις
‖ 29. Aristoph. ap. Athen. XIV. p. 652, F | εἶναι
post ἄλλων ponit S ‖ 35. ὡς * : ὥσπερ ‖ 36. λείπον-
τος * : δέοντος. ἐνδέοντος R ‖ 37. ἢ addidi ‖ 41. ᾧ]
R ‖ 43. Operarum errore φησί, quod sequente versu
post Ἱπποκράτης poni oportebat, post μόνον transposi-
tum est ‖ 45. γλυκὺ μὲν εἶναι Suidas s. μέλι : καὶ γλυκὺ
| πικρὸν δὲ idem : ἢ πικρὸν εἶναι V, καὶ πικρὸν εἶναι
vulgo ‖ 46. ἀνάδοσιν V, sed ut evanuerit ὁ | Similis
argumenti epistola de sex pomorum dono extat in
« Revue de Philol. t. II. p. 200. Vide Rosium Pseu-
doarist. p. 232 ‖ 47. ξύμπαντες V : σύμπαντες

Pag. 347, 1. ὁ πικρόν· ἐστιν] Verba suspecta ‖ 3.
σύκον V' ‖ 4. ἡδὺ ex margine huc translatum esse vi-
detur ‖ 5. ἀλεξιφάρμακος] Lobeck. Parall. p. 537.
Suidas v. σῦκον ‖ 6. φάρμακον V ‖ 7. κἂν * : καὶ ‖ 8.
προπαρατίθεσθαι * : προτίθεσθαι ‖ 10. ἀδικεῖ' V ‖ 11.
ὅτι Θεοῖς] In V charta inter ὅτι et Θεοῖς scissa est. Ap-
paret tres quatuorve literas intercidisse. Fuit fortasse
ὅτι τοῖς Θεοῖς ‖ 15. ἀνδρὸς] « Eiusdem scil. Aristotelis »
Rosius l. c. | Θεόφραστος] Hist. Plant. 2, 5, 4. C.
Plant. 1, 6 ‖ 16. παραγγέλματι V ‖ 17. ἐντυθεὶς V |
ὅσα S : ὅσαι ‖ 18. εἴκει * : εἴκουσι ‖ 19. ἂν * : ἀντί V,
ἄν τι vulgo ‖ 20. εὐφυᾷ * : εὐφυῇ ‖ 27. ἐστιν V ‖ 31.
Ἀλκίνου * : ἀλκινόου ‖ 32. οὖν om. V ‖ 34. συμφέ-
ροιτο * : συμφοροῖτο ‖ 35. νομιμώτερον V | Malim
τοιαύτην δὲ ἔχοντος οἶμαι τοῦ σύκου τὴν φύσιν ‖ 36. τὸ
addidi et mox ἔχον ‖ 40. ὑπὸ τοῦ * : ὑπ' αὐτοῦ πρὸς τὸ
V, ὑπ' αὐτοῦ τοῦ vulgo ‖ 41. κρατοῦντι V : κρατοῦν |
ἐοικὸς Horkelius : ὡς εἰκός ‖ 42. νικῶντι V : νικῶν |
45. δαμασκὸν V : δάμασκον ‖ 50. τῆς ante μεταβολῆς
expunxi ‖ 51. τοὺς] τῆς V.

Pag. 348, 3. τρέφεται S : λέγεται ‖ 4. Immo παν-
ταχῇ vel πανταχόσε hic et v. 6 ‖ 5. σύκον V ‖ 9. οὔτ'
ἄν * : οὔτε ‖ 10. ἔνθρωπον] Ex Demosthene p. 314, 1
‖ 11. ἐς τὸ ἴσον * : ἔσται ἡδύσμα ἴσον (ἴσον V) ἢ ‖ 17.
τεραλέαι V. τρασιαὶ I. G. Schneiderus ‖ 19. κέντροις *:
κέντροις οἱονεὶ ‖ 20. Immo ἀπήρτηται ‖ 21. ἐπ' ἄλλαις *:
ἐπ' ἄλλοις V, μετ' ἄλλας vulgo ‖ 22. αὐτὸ V ‖ 23. δέρρης
V ‖ 25. τῆς ποτ' ἔχει acc. ex V ‖ 27. οὐδὲ * : οὐδὲ κα-
θάπερ ‖ 28. αὐτὰ * : αὐτὸ ‖ 29. ὄρπηξιν] Ita V ‖ 31. δὲ]
                                                                        πέρ

Ita V | τῶν] ἀπὸ τῶν? | ζῴων V : ζώων τε ‖ 33. καὶ
μὲν V | αὐτοῦ V ‖ 38. ἀγνοῦν V ‖ 43. δ' ἂν * : δὲ ‖

46. ἂν adiec || 46 οἶμαι H : εἶναι· || 52 τῇ] τι V
54. τὴν] τῇ F.

Pag. 349, 1 φαίνουσα .ἲς] φαίνεται· ουσα εἰς V ab
eadem, φαίνεται καὶ εἰς vulgo || 2 τοῦτο V || 5. ἂν acc.
ex V | δέκα] δέον pr. V | 6 τῶν adiec || 13. πρὸς
V · εἰς || 17. ἑκατονθÓλοσσαν V || 19 τὸν τελειώτατον
ἀριθμὸν * · τον τελεον τῶν ἀριθμῶν || 22. καὶ post περι-
                                    ως
φερεῖ add. V || 23 ἄλλος V ab eadem] 3ο τυφσέως
V || 35 οὐκ ἄλλοι τινὸς S || 3g. τὴν τοῦ V ταύτην
                                              λο
|| 41 ἕκατον V hic et infra 'Ἑκατὸν || 46 ὁ κλῆρος
V ab eadem. κλήρου || 47 ἡ κρήτη] Glossam esse ar-
bitratur Boiss ad Philostr Epp p. 118 || 48 τῶν acc
ex V || 51 νεὼς * νεὸς V, νεὼς vulgo || 53 ἑκατον-
τεδοὺς V | ἑκατοντακρῆι·δας Martiniana. ἑκατονρῆ-
πὶδα,

Pag 350, 6. ἴσον V || 8 ἔχε * ἔχειν || 10. ἐπὶ *
ὑπὸ | κάλλος S καλὸν || 11 παρὰ σοῦ V παρά σου ||
14. ἀκριβῶσαι * ἀκριβώσαντος πρὸς τὴν τῆς θέας ἡδονὴν
ἀπολαῦσαι || 15. φορτικώτατον * . φορτ·κώτερον || 16
                                              γρα
δὴ] δὲ V, ab eadem δή. δή delet R || 17 ὑπο-άτ-εσθαι
V ab eadem || 22 τῆς acc. ex V | 24 κρινίοις V ||
3ο. ἐγὼ μὲν V μὲν ἐγὼ || 31 μηδὲ * μήτε | φέρε-
σθαι Heylerus φέρεσθαι ἢ εἶναι | ὑμῖν V || 33 Ἰούλον
V || 34 · Circa παρήνεσα deest aliquid · Reisk || 36
τινὰς V τινὰ || 37 · Post ὑπάρχειν deest ἐπὶ, me
regnante · Id || 38 εἰρήνης post ἀπολαύοντες addit
R || 3g · Post ποιῆ·αι deest ὑπὲρ. · Reisk. || 46. κατ-
ευθῦναι V || 5ο παρ' ὑμῶν R

Pag 351, 19. Hæc ep in V est a manu recentissima
|| 6. ὡς V ὥσπερ || 7 τὸ νῦν * τὸ νῦν ὑφ' ὑμῶν V,
τὸ νῦν ὑφ' ἡμῶν τοῖς Γαλιλαίοις vulgo, τὸ νῦν ἐφ' ἡμῶν
τοῖς Γαλιλαίοις R || 9 ἐκκλησίας scripti S ἐκκλη-
σίας αὖθις, R ἐκκλησίας αὐτῶν Deleui dittographiam |
ἀλλὰ τὴν V : ἀλλ' || 19 δὲ H δὲ ἡ || 23 ἐγμμένοις V
| ἐπ' * . ὑπ' || 25 οἱ] οἱον V || 3ο διειλέχθημεν V, sed
eadem manus lineola transfixit alterum iota || 33 Βέ-
ροιαν * · βέρροιαν || 35 διοσημίαν V διοσημείαν || 3g
τοιοῦτοι * οὗτοι || 41 αἴδω V || 43 ἒ-ἴ * · ὥσπερ ||
46 παρ' ὑμῖν οὐκ εἶδον V οὐκ εἶδον παρ' ὑμῖν

Pag 352, 3 ἂν addidi itemque v 5 || 6 οἶοι H · οἱ
| ἐπιχειρήσας V || 8 γράφειν V γράφων || 9 Γεσι
asteiicos | αὐτῇ] Ita V distincte. βέβλοι vel μονωδίας
excidisse putat Heylerus || 13 ἧσαι] ἧσεαν R | εὐτρπῆ
V εὐτρπῆ || 14 ηὔφραινε * εὔφρανε || 15. τῆς om V
|| 18 τῶν ἑορταζόντων * βασταζόντων | ἱερὰ Wytten-
bachius ἱερεῖα || 21 νέων V νέα || 25 Ἀλγίνοι *
ἀλκινόου || 27 μεστόν] μέσων V | τριχλίω V || 32 πό-
λεως] ἱερᾶς πόλεις R || 36 συνήδεις (v. Hermæ t 2
p 190)* συνείδεις || 38 ὁ addidi || 29. · In ἐξ ὅτου
videtur nomen proprium latere aut desunt quædam.
Quid si sic κηδεστὴς ἐμοὶ γάρ, ἐξ ὅτου ἐσωφρόνισα-ὃ
μὴ πάντα-ex quo sapere cœpi · Reisk || 4ο.- F ἀδιη-
μήτων οὐδενὸς ἧττον τῶν φαυλοτάτων εἶναι δοκεῖ · Id
|| 48 ἐφορᾶν καὶ ἐπιμελεῖσθαι] Ex Xenophontis Cyrop.
5, 3, 5g || 5ο. τριπλασία ταύτης R || 51 · Desunt quæ-
dam · Reisk || 54 μὲν * μήν

Pag. 353, 10 δ' ὁπόσας * · δὲ ὅσας || 11 τὰ inse-

iui R ἐπιστολὰς δὲ ὅσα ς ὑπέγραψα καὶ βιβλία (ἐπόμενα
γὰρ ὥσπερ αἴσιά μοι καὶ ταῦτα σ r) τί δεῖ || 16. λίαν]
ἄγαν V || 18 ἐντείνεσθαι V || 19 συλοσῶν V | φασί * :
φησί || 22. το ante μεγάλα add V || 23 συλοσων V |
λυπρὰν V · λυπηρὰν || 24. ἐνὶ H ἐν || 25 οὐδὲ V οὐ
|| 29 σε μετεκαλέσαμεν * ἐμέ τε καλέσαμεν V, σε μετ-
εκάλεσα vulgo || 3ο οὖν.. πρῶτα V (literarum quæ
evanuei unt numeruin totidem punctis indicavi) || 32
F. 'κείνων || 33 δὲ V || 38. · Non intelligo · Reisk. |
σαυτοῦ * αὐτοῦ V, αὐτοῦ vulgo | λὶς V || 3g προβατα-
γρίων V. ων adesat || 45 βελτίω * βέλτιον

Pag 354, 1. ἄδυνΞας V | Βουπάλειον Bentleius.
βουπάλιον V 3. νόμοις] ὑμνοις V | ὁ παραινῶν V || 10
οὐδὲ V || 15 Malim ἐρρωμένως || 17 ὑπωποῦ (sic) V ||
18 Immo ἕνεκα || 25 τῶν ὁμοίων παθῶν V || 27 μ' *
μοι | εὐσχημῖν | ἐφ' ἡμῖν V || 28 εὐγχῴμενον V || 29.
πατρὸς ὑμῶν R || 3ο ζηλώσεις V, quod restitue || 32.
ὅτι Baroccianus ὅτι || 34 αὐτῶ V || 36 Od 16, 187
|| 37 ἐν ἀνθρώποις] ἀνθρώ-ων V | εἶναι-ᾶ V φαίνη
ἂν εἶναι | ὅλως] ὡς L, ὁ λόγος V || 38 ἐκμελλήμω L ||
3g ὁμολογῶν L | πατὴρ habet V Delendum cum Ba-
rocciano || 4ο εἶναι acc. ex L | οὐδὲν L

Pag 355, 3 αν om V || 4 ἀνδρῶν L φοιτάν-ω·
vulgo In V quid fuerit, dispici nequit || 9 κέρας V
|| 13. ἀρετῶν L | φύλαξ S φύλαγα καὶ || 16 ὅτι L ·
ὡς || 18. μὲν Horkelius μὲν ὢν ᾔδει || 19 ὁ L ὃι ||
2ο. εἰ δὲ τὶ μὴ καὶ H εἰ καὶ μὴ V, εἰ καὶ μὴ
vulgo Pio εἰ καὶ μὴ L habet εἰ ἀλλὰ, unde nunc ma-
lim ὡς οὐδὲ, τι τοῦ Πρωτέως τοῦ σοφοῦ μειονεκτῶν ἀλλὰ
καὶ μᾶλλον εἰς ἀρετὴν ἄκραν τελεσθείς || 25 ἀλλ' · :
ἀλλ'ὥσπερ || 26. μόνον L μόνον τοῖς || 28 νικήρης δ' ἂν
νικὰς δ' ἂν οὕτω || 31 ἀνθρώπων L . ἀνθρώπων γένους |
τεχθείς L ταχθείς || 32. τὴν acc. ex LV || 33. ἐμοὶ
L ἐμοιγε vulgo Scribendum ὥστε μοι || 35. aut Hoi-
kelius σοὶ τὸ ἔτος LV, σοὶ ἐκεῖνο -ὁ ἔτος vulgo || 36
εἰς δέ τι LV || 3g ζωπυρεῖται μόνη L μόνη ζωπυρεῖ-
ται | εἴη] εἰ V || 4ο ἰάμβλυ(ον L || 41 χρόνου LVa,
χρόνου revocandum || 42 ὁμήρου καὶ πλά-ωνος καὶ σω-
κράτους L 'Ομήρου καὶ Πλάτωνι καὶ Σωκρά-ει vulgo,
quod restitue || 43. τις L τις ἄλλος ceteri, recte || 46
λόγοις * λογος V, λόγῳ vulgo || 47 εἰς L ἐς τὸ] τὸν
L || 48 ἀνθρώπων L ὅλων || 5ο In V præscriptio
est Ἰουλιανὸς Ἀργείος

Pag 356, 1 αὐτὴν V || 2 · τοῦ] τῶ V, ὃ a manu
recenti ». Dubnerus || 3. τοῦτο operarum eriore
excusum est οὕτω vulgatur In V ielictum est
τοῦ , unde Dübnerus suspicatur excidisse Περσικοῦ
vel Μηδικοῦ τοῦ Περσικοῦ etiam H || 8 ἧ τι V ἧ || 9
τὸ addidi | μακεδόνας V Μακεδόνων || 11. διευθέσαν
V διεύθερον || 13 καὶ acc ex V | τοσαῦ-α H α
ταῦ-α (sic) V, τοιαῦτα vulgo || 2ο . ὅτα V, scribendum
igitur ὁτόσα || 22 νῦ· τὴν V || 24 αὐτοὺς V || 32.
νεμίων V || 34. τοῖς acc ex V || 37 πολυθρυλήτου *
πολυθρυλλήτου || 3g δ' V δὲ || 41 τοιεῖδε H οἶδι ||
42. τοὺς add H idemque ἐν || 47 χορηγίαν V χορή-
γησιν || 49 ἐν τοῖς ἑνίοις V || 5ο ἄτερ Hoikelius
ἅτερ || 51 πλοῦτον V πλοῦτον καὶ || 53 συναιρομένων
Horkelius συναιρομένων ὠνοῦται τὴν τέρψιν τοῦ προ-
νήματος ὧι post συναιρομένων addit R.

Pag. 357, 3. ὄντες γ' αὐτοῖς R ‖ 4. ἀστυγείτονες H : καὶ αὐτοὶ γείτονες‖ 5. οὐδ' -ἀπόλοιτ'] Hesiod. Opp. οι

348 ‖ 7. ταυτα *V*, οι a manu recenti ‖ 12. οἷς] ἧς pr. *V* ‖ 15. σεμνότητα οὐκ] τα οὐκ exesæ, sed spatium angustius est, quam quod negationem capere possit ‖ 17. ὑπάρξασιν εἰς τὴν πόλιν R ‖ 24. καὶ διὰ τὴν ἀπραγμοσύνην τοῦ δικαίου ὑπὲρ τῆς Ἀργείων πόλεως νῦν πρῶτον εἰσελθεῖν τὴν δίκην R ‖ 25. ἔχοντα pr. *V*, ἔχοντες sec. *V* ‖ 26. εἰ] ἦ *V* | γὰρ H : γὰρ ἂν ‖ 28. καίπερ ὄντων H : πρὸς τῶν ‖ 30. προστιθεμένου Petavius : προτιθεμένου | καὶ τοῦ idem : καὶ περὶ τοῦ ‖ 31. ταύτῃ R ‖ 34. ἐξ ὑπαρχῆς *V* : ἀπ' ἀρχῆς ‖ 36. In *V* πρεα exesæ sed relicto spatio literis istis maiore, ut appareat intercidisse τήν. Hoc igitur supplevi ‖ 45. Fueritne in *V* φιλοσοφίαν, incertum est. Superest.... ϑ ‖ 47. αἰτίᾳ] Pro hoc in *V* relictum... ῐᾷ ‖ 48. δικαίως *V* | δὲ *V* : δ' ‖ 50. τε] δὲ pr. *V* ‖ 51. ὁπότερον exesum duarum triumve literarum spatio relicto | ἀπῶ *V* ‖ 54. ἐφελθέντας R.

Pag. 358, 2. τοῦ H : in *V* Dübnerus τοῦ aut τῶ legisse sibi visus est. αὐτοῦ vulgo ‖ 6. ἰδιώταις-κρεῖττον] Exesa‿ ω et ις ξυμφέρει τὸ κρεῖττον, spatio ad summum novem literarum relicto ‛| ‖ 9. ἐπ' * : μετ' ‖ 10. τὸ ante πρὸ acc. ex *V* | πρὸ] πρὸς R ‖ 11. παισὶ Dübnerus : ..ισὶ *V*, omissum vulgo. Malim τοῖς παισὶ ‖ 12. κινδυνεύει * : κινδυνεύειν ‖ 13. καλὸν] Pro hoc in *V* videtur esse καί ‖ 15. Restitue φιλονεικίας ‖ 16. ἀπαλλάξει *V* : ἀπαλλάξῃ ‖ 17. δὲ post μῖσος in *V* non videtur fuisse ‖ 19. ἂν om. *V* ‖ 23. Γαλιλαίων * : Γαλιλαίων πολλὰ καὶ παντοδαπὰ ‖ 25. δὴ καὶ] μὲν Suid. v. ἐπιστολή ‖ 27. ὑφῃρῆσθαι ante Heylerum : ἀφῃρῆσθαι ‖ 31. ἔρρωσο om. Suid. ‖ 32. Hæc epistola in *V* incipit a verbis τῶν πώποτε γεγονότων p. 359, 30. Priora omnia desunt ‖ 41. καλὸς * : καλὸς ἡμῶν ‖ 45. πλέον * : πλέον εὑρεῖν

Pag. 359, 3. σωφρονίζειν * : σωφρονεῖν. R malebat aut deleri καὶ aut scribi σωφρονεῖν σωφρονίζειν καὶ παιδεύειν ‖ 5. εἴτε ante μῦθον supplevit Horkelius ‖ 13. τὸ addidi ‖ 20. τῆς ὅλης *Paris.* 2755 : ὅλης τῆς ‖ 27. ἄρα * : ἀνδρὰ ‖ 32. ἔδει-ἔκδοτον * : ἐδεῖτο Δαρεῖος ἀνὴρ βάρβαρος καὶ ἀπαίδευτος ἔκδοτος ‖ 35. ἄκος * : εἰκὸς | ἔχειν ἀρχὴν S : ἀρχον ἔχειν *V*, ἔχειν ἀρχὴν vulgo ‖ 36. τῷ λογισμῷ * : τοῦ λογισμοῦ ‖ 37. δύναιτο] γένοιτο *V*. σθένοι Cobetus ‖ 48. στρατείας H : στρατιᾶς

Pag. 360, 1. Post Βικεντίωνα nonnulla verba excidisse arbitror. Mox legendum videtur περιδεῖ γὰρ αὐτὴν ὁ Δούβις ποταμός, ἢ δέ. Scripti ἥδε, pro quo cum Hertlino perperam posui ἢ δέ. Neque enim apodosis incipit ab ἄδατος ‖ 3. χαρτερὰ R ‖ 11. προσιὼν S : προϊὼν ‖ 20. οὐδὲν οὔτε ἀκοῦσαι S ‖ 26. μάλιστα] μάλιστα R ‖ 31. χρὴ R ‖ 38. γὰρ addidi cum Horkelio ‖ 45. ὡς add. H ‖ 47. σου * : σοι

Pag. 361, 1. οἱ om. Lex. Vindob. p. 145, 14 ‖ 6. τῶν-γινομένων?] ἐλλιπόντι * : ἐλλείψαντι ‖ 7. ἦ * : ἢ τὰς | εὐλόγους Paris. 1353 : εὐλόγως ‖ 8. ἂν idem : ὡς ἐνῆν | συγγνώμην Monac. 490 : συγγνώμην ἁμαρτὼν ‖ 15. μηδ' ἀμελῆσαι Paris. 1353 : μηδὲ μελλῆσαι ‖ 28. δηλοῦντος * : δηλοῦν Paris. 963, δοκοῦντος vulgo. Nunc δηλοῦν verum puto, sed ut addatur σε post ἀκηκοέναι

‖ 29. δὲ idem : τε ‖ 31. πρὸς ἡμᾶς acc. ex eodem ‖ 32. πρὸς * : περὶ | Post ἔπαθον expunxi quod in scriptis est σημαίνει. Quod vereor ne calidius fecerim. Vide p. 380, 20 ‖ 33. τούτων Paris. 963 : τούτου ‖ 34. ἂν add. H ‖ 35. ἐγίνωσκες H : γινώσκεις ‖ 38. τὰ * : τὸ ‖ 51. τρίτην Horkelius : ταύτην

Pag. 362, 5. ἄσμενος * : ἄσμενος πάντων ‖ 7. ἐλλιπόντα * : ἐλλείψαντα | αἰτιᾷ scripti : αἰτίας ‖ 9. τυγχάνειν R ‖ 19. καταθαρροῦσιν * : καθορῶσιν ‖ 22. δύνανται * : δύνωνται ‖ 29. ὁ λόγος λάθῃ S ‖ 37. αὐτῷ * : αὐτοῦ | φιλανθρώπευμα Horkelius : φιλανθρώπευμα καθάπερ μάθημα ‖ 23. σοὶ * : σὲ ‖ 46. ἀριᾶσι * : ἀριᾶσιν αἰγιαλῷ ‖ 48. εὐξαίμην * : δεξαίμην ‖ 51. σφάλλομαι ante Heylerum : σφάλωμαι

Pag. 363, 3. καὶ addidi et mox τὴν ‖ 10. κἂν Lobeck. ad Aiac. v. 52 : καὶ ‖ 13. εἰδῇ * : εἰδείη ‖ 15. τὸ μὴ (hoc ex codice) Petavius : τὸ οὐ χεῖρον ‖ 16. ὀνητὸν ἀνθαρμόσαι Baroccianus : ὀνητοῦ ἐναρμόσαι ‖ 19. ῥεῖ] μαρτυρεῖ H ‖ 28. προϊοῦσαν H : προσιοῦσαν ‖ 38. μεγάλων Horkelius : μεγάλων τῶν παρὰ σοῦ ‖ 44. προσοῦ idem : προσχὲς Heyleriana, πρό σου ceteræ.

Pag. 364, 5. καὶ Suidas s. παιδεία : οὐδὲ | πολιτευομένη idem : πολιτείᾳ ‖ 6. ὑγιᾶ idem : ὑγιῆ ‖ 9. αὐτὸς] οὗτος R | τοσούτῳ δοκεῖ τῆς Suidas : δοκεῖ τοσούτῳ ‖ 12. κακὸν μὲν καὶ τόδε, ὅμως δ' οὖ τοσοῦτον γίνεται vel ὅμως δ' οἰστὸν γίνεται H ‖ 13. ἄλλα * : ἄλλο | ἐναντία-διδάσκοι * : ἐπ' ἐναντία-διδάσκει ‖ 15. παμπονήρων * : παμπονήρων βίος ‖ 18. οἴμαι deleam ‖ 19. χρῆ * : χρῆν ‖ 24. γιγνόμενοι Paris. 2755 : γενόμενοι ‖ 33. μέντοι] μὲν R | Δημοσθένει * : Δημοσθένει μέντοι ‖ 39. συνεῖναι : δίδωμι H : συνδίδωμι ‖ 43. ὧν addidi ‖ 45. ἐπεὶ δ' ἐξ ὧν ἐκεῖνοι S et R ‖ 47. πάντα Hemsterhusius : πάντως

Pag. 365, 4. σοφῷος * : σοφὰ ‖ 5. ζηλούντων * : ζηλούτωσαν ‖ 9. ὑμεῖς videtur dittographia esse ‖ 13. μὲν] μέντοι R | οὕτοσί * : οὕτωσὶ ‖ 16. τῆς μὲν βελτίστης H ‖ 17. ἄγειν * : ἄξειν ‖ 22. κέχρημαι * : κέχρικα ‖ 30. Deesse πένεσθαι vel simile aliquid significavit H. Reiskio excidisse videbatur Ὀλίθεσθαι vel στενοχωρεῖσθαι. Feci asteriscos ‖ 43. = F. τραχείας *aspera*. Nam de morbo cito et acuto usurpatur ὀξεῖα, non ταχεῖα. = *Reisk.*

Pag. 366, 7. Post ἀδελφὲ Baroccianus addit ὑπὸ τοῦ τὰ πάντα ἐφορῶντος θεοῦ. ἰδοιμί σε τὸν ἐμὸν, ἀγαθὸν καὶ ἰδίᾳ χειρί, νὴ τὴν σωτηρίαν καὶ τὴν ἐμήν, νὴ τὸν πάντα ἐφορῶντα θεόν· ὡς φρονῶ γέγραφα. ἀγαθώτατε, πότε σε ἴδω· καὶ περιλάβωμαι; νὴ γάρ σου καὶ τοὔνομα καθάπερ οἱ δυσέρωτες φιλῶ, quæ abieci. Uncis circumdederat Spanhemius ‖ 22. κατέλθοις * : κατέλθης ‖ 24. παρ' ἀμφοτέροις H : πρὸς ἀμφοτέρους | ἀποκεῖσθω H : ἀντικεῖσθω ‖ 25. ἀποδοῦσαι scripti. Feci ἀποδοῦσι, de quo nunc dubito ‖ 27. « Post τεττάρων videtur aliquid deesse, e. c. τῶν οὐ φαυλοτάτων (aut τῶν πολυφρωτάτων aut τῶν ἡδίστων) εἶναι δοκούντων », *Reisk.* ‖ 28. τήθης M (Monacensis 490) : τίτθης ‖ 30. ὀνῆσαι Horkelius : ἐννοῆσαι | ἔχον δ' ἂν οὐδ' ὡς * : ἔχον δὲ οὐδὲ ὡς οὐ ‖ 36. τοῦ ccc. ex M ‖ 41. ἐνοχλούμενος M : διενοχλούμενος ‖ 43. καὶ M : καὶ εἰς | ὀνομάζειν ἐπιτηδείων λυμάτων M : ὀνομαζομένων ἐπὶ μικρὸν ‖ 45. ἡσυχία δὲ πολλὴ S : ἡσυχία δὲ πολλὴ ‖ 46. καὶ acc. ex Pa-

ris. 963 ‖ 47. ἀπιδεῖν *M* ἐπιδεῖν ‖ 48 θερῖδιον *M*,
quod lexicis addendum Factum est a θερίζω, ut χει-
μάδιον a χειμάζω πεδίον in impressis est

Pag 367, 4. λόγων *M* λόγου ‖ 10 ἤδη * ἤδη τοῦ
‖ 11 πολὺς *. πολὺ ‖ 12 τοιούτων ἀμπέλων scripti
Feci τοιούτος ἀμπελῶν Rectius articulum præfixissem.
Nunc omnino malim πολλή et ἡ τοιαύτη ἄμπελος ‖ 13.
Posui asteriscos ‖ 14 ἐπεί μοι S ‖ 15 δεῖται * δέε-
ται ‖ 17 παρεσκευασάμην *M* παρεσκευάσμην ‖ ὦ φίλη
κεφαλὴ δίδωμι *M* · δίδωμι ὦ φίλη κεφαλή ‖ 35 τὰ add.
H ‖ 43 φίλου * : φίλον

Pag. 368, 1 Ex Sozomeno V, 16 ‖ ὁ addidi ‖ 5
τοιαύτην H τοσαύτην ‖ 6 οὐδ᾽ ἂν H οὐδὲ ‖ πρότερον
ἐλπίζειν ἐτόλμα R ‖ 13 ὅσοι H οἵ ‖ 16 προσέρροιντο
H : προσέχω ντο ‖ 18 ἢ τῶν H ἢ τῶν γαλιλαίων ‖ 23
ξενοδοκεῖα * : ξενοδοχεῖα ‖ 40 προσέθιζε H προέθιζε ‖
Erat εὐποίαις ‖ 41 Ὅμηρος] Od. XIV, 56 ‖ 43.
οὐδ᾽ * : οὔτ᾽ ‖ 47. καταισχύνωμεν H καταισχύνοιμεν ‖
48 καταπροώμεθα editio Martini καταπροδώμεθα

Pag 369, 9 εἰσί delet S ‖ 14. Hom Od XI, 73 ‖ οὐδ᾽
H ἢ ‖ 15 ἀνέρας οἵ κε * : ἀνέρας σὺ καὶ ‖ 19 σὺ διη-
γεῖ * σὺ διηγεῖ V, σὺ διηγῇ vulgo, διηγοῦ σὺ Suidas s
ὕπαρ ‖ 20. δ᾽ Suidas · δὲ ‖ σοι om idem ‖ 21. φασιν *
φησιν ‖ 23 σεπτεβρίου V ‖ 27. ὑμῖν ὁ οἰκτιστής? ‖ ο°]
εἶτα R ‖ 35. Iliatum sibi explevisse visus est Boissona-
dius ad Theophyl. p. vij ex Vulcobiana huius epistolæ
= recensione = Nimirum fugit eum Vulcobium manu
scripto usum esse, in quo quæ in ceteris scriptis ini-
tio epistolæ posita sunt verba οἱ τὸν ἑαυτῶν-νεαρὰν
absurde inferuntur post Ἴσιδι ‖ 36 ἑαυτοῖς τολμᾶτε
R ‖ 48. ἀπελαύομεν impressi ante Heylerum, qui ex
codice exhibuit ἀπηλαύομεν.

Pag. 370, 2 φράσατε. οἰκτιστής * φράσατέ μοι κτί-
στης scripti et impressi οἰκτιστὴς item reponendum
p 369, 42 p. 370, 8 Ita certe legitur 340, 1 369,
27 ‖ 15. Σεβαστὸς * Σέβαστος δὲ ‖ 25. μῆκος * μῆκος
ταῦτα ‖ 28 διδόμενα Horkelius δεδομένα ‖ 36 ἑορά-
κασιν * ἑωράκασι ‖ 40 παντός Osannus ad Cornut.
p 326 · πατρός ‖ 51 κνησιώσας * κνησι-ιώσας ‖ 54
ὑμῖν * ὑμῶν

Pag 371, 1 καὶ πρᾶγμα οὐδέν? ‖ 3 ἔσται S ἐστι ‖
7. προστατεῖν R ‖ 10 δὲ delet S Sed deesse potius
nonnulla videntur Itaque hiatum significari post ἀρ-
χήν ‖ 11 ὅθεν Petaviana ὅθεν οὖν ‖ 20 ὥστε * ὡς
‖ 25. πάντα * ἅπαντα ‖ 27 κατ᾽ H μετ᾽ ‖ 37 τοῦ *
τοῦ διά ‖ 46. κακῶν H . κακῶς ‖ 48 κλήρους * κλή-
ρους καὶ τὰ πάντα ἑαυτοῖς προσνέμειν ‖ 52 τοῦ add. H.

Pag 372, 2 μηδὲ ἀπιστεῖν * μήτε ἀπιστεῖν ‖ 5.
ὑπὲρ * . περὶ ‖ 10. τῶν ‖ αὐτῶν aut ὡς αὐτῶν R ‖ 23
μηθ᾽] Fortasse καὶ μηθ᾽ vel μήτε δὲ ‖ 30 δὲ * τε ‖
47 ἥξειν H : ἥξειν scripti ἥξειν ἐξιέναι delet Horke-
lius. Recte

Pag 373, 5 σε * εἰς ‖ 11 ἡμᾶς nescio quis ἡμᾶς
ἀραμένους ἔχειν ‖ 17 ἡμεῖς H ἡμῖν ‖ 18 Cf Lex
Vindob. p 70, 14 ‖ 20 κατείχεσθε R ‖ 25 ἔτι δὲ
καί? ‖ 29. πρὸς * : πρὸς ἅπαντα scripti Sed scriben-
dum potius πρὸς πᾶν ὅ τι ἂν ἀκούῃς ‖ 33 σφαῖρας * ·
ὁ ονεὶ σφαῖρας ‖ 38. ὥπερ * ὥπερ

Pag. 374, 42 ἐκηρμένον *M* ᾐρμένον ‖ Erat ἠιόνος ‖
43 ἐπὶ τοῦτον ἐναπηγήσατο *V* ἐπὶ τούτω ἐναπηγῇσε

Pag. 375, 7 ἀναστῆσαι H ἀναστῆναι· ‖ 24. παρ᾽
ἡμῖν αὐτοῖς? ‖ 27. Hanc epistolam expressi ex Lau-
rentiano 58, 16 (*A*). quem in usum meum descri-
psit Iosephus Müllerus Subieci integras Laurentiani
diversitates ‖ ἀπολογούμενος *A* ἀπολογούμενος τί οὖν
‖ 30. ἀθρόαν H ἄθροον ‖ 31 τῆς *A* ‖ σαυτοῦ *A* ἑαυ-
τοῦ ‖ 32 ὑπελάμβανες *A* ὑπέλαβες ‖ 32 ὧν om *A* ‖
δεδωκας] Suidas s ἄλητος ‖ 33 μᾶλλον δὲ τῷ μὲν H
μᾶλλον δὲ τὸ μὲν impressi, om *A* ‖ 34. σε om *A* ‖
35 ὑρήκουσας om. *A* ‖ 37 δὲ *A* ‖ 39 σαυτὸν *A* ‖ γύναι
om. *A* ‖ 41. θάρσος *A* θράσος ‖ εἴθε με γνοίης θεός καὶ
A εἴθ᾽ ἐμὲ γνοίης ‖ 45 οὑτοσὶ *A* ‖ ἠλαβήθης * εὐ-
λαβήθης ‖ 48 πράγματα Heylerus πράγματος

Pag 376, 2 In *A* spatium est sex literarum capax
‖ 3 καὶ ‖ κό (sic) *A* ‖ 4 τῶν addidi ex *A* ‖ 7. ἂν
add H ‖ 8. φασι *A* ‖ 10 μὲν Heylerus μὴ ‖ 12.
πολέμου add H ‖ 13 τούτῳ Horkelius ‖ 13 ἀπολο-
γίαν R ‖ 14 ἄραντα *A* ‖ 15 ἀπιδεῖαν *A* ‖ 16 φαβείου
A ‖ 17 τὰ δὲ ἠπίστατο om. *A* In cuius marg est
ἐνταῦθα λείπει μικρόν τι ‖ 18 πείσειας * πείσῃς ‖ 20.
θάρσος *A* θράσος ‖ 21. ἦ acc ex *A* ἱ τρόπαςα *A* ‖ 22
πινδυνεύεις * κινδυνεύω *A*, κινδυνεύων vulgo ‖ 22
ὑμεῖς *A* ‖ 23 δὲ acc ex *A* ‖ 24 σοφώτατος *A* σοφώ-
τερος ‖ μόνον add H ‖ 25 τῶν acc ex *A* ‖ 26. ἐπιδέ-
δωκεν *A* ἐπιδέδωκας ‖ 27 καὶ deleam ‖ 29 σε om *A* ‖
30. οὐ] δ οὗ R ‖ 31 ἐξηπάτησε *A* ἐξηπ-η-κε ‖ τὸν μέ-
γαν acc ex *A* ‖ 32. ἀλλὰ καὶ Δίωνα δ H ‖ κάλιτος *A* ‖
33 φησι *A* φασι ‖ 34. τί *A* τί δὴ ‖ 35. ὅπου *A* ‖
ὅπως ‖ ἀηλημιάδων *A* ‖ 36 ἄριστος *A* κάρτιστος ‖
37 ἐν τῇ κεφαλῇ *A* περὶ τὴν κεφαλήν (cf Hippocr.
t II p. 1150, F ed Foes) ‖ γραφαί *A* ‖ 38 ἐξη-
πατῶντο H ἐξηπατοῦντο ‖ 40 Διονύσιον * τὸν νεῖλον
A, τὸν Νεῖλον ἢ Διονύσιον vulgo ‖ 44 οὐδένα ἀνίατον
εἶναι *A* ἀνίατον οὐδένα ‖ 48 οὐδὲ *A* ‖ ἂν acc ex *A* ‖
49 αὑτόν *A* ‖ τοὺς οὕτω H τοσούτῳ ‖ 53 οὗτοι S .
οὕτω ‖ οὗτε S οὐδὲ σ Suida

Pag 377, 3 τὰ om *A* ‖ 5 ἐμαυτόν * ἐμαυ-οῦ ‖
7. σε add. H ‖ πραγμάτων καὶ φίλους ἡμᾶς S καὶ φί-
λους ἡμᾶς πραγμάτων ‖ 14 λέγω *A* ‖ 16 Legendum
est ψευδομαρτυρῶν ‖ 18 ἀξία, om Suidas s μίλκων
μνῶν et τεττάρων ὀβολῶν Sed v Apostol XVI, 25
Aristæn II, 16 ‖ οἷδ᾽ *A* ‖ 21 παροινίας ἔλαττον *A*
παρρησίας ἧττον ‖ 22 ἔμελλεν *A* ‖ ῥήν om *A* ‖ 25
νέοισι ἦσθα (sic) *A* ‖ 26 ὑπὲρ *A* περὶ ‖ 27 εὐριπίδιον
A ‖ τὰς *A* καὶ ‖ 34 ἀπεχθανόμενον *A* ἀπεχθόμενοι
‖ 36 σεαυτὸν *A* ἑαυτὸν ‖ 39 οὐκ om *A* ‖ 40 δὲ
A ‖ 42 λέγω acc ex *A* Suida s λακωνικῶς ‖ 49. οὐδὲν
ante ἐξαμαρτὼν addit R ‖ 50 γλώσσῃ *A* ‖ 52 ἀλλ᾽-
σανδάλου om. *A* ‖ 50 Cf Suidas s καταγηράσας et
Σαρδαναπάλου ‖ 51 με ‖ μὲν *A* ‖ 54 Malim ἐλαμ-
βάνετο.

Pag. 378, 1 βαθύτερον *A* Suidas βαθυτερόν -ε ‖
2 κινύρου *A* ‖ Σαρδαναπάλλου * Σαρδαναπάλου ‖ 3
τρυφηλότερον ὅπως Suidas τρυφερώτερον ὅπως καὶ ‖ σῦ
‖ σοὶ ‖ 4 Post γέροντας *A* addit φασὶν ‖ 5. θεσπέ-
σιος impressi, quod revocandum θεσπίος (sic) *A* ‖ 7.
ὁ addidi ‖ ᾗ *A* ᾖ ‖ 9 περὶ σοῦ *A* ‖ 14 ἀπολογουμένω
A ‖ 19 καὶ τὸ Παρμενίωνος παιδίον uncis inclusit Hey-
lerus ‖ 23 δόξω * δόξαιμι ‖ κατορθούμενον * κατορ-
θούμενον *A* et impressi κατωθούμενον H ‖ 29. τὰ]

d

Operarum error. Lege τὸ || 30. καὶ Heylerus : κἂν ||
32. τὰ ἔργα * : τὸ ἔργον || 37. προσήκει Η : προσῆκε ||
39. ὡς γὰρ Η : ὥσπερ || 40. ἀρά τις * : ἄρα τίς || 41.
αὐτοὺς Α || 44. ἐγὼ * : ἐμοὶ || 50. τὴν addidi | αὐθά-
δειαν * : αὐθάδην || 52. παρακεκινηκὸς Α : παρακινηκὸς

Pag. 379, 1. εἴπερ Heylerus : ὅπερ || 7. δεῖν * : δεῖ
Α, δὴ vulgo || 9. λεληθὼς Α | ἐφώρασα Α : ἐφώρατα ||
10. Feci asteriscos. Deest apodosis | νομισθείης Η :
νομισθεὶς || 12. παιδείας Α : παιδείαν || 13. γε et σου
acc. ex Suida s. οὐδὲ γρῦ || 15. ἐπεὶ Α : ἐπὶ || 16. ἂν
om. Α | ἐπεξελθεῖν Α : ἐξελθεῖν impressi, διεξελθεῖν
Petavius || 18. Cf. Lex. Vindob. p. 151, 17 | προαγο-
γεύεις Α || 19. ἐξ ἑτοίμου ** φύσει** οὐδὲ * : ἐξ μου
φύσει οὐδὲ Α, ἐξ ἑτοίμου ** φηλοῖς ἥκοντας ** οὐδὲ vulgo
|| 20. τοὺς om. Α | καὶ δὴ] κατὰ Α || 23. δεομένης Α ||
25. εἰσιεμένων * : εἴσω μένων Α, εἰσιομένων vulgo || 28.
ῥύμην Α || 35. σου] σοι Α || 37. οὐκοῦν Α || 39. τῆς
acc. ex Α || 40. πέπραται * : ἐπείραται Α, ἐπέπραται
vulgo || 43. ἂν δ' ἔφλεξας Wesselingius || 44. οὔτε-
οὔτε * : οὐδὲ-οὐδὲ

Pag. 380, 1. καὶ τι καὶ * : καί τοι καὶ || 5. ὅ τι Peta-
vius : ὅτι || 13. ἂν ἐμὸν] ἄγγελον? || 14. γέγονε * : γί-
γονεν οἴονεὶ || 20. ἃ * : ἃ πρῶτον || 25. ἀνεῖλκον · * :
ἀνέλκων || 28. Malim ποσάκις hic et infra || 30. ἀνε-
φώη vel ἐνέφυν Η, Malim ἐνέφυν τῷ γράμματι. Ἐνέφυν
etiam R || 31. ἀσπαζόμενος Η : ἀσπαζομένου || 33.
Immo ἐσεσήμαντο || 37. Σαπφώ] V. Fragm. 85. Bergk.
|| 40. ἐπιλείψει] ἐπιβλέψει vel καταλήψεται R || 41.
πάντα] πάντη? | εἰ * : ἀλλήλων || 45. σεαυτοῦ * : ἑαυ-
τοῦ || 46. λιποτάκτην * : λειποτάκτην || 47. παίδευσον
R | οὐδὲ * : οὔτε || 49. δὲ δή * : δή || 51. δοίης * :
δίδως

Pag. 381, 6. συνηνέχθην ἀνιαροῖς R i. e. Parisinus
Suppl. 1353 : ἀνιαροῖς συνηνέχθη || 17. ὡς * : ἢ | ἐπὶ
τοσούτῳ χρόνῳ Horkelius cum vett. edd. idem mox
ἀπολιπὼν pro ἀπολιπόν, quod in scriptis et impressis
est || 19. ὀφθαλμοῖς R : ὀφθαλμοῖς ἔτι || 20. με * : μοι
|| 21. λαμπρότατον * : λαμπρότερον || 22. περιέξει : πε-
ριήξει || 26. κινδύνων ἤλθον R : ἦλθον κινδύνων || 27.
τῶν-παραψυχὴν R : παραψυχὴν τῶν ἀλγεινῶν || 33. τὸν
Η : καὶ τὸν | τῆς acc. ex R || 34. τῷ * : ἐν τῷ || 36.
συμβούλου R || 37. τὰ παρ' ἡμῶν εὐμενῶς R : μὲν εὐμε-
νῶς τὰ παρ' ἡμῶν καὶ || 39. σημήνης * : σημάνης | ἢ γρά-
ψης delet Heylerus || 41. ἡμῖν R : ἡμῶν || 42. Posui
asteriscos. « Tribuimus hoc arboribus ægrotis, ut
non statim eas exscindamus, sed otium illis damus
respirandi et rursus convalescendi. » Reisk.

Pag. 382, 3. εἴπερ * : ἥν περ scripti. ὅσπερ R || 4. τὸ
δὲ αἰσχρὸν] ὁ αἴσχιστον Η. « Post μάλιστα deesse vide-
tur φευκτόν. » Reisk. || 7. λάθρα γε R || 8. Immo διὰ cὰ
δὲ τέτυνται || 9. μὰ Barocc. : νὴ || 15. Iidem versus
leguntur p. 297 ed. Spanh. || 20. ἕλον] ἔχον? || 22.
« Deest verbum ». Petavius. Feci asteriscos || 23.
θεός * : τοῖς θεοῖς || 26. μήτι * : μήτοι | εἰς τὸν ἱερέα R
|| 31. πολλὰς * : πάλαι || 33. αὐτοὶ * : αὐτὸ || 37. Ἰου-
λιανὸς καίσαρ (sic) V || 38. ὅτι] ὅσῳ Petavius. In V ὅ
relictum. Fuisse videtur ὅπου vel ἴσου γε || 40. οὐ
μικρὰ] Ὀριβάσιος Cobetus in Mnemos. VIII, p. 350.
« Post καθηγεμὼν, quo Iamblichum designat, vide-
tur ἀφορμὴ vel πρόφασις deesse. » Reisk. || 41. κατὰ

Cobetus : περὶ V, quod reponendum || 43. καίτοι |
οι
καὶ π . λ… V. Litera λ non satis certa. « Non tam λ
quam α legere mihi visus sum. Sequitur iota vel epsi-
lon vel certe frustum literæ, quam tachygraphi non
solent cum alpha copulare. Veluti non luit ἄγαν. »
Dübnerus. Tum spatium sequitur duarum literarum.
Male in contextu meo plures indicatæ sunt || 44. οὐ
γὰρ ἔγωγε ᾔτησα' οὐδὲ ἴδον Dübnerus neque aliter Co-
betus coll. ll. 4, 375 : σοῦ γὰρ εἶδος οὐδὲ εἶδον vulgo.
     α
In V relictum est οὐ γὰρ ἔγω.. ᾔτησα οὐδὲ εἶδον || 45.
καὶ πως ἡγεῖσθαι R || 47. τοῦ αὐτὸς ἔφα Cobetus : τοῦτο
αὐτὸς ἔφας V || 51. εἰ add. Cob. || 51. ὥσπερ οὖν] Ita V.

Pag. 383, 1. ἴσθι add. Cob. || 2. τὸ μέλλον] Ita V
|| 10. ὃ] Ita V || 11. Expunge.....τοὺς λίθους... τὴν πό-
λιν ἱερέων et pone quæ Dübnerus ex V expiscatus est...
ουμένω τοὺς καθεκάστην πόλιν ἱερέας. Mox καὶ ἀπονέμοντι
V || 13. πρέπει δὲ ἐπιείκεια] Ita V | ἦ] Delendum est.
Non est in V || 14. ἀξίους] ἀξί.. V || 15. ἀνόσιος] Ita
V. δ' addidit Cob. || 17. μετὰ ἐμβριθείας] Ita V || 19.
εἴσαι Cobetus : εἰσὶ V || 25. τοὺς] Ita V || 27. ἂν] Ita
V || 28. διαφθαρῆναι] Ita V || 30. ἀφ' ἑστίας] Ita V |'
32. ἄπασαν] Ita V || 33. Inter ἀκαθάρτου et τρυφῆς in
V dispici possunt καὶ | ..αίας || 33. δεὶ μὲν οὖν ὠδυρά-
μην V |. 34. Inter μὲν et εὐσεβείας in V dignoscitur
.ὄρυ. | τῶν.. Dübnerus conicit τῇ δραπετῶν || 35. διαπύ-
ρως * : διαπύρους || 36. θάνατον] Ita V || 36. δὲ] Ita
V || 37. μηδὲ] Ita V || 38. πνικτοῦ] ** τοῦ Petaviana.
In V teste Dübnero est .'ους τοῦ. Idem pro μήτ' ἄρα,
quod apud Heylerum est, legisse sibi videtur μὴ παρά.
Requiritur μηδέ || 39. ῥαθύμως * : ῥαθύμως τὰ | διακει-
μένους] Ita V, sed ut spatium duarum literarum
ante hoc vocabulum pateat | ἐπιλελῆσθαι] « ἐπὶ le cla-
rum ex vestigiis ». Dübnerus. Idem mox ἄλλων post.
V ..ωποτέ || 42. ὃν J . θεὸν coniecit Cobetus | τιμῶ-
σιν **] τιμῶσιν.... ἀλλ' V, teste Dübnero, qui μόνον la-
tere posse arbitratur. Cobetus supplet ὡς τὸν deleto
ἀλλ' || 44. **]... V . F. ὅλον. » Dübnerus || 45. τοὺς]
σοὺς vel τοὺς V || 46. νόμους]. μους V. Mox Cobetus
intellexit ἁμαρτάνοντες vel κα ì ἐκεῖνο μόνον ἁμαρτάνειν
requiri. ἐκεῖνο δὲ μόνον R || 47. ἀρέσκοντες] Ita vel
ἀρέσκων vel ἀρέσκεται V | τούτῳ μάλιστα τὸν θεὸν Cobe-
tus : αὐτῷ μάλιστα τῷ θεῷ V || 49. ἀποκεκληρῶσθαι]
Ita V || 50. ὡς] In V est .ὰ. Dübnerus οἱ δέ, quod
repone || 51. δυσσεβείας] δυσσεβεῖς V distincte | Γαλι-
λαίων * : γαλιλαίας V.

Pag. 384, 1. Ἰουλιανοῦ-ἰατρῶν V : πρὸς ἰατρούς ||
5. τὰ ἐκ τῶν R || 6. ὅθεν] καὶ γὰρ codex Ideleri Phys.
Min. II, p. 464 || 14. οὐ acc. ex M || 15. ζωγράφοι
M : πρὸς ζωγράφων || 17. ἐφερον-θεῶν acc. ex M || 20.
τῶν πολεμίων acc. ex M || 24. εὐορίας cod. Muratorii,
unde ἐφορέας R, in confiniis Parthorum || 25. διαθεμέ-
νους S : διατιθεμένους || 30. ἐκεῖνον M : Κωνσταντῖνον
|| 32. πολυτελοῦς S : πολυτελοῦς || 35. Ἄρεος * : Ἄρεως
|| 41. πεῖρα * : πεῖρᾶς | καὶ delet R et post τοῦτο inserit
δοκεῖ.

Pag. 385, 6. Νισιβίων M : Νησιβίων || 10. « Post
γράφεις deesse videtur ἀλλὰ καὶ οἷς οὗτος ἀπαγγέλλῃ ».
Reisk. | σεαυτοῦ * : ἑαυτοῦ || 24. τεκμήριον δὲ μὴ ποιοῦ

τῆς εὐνοίας τὸ γράφειν R ‖ 27. τι· Heylerus : τοι ‖ 32.
καὶ γὰρ ἂν ὁ τῇ τύχῃ καὶ σύνεστι R ‖ 37. Πυθαγόρεια * :
Πυθαγόρειον scripti. Nisi forte post Πυθαγόρειον inter-
cidit σιωπήν ‖ 38. « Post τὴν γλῶτταν deesse videtur
τὸν τρόπον. » *Reisk.*

Pag. 386, 5. ὀλίγου H : ὀλίγον. Quæ in impressis
epistola legebatur numero LXXI insignita Libanio
reddenda erat. Pro Ἀμωγύλης recte Ἀμμωνίλης L.
Dindorfius in Thes. s. v. ‖ 12. εἰ δὲ δή τι μεῖζον ἔπται-
κεν ἢ οἷόν τε πρὸς R ‖ οἷον * : οἷον δὴ ‖ 20. εἰς adieci
‖ 22. εἰ μή γε τὴν * : εἰ μὴ δὲ τῶν scripti. εἰ μὴ τὴν
τῶν H ‖ 29. διαφυλάξεις * : διαφυλάξαι ‖ 41. τὸν κόπον
R ‖ 42. φανῇ * : φανείη

Pag. 387, 5. τοῖς addidi ‖ 6. οἴγε S : οἴγε οὖν ‖ 10.
αὐτῷ] δὲ τὸ H, αὐτῷ τῷ S. Malim αὐτῷ τούτῳ τῷ ‖ 18.
οὐκ add. H ‖ 21. ἐσχολακέναι * : ἐσχολακέναι σοι ‖ 22.
« Fabricius pro βήματι ait in aliis legi λήμματι. Imo
vero λήμματι, quod equidem præferam. » *Reisk.* ‖ 25.
Vide Wolfii Epp. Liban. p. 321 ‖ 34. σφάλλομαι scri-
pti : erat σφάλωμαι ‖ 38. φιλαληθεστάτῳ * : φιλαληθεῖ
‖ 45. ἀδόλως H. Wolfius : ἀδόλους scripti.

Pag. 388, 1. τῷ μεγάλῳ acc. ex Marciano 79 ‖ 2.
μέχρι γε τοῦ παρόντος idem (operarum errore γε alieno
loco positum est) : μέχρι τοῦ παρόντος πᾶσιν ἀνθρώ-
ποις ‖ 4. μέχρι Marcianus 54 : μέχρις ‖ 6. παρὰ Mar-
cianus 79 : περὶ ‖ 7. ποικιλοκανθαρόμορφοι R ‖ 8. ἀν-
θρώποις Palatinus 146 : ἀνθρώπων ‖ 13. τὴν Vatica-
nus 434 ‖ 17. περιοικίδα acc. ex eodem ‖ 21. διαφη-
μίζων idem : διαφημίζων ὡς ‖ 23. Κῶνστα (sic) idem :
Κωνσταντῖνου ‖ 24. ἀπόγονος idem : γέγονα ἀπό-
γονος ‖ 31. ἀφικνουμένου μου κατὰ τὴν Περσῶν idem :
μέλλοντός μου βαδίζειν ἐπὶ τὸν Περσικὸν πόλεμον ‖ 33.
ἀνασκευάσαι δοκεῖ τὴν Καίσαρος R ‖ 34. καταστρέψαι
Palat. 146 : καταστρέψαι καὶ ‖ 39. μοι idem : μοι εἴ συν-
ειδῇς ‖ 40. ἀπεγνωκότα R ‖ 43. Sequuntur in Heyle-
riana quinque epistolæ, quas Isidori Pelusiotæ esse
docui in Hübneri Herma t. IV. p. 427 ‖ 44. τὸν Eu-
stathius p. 800, 9. ed. Rom. (cf. Soph. Ai. 1352) :
τὸ ‖ 47. συνάφρω * : οὖν ἄμφρω ‖ 48. σοῦ τοῦτο κᾶν
(σοῦ τοῦτο ἂν H) * : σεαυτοῦ οὐκ ἄν

Pag. 389, 5. βουλομένῳ S : βουλομένῳ ‖ 7. Hoc frag-
mentum, cuius notitiam Mauricio Hauptio debeo, su-
scepi ex Facundo Hermianensi IV, 2. T. II. p. 522.
Sirmond. ‖ 23. Suidas s. Ἀμφίων ‖ 35. προσσχόντες
Bernhardy : προσχόντες ‖ 37. Suidas s. Ἡρόδοτος et
Ζηλῶσαι ‖ τὸν *A* Suidæ : τῶν

Pag. 390, 4. Suidas s. Μουσωνίου Καπίτωνος ‖ εἰς
adieci ex Suida ‖ 5. οὗτοι βαρέως * : οὗτω βαθέως ‖
12. καὶ φαύλων acc. ex Suida ‖ 13. τῶν βάρεων * : βα-
ρῶν ‖ 15. Suidas s. Χρῆμα ‖ ἤλθομεν * : ἐθέομεν ‖ 17.
μήποτε Suidas : μή σε ‖ ὅσα γε idem : ὅσα ποτέ γε ‖
19. τὰς Θερμοπύλας * : τὰς Θερμοπύλαις ‖ 20. ἐλά-
χιστα * : ἐλάχιστον ‖ ἴστω H : ἔστω ‖ 21. τὸ Ἑρκύνιον
ὄντα * : τὸν Ἑρκύνιον τοὔνομα ‖ 22. Servavit hoc frag-
mentum Libanius in oratione pro Aristophane ‖ πα-
τρῷα * : πατρῷα ‖ 23. ὑμῖν H : ὑμῶν ‖ 26. Ex So-
cratis Hist. Eccl. III, 12. Vide etiam Suidam s. Μάρ-
ρης ‖ 28. Ex Theodoreti Hist. Eccl. III, 18 ‖ 39. ὡς]
ὡς γὰρ H.

Pag. 391, 2. οὖ δέ] οὔτω δὲ H, εἴ R ‖ 3. ζημίωμα ἢ

καὶ μᾶλλον R ‖ 9. κατὰ delet R ‖ 19. βίᾳ παρ' ἑτέρου
vel ἑτέρων R.

LUCIANUS.

d = Dindorfiana.

Pag. 392, 14. βεβηκότα * : βεβηκότα οἵοί εἰσι τραγικοὶ
ἐμβάται

Pag. 393, 12. μὲν acc. ex *d* ‖ 17. κοίταις καὶ] De-
levit Cobetus. Sed nihil eiciendum. V. Polluc. X, 136.
137 ‖ 25. ἐπιβαλούντων Cobetus : ἐπιβάλοιμεν ‖ 33.
δὲ * : δὲ αὐτὴν ‖ 43. ἐμβαλεῖν * : ἐμβαλεῖν τῶν ἰχθύων
‖ 45. Verba περὶ τἆλλα τῶν ὀψοποιῶν ἐχόντων deleta
malim ‖ 50. ὄρνεις *d* : ὄρνις

Pag. 394, 7. ὑπορρεούσης Solanus : ἐπιρρεούσης ‖ 9.
τὸ addidit Schmiederus ‖ 18. μόνος * : μόνος τῶν ‖
ἀγνοεῖς *d* : ἀγνώσσεις ‖ 19. πέπαυμαι *d* : πέπαυμαι εἰς
ὦν ‖ 30. ἦν *d* : εἴ ‖ 38. αἴ * : αἴ τε ‖ 41. φθειροὶ *d* :
φθειρὶ ‖ μὴ *d* : ἢ ‖ λῃστὴς * : ὁ λῃστής

Pag. 395, 2. με * : με ὡς ‖ 6. τὸ Guyetus : ὡς ‖ 9.
τε * : τι ‖ 14. μὴ * : μὴ πάντως ὠχρὸν ὄντα ‖ 21.
ἔστε * : ἔστε ἢ εἴ τι κατ' ἄλλην τινὰ αἰτίαν συμβαίνει ‖
22. ἡδὺ Guyetus : ἔτι ‖ τὸ * : αὐτὸ ‖ 25. λαγῶν * : λα-
γωῶν ‖ 36. ἂν acc. ex *d* ‖ 37. ἐπεδείξαντο * : ἐπιδεί-
ξαιντο ‖ 41. θαυμάζητε * : θαυμάζοιτε

Pag. 396, 6. ἀξιοῦσι * : ἀξιοῦσι ταῦτα ‖ 15. προσκα-
λέσεσθαι * : προσκαλέσασθαι ‖ 16. τι addidi ‖ 21. ἐθε-
λήσαιτε *d* : ἐθελήσετε ‖ 24. ὥστε addidi et mox πίνον-
τες ‖ 27. κόρον * : κόρον ὅμως ‖ 35. συμποτικώτατον *d* :
συμποτικώτερον ‖ 37. ἔχωσιν * : ἔχοιεν ‖ 38. αἰτιάσον-
ται-τιμήσουσι-φιλήσουσι *d* : αἰτιάσωνται-τιμήσωσι-φιλή-
σωσι ‖ 41. οὔτ' *d* : οὐδ' ‖ 43. οὔτ' *d* : οὐδ' ‖ 45. ἰδόν-
των * : ἰδέτωσαν ‖ 46. θαυμασάντων * : θαυμασάτωσαν ‖
48. καὶ ante μεταξὺ addidi ‖ 48. περισκοπούντων * :
περισκοπείτωσαν ‖ 49. ἱστάτωσαν *d*. Scripti ἔστωσαν.
Feci ἱστάντων ‖ τορείας Hirschigius : ἱστορίας ‖ 51.
χρηστοὶ-φιλάνθρωποι * : χρηστοὺς-φιλανθρώπους ‖ 53.
μεταδιδόντι * : διδόντι

Pag. 397, 20. εὔξεσθαι *d* : εὔξασθαι ‖ 25. ὀπτανίου
d : ὀπτανείου ‖ 26. ὄρνεις *d* : ὄρνις ‖ 46. ποιοῦντες * :
ποιοῦντες ἰσοδίαιτοι καθεστῶτες ‖ 47. ἰσοδίαιτην Cobe-
tus : συνδαίτην

Pag. 398, 14. θρ-ύμίν *d* (Eurip. Or. 9) : ὃς
ἀξιωθεὶς κοινῆς τραπέζης ἀξίωμα ἴσον ἔχων ὑμῖν ‖ 18.
ἕνεκα *d* : ἕνεκεν ‖ 23. τε * : τε καὶ ‖ 26. ἔστων * :
ἔστωσαν

MUSONIUS.

A = Mazarineus 611 A.

Pag. 401, 1. ἐπαγγελλομένων *A* ‖ 9. δυνηθῶσιν *A*.
οι

δυεῖν *A*. Scr. δυοῖν ‖ 13. ἀγνοίας *A* : ἀγνείας *a* ‖ 17.
δεδομένου *A* : διδομένου *a* ‖ 20. τὸ om. *A* ‖ 21. αἰεὶ
A ‖ 24. ἀεὶ * : αἰεὶ ‖ 26. δ' *A* ‖ 29. τοιαῦτα *A* :

d.

τοιαῦτα δὲ a || 32. χαλίσει in ras. A || 38. σεαυτοῦ * : ἑαυτοῦ || 39. κρατοῦντες A | ὑπὸ A : ὑπὸ τὴν a || 40. σπορὰς A.

Pag. 402, 3. φρονήματι A || 5. αὐτοῖς A || 6. δεήθειεν (sic) A || 8. οὐκ ἄν] οὐ καὶ A || 11. μὲν om. A || 14. τῶν om. A || 17. εὐχαρίστη A || 18. μόνους A || 21. δὲ] τὸν A || 25. διατιθέναι] Malim κακῶς διατιθέναι | πάθωσιν A || 32. ὁ πολὺς] Excidit ὄχλος vel ὅμιλος vel ἄνθρωπος || 35. ῥαδιέστερον * : ῥαδιώτερον || 36. Scr. κατεχούσης, ut Aa habent || 42. θησαυρισμῶν A || 48. λέγουσιν A.

Pag. 403, 4. τε om. A || 16. κηδαιμονικῶς A || 21. οἷς A : οἵαν a || 29. καὶ συναγωνιστὴν-διέγειρε αὐτοὺς acc. ex A || 30. ἁρμονιωτάτην A || 37. πρὸς et τε om. A || 38. διαναστήσετε * : διαναστῆτε | τὰς ψυχάς * : ταῖς ψυχαῖς || 41. γίνεται A || 43. Scr. περιγίνεται, ut in Aa est || 44. διαθέσει A || 47. περισπάσονται A || 49. ἕ᾽ A.

NICIAS.

Pag. 405, 1. Ex Thucydide VII, 11-15.

PAUSANIAS

Pag. 407, 1. Ex Thucydide I, 128. 129.

PERIANDER.

Pag. 408, 1. Ex Diogene L. I, 99 sqq.

PHALARIS.

d = Parisinus 2010
m = Parisinus 3047 fol. 34ᵃ—62ᵇ
n = Parisinus 3047 fol. 161ᵃ—200ᵇ
t = Parisinus 1038
H = Hemsterhusius
L = Lennepius
S = Schæferus
V = Valckenarius.

Phalaridis orationem conflavi ex codicibus Parisinis 2010 3047 1036 et Lennepianis. Lectiones Aldinæ et Parisinorum 1038 2010 apposui integras, selectas Parisini 3047, in quo bis editur Phalaridis epistolæ a diversis manibus scriptæ et ad duplicem redeuntes fontem, quam duplicitatem significavi literis m et n. Præterea a Westermanno collatum habui codicem Gothanum, ex quo pauca correxi. Quodsi quis coniecturis suis tentare voluerit Phalaridea, meo usus apparatu Lennepianum non desiderabit.

Ordinem epistolarum, quali in Aldina et in libris

scriptis est, prava libido inverterat Lennepii. Illum igitur, ut par erat, restitui. Itaque huius editionis

ep. I est Lennepianæ 107		ep. LIX	141
II	42	LX	46
III	117	LIX	101
IV	35	LXII	75
V	34	LXIII	18
VI	120	LXIV	122
VII	43	LXV	22
VIII	44	LXVI	94
IX	121	LXVII	2
X	55	LXVIII	104
XI	91	LXIX	105
XII	23	LXX	106
XIII	118	LXXI	109
XIV	119	LXXII	13
XV	99	LXXIII	14
XVI	133	LXXIV	80
XVII	134	LXXV	49
XVIII	1	LXXVI	25
XIX	103	LXXVII	68
XX	3	LXXVIII	19
XXI	108	LXXIX	21
XXII	16	LXXX	143
XXIII	79	LXXXI	114
XXIV	26	LXXXII	51
XXV	142	LXXXIII	65
XXVI	127	LXXXIV	110
XXVII	71	LXXXV	38
XXVIII	85	LXXXVI	29
XXIX	83	LXXXVII	116
XXX	39	LXXXVIII	11
XXXI	98	LXXXIX	125
XXXII	37	XC	27
XXXIII	100	XCI	84
XXXIV	135	XCII	9
XXXV	92	XCIII	12
XXXVI	146	XCIV	6
XXXVII	115	XCV	69
XXXVIII	81	XCVI	30
XXXIX	90	XCVII	93
XL	36	XCVIII	102
XLI	72	XCIX	132
XLII	73	C	145
XLIII	76	CI	48
XLIV	61	CII	128
XLV	123	CIII	97
XLVI	64	CIV	40
XLVII	89	CV	52
XLVIII	62	LVI	77
XLIX	129	CVII	70
L	131	CVIII	10
LI	24	CIX	7
LII	41	CX	67
LIII	33	CXI	147
LIV	96	CXII	32
LV	74	CXIII	58
LVI	136	CXIV	47
LVII	78	CXV	28
LVIII	31	CXVI	59

CXVII	66	CXXXIII	56
CXVIII	60	CXXXIV	57
CXIX	4	CXXXV	139
CXX	144	CXXXVI	50
CXXI	8	CXXXVII	113
CXXII	5	CXXXVIII	63
CXXIII	124	CXXXIX	82
CXXIV	148	CXL	111
CXXV	53	CXLI	88
CXXVI	54	CXLII	137
CXXVII	130	CXLIII	138
CXXVIII	95	CXLIV	20
CXXIX	126	CXLV	86
CXXX	45	CXLVI	17
CXXXI	140	CXLVII	13
CXXXII	87	CXLVIII	112

Pag. 409, 1. Titulus in *t* ἐπιστολαὶ φαλάριδος τυράννου ἀκραγαντίνων | Λυκίνῳ] Φάλαρις ἀλκιβόω a. Ἀλκιθόῳ Keilius Vindic. Onom. p. 14, atque ita habet Monac. 490 | μεσήνιος *dt* || 2. ἀνήκεστον] ἀνίατον *d* || 3. καὶ δάκρυά σοι εὐαγγελιζόμενος *d* || 7. ἐπαχθέστατον L : ἀνεπαχθέστατον || 8. προτρέπεις *ta* || 9. ἑκουσίως *t* || 10. ἔρρωσο add. *t*, χαῖρε *d* || 11. Μεγαρεῦσιν ὀνειδιστικὴ a, μεγαρεῦσι χαίρειν *dt* || 11. εὐεργετημένων a || 18. τυρσῖνα *t*, μυρσίνω *d* || 19. τὰς acc. ex *d* || 22. σαυτοῦ *dt* || 24. δὲ ἠσεβηκότα πάντα *t*, δὲ ἀσεβ ἠσεβηκότα a || 26. λικίνω *d* | ἀποκρίνεσθαι a | σοι om. *t* || 27. ὥστε] ὡς a || 30. πολέμων] πολλῶν *ad* || 31. Λικίνων *d* || 32. νόμοις] κώμοις H || 33. δ' post ἀργὸν om. *d* | λιποτάκτην * : λειποτάκτην || 34. πολέμιος *d*.

Pag. 410, 1. ἔλεγχος ἐγὼ δίκην pr. *t* | σε om. *d* | ἄν μοι μη *d* | ἀλλ' οὖν om. *dt* || 3. ἡμῶν *t* || 5. αἰδεσθέντες] δείσαντες *t*. Laudat h. l. Schol. ad Aristoph. Plut. 142 | λικίνον *d* || 8. ἐπίστασθαι *t* || 16. με pr. *t* || 19. ἔρρωσο add a || 20. σημαία *d* || 21. ὑπερφυῆ *at* || 26. καλῶς καὶ ἀγαθῶς *t* || 27. σαυτοῦ *d* || 29. θαυμάζειν *d* || 31. καὶ acc. ex *t* || 32. νουθετημένων sec. *d* || 35. διαχρίτω *t* || 35. Post ἀχθομένῳ *at* addunt μὲν || 36. πᾶσα] πλείστη *d* | συμπαθὼν *t* | ὡσεὶ * : ὡς εἰς || 37. καὶ ante μεῖζον addit *d*.

Pag. 411, 1. μηδὲ om. *d* || 2. δέ σοι ἔστω *t* || 4. καλλίστου ὑπὸ τῆς εἱμαρμένης ἠξίωται τέλους *d* || 7. ὑπεσφράγισται *d* || 8. μὴ om. a | μεταβαλεῖται *t* || 13. τροφῆς *t* | καλὸν καὶ ἀγαθὸν *t* || 14. αὐτὸν om. *d* || 15. μετρίως] εὐπαρηγορήτως a | ἐπ' αὐτῷ λύπην] συμφορὰν n *Lugd. C.* Fortasse scribendum est τὴν ἐπ' αὐτῷ συμφορά. Paullo ante est τὴν ἐπ' αὐτῷ συμφοράς et LIV ἡ ἐπ' αὐτῷ τύχη | ἔρρωσο addit *d* || 16. μεγαρεῖ *t* | ἐκπεπόμφαμεν *d* || 17. τεύχρω δοῦναι *t* || 20. σοι acc. ex n || 21. τεθησκυρίκαμεν * : ἐκτεθησαυρίκαμεν scripti, Nunc cum W malim ἐντεθησκυρίκαμεν | ὅσα *ad* || 22. τοῖς om. *t* || 23. παραινεῖς pr. *t* || 24. δ'] μὲν *ad* || 25. σαυτὸν *d* || 28. τι om. pr. *t* || 31. εὐτυχούντων] εὖ ἐχόντων pr. *t* || 32. συμπλέκωμαι *t* | ἧσσον *t* || 38. μεγάλα acc. ex n || 36. ἡρωδίκω *t* | αὐτὴν *t* | ἀλίω *d* || 39. ἐξ ἡμῶν ἐποιοῦσαν *t* || 40. ἡ om. *d* | δὲ om. *d* || 42. κατάρξαντα a || 44. παρ'] ἀφ' *ad* | ἔσεσθαι] ἐλεύσεσθαι *t* | παραδέχου *d*.

Pag. 412, 1. ταυρομενίταις *t* || 2. ἐμοὶ *d* || 3. στησι-

χόρω *d* sec. *t* || 5. αὐτῶν *t* || 7. Ἀριστοφῶντι *Lugd. B*: ἀριφοίτη a, ἀριστοφοίτη *dt* || 9. οὐδὲ *t* | ἔρρωσο addit *t* || 11. οἴομαι *ad* | ἀγαθοῖς ἀνδράσιν δωρούμενος *d* || 13. πρὸς δεδωκότα L : προδεδωκότα | μοι *t* | πρὸς ὀφείλοντα L : προσοφείλοντα a, προοφείλοντα *d*. προσοφείλοντι *t* | γράφε L : γράφε ἔρρωσο a, γράφειν ἔ. *t*, δέχου *d* || 16. Ἐρυθείᾳ * : ἐρυθίᾳ *at*, εὐρυθίᾳ *d* | ἐμαυτοῦ] μὲν ἐμαυτοῦ a, ἐμαυτοῦ μὲν *t* | οἶδα] ἔχω *t* || 17. Ἐρύθεια * : ἐρυθία *at*, εὐρυθία *d* || 20. σε om. *t* | σὺ om. *t* || 21. πατὴρ καὶ μήτηρ αὐτῷ καὶ τροφὸς *d*, μήτηρ αὐτῷ καὶ τροφὸς καὶ πατὴρ a || 21. ἄνδρα *ad* || 23. δευτέρου] ἑτέρου *t* || 24. ἀπὸ *t* || 25. τοῦ om. *d* | παρόντα pr. *t* || 26. ἀπὸ *ad* || 28. προσδεήσεται *d* || 29. τοσαύτης τῆς δεήσεως *ad* | περὶ τοῦ τέκνου *d* || 31. ὑπὸ *t* | σ' αὐτῆς *t*, ἑαυτῆς *ad* || 33. ἔρρωσο addit *t* || 36. καὶ ante σεμνὸν om. *t* || 37. τῆς om. *t* | εὐεργετησάντων *ad* | χάριτας *d* || 40. τὰ om. *t* || 41. γὰρ om. *ad* || 42. ἀνήντλησε n: ἀνέτλη *dt*, ἀνέτλησε a || 43. ἀπολαύσεως] ἀπέλαυσεν ὧν *t*, in mg. a sec. m. γρ' ἀπολαύσεως.

Pag. 413, 2. περὶ] ὑπὲρ *t* || 3. ὑπ' *t* || 7. τὸν om. *t* | φιλανθρωπιῶν *t* || 8. ἂν] ὧν ἂν *t*, ὧν *d* || 9. ταύτην *ad* | παρὰ σοῦ om. *d* || 10. πρέπει γάρ σοι *ad* || 11. χάριν περὶ πολλῶν *ad*. Malim ὑπὲρ pro περί. Vide ep. XXXIII | ἀποδόντι * : ὁμολογοῦντι pr. *t*, ἀποδιδόντι *ad* sec. *t* || 12. ποιήσασθαι * : κτήσασθαι || 17. αἴσθου *t* | ἐὰν *ad* || 21. ὑμεῖς *d* || 23. λαβὼν *ad* || 25. περιποιεῖσθε a || 27 καὶ θνήσκοντά με πιστευθεὶς a, καὶ θνήσκοντα πιστευθεὶς ἄνθρωπον *t* || 29. εὐνοήσας * : πονήσας, ἔσωσε *at* || 32. ὅτι ὡς διὰ *t* | εὐχαριστηρίων *ad* || 34. ἀκούειν V || 37. Hæc ep. abest a *d* || 37. δὸς post αὐτοῦ ponit *t* || 39. πονηρὸν κατ' αὐτοῦ a || 40. ἂν om. pr. *t* | νὴ δία om. *ad* || 43. ἔρρωσο addit *t* || 44. τῆς om. *d*.

Pag. 414, 4. πόρρω *t* | ἐς a || 8. πρὸς σὲ om. *d* || 12. κινδύνου *t* || 16. καὶ τυράννου διὰ τὴν ἀνάγκην *t* || 18. οὐδ' *Angl.*: εἰδ' || 19. οὖν acc. ex *Lugd. B* || 22. ἢ om. *t* || 23. Θώρακι om. *d* | μέμψωμαι * : μέμψομαι || 25. ἐκλελοίπασιν *t* || 26. δέ acc. ex *d* | ἄλλοιω τρόπω διδάξοντάς σε ἢ *t* || 27. διὸ δὴ τὰ λοιπὰ τῆς ἀγνοίας post ἠθέλησας addit *t* || 28. ἔρρωσο addunt *at* || 29. Hæc ep. abest a *d* | λέοντι *Laur. B* : λεοντιάδη *at* || 30. εὐχαριστίαν Gally : εὐχαριστίαν ἢ ταύτην | ἀποδιδόναι *t* || 32. ἢ om. *d* || 33. ἑξῆς *d* || 34. ἔρρωσο addunt *at* || 35. Ἀριστοφῶντι * : ἀριφράδει *ad*, ἀριφραδεῖ *t* || 36. τοῖς om. *ad* || 37. δὲ *d* | μεγάλα om. *ad* | μανίας *d* || 38. μᾶλλον om. *ad* || 40. παρὰ σεαυτῷ om. *d* || 41. πατρὸς] ἀνδρὸς pr. *t* || 42. ἀδικοῦντος *ad* | πάντως τοῦτον εἰ καὶ φαῦλος *t* || 44. ἐὰν a || 45. ἀπειθῶν *d* | ἀπειθῆ-λόγοις om. pr. *t*.

Pag. 415, 1. σοῦ λήψομαι τὰς προσηκούσας παρ' *ad* || 2. ἐν *d*, ὑπ' *t* | αὐτῶν γ. τῶν κακῶν *t* | Post κακῷ a habet διατείνων ἐν οἷς ἐστι, quæ recte ita corrigere videtur H διαμένων ἐν οἷς ἐστί. In extrema epistola a addit ἔρρωσο || 3. προσποιηθῇ * : προσποιηθῆ δοκεῖν *t* 6. Hæc ep. inter Libanianas est 1574 || 7. μὲν om. pr. *t* || 10. ἀπόδεισι *d* || 11. Ἀριστομένει om. *d* || 16. τῇ εἱμαρμένῃ *d* || 19. ἀπερεύξασθαι * : ἀπερείσασθαι | 21. Cf. ep. CXXXIX. ξενοπειθεῖ *dt* || 21. οὐδὲ * : οὔτε || 25. οὕτω *t* || 26. καθ' ὅσον * : καθ' ὅσον ὅτι || 27. ἔχειν a pr. *d* || 28. τοὺς om. *ad* | ἔρρωσο addit *t* || 30. κατ' ἐμὲ om. *ad* || 31. τινὰς ante τῶν habet *d* | μυρίων

πολλῶν *d* | τοῦ om. *ad* ‖ 32. σωθήσεσθαι *n* : σωθῆναι *adt* | σφόδρα ὑμῖν οὗτων ἀναιρεθέντων μέλειν σέσωκα *ad* sec. *t* ‖ 34. ἁπάντων *aa* | ἐπιλησμονέστερος *d* | εἰ τοῦ] αι᾽
In mg. sec *t* γρ ἀλλὰ τοῦ θυμοῦ οὐκ ἐβουλήθην μικροτέραν κτλ. | κατ᾽ om. *d* ‖ 38. ἀναμνήσω *d* ‖ 3g. ταῖς] om. *t*, ταῖς τοῦ *d* | ταυρομενίται *t* ‖ 40. μετηλλάττετο *d*.

Pag. 416, 2. οὔτ᾽ ἔλαττον οὔτε μεῖζον ἐξήνεγκαν ἀδίκως *ad* ‖ 4. ἐστιν ἄξιος τυχεῖν παρ᾽ ἐμοῦ *d* | ἦν *ad* ‖ 6. ἀποδοθῆναι] ἀποδοθῆναι προστάξαι *ad* ‖ 7. δυνατῶν Η : ἀδυνάτων | δοκεῖ τεθνάναι *t* ‖ 10. ταυρομενιτῶν *at* ‖ 13. περισσότερον *t* ‖ 15. ἀνδρὸς ἐπιφανεστέραν ψύχην οὐκ *ad* | ἰδόντα *a* ‖ 18. νομίζω post ὑμῶν ponit *t* | ἔρρωσθε addit *t* ‖ 19. κριτοφήμω *a* | ἔργον] ἀνδρὸς *t*, sed correctum | φίλου om. *d* ‖ 20. ἀνδρίας *dt* ‖ 21. καὶ S ; ἦ *ad*, ἢ ταῖς *t*, καὶ ταῖς *Angl.* ‖ 22. ἡττῆσθε λεοντίνων pr. *t* ‖ 24. οὐδὲ pr. *t* ‖ 27. Hæc ep. abest a *d* | Κτησίππω] ἡγησίππω *m*, quod fortasse verum est ‖ 27. πρῶτον *a* | ταυρομενίται *at* ‖ 28. λυτρώσας *t* ‖ 29. ἐχαριζόμην *a* | δὲ κοινῷ *t* ‖ 30. οὐκ om. pr. *t* ‖ 31. ὥσπερ *t* ‖ 32. Στησιχόρῳ δὲ] ἀλλὰ στησιχόρω *t* ‖ 33. ταυρομενίται *at* ‖ 35. ἴστωσαν * : εἰδέτωσαν *t* περὶ] Malim ὑπὲρ hic et ep. XIX ‖ 37. οὐδὲν *a* ‖ 3g. ταυρομενίτας *at* ‖ 42. Νικίππω *dt* ‖ 44. τὰ om. *t* | θρασυτέρως *Laur. C* : θρασύτερος *adt* ‖ 45. ἢ δεῖ] ἤδη *ad*.

Pag. 417, 2. ἀνοίκητον *t* ‖ 4. θηρόβατα *ad* | νομέων pr. *t* ‖ 8. [ ] L | μετέδωκαν *ad* | ἔρρωσο addit *t* ‖ 11. πολλῶν] πρὸς πολλοὺς *a*. Unde fortasse scribendum πρὸς τοὺς πολλούς ‖ 12. ἀποδέχη *n* : προσδέχη *adt* ‖ 14. συνιεὶς *ad* sec. *t* Stobæus Flor. vol. IV. p. 162. Mein. ‖ 15. σοφοῖς πεπίστευται Stobæus, σωφρονεστέροις πεπίστευται *ad* ‖ Hæc ep. abest a *d* ‖ 16. Erat δωρεῶν, unde feci δώρων, sequitur enim ταῦτα τὰ δῶρα. τῶν δωρεῶν ὁπόσα est in manu scriptis Euripidis ep. V, 4 | ὅσαι *a* sec. *t* ‖ 17. ἀνήκουσι *a* sec. *t* ‖ 18. καὶ om. *t* | ὅσα‑σου om. pr. *t* ‖ 19. τόν τε] ἔτι τε τὸν *t* | παῖδας post γραμματεῖς addunt *a* sec. *t* ‖ 21. Συρακουσίων] συρρακουσίων ὁ δῆμος *t*. Fortasse ταῦτα τὰ δῶρα συρακουσίων ὁ δῆμος ‖ 22. ἕνεκα *a* ‖ 25. Hanc ep. non habet *d* | οὔτε] οὐ *t* ‖ 26. τελευτὴν οὔτε om. *t* ‖ 27. ὑπὸ ἀνθρώπων οὐ *t* ‖ 28. καθόλου * : καὶ καθόλου δὲ τὴν‑φυλάξασθαι *Lugd. A* : δὲ τὸν ἐξετάξοντα περὶ τῶν τοιούτων ἢ δεδιότα περὶ τῶν ἐσομένων καλῶν ἢ κακῶν ἢ προγνῶναι δύνασθαι πεπεισμένον τὸ μέλλον ἢ προγνόντα φυλάξασθαι λίαν εὐήθη νομίζω εἴ τις ἢ προγνῶναι δύνασθαι τὸ μέλλον πέπεισται ἢ προγνοὺς φυλάξασθαι, *t*, ut sub verba εἴ τις‑φυλάξασθαι puncta posita sint a m. secunda. In *a* est καὶ καθόλου δὲ τὸν ἐξετάξοντα περὶ τῶν τοιούτων ἢ δεδιότα περὶ τῶν ἐσομένων καλῶν λίαν εὐήθη νομίζω εἴ τις ἢ προγνῶναι τὸ μέλλον ἢ προγνόντα ἢ προγνοὺς φυλάξασθαι, in *n* δὲ τὸν ἐξετάξοντα περὶ τῶν τοιούτων ἢ δεδιότα περὶ τῶν ἐσομένων καλῶν ἢ κακῶν ἢ προγνῶναι δύνασθαι πεπεισμένον τὸ μέλλον ἢ προγνόντα φυλάξασθαι λίαν εὐήθη νομίζω ταῦτα δὲ ἀκατάληπτα πᾶσίν ἐστι καὶ οὐ φυλακτὰ εἴ τις ἢ προγνῶναι δύνασθαι πέπεισθαι (sic) ἢ προγνοὺς φυλάξασθαι ‖ 31. γνῶναι *a* | 32. δυνατὸν pr. *t* ‖ 33. καὶ ante ἀγν. om. *a* ‖ 34. εἰ] εἰ καὶ *a* ‖ 35. ἀνυστὸν om. *t* | οἷός τε ἔσται * : ὡς γενέσθαι

at, οὐκ ἔστιν εἰ μὴ καὶ *n* | διατάξασθαι *t* ‖ 36. ἄλλον * : ἄλλο | χείρωνος τὸ ἐπιεικέστερον *t* ‖ 37. τρόπον suscepi ex *Lugd. A* ‖ 3g. μίνωα *t* ‖ 40. τοὺς ἄλλους ἡμιθέους *a* ‖ 42. ἑκάστου nescio quis : ἕκαστον | ἢ ante περὶ delet S ‖ 44. καὶ σὺ πειρῶ *t* ‖ 45. ἐν] ἐπὶ *t* ‖ 46. τι *t* ‖ 47. ἔρρω ιο add. *t*.

Pag. 418, 2, τὴν acc. ex *Lugd. B* ‖ 3. τῆς ἀσφαλείας ἐγγυητὴν *t* ‖ 4. ᾧ τάχα] ὅτω *t* ‖ 5. σαυτὸν δὲ ἀξιόπιστον *d* | ἡγούμενος καὶ ὑπὲρ τηλικούτου πράγματος ἀνάδοχον *d*. καὶ habet etiam *a* ‖ 6. τὴν om. *t* ‖ 9. τοῦ om. *d* | τὴν ἀρχὴν τῆς τυραννίδος τὸ μὴ καταθέσθαι *dt* ‖ 10. τῆς τυραννίδος deleam ‖ 12. πρὸ S : περὶ ‖ 14. ἐγκύρσειν pr. *t* | περὶ *dt* ‖ 19. συμφορώτερον S : συμφερώτερον *t* ‖ 21. προδιηγησάμενος *t* ‖ 24. προπεπτωκὼς ed. Venetus : προεπιπτωκὼς *a*, προεπτωκὼς *d*, προεμπεπτωκὼς *t* ‖ 25. ἂν addidit S ‖ 26. θεῶ τῶ ταύτης δυναστεύοντι *t* | καταθέμενος *t* ‖ 28. ἔρρωσο add. *t* ‖ 2g. ἀράτω *t* | φίλοις om. *t* | ἀπέσταλκα pr. *d* | διαταχέος *d*, διαταχέως *d* ‖ 36. ἵνα om. *d* ‖ 37. τῆς om. *t* | δεξιώσομαι *a* ‖ 38. ἐὰν *ad* ‖ 3g. λαβόντα pr. *t* | προσαγόρευσιν‑γένησθε om. *t* | γένοισθε *a* ‖ 40. ἥκετε‑γινώσκετε om. *d* ‖ 43. μοι om. *t* ‖ 44. χρυσίων | τέχνης mg. *Lugd. A* : τύχης *adt* ‖ 46. ἦ] οἷς *d*.

Pag. 419, 1. Ἐρυθεία Lennepiana : ἐρυθίᾳ ‖ 2. πολιτεία pr. *t*, πολιτελείᾳ sec. *t*, καλλίω pr. *t* | πρεπωδέστατος pr. *t* ‖ 6. πολυτίωνι *t*, inscr. om. *d* ‖ 7. σοι οὐδένα *t* ‖ 8. πίστει pr. *t* | εἰ δὲ‑πίστιν om. *t* ‖ 10. μηδενὶ] μὴ λίαν pr. *t* ‖ 11. καὶ *a* ‖ 13. ἔρρωσο add. *at* ‖ 14. πολυτίμων *a*, inscr. om. *d* | σαυτοῦ *d*, σεαυτῶ pr. *t* ‖ 16. μου om. *d* ‖ 18. παρὰ pr. *t* ‖ 20. γοῦν *d* ‖ 21. ἄδικον *a*, μὲν ἄδικον pr. *t*, μὲν ἄτομον sec. *t* ‖ 23. Abest a *d* | καὶ om. *t* | πουλυτίων δὲ ἀφειθῆ *t* ‖ 28. καὶ *m* : καὶ περὶ *at* ‖ 2g. Inscr. om. *d* | οὐ μιμεῖται] μεμίσηκα *t* ‖ 30. ἐπὶ τούτοις om. *ad* | πάντων *ad* ‖ 32. ἀληκρου *t*, inscr. om. *d* ‖ 35. πάντων *a* ‖ 36. ἄλλον * : ἄλλων ‖ 37. ἔρρωσο add. *t* ‖ 38. Ἐγεσταίοις * : αἰγεσταίοις *t*, αἰγεστέοις *a*, om. *d*.

Pag. 420, 1. ἐνίκησαν οὔτε κακῶς *d* ‖ 2. λεοντίνων καὶ μελιταίων *d* ‖ 3. τοῖς‑τοῖς‑μελιταίοις *n* : οἷς‑οἷς‑μελιταῖοι *t*, οἷς‑οἷς‑οἱ μελιταῖοι *ad* ‖ 6. ἔρρωσθε add. *at* ‖ 7. Inscr. om. *d*. In *ad* est ἀντισθένει καὶ θεοτίμω, quæ delevi cum L. Sed fortasse vere *t* ὑμῖν *ad* reducenda inscriptio, ut eodem fere modo locutus sit Phalaris, quo scriptor epistolæ Platonicæ VI, ubi est ὑμῖν et mox Ἑρμείᾳ‑Ἑρμείᾳ ‖ 7. Post πεμφθεισῶν *t* add. ὑμῖν ‖ 9. τὸν] τῷ *t* ‖ 11. μενελάτ *a*, inscr. om. *d* | εἰ] εἰ μὴ *dt* ‖ 12. μὴ post ἀπολ. addit sec. *t* ‖ 14. ὑποκρίσεσιν γὰρ καιρου δόξεις οὐκ *ad* ‖ 16. Inscr. om. *d* | γράψειν ἔοικας *ad* ‖ 17. ἅπερ οἶδα] τὰ *ad* | ἐμοῦ *ad* ‖ 19. νεάζοντα δὲ] νέον τὸ ὄντα *ad* ‖ 20. φθαρῆναι *n* : τραφῆναι *adt* ‖ 21. εἰς βάρβαρα ἔθνεα * : ἐν βαρβάροις ἔθνεσιν *t*, ἐν β. ἔθνεσι *adt* | 24. μηδ᾽ ὑπέχεσθαι καὶ τὸν] ἀπαγορεύειν καὶ πρὸς τὸν *t* | εὐτυχούμενον ἔρρωσο *t* ‖ 25. Inscr. om. *d* ‖ 2g. μὴ om. *d* ‖ 31. Inscr. om. *d* ‖ 32. ἂν *d* ‖ 33. Ex Euripidis Philocteta. V. Nauck. Fr. Tr. Gr. p. 487 | ἕχειν om. *t* ‖ 34. φασίν] φασὶ τινες *ad* | οὗτοι Porsonus : οὐ | πυθῖνος *t* ‖ 35. οὐδ᾽] οὐδ᾽ ἂν *ad* ‖ 36. τετελευτηκότιν *ad* | ἂν oin. *ad* ‖ 38. φυγὴν] τελευτὴν pr. *t*. Ἐρύθειαν Lennepiana : ἐρυθίαν ‖ 3g. ἀναιρομένην pr. *t*.

Pag. 421, 6 Insci. om. *d* | ἐτίμψατε *d* ‖ 9 σαφῶς om *t* | 10. πάνυ om *a* ‖ 12. καὶ post φησὶ add *t* ‖ 14 ἕτοιμος post μὲν ponit *t* ‖ 15 κἂν εἴ| καὶ *t* | ἔδει] ἂν δέη *t* ‖ 16. οὐκ-περισώσασθαι om pr. *t* ‖ 20 προστίμησαν *dt* | ὑμνορόλων om *t* | ὧν · οὐ ‖ 21 ἀνθρώποις om. *ad* | λογίζεσθε *t* | δὲ om pr *t* | ὥσθ' *t* | ὅποι *at* | 24. μηδὲ] δὲ *d* ‖ 26 δέξασθ' ὤ *at* ‖ 27. βιῶναι *a* ‖ 28. γηράσκοντα ἐν ὕμνοις καὶ μέλεσι om. pr *t* ‖ 29. τοῦτο βουληθεῖσιν εἴτε δυνηθεῖσιν εἰς ἄλλο τι τῆς φύσεως μεταβαλούσης *a* sec *t*, om pr *t*, τοῦτο βουληθεῖσιν εἰς ἄλλο τι τῆς φύσεως μεταβαλούσης *d* ‖ 31. μνημεῖον om. *t* | ἀθάνατος *t* ‖ 32. περὶ-μνήμαις ἀναθήσεται (v. 41) om pr. *t* ‖ 33 δοξῃ · · δόξητε *d*, δόξειεν *a* ‖ 38 μηδ' · : μήτ' *a*, μήτε *d* | κινοῦντές τι] κινοῦντι *d* ‖ 39 μὲν om *t* ‖ 40 τὸ ὄνομα *a* | λαβὼν *d* | 41. ἐν μνήμαις] ἐν μνήμαις ἀνθρώπων V | ἀναθήσει S p XXIV ἀναθήσεται ‖ 42 ἄλλα om *ad* ‖ 43 πᾶσι *at* | ἐν-οἴκῳ om *t* ‖ 44. γὰρ] δ' *t* ‖ 45 φυλάσσοιτο *t*

Pag 422, 1. ὑπὸ πάντων om *t* | θαυμάσεται pr *t* | 3 θρασήνορι *ad* | 4 καθηρέθη *ad* ‖ 7 Huic epistolæ præter *a lt* adhibui Vaticanum 1322 (*t*) ‖ 8 ἀφικέσθαι *adt* | Malim καὶ Πυθαγόρα μὲν τῷ φ *t* ‖ 12 ἱστορῶν *t* ‖ 13 om. *t* | προκατήχησαι *a* ‖ 18 ὡς *d* | ἀξιολόγων *t* ‖ 19 ἅπαν *a* | παρ' ἐμοὶ om *att* ‖ 21 ἦ om. *t* ‖ 22 φήμην supra scripto τύχην *d* | ἐσχηματισμένον *t* ‖ 24 ἐπὶ τούτοις om *t* | ἐνδεέστερον *adt* | ἔρρωσο add *tt* ‖ 25 Abest a *d* Præter *atm* adhibui codices Laurentianum Plut. LVII, 51 (*b*), Vaticanum 88 (*x*) | τῇ post φαλάριδι add *a*, insci om · *t* | σὴν] τὴν σὴν *t*, om *a* ‖ 27. Post πάντα in *b* octo literarum spatium est, sex literarum in *x* | βία] καὶ βία *x* | Post προσάτι *at* inferunt ἰσχύι, *m* καὶ ἰσχύι καὶ ‖ 28 σὺ γε κάλει] συγκάλει *btx* ‖ 30 φθόνος *a* ‖ 31 θέλεις] ἕχεις *bxt* | σὸν] τὸν *at* ‖ 32 προσαλοῦ *bx* | τὴν συνήθειαν] τὰ συνήθη *t*, σὴν ἑστίαν *a* ‖ 34 ἔρρωσο add *t* ‖ 35 Abest a *d* ‖ 39 Abest a *d*

Pag 423, 1. ἀπέμπω *Lugd* B | ἀποπέμπων *at* | δώδεκα pr *t* ‖ 4. χ. οὐ πείθομεν *t* ‖ 6 τοὺς] πρὸς *t* | βίω *t* ‖ 9 χαλεπὸν Lennepii codices nonnulli χαλεπὸν καθ' ἑκάστην *at*, v CXXX‖ 10 καὶ om *dt* ‖ 12 χρηστοτάτην οὗ δοκοῦσαν *t* ‖ 13 κατ' ἐμαυτοῦ] ἐμοῦ *t* ‖ 15 γοῦν] γὰρ *t* ‖ 16 ὀρθείη *t* ‖ 17. αὐτῶν] αὐτῶν ὦν *ad* | ἡμῖν om *d* ‖ 18 δ' om.*ad* ‖ 19 δ' *Lugd* A διὰ τὴν *adt* | συμβουλεύσετε *t* ‖ 20. ῥᾷον accessit ex *Lugd* B | ἐστιν τυραννίδος · τυραννίδος ἐστιν *t*, τυραννίδος *ad* | 21 Verba διαπρᾶξαι glossæ speciem monstrant | 22 μελείσθω · *t* ‖ 24 ἐστὶν om. *t* ‖ 27. Abest a *d* | ἡμίσεις S ἡμίσεις εἰς *t* ‖ 31 δ' ἦ] δὴ *t* | τρώτως *t* ‖ 32 ἀποτελειώσειν ἔρρωσο *t* ‖ 36. μου om *a* ‖ 37 οὐ] οὐδὲ *d* ‖ 38 Malim οὐδὲ πάντας τοὺς εἰς ἔχθραν ἐμοὶ καταστάντας *t* ‖ 39 γενναίους *Lugd* A γενναιοτάτος *adt* ‖ 41. ἀνδρίαν *dt* ‖ 42 ἀπεικάζω *d* | τὴν *Lugd* A τὴν ταχίστην *adt* | τοῦ λεγομένου *ad* sec. *t* ‖ 43. παρ' ὅ τι · περὶ ὧν] ἡμᾶς] ἐμὲ *at*

Pag. 424, 1. καὶ deleam ‖ 3. στησιχόρω sec *t* ‖ 5 Non habet *d* | Ἀμφιδάμαντι Lennepii codd nonnulli Ἀρίλαντι *a*, inscr om *t* ‖ 7. οὔτε κείνω *a* ‖ 11 ὑμῶν ἀριστεῖν · τισὶν ὑμῶν ἀριστεῖν ἐν | κεκομισμένα *a* ‖ 12 ἀγνοηθῆναι *Lugd* A ἀγνοεῖν με *at* ‖ 13. ἕτε-

ρον ὑμῶν *Lugd*. A : πλάνον ὑμῶν -οὗτον *at* | πονηρὸν] λῆρον *t* ‖ 14. ἡγοῦμαι om *t* ‖ 19. ἐπαινέσειεν pr *d* | οὐκέτι om. *t* ‖ 20. μέλος ἐξενεγκεῖν *d* ‖ 21 τῇ] τῇ τοῦ *t* ‖ 24 ἔρρωσο add *t* ‖ 25. Abest a *d* | νεολελθη *t* ‖ 28. με add. V ‖ 30 ἔλυσαν *t* | οὔτε Gothanus οὐδὲ ‖ 38 ἐκείνω καὶ τὰς *t* ‖ 39 τῆς εἰς τοῦτο τύχης βιαζομένου ἐκείνω ἀνακεῖσθαι *t* ‖ 41. ἀγνωμονέστερον *a* | 45 ἐπυρπολήσαμεν *t* ‖ 46 τοιεῖσθε *a*

Pag 425, 2 ἀδικημάτων ἐκολασάμην *a* ‖ 6. ἤτου γε σφόδρα ἂν *a* | ἐάν με καὶ] ἐὰν κἀμὲ ‖ 7 ἐμαυτὸν] ἐμὲ *a* | ἐπιβάλλοντας *t* ‖ 9 τῷ] τὸ *a* ‖ 10 πέπαυσο δὴ *m* πεπείσμεθα δὴ περὶ τῆς ἀξιώσεως σου καὶ οὐ ὅ...γ πλείοσιν ἐνοχλεῖν παῦσαι δὲ *at* ‖ 12. σαυτῶ *t* | κἀμοὶ · *m* καὶ ἐμοὶ *at* ‖ 16 αὐτοῦ] αὐτοῦ τοῦ *d* ‖ 20 τρισόλβιοι με *d* | τρισόλβιος *Lugd* A : τρισολβίας *adt* ‖ 21 εἰς] ἐπὶ *at* | βάθος καὶ παιδείας διδαχθείσας *t* ‖ 24 συνηγεσίοις *n* συνηγεσίαις ‖ 25 κακοπαθείας *a* | ἀγύμναστον om *d* ‖ 26 Ἑλληνικῆς] ἑλληνικῆς ἄμοιρον *d* ‖ 28 ὑγείας *at* | οὐκ L ἦ ‖ 29 εἰ μὴ-ἀθλοίη om *d* | ἱερῶν om.. *t* ‖ 32 ὥρμηκας post τοῦῦ' ponit *t* ‖ 34 ἐ-σπᾶ *d* ‖ 36. τοιαύτης *d* ‖ 37. τοῦ *d* | μοναρχίας καὶ οὐχ ἐνοσίως τούτου *t* ‖ 40 εὔξαιτο *Lugd* A ἀ· εὔξαιτο *adt* ‖ 44 προτειυλαβεῖσθαι] πρώτως εὐλαβεῖσθαι *ad* ‖ 45 φυλάσσοντας *d*

Pag. 426, 1 τὸν θεὸν om. *d* ‖ 2 παραστῆναι *d* | Desunt in *d* epistolæ LXVIII-CXIX | παράβλα *t* ‖ 4 ἢ δεῖ] ἤδη *a* ‖ 8 ὅσω *a* | προηγεῖτα *a* ‖ 9 μετὰ acc. ex Pal | 13 διδόντος *t* | τὰ παρόντα *t* ‖ 15 ἑτέροις *t* ‖ 18. σοι om *t* ‖ 19 καὶ Lennepiana καὶ ὃ *at* ‖ 22 Ἐρυθίαν W ἐρυθία *at* ‖ 25 οὐ] μὴ *a* ‖ 26 μόνη δικαίοις ἔχειν αὐτὸν *a* ‖ 29 ἴσος *a* ‖ 30 καὶ om *t* | τὸν υἱὸν σαυτῆς *a* | τεῦτο post σαυτῆς add *t* ‖ 32 Malim κοινονικώτερον δή τι τοιοῦσα *t* ‖ 34 Ἐρυθείας W ἐρυθίας *at* ‖ 36 Malim ἐν ἀφθονίᾳ αβιεcto πλουτου *t* ‖ 37 καὶ] ἢ *a* ‖ 41. ἀπερείσασθαι *t* ‖ 43 προσφάτως? ‖ 45. ἀνθρώπω Cuiaciana ἀνθρωπον *at* ‖ 47 ἀφρόλος V ἀφρό-δου *t* ‖ 49 ἔρρωσο add *t*

Pag 427, 1 εἴ τις θαυμάσειεν *Lugd* A θαυμάσαιμι *at* | ὦ om *t* ‖ 3 ἐνλήσει *t* ‖ 4 τρεμος δὲ *t* ‖ 7 τόλμων *t* | διεσώσαντο *d* ‖ 10 πᾶν τὸ δοῦεν ἑτοίμως · : πᾶν ἑτοίμως τὸ δοῦεν *t*, πᾶν ἑτοίμως δοῦεν *a* | λαμβάνοντος *a* | ἂν · αὐτὸ *t*, om *a* ‖ 12 τὸ *m* -ῷ *a*, τὸν *t* 16. γενόμενος *at* Scripsi γενόμενον absolute Tum malim βούλει aut ὅ τι ἂν βούλη *t* ‖ 20 ἀτεύθου *t* ‖ 24 ἀργύρος *t* ‖ 27 -ταξίαρχοι καὶ δὴ καὶ οἱ σωματοφύλακες *m* · σωματοφύλακες καὶ τῶν λοιπῶν οἱ ταξίαρχοι *at* ‖ 29 προνείσθω *t* | om om *t* | 30 ἴσην] τὴν *t* ‖ 36 ἐπιχειρεῖν *a* ‖ 37 ὡς ἀληθῶς *Lugd* A: ὡς ἀληθῶς ὡς pr *t*, ὡς ἔοικεν *a* sec *t* ‖ 38 κἀμοῦ] Malim ἐμὸν ‖ 39 τὴν om. *a* ‖ 42 ἴστω · ἴδειω ‖ 44 ‖ 45 Ἀριστοφῶντος · ἀριστοφαντος Stobæus Flor VII, 68, ἀριφάντος *at*

Pag 428, 2 ὑφήρηχα] ὑρῆχα V ‖ 3 ὑπερβάλλουσαν Stobæus ὑπερβαλλούσης *at* | ἀποκρίνω *t* | οὐδὲ πρὸς λαγοῦ πέπονθας acc ex Stob | 5 ὑπ' ἐμοῦ om *t* ‖ 6 συνειδέναι W εἰδέναι *t*, om *a* ‖ 7 συνομαρτῆναι] δὲ om *t* ‖ 10. εἶναι] ὑπολαμβάνειν *a*, quod revocandum ‖ 13 δὴ Stobæus δὲ | τεθνάναι δεῖν ἐρίνας *t* ‖ 14 τὰς-ἀποθνησκούσας Stobæus : τοὺς-ἀποθνήσκοντας ‖ 16 -άν-x *t* ‖ 26. ἀπολομένω · ἀπολουμένω

‖ 27. ἄλλως] τῶν ἄλλων a ‖ 32. ἂν om. t ‖ 33. ἔρρωσο
add. t ‖ 36. αὐτὸς a ‖ 41. κάμὲ] με pr. t ‖ 43. εἰς]
πρὸς t ‖ 46. Post δοκεῖς excidit ἀδικίας, v. ep. CI. |
  Pag. 429, 1. τοῦτο t ‖ 3. αὐτοῖς ἡδίων m : ἡδίων αὐ-
τοῖς at, v. ep. CI. ‖ 4. Inscr. om. t ‖ 5. πικρίας a ‖ 6.
ἔτι a | Θαυμασιώτερον a ‖ 8. τὸν Lugd. A : τὸ at ‖ 9.
      οἱ ε
ἀχθομένοις ἐστὶ t ab eadem ‖ 13. ὅτι a ‖ 14. τὰ μέ-
γιστα] μάλιστα a ‖ 15. γε] τε t | οἶ] ὡς οὖ t |τελευ-
τήσει t ‖ 21. πνεύσας] φυσήσας a ‖ 23. αὐτὸν a ‖ 24.
δήμου] δημοκρατίας t ‖ 26. ἔχει? | ἐγὼ γοῦν] ἔγωγ' οὖν
a ‖ 29. διαφθῆναι a ‖ 30. ἀνεπιζήμιόν t ‖ 32. νὴ δία
a ‖ 34. ἂν τύχη * : τύχοι ‖ 36. καὶ πρὸς ὀργὴν καὶ πρὸς
ἔπαινον a ‖ 43. γάμοις οὕτως ἀσμένος οὐ προσεῖδον γυ-
ναῖκας t ‖ 44. φιλόπολοι pr. t, φιλόπωλοι sec. t ‖
47. οἱ add. S | ἀνόνητον idem : ἀνόητον t ‖ 49. εἰ μὲν
οἰκεῖοι τύχοιεν ἀχθεσθεῖεν t.
  Pag. 430, 1. οἱ] εἰ t ‖ 2. ἠσθεῖεν t | κλεισθένη n :
κλεισθένην at ‖ 3. ἔχοι a | 4. πεπονθότος t ‖ 5. ἔρρωσο
add. t ‖ 6. οὐκ-ἴσως] ἴσως οὐκ ἀγνοεῖς t ‖ 7. οἴκου t
‖ 12. ἔδει pr. t ‖ 17. προσμαρτυρούντων a ‖ 21. κλεα-
ρίστη * : δ' ἡ πιστὴ a, δὲ πιστὴ t | αὕτη a ‖ 25. αἰτησά-
μενον om. t ‖ 29. ἐμὲ αὐτὸν t ‖ 30. γράφε, quod a
scriptis abest, L inseruit post χάριν, ego inserui
post Κλεαρίστην omisso καί, quod post vocem illam
legebatur ‖ 31. ὀχεκρατίδου t ‖ 33. δυεῖν παῖδοιν a ‖
35. ἐμπνευσθείης a sec. t ‖ 44. εὐδοκίμησεν t | μόνῳ a
‖ 45. ὁμοίως t supra versum ab eadem ‖ 47. εἴσονται
H : ἔσονται ‖ 48. ἦ] σοὶ t.
  Pag. 431, 2. τε] μὲν t ‖ 4. τοιοῦτον a ‖ 6. κάκιστος
a | ὑπομνησθῇς t ‖ 11. κλαιενέτη t ‖ 13. κἄν] καὶ t ‖
15. Malim τοὔνομα ‖ 16. ἀνάγκην om. t ‖ 18. ἐστιν
ἐκμελὴς om. t ‖ 19. νόμος] ὠμὸς t ‖ 20. προφέρεσθε t
‖ 21. ποιήσεσθε μὴ τιθέμεναι τοὔνομα L ‖ 23. ὦ acc.
ex m | ταύτην ὑμῖν a ‖ 25. γὰρ m : γὰρ μὴ at ‖ 26.
ἀλλὰ μὴ m : ἀλλὰ a, ἀλλὰ μὴ t. Puncta fecit manus sec.
    .... : σ
‖ 27. τὸ om. t ‖ 28. ὑγιῇ t | πάρεσιν αἰτεῖσθαι n : πάρε-
στιν αἰτεῖσθαι pr. t; sigma superscripsit secunda.
παρεῖναι καὶ αἰτεῖσθαι a ‖ 31. προίεσθαι S : προείσθαι
‖ 35. ἀποστερεῖται t ‖ 37. ἐπιτρέψαντος t ‖ 38. ἐστιν
ἀποτίσαιν ὃ δεδώκεισθε ὑμεῖς ἔχειν οὐ δυνάμενοι δ. τ. ἀφαι-
ρουμένους καὶ κομίσασθαι a. Quæ in oratione posui,
ex t sumpsi, qui a prima manu habet περίησιν ‖ 41.
ἐθέως L : ἡδέως ‖ 45. ἔρρωσθε add. t.
  Pag. 432, 1. αἰτίας] πολιτείας t ‖ 3. στρατιὰν H :
στρατεῖαν at ‖ 6. ἐμελλήσαμεν L : ἐμελήσαμεν | δεῖσαι
Gothanus : πεῖσαι ceteri. πείσεσθαι L, qui et ὅπερ pro
ὥσπερ ‖ 8. ἀλλὰ t ‖ 9. τῷ S : τὸ | μηδὲν ἁρμόσαι t, μη-
χέτι ἁρμόσαι a ‖ 10. ὑμῖν a ‖ 11. δεῖ σοι t ‖ 13. ἔρ-
ρωσο add. t ‖ 17. δεῖ a | πρὸς τοὺς φίλους πάθητε t | οὐ-
δὲν a ‖ 23. καιροὺς τὸν τρόπον * : καιροὺς καὶ τὸν τρόπον
a, καιροὺς t ‖ 31. δὲ] δὲ ὡς a ‖ 33. χρεοκοπεῖσθαι a ‖
34. ἀποστερόμενος * : ἀποστερούμενος ‖ 35. κέκτηται a
‖ 36. δὲ * : δὲ τοὺς ‖ 37. ἂν add. S ‖ 39. τοιόνδε τι]
τοιαῦτα t ‖ 41. ἐστι τῶν πολλῶν ἀδικεῖν ἕνα ἢ ὑπὸ ἑνὸς
πολλοὺς ἀδικεῖσθαι t ‖ 44. ἔρρωσθε add. t ‖ 45. μεση-
νίοις t ‖ 47. πολλὰ καὶ om. t ‖ 48. δυεῖν a.
  Pag. 433, 1. ἀποστεροῦντες a ‖ 2. δὴ καὶ acc. ex m
‖ 4. ἱεροσυλήκατε τοῖς θεοῖς t ‖ 5. τὰ om. pr. t ‖ 6.

τὰ om. pr. t ‖ 9. παντελής] προφανής m ‖ 11. μοι τὸ
τῶν θεῶν οὐ λαβόντων t ‖ 17. τοῖς θεοῖς] θεοὶ pr. t,
θεοῖς sec. t | κομισθῇ * : κομισθῶσι ‖ 19. γὰρ om. t ‖
24. Post πολιτευομένους in a est ἀγαθοὺς | τρὶς m :
τρὶς καὶ ‖25. μεσήνην t ‖ 26. ἂν add. S ‖ 31. ἐμοί]
ὑμῖν S ‖ 41. ταυρομενίτας t | Ζαγκλαίους H : ζακλείους
pr. t, ζαγκλείους a sec. t ‖ 42. καὶ αὐτοὺς acc. ex Angl.
‖ 48. νέρωνος t | λέγειν] λέγειν γε t | κατὰ] περὶ t.
  Pag. 434, 2. ἀλεγίζει ἐπαΐει t, in mg a m. s.
                        ἥται
γρ. οὐκ ἀλεγίζει t ‖ 6. φοβηθὶ t ab eadem ‖ 7. μὴ δέ-
δοικότα] μηδὲν εἰδότα Nauckius Fr. Tragg. p. 692 ‖
9. μετὰ] διὰ t | γονέας * : γονεῖς ‖ 12. διαφέρει m :
διαφέρειν ἡγεῖσθε at | ὑμῖν t ‖ 14. ἐποίησέ τε καὶ a |
15. τὰ ἄλλα t ‖ 18. οὔτε-οὔτε * : οὐδὲ-οὐδὲ ‖ 22. ἑο-
λαῖόα t | ὑπ' Lugd. A : ἀπ' at ‖ 23. πεπραγμένα om. pr.
t ‖ 24. γινέσθω a ‖ 25. τῷ om. t ‖ 27. λυσικλεῖ t ‖ 29.
νομίζω μὲν t | τοσούτω a ‖ 30. γενέσθαι Lugd. A :
ἔσεσθαι at | ἀντὶ a ‖ 31. ἀρσένων a ‖ 31. δόξαις t ‖
35. ἀγνοούντων] μὴ γινωσκόντων t ‖ 39. λόγοις] λό-
γοις μὲν ἴσως a ‖ 40. πολέμιον m : καὶ πολέμιον
  Pag. 435, 6. ἐφ' ἡμῖν n : ὑφ' ἡμῖν sec. t, ὑφ' ἡμᾶς a
‖ 9. Abest a t | Rectius Ἀλόντιον ‖ 12. ἆρ' ὦ Angl. :
ἄρα at ‖ 13. ὦν V : γέρων ‖ 14. καλλωπίζῃ] προσποιῇ
a ‖ 17. Post ἀκμήν in codd. est γέρων ἄν στρατιώτης
ἔχειν καὶ χρήματα ἀγείρειν ἐθέλων. Expunxit L ‖ 18.
ἐπιτειχίζειν] ἐκτρέφειν Dobræus Adv. I. p. 560 ‖ 19.
μὲν m : μὲν τῶν ‖ 21. ἀπονοστήσας S : ἀπονοστήσης ‖
23. καὶ S : καὶ αἱ ‖ 24. Uncos add. L, qui scripsit
καὶ ὁ Ναύπλιος στόλος ‖ 25. ἐκφύγοις-ἀιστώσειεν S :
ἐκφύγης-ἀιστώση ‖ 29. ἀπολώλεια a ‖ 41. πολιτευμάτων
Lugd. A : πολιτεύματα at ‖ 42. εἶναι qm. t ‖ 43. ἥσσων
                      καὶ
t | καὶ χρῆσθε] κεχρῆσθε t ab eadem ‖ 46. σχολάζειν
m : σχολάζειν πρὸς ‖ 47. ἄφετον t | ἐμοὶ om. pr. t
‖ 49. πρὸς ὑμᾶς πολιτευομένων L : προσπολιτευομέ-
νων
  Pag. 436, 1. ἑταίρους t ‖ 2. ἐμοὶ * : μοι | ἀμῇ ψυχῇ
κεχαρισμένον M. Hauptius : πρὸς ὑμᾶς τύχω κεχαρισμέ-
νος at ‖ 5. Abest a t ‖ 10. ἐπαναβαλόμενος S : ὑπανα-
βαλόμενος t, ὑπαναβαλλόμενος a ‖ 11. οὐ] οὐδὲ a t ‖ 12.
μόνον om. a ‖ 15. καὶ] ἵνα t | πλεῖον a ‖ 17. ἑαυτοῦ
ἀπέστειλα t ‖ 18. ἀλκιάδης * : παραλάδης ‖ 19. πολιτευ-
μάτων t ‖ 20. ἐξ ὧν] ἐν αἷς a | πάσης] πᾶσαι W ‖ 21.
παρεστηκότων t ‖ 22. καὶ εἶ] κἂν t | ἑαυτὸν a ‖ 24. ἄ-
γνοιαν L : ἄνοιαν ‖ 27. ταῦτα δὲ] ταῦθ' t ‖ 30. οὐδὲν t
‖ 32. ἄργοσο add. t ‖ 33. δημηγοριῶν ‖ 35. δημαγωγοὺς
‖ 35. τοῦτο a ‖ 41. Verba εἴπερ-φιλοτιμεῖσθαι ex ep.
LVIII illata censet W, sed fortasse utramque episto-
lam Lennepio autore in unam contrahendam esse ‖
42. ὑπὸ om. a.
  Pag. 437, 3. ποιούμενος m : πειρώμενος at ‖ 5. τρα-
γωδίας οὐ φυλάξη t | γίνεσθαι a ‖ 7. τοσοῦτος t ‖ 9. ἀφ'
t ‖ 11. σὺ δὲ acc. ex m | οὖν post μὲν add. t ‖ 12. ἀν-
θρώπων m : ὄντων at ‖ 14. ἂν add. S | Κεβρήνι? t ‖ 17.
πρὸς addidi ex m, item κατ' ἐμοῦ ‖ 18. ἐκπέπληχθε m :
ἐξέπληξε at ‖ 21. τῇ om. a | προπετεία ἐστὶ κατὰ t ‖
23. ἔπειτα ὡς ἐμοίγε ὁ τρόπος ὠφέλιμος εὐνουσθεῖσιν m.
L. Dindorfius in Thes. v. εὐνοέω corrigit ἐπὶ πρᾶος
ἐμοὶ ὁ τρόπος εὐνοουμένῳ « vel similiter » ‖ 25. παρὰ

t || 26. παραδάλλεσθε * : ἐμπαραδάλλεσθε αὐτοῖς || 29
δτα *Lugd. A.* ὡς *at* || 30 τε om *t* | τετιμωρῆσθαι *t* ||
31. Post ἁμαρτάνοντας expunxi οὐκ ἐφ' οἷς εἰνὸς τὸν
παθόντα συγγνῶναι || 32. Post ἑαυτοῖς ιη scriptis et *a*
est εἰς ἀνήκεστα, quo variam veiborum ὡς ἀνίατα
lectionem mihi tenere videbar Itaque delevi || 36.
πείθοντι * : ποιοῦντι | Cf. ep. LXXV || 42 δυεῖν *a*

Pag. 438, 1, τόδε * τὰ ἐνθάδε | ὡς om. *t* || 3
οὐκέτι αὖθις *a* || 7 Abest a *t* || 7. πολλὰ καὶ L πολὺ
|| 9 ποιήσειν ,* ποιῆσαι | τῷ τοῦ θ. τ β θυγατριδεῖ
(ι. e θυγατριδῷ, idem libiaiius θυγατριδεῖ etiam ep
CXLV) αὐτάνδρου δὲ υἱεῖ τοῦ *m* || 12 καίπερ τοῖς νό-
μοις * · καὶ παρὰ τοὺς νόμους || 19 Abest a *t* | τοῦ *m*
τοῦ μὲν *a* || 20. ὦ add. S || 23 μὲν deleam | ἡμᾶς *a* ||
24. προσέσθαι Wyttenbachius in Plut. p. 114 | οὖ om
a || 25 καὶ addidi || 27 Post ἔχει ιη scriptis et *a* est
μᾶλλον δὲ τούτοις ἐστὶ δακρύων ἄξιος ὁ θάνατος Dele-
vit L || 29 [ ] * | δὴ μείζων *m* μεῖζον *a* Hia-
tum significavi Fortasse οὐδεὶς intercidit || 33 ἢ ad-
didi | οὐκ *a* || 35. φρονεῖτε μὲν * φρονήσαιμεν *a* ||
43. ὑπὲρ * περὶ || 44 κτήματα * χρήματα || 46.
εὐτοκήτως S, ἐτοκήθη omisso ἔθνησκεν L || 47 οὐ γάρ,
εὖ ἴστε, ὦ παῖδες, ὑφ' ἡμῖν S

Pag 439, 5. ἀφ' οὖ-αὐτοῦ *m* ἐπὶ "οὔτου περιγενό-
μην *a* || 6 εὐεργεσίας *m* εὐεργεσίαν Malim εἰ-ἠθέ-
λησε || 13 Abest a *t* || 20 ἵν' ἀ-πεπόνθατε *m* ἵνα-
πεπονθότις *a* || 16 ψυχῆς L : τύχης || 28 ,ἀθέως *m*
ἀθῶος *a* || 37 δὲ καίτοι παρ' *t* || 38. ἕως V τέως *t* ||
39 κινδυνευόντι *t* || 41 τάχα] τάχ' | οὐδὲν] οὐθὲν *a*,
οὐδὲν τῶν *t* | ὑμῶν *t* | εἴτ' *t* || 42 ἐξεστι *t* || 43 ἐγέ-
νετο *a* || 44. πάρον * πάρον τῶν *a*, πάρόντων *t* || 46
χρῆσθαι *a*.

Pag 440, 4 ἔτι-καλοῖς om *a* | ἔπιτε τὸ] ἐπὶ τῷ
a || 6. ἔρρωσο add *a* || 7 ἦν * ἦν οὐκ *a*, ἧς οὐκ *t* ||
8 ἐπεξιέναι om. *t* || 9. νῦν-ἡμᾶς] αἰθεσθῆτε ποτε καὶ *t*
|| 10. οὐδενὶ-ἐδοξε] ἀδίκως *t* || 11 δὲ *n* καὶ *a* || 12
ȗ
τοῦτον om *t* || 16 ἡμῶν *t* ι e ἡμῶν *t* || 20 ἔρρωσθε
add *t* || 21 ἐπινοοῦντα *t* || 22 σου *t* || 25 [ ] L ||
26 διελογίζου *m* ἐλογίζου *at* || 27. ἔλεγες L || 28
καὶ om *t* || 31. εἶχες *a* || 33 σεαυτῷ * ἑαυτῷ | ἐξῆρον
post τοσοῦτον ponit *t* || 36 καθιστὰς S : καθίστας |
ἑαυτὸν *t* || 38. ἅπτεσθαι] ὀρέγεσθαι *t* || 44 βλαβέντας *a*

Pag. 441, 2. ἐν] ἐφ' W || 8. αἰθέσθαι pr *t* || 10
μήποτε *a* || 12. τὴν acc. ex *m* | τύχην S τύχην ἴσως
ἢ γνώμην | συνατυχῶ-τύχη om *t* || 16 ὅς om *t* || 21
καὶ om. *t* || 22 προειρημένοις L πρώτοις εἰρημένοις ||
27. ἡμῶν] ἐμοῦ *a* | αὐτῆς pr *t* || 28 πατηγορεῖν *a* ||
33. τὸ om *a* || 34 ἀνήλλαξα S ἀπήλλαξα *at* || 35.
Abest a *t* || 37 οὖν addidi || 45 Abest a *t*

Pag 442, 4 [ ] L || 8 Hæc ep cum sequente
non est in *t* || 26. προεσθύτην *t* || 28 μὲν om *t* | οὖν
αὐτοὶ ἴσως οἷον αὐτοὶ *t* || 31. κἂν νομίζωμαι L καὶ
νομίζομαι *t* || 32 οὐδὲ *t* || 36 ἂν add S || 37 [ ]
L | ὑπολαμβανοίμην *a* || 39 Abest a *t* |
Γέλαν-Γελῶσι-Γελώων L duplici lambda scripti et *a*

Pag. 443, 6 μὰ τοὺς θεοὺς om *a* || 11 ὅτι *Lugd A*
ὅτι *at* || 19 νῦν δὲ* οὔτε νῦν scripti W malebat εὖ
γε pro οὔτε || 20. παραδέδωκας *a* | ὑμᾶς om. *t* | ὡς *
ὡς φιλτάτους *at* | An ἐν τοῖς πρότερον χρόνοις? || 21.

α'τη,σαμένους *n* αἰτιασαμένους sec *t*, αἰτιασαμίνους *at*
|| 22 ἥττηθε pr *t* || 24 ὁ διδοὺς *Angl* οὐ *a*, om *t*
|| 26 φιλοπάτορι *t* || 28 μοι καὶ τῆς pr. *t* || 30 χρόνον
ἐληλύθαηι μήτε *t* | αἰτιάσθε *t* || 31. τοῦ] αὐτοῦ *t* ||
32 ἔτους] χρόνου *a* | μὲν om. *a* | ὑμῶν *a* || 37 καὶ
om *a* Intercidit τὸν κατάλογον vel, quod malebat
Schæferus , πίνακας || 38 ὁμολογουμένως *a* || 39 συν-
αποστελλόμενος *t* || 40 εὔλογος *t* | τε ἄλλα εἴδη *t* ||
42 τοῖς χρήμασι * τὰ χρήματα || 43 τῆς πόλεως καὶ
νόσμον *a* || 49 ἂν add S || 51 ἄτοιον om *t* || 52
οὐδέν με] ἐμὲ *a* Locus corruptus | ἀναστήσασθα ·pro
ἀναστήσασθαι W

Pag. 444, 1 κατερρηγμένα *a* || 4 ὑμῖν om *t* || 6.
πλεῖον *t* || 13 περιουσιαζούσης δόξει om *t* | ἔρρωσο add
at || 14. Habet Stob Flor. 86, 17 Insci om. *d* |
καὶ om *a* | γαλῶν καὶ ἐπ' *a* || 17 καὶ εὐγενέστερος om.
d | βασιλέων ἁπάντων *Lugd B* βασιλέων καὶ πάντων
at καὶ βασιλέων-εὐγενέστατος om *d* || 18 εὐγενέστε-
ρος Arsenius εὐγενέστατος || 19. δυσγενέστερος Mei-
nekius δυσγενέστατος || 20 πρὸς om *d* | συρραουσίοις
d || 21 ἐν ἀδοξοτέροις διαδόχοις *a* | Reliqua desunt in
d || 25 σαμαίαν *t* || 27 Addidi ἂι || 28 ἐμὶ *Lugd B* ·
μὴ *at* || 30 καὶ * οὐ || 31. σαμαία *t* || 35 οὔτε *
οὐδὲ || 38 καὶ om. *t* | ἐπολιτεύσασθε *t* || 39 δέομαι L ·
οἶμαι | λέγειν Cobetus V L p 234 καταλέγειν || 40
γε om *a* || 42 πάρον* * παρόντων pi *t*, πάρον τοῖν *a*
sec *t* || 43. δυεῖν *a* || 46. ὑμᾶς *a* || 48 νομισθῆναι τοὺς
ἀποκτείναντας *t* || 49 τὰ ἐμὰ *a*

Pag. 445, 3. ἥκιστά γε ὑμεῖς με ἠμήσατο *t* || 5. ἂν *t*
|| 7 τι δίχαιον *t* || 8 αὐτάρκη *t* || 11 γε] τε S | τάν-α
t || 13 ἀν γ'] οὐν γε *t* || 15 ἐν μέρει τα δίκαια *t* ||
17 Excidisse nonnulla significavit L Post ὀργὴν in
t est τὰ τείχη W supplet ἀπέχετε vel πλήσεσθε || 18
ἐπ' δὲ om. *t* || 20. ἐπιεικέστερον *t* || 25 τι ἀνεδεξάμεθα
αὐτὸν καὶ δώροις ἀναξίοις *t* || 29. ἠνέγκατο *t* || 30 Ma-
lim ἐργατικὸν καὶ ἀνθρώπῳ σύντροφον *t* || 31. κατεφάνη
κατεφάνη χρῆμα κόσμου ἄξιον || 32 τον ἐν αὐτῷ λελογχι-
μένον μόρον scripsi Quo cum sequens δυσποτμώτερον
μόρον male præcipi videretur, delevi μόρον et scripsi
τό || 34 ἀνάπλεω | φανὲν *t* || 35 δυσποτμώτερον *m* ex
corr δυσποτμώ-τερον *t*, δυσπατμότερον μόρον *a* || 39 ἀνε-
βι-βάσκηκε *a* || 40 τὸ addidi | γὺρ ἥξαμεν L περιήξαμεν
ὑπέθετο L ὑπεθέθετο *at* Post hanc vocem in scri-
ptis est πίμπρασθαι πικρᾶς, quorum verborum poste-
rius ex πίμπρας natum est Scripsi πιμπράμενος || 42
δέδωκας ἐτ || 45. ἡμᾶς || 47 ἡμᾶς] ἐμὲ *t* || 50 δυσ-
ποτμώτερον *n* δυσποτμότερον

Pag 446, 5 ἀνὴρ W ἀνῆρ || 9 οὔπω] οὐν ἂν *m*,
ut malim οὐκ ἂν διδοίην, nisi scribendum sit εἰ πρό-
τερον || 11 παρὰ * παρὰ τοῦ οὐδεὶς *t* || 13 ὀρυφάκι-
-ον *a* || 14. ὑπεξελεῖν * ὑπεξελὼν *t*, ὑπεξελθὼν *a* || 15.
ἡμῶν *t* || 20 γ'] οὐχ W || 22 ἀχθηρότατον *Lugd*
A ἀχθηρότατον *at* || 26 τὸ addidi || 35 ὑμῶν *a* || 36
ρου
ἐντετορώθη *t* || 40 αὐτοῦ S. αὐτοῦ *t* || 44. δικαίων Do-
bræus δικαίως || 46 ὅμως] ἴσως *t* || 48 μέντοι] δὲ
t || 52 παρασχόν L παρασχών || 53. Post ἐτιμωρήσατο
in *n* adduntui hæc, ταὐτον οὖν τοῦτ' ἐὰν φάλαρις εἰς

τὴν ψυχὴν ὑπὸ τῶν μαρτυρησάντων ὑφ' ἑαυτοῦ παθῶν
ἐργάσηται κἂν πολλοὺς πρότερον ἀπολογίας τύραννες ὧν
ἢ μίσους ἄξιός ἐστιν ὁ μηδὲν μὲν μαθὼν ἀνήκεστον ὦ
φίλτατοι μηδὲν δὲ μελλήσας ἔκτοπος καὶ πικρὸς ἔχθους
ἄξιος οὐχ ὅτι περὶ τοῦ παθεῖν ἀντεμυνάμενος ‖ 54.
δρᾶν a.

Pag. 447, 2. οὖν acc. ex m | 4. ἡμέτερα t | ἔθη a
‖ 15. ἄξιοι-πολῖται] « Sensus inesset verbis sic scri-
ptis, πολιτῶν δὲ εἴ τις ἐστὶν ᾧ ὁ μόρος οὐκ ἤρεσεν. »
Valcken. ‖ 16. ἴστω * : ἰδέτω ‖ 17. ἀρεστὰ Naogeorgus :
ἄριστα ‖ 19. παιδί] υἱῶ σου a ‖ 26. τὴν καταδίκην t | δνη-
ρημένων? ‖ 31. αἷς L : οἷς ‖ 36. κατηγορεῖτο a ‖ 39. Inscr.
om. t ‖ 40. δεδοικότας t ‖ 42. ἐπεὶ δὲ Veneta a. MIID :
ἐπειδὴ ‖ 43. μὲν] μὲν οὖν a | οἰωνῶπ ἡμέτερα φόβ τοι-
οὔτω (sic) t | τὰ ἄλλα t ‖ 44. γενήσεται L : γενήσοιτο
‖ 45. ταῖς a ‖ 46. ἐλπίσι Lugd. A : φροντίσι at | ὑπὸ t ‖
47. στέλλοντές t.

Pag. 448, 1. σε om. a | ἀπ κότα (sic) t ‖4. ἑαυτὸν t
‖ 6. Λαχρίτω t ‖ 9. πολλῶν a ‖ 12. ἔρρωμαι a ‖ 13. ἢ
δεῖ t | ἤδη a | σπουδῆς t ‖ 16. παραθήκην t | δεδώκαμεν
t | ἄξιόν τι t ‖ 21. αὐτοῦ t ‖ 22. σαυτὸν t ‖ 24. με νι-
κῆσαι δίκας at. Expunxi dittographiam. W pro νικῆ-
σαι coniciebat ἀδικήσας | τρεῖς t ‖ 25. ἐμβάλλου m :
ἐμπαραβάλλου a, παραβάλλου t ‖ 26. οὐκ addidi ex Go-
thano | ἀλλότριος * : ἀλλότριον | ἔλεος m : ἔλεον at
| ἐπεὶ W : εἰ | τοῦτον m : τοῦτο at ‖ 27. σέβεσθε μὴ πα-
ραιτησάμενοι et χρησώμεθα m. Restant quæ emenda-
tionem exspectent ‖ 29. Abest a | Ἀριστοφῶντι * :
ἀριφοίτη ‖ 32. οὕτω deleam ‖ 34. ἀποδείχνυμεν L : δεί-
χνυμεν ‖ 35. ἰδεῖν τοῦ βίου m : τοῦ βίου ἰδεῖν at ‖
39. ἐμβληθέντων m : γενηθέντων ‖ 40. ἡμῖν acc. ex m
‖ 41. προσδέχου t : προσδέχου καὶ ‖ 42. ἐκτίσειν * :
ἐκτῖσαι t ‖ 43. μὲν om. a.

Pag. 449, 1. σεσωφρονεῖσθαι t | μὴ δὲ a ‖ 2. οἶδα a
‖ 6. ξυμφορᾶς t ‖ 10. ὠήθη t ‖ 12. χαλεπωτέραις L : t
χαλεπώτερον ταῖς ‖ 15. αὐτὸν a ‖ 19. ὥσπερ L : οὖσι
at | δικαίοις a ‖ 20. ἀμείβη m : ἀμύνη at ‖ 21. ἀλλ' εἰ
Boyleus coll. ep. LX : ἀλλά a. Mox ex eadem post βεβου-
λημένων inserendum φείδη, ἡμῶν γοῦν οὕτως ἐχόντων
ἐπὶ τὸ πλεῖστον τάχα ‖ 22. ἀνεπιεικέστερος a ‖ 23. Abest
a t ‖ 27. παρὰ m : περὶ a | ἐπεδώκαμεν * : ἀπεδώκαμεν
a ‖ 29. ἐθέλεις m : θέλεις a ‖ 30. ἐμπεριποικίλιαι? ‖
32. ταλάντοις Dobræus Adv. I. p. 560 : ταλάν-
τοις τὰ ‖ 39. Abest a t ‖ 40. παρέχουσα Dobræus :
πάσχουσα ‖ 43. ἐπὶ πλέον S : εἰς πλείω ‖ 46. ἐστι L :
ἐστι δύνασθαι | περιορᾶν : περιορᾶν ὡς ἀλλότριον |
τὸν addidi | νενοσφισμένον * : νενομισμένον.

Pag. 450, 3. τελεσίπην m : τελεσίπην αἰδεῖσθαι a
‖ 7. Abest a t ‖ 11. ἐπαίνους L : ἵππους ‖ 16. An ὑπ'
ἰδιώτου? ‖ 20. εὖ ποιεῖν m : εὐπορεῖν ‖ 23. Abest a t |
μηδὲν S : μηδὲ ‖ 34. ἤρχθαι a ‖ 35. σὺ νῦν ἡμῖν ἐπι-
στείλας ἔτυχες a ‖ 37. ἐπὶ τάχει t | γιγνομένων a ‖ 38.
μακρᾶς * : μακρὸν at | ἡ θεὸς] ἡ θεὸς ἢ t ‖ 39. ἡμᾶς a :
μεμψάμενοι a | τὸ addidi ‖ 42. κακοὺς πανταχόθεν a ‖
44. πω om. a.

Pag. 451, 2. αὐτοὺς a, αὐτῆς t, sed ab eadem supra-
scriptum αὐτοῖς ‖ 4. ἴστη t | σκεψαμένοις ἀποδοχῇ t ‖
6. θεσμὰ Budæus : θεσμὰ | ἀποθῶνται t ‖ 8. εὐτελὴς
t | εὐδαιμονία μοίρας t ‖ 12. ἐχέσθωσαν t ‖ μή-
τισι ‖ 14. Abest a t ‖ 15. ἐπὶ Hemsterhusius : ὑπὸ ‖

29. πόλις πεισθεῖσα Dobræus : πεισθεῖσα πόλις ‖ 35.
ἂν add. S ‖ 43. Abest a t ‖ 48. καὶ m : om. a.

Pag. 452, 2. τὴν ζημίαν m : ζημίαν a ‖ 7. ὑμῖν m :
ἡμῖν a ‖ 27. Cf. ep. XXIX ‖ 28. νῦν om. t ‖ 29. ἤδη]
ἢ δεῖ t ‖ 35. τούτῳ m : τούτων a ‖ 37. παρόσου t ‖
39. Abest a t ‖ 46. διεξίῃ-ἐθέλῃ S : διεξίοι-ἐθέλοι

Pag. 453, 6. τινες-μετεποιοῦντο] Verba corrupta.
δὲ accessit ex m | ἀσεβέστατα S ‖ 10. ἂν add. W ‖
27. ἀλλά t ‖ 29. ἀγνώμονες Lugd. A : εὐγνώμονες at ‖
30. δέδιτε Lob. ad Phryn. p. 138 : δεδίατε | εὖ om. t ‖
32. τέως Lugd. A : ὡς t, om. a ‖ 36. οὓς Lugd. A :
ὅσους a. Locus corruptus | 38. ἐγὼ] ἂν t ‖ 39
ἐνεχείρησα t ‖ 40. τὰ om. t ‖ 41. γε t ‖ 42. Πραΰλης
C. B. Hasius in Thesauro : πραΰλης ‖ 43. τοῦ-πολυ-
παιδίας] Verba corrupta ‖ 44. ἕνεκά a ‖ 47. σοι om. t
| μὰ m : μὰ τὸν at | φόρου τ' ἐπίφονον t ‖ 51. ἀπό-
τροπον Ruhnkenius : ἀπόφορον | ἀλλ' * : ὡς at.

Pag. 454, 1. πεφυρμένα t ‖ 2. ναὶ * : καὶ t ‖ 4. ἀν-
ελεὴς t ‖ 8. τοῦτο-ἐτύχθη t ‖ 9. ἐλλαμπρύνομαι t ‖ 10.
πάντων om. t ‖ 12. τῶν om. t | π ὄντων (sic) a ‖ 13.
τισὶ adieci ex m ‖ 17. Abest a t ‖ 18. ὦ addidi ex
m | γάμων m : γάμον a ‖ 38. ἄν τι διδούς S : ἀντιδι-
δούς ‖ 48. τοῖς γάμοις videtur dittographia esse.

Pag. 455, 9. τῇ ante γυναικὶ addidi | ταμίας L :
τίμιος ‖ 4. τῆς ἰδικοῦ | Τισινίκου? ‖ 10. ἀμέμπτου L :
ἀτιμήτου a, ἀμιμήτου n ‖ 21. πόθον m : πόθους a ‖
22. καὶ οὔ * : ἢ οὔ ‖ 24. ὅταν-κατοινιζῶ] Verba cor-
rupta ‖ 32. πιριμένειν m : μένειν a ‖ 35. ἡμετέρους
m : ὑμετέρους a ‖ 46. δρῶσα πράγματα * : πράξασα
a ‖ 49. ἀπαριθμήσει m : παραριθμήσει a.

Pag. 456, 6. ἐλεγχέου | ἐπικηδείου Frankius Callin.
p. 58, frustra ‖ 11. ᾠκειωμένος m : ᾠκειωμένος a
‖ 18. φέρειν * : φέρειν ἢ δυνατὸν ἐνεγκεῖν | τύχην L :
ψυχήν ‖ 28. ἄπωθεν m : ἄποθεν a | τούτῳ S : τούτου
‖ 31. γενόμενος * : γινομένων ‖ 51. ὅτε acc. ex m.

Pag. 457, 9. εἴ τι νοοῦμεν οὖ * : ὡς ἐπινοούμενοι scripti.
ἐπιχριούμενοι W | δῖ' οὖ m : δῖ' a ‖ 10. αὐτὸ delen-
dum, nisi fallor ‖ 13. δ' add. W ‖ 16. κἂν-εἰλόμην]
Verba corrupta ‖ 18. πρόσμενε ἤδη L : προμηνύθη |
καὶ suspectum ‖ 21. τὰ ἄλλα * : τῶν ἀλλῶν | προέμε-
νος S : περιέμενος | ἐν ‖ ἐφ' W ‖ 22. ὅμοιος * : ὁμοίως
| 24. που Lennepiana : ποι a ‖ 28. ἡμᾶ : ἡμᾶς a ‖
42. πολίταις L : πολιτείας ‖ 48. μηδὲ * : μήτε

Pag. 458, 5. Ἀριστοφῶντος * : ἀριφάντου | μηδ' * :
μηδ' ὅσον ‖ 11. ἐπιπνέουσιν L : πνέουσιν | 12. παρεξή-
τακας * : ἃ παρεξήτακας | 13. καὶ τὰ m : κατὰ a ‖ 16.
μεμνήμεναι L : ἐμείναμεν ‖ 18. ἂν addidi ‖ 19. ἡμᾶς * :
ἡμῖν ‖ 20. ἐπὼν L : εἰπὼν | τὸ add. V ‖ 22. τὸ ad-
didi ‖ 24. μαθὼν L : παθὼν ‖ 25. οὐδὲ εἰς ἐνέμειναν
ἐν τῷ ἱερῷ χαρτερός, Εὐβούλου καὶ Ἀριφάντου, δυοῖν ἀδί-
κοιν, εἷς δίκαιος περιγενόμην, μᾶλλον δὲ ὁ σωτὴρ ἐν
ἡμῖν Ζεὺς τὸν τύραννον L ‖ 26. Ἀριστοφῶντος * : ἀριφάν-
του ‖ 32. εἰ μὴ * : εἰ μὴ καὶ ‖ 40. ἀντιπρόσωποι V ‖
41. ἐξηρέθησαν V : ἐξηράνθησαν ‖ 44. ἔτυχον m : ἔτυ-
χεν a.

Pag. 459, 4. σιγήσῃ * : σιγηθῇ ‖ 6. ἐθέλη m : θέλη a
‖ 13. ἐν add. V ‖ 14. Deleam ἔρρωσο ‖ 21. μὲν οἴμαι
m : οἴμαι μὲν a ‖ 27. γελλῶοι a | Ὑβλαῖοι Lugd. A :
ὑαλαῖοι a | τηλικαῦτα * : τηνικαῦτα ‖ 31. ὑφ' ἡμῶν
ἀγαθὸν m : ἀγαθὸν ὑφ' ἡμῶν a ‖ 36. ἑαυτοῦ n : αὐτοῦ a

|| 37. τοῖς δανείσασιν ἀποτί͜ειν *m* . ἀποτίνειν τοῖς δα-
νείσασιν *a* || 38. ἀποτίνετε * : ἀποτίννϛτ:ιν, ἀποτίνητε *a* ||
39 μηδὲ *n* Malim εἰ δὲ μηδὲν ταῦτα ἀνύσει || 40. τα͜ὑ-
τι *Lugd. A* om. *a*

PHERECYDES.

Pag 460, 1 Ex Diog L. I, 122.

PHILIPPUS AMYNTÆ F.

Pag. 461, 1 Ex Demosth or de cor 39 || 15 Ex
eiusdem or XII. p 158-165 || 36. εὐδοκοῦντα Schæ-
ferus εὖ δοκοῦντα || 38 τοῖς Reiskius καὶ τοῖς ||
scripti. Malim τοῖς τε ἄλλοις ἅπασιν

Pag 462, 1. εἴργον * εἴργειν | ὑπόμνημα Reiskius
ὑπομνήματα || 43 αἱρεῖσθαι * · αἱρεῖσθαι || 49 Συρακο-
σίω W . συρακουσίω || 52 ἦρχον * ἦρχεν

Pag. 463, 12. Πεπρηθ̓ίων Reiskius . πεπραρηθίων ||
20 ὅτι Felicianus · καίτοι || 30 προέμενος * προσι-
μένος || 48 διαγγέλλοντος Felicianus διαγγέλλειν

Pag. 464, 14. καθ'] Ita Polyb 8, 22, 3 || 20 ἀεί
τι λαμβάνειν P Manutius ἀντιλαμβάνειν || 21. ῶν
ἔξωθεν Felicianus τοῖς ἔξωθεν || 37. ἡμᾶς Reiskius
ὑμᾶς || 47. ἐγνώκατε Manutius ἐγνωκότες || 49 κᾱ̃-α
Lambinus κατὰ

Pag 465, 7 Ex Demosth or de cor 77 || 13.
εἴ γ' schedæ Scrimgeri εἴτ' || 32. καὶ addidi ante
μᾶλλον || 32. Ex or. de cor 166 || 46 Indidem
167.

Pag. 466, 15 Ex or de cor 157 || 37 πρὸς δὲ
τοὺς μὴ συναντήσαντας * τοῖς δὲ μὴ συναντήσασι || 38
διὰ συμβόλων Sauppius δὲ συμβούλους || 32 Sequan-
tur epistolæ Philippi in Aldina asservatæ iungendæ
illæ cum Aristotelis epistolis, quippe ab eodem ho-
muncione confictæ | γενέσθαι * γεννῆσαι || 36. πρόνοιαν
ι (Palat 134) *n* (Paris 2832) · τὴν πρόνοιαν *a* || 37
φιλοστόργω * φιλοστόργως || 39 καθ' ὑπερβολὴν
adieci ex *in* || 40 τὸν * καὶ τον || 47. νόμον *n* νό-
σμον *ια*.

Pag 467, 2 τὸν acc ex *in* || 4 δ' *n* δὲ *ια* || 5.
ὄχνος *ni* · ὄγκος *a* || 6. δ' *in* δὲ *a* | ὑπάρχει acc ex *in*
|| 8 τὴν ante χρῆσιν om. *in* || 13 κεχρημένος *in* χρη-
σαμένος *a* || 13 πᾶσ' W φασὶ κεχορηγημένον * κε-
χρημένον || 14 νύκτωρ *n* νυκτὸς *ια* || 15 ταῖς] τῶν *n*
|| 18 ἦ οἰκεῖος *n*.

PHILOSTRATUS.

Philostrati epistolas cum exscribi ita iussissem ut
relicta duplici quam Kayserus statuit recensione ad
veterem unitatem reverterer, obstinatio typothe-
dum Parisinarum effecit ut exemplar Westermanni-
num, quod cum mutationibus meis tramiseram, ad
verbum literamque me invito repeteretur Quam ope-
ram subvertere nisi magno molimine non licebat Ita-
que parui necessitati ac bipartita ista ad codices et
coniecturas aliorum measque refinxi. Commemoravi
quicquid contra codices novatum est, reliqua referre
supersedi. Secundæ Kayseri curæ his ipsis demum
diebus, id est anno 1871 extremo, in manus meas
pervenerunt Pauca inde excerpta infra apposui

Pag 468, 2 ἐποιήσατο * ἐποιήσαντο || 7. 14 γράας *.
γροιᾶς || 20 ἀτέλυσε * (ita etiam Kayserus) ἀτέλυσε
|| 28 ἦν * ἦν ἄλλο

Pag 469, 7 Κλάροι οἱ Boissonadius λλάριοι · || 11
Malim ἔξεστι νῦν || 12 ὃν εἰ σώζειν ἐθέλεις * εἰ δὲ σώ-
ζειν οὐ θέ͜εις || 17 ἀραρέες] Ita scripsi pro librorum
καὶ οἱ ἀστέρες Euphorio ap Polluc IV, 95 Χαρίτεσ-
σιν ἀραρέσιν Nunc in vulgata acquiesco Infra 27 οὐ-
δεὶς γὰρ ἀστέρας εἶδε κοσμουμένους οὐδὲ ὄρνιθας || 26.
Verba πενία-ἔγκλημα tollenda || 28 πρὸς * περὶ || 41.
ὁ addidi

Pag 470, 13 μυρεψῶι * μυρεψικῶν || 22 ῥόδα
scripti Feci ἐξόδμα , etsi nunc malim εὐώδη Ita mox
est εὐωδέστέρον. Et infra quoque εὐώδης iterum ac sæ-
pius legitur || 25. ὡς δ' εἰκάσαι * ὡς δ' εἰνάσαι ῥᾴδιον
|| 31 ὄρνις · ὄρνις || 44 γένοιτο W γένηται

Pag 471, 28 καταλιποῦσα * καταλιποῦσαι vel κα-
ταλιπόντα || 39 Sci. νεφῶν || 46 ἄρα inserui Post ἐκ
σαρκός (ita Bentleius, scripti ἐξ μέρος) excidisse ali-
quid suspicatur Kayserus Recte, respicitur enim
Platonis Prot p 320, D

Pag 472, 10. ὁ ποιητής delendum est, ut natum ex
ὑπηνήτην || 11 ὁήποτε K(ayserus) δὲ ποτε || 22 μὲν
tollendum videtur || 38 γαυρότερος ante ἵππος inse-
rit K.

Pag 473, 42 θεωροὶ Boissonadius θεοί | δ' addidi.

Pag 474, 5 ἢ δ' ἐδεῖτο * οἱ δὲ ἐδέοντο || 43 σα-
ρίσας * σαρίσσας

Pag. 475, 13. μήτι * μήτοι || 24 ὅταν χαλεπαίνῃ,
W ἥτε χαλεπαίνει || 25 δῖαν Cobetus ἡδεῖαν || 27.
δὲ adieci

Pag 476, 2 πολυωρίας G Dindorfius ὀλιγωρίας ||
9 ἡ ante 'Ρέα adiecit Boissonadius || 12 τις addidi ||
26 Hiatum signavit K, qui supplet ἐκδόντα vel
ἥκοντα

Pag 478, 4. λάει K || 18 ὑακίνθινα * ὑακίνθινον ||
26 ὡς ῥίνα * ὡς ῥίνα καὶ ὄμματα

Pag 479, 5 ἐτί͜θης Bentleius ἐτίλθης

Pag 480, 5 ὁρῆ * ὁρᾶ

Pag 481, 38 ἄλλοις K ἄνοις

Pag 482, 7. Πίνδαρος Bergk Poet Lyr p 318³
|| 18 ἐτῆς K ἀρῆς || 37. τι * τοι

Pag 483, 10 εἶτα W ἴσα || 13 'Αρμόδιοι καὶ 'Αρι-
στογείτονες K ἀρμοδίου καὶ ἀριστογείτονος || 20
κᾶν * ἄν

Pag 484, 15 ᾶ'ρεῖ Wyttenbachius ᾶ'ρεῖ || 37
ὃτε * ὃτε δὲ || 40 ἑλληνῶς Cobetus ἄλλη πως || 42.
νίκα * νικᾶς || 43 τ'] δὲ Diltheius Cydippes p 113

Pag 485, 1. λάγω et Cobetus : καὶ ὡς

Pag 486, 8 αἱ K οἱ || 21. εἰ καὶ δοκεῖ Stephanus
in Thes v βακχαίνω καὶ δοκεῖ || 24 ἀπέχε W
ἀ-έσχε

Pag. 487, 12. οἷα σου Iacobsius : οἷά που ‖ 40. Scr.
ἐκείνου ‖ 43. φλογίζεσθε Iacobsius : λογίζεσθε

Pag. 488, 4. ἀλλ' ἐν ταῖς ἀδόλως καλαῖς W : ἀδόλως
καλαῖς ἀλλ' ἐν ταῖς ‖ 27. μή K : εἴ ‖ 3o. θυραυλίαι
Ruhnkenius : θυραυλικά

PLATO.

Pag. 492, 2. διοικεῖν Stephanus ‖ 12. διατρίψας?

Pag. 493, 4. σημαίνει * : σημαίνει τὸ Δίωνα ἐξαίρετον
εἶναι ‖ 10. Κρατιστολάου Lobeckius Pathol. p. 131, 3
‖ 35. Seclusi verba ὡς σοφοὺς καὶ Κῦρον ὡς δυνάστην,
quorum partem suspectaverat Groen van Prinsterer
‖ 45. ἡμῶν * : ἡμῶν αὐτῶν

Pag. 494, 16. [ ] * ‖ 36. ὃ * : ὅτι

Pag. 495, 4. ἐμπορεύσηται * : ἐμπορεύσεται

Pag. 496, 8. ταύτην * : ταύτην νῦν ‖ 21. ἀφεὶς C.
F. Hermannus : ἀφεὶς ‖ 39. ἀνθρώπῳ μή τι * : ἀνθρώπῳ
κλήσει μὴ ὅτι δὴ

Pag. 497, 1. Συρακοσίοις hic et infra * : Συρακουσίοις
‖ 31. πέρι * : περὶ

Pag. 499, 22. [ ] * ‖ 48. στενὸν * : στενὸς

Pag. 502, 4. καίπερ γέρων ὤν] F. τριγέρων ὤν , nisi
delenda

Pag. 503, 4. Συρακοσίους * : Συρακουσίους οἴεσθαι ‖
19. λιμέσι * : ἄστεσι ‖ 27. δὴ * : δήπου

Pag. 504, 8. ἐνεδίδου * : ἐπεδίδου ‖ 36. θελήσαι * :
μελλῆσαι ‖ 41. In scriptis est ἀφροδισίων σπουδὰς δια-
πονουμένας, cuiusmodi infantia in harum epistola-
rum scriptore ferri non poterat. Dedi ἀφροδισίων
διαπτοήσεις, qua formula Plato usus est in libris de
Legibus ‖ 44. δικαίας * : δικαίου

Pag. 505, 16. ἄλλοις * : ἄλλοις ὁρῶν ‖ 17. ἐγγιγνο-
μένην * : γιγνομένην ‖ 22. ταῦτα M. Hauptius : τού-
τοις ‖ 37. Deest verbum finitum ‖ 44. ἀποτελεσθήσε-
σθαι τὸ Stephanus : ἀποτελεσθήσεται τοῦ

Pag. 506, 6. λόγοις Hermannus.

Pag. 507, 17. ἐγένετο * : ἐγίγνετο ‖ 5o. Γ. γί-
γνοιντ'

Pag. 508, 37. ἀπεργασάμενος ποιῆσασθαι] F. ἀπεργά-
σασθαι ‖ 47. ὅλας * : πολλὰς

Pag. 509, 13. ὡς] ἦ? ‖ ἐλέγομεν * : λέγομεν ‖ 21.
πᾶν * : νῦν ‖ 28. πράγματα Hermannus : πράγματα τὰ
‖ 49. F. γενέσθαι.

Pag. 511, 1. τοὑμπίπλασθαι Hermannus : τῷ μὴ
ἐμπίπλασθαι | οἷς-ἡλίκον] ἤ τῶν ἁρπαγμάτων ἀνοσιουρ-
γία κακὸν ἡλίκον , ὃ καὶ ξυνέπεται Sauppius in Philol.
XXIV. p. 169 ‖ 13. μεγίστην Hauptius : μεγίστην δύ-
ναμιν ‖ 14. ἂν inserui ‖ 15. λάμψασα Karstenus : λάμ-
ψασαν ‖ 24. εἰ-ἀνθρώπου * : ὡς-ἀνθρώπων ‖ 25. ὅτι τὴν
ἀρχὴν εἰ κατέσχεν οὐκ * : ὅτι τὴν ἀρχὴν εἰ κατέσχεν ὡς
οὐκ scripti, quod rectius reliquissem. Plane sic Xeno-
phon Hellen. 6, 5, 13 γνόντες οἱ Μαντινεῖς ὡς εἰ μὴ
ἀποκρούσονται αὐτούς, ὃτι πολλοὶ σφῶν καταποντισθή-
σονται ‖ 27. [ ] Hermannus ‖ 31. [ ] * ‖ 39. ἐκρά-
τησα * : ἀπέσωσα ‖ 43. πικρότατον Hermannus : πικρώ-
τατον ‖ 45. δὲ] γὰρ Sauppius ‖ 47. λεφόνων Karste-
nus : λῇον ὡς

Pag. 512, 29. εἶεν ἂν * : εἶναι ‖ 32. ὁμόσαντας post
νόμους ponit Sauppius.

Pag. 513, 4. ἔφη] Vide Sauppium in Philol. XXIV.
p. 170 ‖ 21. Ἀρχύτας Pantazides : ἀρχύτης scripti.
Eandem ille formam restituit vv. 22. 47 ‖ 27. περὶ
τῶν τοιούτων * : τῶν περὶ τὰ τοιαῦτα ‖ 35. ῥηθεῖσι νῦν
δὴ λόγοις scripti. Expunxi dittographiam ‖ 46. Ἀρχέ-
δημον * : ἀρχίδημον

Pag. 514, 9. γιγνόμενον Stephanus : γιγνόμενα ‖
18. πάλιν * : καὶ πάλιν ‖ 22. [ ] * ‖ 25. μηδὲ τὸν
ἐμὲ * : μηδ' ἐμὲ τὸν ‖ 3o. γάρ τοι πάλιν Hermannus :
γὰρ τὸ πάλαι ‖ 46. ξυντατέον * : ξυντατέον

Pag. 515, 36. γραπτὰ Kirchhoffius : γραπτία ‖ 41.
γενομένην Bonitzius : λεγομένην ‖ 42. δὲ δὴ * : τε δὴ

Pag. 516, 32. παθεῖν Sauppius Gött. G. A. a. 1866
p. 889 : μαθεῖν ‖ 37. αὖ idem : αὐτῶν

Pag. 517, 17. εὐμάθεια Hermannus : εὐμαθία | μα-
θεῖν addidit Karstenus ‖ 48. οὐδὲ * : οὔτε

Pag. 520, 2. ἀντιλέγειν Hermannus : τι λέγειν ‖ 4.
αὐτῷ * : αὐτὰ ‖ 9. ἂν addidit Bonitzius.

Pag. 521, 8. ἀφῆκεν * : ἧκεν ‖38. Ἀρχεδήμῳ * : ἀρχι-
δήμῳ ‖ 41. εὐνοεῖν Schneiderus : εὐνοιεῖν ‖ 48. Ἀρχύ-
ταν Pantazides : ἀρχύτην

Pag. 522, 6. ξεναπατείας Pantazides : ξεναπατίας ‖
37. ἐγκαλῇ idem : ἐγκαλεῖ

Pag. 523, 3. ἔσφηλε. δι' ὀλιγίστων plerique scripti.
δι' ὀλιγίστων Bekkerus cum A expunxit. Videtur ex
p. 523, 46 huc traductum esse ‖ 11. λεγομένων Kar-
stenus : γενομένων

Pag. 524, 18. [ ] *

Pag. 525, 22. ἂν inseruit Stallbaumius.

Pag. 526, 38. [ ] Hermannus.

Pag. 527, 47. Immo ἐπεστείλαμεν. Vide Indicem
initiorum.

Pag. 528, 15. καὶ ὧν τινῶν εὖ] F. ὡντινωνοῦν ‖ 23.
ἀλλὰ : ἀλλὰ τὸ

Pag. 530, 4. αὐτῶν videtur dittographia esse.

Pag. 531, 26. Erat Φιλαΐδης ‖ 51. ἤδη B : ὃς δὴ

Pag. 532, 8. προήρηται Scheibius in « Zeitschr. f.
Alterthumsw. » a. 1845. p. 214 : προείρηται ‖ 13. ἡμῖν
idem : ὑμῖν ‖ 28. εὖ οἶσθ' idem : εὖ οἶδ' ‖ 29. βού-
λοιο * : βουλήσοιο

PROCOPIUS.

Adhibui Laurentianum plut. XXXII, 33 (F) et Va-
ticanum 306 (V). Horum lectiones apposui integras.
Passim commemoravi Laurentianum plut. LVII, 12
(M), qui ex codicum interpolatorum numero est.
Libanii codicem Vaticanum 944 litera W significavi.

Pag. 533, 1. Νηφαλίῳ] Ita sec. F in rasura ‖ 2.
ἄγειν a ‖ 3. τύχη F ‖ 8. εἶναι om. FV ‖ 9. ἀπέδωκα
τὸν
V ‖ 12. αὐτῶν V ab eadem ‖ 13. καισαρίου a. In-
scriptio omissa in FV, sed eadem posita in F initio
epistolarum Procopii ita, ἐπιστολαὶ προκοπίου σοφιστοῦ
γάζης καισαρίῳ (καισαρείῳ manus altera) καὶ εὐβούλῳ
‖ ἀλλ' οὐδὲ om. a | ὡς] ὡς οὗ a. In F a m. sec. su-

prascriptum γρ χωρὶς τοῦ παντός ‖ 14 αὐτῆς a, αὐτοῖς W ‖ 18. γνώμη] γλώττη a ‖ 24. ἀρεθούση F | ἀπεσχισμενον a | πελοπονήσοι FV ‖ 25. τὴν om pr F | θαλάσσης F ‖ 26. σκοπεῖν] In mg F γρ · σκοπῶν | πῶς a | ἦ · · εἴη | διαμένη · διαμίνοι Fa, διαμενεῖ V ‖ 29. φοιτᾶτε] In mg F γρ · φατὲ ‖ 32. τι om. a ‖ 33 Γερμανῷ om V | ὅσον οἱ] ὅσον pr. Fa.

Pag 534, 1. μαθὼν] μαθὼν καὶ Fa | ἡμᾶς V ‖ 6 εἴτα] εἶναι V ‖7 εὔφρανε Γa ‖ 10 δὲ om. Va ‖ 11 ἐπὶ τῷ μείζον a ‖ 15 ὡς] εἰς] sec. Γ ‖ 17 εἰς] εἰς τὸ a | αὐτὸ] τὸ σὸν FV ‖ 19 ᾤμην post ἄλλως ponunt Fa ‖ 20 νῦν om. a ‖ 21 οὕτως V | παρά] περὶ sec. F ‖ 25. ὁπόταν a ‖ 26 ἐ-έρω sec. F, quid a prima fuerit, non liquet | οὐκοῦν Va ‖ 27 τῶ V ‖ 28 ἀμφότερα a ‖ 29. δίδωσι a ‖ 30 παντὸς] παντός σε W Ego malim εἴ σε διὰ ‖ 31 Post εἰπὼν In F rasura est quatuor literarum | τὸν] τὸ a ‖ 34 αὐτῷ om pr. Γ, αὐτοῦ superscripsit manus altera ‖ 36 εἰ δὲ W ἄξε | φθεγξόμεθα W : φθεγξώμεθα ‖ 37 ἀδελφῷ om a ‖ 38 ἔλομεν M ἔχω reliqui et a ‖ 39 οὐδέ · οὐ ‖ 40 οὐ, addidi ‖ 41. ἀγνοοῦμεν δ τι a ‖ 42 πράττων] παθὼν a | ἐλύπεις a ‖ δ' addidi ‖ 43 ὑμᾶς accessit ex F ‖ 46. τάχ' ἄν · : τάχα ‖ 48 ἁλισκομένης a | ἄν om a ‖ 49 καταλαμβάνειν F in rasura

Pag. 535, 1. ὅρα Fa ‖ 3. καὶ om. F | Pro οὔσω in F rasura trium literarum capax ‖ 4 ἀκούσαιμι F in rasura ‖ 6. τοι] καίτοι V ‖ 7. σοὶ FV ‖ 9 τάρι F, τῶ V | ἐστιν ἔτος a ‖ 11 ἐν ἐκείνῳ μὲν] ἐκεῖνο F ‖ 13 ἡμῖν om FV | ἢ post ἡμῖν add V ‖ 18. ἐραστὴς om. FV ‖ 20 ἦν σοῦ διὰ παντὸς ἀπολεῖν λαλοῦντος W ‖ 21. καὶ] ὁ a ‖ 22 ῥήματι FV | ἡμῖν om V ‖ 23. ἐμοῦ ΓV | ἀέρος FV ‖ 24. τὸ om V ‖ 27 τὴν θέαν παρέχει F ‖ 29 καλὸς om V | καὶ] καὶ ὅτι F | ἐξήτει W ‖ 31 φαίνει] φέρει FV ‖ 34 τῷ αὐτῷ] ἡλία M ‖ 35 ὁ] ὅ σε M | ἀφορμήν] ἀφορμὴν πάλιν a ‖ 36. εἰ ante οὐδ' om V ‖ 37 ἐμοῦ a ‖ 38. ὄντως] FV ‖ 40 μᾶλλον om V | οὕτως V sec. F ‖ 44 κοινωνίαν a.

Pag. 536, 1 οὕτως V | τὴν τῶν] τὴν om F, τῶν om a ‖ 2 ῥαδίων V | ἡμῖν V ‖ 3. γλώσση FV ‖ 4 κοηκούσσωρα M Hauptius : κοριοσσόνα F, νοριόσσον ἂν V, κοριοσσονᾶι a ‖ 9 ᾐδίκητο FV ‖ 10. ἀδελφῷ om a | ὑμῶν a pr F | τῶν om V pr F ‖ 11 ἡμῶν om a ‖ 16. μὴ accessit ex FV ‖ 19 γένοι-ο] γένοιτο τι FV ‖ 20 ἡμῖν V ‖ 21 ἐπεδείξατα V | a ‖ 42 πράττοντος] παθὼν a ‖ 25 Στρατηγίῳ] Στεφάνῳ a | ἰλασσίῳ F, ἰλασίῳ V, Ἱλαρίῳ W | πάλιν ὑμῖν om V | ἡμῖν V ‖ 26 θαλάσσης Ia | καὶ ante ἔμα om pr F ‖ 27 ἡμῖν V sec F | τῇ] νῦν a | βότρυας pr F ‖ 28 πάλιν om. V | ἐχθύας F ‖ 29 ἡμετέρους pr F ‖ 30 om pr F ‖ 32. ἠπειρώταις FV ‖ 38 ἐραστῆς ἐτύγχανεν FV ‖ 39. τὸ a ‖ 42 διαλάθοι F ‖ 44 τοῦτον M τοῦτο ‖ 45 καλέσεις] καλέσειας | μηδὲ sec Γ | προδότω V.

Pag 537, 3 βουληθέντα F | ἀναλλάττει σι sec F in rasura A prima quid fuerit, incertum est In mg γρ. ἀπαλλάττεται ‖ 4 δὴ sec F ‖ 6 μὴ] μηδὲ a ‖ 11 καὶ post καλῷ addit F | πατέρα ποιεῖ] παρατὰ V ‖ 12 τὸ] τῶ V ‖ 13. τούτω V | μὴ · · μήτε scripti μηδὲ W ‖ 14. μέμφομαι V | καὶ om pr F ‖ 17 παθύβω a ‖ 18 ἰθασίω V, Ἱλαρίῳ W ‖ 21. ἡ δὲ θέα σοι] ἡ δὲ θεάση a ‖ 22. οὕτος] οσθύτε sec. F in litura, de prima manu

nihil affirmo ‖ 25 μηδὲν Fa ‖ 26. νομίζη V ‖ 30 τὸν F ‖ 36 Hæc epistola inter Libanianas est 1204 ‖ 39. τὰν] καὶ a | ἀναρπάσει a ‖ 40 παρίδοι a ‖ 42 σοι FV ‖ 45 ῥήματι FV | τλε Γa | ἐψ] ἐπ' F | ἑαυτὸν codd Libanii αὐτόν ‖ 47 ἐδόλουν om V.

Pag 538, 1. ἔγνως a ‖ 2 πέπονθάς τι ξένοι Fa ‖ 6 καὶ om. F ‖ 10. μεττεβάλλω a ‖ 14 νεανιεύσηται FV ‖ 15 τολμήσεις W τολμήσειε, τολμήση FV ‖ 16. φήμη] μνήμη a ‖ 17 πρὸς] εἰς V | εἰσεεὶ V pr F ‖ 20. γέγονα ὑπηρέτης τῇ πατρίδι FV | τὴν μνήμη V ‖ 21 εἰ] δεὶ a sec. F ‖ 22 παρρησιάσομαι pr. F | θαυμαστὸν οὐδὲν FV, in F altera manus superscripsit καὶ ‖ 23 οἱ] εἰ V ‖ 24. τὸ] τῷ Va ‖ 25 ἐπεδείχνυντο FV ‖ 26 αὐτὴν pr. F ‖ 27 ἔχειν F ‖ 28 ἀδελφῷ post Θωμᾷ addit F | καὶ σύνοικοι γίνονται om. FV ‖ 30 τὰ νῦν] τοίνυν a | ἀλλήλοις V ‖ 34 ὑπερεωρᾶτο · ὑπερωρᾶτο a, ὑπερορᾶται FV ‖ 35 ὑμέτερα a | ἥεσάν σοι pro ἦσαν δὲ FV ‖ 36 ἐπένευσα V ‖ 39 λόγους FV ‖ 40 τὸ] τὸν F | τοσοῦτον V ‖ 42. καὶ post τι om a ‖ 44 τὰ] τὸ a ‖ 45. ζητοῦντι F, ζητοῦντι V ‖ 46 ὑμετέραν FV ‖ 47 φθέγξομαι FV ‖ 48 δὲ καὶ] καὶ om FV

Pag 539, 1 ἀγαθὰ F ‖ 3 ἐς a ‖ 4 τὰς · : τὰς ΓV, πρὸς a ‖ 5 καὶ post καλὸν addit F | ὥσπερ] ὅσον a ‖ 7 ἰσχὺ FV | ἀρετῇ F ‖8 σπουδὴν] σπουδὴν ἔχειν FV ‖ 9 προστιθέντων FV | εὔξομαι a ‖ 13. ἔτι] ἔτι V ‖ 17 ἐπὶ FV | μακεδόνος F ‖ 18 ἔνεκεν a | καὶ τοῦ τοῦτο F, τοῦ V ‖ 19 ἤδη om F ‖ 21 σε om. FV | ἀργαίων a ‖ 25 δημορφόμεν F ‖ 26. ἔτι] ἔτι a ‖ 28 ἀδελφῷ accessit ex FV | εἰ] ἔτι V ‖ 32. δι' ἐμοῦ σοι F ‖ 33 πεπληρωκὼς F ‖ 34 ἐμὴν V | παράγοις ἂν τῷ] ὅσον F. « Hic aut deest aliquid aut ἔστι pro ὅσῳ scribendum » W ‖ 37 τὰς ὑπὲρ add sec F, a prima quid δι fuerit, non liquet ‖ 39 ἐπιδόντος F ‖ 40 διδομένω] δεξαμένω Fa ‖ 41 καταλήση Fa ‖ 42 ὑμῖν FV ‖ 43. ἀδελφῷ post Ζαχαρία addit F ‖ 44 δ' om F ‖ οὐδὲ τῶν] οὐδὲν τι V ‖ 45 τι ante accessit ex F, τε τῆς V.

Pag. 540, 4 ἀνάσεις F ‖ 6 ἂν addidi ‖ 8 ἐπιτιμίαν] ἐπι ἀποδημίαν V ‖ 13 ἀντ'] ἀπ᾽ F, ἀντι dit manus altera ‖ 14 τῇ μνήμῃ V ‖ 21. συνάπτει FV ‖ 24 οὐκ ἄνται F, οὐο ἄτε V ‖ 26 εὐρροίας FV ‖ 27. φιλοτιμῆ a sec F ‖ 28 μείζων F Malim μειζόνως | ὡς V | ἐλάσσω Fa ‖ 29 περι a | ὄσον V, σε F ‖ 30 ταῦτ' a ‖ 34 δὲ] γὰρ F | γέγονας FV | ἄρα om V ‖ 36 ὅλως Fa ‖ 38 ἐνεποίησα τὸ · ἐνεποίησατο Fa, ἐνεποίησα V ‖ 39 Pro τοῦ προκόψειν in F litura est ‖ 41 παρὸ om F | ἀπέλαυσας Boiss ad Choi p 322 ἀπήλαυσας [παρὰ] τι F et sec F in litura ‖ 46 ψυχὴν μίαν] τὴν ψυχὴν μίαν οὖσαν a, σὴν ψυχὴν μίαν οὖσαν W

Pag 541, 1 ἡμᾶς a ‖ 4 μὴ μετὰ] μήτε F | πέμπτε V ‖ 7 τὴν] τῶ F ‖ 9 γεγονέναι W ‖ 10 τίς ἂν γένοιτο?] τούτω FV | τῶν om FV ‖ 12 Hæc epistola inter Libanianas est 1566 | οὕτως a | τύχης F ‖ 13 οἵαν ἔχουσι γνώμην a ‖ 14 ἡμετέροις F ‖ 15. τοιούτον F ‖ 16 ἐδόλουν ἔχειν a ‖ 19. ἑαυτοὺς F ‖ 20 προτετραμμένον a ‖ 23 εἴ τοι V ‖ 27 καὶ post Αἴγυπτος om. pr F ‖ 29 γελᾷ F ‖ 30 οἴσωμεν pr F ‖ 31 ἔσεσθαι a ‖ 32 καθισταμένην V ‖ 33 τέμνουσαν a ‖ 34.

ὑέτειος *FV* ‖ 36. νομίσεις *a* | νοῦν *a* ‖ 37. ἐν ὅσῳ * : ἐν ὅσῳ ἂν *Fa*, ἕως ἂν *V* ‖ 4o. παραμυθήσομαι *a* ‖ 42. μὲν om. *V* ‖ 43. τοὺς] τοῖς *V* ‖ 44. παρεῖχε *V* | θιάζεται φύσιν *a*, παρέχεται φύσιν *V*.

Pag. 542, 1. λαβὼν *a* ‖ 13. γνώρισμα *V* ‖ 14. τῆς ἀσαφοῦς συνηθείας ἔχῃ *F*| ἔχεις *V* ‖ 15. οὕτω *V* | καὶ] ὡς W ‖ 17. οὔποτ' ἂν ? ‖ 18. οὐ δὲ] οὐ δὴ *a* | 21. ποτε] με *V*| ἠβούλετο *V* ‖ 23. ἐκμιμουμένῳ om. pr. *F* ‖ 24. ἡμᾶς] ἡμᾶς σου *V* ‖ 27. ἔγ ω *V* | ὡς μέγα om. *V* ‖ 28. τῷ om. *a* ‖ 3o. καὶ om. *F* ‖ 32. γενοῦ *a* | καὶ post τι om. *V* ‖ 33. Hom. Il. Γ, 51 ‖ 35. στεφανίω *F* | ἠδούμην pr. *F* ‖ 36. τῶν om. *FV* ‖ 37. εἰκόνες ὄντως οἱ *a*, εἰκόνες οἱ cum litura inter utramque vocem *F* ‖ 38. ἦ] ἦ καὶ sec. *F* ‖ 39. μοι *FV* | ἐγκαταλέγῃς *FV* | χο ρόν *F* ‖ 4o. ἐμοὶ *a* | ἄρχῃ *a* ‖ 41. με om. *a* ‖ 42. σαυτὸν ὁρᾷν om. pr. *F* ‖ 45. δὲ] δὴ *a*.

Pag. 543, 1. τευξόμενος *F* | ἀγαθὰ *V* ‖ 5. Abest hæc ep. ab *F* ‖ 8. καλὸν] μᾶλλον W, sed v. 141 ‖ 10. οὕτω *V* ‖ 12. ἀγομένοις *V* ‖ 13. ὑμῖν *V* : ἡμῖν ‖ 14. εἶναι] οὔτε *V* ‖ 21. σε] γε *V* ‖ 22. μόνος om. *V* ‖ 26. Νηφαλίῳ om. *V* ‖ 31. με om. *M* | ἡμετέρων *M* ‖ 34. δέδεγμαι *V* ‖ 36. πεπονθότος *a* ‖ 37. τῆς om. *V* ‖ ἡμετέρας *a* | δεσμένος om. *V* ‖ 38. ἀπὼν *V* ‖ 39. Abest hæc ep. ab *F* ‖ 46. μηδὲν om. *V* ‖ 47. φέρεις *V*.

Pag. 544, 7. ἐπικυκλῶν *a* ‖ 15. στρεφομένη *V* | Malim νῦν μὲν γὰρ ‖ 17. ἐλπίδας *V* ‖ 23. καὶ om. *a* | οὔτε *V* ‖ 25. καθέστηκεν] πέφυκεν *V* ‖ 26. καὶ om. *V* | πάθητε *V* ‖ 31. Σωσιανῷ καὶ accessit ex *FV* | δεξαμένου *F* ‖ 32. ἡμᾶς pr. *F* ‖ 36. ὑπάρχων φησὶν *V* ‖ 4o. ἐν om. *a* | ἐλπίδι *a* ‖ 42. ἐκείνω *F* ‖ 43. μηνύειν μαθόντες *a* ‖ 44. νῦν om. *V*.

Pag. 545, 2. οὔπωτ' *F* ‖ 3. πρατὴρ W ‖ 4. ζεῦ *V* ‖ 8. σκώπτεις ἡμῶν *a* | σκοπεῖς *F* ‖ 9. τὴν ἀλαζονείαν φέρειν *V* ‖ 1o. ἦν] ἵν' *FV* | φωνῆς *F* ‖ 11. ἐκβαλεῖς *F*, ἐμβαλεῖν *V* ‖ 15. περὶ *V* ‖ 17. ὂν om. *FV* ‖ 21. παραπρεσβείαν *F* | λαλεῖν *V* ‖ 22. γὰρ] γὰρ καὶ *Fa* | καλούμενος *V* ‖ 24. περιμένεις om. *V* ‖ 27. Abest hæc ep.
ab *F* | ἰατροσοφιστῇ] παραμυθητική *a* | πικρὰ *V* ab eadem manu ‖ 28. τάφου] θανάτου *V* | ἐξαίφνης om. *V* ‖ 33. καὶ post ὄντως addit *a* ‖ 34. βεβαιώσει *V* ‖ 35. ἐξ om. *a* ‖ 37. πῶμα * : πόμα κατείληπτο *V* ‖ 38. δὲ om. *V* ‖ 41. πρὸς * : πρὸ *V* ‖ 42. γεννήσασα *V* ‖ 46. πρώτως *V* ‖ 47. τὰ post ἀνθρώπων ponit *V* ‖ 48. ἐπενόησα *V*.

Pag. 546, 5. ἀποδραμούμεθα *V* ‖ 6. ἔοεν *a* ‖ 11. τοῦτο σὸν] τοσοῦτον *V* ‖ 14. τὸ om. *a* ‖ 15. τί] τῇ *V*. Cf. Hom. Il. Τ, 90 | ῥέξαιμεν *a* | καὶ] καὶ ὡς *V* ‖ 16. δράσειας φίλον *V* ‖ 19. Abest hæc ep. ab *F* | σοι om. *a* ‖ 20. φησιν *V* | κεκλητο *a* ‖ 21. ἐπεμβαλὼν *V* ‖ 23. ἀλλ' om. *V* | ξυμβελητὰ *V*, συμβλήτ' et mox ἀνεμώνα Theocr. V, 92 quæ præferenda ‖ 25. μακρὰ om. *V* ‖ 27. οἷς *a* ‖ 29. οὐ om. *a* | δεόηφάγου *V* | παραμυθίαν *V* ‖ 3o. πῶς *V* | τένθας] τῆς ἔνθης *V* ‖ 31. μελλούσας om. *V* ‖ 32. δὲ post ἐπειδὰν om. *V* ‖ 35. Abest hæc ep. ab *F* ‖ 37. καὶ post ἀλλὰ addit *a* | φωνῆ *V*, sed eadem manus fecit acutum ‖ 38. σιγᾶς *V* | τὴν ψυχὴν *a* ‖ 4o. κρείττω W : χρείττων ‖ 43. Abest hæc ep. ab *F* | οἴδεν ἐλέγχειν *a* ‖ 44. τὰ] τὸ *a*.

Pag. 547, 7. μικρὸν *a* ‖ 1o. τὴν αὐτὴν] ταύτην *V*.

Verba corrupta | ἔχει *V* ‖ 12. Abest hæc ep. ab *F*. In *V* assuta est huius editionis epistolæ 155, quod nescivit Maius, ego item luminibus captus sero intellexi ‖ 15. τὴν ego, atque hoc ipsum nunc video exhibere codicem *V* (p. 591, 35) : τὴν μεγάλην *a*. Mox lege εἴτε που ex p. 591, 36. ‖ 18. Ante πλακοῦντα adde τὸν ex p. 591, 38 ‖ 2o. Abest hæc ep. ab *F* ‖ 21. διαγράφειν *V* ‖ 24. καὶ τὸ μικρόν *a* ‖ 25. δὲ om. *V* ‖ 27. ὡς * : εἰς ‖ 28. νῦν *V* ‖ 31. Abest hæc ep. ab *F* ‖ 32. καισάριος *a* ‖ 33. ἀνατεθραμμένος *a* ‖ 37. ἡμᾶς * : ὑμᾶς *V*, ἐμοὶ *a* ‖ 38. εὐδοκιμεῖν om. *a* | ἀγαθός om. *V*, sed totidem literarum spatio relicto | ἐνεμαρτύρησεν *a* ‖ 41. Abest hæc ep. ab *F* ‖ 43. ὑμέτερα *V*.

Pag. 548, 4. ὑπεμνήσω *a* ‖ 8. δὴ om. *V* ‖ 9. οὖν om. *V* ‖ 17. ἀξίως *V* ‖ 2o. τῷ om. *a* ‖ 21. πτήσσε *a* | λέγων] ἔλεγε W. Sed fortasse post φωνήν excidit ἔρριψε | πτήσσε *a* | Ἀναξάρχου] ἐξ ἀνάρχου *a* ‖ 22. ἀνεξάρχου *a* | οὔτε *V* | πτήσσεις *a* ‖ 24. ἔλεγε] ἔφασκε *a* ‖ 28. εἶ] ἦ *V* | θέλῃ *a* ‖ 3o. δῆτα *V* | τοῦτο *V* | γὰρ τὰ] γὰρ *V* ‖ 31. εὐπραγεῖ *V* ‖ 32. νεύματι *V* ‖ 33. Abest hæc ep. a *VF*.

Pag. 549, 3. Abest hæc ep. a *VF* ‖ 4. ἀπολύειν W ‖ 24. ὅττι * : ὅτι *a*. Theognidis v. 425 indicavit W ‖ 26. σύλλογον W : συλλόγων | τὸν-κακά] Euripides in Nauckii Fr. Trag. Gr. p. 395 ‖ 44. Abest hæc ep. a *VF* ‖ 45. κεκομίκει Schæferus ad Phalar. p. 213[b], frustra.

Pag. 55o, 6. οὐδὲ W : οὔτε ‖ 9. οὐδέ γε W : οὐδὲ γὰρ ‖ 12. γε] τε? ‖ 15. Abest hæc ep. a *VF* ‖ 16. παρῆγες * : παρῆλθες ‖ 2o. ἐνεπλήσαμεν * : ἐνεπλήσαντότεν (sic) * | ἑκάστοτε * : ἕκαστοι τὸ | στεντόρειον * : στεντώριον ‖ 24. μή τι * : μή τῳ ‖ 26. γὰρ addidi ‖ 32. ἤλλω *F* ‖ 33. βλέπειν] χαίρειν *a* | οὕτως *F* ‖ 34. ὅλην ἐνέθηκας *a* ‖ 25. καὶ addidi | σ'ἔβλεπον] σε βλέπων *FV* ‖ 37. ἦ] γὰρ ἦ *FV*, καὶ *a* ‖ 38. ὃ καὶ *M* : καὶ ὃ *F*, καὶ *Va* | καὶ om. *FV* ‖ 4o. Μέγαν om. *V* pr. *F* ‖ 41. ὅσον καὶ] ὡς *a* ‖ 43. Abest hæc ep. ab *V* ‖ 45. ει ἀφικνεῖται *F* | ἤπερ *F* | εἰώθη *F*, εἰώθειν *a*.

ης

Pag. 551, 3. προσετίθει *F* ‖ 8. οὐκην *F* ‖ 11. οἱ post Ἀθηναῖοι add. *F* ‖ 13. ἔφθασαν pr. *F* ‖ 14. ἀνασπάσης *F* ‖ 16. τι *F* | καλέση *F* | μεῖζον om. pr. *F* | φρονήσης *F* ‖ 21. σοὶ *F* | σιωπήσομαι *a* | Post δὲ ἐν ταῖς εὖ in a spatium octo fere literarum est. Sequuntur verba proximæ epistolæ ἀκούειν καίτοιγε et quæ sunt reliqua. Eadem deesse in vat. 139 Maius testatur in Class. auct. e Vat. codd. edit. t. IV. p. 218. Supplevi defectum ex *FV* ‖ 22. ὁρῶμαι *F* | ὅδεν] ὁ μὲν *V* ‖ 25. Hæc ep. inter Libanianas est 1564 | μὲν om. *V* ‖ 26. δέδοικα] δέδοικα νῦν *F* | εἴγε | εἴτε *F*. Malim μὴ ‖ 28. οἱ post ἐμηχανήσαντο add. *F* | ὅπως] ὅπως τοῖς *V* ‖ 3o. τι om. *V* ‖ 31. καὶ post ἡδονῆς om. *a* ‖ 32. εἰώθει pr. *F*, εἰώθειν sec. *F* ‖ 33. ἀλλ' ὦ] ἀλλὰ ὦ *F*, ἀλλὰ *a* ‖ 38. συμβαίνη *F* ‖ 4o. καὶ om. *a* ‖ 42. ἡμῶν *a* ‖ 44. νόμον * : μόνον *V* ‖ 45. πειραθῆτε * : πειραθείητε *a*.

Pag. 552, 3. Abest hæc ep. a *VF* ‖ 9. πίθοιο * : πείθη *a* ‖ 12. Hæc ep. inter Libanianas est 1572 | μὲν erasum in *F* ‖ 13. λειπούσης *V* | εὔφρανε *a* ‖ 15. ἄγουσι *a* | παρεῖχεν] παρεῖχε μὲν *a* ‖ 18. παρηγορίαν

Wolfiana ‖ 19. ὤφειλες *Fa* ‖ 21 μὴ erasum in *F* | χα-
ριζομένοις *F* ‖ 22 ὦ φίλε Νεστόρις om. *a* ‖ 23 ἡμᾶς
ὄντας *a* ‖ 24 δὴ *V* ‖ 26 ἑρμοῦ *FV* ‖ 31 ἡμῖν *V* ‖
34 ζαχαρία ἀδελφῷ *V*, ζαχαρία καὶ φιλίππω *F* | με |
με τῆς *FV*, recte | μιαρὰν *a*, μιαρὰν *V* ‖ 36. δὴ pr *F*,
γὰρ sec *F* ‖ 39. ἐκείνης pr. *F*, καὶ μονῆς sec. *F* | δὲ
με] με δὲ *a*, με *V* pr *F* ‖ 40 δὴ] δὲ *F*.

Pag. 553, 1. τῷ om. *a* ‖ 3 ἐπαινέσεις *a* ‖ 4 Post
φεῦξαι in *F* rasura est duarum literarum capax | οὐ
γὰρ ἔχω] γὰρ ἔχω *F* cum rasura inter utramque vo-
cem ‖ 5 σοί *V* ‖ 6 Abest ab *F* | ἐν om *a* ‖ 15 καὶ
φλυαρίαν ταῦτα *a* ‖ 19 Abest hæc ep a *VF* ‖ 25 μὴν
Pantazides : μὰν | ἐργάσαιο W ἐργάσαιτο ‖ 28 Abest
a *VF*. Quæ sequuntur Procopii epistolæ inde ab LXII
absunt ab Aldina ‖ 35 Hanc epistolam, quæ Iu-
lianeis adnumerabatur, Procopio vindicavi in Hermæ
vol I p 474. Heyleri editionem significavi *h* litera ‖
37 τῶν Αἰγυπτίων *h* τοῖς αἰγυπτίοις *FV* ‖ 40 προειλη-
φότες *V* ‖ 42. αὐτῶν] Ita pr *F*, αὐτοῖς sec *F*, αὐτοῦ *V*

Pag 554, 1 δ addidi ‖ 4 ἐπιδίδους * ἐπιδούς ‖ 6
ὥς] εἰ *V* | ἐγγεγραμμένοις *V* ‖ 7 ἐγγινέφρας γὰρ οὕτως
ἐμοὶ τὰς τοῦ σε κτλ Reiskius ‖ 8 γὰρ] καὶ *V* | αὐτὰς
τὰς add. *h* ‖ 10 γοῦν post ζηλωτὴν ponit *V* ‖ 11 αὐ-
τοῖς *V* ‖ 15. τετραγωόνται *h* ἐτραγώδηται *FV* ‖ 20
Θάκην *F* | οὔτε-᾽Ιθάκην om *V*. τραχεῖαν (τί γὰρ ἄλλο
εἰπεῖν χρὴ τὴν ᾽Ιθάκην,) Reiskius frustra Vide ep
158 καὶ τί γὰρ ἕτερον ἢ Θερσίτην Similiter Theod
Prodr 2, 117 τί γὰρ ἢ Ναυσικράτους, Phile Eleph 217
τίς γὰρ ἢ δράκων ὀξὺς ῥοπηρὸς ἐμβριθής, ‖ 22 σταρτια-
τῆς suprascripto τῶν *F* ‖ 24 ποτὲ om *F* relicto spatio
‖ 27. που] πως *F* ‖ 28 ξένον] ξηρὸν Sintenis in Hermæ
t. I p. 74 sq ‖ 30 ὃν cum rasura *V* ‖ 31 ὅπως-ἔρ-
ρωσο * οὕτως ἀφροδίτη φίλη ἔρωσι καὶ *F* cum rasura
inter φίλη et ἔρωσι, οὕτως ἀφροδίτη φίλη καὶ *V*, οὕ-
τως ἀφροδίτη φίλον ἐρρώθη καὶ Palatinus 134 ‖ 39
Οὖδε *V* ‖ 41 πάντα *V* ‖ 42 παρὰ *V* ‖ 49 δὲ for-
tasse delendum

Pag 555, 1 τὴν] τοῦ *V* ‖ 2 μήπω γε] μήποτε *Γ* ‖
3 πλείστων *F* ‖ 5 τοῦτον *F* ‖ 6 ἀπέστειλαν *V* ‖
10 Διοδώρῳ om *F* ‖ 12 τοῖς *F* supra versum ‖
13 εὔτονον * εὔτονον *V* ‖ 15 ἐτύγχανες pr *F* | δὲ ad-
didi ‖ 16. τινὰς post μὲν iterum ponit *F* ‖ 17 τογ̄ον pr
F ‖ 19 ὑφ᾽ ἡδονῆς ἐγενόμην *V* ‖ 30 ἐπειλίουν *V* ‖ 31
καὶ om *F* ‖ 33. ἐγείροντα *V*, ἐγείρεται *F* Scripsi ἐγε-
ρούντων Nisi potius scribendum ἐγερῶν, ὄντως ‖ 37
αὐτὸν *F* ‖ 40 ὁμῶν *V* ‖ 44 προσήκουσι *V* | πᾶσιν om
V ‖ 45 μή τι] μή σοι sec *V*

Pag. 556, 1. ὁρῶν *V* ‖ 2. ἐκείνω *F* ‖ 3 ὧν * οὓς *V* ‖
6 γράφειν] μαζόγραφος *V* ‖ 7 μετέλαβε *V* ‖ 11.
γραμματικοῖς] ῥωμαικοῖς *F* | καὶ om *F* | ἱέρω *F*, ut
videtur | ᾽Ρωμαίω] γραμματικῶ *F* ‖ 13 τῆς om *V* ‖
14 εἶναι om *V* ‖ 16. τῇ σόλωνος *F* Locus corruptus
‖ 18 ὧν *F* ‖ 20 ἐδάλλετο *V* ‖ 25 ὡς εἰκὸς om pr
F ‖ 26 δ᾽ addidi Sed fortasse rectius scribetur ἡμεῖς
δὲ τίνες ἄν] 30 ταὐτὰ * ταῦτα | ὃς * ὅτι *V*, ὅταν *V*
‖ 31 ἀπιόντες *F* ‖ 32 διονύσιος *V* ‖ 33 ὃς] ὃς καὶ *V*
‖ 41 ἐνήνται pr *F*, ἀνήνται sec *V* ‖ 43. μαλθακὴ *F*
παραχέχυται] Vox corrupta ‖ 44 ἀλλὰ *V* ‖ 48 ὡς *
εἰς] ᾽Ελθὼν * ἐλθόντας ‖ 49 μαντευομένην *F* | ἀκούσο-
μαι *V* Malim ἀκούσαιμι

Pag 557, 5 μοι *F* manu recenti | φίλος] φιλόσοφος
pr *F*] 13 καὶ add *M* ‖ 14 τύχη πειρόμεναι *V* ‖ 16
καλύφτης *F* | εἰς ὃν om *V* ‖ 17 ἐπ᾽-πονηρότερος om
V ‖ 22 καὶ om *F* | τὰ om *V* ‖ 23 διαγράμματα *V*
‖ 24 αὐτὼ *V* ‖ 25 αὐτοὺς *F* ‖ 29 σαφῶς *M* καλῶς ‖
34 ὥσπερ οἱ *F* supra adiecto δὲ ‖ 35 ἐπειδὰν] ἐπειδὰν
ὡς *V* ‖ 36 γίνωνται *F* ‖ 40 ἡμετέρους *Γ* ‖ 41 γράμ-
ματα *M* γράγματα | πολλάκις ἀγαθὰ *V* Pro κἀγαθὰ
pr. *Γ* καθὰ | γένοιτο] γένοιτο καὶ *F* ‖ 43 φασὶν *M* σι-
σὶν | δὲ] δὴ *V* ‖ 44 καὶ om *Γ* ‖ 49 πλέους *V* | δεῖ
addidi | μέγα *F* ‖ 50 εὐχομένων *F*

Pag 558, 1 δὲ addidi ‖ 2 ἡμῖν *F* ‖ 4 αὐτὸς *
αὐτῶ ‖ 5. τοῦ-ον μὴ ψευσθῆναι *V* ‖ 6 γνώμης * συγ-
γνώμης ‖ 9 ὑμετέρων *F* ‖ 11. τὴν addidi ‖ 12 ἐπιγρά-
φεται om *V* ‖ 13 τε] τε καὶ *V* ‖ 14. εἰρημένου * εἰ-
ρημένου ‖ 16 παύη *V* ‖ 18 ἡμᾶς *V* | διανοία] δίζη *Γ*
‖ 21. βάλλω *F* | οὕτως *V* ‖ 22 κρόισον *l*, ut videtur
‖ 26 μὲν om *V* pr. *F* ‖ 29 μετέχης *F* ‖ 30 θαυμα-
στὴς εἰς *V* ‖ 31 ἐντομρεῦσαι *V* ‖ 36 τάλα *V* ‖ 42
ἂν om *V* ‖ 43 ὑφαίνει *F* ‖ 44 νομισθεῖεν *V* ‖ 45
γίνεται] γε εστι *V* ‖ 46 καὶ *F* supra adscripto δή.

Pag 559, 2. παρασκευάζειν ἠναγκασαν] *F* παρε-
σκεύασαν ‖ 4 ἡμῖν pr *F* | κατεπήδοίαι pr *F* ‖ 7 ὅμως
δὲ] Locus corruptus | τῆς σῆς *F* supra adiecto καὶ νῦν ‖
8 φθεγγομένης-μοι om pr *F* | Post Σωσιανῶ *F* add
ἀδελφοῦ ‖ 14 λέγει *V* ‖ 15 τρῶ-α τῆς om *V* ‖ 16.
ὅτω δὲ] οὕτως δὲ *V* ‖ 17 τε θ *V* ‖ 19 φιλημάτων *V* ‖
23 οὐ *V* ‖ 24 νομίζων κεχαρίτσαι *V* ‖ 28 ὁρῶν *M*
ὁρᾶν *V* ‖ 29 λαχεῖ *F* ‖ 31 ἀνέξη *V* ‖ 33 λέξεις δὴ
του *V* | καὶ om *V* ‖ 34 θαυμάσαιμι] Excidit ἄν ‖ 35
προσεδόκων *F* ‖ 36 τοὺς ἄλλους τρόπω μεν *V* ‖ 37
αὐτοῖς *F* ‖ 38 ᾔρεῖσθαι *V*, quod correxit eadem ma-
nus ‖ 40 ἐρχῶμαι *V* ‖ 42 μὴ καὶ] μὴ *V* ‖ 44. ἂν ad-
didi ‖ 45 οὕτω μοι *Γ*

Pag 560, 3 παθοῦν *V* | τραγμάτων *F* ‖ 6 τοὺς *
περὶ | διατεθέντας * διατεθέντας *V* sec *Γ*, διαδύντας pr
F ‖ 11 ῥαθυμεῖν] Locus corruptus ‖ 12 τοιοῦτον *F*
‖ 13 ἐγὼ om *F* ‖ 14 κρίνει *V* ‖ 20 Βίωζορι |
βιήτορι *F* ‖ 20. μᾶλλον om *V* ‖ 21 ἐπιστολὴ *V* ‖
24 καὶ ὃ] Verba corrupta ‖ 26 τῶν *F* ‖ 30 παρέγων
pr *F* ‖ 31. δράσης *Γ* ‖ 36 δόξασιν * δοξαιν *V*, δο-
ξάζουσιν *F* ‖ 38 ῥόρον] ῥόρην pr *F* ‖ 39. χρησαμέ-
νην pr *F* ‖ 41. ἅμα τε *M* ἅμα *F*, ἅμα καὶ *V* ‖ 42
ὑβω καὶ] ὑβῶ *F* ‖ 44 μυγρὰ *V* | δοκεῖ * δοκεῖν ‖ 47
ἀλλοδαπὸς Laur 57, 12 ἀλλοδαπαῖς | ἰθύνη idem
ἰθύνει ‖ 48 ἰθύνοι *V* ‖ 48 Post *V* ‖ 49 ὁσο-υσούντα *Γ*

Pag 561, 1 ἀ-ελαισε * ἀπήλαυσε, ἀπήλαυσε *F* ‖
2 οὖν] μὲν *V* | αὐδὸ * οὐδ᾽ ‖ 6 σοι * σοί ‖ 7 φίλος *
φιλίαν ‖ 10 τῶν ἡμετέρων *F* ‖ 14 ἰδοῦσι * εἴδοσι |
οἰνείοις] εἰκότως pr. *F*, in mg sec. *F* γρ ἰδίοις ‖ 18
μὲν | δὲ *F* | οἶμαι *V* | ὤφειλε *F* ‖ 19 τρώτων ἡ τυ/ὴ]
τοῦτο pr. *F*, τρώτων ἡ τύχη sec *V* ‖ 20 που om *F* |
ἐκ μέσης om *V* ‖ 22 ἐγένετο pr *V* ‖ 27 θελήσωμεν
ὠδῖνας om *V* ‖ 37 ἐνελήσθηθ] ἐμνήσθην *V* ‖ 43
ἐπεὶ *F* ‖ 45 γὰρ om *V* | λεγειν *V* ‖ 46 ἐμπλησθεὶς *V*
| γένωνται * γένοιτο ‖ 47. σιγῆ * σιγᾶν ‖ 48 ἀνοίσ-
ομαί * ἀνοίσομαι ‖ 49 δεῖ] δὴ *V* ‖ 51 δόκει Mi
gniana δοκεῖ

Pag 562, 1 ἀ-πλαυσε * ἀπήλαυσε | εὐπορίας *F* ‖ 2

διήγηται * : διηγεῖται ‖ 7. εἰς] περὶ sec. F in rasura |
ἡμῶν F ‖ 9. οὐδὲν om. pr. F | ἀπαντᾷ * : ἄπαντα F ‖
12. με] γε F | τοσοῦτο] τοῦτο F ‖ 17. οὐδὲ * : οὔτε F ‖
20. καὶ τοῖς] καίτοι V ‖ 22. μοι F ‖ 23. μήποτ' ἄν * :
μήποτε F, μήτε V ‖ 24. ἐκπέμψαιμι * : ἐκπέμψαι με F,
ἐκπέμψαμεν V ‖ 26. δοκεῖ om. V ‖ 27. γένοιτο * : γέ-
νοιο ‖ 30. μόλις] πολλάκις V ‖ 31. παρ'-βουλόμενος
om. V ‖ 32. ζητοίη * : ζήτει pr. F, ἐζήτουν sec. F ‖
33. τούτω V ‖ 36. ἀδελφῷ F ‖ 37. οἶδεν ἐπαίρειν
V ‖ 38. οὓς * : ὅτε | τις * : τις ἂν | αὐτὰ F | πολλάκις]
φθόγγοις V ‖ 39. τούτω V ‖ 44. βασιλεῖ V. In mg. sec.
F γρ. κῦρος ‖ 45. ἄλλος * : ἀλλ' ὁ

Pag. 563, 4. οὕτως F ‖ 5. ἡμῖν V ‖ 7. ὑμᾶς * : ὑμῖν
| τοὺς V | εἰς ἀδελφοὺς F | ἀφικομένους V ‖ 9. σχοῖεν * :
τε σχοῖεν FV. σχοῖεν τῷ λόγῳ dictum videtur ut γράμ-
μασιν ἔχειν τινα 114 | ἄρα] ἅμα V ‖ 11. τις] τε F ‖
14. τοῦ ἔτους] τοὺς ἑταίρους F ‖ 16. ἑαυτοῦ] αὑτοῦ V
‖ 19. πρόφερε * : πρόσφερε ‖ 20. διαγωγὴν V | παμφυ
cum rasura V ‖ 23. Ἀθηνῶν * : ἀθῆναι | ῥητορικὸς F
‖ 26. ἀδικεῖς * : ἀδικεῖ ‖ 29. λόγου F ‖ 32. τὸ δύνα-
σθαι om. V ‖ 33. περὶ σοῦ] Verba corrupta ‖ 35. φῆ-
μαι F ‖ 36. ταύτη V | αὐτῷ τὸ νικᾶν om. F ‖ 39. F.
τοῦ λόγου aut τῶν λόγων] ἀλλ' om. V ‖ 41. τοὺς] τοῦ
V ‖ 42. δὴ] δεῖ F ‖ 49. ἐπιτυγχάνοντας F.

Pag. 564, 7. μένειν] Huic vocabulo sec. F supra-
scripsit οὐκ εἰδέναι μόνον ‖ 16. οἶδε] οἶδε καὶ F ‖ 25.
μόνου] μόνων F ‖ 27. ἐδεδώκεσαν * : ἐδεδώκεισαν F ‖ 29.
δὲ νῦν] τοίνυν F ‖ 29. ἐκ μὴ προσηκόντων * : ἐκμητρὸς
ἡκόντων V, ἐμπροσηκόντων F ‖ 30. οὐκοῦν] οὐκεῖ F ‖
32. τῷ αὐτῷ] τῶ αὐτῶ ἀδελφῶ F | ἰδὼν om. F ‖ 34.
τουτὶ γράμματα F ‖ 35. τὰ ἐμὰ F ‖ 36. ἀκούειν ἐπαι-
νουμένων] ἐπαίνων ἀκούειν V ‖ 37. ὥσπερ] ὡς F ‖ 42.
ἐκίνει] ἐδείκνυ F ‖ 45. εἴην supra adiecto ο V, εἴης F
| μείζων F ‖ 46. εἰς om. V.

Pag. 565, 3. ᾔδεις * : ᾔδη F, ᾔδει V ‖ 4. εἴπερ] εἰ sec.
F, om. pr. F ‖ 5. ῥήτορα * : ῥήτορας ‖ 6. ἀδελφοῖς om.
F ‖ 11. ὑπὲρ] ἐπὶ V ‖ 12. με] μὲν F. Verba corrupta
‖ 13. τοῦ F ‖ 15. κόσμω F ‖ 19. ἀλλὰ-ᾖσθα * : ἀλλ'
ἄμεινον ὅπερ οἶσθα ‖ 20. κἀνιστοριανὸν F ‖ 22. ἀδελφῷ
om. F ‖ 24. εὑρεῖν] ἰδεῖν V ‖ 26. ἧγε * : ᾖδε | καὶ τι * :
εἴτι V, ὅτι F ‖ 27. δοκῶ F ‖ ἐπήρθη V ‖ 38. ὁλὸν M :
οἶμαι ‖ 40. πλοῦτον supra adscripto ὢν V | ἄλλον F ‖
41. συγχαίρομέν σοι F.

Pag. 566, 1. ἄρτιος F ‖ 2. ἢ * : ἢ ‖ 3. ἐλπίσας V |
ἀμείφθη V ‖ 4. καὶ om. F ‖ 5. τὴν om. V ‖ 6. νομίζοι
F ‖ 7. οἶμαι] εἶναι F | δεινότερον] Ita V | γὰρ om. F
‖ 8. οὐ] οὐδὲ F ‖ 10. Inter Libanianas 1559 ‖ 16.
ἀνδρῶν] βροτῶν F ‖ 17. ὡς] ὡς τὰ F. V. ὡς δὲ τὰ
τοιαῦτα ‖ 25. ὥστε W : ὡς ὅτε ‖ 26. πάλιν] πάλιν καὶ
F ‖ 28. Οὐλπίω] ὀλυμπίω F ‖ 35. κηρύξαντα V ‖ 36.
πρὸ τέλους F | ἐνέγκοις * : ἐνέγκοι ‖ 40. τούτον πολλά-
κις V ‖ 42. σὲ] σὺ δὲ F V ‖ 43. ἡμῖν om. F ‖ 44. Inter
Libanianas 1560 | ἔπρεπε κἀμὲ V | χάριν V : χαίρειν ‖
46. δέον ὅτου F | ἔργον τὸν add. W.

Pag. 567, 1. στρατηγὶ V ‖ 5. πρὸ τοῦ τέλους W : πρὸ
τέλους V, προτέρους F ‖ 6. λόγους ἤδη F ‖ 7. Inter Li-
banianas 1561 | ὀλυμπίω F ‖ 10. διαφυγὼν W : δια-
φεύγων ‖ 15. εἶναι om. V ‖ 16. ἐδίδουν * : ἐδίδων F ‖
17. δὲ] δὴ F ‖ 20. μεταβάλοιτο * : μεταβάλλοιτο ‖ 27.
παρατυχὼν F ‖ 28. οὐ-ὡς πολλὰ om. F ‖ 30. μάτην

W : μᾶλλον ‖ 31. οὔλπιον ἡμῖν F | οὐ add. W ‖ 32.
οὔτε * : οὔτε ἢ | πρὶν om. V ‖ 33. ὅπως W : ὅμως ‖
34. εἰς κατηγορίας W : εἰς τὴν κατηγορίαν | ἐνέγκης * :
ἐνέγκοις F, ἐνέγκαις V ‖ 35. Inter Libanianas 1569 |
σιλβανῶ F | οὐκ W : οὐδ' ‖ 42. σὺν ἐκείνῳ W : ἐκεῖνος
‖ 43. γράψαι V ‖ 44. φησιν V ‖ 45. ἔτι] ἔτι γὰρ F
‖ 46. δοκεῖ F.

Pag. 568, 3. δυεῖν V | γοῦν om. V ‖ 8. Inter Liba-
nii epistolas 1568 ‖ 11. οὐκ ἐθέλεις W : οὐ θέλεις |
οἶσθα F ‖ 14. τῶν om. V ‖ 16. ἡμῖν V ‖ 20. ταῦτα
V ‖ 21. μέ * : μέν W, καὶ FV | ἄρα om. V ‖ 23. δοκεῖ
F ‖ 25. ἐρωμένη F | συναναστῆσαι F ‖ 26. μεταβάλλε-
σθαι V ‖ 27. Inter Libanianas epistolas 1562 ‖ 28.
λέξωμεν * : λέξομεν V ‖ 29. ἡμεῖς V ‖ 31. φῆς om. F spa-
tio relicto | ταῦτα πάλαι V ‖ 32. ἡμεῖς V ‖ 34. ἂν addidi
‖ 35. ἀδικεῖ * : ἀδικεῖν ‖ 38. βούλεται F ‖ 40. τις] πως
F | ἄλλην] ἀλλ' F ‖ 42. φέρη * : φέρει W, φέρειν F ‖
45. τί ἂν τις ἴσῳτο * : τίς ἂν τις ἀνιῶτο ‖ 49. εἰς] ὡς V
| ῥόδα] δῶρα V.

Pag. 569, 3. μόνον W : μόνην | τὴν ἡδονὴν om. V
‖ 4. λαμβάνω F ‖ 5. Inter Libanianas est 1570 |
ζαχαρία F ‖ 6. τι V ‖ 8. ἔτι V ‖ 9. ἀπήχου] δὲ ὡμο-
λόγεις W : διωμολόγεις F, διομολόγεις V ‖ 11. σιωπατῆς
F ‖ 12. ἀναθήσομαι. F ‖ 14. ὅτε] ὅστις V ‖ 15.
γὰρ] δὲ W ‖ 16. Inter Libanianas 1563 ‖ 19. ἀεὶ V
‖ 23. αἱ add. sec. F ‖ 26. δουλεύει W : δουλεύειν F,
βουλεύει V ‖ 28. τε om. F | οὐ κατέλιπον F ‖ 30. ἐπο-
πτεύειν F | ποτε] τε V ‖ 40. τούτου] τοῦ V | τοιοῦτος
V ‖ 41. νόμιμον F ‖ 43. τοιοῦτον V ‖ 45. ὑπὲρ * : ὑπὸ
V, ἀπὸ F.

Pag. 570, 1. ἀποναίμην] ἀπὸ γνώμην F ‖ 4. ἀνά-
σχοιο * : ἀνάσχῃ ‖ 10. πράγματα F ‖ 11. δεδόσθων * :
δεδόσθω ‖ 13. ἡμῖν V ‖ 14. εἰς ἀκριβὲς] ἀκριβῶς F |
ἰδὼν F ‖ 16. προσσχήματι F ‖ 18. ἄγεσθαι pr. F | χα-
τέλυσε? ‖ 19. εἰκὸς] εἰκός ἐστι V ‖ 21. τὴν addidi |
24. εὐπρεπὴς F ‖ 25. λαβὼν] λαβὼν ταύτη V ‖ 27. τὰ
om. F ‖ 30. ἀπήλαυσεν * : ἀπήλαυσεν V ‖ 31. ἐπήρθην * :
ἐπήρθη V ‖ 32. μέμφηται * : μέμφεται V ‖ 34. Inter Liba-
nianas 1571 ‖ 35. ὄντας ὑμᾶς W : ὑμᾶς ὄντας V, ἡμᾶς
ὄντας F ‖ 36. βαλλέτω V ‖ 36. ηὐτύχησα * : εὐτύχησα
| ὁ post τραχεῖ add. V ‖ 37. Pind. Ol. 8, 55 | εὐχό-
μην V ‖ 38. ὑμῖν om. F ‖ 41. τὸ add. W ‖ 42. ἔλ-
θης V ‖ 43. λάθῃς V | σιγῆς F.

Pag. 571, 1. θαυμαστὸς * : θαυμάσιος ‖ 3. τούτου V
‖ 6. παρὰ F ‖ 7. λέγοι * : λέγει | ἅμα] ἅμα καὶ V ‖ 8.
γέλωτα pr. V | σωπᾶ V | ἐγκαλεῖ V ‖ 9. καλεῖ V ‖
10. ἐδεήθην V ‖ 11. εἰδείην V ‖ 14. τὸν ὀφθαλμὸν V
‖ 16. ἀπήλλακται F ‖ 17. κινδυνεύειν F ‖ 18. τύχοι * :
τύχη ‖ 23. τύχη F ‖ 26. μενεῖσθαι V ‖ 27. Inter Li-
banianas 1565 | ἡμετέρας V ‖ 28. καὶ om. F ‖ 30.
ἐπληρωσάμην F | εὐπραξίαι F ‖ 32. ὤφθσον F ‖ 33.
βαλεῖν F | πονηρόν F ‖ 36. ἀδικα δίκης F ‖ 37. νῦν V
‖ 39. ἔτι δεομένων W : ἐπιδεομένων ‖ 40. χαρτερόη
W : καρτερεῖ V ‖ 41. ὡς Ἰσοκράτει W : ὡς ἰσοκράτη F,
ὡσεὶ.σωκράτην V. Cf. Isocr. ad Demon. 21 ‖ 43.
πολλὰ] πολλῶν V ‖ 44. ἀκούειν F.

Pag. 572, 2. δὲ add. W ‖ 3. Od. σ, 129 ‖ 6. νέ-
μειν F | ἔτι F ‖ 14. αἰτήσεις V | Hom. Il. ω, 551 ‖
15. καὶ * : τι | 20. ἐμοὶ] εὖ μοι V ‖ 21. ὅτι σοι * : ὅτι
σου V, ὅσοι F, ὅσοι F ‖ 24. τοῦτο * : τοιοῦτο F, τοιούτου V |

τυρεῖν V ‖ 32. ράλαι * ράλιν ‖ 37 οὐδὲν F ‖ 40 ἀκ-
χίζῃ V ‖ 45 Post ἔχων in V videtur esse τον
  Pag 573, 1 ἡμῖν V ‖ 4 οὐδὲν om F ‖ 8 ὁρίζῃ V
‖ 15. ἀπορεῖν V ‖ 18 γε om F ‖ ἀποστερείην V ‖ 20.
ἕτερα] δεύτερα V | πλεῖον V ‖ 22 τειραθήσεται *
τειραθήσεται V, πεῖραν λήψεται F Post hæc verba in
F spatium est viginti literarum capax ‖ 25 ἀτέλαυ-
σε * ἀπήλαυσε ‖ 29 ταμία V ‖ 30. ἀδινοῦντων λόγων]
In F supra adscriptum καὶ ‖ 32 ταῦ-α τάρεσ-ιν] ἄπερ
ἐστιν F ‖ 35. ἀδελφοῖς om. F | ὑμᾶς F ‖ 36. ἀπήλλατο
V ‖ 37. τοῦ om V | παραθήκη V ‖ 38. οὕτως om F
‖ 39. τροείη * προσῇ ‖ 41 ὑμᾶς * ἡμᾶς ‖ 42 κινὸς
V | βουλῆς F ‖ 45. τῶν V
  Pag 574, 12 δεῖν F ‖ 15 ἡμᾶς F ‖ 19. ἴδοις F |

μαιοῦμαν F, μαιμᾶν V ‖ 21 Malim καὶ οὕτω ‖ 22
θελειν F ‖ 23. αὔξειν τὸν * αὔξοντα ‖ 29 μετεβάλετο *
μετεβάλλετο ‖ 30 ὅμως om I ‖ 31. ἀπωλώλειμεν *
ἀπολώλειμεν ‖ 32 ζώννανον V | ἐππ-οιεῖτε * ἐνσπόει
‖ 35 οὕτω μοι] οὗτοι V ‖ 36 αὐτοὺς τὸ μὲν πρῶτον
V ‖ 39 ἀνάπτουσι * συνάπτουσι ‖ 40 τὰ om V ‖
41. ἐπτερωμένην * ἐπτερωμένην I, ἐρρωμένην V ‖ 44
κὰκ | καὶ F ‖ 46. ὑμετέρας F, quod reponendum
  Pag 575, 1 τιτθῆς V ‖ 3 καὶ om F | ἂν om I
‖ 11. γλοῦτον pr V ‖ 14 ἐπιστολὴ * ἐπιστολὴν ‖ 15

μέτριον F ‖ 16. δευτέροις] β' F | Lacunam signavi ‖
17 ἀλλήλους V | κρεῖττον V ‖ 21. λαλῶν V | τοῦ *
σοι ‖ 22. ὑμῖν F ‖ 25 πλεῖον τὸ σιτηρέσιον V ‖ 37
ἡμᾶς F ‖ 38 περιέχεσθαι * -εριάχθεσθαι V, περιάχθαι
F. Nunc malim περιέπεσθαι ‖ 42. ἠδούλετο V ‖ 43
τοιαῦτα V ‖ 45. τῶν F.
  Pag 576, 1 ὁ τοσειδῶν εὐμενὴς F ‖ 2 ὑπεστόρησεν
F ‖ 5 ἔχεις om. F ‖ 11. ἔλθῃ V ‖ 12 εὐτυχήσωμεν
Boiss. ad Choric p 162 εὐτυχήσομεν ‖ 14 οἶσθα F
‖ 21 Πυθαγόρειον] νομίζει * νομίζων ‖ 22. ἐλοῦσαν
FV ‖ 23 ἔχθραν F | ἐδυσχέραινεν * ἐδυσχέραινεν ‖
25 πάλαι om F ‖ 26 ἐλούσαν FV ‖ 34 φασιν * φη-
σιν ‖ 38 Inter Libanianas 1567 ‖ 41. Post distulit
pone * et tolle versu 46 ‖ 42 τραπεπεσθαι V τραρέε-
σθαι ‖ 44 ἐθέλει V θελει ‖ 45 μετρεῖν V | καὶ] τῆς
V ‖ 47 οἶσθα F
  Pag. 577, 1 τῶν λόγων F ‖ 5. τοσοῦτον] τοσοῦτον
μᾶλλον V | ἐθέλοις V ‖ 8 μηδὲ] μὴ V | ἐπιδέξητα I
‖ 9 οὕτω V · οὕτως V, ὅτω F | ἡνωθέντων V ‖ 13.
τι · * τὸ | κτῆμα V ‖ 15 ἀπέλαυσα * ἀπήλαυσα ‖ 18
τρὶν] περὶ V | εἰ-μηδέν om V | φίλους * φίλοις ‖ 20
ἡμῖν V ‖ 22 τις-καί σοι om V | Πακτωλὸς * πακτω-
λόγος ‖ 23. ἐπέλυσε * ἐπέλυισε ‖ 28. μεν om F ‖
35. ἀνιτταμίνω F ‖ 36 τίη * τί | διεδέξα-ο V ‖ 38
γε · δὲ ‖ 39 σε * σοι ‖ 43 τοιήσης F ‖ 45 Abest
ab F | ὅσης Maiana δόσης V | ἀπελαύσαμεν Boiss ad
Choric. p 325 ἀπηλαύσαμεν
  Pag. 578, 10 ἐθέλοι * ἐθέλῃ ‖ 11 εἰς τὴν Mi-
gniana εἰ τὴν ‖ 17. τροκαθεζόμενος * προσκαθεζόμενος
‖ 19 ᾗ] οὐ V ‖ 21 τύχη * τέχνη | αὐ' ἂν * τάχα
‖ 26 ἐλούσαν V ‖ 27 ἴδοι Migniana ἴσοι V Deest ἂν
‖ 30 ἀπιδούσω * ἀπιδούσω ‖ 43 κατέλαβες Maius κα-
τέλαβε ‖ 44 μάχαιραν idem μάχαιρα V Mox οὖσα
corruptum itemque ἅμα ‖ 50 ἀπόρρητος * ἀπέρρι-

πτος ‖ 52 F. ληρεῖν, nisi pro ἐλογ.τε scribendum
ἐνάλεις
  Pag. 579, 8. κατατλαγ.ὶς * κατατλαγῆς ‖ 10 πα-
ρίζω V supra adscripto εγχω ‖ 23 τῶ ολόξαντι I ‖
28 τῶ * τὸ ‖ 30 ῥαστώνης ἡγήσεται * ῥᾶστον, εἰση-
γήσεται | ἐπιτενεῖ * ἐπιτείνει ‖ 31 Post τροκαθούσας
sec F habet μόσσας, quod prima manu fuisse videtur
μόσσας Hoc nisi ex prioribus syllabis male iteratum
est, ex νίκας corruptum esse potest, quam vocem
desidero ‖ 36 εἴτης * εἴτοις ‖ 37. μὲν adieci ‖ 38
οὗτος] Mercurium posui in interpretatione Sed aliud
quid latere τοῦτον monstrat et defectus articuli ante
λόγον ‖ 39 παραδήσαι F | βιώσαι V ‖ 43 φησιν F |
47 μήτ' · καὶ | ὁρᾶ I
  Pag 580, 4 τοιήσης F ‖ 5 ἀναιρουμένοι F ‖ 10
καὶ | καὶ τρὸς I ‖ 13 κεκληρῶσθαι * πεπληρῶσθαι ‖
18 ἀγάγοις I ‖ 21 εἴλω F ‖ 22 δηλοποιοῦντες F |
ἥλειν F ‖ 26 ἐγινόμην F ‖ 31. οἶλα F | ἕνεκεν F ‖
32 ἐννοίας pr I | τὴν om I ‖ 37 ὅλος] ὁ λόγος F |
ᾠδαῖς] ἠδοναῖς F ‖ 42 δημηγορεῖσιν V
  Pag 581, 1 τροσῆροι F ‖ 3 οὐδέν ἐστι om F ‖
8. ἑάλως * . ἥλως | καὶ | καὶ κατὰ V ‖ 9 11 σκασ-
τοῦ * ἑαυτοῦ ‖ 15 ὡς] ὡς μὴ F | μηδὲν pr F ‖ 19.
δίξαι] 25 τροσέλθω F ‖ 27 μαχρά] μένα F ‖ 28.
ἠβούλετο V ‖ 33 μνήμη V ‖ 34. ὁνοδειγμάτων F |
ἀπέλαυσα * ἀπήλαυσα ‖ 38 στρατεύεται] βουλεύεται F ‖
40 κατανπίνει V ‖ 42. μόνον F ponit post ἀρχεῖται ‖
47 ἄττ' αν * ἄττα | τοῖ | τολλὰ V ‖ 48 ἀναπνεῖ-
σθαι V ‖ 49 τρέχειν V
  Pag 582, 6 ταῖς addidi ‖ 8 ταρεῖς * ταρεῖς |
φής F ‖ 9 σοι om F ‖ 15 γενεσίω F | ἰατροσοφιστῇ
om F ‖ 17 ἂν om I ‖ 20 σοί τε * σε ‖ 23 τα-
ρανείμενον F | ὅτι * οὕτω ‖ 28 Restitue φιλονεικό-
τερος ‖ 30 τὸν ante διδάσκαλον ad sec F A
prima quid fuerit, non apparet ‖ 36 ὕλης] τέχνης F
‖ 39 Pro καὶ in F rasura est ‖ 44 σὴν om. V
  Pag 583, 1 ταρὰ μεῖζον F ‖ 2 τὸν inserui | νική-
σωμεν V ‖ 7 μετρεῖν F ‖ 8. δ] ὦ F ‖ 9 ὅλως om. F Malim ὅλος ‖ 13 ἀβρύνομαι I ‖ 15
ἐπῆγε Maiana · ἀπῆγε | ἢ | καὶ F ‖ 21 ῥέψασα * ῥί-
ψασαι ‖ 24 λύραν * λυρίαν ‖ 24 δόξης * δόξεις | ρα-
σίου V ‖ 32 ἡμᾶς V | τοῦτο I ‖ 33 ἀπόρων V ‖ 37
τῆς τύχης I ‖ 38 μόλις] λόγοις F ‖ 39 ὑποτιθημέ-
νην V.
  Pag 584, 3 ὑμῖν om F ‖ 9 ἱεράων F ‖ 14 γυῶν]
Ita F In V spatium sex septemve literarum relictum
est ‖ 21 καὶ] τοὺς F ‖ 23. ἐκεῖνο V ‖ 31 δὲ] δὲ καὶ
V ‖ 32 τόπον] τοῖεν F ‖ 33 σώζησθε V ‖ 30 ἐμὲ]
αἳ I ‖ 37 βηρυτείων F | ἔχοι F ‖ 41. τατρὶβα F ‖
46 τῆς om F
  Pag 585, 1 ὡρίω F ‖ 3 ὑμᾶς V ‖ 4 τὸ I ‖ 9
ὄν-ως * ὄντα V Malim τόλις ἡ τῶν ‖ 10 τῶν καὶ] το
V ‖ 13 στέλλῃ * στέλλοιο ‖ 18 ἡμετέρας V ‖
21 εὐθύνας om F ‖ 22. δὲ om F ‖ 23. μοι om I ‖
26 τεριβαλεῖν F ‖ 28 μὲν] γὰρ V ‖ 31 Addidi τοῖς
‖ 43 φιλίας F | τοιαῦτα] οι in F erasum
  Pag 586 CXXXIII Non habet F ‖ 5 ἀλλὰ κρεῖτ-
των * ἀλλ' ἢ κρεῖττον ‖ 6 ὑποκλέπτειν * ὑποθλίπειν
‖ 8. Cf Plat Phædr p 228, A ‖ 11 μὲν suspectum
‖ 15 ἐπαγγαλίζεται I, quod correxi ‖ 18 καὶ supra

versum est ‖ 19. Cf. Eur. Or. 450 ‖ 20. σοῖσι * : σοῖς
‖ 23. ἄλλοις * : ἀλλήλοις ‖ CXXXIV. Abest ab F ‖ γε-
νεσίω M ‖ 24. δοὺς M ‖ 26. οὐδ᾽ * : οὐκ ‖ 27. θέλει M
| πρὸς] παρὰ V ‖ 29. καὶ post ἐπείγεται add. V ‖ 30.
καὶ addidi ‖ 32. ἡμῶν M ‖ 34. πρόσκειται M ‖ 36. δύ-
νασθαι πάλιν V ‖ CXXXV. Abest ab F ‖ 37. μετέβαλ-
λες V ‖ 41. ἡμετέρων V ‖ 46. πᾶν M.

Pag. 587, 1. προκείμενον M ‖ 4. καὶ om. V | Cf.
Mein. Fr. Com. t. 5. p. CCCLXIX ‖ 5. φασί * : ωησί
‖ 7. πατὴρ] ἀνὴρ V | ἐπ᾽ ἀρότῳ Nauckius Trag. Gr.
fr. p. 708 : ἐπ᾽ ἀρετῇ | Cf. Mein. l. c. t. 4. p. 275 ‖
9. παῖδας M | κηρύττοντας M ‖ 10. δὲ om. V ‖ 11. πα-
ραπλήσιον] διαλάμποντας M ‖ CXXXVI, 12. Ἐλού-
σης * : ἐλούσης ‖ 14. δὲ in V est post σοφιστικὰ ‖ 19.
ὑέτιος * : ὑέτιος ‖ 22. γε * : τε ‖ 26. μηδὲ? ‖ 30.
τὸν * : τὸ | Cf. Æschin. p. 86, 29 ‖ 35. πολυθρύλλητον
V, quod correxi ‖ CXXXVII. Διοδώρῳ Maius : τῶ
αὐτῶ V, in quo praecedit ep. 34.

Pag. 588, 17. Verba corrupta, in quibus non suf-
ficit scribere ὅμοιος γίνεσθαι καὶ παραπλήσιος ‖ 25.
ἐπ᾽ * : ἐν | προχέφερεις Boiss. An. t. 5. p. 442 : προσφέ-
ρεις ‖ 26. ἐξωλέστατον] Aristoph. Plut. 442 ‖ 29. ἐκ-
πεπτωκὼς Maius : ἐμπεπτωκώς ‖ 33. ἐκμισθοῖς Boiss. l.
c. : ἐκμισθεῖς

Pag. 589, 16. ἀπατωμένων * : ἀπατώμενον ‖ 25.
Verba corrupta ‖ 43. θρυλλούμενον V, quod correxi
‖ 45. Isocr. ad Demon. 18. p. 5, D.

Pag. 590, 2. σιγᾷ * : σιγώη ‖ 11. In V eranuerunt
sex fere literae. Excidisse videtur κἂν τις ‖ 19. ὤν * :
ἂν ‖ 26. τοῦχον * : τόπον | ὑψηλὸν] Immo φιλόν.

Pag. 591, 2. τῶν σμικροτάτων * : τὸν σμικρότατον
‖ 5. Πλάτωνι | Cf. Rep. VI. p. 498, E ‖ 6. εἰδέναι * :
εἰδέναι τι ‖ 12. ὃ Migniana : om. V ‖ 17. εἰσπράττω * :
εἰσπράττοντα ‖ 22. ὀβολαίων? ‖ 25. ἦ κε * : εἰ καὶ libri.
Typothetae errore κἂν scriptum est ‖ 27. Ὑμηττίου * :
ἡμιττίου ‖ 31. Herodot. II, 171 ‖ 32—39. Haec de-
lenda. Vide ad p. 547, 12 ‖ 35. τὴν * : τὴν μεγάλην
‖ 36. Θηράσαις Migniana : θηρώσαις

Pag. 592, 3. ῥάων * : ῥέων | κατέλιπον * : ἀπέλιπον
‖ 7. ἐμοῦ * : ἐρμοῦ ‖ 9. βασιλέως] ita V. βασιλέα
Maius, quod propter hiatum admitti non poterat.
Videtur fuisse εἰς βασιλέως i. e. Constantinopolin ‖
19. ὡς παρόντων * : ἀπαρόντων ‖ 23. καινὸν * : κοινὸν ‖
34. Post τοῦτο nescio an exciderit κοινὰ ‖ 39. ἀπέλαυ-
σας * : ἀπήλαυσας

Pag. 593, 2. ηὐχόμην * : εὔχομαι ‖ 3. παρ᾽ ἐμὲ * :
ἐμοὶ ‖ 8. Restitue φιλονεικότεροι ‖ 10. τὴν εὐνομίαν :
τῇ εὐνομίᾳ ‖ 13. θρυλουμένων * : θρυλλουμένων ‖ 14.
μοι Maius : με ‖ 21. ἐπεὶ δὲ * : ἐπειδὴ ‖ 30. καὶ deleam
‖ 33. ὑπεύθυνος * : ἀνεύθυνος | ὅποι * : ὅπου ‖ 36. πρῶ-
τον * : πρῶτα

Pag. 594, 6. μήποτ᾽ * : μήποθ᾽ V. Cf. Nauck.
Fragm. Trag. Gr. p. 510 ‖ 7. εἰσίδω * : ἐσίδω ‖ 11.
που * : ποι | ὑμᾶς * : ἡμᾶς ‖ 23. ἔλθοις * : ἔλθοι ‖ 24.
εὖ φρονοῦσι * : εὐφρονοῦσι ‖ CLV, 28. Ζοσιανῷ * : σοσ-
σιανῷ | ἡμᾶς supra adiecto ὁ V ‖ 32. συστῆσαι * : συ-
στῆναι ‖ 39. ἡμῶν Migniana : ὑμῶν

Pag. 595, 6. διαδύσεις * : διαλύσεις ‖ 15. Πυθαγο-
ρείων * : πυθαγορίων ‖ 19. ἐγνωκότος * : ἐγνωκότες ‖
23. F. ὡς οὖν τοιοῦτος ‖ 28. Ὁμήρῳ * : ὁμηρον | περιτ-

τῶν * : περὶ τῶν ‖ 31. μὴ ἠγνοηκέναι * : ἀγνοηκέναι V.
Rectius fortasse scripsissem ἐγνωκέναι ‖ 34. τοὺς ad-
didi ‖ 39. νικώης τοῖς νόμοις * : νικοίης τοὺς νόμους

Pag. 596, 8. ἀνέπτην μετέωρος-μεθιστάμενος * : ἀνέ-
στην μετεώροις-μεθιστάμενος ; ‖ 10. ἐπὶ ψευδῆ Maius :
ἐπιψευδῆ ‖ 16. ὑπόσχῃς προσαπαιτηθεὶς * ὑπόσχοις προσ-
απαιτήσας ‖ CLX. Huius epistolae sola praescriptio re-
licta est, in ima pagina posita. Reliqua desiderantur
‖ CLXI. Hanc epistolam Maius, cum in V madore excesa
esset, ex F edidit ‖ 20. τὸν λόγον F ‖ 21. ὃς * : ὡς ‖
22. ἀνθρώποις pr. F. In mg γρ ἀνθρωπίνοις ‖ 24. δὲ]
γὰρ pr. F, δὲ sec. superscripsit ‖ 26. ὃς * : ὡς sec. F,
om. pr. FV ‖ 27. τοσοῦτον χρόνον * : τοσούτου χρόνου

σω
| τῷ om. F ‖ 29. καὶ deleam ‖ 31. φρονοῦσι F. σω sec.
m ‖ 35. ὅτι M : ὅτι supra adscripto μὴ F ‖ 36. εὕρεν
F, mg γρ ἐξεῦρεν ‖ 46. αὐτῶν F | ἐνήλατο * : ἐνήλλατο
‖ 48. τροφὰς M : τροφήν

μὴ
Pag. 597, 1. ἀναχρομένη F ‖ 4. τοῦ συνεῖναι F ‖
8. παρέστη * : γὰρ ἐστιν FV, γίνεται M ‖ 10. δ᾽ addidi
που
‖ 11. ἐκτείνει V ‖ 13. δὴ F, δήπου V ‖ 18. τὰ κε-
φάλαια F ‖ 23. Hanc quoque epistolam Maius ex F
edidit. Abest a V ‖ 25. ἀναθέντων * : ἀνατεθέντων ‖
26. τῷ] τὸ pr. F ‖ 35. τὸν * : τὸ ‖ 38. τὴν ante αἴτη-
σιν add. m. sec. ‖ 39. οἰκεία F, corr. Maius | τι] τῇ
sec. F | δόξῃς * : δόξουσι ‖ 43. Edidi hanc ep. ex M,
in quo est undevicesima ‖ 44. θρῆνοι * : οἱ θρῆνοι ‖
45. οὖν addidi ‖ 46. Feci asteriscos. Excidit μέγα φρο-
νούντων vel τιμωμένων vel simile quid ‖ 47. Verba
corrupta.

Pag. 598, 5. ἵνα inserui | παρανομοῦντες * : παρκι-
νοῦντες

PTOLEMAEUS PHILADELPHUS.

Legitur apud Iosephum Antiq. Iud. XII, 2, 4 ea-
demque sententiis iisdem, verbis aliter concepta apud
Eusebium Praep. Ev. VIII, 4. Eleazaris epistola apud
eundem Iosephum est l. c.

PYTHAGORAS ET PYTHAGO-
REI.

Pag. 601, 1. Legitur apud Diog. L. VIII, 49.
11. Hanc epistolam correxi ad codices Laurentianos
57, 51 (B) 59, 5 (R). Praeterea adscripsi discrepantias
Aldinae (a). χαίρειν post Ἱέρωνι add. B | ὁ om. R ‖
12. λειποδεὴς Ra ‖ 13. οὐ δεῖται a ‖ 14. οἱ Bremi : οὗ
‖ 17. καὶ om. R ‖ 18. ἡ διαγωγή om. B relicto spatio
| ἀγαθὴ δὲ οὐ R ‖ 19. ἀδελὲς B ‖ 21 ἐπιδοὺς * : ἐπιδι-
δοὺς ‖ 22. ὧν νῦν σὺ B | σαυτὸν Ra ‖ 23. αἰωρῇ Bremi :
αἰωρῇ γὰρ ‖ 24. F. λόγος γὰρ ὁ παρὰ σοί, ratio tua ‖
25. μὴ οὖν] οὔκουν B ‖ 26. ἰατροὶ] οἱ ἰατροὶ a.

LYSIS.

Lysidis epistolam recensui ad códices Marcianum 511 (*N*) Laurentianum 59, 5 (*R*) Parisinos 1810 (*Γ*) 3o35 (*P*) Partem eius habent Diogenes L VIII, 42 et Iamblichus (V. P c 17), cuius contuli Laurentianum 86, 3 (*L*) cum editione Didotiana (*i*) Ceterum nec Iamblichi nec Diogenis diversitates hic quidem omnes adicere iuvabat.

27 Λύσις Ἱππάρχῳ *R*, ἢ τοῦ πυθαγορείου Λύσιδος πρὸς Ἵππαρχον ἐπιστολή *P*, λύσιδος (τοῦ addit *N*) πυθαγορείου ἐπιστολή πρὸς Ἵππαρχον *ΓΝ* ‖ 29. ἐμβαλόμεν *F* ‖ 3o ναὸς] ναὸς μεγάλας *Pa*

Pag 6o2, 1 διεστάρημεν *ΓΝα* ‖ 2 μνᾶσθαι *FNα* | τήνω ι τήνου | Οἱοῦ *Γ* | αι—ῶν *FR*, ceteri et *α* σεμνῶιν ‖ 3. ποιήσθαι ι ποιεῖσθαι | φιλοσοφίας *N* | μηδὲ *R* ‖ 4 τὰν ψυχὰν *NP* τὴν ψυχή, *RF*, τὰς ψυχὰς *α* | ὀρέγειν *NRα* ‖ 5 ποριζόεντα ι −οριζόέντα ‖ 6 μὲν ι *L* γὰρ ‖ βεβήλοις *R* ‖ 7 διαγέεσθαι ι διάγεεσθαι | ἰσότατα *ιPL* ἰσοτητα ceteri et *α* | γὰρ] δὲ *Nα* | ἀποδέξει *Γ* ‖ 8. ἑκάτεροι οἱ * ἐνάτεροι οἱ *FNPR*, ἀμφότεροι οἱ *α* | πράξαντες *NLα* ‖ 9 ὅσοι *ΓΝR* | χρόνω * χρόνιυ | μῆνος *R* | διαγάγοιμεν *FPR* | ἐναμετρήσαντες om *N* ‖ 10 ὁπίλως τὼς ι ὁπίλους τοὺς | ῥάθεσιν *F* | ἡμῶν *Fα* ‖ 11 ἐγκενολαμμέλους, ἐγκινολαμμένους | τοιὰ *P* ποτε *FNR*, πέντε *α* | γενώμεθα *N* ‖ 12 τῆνω ι τήνου ‖ 14 ἀναπλωντι] ἀπεργάζωνται *R* | μηδέποτε *N* ‖ 15 γεννησομένάν *LP* γεννησομέναν *FNα*, γεννησομένην *R* | ἐξίτηλον *ΓR* | τρόπον ὁ δαιμόνιος ἀνὴρ *L* ὁ δαιμόνιος ἀνὴρ τρόπον *R*, ὁ δαιμόνιος τρόπον ἀνὴρ *ΓΝPα* ‖ 16 κατεσκεύαζε *FNR* | τοὺς *ΓPRα* | ἐραστὰς *ΛP* ‖ 17 περί] πρός *R* ‖ 18 τὸ om *ΛPα* | ἀιδδάλως * ἀιδδήλως *L*, ἀιδδήλους ceteri et *α* ‖ 19 λογους *L* λόγους | −άγης *F* | τοὶ * τοί *L*, om *FNPRα* | σοφιστάν *L* σοφιστῶι | 20. κράγυον] κρήγυον *FNα*, κρήγιον *R* ‖ 22 ἦς ι *L* ἦν ι τοὶ ι τοί *L*, οἱ *FNPRα* ‖ 23 τήνω *L* τήνου | σαγηνεύοντες * σαγηνεύοντες | 24 οὐ κατὰ κοσμον * οὐ κατὰ κόσμον οὐδ᾽ ὡς ἔτυχε | τοὺς νέους *P* ‖ χαλεπῶς *L* χαλεπούς ‖ 25. τὼς *L* τοὺς | 26 ἐναίγναν *L*, ἐναιρ νάντι *FNP*, ἐγκιρνῶντι *R* | τι om *ΓΝR* ‖ 27 λόγων *L* λόγωι | ἐλευθέρως * ἐλευθέρους | νάθἀπιρ | καθάπιρ γὰρ *FNα* ‖ 28 βορβόρῳ *L* βορβόρου | ἐγχέας] ἐγχέοι *FPR*, ἐγχέει *N* ‖ 29. διειδὲς καὶ καθαρὸν *FR* | τε] τι γὰρ *FN* | ἀνετάραξε *L* ἐτάραξε ‖ 30 ἀξρασίνι * παραμίξειν *L*, ἠφάνισεν *FNPRα* | δὴ] δὲ *FNα* | οὕτως *R*, om. *FNR* ‖ 31. δασεῖα] βαθεῖαι *α* ‖ 32 τὰ *L* τὴν | ἐμπεφύκαντι *α* ‖ 33 ἥμερος *R* | καὶ φοροὶ om *R* ‖ 34 καὶ κωλύουσαι om *α* | προφανθέντα αὐξηθέν om *N* ‖ 35 αὐξηθέντα *FR* ‖ 36 κακοτατες *P* κακότητες | ἐκδοσκόμεναι nescio quis ἐκβοσκόμεναι καὶ (ω) οὖσαι scripti Nisi scribendum καὶ κολόξουσαι ‖ 37 τοὺς λόγους *R* | δ᾽ ἂν] δὲ *FNα* | πρᾶτον nescio quis πρῶτον | ἐπελθὼν αὐτῶν τὰς *FRα* ‖ 38. τὰς om *P* | ἀφρασίην *Pα* | πλεονεξίην *Pα* ‖ 39 οὖν *F* | ἐξεβλάστησαν *FNRα* ‖ 4o γάμοι καὶ om *Fα* | καὶ φθοραὶ om. *FR* ‖ 41 ἤδοναὶ *NRα* | βαράθρων *L* θανάτων ‖ 42. τιτες *P* | διάγαξαν *F* ἀνάγκασαν *N*, ἠνάγκαξαν *R*, ἀνέκαξαν *P*, ἠνάγκασαν *α* ‖ 44 παρεωσάμενοι *FPRα* | πόλιν καὶ νόμως *L* νόμον καὶ πατέρα καὶ πόλιν *Nα*, νόμον καὶ πα-

τέρα *ΓR* | κατὰ τύραννον * καὶ τύραννον ‖ 45 περιαγαγῶσαι * ἐνπεριαγαγοῦσαι | τους *ΓRα* | αἱχμαλώτως * αἱχμαλώτους ‖ 46 κατέστησαν *R* | τῆς *R* ‖ 47 δαττεῖαι addidi ex *L* ‖ 49 οὖν *Rα* | πρᾶτον *L* πρῶτον | ἐνδιατάτα· *FNR* ‖ 5o τὰδ᾽α om *ΓΝR* | μαχαναῖς *P* μηχα· ναῖς ‖ 51 ἐλεύθερον om *R* ‖ 52 τοιούτων *N* | τὸ τηνίκα *α*, τὸ τηνικαῦτα *F* | ἐμφανεύοντα * φωτίζοντα ‖ 53 τάπερ * ἅπερ | ὑπάρχε *P* ‖ 54 ὁπωρῆς *R*

Pag. 6o3, 1 σκελικῆς *R* | ἂς] ὧν *ΓR* | οὐ ρρῆι *Λα* | τοι ι τι *ΓΝR*, τοι *LP*, τὸ *α* ‖ 2 δείξομεν] πρόσερον *ΓR* | τι nescio quis σε | καὶ om *ΓR*, ante −ολλῶν ponit *P* | δημοσία *R* Verba δαμοσία φιλοσοφέν habet Synesius Ep 143 ‖ 3 φιλοσοφεῖ *ΛPR* | τόπος (τάπερ *L*) ι ὑπορ] ἀπηξίωσε *RF* ‖ 4 τὰ [τῆ *ΙΝR* | ὑπομνήματα *ΙR* ‖ 5 ἐπέσκεψε *R* | ἐνθὸς τῆς *ΓΝ*, ἐν τῆς *R* ‖ 7. ἐβουλήθη *PRα*, ἠβουλήθη *N* | τοὶ *N* | ἐπισκέψιας *R* ‖ 8 ἐλόμες * ἐνόμιε· | γρατοὶ *P* | ἦμεν *P* ἔμεν *FRα*, ἔμμεν *N* | δ᾽ ὡς *N* | καὶ om *R* ‖ 9 Ὀνάτοισα nescio quis Ὀνάτοισα *ΙΝP*, Ὀνάτωσισα *R*, Ὀνάτωσιτι *α* | Scripti Βρετάλα cum *FPR*, etsi rectius fortasse scribetur Βετάλα, ut est apud Iamblichum 28 Ceteri et *α* βρεταλία | ἑαυτῆς *ΓΝRα* | τὰν αὐτὴν (sic) ἐπιστολάν ἀπέστειλεν *N* ponit post θυγατρί ‖ 10 ἐπιολάν *P* | ἐπέστειλεν *α* | ἀμὲς * ἁμὲς *FR*, ἅμες *P*, ἁμμὲς *Nα* | Post ἑαυτῆς *P* add καὶ πυθαγόρα φοιτητά ‖ 11 γυναικὸς * γυναῖκος ‖ 12. ὁμολογῶμεν *N* | γνόμεσθα *P* γιγνόμεσθα *FNR*, γιγνόμεσθα *α* | οὖν *Nα* | μεταδάλλοιο *N* | μεραστόξμαι *L* Dindorfius in Thes μεράτρομαι *FNPRα*, μεραστὸξ μι *L*

THEANO.

Ad recensendas epistolas IV-VI usus sum Parisinis Mazarineis A 87 (*M*) 611 A (*P*) et Regio 3o54 (*R*)

17 ποιήσεις *MP* ‖ 2o τροφή * τροφὴ *MP*, om *Rα* ‖ 21 μὲν om *R* ‖ 22. ταῖς Wolfius −οῖς ‖ 23 καὶ] καὶ σώματιν *P* ‖ 25 δέοι *MPR* ‖ 28 ἀποσχόμενοι *α* ‖ 31 δὲ *Rα* | ἔτι δὲ φοβουμένην] Oratio turbata ‖ 32. κλάη * νλαίη | ἢν *W* ἵνα ‖ 38 σκραλοπίλαν *Rα* ‖ 39 οἴσιν] οἴη *MP* ‖ 42 ἦ om *PRα* ‖ 45 βατταλίζεται * βαταλίζεται | δριγνώμενοι * περιαγόμενον | 46 δὴ] καὶ *α* ‖ 5o δὲ om *α*

Pag 6o4, 1 γενικὰ *Rα* | αὐτὰ om *R* ‖ 2 ἐπιτιμώμενα *MP* ‖ 8 ἔρειπο om *α* ‖ 9 Ante inscriptionem *α* addit πρὸς τὴν ζηλοτυποῦσαν παραμυθητικὴ | ὅτι * δ᾽ ι ὅτι ‖ 11 τῆς αὐτοῦ αὐτῆς *R* | Post νόσου excidit participium, velut ἡττημένος ‖ 13 ἔχοισι Orelli abiecto γοῦν, ut respiciatur Aristippi dictum Sed tum scribendum erat ἔχονται pro κατέχονται ‖ 15 οὐ] ἡ οὐ,ὴ *R* ‖ 17 ἄνοιαν Lennepius ad Phal. p. 215 ἄγνοιαν ‖ 19 παρανοία om. *R* ‖ 21 ἐραθίζεται *Rα* ‖ 22 ἀσθενεῖσθαι *R* | καὶ γὰρ * ἐὰν γὰρ ‖ 23 δοκεῖν om *α* ‖ 25 Asteriscos posuit *W* ‖ 27 ῥαθυμήσαντα *α* ‖ 28 συμβιώσαντα *α* ‖ 3o. τούτου] τοιοῦτος *α* | ἁκμὴ * τοτε ‖ 31 ὁ ἔρως ἔστι * ὁ καιρός ἐστι *MPα*, ἔστιν ὁ καιρο. *R* ‖ 33 ἀδίλων * ἀδήλων | 35 αἰσθήσεται nescio quis αἰσθανθήσεται *Rα*, αἰσθαναθήσεται *MP* ‖ 37 Post

e

ὁρῶν in scriptis et *a* additur αἰσθήσεται ποτέ σου, quod delevi ‖ 38. οὐ] μὴ *R* ‖ 40. συγκρινομένη * : ἀποκρινομένη ‖ 43. σοι om. *a* ‖ 44. τὸν om. *M* | καλόν om. *R* ‖ 37. φίλη om. *a* ‖ 48. δὲ] γάρ *a* | καθυ-

. . . . . .

περέχειν Valck. ad Hipp. p. 312 : καθάπερ ἔχειν *P*. Ceteri et *a* καθάπερ ἔχειν ‖ 50. κατηρτυμένος *W* : καρτερούμενος *MPR*, καταρώμενος *a* | γοῦν *PR* | αἰσχυνεῖται * : αἰσχύνεται

Pag. 605, 17. ἀλλὰ *a* ‖ 19. ἀμυνῇ *PRa* ‖ 21. καλὸν om. *MP* ‖ 22. αἱ ante λοιδ. om. *Ra* ‖ 28. οὕτω *Ra* ‖ 31. In *a* praefigitur περὶ θεραπαινῶν νουθετική, in *MR* περὶ θεραπαινῶν ὑποθετική ‖ 35. γινώσκεται *Ra* ‖ ἔνοι *R* | κέρδος * : τὸ κέρδος *P*, κέρδος τὸ cett. et *a* ‖ 46. ἀποστελλόμεναι *R* ‖ 47. ὀδολιμαῖα *a* ‖ 48. Malim καὶ δυσνοίαις vel δυσνοίαις τε.

Pag. 606, 11. δεσποτικὰ-συγγνώμη * : δεσποτικὴ δὲ καὶ ἡ γνώμη ‖ 12. ἡμαρτημένης *Ra* | ἀπαλλάττουσα *Ra* | καὶ om. *a* ‖ 13. καὶ τὸ οἰκεῖον τοῦ * : ἐπὶ τοῦ οἰκείου καὶ τοῦ *MPR*, ἐπὶ τοῦ οἰκείου *a* | διαφυλάξει *Ra* ‖ 15. διὰ-ὑπομνηματογραφούμεναι om. *R* ‖ 19. αὐτοχειρὶ *a* ‖ 22. διαφωνεῖ Lennepius ad Phal. p. 176 : φωνεῖ ‖ 25. ἐμποιεῖ * : ἐμποιοῦσα ‖ 27. δὲ *R*, om. *M* ‖ 28. Epistolas VII-X recensui ad Vaticanum 578 (*V*) τὴν addidi | ἀθυμεῖς * : ἀθυμεῖ ‖ 29. ὅτι add. Orelli ‖ 31. θαυμαὶ δὲ μᾶλλον καὶ μάλα *V*. Adiecit uncos *W* ‖ 33. μὲν Orelli : πλησθῇ ‖ 34. ἐὰν add. idem | ταύτῃ Boisson. in Wolfii Anal. t. 3. p. 78 : ταύτῃ scripti. Idem Boissonadius delet πληροῦται ‖ 36. τοῦ adieci ‖ 41. ἐπὶ * : ὅτι | εἰς *V* ‖ 42. ἐρρωμένως διαβίφης om. *V* ‖ 44. Τιμωνίδῃ * : τιμαιωνίδῃ

Pag. 607, 1. οὗτω deleam ‖ 7. ὄμνυμι * : ὄμνη⁻ᵐ⁺ *V*, ut μ caudam trahat. Erat ὄμνυμις, quod Holstenio deberi videtur ‖ 11. πέμπω * : τέμνω ‖ 12. μή τι *W* : μήτε | μή τι * : μή ποτε ‖ 13. ὑπὸ addidi | μή τι nescio quis : μή ποτε ‖ 17. Ῥοδόπῃ] Ῥοδίππῳ? ‖ 18. Excidisse ἀπέσταλκα Bremi vidit. Asteriscos posuit *W* ‖ 19. Παρμενίδης * : παρμενίδου ‖ 20. Κλέανος * : κίωτος ‖ 21. πρότερον *W* : πρώην ‖ 23. ὡς λίαν | Dele ὡς, nisi dictum est ὡς λίαν ut ὡς ἠπίως, ὡς ἑτέρως ‖ 25. φοβουμένου Orelli : φοβούμενος ‖ 28. Post βλέπειν *V* add. ἥλιον.

MELISSA.

Correxi hanc et sequentem ep. ad fidem Mazarinei A 87 (*M*).

29. ἐμὶν *W* : ἡμῖν *M*, ἐμοὶ *a* | ἔχειν ·τῷ *a* ‖ 30. τοι *M* ‖ 32. ἀρετήν *M* ‖ 33. ποττῇ μὲν *a* | ἀσυχᾷ * : ἀσυχίᾳ ‖ 34. πολυκερδῶς *M* ‖ 36. αὐτᾷ * : αὐτὰν | διαυγῇ] ὁμομιγῆ *M* ‖ 38. πόττὰν *M* | πλειόνων *a*, πληνῶν Koenius ‖ 41. γίνεσθαι * : ἴδεσθαι *M*, ἀδέσθαι *a*, quod typographi sphalma esse existimo. ἀδέσθαι finxit nescio quis ‖ 42. πλεόσιν * : πλασίον *M*, πλησίον *a*. πλήσιον Koenius | δ' om. *M* | ἐρύθημα *a* ‖ 43. ὄυκιος *M* ‖ 44. κοσμιότητα *a* ‖ 45. φιλοκαλὲν * : φιλοκαλεῖν ‖ 46. εἰς *a*.

Pag. 608, 1. τοῦ οἴκου *a* | ἀρέσκειν *a* | δὲ αὐτὰν] τι *a* ‖ 3. θελήσεις * : θελήσεις | ἥμεν] εἶναι *M* ‖ 4. ποῦ'] ποττ' *a* | δὲ] δεῖ *a* ‖ 5. κατενηνέχθαι *M* ‖ 9. ἐκτεταμένα *M*

MYIA.

10. ματέρι *M* | τιθόαν *a* ‖ 11. ἐπιτηδειοτάταν *a* ‖ 12. δὲ καὶ] δὲ *M* ‖ 13. μὴν *M* | ποττὸ] πὸτ γὰρ *M* ‖ 17. τρεφείαα *M* | ποττῶ καλοῦ *a* ‖ 19. καὶ τροφὰν deleam. Schaeferus delebat καὶ μαζόν. Sed tum scribi oportebat καὶ τὰν τροφὰν ‖ 21. οὕτως *M* ‖ 22. θέλοι *M* | ὁπότε ἂν *M* ‖ 23. ἔχῃ * : ἔχοι *M*, ἔχει *a* | μικρὸν *a* ‖ 26. δυνατὸν δὲ ὂν * : δυνατῶν δὲ ὄντων ‖ 29. τρέπεσθαι *M* | ἄδεια *M* | ἂν εἴη *W* : ἄνεσις *Ma*. Schaeferus malebat ἄδεια deleto ἄνεσις. an ἄνοις pro ἄνεσις? ‖ 30. αἱ] αἱ *a* | ἀτέραν Schaeferus : χατέραν ‖ 32. ἔχειν *W* : ἔχειν ‖ 33. δείκελον * : δείκλον ‖ 34. ποτὲν nescio quis : ποιεῖν | Post συνεχῆ excidisse videtur μηδὲ ψυχρὰ ‖ 36. τὴν *a* ‖ 41. ἤ *a* | ταύτας * : ταύτα ‖ 42. τῷ nescio quis : τοῦ ‖ 43. ἐκ τροφᾶς Bremi : ἐκ τροφᾶς | καττὸ * : κάττον ‖ 45. ποτεσικυίας Koenius : erat ποτε οἰκείας | ποριοῦμες Schaeferus ‖ 46. ὑπομνά *M*.

SOCRATES ET SOCRATICI.

Ad epistolas Socraticas emendandas habui Parisinum 3054 (*P*) a Boissonadio accurate cum exemplo Orelliano collatum. In auxilium vocavi gemellum codicem Guelferbytanum 806 (*G*). Hos, nisi contrarium scripsi, recensione mea immutatos ac totos repraesentavi, atque tam nil intersit commemorare, quoties ex eorum fide Orellianam correxerim. Allatianam significavi litera *r*.

Pag. 609, 1. Praescriptionem om. *P* ‖ 2. πλείονα * : πλέονα ‖ 5. ἀρνούμενον Hemst.: αἱρούμενον ‖ 6. τῶν-διδομένων * : τοῖς-διδομένοις *Pr*. ἢ τοῖς-δεδομένοις Hemsterhusius, qui certe praesens relinquere debebat ‖ 13. ποιούμαι * | 14. τε ἀεί-μή] τῷ ἀεὶ ὄντι τε καὶ μή *r*. ἐπίσης ὁμοίως tenet Lob. ad Phryn. p. 754. Fortasse ἐπίσης διδόντες ἀκούειν τῷ ἔχοντί τε καὶ μή. ἔχοντι sumpsi a Bremio ‖ 20. πραττόμενα * : πρῶτον μὲν ‖ 27. κἂν Bremi : καὶ ‖ 30. προήσεσθαι * : προέσθαι ‖ 34. παρασκευάζεσθαι] Deest χρήματα ‖ 35. ἀποδόμενοι C. Orelli : ἀποδεχόμενοι

Pag. 610, 6. παράσιτον ὄντα * : παρασιτοῦντα ‖ 10. μήτε *W* : μηδὲ ‖ 21. μεῖζω * : μείζονα ‖ 22. ἔχει om. *P* ‖ 23. ἔτερα Bremi : ἑτέραν ‖ 24. συμβουλευσόντων Orelli : συμβουλευσάντων ‖ 25. θάλασσαν *P* ‖ 27. οὐδὲν Stanleius : οὐδὲ ‖ 38. ἐν] δὲ *r* ‖ 40. πολλὰ δὲ πολλοῖς * : πολλοῖς δὲ πολλὰ codd. Nunc malim πολλὰ δὲ καὶ τοῖς ἄλλοις εἴρηται ποιηταῖς ‖ 41. τὴν τούτων] Hic finitur codicis *P* folium 446. Fit saltus ad τοῦ ὑπέως p. 611, 31. Defectum supplevi ex *G* ‖ 43. ὑπάρξει *G* ‖ 46. ὠφελείας *G* ‖ 52. ποτὲ *G*. An παρῆν γὰρ τῇ τότε στρατείᾳ? ‖ 54. ἐγενόμεθα Bremi : ἐγινόμεθα

Pag. 611, 2. τοῦ-δαιμονίου * τὸ-δαιμόνιον ‖ 4. ὀρ-γὴν * : ὀργὴν καὶ | ἐν οὐκ * : οὐκ ἐν ‖ 12. ἐγκλίναντας ¹ : ἐκκλίναντας ‖ 19. μεμαθηκέναι * : μεμαθηκέναι τε ‖ 24. αὐτοὺς * : αὐτὰ ‖ 41. ἐξεληλυθὼς * : ἐπεξεληλυθὼς ‖ 42. εἰθίσμεθα * : οἰόμεθα ‖ 49. Post Ξενοφῶντι P addit ἐμοὶ δοκεῖν ‖ 51. πελοπόνησον P.

Pag. 612, 1. Præscriptionem om. P | Μνήσων * : ἀνήσων ‖ 8. δεήσειν * : δηλώσειν ‖ 9. συλλαμβόμενος (sic) P ‖ 14. δεομένη ἢ ἀπειρηκέναι τὶ ‖ 15. Præscr. om. P ‖ 16. ἐξορμήσεσθαι * : ἐξωρμῆσθαι ‖ 24. Præscr. om. P ‖ 25. καταλαβεῖν] Vide Thes. IV. p. 1119 A ‖ 28. φασιν εἶναι * : φανῆναι ‖ 37. γενώμεθα nescio quis : γινώμεθα ‖ 39. Hom. Il. Z 209 ‖ 42. διὰ ταύ-την * : δι᾽ ἐκείνην.

Pag. 613, 1. Præscr. om. P ‖ 2. συναγορεύσοντα Schæferus : συναγορεύσαντα | αὐτοῖς P ‖ 3. ὡς P ‖ 6. ἐπικλήπτειν Orelli : ἐπιζητεῖν codd Nunc malim τωθάζειν ‖ 14. χρημάτων Stanleius : σωμάτων ‖ 15. φανού-μεθα * : φαινοίμεθα ‖ 20. ὅς * : ὅσοι ‖ 39. τὸ P ‖ 40. An ἐκεῖνο ἄρα ἦν? ‖ 43. μακαριώτερον * : μακαριώτατον ‖ 44. μακαριωτάτω * : μακαρίω ‖ 45. γ᾽ ἄν] γὰρ P ‖ 47. ὂν om. P ‖ 49. μεταπείσεις Bremi : μεταπείση ‖ 52. νοῦν P.

Pag. 614, 6. φθειρόμενος P ‖ 13. δ᾽ : εἶ ‖ 14. ἠρέμα Valck.: κρῖμα ‖ 15. καὶ post παιδεύσεως ex-punxi ‖ 20. μέχρις P ‖ 31. λόγου μὲν ἕνεκα * : λόγων μὲν εἵνεκα ‖ 42. τοιούτους * : τούτων ‖ 45. μὲν om. P ‖ 53. τὸ addidi | ἀναζωπυρεῖσθαι * : ἀναθεωρεῖσθαι

Pag. 615, 7. δύναται P ‖ 11. τελευτηκότος P ‖ 25. πλεῖστα | πλεῖστά τε P ‖ 30. Σωκράτους om. P ‖ 31. ἀπόντος G : ἀπόντος σου ‖ 38. ἡ addidi ‖ 50. διήγγελ-λον W : διήγγελον

Pag. 616, 9. σφίσι * (καὶ σφίσι Wyttenb. Ecl. Hist. p. 404.) : ἔφη καὶ scripti et editi. Cf. Xenoph. Hellen. 2, 3, 41 ‖ 11. αὐτοῖ * : αὐτοῖς τε P, αὐτοί τε r ‖ 17. καταστήσεσθαι : καταστήσασθαι ‖ 18. πολλοὶ W : πολλοὶ οἱ ‖ 23. παράπαν * : παράπαν ὡς ‖ 31. τοῖς om. P ‖ 36. ἐπιμελόμενος codex aliquis Allatii : ἐπιμελούμενος ‖ 37. πράξεται P | ἦν delet Bremi ‖ 39. hanc ep. edidit Boissonadius in Notices et Extraits des Mss. de la bibl. du Roy, t. XI. P. 2. p. 51, Non est in P ‖ 46. Huius epistolæ duo exem-pla inter se paulum diversa proposuit Orellius, Alla-tianum et Olearianum. Ego illud (r) exhibui, sed ita, ut pauca ex hoc (o) et P corrigerem. Platonis no-mine inscriptam hanc ep. habet Parisinus 1760 [ἀν-δράσιν εἶναι * : εἶναι o ‖ 47. Σικελικαῖς : Σικελιωτικαῖς r ‖ 48. τῶν P : καὶ r.

Pag. 617, 1. μὲν in r post δύνασθαι ponitur ‖ 2. τὰ om. r ‖ 3. οὔτε r ‖ 5. συμβουλεύσαιμ᾽ P : συμβουλεύ-σαιμι ro ‖ 10. κρείσσων r ‖ 13. τοσοῦτον P : ἐπὶ το-σοῦτον ro ‖ 14. διενέγκης P ‖ 15. Præscriptio abest a P, ‖ 17. πολυτελεία Kœn. ad Greg. p. 441 : πολυτέλεια ‖ 19. μακρὰς P ‖ 20. ὅς μ᾽ * : ὃς P, ὅστις μέ τοι r ‖ 21. ἐπιμελητὴν P ‖ 22. οἷάπερ * : ὥσπερ ‖ 23. ἀμφιεν-νύς * : ἀμφιεννὺς τοιαῦτα | δίκην P ‖ 24. τὰν] των P deleto ω ‖ 28. ἄνθρωπος codd. | ποιῶν P ‖ 29. τῇ P ‖ 30. τῇ σῇ P| ἥδομαι P ‖ 31. σοι] σοί καὶ P ‖ 32.

ἵν᾽ G : ὧν ‖ 33. τῶν ἔχεις Kœnius l. c. p. 183 : ἔχε ‖ 34. χρήματος Stanleius : χρώματος ‖ 36. ῥυπῶντα P ‖ 37. ἐν Ἀθήναις om. P ‖ 38. νῆσον P ‖ 40. δὲ om. P | περιβλέπονται P ‖ 42. ἧς P ‖ 44. ἧς P ‖ 48. τοὺς μεγάλους P | λευκούς P ‖ 49. ὑποτραγεῖν * : ὑποτρωγεῖν ‖ 50. φασί P.

Pag. 618, 1. τοὺς-νόμους P ‖ 6. Αἰσχίνης accessit ex G ‖ 9. ἑταιρείαν * : ἑταιρίαν ‖ 13. Αἰσχίνη om. Pr, habet G | τῆς φυλακῆς P ‖ 14. ἀπωλέσουσι τὶ P ‖ 18. τοὺς ἀλφιτοπώλους P | τοὺς καπήλους P ‖ 21. πνέωντι
οντι
nescio quis : πνέωσι P ‖ 22. χρῆμα P et ad mg τούτω γὰρ οὐκ ἔτι χρῶμαι ‖ 23. Præscriptionem suppeditavit G | τωθάζειν Stanleius : θαυμάζειν ‖ 25. ἕτοιμος * : ὁμοίως | δέη P e corr. ‖ 29. παιδιῶν Kœn. ad Greg. p. 91 : παίδων ‖ 31. ἅλις * : καὶ ἅλις | λιμοῦ Stobæus : ἀεὶ μου P, et ad mg. γρ ἀεὶ σου ‖ 32. μεγάλα idem : μέγα ‖ 34. Inscriptionem om. P, habet G ‖ 35. προ-
ω ῶ
α
δίκου τοῦ P | κελω * : κλω r κίου P ‖ 36. ἔφη P ‖
ω
39. σωκράτην P | τοὺς καλλίστους P | τῶν νέων] νέους P
ω
et ad mg τῶν νέων ‖ 40. εὐγενεστάτους P | ἀλκιβιάδην P ‖ 42. εὐόδθημον P | Γλαύκωνος * : γλύκωνος ‖ 44. τοὺς ἄλλους P | ξανθίππου P.

Pag. 619, 2. ἀντισθένης P ‖ 3. συρακούσαις * : συρ-ρακούσαις ‖ 6. τὴν τέχνην P ‖ 7. ἀντισθένης P ‖ 9. τοὺς νέους P | ἀθηναίους P ‖ 10. ῥαστώνην καὶ τὴν ἡδονὴν P ‖ 13. τοὺς om. P | τοὺς P | τῆς P ‖ 16. περικειμένους libri. Correxit Kœn. ad Greg. p. 319 | τῆς τέχνης P ‖ 17. ὑποτιθεμένους P ‖ 18. Αἰσχίνης om. P, habet G | μὲν G : μέντοι r ‖ 19. ἐπεπόμφε-σαν * : πεπόμφεισαν ‖ 21. μέντοι] μέν τι P. W mavult ἐπεὶ μέντοι καὶ ἔαδε τῇ τύχῃ ‖ 26. τῆς addidi ‖ 30. μέ-λητος P, sed turbatum, ut incertum sit, η an ι prius fuerit | εἶχε] εἶπε W ‖ 32. αὐτὸν P ‖ 33. ὁπότε W : εἴ ποτε ‖ 36, Deesse aliquid significavit nescio quis hoc loco et in proximis. In libris continuatur oratio | Scr. Ἀκουμενόν * ‖ 37. τὰ ante ἰατρικὰ om. P | Δάμωνά W : δάμονά ‖ 39. ἐργασομένοις P ‖ 41. καὶ δὴ ἐξηρτή-σατο ἑαυτοῦ ἄλλην τέχνην * : καὶ διεξηρτήσατο αὐτῷ ἄλλην τέχνην ‖ 45. οὐν om. P ‖ 46. μελήτου ut su-pra versu 30 ‖ 47. Μενοικέα] Eur. Phœn. 986 ‖ 49. αὐτῇ Bremi : ἡ αὐτῇ

Pag. 620, 4. καλλιππίδη W : καλλιπίδη ‖ 8. τε * : τι ‖ 9. F. ἃ σοι τὸ υἱὸς γράψας ἔπεμψεν ‖ 11. ὅμως om. P ‖ 18. εἰ ἐάλω Orellius : ἐάλω εἰ r. ἐάλω ἢ P ‖ 20. μέντιγε P ‖ 24. κᾶν εἰ Orellius : κᾶν ‖ 29. μέλητος P, sed ut p. 620, 30 ‖ 31. ἀεὶ P ‖ 34. Intercidit ἡμᾶς | ἐμπεπτώκει P ‖ 41. αὖ C. Orellius : ἂν | κρίτωνος Bremi : κρίτωνα | μῶρς] Ita P ‖ 42. θάνε] αἴχεται W, θαλία vel θαλία ἄγεται C. Orellius ‖ 43. τεθανατώμενον P ‖ 49. οἷον Wyttenb. ad Phæd. p. 117 : οἷόν τε ‖ 51. τετυθμένοι Valck. ad Adon. p. 201 : ἡττώμενοι ‖ 54. γινώσκοι P.

Pag. 621, 25. ἐπέστειλλα P, ἐπέστελλε r ‖ 32. στρα-τιὰ P | ἦν * : ἦν τὸ ‖ 35. τοῖς Σωκράτους ἑταίροις om. P, habet G | ἦν om. P ‖ 36. αὐτοῖς P ‖ 40. ἐπιστάντας

P ‖ 43. διήεται * : διήκται r, ἀφῖκται P ‖ 44. πάλιν]
οι ἐπεὶ
πάνυ vel πάντως W | ἀφραίνει ὅπου P.

ἀγωνιζομένων
Pag. 622, 2. μελλόντων P ‖ 4. ἑταιρίαν P ‖ 9.
Sine hiatu libri. Asteriscos posuit nescio quis ‖ 10.
οὐν addidit C. Orellius ‖ 17. τᾶς τελευτᾶς C. Orellius :
τῆς τελευταίας ‖ 18. οὐδὲ Schæferus : οὔτε ‖ 19. δια-
δρᾶνα * : διαδιδράναι | οὐδὲ νῦν μέλλει * : νῦν μέλλοι ‖
20. διϊδράσκειν codex aliquis Allatii : διϊδάσειν ceteri | εἰ
μὴ καὶ πρότερον εἰ παρὰ P ‖ 21. σωθείς C. Orellius ‖
26. ἅμα   γεγονέναι (sic) P | ἀπέστειλας P ‖ 28. τῶν
αὐτῶν * : τῶν αὐτῶν ἂν r, ἀπ' αὐτῶν P. ἀπὸ τῶν (sive
τῶν) αὐθεντῶν Valck. Diatr. p. 190 ‖ 29. ἀμὲς * : ἅμες
P, ἅμις r ‖ 30. ἔχομεν Orellius : ἐσμέν ‖ 31. ἔχομες * :
ἔχοιμες ‖ 42. τῶν] ὧν P ‖ 42. ἀφυπνώσαντες * : ἀνύ-
πνωσαν ὑπνώσαντες ‖ 46. αὐτῶν P | κατηφείς * : ἀληθείς ‖
Post γὰρ in P et r spatium est quindecim fere litera-
rum ‖ 47. πάντων] τῶν P, et ad mg πάντων ‖ 48.
ἄρχ ‖ 48. γὰρ ‖ 49. ὅτι addidi.

Pag. 623, 3. δίκαιον οὔτε om. P ‖ 5. αἰεὶ P ‖ 7.
κατὰ P ‖ 10. προσηγγέλθη * : προσηγγέλη P, προσαγ-
γέλλεται r ‖ 13. τάφος * : τάφος καὶ ‖ 23. αὐτὸν codex
aliquis Allatii : αὐτοῖς Pr ‖ 25. αὐτοὶ P ‖ 26. δρᾶν P
‖ 28. καὶ om. P ‖ 30. οἱ] ὧ P ‖ 31. ἔτειον Valck.
Diatr. p. 7 : εὔιον ‖ 34. πέμψαιτε Matthiæ : πέμψητε
vel πέμψοιτε ‖ 35. ἐνθάδε * : ἐνταῦθα ‖ 36. ἐγανύ-
σκοντο P ‖ 37. καὶ ἔτι πρότερον τῶν φυτῶν libri. De-
levi dittographiam. πρότερον etiam G. Sauppius su-
stulit ‖ 39. ἡμῖν * : ὑμῖν ‖ 40. ἀνδρείας * : ἀνδρίας ‖
41. εἰδῶμεν Matthiæ : εἰδείημεν ‖ 45. F. εἰ δὲ μὴ
ἥξειτε, ἀναγκαῖον γράψειν ἡμῖ ‖ 49. δοκεῖ P | Malim
προσαγορεύσατε δὲ Σίμωνα.

Pag. 624, 1. ποιεῖται * : αἰνίττεται ‖ 2. τοῦ] τὸ P
‖ 6. ἡμῖν * : ἡμῖν τὸ | ἀφιπρεπές * : ἀφιπρεπές τι ‖ 7.
περίφυτος * : περιφυτεύ (sic) P, περιφύτευσεν r. Nunc
malim περιφύτευται ‖ 10. δέου * : δέοι ‖ 12. ἐδάλλου * :
ἐδάλου ‖ 15. ὧν] Pro hoc in P spatiolum est ‖ 16.
ἐξ ὧν βιοτῇ οἶον * : οἶον ἐξ ὧν βιοῖς ‖ 21. αἰσχίνης ξαυ-
θίπηη τῇ σωκράτους G. In P omissa inscriptio ‖ 22.
δραχμὰς P ‖ 24. καὶ ἀγαθὸν P ‖ 27. ὦ ἀγαθή P ‖ 39.
γένοιτο] Post hanc vocem in P (fol. 79a) saltus fit
ad οἴκω epistolæ sequentis. Periit codicis folium
unum. Suppletur defectus infra fol. 98a | αὐτῇ P ‖ 41.
μανικὸς Allatius.

Pag. 625, 2. καὶ W : μὴ ‖ 6. Præscriptionem om.
P, habet r, omisso Ξενοφῶν G ‖ 7. ὁρῶ Luzacius : ὁρῶ
ὅτι ‖ 9. γράψω * : γράψαιμι ‖ 12. οἴκω P ‖ Cf. p. 624, 39
‖ 18. οἴμαι καὶ P, ἤδη καὶ r ‖ 19. μέλει μὴ * : μέλει διότι μέλλει ‖ 20. διαπίπτειν
περὶ] Cf. Thes. vol. 2. p. 1270 ‖ 22. κινδυνευθῇ * :
κινδυνευθῆναι ‖ 26. κέββης P ‖ 27. τις P | ἡμῖν P ‖
29. Præscr. om. P, habet G. Αἰσχίνου r ‖ 33. ποιή-
σειεν * : ποιήσαι ‖ 35. φρόνιμόν σε * : σε φρόνιμον ‖ 37.
σε * : σε εὐθέως ‖ 38. πάλιν * : πάλιν οὖν ‖ 42. ποιή-
σεις * : ποίει ‖ 45. τινα * : τινας ‖ 46. δέ εἰ *
47. [ ] Bremi. Ego malim ἀγάμενος δέ με ἔφη ὁ Διο-
νύσιος καὶ Ἀρίστιππον ἐπαινεῖν τῶν εἰρημένων abiecto
τοῦ εἰρημένου.

Pag. 626, 3. ταῦτα nescio quis : ταύτην | ἡμεῖς

Bremi : ἡμᾶς ‖ 5. δεῖν * : δέω ‖ 9. Malim ἔλεγε δὲ τὸν
‖ 17. καταγελαστότερον * : καταγελαστότερα ‖ 19. Πλά-
τωνος] πλάτωνος οἶμαι P ‖ 26. πονοῦντες C. F. Her-
mannus : ποιοῦντες ‖ 27. οὕτως Bremi : τοῦτο ‖ 30.
διατρίβω idem : διατρίβων ‖ 31. Ἀρισταδῶν * : ἐφε-
στιάδων | κἀκ * : καὶ | χωρίων * : χωρίων καὶ ‖ 34.
διεδδύων P | κινδυνεύω C. Orellius : κινδυνεύων | δὲ] τι
P ‖ 35. ἐκείνως Allatius : ἐκείνοις P ‖ 39. Ad hanc epi-
stolam et proximam emendandas usus sum Parisino
η η
Regio 1760 (R) | Κρίνις * : κρινας R | ᾧ δέδωκα * : ὦ
δώδεκα R ‖ 44. καὶ πράττειν τι * : πράττειν τι καὶ R ‖
47. Κρίνιν * : κρήνην R.

Pag. 627, 1. φησι R ‖ 3. ὄντος Olearius : οὗτος R ‖
16. πειρᾶσθε-τοιοῦτοι Bremi : πειράσθε-τοιούτους ‖ 27.
α
ἐπ'] ἀπ' Allatius ‖ 28. σώσεις P ‖ 29. γὰρ om. P ‖
30. παιδὸς * : πάλαι ‖ 31. βουκολήμασιν P ‖ 32. ἐν τῇ
ἀκαδημείᾳ * : ἀκαδημία ‖ 33. ἐν addidi ‖ 38. οἱ μᾶλ-
λον] οἶον P | ἐδούλοντό μου P ‖ 39. ὑμῖν ὑμῖν γὰρ P ‖
40. με] μὲν P | ἐνεθύσαντες * : ἐνεθύσαν P, ἐνεσθή-
σαν r ‖ 42. Post ἀφιξόμενοι in r est Κρῆτες] ἀπήγγελ-
λον * : ἀπήγγελον ‖ 45. φαίνεται Bremi : φαίνοιτο τὰ ‖
46. ἄσεις * : εἴτω ‖ η] F. φτινι.

Pag. 628, 3. ὅσον * : ὅσον γοῦν ‖ 5. ἀριθμοῦ οἱ * :
ἀριθμὸς ‖ 6. τερατευσαμένῳ * : στρατηγησαμένῳ ‖ 7.
ἐμέμνητο * : μέμνητο ‖ 8. διηγᾶντο * : διηγεῖτο ‖
9. τὶ   τε καὶ (sic) P ‖ η] εἴτε libri. Sed fortasse
retinendum εἴτε et alterum εἴτε inserendum post οἶ-
μαι versu 6 ‖ 10. ἐπελθὼν * : ἐπελθὼν | δικαιωθῆναι P
| εἶ] W ‖ 13. κατέστη : τότε | ὕγι   διὰ (sic) P
‖ 16. σημανεῖς * : σημαίνοις ‖ 18. λίθων * : λίθων καὶ
‖ 19. ἐγηγερμένας * : ἐπηγερμένας ‖ 22. ἆ om. P ‖ 23.
ἴδιον P | ἄσκησιν· τονίαν P ‖ 24. τῆς post ἐπινοίας om.
P ‖ 25. αὐτήριος] Lobeck. ad Ai. 1035 ‖ 28. δὲ] σε
r ‖ 29. τοὐμπαλιν * : τὸ πάλιν ‖ 30. ἄπιστον Bremi :
ἄπιστον ἂν ‖ 31. νομίζω Orellius : νομίζων ‖ 33. τῇ **]
Ἀρήτη Allatius. Rectius Ἀρήτη τῇ θυγατρί ‖ 34. διὰ
τέλους * : διὰ τελεα ‖ 39. τοῦ om. P ‖ 40. τὸ χρέος P
‖ 42. ὡς ἂν εἰ   ἀρκεῖται (sic) P, ὡς ἐν ᾅδου τοῖς ἀρ-
κεῖται r ‖ 43. τίς r ‖ 44. δὲ] δὴ νὶ P | τίνα P ‖ 45.
οἱ] οἶαι P ‖ 48. μιονθ nescio quis : μίσγει ‖ 50. τοῦ
πλείονος] Diog. L. II, 72 τὰ ἄριστα ὑπετίθετο τῇ θυγα-
τρὶ Ἀρήτη, συνασκῶν αὐτὴν ὑπεροπτικὴν τοῦ πλέονος εἶ-
ναι ‖ 51. ἂν addidi, itemque mox post ἀδικήσειεν.

Pag. 629, 3. μενοῦσιν W ‖ 6. ὑμᾶς] ἡμῶν r. Requi-
ritur δὲ σοι ‖ 7. καταφρονεῖν * : καταφρονεῖσθαι ‖ 8.
οὐδὲ] οὐδ' οὐκ P ‖ 9. ποιῆσαι * : στῆσαι ‖ 10.
οο
παιδεύσασα P ‖ 13. κατάλυσαι P ‖ 14. ποτ' ἂν] που
πάντως P | ἀδικεῖν P ‖ 15. ὡς ἐμοὶ φίλον ἦν? P ‖ 17.
τῆς om. P | τὴν-φιλίαν * : τῆς-φιλίας ‖ 18. γὰρ addidi
‖ 19. Λαμπροκλῆς Allatius : τυροκλῆς ‖ 21. ἄριστα
πολὺ κοινουμένη P | αὐτῶν P ‖ 24. Verbum, velut πα-
ράλαβε, deesse vidit Bremi ‖ 25. βουλομένη Allatius.
ὠνόμασας addit Orellius ‖ 26. Μίκαν Schæferus : ἀμί-
καν ‖ 27. ἐπισκήπτω C. Orellius : ἐπισκόπει | σοι om.
ς
P ‖ 29. Post ἄξιος deesse videtur ἔσται ‖ 31. ἔχει P ‖
32. οὐδὲν P ‖ 36. ἐμπλησθείς] Hom. Od. λ, 451 ‖ 39.

οὗ
μὴ add. Allatius ‖ 43. αὐτῶ P ‖ 45. βοηθήσειας r ‖
47. λόγου om. P ‖ 51. εὐεργεσίας ὑμῶν ὑπὸ σοῦ καὶ τῶν
προγόνων P.

Pag. 630, 4. ὑμετέραν P ‖ 18. εἰς τὴν ἡμετέραν Ἡ-
ρακλείαν Orellius ‖ 19. τὴν] τοῦ Wessel. ad Herod.
p. 587 | Ἀλεύου * : ἀλέου ‖ 23. τοῦ τῶν προγόνων ἐπαί-
νου Bremi : τῆς προγον   P (sic) ‖ 24. προσ-
ῆκε W : προσήκει ‖ 25. Πλαταιᾶσι * : πλαταιαῖς P, ἐν
πλαταιαῖς r ‖ 26. ταῖς ἑξῆς P | τοσαύτας Bremi : τούτου
τὰς | σῶν om. P ‖ 34. σε addidit Schæferus ‖ 41. δοκῶ
P. In proximis scribendum φράσαι. Reliqua non ex-
pedio ‖ 42. παρὰ σοῦ om. P ‖ 44. ἀλλ' ὁ Χαλκιδέων
om. P ‖ 51. φυλίδα P ‖ 52.· Κρεσφόντην * : κρέσφοντα
‖ 53. Ἀμφιπολῖτιν Schæferus : ἀμφιπολίτην

Pag. 631, 7. Ἀχαιοὺς] οἱ ἀχαιοὺς P ‖ 9. ἐξαγγέλλει
Bremi : ἐξαγγέλλειν | περὶ τ. Τωρ. om. P ‖ 16. ἀπ'
Bremi : ὑπ' ‖ 17. ὑπογείους P ‖ 18. πάντες om. P ‖
19. πρόφασις * : προφάσεις | ψόφος Valck. ad Phœn.
p. 145 : ψόγος ‖ 21. καὶ] καὶ τῶν P ‖ 25. Κρισαῖοι * :
χρισσαῖοι ‖ 29. ἐνίων P | Post φησι in P parvulus hia-
tus patet ‖ 30. μιμεῖσθαι P ‖ 31. δύο Orellius : δὲ ‖
33. λέγει] In Panegyrico ‖ 35. οὔτε | οὔτε δὲ Allatius
‖ 38. μὲν om. P.

Pag. 632, 2. τῶν μαθητῶν τῶν αὐτῷ πλησιαζόντων
τοὺς ἐπιτιμῶντας οἳ δὲ χειρωθέντες τῆς * : τῶν μαθητῶν
τοὺς ἐπιτιμῶντας οἳ δὲ χειρωθέντες τῶν αὐτῷ πλησιαζόν-
των ἀκμάζοντες τῆς ‖ 9. Βάττον ὄντας C. Orellius : ἀκού-
οντας ‖ 14. ὥσπερ οὐ] ὡσπερεὶ P ‖ 18. παραγωνῶναι P.
παραγωνῶναί τι τῶν W ‖ 25. ὑμῖν C. Orellius : ὑμῶν
r, om. P ‖ 26. ἔγραφεν P ‖ 27. δὲ addidit W | ἐπώλει]
δὲ πάλιν P ‖ 30. ἀπηκόντισεν * : ἀπηκόντισεν ‖ 38. ἀνα-
γνοὺς Ruhnken. Hist. Cr. Orat. Gr. p. LXXXV :
ἀναγνῶ libri. W corrigit εἰ καί τις ἀναγνοὺς ἀπιθάνως
coll. Isocr. Phil. § 27 | μωλύτερον unus Allatii : ἀμ-
βλύτερον P ‖ 39. καταστρατηγήσῃ P ‖ 41. ἐπιλείπει
Allatius : ἐπιλείποι ‖ 48. Inter κτήσασθαι et τῶν in li-
bris scriptis spatium octo fere literarum est ‖ 49. ὅσιον
C. Orellius : ὅτι ‖ 51. τοὔπερ διανοηθέντος (sic) P
‖ 51. τοῦ περὶ σοῦ W : τοῦ περὶ σὲ οὗ r, atque ita P
cum lacunula post οὗ ‖ 52. σκοπεῖν mg P : ποιεῖν |
ὁποῖός τις * : ποῖός τε

Pag. 633, 1. ἀγωνιᾶν καὶ βουλομένους ἐξισοῦσθαί σε
C. Orellius ‖ 9. σὰς vulgo post τὰς additum omisi
cum uno libro ‖ 15. καὶ ᾤμην * : καίτοι ᾤμην ‖ 16.
πῶς * : ὡς ‖ 17. ἀκαδήμειαν * : ἀκαδημίαν ‖ 21. ἐν τῇ
ἀκαδημείᾳ * : ἐν ἀκαδημίᾳ ‖ 30. εὐεργετῶν * : ἐπιστολῶν
‖ 38. ἀκαδημίαν P. Feci diphthongum. Post hanc vo-
cem in P duarum literarum spatiolum est , tum περι
σοφία (sic). καδη apparet ex antecedentibus male
iteratum esse ‖ 39. ἐνδίκως-πίστις C. Orellius : ἐνδικασ-
πιστός ‖ 40. προσήκει-εῖναι] Ex Platonis Epp. p. 320,
C. 321 B ‖ 41. μεῖον * : πλέον ‖ 46. ἔτι * : αὐτοῖς ‖
48. κεχωρισμένον * : κεχαρισμένον | Θειότατα * : Θειότα-
τον ‖ 49. πάλαι C. Orellius : πάνυ

Pag. 634ᵃ, 1. παραγινόμενος * : παρα(γενόμενος ‖ 4.
εἱμαί-προσηκούσης] Ex Platonis Epp. p. 320 A ‖ 6.
ἕνεκα Plato : ἕνεκε ‖ 7. νομίζω Platonis codices : το-
σούτω ‖ 9. κυριώτατα P. Hoc tuetur Iosephus B. I.
4, 7, 2 καθάπερ δὲ ἐν σώματι τοῦ κυριωτάτου φλεγμαί-

νοντος πάντα τὰ μέλη συνενόσει ‖ 10. κάμνοντι Valck.
ap. Sluiter. Lectt. Andoc. p. 125 : καὶ τῶ ὄντι scripti
et editi. Dele diastolen post κάμνοντι ‖ 12. τῶν * :
τε ‖ 13. ἀνδρείᾳ * : ἀνδρία codd. Cf. Platonis Epp.
p. 320 B ‖ 16. ἀκαδημείᾳ * : ἀκαδημίᾳ ‖ 17. ἡρού-
μην * : ἡδόμην ‖ 23. καὶ deleam ‖ 24. οἰκεῖος * :
οἰκεῖος ὢν ‖ 25. τε ἀνθρώποις Orellius : τε ὢν ἄνθρω-
πος ‖ 26. καὶ γὰρ-ἐστιν] Ex Platonis Epp. p. 320, C ‖
27. ὡς om. P ‖ 29. καὶ addidi ex Platone ‖ 33. τρό-
πον * : τρόπω ‖ 35. ἅτερος * : ἕκαστος ‖ 36. ἀνειμέ-
νος * : ἀνιέμενος ‖ 37. τε Boiss. ad Pselli Alleg.
p. 258 : δὲ | Speusippi hanc epistolam esse ad Dionem
datam dixi in Hübneri Herma t. 5. Vide Plutarchi
Mor. p. 70, A. Apparet nonnulla, quæ de Dionysio
narrari solent, ab huius epistolæ fictore ad Dionem
translata esse ‖ 38. ἴαχχον Allatius : ἴαχ ‖ 39. ἱ᾽ρό-
ταν Orellius : ἁρύαν | βαλλάντια τὰ ἀκόντια * : τὰ
ἄλλα τὰ ἡδέα κομψὰ ταῦτα ‖ 40. καρπότομα P ‖ 42.
ἐφ' οἷς] Cf. Plutarchi Mor. p. 338 A ‖ 43. ἀμάξιον

Allatius : ἄξιον ‖ 45. οὖν om. P ‖ 48. ἀναιθῆναι P.

Pag. 634ᵇ, 38. πορθμείοις * : πορθασίοις ‖ 40. ἀγη-
τόν * : ἀγαπητόν ‖ 41. ἀριστῆες μετίασιν * : μετίασιν
ἀριστῆες | Mox scribendum εὐδικίας ἀνέχοντες ex Ho-
meri Od. τ, 111. Vide Plutarch. l. c. ‖ 43. ἀκαδή-
μειαν * : ἀκαδημίαν ‖ 44. χεῖρας * : σκέλη ‖ 45. πλείο-
νες * : πλείονα ‖ 47. Asteriscos posuit Orellius ‖ 48.
παρὰ Διονυσίῳ * : περὶ διονυσίου

Pag. 635ᵃ, 1. Φοῖβου Allatius : φόβου ‖ 3. ἄλλοῦν
ἄλλοθεν ἢ P ‖ 8. τὰ-ἐπιδημούντων] Ex Platonis Epp.
p. 321 A | ἡμῶν P ‖ 10. Præfigendum est Δίων
Σπευσίππῳ : ω codd. Scripsi σοι. Sed fuerit potius
πρός σε | παιδιᾶς Allatius : παιδείας ‖ 13. τῷ * : τοῦ ‖ 14.
ᾧ Allatius | Λακάθεντα * : Λακάθενία ‖ 17. τὰ ἄλλα P ‖
19. ἐξηπατηθεὶς P ‖ 20. λέληθε * : λεληθέναι ‖ 22.
σοφὸν] Σοῦον r ‖ 24. Γ. τὸ ἀμάξιον θεωρεῖν ἐφ' οὗ σὺ
πορεύῃ. Cf. Diog. L. IV, 1, 8. Fortasse ἐμπορεύσῃ,
quod referendum ad Speusippi scholas a mercede
non immunes. De qua re idem Diogenes videndus ‖
26. ἐπίπηρς P.

· Pag. 635ᵇ, 1. ἡμῖν P ‖ 4. παναπέπληκτος P | νόσων
τε.........] Ita P. ονοσον τε ἐπιδεικταίων codex aliqui
Allatii * ‖ 10. φιλοτιμηθῆναι   καὶ (sic) P. Fortasse
ἐγνηλατήσαι ‖ 14. ἴσαα τί ἴσον] F. ἴσα σοι τίνειν.
Iacobs. Lectt. Stob. p. 105 ἴσα ἀντὶ ἴσων ἔχοιμ᾽ ἂν ‖
15. σωφρονήσῃς * : σωφρονῆς ‖ 16. συσωφρονήσω P ‖
21. εἴμεν P ‖ 23. ἀλαζόνι-ἀνδρὸς Valck. : ἀλαζονίω
ἀλλά μοι δοκεῖ ἐμόν τι τυχόντα μένανδρος ‖ 25. ἐς add.
Valck. ‖ 31. συνοπαδὸς * : συνοδὸς ‖ 32. Post λέγειν
excidisse videtur εἰ μή.

SOLON.

Pag. 636, 1. Solonis epistolas habet Diogenes L. I,
64-67. Secundam novit et Suidas s. v. Ἐπιμενίδης.

SYNESIUS.

Synesio emendando adhibui Laurentianum plut.
LXXXVI, 8 (*A*), Monacensem 490 (*B*), Lipsiensem
(*L*), Parisinos 1301 (*M*) 1040 (*P*), Marcianos 436
(*V*) 505 (*X*), Guelferbytanum 104 (*G*). Præterea præ-
sto fuerunt notæ a Boissonadio conscriptæ, de qui-
bus in præfatione dixi. Earum partem efficiunt le-
ctiones codicum « ABCD », quorum originem nu-
merumque ille quidem non aperuit, sed quos a
Parisinis 1039 1040 1041 1042 non diversos esse
aliunde conicere licet. Codicum meorum discrepantias,
nisi quibus ad emendandam Petavianam (*p*) vel
Mignianam (*m*) usus sum, perraro proposui.

Pag. 638, 8. ἐποιησάμην *B : ἐμποιῆσαι* ‖ 9. ἐγκρί-
ναιμι * : ἐγκρῖναι ‖ 15. δὲ *M : δ'* ‖ 21. κρίσεις *AM :*
ψήφους ‖ 23. Ἰωάννη] « Nescio an Ioannes iste sit qui
Æmylium interfecit : ad quem nonnulla extant Syne-
sii epistolæ. » *Petav.* « De Æmylio a Ioanne inter-
fecto v. ep. 44. Nescio an ipsum respiciat locus ep.
50. p. 188ᵈ ὀδύρομαι δὲ τὸ κλεινὸν ἔδαφος τῆς Κυρήνης ὁ
πάλαι μὲν εἶχον Καρνεάδαι τε καὶ Ἀρίστιπποι, νυνὶ δὲ
Ἰωάννει καὶ Ἰούλιοι. Et de codem ep. 66. p. 206ᵉ ἐπὶ
στρατοπέδου γενόμενος Ἀλέξανδρος καὶ Ἰωάννη τῷ μακα-
ρίτη συστάς: τιμάσθω γὰρ παρ' ἡμῶν ἡ μνήμη τοῦ τελευ-
τήσαντος ὅτι πᾶσα δυσμένεια τῷ βίῳ τούτῳ συναποτίθεται.
Hinc patet fuisse eum in exercitu, quod firmat ep.
37, ubi de codem ἐρᾷ τοῦ τι ποιεῖν στρατιώτη πρέπον. »
Boiss. ‖ 25. ὀξύτι] « φοβοῦ Moschopulus in Attica
sylloge, quem memoria lapsum potius crediderim. »
Id. ‖ 28. μισθοδότην *AM :* μισθοδότας ‖ 34. ἐξήρτητό
τε καὶ περίκειτο] « Cf. de Regno p. 16ᵃ ». *Boiss.* ‖
35. οὖν *A :* γοῦν ‖ 36. ἀμφικνεφάλου Salmasius : ἀμ-
φικεφάλου scripti, κάθεδρα ἀμφικέφαλος Boissonadio est
ἐλκεφαλος, « sella, in qua utrimque latera ita assur-
gunt, ut caput possit commode in aurem utramque
reponi. » « Schol. φορείου. κλίνης ἐξ ἑκατέρου μέρους
μᾶλλον δὲ πάντοθεν κεφαλὰς ἐχούσης ἤγουν ἐν κύκλῳ ἐπί-
κλιντρα ἐχούσης. λέγει δὲ τοὔνομα Πλάτων ἐν ταῖς Ἑορ-
ταῖς· Κλίνην ἀμφικέφαλον πιξίνην. » *Boiss.* Pollux ἀμφί-
κολλον et πυξίνην. V. Meinek. Com. vol. 2. p. 628.

Pag. 639, 2. τοὺς γάμους *M :* τὸν γάμον ‖ 5. ἑαυτῇν
X : αὐτήν ‖ 8. ἐπόμπευσεν *L :* ἐπόμπευεν | γὰρ *A :* γὰρ
καὶ ‖ 22. Ὑκκαρικὸν] Cf. Steph. Byz. v. Εὐκαρπία ‖
39. πονηρὸς *A :* κακὸς ‖ 42. οὔπως ἔτι *A :* οὔπω ἔτ' |
Homer. Il. η, 217 ‖ 44. κἂν εἴ τι συμβαίη *a :* κἂν τι
συμβῇ ‖ 46. Edidit hanc ep. et adnotavit Boisso-
nadius in Sinneri Novo SS. Patrum Græcorum Sæc.
IV. Delectu. Paris. a. 1842, p. 445 sqq. ‖ 49. συναυ-
λίαν] « Aristoph. Eqq. 9. Philostr. Imagg. I, 11. »
Boiss.

Pag. 640, 4. γὲ accessit ex uno Boissonadii ‖ 13.
ἕως * : ὡς | οὐδὲν·ἣν *A :* οὐδὲν ἣν *A :* ἥν ‖ 23. τεμά-
χιον *A :* τεμμάχιον ‖ 24. τεῖχος τὸ] Cf. Boisson. ad
Eug. Nic. VI, 601. G. Herm. Opusc. IV. p. 187 ‖
26. ἡμᾶς σχολάζειν *AM :* σχολάζειν ἡμᾶς ‖ 29. περιε-
κάμψαμεν * : κατεκάμψαμεν ‖ 31. γραμματείοις sec. *A :*
γραμματίοις ‖ 32. ἀναχραγόντων *A :* ἀνακεχραγότων ‖
34. ἀποστρέψας-μετανοίας *AM* (nisi quod *A* habet ἀπο-

στρέψαντες) : ὥσπερ ἐκ μετανοίας ἀποστρ. τὴν ναῦν ‖ 39.
διαρμένων *X :* διαρμενίων ‖ 46. χρῆται *B :* χρῶτο ‖ 51.
τῆς addidi ex *A* ‖ 53. ὑποδέξηται *X :* ὑποδέξοιτο | ἐξε-
κεκώφητο L. Dindorfius in Thes. s. v. : ἐξεκεκώφει

Pag. 641, 6. ναυτίλλεσθαι τέχνη *A :* τέχνη ναυτίλλε-
σθαι ‖ 9. καὶ post διαστ. addit *M* | προστιθέντος *M,* προσ-
ος
τιθέντα *A* ab eadem | τοιοῦτον *M :* τοῦτον ‖ 15. μὲν
A : μὲν οὖν | ἄγουσιν *AM :* ἄγουσιν οἱ ‖ 21. Soph. Ai.
1146 ‖ 24. ἐβαλόμεθα *La :* ἐβαλλόμεθα ‖ 28. τὸ τοιοῦ-
τον libri mei omnes : τοῦτο ‖ 29. αὐτοῦ Boissonadius :
ἑαυτοῦ ‖ 31. πνέοντος *A* ‖ 33. μικροπρεπέστερον *A* ‖
38. τὴν ναῦν ἐκ τῶν ἐνόντων *A :* ἐκ τ. ἐ. τ. ναῦν ‖ 39.
ἐπανεγίνωσκε *AM :* ὑπανεγίνωσκε ‖ 44. ἀντιλήψεται
AM : ἀντιλήψοιτο ‖ 52. αὐτίκα * : αὐτίκα ἂν | περι-
γράψων *AM :* παραγράψων

Pag. 642, 8. νεκυίαιν Boissonadius : νεκύαιν ‖ 14.
τὰς adieci ‖ 29. ἔκλαον * : ἔκλαιον ‖ 31. χρημάτων *L :*
χρημάτων ἕνεκεν ‖ 33. ἀποδρᾶναι * : ἀποδράσαι ‖ 40.
οἷό *A :* οἶδα ‖ 47. τὸ acc. ex *AM* ‖ 52. ἀτέρα *B :*
ἑτέρα *A,* ἡ ἑτέρα *p* | γὰρ * : δὲ | δὲ * : γὰρ

Pag. 643, 1. περιεβάλομεν *M :* περιεβάλλομεν ‖ 15.
ἄστρων *a :* ἀστέρων ‖ 16. ἐλλιμενίζειν * : ἐλλιμενίζειν
οἱ δὲ ‖ 20. θάλαττα *AM :* θάλασσα ‖ 21. εἰκὸς *AM :*
εἰκὸς ἦν ‖ 23. ἀφηγώμεθα * : ἀφηγώμεθα ἐν οἷς ἦν ‖ 26.
ἀπώλεσεν *X :* ἀπολώλεκεν ‖ 32. ἐγχρίψαντες *AM :* ἐγ-
χρέψαντες ‖ 37. χεῖρ' *B :* χεῖρα ‖ 38. χρησώμεθα * :
χρησόμεθα ‖ 41. χωριτικῶς G. Dindorfius in Thes.
χωρικῶς ‖ 43. τέλος *L :* τέλος μόνος | ἧκεν *X :* ἦλθεν ‖
46. πλεῖν * : πλείους ‖ 51. καὶ πάλιν ing *X :* καὶ μάλα
‖ 54. ἀπὸ *AM :* ἀπὸ τοῦ

Pag. 644, 6. ἂν acc. ex *G* ‖ 7. ὁ *G :* ὁ δὲ ‖ 8. δοὺς
B : διδοὺς ‖ 12. οἱ μὲν ἐντελεῖς] Schneider. ad Aris-
tot. H. A. t. 3. p. 455 ‖ 13. κωδιοὺς * : κωδιοῖς mei,
ἐπὶ κωδίοις *p* nescio unde ‖ 14. Ἰούλιους * : Ἰούλιοις ‖
16. ἐπιλάθηται *M :* λάθηται ‖ 19. νυνὶ et codd. mei :
νῦν ‖ 21. μενταῦ * : μὲν ἂν | τὸ codd. mei : τὸ τῶν ‖
25. ὄρνεον ἐκτόπως ἡδύ] « ἡδύ non ad suavitatem,
sed ad formæ amœnitatem referendum videtur, qua
fere ad pavonem accedit ». Schneider. l. c. p. 428 ‖
36. τί plerique mei : τί γε | τό γε *a :* τὸ ‖ 38. ἀρετὴν *X :*
ἀρετῇ ‖ 43. καὶ γὰρ * : αὗται γὰρ ‖ 45. διὰ τῶν *AM :* δι'

Pag. 645, 2. ἡ *A* et codd. mei : ἦ ‖ 4. τἀπὶ *L :*
τὰ ἐπὶ | τι restitue ex *a* | τοῦ addidi ex *M* ‖ 10. τι acc.
ex *AM* | « εἰς μῆκος scholium sapiunt et . absunt a
duobus codicibus. » Boisson. ad Philostr. Her. p. 646
‖ 18. ἐναρμόσας *A :* ἐφαρμόσας ‖ 20. τίθης * : τίθης *A,*
τίτοης *Mp* ‖ 27. οὖν *AM :* γοῦν ‖ 32. δεήσει *X :*
δεήσοι ‖ 33. τι *X :* τοι ‖ 37. θρυλουμένην *A :* θρυλ-
λουμένην ‖ 38. μοιχᾶν * : μοιχᾶσθαι ‖ 50. γενέσθε * :
γίνεσθε

Pag. 646, 5. ἐγχειρείσθω *A :* ἐγκεχειρίσθω ‖ 16.
μὲν addidi ‖ 31. 1. Reg. 15, 11 ‖ 36. ὡς ἡμᾶς acc. ex
X : ἵν' *A :* ἵνα ‖ 41. ἀργυρίδιον *A :* ἀργύριον | ἀποδο-
μένοις *A :* ἀποδιδομένοις ‖ 46. διαγάγη *A :* διάγη ‖ 47.
ἐξελέγχοντας αὐτὴν *A :* αὐτὸν ἐλέγξοντας ‖ 49. Θευδώρῳ
καὶ τῇ κεφαλῇ] « Crediderim partem inscriptionis hu-
ius, καὶ τῇ ἀδελφῇ, in sequentem epistolam rejicien-
dam esse. Nam solius Theodori fit hic mentio. » *Pe-*
tav. « Credo hic falsum esse Petavium. Epistola est

omnino directa ad duos; nam δυκ:ι::-τα καθ' ὑμᾶς-
συνόντας-γράμμασιν ὑμετερο;ς et alia non sunt certe ad
unum dicta » *Boiss.*

Pag. 647, 3 τις acc. ex *Parisino* 1039 ‖ 8 χρῆν α
Suidas s χρῆν γρῆ ‖ 9. μηδὲ τί *A* Suidas μηδ' ὅ, τι
‖ 14. » Vox διαλομιστὴς hic est propria Sic ep 13
140 » *Boiss* ‖ 15 παρεοράνατε · παρεωράκατε ‖ 19
τὰ om. *A* et Boissonadii quinque » Sed τὰ sumat lo-
cus praecedentis epistolae ταρ' ὑμῶν τὰ περὶ ὑμῶν εἰδέ-
ναι. » *Boiss.* ‖ 22 γεγόναμεν *L* γεγόνειμεν ‖ 23.
ἀλλὰ acc. ex *M* ‖ ‖ 40 τι addidit ex *A* ‖ 41
σεδασμία *L* μακαρία ‖ 43 Operarum vitium Sci.
παρεωραμένος » Schol ὡς Ἀριστείδης Παράδοξον μὲν
οὖν οἶδα ἐρῶν λόγον » *Boiss*

Pag 648, 4 » Amissorum liberorum meminit ep.
16. 17. p 196 C Quibus etiam locis firmatur vul-
gata ταιδίων [ταίδων *A* et unus Boissonadii], ut et
ep. 82. » *Boiss*. ‖ 7. ἐμμενεῖν · ἐμμένειν p ὶ μενεῖν
propter hiatum ‖ 14. ὄγκον *B* (cf ep 103) ἴο-
σμον ‖ 15 Θεοῦ *A* τοῦ Θεοῦ ‖ 16 ἐδούλι:ο α ἠδού-
λιτο | νομὲκ τοῦ βίον] · Sic ep. 8 ὁ Θεὸς ἀγαθῶν νο-
μεύς. 96 ἐλεύκατον γε ὁμενον νομεκ τοῦ βίου » *Boiss.*
‖ 25. πᾶς· ἅπας ‖ 3a εἰς αὐτὴν acc ex *G* (cf. p
236 A) ‖ 34. ἴθι παρὰ] « Sic ep 44 p 182 B ἴθι παρὰ
τοὺς νόμους p 198 D ἴθι παρὰ τὸν ἱερέα » *Boiss.* ‖
43 διὰ τάπης εὐφήμου μνήμης ἄγε] · Et sic alibi lo-
quitur · ep 17 δι' εὐφήμου μνήμης τὴν σὴν ἄγοντε σε-
μνοπρέπειαν » *Boiss* ‖ 46 σοι *A* σοι καὶ

Pag 649, 7 ἐλλιπὲς *A* ἐλλιπὲς ‖ 18 οἶον α οἵων
‖ 22. » D Διονυσίω, Ε Διονύσω Sed Ἀνυσίω scripta
videtur Nam ep 6, qua de hoc eodem Carnia ageba-
tur, eidem data suit Ἀνυσίω » *Boiss* ‖ 27 ὀῖς ὀίγην]
« Is nempe, qui Carnam prehendendum adduxerat
et volente Synesio, nolens forsan ipse, dimiserat. Poe-
nas ab eo repetere poterat Anysius, quod captivum
abire passus fuerat » *Boiss*. ‖ 29 μηδὲν codex nescio
quis οὐδὲν ‖ 31. ὑδροσκοπείου *L* ὑδροσκοπίου ‖ 32
συνενωθῆναι codex aliquis Petavii συνωντθῆ α · ‖ 37
τοῦ τε κώνου *L* τοῦ κώνου τε ‖ 38 βαρύλλιον] Cf
Beckmann. Geschichte der Erfindungen IV p 242-
264 Schneidei Eclog Phys. II p 343 ‖ 42. ὑπη-
γόρευσα] · Sic ep 23 πρὸς ἔνδειξιν καὶ φιλοτιμίαν ὑπη-
γορεύειν ἐπιστολάς ep 72 p 218· ὑπηγορεύσαμεν πρὸς
τὴν ὑμετέραν ἀδελφότητα γράμματα. » *Boiss* ‖ 44. πᾶν
X · ἅπαν

Pag 650, 1 ἀπελθόντων] Tres Boissonadii παρελ-
θόντων. · ἀπελθόντων de mortuis passim legitur, παρελ-
θόντων non item Noster ep 21 p 174 D τὸν ἀπελ-
θόντα 44. p 182 B τὸ προπαθησράμενο απελθεῖν »
Boiss. Vide tamen Theodorum Prodr. Rhod I, 285
τεθνηκας, ὤμοι, καὶ παρῆλθες πρὸ χρόνου ‖ 2 ἄξιον ἦν ·
ἦν ἄξιον *X, G,* p ‖ 3 ἄξιον *M* ἄθρόον ‖ 12 μέ-
λει α μέλλει ‖ 15 · σεμνοπρέπειαν vocem honorificam
infra tribuit Duci, ep 21 εἰ τοῦ Θεοδώρου μνήμην παρὰ
τῇ σεμνοπρεπείᾳ τῇ σῇ » *Boiss* ‖ 16 ἐμπεπληκότι α
ἐκπεπληκότι ‖ 17 τε acc. ex *G* ‖ 26 Θεοδώρου]
· Meminit eius ep 20 21 32, ex quibus locis nihil
discimus, nisi fuisse istum κοινὸν ἁπάντων Πενταπολι-
τῶν πρόξενον » *Boiss* ‖ 35 · Hic Herodes idem esse
videtur de quo ep. 3 » *Boiss*. ‖ 37. τοῦ· *L* τοῦτο

‖ 39 ὃς ἐστάθη] · Idem est sine dubio quem ep
18 dicebat χρυσίον ικμὴν στρατιώταις κομίζοντα »
Boiss.

Pag. 651, 5 ἐκλίσω α et omnes mei ἐκλίσου ‖ 14
κεχαρισμένος unus Boissonadii χαρισάμενος ‖ 37 ναί-
τοι videtur delendum esse

Pag 652, 9. μήτ: *L* μήθ' αἱ ‖ 12 οἰκείοις] · Infra
ep 31 τὸ γὰρ εὖ -οιεῖν ἐν τοῦτο μόνον ἔχουσι κοινὸν
ἔργον ἄνθρωπός καὶ Θεός Themistius VI p 78 D τερῶν
ὄντων, οἷς ὁ Θεὸς διαφέρων Θεός ἐστιν, ἀδιότητι τῆς
ζωῆς, περιουσία δυνάμεως, τῷ μὴ διαλείπειν ὃ ποιεῖν
ἀνθρώποις, καὶ ἐν μόνον τοῦτ' ἀγαθὸν τῶν εἰρημένων,
ἐμιστὴ βατ. τ πρὸς Θεὸν ὁμοιῶσις (cod 2988 ὁμοιό-
της) » *Boiss* ‖ 16 ἐν προῦσα α ἐν τοῖς προῦσι καὶ ‖
17 ἐν *L* ἐν τοῖς ‖ 18 δὲ acc ex α ‖ 21 οὗ acc ex *M*
‖ 22 τέταυτα α et omnes mei πεπανσεται ‖ 25 ὁ·
καὶ ὁ ‖ 33. ἅλις ἔχει] · Sic p 185 B Heliodori I,
3 · *Boiss* ‖ 35 τότε *G* τοῦτό τε

Pag 653, 3 πρεποῦσας-ποριζόμενος] Unus Bois-
sonadii χαριζόμενος · Eadem permutatio infra in loco
simillimo ep 38 p 179 D et ep. 57 p 200 D, ubi
mg Petaviana -οριζό-:τα: Vide etiam ep 79 p 224
D διὰ τὸ γὰρ ἀνθο ἐξειρξαντων ὑποθέσεις τῆ τι ἑαυτοῦ να·
τῇ τοῦ Οδαντος φύσει πρεποῦσαι » *Boiss* ‖ 5 Hanc ep
a Synesio sumpsit Dionysius Antiochenus (33), ex
Dionysii epistolis inter Libanianas relata est (1188) ‖
7. Πλάτωνος] Gorg p 474 B · Huc adludit ep 67
p. 215 D » *Boiss* ‖ 17 δεῖσθαι Θεοῦ *L* Θεοῦ δεῖσθαι
‖ 22 οἰκεῖος *A* οἰκείους ‖ 25 καλούμενα καλού-
μενα ‖ 33 Λυσίας] · Theophyl Bulg vol. 3. p
650 D ταῦτά γε ἤδη ἀτέγνωστο και, Λυσίας ἂν εἴπη,
ἐξείργαστο ἡγεμόνων κακότης · *Boiss* ‖ 36 κότω: *M*
κοττυτοῖ reliqui et α · Infra ep 44 p 184 D Διαρ-
σώτην τῆς κότυος · *Boiss* Idem nex nescio quo Synesii
codice adscripsit scholion Κό-υς ἐστι, ὄνομα Θεοῦ
ἐφόρου οὔσης τῶν αἰσχρῶν, ἥτις καλεῖται καὶ Κοτυτώ.
Κονιττάλος· παιχνίδις δαίμων Πεισαρωδιχὸ Κονίτταλος, κα·
τοῖς αἰσχροῖς ἀνακείμενος, ὡς Ἑλλάδιός φησιν ‖ 37.
τοῦτου -οῦ νομματος] · Adludit ad Aristoph Ran.
890. · *Boiss* ‖ 43 φευγέτω *M* ἐχέτω ‖ ἡμᾶς *A* ·
αὐτὸν p, om *M* Petavius coniecit ἐχέτω τῆ ἐνεγκούσας
αὐτὸν -όλιν ‖ 44 καταπιμπλάμενον *A* ἐμπιπλάμε-
νον

Pag 654, 7 ποιήσαι · ποιήσειεν ‖ 8 ἐκροφοίη ·
ἐκροσοῖτο ‖ 12 μισθοῦ unus Boissonadii μισθῷ ‖
18 διαρθέξη *M* διαρθέξειεν ‖ 25. ὅ τι *A* ὃ ‖ 32.
συνειαάλλεται Petavius συνεὶς ἄλλεται

Pag. 655, 13. περιμενείς · περιμενεῖς ‖ 16 Οὐρανίω]
mg Petaviana γρ Χρύση. Cf. ep 83 ‖ 20 νισαίων *A*
Νισσαίων ‖ 21 ἀηδέστερος *A* ἀιδέστερος | λιπόσαρ-
χος · λειπόσαρχος ‖ 26 πρός γε τοι *A* πρὸς μέντοι |
ὀστᾶ · ὀστέα ‖ 28 ὀστοῖς · ὀστέοις ‖ 33 γενέσθα:
A G L M ἥκει

Pag. 656, 6 Cf Porson ad Eur Med 144 ‖ 24.
αἰμύλιον *A*. Αἰμύλιον ‖ 40 βέλτιον *L* βέλτιστον ‖
42 ἄθρων *A* ἄθρουον, ἀθρόων reliqui ‖ 46 τῷ
acc ex *L* | δοῦναι τὴν δίνην] « D sine articulo Sic
ep 28 τὸ δοῦναι δίνην Sed mox δοῦναι τὴν δίκην [p
657, 10] et p 183 B ὀσεῖον τὴν δίνη. » *Boiss*

Pag 657, 2 οὐκ α ὡς οὖν ‖ 18 οἴε *A* οἴη ‖ 26.

ἕνεκα] Ita Petavius, ut videtur; libri mei εἵνεκα ‖ 32.
οὔπω *A* : οὐ ‖ 44. αἱμιλίου *A* : Αἰμυλίου ‖ 48. ὑπὲρ
acc. ex *A* ‖ 5o. ἐξεωνήσατο * : ἐξωνήσατο

Pag. 658, 5. δημος. μετάνοια *A* : μετάνοια δημο
σιευθεῖσα ‖ 37. μὴ *M* : μηδὲ ‖ 47. διεξελθὼν *A* : διελ-
θὼν ‖ 48. Scribendum hic et p. 659, 2. 9. Σπάταλον,
itemque Spatalum in interpretatione ‖ 5o. προσάγων]
« Vox est hic propria. Supra p. 184 C προσήγαγον
ἄν σε καθάπερ ἰατροῖς τοῖς νόμοις. » *Boiss.*

Pag. 659, 1. βεβοημένος *A* : διαβεβοημένος ‖ 2.
ἐστιν οὗτος *M* : οὗτός ἐστιν ‖ 10. δεδήσεται* : δεθή-
σεται ‖ 13. ἐξηυρημένοι *A* : ἐξευρημένοι ‖ 17. ὤν τε *A* :
τε ὢν ‖ 19. τὸ μὲν-Δίκη,] « Ep. 5o τὸ μὲν οὖν ἀληθὲς
οἶδεν ἡ Δίκη. » *Boiss.* ‖ 21. τῆς θεᾶς* : τοῦ θεοῦ ‖ 22.
ὄντα *LM* : ὄντως ‖ 23. αἱμιλίου *A* : Αἰμυλίου ‖ 25.
οἶδεν ὅτι εἰ καὶ *a* : εἰ δὲ ἂν ‖ 27. ἀλλ' *A* : ἀλλὰ ‖
28. ἄν acc. ex uno Boissonadii ; οὐδὲ ἐμβαλοῦμεν-σι-
τησόμεσθα] « Eadem formula ep. 58. p. 203 B. Ita
Gregorius Naz. I. p. 292 B in Nonna matre laudat
τὸ μήποτε δεξιὰν ἐμβληθῆναι ἢ χείλη μιγῆναι χερσὶν
Ἑλληνικαῖς ἢ χείλεσι, ἀλλὰ μηδὲ ἅλων κοινωνῆσαι, μὴ
ὅτι ἑκούσας ἀλλὰ μηδὲ βιασθείσας τοῖς ἀπὸ τῆς βεβήλου
καὶ ἀνάγνου τραπέζης. » *Boiss.* ‖ 29. αἱμιλίου *A* : Αἰ-
μυλίου ‖ 31. προστροπήν] « Cf. ep. 58. p. 202 D. »
Boiss.

Pag. 660, 4. διοσκορίδης *L* : Διοσκουρίδης ‖ 10. ὁ
La : ὃν ‖ 21. δέομαι *M* : δέομαι πάνυ δέομαι ‖ 26. ἄν
LM : ἄν τις ‖ 38. οὐ σε unus Boissonadii : οὔτε σε ‖
46. τῇ διαδοχῇ-συνέστησε] « Ep. 74 αὐτὸ τοῦτο τῇ δια-
δοχῇ τοῦ χρόνου συνέστησεν. » *Boiss.*

Pag. 661, 5. αἱμίλιον *A* : Αἰμίλιον ‖ 14. ὑποψίας
pr. *A* : ὑποψίᾳ ‖ 20. πλεῖστα *A* : πλείω ‖ 22. στερεό-
μενος *A* : στερεούμενος ‖ 27. τε acc. ex *L*.

Pap. 662, 3. ἀνατρήτους] Suidas s. v. Zonaras p.
183 : ἀνατρητάς ‖ 6. φθάσειν propter hiatum, ut vide-
tur. Nisi scribendum est πρὶν ἂν οὖν φθάσῃ πάσας ἀνυ-
δύμενος ‖ 9. εἰσκάλει *L* : εἰσκάλει τοι ‖ 13. μῆκος ἐπι-
στολῆς] « Eadem eidem scribit ep. 83. Unde fere cre-
diderim inscriptionem alterutrius non esse sinceram, at-
que hanc epistolam fortasse Troilo scriptam fuisse.
Nam infra ep. 111, quæ Troili nomen præfert, nonnulla
de Dioscorii studiis habet, de quibus item in hac. No-
tandum tamen, ibi in inscribenda epistola variare li-
bros, et esse qui non *Troili* sed *Fratris* nomen exhi-
beant. » *Boiss.* ‖ 19. διοσκορίου *a* : Διοσκουρίου vulgo.
Scr. Διοσκόρου ‖ 25. τῷ suppeditavit unus Boissonadii
‖ 3o. γένηται *A* : γένοιτο ‖ 31. ἐκεῖ *a* : ἐκεῖσε ‖ 33.
δεινὸν *a* : κακὸν ‖ 35. μηδὲν μὲν *A* : μηδὲν ‖ 38.
ἀκαθήμειαν * : ἀκαθημίαν ‖ 48. ἤδονα * : ἠϊόνα

Pag. 663, 3. ἐπεπίστευτο* : πεπίστευτο ‖ 18. τὸ
addidi ‖ ἀναχθήσομαι *L* : ἀνακτήσομαι *v*. Nisi scriben-
dum τὸ ἀρρενωπότερον ἀνακτήσομαι omisso εἰς ‖ 24.
ὑφ' *M* : ἀφ' ‖ 27. οὖν *G* : γὰρ ‖ 28. ἰσχυρίζομαι
omnes mei : διισχυρίζομαι ‖ 3o. ἀλλ' δ *G* : ἀλλὰ ‖
35. τολμήσει τις * : τολμήσειέ τις *G*, τολμητίον *m* ‖
43. τὰ κακά sec. *L* : κακά ‖ 44. γίνεται *L* : γίνονται ‖
ἐπειδὴ δ' οὖν *A* : ἐπεὶ δ' οὖν ‖ 46. γὰρ addidi ex *AM*.

Pag. 664, 2. χρῆσθαι *M* : χρῇσθαι καὶ γὰρ ‖ 3. δέη-
ται *L* : δεῖται ‖ 5. βαρβάρῳ *A* : βαρβάρων ‖ 7. δημόσια
ALM : δημοσίαις ceteri et edd. « δημόσια verum esse

apparet ex his quæ modo dicuntur : ταῖς κοιναῖς συμ-
φοραῖς ἐπεξέρχεται, ubi κοιναὶ συμφοραὶ quod hic κακὰ
δημόσια. » *Boiss.* ‖ 11. τοῦτ' *A* : τοῦτο ‖ σε sec. *L* :
καὶ ‖ 14. τὴν acc. ex *G* ‖ 15. θεός *G* : ὁ θεὸς ‖ 22. εἰσὶ
acc. ex *ALM*. Post hanc vocem expunxi αἴ, quod in
omnibus libris est ‖ 23. δημιουργικῷ *M* : δημιούργῳ ‖
25. οὐδὲ *A* : οὐ γὰρ ‖ 32. γέγονε *M* : γίνεται ‖
33. ἐκείνῳ acc. ex *G* ‖ 5o. μακάριός *G* : μακάριος γὰρ
‖ 54. κακεργέτιδος *A* : κακεργάτιδος

Pag. 665, 2. ἡμῶν τὰς ἁμαρτίας *A* : τὰς ἁμαρτίας
ἡμῶν ‖ 16. ὡς acc. ex *M* ‖ ἐλαχίστων* : ἐλαχίστων ‖ 27.
τοῦτ' *A* : τοῦτο ‖ 33. δὴ *M* : δὲ ‖ 38. ἀνετίθην *A* : ἀνε-
τίθουν ‖ 4o. βιβλίῳ *G* : βίβλῳ

Pag. 666, 7. ἡμῶν* : ἡμῖν ‖ 12. ὑπὸ φθόνου δαίμο-
νος] ὑπάτων φθόνων δαιμόνων Bevingius in Iahnii
ann. 1831. p. 346 ‖ 17. ἀλλ' ἅμα τε *G* : ἀλλὰ ‖ 26.
ἄρα* : ἄρας ‖ 29. τοσοῦτο *G* : τοσούτῳ ‖ 37. τὸ acc. ex
a et omnibus meis ‖ 39. αὐτοῖς *M* : αὐτοὺς ‖ 46. δὲ
6
G : δὲ καὶ ‖ 52. ἀπροσεξίας *G* : ἀπραξίας ‖ εὑράμενος
M : εὐράμενος

Pag. 667, 2. περὶ τὰ addidi ex *M* ‖ 5. τε δεινὸν αὐ-
τὸς *LM* : αὐτός τι δεινὸν ‖ 7. τὰ nddit sec. *L* ‖ 8. δου-
λεύω τῷ λόγῳ *M* : δοῦλα τῷ λόγῳ ‖ τι *M* : τοι ‖ 13.
παραμυθῖαι] Recte, v. ep. 79. p. 689, 28 ‖ 2o. ἱκε-
τείαις p. 689,39 : ἱκεσίαις ‖ 21. δς p. 689, 4o : εἴτε
‖ 23. ἐκκείμενος] « Ep. 79 καὶ πᾶσιν ἐκκείμενος. »
Boiss. ‖ 24. καθ' αὑτοῖς *M* : κατ' αὐτοῖς ‖ 34. ἀλλὰ καὶ
A : ἀλλὰ ‖ 41. οὔτ' *M* : οὔτε ‖ 42. εἰσερπύσαι *M* :
προσερπύσαι ‖ 49. ἄλλο *M* : ἄλλο τὸν *v*. Fortasse
ἄλλο ἀλλ' ‖ 5o. ὧν acc. ex *M* ‖ 54. θυννοσκοπείου]
Suidas v. ἄνθρωπος et θυννοσκοπεῖον,

Pag. 668, 1. τῇ acc. ex *A* ‖ 3. ἐγὼ *AM* : ἔγωγε
‖ 4. ἀπεγευσάμην *M* : ἐγευσάμην ‖ 11. ἀνθρώπων *AM* :
λαῶν ‖ 12. τὰς acc. ex *ALM* ‖ 22. ὑμῖν acc. ex. ex
G ‖ 26. συγκλείσιν Suidas v. Πολιτικός : τὸ κλώθειν ‖
33. πρὸς *M* : ἐν ‖ 36. παρὰ *ALM* : παρὰ τοῦ ‖ 42.
προθυμήσομαι *G* : προθυμηθήσομαι ‖ 43. γάρ τις *G* :
γὰρ ‖ 46. ἀρχὴ sec. *L* et Suidas : κίνησις ‖ 48. μὴ-
ῆ] Platonis verba in Phædone p. 67, B. « φησὶ po-
suit non nominato quis dixerit. Et sic alibi. P. 277
D καὶ εἴ τῳ, φησί, θεῶν ἐπίφθονος πρότερον ἦμεν. Ἐρ.
1oo. p. 139, D ἀλλὰ κόσμει, φησίν, ἂν Ἔλαχες Σπάρ-
ταν. Et De Insomniis p. 141, B ἔχει γάρ τινα, φησίν,
ἐν αὐτῇ μερίδα. » *Boiss.*

Pag. 669, 7. πλεῖν *a* : πλεῖον | ἐνανθρωπήσαντι *A* :
ἐνανθρωπεύσαντι* ‖ 9. ἔδει *G* : δεῖ ‖ 20. πρὸς *A* :
πρὸς τὸν ‖ 21. ἐπιμελητὴς *G* : ἐπιμελής ‖ 28. διαγίνε-
σθαι] « Ep. 79. p. 125, C ἄν γε διαγένηται. » *Boiss.* ‖
32. θεατροσκοπίαις *AM* : θεατροσκοπίαις ‖ 34. θεατρος-
κοπίαις *AM* : θεατροσκοπίαις ‖ 35. συγγινόμενος *G* : συγγενόμεννος ‖ 36. ποιεῖ-
σθαι οὐκ ἀχρήστους *G* : οὐκ ἀχρήστους ποιεῖσθαι ‖ 37.
οἵτινες *G* : εἴ τινες ‖ 47. ἂν addidi ‖ 5o. ὅστις δὴ mg
Petavii : ὅστις ἐπειδὴ ‖ 53. πορίζονται ‖ Cf. ad p. 653,
‖ 3 ‖ 54. ἡμῖν *G* : ὑμῖν

Pag. 670, 1. λυσιτελέστερος *G* : λυσιτελέστατος ‖ 2.
μόλις μόνοι *AM* : μόνοι μόλις ‖ 4. κατωρρώσατο *G* :
διωρθώσατο ‖ 14. εἰσαθθις *M* : εἰσαῦθις ‖ 18. τοὺς ἐπισκό-
ποις *M* : πρὸς τοὺς ἐπισκόπους ‖ 24. λοιμὸν mg Petavii :
λιμὸν ‖ 25. ἀκριβῶς ἐπεξελθὼν *AM* : ἐπεξελθὼν ἀκρι-

ἔϋς || 26. « κολαστηρίων ὀργάνων] AB sine ὀργάνων, et credo delendum esse ut glossema Infra p 202 B αὐτὸν τοῖς ἀποτροπαίοις καλαστηρίοις ᾐκίζετο Ep 79. p 224 C ἐξεῦρον καὶ ξένα ἄττα κολαστήρια κατ' οὐδενὸς τῶν ἀδικούντων Theodoretus hist V, 38 τὰς τῶν κολαστηρίων ἐπινοίας » Boiss. || 29 ξινολαβίδα] Suidas s. v || 30 καὶ pr A καὶ τὴν || 39 σεναχηρείμ AM Σινναχηρείμ || 46. ὑφ' M ἀφ'

Pag 671, 7 εὑρόμενος AM εὑράμενος || 14 ὑπ' AM ἐπ' | τῷ σταθερωτάτῳ M τὸ σταθερώτατον || 23 « B δημοσίοις, quod praefero ut ἀττικώτερον » Boiss || 27 κρατήσειεν a κρατήσει || 28 καὶ γλῶττη omittunt omnes mei Est in p et uno Boissonadu, qui hæc adscripsit « Supra ἡ γλῶττα τῇ γνώμῃ συνέξαινε Ep. 79. p. 224, C ἄπορρὰς ἄνθρωπος, παλαμναίαν ἔχων καὶ γνώμην καὶ γλῶτταν 84 τῇ γλώτταν ἔχειν ἀρκοῦσαν τῇ γνώμῃ 105 p. 250, B οὐδὲ σταράξει μοι πρὸς τὴν γλῶτταν ἡ γνώμη » || 33 προσηγορῆς] Lp 44 τοὺς Αἰμιλίου γὰρ ἀλάστορας δέδιμεν, εἰ θιγγάνων ἡμῶν ἐναπομόρξῃ τὴν προσηγορήν. » Boiss || 34 καὶ γνώμῃ καὶ σώματι] « Ep 44 p 184, C εἰ δὲ οὐ καθαρὸς καὶ χεῖρα καὶ γνώμην Ep 5 p 168 A καὶ γνώμην καὶ χεῖρας ἐκίνησεν. Ep 78. p 224 B καὶ γνώμην καὶ χεῖρα τούτοις παραπλησίους Gregor Naz or. XIX 309 A χειρὶ μᾶλλον ἢ γνώμῃ » Boiss || 37 καὶ ante Οὐαντι acc ex M || 42. ὁμορόφιον ALM ὁμοροόφιον ceteri. « Infra ep 66 p 207 D γενόμενον ὁμορόφιοι, ubi Ἀθμωρόφιον De provid II p. 134 D ὁμορόφιος ἐθ-Θεώριος ἐγίνετο, ubi A ὁμωρόφιος De insomnis p 147 C ὁ δὲ ἦν ὁμωρόφιος, ubi A ὁμωρόφιος Infra ep 147 p 286 B ὅταν ποτὲ ἡμῖν ὁμορρόφια γένηται, ubi A ὁμώροφα Gregorius Presbyter p 5 D οὔσσιτοι τε ὁμοῦ καὶ ὁμορρόφιοι καθίστανται ἀλλήλοις Idem p 20 loco nostro simillimo ὁμορόφιος καὶ ὁμοτράπεζος τοῦ ἀρχιερέως καθίσταται » Boiss || 45 τὴν ἐκκλησίαν ἀ-οσκυβαλίσει AM ἀποκυβαλίσει τὴν ἐνκλησίαν || 52 δέ a pro

Pag. 672, 10 σοι a σοι τὴν || 12 ἄν a ἣν || 18 ἐδύνω G ἠδύνω || 37. τοῦ καιροῦ καθ' ὃι unus Petavii τῶν καιρῶν καὶ προ-οῦ καθ' οὓς editi Infra est τοῦ χρόνου p 673, 22. τῶν καιρῶν καὶ τοῦ τρόπου καθ' οὓς Petavius, qui « duo erant » inquit « quæ Synesium excusabant, temporis incommoda et acceserata profectio » || 39 ἱνετηρίαις L ἱνετηρίας || 41 Malim ἀσφαλέστερον. Post ἀσφαλέστερον additur καὶ τὸ πΘαγος, quod cum uno Boissonadu expunxi || 43 τῷ acc ex α.

Pag 673, 1 οὖν adieci ex A || 4 οὖν add a || 9 συγγνορεῖ a συγγνωρεῖ | οὐδὲ γένοιτο unus Petavii ἀλλὰ γένοιτο γὰρ || 17 ὁ acc ex a || 19. ἣν acc ex a | τοῖς πρώτοις Paris. 1041 αὐτοῖς | 26. τοσοῦτο A τοσοῦτον || 32 Erat ταξιαρχῶν || 42 ἡμῖν AL ὑμῖν || 44 Πτολεμαίων « Πτολεμαίων | ἂν acc ex a || 46 πως ἥττων L τῆς ἴσης | 47 Malim ἐπεὶ δὲ ὑπερφόριον ὃν τυγχάνει

Pag 674, 8 Ἀλέξανδρος] « Meminit eius p 216 D. » Boiss || 10 τῆς Paris 1041 τῆς μοναδικῆς τῆς | 15 καὶ acc. ex G || 18 ἀπεδείχθη AL ἀνεδείχθη | 24. τοι Paris. 1041 τι || 27 τούτων A τούτου || 31. συλλαχούσης a λαχούσης || 43 οἶσθ' A οἶσθα

Pag 675, 11. μηδαμόθι AL μηδαμόθεν || 30. Πα-

λαιΐσκάν] « Infra p 210 C Confer Vossium ad Catull p 145 » Boiss. || 42. εὑρόμενος A εὑράμενος || 43. αὐτῇ A καὶ αὐτῇ || 45 παραδοὺς l. παραδιδοὺς || 46 συγχυθέντα G συγχεθέντα || 50 ἀθετεῖται » L ἀθετεῖται δὴ

Pag 676, 7 ἐναπείλαιεν A ἐναπείλαιεν || 11 ἀ-ήγγειλαG ἐπήγγειλα | 17 παμμιγῆς· παμμιγῆς ὑπὸ τοῦ λίαν ἐνηργεῖ· ταῖς ἀνοαῖς || 27 μέχρι· μέχρι || 35. Ἐρυθρίτιδας Paris 1039 Ἐρυθρίτιδας καὶ | 53 φασι A φασι δὴ || 54. θαρρῆσαι G θαρσῆσαι

Pag 677, 1 παλαίτερος A παλαιότερος || 23 ἐπιδείκνυναι A ἀποδεικνύναι || 31 δόξῃ seu L δόξειεν || 32. δόξαι A δόξαν || 39 ἐπανιέναι] « Synesius de Regno p 4 A, ubi quid sit inter μακαρισμὸν et ἔπαινον discriminis explicat Vide etiam infra p. 238 B » Boiss || 48 εὕρετο a εὕρατο

Pag. 678, 6 ἱ-ἱρας mg Petavii ἑλατέρας || 7 πολίμων A πολεμίων || 12 Παῦλος· Παῦλος τε || 18. εὐλαβέστατος] « Episcopi εὐλαβέστατοι dicti honoris et tituli causa Hac ep ipsa p 211 D τοῖς εὐλαβεστάτοις ἐπισκόποις Διοσκόρῳ καὶ Παῦλος et mox ὁ εὐλαβέστατος Παῦλος Item p 214 A ὁ εὐλαβέστατος ἐπίσκοπος Διόσκορος p 222 D προσετίθεντον δὲ καὶ ὅσον εὐλαβεστάτων ἐπισκόπων τῇ γνώμῃ » Boiss || 22 ἀλλ' A ἀλλὰ || 25 ποτὲ· τότε | ἐλατῖσε L ἐκεῖ | 39. σμικρὸν A μικρὸν || 40. παρεῖλον Pantazides παρετράπη || 46. καινὸς A καὶ νόμος || 50 καὶ συνέταξε γὰρ] καὶ deleam

Pag 679, 5 οὐδὲ A οὐ || 6 ταῖσδε acc. ex a || 11. ἀγνώμων a ἄγνωμον || 19 ὅσον L ὅσον || 24 συνειλεγμένος A : συνειλεγμένον || 29 ἀδόλιμοῦ L : τοῦ ἀδολφοῦ || 30 γραμμάτιον L γραμμα-εῖον || 39 ἀποφήνατο A ἀπεφήνατο

Pag 680, 8. π.ργέγονε.· περιγέγονε κατὰ ὁ ἀρχοῦ ἀγαθὸν ἡ φιλαδελφία || 9 -ῶι post νόμων acc ex a || 22 ἐκεῖνον] « Aldina male omittit ἐκεῖνον. In ipso initio epistolæ πᾶν ὅ τι ἂν ἐκεῖνος ὁ Θρόνος θεσπίσαι. p 208 C τὸν ἀρχιερατικὸν ἐκεῖνον θρόνον ἀ-σεμνύνων » Boiss || 28 οὖν acc ex G || 37 προσειλήξει A προσσειλήξει || 38. δόξει· δοκεῖ Au, δόξει in 44 οὐδ' A οὐδὲ || 46 τὸ λεγόμενον] Plato Legg XI. p 935 A || 48 βαρυτάτην A βαρυτάτην τὴν || 49 ραιμάτων L ἐγκλημάτων

Pag 681, 18 ὀνόματος G ὀνόμασιν || 19 ὅτι G εἰ | « ἰδίᾳ forte glossa est, quæ κατὰ πρόσωπον explicetur. » Boiss καὶ ante ἰδίᾳ acc ex G || 26 βακχεύσοι G βακχαντίσοι || 31 συμφορᾶς G συμφορῶν || 36 « Pro ἐνεῖ legam ἐνείσοι » Boiss | καταστήσωνταὶ a. καταστήσονται » || 39 ἐμβάλωσι La ἐμβάλλωσι || 41 οὗ ον || 42 ἂν acc ex mg Petavii || 47. τρώην] « Ep 66 » Boiss | μὲν mg Petavii μὲν ἀδρφὲ || 48 ἐσρασμένου A ἐστρατευσαμένος

Pag 682, 1 τὸ γράμμα A τὰ γράμματα || 4 ἐπίταξεν G ἐπέταξα || 6 διαιτῆσαι Toupius ad Fragm. Longini VI αἰτῆσαι || 7. τἀμοιβαῖα A τὰ ἀμοιβαῖα || 9 συνεργίας L συνεργείας | τι acc ex a || 10 εἰσ-τερείστανται] « Sic ep 69 ». Boiss. || 11. τὴν acc. ex a || 22 φοβεῖ] An φωνεῖ? || 26 ἀθρόοι mg G ἀθρόον || 28 μέχρι· μέχρι | 29 δεῖ τ A δεῖ || 30. τὸ acc. ex a || 3) ἣν τῶν εἰς G ἣν εἰς τὴν

Pag. 683, 1. ὁμοῦ·Ἰσχύρους] « Cf. ep. 48. » *Boiss.*
‖ 7. ἀναλάμψει *G* : ἀνάψει ‖ 26. παλαιτέροις * παλαιοτέροις ‖ 27. πέρυσιν] « Patet hanc ep. scriptam fuisse a.
410. Nam id temporis Synesius episcopus fuit renuntiatus » *Boiss.* ‖ 29. ἐπὶ ῥητοῖς ἐφ' ᾧ] « Pag. 221 C
τὸν Ἥλιον εἶδεν ἐπὶ ῥητοῖς ἄνθρωπος, ἐφ' ᾧ Γεννάδιον
ἐγράψατο. » *Id.* ‖ 40. τοῦτον *A* : τούτων ‖ 41. ἀλῶνται *Aa* : ἀλῆται

Pag. 684, 9. προσανακλάεσθαι *A* : προσανακλαύσασθαι | με acc. ex *L*. « Ep. 33. p. 178 B εὐθὺ τῆς ἐνεγκούσης αὑτόν. » *Boiss.* ‖ 44. αἴτιος γέγονας *G* : γέγονας
αἴτιος ‖ 46. πῶς *G* : πῶς οὖν ‖ 48. εἰ μὲν·ἀμελεῖς] Boiss,
confert ep. 136. p. 273 A σὺ δὲ ἡμῖν εἴπερ οὐχ οὕτως
ἔχεις, ἀδικεῖς, εἰ δὲ ἔχεις, οὐ μέγα ποιεῖς.

Pag. 685, 14. ὃς] Suidas v. ἐκκέλευστος ‖ 23.
ἐγράψατο *L* : ἔγραψεν ‖ 29. ἀγρόν] « Alludit ad ep.
72. p. 219 C. » *Boiss.* ‖ 30. οὐ *A* : ἢ ‖ 39. Verba
τῆς ἀκριβοῦς ἐργασίας glossam esse censet Volckmannus
‖ 42. « Malim συνίστησιν ». *Boiss.* ‖ 43. παίζειν
τὰ παίγνια] « Ex his colligere recte mihi videor hunc
ἀττικουργῆ sermonem esse Calvitii encomium. » *Id.* ‖
44. μου Petavius : σου

Pag. 686, 1. μοι *A* : μου ‖ 3. Post σύνοικος fortasse
excidit καί | τῇ acc. ex *G* ‖ 4. προσεδρίας *A* : προσεδρίας | προυστάτησε Pantazides : ἐπροστάτησε ‖ 9. « Ne
verba parenthetica pro scholio capiantur, citabo initium ep. 100 Φυχούντιος ἄνθρωπος (Κυρηναίων δ' ἐπίνειον ὁ Φυχοῦς) ἐπέδωκέ μοι. » *Boiss.* ‖ 14. πάντ' :
πάντων ‖ 19. θατέρου τῇ * : τῇ θατέρου ‖ 35. ἐγγωρίων] Cf. Meurs. Gloss. Græco-Barb. p. 145 ‖ 38.
πολλαπλασίους * propter hiatum : πολλαπλάσιοι | τοῖς
πολεμίοις * : τῶν πολεμίων ‖ 41. μετὰ *A* : μετὰ τοῦ ‖
47. « Mallem ἐναλεῖσθαι. » *Boiss.*

Pag. 687, 4. ἱκετείαν *G* : ἱκεσίαν ‖ 6. ἣν ἡμᾶς *L* :
ἡμᾶς ἣν ‖ 12. συστρατιώτας *A* : στρατιώτας ‖ 14. γε * :
τε ‖ 20. μετὰ *a* : μετὰ τοῦ ‖ 24. Αὐσουριανὸν Petavius : ἀσυριανὸν ‖ 26. χειρῶν] « De regno p. 12 B
ἵνα δὲ ἡμῖν ἐγένηται, χειρῶν αὐτῷ δεῖ πολλῶν. » *Boiss.*
‖ 30. βερονικεὺς *A* : βερρονικεὺς ‖ 34. οὕτως *A* : οὕτος ‖ 38. τὰ *L* : τὸ | ἀδοικεῖν τῷ βουλομένῳ *A* : τῷ βουλομένῳ ἀδικεῖν ‖ 40. ἄλλο *L* : ἄλλων | ἀνὴρ * : ἀνὴρ ‖
42. δεσμῶν *a* : δεσμωτῶν | ἔταξεν ἐν ταῖς ἀπαιτήσεσιν
mg Petavii, quod adoptavi mutato ἐν in ἐπί. Scripti
et editi ταῖς ἀπαιτήσεσιν ἔταξεν ‖ 46. οὐδὲ γὰρ *A* :
οὐ γὰρ | ἔξεστιν *A* : ἔστιν ‖ 49. παρ'·ἐγένετο] « Credo
mutilum locum et describi supplicium ferme eiusdem
generis quo affecti sunt plures Martyres in Passione
Thoræi et sociorum Barthio citata ad Theb. Stat. V.
p. 327. » *Boiss.* Nihil deest. Agitur de δακτυλήθρα.
Verba παρ' ἐνίους τῶν δακτύλων ἐγένετο ita accipienda,
quasi scriptum esset καὶ παρ' ὀλίγον ἦλθεν ἀποβαλεῖν
ἐνίους τῶν δακτύλων. Nos, *er wœre beinahe um ein paar
Finger gekommen.*

Pag. 688, 3. παλαμναιοτάτας *A* : παλαμναίας ‖ 13.
κλάοντος *a* : κλαίοντος ‖ 19. γε acc. ex *L* | παρόσον *A* :
παρόσον ἀδικῇς ‖ 25. ἐρεῖ τὰ nescio quis : ἐρεῖ omnes
mei ‖ 27. τἀνθρώπου *A* : τοῦ ἀνθρώπου ‖ 28. ἤκουε
A : ἤκουσε ‖ 30. ἀπολήψεσθαι *a* : καταλήψεσθαι ‖ 46.
πάντας *L* : πάντας ὁ ‖ 49. οἴκαδε *G* : οἴκοι ‖ 52. ἂν
acc. ex *G*

Pag. 689, 4. μαίνεται] Hom. Il. 9, 238 ‖ 16. Διοσκορίδη * : Διοσκουρίδη ‖ 21. ὑμῶν *a* : ἡμῶν ‖ 23. ἐξήγαγον] « Simillimum est quod supra legitur p. 196
C. ἐξήγαγον ἐμαυτὸν idem est quod ἐξήγαγον ἐμαυτὸν
ἐκ τοῦ βίου. Plene Heliodor. I, 29. Diog. L. II, 13,
15. Porphyr. V. Plot. 11. Schol. Hom. Od. XI, 85.
202. » *Boiss.* | κατακρατηθεὶς *A* : κρατηθεὶς ‖ 24.
θῆλυς] « Cf. ep. 57. p. 197 C τὰ μὲν ἄλλα ἄρρην
εἰμί ». *Boiss.* ‖ 37. ἅμα πάντων-μέγιστον] « Hæc ipsa
iam dixit ep. 57. p. 196 D. » *Boiss.* ‖ 38. εἶναι adicci ex ep. 57. p. 196 D ‖ 39. ἐν] « B sine ἐν. Præpositionem habet similis locus p. 196 D. » *Boiss.* ‖
41. πράττουσαν ὁρῶ *AL* (cf. p. 197 A) : ὁρῶ πράττουσαν ‖ 43. καθ' ἑαυτὸν *L* | κατ' αὐτὸν

Pag. 690, 3. ὤντινων *G* : τίνων | τοσαῦτα ἐκτίνω
L : ἐκτίνω τοσαῦτα ‖ 26. με *G* : μου ‖ 28. ὃς] Hom.
Il. 22, 144 | 29. τίθεσθαι] « Sic hoc verbum adhibuit ep. 94. p. 232 D. » *Boiss.* ‖ 35. πάλαι] Aristoph. Plut. 1002.

Pag. 691, 1. τίνι μέντοι τινα] « Cf. ep. 94. p. 234
D. Imitatur Platonis Phædrum p. 236 D. » *Boiss.* ‖
11. Γοργίειον * (p. 271 C) : Γοργιαῖον ‖ 12. πάσης * :
ἀπάτης ‖ 15. μῆκος] « Similia dixit ep. 53. » *Boiss.*
‖ 17. πρὸς *G* : πρὸς τὸ ‖ 19. τῷ τὴν (p. 189 D) :
τῇ *AL*, τὴν a. « Ep. 58. p. 202 B. » *Id.* ‖ 23. νόμοι |
« Similia ep. 55. » *Id.* ‖ 34. φιλῶ *A* : τιμῶ ‖ 35.
πρὸς σε μηνῦσαι] « μηνῦσαι πρὸς σε

Pag. 692. 3. ὃν acc. ex *X*, itemque ἐμέ ‖ 13.
ὦ·ἐφ' ᾧ a : ἐφ' ᾧ γε (τε *A*)-ἐφ' ᾧ γε (τε *A*) ‖ 15.
L : ἐὰν ‖ 23. ὅτε *A* : ὅτι ‖ 36. τινά-πόλει *AL* : ἐν τῇ
πόλει τινὰ τάξιν ‖ 37. ζῆν ἐν *p* : ζῆν οὐκ ἐν codd. mei
| 38. ἂν *a* : ἂν οὖν | γενέσθαι *A* : εἶναι

Pag. 693, 2. τὴν addidi ‖ 15. προειλήφοι *A* :προειλήφει ‖ 20. μέχρι νῦν *a* et omnes mei : μέχρι τοῦ νῦν
p nescio unde ‖ 32. ἐφθάκεις-πυθόμενος] Thom. Mag.
p. 397 | εὕροιο * : εὕραιο ‖ 33. νῦν καὶ *A* : καὶ
νῦν

Pag. 694, 4. ἐθάρρησα *G* : ἐθάρησα ‖ 16. ἄγει * :
ἄγοι ‖ 19. ἐγώ τε τὰ *a* : ἐγώ τε ‖ 31. τῇ acc. ex *AL*
‖ 33. δράσαι *G* : δράσαι τε ‖ 35. πάνυ καὶ *A* : καὶ
πάνυ ‖ 45. τἀνθρώπου *a* : τοῦ ἀνθρώπου

Pag. 695, 1. ὑπ' ἐχθρῶν] Cf. Xenoph. Œcon. I,
15 ‖ 3. ἡμῖν acc. ex *G* ‖ 6. ἔνι *L* : ἐνὶ ‖ 14. μεῖζον
post μοι ponitur in *m* : transposui cum *G* ‖ 29. εἰς
τὸ θητικὸν] Excidit participium, velut μεταβαλλόμενον * ‖ 32. ἐῶ] Suidas s. Πρὸς λύραν ᾄδειν | Διοσκορίδην * : διοσκουρίδην ‖ 36. πὰρ Suidas s. Νέμεσις et
Ὑπὸ πῆχυν : παρὰ ‖ 47. εἰς τὴν *AL* : εἰ,

Pag. 696, 8. φίλος ὠνομάζετο *A* : ὠνομάζετο φίλος ‖
12. πολλοὺς *L* : πολλοὺς μὲν | πολλοὺς ἂν θανάτους]
« Hæc et proxima iam supra professus est ep. 11. »
Boiss. ‖ 21. ἐξετάσας τὸ πρᾶγμα *AL* : τὸ πρᾶγμα ἐξετάσας ‖ 26. τὴν φύσιν *AL* : τῇ φύσει ‖ 27. τὸ acc. ex
AL ‖ 37. δὲ ὧν *LG* : ὧν δὲ ‖ 41. ἐρρωμένως] Cf.
Thean. Ep. 7 ἐρρωμένως διαθήψῃς | εὐδαιμονῶν * : εὐδαίμων | καὶ θεῷ κεχαρισμένος » : θεῷ κεχαρισμένος ‖

Pag. 697, 3. πολλαπλασίονα *L* : πολλαπλασίαν ‖ 6.
καὶ ἐφ' οἷς γὰρ-καὶ non sollicitandum. Cf. Theophyl.
Sim. Ep. 49. καὶ πολλὴν γὰρ ἐχθρῶν ὁ τοῦ Πριάμου
ᾐσχύνετο, καὶ δίδωσι τῷ πατρὶ τεθνηκότα τὸν παῖδα ‖ 14.

ἐτέθηκα καὶ τῷ δεσπότῃ μου unus Boissonadii ἐτέθηκα
καὶ τῷ δεσπότῃ μου | ἐρρωμένος Α . ἐρρωμένος ‖ 15
ὑπατελοίης ᵉ διατέλει ‖ 16 ἡμμένῳ ᵉ ἠγμένῳ ‖ 18.
ἀνὴρ ᵉ ἀνὴρ | ἐνθειότατος Petavius ἐνθειότατος δυνά-
μεως δέοιτο scripti ‖ 35 αἰδοῖ-Μουσῶν] « Respexit
fortasse Hom Od VIII, 479 » Boiss ‖ 41 ἐρρωμε-
νως .Χ : ἐρρωμένος ‖ 46 καὶ acc ex L ‖ 47 πολύς]
ᵉ Ep 101 ἐν ταῖς παρ' ἡμῶν πόλεσιν ὁ Παλαμένης πο-
λύς. » Boiss

Pag 698, 5 ποιήσαντα ᵉ ποιήσατι Α, ποιήσατι p ‖
10 λειτουργίας] « Legatio, ut videtur, qua fungeba-
tur Constantinopoli » Boiss ‖ 19 τι acc ex uno Bois-
sonadii ‖ 23. ἀπαγγειλας α ἐπαγγείλας | ἀγροασομένους
sec L ἀχροασομένος ‖ 34 καὶ Α καὶ τῶν ‖ 49 κο-
σμεῖ] Vide Suidam v. Κόσμει Nauck Fragm Tr Gr
p 463 | φησί ᵉ φησί

Pag. 699, 4 εἰς α εἰς ‖ 7 μέι acc ex G ‖ 10
ἔσω G εἴσω ‖ 11 χρύσεα ᵉ χρύσεια ‖ 17 πέτραγας
L πέτραχας ‖ 22 κἀνθρώπινα ε καὶ ἀνθρώπινα ‖
30 ἐπὶ τῇ ἴσα καὶ τῇ ὁμοία Petavius ἐπὶ τὰ ἴσα καὶ
τὰ ὅμοια ‖ 32 Ἀριστείδου] Aristides t 2 p 307 ‖
33 τύπον] Suidas v. Τύπος ‖ 36 ὀρότησω] Suidas v
Ἀποφιλεύοισι.

Pag 700, 5 κἂν ᵉ ἐὰν ‖ 11 ποιῆσαι α ποιεῖν ‖
34 μετείληφε Α μετείληφε ‖ 35 αὐτός α ἐγὼ ‖ 48.
παραγενέσθαι καὶ ἀπεῖναι G ἀπεῖναι καὶ παραγενέσθαι

Pag 701, 6. ἐν G ἐν τῇ κοινῇ ‖ 12 ὡς G ὡς ὁ ‖
14 ἔχειν αὐτοὺς G αὐτοὺς ἔχειν ‖ 22 φιλ-άτης L
φίλης ‖ 24. αὐταῖς Α αὐ-οῖς ‖ 28 λόγος Α ὁ λόγος ‖
35 ὠατίζεσθαι P ὠθίζεσθαι ‖ 36 ἀνάγκη] Simoni-
dis Vide Bergk Poett Lyr p. 1118³ ‖ 37 δ' P
δὲ

Pag 702, 2 οὐδεὶς] Suidas s Οὐδεὶς νομάτης ‖ 12
ὡς acc ex αP ‖ 14 καταδέδικεν Α Ἰωάννης ὁ δυσεν ‖
15 ἂξ P δ' ἂν ‖ 19 εἰπὼν P εἰπὼν ἂν ‖ 20 χρη-
στῷ Α χρησίμως ‖ 23 ἀρνῶ] Hom Il ω, 262 ‖ 24
ὅπῃ α ὅποι ‖ 30. μάτην ὀ-τοῖς ὅ-λως G ἐν τοῖς ὅρθοις
μάτην ‖ 32 θαρρήσαντας Α θαρρήσοντας ‖ 35 κατα-
γέλα P καταγελᾷ ‖ 36 οἶδ' ὁπόθεν ᵉ οἶδα ὅθεν |
ἐκεῖσε P καὶ ‖ 52. τέσσαρας Α τέσσαρες | χωριστικῶς]
Suidas v. ἐσταλμένοι

Pag 703, 7 δ'ᵉ . δ' οὖν ‖ 15 ἀφεὶς P ἀφεὶς ‖
17 ἂν acc ex P ‖ 22 ὠλίσθη ᵉ ὠλίσθησε ‖ 27 δ'
οὖν LP γοῦν ‖ 31 ὅτῳ γὰρ ἦν οὗτος α οὗτω γὰρ ἦν
πρῶτος ‖ 33. γὰρ addidi ‖ 38 τῷ P τῷ ‖ 49 πρὸς
G τὴν ‖ 51 μόνον ΑP μόνος

Pag 704, 1, οὐδ' ἂν Α οὐδὲ ‖ 8 ἀλλὰ AL ἀλλὰ
καὶ | παρὰ α (Bergk Lyr Gr p 1005³) περὶ ‖ 17
γένοιτο L . γένηται ‖ 21 ἁμαρτάνειν αὐτῆς AG αὐ-
τῆς ἁμαρτάνειν ‖ 24 προσέμενος P προσέμενος ‖ 31.
ἱερὰ δὲ ἡ ἱερέα ‖ 32 θεὸν Α0 Α0 θεῷ ‖ 41 οὐκ
ΑP οὐκ εἴη ‖ 43 μηδὲ P καὶ μὴ ‖ 45 ἀπαγόντων
α ; ἀπαγαγόντων | οἶδ' P οἶδα ‖ 47 ἀληθῶς pr Α
ἀληθῶς εἶναι ‖ 49 ἐμαυτοῦ LP αὐτὸν ‖ 51 νηλ-ἴδος ᵉ
ἐμπιπλάμενον P ἐμπιμ-λάμενος νηλ-ἴδος ‖ 53 ἐπιγινό-
μενον L ἐπιγενόμενον

Pag. 705, 1 ὑγιὰ L ὑγιῆ ‖ τὰ ΑP τὸ ‖ 2 ᵉ Α
τε ‖ 3 ἔρηται P ἔροιτο ‖ 6 ἐντευγχάνω-α ᵉ ἐντυγχάνοντα
‖ 10. Ἱν' P δεδοίκεν Α, δεδοιὼς ὡς edd ‖ 17 ἔγωγε

P ἐγὼ | οὐδ' P οὔτε ‖ 21 ἐν LP ἐν δὴ ‖ 30 θρι-
λούμενοις ἱ θρυλλουμένοις ‖ 33 διαρθείσεσθα AGP
συνδιαφθείρεσθαι ‖ 37. ψεύδους Α ψεύδεσθαι ‖ 38 νοῦ
P δήμου vel λήμην ‖ 47 δ' ΑP δὲ

Pag 706, 8 Ὀρμήδεστα Dindorfius in Thes Didot
ᵉ ᵉ Ὀρμηδέστατα ‖ 16 εἰδὼς P . ὡς εἰδὼς ἐπιστα-
ται P ἐπιστάμενος ‖ 31 δ' ΑP δὲ ‖ 37 τι acc ex
P ‖ 46 ἔχοις α . ἔχης

Pag 707. 3 ἰδιώτας ἀνθρώποις α ἰδιώται ἀνθρώ-
ποις ‖ 4 δ' P δὲ ‖ 8 νεκμίου Α νεκοσμημένον ‖
19 παρὰ α περὶ | ἡμῖ acc ex Α ‖ 32 τὸ acc ex
ΑP ‖ 37 ὡς G εἰς ‖ 39 ἐδυνάμην Αα ἠδυνάμην

Pag 708, 2 τίνα τα κατα ΑP τι | Ὀρυλούμενον
Α Θρυλλούμενον ‖ 7 μι acc ex P ‖ 8 λῶᾳ Α
Χιῶᾳ ‖ 11 κάλλιστοι ΑP κάλλιστον τῶν ‖ 15 εὐ-
ρόμενος Α εὑράμενος ‖ 16 μαχρομαινων ΑP Μακρο-
μάνων ‖ 20 γειτόνων ᵉ γ.τόνων τὸν ‖ 24 εὑράνται
Α εὑραθῆναι ‖ 25 θαυμάτιος P θαυμαστὸς ‖ 31
τοῦτον δύναται ΑP δύναται τοῦτω ‖ 34 προκοίλιος
G Dindorfius in Thes προύσολος ‖ 35 τι καὶ ἐπι-
δυναστεύσας acc ex α ‖ 40 Τρωίλω] τῶ αὐτῶ α et
codd mei | Restitue Ἀνατόρχω ‖ 46 τῶ αὐ-ῷ] ἄλλω
GP

Pag 709, 6 ἄτ-ᵉ L ἄτια ‖ 12 Γ-ίον ΑG Γ-η-
τέον ‖ 13 τολμώντων τούτων P τούτων τολμώντω
| 15. ψωρῶσα] Suidas v ἡ κάμηλος ‖ 19 ἀπεγνώ-
κεισαν VP Suidas s v . ἀπεγνώκεισαν ! μαρούμαι P
μαχέσομαι ‖ 26 ἔτι GL . σοι ‖ 30 ἔτι α acc ex P.
Verba ὁ ταὐτὸν-νεκρόν ad glossatorem refert Volck-
mannus ‖ 31 νεκρόι α . νεκρόθι ἐστιν acc ex P ‖ 33
-οῦ L τοῦ ‖ 36 καὶ acc ex P ‖ 38 μρῶσι ᵉ μρῶσι
‖ 43 Haec ep inter Libanianas quoque legitur
(1156) ‖ 45 ἔση ᵉ ἡ ἰ ἐδόσαν P ᵉ τὴν ἐνδειαν ἔρη |
ὑγιείας ᵉ ὑγείας

Pag 710, 1 εἰς ὄρος] Homer Il Ζ, 347 ‖ 3 πάρ-
οδον δίδωσι GP δίδωσι παρόδου ‖ 8 ἄγγε] Hom Il.
Φ, 439 ‖ 10 τοιούτον Α τοιούτον ‖ 14 μοι Sui-
das s v et unus codex Laciti μοῦ ‖ 17 δὲ μι GP
δ' ἐμὲ ‖ 20 Haec ep inter Libanianas relata est (1573)
‖ 21 γε acc ex G ‖ 25 σοι acc ex L ‖ 26 μαξιμι-
νιανὸν ΑP Μαξιμῖνον P γὰρ ‖ 27 και acc ex
G ‖ 33 συνδέοις] Suidas v ‖ 34 ἐνδεῖσθουν]
Suidas s v ‖ 35 εἰ μή] Homer. Il 9, 231 ‖ 38 τήν
acc ex LP

Pag 711, 3 δεῖται πλων G . φίλων δεήσεται α |
16 ἑτέρας acc ex ΑP ‖ 19 Ἀθανασίῳ codd. nostri et
α Ἀναστασίῳ | ὑδρομάντη L ὑδρορωμήτη ‖ 32 λου-
μένη ᵉ λοσομένη ‖ 36 σμλανος α μλανος ‖ 38
καὶ acc ex α ‖ 39 ἐδύνατο P ἠδύνατο

Pag 712, 1, σύγε P σὺ | ὑπερχεῖν G ὑ-περέχειν ‖
5 αὐ-οσ: acc ex α ‖ 8 οὔτω καὶ] Hom. Il 9, 520 ‖
11 τὸ acc ex α ‖ 19 ἦ ον G . ἦ ον ἄραν ‖ 26 Ἀξο-
μιτῶν ᵉ Ἀξζομιτῶν vel ἀξβιτῶν ‖ 34 ἐθάρρησαν α
ἐθάρρησαν ‖ 42 δὲ P δὲ καὶ ‖ 43 ἦθισ-ᵉ ἂν Α ἤθι-
σ-α ἂν ‖ 46 περὶ ΑP -ρὰ ‖ 49 γένοιτ' ἂν P γε-
νοι-ο ἂν

Pag 713, 1 -αῖς acc ex ΑP | πλήθη α πλήθει ‖
3 εἰ δὲ] Hom Il γ, 389 ‖ 4 καὶ κεῖθι Homerus :
κεῖθι ‖ 8 δὲ ΑP post μάροψα male addunt, v p
164 C ‖ 18 ἂ οὖν ΑP . οὖν ἂν ‖ 26 πρεσβύτου α ᵉ

πρεσβυτέρου ‖ 28. καὶ κεῖθι Homerus : κάκεῖθι ‖ 45.
εἰώθεσαν P : εἰώθεισαν

Pag. 714, 4. συκίνην] Suidas v. σύκινον ‖ 17. διω-
έσταις A : Σοέσταις m, διεσθέταις P, διώσταις a | ἀπήγ-
γειλα a : ἐπήγγειλα ‖ 23. οἴμοι] Nauck. Tragg. Fragm.
p. 357 | δ' P : δὲ ‖ 3o. τοῦθ' P : τοῦτο ‖ 34. Μενελάῳ A
pr. P : Μενέλεω | πολλάκις A : πολλάκις ἡδέως ‖ 35. ἐτί-
θετο a : διετίθετο ‖ 37. ἐπιτρόποις P : ἐπιτρόποις οὐδὲ

Pag. 715, 1. λαοδικεὺς A : λαδικεὺς ‖ 4. οὔθ' P :
οὔτε ‖ 5. Βαλαντᾶν * : βαλλαντᾶν L, βάλαντάν pr. P,
βάλαντά sec. P. Vide L. Dindorfium in Thes. v. βαλ-
λαντᾶς ‖ 25. κάκ-ἔγεντο] Theocrit. VIII, 91, ubi
κἢκ τούτω et πρᾶτω ‖ 35. πρὸς ἐπίσκοπον L : πρὸς
ἐπίσκοπον ἐξωσθέντα τῆς ἐπισκοπῆς μὴ βουληθέντα συν-
θέσθαι τῷ Ἀρείου δόγματι ‖ 39. προφήτην] Ierem. II,
18 ‖ 47. οὐδ' P : οὐδὲ

Pag. 716, 3. προσεισενεγκεῖν AP : προσενεγκεῖν ‖
7. γράμματα a : γράμμα ‖ 17. δ' P : δὲ ‖ 24. δ' P :
δὲ ‖ 35. ἀφροδισιέως L : Ἀφροδισίέως ‖ 38. Πλάτων]
Rep. VII. p. 335, C ‖ 48. οὐδὲ LP : οὐ ‖ 51. ἀστρα-
τείαν AL : ἀστρατίαν

Pag. 717, 9. ἦλθον] Hom. Il. B, 468 ‖ 14. γιγνό-
μενος a : γινόμενος ‖ 20. στένομεν μεμνημένοι] Respi-
cit Æschyli Pers. 285 ‖ 22. ἱπποκρατεῖται AP : ἱππο-
κρατεῖται ‖ 25. δ' acc. ex Suida v. ὑπονομᾳδ et AP;
v. etiam Athen. I. p. 3o, F ‖ 27. οἷδ' L : οἷδα |
προσήκοντα-εἰπεῖν AP Suidas l. c. : εἰπεῖν ταῦτα προσ-
ήκοντα ἦν ‖ 28. κακὸς κακῶς] Suidas s. v. ‖ 29. γενέ-
σθαι P : γεγονέναι ‖ 32. διαρμένοις AP : διαρμενίοις ‖
35. μηδὲ L : μηδένά | μηδ' G : μηδὲ ‖ 4o. ἐβουλήθη a :
ἠβουλήθη

Pag. 718, 3. δὲ G : δὴ ‖ 1o. οὔτ'-οὔτ' P : οὔτε-
οὔτε ‖ 17. Πλάτων] Rep. II. p. 375, BC ‖ 29. οὐχ
ἥκιστα δι' αὐτὸ * : δι' αὐτὸ οὐχ ἥκιστα ‖ 3o. κἀγαθὸς
AP : καὶ ἀγαθὸς ‖ 37. ἀνατεινόμενος a : ἀνατεινάμε-
νος ‖ 4o. καὶ P : καὶ τὰ ‖ 42. θεῷ δὲ AL : θεῷ ‖ 44.
αὐτὸν ἀγαθὸν P : ἀγαθὸν εἰς αὐτὸν ‖ 48. δόξειεν εἶναι
AP : δόξειε ‖ 49. Πλάτων] De Legg. VII. p. 814, B.

Pag. 719, 3. ταὐτῶν L : ταὐτά ‖ 5. τὸν acc. ex L.
31. ἀδηφάγων A : ἀδδηφάγων ‖ 33. ἀχρεῖον L :
ἀχρεῖον τὸ ‖ 41. δεῆσαν] Suidas in v. φιλοσοφίας ‖ 46.
τί * : τοί

Pag. 720, 1. θριπήδεστον * : θριπηδέστατον ‖ 4.
μηδ' P : μηδὲ ‖ 16. μεθαρμόσομαι L : μεθαρμοσθμελὰ
‖ 21. δ' L : δὲ ‖ 33. θαυμασιώτατε G : θαυμάσιε ‖ 34.
πρὸς τῷ acc. ex AG ‖ 39. κἂν P : καὶ

Pag. 721, 12. εἰ δὲ A : εἰ δὲ καὶ ‖ 18. πέπραγας * :
πέπραγας ‖ 21. φάκελον A hic et v. 24 : φάκελλον ‖
24. εὖ οἶδ' a : οἶδ' | σοὶ Petavius : οὐ ‖ 25. τὸν acc.
ex meis et a ‖ 38. τς G : τις καὶ ‖ 43. Ἰουλίου AL :
Ἰουλίου ‖ 45. Γοργίειον * : Γοργίειον τρύφωντα omnes
mei et a : Τρύφωνι τὰ pm. Cf. p. 229, B. Petavius cum
scribit post δήπου se in codice suo « voculam quan-
dam » legere non potuisse, non agnovit καὶ σύ, quod
P distincte præbet. Hoc igitur inserui.

Pag. 722, 13. νέας libri mei : θείας ‖ 14. Ἀναγυ-
ρουντόθεν LM : Ἀνάγυρουντοθέν ‖ 19. ἱερείου διαπεπραγ-
μένου] Plutarch. Mor. p. 525 C ‖ 22. ἀκαδήμειαν * :
ἀκαδήμιαν A, ἀκαδημίαν ceteri ‖ 24. Cf. Brunnii Hi-
storiam artificum Gr. vol. 2. p. 61 sq. ‖ 3o. σοφιστῶν

τῶν A : σοφῶν ‖ 35. νόον γνῶναι AL : γνῶναι τὸν
νόον ‖ 38. ἂν ᾖσεν ἡ ποίησις P : ἂν ἡ ποίησις ὕμνησε
Pag. 723, 3. λόγων omnes mei : λογίων ‖ 4. δ' P :
δὲ ‖ 8. γενόμενος A : γινόμενος ‖ 12. δ' P : δὲ ‖
16. ἐξωρχησάμην] Suid. in v. ‖ 2o. οὕτω A : ἀφνω
‖ 27. σοὶ μὲν G : σοὶ ‖ 32. κατακεχωσμένον Wyt-
tenb. ad Plut. de S. N. V. p. 95. Sed vide ep. 14o.
p. 276 D ‖ 43. εὐρομένων A : εὐραμένων ‖ 5o. ὁ
addidi ex ALP.

Pag. 724, 4. ταῦτ' P : ταῦτα ‖ 5. ἀνθρώπων P :
ἀνθρώπου P : σμικροπρεπεύεσθαι P : μικροπρεπεύε-
σθαι ‖ 31. ἂν ante ἀληθῇ accessit ex P ‖ 51. ἔκγονον
AP : ἔγγονον

Pag. 725, 7. καλὸν γὰρ ἅπασαν AP : καλὸν ἀνὰ
πᾶσαν ‖ 15. ἕνα] Plato Conv. p. 192 E ‖ 21. αὑτὴ
a et omnes mei : αὐτὴ ‖ 27. ἀγνώμων ALP : ἀ-
γνώμων ἡ ‖ 3o. τὸν acc. ex P ‖ 35. οὐδ' P : οὐδὲ ‖
36. ταῖς acc. ex P ‖ 41. δ' P : δὲ ‖ 45. ἀνδρείαν
LP : ἀνδρίαν ‖ 47. τρίταις AP : τρίταις καὶ | ἂν a :
οὖν

Pag. 726, 3. ἐρρωμένος A : ἐρρωμένος vulgo, quod
restitue ‖ 1o. ὑποδείκνυε AP : ἀποδείκνυε ‖ 23. τῷ
L : τὸ ‖ 29. τοῦτ' ἔστιν AP : τοῦτο δέ ἐστιν m. Sed
τοῦτ' ἔστιν refertur ad solum ἀσφαλῶς. Unde etiam
restituenda erat optimorum codicum lectio διὰ τῶν
πάντως ἀποδωσόντων, pro qua Petavius de suo po-
suerat διὰ τῶν ταχέως καὶ πάντως ἀποδωσόντων. Ex
« vetere codice » sumpserat διὰ τῶν ταχέως πάντως ἀπο-
δωσόντων. Atque ita habet P. Ego post διαμαρτεῖν ma-
lim omittere πάντως, quod dittographiæ speciem re-
fert ‖ 31. σχολαιότερον A : σχολαίτερον ‖ 42. Μενέ-
λαων AL : Μενέλαων ‖ 47. πλέονα AP : πλείονα, quod
revocandum] ‖ 48. εὔθυμος G : εὐθύμως

Pag. 727, 8. θριγκοῖς A : θριγγοῖς | Lege ἐφ' ἡμῶν
cum Parisino 1o39 ‖ 31. προαλῶς Thom. Mag. p. 744 :
προάλως ‖ 42. οὔτ' P : οὔτε ‖ 43. οὔτ' P : οὔτε

Pag. 728, 1. τὸν] An μὰ τὸν? ‖ 4. ἐπιγιγνώσκον-
τας A : ἐπιγινώσκοντας ‖ 5. ἑαυτῶν A : αὐτῶν ‖ 8.
σμικροπρεπὲς X : μικροπρεπὲς ‖ 9. ἑαυτὸν X : αὑτὸν |
διαλεχθῇ P : διαλεχθείη | ψυχὴν ALP : κεφαλὴν ‖ 2o.
τέτταρες L : τέσσαρες ‖ 23. ἐρρωμένος L : ἐρρωμένος,
quod restitue ‖ 29. Φοιβάμμων L : φοιβάμων | ἐπιδι-
δοὺς A : ἐπιδοὺς ‖ 36. μὲν acc. ex G ‖ 45. νυνὶ AP :
νῦν ‖ 49. σφῶν αὐτῶν G : σφῶν

Pag. 729, 5. αὐτοπροσώπως L : αὐτοπρόσωπος ‖ 18.
εὐρόμενος A : εὐράμενος ‖ 21. τοῦτ' P : τοῦτο ‖ 29.
ὑπηρεσίαν a : ὑπερεσίαν | ταύτην acc. ex ALP ‖ 33.
δ' P : δὲ ‖ 37. ἐνστάσεως Morellus : συστάσεως | οὐ
πολλῷ πρότερον Petavius ‖ 39. οἵῳ P : ὁποίῳ ‖ 43.
οὖν acc. ex A ‖ 47. αὐτοῖς ALP : αὐτᾶς

Pag. 730, 8. ἔμβιον] Suid. in v. ‖ 16. οὔτ' A :
οὔτε ‖ 22. πᾶσά μου A : πᾶσα ὁμοῦ p. Vide ep. 143.
p. 281 B προσαγορεύει σε πᾶς μου ὁ οἶκος ‖ 29. πόρεν * :
(Hom. Od. δ, 228) : πόρε ‖ 34. Ἄτης] Versus Em-
pedoclis. Vide Boiss. ad Eunap. p. 268 ‖ 45. ἂν acc.
ex P.

Pag. 731, 4. τὴν ἄλλως A : τηνάλως ‖ 5. ἐρρωμένος
LP : ἐρρωμένος, quod restitue ‖ 9. ἡμῖν * : ὑμῖν P,
ἡμᾶς m ‖ 15. μετὰ AP : κατὰ ‖ 18. οἳ] Hom. Od.
λ, 121 ‖ 21. μηδὲ μὴν AL : μήτε μὴν | ἄναλα a :

ἄναλτα ‖ 29 γεύσασθαι˙ γεύεσθαι τὴν ἄλλην ἡδο-
νήν ‖ 42 ἄδλατταν L ˙ θάλασσαν ‖ 43. λαμπρὰ]
Ruhnk. Ep cr. p 89. ἀλμυρὰν Petavius de suo atque
ita m ‖ 48 ἀνεξέλεγκτα AL . ἀνέλεγκτα ‖ 49 τρό-
σωνται P τροσίωνται

Pag 732, 3 τινὰ λέρχμον καὶ τροσαράξας τέτρα P
καὶ τροσαρράξας τετρα τινὰ νέρχμον ‖ 8 καὶ τῇ P : καὶ
ἐν τῇ ‖ 19 μήτι A . μήτοι | ἀγεμάλου LP τὰς videtur
eodem modo dictam esse quo τὰς Κυνηγετικὰς p 735,
31 In Ἀγχεμάλου sive Ἀγχμάλου poetæ nomen la-
tet, velut Ἀντιμάλου, cuius nominis Heliopolitam
quendam commemorat Suidas De Anchemachetis p
733, 15 quid faciam, nescio. Agemachum Eleum
commemorat Plutarchus Mor p. 664 B ‖ 24 ἐπὶ
ποιμένας ἐπὶ ποίμνας AP ἐπὶ ποίμνας ἐπὶ ποιμένας ‖
28 μετὰ˙ μετὰ τὸν ‖ 30 τρωκτὰ Petavius τρωκτὰ
ἀκροδρύων ‖ 34 τραπέζαις ALP τραπεζαῖς καὶ ‖ 41
ὁμώροφα A : ὁμόρροφα ‖ 43 ὁτοιοῦν τῶν˙ τοίνων ‖
48. Βάραθρα˙ βάραθρον A, βάραθρον p ‖ 51 εὑρό-
μενοι a : εὑράμενοι ‖ 53 ὑμήττιον A Ὑμήττιον

Pag. 733, 12 δέῃ P˙ δέοι ‖ 15 ἀγειμαγηταῖς a ‖
18 λυγίζεται Petavius λογίζεται | ραμφώιως C B
Hasius in Thes v ῥάμφιος παμφανῶς ‖ 26 παν-
δαισία a . πανδαισίᾳ ‖ 28 ἔγγονα a ἔγγονα ‖ 31
τοιαῦτα A ˙ τὰ τοιαῦτα ‖ 38 ἀεὶ ζῇ L ζῇ τις ἀεὶ
‖ 40 σαρῶς] ἐπίστανται addit P ‖ 43 ἀγαθόν˙ καὶ
ἀγαθόν ‖ 45 αὐτοῦ φίλον A φίλον αὐτοῦ

Pag 734, 2. » Antequam servitus in pœnam cade-
ret. » Interpres Immo » antequam Iustitia servitute
oppressa teneretur » ‖4 δυναίμεθα˙ δυναίμεθα ‖ 6.
πάντα p˙ πάντων omnes mei | ἂν ALP ἂ, ἐν ‖ 11 δ'
ἡνίασας omnes mei δὲ ἡνίασας ἡμᾶς ‖ 18 τις addidi
(Pind Pyth 3, 151) | παραβάλλει A παραβάλλῃ ‖ 21.
γοῦν A ˙ οὖν ‖ 31. μένεις a μενεῖς ‖ 33 πλέον G
πλεῖον ‖ 34 ἐγκαλινδεῖσθαι P. ἐνειλινδεῖσθαι ‖ 37 μὲν
P : μέντοι ‖ 38. τὰ τῆς G τὰ ‖ 39 ἐγίγνετο A ἐγέ-
νετο ‖ 40 εὐξαίμην ἂν LP . εὐξάμην

Pag 735, 2 οἷς ἂν˙ οἷς ‖ 3 οὐδ' P . οὐδὲ ‖ 11
ἕνα P (εἰς Plato Conv p 192 E) ἓν ‖ 19 θεοῦ G
τοῦ θεοῦ ‖ 24 περὶ ante τῶν acc ex AP ‖ 25 –ροσ
ου ˙
ἥει G προσήειν ‖ 29 δὲ omnes mei et a γὰρ ‖ 38
περὶ τῶν ἀσυλλογίστω.] περιττεύματ' ἀσυλλογίστω,
Volckmannus ‖ 42 γίγνονται A γίνονται ‖ 47 θεὸν
AP θεοῦ

Pag 736, 2 ἠσθημένοι omnes mei et a (cf p 290
B Iacobs. ad Philostr. p 646) ἠσθημένοι ‖ 5 οἷσθα]
Suidas in v. et in φθάσειεν ‖ 7 τὴν θεὸν ἀπομόσα˙ ἢ
Suidas τοὺς θεοὺς ἀρομόσαι ‖ μὴ τὸ α μὴ ‖
26 ὅπως P ὡς ‖ 30 ἐξετάζειν] F προιὸν δὲ καὶ β
αἱρ ἐξατάζον vel προιὸν–ἐξατάζει καὶ ἐατναι ‖ 32. νο-
μίζειν A νομίζειν εἶναι ‖ 35 οὐδὲ γὰρ omnes mei et
a : οὐ γὰρ ‖ 50 λήσει P λήσεται

Pag. 737, 1 μόνοι A μονον ‖ 5 συνάπτει AP
συνάπτει τῷ ‖ 8 προοιστέον A προσοιστέον ‖ 14
λήσει˙ λήσεται, quod relinquere debui ‖ 16 ἐνέκρινεν
G . ἀνέκρινεν ‖ 17. δ' A δ' ‖ 18 ἕτερ' A ἕτερα ‖ 29
ταὐτὰ P ταῦτα ‖ 31 6 acc ex A ‖ 39 σ: acc ex A.

Pag 738, 1 γίγνοιντ' A γίνοιντ' ‖ 6 οὔτ' A
οὔτε ‖ 12. Hanc et proximam epistolam descripsi

ex codice Laurentiano XXXII, 33 (L), in quo inter
Synesianas leguntur | ρυσο] Ita pr L in litura Se-
cunda manus fecit τῶ ἐπιστόλω ‖ 16 'κείνης˙ ἐκεί-
νης L ‖ 20 πάντα˙ πάντας L ‖ 30 ὑγιείας˙ luc et in-
fra ὑγ.ίας L ‖ 31 καθ ὅσον] καθὼς σοι sec L ‖ 32
σοὶ˙ τῆς L Nisi τῆς delendum est ‖ 34 ὅπως ἡμῖν]
Immo ὁπόσον ἡμῖν διαφέρει ‖ 41 ἐπακούοντες˙ ὑπα-
κούοντες L ‖ 43 στερόμενοι˙ στερούμενοι L ‖ 45
δάμναται˙ δάμνεται L.

Pag 739, 1. Primus hanc ep. edidit Possinus ad
Pachym p 447 ex cod Vaticano 93, ubi insignita
est numero 123 Inscripta est πρός τινα τῶν ἑταίρων
ἐπισκοπὴν ἐν μακρόθεν αἰτήσαντα μετὰ τὴν τῶν ἐπιστρ
των ἀποκατάστασιν ‖ 5. συχνῆς˙ συχνῆς ὅτι ‖ 6 οὐ
μὴν˙˙ οὐ μὴν δ' ‖ 11 ταρατήσατο˙ ταραιτήσατο
‖ 12 δεήσαι˙ δεήσαι ‖ 18. μόγις˙ μόγις ἂ ‖ 21
τοι˙ σοι ‖ 22 τὸ addidi

THALES

Pag 740, 1 Ex Diog L I, 43 ‖ 12 φοιτίευ]
G Dindorfius in Thes vol 8 p 989, B ‖ 20 πάν-
τως et τέρπω Berghius Exerc Crit VI p 6 Erat
πάντας et τέρποι

THEMISTOCLES.

r = Editio Romana Caryophili
C = Caryophilus
H = Habichius

Themistoclis epistolas unus propagavit Palatinus (P)
398 Hunc ego post Westermannum iterum contuli
Ex eodem Westermannus epistolarum ordinem ab
editore Romano, tum magis etiam a reliquis editori-
bus immutatum restituit Est igitur

P =	r	rell	P	r	rell	P	r	rell
1 =	1	2	8	14	11	15	4	7
2 =	2	13	9	15	8	16	5	2
3 =	9	18	10	16	10	17	6	12
4 =	10	9	11	17	3	18	7	5
5 =	11	20	12	18	6	19	8	4
6 =	12	15	13	3	17	20	10	19
7 =	13	16	14	19	14	21	21	21

Pag. 741, 3 ἐντυγχάνουσιν ‖ 4 Νικίας r νικίας ‖
5 ἀθηνησιν ‖ 11. ἐμαρτύροντο W ἐμαρτύραντο ‖ 13
ἀμελοίην αὐτοῦ H ἀμελῶ ἐμαυτοῦ ‖ 19 προφέροντι˙

r προσφέροντι (sic) ‖ 20 ἐμβιῶναι C ἐνὶ βιῶναι ‖
22 φυγὴν C : φύσιν ‖ 23 οὐδὲ W οὔτε | ἀγαναχτοῦ˙
W ἀγανάζουσι ‖ 25 μηδὲ W μήτε | ἔδλαψεν˙
ἔδλαψαν ‖ 30 ἐδόξαζον˙ ἔδοξεν | οὐδέν τι˙ οὐδὲ,
ἔτι ‖ 33. πλέον˙ πλεῖον ‖ 36 γίνεσθαι W ‖ 40. δύσ-
κων r δύσκω] ἂν˙ ἂν καὶ

Pag 742, 3. φεύγειν] μὴ φεύγειν W ‖ 5 τοιοῦτο

W : ποιεῖ τὸ ‖ 6. φύγω * : φύγοιμι ‖ 8. εἰ addidi ‖
11. τέ * : δέ ‖ καὶ ἤδη * : καὶ πολὺ ἤδη ‖ 13. νυν sine
accentu ‖ 15. ἀτεχνῶς * : ἀτεχνῶς ὦ παυσανία ‖ 16.
ὅτι τοῦτο * : τοῦτουτ᾿ ‖ 17. νενίκηκεν | δ᾿ ἓν * : δὲ
18. ἐπὶ νόμοις τε καὶ δήμοις * : ὑπὸ νόμους τε καὶ δήμους
‖ 24. καὶ θανάτους Dorvillius : ἀθανάτους | καταλύουσιν
| δεῖ δὲ * : καὶ δεῖ ‖ 33. ἀπερχόμεθα * : κατεχόμεθα ‖
36. τῇ addidi | μετὰ τὴν C : αὐτὴν | ἡμέρᾳ * : ἡμέρας ‖

37. ἐφισταμένης r : ἐπισταμένης (sic) ‖ 38. ἔστιν ‖ 41.
διώξει χρωμένοις αὐτίκα αὐτοῖς ἀγαθὸς ἔσται ὁ Παυσανίας,
φαῦλα δὲ ἡμεῖς ἐργασάμενοι W ‖ 43. οὐδὲν r : οὐδὲ ‖
44. σοί H : σοῦ ‖ 49. καὶ] ὡς W.

Pag. 743, 1. Ἀβρωνίχῳ W : ἀβρονίχῳ (sic) ‖ 2.
Ἀβρώνιχε W : ἀβρόνιχε | αὐτὸ * : τοῦτο | ἔστιν * ‖ 7.
τούτων] τοῦτο C | ἐπιδίδωσιν ‖ 8. ἐξωστρακισμένων
ἡμῶν * : ὠστρακισμένους ἡμᾶς ‖ 15. ἔνεκα * : ἕνεκα (sic)
‖ 16. σκοποῦντες W : καὶ ποιοῦντες ‖ 18. Ἀβρώνιχε
W : ἀβρόνιχε ‖ 19. ἀνιᾶσιν ‖ 25. τοῖς ἰδίοις * : τοὺς
ἰδίους ‖ 28. εἰ γὰρ * : εἴ γε ‖ 30. αὐτοὺς r : αὐτοῖς ‖
33. ἕνεκα * : σε καὶ ‖ 36. οἶσθα r : οἶσθας | ὦτἶν ‖ 41.
τοὔνομα * : τοὔνομα ἁρπάσαντα μόνω codex. Similia em-
blemata sunt δύνασθαι 5, τὴν σωτηρίαν τέθεικεν 20, το-
σούτων χρημάτων ἀποστερηθείην 6, λίαν ἥδομαι 7 | ἁρ-
παγὴν C : ἁρπακείν ‖ 44. ἀεὶ vulgo : αἰεὶ
‖ 46. ἀλωπέκηθεν | δ᾿ οὖν] Ita codex : Ἀβρώνιχε W :
ἀβρόνιχε ‖ 47. περὶ add. W ‖ 48. δέδιθι H : δεδιέναι
codex. Ad πεφύκοις supple ἄξιος.

αι
Pag. 744, 2. ἐπιχωρήσομεν (sic) ‖ 3. ἐναγέειν ‖ 4.
ἀλιτήριον M. Hauptius : ἀλιτήριόν τι codex. παλα-
μναῖον et ἀλιτήριον masculine intellegenda sunt de dæ-
monibus. Similiter proxime est ἀλάστορα ἐξομόρξασθαι
‖ 5. ἀκεστὸν (i. e. εὐκατάλλακτον) W : ἀρεστὸν | χαλ-
κοῖς * : χαλκείοις | ἀποδιοπομπησόμενον * : ἀποδιοπομ-
πήσειν μὲν ‖ 7. ἐνεργῆ * : ἐναγῆ | ἄφυκτον W : ἀφύλακτον
| Κυλωνείου r : κυλωνίου ‖ 8. τοῖς γε μὴν * : τοῖς δέ γε
μὴν ‖ 9. ἀποτισαμένοις r : ἀποτισαμένοις ‖ 15. ἐπεὶ C :
ἐπὶ | προοιδοῖω W : προδιδοὺς ‖ 16. ἐπικουρείν C : ἐπι-
κουρεῖ | οἰόμενους r : οἰομένοις ‖ 18. ὁμοίως * : ὅμοιως
ἂν ‖ 20. τὰ δεινά * : τάδε νῦν ‖ 21. ἐξευλαβησόμεθα *
: ἐπειδὰν * : ἔπειτ᾿ ἂν ‖ 23. αὐτόθι W :
αὐτὸς codex. Nunc dubito de Westermanni corre-
ctione. αὐτὸν Hauptius. Sed nec τὰ δὲ incorruptum est
‖ 24. ἱκετεύομεν r : ἱκετεύομαι ‖ 29. ἀναλοῦντα * :
ἀπολλύοντα ‖ 31. αὐτοὺς * : τοὺς ἄλλους ‖ 32. ἤ σὺ
θαρσεῖς] Verba corrupta ‖ 36. ἐμέλλησέν ‖ 37. οὕτε * :
οὐδὲ ‖ 38. ἐπιδοίη * : λυποίη ‖ 40. οὐθ᾿ nescio quis :
οὐδ᾿ ‖ 41. εἴη * : ἦ | χεῖρον αὐτοῖς ἔσεσθαι μένουσι * :
ὀνείρου ὑμᾶς ἴσον μενέτω codex. Nunc malim ὅτι ἔρρει
τὰ καθ᾿ ἡμᾶς ὅσον οὐδέπω ‖ 42. γενέσθαι * : γιγνέσθαι |
δὴ] αὖ W ‖ 43. τὸ δὲ ἔπη W : τοδεεἰπη | πεμπτέον r :
πεμπτον (sic) ‖ 45. ἐθεράπευε | Σίκιννος W : σικίνις ‖
49. οὐδὲ * : οὔτε ‖ 50. οὔτε-οὔτ᾿ ἂν * : οὐδὲ-οὐθ᾿ ἄρα
codex, quem melius intactum reliquissem. Nam parum
sufficiunt quæ de meo in oratione posui ‖ 51. οὐδέν γε
περιττῶα W ‖ 54. ἐπείγουσιν ἡμῖν * : ἐπείγειν ἡμᾶς
Pag. 745, 3. ἐδόξασας] ἂν ἐδόξας | μὲν deleam
αὐτοῦ W : αὐτοὺς ‖ 5. τοις σοις sine accentu. In mg.

ς ς
ab eadem τ c i. e. τοῖς σοῖς ‖ 6. τὰ add. C | δι᾿ addidi
‖ 7. ἐκαθεζόμεθα r : καθεζόμεθα ‖ 8. Ἀρύθθας W :
ἀρύθθας ‖ 10. ἐγνώρισεν r : ἐμίσησεν | ᾤκτειρεν ‖ 13.
μὲν * : μένειν | περισώζεσθαι H : περισώζεσθαι δύνασθαι
‖ 19. ἢν deleam [ἵνα γράφῃς] Vide Thes. IV. p. 604,
B ‖ 21. ἀφεῖναι * : ἀπεῖναι ‖ 27. πλέον * : πλεῖον ‖ 28.
βλάξ τις * : βλάξ τις ἠλιθίως ‖ 35. που * : πῇ | τραπε-
ζιτεύειν r : τραπεζιτεύειν ‖ 38. ὅτε C : ὅτι ‖ 39. μεγάλη
ἁμαρτία-εὐθεωρήτῳ * : ἐμὴ γὰρ ἁμαρτία-ἀθεωρήτῳ.
Proxime C ἐμὲν δὲ ἴσως τὸ δυστύχημα τὸν μηδέ. ἄλλοις
pro ἀπὸ W, qui et πέπονθέ τι ἄπιστον εἰς. Mox idem
πιστευτέον pro τισιννέον ‖ 44. πόθεν * : ὅθεν ‖ 46.
ὑπαργμάτων * : τι πραγμάτων ‖ 48. ἐκ r : ἐν

Pag. 746, 2. σε addidit W ‖ 6. ἔνεκα * : εἵνεκα ‖
9. χρήστην C : χρείαν | τε r : τι ‖ 11. διετείνου * : διέ-
κειτο codex. πικρῶς ἀπαιτεῖν est apud Lucianum Her-
mot. 18 ‖ 12. δὲ] δὴ W frustra, v. Stallb. ad Plat.
Menex. p. 236, E ‖ 17. ἰλιγγιῶν * : κλιπτίων (sic) ‖
24. Ἀθηναίων γέμει editiones. ἀθηνῶν γέμει codex.
ἀθεισίων γέμεις Hauptius deleto καί ante τουπὶ ‖ 26.
καταπρούξη r : καταπρύξεν | καταφρονήσεις-ἀμελήσεις * :
καταφρονήσης-ἀμελῆς ‖ 31. χρυσαμοιβοῦ * : χρυσαμοιβοῦ
τοσούτων χρημάτων ἀποστερηθείην ‖ 33. τὰ ἄλλα] Ita co-
dex. τἀμὰ W ‖ 34. ὁ εὐσημος * : εὔθυμος codex. ὁ
ἔτυμος coniecit Hauptius | ὃς W : ὡς ‖ 36. βουλεύομαι
nescio quis : βουλεύσομαι | ὅπως H : ὅπου | μὴ * : οὐ
38. ἥκέν ‖ 39. μὲν addidi | λογίζονται C : κομίζονται ‖
42. Συρακοσίου] Ita codex ‖ 43. τοῦ σίτου] Immo τὴν
σιταγωγόν, nisi delendum τοῦ σίτου | μὲν addidi ‖ 44.
ἄττα ᾐνίττετο * : αὐτὰ ἃ αἰνίττεται ‖ 46. ἔγγραφον * :
ἔγγραπτον ‖ 51. περὶ τῶν] Ita codex | ὑπηγόρευες W :
ἀπηγόρευες

Pag. 747, 5. οὐπίτριπτος r : οὐπίτρεπτον ‖ 6. ὅτι * :
ὅτι λίαν ἥδομαι ‖ 7. τῇ r : τὸ ‖ 8. εὖ] σὺ W ‖ 13. οἱ C :
εἰ ‖ 14. πως * : πω | εἰ C : ἢ ‖ 19. ἐπιδραμεῖν r : ἐπι-
δραμεῖ | σου τῇ διαβολῇ W : σου τίς διαβολή ‖ 21.
ἐποίησεν | τοῖς W : ἐν τοῖς ‖ 22. πιστεῦσαι | ἀπιστῆσαι
W | δὲ C : δεῖ | ἡμή * : εἰμή | καὶ addidi ‖ 23. το-
σαῦτα W : τοιαῦτα | σοι deleam ‖ 24. ἐπειδὰν r, ἐπὶ
δ᾿ ἂν ‖ 27. Λεωθώτης (Λεωθότης W) * : λεώτης
Ἀγρυλεὺς W : ἀρχιεὺς ‖ 28. Προνάπης H : πρινάπης ‖
32. ἐπεχώρησεν ἐξομόσασθαι W : ἐπεχείρησεν ἐξομολο-
γεῖσθαι ‖ 33. δ᾿] Ita codex | φρονοῦσιν ‖ 34. ἤλικον
οὐκ H : ὃ οὐκ ‖ 35. ἀπαλλαγέντες H : ἀπαλλαγέντες |
37. τοῦ r : τοῦ ὡς ‖ 40. ἕνεκα * : εἵνεκα ‖ 42. τῆς μὲν
(hoc certe omittendum) ὑμετέρας πομπῆς μόνη ἡμῖν
τῇ (debebat τῇ ἐμῇ) δυστυχία W ‖ 45. ᾅδην | ἔσχετε]
παρέχετε W ‖ 47. ἀποθαρρήσω * : ἀποθαρσήσω ‖ 49.
γε C : τε | μετρίως * : μέτριον ‖ 51. ὑπομείνειεν

Pag. 748, 1. 8χ | καταβεβοῆσθαι ab eadem ‖ 5.
Ἀλκμεωνίδης * : ἀλκμαιωνίδης | δὲ] Ita codex | ὁμνύν-
τες ‖ 7. ἔδος ‖ 13. οὐ * : οὖν | ᾐτιῶντο r : αἰτιῶντο ‖
16. πιστὸς * : χρηστοῦς ‖ 17. πιστὸν W : πιστὴν ‖ 19.
ἔστιν ‖ 21. φθόνος] χόρος W ‖ 24. ἔρρει τὰ C : ερπιο |
δὴ W : δὲ ‖ 26. κενὸς W : δ᾿ ἐμὸς ‖ 27. οἰομένοις et
εἰ
ἐξαπατωμένοις W ‖ 29. ἀρχυωρῶν ‖ 30. ἐνατεθηθῆτε

εἰ
καὶ ἐνεπιορκηθῆτε ab eadem ‖ 31 ὑπὸ W ἀπὸ] δεδίτ-
τει-δειματοῖς H : διδίττεις δειματεῖς ‖ 32. φήσει] Ita
codex ‖ 35. μου] Ita codex ‖ 43. ἔχω εἰ μὴ Hauptius
ἔχωσι μὴ ‖ 44 ἐκτοπίσαιμι r ἐκτοπήσαιμι ‖ 46 οὐχ
ὅτι * . οὐχ οἴονται ‖ 47 θεάτρῳ * οσαχρω· | τιμῇ καὶ
προεδρία W : τιμῇ καὶ προεδρείαι ‖ 48 οἴησις W οἴ-
κήσει ‖ 49. ὀρρωδεῖτε r . ὀρωδεῖτε ‖ 52 εὐχαὶ * αἱ
εὐχαὶ ‖ 53 ἐρήσει W ἐρήσεις ‖ 54 ἆρα vulgo ἄρα
Pag 749, 1. φοβεῖσθε C φοβεῖσθαι ‖ 2 καὶ] ἢ καὶ
W | ποιεῖν τι αὐτοῦ C ‖ 4 πάντ᾽ W τάνυ ‖ 9 ἀλώ-
μενος C ἄλμενος | οὐμοὶ * οὐχ οἱ ‖ 10 δὲ ταῖρο co-
dex, ut vocula δὲ finiatur versus ‖ 11 οὐθ᾽ ὁμοῦ
Schœttgenus οὐθ᾽ ὁμοῦ (ita) ‖ 12 πολλῶν deleam |
γυναικῶν τε W ‖ 15 καταλαμβάνοι· καταλαμβάνει ‖
19. ὅσ᾽ ἡμέραι ‖ 20 ὑποτίθεσο C ἀποτίθεσο ‖ 21.
προηγεῖσθαι W προμηθεῖσθαι | διατειρῶ C : διὰ χειρὸς
‖ 23 γε C ‖ τε ‖ 24 τὸ τῶν μέρος r ‖ 32 θελήσει r
θελήσῃ ‖ 34 ὁ add. r ‖ 40. ἐπιθέσθαι C ἐπιπεσεῖ cum
spatio quinque literarum ‖ 42. οἶσθα r οἶσθας ‖ 43
φασὶν ‖ 44. τε * . γε ‖ 46. ἐπέστειλεν W . ἀπέστειλεν ‖
49. ἀλλ᾽ οὐ γὰρ * ἀλλ᾽ οὐκ ‖ 54 οὐ * τὰ | ἐπιμέλου]
Ita codex

Pag 750, 2 μάλιστα * μάλιστα καὶ ‖ 3 ὅτι W

εἰ | ποιήσεις r ποιήσῃς | οἶσθα] Ita codex | γ᾽ ἔνοιτο
(sic) ‖ 4 σε inseruit W | ἐπιμελεῖσθαι * ἐπιμελήσε-
σθαι ‖ 5 αὐτὰ C αὐτῶν | διατίθεσθαι δεδοικότα * διατε-
τεθήσεσθαι δέδοικα | μὲ Holstenius μὲν ‖ 6. σαυτοῦ *
αὐτοῦ | ὃς W ὡς ‖ 7. τἀμὰ (τὰ ἐμὰ W) τὰ ἄλλα ‖
8. ἧς * εἶης ‖ 9 ἐτέσταλται W ἐπίσταλται | ἦι] Con-
fluxit atramentum, ut dignosci nequeat quid scriba
voluerit. Videtur esse ἦι Certe non est ἂ W ἢ Idem
δεῖν pro εἶναι ‖ 14 ἂ * . διὸ ‖ 17 σε addidi | αἰτιῶ
C ἔτι ‖ 18 μειροτονοῦσιν ‖ 19 αἰνιττόμενος C δεδιτ-
τόμενος ‖ 20 ὅτι addidi ‖ 26 Πέρσας * τεσσῶν | τῶν
καταναυμαχησάντων Iacobsius ad Achill Tat. p 773 :
κατὰ τῶν ναυμαχησάντων | ἀποκτεινάντων r ἀποκτεινόν-
δ

των ‖ 28 τῇ πόλει οὐδὲ καθόλου ἡγεμόνων * καθόλου (sic)
τῶν ἡγεμόνων τῇ πόλει οὐδὲ ‖ 31 μὲν addidi ‖ 34
Ἀθηναίων Ἀθηναίων αὐτὴν codex αὐ-ῆ W ‖ 35
καὶ * καὶ κατὰ | ὄντα r ὄντας ‖ 36 ὅσον W οἷον ‖
41. περὶ add. C ‖ 44 Scr. ἀλλά, uti codex habet ‖
49 ἐφάλλῃ ἡμῖν C . ἀπολλὺς ἡμῶν | ἐμπηδᾷς C · ἐμπι-
8

πλᾷς ‖ 50 περίπατος

Pag 751, 2. ἀρετὰ] 3 ποιηταί] Hom. Od θ, 329
‖ 4. Ἀβρωνίχῳ W ἀβρονίχῳ ‖ 5. Ἀβρώνιχε W ἀβρό-
νιχε | ἤκέ W ἢ καὶ ‖ 6 διαλεξόμενος nescio quis
διαλεξάμενος | δηλώσων W δηλώσω ‖ 9 ἐποίεις W
ποιεῖς ‖ 12 καὶ] Ita codex ‖ 15 ἀποχρῆναι * . ἀπο-
χρῆν ‖ 17. ὃν οὖ W ὁ εὖ | οἶσθα * οἶδας ‖ 18 τριή-
ραρχος * : τριήραρχος ὡς ‖ 19. μείζων r μείζω ‖ 20
συναριστῶσιν | συνδειπνοῦσιν r · συνδειπνῶσιν ‖ 21 εἰ
καὶ W : εἶναι | δοίης * δώσεις ‖ 29 Λακρατίδην H
Λακρίδην ‖ 30. Ἑρμοκλέα W : ἐρμοχλην (sic) ‖ 31
Δόρχωνα * . δέρχωνα | Μόλωνα * κέλωνα ‖ 34 ὦν] ὡς
W. Malim ὃ | ὑπάρχει nescio quis : ὑπάρχειν ‖ 35.
οἰνεῖν add W ‖ 36. Ἀπ ὀρθῶς? ‖ 37 τὴν ‖ μὲν W |

ἀριστείων C ἀρίστων | ἐνεμέσησά (σε δὲ] ἐνεμέσησαν δὲ
σοὶ W ‖ 38 ὃν W ὧν ‖ 45. Εὐφορίωνος r εὐφρονίω-
νος ‖ 47 ἐν add W ‖ 48. πολεμικὰ Kanimus πο-
λέμια

Pag 752, 6 ἡμᾶς * ἡμᾶς κακὸν ‖ 7. κατὰ add C |
εἰ * εἴτι (ita) | οὐ W οὗ ‖ 10 πλὴν * πλέον ‖ 11
ἤραμεν ‖ 13 μὲν add W | τοῖς δὲ] Asteriscos feci
)οιποῖς supplet C Sed inauditum est προσποιεῖσθαι
τινι Fortasse πρὸς δὲ τοὺς πολλοὺς προσποιήσῃ ‖ 14
ἀλλὰ * ἅμα ‖ 18. ἐπιπεσεῖται * ἐπιπεσεῖται | ἔστιν *
19 οὐκανεττοις ἔγωμαι ‖ 20 τὸν Dorvillius : μᾶλλον |
21 φθονοίης εἶ * φθονηθήσῃ | ἀλαζονείαν r ἀλαζονίαν ‖
22 ἀλλ᾽ ἀληθινῶς Bremerus ἀλλ ἀληθίνωι (sic) ‖
25 ἥπου τὰ μέγιστα * ἢ τὸ μήγιστον | ἡμῖν r ὑμῖν |
ὑαρίζοιτο * ἐμαρίζετο ‖ 26. γέγονθε * γεγόνθει | τὰ
μὲν ἄλλα * τοῖς μὲν ἄλλοις ‖ 28 ᾤκτειρεν ‖ 29. ἤτοι-
τερ] Locus turbatus, quem C referisse sibi visus est
scribendo γινδυνεύετε εἰ περὶ ἐμοῦ W connecit κινδυ-
νεύετε αὐτοὶ εἰ περὶ ἐμοῦ et ἐπείπερ Idem mox cum r
ἵν᾽ πρᾳ ἦν. Ego ἣν ἐκείνος βοηθοίη ἀδικουμένῳ alieno loco
positum esse arbitror Neque εἰκότως verum videtur,
quod rectius scribetur ἀδίκως. Sed videant alii ‖ 34.
ἔστι | ὅτι supra versum, sed ab eadem | δεξιώτερα *
δεξιώτερον ‖ 35 ὧν * ὡς ‖ 37 ἐγγελέῃ (cf. ep 3) *
εγγμη ‖ 39 εἴγομεν r ἔγομεν ‖ 43 οἶσθα * οἶδας ‖
48 ὑπὸ r ἀπὸ

Pag. 753, 4 τούτου r τού-των ‖ 8 οὓς W ὡς |
μετακαλεῖν * καλεῖν codex κατακαλεῖν W ‖ 14 ἐς
C ἀφ᾽ ‖ 15 δ᾽ add W ‖ 17 ἐμαςόμεθ᾽ ἂν H ἐμα-
ρόμεθα ‖ 18 ἢ μετεδιώνομεν * ἤμιν (ita) ἐδιωνάμεν
codex ἢ καὶ ριο ἥμεν C ‖ 20 περὶ * αν (sic) περὶ ‖

22 πως] Malim πον | ἐπείπερ * ἡμίπερ (sic) ‖ 23.
πάσης * ἀ-άσης ‖ 28 ἀπίνδυνος W κίνδυνος ‖ 30
καὶ μὴ Schœttgenus · μὴ καὶ ‖ 32 καὶ add W ‖ 33.
εἰδείην * ἐπιδοίην ‖ 39 ἔστιν | λόγων] λογισμῶν W ‖
40. δοκῶ * δοκεῖ ‖ 44. ἀντερωτᾶ H ἂν ἐρωτῶν ‖ 49
ὅ τι δ᾽ ἂν ἢ τι * εἰ δὲ εἴη τι codex Mox malim τοῦτο

Pag 754, 1 ἀπολελόγηται H ἀπολελόγισαι | Post
τάχης videtur intercidisse ἡμῶν | 5 μὲν C μόνον |
Ἑλληρόντον r ἑληκσπόντου ‖ 7. περίεις W | κατὰ μα-
ροδὶ | λατρον vulgo | τὰ διεγνωσμένα * τῶν διεγνωσμένων
codex Ita mox ἁ διέγνωκας ‖ 10. ὅτε κινδυνεύεις W
Sed in lutosa humo nihil stabile est ‖ 11 ὅτι καὶ | καὶ
recte delet C Ante ἕξεις nescio an intercidit καὶ Ita
10 ep 13 καὶ οὐ παραμυθία τίς ἐστιν ὅτι ‖ 17 καὶ οὐδὲ]
Ita codex ‖ 18 ἐξαιρεῖς W · ἐξαίρεις ‖ 19. λήσειν W
γήσεις | τὸ C τε ‖ 20 τοσοῦτον ὦ Παυσανία * οὐ/
οὕτως ὦ παυσανία μέγα ‖ 22 ἀκτὴ Hauptius αὐτὴ | /ο-
λώναι sine accentu ‖ 23 μέλει * μελέτω ‖ 24 ὁ πο-
λυπεύων * ἢ πολυπνίων ‖ 25 Γογγύλος C γόγγυλος |
λεῖς * ἂν τι καὶ ‖ 26 ἀγαθῶ] Malim ἱκανῶ Sed rec-
tius fortasse hoc vocabulum cum aliis non paucis alio-
rum committemus sagacitati ‖ 32 ἦ * : ἦ τοῦ ‖ 39
δοκεῖς r δοκεῖν ‖ 40 ἡμᾶς r ὑμᾶς ‖ 45 μενέτω
μὴν ἐγὼ] 46 εὐπραγήσει * εὐπραγοίη

Pag. 755, 2 αἰτιώμεθα * αἰτιόμεθα ‖ 4 δ᾽] Ita
codex | 7 τρέπωσιν οἱ ἀεὶ W τρέπουσιν αἰεὶ ‖ 8 ταῖς
κακίαις? ‖ 17 νῦν * νῦν μάλιστα ‖ 18 ἀναπλήσοντος
C · ἀναπλήσαντος ‖ 21. πέπονθεν ‖ 24. ὅ,ος codex Ma-

lim οἷς ‖ 24. Θάμβους * : εἰς αὐτὸς ‖ 25. εἰλώτης * : ἐλ-
θὼν οἶμαι γῆς codex. οἵας καὶ ἡμᾶς ἀπέλυσεν εἰλώτης
ἀνὴρ ἐλθὼν οἰμωγῆς C et Holstenius ‖ 27. τῆς προδοσίας
addidi. Cf. ep. 14 ‖ 30. ἀπολελογῆσθαι * : ἀπολογεῖ-
σθαι ‖ 31. Πλαταιαῖς r hic et infra : πλαταεῖς ‖ 36.
ὄντι σατράπη Schœttgenus : ἀντισατράπη ‖ 37. αὐτῷ C :
αὐτὸς ‖ 38. Malim διαίτη ‖ 42. ὀλίγη r : ὀλίγα ‖ 43.
καὶ C : ἢ ‖ 44. γὰρ] τε C ‖ 46. θερμότερον W : θερ-
μοτέρων | τῶν add. idem ‖ 48. ἐκπέσοι * : ἐμπέσοι ‖ με-
ταστήσεσθαι * : μεταστήσασθαι

Pag. 756, 1. αὐτῷ * : ἑαυτῷ ‖ 4. ἐπέστελλε] Ita co-
dex ‖ 9. ἔλαβεν ‖ 14. ὅτε * : ὅτι | αἰτίαις] Ita codex ‖
18. ὅπως * : ὅπως τ' ‖ 22. οἱ δὲ * : οἱ δὲ τοῦτο codex. οἱ
δὲ τούτοις W ‖ 24. κατανοῆσαι] καταστῆσαι W. Sed v.
Plutarch. Cat. Min. 35 κατανοῶν τὴν ἀλήθειαν ‖ 27.
ἐξήταζεν C : ἐξήταζέν τε ‖ 28. ἐπεπόμφει r : πεπόμφει ‖
31. ἀπολούμενος r : ἀπολλούμενος ‖ 38. ἐφάνησαν αὐ-
τὸν * : ἐφωράθησαν αὐτῷ ‖ 42. καὶ addidi | ἀφελόντες
Gottleberus : ἀνελόντες ‖ 46. κατέλαβεν ‖ 47. εἱλωτοῦ
(sic)

Pag. 757, 3. Νικίᾳ r : νεικίᾳ ‖ 8. φυγάσιν ‖ 9. δια-
δύονται * : ἐπιδείκνυνται ‖ 12. αὐτοὶ * : καὶ αὐτοὶ |
ὁ
τῶν * : καὶ τῶν ‖ 13. ἡμᾶς | ἀξιοῦσιν | δὲ add. W [σφὰς
| ἀντὶ addidi ‖ 14. ἅπαντας W : ἄπαντα ‖ 15. ὀνή-
σαντα * : ὀκνήσαντας codex. ὀνήσαντας r ‖ 19. λέλυκε
W : λελύκει | ἀσθένεια ἢ ἐγχορεύει φυγάσι * : ἀσθενείας
ἣν ἐκθρεσειεφυγασι | σὺ C : σου ‖ 22. ἐνέλιπεν * : ἐνέλει-
πεν ‖ 24. πλείονος ἄρα τῆς ἐκ σοῦ προθυμίας ἢ εἰ ὅπερ
ἔδει δι' αὐτὴν W ‖ 28. αὐτῆς C : αὐτῶν ‖ 29. δόξει * :
δόξειεν ‖ 30. καὶ αὐτὸς γὰρ τὸ * : αὐτὸς γὰρ τοῦτο τὸ ‖
31. ἐτοίμης * : ἐτοίμης φεύγειν ‖ 32. Verba τούτου-μένοι-
μεν pro insiticiis habet C. Westermannus μὴ ante
μένομεν inserit et τούτου non ad fugam sed ad pœnam
refert ‖ 35. πλέον * : πλεῖον ‖ 36. πλέον * : πλεῖον ‖
41. ὠφελεῖν r : ὠφελεῖν ‖ 42. ἄξειν * : ἄγει

Pag. 758, 1. δ' addidi ‖ 2. γέγονεν ‖ 3. τῶν addidi ‖
ἐμβάλλομεν W : μέλλομεν ‖ 4. μετέχομεν C : μετέχειν
| ἡμῖν r : ἥμεν | τοιοῦτοι-ἐγένεσθε-εἰς C : τοσοῦτοι-γενέ-
σθαι-εἶναι ‖ 6. νῦν r : ἡνῦν ‖ 7. ἢ add. W ‖ 9. ὦ r :
οἳ ‖ 10. αἰτιασόμενοι Η : αἰτιασάμενοι ‖ 14. κατὰ vulgo :
κατὰ τὴν ‖ 16. ἀγγελοῦντα * : ἀγγέλλοντα ‖ 17. δὲ
adieci | Νικίας r : νεικίας ‖ 18. Ἡλείων ἐπίνειον r :
ἠλίων ἐπίνιον ‖ 23. ἔτι * : ὅτι καὶ codex. ἔτι καὶ C |
δὲ * : γὰρ ‖ 26. νῆα * : νηΐ ‖ 30. μεῖ add. W ‖ 31. δρά-
σωμεν W : δράσομεν | ἢ γνώμη * : τῇ γνώμῃ ‖ 33.
ἀπεπεπόμφειν r : ἀποπεπόμφειν ‖ 36. ὑπὲρ * : περὶ ‖ 38.
ἤρητο nescio quis : ἤσθητο ‖ 40. οἳ r : καὶ ‖ 41. τὸ
vulgo : τῆς ‖ 42. ἐτεθνήκει r : τεθνήκει ‖ 43. περιει-
στήκει r : περιΐστήκει ‖ 44. εἰς add. W.

Pag. 759, 1. ἀγάγωσι * : ἄγουσιν ‖ 6. ἢ * : καὶ ‖ 8.
ἐγενόμεθ' ἂν W : ἐγενόμεθα ‖ 9. vulgo : κατέχειν ‖ 10.
ἕνεκα * : ἕνεκεν ‖ 14. γε] τε W ‖ 18. ἀπελαθήσεσθαι * :
...ν
ἀπελάσασθαι ‖ 20. μόνον τησ ‖ 21. δικάσει * : δικάσειεν
‖ 22. Ἀθηναίους * : ἀθηναῖος ὢν | λακεδαιμονίους vulgo :
λακεδαιμονίοις ‖ 23. ἔδοξεν W : ἔδοξα codex. Sed
fortasse servari poterit vulgata, ut μοι pendeat a κε-
λεύειν ‖ 26. διαιρῆτε r : διαιρηται ‖ 27. τε ἐμὲ W :
ἐμέ τε ‖ 28. ταῦτα] Ita codex ‖ 30. δεδιότα r : δε-

δειότα ‖ 31. σῶν τε (σῶόν τε W) * : ὡς ὄντα codex |
ἀπήμαντον * : ἀντὶ τούτου ‖ 32. τίσιν * : τισὶν | ἀπεύχο-
μαι Hauptius : ἀπέχθομαι ‖ 33. δεδιέναι r : δεδειέναι
‖ 40. ταύτη γάρ τοι * : γῆς τε γὰρ τῆς ‖ 41. ᾐσθημέ-
νου C : ᾐσθημένος | μάλιστα codex. Scripsi· ῥᾷστα
Nisi μάλιστα e dittographia natum ‖ 42. ἐμέλλομεν
C : ἔμελλον ‖ 45. τοσοῦτον * : τοσοῦτον ἔτι ‖ 46. ὅτι
addidi ‖ 54. ἐδεδίειν r : ἐδεδείειν | σύμπλοοι (sic)

Pag. 760, 1. γίγνεσθαι *] γίνεσθαι ‖ 7. ἐσκέπτετο r :
ἐσκέπετο ‖ 10. σοὶ * : σοι τὴν σωτηρίαν τέθειται ‖ 12.
δεδιότι W : δεδειότι ‖ 14. ἐρρύσω r : ἐρύσω ‖ 15.
Ἑστιαιέως W : ἑστιέως ‖ 26. σὺ δὲ χαῖρέ τε C : εὖ δὲ
χαίρεται ‖ 27. ἔσται * : ἔστω codex. Infra χαῖρέ τε καὶ
οὐδενὸς χρηστοῦ ἀτυχήσεις. Mox malim εἰ ὧδε δυνάμεως
ἔχεις ‖ 31. ὥρμησεν * : ὁρμῆς ‖ 36. μεταβαλόμενος * :
μεταβαλλόμενος ‖ 37. θ' W : δ' ‖ 47. τοὺς addidi |
τρεισκαίδεκα (sic) ‖ 49. ἔμελεν r : ἔμελλεν | αὐτοὶ W :
αὐτοῖς | δὲ add. W ‖ 50. διῆλθον C : ἦλθον ‖ 51. πε-
δία δὲ W : πεδιάδα | διώδευσα * : ὥδευσα | μεγάλα * :
γαλα ‖ 52. κάλλιστ' * : ·μάλιστ' ‖ 53. πλεῖστα * : πε-
ριττά

Pag. 761, 3. οὐκέτι C : κετουκ ‖ 5. ὡρμώμεθα * :
ὡρμήμεθα ‖ 6. τὰς addidi ‖ 8. ἀδεῶς εἰστήκειν * : οὐδε-
μείστηκειν | ὃ δ' ἠγανάκτει * : οὐδεατακιτε | παραθεασά-
μενος * : περιθεασάμενος ‖ 9. ὧδ'] ὣ ἔλοις | θράσος C : θάρσος
σύ * : σύ ‖ 12. δὲ λέγοις C : δ' ἔλοις | θράσος * : θάρσος
‖ 18. ὥστε σε W : ὥστέστε | χολάσωμεν r : χολάσωμεν
‖ 19. παρίστατα W : περιίσταται | ἐπαινέσαι] ἐπιτελέ-
σαι sive ἐπάγεσθαι W. Fortasse ἐπινοῆσαι. Reliqua
non expedio ‖ 25. διεστῶτος * : διεστῶτος μὲν ‖ 28.
παρέχοντος Poppo : παρέχοντες ‖ 33. Ἐρινύς * : ἰσχύς
‖ 39. λαγχάνει] Ita codex ‖ 40. ἀεὶ * : αἰεὶ ‖ 43.
χρυσῆν ὑφαντήν * : χρυσοῦ ὑφαντήν codex. Lucian.
V. H. I 21 ἐσθῆς χαλκῇ ὑφαντή. W malebat χρυσοΰ-
φαντον ‖ 45. ἐνόμιζον * : πιστὸν * : πιστεύειν ‖ 48. γὰρ * :
γὰρ ἤδη ‖ 50. δῖδων * : ὅ δὲ codex | δὶ] ἐπὶ W.
Sed videtur Μαγνησίᾳ hoc loco idem esse quod Μα-
γνησία χώρᾳ.

Pag. 762, 3. ὑμεῖς * : ἅπαντες ‖ 4. τοιαύτην] Male
Schœttgenus τοσαύτην. Loquitur Themistocles τοσ.,
Græco homine, Græcis urbibus a Persarum rege præ-
fecto ‖ 5. περίστασιν C : ἐπιστατεῖν ‖ 7. μέμηνε * :
μέμνηται ‖ 10. προβαλεῖται * : προβάλλεται ‖ 12. ναυαρ-
χήσοντι C : ναυαρχήσαντι ‖ 15. Τημενίδα W : τημη-
νίδη (sic) ‖ 16. θυμιατηρίων * : θυμιατήρων ‖ 18.
ἔγραφε ‖ 19. μέντοι W : μόνον

THEOPHYLACTUS.

A	=	Boissonadii unus
B	=	Boissonadii alter
H	=	Palatinus 356
I	=	Laurentianus LIX, 17
L	=	Laurentianus LXXXVI, 8
M	=	Vaticanus 1376
N	=	Vaticanus 497

P = Palatinus 155
S = Vaticanus 352 Suppl
T = Parisinus 3047
V = Vaticanus 713
b = Boissonadiana

Commemoravi quæ invitis codicibus reposita sunt quæque meorum librorum ope in Boissonadii contextu correxi.

Pag. 763, 5. καὶ acc ex V || 11 Πλωτῖνος acc ex H || 18 ταῖς τῶν B . τῶν vel ταῖς || 21 ὡς acc. ex M | μελιτοῦτταν * μελιττοῦταν || 23 εὐρυδίκη H Εὐρι-δίκη || 26 τοίνυν τῷ acc. ex L Cf. ep 19 || 29 καὶ γῆρας H . γῆρας b. Vide ad Synes p. 697, 6 | τὴν editi ante B . τὸ

Pag 764, 1 ἑρμαγόρας V (cf ep. 10) Εὐαγόρας | χεχαλίνωται a χεχαλίνωνε || 3. καὶ θαλάττη a καὶ τῇ θαλάττῃ || 11 τ' B . τε || 19 ταῖς addidi || 20 ὀργάδα θεῷ a · ὀργάδας θεῶν || 24 χαλεπὰς sec M χαλεπούς || 25. κεκτημένους M νεκτημένοις || 25 τὰς V τοὺς b Initio est κακὰς γείτονας || 26. σου * σοι || 27 γραφίδα L γραφήν || 28 ἐκείνην acc ex L | μὰ a δὴ || 30. ἠδίκησας L ἠδίνηκας | ὑβρίσασα * ὑβρίσασαν L, ἐνυβρίσασα b || 40 γὰρ I γὰρ ἐγὼ || 41 τὸν I τὴν a || 42 θεάσωνται I θεάσαιντο || 43. συμβαίνει · συμβαίνει τινὰ || 44 ἐπιλανθάνονται τῆς ἑαυτῶν I τῆς ἑαυτῶν ἐπιλανθάνονται || 45. περιβάλλουσι I καὶ περι-βάλλουσι

Pag 765, 1. ἔκγονον-γνήσιον I ἔγγονα συγγενῆ τε καὶ γνήσια || 2 νόμος ἠνάγκασε I · ἠνάγκασε νόμος || 5. ζῴων I (cf 13 59) ὄντως || 9. δειλαῖ I δείλαιος || 12 τὸν a σὺν || 16. ἐπικοιλαίνεις a ἐπικοιλαίνεις | κατομβρίσαν M κατομβρήσαν || 17 ἐπιρροφεῖς * ἐπιρροφήσεις | ὁ I ὦ | ἦ a ἦ || 19 περιλιμνάζεται (cf Theophyl Hist p 127, D) a ἐπιλιμνάζεται || 24 μόλις LM μόγις || 25 Εὐρίπη L. Diodorfius in Thesauro ΕΥΡΙΠΗ b, Εὐρίππη (sic) a || 25 ἐπανήξειν * . ἐπανήκειν || 28 κατεσφλόγιστο * κατεσφλόγιστο L, ἐκπεφλόγιστο b || 29 ἐκάστην L ἡμέραν || 31 ἐγίγνετο L ἐγένετο || 36 ποτὲ καὶ αὐτὸς L καὶ αὐτὸς ποτε || 41. βασκαινούσης-τῆς φύσεως · βασκαίνουσαν-τὴν φύσιν scripti . Certe huc referre non licebat quæ disputavit Wyttenbachius ad Plut Mor. p 31 F || 45. τε καὶ a . τε | δενάων * δενάων

Pag. 766, 7 ἀνθρώπινον A ἀνθρώπειον || 15 ἀρχαῖς L ἀρχαῖς val b W coniiciebat ἀρχαῖς · αἱ προσφοραῖς, largitionibus || 18 τὰς ἡνίας ὁ χρυσὸς ἐμπεπίστευται L ὁ χρυσὸς τὰς ἡνίας πεπίστευται || 24 ἐψηφίσατο L ἐψηφίσατο δένδροις || 25 ἔσχεν * εἶχεν || 34 Πραξι-μύλλη] Nomen corruptum. ῥαξίλη L, unde scribendum videtur Πραξίλλη, si tamen ad mulierem referre licet πραξίτατος ἄγγελος v. 41 || 35 καὶ τάχα L τάχα || 39 ὁποῖοι τυγχάνουσι L ὁποῖοι ὄντες τυγχάνουσι πρὸς ἡμᾶς || 44 χολοιοῦ L κολοιοῦ μὴ || 45 ἐν addidi || 46 ἀνθρωπίνων * ἀνθρωπείων

Pag 767, 2 ἐπ' L πηρ' || 4 περιθρυλοῦσιν * περι-θρυλλοῦσιν || 6 τὰς πατρῴας-ἀρετὰς I (vide extremam epistolam) . τὰ πατρῷα ἔθη || 8 κατηνάλωσας I κατα-νάλωσας || 9 Ἑρμαγόρου θέλεις ἀνούειν I ἀκούειν Ἑρ-μαγόρου ἐθέλεις || 11 ἐς γῆρας a (nisi scribendum πρὸς τὸ γῆρας cum Platone de Legg II p 653 A) ἐν γήρᾳ

| σοφία I σοφία τε | ῥαφῇ, * (παρεγένετο Plato) παρῇ || 13. μεθίστασθαι I · μεθίστασθαι || 15 γιγνόμενος L γι-νόμενος || 18 πληρῶσας a πληρῶν || 22 εὐθυμίαν) εὐ-φημίαν L || 23 δὲ θρέμματα a θρέμματα δὲ || 28. οὕτος L οὑτοσί || 31. κομίζεσθαι L κομίζεσθαι || 32 « Dis-plicet nomen ὁ Κλεινίας in epistola rustica · Boiss || 33 ἀντέχεσθαι L ἀνέχεσθαι || 35 Αὐγέαν * · Αὐγείαν || 43. ὑπεινόμενε L ἐπικώμαζε || 49 ξὶς L ξὶν

Pag. 768, 1 Asteriscos posui || 13. ἀλλὰ T ἀλλὰ σὺ καὶ | ἀκῇ * ἀπονέμη T, ἐπινέμη b || 19. κἂν * καὶ || 23 πεδιάδι A πεδιάδη || 26 ὅλως L ὅλας || 28 δείλαιον L δύστηνον || 32 χρυσῷ || 31. καὶ acc ex M || 31 τὸν acc. ex H || 33 εὐμένεια L εὐσέβεια || 37. ἐπελθόντων τῶν M ἀγγελόντων ὑφ' ἓν || 38 ηὐλαβεῖτο H εὐλαβεῖτο || 40 τύχην L φύσιν | ἐ-γνόηκας M ἠγνόηκας || 42 -αθήματα I μαθήματα || 44 ἀγνωσίας B γνώσεως

Pag. 769, 7 Μίδα N Μίδου || 13 ἔρως ἡμᾶς ἀδι-κεῖ a ὁ ἔρως ἡμᾶς ἀδικῶν || 14. ἐρᾶν βιαζόμενος L : βια-ζόμενος ἐρᾶν || 23 ἐρατταῖς L θεαταῖς || 26. ἀκούομεν L ἀκούσομεν || 27 τοῦ acc ex L || 30. καὶ acc ex M || 31 τὸν acc. ex H || 33 εὐμένεια L εὐσέβεια || 37. ἐπελθόντων τῶν M ἀγγελόντων ὑφ' ἓν || 38 ηὐλαβεῖτο H εὐλαβεῖτο || 40 τύχην L φύσιν | ἐ-γνόηκας M ἠγνόηκας || 42 -αθήματα I μαθήματα || 44 ἀγνωσίας B γνώσεως

Pag. 770, 1 ἐκάθαιρε * ἐκάθαρε a, ἐκάθαρον b || 2 ἐλυμήνατο L ἐλυμήνω || 14 τὴν-ἡτοιμασμέναι L · πεποιημέναι τὴν μαινάδα Λευκίππην || 22 ὑπὸ πάθους-νικώμενον L ἐπὶ τοσοῦτον ὑπὸ τοῦ πάθους ὑπερνικώμε-νον || 23. ὕπνος N ὕπνος γάρ | περιθρυλούμενος * . περιθρυλούμενος || 31 τουτὶ M τοῦτο || 33 σεαυ-τοῦ M σαυτοῦ | λέγον M λόγου || 35 ἐπλήθυν a · ἐπλήθυς || 36 ὁ-ποτὲ LMN . ἐπὶ τὸ μεῖρον παράγει ποτὲ ὁ δημιουργὸς || 37 καταλείψομιν * . καταλείψω-μεν

Pag 771, 1 καὐτὸς MN · καὶ αὐτὸς || 12 Αἰτναίας * : θαλάττης || 18 λιμοῦ L λιμοῦ μοι || 20 ἕτερα acc ex L || 21. δύναται a δύναται γὰρ || 24 Cf. Procli Char. Epist 36 | με-ἀρθείας L μοι-ὀρθῆ/ας || 27 ἐκάθαρε * . ἐννάθαρε A, ἐκκάθαρε B, ἐκκάθαρον b || 28 λύρην a · λύρην || 29 καὶ a καὶ τῆς || 34 ἔσο μοι L ἔσομαι || 36 ἀναθήσαιμ a ἀναθήσαιμι || 37 οἷς * ἄρνεις || 40. δυννουθετήσω] V Nauck « Zeitschr f Alterthumsw » 1855 p 116 Meinek Fr.Com Gr. t. 5 p CCCLXVIII | ἦ acc ex L || 41 συμπλέκεται καὶ L ἐμπλέκεται

Pag. 772, 4. καταχριθεῖν noseïν L νοσεῖν κατοχειρ-θείη || 5 μεταθησόμεθα A (cf 55) μεταστησόμεθα || 7. τὸ L τὸ καὶ τὸ || 10 νοήματα ἀποπτεὶς ἦ πημ-μίαρος L κυοφορούμενα ἀποσπῇς, ὦ παμμίαρε || 12 δριμυτάτοις * δριμυτέρους || 14 κολχικῆς L φονικῆς || 15. παιδοκτονεῖν L παιδοντόνον | ἀγνωμῶν ὁ L ἀγνώμων || 16 εὐεργέτιν P αἰνέτην || 17 συμφορὰς a ξυμφορὰς || 18 δῆτα val L δῆτα || 20 φιλανθρω-τερος γὰρ L φιλανθρωπότερον πρ' || 21. τὴν Δίκην L γὴν || 24 ταὼς L ταὼς καὶ || 28 κάλλος τοῖς ὁρῶι L τοῖς ὁρῶσι κάλλος || 35 ἐγκαλύπτεις L συγκαλύ-πτεις || 37 ἡμᾶς P ὑμᾶς || 43. Ἀμπελίνῳ P (cf ep 83) Ἀμπελίνῳ | γερόντιον a ὦ γερόντιον

Pag 773, 2 γὰρ acc. ex a et S || 7 μηδαμῶς-κς νε-φίλας P τὰς νεφέλας μηδαμῶς || 19 γέγονεν-ὁ λόρος L γέγονεν ὁ λόγος αὐτῷ τῆς ἐπιθυμίας || 21 ὄρκυις

f.

μὴ πεῖθου, Γαλάτεια] Ita *L*, nisi quod γαλατία. ὅρκοις
πείθουσαν μὴ πιστεύει γαλάτειαν *A*, in quibus Hauptio
latere videbatur ὅρκοις πείθουσιν μὴ πιστεύειν, Γαλάτεια.
In proximis ὅρκων τοῖς ἐρῶσιν οὐδέν ἐστιν εὐχερέστερον
b; ἐστιν omisi cum *A*, τοῖς cum Nauckio Trag. fr.
p. 728 | 24. καὶ πράττουσι φλεγμαίνοντες ἃ *L* : πράτ-
τουσί τε ταὶ φθέγγονται ὅσα ‖ 27. ὡς acc. ex *L* ‖ 30.
διαμυθολογήσω *L* : διαμυθολογήσομαι ‖ 35. τῆς acc. ex
L ‖ 39. ὄρνισιν *M* : ὄρνεσιν ‖

Pag. 774, 5. καθάπερ ὕπαρ τὴν ἀλήθειαν *L* : τὴν
ἀλήθειαν καθάπερ ὕπαρ ‖ 14. Μόσχωνι *P* (cf. ep. 2) :
Μοσχίωνι ‖ 15. τοῦ ζεύγους *L* : τὸ ζεῦγος ‖ 16. δέ μοι
L : δὲ καὶ ‖ 16. ἑαυτοῦ *L* : ἑαυτοῦ μοι | παρέχεσθαι *L* :
παρασχέσθαι ‖ 21. ἀπάτην *L* : ἄντλην ‖ 23. ἀρότων *B* :
ἀρότρων | συμπαρῴχηκε *L* : καὶ παρῴχηκε ‖ 25. ἐκεῖ-
νος] Ita *L* ‖ 31. πεισθῶμεν *P* : πειθώμεθα | ὁρᾶν τὸν
πολέμιον *L* : τὸν πολέμιον ὁρᾶν ‖ 32. ἂν addidi ‖ 39.
ὄντες τὴν φύσιν *L* : τὴν φύσιν ὄντες ‖ 39. μηδὲν *L* : μη-
δὲν ἐξ αὑτῆς ‖ 40. εἴθε ἔπαθον * : εἴωθα πάσχειν ‖ 41. φύ-
σις *L* : ἡ φύσις ‖ 42. βρενθῃς] Ita *L*. βρινὸς *A*. Ἐρι-
νύς editi, Φρύνη *B* | εἴτε καὶ *L* : ἢ καὶ ‖ 44. πρὸς ἀλή-
θειαν ἀξιόχρεως *L* (cf. ep. .33) : ἀξιόχρεως πρὸς ἀλή-
θειαν ‖ 47. δόκησιν μόνην τῶν ζητουμένων *L* : δόκησις
μόνη τῶν ποθουμένων ‖

Pag. 775, 1. Εὐρυβιάδης * : Εὐριβιάδης *AB*. εὐρυάδης
P, quod nomen a Theophylacto cum Cimone coniun-
ctum esse parum verisimile est ‖ 6. ταῖς addidi ‖ 10.
εὐθὺς μετὰ τοῦ ὕπνου *MP* : μετὰ τοῦ ὕπνου εὐθὺς ‖ 12.
τοῖς acc. ex *T* | ἀπέχθη * : ἀπεχθὴς ἦ *T*, ἀπεχθήσῃ ψευ-
δόμενος *b* ‖ 13. ψήγου *MT* : ψόγου | πορίσῃς * : πορί-
σειας | ὡς acc. ex *M* ‖ 17. βλάψαι * : ἐπιβλάψαι *L*, ὠνή-
σασθαι ceteri, in quo vide ne δηλήσασθαι lateat ‖ 18.
συναθροίσειας *L* : συναθροίσειας τεττίγων ceteri scripti ,
συναθροίσειας Ὀρτύγων *B* ‖ 24. οὐδὲ * : οὔτε | ἐνέγκαις
L : ἐνέγκοις ‖ 32. ἠδικήθης *I* : ἠδίκησαι ‖ 38. διὰ acc.
ex *M* ‖

Pag. 776, 3. μὲν addidi ‖ 7. ὦ ποῖ *L* : ὅποι ‖ 8.
ἐπιμνησθῶ *L* : μνησθῶ | τὰς τοῦ ἄστεος ἀσπάζομαι δια-
τριβάς *S* : τὰ τοῦ ἄστεος ἀσπάζομαι ‖ 9. τῶν-πλῆθος *L* :
τὸν πολίτην τάραχον ‖ 10. τῆς *L* : τὰ τῆς ‖ 12.
κατάλυσις *L* : ἀνάδυσις ‖ 14. βδελύττεσθαι *L* : βδελύτ-
τεσθαι αἱωρεῖν ‖ 17. εἶναι acc. ex *L* ‖ 18. ἢ *L* : μᾶλ-
λον οὗ ‖ 20. πλάττῃ *L* : ἀναπέπλασαι ‖ 23. χρυσοῦ * :
χρυσῷ ‖ 23. ὁ-ἡμᾶς * : ὕβρισεν ὁ Λυδὸς εὐνοῦχος ἡμᾶς
b, ὁ ὑβριστὴς Λυδὸς εὐνοῦχος ἡμῖν *P* ‖ 25. ἐπαγγέλλε-
ται *M* : ἐπαγγέλλονται ‖ 34. ὄνος ἡμᾶς εἰ *M* : ἡ ὄνος
ἡμᾶς *A*, ὄνος εἰ editi ‖ 36. Σωφρονίσκου *B* : Σωφρονί-
σκου Σωκράτην ‖ 38. Πρίαπ᾽ῃς] Ita *P* ‖ 40. μελιτοῦτ-
τα * : μελιττοῦττα ‖ 41. ὑπερκυκνείους* : ὑπερκύκνους ‖
43. χορῴδων *A* : χορῴδον ‖ 45. σύριγγος *B* : σάλπιγγος ‖

Pag. 777, 2. ἂν δράσαιμι *L* : δράσαιμι ἄν ‖ 9. ἵπ-
πον ὃν * : ἵππον pr. *M*, ἵππῳ sec. *M*, ἵππῳ τὸν
δὲ ἵππον *b* ‖ 10. μηδὲ * : μήτε *MT*, μήτε δὲ *b* ‖
11. ἀτίθασευτος *B* : ἀτιθάσευτον τὸ ζῷον ‖ 15. κατηφείᾳ
P : τῇ κατηφείᾳ ‖ 18. ἐπήκοος *M* : ὑπήκοος ‖ 26. προσ-
δέχονται *B* : προσφέρονται ‖ 35. γενοῦ *L* : γίνου ‖
36. προσίεσο *L* : ἐλέησον ‖ 37. ἡμεῖς ὥσπερ *L* : καὶ
ἡμεῖς ὥσπερ καὶ ‖ 38. ἐπρεσβευόμην *P* : ἐπρεσβεύσαμεν
‖ 42. βασιλεύει *L* : βασιλεύοι | θυμὸς *L* : θυμός τε ‖

Pag. 778, 2. μεγάλας *B* : μεγάλας καὶ ‖ 12. προπομ-

πὸς *L* : προπόμπιος ‖ 14. ὁ σὺς ἐνετείλατο *L* : ἐνεκε-
λεύετο ὁ σῦς ‖ 17. δεινότατόν *L* : δεινὸν ‖ 19. ἐγκρά-
τειαν *L* : ἐγκράτειαν ἀσκοῦντες ‖ 20. εἰς *L* : πρὸς | φι-
λάνθρωπον *L* : φιλανθρωπότερον ‖ 25. ἀνάπνευσι * :
ἀναπνεύσειε ‖ 27. πλεονεκτικώτερον *L* : πλεονεκτικώ-
τερον τὸ ἀκόλαστον | ὑπεραναθλύσῃ *L* : ὑπεραναθλύζῃ ‖
32. ἐκκάοντος * (cf. ep. 20) : ἐκκαίοντος ‖ 36. σωφρο-
νίζει * : σωφρονίζεται ‖ 37. ὁ acc. ex *P* | Χρυσάσπις]
Χρύσας τις Ungerus Sin. p. 49 soloece.

Pag. 779, 1. οἰκείων *L* : ἰδίων | στερόμει ιος * : στε-
ρούμενος ‖ 4. οὔτε *L* : οὔτε δὲ | χρήσεως *L* : σχέσεως ‖
6. ποῖ *P* : ποῦ ‖ 11. παρειώσω * : παρώσω | πρεσβείας *B* :
πρεσβείᾳ τοὺς ὅρκους ‖ 15. ἀμερίμνως *L* : ἀμέλως ἀφ᾽
ἑτέρας ‖ 17. ἀναγράφουσι *L* : ἀναγράφουσι καὶ τέχνῃ
διαμορφοῦσι τὰ πράγματα ‖ 20. ὑπνοῦν δὲ μετρίως *L* :
ὑπνοῦ δὲ μετρίως μετέχειν | ἡμᾶς *L* : ἡμᾶς ἐστιν ‖ 23.
τῆς *L* : τῆς σῆς ‖ 31. ἀφελόμενα * : ἀφελκόμεναι ‖ 34.
πείθου *a* : πείθου οὐ *Bb*, πείθουσαι *A* ‖ 36. ἐκβαλοῦμεν* :
ἐκβάλλομεν ‖ 37. ἐξοστρακίσομεν *P* : ἐξοστρακίζομεν ‖
41. δ᾽ *P* : δὲ

Pag. 780, 15. δυσανταγώνιστον * : δυσανταγώνιστον
τὸ πολέμιον ‖ 17. κἀγὼ *B* : κἀγὼ δὲ ‖ 18. μόρμηκες *B*
(cf. ep. 4 extr.) : οἱ μύρμηκες ‖ 22. Διογένης] δημο-
σθένης *L* male, v. Athen. XIII. p. 588 *E* | Σωστρά-
της] σωκράτης *L* | ὁ Φρύγιος] « Σωκράτης Φρυγίνας
Commelinus, quasi Φρύνης voluisset. » L. Dindorfius
in Thes. s. Σωστράτα ‖ 23. παρεώσαντο * : παρώσαντ•
‖ 31. καὶ *L* : καὶ πρὸς ‖ 35. δεδύνηται *P* : δεδύνηται ‖

Pag. 781, 11. αὐτοῦ *P* : αὐτῷ ‖ 6. σωτῆρας *A* : σω-
τῆρας ὄντας ‖ 18. δῶρα *M* : γὰρ ‖ 23. ἀνδρῶν acc.
ex *I* ‖ 26. νειλαΐας *I* : νεολαίαις ‖ 27. εὖ φορεῖ τῷ ἀνδρὶ
I, quod leviter immutatum recepi. Erat εὐφραίνει τὸν
ἄνδρα ‖ 28. ὡς *I* : ὥστε ‖ 43. Operarum error. Scr.
φιλονεικότερον.

Pag. 782, 1. σωφροσύνης *M* : σωφροσύνης δὲ ‖ 5.
οὔτε *M* : οὐ ‖ 8. βούλει *M* : βούλοιο ‖ 11. Αὐγέου *M* :
Αὐγείου ‖ 12. ἐκμετρῆσαι *A* : ἐκροφεῖν ‖ 13. Κισσι-
6ίωνι *a* : κισσυδίῳ ‖ 15. πανουργίαν *a* : κακουργίαν ‖
16. οὐ *P* : οὔτε ‖ 19. λαγὼς * : λαγωοὺς ‖ 20. δὲ *P* :
δὲ ἡ ‖ 22. ἀπαριθμούμαι *P* : ἀπαριθμήσομαι ‖ 25. Κισ-
συ6ίων * : κισσυ6ίῳ ‖ 26. οἱ σοὶ * : οἱ σοί σε *a*, οἱ νῦν
σου *b* ‖ 28. ἐνδημήσει * : ἐνδημήσειν ‖ 32. σωφροσύνην
P : σωφροσύνῃ ‖ 36. οὐ ἀπάπτεται *P* : οὐχ ἅπτεται ‖
43. ἀν-ἁμάρτωμεν *M* : λόγοις ἁμάρτωμεν ἂν

Pag. 783, 1. γάρ τι *M* : τι γάρ ‖ 5. Κοριάννωνι * :
χοριάννῳ ‖ 7. κοριάννῳ * : κορίαννε ‖ 14. δὲ καὶ *L* :
δὲ ‖ 15. ἐγχαράξαιμι *L* : ἐγχαράξομαι | ἀναθήσαιμι *A*
(cf. ep. 29) : ἀναθήσαιμι *L*, ἀναθήσομαι *b* ‖ 20. ταύ-
την acc. ex Vat. 352 ‖ 26. ἀσκήσαιμι *a* : ἀσκήσομαι ‖
36. Deest αὐ.

Pag. 784, 2. ὥσπερ ὄψον *L* : ὄψον ὥσπερ ‖ 3. ἔχον-
τες acc. ex *L* | μέλη *L* : δυστυχέστατα μέλη ‖ 6.
τοῖς δλοις-δοκεῖς *L* : τὴν γνώμην εἶναι τοῖς ὅλοις δοκεῖς ‖
7. σαφέστατον *a* : σαφέστατα ‖ 8. ἀπανθρωπότατα *I* :
λίαν ἀπανθρωπότατε ‖ 11. παρῳχηκότων *I* : παρῳχηκό-
των κακῶν ‖ 12. ἐρινύν * : ἐρινύδς ‖ 13. ταλαντεύεσθαι
IL : ταλαντεύσεται ‖ 17. ῥηγνύοντα *IL* : διαρρηγνύοντα ‖
30. εἶναι-δοκεῖ *I* : τοῖς εὖ φρονοῦσιν εἶναι δοκεῖ ‖ 32.
κουφόνουν * : κουφοποιὸν ‖

Pag. 785, 1. πεποίηνται *A* : ἐπεποίηντο ‖ 10. Ηæc

epistola vulgo Isocrateis affigitur ‖ 14 Θνητὴν *a* . Θνητοῦ ‖ προοιμίου *a* : τροοιμίων ‖ 19 ἠνάγκασε *I* . ἠνάγκασαν ‖ 20 ἀναχωρεῖν παρεσκεύασεν *I* : ἀπαναχωρεῖν παρεσκεύασαν ‖ 33 καὶ ξίφος καὶ κράνος *P* . καὶ κράνος καὶ ξίφος ‖ 37 τὰς χάριτας θᾶττον *L* : θᾶττον τὰς χάριτας ‖ 38. οὔτε οὐ αιι. ex *a* ‖ 39 χρυσοῦ* . χρυσῷ ‖ παρθένον *L* . παρθενίαν ‖ ὠνουμένου Iacobsius ‖ 40 ἔμπλεα *M* . σύμπλεα ‖ 41. βεβῶσθαι* διαβῶσαι

Pag 786, 3 ἐν addidi ‖ ἀπείρχθαι* : ἀπείρχασθαι *Bb*, ἀπειργασθαι *a*, ἀτείργεσθαι *M* ‖ δυσρεύκτῳ* δυσφύκτῳ ‖ 6. συγκιρνῶντα *M* . συγκρίνοντα ‖ 7 πλάσματ· *M* : πράγματι ‖ 9 ἡδιστάτῳ *M* · τονικωτάτῳ ‖ 16 ἀπειρία ἀφιλόσοφος *M* . σαφήνεια ἡ φιλόσοφος ‖ 18 Ἀλκιβιάδη *M* : Ἀντίμαχε ‖ 20 σειρηναίων *M* . σειρηναίων ‖ ἡμᾶς-ἡχήματα ‖ ᾠδῶν οὐ/ ἤχιστα *M*, ἡμᾶς ἡδονῶν περιπολοῦσιν ἠχήματα *ab* ‖ 22 ποτὲ δὲ ἄλλοθέν ποθεν* ἄλλοθεν δέ ποτε ‖ περικροτοῦσιν *M* . τιτιχρανοῦσιν ‖ 41. περαιτέρω κόνεως μὴ *M* et Gnomol Ritschelii p 5, 44 οὐ τεραιτέρω κόνεως *Bb*, περαιτέρω κόνεως *a*.

ΤHRASYBULUS.

ag. 787, 1. Ex Diogene L. I, 100.

XENOPHON.

Pag. 788, 1 Ex Stobaei Flor LXXX, 12 ‖ 6. ἀμετάπλαστόν Cobetus N. L p 180, ἀκατάπλαστον Meinekius ‖ 8. ἁλῶναι G. A. Hirschigius Em in Stob Flor in « Zeitschr f. Alterthumsw. » a 1832 p. 312 ‖ 9 οἵον τε· ἡγοῦντο‖ ὅτι-τράπεζα] Excerpsit etiam Eusebius P. E. XIV, 12 ‖ 10 τῷ κρείττονι idem : τὸ κρεῖττον ‖ 11 τῆς διανοίας· τῆς δυνάμεως‖ αὐτοὺς Euseb αὑτοῦ‖οἷον idem οἱ‖12 ῥᾴδιον idem ῥᾴδιον ‖ 19 μὲν acc. ex eodem ‖ 20 ἑκάστοτε αὐτὸς Stobaeus, ἑκάστοτε αὐτοῖς Eusebius Delevi dittographiam ‖ 21 ἀνδρεία* ἀνδρ'α ‖ 22 αὐτὰ ἀγαθὰ Eusebius . ἀγαθὰ αὐτὰ ‖ 24 ταίγνια additum ex eodem, item ἤ v. 28 ‖ 29 ἴωσαν idem ἴσως ἂν ‖ 32. Αἰγύ-

πτου idem Αἰγύπτου γὰρ ‖ Cf Theodoret Gr. Aff II p. 734. XII p 1031 ‖ 36 Ex Stobaei Flor LXXXIII, 29 ‖ 40. οὗτοι nescio quis οὗτω

Pag 789, 17 Ex Stobaei Flor. CXXI, 37 ‖ 18 ὁ θάνατος οὔτε vel οὔθ' ὁ βίος καλὸν G A Sauppius ‖ 19. ἄνισον ἀριθμὸν Sauppius ‖ 20. φέρον-ἢ ἀρρως-(ια Bremi in Add. ap Orell. p 325 ‖ 21 ὅτου‖ἔστιν οὖ mg. Leonclavius ‖ 23 Ex eiusdem Flor CXXIV, 42 ‖ οὐδὲ Meinekius οὔτε ‖ 24 εὑρέσθαι‖αἱρεῖσθαι Stephanus, ἄρασθαι Cobetus Mnem vol 9. p 78 ‖ 26 μὴ Orelliana ὁ μὴ ‖ 28 καὶ ὅστις‖κατέστη Meinekius ‖ 31 Ex Stobaei Flor. V, 79. Vulgo λαμπρόγλειαν Cornelius Sauppius ‖ 39. Indidem l c Vide Westerm Floril. Lips spec p. 22 ‖ 41. Ex Stobaei Flor LX, 8

Pag 790, 1. Φιλλίδα* Φιλλίδα‖νέος* υἱέως ‖ 7. ἠράσθησαν Cobetus Mnem IX. p 134 ἠγάσθησαν ‖ 12. ὄντα addidi ‖ 17 ἐπιτορολύ mg Gesneriana . ἐπιπολὺ‖συγγενείας τῆς* συγγενὲς ‖ 18. ἢ παιδεύματα Meinekius ‖ 19 καὶ ἀνδρίας idem ἀνδρία ‖ 21 Dubito de γὰρ et ἔσεσθαι ‖ 26 πνεῦμα Meinekius ‖ 28 Ex cod Florentino Parallelorum sacrorum Ioannis Damasceni, apud Meinekium vol 4 p 223 ‖ 30. σώζων *M* Hauptius ζῶν ‖ 33 βουλευόμενος uncis inclusit Sauppius ‖ 35 ἐπέστειλα* ἀπέστειλα ‖ 37. γένοιτο κακόν* ἔσοιτο καλόν‖τότε Meinekius τόδε ‖ 38 ἐβουλήθης* ἠβουλήθης ‖ 40 ἀμείνων ὂν Meinekius ἀμείνω ὤν ‖ 41 θηρεύειν* θηρεύσι‖42 προσφερε Meinekius . ἐπίφερε ‖ 44 κατὰ τὰ αὐτὰ* κατὰ τὰ αὐτὰ ὡσαύτως ‖ 45. φήσεις ἔτι Meinekius φύσις ἐστὶ ‖ 47 ὅσιος ἔσομαι Hauptius ὅσια εἴσομαι‖ἄρχει* : ἄρξει ‖ 50. οὐδὲ φεύξῃ* φεύξῃ τε ‖ 51 ἐραστὴς Meinekius . ἐραστὴν

Pag 971 2 ἀξιομαθητοτέρων L Dindorfius in Thes vol I p 1088, Α ἀξιομαθεστέρων‖4 ὅσα Hauptius ὅσον ‖ 5 τῶι adieci ‖ 9. σὺν* ἐν

ZENO.

Pag 792 1. Ex Diogene L VII, 8 ‖ 4 ὀρωρεγμένος* : ὠρεγμένος

ADDENDA.

EPICURI EPISTOLA.

1.

ἀ|φείγμεθα εἰς Λάμψακον ὑ-
γιαίνοντες, ἐγὼ καὶ Πυθο-
κλῆς καὶ Ἕρμαρχος καὶ Κτή-
σιππος, καὶ ἐκεῖ κατειλήφα-
μεν ὑγιαίνοντας Θεμίσ-
ταν καὶ τοὺς λοιποὺς φίλους.
εὖ δὲ ποιεῖς καὶ εἰ σὺ ὑγι-
αίνεις καὶ ἡ μάμμη, καὐτῇ
καὶ πάπᾳ καὶ Μάτρωνι πάν-
τα πείθῃ, ὥσπερ καὶ ἔμ-
προσθεν· εὖ γὰρ ἴσθι, ναπία,
ὅτι καὶ ἐγὼ καὶ οἱ λοιποὶ
πάντες σε μέγα φιλοῦμεν
ὅτι τούτοις πείθῃ[ι] πάντα ...
Ex papyro Herculanensi edidit Th. Gomperzius in
Hübneri Herma vol. 5. p. 383.

2.

... πρὸς ἑαυτ[ὸν ἐπ]έπεισ[τ[ο
καί τινα τρόπον α[ὑ]τῆς ἀπεδέ-
χετ' αὐτόν. ὡς γὰρ ἀνεφώνησεν
ἐκπνέων. ἑ ἑξδόμη[ι] γὰρ ἡμέ-
ρᾳ ' φησὶν ' ὅτε ταῦτ' ἔγραφον,
οὐχ[ι ἀπο]κεχ[ώρη] κ[ε]ν [ὁ]ἡ [κ]ατ[ὰ τὴν
ο]ὔρησιν [ἐ]μοὶ οὐδὲν καὶ ἀλγηδό-
νες ἐνῆσαν τῶν ἐπὶ τὴν τε-
λευταίαν ἡμέραν ἀγουσῶν.
σὺ οὖν, ἄν τι γένηται, τὰ παι-
δία τὰ Μητροδώρου διοίκησον,
τέτταρα ἢ πέντ' ἔτη μηθὲν
πλεῖον δαπανῶν ἤπερ νῦν
ε[ἰς ἑ]μὲ δαπανᾷ[ι]ς κατ' ἐνιαυ-
τόν. καὶ προβὰς ὑπὲρ τῶν υἱῶν
οἶδα καὶ Αἰγέα καὶ Διόδωρον
καὶ τῆς σῆς φρενὸς ὄντα[ς οὐ-
κ ἀρέσκευμα μ[ό]νον ' ...
Edidit et supplevit idem ibidem p. 391 sq. Vide
etiam L. Spengelium in Philologo Suppl. vol. 2.
p. 530.

Pag. 12, 19. Excidit ipsa epistola, in qua dictum
oportuit μὴ τὴν ἀλλοτρίαν ἀρόσῃς vel simile quid. Ver-
bis ἔστι τὸ λεγόμενον (h. e. τὸ ἠνιγμένον, non, ut in

interpretatione est, *proverbium*) — περιπλέκουσιν so-
lutio ænigmatis continetur. V. 29 scr. ἄλλα δέ τινα.
Pag. 24, 13. δοκεῖν rectius delebitur. Mox scr.
ηὐφράνθην. V. 30 malim Ἀλφειῷ.
Pag. 26, 43. Melius Βίκτωρα.
Pag. 28, 40. Scr. παλαιᾶς et mox αὐτῇ et Παρνα-
σοῦ. V. 50 in oratione resedit Διόνυσος pro Διονύσιος,
item in interpretatione pro Dionysio *Bacchus.*
Pag. 29, 21. Reducenda vulgata κατείρουσι τῆς.
Paulo ante scribendum videtur Ἔστω Σμυρναῖος Ὅμη-
ρος, Ἀριστείδης. κοινωνείτω τῆς φιλοτιμίας ὁ ἐμὸς ῥήτωρ
Θεόδωρος. Sed videant alii.
Pag. 42, 4. Immo Βεροίᾳ.
Pag. 50, 4. Malim Εὔπλους et mox Εὔπλῳ.
Pag. 94, 27. Sero intellexi, verba ἀλλ' ἤκουσά σε,
ὦ Λυσία, ἀπὸ τοῦ ἀγῶνος τοῦ ἐν Ἐρετρίᾳ συνεχῶς με-
θύσκεσθαι falso sub Alciphronis nomine ferri. Cratetis
sunt, cuius vide epistolam decimam.
Pag. 96, 51. Immo Σιμίχη.
Pag. 98, 1. Respondet ad hanc epistolam Aristote-
lis sexta. Est etiam apud Gellium XX, 5, 12 ‖ 2.
ἀλέξανδρος μακεδόνων βασιλεὺς ἀριστοτέλει χαίρειν *R*
(Vaticanus 1353) ‖ 3. ἔτι] δὴ Gellius, om. *R* ‖ 6.
ἔρρωσο accessit ex *R* et Gellio ‖ 7. Ex Arriani An. II,
14, 4.
Pag. 99, 3. Ex Diodoro XVIII, 8.
Pag. 100, 1. Ex Herodoto III, 40.
Pag. 101, 1. Ex Porphyrii Vita Plotini 17.
Pag. 174, 14. Restitue ἀκροαματικῶν ex *R* et *a.*
Pag. 354, 15. Malim ἐρρωμένως.
Pag. 412, 11. Scr. οἶμαι ex *a.*
Pag. 518, 2. Post φησίν virgula ponenda est et
corrigenda interpretatio.
Pag. 534, 43. Rectius cum *M* ὑμᾶς ponetur post
λαβεῖν.
Pag. 634[b], 37. παιδία] Immo γραΐδια, cf. p. 635[b], 33.
Pag. 635[a], 18. Scr. γαρότᾳ.
Pag. 654, 7. Immo ἡμιδεᾶ.
Pag. 658, 48. 689, 2. 9 σπάταλος perperam reli-
ctum est pro Σπάταλος, itemque spatalus in interpre-
tatione.
Pag. 678, 36. Scr. ἐπισκόπων.
Denique, ut hoc etiam addam, me invitissimo fa-
ctum est, ut in margine Græcæ orationis versuum
numeri omitterentur. Tenendum igitur, versus istos
subductis indiculis et epistolarum inscriptionibus cum
adnotationis numeris congruere.

EPISTOLOGRAPHI GRÆCI

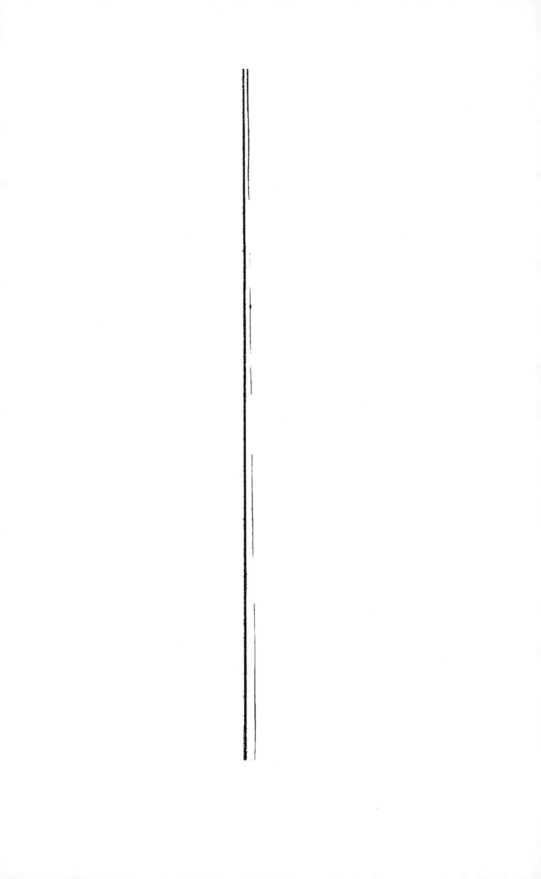

PROLEGOMENA.

A.

ΔΗΜΗΤΡΙΟΥ ΦΑΛΗΡΕΟΣ

ΤΥΠΟΙ ΕΠΙΣΤΟΛΙΚΟΙ.

Τῶν ἐπιστολικῶν τύπων, ὦ Ἡρακλείδη, ἐχόντων τὴν θεωρίαν τοῦ συνεστάναι μὲν ἀπὸ πλειόνων εἰδῶν, ἀναλαμβάνεσθαι δὲ ἀπὸ τῶν ἀεὶ πρὸς τὸ παρὸν ἁρμοζόντων, καὶ καθηκόντων μὲν ὡς τεχνικώτατα γράφεσθαι, γραφομένων δὲ ὡς ἔτυχεν ὑπὸ τῶν τὰς τοιαύτας τοῖς ἐπὶ πραγμάτων τεταγμένοις ὑπουργίας ἀναδεχομένων, θεωρῶν σε φιλοτίμως ἔχοντα πρὸς φιλομαθίαν, ἐπραγματευσάμην δή τινων σύστασιν ἰδεῶν καὶ πόσας καὶ ἃς ἔχουσι διαφοράς, καὶ καθάπερ δεῖγμα τῆς ἑκάστου γένους τάξεως ὑποδέδειχα, προεκθέμενος μερικῶς τὸν περὶ ἑκάστου λόγον, ἅμα μὲν ὑπολαμβάνων καὶ σοὶ τοῦτο κεχαρισμένον ὑπάρχειν, εἴ τι τῶν ἄλλων περισσότερον εἰδήσεις, τὸ λαμπρὸν τοῦ βίου τιθέμενος οὐκ ἐν τοῖς βρώμασιν ἀλλ' ἐν ταῖς ἐπιστήμαις, ἅμα δὲ καὶ πέρα νομίζων τοῦ προσήκοντος ἐπαίνου μεθέξειν.

Γένη μὲν οὖν ἐστιν ἐπὶ τοῦ παρόντος οἷς ἐντετυχήκαμεν ἓν καὶ εἴκοσι, τάχα δ' ἂν ἐνέγκοι πολλαπλάσια τούτων ὁ χρόνος· εὐφυὴς γὰρ εὑρετὴς καὶ τεχνῶν καὶ θεωρημάτων οὗτος. ἄλλος δὲ τῶν καθ' ἡμᾶς οὐδεὶς ἐπίκαιρος εἰς ἐπιστολικὸν τρόπον ἀνήκων τύπος. ἐπονομάζεται δὲ ἕκαστος αὐτῶν ἀφ' ἧς ἐστιν ἰδέας οὕτως· φιλικός, συστατικός, μεμπτικός, ὀνειδιστικός, παραμυθητικός, ἐπιτιμητικός, νουθετητικός, ἀπειλητικός, ψεκτικός, ἐπαινετικός, συμβουλευτικός, ἀξιωματικός, ἐρωτηματικός, ἀποφαντικός, ἀλληγορικός, αἰτιολογικός, κατηγορικός, ἀπολογητικός, συγχαριστικός, εἰρωνικός, ἀπευχαριστικός.

α'. Ὁ μὲν οὖν φιλικός ἐστιν ὁ δοκῶν ὑπὸ φίλου γράφεσθαι πρὸς φίλον. γράφουσι δὲ οὐχ οἱ πάντες φίλοι· πολλάκις γὰρ οἱ ἐν ὑπεροχαῖς κείμενοι πρὸς ὑποδεεστέρους ὑπό τινων ἀξιοῦνται φιλικὰ γράψαι, καὶ πρὸς ἀλλήλους ἴσως στρατηγούς, διοικητάς, ἔστιν ὅτε καὶ προσγράφουσι τοὺς ἀγνοοῦντας. οὐ γὰρ διὰ τὸ συγκεκρᾶσθαι καὶ μὴ ἔχειν αἵρεσιν τοῦτο πράττουσιν, ἀλλ' οὐδένα νομίζοντες ἀντερεῖν αὐτοῖς φιλικὰ γράφουσι. ὁ δὲ τύπος τῆς ἐπιστολῆς καλεῖται φιλικὸς ὡς πρὸς φίλον γραφόμενος. ἔστι δὲ τοιοῦτος·

Εἰ καὶ πολύ σου διάστημα τυγχάνω κεχωρισμένος, τῷ σώματι μόνον τοῦτο πάσχω· οὐ γὰρ οὐδέποτε δυνατὸν ἐπιλαθέσθαι με, οὐδὲ τῆς γεγονυίας ἡμῖν ἐκ παίδων ἀνεγκλήτου συνανατροφῆς. εἰδὼς δὲ ἐμαυτὸν

EPISTOLOGR.

I.

DEMETRII PHALEREI

TYPI EPISTOLARES.

Epistolarum stilorum, Heraclida, quum hæc sit ratio, ut plurimis constantes formis ab eis pendeant, quæ præsenti cuique statui congruunt; quumque scribi quidem debeant quam artificiosissime, temere autem plerumque ab eis scribi soleant, qui rei publicæ præfectis eiusmodi præstant officia, videns te sciendi admodum esse cupidum dedi operam, ut quæ in aliquibus formis tenenda esset via ac ratio, quotque inter ipsas et qualia intercederent discrimina scripto mandarem, et quasi specimen singulorum generum ordinis ac modi, uniuscuiusque ratione prius singulatim exposita, subieci, partim quod tibi me gratum hac re facturum existimarem, si quid reliquis scires amplius, quippe quum vitæ voluptatem non in epulis ponas, sed in litteris, partim quod et laudem censerem me ultra quam commeruerim consecuturum.

Genera sunt igitur impræsentiarum, in quæ quidem nos incidimus, unum et viginti, fortasse tamen his multo plura tempus proferet: sollers enim hic est artium inventor atque præceptorum. Nostro vero tempore non est idoneus stilus alius, qui in epistolarum rationem cadere possit. Nominatur autem eorum ex sua quisque forma hoc modo: amicalis, commendaticius, reprehensorius, objurgatorius, consolatorius, castigatorius, admonitorius, minatorius, vituperatorius, laudatorius, suasorius, precatorius, interrogatorius, responsorius, allegoricus, caussalis, accusatorius, defensorius, gratulatorius, ironicus, gratiarum actio.

1. *Amicalis* itaque est, qui videtur ab amico scribi ad amicum. Non autem omnes scribunt ut amici: sæpenumero enim qui sunt in aliquo dignitatis fastigio positi, a quibusdam rogantur ut ad infra se positos amice scribant, eodemque modo, quo ad se invicem prætores atque procuratores nonnunquam ad eos, qui ipsos ignorant, scribunt. Non enim propter necessitudinem et quod optio non sit hoc faciunt, sed quod sibi amice scribentibus neminem repugnaturum putant. Hic stilus epistolæ vocatur amicalis ut ad amicum scriptus. Est autem huius modi:

Quanquam longo a te seiunctus sum intervallo, hoc tamen corpus solum meum patitur: fieri enim nequit ut tui obliviscar aut honestæ illius consuetudinis, qua a pueris sumus una educati. Quum autem mihi conscius-

τὰ πρός σε γνησίως διακείμενον καὶ πάντοτε τό σοι
συμφέρον ἀπροφασίστως ὑπηρετήσαντα, τὴν αὐτὴν
ὑπείληφα καὶ σὲ περὶ ἐμοῦ ἔχοντα γνώμην κατὰ μηδὲν
ἀντερεῖν πρός με. καλῶς οὖν ποιήσεις πυκνότερον
ἐπισκοπῶν τοὺς ἐν οἴκῳ, μή τινος ἔχωσι χρείαν, καὶ
συμπαριστάμενος ἐν οἷς ἂν δέωνται καὶ γράφων ἡμῖν
περὶ ὧν ἂν αἱρῇ.

β'. Ὁ δὲ συστατικός, ὃν ὑπὲρ ἄλλου πρὸς
ἄλλον γράφομεν, ἔπαινον συγκαταπλέκοντες ἅμα καὶ
τοὺς πρότερον ἀγνοουμένους ἄγοντες εἰς γνῶσιν. οἷον
οὕτως·

Τὸν δεῖνα τὸν παρακομίζοντά σοι τὴν ἐπιστολὴν
καὶ παρ' ἡμῖν κεκριμένον καὶ δι' ἣν ἔχει πίστιν ἀγα-
πώμενον καλῶς ποιήσεις ἀποδοχῆς ἀξιώσας καὶ δι'
ἐμὲ καὶ δι' αὐτόν, ἔτι δὲ καὶ διὰ σαυτόν· οὐ μεταμε-
λήσει γὰρ ἐν οἷς θέλεις εἴτε λόγον ἀπόρρητον εἴτε
πρᾶξιν εἰπεῖν. ἀλλὰ καὶ πρὸς ἑτέρους ἐπαινέσεις
αὐτόν, αἰσθόμενος ἣν ἐν παντὶ δυνατός ἐστι χρείαν
παρασχέσθαι.

γ'. Μεμπτ κὸς δ' ἐστὶν ὁ μὴ νομίζεσθαι βαρεῖν
προσδεχόμενος.

Εἰ μὴ παραδέδωκέ σοι καιρὸς μηδέπω ὧν εὖ πέ-
πονθας ἐκτίνειν χάριτας, οὐδ' αὐτὸ τοῦτό γε καλῶς
ἔχειν ὑπείληφας, τὸ μνημονεύειν ὧν ἔπαθες, ἀλλὰ καὶ
δυσχερεῖς καθ' ἡμῶν λόγους προέθου. σὲ μὲν οὖν οὐ
μέμφομαι τρόπον ἔχοντα τοιοῦτον, ἑαυτοὺς δέ, ὅτι σε
τοιοῦτον ὄντα ἠγνοοῦμεν.

δ'. Ὀνειδιστικὸς δέ ἐστιν, ὅταν τὸν ὑφ' ἡμῶν
προευεργετηθέντα ἐφ' οἷς ἔπραξε μετ' ἐγκλημάτων ὀνει-
δίζωμεν.

Ἔδει σε τὸ « γνῶθι σαυτὸν » μαθόντα τότε καὶ ἑτέροις
προσφέρεσθαι δυσκόλως· νῦν γε μὴν ὑφ' ἡμῶν τρεφό-
μενος καὶ δι' ἡμᾶς ἔχων τὸ πνεῦμα μεῖζον φρονεῖς τοῦ
δέοντος. ἡμεῖς δὲ τούτου αἴτιοι· σὲ γὰρ ἔδει μὴ
τυχεῖν ἐλευθέρου σχήματος. καίπερ οὐδὲ νῦν ἐλεύ-
θερος γέγονας, κεκτημένος σχῆμα δουλοπρεπές. λέγε
δὲ κακῶς, ἐπεὶ καλῶς λέγειν οὐκ ἔμαθες.

ε'. Παραμυθητικὸς δέ ἐστιν ὁ γραφόμενος τοῖς
ἐπὶ λύπαις καθεστηκόσι δυσχεροῦς τινος γεγονότος.
ἔχει δὲ οὕτως·

Ἀκούσας τὰ δεινὰ τῆς ἀχαρίτου σου τύχης ἀπην-
τημένα καθ' ὑπερβολὴν ἤλγησα, νομίσας οὐ σοὶ μᾶλλον
ἢ ἐμοὶ συμβεβηκέναι τὸ γεγονός. ἐκείνην μὲν οὖν
τὴν ἡμέραν ἅπαντα ἰδὼν τὰ πρὸς τὸν βίον ἑστῶτα
συνεφράζων· ἐννοηθεὶς δὲ ὅτι τὰ τοιαῦτα πᾶσίν
ἐστιν ὑποκείμενα, τῆς φύσεως οὔτε χρόνον οὔτε ἡλικίαν
ὑφισταμένης, καθ' ἣν δεῖ τι πάσχειν, ἀλλ' ἀδήλως
μετὰ σκαιότητος οὐκ ἀξίως πολλάκις ἀπαντώσης, ἐπεὶ
μὴ παρὼν τετύχηκα παρακαλεῖν σε, δι' ἐπιστολῆς
ἔκρινα τοῦτο ποιῆσαι. φέρε γοῦν τὸ γεγονὸς ὡς δύνῃ
κουφότατα, καὶ καθὼς ἄλλῳ παρῄνεσας, σαυτῷ πα-
ραίνεσον· ἐπίστασαι γὰρ ὅτι τὸ μέλλον χρόνος κουφιεῖ
σε, τοῦτο ὁ λόγος εὐμαρέστερον ποιήσει.

ϛ'. Ἐπιτιμητικὸς δέ ἐστιν ὁ ἐφ' ἁμαρτήμασι

sim, sincero me animo erga te affectum esse, sem-
perque tuis commodis promptissime servire paratum,
eandem te quoque arbitror de me sententiam habere,
neque unquam mihi repugnaturum esse. Bene igitur fe-
ceris, si familiares mei an qua re indigeant frequentius
videris, et auxilio eis fueris, si qua re eis opus sit, no-
bisque de voluntate tua scripseris.

2. *Commendaticius* est, quum pro alio ad alium scri-
bimus, adjecta laude simul et qui prius ignotus fuerat
in alicuius notitiam deducentes. Cuius hoc est exem-
plum :

Eum, qui has litteras tibi reddit, et nobis probatum
hominem et ob fidem qua est omnibus carum, recte facies
si hospitio dignaberis et mea caussa et ipsius, immo etiam
tua : non enim poenitebit te, si vel arcanum sermonem
vel factum committere ei volueris. Verum tu quoque
laudabis ipsum apud alios, quum quanto usui in omni
negotio esse possit expertus fueris.

3. *Reprehensorius* est . . . .

Si nondum permisit tibi tempus pro beneficiis acceptis
gratiam rependere, tu ne id ipsum quidem officium tuum
censuisti, eorum quæ in te collata sunt esse memorem,
verum et sermones in nos malignos contulisti. Te igitur
non reprehendo, qui tali sis ingenio, sed nosmet ipsos,
quod talem te esse ignoraverimus.

4. *Obiurgatorius* est, quum eum, qui beneficio a nobis
affectus est, cum accusatione objurgamus.

Oportebat te « nosce te ipsum » quid esset primum di-
scere, atque deinde et aliis difficilem te præbere. Nunc vero
quum sis a nobis educatus et nostra opera spiritum du-
cas, ultra quam par est superbis. Verum hæc nostra
culpa est : non debebas enim in libertatem vindicari. Sed
quamvis libertatem consecutus sis, servilem tamen obtines
indolem. Itaque male loquere, quum bene loqui non
didiceris.

5. *Consolatorius* est, quum iis, qui ob casum ali-
quem in dolore versantur, scribimus. Habet autem hoc
modo :

Allato ad me nuntio de calamitatibus ab ingrata
fortuna in te coniectis, vehementer animo commotus
sum, neque magis ad te quam ad me casum istum iudi-
cavi pertinere. Hunc igitur diem totum humanæ vitæ
conditionem cum luctu contemplabar. Quum autem re-
putassem. talia imminere omnibus, quod natura neque
tempus neque ætatem certam, qua sit aliquod damnum
subeundum, constitutam habeat, sed inopinato cum
quadam importunitate præterque dignitatem sæpenumero
obviam se præbeat, quoniam ipse coram te adhortari non
possem, per litteras hoc facere decrevi. Fer igitur quod
tibi accidit quam possis levissime, et qua in alienis
malis consolatione usus est, eadem iam in tuis utere :
scis enim, quod tempus allaturum sit solatium, facilius
ratione comparari.

προγεγονόσι μετ' ἐπιπλήξεως γραφόμενος, οὕτως

Τῶν ἁμαρτημάτων τὰ μὲν ἑκουσίως γίνεται, τὰ
δὲ ἀκουσίως, καὶ τὰ μὲν μεγάλα καθέστηκε, τὰ δὲ
μικρά, καὶ τὰ μὲν μόνοις βλαβερὰ τοῖς ἁμαρτάνουσι,
τὰ δὲ ἑτέροις· σοὶ δὲ καθάπερ ἐπιτήδευμα συμβέ-
βηκεν ὄντα· καὶ γὰρ σὺ κακῶν μεγάλα καὶ πολλὰ
βλαβερὰ διαπέπραξαι. προσήκει μὲν οὖν σε μείζονος
ἐπιτυχεῖν ἐπιπλήξεως, εἰ δὴ κατὰ τὸ παρὸν συνετύ-
χηκε καὶ ἐπὶ ἑτέρων τῶν ἀδικηθέντων   ἀλλ' ἔτι γε
δυνατόν ἐστιν ἰάσεως τυχεῖν τὸ γεγονὸς πλημμέλημα
πρὸς διόρθωσιν γὰρ ἀγαγὼν αὐτὸς αἴτιος γενήσῃ τοῦ
μὴ γεγονέναι, καθάπερ ἐγὼ τοῦ γεγονέναι.

ζ'. Νουθετητικὸς δέ ἐστιν, ὃς καὶ διὰ τῆς ὀνο-
μασίας ὁποῖός ἐστι δηλοῖ· τὸ γὰρ νουθετεῖν ἐστι νοῦν
ἐντιθέναι τῷ νουθετουμένῳ καὶ διδάσκειν τί πρακτέον
καὶ μή.

Κακῶς ἐποίησας οὕτω χρησάμενος ἀνδρὶ καλῶς
ἀνεστραμμένῳ καὶ κατὰ λόγον βεβιωκότι καὶ τὸ ὅλον
μηδὲν ἄτοπον εἰς σε πεποιηκότι.   παραιτήσεως οὖν
ἀξίωσον τὸ πρᾶγμα καὶ γὰρ σὺ πάλιν ὑπ' ἄλλου παθὼν
ῥαδίως ἂν ἤνεγκας τὸ δὲ ἐπὶ σαυτὸν δικαιῶν. μὴ
δόκει οὖν μήτε γονέων μήτε ἀγωγῆς τετυχηκέναι,
μή τί γε πανέσχατον συγγενῆ τινὰ ἢ φίλον ἔχειν τὸν
ἐπιτιμήσοντα τοῖς ἁμαρτήμασιν

η'. Ἀπειλητικὸς δέ ἐστιν, ὅταν μετ' ἐπιτάσεως
φόβον τισὶν ἐμποιῶμεν ἐπὶ πεπραγμένοις ἢ πραχθη-
σομένοις, οὕτως·

Εἰ μὲν ὑπολαμβάνεις μηδεμίαν ὑφέξειν δίκην ἐφ'
οἷς διαπέπραξαι, πρᾶττε, ἴσθι δὲ ἀκριβῶς, ὡς οὔτε
ἀναπτησόμενος οὔτε καταδυσόμενος οὐδενὶ τρόπῳ χρό-
νον ἐπισπᾷ κενὸν ὁδὸν γὰρ οὐκ ἂν εὕροις, δι' ἧς ἀπο-
φύγοις ἅ σε δεῖ παθεῖν.

θ'. Ψεκτικὸς δέ ἐστιν, ὅταν τρόπου κακίαν ἢ
δυσχέρειαν πράξεως κατά τινος ἐξαγγέλλωμεν,
οὕτως·

Ὁ δεῖνα πῶς κέχρηται τοῖς ἐγκεχειρισμένοις ἀνε-
λευθέρως καὶ τῆς προαιρέσεως ἀναξίως, κἂν ἐγὼ
σιωπῶ, παρ' ἄλλων ἀκούσῃ γράφειν γὰρ προσήκει
περὶ ὧν ἂν μή τινες ἐπιστῶνται, περὶ δὲ τῶν ἅπασι
φανερῶν καὶ ὑπ' αὐτῆς τῆς φήμης ἀναγγελλομένων
περισσόν τι καὶ τὸ μηνύειν ἃ δι' αὐτῶν ἐλέγχεται
σιωπωμένων.

ι'. Ἐπαινετικὸς δέ ἐστιν, ὅταν ἐφ' οἷς ἔπραξέ
τις ἢ προείλετο παρακαλῶμεν ἀποδεχόμενοι, τὸν
τρόπον τοῦτον

Ἐγὼ οἷς καὶ πρότερον ἔγραψας γράμμασι μετει-
λήφειν τῆς σῆς φιλοκαλίας, καὶ νῦν ἐφ' οἷς πέπραχας
ἀποδέξομαί τε καὶ παρακαλῶ· συνοίσει γὰρ ἡμῖν ἀμ-
φοτέροις

ια'. Συμβουλευτικὸς δέ ἐστιν, ὅταν τὴν ἰδίαν
γνώμην προφερόμενοι προτρέπωμεν ἐπί τι ἢ ἀποτρέ-
πωμεν ἀπό τινος οἷον οὕτως

Ἐξ ὧν εὐδοκίμησα διὰ τῶν ἀρχομένων, κεφαλαιω-
δῶς ὑποδέδειχά σοι.   γινώσκω μὲν οὖν ὅτι καὶ σὺ

6 *Castigatorius* est, quum ob delicta ante commissa
cum reprehensione scribimus, hoc modo

Peccatorum alia sponte fiunt, alia invito, rursus alia
magna sunt, alia parva, alia vero solis peccantibus sunt
noxia, alia aliis Tibi vero quasi opera data tua suc-
cesserunt tu enim magna peccata atque multa perniciose
perpetrasti. Itaque par est, ut in graviorem reprehen-
sionem incidas, praesertim quum impraesentiarum et ob
alias iniurias idem tibi acciderit Verum adhuc peccato
potest remedium inveniri nam si emendaveris, in caussa
eris, quare non factum sit, quemadmodum ego cui factum
sit

7 *Admonitorius* est, qui jam ipso suo nomine qualis
sit indicat Admonere enim est mentem imponere ad-
monito ac docere quid faciendum sit quidque non

Male fecisti, quod ita tractavisti virum, qui honeste
sese gerit et integre vivit atque omnino nulla iniuria te
affecit Quamobrem fac ut rem depreceris sic enim tu
quoque rursus ab alio laesus facile assequeris quod tuo
jure postulas Ne videaris igitur talis, cui neque parentes
fuerint neque educatio, nedum ut omnium ultimum ha-
bere videaris cognatum vel amicum, qui peccata velit
reprehendere

8 *Minatorius* est, quum metum alicui cum vi inici-
mus ob ea quae fecit aut facturus est, hoc modo

Si nullas te poenas ob ea quae perpetrasti daturum
esse existimas, fac, hoc vero mente tene, in auras evoles
an subter terram te abscondas, te nullo pacto tempus
assecuturum esse vindictae vacuum viam enim non re-
peries, qua declines quae tibi patienda sunt

9 *Vituperatorius* est, quum morum pravitatem aut
facti importunitatem in aliquo patefacimus, hoc modo

Quam illiberaliter proposito propeque indigne ille eos, qui
sibi commissi sunt, tractarit, etiamsi ego taceam, ab aliis
audies Scribere enim iuvat de eis, quorum quidam
nullam habent notitiam, de eis vero, quae cognita sunt
omnibus, quaeque ab ipsa fama perferuntur, supervaca-
neum est etiam ea, quae in ipso silentio apparent, indi-
care

10 *Laudatorius* est, si quem ob ea, quae fecit aut
facere in animo habet, cum assensu adhortamur, hoc
modo

Ego, quotiens et antea scripsisti, litteris in honestatis tuae
consortium perveni, et nunc ob ea, quae facere instituisti,
probo hortorque   proderit enim illud nobis am-
bobus

11 *Suasorius* est, quum nostra proposita sententia
adhortamur ad aliquid aut dehortamur ab aliquo, velut
hoc modo

Quibus rebus apud subditos gratiosus factus sim, sum-
matim tibi exposui Sic igitur statuo, te quoque moribus

τῷ τρόπῳ δυνατὸς εἶ τὴν παρὰ τῶν ὑποτεταγμένων
εὔνοιαν περιποιεῖσθαι, ἔτι δὲ φίλους πλείστους μὲν
οὐ ποιεῖν, πρὸς ἅπαντας δὲ μετρίως ἔχειν καὶ φιλαν-
θρώπως· τοιοῦτος γὰρ ὢν παρὰ τῶν ὅλων τὴν εὐφη-
μίαν καὶ τὴν ἀρχὴν ἀσάλευτον ἕξεις.

ιϐ΄. Ὁ δὲ ἀξιωματικός ἐστιν ἐν δεήσει κείμενος
καὶ ταῖς αἰτίαις καὶ ταῖς καλουμέναις λιτανείαις. κεῖ-
ται δὲ μετὰ παρχιτήσεως ἐνίοτε, οὕτως·

Ἐπιτετίμηκά τῷ δεῖνι περὶ ὧν εἰς σὲ διαπέπρακται,
καὶ πικρότερον ἢ προσῆκεν αὐτῷ διηνέχθην, καὶ σχεδὸν
μᾶλλον ἀπήντων ἢ ἂν αὐτὸς ὑπὲρ σαυτοῦ διελέχθης.
ἀλλ' ἐμοὶ τὴν ἀδικίαν ἀντίθες εἰς τὸ πάλιν συνάξαι.
οἶδα δέ σε καὶ χρήσιμον ὄντα καὶ τοῖς φίλοις χαριζό-
μενον. ὁλοσχερῶς οὖν ἀξιώθητι κατὰ τὸ Ὁμη-
ρικόν,

> δάμασον δὲ θυμὸν μέγαν, οὐδέ τί σε χρὴ
> νηλεές ἦτορ ἔχειν· στρεπτοὶ δέ τε καὶ θεοὶ αὐτοί.

ιγ΄. Ἐρωτηματικὸς δέ ἐστιν, ὅταν περί τινων
πυνθανόμενοι παρακαλῶμεν ἡμῖν ἀντιφωνεῖν.

Ἀκούω τὸν δεῖνα τὸν φιλόσοφον ἐπιδεδημηκέναι
πρὸς σέ. διασάφησον οὖν μοι πότερον πάρεστιν ἢ
κεχώρισται.

ιδ΄. Ἀποφαντικὸς δέ ἐστιν, ὅταν πρὸς τὸν
πυνθανόμενον ὁτιδηποτοῦν ἀποφαινώμεθα.

Ἔγραψάς μοι πυνθανόμενος εἰ παρ' ἡμῖν ἐστιν ὃν
ὑπείληφας. ἐπιδεδήμηκεν, ὡς ἀκούεις, καὶ πάρε-
στιν ἔτι καί σε προσδεχόμενος ἐπιμενεῖν φησίν.

ιε΄. Ἀλληγορικὸς δέ ἐστιν, ὅταν πρὸς ὃν γρά-
φομεν αὐτὸν εἰδέναι βουλώμεθα μόνον καὶ ἑτέρου
πράγματος εἰκόνα σημαίνωμεν.

Ἀκούω τὸν πρός σε ἀγωνισάμενον ἀθλητὴν γυμνὴν
ἔξω τῶν πυλῶν ἐν σκοτεινῷ κατοικεῖν οἰκήματι. κρα-
τήσεις δὲ πάντως· οὐ γὰρ ἐσήμηνεν ὅτι ὑπείληφεν
αὐτοῦ τὸν ἀντίδικον ἀπολωλέναι, καὶ ὡς ἑτέροις
ἀπειλῶν ἔγραψεν· « οὐ βούλεθε παύσασθαι, ἕως ἂν
ἴδητε τοὺς τέττιγας ἐπὶ τῶν βώλων ᾄδοντας; » ἀλλ' ἄλλου
γὰρ πράγματος ἄλλο πρᾶγμα σεσήμαγχε. Βούλεται
γὰρ εἰπεῖν· « οὐ βούλεσθε παύσασθαι, ἕως ἂν ἴδητε
τὴν χώραν ὑμῶν κατεσκαμμένην καὶ δενδροχοπη-
μένην; » οὐ γὰρ ἂν ἄλλως οἱ τέττιγες ἐπὶ τῶν βώλων
ᾄδοιεν ἢ εἰ μήτε δένδρα μήτε τοίχους ἔχοιεν.

ιϛ΄. Αἰτιολογικὸς δέ ἐστιν, ὅταν τὰς αἰτίας,
δι' ἃς οὐκ ἐγεγόνει ἢ γενήσεται ὁτιδηποτοῦν, σημαί-
νωμεν. οἷον

Ἔγραψάς μοι διὰ τάχους πρός σε διακομίζεσθαι,
κἀμοὶ δὲ τούτου μέλει, ἄπορον μέντοι τῷ πάντα
ἡμῖν τὰ πρὸς τὸν πλοῦν ἀντιπεπτωκέναι. οὔτε γὰρ
πλοῖον ἔστιν εὑρεῖν πρὸς τὰς λειτουργίας εἰλκυσμένων
ἁπάντων· οὐ γὰρ ἂν εὕροιμεν ἀνέμων ὄντων ἐναντίων·
ἐν καιρῷ δὲ τῷ μεταξὺ καὶ εἰς κρίσιν ἐμπεπλέγμεθα,
τὸν δὲ συσταθησόμενον οὐκ ἔχομεν καὶ διεξάξοντα.
πρὸς δὲ τούτοις ἠσθένηκα τῷ σώματι. ἐὰν ἅπαντα
μεταπέσῃ ταῦτα, ἐκδέχου.

---

tuis ab eis, quibus imperas, subditorum benevolentiam
consequi posse, prætereaque si non plurimos amicos tibi
comparare, at omnibus moderatum te præbere ac beni-
gnum. Talis enim ubi fueris, a multitudine laudem ha-
bebis et imperium inconcussum.

12. *Precatorius* in precibus et postulationibus et sup-
plicationibus, nonnunquam etiam in deprecatione versa-
tur, sic :

Obiurgavi illum ob ea, quæ in te perpetravit, et acer-
bius quam par erat in eum invectus sum, immo gravius
pæne egi quam tu ipse pro te locutus esses. Tu vero
contra manda, ut quod male feci in integrum restituam.
Novi autem te virum probum et erga amicos facilem.
Prorsus igitur tuum existima Homericum illud et

> compesce magnum furorem, nec enim te oportet
> dura præcordia habere : flexibiles autem et ipsi dii sunt.

13. *Interrogatorius* est, quum de aliqua re sciscitantes
responsum postulamus.

Audio philosophum illum ad te profectum esse. Itaque
certiorem me facias, utrum adsit an discesserit.

14. *Responsorius* est, quum sciscitanti quodlibet re-
spondemus.

Sciscitatus es e me per litteras, an esset nobiscum
quem suspicareris. Venit ad nos et etiamnum adest et
donec tu venias exspectaturum sese ait.

15. *Allegoricus* est, quum ad quem scribimus hunc
solum scire volumus et alius rei imagine significamus.

Audio qui contra te certamen iniit pugilem nudum
extra portas in obscura domo habitare. Victoriam obti-
nebis omnino. Nonne enim significavit se existimare,
adversarium suum interiisse, et quasi aliis minans
scripsit : « Non vultis desistere, donec cicadas in glebis
canere videatis ? » Aliam rem alia significavit. Vult enim
dicere : Non vultis desistere, donec eversam et excisam
terram vestram videatis? Non enim aliter in glebis cicadæ
canant, quam si neque arbores neque muros habeant.

16. *Caussalis* est, quum caussas, ob quas non factum
sit aut fieri nequeat aliquid, indicamus, velut :

Scribis, ut quam celerrime ad te perveniam, mibique
id curæ est. At fieri nequit, quod omnia nobis ad na-
vigationem sunt adversa. Nec ulla navem invenire
possumus, quum omnes ad publica munia obeunda sint
occupatæ : neque contrariis ventis spirantibus facile in-
venerimus : et interea etiam iudicio sumus implicati,
neque præsto est qui patrocinetur nobis et ad exitum rem
deducat. Ad hæc in morbum incidi. Quæ omnia ubi
composita fuerint, nos exspecta.

ιζ′. Κατηγορικὸς δέ ἐστιν ἐν καταιτιάσει τινῶν κείμενος παρὰ τὸ δέον ἐνηργημένων.

Οὐχ ἡδέως μὲν ἔφερον ἀκούων τὰ κατὰ σοῦ λεγόμενα πρὸς τὸν στρατηγόν· ἦν γὰρ τῆς ἀξίας ἀγωγῆς κακῶς δὲ καὶ σὺν τῷ κατ′ ἐμοῦ ταῦτα λέγοντι αὐτὸν ἐπεχείρησας, ἐπιστάμενος αὐτὸν καὶ διάβολον καὶ ψευδολόγον· οἶδα γὰρ ὑπὲρ οὗ γράφω σοι. τὸ καθόλου δὲ φίλον ἔχων ἐν ἡδεῖς ἁπάντων ἐχθρόν, οὐδὲ τοῦτο δοκιμάσεις, διότι καὶ ἄλλον πρὸς σὲ κατηγορήσαντα καὶ πρὸς ἄλλους εἰκὸς ἦν ἐρεῖν τι κατὰ σοῦ. μέμφομαι οὖν ἐκείνῳ μὲν ὅτι ταῦτα πράττει, σοὶ δὲ ὅτι δοκῶν φρονεῖν οὐκ ἔχεις κρίσιν ὑπὲρ φίλων.

ιη′. Ἀπολογητικὸς δέ ἐστιν ὁ πρὸς κατηγοροῦντα τοὺς ἀναιτίους λόγους μετὰ ἀποδείξεως εἰσφέρων

Γεγραφέναι πρὸς σὲ μετ′ ἐμοῦ τινα καὶ πεπέμφθαι σε πρὸς τὸν στρατηγὸν ὑπ′ ἐμοῦ καλῶς δὴ πεποίηκεν ἡ τύχη μεγάλα μοι πρὸς τὴν ἀπόδειξιν περιποιήσασα κατὰ γὰρ τοὺς χρόνους φασὶ τοῦτο πεποιηκέναι με, μᾶλλον δὲ καὶ πρὸ τριῶν μηνῶν καταπλεῦσαι εἰς Ἀλεξάνδρειαν, οὔτε μὴν τὸν στρατηγὸν ἑώρακα οὔτε ἐκεῖνος ἐμέ. διὰ γραμμάτων δὲ οὐδὲ αὐτοὶ λέγουσί τι πεπέμφθαι κατὰ σοῦ· καὶ γὰρ ἦν ἄλογον οὐδεμιᾶς μοι γεγονυίας πρός σε διαφορᾶς ἀξιοῦν κατηγορεῖν τοῦ μηδὲν ἀδικοῦντος. ἀλλὰ φαίνονται αὐτοὶ τράξαντες ἄτοπον, ἂν εἶεν ὑπ′ ὄψιν γενηθέντες, μή τινές σοι προσπεσόντες κατ′ αὐτῶν προδιαβεβλήκωσιν. οὐδὲ εἰ εἶεν καὶ ἦν, φασίν, εἰ πεπίστευκας εἰπέ. εἰ διαμένεις οἶον δεῖ, πρὸς ἐμοῦ παραγενομένου μαθήσῃ πάντα. καὶ γὰρ εἰ μὲν κατ′ ἄλλον πρός σε πώποτε εἴρηκα, πιστὸν ἦν καὶ κατὰ σοῦ πρὸς ἄλλους ἐρεῖν προσδέξου με συντιθέμας καὶ πάντα πρὸς ἔλεγχον ἄξομεν, ἵνα σὺ μὲν γνῷς ὡς καλῶς με κέχρικας φίλον, ἐγὼ δὲ σοῦ πεῖραν ἔργῳ λάβω· σχεδὸν γὰρ οἱ διαβάλλοντες ἡμᾶς μὲν συνάξουσιν, ἑαυτοὺς δὲ ἀποπνίξουσιν.

ιθ′. Συγχαριστικὸς δέ ἐστιν, ὅταν ἐπὶ μεγάλοις πράγμασιν ἢ παραδόξοις γεγονόσι περί τινα συνηδόμενοι γράφωμεν.

Οὐχ ὑπείληφα περὶ σὲ τὸν τοῦ πράγματος κύριον γεγονέναι τοσαύτην χαράν, ὅσην οἶδα περὶ ἐμὲ πυθόμενον τὰ σοὶ συμβεβηκότα· πέποιθα δὲ ἐθελούσης τῆς τύχης σε μείζονα γενέσθαι· τὸ σὸν γὰρ ἦθος οὐδὲ παρὰ τοῖς μείζοσιν ἀπαρασήμαντον δι′ ἣν ἔχεις πρὸς μὲν τοὺς ἀνθρώπους ἀπάντησιν, πρὸς δὲ τοὺς θεοὺς εὐσέβειαν.

κ′. Εἰρωνικὸς δέ ἐστιν, ὅταν ἐναντίοις πράγμασιν ἐναντία λέγωμεν καὶ τοὺς κακοὺς ἀγαθοὺς λέγωμεν

Ἀπέδειξας τὴν πρὸς ἡμᾶς εὔνοιαν, ἣν ἐκ παλαιῶν χρόνων εἶχες· οὐ γὰρ λέληθεν ἡ καλή σου κἀγαθὴ προαίρεσις, διότι τὸ κατὰ σαυτὸν μέρος ἀνήρπασας ἡμᾶς· ἐὰν δὲ τῶν ἴσων τυγχάνῃς, μὴ δυσφορήσῃς· πεπείσμεθα γάρ, ἂν οἱ θεοὶ θέλωσι, καιρὸν ἕξειν, οἷον εὑρήσεις καθ′ ἡμῶν οὐδέποτε.

17 *Accusatorius* positus est in eorum, quæ contra ius fasque facta sunt, accusatione

Non sane iucunda mihi erant, quæ adversus te dicta apud prætorem audiebam indigna enim tua conditione erant tu vero male fecisti, quod cum eo, qui ista in me diceret, consilia iunxisti, quum scires calumniatorem eum ac mendacem esse Novi enim, de quo tibi scribo Omnino autem quum pro amico habeas, quem omnibus infestum esse scis, neque hoc miraberis, quod qui alium accusat apud te, te quoque credi poterat apud alios esse calumniaturum Illum igitur accuso, quod hæc committit, te vero, quod, quum sapere videare, nequis tamen distinguere amicos

18 *Defensorius* est, qui accusatori innocentiam probat propositis argumentis

Scripsisse ad te mecum aliquem et ad prætorem te a me nussum esse, opportune sane fortuna instituit, multumque ad probandum contulit Quo tempore enim me aiunt hoc fecisse, immo ante tres menses Alexandriam navigavi Itaque neque prætorem vidi, neque ille me Litteris vero ne ipsi quidem quicquam contra te nuntiatum esse dicunt Etenim absurdum fuisset, quum nulla tecum controversia intercederet, accusare velle criminis insontem At ipsi aperte crimen commiserunt, quippe in suspicionem adducti, ne qui de ipsorum fama ante apud te detraheret

quod si permanes, qualem par est, a me, quum advenero, disces omnia Etenim si contra alios unquam apud te locutus essem, credibile esset me et contra te apud alios esse locuturum Ne longus sim, exspecta me atque omnia explorabimus, ut tu cognoscas quam recte me tibi amicum iudicaris, ego vero reipsa tui experimentum faciam nam qui calumniantur fere conciliabunt nos, se ipsos vero strangulabunt

19 *Gratulatorius* est, quum de magnis aut inopinatis, quæ alicui evenerunt, congratulantes scribimus

Non credo tantam ad te rei dominum lætitiam pervenisse quantam ego me percepisse scio, quum quæ tibi contigissent audirem Persuasum autem habeo, fortuna favente te ad altiora erectum iri Tuum enim ingenium ne apud præstantiores quidem est incelebre, tam propter consuetudinem, quam habes cum hominibus, quam propter pietatem erga deos

20 *Ironicus* est, quum contrarius rebus contrariis dicimus et malos bonos dicimus

Monstrasti tuam erga nos benevolentiam, quamdiu iam est ex quo nobis præstitisti non enim fugit nos probissima tua voluntas, qua quantum in te est nos evertisti Quod si par tibi gratia rependitur, noli moleste ferre confidimus enim volentibus diis nos talem habituros esse opportunitatem, qualem adversus nos tu nunquam invenias

κα'. Ἀπευχαριστικὸς δέ ἐστιν ὁ μνημονεύειν
τῆς χάριτος τῷ εὐεργέτῃ δεικνύναι βουλόμενος.

Ἐφ' οἷς εὐηργέτησάς με, διὰ λόγων νῦν εὐχαριστῶ.
ἀλλὰ δεῖξαι καὶ ἔργῳ ἣν ἔχω διάθεσιν πρός σε πάνυ
γλιχόμενος, ὑπείληφα τὸ δι' ἐμοῦ σοι γινόμενον ἔλαττον
τοῦ καθήκοντος· οὐδὲ γὰρ τὸν βίον ὑπὲρ σοῦ προϊέ-
μενος ἀξίαν ἀποδοίην χάριν ὧν εὖ πέπονθα, τῶν κατ'
ἐμὲ δὲ ὅ τι βούλει ποιῆσαι μὴ γράφε παρακαλῶν, ἀλλ'
ἀπαιτῶν χάριν· ὀφείλω γάρ.

Ἄλλη. Μουσικόν σοι τὸ πρόσρημα, σοφώτατε.
οὐ λίαν ἀπεῖναί σοι λύρα δοκεῖ. νῦν γὰρ ἡ γραφὶς
μουσικὴν ἐνδείκνυται τέχνην, ᾆσμά σοι δι' ἡμῶν με-
λῳδοῦσα τὸ φίλιον, σπουδῇ τι τῇ πάσῃ καὶ προθυμίᾳ
τῇ πρεπούσῃ πρὸς φωνὴν ἡμετέραν προθυμουμένη
παιδεύειν. καὶ γὰρ ἔννομόν τε καὶ θεῖον τοὺς προε-
στηκότας ὑμᾶς καὶ προστήσεσθαι μέλλοντας ἀσπάζε-
σθαι ταῖς προσρήσεσι. διὸ πεπληρώκαμεν τὸν νόμον
καὶ προσκεκυνήκαμεν ὡς ἔδει καὶ ἀντικαλοῦμεν με-
μνῆσθαι μὲν ἡμῶν παρ' ὑμῖν, γράφειν δὲ ἡμῖν ἐνθάδε·
ὑπὲρ γὰρ τῆς σωτηριώδους ὑμῶν διαμονῆς ὁσημέραι εὐ-
χόμενοι εὖ ἔχειν πυνθάνεσθαι ταύτην λίαν ἔχομεν
ἐρωτικῶς.

Ἄλλη. Συνήθως εὔφρανας, δέσποτα, τῇ τῶν
γραμμάτων διαδοχῇ σωματικὴν ἡμῖν τὴν παρουσίαν
ἐπιδειξάμενος, καὶ τὴν ἀπουσίαν τῇ παρουσίᾳ ση-
μάνας χαίρειν πάλιν ἀνέπλησας καὶ πάλιν εὐφραί-
νεσθαι· τὰ γὰρ τῆς σῆς λαμπρότητος ὑγιεινὰ γράμματα
εὐφροσύνης ἡμῖν αἴτια γίνεται. ἡμῖν μὲν γάρ, καὶ
καὶ δοκῶν ἀπεῖναι, πάρει καὶ παρὼν ἐντὸς τῶν ψυχῶν
ἡμῶν δικαίως ἀναγεγραμμένος ὑπάρχεις ἀνεξαλείπτοις
μνήμαις τῇ τῶν γλυκέων παίδων παρουσίᾳ καὶ τῇ τῶν
χρεωστουμένων σοι ἀνάγκῃ καὶ τῇ τῶν ψυχῶν ἀρετῇ·
ψυχῆς γάρ ἐστι καὶ ὀφθαλμῶν τὰ γράμματα ἑορτὴ
καὶ πανήγυρις.

Β'.

ΠΡΟΚΛΟΥ ΤΟΥ ΠΛΑΤΩΝΙΚΟΥ

ΠΕΡΙ ΕΠΙΣΤΟΛΙΜΑΙΟΥ ΧΑΡΑΚΤΗΡΟΣ.

Ὁ μὲν ἐπισταλτικὸς χαρακτὴρ ποικίλος τε καὶ πο-
λυσχιδὴς ὑπάρχει, ὅθεν καὶ τῷ γράφειν βουλομένῳ
προσήκει μὴ ἁπλῶς μηδ' ὡς ἔτυχεν ἐπιστέλλειν, ἀλλὰ
σὺν ἀκριβείᾳ πολλῇ καὶ τέχνῃ. ἄριστα δ' ἂν ἐπι-
στεῖλαι δυνηθείη τις, εἰ γνοίη τί τέ ἐστιν ἐπιστολὴ καὶ
τί λέγειν ὅλως ἐν αὐτῇ θέμις καὶ εἰς πόσας προσ-
αγορίας διαιρεῖται. ἐπιστολὴ μὲν οὖν ἐστιν ὁμιλία τις
ἐγγράμματος ἀπόντος πρὸς ἀπόντα γινομένη καὶ
χρειώδη σκοπὸν ἐκπληροῦσα, ἐρεῖ δέ τις ἐν αὐτῇ
ἅπερ ἂν παρών τις πρὸς παρόντα. διαιρεῖται δὲ εἰς
συχνάς τε καὶ παμπόλλας προσηγορίας· οὐ γὰρ ἐπειδὴ
ἐπιστολὴ προσαγορεύεται ἑνικῷ ὀνόματι, ἤδη καὶ

---

21. *Gratiarum actio* est, qua gratum animum bene de
nobis merito significare volumus.

Pro beneficiis, quæ in me contulisti, iam verbis gratias
ago. Sed quum re quoque, quo sim erga te animo,
probare tibi vehementer cupiam, id quod in meis positum
est viribus parum esse pro dignitate sentio. Neque enim
si vitam meam pro te profundam, satis dignas pro be-
neficiis acceptis gratias retulero. Quantum vero in me
est, quæ fieri tibi velis, scribe non ut hortator, sed ut
exactor gratiæ : namque debeo.

Alia. Musica tibi compellatio, vir doctissime. Non
longe a te videtur abesse lyra. Nunc enim musicam
artem præ se fert calamus, carmen tibi per nos canens
amicale omnique diligentia et convenienti alacritate ad
nostram vocem accommodare studens. Legitimum est
enim et religiosum vos principes qui estis aut futuri estis
ciusmodi allocutionem salutare. Legem igitur implevi-
mus et religionem, ut par erat, præstitimus, et ut nostri
memores sitis litterasque ad nos huc detis obtestamur.
Pro vestra enim incolumitate vota quotidie facientes
optime eam constitutam audire maxime cupimus.

Alia. Consueto gaudio nos exhilarasti, domine, litte
rarum continuitate te ipsum præsentem nobis exhibens,
atque absentiam tuam præsentia ostendens iterum ite-
rumque nos gaudio affecisti : namque salubria claritudinis
tuæ scripta lætitiæ nobis caussa sunt. Nobis enim , do-
mine, tametsi videris abesse, ades tamen et præsens in
animis nostris merito inscriptus es indelebili memoria,
suavissimorum liberorum præsentia, debitorum tibi ne-
cessitate, animorum virtute : nam animi atque oculorum
sunt litteræ festum et solemnitas.

II.

PROCLI PLATONICI

DE FORMA EPISTOLARI.

Forma epistolaris varia est atque multiplex, quare et
eum, qui epistolas scribere velit, non simpliciter neque
temere, sed multa cum cura atque arte in hoc negotio
versari par est. Optime autem scribere possit, si quid
sit epistola et quid in ea omnino dicere liceat et quot in
genera dividatur sciat. Epistola est igitur commercium
aliquod litterale absentis cum præsente, utilemque ex-
plens finem , dicet autem in ea quis qualia præsens co-
ram præsente. Dividitur autem in varia et compluria
genera : non enim quoniam communi epistolæ nomine
appellantur, hinc etiam omnium , quotquot vulgo ferun-

κασῶν τῶν κατὰ τὸν βίον φερομένων ἐπιστολῶν εἷς τίς ἐστι χαρακτὴρ καὶ μία προσηγορια, ἀλλὰ διάφοροι, καθὼς ἔφην. εἰσὶ δὲ αἱ πᾶσαι προσηγορίαι, αἷ, ὁ ἐπιστολιμαῖος ὑποβάλλεται χαρακτήρ, αἵδε· α΄ παραινετική, β΄ μεμπτική, γ΄ παρακλητική, δ΄ συστατική, ε΄ εἰρωνική, ς΄ εὐχαριστική, ζ΄ φιλική, η΄ εὐκτική, θ΄ ἀπειλητική, ι΄ ἀπαρνητική, ια΄ παραγγελματική, ιβ΄ μεταμελητική, ιγ΄ ὀνειδιστική, ιδ΄ συμπαθητική, ιε΄ θεραπευτική, ις΄ συγχαριστική, ιζ΄ παραλογιστική, ιη΄ ἀντεγκλημματική, ιθ΄ ἀντεπιστα)-ική, κ΄ παροξυντική, κα΄ παραμυθητική, κβ΄ ὑβριστική, κγ΄ ἀπαγγελτική, κδ΄ σχετλιαστική, κε΄ πρεσβευτική, κς΄ ἐπαινετική, κζ΄ διδασκαλική, κη΄ ἐλεγκτική, κθ΄ διαβλητική, λ΄ ἐπιτιμητική, λα΄ ἐρωτηματική, λβ΄ παραθαρρυντική, λγ΄ ἀναθετική, λδ΄ ἀποφαντική, λε΄ σκωπτική, λς΄ μετριαστική, λζ΄ αἰνιγματική, λη΄ ὑπομνηστική, λθ΄ λυπητική, μ΄ ἐρωτική, καὶ μα΄ μιχτή.

Αὗται μὲν οὖν αἱ πᾶσαι προσηγορίαι, εἰς ἃς ἐπιστολὴ διαιρεῖται· δεῖ δὲ τὸν ἀκριβῶς ἐπιστέλλειν ἐθέλοντα μὴ μόνον τῇ τῆς ὑποθέσεως μεθόδῳ χρῆσθαι, ἀλλὰ καὶ φράσεως ἀρετῇ τὴν ἐπιστολὴν κατακοσμεῖν καὶ ἀττικίζειν μὲν μετρίως, μὴ μέντοι γε πέρα τοῦ προσήκοντος κομπολογίᾳ χρῆσθαι ἢ γὰρ ὑπὲρ τὸ δέον ὑψηγορία καὶ τὸ τῆς φράσεως ὑπέρογκον καὶ τὸ ὑπεραττικίζειν ἀλλότριον τοῦ τῶν ἐπιστολῶν χαρακτῆρος καθέστηκεν· ὡς πάντες οἱ παλαιοὶ μαρτυροῦσι. Φιλόστρατος ὁ Λήμνιος κάλλιστά φησι· δεῖ γὰρ τὴν τῆς ἐπιστολῆς φράσιν τῆς μὲν συνηθείας ἀττικωτέραν εἶναι, τῇ δὲ ἀττικισμοῦ συνηθεστέραν καὶ μήτε λίαν ὑψηλὴν μήτε ταπεινὴν ἄγαν, ἀλλὰ μέσην τινὰ κοσμεῖν δὲ δεῖ τὰς ἐπιστολὰς σαφηνείᾳ τε μάλιστα καὶ συντομίᾳ μεμετρημένῃ καὶ ἀρχαϊσμῷ λέξεων· σαφήνεια γὰρ ἀληθὴς ἀγαθὴ μὲν ἡγεμὼν παντὸς λόγου, μάλιστα δ΄ ἐπιστολῆς. χρὴ μέντοι μήτε συντομίᾳ σαφήνειαν διαφθείρειν, μήτε σαφηνείᾳ φροντίζοντα ληρεῖν ἀμέτρως, ἀλλὰ τοῦ συμμέτρου στοχάζεσθαι τοὺς ἀκριβεῖς τοξότας μιμουμένους. ὥσπερ γὰρ οὔτε τὸ τὸν προκείμενον τοῖς τοξόταις σκοπὸν παρέρχεσθαι οὔτε τὸ ἐντὸς τοῦ σκοποῦ τοξεύειν καὶ πολὺ τοῦ προσήκοντος ἀποδεῖν ἀνδρός ἐστιν εὐφυοῦς τε καὶ στοχαστικοῦ, ἀλλὰ μόνον τοῦ συμμέτρως στοχαζομένου τοῦ σκοποῦ καὶ τοῦτον βάλλοντος, οὕτως οὔτε τὸ πέρα τοῦ προσήκοντος ληρεῖν οὔτε τὸ βραχυλογίαν ἀσπάζεσθαι δι΄ ἀπορίαν καὶ τὸ σαφὲς ἐπικρύπτειν τῶν ἐπιστάσεων ἀνδρός ἐστι λογίου, ἀλλὰ μόνον τοῦ μετ΄ εὐρραδείας τῆς συμμετρίας στοχαζομένου καὶ τὸ λεγόμενον καλῶς σαφηνίζοντος. τὸ οὖν μέγεθος τῆς ἐπιστολῆς ὡς πρὸς τὰ πράγματα, καὶ οὐ πάντως τὸ πλῆθος καθάπερ κακίαν ἀτιμάζειν καλόν, ἀλλὰ δεῖ καί τινας ἐπιστολὰς ἀπομηχύνειν ἐν καιρῷ πρὸς τὴν ἀπαιτοῦσαν χρείαν, πληρώσει τε τὴν ἐπιστολὴν χάρις ἱστοριῶν καὶ μύθων μνήμῃ καὶ παλαιῶν συγγραμμάτων καὶ παροιμιῶν εὐστόχων καὶ φιλοσόφων δογμάτων χρῆσις, οὐ μέντοι γε ταύτῃ διαλεκτικῶς προσνεκτέον

tui, epistolarum una est forma atque una ratio, verum diversæ, uti dixi Itaque epistolæ pro forinæ suæ diversitate his nominibus appellantur 1 Adhortatoria, 2 reprehensoria, 3 postulatoria, 4 commendaticia, 5 ironica, 6 gratiarum actio, 7 amicalis, 8 optatoria, 9 minatoria, 10 negatoria, 11 monitoria, 12 deprecatoria, 13 objurgatoria, 14 commiseratoria, 15 placatoria, 16 gratulatoria, 17 elusoria, 18 recusatoria, 19 responsoria, 20 irritatoria, 21 consolatoria, 22 irrisoria, 23 nuntiatoria, 24 lamentatoria, 25 procuratoria, 26 laudatoria, 27 didactica, 28 convictoria, 29 calumniatoria, 30 castigatoria, 31 interrogatoria, 32 confirmatoria, 33 consiliatoria, 34 declaratoria, 35 cavillatoria, 36 submissoria, 37 ænigmatica, 38 admonitoria, 39 questoria, 40 amatoria, et 41 mixta

Hæc igitur generum, in quæ epistola dividitur, nomina sunt omnia Oportet autem literas accurate scribere volentem non solum argumentum secundum artis leges tractare, verum etiam elocutionis præstantia epistolam ornare atque atticissare quidem modice, nec tamen supra modum esse inflatum nam nimia magniloquentia tumorque elocutionis et supra modum atticus sermo antiquorum omnium testimonio alienus est a genere epistolari Optime Philostratus Lemnius, Oportet enim, ait, epistolarum formam vulgari sermone magis atticam et attico sermone tamen magis vulgarem, et neque nimis grandem neque prorsus humilem, sed mediam quandam esse Distinguendæ autem sunt epistolæ quantum fieri potest, et perspicuitate et justa brevitate antiquorumque verborum delectu nam vera perspicuitas quum omnis sermonis, tum epistolæ optima est dux Quanquam neque brevitate corrumpere licet perspicuitatem, neque dum perspicuitati prospicis garrire intemperanter, verum justum servare modum sagittariorum exemplo prudentium Nam ut neque propositum sagittarius scopum multum superare neque intra scopum ferire multumque a destinato abesse viri est dexteri artisque sagittandi periti, verum solum pro intervalli ratione jaculari atque ipsum scopum attingere, ita neque supra modum garrire neque brevitatem captare ob egestatem atque sententiarum perspicuitatem infuscare viri eloquentis est, sed solum justo verborum modo sermonis congruentiam assequi et quæ dicenda sunt pulchre illustrare Ambitus igitur epistolæ ad rei tractandæ naturam dirigatur, neque prorsus magnitudinem tanquam vitium par est aspernari, verum oportet etiam quasdam epistolas extrahere, prout quod agitur negotium flagitat, implebuntque epistolam historiarum deliciæ et fabularum recordatio et antiquorum scriptorum auctorumque proverbiorum et philosophorum placitorum usus nec tamen dialectice ea proferenda sunt

Τοσαῦτα μὲν περὶ ἐπιστολιμαίου χαρακτῆρος εἰρη-
κὼς καὶ τοῖς λεχθεῖσιν ἀρκεῖσθαι κρίνας τοὺς συνετοὺς
καὶ τὰς ἐπιστολὰς αὐτὰς ἐκθήσω, ἑκάστην οἰκείᾳ
ἁρμόσας προσηγορίᾳ. προσήκει μέντοι τῷ γράφειν
βουλομένῳ πρὸ τοῦ κατ' ἐπίσταλσιν χαρακτῆρος μὴ
ληρεῖν, μήτε μὴν ἐπιθέτοις ὀνόμασι χρῆσθαι, ὡς ἂν
μὴ κολακεία τις καὶ δυσγένεια προσῇ τῷ γράμματι,
ἀλλ' οὕτως ἀπάρχεσθαι «ὁ δεῖνα τῷ δεῖνι χαίρειν.»
οὕτω γὰρ ἅπαντες οἱ ἐπὶ σοφίᾳ τε καὶ λόγοις διαπρέ-
ψαντες παλαιοὶ φαίνονται πεποιηκότες, καὶ δεῖ τὸν
βουλόμενον ἐκείνων ζηλωτὴν γενέσθαι κατόπιν αὐτῶν
βαίνειν.

α'. Καὶ παραινετικὴ μὲν οὖν ἐστι δι' ἧς πα-
ραινοῦμέν τινι, προτρέποντες αὐτὸν ἐπί τι ὁρμῆσαι ἢ
καὶ ἀφέξεσθαί τινος. — Ἡ ἐπιστολή. Ζηλωτὴς ἀεί,
βέλτιστε, γίνου τῶν ἐναρέτων ἀνδρῶν· κρεῖττον γάρ
ἐστι τοὺς ἀγαθοὺς ζηλοῦντα καλῶς ἀκούειν ἢ φαύλοις
ἑπόμενον ἐπονείδιστον εἶναι τοῖς πᾶσιν.

β'. Μεμπτικὴ δ' ἐστὶ δι' ἧς μεμφόμεθά τινα. —
Ἡ ἐπιστολή. Οὐ καλῶς ἔδρασας τοὺς εὖ ποιήσαντας
ἀδικήσας· δέδωκας γὰρ τοῖς ἄλλοις κακίας παράδειγμα
τοὺς εὐεργέτας ὑβρίζων.

γ'. Παρακλητικὴ ἐστι δι' ἧς ἀξιοῦμέν τινα διά
τι πρᾶγμα. — Ἡ ἐπιστολή. Καὶ πάλαι μὲν ἠξίωσα
τὴν ἱερὰν διάθεσιν καὶ νῦν ἀξιῶ τυχεῖν τοῦδε τοῦ
πράγματος, καὶ εὖ οἶδ' ὅτι τεύξομαι· δίκαιον γάρ ἐστι
τοὺς γνησίους φίλους τυγχάνειν τῶν αἰτήσεων, ὅταν
αὗται μὴ πονηραὶ πεφύκωσι μάλιστα.

δ'. Συστατικὴ ἐστι δι' ἧς συνιστῶμέν τινα παρά
τινι· ἡ δ' αὐτὴ καὶ παραθετικὴ καλεῖται. — Ἡ
ἐπιστολή. Τὸν τιμιώτατον καὶ περισπούδαστον ἄνδρα
τόνδε δεξάμενος ξενίσαι μὴ κατοκνήσῃς, σεαυτῷ πρέ-
ποντα πράττων κἀμοὶ κεχαρισμένα.

ε'. Εἰρωνικὴ ἐστι, δι' ἧς ἐπαινοῦμέν τινα ἐν
ὑποκρίσει περὶ τὴν ἀρχήν, ἐπὶ τέλει δὲ τὸν ἑαυτῶν
σκοπὸν ἐμφαίνομεν. — Ἡ ἐπιστολή. Λίαν ἄγαμαι
τὴν σὴν ἐπιείκειαν, ὅτι οὕτω ταχέως μεταβάλλῃ ἀπ'
εὐνομίας εἰς τὸ ἐναντίον, ὀκνῶ γὰρ εἰπεῖν εἰς μοχθη-
ρίαν. ὡς δ' ἔοικε, οὐ τοὺς ἐχθροὺς φίλους ποιεῖν
παρεσκεύασας, ἀλλὰ τοὺς φίλους ἐχθρούς· τὸ γὰρ
δρᾶμα δέδειχεν ὡς καὶ φίλοις ἀνάξιον καὶ τῆς σῆς πα-
ροινίας ἐπάξιον.

ς'. Εὐχαριστικὴ ἐστι δι' ἧς χάριν γινώσκομέν
τινι διά τι. — Ἡ ἐπιστολή. Πολλῶν μὲν καὶ ἄλλων
ἀγαθῶν ἕνεκα χάριν γινώσκω τῇ σῇ καλοκαγαθίᾳ,
μάλιστα δὲ τοῦδε τοῦ πράγματος, ἐφ' ᾧ με τῶν ἄλ-
λων [ὑπὲρ ἅπάντων] ὠφέλησας πλέον.

ζ'. Φιλικὴ ἐστι δι' ἧς φιλίαν ψιλὴν ἐμφαίνομεν
μόνον. — Ἡ ἐπιστολή. Γνησίου εὐπορήσας γραμμα-
τηφόρου ἐσπούδασα τὴν σὴν ἀγχίνοιαν προσειπεῖν·
ὅσον γὰρ ὑπάρχει τοὺς γνησίους φίλους παρόντας μὲν
τιμᾶν, ἀπόντας δὲ προσφθέγγεσθαι.

η'. Εὐκτικὴ ἐστι δι' ἧς τυχεῖν τινος εὐχόμεθα.
— Ἡ ἐπιστολή. Εἴθε μοι τὸ θεῖον παράσχοι τὴν σὴν

Et hæc quidem de forma epistolari dicta sufficere ratus
prudentibus subiciam et ipsas epistolas suo quamque
nomini accommodatas. Abstinendum est autem scribere
volenti ante ipsam epistolam omni nugarum genere, ne-
que appositis verbis utendum, ne quæ blanditiæ aut
sordes adhæreant litteris, sed hoc modo exordiendum:
« Hic illi salutem. » Sic enim veterum sapientia atque
eruditione clarissimum quemque fecisse constat, atque
horum vestigiis instare debet, quisquis ipsos velit æmu-
lari.

1. *Hortatoria* est igitur, qua hortamur aliquem, inci-
tantes ipsum ad petendum aut etiam fugiendum aliquid.
— Epistola. Honestos viros, optime, semper æmulare:
præstat enim laudari probos æmulantem quam improbos
sequentem reprehensionem incurrere omnium.

2. *Reprehensoria* est, qua reprehendimus aliquem. —
Epistola. Non recte fecisti, quod læsisti qui beneficiis te
affecerant: dedisti enim reliquis exemplum improbitatis,
iniuria affectis bene de te meritis.

3. *Postulatoria* est, qua rogamus aliquem ob aliquam
rem. — Epistola. Jam dudum desideravi compellere caris-
simam tuam sanctitatem: nunc huius rei particeps fieri
cupio, et probe scio te mihi non defuturum esse: iu-
stum enim est amicos candidos impetrare quæ velint,
modo ne prava sectentur.

4. *Commendaticia* est, qua aliquem alicui commenda-
mus. Eadem autem *commissoria* nominatur. — Epistola.
Virum istum honoratissimum et studiose expetitum ne
cuncteris hospitio accipere, rem convenientem tibi fa-
ciens mihique gratam.

5. *Ironica* est, qua initio quidem laudamus aliquem
simulate, postremo autem finem nostrum declaramus. —
Epistola. Summopere laudo bonam tuam fidem, quod tam
celeriter ex æquitate rueris in contrarium; nolo enim dicere
in pravitatem. Videris autem non tam inimicos tuos in
amicos, quam amicos in inimicos transformare voluisse;
certe facinus tuum indignum amicitia est, petulantia tua
dignissimum.

6. *Eucharistica* est, qua gratum alicui animum signi-
ficamus. — Epistola. Cum ob alia multa beneficia ho-
nestati tuæ grates ago, tum propter rem illam, qua me
præ ceteris omnibus adiuvisti.

7. *Amicalis* est, qua nudam amicitiam testificamur. —
Epistola. Tabellarius candidus cum præsto esset, non
hæsitavi alloqui sagacitatem tuam: pium enim officium
est amicos candidos honorare præsentes, absentes allo-
qui.

8. *Optatoria* est, qua alicuius rei participes fieri opta-
mus. — Epistola. Utinam Deus mihi concedat aspicere

ἱερὰν θεάσασθαι μορφήν, ἧς ἀπολαῦσαι πάλαι ἐλπί-
ζω, διηνεκῶς περὶ τούτου εὐχὰς ποιούμενος τῷ κρείτ-
τονι.

θ'. Ἀπειλητική ἐστι δι' ἧς ἀπειλοῦμέν τινι —
Ἡ ἐπιστολή. Εὖξαι πάσῃ ψυχῇ καὶ παντὶ σθένει,
αὐτόθι μὴ παραγενώμεθα· εἰ γὰρ παραγενώμεθα,
πολλῶν πειραθήσῃ κακῶν, ὧν οὐκ ἤλπισάς ποτε δέ-
ξασθαι πεῖραν λήψεσθαι.

ι'. Ἀπαρνητική ἐστι δι' ἧς ἀπαρνούμενοί τ·
φαινόμεθα — Ἡ ἐπιστολή. Οὐδὲν εἴργασμαι,
βέλτιστε ἀνδρῶν, ὧν ἀκηκοὼς ἐγκαλεῖς μοι δεινῶν·
ὅθεν μηδὲν φαῦλον φρόνει περὶ ἐμοῦ· οὐδὲ γὰρ θέ-
μις διαβολῇ πιστεύειν καὶ φήμῃ ματαίᾳ μηδὲν ὑγιὲς
λεγούσῃ· διαβολὴ γὰρ μήτηρ ἐστὶ πολέμου.

ια'. Παραγγελματική ἐστι δι' ἧς παραγγέλλο-
μέν τινι περί τινος· αὕτη δὲ καὶ διαμαρτυρικὴ
καλεῖται. — Ἡ ἐπιστολή. Πολλάκις ἠδίκησας τὸν
ἡμέτερον ἄνθρωπον ὡς μὴ γινώσκων εἰς ἡμᾶς ἀνα-
τρέχουσαν τὴν ὕβριν. ἀλλὰ παῦσαι τοῦ λοιποῦ, μή
σε καὶ τῆς προτέρας ἀδικίας δίκην εἰσπραξώμεθα.

ιβ'. Μεταμελητική ἐστι δι' ἧς δοκοῦμεν μετα-
γινώσκειν ἐφ' οἷς ὑπεδεξάμεθά τινι ἢ καὶ ἐφ' οἷς ἐδό-
ξαμεν σφάλλεσθαι. — Ἡ ἐπιστολή. Οἶδα σφαλεὶς
κακῶς σε διαθέμενος· διὸ μεταγνοὺς τὴν ἐπὶ τῷ
σφάλματι συγγνώμην αἰτῶ. μεταδοῦναι δέ μοι μὴ
κατοκνήσῃς διὰ τὸν Κύριον· δίκαιον γάρ ἐστι συγ-
γινώσκειν πταίουσι τοῖς φίλοις, ὅτι μάλιστα καὶ
ἀξιοῦσι συγγνώμης τυχεῖν.

ιγ'. Ὀνειδιστική ἐστι δι' ἧς ὀνειδίζομέν τινα
ἐφ' οἷς ὑφ' ἡμῶν καλῶς πεπονθὼς ἀμνημονεῖ — Ἡ
ἐπιστολή. Πολλὰ καὶ καλὰ πέπονθας ὑφ' ἡμῶν, καὶ
θαυμάζω καθ' ὑπερβολὴν πῶς οὐδενὸς τούτων μνείαν
ποιεῖς ἀλλὰ κακῶς ἡμᾶς λέγεις, ὅπερ ἐστὶν ἀχαρί-
στου γνώμης· οἱ γὰρ ἀχάριστοι τῶν καλῶν ἀμνημο-
νοῦσι καὶ τοὺς εὐεργέτας ὡς ἐχθροὺς κακῶς ἐπὶ τού-
τοις διατίθενται.

ιδ'. Συμπαθητική ἐστι δι' ἧς δοκοῦμέν τινι
συμπάσχειν ἐφ' οἷς ὑπέστη κακοῖς. — Ἡ ἐπιστολή.
Σφόδρα κατὰ τὴν ψυχὴν ἠχθέσθην ἀκηκοὼς περί τι-
νων συμβεβηκότων σοι δεινῶν· καὶ τὸν κρείττονα ἱκέ-
τευσα τούτων ἐλεύθερόν σε καταστῆσαι· φίλων γάρ
ἐστιν εὔχεσθαι τοὺς φίλους ἀεὶ κακῶν ἐλευθέρους
ὁρᾶν.

ιε'. Θεραπευτική ἐστι δι' ἧς θεραπεύομεν λυ-
πηθέντα τινὰ πρὸς ἡμᾶς περί τινος· αὕτη δὲ καὶ ἀπο-
λογητικὴ λέγεται — Ἡ ἐπιστολή. Ἐγὼ μὲν ἐφ' οἷς
εἶπον λόγοις ἢ μετῆλθον ἔργοις ·ὃ σύνοιδον οὐκ ἐνόμιζον
σέ ποτε λυπηθήσεσθαι· εἰ δ' ἐπὶ τοῖς λεχθεῖσιν ἢ πρα-
χθεῖσιν ἠχθέσθης, ἴσθι, κράτιστε ἀνδρῶν, ὡς οὐκέτι
τῶν ῥηθέντων λόγον ὅλως ποιήσομαι· σκοπὸς γάρ
μοι θεραπεύειν ἀεὶ τοὺς φίλους ἐστὶ μᾶλλον ἤπερ λυ-
πεῖν.

ιϛ'. Συγχαριστική ἐστι δι' ἧς συγχαίρομέν τινι
εὖ πράττοντι — Ἡ ἐπιστολή. Συγχαίρομέν σοι

---

sanctam tuam speciem, qua me fruiturum esse iam du-
dum spero, cuiusque rei causa multa piece numen divi-
num prosequor

9 Minatoria est qua alicui minamur — Epistola.
Omnibus precibus Deum obtestare, illic ne perveniamus,
nam si perveniamus, multa mala perpetieris, quæ usu te
cogniturum esse haud exspectabas

10 Negatoria est qua aliquid negamus — Epistola
Nihil ego, vir optime, eorum perpetravi facinorum, quæ
auditione accepta mihi exprobras, unde ne male de me
existimes Neque enim decet calumniæ aurem præbere
et inani famæ, quæ nihil sani nunciet Nam calumnia
belli mater est

11 Monitoria est qua aliquem de aliqua re admone-
mus Vocatur etiam obtestatoria — Epistola. Sæpe
servum nostrum iniuriis affecisti, quasi ignorares in nos
insolentiam tuam recurrere At desine in posterum, ne
de prioribus quoque iniuriis tecum agamus

12 Deprecatoria est qua videmur pœnitentiam agere
pollicitationis vel errori — Epistola Scio falsum esse
me, cum male te haberem, quapropter ad pœnitendum
actus veniam erroris peto Tu vero ne cuncteris condo-
nare mihi Domini causa, iustum enim est ignoscere la-
bentibus, amicis præsertim cum ad ignoscendi volun-
tatem te deducere velint

13 Obiurgatoria est qua obiurgamus aliquem, quod
beneficiorum a nobis in se collatorum oblitus sit — Epi-
stola Multis præclarissque beneficus a nobis affectus es,
et sane quam miror, qui fiat, ut nullius eorum mentio-
nem facias, immo maledicis nobis, quod ingratissimi est
Ingrati enim beneficiorum immemores sunt et insuper
benefactores velut inimicos male habent

14 Commiseratoria est qua aliorum miserias non
alienas a nobis arbitramur — Epistola Summe dolui
quum fando accepissem non unam tibi calamitatem acci-
disse, et Deo optimo maximo supplicavi, ut inde te ex-
trahat Amicorum enim est optare, ut amicos videant
quovis tempore malis vacuos esse

15 Placatoria est qua placamus aliquem hominem
iratum nobis propter aliquid Vocatur eadem excusa-
toria — Epistola Ego omnino non credebam te iis, quæ
dicturus vel facturus essem, læsum iri Quodsi verba
mea vel facta indignationem tibi fecerunt scias velim,
vir optime, me verbis meis iam vim tribuere nullam Nam
hunc mihi finem proposui, non ut exasperem amicos
meos, sed ut mitigem

16 Gratulatoria est qua gratulamur alicui cui res
maxime secundæ sunt — Epistola Gratulamur tibi quod

λίαν ἐφ' οἷς ἀγωνισάμενος ηὐδοκίμησας εἰς τοσοῦτον, ὡς καὶ γραφῇ τιμηθῆναι· συγχαίρειν γὰρ χρὴ τοῖς φίλοις εὖ πράττουσιν, ὡς καὶ συναλγεῖν λυπουμένοις.

ιζ'. Παραλογιστική ἐστι δι' ἧς ὑπερφρονοῦμέν τινος ὡς εὐτελοῦς. — Ἡ ἐπιστολή. Εἰ καὶ μέγας τις ἦσθα καὶ τῶν ἐπὶ δυνάμει βοωμένων εἶς, ἐν οὐδενί σε μέτρῳ τοπαράπαν ἐτιθέμην, πολὺ δέ γε μᾶλλόν σε νῦν οὐ προσποιοῦμαι διὰ τὴν ἀσθένειάν σου· οὐδὲν γάρ με λυπεῖς, οὐ δι' ἀρετὴν τοῦ μὴ θέλειν ἀδικεῖν, ἀλλὰ τῷ δυνάμεως ἀπορεῖν.

ιη'. Ἀντεγκληματική ἐστι δι' ἧς ἐγκαλούμενοι ἀντεγκαλοῦμέν τινι τὸ ἐπιφερόμενον ἡμῖν ἔγκλημα περιτρέποντες τῷ ἐγκαλοῦντι. — Ἡ ἐπιστολή. Τί δὴ ἐγκαλεῖς ἡμῖν ὡς αἰτίοις σοι γενομένοις συμφορᾶς καὶ οὐκ ἐγκαλεῖς σεαυτῷ τῷ κακώσαντι τὰ καθ' ἡμᾶς; σὺ γὰρ ἡμῖν αἴτιος γέγονας ἀπείρων κακῶν ὁ καὶ πολλοὺς ἄλλους λυπήσας, καὶ οὐχ ἡμεῖς οἱ μηδένα τοπαράπαν λελυπηκότες ποτέ.

ιθ'. Ἀντεπισταλτική ἐστι δι' ἧς πρὸς τὰ γραφέντα ἡμῖν ἀντεπιστέλλομεν. — Ἡ ἐπιστολή. Δεξάμενος τὰ γράμματα τῆς σῆς γνησιότητος καὶ γνοὺς δι' αὐτῶν ὡς ἐν εὐπραγίᾳ διάγεις, λίαν ἥσθην· δι' εὐχῆς γὰρ ἔχω τοὺς φίλους εὖ πράττειν ἀεί.

κ'. Παροξυντική ἐστι δι' ἧς ἐρεθίζομέν τινα καὶ παροξύνομεν πρὸς τὴν κατά τινος μάχην. — Ἡ ἐπιστολή. Εἰ καὶ πόρρω τυγχάνων ἐγὼ τοῦ κακοδαίμονος Διοκλέους λίαν ἄχθομαι καθὰ κακῶς σε πανταχοῦ διατίθεται, πολύ γε μᾶλλον σὺ τῆς εἰς σὲ λοιδορίας χάριν ὤφελες ἀμύνασθαι· καλὸν γάρ ἐστι τοὺς πονηροὺς μείζοσιν ὧν ἀδικοῦσι περιβάλλειν κακοῖς καὶ τῆς πολλῆς ἐπιστομίζειν φλυαρίας.

κα'. Παραμυθητική ἐστι δι' ἧς ἐπί τινι συμβάντι φίλον παραμυθούμεθα. — Ἡ ἐπιστολή. Λίαν ἡμᾶς ἡ ἀποδίωσις τοῦ μακαρίου τοῦ δεῖνος ἐλύπησε καὶ πενθεῖν καὶ δακρύειν ἠνάγκασε· τοιούτου φίλου γὰρ σπουδαίου καὶ παναρέτου ἐστερήθημεν. δόξα οὖν καὶ αἴνεσις τῷ ἐν σοφίᾳ καὶ ἀκαταλήπτῳ δυνάμει καὶ προνοίᾳ κυβερνῶντι θεῷ τὰς διεξόδους τῷ θανάτῳ καὶ τὴν ψυχὴν ἡνίκα συμφέρει παραλαμβάνοντι.

κβ'. Ὑβριστική ἐστι δι' ἧς ὑβρίζομέν τινα διά τι. — Ἡ ἐπιστολή. Εἰ καλὸς ἦσθα, πολλοὺς ἂν εἶχες φίλους γνησίους· νῦν δ' ἐπεὶ φαῦλος ἔφυς, εἰκότως οὐδένα κέκτησαι φίλον· ἕκαστος γὰρ τῶν ἐμφρόνων ἀνδρῶν σπουδὴν ποιεῖται τὸν ἄτοπον φεύγειν ἀεί.

κγ'. Ἀπαγγελτική ἐστι δι' ἧς ἀπαγγέλλομέν τι τῶν συμβάντων πραγμάτων. — Ἡ ἐπιστολή. Πολλὰ δεινὰ τῇ νῦν ὑφ' ἡμῶν οἰκουμένῃ συμβέβηκε πόλει· πολέμου γὰρ αὐτὴν ἐμφυλίου κατειληφότος τὸ πλεῖστον αὐτῆς ἐξηρανίσθη, ὡς μηδὲν διαφέρειν τῆς Σκυθῶν ἐρημίας.

κδ'. Σχετλιαστική ἐστι δι' ἧς σχετλιάζοντές τε καὶ ὀδυρόμενοι φαινόμεθα. — Ἡ ἐπιστολή. Ὢ πόσων κακῶν ἡμῖν αἴτιος γέγονεν ἡ συντυχία τοῦ κακοδαίμονος Ἑρμογένους. Ὢ πόσαις συμφοραῖς

---

conflictatus tantopere celebratus es, ut tabula picta or nareris. Decet enim gratulari amicis quibus iucundâ cĕciderunt, itemque eorum casus luctusque dolere.

17. *Elusoria* est qua despicimus aliquem ut minutum. — Epistola. Etiamsi magnus esses et roboris gloria floreres, omnino parvi te penderem. At longe minoris nunc te facio ob debilitatem tuam; nullum enim mihi damnum affers, non quod quæ nocitura videantur declinas, sed quod infirmis opibus es.

18. *Recusatoria* est qua crimen recusamus reicimusque in petitorem. — Epistola. Cur tandem periculum nobis facessis et calamitatis tuæ culpam in nos transfers? cur non in te ipsum iudicium postulas, qui res nostras corruperis? tu enim, qui et aliorum res sæpissime corrupisti, in causa fuisti, ut plurimum malarum rerum sustineremus, non nos, qui neminem unquam læsimus.

19. *Responsoria* est qua ad litteras ad nos datas respondemus. — Epistola. Litteras generositatis tuæ accepi, ex quibus summo cum gaudio meo intellexi te valere; in votis enim mihi est, semper bene agi cum amicis meis.

20. *Irritatoria* est qua irritamus aliquem eumque cum aliquo committimus. — Epistola. Etsi procul absum a Diocle, perquam doleo, quod tam male te habeat. Tu fac ne ista illi impunita sint; nam inimicis maiora quam quæ tibi intulerunt inferre detrimenta eorumque ostentationem refrenare pulchrum est.

21. *Consolatoria* est qua de casu aliquo amicum consolamur. — Epistola. Graviter nos beati illius hominis mortem tulimus multumque illa nos lugere et flere coegit; tam enim laudatus amicus moribusque probus nobis ereptus est. Gloria igitur sit Deo, qui sapientia et potestate incomprehensibili et providentia sua mortis gressum vitam humanam invadentis moderatur et animam iusto tempore ad se recipit.

22. *Irrisoria* est qua irridemus aliquem ob aliquid. — Epistola. Si probus esses, multos haberes amicos candidos; nunc autem, quum improbus sis, nullum amicum te possidere par est. Unusquisque enim eorum qui sapiunt id semper agit, ut fugiat hominem flagitiosum.

23. *Nuntiatoria* est qua casum aliquem nuntiamus. — Epistola. Multa eaque gravia mala in urbem quam habitamus illata sunt; civili enim bello exorto maximam partem extincta est, ut nihil differat a Scytharum deserto.

24. *Lamentatoria* est qua cum fletu et luctu lamentamur. — Epistola. O quanta nobis mala movit ille cum calamitoso Hermogene concursus! O quot infortuniorum

καὶ δεινοῖς ἡμᾶς περιέβαλε κρεῖττον γὰρ ἡμῖν τῷ
Πλούτωνι συντυχεῖν ἢ τῷ τοῖς θεοῖς ἐχθρῷ.

κε΄. Πρεσβευτική ἐστι δι' ἧς πρεσβεύομέν τινι
περί τινος. — Ἡ ἐπιστολή. Ἀεὶ τῶν δωρεῶν τῆς ὑμε-
τέρας κηδεμονίας ἀπελαύομεν, ὅθεν καὶ νῦν, ἀγαθώτα-
τοι, διὰ τῶνδε τῶν πρεσβειῶν ἀξιοῦμεν τοῦδε τοῦ
πράγματος τυχεῖν ὃ συνήθως χαρίσασθε, καὶ ἐν τούτῳ
τὸ μεγαλόψυχον τῆς ὑμετέρας ἀρετῆς ἐπιδεικνύμενοι

κϛ΄. Ἐπαινετική ἐστι δι' ἧς ἐπαινοῦμέν τινα ἐπ'
ἀρετῇ διαπρέποντα. — Ἡ ἐπιστολή. Ἀγχίνουν ὄντα
σε κατὰ ὑπερβολὴν καὶ σφόδρα συνετὸν ἐπαινῶ καὶ
τιμῶ· πρέπει γὰρ τοὺς τοιούτους μὴ μόνον ἐπαινεῖν,
ἀλλὰ καὶ τιμᾶν.

κζ΄. Διδασκαλική ἐστι δι' ἧς διδάσκομέν τινα
περί τινος. — Ἡ ἐπιστολή Μὴ νόμιζε τῶν συμ-
βάντων σοι δεινῶν αἴτιον τὸ θεῖον γεγενῆσθαι παντα/ῇ
γὰρ τὸ θεῖον ἐλεύθερον ὑπάρχει κακῶν· τὸ γὰρ τοῖς
ἄλλοις φεύγειν τὰ κακὰ παρακελευόμενον οὐκ ἄν ποτε
αἴτιόν τινι κακίας γένοιτο

κη΄ Ἐλεγκτική ἐστι δι' ἧς ἐλέγχομέν τινα ἀρνού-
μενον πρᾶξίν τινα πραχθεῖσαν αὐτῷ ἢ λόγον λεχθέντα
— Ἡ ἐπιστολή Οὐ λέληθας τόδε τὸ πρᾶγμα δια-
πραξάμενος πολλοὺς γὰρ ἔχεις ἐλέγχους, κἂν ἀρνῇ,
καὶ μάλιστα τοὺς συνίστοράς σοι γεγονότας κα. τῆς
αὐτῆς σοι κεκοινωνηκότας πράξεως ὅθεν μηδὲ τὴν
τιμωρίαν ἔλπιζε διαφεύξεσθαι

κθ΄. Διαβλητική ἐστι δι' ἧς διαβάλλομέν τινα ἐφ'
οἷς ἔπραξεν. — Ἡ ἐπιστολή Πολλῶν μοι κακῶν αἴ-
τιος γέγονεν ὁ δεῖνα φαῦλος ἄγαν ὢν τὸν τρόπον ὑπο-
δὺς γάρ με καθάπερ φίλος καὶ πολλὰ καλὰ ὑπ' ἐμοῦ
πεπονθὼς καὶ μὴ δυνηθεὶς τοῖς ἴσοις ἀμείψασθαι διὰ
τὸ καλῶν ἀπορεῖν μεγίστοις περιέβαλε κακοῖς φυ-
λάττου γοῦν τοῦτον, μὴ καὶ σὺ τῶν ὁμοίων ὑπ' αὐτοῦ
πειραθῇς δεινῶν.

λ΄. Ἐπιτιμητική ἐστι δι' ἧς ἐπιτιμῶμέν τινι ἐφ'
οἷς ἀσέμνως πράττει. — Ἡ ἐπιστολή Αἰδέσθητι
λοιπὸν ἐφ' οἷς ἁμαρτάνεις καὶ παῦσαι τοῦ πλημμελεῖν
καὶ μὴ μελέτην ἁμαρτημάτων τὸν σὸν βίον ποιοῦ
σοῦ γὰρ ἕνεκεν ἡμεῖς αἰσχυνόμεθα

λα΄. Ἐρωτηματική ἐστι δι' ἧς ἐρωτῶμέν τινα
περί τινος [ἀγνοοῦντες] ἐπὶ τῷ τὴν ἐπιστήμην εὐτυχῆ-
σαι παρ' αὐτοῦ τοῦ ζητουμένου — Ἡ ἐπιστολή
Πολλὴν ζήτησιν εἰσενεγκάμενος περὶ τόδε τὸ κεφά-
λαιον καὶ μὴ κατειληφὼς αὐτοῦ τὴν εὕρεσιν δίκαιον
ἡγησάμην διὰ τοῦδε τοῦ πρὸς ὑμᾶς ἐρωτηματικοῦ
ῥήματος τὴν ἐπιστήμην τοῦ ζητουμένου παρ' ὑμῶν
εὐτυχῆσαι. λοιπὸν ἀξιοῦντι μηδαμῶς ἀποκνήσητε
παρασχέσθαι τὴν χάριν καὶ ἐπιστῆσαι τῷ ζητουμένῳ

λβ΄. Παραθαρρυντική ἐστι δι' ἧς παραθαρ-
ρύνομέν τινα καὶ ἄφοβον αὐτὸν καθιστῶμεν — Ἡ
ἐπιστολή Ἄφοβος ἔσο καὶ μηδένα τοπαράπαν εὐ-
λαβοῦ σεμνῶς πολιτευόμενος διὰ τὸ τὸ θεῖον ἔχειν
εὐμενές· πάντα/οῦ γὰρ τὸ θεῖον τοῖς εὐσεβῶς βιοῦσι
παρίσταται

periculorumque nobis in causa fuit? scilicet satius est
cum Plutone concurrere quam cum homine dus inviso

25 *Procuratoria* est qua procuramus aliquid —
Epistola Magnum semper ex donis, quæ studium erga
nos vestrum in nos contulit, fructum percepimus Unde
nunc quoque nobis, viri optimi, huius epistolæ intercess-
sione solitis beneficiis frui liceat, neve beneficii liberales
que esse dedignemini

26 *Laudatoria* est qua laudamus aliquem virtute
aliqua præstantem — Epistola Sagacissimus quod sis
ac valde prudens, laudo te et magni facio par est enim
tales non modo laudare, sed etiam magni facere

27 *Didactica* est qua aliquem docemus aliquid —
Epistola Noli credere malorum, quæ tibi acciderunt,
deum auctorem exstitisse prorsus enim deus a malis
liber est Nam qui alios fugere mala iubet, non facile
cuiquam mali auctor fuerit

28 *Convictoria* est qua convincimus aliquem id quod
fecit aut dixit negantem — Epistola Non fugit me quod
hoc fecisti multa enim sunt quæ te convincant, etiamsi
neges, et maxime quidem qui conscii tibi eiusdemque rei
socii fuerunt Quare neque pœnam te effugere posse
spera

29 *Calumniatoria* est qua aliquem ob ea, quæ fecit
calumniamur — Epistola Multorum malorum auctor
improbissimus ille mihi exstitit nam quum surrepsisset
mihi tanquam amicus et multa beneficia a me accepisset,
nec, quoniam procul habet bona omnia, parem gratiam
referre posset, summis malis me implicuit Hunc igitur
cave, ne tu quoque similia ab eo mala patiaris

30 *Castigatoria* est qua castigamus aliquem ob in-
honeste facta — Epistola Erubesce in posterum pecca-
tis, quæ committis, et desine delinquere, neque pro
peccandi exercitatione vitam tuam habe tua caussa
enim pudor nos incessit.

31 *Interrogatoria* est qua interrogamus aliquem de
aliqua re nobis ignota, quo de re quæsita fiamus cer-
tiores — Epistola Multum sciscitatus de hoc argumento,
nec tamen quid rei esset assecutus par esse duxi hac
interrogatione ipsius explanationem a nobis impetrare
Ceterum petenti ne dubitetis hanc gratiam facere, cum-
que de eo, quod quærit, certiorem facere

32 *Confirmatoria* est qua animum alicuius confir-
mamus, ipsumque a metu liberum præstamus — Epistola
Abice metum, nec quemquam omnino time, dum bene
rem tuam agas, quum divinum numen tibi sit propitium
ubique enim honeste viventibus adest Deus

λγ'. Ἀναθετικ ή ἐστι δι' ἧς τὴν ἑαυτῶν γνώμην ἀνατίθεμέν τινι τῶν φίλων συμβουλίας παρ' αὐτοῦ δεόμενοι. — Ἡ ἐπιστολή. Δέδοκταί μοι τόδε τὸ πρᾶγμα διαπράξασθαι· διὸ καὶ τὴν ἐμαυτοῦ βουλὴν ἀνατίθημί σοι. ὅθεν τὸ συμφέρον σκοπήσας ἐπίστειλόν μοι τὸ πρακτέον· ποθῶ γὰρ ἀεὶ παρὰ τῶν ἐμφρόνων δέχεσθαι γνώμας. αἱ γὰρ ἄρισται τῶν φίλων συμβουλίαι καλλίστας ἔχουσι τὰς εὐεργεσίας.

λδ'. Ἀποφαντικ ή ἐστι δι' ἧς ἀποφαινόμεθα καὶ ἀπότομον κρίσιν κατά τινος ἐκφέρομεν. — Ἡ ἐπιστολή. Τὸν ἐμὸν οἰκέτην ἐβουλευσάμην τιμωρήσασθαι δι' ἣν μοι κατεσκεύασεν ἐπιβουλήν. ὅθεν μή μοι παρακλήσεις προσάγειν περὶ αὐτοῦ πειρῶ· ἀδύνατον γάρ ἐστι μὴ τὴν ἐμαυτοῦ βουλὴν εἰς πέρας ἄξειν καὶ τοῦτον παντελῶς κολάσαι.

λε'. Σκωπτικ ή ἐστι δι' ἧς σκώπτομέν τινα ἐπί τινι. — Ἡ ἐπιστολή. Κίλικα μέν σε πρὸς ἁπάντων ἀκούω τυγχάνειν, Ἰνδὸν δὲ σκοπῶν ἐφευρίσκω, καθάπερ αὐτὸς ὁ μελάντατος τοῦ σώματος κέκραγε χρώς.

λς'. Μετριαστικ ή ἐστι δι' ἧς πρός τινα τῶν ἀγαπωμένων θαρρητικῶς μετριάζομεν. — Ἡ ἐπιστολή. Τῆς ὀργῆς οὔπω με ἀφῆκας τὸν σόν, ἀλλ' ἔτι χαλεπαίνεις ἡμῖν καὶ τὴν ἀνίαν κρύπτεις προσηνῶν ῥημάτων προσχήμασι ὥσπερ οἱ ἐν αἰθάλῃ σπινθῆρα πυρὸς ταμιεύσαντες. ἐκκάθαιρε λοιπὸν τῆς σῆς καρδίας τὴν λύπην καὶ τὸν σὸν μὴ θέλε ὑλίβεσθαι.

λζ'. Αἰνιγματικ ή ἐστι δι' ἧς ἄλλα μέν τινα λέγεται, ἀλλὰ δέ τινα νοεῖται. — Ἡ ἐπιστολή. Ἔστι τὸ λεγόμενον περὶ γυναικὸς ὑπάνδρου. λέγει γοῦν, μὴ τὴν ἀλλοτρίαν γυναῖκα ἐγκύμονα ποιήσας δίκην περιπέσῃς· οὐ γὰρ τὴν ἀλλοτρίαν γῆν γεωργοῦντες δίκαις οὐ μικραῖς περιπίπτουσιν.

λη'. Ὑπομνηστικ ή ἐστι δι' ἧς δοκοῦμέν τινα τοῦ ζητουμένου πράγματος ἡμῖν ὑπομιμνήσκειν, τὸν σκοπὸν ἡμῶν ἐν αὐτῇ χαράττοντες. — Ἡ ἐπιστολή. Παραγενόμενος ἐν τῷδε τῷ τόπῳ καὶ ἀνερευνήσῃς τὸν τιμιώτατον ἄνδρα τὸν δεῖνα λέξον ἐξ ἐμοῦ τῇδε τάδε.

λθ'. Λυπητικ ή ἐστι δι' ἧς ἐμφαίνομεν ἑαυτοὺς λυπουμένους. — Ἡ ἐπιστολή. Σφόδρα καθ' ὑπερβολὴν ἡμᾶς λελύπηκας τόδε τὸ πρᾶγμα διαπραξάμενος. ὅθεν ἰσχυρῶς ἄχθομαι πρός σε καὶ δυσίατόν τινα λυποῦμαι λύπην· αἱ γὰρ ἐκ φίλων εἰς φίλους γινόμεναι λῦπαι δυσθεράπευτοι λίαν τυγχάνουσι καὶ μείζους τῶν ἐχθρῶν ἔχουσι τὰς ἐπηρείας.

μ'. Ἐρωτικ ή ἐστι δι' ἧς ἐρωτικοὺς πρὸς τὰς ἐρωμένας προσφέρομεν λόγους. — Ἡ ἐπιστολή. Ἐρῶ, ἐρῶ, νὴ τὴν Θέμιν, τῆς σῆς εὐπρεποῦς τε καὶ ἐρωτικῆς μορφῆς καὶ ἐρῶν οὐκ αἰσχύνομαι· τὸ γὰρ εὐπρεπὲς ἐρᾶν οὐκ αἰσχρόν. εἰ δέ γε καὶ ψέξειέ τις ὅλως ὡς ἐρῶντα, πάλιν ὡς καλῆς ἐφιέμενον ἐπαινέσειεν.

μα'. Μικτ ή ἐστιν ἡ ἐκ διαφόρων χαρακτήρων

33. *Consiliatoria* est qua nostram ipsorum sententiam proponimus alicui amicorum, consilium ab ipso postulantes. — Epistola. Decrevi hanc rem perficere, quare sententiam meam tibi propono. Itaque quod e re mea est specta, quidque faciendum mihi scribe : nam a prudentibus consilia accipere semper cupio. Optima enim amicorum monita pulcherrima in se habent beneficia.

34. *Declaratoria* est qua sententiam nostram declaramus ac breve iudicium adversus aliquem ferimus. — Epistola. Servum meum decrevi punire ob structas mihi insidias. Quare noli pro ipso deprecatorem agere apud me : fieri enim non potest quin consilium meum exsequar et omnino illum puniam.

35. *Cavillatoria* est qua cavillamur aliquem ob aliquid. — Epistola. Cilicem quidem te ab omnibus audio esse, Indum vero adspectu reperio, quemadmodum nigerrima corporis cutis ipsa clamat.

36. *Submissoria* est qua coram amicorum aliquo ingenue nos submittimus. — Epistola. Ira nondum me, qui tuus sum, exsolvisti, verum adhuc indignaris nobis, stomachumque tuum verborum benignorum sub specie occultas, ut qui sub cinere scintillam ignis recondunt. Fac igitur ut ægritudinem ex animo tuo eicias, ac noli tuum angore confici.

37. *Ænigmatica* est qua alia dicuntur quam quæ in mente nobis sunt. — Epistola. Proverbium est de femina viro nupta. Ait igitur, ne aliena femina gravida facta in pœnam incidas. Nam qui alienum agrum colunt, in pœnas incidunt haud exiguos.

38. *Admonitoria* est qua videmur aliquem de re nobis quæsita admonere, consilium nostrum in ipsa indicantes. — Epistola. Profectus hunc in locum virum investiga illum æstimatissimum, eique dic meo nomine hæc.

39. *Questoria* est qua querimoniam præ nobis ferimus. — Epistola. Vehementer hac re peracta nos contristasti, quare multum succensco tibi atque dolore affectus sum vix sanabili : quos enim amici accipiunt dolores ab amicis, ad curandum admodum sunt difficiles, maioremque habent, quam quæ ab inimicis iniunguntur, contumeliam.

40. *Amatoria* est qua amatis amorem declaramus. — Epistola. Amo, amo, per Themidem, pulchram tuam et amabilem formam, nec pudet me amoris : nam pulchras amare non est turpe. Sin autem quis omnino me reprehendat ut amantem, rursus ut pulchram petentem prædicet.

41. *Mixta* est ex diversis formis composita. — Epistola.

συνεστῶσα. — Ἡ ἐπιστολή Οἶδα μὲν ὡς εὐσεβῶς
ζῆς καὶ σεμνῶς πολιτεύῃ καὶ τῇ τῆς ἀνεπιλήπτου τε
καὶ ἁγνῆς πολιτείας ἀρετῇ τὸ περιβόητον αὐτὸ τῆς φι-
λοσοφίας κοσμεῖς ὄνομα· καθ' ᾧ δὲ τοῦτο μόνον σφάλλῃ,
καθὸ τοὺς φίλους κακῶς λέγεις, ὅπερ ἀποθέσθαι χρή,
φιλοσόφοις γὰρ διαβολὴ οὐκ ἁρμόζει.

Novi quidem, quod sancte vivis et honestum te civem
exhibes, morumque tuorum integritate atque sanctitate
clarissimum ipsum philosophiae ornas nomen, hoc vero
solo nomine erras, quod amicos calumniaris, id quod
abiciendum tibi est dedecet enim philosophos ca-
lumnia.

Γ'

ΕΚ ΤΩΝ ΔΗΜΗΤΡΙΟΥ

ΠΕΡΙ ΕΡΜΗΝΕΙΑΣ

Πῶς δεῖ ἐπιστέλλειν

1. (223) Ἐπεὶ δὲ ἐπιστολικὸς χαρακτὴρ δεῖται
ἰσχνότητος, καὶ περὶ αὐτοῦ λέξομεν. Ἀρτέμων μὲν
οὖν ὁ τὰς Ἀριστοτέλους ἀναγράψας ἐπιστολάς φησιν
ὅτι δεῖ ἐν τῷ αὐτῷ τρόπῳ διάλογόν τε γράφειν καὶ
ἐπιστολάς· εἶναι γὰρ τὴν ἐπιστολὴν οἷον τὸ ἕτερον
μέρος τοῦ διαλόγου.

2. (224) Καὶ λέγει μέν τι ἴσως, οὐ μὴν ἅπαν δεῖ
γὰρ ὑποκατεσκευάσθαι πως μᾶλλον τοῦ διαλόγου τὴν
ἐπιστολήν· ὁ μὲν γὰρ μιμεῖται αὐτοσχεδιάζοντα,
ἡ δὲ γράφεται καὶ δῶρον πέμπεται τρόπον τινά

3. (225) Τίς γοῦν οὕτως ἂν διαλεχθείη πρὸς φίλον,
ὥσπερ ὁ Ἀριστοτέλης πρὸς Ἀντίπατρον ὑπὲρ τοῦ φυ-
γάδος γράφων τοῦ γέροντός φησιν εἰ δὲ πρὸς ἁπά-
σας οἴχεται γᾶς φυγὰς οὗτος ὥστε μὴ κατά-
γειν, δῆλον ὡς τοῖς γε εἰς Ἅ δου κατελθεῖν
βουλομένοις οὐδεὶς φθόνος. ὁ γὰρ οὕτω
διαλεγόμενος ἐπιδεικνυμένῳ ἔοικε μᾶλλον, οὐ λα-
λοῦντι.

4. (226) Καὶ λύσεις συχναὶ οὐ πρέπουσιν ἐπιστολαῖς
ἀσαφὲς γὰρ ἐν γραφῇ ἡ λύσις, καὶ τὸ μιμητικὸν οὐ
γραφῆς οὕτως οἰκεῖον ὡς ἀγῶνος οἷον ὡς ἐν τῷ Εὐ-
θυδήμῳ τίς ἦν, ὦ Σώκρατες, ᾧ χθὲς ἐν Λυ-
κείῳ διελέγου, ἦ πολὺς ὑμᾶς ὄχλος περιε-
στήκει καὶ μικρὸν προελθὼν ἐπιφέρει· ἀλλά
μοι ξένος τις φαίνεται εἶναι, ᾧ διελέγου
τίς ἦν, ἡ γὰρ τοιαύτη πᾶσα ἑρμηνεία καὶ μίμησις
ὑποκριτῇ πρέπει μᾶλλον, οὐ γραφομέναις ἐπιστο-
λαῖς.

5. (227) Πλεῖστον δ' ἐχέτω τὸ ἠθικὸν ἡ ἐπιστολή,
ὥσπερ καὶ ὁ διάλογος σχεδὸν γὰρ εἰκόνα ἕκαστος τῆς
ἑαυτοῦ ψυχῆς γράφει τὴν ἐπιστολήν. καὶ ἔστι μὲν
καὶ ἐξ ἄλλου λόγου παντὸς ἰδεῖν τὸ ἦθος τοῦ γράφοντος,
ἐξ οὐδενὸς δὲ οὕτως ὡς ἐπιστολῆς.

6. (228) Τὸ δὲ μέγεθος συνεστάλθω τῆς ἐπιστολῆς,
ὥσπερ καὶ ἡ λέξις αἱ γὰρ ἄγαν μακραὶ καὶ προσέτι
κατὰ τὴν ἑρμηνείαν ὀγκωδέστεραι οὐ μὰ τὴν ἀλήθειαν
ἐπιστολαὶ λέγοιντο ἄν, ἀλλὰ συγγράμματα τὸ χαίρειν
ἔχοντα προσγεγραμμένον, καθάπερ αἱ τοῦ Πλάτωνος
πολλαὶ καὶ ἡ Θουκυδίδου

III.

EX DEMETRII

LIBRO DE ELOCUTIONE

Quomodo scribendae sint epistolae

1 Quoniam epistolaris forma tenuitate indiget, de ipsa
quoque disseremus Artemo igitur, qui Aristotelis epi-
stolas edidit, eodem modo ait dialogum esse scribendum
atque epistolas esse enim epistolam quasi alteram partem
dialogi

2 Ac dicit quidem forte aliquid, nec tamen totum
necesse est enim paullo magis elaborari dialogo epistolam.
Namque ille imitatur ex tempore dicentem, haec vero
litteris mandatur atque dono quodammodo mittitur

3 Quis igitur sic cum amico colloquatur, ut Aristoteles
ad Antipatrum de exsule quodam sene scribit *Sin exsul
hic, quocunque terrarum fugit, in patriam redire
nequit, in orcum certe descendere volentibus apparet
non esse invidendum* Nam ita qui loquatur, artis magis
specimen exhibere, non confabulari videatur

4 Dissolutiones etiam crebrae epistolis non congruunt ·
obscurum enim in scriptione dissolutio et quod ad imita-
tionem confictum est, non tam scriptionis est quam con-
certationis proprium Veluti in Euthydemo *Quis erat,
o Socrates, quocum heri in Lyceo disputabas?* sane
ios magna hominum turba circumstabat Paulloque
post addit *Ferum mihi peregrinus quidam videtur
esse, quocum disputabas quis erat?* huiuscemodi enim
omnis locutio et imitatio histrioni magis convenit, non
epistolis scribendis

5 Mores autem sapiat quam plurimum epistola, ut et
dialogus ferme enim imaginem sui quisque animi scribit
epistolam Et licet quidem et ex alia quavis oratione
mores scribentis intelligere, e nulla autem sic ut ex epi-
stola

6 Deinde magnitudo epistolae contrabatur, ut et elo-
cutio Scilicet valde longae praetereaque oratione tumi-
diores per veritatem epistolae non fuerint, sed libri potius
salutem in fronte gerentes, quemadmodum Platoni-
carum pleraeque et epistola Thucydidis

7. (229) Καὶ τῇ συντάξει μέντοι λελύσθω μᾶλλον· γελοῖον γὰρ περιοδεύειν ὥσπερ οὐκ ἐπιστολὴν ἀλλὰ δίκην γράφοντα· καὶ οὐδὲ γελοῖον μόνον, ἀλλ᾽ οὐδὲ φιλικόν. τὸ γὰρ δὴ κατὰ τὴν παροιμίαν τὰ σῦκα σῦκα, λεγόμενον, ἐπιστολαῖς ταῦτα ἐπιτηδεύειν.

8. (230) Εἰδέναι δὲ χρὴ ὅτι οὐχ ἑρμηνείᾳ μόνον ἀλλὰ καὶ πράγματά τινα ἐπιστολικά ἐστιν. Ἀριστοτέλης γοῦν ὡς μάλιστα ἐπιτετευχέναι δοκεῖ τοῦ τύπου ἐπιστολικοῦ. τοῦτο δὲ οὐ γράφω σοί φησιν· οὐ γὰρ ἦν ἐπιστολικόν.

9. (231) Εἰ γάρ τις ἐν ἐπιστολῇ σοφίσματα γράφει καὶ φυσιολογίας, γράφει μέν, οὐ μὴν ἐπιστολὴν γράφει· φιλοφρόνησις γάρ τις βούλεται εἶναι ἡ ἐπιστολὴ σύντομος καὶ περὶ ἁπλοῦ πράγματος ἔκθεσις καὶ ἐν ὀνόμασιν ἁπλοῖς.

10. (232) Κάλλος μέντοι αὐτῆς αἵ τε φιλικαὶ φιλοφρονήσεις καὶ πυκναὶ παροιμίαι ἐνοῦσαι· καὶ τοῦτο γὰρ μόνον ἐνέστω αὐτῇ σοφόν, διότι δημοτικόν τί ἐστιν ἡ παροιμία καὶ κοινόν· ὁ δὲ γνωμολογῶν καὶ προτρεπόμενος οὐ δι᾽ ἐπιστολῆς ἔτι λαλοῦντι ἔοικεν, ἀλλὰ μηχανῆς.

11. (233) Ἀριστοτέλης μέντοι καὶ ἀποδείξεί που χρῆται ἐπιστολικαῖς. οἷον διδάξαι βουλόμενος ὅτι ὁμοίως χρὴ εὐεργετεῖν τὰς μεγάλας πόλεις καὶ τὰς μικράς, φησὶν οἱ γὰρ θεοὶ ἐν ἀμφοτέραις ἴσοι, ὥστ᾽ ἐπεὶ αἱ Χάριτες θεαί, ἴσαι ἀποκείσονταί σοι παρ᾽ ἀμφοτέραις. καὶ γὰρ τὸ ἀποδεικνύμενον αὐτὸ ἐπιστολικὸν καὶ ἡ ἀπόδειξις τοιαύτη.

12. (234) Ἐπεὶ δὲ καὶ πόλεσί ποτε καὶ βασιλεῦσι γράφομεν, ἔστωσαν αἱ τοιαῦται ἐπιστολαὶ μικρὸν ἐξηρμέναι πως· στοχαστέον γὰρ καὶ τοῦ προσώπου ᾧ γράφεται· ἐξηρμένη μέντοι καὶ οὐχ ὥστε σύγγραμμα εἶναι ἀντ᾽ ἐπιστολῆς, ὥσπερ αἱ Ἀριστοτέλους πρὸς Ἀλέξανδρον καὶ πρὸς τοὺς Δίωνος οἰκείους ἡ Πλάτωνος.

13. (235) Καθόλου δὲ μεμίχθω ἡ ἐπιστολὴ κατὰ τὴν ἑρμηνείαν ἐκ δυοῖν χαρακτήροιν τούτοιν, τοῦ τε χαρίεντος καὶ τοῦ ἰσχνοῦ.

Δ.

ΕΚ ΤΩΝ ΦΙΛΟΣΤΡΑΤΟΥ.

Τὸν ἐπιστολικὸν χαρακτῆρα τοῦ λόγου μετὰ τοὺς παλαιοὺς ἄριστά μοι δοκοῦσι διεσκέφθαι φιλοσόφων μὲν ὁ Τυανεὺς καὶ Δίων, στρατηγῶν δὲ Βροῦτος ἢ ὅτῳ Βροῦτος ἐς τὸ ἐπιστέλλειν ἐχρῆτο, βασιλέων δὲ ὁ θεσπέσιος Μάρκος, ἐν οἷς ἐπέστειλεν αὐτός· πρὸς γὰρ τῷ κεχρημένῳ τοῦ λόγου καὶ τὸ ἑδραῖον ἦθος ἐντετύπωτο τοῖς γράμμασιν· ῥητόρων δ᾽ ἄριστα μὲν Ἡρώδης ὁ Ἀθηναῖος ἐπέστειλεν, ὑπεραττικίζων δὲ καὶ ὑπερλαλῶν ἐκπίπτει πολλαχοῦ τοῦ πρέποντος ἐπιστολῇ χαρακτῆρος. δεῖ γὰρ φαίνεσθαι τῶν ἐπιστολῶν τὴν

---

7. Atque compositione quidem sit solutior : ridiculum est enim periodos detornare, quasi non epistolam, sed actionem forensem scribas, nec solum ridiculum, verum ne gratum quidem. Quod enim in proverbio est, ficum ficum dicere, epistolæ est hoc observare.

8. Scire autem oportet, non dictionem solum, sed etiam res quasdam epistolares esse. Aristoteles sane, qui maxime videtur epistolarem formam assecutus, *Hoc*, inquit, *ad te non scribo : non erat enim epistolare.*

9. Nam si quis in epistola argutias tractat et naturales quæstiones, is scribit quidem, non tamen epistolam scribit : benevolentiæ enim epistola esse debet declaratio brevis atque de re simplici expositio verbisque simplicibus concepta.

10. Elegantiam ipsius benevolæ efficiunt blanditiæ multusque proverbiorum usus : hoc enim solum in eis doctrinæ insit, quoniam populare quid est proverbium et commune; qui autem sententias captat atque suadet, non ei similis est qui per epistolam loquitur, sed per machinam.

11. Aristoteles sane et demonstrationibus nonnunquam utitur epistolaribus; velut quo doceat, in magnas pariter atque in parvas civitates conferenda esse beneficia, ait : *Dii enim in utrisque æquales, itaque, quoniam Gratiæ deæ, æquales merebere apud utrasque.* Etenim ipsum quod demonstratur epistolæ accommodatum est et demonstratio hæc ipsa.

12. Sed quoniam civitatibus interdum et principibus scribimus, sint tales epistolæ paullo elatiores : oportet enim respicere etiam ad quas scribitur personas : elatior sit igitur, non tamen ut volumen evadat epistola, quemadmodum illæ Aristotelis ad Alexandrum et ad Dionis propinquos epistola Platonis.

13. In universum misceatur epistola, quod ad dictionem attinet, ex duabus his formis, venusta atque tenui.

IV.

EX PHILOSTRATO.

Epistolarum orationis formam post veteres optime mihi perspexisse videntur ex sophistis Tyanensis atque Dio, ex imperatoribus Brutus sive quocunque ad scribendas epistolas Brutus utebatur, ex principibus vero divus Marcus in eis quas scribebat ipse : præter verborum enim elegantiam ingenii quoque firmitas epistolis eius expressa est. Ex rhetoribus autem epistolas optime scribebat Herodes Atheniensis, quanquam præ nimia atticismi affectatione nimiaque loquacitate forma epistolæ convenienti sæpenumero excidit. Oportet enim epistolarum formam

ἰδίαν ἀττικωτέραν μὲν ξυνηθείας, ξυνηθεστέραν δὲ
ἀττικίσεως, καὶ ξυγκεῖσθαι μὲν πολιτικῶς, τοῦ δὲ
ἁβροῦ μὴ ἀπάδειν. ἐχέτω δὲ τὸ εὔσχημον ἐν τῷ μὴ
ἐσχηματίσθαι· εἰ γὰρ σχηματιοῦμεν, φιλοτιμεῖσθαι
δόξομεν, φιλοτιμία δὲ ἐν ἐπιστολῇ μειρακιῶδες. κύ-
κλον δὲ ἀποτορνεύειν ἐν μὲν ταῖς βραχυτέραις τῶν
ἐπιστολῶν ξυγχωρῶ, ἵνα τούτῳ γοῦν ἡ βραχυλογία
ὡραΐζηται ἐς ἄλλην ἠχὼ πᾶσα στενὴ οὖσα· τῶν δὲ ἐς
μῆκος προηγμένων ἐπιστολῶν ἐξαιρεῖν χρὴ κύκλους·
ἀγωνιστικώτερον γὰρ ἢ κατ' ἐπιστολὴν τοῦτο, πλὴν εἰ
μή που ἐπὶ τελευτῆς τῶν ἐπεσταλμένων ἢ ξυλλαβεῖν
δέοι τὰ προειρημένα ἢ ξυγκλεῖσαι τὸ ἐπὶ πᾶσι νόημα.
σαφήνεια δ' ἀγαθὴ μὲν ἡγεμὼν ἅπαντος λόγου, μά-
λιστα δὲ ἐπιστολῆς· καὶ γὰρ διδόντες καὶ δεόμενοι καὶ
ξυγχωροῦντες καὶ μὴν καὶ καθαπτόμενοι καὶ ἀπολο-
γούμενοι καὶ ἐρῶντες ῥᾷον πείσομεν, ἢν σαφῶς ἑρμη-
νεύσωμεν· σαφῶς δὲ ἑρμηνεύσομεν καὶ ἔξω εὐτελείας,
ἢν τῶν νοηθέντων τὰ μὲν κοινὰ καινῶς φράσωμεν, τὰ
δὲ καινὰ κοινῶς.

Ε'.

ΓΡΗΓΟΡΙΟΥ ΤΟΥ ΝΑΖΙΑΝΖΗΝΟΥ

ΠΡΟΣ ΝΙΚΟΒΟΥΛΟΝ ΕΠΙΣΤΟΛΗ (51 = 259).

Τῶν γραφόντων ἐπιστολάς, ἐπειδὴ καὶ τοῦτο αἰτεῖς,
οἱ μὲν μακρότερα γράφουσιν ἤπερ εἰκός, οἱ δὲ καὶ λίαν
ἐνδεέστερα, καὶ ἀμφότεροι τοῦ μετρίου διαμαρτάνουσι
ὥσπερ τῶν σκοπῶν οἱ τοξεύοντες, ἄν τε εἴσω πέμπωσιν,
ἄν τε ὑπερπέμπωσιν· τὸ γὰρ ἀποτυγχάνειν ἴσον, κἂν
ἀπὸ τῶν ἐναντίων γίνεται. ἔστι δὲ μέτρον ἐπιστολῆς
ἡ χρεία, καὶ οὔτε μακρότερα γραπτέον, οὗ μὴ πολλὰ
τὰ πράγματα, οὔτε μικρολογητέον, ἔνθα πολλά. τί
γὰρ ἢ τῇ Περσικῇ σχοίνῳ μετρεῖσθαι δεῖ τὴν σοφίαν
ἢ παιδικοῖς πήχεσι, καὶ οὕτως ἀτελῆ γράφειν, ὡς
μηδὲ γράφειν, ἀλλὰ μιμεῖσθαι τῶν σκιῶν τὰς μεσημ-
βρινὰς ἢ τῶν γραμμῶν τὰς κατὰ πρόσωπον ἀπαντώσας,
ὧν συνιζάνει τὰ μήκη καὶ παραφαίνεται μᾶλλον ἢ
φαίνεται τῶν ἄκρων τισὶ γνωριζόμενα καὶ ἔστι, ὡς ἂν
εἴποιμι καιρίως, εἰκασμάτων εἰκάσματα, δέον ἀμφο-
τέρων φεύγοντα τὴν ἀμετρίαν τοῦ μετρίου κατατυγ-
χάνειν; περὶ μὲν δὴ συντομίας ταῦτα γιγνώσκω· περὶ
δὲ σαφηνείας ἐκεῖνο γνώριμον, ὅτι χρὴ φεύγοντα τὸ λο-
γοειδές, ὅσον ἐνδέχεται, μᾶλλον εἰς τὸ λαλικὸν ἀπο-
κλίνειν, καὶ ἵν' εἴπω συντόμως, αὕτη τῶν ἐπιστολῶν
ἀρίστη καὶ κάλλιστα ἔχουσα, ἢ ἂν καὶ τὸν ἰδιώτην
πείθῃ καὶ τὸν πεπαιδευμένον, τὸν μὲν ὡς κατὰ τοὺς
πολλοὺς οὖσα, τὸν δὲ ὡς ὑπὲρ τοὺς πολλούς, καὶ ᾖ
αὐτόθεν γνώριμος. ὁμοίως γὰρ ἄκαιρον καὶ γρῖφον
νοεῖσθαι καὶ ἐπιστολὴν ἑρμηνεύεσθαι. τρίτον ἐστὶ
τῶν ἐπιστολῶν ἡ χάρις· ταύτην δὲ φυλάξομεν, εἰ μήτε
παντάπασι ξηρὰ καὶ ἀχάριτα γράφοιμεν ἢ καὶ ἀκαλ-

---

vulgari sermone magis atticam videri et propius tamen
ad vulgarem sermonem quam ad atticismum accedere,
et oratorie quidem compositam, nec tamen sophistica
venustate destitutam esse. Habeat ornatum eo, ut colo-
rata non sit : nam si colorabimus, affectare videbimur,
at puerilis in epistola affectatio. Orbem detornare in
brevioribus epistolis permitto, quo saltem breviloquentia,
quippe exilis tota, alio numero ornatus caussa compen-
setur, ex epistolis autem longius productis verborum
orbes eximendi sunt : hoc enim artificiosius est quam
quod in epistola ferri possit, nisi forte sub finem epistolae
aut colligere ante dicta necesse est, aut clausulae loco im-
positam sententiam absolvere. Perspicuitas autem quum
omnis orationis, tum maxime epistolae optima dux est :
nam et offerentes et precantes et concedentes, quin etiam
accusantes et defendentes et amantes facilius persuade-
bimus, ubi clare fuerimus elocuti : clare autem eloque-
mur, nec sordida tamen erit oratio, ubi vulgares sen-
tentias noviter, novas vulgariter proferemus.

V.

GREGORII NAZIANZENI

EPISTOLA AD NICOBULUM.

Eorum, qui epistolas scribunt, quoniam hoc quoque
petis, alii longius quam par est scribunt, alii multo
brevius, utrique vero iusto modo excidunt, ut qui,
dum iaculantur, vel citra vel ultra tela mittunt :
utrovis enim modo aberrant, licet ex contrariis. Est
autem modus epistolarum utilitas, et neque copiosius
scribendum est, ubi multa non sunt negotia, neque
parcius, ubi multa. Quid enim Persicis milliariis metiri
necesse est sapientiam aut puerilibus cubitis, tamque
imperfecte scribere, ut ne scribas quidem, sed umbras
imiteris meridianas aut lineas a fronte occurrentes, qua-
rum consident longitudines et offerunt se potius quam
apparent extremitatibus quibusdam cognoscendæ, sunt-
que, ut apte dixerim, imaginum imagines, quum par sit in
utrisque nimium fugientem iustum modum assequi ? Atque
de brevitate quidem sic existimo, de perspicuitate vero hoc
tenendum, ornatis dicendi genus, quantum fieri potest,
evitantem ad vulgare magis inclinare oportere, et ut
paucis dicam, hæc epistolarum optime habet ac pulcher-
rime, quæ et rudem ad se pertrahat et eruditum, illum
ut vulgo accommodata, hunc ut vulgi excedens captum,
quæque patescat protinus. Pariter enim intempestivum
et griphum explicare et epistolam interpretari. Tertium
est epistolarum suavitas : hanc autem servabimus, si
neque prorsus exilia et ieiuna scribamus vel etiam in-

λώπιστα, ἀκόσμητά τε καὶ ἀκόρητα, ὃ δὴ λέγεται,
οἷον δὴ γνωμῶν καὶ παροιμιῶν καὶ ἀποφθεγμάτων
ἐκτός, ἔτι δὲ σκωμμάτων καὶ αἰνιγμάτων, οἷς ὁ λόγος
καταγλυκαίνεται, μήτε λίαν τούτοις φαινοίμεθα κατα-
χρώμενοι· τὸ μὲν γὰρ ἄγροικον, τὸ δ' ἄπληστον, καὶ
τοσαῦτα τούτοις χρηστέον, ὅσα καὶ ταῖς πορφύραις ἐν
τοῖς ὑφάσμασι. τροπὰς δὲ παραδεξόμεθα μέν, ὀλίγας
δέ, καὶ ταύτας οὐκ ἀναισχύντους. ἀντίθετα καὶ πά-
ρισα καὶ ἰσόκωλα σοφισταῖς ἀπορρίψομεν· εἰ δέ που
καὶ παραλάβοιμεν, ὡς καταπαίζοντες μᾶλλον τοῦτο
ποιήσομεν ἢ σπουδάζοντες. πέρας τοῦ λόγου, ὅπερ
τῶν κομψῶν τινος ἤκουσα περὶ τοῦ ἀετοῦ λέγοντος,
ἡνίκα ἐκρίνοντο περὶ βασιλείας οἱ ὄρνιθες καὶ ἄλλοι
ἄλλως ἧκον ἑαυτοὺς κοσμήσαντες, ὅτι ἐκείνου κάλλι-
στον ἦν τὸ μὴ οἴεσθαι καλὸν εἶναι. τοῦτο κἂν ταῖς
ἐπιστολαῖς μάλιστα τηρητέον, τὸ ἀκαλλώπιστον καὶ
ὅτι ἐγγυτάτω τοῦ κατὰ φύσιν. τοσαῦτά σοι περὶ
ἐπιστολῶν ὡς δι' ἐπιστολῆς παρ' ἡμῶν, καὶ ταῦτα
ἴσως οὐ πρὸς ἡμῶν, οἷς τὰ μείζω σπουδάζεται. τἄλλα
δὲ αὐτός τε φιλοπονήσεις εὐμαθὴς ὢν καὶ οἱ περὶ ταῦτα
κομψοὶ διδάξουσιν.

Ϛ'.

ΦΩΤΙΟΥ ΕΠΙΣΤΟΛΗ (207).

Ἀμφιλοχίῳ μητροπολίτῃ Κυζίκου.

Οἱ μὲν ἄλλοι τοῦ Πλάτωνος λόγοι τοῦ πολιτικοῦ λόγου
πεφύκασι γνώμονες, πλὴν εἴ τι κατ' ἐκλογὴν ὀνομάτων
ἐνιαχοῦ παρημέληται· αἱ δὲ τούτου ἐπιστολαὶ ἴσον τε
τῆς ἐκείνου λογιότητος καὶ τοῦ ἐπιστολιμαίου τύπου
ἀπολείπονται. αἱ δέ γε τοῦ Ἀριστοτέλους τῶν μὲν ἄλλων
αὐτοῦ γραμμάτων εἰσί πως λογωδέστεραι, πλὴν οὐδὲ
ταῖς Πλατωνικαῖς ἐξισάζουσι. Δημοσθένους δὲ οἱ μὲν
ἄλλοι πόνοι καὶ ῥητόρων καὶ κριτικῶν ἐγκωμίοις πλη-
ροῦσι τὰ στόματα, τὰς ἐπιστολὰς δὲ οὐδεὶς ἀμείνους
εὑρήσεται τῶν Πλάτωνος. τίσιν οὖν ἐπιστολαῖς ὁμι-
λητέον καὶ τίσι τὸν ἐπιγνωσθέντα ἡμῖν διὰ τῆς τέχνης
χαρακτῆρα ἐφαρμόζοντες τὴν γυμνασίαν συλλεξόμεθα;
ἔστι μὲν καὶ ἄλλο πλῆθος ἄπειρον, ἔχεις δ', ἵνα μηδὲ
μακρὸν ᾖ σοι τὸ τῆς γυμνασίας στάδιον, τὰς εἰς τὸν Φά-
λαριν ἐκεῖνον, οἶμαι, τὸν Ἀκραγαντίνων τύραννον
ἀναφερομένας ἐπιστολάς, καὶ αἷς Βροῦτος ὁ Ῥωμαίων
στρατηγὸς ἐπιγράφεται, καὶ τὸν ἐν βασιλεῦσι φιλό-
σοφον καὶ τὸν σοφιστὴν ἐν ταῖς πλείσταις Λιβάνιον.
εἰ δὲ βούλει σὺν τῷ χαρακτῆρι καὶ πολλῶν ἄλλων
καὶ μεγάλων συλλέξαι ὠφέλειαν, ἀρκέσει σοι Βα-
σίλειος ὁ γλυκὺς καὶ ὁ κάλλους, εἴ τις ἄλλος, ἐρ-
γάτης Γρηγόριος καὶ ἡ ποικίλη τῆς ἡμετέρας αὐλῆς
Μοῦσα Ἰσίδωρος, ὃς ὥσπερ λόγων, οὕτω δὲ καὶ
ἱερατικῆς καὶ ἀσκητικῆς πολιτείας κανών ἐστι χρη-
ματίζειν ἀξιόχρεως, καὶ εἴ τις ἕτερος μετὰ τῆς ὁμοίας
προαιρέσεως τὴν ἐκείνων ἰδέαν ταῖς ἰδίαις ἐπιστολαῖς
ἐνεδυναμώθη μορφώσασθαι.

---

compta et inornata et immunda, quod aiunt, qualia sunt
quæ sententiis carent et proverbiis et apophthegmatis,
iocis item et ænigmatis, quibus suavis fit oratio, neque
nimis his abuti videamur : illud enim rusticum, hoc im-
modestum est, ac tantundem his utendum, quantum
purpura in texendo. Figuras admittamus quidem, sed
paucas easque non immodestas. Paria paribus oppo-
sita et similiter cadentia et membra syllabarum serie
sibi respondentia sophistis relinquemus, sin autem quando
recipiamus, ut ludentes magis hoc faciemus quam studio
persequentes. Addam quod ex eruditorum aliquo audivi,
quum de aquila narraret : scilicet quum de principatu
aves certarent et aliæ aliter ornatæ convenissent, illius
aiebat summum fuisse decus quod non pulchra haberetur.
Hoc etiam in epistolis maxime tenendum, quod simplex
est dico et a natura abest quam proxime. Et hæc quidem
tibi de epistolis ut per epistolam a nobis', quanquam
minus fortasse nobis digna, qui ad maiora tendimus.
Reliqua et ipse quo es ingenio absolves et hu'us rei periti
edocebunt.

VI.

PHOTII EPISTOLA.

Amphilochio metropolitæ Cyzici.

Reliqua quidem Platonis opera politici sermonis sunt
exempla, præterquam quod in eligendis verbis hic illic
parum accurate versatus est, epistolæ eius autem pariter
facundia ipsius atque epistolari forma inferiores sunt.
Aristotelis sane epistolæ reliquis eius scriptis'magis ad
vulgare dicendi genus accedunt, neque ipsæ tamen cum
Platonicis sunt comparandæ. Demosthenis autem reliqui
quidem labores et rhetorum et criticorum ora laudibus
implent, epistolas vero Platonicis invenies nihil præstan-
tiores. Quænam igitur tractandæ sunt epistolæ et ad
quasnam studium applicemus, quo arte probatam formam
nobis comparemus? In tanta multitudine habes, ne nimis
longum sit tibi studii curriculum, quæ Phalaridi illi
opinor, Agrigentino·tyranno tribuuntur epistolas, et quæ
Bruti, Romanorum prætoris, nomine inscribuntur, et inter
imperatores qui egit philosophum, quique sophistam in
plurimis Libanium. Sin una cum forma et alia multa et
magna vis commoda consequi, suppeditabit tibi Basilius
suavissimus et elegantiæ, si quis alius, operator Grego-
rius atque splendens aulæ nostræ Musa Isidorus, qui ut
litterarum, ita et sacerdotalis sanctæque vitæ exemplum
nominandus est nobilissimum, et si quis alius simili studio
illorum dicendi genus suis epistolis potuit exprimere.

ΑΙΛΙΑΝΟΣ.

ΕΚ ΤΩΝ ΑΙΛΙΑΝΟΥ
ΑΓΡΟΙΚΙΚΩΝ ΕΠΙΣΤΟΛΩΝ

α′ Εὐθυκομίδης Βλεπαίω

Διαψύχοντί μοι πρὸς τὴν εἵλην τοὺς βότρυς ἡ Μα-
νία προσελθοῦσα ἐθρύπτετο καὶ ὡραϊζομένη πολλοῖς
ἔβαλλε τοῖς σκώμμασιν. ἐγὼ δὲ παλαιὸν δή τι ἐπιτε-
θυμμένος αὐτῆς διενοούμην τι δρᾶσαι θερμὸν ὡς
οὖν ἀσμένης ἐλαβόμην πλησιάσας, τὰς μὲν ῥᾶγας
εἴασα, ἐφερπύσας δὲ καὶ μάλα ἀσμένως τῆς ὥρας
ἐτρύγησα ταῦτά σοι πρὸς τοῦ Πανὸς μυστήρια τὰ
μεγάλα ἔστω.

β′ Κωμαρχίδης Δρωπίω

Ἡμέρων ὁ μαλακὸς φελλεῖ ἐπέκοψε τὸ σκέλος
πάνυ ἰσχυρῶς, καὶ θέρμη ἐπέλαβεν αὐτοῦ, καὶ βουβὼν
ἐπήρθη. βουλοίμην δ' ἂν αὐτὸν ἀναρρωισθῆναι ἤ μοι
μεδίμνους ἰσχάδων ὑπάρξαι τέτταρας τὴν οἶν τὴν
τὰ μαλακὰ ἔρια, ἣν ἐπαινῶ πρός σε, παρ' ἐμοῦ πρόσ-
ειπε, καὶ τὼ βοιδίω καὶ τὴν κύνα καὶ τὴν Μανίαν
καὶ αὐτὴν χαίρειν κέλευε.

γ′ Εὐπειθίδης Τιμωνίδῃ

Ἀδικεῖ με ἡ παρὰ σοὶ σηκύλη παραιρουμένη τῶν
δραγμάτων καὶ παρακλέπτουσα ἐὰν μὲν οὖν παύ-
σηται, καλά σοι καὶ μενοῦμεν φίλοι ἐὰν δὲ ἔχηται
ἔργου, δικάσομαί σε βλάβης. καὶ γὰρ ἂν εἰκότως
μοι στενάξειε τὰ τῶν προγόνων ἠρία, εἰ Εὐπειθίδης ὁ
Κορυδαλλεὺς ἐμαυτὸν περιόψομαι προσελούμενον, καὶ
ταῦτα ὑπ' ἀνδραπόδου ἴσως δυοῖν μναῖν ἀξίου

δ′ Ἀνθεμίων Δράκητι

Τί σοι καλὸν εἴργασται καὶ τί σοι πεπόνηται χρη-
στόν, ἐγὼ γὰρ ἀμπελίδος ὄρχον ἐλάσας, εἶτα μοσχίδια
συκίδων παραφυτεύσας ἁπαλὰ [καὶ] ἐν κύκλῳ περὶ τὸ
αὔλιον κατέπηξα ἐλάδας. εἶτά μοι δεῖπνον καὶ πίστινον
ἔτνος καὶ τρεῖς ἁδρὰς ἐξεράναξα κύλικας καὶ ἀσμένως
κατέδαρθον.

ε′ Βαίτων Ἀνθεμίωνι

Τὰ σμήνη μοι τῶν μελιττῶν κενά, καὶ ἀπεφοίτησαν
τῆς ἑστίας οὐκ οὖσαι τέως δραπέτιδες, ἀλλὰ γὰρ καὶ
πισταὶ διέμενον καὶ ᾤκουν ὡς οἴκους τοὺς αὐτῶν σίμ-

EX ÆLIANI
RUSTICIS EPISTOLIS.

I. Euthycomides Blepæo

Aretacienti mihi ad solis ardorem uvas accedens Ma-
nia superbiebat, putideque se gerens multis me coniecit
scommatis Ego vero iam olim eius desiderio captus
audax quoddam constitui committere facinus Quum
igitur lubens apprehendissem appropinquans, uvas missas
feci, ipsius aggressus magna cum voluptate decerpsi flo-
rem Hæc tibi per Panem magna sint mysteria

II Comarchides Dropæo.

Delicatus Hemero crus in saxum impegit admodu n im
prudenter, et febris eum invasit, intumuitque inguen
Malim ipsum convalescere quam mihi quattuor esse ca-
ricarum modios Ovem mollibus insignem lanis, quam
tibi gratulor, meo nomine saluta, ac buculos duos ca-
nemque et ipsam quoque Maniam salvere iube

III Eupithides Timonidæ

Iniuriam nubi facit ancilla tua, quod de manipulis mihi
aufert atque surripit Si igitur cessaverit, bene tibi et
amici manebimus, sin autem in facto perseverarit, ob
damnum illatum te in ius vocabo Merito enim maiorum
sepulcra mihi ingemiscerent, si Eupithides Corydallensis
ego mihi ipsi vim fieri paterer, idque a mancipio duarum
forte minarum pretii

IV Anthemion Draceti

Quid tu boni effecisti et quid tibi utile laboratum est ?
ego enim viticulæ ducto sulco, tum ficuum germinibus
applantatis circa prædium sevi oleas Iam mihi cœnam
et pisinum ius, tresque magnos exhausi calices et placide
dormivi

V Bæto Anthemioni

Alvearia mihi sunt apibus vacua et a laribus istæ dis-
cessere nondum hucusque fugitivæ, immo fideles perma-
nebant et tanquam domos caveas suas habitabant, habe-

ὅλους, καὶ εἶχον λειμῶνα εὔδροσον καὶ δὴ καὶ ἀνθῶν
εὔφορον, καὶ εἰστιῶμεν αὐτὰς πανδαισίᾳ· αἳ δὲ ὑπὸ
τῆς φιλεργίας τῆς ἄγαν ἀνθειστίων ἡμᾶς πολλῷ καὶ
καλῷ τῷ μέλιτι, κοὐδέποτε τῆσδε τῆς ὠδῖνος τῆς γλυ-
κείας ἦσαν ἄγονοι. νῦν δὲ ᾤχοντο ἀπιοῦσαι λυπη-
θεῖσαι πρὸς ἡμῶν οὐδὲ ἕν, οὐ μὰ τὸν Ἀρισταῖον καὶ
τὸν Ἀπόλλω αὐτόν. καὶ αἲ μέν εἰσι φυγάδες, ὁ δὲ
οἶκος αὐτῶν χῆρός ἐστι, καὶ τὰ ἄνθη τὰ ἐν τῷ λειμῶνι
περὶ αὐτὰ γηρᾷ. Ἐγὼ δὲ αὐτῶν ὅταν ὑπομνησθῶ
τῆς πτήσεως καὶ τῆς εὐχαρίτου χορείας, οὐδὲν ἄλλο ἢ
νομίζω θυγατέρας ἀφηρῆσθαι. ὀργίζομαι μὲν οὖν
αὐταῖς· τί γὰρ ἀπέλιπον τροφέα αὐτῶν καὶ ἀτεχνῶς
πατέρα καὶ φρουρὸν καὶ μελεδωνὸν οὐκ ἀχάριστον; δεῖ
δέ με ἀνιχνεῦσαι τὴν πλάνην αὐτῶν καὶ ὅποι ποτὲ ἀπο-
δρᾶσαι κάθηνται καὶ τίς αὐτὰς ὑπεδέξατο καὶ τοῦτο·
ἔχει γάρ τοι τὰς μηδὲν προσηκούσας. εἶτα εὑρὼν
ὀνειδιῶ πολλὰ τὰς ἀγνώμονας καὶ ἀπίστους.

ϛ'. Κάλλαρος Καλλικλεῖ.

Καὶ ποῖ τις ἀποτρέψει τὸ ῥεῦμα, εἰ μήτε ἐς τὴν
ὁδὸν ἐμβαλεῖ, μήτε ἐς τὴν τῶν γειτόνων διαβήσεται;
οὐ γὰρ δήπου κελεύσεις ἡμᾶς ἐκπιεῖν αὐτό. πάλαι
μὲν οὖν λέλεκται κακὸν εἶναι γείτονα κακός, πεπίστευ-
ται δὲ νῦν οὐχ ἥκιστα ἐπὶ σοῦ. ἀλλ' οὐδέν σοι πλέον
τῆς βίας· οὐ γὰρ ἀποδωσόμεθά σοι τὸ χωρίον, δικάσε-
ται δὲ πρότερον ὑπὲρ τούτων πρός σε ὁ δεσπότης, ἐάν-
περ τὴν διάνοιαν ὑγιαίνῃ.

ζ'. Δερκύλος Ὀπώρᾳ.

Οὐχ ὅτι καλὴ λέγεις εἶναι οὐδ' ὅτι πολλοὺς ἐραστὰς
λέγεις ἔχειν, διὰ τοῦτο ἐπαινῶ σε· ἴσως μὲν γάρ σε
ἐκεῖνοι διὰ τὸ εἶδος θαυμάζουσιν, ἐμὲ δὲ ἀρέσκεις διὰ
τὸ ὄνομα, καί σε οὕτως ὡς καὶ τὴν γῆν τὴν πατρῴαν
ἐπαινῶ, καὶ τεθαύμακα τὸν οὕτω σε καλέσαντα τῆς
ἐπινοίας, ἵνα μὴ μόνοι σε περιμαίνωνται δηλονότι οἱ
ἐν τῇ πόλει, ἀλλὰ γὰρ καὶ ἀγροῖκος λεώς. τῆς
Ὀπώρας οὖν καταπειράσας τί ἀδικῶ; ἐπεί τά τε ἄλλα
καὶ ἐφολκὸν εἰς ἔρωτα τὸ ὄνομα, καὶ ταῦτα ἀνδρὶ γεωρ-
γίᾳ ζῶντι· ἀπέστειλα οὖν σοι τῆς ὁμωνύμου τῆς ἐν
ἀγρῷ σῦκα καὶ βότρυς καὶ τρύγα ἀπὸ ληνῶν, ἦρος δὲ
ἀποπέμψω καὶ ῥόδα τὴν ἐκ τῶν λειμώνων ὀπώραν.

η'. Ὀπώρα Δερκύλῳ.

Σὺ μὲν εἴτε σπουδάζεις ἐς τὸ ὄνομα τὸ ἐμὸν εἴτε
παίζεις οἶσθα δήπου αὐτός, ἐγὼ δὲ οἷς πέμπεις οὐκ
ἀξιῶ πρός με ὡραΐζεσθαι. καλὰ γάρ σου τὰ δῶρα,
ἀκρόδρυα δυοῖν ὀβολοῖν καὶ ὑβριστὴς οἶνος διὰ νεότη-
τα· πίοι δ' ἂν ἡ Φρυγία αὐτόν· ἐγὼ δὲ Λέσβιον πίνω
καὶ Θάσιον καὶ ἀργυρίου δέομαι. ὀπώραν δὲ Ὀπώ-
ρᾳ ἀποστέλλειν αὐτόχρημα πῦρ ἐπὶ πῦρ φέρειν ἐστί.
κἀκεῖνο δέ σε οὐ χεῖρον εἰδέναι ταύτῃ ἠπειροῦν καὶ
αὐτὴ νοῶ. τοῦ γὰρ χρηματίζεσθαι παρὰ τῶν βου-
λομένων μοι προσιέναι καὶ τὸ ὄνομα αἴτιον· παιδεύει

---

bantque pratum roscidum et floribus abundans. Atque
excipiebamus eas omni cibariorum genere, illæ vero pro in-
defesso suo studio invicem nos pascebant multo et egregio
melle, et nunquam suavis illius partus erant steriles.
Nunc autem discessere nihil a nobis mali passæ, per Ari-
stæum et Apollinem ipsum. Atque illæ quidem exules sunt,
domus eorum orba, floresque in prato relicti con-
senescunt. Ego vero quum recordor earum volatum et
gratissimas choreas, nihil aliud quam filias amisisse arbi-
tror. Quare irascor eis. Quid enim reliquerunt altorem
suum et plane patrem et custodem procuratoremque mi-
nime ingratum? necesse est autem ut ipsarum errores
investigem et quo post fugam consederint, itemque
quisnam eas receperit : habet enim nihil ad se pertinentes.
Deinde ubi invenero, multis ingratas atque infideles ca-
stigabo.

VI. Callarus Callicli.

Quo tandem deducet quispiam flumen, si neque in
viam irrumpet, neque in vicinorum agros transibit? ne-
que enim ebibere illud nos jubebis. Iam olim dictum est
malum esse vicinum malum, id quod verum esse in te
ipso nunc maxime comprobatur. At nihil tibi proderit
violentia : non enim tibi prædium trademus, sed iure
prius super istis tecum aget dominus, si sana mente est.

VII. Dercyllus Oporæ.

Non quod venustam te esse dicis, neque quod multos
te ais habere amatores, iccirco te laudo. Fortasse enim
illi propter formam te admirantur, mihi vero propter
nomen places, atque sic te ut terram paternam laudo,
mirorque eius qui hoc tibi nomen indidit consilium, quo
scilicet non solum qui in urbe habitant te deperirent,
verum etiam rusticus populus. Quare Oporam tentans
quid facio iniuriæ, quum ceteroqui et ad amorem no-
men pertrahat, idque hominem ex agricultura vitam
agentem? misi igitur tibi cognominis tui rusticæ ficus et
uvas et mustum de torcularibus, vere autem et rosas
mittam pratorum oporam.

VIII. Opora Dercyllo.

Tu quidem de nomine meo serio loquaris an ioceris
ipse sane nosti, ego vero donis quæ mittis nolim te apud
me gloriari. Vilia sunt enim dona tua, vilia poma duo-
rum obolorum et iniuriosum ob novitatem vinum. Bibat
illud Phrygia, ego Lesbium bibo et Thasium atque ar-
gentum postulo. Oporam autem Oporæ mittere revera
ignem est inferre igni. Atque illud tua refert eadem qua
et ipsa intelligo ratione nosse. Nimirum pecuniæ colli-
gendæ ab eis, qui mecum consuetudinem habere volunt,

γάρ με ὅτι καὶ τὸ κάλλος τῶν σωμάτων ὀπώρᾳ ἔοικεν. ἕως οὖν ἀκμάζει, καὶ τὴν ὑπὲρ αὐτοῦ χάριν προσῆκόν ἐστιν ἀνταπολαμβάνειν· ἐὰν δὲ ἀπορρεύσῃ, τί ἂν ἄλλο εἴη τὸ ἡμέτερον σῶμα ἢ δένδρον καρπῶν ἅμα καὶ φύλλων γυμνόν; καίτοι γε ἐκείνοις μὲν ἡ φύσις δίδωσιν· ἀναθῆλαι, ἑταίρας δὲ ὀπώρα μία. δεῖ τοίνυν ἐντεῦθεν ταμιεύεσθαι πρὸς τὸ γῆρας.

θ΄. Χρέμης Παρμένωνι.

Ὀψὲ ἔμαθον ὅτι μοι συνεβούλευες καλῶς παιδεύων με ἀποδιδράσκειν τὰς ἑταίρας· λαβεῖν γὰρ κεχήνασι καὶ προσποιοῦνται φιλεῖν καὶ ἀποκλείουσι συνεχῶς, καὶ τὸ πάντων μοι βαρύτατον, πρὶν ὑπερπλησθῆναι καὶ γενέσθαι διακορεῖς οὐ βούλονται συγκαθεύδειν, ἀλλὰ ἀκκίζονται καὶ θρύπτονται, εἶτα μυστιλῶνται πάλιν, καὶ λάθρα μὲν ἀναλοῦσι πάντα καὶ καταπίνουσιν ὑπὲρ τοὺς ἐργαστῆρας τοὺς ἐν ἀγρῷ, παρόντων δὲ ἡμῶν ὡραΐζονται. ἐγὼ δὲ κατὰ χειρὸς ποιῶ πάντα καὶ σπεύδω καταλαβεῖν ἐς δύο τὰ σκέλη ἄρας καὶ ὑποστρέφειν ἐπὶ τὰς αἶγας πάλιν. ἐμέλλησα δ᾽ ἂν τὴν κάκιστα ἀπολουμένην Θηβαΐδα αὐλουμένην πρός με ἀράμενος μέσην εἶτα ῥίψας εἰς τὸ κλινίδιον ἔχεσθαι τῆς σπουδῆς. ἀπόλοιτο δὲ ὁ στρατιώτης ὁ διακωλύσας με· Θρασυλέων, οἶμαι, ἦν ὄνομα αὐτῷ ἢ ἄλλο τι τοιοῦτον συμπεπλεγμένον θηρίῳ.

ι΄. Φιλέριφος Σιμύλῳ.

Πέπυσμαί σου τὸν ὗν εἶναι λάγνην. τί οὖν αὐτὸν οὐ βίᾳ συλλαβὼν τομίαν εἰργάσω, ὥσπερ εἰώθαμεν τοὺς τράγους ἡμεῖς; τοῦτο γάρ τοι καὶ τὰ ζῷα ἀναπείθει ἡσυχίαν τε ἔχειν καὶ σωφρονεῖν εὖ μάλα. εἰμὶ δὲ ἐγὼ περὶ ταῦτα δήπου δεινός· ἀποφανῶ γὰρ παραχρῆμα ὁλόκληρον, σάξας ἁλῶν καὶ ἐπαλείψας πίτταν. εἶτα ὑγιεινότερος ἔσται κρότωνος δήπου καὶ κολοκύντης, καὶ ἐρῶν παύσεται καὶ ἐπιτρίβων σοι τὴν οὐσίαν. ἐνόρχην δὲ ἀκόλαστον ὑγιαίνων τρέφοι τίς ἄν;

ια΄. Λαμπρίας Τρύφῃ.

Ἀγαθὰς διώκειν οἱ νεανίσκοι τρέφουσι κύνας, δρομικώτερον δὲ λαγὼν οὐδὲ ἀσαρκότερον οὐδεπώποτε ἐθεασάμην· θαῦμα γὰρ ὅπως καὶ κατέλαβον αὐτόν· ἐπεὶ γὰρ ἐδάρη καὶ τὸ δέρμα ἀπεδύσατο, φανερὸς τηνικαῦτα ἐγένετο, μᾶλλον δέ (οὐ γὰρ ὀρθῶς λέγω) ἀφανής ἐστι νῦν ἔτι πλέον. σὺ δέ, ὦ Τρύφη, κιχλίζουσα παῦσαι πρός με· ἐὰν γάρ σε, ὦ κακόδαιμον, ὁ πατὴρ ἴδῃ, λήψῃ τι πάντως κακόν. ἐγὼ δὲ αὐτὸν ὑποδέδοικα καίτοι παρόντα ὄντα· σὺ δὲ οὐκ οἶδα ὅπως διατέθρυψαι καὶ καταφρονεῖς αὐτοῦ.

ιβ΄. Τρύφη Λαμπρίᾳ.

Προσπατταλεύσομεν, ὦ Λαμπρία, τοῦ λαγὼ τὴν δοράν, ἵνα σοι τῶν κυνηγεσίων ἄγαλμα ᾖ τοῦτο κατὰ

---

caussa et ipsum nomen est : docet enim me pulchritudinem etiam corporum oporæ esse similem. Donec igitur viget, æquum est etiam debitam pro ea gratiam recipere : si vero defluxerit, quid aliud nos erimus quam arbor fructibus simul et foliis orbata? atqui natura illis ut revirescere possint datum est, meretricis vero una est opora. Hinc igitur oportet providere senectuti.

IX. Chremes Parmenoni.

Sero cognovi te mihi bonum consilium dedisse, quum mihi ut meretrices fugerem suaderes : etenim prædæ inhiant et amare sese simulant et arcent continenter, quodque omnium mihi est gravissimum, antequam impleantur et exsatientur, nolunt concumbere, sed tergiversantur et modestiam simulant, tum rursus exhauriunt, et clam quidem excutiunt omnia ac voracitate ipsos agricolas superant, præsentibus autem nobis putide se gerunt. Volebam autem perditissimam Thebaïdem tibiis canentem apud me arreptam mediam in lectulum prosternere atque opus peragere. In malam rem abeat qui me impedivit miles. Thrasyleo opinor erat ei nomen aut aliud tale cum bestia compositum.

X. Phileriphus Simylo.

Audivi salacem tibi esse suem. Quid igitur eum non vi correptum excidisti, quemadmodum hircos nos solemus? hoc enim et animalia adducit ut quietem agant et admodum temperanter sese gerant. Ego vero sum hac in re peritus : in integrum enim eum statim sale conditum et pice peractum restituo. Tum ricino sane magis et cucurbita erit sanior, desinetque amare et tibi rem tuam atterere. Verrem vero libidinosum quis tandem, dum sapiat, alat?

XI. Lamprias Tryphæ.

Canes ad persequendum expeditas adolescentes alunt, celeriorem autem leporem macrioremque nondum vidi. Mirum enim quo modo eum ceperim : nam postquam excoriatus est et pellem exuit, tum demum apparuit, immo, non enim recte dico, magis etiam nunc evanuit. Tu vero, o Tryphe, desine indecenter mihi arridere : nam si te, misera, pater viderit, malum aliquod tibi omnino accidet. Ego quidem ipsum patrem licet subtimeo, tu vero nescio quomodo lascivis et contemnis eum.

XII. Tryphe Lampriæ.

Affigam, o Lampria, leporis pellem, et hoc tibi venationum monumentum sit ex more magnorum illorum ve-

2.

τοὺς μεγάλους ἐκείνους δήπου θηρευτάς· ἔσται δὲ
καὶ τὸ σὸν εὔθηρον ἀνάγραπτον. πότερον δὲ αὐτὸς
ᾕρηκας ἢ δῶρον εἴληφας; πῶς δὲ καὶ ὤφθη τὴν ἀρχὴν
διὰ σμικρότητα; εὑρίνοι ἄρα ὄντως ἦσαν αἱ κύνες· οὐ
γὰρ ἦν αὐτὸν ἰδεῖν, ἀλλ' ᾔσθοντο αὐτοῦ. σὺ δὲ ἐξ
οὗ θηρᾶν ἤρξω, γέγονας ἡμῖν αὐτόχρημα Ἱππόλυτος.
ὅρα δὴ τὴν Ἀφροδίτην μὴ καὶ σοὶ διὰ τὴν ὑπεροψίαν
μηνίσῃ.

ιγ'. Καλλιππίδης Κνήμωνι.

Ἀγροίκου βίου τά τε ἄλλα ἐστὶ καλὰ καὶ δὴ καὶ τὸ
ἥμερον τοῦ τρόπου· ἡ γὰρ ἡσυχία καὶ τὸ ἄγειν σχολὴν
τοῖς τῆς γῆς καλὴν πραότητα ἐνεργάζεται. σὺ δὲ οὐκ
οἶδ' ὅπως ἄγροικος εἶ καὶ γείτοσιν οὐκ ἀγαθὸς πάροι-
κος. βάλλεις οὖν ἡμᾶς ταῖς βώλοις καὶ ταῖς ἀχράσι
καὶ μέγα κέκραγας ἰδὼν ἄνθρωπον ὡς διώκων λύκον
καὶ ἀργαλέος εἶ καὶ τοῦτο δὴ τὸ λεγόμενον ἁλμυρὸν
γειτόνημα. ἐγὼ δὲ εἰ μὴ πατρῴων ἀγρὸν ἐγεώργουν,
ἄσμενος ἂν αὐτὸν ἀπεδόμην φυγῇ φοβερoῦ γείτονος.
ἀλλ' ὦ βέλτιστε Κνήμων, τὸ σκαιὸν τοῦ τρόπου κατά-
λυσον, μηδέ σε ὁ θυμὸς ἐς λήθην προαγέτω, μὴ καὶ
μανεὶς σεαυτὸν λάθῃς. ταῦτά σοι φίλα παρὰ φίλου
πικραγγέλματα ἔστω καὶ ἴαμα τοῦ τρόπου.

ιδ'. Κνήμων Καλλιππίδῃ.

Ἔδει μὲν μηδὲν ἀποκρίνασθαι· ἐπεὶ δὲ εἶ περίεργος
καὶ βιάζῃ με ἄκοντά σοι προσδιαλέγεσθαι, τοῦτο γοῦν
κεκέρδαγκα τὸ δι' ἀγγέλων σοι λαλεῖν, ἀλλὰ μὴ πρὸς
αὐτόν σε. ἔστω σοι τοίνυν ἡ ἀπὸ Σκυθῶν λεγομένη
ἀπόκρισις αὕτη. ἐγὼ μαίνομαι καὶ φθονῶ καὶ μισῶ
τὸ τῶν ἀνθρώπων γένος. ἔνθεν τοι καὶ βάλλω τοὺς
ἐσφοιτῶντας ἐς τὸ χωρίον καὶ βώλοις καὶ λίθοις. Μα-
κάριον δὲ ἡγοῦμαι τὸν Περσέα κατὰ δύο τρόπους ἐκεῖ-
νον, ὅτι τε πτηνὸς ἦν καὶ οὐδενὶ συνήντα, ὑπεράνω τε
ἦν τοῦ προσαγορεύειν τινὰ καὶ ἀσπάζεσθαι. ζηλῶ
δὲ αὐτὸν καὶ τοῦ κτήματος ἐκείνου εὖ μάλα, ᾧ τοὺς
συναντῶντας ἐποίει λίθους· οὕτως οὖν εἴ μοι τις εὐ-
πορία κατατυχεῖν ἐγένετο, οὐδὲν ἂν ἦν ἀφθονώτερον
λιθίνων ἀνδριάντων, καὶ σὲ δ' ἂν εἰργασάμην τοῦτο
πρῶτον. τί γὰρ παθὼν ῥυθμίζεις με καὶ πρᾶον ἀπο-
φῆναι γλίχῃ οὕτως ἐχθρὰ πᾶσι νοοῦντα; ἔνθεν τοι καὶ
τοῦ χωρίου τὸ παρὰ τὴν ὁδὸν ἀργὸν εἴασα καὶ τοῦτό
μοι τῆς γῆς χῆρόν ἐστι καρπῶν. σὺ δὲ ἕνα σεαυτὸν τῶν
ἀναγκαίων ἀποφαίνεις, καὶ σπεύδεις με φίλον ἔχειν
μηδὲ ἐμαυτοῦ φίλον ὄντα. τί γὰρ καὶ παθὼν εἰμὶ
ἄνθρωπος;

ιε'. Καλλιππίδης Κνήμωνι.

Σὺ μὲν τῶν ἀπορράδων διαφέρεις οὐδέν, οὕτως ἄ-
γριος ὢν καὶ μονήρης τὸν τρόπον, δεῖ δέ σε ὅμως καὶ
μὴ βουλόμενον ἥμερον ἡμῖν γενέσθαι, καὶ ταῦτα γειτ-
νιάσεως αἰδοῖ καὶ θεῶν ὁρίων τιμῇ, οἵπερ οὖν εἰσι
κοινοί. θύω τοίνυν τῷ Πανὶ καὶ Φυλασίων τοὺς

---

natorum. Litteris etiam prospera tua in venando fortuna
mandabitur. Sed utrum cepisti ipsum an dono accepisti?
et quomodo conspici omnino potuit ob parvitatem? Sane
bonis canes præditæ erant naribus : non enim videre eum
poterant, sed odoratæ sunt. Tu vero ex quo venationi
operam dare cœpisti, re vera nobis Hippolytus evasisti.
Cave igitur Venerem, ne tibi quoque ob superbiam ira-
scatur.

XIII. Callippides Cnemoni.

In agresti vita præter cetera laudanda est morum
mansuetudo : quies enim atque otium pulchram rebus
rusticis affert lenitatem. Tu vero nescio quomodo rusti-
cus es et vicinis non bonus accola. Petis enim nos glebis
atque piris et homine conspecto magnum tollis clamorem
quasi lupum persequens et molestus es, quodque in pro-
verbio est salsa vicinitas. Ego vero si non paternum
agrum colerem, lubens illum venderem, quo vicinum ef-
fugerem metuendum. At, optime Cnemo, morum rusti-
citatem depone, neque te ira in oblivionem adducat, ne
te ipsum quoque lateas insaniens. Hæc tibi amica ab
amico sint præcepta et morum remedium.

XIV. Cnemo Callippidæ.

Nihil quidem responso opus erat : sed quoniam pro im-
portunitate tua me invitum tecum disputare cogis, hoc
saltem lucratus sum, quod per nuntios, nec vero coram
tecum ipso licet loqui. Hoc igitur Scythicum quod aiunt
responsum tibi habe. Ego insanio et invideo et odi ge-
nus hominum. Hinc eos qui agrum intrant glebis lapidibus-
que peto. Beatum autem Perseum illum duas ob rationes
iudico, quod et alatus erat nec in quenquam incidebat,
et superior erat quam ut alloqueretur quenquam aut salu-
taret. Præterea et rem illi invideo vehementer, qua
obviam sibi factos in lapides convertebat, cuius si mihi
copiam aliqua fortuna faceret, nihil esset lapideis statuis
frequentius, ac te primum hoc malo afficerem. Quid
enim in ordinem me cogis et mansuetum cupis reddere,
qui sic omnibus infesta moliar? Hinc etiam eam agri par-
tem, quæ viam attingit, incultam reliqui, et hæc mihi
terra orba est fructibus. Tu vero te ipsum unum ex
necessariis meis facis et me studes amicum habere, qui
ne mihi ipsi quidem sim amicus. Quid tandem est, cur
homo factus sim?

XV. Callippides Cnemoni.

Tu quidem a nefandis nihil differs, tam ferox qui sis
tamque solitarius, oportet te autem nihilominus et no-
lentem mansuetum nobis fieri pudore nempe vicinitatis
et terminalium deorum reverentia, qui nobis sunt com-
munes. Sacra igitur Pani facio et Phylasiorum conjunctis-

μάλιστα ἐπιτηδείους ἐς τὴν ἱερουργίαν παρακαλῶ
ἐν δὴ τούτοις καὶ σὲ ἀφικέσθαι βουλοίμην ἄν, οὐ ἐ·
καὶ ἐμπίων καὶ κοινωνήσας σπονδῶν ἔσῃ τι καὶ πραό-
τερος· ὁ γάρ τοι Διόνυσος φιλεῖ τὰς μὲν ὀργὰς μαραί-
νειν τε καὶ κατακοιμίζειν, τὰς δὲ εὐφροσύνας ἐγείρειν
ἔσται δέ σοι ὁ αὐτὸς οὗτος θεὸς καὶ Παιὼν καὶ ἀπο-
λύσει σε τῆς ἀκράτου χολῆς, οἴνῳ σβέσας ·ὸ τοῦ θυμοῦ
ὑπέκκαυμα. καὶ αὐλητρίδος δὲ ἀκούσας ἴσως, ὦ
Κνήμων, καὶ ἐς ᾠδὴν ἐμπεσὼν καὶ ἐς μέλος ὑπολισθὼν
ἕξεις τι καὶ γαληνὸν ἐν τῇ ψυχῇ οὐ χεῖρον δ' ἂν
εἴη οἰνωμένον σε καὶ μασχάλην ἆραι εἰ δέ που καὶ
μεθύων κόρη περιπέσοις ἅβραν ἀνακαλούσῃ ἢ τὴν
-ίτθην ὑπολειφθεῖσαν εὑρεῖν πειρωμένη, τάχα πού τι
καὶ θερμὸν δράσεις καὶ νεανικὸν ἔργον οὐδ' ἂν
ἀπεοικὸς εἴη καὶ τοιοῦτό τι πραχθῆναι ἐν τῇ τοῦ Πα-
νὸς θυσίᾳ καὶ γάρ τοι κἀκεῖνος ἐρωτικὸς εὖ μάλα καὶ
οἷος ἐπανίστασθαι παρθένοις λῦσον δὲ καὶ τὴν ὀφρὺν
καὶ τὸ σκυθρωπὸν τοῦτο καὶ σύννες χάλασον εὐθυμίᾳ
φίλου ·αῦτα παραινέσεις νοοῦντός σοι ἀγαθά

ις' Κνήμων Καλλιππίδῃ

Ἵνα σοι καὶ λοιδορήσωμαι ταῦτ' ἀντεπιστέλλω
καὶ ἵν' ἄρῃ τι τῆς ὀργῆς ἐς σέ μάλιστα γὰρ ἐδεό-
μην παρόντος, ἵνα σου καὶ αὐτόχειρ γένωμαι. τί γάρ
με διαφθεῖραι γλίχῃ, τί δὲ σπεύδεις ἀπολέσαι με εἰς
ἑστίασιν καὶ θοίνην παρακαλῶν, πρῶτον μὲν γὰρ τὸ
πολλοὺς ὁρᾶν καὶ συνεῖναι πολλοῖς δεινῶς πέφρικα,
φεύγω δὲ κοινὴν θυσίαν ὡς οἱ δειλοὶ τοὺς πολεμίους,
ὑφορῶμαι δὲ καὶ τὸν οἶνον ὡς ἐπιβουλεύσει καὶ ἐπι-
θέσθαι γνώμῃ δεινῶς· καρτερόν, τοὺς δὲ θεοὺς τούς τε
ἄλλους καὶ τὸν Πᾶνα ἀσπάζομαί τι· καὶ προσαγορεύω
παριὼν μόνον, θύω δὲ οὐδὲν οὐδὲ γὰρ αὐτοῖς ἐνοχλεῖν
ἐθέλω σὺ δέ μοι καὶ αὐλητρίδας προσσείεις καὶ
ᾠδάς, ὦ καταγέλαστε ἐπὶ μὲν δὴ τούτοις καινῶς
οὐχ ἅψαίμην σου, καλὰ δέ σου κἀκεῖνα, ὀρχήσεσθαι
καὶ ὁμιλήσειν κόρῃ θερμότατα σὺ μέν μοι δοκεῖς κἂν
ἐς πῦρ ἅλασθαι κἂν ἐς μαχαίρας κυβιστῆσαι, ἐμοὶ δὲ
μήτε θύων εἴης φίλος μήτε ἄλλως

ιζ' Δερκύλος Δύσγρι

Οὐκ ἐγὼ ἔλεγον ὅτι Πλοῦτον ὁρῶντα ὀξὺ καὶ οὐ
τυφλὸν ἀνεῦρες καὶ καταγελᾷς μου καὶ τῆς γῆς καὶ
τῆς τύχης, ἐπεὶ τῶν χρηστῶν καὶ ἐπιμέλειαν τίθεται,
σὺ γοῦν ἀπέδειξας τῶν εὐδαιμόνων ἐκείνων εἰς ὤν, οὓς
ἐπὶ Κρόνου φασὶν ἐκ τῆς γῆς αὐτόματα ἔχειν πάντα
καὶ κοινωνίαν ἐν αὐτοῖς ἄφθονον πολιτεύεσθαι καὶ ἀφέ-
λειαν τρόπου καὶ ἕνα οἶκον οἰκεῖν τὸν ὑπ' οὐρανῷ
τόπον πάντα πλουτήσαντι γοῦν σοι τίς οὕτω φιλό-
μωμος ἢ κακός, ὡς ἄχθεσθαι καὶ ζηλότυπα νοεῖν,
μήπω τοσαύτης κακίας ἀναπλησθείη γεωργῶν ἤθη,
ὡς ζηλοτυπεῖν τε εἰς πλοῦτον καὶ ὑπὲρ χρημάτων φρο-
νεῖν εἰς ἀγρίας αἶγας τραπείη ταῦτα καὶ εἰς τοὺς
ἐν δικαστηρίοις ῥήτορας

---

simos ad sacrificium invito obeund im In his te q..oque
venire velim Tu vero ubi biberis unaque libaveris no-
biscum, eris et aliquanto mitior Bacchus enim quum iras
arefacere et sopire solet, tum gaudia excitare Erit tibi
idem hic deus et medicus et liberabit te ab immoderata
bile, vino cerebri incendio exstincto Fortasse et tibicina
audita, o Cnemo, et in cantum incidens inque carmen
prolapsus habebis aliquid etiam in animo tranquillum
Neque minus juvat, si et vino repletus alam tollas Quod
si ebrius etiam incideris in puellam, quæ revocet ancillam
vel amissam quærat nutricem, fortasse calidum aliquod
et juvenile edes facinus, cujusmodi Panis in sacrificio
committi consentaneum est nam et ille admodum est
amoribus deditus atque aggredi solet virgines Solve tu
vero supercilium et austeritatem istam ac tristitiam hi-
laritate tempera Amici hæc est admonitio bene tibi
volentis

XVI Cnemo Callippidæ

Ut te quoque convicus proscindam, hæc rescribo, et
de ira aliquid in te remittam Maxime enim te coram
præsentem habere vellem, ut mea manu inferre tibi pos-
sem mortem Quid enim corrumpere me cupis, quidque
me studes perdere in convivium atque epulas vocatum?
primum enim adspectum multorum cumque multis ha-
bendam consuetudinem vehementer perhorresco, deinde
commune sacrificium quemadmodum timidi hostes fugio
suspectum etiam habeo vinum ut insidiandum et dolis
struendo animo potentissimum, deos autem quum alios
tum Panem veneror et saluto tantum, sacri vero nihil facio
neque enim ipsis molestus esse volo At tu mihi tibi-
cinas et carmina commendas, stultissime Et de his
quidem novis argumentis tecum non pugnaverim, egregia
vero et hæc tua sunt præcepta, saltare et cum puella
rem habere, lascivissime Tu, nisi fallor, et in ignem in-
silies inque gladios te immittes, mihi vero neque sacra
faciens amicus eris neque aliter

XVII Dercyllus Lschreæ

Nonne dicebam ego te Plutum acriter videntem nemi-
nique cæcum invenisse? jamque derides me et terram
et fortunam, quoniam bonorum etiam curam habet Tu
igitur ex felicibus istis te unum esse declarasti, quos im-
perante Saturno aiunt ex terra sponte nascentia habere
omnia et morum simplicitatem, unamque domum habi-
tare omnem cœlo subjectum locum Quis igitur tam sit
reprehendendi cupidus aut improbus, qui hoc modo di-
vitiis utenti tibi invideat aut malevolo in te sit animo?
absit ut tanta malitia rusticorum animi imbuantur, ut
alienis divitiis angantur atque inhient pecuniæ In agre-
stes capras hæc vertantur et in oratores qui versantur in
judiciis

ιη΄. Δημύλος Βλεψία.

Γεωργίαν καὶ γεωργεῖν ἀπολιπὼν ὁ γείτων Λάχης
ἐπέβη νεώς, καὶ πλεῖ τὸ Αἰγαῖον φασι, καὶ ἄλλα
πελάγη μετρεῖ καὶ ἐπικυματίζει καὶ λάρου βίον ζῇ
καὶ ἀνέμοις μάχεται διαφόροις· ἄκρα τε αὐτὸν ἐξ ἄκρας
διαλαμβάνει, καὶ περιβλέπων ἁδρὸν κέρδος καὶ περι-
νοῶν πλοῦτον ἀθρόον μακρὰ εἶπε χαίρειν αἰγιδίοις
ἐκείνοις καὶ νομευτικῷ τῷ προτέρῳ βίῳ· γλίσχρως τε
καὶ κατ᾽ ὀλίγον ἐκ τῶν ἀγρῶν ἀποζῆν οὐ δυνάμενος
οὐδὲ ἀρκούμενος τοῖς παροῦσιν Αἰγυπτίους καὶ Σύ-
ρους φαντάζεται καὶ περιβλέπει τὸ δεῖγμα καὶ πολύς
ἐστι νὴ Δία τόκους ἐπὶ τόκοις λογιζόμενος καὶ χρή-
ματα ἐπὶ χρήμασιν ἀριθμῶν, καὶ διαφλέγει τὴν διά-
νοιαν αὐτοῦ καὶ ἐκκάει κέρδος ἀμφοτερόπλουν, χειμῶ-
νας δὲ οὐκ ἐννοεῖ, οὐδὲ ἐναντία πνεύματα, οὐδὲ τῆς
θαλάσσης τὸ ἀστάθμητον, οὐδὲ τῶν ὡρῶν τὰς ἀκαιρίας.
ἡμεῖς δὲ εἰ καὶ μικρὰ κερδαίνομεν μεγάλα πονοῦντες,
ἀλλὰ πολὺ ἡ γῆ τῆς θαλάσσης ἑδραιότερον, καὶ αὕτη
πιστοτέρα βεβαιοτέρας ἔχει τὰς παρ᾽ ἑαυτῆς ἐλπίδας.

ιθ΄. Μορμίας Χρέμητι.

Ἐγὼ μὲν ἔθυον γάμους ὁ χρυσοῦς μάτην καὶ πε-
ριῄειν ἐστεφανωμένος· οὐδὲν δέον καὶ τούς τε ἔνδον καὶ
τοὺς ἔξω θεοὺς ἐκολάκευον, ὁ δὲ παῖς κατήγαγε μὲν
τὸ ζεῦγος ἐκ τῶν ἀγρῶν ὡς τὴν νύμφην ἐξ ἄστεος
εἰς τὸ πατρῷον χωρίον ἐπανάξων, αὐλητρίδα δὲ
λυσάμενος, ἧς ἔτυχεν ἐρῶν, νύμφης στολὴν αὐτῇ
περιβαλὼν ἐπανήγαγέ μοι φάτταν ἀντὶ περιστερᾶς,
φασίν, ἑταίραν ἀντὶ νύμφης. καὶ τὰ μὲν πρῶτα αἰ-
δουμένη κορικῶς εὖ μάλα καὶ κατὰ τὸν τῶν γαμουμέ-
νων νόμον ὑπέκρυπτε τὴν τέχνην, μόλις δὲ ἀπερράγη
ἡ σοφία τε αὐτῶν καὶ αἱ κατ᾽ ἐμοῦ μηχαναί. οὐ
μὴν ἐς τὸ παντελές μου καταφρονήσουσιν ὡσπεροῦν
πλινθίνου, ἐπεί τοι τὸν καλὸν νυμφίον εἰς κόρακας
ἀποκηρύξω, ἐὰν μὴ τῆς ὑπερβαλλούσης τρυφῆς παυ-
σάμενος σὺν ἐμοὶ ταφρεύῃ καὶ βωλοκοπῇ· τὴν δὲ νύμ-
φην ἀποδώσομαι κἀκείνην ἐπ᾽ ἐξαγωγῇ, ἐὰν μή τι
καὶ αὐτὴ τῶν ἔργων τῇ Φρυγίᾳ τε καὶ τῇ Θράττῃ
συνεπιλαμβάνῃ.

κ΄. Φαιδρίας Σθένωνι.

Φύεται μὲν ἐν τοῖς ἀγροῖς καλὰ πάντα, κεκόσμηταί
τε ἡ γῆ τούτοις καὶ τρέφει πάντας· καὶ τὰ μέν ἐστι
τῶν καρπῶν διετήσια, τὰ δὲ πρὸς ὀλίγον ἀντέχοντά
ἐστι τρωκτὰ ὡραῖα· πάντων δὲ τούτων θεοὶ μὲν ποιη-
ταί, ἡ γῆ δὲ μήτηρ ἅμα καὶ τροφὸς ἡ αὐτή. φύεται δὲ
καὶ δικαιοσύνη καὶ σωφροσύνη, καὶ ταῦτα τῶν ἐν τοῖς
ἀγροῖς δένδρων τὰ κάλλιστα τῶν τε καρπῶν οἱ χρησι-
μώτατοι. μὴ τοίνυν γεωργῶν καταφρόνει· ἔστι γάρ τις
καὶ ἐνταῦθα σοφία, γλώττῃ μὲν οὐ πεποικιλμένη οὐδὲ
καλλωπιζομένη λόγων δυνάμει, σιγῶσα δὲ εὖ μάλα

Agricultura et agri colendi opificio relicto vicinus La-
ches navem conscendit et Ægæum, ut aiunt, navigat, alia-
que metitur maria atque innatat, ac lari vitam vivit et
cum adversis prœliatur ventis, et promontorium eum ex
promontorio excipit, atque amplum circumspiciens lucrum
magnasque in animo versans divitias procul valere dixit
capellis illis et pastorali quam ante egit vitæ, quumque
sordide et parce ex agris suis vivere non possit, neque
eis quæ in pompta sunt contentus sit, Ægyptios et Syros
somniat, et forum circumspicit, multusque est per Iovem
in usuris ratiocinandis et pecuniis computandis, atque
incendit eius animum et exurit lucrum nauticum, tem-
pestates vero nihil curat, neque adversos ventos, neque
maris inconstantiam, neque temporum importunitates.
Nos vero tametsi exiguum facimus magnos labores
obeuntes lucrum, multo tamen mari stabilior est terra,
quoque maior huius fides est, eo certiorem de se præbet
spem.

Ego quidem nuptialia sacra aureus frustra feci, corona-
tusque præter necessitatem circumivi, ac deos tam qui in-
tus quam qui extra sunt colui, filius autem deduxit
ex agris iugum, quo ex urbe sponsam ad paternum
rus reduceret, tibicinam vero redemptam, cuius amore
flagrabat, sponsæ vestitu amictam adduxit mihi palum-
bam pro columba, quod aiunt, meretricem pro sponsa.
Ac primum quidem in morem virginis admodum pudi-
bunda, ut recens nuptæ solent, celabat artem, sensim
tamen rupta est illorum sollertia et intentæ in me ma-
chinæ. At non prorsus me contemptui habebunt quasi
latericium. Nimirum egregium sponsum ad corvos able-
gabo, nisi a nimio luxu abstinens mecum fodiat et
glebas scindat, sponsam vero illam peregre vendam, nisi
ipsa quoque Phrygiæ se atque Thressæ adjungat laborum
sociam.

Nascuntur quidem in agris omnia bona, hisque ornata
terra victum præbet omnibus, atque alii quidem fructuum
per totum annum durant, alii per exiguum tempus du-
rantes sua quique tempestate maturescunt, omnium autem
horum dii sunt auctores, terra vero mater et nutrix ea-
dem. Verum nascuntur et iustitia et temperantia, hæque
sunt ruri arbores pulcherrimæ, fructus utilissimi. Noli
igitur contemnere agricolas : est enim hic quoque quæ-
dam sapientia, lingua quidem non colorata neque dicendi
vi ornata, sed egregie tacens et ipso vitæ genere virtutem

καὶ δι' αὐτοῦ τοῦ βίου τὴν ἀρετὴν ὁμολογοῦσα. εἰ δὲ σοφώτερα ταῦτα ἐπέσταλταί σοι ἢ κατὰ τὴν τῶν ἀγρῶν χορηγίαν, μὴ θαυμάσῃς· οὐ γάρ ἐσμεν οὔτε Λίβυες οὔτε Λυδοὶ ἀλλ' Ἀθηναῖοι γεωργοί.

plæ se ferens Quod si hæc scripta sunt sapientius quam pro agrorum cultura, ne tibi mirum videatur non enim Libyes sumus neque Lydi sed Athemenses agricolæ

ΑΙΝΕΙΟΥ ΤΟΥ ΣΟΦΙΣΤΟΥ ΕΠΙΣΤΟΛΑΙ.

ÆNEÆ SOPHISTÆ EPISTOLÆ.

α'. Ἰωάννῃ.

Εἰ σὸν ἐτύγχανε τὸ βιβλίον, ἤρων δέ, παρ' ἐμοὶ δικαίως ἂν ἦν· τοιοῦτον ἡ φιλία. νῦν δὲ δεσπότης ἐγώ, σὺ δ' οὐ δίδως. ἀλλὰ μὴ πρὸς φιλίου Διός, μὴ γάρ μοι τοῦτο ὅτι βιβλίον· ἐμοὶ γὰρ οὐσία τοῦτο, καί μοι τῶν Κροίσου κτημάτων σεμνότερον εἶναι τὸ κτῆμα δοκεῖ. ἄλλος μὲν γὰρ σμινύης ἐρᾷ, ἑτέρῳ πρὸς κύνας ὁ ἔρως, ἄλλῳ τόξον ἐν ἡδονῇ, τῷ δὲ ἵππος τὰ παιδικά, ἐμοὶ δὲ βιβλία καὶ λόγοι. ἀλλ' ὃ μᾶλλον τῶν ἄλλων τὸν κεκτημένον χαίρειν ποιεῖ, τοῦτο μᾶλλον τῶν ἄλλων τὸν ἀφῃρημένον λυπεῖ. εἰ μὲν οὖν ἀποδώσεις, πείθομαί σου τῇ διανοίᾳ τὸ βιβλίον ἐγγεγράφθαι· εἰ δὲ μή, δόξεις οὐ τῶν γεγραμμένων ἐπιθυμεῖν ἀλλὰ τοῦ βιβλίου κεκτῆσθαι δοκεῖν. ἀλλὰ τί ταῦτά φημι; οὐχ ὅθεν πολλάκις εὐφράνθην, ἐντεῦθεν ἀνιάσομαι.

β'. Κάσσῳ.

Λαέρτης ὁ γέρων οὐκέτ' ἤθελεν εἶναι βασιλεὺς οὐδ' ἀνθρώπων ἄρχειν, ἀλλὰ κηπουρός τε εἶναι καὶ τῶν δένδρων ἐπιμέλεσθαι. σὺ δέ μοι δοκεῖς ἐζηλωκέναι τὸν ἄνθρωπον· οὐ γὰρ ἂν τὴν πόλιν καὶ τοὺς σαυτοῦ ἀπολιπὼν χρόνον οὕτω μακρὸν ἐν ἀγρῷ προσκαθήμενος τοῖς φυτοῖς διῆγες λαλῶν. ἔδει δὲ οὐ τοῦ Λαέρτου μεμνῆσθαι ἀλλὰ Σωκράτους καὶ τῶν Σωκρατικῶν δογμάτων, ἐν οἷς ἐκεῖνος χαριέντως καὶ σεμνῶς λέγων φιλοσοφεῖ ὅτι τὰ χωρία καὶ τὰ δένδρα οὐδὲν ἐθέλει διδάσκειν, οἱ δ' ἐν τῷ ἄστει ἄνθρωποι. τούτῳ μᾶλλον πειθόμενος μακρὸν τῶν ἀγρῶν ὑπερίδων, ἐν οἷς ἄπορον σοφίας καρπὸν τοὺς γεωργοῦντας δρέπεσθαι, ἀναμνήσθητι τῶν συνήθων ἐκείνων διατριβῶν, ἐν αἷς ἔνεστι σοφόν τι μαθεῖν καὶ διδάξαι καί, τὸ δὴ μέγιστον, εὐφραίνειν τοὺς φίλους.

γ'. Ἀλφίῳ πρεσβυτέρῳ.

Τοὐναντίον γέγονεν. ὁ μὲν Ἀναστάσιος ἡσυχίαν ἄγει, σὺ δὲ πολεμεῖς, ἀλλ' οὔτε σοὶ πρέπον οὔτ' ἄλλως καλόν. βούλει σοι φράσω καὶ τοῦ πολέμου τὸν τρόπον; ὁ Κορνήλιος Ἀναστασίου χωρίον κατέλαβεν ὃν ἐκεῖνος ἐπολέμει χρόνον· καὶ ἐπειδὴ ἀφίκετο, ὁ μὲν ἠξίου τὸ πεδίον λαβεῖν ὁ δεσπότης, ὁ δὲ γεωργῶν ἠξίου κεκτῆσθαι, ἀλλ' οὐ προῖκα. ἀλλὰ καὶ τιμὴν ὁρίζειν ἔδοξε, καὶ περὶ τῆς ὠνῆς γράμματα γίγνεται, ἤδη δὲ

I. Ioanni.

Si tuus esset liber et amarem, pones me optimo iure esset; talis res est amicitia. Nunc ego dominus sum, tu vero non das. At non per amicum Iovem librum hunc iudico, sed substantiam, et Crœsi facultatibus melior et maior possessio esse videtur; alius enim ligonem amat, alii canes cordi sunt, alii arcus in voluptate est, huic equus ludo est; mihi vero libelli et orationes. Sed quod sua possessione maiore reliquis voluptatem affert, hoc ereptum maiori dolore afficit quam cetera. Si igitur restitues, credo menti tuæ librum esse impressum; sin minus, videberis non quæ illo continentur concupivisse, sed librum possidere voluisse. Sed quid hæc dico? Non unde sæpe mihi delectatio et voluptas parta est, inde dolorem et mœstitiam auferam.

II. Casso.

Laertes ætate confectus non volebat amplius regem agere neque mortalibus imperare, sed hortulanum se gerere et arboribus operam dare. Tu vero mihi videris imitatus hominem esse; non enim urbe et tuis relictis tam longo tempore ruri desideres cum plantis colloquens. Oportebat autem xon Laertis meminisse sed Socratis et dogmatum Socraticorum, in quibus ille iucunde et graviter loquens contendit agros et arbores nihil docere, sed homines, qui in urbe versentur. Huic potius obtemperans neglectis agris et contemptis, in quibus non possunt agricolæ sapientiæ fructum metere, recordare solitam illam vitam, in qua licet sapientiam aliquam discere et docere et, quod maximum est, amicos exhilarare.

III. Alphio presbytero.

Contrarium accidit. Anastasius quietem agit, tu bellum geris; sed neque tibi decorum neque aliter laudandum. Vis tibi describam etiam modum belli? Cornelius Anastasii agrum cepit quo tempore ille bellum administrabat, et postquam rediit, dominus agrum cedere illi volebat; agricola possidere volebat, at non gratis. Sed et pretium definire visum est, adeoque nomina fiunt. Jam vero etiam aurum afferens Cornelius paratus erat solvere agri

24

καὶ τὸ χρυσίον φέρων ὁ Κορνήλιος ἕτοιμος ἦν κατα-
θεῖναι τὴν τοῦ χωρίου τιμήν. σὺ δὲ προσπεσὼν
ἐξαίφνης ἐκέλευες μὴ τοῦτο ποιεῖν, σὸν εἶναι τὸ κτῆμα
φάσκων. ἐντεῦθεν ὀργὴ καὶ πόλεμος· εἰ μὲν οὖν
ἀδικεῖς, καὶ πρὶν εἰς ἡμᾶς ἐλθεῖν τὸ γεγονὸς διάλυσον·
εἰ δὲ δοκεῖς, ἧκε τὴν ταχίστην, ὡς παρὰ δικασταῖς
ἀποδώσων εὐθύνας· οὔτε γὰρ ἀδικεῖν οὔτε δοκεῖν
βουλοίμην τοὺς φίλους

δ' Ζωναίῳ σοφιστῇ

Πολλὰ κἀγαθὰ γένοιτο Ἐπιφανίῳ τῷ καλῷ, ὅτιπερ
ἡμᾶς ἐνέπλησεν ἡδονῆς· ἀγαθὸν γάρ σε ῥήτορα καλῶν
μᾶλλόν σου τὸν τρόπον ἢ τὸν λόγον ἐθαύμαζε. τὸ δ'
οὖν κεφάλαιον, φίλος ἐδόκει ἀληθινός, καί με προσεῖπε
πολλάκις παίζων ἅμα τῷ λόγῳ, ὑπὲρ σοῦ τοῦτο ποιῶν·
σὺ γὰρ τοῦτο πράττειν ἐκέλευες· οἶσθα δ' οἷος ἐκεῖνός
ἐστι τῆς χάριτος ἐραστής· ἀμέλει καὶ ὀλίγρὸς ἦν
θαμά μοι παρὰ σοῦ χαίρειν κελεύων· σὺ δὲ αἴτιος·
εἰ γάρ μοι μικρὰν πέπομφας ἐπιστολήν, ἀπέλαβον ἂν
ἡδέως μικρὰ χαίρειν εἰπὼν καὶ ἀκούσας.

ε' Ὀλυμπίῳ

Κακοὶ κακῶς ἀπόλοιντο οἵτινές ποτε ἦσαν οἱ τὸν
ὑμέτερον οἶκον οὕτω πονηρῶς διαθέντες· ὅσον γὰρ
ἠνιάθην ἐγὼ μὰ τοὺς θεοὺς οὐκ ἂν δυναίμην εἰπεῖν·
ἀλλά μοί τις εὐτυχῶς ὀψέ ποτε παραπέπτωκε παρα-
μυθία, ἧς καλὸν ὑμᾶς κοινωνεῖν. ἐνεθυμήθην δὲ ὡς οὐ
παντελῶς ἄχρηστος ἡ συμφορά· νῦν γὰρ βεβαιότερον
γνώσεσθε ὅτι χρυσὸς καὶ ἄργυρος καὶ περιφανεῖς
ἐσθῆτες τοῖς μὲν πολλοῖς περιμάχητον, ἀβέβαιον δέ τι
χρῆμα καὶ οὐχ ἑστηκὸς οὐδὲ τοῦ ἔχοντος ὡς ἀληθῶς,
εἴγε τῷ βουλομένῳ διαρπάζειν ἔξεστι· τὰ δὲ μαθήματα
καὶ ἡ σοφία τοῖς μὲν ἀνοήτοις καταγέλαστον, βέβαιον δέ
τι κτῆμα καὶ πεπηγὸς καὶ ἀνάλωτον καὶ τὸ ὅλον κρεῖττον
λῃστείας· τούτου μᾶλλον ἀντέχεσθε, καὶ οὐκέτι πρὸς
φυλακὴν δεήσεσθε οὐ τείχους, οὐχ ὅπλων, οὐ φυλατ-
τόντων φάλαγγος·

ς' Παμπω γραμματικῷ

Ἀφείλετό μου τῆς ἐπιστολῆς τὴν ἡδονὴν τῆς λῃ-
στείας ἡ λύπη, δι' ἣν οὐχ ἧττον ἠνιάθην ἐγὼ ἢ εἴπερ
αὐτὸς ἐτύγχανον πεπονθώς· καὶ οὐκ ἀπίθανος ὁ λόγος·
εἰ γὰρ κοινὰ τὰ τῶν φίλων, κοινὴ δήπου καὶ ἡ τούτων
ἀφαίρεσις· ἀλλὰ τί ταῦτα συνάγομαι; πάντως ὁ
τοῦ κέρδους κρείττων καὶ ζημίας ἐγκρατής· ἐντεῦθεν
ἡμῖν ἡ παραμυθία· εἰ δ' ὀρθῶς γιγνώσκω βουλοίμην
παρὰ σοῦ μανθάνειν

ζ' Διοδώρῳ σχολαστικῷ

Διήλλαξεν ἡμᾶς ὁ καλὸς Ἡρόδοτος ἅτε μουσικὸς
τυγχάνων. ὑπὲρ τὸν Ὀρφέα καὶ Θάμυριν ἐκεῖνον ἢ
τοῦ ἀνδρὸς μουσική· νῦν γοῦν ἔγνωμεν ἀλλήλους
ὥσπερ ἐν νυκτομαχίᾳ πρότερον πολεμοῦντες, καὶ εἰ-
ρήνη συχνή· ἀλλὰ κρατῆρα στήσαντες οἷον ἐν εἰρήνῃ

---

pretium At tu necopinato interpellens iussisti ne hoc
faceret, tuum esse peculium affirmans Hinc indignatio
et bellum Si igitur facis iniuriam, priusquam res ad
nos perveniat, desine, si speciem tantum iniuriæ præbes,
veni celerrime, ut rationem apud iudices reddas Neque
enim revera cuiquam iniuriam neque specie facere velim
amicos

IV Zonanio sophistæ

Multa bona contingant egregio Epiphanio, quod nos
implevit voluptate Nam te bonum oratorem nominans
magis tuum ingenium et mores quam dicendi vim ac
facultatem admiratus est Scilicet, quod summum erat,
amicus candidus videbatur, et sæpe me salutabat, iocans
simul cum verbis, id quod tuo nomine faciebat Tu enim
hoc eum iusseras Scis autem qualis ille sit gratiæ ama-
tor Certe enim molestus simul mihi erat tuis verbis
salutem nuntiando Tu vero in causa Si enim exiguam
mihi misisses epistolam, accepissem plane libenter parvam
salutem dicens audiensque

V Ulpio

Mali male pereant, quicunque tandem sunt, qui tanto
malo vestram domum affecerunt Quantum enim dolorem
perceperim, verbis, ita me dii ament, non possum expri-
mere Sed mihi sero tandem aliqua consolatio oblata
est, cuius vos participes facere æquum esse duxi, repu-
tabam enim non ex omni parte inutilem esse calamitatem
Nunc enim liquidius cognoscetis aurum et argentum ac
splendidas vestes, quæ summa contentione vulgo expe-
tuntur, infirmam esse rem et minime constantem neque re
vera in possidentis potestate, si quidem qui vult diripere
ac distrahere potest, doctrinas vero et sapientiam, quæ ab
imperitis deridentur ac contemnuntur, stabile esse bonum
et fixum atque inconsumptum, atque omnino firmius
ac præstantius, quam ut a latronibus eripi possit In
hoc magis incumbite, neque amplius ad custodiam vobis
opus erit, aut mœnibus, aut armis, aut custodum acie

VI Pampo grammatico

Ademit epistolæ voluptatem dolor latrocinii acce-
ptus, quod non minorem mihi attulit perturbationem,
quam si ego ipse damnum accepissem Neque est in-
credibile Nam si amicorum bona sunt communia,
communis etiam horum scilicet est ereptio Sed quid
hæc doleo? certe qui est omni lucro superior, noc damno
obnoxius est Hinc nobis solatium An vero recte sen-
tiam, abs te cupio discere

VII Diodoro scholastico

Reduxit nos in gratiam præclarus Herodotus quippe
musicæ scientiæ peritus Supra Orpheum et Thamyrin
illum est hominis musica Nunc igitur nos invicem
agnovimus, antea quasi nocturno prœlio confligentes, et
pax abunde est, sed craterem statuentes ut in pace liba-

σπονδὰς ποιησώμεθα θεῶν μὲν Ἑρμῆ, ἀνθρώπων δὲ
Ἡροδότῳ, οἳ τὴν στάσιν ἡμῖν μόλις διέλυσαν. τού-
τοις ἄγοντες τὴν ἑορτὴν τὴν μὲν κωμῳδίαν, ἣ ἀναιδῶς
περιτρέχουσα ἐκλαλεῖ τὰ τῶν φιλτάτων, αὐτῇ σκευῇ
τῶν ἐπιστολῶν ἐξελάσομεν, εἰσκαλεσάμενοι ὁ πᾶσαν
φιλίαν δορυφορεῖ, τὴν πειθώ, τὴν χάριν, τὴν ἡδονήν,
τὸν κρότον, τὸν ἔπαινον. τούτοις καθίσωμεν σεμνό-
τερον θέατρον, ἀπειπόντες κωμῳδίᾳ μηδὲν ἐνο-
χλεῖν.

η'. Ζωσίμῳ πρωτεύοντι.

Ὅτι πλέων διεσώθης εὖ οἶδα· οὐ γὰρ κατὰ λῃστείαν
τῆς νηὸς ἐπέθης οἷον οἱ δυνατώτατοι τῶν παλαιῶν,
οὐδ' αὖ κατ' ἐμπορίαν οἷον οἱ πολλοὶ τῶν νῦν θνητῶν,
ἀλλὰ πόθῳ φιλτάτων ἀνδρῶν τε καὶ τόπων, ὥστε σοι
τὸν Ψίλιον μὴ οὐχὶ συμπλεῖν λέγειν οὐ θέμις. ἀλλά
σοι γένοιτο καὶ ἡ πόλις εὐμενὴς μετὰ τὴν θάλατταν,
καὶ τυχὸν τοῦ ἔρωτος παρὰ φίλων πρὸς φίλους ἐπα-
νήκοις.

θ'. Σωπάτρῳ σοφιστῇ.

Ἐπήνεσα τοῦ καλοῦ Κωνσταντίνου τὸν τρόπον, τὴν
τύχην μεμψάμενος· ἔδει γάρ, εἰ μακάριος ἦν, μιᾶς
ἀπολαύειν πόλεως τῆς πατρίδος. νῦν δὲ (οὐ γὰρ ἐδόκει
τῇ τύχῃ) πολλῶν ἀνθρώπων ἴδεν ἄστεα, πλανᾶται δὲ
κατὰ ζήτησιν βίου, καὶ τὴν ἀπορίαν ἀποσεμνύνειν
ἀναγκάζεται, ποιητικὴν ἐπαγγελλόμενος οὐκ ἐκ τῆς
Ἑλλάδος ἀλλ' ἐξ Ἰταλίας πεποιημένην. ψοφεῖ γοῦν
βαρύ τι καὶ ὑπέρογκον. μετὰ ταῦτα προσελθὼν
ἐδεῖτό μου συμμαχεῖν, ἐγὼ δὲ σοῦ. πάντως δὲ καὶ
σὺ διασώσεις πρὸς ἕτερον.

ι'. Ζωσίμῳ σοφιστῇ.

Εἰ μὲν νέος ἦν ὁ χρηστὸς Παῦλος, ποιητὴς δέ, τιμῆς
ἄξιος ἦν· νῦν δὲ ποιητὴς καὶ γέρων, ἀμφότερα δὲ ταῦτα
τοὺς θεραπεύειν εἰδότας ἐπιζητεῖ. τούτων ἐθέλεις
εἶναι καὶ πρῶτος καλῶς γε ποιῶν. ἔχεις οὖν ὃν εὖ
ποιήσεις.

ια'. Μαρινιανῷ ἀπὸ ὑπάτων.

Τῶν ἐμῶν γυμνασίων ὁ καλὸς Πόντων φιλοπονίᾳ
τοὺς ἄλλους παραδραμών (μέγα δὲ τοῦτο συμβάλλεται
πρὸς μαθημάτων συλλογὴν) ἀμέλει ῥητορικῆς ἔγνω
παλαίσματα, καὶ νόμων προσέθηκε ποικιλίαν καὶ οὔπω
τῶν πόνων ἐμπίμπλαται, ἀπῆρε δὲ πρὸς ὑμᾶς ὥσπερ
ἀγαθὸς ἀθλητὴς εἰς Ὀλυμπίαν ἀποδημῶν, ἤδη μὲν
εἰς ἀγῶνα παρεσκευασμένος καλῶς. εἰ δὲ ὑμεῖς
ἐμπνεύσετε, ὀλυμπιονίκην εἶναι τὸν νέον μαντεύομαι.
γένοιτο δὲ ὑμᾶς λαμπρῶς ἀγωνοθετεῖν καὶ ἆθλα τι-
θέναι οὐ πυγμῆς καὶ πάλης ἀλλὰ λόγων καὶ σωφρο-
σύνης. προσφθέγγομαι τὸν ἐνδοξότατον Βίκτορα καὶ
τὸν περίβλεπτον Στέφανον καὶ τὸν χαριέστατον Ἰωάν-
νην καὶ τοὺς ὑμετέρους οἰκείους καὶ ἐμοὺς ἑταίρους.

mina faciamus ex diis Mercurio, ex hominibus Herodoto,
qui controversiam inter nos vix tandem composuerunt.
Ilis festum agentes comœdiam, quæ impudenter circum-
iens effutit res amicissimorum, ipso cum apparatu suo
ex epistolis eiciamus, introducentes quæ omnem amici-
tiam stipant ac custodiunt, persuasionem, gratiam, vo-
luptatem, plausum, laudem. Ilis gravius et honestius
theatrum constituamus, renuntiantes comœdiæ ne mo-
lesta sit.

VIII. Zosimo principi.

Quod e navigatione salvus evaseris, probe scio. Non
enim constituendi latrocinii causa navem conscendisti,
quemadmodum apud veteres qui potentia valebant præ
ceteris, neque vero negotiandi, quemadmodum hoc nostro
sæculo plurimi mortales, sed desiderio amicissimorum
hominum ac locorum, ut Iovem amicitiæ præsidem non
tibi inter navigandum adfuisse, dicere nefas sit. Sed
precor, ut etiam civitas tibi post mare propitia sit, et
amore munitus ab amicis ad amicos revertare.

IX. Sopatro sophistæ.

Laudavi præclari Constantini mores, fortunam repre-
hendi. Oportebat enim, si beatus esset, una civitate pa-
tria frui. Nunc autem (aliter enim visum est fortunæ)
multorum hominum urbes lustravit. Oberrat autem pa-
randi victus causa et egestatem cohonestare cogitur,
poeticam artem professus non e Græcia sed ex Italia
profectam. Strepit igitur graviter et ultra dignitatem.
Cum hac accedens rogabat me ut sibi auxilio essem,
ego rursum te. Non dubium est mihi, quin tu quoque
salvum sis ad alium perducturus.

X. Zosimo sophistæ.

Si iuvenis esset optimus Paulus et poeta, honore dignus
esset. Nunc et poeta est et provectus ætate. Hæc ambo
requirunt qui se colere sciant. In horum societate cupis
esse vel primus et merito quidem. Habes igitur, de quo
bene merearis.

XI. Mariniano a consulibus.

In exercitiis, quæ sunt apud me, egregius Ponto, cum
studio ac labore ceteros præteriisset (multum autem
hoc ad disciplinarum comprehensionem prodest), dein-
ceps rhetorices imbibit exercitamenta et legum adiecit
varietatem, neque adhuc unquam laboribus impletur.
Profectus est autem ad vos tanquam bonus pugil ad
Olympia contendens, iam ad certamen ineundum bene
paratus et instructus. Quod si vos inspiraveritis, equi-
dem Olympionicen fore iuvenem vaticinor. Liceat autem
vobis splendide ludos instituere ac præmia ponere non
cæstuum ac luctæ, sed orationis ac sapientiæ. Saluto
nobilissimum Victorem et inclitum Stephanum, item gra-
tiosissimum Ioannem et vestros familiares meosque so-
dales.

ιβ´ Στεφάνω σοφιστῇ

Τοῖς μὲν ἄλλοις ἐρασταῖς καὶ ὑπόδηγμα τοῦ ἐρωμένου
φανὲν ἱκανὸν παρχμυθεῖσθαι τὸν ἔρωτα, σὺ δὲ καὶ
ψυχῆς καὶ σώματος εἰκόνας ἐπιζητεῖς. οἱ μὲν οὖν
λόγοι τὴν διάνοιαν σαφῶς ἑρμηνεύοντες αὐτὴν ἀτεχνῶς
ὑπογράφουσι τὴν ψυχήν· ἐπ᾽ αὐτὸ γοῦν τοῦτο πρὸς
ὑμᾶς ἀπῆραν· ἐμοὶ δὲ ἦν, δεδογμένον μηχέτι τοῦ εἰ-
δώλου τὸ εἴδωλον ἐγκαταγράφειν ἀλλ᾽ ὅμως αἰσχυνθεὶς
τὸν ὑμέτερον ἔρωτα, προσκαλεσάμενος τὸν τὰ ζῶα
γράφοντα καὶ ἐναντίον καθήμενος, ἀτρεμίζοντι τῷ
προσώπῳ σεμνῶς πάνυ σιγῶν καὶ ἐμαυτὸν περιστέλ-
λων ἀφῆκα τὴν τέχνην τῇ φύσει συνάπτεσθαι. καὶ
τοὐμὸν εἶδος ἀναρπάσασα ἡ τοῦ ζωγράφου δεξιὰ τοῖς
χρώμασιν ἐγκατατίθεται φέρουσα, καὶ νῦν ἔστι παρὰ
σοί, ὡς ἐξεῖναι καὶ διαλέγεσθαι καὶ ὁρᾶν καὶ τῶν ἐμοὶ
παρόντων μηδὲν ἔλαττον ἔχειν   διακονεῖ δὲ ἡμῖν ὁ
καλὸς Εὐθύμιος, καὶ ὑπὲρ τούτου θάλατταν ἡδέως
ὑπομένει, ὃ τοῖς ἀντερασταῖς χαλεπὸν εἶναι δοκεῖ.
ἀλλὰ θεραπεία τοὺς πόνους αὐτῷ συγκαλύψομεν

ιγ´ Ἐγκρατίω

Χθὲς παιδαγωγὸς ἦν ὁ σήμερον ὑπὸ παιδὸς ἀγό-
μενος, καὶ σεμνὸς ἐδόκει τοῖς νέοις ὁ νῦν ἐλεεινὸς οὕτω
φαινόμενος· τοιοῦτον ἡ τύχη. τί οὖν; ἡμεῖς συνα-
χθόμεθα μέν, οὐ βοηθοῦμεν δέ, μὴ σύ γε   εἰ στρα-
τιώτης ἦν, εἶτ᾽ ἐξαίφνης αὐτοῦ τὴν δεξιάν, δι᾽ ἧς
ἠρίστευσεν, ἡ τύχη περιείλετο, ἆρ᾽ οὐκ οἴει τοὺς μα-
χομένους τῶν στρατιωτῶν τῶν λαφύρων αὐτῷ εἰς
ἔρανον φέρειν τὸ μέρος; μὴ τοίνυν ἡμεῖς οἷς ἀπὸ τῶν
λόγων ὁ βίος, τῶν ἐν τοῖς ὅπλοις ζώντων φαυλότεροι
πρὸς φιλίαν ὀφθείημεν.

ιδ´ Ἰωάννη πρεσβυτέρῳ.

Τὰ λάχανα νῦν μᾶλλον εἶδον ἡδέως ἢ πάλαι τὸν
ἐν μέλιτος καὶ ἀμυγδάλων συμπλακέντα κύκλον   τό-
τε μὲν γὰρ ἡ κατὰ τοῦ παιδὸς διαβολὴ ἀφῃρεῖτό τοῦ
μέλιτος τὴν ἡδονήν, νῦν δὲ ἡ τοῦ τρόπου πραότης
χρυσᾶ μοι δοκεῖν ἐποίει τὰ λάχανα. ἡδὺ γὰρ πατὴρ
οὐκ ἐκ διαβολῆς ὠργισμένος ἀλλ᾽ ἐπ᾽ ἀρετὴν εὐνοίας
εἶναι παραχαλῶν καὶ ἐγείρων εἰς προθυμίαν αὐτῷ τὸν
διδάσκαλον

ιε´ Στεφάνω πρεσβυτέρῳ

Οὐ νῦν πρῶτον ἀλλά σοι πάλαι διελέχθην. ἦν δὲ
ἡμῖν ὁ λόγος παρὰ τῷ Νείλῳ, οὗ παρὰ τὰς ὄχθας τότε
ταῖς Μούσαις συνεπαίζομεν ἐκεχόμευτο δὲ καὶ γελᾶν
ἐδόκει σπουδάζων ὁ λόγος   κάλλους ἦν ἀγών, κριταὶ
δ᾽ ἦσαν οἱ Ἕλληνες, ἀγωνισταὶ δὲ Νιρεύς, ὃς κάλλι-
στος γένετ᾽ ἐπιχθονίων ἀνθρώπων, καὶ Θερσίτης, ὃς
αἴσχιστος ἀνὴρ ὑπὸ Ἴλιον ἦλθε   καὶ τὸ χαριέστατον,
τὸ πλέον ἔχειν ὁ Θερσίτης ἠξίου, καὶ παρέσχεν αὐ-
τῷ τὸ ἄλλον ὁ λόγος, καὶ οὐδὲν ἐνώθυσεν ἡ τοῦ Ὁμήρου
κωμῳδία μέρος ἕκαστον τοῦ σώματος ἀπὸ τοῦ πάθους

XII Et q lianio sop hista

Reliquis amatoribus si vel calceum amati videre li-
ceat, satis est ad dandam amori consolationem   tu vero
et animi et corporis imagines requiris   Sermones igitur
mentem perspicue explicantes ipsum animum aperte
describunt et quasi videndum subiciunt   Huius igitur
ipsius rei causa ad vos profecti sunt   Ego vero certum
constitutumque habebam non amplius imaginis imaginem
inscribere. Sed tamen amore vestro ac reverentia motus,
accersito eo, qui pingit animantes et exadversum sedens
quieto vultu plane serio tacens et me ipsum componens
permisi ut artem naturæ conjungeret   Atque meam formam
arreptam pictoris dextera coloribus format, et nunc est
apud te, ut possis et colloqui et videre neque minus ha-
bere iis, qui mecum vivunt   Inservit nobis optimus
Euthymius et eius caussa lubenter et cum voluptate
mare tolerat, quod rivalibus arduum esse videtur   Sed
observatione et cura labores ei mitigantes quasi occul-
tabimus

XIII. Encratio

Heri pædagogus erat qui a pueris hodie ducitur, et
magna auctoritate erat apud pueros qui nunc adeo
miserabilis apparet   Eiusmodi res est fortuna   Quid igi-
tur⸴ nos miseremur, at auxilium opemque non afferimus⸴
Noli tu   Si cuipiam, qui militiam sequitur, repente
dextram, qua se strenuum præbuerat, eripuisset fortuna,
an non censes pugnantes milites de spoliis ei partem ad
lucrum esse tributuros⸴ Ne igitur nos, quibus victus ex
disciplinis et artibus est, deteriores ad amicitiam videa-
mur quam qui in armis vitam degunt

XIV Joanni presbytero

Leguminibus nunc magis delectatus sum quam olim
orbe ex melle et amygdalis conflato   Tum enim pueri
calumnia mellis dulcedinem auferebat, nunc morum le-
nitas efficit, ut aurea mihi videantur legumina   Suavis
enim est pater, qui non ex calumnia irascitur, sed qui ad
virtutem excitat atque id agit, ut præceptor prompto sit
animo et alacri

XV Stephano presbytero

Non iam primum sed olim tecum locutus sum   Erat
autem nobis sermo apud Nilum, ad cuius ripas tum Musis
colludebamus   Iocabatur autem et ridere videbatur
seria oratio   De pulchritudine certamen erat   Iudicium
dabatur Græcis   Certabant vero Nireus, qui formosis-
simus fuit omnium hominum super terram, et Thersites
qui turpissimus omnium sub Ilium venit, et, quod iu-
cundissimum erat, Thersites palmam volebat auferre, et
præbuit ei præmium oratio neque quicquam impedi-
mentum fuit Homeri comœdia, quamlibet corporis

ὀνομάζουσα καὶ μέχρι τριχὸς γελῶσα τὸν ἄνθρωπον.
τὰ μὲν οὖν τότε συνέπαιζες τοῖς ἀκροαταῖς, νῦν δέ σε
σπουδάζειν ἀκούω καὶ τοῖς ἱεροῖς τὸ καλὸν δόγμα κη-
ρύττειν καὶ λόγῳ μεταρρυθμίζειν τῶν πολιτῶν τὸν
τρόπον. καὶ νῦν ὁ οἰκοδόμος καὶ τέκτων ἔχουσί τι
περὶ τῶν θείων εἰπεῖν, καὶ περὶ ἀρετῆς μεταξὺ τῆς
ἐργασίας διαλέγονται οἱ πρὸ τῶν σῶν λόγων λίθους
καὶ ξύλα λαλοῦντες. ἀλλὰ πολλὰ κἀγαθὰ γένοιτο
Εὐστρατίῳ τῷ καλῷ ὅτι πολλὰς πόλεις διαδραμὼν
τοῦ σοῦ ὀνόματος πάσας ἐνέπλησε· μηδεὶς γὰρ ἀγαθὸς
λανθανέτω. οὗτος καὶ ταύτην ἀνέπεισε τὴν ἐπιστολὴν
ὡς ὑμᾶς ἰέναι, ἐλπίδι μετεωρίσας καὶ μεῖζον᾽ ὑποσχό-
μενος, χρύσεα χαλκείων, ἀντὶ τῆς ἡμετέρας τὴν ὑμε-
τέραν ἐπιστολήν. ἀλλὰ μὴ καλῆς ἐλπίδος διαμάρ-
τοιμεν.

ιϛ´. Σαραπίωνι.

Τὸ παρ᾽ ὑμῖν ἀκήκοα δρᾶμα, καὶ αὐτὴν ἐδά-
κρυσα τὴν γῆν, εἰ ἐκ τῶν ἱερέων ὁ πόλεμος ἄρχεται,
παρ᾽ οἷς εἰρήνη τὸ κήρυγμα. εἰ γὰρ ὅθεν ἔδει σε-
σῶσθαι, ἐντεῦθεν ἀπολλύμεθα, τίς πόρος σωτηρίας
ἡμῖν καταλείπεται; ταῦτα μὲν οὖν εἴποι τις ἂν οἶμαι
θρηνῶν, ἐγὼ δὲ συνάχθομαι καὶ συνήδομαι· ἀνιαρὸν
μὲν γὰρ τῶν κινδύνων ἡ πεῖρα, ἀκριβεστάτη δὲ με-
γαλοψυχίας βάσανος ἡ ἐν τοῖς κινδύνοις εὐψυχία. ποία
γὰρ ἀρετῆς κτῆσις, ἧς ἀγὼν μὴ προηγήσατο; εἰ μὴ
καὶ στρατηγὸν φαίης ἄριστον τὸν μηδεπώποτε κατι-
δόντα πολέμιον. φέρειν δὲ δεῖ καὶ μὴ ἀθυμεῖν· ἐκ
πολέμου γὰρ ἡμῖν εἰρήνη βεβαιοῦται· εἰ δὲ μή, τὸν
πόλεμον διενέγκοιμεν. ἀλλ᾽ οἷα ὁρᾶτε τοὺς φίλους.
ἐγὼ τῆς ῥητορικῆς ἐρᾶν πρὸς ὑμᾶς ὡμολόγουν, ἐλ-
πίσας παρ᾽ ὑμῶν εὑρήσειν τὸ φάρμακον, ἀλλὰ τοὐναν-
τίον γέγονεν· ηὐξήσατε γὰρ μᾶλλον ἢ διελύσατε τὸν
ἔρωτα, θέατρον τῇ ἐπιστολῇ συλλέγοντες καὶ κρότον
διεγείροντες. πῶς οὖν ἄν τις ἀτιμάσειε τὸ παρ᾽ ὑμῶ
ἐπαινούμενον;

ιζ´. Διονυσίῳ σοφιστῇ.

Πάλαι μὲν τὸ Πήλιον κοινὸν διδασκαλεῖον τῶν
ἡρώων ἐδόκει, νυνὶ δὲ ἡ ὑμετέρα καὶ τῶν Μουσῶν
πόλις. καὶ ἐπίστευσαν οἱ πατέρες τοὺς υἱεῖς αὐτοῖς
ὡς ὑμᾶς φοιτῶντας ἢ λόγους μανθάνειν ἢ λόγους εἰδέναι
δοκεῖν. καὶ θαυμαστὸν οὐδέν· ἡ γὰρ πόλις ἀρχαία
καὶ παλαιᾶς μυθολογίας γέμουσα, περὶ ἧς ᾄδεται ἄλλα
τε πολλὰ καὶ καλὰ καὶ ὅτι Καλλιόπη θαυμάζουσα τὴν
πόλιν ὑμῖν παρακάθηται τὸν Ἑλικῶνα παραθέουσα
καὶ τὰς ἀδελφὰς αὐτῇ πείθει συνοικεῖν. ὁ δὲ Ἑρμῆς
πάντως οὐκ ἀνέξεται μὴ οὐ συμπαίζειν ταῖς ἀδελφαῖς,
ἀλλὰ καὶ Ἀπόλλων μουσικὸς ὢν θεὸς ταύτης ἐρᾷ
μᾶλλον ἢ τοῦ Παρνασσοῦ. οὐ γὰρ παραπλήσιον
αὐτῷ δοκεῖ μάχαιρα Δελφῶν καὶ τὸ κάλλος τῶν παιδι-
κῶν οὐδὲ πέτρα Δελφῶν καὶ τῆς δάφνης τὸ ἄλσος, ἔνθα
καὶ τὸ ὕδωρ ἐπαισθάνεται τοῦ θεοῦ καί τι μουσικὸν
ὑπηχεῖν λέγεται. τὸ δὲ κάλλιστον, ὁ Διόνυσος διδά-

---

partem ab incommodo ac perversitate nominans, et
usque ad capillos hominum deridens. Tunc igitur ioca-
bare cum auditoribus. Nunc autem audio te serio rem
agere atque sacris præclarum dogma prædicare et ora-
tione civium mores transmutare. Et nunc ædificator
atque faber possunt de divinis verba facere et de virtute
inter opus faciundum disserunt, quibus ante tuas ora-
tiones lapides ac ligna erant in ore. Sed bene sit optimo
Eustratio, qui multis urbibus peragratis tuo nomine
omnes implevit. Nemo enim bonus lateat. Ille etiam
persuasit, ut hanc epistolam ad vos mitterem, in spem
adducens et maiora promittens, aurea pro æneis, pro
nostra vestram epistolam. Sed tu operam dato, ne pul-
cherrima spes nos fallat.

XVI. Sarapioni.

Drama, quod apud vos contigit, audivi, et ipsam
terram luxi, si a sacerdotibus bellum initium ducit, apud
quos pax prædicatur. Si enim unde salus proficisci de-
beat, hinc pernicies ac perditio existit, quænam ratio
salutis nobis reliqua est? Hæc igitur nemo, ut opinor, sine
lacrimis dicere possit. Ego vero simul doleo et una
gaudeo. Tristis est enim periculorum experientia, at
exquisitissima magnanimitatis probatio, bonum animum
in periculis gerere. Qualis enim virtutis possessio, quam
certamen non præcesserit? nisi etiam ducem strenuum
ac præstantem dicas, qui nunquam in hostium conspectum
venit. Ferendum est autem, neque animus est abiciendus.
Ex bello enim pax nobis confirmatur et vires colligit.
Sin minus, porro ferendum est bellum. Ego me rhe-
toricam amare professus sum apud vos, spem habens
me impetraturum a vobis remedium, sed contrarium
evenit. Auxistis enim magis quam exstinxistis amorem,
theatrum epistola colligentes et plausum excitantes.
Quomodo igitur possim hoc non in pretio habere, quod
a vobis laudibus afficitur?

XVII. Dionysio sophistæ.

Olim Pelium communis docendorum heroum ludus
videbatur, nunc vestra et Musarum civitas. Et cre-
diderunt parentes filios suos, qui ad vos accederent,
aut artes liberales ac disciplinas discere aut tenere iam
videri. Neque mirum. Urbs enim antiqua et veteris
doctrinæ plena, de qua cum alia multa et egregia cele-
brantur, tum Calliopen admiratam civitatem apud vos
consedisse et Helicone relicto et sorores ut secum habi-
tarent persuasisse. Mercurius autem facere omnino
non potuit, quin cum sororibus colluderet. Sed et Apollo,
qui musicus deus est, plus hanc amat quam Parnassum.
Non enim ei simile videtur gladius Delphorum et ama-
siorum formositas, neque Delphorum rupes et lauro
consitus lucus, ubi etiam aqua deum sentit et musicum
quiddam sonare dicitur. Quod vero pulcherrimum est,

σκων ὡς ἀληθῶς τὰς τῶν θεῶν τελετάς ταῦτα διε
γείρει πρεσβύτας, ταῦτα συγκαλεῖ νέους, διὰ ταῦτα
καλὴν ἐλπίζω τὴν εὐπορίαν γενέσθαι τῷ νέῳ, ἄλλως τε
καὶ ὅτι προτετελεσμένος καὶ τῶν παρ' ἡμῖν καλῶν ἐν
παρασκευῇ γενόμενος ἀπῆρεν, ὡς Ἀθήνησιν οἱ τὰ μικρὰ
μυστήρια προτελούμενοι τῶν μεγάλων. δέξου τοίνυν
εὐμενῶς τὸν νεανίσκον, δοκιμάζων αὐτοῦ τὴν φύσιν
ἐκ τῆς νῦν ἐπιθυμίας, δι' ἣν καὶ θάλατταν πλεῖ καὶ
πολλὴν ἤπειρον ἐλαύνει οὐ μάλα ἐρρωμένῳ τῷ σώ-
ματι ἐχέτω δέ τι καὶ μεῖζον διὰ τὴν ἐπιστολήν
δεῖ γὰρ ταύτην θαρρεῖν μηδαμῶς τε ἐρυθριᾶν νῦν
πρῶτον ὡς ὑμᾶς φοιτῶσαν, ἐρωτικῶς τε προσιέσθαι καί
τι πρὸς αὐτὴν ἡδέως λαλεῖν οὕτω πολλάκις ὡς ὑμᾶς
΄σε.

η' Θεοδώρῳ σοφιστῇ

Ἔστω Σμυρναῖος Ὅμηρος Ἀριστείδης κοινω-
νείτω τῆς φιλοτιμίας ὁ ἐμὸς ῥήτωρ Θεόδωρος πάντως
ἐμὸν καὶ τοῦτο, εἴγε τὰ τῶν παίδων καλὰ τοῦ πατρὸς
εἶναι νομίζεται. ἀλλ' εὔγε τῆς ὑμετέρας εὐφωνίας,
δι' ἣν τῶν Ἀθηναίων οἱ παῖδες οὐ παρὰ τῶν πατέρων
παρὰ δὲ τῶν Σύρων ἀττικίζειν ἀξιοῦσι μανθάνειν.
οὐκέτι γοῦν εἰς τὸν Πειραιᾶ καταίρουσιν οἱ τῆς ἀκα-
δημείας ἐρῶντες, οὐδὲ φοιτῶσι παρὰ τὸ Λύκειον, παρ'
ἡμῖν τήν ἀκαδήμειαν καὶ τὸ Λύκειον εἶναι νομίζοντες
ἐγὼ γοῦν ἱκανὰς ἔγω παρ' ὑμῶν τὰς ἀμοιβάς, εἰ
κἀμὲ πρόγονον δι' ὑμᾶς ᾄσουσιν Ἴωνες καὶ τῆς ἐμῆς
ψυχῆς τὰς εἰκόνας καθαρῶς θεωροῦντες ἤδη καὶ τοῦ
σώματος τὸ εἶδος ὑπογράφουσιν. ἡ δὲ παρ' ὑμῶν
στολὴ ἐμοὶ μὲν λαμπρότερον ἀποφαίνει τὸ σχῆμα,
σοὶ δὲ καλλίω τὴν φήμην ἐργάζεται

ιθ' Γεσσίῳ ἰατροσοφιστῇ

Ἐμὸς Προκόπιος γενέσθω δὲ σὸς Ἐλπιδίου ταῖς,
ὃν ἠβουλόμην ἔτι ζῆν, δι' ὃν ἤκμασε γὰρ παρ' ἡμῖν ἰα-
τρική. ἀλλὰ γὰρ χαλεπὸν περὶ τοὺς λόγους φιλοπο-
νεῖν καὶ τὸ σῶμα καλὸν διασώζειν. οἷα γοῦν
πέπονθα ἐγὼ μὲν ὑπέγραφον, ὑμεῖς δὲ ὥσπερ
θεαταὶ τοῦ πάθους γεγόνατε ἀλλὰ τί δράσω, βαρεῖαι
μὲν αἱ τῶν νεφρῶν ὀδύναι καὶ ὀξεῖαι, ὑμεῖς δὲ βραδεῖς
ὡς ἔοικε χάριν διδόναι. ἡ πόσον χρόνον ἐπιστέλ-
λομεν, τῷ δὲ κάμνοντι καὶ ἡμέρα μία πολλῶν ἐτῶν
περίοδος ἢ οὐ φιλοσοφοῦντι τὸ πάθος βαρύτατον,
οὐχ ἡ τέχνη παρὰ σοί, οὐχ ἕτοιμος ἡ τοῦ φαρμάκου
κατασκευή; τί οὖν ἐμποδών, πλὴν εἰ μὴ τῆς εὐνοίας
ἐπιλέλησαι, εἴγε ἀμείνων ἀγνοίας μᾶλλον ἢ κακίας
κρίνεσθαι; χαλεπαίνει γοῦν ὁ δικαστὴς οὐ πρὸς
ἀγνοοῦντα ἀλλὰ πρὸς ἐθελοκακοῦντα ἀλλ' ὡς τῆς τῶν
φιλτάτων προδοσίας ἔτι μὲν ἡ νόσος παρ' ἐμοί,
ἔτι δὲ τὸ φάρμακον παρὰ σοί, ἀλλὰ μεταξὺ λόγου τῷ
πάθει πληττόμενον.

ʹ Τῷ αὐτῷ

Ὁ καλὸς Νεμεσίων ἀπὸ τῆς τῶν νόμων ἐπιστήμης

Bacchus docens revera deorum ceremonias ac mysteria
Hæc comparata sunt ad excitandos senes, ad convocandos
iuvenes Ob hæc in spem venio optimam iuveni copiam
fore, præsertim quod prius initiatus et nostris muneribus
instructus profectus est, quemadmodum Athenis qui
parvis mysteris ante magna initiantur Recipe igitur
benigne iuvenem et eius ingenium ex præsenti cupiditate
perspectum habe, ob quam et mare navigat et per ma
gnam Epiri partem iter facit non admodum valenti cor-
pore Tribuatur ei etiam propter epistolam aliquanto ma-
gis Hanc enim audacem esse oportet neque ulla ratione
pudore affici, nunc primum ad vos euntem, velim au-
tem eam amantissime excipi et blandis verbis salutari
Sic ad vos commeabit sæpius

XVIII Theodoro sophistæ

Sit Smyrnensis Homerus Aristides veniat in societatem
honoris meus rhetor Theodorus Plane meum est etiam
hoc, si quidem liberorum bona patris esse iudicantur
Sed euge nostram vestræ orationis concinnitatem, propter
quam Atheniensium liberi non a patribus verum a Syris
Atticam linguam cupiunt perdiscere Non amplius igitur
in Piræeum appellunt, amantes Academiæ, neque Lyceum
frequentant, apud nos Academiam et Lyceum arbitrantes
esse Mihi igitur satis a vobis redditum est gratiæ, si
etiam patrem me Iones propter vos celebrabunt, et animi
mei simulacra dilucide cernentes, iam etiam corporis
formam describunt et effingunt Stola vero a vobis
profecta mihi splendidiorem gravioremque figuram ad-
dit, tibi illustriorem clarioremque famam efficit

XIX Gessio iatrosophistæ.

Meus Procopius Sit autem tuus Elpidii filius, quem
velim adhuc in vita permanere, propter quem viguit apud
nos medendi scientia Etenim difficile est disciplinis
studium operamque navare et corpus integrum conser-
vare Quæ igitur passus sum, ego quidem depinxi, vos
autem quasi spectatores incommodi et calamitatis vos
præbuistis Sed quid faciam? Graves enim sunt renum
dolores et molesti, vos autem tardi, ut apparet, ad
dandum beneficium Diu est quod scribo Ægrotanti
vero dies unus etiam annorum est circuitus An non
philosophanti morbus gravissimus? Non ars apud te,
non instructa est medicamentorum apparatio? Quid igitur
obstat, nisi quod amicitiæ ac benevolentiæ oblitus es?
Melius est enim imprudentiæ quam malitiæ adscribere
Succenset certe iudex, non qui per imprudentiam, sed
qui ultro ac sua voluntate scelus patravit Sed quasi
amicissimorum proditio sit, morbus adhuc est mecum,
remedium vero tecum sed inter loquendum morbo per-
cellor

XX Eidem

Præclarus Nemesio, ob legum peritiam laudatus, ma-

ἐπαινούμενος ἀπὸ τοῦ τρόπου μᾶλλον ἔτι θαυμάζεται.
τί τούτου κάλλιστον σημεῖον; φίλους οἶδε θηρεύειν,
καὶ εὖ πράττουσι μὲν συνήδεται, πεπονθόσι δὲ οἷά-
περ οὐκ ἔδει συνάχθεται. βουλοίμην μὲν καὶ σὲ πρὸς
τῇ ἄλλῃ φιλοσοφίᾳ καὶ τοῦτο μελετᾶν· μελετή-
σεις δὲ τῶν ἀπόντων φίλων ἢ τῶν παρόντων μεμνη-
μένος. ἕως μὲν γὰρ ἂν τὰ πάθη λανθάνῃ, καὶ τὰ
φάρμακα ἐν μέσῳ κείμενα λανθάνει, καὶ ἀκμάζει
περὶ τὴν θεραπείαν ἡ πλάνη· ἡ δὲ τοῦ πάθους
διάγνωσις οἷον φῶς ἐξέλαμψε τῇ τέχνῃ, καὶ δια-
νοίγει τὴν τῶν φαρμάκων περιουσίαν, καὶ οὐκέτ'
ἀμφίβολον τὴν θεραπείαν συνεισφέρει. ὑπεγράψαμεν
τὸ πάθος, εἴ τί που μέμνησαι, ὡς συχνὴ προηγήσατο
κίνησις, ὡς πολλὴ συνηκολούθησεν ἀντὶ τῆς περιττῆς
ὑγρότητος ἡ τοῦ αἵματος ῥύσις, ὡς ἡσυχία καὶ δίαιτα
τὸ πάθος συνεσκίαζε. καὶ πάλιν κίνησις καὶ πάλιν αἵ-
ματος ῥύσις, καὶ αὖθις ἡσυχία καὶ δίαιτα, καὶ ὡς
οὐκέτι τὸ πάθος συνεκρύπτετο, ἀλλὰ στύψις ἐπέ-
κειτο τὸ μὲν πρῶτον μετρία, εἶτ' οὐκ ἀγεννής,
τελευτῶσα δ' ἀφόρητος, αἰκιζομένη καὶ ἔνδοθεν
ὑβρίζουσα καὶ ὅλως τὸν ὀμφαλὸν σπαράττουσα. τί
γὰρ ἄν τις πρὸς ὑμᾶς ἀποκρύπτοιτο, ἃ δημοσιεύειν
ἡ φύσις οὐκ αἰσχύνεται; μᾶλλον ἓν ἔτι καταλείπεται
φάρμακον τῷ πάθει μονομαχεῖν, πλὴν εἰ μὴ ὑμεῖς
ὑπὸ σοφίας ἕτερον ἐξεύροιτε, ὁ διὰ τῆς πόας συμπε-
πλεγμένος κύκλος ἣν φυσαλλίδα μάλα σεμνῶς ὀνο-
μάζουσι τῶν ἰατρῶν οἱ παῖδες. τουτὶ γὰρ μόνον
ἱκανὸν τὰς τοῦ νοσήματος ἐνέδρας καὶ λόχους ἀμύνε-
σθαι.

κα'. Δωροθέῳ πρεσβυτέρῳ.

Οἱ μὲν πολλοὶ τὸ δὴ λεγόμενον ἀνίπτοις ποσὶν ἐπι-
πηδῶσι τοῖς ἱεροῖς, καθάπερ ὁ τοῦ Πλάτωνος χαλκεὺς
ἐκεῖνος ὁ φαλακρός, ὃς ἔτι καπνοῦ καὶ δυσωδίας ὄζων
ἐπανέστη τῇ δεσποίνῃ. σὺ δὲ ἐξ ἱεροῦ διαβαίνεις εἰς
ἱερόν, ἐκ φιλοσοφίας εἰς ἱερωσύνην. ὁ δὲ τὴν ἐπιστολὴν
κομίζων ἱερῶν ἐστιν ὑπηρέτης. οὐκοῦν σὸς οὗτος.
ἐρᾷ δὲ ἡσυχίας, καὶ οὐκ οἶδ' ὅπως μαθὼν ὄρος εἶναι
Θεῷ κεχαρισμένον δι' ἐρημίαν εἰς ἡσυχίαν ἐπιτήδειον
πρὸς ἐκεῖνο πορεύεται. ἀλλ' ἡ ἐμποδὼν ἀπορία καὶ
τῆς ἀπορίας αἱ μηχαναί, ἃς δύνασαι διαλύειν τοῖς
ἐν μέσῳ τῆς χώρας ἱερεῦσι κελεύων μέχρι τοῦ ὄρους
διασώζειν τὸν ἄνθρωπον.

κβ'. Διοδώρῳ σχολαστικῷ.

Εἰ πόλεμος ἡμᾶς πρὸς ἀλλήλους πολλὰ κελεύει
λαλεῖν, εἰρήνη δὲ συχνὴν ἐπάγει τὴν σιωπήν, μόνος
οὗτος ὁ πόλεμος εἰρήνης κρείττων ἐστί. τί γὰρ χα-
ριέστερον ἢ θαμὰ παιδικοῖς ἀδολεσχεῖν; λύσωμεν
τοίνυν ἢ τὴν εἰρήνην ἢ τὴν σιωπήν. μὴ γὰρ τοὺς
φίλους, μὴ γὰρ τοὺς ῥήτορας σιωπῶντας ὁ ἥλιος κα-
τίδοι.

---

iorem de suis moribus admirationem omnibus præbet.
Quodnam huius evidentissimum signum? amicos venari
novit et secundis eorum rebus lætatur; cum autem
secus quam oportebat aliquid accidit, dolet. Velim te
præter reliquam philosophiam hoc etiam studere. Stu-
debis autem si absentium et præsentium amicorum me-
moriam æque tenueris. Donec enim morbi latent, etiam re-
media in medio posita latent, et dominatur in curatione
error. Morbi vero cognitio quasi lumen quoddam arte
refulget et aperit remediorum copiam, neque dubiam
amplius et ancipitem curationem affert. Descripsimus
morbum, si quid meministi, quod creber antecesserit
motus, quod copiosus insecutus sit pro superflua humi-
ditate sanguinis fluxus, quod somnus et cibus morbum
allevarint. Et iterum motus iterumque sanguinis fluxus,
et rursum quies ac cibus, et quod non amplius recesserit
morbus, sed constrictio urseret, primo mediocris, deinde
non exigua, postremo intoleranda, verberans intusque
premens et umbilicum convellens. Quidnam quis celet
apud vos, quæ in publicum efferre natura non pudet?
Immo unum adhuc reliquum est remedium cum morbo
solitariam pugnam facere, nisi vos pro vestra sapientia
aliud quippiam inveneritis : ex herba constans et com-
plexus orbis, quam physallidem graviter admodum no-
minant medici. Hoc enim solum poterit ægrotationis in-
sidias ac dolos repellere.

XXI. Dorotheo presbytero.

Vulgus illotis, ut aiunt, pedibus ad sacra accedit,
quemadmodum Platonis faber ærarius ille calvus, qui
adhuc fumi plenus et graviter redolens ad dominam ac-
cessit. Tu vero a sacro ad sacrum transis, a philosophia
ad sacerdotium. Qui vero tibi litteras tradit, sacrorum
est minister. Igitur hic tuus est. Amat otium et tran-
quillitatem, ac nescio quomodo cum didicisset montem
esse Deo consecratum propter solitudinem otio conve-
nientem, ad illum proficiscitur. Sed obstat egestas et
egestatis machinæ, quas poteris reprimere, si mandaveris
sacerdotibus qui sunt in media regione, ut ad montem
usque hominem alant et conservent.

XXII. Diodoro scholastico.

Si bellum nos multa invicem conferre et colloqui iubet,
pax autem silentium infert, solum hoc bellum est præ-
stantius pace. Quid enim iucundius quam una jocos ac
nugas agere? Solvamus igitur aut pacem aut silentium.
Ne enim amicos, ne oratores taciturnos sol adspiciat.

κγ' Ἱππανίω σοφιστῇ

Εἰς κάλλος ζῆν ἢ γράφειν μεμελέτηκεν ᾧ δεδώκαμεν τὴν ἐπιστολήν. δύναται δὲ καὶ εὐδαιμονοῦσαν οἰκίαν τῷ κεκτημένῳ διασώζειν καλῶς. πόσοι ῥοῦν τοῦ βίου κοινωνὸν ἔχειν ἐβούλοντο, ὃ δὲ τῆς πατρίδος μᾶλλον ἢ περιουσίας ἐρᾷ. πολλὰς δὲ πόλεις καταμαθὼν οἷά τις Ὀδυσσεὺς ὡς ὑμᾶς οἷα πρὸς Ἀλκίνουν ἀφῖκται καὶ ὃ μὲν ὑμῖν διηγήσεται τὴν πλάνην οἷον ἐκεῖνος ἐκείνῳ, ὑμεῖς δὲ καταλύσαντες τὴν πλάνην οἴκαδε διασώσατε, ὥσπερ ἐκεῖνος ἐκεῖνον μὴ γὰρ διαμάρτοι τῆς δόξης δι' ἐμοῦ πρὸς ὑμᾶς καταφυγών

κδ' Μαρκιανῷ

Φιλεῖν ἐκέλευες, ἐγὼ δὲ καὶ αἰτεῖν ἄρχομαι ἠδίκηται γὰρ ᾧ δεδώκαμεν τὴν ἐπιστολήν κατέβαινεν ἐπὶ φοινίκων ὠνὴν φέρων χρυσίον τὴν τῶν φοινίκων τιμήν· ἀλλ' ὦ τῆς τύχης, οὐδὲ πενίαν ἄνευ κινδύνων ἐστὶν ἀμύνεσθαι ὁ μὲν γὰρ ἤλαυνεν ἀγαθαῖς ἐλπίσιν ἐπαγχούμενος, τῶν δὲ φιλίαν ὑποκρινομένων βαρβάρων οἱ λῃστρικώτατοι προσπεσόντες παίουσί τε καὶ στρεβλοῦσι καὶ γυμνὸν τὸ ξίφος ἐπανατείναντες ἀποσφάττειν ὅλως ἠπείλουν, τέλος δὲ τὸ χρυσίον λαβόντες ἐκέλευον χάριν εἰδέναι ὅτι τὴν τύχην οὐ τὸν βίον μετήλλαξε. Δίκη δ' ὑπόπτερος οὖσα τῶν ἠδικηκότων ἐνίους συλλαμβάνει ἤκουσεν ὁ στρατηγός· ἐχαλέπαινε μισῶν ἀεὶ τοὺς κλέπτας μᾶλλον ἢ τοὺς φανερῶς πολεμίους, καὶ μάλα γε εἰκότως τοὺς μὲν γὰρ ἔστι πόρρωθεν φυλάττεσθαι, οἱ δὲ τοῖς φίλοις ἐξ ἀφανοῦς ἐπιτίθενται. καὶ προσέταττεν ἐπανορθοῦσθαι τοῦ πένητος τὴν ἀπορίαν καὶ ἀναλαμβάνειν ὅσων ἀφῄρηται ὁ μὲν προσέταττεν ὁ στρατηγός, ὁ δ' ἄπορος ἔτι τὴν πενίαν ὀδύρεται ἀλλὰ στήσατε τοῖς μὲν τὴν λῃστείαν, τῷ δὲ τὴν ἀπορίαν προσφθέγγομαι τὸν μεγαλοπρεπέστατον καὶ θεοφιλέστατον στρατηγόν

κε' Ἰουλιανῷ ἀρχιτέκτονι

Τοῦ Ἀλκίνου τὸν κῆπον οἶμαι κεκτῆσθαι διὰ τὴν καλὴν μηχανήν, ἣν σὺ μὲν ἐξεῦρες, ἐποίησε δὲ ὁ τέκτων. ἐγὼ δὲ γράψω τῷ λόγῳ ἥδιστον γὰρ τὸ θέαμα δύο μὲν οἱ μέγιστοι κύκλοι σανίσι καὶ γόμφοις συναπτόμενοι, ὥστε ἕνα τοῖς ἔξωθεν θεωμένοις δοκεῖν εἶναι ἐπὶ δὲ τῷ καταστρώματι πεδίον ἔνδοθεν ἐκτρέχει περὶ τὸν αὐτὸν τόπον μακρόν τινα δρόμον· ὁ δὲ κύκλος συμπαραθεῖ καὶ τοσοῦτον ἀκολουθεῖ, ὅσον τὸ πεδίον βούλεται ὁ δὲ ἄξων, περὶ ὃν ὁ μέγιστος κύκλος αὐτοῦ μένων στρέφεται, καὶ συγκινεῖ μικρὸν ἕτερον κύκλον τὸν ἐπὶ τῷ φρέατι ἐπὶ τούτῳ τὰ σχοινία καὶ οἱ χόες ἐπίκεινται κατὰ μέρος συνδεδεμένοι ἀλλ' ὀξυτάτη μὲν ἡ κίνησις, τοῦ δὲ μικροῦ κύκλου τὸ μέσον στενοχωρία, ὥστε μόνον τὰς ἀπαρχὰς τῆς ἐκροῆς ὑποδέχεσθαι τὸ δὲ πλέον τοῦ ὕδατος ἐπὶ τὸ φρέαρ ἐκχεόμενον ῥᾳδίως αὖθις καταδυθὲν

Eleganter vivendi et scribendi rationem didicit cui tradidimus hanc epistolam Potest etiam domum locupletem patrifamilias recte gubernare et custodire Multi igitur vitæ socium eum adsciscere cupiebant At ille patriæ magis quam opum desiderio tenetur Multis urbibus perlustratis et cognitis, tanquam Ulixes quispiam ad vos quasi Alcinoum iter suscepit Et hic vobis narrabit suam peregrinationem atque errorem quemadmodum ille illi Vos autem finem imponentes errori domum deducite, quemadmodum illum ille Ne enim fallat eum opinio, qui mea opera sibi apud vos perfugium speravit fore

Amare iubebas, ego vero etiam petere incipio Hic enim, cui dedimus perferendam epistolam, iniuria affectus est Descendit emptum caricas ferens aurum pro caricarum pretio Sed o fortuna , ne paupertatem quidem sine periculis licet propulsare Ille equitabat bona spe vectus Ex barbaris vero, qui amicitiam præ se ferunt , latrones immanissimi incidentes plagis afficiunt et tormentis cruciant, ac strictum gladium intendentes mortem omnino minati sunt Postremo pecuniis ereptis gratiam habere iusserunt, quod fortunam tantum non etiam vitam amisisset Dice autem volucris et alata quosdam ex auctoribus iniuriæ comprehendit Audit prætor Indignabatur semper maiori odio fures prosequens quam hostes manifestos, et quidem merito Hi enim procul venientes caveri possunt , illi vero amicos ex insidiis aggrediuntur, ac iussit ut pauperi damnum sarciretur ac tantum reciperet quantum ereptum esset Ac prætor quidem sic imperavit, at pauper adhuc egestatem luget Sed illis latrocinandi consuetudine finite , huic egestatem Saluto magnificentissimum et sanctissimum prætorem

Alcinoi hortum credo me possidere propter eximiam machinam, quam tu invenisti, faber perfecit Ego vero describam oratione Suavissimum enim spectaculum Duo maximi orbes tabulis et clavis sunt coniuncti, ut extrinsecus unus idemque esse videantur In tabulato vero intrinsecus excurrit planities circa eundem locum longo quodam cursu Axis autem, circa quem maximus orbis in vestigio hærens vertitur, simul movet alterum orbem parvum, qui est ad puteum Huic funes et choes impositi sunt vicissim connexi At celerrima est agitatio Parvi orbis medium angustum spatium continet, ut solum primitias effluxionis accipiat Maior vero aquæ pars in puteum effusa, facile rursus defluxa

μόλις ἀνάγεται. τουτὶ μὲν οὖν ἐπανορθώσασθαι δεῖ, τῷ δὲ τὴν ἀρχὴν ἐξευρόντι οὐ χαλεπὸν τὸ τέλος γίνεται· μὴ γὰρ περιίδωμεν οὕτω καλὸν θέαμα τῆς ἑτέρου σοφίας δεόμενον, μὴ ταυτὸν πάθωμεν ὥσπερ ἂν εἴ τις ζωγράφος τὴν Ἑλένην εἰς κάλλος γράφων τῆς κεφαλῆς ἐπιλάθοιτο.

magno negotio vix reducitur. Hoc igitur corrigendum est. Qui autem principium invenit, ei finis non est difficilis. Ne enim patiamur tam egregium spectaculum alterius indigere sapientia, ne idem nobis accidat, ac si pictor quispiam Helenam pulcherrime pingens capitis obliviscatur.

ΑΙΣΧΙΝΟΥ ΡΗΤΟΡΟΣ ΕΠΙΣΤΟΛΑΙ.

ÆSCHINIS ORATORIS EPISTOLÆ.

α΄. Φιλοκράτει.

Λύσαντες ἐκ Μουνυχίας ἑσπέρας λαμπρῷ σφόδρα
Σκίρωνι περὶ μέσην ἡμέραν κατήχθημεν εἰς Κόρησσον
τὴν Κείων. καθίσαντες δὲ ἡμέρας ἐννέα (καὶ γὰρ ἦν
ἄνεμος ἐναντίος), εἶτα ἑσπέρας λύσαντες ἅμα τῇ ἕῳ
εἰς Δῆλον ἤλθομεν. (2) Δήλιοι δὲ ἐνόσουν λοιμώδη
τινὰ νόσον. τὰ μὲν πρόσωπα ἐπίμπλαντο λεύκης
καὶ τὰς τρίχας λευκοὶ ἐγίγνοντο, ὁ δὲ τράχηλος καὶ
τὰ στέρνα ἀνῴδει· πυρετοὶ δ᾽ οὐκ ἐγίγνοντο οὐδὲ
ἀλγηδόνες μεγάλαι, οὐδὲ τὰ κάτω μέρη παρήλλαττεν
οὐδέν τι. ταῦτα δ᾽ ἐπείθοντο κατὰ μῆνιν Ἀπόλλωνος
αὐτοῖς συμβεβηκέναι, ταφέντος ἐν τῇ νήσῳ τινὸς τῶν
ἐπιφανῶν, οὗ πρότερον εἰώθος· ἐκ τούτου προσβαλεῖν
αὐτοῖς τὸν θεὸν τὴν νόσον ταύτην ὑπελάμβανον. (3)
ἡμεῖς δὲ ὥσπερ εἴς τι ἔθνος ἀλλόφυλον ἢ νῆσον ἐν τῇ
ἔξω θαλάσσῃ ἀφιγμένοι καὶ ἰδόντες ἐξαίφνης ποικί-
λους ἀνθρώπους, νυκτὸς ἔτι ἀποφεύγοντες ᾠχόμεθα,
πυνθανόμενοι ἀλλήλων κατὰ τὸν πόρον εἰ τὸ χρῶμα
ἔχει ἕκαστος οἷον ἐκόμιζεν οἴκοθεν καὶ τὰς τρίχας.
ζάλη δὲ καὶ ἄνεμος ἐξώςτης ἐμπεσὼν ἀπήνεγκεν ἡμᾶς
ὑπὲρ Κρήτην πλησίον Ψαμαθοῦντος. (4) ὡς δὲ ἐν
συνόπτῳ ἦμεν ἤδη, ἀντιπνεῖ πνεῦμα Λιβυκόν. εἶτα
πνεύσαντι ἡμῖν ἀπ᾽ ἄρκτου πάλιν πέντε νύκτας ἐν
θαλάττῃ ἐφερόμεθα, ἐν αἷς προσέσχομεν Ἀθρώνῃ, ἵνα
μάθωμεν μὴ πολυπραγμονεῖν εἴ τις ἐν τῇ ἑαυτοῦ πα-
τρίδι κατὰ τοὺς νόμους ἢ μὴ στεφανοῦται. κἀκεῖθεν
τέτταρσιν ἡμέραις ἀφικόμεθα εἰς ἐπίνειόν τι τῆς
Ῥοδίας, ὅπου νοσῆσαί μοι συνέβη τὴν περὶ τὸ ἆσθμα
νόσον. (5) ὡς δὲ ἐπιμείναντος αὐτόθι οὐκ ἐνεδίδου ἡ νό-
σος, διέπλευσα εἰς Ῥόδον, καὶ ἐδέξατο ἡμᾶς εὐμενῶς
ὁ τόπος· εὐθὺς γὰρ ὡς ἀφικόμην, πολὺ ῥᾷων ἐγενόμην.
καὶ ταυτὶ μὲν ἔχομέν σοι τέως ἐπιστέλλειν· τὰ δ᾽
ἄλλα ὡς ἂν ἕκαστα συμβαίνῃ, δηλώσομεν. εὐτύχει,
καὶ μὴ πολιτεύου μηδὲ πρόσκρους μήτε τοῖς πλέον σου
μήτε τοῖς ἔλαττον δυναμένοις.

β΄. Κτησιφῶντι.

Ἐπέστειλεν ἡμῖν Νικόστρατος ὁ πρὸς μητρὸς θεῖος
ὡς ἐπηρεάζεις μὲν εἰς αὑτὸν οὐ μετρίως, ἐμοὶ δὲ ὀνει-
δίζεις τὴν διὰ σέ μοι συμβᾶσαν συμφοράν. ἐγὼ δὲ
θαυμάζω τί παθὼν ἐξιοῦντι μὲν οἴκοθεν ἡμῖν τοσαῦτα
διελέχθης ὥστε πεισθῆναί με μηδὲν ὧν διελέχθης πε-

I. Philocrati.

Cum ex Munychia vesperi solvissemus, circa meridiem
serenissimo Scirone flante, ad Coressum, Ceiorum oppi-
dum, appulimus. Ibi novem dies ob adversum ventum
desedimus : post rursus profecti sub auroram, Delum per-
venimus. (2) Sed Delii pestilenti quodam morbo labo-
rabant. Nam facies eorum albugine opplebantur, capilli
etiam candescebant ; collum autem et pectus intumesce-
bat. Cæterum nulla febris accedebat, neque etiam do-
lores magni, neque partes corporis inferiores quidquam
mutabantur. Hæc audierant ex Apollinis ira sibi acci-
disse, quod vir quidam illustris contra morem veterem
in insula sepultus esset. Ea igitur de causa deum sibi
morbum illum immittere putabant. (3) Nos autem quasi
ad gentem aliquam peregrinam aut in exteri maris insu-
lam pervenissemus et subito varium hominum colorem
vidissemus, noctu aufugimus, alius alium inter navigan-
dum sciscitantes, utrum eum colorem et capillum quem
domo quisque attulisset retineret. Sed tempestas exorta
et ventus impetuosus nos supra Cretam prope Psamathun-
tem abstulit : (4) quem locum cum iam in conspectu
haberemus, reflat ventus Libycus. Deinde cum septen-
trio nobis spiraret, rursus ferebamur quinque noctes in
mari versati, quibus Athronæ appulimus, ut disceremus
non curare, si quis in sua patria sive secundum sive con-
tra leges corona donaretur. Atque inde quatuor diebus
in navale quoddam Rhodium pervenimus, ubi in morbum
et difficultatem spirandi incidi. (5) Quo in loco dum ma-
nebam, cum morbus nihil levaretur, Rhodum traieci, ac
placide nos urbs excepit. Statim enim ut eo transieram,
multo melius habere cœpi. Atque hæc hactenus habui-
mus, quæ tibi scriberemus : cætera porro uti quæque
acciderint significabimus. Felix sis, et caveas velim, ne
quem te vel potentiorem vel imbecilliorem offendas.

II. Ctesiphonti.

Scripsit nobis Nicostratus, avunculus noster, te cum
sibi non mediocriter insultare tum mihi exprobrare quam
propter te accepi calamitatem. Ego vero miror quid
tibi acciderit, ut nobiscum domo egressis tam multa
colloquereris, ut crederem, te nihil eorum quæ dixisses

πλάσθαι σε μηδ' ἄλλως φρονεῖν, βλέποντα πρῶτον μὲν
εἰς τὴν ἐμὴν συμφοράν, ἣν οὖν ἀπεικὸς εἶναι καὶ τοὺς
ἐχθροὺς ἐλεεῖν ὑπελάμβανον, ἔπειτα δὲ εἰς τὸ σκυ-
θρωπόν σου καὶ ὅμοιον δεδακρυμένου (2) ὥστ' ἔγωγε καὶ
ἐπέσκηψα ἐνίοις τῶν προσηκόντων ἡμῖν, εἴ του δέοιντο,
προσιέναι σοι, καὶ μηδενὸς ὑστερήσειν ὑπεσχόμην αὐ-
τοῖς, καὶ αὐτὸς δὲ ἐπέστειλα περὶ ὧν ἐχρημάτιζον
Ἀθήνησί μοι γενέσθαι πολλάκις· νῦν δ' οὐδὲν ἐμποδὼν
ἔτι οὖσιν ἡμῖν οὐδὲ διοχλοῦσί σοι οὐδ' ἄλλῳ τινὶ
Ἀθηναίων ἐπηρεάζεις, καὶ οὔτε εἰς τὴν τύχην ἀπο-
βλέπεις οὔτε εἰς ἄλλο τι τῶν ἀνθρωπίνων, ἀλλ' ἐπαγωνί-
ζῃ, ἔτι καὶ ἐνπεπτωκόσι τῆς πατρίδος καὶ ἀπεστερη-
μένοις ἐπιτιμίας καὶ ἀδείας καὶ πολιτῶν καὶ φίλων (3)
καὶ ὅσα μὲν εἰς ἐμὲ ἀπόντα ἐβλασφήμεις, σοὶ μὲν ἴσως
φέροι ἄν τινα καὶ φθόνον καὶ μῖσος, ὥσπερ ἄν εἴ τινα τῶν
τεθνεώτων ἐπιβάλλοιο βλασφημεῖν, ἐν οὕτω χρηστῇ τε
καὶ φιλανθρώπῳ πόλει· ἐγὼ δὲ οὐκ ἄν διὰ ταῦτα φαυλό-
τερος νομισθείην, ἀπὼν ὑπὸ σοῦ λοιδορούμενος, ἀτυχέ-
στερος μέντοι καὶ ἐλεεινότερος ἴσως, φανεὶς ποτὲ μὲν
οὐδενὸς ἥττων (4) νῦν δὲ οὐδεμίαν ὑπὲρ αὐτοῦ φωνὴν
ἐκλύπων ἀλλ' οὐδὲ ἀνούσι λοιδορούμενος δύναμαι
τὸ δὲ φέροντα ἐπιεικῶς ὑβρίζεσθαι μηδεμίαν ἐλπίδα ἔτι
ἔχοντα τοῦ δυνήσεσθαί ποτε ἀμύνασθαι, ὃς γε τὴν σύμ-
πασαν ἤδη τὴν ἐφ' ἡμῖν αὐτοῖς ἀκμὴν ἔχει τοῖς μηδ' ἑαυ-
τοὺς σῴζειν ἔτι δυναμένοις, πῶς οὐκ αἴσχρόν ἐστιν, (5)
ἀλλ' ἐγὼ μὴ πρὸς Διός, μὴ σύ γε, ὦ Κτησιφῶν, μηδὲ εἰ τὰ
μάλιστα ἡμᾶς ἀνδὰ ἔτι βούλει κακὰ καὶ μὴ πεπλήρωσαί σε
μηδὲ τῶν ἡμετέρων κακῶν, μίασμα τοῦ τὸ προσθῇς
αὐτῷ τε καὶ τοῖς παισίν, οὓς τρέφεις βοηθοὺς ἔσε-
σθαι δηλονότι τοῦ γήρως σου προσδοκῶν καὶ μέμνησο
ὅτι οὐδὲ Αἰσχίνης εἰς τοῦτό ποτε ἀφίξεσθαι ἤλπισεν,
οὐδ' ἄλλοι πολλοὶ καὶ ἔτι ὑψηλότεροι ἀναπάσαντες ἐν τῇ
ἑαυτῶν πόλει καὶ πολλῷ λαμπρότεροι ἐμοῦ τε καὶ σοῦ
γενόμενοι

Οἱ μὲν ἄλλοι πάντες, ὅσοι φεύγουσιν ἀδίκως, ἢ
δέονται τῶν πολιτῶν ὅπως ἐπανέλθωσιν, ἢ διαμαρτόντες
τούτου λοιδοροῦσι τὰς ἑαυτῶν πατρίδας ὡς φαύλως αὐ-
τοῖς προσφερομένας· ἐγὼ δὲ ἐπείπερ ἀναξίως ὧν ἐπο-
λιτευσάμην ἠτύχησα καὶ κατηγορῶν ἄλλων αὐτὸς
ἑάλων, ἄχθομαι μὲν ὥσπερ εἰκός ἐστιν, ἀγανακτῶ δὲ
οὐδέν (2) οὐ γὰρ οὕτως ἔγωγε ἠλίθιός εἰμι ὥστε ἐξ ἧς
πόλεως ὁ Θεμιστοκλῆς ὁ τὴν Ἑλλάδα ἐλευθερώσας
ἐξηλάθη, καὶ ὅπου Μιλτιάδης, ὅτι μικρὸν ὤφλε τῷ
δημοσίῳ, γέρων ἐν τῷ δεσμωτηρίῳ ἀπέθανε, ταύτῃ
τῇ πόλει Αἰσχίνην τὸν Ἀτρομήτου φεύγοντα ἀγανα-
κτεῖν οἴεσθαι δεῖν, εἴ τι τῶν εἰωθότων Ἀθήνησιν ἔπαθον
(3) ἀλλ' ἔγωγε καὶ λαμπρὸν εἰκότως μοι νομίσαιμι ἄν
αὐτὸ γενέσθαι τὸ μετ' ἐκείνων ἐν ἀδοξίᾳ παρὰ τοῖς
ἔπειτα ἀνθρώποις καὶ ἄξιος οὐ ὅμοια παθεῖν ἐκείνοις
γεγονέναι

---

simulasse, intuens primum calamitatem meam, quam non
incredibile putabam inimicis etiam esse miserabilem,
deinde vultum tuum tristem et pene lachrymabundum (2)
Itaque necessariorum nostrorum quibusdam mandavi, si
qua re egerent, ut te accederent, eosque quidvis impetra-
turos esse promisi eis, atque ipse etiam sæpe ad te scripsi
iis de rebus quas Athenis consequi cupiebam Nunc vero
nobis, qui tibi iam impedimento non sumus, qui nec tibi
nec cuiquam Atheniensium obturbamus, insultas nulla
vel fortunæ vel ullius humanitatis habita ratione atque
post victoriam certamen renovas contra nos, qui et patria
excidimus et dignitate privati sumus et civitate et civi-
bus et amicis (3) Ac quæ in me absentem convicia dicis,
ea probabile est tibi quidem aliquid et invidiæ et odii pa-
ritura, non secus ac si mortuum aliquem insectareris in
urbe adeo leni et humana ego vero propterea nihilo de-
terior existimabor, qui absens a te male audiam Cala-
mitosior quidem et miserabilior haberi queam, ut qui olim
nihilo vobis inferior fuerim, (4) nunc autem nullam pro
me vocem edere ac ne audire quidem possim convicia-
tam senem moderatum exagitare, qui nullam ultionis
spem habet, ut qui spem omnem in nobis ipsis adhuc
habeat, qui cum ne ipsi quidem amplius conservare pos-
simus, nonne turpe est? (5) Ne feceris, obsecro te, ne
feceris, Ctesiphon, neque si maxime nobis molestus esse
studes neque ullis malis nostris satiatus es, isto piaculo
te liberosque tuos obstrinxeris, quos ea spe alis, ut sene-
ctutis tuæ imbecillitas in eorum præsidio conquiescat Me-
mento potius, ne Æschinem quidem huc se redactum in
unquam putasse, nec multos alios, qui maiorem etiam
in sua patria auctoritatem habuerunt et splendore me ac
te superarunt

III

Omnes alii qui per iniuriam exulant, aut reditum a ci-
vibus precantur aut frustra eo patriæ maledicunt, ut
quæ inique secum egerit Ego vero postquam in calami-
tatem actis in republica meis indignam incidi et dum alios
accuso, ipse sum condemnatus moleste fero equidem,
uti par est, sed nihil prorsus succenseo (2) Neque enim
adeo vecors sum, ut ex qua urbe Themistocles, qui
Græciæ libertatem asseruit, pulsus est, atque ubi Mil-
tiades ob exiguum debitum in carcere mortuus est, ei
urbi Æschines Atrometi filius exulans succensendum esse
arbitretur, si quid sibi Athenis usitatum acciderit
Imo potius ego hoc iure præclarum duco, me cum illis
in ignominia esse et dignum habitum qui similem cum
eis fortunam experirer

δ'.

Ἔ τεί δοκεῖ σοι πυνθάνεσθαι περὶ Κλεοκράτους
ὅστις ἐστὶν ὁ Κλεοκράτης, ἄκουε· παύσῃ γὰρ οὐ
πρόιχα πολυπραγμονῶν, οὐδ' ἄπει πρὶν μακρᾶς
ἀκοῦσαι διηγήσεως. τὸ μὲν γὰρ γένος ἐστὶν ἁπάν-
των ἀνδρῶν Ἑλλήνων οὐκ ἐν ἀφανεστάτοις, Ἀρίφρονα
τὸν ἐκ Δαμαγήτου εἴ που πυνθάνοιο, ὃν καὶ ὁ μέγας
αἴρει Πίνδαρος. (2) ἀλλ' ὅπως μὴ γέλωτα ὀφλισκάνῃς
ζητῶν ὅστις ἐστὶν ὁ Πίνδαρος. τουτὶ μὲν γὰρ οἶμαι
ὅτι καὶ παρὰ Μαντίᾳ τῷ γραμματιστῇ ἅμα ἐμοί ποτε
ἔμαθες τὸ γράμμα· καὶ εἰ μηδενὸς ἔτι τῶν παρὰ Μαν-
τίᾳ μνημονεύεις, ἐν γοῦν ταῖς ἐκκλησίαις Μελανώπου
ἑκάστοτε ἀκούεις λέγοντος « ὦ ταὶ λιπαραὶ καὶ ἀοίδι-
μοι Ἑλλάδος ἔρεισμ' Ἀθᾶναι, » (3) καὶ ὅτι Πινδάρου
τοῦ Θηβαίου τοῦτο τὸ ἔπος ἐστὶ λέγοντος, καὶ ὅτι ἐζη-
μίωσαν αὐτὸν Θηβαῖοι τοῦτο ποιήσαντα τὸ ἔπος, οἱ δὲ
ἡμέτεροι πρόγονοι διπλῆν αὐτῷ τὴν ζημίαν ἀπέδοσαν
μετὰ τοῦ καὶ εἰκόνι χαλκῇ τιμῆσαι καὶ ἦν αὕτη καὶ
εἰς ἡμᾶς ἔτι, πρὸ τῆς βασιλείου στοᾶς, καθήμενος ἐν
ἐνδύματι καὶ λύρᾳ ὁ Πίνδαρος, διάδημα ἔχων καὶ
ἐπὶ τῶν γονάτων ἀνειλιγμένον βιβλίον. οὗτος δὴ ὁ
Πίνδαρος Δαμάγητον ᾄδει ἐκεῖνον, εἰς ὃν ἀνατείνει τὸ
Κλεοκράτους γένος. λέγει δέ που ὁ αὐτὸς Πίνδαρος
καὶ τὰ περὶ τοὺς Διαγορείους καὶ τὰ περὶ τὴν πρε-
σβῦτιν, ἧς τὸ μητρῷον αὐτοῦ γένος ἅπτεται. καὶ εἰ
μὴ σφόδρα ᾔδειν ποιητῶν ὑπέρφρονα ὄντα σε καὶ τὰ
ἀγοραῖα ταῦτα τὰ ἀπολέσαντα ἡμᾶς ἐπιτηδεύματα
μᾶλλον περιέμενα, κἂν ἀποχρὴν ὑπελάμβανόν σε
ὑπομνῆσαι μόνον τὰ περὶ τοὺς Διαγορείους εἰπὼν ἔπη
Πινδάρου· νῦν δὲ οἶδα ὅτι μάτην σοι ταύτην τὴν λύραν
λέξομεν. (5) δοκεῖ οὖν μοι ἀνάγκη εἶναι διηγήσασθαί
σοι τὸ διήγημα τοῦτο· ἄξιον γὰρ ἀκοῦσαι, εἰ καὶ μὴ
προσῆκον Κλεοκράτει. λέγεται γὰρ γυνή ποτε πρε-
σβῦτις Ὀλυμπίασι παρελθοῦσα εἰς τὸ στάδιον ἑστά-
ναι τε ἅμα τοῖς ἀνδράσι καὶ θεᾶσθαι τοὺς ἀγωνιζομέ-
νους, ἐπιστάντων δὲ αὐτῇ τῶν Ἑλλανοδικῶν ὅτι
ἐτόλμησε παρελθεῖν εἰς τὸ στάδιον, ἀποκρίνασθαι « τίνι
γὰρ ἄλλῃ γυναικὶ τοῦτο δέδωκε καυχήσασθαι οὕτως ὁ
θεός, ὅτι καὶ πατέρα καὶ τρεῖς ἀδελφοὺς Ὀλυμπιονίκας
ἔχει καὶ υἱὸν ἐπ' Ὀλύμπια ἄγει; » (6) ταύτης οὖν τῆς
πρεσβύτιδος καὶ τούτου τοῦ γένους ἀπορρὼξ ἐστιν ὁ
Κλεοκράτης, ὡς ἔστι παντὸς μᾶλλον ἢ αὐτοῦ πυθέ-
σθαι. καὶ πλείω μὲν οὐ βούλομαι λέγειν, μὴ οὐ
μηνῦσαί σοι ὅπερ ἠξίωσα, ὅστις ἐστὶν ὁ Κλεοκράτης,
βούλεσθαι μόνον ἀλλὰ καὶ ἐγκεκωμιακέναι αὐτόν,
ὥσπερ καὶ Θρασύμαχος τὸν ξένον, συντετάχθαι καὶ
ἀποτίνειν ταύτην τὴν χάριν τοῦ λαμπρῶς ἑστιᾶσθαι
δοκῶ. τοσοῦτον μέντοι εἴποιμ' ἄν, ὅτι ἡ πρεσβῦτις
ἐκείνη, εἰ τοῦτον ἐγνώκει τὸν Κλεοκράτη, πολὺ ἂν
μᾶλλον ἐπὶ τούτῳ ἢ ἐπὶ τοῖς πέντε Ὀλυμπιονίκαις
ἐσεμνύνετο.

ε'.

Ὁ μὲν Ἰουλιάδης, ᾧ μάλιστ' ἐπεποίθεις, οὔτε

IV.

Posteaquam percontari tibi libet de Cleocrate, quis sit
Cleocrates audi. Desines enim non gratis inquirere, ne-
que abibis, priusquam longam audieris narrationem. Nam
genere quidem inter omnes Græciæ viros non est obscu-
rissimo, si de Ariphrone, qui est a Demageto oriundus,
percontaris, quem magnus etiam extollit Pindarus. (2) Sed
vide ne ridiculus fias, si quæras, quis sit Pindarus. Nam
istam litteram te arbitror aliquando una mecum apud Man-
tiam litteratorem didicisse : et si nihil iam Mantianæ doc-
trinæ meministi, in concionibus certe Melanopum sub-
inde dicentem audis « beatæ et celebres Græciæ propug-
naculum Athenæ », (3) atque addentem, Pindari esse hoc
carmen, ob quod factum a Thebanis mulctatus fuerit :
maiores autem nostros duplam ei reddidisse mulctam,
præterquam quod eum aerea statua ornarint, quæ quidem
etiam usque ad nostram ætatem ante regiam porticum
fuit : Pindarus cum veste et lyra sedens, diadema ge-
rens, et in genubus explicatum libellum habens. (4) Is
igitur Pindarus Demagetum illum celebrat, ad quem re-
fertur Cleocratis genus. Mentionem facit etiam idem
Pindarus Diagoriorum et aniculæ quam maternum eius
genus attingit. Quod nisi compertum haberem, te poe-
tarum esse contemptorem et circumforanea ista studia,
quæ nos perdiderunt, magis complecti, satis esse pu-
tassem, te admonere tantum Diagoriorum, recitatis
Pindari versibus. Nunc scio nos frustra tibi lyram illam
recitaturos. (5) Itaque necessarium mihi videtur, eam tibi
rem narrare. Est enim audire operæ pretium, tametsi
nihil ad Cleocratem attineat. Memoriæ proditum est,
senem olim mulierem Olympiæ in stadium progressam
et viris astitisse et spectasse certamina. Cum autem
hellanodicæ eam appellassent, cur ausa esset in sta-
dium progredi, respondisse : « cui vero alteri mulieri
deus hanc gloriam prærogativam dedit? nam ego et patrem
habeo et tres fratres, qui Olympia vicerunt, et filium ad
Olympia duco. « (6) Huius igitur anus et huius stirpis
germen est Cleocrates : idque ex omnibus potius quam
ex ipso cognosces. Ac plura dicere nolo, ne non solum
indicare tibi quod voluisti, quisnam sit Cleocrates, sed
et laudationem eius instituisse videar, ut Thrasymachus
hospitis sui, et hanc ei referre gratiam pro splendido con-
vivio. Illud tantum dico, si anus illa hunc Cleocratem
novisset, magis eo fuisse gloriaturam quam quinque
illis Olympiorum victoribus.

V.

Iuliades, quo maxime confisus fuisti, neque quum

5.

ὅτε ἀφίγμεθα εἰς Ῥόδον παρὼν ἔτυχεν, ἀλλὰ περὶ Λίνδον ἦν, οὔτ' ἐπανελθὼν εἰς Ῥόδον περιττῶς ἡσμένισεν ἡμᾶς, ἔξω δὴ τοῦ τὰ κοινὰ ταῦτα προστάξαι, λέγειν εἴ τινων χρῄζομεν. ὁ δὲ Κλεοκράτης οὐ μὰ τοὺς θεοὺς ἐπιστείλαί σοι δυναίμην ἂν αὐτάρκως τὴν ὑπερβολὴν τῆς φιλανθρωπίας ὅσῃ κέχρηται περὶ ἐμέ. (2) καὶ γὰρ οἰκίαν δημοσίᾳ δοθῆναί μοι παρεσκεύασε καὶ χωρίον ἐν Καμείρῳ, καὶ αὐτὸς δὲ ἔπεμψεν ἡμῖν τὰ ἐπιτήδεια καὶ εἰς ἐνιαυτὸν ἄφθονα, οὐκ ἐμοὶ μόνον ἀλλὰ καὶ Τευθραντι καὶ Ὁπλιστίᾳ, τὰ μὲν ἄλλα εἰ καὶ φαυλότερα τῶν Ἀθήνησιν, ὥσπερ ἔλαιον καὶ μέλι, ἀλλ' οἵων παρόντων οὐδὲν ἂν τῶν ἐκεῖθεν δεηθείημεν, οἶνόν γε μὴν καὶ πολὺ ἀμείνω τοῦ παρ' ὑμῖν, καὶ ἐκ στροβίλου ἅμα καὶ ἀλεύρων καὶ ἀρωμάτων πεποιημένα ἐν τύποις τραγήματα, ὧν καὶ πέπομφά σοι. (3) ταῦτα δὴ ἡμῖν ἔπεμψε, καὶ πυρῶν μεδίμνους, ὅσοις ἐγὼ μεδίμνοις οὐχ ὅπως ἐμαυτὸν ἀλλὰ καὶ πάντας Κοθωκίδας διαρκεῖν ἂν ἐδυνάμην· καὶ πολλὰ δὲ ἄλλα πρὸς τούτοις, ἃ γράφειν αἰσχύνομαι, ἵνα μή τινα δηλοῦν ἐμὴν μικρολογίαν δόξω. τὸ μὲν γὰρ τὰ μικρὰ πάνυ ὑπερασπάζεσθαι μικρολογίας μέν τινος εἶναί φημι καὶ ἀπειροκαλίας, φιλοφρονημάτων δὲ καὶ μικρῶν πάνυ ἔγωγε ἡττᾶσθαι ὁμολογῶ. (4) παρέχει δὲ ἡμῖν καὶ ἄλλα καλλίω, συῶν τε ἀγρίων καὶ δορκάδων τῶν πέραθεν ἀπολαύσματα. ἔτι δὲ καὶ αὐτὸς ἡμῖν σύνεστιν ὁσημέραι, καὶ μεταδίδωσι τῆς αὐτοῦ σοφίας, ἢ σοφωτέρα ἢ καθ' ἡμᾶς ἐστίν. ἃ γὰρ ἐγὼ παθὼν ἐδιδάχθην, ταῦτα πρὶν παθεῖν φυλάττεται, σοφίᾳ καὶ οὐχ ὥσπερ οἱ ἄφρονες πείρᾳ διδασκόμενος· οὐ γὰρ πολιτεύεται. (5) καὶ ὅσον γ' ἐπὶ Κλεοκράτει, οὐδεμιᾶς πόλεως ἄλλης οὐδὲ ἀνθρώπων ἐπιθυμῶ, ἀλλὰ καὶ σφόδρα ἀσμενίζω τῇ συμφορᾷ, καὶ ἀρχὴ δοκεῖ μοι τοῦ βίου ἡ ἀπαλλαγὴ τῆς αὐτόθι πολιτείας. καὶ οὕτω μὲν ὑπεραγαπῶ τὰ παρόντα, ὥσπερ φασὶ Σοφοκλέα ἤδη γέροντα ὑπὲρ ἄλλης ἡδονῆς εἰπεῖν, ὥσπερ κυνὸς λυττώσης ἀπηλλάχθαι ποτὲ τῆς τοῦ πολιτεύεσθαι ἡδονῆς, δοκῶ, καὶ ὅταν ὁ νοῦς ἐπικρατῇ, τρισευδαίμων ἔγωγε ἐμαυτῷ τῆς φυγῆς ἣν φεύγω φαίνομαι· (6) ὅταν δ' αὖ πάλιν ὑπέλθῃ με λογισμός τε καὶ μνήμη πόλεως, οὐχ ἑταίρων μόνον ἀλλὰ καὶ συγγενῶν καὶ ἐκκλησίας καὶ Κολλυττοῦ, ἐν ᾧ πέντε καὶ τεσσαράκοντα ἔτη ᾤκησα, καὶ τοῦ Ἁλῆσι χωρίου καὶ τῶν ἐκεῖ μοι μετὰ σοῦ καὶ Φιλίνου διατριβῶν γενομένων, μεταρρεῖ ἅπαν τὸ αἷμα ἄλλοσέ ποι τῶν σπλάγχνων πάλιν, καί μοι δήποτε καὶ λοιδορίαι, αἷς ἐλοιδορούμην ὑπὸ Δημοσθένους, ἥδισται δοκοῦσι, καὶ σκώμματα, ἐφ' οἷς οὐδεὶς ἔξω Κτησιφῶντος ἐγέλασε πώποτε. (7) ἀλλὰ γὰρ ἅλις μὲν ἡμῖν δακρύων, σὺ δ' εὐτυχοίης, καὶ μὴ μόνον πολιτείαν ἅπασαν, ἀλλὰ καὶ Λεπτίνην φεῦγε, ὅτι πρὸς ἡμᾶς ἔχει φιλαπεχθημόνως, καὶ ὅτι τἆλλα τοιοῦτός ἐστιν, ὅτου περιεῖναι μὲν μηδενὸς λαμπρότερον, ἡττᾶσθαι δὲ ἀδοξότατον. καὶ μάλιστα μὲν παραινῶ, φεῦγε τὰς μετ' αὐτοῦ διατριβάς· εἰ δ' αὖ συνέλθοις ἐκ τύχης καὶ καθ' ἡμῶν λέγοι

Rhodum venissemus, adfuit, sed Lindi fuit : neque Rhodum reversus, admodum nos humaniter accepit, nisi quod vulgaria ista nuntiari iussit, si qua re egeremus. Cleocrates autem quam insigni erga nos usus sit humanitate, ita me Deus amet, scribendo satis consequi non possum. (2) Effecit enim ut ædes mihi publice darentur et fundus Camiri. Atque ipse etiam misit nobis commeatum qui vel in annum sufficiat; non mihi tantum, sed et Teuthranti et Hoplistiæ. Qui quidem etsi minus lautus sit quam Atticus, veluti mel et oleum, talis tamen est, ut hoc instructi illum non requiramus. Vinum autem vestrati multo præstantius, et bellaria confecta ex nuce pinea, farina et aromatibus, de quibus etiam tibi aliquid misi. (3) Hæc nobis misit, et tot frumenti medimnos, unde non me tantum, sed omnes etiam Cothocidas sustentare possim. Ac multa etiam alia præterea, quæ scribere pudet, ne minuta quædam consectari videar. Tametsi enim res perexiguas maximi facere pusillitatis cuiusdam et inscitiæ esse puto, tamen vel tenuissimis humanitatis officiis me devinciri fateor. (4) Suppeditat nobis etiam exoticorum aprorum et caprearum delicias. Præterea et ipse quotidie nobiscum est suaque nos impertit sapientia, quæ nostram præcellit. Nam quæ ego accepto malo didici, ea ille antequam accipiat malum sua sapientia præcavet, et non ut vecordes experientia magistra ; neque enim capessit rempublicam. (5) Ac quantum ad Cleocratem attinet, nullam aliam civitatem, homines alios nullos desidero, sed admodum mihi placet mea calamitas, ac vitæ principium videtur Atheniensis reipublicæ effugium : et hoc statu usque adeo delector ut (id quod Sophoclem iam senem de alia quadam voluptate dixisse ferunt) efficiat ut voluptate reipublicæ gerendæ tanquam rabioso cane liberatus mihi videar. Unde cum ratio dominatur, ter quaterque beatum me iudico ob hoc exilium. (6) Cum autem vicissim in mentem venit non tantum amicorum, quos istic habeo, sed et cognatorum et concionis et Collytti (quo in loco V et XXXX annos habitavi) et Halis prædii et colloquiorum, quæ ibi tecum et cum Philino habuimus, sanguis omnis in alium viscerum locum refluit, ac mihi aliquando et convicia quæ Demosthenes in me dixit, iucundissima videntur, et dicteria, quibus præter Ctesiphontem nemo unquam arrisit. (7) Sed modus esto lachrymarum nostrarum. Tu vero felix sis, neque omnia duntaxat munera publica, sed et Leptinem fugito, quod et nobis infensus est et alioqui talis, ut eum vicisse nihil splendoris, ab eo superatum esse ignominiæ plurimum habeat. Atque in primis moneo, ut eius congressus fugias. Sin casu in eum incideris atque ille in nos

—τι, πειρῶ σιωπᾶν, ἂν ἰσ/ύης, καὶ γελᾶν (5) ἀλλ' ὃ μὲν δίδωσιν ἀπορρῶσαν δίκην τῷ πᾶσιν ἀνθρώποις καὶ γέλωτος εἶναι δοκεῖν ἅμα καὶ μίσους ἄξιος σὺ δέ, εἰ μὴ πάνυ φοβῇ τὴν θάλατταν, ἀφίκοιο παρ' ἡμᾶς ποτέ, καὶ παρασχὼν σεαυτὸν ἰδεῖν ἡμῖν ἐπανίοις πάλιν.

ς΄ Φιλοκράτει

Ἀρίστων οὗτος, ὁ κομίζων σοι τὴν ἐπιστολήν, ὁ πρῶτός ἐστιν ἡμᾶς ὑποδεξάμενος ἐν Ῥόδῳ. πέπλευκε δὲ Ἀθήναζε κατὰ χρείαν κηδεστοῦ γέροντος, ἀργύριον εἰσπράξων παρὰ τοῦ τραπεζίτου Χαρμόλα σκόπει οὖν ὅπως αὐτὸν ὑποδέξῃ φιλοφρόνως· ἔστι δὲ κομιδῇ εὐτελὴς τὴν δίαιταν καὶ πρέπων ἡμῖν ᾧ καὶ τὸ ἄλλα συμπράξεις, ὡς μάθῃ ὅτι οὐ παντελῶς ἔρημον φίλων ὑπέλαβεν, ἀλλ' ἔστιν ἔτι τις Ἀθήνησιν Αἰσχίνου λόγος καὶ μνήμη

ζ΄ Τῇ βουλῇ καὶ τῷ δήμῳ

Ἐπυθόμην τὰ ῥηθέντα Μελανώπῳ πρὸς ὑμᾶς, καὶ τὴν μὲν ὑμετέραν ἀπεδεξάμην φιλανθρωπίαν, Μελανώπῳ δὲ οὐκ ἐπανελθὼν μόνον νομίζω τοῖς βεβιωμένοις αὐτῷ πρέπουσαν ἀποδώσειν χάριν, ἀλλὰ τυχὸν ἔτι καὶ τῆς πατρίδος ἐστερημένος ὅμως ἀρκέσαι πειράσομαι (2) ἐγὼ γάρ, ὦ Μελάνωπε, κατὰ μὲν τοὺς νόμους ὁμολογῶ ταύτῃ κεχρῆσθαι τῇ συμφορᾷ, φημὶ μέντοι βοηθῶν ταῦτα τοῖς νόμοις πεπονθέναι, καὶ ὑπὲρ τοῦ μηδένα στεφανοῦσθαι παρ' αὐτοὺς ἀγωνιζόμενος ἐμοὶ μὲν οὖν τὸ δεδυστυχηκέναι πολιτευομένῳ κοινόν ἐστι πρὸς Θεμιστοκλέα καὶ Ἀριστείδην καὶ ἄλλους πολλοὺς τῶν λαμπροτάτων ποτὲ ἐν τῇ πόλει γενομένων (3) σοὶ δὲ τὸ μὲν μέχρι ᾔθης καὶ πρώην θαυμολεσαῦντος ἤδη σοῦ προεστάναι τὴν μητέρα, τρὶς δὲ ἐμπεσεῖν τὸν πατέρα σου εἰς τὸ δεσμωτήριον, σὲ δὲ πραθέντα τρισχιλίων δραχμῶν τὴν ἀκμὴν ἡταιρηκέναι, τοῖς περὶ Τίμαρχον νέοις κοινὰ ταῦτ' εἶναι, οὐ τοῖς περὶ Θεμιστοκλέα ἢ Ἀριστείδην τὸν δίκαιον ὑπολαμβάνω (4) ἀλλὰ Μελανώπῳ μὲν αὖθις, ἐὰν ὑμῖν δοκῇ, διαλέξομαι παρὼν ὑμῖν δὲ τῆς μὲν εὐνοίας, ἣν ἀπόντι μοι παρέχεσθε θορυβοῦντες δὴ καὶ μὴ θέλοντες ἀκροάσασθαι τῶν λοιδορούντων ἡμᾶς, πολλὴν χάριν ἔχω, δικαιότερον μέντοι καὶ ἄμεινον ἐμὲ αὐτὸν ἐάσαι πρὸς τοὺς λοιδοροῦντας λέγειν, ψηφισαμένους ἃ πολλάκις πολλοῖς ἤδη ἐψηφίσασθε τὰ μέγιστα ἁμαρτοῦσιν εἰς ὑμᾶς (5) εἰ δὲ μή, τό γε δεύτερον ἂν δεηθείην, ἀνέχεσθαι πολὺ μᾶλλον τῶν λοιδορούντων ἡμᾶς ἢ χαρίζεσθαι δοκούντας, ὅτι τῶν βλασφημιῶν οὐκ ἀκροᾶσθε, μείζω τὴν ὑποψίαν τῶν δυναμένων λέγεσθαι ποιεῖν

η΄.

Σὺ μὲν οὐδέπω καὶ νῦν ἀφῖξαι πρὸς ἡμᾶς, ἀλλὰ καὶ νόσους καὶ δίκας καὶ πάντα μᾶλλον τοῦ μὴ βούλεσθαι ἐλθεῖν πρὸς ἡμᾶς αἰτιᾷ Νικίας δὲ ἀφῖκται

---

aliquid dixerit, operam dato ut taceas, si potes, et iideas (8) Verum ille quidem satis graves poenas dat, ut qui et risu et odio omnium dignus habeatur Tu vero, nisi mare penitus extimescis, ad nos aliquando venito, factaque nobis tui videndi copia domum revertitor

VI. Philocrati

Aristo, qui has tibi litteras reddit, primus nos Rhodi excepit, profectus autem est Athenas ob negotium senis cuiusdam affinis sui, pecuniam redacturus a Charmola mensario Cum igitur humaniter excipias velim Est autem minime delicatus et nobis dignus Cui cæteris etiam in rebus operam navabis, ut intelligat, se hominem excepisse amicis non plane destitutum, sed Athenis nomen adhuc aliquod et memoriam Æschinis exstare

VII Senatui et populo

Audivi quæ Melanopus apud vos dixerit, vestramque probavi humanitatem Melanopo autem me non modo reversum ad vos dignam acta eius vita gratiam relaturum arbitror, sed quamvis patria carens adhuc, tamen ut par sim fortassis, operam dabo (2) Nam ego, Melanope, secundum leges hac me calamitate esse usum fateor accidisse mihi tamen hoc leges defendenti atque id agenti, ne quis contra eas corona donaretur Adversus igitur in gerenda republica casus communis mihi est cum Themistocle et Aristide et multis aliis quorum summis in urbe splendor fuit (3) Illud autem quod nuper etiam inater tua corpus pretio vulgavit, qui non ita pridem inter sexviros fuisti, et pater tuus ter in carcerem coniectus est, tu autem ter mille drachmis venundatus florem ætatis tuæ ura cum Timarchi gregalibus adolescentibus prostituisti hæc tibi non iam esse communia cum Themistocle et Aristide iusto existimo (4) Sed cum vobis aliquando visum fuerit, denuo coram cum Melanopo agam Nunc autem vobis de benevolentia, quam absenti mihi præstitis, cum obturbaretis et audire nolletis eos, qui nobis maledicebant, magnam habeo gratiam Æquius tamen et melius fuerit, meipsum sinere respondere conviciatoribus. iis decretis, quæ sæpe multis iam decrevistis, qui maxima in vos peccata comnuserunt (5) Sin minus, secundo loco vos oratos volo, ut potius maledicos nostros audiatis, quam gratificandi specie conviciatoribus non audiendis gravioris iniuriæ faciatis suspicionem, quam quæ dici verecunde possit

VIII

Tu quidem hactenus non pervenisti ad nos, sed morbos et iudicia et quæris potius causaris, quam non vemendi ad nos voluntatem Nicias vero pridem venit et

πάλαι καὶ Ἀνδρωνίδας. εἰ μὲν οὖν νῦν γε σὺν Φι-
λίνῳ (πυνθάνομαι γὰρ αὐτὸν ἐξιέναι) διέγνωκας ἀφι-
κνεῖσθαι πρὸς ἡμᾶς, τάχα ἂν εἴη σοι ἔτι ἀπολογία καὶ
λυθείη ὁ πόλεμος· εἰ δὲ οὐδὲ σὺν ἐκείνῳ ἔγνωκας ἐξιέναι,
σὺ μὲν ἐπιστελεῖς διὰ παντὸς ἡμῖν ἀφίξεσθαι, ἐγὼ δὲ
ἅπαξ ἀνιάσομαι.

θ'.

Περαιωθεὶς ἐπὶ Φύσκον, ἡσυχάσας ἐκείνην τὴν
ἡμέραν (οὐχ ὑπ' ἀργίας, ἀλλὰ μηκυνεῖν ἔδοξεν ἢ περὶ
τὸ ἄσθμα νόσος) ὡς τὴν νύκτα ἐνέδωκε καὶ ῥᾷον ἐγε-
νόμην, βαδίσας εἰς τὴν Ἄμμον ἐπεῖδον τὰ χωρία.
καί μοι ἔδοξε καλὰ μὲν ἄλλως καὶ ποικίλα εἶναι τὰ
χωρία· καὶ γὰρ ἐλαιὼν ἦν καὶ πολλὰ φυτὰ καὶ ἄμπε-
λοι συχναὶ καὶ σπόριμα πλεῖστα καὶ νομαὶ καλαί·
ἐπαύλιον δὲ οὐδὲ μέτριον, ἀλλὰ πάντα ἐρείπια. (2) ἐδέ-
ξατο δ' ἡμᾶς ὁ Μυρωνίδης φιλανθρώπως σφόδρα. τὰ
μέντοι χωρία δυοῖν ταλάντοιν ἐπριάμην, καὶ νῦν
ἐπαύλιόν τι μηχανῶμαι τοιοῦτον οἷον ἂν μηχανῴμην
ἐγὼ κεκτημένος βραχέα καὶ μέλλων ὅμως οἰκεῖν ἐνθάδε,
μὰ τοὺς θεοὺς οὐχ ἡδέως στερόμενος τῆς ἐμαυτοῦ πό-
λεως, καὶ μάλιστα τοιαύτης ἐν ᾗ δύναιτο ἄν τις ἧσσον
ἀλγεῖν ὑπολαμβάνων οἰκεῖν. ἔρρωσα.

ι'.

Ὁ δὲ Κίμων οἷα κατὰ πόλιν ἑκάστην καὶ αἰγια-
λὸν ἡμᾶς δέδρακεν, οὐκ ἔθους, οὐ νόμου φειδόμενος
οὐδενός. κατὰ θέαν εἰς Ἴλιον ἀφικόμην τῆς τε γῆς
καὶ θαλάττης. καὶ ἃ μὲν εἶδον αὐτόθι, γράφειν ἐπεὶ
δοκεῖ ἄφθονον ἔχειν τὴν ὕλην, σιωπήσω· δέδοικα γὰρ μὴ
ποιητικῆς λαβόμενος φλυαρίας ἀπειροκαλεύεσθαι δόξω·
τὰ δὲ Κίμωνος ἔργα καὶ τὴν ἀκρασίαν οὐδ' ἂν εἴ μοι
δέκα μὲν γλῶσσαι δέκα δὲ στόματ' εἶεν δυναίμην ἀρ-
κέσαι λέγων. (2) διατριβόντων γὰρ ἡμῶν πολλὰς ἡμέ-
ρας ἐν Ἰλίῳ καὶ μὴ πληρουμένων τῆς θέας τῶν τάφων
(ἦν δέ μοι γνώμη μένειν, ἕως ἅπαντα διεξέλθω τὰ ἐν τῇ
Ἰλιάδι ἔπη πρὸς αὐτοῖς ἑκάστοις ὑπὲρ ὧν τὰ ἔπη ἐστὶ
γεγενημένα) ἐμπίπτει ἡμέρα, ἐν ᾗ πειρῶνται τοὺς γά-
μους οἱ πλεῖστοι τῶν θυγατέρων, ὅσων ἐπιτρέπει ἡ ὥρα
ποιεῖν. ἐγένοντο δὲ συχναὶ αἱ γαμούμεναι. (3) νενόμι-
σται δὲ ἐν τῇ Τρωάδι γῇ τὰς γαμουμένας παρθένους
ἐπὶ τὸν Σκάμανδρον ἔρχεσθαι, καὶ λουσαμένας ἀπ' αὐ-
τοῦ τὸ ἔπος τοῦτο ὥσπερ ἱερόν τι ἐπιλέγειν « λαβέ
μου Σκάμανδρε τὴν παρθενίαν. » ἐν δὴ ταῖς ἄλλαις
Καλλιρρόη ὄνομα παρθένος μεγάλη, πατρὸς δὲ οὐ τῶν
ἐπιφανῶν, ἐπὶ τὸν ποταμὸν ᾖκε λουσομένη. (4) καὶ
ἡμεῖς ἅμα τοῖς τε οἰκείοις τῶν γαμουμένων καὶ τοῖς
ἄλλοις ὄχλοις πόρρωθεν τὴν ἑορτὴν καὶ τὰ λουτρὰ τῶν
παρθένων, ᾗ θέμις τοῖς ἐξωτέρω ὁρᾶν, ἐθεώμεθα. ὁ
δὲ καλὸς κἀγαθὸς Κίμων ἐγκρύπτεται εἰς θάμνον τοῦ
Σκαμάνδρου, καὶ στέφει ἑαυτὸν δόναξιν· ἦν δὲ αὐτῷ
δηλαδὴ τὸ στρατήγημα τοῦτο καὶ ὁ λόγος ἐξ ἡμέρας
ἐπὶ τὴν Καλλιρρόην εὐτρεπής. (5) λουομένης δὲ καὶ
τὸ εἰωθὸς ἔπος, ὡς μετὰ ταῦτα ἐπυθόμην, λεγούσης

Andronides. Quod si nunc saltem cum Philino (audio
enim eum abiturum esse) ad nos proficisci decreveris,
fortasse adhuc aliqua tibi defensio relinquetur, bellum-
que hoc componetur. Sin ne cum illo quidem exire de-
creveris, tu quidem subinde scribes te venturum, ego
vero semel duntaxat moleste feram.

IX.

Cum ad Physcum traiecissem, ac diem illum quievis-
sem non ex ignavia, sed quod spirandi difficultas ingra-
vescere videbatur : ut noctu id malum remisit atque ego
melius habere cœpi, fundos inspexi. Atque illi quidem mihi
pulchri ac varii sunt visi. Nam et olivetum est et multæ
arbores et vites crebræ et sata plurima et pascua pulchra;
domicilium vero nullum, vel mediocre, sed rudera omnia.
(2) Excepit nos Myronides valde humaniter. Fundos igitur
duobus talentis comparavi, et nunc tale domicilium mo-
lior quale ego re tenui moliri queam, quique hic habitatu-
rus sum, non ita me dii ament æquo animo, civitate mea
privatus, præsertim tali, in qua si quis se habitaturum
existimaret, minus dolere posset.

X.

Cimon in qualibet urbe et littore mera scelera edidit,
nullius necessitudinis, nullius legis habita ratione.
Ilium perveni spectandæ et terræ et maris causa. Quæ
ibi viderim, quoniam uberem suppeditare materiam
videntur, scribere supersedebo. Vereor enim ne poeti-
cis nugis instituendis ineptire videar. Cimonis autem
facinora et immodestiam non mihi si centum sint linguæ,
ora centum, dicere possim. (2) Nam cum multos Ilii dies
moraremur et spectaculo sepulcrorum non satiaremur,
mihique in animo esset manere donec omnes Iliadis versus
ad ea contulissem, de quibus illi facti essent : incidit dies
qua plerique periclitantur conjugia filiarum, quas lex et ætas
nubere sinit. Fuerunt autem complures nupturæ, (3) et
moris est in Troiana terra, nupturas virgines ad Scaman-
drum ire ex eoque lotas verba hæc tanquam sacrum
quiddam recitare « cape meam Scamander virginitatem. »
Inter alias igitur virgo quædam nomine Callirrhoe, pro-
cera et haud illustri patre nata, ad fluvium venit lavandi
gratia. (4) Nos una cum cognatis nupturarum et cæteris
turbis eminus festum et lavacra virginum, quatenus fas
nobis externis erat, spectabamus. At bonus iste Cimon se
occulit in frutice Scamandri atque arundinibus coronat.
Instruxerat nimirum de die stratagema illud atque insi-
dias contra Callirrhoen. (5) Cum autem lavaretur, et
de more verba illa pronuntiaret, ut posterius cognovi,

« λαβέ μου Σκάμανδρε τὴν παρθενίαν, » ἐκθορὼν ἐκ
τῶν θάμνων ὁ Σκάμανδρος Κίμων · ἡδέως » ἔφη
« δέξομαι καὶ λαμβάνω Καλλιρρόην Σκάμανδρος ὤν,
καὶ πόλλ᾽ ἀγαθά ποιήσω. » ταῦτα ἅμα λέγων καὶ
ἁρπάσας τὴν παῖδα ἀφανὴς γίγνεται (ο) οὐ μὴν τὸ
πρᾶγμα ἀφανὲς γίγνεται, ἀλλὰ τέτταρσιν ὕστερον
ἡμέρας πομπὴ μὲν ἦν Ἀφροδίτης, ἐπόμπευον δὲ αἱ
νεωστὶ γεγαμημέναι, καὶ ἡμεῖς τὴν πομπὴν ἐθεώμεθα
ἡ δὲ νύμφη ἰδοῦσα τὸν Κίμωνα, ὡς μηδὲν αὐτῷ κα
κὸν συνειδότα ἅμα ἐμοὶ θεώμενον, προσεκύνησε καὶ
ἀποβλέψασα εἰς τὴν τροφὸν « ὁρᾷς » ἔφη « τίτθη,
τὸν Σκάμανδρον ,. ᾧ τὴν παρθενίαν ἔδωκα, » καὶ ἡ
τίτθη ἀκούσασα ἀνέκραγε, καὶ τὸ πρᾶγμα ἔκπυστον
γίγνεται (7) ὡς δὲ οἴκαδε εἰσέρχομαι, καταλαμβάνω
τὸν Κίμωνα, καὶ οἷα ἦν εἰκὸς ἐργάζομαι, καὶ ὧν ἀνό
σιον καὶ δι᾽ αὐτὸν ἀπολωλέναι λέγων ἡμᾶς ὁ δὲ
οὐδὲν ἔδεισεν, οὐδὲ ἠσχύνθη τοῖς πεπραγμένοις, ἀλλὰ
μύθους ἐπεβάλλετο λέγειν μακρούς, τοὺς ἁπανταχόθι
τροφῶν ἄξια εἰργασμένους καταριθμούμενος (8) καὶ γὰρ
ἐν Μαγνησίᾳ τοῦτο περὶ Μαιάνδρον τὸν ποταμὸν ἔφη
γεγονέναι ὑπό τινος τῶν ἐκεῖ νέων, ἀφ᾽ οὗ καὶ ἔτι σή
μερον Ἄτταλον τὸν ἀθλητὴν ὁ πατὴρ « αὐτῷ
οὐχ ἑαυτοῦ υἱὸν ἀλλὰ τοῦ Μαιάνδρου εἶναι πείθεται,
καὶ διὰ τοῦτο αὐτὸν οὕτω πάνυ νομίζει σαρκῶν τε καὶ
ῥώμης εὖ ἔχειν ἐπειδὰν δὲ πολλὰς λαβὼν πληγὰς καὶ
ἀπειπάμενος ἐξίῃ, τὸν ποταμὸν αὐτῷ νεμεσῆσαι λέ
γει, ὅτι νικήσας οὐ πατέρα ἀνηγόρευσεν αὐτὸν οὐκ
ἄρ᾽ ἀπορεῖ γε ἡττώμενος προφάσεως » (9) καὶ περὶ
Ἐπίδαμνον δ᾽ ὁμοίως πάλιν κατιὼν δὲ ἔφη μου
σιχὸν ὑπ᾽ εὐηθείας πεπεῖσθαι ὅτι Ἡρακλέους εἴη τὸ
ἐκ μοιχοῦ γεγονὸς αὐτῷ παιδίον « ἐγὼ δὲ οὐκ ἐπαι
δοποιησάμην » ἔφη, « ἅπαξ δὲ διελέχθην παιδὶ ὑπερ
ώρῳ τε ἤδη, καὶ λουομένην αὐτὴν μετὰ μιᾶς γραὸς
ἰδὼν καὶ ἄλλως δ᾽ ἐδόκει μοι « ἔφη « ὡς μὴ παντά
πασι τὰ ἐν Ἰλίῳ τραγικά τε καὶ φοβερὰ ᾖ, παίζειν
δεῖν τι καὶ ἡμᾶς καὶ οἷον ἐν κωμῳδίαις περὶ τὸν Σκά
μανδρον ἐργάσασθαι. » (10) κἀγὼ μὲν ἄλλο οὐδὲν ἢ ὅπει
λήξει ἡ τοσαύτη ἀναισχυντία προσμένων, λίθινος ὑπ᾽
ἀπιστίας ἐγεγόνειν. ὁ δὲ ἐῴκει καὶ τρίτην Ἀπόλλωνός
μοι δοκῶ καὶ Διονύσου μοιχείαν ἐπάξειν, ἕως ἰδὼν ἐγὼ
ὄχλον προσιόντα τῇ θύρᾳ « τοῦτ᾽ ἐκεῖνο » ἔφη, « κα
ταπρήσοντες ἡμᾶς πάρεισι », καὶ δὴ ὀπισθοδόμου τινὸς
εὐθέως πρὸς Μελανιππίδην φεύγων ᾠχόμην, ἐκεῖθεν
δὲ ἑσπέρας ἐπὶ θάλατταν, εἶτα πρὸς ξενῶνα ὥστη
ἀνέμῳ κατήχθημεν, ὃν μηδεὶς ἂν ἄλλως ἢ φεύγων
τὸ Κιμώνειον ἄγος ὑπομείναι· πλέον τοιαῦτα μὲν
παθὼν δεῖν τοι γράφειν ὡς σχετλιάσοντι καὶ ἐμοῦ
μᾶλλον ὤμην σὺ δὲ ἂν ἰκανῶς, οἶμαι, γελάσειας

ια' Τῇ βουλῇ καὶ τῷ δήμῳ τῶν Ἀθηναίων

Τὰ μὲν ἄλλα δεῖν ὑμῖν ἐπιστέλλειν, περὶ ὧν ἐβου
λόμην, καὶ πρότερον ᾠόμην· οὐ γὰρ ἀφῃρῆσθαί γε
τοῦτο ἀτυχήσαντα τῶν παρ᾽ ὑμῖν ὑπελάμβανον συμ
βουλεύειν δὲ καὶ πολυπραγμονεῖν οὐ μικρᾶς ἔμοιγε

« cape meam Scamandei virginitatem », prosiliens e frutibus Scamander Cimon « libenter (inquit) accipio et sumo
Callirhoen Scamander , et multa in te conferam beneficia » Hæc cum diceret simul atque abripuisset puellam,
se occultat (6) Non tamen res etiam occultatur, sed cum
quatriduo post pompa esset Veneris et recens nuptæ ei
pompæ interessent, nos quoque illam spectabamus Sponsa
autem Cimonem conspicata , ut nullius mali sibi conscium una mecum spectantem , honorem ei præbuit et
nutricem intuita « vides (inquit) mea nutrix, Scamandrum,
cui virginitatem dedi? » Quo illa audito exclamat , itaque
facinus divulgatur (7) Lt vero domum ingredior, prehendo
Cimonem, et ita cum eo ago uti par est , vocans nefarium et dicens per eum perisse nos is vero nihil ea re
perterritus neque verecundatus ob ea quæ fecerat fabulas narrare coepit prolixas, undique eos connumerans ,
qui cruciatu digna commiserant (8) Nam et in Magnesia
idem circa Mæandrum fluvium, aiebat, esse factum a
quodam indigena adolescente, ex quo etiam hodie Attalum pugilem patet, inquit, non suum sed Mæandri esse
filium persuasum habet , eaque de causa illum adeo
carnoso et robusto esse corpore Cum vero multis ac
ceptis plagis , viribus destitutus abit , fluvium ei indignatum ait, quod cum patrem non proclamasset Cum
igitur succumbit, non ei deest excusatio (9) Lt circa
Epidamnum rursus eodem modo aiebat musicum præ
stultitia credidisse, puerum ex adultero natum esse
filium Herculis Lgo vero non procreavi puerum, inquit,
sed collocutus semel sum cum puella iam exoleta lavantem cum anicula conspicatus Præterea mihi videtur, inquit, ut res Ilienses prorsus terribiles et tragicæ
sunt, nobis etiam aliquid esse iocandum et tanquam in
comœdiis, circa Scamandrum patrandum aliquid (10) Tum
ego nihil aliud nisi quo tandem evaderet tanta impudentia exspectans, lapis pene factus sum adeo mihi res
incredibilis videbatur Ille vero tertium etiam Apollinis
et Bacchi adulterium tentaturus erat scilicet , donec ego
vidi turbam ad ianuam accedentem Tum Hoc illud est,
inquam, combustum nos adveniunt, et statim per posticum ad Melanippidem confugi, inde vesperi ad mare
prorsus versum Deinde ad hospitium eo vento appulimus, quem nemo navigans toleret, nisi qui Cimonium
piaculum fugiat Talia cum perpessus sim, ea tibi scribenda esse duxi, ut qui gravius etiam quam ego ipse laturus esses Tu vero, ut arbitror, affatim ridebis

XI Senatui et populo Athen.ensi um

Alius de rebus quibusvis jam prius ad vos mihi
scribendum esse putabam (neque enim id quoque ei,
cui vestram rempublicam calamitas ademisset , ereptum
arbitrabar), sed dare consilia et negotiis alienis implicari

ἀκρασίας ἔργον ἐφαίνετο εἶναι, δεδωκότι τηλικαύτην δίκην τοῦ πολιτεύεσθαι, πλὴν εἴ τι δέοι καλούντων ὑμῶν. (2) ἄλλως δὲ μηδὲ ῥᾴδιά τισι τῶν ἐπιτηδείων, οὐχ ὅτι πόλει, συμβουλεύειν τὰ προσήκοντα φόμην· ὑμῖν τε ἑώρων ἄλλους ἄλλους καὶ λέγειν καὶ πράττειν δυναμένους τὰ κοινά· κατέλιπον γὰρ οὐκ ὀλίγους. ἐπεὶ δὲ εἰ μὲν τεθνᾶσι, πολλοὶ δὲ ἠτυχήκασιν ὥσπερ ἐγώ, περιέστηκε δὲ ἡ πόλις εἰς ἐρημίαν τῶν πολιτευομένων, ἀκούω δὲ τοὺς μὲν αὐτοῦ παρόντας τοὺς δὲ καὶ δι' ἐπιστολῶν κινεῖν τι τῶν τῆς πόλεως πραγμάτων, ἕτοιμος ἤδη τὰ δοκοῦντα τῇ πόλει συμφέρειν, ὡς μόνον ἔξεστί μοι, δι' ἐπιστολῶν λέγειν. (3) εἰ δὲ καὶ νῦν τὰ Μακεδόνων φρονεῖν ἐροῦσί με, καὶ παραπρεσβείας πάλιν γράφονταί τινες ἀπόντα με ἢ προδοσίας τῆς Ἑλλάδος, ἕτοιμος ἤδη καὶ Ῥόδου καὶ γῆς ἁπάσης Ἑλληνίδος πρόσω φεύγειν, ἐὰν βούλωνται, καὶ πρὸς τὸν ἐν Πέρσαις ἄπειμι καὶ Μήδοις βασιλέα. καίτοι τὰ Περσῶν γε καὶ Μήδων οὐδεὶς ἔφη μέ ποτε φρονεῖν, καὶ πάντων ἥκιστα Δημοσθένης. ἀλλ' οὐδ' ἐκεῖθεν παύσομαι γράφων ἃ τῇ πόλει δόξω συμφέρειν, οὐ χαρίζεσθαι μέλλων ὑμῖν, ὥσπερ ἄλλοι τινές, ἀλλ' ἐλευθέρως νουθετεῖν. (4) εὖ γὰρ εἰδέναι χρὴ ὅτι τῶν πολιτευομένων οἱ μᾶλλον ἐπιπλήττειν ἢ χαρίζεσθαι θέλοντες ὑμῖν δοκεῖν, οὗτοι καὶ μάλιστα πρὸς ἡδονὴν λέγουσι, τὴν ὑπὸ προσχήματι παρρησίας ὁδὸν τοῦ κολακεύειν ἑλόμενοι· καὶ γὰρ αὕτη τίς ἐστι τοῦ χαρίζεσθαι πολίταις καὶ ἡγεμόσι πολὺ κακουργοτέρα προαίρεσις· ἣν βαδίζοντές τινες Ἀθήνησι καὶ περιόντος ἐμοῦ παρ' ὑμῖν (οὕτω γὰρ χρὴ λέγειν) καὶ νῦν ὅσον ἐν ὑμῖν τεθνεῶτος, αἰτιῶνται μὲν ὑμῶν τὴν ὀλιγωρίαν ὡς οὐκ ἐθελόντων ἄρχειν τῆς Ἑλλάδος, προτρέπονται δὲ ἐπὶ τὴν ἡγεμονίαν ὡς δυναμένους. (5) ὑμεῖς δέ, μετὰ τοῦ δοκεῖν ἀργοὶ γεγονέναι, δύνασθαι τῶν Ἑλλήνων ἄρχειν νομίζεσθε θέλετε μᾶλλον ἢ μετὰ τοῦ μένειν ὑμῶν τὰς προθυμίας ἐνδεῖσθαι τῆς δυνάμεως. πυνθάνομαι γὰρ τελευτήσαντος Ἀλεξάνδρου προτρέπειν τινὰς ὑμᾶς καινοτέρων ἅπτεσθαι πραγμάτων· ἐγὼ δὲ βουλοίμην ἂν ταῦτα συμβουλεύειν ὑμῖν μετὰ τοῦ συμφέρειν. (6) οὐ γὰρ ἠγνόουν μὰ τὸν Δία καὶ τοὺς ἄλλους θεοὺς ὅτι λαμπρὸν ἐστι τὸ τοῖς μὲν βαρβάροις πολεμεῖν, τοὺς δὲ Ἕλληνας ἐλευθεροῦν, καὶ ταῦτά γε καὶ τοὺς πατέρας ἡμῶν προελομένους· ἀλλ' εἰς μὲν τὸ βούλεσθαι τὰ κράτιστα τὴν γνώμην οὖσαν ἱκανήν, εἰς δὲ τὸ δύνασθαι καὶ τύχης ἀγαθῆς ὑμᾶς δεομένους. (7) προσήκειν οὖν μεμνῆσθαι καὶ ὑμᾶς ὑπελάμβανον ὅτι Ἀθηναίοις μὲν ἐπιστέλλομεν, Ἀθηναίοις δὲ οὐκ ἐν οἷς Θεμιστοκλῆς ἐπολιτεύσατο, ἀλλ' οἳ τὰς μὲν γνώμας καὶ τὰς νοήσεις ἐκείνων οὐ χείρους εἰσί, τὰς μέντοιγε πρὸς τοὺς πολέμους ἀφορμὰς οὐχ ὁμοίας ἔχουσιν. ἐπεὶ δόντωσαν μὲν τριακοσίας τριήρεις οἱ τὰ τῆς Ἑλλάδος ἄξια γράφοντες ἡμῖν, δότωσαν δὲ τρισμύρια τάλαντα ἀργυρίου καὶ χρυσίου ἀπέφθου δισχίλια, δότωσαν δὲ ἀνδρῶν ἐν ἥβῃ τοσοῦτο πλῆθος ἤδη γεγυμνασμένων ἐν ὅπλοις, καὶ μηκέτι συμβουλευέτωσαν (8) (αὐτοὶ

non parvæ incontinentiæ mihi esse videbatur in eo, qui administratæ reipublicæ tam graves dedisset pœnas, nisi cum et res postularet et vos peteretis. (2) Alioqui ne familiarium quidem aliquibus facile esse suadere existimabam, nedum civitati : et vobis esse alios qui reipublicæ dicendo agendoque consulere possent; reliqui enim non paucos. Sed quia eorum alii obierunt, multi simili mecum calamitate sunt conflictati, et republica eorum a quibus gubernetur penuria laborat (audio autem quosdam per litteras turbare statum civitatis), iam non recuso, ea quæ mihi e republica esse videntur, qua sola ratione licet, per litteras explicare. (3) Quod si me nunc etiam facere cum Macedonibus dicunt et falsæ legationis aut Græciæ proditæ etiam absentem aliqui accusant, paratus sum ultra et Rhodum et universam Græciam fugere, si volent, et ad Persarum et Medorum regem proficiscar : etsi me stare a Persis et Medis nemo unquam dixit et omnium minime Demosthenes. Sed ne ibi quidem ea scribere desistam, quæ urbi profutura videbuntur, non gratificaturus vobis, ut alii quidam, sed libere moniturus. (4) Sciendum enim est, eos magistratus, qui magis obiurgare vos, quam gratiam vestram aucupari videri volunt, maxime ad gratiam loqui, delecta ea assentandi via, quæ sub velamento libertatis delitescat. Nam hæc est gratificandi civibus et ducibus via multo maliciosior : quam ingressi quidam Athenis, me et adhuc apud vos superstite (sic enim mihi dicendum est) et nunc, quantum in vobis est, mortuo, vestram culpant ignaviam, ut qui nolitis imperare Græciæ; et ad principatum adhortantur, ut quem obtinere possitis. (5) Vos vero malle debetis cum opinione ignaviæ videri Græcis imperare posse quam retenta vestra alacritate viribus destitui. Audio enim Alexandro defuncto quosdam exhortari vos ad rerum novarum studium. Ego vero ea me vobis suadere vellem, quæ in posterum prodessent. (6) Neque enim ignorabam (testor Iovem optimum maximum cæterosque deos) magnificum esse, barbaros perpetuo oppugnare et Græcos in libertatem vindicare, et hoc patrum etiam nostrorum fuisse institutum. Verum, ut optima quæque velitis, id in vestris animis esse situm ; ut autem exsequi etiam possitis, secunda etiam fortuna vobis esse opus. (7) Existimabam igitur, vos quoque meminisse oportere, nos, etsi ad Athenienses scribamus, ad eos tamen scribere Athenienses, non apud quos rempublicam Themistocles administravit, sed ad eos, qui, cum animis nihilo sint illis inferiores, non easdem habeant ad gerenda bella facultates. Nam qui Græcia digna scribunt, danto vobis trecentas triremes, danto triginta millia talentum argenti, et auri puri puti tria millia, danto virorum ætate et robore florentium tantam multitudinem in armis iam exercitatorum, et suadere desinunto (8) (ipsi enim sciemus quid sit agen-

γὰρ εἰδήσομεν ἃ χρὴ πράττειν, δυνάμενοι τὰ δόξαντα
πράττειν), μηδὲ ῥαψῳδείτωσαν μάτην ἐπαινοῦντες
ἡμῶν τοὺς προγόνους τε καὶ τὴν χώραν, ὅτι ἐγένοντο
ἐν αὐτῇ καὶ ὑπὲρ αὐτῆς, εἰσεγένοντο ἐν αὐτῇ οἱ θεοί·
ἐπεὶ πύθεσθε αὐτῶν τί ἐν τῇ περὶ Χαιρώνειαν μάχῃ
τὴν πόλιν ὤνησε τῶν Ἀθηναίων ὅ-ι Ἄρης πρὸς Πο-
σειδῶνα ὑπὲρ Ἁλιρροθίου ἐν Ἀρείῳ πάγῳ ἐκρίθη,
(9) ἀλλ' εἰ πρὸς Ἀντίπατρον, ἢ ὅστις ἄλλος Μακεδόνων
βασιλεύς, ἱκανοί ἐσμεν ἀγωνίσασθαι, τοῦτο χρὴ σκο-
πεῖν· κἂν ἱκανοὶ ὦμεν, ἀγαθῇ τύχῃ ἀναλαβόντες
τὰ ὅπλα εὐθέως ἐλευθερῶμεν τοὺς Ἕλληνας· εἰ δὲ τού-
του μὲν ὀλιγωρήσομεν, κολακευόμενοι δὲ ἡσθησόμεθα,
πῶς οὐ μετὰ τοῦ δοκεῖν ἑαυτοῖς αἴτιοι γεγονέναι τῶν
συμφορῶν, ὃ μόνον οὐδὲ παραμυθίαν ἔχει τοῖς κακῶς
πράττουσιν, ἀτυχήσομεν, (10) ἔστι δὲ καὶ πόλεως καὶ
ἀνδρὸς εὖ φρονοῦντος ἔργον πρὸς τὰς παρούσας, ἀφορμὰς
ὑπὲρ τῶν παρόντων βουλεύσασθαι· τὸ δὲ τὴν μὲν
τόλμαν εἰς τὰ πράγματα, οἷς ἐπιχειρεῖτε, ἐκ -ῆς
πρόσθεν ἰσχύος ἔχειν, τὴν δὲ ἰσχὺν πάλαι ποτ' ἐσηγ-
κέναι μεγάλη, ὡς καινὰ καὶ θαυμαστὸν ὅσον εἰς ὁ τις
Ὀλυμπίασι πολλάκις νικήσας ὕστερον γέρων ὢν ἀπο-
γράφοιτο ἔτι καὶ προκαλοῖτο τοὺς ἀντιπάλους, ἀναμι-
μνησκόμενος ἧς ἔσχηκεν, οὐ τῆς παρούσης δυνάμεως·
(11) ἄξιον δὲ καὶ ἃ λέγειν αὐτοὺς πυνθάνομαι λογίσασθαι
μεθ' ὑμῶν, ὡς καινὰ καὶ θαυμαστὸν ὅσον εἰς ὁ βού-
λονται τῇ πράξει συλλαβεῖν δυνάμενα· φάσκουσι γὰρ
δεῖν ὑμᾶς ὁμονοεῖν, ὥσπερ ὑμᾶς οὐκ ἐπισταμένους
ὅτι τοῦτο μὲν πάσῃ πόλει, καὶ πολεμεῖν καὶ εἰρηνεύειν
βουλομένῃ, κράτιστόν ἐστιν· (12) ἡμᾶς δὲ οὐ τοῦτο δεῖ
σκοπεῖν, εἰ ὁμονοοῦσιν ὁμονοητέον· γὰρ καὶ
πολεμοῦσι καὶ μὴ παντὸς ἕνεκα ἀλλ' εἰ βουλομένοις
πολεμεῖν καὶ ὁμονοεῖν, ὡς ἴσμεν ἅπαντες, αὐτάρκης
ἐστὶν ἡ δύναμις· ἕως δ' ἂν μήτε σ-τρατείας πο-
λεμοῦντες ἔχωμεν, μήτε χρημάτων πόρους δεικνύωσιν,
ἀλλὰ τὴν Ἀθηνᾶν ἔγγυον δίδωσι τοῦ πολέμου, μηδὲν
διαφέρειν αὐτοὺς αὐτίκα νομίζωμεν· (13) ἀλλ' ἐκεῖνον
μέν, ὥσπερ ἦν ἄξιος παραπλὴξ τὴν διάνοιαν ὤν, κα-
τελύσατε εἰκότως· τούτοις δὲ ἀποχρησάτω μηδὲν παθεῖν
κακὸν παραδόξους λόγους μελετῶσι καὶ μηδὲ λείψανον
ἐῶσιν ὑμῖν τι τῶν πραγμάτων, ἀλλὰ καὶ τούτων φρο-
νοῦσι πράττειν ἃ δεῖ βουλομένοις, ἕως ἂν τὸ Θηβαίων
πολιτεύσωνται πολίτευμα, μηλόβοτον ὑμῶν γενέσθαι
τὴν χώραν καὶ κατασκαφῆναι τὴν πόλιν ἀναγκάσαν-
τες· οὐ γὰρ εἰ κακῶς ἔχει τὰ πράγματα, διὰ -οῦτο
μηδὲν, ὅπως μὴ χεῖρον ἔξει, φροντιστέον

ιβ' Τῇ βουλῇ καὶ τῷ δήμῳ τῶν Ἀθηναίων

Ἐγὼ προσῆλθον τῷ πολιτεύεσθαι γεγονὼς ἔτη τρία
καὶ τριάκοντα, μὰ Δί' οὐ τριτα γωνιστὴν μαθών, ὡς
Δημοσθένης ἔλεγεν, ἀλλὰ καὶ τραφεὶς ἐλευθερίως,
καὶ παιδείας φρονήσας τὰ μέτρια, καὶ λόγους οἵους
λέγειν ἐν Ἀθήναις ἔπρεπε (2) καὶ τούτους οὐκ εἰς συκο-
φαντίαν γυμνάσας, οὐδέ τινι -ῶν πολιτῶν δίκην, δικα-

---

dum, ubi ea quæ probata nobis fuerint, exsequi poteri-
mus) neque nugas agunto frustra laudandis maioribus
nostris et regione illos in ea re et pro ea fuisse natos
etiam deos in ea esse ortos Rogate eos, quid in Chæ-
ronensi pugna urbi Atheniensium profuerit, quod Mars
suam causam cum Neptuno in Areopago disceptarit? (9)
Enimvero illud considerandum est, an ad proelio decer-
tandum cum Antipatro aut quovis alio Macedonum rege
iustas vires habeamus? quod si erit, dus approbantibus,
sumptis armis, Græcos in libertatem asseramus Sin hoc
quidem neglexerimus, assentationibus autem inducti su-
perati fuerimus, qui fieri poterit ut in calamita-
tem non incidamus? præterquam quod nosmetipsi in
mala conjecisse videbimur, quæ sola res in miseriis nul-
lam consolationem habet (10) Est autem et reipublicæ et
viri sapientis officium, de statu rerum pro ratione horum
temporum deliberare Audaciam vero ad res quas geren-
das suscipias, ex veteri potentia concipere, qua olim
magna præditus fueris, id perinde esse videtur, ac si quis
sæpe Olympiæ victor, post ubi consenuerit, adhuc no-
men suum profiteatur et adversarios evocet, eosque cohortis
non quod iam habet, sed quod olim habuit, commone-
facit (11) Est etiam consideratu dignum, cuius modi ea
sint, quæ ab eis dici audio, quam nova et mirabilia
dum nos concordes esse iubent, tanquam id magnum
rebus gerendis afferat adiumentum Quasi vero vos igno-
retis, id quidem cuivis urbi sive bellum gerenti sive pa-
cem agenti esse optimum, (12) illud autem nobis spectan-
dum esse, non an bellum suscepturis concordia sit ineunda
(nam concordes esse nos sive bellum gerentes sive
quiescentes omnibus de causis oportet), sed an iustas
vires habeamus, si et bellum gerere et concordes esse
voluerimus ut scimus omnes Quoad autem non osten-
derint nec quos bellum gesturi exercitus habituri simus
nec quam pecuniæ copiam, sed Minervam belli vadem
nobis dederint statim eos nihil ab insanis differre existi-
mabimus (13) At illum quidem, ut merebatur, homo ni-
mirum mentis errore affectus, iure repudiastis isti autem
contenti esse debent, si nihil mali patiantur, dum ab-
surdas excogitant orationes et ne reliquas quidem ullas
vobis superesse sinunt, sed has etiam iis invident, qui
fungi officio cupiunt, donec Thebanorum exemplo repu-
blica administrata regionem nostram in ovium pascua
converti, urbem eversi coegerint nec enim eo quod res
male se habent, providendum non est, ne deteriores
etiam fiant

VII Senatui et populo Atheniensium

Ego ad rempublicam accessi annos tres et triginta
natus, cum mehercule non tertias actitare partes didi-
cissem, ut Demosthenes dicebat, sed illud comperiens,
me et educatum esse liberaliter, et mediocris doctrinæ et
ejusmodi orationum rationem habuisse, quas haberi Athe-
nis deceret (2) atque eos non ad calumniam contulisse

σάμενος εὑρεθήσομαι λαβὼν ἀργύριον, οὐδὲ ὕβρεις ἀποδόμενος, ἀλλ' οὐδὲ ὑβρισθεὶς ὅλως οὐδὲ ἀφορμὴν προπηλακισμοῦ παρασχών, οὐδὲ εἰς δίκην τινὰ τῶν πολιτῶν καταστήσας ἔξω Τιμάρχου μόνου (1) καὶ οὐκ ἀλαζονεύομαι πρὸς ὑμᾶς ὡς πολλὰ πάνυ λαβεῖν ἐξόν μοι χρήματα μὴ λαβών, ἀλλ' ὡς ἦν προσῆκον, δίκην κατὰ τοὺς νόμους λαβών. καὶ μετὰ ταῦτα πάλιν Κτησιφῶντα, πολλὰ μὲν ὑπ' αὐτοῦ παθὼν, πολλὰ δὲ ὑπὸ Δημοσθένους, παρανόμων ἐγραψάμην, διακιοστάτην ὦ θεοὶ γραφήν (4) καὶ οὐδὲν θαυμαστὸν εἰ καὶ τῶν νόμων τῶν ὑμετέρων καὶ τῶν ἐμῶν λόγων ἡ Δημοσθένους δεινότης κρείσσων ἐγένετο. ἐφάνη δὲ ἴσως ἐφ' οἷς κατηγορήθην πρότερον ὑπὸ Δημοσθένους, πολὺ μείζοσι δηλονότι τούτων οὖσι δι' ἃ νῦν ἐξέπεσον, οὐ μικροῖς εἰς ὑμᾶς δεῖ/μα τοῦτο τοῦ καλῶς ἐμὲ πεπολιτεῦσθαι νομίζεσθαι, ὅτι οὐδὲ Δημοσθένους κατηγοροῦντος ἑάλων. (5) μετὰ δὲ ταύτην τὴν συμφορὰν καὶ τέλεον καταρραφὴ πᾶσι τοῖς Ἕλλησιν, οὐχ ὅπως μόνοις ὑμῖν, ἐμαυτὸν οἴομαι γεγονέναι τίς γὰρ οὐκ οἶδεν ὅτι ἀποθανόντες οἱ ἄνθρωποι καὶ φεύγοντες ἐκ τῶν πατρίδων, τότε δὴ καὶ μάλιστα ὁποῖοί τινες ἐγένοντο τοὺς τρόπους διαδείκνυνται; (6) καὶ γὰρ ἃ συνέκρυπτον αὐτοὶ πρότερον, ἐκ μέσου γενομένων ἀναφαίνεται καθαρῶς αἰτιᾶται γὰρ πολὺ μᾶλλον τῶν ἐχθρῶν ἕκαστος αὐτοὺς οὐδὲ ἀντειπεῖν δυναμένους οἱ δὲ δὴ φεύγοντες ἐπὶ τοιαύταις αἰτίαις, ὡς τὰ τῶν πολεμίων αἰεὶ προηρούμενοι καὶ παντελῶς, δεικνύουσι καὶ τοὺς τρόπους καὶ τὰς ἐν τῷ πολιτεύεσθαι γνώμας αὐτοῖς γνώμας καταρανεῖς καὶ γὰρ καὶ ὅπως φέρουσι τὰς συμφορὰς καὶ ὡς διάκεινται πρὸς τὰς ἑαυτῶν πατρίδας, ἐξετάζοντες σαφῶς (7) ἆρ' οὖν ὡς καὶ Φιλίππῳ προδοὺς τὴν ἐμαυτοῦ πατρίδα καὶ παραπρεσβεύσας τοιοῦτα κατὰ τῆς πόλεως, ὡς δὴ θεραπεύσας Μακεδόνας, ἐπειδὴ τάχιστα φεύγων παρ' ὑμῶν ᾠχόμην, πρὸς Ἀλέξανδρον ἀπηλλάγην, χάριν τε ἂν παρασχόμην αὐτῷ κομιούμενος καὶ προσφιλείας δηλονότι τευξόμενος παρ' αὐτῷ, (8) ἢ καὶ οὐκ ἔσθ' ὅπως οὐχ ἑώρων τὰ μὲν ἐν Βοιωτίᾳ πανδοκεῖα Δημάδην ἔχοντα καὶ χωρία ζευγῶν εἴκοσιν ἀρούντα καὶ χρυσᾶς ἔχοντα φιάλας, Ἡγήμονα δὲ καὶ Καλλιμέδοντα, τὸν μὲν ἐν Πέλλῃ τὸν δὲ ἐν Βερροίᾳ, καὶ δωριὰς ἅμα εἰληφότας καὶ γυναῖκας εὐπρεπεστάτας γεγαμηκότας (9) Καὶ μὴν οὐδὲ πρὸς Θηβαίους οὐδ' εἰς Θετταλίαν ᾠχόμην παρ' ὑμῶν, οὐδὲ πρὸς ἄλλους τινας, παρ' οἷς ἡ λοιδορεῖν ἔδει με τὴν πατρίδα τὴν ἐμὴν ἢ λοιδορουμένης αὐτῆς ἀκούειν, ἀλλ' εἰς Ῥόδον ἀφικόμην, οὔτε μὰ τὸν Δία δυσμενῶν ὑμῖν οὔτ' ἄλλως φιλαπεχθημόνων ἀνθρώπων πόλιν. (10) τὸ μὲν γὰρ ἄχιστα τῆς ἑαυτῶν πατρίδος ἑστάναι καταπωνευομένων ἔμοιγε τῆς συμφορᾶς εἶναι μᾶλλον ἡ στεργόντων ἐδόκει τὴν πόλιν τὸν δὲ ὄντως στέργοντα τὴν ἑαυτοῦ πόλιν ὡς πορρωτάτω μᾶλλον αὐτῆς ἐρὴν ἀπιέναι, καὶ μηδὲν ἐν τοῖς ὀφθαλμοῖς ὑπόμνημα ἔχειν, ὃ τὴν γνώμην ἀμύξει. (11) καὶ γὰρ οὐδ' ἐνταῦθα μείνας, ἐν Ῥόδῳ, φανείην ἄν, ἀλλὰ τῆς περαίας

---

neque ulli civium accepta pecunia periculum creasse, neque etiam contumelias vendidisse, sed prorsus contumelns non affectum fuisse, neque causam contumeliæ mihi faciendæ ulli suppeditasse ac ne in iudicium quidem ullum civem adduxisse, extra solum Timarchum (3) Neque iacto apud vos, me cum permultas apud vos pecunias accipere potuissem, non accepisse, sed, ut conveniebat, pœnas legibus sumpsisse Post etiam Ctesiphontem, multa ab eo perpessus, multa item a Demosthene, violatarum legum reum feci iustissimo, o Dii immortales, iudicio, (4) neque vero mirum est, Demosthenis eloquentiam et legibus vestris et verbis meis fuisse superiorem Illud a item non exiguum fortassis apud vos argumentum exstitit bene gestæ a me reipublicæ, quod ne Demosthene quidem accusante illorum criminum, quorum ille me reum fecerat (cum quidem iis ob quæ nunc exulo longe graviora essent) fuerim condemnatus (5) Post hanc autem calamitatem me penitus non vobis duntaxat, sed omnibus etiam Græcis notum esse factum opinor Quis enim nescit, homines ut mortuos, ita etiam patria exulantes, qui et quibus moribus fuerint, maxime cognosci ? (6) Nam et quæ prius ipsi contegebant, ea illis de medio sublatis perspicue cernuntur, et omnes inimici multo magis eos criminantur, cum iam se defendere non possunt, qui autem ob id crimen exulant, quasi hostium commodis perpetuo studuerint, omnino et mores et consilia in gerenda republica sua evidenter demonstrant Neque enim quo pacto calamitates ferant et ut erga patriam sint affecti, ulla ratione celare possunt (7) Nunquid ergo, ut qui patriam meam Philippo prodiderim, et in reipublicæ fraudem mala fide legatiorem obierim quippe Macedonum cultor, ut primum a vobis exiectus abii, ad Alexandrum me contuli ut et gratia pro meritis ab eo mihi referretur et rationibus meis consuleretur ? (8) neque vero non videbam, Demadem cauponas Bœotias tenere et fundos XX boum iugis arare et aureas habere phialas, Hegemonem autem et Callimedontem alterum Pellæ alterum Berrhœæ cum munera accepisse, tum matronas honestissimas uxores duxisse (9) Neque etiam a vobis ad Thebanos aut in Thessaliam abii aut ad alios quosdam, apud quos mihi convicia in patriam aut dicenda aut ab aliis audienda essent sed Rhodum sum profectus, in hominum urbem, qui nec vobis inimici sunt, nec inimicitiarum appetentes (10) Nam provinciæ patriam consistere mihi videbatur eorum esse, qui calamitatem quasi eluderent magis, quam æquo animo ferrent, cum quam longissime ab ea multo magis discedendum fuerit neque unquam in oculis habendum monumentum quod animum cruciaret (11) Ac ne Rhodi quidem mansi, sed delegi parvum quoddam castellum exadversum situm,

ἐλόμενός τι μικρὸν φρούριον, Ἄμμον κἂν-ταῦθα πριά-
μενος χωρία τοσούτων ταλάντων ὅσων εἰκὸς ἦ, τὸν
Φιλίππου μὲν πρότερον εἶτ' Ἀλεξάνδρου μισθωτὸν
ὕστερον γενόμενον καὶ Φωκεῖς προδόντα καὶ τὴν τῶν
Ἑλλήνων ἐλευθερίαν Μακεδόσι, κάθημαι μεθ' ἑπτὰ
θεραπόντων ἐνταῦθα καὶ δυοῖν μόνων γνωρίμων καὶ
τῆς μητρός, (12) ἡ τρίτον ἔχουσα καὶ ἑξδομηκοστὸν ἔτος
ἔπλευσε σὺν ἐμοὶ μεθέξουσα τῆς δι' ὑμᾶς μοι συμφο-
ρᾶς γενομένης, καὶ μετὰ γυναικός, ἡ συνεξέπεσέ μοι
κωλύοντος αὐτὴν τοῦ πατρὸς καὶ μένειν ἴσως ἀναγκά-
ζόντων τῶν νόμων, τὸν τρόπον τῆς πόλεως μᾶλλον ἢ
τοὺς νόμους ἐπισταμένη, καὶ μετὰ τριῶν παίδων οὐδέ-
πω καὶ νῦν τῆς ἑαυτῶν συμφορᾶς ἐπαισθομένων,
οὐδὲ ὁποίαν αὐτοῖς ὁ θεὸς δέδωκε γινομένοις πατρίδα
τὴν Ἀθηναίων πόλιν, ὁποίαν δ' εὐθέως γενομένων αὖ
ἀφῄρηται πάλιν (13) καὶ ἕτεροι μέν, ὡς ἔοικε, τοὺς
ἑαυτῶν παῖδας τοὺς ἢ ἐν Βοιωτίᾳ γεννηθέντας ἢ ἐν
Αἰτωλίᾳ πρὸς ὑμᾶς πέμπουσι τῆς αὐτόθι παιδείας
μεθέξοντας· οἷς δὲ ταῦτα παρὰ τῆς φύσεως ὑπῆρξεν,
οὐ δημοποιήτου πατρὸς οὖσιν οὐδ' ἐπ' αἰτίαις αἰσχραῖς
ἐαλωκότος, φεύγουσιν ἔτι νήπιοι, καὶ τρέφονται πένη-
τες ἐν ἐρημίᾳ τε καὶ φυγῇ πατρῴᾳ (14) καὶ περὶ μὲν
τῶν Λυκούργου παίδων Δημοσθένης ὑμῖν ἐπιστέλλει,
καὶ δεῖται καλῶς ποιῶν χαρίσασθαι τὸ πατρῷον αὐτοῖς
ὄφλημα, καὶ ὑμεῖς οὐδὲν ἀλλ' ἢ Ἀθηναίων ἔργον, ἐλεή-
σαντες αὐτοὺς καὶ χαρισάμενοι, ἐποιήσατε (καὶ γὰρ
ὀργίζεσθαι ῥᾳδίως ὑμῖν ἔθος ἐστὶ καὶ χαρίζεσθαι-ἄλιν)
(15) ἐγὼ δὲ ὑπὲρ τῶν ἐμαυτοῦ παίδων οὐκ ἂν ὑμᾶς
πείσαιμι· ἂν δεόμενος, ὡς μή μοι μόνον ἐν ὀρφανίᾳ
τραφῶσιν, ἀλλ' ὀρφανοὶ ἅμα καὶ φυγάδες ὄντες, οὕτε
ἐδικήσαντες παῖδες ὄντες, ἀλλ' οὐδὲ ἄλλως ἐαλωκότες,
τὰ μέντοι τῶν ἐαλωκότων πάντα πεπονθότες. εἶτα
τελευτήσαντος ἀναμνήσθητέ μου, καὶ χαρίσασθε τὰς
δεήσεις, νῦν προσέχοντες ἡμῖν· ἀλλὰ καὶ πράξατε,
ἄνδρες Ἀθηναῖοι, καὶ πείσθητε τὰ συνήθη ὑμῖν αὐτοῖς
καὶ μέτρια ποιοῦντες (16) οὐ γὰρ ἂν δὴ τῶν τρόπων
ταδοσεχέητε καὶ καταλύσητε τὴν τῆς πόλεως δόξαν,
ἣν ἐπὶ χρηστότητι μείζω καὶ φιλανθρωπίᾳ διὰ παντὸς
ἔσχεν ἢ ταῖς ἄλλαις-ώσαις ἡ πόλις· οὐδ' ἂν Μελά-
νωπος σχύσειε πλεῖον κωλύων ὑμᾶς μιμεῖσθαι τὴν
ἑαυτῶν χρηστότητα καὶ φιλανθρωπίαν, ἢ ταραχχλῶν
οὐκ Αἰσχίνης (οὐδαμῶς μὰ τοὺς θεούς (17) οὐ γὰρ αὐ-
τάρκης οὐδ' εὐτυχὴς πείθων ἐγώ γε τὴν πατρίδα τὴν
ἐμήν, καὶ μάλιστα νῦν, ἐμαυτοῦ χάριν πείθων δοκῶν)
ἀλλ' ὁ τῆς πόλεως τρόπος καὶ τὸ πάλαι ὑμῶν
ὄνομα καὶ τὸ τῶν προγόνων ἦθος, ὃ ἀναγκαιότερον
δήπουθεν ἢ Μελανώπῳ καθ' ἡμῶν δεομένῳ προσέ-
χειν.

Ammon, ibique enim prædia tot talentis, duobus videlicet,
quot enim ab eo consentaneum erat, qui olim Philippi, post
Alexandri mercenarius fuerat, quique Macedonibus et Pho-
censes et Græcorum prodiderat libertatem. Hic sedeo cum
septem famulis et duobus duntaxat sodalibus et matre, (12)
quæ anno ætatis tertio septuagesimo navigavit mecum,
particeps futura inflictæ mihi per vos calamitatis, et
cum uxore quæ una mecum ex urbe excessit, prohibente
eam patre, et legibus fortasse manere cogentibus, magis
gnara morum civitatis quam legum, et cum tribus libe-
ris, qui ne nunc quidem suam calamitatem intelligunt,
nec qualem sibi nascentibus patriam dii dederint Athe-
niensium civitatem, et quali statim ut nati fuerant, sunt
urbe privati (13) Atque alii quidem, ut video, suos liberos
vel in Bœotia vel in Ætolia natos ad vos mittunt, ut vestra
disciplina erudiantur Quibus vero hæc a natura tributa
fuerant, cum patris essent non populi beneficio in ur-
bem ascripti aut ob turpia facinora condemnati, hi evu-
lant adhuc infantes, et in paupertate educantur, in so-
litudine et exilio paterno (14) Ac de Lycurgi liberis ad vos
scribit Demosthenes, et recte facit, qui paternum eis debi-
tum condonari petat Et vos nihil aliud egistis nisi quod
Athenienses decebat, ac miserti eorum condonastis Vestri
enim moris est, facile et irasci et redire in gratiam (15, Ego
vero a vobis impetrare non potero, si pro meis orem, ne i
modo ne in orbitate alantur, sed ne simul et orbi sint et
exules, cum nihil peccarint, quippe pueri, neque alia ratione
sint condemnati, et perpessi tamen omnia quæ condemna-
tis usuveniunt Tandem recordamini mei, Athenienses, et
precibus meis benigne locum date, nunc nostri rationem
habentes Agite ergo, Athenienses, concedite ea quæ ve-
stri moris sunt, et moderatione utimini (16) Neque a ve-
stris moribus recedetis, neque gloriam famam destructis,
quam bonitatis et humanitatis nomine majorem quam
cæteræ urbes omnes estis consecuti neque plus valeat
Melanopus, qui vobis obstat, quominus vestram bonita-
tem et humanitatem imitemini, quam qui vos adhortatur,
et is quidem non Æschines (nequaquam mediusfidius
(17) neque enim ego satis aut virium aut facundæ habeo ad
persuadendum patriæ meæ, præsertim cum nunc meam
causam agere videar), sed civitatis mos et antiquum ve-
stium nomen et maiorum consuetudo quæ pluris fa-
cienda est scilicet quam Melanopus, qui ea flagitat, quæ
vobis sunt indecora

ΑΛΚΙΦΡΟΝΟΣ ΡΗΤΟΡΟΣ ΕΠΙΣΤΟΛΑΙ.

ALCIPHRONIS RHETORIS EPISTOLÆ.

Α.

α'. Εὔδιος Φιλοσκάφῳ.

Χρηστὴν ἡμῖν ἡ θάλαττα τὸ τήμερον εἶναι τὴν
γαλήνην ἐστόρεσεν. ὡς γὰρ τρίτην ταύτην ἡμέραν
λάβρως κατὰ τοῦ πελάγους ἐπέπνεον ἐκ τῶν ἀκρωτη-
ρίων οἱ βορραῖ, καὶ ἐπεφρίκει μὲν ὁ πόντος μελαινό-
μενος, τοῦ ὕδατος δὲ ἀφρὸς ἐξηνθήκει, πανταχοῦ τῆς
θαλάσσης ἐπαλλήλων ἐπικλωμένων τῶν κυμάτων (τὰ
μὲν γὰρ ταῖς πέτραις προσηράσσετο, τὰ δὲ εἴσω ἀνοι-
δοῦντα ἐρρήγνυτο), ἀργία παντελὴς ἦν, (2) καὶ τὰ
ἐπὶ ταῖς ἠόσι καταλαβόντες καλύβια, ὀλίγα ξυλισάμε-
νοι κομμάτια ὅσα οἱ ναυπηγοὶ πρῴην ἐκ τῶν δρυῶν
κατέλιπον, ἐκ τούτων πῦρ ἀνάψαντες τὸ πικρὸν τοῦ
κρυμοῦ παρεμυθούμεθα. (3) τετάρτη δὲ αὕτη ἐπιλα-
βοῦσα ἡμᾶς ἁλκυονὶς ὡς οἶμαι ἡμέρα (ἔστι γὰρ τοῦτο
τῷ καθαρῷ τῆς αἰθρίας τεκμήρασθαι) πλοῦτον ἀθρόαν
ἀγαθῶν ἔδειξεν. ὡς γὰρ ὤφθη μὲν ὁ ἥλιος, πρώτη
δὲ ἀκτὶς εἰς τὸ πέλαγος ἀπέστιλβε, τὸ πρῴην νεωλκηθὲν
σκαφίδιον σπουδῇ κατεσύραμεν, εἶτ' ἐνθέμενοι τὰ
δίκτυα ἔργου εἰχόμεθα. (4) μικρὸν δὲ ἄποθεν τῆς ἀκτῆς
χαλάσαντες, φεῦ τῆς εὐοψίας, ὅσον ἰχθύων ἐξειλκύσα-
μεν· μικροῦ καὶ τοὺς φελλοὺς ἐδέησε κατασῦραι ὑφά-
λους τὸ δίκτυον ἐξωγκωμένον. εὐθὺς οὖν ὀψῶναι
πλησίον, καὶ τὰς ἀσίλλας ἐπωμίους ἀνελόμενοι καὶ τὰς
ἑκατέρωθεν σπυρίδας ἐξαρτήσαντες ἄστυδ' ἠπείγοντο.
(5) πᾶσι δὲ τούτοις ἠρκέσαμεν ἡμεῖς καὶ πρὸς τούτοις
ἀπηνεγκάμεθα γαμεταῖς καὶ παιδίοις ὄγκον οὐκ ὀλίγον
λεπτοτέρων ἰχθύων, οὐκ εἰς μίαν, ἀλλ' εἰ χειμὼν ἐπι-
λάβοι, καὶ εἰς πλείους ἡμέρας ἐμφορηθῆναι.

β'. Γαληναῖος Κύρτωνι.

Μάτην ἡμῖν τὰ πάντα πονεῖται, ὦ Κύρτων, δι'
ἡμέρας μὲν ὑπὸ τῆς εἵλης φλεγομένοις, νύκτωρ δὲ ὑπὸ
λαμπάσι τὸν βυθὸν ἀποξύουσι, καὶ τὸ λεγόμενον δὴ
τοῦτο εἰς τὸν τῶν Δαναίδων τοὺς ἀμφορέας ἐκχέομεν
πίθον· οὕτως ἄπρακτα καὶ ἀνήνυτα διαμοχθοῦμεν.
(2) ἡμῖν μὲν γὰρ οὐδὲ ἀκαλήφης ἔστιν ἢ πελωρίδος
ἐμπλῆσαι τὴν γαστέρα, ὁ δεσπότης δὲ συλλέγει καὶ
τοὺς ἰχθῦς καὶ τὰ χέρματα. οὐκ ἀποχρῶν δὲ αὐτῷ
τοσαῦτα ἔχειν παρ' ἡμῶν, ὁ δὲ διερευνᾶται καὶ τὸ
σκαφίδιον συνεχῶς. (3) καὶ πρῴην, ὅτε ἐκ Μουνυ-
χίας ἐπέμψαμεν αὐτῷ κομιοῦντα τοὐψώνιον Ἕρμωνα
τουτονὶ τὸν μειρακίσκον, σπόγγους ἡμῖν ἐπέταττε καὶ
τὰ ἐκ τῆς θαλάττης ἔρια, ἃ φύεται ἐπιεικῶς ἐν εὐρυ-

I.

I. Eudius Philoscapho.

Commodam nobis mare in tranquillitatem hodie stra-
tum est. Cum tertium enim hunc diem duraret tempestas
vehementerque versus mare flaret a promontoriis Boreas
inhorresceretque nigrescens pontus, undarum vero spuma
effloresceret crebris undique per mare fractis fluctibus
(nam partim rupibus allidebantur, partim intrinsecus in-
umescentes rumpebantur), ab omni omnino opere fuit
cessandum. (2) Occupavimus igitur tuguria quæ in litto-
ribus erant, et congestis paucis lignorum segmentis, quæ
navium fabricatores antea de quercubus excisis relique-
rant, igni accenso acerbitati frigoris medebamur. (3)
Quartus vero hic insecutus halcyonius ut puto dies (licet
enim hoc ex puritate serenitatis conicere) cumulatissimas
nobis ostendit divitias. Ut enim sol apparuit primusque
radius mari illuxit, scaphulam nuper subductam confestim
deduximus impositisque retibus operi incubuimus. (4)
Paululum vero a littore laxantes *retia*, o copiam piscium!
quantum piscium extraximus! non multum aberat quin
etiam suberinos cortices detraheret in mari demersum et
mole gravatum rete. Statim igitur opsonatores aderant,
jugisque in humeros sublatis et sportulis utrimque sus-
pensis, in urbem properarunt. (5) Omnibus autem istis
nos satisfecimus et præterea tulimus uxoribus et liberis
molem haud parvam minutorum piscium, quibus non per
unum tantum, sed si tempestas ingruat, plures dies
exsatiari possint.

II. Galenæus Cyrtoni.

Frustra a nobis omnis opera consumitur, mi Cyrton,
qui interdiu æstu urimur, noctu vero inter faces pro-
fundum maris verrimus et, quod proverbio dicitur, in
Danaidum dolium effundimus amphoras. Sic vanus et
irritus labor noster est. (2) Nos enim nec urtica nec pe-
loride implere ventrem possumus, dominus autem colli-
git et pisces et pecuniam. Nec contentus tantum a no-
bis habere etiam cymbam assidue perlustrat. (3) Et
nuper cum ex Munychia ad eum mitteremus Hermonem
istum adolescentulum ut pisces ad eum ferret, spongias
nos portare iussit et marinas lanas, quæ nascuntur abunde

44

νόμης λῆμον. (4) ὥσθ' ὁ μὲν οὔπω ταῦτα προσαπήτει, καὶ ὁ Ἕρμων ἀφεὶς μὲν τὸ φερνίον αὐτοῖς ἰχθύσιν, ἀφεὶς δὲ καὶ ἡμᾶς αὐτῷ σκάφει ᾤχετο ἐπὶ λέμβου κωπήρους Ῥοδίοις τισὶ θαλαττουργοῖς ἀναμιχθείς. καὶ ὁ μὲν δεσπότης οἰκέτην, ἡμεῖς δὲ συνεργὸν ἀγαθὸν ἐποθήσαμεν.

γ´ Γλαῦκο, Γαλατεᾳ

Χρηστὸν ἡ γῆ καὶ ἡ βῶλος ἀκίνδυνον, χαλεπὸν ἡ θάλαττα καὶ ἡ ναυτιλία ῥιψοκίνδυνον ὀρθῶς ἐγὼ τοῦτο κρίνω πείρᾳ καὶ διδασκαλίᾳ μαθών (2) ποτὲ γὰρ ὅψον ἀποδόσθαι βουληθεὶς ἤκουσα ἑνὸς τῶν ἐν τῇ ποικίλῃ διατριβόντων ἀνυποδήτων καὶ ἐνερογρώτων στιχιδίων ἀποφθεγγομένου τὴν ἀπόνοιαν τῶν πλεόντων ἐπιστύφων ἔλεγε δ' Ἀράτου τινὸς εἶναι σοφοῦ τὰ μετέωρα, καὶ ἥ, ὅσον ἀπομνημονεύσαντα οὐχ ὅλον εἰπεῖν ὧδε εἰρημένον « ὀλίγον δὲ διὰ ξύλον ἄϊδ' ἐρύκει » (3) τί οὖν, ὦ γύναι, οὐ σωφρονοῦμεν καὶ ὀψὲ τοῦ καιροῦ φεύγομεν τὴν πρὸς τὸν θάνατον γειτνίασιν, καὶ ταῦτα ἐπὶ παιδίοις ζῶντες, οἷς εἰ καὶ μηδὲν μέγα παρέχειν δι' ἀχρηματίαν ἔχομεν, ὅδε παρέξομεν καὶ χαριούμεθα, τὸ τὰς τρικυμίας καὶ τοὺς ἐκ βυθοῦ κινδύνους ἀγνοῆσαι, γεωργίᾳ δὲ συνταραχῆναι καὶ τὸν ἀσφαλῆ καὶ ἀδεᾶ βίον ἀσπάσασθαι.

δ´ Κῳμοθους Τριτωνι δι

Ὅσον ἡ θάλαττα τῆς γῆς διαλλάττει, τοσοῦτον καὶ ἡμεῖς οἱ ταύτης ἐργάται τῶν κατὰ πόλεις ἢ κώμας οἰκούντων διαφέρομεν οἱ μὲν γὰρ ἢ μένοντες εἴσω πυλῶν τὰ δημοτικὰ διαπράττονται, ἢ γεωργίᾳ προσανέχοντες τὴν ἐκ τῆς βώλου πρὸς διατροφὴν ἀναμένουσιν ἐπικαρπίαν (2) ἡμῖν δὲ οἷς ὁ βίος ἐν ὕδασι, θάνατος ἡ γῆ καθάπερ τοῖς ἰχθύσιν ἥκιστα δυναμένοις ἀναπνεῖν τὸν ἀέρα τί δὴ οὖν παθοῦσα, ὦ γύναι, τὴν ἠλακάτην ἀπολιποῦσα καὶ τὰ νήματα τοῦ λίνου ἀστυδε θαμίζεις, ὡσχοφόρια καὶ λήναια ταῖς πλουσίαις Ἀθηναίων συνεορτάζουσα, (3) οὐκ ἔστι τοῦτο σωφρονεῖν οὐδὲ ἀγαθὰ διανοεῖσθαι, οὐχ οὕτω δέ σε ὁ πατὴρ ἐκ τῆς Αἰγίνης, οὗ τεχθῆναί σε καὶ τραφῆναι συνέβη, μυεῖσθαι ὑπ' ἐμοὶ γάμῳ παρέδωκεν (4) εἰ τὴν πόλιν ἀσπάζῃ, χαῖρε καὶ ἄπιθι εἰ δὲ τὰ ἐκ θαλάττης ἀγαπᾷς, ἐπάνιθι τὸ λῷον ἑλομένη λήθη δέ σοι ἔστω μακρὰ τῶν κατ' ἄστυ τούτων ἀπατηλῶν θεαμάτων.

ε´ Ναυβατης Ῥοδιω

Οἴει μόνος πλουτεῖν, ὅτι τοὺς παρ' ἐμοὶ θητεύοντας δελεάζων ἄγεις ὡς σεαυτὸν περιουσίᾳ μισθωμάτων, καὶ εἰκότως (2) σοὶ μὲν γὰρ ὁ βόλος ἤνεγκε πρώην χρυσοῦς κόμματος Δαρεικοῦ, τῆς ἐπὶ Σαλαμῖνι ναυμαχίας ἴσως λείψανα, καταδύσης οἶμαι νηὸς Περσικῆς αὐτοῖς ἀνδράσι καὶ αὐτοῖς χρήμασιν, ὅτε ἐπὶ τῶν προγόνων τῶν ἡμετέρων ὁ τοῦ Νεοκλέους ἤρατο τὸ μέγα κατὰ Μήδων τρόπαιον. (3) ἐγὼ δὲ ἀγαπῶ τὴν τῶν ἀναγκαίων εὐπορίαν ἐκ τῆς καθημερινῆς ἐργασίας τὸν

---

in Lurynomes stagno (4) Quas cum vix ille exegisset, Hermon relicto onere una cum piscibus, relictis etiam nobis una cum cymba, fugit in lembo remis instructo, cum se Rhodiensibus quibusdam tinctoribus associasset Et dominus quidem servum, nos autem fidelem operum laborumque socium cum dolore desideravimus

III Glaucus Galateæ

Bona est terra et gleba expers periculi Damnosum est mare et navigatio res in pericula præceps Recte ego hoc iudico, qui experiundo discendoque cognoverim (2) Aliquando enim cum pisces vendere vellem, audivi quendam, eorum qui in Pœcile versantur, discalceatum et lurido colore conspicuum, recitantem versiculum amentium navigantium increpantem dicebat autem id esse Arati cuiusdam rerum cœlestium periti Et erat, ut quantum memoria mea fert, non totum recitem, sic pronuntiatum *Exiguum lignum defendit ab Orco* (3) Cur igitur, o coniux, non sapimus et sero tandem mortis vicinitatem fugimus? idque cum liberos habeamus, quibus etsi nihil magni præstare ob inopiam possumus, hoc præbebimus et gratificabimur, ut fluctus decumanos et maris pericula ignorent, in agricultura autem educentur et securam metuque carentem vitam amplectantur

IV Cymothus Tritonidi

Quantum mare differt a tellure, tantum etiam nos, qui illi operam damus, ab illis qui in urbibus et pagis habitant Illi enim aut manentes intra portas rempublicam administrant, aut agris colendis dediti fructus e gleba ad sustentationem vitæ exspectant, (2) nobis autem, quibus vita est in aqua, terra est mors, sicut piscibus minime valentibus respirare aerem Quid igitur tibi accidit, coniux, quod relicto fuso et lini staminibus urbem frequentas, Oschophoria et Lenæa cum opulentis Atheniensium feminis celebrans? (3) Non est hoc sapere, neque recte cogitare Non ita te pater ex Ægina, ubi nasci te et educari contigit, ducendam mihi et nuptiis initiandam dedit (4) Si urbem amas, vale et abi, si te marina delectant, redi ad virum, meliore parte electa Longa autem tibi oblivio veniat fallacium istorum in urbe spectaculorum

V Naubates Rhodio

Putas solum te divitiis affluere, quod operas meas inescando ad te traducis copia mercedis, et merito, (2) namque tibi iactus nuper monetas auri Darici tulit, Salamini fortasse prælii navalis reliquias, submersa, ut puto, nave Persica una cum viris et una cum opibus, quando maiorum nostrorum temporibus Themistocles Neoclis filius erexit magnum illud contra Medos tropæum (3) Ego vero contentus sum si rerum necessariarum copiam

χειρῶν ποριζόμενος. ἀλλ' εἰ πλουτεῖς, σὺν τῷ δι-
καίῳ πλούτει· γενέσθω δέ σοι ὁ πλοῦτος μὴ κακίας,
ἀλλὰ καλοκαγαθίας ὑπηρέτης.

ϛ'. Πανόπη Εὐθυβόλῳ.

Ἠγάγου με, ὦ Εὐθύβολε, οὐκ ἀπερριμμένην γυ-
ναῖκα οὐδὲ τῶν ἀσήμων, ἀλλ' ἐξ ἀγαθοῦ μὲν πατρὸς
ἀγαθῆς δὲ μητρὸς γεγονυῖαν. Σωσθένης ὁ Στειριεὺς
ἦν μοι πατὴρ καὶ Δαμοφίλη μήτηρ, οἵ με ἐγγυητὴν
ἐπίκληρον ἐπὶ παίδων ἀρότῳ γνησίων συνῆψάν σοι
γάμῳ. (2) σὺ δὲ ῥᾴδιος ἐπὶ τῷ ὀφθαλμῷ καὶ πρὸς
πᾶσαν ἡδονὴν ἀφροδίσιον ἐκκεχυμένος, ἀτιμάσας ἐμὲ
καὶ τὰ κοινὰ παιδία, Γαλήνην καὶ Θαλασσίωνα, ἐρᾶς
τῆς Ἑρμιονίτιδος μετοίκου, ἣν ἐπὶ κακῷ τῶν ὁρώντων
ὁ Πειραιεὺς ἐδέξατο. κωμάζουσι γὰρ πρὸς αὐτὴν ἡ
πρὸς θάλατταν νεολαία καὶ ἄλλος ἄλλο δῶρον ἀποφέρει·
ἡ δὲ εἰσδέχεται καὶ ἀναλοῖ Χαρύβδεως δίκην. (3) σὺ
δὲ ὑπερβαίνων τὰς ἁλιευτικὰς δωροφορίας μαινίδας μὲν
ἢ τρίγλας οὔτε φέρεις οὔτ' ἐθέλεις διδόναι, ἀλλ' ὡς ἀφη-
λικέστερος καὶ γυναικὶ πάλαι συνὼν καὶ παίδων οὐ
μάλα νηπίων πατὴρ παραγκωνίσασθαι τοὺς ἀντεραστὰς
βουλόμενος κεκρυφάλους Μιλησίους καὶ Σικελικὸν
ἱμάτιον καὶ ἐπ' αὐτῷ χρυσίον εἰσπέμπεις. (4) ἢ
πέπαυσο τῆς ἀγερωχίας καὶ τοῦ λάγνης εἶναι καὶ θη-
λυμανὴς ἀπόσχου, ἢ ἴσθι με παρὰ τὸν πατέρα οἰχη-
σομένην, ὃς οὔτ' ἐμὲ περιόψεται καὶ σὲ γράψεται παρὰ
τοῖς δικασταῖς κακώσεως.

ζ'. Θαλάσσιος Ποντίῳ.

Ἔπεμψά σοι ψῆτταν καὶ σανδάλιον καὶ κεστρέα
καὶ κήρυκας πέντε καὶ τριάκοντα, σὺ δέ μοι τῶν ἐρε-
τμῶν δύο πέμψον, ἐπειδὴ τἀμὰ κατέαγε. ἀντίδοσις
γὰρ παρὰ φίλων εἰς φίλους. ὁ γὰρ προχείρως καὶ
θαρραλέως αἰτῶν εὐδηλός ἐστιν ἅπαντα κοινὰ πρὸς
τοὺς φίλους καὶ τὰ τῶν φίλων ἔχειν ἡγούμενος.

η'. Εὐκόλυμβος Γλαύκῃ.

Οἱ τὴν γνώμην ἀμφίβολοι τὴν παρὰ τῶν εὐνοούν-
των κρίσιν ἐκδέχονται. κἀγὼ τὰ πολλὰ ταῖς αὔραις
διαλαλήσας (οὐδὲ γὰρ οὐδὲν πρὸς σὲ ἐθάρρουν, ὦ γύναι)
νῦν ἐξαγορεύω καὶ δέομαι τὸ λῷον ἡρημένη συμβου-
λεῦσαι. ἄκουε δὲ ὡς ἔχει καὶ πρὸς ὅ τι σε δεῖ τὴν
γνώμην ἐξενεγκεῖν. (2) τὰ ἡμέτερα, ὡς οἶσθα, παν-
τελῶς ἐστιν ἄπορα καὶ βίος κομιδῇ στενός· τρέφει γὰρ
οὐδὲν ἡ θάλαττα. ὁ λέμβος οὖν οὗτος ὃν ὁρᾷς ὁ
κωπήρης, ὁ τοῖς πολλοῖς ἐρέταις κατηρτυμένος, Κω-
ρύκιόν ἐστι σκάφος, λῃσταὶ δὲ θαλάττης τὸ ἐν αὐτῷ σύ-
στημα. οὗτοί με κοινωνὸν ἐθέλουσι λαβεῖν τοῦ τολ-
μήματος, πόρους ἐκ πόρων ὑπισχνούμενοι. (3) πρὸς
μὲν οὖν τὸν χρυσὸν ὃν ἐπαγγέλλονται καὶ τὴν ἐσθῆτα
κέχηνα, ἀνδροφόνος δὲ οὐχ ὑπομένω γενέσθαι οὐδὲ
μιᾶναι λύθρῳ τὰς χεῖρας, ἃς ἡ θάλαττα ἐκ παιδὸς εἰς
δεῦρο καθαρὰς ἀδικημάτων ἐφύλαξε· μένειν δὲ πενίᾳ
συζῶντα χαλεπὸν καὶ ἀφόρητον. (4) τούτων σὺ τὴν
αἵρεσιν ταλάντευε. ὅποι γὰρ ἂν ῥέψῃς ὦ γύναι ἅπαξ,

---

quotidiano manuum labore acquiram. Sed si es dives,
cum iusti observatione esto dives : sitque tibi opulentia
non malitiæ, sed probitatis ministra.

VI. Panope Euthybolo.

Duxisti me, Euthybole, non abiectam mulierem neque
de ignobilium grege unam, sed honesto patre honestaque
matre prognatam. Sosthenes Stiriensis erat mihi pater
et Damophila mater, qui me desponsatam ex asse heredem
ad procreandos genuinos liberos tibi matrimonio coniunxe-
runt. (2) At tu, oculis levis et inconstans et ad omnem
effusus veneream voluptatem, me et communibus liberis
neglectis, Galene et Thalassione, amas Hermionensem
illam inquilinam, quam videntium malo Piræeus excepit;
cunt enim ad eam comissatum maritima iuventus aliusque
aliud donum affert; at illa accipit et Charybdis instar con-
sumit. (3) Tu vero transgrediens piscatorias donorum
oblationes non mænas aut mullos fers illi neque donare
vis; sed utpote provectior ætate et iam dudum maritus
atque liberorum non admodum infantium pater, removere
rivales cupiens, reticula Milesia vestemque Siculam atque
insuper aurum ad eam mittis. (4) Aut igitur omitte
istam insolentiam et a libidine insanoque mulierum amore
desiste, aut me ad patrem discessuram scito; qui me non
negliget et tibi malæ tractationis crimen apud iudices in-
tendet.

VII. Thalassius Pontio.

Misi tibi rhombum et sandalium et mugilem et murices
triginta quinque; tu contra duos mihi remos mitte, quo-
niam mei fracti sunt; nam remunerationis est loco quod
ab amicis ad amicos proficiscitur. Qui enim audacter et
confidenter petit, is aperte demonstrat se existimare omnia
apud amicos esse communia seque habere ea quæ amico-
rum sunt.

VIII. Eucolymbus Glaucæ.

Qui consilii sunt dubii iudicium a benevolentibus ex-
spectant. Ego etiam, ventis diu collocutus (neque enim
ad te quicquam, mea uxor, audebam), nunc loquor peto-
que ut, si quid melius inveneris, consilio me adiuves.
Audi iam quemadmodum se res habeat et de quo te
oporteat sententiam ferre. (2) Nostræ res, ut scis, sunt
prorsus tenues et victus admodum angustus; nam vitæ
necessitates non suppeditat mare. Lembus igitur ille,
quem vides, remis instructus multisque remigibus, ille in-
quam Corycius est linter, piratæ autem, qui in eo conve-
nerunt. Isti me socium volunt sibi adsciscere sceleris,
alias ex aliis opes ingentes pollicentes. (3) Auro quidem,
quod promittunt, et vestibus inhio; at homicida ut fiam
a me non impetro aut ut contaminem cruore manus, quas
mare a puero ad hunc usque diem a scelere puras con-
servavit; in egestate autem perseverare grave est et in-
tolerabile. (4) Horum tu electionem quasi in æquilibrio
iam tenes; quocumque enim propenderis, mea coniux, eo

ἐκεῖσε ἀκολουθήσω. Ἀποκόπτειν γὰρ εἴωθε ἡ τῶν φίλων συμβουλὴ τῆς γνώμης τὸ ἀμφίβολον

θ΄ Αἰγιαλεὺς Στρουθίωνι

Βάλλ᾽ ἐς μακαρίαν, ὡς ἐναντίως ἡμῖν καὶ κατὰ τὴν παροιμίαν ἐπὶ τὰ Μανδροβόλου χωρεῖ τὰ πράγματα. τὸ μὲν γὰρ ἐπὶ λεπτῶν κερμάτων ἀποδίδοσθαι καὶ ὠνεῖσθαι τὰ ἐπιτήδεια λυπρὰν φέρει τὴν παραμυθίαν (2) ὥρα οὖν σε συμπράττοντα ἡμῖν, ὦ Στρουθίων, τὴν παρ᾽ ἡμῶν ἐξ ὧν ἂν ἡ θάλαττα πορίζῃ παραμυθίαν εἰσδέξεσθαι βούλομαι δὲ πρὸς ἕνα ἢ δεύτερον τουτωνὶ τῶν λακκοπλούτων διὰ σοῦ προξένου, ἢ πρὸς Ἐρασικλέα τὸν Σφήττιον ἢ πρὸς Φιλόστρατον τὸν Χολαργέα, οἰκείως ἔχειν, ὡς αὐτὸς ἐπὶ τῶν φερνίων κομίζειν αὐτοῖς τοὺς ἰχθύας (1) πάντως γὰρ πρὸς τῇ καταβολῇ τἀργυρίου ἔσται παρ᾽ αὐτῶν τι· διὰ σοῦ παραμυθία Διονυσίων ἢ Ἀπατορίων τελουμένων καὶ ἄλλως ἐκ τῆς πικρᾶς τῶν ἀγορανόμων ἐξελοῦνται ἡμᾶς χειρός, οἳ καθ᾽ ἑκάστην ἐπὶ τῷ σωτέρῳ νέρδει εἰς τοὺς ἀπράγμονας ἐμφορεῦσιν ὕβρεις· πολλοῦ δὲ δύνασθαι τοὺς παρασίτους ὑμᾶς παρὰ τοῖς νέοις καὶ πλουσίοις οὐ λόγος ἀλλ᾽ ἔργον ἔδειξεν

ι΄ Κέφαλος Ποντίῳ

Τὴν μὲν θάλατταν, ὡς ὁρᾷς, φρίσσει κατέχει καὶ τὸν οὐρανὸν ὑποδέδυκεν ἀχλὺς καὶ πάντα πανταχόθεν σὺν νέφελα, καὶ οἱ ἄνεμοι δὲ πρὸς ἀλλήλους ἀρασσόμενοι ὅσον οὔπω κυκήσειν τὸ πέλαγος ἐπαγγέλλονται ἀλλὰ καὶ οἱ δελφῖνες ἀνασκιρτῶντες καὶ τῆς θαλάττης ἀνιούσης λείως ἐφαλλόμενοι χειμῶνα καὶ τάραχον ἐπιόντα μηνύουσι (2) ταύρου δέ φασιν ἐπιτολὴν κατ᾽ οὐρανὸν οἱ τὰ μετέωρα δεινοὶ τὰ νῦν ἑστάναι πολλάκις οὖν σώζονται ὑπ᾽ ἀσφαλείας οἱ προυλιλούμενοι φυλάξασθαι τὸν κίνδυνον· εἰσὶ δὲ οἱ παραδόντες ἑαυτοὺς ἅπαξ τῇ τελάγει ὑπ᾽ ἀμηχανίας τῇ τύχῃ τοὺς οἴακας ἐπιτρέπειν φέρεσθαι. (3) ὅθεν ἀκούομεν τοὺς μὲν κατὰ τὸ Μαλέας ἀκρωτήριον, τοὺς δὲ κατὰ τὸν Σικελικὸν πορθμόν, ἄλλους δὲ εἰς τὸ Λιβυκὸν πέλαγος ῥύμῃ φερομένους ἐποκέλλειν ἢ καταδύεσθαι ἔστι δὲ οὐδενὸς τούτων πρὸς κίνδυνον καὶ χειμῶνα ὁ Καφηρεὺς ἐπιεικέστερος (1) ἀναμείναντες οὖν ἀπολῆξαι τὸ κλυδώνιον καὶ καθαρὰν αἰθρίαν γενέσθαι, περιωστήσομεν ἄχρι καὶ αὐτοῦ τοῦ Καφηρέως τῶν ἀκτῶν, ἵν᾽ εἴ πού τι ἐκ τῶν ναυαγίας ἀποπτυσθὲν εὑρεθείη σῶμα, τοῦτο περιστείλαντες καλύψωμεν ταφῇ (5) οὐ γὰρ ἀμισθὸ τὸ εὖ ποιεῖν, κἂν μὴ παραχρῆμα τῆς εὐεργεσίας ἡ ἀντίδοσις φαίνηται τρέφει δὲ οὐδὲν ἧττον τοὺς ἀνθρώπους πρὸς τοῖς ἐλπιζομένοις ἀγαθοῖς καὶ διαχεῖ τὴν καρδίαν τὸ συνειδός, καὶ μάλιστ᾽ ὅταν εἰς τοὺς ὁμοφύλους οὐκέτ᾽ ὄντας τὴν εὐποιίαν καταβάλλωνται

ια΄ Θυννᾶος Σκοπέλῳ

Ἀκήκοας ἀκουσμάτων βαρύτατον, ὦ Σκόπελε, στόλον Ἀθηναῖοι διανοοῦνται πέμπειν εἰς τὴν ὑπερορίαν

---

sequar Solet enim ambiguam sententiam amicorum consilium præcidere

IX Ægialeus Struthioni

Facesse in malam rem, quam contrariæ nobis et secundum proverbium ad Mandrobuli exemplum cedunt res' nam vilibus teruncis vendere atque emere res necessarias, id tenuem affert consolationem (2) Tempus igitur est ut operam tuam nobiscum communices, mi Struthio, et a nobis solatium ex iis quæ mare suppeditat admittas Volo autem apud unum atque alterum istorum opulentiorum, vel apud Erasiclem Sphettium illum, vel apud Cholargensem Philostratum, te parato me insinuare, ut ipse in spoitis pisces ad eum portem (3) Nam omnino præter solutionem argenti erit insuper te conci liante nonnihil solatii nobis apud eum, dum Bacchanalia aut Apaturia celebrantur Præterea nos ab acerba rerum venalium curatorum manu liberabunt, qui quotidie lucri captandi causa iniurns afficiunt litium osores Multum autem valere vos parasitos apud iuvenes et divites non dicta sed facta ostenderunt

X Cephalus Pontio

Mare, uti vides, inhorrescit cœlumque subit caligo et undique omnia obnubilata, ventique inter sese conflictantes jam jam se perturbaturos mare minantur, sed et delphines subsultantes atque intumescenti mari supersilientes lu'rico motu tempestatem et turbas ingruentes portendunt (2) Tauri ortum in cœlo aiunt qui rerum cœlestium sunt gnari nunc instare Sæpe quidem incolumes servantur qui caute student vitare periculum sunt autem qui, ubi semel mari se commiserunt, consilii inopes, fortunæ gubernaculis commissa ferantur (3) Unde audimus alios apud Maleæ promontorium, alios in freto Siculo, alios in Libyco pelago cum impetu ablatos impingere vel submergi Est autem his nihilo æquior ad tempestates et pericula Caphareus (4) Itaque ubi exspectaverimus donec sedati fuerint fluctus serenitasque redierit, vagabimur usque ad ipsius Caphares littora, ut si quod alicubi ex naufragio eiectum inveniatur cadaver, id compositum sepulturæ mandemus (5) Non enim caret mercede beneficentia, etiamsi non statim benefacti remuneratio appareat Alit autem nihilo minus homines præter sperata bona diffunditque cor conscientia recti, maximeque cum in populares defunctos beneficium contulerint.

XI Thynnæus Scopelo

Audivisti famam gravissimam o Scopele, classem Athenienses in animo habent mittere in exteram regio-

ναυμαχεῖν ἐθέλοντες. καὶ ἤδη μὲν ἡ πάραλος καὶ ἡ
Σαλαμινία αἱ μάλιστα ταχυναυτοῦσαι πρόδρομοι
λύουσι τὰ πρυμνήσια, τοὺς μαστῆρας, οἳ μέλλουσιν
ἀπαγγέλλειν παρ' οὗ καὶ ὅτε δεῖ ἀπιέναι πολεμήσον-
τας, ἐνθέμεναι. (2) χρεία δὲ ταῖς λοιπαῖς ναυσὶ τὸ
στρατιωτικὸν τάγμα δεχομέναις· ἐρετῶν πλειόνων καὶ
οὐχ ἥκιστα ἐμπείρων ἀνέμοις καὶ κύμασιν ἀπομάχε-
σθαι. τί οὖν, ὦ βέλτιστε, δρῶμεν; φεύγομεν ἢ μέ-
νομεν; ἀνδρολογοῦσιν ἐκ Πειραιῶς καὶ Φαληρόθεν κἀκ
Σουνίου καὶ μέχρι τῶν αὐτῷ Γεραιστῷ προσοίκων
βίων τοὺς τῆς θαλάττης ἐργάτας. (3) πῶς δ' ἂν ἡμεῖς
οἱ μηδὲ τὴν ἀγορὰν εἰδότες ὑπομείναιμεν παρατάττε-
σθαι καὶ ὁπλομάχοις ἀνδράσιν ὑπηρετεῖσθαι; δυοῖν δὲ
ὄντοιν χαλεποῖν, τοῦ τε φεύγειν ἐπὶ τέκνοις καὶ γυναιξὶ
τοῦ τε μένειν ξίφεσιν ὁμοῦ καὶ θαλάττῃ παραδιδόντας
τὸ σῶμα, τοῦ μένειν ὄντος ἀλυσιτελοῦς τὸ φεύγειν
ἐφάνη λυσιτελέστερον.

αβ'. Ναυσίβιος Πρυμναίῳ.

Ἠγνόουν ὅσον ἐστὶ τρυφερὰ καὶ ἁβρόδιτα τῶν Ἀθή-
νησι πλουσίων τὰ μειράκια· ἔναγχος δὲ Παμφίλου
μετὰ τῶν συνηλικιωτῶν μισθουμένου τὸ σκαφίδιον, ὡς
ἂν ἔχοι γαληνιῶντος τοῦ πελάγους περιπλεῖν ἅμα καὶ
συμμετέχειν ἡμῖν τῆς ἄγρας τῶν ἰχθύων, ἔγνων ἡλίκα
αὐτοῖς ἐκ γῆς καὶ θαλάττης πορίζεται τρυφήματα. (2)
οὐ γὰρ ἀνεχόμενος τῶν ξύλων τῆς ἁλιάδος ἐπί τε τα-
πήτων τινῶν ξενικῶν καὶ ἐφεστρίδων κατακλινεὶς (οὐ
γὰρ οἷός τε ἔφασκεν εἶναι κεῖσθαι ὡς οἱ λοιποὶ ἐπὶ
τῶν κατεστρωμάτων, τὴν σανίδα οἶμαι λίθου νομίζων
τραχυτέραν) ᾔτει παρ' ἡμῶν σκιὰν αὐτῷ μηχανήσα-
σθαι τὴν τοῦ ἱστίου σινδόνα ὑπερπετάσαντας, ὡς οὐδα-
μῶς οἷός τε ὢν φέρειν τὰς ἡλιακὰς ἀκτῖνας. (3) ἡμῖν
δὲ οὐ μόνον τοῖς ταύτην ποιουμένοις τὴν ἐργασίαν
ἀλλὰ καὶ πᾶσιν ἁπαξαπλῶς ὅσοις μὴ περιουσία πλού-
του πρόσεστι, σπουδάζεται ἐστιν οὗ δυναμένοις τῇ εἵλῃ
θέρεσθαι· ἐν ἴσῳ γὰρ κρυμὸς καὶ θάλαττα. (4) φερο-
μένων δὲ ἅμα οὐ μόνος οὐδὲ μετὰ μόνων τῶν ἑταί-
ρων ὁ Πάμφιλος, ἀλλὰ καὶ γυναίων οὐκ ὀλίγων περιττῶν
τὴν ὥραν πλῆθος συνείπετο, μουσουργοὶ πᾶσαι· ἧ μὲν
γὰρ ἐκαλεῖτο Κρουμάτιον, καὶ ἦν αὐλητρίς· ἡ δὲ Ἐρα-
τώ, καὶ ψαλτήριον μετεχειρίζετο· ἄλλη δὲ Εὐπής,
αὕτη δὲ κύμβαλα ἐπεκρότει. (5) ἐγένετο οὖν μοι
μουσικῆς ἡ ἄκατος πλέα, καὶ ἦν ᾠδικῶν ἢ πέλαγος
καὶ πάσης θυμηδίας ἀνάμεστον. πλὴν ἐμέ γε ταῦτα
οὐκ ἔτερπεν· (6) ἐπεῖδον γὰρ οὐκ ὀλίγοι τῶν ὁμοθίων,
καὶ μάλιστα ὁ πικρὸς Γλαυκίας Τελχῖνος ἦν μοι βα-
σκαίνων βαρύτερον. ἐπεὶ δὲ τὸν μισθὸν πολὺν ἀπέ-
λαβον, τἀργύριόν με διέχεας, καὶ νῦν ἐκείνου τοὺς ἐπι-
θαλαττίους ἀγαπῶ κώμους, καὶ τοιοῦτον ἕτερον ἐπι-
στῆναί μοι ποθῶ δαπανηρὸν καὶ πολυτελῆ νεανίσκον.

ιγ'. Αὐχένιος Ἀρμένῳ.

Εἰ μέν τι δύνασαι συμπράττειν, καὶ δῆτα λέγε πρός
με, οὐ πρὸς ἑτέρους ἔκπυστα ποιῶν τἀμά· εἰ δὲ μηδὲν
οἷός τε εἶ ὠφελεῖν, γενοῦ μοι τὰ νῦν Ἀρεοπαγίτου

---

nem prœlio navali decernere cupientes. Atque iam pa-
ralos et Salaminia, naves velocissimæ præviæ, solvunt a
littoribus rudentes, inquisitoribus nunciaturis, unde et
quando oporteat exire ad bellum, impositis. (2) Reliquis
navibus, quæ classiarios milites excipiunt, opus est plu-
ribus remigibus et quam maxime peritis, qui cum ventis
et fluctibus decertare possint. Quid igitur, o bone, fa-
ciamus? fugiamusne an maneamus? conscribunt undique
ex Piræeo et Phalero atque Sunio usque ad fines adeo
accolarum Geræsti nautas. (3) Quomodo vero nos, ne
forum quidem experti, sustineamus collocari in acie et
armatis viris ad manus esse? in duobus autem incommodis,
ut fugiamus scilicet qui liberos et uxores habeamus, aut
maneamus corpore gladiis simul et mari tradito, cum ma-
nere inutile sit, fugere visum est utilius.

XII. NausIlius Prymnæo.

Nesciebam quam sint luxuriosi et delicati Athenis di-
vitum adolescentuli. Nuper vero, cum Pamphilus cum
æqualibus navigium meum pretio conduxisset, ut posset
tranquillo mari circumnavigare simul et particeps esse
nobiscum capturæ piscium, cognovi quantas illis terra
mareque præbeat delicias. (2) Impatiens enim lignorum
piscatoriæ naviculæ, in tapetibus quibusdam peregrinis et
segulis recumbens (non enim se posse dicebat cubare quem-
admodum reliqui in tabulatis, asserem opinor lapide aspe-
riorem putans) petiit a nobis ut umbram sibi faceremus
veli linteo superne extenso, ut qui minime posset ferre
solares radios. (3) Nobis vero, non tantum qui hoc opus
facimus, sed omnibus omnino quibus copia divitiarum
non est, curæ est, nonnunquam si pessimus apricari; nam
frigus et mare paria sunt. (4) Cum autem veherentur
una (non solus, neque cum solis sodalibus Pamphilus,
sed etiam muliercularum ætate formaque præstantium
sequebatur eum multitudo, musicam tractantes omnes :
alia enim vocabatur Crumation, eraeque tibicina; alia
Erato, et psalterium tractabat; alia Euepes, quæ cymbala
pulsabat), (5) erat mihi musica refertum navigium et
mare cantu resonabat omniaque erant lætitiæ plena. Ve-
rumtamen me hæc non delectabant; non pauci enim ex
consortibus eiusdem victus, maximeque acerbus ille Glau-
cias, invidendo erat mihi Telchine molestior. (6) Post-
quam vero multam mercedem numeravit, pecunia me
exhilaravit et nunc illius marinas comissationes amo
atque eiusmodi alium dari mihi cupio sumptuosum et
magnifice præbentem adolescentem.

XIII. Auchenius Armeno.

Si quid potes me adiuvare, dic mihi, non aliis res meas
enuntians. Sin adiuvare non p.tes, nunc Areopagita esto

στεγανώτερος. ἐγὼ δὲ ὅπῃ ποτὲ τἀμά σοι διηγήσο-
μαι, ἔρως με οὐκ ἐᾷ παρεμπεσὼν ὑπὸ τοῦ λογισμοῦ
κυβερνᾶσθαι, ἀλλὰ τὸ νῆφον ἐν ἐμοὶ συνεχῶς ὑπὸ τοῦ
πάθους βυθίζεται (2) πόθεν γάρ ποτε εἰς ἁλιέα δύ-
στηνον ἀγαπητῶς τὴν ἀναγκαίαν ἐκπορίζοντα διατρο-
φὴν ἔρως ἐνέσκηψε καὶ ἐντακεὶς οὐκ ἀνίησιν, ἀλλ' ἴσα
τοῖς πλουσίοις καὶ ὡρικοῖς νεανίσκοις ὀλέγομαι, καὶ ὅ
ποτε γελῶν τοὺς ἐκ τρυφῆς πάθει δουλεύοντας ὅλος εἰμὶ
τοῦ πάθους, καὶ γαμήσειω νῦν καὶ τὸν Ὑμέναιον
φαντάζομαι τὸν παῖδα τῆς Τερψιχόρης (3) ἔστι δὲ
ἡ παῖς ἧς ἐρῶ τὸ τῶν μετοίκων θυγάτριον τῶν ἐξ
Ἑρμιόνης οὐκ οἶδ' ὅπως εἰς Πειραιᾶ φθαρέντων
ἄλλην μὲν οὖν δοῦναι προῖκα οὐκ ἔχω ἐμαυτὸν δὲ
δείξας οἷός εἰμι θαλαττουργός, εἰ μὴ μαίνοιτο ὁ ταύ-
της πατήρ, οἶμαι παρέξειν ἐπιτήδειον νυμφίον

ιδ' Ἐγκύμων Ἁλικτύπῳ

Ἡρόμην ἰδὼν ἐπὶ τῆς ἠόνος τῆς ἐν Σουνίῳ παλαιὸν
καὶ τετρυχωμένον δίκτυον ὅτου εἴη καὶ τίνα τρόπον οὐκ
ἐξογκούμενον ἀποσχισθέν, ἤδη δὲ καὶ ὑπὸ χρόνου
διερρωγὸς ἀποχέοιτο (1) οἱ δὲ ἔφασαν σὸν κτῆμα
γεγονέναι πρὸ τούτων τεττάρων ἐτῶν, εἶθ' ὑφάλῳ
προσομιλῆσαν πέτρᾳ κατὰ μέσον ἀποσχισθῆναι τῶν
πλεγμάτων σοῦ δὲ ἐξ ἐκείνου μήτε ἀκέσασθαι μήτε ἀνε-
λέσθαι βουληθέντος μεῖναι, μηδενὸς τῶν περιοικούντων
ὡς ἀλλοτρίου θιγγάνειν ἐπιχειρήσαντος (3) Ἐγένετο
οὖν οὐκ ἐκείνῳ μόνον ἀλλὰ γὰρ καὶ σοῦ τοῦ ποτε δεσπό-
του λοιπὸν ἀλλότριον. Αἴτιος οὖν σε τὸ τῇ φθορᾷ καὶ
τῷ χρόνῳ μὴ σὸν σὺ δ' ὁ παντελῶς ἀπωλείᾳ προσένει-
μας, ἥκιστα ζημιούμενος, ἕτοιμος ἔσο πρὸς τὴν δόσιν

ιε' Ἁλικτύπος Ἐγκύμονι

Δυσμενὴς καὶ βάσκανος ὁ τῶν γειτόνων ὀφθαλμός,
φησὶν ἡ παροιμία. τίς γάρ σοι τῶν ἐμῶν φροντίς,
τί δὲ τὸ παρ' ἐμοῦ ῥᾳθυμίας ἠξιωμένον κτῆμα σὸν εἶναι
νομίζεις, εἶργε τὰς χεῖρας, μᾶλλον δὲ τὰς ἀπλήστους
ἐπιθυμίας, μηδέ σε ἡ τῶν ἀλλοτρίων ὄρεξις ἀδίκους
αἰτεῖν χάριτας ἐκβιαζέσθω

ις' Ἐγκύμων Ἁλικτύπῳ

Οὐκ ᾔτησά σε ἃ ἔχεις ἀλλ' ἃ μὴ ἔχεις ἐπεὶ δὲ
εὖ βούλει ἃ μὴ ἔχεις ἕτερον ἔχειν, ἔχε ἃ μὴ ἔχεις

ιζ' Εὐσάγηνος Λιμενάρχῳ

Οὐκ ἐς κόρακας φθαρήσεται ὁ σκοπιωρὸς ὁ Λέσβιος,
φρίκῃ σκιερὰν κατὰ μέρος τὴν θάλατταν ἰδὼν ἀνεβό-
ησεν ὡς πλῆθος ὅλου προσιόντος θύννων ἢ πηλαμύδων,
(2) καὶ ἡμεῖς πεισθέντες τῇ σαγήνῃ μονονουχὶ τὸν κόλ-
πον ὅλον περιελάβομεν εἶτα ἀνιμώμεθα, καὶ τὸ βά-
ρος μεῖζον ἦν ἢ κατὰ φορτίον ἰχθύων εὐέλπιδες οὖν
καὶ τῶν πλησίον τινὰς ἐκαλοῦμεν μερίτας ἀποφανεῖν
ἐπαγγελλόμενοι, εἰ συλλάβοιντο ἡμῖν καὶ συμπονή-
σειαν (3) τέλος μόγις ποτὲ δειλῆς ὀψίας εὐμεγέθη
χάρμπον ἐξειλκύσαμεν μυδῶσαν ἤδη καὶ σώλην-

mihi taciturnior Ego vero tibi utcumque quid mecum
agatur narrabo Amor me postquam invasit, non sinit se a
ratione gubernari, sed id quod sobrium et sanum in me
est, constantes ab affectu submergitur. (2) Undenam
umquam in piscatorem miserum, qui vix necessarium vi-
ctum acquirit, amor impetum fecit et inhærens non remit-
tit, sed æque ac divites et elegantes adolescentuli ardeo?
et qui aliquando ridebam eos qui præ mollitia cupiditatibus
servirent, totus sum in illius potestate et jam nuptias
expeto et Hymenæum in mente agito Terpsichoræ filium
(3) Est autem puella quam amo inquilinorum eorum filia,
qui Hermiona nescio quomodo immigrarunt in Piræeum
Dotem quidem adferre non possum, sed me ipsum tibi
ostendi qualis sim piscator, nisi pater eius insaniat, ido-
neum me sponsum fore credo

XIV Encymon Halictypo

Cum vidissem in littore Sunii vetus et lacerum rete,
quæsivi cuius esset et qui factum sit ut non exoneratum,
sed iam et temporis vetustate ruptum jaceret (2) Illi
autem dicebant tuum fuisse ante hos quatuor annos.
deinde cum sub undis latenti adhæsisset rupi, nodos in
medio discissos esse, te autem ex illo tempore neque sar-
cire neque auferre voluisse, suo ita igitur loco mansis-
se, nemine ex accolis tanquam alienum attingere auso
(3) Factum igitur est non incolis solum, sed et tibi posses-
sori alienum Itaque peto abs te id, quod corruptum longo
tempore tuum non est Tu vero id quod prorsus interi-
tui tradidisti, in illo tuo damno libenter mihi dona

XV Halictypus Encymoni

Malevolus et invidus vicinorum oculus, ut in proverbio
est Quid enim tibi mea curæ sunt? cur vero quod mihi
negligere placuit, tuum esse putas? Cohibe manus, immo
insatiabiles cupiditates, neve te rerum alienarum appeti-
tus ad petendum iniustum donum impellat

XVI Encymon Halictypo

Non petii abs te quæ habes, verum quæ non habes
Cum vero nolis, quæ non habes, alium habere, habe sane
quæ non habes

XVII Eusagenus Limenarcho

Ad corvos abeat speculator Lesbius! Horrore umbro-
sum ex parte mare videns exclamavit, quasi magna turba
veniret thunnorum aut pelamydum (2) Atque nos ei
fidem habentes verriculo fere totum sinum circumdedi-
mus Deinde extraximus, erat pondus erat maius quam
pro piscium onere Spes igitur erat, et vicinorum aliquos
vocavimus, nos eos participes facturos promittentes, si
nobis opem ferrent et una laborarent (3) Tandem magno
labore circa vesperam ingentem camelum extraximus iam

ξιν ἐπιβρύουσαν. τοιαῦτα θηράσας οὐχ ἵνα ἐπιγελάσῃς ἐδήλωσα, ἀλλ' ἵνα μάθῃς αἷς καὶ πόσαις μηχαναῖς ἡ τύχη με τὸν ἀτυχῆ καταγωνίζεται.

ιη'. Εὔπλοος Θαλασσέρωτι.

Ὑπερμαζᾷς ἢ μέμηνας· ἀκούω γάρ σε λυρῳδοῦ γυναικὸς ἐρᾶν καὶ ὡς ἐκείνην φθειρόμενον πᾶσαν τὴν ἐφήμερον ἄγραν κατατίθεσθαι. ἀπήγγειλε γάρ μοι τοῦτ' ὁ γειτόνων βέλτιστος Σωσίας, οὗτος ἐκεῖνος ὁ τὸν χρηστὸν καὶ ἡδὺν γάρον ἕψων ἐκ τῶν λεπτοτέρων ἰχθύων οὓς ἐγκολπίζεται τῇ σαγήνῃ· (2) ἔστι δὲ τῶν ἐπιεικῶς τὴν ἀλήθειαν τιμώντων, καὶ οὐκ ἄν ποτε ἐκεῖνος εἰς ψευδηγορίαν ὀλίσθοι. πόθεν οὖν, εἰπέ μοι, μουσικῆς σοι διάτονον καὶ χρωματικὸν καὶ ἐναρμόνιον μέλος ἐστίν; ὡς ὁ αὐτὸς ἔφασκεν ἀπαγγέλλων. ὁμοῦ γὰρ τῇ ὥρᾳ τῆς παιδίσκης ᾑρέθης καὶ τοῖς κρούμασι. (3) πέπαυσο εἰς ταύτην δαπανώμενος, μή σε ἀντὶ τῆς θαλάττης ἡ γῆ ναυαγὸν ἀποφήνῃ ψιλώσασα τῶν χρημάτων, καὶ γένηταί σοι τὸ τῆς ψαλτρίας καταγώγιον Καλυδώνιος κόλπος ἢ Τυρρηνικὸν πέλαγος καὶ Σκύλλα ἡ μονσουργός, οὐκ ἔχοντι Κράταιιν ἐπικαλέσασθαι, εἰ δεύτερον ἐφορμᾷ.

ιθ'. Θαλασσέρως Εὐπλόῳ.

Τὴν ἄλλως ποιεῖς τὴν πρός με νουθεσίαν, ὦ Εὔπλοε. ἐγὼ γὰρ οὐκ ἂν ἀποσταίην τῆς ἀνθρώπου, θεῷ μυσταγωγοῦντι πυρφόρῳ καὶ τοξοφόρῳ πειθόμενος. καὶ ἄλλως ἡμῖν τὸ ἐρᾶν συγγενές, τῆς θαλαττίας θεοῦ τεκούσης τοῦτο τὸ παιδίον. (2) ἡμέτερος οὖν πρὸς μητρὸς ὁ Ἔρως, καὶ ὑπὸ τούτου βληθεὶς τὴν καρδίαν ἔχω τὴν κόρην, Πανόπῃ νομίζων ἢ Γαλατείᾳ ταῖς καλλιστευούσαις τῶν Νηρηίδων συνεῖναι.

κ'. Θερμολέπυρος Ὠκίμωνι.

Σχέτλια πεπόνθαμεν· τοῖς γὰρ ἄλλοις οὖθαρ καὶ μῆτραι καὶ ἧπαρ δρόσῳ προσεοικὸς παρέκειτο, ἡμῖν δὲ ἔτνος ἦν τὸ βρῶμα· καὶ οἱ μὲν Χαλυβώνιον ἔπινον, ἐκτροπίαν δὲ ἡμεῖς καὶ ὀξίνην. (2) ἀλλ' ὦ μοιραῖοι θεοὶ καὶ μοιραγέται δαίμονες, δοίητε παραπομπὴν τῆς ἀδίκου ταύτης τύχης, καὶ μὴ τοὺς μὲν διηνεκῶς φυλάττετε ἐν εὐτυχίᾳ, τοῖς δὲ τὸν λιμὸν συνοικίζετε..... τῇ γὰρ φορᾷ τῆς εἱμαρμένης τὰ τοιαῦτα κατηνάγκασται. ἄδικα πάσχομεν πρὸς αὐτῆς οἱ λεπτῇ καὶ στενῇ κεχρημένοι τῇ τύχῃ.

κα'. Κωνωπεσφράντης Ἰσχνολίμῳ.

Ἀνεμιαίους ἐλπίδας ἔσχον ἐπὶ τῷ μειρακίῳ Πολυκρίτῳ. ᾤμην γὰρ αὐτόν, εἰ τεθναίη αὐτῷ ὁ πατήρ, χύσιν ἐργάσεσθαι τῆς οὐσίας πολλὴν καὶ ἀδηρφαγοῦντα καὶ καθηδυπαθοῦντα μετά τε ἡμῶν μετά τε τῶν ἑταιρῶν ὅσαι κατὰ τὴν ὥραν πρωτεύουσιν. (2) ὃ δὲ ἐπειδὴ κρίνον αὐτῷ ὁ γεννήσας ἐγένετο, σιτεῖται μὲν τῆς ἡμέρας ἅπαξ, καὶ τοῦτο ὀψὲ τῆς ὥρας ἡλίου λοι-

---

putrescentem et vermibus scatentem Hanc piscationem non ut rideres tibi significavi, sed ut cognosceres, quibus et quot machinis fortuna me infortunatum inpugnet.

XVIII. Euplous Thalasseroti.

Lascivis, aut insanis; audio enim te ad lyram canentem mulierem amare et ad illam itiones damnosas instituendo quotidianam capturam profundere. Nuntiavit enim hoc mihi vicinorum optimus Sosias. Est idem ille Sosias, qui bonum illud et suave liquamen coquit ex tenuibus piscibus, quos verriculo insinuat. (2) Est autem is ex iis qui admodum colunt veritatem, et vix unquam in mendacium lapsus est. Unde igitur, dic mihi, musices tibi diatonus et chromaticus et enarmonius modus? quemadmodum idem dicebat hæc nuntians. Simul ergo cum forma adamasti puellam et cum modulationibus. (3) Desine in ea sumptus impendere, ne pro mari terra te naufragum faciat nudatum opibus fiatque tibi psaltriæ diversorium Calydonius sinus aut Tyrrhenum mare et cantrix Scylla, cum non poteris Cratæin invocare, si iterum irruat.

XIX. Thalasseros Euploo.

Frustra me mones, mi Euploe. Ego enim non facile deseram mulierem illam, initianti deo ignifero atque sagittifero morem gerens. Omnino amor nobis innatus est, cum marina dea pepererit istum puerum. (2) Noster itaque a matre est Cupido atque ab isto percussus cor teneo puellam, cum Panope aut Galatea formosissimis Nereidum consuetudinem mihi esse opinans.

XX. Thermolepyrus Ocimoni.

Indigna passi sumus! nam reliquis sumen et vulvæ et hepar rori simile apposita erant, nobis autem puls erat cibus; atque alii vinum Chalybonium bibebant, nos vappam et acetum. (2) Sed vos, dii dæmonesque fatorum arbitri et præsides, depellite hancce iniquam sortem, neve alios quidem in perpetua servate felicitate, aliis autem famem date contubernalem. Cursu quidem fati tallium necessitas allata est. Iniuria fit ab eo nobis, qui tenui angustaque utimur fortuna.

XXI. Conoposphrantes Ischnolimo.

Irritam spem habui de adolescente Polycrito. Arbitrabar enim eum, si mortuus esset ipsi pater, profusurum largiter divitias et lurcando et libidinando, nobiscum et cum scortis quotquot formæ elegantia præstant impensurum magnam bonorum partem. (2) At ille, postquam obiit ei parens, cibum capit semel quotidie, idque sero cum iam sol versus occasum vergit. Comedit autem nihil

πον ἀμφὶ τροπὰς τὰς εἰς δύσιν ἔχοντος· σιτεῖται δὲ
οὐδὲν τῶν πολυτελῶν ἀλλ' ἄρτον ἐξ ἀγορᾶς καὶ ὄψον κα᾽
εἴ ποτε εὐημερίας ἡμέραν ἐπιτελοίη, δρυπεπεῖς ἢ φαυ-
λίας. (3) διαμαρτὼν οὖν τῆς θαυμαστῆς ταύτης ἐλ-
πίδος οὐκ οἶδ' ὅ τι καὶ δράσω. εἰ γὰρ ὁ τρέφων δεῖται
τοῦ θρέψοντος, τί ἂν εἴη ὁ τρεφεσθαι ὀφείλων, λιμῷ᾽τ
τοντα δὲ λιμώττοντι συνεῖναι διπλοῦν βλάβος

κϛ' Γέμελλος Εὐβούλῳ

Παρέκειτο μὲν ἡμῖν ὁ Γέλωνος τοῦ Σικελιώτου
πλακοῦς ἐπώνυμος ἐγὼ δὲ καὶ τῇ θέα μόνον πρὸς ᾶς
καταπόσει, εὐ-ρεπιζόμενος εὐρραινόμην μέλλησις
δὲ ἦν πολλή, περιστερόντων τραγημάτων τὰ πέμματα
ἦν δὲ ὁ καρπὸς τῆς πιστάκης καὶ βάλανοι φοινίκων καὶ
κάρυα τῶν ἐλύτρων ἐξηρημένα. (2) ἐγὼ δὲ πρὸς
αὐτὰ ἕκαστα ἐχθρὰ βλέπων ἀνέμενον ἐπαφήσειν ἐμαυ-
τὸν ἐγχανὼν τῷ πλακοῦντι οἱ δὲ καὶ τὸ ἐντραγεῖν,
ἐπὶ μήκιστον ἐξέτεινον καὶ τῆς κύλικος συνεχῶς περι-
σοδούσης διατριβὰς καὶ μελλησμοὺς ἐνεποίουν, (4) καὶ
ὥσπερ ἐκ συνθήμα-ος τὴν ἐμὴν ἀναρτῶντες ἐπιθυμίαν
ὁ μέν τις κάρφος λαβὼν ἐξεκάθαιρε τὰ ἐνιζάνοντα τῶν
βρωμάτων τοῖς ὀδοῦσιν ἐνώδη, ὁ δὲ ὑπτιάσας ἑαυτὸν
οἷος· ἦν ὕπνῳ κατέχεσθαι μᾶλλον ἢ τῆς τραπέζης φρον-
τίζειν· εἶτα ἄλλος ἄλλῳ διελέγετο, καὶ πάντα μᾶλλον,
ἢ ὁ ἡδὺς ἐκεῖνος καὶ ποιητὸς ἡμῖν πλακοῦς εἰς ἀπό-
λαυσιν ἤρετο. (4) τέλος οἱ θεοὶ κατοικτείραντές το
κατάξηρόν τῆς ἐμῆς ἐπιθυμίας μόλις ποτὲ ἡμείροντά
με τοῦ πλακοῦντος ἀπογεύσασθαι παρεσκεύασαν
ταῦτά σοι γράφω οὐ τοσοῦτον ἐπὶ τοῖς ἡδέσιν ἡσθείς,
ὅσον ἐπὶ τῇ παραπληξία ἐκτακείς.

κζ' Πλατυλαιμος Ἐρεβινθολέοντι

Οὐπώποτε ἐγὼ κατὰ τὴν Ἀττικὴν ὑπέμεινα τοιοῦτον
χειμῶνα οὐ γὰρ μόνον ἐκ παραλλήλου φυσῶντες,
μᾶλλον δὲ φύρδην φερόμενοι κατεκτύπουν ἡμᾶς οἱ
ἄνεμοι, ἀλλ' ἤδη καὶ χιὼν πυκνὴ καὶ ἐπάλληλος φερο-
μένη πρῶτον μὲν τοὔδαφος ἐκάλυπτεν, ἔπειτα οὐκ
ἐπιπολῆς ἀλλ' εἰς ὕψος ἤρετο τῆς νιφάδος ῥύμα πάμ-
πολυ, ὡς μὴ δυνατὸν εἶναι τὸ θύριον ἀνοίξαντα τῆς οἰ-
κίας τὸν στενωπὸν ἰδεῖν. (2) ἐμοὶ δὲ οὔτε ξύλον
οὔτε ἄσβολος παρῆν πῶς γὰρ ἢ πόθεν, ὁ χρυμὸς δὲ
εἰσεδύετο μέχρι μυελῶν αὐτῶν καὶ ὀστῶν. ἐβουλευ-
σάμην οὖν Ὀδύσσειον βούλευμα δραμεῖν εἰς τὰς θό-
λους τοῦ βαλανείου. ἀλλ' τοῦτο δὲ ἐκεῖ συνεχώρουν οἱ
τῶν ὁμοτέχνων περὶ ταῦτα κυλινδούμενοι· καὶ γὰρ αὐ-
τοὺς ἡ παραπλησία θεὸς ἠνώχλει Πενία. (3) ὡς οὖν
ᾐσθόμην οὐκ εἶναί μοι εἰς ταῦτα εἰσιτητόν, δραμὼν ἐπὶ
τὸ Θρασύλου βαλανεῖον, εὗρον τοῦτο κενόν, καὶ κατα-
βαλὼν ὀβολοὺς δύο καὶ τὸν βαλανέα τούτοις ἵλεων
καταστήσας ἐθερόμην ἄχρις οὗ τῶν νιφετῶν πηγυλὶς
διεδέξατο, καὶ ὑπὸ τοῦ κρύους τοῦ μεταξὺ διερῶ παγέν-
τος πρὸς ἀλλήλοις ἐδέδεντο οἱ λίθοι. μετὰ δὲ τὸ
ἀποβράσαι τὸ δριμὺ προσηνὴς ὁ ἥλιος ἐλευθέραν μοι
τὴν πρόοδον καὶ περιπάτους ἀνειμένους ἀπέργνεν

---

pretiosum, sed panem de foro et opsonium, et si quando
hilarem diem agat, druppas aut phaulias olivas (3) Fru-
stratus igitur hac spe egregia, ego incertus sum quid
tandem faciam Si enim qui alit opus habet altuio, quis
esse velit alumnus? esurienti vero sodalem esse esurien-
tem duplex calamitas

XXII Gemellus Eubulo

Apposita erat nobis quæ a Gelone Siculo nomen habet
placenta Ego vero solo adspectu ad deglutiendam eam
me præparans delectabar, sed mora multa erat, circum
placentas positis bellariis Erant autem fructus pista-
ceæ et glandes palmarum et nuces putaminibus exempta
(2) At hæc ego singula infestis oculis adspiciens hianti ore
exspectabam ut irruerem placentæ Illi autem et bella-
riorum esu in in longissimum extenderunt poculoque con-
tinenter circumacto moram et cunctationem interponebant
(3) Tandem, quasi de composito meam cupiditatem sus-
penderent, alius stipula sumpta expurgabat si quid insi-
deret ex cibo dentibus fibrosum, alius resupinans adeo
se somno dedere malebat, quam de edendo cogitare,
deinde alius cum alio fabulabatur et omnia alia agebantur,
quam ut suavis illa et cupita nobis placenta fruenda da-
retur (4) Postremo, ut consentaneum est, dii arida
meæ cupiditatis miserti, vix tandem effecerunt ut ego
tam diu appetitam placentam degustarem Hæc tibi
scripsi non tam rei suavitate delectatus, quam longa
protractione confectus

XXIII Platylæmus Erebintholeonti

Nunquam ego in Attica sustinui talem hiemem Non
enim solum alternatim spirantes, immo acervatim ruentes
nos obtundebant venti, sed etiam nix densa et crebra ca-
dens primo quidem humum tegebat, deinde non in superfi-
cie hærebat, sed in altum tollebatur nivium defluentium
ingens moles, ut vix liceret ostium aperienti domus in an-
giportum prospicere (2) Mihi vero neque lignum neque
fuligo suppetebat quomodo enim aut unde? frigus autem
penetrabat usque ad ipsas medullas et ossa Commenta-
tus igitur sum consilium Ulixeum ut currerem intholos et
caminos balnearum Sed nec illuc ire concesserunt artis
consortes ibi versantes, eadem enim dea eos cruciabat
Paupertas (3) Cum igitur animadvertissem aditum ad
ea mihi non patere, propere me contuli ad Thrasyli bal-
neum privatum, et illud vacuum inveni Atque pensis
duobus obolis, quibus balneatorem mihi propitium red-
didi, calefeci me, donec nivem exciperet glacies et lapides
congelato quod in medio esset humido invicem præ fri-
gore compingerentur Cum vero deferbuisset acerbitas,
sol benignus apertum mihi exitum et deambulationes li-
beras concessit

κδ'. Ἀμνίων Φιλομόσχῳ.

Ἀπέχειρεν ἡμῶν ἡ χάλαζα βαρέως ἐμπεσοῦσα τὰ
λήια, καὶ λιμοῦ φάρμακον οὐδέν· ὠνεῖσθαι δὲ ἡμῖν
ἐπακτοὺς πυροὺς οὐχ οἷόν τε διὰ σπάνιν χερμάτων.
ἔστι δέ σοι, ὡς ἀκούω, τῆς πέρυσιν εὐετηρίας λεί-
ψανα. (2) δάνεισον οὖν μοι μεδίμνους εἴκοσιν, ὡς ἂν
ἔχωμεν σώζεσθαι αὐτός καὶ ἡ γυνὴ καὶ τὰ παιδία.
καρπῶν δὲ εὐφορίας γενομένης ἐκτίσομεν αὐτῷ τῷ
μέτρῳ, καὶ λῶιον, ἐάν τις ἀφθονία γένηται. μὴ
δὴ περιίδῃς ἀγαθοὺς γείτονας εἰς στενὸν ὑπὸ τοῦ καιροῦ
φθειρομένους.

κε'. Εὐπέταλος Ἐλατίωνι.

Οὐδέν με τῆς γῆς ἀμειβομένης τῶν πόνων ἀντά-
ξιον, ἔγνων ἐμαυτὸν ἐπιδοῦναι θαλάττῃ καὶ κύμασι.
ζῆν μὲν γὰρ καὶ τεθνάναι μεμοίραται πᾶσιν ἡμῖν, καὶ
οὐκ ἔστι τὸ χρεὼν φυγεῖν, κἂν ἐν οἰκίσκῳ τις ἑαυτὸν
καθείρξας τηρῇ. (2) ἐνεργὸς γὰρ ἡ εἱμαρμένη καὶ
τὸ πεπρωμένον ἄφυκτον· ὥστε τὸ ζῆν οὐδ' ὑπὸ τούτων
ταλαντεύεται, ἀλλ' ὑπὸ τῆς τύχης βραβεύεται. ἤδη
γάρ τινες μὲν ἐπὶ γῆς ᾠκύμοροι, ἐπὶ θαλάττης δὲ μα-
κρόβιοι κατεβίωσαν· (2) ὥστε εἰδὼς ταῦθ' οὕτως ἔχειν
ἐπὶ ναυτιλίαν βαδιοῦμαι καὶ ἀνέμοις ὁμιλήσω καὶ κύ-
μασι. κρεῖττον γὰρ ἐπανήκειν ἐκ Βοσπόρου καὶ
Προποντίδος νεόπλουτον, ἢ καθήμενον ἐπὶ ταῖς τῆς
Ἀττικῆς ἐσχατιαῖς λιμώδες καὶ αὐχμηρὸν ἐρυγγά-
νειν.

κς'. Ἀγελαρχίδης Πυθολάῳ.

Μέγα, ὦ γενναῖε, κακόν εἰσιν οἱ κατὰ τὴν πόλιν
τοκογλύφοι. ἐγὼ γὰρ οὐκ οἶδ' ὅ τι παθών, δέον παρὰ
σὲ ἢ παρά τινα ἄλλον τῶν κατ' ἀγρὸν γειτόνων ἐλθεῖν,
ἐπεὶ κατέστην ἐν χρείᾳ χρημάτων, βουλόμενος ἐπὶ
Κολωνῷ πρίασθαι χωρίον, ξεναγήσαντός μέ τινος τῶν
ἀστικῶν ἐπὶ τὰς Βλεψίου θύρας ἀφικόμην. (2) εἶτα
καταλαμβάνω πρεσβύτην ὀφθῆναι ῥικνόν, συνεσπακότα
τὰς ὀφρῦς, χαρτίδια ἀρχαῖά τινα, σαπρὰ δὲ διὰ τὸν
χρόνον, ὑπὸ κόρεων καὶ σητῶν ἡμίβρωτα διὰ χειρὸς
κατέχοντα. εὐθὺς μὲν οὖν μόλις με προσεῖπε, ζη-
μίαν ἡγούμενος τὴν προσηγορίαν· εἶτα τοῦ προξένου
φήσαντος ὡς δεοίμην χρημάτων, πόσων ᾔρετο ταλάν-
των. (3) ἐμοῦ δὲ θαυμάσαντος τὴν ὑπερβολὴν διέ-
πτυεν εὐθέως καὶ δῆλος ἦν δυσχεραίνων. Ὅμως ἐδί-
δου καὶ ἀπῄτει γραμματεῖον καὶ πρὸς τῷ ἀρχαίῳ τόκον
βαρύν, καὶ τὴν οἰκίαν ὑποθησόμενος ἥ ἐστί μοι. μέγα
τι κακόν εἰσιν οἱ περὶ τὰς ψήφους καὶ τῶν δακτύλων
τὰς κάμψεις ἀλινδούμενοι. μή μοι γένοιτο, ἀγροίκων
ἔφοροι δαίμονες, μὴ λύκον ἔτι, μὴ δανειστὴν ἰδεῖν.

κζ'. Ἀνίκητος Φοιβιανῇ.

Φεύγεις με, ὦ Φοιβιανή, φεύγεις, καὶ ταυτα ἀρ-
τίως ὅλον τὸν ἀγρὸν ἀπενεγκαμένη. τί γὰρ οὐ τῶν
ἐμῶν λαβοῦσα ἔχεις; οὐ σῦκα, οὐ τυρὸν ἐκ ταλάρων,

XXIV. Amnion Philomoscho.

Detondit nostras segetes grando graviter irruens et fa-
mis nullum est remedium. Advecticium triticum nobis
emendi non est facultas, deficiente pecunia. Sunt auten
tibi, ut audio, ex copia superioris anni reliquiæ. (2) Quare
mutuos da mihi viginti modios, ut vitam tolerare pos-
sim cum coniuge ac liberis. Quodsi fertilis fuerit frugum
proventus, reddemus eadem mensura, etiam ampliore,
si qua fuerit ubertas. Ne vero negligas bonos vicinos
in temporis angustias cum ipsorum pernicie coactos.

XXV. Eupetalus Elationi.

Cum ager nihil quod par sit laboribus rependat, de-
crevi me dedere mari ac fluctibus. Vita enim simul et
mors fato nobis constitutæ sunt, neque concessum effu-
gere fatum, etiamsi in claustro quis se inclusum conti-
neat. (2) Fors enim non cessat et fatum est inevitabile.
Itaque non ab illis pendet discrimen vitæ, sed fortunæ
arbitrio subiacet. Nonnulli enim in terra cito mortui, in
mari diu vivebant. (3) Quæ cum sciam ita se habere,
ad navigationem me conferam et inter ventos fluctusque
versabor. Melius enim est redire e Bosporo et Propontide
novis divitiis auctum, quam sedentem in Atticæ agris
famelicum quid et siccum ructare.

XXVI. Agelarchides Pytholao.

Magnum, amice, malum sunt isti in urbe fœneratores.
Ego enim nescio quid mihi acciderit ut, cum te vel
alium aliquem ruri vicinum adire deberem, in pecuniæ
inopiam redactus, cum vellem in Colono emere agellum,
deducente me quodam ex urbe, ad Blepsiæ fores deveni-
rem. (2) Tum vero ibi deprehendo senem adspectu stri-
gosum, contractis superciliis, chartulas vetulas temporis-
que iniuria squalidas, a cimicibus et tineis semesas manu
tenentem. Initio quidem vix me alloquebatur, iacturam
nimirum existimans si me appellasset. Deinde vero cum
pararius dixisset me opus habere pecunia, quot talentis,
interrogavit. (3) Me autem ad tam amplam pecuniam
obstupescente, despuit statim et manifesto indignatus est.
Tamen pollicitus est postulans syngrapham et præter sor-
tem usuram gravem, cum pignori sibi dari iussisset quam
habeo domum. Magnum sane malum sunt qui in cal-
culis et digitorum flexionibus versantur. Ne mihi eve-
niat, dii agricolarum tutelares, nec lupum amplius nec
fœneratorem videre.

XXVII. Anicetus Phœbianæ.

Fugis me, Phœbiana, fugis, idque cum nuper totum
agrum abstuleris. Quid enim meorum bonorum est quod
non habeas? nonne ficus, nonne caseum ex calathis, nonne

οὐκ ἔριφον νεογιλόν, οὐκ ἀλεκτορίδων ζεῦγος, οὐ τὰ
λοιπὰ τρυφήματα πάντα ἐστί σοι ἐξ ἐμοῦ, οὕτως ὅλον
με αὐτῇ κατὰ τὴν παροιμίαν ἀνατρέψασα δουλεύειν
ἐπηνάγκασας (2) σὺ δὲ οὐδεμίαν ὥραν ἔχεις ἐμοῦ
διακαῶς φλεγομένου ἀλλὰ χαῖρε καὶ ἄπιθι ἐγὼ δὲ
βαρέως μέν, οἴσω δ' ὅμως τὴν ἀτιμίαν.

κη' Φοιβιανὴ Ἀνικήτῳ

Ὠδίνουσά με ἀρτίως ὡς ἑαυτὴν ἡ τοῦ γείτονος
μετεπέμψατο γυνή καὶ δῆτα ἤειν ἀραμένη τὰ πρὸς
τὴν τέχνην, σὺ δὲ ἐξαπίνης ἐπιστὰς ἐπειρῶ τὴν δέρην
ἀνακλάσας κύσαι. οὐ παύσῃ, τριχόρωνον καὶ ταλάν-
τατον γερόντιον πειρῶν τὰς ἐφ' ἡλικίας ἡμᾶς ὥς
τις ἄρτι γενειάζειν ἀρχόμενος; (2) οὐχὶ τῶν κατ'
ἀγρὸν πόνων ἀφεῖσαι ἀργὸς τῶν ἰδίων προιστάμενος,
οὐχὶ τούτπανίου καὶ τῆς ἐσχάρας ὡς ἀδύνατος ὢν
ἐξέωσαι, πῶς οὖν τακερὸν βλέπεις καὶ ἀναπνεῖς, πέ-
παυσο, Κέκροψ ἄθλιε, καὶ τρέπου κατὰ σεαυτ-όν, μή
σε λαβοῦσα κακόν τι ἐργάσωμαι.

νθ' Γλυκέρα Βακχίδι

Ὁ Μένανδρος ἡμῖν ἐπὶ τὴν τῶν Ἰσθμίων θέαν ε'ς
τὴν Κόρινθον ἐλθεῖν βεβούληται· ἐμοὶ μὲν οὐ κατὰ
νοῦν· οἶδα γὰρ οἷόν ἐστιν ἐραστοῦ τοιούτου καὶ βραχὺν
ὑστερῆσαι χρόνον ἀποτρέπειν δ' οὐκ ἐνῆν μὴ πολ-
λάκις ἀποδημεῖν εἰωθότα. (2) οὐδ' ὅπως αὐτὸν πα-
ρεγγυήσω μέλλοντα ἐπιδημήσειν ἔχω οὐδ' ὅπως μή,
βουλόμενον αὐτὸν σπουδασθῆναι ὑπὸ σοῦ κἀμοί τινα
φέρειν φιλοτιμίαν τοῦτο λογίζομαι· οἶδε γὰρ τὴν οὖσαν
ἡμῖν ἑταιρίαν πρὸς ἀλλήλας. (3) δέδοικα δέ, ὦ φιλ-
τάτη, οὐ σὲ τοσοῦτον (χρησοτέρῳ γὰρ ἤθει κέχρησαι
τοῦ βίου) ὅσον αὐτὸν ἐκεῖνον. ἐρωτικὸς γάρ ἐστι
δαιμονίως, καὶ Βακχίδος οὐδ' ἂν τῶν σκυθρωποτάτων
τις ἀπόσχοιτο. (4) τὸ μὲν γὰρ δοκεῖν αὐτὸν ἐλαττον τοῦ
σοὶ ἐν-τυχεῖν ἢ τῶν Ἰσθμίων ἕνεκα τὴν ἀποδημίαν
πεποιῆσθαι, οὐ πάνυ πείθομαι. ἴσως αἰτιάσῃ με
τῆς ὑποψίας. συγγίνωσκε δὲ ταῖς ἑταιρικαῖς, ὦ φιλ-
τάτη, ζηλοτυπίαις. (5) ἐγὼ δ' οὐ παρὰ μικρὸν
ἡγοῦμαι Μενάνδρου διαμαρτεῖν ἐραστοῦ. ἄλλως τε
κἄν μοι χνισμός τις πρὸς αὐτὸν ἢ διαφορὰ γένηται,
δεήσει με ἐπὶ τῆς σκηνῆς ὑπὸ Χρέμητός τινος ἢ Φει-
δύλου πικρῶς λοιδορεῖσθαι. ἐὰν δ' ἐπανέλθῃ μο-
οἷος ᾤετο, πολλὴν εἴσομαί σοι χάριν ἔρρωσο

λ' Βακχις Ὑπερείδῃ

Πᾶσαί σοι ἴσμεν αἱ ἑταῖραι χάριν καὶ ἑκάστη γε
ἡμῶν οὐχ ἧττον ἢ Φρύνη. ὁ μὲν γὰρ ἀγὼν μόνης
Φρύνης, ὃν ὁ παμπόνηρος Εὐθίας ἐπανείλετο ὁ δὲ
κίνδυνος ἁπασῶν. εἰ γὰρ αἰτοῦσαι παρὰ τῶν ἐραστῶν
ἀργύριον οὐ τυγχάνομεν ἢ τοῖς διδοῦσιν ἐντυγχάνουσαι
ἀσεβείας κριθησόμεθα, πεπαῦσθαι κρεῖττον ἡμῖν τοῦ
βίου τούτου καὶ μηκέτι ἔχειν πράγματα μηδὲ τοῖς
ὁμιλοῦσι παρέχειν. (2) νῦν δ' οὐκέτι τὸ ἑταιρεῖν αἰ-
τιασόμεθα ὅτι πονηρὸς Εὐθίας ἐραστὴς εὑρέθη, ἀλλ'

---

hædulum , nonne par gallinarum , norne reliquas delicias
omnes a me acceperisti⸗ sic me totum , ut in proverbio est ,
subvertisti et servire coegisti (2) Tu vero nullam mei
rationem habes amore flagrantis Sed vale et abi Ego
ægre quidem feram , feram tamen ignominiam

XXVIII Phoibiana Aniceto

Parturiens nuper uxor me ad se accersi iussit
me contuli igitur ad eam assumptis quæ ad artem requi-
runtur Tu vero confestim adstans conabare cervice re-
flexa me osculari Non desines , decrepite et miserrime
senex , tentare nos puellas ætate florentes , quasi aliquis
modo barbam emittere incipiens⸗ (2) Nonne deseruisti la-
bores in agro et segniter agrum tuum curas⸗ nonne culina
focoque quippe iners expulsus es⸗ cur igitur molliter in-
tueris et hiscere audes⸗ Desine , miser Cecrops , et ad te
redi , ne , cum te prehenderim , male tecum agam

XXIX Glycera Bacchidi

Menander noster ad spectandos ludos Isthmios Corin-
thum proficisci decrevit , non id quidem ex mea senten-
tia , scio enim quanta res sit amatore eiusmodi etiam
pauxillum temporis carere , dehortari autem eum non
licebat rarius peregre abire solitum (2) Committamne
eum apud vos versaturum fidei tuæ necne nescio , quippe
abs te amari cupiat , et hoc in me amoris stimulos mo-
vere credo Novit quidem amicitiam quæ inter nos est
(3) Timeo autem , carissima , non tam te (probioribus enim
moribus quam pro isto vitæ genere uteris) quam illum
ipsum Miro modo enim in amorem est proclivis et a
Bacchide ne vel maxime austerus quidem facile abstineat
(4) Illum enim , minus ut te conveniret quam Isthmiorum
causa profectionem hanc suscepisse , mihi persuasum non
est Fortasse me suspicionis argues Verum ignosce
carissima , amatoriæ sollicitudini (5) Ego vero non parvi
faciebam Menandrum amatorem amittere , præsertim cum ,
si mihi simultas aliqua sit cum eo , aut dissidium oriatur ,
in scena ab aliquo Chremete aut Phidylo me acerbissime
conviciatum iri videam Quod si vero talis redierit qualis
abiit , magnam tibi gratiam habebo Vale

XXX Bacchis Hyperidi

Omnes nos meretrices agimus tibi gratias et quidem
unaquæque nostrum non minus quam Phryne Lis qui-
dem solius Phrynes , quam nequissimus Euthias intende-
rat , periculum vero nostrum omnium Si enim petentes
ab amatoribus pecuniam non impetramus , aut coram
nostri facientes dantibus impietatis reæ agemur , desistere
satius est ab hac vita neque amplius negotium habere neque
iis qui nobiscum consuetudinem habent corpus præbere
(2) At nunc non amplius quæstum meretricium incusabi-
mus , quod Euthias improbus amator inventus est , sed

ὅτι ἐπιεικὴς Ὑπερίδης ζηλώσομεν. πολλὰ τοίνυν
ἀγαθὰ γένοιτό σοι. τῆς φιλανθρωπίας (3) καὶ γὰρ
ἑταίραν χρηστὴν σεαυτῷ περισώσω, καὶ ἡμᾶς ἀμει-
ψομένας σε ἀντ' ἐκείνης παρεσκεύασας. εἰ δὲ δὴ καὶ
τὸν λόγον γράψαις τὸν ὑπὲρ τῆς Φρύνης, τότε ἂν ὡς
ἀληθῶς χρυσοῦν αἱ ἑταῖραί σε στήσαιμεν ὅπου ποτὲ
βούλει τῆς Ἑλλάδος.

λα' Βάκχη Φρύνῃ

Οὐ τοσοῦτόν σοι τοῦ κινδύνου συνηχθέσθην, ὦ φίλ-
τάτη, ὅσον ὅτι πονηροῦ μὲν ἀπηλλάγης ἐραστοῦ χρη-
στὸν δὲ εὗρες συνῆσθην· τὴν γὰρ δίκην σοι καὶ πρὸς
εὐτυχίαν γεγονέναι νομίζω. διαβόητον γάρ σε οὐκ ἐν
ταῖς Ἀθήναις μόνον, ἀλλὰ καὶ ἐν τῇ Ἑλλάδι ἁπάσῃ
ὁ ἀγὼν ἐκεῖνος πεποίηκεν. (2) Εὐθίας μὲν οὖν ἱκανὴν
τιμωρίαν δώσει τῆς σῆς ὁμιλίας στερόμενος· ὑπὸ γὰρ
ὀργῆς μοι δοκεῖ κινηθεὶς διὰ τὴν ἔμφυτον ἀμαθίαν
ὑπερβῆραι τὸ μέτρον τῆς ἐρωτικῆς ζηλοτυπίας· καὶ
νῦν ἐκείνου ἐρῶντα μᾶλλον εὖ ἴσθι ἢ Ὑπερείδην (3)
ὁ μὲν γὰρ διὰ τὴν τῆς συνηγορίας χάριν δῆλός ἐστι
σπουδάζεσθαι βουλόμενος καὶ ἐρώμενον ἑαυτὸν ποιῶν,
ὁ δὲ τῷ ἀπο-εύγματι τῆς δίκης παρώξυνται. πρόσ-
δέχου δὴ πάλιν παρ' αὐτοῦ δεήσεις καὶ λιτανείας καὶ
πολὺ χρυσίον. (4) μὴ δὴ καταδιαιτήσης ἡμῶν, ὦ
φιλτάτη, τῶν ἑταίρων, μηδ' Ὑπερείδην κακῶς δόξαι
βεβουλεῦσθαι ποιήσῃς τὰς Εὐθίου ἱκεσίας προσιεμένη,
μηδὲ τοῖς λέγουσί σοι ὅτι, εἰ μὴ τὸν χιτωνίσκον περιρ-
ρηξαμένη τὰ μαστάρια τοῖς δικασταῖς ἐπέδειξας, οὐδὲν
ἂν ὁ ῥήτωρ ὠφέλει, πείθου. καὶ γὰρ αὐτὸ τοῦτο
ἵνα ἐν καιρῷ γένηταί σοι ἡ ἐκείνου παρέσχε συνη-
γορία.

λβ' Βάκχη Μυρρίνῃ

Μὴ δὴ κρείττονος εἴη σοι τυχεῖν ἐραστοῦ, δέσποινα
Ἀφροδίτη, ἀλλ' Εὐθίας σοι ὃν νῦν περιέπεις συγκατα-
βιώη τάλαινα γυνὴ τῆς ἀνοίας, ἥτις τῷ τοιούτῳ
θηρίῳ προσεφλέγχθης (2) πλὴν ἴσως τῷ κάλλει πε-
πίστευκας Μυρρίνη· γὰρ στέρξει δῆλον ὅτι Φρύνην
Ὑπερίδου· ἀλλ' ἔοικας κνίσαι τὸν Ὑπερίδην βεβου-
λῆσθαι ὡς ἔλαττόν σοι νῦν προσέχοντα· κἀκεῖνος
ἑταίραν ἔχει ἀξίαν ἑαυτοῦ καὶ σὺ ἐραστήν σοι πρέ-
ποντα. (3) αἴτησόν τι παρ' αὐτοῦ, καὶ ὄψει σεαυτὴν
ἢ τὰ νεώρια ἐμπεπρηκυῖαν ἢ τοὺς νόμους καταλύου-
σαν. ἴσθι γοῦν ὅτι παρὰ πάσαις ἡμῖν ταῖς τὴν
φιλανθρωποτέραν Ἀφροδίτην προτιμώσαις μεμίσησαι.

λγ' Θαΐς Θεσσάλῃ

Οὐκ ἄν ποτ' ᾠήθην ἐκ τοσαύτης συνηθείας ἔσε-
σθαί μοί τινα πρὸς Ζευξίππην διαφοράν· καὶ τὰ
μὲν ἄλλα ἐν οἷς αὐτῇ χρησίμη γέγονα ὑπὸ τὸν ἀπὸ
τῆς Σάμου κατάπλουν, οὐκ ὀνειδίζω· ἀλλὰ Παμφίλου
(γινώσκεις τοῦτο καὶ σὺ ὅσον) ἡμῖν διδόντος ἀργύριον,
ὅτι ταύτῃ ποτὲ ἐντυγχάνειν ἐδόκει, τὸ μειράκιον οὐ
προσείμην (2) ἡ δὲ καλῶς ἡμᾶς ἀντὶ τούτων

---

quoniam Hyperides æquus et iustus, eo magis probabimus
et sectabimur. Multa itaque tibi eveniant bona propter
istam humanitatem. (3) Nam et amicam bonam tibi ipsi
incolumem servasti et ad gratiam referendam illius no-
mine nos paratas reddidisti. Quodsi etiam orationem,
quam pro Phryne habuisti, litteris consignares, tum tibi
revera nos meretrices auream statuam erigeremus, ubi-
cumque volueris in Græcia.

XXXI. Bacchis Phrynæ.

Non tantopere propter illud periculum tuum dolui, ca-
rissima, quantopere quod a malo amatore liberata es et
Hyperidem bonum invenisti lætata sum. Nam iudicium
illud adeo in felicitatem tuam cessisse arbitror. Celebrem
enim te non Athenis solum, verum etiam in tota Græcia
lis illa fecit. (2) Et Euthias quidem satis poenarum
dabit quod tua consuetudine privatur. Nam is mihi vi-
detur ira commotus propter insitam stoliditatem excessisse
modum amatoriæ suspicionis. Et nunc illum majore
amore flagrare quam Hyperidem omnino persuasum tibi
esto. (3) Hic enim quod tuam causam egit, gratiam tuam
videtur postulare et instar deliciarum se gerere, ille autem,
quod causa cecidit, irritatus est. Exspecta igitur ab eo
rursus preces et supplicationes et magnam vim auri. Ne
vero prævariceris nostræ meretricum causæ, carissima.
(4) Neve Euthiæ precibus admissis facias, ut Hyperides
male nobis consuluisse videatur, neve crede iis qui tibi
dicunt, si non tunica discissa mammillas ostendisses iu-
dicibus, nihil oratorem profuturum fuisse. Etenim hoc
ipsum, ut opportune abs te fieret, eius defensione ac
patrocinio factum est.

XXXII. Bacchis Myrrhinæ.

Ne tibi melior unquam amator contingat, proh domina
Venus, sed Euthias, quem nunc foves, tecum vivat
Infelicem ob amentiam mulierem! quæ tuo malo tali
bestiæ te applicueris, confisa scilicet pulchritudini. (2) Nu-
mirum Myrrhinam amabit, Phryne neglecta. Sed vi-
deris Hyperidem pungere voluisse, quod minus tui nunc
rationem habeat. Et ille amicam habet se dignam et tu
amatorem tibi convenientem. (3) Pete aliquid ab eo, et
videbis te aut navalia incendisse aut leges sustulisse.
Scito igitur te omnibus nobis, quæ humaniorem Venerem
colimus, odio esse.

XXXIII. Thais Thessalæ.

Haud unquam putassem fore ut post tantam familiari-
tatem nasceretur mihi aliquod cum Zeuxippe dissidium.
Ac cætera quidem, in quibus ei utilis fui sub ejus e Samo
navigationem, non objicio. Sed cum Pamphilus pecuniam,
scis tu quoque quantam, mihi offerret, adolescentem,
quod cum hac aliquando rem habere videretur, non ad-
misi. (2) Egregie vero nobis gratiam pro his illa rependit

ἠμείψατο τῇ κάκιστ' ἀπολουμένῃ Μεγάρᾳ χαρίζεσθαι
θέλουσα πρὸς ἐκείνην δ' ἦν τις παλαιά μοι διὰ
Στράτωνα ὑπόνοια. ἀλλὰ ταύτην μὲν οὐδὲν ὥμην
ποιεῖν παράλογον κακῶς λέγουσάν με ἅλῳα δ' ἦν,
κἀπὶ τὴν παννυχίδα πᾶσαι, ὥσπερ ἦν εἰκός, παρῆμεν
(3) ἐθαύμαζον δὲ τῆς Ζευξίππης τὴν ἀγερωχίαν τὸ
μὲν γὰρ πρῶτον κιχλίζουσα μετ' ἐκείνης καὶ μωκω-
μένη τὴν δυσμένειαν ἐνεδείκνυτο, εἶτα φανερῶς ποιή-
ματα ᾖδεν εἰς τὸν οὐκέθ' ἡμῖν προσέχοντα ἐραστήν.
(4) κἀπὶ τούτοις μὲν ἧττον ἤλγουν ἀπαναισχυντήσασα
δὲ εἰς τὸ φῦκός με καὶ τὸν παιδέρωτα ἔσκωπτεν
ἐδόκει δέ μοι πάνυ κακῶς πράττειν ὡς μηδὲ κάτοπ-
τρον κεκτῆσθαι· εἰ γὰρ εἶδεν ἑαυτὴν χρῶμα σανδα-
ράχης ἔχουσαν, οὐκ ἂν ἡμᾶς εἰς ἀμορφίαν ἐβλασφήμει.
(5) ἐμοὶ μὲν οὖν βραχὺ μέλει περὶ τούτων ἀρέσκειν
γὰρ ταῖς ἐρασταῖς, οὐχὶ Μεγάρᾳ καὶ Ζευξίππῃ βούλο-
μαι ταῖς πιθήκοις δεδήλωκα δέ σοι ἵνα μή μέ τι
μέμψῃ, ἀμυνοῦμαι γὰρ αὐτὰς οὐ σκώμμασιν οὐδὲ
βλασφημίαις, ἀλλ' οἷς μάλιστα ἀνιάσονται. προσκυνῶ
δὲ τὴν Νέμεσιν.

λδ' Θαῒς Εὐθυδήμῳ

Ἐξ οὗ φιλοσοφεῖν ἐπενόησας, σεμνός τις ἐγένου καὶ
τὰς ὀφρῦς ὑπὲρ τοὺς κροτάφους ἐπῆρες εἶτα σχῆμα
ἔχων καὶ βιβλίδιον μετὰ χεῖρας εἰς τὴν Ἀκαδήμειαν
σοβεῖς, τὴν δὲ ἡμετέραν οἰκίαν ὡς οὐδὲ ἰδὼν πρότερον
παρέρχῃ. (2) ἐμάνης, Εὐθύδημε ἢ οὐκ οἶσθα οἷός
ἐστιν ὁ σοφιστὴς οὗτος ὁ ἐσκυθρωπακὼς καὶ τοὺς θαυ-
μαστοὺς τούτους διεξιὼν πρὸς ὑμᾶς λόγους ἀλλ'
ἐμοὶ μὲν πράγματα πόσος ἐστὶν οἴει χρόνος ἐξ οὗ
παρέχει βουλόμενος ἐντυχεῖν; προσφθείρεται δὲ Ἑρ-
πυλλίδι τῇ Μεγάρας ἄβρᾳ (3) τότε μὲν οὖν αὐτὸν
οὐ προσείμην, σὲ γὰρ περιβάλλουσα κοιμᾶσθαι μᾶλλον
ἐβουλόμην ἢ τὰ παρὰ πάντων τῶν σοφιστῶν χρυσία
ἐπεὶ δέ σε ἀποτρέπειν ἔοικε τῆς μεθ' ἡμῶν συνηθείας,
ὑποδέξομαι αὐτὸν καὶ, εἰ βούλει, τὸν διδάσκαλον
τουτονὶ τὸν μισογύναιον ἐπιδείξω σοι νυκτὸς οὐκ ἀρ-
κούμενον ταῖς συνήθεσιν ἡδοναῖς (4) λῆρος ταῦτά
ἐστι καὶ τῦφος καὶ ἐργολάβεια μειρακίων, ὦ ἀνόητε
οἴει δὲ διαφέρειν ἑταίρας σοφιστήν; τοσοῦτον ἴσως
ὅσον διὰ τῶν αὐτῶν ἑκάτεροι πείθουσιν, ἐπεὶ ἕν γε
ἀμφοτέροις τέλος πρόκειται τὸ λαβεῖν. πόσῳ δὴ
ἀμείνους ἡμεῖς καὶ εὐσεβέστεραι οὐ λέγομεν θεοὺς
οὐκ εἶναι, ἀλλὰ πιστεύομεν ὀμνύουσι τοῖς ἐρασταῖς
ὅτι φιλοῦσιν ἡμᾶς (5) οὐδ' ἀξιοῦμεν ἀδελφαῖς καὶ μη-
τράσι μίγνυσθαι τοὺς ἄνδρας, ἀλλ' οὐδὲ γυναιξὶν ἀλ-
λοτρίαις. εἰ μὴ ὅτι τὰς νεφέλας ὁπόθεν εἰσὶ καὶ τὰς
ἀτόμους ὁποῖαι ἀγνοοῦμεν, διὰ τοῦτο ἥττους δοκοῦμέν
σοι τῶν σοφιστῶν. (6) καὶ αὐτὴ παρὰ τούτοις ἐσχό-
λακα καὶ πολλοῖς διείλεγμαι οὐδὲ εἷς ἑταίρᾳ ὁμιλῶν
τυραννίδας ὀνειροπολεῖ καὶ στασιάζει τὰ κοινά, ἀλλὰ
στάσας τὸν ἑωθινὸν καὶ μεθυσθεὶς εἰς ὥραν τρίτην ἢ
τετάρτην ἠρεμεῖ (7) παιδεύομεν δὲ οὐ χεῖρον ἡμεῖς
τοὺς νέους. ἐπεὶ σύγκρινον, εἰ βούλει, Ἀσπασίαν

perditissimæ illi Megaræ gratificari cupiens In illam
autem habebam veterem quandam propter Stratonem
suspicionem Hanc igitur nihil arbitrabar facere præter
opinionem, si mihi malediceret Haloa erant, et ad per-
vigilium omnes, ut par erat, aderamus (3) Mirabar
autem Zeuxippen, primum enim illa submisse cachinnans
et subsannans animum infensum declarabat, deinde palam
versiculos cecinit in illum, qui nobis non amplius addi-
ctus esset, amatorem (4) Et ex eo quidem minus doloris
cepi, impudentiæ vero eo progressa est, ut in lucum me
et pæderotem dicterus incesseret Videbatur mihi autem
in re tenuissima esse, ut ne speculum quidem posside-
ret, si enim videret se colorem sandarachæ habere, haud
nobis ob deformitatem conviciaretur (5) Equidem parum
hæc curo, placere enim amatoribus, non Megaræ et
Zeuxippæ, simus illis, volo Indicavi tibi, ne me in po-
sterum vituperares Ulciscar enim eas non cavillationibus
neque conviciis, sed iis rebus quibus maxime torquebun-
tur Adoro autem Nemesin

XXXIV Thais Euthydemo

Ex quo philosophari in animum induxisti, superbus fa-
ctus es et supercilia supra tempora attollis Deinde phi-
losophi habitu librumque in manibus tenens insolenter
procedis in Academiam, nostram vero domum quasi nun-
quam antea vidisses præteris (2) Insanis, Euthydeme,
aut nescis cuiusmodi sit sophista iste supercilioseus, qui
mirificas istas disputationes vobis enarrat Sed mihi ne-
gotium, quamdudum putas esse, cum facessit, cupiens
mei copiam impetrare Deperit autem Herpyllidem Me-
garæ ancillam (3) Illo tempore quidem eum non admisi,
etenim in tuo complexu dormire pluris faciebam quam
omne sophistarum aurum. Quoniam vero te avertere
videtur a nostra consuetudine, eum recipiam, et, si vis,
magistrum huncce mulierum osorem faxo ut videas non
esse noctu contentum consuetis voluptatibus (4) Nugæ
sunt ista et fastus et mercedis ab adolescentibus emun-
ctio, o demens Putasne vero differre a meretrice so-
phistam? eatenus fortasse, quatenus non eadem ratione
persuadere conantur, nam unus idemque utrisque finis
propositus est, lucrum Quanto vero meliores nos magis-
que religiosæ non negamus esse deos, sed credimus jure
jurando affirmantibus amatoribus, se nos amare (5) Nec
æquum censemus, si cum sororibus et matribus rem ha-
bent viri, sed ne cum alienis quidem uxoribus Nisi forte,
quia nubes unde exsistant et atomi quales sint ignoramus,
ob eam causam sophistis deterius tibi videmur (6) Et in
his vacavi et cum multis disserui Nemo cum meretri-
cibus consuetudinem habens tyrannidem somniat et sedi-
tionibus rempublicam turbat, sed matutino potu hausto
inebriatus in tertiam aut quartam horam quiescit (7) In-
stituimus autem nos non deterius adolescentes Etenim

τὴν ἑταίραν καὶ Σωκράτην τὸν σοφιστήν, καὶ πότερος
ἀμείνους αὐτῶν ἐπαίδευσεν ἄνδρας λόγισαι· τῆς μὲν
γὰρ ὅρεις μαθητὴν Περικλέα, τοῦ δὲ Κριτίαν (8) κα-
τάβαλε τὴν μωρίαν ταύτην καὶ ἀηδίαν, ὁ ἐμὸς ἔρως
Εὐθύδημε (οὗ πρέπει σκυθρωπὸς εἶναι τοιούτοις ὄμ-
μασι), καὶ πρὸς τὴν ἐρωμένην ἧκε τὴν σαυτοῦ οἷος
ἐπανελθὼν ἀπὸ Λυκείου πολλάκις . τὸν ἱδρῶτα ἀπο-
ψώμενος, ἵνα μικρὰ κραιπαλήσαντες ἐπιδειξώμεθα
ἀλλήλοις τὸ καλόν, τέλος τῆς ἡδονῆς καὶ σοὶ νῦν
μάλιστα φανοῦμαι σοφή, οὐ μακρὸν δίδωσιν ὁ δαίμων
χρόνον τοῦ ζῆν μὴ λάθῃς τοῦτον εἰς αἰνίγματα καὶ
λήρους ἀναλώσας. ἔρρωσο.

ιε΄ Σιμαλίων Πεταλη

Εἰ μὲν ἡδονήν σοί τινα φέρει ἢ φιλοτιμίαν πρός
τινας τῶν διαλεγομένων τὸ πολλάκις ἡμᾶς ἐπὶ τὰς
θύρας φοιτᾶν καὶ τοῖς πεμπομένοις πρὸς τοὺς εὐ-
τυχεστέρους ἡμῶν θεραπαινιδίοις ἀποδύρεσθαι, οὐκ
ἀλόγως ἡμῖν ἐντρυφᾷς. ἴσθι μέντοι (καίτοι ποιῶν
οἶδα πρᾶγμα ἀσύμφορον ἐμαυτῷ) οὕτω με διακείμενον
ὡς ὀλίγοι τῶν ἐντυγχανόντων σοι νῦν ἀμελήθέντες ἂν
διατεθεῖεν. (2) καίτοι γε ᾤμην τὸν ἄκρατον ἔσεσθαί
μοι παρηγόρημα, ὃν παρ' Εὐφρονίῳ τρίτην ἑσπέραν
πολύν τινα ἐνεφορήθην, ὡς δὴ τὰς πικρὰ τὴν νύκτα
φροντίδας διωσόμενος τὸ δὲ ἄρα ἐναντίως εἶχεν
ἀνερρίπιζε γάρ μου τὴν ἐπιθυμίαν ὥστε κλάοντά με
καὶ βρυχώμενον ἐλεεῖσθαι μὲν παρὰ τοῖς ἐπιεικεστέ-
ροις, γέλωτα δὲ τοῖς ἄλλοις παρέχειν (3) μικρὰ δ'
ἔπεστί μοι παραψυχὴ καὶ μαρκινόμενος ἤδη, παρα-
μύθιον, ὃ μοι ὑπὸ τὴν λυγρὰν ἐν τῷ συμποσίῳ
μέμψιν προσερρίψας ἀπ' αὐτῶν περιπάσασα τῶν
πλοκάμων, ὡς δὴ πᾶσι τοῖς ὑφ' ἡμῶν πεμφθεῖσιν
ἀχθομένη εἰ δή σοι ταῦτα ἡδονὴν φέρει, ἀπόλαυε
τῆς ἡμετέρας μεριμνης, κἂν ᾖ σοι φίλον διηγοῦ τοῖς
νῦν μὲν μακαριωτέροις ἡμῶν, οὐκ εἰς μακρὸν δέ,
ἄνπερ ὡς ἡμεῖς ἔχωσιν, ἀνιασομένοις (4) εὔχου
μέντοι μηδέν σοι νεμεσῆσαι ταύτης τῆς ὑπεροψίας τὴν
Ἀφροδίτην ἕτερος ἂν λοιδορούμενος ἔγραφε καὶ
ἀπειλῶν, ἀλλ' ἐγὼ δεόμενος καὶ ἀντιβολῶν ἐρῶ γάρ,
ὦ Πετάλη, κακῶς. φοβοῦμαι δὲ μὴ κάκιον ἔχων
μιμήσωμαί τινα τῶν περὶ τὰς ἐρωτικὰς τέρψεις ἀτυ-
χεστέρων

ις΄ Πετάλη Σιμαλίωνι

Ἐβουλόμην μὲν ὑπὸ δακρύων οἰκίαν ἑταίρας τρέ-
φεσθαι λαμπρῶς γὰρ ἂν ἔπραττον, ἀφθόνων τούτων
ἀπολαύουσα παρὰ σοῦ νῦν δὲ δεῖ χρυσίου ἡμῖν, ἱμα-
τίων, κόσμου, θεραπαινιδίων. ἡ τοῦ βίου διοίκη-
σις ἅπασα ἐντεῦθεν (2) οὐκ ἔστιν ἐν Μυρρινοῦντι
πατρῷον ἐμοὶ κτημάτων, οὐδ' ἐν τοῖς ἀργυρείοις ἐμοὶ
μέταλλον, ἀλλὰ μισθωμάτια καὶ αἱ δυστυχεῖς αὗται
καὶ κατεστεναγμέναι τῶν ἀνοήτων ἐραστῶν χάριτες.
σοὶ δὲ ἐνιαυτὸν ἐντυγχάνουσα ἀσθμαίνω, καὶ αὐχμηρὰν
μὲν ἔχω τὴν κεφαλὴν μηδὲ ἑόρακα τὸν χρόνον τοῦτον

---

compara, si vis, meretricem Aspasiam et Socratem illum
sophistam, et uter melius docuerit viros considera, Il-
lius enim videns discipulum Periclem, hujus Critiam.
(8) Pone istam stultitiam et insuavitatem, deliciæ meæ o
Euthydeme (non decet tristis et tetricus adspectus tales
oculos) et ad amicam veni tuam, qualis a Lyceo reversus
sæpe sudorem abstergens, ut cum ad modicam crapulam
biberimus ostendamus nobis mutuo pulchrum illum finem
voluptatis Et tibi nunc equidem quam maxime videbor
sapiens Non longum dat Deus tempus vivendi, ne igitur
illud imprudens in ænigmata et nugas impendas Vale

XXXV Simalion Petalæ

Si voluptatem tibi aliquam adferre aut honorem apud
nonnullos qui rem tecum habent existimas, quod fre-
quenter ad fores tuas accedimus et coram ancillulis, quæ
ad feliciores quam nos sumus mittuntur, conquerimur,
non immerito nobis insultas Scito tamen, quanquam
non sum nescius me rem mihi inutilem facere, sic me
affectum esse, ut pauci eorum qui nunc tecum rem ha-
bent affecti essent, si abs te spernerentur (2) Putabam
equidem merum illud mihi solatio fore, quod apud Eu-
phronium tertio abhinc vespere largum satis hauseram,
quippe nocturnas curas propulsaturus, id vero longe secus
accidit Denuo enim excitavit libidinem meam, ita ut la-
crymans eiulansque æquioribus quidem commiserationem,
reliquis autem risum moverem (3) Exiguum quoddam
mihi restat lenimen et languescens iam solatium, quod
in me sub triste illud in convivio iurgium coniecisti, ex
ipsis capillis evellens, quasi omnibus a nobis missis
offendaris Si ergo voluptatem tibi hæc afferunt, fruere
nostra sollicitudine et, si tibi volupe est, narra nunc
quidem nobis beatioribus, brevi autem, cum ipsis ut
nobis res acciderit, doliuris (4) Precare tamen, ne quid
ob hanc superbiam Venus tibi succenseat Alius fortasse
litteras probrorum et minarum plenas ad te dedisset,
ego autem precans scripsi et supplicans Amo enim, o
Petala, perdite Vereor autem ne etiam peius affectus
imiter aliquem eorum, qui in amatoriis iurgiis nimis sunt
infelices

XXXVI Petala Simalioni

Vellem equidem lacrymis ali meretricis domum Splen-
dide enim viverem, cum abunde eas abs te perciperem.
Nunc vero opus est auro nobis, vestibus, ornatu, ancillis.
Hinc pendet omnis vitæ ratio (2) Non est mihi Myrrhi-
nunte paterna possessio, nec in argenti fodinis metallum,
sed mercedulæ et infelicia ista ac gemitibus plena stul-
torum amatorum munuscula Tecum vero annum nunc
consuetudinem habens misera utor conditione, caputque
habeo squalidum, ut quæ viderim quidem per istud
tempus unguentum vetustis autem et laceratis amiciri

μύρον, τὰ δὲ ἀρχαῖα καὶ τρύχινα περιβαλλομένη τα-
ραντινίδια αἰσχύνομαι τὰς φίλας, οὕτως ἀγαθόν τί
μοι γένοιτο. (3) εἶτα οἴει μέ σοι παρακαθημένην
αὐτόθεν ζήσειν; ἐγὼ δὲ ἂν μή τις ὁ διδοὺς ᾖ, πεινήσω
τὸ καλόν. ἀλλὰ δακρύεις· πεπαύσῃ μετὰ μικρόν.
Θαυμάζω δέ σου καὶ τὰ δάκρυα ὡς ἐστιν ἀπίθανα.
Δέσποινα Ἀφροδίτη, φιλεῖν, ἄνθρωπε, φής, καὶ βούλει
σοι τὴν ἐρωμένην διαλέγεσθαι· ζῆν γὰρ χωρὶς ἐκείνης
μὴ δύνασθαι. (4) τί οὖν; οὐ ποτήρια ἐστιν ἐπὶ τῆς
οἰκίας ὑμῖν; . . . . μὴ χρυσία τῆς μητρός, μὴ δάνεια
τοῦ πατρὸς κομιζόμενος; μακαρία Φιλωτὶς· εὐμενε-
στέροις ὄμμασιν εἶδον ἐκείνην αἱ Χάριτες. οἵον ἐραστὴν
ἔχει Μενεκλείδην, ὃς καθ' ἡμέραν δίδωσί τι. ἄμεινον
γὰρ ἢ κλάειν. (5) ἐγὼ δὲ ἡ τάλαινα θρηνῳδόν, οὐκ
ἐραστὴν ἔχω· στεφάνιά μοι καὶ ῥόδα ὥσπερ ἀώρῳ
τάφῳ πέμπει καὶ κλάειν δι' ὅλης φησὶ τῆς νυκτός.
ἐὰν φέρῃς τι, ἧκε μὴ κλάων. εἰ δὲ μή, σεαυτὸν οὐχ
ἡμᾶς ἀνιάσεις.

λζ'. Μυρρίνη Νικίππῃ.

Οὐ προσέχει μοι τὸν νοῦν ὁ Δίφιλος, ἀλλ' ἅπας
ἐπὶ τὴν ἀκάθαρτον Θετταλὴν νένευκε. καὶ μέχρι
μὲν τῶν Ἀδωνίων καὶ ἐπίκωμός ποτε πρὸς ἡμᾶς καὶ
κοιμησόμενος ἐφοίτα, ἤδη μέντοι ὡς ἂν τις ἀκκιζόμενος
καὶ ἐρώμενον ἑαυτὸν ποιῶν καὶ τά γε πλεῖστα ὑπὸ
τοῦ Ἕλικος, ὁπότε μεθυσθείη, ὁδηγούμενος· ἐκεῖνος
γὰρ τῆς Ἑρπυλλίδος ἐρῶν τὴν παρ' ἐμὶν ἀγαπᾷ
σχολήν· (2) νῦν μέντοι δῆλός ἐστι μηδ' ὅλως ἡμῖν ἐν-
τευξόμενος· τέτταρας γὰρ ἑξῆς ἡμέρας ἐν τῷ Λύσιδος
κήπῳ μετὰ Θετταλῆς καὶ τοῦ κάκιστ' ἀπολουμένου
Στρογγυλίωνος, ὃς ταύτην αὐτῷ προυμνηστεύσατο τὴν
ἐρωμένην ἐμοί τι προσκρούσας, κραιπαλᾷ. γραμμα-
τίδια μὲν οὖν καὶ θεραπαινίδων διαδρομαὶ καὶ ὅσα
τοιαῦτα μάτην διήνυσται, καὶ οὐδὲν ἐξ αὐτῶν ὄφελος,
δοκεῖ δέ μοι μᾶλλον ὑπὸ τούτων τετυφῶσθαι καὶ ὑπερ-
εντρυφᾶν ἐμῖν. (3) λοιπὸν οὖν ἀποκλείειν, κἂν
ἔλθῃ ποτὲ πρὸς ἡμᾶς κοιμησόμενος, ἐὰν δὲ κνίσαι ποτὲ
ἐκείνην βουληθῇ, διώσασθαι· εἴωθε γὰρ ἡ βαρύτης
τῷ ἀμελεῖσθαι καταβάλλεσθαι. εἰ δὲ μηδ' οὕτως
ἀνίωμεν, θερμοτέρου τινὸς ἡμῖν ὥσπερ τοῖς σφόδρα
κάμνουσι φαρμάκου δεῖ. δεινὸν γὰρ τοῦτο μόνον
εἰ τῶν παρ' αὐτοῦ μισθωμάτων στερησόμεθα, ἀλλ' εἰ
Θετταλῇ γέλωτα παρέξομεν. (4) ἔστι σοι πειραθέν,
ὡς φής, πολλάκις ἐφ' ἡλικίας φίλτρον. τοιούτου
τινὸς βοηθήματος δεόμεθα, ὃ τὸν πολὺν αὐτοῦ τῦφον,
ἀλλ' οὖν καὶ τὴν κραιπάλην ἐκκορήσει. ἐπικηρυ-
κευσόμεθα δὴ αὐτῷ καὶ δακρύσομεν πιθανῶς, καὶ τὴν
Νέμεσιν δεῖν αὐτὸν ὁρᾶν εἰ οὕτως με περιόψεται ἐρῶσαν
αὐτοῦ, καὶ τοιαῦτα ἄλλα ἐροῦμεν καὶ πλασόμεθα.
(5) ἥξει γὰρ ὡς ἐλεῶν δήπου με κεκμηκέναι ἐπ' αὐτῷ·
μεμνῆσθαι γὰρ τοῦ παρελθόντος χρόνου καὶ τῆς συνη-
θείας ἔχειν καλῶς ἐρεῖ, φυσῶν ἑαυτὸν ὁ λάσταυρος.
συλλήψεται δὲ ἡμῖν καὶ ὁ Ἕλιξ· ἐπ' ἐκεῖνον γὰρ ἡ

Tarentinis vestibus apud amicas pudet, ita mihi boni
aliquid eveniat! (3) et tu putas me tibi assidentem sine ullo
alio subsidio victum habituram? At vero lacrymaris?
brevi desines. Miror vero et lacrymas tuas quæ non per-
suadeant. Ego autem nisi sit qui det, esuriam egregie.
Proh domina Venus! amas, homo, amas, et vis amicam
tibi copiam sui facere, vivere enim sine illa te non posse.
(4) Quid? nonne pocula sunt vobis domi? nonne aurum
matris, nonne * * * fœnus patris allaturum? Beata Phi-
lotis est; placidioribus oculis eam adspexerunt Gratiæ.
Qualem amatorem habet Meneclidem, qui quotidie dat
aliquid! melius enim quam flere. (5) Ego vero misera
lamentatorem non amatorem habeo; corollas mihi et rosas
tanquam præmature mortui sepulcro mittit et flere se
per totam noctem ait. Si quid affers, veni sine lacrymis;
sin minus, te ipsum non me cruciabis.

XXXVII. Myrrhina Nicippæ.

Non habet mei rationem Diphilus, sed totus ad impu-
ram illam Thessalam propendet. Equidem usque ad Adonia
etiam comissabundus ad nos ac dormiturus veniebat; jam
tum tamen quasi fastidiosior et magis amari se cupiens
ac plerumque ab Helice, cum ebrius esset, manu ductus
(ille enim Herpyllidem amans apud nos morari solet);
(2) jam vero non amplius nostra consuetudine eum usu-
rum, manifestum est. Quatuor enim deinceps dies in
Lysidis horto cum Thessala et perditissimo illo Strongy-
lione, qui hanc ei conciliavit amicam mihi nonnihil of-
fensus, comissatur. Litteræ quidem et famularum dis-
cursationes et alia ejusmodi frustra fuerunt et null s
inde fructus, immo videtur mihi ex istis magis inflatus
esse ac nobis illudere. (3) Reliquum est igitur ut eum
excludamus, atque si quando ad nos venerit cubituras,
ubi illi velit ægre facere, repellamus. Solet enim fastus
contemtu frangi. Quodsi ne sic quidem aliquid effece-
rimus, vehementiore quodam nobis, ut illis qui valde
ægrotant, opus est remedio. Etenim non illud solum grave
et intolerabile est, si mercede quæ ab eo proficiscitur
privabimur, verum si Thessalæ ridendi materiam præbe-
bimus. (4) Est tibi probatum, ut ais, persæpe in ado-
lescentia philtrum. Ejusmodi quodam indigemus auxilio,
quod nimium ejus fastum atque etiam temulentiam
expurget. Paciscemur itaque cum eo et lacrymabimus
ad fidem faciendam, atque oportere eum Nemesin respi-
cere, si me, sic amantem, negligat, aliaque id genus di-
cemus atque fingemus. (5) Veniet nimirum quasi mise-
rans me amore ipsius ardentem; meminisse enim præteriti
temporis et consuetudinis æquum esse dicet, inflans se
ipsum impurus. Adjuvabit nos etiam Helix; ad illum enim

Ἑρπυλλὶς ἀπολύσεται. ἀλλ' ἀμφιβάλλειν εἰώθε τὰ
φίλτρα καὶ ἀποσκήπτειν εἰς ὄλεθρον. βραχύ μοι μέλει·
δεῖ γὰρ αὐτὸν ἢ ἐμοὶ ζῆν ἢ τεθνάναι Θετταλῇ.

λη'. Μενεκλείδης· Εὐθυκλεῖ.

Οἴχεται Βακχὶς ἡ καλή, Εὐθύκλεις φίλτατε, οἴ-
χεται, πολλά τέ μοι καταλιποῦσα δάκρυα καὶ ἔρωτος
ὅσον ἡδίστου τότε, τοσοῦτον πικροῦ νῦν μνήμην. οὐ
γὰρ ἐκλήσομαί ποτε Βακχίδος, οὐχ οὗτος ἔσται ὁ
χρόνος. (2) ὅσην συμπάθειαν ἐνεδείξατο. ἀπολο-
γίαν ἐκείνην καλῶν οὐκ ἄν τις ἁμάρτοι τοῦ τῶν ἑται-
ρῶν βίου. καὶ εἰ συνελθοῦσαι ἅπασαι πανταχόθεν
εἰκόνα τινὰ αὐτῆς ἐν Ἀφροδίτης ἢ Χαρίτων θεῖεν,
δεξιὸν ἄν τί μοι ποιῆσαι δοκοῦσιν. (3) τὸ γὰρ θρυ-
λούμενον ὑπὸ πάντων, ὡς πονηραί, ὡς ἄπιστοι, ὡς
πρὸς τὸ λυσιτελὲς βλέπουσαι μόνον, ὡς ἀεὶ τοῦ δι-
δόντος, ὡς τίνος γὰρ οὐκ αἴτιαι κακοῦ τοῖς ἐντυγχά-
νουσι, διαβολὴν ἐπέδειξεν ἐφ' ἑαυτῆς ἄδικον· οὕτω
πρὸς τὴν κοινὴν βλασφημίαν τῷ ἤθει παρετάξατο.
(4) οἶσθα τὸν Μήδειον ἐκεῖνον τὸν ἀπὸ τῆς Συρίας
δευρὶ κατάραντα μεθ' ὅσης θεραπείας καὶ παρασκευῆς
ἐσόβει, εὐνούχους ὑπισχνούμενος καὶ θεραπαίνας καὶ
κόσμον τινὰ βαρβαρικόν· καὶ ὅμως ἥκοντα αὐτὸν οὐ
προσίετο, ἀλλ' ὑπὸ τοὐμὸν ἠγάπα κοιμωμένη χλανί-
διον τὸ λιτὸν τοῦτο καὶ δημοτικόν, καὶ τοῖς παρ' ἡμῶν
γλίσχρως αὐτῇ πεμπομένοις ἐπανέχουσα τὰς σατρα-
πικὰς ἐκείνας καὶ πολυχρύσους δωρεὰς διεωθεῖτο. (5) τί
δέ; τὸν Αἰγύπτιον ἔμπορον ὡς ἀπεσκοράκισεν ὅσον
ἀργύριον προτείνοντα. οὐδὲν ἐκείνης ἄμεινον εὖ οἶδ'
ὅτι γένοιτ' ἄν. ὡς χρηστὸν ἦθος οὐκ εἰς εὐδαίμονα
βίου προχέρεσιν δαίμων τις ὑπήνεγκεν. εἶτ' οἴχεται
ἡμᾶς ἀπολιποῦσα καὶ κείσεται λοιπὸν μόνη ἡ Βακχίς.
ὡς ἄδικον, ὦ φίλαι Μοῖραι· ἔδει γὰρ αὐτῇ συγκατα-
κεῖσθαί με καὶ νῦν ὡς τότε. ἀλλ' ἐγὼ μὲν περίειμι
καὶ τροφῆς ψαύσω καὶ διαλέξομαι τοῖς ἑταίροις, ἡ δὲ
οὐκέτι με φαιδροῖς τοῖς ὄμμασιν ὄψεται μειδιῶσα,
οὐδὲ ἵλεως καὶ εὐμενὴς διανυκτερεύσει τοῖς ἡδίστοις
ἐκείνοις κολακεύμασιν. (7) ἀρτίως μὲν οἷον ἐφθέγ-
γετο, οἷον ἔβλεπεν, ὅσαι ταῖς ὁμιλίαις αὐτῆς σειρῆνες
ἐνίδρυντο, ὡς δὲ ἡδύ τι καὶ ἀκήρατον ἀπὸ τῶν φιλη-
μάτων νέκταρ ἔσταζεν· ἐπ' ἄκροις μοι δοκῶ τοῖς χεί-
λεσιν αὐτῆς ἐκάθιζεν ἡ πειθώ. πάντως ἐκείνη γε τὸν
κεστὸν ὑπεζώσατο, ὅλαις ταῖς χερσὶ τὴν Ἀφροδίτην
δεξιωσαμένη. (8) ἔρρει τὰ παρὰ τὰς πόσεις μινυρί-
σματα καὶ ἡ τοῖς ἐλεφαντίνοις δακτύλοις κρουο-
μένη λύρα, ἔρρει. κεῖται δὲ ἡ πάσαις μελουσα Χά-
ρισι κωφὴ λίθος καὶ σποδιά. καὶ Μεγάρα μὲν ἡ
ἱππόπορνος ζῇ, οὕτω Θεαγένην συλήσασα ἀνηλεῶς ὡς
ἐκ πάνυ λαμπρᾶς οὐσίας τὸν ἄθλιον χλαμυδίων ἁρπά-
σαντα καὶ πέλτην οἴχεσθαι στρατευσόμενον· (9) Βακχὶς
δὲ ἡ τὸν ἐραστὴν φιλοῦσα ἀπέθανε. ἐρῶν γέγονα
πρός σε ἀπολοφυράμενος, Εὐθύκλεις φίλτατε. ἡδὺ
γάρ μοί τι δοκεῖ περὶ ἐκείνης καὶ λαλεῖν καὶ γράφειν·
οὐδὲν γὰρ ἢ τὸ μεμνῆσθαι καταλέλειπται. ἔρρωσο.

Herpyllis se accinget. Sed dubia solent esse philtra et
in perniciem cedere. Parum id curo. Oportet enim eum
aut mihi vivere, aut Thessalæ mori.

XXXVIII. Meneclides Euthycli.

Decessit formosa Bacchis, Euthycles carissime, deces-
sit! multasque mihi lacrymas reliquit et amoris quam
dulcissimi tum, tam acerbi nunc, memoriam. Non
enim obliviscar unquam Bacchidis, non veniet illud tem-
pus. (2) Quantam propensionem voluntatis præ se tulit!
apologiam eam si quis vocet vitæ meretricum, non erra-
verit; et si omnes undique convenientes imaginem ejus
in Veneris aut Gratiarum templo collocarent, rem bellam
fecisse mihi viderentur. (3) Nam quod ab omnibus can-
tatur, eas malas esse, infidas, lucrum duntaxat spectantes,
semper danti addictas, et cujus non mali causas eis, qui
rem cum ipsis habeant, id vero calumniam esse injustam
ostendit suo exemplo; ita moribus se suis contra com-
munem maledicentiam munivit. (4) Medum illum nosti
e Syria huc profectum, quanta cum famulorum turba et
apparatu se inferebat! eunuchos pollicens et ancillas et
ornatum barbaricum; et tamen quippe nolens eum non
admittebat: sed contenta erat sub mea læna dormire,
tenui illa et vulgari, et in iis quæ a nobis parce mitte-
bantur acquiescens satrapica illa et aurata dona respuebat.
(5) Quid vero? Ægyptium illum mercatorem ut rejecit,
quantum auri pollicentem! nihil illa melius sat scio natum
est. Bonos mores ad felicis vitæ conditionem non extu-
lisse genium! tamen decessit, nobis relictis, et jacebit in
posterum sola Bacchis! quam iniquum, bonæ Parcæ!
oportebat enim cum illa me nunc etiam jacere, ut tunc.
(6) At ego superstes sum et cibum attingo et cum sodalibus
colloquar; illa vero non amplius me hilaribus, oculis
adspiciet subridens, nec placida, ac clemens noctem trans-
iget in iucundissimis illis blandimentis. (7) Ut modo
loquebatur, ut intuebatur! quot Sirenes in colloquiis
eius inerant! quam vero suave et sincerum ab osculis
nectar stillabat! In summis, ut mihi videtur, labris eius
sedit Suada. Totum illa cestum sibi circumdedit: tota
enim manu Venerem accepit. (8) Evanuerunt illæ inter
potandum cantillationes et illa eburneis digitis pulsata
lyra evanuit. Jacet illa, ab omnibus Gratiis amata; mu-
tus-lapis et cinis. Ac Megara quidem, immane scortum,
vivit, quæ Theagenem ita crudeliter spoliavit, ut ex re
tam splendida miser ille arrepta chlamydula et parma
abierit militatum. (9) Bacchis autem, quæ amatorem
diligebat, mortua est! levatus nonnihil sum apud te la-
mentis effusis, Euthycles carissime. Dulce enim mihi vi-
detur de illa loqui et scribere: nihil enim aliud quam
meminisse reliquum est. Vale.

ιθ' Μι ορα Βαχ/ιδι

Σοὶ μόνη ἐραστὴς γέγονεν, ὃν φιλεῖς οὕτως ὥστε
μηδ' ἀκαρῆ αὐτοῦ διαζευχθῆναι δύνασθαι τῆς ἡδίας, δέσποινα Ἀφροδίτη. κληθεῖσα ὑπὸ Γλυκέρας
ἐπὶ θυσίαν τοσοῦτον χρόνον (ἀπὸ τῶν Διονυσίων γὰρ
ἡμῖν ἐπήγγειλεν) οὐχ ἥκεις, εἰ μὴ δι' ἐκείνης, οὐδὲ
τὰς φίλας ἰδεῖν γυναῖκας ἀνασχομένη, (2) σώφρων
γέγονας σὺ καὶ φιλεῖς τὸν ἐραστήν, μακαρία τῆς εὐφημίας· ἡμεῖς δὲ πόρναι καὶ ἀκόλαστοι ὑπῆρξε
καὶ Φιλωνι συκίνη βακτηρία· ὀργίζομαι γὰρ νὴ τὴν
μεγάλην θεόν. πᾶσαι παρῆμεν, Θετταλη, Μοσχάριον, Θαΐς, Ἀνθράκιον, Πετάλη, Θρυαλλίς, Μυρρίνη,
Χρυσίον, Ζευξίππη· ὅπου καὶ Φιλουμένη, καίτοι γεγαμημένη προσφάτως καὶ ζηλοτυπουμένη, τὸν καλὸν
ἀποκοιμίσασα ἄνδρα ὀψὲ μὲν ὅμως δὲ παρῆν. (3) σὺ
δ' ἡμῖν μόνη τὸν Ἄδωνιν περιέψυχες, μή που καταλειφθέντα αὐτὸν ὑπὸ σοῦ τῆς Ἀφροδίτης ἡ Περσεφόνη
παραλάβῃ οἷον ἡμῶν ἐγένετο τὸ συμπόσιον (τί γὰρ
οὐχ ἄψομαί σου τῆς καρδίας,) ὅσων χαρίτων πλῆρες
ᾠδαὶ σκώμματα πότος εἰς ἀλεκτρυόνων ᾠδάς, μύρα
στέφανοι τραγήματα. ὑπόσκιός τις δάφναις ἦν ἡ
κατάκλισις· ἐν μόνον ἡμῖν ἐνέλειπε, σύ, τὰ δ' ἄλλα
οὔ. (4) πολλάκις ἐκριπαλήσαμεν, οὕτω δὲ ἡδέως
ὀλιγάκις. τὸ γοῦν πλείστην ἡμῖν παρασκευάσαν
τέρψιν, δεινή τις φιλονεικία κατέσχε Θρυαλλίδα καὶ
Μυρρίνην ὑπὲρ τῆς πυγῆς ποτέρα κρείττω καὶ ἁπαλωτέραν ἐπιδείξει καὶ πρώτη Μυρρίνη τὸ ζώνιον λύσασα (βόμβυξ δ' ἦν τὸ χιτώνιον) δι' αὐτοῦ τρέμουσαν
οἷον πιμελὴν ἢ πηκτὸν γάλα τὴν ὀσφὺν ἀνεσάλευσεν,
ὑποβλέπουσα εἰς τοὐπίσω πρὸς τὰ κινήματα τῆς πυγῆς
ἠρέμα δ' οἷον ἐνεργοῦσα ἐρωτικῶς ὑπεστέναξεν, ὥστ'
με νὴ τὴν Ἀφροδίτην καταπλαγῆναι. (5) οὐ μὴν
ἀπεῖπέ γε ἡ Θρυαλλίς, ἀλλὰ τῇ ἀσωλασίᾳ παρηνδοκίμησεν αὐτὴν «οὐ γὰρ διὰ παραπετασμάτων ἐγώ» φησίν
«ἀγωνιοῦμαι οὐδὲ ἀκκιζομένη, ἀλλ' οἷον ἐν γυμνικῷ
καὶ γὰρ οὐ φιλεῖ προφάσεις ἀγών» καὶ ἀποδῦσα τὸ
χιτώνιον καὶ μικρὸν ὑποσιμώσασα τὴν ὀσφὺν «ἰδού,
σκόπει τὸ χρῶμα» φησίν «ὡς ἀκριβινές, Μυρρίνη, ὡς
ἀκήρατον, ὡς καθαρόν· τὰ παραπόρφυρα τῶν ἰσχίων
ταυτί, τὴν ἐπὶ τοὺς μηροὺς ἔγκλισιν, τὸ μήτε ὑπέρογκον
αὐτῆς μήτε ἄσαρκον, τοὺς γελασίνους ἐπ' ἄκρων
ἀλλ' οὐ τρέμει νὴ Δία», ἀλλ' ὑπομειδιῶσα « ὥσπερ
ἡ Μυρρίνης » (6) καὶ τοσοῦτον παλμὸν ἐξειργάσατο τῆς πυγῆς, καὶ ἅπασαν αὐτὴν ὑπὲρ τὴν ὀσφὺν
τῇδε καὶ τῇδε ὥσπερ ῥέουσαν περιεδίνησεν, ὥστε ἀνακροτῆσαι πάσας καὶ τὴν νίκην ἀποργήνασθαι τῆς Θρυαλλίδος. ἐγένοντο δὲ καὶ περιάλλων συγκρίσεις καὶ
περὶ μασταρίων ἀγῶνες. τῇ μὲν γὰρ Φιλουμένης
γαστρὶ ἀντεξετασθῆναι οὐδ' ἡτισοῦν ἐθάρρησεν ἄτοκος
γὰρ ἦν καὶ σφριγῶσα. (7) καταπαννυχίσασαι οὖν
καὶ τοὺς ἐραστὰς κακῶς εἰποῦσαι καὶ ἄλλων ἐπιτυχεῖν
εὐξάμεναι (ἀεὶ γὰρ ἡδίων ὁ πρόσφατος ἀφροδίτη) ᾠχό-

Tibi soli amator contigit, quem ita diligis, ut ne minimum quidem tempus ab eo seiungi possis. Quam iurbane, proh domina Venus! Invitata tam longo tempore
a Glycera in sacrificium (unde a Dionysiis enim nobis
indicavit), non venisti nisi propter illam, cum abs te ne
impetrare quidem potueris ut amicas tuas videres
(2) Casta scilicet es et diligis amatorem Beata ob hanc
laudem! nos vero scorta et protervæ Fuit etiam Philoni
ficulneum baculum Irascor enim per magnam deam
Omnes aderamus, Thessala, Moscharium, Thais, Anthracium, Petala, Thryallis, Myrrhina, Chrysium,
Zeuxippe quin etiam Philumena quamvis recens nupta et
marito suspecta, egregie sopito marito, sero quidem,
aderat tamen. (3) Tu vero nobis sola Adonin fovebas,
forte relictum a te, sua scilicet Venere, Proserpina ad
se traduceret Quale convivium nostrum fuit! (cur enim
cor tuum non pungam?) quot gratiis plenum! cantiones,
dicteria, compotatio usque ad gallorum cantum, unguenta,
coronæ, bellaria Sub umbrosis quibusdam lauris accubuimus Unum nobis solum deerat, tu, præterea nihil
(4) Sæpe comissatæ sumus raro tam suaviter Quod
vero maximam nobis peperit delectationem, gravis quædam contentio erat inter Thryallidem et Myrrhinam de
natibus, utra pulchriores et teneriores ostendere posset
Atque primum Myrrhina soluto cingulo (bombycinum
autem erat ei indusium) per hoc tremulos, tanquam
adipem aut recens coagulatum lac, lumbos agitare cœpit,
respectans retro ad motus clunium Leviter autem veluti
patrans quiddam Venereum nonnihil suspirabat, ut ego,
ita me Venus, obstupuerim (5) Non tamen animum
despondit Thryallis, immo protervitatis gloriam ei præripuit «Non enim», inquit, «ego per vela certabo neque
tergiversando, sed tanquam in gymnico certamine, nullos
enim amat prætextus certamen» exuit indusium et
paululum obliquans lumbos, «En adspice colorem,»
inquit, «quam exactus, o Myrrhina, quam intemeratus, quam purus! purpuram natium hancce vide et commissuram in femoribus, et ipsa neque nimis turgida neque
macilenta gelasinosque in extremitatibus Sed non tremunt profecto ut Myrrhinæ,» inquit simul subridens
(6) Atque tantam vibrationem excitavit natium totasque
supra lumbos huc illuc tanquam fluentes circumagitavit,
ut plausum tolleremus omnes et victoriam Thryallidi adjudicaremus Tuerunt etiam coxarum comparationes
et de mammillis certamina Philumenæ quidem ventri
nulla suum comparare ausa est, nondum enim pepererat
et succulenta erat (7) Cum igitur totam noctem transegissemus et amatoribus male divissemus et ut alios nancisceremur optassemus 'semper enim iucundior recens

μεθα ἔξοινοι, καὶ πολλὰ κατὰ τὴν ὁδὸν κραιπαλήσασαι
ἐπεκωμάσαμεν Δεξιμάχῳ κατὰ τὸν χρυσοῦν στενωπόν,
ὡς ἐπὶ τὴν ἄγνον κατῆμεν, πλησίον τῆς Μενέφρονος
οἰκίας. ἐρᾷ γὰρ αὐτοῦ Θαὶς κακῶς, καὶ νὴ Δία εἰ-
κότως· ἔναγχος γὰρ πλούσιον κεκληρονόμηκε πατέρα
τὸ μειράκιον. (8) νῦν μὲν οὖν συγγνώμην ἔχομέν
σοι τῆς ὑπεροψίας, τοῖς Ἀδωνίοις δὲ ἐν Κολλυτῷ
ἑστιώμεθα παρὰ τῷ Θετταλῆς ἐραστῇ· τὸν γὰρ τῆς
Ἀφροδίτης ἐρώμενον ἡ Θεττάλη στέλλει. ὅπως δ'
ἥξεις φέρουσα κηπίον καὶ κοράλλιον καὶ τὸν σὸν Ἄδωνιν
ὃν νῦν περιψύχεις· μετὰ γὰρ τῶν ἐραστῶν κραιπαλή-
σομεν. ἔρρωσο.

μ'. Φιλουμένη Κρίτωνι.

Τί πολλὰ γράφων ἀνιᾷς σαυτόν; πεντήκοντά μοι
χρυσῶν δεῖ καὶ γραμμάτων οὐ δεῖ. εἰ μὲν οὖν φι-
λεῖς, δός· εἰ δὲ φιλαργυρεῖς, μὴ ἐνόχλει. ἔρρωσο.

B.

α'. Λάμια Δημητρίῳ.

Σὺ ταύτης τῆς παρρησίας αἴτιος, ὃς τοσοῦτος ὢν
βασιλεὺς εἶτα ἐπέτρεψας καὶ ἑταίρᾳ γράφειν σοι, οὐχ
ἡγησάμενος δεινὸν ἐντυγχάνειν τοῖς ἐμοῖς γράμμασιν
ὅλῃ μοι ἐντυγχάνων. ἐγώ, δέσποτα Δημήτριε,
ὅταν μὲν ἔξω σε θεάσωμαι μετὰ τῶν δορυφόρων
καὶ τῶν στρατοπέδων καὶ τῶν πρέσβεων καὶ τῶν
διαδημάτων, νὴ τὴν Ἀφροδίτην, πέφρικα καὶ δέ-
δοικα καὶ ταράττομαι καὶ ἀποστρέφομαι ὡς τὸν ἥλιον,
μὴ ἐπικαῇ τὰ ὄμματα· καὶ τότε μοι ὄντως ὁ πολιορ-
κητὴς εἶναι δοκεῖς Δημήτριος. (2) οἷον δὲ καὶ βλέπεις
τότε, ὡς πικρὸν καὶ πολεμικόν· καὶ ἀπιστῶ ἐμαυτῇ
καὶ λέγω « Λάμια, σὺ μετὰ τοῦδε καθεύδεις; σὺ διὰ
νυκτὸς ὅλης αὐτὸν καταυλεῖς; σοὶ νῦν οὗτος ἐπέσταλκε;
σοὶ Γνάθαιναν τὴν ἑταίραν συγκρίνει; » (3) καὶ ἠλογη-
μένη σιωπῶ καὶ εὔχομαι σε θεάσασθαι παρ' ἐμαυτῇ.
καὶ ὅταν ἔλθῃς, προσκυνῶ σε· καὶ ὅταν περιπλακεῖς
με φιλῇς, πάλιν πρὸς ἐμαυτὴν τἀναντία λέγω « οὗτός
ἐστιν ὁ πολιορκητής, οὗτός ἐστιν ὁ ἐν τοῖς στρατοπέ-
δοις, τοῦτον φοβεῖται ἡ Μακεδονία, τοῦτον ἡ Ἑλλάς,
τοῦτον ἡ Θράκη· νὴ τὴν Ἀφροδίτην, σήμερον αὐτὸν
τοῖς αὐλοῖς ἐκπολιορκήσω καὶ ὄψομαι τί με διαθήσει. »
μεῖνον εἰς τρίτην, παρ' ἐμοὶ γὰρ δειπνήσεις, δέομαι.
τὰ Ἀφροδίσια ποιῶ τὰ κατ' ἔτος, καὶ ἀγῶνα ἔχω
τὰ πρότερα τοῖς ὑστέροις νικᾶν. (4) ὑποδέξομαι
δή σε ἐπαφροδίτως καὶ ὡς ἔνι μάλιστα ἐπιφανῶς·
καὶ γὰρ ἦν μοι περιουσία γεγένηται ὑπὸ σοῦ, μηδὲν
ἀνάξιον τῶν σῶν ἀγαθῶν ἐξ ἐκείνης τῆς ἱερᾶς νυκτὸς
ἔτι πεποιηκυία, καίτοι σοῦ γε ἐπιτρέποντος ὅπως
ἂν βούλωμαι χρῆσθαι τῷ ἐμῷ σώματι· ἀλλὰ κέ-
χρημαι καλῶς καὶ ἀμίκτως πρὸς ἑτέρους. (5) οὐ
ποιήσω τὸ ἑταιρικὸν οὐδὲ ψεύσομαι, δέσποτα, ὡς
ἄλλαι ποιοῦσιν. ἐμοὶ γὰρ ἐξ ἐκείνου, μὰ τὴν Ἀρ-

Venus), discessimus bene potæ. Cum autem multa quæ
fert ebrietas in via perpetrassemus, comissatum ivimus
ad Deximachum in aureo angiporto, quum descenderemus
ad Agnon, prope Menephronis ædes. Amat enim illum
Thais perdite, neque iniuria; nuper enim opulenti patris
bona ad adolescentem hereditate pervenerunt. (8) Nunc
quidem damus tibi veniam superbiæ. Sed festo Ado-
niorum in Collyto epulabimur apud Thessalæ amatorem,
quæ Veneris delicias adornat; fac ergo ut venias tecum
portans hortulum et imagunculam et tuum Adonin quem
nunc foves. Cum amatoribus enim perpotabimus.
Vale.

XL. Philumena Critoni.

Quid multa scribendo crucias te ipsum? quinquaginta
mihi aureis nummis opus est, litteris vero nihil. Si igitur
amas, da; si avarus es, ne sis molestus. Vale.

LIBER II.

I. Lamia Demetrio.

Tu libertatis huius causa es, qui cum tantus rex sis,
tamen meretrici ad te scribendi facultatem concessisti,
neque dedignatus es meas litteras accipere, cum me
totam accipias. Equidem, domine Demetri, quando
foris te video et audio cum satellitibus et exercitibus et
legatis et diadematis, ita mihi Venus propitia sit, horreo
et metuo et perturbor et me averto tanquam a sole ne
adurar oculos: atque tum mihi vere Poliorceta ille esse
videris Demetrius. (2) Ut vero etiam intueris! quam
torvum et bellicum præ te fers vultum, atque ego mihi
ipsi non credo dicoque: Lamia, tu cum isto dormis? tu
tota nocte tibiis huic cantas? tibi nunc iste litteras misit?
tibi Gnathænam meretricem comparat? atque animi dubia
tacco, precans ut apud me te videam. (3) Et cum ve-
neris, te adoro, et cum complexus me oscularis, rursus
ad me ipsam contraria dico: Hiccine est ille expugn-
gnator, hiccine ille in exercitibus, hunc timet Macedonia,
hunc Græcia, hunc Thracia? ita Venus me adiuvet, hunc
vel tibiis hodie expugnabo, ac videbo quid mihi facturus
sit. Mane ad tertium usque, diem, nam apud me cœna-
bis, rogo. Sacra Veneris quæ iam instant facio quo-
tannis, et quasi contendo ut priora posterioribus vincantur.
(4) Excipiam autem te Veneris sacris convenienter et
quam maxime fieri potest splendide, nam copia abs te
suppedita est mihi, quæ nihil adhuc indignum post sa-
cram illam noctem tuis beneficiis feci, te licet concedente
ut quemadmodum vellem uterer meo corpore; sed re-
cte eo usa sum, neque consuetudinem habui cum aliis.
(5) Non faciam quod meretrices solent, neque mentiar,
domine, ut aliæ faciunt. Me enim ex illo tempore, ita

τεων, οὐδὲ προσέπεμψαν ἔτι πολλοὶ οὐδὲ ἐπείρασαν
αἰδούμενοί σου τὰς πολιορκίας· ὀξύς ἐστιν Ἔρως,
ὦ βασιλεῦ, καὶ ἐλθεῖν καὶ ἀποπτῆναι. ἐλπίσας
πτεροῦται, ἀπελπίσας ταχὺ πτερορρυεῖν εἴωθεν
(6) διὸ καὶ μέγα τῶν ἑταιρουσῶν ἐστι σόφισμα, ἀεὶ
τὸ παρὸν τῆς ἀπολαύσεως ὑπερτιθεμένας ταῖς ἐλπίσι
διακρατεῖν τοὺς ἐραστάς· λοιπὸν οὖν ἡμᾶς τὰ μὲν σκώ-
πτειν, τὰ δὲ ᾄδειν, τὰ δὲ αὐλεῖν, τὰ δὲ ὀρχεῖσθαι,
τὰ δὲ μαλακίζεσθαι, τὰ δὲ δειπνοποιεῖν, τὰ δὲ κοσμεῖν
τὸν οἶκον, τὰς ὁπωσοῦν ἄλλως ταχὺ μαραινομένας
μεσολαβούσας χάριτας, ἵνα μᾶλλον ἐξάπτωνται τοῖς
διαστήμασιν ἀτλούστεραι αὐτῶν αἱ ψυχαί, φοβουμένων
μὴ ἄλλο πάλιν γένηται τῆς ἐν τῷ παρόντι τύχης κώ-
λυμα. (7) ταῦτα δὲ πρὸς μὲν ἑτέρους τάχα ἂν ἐδυ-
νάμην, βασιλεῦ, πλάττεσθαι καὶ τεχνιτεύειν· πρὸς δὲ
σέ, ὃς οὕτως ἤδη ἔχεις ἐπ' ἐμοὶ ὡς ἐπιδεικνύναι με
καὶ ἀγάλλεσθαι πρὸς τὰς ἄλλας ἑταίρας ὅτι πασῶν ἐγὼ
πρωτεύω, μὰ τὰς φίλας Μούσας, οὐκ ἂν ὑπομείναιμι
πλάττεσθαι· οὐχ οὕτως εἰμὶ λιθίνη, ὥστε ἀφεῖσα πάντα
καὶ τὴν ψυχὴν ἐμαυτῆς εἰς τὴν σὴν ἀρέσκειαν ὀλίγον
ἡγήσομαι δαπανῆσαι. (8) εὖ οἶδα γὰρ ὅτι οὐ μόνον
ἐν τῇ Θηριππιδίου οἰκίᾳ, ἐν ᾗ μέλλω σοι τὸ τῶν
Ἀφροδισίων εὐτρεπίζειν δεῖπνον, ἔσται διαβόητος ἡ
παρασκευή, ἀλλὰ καὶ ἐν ὅλῃ τῇ Ἀθηναίων πόλει, νὴ
τὴν Ἄρτεμιν, καὶ ἐν τῇ Ἑλλάδι πάσῃ. καὶ μάλιστα
οἱ μισητοὶ Λακεδαιμόνιοι, ἵνα δοκῶσιν ἄνδρες εἶναι
οἱ ἐν Ἐφέσῳ ἀλώπεκες, οὐ παύσονται ἐν τοῖς Ταυ-
γέτοις ὄρεσι καὶ ταῖς ἐρημίαις ἑαυτῶν διαβάλλοντες
ἡμῶν τὰ δεῖπνα καὶ καταλυσουρχίζοντες τῆς σῆς ἀν-
θρωποπαθείας. (9) ἀλλ' αὐτοὶ μὲν χαιρόντων, δέ-
σποτα, σὺ δέ μοι μέμνησο φυλάξαι τὴν ἡμέραν τοῦ
δείπνου καὶ τὴν ὥραν ἣν ἂν ἕλῃ ἀρίστη γὰρ ἥ, βούλει
ἔρρωσο

β' Λεόντιον Λαμίᾳ

Οὐδὲν δυσαρεστότερον ὡς ἔοικέν ἐστι πάλιν μειρα
κιευομένου πρεσβύτου· οἷά με Ἐπίκουρος οὗτος
ἀδικεῖ, πάντα λοιδορῶν, πάντα ὑποπτεύων, ἐπιστολὰς
δυσωλυγίους μοι γράφων, ἐκδιώκων ἐκ τοῦ κήπου
(2) μὰ τὴν Ἀφροδίτην, εἰ Ἄδωνις ἦν, ἤδη ἐγγὺς ὀγδο-
ήκοντα γεγονὼς ἔτη, οὐκ ἂν αὐτοῦ ἠνεσχόμην φθει-
ριῶντος καὶ φιλοσοφοῦντος καὶ καταπεπιλημένου εὖ
μάλα πόκοις ἀντὶ πίλων. μέχρι τίνος ὑπομένει τις
τὸν φιλόσοφον τοῦτον, ἐχέτω τὰ περὶ φύσεως αὐτοῦ
κυρίας δόξας καὶ τοὺς διεστραμμένους κανόνας, ἐμὲ
δὲ ἀφέτω τὴν φυσικῶς κυρίαν ἐμαυτῆς ἀστομάχητον
καὶ ἀνύβριστον. (3) ὄντως ἐγὼ πολιορκητὴν ἔχω
τοῦτον, οὐχ οἷον σὺ Λάμια Δημήτριον· μὴ γὰρ
ἔστι σωφρονῆσαι διὰ τὸν ἄνθρωπον τοῦτον; καὶ σω-
κρατίζειν καὶ στωμύλλεσθαι θέλει καὶ εἰρωνεύεσθαι,
καὶ Ἀλκιβιάδην τινὰ τὸν Πυθοκλέα νομίζει καὶ Ξαν-
θίππην ἐμὲ οἴεται ποιήσειν. καὶ πέρας ἀναστᾶσα
ὅπῃ ποτὲ γῆν πρὸ γῆς φεύξομαι μᾶλλον ἢ τὰς ἐπιστο-

Diana mihi sit propitia, neque per litteras appellarunt
multi neque tentarunt, reveriti tuas expugnationes Velox
est Amor, o rex, et veniendo et avolando, sperans ala-
tus fit, spe abiecta, subito ei pennæ defluunt desperato
(6) Quapropter magnum est meretricum artificium, sem
per præsentem fruitionem amoris differendo spe detinere
amatores Iam nos oportet modo dicteria dicere, modo
cantare, modo tibia canere, modo saltare, modo infima
valetudine esse, modo cœnam, modo domum ornare, in-
tercipientes voluptates alioquin cito marcescentes, ut
magis incendantur intervallis captu faciliores ipsorum
animi, timentium ne aliud rursus oboriatur præsenti
fortunæ impedimentum. (7) Hæc apud alios fortasse
possem, o rex, fingere et machinari, apud te autem, qui
ita iam affectus erga me es, ut ostentes me et apud alias
meretrices glorieris quasi ego omnibus præcellam, ita
mihi caræ Musæ faveant, ego non sustineam fingere, non
tam sum lapidea Itaque si amittam omnia et animam
meam, ut tibi placeam, parum putabo me impendisse
(8) Probe enim scio, non solum in Therippidæ domo, in
qua instructura tibi sum hanc Veneris festivitatis cœnam,
hunc apparatum celebrem futurum, verum etiam in uni-
versa Atheniensium urbe, per Dianam, et in Græcia uni-
versa Et præcipue invisi illi Laced cmonii, ut videantur
viri esse, qui in Epheso erant vulpeculæ, non desinent
in Taygeti montibus et solitudinibus suis reprehendere
nostras cœnas, crepantes Lycurgi instituta contra tuas
humanas affectiones (9) Sed illi valeant, domine, tu
vero mihi memento observare diem cœnæ et horam
quamcumque elegeris Optima enim erit quam volueris
Vale

II Leontium Lamiæ.

Nihil morosius est, ut videtur, rursus repuerascente
sene Hem' ut me Epicurus iste tractat, in omnibus
rebus iurgator, in omnibus suspicax, epistolas inflatas
mihi scribens, expellens ex horto (2) Ita me Venus
amet, si Adonis esset, iam prope octoginta natus annos,
non eum tolerarem, pediculosum et morbidum et con-
tectum probe velleribus pro panno Quousque tolerabit
quis hunc philosophum? habeat sibi suas de rerum natura
ratas sententias et distortos canones, me autem quæ na-
tura mei iuris sum, patiatur esse sine bile et con-
tumelia (3) Revera oppugnatorem hunc talem habeo, non
qualem tu Lamia Demetrium Numquid enim licet mo-
deste vivere propter hunc hominem? Socratem quoque
imitari et garrire vult et dissimulationibus uti et instar
Alcibiadis alicuius habet Pythoclem neque Xanthippen
arbitratur se facturum Postremo equidem propriam
me et quolibet potius fugiam, terram terra commutans,

λὰς αὐτοῦ τὰς ἀδιαπαύστους ἀνέξομαι. (4) ὃ δὲ
πάντων δεινότατον ἤδη καὶ ἀφορητότατον τετόλμηκεν,
ὑπὲρ οὗ καὶ τὴν σὴν γνώμην βουλομένη λαβεῖν τί μοι
ποιητέον ἐπέσταλκά σοι. Τίμαρχον τὸν καλὸν οἶσθα
τὸν Κηφισιᾶθεν. οὐκ ἀρνοῦμαι πρὸς τὸν νεανίσκον
οἰκείως ἔχειν ἐκ πολλοῦ (πρὸς σέ μοι τἀληθῆ λέγειν
εἰκός, Λάμια), καὶ τὴν πρώτην ἀφροδίτην ἔμαθον παρ'
αὐτοῦ σχεδόν. οὗτος γάρ με διεπαρθένευσεν ἐκ γει-
τόνων οἰκοῦσαν. (5) ἐξ ἐκείνου τοῦ χρόνου πάντα
μοι τἀγαθὰ πέμπων οὐ διαλέλοιπεν, ἐσθῆτα, χρυσία,
θεραπαίνας θεράποντας, Ἰνδοὺς Ἰνδάς. τἄλλα σιωπῶ.
ἀλλὰ τὰ μικρότατα προλαμβάνει τὰς ὥρας, ἵνα μηδεὶς
φθάσῃ με γευσάμενος. τοιοῦτον οὖν ἐραστὴν « ἀπόκλει-
σον » φησί « καὶ μὴ προσίτω σοι », ποίοις δοκεῖς αὐτὸν
ἀποκαλῶν ὀνόμασιν; οὔτε ὡς Ἀττικὸς οὔτε ὡς φιλό-
σοφος, . . . ἐκ Καππαδοκίας πρώην εἰς τὴν Ἑλλάδα
ἥκων. (6) Ἐγὼ δὲ εἰ καὶ ὅλη γένοιτο ἡ Ἀθηναίων
πόλις Ἐπικούρων, μὰ τὴν Ἄρτεμιν, οὐ ζυγοστατήσω
πάντας αὐτοὺς πρὸς τὸν Τιμάρχου βραχίονα, μᾶλλον
δὲ οὐδὲ πρὸς τὸν δάκτυλον. Τί σὺ λέγεις Λάμια;
οὐκ ἀληθῆ ταῦτα; οὐ δίκαιά φημι; μὴ δή, δέομαί
σου πρὸς τῆς Ἀφροδίτης, μή σοι ταῦτα ἐπελθέτω.
ἀλλὰ φιλόσοφος, ἀλλὰ ἐπιφανής, ἀλλὰ πολλοῖς φίλοις
κεχρημένος. λαβέτω καὶ ἃ ἔχω, διδασκέτω δ' ἄλλους.
ἐμὲ δὲ οὐδὲν θάλπει δόξα, ἀλλ' ὃν θέλω δὸς Τί-
μαρχον, Δάματερ. (7) ἀλλὰ καὶ δι' ἐμὲ πάντα
ἠνάγκασται ὁ νεανίσκος καταλιπών, τὸ Λύκειον καὶ
τὴν ἑαυτοῦ νεότητα καὶ τοὺς συνεφήβους καὶ τὴν
ἑταιρείαν, μετ' αὐτοῦ ζῆν καὶ κολακεύειν αὐτὸν καὶ
καθυμνεῖν τὰς ὑπηνέμους αὐτοῦ δόξας. ὁ δ' Ἀτρεὺς
οὗτος « ἔξελθε » φησίν « ἐκ τῆς ἐμῆς μοναγρίας, καὶ μὴ
πρόσιθι Λεοντίῳ. » ὡς οὐ δικαιότερον ἐκείνου ἐροῦντος
« σὺ μὲν οὖν μὴ πρόσιθι τῇ ἐμῇ. » (8) καὶ ὁ μὲν νεα-
νίσκος ὢν ἀνέξεται τὸν γεραίτερον ἀντεραστήν, ὁ δὲ
τὸν δικαιότερον οὐχ ὑπομένει. τί ποιήσω, πρὸς
τῶν θεῶν ἱκετεύω σε, Λάμια. νὴ τὰ μυστήρια, νὴ
τὴν τούτων τῶν κακῶν ἀπαλλαγήν, ὡς ἐπιθυμηθεῖσα
τοῦ Τιμάρχου τὸν χωρισμὸν ἄρτι ἀπέψυγμαι καὶ
ἴδρωκα τὰ ἄκρα καὶ ἡ καρδία μου ἀνέστραπται.
(9) δέομαί σου, δέξαι με πρὸς σεαυτὴν ἡμέρας ὀλίγας,
καὶ ποιήσω τοῦτον αἰσθάνεσθαι πηλίκων ἀπέλαυεν
ἀγαθῶν ἔχων ἐν τῇ οἰκίᾳ με. οὐκέτι φέρει τὸν
κόρον, εὖ οἶδα. πρεσβευτὰς εὐθὺς πρὸς ἡμᾶς διαπέμ-
ψεται Μητρόδωρον καὶ Ἕρμαρχον καὶ Πολύαινον.
(10) ποσάκις οἴει με, Λάμια, πρὸς αὐτὸν ἰδίᾳ παρα-
γενομένην εἰπεῖν « τί ποιεῖς, Ἐπίκουρε; οὐκ οἶσθα ὅτι
διακωμῳδεῖ σε Τιμοκράτης ὁ Μητροδώρου ἐπὶ τούτοις
ἐν ταῖς ἐκκλησίαις, ἐν τοῖς θεάτροις, παρὰ τοῖς ἄλλοις
σοφισταῖς. » ἀλλὰ τί ἐστιν αὐτὸν ποιῆσαι; ἀναίσχυντός
ἐστι τὸ ἐρᾶν. κἀγὼ τοίνυν ἔσομαι ὁμοίως αὐτῷ
ἀναίσχυντος καὶ οὐκ ἀφήσω τὸν ἐμὸν Τίμαρχον. ἔρ-
ρωσο.

quam epistolas eius illas infinitas tolerabo. (4) Quod vero
omnium gravissimum et minime tolerabile ausus est, de
quo etiam consilium volens petere quid mihi facto opus
sit, de eo ad te scripsi. Timarchum illum pulchrum nosti,
illum Cephisiensem. Non nego, adolescenti familiariter
me addictam esse jamdudum (apud te verum me fateri
par est, Lamia) et primam Venerem sub illo fere sum
experta; hic enim me devirginavit in vicinia habitantem.
(5) Ex illo tempore omnia mihi bona mittere non ces-
savit, vestes, aurum, ancillas, servos, Indos, Indas, cæ-
tera taceo; quin et in minutissimis anticipat tempestates, ne
quis me præveniat gustando. Talem jam amatorem excludе,
inquit, neve ad te accedat : quibus, putas, eum nominibus
appellans! neque ut Atticus, neque ut philosophus; sed
quasi ex Cappadocia nuper in Græciam delatus. (6) Ego
vero etiamsi tota constaret Atheniensium civitas ex Epi-
curis, non, ita mihi Diana sit propitia, æquiparabo omnes
eos ad Timarchi brachium, immo ne ad digitum quidem.
Quid putas, Lamia? non vere, non recte dico? atque per
Venerem obsecro ne tibi istæc in mentem veniant : sed
philosophus, sed illustris, sed multis utitur amicis.
Sumat etiam quæ habeo, sed doceat alios; me nihil
movet gloria, sed quem volo da Timarchum, o Ceres.
(7) Verum etiam propter me adolescens, relictis omnibus,
Lyceo, iuventute sua et sodalibus atque societate, coactus
est cum ipso vivere atque assentari ipsi et celebrare
ventosas eius sententias. Atreus iste, Exi, inquit, ex
meo territorio, ne accede ad Leontium. Quasi vero non
maiore iure ille dicturus sit, Immo tu ne accedas ad
meam. (8) Et ille quidem etsi adolescens sit, patitur
alterum rivalem senem; iste vero eum, qui maiore iure
gaudet, non patitur. Quid faciam, per deos obsecro te,
Lamia? per sacra initia iuro, per liberationem ab his
malis, ubi cogito Timarchi digressum, modo frigeo,
modo sudo vel in extremis, et cor mihi subvertitur.
(9) Excipe me, te rogo ad paucos dies, et faxo ut iste
sentiat, quantis fruitus sit bonis, cum me domi haberet.
Non amplius fert contemptum, sat scio. Nuntios mox
ad nos mittet, Metrodorum et Hermarchum et Polyænum.
(10) Quoties putas me, Lamia, privatim ei dixisse · Quid
facis, Epicure? an nescis te traducere ob hæc Timocratem
Metrodori filium in concionibus, in theatris, apud reli-
quos sophistas? Sed quid illo homine facias? impudens
est in amando. Etiam ego pariter atque ille impudens
ero et non deseram meum Timarchum. Vale.

γ' Μενάνδρος Γλυκέρα

Ἐγὼ μὰ τὰς Ἐλευσινίας θεάς, μὰ τὰ μυστήρια
αὐτῶν, ἅ σοι καὶ ἐναντίον ὤμοσα πολλάκις, Γλυκέρα,
μόνος μόνῃ, οὐδὲν ἐπαίρων τἀμὰ οὐδὲ βουλόμενός σου
χωρίζεσθαι ταῦτα καὶ λέγω καὶ γράφω. (2) τί γὰρ
ἐμοὶ χωρὶς σοῦ γένοιτ' ἂν ἥδιον, τί δ' ἂν ἐπαρθῆναι
μεῖζον δυναίμην τῆς σῆς φιλίας, εἰ καὶ τὸ ἔσχατον
ἡμῶν γῆρας διὰ τοὺς σοὺς τρόπους καὶ τὰ σὰ ἤδη
νεότης ἀεὶ φανεῖταί μοι, (3) καὶ συννεάσαιμεν ἀλ-
λήλοις καὶ συγγηράσαιμεν, καὶ νὴ τοὺς θεοὺς συνα-
ποθάνοιμεν, ἀλλ' αἰσθανόμενοι, Γλυκέρα, ὅτι συνα-
ποθνήσκομεν, ἵνα μηδετέρῳ ἡμῶν ἐς ᾅδου συγκα-
ταβαίη τις ζῆλος, εἴ τινων ἄλλων ὁ σωθεὶς πειράσεται
ἀγαθῶν. μὴ δὴ γένοιτό μοι πειραθῆναί σου μηκέτ'
οὔσης· τί γὰρ ἂν ἔτι καταλίποιτο ἀγαθόν, (4) ἃ δὲ νῦν
ἤπειξέ με ἐν Πειραιεῖ μαλακιζόμενον (οἶσθα γάρ μου
-ὰς συνήθεις ἀσθενείας, ἃς οἱ μὴ φιλοῦντές με τρυφὰς
καὶ σαλακωνίας καλεῖν εἰώθασιν) ἐπιστεῖλαί σοι εἰς
ἄστει μενούσῃ διὰ τὰ ἅλῷα σῆς θεοῦ, ταῦτ' ἐστί,
(5) ἐδεξάμην παρὰ Πτολεμαίου τοῦ βασιλέως Αἰγύπτου
γράμματα, ἐν οἷς δεῖταί μου πάσας δεήσεις, βασιλι-
κῶς ὑπισχνούμενος τὸ δὴ λεγόμενον τοῦτο τὰ τῆς
γῆς ἀγαθά, καὶ προτρέπεται καὶ ἐμὲ καὶ Φιλήμονα·
καὶ γὰρ ἐκείνῳ γράμματα κεχολάσθαι φασί, καὶ
αὐτὸς δὲ ὁ Φιλήμων ἐπέστειλέ μοι τὰ ἴδια δηλῶν,
ἐλαφρότερα· καὶ ὡς οὐ Μενάνδρῳ γεγραμμένα
ἧττον λαμπρά. (6) ἀλλ' ὄψεται· καὶ βουλεύσεται τὰ
ἴδια οὗτος· ἐγὼ δὲ οὐ περιμενῶ βουλάς· ἀλλὰ σύ
μοι, Γλυκέρα, καὶ γνώμη καὶ ἀρεοπαγῖτις βουλὴ καὶ
ἡλιαία καὶ ἅπαντα νὴ τὴν Ἀθηνᾶν ἀεὶ γέγονας καὶ
νῦν ἔσῃ (7) τὰς μὲν οὖν ἐπιστολὰς τοῦ βασιλέως
σοι διεπεμψάμην, ἵνα μὴ κόπτω σε δὶς καὶ τοῖς ἐμοῖς
καὶ τοῖς ἐκείνου γράμμασιν ἐντυγχάνουσα· ἃ δὲ
ἐπιστέλλειν αὐτῷ ἔγνωκα, βούλομαί σε εἰδέναι
(8) πλεῖν μὲν καὶ εἰς Αἴγυπτον ἀπιέναι μακρὰν οὕτω
ἀπῳκισμένην βασιλείαν οὖσαν, μὰ τοὺς δώδεκα θεούς,
οὐδὲ ἐνθυμοῦμαι. ἀλλ' οὐδὲ εἰ ἐν Αἰγίνῃ ταυτηὶ τῇ
πλησίον ἔκειτο Αἴγυπτος, οὐδ' οὕτως ἐν νῷ ἂν
ἔσχον ἀφεὶς τὴν ἐμὴν βασιλείαν τῆς σῆς φιλίας μόνος
ἐν τοσούτῳ ὄχλῳ Αἰγυπτίων χωρὶς Γλυκέρας ἐρημίαν
πολυάνθρωπον ὁρᾶν (9) ἥδιον γὰρ καὶ ἀκινδυνότερον
τὰς σὰς θεραπεύω μᾶλλον ἀγκάλας ἢ τὰς αὐλὰς
ἁπάντων τῶν σατραπῶν καὶ βασιλέων, ἵν' ἐπικίνδυ-
νον μὲν τὸ ἐλεύθερον, εὐκαταφρόνητον δὲ τὸ κολακεῦον,
ἄπιστον δὲ τὸ εὐτυχούμενον (10) ἐγὼ δὲ καὶ τὰς
θηρικλείους καὶ τὰ καρχήσια καὶ τὰς χρυσίδας καὶ
πάντα τὰ ἐν ταῖς αὐλαῖς ἐπίφθονα, παρὰ τούτοις
ἀγαθὰ φυόμενα, τῶν κατ' ἔτος χοῶν καὶ τῶν ἐν ταῖς
θεάτροις ληναίων καὶ τῆς χθιζῆς τιθοιγίας καὶ τῶν
τοῦ Λυκείου γυμνασίων καὶ τῆς ἱερᾶς Ἀκαδημείας
οὐκ ἀλλάττομαι, μὰ τὸν Διόνυσον καὶ τοὺς βακχικοὺς
αὐτοῦ κισσούς, οἷς στεφανωθῆναι μᾶλλον ἢ τοῖς Πτο-

III Menander Glyceræ

Ego, per Eleusinias deas iuro, per mysteria earum,
per quæ tibi coram ipsis iuravi sæpe, mea Glycera, solus
soli, nec mea extollens, nec quasi a te velim discedere
hæc et dico et scribo (2) Quid enim mihi sine te esse
possit dulce? quo vero magis gloriari quam tua amicitia
possim? quoniam etiam ultima senectus nostra propter
tuos mores et ingenium iuventus semper videbitur mihi.
(3) Et iuventutem una transigamus et senectutem et una
moriamur, verum ita ut sentiamus nos una mori, ne cum
alterutro nostrûm ad inferos descendat aliqua invidia, si
qua alia superstes experietur bona Ne vero mihi con-
tingat ut te prius mori videam, quid enim amplius reli-
quum esset boni? (4) Quod vero nunc me impulit in Pi-
ræeo subinfirma valetudine utentem (nosti autem meas
consuetas infirmitates, quas qui me non amant de-
licias et mollitiem appellare solent) scribere ad te in
urbe commorantem propter Haloa tuæ deæ, hoc est
(5) Accepi a Ptolemæo rege Ægypti litteras, in quibus rogat
omnibus modis et adhortatur, terræ bona quod dicunt
promittens, me et Philemonem, nam et illi litteras allatas
esse aiunt atque ipse etiam Philemon scripsit mihi suas,
indicans leviores et, utpote non ad Menandrum scriptas,
minus splendidas (6) Sed videbit et deliberabit de suis
rebus ille. Ego vero aliorum consilia non exspectabo, sed
tu mihi, Glycera, et sententia et Areopagiticum consilium
et Heliæa, omnia tu, ita Minerva mihi faveat semper fuisti
et nunc eris (7) Equidem regis epistolam tibi transmisi,
quo ne obtunderem te eadem bis in meis et illius litte-
ris legentem, quæ vero decrevi ei scribere, volo ut tu
quoque scias (8) Navigare quidem et in Ægyptum pro-
ficisci, in tam longinquum et remotum regnum, per ipsos
duodecim deos, ne in animum quidem induco uno, si
in Ægina ista proxima iaceret Ægyptus, ne sic quidem
in animo haberem, relicto meo regno tuæ amicitiæ, so-
lum in tanta turba Ægyptiorum sine Glycera solitudinem
populosam videre (9) Suavius enim et minore cum pe-
riculo tuas colo amplexus, quam omnium satraparum et
regum aulas, in quibus res est periculosa libertas, con-
temnenda assentatio, incertus fortunæ favor (10) Ego
et Thericlea illa pocula et carchesia et aureas phialas et
omnes istas in aulis copias, quæ in bonorum numero
celebrantur apud plerosque, cum anniversariis Choibus,
cum theatralibus Lenæis, cum Lycei exercitus et cum
sacra Academia non commutaverim, per Bacchum iuro et
Bacchicas eius hederas, quibus coronari potius quam

λεκαίου βούλομαι διαδήμασιν, ὁρώσης καὶ καθημένης ἐν τῷ θεάτρῳ Γλυκέρας. (11) ποῦ γὰρ ἐν Αἰγύπτῳ ὄψομαι ἐκκλησίαν καὶ ψῆφον ἀναδιδομένην, ποῦ δὲ δημοκρατικὸν ὄχλον οὕτως ἐλευθεριάζοντα, ποῦ δὲ θεσμοθέτας ἐν τοῖς ἱεροῖς νόμοις κεκισσωμένους, ποῖον περισχοίνισμα, ποίαν αἵρεσιν, ποίους ρύτρους, Κεραμεικόν, ἀγοράν, δικαστήρια, τὴν καλὴν ἀκρόπολιν, τὰς σεμνὰς θεάς, τὰ μυστήρια, τὴν γειτνιῶσαν Σαλαμῖνα, τὰ στενά, τὴν Ψυττάλειαν, τὸν Μαραθῶνα, ὅλην ἐν ταῖς Ἀθήναις τὴν Ἑλλάδα, ὅλην τὴν Ἰωνίαν, τὰς Κυκλάδας πάσας, (12) ἀφεὶς ταῦτα καὶ Γλυκέραν μετ' αὐτῶν εἰς Αἴγυπτον δίελθω χρυσὸν λαβεῖν καὶ ἄργυρον καὶ πλοῦτον, ᾧ μετὰ τίνος χρήσομαι, μετὰ Γλυκέρας τοσοῦτον διαπεθαλασσευμένης, (13) οὐ πενία δέ μοι ἔσται χωρὶς αὐτῆς ταῦτα, ἐὰν δὲ ἀκούσω -οὓς σεμνοὺς ἔρωτας εἰς ἄλλον αὐτὴν μετατεθεικέναι, οὐ σποδὸς μοι πάντες οἱ θησαυροὶ γενήσονται, καὶ ἀποθνήσκων τὰς μὲν λύπας ἐμαυτῷ συναπείσω, τὰ δὲ χρήματα τοῖς ἰσχύουσιν ἀδικεῖν ἐν μέσῳ κείσεται; ἡ μία τὸ συμβιοῦν Πτολεμαίῳ καὶ σατράπαις καὶ τοιούτοις φόροις, ὧν οὔτε τὸ φιλικὸν βέβαιον οὔτε τὸ διεχθρεῦον ἀκίνδυνον, (14) ἐὰν δὲ ὀργισθῇ -ἥ μοι Γλυκέρα, ἅπαξ αὐτὴν ἁρπάσας κατεφίλησα ἂν ἔτι ὀργίζηται, μᾶλλον αὐτὴν ἐβιασάμην γὰρ βαρυθύμως ἔχῃ, δεδάκρυκα καὶ πρὸς ταῦτ' οὐκ ἔθ' ὑπομείνασα τὰς ἑαυτῆς λύπας κηλεῖταί λοιπόν, οὔτε στρατιώτας ἔχουσα οὔτε δορυφόρους οὔτε φύλακας ἐγὼ γὰρ αὐτῇ εἰμι πάντα, (15) ἢ μέγα καὶ θαυμαστὸν ἰδεῖν τὸν καλὸν Νεῖλον οὐ μέγα δὲ καὶ τὸν Εὐφράτην ἰδεῖν, οὐ μέγα δὲ καὶ τὸν Ἴστρον, οὐ τῶν μεγάλων καὶ ὁ Θερμόδων, ὁ Τίγρις, ὁ Ἅλυς, ὁ Ῥῆνος, εἰ μέλλω πάντας τοὺς ποταμοὺς ὁρᾶν, καταβαπτισθήσεταί μοι τὸ ζῆν μὴ βλέποντι Γλυκέραν (16) ὁ δὲ Νεῖλος οὗτος καίπερ ὢν ηλίκ, ἀλλ' ἀποτεθηρίωται, καὶ οὐκ ἔστιν οὐδὲ προσελθεῖν αὐτῷ ταῖς δίναις ἑλλομένοιο τοσούτοις κακοῖς ἐμοὶ γένοιτο, βασιλεῦ Πτολεμαῖε, ρώματος καὶ τάφου πατρῴου τυχεῖν. ἐμοὶ γένοιτο τὸν Ἀττικὸν ἀεὶ στέφεσθαι κισσὸν καὶ τὸν ἐπ' ἐσχάρας ὑμνῆσαι κατ' ἔτος Διόνυσον, τὰς μυστηριώτιδας ἄγειν τελετάς, δραματουργεῖν τι καινὸν ταῖς ἐτησίοις θυμέλαις δρᾶμα, γελῶντα καὶ χαίροντα καὶ ἀγωνιῶντα καὶ φοβούμενον καὶ νικῶντα (17) Φιλήμων δὲ εὐτυχείτω καὶ τἀμὰ ἀγαθὰ γενόμενος ἐν Αἰγύπτῳ οὐκ ἔχει Φιλήμων Γλυκέραν τινά, οὐδὲ ἄξιος ἦν ἴσως τοιούτου ἀγαθοῦ σὺ δὲ εἰ ἐν τοῖς Ἁλῴοις δέομαι, Γλυκέριον, εὐθὺς πεπομένη, πρὸς ἡμᾶς ἐπὶ τῆς ἀστράβης φέρου μακροτέραν ἑορτὴν οὐδέποτε ἔγνων οὐδὲ ἀναιροτέραν. Δήμητερ, ἵλεως γενοῦ.

δ´ Γλυκέρα Μενάνδρῳ

Ἃς διετέμψω μοι τοῦ βασιλέως ἐπιστολὰς εὐθὺς ἀνέγνων. μὰ τὴν Καλλιγένειαν ἐν ἧς νῦν εἰμί, κατέχαιρον, Μένανδρε, ἐκπλαγὴς ὑ-ὃ ἡδονῆς γινομένη,

---

Ptolemæi volo diadematis vidente et sedente in theatro Glycera (11) Ubi enim in Ægypto videbo contionem et suffragia ferri? ubi democraticam plebem tanta libertate gaudentem, ubi legislatores in sacris comissationibus hedera ornatos? quem ambitum funiculo cinctum? quæ comitia? quos Chytros? Ceramicum, forum, tribunalia, pulchram acropolin, venerabiles deas, mysteria, vicinam Salaminem, Psyttaliam, Marathona, totam in urbe Athenarum Græciam, totam Ioniam, Cycladas insulas universas? (12) Hæc omnia cumque his Glyceram ego relinquam et in Ægyptum abeam, ut aurum accipiam et argentum et divitias? quibus quocum fruar, Glycera tanto marium intervallo disiuncta? nonne vero inopia mihi erunt sine illa istæc? (13) Si autem audiero venerandos illos amores in alium eam transtulisse, nonne cinis mihi omnes thesauri fient? ac moriens ego mœrores quidem ipse mecum ablaturus sum, opes autem iis qui iniurias faciendi potestatem habent in medio positæ erunt An præclarum quid, vivere apud Ptolemæum et satrapas et eiusmodi irania nomina, quorum neque amicitia firma, neque inimicitia sine periculo? (14) Contra si forte mihi Glycera irascatur, semel ipsam arreptam deosculor; si amplius irascatur, magis eam urgeo, quodsi animo gravato sit, lacrimor tum non amplius ferens meos mœrores iam permulcetur nec milites habens nec custodes Ego enim ei sum omnia (15) Magnum profecto est et mirabile videre Nilum Nonne vero magnum quid et Euphratem videre, nonne magnum et Istrum? nonne in magnis fluminibus est etiam Thermodon, Tigris, Halys, Rhenus? Si omnes deberem fluvios videre, submergeretur mihi vita carenti aspectu Glyceræ (16) Nilus autem iste quamvis egregius sit, at beluis est infestus, neque licet accedere ad ejus vortices, velut insidias occultantis tanta mala Mihi contingat, o rex Ptolemæe, semper Atticis hederis coronari, contingat tumulo et sepulchro patrio potiri et ad aras celebrare quotannis Bacchum, mystica sacra obire, novam subinde in anniversariis ludis scenicis agere fabulam, et ridenti et gaudenti et periclitanti et metuenti et vincenti (17) Philemon autem fruatur meis etiam bonis, in Ægyptum profectus Non habet Philemon Glyceram aliquam neque dignus erat fortasse tali bono Tu vero, quæso, Glyceram, post Haloa mulam clitellariam conscende et statim ad nos advola Longius festum nunquam sum expertus, neque intempestivius Sis propitia, o Ceres

IV Glycera Menandro

Quas misisti mihi regis literas statim legi Calligeniam testor, in cuius æde nunc sum, gaudio exsultavi, mi Menander, ita ut mei compos non essem, et eas quæ adve-

καὶ τὰς παρούσας οὐκ ἐλάνθανον. ἦν δὲ ἡ μήτηρ τε
μου καὶ ἡ ἑτέρα ἀδελφὴ Εὐφρόνιον καὶ τῶν φίλων ἣν
οἶσθα· καὶ γὰρ παρὰ σοὶ ἐδείπνησε πολλάκις, καὶ
ἐπήνεις αὐτῆς τὸν ἐπιχώριον ἀττικισμόν, ἀλλ' ὡς φο-
βούμενος αὐτὴν ἐπαινεῖν, ὅτε καὶ μειδιάσασα θερμό-
τερόν σε κατεφίλησα. οὐ μέμνησαι Μένανδρε, (2)
Θεασάμεναι δέ με παρὰ τὸ εἰωθὸς καὶ τῷ προσώπῳ
καὶ τοῖς ὀφθαλμοῖς χαίρουσαν, « ὦ Γλυκέριον » ἤροντο
« τί σοι τηλικοῦτον γέγονεν ἀγαθόν, ὅτι καὶ ψυχῇ καὶ
σώματι ἀλλοιοτέρα νῦν ἡμῖν πέφηνας καὶ γεγάνωσαι
καὶ διαλάμπεις ἐπιχάριτον γαὶ εὐκταῖον, » κἀγὼ
« Μένανδρον » ἔφην « τὸν ἐμὸν ὁ Αἰγύπτου βασιλεὺς
Πτολεμαῖος ἐπὶ τῷ ἡμίσει τῆς βασιλείας μεταπέμπε-
ται » μείζονι τῇ φωνῇ φθεγξαμένη καὶ σφοδροτέρᾳ,
ὅπως πᾶσαι ἀκούσωσιν αἱ παροῦσαι. καὶ ταῦτα ἔλε-
γον ἐγὼ διατινάσσουσα καὶ σοβοῦσα ταῖς χερσὶν
ἐμαυτῆς τὴν ἐπιστολὴν σὺν τῇ βασιλικῇ σφραγῖδι.
« χαίρεις οὖν ἀπολειπομένη, » ἔφασαν τὸ δὲ οὐκ ἦν,
Μένανδρε. (3) ἀλλὰ τοῦτο μὲν οὐδενὶ τρόπῳ μὰ τὰς
θεάς, οὐδ' εἰ βοῦς μοι τὸ δὴ λεγόμενον φθέγξαιτο, πει-
σθείην ἂν ὅτι βουλήσεταί μέ ποτε ἢ δυνήσεται Μέναν-
δρος ἀπολιπὼν ἐν Ἀθήναις Γλυκέραν τὴν ἑαυτοῦ μόνος
ἐν Αἰγύπτῳ βασιλεύειν μετὰ πάντων τῶν ἀγαθῶν.
(4) ἀλλὰ καὶ τοῦτό γε δῆλος ἐκ τῶν ἐπιστολῶν ὧν
ἀνέγνων ἦν ὁ βασιλεύς, τὰμὰ πεπυσμένος ὡς ἔοικε
περὶ σοῦ, καὶ ἀτρέμα δι' ὑπονοιῶν Αἰγυπτίοις θέλων
ἀττικισμοῖς σε διατωθάζειν. χαίρω διὰ τοῦτο, ὅτι
πεπλεύκασι καὶ εἰς Αἴγυπτον πρὸς αὐτὸν οἱ ἡμέτεροι
ἔρωτες καὶ πείθεται πάντως ἐξ ὧν ἤκουσεν ἀδύνατα
σπουδάζειν ἐπιθυμῶν Ἀθήνας πρὸς αὐτὸν διαβῆναι.
(5) τί γὰρ Ἀθῆναι χωρὶς Μενάνδρου, τί δὲ Μέναν-
δρος χωρὶς Γλυκέρας; ἥτις αὐτῷ καὶ τὰ προσωπεῖα
διασκευάζω καὶ τὰς ἐσθῆτας ἐνδύω, κἂν τοῖς παρα-
σκηνίοις ἕστηκα τοὺς δακτύλους ἐμαυτῆς πιέζουσα, καὶ
τρέμουσα ἕως ἂν κροταλίσῃ τὸ θέατρον· τότε νὴ τὴν
Ἄρτεμιν ἀναψύχω καὶ περιβαλλοῦσά σε τὴν ἱερὰν
ἐκείνην κεφαλὴν ἐναγκαλίζομαι. (6) ἀλλ' ὅ γε ταῖς
φίλαις τότε χαίρειν ἔφην, τοῦτ' ἦν, Μένανδρε, ὅτι οὐκ
ἄρα Γλυκέρα μόνον ἀλλὰ καὶ βασιλεῖς ὑπερόριοι
ἐρῶσί σου, καὶ διαπόντιοί σ' ἡμᾶς τὰς σὰς ἀρετὰς κα-
τηγγέλκασι· καὶ Αἴγυπτος καὶ Νεῖλος καὶ Πρωτέως
ἀκρωτήρια καὶ αἱ Φάριαι σκοπιαὶ πάντα μετέωρα νῦν
ἐστι, βουλόμενα ἰδεῖν Μένανδρον καὶ ἀκοῦσαι φιλαρ-
γύρων καὶ ἐρώντων καὶ δεισιδαιμόνων καὶ ἀπίστων καὶ
πατέρων καὶ υἱῶν καὶ θεραπόντων γαὶ παντὸς σκηνο-
βατουμένου ὧν ἀκούσονται μέν, οὐκ ὄψονται δὲ Μέ-
νανδρον, εἰ μὴ ἐν ἄστει παρὰ Γλυκέρᾳ γένοιτο καὶ
τὴν ἐμὴν εὐδαιμονίαν ἴδοιεν, τὸν πάνυ Μένανδρον καὶ
νύκτωρ καὶ μεθ' ἡμέραν ἐμοὶ περικείμενον. (7) οὐ
μὴν ἀλλ' εἴγε ἄρα πόθος αἱρεῖ σέ τις καὶ τῶν ἐκεῖ
ἀγαθῶν καὶ εἰ μηδενὸς ἄλλου, τῆς γε Αἰγύπτου, χρή-
ματος μεγάλου, καὶ τῶν αὐτόθι πυραμίδων καὶ τῶν
ἠχούντων ἀγαλμάτων καὶ τοῦ περιβοήτου λαβυρίνθου
καὶ τῶν ἄλλων ὅσα ἀπὸ χρόνου ἢ τέχνης παρ' αὐτοῖς

rant celare non potui. erant autem mater mea et altera
soror Euphronium et ex amicis quam nosti, cœnavit enim
apud te sæpius, laudabasque eius vernaculum Atticis-
mum, sed tanquam timens ipsam laudare, quapropter
etiam subridens calidius te osculabar. non meministi, mi
Menander? (2) Cum autem viderent me præter solitum et
vultu et oculis lætitiam præ me ferre, rogarunt « O
Glycerium, quid tibi tantum boni accidit? etenim et
animo et corpore et in omnibus rebus mutata nunc nobis
appares et in ore quædam hilaritas et lætum quid et
optabile splendet? » Tum ego, « Menandrum », inquam,
« meum rex Ægypti Ptolemæus dimidia parte regni
promissa vocat », maiore voce locuta et vehementiore,
ut omnes audirent quæ aderant. atque hæc dicebam ego
quatiens et vibrans epistolam cum sigillo regio. « Læta-
berisne igitur si derelinquaris? » aiebant. Non id quidem,
mi Menander. (3) Immo equidem nulla ratione pro-
fecto, ne si bos quidem, ut aiunt, mihi diceret, credam,
Menandrum velle aut posse, relicta Athenis Glycera sua,
solum in Ægypto regnare in omnium bonorum copia.
(4) Verum etiam illud satis ex litteris quas legi manife-
stum apparet regem familiaritatem meam in te novisse
eumque suspiciose Ægyptus Atticismis leniter te pungere
velle. Gaudeo propterea, quod navigarunt et in Ægy-
ptum adeo ad eum nostri amores, et intelligit omnino ex
iis quæ audivit se id velle quod fieri minime potest, dum
cupit Athenas ad ipsum transire. (5) Quid enim Athenæ
sine Menandro? quid autem Menander sine Glycera? quæ
ei et personas adorno et vestes induo et in parascæniis
adsto digitos meos premens, et contremiscens donec plau-
sum ediderint spectatores, atque tum, ita me Diana amet,
respiro et amplectens te sacrum illud caput in ulnis
teneo. (6) Quod vero ad amicas tunc dixi me gaudere,
hoc erat, mi Menander, quod non Glycera solum, sed et
reges transmarini amant te et mare transgressa fama tuas
virtutes annunciavit. Ægyptus atque Nilus ac Protei
promontoria et Phariæ speculæ, omnia iam erecta cupiunt
videre Menandrum et audire avaros et amantes et super-
stitiosos et infideles et patres et filios et servos et quid-
quid in scenam produci solet. de quibus audient quidem,
non videbunt autem Menandrum, nisi in urbem ad
Glyceram veniant et meam felicitatem videant, virum
illum primarium Menandrum nocte dieque mihi cir-
cumfusum. (7) Nihilominus tamen si forte desideriu
te quoddam capit eorum, quæ ibi sunt, bonorum, si
nullius alterius, saltem ipsius Ægypti, rei præclaræ, et
quæ ibi sunt pyramidum et sonantium statuarum et ce-
lebris illius labyrinthi et ceterarum rerum quæ propter

5

τίμια, δέομαί σου, Μένανδρε, μὴ ποιήσῃ με πρόφασιν·
(8) μηδὲ με Ἀθηναῖοι διὰ ταῦτα μισησάτωσαν ἤδη
τοὺς μεδίμνους ἀριθμοῦντες, οὓς αὐτοῖς ὁ βασιλεὺς
— πέμψει διὰ σέ. ἀλλ' ἄπιθι πᾶσι θεοῖς, ἀγαθῇ τύχῃ,
δεξιοῖς πνεύμασι, Διὶ οὐρίῳ. ἐγὼ γάρ σε οὐκ ἀπο-
λείψω· μὴ τοῦτο δόξῃς με λέγειν. οὐδ' αὐτὴ δύναμαι
κᾂν θέλω· (9) ἀλλὰ παρεῖσα τὴν μητέρα καὶ τὰς ἀδελ-
φὰς ναυτὶς ἔσομαι συμπλέουσά σοι. καὶ σφόδρα τῶν
εὐθαλάσσων γεγένημαι, εὖ οἶδα. κᾂν ἐκκλωμένης κώ-
πης ναυτιᾷς, ἐγὼ θεραπεύσω. θάλψω σου τὸ ἀσθε-
νοῦν τῶν πελαγισμῶν, ἄξω δέ σε ἄτερ μίτων Ἀριάδνη
εἰς Αἴγυπτον, οὐ Διόνυσον ἀλλὰ Διονύσου θεράποντα
καὶ προφήτην. (10) οὐδὲ ἐν Νάξῳ καὶ ἐρημίαις νησιω-
τικαῖς ἀπολειφθήσομαι τὰς σὰς ἀπιστίας κλάουσα καὶ
ποτνιωμένη. χαιρέτωσαν οἱ Θησεῖς ἐκεῖνοι καὶ τὰ
ἄπιστα τῶν πρεσβυτέρων ἀμπλακήματα. ἡμῖν δὲ
βέβαια πάντα, καὶ τὸ ἄστυ καὶ ὁ Πειραιεὺς καὶ ἡ Αἴ-
γυπτος. οὐδὲν χωρίον ἡμῶν τοὺς ἔρωτας οὐχὶ δέξε-
ται πλήρεις· κᾂν πέτραν οἰκῶμεν, εὖ οἶδα Ἀφροδί-
σιον αὐτὴν τὸ εὔνουν ποιήσει. (11) πέπεισμαι μήτε
χρημάτων σε περιουσίας μήτε πλούτου τὸ καθάπαξ
ἐπιθυμεῖν ἐν ἐμοὶ καὶ τοῖς δράμασι τὴν εὐδαιμονίαν
κατατιθέμενον· ἀλλ' οἱ συγγενεῖς, ἀλλ' ἡ πατρίς, ἀλλ'
οἱ φίλοι, σχεδὸν οἶσθα πάντη πάντες πολλῶν δέονται,
πλουτεῖν ἐθέλουσι καὶ χρηματίζεσθαι. (12) σὺ
μὲν οὐδέποτε περὶ οὐδενὸς αἰτιάσῃ με οὔτε μικροῦ
οὔτε μεγάλου, τοῦτο εὖ οἶδα, πάλαι μὲν ἡττημένος
μου πάθει καὶ ἔρωτι, νῦν δὲ ἤδη καὶ κρίσιν προστε-
θεικὼς αὐτοῖς, ᾗ μᾶλλον περιέχομαι, Μένανδρε,
φοβουμένη τῆς ἐμπαθοῦς φιλίας τὸ ὀλιγοχρόνιον· ἔστι
γὰρ ὡς βίαιος ἡ ἐμπαθὴς φιλία, οὕτω καὶ εὐδιάλυτος·
οἷς δὲ παρατέθηνται καὶ βουλαί, ἀρραγέστερον ἐν
τούτοις ἤδη τὸ ἔργον οὔτε ἀμιγὲς ἡδονῆς ἔσται διὰ
τὸ πάθος οὔτε περιδεές. (13) λύσεις δὲ τὴν γνώμην,
ὅς γε πολλάκις περὶ τούτων αὐτὸς νουθετῶν με διδά-
σκεις. ἀλλ' εἰ καὶ σὺ μὴ μέ τι μέμψῃ μηδὲ αἰτιά-
σῃ, δέδοικα τοὺς Ἀττικοὺς σφῆκας, οἵτινες ἄρξονται
πάντη με περιδομβεῖν ἐξιοῦσαν ὡς αὐτὸν ἀφῃρη-
μένην τῆς Ἀθηναίων πόλεως τὸν πλοῦτον. (14) ὥστε
δέομαί σου, Μένανδρε, ἐπίσχες, μηδέ πω τῷ βασιλεῖ
μηδὲν ἀντεπιστείλῃς. ἔτι βούλευσαι, περίμεινον
ἕως κοινῇ γενώμεθα καὶ μετὰ τῶν φίλων καὶ Θεο-
φράστου καὶ Ἐπικούρου. τάχα γὰρ ἀλλοιότερα κἀ-
κείνοις σοὶ φανεῖται ταῦτα. μᾶλλον δὲ θυσώμεθα
καὶ ἴδωμεν τί λέγει τὰ ἱερά, εἴτε λῷον εἰς Αἴγυ-
πτον ἡμᾶς ἀπιέναι εἴτε μένειν. καὶ χρηστηριασώ-
μεθα εἰς Δελφοὺς πέμψαντες· πάτριος ἡμῖν ἐστιν ὁ θεός.
ἀπολογίαν ἕξομεν καὶ πορευόμενοι καὶ μένοντες τοὺς
θεούς. (15) μᾶλλον δὲ ἐγὼ τοῦτο ποιήσω· καὶ γὰρ
ἔχω τινὰ νεωστὶ γυναῖκα ἀπὸ Φρυγίας ἥκουσαν καὶ
μάλα τούτων ἔμπειρον, γαστρομαντεύεσθαι δεινὴν
καὶ τῇ τῶν σπαρτῶν διατάσει, νύκτωρ δὲ καὶ τῇ
τῶν νεκρῶν δείξει· καὶ οὐ δεῖ λεγούσῃ πιστεύειν, ἀλλ'
ἰδεῖν, ὥς φασι. (16) διαπέμψομαι πρὸς αὐτήν. καὶ

ætatem et artem apud eos magni æstimantur, rogo te, mi
Menander, ne me prætendas, (8) neve committas ut
Athenienses me ob hæc oderint, qui iam modios nume-
rant quos rex ipsis mittet propter te; sed abi faven-
tibus diis omnibus, bona Fortuna, ventis commo-
dis, Iove secundo. Nam ego te non relinquam, ne id
putes me dicere; neque possum etiamsi velim : (9) ve-
rum relicta matre et sororibus ipsa ero tibi socia naviga-
tionis. Atque admodum mari sum adsueta, sat scio. Et
distracto remo nauseam tibi ortam ego curabo et fovebo
infirmitatem in iactatione maris. Ducam autem ego
Ariadne in Ægyptum te, non quidem Bacchum, sed
Bacchi ministrum et sacerdotem. (10) Neque in Naxo
et solitudine insulari relinquar tuam perfidiam lugens et
detestans. Valeant Thesei illi et infidelia priscorum de-
licta. Nobis firma et certa omnia et urbs et Piræus et
Ægyptus. Nullus locus nostros amores non excipiet inte-
gros, etiamsi rupem incolamus, sat scio : Veneris sedem
amor faciet. (11) Sic mihi persuadeo, te nec pecuniis
neque opes nec divitias ullas omnino expetere, ut qui in me
et comœdiis felicitatem ponas; sed cognati, sed patria,
sed amici propemodum, ut scis, ubique omnes multis opus
habent; discedere volunt et pecunias colligere. (12) Tu
quidem nunquam ullius rei me accusabis, nec magnæ
nec parvæ, id probe scio : ut qui et olim te mihi dederis
victum et affectu et amore, atque nunc iudicium quoque
ei rei adiecisti, cui quidem magis confido, mi Menander,
cum metuam amicitiæ quæ in affectu tantum continetur
brevem durationem. Est enim amicitia solo affectu con-
sistens, ut violenta, ita et facile dissolubilis; ubi autem
accedit consilium, res jam minus dissolubilis est, neque
expers voluptatum, nec plena timoris. (13) Decides
autem sententiam, qui quidem sæpius me de istis ipse
admonens doces. Verum enim vero etiamsi tu me neque
culpes neque accuses ulla in re, metuo Atticos illos cra-
brones, qui incipient undique me circumstrepere in me-
dium prodeuntem, quippe quæ privaverim Atheniensium
civitatem divitiis. (14) Proinde rogo te, mi Menander,
contine te, neve dum regi quidquam rescribe : am-
plius delibera : exspecta donec una convenerimus et cum
amicis Theophrasto et Epicuro. Fortasse enim alio modo
et illis et tibi videbuntur hæc se habere. Sacra potius
faciamus et videamus quid exta portendant, utrum melius
sit in Ægyptum nos abire, an manere, et oraculum con-
sulamus Delphos missis aliquibus, patrius enim nobis est
deus ille. Defensio nobis parata erit in utrumque, sive
proficiscimur sive manemus, per ipsos deos. (15) Potius
autem hoc faciam. Habeo nimirum quandam mulierem
nuper e Phrygia huc advectam admodum harum rerum
peritam, quæ bene scit vaticinari e ventre et nocturna
spartorum extensione et mortuos excitare; atqui non cre-
dere dicenti oportet, sed videre, ut aiunt. (16) Mittam

γάρ, ὡς ἔοικε, κάθαρσίν τινα δεῖ προτελέσαι τὴν
γυναῖκα καὶ παρασκευάσαι τινὰ ζῷα ἱερεῦσαι καὶ λι-
βανωτὸν ἄρρενα καὶ στύρακα μακρὸν καὶ πέμματα
σελήνης καὶ ἄγρια φύλλα τῶν ἀνθρώπων. οἶμαι δὲ
καὶ σὲ φθήσεσθαι Πειραιόθεν ἐλθεῖν. ἢ δήλωσόν μοι
σαφῶς μέχρι τίνος οὐ δύνασαι Γλυκέραν ἰδεῖν, ἵν' ἐγὼ
μὲν καταδράμω πρὸς σέ, τὴν δὲ Φρυγίαν ταύτην
ἑτοιμάσωμαι ἤδη. (17) καὶ ἃ μελετᾶν πειράζεις ἀπὸ
σαυτοῦ με τὸν Πειραιᾶ καὶ τὸ ἀγρίδιον καὶ τὴν Μου-
νυχίαν καὶ κατ' ὀλίγον ὅπως ἐκπέσωσι τῆς ψυχῆς,
σὺ δύναμιν ταῦτα ποιεῖν μὰ τοὺς θεούς. (18) οὐδὲ
σὺ δύνασαι διαπεπλεγμένος ὅλος ἤδη μοι. κἂν
οἱ βασιλεῖς ἐπιστείλωσι πάντες, ἐγὼ πάντων εἰμὶ
παρὰ σοὶ βασιλικωτέρα καὶ εὐσεβεῖ σοι κέχρημαι
ἐραστῇ καὶ ὅρκων ἱερῶν μνήμονι. (19) ὥστε πειρῶ
μᾶλλον ἐμοί, φιλότης, θᾶσσον εἰς ἄστυ παραγενέσθαι,
ὅπως, εἴ γε μεταβουλεύσαιο τῆς πρὸς βασιλέα ἀφί-
ξεως, ἔχῃς ηὐτρεπισμένα τὰ δράματα, καὶ ἐξ αὐ-
τῶν ἃ μάλιστα ᾖσαι δύναται Πτολεμαῖον καὶ τὸν σαυ-
τοῦ Διόνυσον, οὐ δημοκρατικόν, ὡς οἶσθα, εἴτε Θαΐδα
εἴτε Μισούμενον εἴτε Θρασυλέοντα εἴτε 'Επιτρέποντας
εἴτε 'Ραπιζομένην εἴτε Σικυώνιον εἴτε ὅτιοῦν ἄλλο. τί
δέ; ἐγὼ θρασεῖα καὶ τολμηρά τίς εἰμι τὰ Μενάνδρου
διακρίνειν ἰδιῶτις οὖσα; (20) ἀλλὰ σοφὸν ἔχω σου τὸν
ἔρωτα καὶ ταῦτ' εἰδέναι δύνασθαι. σὺ γάρ με ἐδίδα-
ξας εὐφυᾶ γυναῖκα ταχέως παρ' ἐρώντων μανθάνειν·
ἀλλ' οἰκονομοῦσιν ἔρωτες σπεύδοντες. αἰδούμεθα μὲ
τὴν Ἄρτεμιν ἀνάξιοι ὑμῶν εἶναι μὴ θᾶττον μανθάνουσαι.
πάντως δέομαι, Μένανδρε, κἀκεῖνο παρασκευάσασθαι
τὸ δρᾶμα ἐν ᾧ με γέγραφας, ἵνα κἂν μὴ παραγένωμαι
σὺν σοί, διὰ σοῦ πλεύσω πρὸς Πτολεμαῖον, καὶ μᾶλ-
λον αἰσθηται ὁ βασιλεὺς ὅσον ἰσχύει σε καὶ παρὰ σοὶ
γεγραμμένους φέρειν ἑαυτοῦ τοὺς ἔρωτας ἀφεὶς ἐν ἄστει
τοὺς ἀληθινούς. (21) ἀλλ' οὐδὲ τούτους ἀφήσεις, εὖ
ἴσθι, κυβερνᾶν ἢ πρωρατεύειν, ἕως δεῦρο παραγίνῃ
πρὸς ἡμᾶς Πειραιόθεν, μαθήσομαι, ἵνα σε ταῖς ἐμαῖς
χερσὶν ἀκύμονα ναυστολήσω πλέουσα, εἰ τοῦτο ἄμειν-
νον εἶναι φαίνοιτο. φανείη δέ, ὦ θεοὶ πάντες, ὃ
κοινῇ λυσιτελήσει, καὶ μαντεύσαιτο ἡ Φρυγία τὰ συμ-
φέροντα κρεῖσσον τῆς θεοφορουμένης σου κόρης. Ἔρ-
ρωσο.

Γ.

α'. Γλαυκίππη Χαρόπη.

Οὐκέτ' εἰμὶ ἐν ἐμαυτῇ, ὦ μῆτερ, οὐδὲ ἀνέχομαι
γήμασθαι ᾧ με κατεγγυήσειν ἐπηγγείλατο ἔναγχος ὁ
πατήρ, τῷ Μηθυμναίῳ μειρακίῳ τῷ παιδὶ τοῦ κυβερ-
νήτου, ἐξ ὅτου τὸν ἀστικὸν ἔφηβον ἐθεασάμην τὸν
ὠσχοφόρον, ὅτε με ἄστυδε προύτρεψας ἀφικέσθαι
ὠσχοφορίων ὄντων. (2) καλὸς γάρ ἐστι, καλός, ὦ
μῆτερ, καὶ ἥδιστος καὶ βοστρύχους ἔχει βρύων οὐλοτέ-
ρους, καὶ μειδιᾷ τῆς θαλάττης γαληνιώσης χαριέστε-

ad eam. Etenim, ut videtur, et lustrationem quandam
oportet prius peragere mulierem, et parare quædam
animalia ad sacrificandum et thus masculum et styracem
longum et placentas lunæ et silvestria folia.... (17) Ar-
bitror autem te antea venturum e Piræeo : aut fac me cer-
tiorem quousque non possis Glyceram videre, ut ego de-
curram ad te, Phrygiam autem istam paratam habeam.
Quæ meditari conaris .... Piræeum
et agellum et Munychiam, atque paullatim ut excidant ex
animo. (18) Non possum hæc facere, deos testor; tu
autem non potes, arctissime mecum coniunctus. Etiamsi
reges ad te scribant omnes, ego apud te regalior sum,
atque pium te habeo amatorem et sacri iurisiurandi ob-
servatorem. (19) Quocirca id potius age, ut ocius in
urbem venias, ut, si consilium mutaveris de profectione
ad regem, habeas paratas comœdias, et ex his eas, quæ
maxime delectare possint Ptolemæum et eius Bacchum, non
popularem, ut nosti, sive Thaida sive Odiosum sive
Thrasyleontem sive Epitrepontas sive Vapulantem sive
Sicyonium *** sed quid? ego temeraria et audax sum
in iudicio de Menandri comœdiis ferendo. (20) At soler-
tem habeo tuum amorem, ut hæc etiam scire possim. Tu
enim me docuisti, bonæ indolis mulierem cito ab amato-
ribus discere. Sed administrant rem amores cum festina-
tione. Puderet, per Dianam, vobis indignas esse tardius
discentes. Omnino oro, mi Menander, ut et illam co-
mœdiam paratam habeas in qua me introduxisti, ut,
etiamsi non adsim tecum, per te navigem ad Ptolemæum,
et sic magis sentiat rex quantum valeat et apud te scri-
ptos afferre tuos amores, relictis in urbe veris. (21) Sed
ne istos quidem relinques. Bene scito, gubernaculo
præesse aut proræ, donec huc adveneris ad nos ex Piræeo,
me discere, ut te meis manibus fluctuum expertem navi
ducam, navigans, si istud consultius esse videatur. Vi-
deatur autem, dii omnes, quod communiter utile sit, et
vaticinetur Phrygia, quæ conducant, melius quam
numine afflata tua puella. Vale.

LIBER TERTIUS.

I. Glaucippe Charopæ.

Non amplius sum apud me, o mater, nec sustineo
nubere illi, cui desponsurum me nuper promisit pater,
Methymnæo adolescenti, filio gubernatoris, ex quo illum
urbicum iuvenem conspexi, illum oschophorum, postquam
me in urbem iussisti abire, cum essent Oschophoria.
(2) Pulcher enim est, pulcher, o mater, et suavissimus, et
cincinnos habet musco crispiores et ridet mari tranquillo

ρον, καὶ τὰς βολὰς τῶν ὀφθαλμῶν ἐστι κυαναυγής, οἷος τὸ πρῶτον ὑπὸ τῶν ἡλιακῶν ἀκτίνων ὁ πόντος καταλαμπόμενος φαίνεται. (3) τὸ δὲ ὅλον πρόσωπον αὐτοῦ, ἐνορχεῖσθαι ταῖς παρειαῖς εἴποις ἂν τὰς Χάριτας τὸν Ὀρχομενὸν ἀπολιπούσας καὶ τῆς Ἀργαφίας κρήνης ἀπονιψαμένας· τὼ χείλη δὲ τὰ ῥόδα τῆς Ἀφροδίτης ἀποσυλήσας τῶν κόλπων διήνθισται ἐπὶ τῶν ἄκρων ἐπιθέμενος. (4) ἢ τούτῳ μιγήσομαι ἢ τὴν Λεσβίαν μιμησαμένη Σαπφὼ οὐκ ἀπὸ τῆς Λευκάδος πέτρας, ἀλλ' ἀπὸ τῶν Πειραϊκῶν προβόλων ἐμαυτὴν εἰς τὸ κλυδώνιον ὤσω.

β'. Χαρόπη Γλαυκίππῃ.

Μέμηνας, ὦ θυγάτριον, καὶ ἀληθῶς ἐξέστης. ἐλλεβόρου δεῖ σοι, καὶ οὐ τοῦ κοινοῦ, τοῦ δὲ ἀπὸ τῆς Φωκίδος Ἀντικύρας, ἥτις δέον αἰσχύνεσθαι κορικῶς ἀπέξυσαι τὴν αἰδῶ τοῦ προσώπου. (2) ἔχε ἀτρέμα καὶ κατὰ σεαυτήν, καὶ ῥάϊζε τὸ κακὸν ἐξωθοῦσα τῆς διανοίας. εἰ γάρ τι τούτων ὁ σὸς πατὴρ πύθοιτο, οὐδὲν διασκεψάμενος οὐδὲ μελλήσας τοῖς ἐναλίοις βορὰν παραρρίψει σε θηρίοις.

γ'. Εὔαγρος Φιλοθήρῳ.

Εὐφυΐα μὲν ἦν καὶ πλῆθος ἰχθύων, ἐγὼ δὲ τὴν σαγήνην ἀπολέσας ἠπόρουν ὅ τι πράξαιμι. ἔδοξεν οὖν Σισύφειόν τί μοι βουλευσαμένῳ βούλευμα ἐλθεῖν παρὰ τὸν δανειστὴν Χρέμητα, καὶ ὑποθήκην αὐτῷ καθομολογήσαντα τὸ σκάφος λαβεῖν χρυσίνους τέτταρας, ἐξ ὧν αὖθις καινουργῆσαί μοι τὴν σαγήνην ὑπάρξειεν. (2) καὶ δῆτα τοῦτο λόγου θᾶττον ἐγένετο. καὶ ὁ Χρέμης ὁ κατεσκληκώς, ὁ κατεσπακὼς τὰς ὀφρῦς, ὁ ταυρηδὸν πάντας ὑποβλέπων, ἴσως ἔρωτι τῆς ἀκάτου χαλάσας τὸ βαρὺ καὶ ἀμειδές, ἀνεὶς τὴν ὄψιν ὑπεμειδία πρός με καὶ οἷος εἶναι ὑπουργεῖν πάντα ἔφασκεν. (3) εὐθὺς μὲν οὖν ἐκδηλος ἦν, οὕτως ἀθρόως τὸ σκυθρωπὸν λύσας, οὐκ ἀγαθόν τι διανοούμενος, ἀλλ' ὕπουλον ἔχων τὸ φιλάνθρωπον· ὡς δὲ ἐνστάντος τοῦ καιροῦ πρὸς τῷ ἀρχαίῳ καὶ τὸν τόκον ἀπῄτει οὐδὲ εἰς ὥραν ἐνδιδούς, ἐπέγνων τοῦτον ἐκεῖνον ὃν ἠπιστάμην πρὸς τῇ Διομηΐδι πύλῃ καθήμενον, τὸν τὴν καμπύλην ἔχοντα, τὸν ἐχθρὰ πᾶσι φρονοῦντα Χρέμητα τὸν Φλυέα· καὶ γὰρ ἕτοιμος ἦν ἐπιλήψεσθαι τοῦ σκάφους. (4) ἰδὼν οὖν εἰς ὅσον ἀμηχανίας ἐληλάκειν, οἴκαδε ἀποτρέχω καὶ τὸ χρυσοῦν ἁλύσιον, ὅπερ ποτὲ εὐπορῶν τῇ γαμετῇ κόσμον εἶναι περιαυχένιον ἐπεπορίκειν, ἀποσπάσας τοῦ τραχήλου, ὡς Πασίωνα τὸν τραπεζίτην ἐλθὼν ἀπημπόλησα, καὶ συναγαγὼν τὰ νομίσματα αὐτοῖς τόκοις φέρων ἀπέδωκα, καὶ ὤμοσα κατ' ἐξωλείας ἐμαυτοῦ μήποτ' ἂν ὑπομεῖναι παρά τινα τῶν ἐν πόλει δανειστῶν ἐλθεῖν μηδ' ἂν εἰ φθάνοιμι λιμῷ κατασχληναι. ἄμεινον γὰρ εὐπρεπῶς ἀποθανεῖν ἢ ζῆν ὑποκείμενον δημοτικῷ καὶ φιλοκερδεῖ πρεσβύτῃ.

---

iucundius et acie oculorum cærulea coruscat, quale recens a solis radiis mare illustratum apparet. (3) Quod autem ad totum eius vultum attinet, tripudiare in genis dicas Gratias Orchomeno relicto et Argaphio fonte lotas. Labia vero rosis ex Veneris sinu detractis picta sunt, in eorum summitate impositis. (4) Aut isti coniungar, aut Lesbiam imitata Sapphonem, non a Leucade petra, sed a Piraicis scopulis me in undas coniciam.

II. Charope Glaucippæ.

Insanis, o filia, et mentis non compos es. Elleboro tibi opus est non illo quidem vulgari, sed ex Phocidis Anticyra, quæ, cum verecunda esse debebas, pudorem puellarem absterseris a facie. (2) Esto tranquilla, et ad te redi, et recrea te ex morbo, malumque illud expelle animo. Si enim quidquam istorum tuus pater resciverit, sine deliberatione et cunctatione marinis escam proiciet te belluis.

III. Euagrus Philothero.

Opsoniorum copia erat et abundantia piscium. Ego autem, qui verriculum amiseram, nesciebam quid facerem. Visum est igitur mihi Sisypheum quoddam comminiscenti consilium ire ad fœneratorem Chremetem, et in pignus ei promissa scapha sumere aureos quatuor, quibus rursus reficere verriculum possem. (2) Et id quidem dicto citius factum est. Atque Chremes ille macilentus, qui contractis superciliis torve omnes intueri solet, fortassis amore cymbæ, remissa severitate et truculentia sublato vultu arrisit mihi, et paratum se esse omnia præstare dixit. (3) Statim quidem eum, cum sic repente solvisset austeritatem, nihil boni in mente habere cogitavi, sed subdolam præ se ferre humanitatem manifestum erat. Ut vero instante tempore cum sorte et usuram repetit, neque in diem concedens, cognovi eundem illum, quem ad Diomeidem portam sedere videram baculum curvum gestantem, illum erga omnes hostiliter animatum Chremetem Phlyensem; etenim paratus erat invadere scaphæ. (4) Cum igitur viderem in quantas angustias devenissem, domum recurri et auream catenulam, quam olim opulentus uxori, ut ei ornatus esset collaris, faciendam curaveram, detractam a cervice, ad Pasionem argentarium delatam, vendidi nummosque inde confectos cum ipsa usura reddidi: iuravique per meam perniciem, nunquam me in animum inducturum ad ullum in urbe fœneratorem accedere, neque si prius fame contabescerem. Præstat enim honeste mori, quam vi vere subiectum plebeio et lucri cupido seni.

δ΄. Τρεχέδειπνος Λοπαδεκθάμβῳ.

Ὁ γνώμων οὔπω σκιάζει τὴν ἕκτην, ἐγὼ δὲ ἀπο-
σκλῆναι κινδυνεύω τῷ λιμῷ κεντούμενος. εἶεν, ὥρα
βουλεύματος, Λοπαδέκθαμβε, μᾶλλον δὲ μοχλοῦ καὶ
καλῳδίου· (2) εἰ γὰρ ὅλην καταβαλοῦμεν τὴν κίονα
τὴν τὸ πικρὸν τοῦτο ὡρολόγιον ἀνέχουσαν, ἢ τὸν γνώμονα
τρέψομεν ἐκεῖσε νεύειν οὗ τάχιον δυνήσεται τὰς ὥρας
ἀποσημαίνειν, ἔσται τὸ βούλευμα Παλαμήδειον·
(3) ὡς νῦν ἐγώ σοι αὖος ὑπὸ λιμοῦ καὶ αὐχμηρός,
Θεοχάρης δὲ οὐ πρότερον καταλαμβάνει τὴν στιβάδα
πρὶν αὐτῷ τὸν οἰκέτην δραμόντα φράσαι τὴν ἕκτην
ἑστάναι. (4) δεῖ οὖν ἡμῖν τοιούτου σκέμματος, ὃ
κατασοφίσασθαι καὶ παραλογίσασθαι τὴν τοῦ Θεοχά-
ρους εὐταξίαν δυνήσεται. τραφεὶς γὰρ ὑπὸ παιδαγω-
γῷ βαρεῖ καὶ ὠφρυωμένῳ οὐδὲν φρονεῖ νεώτερον, ἀλλ᾽
οἷά τις Λάχης ἢ Ἀπόληξις αὐστηρός ἐστι τοῖς τρόποις,
καὶ οὐκ ἐπιτρέπει τῇ γαστρὶ πρὸ τῆς ὥρας ἐμπίπλασθαι.

ε΄. Ἑκτοδιώκτης Μαγδαλιοκάπτῃ.

Χθὲς δείλης ὀψίας Γοργίας ὁ Ἐτεοβουτάδης συμβα-
λών μοι κατὰ τύχην χρηστῶς ἠσπάσατο καὶ κατεμέμ-
φετο ὅτι μὴ θαμίζοιμι παρ᾽ αὐτόν. καὶ μικρὰ προσ-
παίξας « ἴθι πρὸς Διὸς » εἶπεν « ὦ βέλτιστε, καὶ μετὰ
βραχὺ λουσάμενος ἧκε Ἀηδόνιον ἡμῖν τὴν ἑταίραν
ἄγων. ἔστι δέ μοι συνήθης ἐπιεικῶς καὶ μένει,
πάντως οὐκ ἀγνοεῖς, μικρὸν ἄπωθεν τοῦ Λεωκορίου·
(2) δεῖπνόν τε ἡμῖν ηὐτρέπισται γεννικόν, ἰχθῦς τεμα-
χίται καὶ σταμνία τοῦ Μενδησίου νέκταρος, εἴποι τις
ἄν, πεπληρωμένα. » (3) καὶ ὁ μὲν ταῦτα εἰπὼν
ᾤχετο· ἐγὼ δὲ παρὰ τὴν Ἀηδόνιον δραμὼν καὶ φράσας
παρ᾽ ὅτου καλοῖτο, ὀλίγου ἐδέησα κινδύνῳ περιπε-
σεῖν. ἀγνώμονος γὰρ ὡς ἔοικε πειραθεῖσα τοῦ Γορ-
γίου καὶ μικροπρεποῦς περὶ τὰς ἀντιδόσεις, τὴν ὀργὴν
ἔναυλον ἔχουσα, πλήρη τὴν κακκάβην ἀποσπάσασα
τῶν χυτροπόδων ὀλίγου ἐδέησέ μου κατὰ τοῦ βρέγ-
ματος καταχέαι ζέοντος τοῦ ὕδατος, εἰ μὴ φθάσας
ἀπεπήδησα παρὰ βραχὺ φυγὼν τὸν κίνδυνον. οὕτως
ἡμεῖς ἐλπίσιν ἀπατηλαῖς βουκολούμενοι πλείους τῶν
ἡδονῶν τοὺς προπηλακισμοὺς ὑπομένομεν.

ς΄. Ἀρτεπίθυμος Κνισοζώμῳ.

Ἀγχόνης μοι δεῖ, καὶ ὄψει με οὐ μετὰ μακρὸν ἐν
βρόχῳ τὸν τράχηλον ἔχοντα. οὔτε γὰρ τὰ ῥαπίσματα
οἷός τέ εἰμι φέρειν καὶ τὴν ἄλλην παροινίαν τῶν κά-
κιστ᾽ ἀπολουμένων ἐρανιστῶν, οὔτε τῆς μιαρᾶς καὶ
ἀδηφάγου γαστρὸς κρατεῖν· (2) ἡ μὲν γὰρ αἰτεῖ, καὶ
οὐ πρὸς κόρον μόνον ἀλλ᾽ εἰς τρυφήν· τὸ πρόσωπον δὲ
τὰς ἐπαλλήλους πληγὰς οὐκ ἀνέχεται, καὶ κινδυνεύω
τοῖν ὀφθαλμοῖν τὸν ἕτερον συσκλῆναι ὑπὸ τῶν ῥαπι-
σμάτων ἐνοχλούμενος. (3) ἰοὺ ἰοὺ τῶν κακῶν, οἷα ὑπο-
μένειν ἡμᾶς ἀναγκάζει ἡ παμφάγος αὕτη καὶ π.μβο-

IV. Trechedipnus Lopadecthambo.

Index nondum obumbrat sextam. Ego autem con-
tabescere periclitor, fame fodicatus. Ege, tempus eget
consilio, Lopadecthambe, immo vecte et reste ad sus-
pendendum. (2) Si enim totam evertemus columnam,
quæ molestissimum illud horologium sustinet, aut indi-
cem convertemus illuc ubi citius poterit horas indicare,
erit hoc consilium Palamedeum. (3) Nam nunc ego tibi
siccus præ fame et aridus sum. Theochares autem non
prius occupat torum nisi ei servus accurrens indicaverit
sextam esse. (4) Opus est igitur nobis eiusmodi com-
mento quod deciperæ et confundere Theocharis ordinem
poterit. Educatus enim a pædagogo moroso et superci-
lioso, nihil sapit iuvenile, sed quemadmodum aliquis La-
ches aut Apolexis austerus est moribus, et non concedit
ventri, ut ante horam illam impleatur. Vale.

V. Hectodioctes Magdaliocaptæ.

Heri, tempore vespertino, cum Gorgias Eteobuta-
des incidisset in me casu, comiter salutavit et conquestus
est, quod non sæpius inviserem ipsum; paullumque me-
cum iocatus « Abi, per Iovem obsecro »inquit « vir opti-
me; deinde mox lotus venito, Aedonium nobis meretri-
cem adducens. Est autem ea mihi admodum familiariter
coniuncta et habitat, nosti utique, non longe a Leocorio.
(2) Cœna lauta nobis parata est, pisces in frusta concisi,
amphoræ, Mendesio nectare, dicere possis, repletæ. »
(3) Atque ille hæc locutus, abiit. Ego vero ad Aedo-
nium cucurri; et postquam significavi, a quo vocaretur,
non multum abfuit quin in periculum inciderem. Ingra-
tum enim, ut videtur, experta Gorgiam et parcum in re-
munerationibus iramque intus fovens olla plena detracta
ex tripode non multum aberat quin mihi in sinciput effun-
deret ferventem aquam, nisi prius resiluissem, parvo dis-
crimine elapsus ex periculo. Sic nos fallaci spe illecti,
plures voluptatibus ignominias toleramus.

VI. Artepithymus Cnisozomo.

Reste mihi opus est, et videbis me mox in laqueo col-
lum habentem. Neque enim alapas possum tolerare reli-
quamque petulantiam perditissimorum epulonum, nec sce-
leratum hunc et voracissimum ventrem domare. (2) Hic
enim poscit, et non ad satietatem, sed ad luxuriam
usque; facies autem crebras illas plagas non perfert et in
periculo sum ne alter oculorum contabescat mihi colaphis
infestato. (3) Heu, heu mala, qualia sustinere nos cogit
edacissimus hic et voracissimus venter! itaque constitui,

ρωτάτη γαστήρ. ἔκρινα οὖν πολυτελοῦς τραπέζης
ἀπολαύσας ἀποπτύσαι τὸ ζῆν, κρείττονα ὀδυνηροῦ βίου
τὸν καθ' ἡδονὴν θάνατον ἡγησάμενος.

opiparam mensam semel adhuc adeptus abicere vitam,
ærumnosa vita voluptuosam mortem potiorem ducens.

ζ'. Ἑτοιμόκοσσος Ζωμεκπνέοντι.

Ἰατταταιάξ, τίς ἦν ἡ χθὲς ἡμέρα; ἢ τίς δαίμων
ἢ θεὸς ἀπὸ μηχανῆς ἐρρύσατό μ' ἐν ἀκαρεῖ μέλλοντα
παρὰ τοὺς πλείονας ἰέναι;(2) εἰ μὴ γὰρ ἀναζεύξαντά με
τοῦ συμποσίου κατά τινα ἀγαθὴν τύχην Ἀκεσίλαος ὁ
ἰατρὸς ἡμιθνῆτα, μᾶλλον δὲ αὐτόνεκρον θεασάμενος
τοῖς μαθηταῖς ἐπιτάττων φοράδην ἀνελεῖν ἤγγεν ὡς
ἑαυτὸν οἴκαδε καὶ ἀπεράν ἐπηνάγκασεν, ἔπειτα φλέβα
διατεμὼν ῥυῆναι τὸ πολὺ τοῦ αἵματος ἐποίησεν, οὐδὲν
ἂν ἐκώλυσεν ἀνεπαισθήτῳ με τῷ θανάτῳ διαφθαρέντα
ἀπολωλέναι. (3) οἷα γὰρ οἱ λαχκόπλουτοι εἰργάσαντό
με ἄλλος ἄλλοθεν περιττὰ πίνειν καὶ πλείω ἢ κατὰ τὸ
κύτος τῆς γαστρὸς ἐσθίειν ἀναγκάζοντες. (4) ὁ μὲν γὰρ
ἀλλᾶντα ἐνέσαττεν, ὁ δὲ κόπαιον εὐμέγεθες παρεώθει
ταῖς γνάθοις, ὁ δὲ κρᾶμα, οὐκ οἶνον, ἀλλὰ νᾶπυ καὶ
γάρον καὶ ὄξος κερασάμενος, καθάπερ εἰς πίθον ἐνέχει.
(5) αὐτίκα λέβητας πιθάκνια ἀμίδας ἐμῶν ἀπεπλή-
ρωσα, ὥστε αὐτὸν τὸν Ἀκεσίλαον θαυμάζειν πῶς καὶ
τίνα τρόπον ἐχώρησα τοσοῦτον βρωμάτων φορυτόν.
ἀλλ' ἐπειδὴ θεοὶ σωτῆρες καὶ ἀλεξίκακοι προῦπτου
με κινδύνου ἐξείλοντο, ἐπ' ἐργασίαν τρέψομαι καὶ εἰς
Πειραιᾶ βαδιοῦμαι τὰ ἐκ τῶν νεῶν φορτία ἐπὶ τὰς ἀπο-
θήκας μισθοῦ μεταθήσων. (6) ἄμεινον γὰρ ἐπὶ θύμοις
καὶ ἀλφίτοις διαβόσκειν τὴν γαστέρα, ὁμολογουμένην
ἔχοντα τὴν τοῦ ζῆν ἀσφάλειαν, ἢ πεμμάτων ἀπολαύοντα
καὶ φασιανῶν ὀρνίθων τὸν ἄδηλον ὁσημέραι θάνατον
ἀπεκδέχεσθαι.

Eheu, quæ fuit hesterna illa dies, vel quis genius
aut deus ex improviso servavit me, cum jam in eo es-
set ut ad plures abirem? (2) Si enim me a convivio di-
gressum bono quodam fato Acesilaus medicus vere mor-
tuum unum ex inferis conspicatus, non discipulos me
sublatum ad se domum ducere iussisset atque vomere
coegisset, deinde incisa vena multum sanguinis elicuisset,
nihil obstetisset quominus morte insensibili interemptus
periissem. (3) Hem quibus modis isti prædivites me
tractarunt! alius aliunde nimium bibere et plus quam
pro capacitate ventris edere cogentes. (4) Hic enim
farcimen inseruit, ille frustum grande intrusit maxillis,
alius mixturam, non ex vino, sed ex sinapi et liquamine
piscium et aceto factam, tanquam in dolium infudit.
(5) Statim ego vomens lebetas, seriolas, matulas implevi,
ita ut ipse Acesilaus miraretur, quomodo capere potuerim
tantam ciborum colluviem. Sed quoniam dii servatores
et averruncantes præsentissimo me periculo manifesti
eripuerunt, ad opus faciendum me convertam et in Pi-
ræeum vadam ibi navium onera in apothecas pro mercede
transportaturus. (6) Præstat enim bulbis et polenta
pascere ventrem in certa vivendi securitate, quam cupe-
diis fruendo et Phasianis avibus incertam quotidie mor-
tem exspectare.

η'. Οἰνοπνίκτης Κοτυλεβροχθίσῳ.

Ἴθι λαβὼν τὴν σύριγγα καὶ τὰ κύμβαλα ἧκε περὶ
πρώτην φυλακὴν τῆς νυκτὸς ἐπὶ τὸν χρυσοῦν στενω-
πὸν τὸν ἐπὶ τὴν ἄγνον, ἔνθα συμβαλεῖν ἡμῖν ἐξέ-
σται καὶ τὸ ἐντεῦθεν ἀπὸ Σκίρου λαβοῦσι Κλυμένην
τὴν ἑταίραν ἀγαγεῖν παρὰ τὸν νεόπλουτον Θηριππίδην
τὸν Αἰξωνέα. (2) διακαῶς γὰρ αὐτῆς οὗτος ἐρᾷ πολὺς
ἐξ οὗ χρόνος, καὶ δαπανᾶται οὐκ ὀλίγα μάτην· ἠσθη-
μένη γὰρ τὸν ἔρωτα ἐκκεχυμένον τοῦ μειρακίου,
θρύπτεται καὶ συνεχῶς ἀκκίζεται, καὶ πλείονα ἐπὶ
πλείοσιν ἀποφερομένη οὔ φησιν ἑαυτὴν ἐπιδώσειν, εἰ μὴ
τὸ χωρίον πρὸς τοῖς ἀργυρίοις λάβοι. ὥρα οὖν καὶ βία
ταύτην, εἰ συνήθως ἀντιτείνοιτο ἡμῖν, ἀποσπᾶν,
δύο δὲ ὄντε καὶ ἐρρωμένω τάχιστα αὐτὴν κἂν ἄκουσαν
ἀπαγάγοιμεν δυνησόμεθα. (3) Θηριππίδης δὲ εἰ τοῦτο
αἴσθοιτο καὶ τοὔργον ἐπιγνοίη τῆς ἡμετέρας ἀγρυπνίας
κατόρθωμα, ληψόμεθα χρυσοῦς τοῦ νέου κόμματος
οὐκ ὀλίγους καὶ λαμπρὰν ἐσθῆτα, καὶ προσέτι τὴν
οἰκίαν εἰσιέναι ἐπ' ἀδείας ἕξομεν καὶ χρῆσθαι τὸ
λοιπὸν ἀνεπικωλύτως. (4) τάχα δὲ οὐδὲ παρασίτους
ἡμᾶς ἀλλὰ φίλους ἡγήσεται. οἱ γὰρ παράκλησιν εἰς

I, sume fistulam et cymbala ac veni circa primam
noctis custodiam in auream angiportum ad Agnon, ubi
convenire poterimus, ac deinde a Sciro assumptam Cly-
menam meretricem deducere ad illum recens ditatum
Therippiden Æxonensem. (2) Ardenter enim eam iste
jam diu amat et sumptus haud exiguos facit frustra; illa
enim, ut sensit amorem inflammatum adolescentis, deli-
cias facit et semper fastidiosam se præbet : et quamquam
plura identidem ab eo aufert, negat se copiam sui factu-
ram, nisi prædium illud præter pecuniam accipiat. Tem-
pus est igitur vel vi eam, si more consueto obnitatur
nobis, abstrahere; duo enim cum simus et robusti cito
eam vel invitam abducemus. (3) Therippides vero si istud
resciverit atque cognoverit nostrarum vigiliarum felicem
successum, accipiemus aureos ob hoc novum commen-
tum non paucos et splendidam vestem, et præterea domum
cius ingredi tuto poterimus commodisque uti sine impe-
dimento. (4) Fortasse me pro parasitis quidem amplius
nos, sed pro amicis habebit. Qui enim adhortationem ad

εὐποιΐαν μὴ ἀναμείναντες οὐκέτι κόλακες ἀλλὰ φίλοι λογίζονται·

ϑ' · · · · · ·

Ἀποπειρώμενος τῶν σκυλακίων εἰ λοιπὸν ἐπιτήδεια εἰς δρόμον, λαγὼ ἔν τινι θάμνῳ διασοβήσας ἐξαίφνης ἀνέστησα, τὰ δὲ σκυλάκια οὑμοὶ ὑεῖς ἐκ τῶν ἱμαντίων ἐπέλυσαν. καὶ τὰ μὲν ἐθορύβει καὶ ἐγγὺς ἦν ἑλεῖν τὸ θηρίον, ὁ λαγὼς δὲ τοῦ κινδύνου φυγῇ ὑπερβὰς τὸ σιμὸν φωλεοῦ τινος κατάδυσιν ᾔρετο. (2) μία δὲ ἡ προθυμοτάτη τῶν κυνῶν ἤδη περικεχηνυῖα καὶ ψαῦσαι προσδοκῶσα τῷ δήγματι συγκατῆλθεν εἰς τὴν ὀπὴν τῆς γῆς, ἐντεῦθεν ἀνελκύσαι βιαζομένη τὸ λαγῴδιον, καὶ θραύει τοῖν προσθίοιν ποδοῖν τὸν ἕτερον (3) καὶ ἀνειλόμην χωλεύουσαν σκύλακα ἀγαθὴν καὶ τὸ ζῷον ἡμίβρωτον, καὶ γέγονέ μοι κέρδους ἐφιεμένῳ λυπροῦ ζημίαν μεγάλην ἀπενέγκασθαι.

ι' Ἰοϕῶν Ἐράστων

Ἐπιτριβείη καὶ κακὸς κακῶς ἀπόλοιτο ὁ κάκιστος ἀλεκτρυὼν καὶ μιαρώτατος, ὅς με ἡδὺν ὄνειρον θεώμενον ἀναβοήσας ἐξήγειρεν. ἐδόκουν γάρ, ὦ φίλτατε γειτόνων, λαμπρός τις εἶναι καὶ βαθύπλουτος, εἶτα οἰκετῶν ἐφέπεσθαί μοι στῖφος, οὓς οἰκονόμους καὶ διοικητὰς ἐνόμιζον ἔχειν. (2) ἐφαίειν δὲ καὶ τὼ χεῖρε δακτυλίων πεπληρῶσθαι καὶ πολυταλάντους λίθους περιφέρειν καὶ ἦσαν οἱ δάκτυλοί μου μαλακοὶ καὶ ἥκιστα τῆς δικέλλης ἐμέμνηντο· ἐφαίνοντο δὲ καὶ οἱ κόλακες ἐγγύθεν, Γρυλλίωνα εἴπες ἂν καὶ Πατal-κίωνα παρεστάναι (3) ἐν τούτῳ δὴ καὶ ὁ δῆμος ὁ Ἀθηναίων εἰς τὸ θέατρον παρελθόντες ἐβόων προχειρίσασθαί με στρατηγόν. μεσοῦντος δὲ τῆς χειροτονίας ὁ παμπόνηρος ἀλεκτρυὼν ἀνεβόησε καὶ τὸ φάσμα ἠφάνισθη. ὅμως ἀνεγρόμενος περιχαρὴς ἦν ἐγώ, ἐνθύμιον δὲ ποιησάμενος τοὺς φυλλολόγους ἑστάναι μῆνας ἔγνων εἶναι τὰ ἐνύπνια ψευδέστατα.

ια' Δρυαντίδας Χιόνῳ

Οὐκέτι σοι μέλει οὔτε τῆς εὐνῆς ἡμῶν οὔτε τῶν κοινῶν παιδίων οὔτε μὴν τῆς κατ' ἀγρὸν διατριβῆς, ὅλη δὲ εἶ τοῦ ἄστεος, Πανὶ μὲν καὶ Νύμφαις ἀπεχθο-μένη, ἃς ἐπιμηλίδας ἐκάλεις καὶ δρυάδας καὶ ναΐδας, καινοὺς δὲ ἡμῖν ἐπεισάγουσα θεοὺς πρὸς πολλοῖς τοῖς προυπάρχουσι (2) ποῦ γὰρ ἐγὼ κατ' ἀγρὸν ἱδρύσω Κωλιάδας ἢ Γενετυλλίδας, υἱὲ ἄκουσας ἄλλα τινὰ δαιμόνων ὀνόματα, ὧν διὰ τὸ πλῆθος ἀπ[ώ]λισθέ μοι τῆς μνήμης τὰ πλείονα (3) οὐ σωφρονεῖς ὡς ἔοικεν, ὦ γύναι, οὐδὲ ὑγιές τι διανοῇ, ἀλλ' ἀλινδῇ ἐν ταῖς ἀστικαῖς ταυτα[ι]σὶ ταῖς ὑπὸ τρυφῆς διαρρεούσαις, ὧν καὶ τὸ πρόσωπον ἐπίπλαστον καὶ ὁ τρόπος μοχθηρίας ὑπεργέμων· φύσει γὰρ καὶ ψιμυθίῳ καὶ παιδέρωτι δευσοποιοῦσι τὰς παρειὰς ὑπὲρ τοὺς δεινοὺς [τ]ῶν ζω-

---

bene faciendum non exspectint, non amplius adulateres, verum amici putantur

IX · · · · · ·

Cum catulos tentarem, an jam idonei essent ad cursum, leporem in quodam fruticeto terrefactum subito excitavi, catulos autem filii mei a loris solverunt, atque isti ferocientes prope aberant a capienda fera Lepus autem periculi fuga superato loco acclivi latebræ cujusdam recessum reperit (2) Unus autem alacrior ex canibus jam inhians et assecuturum se sperans morsu, una descendit in foramen terræ, unde cum extrahere conaretur lepusculum, fregit pedem alterum (3) Atque ego sustuli claudicantem catulum egregium et feram semesam, acciditque mihi emolumentum expetenti, ut detrimentum acciperem

X Iophon Erastoni

Pereat malusque male intereat pessimus iste gallus et detestabilis, qui me dulce somnium videntem vociferans excitavit Videbar enim mihi, carissime vicinorum, vir esse splendidus et opulentissimus, deinde servorum caterva esse stipatus, quos dispensatores et procuratores me putabam habere (2) Videbar autem mihi et manus annulis refertas habere et gemmas multorum talentorum circumferre Et erant digiti mei molles minimeque ligonis memores (3) Apparebant vero et adulatores comnus, Gryllionem diceres et Patæcionem Interea populus Atheniensis in theatrum ingressus clamabat, ducem me designans In medis autem suffragiis improbissimus gallus vociferatus est et visum illud disparuit Tamen experrectus lætitia plenus eram Cum autem in animum revocassem, menses adesse in quibus folia decidunt, cognovi insomnia esse falsissima

XI Dryantidas Chioni

Non amplius te cura tangit tori nostri neque communium liberorum neque commorationis in agro, tota am te potius urbi mancipasti, Panem et Nymphas exosa, quas Epimelidas vocabas et Dryadas et Naidas, novos autem nobis deos præter multos illos priores inducens (2) ubi enim ego rure collocabo Coliadas et Genetyllidas ? audire me memini alia quædam deorum nomina, quorum pleraque ob multitudinem mihi ex memoria exciderunt (3) Non mentis compos es, uxor, neque sani quidquam cogitas, sed contendis inter Atticas istas luxu diffluentes, quarum et facies ficta et mores malitia scatentes, fuco et cerussa et pæderote tingunt genas æque atque excel-

γράφων. σὺ δὲ ἢν ὑγιαίνῃς, ὁποίαν σε τὸ ὕδωρ ἢ τὸ ῥύμμα τὸ πρὶν ἐκάθηρε, τοιαύτη διαμενεῖς.

lentes pictores. At tu, si sapis, sicut te aqua vel sapo prius purgaverit, ita manebis.

ιβ'. Ἡρατίνας Ἐπιγόνῳ.

Μεσημβρίας οὔσης σταθερᾶς φιλήνεμόν τινα ἐπιλεξάμενος πίτυν ὑπὸ ταύτῃ τὸ καῦμα ἐσκίαζον. καί μοι ψυχάζοντι μάλ' ἡδέως ἐπῆλθέ τι καὶ μουσικῆς ἐπαφήσασθαι, καὶ λαβὼν τὴν σύριγγα ἐπέτρεχον τῇ γλώττῃ στενὸν τὸ πνεῦμα μετὰ τῶν χειλέων ἐπισύρων, καί μου ἡδύ τι καὶ νόμιον ἐξηκούετο μέλος. (2) ἐν τούτῳ δὲ οὐκ οἶδ' ὅπως ὑπὸ τῆς ἡδυφωνίας θελγόμεναι πᾶσαί μοι πανταχόθεν αἱ αἶγες περιεχύθησαν, καὶ ἀφεῖσαι νέμεσθαι τοὺς κομάρους καὶ τὸν ἀνθέρικον ὅλαι τοῦ μέλους ἐγίνοντο. ἐγὼ δὲ ἐν μέσαις ταῖς ἡδοναῖς ἐμιμούμην τὸν παῖδα τῆς Καλλιόπης. Ταῦτά σε οὖν εὐαγγελίζομαι, φίλον ἄνδρα συνειδέναι βουλόμενος ὅτι μοι μουσικόν ἐστι τὸ αἰπόλιον.

ιγ'. Καλλικράτης Αἴγωνι.

Ἐγὼ μὲν ἥκοντος τοῦ καιροῦ γύρους περισκάψας καὶ ἐμβαθύνας βόθρια οἷος ἦν ἐλάδια ἐμφυτεύειν καὶ ἐπάγειν αὐτοῖς ναματιαῖον ὕδωρ, ὅ μοι ἐκ τῆς πλησίον φάραγγος ἐποχετεύεται. (2) ἐπελθὼν δὲ ὄμβρος ἐς τρεῖς ἡμέρας καὶ νύκτας τὰς ἴσας ποταμοὺς ἄνωθεν ἐκ τῆς ἀκρωρείας τῶν ὀρῶν ἐγέννησεν, οἳ ῥύμῃ κατασυρόμενοι ἰλὺν ἐπεσπάσαντο καὶ τοὺς βόθρους κατέχωσαν, ὥστε εἶναι πάντα ἰσόπεδα καὶ οὐδὲ δοκεῖν ὅλως εἰργασμένα. (3) οὕτως ἠφάνισταί μοι τὰ πονήματα καὶ εἰς μίαν ὄψιν ἄτοπον κατέστη. τίς ἂν οὖν ἔτι πονοίη μάτην, ἀδήλους ἐλπίδας ἐν προσεργασίᾳ χαραδοκῶν; μετιτέον μοι ἐφ' ἕτερον βίον· φασὶ γὰρ ἅμα ταῖς τῶν ἐπιτηδευμάτων ἀλλαγαῖς καὶ τὰς τύχας μετασχηματίζεσθαι.

ιδ'. Σιτάλκης Οἰνοπίωνι.

Εἰ πατρῴζεις, ὦ παῖ, καὶ τἀμὰ φρονεῖς, τοὺς ἀλαζόνας ἐκείνους τοὺς ἀνυποδήτους καὶ ὠχριῶντας, οἳ περὶ τὴν Ἀκαδήμειαν ἀλινδοῦνται, καὶ βιωφελὲς μὲν οὐδὲν οὔτε εἰδότας οὔτε πράττειν δυναμένους, τὰ μετέωρα δὲ πολυπραγμονοῦντας καὶ ἐπιτηδεύοντας ἐάσας ἔχου τῶν κατ' ἀγρὸν ἔργων, ἀφ' ὧν σοι διαπονοῦντι μεστὴ μὲν ἡ σιπύη πανσπερμίας, οἱ ἀμφορεῖς οἴνου γέμοντες, πλέα δὲ ἀγαθῶν τὰ σύμπαντα.

ιε'. Κότινος Τρυγοδώρῳ.

Ὁ τρυγητὸς ἐγγὺς καὶ ἀρρίχων ἐστί μοι χρεία. δάνεισον οὖν μοι τούτων τοὺς περιττούς, ὅσον οὐκ εἰς μακρὰν ἀποδώσοντι. ἔχω κἀγὼ πιθάκνια πλείονα. εἰ οὖν δέοιο, προθύμως λάμβανε· τὸ γὰρ κοινὰ τὰ τῶν φίλων οὐχ ἥκιστα τοῖς ἀγροῖς ἐμφιλοχωρεῖν ὀφείλει.

XII. Pratinas Epigono.

Meridie ferventissimo, cum delegissem pinum quandam ventos amantem et flatibus expositam, sub hac æstum in umbra defendebam. Cumque refrigerarer admodum suaviter, venit mihi in mentem paullum tractare musicam, sumptamque fistulam percurrebam lingua tenuem spiritum labiis trahens et suavis quædam ac pastoralis audiebatur modulatio. (2) Interea nescio quomodo dulcedine cantus delinitæ omnes mihi undique capellæ sunt circumfusæ, ac desinentes depascere arbutos et virgula, totæ cantui intentæ erant. Ego autem in medio grege imitabar Calliopæ filium. Hoc igitur læto nuntio te impertio, hominem amicum conscium esse cupiens, me habere musicæ intelligentem gregem.

XIII. Callicrates Ægoni.

Ego quidem adventante tempore cum gyros fodissem et excavassem scrobes, in eo erat ut oleas inferrem et inducerem iis manantem aquam, quæ mihi ex propinqua valle derivatur. (2) Sed ingruens imber trium dierum et totidem noctium fluvios desuper ex verticibus montium generavit, qui impetuose devoluti limum secum traxerunt et scrobes obruerunt ita, ut omnia sint plana, nec omnino videantur culta. (3) Ita abolita sunt mihi opera et in unam camque fœdam faciem redacta. Quis ergo amplius labores suscipiat frustra, incertas spes ex agricultura aucupans? transcundum mihi ad aliud vitæ genus : nam simul cum studiorum mutationibus etiam fortunam aiunt mutari.

XIV. Sitalces Œnopioni.

Si patrissas, mi fili, et ea quæ ego sentis, vanis illis discalceatis et pallidis, circa Academjam se volutantibus atque, quod quidem utile sit vitæ, nihil neque scientibus neque agere valentibus, sed cælestia scrutantibus et affectantibus valere iussis, capesse agriculturam, unde tibi opus facienti plena erit arca omnis generis frugibus, amphoræ vino plenæ, plena bonis omnia.

XV. Cotinus Trygodoro.

Vindemia instat et est mihi qualis opus. Da igitur mutuos quos plures, quam opus tibi, habes intra breve tempus reddituro. Habeo sane etiam ego doliola plura : si indiges, audacter sume. Communitas enim inter amicos quam maxime in agris locum habere debet.

ις'. Φυλλὶς Θρασωνίδῃ.

Εἰ γεωργεῖν ἐβούλου καὶ νοῦν ἔχειν, ὦ Θρασωνίδη, καὶ τῷ πατρὶ πείθεσθαι, ἔφερες ἂν τοῖς θεοῖς κιττὸν καὶ δάφνας καὶ μυρρίνας καὶ ἄνθη ὅσα σύγκαιρα, καὶ ἡμῖν τοῖς γονεῦσι πυροὺς ἐξεθέρισας καὶ οἶνον ἐκ βοτρύων ἀπέθλιψας καὶ βόαλας τὰ αἰγίδια τὸν γαυλὸν. ἐπλήρωσας γάλακτος· (2) νῦν δὲ ἀγροὺς καὶ γεωργίαν ἀπαναίνῃ, χράνους δὲ ἐπαινεῖς τριλοφίαν καὶ ἀσπίδος ἐρᾷς, ὥσπερ τις Ἀκαρνὰν ἢ Μαλιεὺς μισθοφόρος. (3) μή σύγε, ὦ παιδίον, ἀλλ' ἐπάνιθι ὡς ἡμᾶς καὶ τὸν ἐν ἡσυχίᾳ βίον ἀσπάζου (καὶ γὰρ ἀσφαλὴς καὶ ἀκίνδυνος ἡ γεωργία, οὐ λόχους οὐκ ἐνέδρας οὐ φάλαγγας ἔχουσα), ἡμῖν τε γηροκόμος γενοῦ, ἀντὶ τῆς ἐν ἀμφιβόλῳ ζωῆς τὴν ὁμολογουμένην ἑλόμενος σωτηρίαν.

ιζ'. Χαιρέστρατος Δηρινόῃ.

Ἐπιτριβείης, ὦ Δηρινόη, κακὴ κακῶς ὅτι με τῇ μέθῃ καὶ τοῖς αὐλοῖς κατακοιμίσασα βραδὺν ἀπέφηνας τοῖς ἐκ τῶν ἀγρῶν ἀποπέμψασιν. οἳ μὲν γὰρ ἕωθεν προσεδόκων με φέροντα αὐτοῖς τὰ κεραμεᾶ σκεύη, ὧν ἕνεκα ἀφικόμην· (2) ἐγὼ δὲ ὁ χρυσοῦς πάννυχος καταυλούμενος εἰς ἡμέραν ἐκάθευδον. ἀλλ' ἄπιθι, ὦ τάλαινα, καὶ τοὺς ἀθλίους τουτουσὶ θέλγε τοῖς γοητεύμασιν. ἐμοὶ γὰρ εἰ ἔτι ἐνοχλοίης, κακόν τι παμμέγεθες προσλαβοῦσα ἀπελεύσῃ.

ιη'. Εὔσταχυς Πιθακνίωνι.

Τοὐμοῦ παιδίου γενέσια ἑορτάσων ἥκειν σε ἐπὶ τὴν πανδαισίαν, ὦ Πιθακνίων, παρακαλῶ, ἥκειν δὲ οὐ μόνον ἀλλ' ἐπαγόμενον τὴν γυναῖκα καὶ τὰ παιδία καὶ τὸν σύργαστρον· (2) εἰ βούλοιο δέ, καὶ τὴν κύνα, ἀγαθὴν οὖσαν φύλακα καὶ τῷ βάρει τῆς ὑλακῆς ἀποσοβοῦσαν τοὺς ἐπιβουλεύοντας τοῖς ποιμνίοις. ἡ δὲ τοιαύτη οὐκ ἂν ἀτιμάζοιτο δαιτυμὼν. εἶναι σὺν ἡμῖν. (3) ἑορτάσομεν δὲ μάλ' ἡδέως, καὶ πιόμεθα εἰς μέθην καὶ μετὰ τὸν χορὸν ᾀσόμεθα, καὶ ὅστις ἐπιτήδειος κορδακίζειν, εἰς μέσους παρελθὼν τὸ κοινὸν ψυχαγωγήσει. μὴ μέλλε οὖν, ὦ φίλτατε. καλὸν γὰρ ἐν ταῖς κατ' εὐχὴν ἑορταῖς ἐξ ἑωθινοῦ συντάττειν τὰ συμπόσια.

ιθ'. Πιθακνίων Εὐστάχυι.

Κοινωνικὸς ὢν καὶ φιλέταιρος ὄναιο σαυτοῦ καὶ τῆς γυναικὸς καὶ τῶν παιδίων, ὦ Εὔσταχυ. ἐγὼ δὲ τὸν χλῶπα φωράσας, ἐφ' ᾧ πάλαι ἠγαλλον τὴν ἐχέτλην ὑφελομένῳ καὶ δύο δρεπάνας, ἔχω παρ' ἐμαυτῷ τοὺς κωμήτας ἀναμήτας ἐπικούρους. (2) νῦν γὰρ οὐκ ἐδοκίμαζον ἀσθενέστερος ὢν καὶ μόνος τὼ χεῖρε ἐπιβάλλειν αὐτῷ. ὁ μὲν γὰρ δριμὺ βλέπει καὶ τοξοποιεῖ τὰς ὀφρῦς καὶ σφριγῶντας ἔχει τοὺς ὤμους καὶ

Si agrum colere velles et sapere, o Thrasonides, ac patri morem gerere, ferres tum diis hederam et lauros et myrtos et flores pro tempore, tum nobis parentibus tuis triticum messum et vinum ex uvis expressum, et mulsis capellis mulctram plenam lacte; (2) nunc autem rus et agriculturam aspernaris, galeæ contra laudas cristas et clypeum amas tanquam aliquis Acarnan aut Meliensis miles mercenarius. (3) Noli hoc facere, mi fili, sed redi ad nos et tranquillam vitam amplectere (etenim tuta et expers periculi est agricultura, non cohortes, non insidias, non phalanges habens), nobisque senectutis sustentator esto pro dubia vita certam eligens salutem.

XVII. Chærestratus Derinoæ.

Pereas, Derinoe, mala male, quod me vino et tibiis tuis delinitum fecisti ut tarde ad eos redirem qui rue rure huc miserant. Isti enim mane me exspectabant allaturum amphoras, quarum causa veneram. (2) Ego autem, bellus homo, tota nocte tibiis oblectatus, usque in lucem dormivi. Sed abi infelix, atque miseros istos demulce tuis præstigiis. Mihi si molesta fueris, cum magno malo tuo discedes.

XVIII. Eustachys Pithacnioni.

Filii mei natalem celebrans, te ut venias ad epulas, mi Pithacnio, rogo; venias autem non solus, sed adducens tecum uxorem et liberos et laborum socium, (2) et si vis, etiam canem, bonum custodem et gravi latratu abigentem insidiantes gregibus: ille autem talis non dedignabitur conviva nobis esse. (3) Festum celebrabimus admodum suaviter bibemusque ad ebrietatem et post satietatem cantabimus: atque qui idoneus fuerit ad cordacem ducendum, in medios progressus, cœtum delectabit. Ne igitur cuncteris, carissime; decet enim in votivis solennitatibus mane convivia apparare.

XIX. Pithacnio Eustachyi.

Cum communem te præbeas et sodalium amantem, macte esto tu et uxor et liberi, mi Eustachy. Ego vero postquam furem deprehendi, cui dudum irascabar, quod stivam mihi surripuit et duas falces, domi habeo, vicinos exspectans auxiliatores. (2). Nunc enim consultum non putavi, cum sim infirmior et solus, manus ei admovere. Torvo enim est vultu et adducit supercilia et vegetos ha-

ἀδρὰν τὴν ἐπιγουνίδα φαίνει· (3) ἐγὼ δὲ ὑπὸ τῶν πόνων καὶ τῆς δικέλλης· κατέσκληκα, καὶ τύλους μὲν ἐν ταῖς χερσὶν ἔχω, λεπτότερον δέ μοι τὸ δέρμα λεθηρίδος. ἡ μὲν οὖν γυνὴ καὶ τὰ παιδία εἰς σὲ βαδιοῦνται καὶ τῆς εὐωχίας μεθέξουσιν, ὁ δὲ σύργαστρος μαλακῶς ἔχει τὰ νῦν. ἐγὼ δὲ καὶ ἡ κύων τὸν μιαρὸν φυλάξομεν.

κ΄. Ναπαῖος Κρηνιάδῃ.

Οἶσθά με ἐπισάξαντα τὴν ὄνον παλάθια .... καταγαγόντα οὖν, ἕως οὗ ταῦτα ἀπεδόμην τῶν τινι γνωρίμων, ἄγει μέ τις λαβὼν εἰς τὸ θέατρον καὶ καθίσας ἐν καλῷ διαφόροις ἐψυχαγώγει θεωρίαις. (2) τὰς μὲν οὖν ἄλλας οὐ συνέχω τῇ μνήμῃ, εἰμὶ γὰρ τὰ τοιαῦτα καὶ εἰδέναι καὶ ἀπαγγέλλειν κακός· ἓν δὲ ἰδὼν ἀχανὴς ἐγώ σοι καὶ μικροῦ δεῖν ἄναυδος. εἷς γάρ τις εἰς μέσους παρελθὼν καὶ στήσας τρίποδα τρεῖς μικρὰς ἐπετίθει παροψίδας, εἶτα ὑπὸ ταύταις ἔσκεπε λευκά τινα καὶ μικρὰ καὶ στρογγύλα λιθίδια, οἷα ἡμεῖς ἐπὶ ταῖς ὄχθαις τῶν χειμάρρων εὑρίσκομεν. (3) ταῦτα ποτὲ μὲν κατὰ μίαν ἔσκεπε ταῖς παροψίσι, ποτὲ δὲ οὐκ οἶδ' ὅπως ὑπὸ τῇ μιᾷ ἐδείκνυ, ποτὲ δὲ παντελῶς ἀπὸ τῶν παροψίδων ἠφάνιζε καὶ ἐπὶ τοῦ στόματος ἔφαινεν. (4) εἶτα καταβροχθίσας, τοὺς πλησίον ἑστῶτας ἄγων εἰς μέσον τὴν μὲν ἐκ ῥινὸς τὴν δὲ ἐξ ὠτὸς τὴν δὲ ἐκ σφαγῆς ἀνηρεῖτο, καὶ ἀνελόμενος πάλιν ἐξ ὀφθαλμῶν ἐποίει. κλεπτίστατος ἄνθρωπος ὑπὲρ ὃν ἀκούομεν Εὐρυβάτην τὸν Οἰχαλιέα. μὴ γένοιτο κατ' ἀγρὸν τοιοῦτον θηρίον· οὐ γὰρ ἁλώσεται ὑπ' οὐδενὸς καὶ πάντα ὑφαιρούμενος τἄνδον φροῦδά μοι τὰ κατὰ τὸν ἀγρὸν ἀπεργάσεται.

κα΄. Εὐνάπη Γλαύκῃ.

Ὁ μὲν ἀνὴρ ἀπόδημός ἐστί μοι τρίτην ταύτην ἡμέραν ἐν ἄστει, ὁ δὲ θητεύων παρ' ἡμῖν Παρμένων ζημία καθαρά, ῥάθυμος ἄνθρωπος καὶ τὰ πολλὰ καταπίπτων εἰς ὕπνον. (2) ὁ δὲ λύκος ἀργαλέος πάροικος καὶ βλέπων φονώδες καὶ αἱμοβόρον· Χιόνην γὰρ τὴν καλλιστεύουσαν τῶν αἰγῶν ἐκ τοῦ φελλέως ἁρπάσας οἴχεται. καὶ ὁ μὲν δειπνεῖ ἀγαθὴν αἶγα καὶ εὐγάλακτον, ἐγὼ δὲ δάκρυα τῶν ὀφθαλμῶν ἀπολείβω. (3) πέπυσται δὲ τούτων οὐδὲν ὁ ἀνήρ· εἰ δὲ μάθοι, κρεμήσεται μὲν ἐκ τῆς πλησίον πίτυος ὁ μισθωτός, αὐτὸς δὲ οὐ πρότερον ἀνήσει πάντα μηχανώμενος πρὶν παρὰ τοῦ λύκου δίκας εἰσπράξασθαι.

κβ΄. Πολύαλσος Εὐσταφύλῳ.

— Πάγην ἔστησα ἐπὶ τὰς μιαρὰς ἀλώπεκας κρεάδιον τοῦ σκανδάλου ἀπαρτήσας. ἐπεὶ γὰρ ἐπολέμουν ταῖς σταφυλαῖς, καὶ οὐ μόνον τὰς ῥᾶγας ἔκαπτον ἀλλ' ἤδη καὶ ὁλοκλήρους ἀπέτεμνον τῶν οἰνάρων τοὺς βότρυς, ὁ δεσπότης δὲ ἐπιστήσεσθαι κατηγγέλλετο, ἀρ-

---

bet humeros et solidum femur. (3) Ego autem a laboribus et bidente emaciatus sum et callos habeo in manibus, tenuior autem mihi cutis est serpentis exuviis. Uxor quidem et liberi venient et convivii participes erunt, sed laborum socius aegrotat : ego autem et canis sceleratum illum custodiemus.

XX. Napaeus Creniadae.

Scis me onerasse asinum ficubus et caricis. Cum igitur devertissem, donec illas vendere possem noto cuidam, ducit me secum aliquis in theatrum et collocatum in sede opportuna variis delectabat spectaculis. (2) Equidem cetera non teneo memoria, sum enim ad talia tum intelligenda tum referenda parum aptus. Unum autem memoria tenens hisco jam et prope mutus sum. Quidam enim in medium progressus, in mensa tripode tres exiguas posuit patellas, sub quibus albos quosdam et parvos et rotundos lapillos condidit, quales nos in ripis torrentium reperimus; (3) eosque modo singulatim sub una quavis occultavit patella, modo, nescio qua ratione, sub una aliqua ostendit, modo ut sub patellis disparerent effecit et in ore ostendit, deinde cum degluttisset, adductis in medium qui prope adstabant, alium ex nare, alium ex aure, alium ex jugulo depromsit : deinde depromtos iterum ex oculis hominum removit. (4) Maxime clancularius ille homo est superatque illum, de quo audimus, Eurybaten Œchaliensem. Absit ruri talis bestia, non enim deprehendetur a quoquam, omniaque quae domi habeo surripiens evanescere faciet omnem agri fructum.

XXI. Eunape Glaucae.

Maritus peregre abest, tertium iam diem versans in urbe; qui autem mercede servit apud nos Parmeno, merum damnum est, homo segnis et valde somnolentus. (2) Lupus vero gravis vicinus, cuius ex oculis emicat caedis et devorandi cupiditas; Chionen enim pulcherrimam caprarum ex loco saxoso secum abstulit : atque ille quidem coenat egregiam capram, ego autem lacrymas oculis effundo. (3) Rescivit autem istorum nihil maritus. Si vero audiverit, pendebit ex proxima pinu mercenarius; ipse autem non desinet omnia moliri priusquam a lupo poenas sumserit.

XXII. Polyalsus Eustaphylo.

Decipulam posui ad capiendas exsecrabiles illas vulpeculas, frusto carnis ex tendicula suspenso. Cum enim infestarent uvas, et non solum acinos decerperent sed integros etiam abscinderent a pampinis racemos,

γαλέος ἄνθρωπος καὶ δριμύς, (2) καὶ γνωμίδια καὶ
προβουλεύματια συνεχῶς ἐπὶ τῆς πυκνὸς Ἀθηναίοις
εἰσηγούμενος καὶ πολλοὺς ἤδη διὰ σκαιότητα τρόπου
καὶ δεινότητα ῥημάτων ἐπὶ τοὺς ἕνδεκα ἀπαγαγών, δείσας μή τι πάθοιμι κἀγώ, καὶ ταῦτα τοιούτου τοῦ
δεσπότου ὄντος, τὴν κλέπτιν ἀλώπεκα συλλαβὼν
ἐβουλόμην παραδοῦναι (3) ἀλλ' ἡ μὲν οὐχ ἧκε
Πλαγγὼν δὲ τὸ Μελιταῖον κυνίδιον, ὃ τρέφομεν ἄθυρμα
τῇ δεσποίνῃ προσηνές, ὑπὸ τῆς ἄγαν λιχνείας ἐπὶ τὸ
κρέας ὁρμῆσαν κεῖταί σοι τρίτην ταύτην ἡμέραν ἐκτάδην νεκρὸν ἤδη μυδῆσαν. ἔλαθον οὖν ἐπὶ κακῷ
κακὸν ἀναρριπίσας (4) καὶ τίς παρ' ἀνθρώπῳ σκυθρωπῷ τῶν τοιούτων συγγνώμη, φευξόμεθα ᾗ ποδῶν
ἔχομεν, χαιρέτω δὲ ὁ ἀγρὸς καὶ τἀμὰ πάντα. ὥρα
γὰρ σώζειν ἐμαυτόν, καὶ μὴ τὸ παθεῖν ἀναμένειν ἀλλὰ
πρὸ τοῦ παθεῖν φυλάξασθαι.

κγ' Θαλλὸς Πιτυιστῳ

Πάντα φιλῶ τρυγᾶν ἔστι γὰρ τὸ καρπῶν ἀποδρέπεσθαι πόνων ἀμοιβὴ δίκαιος ἐξαιρέτως δὲ ἐθέλω
βλίττειν τὰ σμήνη. ἐγὼ οὖν σίμβλα ὑπὸ τῇ πέτρᾳ ἀποκλάσας, κηρία νεογενῆ. πρῶτον μὲν οὖν τοῖς
θεοῖς ἀπηρξάμην, ἔπειτα δὲ τοῖς φίλοις ὑμῖν ἀπάργομαι. (2) ἔστι δὲ λευκὰ ἰδεῖν καὶ ἀποστάζοντα λιθάδας Ἀττικοῦ μέλιτος, οἷον αἱ Βριλήσσιαι λαγόνες
ἐξανθοῦσι καὶ νῦν μὲν ταῦτα πέμπομεν, εἰς νέωτα
δὲ δέχοιο παρ' ἡμῶν μείζονα τουτωνὶ καὶ ἡδίονα

κδ' Φιλοποίμην Μοσχιων

Λύκον ἔοικα τρέφειν τὸ μιαρὸν ἀνδράποδον ἐμπεσὼν γὰρ εἰς τὰς αἶγας οὐκ ἔστιν ἥντινα οὐκ ἀπολώλεκε,
τὰς μὲν ὑποδόμενος τὰς δὲ καταθύων (2) καὶ τῇ
μὲν ἡ γαστὴρ τῆς κραιπάλης ἐμπίπλαται, καὶ τὰ
λοιπὰ τῇ τενθείᾳ δαπανᾶται, καὶ ψάλλεται καὶ καταυλεῖται καὶ τοῖς μυροπωλείοις φιληδεῖ, τὰ δὲ αὔλια
ἔρημα, αἶγες δὲ ἐκεῖναι αἱ πρότερον οἴχονται (3) τέως
μὲν οὖν ἡσυχίαν ἄγω, μὴ προαισθόμενος φύγα
κατατείνας φύγῃ εἰ δὲ ἀνυπόπτως λάβοιμι αὐτοῦ
καὶ ἐγκρατὴς γενοίμην, δεθήσεται τὼ πόδε, ῥίνικα,
παχείας ἐπισύρων, καὶ τῇ σκαπάνῃ προσανέχων ὑπὸ
τῇ δικέλλῃ καὶ τῇ σμινύῃ τῆς μὲν τρυφῆς ἐπιλήσεται,
παθὼν δὲ γνώσεται οἷόν ἐστι τὸ τῇ ἀγροικίᾳ σωφροσύνην ἀσπάζεσθαι

κε' Ὕλη Νομίῳ

Θαμίζεις εἰς ἄστυ κατιών, ὦ Νόμιε, καὶ τὸν ἀγρὸν
οὐδ' ἀκαρῆ θέλεις ὁρᾶν ἀργὸς δὲ ἡ γῆ χηρεύουσα τῶν
ἐκπονούντων, ἐγὼ δὲ οἰκουρῶ μόνη μετὰ τῆς Σύρας
ἀγαπητῶς τὰ παιδία βουκολοῦσα (2) σὺ δὲ ἡμῖν
αὐτόχρημα μεσαιπόλιος ἄνθρωπος μειράκιον ἀστικὸν
ἀνεφάνης. ἀκούω γάρ σε τὰ πολλὰ ἐπὶ Σκίρου καὶ

---

herus autem venturus nuntiaretur (2) (immitis homo et
acer, qui sententias et rogationes in Pnyce Atheniensibus
assiduo proponit, quique multos iam pravitate ingenii et
vi dicendi ad undecimviros duxerit) metuens ne quid
mali mihi accideret ab eo, præsertim tali domino, vulpem
furacissimam, comprehensam, volui ei tradere (3) At
hæc non venit, verum Plangon, Melitæus ille catellus,
quem alimus oblectamentum dominæ gratum, cum præ
nimia gulositate in carnem invasisset, iacet tertium iam
diem porrectus, mortuus, iam putrescens Itaque imprudens super malo malum excitavi (4) Et quænam
apud tetricum illum talium venia? fugiemus quantum
pedibus valemus Valeat rus et mea omnia Tempus
enim est me ipsum servare, nec exspectare ut malum
patiar, sed antequam patiar, cavere

XXIII Thallus Pityisto

Quoslibet fructus libenter percipio est enim frugum collectio digna laborum compensatio, præcipue autem cupio castrare apum alvearia Habeo igitur, postquam alvearia sub petra relevi, favos recentes Primum
equidem diis primitias tuli, post eos vobis amicis delibo
(2) Sunt autem candidi adspectu et stillant guttas Attici
mellis, quale Brilessiæ cavernæ emittunt Atque nunc
quidem hæc mittimus, anno insequenti autem accipies
a nobis maiora istis et suaviora

XXIV Philopoimen Moschioni.

Lupum videor alere scelestum istum servum, impetu in capras facto nullam non disperdidit, partim vendendo partim mactando (2) Atque illi quidem venter
crapula turget, ceteraque gulæ largitur et fidibus tibiisque
demulcetur et apud unguentariorum officinas voluptatem
captat, stabula autem vacua et capræ illæ pristinæ perierunt (3) Hactenus quidem quietus sum, ne præsentiens
contento cursu fugiat, si autem inopinato eum comprehendero eoque potitus fuero, vincientur ei pedes trahetque
pedicas crassas atque fossicui intentus sub bidente et ligone luxuriæ obliviscetur, atque damno suo, quale sit,
cognoscet, rusticæ sobrietati renuntiare

XXV Hyle Nomio

Frequenter in urbem descendis, Nomie, et agrum
ne ad momentum quidem vis adspicere Cessat autem
terra carens operis Ego vero domi maneo, sola cum
Syra ægre liberos alens (2) At tu revera semicanus
homo adolescentulum urbicum te ostendis. Audio enim

Κεραμεικοῦ διατρίβειν, οὖ φασι τοὺς ἐξωλεστάτους σχολῇ καὶ ῥαστώνῃ τὸν βίον καταναλίσκειν.

κϛ΄. Ληναῖος Κορύδωνι.

Ἄρτι μοι τὴν ἄλω διακαθήραντι καὶ τὸ πτύον ἀποθεμένῳ ὁ δεσπότης ἐπέστη καὶ ἰδὼν ἐπῄνει τὴν φιλεργίαν. ἐφάνη δέ μοί ποθεν ὁ Κωρυκαῖος δαίμων, Στρόμβιχος ὁ παμπόνηρος. ἰδὼν γάρ με ἑπόμενον τῷ δεσπότῃ, κειμένην τὴν σισύραν ἣν ἀποθέμενος εἰργαζόμην ὑπὸ μάλης ᾤχετο φέρων, ὥστε με ὁμοῦ τῇ ζημίᾳ καὶ τὸν ὑπὸ τῶν ὁμοδούλων προσοφλεῖν γέλωτα.

κζ΄. Γέμελλος Σαλμωνίδι.

Τί ταῦτα, ὦ Σαλμωνίς; ὑπερηφανεῖς τάλαινα τὸν δεσπότην; οὐκ ἐγώ σε εἰς τοὐργαστήριον καθημένην παρὰ τὸν ἀκεστὴν τὸν ἑτερόποδα ἀνειλόμην, καὶ ταῦτα λάθρᾳ τῆς μητρός, καὶ καθάπερ τινὰ ἐπίκληρον ἐγγυητὴν ἀγαγόμενος ἔχω; (2) σὺ δὲ φρυάττῃ, παιδισκάριον εὐτελές, καὶ κιχλίζουσα καὶ μωκωμένη με διατελεῖς. οὐ παύσῃ τάλαινα τῆς ἀγερωχίας; ἐγώ σοι τὸν ἐραστὴν δείξω δεσπότην καὶ τὰς κάχρυς ἐπὶ τῶν ἀγρῶν φρύγειν ἀναγκάσω, καὶ τότε εἴσῃ παθοῦσα οἷ κακῶν σαυτὴν ἐνέσεισας.

κη΄. Σαλμωνὶς Γεμέλλῳ.

Πάντα ὑπομένειν οἵα τε εἰμὶ πλὴν τοῦ σοι συγκαθεύδειν, δέσποτα. καὶ τὴν νύκτα οὐκ ἔφυγον οὐδὲ ὑπὸ τοῖς θάμνοις ἐκρυπτόμην, ὡς ἐδόκεις, ἀλλὰ τὴν κάρδοπον ὑπεισελθοῦσα ἐκείμην ἀμφιθεμένη τὸ κοῖλον τοῦ σκεύους εἰς κάλυμμα. (2) ἐπειδὴ δὲ κέκρικα βρόχῳ τὸν βίον ἐκλιπεῖν, ἄκουε λεγούσης ἀναφανδόν, πάντα γάρ μου περιαιρεῖ φόβον ἡ πρὸς τὸ τελευτᾶν ὁρμή· ἐγώ σε ὦ Γέμελλε στυγῶ, ὥσπερ τι κίναδος ἐκτρεπομένη, καὶ τοῦτο μὲν βδελυττομένη τὸ δάσος τοῦ σώματος (1) τοῦτο δὲ τὴν δυσχέρειαν τοῦ στόματος ἐκ τοῦ μυχαιτάτου τῆς φάρυγγος τὴν δυσοσμίαν ἐκπέμποντος. κακὸς κακῶς ἀπόλοιο τοιοῦτος ὤν. βάδιζε παρά τινα λημῶσαν ἄγροικον γραῦν ἐπὶ ἑνὶ γομφίῳ σαλεύουσαν, ἀληλιμμένην τῷ ἐκ τῆς πίττης ἐλαίῳ.

κθ΄. Ὄρειος Ἀνθοφορίωνι.

Ἠπιστάμην σε, ὦ Ἀνθοφορίων, ἁπλοϊκὸν ἄνθρωπον καὶ αὐτόχρημα τὸν ἀπὸ τῆς ἀγροικίας ἀγροῖκον, ὄζοντα στεμφύλων καὶ κόνιν πνέοντα, ἠγνόουν δὲ ὅτι δεινὸς εἶ ῥήτωρ ὑπὲρ τοὺς ἐν Μιλιαίῳ τῶν ἀλλοτρίων ἕνεκα δικομαχοῦντας. (2) κινήσας γὰρ ἐπὶ τοῦ κωμάρχου δίκας ἔναγχος, οὐκ ἔστιν ἥντινα οὐχὶ νικήσας ἀπηλλάγης. μακάριε τῆς γλώττης καὶ λαλίστερε τρυγόνος. ἐγὼ δὲ ἑρμαίῳ σοι χρῶμαι, τὸ δὴ τοῦ λόγου· ἔκκειμαι γὰρ τοῖς βουλομένοις τἀμὰ σφε-

---

te plerumque in Sciro et Ceramico commorari, ubi aiunt perditissimos otio et desidia vitam conterere.

XXVI. Lenæus Corydoni.

Cum nuper aream purgassem et ventilabrum deposuissem, herus adstitit vidensque meam sedulitatem laudavit. Emicuit autem mihi alicunde Corycæus dæmon Strombichus ille pessimus. Cum enim vidisset me herum sequi, adiacentem rhenonem, quo exuto opus faciebam, sub alis abstulit, ita ut simul damnum et conservorum risum acciperem.

XXVII. Gemellus Salmonidi.

Quid vero est, o Salmonis, quod tam superbe tractas, misera, dominum? nonne ego te in officina sartoris clauci sedentem abduxi, idque clam matre, et tanquam aliquam tota hereditate dotatam legitimam uxorem habeo? (2) at tu puella vilissima, superba es et semper cachinnaris et me illudis. Nonne desistes, infelix, ab hac insolentia? ego faxo ut amatorem experiaris Iomium et hordea ruri torrere docebo : atque tum intelliges cum tuo malo, in quam calamitatem te ipsam conieceris.

XXVIII. Salmonis Gemello.

Omnia parata sum tolerare, here, præterquam tecum una dormire. Neque hac nocte fugi neque in virgultis me occultavi, ut putabas; sed mactram subii et iacui imposita concava eius parte pro tegumento. (2) Quandoquidem autem decrevi laqueo vitam hanc finire, audi dicentem aperte; simul enim omnem mihi adimit metum moriendi cupiditas. Ego te, Gemelle, odi, tum corpus villosum abominans et velut aliquam tetram belluam aversans, (3) tum oris fœditatem ex intimo gutture graveolentiam emittentis. Malus male perças, qui talis sis. Abi ad aliquam lippientem rusticam vetulam, uno dente molari frotam, unctam picis oleo.

XXIX. Orius Anthophorioni.

Putavi, o Anthophorion, te simplicem esse hominem merumque illum a rure rusticum, qui fraces redoleret et pulverem spiraret; ignoravi vero te disertum esse oratorem teque superare illos qui in Heliæa de rebus alienis iure decertant. (2) Cum enim moveris sub magistro vici nuper lites, in nulla non victor abiisti. Macte lingua, loquacior turture. Ego vero te utor in ea re lucro mercuriali, quod proverbio dicitur. Expositus enim sum iis qui'

τερίζεσθαι καὶ ἀγαπῶ τὴν ἡσυχίαν, καὶ ταῦτα εἰδὼς ὅτι πολλάκις ἐκ τῆς ἀπραγμοσύνης φύεται πράγματα.

λ'. Ἀμπελίων Εὐέργῳ.

Πολὺς ὁ χειμὼν τὸ τῆτες καὶ οὐδενὶ ἐξιτόν· πάντα γὰρ ἡ χιὼν κατείληφε, καὶ λευκανθίζουσιν οὐχ οἱ λόφοι μόνον ἀλλὰ καὶ τὰ κοῖλα τῆς γῆς, ἀπορία δὲ ἔργων, ἀργὸν δὲ καθίζειν ὄνειδος. προκύψας δῆτα τῆς καλύβης οὐκ ἔφθην παρανοίξας τὸ θύριον καὶ ὁρῶ σὺν τῷ νιφετῷ δῆμον ὅλον ὀρνέων φερόμενον, καὶ κοψίχους καὶ κίχλας. (2) εὐθέως οὖν ἀπὸ τῆς λεκάνης ἀνασπάσας ἰξὸν ἐπαλείφω τῶν ἀχράδων τοὺς κλάδους, καὶ ὅσον οὔπω τὸ νέφος ἐπέστη τῶν στρουθῶν, καὶ πᾶσαι ἐκ τῶν ὀροδάμνων ἐκρέμαντο, θέαμα ἡδύ, πτερῶν ἐχόμεναι καὶ κεφαλῆς καὶ ποδῶν εἰλημμέναι. (3) ἐκ τούτων λάχος σοι τὰς πίονας καὶ εὐσάρκους ἀπέσταλκα πέντε καὶ εἴκοσι. κοινὰ γὰρ τἀγαθὰ τοῖς ἀγαθοῖς, φθονούντων δὲ οἱ πονηροὶ τῶν γειτόνων.

λα'. Φιλόκωμος Θεστύλῳ.

Οὐπώποτε εἰς ἄστυ καταβὰς οὐδὲ εἰδὼς ὅ τι ποτέ ἐστιν ἡ λεγομένη πόλις, ποθῶ τὸ καινὸν τοῦτο θέαμα ἰδεῖν, τοὺς ὑφ' ἑνὶ περιβόλῳ κατοικοῦντας ἀνθρώπους καὶ τἆλλα ὅσα διαφέρει πόλις ἀγροικίας. (2) εἰ οὖν σοι πρόφασις ὁδοῦ ἄστυδε γενήσεται, ἧκε ἀπάξων κἀμέ. καὶ γὰρ ἔγωγε δεῖν οἶμαι τοῦ πλέον τι μαθεῖν, ἤδη μοι βρύειν θριξὶ τῆς ὑπήνης ἀρχομένης. τίς οὖν δή με τἀκεῖ μυσταγωγεῖν ἐπιτήδειος ἢ σὺ ὁ τὰ πολλὰ εἴσω πυλῶν ἀλινδούμενος;

λβ'. Σκορδιάδης Σκοτίωνι.

Βάλλ' ἐς μακαρίαν. οἷον κακόν ἐστιν, ὦ Σκοτίων, ἡ μέθη. ἐμπεσὼν γὰρ εἰς συμπόσιον κακοδαιμόνων ἀνθρώπων (οἰνόφλυγες δὲ πάντες ἦσαν, καὶ οὐδεὶς τὸ μέτρῳ πίνειν ἐτέργε) (2) ἔδει γὰρ εἰς τὴν ὑστεραίαν ἑστιᾶν, εἴ τις ἠρνεῖτο τὴν κύαθον) πιὼν οὖν ὅσον οὔπω πρότερον ἐν ἀσκῷ βαστάσας οἶδα, τρίτην ταύτην ἡμέραν ἔτι σοι καρηβαρῶ καὶ τὴν κραιπάλην ἀπερυγγάνω.

λγ'. Ἀνθύλλα Κορίσκῳ.

Ἔοικε καὶ τὰ νάματα εἰς τὰ ἄνω ῥυήσεσθαι, εἴ γε οὕτως, ὦ Κορίσκε, ἀφηλικέστερος γεγονώς, ὅτε ἤδη υἱδοῦς καὶ θυγατριδοῦς ἔχομεν, ἐρᾷς κιθαρῳδοῦ γυναικὸς κἀμὲ κνίζεις ἄχρι τοῦ καὶ αὐτὴν ἐκρινῆσαί την καρδίαν. (2) ἐγὼ μὲν γὰρ ἀτιμάζομαι τριακοστὸν ἔτος ἤδη συνοῦσά σοι, Παρθένιον δὲ ἡ ἱππόπορνος μεθ' ὑποκορισμῶν ἐκθεραπεύεται ὅλον σε αὐτοῖς ἀγροῖς καταπιοῦσα. γελῶσι δὲ οἱ νέοι, καὶ σὺ τοῦ γέλωτος ἀναισθήτως ἔχεις. ὦ γῆρας ἑταίρας παίγνιον.

---

volunt mea sibi vindicare et amo quietem, et sciens quidem sæpius mihi ex hoc otio nasci negotia.

XXX. Ampelion Euergo.

Vehemens est hiems hoc anno, et nemini licet exire. Omnia enim nix occupavit et albicant non colles tantum, sed etiam depressa terræ loca. Laborandi facultas nulla; otiosum autem sedere dedecus. Cum igitur prospectarem ex casa et vix aperuissem nonnihil ostium, video cum nivibus gentem magnam avium ferri, et merulas et turdos. (2) Statim igitur ex pelvi depromto visco inungo pirastrorum ramos, et mox nubes adfuit avicularum omnesque a surculis pependerunt, spectaculum jucundum, alis retentæ et capite ac pedibus prehensæ. (3) Ex his partem electam tibi misi pinguiores et carnosiores viginti quinque. Bona enim oportet communicare bonis. Invidento autem qui sunt improbi ex vicinis.

XXXI. Philocomus Thestylo.

Cum nunquam adhuc in urbem descenderim, neque sciam quidnam demum id sit quod dicitur urbs, cupio novum istud spectaculum videre, in uno ambitu habitantes homines, et reliqua quibus differt urbs a rure, discere. (2) Si igitur tibi causa itineris in urbem existat, venito etiam me abducturus. Etenim mihi, credo, plura sunt discenda, iam pullulare pilis mento incipiente. Quis ergo mihi quæ ibi sunt monstrare idoneus, nisi tu, qui plerumque intra portas verseris?

XXXII. Scordiades Scotioni.

In malam rem! quantum malum est, o Scotion, ebrietas! Delapsus enim in convivium perditissimorum hominum (temulenti autem omnes erant, et nullus modice bibere amabat; (2) nam renuentibus erat pœna statuta: oportebat enim ipsos postridie epulum dare) : quum igitur bibissem quantum nunquam in utre portare meminit, tertium huncce diem adhuc gravedinem capitis sentio et crapulam eructo.

XXXIII. Anthylla Corisco.

Videntur etiam fluenta sursum labi, quum tu, Corisce, in ætate tam provecta, quum iam filios et nepotes habeamus, ames citharistriam et me pungas, ita ut ipsum extriveris cor. (2) Ego enim ignominia afficior tricesimum annum iam tecum vivens; Parthenium autem immane scortum blanditiis colitur, cum totum te una cum ipsis agris devoraverit. Rident vero adolescentuli, et tu derideri te non sentis. O senium meretricis ludibrium!

ιδ'. Γνάθων Καλλικομίδῃ.

Τίμωνα οἶσθα, ὦ Καλλικομίδη, τὸν Ἐχεκρατίδου τὸν Κολλυτέα, ὃς ἐκ πλουσίου, σπαθήσας τὴν οὐσίαν εἰς ἡμᾶς τοὺς παρασίτους καὶ τὰς ἑταίρας, εἰς ἀπορίαν συνηλάθη, εἶτ' ἐκ φιλανθρώπου μισάνθρωπος ἐγένετο καὶ τὴν Ἀπημάντου ἐμιμήσατο στύγα. (2) κατελα-βὼν γὰρ τὴν ἐσχατιὰν ταῖς βώλοις τοὺς παριόντας βάλλει, προμηθούμενος μηδένα αὐτῷ καθάπαξ ἀνθρώ-πων ἐντυγχάνειν. οὕτως τὴν κοινὴν φύσιν ἀπέστρα-πται. (3) οἱ λοιποὶ δὲ τῶν Ἀθήνησι νεοπλούτων Φείδωνός τέ εἰσι καὶ Γνίφωνος μικροπρεπέστεροι. ὥρα μοι μετανίστασθαι καὶ πονοῦντι ζῆν. δέχου δὴ οὖν με μισθωτὸν κατ' ἀγρόν, πάντα ἀνεξόμενον ὑπὲρ τοῦ τὴν ἀπλήρωτον ἐμπλῆσαι γαστέρα.

λε'. Θαλλίσκος Πετραίῳ.

Αὐχμὸς τὰ νῦν· οὐδαμοῦ νέφος ὑπὲρ γῆς αἴρεται. Δεῖ δὲ ἐπομβρίας· διψῆν γὰρ τὰς ἀρούρας τὸ κατάξηρον τῆς βώλου δείκνυσι. μάταια ἡμῖν ὡς ἔοικε καὶ ἀνή-κοα τέθυται τῷ ὑετίῳ, (2) καίτοι γε ἐξ ἀμίλλης ἐκαλ-λιερήσαμεν πάντες οἱ τῆς κώμης οἰκήτορες, καὶ ὡς ἕκαστος δυνάμεως ἢ περιουσίας εἶχε συνεισηνέγκαμεν, ὃ μὲν κριὸν ὃ δὲ τράγον ὃ δὲ κάπρον, ὁ πένης πόπανον, ὃ δὲ ἔτι πενέστερος λιβανωτοῦ χόνδρους, ταῦρον δὲ οὐδείς· (3) οὐ γὰρ εὐπορία βοσκημάτων ἡμῖν τὴν λε-πτύγεων τῆς Ἀττικῆς κατοικοῦσιν. ἀλλ' οὐδὲν ὄφελός τῶν δαπανημάτων· ἔοικε γὰρ πρὸς ἑτέροις ἔθνεσιν ὁ Ζεὺς ὢν τῶν τῇδε ἀμελεῖν.

λϛ'. Πρατίνας Μεγαλοτέλει.

Χαλεπὸς ἦν ἡμῖν ὁ στρατιώτης, χαλεπός. ἐπεὶ γὰρ ἧκε δείλης ὀψίας καὶ κατήχθη οὐ κατὰ τύχην ἀγαθὴν εἰς ἡμᾶς, οὐκ ἐπαύσατο ἐνοχλῶν τοῖς διηγή-μασι, δεκάδας τινὰς καὶ φάλαγγας ὀνομάζων, εἶτα σα-ρίσας καὶ καταπέλτας καὶ δέρρεις· (2) καὶ νῦν μὲν ὡς ἀνέτρεψε τοὺς Θρᾷκας τὴν προηγεμόνα βαλὼν μεσαγ-κύλῳ, νῦν δὲ ὡς κοντῷ διαπείρας τὸν Ἀρμένιον ἀπώ-λεσεν· ἐπὶ πᾶσί τε αἰχμαλώτους παρῆγε καὶ ἐδείκνυ γυναῖκας, ἃς ἔλεγεν ἐκ τῆς λείας ὑπὸ τῶν στρατηγῶν ἀριστείας αὐτῷ γέρας δεδόσθαι. (3) ὡς δὲ ἐγκανάξας κύλικα εὐμεγέθη φλυαρίας φάρμακον ὤρεγεν, ὃ δὲ καὶ ταύτην καὶ πλείονας ἐπὶ ταύτῃ καὶ ἁδροτέρας ἐκπιὼν οὐκ ἐπαύσατο ἀδολεσχίας.

λζ'. Ἐπιφυλλὶς Ἀμαρακίνῃ.

Εἰρεσιώνην ἐξ ἀνθῶν πλέξασα ᾖειν ἐς Ἑρμαφροδί-του τῷ Ἀλωπεκῆθεν ταύτην ἀναθήσουσα. εἶτά μοι λόγος ἐξαίφνης ἀναφαίνεται νέων ἀγερώχων ἐπ' ἐμὲ συντεταγμένων· ὁ λόγος δὲ Μοσχίωνι συνέπραττεν. (2) ἐπεὶ γὰρ τὸν μακαρίτην ἀπέβαλον Φαιδρίαν, οὐκ ἐπαύσατό μοι πράγματα παρέχων καὶ γαμησείων·

Timonem nosti, Callicomides, Echecratidis filium, illum Collytensem, qui ex divite profusis in nos parasitos et in meretrices opibus ad inopiam redactus, postea ex hu-manissimo hominum osor factus est et Apemanti imita tus est odium : (2) occupato enim agro, glebis prætereun-tes incessit, studiose providens ne quisquam ipsum omnino hominum adeat : adeo communem naturam aver-satur. (3) Reliqui autem qui Athenis sunt recenter ditati, Phidone sunt et Gniphone sordidiores. Tempus est hinc migrare et laborando victum quærere. Accipe ergo me mercenarium ruri, omnia toleraturum, ut insatiabilem hunc impleam ventrem.

XXXV. Thalliscus Petræo.

Siccitas nunc est : nusquam nubes super terra tollitur, opus autem pluvia ; sitire enim agros ipsa siccitas glebæ monstrat. Frustra, ut videtur, et non exauditi sacrificia fecimus Iovi pluvio, (2) etsi certatim sacrificavimus omnes vici incolæ, et ut quisque poterat et opibus vale-bat contulit : hic arietem, ille hircum, ille aprum, pauper libum, pauperior denique thuris micas : taurum autem nemo ; (3) non enim copia armentorum nobis est, qui tenue solum Atticæ habitamus. Sed nullus fructus im-pensarum ; videtur enim ad alias gentes profectus Iupiter quid hic fiat parum curare.

XXXVI. Pratinas Megaloteli.

Molestus erat nobis miles ille, molestus. Postquam enim venit circa vesperam et divertit infausto apud nos, non desiit nos obtundere narrationibus, decurias nescio quas et phalangas crepans, deinde sarissas et catapultas et pelles ; (2) modo ut profligasset Thraces, duce eorum coniectu iaculi percusso, modo ut conto transfixum Arme-nium interfecisset ; deinde captivas produxit et ostendit mulieres, quas dixit ex præda a ducibus fortitudinis sibi præmium datas. (3) Et cum impletum calicem ingentem garrulitatis remedium ei porrexissem, ille et hoc et plu-ribus post hunc atque grandioribus exhaustis non desiit nugari.

XXXVII. Epiphyllis Amaracinæ.

Corollam ex floribus nexam illi Alopecensi suspensura ibam in Hermaphroditi fanum. Subito vero mihi insidiæ derepente apparuerunt iuvenum protervorum in me in-structorum ; isti autem insidiatores cum Moschione fa-ciebant. (2) Postquam enim beatum amisi Phædriam, non destitit mihi molestias exhibere et me uxorem expe-

ἐγὼ δὲ ἀνηνάμην ἅμα μὲν τὰ νεογνὰ παιδία κατοικτεί-
ρουσα ἅμα δὲ τὸν ἥρω Φαιδρίαν ἐν ὀφθαλμοῖς τιθε-
μένη. ἐλάνθανον δὲ ὑβριστὴν ὑμέναιον ἀναμένουσα
καὶ θάλαμον νάπην εὑρίσκουσα. (3) εἰς γάρ με τὸ συν-
ηρεφὲς ἀγαγών, οὗ τὸ πύκνωμα συνεχὲς ἦν τῶν δέν-
δρων, αὐτοῦ που κατὰ τῶν ἀνθῶν καὶ τῆς φυλλάδος,
αἰδοῦμαι εἰπεῖν, ὦ φιλτάτη, τί παθεῖν ἐπηνάγκασε,
καὶ τὸν ἐξ ὕβρεως ἄνδρα οὐχ ἑκοῦσα μέν, ὅμως δὲ
ἔχω. καλὸν μὲν γὰρ ἀπείρατον εἶναι τῶν ἀβουλή-
των, ὅτῳ δὲ οὐχ ὑπάρχει τοῦτο, κρύπτειν τὴν συμφο-
ρὰν ἀναγκαῖον.

λη'. Εὔδικος Πασίωνι.

Φρύγα οἰκέτην ἔχω πονηρόν, ὃς τοιοῦτος ἀπέβη
ἐπὶ τῶν ἀγρῶν. ὡς γὰρ τῇ ἕνῃ καὶ νέᾳ κατ᾽ ἐκλο-
γὴν τοῦτον ἐπριάμην, Νουμήνιον μὲν εὐθὺς ἐθέμην
καλεῖσθαι, δόξαντα δὲ εἶναι ῥωμαλέον καὶ ἐγρη-
γορὸς βλέποντα μετὰ περιχαρείας ἦγον ὡς ἐπὶ τῆς
ἐσχατιᾶς μοι ἐσόμενον. (2) ἦν δὲ οὗτος ἄρα λαμπρὰ
ζημία· ἐσθίει μὲν γὰρ τέσσαρων σκαπανέων σιτία,
ὑπνοῖ δὲ ὅσον ἤκουσα τετυφωμένου σοφιστοῦ λέγον-
τος Ἐπιμενίδην τινὰ Κρῆτα κεκοιμῆσθαι. τί ἂν
οὖν ποιοίην, ὦ φίλτατε ἑταίρων καὶ συγγεωργῶν, ἴθι
φράσον, ἐπὶ τοιούτῳ θηρίῳ καταβαλὼν ἀργυρίδιον;

λθ'. Εὐθύδικος Ἐπιφανίῳ.

Πρὸς θεῶν καὶ δαιμόνων, ὦ μῆτερ, πρὸς ὀλίγον κα-
ταλιποῦσα τοὺς σκοπέλους καὶ τὴν ἀγροικίαν θέασαι
πρὸ τῆς τελευταίας ἡμέρας τὰ κατ᾽ ἄστυ καλά. οἷα
γὰρ οἷά σε λανθάνει, ἁλῶα καὶ ἀπατούρια καὶ διονύσια
καὶ ἡ νῦν ἑστῶσα σεμνοτάτη τῶν θεσμοφορίων ἑορτή.
(2) ἡ μὲν γὰρ ἄνοδος κατὰ τὴν πρώτην γέγονεν ἡμέ-
ραν, ἡ νηστεία δὲ τὸ τήμερον εἶναι ἑορτάζεται, τὰ
καλλιγένεια δὲ εἰς τὴν ἐπιοῦσαν θύσουσιν. εἰ οὖν
ἐπειχθείης ἔωθεν πρὸ τοῦ τὸν ἑωσφόρον ἐξελθεῖν, συν-
θύσεις ταῖς Ἀθηναίων γυναιξὶν αὔριον. (1) ἧκε οὖν,
μὴ μέλλε, ναὶ πρὸς ἐμῆς καὶ τῶν αὐταδέλφων τῶν
ἐμῶν σωτηρίας. τὸ γὰρ ἄγευστον πόλεως καταλῦσαι
τὸν βίον ἀποτρόπαιον, ὡς ὂν θηριῶδες καὶ δύστροπον.
ἀνέχου δέ, ὦ μῆτερ, τῆς ἐπὶ τῷ συμφέροντι παρρη-
σίας· καλὸν ἅπασιν ἀνθρώποις ἀνυποστόλως ὁμιλεῖν,
οὐχ ἥκιστα δὲ ἀναγκαῖον τὸ πρὸς τοὺς οἰκείους ἀληθί-
ζεσθαι.

μ'. Φιλομήτωρ Φιλίσῳ.

Ἐγὼ μὲν τὸν παῖδα ἀποδόσθαι εἰς ἄστυ ξύλα καὶ
κριθὰς ἀπέπεμψα, ἐπανήκειν τὴν αὐτὴν τὰ κέρματα
κομίζοντα παρεγγυῶν· χόλος δὲ ἐμπεσὼν ἐξ ὁτουοῦν
δαιμόνων εἰς αὐτόν. ὅλον παρήμειψε καὶ τῶν φρενῶν
ἔξω κατέστησε. (2) θεασάμενος γὰρ ἕνα τουτωνὶ τῶν
μεμηνότων, οὓς διὰ τὸ μανιῶδες πάθος κύνας ἀποκα-

tere. Ego vero recusavi, partim parvulos liberos mise-
rans, partim etiam manes Phœdriæ ante oculos habens.
Sed imprudens flagitioso hymenæo me servavi et thala-
mum reperi nemus. (3) Nam in opacum me deductam,
ubi densitas continua erat arborum, ibidem super floribus
et fronde, verecundor dicere, carissima, quid pati coege-
rit. Atque habeo ex flagitio conciliatum maritum, non
sponte mea quidem, sed tamen habeo. Optabile quidem
est non experiri ea quæ nolis; cui autem id non conti-
git, ei celare calamitatem necessarium.

XXXVIII. Eudicus Pasioni.

Phrygem servum habeo improbum, qui evasit talis
ruri. Ut enim Kalendis eum emi electum, Numenium
quidem statim vocari constitui, cumque videretur mihi
esse robustus, vegetoque vultu, lætus ducebam eum, ut
in agro mihi esset. (2) Est vero is merum damnum.
Comedit enim quantum quatuor fossores, dormit autem
quantum audivi, deliro sophista dicente, Epimenidem
quendam Cretensem dormivisse [vel, ut audimus, Her-
culis trivesperum]. Quid igitur faciam, o carissime soda-
lium et laboris sociorum, age dic, postquam in talem be-
stiam impendi pecuniam?

XXXIX. Euthydicus Epiphanio.

Per deos ac dæmonas, o mater, ad exiguum tempus
relictis scopulis et rure specta ante extremum diem quæ
in urbe sunt pulchra. Qualia enim, qualia te fugiunt,
Haloa et Apaturia et Dionysia, et hoc præsens sanctissi-
mum Thesmophoriorum festum. (2) Nam Ascensio qui-
dem primo facta est die, Ieiunium autem hodie apud
Athenienses celebratur, Calligenia autem postridie agent.
Si igitur festinare velis et advenis mane antequam lucifer
exeat, una cum Atheniensium mulieribus sacrificabis.
(3) Veni igitur, ne cuncteris, per meam perque fratrum
meorum germanorum salutem. Nam inexpertam urbis
finire vitam abominabile, utpote belluinum et a bonis
moribus abhorrens. Veniam autem da, mater, utilitatis
causa libere dicenti. Decet cum omnibus hominibus
aperte versari; inprimis autem necesse est erga necessa-
rios veraces esse.

XL. Philometor Philiso.

Ego quidem filium in urbem ad vendenda ligna et hor-
deum miseram, ut rediret eodem die et pecuniam ferret
hortatus; sed postquam eum afflavit ira nescio cuius deo-
rum, totum eum immutavit et mente privavit. (2) Cum
enim vidisset quendam ex istis vesanis, quos propter ra-

λεῖν εἰώθασιν, ὑπερέβαλε τῇ μιμήσει τῶν κακῶν τὸν
ἀρχηγέτην. (3) καὶ ἔστιν ἰδεῖν θέαμα ἀποτρόπαιον
καὶ φοβερόν, κόμην αὐχμηρὰν ἀνασείων, τὸ βλέμμα
ἰταμός, ἡμίγυμνος ἐν τριβωνίῳ, πηρίδιον ἐξηρτημένος
καὶ ῥόπαλον ἐξ ἀχράδος πεποιημένον μετὰ χεῖρας
ἔχων, ἀνυπόδητος, ῥυπῶν, ἄπρακτος, τὸν ἀγρὸν καὶ
ἡμᾶς οὐκ εἰδὼς τοὺς γονεῖς ἀλλ᾽ ἀρνούμενος, φύσει λέ-
γων γεγονέναι τὰ πάντα καὶ τὴν τῶν στοιχείων σύγ-
κρασιν αἰτίαν εἶναι γενέσεως, οὐχὶ τοὺς πατέρας. (4)
εὔδηλος δὲ ἔστι καὶ χρημάτων περιορᾶν καὶ γεωργίαν
στυγῶν. ἀλλὰ καὶ αἰσχύνης αὐτῷ μέλει οὐδὲν καὶ
τὴν αἰδῶ τῶν προσώπων ἀπέξυσται. οἴμοι οἶόν σε,
ὦ λεωργέ, τὸ τῶν ἀπατεώνων τουτωνὶ φροντιστήριον
ἐξετράχηλισε. μέμφομαι τῷ Σόλωνι καὶ τῷ Δρά-
κοντι, οἳ τοὺς μὲν κλέπτοντας σταφυλὰς θανάτῳ ζη-
μιοῦν ἐδικαίωσαν, τοὺς δὲ ἀνδραποδίζοντας τοὺς νέους
ἀθῴους εἶναι τιμωρίας κατέλιπον.

μα΄. Δρυάδης Μηλινόῃ.

Ἔπεμψά σοι τῶν Δεκελειᾶσι προβάτων ἀποκείρας
τὰ ῥωμαλέα τοὺς πόκους· ὅσα γὰρ ψώρας ὑπόπλεα,
ταῦτα τῷ ποιμένι Πυρρίᾳ παρέδωκα χρῆσθαι ἐς ὅ τι
ἂν βούληται, πρὶν διαφθαρῆναι παντελῶς ὑπὸ τῆς νόσου.
(2) ἔχουσα οὖν ἀφθονίαν ἐρίων ἐξύφηνον ἡμῖν ἐσθή-
ματα πρόσφορα ταῖς ὥραις, ὡς εἶναι τὰ μὲν τῷ θέρει
προσαρμόζοντα λεπτουφῆ· τὰ δὲ χειμέρια ἐχέτω περιτ-
τῶς τῆς κρόκης καὶ πεπαχύνθω πλέον, ἵνα τὰ μὲν τῇ
μανότητι σκιάζῃ μόνον καὶ μὴ καταθάλπῃ τὰ σώματα,
τὰ δὲ τῇ βαρύτητι ἀπείργῃ τὸν κρυμὸν καὶ ἀλεξάνεμα
τυγχάνῃ. (3) καὶ ἡ παρθένος δέ, ἣν ἔχομεν ἐν ὥρᾳ
γάμου, συλλαμβανέτω τῆς ἱστουργίας ταῖς θεραπαινί-
σιν, ἵνα εἰς ἀνδρὸς ἐλθοῦσα μὴ καταισχύνῃ τοὺς πα-
τέρας ἡμᾶς. καὶ ἄλλως δὲ εἰδέναι σε χρή, ὡς αἱ
ταλασίαν ἀγαπῶσαι καὶ τὴν Ἐργάνην θεραπεύουσαι
κόσμῳ βίου καὶ σωφροσύνῃ σχολάζουσιν.

μβ΄. Ῥαγοστράγγισος Στεμφυλοδαίμονι.

Ἄρδην ἀπόλωλά σοι· ὁ γὰρ χθὲς εὐπάρυφος, πινα-
ροῖς ὡς ὁρᾷς καὶ τρυχίνοις ῥακίοις τὴν αἰδῶ περισκέπω.
Ἀπέδυσε γάρ με Παταικίων ὁ παμπόνηρος, ὃς τὰ
κέρματά με (εἶχον δὲ ὡς οἶσθα ὑπόχυρον ἀργύριον)
δεξιαῖς χρώμενος ταῖς ἁλινδήσεσι τῶν κύβων ἄχρι
δραχμῶν καὶ ὀβολῶν ἀπεσύλησεν. (2) ἐξὸν δέ μοι
παριδεῖν ὅσον ἐζημιώθην, εἶτ᾽ ἀθῷῳ γενέσθαι τοῦ
πλείονος, ἐκ τῆς κατ᾽ ὀργὴν ἔριδος τὴν εἰς τοὔσχατον
ὑπέμεινα βλάβην· καθ᾽ ἓν γὰρ ἕκαστον τῶν ἱματίων
ἐκ προχλήσεως ἀποτιθεὶς τέλος ἁπάντων ἐψιλώθην
τῶν ἐνδυμάτων. ποῖ δὴ οὖν βαδιστέον; χαλεπῶς γὰρ
καὶ λάβρως ἐπαιγίζων ὁ βορρᾶς δίεισί μου τῶν πλευ-
ρῶν ὥσπερ βέλος. (3) ἐς Κυνόσαργες ἴσως οἰχητέον.
ἢ γάρ τις τῶν ἐκεῖ νεανίσκων κατοικτείρας ἀμφιάσει
με ἱματίοις, ἢ καταλήψομαι ἐγγύθεν τὰς καμίνους

---

biem canes vocare solent, superavit imitandis malis du-
cem. (3) Et præbet spectaculum abominabile atque
horrendum, comam squalidam quatiens, vultu trucilen-
tus, seminudus in palliolo, peram exiguam suspensam
habens et clavam e pirastro factam in manibus gestans,
discalceatus, immundus illuvie, intractabilis, rus et nos
parentes non agnoscens, sed abnegans, natura dicens
facta esse omnia et elementorum commixtionem esse cau-
sam generationis, non parentes. (4) Satis autem apparet
etiam opes eum despicere et agriculturam odisse. Sed
et pudor ei curæ non est et verecundiam a facie detersit.
Item quantopere te, o morum patriorum defector, hæc
tenebrionum istorum schola pessumdedit! Incuso Solonem
et Draconem, qui eos quidem, qui uvas furati essent,
morte multare iustum et æquum censuerint, eos autem,
qui tanquam captivos abducunt adolescentulos, impunitos
reliquerint.

XLI. Dryades Melinoe.

Misi tibi Deceliæ ovium tonsarum earumque sanarum
vellera : quæ enim scabie plenæ, eas pastori Pyrrhiæ tra-
didi, ut pro arbitrio iis uteretur, antequam prorsus
morbo perirent. (2) Cum igitur habeas lanæ copiam, texe
nobis vestes aptas anni tempestatibus, ut, quæ æstati
conveniant, tenues sint ; hibernæ autem habeant abunde
subteminis, ac densentur magis, ita ut illæ quidem tenui-
tate sua inumbrent tantum et non calefaciant corpora, hæ
autem gravitate defendant frigus ventisque sint imperviæ.
(3) Et virgo quidem, quam habemus nubilem, adiuvet
in texendo ancillas; ne, ubi ad virum deducta fuerit,
dedecore afficiat nos parentes. Alioqui scire te oportet,
eas, quæ lanificium amant et Minervam colunt, modestiæ
et verecundiæ operam navare.

XLII. Rhagostrangisus Stemphylodæmoni.

Funditus tibi perii. Nam ille ego, qui heri splendide
vestitus eram, sordidis, ut vides, et cilicinis pannis tego
pudenda. Spoliavit enim me Patæcio ille sceleratissimus,
qui nummos meos (habebam enim, ut scis, satis multum
argenti), dextris usus iactibus tesserarum, usque ad
drachmas et obolos eripuit. (2) Cum vero possem negligere
quidquid damni acceperam et a maiore immunis esse, per
contentionem ab iracundia excitatam, extremam iacturam
feci. Omnibus enim ad unam vestibus ex provocatione
in medium positis, postremo omnibus nudatus sum indu-
mentis. Quo igitur eundum? graviter enim et vehemen-
ter ingruens boreas transit per mea latera teli instar.
(3) In Cynosarges forte concedendum. Aut enim aliquis
adolescentium ibi morantium miseratus induet me vesti-

καὶ τῷ πυρὶ ὁ δύστηνος θάλπομαι τοῖς γὰρ γυμνοῖς σιασύσα καὶ ἐφεστρὶς ἡ φλὸξ καὶ τὸ ἐκ τῆς εἴλης θέρεσθαι.

μγ΄ Ψιχοκλαύστης Βουκίων.

Τῇ προτεραίᾳ ξυράμενοι τὰς κεφαλὰς ἐγὼ καὶ Στρουθίας καὶ Κύναιθος, λουσάμενοι ἐν Σηραγγείῳ, ἀμφὶ τὴν πέμπτην ὥραν δρόμῳ ἀφέντες εἰς τὸ προάστειον τὸ Ἀγκυλῆσι τὸ Χαρικλίους τοῦ μειρακίσκου ᾠχόμεθα, (2) ἔνθα αὐτός τε ἄσμενος ὑπεδέξατο φιλογελοὺς. τε ὢν καὶ φιλαναλώτης, ἡμεῖς τε διατριβὴν αὐτῷ καὶ τοῖς συμπόταις παρέσχομεν, παρὰ μέρος ἀλλήλους ἐπιρραπίζοντες καὶ ἀνάπαιστα εὔκροτα ἐπιλέγοντες αὐτοῖς σκωμμάτων ἁλυκῶν καὶ αὐτοχαρίτων Ἀττικῶν αἱμυλίας γέμοντα. (3) ἐν τούτῳ δὴ ἱλαρότατος καὶ εὐφροσύνης διατιμένου τοῦ συμπεσίου, ἐπίστη ποθὲν Σμικρίνης ὁ δύστροπος καὶ δύσκολος εἵπετο δ' αὐτῷ πλῆθος οἰκετῶν, οἳ δραμόντες ἐφ' ἡμᾶς ὥρμησαν (4) αὐτὸς δὲ ὁ Σμικρίνης πρῶτον μὲν τῇ καχμπύλῃ παίει τὸ νῶτον τοῦ Χαρικλέους, ἔπειτα ἐπὶ κόρρης πατάξας ᾤχεν ὡς ἔσχατον ἀνδραπόδων ἡμεῖς δὲ νεύματι μόνῳ τοῦ πρεσβύτου εἰς τοὐπίσω τὰς χεῖρας ἐστρεβλούμεθα τὰ δὲ μετὰ ταῦτα ξύνας ἡμᾶς ὑστρίζξει οὐκ ὀλίγας οὐδ' εὐαριθμήτους, τέλος ἀγαγὼν εἰς τὸ δεσμωτήριον ἀπέθετο ὁ ἄγριος γέρων (5) καὶ εἰ μὴ συνήθης ὢν καὶ πολλὰ καθηδυπαθήσας μεθ' ἡμῶν ὁ χαρίεις Εὔδημος, εὐθύδικος ἀνὴρ ἐν τοῖς πρώτοις τοῦ συνεδρίου τῶν Ἀρεοπαγιτῶν, ἀνέῳξεν ἡμῖν τὸ δεσμωτήριον, τάχ' ἂν καὶ τῷ δημίῳ παρεδοθημεν. οὗτως ὁ δριμὺς γέρων καὶ πικρὸς ἐνεπίμπρατο καθ' ἡμῶν, καὶ πάντα ἔπραττεν ὡς ἂν τὴν ἐπὶ θανάτῳ ἴσα τοῖς ἀνδροφόνοις καὶ ἱεροσύλοις ἀπαχθείημεν

μδ΄ Γναθων Λειχοπίναξ

Ἡμῶν ὡς Μεγαρέων ἢ Αἰγιέων οὐδεὶς λόγος, εὐδοκιμεῖ δὲ τὰ νῦν Γρυλλίων μόνος καὶ κατέχει τὸ ἄστυ, καὶ πᾶσα αὐτῷ καθάπερ Κράτητι τῷ Θήβηθεν χυλὶ ἀνέῳγεν οἰκία. ἐμοὶ δοκεῖν, Θετταλίδα τινὰ γραῦν ἢ Ἀκαρνανίδα φαρμακεύτριαν πεπορισμένος καταγοητεύει τοὺς ἀθλίους νεανίσκους. (2) τί γὰρ καὶ στωμύλον ἔχει, τί δὲ ὁμιλητικὸν καὶ ἡδὺ φέρει, ἀλλ' ἴσως εὐμενεστέροις ὄμμασιν ἐκεῖνον εἶδον αἱ Χάριτες, ὡς τοὺς μὲν ἀπομύττεσθαι πρὸς αὐτοῦ, ἡμᾶς δὲ ἀγαπᾶν εἰ τὰς ἀπομαγδαλιὰς ὡς κυσί τις παραρρίπτει (3) τάχα δὲ οὐ γόης, ἀλλὰ τύχη κέχρηται δεξιᾷ οὐδὲν γὰρ ἐν ἀνθρώποις γνώμη, πάντα δὲ τύχη, καὶ ταύτης ὁ τυχὼν ἡδύς ἐστι καὶ νομίζεται

με΄ Τραπεζολείχτης Ψιχοθαλεντη

Ἤλγησα, ὦ καλὲ Ψιχίων, ἀκούσας τὴν συμβᾶσάν σοι περὶ τὸ πρόσωπον συμφοράν. εἰ δὲ καὶ τοῦτον ἐγένετο τὸν τρόπον ὃν διηγήσατο ἡμῖν ἐπανελθοῦσα ἐκ τοῦ

---

bus, aut hinc e vicino occupabo caminos et igne me miserum calefaciam Nudis enim flamma et apricatio est theno et sagum

XLIII Psichoclaustes Bucion

Pridie tonsi capita ego et Struthias et Cynæthus parasiti, loti in eo quod Serangii est balneo, circa quintam horam citato cursu in suburbanum Ancylense, quod Chariclis adolescentis est, nos contulimus (2) Ibi ipse libenter nos excepit, utpote ridere amans et sumptus facere nos autem iocos ipsi atque convivis exhibuimus, invicem nobis alapas infligentes et anapæstos sonoros accinentes, salsis dicteriis et meræ venustatis Atticæ facetiis scatentes (3) Cum sic in hilaritate et lætitia esset convivium, supervenit alicunde Smicrines ille morosus et asper, seque batur autem eum agmen servorum, qui cursu in nos invehebantur (4) Ipse autem Smicrines primum baculo dolat tergum Chariclis, deinde maxilla percussa ut infimum mancipium abduxit Nobis autem solo senis nutu post terga manus retro vinctæ, deinde cum nos cecidisset flagello suillis setis intertexto, non paucis nec facile numerandis verberibus, postremo abductos in vincula coniecit immanis senex (5) Atque, si non familiaris noster, quique multa nobiscum per luxuriam consumpsit, lepidus ille Ludemus, vir iustus in primis concilii Areopagitarum, aperuisset nobis carcerem, fortasse adeo carnifici traditi fuissemus Acerbus ille senex et amarulentus tantopere accensus fuit erga nos et omnia fecit ut recta ad mortem instar homicidarum et sacrilegorum abduceremur

XLIV Gnatho Lichopinac

Nostrum ut Megarensium vel Ægiensium nulla ratio habetur Solus probatur Gryllion ac dominatur urbi, et quærvis et quemadmodum Crateti cynico illi Thebano patet domus Thessalam aliquam vetulam, opinor aut Acarnanicam veneficam adeptus fascinat miseros adelescentulos. (2) Nam quid tandem habet arguti ̓ quid elegantiæ ac iucunditatis affert ̓ sed fortasse magis propitius oculis illum Gratiæ adspexerunt, ut illius quidem nares emungantur ab eo, nos autem contenti simus si bucceas tersorias tanquam canibus aliquis obiiciat (3) Fortasse tamen non est fascinator, verum fortuna utitur secunda Nihil enim in humanis rebus consilium facit, omnia fortuna, atque hanc qui est adeptus, iucundus est et habetur.

XLV Trapezolictes Psichohalectæ

Dolui, mi bone Psichion, audita calamitate quæ faciei tuæ accidit Si vero ita accidit quemadmodum nobis narravit rediens a convivio Derinoe (illam dico ancillulam

συμποσίου Δηρινόη (λέγω δὲ τὴν παιδίσκην Φυλλίδος τῆς ψαλτρίας), πόλεμον ὑπέστης καὶ πόρθησιν καινὴν ἄνευ μηχανῆς καὶ ἑλεπόλεως. (2) ἀκούω γὰρ τὸν καταπύγονα καὶ θηλυδρίαν περικατᾶξαί σοι τὴν φιά- λην, ὡς τὰ θραύματα λωβήσασθαί σου τήν τε ῥῖνα καὶ τὴν δεξιὰν σιαγόνα, καὶ τοῦ αἵματος ἐνεχθῆναι κρυ- νούς, οἵους ὕδατος αἱ ἐν Γερανείᾳ πέτραι σταλάττουσι. (3) τίς ἔτι ἀνέξεται τῶν κακοδαιμόνων τουτωνί, τοσού- του τὸ γαστρίζεσθαι πωλούντων; ὠνούμεθα γὰρ κινδύ- νου τὸ ζῆν, καὶ τὸν ἐκ λιμοῦ θάνατον δεδιότες τὴν μετὰ κινδύνου πλησμονὴν ἀσπαζόμεθα.

μς'. Στεμφυλοχάρων Τραπεζοχάροντι.

Ὡς εὐτυχῶν, ὡς μακαρίως πέπραγα. ἐρήσῃ με ἴσως τίνα τρόπον, ὦ βέλτιστε Τραπεζοχάρων. ἐγὼ δῆτά σοι φράσω καὶ πρὶν ἐρέσθαι. ἦγε μὲν ἡ πόλις, ὡς οἶσθα, τὴν κουρεῶτιν ἑορτήν· ἐγὼ δὲ παραληφθεὶς ἐπὶ δεῖπνον ᾠρχούμην τὸν κόρδακα. (2) οἱ δαιτυμό- νες δὲ ἐκ φιλονεικίας ἔπινον, ἕως τῆς ἀμίλλης εἰς ἄπειρον προχωρούσης κῶμα κατέσχε τὸ συμπόσιον καὶ πάντας ὕπνος ὑπειλήφει νυστακτὴς ἄχρι καὶ αὐτῶν τῶν οἰκετῶν· (3) ἐγὼ δὲ περιέβλεπον μὲν εἴ τι τῶν ἀρ- γυρῶν σκευῶν ὑφελέσθαι δυναίμην· ὡς δὲ ταῦτα ἔτι νηφόντων ἐξ ὀφθαλμῶν ἐγεγόνει καὶ ἦν ἐν ἀσφαλεῖ, τὸ χειρόμακτρον ὑπὸ μάλης λαβὼν ἐξηλάμην. (4) ὅρα δὲ ὡς ἔστι πολυτελέστερον ὀθόνης Αἰγυπτίας καὶ ἁλουργοῦ πορφύρας τῆς Ἑρμιονίδος, λεπτὸν εἶ; ὑπερ- βολὴν καὶ πολύτιμον ὕφασμα. εἰ τοῦτο ἀδεῶς ἀπεμ- πολήσαιμι, γαστρίω σε ἀγαγὼν ἐπὶ τὸν πανδοκέα Πι- θακνίωνα. πολλὰς γὰρ ὁμοῦ πολλάκις παροινίας ἀνέτλημεν, καὶ χρή σε τὸν κοινωνὸν τῶν δυστυχημά- των μερίτην γενέσθαι καὶ τῆς εὐτυχούσης ἡμέρας.

μζ'. Ὡρολόγιος Λαχανοθαυμάσῳ.

Ἑρμῆ κερδῷε καὶ ἀλεξίκακε Ἡράκλεις, ἀπεσώθην. οὐδὲν ἂν δεινόν ἔτι γένοιτο. προχόην ὑφελόμενος ἀργυ- ρᾶν Φανίου τοῦ πλουσίου δρόμῳ δοὺς φέρεσθαι (ἦν γὰρ ἀωρὶ τῆς νυκτός) ἠπειγόμην σώζειν ἐμαυτόν. (1) κύ- νες δὲ ἐξαίφνης οἰκουροὶ περιχυθέντες ἄλλος ἀλλαγόθεν χαλεποὶ καὶ βαρεῖς τὴν ὑλακὴν ἐπῇσαν Μολοττοὶ καὶ Κνώσιοι, ὑφ' ὧν οὐδὲν ἐκώλυσέ με ὡς ἠδικηκότα τὴν Ἄρτεμιν διασπᾶσθαι μέσον, ὡς μηδὲ τὰ ἀκρωτήρια εἰς τὴν ὑστεραίαν περιλειφθῆναι πρὸς ταφὴν τοῖς ἑτοί- μοις εἰς ἔλεον καὶ συμπάθειαν. (3) εὑρὼν οὖν ὑδορρο- ρόον ἀνεῳγότα οὐκ εἰς βάθος ἀλλ' ἐπιπολῆς, ὑπο- δὺς εἰς τοῦτον κατεκρύβην. ἔτι σοι ταῦτα τρέμων καὶ παλλόμενος λέγω. ἑωσφόρου δὲ ἀνασχόντος τῶν μὲν οὐκ ᾐσθόμην οὐκέθ' ὑλακτούντων (οἴκοι γὰρ πάντως ἐδέδεντο), (4) αὐτὸς δὲ εἰς Πειραιᾶ δραμὼν νηὶ Σικελικῇ λύειν μελλούσῃ τὰ πρυμνήσια περιτυχὼν ἀπεδόμην τῷ ναυκλήρῳ τὴν προχόην. (5) καὶ νυνὶ τὸ τίμημα ἔχων νένασμαι τοῖς κέρμασι καὶ νεόπλουτος

Phyllidis psaltriæ), bellum perpessus es et excidium sin- gulare sine machina et helepoli. (2) Audio enim cinædum illum et effeminatum impactam in te fregisse pateram, ita ut fragmenta labefecerint tibi nasum et dexteram maxillam sanguinisque ruisse rivulos, quales aquarum in Gerania destillant. (3) Quis amplius ferat perditissimos istos tanti pastum vendentes? periculo enim vitam emi- mus, atque ex fame mortem timentes cum periculo sa- turitatem amplectimur.

XLVI. Stemphylocharon Trapezocharoni.

Quam felix, quam fortunatus sum! quæres fortasse, optime Trapezocharon, quomodo? ego vero tibi dicam priusquam interrogas. Celebrabat urbs, ut nosti, Cureo- tin festum. Ego autem adhibitus cœnæ saltavi corda- cem. (2) Convivæ autem certatim bibebant, donec con- tentione in infinitum procedente ebrietas occupavit convivas, somnusque suscepit omnes etiam servos nutantes capitibus. (3) Ego vero circumspexi si qua ar- gentea vasa subducere possem. Quibus, dum sobrii ad- huc erant, e conspectu remotis et in tuto positis, mappa sub alam arrepta exsilui [ita ut in fuga calceorum alterum amiscrim]. (4) Vide autem, quam sit pretiosa, ex linteo Ægypto confecta et tincta purpura Hermionitica, subti- lissima atque pretiosa textura. Si hanc secure vendidero, saginabo te deductum ad cauponem Pithacionem. Multas enim simul sæpe contumelias ebriorum perpessi sumus et oportet te socium adversæ fortunæ participem fieri fausti diei.

XLVII. Horologius Lachanothaumaso.

Mercuri lucrifer et malorum averrunce Hercules! salvus evasi. Nihil periculi erit amplius. Gutturnium ut surri pueram argenteum Phaniæ illius divitis, in pedes me coniciens, servare me (erat enim intempesta nox) pro- peravi. (2) Canes autem domestici derepente circum- fusi alius aliunde, sæve et graviter latrantes me adorti sunt, Molossi et Cnossii, quos nihil prohibebat, quominus me, quasi offendissem Dianam, discerperent medium, ita ut ne extremæ quidem partes in sequentem diem relictæ fuissent ad sepulturam, iis qui parati essent ad miseri- cordiam et miserationem. (3) Quum igitur reperissem fossam non alte ductam, sed in superficie, in hanc im- mersus me occultavi. Etiam nunc tremens ac palpitans hæc tibi narro. Lucifero autem exorto, illos quidem non amplius latrantes animadverti (domi enim utique alligati erant); (4) ipse autem in Piræeum cucurri; cumque in navem Siculam incidissem, quæ iamiam retinacula solu- tura erat, vendidi nauclero gutturnium. (5) Et nunc quidem accepto pretio refertus sum nummis recensque

ἐπανελήλυθα, καὶ τοσοῦτον ῥιπίζομαι ταῖς ἐλπίσιν ὥστ' ἐπιθυμεῖν κόλακας τρέφειν καὶ κεχρῆσθαι παρασίτοις, οὐ παρασιτεῖν αὐτός. ἀλλ' ἢν τουτὶ τὸ πορισθὲν ἀργύριον καταναλώσω, πάλιν ἐπὶ τὴν ἀρχαίαν ἐπιτήδευσιν τρέψομαι. οὐδὲ γὰρ κύων σκυτοτραγεῖν μαθοῦσα τῆς τέχνης ἐπιλήθεται.

μη'. Κεφαλογλύπτης Ματτυαρανίσῳ.

Κακὸς κακῶς ἀπόλοιτο καὶ ἄφωνος εἴη Λικύμνιος ὁ τῆς τραγῳδίας ὑποκριτής. ὡς γὰρ ἐνίκα τοὺς ἀντιτέχνους Κριτίαν τὸν Κλεωναῖον καὶ Ἵππασον τὸν Ἀμβρακιώτην τοὺς Αἰσχύλου Προπομποὺς τορῷ τινι καὶ γεγωνοτέρῳ φωνήματι χρησάμενος, γαῦρος ἦν καὶ κιττοστεφὴς ἦγε συμπόσιον. (2) ἔνθα παραληφθεὶς φεῦ τῶν κακῶν οἷα ὑπέμεινα, τοῦτο μὲν πιττούμενος τὴν κεφαλὴν καὶ γάρῳ τοὺς ὀφθαλμοὺς ῥαινόμενος, τοῦτο δὲ ἀντὶ πλακοῦντος, τῶν ἄλλων ἄμητας ἐσθιόντων καὶ σησαμοῦντας, αὐτὸς μέλιτι δεδευμένους λίθους ἀποτρώγων. (3) ἡ πασῶν δὲ ἰταμωτάτη, τὸ ἐκ Κεραμεικοῦ πορνίδιον, ἡ μέτοικος, ἡ Φενεᾶτις Ὑακινθίς, κύστιν αἵματος πληρώσασα καταφέρει μου τῆς κεφαλῆς, καὶ ὁμοῦ τῷ κτύπῳ ἐλελούμην τῷ αἵματι. (4) καὶ τῶν μὲν εὐωχουμένων πολὺς καὶ καπυρὸς ἐξεχύθη γέλως, ἐγὼ δὲ ὧν ἔπαθον μισθὸν οὐκ ἀπηνεγκάμην ἄξιον, ἀλλά μοι γέγονε τῶν ὕβρεων ἀμοιβὴ τὸ μέτρον τῆς γαστρός, πέρα δὲ οὐδέν. (5) μήτε οὖν ἐς νέωντα εἴη μήτε μὴν νικῴη ὁ θεοῖς ἐχθρὸς Λικύμνιος, ὃν ἐγὼ τῆς ἀχαρίτου φωνῆς ἕνεκεν ὀρθοκόρυζον καλεῖσθαι πρὸς ἡμῶν καὶ τοῦ χοροῦ τῶν Διονυσοκολάκων ἔκρινα.

μθ'. Καπνοσφράντης Ἀριστομάχῳ.

Ὦ δαῖμον ὅς με κεκλήρωσαι καὶ εἴληχας, ὡς πονηρὸς εἶ καὶ λυπεῖς ἀεὶ τῇ πενίᾳ συνδῶν. ἢν γὰρ ἀπορία τοῦ καλοῦντος γένηται, ἀνάγκη με σκάνδικας ἐσθίειν καὶ γήθυα ἢ ὅσα ἀναλέγειν καὶ τῆς ἐννεακρούνου πίνοντα πίμπλασθαι τὴν γαστέρα. (2) εἶτα ἕως μὲν τὸ σῶμα τὰς ὕβρεις ὑπέμενε καὶ ἦν ἐν ὥρᾳ τοῦ πάσχειν νεότητι καὶ ἀκμῇ νευρούμενος, φορητὴ ἡ ὕβρις· ἐπεὶ δὲ ἐγώ σοι μεσαιπόλιος, καὶ τὸ λειπόμενον τοῦ βίου πρὸς γῆρας ὁρᾷ, τίς ἴασις τῶν κακῶν; Ἁλιαρτίου σχοινίου χρεία, καὶ κρεμήσομαι πρὸ τοῦ διπύλου, ἢν μή τι δεξιὸν ἡ τύχη βουλεύσηται. (3) εἰ δὲ καὶ αὐτοῖς ἐπιμείνειεν, οὐ πρότερον στραγγαλιῶ τὸν τράχηλον, πρὶν τραπέζης ἀπολαῦσαι πολυτελοῦς· (4) οὐκ εἰς μακρὰν δὲ ὁ περίβλεπτος οὗτος καὶ ἀοίδιμος ἔσται γάμος. Χαρίτους καὶ Λεωκράτους, μετὰ τὴν ἕνην καὶ νέαν τοῦ Πυανεψιῶνος, εἰς ὃν πάντως ἢ παρὰ τὴν πρώτην ἡμέραν ἢ τοῖς ἐπαυλίοις κεκλήσομαι. δεῖ γὰρ θυμηδίας καὶ παρασίτων τοῖς γάμοις, καὶ ἄνευ ἡμῶν. ἀνέορτα πάντα καὶ συῶν οὐκ ἀνθρώπων πανήγυρις.

---

ditatus redii et tantopere spe elatus sum, ut cupiam adulatores alere et adhibere parasitos, non parasitari amplius. Sed cum hanc acquisitam pecuniam absumpsero, rursus ad pristinum vitæ institutum me convertam. Neque enim canis, qui corium rodere didicit, moris obliviscetur.

XLVIII. Cephaloglyptes Mattyaphaniso.

Malus male pereat et mutus sit Licymnius ille tragicus histrio. Cum enim vicisset æmulos Critiam Cleonæum et Hippasum Ambraciotam in Propompis Æschyli, sonora et clariore voce usus, exsultavit et hedera redimitus agitavit convivium. (2) Cui ego adhibitus, hem quæ mala perpessus sum! partim pice mihi caput oblitum et muria oculi conspersi, partim loco placentæ, cæteris scriblitas lacte factas comedentibus et dulciaria cum sesamo, ego melle imbutos lapides rosi. (3) Omnium autem petulantissima illa ex Ceramico meretricula, huius loci inquilina, illa Pheneatica Hyacinthis, vesicam sanguine repletam capiti illisit meo et simul cum sonitu lotus fui sanguine (4) Atque illis quidem epulantibus uberrimus et effusus excitatus est risus, ego autem pro iis quæ passus sum mercedem non abstuli dignam : sed mihi fuit contumeliarum compensatio ventris mensura, præterea nihil. (5) Ne igitur novum annum videat neque vivat diis inimicus ille Licymnius, quem ego propter insuavem vocem orthocoryzum vocari a nobis et a grege theatrali decrevi.

XLIX. Capnosphrantes Aristomacho.

O dæmon, qui me sortitus es et sorte adeptus, quam malignus es et mihi molestus, cum sempiterna paupertate me teneas. Si enim nemo sit qui me accersat, oportet me olus silvestre et gethya comedere aut sorbos colligere, atque ex Enneacruno bibentem ventrem explere. (2) Deinde, quamdiu iniurias hoc corpus ferre poterat et ætate idonea erat ad perferendum iuventa et vigore nervosum, tolerabilis sane erat contumelia. Sed postquam ego jam semicanus quodque reliquum est vitæ ad senectutem spectat, quid remedii malorum? Haliartio fune. opus, et me suspendam ante Dipylum, nisi bene mihi Fortuna consulat. (3) Quod si etiam in eodem statu manserit, non strangulabo collum, priusquam opiparam mensam adeptus fuero. (4) Brevi autem erunt istæ illustres et celebres nuptiæ Charitus et Leocratis, post novilunium Pyanepsionis mensis : ad quas haud dubie aut primo die aut ad repotia vocabor. Opus habent enim oblectamentis animi et parasitis nuptiæ et sine nobis omnia festivitatis expertia et porcorum non hominum cœtus.

ν′. Βουκοπνίκτης Ἀρτοπύκτῃ.

Οὐκ ἀνέχομαι ὁρῶν Ζευξίππην τὴν ἱππόπορνον ἀπηνῶς τῷ μειρακίῳ χρωμένην. οὐ γὰρ δαπανᾶται εἰς αὐτὴν χρυσίον μόνον καὶ ἀργύριον, ἀλλ᾽ ἤδη καὶ συνοικίας καὶ ἀγρούς. ἡ δὲ ἐπὶ πλέον ἐκτύφεσθαι τὸν ἔρωτα τούτῳ μηχανωμένη τοῦ Εὐβοέως ἐρᾶν προσποιεῖται νεανίσκου, ἵνα τὰ τούτου σπαθήσασα ἐπ᾽ ἄλλον τρέψῃ τὸν ἔρωτα. (2) ἐγὼ δὲ ὀδυνῶμαι τὴν καρδίαν ὁρῶν ὑπορρέοντα τοσοῦτον πλοῦτον, ὃν οἱ μακαρῖται αὐτῷ Λυσίας καὶ Φανοστράτη κατέλιπον. ἃ γὰρ ἐκεῖνοι κατ᾽ ὀβολὸν συνήγαγον, ἀθρόως ἀναλοῖ τὸ πολύκοινον τοῦτο καὶ αἰσχρότατον γύναιον. πάσχω μὲν οὖν τι καὶ ἐπὶ τῷ μειρακίῳ· κύριος γὰρ γενόμενος τῆς οὐσίας πολλὴν εἰς ἡμᾶς φιλανθρωπίαν ἐνεδείξατο· (3) ὁρῶ δὲ καὶ τὰ ἡμέτερα σκάζοντα· εἰ γὰρ εἰς ταύτην ἅπαντα τεθείη τὰ προσόντα τούτῳ τῷ βελτίστῳ, καλῶς, ὦ θεοί, καλῶς ἀπολαύσομεν τῆς πλησμονῆς. ἔστι γὰρ ὡς οἶσθα ἁπλοϊκὸς ὁ Φίληβος καὶ πρὸς ἡμᾶς τοὺς παρασίτους ἐπιεικὴς καὶ μέτριος τὸν τρόπον, ᾠδαῖς μᾶλλον καὶ γέλωτι ἢ ταῖς εἰς ἡμᾶς ὕβρεσι θελγόμενος.

να′. Λαιμοκύκλωψ Κρεολώβῃ.

Ἰδοὺ μετὰ τὸν Εὐρώταν καὶ τὸ Λερναῖον ὕδωρ καὶ τὰ Πειρήνης νάματα ἔρωτι Καλλιρρόης ἐκ Κορίνθου πάλιν Ἀθήναζε κατεπείγομαι. οὐ γὰρ μέ τι τῶν τρυφημάτων τῶν ἐν τούτοις ἥρεσεν, ἀλλ᾽ ἕτοιμος ἐντεῦθεν ἀποσοβεῖν καὶ σπεύδειν ὡς ὑμᾶς. (2) ἀχάριτοι γὰρ ὤφθησαν οὗτοι καὶ ἥκιστα συμποτικοί, καὶ πλείους παρ᾽ αὐτοῖς αἱ παροινίαι τῶν ἀπολαύσεων. ὥστ᾽ ἄμεινον ἐμοὶ ὀλύνθους ἢ παλάθας μασᾶσθαι τῶν Ἀττικῶν ἢ τοῦ παρὰ τούτοις χρυσίου ἀποδρέπεσθαι. (3) οἷα γὰρ καινουργεῖν ἐπιχειροῦσιν ἀναγκάζοντες ἀσκωλιάζοντας πίνειν, διάπυρόν τε τὸν οἶνον καὶ θερμὸν ἄνευ τοῦ πρὸς ὕδωρ κράματος καταχέοντες, εἶτα κῶλά τε καὶ ἀστραγάλους καθάπερ τοῖς κυσὶ παραρριπτοῦντες καὶ νάρθηκας περιρρηγνύντες καὶ σκύτεσι καὶ τοῖς ἄλλοις ἱμᾶσιν ἀντὶ παιδιᾶς πλήττοντες. (4) ἐμοὶ γένοιτο, πρόμαχε Ἀθηνᾶ καὶ πολιοῦχε, Ἀθήνησι καὶ ζῆσαι καὶ τὸν βίον ἀπολιπεῖν. ἄμεινον γὰρ πρὸ τῆς Διομηδείδος πύλης ἢ πρὸ τῶν Ἱππάδων ἐκτάδην κεῖσθαι νεκρὸν τύμβου περιχυθέντος ἢ τῆς Πελοποννησίων εὐδαιμονίας ἀντέχεσθαι.

νβ′. Κωπάδιων Εὐκνίσῳ.

Οὔ μοι μέλει. ποιούντων ὅσα καὶ βούλονται οἱ ριψοκίνδυνοι Γενθίοιναι καὶ Σαρδανάπαλλος· ἐμὲ γὰρ κοινωνῆσαι τῆς ἀτόπου πράξεως ἀδύνατον, οὐδ᾽ εἰ μάντευμά μοι ἐκ τῆς Δωδωναίας δρυὸς ἐπιτρέποι τὸ δρᾶμα. πάντως οὖν ἀφεκτέον. (2) ὑποπειρῶσι γὰρ τὴν παλακὴν τοῦ τῆς οἰκίας δεσπότου, καὶ ἤδη αὐ-

---

L. Bucopnictes Artopyctæ.

Non sustineo videre Zeuxippen, illud immane scortum, tam inclementer illum adolescentem tractantem. Non enim impenditur in eam aurum modo et argentum, sed etiam integræ ædes atque agri. Illa autem adhuc magis incendere amorem ei studens, Eubœensem se amare simulat illum iuvenem, ut huius etiam bonis consumptis alio convertat amorem. (2) Ego vero crucior animo, cum video effluere tantas opes, quas ei Lysias et Phanostrata beatæ memoriæ reliquerunt. Quæ enim illi unciatim collegerunt, simul omnia absumit vulgatissima illa et fœdissima muliercula. Doleo igitur nonnihil adolescentem; sui enim iuris factus, magnam erga nos humanitatem ostendit. (3) Video autem etiam nostras res claudicare. Si enim in hanc omnia transferantur quæ optimi illius sunt, egregie, o dii, egregie fruemur sagina. Est enim, ut nosti, simplex Philebus, et erga nos parasitos æquus ac moderatus cantilenis potius et ioco, quam contumeliis nostris delectari solitus.

LI. Læmocyclops Creolobæ.

Ecce post Eurotam et Lernæam aquam et Pirenes fluenta amans Callirrhoen, Corintho rursus Athenas pergo. Nihil enim mihi ex horum locorum deliciis placuit, sed paratus sum hinc facessere et ad vos properare. (2) Ingrati enim visi sunt isti et minime idonei convivatores, et plus contumeliarum in vino apud ipsos quam voluptatis. Quare satius est grossos et caricas manducare Atticas, quam istorum aurum decerpere. Quam multa enim nova excogitant, cogentes uno pede saltantem bibere, ardensque et calidum vinum sine admixtione aquæ affundentes, deinde pedes et talos quasi canibus proicientes et ferulas frangentes et scuticis aliisque loris per iocum cædentes! (3) Mihi contingat, propugnatrix Minerva urbisque custos, Athenis et vivero et mori. Præstat enim ante Diomeidem portam aut ante Hippadas porrectim iacere mortuum, tumulo circumfuso, quam Peloponnesi felicitatem capessere.

LII. Kopadion Eucniso.

Nihil curo. Faciant quicquid volent temerarii Genthion et Sardanapalus. Ego enim socius esse facinorosi incepti non possum, etiam si ex Dodonæa quercu oraculum illud facinus ut probum mihi suaderet. Utique ergo abstinendum. (2) Tentant enim pellicem patris familias corrumpere, atque iam eis res ad summum pro-

τοῖς ἡ πρᾶξις εἰς ἀκμὴν προκεχώρηκε. καὶ οὐκ ἀρ-
κοῦνται τῇ τῶν ἀφροδισίων ἀθέσμῳ πλησμονῇ, ἀλ-
λὰ γὰρ τὰ ἐκ τῆς οἰκίας σκεύη καθ' ἓν ἐκλαμβάνουσι.
(3) καὶ ἴσως μὲν ἄχρι τινὸς λήσεται τοὔργον πραττό-
μενον, πάντως δέ ποτε ἢ λάλος γείτων ἢ ψίθυρος οἰκέτης
ἀγορεύσει τὸ πρᾶγμα εἰς τοὐμφανές, καὶ ἀνάγκη μετὰ
πῦρ καὶ σίδηρον καὶ τὰς ἄλλας βασάνους τέλος αὐτοῖς
γενέσθαι τῆς ἡδονῆς τὸ κώνειον ἢ τὸ βάραθρον. ἀφει-
δῶς γὰρ χρώμενοι τῷ τολμήματι ἰσόρροπον τῇ πράξει
τὴν τιμωρίαν ἐκτίσουσιν.

νγ'. Ἀκρατολύμας Χωνοκράτει.

Χθὲς Καρίωνος περὶ τὸ φρέαρ ἀσχολουμένου εἰσέ-
φρησα εἰς τοὐπτάνιον. ἔπειτα εὑρὼν λοπάδα εὖ μάλα
κεχαρυκευμένην καὶ ἀλεκτρυόνα ὀπτὸν χύτραν τε μεμ-
βράδας ἔχουσαν καὶ ἀφύας Μεγαρικὰς ἐξήρπασα,
καὶ ἀποπηδήσας ποῖ καταχθείην ἐζήτουν καὶ εὐκαίρως
φάγοιμι μόνος. (2) ἀπορίᾳ δὲ τόπου δραμὼν ἐπὶ
τὴν ποικίλην (καὶ γὰρ οὐκ ἠνώχλει ταύτην οὐδὲ εἷς
τῶν ἀδολεσχῶν τουτωνὶ φιλοσόφων) κεῖθι τῶν πόνων
ἀπέλαυον. ἀνακύψας δὲ τῆς λοπάδος ὁρῶ προσιόντας
τῶν ἀπὸ τῆς τηλίας τινὰς νεανίσκων, καὶ δείσας τὰ
μὲν βρώματα ὄπισθεν ἀπεθέμην, (3) αὐτὸς δὲ εἰς τοὔ-
δαφος ἐκείμην κρύπτων τὰ κλέμματα εὐχόμενός τε
τοῖς ἀποτροπαίοις τὸ νέφος παρελθεῖν χόνδρους ὑπο-
σχόμενος λιβανωτοῦ ἱκανούς, οὓς οἴκοι ἀναλεξάμενος
τῶν ἱερῶν ἔχω εὖ μάλα εὐρωτιῶντας. καὶ οὐκ ἠστό-
χησα· οἱ θεοὶ γὰρ αὐτοὺς ἄλλην ὁδὸν ἔτρεψαν. (4) κἀ-
γὼ σπουδῇ καταβροχθίσας πάνθ' ὅσα ἐνέκειτο τοῖς
σκεύεσι, φίλῳ πανδοχεῖ τὴν χύτραν καὶ τὸ λοπάδιον,
τὰ λείψανα τῶν κλεμμάτων, χάρισμα δοὺς ἔχειν ἀπε-
χώρησα, ἐπιεικής τις καὶ μέτριος ἐκ τῶν δωρημάτων
ἀναφανείς.

νδ'. Χυτρολείκτης Πατελλοχάροντι.

Τί δακρύω, ἴσως ἐρήσῃ με, ἢ πόθεν κατέαγα τὸ
κρανίον, ἢ πῶς τὸ ἀνθηρὸν τοῦτο εἰς μέρη κατερρωγὸς
ἱμάτιον φορῶ; ἐνίκησα κυβεύων, ὡς μήποτ' ὤφελον.
τί γὰρ ἔδει με ἀσθενέστερον ὄντα ῥωμαλέοις συνεξετάζε-
σθαι νεανίαις; (2) ἐπεὶ γὰρ εἰς ἐμαυτὸν ὅλας τὰς ἐκθέσεις
συνελεξάμην, ἀπορίᾳ δὲ ἦν αὐτοῖς παντελὴς ἀργυρίου,
ἐπ' ἐμὲ πάντες ὥρμησαν. καὶ οἱ μὲν πὺξ ἔπαιον,
ἄλλοι δὲ λίθοις ἐχρῶντο, οἱ δὲ διέσχιζον τὸ ἱμάτιον.
(3) ἐγὼ δ' ἀπρὶξ τῶν χερμάτων εἰχόμην, ἀποθανεῖν
πρότερον ἢ προέσθαι τι ἐκείνοις τῶν ἐμοὶ πεπορισμένων
αἱρούμενος. καὶ δὴ μέχρι γέ τινος ἀντέστην γεννικῶς,
καὶ τὰς φορὰς τῶν πληγῶν ὑπομένων καὶ τὰς ἐκστρο-
φὰς τῶν δακτύλων ἀνεχόμενος, καὶ ἦν οἷά τις Σπαρ-
τιάτης ἀνὴρ ἐπὶ τοῦ βωμοῦ τῆς Ὀρθίας τυπτόμενος.
(4) ἀλλ' οὐκ ἦν Λακεδαίμων ἐν ᾗ ταῦτα ὑπέμενον,
ἀλλ' Ἀθῆναι καὶ τῶν Ἀθήνησι κυβευτῶν οἱ ἐξωλέ-
στατοι. τέλος δ' οὖν λιποθυμήσας ἀφῆκα τοῖς ἐνα-

cessit, nec contenti sunt Veneris illicito usu satiari, sed
insuper ex domo supellectilem singulatim asportant.
(3) Ac fortasse quidem aliquandiu celabitur factum; uti-
que autem tandem aut loquax vicinus aut susurrator
servus palam rem enunciabit : et necesse erit, ut post
ignem et ferrum et multa tormenta cicuta aut barathrum
iis obtingat. Hoc enim facinus sine verecundia prose-
quentes æqualem facinori pœnam expendent.

LIII. Acratolymas Chonocrati.

Heri Carione circa puteum occupato intuli me in culi-
nam. Deinde cum invenissem patinam condimentis ex-
quisitis refertam et gallum gallinaceum assum ollamque
membradas habentem atque apuas Megaricas, surripui,
et exsiliens quæsivi quo diverterer et commode solus
comederem. (2) Cum autem non suppeteret locus, cu-
curri in Pœcilen (etenim ne unus quidem nugacium isto-
rum philosophorum eam infestavit); ibi laboribus meis
fruitus sum. Suspectans autem a patina video accedere
quosdam ex adolescentibus tabulam lusoriam frequentan-
tibus ac territus cibos quidem post tergum collocavi,
(3) me ipsum autem in terram prostravi, furtum occultans
precansque deos averruncantes, ut transiret hæc nubes,
promittens eis thuris micas quas domi ex sacrificiis col-
lectas habeo satis cariosas. Nec frustratus fui : dii enim
eos in aliam viam verterunt. (4) Atque ego confestim
deglutiens omnia quæ inerant in vasis, amico cauponi
ollam et patellam et reliquias furti donavi et abii bonus
homo et commodus propter dona visus.

LIV. Chytrolictes Patellocharoni.

Quid fleam, fortasse interrogabis me , aut unde caput
fractum habeam, aut quomodo variam hanc in partes
disruptam vestem geram? vici aleam ludendo. Quod
utinam ne factum esset! quid enim necesse erat infir-
miorem me cum robustis contendere adolescentibus?
(2) Cum enim omnia quæ exposita erant collegissem, illis
autem plane nihil relictum esset, in me omnes impetum
fecerunt; et alii quidem pugnis cædebant, alii lapidibus
utebantur, alii discindebant vestem; (3) ego autem obsti-
nate tenebam pecuniam, cum mori prius quam concedere
quidquam eorum quæ mihi parta erant mallem. Et
sane aliquandiu obstiti fortiter, tum ictus plagarum
tolerans, tum retorsiones digitorum sustinens; et eram
quasi aliquis Spartanus qui ad aram Orthiæ verberatur.
(4) Sed non Lacedæmon erat, ubi hæc patiebar; verum
Athenæ, et eorum qui Athenis sunt aleatorum perditis-

γέσι λαμβάνειν. οἱ δὲ καὶ τὸ προκόλπιον διηρεύνη-
σαν, καὶ τὰ ἐν τούτῳ ἐγκείμενα φέροντες ᾤχοντο,
τοῦτ' ἐμοῦ λῷον ἡγησαμένου τὸ ζῆν δίχα χρημάτων
ἢ μετὰ χρημάτων τεθνάναι.

νε΄. Αὐτόκλητος Ἑτειμαρίστῳ.

Ὀλίγα ἢ οὐδὲν διαφέρουσι τῶν ἰδιωτῶν οἱ σεμνοὶ
καὶ τὸ καλὸν καὶ τὴν ἀρετὴν ἐξυμνοῦντες· τούτους
λέγω τοὺς ἐργολαβοῦντας τὰ μειράκια. οἷον γὰρ
οἷον ἔλαθέ σε συμπόσιον Σκαμωνίδου γενέσια τῆς θυ-
γατρὸς ἑορτάζοντος. (2) καλέσας γὰρ ἔναγχος οὐκ
ὀλίγους τῶν προὔχειν δοκούντων Ἀθήνησι πλούτῳ καὶ
γένει, ᾠήθη δεῖν καὶ τοῖς φιλοσοφοῦσι κοσμῆσαι τὴν
εὐωχίαν. παρῆν οὖν ἐν πρώτοις Εὐθυκλῆς ὁ στωι-
κὸς οὗτος, ὁ πρεσβύτης, ὁ κουριῶν τὸ γένειον, ὁ ῥυ-
παρός, ὁ τὴν κεφαλὴν αὐχμηρός, ὁ ῥυσότερον τῶν
βαλαντίων ἔχων τὸ πρόσωπον. (3) παρῆν δὲ καὶ
Θεμισταγόρας ὁ ἐκ τοῦ περιπάτου, ἀνὴρ οὐκ ἄχαρις
ὀφθῆναι, οὔλῃ τῇ γένυι λαμπρυνόμενος. ἦν δὲ καὶ
ὁ Ἐπικούρειος Ζηνοκράτης, οὐκ ἀτημέλητος τοὺς κι-
κίννους καὶ ἐπὶ βαθεῖ τῷ πώγωνι σεμνυνόμενος,
(4) ὅ τε ἀοίδιμος (τοῦτο γὰρ πρὸς ἁπάντων ἐκέκλητο)
Ἀρχίβιος ὁ Πυθαγόρειος, ὠχρὸν ἐπὶ τοῦ προσώπου πο-
λὺν ἐπιβεβλημένος, πλοκάμους ἀπ' ἄκρας τῆς κεφα-
λῆς ἄχρι στέρνων αὐτῶν ἀπαιωρῶν, ὀξὺ καὶ ἐπίμηκες
τὸ γένειον καθεικώς, τὴν ῥῖνα ἐπικαμπής, τὸ στόμα
ἐπιχειλής, αὐτῷ τῷ πεπρῖσθαι καὶ λίαν μεμυχέναι
τὴν ἐγκεμυθίαν ὑποσημαίνων. (5) ἐξαίφνης δὲ καὶ
Παγκράτης ὁ κύων ῥύμῃ τοὺς πολλοὺς παρωσάμενος
εἰσήρρησε, στελέχει πρινίνῳ ἐπερειδόμενος· ἦν γὰρ ἀντὶ
τοῦ πυκνώματος τῶν ὄζων χαλκοῖς τισιν ἥλοις ἐμπε-
παρμένην φέρων βακτηρίαν, καὶ τὴν πήραν δὲ διάκε-
νον καὶ πρὸς τὰ λείψανα εὐζώνως ἠρτημένην. (6) οἱ
μὲν οὖν ἄλλοι ἀπ' ἀρχῆς εἰς τέλος παραπλησίαν τινὰ
καὶ τὴν αὐτὴν εἶχον τῆς ἑστιάσεως ἀκολουθίαν, οἱ φι-
λόσοφοι δέ, προϊόντος τοῦ συμποσίου καὶ τῆς φιλοτη-
σίας· συνεχῶς περισοβούσης, ἄλλος ἄλλην τερατείαν
ἐπεδείξαντο. (7) Εὐθυκλῆς μὲν γὰρ ὁ στωϊκὸς ὑπὸ
γήρως καὶ πλησμονῆς ἐκτάδην κείμενος ἔρρεγχεν· ὁ
Πυθαγόρειος δὲ τὴν σιωπὴν λύσας τῶν τι χρυσῶν ἐπῶν
κατά τινα μουσικὴν ἁρμονίαν ἐτερέτιζεν. ὁ βέλτιστος
δὲ Θεμισταγόρας, ἅτε τὴν εὐδαιμονίαν κατὰ τὸν τοῦ
περιπάτου λόγον οὐ ψυχῇ καὶ σώματι μόνον ἀλλὰ καὶ
τοῖς ἐκτὸς ὁριζόμενος, ἀπῄτει πλείονα πέμματα καὶ
ποικιλίαν τῶν ὄψων δαψιλῆ. (8) Ζηνοκράτης δὲ ὁ
Ἐπικούρειος τὴν ψάλτριαν ἐνηγκαλίζετο ταχερὸν καὶ
ὑγρὸν προσβλέπων ὑπομεμυκόσι τοῖς ὄμμασι, λέγων
τουτὶ εἶναι τὸ τῆς σαρκὸς ἀόχλητον καὶ τὴν καταπύ-
κνωσιν τοῦ ἡδομένου. (9) Ὁ κύων δὲ πρῶτα μὲν ἐνού-
ρει κατὰ τὴν κυνικὴν ἀδιαφορίαν εἰς σύρμα χαλάσας
καὶ καθεὶς τὸ τριβώνιον, ἔπειτα καὶ Δωρίδα τὴν μου-
σουργὸν οἷος ἦν ἐν ὀφθαλμοῖς ἁπάντων ἐνεργεῖν, φά-
σκων ἀρχὴν γενέσεως εἶναι τὴν φύσιν. (10) ὥστε

---

simi. Tandem igitur animi deliquium passus concessī
impuris illis sumere. Illi vero vel sinum perscrutati quæ
in eo incrant auferentes abicrunt. Ego vero melius esse
existimavi, vivere sine opibus, quam cum opibus mori.

LXV. Autocletus Hetœmaristo.

Parum aut nihil differunt a plebeiis austeri illi et ho-
nestum ac virtutem crepantes; istos dico qui lucri causa
iuvenum institutionem suscipiunt. Quale enim, quale te
fugit convivium, Scamonide diem natalem filiæ celebrante!
(2) Cum enim nuper vocasset ad cœnam non paucos ex
iis qui putantur Athenis præcellere opibus et genere, etiam
philosophis exornare epulum statuit. Aderat igitur in his
Euthycles stoicus, senex iste barba promissa, sordidatus,
capite squalido [decrepitus], qui rugosiorem crumena ha-
bet vultum. (3) Aderat etiam Themistagoras peripate-
ticus, vir haud invenustus adspectu, crispata barba su-
perbiens. Aderat autem etiam Epicureus Zenocrates,
cincinnos non incultos habens et ipse densa barba elatus :
(4) etiam celeberrimus ille (ita enim ab omnibus vocaba-
tur) Archibius Pythagoreus, pallore multo in facie præ-
ditus, cæsarie a summo capite usque ad pectus ipsum
demissa acuta atque longe promissa barba : naso adunco,
labiis compressis; eo ipso quia clausa essent et valde con-
tracta, silentium Pythagoricum subindicans. (5) Repente
autem etiam Pancrates Cynicus cum impetu plerosque
proturbans irruit, stipite iligno innixus. Gestabat enim
baculum, loco nodorum densorum æneis quibusdam clavis
confixum, et peram inanem atque ad ciborum reliquias
expedite suspensam. (6) Et ceteri quidem ab initio ad
finem æquabilem quendam et eundem observabant con-
vivii ordinem ; philosophi autem, procedente convivio et
poculo assidue circumacto, alius alias nugas ostentabat.
(7) Euthycles quidem stoicus, præ senio et quia se nimis
ingurgitaverat, porrectim jacens stertebat. Pythagoreus
autem, silentio soluto ex aureis carminibus ad musicam
quandam harmoniam cantillabat. Egregius vero ille The-
mistagoras, utpote felicitatem secundum peripateticas
rationes non in animo et corpore tantum, verum etiam in
externis ponens, poscebat plura bellaria et varietatem
opsoniorum dapsilem. (8) Zenocrates autem Epicureus
psaltriam amplexabatur, molliter et delicate adspiciens
paululum conniventibus oculis, dicens hanc esse carnis
pacem et condensationem voluptatis. (9) Cynicus autem
primum meiebat pro cynica indifferentia, laxato et de-
misso, ut terram verreret, pallio : deinde tam impudens
erat, ut Doridem cantricem in conspectu omnium inire vel-
let dicens principium generationis esse naturam. (10) Atque

ἡμῶν τῶν παρασίτων οὐδεὶς ἔτι λόγος· τὸ γὰρ θέαμα
καὶ τὴν θυμηδίαν παρεῖχεν οὐδεὶς τῶν εἰς τοῦτο κε
κλημένων, καίτοι γε καὶ Φοιβιάδης ὁ κιθαρῳδὸς καὶ
μῖμοι γελοίων οἱ περὶ Σαννυρίωνα καὶ Φιλιστιάδην
οὐκ ἀπελείποντο. ἀλλὰ πάντα φροῦδα καὶ οὐκ ἀξιό-
χρεα, ηὐδοκίμει δὲ μόνος ὁ τῶν σοφῶν λῆρος.

νϛ'. Θαμβοφαγρος Κυπελλιστῇ

Ἐπαίρεις σαυτὸν οὐδὲν δέον καὶ τύφου πλήρης εἶ
καὶ βαδίζεις ἴσα τοῦτο δὴ τὸ τοῦ λόγου Πυθοκλεῖ, καὶ
τῶν ἀρίστων ἀποφέρῃ μερίδας. οὐκοῦν τὰς σπυρίδας
καθ' ἡμέραν ἐξογκῶν σὺ μεγέθει λειψάνων (2) (καθά-
περ πρῴην Ἀρητάδης ὁ γραμματικὸς ἐποίει, Ὁμήρου
ὡς ἔφασκεν ἐπὶ λέγων στιχίδιον εὐμηχάνως αὐτῷ πρὸς
τὰς ἁρπαγὰς τῶν βρωμάτων ἡρμοσμένον « καὶ φαγέμεν
πιέμεν τε, ἔπειτα δὲ καί τι φέρεσθαι ») πέπαυσο,
κατάβαλε τὴν ἀλαζονείαν, τρισάθλιε, ἢ ἀνάγκη σε
γυμνὸν θύραζε ἐν ἀκαρεῖ χρόνου ἐκπεσεῖν.

νϛ' Οἰνοπαλος Ποτηπιοφλυαρῳ

Οὐκ εἰς δέον οἰνωμένος ἐσκωλάμην τοῦ νεανίσκου
τὸν τροφέα Ζώπυρον. ἐξ ἐκείνου γὰρ ἴσως διαβολῆ
τυπεὶς τὰ ὦτα κατέστη μικροπρεπέστερος περὶ τὰς
δόσεις καὶ φειδωνίῳ μέτρῳ κέχρηται εἰωθὼς γὰρ εν
ταῖς ἑορταστικαῖς τῶν ἡμερῶν ἢ γιτώνιον ἢ τριβώνιον
ἢ ἐφεστρίδα πέμπειν, ἔναγχος Κρονίων ἐνστάντων
Ἰφικρατίδας μοι νεουργεῖς ἔπεμψε τῷ Δρόμωνι δοὺς
κομίζειν. (2) ὁ δὲ ἐπὶ τούτῳ ἐφρενοῦτο καὶ μισθοῦ,
τῆς διακονίας ἀπήτει ἐγὼ δὲ δάκνομαι καὶ τὴν προ-
πετῆ γλῶτταν διαμασῶμαι καὶ ὀψὲ τῆς ἁμαρτίας
αἰσθάνομαι ὅταν γὰρ τὸ ῥεῦμα τῶν λόγων μὴ κα-
θηγουμένης τῆς διανοίας φέρηται, ἀνάγκη τὴν γλῶτταν
τηνικαῦτα προσκρούειν καὶ σφάλλεσθαι. ἔρρωσο '

νη' Ἀλεκομινος Φιλογαρελαδῳ

Οὐδὲν προτιμῶ σου, κἂν ἀπειλῆς ψιθυρίσειν κατ'
ἐμοῦ καὶ καττύσειν διαβολὰς ἀγεννούς ἄπλοικος
γὰρ καὶ γενναῖος ὁ Μαλιεὺς στρατιώτης ὁ βόσκων ἡμᾶς
τὰ νῦν δὴ ταῦτα, καὶ τοσοῦτον ἀπέχει τοῦ ζη-
λοτυπεῖν τὰς ἑταίρας, ὡς πρῴην λόγου ῥυέντος αὐ-τῷ
ἐπὶ τοῦ συμποσίου, πολλὴν κατέχεε βλασφημίαν τῶν
τὰ τοιαῦτα ὑπορραινόντων. (2) ἔλεγε γὰρ γαμεταῖς
ἐπικλήροις οἰκουρίαν τρέπειν καὶ τὸν σεμνὸν β' ον, τὰς
ἑταίρας δὲ δεῖν εἶναι πάντων ἀναπανδὸν καὶ πᾶσιν
ἐκκεῖσθαι τοῖς βουλομένοις. ὅνπερ οὖν τρόπον τοῖς
λουτροῖς καὶ τοῖς σκεύεσι κοινοῖς κεχρήμεθα, κἂν ἑνὸς
εἶναι δοκῇ, οὕτως καὶ ταῖς εἰς τοῦτον ἀπογραψαμέναις
τὸν βίον. (3) εἰδὼς οὖν τὴν ἄλλως τὴν διαβολήν σου
χωρήσουσαν, τρέμε ἐνδακὼν τὸ χεῖλος, ὦ, οἱ τὸν Σί-
γηλον ἥρω παριόντες, μὴ κακόν τι προσλάβῃς οὐ γὰρ
ἔστι τῶν Ἀττικῶν τουτωνὶ τῶν χαύνων μειρακίων,

---

ita nostrum parasitorum nulla habebatur ratio Specta-
culum enim et delectationem præbuit nemo eorum, quo-
rum id officium est, quanquam et Phœbiades citharœdus
et mimi Sannario et Philistiades non deerant Sed omnia
incassum et inania, probabantur autem solæ sophistarum
nugæ

LVL Thambophagris Cypellist,e

Extollis te, cum nihil sit opus fastuque plenus es, et
incedis quod proverbio dicitur, pariter ac Pythocles, et
tamen aufers portiones prandiorum Ergo sportas quo-
tidie implere grandibus reliquis (2) (quemadmodum nupei
Aretapes grammaticus faciebat, Homeri, ut aiebat, ad
eam rem recitans versiculum egregie ejus rapacitati con-
gruentem, oportere nimirum *Potare ac vesci, post hæc
auferre simul quid*) desine missam fac istam insolen-
tiam, miserrime, aut necesse est te nudum foras mo-
men'o temporis erectum domo excidere

LVII Œnolalus Poteriophlyaro

Non opportune potus cavillatus sum Zopyram adole-
scentis educatorem Huius enim fortasse criminatione
verberatas habens aures, ad dandum minus liberalis
factus est et parca mensura utitur Solitus enim an-
tea festis diebus aut tunicam aut pallium aut chlamy-
dem mittere, nuper cum Saturnalia essent, Iphicratides
mihi recens fac'as misit, quas Dromoni dederat ferendos
(2) Iste autem propterea fremebat et mercedem ministerii
poscebat Ego vero mordeor et procacem hanc linguam
rodo seroque peccatum sentio Quando enim flumen
verborum non præeunte cogitatione fertur, tum effendere
et peccare linguam necesse est Vale

LVIII Ha'ocuminus Philogarelaido

Nihil curo te, etiamsi minens te susurraturum de me
consuasque criminationes illiberales Simplex enim est
et generosus Maliensis ille miles, qui nos pascit Nunc
autem tantum abest ut suspiciosus sit in meretrices,
ut nuper cum sermo ei flueret in convivio, multa effun-
deret maledicta in eos qui ita sint affecti (2) Dixit enim,
legitime nuptas decere rei domesticæ curam et castam
vitam, meretrices autem debere esse omnibus in propa-
tulo et cuivis expositas volenti Quemadmodum igitur
lavacris communibus et supellectili uti solemus, etiamsi
unius esse videantur, ita etiam his, quæ hanc vitæ ra-
tionem professæ sint (3) Cum igitur sciam in vanum cri
minationem tuam abituram, treme, labrum mordens
ut illi qui taciturnum heroem prætereunt, ne malum
accipiant Non enim est ex Atticis istis fastu turgidis
adolescentibus, sed vir arma tractans et Martius, apud

ἀλλ' ἀνὴρ ὑπλομάχος καὶ ἀργὸς, παρ' ᾧ κολακείας
καὶ διαβολῆς τρόπος ἕρπει. ἀνάγκη δὲ τὸν διαβολὰς
μὴ προσιέμενον τοῖς διαβάλλουσιν ἀπεχθάνεσθαι.

νθ'. Λιμέντερος Ἀμασήτῳ.

Παρ' ἕνα τινὰ τῶν τὰ πινάκια παρὰ τὸ Ἰακχεῖον
προτιθέντων καὶ τοὺς ὀνείρους ὑποκρίνεσθαι ὑπισχνου-
μένων βούλομαι ἐλθὼν τὰς δύο ταύτας δραχμάς, ἃς
οἶσθα ἐν χεροῖν με ἔχοντα, καταβαλὼν τὴν φανεῖσαν
ὄψιν μοι κατὰ τοὺς ὕπνους διηγήσασθαι. (2) οὐ χεῖ-
ρον δὲ καὶ πρὸς σὲ ὡς φίλον ἀναθέσθαι τὸ καινὸν τοῦτο
καὶ πέρα πάσης πίστεως ῥάσμα. ἐδόκουν γὰρ εὐ-
πρεπὴς εἶναι νεανίσκος καὶ οὐχ ὁ τυχών, ἀλλ' ἐκεῖνος
ὁ Ἰλιεὺς ὁ περίψυκτος καὶ περικαλλής, ὁ τοῦ Τρωὸς
παῖς Γανυμήδης, καὶ χαλαύροπα ἔχειν καὶ σύριγγα
καὶ τιάρᾳ Φρυγίῳ στέφειν τὴν κεφαλὴν ποιμαίνειν τε
καὶ εἶναι κατὰ τὴν Ἴδην. (3) ἐξαίφνης δὲ ἐπιπτάντα
μοι γαμψώνυχα καὶ μέγαν ἀετόν, γοργὸν τὸ βλέμμα
καὶ ἀγχυλοχείλην τὸ στόμα, κουφίσαντά με τοῖς ὄνυξιν
ἀφ' οὗπερ ἐκαθήμην πέτρου μετεωρίζειν εἰς τὸν ἀέρα καὶ
πελάζειν τοῖς οὐρανίοις τόποις ἐπειγόμενον· (4) εἶτα
μέλλοντα ψαύειν τῶν πυλῶν αἷς αἱ Ὧραι ἐφεστᾶσι,
κεραυνῷ βληθέντα πεσεῖν, καὶ τὸν ὄρνιν οὐκέτι εἶναι
τὸν διιπέτη καὶ μέγαν ἀετόν, γῦπα δὲ πικρὸν ὀδω-
δότα, ἐμὲ δὲ τοῦτον ὃς εἰμὶ Λιμέντερον, γυμνὸν πάσης
ἐσθῆτος, οἷα πρὸς λουτρὸν ἢ παλαίστραν ηὐτρεπισμέ-
νον. (5) ἐκταραχθεὶς οὖν ὡς εἰκὸς ἐπὶ τοσούτῳ πτώ-
ματι ἐξηγρόμην, καὶ πρὸς τὸ παράδοξον τῆς ὄψεως
ἀγωνιῶ καὶ δέομαι οἷ φέρει τὸ ὄναρ μαθεῖν παρὰ τῶν
τὰ τοιαῦτα ἀκριβούντων, εἰ μέλλει τις ἁπλανῶς εἰδέ-
ναι καὶ εἰδὼς ἀληθίζεσθαι.

ξ'. Χασκοδούκης Ὑπνοτραπέζῳ.

Οὐκέτι εἰσῆλθον εἰς τὴν Κόρινθον· ἔγνων γὰρ ἐν
βραχεῖ τὴν βδελυρίαν τῶν ἐκεῖσε πλουσίων καὶ τὴν
τῶν πενήτων ἀθλιότητα. ὡς γὰρ ἐλούσαντο οἱ πολ-
λοὶ καὶ μεσοῦσα ἦν ἡμέρα, στωμύλους ἐθεασάμην
καὶ εὐφυεῖς νεανίσκους οὐ περὶ τὰς οἰκίας ἀλλὰ περὶ τὸ
Κράνειον εἰλουμένους καὶ οὗ μάλιστα ταῖς ἀρτοπώλισι
καὶ ὀπωροκαπήλοις ἔθος ἀναστρέφειν. (2) ἐνταυθοῖ
γὰρ εἰς τοὔδαφος ἐπικύπτοντες ὁ μὲν φλοιοὺς θέρμων
ἀνῃρεῖτο, ὁ δὲ τὰ ἔλυτρα τῶν καρύων ἐπολυπραγμόνει
μή πού τι τῶν ἐδωδίμων ἐνυπομείναν διέλαθεν, ὁ δὲ
τῶν ῥοιῶν τὰ περικάρπια, ἃ σίδια ἡμῖν τοῖς Ἀττικοῖς
προσαγορεύειν ἔθος, ἀπέγλυφε τοῖς ὄνυξιν εἴ πού τινος
τῶν κόκκων ἐπιδράξασθαι δυνηθείη, οἱ δὲ καὶ τὰ ἐκ
τῶν ἄρτων ἀποπίπτοντα πρὸς πολλῶν ἤδη πεπατη-
μένα ἀναλέγοντες ἔκαπτον. (3) τοιαῦτα τὰ τῆς Πε-
λοποννήσου προπύλαια καὶ ἡ δυοῖν θαλάσσαιν ἐν μέσῳ
κειμένη πόλις, χαρίεσσα μὲν ἰδεῖν καὶ ἀμφιλαφῶς
ἔχουσα τρυφημάτων, τοὺς οἰκήτορας δὲ ἀχαρίτους καὶ
ἀνεπαφροδίτους κεκτημένη. καίτοι γέ φασι τὴν Ἀφρο-

---

quem assentatio et obtrectatio nihil valet. Eum vero,
qui obtrectationes non admittit, obtrectatoribus esse in-
fensum necessarium est.

LIX. Limenterus Amaseto.

Ad aliquem ex iis, qui tabellas apud Iacchi fanum
proponunt et somniorum interpretandi artem profitentur,
profectus, duabus istis drachmis, quas scis me in manibus
habere, datis, quod mihi apparuit visum per somnos nar-
rare volo. (2) Non abs re autem fuerit et tecum com-
municare novum istud et omnem fidem excedens osten-
tum. Videbar enim per somnum formosus esse adolescens,
nec vulgaris aliquis, sed ille Iliensis, ille dilectus et pul-
cherrimus, Trois filius Ganymedes : et pedum habere ac
fistulam et tiara Phrygia redimitus caput, ovesque pascere
et in Ida versari; (3) subito autem advolasse in me curvis
unguibus praeditam et magnam aquilam, torvo adspectu
et adunco rostro, quae me levatum unguibus e rupe, ubi
sedebam, sublimem tolleret in auras et celeriter admoveret
coelestibus locis. (4) Deinde cum iam in eo esset ut propius
venirem ad portas, quibus Horae praepositae sunt, fulmine
ictum decidere; avemque eam non amplius esse illam coe-
litus devolantem magnamque aquilam, sed vulturem acerbe
olentem : me vero hunc ipsum, qui sum, Limenterum,
nudatum omni veste, quasi ad lavacrum aut palaestram
paratum. (5) Terrefactus igitur, ut credibile, tanto lapsu
expergiscebar et ad hoc mirabile visum trepido, atque
quo tendat insomnium discere cupio ab iis qui talia pen-
sitant, si possit quis indubitate scire, et, ubi sciverit,
verum dicere.

LX. Chascobuces Hypnotrapezo.

Non amplius adii Corinthum. Cognovi enim brevi
sordes divitum et pauperum qui ibi sunt miseriam. Ut
enim lota erat multitudo et meridies erat, lepidos vidi ac
facetos adolescentes, non circa domos, sed circa Cra-
nium versantes, quo potissimum panariae ac pomariae
versari solent. (2) Ibi enim humum proni spectantes
alius cortices lupinorum tollebat, alius putamina nucum
rimabatur, num quid intus relictum latuisset quod edi
posset, alius malicoria, quae σίδια nobis Atticis appellare
in more est, scalpebat unguibus, sicubi quid granorum
adhuc nancisci posset; alii autem quae ex panibus decide-
rent, a multis iam conculcata, colligentes comedebant.
(3) Tale est Peloponnesi vestibulum et duorum marium
in medio sita urbs, elegans quidem adspectu et deliciis
abundans, sed incolas ingratos et invenustos habens :

δίτην ἐκ Κυθήρων ἀνασχοῦσαν τὴν Ἀκροκόρινθον
ἀσπάσασθαι· εἰ μὴ ἄρα τοῖς μὲν γυναίοις Ἀφροδίτη
πολιοῦχος τοῖς δὲ ἀνδράσιν ὁ Λιμὸς καθίδρυται.

ξα'. Ὑδνοσφράντης Μερίδᾳ.

Ἡράκλεις, ὅσα ὑπέστην πράγματα ῥύμματι καὶ
νίτρῳ Χαλαστραίῳ χθιζινοῦ ζωμοῦ τοὐμοὶ περιχυθέν-
τος τὴν γλισχρότητα ἀποκαθαίρων. καὶ οὐχ οὕτω
με ἔδακεν ἡ ὕβρις ὅσον τὸ δι' ἄφρον τοῦ ὑβρίζοντος.
(2) ἐγὼ μὲν γὰρ Ἀνθεμίωνος υἱὸς τοῦ πλουσιωτάτου
τῶν Ἀθήνησι καὶ Ἀξιοθέας τῆς κατὰ γένος ἐκ Μεγα-
κλέους ὡρμημένης, ὁ δὲ ταῦθ' ἡμᾶς ἐργαζόμενος πα-
τρὸς μὲν ἀσήμου μητρὸς δὲ βαρβάρου, Σκυθίδος οἶμαι
ἢ Κολχίδος ἐν νεομηνίᾳ ἐωνημένης· οὕτω γάρ μοι τῶν
γνωρίμων τινὲς διηγήσαντο. (3) ἀλλ' ἐγὼ μὲν ἐν
ταπεινῷ τῷ σχήματι, τὴν πατρῴαν ἀποβαλὼν οὐσίαν,
ἀγαπῶ τὴν ἀναγκαίαν ἐκπορίζων τῇ γαστρὶ τροφήν,
Δωσιάδης δ', ὦ θεοί, τὴν πύκνα καταλαμβάνει δημη-
γορῶν κἂν τοῖς ἐν Ἡλιαίᾳ καταριθμεῖται δικάζουσι
καὶ τὰς ἡνίας ἔχει τοῦ δήμου, παρ' ᾧ Μιλτιάδης
ἐδέδετο ὁ τὸ ἐν Μαραθῶνι τρόπαιον ἐγείρας, καὶ
Ἀριστείδης ὁ δίκαιος ἐξωστρακίζετο. (4) λυπεῖ δέ με
οὐχ ἥκιστα πρὸς τοῖς ἄλλοις καὶ ἡ τῆς προσηγορίας
ἀποβολή. οἱ μὲν γὰρ πατέρες Πολύβιόν με ἔθεντο
καλεῖσθαι, ἡ τύχη δὲ ἀμείψασα τοὔνομα Ὑδνοσφράν-
την πρὸς τῶν ὁμοτέχνων ἠνάγκασε προσαγορεύεσθαι.

ξβ'. Σκοροδολέπισος Καπνοσφράντῃ.

Ἐπίστασο τὴν αἰτίαν, ἐφ' ᾗ με διεσίλλαινον αἱ
γυναῖκες, τελευταῖον δὲ ἡ γραῦς ἡ δούλη ἐλοιδορή-
σατό μοι εἰποῦσα « ἀλλ' ἐκκορηθείης ὅτι ἄκαιρος εἶ
καὶ λάλος. » μυστήριον ἐν αὐταῖς τρέφεται τοῖν
θεοῖν τοῖν Ἐλευσινίοιν ἀσφαλέστερον, καὶ βούλονται
ἡμᾶς ἀγνοεῖν τοὺς εἰδότας, ἢ καὶ οἴονται ἀκηκοότας
οὔπω πεπεῖσθαι. (2) ἐγὼ δὲ οἶδα τὸ δρᾶμα καὶ
ὅσον οὐκ εἰς μακρὰν κατερῶ τῷ δεσπότῃ· οὐ γὰρ βού-
λομαι χείρων φανῆναι τῶν κυνῶν, αἳ τῶν τρεφόντων
προὔλακτοῦσι καὶ κήδονται. μοιχὸς πολιορκεῖ τὴν οἰ-
κίαν, ὁ Ἠλεῖος νεανίσκος, ὁ εἷς τῶν Ὀλυμπίασι βα-
σκάνων. καὶ πρὸς τοῦτον γραμματίδια δισημέραι
φοιτᾷ δίθυρα παρὰ τῆς γαμετῆς τοῦ τρέφοντος ἡμᾶς
καὶ στέφανοι ἡμιμάραντοι καὶ μῆλα ἀποδεδηγμένα·
(3) αἱ δὲ ἀλάστορες αὗται θεραπαινίδες συνίσασι καὶ
ἡ ἐπιτύμβιος γραῦς, ἣν Ἔμπουσαν ἅπαντες οἱ κατὰ
τὴν οἰκίαν καλεῖν εἰώθασιν ἐκ τοῦ πάντα ποιεῖν καὶ
βιάζεσθαι. ἐγὼ δὲ οὐκ ἔσθ' ὅπως σιγήσομαι· βού-
λομαι γὰρ ἐμαυτὸν οὐ παράσιτον ἀλλὰ φίλον ἐπιδεῖ-
ξαι, καὶ ἄλλως διψῶ τῆς κατ' αὐτῶν τιμωρίας.
(4) οἶδα γὰρ ὅτι εἰ ταῦτα εἰς φανερὸν ἀχθείη, αἱ μὲν
θεραπαινίδες δεδήσονται, ὁ μοιχὸς δὲ ἀπολεῖται ῥα-
φάνοις τὴν ἕδραν βεβυσμένος, ἡ μιαρὰ δὲ γυνὴ τίσει
τὴν ἀξίαν τῆς ἀκολασίας δίκην, εἰ μὴ Πολιάγρου τοῦ

quanquam dicunt Venerem e Cytheris arcem Corinthi
salutasse; nisi forte mulierculis quidem Venus est civi-
tatis præses, viris autem Fames est dedicata.

O Hercules, quantas sustinui molestias, sapone et
nitro Chalastrico iuris mihi heri infusi viscositatem ex-
purgans. Nec tam me momordit contumelia, quam quod
ab ignobili homine passus sum. (2) Ego enim Anthemionis
filius illius ditissimi in urbe Athenarum et Axiotheæ e Me-
gacle oriundæ; qui autem hæc nobis fecit, patris est igno-
bilis, matris autem barbaræ, Scythicæ, ut arbritror, aut
Colchicæ, in novilunio emptæ, ita enim mihi quidam noti
homines narrarunt. (3) At ego quidem in humili cultu,
paternis amissis opibus, contentus sum ventri necessa-
riam saginam suppeditare; Dosiades autem, o dii! Pny-
cem occupat concionans, et iis, qui in Heliæa ius dicunt,
annumeratur et habenas tenet populi a quo Miltiades in
vincula olim coniectus est, is, qui Marathone tropæum
erexit, et Aristides ille iustus est eliminatus. (4) Cru-
ciat autem vel maxime præter cetera nominis amissio.
Nam parentes quidem Polybii imposuerunt mihi nomen,
fortuna autem eo mutato, Hydnosphranten ab artis con-
sortibus appellari ut pater coegit.

Scito causam, ob quam me perstrinxerint mulieres,
postremo autem vetula illa ancilla conviciata est mihi,
dicens « tu vero funditus pereas, quia importunus es, et
garrulus. » Mysterium inter ipsas agitatur dearum Eleu-
siniarum tutius, et volunt ignorare id nos qui novimus,
aut etiam credunt, quamvis audiverimus, nondum nobis
persuasum esse. (2) Ego vero scio facinus et brevi indi-
cabo hero. Non enim volo deterior esse quam sunt ca-
nes, qui pro dominis latrant eosque tuentur. Adulter
obsidet domum ille ex Elide adolescens, unus ille ex
fascinatoribus Olympiacis. Et ad hunc literæ complicatæ
quotidie commeant ab uxore patroni nostri et serta semi-
marcida et poma admorsa; (3) scelestæ autem ancillæ
consciæ sunt et illa capularis vetula, quam Empusam
omnes domestici vocare solent, ex eo quod omnia facit et
patitur. Ego vero nescio quomodo taceam. Volo enim
me non parasitum, sed amicum probare, et ceteroquin
etiam sitio eas ulcisci. (4) Scio enim, scio, ubi hæc
patefacta fuerint, fore ut ancillæ quidem vinciantur, adul-
ter autem ano raphanis obturato pereat; scelerata vero

χυρτοῦ μαλακώτερός ἐστι τὰ τοιαῦτα Λυσιχλῆς ἐκεῖ-
νος γὰρ λύτρα παρὰ τῶν μοιχῶν ἐπὶ τῇ γαμετῇ πρατ-
τόμενος ἀθώους τῆς τιμωρίας ἠφίει.

ξγ′ Φιλομάγυρος Πινακοσπογγίσω

Οἷα βουλεύονται καὶ διανοοῦνται αἱ θεοῖς ἐχθραὶ
λαιστρυγόνες αὗται τῇ κεκτημένῃ συμπράττουσαι καὶ
οἶδε τούτων οὐδὲν ὁ Φαιδρίας μηνὶ πέμπτῳ μετὰ
τοὺς γάμους τέτοκεν αὐτῷ τὸ γύναιον παιδίον ἄρρεν
τοῦτο μετὰ τῶν σπαργάνων δέραιά τινα καὶ γνωρί-
σματα περιθεῖσαι ἔδωκαν Ἀσφαλίωνι τῷ συργάσ-ρῳ
κομίζειν ἐπὶ τὰς ἀκρωρείας τῆς Πάρνηθος (2) ἡμᾶς
δὲ τέως μὲν ἀνάγκη κρύπτειν τὸ κακὸν καὶ πρὸς τὸ
παρὸν σιγᾶν ἐπειδὰν δέ τι κἂν βραχὺ λυπήσωσι,
κόλακα καὶ παράσιτον ἐξονειδίζουσαι καὶ τὰς ἄλλας
ἃς εἰώθασιν ὕβρεις ἐπιφέρουσαι, εἴσεται τὸ γεγονὸς ὁ
Φαιδρίας

ξδ′ Τουρδοσύναγος Ἐφαλλοκύθρα

Ὁ μὲν Κρίτων ὑπ′ ἀνοίας καὶ ἀρχαιότητος τρόπου
τὸν υἱὸν εἰς φιλοσόφου φοιτᾶν προύτρεψε, τὸν αὐστηρὸν
πρεσβύτην καὶ ἀμισθὴ τὸν ἐκ τῆς ποικίλης ἐξ ἁπάν-
των τῶν φιλοσόφων καθηγήσθαι τοῦ παιδὸς ἀξιώτα-
τον ἡγησάμενος, ὡς ἂν παρ′ αὐτῷ λόγους τινὰς σχιν-
δαλμοὺς ἐκμαθὼν ἐριστικὸς καὶ ἀγκύλος τὴν γλῶσ-
σαν γένηται (2) ὁ δὲ παῖς ἐς τὸ ἀκριβέστατον
ἐξεμάξατο τὸν διδάσκαλον οὐ πρότερον γὰρ τῶν λόγων
γενέσθαι μαθητὴς ἀλλὰ τοῦ βίου καὶ τῆς ἀγωγῆς
ἐσπούδασε· Θεασάμενος γὰρ τὸν διδάσκαλον τῇ ἡμέρᾳ
σεμνὸν καὶ σκυθρωπὸν καὶ τοῖς νέοις ἐπιτιμῶντα,
νύκτωρ δὲ περικαλύπτοντα τὴν κεφαλὴν τριβωνίῳ
καὶ περὶ χαμαιτυπεῖα εἰλούμενον, ἐζήλωσεν ἐν χαλῷ
(3) καὶ πέμπτην ταύτην ἡμέραν εἰς ἔρωτα Ἀκαλανθίδος
τῆς ἐκ Κεραμεικοῦ κατολισθὼν φλέγεται αὕτη δὲ
ἐπιεικὼς ἔχει πρὸς ἐμὲ καὶ ἐρᾶν ὁμολογεῖ, τῷ μειρα-
κίῳ δὲ ἔτι ἀντιτείνεται ἡσθημένη τῷ πόθῳ τυφόμενον,
καὶ οὐ πρότερόν φησιν ἐπιδώσειν ἑαυτὴν πρὶν ἂν ἐγὼ
τοῦτο ἐπιτρέψω ἐμὲ γὰρ κύριον τοῦ ταῦτα προστάτ-
τειν ἐποιήσατο (4) πολλὰ καὶ ἀγαθὰ δοίης, Ἀφρο-
δίτη πάνδημε, τῇ φιλτάτῃ γυναικὶ ἑταίρου γάρ, οὐχ
ἑταίρας ἔργον διεπράξατο ἐξ ἐκείνου γὰρ θεραπεύσο-
μαι λιπαρῶς ἄλλοτε ἄλλαις δωροφορίαις καὶ εἴ μοι
ῥεύσειε τοῦ χρόνου προϊόντος βαθίλεστερος, οὐδὲν κω-
λύσει με τούτου γαμοῦντος ἐπίκληρον γυναῖκα ἐν γα-
μετῆς σχήματι τὴν Ἀκαλανθίδα λυσάμενον ἀναλαβεῖν
ἦ γὰρ τοῦ ζῆν αἰτία κοινωνὸς τοῦ ζῆν δικαίως ἂν
κατασταίη

ξε′ Ἡσίαρχων Ῥυτομάχῳ

Μέγα τοῦτο ἀγαθὸν ἦ ἐξ Ἰστρίας ναῦς ἦ ἐπὶ τοῦ
χώματος ὁρμοῦσα ταῖς Ἀθήναις ἧκε φέρουσα τὸν
θαυμαστὸν τοῦτον ἔμπορον, ὃς τοὺς πλουσιωτάτους τῶν

---

mulier dignam luat lasciviæ pœnam, nisi Poliagro illo
gibboso segnior est in talibus Lysicles Ille enim adul-
teros pretio accepto impunes pœnæ dimisit

Qualia moliuntur et in animo habent istæ diis invisæ
Læstrigones cum hera mea facientes Nihil scit istorum
quidquam Phædrias Mense quinto post nuptias peperit
ei muliercula infantem masculum, quem cum incunabulis
collaria quædam et signa circumponentes dederunt As-
phalioni operario portandum in verticem Parnethis
(2) Nos autem interea oportet occultare facinus, et etiam-
nunc tacemus Quod si vero vel pauxillum molestiæ fue-
rint, assentatorem et parasitum ignominiose vocantes
aliasque quas solent ingerentes ignominias, Phædrias id
quod factum est comperiet

Criton quidem præ dementia morumque stoliditate
filium in philosophi scholas itare iussit, austerum illum
senem atque tristem, illum ex Pœcile, ex omnibus philo-
sophis præceptorem esse filii idoneum arbitratus, ut ab
ipso verborum quasdam subtilitates edoctus contentiosus
et anceps in dicendo evaderet (2) Filius autem exactissime
expressit magistrum Non enim tam sententias discere
quam vitam atque disciplinam studuit Cum enim videret
magistrum interdiu gravem ac tetricum iuvenesque incre-
pantem, nocte autem caput pallio obvelantem circa lupa-
naria versari, æmulatus est probe (3) Ac quintum iam
diem in amorem Acalanthidis illius e Ceramico prolapsus
flagrat, hæc autem bene affecta est erga me et amare
fatetur, adolescenti vero adhuc obnititur, postquam sensit
eum cupidine uri, nec prius ait copiam sui se facturam,
quam ego permiserim Mihi enim talia ordinandi fecit
potestatem (4) Multa bona tribuas, o Venus vulgivaga,
illi carissimæ mulieri, amici enim, non meretricis, fecit
facinus, ex illo enim tempore color splendidis muneri-
bus Atque si mihi fluxerit tempore procedente largior,
nihil impediet, ubi ille bene dotatam mulierem duxerit,
quominus uxoris titulo Acalanthidem redemptam ducam
Quæ enim ut viverem fecit, consors vitæ merito consti-
tuetur

Magno bono illa ex Istria navis, quæ ad aggerem stat
in ancoris, Athenas venit adventque mercatorem illum
egregium, præ quo divites ac munifici Atheniensium

Ἀθήνησι καὶ μεγαλοδώρους κίμβικας καὶ μικροπρε-
πεῖς ἀπέφηνεν· οὕτω ἐκκεχυμένως πρὸς τὰς δόσεις κέ-
χρηται τῷ βαλαντίῳ. (2) οὐ γὰρ ἕνα παράσιτον ἐξ
ἄστεος ἀλλὰ πάντας ἡμᾶς μεταπεμψάμενος, καὶ οὐχ ἡ-
μᾶς μόνον ἀλλὰ καὶ τῶν ἑταιρῶν τὰς πολυτελεστέρας
καὶ τῶν μουσουργῶν τὰς καλλιστευούσας καὶ τοὺς ἀπὸ
σκηνῆς ἀπαξαπλῶς εἰπεῖν ἅπαντας, οὐ τὴν πατρῴαν
οὐσίαν τὰ δὲ ἐκ δικαίων αὐτῷ ποριζόμενα σπαθᾷ. καὶ
ψαλλόμενος καὶ καταυλούμενος ἥδεται, καὶ τὴν δια-
τριβὴν ποιεῖται χαρίτων καὶ ἀφροδίτης γέμουσαν καὶ
ὑβρίζει οὐδέν· (3) ἔστι δὲ καὶ ὀφθῆναι κεχαρισμενώτα-
τος καὶ τῷ προσώπῳ αὐτοῦ τὰς Ὥρας ἐνορχεῖσθαι,
καὶ τὴν Πειθὼ τῷ στόματι ἐπικαθῆσθαι εἴποις ἄν·
προσπαῖσαί τε γλαφυρὸς καὶ λαλῆσαι στωμύλος, οὕ-
νεκά οἱ γλυκὺ Μοῦσα κατὰ στόματος χέε
νέκταρ. (4) εἰπεῖν γὰρ οὐ χεῖρον κατὰ τοὺς παιδείᾳ
σχολάζοντας ἐξ Ἀθηνῶν ὁρμώμενον, ἐν αἷς οὐδὲ εἷς
τούτων ἄγευστος.

ξϛʹ. Γυμνοχαίρων Φαττοδαρδάπτῳ.

Ἐθεάσω οἷά με εἰργάσατο ὁ κατάρατος οὗτος κου-
ρεὺς ὁ πρὸς τῇ ὁδῷ; λέγω δὲ τὸν ἀδόλεσχον καὶ λάλον,
τὸν τὰ ἐκ Βρεντησίου προτιθέμενον ἔσοπτρα, τὸν τοὺς
κόρακας τιθασεύοντα, τὸν ταῖς μαχαιρίσι κυμβαλι-
σμὸν εὔρυθμον ἀνακρούοντα. (2) ὡς γὰρ ἀφικόμην
ξυρεῖσθαι τὴν γενειάδα βουλόμενος, ἄσμενός τε ἐδέ-
ξατο καὶ ἐφ᾽ ὑψηλοῦ θρόνου καθίσας σινδόνα καινὴν
περιθεὶς πρᾴως εὖ μάλα κατέφερέ μου τῶν γνάθων τὸ
ξυρὸν ἀποψιλῶν τὸ πύκνωμα τῶν τριχῶν. (3) ἀλλ᾽
ἐν αὐτῷ τούτῳ πανοῦργος ἦν καὶ σκαιός· ἔλαθε γὰρ
τοῦτο παρὰ μέρος ποιῶν καὶ οὐ κατὰ πάσης τῆς γνά-
θου, ὥστε ὑπολειφθῆναί μοι πολλαχοῦ μὲν δασεῖαν
πολλαχοῦ δὲ λείαν τὴν σιαγόνα. (4) κἀγὼ μὲν οὐκ
εἰδὼς τὴν πανουργίαν ᾠχόμην κατὰ τὸ εἰωθὸς ἄκλη-
τος εἰς Πασίωνος. οἱ συμπόται δὲ ὡς εἶδον, ἐξέθα-
νον τῷ γέλωτι, ἕως ἀγνοοῦντά με ἐφ᾽ ὅτῳ γελῶσιν
εἷς τις εἰς μέσον παρελθὼν τῶν ὑπολειφθεισῶν τριχῶν
ἐπιλαβόμενος εἵλκυσεν. (5) ἐκείνας μὲν οὖν περι-
παθῶς κοπίδα λαβὼν ἀπερρίζωσα, ἕτοιμος δέ εἰμι
ξύλον εὐμέγεθες ἀνελόμενος κατὰ τοῦ βρέγματος πα-
τάξαι τὸν ἀλιτήριον· ἃ γὰρ οὐδ᾽ οἱ τρέφοντες παίζουσι,
ταῦτα ὁ μὴ τρέφων ἐτόλμησεν.

ξζʹ. Διψανακυσίλυπος Πλακουντομώωνι.

Νεβρίδα ἰδὼν κανηφοροῦσαν, παρθένον καλλίπηχυν
καὶ εὐδάκτυλον, ταῖς βολαῖς τῶν ὀφθαλμῶν ἀπαστρά-
πτουσαν, εὐμήκη καὶ εὔχρουν, ἧς αἱ παρειαὶ μαρμαί-
ρουσιν, οὕτως ἐξεκαύθην εἰς ἔρωτα ὥστε με ἐπιλαθό-
μενον ὅς εἰμι προσδραμόντα ἐθέλειν κύσαι τὸ στόμα,
ἔπειτα ἐπ᾽ συννοίας γενόμενον προσφύντα βούλεσθαι
τὰ τοῖν ποδοῖν ἴχνη καταφιλεῖν. (2) αἰαῖ τῆς ἀγερω-
χίας, νῦν ἐμὲ μὴ ἐπιθυμεῖν θέρμων ἢ κυάμων ἢ ἀθά-

---

sordidi et illiberales apparent : ita effuse ad largitiones
uti solet crumena. (2) Non enim unum parasitum ex
urbe sed omnes nos arcessivit, neque nos tantum, sed
etiam meretricum sumptuosiores et cantatrices forma
præstantes et scenicos omnino omnes : verum non pater-
nas opes, sed quæ iuste sibi acquisivit, effundit atque
fidibus tibiisque circumsonari gaudet conversationemque
reddit suavem venustamque et neminem iniuria afficit.
(3) Est etiam adspectu gratissimus et in vultu ei Horas
ipsas tripudiare atque Suadam in ore insidere dixeris : in
iocando festivus et in loquendo facundus, *Utpote cui
dulci os perfudit nectare Musa :* (4) decet enim se-
cundum eos loqui, qui literarum studiis vacant, si quis
sit Athenis oriundus, ubi nemo est, qui illas non degu-
staverit.

LXVI. Gymnochæron Phattodardapto.

Vidisti quomodo me tractaverit exsecrabilis iste tonsor,
iste ad viam, istum dico garrulum et loquacem, qui
Brundisina proponit specula, qui corvos facit mansuetos
et cicures, qui cultris pulsatis modulate cymbalissat.
(2) Ut enim veni, radendam ei barbam commissurus, li-
benter me excepit et in alto collocatum sedili linteo novo
circumdedit; deinde leniter admodum duxit mihi supra
buccas novaculam densos pilos deglabrans. (3) Sed in eo
ipso vafer fuit et improbus. Clam enim id ex parte
fecit, neque in tota bucca, ita ut relinqueret mihi multis
in locis hispidam, multis in locis glabram maxillam.
(4) Atque ego ignorans vafritiem abii, ut soleo, non qui-
dem vocatus in Pasionis ædes. Convivæ autem ut vide-
bant, emoriebantur risu, donec nescienti mihi quamobrem
riderent, unus aliquis in medium progressus, relictos
pilos vellicavit. (5) Illos equidem iratus sumpto cultro
eradicavi. Volo autem fuste grandi arrepto sinciput per-
cutere illi scelerato. Quæ enim ne ii quidem qui nos alunt
per iocum faciunt, ea iste non alens ausus est.

LXVII. Dipsanapausilypus Placuntomyoni.

Nebrida conspicatus canephoram virginem, pulchris
ulnis præditam bellisque digitis, acie oculorum coruscan-
tem, proceram pulchrique coloris, cuius genæ nitent, ita
exarsi, ut, oblitus qui essem, accurrens vellem suaviari os,
deinde rem reputans, adhærescens cuperem pedum ve-
stigia deosculari. (2) Heu heu proterviam! mene iam non
appetere lupinos aut fabas aut pultem, verum ita satu-

ρας, ἀλλ' οὕτως ὑπερμαζᾶν καὶ τῶν ἀνεφίκτων ἐρᾶν. καταλεύσατέ με εἰς ταὐτὸν συνελθόντες πρὶν ἢ ἐκρινηθῆναι τοῖς πόθοις, καὶ γενέσθω μοι τύμβος ἐρωτικὸς ὁ τῶν λιθιδίων κολωνός.

ξη'. Ἡδύδειπνος Ἀριστοκόραχι.

Θεοὶ μάκαρες, ἱλήχοιτε καὶ εὐμενεῖς εἴητε. οἶον ἀπέφυγον κίνδυνον, τῶν τρισκαταράτων ἐρανιστῶν λέξῃτά μοι ζέοντος ὕδατος ἐπιχέαι βουληθέντων. ἰδὼν γὰρ πόρρωθεν εὐτρεπεῖς ἀπεπήδησα, οἳ δὲ ἀπροβουλεύτως ἐξέχεαν, καὶ τὸ θερμὸν ἐπιρρυὲν Βαθύλλῳ τῷ οἰνοχοοῦντι παιδὶ ψιλὸν εἰργάσατο. (2) τῆς κεφαλῆς γὰρ ἀπέσυρε τὸ δέρμα καὶ φλυκταίνας ἐπινωτίους ἐξήνθησε. τίς ἄρα μοι δαιμόνων ἐπίκουρος ἐγένετο; μή ποτε οἱ σωτῆρες ἄνακες, ὡς Σιμωνίδην τὸν Λεωπρέπους τοῦ Κρανωνίου συμποσίου, κἀμὲ τῶν τοῦ πυρὸς κρουνῶν ἐξήρπασαν.

ξθ'. Τρικλινοσάξ Κνωσσοτραπέζῳ.

Ἐξηγόρευσα Μνησιλόχῳ τῷ Παιανιεῖ τὴν τῆς γαμετῆς ἀσέλγειαν. καὶ ὃς δέον βασανίσαι δι' ἐρεύνης τὸ πρᾶγμα ποικίλης, ὅρκῳ τὸ πᾶν ὁ χρυσοῦς ἐπέτρεψεν. ἀγαγοῦσα οὖν αὐτὸν ἡ γυνὴ εἰς τὸ Καλλίχορον τὸ ἐν Ἐλευσῖνι φρέαρ ἀπωμόσατο καὶ ἀπεδύσατο τὴν αἰτίαν. (2) καὶ ὁ μὲν ἀμηγέπη πέπεισται καὶ τὴν ὑποψίαν ἀπέβαλεν· ἐγὼ δὲ τὴν φλύαρον γλῶτταν ἀποτέμνειν ὀστράκῳ Τενεδίῳ τοῖς βουλομένοις ἕτοιμός εἰμι παρέχειν.

ο'. Λιμοπύκτης Θρασοκυδοίμῳ.

Κορύδωνι τῷ γεωργῷ συνήθης ἐπιεικῶς ἦν, καὶ τὰ πολλὰ ἐξῄειτο ἐπ' ἐμοὶ τῷ γέλωτι, ἀστικῆς στωμυλίας καὶ ξένης οὐ κατὰ τοὺς χωρίτας ἐπαίνων. τοῦτον ἰδὼν ἕρμαιον ᾠήθην, εἰ τῶν κατὰ ἄστυ πραγμάτων ἀπαλλαγεὶς εἰς τὸν ἀγρὸν βαδιοίμην καὶ συνεσοίμην ἀνδρὶ φίλῳ, γεωργῷ ἀπράγμονι καὶ ἐργάτῃ, οὐκ ἐκ δικαστηρίων οὐδὲ ἐκ τοῦ σοβεῖν κατὰ ἀγορὰν ἀδίκους ἐπινοοῦντι πόρους, ἀλλὰ γῆθεν ἀναμένοντι τὴν ἐπικαρπίαν ἔχειν. (2) καὶ δῆτα διανοηθεὶς ταῦθ' οὕτω δρᾶν, ᾠκειωσάμην τὸν Κορύδωνα. καὶ στείλας ἐμαυτὸν ἀγροικικῶς, νάκος ἐναψάμενος καὶ σμινύην λαβών, αὐτοσκαπανεὺς ἐδόκουν. ἕως μὲν οὖν ἐν παιδιᾶς μέρει ἔπραττον ταῦτα, ἀνεκτὰ ἦν καὶ μεγάλα ἀποκερδαίνειν ᾤμην, ὕβρεων καὶ ῥαπισμάτων καὶ τῆς περὶ τὰ ἐδώδιμα τῶν πλουσίων ἀνοσιότητος ἀπηλλαγμένος· (3) ἐπεὶ δὲ ἐκ τῆς καθ' ἡμέραν συνηθείας ἐξ ἐπιταγῆς ἐπράττετο τοὔργον, καὶ ἔδει πάντως ἢ ἀροῦν ἢ φελλέα ἐκκαθαίρειν ἢ γύρους περισκάπτειν καὶ τοῖς βόθροις ἐμφυτεύειν, οὐκέτ' ἀνασχετός ἡ διατριβή, ἀλλά μοι μετέμελε τῆς ἀλόγου πράξεως καὶ τὴν πόλιν ἐπόθουν. (4) ἐλθὼν οὖν μετὰ μήκιστον

---

ritate esse lascivientem, ut amem quæ assequi non possim. Obruite me lapidibus omnes in unum congressi, priusquam conficiar desiderio, et fiat mihi tumulus amatorius lapillorum collis.

LXVIII. Hedydipnus Aristocoraci.

Dii beati, propitii benignique sitis! quale effugi periculum, cum isti exsecrabiles epulones lebetem ferventis aquæ in me effundere vellent. Cum enim viderem a longinquo paratos, absilui, at illi inconsulte effundebant, et fervida aqua defluens in Bathyllum pocillatorem puerum glabrum fecit. (2) Capitis enim detraxit cutem et pustulas in dorso pullulantes elicuit. Quisnam vero deorum mihi auxiliator fuit? numquid dii servatores, ut Simonidem Leoprepis filium ex Cranonio convivio, ita me ex ignis flumine eripuerunt?

LXIX. Triclinosax Cnossotrapezo.

Enunciavi Mnesilocho Pæaniensi uxoris suæ impudicitiam. Atque dum debebat exquirere perscrutarique rem variis modis, iureiurando, homo bellus, commisit. Cum igitur duxisset eum mulier ad Callichorum in Eleusine puteum, deieravit et crimen exuit. (2) Atque illi quidem quodammodo persuasum est et suspicionem abiecit, ego autem garrulam hanc linguam abscindendam testa Tenedia iis qui volunt præbere paratus sum.

LXX. Limopyctes Thrasocydœmo.

Corydoni agricolæ consuetudine aliquantisper coniunctus eram et sæpius de me effundebatur in risum, quod esset urbanæ dicacitatis et insolentioris quam pro captu rusticorum intelligens. Quem cum conspexissem, Mercuriale lucrum credidi, si ab urbanis molestiis liberatus, rus me conferrem et essem apud hominem amicum agricolam, tranquillum, operarium, non ex iudiciis neque ex calumniando per forum iniustos machinantem quæstus, sed ex terra exspectantem fructus percipiendos. (2) Et sane cum ita facere constituissem, familiaritatem contraxi cum Corydone; cumque me rusticum in modum composuissem pelliceo aptato et ligone sumpto, verus fossor videbar. Quod quidem quamdiu instar ioci faciebam, tolerabile erat multumque lucratum me esse putabam, quod essem a contumeliis et alapis et ab fœditate divitum circa cibos liberatus. (3) Postquam vero ex quotidiana consuetudine pro imperio opus fiebat et oportebat me aut arare aut salebras expurgare aut gyros fodere et scrobibus plantas inserere, non amplius toleranda hæc vitæ ratio visa est, sed me pœnituit stulti facti et urbem desideravi. (4) Igitur cum longo tempore post venissem,

χρόνον οὐκέθ' ὁμοίως ἀστεῖος· οὐδὲ χαρίεις ἐδόκουν,
ἀλλά τις ὄρειος καὶ τραχὺς καὶ ἀπηχής, ὥστε αἱ μὲν
οἰκίαι τῶν πλουσίων πᾶσαί μοι λοιπὸν ἀπεκέκλειντο,
ὁ δὲ λιμὸς τὴν γαστέρα ἐθυροκόπει. (5) ἐγὼ δὲ
αὖος ὢν ὑπὸ τῆς τῶν ἀναγκαίων ἐνδείας λῃσταῖς τισι
Μεγαρικοῖς, οἳ περὶ τὰς Σκειρωνίδας τοῖς ὁδοιπόροις
ἐνεδρεύουσιν, ἐκοινώνησα. ἔνθεν ὁ βίος μοι ἀργὸς ἐξ
ἀδικίας πορίζεται. εἰ δὲ λήσω ταῦτα ποιῶν ἢ μή,
ἄδηλον. ῥᾴδια δὲ τὴν μεταλλαγὴν τοῦ βίου. εἰώθασι
γὰρ αἱ τοσαῦται μεταβολαὶ οὐκ εἰς τὸ ζῆν ἀλλ' εἰς
ἀπώλειαν καταστρέφειν.

οα' Φιλαπορος Ψιχομάχῳ

Λεξιφάνης ὁ τῆς κωμῳδίας ποιητὴς Θεασάμινός με
ὀργιζόμενον πρὸς τὰς ἐν τοῖς συμποσίοις παροινίας, λα-
βὼν καθ' ἑαυτὸν πρῶτα μὲν ἐνουθέτει μὴ τοιαῦτα ἐπι-
τηδεύειν ὧν ὕβρις τὸ τέλος, ἔπειτα τοῦ φωνήματος ὡς
ἔχοιμι διὰ βραχέων ἀποπειραθεὶς τῷ χορῷ τῶν κωμι-
κῶν συλλαμβάνει. ἐκ τούτου δὲ τραχύτεσθαι ἔφασκε
καὶ ἐμέ (2) ἐκέλευεν οὖν Διονυσίοις τοῖς ἐπιοῦσι τὸ
τοῦ οἰκέτου σχῆμα ἀναλαβόντα τὸ μέρος ἐκεῖνο τοῦ
δράματος ὑποκρίνασθαι. ἐγὼ δὲ ὀψὲ τοῦ καιροῦ
καὶ φύσιν καὶ ἐπιτήδευμα μεταβαλὼν δύσκολός τις
καὶ δυσμαθὴς ἐρχινόμην. (3) ἐπεὶ δ' οὐκ ἦν ἑτέρως
πράττειν, τὸ δρᾶμα ἐξέμαθον, καὶ μελέτην ἀσκήσει
ῥώσας ἕτοιμός εἰμι τῷ χορῷ συντελεῖν· σὺ δὲ ἡμῖν
μετὰ τῶν συνήθων ἐπίσειε τοὺς κρότους ἵνα, κἄν τι
λάθωμεν ἀποσφαλέντες, μὴ λάβῃ χώραν τὰ ἀστικὰ
μειράκια κλώζειν ἢ συρίττειν, ἀλλ' ὁ τῶν ἐπαίνων
κρότος τὸν θροῦν τῶν σκωμμάτων παραλύσῃ

οβ' Οἰνοχάρων Ῥαπανοχορτασῳ

Οὐχ οὕτως οἱ τοὺς Ἑρμᾶς περικόψαντες ἢ οἵ τὰ
τῆς θεοῦ ἐν Ἐλευσῖνι μυστήρια ἐξορχησάμενοι τὸν πε-
ρὶ ψυχῆς ἀγῶνα ὑπέμειναν, ὡς ἐγὼ εἰς χεῖρας ἐμ-
πεσών, ὦ θεοί, τῆς μιαρωτάτης Φανομάχης (2) ἐπεὶ
γὰρ ἔγνω τὸν ἑαυτῆς ἄνδρα προσκείμενον τῇ Ἰωνικῇ
παιδίσκῃ τῇ σφαίρας ἀναρριπτούσῃ καὶ τὰς λαμ-
πάδας περιδινούσῃ, ὑπετόπησεν ἐμὲ πρόξενον εἶναι
τῆς κοινωνίας, καὶ διὰ τῶν οἰκετῶν ἀναρπάσασα πα-
ραχρῆμα μὲν ἐν χυσοδόχῃ δήσασα κατέσχεν, εἰς τὴν
ὑστεραίαν δὲ παρὰ τὸν ἑαυτῆς ἤγαγε πατέρα, τὸν σκυ-
θρωπὸν Κλεαίνετον, ὃς τὰ νῦν δὴ ταῦτα πρωτεύει τοῦ
συνεδρίου, καὶ εἰς αὐτὸν ὁ Ἄρειος πάγος ἀποβλέπου-
σιν. (3) ἀλλ' ὅταν τινὰ θέλωσιν οἱ θεοὶ σώζεσθαι,
καὶ ἐξ αὐτῶν ἀνασπῶσι βαράθρων· οὕτως κἀμὲ τοῦ τρι-
χαρήνου κυνός, ὅν φασιν ἐφεστάναι ταῖς ταρταρείαις
πύλαις, ἐξήρπασαν. (4) οὐκ ἔφθη γὰρ τὰ κατ' ἐμὲ ὁ
δεινὸς ἐκεῖνος πρεσβύτης τῇ βουλῇ κοινούμενος, καὶ
ἠπιάλῳ συσχεθεὶς εἰς τὴν τρίτην ἀπέψυξε· καὶ ὁ
μὲν ἐκτάδην κεῖται, τὰ πρὸς τὴν ἐκφορὰν τῶν οἴκοι
παρασκευαζομένων, (5) ἐγὼ δὲ ἢ ποδῶν εἶχον ᾠχόμην

non amplius æque facetus neque lepidus videbar, verum
montanus aliquis et asper et absonus, ita ut ædes quidem
divitum omnes mihi iam clausæ essent, fames autem ven-
trem pulsaret (5) Ego autem præ rerum necessariarum
inopia siccus, latronibus quibusdam Megaricis, qui circa
Scironidas viatoribus insidiantur, socium me adiunxi,
unde victus mihi sine labore paratur Utrum vero in
occulto mansurus sim hæc faciens, necne, nescio timeo
autem mutationem vitæ, solent enim tales mutationes
ion ad salutem, sed ad perniciem inclinare

LXXI Philaporus Psichomacho

Lexiphanes comicus poeta cum vidisset me ob eas quas
in conviviis temulenti faciunt iniurias iratum, assumptum
ad se primo quidem monuit, ne talia sectarer quorum
finis contumelia deinde cum quali voce præditus es-
sem, paucis explorasset, in gregem comicorum recepit;
ex eo re etiam me victum habiturum aiebat (2) Iussit
igitur me, cum satis didicissem, Dionysiis instantibus,
servi habitu assumpto, partes illas fabulæ agere Ego
autem nimis sero natura institutoque mutato incommo-
dus homo et indocilis videbar (3) Sed cum aliter facere
non liceret, fabulam edidici et cum meditationem exerci-
tatione firmaverim, cum grege in scenam prodire paratus
sum Tu vero nobis una cum familiaribus tolle plausus,
ut, etiamsi nonnihil inscii aberravimus, non inveniant
explodendi et sibilandi urbici adolescentes locum, sed
plausus laudantium tumultum cavillationum dissolvat

LXXII Œnocharon Raphanochortaso

Non sic ii qui Hermas truncarunt aut deæ Eleusinæ
mysteria vulgarunt, mortis periculum subierunt, ut ego,
qui in manus inciderim, o dii, illius sceleratissimæ Pha-
nomachæ (2) Cum enim cognovisset suum maritum adhæ-
rere Ionicæ illi puellæ, quæ pilas subiectat et faces cir-
cumversat, me conciliatorem esse consuetudinis suspi-
cata est et per famulos abreptum statim me in vincula
coniecit, postridie autem ad suum duxit patrem, ad te-
tricum illum Cleænetum, qui hoc ipso tempore synedrii
est præses et in quem Areopagitæ oculos convertunt
(2) Sed si quem volunt dii servare, etiam ex ipso bara-
thro retrahunt, uti etiam me a tricipiti cane, quem aiunt
præpositum esse tartareis portis, eripuerunt (4) Vix
enim caussam meam acris ille senex ad senatum rettulit,
febri correptus perendie exspiravit Atque ille quidem
porrectim iacet et ad exsequias se parat familia (5) ego

ἀπεφθάρη. ἡμεῖς δὲ πυρακάνθας ἀφαιροῦσαι καὶ
κλωνία καὶ ἀνεμώνας συλλέγουσαι παρῆμεν αἰφνιδίως·
ἔλαθε δ᾽ ἡμᾶς ἡ ὁδὸς διὰ τὴν παιδιὰν ὡς οὐδ᾽ ᾠήθημεν
ταχέως ἀνυσθεῖσα. (4) μικρὸν δὲ ἄπωθεν τῶν ἐπαυ-
λίων πέτρα τις ἦν συνηρεφὴς κατὰ κορυφὴν δάφναις
καὶ πλατανίστοις· ἑκατέρωθεν δὲ μυρρίνης εἰσὶ θάμνοι,
καί πως ἐξ ἐπιπλοκῆς αὐτὴν περιθεῖ κιττὸς ἐν χρῷ τῇ
λίθῳ προσπεφυκώς, ἀπὸ δὲ αὐτῆς ὕδωρ ἀκήρατον
ἐστάλαττεν· ὑπὸ δὲ ταῖς ἐξοχαῖς τῶν πετριδίων Νύμ-
φαι τινὲς ἵδρυνται, καὶ Πὰν οἷον κατοπτεύων τὰς
Ναΐδας ὑπερέκυπτεν. (5) ἀντικρὺ βωμὸν αὐτοσχεδίως
ἐνήσαμεν, εἶτα σχιζία καὶ πόπανα ἐπ᾽ αὐτῷ θέμεναι
κατηρξάμεθα λευκῆς ἀλεκτορίδος, καὶ μελίκρατον ἐπι-
σπείσασαι καὶ λιβανωτὸν ἐπιθυμιάσασαι τῷ πυριδίῳ
καὶ προσευξάμεναι πολλὰ μὲν ταῖς Νύμφαις πλείω δὲ
ἢ οὐκ ἐλάττω τῇ Ἀφροδίτῃ, ἱκετεύομεν διδόναι τινὰ
ἡμῖν ἐρωτικὴν ἄγραν. (6) τὸ λοιπὸν εὐτρεπεῖς ἐπὶ
τὴν εὐωχίαν ἦμεν. « ἴωμεν » ἔφη ἡ Μέλισσα « οἴ-
καδε καὶ κατακλινῶμεν. » « μὴ μὲν οὖν πρὸς τῶν
Νυμφῶν καὶ τοῦ Πανὸς » εἶπον ἐγώ « τούτου· ὁρᾷς γὰρ
ὡς ἔστιν ἐρωτικός· ἡδέως ἂν ἡμᾶς ἐνταῦθα κραιπαλώσας
ἴδοι. (7) ἀλλ᾽ ὑπὸ ταῖς μυρρίναις ἦν ἰδοὺ τὸ χωρίον ὡς
ἔνδροσόν ἐστιν ἐν κύκλῳ καὶ τρυφεροῖς ἄνθεσι ποικίλον.
ἐπὶ ταύταις βουλοίμην ἂν τῆς πόας κατακλινῆναι ἢ
ἐπὶ τῶν ταπητίων ἐκείνων καὶ τῶν μαλθακῶν ὑπο-
στρωμάτων, νὴ Δία· ἀλλὰ ἔχει τι πλέον τῶν ἐν
ἄστει τἀνταῦθα συμπόσια, ἔνθα ἀγροῦ ὑπαίθριοι χά-
ριτες. » (8) « ναὶ ναί, λέγεις καλῶς » ἔφασαν· εὐθὺς
οὖν κατακλώμεναι αἱ μὲν σμίλακος αἱ δὲ μυρρίνης
κλάδους καὶ τὰ χλανίσκια ἐπιστορέσασαι αὐτοσχεδίως
στιβάδα συνεγράψαμεν. ἦν δὲ καὶ τοὔδαφος λωτῷ
καὶ τριφύλλῳ μαλθακόν· ἐν μέσῳ κύκλῳ καί τινες
ὑάκινθοι καὶ ἄνθεμα διαποίκιλα τὴν ὄψιν ὡράϊζον·
(9) ἐαρινὸς ἐφιζάνουσαι πετάλοις ἡδὺ καὶ κωτίλον
ἀηδόνες ἐψιθύριζον, ἤρεμα δὲ οἱ σταλαγμοὶ καταλει-
βόμενοι ἀπὸ τῆς οἷον ἱδρούσης σπιλάδος τρυφερόν τινα
παρεῖχον ψόφον ἐαρινῷ πρέποντα συμποσίῳ. οἶνος ἦν
οὐκ ἐπιχώριος, ἀλλὰ Ἰταλός, οἷου σὺ ἔφης καδί-
σκους ἐξ Ἐλευσῖνι ἐωνῆσθαι, σφόδρα ἡδὺς καὶ ἄφθο-
νος· (10) ᾠά τε τετμημένα ὥσπερ λίσπαι, καὶ χι-
μαιρίδος ἁπαλῆς τεμάχη καὶ ἀλεκτορίδες οἰκουροί·
εἶτα γαλάκτινα ποικίλα, τὰ μὲν μελίπηκτα τὰ δ᾽ ἀπὸ
ταγήνου (πυτίας μοι δοκῶ καλοῦσιν αὐτὰ καὶ σκώλη-
κας τὰ πεμμάτια), ὅσα τε ἀγρὸς ἡμῖν ἐαρινῆς ὀπώρας
ἐπεδαψιλεύετο. (11) μετὰ δὲ τοῦτο συνεχῶς περιε-
σόθουν αἱ κύλικες· καὶ τὸ πιεῖν μέτρον ἦν τρεῖς φιλο-
τησίας οὐ τὸ ποσόν. ἐπιεικῶς δὲ πως τὰ μὴ προσ-
ηναγκασμένα τῶν συμποσίων συνέχει τὸ πλέον
ἀναλαμβάνει ὑποψεκάζοντα μικροῖς μέν τισι κυμβίοις
ἀλλ᾽ ἐπαλλήλοις. καὶ παρῆν Κρουμάτιον ἡ Μεγαρὶς
καταυλοῦσα, ἡ δὲ Σιμμίχη πρὸς τὰ μέλη καὶ πρὸς
τὴν ἁρμονίαν ᾖδεν. (12) ἔχαιρον αἱ ἐπὶ τῆς πίδα-
κος Νύμφαι. ἡνίκα δὲ ἀναστᾶσα κατωρχήσατο καὶ
τὴν ὀσφῦν ἀνεκίνησεν ἡ Πλαγγών, ὀλίγου ὁ Πὰν

tem pyracanthas decerpentes et ranunculos anemonasque
colligentes subito adfuimus : praeter opinionem enim
celeriter inter iocandum confectum erat iter. Statim
igitur sacra apparare coepimus. (4) Haud procul a prae-
diolo saxum erat cacumen habens lauris condensum atque
platanis, utrimque autem myrteta sunt, ipsumque tan-
quam implicatione hedera circumcingit adhaerens iuxta
lapidi : aqua hinc destillabat limpida. Saxi sub promi-
nentiis Nymphae quaedam collocatae sunt, eisque Pan quasi
speculabundus imminet. (5) Exadversum aram ex tem-
pore exstruximus, in qua lignis et dulcibus impositis
gallinam immolavimus candidam, mulsoque lacte infuso
et accenso ture, multumque supplicantes Nymphis, plus
etiam vel non minus certe Veneri precabamur, ut praedae
alicuius amatoriae compotes nos faceret. (6) Interea edendi
evasimus appetentes. « Eamus » inquit Melissa « do-
mum et accumbamus. » « Profecto non, » inquam ego
« per Nymphas huncque Pana : vides enim quam sit
amore captus : libenter. igitur hic nos crapula plenas
viderit : (7) verum sub myrtis vide quam roscidus cir-
cum circa sit locus tenerisque floribus varius : hoc in
cespite malim quam in tapetis illis et mollibus stragu-
lis accumbere per Iovem : immo praestant urbanis rustica
convivia, ubi liberum sub divo exsultat gaudium. »
« (8) Nae, recte dicis » conclamarunt reliquae. Statim
igitur aliae taxi, myrti aliae ramos comportantes superim-
positis vestibus lectulum ex tempore contexuimus. Erat
etiam solum loto trifolioque molle : in medio hyacinthi
quidam et versicolores flores circum adspectum decora-
bant : (9) vernis insidentes frondibus lusciniae garrulae
suaviter fritinniebant : leniter guttae a saxo tanquam su-
dor destillantes placidum edebant murmur verno convivio
congruens. Vinum erat non indigena, sed Italum, cu-
iusmodi aiebas sex urceos Eleusine te emisse, dulce ad-
modum atque largum, (10) ovaque ad instar tesserarum
dissecta et caprinae frusta tenerae et gallinae dome-
sticae, deinde lactinia varia, alia melle mixta, alia
ex oleo fricta, — pyriatas appellant, nisi fallor — et
spirae et placentae, quosque ager pro verno tempore nobis
largiebatur fructus. (11) Exinde continuo circumfere-
bantur pocula. Bibendi quidem praeter tria pocula mo-
dus praescriptus erat nullus : plerumque autem convivia
lege nulla astricta continua potatione maiorem compen-
sant poculorum numerum. Irrorabat nos, qui a potione
erat, minoribus quidem, at continuis poculis. Simul
aderat Crumatium, Megarica tibicina, ad eiusque modos
amatoria carmina canebat Simmiche. (12) Gaudebant
Nymphae fontis accolae : quum autem exsurrexit coxam-

ἐδέησεν ἀπὸ τῆς πέτρας ἐπὶ τὴν πυγὴν αὐτῆς ἐξάλλε-
σθαι. αὐτίκα δὲ ἡμᾶς ἐδόνησεν ἡ μουσικὴ καὶ
ὑποδεδρεγμένων εἴχομεν τὸν νοῦν. (13) οἶσθα ὅ τι
λέγω. τὰς τῶν ἐραστῶν χεῖρας ἐμαλάττομεν, τοὺς
δακτύλους ἐκ τῶν ἁρμῶν ἠρέμα πως χαλῶσαι, καὶ οὐκ
ἀπροσδιονύσως ἐπαίζομεν· καί τις ἐφίλησεν ὑπτιάσασα
καὶ μασταρίων ἔφῆκεν ἄψασθαι, καὶ οἷον ἀποστραφεῖσα
ἀτεχνῶς τοῖς βουβῶσι τὸ κατόπιν τῆς ὀσφύος προσα-
πέθλιδε (14) διανίστατο δὲ ἤδη ἡμῶν μὲν τῶν γυ-
ναικῶν τὰ πάθη, τῶν ἀνδρῶν δὲ ἐκεῖνα ὑπεκδυόμε-
ναι δ' οὖν μικρὸν ἄπωθεν συνηρεφῆ τινα λόχμην ηὕρο-
μεν, ἀρκοῦντα τῇ τότε κραιπάλῃ θάλαμον ἐνταῦθα
διανεπαυσάμεθα τοῦ πότου καὶ τοῖς χιτωνίσκοις ἀπι-
θάνως εἰσεδαίομεν· (15) κἄπειτα ἡ μὲν χλωνία μυρρί-
νης συνέδει ὥσπερ στέφανον ἑαυτῇ πλέκουσα καὶ « εἰ
πρέπει μοι, φίλη, σκέψαι, » ἡ δ' ἴων ἔχουσα κάλυ-
κας ἐπήνει « ὡς χρηστὸν ἀποπνεῖ » λέγουσα, ἡ δὲ
μῆλα ἄωρα « ἰδοὺ ταυτί » ἐκ τοῦ κόλπου προφέρουσα
ἐπεδείκνυτο, ἡ δ' ἐμινύριζεν, ἡ δὲ φύλλα ἀπὸ τῶν
χλωνίων ἀφαιροῦσα διέτρωγε καὶ τὸ δὴ γελοιότατον,
πᾶσαι ἐπὶ ταὐτὸν ἀνιστάμεναι ἀλλήλας λανθάνειν
ἐδουλόμεθα· θατέρα δὲ οἱ ἄνθρωποι ὑπὸ τὴν λόχμην
παρήρχοντο. (16) οὕτως μικρὰ παρεμπορευσαμέναις
τῆς ἀφροδίτης πάλιν συνειστήκει πότος καὶ οὐκέθ'
ἡμῖν ἐδόκουν προσβλέπειν ὡς πρότερον αἱ Νύμφαι,
ἀλλ' ὁ Πὰν καὶ Πρίαπος ἤδη ἐμφαγεῖν δ' ἦν
πάλιν ὀρνίθια ταυτὶ τὰ τοῖς δικτύοις ἁλισκόμενα κοὶ
πέρδικες, καὶ ἐκ τρυγὸς ἥδιστοι βότρυες, καὶ λαγω-
δίων νῶτα. εἶτα κόγχοι καὶ κήρυκες ἦσαν ἐξ ἄστεος
κομισθέντες, καὶ ἐπιχώριοι κοχλίαι καὶ μύκητες οἳ
ἀπὸ τῶν χομάρων, καὶ σισάρων εὐχάρδιοι ῥίζαι ὄξει
δεδευμέναι καὶ μέλιτι· (17) ἔτι μέντοι ὃ μάλιστα
ἡδέως ἐφάγομεν, θριδακίναι καὶ σέλινα· ἡλίκαι δοκεῖς
θριδακίναι; πλησίον δὲ ἦν ὁ κῆπος. ἑκάστη « ταύ-
την ἕλκυσον » « μὰ Δία ἀλλὰ μοι ταύτην » « μὴ μὲν
οὖν ἀλλὰ ἐκείνην » ἐλέξαμεν ταῖς θεραπαινίσιν ἦσαν
δὲ αἱ μὲν εὐφυλεῖς καὶ μακραί, αἱ δὲ οὖλαι καὶ βοστρύ-
χοις ἐμφερεῖς, ἀλλὰ βραχεῖαι, ὑπόξανθος δέ τις τοῖς
φύλλοις αὐτῶν ἐνεκέχρωστο αὐγή· τὴν Ἀφροδίτην λέ-
γουσι ταύτας φιλεῖν (18) ἐρέσασαι δ' οὖν καὶ
ἀναξανθεῖσαι τοὺς στομάχους ἐκρπιπαλῶμεν μάλα νεα-
νικῶς μέχρι τοῦ μηδὲ λανθάνειν ἀλλήλας θέλειν, μηδὲ
αἰδουμένως τῆς ἀφροδίτης παρακλέπτειν· οὕτως ἡμᾶς
ἐξεβάκχευσαν αἱ προπόσεις· μισῶ τὸν ἐν γειτόνων
ἀλεκτρυόνα· κοκκύσας ἀφείλετο τὴν παροινίαν (19)
ἔδει ἀπολαῦσαί σε τῆς γοῦν ἀκοῆς τοῦ συμποσίου
(τρυφερὸν γὰρ ἦν καὶ πρέπον ἐρωτικῇ διαιλίᾳ) εἰ καὶ
μὴ τῆς παροινίας ἐδυνήθης· ἐδουλόμην οὖν ἀκριδῶς
ἕκαστα ἐπιστεῖλαι καὶ προυτράπην · σὺ δὲ εἰ μὲν
ὄντως ἔρχηκας μαλακῶς, ὅπως ἀμείνων ἕξεις σκό-
πει· εἰ δὲ τὸν ἐραστὴν προσδοκῶσα ἥξειν οἰκουρεῖς,
οὐκ ἀλόγως οἰκουρεῖς· ἔρρωσο.

que movere cœpit Plango, haud multum abfuit quin e
saxo Pan ejus insultaret natibus Mox vehementer nos
concitavit musica, mentemque mero irriguam habeba-
mus nosti quid dicam (13) Amatorum manus demul-
cebamus digitorum articulis leniter inflexis et inter potum
ludebamus, quin resupinata aliqua amatorem basiavit,
mammasque permisit contrectare et quasi aversata aperte
impegit inguini covendicêm (14) Iamque assurgebant
nobis mulieribus cupidines, viris autem illa quæ habent
furtim digressæ igitur haud procul densum frutetum
invenimus, idoneum crapulæ illius cubiculum Hic a
compotatione respiravimus et (15) Mox alia myrti
surculis in coronam sibi nexis « vide, amica, » inquit
« an satis me deceat, » alia violarum calices secum
afferens « quam bene olent », alia poma cruda « en
hæcce » e sinu deprompta offerens, lallabat alia, alia
surculorum folia decerpta corrodebat, quodque vi-
dendum erat maxime, omnes nos idem agere inter
nos dissimulabamus invicem Ab altera autem parte viii
frutetum intrabant (16) Postquam igitur quasi obiter
amatorie lusimus, iterum compotatio instructa est,
neque amplius videbantur sic ut antea nos contueri
Nymphæ, verum Pan atque Priapus Rursus appo-
nebantur aviculæ istæ captæ ictibus et perdices et
musto conditæ uvæ dulcissimæ et lepusculorum dorsa,
deinde conchæ et murices ex urbe allati et cochleæ indi-
genæ et fungi arbuteti et siseris radices stomacho utiles
aceto atque melle dilutæ, præstereaque quibus libentis-
sime vescebamur lactucæ atque apium Et lactucas
quidem quantas quæso censes? hortus erat in propinquo
Singulæ igitur « hanc evelle, » « minime, sed hanc mihi, »
« neutiquam, verum illam » ancillis imperavimus erant
autem foliosæ aliæ atque grandes, aliæ minutæ quidem,
sed crispæ ad instar cincinnorum, subluteo quodam ni-
tore tinctis foliis, quales Venerem aiunt adamasse (18)
Itaque postquam cibo nos ingurgitavimus et stomachum
refecimus, dementabamus vino usque eo dum et fal-
lendi nos invicem studium et furtivi amoris verecun-
diam abjecimus Adeo nos inflammarunt crebræ pro-
pinationes Odi vicini gallum, qui cantu suo finem
fecit crapulæ (19) Cui quum tu interesse non potueris,
certe par erat ut auditu hanc compotationem percipe-
res luxuriosa enim fuit dignaque amatoria consuetudine
Volebam igitur accurate singula perscribere, idque feci
animo libenti Tu vero si re vera ægrotasti, cura ut va-
leas sin autem amatoris adventum exspectans domum
servas, facis prudenter Vale

ΑΛΕΞΑΝΔΡΟΥ ΕΠΙΣΤΟΛΑΙ.
ALEXANDRI EPISTOLÆ.

α'. Ἀλέξανδρος Ἀριστοτέλει εὖ πράττειν. Οὐκ ὀρθῶς ἐποίησας ἐκδοὺς τοὺς ἀκροαματικοὺς τῶν λόγων. τίνι γὰρ ἔτι διοίσομεν ἡμεῖς τῶν ἄλλων, εἰ, καθ' οἷς ἐπαιδεύθημεν λόγους, οὗτοι πάντων ἔσονται κοινοί; ἐγὼ δὲ βουλοίμην ἂν ταῖς περὶ τὰ ἄριστα ἐμπειρίαις ἢ ταῖς δυνάμεσι διαφέρειν. Ἔρρωσο.

β'. Δαρείῳ. Οἱ ὑμέτεροι πρόγονοι ἐλθόντες εἰς Μακεδονίαν καὶ εἰς τὴν ἄλλην Ἑλλάδα κακῶς ἐποίησαν ἡμᾶς οὐδὲν προηδικημένοι· ἐγὼ δὲ τῶν Ἑλλήνων ἡγεμὼν κατασταθεὶς καὶ τιμωρήσασθαι βουλόμενος Πέρσας διέβην εἰς τὴν Ἀσίαν ὑπαρξάντων ὑμῶν. καὶ γὰρ Περινθίοις ἐβοηθήσατε, οἳ τὸν ἐμὸν πατέρα ἠδίκουν, καὶ εἰς Θρᾴκην, ἧς ἡμεῖς ἤρχομεν, δύναμιν ἔπεμψεν Ὦχος. τοῦ δὲ πατρὸς ἀποθανόντος ὑπὸ τῶν ἐπιβουλευσάντων, οὓς ὑμεῖς συνετάξατε, ὡς αὐτοὶ ἐν ταῖς ἐπιστολαῖς πρὸς ἅπαντας ἐκομπάσατε, καὶ Ἄρσην ἀποκτείναντός σου μετὰ Βαγώου καὶ τὴν ἀρχὴν κατασχόντος οὐ δικαίως οὐδὲ κατὰ τὸν Περσῶν νόμον, ἀλλὰ ἀδικοῦντος Πέρσας, καὶ ὑπὲρ ἐμοῦ πρὸς τοὺς Ἕλληνας γράμματα οὐκ ἐπιτήδεια πέμποντος, ὅπως πρός με πολεμῶσι, καὶ χρήματα ἀποστέλλοντος πρὸς Λακεδαιμονίους καὶ ἄλλους τινὰς τῶν Ἑλλήνων, καὶ τῶν μὲν ἄλλων πόλεων οὐδεμιᾶς δεχομένης, Λακεδαιμονίων δὲ λαβόντων, καὶ τῶν παρὰ σοῦ πεμφθέντων τοὺς ἐμοὺς φίλους διαφθειράντων καὶ τὴν εἰρήνην, ἣν τοῖς Ἕλλησι κατεσκεύασα διαλύειν ἐπιχειρούντων ἐστράτευσα ἐπὶ σὲ ὑπάρξαντος σοῦ τῆς ἔχθρας. ἐπειδὴ δὲ μάχῃ νενίκηκα πρότερον μὲν τοὺς σοὺς στρατηγοὺς καὶ σατράπας, νῦν δὲ σὲ καὶ τὴν μετὰ σοῦ δύναμιν, καὶ τὴν χώραν ἔχω τῶν θεῶν μοι δόντων, ὅσοι τῶν μετὰ σοῦ παραταξαμένων μὴ ἐν τῇ μάχῃ ἀπέθανον, ἀλλὰ παρ' ἐμὲ κατέφυγον, τούτων ἐπιμέλομαι καὶ οὐκ ἄκοντες παρ' ἐμοί εἰσιν, ἀλλὰ αὐτοὶ ἑκόντες ξυστρατεύονται μετ' ἐμοῦ. ὡς οὖν ἐμοῦ τῆς Ἀσίας ἁπάσης κυρίου ὄντος ἧκε πρὸς ἐμέ. εἰ δὲ φοβῇ μὴ ἐλθὼν πάθῃς τι ἐξ ἐμοῦ ἄγαρι, πέμπε τινὰς τῶν φίλων τὰ πιστὰ ληψομένους. ἐλθὼν δὲ πρός με τὴν μητέρα καὶ τὴν γυναῖκα καὶ τοὺς παῖδας καὶ εἰ ἄλλο τι ἐθέλεις αἴτει καὶ λάμβανε. ὅ τι γὰρ ἂν πείθῃς ἐπὶ ἔσται σοι. καὶ τοῦ λοιποῦ ὅταν πέμπῃς, παρ' ἐμὲ ὡς βασιλέα τῆς Ἀσίας πέμπε, μηδὲ ἃ βούλει ἐξ ἴσου ἐπίστελλε, ἀλλ' ὡς κυρίῳ ὄντι πάντων τῶν σῶν φράζε εἴ του δέῃ· εἰ δὲ μή, ἐγὼ βουλεύσομαι περὶ σοῦ ὡς ἀδικοῦντος. εἰ δὲ ἀντιλέγεις περὶ τῆς βασιλείας, ὑπομείνας ἔτι ἀγώ-

I. Alexander Aristoteli salutem. Non recte fecisti, quod acroamaticos tuos libros edidisti. Nam qua alia re præstare ceteris poterimus, si ea, quæ ex te accepimus, omnium prorsus fient communia? quippe ego doctrina anteire malim quam copiis atque opulentiis. Vale.

II. Dario. Maiores vestri Macedoniam reliquamque Græciam ingressi damnis nos affecerunt, quum ipsi nulla prius a nobis accepissent. Ego vero Græcorum imperator factus Persarum iniuriam vindicandi cupidus in Asiam traieci vobis primis lacessentibus. Etenim Perinthiis opem tulistis, qui patrem meum iniuria affecerant, inque Thraciam, quæ nostræ ditionis est, exercitum misit Ochus. Patre autem meo per insidiatores quos ipsi subornastis occiso, quemadmodum vos litteris quoquoversum missis gloriati estis, quum tu Arsen cum Bagoa interfici curasses, regnumque iniuste et contra Persarum leges atque instituta occupasses, summa Persis iniuria illata, litteras etiam parum amicas ad Græcos misisseo, quibus eos ad bellum adversus me gerendum excitares, quumque pecunias ad Lacedæmonios aliosque Græcorum nonnullos miseris, quas quum reliquæ omnes Græciæ civitates repudiassent, soli Lacedæmonii acceperunt, quum denique legati a te missi amicos meos corruperint. et pacem cum Græcis constitutam dissolvere studuerint, bellum tibi intuli, quippe qui inimicitiarum auctor fueris. Quum autem primo duces tuos et satrapas, nunc vero te tuumque exercitum proelio vicerim, etiam regnum tuum deorum benignitate in mea potestate teneo. Quotquot tuarum partium milites ex proelio servati ad me confugerunt, horum curam gero, neque inviti apud me sunt, sed sua sponte mecum militant. Ad me igitur utpote totius Asiæ dominum veni. At si metuis ne, ubi veneris, aliquid tibi abs me acerbi accidat, mitte amicorum tuorum aliquot, qui fidem accipiant. Quum autem ad me veneris, matrem et uxorem ac liberos et si quid præterea voles posce atque accipe. Quicquid enim a me petieris impetrabis. Ceterum quando ad me scribes, ut ad Asiæ regem scribe, neque tanquam ad parem litteras da, sed veluti omnium tuarum rerum domino significa, si qua re indiges : sin minus, ego de te tanquam iniuriam inferente decernam. Si vero de regno mecum contendis aliud

98

νισαι περὶ αὐτῆς καὶ μὴ φεῦγε, ὡς ἐγὼ ἐπὶ σὲ πορεύσομαι οὗ ἂν ᾖς.

γ΄. Βασιλεὺς Ἀλέξανδρος τοῖς ἐκ τῶν Ἑλληνίδων πόλεων φυγάσι Τοῦ μὲν φεύγειν ὑμᾶς οὐχ ἡμεῖς αἴτιοι γεγόναμεν, τοῦ δὲ κατελθεῖν εἰς τὰς ἰδίας πατρίδας ἡμεῖς ἐσόμεθα, πλὴν τῶν ἐναγῶν. γεγράφαμεν δὲ Ἀντιπάτρῳ περὶ τούτων, ὅπως τὰς μὴ βουλομένας τῶν πόλεων κατάγειν ἀναγκάσῃ

pro eo prœlium committas, neque fugias ego enim te ubicunque fueris adoriar

III Rex Alexander Græcarum civitatum exulibus Exilii vestri non nos auctores sumus, verum in suam cuique patriam reditus nos erimus, exceptis eis, qui parricidio se obstrinxerant Scripsimus hac de re Antipatro, ut quæ nolint civitates exules revocare cogat

ΑΜΑΣΙΟΣ ΕΠΙΣΤΟΛΑΙ.

AMASIS EPISTOLÆ.

α'. Ἄμασις Πολυκράτει ὧδε λέγει. Ἡδὺ μὲν πυνθάνεσθαι ἄνδρα φίλον καὶ ξεῖνον εὖ πρήσσοντα, ἐμοὶ δὲ αἱ σαὶ μεγάλαι εὐτυχίαι οὐκ ἀρέσκουσι ἐπισταμένῳ τὸ θεῖον ὡς ἔστι φθονερόν· καί κως βούλομαι καὶ αὐτὸς καὶ τῶν ἂν κήδωμαι τὸ μέν τι εὐτυχέειν τῶν πρηγμάτων, τὸ δὲ προσπταίειν, καὶ οὕτω διαφέρειν τὸν αἰῶνα ἐναλλὰξ πρήσσων, ἢ εὐτυχέειν τὰ πάντα. οὐδένα γάρ κω λόγῳ οἶδα ἀκούσας ὅστις ἐς τέλος οὐ κακῶς ἐτελεύτησε πρόῤῥιζος, εὐτυχέων τὰ πάντα. σὺ ὦν νῦν ἐμοὶ πειθόμενος ποίησον πρὸς τὰς εὐτυχίας τοιάδε· φροντίσας τὸ ἂν εὕρῃς ἐόν τοι πλείστου ἄξιον, καὶ ἐπ' ᾧ σὺ ἀπολομένῳ μάλιστα τὴν ψυχὴν ἀλγήσεις, τοῦτο ἀπόβαλε οὕτω ὅκως μηκέτι ἥξει ἐς ἀνθρώπους. ἤν τε μὴ ἐναλλὰξ ἤδη τὠπὸ τούτου αἱ εὐτυχίαι τοι τῇσι πάθῃσι προσπίπτωσι, τρόπῳ τῷ ἐξ ἐμεῦ ὑποκειμένῳ ἀκέο.

β'. Βασιλεὺς Αἰγυπτίων Ἄμασις λέγει Βίαντι σοφωτάτῳ Ἑλλήνων. Βασιλεὺς Αἰθιόπων ἔχει πρὸς ἐμὲ σοφίας ἅμιλλαν, ἡττώμενος δὲ τοῖς ἄλλοις ἐπὶ πᾶσι συντέθεικεν ἄτοπον ἐπίταγμα καὶ δεινόν, ἐκπιεῖν με κελεύσας τὴν θάλασσαν. ἔστι δὲ λύσαντι μὲν ἔχειν κώμας τε πολλὰς καὶ πόλεις τῶν ἐκείνου, μὴ λύσαντι δὲ ἄστεων τῶν περὶ Ἐλεφαντίνην ἀποστῆναι. Σκεψάμενος οὖν εὐθὺς ἀπόπεμπε Νειλόξενον. Ἃ δὲ δεῖ φίλοις σοῖς ἢ πολίταις γενέσθαι παρ' ἡμῶν, οὐ τἀμὰ κωλύσει.

I. Amasis Polycrati hæc dicit. Iucundum utique est intelligere, virum amicum et hospitem bene agere, mihi vero non placent tuæ res nimium secundæ, ut qui norim divinum numen esse invidum : ac fere cupio, ut et ego et qui mihi curæ sunt partim quidem prospero utamur rerum successu, partim vero etiam nonnihil offendamus, atque sic potius vitam transigamus , variante fortuna, quam in omni re simus felices. Neminem enim fando audivi quin, postquam feliciter omnia successere, postremo pessimum funditus exitum habuerit. Tu igitur nunc me auctore adversus felicitatem tuam fac hoc : circumspice, quid habeas pretiosissimum, quoque amisso summa animi ægritudine te affectum iri censeas, atque ita illud abice, ut inter homines non amplius compareat. Quod si pósthac tibi res secundæ iam non per vices cum ipsis calamitatibus eventuræ sunt, fac ut quam proposui adhibeas medicinam.

II. Ægyptiorum rex Amasis Bianti sapientissimo Græcorum dicit hæc. Certamen mecum Æthiopum rex sapientiæ instituit, victusque ceteris in rebus absurdum postremo a me et immane quid postulat, mare me iubens ebibere, idque ea conditione , ut, si præstem, multi eius pagi multæque urbes meæ fiant ditionis, sin vero minus, oppida quæ circa Elephantinam sunt amittam. Tu quo pacto id fieri possit remisso statim Niloxeno doce. Si quid autem a me amici sive cives tui desiderabunt, ego non obstabo.

ΑΜΕΛΙΟΥ ΕΠΙΣΤΟΛΗ.

AMELII EPISTOLA.

Ἀμέλιος Βασιλεῖ εὖ πράττειν

Αὐτῶν μὲν ἕνεκα τῶν πανευφήμων ἀνδρῶν, οὓς διατεθρυληκέναι σεαυτὸν φής, τὰ τοῦ ἑταίρου ἡμῶν δόγματα εἰς τὸν Ἀπαμέα Νουμήνιον ἀναγόντων, οὐκ ἂν προηκάμην φωνήν, σαφῶς ἐπίστασο. δῆλον γὰρ ὅτι καὶ τοῦτο ἐκ τῆς παρ' αὐτοῖς ἀγαλλομένης προελήλυθεν εὐστομίας τε καὶ εὐγλωττίας, νῦν μὲν ὅτι πλατὺς φλήναφος, αὖθις δὲ ὅτι ὑποβολιμαῖος, ἐκ τρίτων δὲ ὅτι καὶ τὰ φαυλότατα τῶν ὄντων ὑποβαλλόμενος τῷ διασιλλαίνειν αὐτὸν δηλαδὴ κατ' αὐτοῦ λεγόντων. σοῦ δὲ τῇ προφάσει ταύτῃ οἰομένου δεῖν ἀποχρήσθαι πρὸς τὸ καὶ τὰ ἡμῖν ἀρέσκοντα ἔχειν προχειρότερα εἰς ἀνάμνησιν καὶ τὸ ἐπ' ὀνόματι ἑταίρου ἀνδρὸς οἵου τοῦ Πλωτίνου μεγάλου εἶ καὶ πάλαι διαβεβοημένα ὁλοσχερέστερον γνῶναι ὑπήκουσα καὶ νῦν ἥκω ἀποδιδούς σοι· τὰ ἐπηγγελμένα ἐν τρισὶν ἡμέραις, ὡς καὶ αὐτὸς οἶσθα, πεπονημένα. χρὴ δὲ αὐτὰ ὡς ἂν μὴ ἐκ τῆς τῶν συνταγμάτων ἐκείνων παραθέσεως οὔτ' οὖν συντεταγμένα οὔτ' ἐξειλεγμένα, ἀλλ' ἀπὸ τῆς παλαιᾶς ἐντεύξεως ἀναπεπολημένα καὶ ὡς πρῶτα προύπεσεν ἕκαστα οὕτω ταχθέντα ἐνταῦθα νῦν συγγνώμης δικαίας παρὰ σοῦ τυχεῖν, ἄλλως τε καὶ τοῦ βουλήματος τοῦ ὑπὸ τὴν πρὸς ἡμᾶς ὁμολογίαν ὑπαγομένου πρός τινος ἀνδρὸς οὐ μάλα προχείρου ἑλεῖν ὑπάρχοντος διὰ τὴν ἄλλοτε ἄλλως περὶ τῶν αὐτῶν ὡς ἂν δόξειε φορά. ὅτι δέ, εἴ τι τῶν ἀπὸ τῆς οἰκείας ἑστίας παραχαράττοιτο, διορθώσῃ εὐμενῶς, εὖ οἶδα. ἠνάγκασμαι δ', ὡς ἔοικεν, ὥς πού φησιν ἡ τραγῳδία, ὢν φιλοπράγμων τῇ ἀπὸ τῶν τοῦ καθηγεμόνος ἡμῶν δογμάτων διαστάσει εὐθύνειν τε καὶ ἀποποιεῖσθαι· τοιοῦτον ἄρα ἦν τό σοι χαρίζεσθαι ἐξ ἅπαντος βούλεσθαι. ἔρρωσο.

Amelius Regi salutem.

Certo scito me nunquam vocem fuisse emissurum inclitorum virorum causa, qui, ut iam divulgatum tibique notum esse ais, amici nostri dogmata in Apameum Numenium referunt. Constat enim id ex dicendi loquendique propria apud ipsos et qua gloriantur modestia proficisci. Nunc quidem meras nugas, nunc vero supposititium vocitant; rursus quasi vilissima quaedam supponat accusant, et mendaci duntaxat dicacitate in eum perperam invehuntur. Quum vero tu occasione hac utendum censeas, cum videlicet ut, quae nobis videntur, ad reminiscendum promptiora reddamus, tum etiam ut in amici gloriam, praesertim qualis est magnus admirandusque Plotinus, quamvis olim decantata mysteria plenius cognoscantur, morem tibi gerendum existimavi, iamque tibi reddo promissa, triduo quod scis a nobis elaborata. Decet vero scriptis te nostris ignoscere, utpote quae non sint compositionum illarum comparatione vel composita vel electa, sed ex veteri congressu repetita : et ut quaeque prima succurrebant, sic in praesentia disposita sunt. Eoque magis danda mihi venia est, quod viri illius consilium qui a nonnullis in iudicii nostri consensionem est adductus, haud facile deprehendi potest; propterea quod alias aliter de rebus eisdem, utcunque placuerit, verba faciat. Ego autem certo scio, te benigne prorsus emendaturum, si quid praeter familiarem Plotini nostri characterem hic a nobis fuerit obsignatum. Iam vero compulsus videor, ut est in tragoediis, tanquam negotiosus homo, adeoque ab ipsa nostri ducis doctrina distantior, emendatoris subire iudicium atque retractare. Tantum videlicet apud me potuit ardens tibi gratificandi vo'untas. Vale.

ΑΝΑΧΑΡΣΙΔΟΣ ΕΠΙΣΤΟΛΑΙ.

ANACHARSIDIS EPISTOLÆ.

α΄. Ἀθηναίοις.

Γελᾶτε ἐμὴν φωνήν, διότι οὐ τρανῶς ἑλληνικὰ
γράμματα λέγει. Ἀνάχαρσις παρ᾽ Ἀθηναίοις σολοι-
κίζει, Ἀθηναῖοι δὲ παρὰ Σκύθαις. οὐ φωναῖς διήνεγ-
καν ἄνθρωποι ἀνθρώπων εἰς τὸ εἶναι ἀξιόλογοι, ἀλλὰ
γνώμαις, ὥσπερ καὶ Ἕλληνες Ἑλλήνων. Σπαρ-
τιᾶται οὐ τρανοὶ ἀττικίζειν, ἀλλ᾽ ἔργοις λαμπροὶ καὶ
εὐδόκιμοι. οὐ ψέγουσι Σκύθαι λόγον, ὃς ἐμφανίζει τὰ
δέοντα, οὐδ᾽ ἐπαινοῦσιν ὃς ἂν μὴ ἐφίκηται τοῦ δέοντος.
πολλὰ καὶ ὑμεῖς οἰκονομεῖτε οὐ προσέχοντες φωνῇ
ἄρθρα οὐκ ἐχούσῃ. εἰσάγεσθε ἰατροὺς Αἰγυπτίους,
κυβερνήταις χρῆσθε Φοίνιξιν, ὠνεῖσθε ἐν ἀγορᾷ οὐ
διδόντες πλεῖον τῆς ἀξίας τοῖς ἑλληνιστὶ λαλοῦσιν,
οὐδὲ ὀκνηρῶς λαμβάνετε παρὰ βαρβάρων, ἐὰν πρὸς
τρόπου πωλῶσι. βασιλεῖς Περσῶν κἀκείνων φίλοι
μεγαλοφρονοῦσιν ὅταν βούλωνται πρὸς Ἑλλήνων πρε-
σβευτὰς ἑλληνικῇ φωνῇ φθέγγεσθαι, ἀναγκάζονται σο-
λοικίζειν, ὧν ὑμεῖς οὔτε βουλὰς οὔτε ἔργα καταμέμ-
φεσθε. λόγος δὲ κακὸς οὐ γίνεται, ὅταν βουλαὶ ἀγαθαὶ
ὦσι, καὶ ἔργα καλὰ λόγοις παρακολουθῇ. Σκύθαι δὲ
κρίνουσι λόγον φαῦλον, ὅταν διαλογισμοὶ φαῦλοι γί-
γνωνται. πολλῶν καθυστερήσετε, ἂν δυσχεραίνητε
φωναῖς βαρβάροις, καὶ διὰ τοῦτο μὴ ἀποδεχόμενοι τὰ
λεγόμενα· πολλοὺς γὰρ ποιήσετε ὀκνηροὺς εἰσηγεῖσθαι
ὑμῖν τὰ συμφέροντα. διὰ τί βαρβαρικὰ τιμᾶτε ὑφά-
σματα, φωνὴν δὲ βάρβαρον οὐ δοκιμάζετε; αὐλούντων
καὶ ᾀδόντων φωνὰς ζητεῖτε ἐμμελεῖς, καὶ ποιητῶν ἔμ-
μετρα ποιούντων ἐπιλαμβάνεσθε, εἰ μὴ ἀναπληροῦσι
γράμμασιν ἑλληνικοῖς τὰ μέτρα· λεγόντων δὲ θεωρεῖτε
αὐτὰ τὰ λεγόμενα· τὸ γὰρ τέλος τούτων εἰς ὄνησιν.
καὶ βαρβάροις πειθόμενοι οὐκ ἐπιτρέψετε γυναιξὶ καὶ
τέκνοις, καὶ προσέχουσιν ὑμῖν, ἐὰν σολοικίζητε· κρεῖσ-
σον γὰρ σολοικίζουσιν πειθαρχοῦντας σώζεσθαι, ἢ
τρανῶς ἀττικίζουσιν ἐπακολουθοῦντας μεγάλα βλάπτε-
σθαι. ἀπαιδεύτων ταῦτά ἐστι καὶ ἀπειροκάλων, ἄνδρες
Ἀθηναῖοι· σώφρων γὰρ οὐδεὶς ἂν διανοηθείη ταῦτα.

β΄. Σόλωνι.

Ἕλληνες σοφοὶ ἄνδρες, οὐδέν γε σοφώτεροι βαρ-
βάρων· τὸ γὰρ ἐπίστασθαι καλὸν εἰδέναι οὐκ ἀφεί-
λοντο θεοὶ βαρβάρων. πεῖραν δ᾽ ἔξεστι λαμβάνειν
ἐξετάζοντας εἰ καλὰ φρονοῦμεν, καὶ βασανίζειν εἰ
συμφωνοῦμεν· λόγοις πρὸς ἔργα εἰ ὅμοιοί ἐσμεν
τοῖς ἀγαθῶς ζῶσι. στολὴ δὲ καὶ κόσμος σώματος

I. Atheniensibus.

Ridetis meam vocem, quod non distincte græcas profert
litteras. Anacharsis male loquitur apud Athenienses, Athe-
nienses vero apud Scythas. Non vocibus præstant homines
hominibus ad promerendam laudem, verum sententiis, ut
et Græci Græcis. Spartani non distincte loquuntur attice,
sed rebus gestis clari sunt et probati. Non vituperant Scy-
thæ sermonem, qui quid faciendum sit clarum facit, ne-
que laudant, si quis id quod res est non attingat. Multa
vos quoque transigitis nil curantes vocem, quæ non dis-
tincte verba pronuntiet; admittitis medicos Ægyptios,
gubernatoribus utimini Phœniciis, emitis in foro, ne-
que maius pretium græce loquentibus numeratis, neque
dubitanter capitis a barbaris, si iusto pretio vendant.
Reges Persarum eorumque amici quantumvis superbiant,
tamen si cum Græcorum legatis græce loqui volunt, male
loqui coguntur, quorum vos neque consilia neque res
gestas reprehenditis. Sermo autem non fit malus, ubi
bona sunt consilia, et recte facta sermones sequuntur.
Scythæ vero pravum sermonem iudicant, si pravæ sint
cogitationes. Multa vos effugient, si barbaram vocem mo-
leste feratis et idcirco dicta non probetis : multos enim
reddetis ad prospiciendum vestris commodis segniores.
Cur barbarica texta in pretio habetis, barbaram autem bar-
barorum non probatis? tibicinum et cantorum voces re-
quirite concinnas et poetas carmina facientes, si græcis
litteris metra non repleant, reprehendite, loquentium
vero ipsa spectate dicta : finis enim horum ad utilitatem
pertinet. Et barbaris obedientes non committetis vos
mulieribus et liberis, et vobis attendunt, si male loqua-
mini : melius est enim, male loquentibus obedientes sal-
vos evadere quam exquisite attice loquentibus obedientes
magnum facere detrimentum. Imperitorum hoc est et
inertium, viri Athenienses : sanæ enim mentis nemo hoc
in animum induxerit.

II. Soloni.

Græci sapientes' viri, nil tamen sapientiores barbaris :
non enim hoc dii barbaris ut, rectum cognoscere scirent,
ademere. Licet enim examine instituendo, an recte sapia-
mus, periculum facere, et an concinamus explorare : nam
tam verbis quam factis semper honeste viventibus sumus
similes. Vestitus autem et ornatus corporis ne impediant

μὴ γενέσθωσαν ἐμπόδιον ὀρθῆς κρίσεως· ἄλλοι γὰρ
ἄλλως κατὰ νόμους πατέρων κεκοσμήκασι τὰ σώματα·
σημεῖα δὲ ἀσυνεσίας τὰ αὐτὰ βαρβάροις καὶ Ἕλλησιν,
ὁμοίως δὲ συνέσεως· σὺ δὲ διό-ι Ἀνάχαρσις ἐλθὼν
ἐπὶ σὰς θύρας ἐβούλετό σοι ξένος γενέσθαι, ἀπηξίωσας,
καὶ ἀπεκρίνω, ἐν οἰκείᾳ χώρᾳ μὴ δεῖν ξενίαν συνά-
πτειν. εἰ δέ τίς σοι κύνα Σπαρτιάτην ἐδωρεῖτο, οὐκ
ἂν προσέτασσες ἐκείνῳ ἀνδρὶ κύνα τοῦτον εἰς Σπάρτην
ἀγαγόντα δοῦναί σοι. πότε δὲ καὶ ἐσόμεθα ἕτεροι ἑτέ-
ροις ξένοι, ἐπειδὰν ἕκαστος τοῦτον τὸν λόγον λέγῃ,
ἐμοὶ μὲν οὐ καλῶς ἔχειν ταῦτα δοκεῖ, Σόλων, Ἀθη-
ναῖε σοφέ, καί με κελεύει θυμὸς πορεύεσθαι πάλιν
ἐπὶ σὰς θύρας, οὐκ ἀξιώσοντα ἃ καὶ πρότερον, ἀλλὰ
πευσόμενον πῶς ἔχει ἅπερ ἀπεφήνω ὑπὲρ ξενίας·

γ΄ Ἱππάρχῳ

Οἶνος πολὺς ἄκρατος ἀλλότριος τοῦ καλῶς τιθεσθαι
τὰ καθήκοντα· συγχεῖ γὰρ φρένας, ἐν αἷς ἵδρυται ἀν-
θρώποις τὸ λογίζεσθαι, τὸ δ᾽ ὀρεγόμενον μεγάλων οὐκ
εὐχερὲς καλῶς πρᾶξαι ἃ ἐπιβάλλεται, ἐὰν μὴ νή-
φοντα βίον καὶ μεμεριμνη.ικὸν ἐνστήσηται· ἀφεὶς οὖν
κύθους καὶ μέθην τρέπου πρὸς τὰ δι᾽ ὧν ἄρξεις, κατὰ
τρόπον εὐεργεσίᾳ πατρὸς σεαυτοῦ φίλους καὶ προσαί-
τας εὖ ποιῶν· εἰ δὲ μή, πρὸς τῷ αἰσχρὸς εἶναι κινδυ-
νεύσεις ἰδίῳ σώματι· τότε δὲ μνησθήσονταί σου φίλοι
ἀνδρὸς Σκύθου Ἀναχάρσιδος·

δ΄ Μηδόκῳ

Φθόνος καὶ πτόησις μεγάλα τεκμήρια φαύλης ψυ-
χῆς· φθόνῳ μὲν γὰρ ἕπεται λύπη, εὐπραγίας φίλων καὶ
πολιτῶν, πτοήσει δὲ ἐλπίδες κενῶν λόγων. Σκύθαι
οὐκ ἀποδέχονται τοιούτους ἄνδρας, ἀλλὰ χαίρουσί τε
τοῖς εὖ πράττουσι, καὶ ζητοῦσιν ὧν εὔλογον αὐτοὺς
τυχεῖν· μῖσος δὲ καὶ φθόνον καὶ πᾶν δύσκολον πάθος
ὡς πολέμια ἐκδιώκοντες παντὶ σθένει διατελοῦσιν·

ε΄ Ἄννων

Ἐμοὶ μὲν περίβλημα χλαῖνα σκυθική, ὑπόδημα
δέρμα ποδῶν, κοίτη δὲ πᾶσα γῆ, δεῖπνον καὶ ἄριστον
γάλα καὶ τυρὸς καὶ κρέας ὀπτόν, πιεῖν ὕδωρ· ὡς οὖν
ἄγοντός μου σχολὴν ὧν οἱ πλεῖστοι ἕνεκεν ἀσχολοῦν-
ται, παραγενοῦ πρός με, εἴ τινά μου χρείαν ἔχεις·
δῶρα δ᾽ οἷς ἐντρυφᾶτε ἀντιδωροῦμαί σοι, ὑμεῖς δ᾽ ὅσοι
Καρχηδονίων εἰς χάριν σὴν ἀνέθεσθε θεοῖς·

ϛ΄ Υἱῷ βασιλέως

Σοὶ μὲν αὐλοὶ καὶ βαλάντια, ἐμοὶ δὲ βέλη καὶ
τόξα· διὸ εἰκότως σὺ μὲν δοῦλος, ἐγὼ δὲ ἐλεύθερος·
καὶ σοὶ μὲν πολλοὶ πολέμιοι, ἐμοὶ δὲ οὐδείς. εἰ δὲ θέ-
λεις ῥίψας τὸ ἀργύριον φέρειν τόξα καὶ φαρέτραν καὶ
πολιτεύεσθαι μετὰ Σκυθῶν, ὑπάρξει καί σοι τὰ αὐτά·

---

rectum indicium . namque aliter alii paterno more or-
nare solent corpora   stupiditatis autem signa eadem
barbaris atque Græcis, itemque prudentiæ Tu vero
quum Anacharsis hospitii tecum faciendi causa ad ia-
nuam tuam veniret, recusabas et respondebas, in patria
terra non esse hospitium iungendum Si quis autem
canem Laconicum dono tibi daret, non mandares sane
illi homini, ut eum Spartam ductum tibi daret Ubinam
vero amicitiam inter nos iungemus, si hoc modo quisque
loqueretur? mihi quidem, o Solon, sapiens Atheniensis,
parum recte videtur hoc habere, iubetque me animus
iterum ad tuam ianuam accedere, non ut quæ et ante ro-
gem, sed ut, quomodo quæ de hospitio respondisti sese
habeant, quæram

III Hipparcho

Multum merum alienum est a recte capiendis consiliis,
turbat enim mentem, in qua sita est hominum ratio, qui
vero magna appetit, hunc non facile est recte perficere
quæ animo concepit, nisi sobriam vitam instituat atque
curis plenam Missis itaque talis atque crapula ad ea,
quibus regnabis, te converte, patrisque in bene merendo
exemplum sequutus amicos tuos atque supplices affice
beneficiis sin minus, præterquam quod improbus es, et
corpore tuo periclitabere, tum vero amici tui Scythae
Anachar idis recordabuntur

IV Medoco

Invidia atque perturbatio pravi animi documenta sunt
invidiam enim sequitur dolor ex amicorum atque civium
felicitate natus, perturbationem spes inanium verborum
Scythis non probantur tales homines, sed gaudent aliorum
prospera fortuna, eaque appetunt, quæ ipsos consequi
consentaneum est, odium vero et invidiam et molestum
quemvis animi motum tanquam animi hostes atque ad-
versarios numquam non quantum est in ipsis aspernantur

V Hannoni

Mihi quidem vestimentum est pallium Scythicum, cal-
ceamentum cutis pedum, lectus universa terra, cœna atque
prandium lac et caseus et assa caro, potus aqua Quare
quoniam otium ago ab eis rebus, quarum gratia plurimi
negotia gerunt, veni ad me, si mea opera tibi opus est
Dona vero, quibus vos luxuriamini, tibi reddo, vos
autem, quotquot Carthaginiensium sunt tua gratia diis
consecrate

VI Filio regis

Tibi quidem tibiæ et marsupia , mihi vero tela atque
arcus Hinc nil mirum quod tu servus, ego vero liber,
et tibi multi hostes, mihi nullus Sed si vis abiecto
argento arcum gestare et pharetram cumque Scythis
vitam agere, tibi quoque suppetent eadem

ζ'. Τηρεῖ.

Οὐδεὶς ἄρχων ἀγαθὸς ἀπολλύει ἀρχομένους, οὐδὲ ποιμὴν ἀγαθὸς πρόϐατα λυμαίνεται· σοὶ δὲ πᾶσα μὲν χώρα ἔρημος ἀρχομένων καὶ κακῶς προστατευθεῖσα ὑπ' ἀρχόντων, πᾶς δὲ οἶκος ἰδιώτης εἰς ταπεινὸν συνέσταλται, ὥστε μὴ δύνασθαι τοῖς πράγμασι χρήσιμος εἶναι. φείδεσθαι δὲ ἄμεινον ὧν ἂν ᾖς κύριος· οὐ μὴ γὰρ ἴδια κτήματα ἐπαύξεται σῇ βασιλείᾳ καὶ διαμένει. νῦν δ' εἰ σπανίζεις μὲν ἀνδρῶν εἰς πόλεμον, ἁρπάζεις δὲ χρημάτων οἷς διοικεῖς οὐ στρατιώτας καὶ δικαίως θεωροῦντας ἐν σῶμα, ἐὰν μὴ καταλείπῃς τροφὴν ἀρκοῦσαν, ἔπτησαν καὶ ἐν ὄρεσιν, ἐν ἐρήμοις πεφυκόσιν, ἐν τούτοις οἰκήσουσι καὶ ἐργάσονται τὰ τῶν μελισσῶν.

η. Θρασυλόχῳ.

Κύων ψυχῇ καλὸν ζῷον, μνημονεῦον εὐεργεσιῶν, φιλεῖ τὴν τῶν εὐεργετῶν οἰκίαν, διατηρῶν εὐνομίαν ἕως θανάτου, σὺ δ' ὑπολείπῃ κυνός, εὐεργεσιῶν δυνάμενος συλλογισμῷ ἐξισοῦσθαι ἀνθρώποις. ζητεῖ οὖν λόγος ἐμός, τίνος ἂν γένοιο θυμῷ δίκαιος, ὅταν πρὸς τοὺς εὐεργέτας λέοντος ψυχὴν φορῇς. πειρῶ οὖν συνήθειαν ἐμὴν ἣν εἴχομεν πρός σε σώζειν· καὶ γὰρ ἐλπίδες καλαὶ ἀνδρὶ τοιούτῳ.

θ . Κροίσῳ.

Οἱ ἐν Ἕλλησι ποιηταὶ λόγῳ κόσμον διανέμοντες Κρόνου παισὶν ἀδελφοῖς λῆξιν τῷ μὲν οὐρανοῦ, τῷ δὲ θαλάττης, τρίτῳ δὲ ζόφου προσέθεσαν. τοῦτο μὲν ἰδιοπραγίας ἑλληνικῆς· κοινωνίαν γὰρ οὐδεμίαν χρήματος ἐπιστάμενοι τὸ ἑαυτῶν κακὸν θεοῖς προσένειμαν· γῆν δὲ ὅμως ἐξαίρετον καὶ οὗτοι κοινὴν ἅπασιν ὑπελείποντο. φέρε τοῦτο πῇ ποτε φέρει τὸ νόημα φροντίζωμεν. πάντας ἐϐούλοντο θεοὺς τιμὰς πρὸς ἀνθρώπων ἔχειν καὶ πάντας ἀγαθῶν δοτῆρας καὶ κακῶν ἀποτρόπους ὑπάρχειν. κοινὸν δὲ θεῶν κτῆμα γῆ κοινὸν καὶ ἀνθρώπων τὸ πάλαι ἦν, χρόνῳ δὲ παρηνόμησαν ἴδια ἐπονομάζοντες τεμένη θεοῖς τὰ πάντων κοινά, θεοὶ δὲ ἀντὶ τούτων δῶρα πρέποντα ἀντεδωρήσαντο ἔριν καὶ ἡδονὴν καὶ μικροψυχίαν ἀνθρώποις. ἀπὸ τούτων μιγνυμένων τε καὶ διακρινομένων τὰ πάντα ἔφυ κακὰ τοῖς πᾶσι θνητοῖς, ἄροτοι, σπόροι, μεταλλεῖαι, πόλεμοι· καρπούς τε γὰρ ἐπεισενεγκόντες πολλαπλασίους ἀποφέρονται μικρά, τέχνας τε ποικίλλοντες ὀλιγόϐιον ηὕρηνται τροφήν, γῆς τε χρώματα διάφορα μαστεύοντες θαῦμα πεποίηνται, τόν τε πρῶτον εὑρόντα τὸ ὀλίγον τοῦτο μακαριστότατον ἄγουσι. καὶ οὐκ ἴσασι παίδων τρόπον ἑαυτοὺς ἐξαπατῶντες· πόνῳ γὰρ τὸ μηδὲν ἐκτιμήσαντες, ἔπειτα τὸν πόνον αὐτὸν θαυμάζουσιν. τοῦτό σοι πλείστων ἀνθρώπων ἤκουσα ῥυῆναι τὸ κακόν. ἀπὸ τοῦδε τἄλλα· οὐ γὰρ ὁ μέγας πλοῦτος οὐδὲ οἱ ἀγροὶ τὴν σοφίαν ἐπρίαντο. τὸ σῶμα

Nemo princeps bonus subditis exitio est, neque pastor bonus gregem perdit. Tibi vero tota regio vacua subditis et male administrata a magistratibus, omnisque privata domus ad nihilum redacta, ita ut non possit summæ rei emolumento esse. Te vero satius est parcere eis, quorum es dominus : non enim privatæ facultates accrescunt regno tuo atque conservantur. Nunc vero si viris indiges ad bellum gerendum,......................... nisi reliqueris victum sufficientem......... in istis habitabunt atque labores obibunt apum.

VIII. Thrasylocho.

Canis animo præclarum animal, beneficiorum memor, eorum qui ista in se contulere domum amat, æquitatem ad mortem usque servans ; tu vero a cane superaris, quum beneficiorum consideratione hominibus æquari possis. Quærit igitur mens mea, cuiusnam animus iustus esse possit, si in eos, qui bene de se meruere, leonis animum adhibeat. Quare da operam, ut quam in te habebamus familiaritatem tuearis : spes enim pulchra tali homini.

IX. Crœso.

Græcorum poetæ fabula mundum distribuentes Saturni filiis fratribus primo cœli, alteri maris, tertio caliginis sortem assignaverunt. Et hoc quidem Græcorum est propria negotia curantium : quum enim nullam rei communionem scirent, suum malum diis attribuerunt : terram nihilo minus exceptam et isti communem omnibus relinquebant. Age, quid hoc sibi velit perpendamus Omnes volebant deos honoribus ab hominibus affici et omnes honorum auctores et malorum eversores esse. Communis autem diis res terra communis etiam hominibus pridem erat, verum tempore præter ius fasque propria diis fana dedicavere omnium communia, dii vero pro his convenientia munera reddidere contentionem et voluptatem et illiberalitatem hominibus. Ab his mixtis et discretis mala nata sunt omnia omnibus mortalibus, arationes, sementes, metallorum fodinæ, bella. Plurimis enim collatis fructibus parum referunt, et artibus adhibitis brevem invenere victum, et terræ colores diversos perscrutantes mirabile quid sibi facere videntur; et qui primus nugas istas invenit, eum beatissimum iudicant, neque sciunt, se puerorum instar sibi imponere. Nam rem nihili ex labore æstimantes, postea ipsum laborem admirantur. Illud malum in te irruisse a plerisque comperi. Hinc reliqua manant. Neque enim amplis divitiis vel agris sapientia comparatur. Nam quorum corpora alienis rebus pluri-

γὰρ οἷς ἂν πλείστων ἀλλοτρίων ὑποπλησθῇ, καὶ νοση-
μάτων ὑποπίμπλασθαί φασι, καὶ τὴν ταχίστην ἀπο/ε-
τευσιν ποιεῖσθαι κελεύουσιν οἷς ἐπαινεῖν ἔρως ἐστίν ἀλλὰ
σωμάτων ἔχετε δι' ἡδονὰς ἀμέτρους ἰατροὺς ἀμέτρους,
ψυχῆς δὲ οὐκ ἔχετε, σοφὸν δὲ οὐδὲν ἦν συμβαλεῖν
ὅτε σοι τὸ πολὺ χρυσίον ἐρρύη, τότε συνερρύηκεν ἅμα
τῷ χρυσίῳ καὶ ἡ δόξα τοῦ χρυσίου καὶ ὁ φθόνος καὶ ἡ
τῶν βουλομένων ἀπενέγκασθαι παρὰ σοῦ τὸ χρυσίον
ἐπιθυμία. εἰ μὲν οὖν ἀπεκάθηρας σαυτὸν τοῦ νοσή-
ματος, ὑγιὴς ἂν ἦσθα, ἐλευθέρως λέγων καὶ ἄρχων
τοῦτο γάρ ἐστι τὸ ὑγιαίνειν βασιλέως, ὁ κεκτημένος
ἔνδον οὐ θαυμαστὸν εἰ καὶ τὰ ἄλλα ἐκέκτησο· ἀκρατῆ
δέ σε λαβοῦσα ἐπήμηνε δοῦλον ἀντ' ἐλευθέρου ποιή-
σασα ἡ νόσος. ἀλλὰ θυμὸν ἀγαθὸν ἔχε, πυρὸς ἐν ὕλῃ
γενομένου λαβὼν εἰκόνα, ὃ σποδ᾽ὰν τίθησι τὰ κεκαυ-
μένα, νέμεται δὲ τὰ ἄκαυστα. καὶ τὰ σὰ πάλαι
κακὰ εἰς τοὺς σὲ καὶ τὰ σὰ ἔχοντας μετῴκισται ἐκεί-
νοις προσδόκα τὰς ἀνίας δευτέρους ἥξειν. ἄκουσον δὲ
ἐμῆς ὄψεως ἱστορίαν μέγα ῥεῦμα διεξέρχε-αι τὴν
Σκυθῶν χώραν, τοῦτο δ᾽ δὴ Ἴστρον ὀνομάζουσιν. ἐν
τούτῳ φορτηγοὶ ναῦν ἕρματι περιβαλόντες ἐπειδὴ οὐ-
δὲν προσαρκέσαι ἐδύναντο, ἀπήεσαν ὀλοφυρόμενοι
λῃσταὶ οὖν τὸ ἐκείνων κακὸν κατανοήσαντες κενῇ προσ-
πλεύ-ες νηΐ, κᾆτ' ἀφειδῶς ἐπετίθεντο τῷ φόρτῳ, καὶ
τὰ ἀγώγιμα τῆς νεὼς μετέφερον, καὶ τὸ πάθος ἔλαθον
μετενεγχόντες ἡ μὲν γὰρ ναῦς κενωθεῖσα ἀνεκουφίσθη καὶ
πλόϊμος ἦν, ἡ δὲ τὸν ἐνείναι φόρτον ὑποδῦσα ταχέως
εἰς βυθὸν ᾔει χρημάτων ἀλλοτρίων ἁρπα/ῇ. τὲ.ς
δύναται φέρειν τὸν ἔχοντα αἰεί. Σκύθαι δὲ πάντων
ἐκτὸς ἔστησαν τούτων. γῆν ἔχομεν πᾶσαν πάντε.
ὅσα δίδωσιν ἑκοῦσα λαμβάνομεν, ὅσα κρύπτει χαίρειν
ἐῶμεν. βοσκήματα ἀπὸ θηρίων σώζομεν γάλα καὶ
τυρὸν ἀντιλαμβάνομεν. ὅπλα ἔχομεν οὐκ ἐπ' ἄλλους,
ἀλλ' ὑπὲρ ἑαυτῶν ἐὰν δέῃ ἐδάησε δὲ οὐδέπω· οἱ αὐτοὶ
γὰρ ἀγωνισταὶ καὶ ἆθλα τοῖς ἐπιλευσομένοις προκεί-
μεθα. τοῦτο δὲ οὐδὲ πολλοὶ τὸ ἆθλον ἀσπάζονται τὰ
αὐτὰ καὶ Σόλων ἀνὴρ Ἀθηναῖος συνεβούλευσέ σοι,
σκοπεῖν κελεύων τὴν τελευτήν, οὐ τὸ νῦν ἀποδεῖν,
ἀλλ' ἐξ οἷ καλῶς τελευτήσεις, τοῦτο προτιμᾶν λέγων
ἔλεγε δὲ οὐ τὴν ἀντικρυς· οὐ γὰρ ἦν Σκύθης σὺ δ',
εἴ σοι φίλον, τὴν ἐμὴν συμβουλὴν καὶ παρὰ Κῦρον
φέρε καὶ παρὰ πάντας τυράννους· μᾶλλον γὰρ ἀκμά-
ζει τοῖς ἐν ἀρχῇ τῶν ἀπολωλότων

ι' Κροίσῳ

Ἐγώ, βασιλεῦ Λυδῶν, ἀφῖγμαι ἐς τὴν τῶν Ἑλ-
λήνων διδαχθησόμενος ἤθη τὰ τούτων καὶ ἐπιτηδεύ-
ματα χρυσοῦ δ' οὐδὲν δέομαι, ἀλλ' ἀπόχρη με
ἐπανήκειν ἐς Σκύθας ἄνδρα ἀμείνονα. ἦρω γοῦν ἐς
Σάρδεις πρὸ μεγάλου ποιούμενος ἐν γνώμῃ τοι γε-
νέσθαι.

---

inis replentur, hos et morbis repleri aiunt, et quam pri-
mum materiem averri iubent .. At corporis quidem
medicos innumeros habetis propter voluptates innumeras,
animi non habetis Quum in te magna vis auri irruit,
tum una cum auro etiam reverentia cultusque auri et
invidia cupiditasque eorum in te irruit, qui auro te spo-
liare gestiunt. Quod si te levasses morbo, sanus fuisses
libere loquens et regnans Hæc enim regis sanitas est,
quam si intus habuisses, non dubito quin et reliqua
possessurus fuisses Contra tui non compotem cum
morbus te deprehendisset, læsit te servum pro libero
reddens At bono esto animo, et imaginem accipe
flammæ in silva exortæ, quæ in cineres convertit ma-
teriam combustam, depascitur non adesam Tua quo-
que mala dudum in eos commigraverunt, qui te et rem
tuam possident. Noli dubitare, quin iisdem illi molestiæ
secundo loco laboraturi sint Audi narratiunculam, cuius
ipse testis fui Magnum flumen Scytharum terram per-
meat, quem Istrum vocant In hoc cum mercatores na-
vim in scopulum impegissent neque inde detrudere pos-
sent, lamentantes discesserunt Eorum calamitatem
conspicati latrones et vacua navi advecti oneri haud
cunctantes manus iniciunt idque in suam navem trans-
portant Verum necopinantes ipsam etiam calamitatem
in navem suam transportant Nam mercatoria navis,
quippe quæ exonerata esset, allevata est, altera autem
onere illius suscepto subito in imum flumen demersa est
aliena bona prædata . Scythæ ab omnibus
his rebus liberi fuerunt Terram omnem omnes habemus.
Quæ non invita præbet, accepimus, quæ occultat, omit-
timus Pecora a bestiis defendimus atque ita lac et caseum
vicissim accipimus. Arma habemus non adversus alios,
sed ut ipsos nos tueamur, si opus sit At nunquam opus
fuit, nam iidem et pugnatores et certaminis præmia
aggressuris proposita sumus, neque multi hoc præmium
exoptant Eadem etiam Solon Atheniensis tibi suasit,
finem tuum ut respiceres hortatus, non quæ iam eveni-
runt, sed unde mors tibi pulchra Tu au-
tem, si lubet, admonitionem meam etiam Cyro imperti
et tyrannis omnibus. Magis enim opportuna est regnan-
tibus quam iis qui pessumdati sunt

Χ Cræo

Ego, Lydorum rex, in Græciam veni Græcorum mo-
res et instituta cogniturus Auro nihil egeo, verum
satis mihi est ad Scythas redire hominem meliorem Veni
igitur Sardes magni faciens in tuam familiaritatem per-
venire

ΑΝΑΞΙΜΕΝΟΥΣ ΕΠΙΣΤΟΛΑΙ.

ANAXIMENIS EPISTOLÆ.

α΄. Ἀναξιμένης Πυθαγόρῃ

Θαλῆς Ἐξαμίου ἐπὶ γήρως οὐκ εὐπότμως οἴεται· εὐφρόνης, ὥσπερ ἐώθει, ἅμα τῇ ἀμφιπόλῳ προιὼν ἐκ τοῦ αὐλίου τὰ ἄστρα ἐθηεῖτο, καὶ (οὐ γὰρ ἐς μνήμην ἔθετο) θηεύμενος ἐς τὸ κρημνῶδες ἐκβὰς καταπίπτει. Μιλησίοισι μέν νυν ὁ αἰθερολόγος ἐν τοιῷδε κεῖται τέλει· ἡμέες δὲ οἱ λεσχηνευταὶ αὐτοί τε μεμνώμεθα τοῦ ἀνδρός, οἵ τε ἡμέων παῖδές τε καὶ λεσχηνευταί, ἐπιδεξιοίμεθα δ' ἔτι τοῖς ἐκείνου λόγοις. ἀρχὴ μέντοι παντὸς τοῦ λόγου Θαλῇ ἀνακείσθω.

β΄. Ἀναξιμένης Πυθαγόρῃ

Εὐβουλότατος ἦς ἡμέων, μεταναστὰς ἐκ Σάμου ἐς Κρότωνα ἐνθάδε εἰρηνέες· οἱ δὲ Αἰακέος παῖδες ἄλαστα κατ' ἔρδουσι καὶ Μιλησίους οὐκ ἐπιλείπουσι αἰσυμνῆται δεινοὶ δὲ ἡμῖν καὶ ὁ Μήδων βασιλεύς, οὐκ ἤν γε ἐθέλωμεν δασμοφορέειν, ἀλλὰ μέλλουσι δὴ ἀμφὶ τῆς ἐλευθερίης ἁπάντων Ἴωνες Μήδοις κατίστασθαι ἐς πόλεμον καταστᾶσι δὲ οὐκέτι ἐλπὶς ἡμῖν σωτηρίης· κῶς ἂν οὖν Ἀναξιμένης ἐν θυμῷ ἔτι ἔχοι αἰθερολογέειν, ἐν δείματι ἐὼν ὀλέθρου ἢ δουλοσύνης; σὺ δὲ εἶ καταθύμιος μὲν Κροτωνιήτῃσι, καταθύμιος δὲ καὶ τοῖσι ἄλλοισι Ἰταλιώτῃσι φοιτῶσι δέ τοι λεσχηνευταὶ καὶ ἐκ Σικελίης.

I Anaximenes Pythagoræ.

Thales Examii filius in senectute haud feliciter decessit. Is quum, ut consuerat, una cum ancillula sidera inspecturus atrio domus exisset, immemor ut sese loci situs haberet, dum totus est in contemplandis sideribus, in præceps cecidit Milesiis igitur suus siderum observator hoc fine occubuit. Verum nos qui literarum amore tenemur, et ipsi tanti viri memoriam colemus, et filii sodalesque nostri, eiusque adhuc sermonibus nos inter nos excipiamus. Initium tamen totius sermonis Thaleti tribuitor.

II Anaximenes Pythagoræ.

Consultius nobis egisti, qui ex Samo Crotonem commigrasti, ubi quietus vivis. Nam cum Æacidæ infanda mala patrant, tum Milesii tyranni usque dominantur. Medorum item rex nobis acriter imminet, nisi velimus esse tributarii. sed Iones mox pro communi libertate bellum sunt suscepturi cum Persis. quo suscepto nulla nobis spes salutis est reliqua. Quonam igitur animo possit Anaximenes cœlo observando dare operam, dum timet mortem aut servitutem? Tu contra gratus acceptusque es cum Crotoniatis, tum reliquis Italiotis, venitque ad te studiosorum frequentia etiam ex Sicilia.

ΑΝΤΙΓΟΝΟΥ ΕΠΙΣΤΟΛΗ.

ANTIGONI EPISTOLA.

Βασιλεὺς Ἀντίγονος Ζήνωνι φιλοσόφῳ χαίρειν
Ἐγὼ τύχῃ μὲν καὶ δόξῃ νομίζω προτερεῖν τοῦ σοῦ
βίου, λόγου δὲ καὶ παιδείας καθυστερεῖν καὶ τῆς τε-
λείας εὐδαιμονίας, ἣν σὺ κέκτησαι. διόπερ κέκρικα
προσφωνῆσαί σοι παραγενέσθαι πρὸς ἐμέ, πεπεισμέ-
νος σε μὴ ἀντερεῖν πρὸς τὸ ἀξιούμενον σὺ οὖν πει-
ράθητι ἐκ παντὸς τρόπου συμμῖξαί μοι, διειληφὼς
τοῦτο διότι οὐχ ἑνὸς ἐμοῦ παιδευτὴς ἔσῃ, πάντων δὲ
Μακεδόνων συλλήβδην. ὁ γὰρ τὸν τῆς Μακεδονίας
ἄρχοντα καὶ παιδεύων καὶ ἄγων ἐπὶ τὰ κατ' ἀρετὴν
φανερός ἐστι καὶ τοὺς ὑποτεταγμένους παρασκευάζων
πρὸς εὐανδρίαν. οἷος γὰρ ἂν ὁ ἡγούμενος ᾖ, τοιού-
τους εἰκὸς ὡς ἐπὶ τὸ πολὺ γίγνεσθαι καὶ τοὺς ὑποτε-
ταγμένους.

Rex Antigonus Zenoni philosopho salutem Ego fortuna
me quidem et gloria vitam tuam existimo superare, doc-
trina vero et eruditione et perfecta quam tu possides feli-
citate longe te esse inferiorem. Quare te compellare sta-
tui ut ad me venias, persuasum habens te precibus meis
non esse repugnaturum Tu igitur omni modo enitere
ut tuo contubernio fruamur, hoc pro certo habens, te
non mei tantum, sed omnium simul Macedonum fore
magistrum Nam qui Macedoniæ regem erudit atque ad
virtutem perducit, eum subditos quoque ad probitatem
informare apparet Cuiusmodi enim fuerit dux, tales ut
plurimum et subditos fieri necesse est.

ΑΝΤΙΟΧΟΥ ΕΠΙΣΤΟΛΑΙ.
ANTIOCHI EPISTOLÆ.

α΄ Βασιλεὺς Ἀντίοχος Πτολεμαίῳ χαίρειν Τῶν
Ἰουδαίων καὶ παραυτίκα μέν, ἡνίκα τῆς χώρας
ἐπέβημεν αὐτῶν, ἐπιδειξαμένων τὸ πρὸς ἡμᾶς
φιλότιμον, καὶ παραγενομένους δ᾽ εἰς τὴν πόλιν
λαμπρῶς ἐκδεξαμένων καὶ μετὰ μὲν τῆς γερουσίας
ἀπαντησάντων, ἄφθονον δὲ τὴν χορηγίαν τοῖς στρα-
τιώταις καὶ τοῖς ἐλέφασι παρεσχημένων, συνεξελόν-
των δὲ καὶ τοὺς ἐν τῇ ἄκρᾳ φρουροὺς τῶν Αἰγυπτίων,
ἠξιώσαμεν καὶ ἡμεῖς τούτων αὐτοὺς ἀμείψασθαι καὶ τὴν
πόλιν αὐτῶν ἀναλαβεῖν κατεφθαρμένην ὑπὸ τῶν περὶ
τοὺς πολέμους συμπεσόντων, καὶ συνοικίσαι τῶν
διεσπαρμένων εἰς αὐτὴν πάλιν συνελθόντων πρῶτον
δ᾽ αὐτοῖς ἐκρίναμεν διὰ τὴν εὐσέβειαν παρασχεῖν τὴν
εἰς τὰς θυσίας σύνταξιν, κτηνῶν τε θυσίμων καὶ οἴνου
καὶ ἐλαίου καὶ λιβάνου, ἀργυρίου τιμὴν μυριάδας
δύο, καὶ σεμιδάλεως ἀρτάβας ἱερὰς ἑξ κατὰ τὸν ἐπιχώ-
ριον νόμον, καὶ πυρῶν μεδίμνους χιλίους τετρακοσίους
καὶ ἑξήκοντα, καὶ ἁλῶν μεδίμνους τριακοσίους ἑβδο-
μήκοντα πέντε. τελεῖσθαι δ᾽ αὐτοῖς ταῦτα βούλομαι
καθὼς ἐπέσταλκα, καὶ τὸ περὶ τὸ ἱερὸν ἀπαρτισθῆναι
ἔργον, τάς τε στοὰς καὶ εἴ τι ἕτερον οἰκοδομῆσαι
δέοι ἡ δὲ τῶν ξύλων ὕλη κατακομιζέσθω ἐξ αὐτῆς τε
τῆς Ἰουδαίας καὶ ἐκ τῶν ἄλλων ἐθνῶν καὶ ἐκ τοῦ Λι-
βάνου μηδενὸς εἰσπρασσομένου τέλους· ὁμοίως δὲ καὶ ἐν
τοῖς ἄλλοις ἐν οἷς ἂν ἐπιφανεστέραν γίνεσθαι τὴν τοῦ
ἱεροῦ ἐπισκευὴν δέῃ πολιτευέσθωσαν δὲ πάντες οἱ
ἐκ τοῦ ἔθνους κατὰ τοὺς πατρώους νόμους, ἀπολυέσθω
δὲ ἡ γερουσία καὶ οἱ ἱερεῖς καὶ οἱ γραμματεῖς τοῦ ἱεροῦ
καὶ οἱ ἱεροψάλται ὧν ὑπὲρ τῆς κεφαλῆς τελοῦσι καὶ
τοῦ στεφανίτου φόρου καὶ τοῦ ὑπὲρ τῶν ἄλλων. ἵνα δὲ
θᾶττον ἡ πόλις κατοικισθῇ, δίδωμι τοῖς τε νῦν κα-
τοικοῦσι καὶ κατελευσομένοις ἕως τοῦ Ὑπερβερεταίου
μηνὸς ἀτελέσιν εἶναι μέχρι τριῶν ἐτῶν ἀπολύομεν
δὲ καὶ εἰς τὸ λοιπὸν αὐτοὺς τοῦ τρίτου μέρους τῶν
φόρων, ὥστε αὐτῶν ἐπανορθωθῆναι τὴν βλάβην καὶ
ὅσοι ἐκ τῆς πόλεως ἁρπαγέντες δουλεύουσιν, αὐτούς τε
τούτους καὶ τοὺς ὑπ᾽ αὐτῶν γεννηθέντας ἐλευθέρους
ἀφίεμεν, καὶ τὰς οὐσίας αὐτοῖς ἀποδίδοσθαι κελεύομεν.

β΄. Βασιλεὺς Ἀντίοχος Ζεύξιδι τῷ πατρὶ χαί-
ρειν. Εἰ ἔρρωσαι, εὖ ἂν ἔχοι, ὑγιαίνω δὲ καὶ
αὐτός. πυνθανόμενος τοὺς ἐν Λυδίᾳ καὶ Φρυγίᾳ
νεωτερίζοντας, μεγάλης ἐπιστροφῆς ἡγησάμην τοῦτό
μοι δεῖσθαι καὶ βουλευσαμένῳ μοι μετὰ τῶν φίλων
τί δεῖ ποιεῖν, ἔδοξεν εἰς τὰ φρούρια καὶ τοὺς ἀναγκαιο-

I Rex Antiochus Ptolemæo salutem. Quum Iudæi,
simulatque in eorum fines intravimus, suum erga
nos studium declaraverint et in urbem suam venientes
splendide exceperint, cumque senatu obviam prodierint,
et militibus elephantisque abunde omnia præbuerint,
nosque in expugnando Ægyptiorum in arce præsidio ad-
iuverint, visum est nobis eos pro his remunerari eorum-
que urbem casibus, qui solent in bellis accidere, ad-
versis labefactatam reficere et revocatis in eam eis qui
sunt dispersi instaurare Ac primum eis decrevimus
pietatis caussa impensam præbere in sacrificia faciendam
de pecudibus, quæ sacrificari solent, et vino et oleo et
thure, ad pretium viginti millium argenteorum, et si-
milæ artabas sacras secundum regionis istius mo-
rem sex et tritici modios mille quadringentos sexaginta
et salis modios trecentos septuaginta quinque. Atque
hæc eis solvi volo, quemadmodum imperavi, templique
opus expediri et porticus et si quid aliud ædificandum
est Materia autem apportetur ex ipsa Iudæa reliquis-
que regionibus et Libano nullo exacto vectigali, idemque
valeat de reliquis, quibus ad speciosiorem templi appara-
tum opus erit Vivant autem omnes eius nationis homines
ex legibus patriis, immunisque sit senatus et sacer-
dotes et scribæ templi et sacri cantores et ab eo quod
pro capite pendunt et a tributo coronario quodque de
ceteris pendunt Quo autem citius urbs instauretur, con-
cedo eis qui nunc eam habitant, quique usque ad mensem
Hyperberetæum eo redierint, immunitatem in trien-
nium. Quin etiam in posterum tertiam eis tributorum
partem remittimus ad eorum damnum reficiendum, et
quotquot ex urbe abrepti serviunt, et ipsos et eorum
natos manumittimus atque facultates eis reddi imperamus.

II Rex Antiochus Zeuxidi patri salutem. Si vales,
bene est, ego quoque valeo Quum audivissem quos-
dam in Lydia et Phrygia res novas moliri, magno-
pere hoc mihi curandum esse censui. Ac consultanti
mihi cum amicis quid facto esset opus, visum est in

108

τάτους τόπους -ῶν ἀπὸ τῆς Μεσοποταμίας καὶ Βαβυ-
λωνίας Ἰουδαίων οἴκους δισχιλίους σὺν ἐπισκευῇ μετ-
αγαγεῖν πέπεισμαι γὰρ εὔνους αὐτοὺς ἔσεσθαι τῶν
ἡμετέρων φύλακας διὰ τὴν πρὸς τὸν θεὸν αὐτῶν εὐσέβειαν,
καὶ μαρτυρουμένους δ' αὐτοὺς ὑπὸ τῶν προγόνων
πίστιν οἶδα καὶ προθυμίαν εἰς ἃ παρακαλοῦνται. βού-
λομαι τοίνυν, καίπερ ἐργώδους ὄντος, τούτους μετα-
γαγεῖν, ὑποσχόμενος νόμοις αὐτοὺς χρήσεσθαι τοῖς ἰδίοις.
ὅταν δ' αὐτοὺς ἀγάγῃς εἰς τοὺς προειρημένους τόπους,
εἴς τε οἰκοδομὰς οἰκιῶν δώσεις αὐτοῖς τόπον ἑκάστῳ
καὶ χώραν εἰς γεωργίαν καὶ φυτείαν ἀμπέλων, καὶ
ἀτελεῖς τῶν ἐκ τῆς γῆς καρπῶν ἀνήσεις ἐπ' ἔτη δέκα.
μετρείσθωσαν δὲ καὶ ἄχρις ἂν τοὺς παρὰ τῆς γῆς
ἄρτους λαμβάνωσι, σῖτον εἰς τὰς τῶν θεραπόντων
διατροφάς· διδόσθω δὲ καὶ τοῖς εἰς τὰς χρείας ὑπη-
ρετοῦσι τὸ αὔταρκες, ἵνα τῆς παρ' ἡμῶν τυγχάνοντες
φιλανθρωπίας προθυμοτέρους παρέχωσιν αὐτοὺς περὶ
τὰ ἡμέτερα. πρόνοιαν δὲ ποιοῦ καὶ τοῦ ἔθνους κατὰ
τὸ δυνατόν, ὅπως ὑπὸ μηδενὸς ἐνοχλῆται·

castella et loca maxime necessaria trans erre ex Mesopo-
tamia et Babylonia Iudæorum bis mille familias cum
ipsorum supellectili Credo enim nostrarum rerum cu-
stodes fore benevolos, cum propter eorum erga deum
pietatem, tum propter fidei promptique ad exsequenda
iussa obsequii testimonium ipsis a maioribus nostris
exhibitum Itaque hos volo, quamvis laboriosum sit,
traducere, fide eis data, ut suis legibus uti permittantur
Quum autem eos in locos ante dictos transtuleris, dabis
singulis ad ædificandas domos locum et agrum ad fru-
gum et vitium culturam et immunitatem frugum terræ
concedes in annos decem Ac donec messem fecerint,
demensum frumentum accipiant in famulorum alimo-
niam, eisque detur, qui ipsis ad negotia operata commo-
dent, quantum opus sit, ut benigne a nobis habiti stu-
diosiores se rerum nostrarum præbeant Da etiam
operam, quantum fieri potest, ut a nemine quoquam ista
gens vexetur

ΑΠΟΛΛΩΝΙΟΥ
ΤΟΥ ΤΥΑΝΕΩΣ ΕΠΙΣΤΟΛΑΙ.
APOLLONII TYANEI EPISTOLÆ.

α΄. Εὐφράτῃ.

Ἐμοὶ πρὸς φιλοσόφους ἐστι φιλία, πρὸς μέντοι σο-
φιστὰς ἢ γραμματιστὰς τι ἢ τοιοῦτο γένος ἕτερον
ἀνθρώπων κακοδαιμόνων νῦν οὔτεν ἐστὶ φιλία, μήτε
ὕστερόν ποτε γένοιτο. τάδε μέν οὖν οὐ πρὸς σέ, πλὴν
εἰ μὴ καὶ σὺ τούτων εἷς· ἐκεῖνα δὲ καὶ πάνυ πρὸς σέ,
θεράπευέ σου τὰ πάθη καὶ πειρῶ φιλόσοφος εἶναι καὶ
μὴ φθονεῖν τοῖς ὄντως φιλοσοφοῦσιν, ἐπεί σοι καὶ γῆρας
ἤδη πλησίον καὶ θάνατος.

β΄. Τῷ αὐτῷ.

Ἡ ἀρετὴ φύσει, μαθήσει, κτήσει, χρήσει, δι' ἣν
ἕκαστον ἂν εἴη τῶν προειρημένων ἀποδοχῆς ἄξιον.
σκεπτέον εἰ τί σοι τούτων ἐστίν, ἢ σοφιστείας παυ-
στέον λοιπὸν ἢ προῖκά γε χρηστέον αὐτῇ πρὸς τοὺς
ἐντυγχάνοντας, ἐπείπερ ἤδη σοι καὶ τὰ Μεγαβύζου.

γ΄. Τῷ αὐτῷ.

Ἐπῆλθες ἔθνη τὰ μεταξὺ τῆς Ἰταλίας ἀπὸ Συρίας
ἀρξάμενος, ἐπιδεικνὺς σεαυτὸν ἐν ταῖς τοῦ βασιλέως
λεγομέναις. διπλῆ δέ σοι τότε καὶ πώγων λευκὸς
καὶ μέγας, πλέον δὲ οὐδέν. εἶτα πῶς διὰ θαλάττης
νῦν ὑποστρέφεις ἄγων φορτίδα μεστὴν ἀργυρίου, χρυ-
σίου, σκευῶν, παντοδαπῶν, ἐσθήτων ποικίλων, κόσμου
τοῦ λοιποῦ, τύφου καὶ ἀλαζονείας καὶ κακοδαιμονίας;
τίς ὁ φόρτος καὶ ὁ τρόπος τῆς καινῆς ἐμπορίας; Ζήνων
τραγημάτων ἦν ἔμπορος.

δ΄. Τῷ αὐτῷ.

Ὀλίγων δεῖ σου τοῖς παισίν, εἰ φιλοσόφου παῖδες
εἴησαν. ἔδει μὲν οὖν μηδὲ φροντίσαι πλείω σοι
γενέσθαι τῶν ἱκανῶν, ἄλλως τε καὶ μετὰ ἀδοξίας
τινός. ἐπεὶ δὲ ἅπαξ ἐγένετο, δεύτερον ἂν εἴη μεγάλῃ
σπουδῇ νεῖμαί σέ τισιν ἔνια τῶν ὄντων· ἔχεις δὲ καὶ
πατρίδα καὶ φίλους.

ε΄. Τῷ αὐτῷ.

Τῶν Ἐπικούρου λόγων ὁ περὶ ἡδονῆς οὐδενὸς ἔτι

I. Euphratæ.

Cum philosophis amicitia mihi est, cum sophistis vero-
sive grammatistis sive quod aliud tale est miserorum
genus hominum neque nunc est amicitia neque in po-
sterum unquam fuerit. Et hæc quidem nihil ad te, nisi
si tu quoque horum unus es, ista vero vel maxime ad te :
moderare affectibus tuis atque operam da ut sis philo-
sophus, neque vere philosophis invideas, quoniam et se-
nectus tibi et mors instant proxime.

II. Eidem.

Virtus natura, institutione, possessione, usu constat,
ob quam unum quidque eorum, quæ modo dixi, quod
acquiratur dignum est. Considerandum igitur, numquid
horum teneas, aut a sophistica iamiam desistendum aut
gratis certe ea qui ad te accedunt impertiendi, præsertim
quum opibus affluas Megabyzi.

III. Eidem.

Adiisti a Syria exorsus quæ usque ad Italiam porri-
guntur gentes, te ipsum regiis, quæ vocantur, ornatum
ostentans vestibus. Pallium tunc tibi fuit et candida
barba ac promissa, præterea nihil. Quid est igitur quod
iam per mare reverteris navem ducens refertam argento,
auro, supellectile varia, vestimentis versicoloribus, or-
natu reliquo, fastu et superbia et miseria? quodnam
illud onus et quinam novæ mercaturæ modus? scilicet Zeno
bellariorum erat mercator.

IV. Eidem.

Paucis tui liberi indigent, si quidem philosophi sunt
liberi. Quare neque opera tibi danda erat, ut plus quam
satis est, idque non sine tua ignominia, acquireres. Sed
quoniam semel factum est, proximum fuerit ut studiosis-
sime quibusdam de facultatibus tuis largiaris : habes autem
et patriam et amicos.

V. Eidem.

Epicuri sermonum is qui de voluptate est nullo iam

συνηγόρου δεῖται τῶν ἐκ τοῦ κήπου καὶ τῆς ἐκείνου
διατριβῆς· πέφηνε γὰρ ὢν καὶ κατὰ τὴν στοὰν ἀληθέ-
στατος· εἰ δὲ ἀντιλέγων προκομιεῖς τὰς Χρυσίππου
σχολὰς καὶ δόγματα, γέγραπταί τι καὶ ἐν τοῖς βασι-
λικοῖς γράμμασιν· Εὐφράτης ἔλαβε καὶ πάλιν ἔλαβεν
Ἐπίκουρος δὲ οὐκ ἂν ἔλαβεν.

eget patrono ex horto et illius schola profecto namque
et secundum stoam verissimum esse apparet Sin vero
contradicens Chrysippi scholas ac præcepta proferes, scri-
ptum est etiam aliquid in regis litteris Euphrates ac-
cepit et rursus accepit Epicurus autem non acce-
pisset

ς'. Τῷ αὐτῷ

VI Eidem

Ἐρόμην πλουσίους τινάς, εἰ ἀνιῶνται. τί δ' οὐ
μέλλομεν; ἔφασαν. ἠρόμην οὖν καὶ τὴν αἰτίαν τῆς
ἀνάγκης. καὶ ἠτιῶντο τὸν πλοῦτον. σὺ δ', ὦ τάλαν,
νεόπλουτος.

Interrogabam divites quosdam, num otio languescerent
Qui vero non languescamus? responderunt Quumque qua-
huius necessitatis caussa esset rogarem, divitias incusa-
bant Tu vero, o miser, nuper dives factus es

ζ' Τῷ αὐτῷ

VII Eidem

Ἐὰν ὅτι τάχος εἰς Αἰγὰς ἀφίκῃ καὶ κενώσῃς ἐκεῖ
τὴν ναῦν, ἰτέον ἐστί σοι πάλιν ὅτι τάχος εἰς τὴν Ἰτα-
λίαν καὶ κολακευτέον ὁμοίως νοσοῦντας, γέροντας,
γραῦς, ὀρφανούς, πλουσίους, θρυπτομένους, Μίδας,
Γέτας πάντα φασὶ δεῖν τὸν ἔμπορον κάλων σείειν.
ἐμοὶ δ' εἴη τὴν ἁλιὰν τρυπᾶν ἐν Θέμιδος οἴκῳ

Quam primum Ægas veneris ibique navem exonerave-
ris, in Italiam tibi quam citissime redeundum, pariterque
adulandum ægrotis, senibus, anibus, orbis, opulentis,
luxuriantibus, Midis, Getis Omnem aiunt rudentem mo-
vere oportere mercatorem Mihi vero salinum terebrare
in Themidis ædibus liceat

η' Τῷ αὐτῷ

VIII Eidem

Ἆρά τι καὶ σὺ γράψαις ἄν, εἰ γὰρ οὕτω γένοιο
γενναῖος. καὶ ἔξοις δ' ἂν εἰπεῖν τὰ συνήθη ταῦτα
καὶ πρόχειρα· « λουτρὸν ἅπαν Ἀπολλώνιος παραι-
τεῖται. » καὶ τῆς οἰκίας οὐδέποτε πρόεισι καὶ σωζο-
μένους ἔχει τοὺς πόδας. « οὐδὲν ὁρᾶται τῶν τοῦ σώ-
ματος κινῶν » δι' ὅλου γὰρ τὴν ψυχὴν κινεῖ « κομᾷ
τὴν κεφαλήν » καὶ γὰρ ὅτι Ἕλλην καὶ οὐ βάρ-
βαρος. « ἐσθῆτα φορεῖ λινῆν » καὶ τῶν ἐρεῶν
τὰ καθαρώτατα « μαντικῇ χρῆται. » πλείω
γὰρ τὰ ἄδηλα, καὶ ἄλλως ἀμήχανον προαισθέσθαι τι
τῶν ἐσομένων « ἀλλ' οὐ πρέπον φιλοσόφῳ τὸ
τοιοῦτον » ὃ πρέπει καὶ θεῷ, (2) « καὶ σωμάτων
δὲ ὀδύνας ἀφαιρεῖ καὶ πάθη παύει. » τοῦτό που καὶ
πρὸς τὸν Ἀσκληπιὸν κοινὸν τὸ ἔγκλημα. « σιτεῖται
μόνος » οἱ δὲ λοιποὶ ἐσθίουσι « βραχέα λέγει καὶ
ἐπὶ βραχύ » σιγῆσαι γάρ ἐστιν ἀδύνατος « σαρκῶν
ἀπέχεται πασῶν καὶ θηρίων πάντων » διὰ τοῦτο
ἄνθρωπός ἐστιν. εἰ ταῦτα ἐρεῖς, Εὐφρᾶτα, γεγρά-
φθαι, ἴσως ἐκεῖνο προσθήσεις « εἴ τι ἦν, ἔλαβεν ἂν
ἀργύριον, ὡς ἐγώ, δωρεὰς πολιτείας » εἴ τι ἦν, οὐκ
ἂν ἔλαβεν. « ἀλλὰ τῇ πατρίδι μὲν ἔλαβεν ἄν. » οὐ
πατρὶς δὲ, ἣ μὴ οἶδεν ὃ ἔχει

Ecquid etiam tu scribas? utinam tam sis liberalis!
Posses et usitata ista dicere atque tuta « Omne balneum
Apollonius recusat » neque ex ædibus unquam prodit,
salvosque habet pedes « Neque conspicitur ullam movens
partem corporis » semper enim movet animum « Capillum
promittit » hoc enim quia Græcus est neque barbarus
« Vestem fert lineam » quæque lanis mollo sunt pu-
riora « Divinatione utitur » plurima enim obscura
sunt, neque aliter fieri potest ut futurum quid præsen-
tiamus « Sed non decet tale quid philosophum » quod
nec deo est dedecori? (2) « Et corporis tollit ægritudines
sedatque affectus » quod crimen commune habet cum
Æsculapio « Solus cibum capit » reliqui vero devorant
« Pauca loquitur eaque breviter » nimirum tacere omnino
non potest « A carnibus omnibus et feris abstinet » ic
circo homo est Hæc si dices, Euphrata, in scriptis tibi
esse, fortasse et illud adicies « Si quid potuisset, argen-
tum sumpsisset, sicut ego, munera reipublicæ » si quid
potuisset, non sumpsisset « At patriæ sumpsisset » non
autem patria, quæ quid habeat ignorat

θ' Δ ωνι

IX. Dioni

Αὐλοῖς καὶ λύρᾳ κρεῖττόν ἐστι τέρπειν ἢ λόγῳ· τὰ
μὲν γὰρ ἡδονῆς ὄργανα καὶ μουσικὴ τοὔνομα τῇ τέχνῃ,
λόγος δὲ τἀληθὲς εὑρίσκει τοῦτό σοι πρακτέον,
τοῦτό σοι ῥητέον, ἢν καὶ περὶ τούτου φιλοσοφῇς.

Tibiis atque lyra satius est quam oratione delectare
nam illa voluptatis instrumenta sunt, artique nomen mu-
sica, oratio vero invenit verum Hoc tibi faciendum, hoc
tibi dicendum, siquidem et huius caussa philosopharis

ι'. Τῷ αὐτῷ.

Ζητοῦσί τινες τὴν αἰτίαν, δι' ἣν πέπαυμαι διαλεγόμενος ἐν πολλοῖς· εἰδέτωσαν οὖν οἷς ἂν εἰδέναι μέλῃ τὸ τοιοῦτον. ἀδύνατος ὠφελῆσαι λόγος ἅπας, ὃς ἂν εἷς ὢν μὴ καὶ πρὸς ἕνα λέγηται. ὁ τοίνυν ἄλλως διαλεγόμενος δόξης ἥττων ὢν διαλέγοιτ' ἄν.

ια'. Καισαρέων προβούλοις.

Πρῶτον εἰς πάντα θεῶν ἄνθρωποι δέονται καὶ περὶ παντός, ἔπειτα πόλεων· τιμητέον γὰρ δεύτερον πόλεις μετὰ θεοὺς καὶ τὰ πόλεως προκριτέον παντὶ νοῦν ἔχοντι· εἰ δὲ μὴ πόλις μόνον εἴη, ἀλλὰ καὶ μεγίστη τῆς Παλαιστίνης, ἀρίστη τε τῷ αὐτόθι μεγέθει καὶ νόμοις καὶ ἐπιτηδεύμασι καὶ προγόνων κατὰ πόλεμον ἀρεταῖς, ἔτι τε ἤθεσι κατ' εἰρήνην, καθάπερ ἡ ὑμετέρα πόλις, μάλιστα πασῶν τῶν ἄλλων ἔμοιγε θαυμαστέα τιμητέα τε καὶ ἄλλῳ δὲ ὁμοίως παντὶ νοῦν ἔχοντι. τοῦτο μὲν οὖν ἐκ λόγου κοινοῦ τὸ προκριτικὸν ἂν εἴη τὸ κατὰ σύγκρισιν τῶν πολλῶν. (2) ὅταν δὲ καὶ ἀρχὴ πόλις ποτὲ τῆς πρὸς ἕνα τιμῆς ἄνδρα πόλις οὖσα καὶ τοῦτον ἑαυτῆς ξένον καὶ ἄπωθεν, τί ἢ τούτου τοῦ ἀνδρὸς πρὸς ἀμοιβὴν ἢ ὑμῖν ἀλλήλοις τισὶν ἄξιον ἂν εἴη; τοῦτο μόνον ἴσως, εἰ θεοφιλής τις ὢν τύχοι διά τινα φύσεως ἐπιτηδειότητα, τὸ εὔχεσθαι τῇ πόλει τὰ ἀγαθά, τυγχάνειν τε τῆς εὐχῆς, ὅπερ ἂν διατελέσαιμι κἀγὼ πράττων ὑπὲρ ὑμῶν, ἐπείπερ ἥσθην ἤθεσιν Ἑλληνικοῖς φαίνουσι τὸ ἴδιον ἀγαθὸν καὶ διὰ γραμμάτων κοινῶν. Ἀπολλωνίδην δὲ τὸν Ἀφροδισίου, νεανίαν ἐρρωμενεστάτης φύσεως ἀξίας τε τοῦ ὑμετέρου ὀνόματος, πειράσομαι χρήσιμον ὑμῖν παρασκευάζειν εἰς ἕκαστα μετὰ καὶ τύχης τινὸς ἀγαθῆς.

ιβ'. Σελευκέων τοῖς προβούλοις.

Πόλις, ἥτις ἂν οὕτω πρός τε θεοὺς ἔχῃ καὶ ἀνθρώπων πρὸς τοὺς ἀξίους ἀποδοχῆς, αὐτή τε εὐδαίμων καὶ εἰς ἀρετὴν ὠφέλησε τοὺς μαρτυρηθέντας. ἄρξασθαι μὲν οὖν χάριτος· οὐ δυσχερές, ἀλλὰ καὶ τῶν ἐν ἀνθρώποις τὸ κάλλιστον· ἀμοιβὴν δ' οὐ μόνον οὐ ῥᾴδιον, ἀλλὰ καὶ παντελῶς ὁμοίαν εὑρεῖν ἀδύνατον. τὸ γάρ που τῇ τάξει δεύτερον οὐδέποτε τῇ φύσει πρῶτον. ὥστε θεὸν ἀνάγκη παρακαλεῖν ὑπὲρ ὑμῶν ἀμείψασθαι τοὺς οὐ τῇ δυνάμει μόνον ἀλλὰ καὶ τοῖς ἔργοις κρείττους γενομένους. ἀνθρώπων γὰρ οὐδεὶς τά γε τηλικαῦτα δυνατός. καὶ τὸ ἐθελῆσαι δ' ἄν με παρ' ὑμῖν γενέσθαι τῆς ὑμῶν ἂν εἴη χάριτος· καὶ αὐτὸ εἰς ἡμᾶς, ὡς ἔγωγ' ἂν εὐξαίμην παρ' ὑμῖν καὶ γεγεννῆσθαι. οἱ πρέσβεις ὑμῶν τιμιώτεροι, διότι καὶ φίλοι, Ἱερώνυμος καὶ Ζήνων.

ιγ'. Τοῖς αὐτοῖς.

Στράτων μὲν ἐξ ἀνθρώπων οἴχεται πᾶν ὅσον ἦν

Quærunt quidam caussam, ob quam coram populo disserere cessaverim. Sciant igitur, quorum id scire interest: utilitatem nequaquam afferre potest sermo, qui quum unus sit non etiam ad unum habeatur : quare qui aliter disserat, hoc sane glorȳiæ captandæ caussa fecerit.

XI. Cæsarcensium senatui.

Primum ad omnia diis homines indigent atque in omni re, deinde civitatibus. Censendæ sunt enim civitates secundum post deos locum tenere, ac civitatis res præponendæ cuivis sapienti : sin autem non civitas tantum sit, verum et Palæstinæ maxima, omniumque quæ ibi sunt magnitudine et legibus et institutis et maiorum sive bellica laude sive pacis artibus, quemadmodum vestra civitas, præstantissima, omnium maxime illa et mihi admiranda et colenda est et cuivis pariter sapienti. Hoc igitur nomine, si cum aliis multis comparetur, communi omnium consensu primæ in partes deferendæ. (2) Sed ubi unum virum civitas, eumque hospitem suum atque absentem, ipsa sua sponte honore afficiat, quid quæso quod aut ab isto viro rependatur aut a vobis recipiatur dignum fuerit? hoc solum fortasse, si deo amicus naturæ quadam opportunitate fuerit, ut optima quæque civitati precatus voti compos fiat, id quod et ego pro vobis facere non desinam, quum Græcis gaudeam moribus insitam sibi probitatem et per litteras publicas declarantibus. Apolloniden autem Aphrodisii filium, firmissimæ indolis iuvenem vestroque nomine dignæ, ad omnia utilem vobis reddere conabor fortuna adiuvante.

XII. Seleucensium senatui.

Civitas hoc modo erga deos affecta atque erga laude dignos homines et ipsa felix est et eorum virtutem effert, quibus eius dicit testimonium. Primum igitur in aliquem beneficia conferre non est arduum, sed et omnium quæ inter homines sunt pulcherrimum ; remunerationem autem non modo non facile est, verum et prorsus æqualem invenire humanas excedit vires : nam quod ordine secundum est, nunquam natura primum fuerit. Quare deos necesse est imploremus, ut pro nobis gratiam eis referant, qui non solum potestate, sed factis etiam nos superarunt. Hominem enim tanta præstare nemo potest. Quod vero me vobiscum esse cupitis, id ipsum quoque vestræ in me benevolentiæ documentum est, quemadmodum ego et natum me apud vos esse exoptarim. Legati vestri eo maioris æstimandi, quod et amici sunt, Hieronymus atque Zeno.

XIII. Eisdem.

Strato quidem ex hominibus discessit, quicquid mor-

αὐτῷ θνητὸν ἐπὶ γῆς καταλιπών, χρὴ δὲ τοὺς ἔτι κολαζομένους ἡμᾶς ἐνθάδε (ζῆν ἄλλως λεγομένους) ἔχειν τινὰ τῶν ἐκείνου πραγμάτων ἐπιμέλειαν. ἄλλοις μὲν οὖν ἄλλο τι ἔργον δικαίως ἂν γένοιτο νῦν ἢ καὶ ὕστερον, οἷς μὲν ὡς οἰκείοις, οἷς δ' ὡς αὐτὸ μόνον ἀνδράσι φίλοις, οὐκ ἐν ἑτέρῳ γνωσθησομένοις χρόνῳ, τούτων εἴπερ ἦν τῶν ὀνομάτων ἀληθές τι καὶ πρόσθεν ἐγὼ μέντοι καὶ ταύτῃ βουλόμενος ἐξαιρέτως ὑμέτερος εἶναι, τὸν ἐκ Σελευκίδος υἱὸν αὐτῷ γενόμενον Ἀλέξανδρον αὐτὸς ἀναθρέψω καὶ μεταδώσω παιδείας τῆς ἐμῆς. πάντως δ' ἂν μετέδωκα καὶ χρημάτων ὁ τὰ μείζονα δούς, εἴπερ ἔχειν ἦν ἄξιον.

ιδ' Εὐφράτῃ.

Πυνθάνονταί μου πολλοὶ πολλάκις, τίνος ἕνεκεν οὐ μετεπέμφθην εἰς Ἰταλίαν, ἢ οὐ μεταπεμφθεὶς ἀφικόμην, ὥσπερ σὺ καὶ εἴ τις ἕτερος· ἐγὼ δὲ περὶ τοῦ προτέρου μὲν οὐκ ἀποκρινοῦμαι, μὴ καὶ δόξω τισὶν εἰδέναι τὴν αἰτίαν, οὐδ' εἰδέναι μοι μέλον, περὶ δὲ τοῦ δευτέρου τί ἂν καὶ δεοίμην ἕτερον λέγειν, ἢ ὅ τι μᾶλλον ἂν μετεπέμφθην ἢ ἀφικόμην; ἔρρωσο

ιε' Τῷ αὐτῷ

Τὴν ἀρετὴν ἀδέσποτον εἶναι Πλάτων ἔφησεν. εἰ δὲ μὴ τιμᾷ τοῦτό τις καὶ γέγηθεν ἐπ' αὐτῷ, ἀλλὰ καὶ ὤνιος γίνεται χρημάτων, πολλοὺς δεσπότας ἑαυτοῦ ποιεῖ.

ις' Τῷ αὐτῷ

Μάγους οἴει δεῖν ὀνομάζειν τοὺς ἀπὸ Πυθαγόρου φιλοσόφους, ὧδέ που καὶ τοὺς ἀπὸ Ὀρφέως· ἐγὼ δὲ καὶ τοὺς ἀπὸ τοῦ δεῖνος οἶμαι δεῖν ὀνομάζεσθαι μάγους, εἰ μέλλουσιν εἶναι θεῖοί τε καὶ δίκαιοι

ιζ' Τῷ αὐτῷ

Μάγους ὀνομάζουσι τοὺς θεοὺς οἱ Πέρσαι· μάγος οὖν ὁ θεραπευτὴς τῶν θεῶν ἢ ὁ τὴν φύσιν θεῖος, σὺ δ' οὐ μάγος, ἀλλ' ἄθεος.

ιη' Τῷ αὐτῷ

Ἡράκλειτος ὁ φυσικὸς ἄλογον εἶναι κατὰ φύσιν ἔφησε τὸν ἄνθρωπον. εἰ δὲ τοῦτο ἀληθές, ὥσπερ ἐστὶν ἀληθές, ἐγκαλυπτέος ἕκαστος ὁ ματαίως ἐν δόξῃ γενόμενος

ιθ' Σκοπελιανῷ σοφιστῇ

Πέντε εἰσὶ σύμπαντες οἱ τοῦ λόγου χαρακτῆρες, ὁ φιλόσοφος ὁ ἱστορικὸς ὁ δικανικὸς ὁ ἐπιστολικὸς ὁ ὑπο-

tale ei fuit in terra relicto Oportet autem nos, qui adhuc hoc in loco pœnas damus, alias vivere dicimur, aliquam eius rerum curam suscipiamus Quare alii quidem aliud quid nunc aut etiam postea fecerint, sive ut propinqui, sive ut amici solum viri, quorum nominum an quod et antea verum fuerit hoc ipso maxime tempore cognoscetur ego vero sic quoque præ ceteris vester esse cupiens filium ex Seleucide illi natum Alexandrum ipse educabo meæque participem faciam disciplinæ Omnino, majora quum tradam, pecuniæ etiam participarem, si habere eam convenret.

XIV. Euphratæ.

Multi sæpenumero ex me quærunt, quam ob caussam non arcessitus sim in Italiam aut arcessitus non venerim, quemadmodum tu et si quis alius Ego vero ad prius quidem non respondebo, ne quibusdam caussam scire videar, quam scire mea nihil prorsus interest de altero autem quid dicam aliud quam quod, arcessitus licet, non facile tamen venerim? Vale

XV Eidem

Virtutem nullis dominis subiectam esse dicebat Plato. Quod si quis aspernetur, neque gaudium hinc capiat, verum et venalem se præstet pecunias, is multos sibi ipsi dominos imponit

XVI Eidem

Magos dicendos esse censes philosophos Pythagorani, itemque Orpheum secutos Ego vero quemlibet sequentes magos dicendos esse censeo, dummodo divini sint futuri atque iusti

XVII Eidem

Magos deos appellare solent Persæ Magus igitur deorum cultor est aut qui natura sua a diis abest proxime tu vero non magus, verum impius

XVIII Eidem

Heraclitus physicus irrationalem natura dicebat esse hominem Quod si verum, ut verum est, præ pudore quivis se occultet, qui in opinione frustra consumit operam

XIX Scopeliano sophistæ

Quinque in universum orationis formæ sunt, philosopha, historica, iudicialis, epistolaris, commentato-

μνηματικός. ἐγκειμένων δὴ τῶν γενικῶν χαρακτήρων
τῇ τάξει πάλιν γίνεται πρῶτος μὲν ὁ κατὰ τὴν ἑκάστου
δύναμιν ἢ φύσιν ἴδιος ὤν, δεύτερος δὲ ὁ ἐν μιμήσει
τοῦ ἀρίστου, τῶν ἐκ φύσεως εἴ τις ἐνδεὴς εἴη. τὸ δὲ
ἄριστον δυσεύρετόν τε καὶ δυσεπίκριτον, ὥστε οἰκειό-
τερος ἑκάστῳ χαρακτὴρ ὁ ἴδιος, ἐπείπερ καὶ βεβαιό-
τερος.

κ'. Δομιτιανῷ.

Εἴ σοι δύναμίς ἐστιν, ὥσπερ ἐστίν, καὶ φρόνησιν ἂν
εἴη σοι κτητέον. καὶ γὰρ εἰ φρόνησις ἦν, δύναμις δὲ
ἀπῆν, ὁμοίως ἔδει σοι δυνάμεως · δεῖται γὰρ ἀεὶ τὸ
ἕτερον τοῦ ἑτέρου, ὥσπερ ὄψις φωτὸς καὶ φῶς
ὄψεως.

κα'. Τῷ αὐτῷ.

Βαρβάρων ἀφεκτέον καὶ οὐκ ἀρκτέον αὐτῶν· οὐ γὰρ
θέμις αὐτοὺς βαρβάρους ὄντας εὖ πάσχειν.

κβ'. Λεσβώνακτι.

Δεῖ πένεσθαι μὲν ὡς ἄνδρα, πλουτεῖν δὲ ὡς ἄν-
θρωπον.

κγ'. Κρίτωνι.

Τὸ θειότατον Πυθαγόρας ἰατρικὴν ἔφασκεν. εἰ δὲ
ἰατρικὴ τὸ θειότατον, καὶ ψυχῆς ἐπιμελητέον μετὰ
σώματος, ἢ τὸ ζῷον οὐκ ἂν ὑγιαίνοι τῷ κρείττονι νο-
σοῦν.

κδ'. Ἑλλανοδίκαις καὶ Ἠλείοις.

Ἀξιοῦτέ με τῷ ἀγῶνι τῶν Ὀλυμπίων παραγενέσθαι
καὶ διὰ τοῦτο ἐπέμψατε πρέσβεις· ἐγὼ δὲ παρεγενόμην
ἂν ἐπὶ σωμάτων θέαν καὶ ἄμιλλαν, εἰ μὴ τὸν μείζονα
τῆς ἀρετῆς ἀγῶνα καταλείψειν ἔμελλον.

κε'. Πελοποννησίοις.

Ὀλύμπια τὸ δεύτερον, καὶ τὸ μὲν πρῶτον ἐγένεσθε
πολέμιοι, τὸ δεύτερον δὲ οὐ φίλοι.

κστ'. Τοῖς ἐν Ὀλυμπίᾳ θεηκόλοις.

Θεοὶ θυσιῶν οὐ δέονται. τί οὖν ἄν τις πράττων
χαρίζοιτο αὐτοῖς; φρόνησιν, ὡς ἐμοὶ δοκεῖ, κτώμενος,
ἀνθρώπων τε τοὺς ἀξίους εἰς δύναμιν εὖ ποιῶν. ταῦτα
φίλα θεοῖς, ἐκεῖνα δὲ ἀθέων.

κζ'. Τοῖς ἐν Δελφοῖς ἱερεῦσιν.

Αἵματι βωμοὺς μιαίνουσιν ἱερεῖς, εἶτα θαυμάζουσί
τινες, πόθεν αἱ πόλεις ἀτυχοῦσιν, ὅταν μεγάλα δυστυ-
χήσωσιν. ὢ τῆς ἀμαθίας. Ἡράκλειτος ἦν σοφός,

ria. Quibus generalibus formis in ordinem sic redactis
rursus fit prima, quæ secundum cuiusque facultatem
aut naturam convenit, secunda autem quæ, si cui natura
negaverit, in imitatione constat optimi. Optimum vero
inventu iudicatuque est difficile, ut convenientior cuique
sit propria figura, quoniam et firmior.

XX. Domitiano.

Si tibi potestas est, ut est revera, prudentia quoque
tibi acquirenda. Namque si prudentia tibi esset, potentia
autem abesset, pariter potentia indigeres : semper enim
alterum indiget altero, ut visus lumine lumenque visu.

XXI. Eidem.

Abstinendum a barbaris, neque imperandum eis : nefas
enim, barbari quum sint, beneficiis eos affici.

XXII. Lesbonacti.

Pauperem esse decet ut virum, divitem vero ut ho-
minem.

XXIII. Critoni.

Divinissimum Pythagoras dicebat medicinam. Quod si
medicina divinissimum, una cum corpore anima etiam
curanda est, aut potiore sui parte laborans animal non
valeret.

XXIV. Hellanodicis et Eleis.

Olympiorum certamini me cupitis interesse et ob eam
caussam misistis legatos : ego vero venirem ad corporum
spectaculum et certamen, si non maius virtutis certamen
relinquendum mihi esset.

XXV. Peloponnesiis.

Olympia iterum, ac primum quidem fuistis inimici,
deinceps vero non amici.

XXVI. Olympicis sacerdotibus.

Dii sacrificiis non indigent. Quid igitur quis gratum
eis fecerit? si prudentiam, ut mihi videtur, sibi comparet,
deque hominibus dignis pro viribus bene mereatur. Hæc
diis grata, illa impiorum.

XXVII. Delphicis sacerdotibus.

Sanguine aras sacerdotes polluunt, deinde mirantur
quidam, quomodo fiat ut male civitates sese habeant,
ubi magno in discrimine versantur. O imprudentiam! He-

ἀλλ' οὐδὲ ἐγεῖνς 'Εφεσίους ἔπεισε μὴ πηλῷ πηλὸν καθαίρεσθαι

κζ' Βασιλεῖ Σκυθῶν

Ζάμολξις ἀνὴρ ἀγαθὸς ἦν καὶ φιλόσοφος, εἴ γε μαθητὴς Πυθαγόρου ἐγένετο· καὶ εἰ κατ' ἐκεῖνον τὸν χρόνον τοιοῦτος ἦν ὁ 'Ρωμαῖος, ἑκὼν ἂν ἐγένετο φίλος· εἰ δὲ ὑπὲρ ἐλευθερίας οἴει δεῖν ἀγῶνα καὶ πόνον ἔχειν, ἄκουε φιλόσοφος, τουτέστιν ἐλεύθερος

κθ' Νομοθέτη

Αἱ ἑορταὶ νόσων αἰτίαι τοὺς μὲν γὰρ πόνους ἀνιᾶσι, τὸ ἐμπίπλασθαι δὲ αὔξουσιν

λ' Ταμίαις 'Ρωμαίων

'Αρχὴν ἄρχετε πρώτην· εἰ μὲν οὖν ἄρχειν ἐπίστασθε, διὰ τί τὸ παρ' ὑμᾶς χεῖρον ἑαυτῶν αἱ πόλεις ἔχουσιν, εἰ δὲ οὐκ ἐπίστασθε, μαθεῖν ἔδει πρῶτον, εἶτα ἄρχειν.

λα' Διοικηταῖς 'Ασίας

Τί ὄφελος ἀγρίων δένδρων φυομένων ἐπὶ βλάβῃ τοὺς κλάδους κόπτειν, ἐᾶν δὲ τὰς ῥίζας,

λβ' 'Εφεσίων γραμματεῦσιν

Λίθων ἐν πόλει καὶ γραφῶν ποικίλων καὶ περιπάτων καὶ θεάτρων οὐδὲν ὄφελος, εἰ μὴ νοῦς ἐνείη καὶ νόμος· νοῦς δὲ καὶ νόμος περὶ τούτων ἐστίν, οὐ ταῦτα.

λγ' Μιλησίοις

Οἱ παῖδες ὑμῶν πατέρων δέονται, οἱ νέοι γερόντων, αἱ γυναῖκες ἀνδρῶν, οἱ ἄνδρες ἀρχόντων, οἱ ἄρχοντες νόμων, οἱ νόμοι φιλοσόφων, οἱ φιλόσοφοι θεῶν, οἱ θεοὶ πίστεως· προγόνων ἀγαθῶν ἐστε, τὰ παρόντα μισεῖτε.

λδ' Τοῖς ἐν Μουσείῳ σοφοῖς

'Εγενόμην ἐν 'Αργει καὶ Φωκίδι καὶ Λοκρίδι καὶ ἐν Σικυῶνι καὶ ἐν Μεγάροις καὶ διαλεγόμενος τοῖς ἔμπροσθεν χρόνοις ἐπαυσάμην ἐκεῖ. τί οὖν, εἴ τις ἔροιτο τὸ αἴτιον, ἐγὼ φράσαιμ' ἂν ὑμῖν τε καὶ Μούσαις· ἐβαρβαρώθην οὐ χρόνιος ὢν ἀφ' 'Ελλάδος, ἀλλὰ χρόνιος ὢν ἐν 'Ελλάδι.

λε' 'Εστιαίῳ

'Αρετὴ καὶ χρήματα παρ' ἡμῖν ἀλλήλοις ἐναντιώτατα· μειούμενον γὰρ τὸ ἕτερον αὔξει τὸ ἕτερον, αὐξανόμενον δὲ μειοῖ. πῶς οὖν δυνατὸν ἀμφότερα περὶ

---

raclitus erat sapiens, sed ne ille quidem Ephesios persuasit, ne lutum luto expurgarent.

XXVIII Regi Scytharum

Zamolxis vir bonus erat et philosophus, siquidem Pythagoræ fuit discipulus. Et si illo tempore talis Romanus fuisset, sua sponte amicitiam iunxisset. Quod si pro libertate certamen censes atque labores subeundos, philosophus audi, hoc est liber.

XXIX Legislatori

Festa morborum caussæ sunt: labores enim remittunt et voracitatem augent.

XXX Quæstoribus Romanis.

Magistratum geritis primarium. Si imperare igitur nostis, quid est cur civitates, quantum per vos licet, deterius sese habeant? sin vero nescitis, discere primum oportebat, deinde imperare.

XXXI Procuratoribus Asiæ

Quid iuvat agrestium arborum, quæ cum detrimento hominum provenere, ramos quidem amputare, radices vero relinquere?

XXXII Ephesiorum scribis

Lapidum in urbe et picturarum variarum et ambulacrorum theatrorumque nullus est usus, nisi mens insit atque lex. Mens autem atque lex non ista sunt, sed ipsis adhibenda.

XXXIII Milesiis

Liberi vestri patribus indigent, iuvenes senibus, mulieres viris, viri magistratibus, magistratus legibus, leges philosophis, philosophi dis, di fide. Bonis ex maioribus orti estis, præsentia odio habetote.

XXXIV Sapientibus qui in Museo sunt.

Argos adivi et Phocidem et Locridem, Sicyonem item atque Megara, ibique a disserendi consuetudine, quam antea habueram, iam destiti. Quod si quis caussam ex me requirat, dicam vobis atque Musis: barbarus evasi, non quod diu a Græcia abfuerim, sed quod in Græcia diu fuerim.

XXXV Hestiæo

Virtus et pecunia apud nos sunt maxime inter se adversaria: deminuta enim altera auget alteram, aucta vero deminuit. Qui igitur fieri possit, ut idem utrumque pos-

τὸν αὐτὸν γενέσθαι, πλὴν εἰ μὴ τῷ τῶν ἀνοήτων
λόγῳ, παρ' οἷς καὶ ὁ πλοῦτος ἀρετή ; μὴ δὴ τοσοῦτον
ἡμῶν ἀναισθητεῖν ἐπίτρεπε τοῖς αὐτόθι, μηδὲ ἔα πλου-
σίους ἡμᾶς ὑπολαμβάνειν μᾶλλον ἢ φιλοσόφους. καὶ
γὰρ αἴσχιστον ἀποδημεῖν ἡμᾶς διὰ χρήματα δοκεῖν,
ἐνίων, ἵνα μνήμην ἑαυτῶν καταλείπωσι, μηδὲ ἀρετὴν
ἀσπασαμένων.

λς'. Κορινθίῳ Βάσσῳ.

Ἦν Πραξιτέλης Χαλκιδεὺς μαινόμενος ἄνθρωπος.
οὗτος ἦλθέ ποτε ξιφήρης ἐπὶ θύρας τὰς ἐμὰς ὑπὸ σοῦ
σταλεὶς τοῦ φιλοσόφου καὶ ἀγωνοθέτου τῶν Ἰσθμίων.
τοῦ φόνου δ' ἦν μισθὸς δεδομένος ἡ τῆς γυναικός σου
κοινωνία· καί, μιαρὲ Βάσσε, πολλάκις εὐεργέτης ἐγε-
νόμην σου.

λζ'. Τῷ αὐτῷ.

Εἰ πυνθάνοιτο Κορινθίων τις, πῶς ὁ Βάσσου πατὴρ
ἀπέθανεν, ἐροῦσιν ἅπαντες οἱ ἀστικοὶ καὶ οἱ μέτοικοι
« φαρμάκῳ. » τίνος δόντος ; ἐροῦσι καὶ οἱ ὅμοροι
« τοῦ φιλοσόφου.» καὶ ὁ μιαρὸς τῷ πτώματι τοῦ πατρὸς
ἑπόμενος ἔκλαιεν.

λη'. Τοῖς ἐν Σάρδεσιν.

Ἀρετῆς μὲν ὑμῖν πρωτεῖον οὐκ ἔστι, ποίας γὰρ
ἀρετῆς ; εἰ δὲ κακίας φέρεσθε τὰ πρῶτα, πάντες ὑφ'
ἓν φέρεσθε. τίνες τοῦτο φήσουσι περὶ τῶν ἐν Σάρ-
δεσιν; οἱ ἐν Σάρδεσιν. οὐδεὶς γὰρ οὐδενὶ τῶν αὐτόθι
φίλος, ὥστ' ἀρνεῖσθαί τι τῶν ἀτόπων δι' εὔνοιαν.

λθ'. Τοῖς αὐτοῖς.

Αἰσχρὰ καὶ τὰ ὀνόματα τῶν ταγμάτων ὑμῶν, Κόδ-
δαροι καὶ Ξυρισίταυροι. ταῦτα τοῖς τέκνοις τίθεσθε
τὰ πρῶτα, καὶ εὐτυχεῖτε γίνεσθαι τούτων ἄξιοι.

μ'. Τοῖς αὐτοῖς.

Κόδδαροι καὶ Ξυρισίταυροι. τὰς δὲ θυγατέρας
ὑμῶν καὶ τὰς γυναῖκας πῶς ἂν προσαγορεύοιτε ; τῶν
γὰρ αὐτῶν ταγμάτων εἰσὶ καὶ αὗται καὶ Θρασύτεραι.

μα'. Τοῖς αὐτοῖς.

Οὐδὲ τοὺς οἰκέτας ὑμῖν εὐνοεῖν εἰκός, πρῶτον μὲν
ὅτι οἰκέται, εἶθ', ὅτι τῶν ἐναντίων ταγμάτων οἱ πλεῖστοι.
κἀκεῖνοι γὰρ ὁμοίως ὑμῖν ἀπὸ γένους.

μβ'. Πλατωνικοῖς.

Ἐάν τις Ἀπολλωνίῳ χρήματα διδῷ, καὶ ὁ διδοὺς
ἄξιος νομίζηται, λήψεται δεόμενος, φιλοσοφίας δὲ μι-
σθὸν οὐ λήψεται, κἂν δέηται.

---

sideat, nisi forte stultorum opinione, qui etiam divitias
in virtute ponunt? Quare permittere noli, ut qui illic
sunt tam male de nobis existiment, neque concede, ut
nos divites potius quam philosophos esse iudicent. Tur-
pissimum est enim, pecuniæ caussa nos videri peregre
abesse, quum quidam, ut sui memoriam relinquant, ne
virtutem quidem amplectantur.

XXXVI. Corinthio Basso.

Erat Praxiteles Chalcidensis furiosus homo. Is venit
aliquando gladio cinctus ad ianuam meam a te missus
philosopho atque Isthmiorum certaminis præfecto. Cædis
autem merces composita erat uxoris tuæ consuetudo.
Ego vero, scelerate Basse, sæpenumero beneficia in te
contuli.

XXXVII. Eidem.

Si quis Corinthiorum quærat, quomodo Bassi pater
interierit, « veneno » cives omnes et inquilini responde-
bunt. Sin quis dederit quærant, « philosophus » vicini
dicent. Et tamen sceleratus ille paternum funus prose-
quutus lacrimas fundebat.

XXXVIII. Sardianis.

Virtutis præmia vobis non sunt, qualis enim virtutis?
sin vero malignitatis præmia reportanda, in unum cogimini
omnes. Quinam hoc dicent de Sardianis? ipsi qui sunt
Sardibus. Nemo enim tam est amicus ibi cuiquam, ut
eorum quæ nefaria sunt ob benevolentiam quicquam
neget.

XXXIX. Eisdem.

Turpia et nomina vestrorum ordinum, Coddari, Xy-
risitauri. Hæc liberis vestris primum imponitis, vobisque
contingit dignos istis esse.

XL. Eisdem.

Coddari et Xyrisitauri. Filias autem vestras et uxores
quo tandem nomine appelletis? eorundem enim ordinum
et istæ sunt et adhuc audaciores.

XLI. Eisdem.

Ne servos quidem vobis bene velle consentaneum est,
primum quia servi, deinde quod contrariorum ordinum
plerique. Nam et illi pariter atque vos generati sunt.

XLII. Platonicis.

Si quis Apollonio pecunias dederit, quique dat dignus
iudicatus fuerit, accipiet ubi indigeat, philosophiæ vero
mercedem etiamsi indigeat non accipiet.

μγ' Τοῖς οἰησισοφοις

Εἰ λέγει τις εἶναι γνώριμος ἐμός, λεγέτω καὶ μένειν ἔνδον, ἀπέχεσθαι λουτροῦ παντός, ζῷα μὴ κτείνειν, μηδὲ ἐδεῖν σάρκας, ἀπαθής εἶναι φθόνου, κακοηθείας, μίσους; διαβολῆς, ἔχθρας, τοῦ τῶν ἐλευθέρων ὀνομάζεσθαι γένους, ἢ φυλακτέος πλάσματα φέρων τρόπου τε καὶ ἤθους καὶ λόγων ψευδῶν ἀλλοτρίου βίου πίστιν. ἔρρωσθε

μδ' Ἑστιαίῳ τῷ ἀδελφῷ

Τί θαυμαστόν, εἴ με τῶν ἄλλων ἀνθρώπων ἰσόθεον ἡγουμένων, τινῶν δὲ καὶ θεόν, μόνη μέχρι νῦν ἡ πατρὶς ἀγνοεῖ, δι' ἣν ἐξαιρέτως ἐσπούδασα λαμπρὸς εἶναι, τουτὶ γὰρ οὐδ' ὑμῖν τοῖς ἀδελφοῖς, ὡς ὁρῶ, γέγονε φανερόν, ὡς εἴην ἀμείνων πολλῶν λόγους τε καὶ ἦθος. ἐπεὶ πῶς ἄν μου κατεγινώσκετε χαλεπὴν κατάγνωσιν ὑπομνήσεως τὴν ἀρχὴν δεομένων, περὶ ὧν μόνων οὐδὲ τῶν ἀμαθεστάτων ἄν τις περιμείνειε διδαχθῆναι, λέγω δὲ πατρίδος τε καὶ ἀδελφῶν, (2) καίτοι οὐ λέληθεν ἡμᾶς, ὡς καλῶς ἔχον ἐστὶ πᾶσάν τε γῆν πατρίδα νομίζειν καὶ πάντας ἀνθρώπους ἀδελφοὺς καὶ φίλους, ὡς ἂν γένος μὲν ὄντας θεοῦ, μιᾶς δὲ φύσεως, κοινωνίας δ' οὔσης λόγῳ τε παντὶ καὶ πᾶσι παθῶν τῆς αὐτῆς, ὅπῃ τε καὶ ὅπως ἄν τις τύχη γενόμενος, εἴτε βάρβαρος, εἴτε καὶ Ἕλλην, ἄλλως τε καὶ ἄνθρωπος· ἀλλ' ἔστι γάρ πως τὸ συγγενὲς ἀκατασόμιστον καὶ πᾶν ἀνακλητικὸν αὐτοῦ τὸ οἰκεῖον. οὕτως ὁ Ὁμηρικὸς Ὀδυσσεύς, ὥς φασιν, οὐδ' ἀθανασίαν ὑπὸ θεᾶς διδομένην Ἰθάκης προυτίμησεν (3) ὁρῶ δ' ἔγωγε τὸν νόμον τόνδε καὶ διὰ τῶν ἀλόγων ζῴων πεφοιτηκότα. οὐ γὰρ ὁπόσα πτηνὸν καλιῶν ἀπόκοιτον ἴδιον, πᾶν τε βύθιον παρασύρεται μὲν ὑπὸ τοῦ φέροντος, ἐπάνεισι δὲ μὴ νικηθέν· θηρία μὲν γὰρ οὔτε λιμὸς οὔτε κόρος ἔπεισεν ἔξω φωλεῶν μεῖναι· ἕνα τούτων ἡ φύσις ἤνεγκεν ἄνθρωπον καὶ ταῦτα σοφὸν λεγόμενον. ᾧ κἂν πάντα τὰ λοιπὰ γῆ πᾶσα παρέχη, μνήματα οὐκ ἔχει δεῖξαι τὰ πατέρων

με' Τῷ αὐτῷ

Εἰ τῶν ὄντων τὸ τιμιώτατον φιλοσοφία, πεπιστεύμεθα δ' ἡμεῖς φιλοσοφεῖν, οὐκ ἂν ὀρθῶς ὑπολαμβανοίμεθα μισάδελφοι, καὶ ταῦτα δι' αἰτίαν ἀγεννῆ τε ἅμα καὶ ἀνελεύθερον· χρημάτων γὰρ δήπου χάριν ἡ ὑποψία, τούτων δὲ καὶ πρὶν ἢ φιλοσοφεῖν ἐπειρώμεθα καταφρονεῖν, ὥστε τοῦ μὴ γράφειν εὐλογώτερον ἂν εἴη πρόφασιν ἑτέραν ὑπονοεῖν. ἐφυλαττόμην γὰρ ἀληθῆ μὲν γράφων ἀλαζὼν δοκεῖν, ψευδῆ δὲ ταπεινός, ὧν ἑκάτερον ἐπίσης ἀνιαρὸν ἀδελφοῖς τε καὶ φίλῳ παντί. νυνὶ μέντοι καὶ τοῦτο δηλῶ· συγχωροίη γὰρ ἂν ἴσως τὸ δαιμόνιον, ὅτι συμβαλὼν τοῖς ἐν Ῥόδῳ φίλοις μετ' ὀλίγον ἐκεῖθεν ἐπάνειμι πρὸς ὑμᾶς λήγοντος ἔαρος

Si quis meum discipulum se profitetur, dicat etiam se domi continere, ab omni balneo abstinere, animalia non occidere neque comedere carnes, nihil curare invidiam, malevolentiam, odium, calumniam, inimicitiam, ex liberorum genere nominari, aut cavendus est ut qui morum atque ingenii commenta præ se ferat et a doctrina falsa alienæ vitæ fidem Valete

XLIV Hestiæo fratri

Quid mirum si, quum ceteri homines diis similem, nonnulli etiam deum me existiment, sola adhuc patria ignorat, propter quam potissimum, ut illustris evaderem, laboravi? hoc enim ne vobis fratribus quidem, ut video, perspectum est, sermonibus atque vita me multis antecellere Qui fit enim ut tam male de me existimetis, quasi de eis rebus omnino admonendus sim, de quibus solis ne indoctissimi quidem doceri se patiantur, patriam dico atque fratres? (2) Verum non latet nos, quam pulchrum sit omnem terram pro patria habere atque omnes homines pro fratribus et amicis, ut qui a deo originem ducant atque una natura eademque ratione et affectuum communione sint omnes prædati, ubicunque quis fuerit aut quo modo natus, sive barbarus sive græcus, dummodo homo sit Sed enim quod cognatum est eludi nequit et quicquid ipsius proprium est ad se revocat. Sic Homericus Ulixes, ut aiunt, ne immortalitatem quidem a dea oblatam Ithacæ prætulit (3) Et istam legem in brutis animalibus quoque vim suam video exercere Nam quicquid volatile est, non extra suos nidos somnum capit, et quicquid in profundo degit, ab eo qui diripit abstrahitur quidem, sed si non superatur in sedes suas redit Animalia enim nec fames nec saturitas ut extra lustra sua maneant compellit Unum horum natura protulit hominem eunique sapientem dictum cui etsi reliqua omnia terra omnis suggerat, monumenta parentum ostendere non potest

XLV Eidem

Si rerum omnium pretiosissima est philosophia, credimurque nos philosophari, non sane recte fratrum osores existimemur, idque ob turpem simul et illiberalem caussam Pecuniarum enim caussa nata est suspicio, has vero prius etiam quam ad philosophiam accederemus contemnere cœpimus, ut, quod non scripserim, convenientius fuerit aliam caussam suspicari Cavebam enim ne, si vera scriberem, superbus viderer, sin falsa, humilis, quorum utrumque æque molestum est fratribus et amico omni Nunc vero et hoc aperio Fortasse enim concesserit deus, ut, ubi qui Rhodi sunt amicos convenerim, non multo post illinc ad vos revertar vere exeunte

μϛ'. Γορδίῳ.

Ἠδικῆσθαί φασιν Ἑστιαῖον ὑπὸ σοῦ καὶ ταῦτα φίλου γεγονότος, εἴ γε σύ τινος φίλος. ὅρα δή, Γόρδιε, μὴ πεῖραν λάβῃς ἀνδρὸς οὐ δοκοῦντος, ἀλλὰ ὄντος. ἄσπασαι τὸν υἱὸν Ἀριστοκλείδην, ὃν εὔχομαι μὴ παραπλήσιόν σοι γενέσθαι. καὶ σὺ δ' ἦσθα νέος ἄμεμπτος.

μζ' Τυανέων τῇ βουλῇ καὶ τῷ δήμῳ.

Προστάττουσιν ὑμῖν ἐπανιέναι πείθομαι. τοῦτο γὰρ δὴ πρὸς ἕνα πόλει πρεπωδέστερον ἂν εἴη, εἰ ἕνεκα τιμῆς μεταπέμποιτο πολίτην ἑαυτῆς. καὶ ὃν ἀπεδήμησα δὲ χρόνον, ἀπεδήμησα περιποιῶν ὑμῖν, εἰ καὶ ἐπαχθὲς εἰπεῖν, εὔκλειάν τε καὶ ὄνομα καὶ εὔνοιαν καὶ φιλίαν πόλεων ἐπιφανῶν, ὁμοίως δὲ καὶ ἀνδρῶν. εἰ δὲ καὶ μείζονος ἔτι καὶ κρείττονος ὑμεῖς ὑπολήψεως ἄξιοι, τό γε ἐμὸν καὶ τὸ παρὰ τῆς ἐμῆς φύσεως ἐπὶ τοσοῦτον ἐξήρκει μόνον δυνάμεώς τε καὶ σπουδῆς. ἔρρωσθε.

μη'. Διοτίμῳ.

Ἐπλανήθης οἰηθεὶς δεῖσθαί μέ τινος ἢ παρ' αὐτοῦ σοῦ, πρὸς ὃν οὐδὲν ἦν μοί ποτε κοινόν τι γεγονός, ἢ παρ' ἄλλου τινὸς ὁμοίου τε καὶ ὁμοίως. ἦν δὲ οὐδὲ τὸ ἀναλωθὲν εἴς τι τῶν σοι σωτηρίων πολύ τι. χαριῇ δή μοι παθὼν εὖ δίχ' ἀναλώματος. τηρήσω γάρ μου τὸ ἔθος μόνως οὕτως. ὅτι δὲ τοῦτον ἔχω τὸν τρόπον καὶ ταύτην τὴν διάθεσιν πρὸς ἅπαντάς μου τοὺς πολίτας, ἐῶ γὰρ λέγειν ὡς καὶ πρὸς πάντάς ἀνθρώπους, ἔξεστι μαθεῖν παρὰ τῶν ἄλλων πολιτῶν εὖ παθόντων μέν, ὁσάκις ἐδεήθησάν τινος, ἀμοιβὴν δὲ αἰτηθέντων μηδεμίαν. (2) μὴ δὴ δυσχεράνῃς, εἰ δεόντως ἐπιτιμηθεὶς ὁ ἐμὸς ὑπὲρ τοῦ προσέσθαι τι τὴν ἀρχὴν ἀπέδωκεν εὐθὺς ὃ ἔλαβε Λυσίᾳ τῷ φίλῳ σου, φίλῳ δὲ καὶ ἐμοῦ, ἔπει μηδένα ἠπίστατο τῶν καταλελειμμένων σου παίδων. εἰ δὲ δύο λόγοι περὶ ἐμοῦ λέγονται, λεχθήσονται δὲ καὶ ἐσύστερον, τί θαυμαστόν; ἀνάγκη γὰρ περὶ παντὸς ἄκρου δοκοῦντος καθ' ὁτιοῦν ἐναντίους λέγεσθαι λόγους. οὕτως περὶ Πυθαγόρου, περὶ Ὀρφέως, περὶ Πλάτωνος, περὶ Σωκράτους οὐκ ἐλέχθη μόνον, ἀλλὰ καὶ ἐγράφη τὰ ἐναντία, ὅπου γε μὴ τὰ ὅμοια καὶ περὶ αὐτοῦ τοῦ θεοῦ. (3) ἀλλ' οἱ μὲν ἀγαθοὶ δέχονται τὸν ἀληθῆ λόγον, ὡς ἂν ἔχοντές τι συγγενές, οἱ δὲ φαῦλοι τὸν ἐναντίον, καὶ ἔστι τοῦ τοιούτου γένους καταγελᾶν, λέγω δὲ τοῦ χείρονος. τοσοῦτο μόνον δίκαιον ὑπομνῆσαί περὶ ἐμαυτοῦ τὸ νῦν, ὅτι περὶ ἐμοῦ καὶ θεοῖς εἴρηται ὡς περὶ θείου ἀνδρός, οὐ μόνον ἰδίᾳ τισὶ πολλάκις, ἀλλὰ καὶ δημοσίᾳ. ἐπαχθὲς λέγειν τι περὶ αὐτοῦ πλεῖον ἢ μεῖζον. ὑγιαίνειν εὔχομαι.

XLVI. Gordio.

Hestiæum iniuria affectum a te aiunt, idque amico eius, si quidem cuiusquam tu amicus. Vide igitur, Gordi, ne periculum facias viri, qui non videtur, sed revera est. Saluta filium Aristoclidem, quem opto non similem tibi evasurum. Tu quoque iuvenis non reprehendendus eras.

XLVII. Tyanensium senatui et populo.

Iubentibus vobis me redire pareo : sic enim maius ex uno habebit civitas ornamentum si honoris caussa arcessat civem·suum. Atque ego quo tempore peregre abfui, quamvis invidiosum sit dicere, gloriam vobis et nomen et benevolentiam amicitiamque tam civitatum illustrium quam virorum comparavi. Sin autem maiore adhuc ac meliore digni estis fama, quod quidem in me est atque in natura mea positum, non poterat ultra hunc facultatis ac studii modum progredi. Valete.

XLVIII. Diotimo.

Falsus es, quod credidisti aliqua mihi opus esse re aut a te ipso, quocum nihil quicquam commune unquam habui, aut ab alio quodam simili ac similiter. Nec multum adeo fuit in tuum commodum impensum. Gratum itaque mihi feceris, si beneficium in te collatum acceperis nullo tuo sumpta : hoc enim solo modo consuetudinem meam tuebor. Hunc autem me habere morem et sic esse erga omnes meos cives animatum, ne dicam et erga omnes homines, cognoscere licet ab reliquis civibus, qui quoties aliqua re indigerent, beneficio a me affecti sunt, beneficia vero ut beneficiis referrent nunquam sunt admoniti. (2) Noli igitur indignari, quod iure reprehensus familiaris meus eo, quod admiserit omnino, reddidit statim quod acceperat Lysiæ, amico tuo et mihi quoque amico, quum nullum nosset servorum a te relictorum. Quod si diversi de me sermones feruntur, ferenturque sane et in posterum, quid mirum? necesse est enim de omni, quod quocunque modo excellens esse videatur, diversi ferantur sermones. Sic de Pythagora, de Orpheo, de Platone, de Socrate contraria non modo dicebantur, verum etiam scribebantur, quando quidem similia nec de ipso deo. (3) At boni accipiunt verum sermonem, quasi cum eo cognatum quid habentes, improbi vero contrarium, ac tale genus, peius dico, licet deridere. Tantum solum nunc de me ipso admonuisse æquum est, de me et apud deos sermonem esse tanquam de divino homine, non solum privatim apud nonnullos sæpenumero, sed etiam publice, molestum est plus aut maius quid de se ipso dicere. Opto ut valeas.

μθ' Φεροικιανῷ

Πάνυ τοῖς πεμφθεῖσιν ὑπὸ σοῦ γράμμασιν ἥσθην πολλὴν γὰρ οἰκειότητα καὶ γένους ἀνάμνησιν εἶχε, καὶ πέπεισμαι δι' ἐπιθυμίας εἶναί σοι θεάσασθαί με καὶ ὑπ' ἐμοῦ θεαθῆναι. αὐτὸς οὖν ἀφίξομαι πρὸς ὑμᾶς ὅτι τάχιστα. ὅθεν ἔχου τῶν αὐτόθι συμμίξεις δέ μοι πλησίον γενομένῳ πρὸ τῶν ἄλλων οἰκείων τε καὶ φίλων, ἐπεὶ καὶ προσήκει σοι τοῦτο

ν 'Ευφράτῃ.

'Εν γένει δαιμόνων καὶ ὁ σοφώτατος Πυθαγόρας ἦν. σὺ δ' ἔτι μοι δοκεῖς πορρωτάτω φιλοσοφίας εἶναι καὶ ἀληθινῆς ἐπιστήμης, ἢ οὐκ ἂν οὔτε κἀκεῖνον κακῶς ἔλεγες, οὔτε τινὰς τῶν ζηλούντων αὐτὸν διετέλεις μισῶν. ἄλλο τί σοι νῦν πρακτέον ἂν εἴη φιλοσοφίας γὰρ ἥμβροτες, οὐδ' ἔτυχες μᾶλλον ἢ Μενελάου Πάνδαρος ἐν τῇ τῶν ὅρκων συγχύσει.

να' Τῷ αὐτῷ

'Επιτιμῶσί σοί τινες ὡς εἰληφότι χρήματα παρὰ τοῦ βασιλέως, ὅπερ οὐκ ἄτοπον, εἰ μὴ φαίνοιο φιλοσοφίας εἰληφέναι μισθὸν καὶ τοσαυτάκις καὶ ἐπὶ τοσοῦτον καὶ παρὰ τοσούτων καὶ περὶ σοῦ πεπιστευκότων εἶναί σε φιλόσοφον.

νβ' Τῷ αὐτῷ

'Εάν τις ἀνδρὶ Πυθαγορείῳ συγγένηται, τίνα παρ' αὐτοῦ λήψεται καὶ ὁπόσα, φαίην ἂν ἔγωγε νομοθετικήν, γεωμετρίαν, ἀστρονομίαν, ἀριθμητικήν, ἁρμονικήν, μουσικήν, ἰατρικήν, πᾶσαν θείαν μαντικήν, τὰ δὲ καλλίω μεγαλοφροσύνην, μεγαλοφυίαν, μεγαλοπρέπειαν, εὐστάθειαν, εὐφημίαν, γνῶσιν θεῶν, οὐ δόξαν, εἴδησιν δαιμόνων, οὐχὶ πίστιν, φιλίαν ἑκατέρων, αὐτάρκειαν, ἐκτένειαν, λιτότητα, βραχύτητα τῶν ἀναγκαίων, εὐαισθησίαν, εὐκινησίαν, εὔπνοιαν, εὔχροιαν, ὑγίειαν, εὐφυΐαν, ἀθανασίαν παρὰ σοῦ δέ, Εὐφρᾶτα, τί λαβόντες ἔχουσιν οἱ ἰδόντες, ἢ δηλονότι τὴν ἀρετήν, ἣν ἔχεις,

νγ' Κλαύδιος Τυανέων τῇ βουλῇ

'Απολλώνιον τὸν ὑμέτερον πολίτην, Πυθαγόρειον φιλόσοφον, καλῶς ἐπιδημήσαντα τῇ Ἑλλάδι καὶ τοὺς νέους ἡμῶν ὠφελήσαντα τιμήσαντες ἀξίαις τιμαῖς, αἷς πρέπει τοὺς ἀγαθοὺς ἄνδρας καὶ ἀληθῶς προϊσταμένους φιλοσοφίας, τὴν εὔνοιαν ἡμῶν ἠθελήσαμεν ὑμῖν δι' ἐπιστολῆς φανερὰν γενέσθαι ἔρρωσθε

νδ' 'Απολλώνιος δικαιωταῖς Ῥωμαίων.

Λιμένων καὶ οἰκοδομημάτων καὶ περιβόλων καὶ περιπάτων ἐνίοις ὑμῶν πρόνοια, παίδων δὲ τῶν ἐν

XLIX. Fertuciano

Admodum litteris a te missis delectatus sum multam enim familiaritatem generisque recordationem continebant, atque persuasum mihi est te, ut me conspicias et a me conspiciaris, cupere Ipse igitur veniam ad vos quam celerrime Quare domi velim maneas Conversaberis autem mecum, ubi ad te accessero, præ reliquis familiaribus et amicis, quoniam et convenit tibi hoc

L Euphratæ

In dæmonum genere sapientissimus Pythagoras quoque erat Tu vero mihi videris a philosophia veraque scientia adhuc longissime distare, alioqui sane nec illi male diceres, nec quosdam eius sectatorum odio perpetuo per sequerere Aliud nunc tibi faciendum fuerit nam a philosophia aberrasti, neque magis scopum tetigisti quam Menelaum Pandarus in « fœderis violatione »

LI Eidem

Reprehendunt te quidam, quod pecuniam a rege acceperis Quod absurdum non esset, nisi viderere philosophiæ mercedem accepisse et toties et tantam et a tam multis, quique te philosophum esse credidere

LII Eidem

Si quis cum viro Pythagoreo conversetur, quæ quantaque ab eo sit accepturus, equidem dicam leges ferendi artem, geometriam, astronomiam, arithmeticam, harmonicam, musicam, medicinam, universam divinam vaticinationem, quæque pulchriora sunt, animi altitudinem, gravitatem, magnificentiam, constantiam, pietatem, deorum scientiam, non opinionem, dæmonum cognitionem, non existimationem, utrorumque amorem, animi tranquillitatem, assiduitatem, frugalitatem, in rebus necessariis modestiam, sentiendi, agendi, spirandi facilitatem, convenientem colorem, sanitatem, fortitudinem, immortalitatem A te vero, Euphrata, quid consecuti sunt, qui ad te accessere? an quam tu habes virtutem?

LIII Claudius Tyanensium senatui

Apollonium vestrum civem, Pythagoreum philosophum Græciam præsentia sua condecorantem ac iuventutis nostræ commodis consulentem, condignis honoribus afficientes, quibus par est bonos viros vereque philosophiæ præsides, benevolentiam nostram per litteras vobis volumus patefacere Valete

LIV Apollonius iudicibus Romanorum.

Portuum et ædificiorum et circuituum et ambulacrorum plerisque vestrum cura est, puerorum vero, qui suri in

ταῖς πόλεσιν ἢ νέων ἢ γυναικῶν οὔθ' ὑμῖν οὔτε τοῖς
νόμοις φροντίς. ἢ καλὸν ἂν ἦν τὸ ἄρχεσθαι.

νε'. Τῷ ἀδελφῷ Ἀπολλώνιος.

Φύσιν ἔχει τῶν τελειωθέντων ἕκαστον ἀπιέναι καὶ
τοῦτο παντὶ γῆράς ἐστι, μεθ' ὃ μηκέτι μένει. μὴ δή
σε λυπείτω τῆς γυναικὸς ἡ ἐν ἀκμῇ εἴης ἡλικίας ἀπο-
βολή, μηδέ, ἐπεὶ θάνατός τι λέγεται, κρεῖττον αὐτοῦ
τὸ ζῆν ὑπολάμβανε χεῖρον ὂν τῷ παντὶ τοῖς νοῦν
ἔχουσι. γενοῦ δὴ ἀδελφὸς τὸ μὲν κοινότατον φιλοσό-
φου, τὸ δ' ἐξαίρετον Πυθαγορείου καὶ Ἀπολλωνίου,
καί σου τὴν οἰκίαν τὴν αὐτὴν ποίησον. (2) εἰ μὲν
γὰρ ἐνεκαλοῦμέν τι τῇ προτέρᾳ, κἂν εἰκότως ἐδοκοῦμεν
ἀποδειλιᾶν· εἰ δ' ἡμῖν σεμνή τε διετέλεσεν οὖσα καὶ
φίλανδρος καὶ διὰ τοῦτο ἐπιζητήσεως ἀξία, τί καὶ
διανοηθέντες οὐκ ἂν ὅμοια καὶ περὶ τῆς μελλούσης
προσδοκοίημεν; ἣν εἰκὸς ἂν ἐθελῆσαι καὶ ἀμείνονα
γενέσθαι, μηδαμοῦ τῆς προτέρας ἀμελείᾳ κακωθείσης.
δυσωπείτω δέ σε καὶ τὰ τῶν ἀδελφῶν οὕτω μέχρι νῦν
ἔχοντα· τῷ πρεσβυτάτῳ μὲν γὰρ οὐδὲ γάμος οὐδέπω,
τῷ νεωτάτῳ δὲ ἐλπὶς μὲν ἔτι παιδοποιίας, ἐν προκοπῇ
δέ γε τοῦ χρόνου, καὶ ἡμεῖς μὲν ἑνὶ τρεῖς γεγόναμεν,
τρισὶ δ' ἡμῖν οὐδὲ εἷς. (3) ἴσος δὲ καὶ ὁ κίνδυνος τῇ
πατρίδι καὶ τῷ βίῳ τῷ μεθ' ἡμᾶς. εἰ γὰρ ἡμεῖς
ἀμείνους τοῦ πατρός (ἄλλως δέ, καθ' ὃ πατήρ, χεί-
ρους), πῶς οὐκ ἂν βελτίους ἐξ ἡμῶν εἰκὸς ἂν ὑπάρξαι;
γενέσθωσαν οὖν τινές, οἷς παραθησόμεθα γοῦν ὀνόματα,
ὡς ἡμῶν οἱ πρόγονοι συνύφηναν. ὑπὸ δακρύων οὐχ
οἷός τε ἐγενόμην πλείονα γράψαι, καὶ οὐδὲ εἶχον ἀναγ-
καιότερα τούτων.

ϛ'. Σαρδιανοῖς.

Κροῖσος ἀπέβαλε τὴν Λυδῶν ἀρχὴν Ἅλυν διαβάς,
ἐλήφθη ζῶν, ἐδέθη πέδαις, ἐπὶ πυρὰν ἀνεβιβάσθη, τὸ
πῦρ εἶδεν ἡμμένον αἰρόμενον εἰς ὕψος. ἔζησεν· ἐδόκει
γὰρ τῷ θεῷ τετιμημένος. τί οὖν ὕστερον; οὗτος ὁ πρό-
γονος ὑμῶν ἅμα καὶ βασιλεὺς ὁ τοσαῦτα παθὼν παρὰ
τὴν ἀξίαν τραπέζης ἐκοινώνησε τῷ πολεμίῳ, σύμβουλος
ἦν εὔνους, πιστὸς φίλος. ὑμῖν δὲ ἄσπονδα καὶ ἀκή-
ρυκτα καὶ ἀμείλικτα, ἔτι τε ἀνίερα καὶ ἄθεα τὰ πρὸς
γονεῖς, τὰ πρὸς τέκνα, τὰ πρὸς φίλους, συγγενεῖς,
φυλέτας. ἐχθροὶ γεγόνατε μήτε τὸν Ἅλυν διαβάντες,
μήτε δεξάμενοί τινα ἄνθρωπον ἔξωθεν, καὶ ἡ γῆ φέρει
καρπὸν ὑμῖν. ἄδικος ἡ γῆ.

νζ'. Συγγραφεῦσι λογίοις.

Φῶς παρουσίᾳ πυρός, ἢ οὐκ ἂν ἄλλως γένοιτο.
πῦρ μὲν οὖν αὐτὸ τὸ πάθος, καὶ ᾧ γίνεται, καίεται
γοῦν· φῶς δὲ ταῖς ὄψεσι μόνον αὐγὴν ἑαυτοῦ παρέχεται
μὴ βιαζόμενον αὐτάς, ἀλλὰ πεῖθον. τοίνυν καὶ λόγος
ὃ μὲν ὥσπερ πῦρ καὶ πάθος, ὃ δὲ ὥσπερ αὐγὴ καὶ φῶς
ἐστίν. ὃ κρεῖττον ὄν, εἰ μὴ μεῖζον εὐχῆς τὸ ῥηθησό-
μενον, εἴη μοι.

---

urbibus, et iuvenum et mulierum nec vos rationem ha-
betis, neque leges : alioqui conduceret imperio esse subie-
ctum.

LV. Fratri Apollonius.

Fatale est, ut, ubi quidque ad perfectionem pervene-
rit, transeat, et hæc omni senectus instat, post quam
non manet amplius. Ne igitur te offendat uxoris in ipso
ætatis flore iactura facta, neque quum aliquid esse mors
dicatur, potiorem ea vitam opinare, quæ inferior est
omnino cuivis sapienti. Te igitur fratrem præsta philo-
sophi in universum, potissimum vero Pythagorei atque
Apollonii, domumque tuam refice. (2) Si enim in priore
uxore fuisset quod reprehenderemus, iure sane animum
abicere videremur ; sin vero venerabilis illa nobis semper
fuit et viri amans, ideoque digna desiderio, qua de cæussa
non et similia de futura exspectaremus ? quam consenta-
neum est et meliorem fieri velle, si neque prior usquam
lædatur oblivione. Sollicitet te et fratrum quæ hucusque
fuit conditio : maximo enim natu adhuc ne uxor quidem
est, minimo vero spes quidem procreandæ sobolis nondum
adempta est, sed in futuro tempore reposita. Et nos
quidem uni nati sumus tres, tribus vero nobis ne unus
quidem. (3) Parque patriæ et vitæ post nos futuræ
imminet periculum. Nam si nos patre præstantiores
sumus — ceteroqui, quatenus pater, inferiores — quomodo
non verisimile est ex nobis meliores esse prodituros?
Nascantur ergo quidam, quibus nomina nostra, ut a ma-
ioribus contexta accepimus, imponamus. Præ lacrimis
plura scribere non potui, neque his habui magis neces-
saria.

LVI. Sardianis.

Cræsus Lydiæ principatum amisit traiecto Haly, captus
vivus, compedibus vinctus, in rogum impositus est, ignem
vidit accensum in altum escendentem : vixit tamen, nam
deo carus esse videbatur. Quid igitur postea ? hic vester
progenitor simul atque rex, qui tot mala perpessus est
præter dignitatem, convictor factus est inimico suo, con-
siliorum eius fuit socius benevolus, fidus amicus. Vobis
vero infida et insidiosa et implacabilia, quin et profana
et impia omnia in parentes, in liberos, inque amicos, co-
gnatos, tribules. Inimici evasistis, licet nec Halyn tra-
ieceritis, neque extraneum quenquam receperitis ; et terra
tamen fructum vobis fert. Iniusta terra.

LVII. Scriptoribus eruditis.

Lumen ignis præsentia, neque aliter exstiterit. Atque
ignis quidem ipse affectus, quodque comprehendit, hoc
accenditur ; lumen vero oculis tantum splendorem suum
præbet, non vim ipsis afferens, verum blandiens. Sic et
sermo alter tanquam ignis et affectus, alter tanquam
splendor atque lumen. Quod quum præstet, nisi quod
dicam votum excedit, contingat mihi.

νη'. Οὐαλερίω

Θάνατος οὐδεὶς οὐδενὸς ἢ μόνον ἐμφάσει,'καθάπερ
οὐδὲ γένεσις οὐδενὸς ἢ μόνον ἐμφάσει. τὸ μὲν γὰρ
ἐξ οὐσίας τραπὲν εἰς φύσιν ἔδοξε γένεσις, τὸ δὲ ἐκ
φύσεως εἰς οὐσίαν κατὰ ταὐτὰ θάνατος, οὔτε γιγνο-
μένου κατ' ἀλήθειάν τινος, οὔτε φθειρομένου ποτέ,
μόνον δὲ ἐμφανοῦς ὄντος, ἀοράτου τε ὕστερον, τοῦ μὲν
διὰ παχύτητα τῆς ὕλης, τοῦ δὲ διὰ λεπτότητα τῆς
οὐσίας, οὔσης μὲν ἀεὶ τῆς αὐτῆς, κινήσει δὲ διαφε-
ρούσης καὶ στάσει. (2) τοῦτο γάρ που τὸ ἴδιον
ἀνάγκη τῆς μεταβολῆς οὐκ ἔξωθεν γινομένης ποιέν,
ἀλλὰ τοῦ μὲν ὅλου μεταβάλλοντος εἰς τὰ μέρη, τῶν
μερῶν δὲ εἰς τὸ ὅλον τρεπομένων ἑνότητι τοῦ παν-ός.
εἰ δὲ ἔρήσεταί τις τί τοῦτό ἐστι τὸ ποτὲ μὲν ὁρατόν,
ποτὲ δὲ ἀόρατον, ἢ τοῖς αὐτοῖς γινόμενον ἢ ἄλλοις,
φαίη τις ἄν, ὡς ἔθος ἑκάστου ἐστὶ τῶν ἐνθάδε γ.νόν,
ὃ πληρωθὲν μὲν ἐφάνη διὰ τὴν τῆς παχύτητος ἀντι-υ-
πίαν, ἀόρατον δέ ἐστιν, εἰ κενωθείη, διὰ λεπτότητα
τῆς ὕλης βίᾳ περιχυθείσης, ἐκρυείσης τε τοῦ περιέ-
χοντος αὐτὴν αἰωνίου μέτρου, γεννη-οῦ δ' οὐδαμῶς,
οὐδὲ φθαρτοῦ   (3) τί δὲ καὶ τὸ τῆς πλάνης ἐπὶ το-
σοῦτον ἀνέλεγκτον; οἴονται γάρ τινες, ὃ πεπόνθασι,
αὐτοὶ τοῦτο πεποιηκέναι, μὴ εἰδότες, ὡς ὁ γεν-
νηθεὶς | διὰ γονέων γεγέννηται, οὐχ ὑπὸ γονέων,
καθάπερ τὸ διὰ γῆς φυὸν οὐκ ἐκ γῆς φύεται,
πάθος τε οὐδὲν τῶν φαινομένων περὶ ἕκαστον, ἀλλὰ
μᾶλλον περὶ ἓν ἕκαστον. τοῦ-ο δὲ τί ἄν ἄλλο τις
εἰπὼν ἢ τὴν πρώτην οὐσίαν ὀρθῶς ἂν ὀνομάσειεν, ἢ
δὴ μόνη ποιεῖ τε καὶ πάσχει πᾶσι γινομένη πάντα διὰ
πάντων θεὸς ἀΐδιος, ὀνόμασαι καὶ προσώποις ἀφαιρου-
μένη τὸ ἴδιον ἀδικουμένη τε. (4) καὶ τοῦτο μὲν ἔλαττον
τότε δὲ κλαίεταί τις, ὅταν θεὸς ἐξ ἀνθρώπου γένηται'
τόπου μεταβάσει καὶ οὐχὶ φύσεως ὡς δὲ ἔχει τὸ
ἀληθές, οὐ πενθητέον σοι θάνα-ον, ἀλλὰ τιμητέον καὶ
σεβαστέον τιμὴ δὲ ἡ ἀρίστη τε καὶ πρέπουσα, εἰ
ἀφεὶς θεῷ τὸν ἐκεῖ γενόμενον ἀνθρώπων τῶν πεπι-
στευμένων τὰ νῦν ἄρχοις, ἢ πρότερον ἦρχες. αἰσχρόν,
εἰ χρόνῳ, μὴ λογισμῷ γένοιο βελτίων, εἰ χρόνος καὶ
τοὺς κακοὺς λύπης ἔπαυσε. μέγιστον ἀρχὴ ἱκανή,
καὶ μεγίστων ἀρχῶν ἄριστος, ὃς ἂν αὑτοῦ πρότερον
ἄρχῃ (5) ποῦ δὲ καὶ ὅσιον ἀπεύχεσθαι τὸ βουλήσει
θεοῦ γενόμενον, εἰ τάξις ἐστὶ τῶν ὄντων, ἔστι δέ, καὶ
θεὸς ἐπιστατεῖ ταύτης, ὁ δίκαιος οὐ βουλήσεται τὰ
ἀγαθά, πλεονεκτικὸν γὰρ καὶ παρὰ τάξιν τὸ τοιοῦτον,
ἡγήσεται δὲ τὰ γινόμενα συμφέρειν πρόελθε καὶ θε-
ράπευσαι, δίκασον καὶ παρηγόρησον τοὺς αἰτίους,
τῶν δὲ δακρύων οὕτως ἀποτρέψῃ. οὐ τὰ ἴδια τοῖς
κοινῶν, ἀλλὰ τὰ κοινὰ τῶν ἰδίων προτιμητέον. οἷον
δέ σοι καὶ τὸ τῆς παραμυθίας εἶδος σὺν ὅλῳ τὸν υἱόν
ἔθνει πεπένθηκας (6) ἄμειψαι τοὺς μετὰ σοῦ λελυ-
πημένους, ἀμείψῃ δέ, ἐὰν λυπούμενος παύσῃ. τά/ιον
ἢ ἐὰν μὴ προέλθῃς φίλους οὐκ ἔχεις, υἱὸν δὲ ἔχεις
καὶ νῦν τὸν τεθνηκότα, φήσει τις τῶν νοῦν ἐχόντων.

LVIII Valerio

Mors nulla cuiusquam nisi specie tantum est, ut neque
ortus cuiusquam nisi specie Quod enim ex essentia in
naturam transit, ortus videtur, quodque ex natura in
essentiam, pariter mors, licet neque oriatur vere quic-
quam, neque intereat unquam, sed solum modo sub
oculos cadat, modo evanescat, illud ob materiæ densita-
tem, hoc ob essentiæ tenuitatem, quæ eadem semper
est, sed motu differt atque statu (2) Hoc enim proprium
necessario mutationis, quæ non extrinsecus alicunde fit,
sed qua totum in partes suas dissolvitur ac partes in to-
tum redeunt concordia universi Quod si quis dicat quid
hoc est, quod modo visibile est, modo invisibile aut iisdem
aut aliis? respondeat aliquis, prout fert generis cuiusvis
rerum, quæ hic sunt, indoles, cui plenum quod sit, id
propter crassitiei renisum appareat, invisibile autem
fiat, si exhauriatur, propter tenuitatem essentiæ vi cir-
cumfusæ, defluentisque ex æterno, qui ipsam circumdat,
modo, eoque nec nato unquam nec interituro (3) Quid
est autem, quod hic error non iam dudum confutatus
est? nimirum opinantur quidam, quod passi sunt, id ipsos
se effecisse, ignari, quod qui nascitur per parentes, non
a parentibus nascatur, quemadmodum per terram quod
crescit non crescit ex terra, nec affectus quisquam sit
rerum, quæ sub oculos cadunt, singularum, sed potius
circa unum omnium Hoc vero quo alio quis nomine
quam primæ essentiæ recte appellaverit? quæ sane sola
agit et patitur, et fit omnia omnibus per omnia, deus
æternus, quæ nomina ac personas induens indolem suam
omittit atque læditur (4) Et hoc quidem minus, maius
vero plorat aliquis, ubi deus ex homine fit, mutato loco,
nec vero natura Ut autem revera se habet, mors non
dolenda, sed colenda atque reverenda tibi est Cultus
vero optimus decensque, si deo relinquens eum, qui istuc
pervenit, hominibus tuæ fidei commissis iam imperes, ut
imperabas antea Turpe, si tempore, non ratione melior
evadas, quum tempus et malorum dolorem leniat Maxima
res est imperii amplior dignitas, qui vero magnus præcest
rebus, optimus fuerit, si sibi ipsi prius imperet (5) Qui
vero fas est, quod dei voluntate accidit deprecari? quod
si ordo quidam est in rebus, est autem, eique deus præ-
sulet, non appetet iustus bona (habendi cupidi enim hoc
est et præter ordinem), sed quæ eveniunt utilia censebit
Prodi teque ipsum cura, iudicia exerce et emenda reos,
et sic lacrimis valedices Non privata publicis, verum
publica privatis anteponenda sunt Quale autem tibi est
consolationis genus cum universa provincia filium tuum
deplorasti (6) Remunerare eos, qui tecum luxere, re-
munerabere autem, si lugere desines, citius quam si non
prodeas Amicos non habes? at filium habes Etiam nunc
mortuum? affirmaverit qui sapiat Nam quod est, non

τὸ γὰρ ὂν οὐκ ἀπόλλυται, διὰ τοῦτο ὄν, ὅτι ἔσται διὰ
παντός. ἢ καὶ τὸ μὴ ὂν γίνεται; πῶς δ' ἂν γένοιτο
μὴ ἀπολλυμένου τοῦ ὄντος; εἴποι ἂν ἕτερός τις, ὡς
ἀσεϐεῖς τε καὶ ἀδικεῖς. ἀσεϐεῖς μὲν τὸν θεόν, ἀδικεῖς
δὲ τὸν υἱόν, μᾶλλον δὲ κἀκεῖνον ἀσεϐεῖς. βούλει δὲ
μαθεῖν οἷόν ἐστι θάνατος; ἀνελέ με πέμψας μετὰ
ταύτην τὴν φωνήν, ἢν ἐὰν μὴ μεταμφιέσῃ, παραχρῆμα
κρείττονά με σεαυτοῦ πεποίηκας. (7) ἔχεις χρόνον,
ἔχεις γυναῖκα ἔμφρονα, φίλανδρον, ὁλόκληρος εἶ, παρὰ
σεαυτοῦ λαϐὲ τὸ λεῖπον. Ῥωμαῖός τις τῶν πάλαι
γεγονότων, ἵνα σώσῃ τὸν τῆς ἀρχῆς νόμον τε καὶ κό-
σμον, υἱὸν ἴδιον ἀπέκτεινε καὶ στεφανώσας ἀπέκτεινε.
πόλεων ἄρχεις πεντακοσίων Ῥωμαίων ὁ εὐγενέστατος.
ταῦτα σαυτὸν διατίθης, ἐξ ὧν οὐδ' οἰκίας τις εὐσταθῶς
ἄρξει, μήτι γε πόλεων τε καὶ ἐθνῶν. Ἀπολλώνιος εἰ
παρῆν, Φαϐοῦλλαν ἂν μὴ πενθεῖν ἔπεισεν.

νϐ'. Βασιλεὺς Βαϐυλωνίων Γάρμος Νεογύνδῃ Ἰνδῶν βασιλεῖ.

Εἰ μὴ περίεργος ἦς, οὐκ ἂν ἦς ἐν τοῖς ἀλλοτρίοις
πράγμασι δίκαιος, οὐδὲ ἂν ἄρχων ἐν Ἰνδοῖς ἐδίκαζες
Βαϐυλωνίοις. πόθεν γάρ σοι γνώριμος ἦν ὁ ἡμέτερος
δῆμος; νῦν δὲ ἐπείρασας ἀρχὴν τὴν ἐμὴν ὑποκοριζό-
μενος ἐπιστολαῖς καὶ τοιαύτας ἀρχὰς καθιεὶς καὶ
πρόσχημα ποιούμενος τῆς πλεονεξίας τὴν φιλανθρωπίαν.
περανεῖς δὲ οὐδέν, οὐδὲ γὰρ ἂν λαθεῖν δύναιο.

ξ'. Εὐφράτῃ.

Ἦν Πραξιτέλης Χαλκιδεὺς μαινόμενος ἄνθρωπος.
οὗτος ὤφθη παρὰ ταῖς θύραις ταῖς ἐμαῖς ξίφος ἔχων
ἐν Κορίνθῳ μετὰ σοῦ γνωρίμου. τίς οὖν ἡ τῆς ἐπι-
ϐουλῆς αἰτία; οὐ γὰρ πώποτε σὰς βοῦς ἤλασα,

    ἐπειὴ μάλα πολλὰ μεταξὺ
    οὔρεά τε σκιόεντα, θάλασσά τε ἠχήεσσα

τῆς τε ἐμῆς φιλοσοφίας καὶ τῆς σῆς.

ξα'. Λεσϐώνακτι.

Ἀνάχαρσις ὁ Σκύθης ἦν σοφός, εἰ δὲ Σκύθης, ὅτι
καὶ Σκύθης.

ξϐ'. Λακεδαιμόνιοι Ἀπολλωνίῳ.

Τὰν δεδομέναν τιμᾶν σοι ἀπεστάλκαμεν τόδε ἀν-
τίγραφον σαμανάμενοι τᾷ δαμοσίᾳ σφραγῖδι, ἵνα
ἴδῃς.
Ψήφισμα Λακεδαιμονίων, καθὼς οἱ γέροντες ἐπέ-
κριναν Τυνδάρεω εἰσηγησαμένω. Ταῖν ἀρχαῖν ἔδοξε
τελεσαί τε καὶ τῷ δήμῳ Ἀπολλώνιον Πυθαγόρειον ἦμεν
πολίταν, ἔχειν τε καὶ γᾶς καὶ οἴκων ἔγκτασιν.
ἠστάκαμεν δὲ καὶ ἐπίσαμον εἰκόνα γραπτὰν καὶ
χαλκᾶν ἀρετῆς χάριν. ὧδε γὰρ οἱ πατέρες ἀμῶν
ἐτίμων ἄνδρας ἀγαθούς. ἐνόμιζον γὰρ ἦμεν Λυ-
κούργω παῖδας, ὅσοι σύμφωνον θεοῖς τὸν βίον αἱ-
ρέοντο.

perit, quia propterea est, quod erit perpetuo. An etiam
quod non est nascitur? quomodo vero, si quod est non in-
terit? Dicat alius, impie te et iniuste agere. Impie agis
in deum, iniuste in filium, immo et in illum impie. Visne
discere, quid sit mors? tolle me e medio post hanc vocem,
quam nisi vestieris denuo, exemplo me te ipso superiorem
reddidisti. (7) Habes tempus, habes uxorem prudentem, viri
amantem, omnibus rebus instructus es, quod reliquum
est, a te ipse sume. Priscorum Romanorum aliquis im-
perii legis ordinisque tuendi caussa proprium filium in-
teremit et coronatum interemit. Quingentis urbibus im-
peras Romanorum nobilissimus. Eam autem tuam facis
conditionem, qua ne familiæ quidem tuto quis imperare
possit, nedum urbibus et provinciis. Apollonius si adesset,
Fabullæ ne lugeret persuasisset.

LIX. Rex Babyloniorum Garmus Neogyndæ Indorum regi.

Nisi curiosus esses, in negotiis alienis iustitiam non
exerceres, neque Indis imperans ius diceres Babyloniis.
Quæ enim tibi cum populo nostro necessitas? iam vero
imperium meum tentavisti epistolis mihi blandiens,
perque magistratus, quales ad me misisti, avaritiæ tuæ
prætendens benevolentiam. Efficies autem nihil: neque
enim poteris latere.

LX. Euphratæ.

Erat Praxiteles Chalcidensis homo furiosus. Hic appa-
ruit ante fores meas gladium tenens Corinthi una cum
quodam tuo familiari. Quænam igitur harum insidiarum
caussa? nunquam enim tuas boves abegi,

    quum permulta intersint
    umbriferi montes resonansque mare

inter meam philosophiam ac tuam.

LXI. Lesbonacti.

Anacharsis Scytha sapiens erat, si vero Scytha, quoniam
et Scytha.

LXII. Lacedæmonii Apollonio.

Tributorum tibi honorum hoc misimus antigraphum
publico sigillo obsignatum, quo cognosceres.

Decretum Lacedæmoniorum, uti gerontes censuere
Tyndareo rogante. Visum est magistratibus atque po-
pulo, Apollonium Pythagoreum suum esse civem ac jus
habere agros ædesque in ipsa Lacedæmone possidendi,
itemque imaginem eius inscriptam erigere pictam atque
æream virtutis ergo. Iis enim præmiis patres nostri
ornabant viros bonos. Censebant enim Lycurgi filios
esse, quicunque diis accommodatam vitam institue-
rent.

ξγ'. Ἀπολλώνιος ἐφόροις καὶ Λακεδαιμονίοις

Ἄνδρας ὑμῶν ἐθεασάμην ὑπήνην μὴ ἔχοντας, τοὺς
μηροὺς καὶ τὰ σκέλη λείους τε καὶ λευκούς, μαλακὰς
χλανίδας ἠμφιεσμένους καὶ λεπτάς, δακτυλίους πολλοὺς
καὶ καλοὺς περικειμένους, ὑποδεδεμένους ὑπόδημα τὸ
Ἰωνικόν· οὐκ ἐπέγνων οὖν τοὺς λεγομένους πρέσβεις,
ἡ δὲ ἐπιστολὴ Λακεδαιμονίους ἔφασκεν.

ξδ'. Τοῖς αὐτοῖς

Καλεῖτέ με πολλάκις βοηθὸν ὑμῖν τῶν νόμων καὶ
τῶν νέων ἐσόμενον. ἡ Σόλωνος δὲ πόλις οὐ καλεῖ με
Λυκοῦργον αἰδεῖσθε.

ξε'. Ἐφεσίων τοῖς ἐν Ἀρτεμιδι

Ἔθος ὑμῖν ἅπαν ἁγιστείας, ἔθος δὲ βασιλικῆς
τιμῆς. ἀλλ' ὑμεῖς ἑστιάτορες μὲν καὶ δαιτυμόνες οὐ
μεμπτοί, μεμπτοὶ δὲ σύνοικοι τῇ θεῷ νύκτας τε καὶ
ἡμέρας, ἢ οὐκ ἂν ὁ κλέπτης τε καὶ λῃστὴς καὶ ἀν-
δραποδιστὴς καὶ πᾶς, εἴ τις ἄδικος ἢ ἱερόσυλος, ἦν
ὁρμώμενος αὐτόθεν τὸ γὰρ τῶν ἀποστερούντων τύχης
ἐστίν

ξς'. Τοῖς αὐτοῖς

Ἦλθεν ἐκ τῆς Ἑλλάδος ἀνὴρ Ἕλλην τὴν φύσιν,
οὐκ Ἀθηναῖος, οὐδὲ Μεγαρεύς, γελοῖον ὄνομα παροι-
κίσων ὑμῶν τῇ θεῷ δότε μοι τόπον, ἔνθα μὴ καθαρ-
εύων δεήσει μοι χαίπερ ἔνδον ἀεὶ μένοντι.

ξζ'. Τοῖς αὐτοῖς

Ἀνεῖται θύουσι τὸ ἱερόν, εὐχομένοις, ὑμνοῦσιν,
ἱκέταις, Ἕλλησι, βαρβάροις, ἐλευθέροις, δούλοις.
ὑπερφυῶς θεῖος ὁ νόμος. ἐπιγινώσκω τὰ σύμβολα τῆς
Διός τε καὶ Λητοῦς, ἐὰν ᾖ μόνα ταῦτα

ξη'. Μιλησίοις

Σεισμὸς ὑμῶν τὴν γῆν ἔσεισε, καὶ γὰρ ἄλλων πολ-
λῶν πολλάκις. ἀλλ' ἔπασχον μὲν ἃ ἠτύχουν ἐξ ἀνάγκης,
ἐλεοῦντες δέ, οὐ μισοῦντες ἀλλήλους ἐφαίνοντο μόνοι
δὲ ὑμεῖς καὶ θεοῖς ὅπλα καὶ πῦρ ἐπηνέγκατε καὶ θεοῖς
τοιούτοις, ὧν καὶ οἱ ἑτέρωθεν δέονται καὶ μετὰ κινδύ-
νους καὶ πρὸ κινδύνων ἀλλὰ καὶ φιλόσοφον ἄνδρα
προ.. ἡμεῖς Ἑλλήνων δύο δημοσίᾳ τὸ πάθημα φή-
ναντα πολλάκις καὶ προαγορεύσαντα γενομένους τοὺς
σεισμούς, αὐτόν, ὅτε ἔσεισεν ὁ θεός, ποιεῖν ἐλέγε-τε
καθ' ἑκάστην ἡμέραν ὦ τῆς δημοσίας ἀμαθίας·
καὶ πατὴρ ὑμῶν λέγεται Θαλῆς

ξθ'. Τραλλιανοῖς

Πολλοὶ πολλαχόθεν ἄλλοι καὶ κατ' ἄλλας αἰτίας νεώ-

LXIII. Apollonius ephoris et Lacedæmoniis

Viros vestros conspexi barbam non habentes, sed fe-
mora cruraque lævia atque candida, mollibus tenuibusque
tunicis indutos, multis pulchrisque annulis ornatos, Io-
nicis calceis calceatos Non agnovi igitur, qui legatos se
agebant, at epistola Lacedæmonios esse dicebat

LXIV. Eisdem

Vocatis me sæpenumero legum vobis atque iuvenum
futurum adiutorem, at Solonis urbs me non vocat Ly-
curgum vereamini

LXV. Ephesiorum in templo Dianæ versantibus

Omnem vos sacrificiorum, omnem regii cultus tenetis
consuetudinem, vos autem hospites et convivæ non repre-
hendendi estis, reprehendendi vero, quod cum dea ipsius
in æde versamini noctes atque dies Alioquin enim neque
fur neque latro neque plagiarius neque impius quisquam
aut sacrilegus inde produisset Nempe est illud prædonum
propugnaculum

LXVI. Eisdem

Venit e Græcia vir natalibus Græcus, non Athemensis,
neque Megarensis, ridiculum nomen deæ vestræ adstru-
cturus Date mihi locum, ubi non expiatione mihi erit
opus, licet intus semper manenti

LXVII. Eisdem

Patet sacrificantibus templum, orantibus, canentibus,
supplicibus, Græcis, barbaris, liberis, servis Supra
modum divina lex Agnosco Iovis et Latonæ filiæ sym-
bola, dum hæc sint sola

LXVIII. Milesiis

Terræ motus agros vestros concussit, ut et aliorum
multorum sæpenumero Verum quicquid adversi fatali
necessitate accidit, patiebantur, aperte tamen commise-
rantes, non odio sese persequentes invicem Vos soli
vel diis arma atque ignem intulistis, idque eiusmodi
diis, quibus etiam profanum vulgus tam post quam ante
pericula indiget Verum et virum philosophum
qui cladem istam publice sæpe indicavit, quique postea
evenere motus prænuntiavit, ipsum, quum deus concu-
teret terram, hoc facere quotid e dicebatis O publicam
stultitiam! Et tamen pater vester Thales dicitur

LXIX. Trallianis

Multi ex multis locis alii aliis de caussis iuvenes et senes

τεροί τε καὶ πρεσβύτεροι φοιτῶσι παρ' ἐμέ. τὰς φύσεις οὖν ἑνὸς ἑκάστου σκέπτομαι καὶ τοὺς τρόπους, ὡς ἔνι μάλιστα συνετώτατα, τό τε πρὸς τὴν ἑαυτοῦ πόλιν ἑκάστου δίκαιον ἦθος ἢ τοὐναντίον. εἰς τήνδε δὲ τὴν ἡμέραν οὐκ ἂν ἔχοιμι προκρῖναι Τραλλιανῶν ὑμῶν οὐ Λυδούς, οὐκ Ἀχαιούς, οὐκ Ἴωνας, ἀλλ' οὐδὲ τοὺς τῆς ἀρχαίας Ἑλλάδος, Θουρίους, Κροτωνιάτας, Ταραντίνους, ἢ τινας ἄλλους τῶν ἐκεῖ λεγομένων εὐδαιμόνων Ἰταλιωτῶν ἢ ἑτέρων τινῶν. τίς οὖν ἡ αἰτία, δι' ἣν ἀποδέχομαι μὲν ὑμᾶς, οὐ γίνομαι δὲ τοιούτοις ἀνδράσι σύνοικος, καίπερ ὢν γένος ὑμέτερον; ἄλλοτέ ποτ' ἂν εἴποιμι, νῦν δὲ μόνον ὑμᾶς ἐπαινεῖν καιρός, ἄνδρας τε τοὺς ἡγουμένους ὑμῶν, ὡς πολὺ κρείττους τῶν παρ' ἑτέροις ἀρετῇ καὶ λόγῳ, καὶ μᾶλλον παρ' οἷς γεγένηνται.

ad me accedunt. Naturam igitur unius cuiusque consi dero atque mores quam fieri potest accuratissime, itemque cuiusque ad suam civitatem accommodatam indolem aut contrariam. Sed ad hunc usque diem non fuit cur vobis Trallianis præferrem Lydos aut Achæos aut Iones, verum neque qui antiquam Græciam incolunt, Thurios, Crotoniatas, Tarentinos, neque alios quosquam eorum, qui illic beati Itali dicuntur, aut quorunquam aliorum. Quænam igitur caussa est, cur probem quidem vos, nec tamen apud eiusmodi viros habitem, etiamsi sim vestri generis? alio tempore dixerim, nunc vero tempus permittit solum, ut vos laudem quique vobis moderantur viros, ut qui virtute atque ratione longe iis, qui apud alios sunt, antecellant.

ο'. Σαΐταις.

Ἀθηναίων ἀπόγονοί ἐστε, καθάπερ ἐν Τιμαίῳ Πλάτων φησίν, οἳ δὲ τὴν κοινὴν ὑμῶν θεὸν ἐξορίζουσι τῆς Ἀττικῆς Νηῒθ μὲν τὴν ὑφ' ὑμῶν, Ἀθηνᾶν δὲ τὴν ὑπ' αὐτῶν ὀνομαζομένην, οὐ μένοντες Ἕλληνες. ὅπως δ' οὐ μένοντες, ἐγὼ φράσω. γέρων σοφὸς οὐδεὶς Ἀθηναῖος, οὐ γὰρ ἔφυ γένυς πᾶσα παντός, ὅτι μηδεμία μηδενός. ὁ κόλαξ παρὰ ταῖς πύλαις, ὁ συκοφάντης πρὸ τῶν πυλῶν, ὁ μαστροπὸς καὶ πρὸ τῶν μακρῶν τειχῶν, ὁ παράσιτος πρὸ τῆς Μουνυχίας καὶ πρὸ τοῦ Πειραιῶς, ἡ θεὸς δὲ οὐδὲ Σούνιον ἔχει.

Ab Atheniensibus oriundi estis, sicut in Timæo ait Plato, illi vero communem vestram deam ex Attica exterminant, Neith a vobis, Minervam ab ipsis dictam, non manentes Græci. Qui vero non maneant, ego dicam. Senex sapiens nemo Atheniensis, neque enim tota cuiquam barba est nata, siquidem nemo aliquam habet. Adulator ad portas, sycophanta ante portas, leno et ante longos muros, parasitus ante Munychiam et Piræeum, dea vero ne Sunium quidem habitat.

οα'. Ἴωσιν.

Ἕλληνες οἴεσθε δεῖν ὀνομάζεσθαι διὰ τὰ γένη καὶ τὴν ἔμπροσθεν ἀποικίαν, Ἕλλησι δ' ὥσπερ ἔθη καὶ νόμοι καὶ γλῶττα καὶ βίος ἴδιος, οὕτω καὶ σχῆμα καὶ εἶδος ἀνθρώπων. ἀλλ' ὑμῶν γε οὐδὲ τὰ ὀνόματα μένει τοῖς πολλοῖς, ἀλλ' ὑπὸ τῆς νέας ταύτης εὐδαιμονίας ἀπολωλέκατε τὰ τῶν προγόνων σύμβολα. καλῶς οὐδὲ τοῖς τάφοις ἐκείνοι δέχοιντ' ἂν ἅτε ἀγνῶτας αὐτοῖς γενομένους, εἴ γε πρότερον ἡρώων ἦν ὀνόματα καὶ ναυμάχων καὶ νομοθετῶν, νυνὶ δὲ Λευκόλλων τε καὶ Φαυρικίων καὶ Λευκίων τῶν μακαρίων. ἐμοὶ μὲν εἴη μᾶλλον ὄνομα Μίμνερμος.

Græcos vos censetis appellandos propter genus propterque priscam coloniam, Græcis vero ut mores et leges et lingua et vita propria, ita et forma et figura hominum. At vestrûm plerisque ne nomina quidem remanent, sed per recentem istam felicitatem maiorum symbola perdidistis. Recte nec sepulcris illi vos receperint, ut qui ignoti ipsis evaseritis, siquidem ante heroum erant nomina et navalium præliorum victorum et legislatorum, nunc vero Lucullorum et Fabriciorum et beatorum illorum Luciorum sunt. Mihi nomen potius fuerit Nimnermus.

οβ'. Ἑστιαίῳ.

Ὁ πατὴρ ἡμῶν Ἀπολλώνιος ἦν τρὶς τοῦ Μηνοδότου, σὺ δὲ ἅπαξ ἐθέλεις ὀνομάζεσθαι Λουκρήτιος ἢ Λούπερκος. τίνος σὺ τούτων ἀπόγονος; αἰσχρόν, εἰ ὄνομα μὲν ἔχεις τινός, τὸ δὲ εἶδος αὐτοῦ μὴ ἔχοις.

Pater noster Apollonius tribus erat genitus Menodotis, tu vero subito cupis Lucretius appellari seu Lupercus. A quonam horum genus ducis? turpe, si cuius nomen habes, speciem vero eius non habes.

ογ'. Τῷ αὐτῷ.

Πατρίδος ἐσμὲν πορρωτέρω σὺν δαίμονι, ἤδη δὲ τὰ τῆς πόλεως πράγματα ἐν νῷ ἐβαλόμην. ὁδεύει μοῖρα πρὸς τέλος ἀνδρῶν, οἳ τὰν πρώταν λελόγχασι τιμάν, ἄρξει δὲ τὸ λοιπὸν παιδάρια καὶ μι-

Longius a patria absumus deo volente, nihilo minus tamen civitatis negotia mente agitavi. Properat ad finem fatum eorum, qui primos nacti sunt honores, inque posterum regnabunt pueri et paullo post hos infantes. Hic

χρὸν ἐπάνω τούτων μείρακες. ἐνταῦθά που δέος, μὴ σφαλῇ τὰ ὑπὸ νέων κυβερνώμενα, σοὶ δ' οὐ δέος, ἐπεὶ βεβιώκαμεν

metuendum ne res a iuvenibus administratæ concidant ; tibi vero non metuendum, quoniam vitam transegimus

οδ. Τοῖς Στωϊκοῖς

Ὥρα καὶ λιμὸς ἦν Βάσσῳ καίπερ ὄντων τῷ πατρὶ συχνῶν χρημάτων· πρῶτον μὲν οὖν ἔφυγε Μεγαράδε σὺν ἑνὶ τῶν λεγομένων ἐραστῶν, ἅμα δὲ καὶ μαστροπῶν· τροφῆς γὰρ ἀμφοτέροις ἔδει καὶ ἐφοδίων ἔπειτα ἐκεῖθεν εἰς Συρίαν· ὑπεδέχετο δὲ τὸν ὡραῖον Εὐφράτης, καὶ εἴ τις ὁμοίως ἐδεῖτο τοῦ τότε καλοῦ, ὥστε ἂν αἱρεῖσθαί τι τῶν ἀτόπων δι' εὔνοιαν

Pulchritudo erat Basso atque fames, quamvis magnæ patri essent facultates Primum igitur Megara fugit uno amatorum, qui dicebantur, simulque lenonum comite, victu enim uterque laborabat et viatico Hinc postea in Syriam Recepit vero pulchrum Euphrates et si quis pariter formoso, qui tunc erat, indigebat, ita ut rem absurdam appeteret ob benevolentiam

οε' Τοῖς ἐν Σάρδεσιν

Ὁ παῖς Ἀλυάττεω σῶσαι τὴν ἑαυτοῦ πόλιν ἀδύνατος ἐγένετο καὶ ἀμήχανος καίπερ ὢν βασιλεύς τε καὶ Κροῖσος, ὑμεῖς δὲ ποίῳ πεποιθότες ἄρα λέοντι πόλεμον ἄσπονδον ἤρασθε παῖδες, νέοι, ἄνδρες, γέροντες, ἀλλὰ καὶ παρθένοι καὶ γυναῖκες, Ἐρινύων νομίσαι ἄν τις τὴν πόλιν εἶναι, καὶ οὐχὶ Δήμητρος. ἡ δὲ θεὰ φιλάνθρωπος ὑμῖν δὲ τίς οὗτος ὁ χόλος;

Alyattæ filius civitatis suæ tuendæ nec potestatem habuit nec remedium, rex licet esset atque Cræsus Vos vero quali tandem confisi leone bellum implacabile suscepistis pueri, iuvenes, viri, senes, quin et virgines et mulieres? Furiarum quis existimet hanc urbem esse, nec vero Cereris, quæ dea hominum amans est Vobis autem quænam hæc est iracundia?

ος' Τοῖς αὐτοῖς

Εἰκὸς εἰς πόλιν ἀρχαίαν τε καὶ μεγάλην ἐθελῆσαι φιλόσοφον ἀρχαῖον παραγενέσθαι, καὶ παρεγενόμην ἂν αὐτὸς ἑκὼν κληθῆναι μὴ περιμείνας, ὡς ὑφ' ἑτέρων πολλῶν, εἰ ποιήσειν μίαν ὑμῖν τὴν πόλιν ἔμελλον ἤθει καὶ φύσει καὶ νόμῳ καὶ θεῷ. καὶ τὸ ὅσον ἐπ' ἐμοὶ πάντως ἂν ἐποίησα, στάσις δέ, ὡς ἔφη τις, πολέμου χαλεπώτερον

Consentaneum est in urbem antiquam atque magnam accedere velle philosophum antiquum, et mea sponte accessissem, donec vocarer, sicut ab aliis multis, non expectans, si forte vestram civitatem moribus et ingeniis et legibus et deo conciliare possem Et hoc quidem quantum in me est omnino fecissem, seditio vero, ut quidam dixit, bello gravior

οζ' Φοινηταῖς

Διὰ φιλοσοφίαν εἴρηται τῶν εἰρημένων ἕκαστον, οὐ δι' Εὐφράτην. μὴ τὸ Πραξιτέλους ξίφος ἢ τὸ Λυσίου φάρμακον πεποθῆσθαί μέ τις δόξῃ· καὶ τοῦτο γὰρ ἐστιν Εὐφράτου

Quicquid a me dictum est, philosophiæ caussa est dictum, non Euphratæ Ne quis Praxitelis gladium aut Lysiæ venenum me extimuisse censeat, nam hoc quoque profectum est ab Euphrata

οη' Ἰάρχᾳ καὶ τοῖς περὶ αὐτὸν σοφοῖς

. . οὐ μὰ τὸ Ταντάλιον ὕδωρ, οὗ με ἐμυήσατε

non per Tantali aquas, quibus me initiavistis

οθ' Εὐφράτῃ

Οὐκ ἐπιλογιζομένη ἡ ψυχὴ τὸ τοῦ σώματος αὔταρκες· οὐ δύναται ἑαυτὴν αὐτάρκη ποιῆσαι. (Ex Stobæi florileg X, 64)

Animus secum, quid corpori sit satis, non expendens non potest, ut ipse sibi sufficiat, efficere

π' Τῷ αὐτῷ

Οἱ κράτιστοι τῶν ἀνθρώπων βραχυλογώτατοι. οἱ

Præstantissimi hominum paucissimis uti solent verbis

οὖν ἀδολέσχαι εἰ ἠνιῶντο, ὡς ἀνιῶσι, οὐκ ἂν ἐμακρηγόρουν. (XXXVI, 29.)

Garruli igitur si qua afficiunt molestia ipsi afficerentur nimis multa verba non facerent.

πα'. Τοῖς γνωρίμοις.

LXXXI. Discipulis.

Σιμωνίδης ἔλεγε μηδέποτε αὐτῷ μεταμελῆσαι σιγήσαντι, φθεγξαμένῳ δὲ πολλάκις. (XXXIII, 12.)

Dixit Simonides silentii se pœnituisse nunquam, sermonum vero sæpenumero.

πβ'. Τοῖς αὐτοῖς.

LXXXII. Eisdem.

Πολυλογία πολλὰ σφάλματα ἔχει, τὸ δὲ σιγᾶν ἀσφαλές. (XXXVI, 28.)

Loquacitas errores multos habet, at tutum est tacere.

πγ'. Δηλίῳ.

LXXXIII. Delio.

Ψεύδεσθαι ἀνελεύθερον, ἀλήθεια γενναῖον. (XI, 29.)

Mentiri illiberale est, veritas ingenuo digna.

πδ'. Τοῖς γνωρίμοις.

LXXXIV. Discipulis.

Μηδέν με δόξητε ῥᾳδίως ἄλλοις παραινεῖν· αὐτὸς γὰρ ἐπὶ τῆς μάζης καὶ τῆς ἄλλης τῆς ἀκολούθου ταύτῃ διαίτης ὢν τοιαῦτα ὑμῖν παρεγγυῶ. (XVII, 15.)

Ne credatis me facile quidvis aliis suadere : ipse enim pane et reliquo huic convenienti victu usus istorum vobis suasor sum.

πε'. Εἰδομένῃ.

LXXXV. Idomenæ.

Ἐζηλώσαμεν τὴν αὐτάρκειαν, οὐχ ὅπως τοῖς εὐτελέσι καὶ λιτοῖς πάντως χρώμεθα, ἀλλ' ὅπως θαρρῶμεν πρὸς αὐτά. (XVII, 14.)

Paucis ut contenti essemus dedimus operam, non quovilibus exiguisque uteremur semper, sed animi adversus ea obfirmandi caussa.

πϛ'. Μακεδόνι.

LXXXVI. Macedoni.

Τῆς ὀξυθυμίας τὸ ἄνθος μανία. (XX, 49).

Iracundiæ flos est insania.

πζ'. Ἀριστοκλεῖ.

LXXXVII. Aristocli.

Τὸ τῆς ὀργῆς πάθος μὴ καθομιλούμενον μηδὲ θεραπευόμενον, φυσικὴ νόσος γίνεται. (XX, 50.)

Affectus iræ, nisi curetur saneturque, in morbum generat naturalem.

πη'. Σατύρῳ.

LXXXVIII. Satyro.

Οἱ πολλοὶ τῶν ἀνθρώπων τῶν μὲν ἰδίων ἁμαρτημάτων συνήγοροι γίνονται, τῶν δὲ ἀλλοτρίων κατήγοροι. (XXIII, 15.)

Plerique hominum propriorum criminum patronos, alienorum accusatores sese gerunt.

πθ'. Δαναῷ.

LXXXIX. Danao.

Οὐ κάμνει τὰ πράγματα πρασσόμενα. (XXIX, 83.)

Non deficit opus peractum.

ϟ'. Δίωνι.

XC. Dioni.

Τὸ μὴ γενέσθαι οὐδέν, τὸ δὲ γενέσθαι πόνος. (XXIX, 82.)

Non esse nihil est, esse vero ærumnosum.

ϟα' Τοῖς ἀδελφοῖς

Οὐδενὶ φθονητέον ἀγαθοὶ μὲν γὰρ ἄξιοι, κακοὶ δ' ἂν εὐτυχῶσι, κακῶς ζῶσι. (XXXVIII, 58)

XCI Fratribus

Nemini invidendum boni enim digni sunt, mali vero misere vivunt secunda etiam fortuna

ϟβ' Διονυσίω

Καλόν, πρὶν παθεῖν, διδαχθῆναι, πηλίκον ἐστὶν ἡσυχία. (LVIII, 12.)

XCII Dionysio

Pulchrum est, antequam patiare, quantum sit tranquillitas discere

ϟγ' Νουμηνίω

Οὐ θρηνητέον οἵων φίλων ἐστερήθημεν, ἀλλὰ μνημονευτέον, ὅτι μετὰ τῶν φίλων τὴν καλλίστην βιοτὴν ἐβιοτεύσαμεν. (CXXIV, 35.)

XCIII Numenio

In luctu non quales amicos amiserimus reputandum, verum iucundissimæ cum amicis transactæ vitæ recolenda memoria

ϟδ' Οζαιτήτω

Τὸν λυπούμενον ἀλλοτρίοις κακοῖς παραμυθοῦ (CXXIV, 37)

XCIV Theæteto

Tristem alienis malis consolare

ϟε' Κορνηλιανῶ

Βραχὺς ὁ βίος ἀνθρώπω εὖ πράττοντι, δυστυχοῦντι δὲ μακρός. (CXXI, 34)

XCV Corneliano

Brevis vita homini felici, infelici longa

ϟς' Δημοκράτει

Ὁ ὑπὲρ μικρῶν ἁμαρτημάτων ἀνυπερβλήτως ὀργιζόμενος οὐκ ἐᾷ διαγνῶναι τὸν ἁμαρτάνοντα, τότε ἔλαττον καὶ πότε μεῖζον ἠδίκησεν. (XX, 51)

XCVI Democrati

Qui parva ob delicta supra modum irascitur, non patitur delinquentem ubi minus et ubi plus peccaverit co gnoscere

ϟζ' Λύκω

Οὐ τὸ πένεσθαι κατὰ φύσιν αἰσχρόν, ἀλλὰ τὸ δι' αἰσχρὰν αἰτίαν πένεσθαι ὄνειδος (XCV, 9)

XCVII Lyco

Non pauperem esse secundum naturam turpe, verum turpem ob caussam esse pauperem dedecori est

ϟη' Ἐφόροις

Ἀνδρῶν μὲν τὸ μὴ ἁμαρτάνειν, γενναίων δὲ τὸ ἁμαρτάνοντας αἰσθέσθαι, Λακεδαιμονίων δὲ καὶ τὸ διορθοῦσθαι. (V A IV, 27)

XCVIII Ephoris

Virorum est non peccare, ingenuorum, si quid peccaverint, agnoscere, Lacedæmoniorum vero etiam emendare

ϟθ' Μουσωνίω

Βούλομαι παρὰ σὲ ἀφικόμενος κοινωνῆσαί σοι λόγου καὶ στέγης, ὥς τι ὀνήσαιμί σε, εἴ γε μὴ ἀπιστεῖς, ὡς Ἡρακλῆς ποτὲ Θησέα ἐξ Ἅδου ἔλυσε. γράφε τί βούλει. ἔρρωσο. (V A IV, 46)

XCIX Musonio

Cupio ad te venire fruique tecum sermonis atque tecti communione, ut aliquo modo te adiuvem, si non dubitas quidem, quin Hercules Theseum quondam ab inferis reduxerit Scribe quid velis Vale

ρ' Μουσώνιος Ἀπολλωνίω

Ὧν μὲν ἐνενοήθης, ἀποκείσεταί σοι ἔπαινος ἀνὴρ δὲ ὑπομείνας ἀπολογίαν καὶ ὡς οὐδὲν ἀδικεῖ δεῖξας ἑαυτὸν λύει. ἔρρωσο. (V. A IV, 46)

C Musonius Apollonio

Pro iis, quæ animo intendisti, laus te manebit, vir tamen, qui caussam suam dixerit nulloque crimine se teneri demonstraverit, ipse se vinculis expedit Vale

ρα'. Ἀπόλλων ος Μουσωνίω

Σωκράτης ὁ Ἀθηναῖος ὑπὸ τῶν ἑαυτοῦ φίλων λυ-

CI. Apollonius Musonio

Socrates Atheniensis, quum e carcere ab amicis li-

ὅχναι μὴ βουληθεὶς παρῆλθε μὲν εἰς τὸ δικαστήριον, ἀπέθανε δέ. ἔρρωσο. (V. A. IV, 46.)

ρβ'. Μουσώνιος Ἀπολλωνίῳ.

Σωκράτης ἀπέθανεν, ἐπεὶ μὴ παρεσκεύασεν ἑαυτὸν εἰς ἀπολογίαν. ἐγὼ δὲ ἀπολογήσομαι. ἔρρωσο. (V. A. IV, 46.)

ργ'. Ἀπολλώνιος Οὐεσπασιανῷ.

Ἐδουλώσω τὴν Ἑλλάδα, ὥς φασιν, καὶ πλέον μὲν οἴει τι ἔχειν Ξέρξου, λέληθας δὲ ἔλαττον ἔχων Νέρωνος. Νέρων γὰρ ἔχων αὐτὸ παρῃτήσατο. ἔρρωσο. (V. A. V, 41.)

ρδ'. Τῷ αὐτῷ.

Διαβεβλημένος οὕτω πρὸς Ἕλληνας ὡς δουλοῦσθαι αὐτοὺς ἐλευθέρους ὄντας τί ἐμοῦ ξυνόντος δέῃ; ἔρρωσο. (V. A. V, 41.)

ρε'. Τῷ αὐτῷ.

Νέρων τοὺς Ἕλληνας παίζων ἠλευθέρωσε, σὺ δ' αὐτοὺς σπουδάζων ἐδουλώσω. ἔρρωσο. (V. A. V, 41.)

ρϛ'. Σιτοκαπήλοις Ἀσπενδίων.

Ἡ γῆ πάντων μήτηρ, δικαία γάρ· ὑμεῖς δ' ἄδικοι ὄντες πεποίησθε αὐτὴν αὐτῶν ὑμῶν μόνων μητέρα. καὶ εἰ μὴ παύσεσθε, οὐκ ἐάσω ὑμᾶς ἐπ' αὐτῆς ἑστάναι.

ρζ'.

Βασιλεὺς Φραώτης Ἰάρχᾳ διδασκάλῳ καὶ τοῖς περὶ αὐτὸν σοφοῖς χαίρειν. Ἀπολλώνιος ἀνὴρ σοφώτατος σοφωτέρους ὑμᾶς ἑαυτοῦ ἡγεῖται, καὶ μαθησόμενος ἥκει τὰ ὑμέτερα. πέμπετε οὖν αὐτὸν εἰδότα ὁπόσα ἴστε, ὡς ἀπολεῖται οὐδὲν τῶν μαθημάτων ὑμῖν. καὶ γὰρ λέγει ἄριστα ἀνθρώπων καὶ μέμνηται. ἰδέτω καὶ τὸν θρόνον ἐφ' οὗ καθίσαντί μοι τὴν βασιλείαν ἔδωκας, Ἰάρχα πάτερ. καὶ οἱ ἑπόμενοι δὲ αὐτῷ ἄξιοι ἐπαίνου, ὅτι τοιοῦδε ἀνδρὸς ἥττηνται. εὐτύχει καὶ εὐτυχεῖτε. (V. A, II, 41.)

ρη'. Ἀπολλώνιος τοῖς αὐτοῖς.

Ἀφικομένῳ μοι πεζῇ πρὸς ὑμᾶς δεδώκατε τὴν θάλασσαν, ἀλλὰ καὶ σοφίας τῆς ἐν ὑμῖν κοινωνήσαντες δεδώκατε καὶ διὰ τοῦ οὐρανοῦ πορεύεσθαι. μεμνήσομαι τούτων καὶ πρὸς Ἕλληνας, κοινωνήσω τε λόγων ὡς παροῦσιν ὑμῖν εἰ μὴ μάτην ἔπιον τοῦ Ταντάλου. ἔρρωσθε, ἀγαθοὶ φιλόσοφοι. (V. A IV, 51.)

berari noluisset, in iudicium processit et periit. Vale.

CII. Musonius Apollonio.

Socrates periit, quoniam ad sese defendendum non paratus erat; ego vero me defendam. Vale.

CIII. Apollonius Vespasiano.

Græciam in servitutem redegisti, ut aiunt, et Xerxi præstare te opinaris, Nerone te inferiorem esse nescius. Nero enim licet præstaret, tamen deprecatus est. Vale.

CIV. Eidem.

Quum Græcis infensus sis adeo, ut liberos eos in servitutem redegeris, quid mea præsentia indiges? Vale.

CV. Eidem.

Nero ludens Græcos liberavit, tu vero serio eos in servitutem redegisti. Vale.

CVI.
Dardanariis Aspendiorum.

Terra omnium mater est, iusta est enim; vos vero qua estis iniustitia vestrum ipsorum solum eam matrem fecistis, et nisi destiteritis, in ea vos consistere non permittam.

CVII.

Rex Phraotes Iarchæ magistro eiusque sodalibus salutem. Apollonius, vir sapientissimus, se ipso vos censet esse sapientiores, venitque ad vos, quo institutione vestra proficiat. Dimittite igitur eum edoctum omnia quæ scitis. Quippe periturum vobis de eruditione vestra nihil est; optime enim omnium loquitur et memoria valet. Videat etiam thronum in quo considenti mihi regnum dedisti, Iarcha pater. Qui eum comitantur etiam laude digni sunt, quod tali viro sese addixere. Vale et valete.

CVIII. Apollonius iisdem.

Quum terrestri itinere ad vos venissem, maris copiam mihi fecistis, immo sapientia, quæ penes vos est, mecum communicata etiam per cœlum incedendi facultate me impertivistis. Horum ego etiam inter Græcos memor ero, et vobiscum velut præsentibus sermones instituam, nisi frustra hausi Tantali poculum. Valete, optimi philosophi.

ρθ' Τίτω βασιλεῖ

Μὴ βουληθέντι σοι ἐπ' αἰχμῇ κηρύττεσθαι μηδ'
ἔτι δηίων αἵματι δίδωμι ἐγὼ τὸν σωφροσύνης στέφα-
νον, ἐπειδὴ ἐφ' οἷς δεῖ στεφανοῦσθαι γιγνώσκεις.
ἔρρωσο (V A VI, 29.)

μ' [Τίτος βασιλεὺς Ἀπολλωνίῳ]

. Καὶ ὑπὲρ ἐμαυτοῦ χάριν οἶδά σοι καὶ ὑπὲρ τοῦ
πατρός, καὶ μεμνήσομαι τούτων ἐγὼ μὲν γὰρ Σόλυμα
ἔρηκα, σὺ δ' ἐμέ (V. A. VI, 29)

ρια' Ἀπολλώνιος Δημητρίῳ Σουνιεῖ

Δίδωμί σε βασιλεῖ Τίτῳ διδάσκαλον -οῦ τῆς βασι-
λείας ἤθους, σὺ δ' ἀληθεῦσαί τέ με πρὸς αὐτὸν δίδου,
καὶ γίγνου αὐτῷ πλὴν ὀργῆς πάντα. ἔρρωσο (V A
VI, 33.)

ριβ'

Αὐτοκράτωρ Οὐεσπασιανὸς Ἀπολλωνίῳ φιλοσόφῳ
χαίρειν Εἰ πάντες, Ἀπολλώνιε, κατὰ ταὐτά σοι
φιλοσοφεῖν ἤθελον, σφόδρ' ἂν εὐδαιμόνως ἔπραττον φι-
λοσοφία τε καὶ πενία, φιλοσοφία μὲν ἀδεκάστως ἔχουσα,
πενία δὲ αὐθαιρέτως ἔρρωσο (V A VIII, 7, 11)

ριγ [Ταρσεῦσι]

.. παύσασθε μεθύοντες τῷ ὕδα-ι . (V A I, 7,
1.)

ριδ' [Σκοπελιανῷ]

. κἀπεμελήθην, ὦ Σκοπελιανέ, τῶν σῶν Ἐρε-
τριέων νέος ὢν ἔτι καὶ ὠφέλησα ὅ τι ἐδυνάμην καὶ τοὺς
τεθνεῶτας αὐτῶν καὶ ζῶντας. (V A I, 24, 3)

ριε' [Ἀθηναίοις]

. ὅπως ἡ θεὸς οὐ καὶ τὴν ἀκρόπολιν ἤδη ἐκλείπει
τοιοῦτον αἷμα ὑμῶν ἐκχεόντων αὐτῇ. δοκεῖτε γάρ
μοι προϊόντες, ἐπειδὰν τὰ Παναθήναια πέμπητε,
μηδὲ βοῦς ἔτι, ἀλλ' ἑκατόμβας ἀνθρώπων καταθύσειν
τῇ θεῷ σὺ δέ, Διόνυσε, μετὰ τοιοῦτον αἷμα ἐς τὸ
θέατρον φοιτᾷς, κἀκεῖ σοι σπένδουσιν οἱ σοφοὶ Ἀθη-
ναῖοι; μετάστηθι καὶ σύ, Διόνυσε Κιθαιρὼν καθαρώ-
τερος (V. A. IV, 22)

οις' [Δίωνι]

. αὐλῷ καὶ λύρᾳ μᾶλλον ἢ λόγῳ θέλγε. (V. A
V, 40)

CIX. Tito imperatori

Nolenti tibi ob certamen neque ob hostilem sanguinem
celebrari moderationis præbeo coronam, quoniam ob
quæ par est coronari nosti Vale

CX [Titus imperator Apollonio]

Et meo et patris nomine gratias tibi habeo et istorum
ero memor, ego enim cepi Solyma, tu autem me

CXI Apollonius Demetrio Suniensi

Ego te Tito imperatori præficio imperatorio virtutis
magistrum Tu vero cura, ut illi de te vera dixerim, et
esto ipsi præter iram omnia Vale

CXII

Imperator Vespasianus Apollonio philosopho S Si
omnes, Apolloni, eodem quo tu modo vellent philosophari,
optime sane cum philosophia et cum paupertate agere-
tur, philosophia quippe incorrupta maneret, pauperta-
tem vero ultro homines appeterent Vale

CXIII [Tarsensibus]

desinite aqua inebriari

CXIV [Scopeliano]

curavi, o Scopeliane, Eretrienses tuos adhuc iu-
venis, et auxilium tuli quantum potui et mortuis eorum
et vivis

CXV [Atheniensibus]

miror, deam non iam arcem derelinquere talem
vobis sanguinem coram ipsi effundentibus Videmini
enim mihi hac via pergentes, ubi Panathenaica celebranda
fuerint, non boves amplius, sed hominum hecatombas
deæ mactaturi Tu vero, Bacche, tali sanguine effuso
in theatrum venis? atque ibi sapientes tibi libant Athe-
nienses? Discede tu quoque, Bacche, Cithæron purior
est

CXVI [Dioni]

tibia et lyra magis quam oratione delem

9

ριζ΄. [Νέρουᾳ βασιλεῖ.]

CXVII. [Nervæ imperatori.]

Ξυνεσόμεθα, ὦ βασιλεῦ, χρόνον ἀλλήλοις πλεῖστον, ὃν μήθ᾽ ἡμεῖς ἑτέρου μήτ᾽ ἄλλος ἡμῶν ἄρξει. (V. A. VIII, 27.)

Conversabimur, o imperator, per tempus longissimum, quo neque nos alii, neque alius nobis imperabit.

ΑΡΚΕΣΙΛΑΟΥ ΕΠΙΣΤΟΛΗ.
ARCESILAI EPISTOLA.

Ἀρκεσίλαος Θαυμασίᾳ χαίρειν.

Δέδωκα Διογένει διαθήκας ἐμαυτοῦ κομίσαι πρός σε· διὰ γὰρ τὸ πολλάκις ἀρρωστεῖν καὶ τὸ σῶμα ἀσθενῶς ἔχειν ἔδοξέ μοι διαθέσθαι, ἵν' εἴ τι γένοιτο ἀλλοῖον, μήτι σε ἠδικηκὼς ἀπίω, τὸν εἰς ἐμ' ἐκτενῶς οὕτω πεφιλοτιμημένον· καὶ ἀξιοπιστότατος δ' εἶ τῶν ἐνθάδε σύ μοι τηρῶν αὐτὰς διά τε τὴν ἡλικίαν καὶ τὴν πρὸς ἡμᾶς οἰκειότητα· πειρῶ οὖν, μεμνημένος διότι σοι πίστιν τὴν ἀναγκαιοτάτην παρακατατέθεμαι, δίκαιος ἡμῖν εἶναι, ὅπως ὅσον ἐπὶ σοὶ τὰ κατ' ἐμὲ εὐσχημόνως ᾖ μοι διῳκημένα· κεῖνται δὲ Ἀθήνησιν αὗται παρά τισι τῶν γνωρίμων καὶ ἐν Ἐρετρίᾳ παρ' Ἀμφικρίτῳ.

Testamentum meum Diogeni tradidi ad te perferendum. Quia enim sæpius ægroto et corpore non recte valeo, testamentum facere placuit, ut si quid mihi acciderit, sine tua injuria proficiscear ex vita, qui unus ex omnibus maximo in me studio semper fuisti. Fidissimus autem es mihi omnium qui istuc sunt ad illud custodiendum, tum propter ætatem, tum propter necessitudinem nostram. Cura igitur, memor quantum tuæ fidei committam, ut in nos justus sis, ut quantum in te est rebus meis recte videar consuluisse. Depositum est hoc testamentum Athenis apud quosdam ex amicis et Eretriæ penes Amphicritum.

ΑΡΧΥΤΟΥ ΕΠΙΣΤΟΛΑΙ.
ARCHYTÆ EPISTOLÆ.

α'. Ἀρχύτας Πλάτωνι ὑγιαίνειν.

Καλῶς ποιεῖς ὅτι ἀποπέφευγας ἐκ τᾶς ἀρρωστίας· ταῦτα γὰρ αὐτός τὺ ἐπέσταλκας καὶ τοὶ περὶ Λαμίσκον ἀπάγγειλαν. περὶ δὲ τῶν ὑπομναμάτων ἐπεμελήθημες καὶ ἀνήλθομες ὡς Λευκανὼς καὶ ἐνετύχομες τοῖς Ὀκέλλω ἐκγόνοις. τὰ μὲν ὦν περὶ νόμω καὶ βασιληίας καὶ ὁσιότατος καὶ τᾶς τῶ παντὸς γενέσιος αὐτοί τ' ἔχομες καὶ τὶν ἀπεστάλκαμες· τὰ δὲ λοιπὰ οὗτοι νῦν γα δύναται εὑρεθῆμεν, αἰ δέ κα εὑρεθῇ, ἥξει τοι.

β'. Ἀρχύτας Διονυσίῳ ὑγιαίνειν.

Ἀπεστάλκαμές τοι πάντες οἱ Πλάτωνος φίλοι τὼς περὶ Λαμίσκον τε καὶ Φωτίδαν, ἀπολαμφούμενοι τὸν ἄνδρα καττὰν πὰρ τὶν γενομέναν ὁμολογίαν. ὀρθῶς δέ κα ποιέοις ἀναμιμνασκόμενος τήνας τᾶς σπουδᾶς, ἡνίκα πάντας ἀμὲ παρεκάλεις ποττὰν Πλάτωνος ἄφιξιν, ἀξιῶν προτρέπεσθαί τε αὐτὸν καὶ ἀναδέχεσθαι τά τε ἄλλα καὶ τὰ περὶ τὰν ἀσφάλειαν μένοντί τε καὶ ἀφορμιῶντι. μέμνασο δὲ καὶ τῆνο, ὅτι περὶ πολλῶ ἐποιήσω τὰν ἄφιξιν αὐτῶ καὶ ἀγάπας ἐκ τήνω τῶ χρόνω ὡς οὐδένα τῶν πὰρ τίν. αἰ δέ τις γέγονε τραχύτας, ἀνθρωπίζειν χρὴ κἀποδιδόμεν ἀμῖν ἀθλαβῆ τὸν ἄνδρα. ταῦτα γὰρ ποιῶν δίκαιά τε πραξεῖς καὶ ἀμῖν χαριξῇ.

I. Archytas Platoni S.

Facis tu quidem recte quod convaluisti ex ægritudine : hoc enim et ipse scripisti et Lamiscus nuntiavit. De commentariis autem curavimus, ascendimusque ad Lucanos, ibique nacti sumus Ocelli scripta. Quæ igitur de lege, de regno, de iustitia universique generatione commentatus est, et ipsi habemus et tibi misimus; reliqua modo reperiri non possunt; quum inventa fuerint, ad te deferentur.

II. Archytas Dionysio S.

Misimus ad te omnes Platonis amici Lamiscum et Photidam, virum illum abs te recepturi secundum fidem, quam tu nobis dedisti. Recte igitur feceris, si memineris quanto a nobis studio efflagitaveris Platonis ad te adventum, ut nos illum venire hortaremur, facturum te spondens omnia, illumque libere accedere et abire permissurum. Memor esto igitur quanti illius adventum feceris, quodque eo tempore cum ita amaveris ut nullum penes te alium. Quod si qua orta simultas est, humane te agere convenit, illumque nobis restituere illæsum. Hæc enim si facis, iustitiam coles ac nobis gratificaberis.

132

ΑΡΙΣΤΑΙΝΕΤΟΥ ΕΠΙΣΤΟΛΑΙ.

ARISTÆNETI EPISTOLÆ.

ΒΙΒΛΙΟΝ Α΄.

α΄.

Λαΐδα τὴν ἐμὴν ἐρωμένην εὖ μὲν ἐδημιούργησεν ἡ φύσις, κάλλιστα δὲ πάντων ἐκόσμησεν Ἀφροδίτη, καὶ τῶν Χαρίτων συνηρίθμησε τῷ χορῷ· ὁ δὲ χρυσοῦς Ἔρως ἐπαίδευσε τὴν ποθουμένην εὐστόχως ἐπιτοξεύειν ταῖς τῶν ὀμμάτων βολαῖς. ὦ φύσεως τὸ κάλλιστον φιλοτέχνημα, ὦ γυναικῶν εὔλεια καὶ διὰ πάντων ἔμψυχος τῆς Ἀφροδίτης εἰκών. ἐκείνη γὰρ (ἵνα κάλλος ἀφροδίσιον εἰς δύναμιν διαγράψω τοῖς λόγοις) λευκαὶ μὲν ἐπιμὶξ καὶ ὑπέρυθροι παρειαί, καὶ ταύτῃ τὸ φαιδρὸν ἐκμιμοῦνται τῶν ῥόδων· χείλη δὲ λεπτὰ καὶ ἠρέμα διηρμένα καὶ τῶν παρειῶν ἐρυθρότερα· ὀφρὺς δὲ μέλαινα, τὸ μέλαν ἄκρατον· τὸ δὲ μεσόφρυον ἐμμέτρως τὰς ὀφρῦς διορίζει. ῥὶς εὐθεῖα καὶ περισουμένη τῇ λεπτότητι τῶν χειλῶν· ὀφθαλμοὶ μεγάλοι τε καὶ διαυγεῖς καὶ καθαρῷ φωτὶ διαλάμποντες· τὸ δὲ μέλαν αὐτῶν μελάντατον, καὶ τὸ κύκλῳ λευκὸν λευκότατον, καὶ ἑκάτερον ὑπερβολὴν πρὸς τὸ ἕτερον ἐπιδείκνυται, καὶ τὸ λίαν ἀνόμοιον εὐδοκιμεῖ παρακείμενον. ἔνθα δὴ τὰς Χάριτας ἐγκαθιδρυμένας πάρεστι προσκυνεῖν· ἡ δὲ κόμη φυσικῶς ἐνουλισμένη ὑακινθίνῳ ἄνθει καθ' Ὅμηρον ἐμφερής, καὶ ταύτην αἱ χεῖρες τημελοῦσι τῆς Ἀφροδίτης. τράχηλος λευκός τε καὶ σύμμετρος τῷ προσώπῳ κἂν ἀκόσμητος ᾖ, δι' ἁβρότητα τεθάρρηκεν ἑαυτῷ· περίκειται μέντοι λιθοκόλλητον περιδέραιον, ἐν ᾧ τοὔνομα γέγραπται τῆς καλῆς γράμματα δ' ἐστὶ τῶν λιθιδίων ἡ θέσις· ἔτι δὲ εὐμήκης ἡλικία. σχῆμα καλόν τε καὶ περίμετρον καὶ τῷ τύπῳ συνδιατεθειμένον τῶν μελῶν ἐνδεδυμένη μὲν εὐπροσωποτάτη ἐστίν, ἐκδῦσα δὲ ὅλη πρόσωπον φαίνεται. βάδισμα τε ἀγμένον βραχὺ δέ, ὥσπερ κυπάριττος ἢ φοῖνιξ σειόμενος ἡσυχῇ, ἐπεὶ φύσει τὸ κάλλος ἐστὶν ὑπερήφανον. ἀλλ' ἐκείνους μὲν οἷα φυτὰ κινεῖ ζεφύρου πνοή, αὐτὴν δέ πως ὑποσαλεύουσι τῶν Ἐρώτων αἱ αὖραι· ταύτην ἑαυτῆς ὡς οἷόν τε ἦν οἱ κορυφαῖοι γεγράφασι τῶν ζωγράφων. ἡνίκα οὖν δέοι γράφειν Ἑλένην ἢ Χάριτας ἢ καὶ αὐτήν γε τὴν ἄρχουσαν τῶν Χαρίτων, οἷον εἰς ὑπερφυὲς παράδειγμα κάλλους ἀφροδώντες ἀνασκοποῦσι τὴν εἰκόνα Λαΐδος, κἀντεῦθεν ἀποτυποῦνται θεοπρεπῶς τὸ φιλοτεχνούμενον εἶδος. μικροῦ με παρῆλθεν εἰπεῖν ὡς κυδωνιῶντες οἱ μαστοὶ τὴν ἀμπεχόνην ἐξωθοῦσι βιαίως. οὕτω μέντοι σύμμετρα καὶ τρυφερὰ τῆς Λαΐδος τὰ μέλη, ὡς

LIBER I

I

Amicam meam Laidem bene creavit natura, sed optime omnium ornavit Venus et accensuit Gratiarum choro. At Cupido aureus amatam edocuit iaculari telis oculorum felicibus. O naturæ eximium operæ pretium, o mulierum decus, o vivam per omnia Veneris imaginem! Nam illi, ut Veneriam formam quantum pote verbis depingam, mixtæ candore ac tenui rubore genæ nativum rosarum splendorem referunt; subtiles labiæ tenuique interstitio distinctæ et rubicundiores genis; supercilia nigra purissima nigredine disparataque inter se æquabili meditullio nasus rectus et adæquatus tenuitati labiorum; oculi magni, lucidi, puro splendentes lumine; quod in iis nigrum, nigerrimum est, quod circum album, candidissimum, alterumque altero se præstare ostentat, et disparia valde gratiam sumunt ab ipsa vicinia. Gratias ibi insidentes adorare promptum. At coma nativa crispitudine similis, ut Homerus ait, hyacinthino flori, et hanc manus Veneris discriminatere. Cervix alba et facies æquabilis et inornata licet, satis teneris suis deliciis ferox; sed eam monile e gemmis cingit inscriptum formosæ nomen ferens, cui gemmarum ordo pro literis. Statura procera; vestis elegans conveniensque et membrorum adæquata compagini. Vestem induitur, facie formosa est, exuitur, tota facies est. Incessus compositus, sed brevis, cupressi aut palmæ in modum agitatæ modico flamine; nam natura forma superbior esse amat. Sed illas, plantas quippe, aura Zephyri motat, hanc leves quodammodo sublevant auræ Cupidinum. Pingere ipsam sibi quam potuere optime pictorum eximii. tum, si quando ipsis Helena Gratiæve aut ipsa Gratiarum præses effingenda, velut ad eximium pulchritudinis exemplar respiciunt ad imaginem Laidis, atque inde formam, quam accurate fingendam sibi proposuere, divine exprimunt. Pæne excidit referre quanto luctamine strophium impellant sororiantes papillæ. Cæterum tam delicata Laidis membra,

133

ὑγροφυῶς αὐτῆς λυγίζεσθαι τὰ ὀστᾶ τῷ περιπτυσσο
μένῳ δοκεῖν. τοιγαροῦν ταῦτα μικροῦ γε ὁμοίως δι᾽
ἁπαλότητα συναπομαλάττεται τῇ σαρκί, καὶ ταῖς
ἐρωτικαῖς ἀγκάλαις ὑπείκει. ἡνίκα δὲ φθέγγεται,
βαθαί, ὅσαι τῆς ὁμιλίας αὐτῆς αἱ σειρῆνες, ὅσον ἡ
γλῶττα στωμύληθρος. τῶν Χαρίτων πάντως ἡ Λαῒς
τὸν κεστὸν ὑπέζωσται, καὶ μειδιᾷ πάνυ ἐπαγωγόν.
οὕτως οὖν τὴν ἐμὴν ὡραϊζομένην καὶ τρυφῶσαν ὑπὸ
πλούτου τῆς εὐπρεπείας οὐδ᾽ ἂν ὁ Μῶμος ἐν ἐλαχίστῳ
μωμήσατο. ἀλλὰ πόθεν ἄρα με τοιαύτης ἠξίωσεν
Ἀφροδίτη; περὶ κάλλους οὐκ ἠγωνίσατο παρ᾽ ἐμοί,
Ἥρας Ἀθηνᾶς οὐκ ἔκρινα τὴν θεὸν εὐπρεπεστέραν
ὑπάρχειν, ψῆφον αὐτῇ δίκης οὐκ ἀπέδωκα μῆλον, καὶ
ἁπλῶς μοι ταύτην πεφιλοτίμηται τὴν Ἑλένην. ὦ
πότνια Ἀφροδίτη, τί σοι τῆς Λαΐδος ἕνεκα θύσω; ἣν
οἱ προσβλέποντες ἀποτροπιάζουσιν ὧδε σὺν θαύμασι
προσευχόμενοι τοῖς θεοῖς « ἀπίτω φθόνος τοῦ κάλλους,
ἀπίτω βασκανία τῆς χάριτος. » τοσοῦτον αὐτῇ περί
εστιν εὐπρεπείας, ὡς τῶν προσιόντων ἀγλαΐζειν τὰς
κόρας τὴν Λαῖδα. καὶ γέροντες εὖ μάλα πρεσβῦται
θαυμάζουσιν, ὡς οἱ παρ᾽ Ὁμήρῳ δημογέροντες τὴν
Ἑλένην, καὶ « εἴθε » φασίν « ἢ ταύτην ηὐτυχήσαμεν
ἡδύνοντες ἢ νῦν ἠρξάμεθα τῆς ἡλικίας. οὐ νέμεσις τὸ
γύναιον εἶναι διὰ στόματος τῇ Ἑλλάδι, ἔνθ᾽ οἱ κωφοὶ
διανεύουσιν ἀλλήλοις τῆς Λαΐδος τὸ κάλλος. » οὐκ ἔχω
ὅ τι λέγω, οὐδὲ ὅπως παύσωμαι· λήξω δὲ ὅμως, ἐν μέ
γιστον ἐπευχόμενος τοῖς γραφεῖσι, τὴν Λαΐδος τὴν
χάριν, ἧς δι᾽ ἔρωτα πολὺν οἶδα καὶ νῦν τὸ προσφιλὲς
ὄνομα πολλάκις εἰπών.

β'.

Ἑσπέρᾳ τῇ προτεραίᾳ μελῳδοῦντί μοι κατά τινα
στενωπὸν δύο κόραι προσῆλθον ἀποβλέπουσαι χάριν
Ἔρωτος καὶ μόνῳ γε τῷ ἀριθμῷ λειπόμεναι τῶν Χα
ρίτων. κἀμὲ διηρώτων αἱ μείρακες ἁμιλλώμεναι
πρὸς ἀλλήλας ἀδόλως καὶ ἦθος οὐ πεπλασμένον ἐμ
φαίνουσαι. « ἐπειδὴ μέλη προσᾴδων καλὰ τὰ δεινὰ
τῶν Ἐρώτων ἡμῖν ἐμβέβληκας βέλη, λέγε πρὸς τῆς
τῆς εὐμουσίας, ἧς ἐρωτικῶς πρὸς τοῖς ὠσὶ καὶ τὴν ψυ
χὴν ἐμπέπληκας ἀμφοτέρων ἡμῶν, τίνος ἕνεκα μελῳ
δεῖς; ἑκατέρα γὰρ ἑαυτῇ ἐρᾶσθαί φησι. καὶ ζηλοτυ
ποῦμεν ἤδη καὶ διὰ σὲ φιλονείκως καὶ μέχρι τριχῶν
συμπλεκόμεθα πολλάκις ἀλλήλαις. » « ἀμφότεραι
μὲν ὁμοίως » εἶπον « καλαί, πλὴν οὐδετέραν ποθῶ,
ἄπιτε οὖν, ὦ νεανίδες, ἀπόθεσθε τὴν ἔριν, παύσασθε
ζυγομαχίας. ἄλλης ἐρῶ, πρὸς αὐτὴν βαδιοῦμαι. »
« κόρη » φασίν « ἐκ γειτόνων οὐκ ἔστιν ἐνταῦθα καλή,
καὶ φὴς ἄλλης ἐρᾶν; ψεύδη προφανῶς. ὄμοσον ὡς
ἡμῶν οὐδετέραν ποθεῖς. » προσεγέλασα τηνικαῦτα
βοῶν ὡς « ἣν μὴ θέλω, πρὸς ἀνάγκης ἐπάγετέ μοι τὸν
ὅρκον. » « μόλις » ἔφησαν « κατέβημεν καιρὸν εὔκαι
ρον λαβοῦσαι, καὶ παρίστασαι διαπαίζων ἡμᾶς. οὐκ
ἀφετέος εἶ, οὐδὲ καταβαλεῖς ἡμᾶς ἀπ᾽ ἐλπίδος μεγά
λης ». καὶ ἅμα λέγουσαι προσεῖλκον, ἐγὼ δέ πως ἡδέως

---

ut pressius adtrectans dicas lenta et ductilia ossa. Nam
ea fere una cum carne impressos digitos recipiunt tenerrima, ceduntque amplexis amatoriis amatoris ulnis. At quum
loquitur, quantæ, o dii, sermonis eius dulcedines, quam
facunda lingua. Gratiarum omnino zonam præcincta
Lais dulcissime pellacem risum fundit. Ad hunc modum
florentem opibusque formæ superbam meam ne minimum
quidem mordere habet Momus. Sed qui me tali amica
dignata est Venus? non certavit de forma me iudice, non
eam Iunoni ac Minervæ censui præcellere, non addixi
malum litis calculum, et ecce ultro largitur mihi hanc
Helenam. O veneranda Venus, quæ tibi sacra faciam
pro Laide? quam mirati quicunque videre, deprecantur
his verbis deos : « absit invidia formæ, facessat gratiis
fascinum. » Tanta est elegantia Laidis, ut accedentium
pupulas faciat clariores. Quin et eam decrepiti senes
mirantur, sicuti Helenam Homerici de populo senes, et
« o utinam » inquiunt « aut hanc in ætate habuissemus,
aut redirent nobis melior ætas. Non indignum esse in
ore toti Græciæ mulierem, quum et muti nutu monstrent
invicem formam Laidis. » Non est quod dicam, neque est
qui desinam : desinam tamen, unum hoc maximum
optans, adesse his scriptis gratiam Laidis, cuius præ amore
magno iteravi nunc cupitum nomen sæpius.

II.

Cantantem me in angiportu superiori vespera duæ virgines accessere favorem amatorium oculis subindicantes,
ridentesque et solo numero cedentes Gratiis, meque rogaverunt certantes inter se serio, nec composito vultu
ad fallaciam : « quando tu bellas cantiones occentans gravibus nos fixisti sagittis Cupidinum, ecfare, testamur
tuam dulcisonam concordiam, quæ nostram utriusque
animam simul cum auribus amore perfudit, cuiusnam
gratia modularis? nam utraque amari se dicit; et iam
æmulo livore accendimur, sæpiusque propter te usque
ad comarum laniatus processere nostra certamina. »
« Certe ambæ æque formosæ estis », inquam ; « ceterum
neutram ego amo : facessite ergo hinc iuvenculæ; ponite iras, pausamque facite certaminis. Aliam amo, ad
eam viso. » « Non est » aiunt « pulchra virgo huic viciniæ, et aliam amare te dicis? manifesti teneris mendacii.
Iura te neutram e nobis diligere. » Adrisi tum exclamans « scilicet vos invitum iureiurando estis adacturæ. »
« Vix » inquiunt « occasionem commodam nactæ descendimus ac te prehendimus, et tu nos præsens præsentes
habebis ludibrio? non te amittimus, neque nos tanta spe
frustraberis. » Simul dicto trahebant ; at ego patiebar

ἠναγκαζόμην. μέχρι μὲν οὖν δεῦρο τοῦ λόγου καλῶς
ἂν ἔχοι καὶ πρὸς ὁντιναοῦν, τὸ δὲ ἐντεῦθεν ἐν κεφα-
λαίῳ τοσοῦτον λεκτέον, ὡς οὐδεμίαν λελύπηκα, θάλα-
μον αὐτοσχέδιον εὑρὼν ἀρχοῦντα τῇ χρείᾳ.

γ' Φιλοπλάτανο, Ἀνθοχόμῃ

Τῇ Λειμώνῃ χαριέντως ἐν ἐρωτικῷ συνεισιτιώμην
παραδείσῳ καὶ μάλα πρέποντι τῷ κάλλει τῆς ἐρωμέ-
νης, ἔνθα πλάτανος μὲν ἀμφιλαφής τε καὶ σύσκιος,
πνεῦμα δὲ μέτριον, καὶ πόα μαλθακή, ὥρᾳ θέρους
ἐπανθεῖν εἰωθυῖα, ἐφ' ἧς ἥδιον κατακλιθῆναι ἢ ἐπὶ τῶν
πολυτελεστάτων δαπίδων, δένδρη τε πολλὰ ὀπώρας
πληθύοντα,

ὄγχναι καὶ ῥοιαὶ καὶ μηλέαι ἀγλαόχαρποι

φαίη τις ἂν καθομηρίζων τῶν ὀπωρινῶν αὐτόθι
Νυμφῶν τὸ χωρίον. ἦν μὲν οὖν ταῦτα καὶ ἕτερα δέν-
δρα πλησίον, εὐανθῆ μὲν τοὺς ὄρπηκας, πάμφορα δὲ
τὸν καρπόν, ὡς εὐωδέστατον παρέχειν τὸν ἐράσμιον
τόπον. καὶ τούτων ἐκδρεψάμενος φύλλον ὑπεμάλαττον
τοῖς δακτύλοις, εἶτα τῇ ῥινὶ προσάγων γλυκυτέρας ἐπὶ
πλεῖστον εἰσέπνεον εὐοσμίας. ἄμπελοι δὲ παμμή-
κεις σφόδρα τε ὑψηλαὶ περιελίττονται κυπαρίττους, ὡς
ἀνακλᾶν ἐμᾶς ἐπὶ πολὺ τὸν αὐχένα πρὸς θέαν τῶν
κύκλῳ συναιωρουμένων βοτρύων, ὧν οἱ μὲν ὀργῶσιν,
οἱ δὲ περκάζουσιν, οἱ δὲ ὄμφακες, οἱ δὲ οἰνάνθαι δο-
κοῦσιν. ἐπὶ τοίνυν τοὺς πεπανθέντας ὁ μὲν ἀνερρι-
χᾶτο, ὁ δὲ ἀπὸ τῆς γῆς ἀρθεὶς ἱκανῶς ἄρρα μὲν τῇ
λαιᾷ σφοδρῶς εἴχετο τοῦ φυ-οῦ βεβηκὼς ἐπὶ τῶν κλά-
δων, τῇ δεξιᾷ δὲ παρετρύγα· ὁ δὲ ἀπὸ τοῦ δένδρου
χεῖρα ὤρεγε γεωργῷ ὑπεργεγηρακότι. ἡ δὲ πηγὴ
χαριεστάτη ὑπὸ τῇ πλατάνῳ ῥεῖ ὕδατος εὖ μάλα ψυ-
χροῦ, ὥς γε τῷ ποδὶ τεκμήρασθαι, καὶ διαρανοῦς
τοσοῦτον, ὥστε συνεπινηγομένων καὶ διαπλεκομένων
ἐπαφροδίτως ἀλλήλοις ἅπαν ἡμῶν φανερῶς ἀπωκατα-
φαίνεσθαι μέλος· ὅμως δ' οὖν οἶδα πολλάκις τὴν
αἴσθησιν πλανηθεὶς πρὸς ὁμοιότητα μήλων τε καὶ τῶν
ἐκείνης μαστῶν· μήλου γὰρ ἀμφοῖν μεταξὺ διανηχο-
μένου τῇ χειρὶ κατεδραξάμην, τοῦτο εἶναι νομίσας τὸν
κυδωνιώντα τῆς ποθουμένης μαστόν. καλὴ μὲν οὖν
νὴ τὰς κωλιάδας Νύμφας καὶ καθ' ἑαυτὴν ἡ πηγή,
φαιδροτέρα δὲ μᾶλλον ἐδόκει τοῖς εὐωδεστέροις ἐπι-
κοσμηθεῖσα τῶν φύλλων καὶ τοῖς μέλεσι τῆς Λειμώνης,
ἥτις καίπερ ὑπερφυῶς εὐπρόσωπος οὖσα, ὅμως,
ἀπεκδύεται, δι' ὑπερβολὴν τῶν ἔνδον ἀπρόσωπος εἶναι
δοκεῖ· καλὴ μὲν οὖν ἡ πηγή, εὐκραῶς δὲ καὶ ἡ τοῦ
ζεφύρου πνοή, τὸ χαλεπὸν παραμυθουμένη τῇ ὥρας,
λεπτόν ἅμα καὶ ὑπηλὸν ἐνηχοῦσα καὶ τῆς εὐωδίας
πολὺ συνεπαγομένη τῶν δένδρων, τοῖς μύροις ἀντέπνει
τῆς γλυκυτάτης καὶ συμμιγὴς ἦν εὐοσμία καὶ μικροῦ
γε ὁμοτίμως τὴν αἴσθησιν εὐφραινόντων βραχὺ γάρ,
ἡγοῦμαι, τὸ μύρον ἐνίκα, ὅτι γε τῆς Λειμώνης ὑπῆρχε
τὸ μύρον. ἔτι δὲ τὸ ἔμπνουν τῆς αὔρας λιγυρὸν ὑπή-
χει· ᾧ μουσικῷ τῶν τεττίγων χορῷ, δι' ἣν καὶ τὸ πνῖγος

---

quodammodo vim dulcissimam. Et hucusque dixi satis,
quodque fas audire cuivis. Quod superest, dicam com-
pendio: neutram ego offendi, tumultuarium stratum
nactus ac sufficiens præsenti negotio.

III. Philoplatanus Anthocomæ

Iucunde una epulabar cum Limona amatorio in horto,
qui formæ amatæ conveniens erat quam maxime. Nam ibi
platanus densa ramis, opaca umbra, aura modica, herba
mollis et tempestate æstiva florere docta, in qua con-
sidere iucundius est quam in ditissimis tapetibus, arbo-
resque iuxta crebræ frugiferæ,

Punicæque et pirus et fructu gratissima malus,

dicat quis Homericum versum referens pomariis Nymphis
sacrum locum. Sed his aliisque iuxta arboribus florentes
rami, fructus uberes suavissimo odore permulcent
amœnum locum. Decerptum ego folium commalaxavi
digitis, tum admovi naribus, id mihi odorem spiravit
longe dulcissimum. Iuxta pampini patulæ altæque ad-
irodum cupressos amplexæ nostra diu tenuere in flexu
colla, dum circulatim pendulas uvas attendimus, quarum
turgent aliæ, aliæ primulo nigrore maturescunt, acerbæ
quædam, aliæ florentes adhuc videntur. Ergo ad ma-
turiores alius reptans ascendebat, alius sublimis e terra
summa læva quantum poterat adprehensa arbore ascen-
debat in ramos, acinos decerpebat dextera, alius ex ar-
bore manum tendebat cano colono. Sub platano fons
amœnissimus fluit aquæ tam frigidæ, ut pede rigorem
sentias, tam limpidæ, ut nautibus nobis et amanter am-
plexis membra clare apparerent omnia. Sensi tamen sæ-
pius deceptos sensus similitudine malorum cum eius
uberibus, natans enim inter nos malum adprehendi manu,
sororiantem amatæ papillam tenere me ratus. Et lepidus
quidem per se fons (testor coliadas Nymphas), lepidior
tamen visus suavissimis foliorum ornatus et membris
Limonæ, quæ formosa licet supra naturam, tamen exuta
comparatione internorum bonorum deformis apparet. Le-
pidus fons, inquam, sed et iucunde temperatus Favonii
spiritus, tempestatis molestias demulcens, dum dulcem
et soporiferum sonum inspirat, et multam ex arbori-
bus suavitatem odorum secum trahens, respondebat sua-
vissimis bellæ meæ unguinibus. Miscebanturque odores
simul, et fere æquabili suavitate mulcebant sensus, nisi
quod paullum superabat unguentum mea sententia hoc
solo, quod Limonæ unguentum erat. Sed et auræ vo-
cilis sonus argutum resonabat sonoro cicadarum choro,

τῆς μεσημβρίας ἠπιώτερον ἐγεγόνει. ἡδὺ καὶ ἀηδό-
νες περιπετόμεναι τὰ νάματα μελῳδοῦσιν. ἀλλὰ καὶ
τῶν ἄλλων ἠδυφώνων κατηχούομεν ὀρνίθων ὥσπερ ἐμ-
μελῶς ὁμιλούντων ἀνθρώποις. ἔτι κἀκείνους πρὸ τῶν
ὀμμάτων ἔχειν δοκῶ. ὁ μὲν ἐπὶ πέτρας ἀναπαύει τὼ
πόδε καθ' ἕνα, ὁ δὲ ψύχει τὸ πτερόν, ὁ δὲ ἐκκαθαίρει,
ὁ δὲ ἦρέ τι ἐκ τοῦ ὕδατος, ὁ δὲ εἰς τὴν γῆν κατανένευ-
κεν ἐπισιτίσασθαί τι ἐκεῖθεν. ἡμεῖς δὲ ὑφειμένῃ τῇ
φωνῇ διελεγόμεθα περὶ τούτων, ὅπως μὴ ἀποπτῶνται
καὶ διακσκεδάσωμεν τῶν ὀρνίθων τὴν θέαν. κἀκεῖνο
δὲ νὴ τὰς Χάριτας ἐπιτερπέστατον ἦν. τοῦ γὰρ ὀχε-
τηγοῦ κατὰ τάχος ἐπὶ πρασιάς τε καὶ δένδρα τῇ σμινύῃ
καθηγουμένου τὸ ῥεῦμα, πόρρωθεν ὁ θεράπων φιάλας
καλλίστου πώματος πλήρεις ἐπὶ τὸν ὁλκὸν ἠφίει θᾶττον
φέρεσθαι κατὰ ῥοῦν, οὐ χύδην ἀλλὰ κατὰ μίαν, ἐκ δια-
στήματος βραχέος διακεκριμένας ἀλλήλων· ἑκάστων
δὲ τῶν ἐκπωμάτων δίκην ὁλκάδων ἐπιχαρίτως διεκ-
πλεόντων πτόρθον Μηδικοῦ φυτοῦ ἐπεφέρετο εὔφυλ-
λον, καὶ ἦν ταῦτα ταῖς εὐπλοούσαις ἡμῶν φιάλαις ἱστία.
τοιγαροῦν αὐτοφυῶς ἠρεμαίᾳ καὶ ἀταράχῳ πνοῇ κυ-
βερνώμεναι, καθάπερ νῆες ταχυναυτήσασαι κατὰ
πρύμναν ἱσταμένου τοῦ πνεύματος, σὺν τοῖς ἡδίστοις
φόρτοις εἰς τοὺς συμπότας εὔδιον προσωρμίζοντο· ἡμεῖς
δὲ ὑπουργικῶς ἀνασπῶντες ἑκάστην παραθέουσαν κύ-
λικα συνεπίνομεν ἴσον ἴσῳ κεκραμένην· ὁ γὰρ ἔμμε-
τρος οἰνοχόος ἐξεπίτηδες τοσούτῳ θερμότερον τοῦ δέον-
τος τὸν οἶνον συνέμισγεν ὕδατι διαπύρῳ, ὅσον ἔμελλεν
ὁ ψυχρότατος ὁλκὸς ἐπιπολάζον αὐτῷ τὸ κραθὲν ἐπι-
ψύχειν, ὅπως ἄν, μόνης γε τῆς ἀμέτρου θέρμης τῷ
ψυχρῷ μειουμένης, τὸ σύμμετρον καταλείποιτο. καὶ
οὕτω δὴ γέγονεν ἡμῖν ἀμφὶ Διόνυσόν τε καὶ Ἀφροδίτην
ἡ πᾶσα διατριβή, οὓς ἐπὶ τῇ κύλικι συνᾴδοντες ἐθελ-
γόμεθα. ἡ δὲ Λειμώνη τοῖς ἄνθεσιν οἷον λειμῶνα
τὴν κεφαλὴν ἐποιεῖτο. καλὸς δὲ ὁ στέφανος καὶ δεινὸς
ἐπιπρέψαι ταῖς ἐν ὥρᾳ καὶ φαιδρότερον τοῖς ῥόδοις
ἀποτελέσαι τὸ ἔρευθος, ὅταν ᾖ τούτων καιρός. ἄπιθι
τοίνυν, ὦ φιλότης, ἐκεῖσε (ἔστι δὲ τοῦ καλοῦ Φυλ-
λίωνος τὸ χωρίον), καὶ τοιούτων χαρίτων, Ἀνθοκόμη,
συναπόλαυε τῇ ποθουμένῃ Μυρτάλῃ.

δ'. Φιλόχορος Πολυαίνῳ.

Ἱππίας ὁ καλὸς ὁ Ἀλωπεκῆθεν ἀρτίως ἔφη πρὸς
ἐμὲ γοργῶς ἀποβλέψας « ὁρᾷς ἐκείνην, ὦ φίλε, τὴν ἐπι-
βάλλουσαν τὴν χεῖρα τῇ παιδίσκῃ; ὡς εὐμήκης, ὡς
καλὴ καὶ λίαν εὐσχήμων. νὴ θεούς, ἀστεῖον τὸ γύναιον,
ὅσον γοῦν ἅπαξ ἰδόντι κατὰ τάχος εἰκάσαι. δεῦρο, πλη-
σιαίτερον προσμίξωμεν καὶ πειρασόμεθα τῆς καλῆς. »
« σώφρονος » εἶπον « δοκεῖ μοι πρόσχημα τὸ ἀλουργὲς
ἡμιφάριον, καὶ δέδοικα μὴ προπετῶς ἐγχειρῶμεν. σκο-
πῶμεν οὖν ἀκριβέστερον· οἶδα γὰρ οὐχ ἥκιστα εἰς τὸ
κινδυνεύειν ἀφικόμενος. » ἐμειδίασεν ἐπιτιμητικὸν ὁ
Ἱππίας, καὶ τὴν δεξιὰν ἐπιτείνας οἷος ἦν ἐπιρραπίζειν
με κατὰ κόρρης, καὶ διεμέμφετο λέγων « ἀφυὴς εἶ,
νὴ τὸν Ἀπόλλωνα, καὶ ὅλως ἀπαίδευτος Ἀφροδίτης·

quæ et meridiei æstum leniebat. Dulce et lusciniæ cir-
cumvolitantes latices cantillabant. Sed et alias suavisonas
aviculas usurpavimus auribus, veluti modulatis canticis
colloquentes hominibus. Adhuc mihi ante oculos habere
eas videor; illa pedes alternis in silice requiescit, illa
alam refrigerat, siccat alia, est quæ ex aqua quid trahat,
est quæ cernua terram despectet victum inde quæsitura.
Nos de his summissa voce mussare interea, ne avolent
turbemusque avium spectaculum. Fuit et hoc per Gra-
tias iucundissimum. Aquilex festinus areis atque arbo-
ribus ligone inducebat aquam e longinquo rivulo. Im-
misit in eum canalem famulus potionis eximiæ phialas,
quæ secundo fluctu non cumulatim, sed singulæ ferrentur
brevi inter se intervallo distinctæ : ita singula pocula
navicularum ad modum eleganter natantia rectum Medi-
cæ arboris gerebant ramum frondosum, erantque hæc
vela rectum cursum tenentibus phialis, quæ suopte ingenio
lenta ac tranquilla aura gubernatæ tanquam naves cito
puppim inflante vento cum dulcissimis oneribus ad con-
vivas appellebant recta; transeuntes enim calices quisque
apprehendens manu ebibebamus, æqualiter omnes mixtos.
Nam de industria prudens pincerna tanto calidius iusto
vinum ferventi lympha temperaverat, quantum frigidis-
simi tubuli rigor refrigerare posset poculum ipsi innatans
ut nimio solum calore per aquæ frigus imminuto, ma-
neret mixtum iusto temperamine. Ad hunc nos modum
circa Bacchum et Venerem exercuimus, quos iuvabat ad
calicem simul occinere. Limona interea caput floribus
redimitum in prati speciem reddidit; coronaque ea pul-
chra sane potensque facillime decus addere floribus et
ipsis rosis, quum erunt tempestivæ, splendidiorem ru-
borem conciliare. Accede ergo et tu, mi anime, ad
istum locum (Phyllionis boni prædium est) et tantis
elegantiis fruere et tu, Anthocome una cum amica Myr-
tala.

IV. Philochorus Polyæno.

Nuper elegans ille Hippias Alopecensis torvum me re-
spiciens « Viden' tu » inquit « illam, amice, quæ famulæ
manui innititur? quam procera, quam elegans, quam
decens admodum. Festiva per deos mulier, quantum
ex primo adspectu statim conicere est. Accedamus huc
propius et formosam adtentemus. » « At mihi » inquam
ego « probæ habitus videtur purpureum hoc amiculum,
vereorque ne quid adgrediamur temere. Videamus ergo
exactius; ego enim amo caute descendere in pericula. »
Risit increpandum Hippias, extensaque dextera, quasi
alapam mihi impacturus, simul iurgabundus. « Tu
vero » inquit « per Apollinem indoctus prorsus es Vene-

σώφρων γὰρ τήνδε τὴν ὥραν καὶ διὰ μέσου τοῦ ἄστεος
οὐκ ἂν οὕτω προῄει κεκαλλωπισμένη τε καὶ ἱλαρὰ πρὸς
τοὺς ἀπαντῶντας. οὐδὲ τῶν μύρων ὅσον ὄζει καὶ
πόρρωθεν ἐπαισθάνῃ, οὐδὲ τοῦ κτύπου τῶν εὐήχων
ψελίων ἀκήκοας ἥδιστον ὑποσειομένων, ὅσον ἀποτελεῖν
εἰώθασιν αἱ γυναῖκες ἐξεπίτηδες ἀνακουφίζουσαι τὴν
δεξιὰν καὶ ἀκρογειρίζουσαι τὸν κόλπον, ἐρωτικοῖς τε
συμβόλοις τοὺς νέους εἰς ἑαυτὰς προκαλούμεναι, ἀλλὰ
καὶ ἐστράφην » ἔφη, « ἢ δὲ καὶ αὐτὴ ἀντεστράφη,
ἐκ τῶν ὀνύχων τεκμαίρομαι τὸν λέοντα. ἰστέον οὖν,
ὦ Φιλόχορε, ὅτι οὐδὲν ἡμᾶς βλάψει, ἀλλ᾽ ἐλπίδες
χαλαῖ. πλὴν αὐτὸ δείξει, ὁ τὸν ποταμὸν καθηγούμενος
ἔφη. τὸ δὲ προσδοκώμενον φανερὸν ὡς, εἰ θέλομεν,
ῥᾷστα γένοιτ᾽ ἄν. » προσπελάσας οὖν καὶ προσειπὼν
αὐτὴν καὶ ἀντιπροσρηθεὶς ᾔρετο φάσκων « πρὸς τοῦ
σοῦ κάλλους, ὦ γύναι, ἐπιτρέπεις ἡμῖν ὁμιλῆσαι περὶ
σοῦ βραχέα τῇ θεραπαίνῃ, οὐδὲν δὲ ὧν ἀγνοεῖς διαλε-
ξόμεθα τῇ παιδίσκῃ, οὐδὲ ἀνάργυρον αἰτήσομεν ἀφρο-
δίτην· χαριούμεθα δὲ ὅσον ἂν αὐτὴ θέλῃς. θελήσεις
δὲ οἶδ᾽ ὅτι τὰ μέτρια ἐπίνευσον, ὦ καλή, οὐ το-
σοῦτον ἐλεῶ τὸ τιτθίον. » ἡ δὲ τὴν σύννευσιν ἐνδο-
τικοῖς καὶ θέλουσιν ὀφθαλμοῖς ἐπιχαρίτως ἐδήλου,
καὶ οὐ κατειρωνεύσατο τὴν ὑπόσχεσιν, ἔστη δὲ καὶ
ἠρυθρίασε, καὶ ἀπέστειλεν ἐπαγωγόν τινα καὶ γλυ-
κεῖαν αὐγήν, οἵα πέφυκεν ἀπαστράπτειν ἐξ ἀπέφθου
χρυσίου. τότε δή φησιν Ἱππίας ἐπιστραφεὶς πρός με
« οὐκ ἀφυῶς ἐστοχασάμην, οἶμαι, τοῦ τρόπου τῆς γυ-
ναικός, ἀλλὰ καὶ πέπεικα ταχύ, οὐ χρόνον μακρὸν οὐ
λόγον πολὺν ἀναλώσας· σὺ δὲ τούτων ἄπειρος ἔτι
ἀλλ᾽ ἕπου καὶ μάνθανε, καὶ συναπόλαυσον ἐρωτικῷ δι-
δασκάλῳ τοῦτο γὰρ τὸ μάθημα παρ᾽ ἐν-ινοῦν πεισθῆμαι
δεινότατος εἶναι. »

ε' Ἀλκίφρων Λουκιανῷ

Πανηγύρεως ἐν προαστείῳ πανδημεὶ τελουμένης
καὶ δημοθοινίας ἀφθόνου Χαρίδημος ἐπ᾽ εὐωχίαν συν-
εκαλεῖτο τοὺς φίλους ἔνθα καὶ γυνή τις παρῆν (ὀνό-
ματι γὰρ οὐδὲν δέομαι λέγειν), ἣν αὐτὸς ὁ Χαρίδημος
οἶσθα δὲ τὸν νέον ὡς ἐρωτικὸς) ἐν ἀγορᾷ προϊοῦσαν
ἰδὼν ἀγκιστρεύει καὶ πέπεικε παραγενέσθαι τῷ δείπνῳ
πάντων οὖν εἰς ταὐτὸν ἀθροιζομένων τῶν δαιτυμόνων,
ὁ χρυσοῦς ἑστιάτωρ εἰσῄει πρεσβῦτιν τινὰ συνεπα-
γόμενος καὶ αὐτὸν δὴ συγκεκλημένον ἡμῖν ἐν ἐκείνῃ
προσιόντα πόρρωθεν κατιδοῦσα ὀξέως ὑπέδυ, καὶ θᾶτ-
τον νοήματος εἰς τὸν πλησίον οἶκον ἀπέδρα. κἀκεῖσε
μεταπεμψαμένη Χαρίδημον « ἀγνοίᾳ » ἔφη « μέγιστον
κακὸν κατειργάσω οὗτος ὁ πρεσβύτης ἀνήρ ἐστιν
ἐμός, καὶ τὴν ἐσθῆτα, ἣν ἐνδυσαμένη κατέλιπον ἔξω,
ῥᾳδίως ἐπέγνω, καὶ ὑποψίας, ὡς εἰκός, γέγονε πλήρης.
ὅμως, ἂν ταύτην λάθρᾳ ** καὶ βραχέα τῶν ὄψων ἐπι-
δοὺς, αὐτὸν ἐξαπατήσω καὶ τὸν νῦν αὐτῷ κατ᾽ ἐμοῦ
διενοχλοῦντα λογισμὸν ἑτέρωσε παρατρέψω » τούτων
οὖν ἐπιδοῦσά τιν ἀνέζευξεν οἴκαδε, καὶ τὸν σύνοικον
ἔφθη, οὐκ οἶδ᾽ ὅπως ἐκφυγοῦσα. καὶ προσλαβομένη

tis Proba quippe hac hora per mediam urbem istoc
ornatu non incederet obviaque hilaris Num nec unguenta
longe sensisti, quæ redolet? nec sonum armillarum bene
sonantium audisti dulce motarum? qualia solent mulieres
de industria levantes manum et summis digitis prendentes
sinum atque his amatoriis indiciis allectantes iuventutem
Sed et respexi » inquit « respexit et illa, 'leonem ex
unguibus agnosco Scias ergo, Philochore, nihil nobis
novæ daturam quin spes omnes bonæ Ceterum res ipsa
docebit, sicut aiebat qui in flumine tentabat vadum Sed
quod quærimus, si velimus, manifestum fiet cito » Itaque
ille accedens et eam adlocutus mutuoque adloquio digna-
tus rogare cœpit « testor formam tuam, mulier, licetne
paucis appellare super te famulam tuam? nos illi nihil
eorum quæ nescis dicemus, neque ullam gratis petemus
gratiam Quin dabimus quantum voles ipsa, voles autem,
novi, modica Annue, formosa » Illa assensionem mori-
geris oculis ac volentibus gratiose testata non dissimulavit
quin promitteret, stetitque et erubuit pellacemque et
suavem quendam fulgorem emisit, qualis ex obryzo auro
coruscare amat Tum versus ad me Hippias « non male,
opinor » inquit, « conieci ingenium mulieris, quin et
persuasi cito non magna temporis nec sermonis impensa
At tu adhuc horum imperitus, sed sequere ac disce, et
cum amorum magistro fruere una nam in hac amandi
arte confido me quemvis superare posse »

V Alciphro Luciano

Festum publicum agebatur in suburbio passimque epu-
læ, et vocatat Charidemus amicos ad convivium Aderat
et mulier quædam (nomen nihil attinet dicere), quam
Charidemus ipse (nosti amatorios iuvenis mores) obviam
in foro factam pervenatus, fecerat ut ad cœnam consti-
tueret sibi Postquam convivæ omnes convenere, venit
et aureus exhibitor, vetulam quendam ducens secum,
vocatum et ipsum, ut nobiscum esset Cum ubi acce-
dentem eminus advertit mulier, confestim elapsa, citius
cogitato insinuavit se in proximum cœnaculum, coque
vocato Charidemo « nescis » inquit « quantum mali fe-
ceris vetulus iste vir meus est vestemque quam ex hu-
meris depositam reliqui foris, agnovit facile, quodque
simile vero, suspicione mentem percussus est Si tamen
vestem illam et pauculas e convivio partes clanculum ad
me miseris, ludos faciam hominem, animumque eius se-
quiora de me agitantem alio avertam » His igitur ac-
ceptis nescio qui elapsa ac domum suam regressa præ-

φίλην αὐτῆς ἐκ γειτόνων οἰκοῦσαν προδιέθηκεν ὅπως
ἀμφότεραι βουκολήσουσι τὸν πρεσβύτην. εἶτα ἧκεν
εὐθὺς οὗτος καὶ εἰσπεπήδηκεν ἔνδον, κεκραγὼς ἅμα καὶ
πνέων θυμοῦ, τῆς τε γαμετῆς ὧδε τὴν ἀκολασίαν ἐβόα
« τὴν ἐμὴν εὐνὴν οὔποτε χαίρουσα καθυβρίσεις, » καὶ
δι᾽ ὧν ἑόρακεν ἱματίων ἀπήλεγχε τὴν μοιχείαν, καὶ
ξίφος ἤδη μεμηνὼς ἐπεζήτει. τότε δὴ λοιπὸν ἡ γεί-
των εἰς καιρὸν ἀνεφάνη καὶ « δέχου τὴν ἐσθῆτα » φησίν,
« ὦ φιλτάτη. μεγίστην οἶδά σοι χάριν. πεπλήρωκα
τὴν εὐχήν. ἀλλὰ πρὸς θεῶν μηδὲν ἀλαζονικόν· με-
τάλαβε δὲ καὶ σὺ τῶν παρατεθέντων ἡμῖν. » τούτων
οὕτω λεγομένων ὁ τραχὺς ἐκεῖνος ἀνένηψε γέρων, τόν
τε θυμὸν ἀνεκρούετο, καὶ ὑπὸ τῆς μετανοίας εἰς τοσαύ-
την πραότητα συνδιέλυσε τὴν ὀργήν, ὡς τοὐναντίον
ἀπολογεῖσθαι τῇ γαμετῇ. « ὦ γύναι, συγγίνωσκέ
μοι » φησίν. « ἐξέστην, ὁμολογῶ· ἀλλὰ τῆς σῆς ἕνεκα
σωφροσύνης θεός τις εὐμενὴς εἰς κοινὴν σωτηρίαν φι-
λανθρώπως ἀπέσταλκε ταύτην, καὶ ἀμφοτέρους ἀπέ-
σωσεν εἰσδραμοῦσα. »

ς΄. Ἑρμοκράτης Εὐφορίωνι.

Κόρη τις πρὸς τὴν ἑαυτῆς ἔφη τροφόν « εἴ μοι πρό-
τερον ἐπομόσεις ὃ δ᾽ ἂν εἴπω φυλάξειν ἀπόρρητον, αὐ-
τίκα τοῦτό σοι λέξω. » ὀμώμοκεν ἡ τιτθή, ἡ δὲ παῖς
εὐθὺς εἴρηκεν « οὐκέτι σοι παρθένος ἐγώ, ὡς γε πρὸς
σὲ τἀληθὲς εἰρῆσθαι. » ἀνακέκραγεν ἡ γραῦς, ἅμα τὴν
παρειὰν αἰκιζομένη καὶ σχετλιάζουσα τὸ συμβάν. ἡ
δὲ κόρη φησὶ « σίγα πρὸς θεῶν, ὦ Σωφρόνη. ἔχε
ἡσυχῆ, μή τις τῶν ἔνδον ὠτακουστῶν ὑποκλέψῃ τὸν
λόγον. οὐκ, ἀρτίως ὀμώμοκας μηδενὶ παντά-
πασιν ἐξειπεῖν; τί οὖν, ὦ φίλη, σφόδρα καὶ μεγάλως
βοᾷς; νὴ τὴν Ἄρτεμιν, ὦ μῆτερ, καίτοι πρὸς τοῦ
ἔρωτος φλεγομένη δεινῶς, ἐσπούδακα σωφρονεῖν καθ᾽
ὅσον ἠδυνάμην. σμικρὰ δὲ οἷά τε ἦν, καὶ δίχα μοι
γέγονε τὰ νοήματα. διελογιζόμην δὲ πρὸς ἐμαυτὴν
«πειθαρχήσω τῷ ἔρωτι; ἀμελήσω τοῦ πόθου»; ἀμφότερά
μ᾽ ἐκράτει. εἶτα πολὺ μᾶλλον ἐπὶ θάτερα πρὸς τὸν
ἔρωτα κλίνω· ηὐξάνετο γὰρ τῇ μελλήσει, καὶ ὡς φυ-
τὸν ἐν τῇ γῇ, οὕτως ἔνδον τῆς ἐμῆς ὑπερεφύετο ψυχῆς.
οὕτως οὖν ἡττήθην, ὁμολογῶ, τῆς ἀνικήτου λαμπά-
δος. » ἔφη τοίνυν ἡ πρεσβῦτις « χαλεπώτατον μὲν
τὸ δυστύχημα, τέκνον, καὶ τὴν ἐμὴν ᾔσχυνας πολιάν·
πλὴν ἐπεὶ τὸ πραχθὲν οὐκ ἂν ἄλλως ἔχοι, τὰ δεύτερα
παραινῶ. πέπαυσο τούτων, μηδὲ περαιτέρω ἐξαμάρ-
τανε, μή ποτέ σου τῆς γαστρὸς ὀγκουμένης ἐπὶ προή-
κοντι τῷ πράγματι καὶ τῷ χρόνῳ ἐναργῶς κατανοή-
σωσι τὸ τολμηθὲν οἱ τεκόντες. ἀλλ᾽ εἴθε σοι γάμος
ταχύ, πρὶν κατάφωρος γένῃ, συνεπινεύσειαν οἱ θεοί.
ἤδη δὲ τηλικαύτη γεγένησαι, καὶ αὐτίκα χρημάτων εἰς
προῖκα τῷ σῷ δεήσει πατρί. » « τί φῄς, ὦ μῆτερ;
τοῦτο δέδοικα μάλιστα πάντων. » « μηδὲν δείσῃς, ὦ
παῖ· ἐγώ σε τηνικαῦτα διδάξω πῶς ἂν ἡ πρὸ γάμου
γεγονυῖα γυνὴ παρθένος ἔτι δόξειε τῷ νυμφίῳ. »

---

vertit virum, adsumptaque amica e vicinia constituerunt
simul, qui senem ambæ ductarent dolis. Ille statim
venit domum irruitque clamans simul et furorem spi-
rans uxorisque incusans probrum. « At meum » inquit
« cubile non amplius secura pollues » Simul ex vesti-
bus quas viderat arguebat stupri coniugem, iamque fu-
rens quærebat gladium, quum ecce in tempore apparens
vicina « tene tibi » inquit, « amica, vestem tuam; gratiam
tibi habeo maximam; exsolvi preces, sed cas, per deos,
non arrogantes. Verum sume et tu de his quæ adposi-
ta nobis. » Hæc ubi dixit, placati animi tetrici senis de-
tumuitque ira, et suspicium simul cum furore mutavit
tanta mansuetudine, ut purgaret se ultro coniugi. « Parce »
inquit, « mulier, extra me fui, fateor; sed aliquod numen
pudicitiæ tuæ propitium commodum hanc benignissime
summisit communi bono, quæ nos ambo servavit inter-
ventu suo. »

VI. Hermocrates Euphorioni.

Puella quædam ad nutricem « si das fidem » inquit
« tacituram quod dixero, iam ego id aperiam tibi. »
Iuravit nutrix : tum puella statim « verum ut fatear »
inquit, « non ego tibi virgo amplius. » Clamare ocius
vetula, simul laniare genas et male factum queri. Sed
puella « tace per deos » inquit, « Sophrona mater, ac
quiesce, ne quis intus dicta nostra aucupetur arbiter.
Hei mihi! non modo iurasti nulli te omnimodis edicturum?
quid tu ergo, amica, clamorem concitatum tollis? Dia-
nam testor, mater; quamvis amore ardens efflictim, volui
continere quantum in me fuit. Sed parum potui, diver-
sæque in animo mihi erant sententiæ. Dicebam quippe
mecum : parebo amori an spernam cupidinem? Utrumque
plus poterat : sed tandem inclinavi ad amorem magis.
Augebat enim mora, ac velut hærens terræ planta suc-
crescebat intus in anima mea. Ita victa sum, fateor, ab
invicta lampade. Ad hæc vetula « grave malum narras »
inquit, « filia; dehonestasti canos meos. Verum quoniam
factum fieri infectum non potest, quod superest, abstine
ab his, moneo, nec pecca denuo; ne forte processu rei
simul ac temporis tumescente utero gnarum id totum
fiat parentibus. Sed utinam tibi, priusquam prehendare,
dii celeres annuant nuptias. Et tu iam matura viro, bre-
vique paratis nummis in dotem tuam opus erit patri. »
« Quid ais, mater? nihil est quod metuam magis. »
« Noli vereri, filia; tum ego te docebo, qui mulier ante
nuptias adhuc sponso te probes virginem. »

ζ΄ Κυρτίων Δικτύι

Παρὰ τὴν ἀκτὴν ἑστηκότι μοι κατὰ πέτρας καὶ τῷ
ἐγκίστρῳ προσπεπηγότα κάλλιστον ἰχθὺν ἀνασπῶντι,
τοῦ καλάμου κυρτουμένου τῷ βάρει, προσῆλθέ τις
ὑπρόσωπος κόρη, κάλλος αὐτοφυὲς καὶ ὅμοιον αὐτο-
μάτῳ φυτῷ φέρουσα. καὶ πρὸς ἐμαυτὸν ἔφην « ἑτέρα
πολλῷ βελτίων τῆς προτέρας ἐμπέπτωκεν ἄγρα. »
αὕτη δέ « τὴν ἐσθῆτα » φησί, « πρὸς τοῦ σοῦ Ποσει-
δῶνος, φύλαττε τὴν ἐμήν, ἄχρις ἂν τοῖς κύμασιν
ἐμαυτὴν ἀπολούσω » ἤσθην ἀληθῶς, καὶ σφόδρα
χαίρων τὴν αἴτησιν προσηχάμην, οἷα δὴ μέλλων αὐ-
τὴν γυμνωθεῖσαν ὁρᾶν ὡς οὖν ἐξεδύσατο καὶ τὸν
ἔσχατον χιτωνίσκον, ὅλος ἐξέστην ἐκπλαγεὶς πρὸς τὴν
λαμπρότητα τῶν μελῶν ἐξέλαμπε γὰρ ἐκ πολλῆς τε
καὶ μελαίνης κόμης λευκὸς μὲν τράχηλος, εὐανθὴς δὲ
παρειά· χρώματα λαμπρὰ μὲν τῇ φύσει, ἀνθηρό-
τερα δὲ τῇ πρὸς τὸ μέλαν φιλονεικίᾳ ἐντεῦθεν εἰσ-
πεπήδηκεν ἔνδον, καὶ παρενήχετο ἦν γὰρ ἄ-άρχον
καὶ γαληναῖον τὸ κῦμα. καὶ τῷ ἀφρῷ τοῦ περιρρέον-
τος κύματος ἡ χροιὰ τοῦ σώματος λευκανθίζουσα πι-
ρισοῦτο νὴ τοὺς Ἔρωτας, εἰ μὴ πρότερον ἕτερον
τεθεαμένος αὐτήν, ᾠήθην ἄν τινα τῶν θρυλουμένων
Νηρείδων ὁρᾶν. ὡς δὲ ἱκανῶς εἶχε τῶν θαλαττίων
λουτρῶν, εἶπες ἂν τὴν κόρην ἀνίσχουσαν τῶν κυμά-
των ἰδεῖν καὶ οὕτω τῆς θαλάττης τὴν Ἀφροδίτην εὐπρε-
πῶς προιοῦσαν γράφουσιν οἱ ζωγράφοι » αὐτίκα γοῦν
προσδραμὼν θοιμάτιον ἀπεδίδουν τῇ ποθουμένῃ, προσ-
παίζων ἅμα καὶ πειρώμενος τῆς καλῆς ἡ δέ (ἦν
γὰρ ὡς ἔοικε σεμνή τε καὶ βλοσυρά) ἠρυθρίασε μετ᾽
ὀργῆς, καὶ γέγονε τὸ πρόσωπον θυμουμένης κάλλιον,
τὸ δὲ ὄμμα καίπερ ἀγανακτούσης ἡδύ, ὥσπερ καὶ τὸ
τῶν ἄστρων πῦρ φῶς μᾶλλόν ἐστιν ἢ πῦρ τόν τε
θηρατικὸν κατέαξε κάλαμον, καὶ τοὺς ἰχθῦς προσέρ-
ριψε τῇ θαλάττῃ ἐγὼ δὲ ἀμήχανος παρεισήχειν,
καὶ οὓς ἐθηρασάμην θρηνῶν καὶ ἥ, οὐκ ἤγρευσα μει-
ζόνως δακρύων

η΄ Ἐχέπωλος Μελεσίππῳ

« Εὖγε τῆς εὐπρεπείας, βαβαὶ τῆς ἐλάσεως ὡς
ἀμφοτεροδέξιος οὗτος πέφυκεν ἱππότης καὶ κάλλει
διαπρέπει, καὶ ὑπερφέρει τῷ τάχει. ὡς ἔοικε, τοῦτον
οὐκ ἐδάμασεν Ἔρως, ἀλλ᾽ ἔστιν αὐτὸς τριπόθητος Ἀ-
δωνις ταῖς ἑταίραις. » ταῦτά μου λέγοντος ὁ χρυσοῦς
ἀκήκοεν ἱππεύς, καὶ διαμεμφόμενος ἔφη « οὐδὲν πρὸς
τὸν Διόνυσον οὐδὲ πρὸς ἐμὲ τοῦτον οἰκείως εἴρηκας
τὸν λόγον. ἄριστα μόνος οὗτος ἱππάζεσθαι πόθος
αὐτὸς ἐμὲ καὶ δι᾽ ἐμοῦ τάχιστα τὸν ἵππον ἐλαύνει,
καὶ τὸν θέοντα κεντρίζει δεινῶς, ὀξύτερον κατεπείγων
ἐπίδος οὖν, ἱπποκόμε, τοῖς δρόμοις, ἅμα τε ᾄδων καὶ
ᾄσμασιν ἐρωτικοῖς τὸν ἔρωτα θεραπεύων. » ᾖδον
τοίνυν τοιόνδε πρὸς ἐκεῖνον αὐτοσχέδιον μέλος, ἐξ αὐτοῦ
τὴν πρόφασιν εἰληφώς « ἐγώ σε, δέσποτα, κατά γε

VII. Cyrtion Dictyi

Dum ad litus in scopulo molior, hærentemque hamo
pulcherrimum piscem traho curvato pondere calamo
ecce accedit decora virgo, nativa forma similique arbori
suo ingenio natæ Tum ego mecum « alia incidit » in-
quam « captura longe potior » Illa « per tuum » inquit
« Neptunum, serva mihi vestem meam, dum me abluo
fluctibus » Ego serio lætus hilarisque annui roganti,
visurus quippe nudatam virginem Ergo ubi interiorem
tunicam exuit, obstupui mirabundus membrorum elegan-
tiam Elucebat enim ex densa nigraque coma collum
album ac rubicunda gena, pulchri uterque per se colores,
sed splendidiores nigri vicinia Inde saltu se in undas de-
dit et innatavit mari, tranquilli quippe et immoti sile-
bant fluctus, spumamque circumfluitantis æstus albi-
cans corporis æquabat color Cupidines testor, ni prius
eam vidissem, credidissem videre me unam e famosis
Nereidibus Sed ubi satias eam cepit marinæ lotionis,
dixisses visa exeunte e fluctibus virgine « ad hunc modum
decore pingunt Venerem emergentem se e mari » Ego
tum accurrens ocius vestem amatæ reddidi, simul accessi
formosamque attrectare ausus sum Illa (gravis enim
erat et verenda, sicuti videbatur) succensens erubuit,
fuitque pulchrior iratæ vultus oculusque quamvis excan-
descentis suavis veluti siderum flamina, lumen immo
non flamma Tum piscatorium calamum fregit remisit
que mari pisces Adstabam ego interea incertus consili,
et quos ceperam deflens et quam non ceperam deplorans
magis

VIII Echepolus Melesippo

« O decentiam o equitandi peritiam ' quam dexteritate
ancipiti felix eques iste ' et forma antistat et velocitate
præcellit Nunquam hunc, opinor, Amor domuit, sed
Adonis ipse est, puellarum desiderium » Audit hæc di-
centem aureus eques, ac reprehendit dicens « nihil hoc
tu ad rem, neque convenientem mihi sermonem exorsus
Unus amor equitare optime novit, is me et per me velo-
cissime equum agitat currentemque acriter pungit urgens
instantius Perge ergo in hoc curriculo, equiso, canens
simul et amatoriis canticis demulcens Cupidinem »
Ego igitur natum sub manum carmen occinui, caussam
ab ipso sumens « ego te, domine, mea quidem senten-

τὴν ἐμὴν εἰκότως ἱπποδρόμον ἐνόμιζον ἐλεύθερον βέλους. εἰ δὲ τοσοῦτον κάλλος ἔχων ἐρᾷς, νὴ τὴν Ἀφροδίτην, ἀδικοῦσιν οἱ Ἔρωτες. ὅμως γε τοῦτό σε μὴ σφόδρα λυπείτω. καὶ τὴν ἑαυτῶν ἔτρωσαν ἐκεῖνοι μητέρα. »

θ'. Στησίχορος Ἐρατοσθένει.

Γυνή τις ἐν ἀγορᾷ προϊοῦσα τόν τε σύνευνον εἶχε πλησίον, καὶ ὑπὸ τῶν οἰκετῶν περιεστοιχίζετο κύκλῳ. ὡς δὲ προσιόντα τὸν ἑαυτῆς εἶδε μοιχόν, ἄφνω βουλεύεται δαιμονίως ἅμα τῇ θέᾳ, ὅπως ἂν εὐπροσώπως ἅψηται τοῦ ποθουμένου, καί τι τυχὸν καὶ λαλοῦντος ἀκούσῃ. αὐτὴ μὲν οὖν ὤλισθεν, ὡς ἐδόκει, καὶ πέπτωκεν ἐπὶ γόνυ· ὁ δὲ μοιχὸς συμπράττων ὥσπερ ἀπὸ συνθήματος τῇ γνώμῃ τῆς γυναικὸς ὀρέγει τὴν χεῖρα καὶ διανίστησι πεπτωκυῖαν, λαβόμενος τῆς δεξιᾶς καὶ τοῖς ἐκείνης δακτύλοις τοὺς ἑαυτοῦ περιπλέξας, καὶ ὡς οἶμαι πρὸς τοῦ ἔρωτος ὑπέτρεμον ἀμφοτέρων αἱ χεῖρες. ὁ μὲν οὖν μοιχὸς τῆς πεπλασμένης αὐτὴν παραμυθούμενος συμφορᾶς εἶπεν ἄττα δήπου καὶ ἔφη· ἡ δὲ, ὥσπερ ἀλγοῦσα, λάθρᾳ τῷ στόματι προσάγει τὴν χεῖρα, καὶ τοὺς ἑαυτῆς πεφίληκε δακτύλους ὧν ἐκεῖνος προσήψατο, ἔτι δὲ καὶ τοῖς ὀφθαλμοῖς ἐρωτικῶς ὑπέθηκε τούτους, δάκρυον ὑποκρίσεως ἀποματτομένη τῶν μάτην πρὸς αὐτῆς ὑποθλιβομένων βλεφάρων.

ι'. Ἐρατόκλεια Διονυσιάδι.

Ἀκόντιος τὴν Κυδίππην καλὸς νεανίας καλὴν ἔγημε κόρην· ὁ γὰρ παλαιὸς λόγος εὖ ἔχει, ὡς ὁμοίως ὁμοίῳ κατὰ θεῖον ἀεὶ προσπελάζει. καὶ τὴν μὲν ἅπασι τοῖς ἑαυτῆς φιλοτίμως κεκόσμηκεν Ἀφροδίτη, μόνου τοῦ κεστοῦ φεισαμένη· καὶ γὰρ τοῦτον πρὸς τὴν παρθένον εἶχεν ἐξαίρετον ἡ θεός. καὶ τοῖς ὄμμασι χάριτες οὐ τρεῖς καθ' Ἡσίοδον ἀλλὰ δεκάδων περιεχόρευε δεκάς. τὸν δὲ νέον ἐκόσμουν ὀφθαλμοὶ φαιδροὶ μὲν ὡς καλοῦ, φοβεροὶ δὲ ὡς σώφρονος, καὶ φύσεως ἔρευθος εὐανθὲς ἐπέτρεχε ταῖς παρειαῖς. οἱ δὲ φιλοθεάμονες τοῦ κάλλους εἰς διδασκάλου προϊόντα περιεσχόπουν συνωθοῦντές τε ἀλλήλους, καὶ ἦν ὁρᾶν πρὸς τούτου πληθούσας μὲν ἀγοράς, στενοχωρουμένας δὲ λαύρας. καὶ πολλοί γε διὰ τὸ λίαν ἐρωτικὸν τοῖς ἴχνεσι τοῦ μειρακίου τοὺς ἑαυτῶν ἐφήρμοσαν πόδας. οὗτος ἠράσθη Κυδίππης· ἔδει γὰρ τὸν καλὸν τοσούτους τετοξευκότα τῷ κάλλει μιᾶς ἀκίδος ἐρωτικῆς πειραθῆναί ποτε, καὶ γνῶναι σαφῶς οἷα πεπόνθασιν οἱ δι' αὐτὸν τραυματίαι. ὅθεν ὁ Ἔρως οὐ μετρίως ἐνέτεινε τὴν νευράν (ὅτε καὶ τερπνὴ πέφυκεν ἡ τοξεία), ἀλλ' ὅσον εἶχεν ἰσχύος προσελκύσας τὰ τόξα, σφοδρότατα διαφῆκε τὸ βέλος. σοιγαροῦν εὐθέως, ὦ κάλλιστον παιδίον Ἀκόντιε, δυοῖν θάτερον, ἢ γάμον ἢ θάνατον διελογίζου βληθείς. πλὴν αὐτὸς ὁ τρώσας ἀεί τινας παραδόξους μηχανὰς διαπλέκων ὑπέθετό σοι καινοτάτην βουλήν, τάχα που τὸ σὸν αἰδούμενος κάλλος. αὐτίκα γοῦν κατὰ τὸ Ἀρτεμίσιον

tia, ut par erat, credebam equitem liberum a vulnere : sed si cum hac forma amas, Venerem testor, iniurii sunt Cupidines. Nec tu ideo tamen gravius succenseas. Et illi sauciaverunt matrem suam. »

IX. Stesichorus Eratostheni.

Mulier incedens in foro coniugem habebat ad latus, stipabaturque undique secus famulorum globo. Sed ut procedentem versus ipsam adulterum suum vidit, e re nata consilium ocius iniit, qui amasium honeste attingeret et fortean audiret loquentem. Ergo illa lapsam se simulans cecidit in genu, mœchusque velut de compacto mulieris consilium adiuvans extensa manu lapsam erexit adprehensa dextera, suosque digitos illius digitis implicuit. Tremuere, opinor, præ amore utræque manus. Tum adulter simulatum casum consolabundus quædam insusurravit : illa dolorem fingens clandestino manum admovit ori basiavitque tactos amanti digitos. Quin et eos amatorie oculis imposuit, simulatas lacrimas e contritis frustra palpebris extersura.

X. Eratoclea Dionysiadi.

Acontius Cydippen bellus iuvenis bellam virginem duxit domum. Recte est enim in veteri dicto, similem simili divinitus semper adgregari. Nam illam omnibus suis honoribus liberaliter honestavit Venus, solam sibi zonam reservans, quam præ mortali præcipuam haberet dea. Tum oculos eius ncn trinæ secundum Hesiodum sed decies denæ pererrabant Gratiæ. Iuvenem contra decorabant oculi lucidi quidem ut pulchri, verendi tamen ut casti, nativusque ac florus rubor conlustrabat genas. Itaque formarum spectatores ad ludi magistrum itantem trudentes se invicem intuebantur, eratque videre illius causa forum hominibus plenum, angustas vias : quin et multi amabili hac specie lactati pueri vestigiis suos ipsorum pedes applicabant. Talis Acontius Cydippen amare cœpit; oportebat enim formosum tot sauciatis forma sua mortalibus sentire et ipsum semel unam puncturam Cupidinum, ut sciret expertus qualia passi forent quos ipse sauciaverat. Itaque Amor non laxius nervum intendit, quandoquidem iucunda sagittarum emissio, sed arcu quantum potuit adducto iaculum emisit vi maxima. Quippe tu statim, Aconti, lepidum caput, ubi saucius factus es, alterutrum apud te ipsum constituisti, aut mortem aut nuptias. Ceterum idem ille, qui te vulneraverat, consuetus miras quasdam semper machinas nectere, novum tibi consilium iniecit, tuam fortean formam reveritus. Ita

ὡς ἐθεάσω προκαθημένην τὴν κόρην τοῦ κήπου τῆς
Ἀφροδίτης, κυδώνιον ἐκλεξάμενος μῆλον, ἀπατηλὸν
αὐτῷ περιγεγράφηκας λόγον, καὶ λάθρᾳ διακυλίσας πρὸ
τῶν τῆς θεραπαίνης ποδῶν. ἡ δὲ τὸ μέγεθος καὶ τὴν
χροιὰν καταπλαγεῖσα ἀνήρπασεν, ἅμα διαποροῦσα τίς
ἄρα τοῦτο τῶν παρθένων μετεώρως ἀπέβαλε τοῦ προ-
κολπίου « ἄρα » φησὶν « ἱερὸν πέφυκας, ὦ μῆλον, τίνα
δέ σοι πέριξ ἐγκεχάρακται γράμματα; καὶ τί σημαί-
νειν ἐθέλεις; δέχου μῆλον, ὦ κεκτημένη, οἷον οὐ τε-
θέασαι πρότερον. ὡς ὑπερμέγεθος, ὡς πυρρωπόν, ὡς
ἐρύθημα φέρον τῶν ῥόδων. εὖγε τῆς εὐωδίας ὅσον
καὶ πόρρωθεν εὐφραίνει τὴν αἴσθησιν. λέγε μοι, φιλ-
τάτη, τί τὸ περίγραμμα τοῦτο, ἢ δὲ κόρη κομισαμένη
καὶ τοῖς ὄμμασι περιθέουσα τὴν γραφὴν ἀνεγίνωσκεν
ἔχουσαν ὧδε « μὰ τὴν Ἄρτεμιν Ἀκον-ίῳ γαμοῦμαι »
ἔτι διερχομένη τὸν ὅρκον εἶ καὶ ἀκούσιόν τε καὶ νόθον,
τὸν ἐρωτικὸν δόλον ἀπέρριψεν αἰδουμένη, καὶ ἡμίφωνον
καταλέλοιπε λέξιν τὴν ἐπ᾽ ἐσχάτῳ κειμένην, ἅτε δια-
μνημονεύουσαν γάμον, ὃν σεμνὴ παρθένος κἂν ἑτέρου
λέγοντος ἠρυθρίασε. καὶ τοσοῦτον ἐξεφοινίχθη τὸ
πρόσωπον, ὡς δοκεῖν ὅτι τῶν παρειῶν ἔνδον εἶχέ τινα
ῥόδων λειμῶνα, καὶ τὸ πῶμα τοῦτο μηδὲν τῶν
χειλῶν αὐτῆς διηφέρειν. εἶπεν ἡ παῖς, ἀκίχλον Ἄρ-
τεμις· καὶ παρθένος οὖσα θεός, Ἀκόντιε, συνελάβετό
σοι τοῦ γάμου· τέως οὖν τὸν δείλαιον — ἀλλ᾽ οὔτε
θαλάττης τριχυμίας οὔτε πόθου κορυφούμενον σάλον
εὐμαρὲς ἀφηγεῖσθαι. δάκρυα μόνον, οὐ/ ὕπνον αἱ
νύκτες ἐπῆγον τῷ μειρακίῳ κλάειν γὰρ αἰδούμενος
τὴν ἡμέραν, τὸ δάκρυον ἐταμιεύετο ταῖς νυξίν· ἐκτα-
κεὶς δὲ τὰ μέλη καὶ δυσθυμίαις μαραινόμενος τὴν χροιὰν
καὶ τὸ βλέμμα δεινῶς ὡρακιῶν ἐδεδίει τῷ τεκόντι φα-
νῆναι, καὶ εἰς ἀγρὸν ἐπὶ πάσῃ προφάσει τὸν πατέρα
φεύγων ἐφοίτα. διόπερ οἱ κομψότεροι τῶν ἡλικιωτῶν
Λαέρτην αὐτὸν ἐπωνόμαζον, γηπόνον τὸν νεανίσκον
οἰόμενοι γεγονέναι· ἀλλ᾽ Ἀκοντίῳ οὐκ ἀμπελῶνος
ἔμελεν, οὐ σκαπάνης, μόνον δὲ φηγὸς ὑποκαθήμενος
ἢ πτελέαις ὡμίλει· τοιάδε « εἴθε, ὦ δένδρα, καὶ νοῦς
ὑμῖν γένοιτο καὶ φωνή, ὅπως ἂν εἴποιτε ᾽ Κυδίππη
καλή, ᾽ ἢ γοῦν τοσαῦτα κατὰ τῶν φλοιῶν ἐγγεκολαμ-
μένα φέροιτε γράμματα, ὅσα τὴν Κυδίππην ἐπονο-
μάζει καλήν. Κυδίππη, καλήν σε καὶ εὔορκον ὁμοίως
προσείπω ταχύ, μηδὲ Ἄρτεμις ἐπὶ σὲ ποιναῖον βέλος
ἀφῇ καὶ ἀνέλῃ· μενεῖ δὲ τὸ πῶμα προσκείμενον τῇ
φαρέτρᾳ. ὦ δυστυχὴς ἐγώ· τί δέ σοι τοῦτον ἐπῆγον
τὸν φόβον, ὁπότε καί φασι τὴν θεὸν ἐπὶ πάσαις μὲν
ἁμαρτάσι κινεῖσθαι δεινῶς, μάλιστα δὲ τοὺς ἀμελοῦντας
τῶν ὅρκων πικρότερον τιμωρεῖσθαι· εἴθε μὲν οὖν ὡς
ἀρτίως ηὐχόμην εὔορκος εἴης, εἴθε γὰρ εἰ δὲ ἀποβαίη
ὅπερ μηδὲ λέγειν καλόν, ἡ Ἄρτεμις ἔστω σοι, παρ-
θένε, πραεῖα· οὐ σὲ γὰρ ἀλλὰ τὸ/ δόντα τῆς ἐπιορκίας
τὴν πρόφασιν κολαστέον. μαθήσομαι μόνον ὡς με-
μέληκέ σοι τῶν γραμμάτων, καὶ τοῦ σοῦ πρηγατῆρος
τὴν ἐμὴν ψυχὴν ἀπαλλάττων οὐ/ ἧττον αἵματος ἀφει-
δήσω τοῦ ἡμετέρου ἤπερ ὕδατος εἰκῆ γεομένου. ἀλλ᾽

simul in Dianæ sedentem puellam vidisti, decerptum in
horto Veneris malum Cydonium fallaci circum inscriptione
literatum provolvisti clanculum ante famulæ pedes, quod
illa statim et molem et colorem pomi mirata rapuit, du-
bitabunda simul cuinam id e virginibus aliud agenti exci-
disset e sinu « An tu potius » inquit « sacrum es
malum? quæ tibi autem insculptæ circum literæ, quidve
sibi volunt? Tene pomum, domina, quale non vidi ego
antehac Quam supra modum magnum, quam rutilum,
quam rosas rubore referens! Euge suavem odorem,
quamque id nares etiam a longe permulcet! Dic mihi,
carissima, quid sibi vult inscriptio hæc? » Tum puella
suscepit malum, oculis percurrit scripturam, perlegit titu-
lum in hæc verba conceptum « Per Dianam Acontio nu-
bam » Adhuc iusiurandum, quamvis et invitum nec legi-
timum, proferebat, quum amatoriam decipulam vere-
cundata proiecit dimidiatamque reliquit vocem ultimam,
quippe in qua nuptiarum mentio, quas etiam aliis lo-
quentibus erubescunt honestæ virgines Denique ita
vultum erubuit, ut rosarium quoddam pratum habere
videretur intra genas rubuloque is rubor cedebat eius
labiis Ergo puella elocuta est, Diana audit, deaque
virgo conuravit, Aconti, in tuas nuptias Miser ille in-
terea — sed neque decumani fluctus, nec Cupidinis subli-
mem æstum verbis exsequi promptum Lacrimas solas,
non somnum noctes adferebant iuveni nam pudens flere
de die reservabat noctibus fletus, simul tabescens membra
coloremque desperatione marcescens et visum admodum
pallidus patris conspectum verebatur, itabatque in agrum
quovis prætextu patrem fugiens, unde Laertes vocabatur
ab æqualium elegantiusculis, agricolam eum factum cre-
dentibus Sed Acontio non vineta curæ, non ligo solum
fagus aut pinus, sub quibus desidebat adlocutus « Uti-
nam » inquiebat « et mens vobis arbores et vox esset, ut
hoc unum dictitaretis ᾽ Cydippe pulchra, ᾽vel saltem corti-
cibus inscriptas ferte hoc ipsum literas Liceat
mihi propediem, Cydippe, formosam te et iurandi reli-
giosam dicere Neque te Diana sagitta ultrice tollat
quin tectam operculo teneat pharetram Sed o miserum
me, quid ego te hunc adegi metum? nam aunt ceteris
quidem peccatis succensere graviter deam, sed præ aliis
in iurisiurandi neglecti reos vindicare severius Utinam
ergo, sicuti optabam modo, iurandum serves, utinam!
Sin contra eveniat, quod nec fas dictu, sit tibi Diana virgo
propitia Non enim tu, sed qui periurio caussam dedit,
dignus vindicta Sentiam solum curæ tibi fuisse eas li-
teras, et a flamma et face tua animum avellens non
magis parcam sanguini meo, quam effusæ temere lymphæ

ὦ φίλτατα δένδρα, τῶν ἡδυφώνων ὀρνίθων οἱ ὄχοι,
ἆρα κἂν ὑμῖν ἐστιν οὗτος ὁ ἔρως, καὶ πίτυος τυχὸν
ἠράσθη κυπάριττος ἢ ἄλλο φυτὸν ἑτέρου φυτοῦ; μὰ
Δί᾽ οὐκ οἶμαι· οὐ γὰρ ἂν ἐφυλλορροεῖτε, καὶ τοὺς
κλάδους ἁπλῶς ὁ πόθος κόμης ὁμοῦ καὶ ἀγλαΐας ἐψίλου,
ἀλλὰ καὶ μέχρι στελέχους τε καὶ ῥιζῶν ὑπονοστήσας
τῷ πυρσῷ διικνεῖτο. » τοιαῦτα μὲν τὸ παιδίον διελέ-
γετο, πρὸς τῷ σώματι μαραινόμενος καὶ τὸν νοῦν· τῇ
δὲ Κυδίππῃ πρὸς ἕτερον ηὐτρεπίζετο γάμος. καὶ πρὸ
τῆς παστάδος τὸν ὑμέναιον ᾖδον αἱ μουσικώτεραι τῶν
παρθένων καὶ μελίφωνοι, τοῦτο δὴ Σαπφοῦς τὸ ἥδιστον
φθέγμα· ἀλλ᾽ ἄφνω νενόσηκεν ἡ παῖς, καὶ πρὸς ἐκφορὰν
ἀντὶ νυμφαγωγίας οἱ τεκόντες ἑώρων. εἶτα παρα-
δόξως ἀνέσφηλε, καὶ δεύτερον ὁ θάλαμος ἐκοσμεῖτο·
καὶ ὥσπερ ἀπὸ συνθήματος τῆς Τύχης αὖθις ἐνόσει.
τρίτον ὁμοίως ταῦτα συμβέβηκε τῇ παιδί, ὁ δὲ πατὴρ
τετάρτην οὐκ ἀνέμεινε νόσον, ἀλλ᾽ ἐπύθετο τοῦ Πυθίου
τίς ἄρα θεῶν τὸν γάμον ἐμποδίζει τῇ κόρῃ. ὁ δὲ
Ἀπόλλων πάντα σαφῶς τὸν πατέρα διδάσκει, τὸν
νέον, τὸ μῆλον, τὸν ὅρκον, καὶ τῆς Ἀρτέμιδος τὸν
θυμόν· καὶ παραινεῖ θᾶττον εὔορκον ἀποφῆναι τὴν
κόρην. « ἄλλως τε » φησί « Κυδίππην Ἀκοντίῳ συν-
άπτων οὐ μόλιβδον ἂν συνεπιμίξειας ἀργύρῳ, ἀλλ᾽
ἑκατέρωθεν ὁ γάμος ἔσται χρυσοῦς. » ταῦτα μὲν ἔχρησεν
ὁ μαντῷος θεός, ὁ δὲ ὅρκος ἅμα τῷ χρησμῷ συνε-
πληροῦτο τοῖς γάμοις. αἱ δὲ τῆς παιδὸς ἡλικιώτιδες
ἐνεργὸν ὑμέναιον ᾖδον, οὐκ ἀναβαλλόμεναι ἔτι οὐδὲ
διακοπτόμενον νόσῳ. καὶ ἡ διδάσκαλος ὑπέβλεπε τὴν
ἀπᾴδουσαν, καὶ εἰς τὸ μέλος ἱκανῶς ἐνεβίβαζε χειρονο-
μοῦσα. ἕτερος δὲ τοῖς ᾄσμασιν ἐπεκρότει, καὶ ἡ δεξιὰ
τοῖς δακτύλοις ὑπεσταλμένοις ὑποκειμένη τὴν ἀρι-
στερὰν ἔπληττεν εἰς τὸ κοῖλον, ἵν᾽ ὦσιν αἱ χεῖρες εὔ-
φωνοι συμπληττόμεναι τρόπον κυμβάλων. ἅπαντα
δ᾽ οὖν ὅμως βραδύνειν ἐδόκει τῷ Ἀκοντίῳ, καὶ οὔτε
ἡμέραν ἐκείνην ἐνόμισε μακροτέραν ἑορακέναι οὔτε
νύκτα βραχυτέραν τῆς νυκτὸς ἐκείνης, ἧς οὐκ ἂν
ἀλλάξατο τὸν Μίδου χρυσόν, οὐδὲ τὸν Ταντάλου
πλοῦτον ἰσοστάσιον ἡγεῖτο τῇ κόρῃ. καὶ σύμψηφοι
πάντες ἐμοί, ὅσοι μὴ καθάπαξ τῶν ἐρωτικῶν ἀμαθεῖς·
τὸν γὰρ ἀνέραστον οὐκ ἀπεικὸς ἀντίδοξον εἶναι. ὃ δ᾽
οὖν τῇ παρθένῳ βραχέα νυκτομαχήσας ἐρωτικῶς, τό
γε λοιπὸν εἰρηναίων ἀπέλαυεν ἡδονῶν. ἐκάοντο δὲ
κατὰ δώματα δᾷδες ἐκ λιβανωτοῦ συγκείμεναι,
ὥστε ἅμα κάεσθαι καὶ θυμιᾶσθαι καὶ παρέχειν τὸ
φῶς μετ᾽ εὐωδίας. πάλαι τοίνυν αἱ παρθένοι, συγκ-
ριθμουμένης αὐταῖς τῆς Κυδίππης, ἐπλεονέκτουν
σφόδρα τῶν γυναικῶν, τὸν κολοφῶνα φέρουσαι τῆς εὐ-
πρεπείας· νυνὶ δέ, τῆς νύμφης ἐν γυναιξὶ ταττομένης,
μειονεκτοῦσιν αἱ κόραι· τοσοῦτον ἡ φύσις ἁπανταχοῦ
τὸ λαμπρὸν αὐτῆς ἐκορυφώσατο κάλλος. ὥσπερ δὲ
χρυσόπολις ἡ πόα τῷ χρυσῷ μείρασι συνήπτετο προσ-
φυῶς. ἄμφω δὲ λαμπροῖς ὄμμασιν, οἷον ἀστέρες ἀν-
ταυγοῦντες ἀλλήλοις, φαιδρότερον τῆς ἀλλήλων ἀπέ-
λαυον ἀγλαΐας.

Sed o carissimæ plantæ, suavisonarum avium sedes,
numnam est et in vobis hic amor? pinumque forte cu-
pressus aliave arbor aliam deperit? Non per Iovem credo :
non enim amitteretis folia; nec solum circum ramos amor
coma simul vos et decore spoliaret, sed usque ad trun-
cum et radices penetraret eius lampada. » Talia fabatur
mentem simul et corpus marcidus adolescens. At Cy-
dippæ cum altero parabantur nuptiæ, iamque ante tha-
lami fores vocis dulcedine cantusque peritia potiores vir-
ginum hymenæum occinebant, dulcissimum illud Sapphus
canticum. Sed sponsa de improviso cœpit ægrotare, ac
iam pro nuptiali funebrem pompam spectabant parentes.
Convaluit tamen insperato, thalamusque iterum adornari
cœpit; sed veluti de compacto ludente fortuna decubuit
rursus; tertiumque eadem hæc omnia evenere. Tum pater
non exspectata quarta ægritudine misit scitatum Pytbium,
quis deûm impediret nuptias filiæ. Cui Phœbus rem
omnem disertim aperuit; adolescentem, pomum, iu-
randum, iram Dianæ; monuitque ut quamprimum libe-
raret puellæ fidem : « alloquin » inquit « et quum Cydippen
Acontio iugabis, non miscebis plumbum argento, sed
facies aureas utrimque nuptias. » Hæc fuit divini numinis
dictio, quam simul et iuramentum implevere celebratis
nuptiis. At virginis æquales perfectum tum demum hy-
menæum cecinere, non dilatum amplius nec interruptum
accedente morbo. E quis si qua discrepare visa, respicit
eam chori magistra et ad modulum commode reducit,
manibus simul increpans. Alius canticis applaudere
dexteræque contractis digitis subiectæ lævæ palmam fe-
rire, ut manus complosæ cymbalorum in modum dulcem
sonum ederent. Omnia tamen morari videbantur Acontio,
neque diem ille longiorem vidisse se nec breviorem illa
noctem censuit, quam non mutasset Acontius Midæ auro,
nec puellæ contra æstimasset Tantali divitias. Adsen-
tientur omnes mihi, nisi si qui prorsus imperiti Cupidi-
num; tales quippe non mirum sentire contra. Ita con-
serto brevi cum virgine nocturno prælio pacata deinceps
præcepsit gaudia. Ardere interea in ædibus tædæ ture
accensæ, ut simul et arderent et suffirent ædes lumenque
cum odore suavi præberent. Itaque virgines quæ prius
censita-inter ipsas Cydippe antistabant longe mulieribus,
formæ summam laudem commeritæ, nunc addita mulie-
ribus sponsa vincuntur longe : tantum formam eius utro-
bique natura extulit. At Cydippe veluti chrysopolis
herba aureo iuveni native adiuncta hærebat; et ambo
splendidis oculis stellarum ad modum invicem reciproco
lumine coruscantes mutuas splendidius fruebantur deli-
cias.

ια' Φιλόστρατος Εὐαγόρα

Παιδίσκην ἑαυτῆς ὧδέ πως ἤρετό τις γυνή « πρὸς
τῶν Χαρίτων, ποῖον δοκῶ σοι νεανίσκον ποθεῖν, ἐγὼ
μὲν γὰρ οἶμαι καλόν ἀλλ' ἐρῶσα τυχὸν σφάλλομαι
περὶ τὴν κρίσιν τοῦ ποθουμένου, καὶ ἔρωτι πλανῶμαι
τὴν ὄψιν λέγε δή μοι κἀκεῖνο, τί φασιν αἱ καθορῶσαι
τοῦτον γυναῖκες, πότερον αὐτὸν ἐπαινοῦσι τοῦ κάλλους
ἢ ψέγουσιν ἀποστραφεῖσαι τὴν θέαν, » ἡ δὲ μαστρο-
πεύουσα πρὸς τὴν κεκτημένην φησί « νὴ τὴν Ἄρτεμιν,
ἐγὼ πολλῶν ἀκήκοα γυναικῶν αὐτήκοος γινομένη
πλησίον ἐπιφθεγγομένων τοιάδε τῷ νέῳ Ἰδοὺ μειράκιον
εὐπρεπές, ἰδοὺ κάλλος ἀπηκριβωμένον τῇ φύσει
τοιούτους ἔδει πλάττεσθαι τοὺς Ἕρμᾶς μᾶλλον ἢ κατὰ
Ἀλκιβιάδου μορφήν. κάλλος γε καλόν, νὴ τὰς φίλας
Ὥρας. χαρίεις ὁ νεανίας, ἐπὶ κάλλει μέγα φρονῶν,
οὐ μέντοι εἰς ὑπερηφάνειαν, ἀλλ' εἰς τὸ ἁβρὸν καὶ με-
γαλοπρεπὲς ἱκανὸν μὲν πρὸς ἔρωτα καὶ μόνον τὸ
ἐπίγρυπον τοῦ νεανίσκου, ἱκανὴ δὲ καὶ ἡ κόμη, καλὴ
μὲν καθ' ἑαυτὴν οὖσα, ἔτι δὲ καλλίων περικειμένη μὲν
τῷ μετώπῳ, συγκατιοῦσα δὲ τῷ ἰούλῳ παρὰ τὸ οὖς τὸ
δὲ χλανιδίσκιον βαβαῖ τῶν χρωμάτων οὐ γὰρ ἐφ' ἑνὸς
μένει χρώματος, ἀλλὰ τρέπεται καὶ μεταχλεῖ. οὗτος
ἡμῖν εὐκταῖος ἐραστής, ᾗ ἑδάσκων ἀμφὶ πρώτην ὑπήνην
εὐδαίμων ἡ τὸν νέον εὐτυχοῦσα ἐπίσης ἐραστὴν ὁμοῦ
καὶ ἐρώμενον. μακαρία ἡ συγκοιμωμένη τούτῳ,
χλιδῶσα κατ' εὐνὴν καὶ ἐνγρυφῶσα τῷ κάλλει. εὐ-
μενεστέροις ὄμμασιν ἐκείνην αἱ Χάριτες εἶδον) καὶ
πᾶσαί μοι δοκοῦσιν ὁρᾶν αὐτίκα τοῦ μειρακίου. » ἥσθη
ταῖς μαρτυρίαις, καὶ ὑφ' ἡδονῆς παντοδαπὰ χρώματα
παρ' ἕκαστον λόγον ἠφίει, καὶ (τὸ λεγόμενον δὴ τοῦτο)
ἐδόκει τῇ κεφαλῇ ψαύειν τοῦ οὐρανοῦ καὶ τότε πε-
πίστευκε τὸν νέον εἶναι καλὸν αὐταὶ γὰρ ἑαυτὰς αἱ γυ-
ναῖκες τότε δὴ κρίνουσι εἶναι καλάς, ὅταν ἴδωσί τις
ἐπαινέσῃ, ἢ ὅταν ἐρασθῇ θαυμάσας

ιβ' Εὐήμερος Λευκίππῳ

Τίς ἄρα τεθέαται τῆς ἕω τὰ νέφη, τίς δὲ ταῖς
ἑσπερίαις ὡμίληκε γυναιξίν; ἡκόντων οἱ πανταχόθεν
ἐρωτικοὶ λεγόντων εἴ που τοιούτων ἱστορήκασιν ἀξιο-
θέατον κάλλος ὅπου γὰρ ἄν τις αὐτῇ τοὺς ὀφθαλμοὺς
ἐπιβάλῃ, πανταχοῦ κάλλος αὐτῇ συναντᾶται, καὶ
κάλλους ἐφάπτεται ταύτης ὁ Μῶμος ἀποσφαλεὶς
ἄχθεται καὶ στένει καὶ ἀπορεῖ παραδόξως. τεθαύ-
μακα τῆς ἡλικίας τὴν χάριν, καὶ μέχρι τοῦ ποδὸς
ὁ ἡλθε τὸ θαῦμα· φύσει γὰρ ὁ ποὺς εὔπλαστος ὢν καὶ
τὰς ἀκοσμήτους οἶδε κοσμεῖν ἐφήδομαι τοῖς τρόποις
εὖ μάλα συμπρέπουσι τῇ μορφῇ ἑταίρας μὲν γὰρ ἡ
Πυθιὰς εἴληχε βίον, ἁπλότητα δὲ σύμφυτον ἔχει καὶ
ἄμεμπτον ἦθος. ἅπαντα τῆς τάξεως βελτίω, καὶ
αὐτόν με μάλιστα ᾕρηκε τῷ ἀκάκῳ δῶρον δ' ὅ τι
δῷ τις ἐπαινεῖ, οὐχ ὥσπερ ἑταίρα πᾶν τὸ διδόμενον

ΛΙ. Philostratus Evagoræ

Mulier quædam ancillam suam compellavit his verbis
« Dic mihi, per Gratias, qualis tibi videtur quem ego de-
pereo iuvenis? nam is mihi pulcher videtur, sed forte amore
percita de amato non recte iudico, forte amor visum
meum frustratur Dic mihi et hoc, quid de eo dicant
cæteræ ubi viderunt mulieres Num formam ejus lau-
dant? an eæ tentes vultum despiciunt? » Illa dominam
lenonia arte illiciens « Dianam testor » inquit, « ego his
auribus multas audivi proxime adolescenti insusurrantes
vide formosum iuvenem, vide formam ad amussim a
natura exactam Ad hanc faciem debuere fingi Hermæ,
non ad Alcibiadis vultum O formosam formam, vos
testor, caræ Horæ o lepidum iuvenem forma sua ferocem,
non ad superbiam sed ad teneram et magnanimam indo-
lem Satis conciliando amori vel sola hæc nasi aduncitas,
sed et hæc cæsaries pulchra sed se quidem, sed pulchrior
circumfusa fronti dein iuxta aures descendens mixta
lanugini Tum amiculi colores quam mirandi, non enim
colorem unum servat, sed mutat ex uno flore in alterum
transiens Talis nobis optandus amor prima florens la-
nugine Felix quæ iuvenem parili amore amata simul et
amans possidet fortunata quæ cum ipso cubat, luxurians
in lecto formaque superbe gaudens Propitiis illam oculis
viderunt Gratiæ) Omnes mihi videntur eum deperire
mulieres » Læta tot testibus domina præ voluptate mu-
tabat colorem ad singulas voces, videbaturque sibi quod
dicitur sublimi vertice cœlum tangere Tum demum vere
formosum esse iuvenem credidit Nam et ipsæ se mu-
lieres tum credunt forma præcellere, quum quis eas vi-
dens laudavit, vel quum miratus amare cœpit

ΛΙΙ Euhemerus Leucippo

Quis unquam formas Orientis vidit? quis occidui orbis
mulieribus congressus est? veniant undique feminarum
amatores iudicare de mea pulchra connuba, dicantque
veraces siquando tam dignam spectari speciem noverint
Nam quacumque illi inieceris oculos, occurrit ubique
forma, formam semper attingis Momus hic frustra abiens
dolet, desperat Subit mihi cum admiratione spectare
staturæ decus et gratiam, transitque usque ad pedes
miraculum Natura enim pes bene aptus etiam inornatas
exornare condidit Sed et me lactant convenientes
formæ mores Nam mea Pythias conditionem vivendi
meretriciam sortita simplicitatem tamen nativam retinet
et indolem inculpatam, moribus ita compositis, ut con-
ditione eius longe sint meliores Quin me nulla re magis
cepit quam innocentia Si quid das, qualecunque id sit

σμικρὸν ἡγουμένη. ** καὶ ὥσπερ κολοιὸς ἀεὶ παρὰ
κολοιὸν ἱζάνομεν ἄμφω. τί δεῖ περαιτέρω προβαίνειν,
ἔνθα δὴ τὰ τῆς Ἀφροδίτης ἀπόρρητα; λεκτέον δὲ μόνον
ὡς ἀντιλέγει τοσοῦτον, ὅσον ἐν τῷ βραδύνειν ἐρεθίσαι.
ὁ μὲν οὖν τράχηλος αὐτῆς ἀμβροσίας ὄδωδε, καὶ τὸ
ἆσθμα ἡδύ· εἰ δὲ μήλων ἢ ῥόδων πώμασι συμμιγέντων
ἀπόζει, φιλήσας ἐρεῖς. τοῖς δὲ στέρνοις τῆς καλῆς
ἐπιθεὶς τὴν κεφαλὴν ἠγρύπνουν, αὐτὸ καταφιλῶν τὸ
πήδημα τῆς καρδίας. οὐκουν τῶν ἀφροδισίων, ὡς
ἔφη τις, εἰς τὸ τῆς ἡδονῆς τέλος ὁδός ἐστιν μία· ἀνα-
φρόδιτοι γὰρ αἱ δυσειδεῖς γυναῖκες, καὶ ἡδονῆς ἐν
ἐκείναις οὐκ ἀρχὴν οὐ τέλος εὕροι τις ἄν. ἐπεὶ κἂν
τοῖς ἐδέσμασιν ἓν τέλος ὁ κόρος· ἀλλὰ τὰ μὲν τρέφει
καὶ τέρπει, τὰ δὲ παντελῶς ἀνατρέπει. διὰ ταύτην
ἡμέρα μοι πᾶσα λευκὴ καὶ τῶν ἐν φαρέτρᾳ λογιζομένων
εἰς εὐτυχίαν οὐχ ἥττων. ᾀδόντων μὲν οὖν ἀκήκοα
πολλάκις ὡς πέφυκεν ἀποδημία τὸν πόθον ἐκλύειν, καὶ
παροιμιαζόμενοι δέ φασι ̔τοσοῦτον φίλος, ὅσον ὁρᾷ τις
ἐναντίον̓. ἐγὼ δὲ ὄμνυμι τὰς χάριτας Πυθιάδος ὡς
οὐδὲ ἀποδημῶν ἀπεστάτουν τῆς πρὸς ἐκείνην φιλίας.
οὐδὲν οὖν ἧττον ἐπανῆλθον ἐρῶν, μᾶλλον δὲ διαλιπὼν
μειζόνως ᾐσθόμην τοῦ πόθου, καὶ χάριν οἶδα τῇ Τύχη
ὅτι μοι λήθην οὐκ ἐνέθηκε τῆς φιλτάτης. ἔφη δ᾽ ἄν
τις ἐρωτικὸς ποιητὴς καθομηρίζων ἡμᾶς

ἀσπάσιοι λέκτροιο παλαιοῦ θεσμὸν ἵκοντο.

ιγ΄. Εὐτυχόβουλος Ἀκεστοδώρῳ.

Τῷ μακρῷ καὶ τοῦτο, φίλτατε, κατέμαθον χρόνῳ,
ὡς καὶ τέχναι πᾶσαι προσδέονται τύχης, καὶ τύχη
διακοσμεῖται ταῖς ἐπιστήμαις. αἱ μὲν γὰρ ἀτελεῖς μὴ
συνεργοῦντος τοῦ θείου, ἡ δὲ μᾶλλον εὐδοκιμεῖ τὰς
ἑαυτῆς ἀφορμὰς τοῖς ἐπιστήμοσι δωρουμένη. ἐπεὶ
τοίνυν μακρόν γε τὸ προοίμιον, εὖ οἶδα, τῷ ποθοῦντι
θᾶττον ἀκοῦσαι, ἤδη λέξω τὸ συμβάν, μηδὲν ἔτι μελ-
λήσας. Χαρικλῆς ὁ τοῦ βελτίστου Πολυκλέους υἱὸς
παλλακίδος τοῦ τεκόντος πόθῳ κλινοπετὴς ἦν, σώματος
μὲν ἀφανῆ πλαττόμενος ἀλγηδόνα, ψυχῆς δὲ ταῖς ἀλη-
θείαις ἐρωτικὴν αἰτιώμενος νόσον. ὁ γοῦν πατήρ, οἷα
πατὴρ ἀγαθὸς καὶ σφόδρα φιλόπαις, αὐτίκα Πανά-
κειον μεταπέμπεται τὸν ὄντως ἐπώνυμον ἰατρόν, ὃς
τοὺς μὲν δακτύλους τῷ σφυγμῷ προσαρμόζων, τὸν δὲ
νοῦν μετάρσιον ἄγων τῇ τέχνῃ, καὶ τοῖς ὄμμασι τὸ
διαγνωστικὸν ὑποφαίνων κίνημα τῆς διανοίας οὐδὲν
ὅλως ἀρρώστημα κατενόει γνώριμον ἰατροῖς. ἐπὶ πολὺ
μὲν οὖν ὁ τοιοῦτος ἰατρὸς ἀμήχανος ἦν· τῆς δὲ ποθου-
μένης ἐκ ταὐτομάτου παριούσης διὰ τοῦ μειρακίου,
ἀθρόον ὁ σφυγμὸς ἄτακτος ἥλατο, καὶ τὸ βλέμμα τα-
ραχῶδες ἐδόκει, καὶ οὐδὲν ἄμεινον τὸ πρόσωπον διέ-
κειτο τῆς χειρός. καὶ διχόθεν ὁ Πανάκειος διέγνω
τὸ πάθος, καὶ ὅπερ ἁπλῶς ἐκ τέχνης οὐκ εἶλεν, ἐκ
τύχης μᾶλλον εἶχε λαβών, καὶ τὸ δῶρον τῆς προνοίας
εἰς καιρὸν ἐταμιεύετο τῇ σιωπῇ. καὶ πρῶτος ἦν αὐτῷ
τῆς ἐπισκέψεως ἡγούμενος ὅδε ὁ τρόπος, αὖθις δὲ πα-

laudat, non meretricium in morem, quicquid datur parvi
æstimantium. Ita nos semper adsidemus alter alteri veluti
monedulæ. Quid ulteriora narrem? ubi secretæ et infandæ
Veneris deliciæ. Dicam hoc unum tamen, tamdiu repu-
gnare illam, donec mora desiderium accenderit. Sed
collum eius ambrosiam spirat; suavis anima; dicas quum
pangis basium, sentire te mixta poculis poma vel rosas.
Itaque ego delicato pectori cervice incumbens insomnem
noctem duxi sussultum cordis ipsum basians. Non est
ergo Venerii operis, ut dixit quidam, ad finem voluptatis
unicum iter : carent enim Venere deformes, ac voluptatis
in iis non caput, non pedes inveneris. Nam et ciborum
finis unus satietas : sed alii nutriunt simul et delectant;
sunt qui prorsus nauseam creent. Per hanc mihi dies
omnis candida, nec minus felix iis, quæ in pharetra
numerantur. Itaque audieram sæpius canentes absentia
solvi cupidinem; dicuntque vulgo (amicus tantum, quamdiu
coram videt). At ego Pythiadis gratias iuro, ne absenti
quidem excidisse illius cupidinem. Ita redii non minus
amans, immo post temporis aliquod spatium gravius me
amor affecit gratiamque fortunæ dico, quod non mihi
imperavit amicissimi capitis oblivium. Dicat quis ama-
torius poeta Homerum nobis accommodans,

Dulces antiqui leges repetisse cubilis.

XIII. Eutychobulus Acestodoro.

Et hoc longum me tempus, amice, docuit, fortuna egere
artes omnes, fortunæque vicissim ab artibus ornamentum
accedere. Nam illæ, ni numen adiuvet, imperfectæ; et
hæc magis elucescit, ubi occasiones suas præbuit peritis.
Sed quoniam longa sat scio præfatio narrationem avide
exspectanti, dicam rem ipsam, non morabor amplius.
Charicles optimi Polyclis filius æger amore paternæ pel-
licis decubabat in lecto, caussatus occultam corporis
ægritudinem, revera animum anxius amatorio morbo.
At pater, ut bonum patrem ac filii amantem par fuit,
confestim Panaceum accersit, medicum vere dignum suo
nomine. Is admotis pulsui digitis et mentem in sublime
evehens arte, oculisque observans motus animi indices,
nullum prorsus morbum agnovit familiarem medicorum
filiis. Ita diu tantus medicus quid censeret, incertus stetit.
Sed quum forte ante oculos adolescentis amata transiret,
repente pulsus incondite sussiliit, visus turbari, nec facies
melius habebat manu. Ita Panaceus causam mali sensit
duplici indicio, quodque arte sola non percepisset, agnovit
adnitente fortuna. Providentiæ tamen donum ad tempus
texit silentio, primusque illi inquirendi modus hic fuit.

ραγενόμενος διεκελεύετο πᾶσαν τῆς οἰκίας κόρην τε
καὶ γυναῖκα διὰ τοῦ κάμνοντος παριέναι, καὶ μὴ ἀθρόαν
ἀλλὰ κατὰ μίαν, ἐκ διαστήματος βραχέος διακρινο-
μένας ἀλλήλων. καὶ τούτου γιγνομένου αὐτὸς μὲν
τὴν ὑποκάρπιον ἀρτηρίαν τοῖς δακτύλοις ἡρμοσμένος
ἐπεσκόπει, τὸν ἀκριβῆ γνώμονα τῶν Ἀσκληπιαδῶν
καὶ μάντιν ἀψευδῆ τῶν ἐμφυομένων ἡμῖν διαθέσεων·
ὁ δὲ τῷ πόθῳ κλινήρης πρὸς μὲν τὰς ἄλλας ἀτάραχος
ἦν, τῆς δὲ παλλακῆς ἧς εἷεν ἐρωτικῶς ἐκφανείσης,
εὐθὺς καὶ τὸ βλέμμα πάλιν καὶ τὸν σφυγμὸν ἀλλοιό-
τερος ἦν· ὁ δὲ σοφὸς καὶ λίαν εὐφυὴς ἰατρὸς ἔτι
μᾶλλον τὴν ἀπόδειξιν τῆς νόσου παρ' ἑαυτῷ βεβαιό-
τερον ἐπιστοῦτο, τὸ τρίτον τῷ σωτῆρι φάσκων. προ-
φασισάμενος γὰρ κατασκευῆς αὐτῷ φαρμάκων δεῖσθαι
τὸ πάθος, ἀπεχώρει τέως ὑπισχνούμενος τῇ ὑστεραίᾳ
ταῦτα κομιεῖν, ἅμα τε τὸν νοσοῦντα χρησταῖς παρα-
θαρρύνων ἐλπίσι καὶ δυσφοροῦντα τὸν πατέρα, ὡς δὲ
κατὰ καιρὸν ἐπηγγελμένον παρῆν, ὁ μὲν πατὴρ καὶ
πάντες οἱ λοιποὶ σωτῆρα τὸν ἄνδρα προσεῖπον, καὶ
φιλοφρόνως ἠσπάζοντο προσιόντες· ὁ δὲ χαλεπαίνων
ἐβόα, καὶ δυσανασχετῶν αὐστηρῶς τὴν θεραπείαν
ἀπέγνω· τοῦ δὲ Πολυκλέους λιπαροῦντος ἅμα καὶ
πυνθανομένου τῆς ἀπογνώσεως τὴν αἰτίαν, ἠγανάκτει
σφοδρότερον κεκραγώς, καὶ ἀπαλλάττεσθαι τὴν τα-
χίστην ἠξίου· ἀλλ' ὁ πατὴρ ἔτι μᾶλλον ἱκέτευε, τά
τε στήθη φιλῶν καὶ τῶν γονάτων ἁπτόμενος τό-
ὅθεν πρὸς ἀνάγκης ὧδε σὺν ὀργῇ τὴν αἰτίαν ἐξεῖπε
« τῆς ἐμῆς γαμετῆς οὗτος ἐκτόπως ἐρᾷ καὶ παρα-
νόμῳ τήκεται πόθῳ, καὶ ζηλοτυπῶ τὸν ἄνθρωπον ἤδη,
καὶ οὐ φέρω θέαν ἀπειλουμένου μοιχοῦ » ὁ τοίνυν
Πολυκλῆς τοῦ παιδὸς ἠσθόμενος τὴν νόσον ἀνούων, γε
τὸν Πανάκειον ἠρυθρία, πλὴν ὅλος τῆς φύσεως γε ὀντὸς,
οὐκ ἀπώκνησε περὶ τῆς αὑτοῦ γυναικὸς τὸν ἰατρὸν
ἱκετεύειν, ἀναγκαίαν τινὰ σωτηρίαν οὐ μοιχείαν τὸ
πρᾶγμα καλῶν· ἔτι δὲ τοιαῦτα δεομένου τοῦ Πολυ-
κλέους, ὁ Πανάκειος διωλύγιον κατεσβέσβα φάσκων οἷάπερ
εἰκὸς ἦν φθέγγεσθαι δεινοπαθοῦντα τὸν αἰνιττόμενος
ἐξ ἰατροῦ μεταβαλεῖν εἰς μαστροπόν [μοιχείας, καὶ]
τῆς ἑαυτοῦ γαμετῆς, εἰ μὴ φανερῶς οὕτως τοῖς ῥή-
μασιν· ἐπεὶ δὲ πάλιν ἐνέκειτο Πολυκλῆς ἀνειδῶν
τὸν ἄνδρα, καὶ πάλιν σωτηρίαν οὐ μοιχείαν ἐκάλει τὸ
πρᾶγμα, ὃ συλλογιστικὸς ἰατρὸς ὡς ὑποθέσει τὸ
συμβὰν ἀληθῶς ἀντεπάγων ᾔρετο Πολυκλέα « τί οὖν,
πρὸς Διός, οὐ δ' ἂν εἰ ὁ παῖς τῆς σῆς ἤρα παλλακίδος,
ἐκαρτέρεις αὐτῷ ποθοῦντι ταύτην ἐκδοῦναι; » ἐκείνου δὲ
φήσαντος « πάνυ γε, νὴ τὸν Δία », ὁ σοφὸς ἔφη Πανά-
κειος « οὐκοῦν σαυτόν, ὦ Πολύκλεις, ἱκέτευε, καὶ πα-
ραμυθοῦ τὰ εἰκότα τῆς σῆς· γὰρ οὗτος παλλακίδος ἐρᾷ.
εἰ δὲ δίκαιον ἐμὲ τὴν ὁμόζυγα παραδιδόναι τῷ τυχόντι
διὰ σωτηρίαν, ὡς ἔφης, πολύ γε μᾶλλον δικαιότερόν σε
τῷ παιδὶ κινδυνεύοντι παραχωρῆσαι τῆς παλλακίδος »
εἶπεν εὐμεθόδως, συνελογίσατο δυνατῶς, καὶ πέπεικε
τὸν τεκόντα τοῖς οἰκείοις πειθαρχῆσαι δικαίοις. πρό-
τερον μέντοι Πολυκλῆς ἑαυτὸν προσευθέλεγχε λέγων·

Moi reversus iussit quotquot in ædibus seu puellæ seu
mulieres, transire cunctas ante lectum iacentis, non passim
omnes, sed seorsim singulas, brevi inter se intervallo
distinctas Id dum fit, aptata digitis arteria, qua manus
brachio committitur, cœpit inspicere certam Asclepia-
darum regulam, veracemque testem innatarum nobis
passionum At ille amore æger, ad alias quidem immo-
tus, ubi amata pellex apparebat, pulsum statim turba-
batur rursus et visum, atque inde sapiens ac felicissimus
medicus firmius apud se statuit conceptam de morbo
sententiam, tertium servatori reservans, ut aiunt Nam
caussatus medendo morbo pharmaca sibi opus esse, abiit
tum, pollicitus cum iis adiuturum postera die simul ia-
centem spe bona fovens et mœstum consolatus patrem
Sed ubi die dicta adfuit, pater ac ceteri e familia serva-
torem eum vocantes amice accedentes salutabant Cla-
mare ille contra acerbe et succensens graviter desperare
medicinam Tum Polycle suppliciter orante caussamque
desperationis exquirere, gravius irasci cum clamore
confestimque abitum parare Tandem patre rogante sup-
pliciter et pectus osculante et genibus accidente, tum
demum velut coactus caussam cum iia edixit. « Ille »
inquit « uxorem meam efflictim deperit, uriturque in
cesta flamma et iam ego livore æmulo accensus non
fero parati machi conspectum » Ad hæc Polycles et ad
filii morbum pudore et ad Panaceum iterore suffusus,
tamen naturali amore impellente non extimuit super
uxore propria medicum appellare, necessariam id salutem,
non adulterium nominans Quæ dum Polycles rogat,
clamare intentius Panaceus, qualia decebant iratum ani-
mum, rogatum ut ex medico leno fieret, et quidem
uxoris suæ, quamvis id aliis prætexeretur nominibus.
Verum ubi instare Polycles contra, salutemque id rursus
non adulterium vocare cœpit, tum ratiocinator medicus
velut fictione rem ipsam inferens « quid enim » inquit,
« si amicam tuam amaret alius, num eam sustineres
amanti cedere? » « Facerem » inquit ille « Iovem testor »
« Te ipsum ergo exora, o Polycles » inquit Panaceus,
« te ipsum solare, nam hic amicam tuam deperit Quod
si ius et rectum est me salutis caussa coniugem extraneo
tradere, quod censebas, quanto te æquius est pericli-
tanti filio coniugem usuariam permittere? » Dixit metho-
dice, conclusit fortiter, perfecitque ut pater pareret legi
suæ Prius tamen ad se ipsum Polycles « grave est quod

« χαλεπὴ μὲν ἡ αἴτησις· δύο δὲ κακῶν εἰς αἵρεσιν προ-κειμένων, τὸ μετριώτερον αἱρετέον. »

ιδ΄. Φιλημάτιον Εὐμούσῳ.

Οὔτε αὐλὸς ἑταίραν οἶδε προτρέπειν οὔτε λύρᾳ τις ἐφέλκεται πόρνας ἀργυρίου χωρίς· χέρδει μόνον δου-λεύομεν, οὐ θελγόμεθα μελῳδίαις. τί οὖν μάτην, ὦ νέοι, διαρρήγνυσθε τὰς γνάθους ἐμφυσῶντες τῇ σύριγγι; τί πράγματα παρέχετε ταῖς χορδαῖς; τί δὲ καὶ ᾄδοντες ἔρητε « οὐκ ἐπιθυμεῖς, ὦ παρθένε, γενέσθαι γυνή; μέχρι τίνος παρθένος καὶ κόρη, τὰ τῶν ἀνοήτων ὀνό-ματα; » ἢ ταῦτα μὲν ἴστε που πάντως ὡς ἀνάργυ-ρον οὐδὲν ταῖς ἑταίραις ἐστὶ πιθανόν, ᾠήθητε δέ με ῥᾳδίως ἐξαπατᾶν ὡς ἐρωτικῶν ἀγύμναστον παῖδα καὶ παντελῶς ἀμύητον Ἀφροδίτης, καὶ προχειρότερον ἑλεῖν ἢ λύκος λιπαρὰν ἄρνα καθεύδουσαν; ἀλλ᾽ ἔγωγε πα-λαιᾷ συνοῦσα πορνοδιδασκάλῳ τῇ ἀδελφῇ καὶ τοῖς ἐκείνης ἐρασταῖς κατὰ πρόφασιν ὁμιλοῦσα οὐδὲν ἔδοξα δυσμαθής, ἀλλὰ τὸν ἑταιρικὸν ἤδη μεμελέτηκα βίον καὶ παρατέθηγμαι τὸν νοῦν καὶ γέγονα ξυρὸν εἰς ἀκόνην καὶ ἀργυρίῳ τῶν νέων τὸν ἔρωτα δοκιμάζω· χρυσίου γὰρ μεῖζον τεκμήριον τοῦ κομιδῇ φιλεῖν οὐκ οἶδα ἕτερον. τοιγαροῦν τινὲς ἅμα προϊούσας ὁρῶν-τες, Κρωβύλου ζεῦγος ἀστεϊζόμενοι πολλάκις ἐπιφω-νοῦσιν ἡμᾶς. νὴ τὰς Χάριτας, ἀκήκοα πολλάκις αὐτῆς εἰχότως ἐκεῖνο μάλιστα τοῖς φίλοις λεγούσης « ὑμεῖς μὲν ὀρέγεσθε χάλους, ἐγὼ δὲ χρημάτων ἐρῶ. οὐκοῦν ἀνεπιφθόνως τοὺς ἀλλήλων θεραπεύ-σωμεν πόθους. » κἀγὼ τὸν λόγον ἀποδέχομαι καὶ ζηλῶ. τούτῳ πείθεσθε τῶν περιττῶν ὀργάνων ἀφέ-μενοι. τό γε ἡμέτερον οὐ κωλύσει· ἀλλ᾽ ἐὰν ἀργύ-ριον ᾖ, πάντα θεῖ χάλαύνεται.

ιε΄. Ἀφροδίσιος Λυσιμάχῳ.

Οὐδέν, ὡς ἔγωμαι, πιθανώτερον πέφυκεν οὐδ᾽ ἀνυ-σιμώτερον Ἀφροδίτης. ἔσκει δὲ οἱ βεθλημένοι, καὶ τούτων ἡμῖν ἀντίψηρος οὐδὲ εἷς. αὕτη καὶ πόλεμον διαλύει καὶ δυσμενεῖς παρασκευάζει βεθαιότατα σπένδεσθαι πρὸς ἀλλήλους. ἀμέλει· τοι πολλάκις μετὰ στρατηγοὺς ἀρίστους καὶ μεγάλα στρατόπεδα καὶ πολ-λὴν τοῦ πολέμου συσκευὴν ὁ βραχὺς ἐκεῖνος τοξότης μικρᾶς ἀκίδος βολῇ καὶ αὐτὸν δήπου τὸν Ἄρη περιττὸν ἀποφαίνει, πραότητα μὲν πορίζων, ἀγριότητα δὲ ἐξορί-ζων. ἔνθα τις ὁπλίτης μὲν ἰδέαν καὶ δύσμαχος προὐβάλ-λετο τὴν ἀσπίδα σὺν εὐτολμίᾳ, κατιθύνων τὸ δόρυ, Ἔρω-τος δὲ φανέντος γέγονε ῥίψασπις εὐθὺς ὁ τέως θρασύς, καὶ τὴν δεξιὰν ἀκονιτὶ προσανατείνας ὡμολόγει τὴν ἧτ-ταν, τῆς τε μάχης ὑπανεχώρει, μετατρέπων τὰ νῶτα παιδαρίῳ τοξότῃ, μηδὲ γοῦν μαλθακὸς αἰχμητὴς εἶναι δι᾽ ἐκεῖνον τολμήσας. Μίλητος τοίνυν καὶ Μυοῦς αἱ πόλεις ἐπὶ μήκιστον χρόνον πρὸς ἀλλήλας ἀνεπίμικτοι διετέλουν, πλὴν ὅσον ἐς Μίλητον οἱ τῆς ἑτέρας ὑπό-σπονδοι βραχὺ προσεφοίτων, καιρὸν ἔχοντες καὶ μέτρον

---

rogas, » inquit; « ceterum e duobus malis legendum minus. »

Non didicit movere puellas tibia, nec ductantur scorta modulatis lyræ pulsibus, si absit pecunia. Quæstui soli servimus, non lactamur canticis. Quid vos ergo iuvenes frustra disrumpitis buccas inflanda fistula? quid fidibus negotium facessitis? quid hanc cantilenam insusurra-tis? « Non vis, puella, mulier fieri? quousque puella et virgo, imprudentium nomina? » An vos nostis quidem quam sine argento vana omnia nec puellis credula? sed me facilem decipi censetis, tanquam imperitam amoris puellam profanamque Veneris mysteriis ac magis ob-noxiam capi, quam obesam agnam dormientem ceperit lupus. Sed ego vetulæ quondam vitilenæ sorori meæ eiusque amatoribus per occasionem conversata non indo-cilis visa sum, sed iam et meretriciam disciplinam con-didici et mentem erudivi, novaculaque in cotem incidi, et adolescentium cupidinem argento censeo; non enim aliud maius amoris magni indicium novi quam pecuniam. Itaque multi euntes simul ubi videre, vulgatum sermone Crobyli iugum nobis insusurrabant. Testor Gratias, audivi illam sæpius hæc amatoribus merito edicere : vos formam desideratis, ego pecuniam : præfiscini ergo in-serviamus invicem alterius cupidini. Eandem ego legem accipio et fero. Huic vos parete abiectis instrumentis futilibus : per me equidem non stabit; argentum modo adsit, cito agentur et ferentur omnia.

Enimvero nihil ego esse Venere efficacius aut per-suadere potentius censeo. Norunt qui eius tela sensere, nec quisquam eorum contra ibit. Illa et bella solvit et inimicos firmissime inter se conciliat : quin sæpius et imperatores fortissimos et magnos exercitus et ingentem apparatum belli parvus ille sagittator tenuis acuclæ ictu et ipsum etiam Martem irritum facit, mansuefacta eius feri-tate, ut qui armatum hostem quantumvis fortem audac-ter protento exceperit scuto proiectaque hasta, idem viso Cupidine confestim clypeum abiciat et nuper audacia ferox salmacidam dextram tendens fateatur victoriam excedatque pugna sagittario infanti terga vertens, ne molliter quidem repugnare ausus. Exemplum dabo. Miletus et Myus civitates longo iam tempore bellum exer-cebant intercluso utrimque commercio, nisi quod Mile-tum ex altera per brevis temporis inducias commeabant, commercii tempus et modum habentes Dianæ inibi cultæ

τῆς αὐτόθι τιμωμένης Ἀρτέμιδος τὴν πανήγυριν, καὶ
σμικρὰν ἀνακωχὴν ἑκάτεροι τὴν ἑορτὴν ἐποιοῦντο
τούτους Ἀφροδίτη κατελεοῦσα διήλλαξεν, ἀφορμὴν
εἰς σύμβασιν μηχανησαμένη τοιάνδε. κόρη γάρ τις
τοὔνομα Πιερία, φύσει καλὴ κἀκ τῆς Ἀφροδίτης ἐπι-
σημότερον κοσμηθεῖσα, ἐκ τοῦ Μυοῦντος ἐγκαίρως ἐπε-
δήμησε τῇ Μιλήτῳ. καὶ τῆς θεοῦ τὸ πᾶν διεπούσης
μετὰ τοῦ πλήθους εἰς Ἀρτέμιδος ἐχώρουν, ἡ μὲν παρ-
θένος ταῖς Χάρισιν ἀγλαϊζομένη, Φρύγιος δὲ ὁ τοῦ
ἄστεος βασιλεὺς πρὸς τῶν Ἐρώτων κατατοξευόμενος
τὴν ψυχὴν ἐπὶ τῇ κόρῃ αὐτίκα φανείη. καὶ θᾶττον
ἄμφω συνῆλθον εἰς εὐνήν, ἵνα καὶ πρὸς εἰρήνην ὅτι
τάχιστα συναφθῶσιν αἱ πόλεις. ἔφη δ᾽ οὖν ὁ νυμφίος
ἐρασμίως ἐναφροδισιάσας τῇ κόρῃ καὶ σπεύδων αὐτῇ
πρέπουσαν ἀμοιβὴν ἀποδοῦναι « εἴθε γὰρ θαρροῦσα
λέξειας, ὦ καλή, τί ἄν σοι χαριέστατα γένοιτο παρ᾽
ἐμοῦ. καὶ διπλασίαν ἡδέως τὴν αἴτησιν ἀποπλη-
ρώσω. » τοιαῦτα μὲν ὁ δίκαιος ἐραστής σὺ δὲ, ὦ πα-
σῶν ὑπερφέρουσα γυναικῶν κάλλει καὶ γνώμῃ, τῆς
εὔφρονος οὐ παρήγαγεν εὐβουλίας οὐχ ὅρμος, οὐχ
ἑλικτῆρες, οὐ πλοκίων τὸ πολύτιμον, οὐ περιδέ-
ραιον, οὐ Λυδιός τε καὶ ποδήρης χιτών, οὐ πορφυρί-
δες, οὐ θεράπαιναι τῆς Καρίας οὐδὲ Λυδῶν ὑπερφυῶς
ἱστουργοῦσαι γυναῖκες, οἷς ἅπασιν ἀτεχνῶς ἀγάλλεσθαι
τὸ θῆλυ πέφυκε γένος, ἀλλ᾽ εἰς γῆν ἑώρας, ὥσπερ τι
συννοουμένη εἶτα ἔφης ἐπιχαρίτως πεποινιγμένη
τὰς παρειὰς καὶ τὸ πρόσωπον ἐξ αἰδοῦς ὑποκλίνασα
καὶ πῆ μὲν τῆς ἀμπεχόνης ἄκροις δακτύλοις ἐφαπτο-
μένη τῶν κροσσῶν, πῆ δὲ περιστρέφουσα τοῦ ζω-
νίου τὸ ἄκρον, ἔστι δὲ ὅτε καὶ τοὔδαφος περιχαράτ-
τουσα τῷ ποδί (ταῦτα δὴ τὰ τῶν αἰδουμένων ἐν δια-
πορήσει κινήματα), ἔφης οὖν μόλις ἠρεμαίᾳ φωνῇ
« ἐπίνευσον, ὦ βασιλεῦ, ἐμέ τε καὶ τοὺς ἐμοὺς συγγε-
νεῖς εἰς τήνδε τὴν εὐδαίμονα πόλιν ὅταν ἐθέλωμεν
ἐπ᾽ ἀδείας ἰέναι » ὁ δὲ Φρύγιος τῆς φιλοπάτριδος
γυναικὸς ὅλον κατενόησε τὸν σκοπόν, ὡς διὰ τούτων
ἐκείνη σπουδὰς πρὸς Μιλησίους πραγματεύεται τῇ
πατρίδι, κατένευσέ τε βασιλικῶς, καὶ τὸ σπουδασθὲν
ἐκύρωσε τῇ φιλτάτῃ, πιστότερον ἢ κατὰ θυσίαν ἐμ-
πεδώσας ἐξ ἔρωτος τοῖς ἀστυγείτοσι τὴν εἰρήνην
φύσει γὰρ εὐδιάλλακτον ἄνθρωπος, ὅταν εὐτυχῇ αἱ
γὰρ εὐπραξίαι δειναὶ τὰς ὀργὰς ὑφαρπάζειν καὶ τοῖς
εὐτυχήμασι τὰ ἐγκλήματα διαλύειν οὕτως οὖν
ἐκφανῶς δεδήλωκας, ὦ Πιερία, τὴν Ἀφροδίτην ἱκανὴν
εἶναι παιδεύειν ῥήτορας οὐκ ὀλίγον ἀμείνους καὶ τοῦ
Νέστορος τοῦ Πυλίου πολλοὶ γὰρ πολλάκις ἑκατέρω-
θεν τῶν πόλεων σοφώτατοι πρέσβεις ἐξ ἑτέρας εἰς
ἑτέραν ὑπὲρ εἰρήνης εἰσιόντες διὰ κενῆς ἄλλως κατη-
φεῖς τε καὶ ἀσχάλλοντες ἄπρακτον ἀνέλυον τὴν πο-
ρείαν. ἐντεῦθεν τοιοῦτος εἰκότως παρὰ ταῖς Ἴωσι
κάτριος ἐπεκράτησε λόγος « εἴθε με παραπλησίως ὁ
σύνοικος τιμήσειε τὴν ὁμόζυγα, ὥσπερ ὁ Φρύγιος τὴν
καλὴν τετίμηκε Πιερίαν. »

festum, quod utrisque erat pro brevibus belli tælus Sed
eos conciliavit miserata Venus, occasionem hanc machi-
nata Puella quædam fuit Pieria nomine, et natura for-
mosa et tum a Venere ornata splendidius Latum ex
Myunte Miletum venit Ibant curante rem omnem dea
cum ceteris in Dianæ puellæ Gratiis florens et Phrygius
urbis princeps, mentem saucius amore puellæ tum pri-
mum vise Convenerunt uterque cito in unum lectum,
ut et citius in unam pacem civitates venirent Ille mire
delectatus amatorio puellæ connubio cupidusque conve-
niens præmium reponere « velim dicas mihi » inquit
« audacter, bella, quid maxime ex me expetas ego id
tibi lubens merito duplum repræsentavero » Hæc iustus
amator At te, mulieres ceteras et forma antistans et sa-
pientia, non dimovere prudenti consilio monilia, non mau-
res, non civitatum luxuriæ, non torques, non Lydia talaris
tunica, non purpuræ, non Cariæ ancillæ, non Lydorum tex-
trices eximiæ, queis omnibus supra modum affici sequitur
sexus amat Sed primum terram despectans veluti cogita-
bunda, dein genas rubore gratioso perfusa, vultu pudibunde
demisso ac modo vestis fimbrias summis digitis appre-
hendens modo summam zonam convertens modo etiam
signans terram pede, qualia pudore dubitabundi solent,
vix tandem summissa voce eloqui instituisti « da mihi, Rex,
ut ego et consanguinei mei venire vinus libere quum libebit
in hanc felicem civitatem » Agnovit Phrygius amantis
patriæ mulieris mentem, velle illam pacem patriæ con-
ciliare cum Milesiis Annuit regie desideriumque amicæ
perfecit, sanctiusque id amore firmavit, quam si vicinis
ad sacra pacem iurasset, natura enim pacari promptus
homo quum felix est Vis est rebus secundis dimere
iras ac prosperis eventibus crimina luere Ita tu mani-
festum fecisti, Pieria, posse Venerem oratores docere
non paullo meliores vel Pylio Nestore Nam multi sæ-
pius utrimque secus ex utraque urbe sapientissimi ora-
tores de pace convenerant frustra omnes tamen pudi-
bundi atque anxii re infecta abierant Invaluit inde tri-
tum Ionibus feminis votum « utinam me pari honore
coniugem coniux honestet, quali Phrygius pulchram ho-
nestavit Pieriam »

16

ιϛ′. Λαμπρίας Φιλιππίδη.

Ἔρωτι περιπεσὼν ἀπορρήτῳ κατ' ἐμαυτὸν ἔφασκον
ἀπορῶν « οὐδεὶς ἕτερος ἐπίσταται τῆς ἐμῆς καρδίας τὸ
βέλος, εἰ μὴ σύ γε πάντως ὁ τρώσας καὶ ἡ ταῦτά σε
καλῶς παιδεύσασα μήτηρ· οὐ δύναμαι γὰρ οὐδὲ γῇ τε
κοὐρανῷ τοὐμὸν ἀφηγήσασθαι πάθος. πέφυκε δὲ τοῖς
ποθοῦσιν ἔτι μᾶλλον ἐπαύξειν ὁ λαθραῖος ἅμα καὶ
σιγώμενος ἔρως· ἅπας γάρ, δι' ὁτιοῦν ἀχθόμενος τὴν
ψυχήν, τὸ λυποῦν ἐκλαλῶν ἐπικουφίζει τῆς ἀδημονίας
τὸ βάρος. ὡς ταύτην, Ἔρως, βέβληκας τὴν ψυ-
χήν, οὕτος ἴσῃ βολῇ τὴν ἐμὴν κατατόξευσον ἐρωμένην·
μᾶλλον δὲ πραοτέρως, ἵνα μὴ ταῖς ἀλγηδόσιν αὐτῆς
ἀμαυρωθῇ τὸ κάλλος. » ** μηνύομαι ταχύ· ἔνδον εἰσ-
πορεύομαι πρὸς ἐκείνην. λόγου μεταδίδωσιν ἡ φιλ-
τάτη, καὶ συμπαραθεῖ τοῖς ῥήμασι χάρις καὶ τῶν μύ-
ρων αὐτῆς εὐοσμία καί πως αἰδουμένης τὸ βλέμμα
δεινῶς ἐκμαῖνον τὸν ὀρθῶς ἐρῶντα. εἶδον χεῖρας ἄκρας
καὶ πόδας, τὰ λαμπρὰ τοῦ κάλλους γνωρίσματα, καὶ
πρόσωπον εἶδον εὐπρόσωπον· τὸ δέ τι καὶ τῶν στέρνων
ἀμελχθὲν τεθεώρηκα. πλὴν οὐ τεθάρρηκα τὸν πόθον
ἐκφῆναι, ἐντὸς δὲ μόλις τῶν χειλέων ὑποστένω « σὺ
τοίνυν, Ἔρως (δύνασαι γάρ), αὐτὴν παρασκεύασον
πρώτην αἰτῆσαι καὶ προτρέψαι καὶ καθηγήσασθαι
πρὸς εὐνήν. » ταῦτα μὲν οὖν ἔφην ἀρτίως, τῷ κρα-
τίστῳ προσευχόμενος Ἔρωτι, ὁ δὲ ἀκήκοεν εὐμενῶς
καὶ πεπλήρωκε τὴν εὐχήν. καὶ τῆς ἐμῆς αὐτὴ λα-
βομένη χειρὸς ἐμάλαττε τοὺς δακτύλους ἐκ τῶν ἁρμῶν
ἠρέμα χαλῶσα, καὶ προσεγέλασεν ἡδύ, καὶ ἦν σφόδρα
βουλομένης τὸ βλέμμα, πάλαι μὲν σεμνόν, νῦν δὲ
γέγονεν ἐξαίφνης ἐρωτικόν. τοιγαροῦν ἐκβακχευθεῖσα
τῷ ἔρωτι ἀνέκλασέ τε πρὸς ἑαυτὴν τὸν αὐχένα, καὶ
πεφίληκεν οὕτω προσφῦσα μανικῶς, ὥστε μόλις ἀπέ-
σπασα τὰ χείλη καὶ κατατέτριφέ μου τὸ στόμα.
τῶν δὲ χειλέων αὐτῆς ὑπανοιχθέντων ἀτμὸς εὐώδης
καὶ τῶν ἔξωθεν οὐκ ἐλαττούμενος μύρων εἰς τὴν ψυ-
χὴν ἐπωχετεύετο τὴν ἐμήν, τὰ δ' ἄλλα (οἶδας γὰρ
ὁποῖα τὰ λοιπά) νόει μοι κατὰ σαυτόν, ὦ φιλότης,
οὐδὲν περιττοῦ δεόμενος λόγου. λέξω μέντοι τοιοῦτον,
ὡς πρὸς ἀλλήλους ἐφιλονεικοῦμεν δι' ὅλης τῆς νυκτός,
ἁμιλλώμενοι τίς φανεῖται θατέρου μᾶλλον ἐρῶν· κἂν
τοῖς ἀφροδισίοις κολακικῶς ἀμφοῖν ὁμιλούντων ἡμιτε-
λεῖς ὑφ' ἡδονῆς ὠλίσθανον λόγοι.

ιζ′. Ξενοπείθης Δημαρέτῳ.

Ὦ δυστρόπου γυναικός, ὦ βαρβάρων ἠθῶν, ὦ
ψυχῆς ἀνημέρου μηδὲ ἴσα θηρίοις τετιθασευμένης [τῆς
φύσις]. ἔγνων ἑταίρας, ἐνέτυχον θεραπαίναις, ὁμοζύ-
γων πεπείραμαι διαφόρων, καὶ θνητὸς ὢν πολλάκις
καὐτὸς ὑπηρέτηκα θεῷ (ὁ γὰρ Ἔρως ὡς ὕδωρ ἀνὰ
τοὺς κήπους ἁμαρεῶν ἄγει με πολυτρόπως), καὶ
πολλὰ πολλαχοῦ κατὰ γυναικῶν (ὡς ἐπήβολος, ὡς
ἐπιτυχής) ἔστησα τρόπαια, προσφόρως ἑκάστῃ τὰς

Infantem sortitus Cupidinem dicebam ad meipsum
anxius « nemo alius cordis mei vulnus novit præter te
unum qui me sauciasti et quæ te hæc tam bene docuit
matrem. Nec terræ nec cœlo affectum meum eloqui po-
tens sum, amatque crescere et augeri tectus ac tacitus
amor. Nam et quisquis mentem quocunque dolore an-
xius, si causas doloris eloquitur, levat mœrore animam.
Ut meum sauciasti pectus, Amor, ita tu pari ictu figas
amatam meam : immo leviori, ne quid doloribus eius
forma marcescat. » Ocius admittor, accedo ad eam
intro; sermonem illa mecum serit concurritque sermo-
num gratia cum odorum eius suavi spiramine : vere-
cundus aspectus, potens furiare verum amantem. Vidi
summas manus ac pedes, splendida formæ indicia : vidi
formosam faciem, vidi et neglectum quid e pectore . at
non ausus sum eloqui meum desiderium, quin vix intra
labia suspirabundus « tu » inquam, « Amor, nam potes,
facito ut illa prior roget, prior hortetur, prior ducat ad
suum cubile ». Vix hæc ego dixeram Amorem
precatus, audit ille propitius damnavitque voti. Illa
mihi adprehensa manu commalaxavit digitos et dulce
risit, volentisque valde aspectus fuit, nuper severus, at
statim factus amatorius. Quin amore lymphata, cervice
mea reflexa basiavit me tamque furiate adhæsit, ut vix
labra solvere esset, totumque os mihi contrivit. Ac re-
solutis tandem labris suave spirans halitus nec unguinibus
exterius spirantibus cedens penetravit in meam animam.
Cetera, nam utique nosti quid supersit, cogita ea tecum :
quid enim opus verbis inanibus? Hoc unum dicam, cer-
tasse nos ad invicem per totam noctem quis comparem
amare videretur magis; et ita mutuis blanditiis gaudia
miscentibus tertiata verba præ voluptate excidisse.

XVII. Xenopithes Demareto.

O morosam mulierem, o barbaros mores, o inhuma-
nam animam et naturam immansuetiorem feris! novi
puellas, ancillas attigi, coniugatas multas tentavi, morta-
lisque sæpius et ipse inservivi deo. Nam me Amor veluti
per hortos serpentem aquam huc illuc agit, sæpiusque
de mulieribus ut compos ut fortunatus trophæa statui,
suas cuique et singulas amoris admovens machinas.

ἐρω-ιχὰς μεθόδους προσάγων. ἀλλὰ τῆς Δάφνιδος
ἡττήθην, ὁμολογῶ, καὶ νῦν πρῶτον εἰς γύναιον ἠπό-
ρηκα Ξενοπείθης· κύρβι, γὰρ ἑταιριῶν ἐστὶ κακῶν
ἔρῶσα καρτερεῖ, ὑπερχίρεται ποθουμένη, οὐκ ἐνδίδωσι
κολακείαις, κέρδους ὑπερορᾷ, οἰκείῳ μόνῳ δουλεύει
σκοπῷ, καὶ πάντα δεύτερα ποιεῖται τοῦ δοκοῦντος
αὐτῇ, ὁ δὲ γέλως αὐτῆς, εἴ ποτε συμβαίη, ἐπ'
ἄκρων κάθηται τῶν χειλέων. ἐγὼ δὲ παρήνεσα τῇ
βαρβάρῳ λέγων « μὴ σκυθρώπαζε καλή γε οὖσα, μηδὲ
τὰς ὀφρῦς σύναγε εἰ γὰρ φοβερὰ γένοιο, ἧττον ἔση
καλή « ἀλλ' οὐδὲν αὐτῇ τῶν ἐμῶν ἐμέλησε λόγων.
ὄνος λύρας οὐδὲ γρῦ τῆς ἐμῆς συμβουλῆς ἐπαΐειν
δοκεῖ. πλὴν οὐκ ἀπογνωστέον ·αῦτά ἐστιν ·οῖς ἀνδρειο-
τέροις τῶν ἐραστῶν ῥανὶς γὰρ ὕδα-ος ἐνδελεχῶς
ἐπιστάζουσα καὶ πέτραν οἶδε κοιλαίνειν. συγνότερον
οὖν τὸ δέλεαρ αὐτῇ προσακτέον, κἂν αὖθις τὸ ἄγκι-
στρον καταπίη, πάλιν ἀσπαλιεύσω, καὶ τό γε τρίτον
αὐτῆς ἀνακρούσω τὴν γένυν οὐ γάρ με νικήσει δυσμε-
ταχείριστος οὖσα, οὐδὲ ἀπαγορεύσω τὴν ἐμὴν ἀγρι-
στρείαν, εἰ καὶ δυσθήρατος ἡ γυνή ἐπεὶ καὶ τοῦτο
ἔρωτος ἴδιον, τὸ λιπαρὲς καὶ φιλόπονον χρόνῳ δὲ καὶ
Ἀτρεῖδαι τῆς κλεινῆς ἐκράτησαν Τροίας συνεπιλάβοῦ
τοίνυν, ὦ φίλε καὶ σὺ γὰρ ὁμοίως ἐκοινώνεις μοι τοῦ
πόθου, καὶ τρικυμίας τρόπον τῆς ἀσ-ά-ου σαλεύεις
κοινὴ γὰρ ναῦς, κοινὸς κίνδυνος, ὁ παροιμιώδης διετά
ξατο λόγος

ιη´ Καλλικοίτη Μειραχιοτῖ,

Ὑπερευδαιμονεῖς ἔρωτα φιλόκαλον εὐ-υ/οῦσα καὶ
μηδενὶ παρὰ τι ἥδιστον δουλεύοντα πλουτῳ. δεῖ γοῦν
τοῖς ἐν ἡλικίᾳ προστρέχεις, οἷα ποθεινοῖς ἐρασ-αῖς συν-
ήσεσθαι βουλομένη, καὶ τοῖς ἀκμάζουσι χαίρεις, καὶ
μειρακίοις ὡραιζομένοις εὐφραίνη συνοῦσα, καὶ λίαν
ἐρωτικῶς διάκεισαι τῶν καλῶν, καὶ διατελεῖς ἀμελὴς
ἀκόμψων, ἐπιμελὴς εὐθρεπτῶ· ὥσπερ οὖν οἱ Λάκαι-
ναι σύλακας εὖ μεταθεῖς καὶ ἰχνεύεις ὅπῃ δ' ἂν αἴσθη
τ·νὸς τῆς σῆς ἀμελεῖ θήρας ἀξίου τοὺς δὲ πρεσβύτας
παντελῶς ἀτερπεῖς καὶ πόρρωθεν ἀποφεύγεις, κἂν τις
γέρων προτείνη Ταντάλου θησαυροῦ,, οὐ/ ἱκανὸν ταῦτα
παραμύθιον κρίνεις ·ρος ἀναφρόδιτον πολιὰν μὴ οὐ/ ι
ἐπ' ἔσχατον ἐλθεῖν σε τῆς ἀηδίας, ὁρῶσαν μὲν ὄψιν
πρεσβυτέραν καὶ οὐκ ἐν ὥρᾳ, ἑπομένων δὲ τῶν ἄλλων
ταύτη, ἃ καὶ λόγοις ἀκούειν οὐκ ἐπιτερ-ς, μή ὅτι
δι' ἔργων ἀνάγκης ἀεὶ προσκειμένης με-αχειρίσασθαι
ἐντεῦθεν ἐπὶ πάσης τροφάσεως τοὺς ἐν ἡλικίᾳ πο-
θεῖς ἥλικα γὰρ καὶ ὁ παλαιὸς λόγος τέρπειν τὸν
ἥλικα ἥ γὰρ οἶμαι χρόνου ἰσότης ἐπὶ ἴσας ἡδονὰς
ἄγουσα δι' ὁμοιότη-α φιλίαν παρέχεται καὶ ὁ μέν
τις τῶν νέων, ὅτι σιμός, ἐπίχαρις παρὰ σοὶ κληθεὶς
ἐπαινεῖται, τοῦ δὲ τὸ γρυπὸν βασιλικὸν φής, τὸν δὲ
διὰ μέσου τούτων ἐρεῖς ἐμμετρότατα ἔχειν, μέλαιας
δὲ ἀνδρικοὺς ὀνομάζεις, λευκοὺς δὲ θεῶν παῖδας προσ
είρηκας μελίχρους δὲ οἴει τοὔνομα τίνος ἄλλου ποίημα

Sed victus sum, fateor, a Daphnide, et Xenopithes ille
nunc primum circa mulierem hæret animi anxius Ta-
bula enim illa est meretriciorum malorum si amat,
sustinet, amatur, spernit, blanditiis non cedit, quæstum
insuper habet, velle suum sequitur solum, ceteraque po·t
suum placitum ponit Risus ei si quando eveidit, stat
in summis labris Admonui ego barbaram his vocibus
" ne contrahe frontem, quum bella sis, ne supercilia ad-
ducas, minus eris bella, si terrenda eris", sed illa ser-
mones meos subterhabuit Velut asinus lyram, ne tan-
tulum quidem auscultare videtur consilium meum Non
desperandum tamen ob isthæc fortissimis amantium
nam aquæ gutta continue stillans et lapidem cavare con-
didicit Densior ergo adhibenda esca fugaci, tum si rur-
sus hamum vorarit, rursus captabo, tertiumque saltem
disrumpam fallacis genam. Non enim me difficultate su-
perabit, nec piscaturam deponam, quamvis captura dif-
ficilis Nam et hoc proprium amoris, diligens et impro-
bus labor Et tempore Troiam inclitam Atridæ cepere
Aggredere ergo mecum, amice, hoc opus, nam et tu
communem mecum ignem sentis, et decumani fluctus
instar iactatis Communi navi commune discrimen, ut
est in proverbio

XVIII Callicoita Meiraciophilæ

Ter quaterque felix es, amorem pulchri cupidum sor-
tita nec divitiis præter libidinem obnoxium Ita semper
accedis ad iuvenes, gaudia cum iis miscere tanquam
desiderandis amatoribus præoptans, et adolescentibus
gaudes et ephebos ætate florentes lubens amplexaris
et formosis amatore conversaris et inlepidos spernis,
elegantes exquiris Ita sicuti Lacænæ canes celeri
transcursu vestigare nosti, sicubi quis venatura tua
dignus At senes prorsus invicundos longe vitas, nec
siquis vieta ætate Tantali thesauros offerat, tanti id esse
credis, ut invenustam canitiem æquiori animo feras, ne-
que ad ultimum descendas tædium, spectanda senili ac
marcenti facie ceterisque huius morbi corollariis, quæ
nec audire iuvat, nedum ut reipsa tangere ea semper co-
gare Inde quovis prætextu iuvenes deperis, æqualis
enim ex veteri dicto æqualem iuvat nam temporis æqua-
litas ad pariles voluptates ducens ex simili amorem con-
ciliat Itaque iuvenam si quis simus, laudas tanquam
concinnam, aduncum nasum regium vocas, medium
inter hos modicum dicis Nigri sunt, virides appellas,
albi, deorum filios indigitas, melleorum vero nomen

ἢ τοῦ ἐνόντος σοι πόθου, ὑποκοριζομένου τε καὶ φέ-
ροντος εὐχερῶς τὴν ὠχρότητα, ἐὰν ἐπὶ ὥρᾳ προσῇ;
καὶ ἐνὶ λόγῳ πάσας προφάσεις προφασίζῃ, καὶ πάσας
φωνὰς ἀναφθέγγῃ, ὥστε διὰ φιλεραστίας μηδέν' ἀπο-
βάλλειν τῶν ἀνθούντων ἐν ὥρᾳ, ὥσπερ τοὺς φιλοίνους
ὁρῶμεν πάντα οἶνον ἐπὶ πάσης προφάσεως ἀσπαζομέ-
νους. τὸ δὲ τῆς οἰνοποσίας, ὦ φίλε Διόνυσε, κἂν
ἐφ' ἡμῖν αὐταῖς θεωρήσαιμεν, ἀλλοτρίου παραδείγ-
ματος μηδὲν δεηθεῖσαι.

ιθ'. Εὐφρόνιον Θελξινόῃ.

Μελισσάριον τὴν Ἀγλαΐδος, νὴ τὴν Ἥραν, εὐμε-
νέσιν ὀφθαλμοῖς εἴπερ ποτὲ καὶ νῦν εἶδεν ἡ Τύχη,
καὶ τῆς σκηνῆς ἀπαλλαγεῖσα παγκάλως ἐπὶ τὸ σεμνὸν
μετήλλαχε προσηγορίαν ἅμα καὶ σχῆμα. ἐγὼ δὲ
(ἀλλὰ φθόνος ἐκποδὼν εἴη τῆς ἐλευθερίας) ἐγὼ δ' οὖν
τὸν πάντα δουλεύσω χρόνον ἀτόποις τε θεάτροις καὶ
ἀγνώμοσιν ἐρασταῖς. αὕτη μουσουργὸς ἦν ὑπὸ μητρὶ
πενιχρᾷ τὰ πρῶτα πονήρως τρεφομένη, προϊοῦσα δὲ
παιῶν γέγονεν εὐμουσοτέρα τῶν ὁμοτέχνων, καὶ θαρ-
σαλέως ἐχρῆτο τῇ τέχνῃ, ἅτε λοιπὸν θεάτρου μεστὴ
γεγονυῖα. πρότερον μὲν γὰρ ὡς εἰκὸς ἐγελᾶτο, εἶτα
λαμπρῶς ἐθαυμάζετο, τὰ δ' οὖν τελευταῖα καὶ δει-
νῶς ἐφθονεῖτο· οὐπώποτε γὰρ κατὰ μνήμην ἐμὴν
ἐκβέβηκε τῆς σκηνῆς. κἀκ τῆς τέχνης, οἷα φι-
λεῖ, κοσμηθεῖσα τὴν ὄψιν ἐδόκει βελτίων, καὶ τοὺς
ἐραστὰς εἶχε θερμοτέρους, εἶτα καὶ πλείους φιλοτιμό-
τερόν τε χαριζομένους διὰ κλέος τῆς ἐπιστήμης. πο-
λύτιμον τὸ Μελισσάριον παρ' ἄνδρας πλουσιωτάτους
ἐφοίτα. ἦν οὐκ ἔδει λαβεῖν ἐν γαστρί, ὅπως μὴ διὰ
παιδογονίαν ἀτιμοτέρα γένοιτο τοῖς συνοῦσι, τῆς ἀκ-
μῆς τὸ ἄνθος ἄωρον ἀποβαλοῦσα τοῖς πόνοις. ἠκηκόει
δὲ ἡ μουσουργὸς ὁποῖα γυναῖκες λέγουσι πρὸς ἀλλήλας,
ὡς ἐπειδὰν ἐν γαστρὶ γυνὴ λήψεσθαι μέλλῃ, οὐκ ἐξέρ-
χεται ἡ πανταπασιν ἡ γονή, ἀλλ' ἔνδον μένει κεκρα-
τημένη τῇ φύσει. ταῦτα τοίνυν ἀκούσασα ξυνῆκεν ἐμ-
φρόνως καὶ διεφύλαττεν ἀεὶ τὸ ῥηθέν· καὶ ὡς ἤσθετο
συμβὰν οὕτως οὐκ ἐξιοῦσάν οἱ τὴν γονήν, ἔφρασε
τῇ μητρί, καὶ ὁ λόγος ἅτε πρὸς ἐμπειροτέραν ἦλθεν
ὡς ἐμέ. κἀγὼ μαθοῦσα καὶ ταύτῃ διαπράξασθαι ἅπερ
ᾔδειν ἐγκελευσαμένη, τῆς προσδοκωμένης ἐλπίδος
ἀπήλλαξα τάχιον. ὡς δὲ Χαρικλέους ἠράσθη νέου
τινὸς ἐπισήμου καὶ κάλλει καὶ πλούτῳ καὶ ἀντερῶντος
οὐχ ἧττον ἐκείνης, παιδοποιεῖν ἐξ ἐκείνου προσηύχετο
πᾶσι τοῖς γενεθλίοις θεοῖς. καὶ δὴ συνείληφεν ἀσφα-
λῶς, εἶτα δὲ Εἰλειθυίας ἐγκαίρως ἐπισταμένης τίκτει
παιδίον ἀστεῖον, νὴ τὰς Χάριτας, καὶ τῷ φύσαντι
γνησίως ἐξεικονισμένον τῇ φύσει. ἡ μὲν οὖν μήτηρ
ἕρμαιον αὑτῇ καὶ εὐτύχημα λογίζεται τοῦτο, καὶ τὸν
υἱὸν ἐπωνόμασεν Εὐτυχίδην· ὑπεραγαπᾷ δὲ τὸ βρέφος,
στεργούσα διαφόρως, ὡς υἱόν, ὡς εὐπρεπὲς ὡς ποθού-
μενον παιδίον καὶ λίαν ἐμφερὲς ὡραιοτάτῳ πατρί.
εὑρήσεις γάρ τινα ῥοπὴν εὐνοίας παρὰ τοῖς γεγεννη-

credisne aliunde effictum quam ab amore tuo inminuente
pallorem bonique consulente , dummodo tempestivum?
In summa quosvis praetextus praetexis , quamvis vocem
effers, ut nullum tempestiva aetate amatorem amittas ,
sicut vinosos videmus quodvis vinum quovis praetextu
amplexari. Quod vinositatis argumentum , testor te, care
Dionyse, etiam in nobis ipsis cernere habemus, ne quae-
ramus exemplum foris.

XIX. Euphronium Thelxinoae.

Aglaidis filiam Melissarium propitiis per Junonem oculis
si unquam et nunc Fortuna respexit scenaque liberatam
honestissime convertit et nomen et ornatum ad augu-
stiorem vitam. At ego, sed absit invidia libertati, ego
omnem aetatem serviam absurdis theatris et inficetis aman-
tibus. Fuit illa scenica, educata primum misere apud
matrem pauperculam : procedente aetate eximia inter ce-
teras compares evasit, ferociorque arte facta theatrum
totum tenuit. Primum enim, ut par erat, ridebant; dein
mirabantur valde; postremo serio invidebant : nunquam
enim memini excidisse eam scena. Tum, ut fieri amat,
addente ornatum arte pulchrior visa , et amabatur arden-
tius et a pluribus, largiusque illi et libentius ingerebant
munera propter artis praestantiam. Ita honore aucta Me-
lissarium itabat ad dites viros, nec praegnantem eam fieri
expediebat, nam puerperium minuisset ei apud amantes
gloriam, amisso in laboribus partionis acerbo flore aetatis.
Audierat illa quae mulieres inter se solent, conceptura
non egredi omnimodis semen, sed manere intus vi natu-
rae retentum. Id prudenti memoriae condens tenuit
semper; atque ubi ita accidisse sibi sensit, non egredi
sibi semen, edixit matri, venitque sermo ad me, cui
maior peritia, iussique ego ut faceret quae noram com-
moda, atque ita perfeci statim ut a certo metu liberare-
tur. Sed ubi Chariclem amare coepit, iuvenem et forma et
opibus illustrem et mutuo affectu redamantem, rogavit
omnes genitales deos ut ex eo sibi nascerentur liberi,
concepitque strenue : dein Lucina in tempore adiuvante,
puerum venustum per Gratias peperit et e natura exa-
ctissime adsimilatum patri. Id mater lucrum sibi prae-
sens et faustum rata, puero nomen indidit Eutychidi :
coepitque nimio affectu amare infantem nominibus
multis, ut filium, ut venustum, ut amabilem et florenti
patri simillimum. Habent enim momentum ad paren-

κότιν εὐτυχοῦντας τοὺς εὐειδεστέρους τῶν παίδων, καὶ, δυοῖν ὄντοιν ἢ καὶ πλειόνων, ἡδίων τοῖς γονεῦσιν ὁ καλλίων. ὁ δὲ Χαρικλῆς οὕτως εὐθὺς διετέθη πρὸς τὸ τεχθὲν φιλοστόργως, ὥστε ἀδικώτατον κρίνειν ἑταί- ραν ἔτι καλεῖσθαι τὴν ἐρώτιον τοιοῦτον τεκοῦσαν τοι- γαροῦν αὐτίκα τῆς αἰσχρᾶς αὐτὴν ἀνέστησεν ἐργα- σίας, καὶ ἐπ' ἀρότῳ παίδων γνησίων τὴν ἐρωμένην ἠγάγετο γαμετήν. καὶ πολλαπλασιάζει τὸν πόθον τῆς σχέσεως τοῦ παιδαρίου ὅθεν εἰκότως ἐκ περιχα- ρείας τῇ μητρὶ τὸ βλέμμα φαιδρόν, καὶ οὐδὲ τεκούσης ἀπήνθησεν ἀρτίως οὖν περιβαλομένη σεμνὴν ἐφε- στρίδα γέγονα παρὰ τῇ Πυθιάδι (τοῦτο γὰρ μετακέ- κληκεν ἑαυτήν) καὶ πάντων ἀγαθῶν συνηδόμην αὐτῇ τὸ δὲ παιδίον κλαυθμυριζόμενον ἰδοῦσα πεφίληκα, θερ- μῶς μὲν ὡς καλόν, ἁπαλῶς δὲ ὡς τρυφερώτερον καὶ τῶν ῥόδων, οἷσπερ ἔοικε τὴν χροιὰν ἐνπλήττομαι, νὴ τὼ θεώ, πῶς ἀθρόως ἅπαντα μεταβέβληκεν ἡ γυνή. καὶ πάρεστι θαυμάζειν ἐκείνης βλέμμα προσ- ηνές, μέτριον ἦθος, μειδίαμα σεμνόν, κόμην ἀφελῶς πεπλοκισμένην, καλύπτραν ἐπ' αὐτῆς εὖ μάλα σε- μνήν, βραχυλογίαν ἐν ἠρεμαίᾳ φωνῇ εἶδον καὶ ἀμ- φιδέας καὶ περισκελίδας, οὐ τὰς περιέργους ἐκείνας, ὦ φίλη, ἀλλ' ἔργον ὄντως ἐλευθέρα πρεπῶδες τοιοῦτον ἐν αὐτῇ καὶ περικυμένιον καὶ τὸν ἄλλον κόσμον ἴδοι τις ἄν. προϊοῦσάν τε φασι νεύειν τε κάτω καὶ τεταγμένα βαδίζειν, σχῆμα συμπρέπον τῇ σωφροσύνῃ καὶ εἴπ'οις ἂν ὡς ἀεὶ τοιαύτη γέγονεν ἐκ παιδός ἅπαντα γοῦν ἐν ταῖς γυναικωνίτισι καὶ ταῖς ταλασίαις πρὸς ἀλλήλας ὁμιλοῦσι γυναῖκες. ἄπιθι τοίνυν, Θελξινόη, καὶ σὺ παρ' ἐκείνην ἐκ γειτόνων οἰκοῦσαν, μεταμφιεσαμένη μέντοι κοσμίως ἡμιράριον ἁλουργές. φυλάττου δέ, γλυκυτάτη, μὴ μεταξὺ παρελκομένη τῇ συνηθείᾳ Μελισσάριον τὴν νῦν Πυθιάδα προσείπῃς ὁ μικροῦ πέπονθα νὴ τὴν Διώνην, εἰ μὴ Γλυκέρα παροῦσα λά- θρα με ταχὺ διένυξε τῷ ἀγκῶνι

tum amorem formosiores liberi, soletque e duobus aut pluribus gratior esse qui pulchrior At Charicles nato confestim ita affectus est, ut nefas censeret mere- tricem dici amplius, quæ talem peperisset Venerum ne- potulum Itaque statim abductam ab infami opera matrem liberum quærendum gratia duxit domum, auxitque mirum in modum pueruli nativitas pristinum cupidinem, merita inde matri voluptas reduxit faciem sereniorem quam puerperæ solent Et ego nuper honesta veste sumta vi- sitavi Pythiadem (nam id nomen adsumsit) et omnia eius agnovi bona, quin et puerulo eiulanti basium pegi, cali- dum quidem ut formoso, tenerum tamen ut delicatiori ipsis quas colore refert rosis Stupeo per deos, qui mu- lier omnia statim mutarit Subit admirari demissum eius vultum, gestum moderatum, severum risum, capillum sine arte implicitum, decentem desuper mitram, brevem ac summissum sermonem Vidi et armillas et femoralia, non curiosa illa, mi anime, sed liberam vere decentia Ad eundem modum et monile videas et ceterum mulie- brem mundum Quin et quum prodit foras, deorsum despicere aiunt et graviter ingredi compositamque esse ad pudicitiam dicas ita educatam a prima aetatula Solent autem passim mulieres in gynæceis et textrinis invicem aliæ ad alias accedere Vise ergo et tu ad illam, Thelxinoe, nam in vicinia habitat, adsumto decenti ami- culo purpureo Sed vide, dulcissima, ne consuetudine de- cepta Melissarium forte voces pro Pythiade, quod parum abfuit quin facerem, Venerem iuro, ni me adstans iuxta Glycera clam cubito monuisset

λʹ Φιλακίδης Φρουρίωνι

Ἥλω τις νεανίας μοιχός, καὶ δεσμώτης ἐφυλάττε-ο παρ' ἐμοῦ. ἐγὼ τοῦτον εὐπρεπῆ καὶ νεανικὸν ὁρῶν πρὸς ἔλεον ἐπεκάμφθην, καὶ τῶν δεσμῶν ἀπολύσας ἄδετον ἁπλῶς καὶ σχεδὸν ἄφρουρον κατὰ τὴν εἱρκτὴν διαφῆκα. ὁ δέ μοι δίκαιον υἱσθὸν τῆς φιλανθρωπίας εἰδὼς τὴν σύνοικον ἐμοίχευσε τὴν ἐμήν τοιοῦτον οὐδὲ τὸν κλέπτην Εὐρύβατον τετολμηκέναι φασίν ἐκεῖνον γὰρ ἁλόντα φυλάττεσθαι, φίλον δὲ γενό- μενον τοῖς ἐπὶ τοῦ δεσμωτηρίῳ τὸν τρόπον ἐπιδείκνυ- σθαι τῆς κλοπῆς. ἦσαν ἐγγεντρίδες αὐτοῖς καὶ σπογ- γιαί ταύτας λαβὼν ἀνερριχᾶτο πρὸς τὸν τοῖχον, ἀλλ' οὐ τὴν καλὴν ἀνήρπασε γαμετήν τοῦτο ἔκπυσον καὶ περιβόητον γέγονε τὸ κακόν, καί με, νὴ τὴν Δίκην, ὑπὲρ τὴν μοιχείαν ὁ γέλως λυπεῖ, ὅτι δεσμοφύλαξ ἅμα καὶ φρούραρχος ὢν τὴν ἐμὴν ἔνδον οὖσαν οὐκ ἐφύ- λαξα γαμετήν.

λʹ Philacides Phruriom

Adolescentem in adulterio prehensum adservabam in vinculis Cum ego venustum ac iuvenem advertens mise- ratus evsolvi vinclis, solutumque ac pæne incustoditum dimisi per carcerem Ille iustum humanitatis reponens præmii, mi meam mihi stupravit coniugem Tale nec notus furti attentavit Lurybates Aiunt eum in furto prehen- sum traditum custodiæ conciliataque commentariensium gratia monstrasse illis quomodo furari consuesset Gra- phia habebant et spongias, iis sumtis ascenso muro evasit sed non rapuit formosam coniugem. Hoc co- gnitum ac conclamatum evasit malum Et me, iustitiæ oculum testor, magis afficit ipso adulterio laudibrium, quod ille ego et vinculorum observator et carceris non servavi meam coniugem in ipsa custodia

κα΄. Ἀριστομένης Μυρωνίδῃ.

Καινόν γέ τι κακὸν ἔρωτος, ὦ Μυρωνίδη, καὶ οἷον
οὐδ᾽ ἀκήκοα πρότερον. τῆς Τελεσίππης ὁ Φαλη-
ρεὺς Ἀρχιτέλης ἐρᾷ, ἣ δὲ πεισθεῖσα μόλις ὁμιλῆσαι
τῷ μειρακίῳ παράδοξον αὐτῷ προδιώρισε μέτρον.
« ἅπτου » φησί « τῶν μαστῶν, ἡδίστων ἀπόλαυε φιλη-
μάτων, καὶ προσαγκαλίζου περιβεβληκυῖάν με τὴν
ἐσθῆτα, γάμου δὲ μήτε πολυπραγμόνει μήτε προσ-
δόκα, ἐπεὶ σαυτὸν ἀνιάσεις καὶ τῶν ἐπιτετραμμένων
ἐκπίπτων. » « ἔστω, δεδόχθω » ἐξ ἀπορίας ἔφησεν
Ἀρχιτέλης· « εἰ γὰρ οὕτω σοι φίλον, ὦ Τελεσίππη,
οὐδ᾽ ἐμοὶ ἐχθρόν. ἀλλὰ καὶ χάριν » εἶπεν « εἴσομαι
τῇ Τύχῃ καὶ ψιλοῦ ῥήματος ἀπολαύων ἢ καὶ μόνης
ἀξιούμενος θέας. ἐβουλόμην δέ, εἴ γε σοί, φιλτάτη,
δοκεῖ, γνῶναι τί δή ποτέ μοι παντελῶς ἀπέγνως τὴν
μίξιν· » « ὅτι » ἔφη « ἐλπιζόμενός ἐστιν ὁ γάμος ἡδύς,
εὔχαρις καὶ λίαν εὔκταιος· γέγονε, περιεφρονήθη, καὶ
τὸ πάλαι σπουδαζόμενον ἐξαίφνης ἀπέρριπται καὶ
περιπτυόμενον ἀμελεῖται. αἱ γὰρ ἐπιθυμίαι τῶν νέων
ταχεῖαι καὶ πολλάκις ἑαυταῖς ἐναντίαι. » τοιαύτης ὁ
δύσερως ἀνέχεται γυναικός, τοσοῦτον δεδυστύχηκεν
Ἀρχιτέλης, καὶ σύνεστι τῇ ποθουμένῃ καθάπερ εὐνοῦχος
τὰ ἐρωτικὰ περιεργαζόμενος καὶ λιγνεύων, μᾶλλον δὲ
καὶ τῶν ἐρώντων εὐνούχων ὁ μέλεος ἀργότερα δυστυχεῖ.

κβ΄. Λουκιανὸς Ἀλκίφρονι.

Γλυκέρα Χαρίσιον ἐπόθει, καὶ νῦν δὲ ποθεῖ· μὴ
φέρουσα δὲ τὴν ἀγερωχίαν τοῦ μειρακίου (οἶσθα γὰρ
τὸν νέον καὶ τὸν τρόπον αὐτοῦ) ἤθελε πρὸς μῖσος αὐτῇ
μεταβληθῆναι τὸ φίλτρον. αἴτιον δὲ ἦν τοῦ βούλε-
σθαι μισεῖν τὸ λίαν φιλεῖν. αὕτη οὖν συμβουλεύεται
τῇ Δωρίδι· ἄβρα δὲ καὶ μαστροπὸς τῆς Γλυκέρας ἡ
Δωρίς. ὅτε τοίνυν ἱκανῶς αὐταῖς εἶχε τὸ σκέμμα,
ἡ προαγωγὸς ὡς ἐφ᾽ ἕτερον τι προῆλθε. ταύτην ὁ
Χαρίσιος ἰδὼν « χαίροις » εἶπε « φιλτάτη. » ἡ δὲ « καὶ
πόθεν ἂν ἐμοὶ » φησὶ « γένοιτο χαίρειν; » ὁ δ᾽ οὖν νεα-
νίας ἐπύθετο « τί δ᾽ ἐστὶ πρὸς θεῶν; νεώτερόν τι συμ-
βέβηκεν; » ἡ δὲ μαστροπὸς ἀπεκρίθη δεδακρυμένη
δῆθεν πικρῶς « ἡ Γλυκέρα τοῦ βδελυροῦ Πολέμωνος
ἐκτόπως ἐρᾷ, σὲ δέ, εἰ καὶ παράδοξον ἐρῶ, μισεῖ μῖσος
ἐξαίσιον. » « ἆρα λέγεις ἀληθῆ; » κατεπλαγεὶς ἤρετο
πάλιν ὁ νέος πολλὰ χρώματα ἀφείς. « καὶ μάλα »
φησίν « ἀληθινά· » ἡ Δωρίς. « ἐμὲ γοῦν ἔπληξεν ἀφει-
δῶς, ἵνα σου μόνην ἐπὶ στόματος ἠρεμὶ τὴν προσηγο-
ρίαν ἐνέγκω. » ἐνταῦθα Χαρίσιος ἐλέγχεται μᾶλλον
ἐρῶν ἢ ποθούμενος· πολλοὶ γὰρ ἂν κατεφρόνουν ἐπ᾽
ἐξουσίας ὑπὸ τοῦ ζηλοτυπεῖν ἡράσθησαν ἐκπαθῶς. τὴν
οὖν πολλὴν ἀλαζονείαν ἀφεὶς φθέγγεται ταπεινόν τε
καὶ σκυθρωπὸν καὶ τεθνηκὸς ἀθυμίᾳ· εἴωθε γὰρ ἡ βα-
ρύτης, ἐὰν ἀμελεῖσθαι δοκῇ, καταβάλλεσθαι. ἐδά-
κρυέ τε ἀστακτὶ μεταστραφεὶς ἐπὶ θάτερα, καὶ τῇδε
κἀκεῖσε τὸ πρόσωπον ἐξωθῶν ἀποπέμπεται τὰ δάκρυα

Audi novum amoris malum, Myronida, quale ego au
divi antea nunquam : Telesippen Architeles Phalero depe-
rit : illa vix tandem persuasa iuvenem admittere mirum
ei præscripsit amoris modum. « Tange mammas » in·
quit, « decerpe suavissima basia : quin et vestitam am-
plectere; sed nuptias nec quære nec spera, ne tibi ipsi
malum quæras excidasque concessis bonis ». « Sit ita, »
respondit anxius Architeles : si ita tibi placet, Telesippe,
idem mihi placet; sed et gratiam debere me Fortunæ fa-
tebor, si vel sermone pauxillulo vel solo aspectu dignus
censeor. Sed velim, sis, amica, resciscere, quid ita
coitum omnimodis interdicis mihi? » « Quoniam » infit illa
« speratæ nuptiæ dulces, gratæ, optandæ; ubi potitus es,
contemtus venit, studioque magno petitum statim abi-
citur neglectuique habetur. Etenim levia sunt iuvenum
desideria sæpiusque ipsis sibi contraria. » Talem infelix
amator mulierem sustinet, tali malo premitur Architeles.
Cum amica tanquam eunuchus versatur, amorem ligu-
riendo et ut rem a se alienam exercens : immo miser longe
ignavior eunuchis amantibus.

Charisium amabat Glycera et etiamnum amat : sed
ejus superbiam non ferens (nosti iuvenem, nosti eius mo-
res) inibi erat ut amorem mutaret odio. Amare velle odii
caussa erat, nimis odisse amoris. Sed illa collato consilio
cum Doride, quæ famula et conciliatrix ipsi erat, post-
quam satis consultasse visum, lena egressa est veluti
aliud actura. Visa ea Charisius » salve » inquit, » mi
amica. » « Et unde mihi » illa infit « salus? » Rogat adole-
scens « qui.l tibi per deos novi accidit? » Respondit lena
fingens amaras lacrymas « ecce » inquit « Glycera infice-
tum Polemonem efflictim perit; at te (dicam quantumvis
mirum) hostili odio insectatur? » « Num vera dicis? » stu-
pefactus rogat et multos colores mutans iuvenis. « Et
verissima » inquit Doris; « quin me sine venia cædit,
siquando tui vel minimam taxim facio mentionem. » Ibi
tum Charisius manifesto prodidit amare se magis quam·
amari : nam plerique quas quum frui datur, negligunt ,
eas æmulatione accensi aperte amaverunt. Ita deposita
tum is ferocia supplices voces fundere, tristisque ac
desperatione interfectus (solet enim deici superbia, si
neglectui se esse viderit) conversusque in aliam partem
incondite ciulare ac vultum modo huc modo illuc con-
vertere, ut lacrymas excuteret e genis. « Quid ergo »

τῶν παρειῶν. « τί δὴ οὖν ἄκων » φησίν « λελύπηκα
τὸ Γλυκέριον; ἑκὼν γὰρ οὐκ ἄν ποτε κατ' ἐκείνης
ἐπλημμέλουν ἐγώ. ταῦτα νὴ τοὺς Ἔρωτας ἐβου-
λόμην σοῦ γε παρούσης πυθέσθαι τῆς Γλυκέρας, καὶ
γνῶναι εἴ τι τυχὸν δίκαιον ἐγκαλεῖ, καὶ τὸ λυποῦν εἴ-
περ τι ἔστι θεραπεῦσαι. πλὴν ἥμαρτον, ὁμολογῶ·
οὐδὲν ἀντιτείνω. ἆρ' οὖν οὐκ ἂν δέξαιτό με καὶ πα-
ραιτούμενον συγγνώμην ἔχειν; » ἐπένευσε μόλις καὶ
ἀμφισβητήσιμον ἡ Δωρίς, ἐφ' ἑκάτερα παρακινοῦσα
τὸ βλέμμα· ὃ δὲ δυσανασχετῶν ἐπανήρετο « οὐδ' ἂν
ἱκετεύων προσπέσω; » « εἰκός γε, ὦ φίλτατε· οὐδέν,
οἶμαι, κωλύει συχάζειν τῆς ἐρωμένης τὸν τρόπον,
ὅπως ἔχει συμβάσεως περὶ σέ. » τότε δὴ χαίρων δε-
δράμηκεν ὁ Χαρίσιος οἴκαδε τῆς ἑταίρας, ὁ καλός,
ὁ περιπόθητος, ἐφ' ἱκετείας τραπόμενος καὶ περιτυχὼν
αὐτίκα προσπίπτει. ἡ δὲ Γλυκέρα τέως μὲν τὸν τρά-
χηλον ἐθαύμαζε τοῦ ποθουμένου, εἶτα τὸ πρόσωπον
ἡδέως ἐρείδουσα τῇ χειρί, ἀνέστησέ τε καὶ λάθρᾳ
τὴν ἑαυτῆς περίληκε δεξιάν, ἢ προσήψατο τοῦ μειρα-
κίου, καὶ πρὸς τὸν νέον συνέβη ταχύ· οὐ γὰρ ἐπέτρε-
πεν ὁ μανικῶς ἐγκείμενος ἔρως δόξαι γοῦν. σμικρὸν
ἀπωθεῖσθαι τὸν φίλον. ἡ δὲ μαστροπὸς λαθραίως
μειδιῶσα διένευσε τῇ Γλυκέρᾳ, ἐδήλου δέ πως τὸ
νεῦμα « ἐγώ σοι μόνη τὸν ὑπερήφανον ὑπέταξα τοῖς
ποσίν. »

κγ'. Μονόχωρος Φιλοκύβῳ.

Δύο δεινοῖς ἅμα περιπέπτωκα, φίλε, καὶ πρὸς ἓν
τούτοιν μόλις ὁποτερονοῦν διαρκῶν ἐξ ἐπιμέτρου θάτε-
ρον ἔχω καὶ διπλάσια δυστυχῶ. καὶ τὸ μὲν κακόν, τὸ
δὲ οὐκ ἄμεινον· ἐμὲ γὰρ κατανάλωσαν ἄπληστος
ἑταίρα καὶ πεσσοὶ πίπτοντες ἀτυχῶς μὲν ἐμοί, εὐ-
βολώτερον δὲ τοῖς ἐναντίοις. ἀλλὰ καὶ τοῖς ἀντερῶσιν
ἀστραγαλίζων ἢ κυβεύων συγχέομαι τὸν νοῦν, τοῦ
ἔρωτος μεμηνότος, κἀντεῦθεν περὶ τὰς ποικίλας με-
ταστάσεις τῶν ψήφων πολλὰ παραλογιζόμενος ἐμαυτὸν
καὶ τῶν καταδεεστέρων τὴν παιδιὰν ἡττῶμαι. πολ-
λάκις γὰρ μετέωρος ἐκ τοῦ πόθου ταῖς ἡμετέραις βο-
λαῖς ἀντὶ τῶν ἐμῶν τὰς ἐκείνων διατίθημι ψήφους.
εἶτα πρὸς τὴν ἐρωμένην ἄπιων ἐκεῖ δευτέραν ἧτταν
ὑπομένω καὶ χείρονα τῆς προτέρας· οἱ γὰρ εὐτυχεῖς
ἀντερασταί, ἅτε δή με τὰ τοσαῦτα νενικηκότες, φιλο-
τιμότερον δωροῦνται τῇ ποθουμένῃ, καὶ προκρίνονταί
μου τοῖς δώροις, κᾆτα ἀπὸ τῶν ἐμῶν με πολεμοῦντες·
μεταπεττεύουσί μοι τῆς φιλίας κύβον. οὕτω τοίνυν
ἑκάτερον τῶν κακῶν διὰ θάτερον γέγονε δυστυχέστερον.

κδ'. Μουσάριον Λύσιδι τῷ φιλτάτῳ.

Ἄρτι παρ' ἐμοὶ συναθροισθέντες ἑσπέρας οἱ κορυ-
φαῖοι τῶν ἐμῶν ἐραστῶν τὸ μὲν πρῶτον ἐσίγων, καὶ
ἄλλος ἄλλον τὸν πλησίον προεώθει, κελεύων διεξελθεῖν
πρὸς ἐμὲ τὰ μελετηθέντα πᾶσι κοινῇ, ὁ δ' οὖν θρασύτα-
τος προσχήματι μὲν συμβουλῆς, σὲ δὲ ταῖς ἀληθείαις

---

inquit « imprudens feci ut offenderem Glycerium? pru-
dens enim nunquam ego illi fui iniurius. Velim ego
per Amores id ex ea te præsente exquirere, ut sciam si
quid forte merito queritur, et si quid feci, faciam satis.
Tamen peccavi, fateor, non eo infitias; sed num me
etiam veniam quæsentem non admittet? » Doris nutu
modo in hanc modo in aliam partem reflexo vix tan-
dem certo adnuit. Rogare ille rursus animi æger « ne
si quidem supplex accidam illius genua? » « Forset » in-
quit, « amice. Nec dii sirint, ut ego impediam quomi-
nus experiaris, qualis amica tua futura sit et qui affecta
reconciliandæ gratiæ. » Tum demum libens ad amicæ do-
mum accurrit Charisius, ille pulcher, ille ter quaterque
desideratus, ad preces versus, simul vidit, simul genua
dominæ accidit. At illa cervicem aliquandiu ammirata
amici capitis, dein faciem ejus lenta manu sublevans ere-
xit iuvenem, suamque clandestino basiavit manum, qua
cupitum attigerat, citoque pacem fecit; non enim sine-
bat furiate insidens præcordiis amor, ut vel minimum
aversari amicum fingeret. At lena interim clanculum
ridens innuebat Glyceræ, nutuque dicebat solam se super-
bum subiecisse pedibus amasium.

XXIII. Monochorus Philocubo.

Duobus simul incidi malis, amice, et alterutri vix
sufficiens alterum auctarii vicem habeo, dupliciter in-
felix: malum enim hoc, nec melius alterum. Exhauriunt
me quippe amica damnosa et alea male mihi cadens,
collusoribus felicius. Sed et si quando talis aut alea cum
rivalibus ludo, mens mihi amore lymphata turbatur.
Ita fit ut circa varias calculorum transpositiones multum
errans vincar etiam ab iis qui lusus minus periti. Nam
sæpe cupidine externatus iactibus meis illorum calculos
assigno, non meos; dein ad amicam rediens, aliam
ibi priore graviorem vincor victoriam. Nam fortunati
collusores ubi tantum lucrum fecere, largiuntur amicæ
benignius. Ita donis fiunt potiores meque meis aggressi
amoris mihi invertunt aleam Ita malorum utrumque
alterius caussa gravius evadit.

XXIV. Musarium Lysidi carissimo.

Collecti apud me vesperi nuper amatorum meorum
potissimi tacebant primum, ac proximum sibi quisque
monebat propellens, ut meditatam communi consensu
orationem mihi ediceret. Tandem unus ex iis audacior
ceteris, suasorem simulans, revera tui æmulus, mecum

ζηλοτυπῶν διεμέμφετό με τοιάδε· « πασῶν τῶν ἐπὶ
σκηνῆς ὑπερφέρουσα τῷ κάλλει, ἑκάστης αὐτῶν ἀπο-
λείπῃ τῷ κέρδει· παρὸν γάρ σοι χρηματίζεσθαι παρ'
ἡμῶν, ὑπερορᾷς, προῖκα δὲ μόνῳ τῷ Λύσιδι τὴν σὴν
ἐκδέδωκας ὥραν, καὶ οὐδὲ καλῷ μειρακίῳ· οὕτω γὰρ ἂν
ἦν φορητὸν ἑνὸς ἄγαν εὐπρεποῦς ἡττᾶσθαι τοσούτους,
σοὶ δ' ἂν τύχον συνέγνω τις ἐρωτικὸν κάλλος ἄμαχον
προκρινούσῃ χρημάτων.　πυκνὰ γοῦν ὅμως τοῦτον
παρ' ἡμῖν ἐπαινοῦσα ἐκκεκώφωκας ἡμῶν τὰ ὦτα καὶ
ἐμπέπληκας τοῦ Λύσιδος, ὥστε καὶ ἀνεγρομένους ἐξ
ὕπνου οἴεσθαι τοῦ νέου τὴν προσηγορίαν ἀκούειν.　οὐ
πόθος τοίνυν ἐστίν, οὐ, παραπληξία δὲ μᾶλλον νομίζεταί
μοι δεινή.　πλὴν τουτί σε μόνον αἰτοῦμεν, λέγε σα-
φέστερον, εἰ τοῦτον ἔχειν ἀντὶ πάντων ἐθέλεις· οὐ γὰρ
ἀντιστατοῦμεν τῇ ποθουμένῳ.　τοιαῦτα μὲν οὖν ᾖδον
ἐκεῖνοι σχεδὸν εἰς ἀλεκτρυόνων ᾠδάς, ἅπερ εἰ βουλη-
θείην ἑξῆς ἀπαγγεῖλαι, καταδύσειν μοι δοκῶ τὸν ἥλιον
ἐπὶ τῷ μήκει τοῦ λόγου· τὰ δὲ πολλὰ τῶν λεχθέντων
τῷ μὲν δεξιῷ τοῖν ὤτοιν ἠκροασάμην, θατέρου δὲ πα-
ραχρῆμα ἐξερρύη.　τοσοῦτον δὲ ἀπεκρίθην· « αὐτὸς
ὑμῶν προτέταχε τὸν Λῦσιν ὁ Ἔρως, ὃς οὐ νύκτωρ, οὐ
μεθ' ἡμέραν διαλείπει τὴν ἐμὴν καταφλέγων καρ-
δίαν.　μάνθανε καὶ τοῦτο, γλυκύτατε.　ἐπεὶ σὺν
ἐπιτιμήσει βοῶντες ἐπύθοντό μου « καὶ τίς ἀναφρόδι-
τον βδελυρὸν ἄκομψον τοιόνδε ποθεῖ; » εἶπον ἠθικῶς
ἄγαν ὑποκλούσα σὺν τοῖς ὤμοις τὸ βλέμμα « τίς;
ἐγώ.　ἔρρωσθε τοίνυν » ἔφην ἀναστᾶσα « καὶ σύγγνωτέ
μοι πολούσῃ· ἐμὲ γὰρ οὐδὲν θάλπει κέρδος, ἀλλ' ὃ
θέλων θέλω δὲ Λῦσιν.　σὺ δ' οὖν, ὦ ἐμὸν δεσποτίδιον,
εὐθὺς εὐθύς· τὸ ταχὺ γὰρ ἐπαφρόδιτον. μηδὲν μελλήσας
ἧκέ μοι φιλημά τι μόνον ἀποκομίζων, κἀγὼ τῶν ὤτων
λαβομένη τρίς σε φιλήσω.　καὶ τοιοῦτον καλὸν ** ναί,
πρὸς τῆς Ἀφροδίτης, ᾗ νῦν τεθύκαμεν. γνώσομαι
δὲ τὴν θυσίαν, ἐάν σε πρὸς ἡμᾶς ἡ θεὸς ἐπικλίνῃ.
προσείρησό μοι, ψυχὴ Λῦσι, θᾶττον ἤδη, ἐπεὶ καὶ
τὸν χρόνον τοῦτον ὃν ἐπιστέλλω σοι χρονίζεις· πρὸς
σὲ πάντες ἐκεῖνοι σάτυροι οὐκ ἄνθρωποι, καὶ παρ'
οὐδὲν τίθεμαι τούτους.

κ΄. Φιλαινὶς Πετάλῃ.

Χθὲς ἐπὶ πότον ὑπὸ Παμφίλου κληθεῖσα Θελξινόην
μετεπεμψάμην τὴν ἀδελφήν, ἐλάνθανον δὲ κακὸν οὐ
τὸ τυχὸν ἐμαυτῇ προξενοῦσα, ὡς ἔργῳ γέγονε δῆλον.
πρῶτον μὲν ἦλθε περιεργότερον κοσμηθεῖσα καὶ στίλ-
ψασα τὰς παρειὰς ἐντρίμματι, καὶ πρὸς ἔσοπτρον ὡς
εἰκὸς διαπλεξαμένη καὶ εὐθετίσασα τὰς κόμας καθῆκε
τοῦ αὐχένος ὅρμους πολυτελεῖς, ἀγλαΐσματα δέρης,
ἄλλην τε πολλὴν περιέκειτο φλυαρίαν ὀνομαζών τε
καὶ ἀμφωλένιον, καὶ οὐδὲ τῶν περικρανίων ἠμέλησε
κόσμων. τὸ δὲ ταραντινίδιον ἐξ οὗ διαφανῶς ἡ ὥρα διέ-
λαμπεν **.　θαμὰ δὲ καὶ τὴν πτέρναν αὐτῇ πρὸς
ἑαυτὴν ἐπιστρεφομένη διεσκοπεῖτο, πολλάκις δ' ἅμα
τε ἑαυτὴν ἐθεώρει καὶ εἴ τις αὐτὴν ἄλλος θεᾶται.

---

his verbis iurgare cœpit : « Quum ceteras scenicas an-
tistes forma, quæstu ceteris cedis tamen, pecuniam
quippe a nobis capere potens, quos aspernaris, uni Ly-
sidi tuum florem profundis gratis, et illi quidem ado-
lescenti haud formoso; nam si hoc esset, ferendum esset
vinci tot viros ab uno elegantiore, tibique forte daretur
venia formam amabilem et eximiam præferenti divitiis.
At tu nihilo cum minus laudibus passim tollens obsur-
defecisti aures nostras, plenas uno Lysida, adeo ut excitati
somno videamur eius semper nomen audire.　Non est
hoc amor ergo, non est; stupor mihi gravis videtur po-
tius. Sed nos hoc unum ex te expetimus; dicas disertim, si
hunc relictis ceteris habere præoptas; non enim si mavis,
repugnamus. » Talia illi fere usque ad gallicinium; quæ
si referre singulatim velim, videar mihi solem condere
longis sermonibus. Sed pleraque illis dicta excepta
dextera aure sinistra excidere ocius. Hoc unum respondi :
« ipse prætulit vobis Lysin Amor, qui noctu atque in-
terdiu cor meum continuo torret. » Habe et hoc, sua-
vissime, quæsisse a me illos clamore et iurgio « et quis
invenustum illum, inficetum, incomtum amet? » Com-
modissime ego una cum humeris vultum contorquens,
« quis? » inquam; « ego. Valete ergo » surgens edixi;
« parcite amanti mihi; non enim me quæstus iuvat, sed
quod volo; Lysis est autem quem volo. » At tu, mi do-
minule, cito cito; iucunda quippe celeritas, veni sine
mora, ferque mihi vel unum suavium : et ego te pre-
hensum auriculis ter suaviabor.　Bene hoc habet, per
Venerem, cui nunc fecimus; noscam num litarim, si
te mihi dea flexerit. Saluteris mihi, anima mea, cito :
hoc ipsum tempus quo scribo, iam moraris; præ te Satyri
illi, non homines nullo mihi illi omnes loco.

XXV. Philænis Petalæ.

Vocata heri ad commessandum a Pamphilo, sororem
meam Thelxinoen arcessivi, nescia quantum mihi ipsi
procurarem malum : quod res ipsa indicavit. Primum
enim venit ornata curiosius, excultis eleganter genis,
flexisque, ut videro erat, ad speculum et depositis ad
amussim comis suspendit e collo sumptuosa monilia,
cervicis honestamenta, multasque alias eiusmodi nugas,
ad mammas, ad ulnas, ne ipsis quidem capitis spretis
redimiculis. Super hoc tarantinum multilicium, per quod
florem ætatis manifeste pellucentem ostenderet; simul
talum convertens respectabat, sæpiusque et respicie-
bat se ipsam et numquis alius spectaret attendebat.

ἔπειτα παρακαθέζεται μέση ἐμοῦ τε καὶ Παμφίλου,
ἵνα χωρὶς ἡμᾶς διαλάβῃ, καὶ προσπαίζουσα τῷ μει-
ρακίῳ εἰς ἑαυτὴν ἐκείνου μετάγει τὸ βλέμμα, καὶ
τῶν ἐκπωμάτων πρὸς αὐτὸν ἀντίδοσιν ἐποιεῖτο. ὁ δὲ
ῥᾳδίως ἡνείχετο, ἅτε νέος καὶ ἐρωτικός καὶ οἴνου
πολλοῦ διαθερμαίνοντος αὐτοῦ τὴν ψυχήν, καὶ τοῦ-
τον δὴ τὸν τρόπον ὥσπερ ἐκ στομάτων ὑπεφίλουν ἀλ-
λήλους καταπίνοντες τὰ φιλήματα, καὶ τὸν οἶνον τοῖς
χείλεσι κεκραμένον μέχρι καὶ αὐτῆς παρέπεμπον τῆς
καρδίας. Πάμφιλος δὲ μήλου μικρὸν ἀποδακὼν εὐ-
στόχως ἠκόντισεν εἰς τὸν κόλπον ἐκείνης, ἡ δὲ φιλή-
σασα μεταξὺ τῶν μαστῶν ὑπὸ τῷ περιδέσμῳ, ὃν πε-
ριεστερνίσατο, παρέδυσε. τούτοις οὖν ἐδακνόμην.
τί δὲ οὐκ ἤμελλον, ζηλήμονα καθορῶσα τὴν ἐμὴν
ἀδελφήν, ἣν ταῖς ἐμαῖς ἀνέτρεφον ἀγκάλαις· τοιαῦτά
μοι παρ' αὐτῆς τὰ τροφεῖα· οὕτω με νῦν ἀντιπελαρ-
γοῦσα δικαίαν ἀποδίδωσι χάριν. καίτοι πολλάκις
ὧδε παρ' ἕκαστον αὐτὴν ἐμεμφόμην « κατ' ἀδελφῆς
ταῦτα, Θελξινόη; μή, Θελξινόη. » ἀλλὰ τί μακρη-
γορῶ; ἀπῆλθεν ἡ βάσκανος οὕτως ἀνέδην σφετερισα-
μένη τὸν νέον. ἀδικεῖ με τοίνυν Θελξινόη. μαρτύρο-
μαι τὴν Ἀφροδίτην καὶ σέ, ὦ Πετάλη, κοινὴν
ὑπάρχουσαν φίλην, ὡς αὐτὴ πανταχοῦ τῶν κακῶν
προκατάρχει. ἀδικῶμεν οὖν ἀλλήλας. εὑρήσω κἀγὼ
τοιοῦτον. ἢ ἑτέραν ἀλώπεκα (καὶ τοῦτο δεδόχθω) ἢ
σίδηρος ἐλαυνέσθω σιδήρῳ· οὐ γὰρ ἀπορήσω τρεῖς ἀνθ'
ἑνὸς τὴν ἄπληστον ἀφελέσθαι.

κϛ'. Σπεύσιππος Παναρέτῃ.

Πάλαι μέν μοι προδιέγραψε τὴν σὴν χάριν ἡ φήμη,
πάντων ἀνὰ στόμα ταύτην φερόντων, νῦν δὲ παρέστησε
πρῶτον. ἦ καὶ πλέον ἄγαμαί σε τοῦ κάλλους, ὅτῳ
γε μᾶλλον ἢ κατὰ φήμην ὁρῶ. τίς οὐ τεθαύμακεν
ὀρχουμένην; τίς ἰδὼν οὐκ ἠράσθη; Πολύμνιαν, Ἀφρο-
δίτην ἔχουσιν οἱ θεοί· ἐκείνας ἡμῖν ὡς ἐφικτὸν ὑποκρίνει
παρ' αὐτῶν κοσμουμένη. ὀνομάζω ῥήτορα, προσείπω
ζωγράφον; καὶ πράγματα γράφεις καὶ λόγους παντο-
δαποὺς ὑποφαίνεις καὶ φύσεως ἁπάσης ἐναργὴς ὑπάρ-
χεις εἰκών, ἀντὶ χρωμάτων καὶ γλώττης χειρὶ πολυ-
σήμῳ καὶ ποικίλοις ἤθεσι κεχρημένη, καὶ οἷά τις
Φάριος Πρωτεὺς ἄλλοτε πρὸς ἄλλα μεταβεβλῆσθαι
δοκεῖς πρὸς τὴν εὔμουσον τῶν ὑπορχημάτων ᾠδήν. ὁ δὲ
δῆμος ἀνέστηκέ τε ὀρθὸς ὑπὸ θαύματος, καὶ φωνὰς
ἀμοιβαίας ἀφίησιν ἐμμελῶς, καὶ τὼ χεῖρε κινεῖ καὶ
τὴν ἐσθῆτα σοβεῖ· ἔπειτα συγκαθήμενοι διηγοῦνται καθ'
ἕκαστον ἄλλος ἄλλῳ κινήματα πολυτρόπου σιγῆς, καὶ
πᾶς θεατής ὑφ' ἡδονῆς χειρονόμος εἶναι πειρᾶται. ἕνα
δὲ μόνον προσφυῶς μιμουμένη τὸν Καράμαλλον τὸν
πάνυ, ἁπάντων ἔχεις τὴν μίμησιν ἀκριβῆ. ὅθεν οὐκ
ἀνάξιον οὐδὲ τὸν εὖ μάλα σπουδαῖον παραπολαύειν
τῆς σῆς θυμηδίας· ἀνάπαυλα γὰρ τῆς σπουδῆς ἐνίοτε
γίνεται ἡ παιδιά. πολλὰς τοίνυν ἅτε ταχὺς τῆς πο-
λιτείας ἱππεὺς διελήλυθα πόλεις, καὶ πρός γε τῇ νέᾳ

Tandem sedit media inter me ac Pamphilum , ut eum
seorsim a me tentaret, alludensque iuveni convertit ad
se illius oculos , cœpitque illi respondere mutuis poculis.
Patienter hoc ferre ille, iuvenis quippe amori facilis et
vino multo mentem calefactus. Ad hunc modum veluti
ore inter se osculabantur, suavia bibentes , vinumque
labris mixtum ad ipsum cor transmittebant. Quin Pam-
philus mali frustulum admorsus recta iecit in eius si-
num ; illa osculo exceptum inter mammas abscondit sub
strophio, quo præcincta erat. Ego interea ringi , quidni ?
sororem rivalem ante oculos cernens. Quamne ego ulnis
meis enutrivi? hæc mihi ab ea reddi nutricia? ita mihi
nunc iustam compensans reponit gratiam? Sed et ad
singula sæpius ita querebar : « Ad sororem hæc tu Thel-
xinoe? non , Thelxinoe. » Sed quid verbis opus? Abiit
venefica , tam proterve proprium sibi lucrata iuvenem.
Iniuriam mihi facit Thelxinoe ; Venerem testor ac te
communem amicam , Petala , cœpisse illam iniurias ma-
nus. Lædamus ergo invicem. Inveniam et ego talem
aut similem aliam vulpeculam. Sit hoc ita; trudatur
clavus clavo : facile erit mihi pro uno tres illi avertere.

XXVI. Speusippus Panaretæ.

Dudum mihi fama gratiam tuam descripserat per ora
omnium volans; nunc repræsentavit eam primum , et
ecce admiror hanc formam magis, quo magis video supra
famam. Quis non miratus est saltantem? quis vidit ,
nec amavit? Polymniam et Venerem dii habent; eas tu
nobis quantum pote refers ab ipsis exornata. Oratorem
te dicam an pictorem? et res pingis et sermones omni-
modos repræsentas , et naturæ totius vivam refers ima-
ginem, pro coloribus siquidem et lingua, manu multi-
formi variisque motibus uteris, ac veluti Proteus e Pharo
varias te in species vertis iuxta sonorum canticorum melos.
Populus interea rectus ac mirabundus adstat , et voces
alternas melodice respondet, manusque movet et ve-
stem quatit; dein sedentes quisque singuli singulis motus
explicant multiscii silentii ; ita quivis e spectatoribus præ
voluptate pantomimus fieri enititur. Sed unum præ aliis
native imitata Caramallum eximium illum repræsentas
exactius. Non indignum ergo quantumvis gravem ac
seriis implicitum operam aliquam dare tuis lusibus. Est
enim interdum etiam lusus seriorum remissio. Ita-
que multas , velox quippe eques publicus, oberravi ci-

τὴν πρεσβυτέραν ἱστόρηκα 'Ρώμην, καὶ τοιαύτην ἐν
οὐδετέρᾳ τεθέαμαι. εὐδαίμονες οὖν οἱ Παναρέτην
εὐτυχοῦντες οὕτως ὑπερφέρουσαν καὶ τέχνῃ καὶ κάλλει.

κζ'. Κλέαρχος Ἀμυνάνδρῳ.

Νέου τινὸς ἐξεπίτηδες διὰ γυναικὸς παριόντος ἑσπέ-
ρας ἔφη, τις ἄλλη πρὸς ἐκείνην παρισταμένη πλησίον,
ἅμα νύττουσα τῷ ἀγκῶνι, « πρὸς τῆς Ἀφροδίτης, ὦ
φίλη, σὲ ποθῶν οὑτοσὶ προσάδων παρέρχεται καὶ
μορφῆς οὐκ ἀφυῶς ἔχων. ὡς εὐπάρυφον τὸ θερίστριον
καὶ ποικίλον ταῖς ἀπὸ κερκίδος γραφαῖς, ὡς εὔμουσος
τὴν φωνήν. ἔοικέ μοι καὶ περὶ καλὴν ἀσχολεῖσθαι
τὴν κόμην, ἐπεὶ καὶ τοῦτό γε τοῦ ἔρωτος ἴδιον καὶ
μάλα μέντοι καλόν, τὸ σφόδρα πείθειν τοὺς ἐρῶντας
ἐπιμελῶς ἄγαν διακοσμεῖσθαι, καὶ εἰ πρότερον ἀτε-
χνῶς ἑαυτῶν κατημέλουν. » « νὴ τοὺς Ἔρωτας » εἶ-
πεν, « ἀποστρέφομαι δὲ τὸν νέον καίπερ ὄντα καλὸν
ὅτι φυσικῶς αὐτὸς ἑαυτὸν οἴεται μόνος ἀξιέραστος εἶναι
ταῖς γυναιξὶ καὶ πρεπόντως τῷ κάλλει ποθεῖσθαι· καί
που καὶ Φίλωνα τυχὸν ἐπωνόμακεν ἑαυτόν, φρονῶν
ἐπὶ τῇ ὥρᾳ θαυμάσιον ὅσον, καὶ πολλῷ τῷ ὀφθαλμῷ
βλέπει, καὶ φρονήματος ἐμπέπληκε τὴν ὀφρύν. μισῶ
γοῦν ἐραστὴν παρευδοκιμεῖν εὐμορφίᾳ τὴν ἐρωμένην
ἀξιοῦντα, οἰόμενόν τε κάλλος ὑπὲρ κάλλους χαρίζε-
σθαι, μέγιστον ἀντὶ βραχέος. ὅρα δὲ πῶς ἡδικῶς τὸν
ὑπερήφανον διαπαίζω, καὶ σφόδρα τοῖς αἰνίγμασι
τέρπου. ποθεῖ μέ τις ἐρωτομανής, καὶ οὐδὲ νεύματος
ἀξιοῦται, καὶ πολλὰ τὸν ἐμὸν στενωπὸν διέρχεται
μάτην· ᾅδει δὲ ἄλλως· καὶ τοῖς ἐμοῖς ὠσὶν ἀπιθάνοις
καὶ ἀμουσότερα Λειβηθρίων, οὐδ' ἐρυθριᾷ περιττῶς
ἐκπεριτρέχων διαύλους. ἐγώ, νὴ τὼ θεώ, τοὐναντίον
ἀντ' ἐκείνου λοιπὸν ἐγκαλύπτομαι. » ἔφασκε ταῦτα
ἄλλα τε πολλὰ θρυπτομένη καὶ δὴ καὶ τὸ σκέλος ὑπο-
γυμνοῦσα, ἵνα δείξῃ τῷ νέῳ κνήμην ἰθυτενῆ καὶ πόδα
λεπτόν τε καὶ εὔρυθμον· ἕτερα δὲ τοῦ σώματος ἐγύ-
μνωσε μέρη τὰ δυνατά, ὅπως ἂν πολλαχόθεν τὸ μει-
ράκιον ἐρεθίσῃ. ὁ δὲ φησιν αἰσθόμενος τῶν λεχθέν-
των (ἐψιθύρισε γὰρ ἐκείνη τοσοῦτον, ὥστε τὸν νέον
ἀκοῦσαι) « οἷα θέλεις καὶ ὅσα ἂν θέλῃς εἰπέ· οὐ γὰρ
ἐμὲ γελᾷς, ἡ καλή, ἀλλὰ τὸν Ἔρωτα παίζεις. ἐλπὶς
ἄρα τὸν τοξότην ἐκεῖνον τοιοῦτον ἐπαρεῖναί σοι βέλος,
ἵνα τούτων προκαλινδουμένη τῶν ποδῶν ἱκετεύῃς ἐμὲ
τὸ σὸν ἀκέσασθαι πάθος. » ἡ δὲ διαμωκωμένη καὶ
ὑποβλέπουσα λοξὸν, τοῖς δακτύλοις τῆς δεξιᾶς ἠθικῶς
οἷα γυνὴ τὸ μετακάρπιον ἐπικροτοῦσα τῆς εὐωνύμου
χειρὸς ὑπεροπτικῶς ἀπεκρίθη « ἐγώ, τάλαν· μή, ὦ
Χάριτες, γένοιτο. κεναῖς ἐλπίσιν ἐπείσθης. οἴει
μᾶλλον ** καλός, καὶ τούτου γε χάριν τοσοῦτον
ἐπῆλθέ σοι προσδοκᾶν, ἕως ἂν παραγένηται τυχὼν ὁ
σὸς ἔκδικος Ἔρως. παράμενε προσάδων, ἐπαγρυ-
πνῶν, μηδὲν διανύων, μόνον δὲ κλυδωνιζόμενος ἐκ τοῦ
πόθου, ἔνθα, φασίν, ἄνεμος οὔτε μένειν οὔτε πλεῖν
ἐᾷ. οὔτε οὖν μεθεκτέον ἐστί σοι τῶν ἡμετέρων τινός,

vitates et veterem ac novam visitavi Romam : sed in neu-
tra vidi similem tibi. Felices igitur qui Panaretam fruun-
tur; ita forma simul et arte præcellit.

XXVII. Clearchus Amynandro.

Transeunte vesperi de industria ante mulierem adole-
scente insit ad eam proxime adstans alia, cubito simul
propellens : « per Venerem » inquit, « amica, hic amoris
tui caussa transiens occinit, nec deformis quidem ille.
Vide quam elegans pallium et plagis ab arte textoris va-
riegatum. Quam dulce modulatur : videtur et pulchram
cæsariem distinxisse curiosius : nam et hoc amoris pro-
prium et honestum in primis, ut eos qui amant, summa
vi cogat uti eleganter ornati sint, quamvis antea negligen-
rent cultum sui. » « At ego » inquit illa « aversor per
Cupidines iuvenem, quantumvis pulchrum, quod infla-
tus amore sui solum se dignum amari feminis censet et
ex formæ merito rogari. Quin et se ipsum forte Philo-
nem ideo vocari iussit, ferox flore suo nimium quan-
tum, et torvum oculis respicit ac supercilium implevit
superbia. Enim ego amantem odi, qui amicam censet
antecellere, decoremque se credit decori rependere,
maiorem minori. At tu vide quam ego facete superbo
illudam, delectareq: e his griphis. Amat me quis fu-
rens amore, nec nutu uno dignus censetur, frustraque
meam angiportum obambulat sæpe, canitque incassum
et auribus meis mulcendis irritum et indoctius ipsis Li-
bethriis, nec erubescit vanam atque inanem cantionem re-
ciprocari sæpius. Ego contra, per deos fratres, pro eo dein-
ceps pudore faciem velare cogor. » Hæc et alia multa dixit
insultabunda ; quin et crus denudavit, ut adolescenti re-
ctam tibiam tenuemque et compactum pedem monstra-
ret, aliasque retexit corporis partes potentes movere
affectus, ut plurifariam irritaret iuvenem. Ille dicta
sentiens, ita enim insusurraverat ut ille exaudiret,
« dic tu » inquit « tamen quæcumque velis et quotiens
velis ; non enim me, formosa, rides, sed illudis Cupidini.
Spes mihi fore ut is te iaculator tali telo feriat, ut admota
his pedibus roges medear malo tuo. » Tum illa sublato
cachinno, torvum renidens dextræque digitis, ut faceta
mulier erat, lævæ palmam increpans, despectabunda
respondit « miseram me ; ne ita sit, Gratiæ ; vanis tu
potius spebus lactatus sies : sed tu pulchriorem te esse exi-
stimes, ecque eveniat ut tamdiu expectes, donec tuus ille
vindex amor advenerit. Mane interea canens, vigilans,
irritus omnium, solum amoris æstu iactatus, ubi te ventus,
ut aiunt, nec manere nec progredi sinat. Ita nec tibi
nostrum quidquam fas attingere, non mammas, non am-

οὐ μαστῶν, οὐ περιβολῆς, οὐ φιλημάτων, οὔτε μὴν
ἀπαλλακτέον, οἶμαι, τοῦ πόθου. »

κη´ Νικόστρατος Τιμοκράτει

Τίς ἄρα περὶ ἐμὲ τῆς Κοχλίδος ὁ τρόπος ; τί δὲ
μηχανωμένη ἄλλοτε πρὸς ἄλλον ἀθρόως μεταβαίνει
σκοπόν; ἐκλύομαι, νὴ τοὺς θεούς, ὑπὸ τῆς ἀπορίης
ἀπεῖπον τὸν νοῦν ἀνελίττων, ἀπεῖπον ταῖς λογισμοῖς
πολλὰ κατ' ἐμαυτὸν ἀπορῶν· οὐδὲν εὗρον παντελῶς
διαγνῶναι, καθάπερ ἐν λευκῷ λίθῳ στάθμη, λευκή,
διατείνων· τίς γὰρ ἀστάτῳ δύναιτο ἂν ἐπιστῆσαι
σκοπῷ; ὥστε, μὰ τοὺς θεούς, οὐκ ἔχω ὅ τι χρήσωμαι
ταύτῃ. ἐπώνυμος τῆς σκολιότητος ἡ Κοχλίς
αὐτὸς ἐρῶν ἐκείνης ἐξήγησαί μοι τὴν ἀστάθμητον
γνώμην· εἰ δὲ καὶ σὺ πρὸς αὐτὴν ἀπορεῖς δυσσύμβολον
οὖσαν, μὴ κατόκνει, φίλτατε, πυθέσθαι τῆς σῆς σφο-
δρότητος· τοτὲ μὲν ἐρώσης ἅπαντα πράττει, καί
μοι τὸν πόθον ὑφάπτει πολύν, καὶ ὅλον με ταῖς ἐλπί-
σιν ἐπαίρει· τοτὲ δὲ πάλιν, ὡς εὐμεταβολωτέρα κοθόρ-
νου, ἀναίνεται σοβαρῶς ὃν ἀρτίως ἐπόθει, καὶ πᾶσαν
αὖθις ἀναλύει μου τὴν ἐλπίδα, καὶ τὴν ἐμὴν οὕτω
ψυχὴν ἤθεσιν ἐξ ὑποχρύφου παλιμβόλοις ἱστὸν ἀναδείξε
Πηνελόπης. τί πράξω, τί γένωμαι, φεῦ τῶν ἀρο-
ρήτων κακῶν, παπαὶ τῶν ἀνέρωτος κατεθλακευμένων
ἠθῶν. ὡς ἄγαν ἐπιθρυπτομένη τὴν λαμπρὰν ἑαυτῆς
ἠμαύρωσε χάριν ταύτην κἂν νουθετῆς, κἂν ἱκε-
τεύῃς, πρὸς χωρὸν ᾄδειν δοκεῖ· ὅθεν καὶ ἄνοχά με
λοιπὸν τοσοῦτον ἐραστὴν ἀποτρέπει καὶ δυσαποτρέ-
πτον γεγονότα. τοιγαροῦν οὐκέτι πρὸς ταύτην, ὦ
Τιμόκρατες, κοινωνῶ σοι τοῦ πόθου, ἐπεὶ τοῦτό γέ
ἐστιν ἀνὴρ τὰ δυνατὰ ἀκριβῶς διαγνῶναι καὶ μηκέτι
ματαίαν ἐπάγεσθαι λύπην· φθόνος δὲ μηδεὶς τῆς ἄλ-
λης ἡμῶν ἐπικρατήσῃ φιλίας, ἀλλὰ συνενέγκαι σοι
τῆς Κοχλίδος ἐν μεταβολῆς ἐκείνης ὁ τρόπος, καὶ γέ-
νοιο φίλος μακρῷ σε μᾶλλον εὐτυχέστερος ἐμοῦ

plevus, non basia, neque eo magis fas ab amore dis-
cedere »

XXVIII Nicostratus Timocrati

Quo me malum modo Cochlis tractat ? quidve moliens
dicto citius mentem aliovorsus convertitur? dissolvor
anxietate, deos testor, mentem ipsam amisi ita versatus,
omni consilio renuntiavi, dum mihi aqua hæret, nec potui
quidquam discernere, sicuti si in albo signassem albam
lineam quis enim instabilem attingat scopum? ita per
deos quomodo ea utar nescio vere Cochlidi nomen ab
obliquitate Tu qui et ipse eam amas, explica mihi in-
stabilem eius sententiam Quod si et tu hæres ad eius in-
constantiam, ne dubita, mi amice, consulere tuum acu-
men Modo mihi omnia amantis facit accenditque mihi
magnum cupidinem totumque erigit spebus bonis, mo-
do rursus levior cothurno pellit severe quem paullo ante
amabat serio, solvitque mihi rursus spem omnem, atque
ita mentem meam ad eius mores derepente versatilem
facit instar telæ Penelopes Quid agam? quorsum eva-
dam? eheu intoleranda mala, babæ immodice perversos
mores' quam splendidam eius formam deformat mmia
hæc insolentia Ita si moneas seu roges, surdo fabulam
canas Itaque quod unum restat, invitum me tandem,
me talem amatorem, avertit, quantumvis flecti difficilem
Etenim Timocrates, non ego tibi rivalis amplius Viri
quippe est cernere recte quid factu fas siet, nec vanam
sibi molestiam accidere Nulla invidia reliquum no-
strum amorem minuat sed iuvent te Cochlidis mores ab
ipsa hæc eius inconstantia, sisque illi amicus me longe
felicior

BIBΛION B.

α'. Αἰλιανὸς Καλύκῃ.

Τὴν παροῦσαν ἐπιστολὴν ἱκετηρίαν ὑπὲρ Χαριδήμου
ποιοῦμαι. ἀλλ', ὦ φίλη Πειθοῖ, παροῦσα συνεργὸς
ποίει κατορθοῦν ἀνυσίμως οὓς ἂν ἐπιστείλω λόγους.
ταῦτα μὲν δή, φασίν, εὔχθω, οὗτος δ' οὖν ἐρᾷ σου,
Καλύκη, καὶ τῷ σῷ φλέγεται γλυκυτάτῳ πυρί, καὶ
τεθνήξεται θᾶττον ἐκ τριχὸς κρεμάμενος καὶ σκιᾶς εἴ-
δωλον γεγονώς, εἰ μὴ τὴν παροῦσαν θεραπείαν ἐπι-
νεύσεις τῷ μειρακίῳ. Ἄπολλον ἀποτρόπαιε, μὴ
φόνου τις, ὦ γύναι, τὸ σὸν αἰτιάσηται κάλλος, μηδὲ
ταῖς σαῖς χάρισιν ἐπικωμάσωσιν Ἐριννύες. ἐγκαλεῖς,
εὖ οἶδα, τῷ νέῳ· ἔπταισεν ὁμολογουμένως. νέος ὢν
ἔπταισεν, ἱκανὴν δέδωκε δίκην, μὴ θάνατος ἔστω τοῦ
πλημμελήσαντος ἡ ζημία. λογίζου, πρὸς θεῶν, καὶ
μιμοῦ τὴν σὴν Ἀφροδίτην, ὡς ἐφικτὸν γυναικί. πυρὸς
ἄρχει, τόξα διέπει, ἀλλὰ καὶ Χάριτες ἕπονται τῇ
θεῷ· σὺ δὲ ὀφθεῖσα φλέγεις καὶ ὁμιλοῦσα τιτρώσκεις.
ἐπίδες οὖν ταχὺ καὶ τὰς Χάριτας τῷ πληγέντι. φέρεις
μὲν πῦρ, ἔχεις δὲ ὕδωρ· τὴν σὴν αὐτὴ φλόγα κατά-
σβεσον πρὸς βραχύ. ταῦτα μὲν οὖν ἱκετεύων φημί· ἃ
δὲ παραινεῖν ἔχω σοι, λεκτέα λοιπόν. χαριέστατον
οἶδα τὸ σμικρὸν ὑποκνίζειν τοὺς νέους· τοῦτο γὰρ τῶν
ἀφροδισίων προαναστέλλει τὸν κόρον, καὶ τὰς ἑταίρας
ἀποδείκνυσιν ἀεὶ ποθεινὰς τοῖς ἐρασταῖς· ἀλλ' εἰ τοῦτο
γένοιτο πέρα τῆς χρείας, ἀποκάμνουσιν οἱ ποθοῦντες.
οὕτως οὖν ὁ μὲν ὠργίσθη, ὁ δὲ ἐπέβαλεν ἄλλῃ τὰ
ὄμματα. ὀξύς ἐστιν ὁ Ἔρως καὶ ἐλθεῖν καὶ ἀπο-
πτῆναι· ἐλπίσας πτεροῦται, καὶ ἀπελπίσας ταχὺ πτε-
ρορρυεῖν εἴωθεν. διὸ καὶ μέγα τῶν ἑταιρουσῶν ἐστὶ
σόφισμα ἀεὶ τὸ παρὸν τῆς ἀπολαύσεως ὑπερτιθεμένας
ταῖς ἐλπίσι διακρατεῖν τοὺς ἐραστάς. ἤδη μὲν οὖν
πολλαὶ τὸν νέον ὑπηλθον ἑταῖραι προτρέπουσαι πιθα-
νῶς, καὶ δὴ τοῦτον ἔφη τις ἂν πανουργότερον λα-
βοῦσα, εἰ μὴ τὸ μειράκιον ἀπηύγετο παντελῶς ἐνα-
φροδισιάσαι τινὶ μετὰ σέ. χρῆσαι τοίνυν τοῖς μὲν
ὑποκρινομένοις φιλεῖν ἑταιρικῶς, τοῖς δὲ γνησίοις ἐρα-
σταῖς φιλικώτερον. πείθου μοι καὶ τὰς ἀμετρίας
ἀπόσχου. ὥρα μὴ κατὰ τὴν παροιμίαν ἀπορρήξω-
μεν πάνυ τείνοντες τὸ καλώδιον, μηδὲ λάθῃς λοιπὸν
εἰς ἀγερωχίαν μεταβαλοῦσα τὸ φρόνημα. οἶσθα δὲ
ὅσων Ἔρως ἀντιστρατεύειν τοῖς ὑπερηφανοῦσι φιλεῖ.
ἄλλως τε ὀπώραν πωλεῖς, ἡ καλή· ἔστι δὲ ἡ σὴ ὀπώρα
ἡδίων τῆς ἀπὸ τῶν δένδρων. δικαία δ' ἂν εἴης ἀπ'
αὐτοῦ γε τοῦ ἔργου συνεῖναι ὅτι οὐ δεῖ τηρεῖν ὀπώραν.
δίδου τοῖς σοῖς ὀπωρώναις τὴν ὥραν τρυγᾶν. μετ'
ὀλίγον ἔσῃ γεράνδρυον· οἱ δὲ τῶν καλῶν σωμάτων
ἐρασταὶ τῇ τοῦ φαινομένου κάλλους ἀκμῇ παραμε-
τροῦσι τὸν ἔρωτα. καὶ ἑτέρως δὲ μάνθανε· οὐ γάρ σε
καὶ διαφόρως ἐπεκδιδάσκειν ὀκνήσω. γυνὴ ἔοικε
λειμῶνι, καὶ ὅπερ ἐκείνῳ τὰ ἄνθη, τοῦτό γε ταύτῃ
τὸ κάλλος. τέως μὲν οὖν ἡ κόμη τῷ λειμῶνι ἐπαχ-

LIBER II.

1. Ælianus Calycæ.

Epistolam hanc scribo ad te deprecatricem pro Chari-
demo. Adesto amica Suada, iuvansque sermones meos
facito ne irriti cadant. Et hæc quidem in votis. At hic
Charidemus amat te, Calyca, tuaque flamma dulcissima
perit, et cito morietur e capillo pendulus fietque umbræ
imago, nisi tu præsentem annuas iuveni medicinam.
Apollo averrunce, ne sit ut quis tuam formam cædis ac-
cusare queat, neve insultent Furiæ tuis gratiis. Accusas
adolescentem, scio; aperte offendit puer. Sat pœna-
rum dedit; ne iniurio capital esto. Vide per deos
et imitare Venerem tuam, quantum pote mulieri. Ignem
habet, tela gerit; sed et Gratiæ sectantur deam. Tu
visa flammas, appropinquans saucias. Adhibe et tu
confestim gratias saucio. Ignem geris quidem, sed et
aquam habes; extingue ad tempus ipsa flammam tuam.
Hæc deprecantis fuere, audi nunc monentem. Scio
commodissimum esse iuvenes paullum modo fastidire:
nam hoc satietatem amoris impedit, retinetque amantes
in amicarum desiderio. Sed hoc si ultra modum fiat,
defatiscunt amatores. Ita factum est ut indignaretur
alter, alter ad aliam adiceret oculos. Citus venit, citus
avolat Cupido: ubi sperat, alas sumit; desperet, statim
excidunt pennæ. Inde magna prudentia meretricum dilato
semper in præsens coitu lactare amatores spe bona. Et
iam aliæ multæ insinuarunt se illecturæ fortiter iuvenem,
occupassetque una callidius circumventum, nisi is omni-
modis constituisset abstinere post te a ceterarum am-
plexibus. Tu ergo fingentes amorem accipias meretricie;
veros amatores amplectere amicius. Crede mihi ac tene
modum: vide ne iuxta proverbium distentum nimis fu-
nem rumpamus; neve tu imprudens prudentiam vertas in
superbiam. Nostin'quam repugnare amet superbis amor?
Alioquin et tu, bella, fructum vendis, fructusque tuus
dulcior iis qui e plantis. Sed ex ipsa re discis quam non
deceat asservare fructus. Da pomariis tuis fructus tuos
decerpendos in tempore. Post paullo annosa fies: et
formæ amatores flore ætatis metiuntur suum cupidinem.
Disce et hinc; non enim verebor docere te argumentis
variis. Similis est prato mulier: quod prato flores, hoc
forma mulieri. Aliquantisper coma prato floret et color

μάζει καὶ ἡ χροιὰ τῶν ἀνθέων, ἦρος δὲ παρακμάσαν-
τος πέπαυται μὲν τὰ ἄνθη ** του ** ὁ δὲ λειμὼν γε-
γήρακε. γυναικός τε αὖ πάλιν ἦν τὸ εἶδος παρέλθῃ
καὶ τὸ κάλλος παρκδράμῃ, τίς ἔτι καταλείπεται εὐ-
φροσύνη, ἀνανθεῖ γὰρ καὶ ἀπηνθηκότι σώματι οὐ πέ-
φυκε προσιζάνειν ὁ Ἔρως οὗ δ' ἂν εὐανθές τε καὶ
εὐῶδες ᾖ, ἐνταῦθα καὶ ἐνιζάνει γαὶ μένει   ἀλλὰ τί
μακρὸν ἀποτέτακα τὸν λόγον, δελφῖνα διδάσκων νή,ε-
σθαι; μεθαρμοσαμένη τοίνυ, ὦ καλλίστη γυναικῶν,
τὴν ψυχὴν καλλίονα τοῦ σώματος ἀπόφηνα , ἵν' ἐξῇ
λέγειν « ὦ κάλλους φιλανθρούπου » τὸ δ' οὖν ῥόδον,
, ἂν μή τις αὐτῷ χρήσηται, μαραίνεται   ἆρ' ἐπέ-
νευσας, ὦ φιλτάτη; πάντως δήπου, ἐπεὶ τὸν σὸν εὐ
μετάβολόν τε καὶ εὐπαράκλητον ἐπίσταμαι τρόπον
ἥκω τοίνυν καὶ προσάξω τὸν νέον πλουσίως ἐπινηρου-
νευόμενον δι' ἐμοῦ   τὸ γὰρ πρὸς ἑταίρας κηρύκειον
ἐκ τοῦ Βαβυλωνίου χρυσοῦ χαρακτηρίζεσθαι πέφυκεν
ἀλλὰ τῶν προτέρων τε συγγνώμην καὶ τῶνδε χάριν
ἔχουσα εὐμενὴς τό γε λοιπὸν εἴης τῷ σῷ Χαριδήμῳ

β΄ Εὐξίθεος Πυθιάδι

Ἐν τοῖς ἱεροῖς , ἔνθα τῶν παθῶν ἀπαλλαγὴν αἰ-
τούμεθα τοὺς θεούς, δεινοτάτοις περιπέπτωκα πόνοις
ἔτι γὰρ ὑψοῦ προσανατείνων τὸ χεῖρε καὶ τὴν ἱκε-σίαν
κατ' ἐμαυτὸν λαλῶν οὐκ οἶδ' ὅπως ἐξαίφνης ὑπὸ τοῦ
Ἔρωτος ἐρραπίσθην. καὶ μετεστράφην πρὸς σέ, καὶ
ἅμα τῇ θέᾳ τῷ σῷ τετόξευμαι κάλλει   ὡς γὰρ εἶδον,
οὐχ οἷός τε ἦν τοὺς ὀφθαλμοὺς ἄλλοσε μεταφέρειν, σὺ
δέ με θεωροῦντά σε κατιδοῦσα (τοῦτο δὴ τὸ σύνηθες
ὑμῖν τοῖς ἐλευθέραις) ἠρέμα παρεκαλύψω, μετακλί-
νασα δ' οὖν τὴν δέρην ἐπὶ θάτερα προσβέβληκας τοῦ
προσώπου τὴν χεῖρα, παραφαίνουσα τῆς παρειᾶς ὀλί-
γον.   δοῦλόν με θέλεις ἔχειν, ὡς ἐθελόδουλον ἐγὲ φί-
λος γὰρ Πυθιάδος τίς, εἰ μή γε Ζεὺς ταῦρος ἢ χρυσὸς
ἢ κύκνος γενόμενος διὰ σέ, ἀλλ' εἴθε μετὰ τῆς εὐπρε-
πείας ἐπαινέσαιμί σε τῆς περὶ ἐμὲ προθυμίας, καὶ
μὴ τρόπος ἀπειθὴς ἀνασοθήσει ὃν εὖ μάλι τεθήρακεν
ἡ μορφή.   ταύτην οὖν τὴν προστευχὴν, ὦ θεοί, εἰ
δοκεῖ, διανύσατε ὄμνυμι δέ σοι, φιλτάτη, τίνα μέντοι
θεῶν, ἢ βούλει μᾶλλον ἐπεύξωμαι ἀρτίως θεούς, ὡς,
ἄχρις ἂν ἐμοῦ δεσπόζειν ἐθέλῃς (βουληθείης δὲ μέχρι
παντός), ἐρωτικός σοι διατελέσω θεράπων

γ΄ Γλυκέρα Φιλίννῃ

Οὐκ εὐτυχῶς, Φίλιννα, Στρεψιάδη τῷ σοφῷ ῥή-
τορι συνεζύγην οὗτος γὰρ ἑκάστοτε παρὰ τὸν καιρὸν
τῆς εὐνῆς πόρρω τῶν νυκτῶν πλάττεται περὶ πρα-γ-
μάτων σκοπεῖσθαι, καὶ ἃς ἔλαχε δίκας τηνικαῦ-α
προφασίζεται μελετᾶν, σχηματιζόμενος δὲ ὑπόκρισιν
ἠρέμα τὼ χεῖρε κινεῖ καὶ ἄττα δήπου πρὸς ἑαυτὸν
ψιθυρίζει   τί οὖν οὗτος ἔγημε κόρην καὶ λίαν ἀκμά-
ζουσαν, μηδὲν δεόμενος γυναικός, ἢ ἵνα μοι τῶν

integer floribus   At ubi ver abiit , pereunt flores , se-
nescit pratum   Ita mulieri , ubi species praeteriit et forma
abiit , quænam voluptas superest amplius? Corpori enim
nondum florido aut efflorido non condidicit adhærere
amor   Sed cuius floret corpus et olet bene , accedit eo
amor , ibi manet   Sed quid longum sermonem texo ,
docturus natare delphinum? Muta ergo mentem , pul-
cherrima mulierum , facitoque eam ipso hoc corpore pul-
chriorem , ut liceat dicere « o formam humanitate exi-
miam! » Viden' rosam marcere, quantumvis non legatur?
Annuistin'ergo, amica? sed omnino annuis , ita tuum in-
genium novi mutabile et facile flecti   Veniam ergo et
ad lucam tibi iuvenem me fecisti ditissime caduceatam
Caduceus enim amicarum censeri debet auro Babylonice
Sed tu ignoscens antefactis et præsentia boni æstimans
propitia deinceps sies tuo Charidemo

II Euxitheus Pythiadi

Rogamus in sacris deos malorum levamina   at ego ibi
in gravissimos labores incidi   Dum enim levatis sursum
manibus preces tacitus concipio , sensi me subito nescio
quomodo percussum a Cupidine   Tum conversus ad te,
simul vidi , simul me forma sauciavit tua , nam ex quo
vidi , vertere oculos alio non fuit   At tu spectantem me ubi
advertisti, quod vobis liberis solitum , sensim texisti te ,
conversaque alterorsus cervice prætendisti vultui manum,
revelato solum genæ pauxillulo   Vis me servum habere?
habe volentem   Quis enim amicus Pythiadi , nisi Jupiter
propter te factus taurus aut aurum aut cygnus? Sed uti-
nam detur mihi sicut formam ita laudare tuam adversus
me benevolentiam   nec severi mores avertant quem
tam bene illexit hæc forma   Huius ego voti si vobis ita
videtur, o dii, damnabor tibi vero, carissima , quemnam
iurabo deorum? an vis tibi precer potius perficientes
deos, quamdiu mihi imperare dignaberis (velis autem
semper), tamdiu me servitutem tibi serviturum amato-
riam

III Glycera Philinnæ

Malis me auspiciis , Philinna, Strepsiadi rogaverunt
causidico bono   nam is quotidie , quando lecto danda
opera , producit noctes , instruendas sibi lites fingens ,
quasque recepit caussas , tum meditandas sibi coussatus,
et actiones simulans tacitus movet labra , susurratque
solus quædam ad seipsum   Quid ergo is uxoris non in-
digus virginem ætate florentem duxit domum? an ut

πραγμάτων μεταδῷ, καὶ νύκτωρ αὐτῷ συνεπιζητήσω τοὺς νόμους; ἀλλ' εἴγε δικῶν γυμναστήριον τὴν ἡμῶν ποιεῖται παστάδα, ἐγὼ καὶ νεόνυμφος οὖσα ἀποκοιτήσω λοιπὸν καὶ καθευδήσω χωρίς. κἂν ἐπιμείνῃ πρὸς μὲν ἀλλότρια πράγματα κεχηνώς, μόνης δὲ τῆς κοινῆς ὑποθέσεως ἀμελῶν, ἕτερος ῥήτωρ τῆς ἐμῆς ἐπιμελήσεται δίκης. ἆρα κατάδηλον ὃ βούλομαι λέγειν; πάντως δήπου, ἐπεὶ ταῦτα γράψω συντόμως ἐκ τούτων συνιέναι καὶ τὰ λείποντα δυναμένῃ. ταῦτά μοι νόει καλῶς, ὦ γύναιον δηλαδὴ συμπαθὲς γυναικί, κἂν αἰδουμένη τὴν χρείαν οὐ μάλα σαφῶς ἐπιστέλλω, καὶ πειρῶ τὸ λυποῦν εἰς δύναμιν θεραπεύειν. σὲ γὰρ τὴν καλὴν προμνήστριαν χρή, καὶ ἄλλως ἐμὴν ἀνεψιὰν οὖσαν, μὴ μόνον τὴν ἀρχὴν ἐσπουδακέναι τῷ γάμῳ, ἀλλὰ καὶ νῦν αὐτὸν σαλεύοντα διορθοῦσθαι. ἐγὼ γὰρ τὸν λύκον τῶν ὤτων ἔχω, ὃν οὔτε κατέχειν ἐπὶ πολὺ δυνατόν, οὔτε μὴν ἀκίνδυνον ἀφεῖναι, μή με δικορράφος ὢν ἀναίτιον αἰτιάσηται.

δ'. Ἑρμότιμος Ἀριστάρχῳ.

Χθὲς ἐν τῷ στενωπῷ τὸ σύνηθες ὑπεσύριττον· τῇ Δωρίδι. ἡ δὲ προκύψασα μόλις ὡς λαμπρὸν ἀνέτειλεν ἄστρον, καὶ ἠρέμα φθεγγομένη φησίν· «ᾐσθόμην τοῦ συνθήματος, ὦ φιλότης· ἀλλὰ πρὸς τὴν κάθοδον ἀμηχανῶ. οὐμὸς πάρεστι δεσπότης· οὐ κατατέθηκέν με οὗτος, ἵνα σοι τυχόν, γλυκύτατα, περιτύχω. μεῖνον, ἀνάμεινον· καταβήσομαι θᾶττον, καὶ τῆς βραχείας μελλήσεως ἕνεκα μειζόνως σε θεραπεύσω. καρτέρει πρὸς θεῶν. μὴ λίαν ἀθυμῶν τὴν παροῦσαν ἀπείπῃς ἑσπέραν, μηδὲ λύπει τὸν ἐνοικοῦντά μοι πόθον, ἵνα μὴ καὶ πυρωδεστέραν ὑφάψῃς τὴν φλόγα.» τούτοις παραθαρρύνουσα, τοιαῦτα ψυχαγωγοῦσα καὶ ὥσπερ βέλη τοὺς λόγους ἀφεῖσα πέπεικεν, εἰ δέοι, καὶ μέχρι μέσων ἀναμεῖναι νυκτῶν. ὅμως ὑδροφορῆσαι πιθανῶς προφασισαμένη κατέβη ταχύ, ἐπὶ τοῦ λαιοῦ τῶν ὤμων κομίζουσα τὴν κάλπιν. καί μοι καὶ οὕτως ἀνεφάνη καλή, ὥσπερ εἰ χρυσοῦν τινὰ περιέκειτο κόσμον. ἡ δὲ κάλπις, βαβαὶ τῆς ἀγλαΐας· ὡς τετανόθριξ ἡ παῖς. τῶν μὲν οὖν ὀφρύων ἐμμέτρως ἀνέσταλται, τοῦ δὲ αὐχένος ἐπιχαρίτως καθήπλωται καὶ τοῖν ὤμοιν· αἱ δὲ παρειαὶ τὸν ἀπὸ τῶν ὀμμάτων ἵμερον ὑποδέχονται, ὃν φιλῆσαι μὲν ἥδιστον, ἀπαγγεῖλαι δὲ οὐ ῥάδιον. ἆρα δ' οὖν « ἕως ἀλλήλους ἔχομεν, μὴ παραναλώσωμεν ἣν δίδωσιν ἡμῖν ὁ καιρὸς ὀξύρροπον ἐξουσίαν. » ἄσμενοι τοίνυν περιπλακέντες ἀλλήλοις ἐρασμιώτερον τὰ ἐπὶ τούτοις ἐδρῶμεν· ἡλίων γὰρ καὶ σφόδρα ποθεινὸς μετὰ δή τινα συμβᾶσαν δυσκολίαν τοῖς ἐρῶσιν ὁ γάμος.

ε'. Παρθενὶς Ἁρπεδόνῃ.

Εὖγε τῆς φωνῆς, εὖγε τῆς λύρας. ὡς ἄμφω μουσικώτατα συνηχεῖ, καὶ πρόσχορδος ἡ γλῶττα τοῖς κρούμασι. Μουσῶν τε καὶ Χαρίτων ἡ κρᾶσις, μάλα

---

mecum lites communicet? an ut pernox cum eo leges evolvam? quin si ille thalamum nostrum facit litium gymnasium, ego deinceps etsi nova nupta deserto communi lecto seorsim pernoctabo : tum si pergat alienis negotiis inhiare, solum communis nostri argumenti negligens, erit alius mihi orator, qui rem meam agat. Num iam nosti quid velim? nosti omnino; scripsi enim compendio, quippe doctæ etiam cetera ex his intelligere. Vide ergo diligenter quid facias, muller quippe et mulieri condolere digna, quamvis pudore deterrita non scripsi disertim, et accura quantum potes ut adferas medicinam. Ius enim te bonam conciliatricem et alioqui cognatam meam, sicut ab initio studuisti iungendis nuptiis, ita nunc eas labantes firmare. Nam ego lupum auribus teneo; quem nec fas diu tenere nec tutum amittere, ne me vitiligator criminetur etiam insontem.

IV. Hermotimus Aristarcho.

Heri, sicut mihi mos, in angiportu fistula vocabam Doridem. Illa tandem emergens veluti lucida stella cœpit illucere summissaque voce « sensi » inquit, « cor meum, conventum signum, sed qui descendam nescio : adest dominus meus, neque ita descendere velim, ut te, dulcissime, liceat videre tantum, quasi fortuitu obvium. Mane; mox descendam commodius, et brevem moram pensabo maiori solamine. Sustine per deos, nec deficiens animo desperes de hac vespera : ne insidentem pectori meo cupidinem offendas, neve mihi ardentiorem accendas lampadem.» His verbis animum mihi addens et solamen admovens sermones, que tanquam sagittas emittens persuasit, si necesse foret, manere usque ad noctem mediam. Sed tamen aquam ferre simulans descendit cito, situlam sinistro humero impositam ferens, mihique hoc ornatu tam pulchra visa est quam si monile aureum gestaret. At coma, babæ, quam decora, quam promissa, modice quidem a superciliis retracta, venuste autem cervicem iuxta et aures implicata. Tum genæ gratiam ex oculis accipiunt, quam sua viari suavissimum, enuntiare arduum. Sed illa « dum nobis » inquit « vicissim frui datur, ne amittamus quam occasio offert facultatem perituram cito. » Nos igitur lubentes amplexi iucundius cetera perfecimus; dulciores enim et suaviores longe post molestas turbas amantium nuptiæ.

V. Parthenis Harpedonæ.

Euge vocem, euge lyram! ut concorditer inter se consonant, lingua apta fidium pulsibus, Musarumque et Gratiarum suave temperamentum Et hoc veris-

τοῦτο ἀληθές πλῆρες δὲ μουσικῆς ἐννοίας τὸ βλέμμα
καὶ διασκέψεως τῶν μελῶν, τῷ τε προσώπῳ τοῦ νέου
χαριέντως ἀτενίζοντος εἰς ἐμὲ ὑπὲρ τὰ μέλη καταθέλ-
γει μου τὴν ψυχήν· εἰ μὴ τοιοῦτος ἦν Ἀχιλλεύς, ὃν
ἔμαθον ἐκ τῶν οἴκοι πινάκων, οὐκ ἦν ἄρα ὄντως κα-
λός· εἰ μὴ τοιαῦτα κεκιθάρικεν, οὐκ ἦν μουσικὸς τοῦ
Χείρωνος ζηλωτής· εἴθε ποθήσειεν ἐμέ, καὶ ἀντιφι-
λοῦντα θεασαίμην τολμηρὸν ἔφην· τίς γὰρ ἂν τούτῳ
δόξειε καλή, εἰ μὴ φιλανθρώποις αὐτὴν ὄμμασιν ἴδοι,
ὡς ἡδὺ τὸ γειτόνημα, νὴ τὰς Μούσας ἀλλὰ πικρὰς
ὀδύνας μεταξύ πως ᾐσθόμην πυκνὰ παλλομένης ἐφά-
πτομαι τῆς καρδίας, καὶ δεινῶς ἐκπιδᾶ καὶ φλέγεσθαί
μοι δοκεῖ το-ὲ μὲν οὖν εἰς τὰ γόνατα ἡ κεφαλὴ βρίθει,
τοτὲ δὲ εἰς ὦμον ἐγκλίνει θεωροῦσα δὲ τὸν καλὸν αἰ-
δοῦμαι, φοβοῦμαι, ὑφ' ἡδονῆς πνευστιῶ ὦ γλυκύ-
τατον πῦρ, τίς ποτέ σε ἄρα μοι περίτυκεν ἔνδον, ὡς
ἐγὼ θαμὰ ἀνιῶμαι, καὶ οὐκ οἶδα ἐφ' ᾧ τοῦτό γε πάσχω
ἐκδόσκεται γάρ μέ τις ἀνερμήνευτος ὀδύνη, καὶ δα-
κρύων ἀνεπίσχετοι πηγαὶ καταρρέουσι τῶν παρειῶν,
ποικίλα δὲ τῆς διανοίας ὑπεκπηδᾷ μοι κινήματα, κα-
θάπερ αἴγλη τις ἡλίου πάλλεται συχνὰ περὶ τοῖχον ἐξ
ὕδατος ἀνταυγοῦσα κατὰ σκαρίδος ἢ λέβητος κεχυμέ-
νου καὶ ἀστάτῳ φορᾷ τὴν εὐλίνητον συστροφὴν ἀπει-
κονίζεται τῶν ὑδάτων ἢ τοῦτο μᾶλλον, ὅνπερ φα-
σίν, ἔρως.

Ἔρωτος ὁ πυρσὸς καὶ μέχρι τοῦ ἥπατος
διελήλυθεν εἰσρυείς καὶ τί δὴ καταλιπὼν ἐκεῖνος ὁ
δᾳδοῦχος θεὸς τὰς ἐπιτηδείας αὐτῷ καὶ συνήθεις
ἀμύητον βιάζεται κόρην, καὶ πολεμεῖ παιδισκάριον
ἄωρον Ἀφροδίτης, ἔτι θαλαμευομένης, ἔτι φρουρου-
μένης, καὶ μόλις ὑπὸ φύλαξιν ἔσθ' ὅτι προσύπτουσαν
τῆς οἰκίας, εὐδαίμων παρθένος, ἥτις ἄνευ φροντίδων
ἐρωτικῶν ζῇ, μόνης ἐπιμελὴς τῆς ταλασίας. αἰσχύ-
νομαι τὸ πάθος, ἐγκαλύπτομαι τὴν νόσον, δέδοικα
σύμβουλον προσλαβέσθαι ταῖς γὰρ ἐμαῖς θεραπαινίσιν
οὐ μάλα θαρρῶ ὦ τῆς ἀπορίας, δι' ἣν περιπατῶ τρί-
βουσα τὰς χεῖρας, ὅτε καὶ τὸ πάθος ἐπείγει· καὶ
οὔτε θεραπείαν οὔτε λήθην αὐτοῦ βραχεῖαν ἔνεστί μοι
λαμβάνειν· κατάντικρυς μὲν γὰρ ὁ νέος ὁ γλυκὺς
πηλέμιος ἥδιστα μελῳδεῖ, ἐγὼ δὲ οὐδὲ βουλὴν πρὸς τὸ
πρακτέον οἵα τέ εἰμι παντελῶς ἐξευρεῖν. πῶς γὰρ
ἢ δειλαία, περὶ πράγματος σκοπουμένη, οὗ καὶ τὴν
φύσιν ἠγνόηκα καὶ τοὺς τρόπους, ἅτε ἀνομίλητος μὲν
παιδείας ἐρωτικῆς, ἀνομίλητος δὲ συνουσίας, ἐρρέτω
αἰδώς, ἐρρέτω σωφροσύνη, ἐρρέτω καὶ τὸ σεμνὸν
τῆς ὀδυνηρᾶς ἐμοὶ παρθενίας ἐπαισθάνομαι τῆς φύ-
σεως βουλομένης, ἢ νόμων ὡς ἔοικεν οὐδὲν μέλει.
μικρὸν ἀπερυθριάσω, καὶ τὴν ἐμὴν ἴσως ἐκ τῆς πε-
ριωδυνίας ἀνακτήσομαι ψυχήν ἡδέως μάλα ἔπταρον
μεταξὺ γράφουσα ἆρα ὁ νέος, τοὐμὸν μέλημα, δια-
μνημόνευσέ μου; εἴθε ἑαυτῶν ἤδη καὶ μὴ διὰ μόνων
τῶν ὀφθαλμῶν ἀλλὰ καὶ δι' ὅλων ἀπολαύσαιμεν τῶν
σωμάτων σὺ τοίνυν, Ἁρπεδόνη (πρὸς σὲ γὰρ ἐξεπί-
τηδες) ἀπήγγειλα τὴν ὑπόπικρον τῶν βελῶν ἡδονήν·
ἧκέ μοι σύμβουλος περὶ τούτων, προσχρησαμένη στή-

simum quidem Facies vero et attentionem ad lyræ
concordiam et cantionis meditationem præferens et vul-
tus adolescentis gratiose in me defixus magis mentem
meam delicit ipsa melorum concordia Non erat vere
pulcher Achilles, quem ex domesticis tabulis didici, si
alius erat, non erat musicæ peritus æmulus Chironis, si
aliter pulsabat fides Utinam amare me dignetur vi-
deamque facientem mutuum! Verbum audax dixi quis
enim huic formosa, nisi si benignis eam oculis viderit?
quam suavis mihi per Musas hæc vicinitas! Sed dum
hæc scribo, sentio mihi suboriri acerbos dolores Sussi-
lire mihi crebro cor sentio, videtur exsilire extra velle,
et uri Caput modo recumbo genibus modo humeris
inclino sed ubi formosum meum video, pudore suf-
fundor, quatior timore, suspiro gaudio O flammam
suavissimam! quid ego in pectore intus gero? quantus
derepente cruciatus? nec qui id fiat scio Enim depasci-
tur me dolor infandus, genas rigant perennes fontes la-
crimarum, varii ex mea mente curarum fluctus exsiliunt
sicuti radius solis densis ictibus parietem quatit, reflexus
ex aqua aeno aut caldario fusa, et instabili motu flu-
ctuantem undarum repræsentat vertiginem An is Amor
est, quem dicunt? Amoris lampas descendit intimum in
iecum iecur Et quid ille tædifer deus relictis obnoxiis
atque adsuetis flammæ suæ virginem imperitam aggredi-
tur pugnatque intempestivæ Veneri iuvenculæ, adhuc
custodia septæ, et cui vix per custodes licet extra do-
mum paullum modo prospicere? Felix puella, quæ libera
curis amatoriis vivit, lanificii tantum curiosa Pudet me
ægritudinis meæ, morbum meum tego, consultricem
adsciscere vereor, ancillis enim meis non fido admodum
Quam incerta hæreo perambulans et urgente morbo ma-
nus atterens, neque est unde levamen, unde tantulum
mali capiam oblivium Adest enim exadversum iuvenis,
dulcis meus hostis, dulcissime canens neque ego con-
silii viam prorsus invenio Nam qui misera consultem
super ea re, cuius nec naturam novi nec modum, im-
perita quippe amatoriæ disciplinæ, imperita et ipsorum
amplexuum Valeas pudor, valeas honestas, valeat ho-
nor molestæ nimium virginitatis Naturam volentem
sentio, cui, uti adsolet, cura nulla legum Perfricabo
frontem ad tempus, meamque forte ex tanto dolore re-
ciperabo animam Sed ecce dum hæc scribo, iucundis-
sime sternutavi Num forte iuvenis, mea cura, memi-
nit mei? Utinam tandem liceat nobis invicem frui, non
amplius oculis solis, sed totis corporibus Tu nunc
Harpedone (commodum enim sicuti affecta sum per-
scripsi ad te sagittarum subamaram dulcedinem) veni
consilii in collatura, veni, stamen aut subtegmen aut

μονα τυχὸν ἢ κρόκην· ἢ γοῦν ἄλλο τι τῶν μάλιστα
εἰς γυναῖκας ἀνηκόντων. ἔρρωσο, καὶ πρὸς τοῦ Ἔρω-
τος, ὃν ἐπόμνυσθαι πρῶτον μεμάθηκα παρ' αὐτοῦ,
μυστήριά σοι ταῦτα γεγράφθω.

quid aliud muliebris instrumenti caussata. Vale, et per
Cupidinem, quem ego primum attestari condidici ab ipso,
sint hæc tibi scripta secretiora mysteria.

ϛ´. **

VI. **

Ὡς ἐρώμενος αὐθαδέστερον ὑπερχαίρῃ καὶ πεφρόνη-
κας μέγα καὶ σοβαρώτερος γέγονας τὴν ὀφρύν, ἀερο-
βατεῖς δὲ μετάρσιος ταῖς φαντασίαις καὶ ὑπερορᾷς
ἡμῶν τῶν βαδιζόντων χαμαί, καὶ ὡς αὐλητρίδος υἱὸς
ἐξαίρεις τὰς γνάθους, καὶ γίνεταί σοι μεῖζον τὸ φύσημα
τοῦ φυσήματος τῆς μητρός. πόθεν δὲ ποθεῖσθαι καρ-
διακῶς ἐπείσθης οὕτω ταχύ; ἢ μᾶλλον, ὦ θαυμάσιε
Φορμίων, ὡς ἀξιέραστον ἔχων τὴν ὄψιν; τοιαύτην
ἔχοι κἀκείνη ἀξία γε οὖσα· καὶ ὄναισθέ γε δικαίως
ἀλλήλων ἐπὶ μήκιστον χρόνον, καὶ γένοιτο παιδίον
ὑμῖν ὅμοιον τῷ πατρί. εὗρεν οὖν ἡ μάχαιρα κολεὸν
ἄξιον ἑαυτῆς. νενίκηκάς με τὴν ἐμὴν ἐρωμένην λα-
βών, δι' ἐμοῦ τε παριὼν ἐξεπίτηδες οὐκ ἀγελαστὶ
τονθορύζεις, ἀλλ' ἡδέως ἐπεγγελᾷς ὑβριστήν τινα γέ-
λωτα, καὶ ἀλαζονευόμενος τὼ χεῖρε σοβεῖς, καὶ χαί-
ρων ἐπιτωθάζεις ἐμοί, μέγα δὲ καγχάζεις ὅτι με τῆς
φίλης ἐκβέβληκας κατὰ κράτος. ἀλλ' ἔγωγέ σοι
ἥδιον ἐπιχαίρω, ὅτι σε νῦν ἔνδον εἰσβέβληκα παρ'
ἐκείνην, καὶ ἥττων ὑπέστην ἐγὼ τῆς σῆς φασὶ Κα-
δμείας νίκης ἀμείνω· φανερὸν γὰρ ὡς ἐν πονηραῖς ἁμίλ-
λαις ἀθλιώτερος ὁ νικήσας.

Amari superbus insolentius extolleris magnumque spi-
ras et tetricum supercilium adducis, ac per acrem cogi-
tationibus sublimis erectus despectas nos repentes humi,
inflasque buccas quippe tibicinæ filius, magisque iam
quam mater distenderis. Sed quanam te caussa tam cito
ex intimo pectore amatum censes? num, mirande Phormio,
tanquam e vultu amari dignus? habeat talem vultum illa,
quo digna est, longeque fruamini vicissim ætate vestra,
nascaturque vobis similis patri parvulus. Invenit igitur
dignam vaginam gladius. Vicisti me potius capta amica
mea, et nunc ante me transiens de industria non sine risu
mussitas; quin dulce contumeliosum risum subrides, ac
gloriose manus quatis, lætusque insultas mihi, et ma-
gnum cachinnum fundis, quod me vi ab amica potior
deiecisti. Sed ego tibi insulto iucundius, quod te intro ad
eam impuli, repulsamque tuli Cadmea tua victoria me-
liorem. Certum quippe in malis certaminibus infelicio-
rem esse qui vincit.

ζ´. Τερψίων Πολυκλεῖ.

VII. Terpsio Polycli.

Θεράπαινά τις παρθένος τοῦ μοιχοῦ τῆς δεσποίνης
ἡράσθη, διαχονουμένη γὰρ ἀμφοῖν τὰ δοκοῦντα ταύ-
την ἔλαβε τοῦ ἔρωτος ἀφορμήν. πολλάκις οὖν αὐτῶν
ἐρωτικῶς ὁμιλούντων ἀλλήλοις ἠκροᾶτο, πλησίον ὡς
φύλαξ παρισταμένη καὶ προορῶσα μὴ ἐξαίφνης
ἀναφανείη κατάσκοπος. καί που καὶ συμπλεγέντας
αὐτοὺς εἶδεν ἡ κόρη, καὶ δι' ἀκοῆς τε καὶ θέας ὅλι-
σθεν Ἔρως ἐπὶ τὴν ἐκείνης ψυχὴν αὐτῇ λαμπάδι καὶ
τόξοις. καὶ πρὸς τὴν τύχην ἐσχετλίαζεν ἡ παιδίσκη,
ὅτι δὴ καὶ αὐτὸς δεδούλωται τῆς δουλείας ὁ ἔρως· οὐ
γὰρ εἶχε παρρησίαν τῶν αὐτῶν μετασχεῖν τῇ δε-
σποίνῃ, ἀλλὰ μόνου τοῦ ἔρωτος ἐκοινώνει τῇ κεκτη-
μένῃ. τί οὖν ἡ κόρη; οὐ γὰρ ἀμήχανον αὐτὴν ἀφῆ-
κεν ὁ Ἔρως. ἀποσταλεῖσα προσκαλέσασθαι τὸν μοι-
χὸν ἔφη πρὸς ἐκεῖνον ἁπλῶς, μηδὲν ποικίλλουσα « εἰ
βούλει, φίλτατε, ἐμὲ συμπράττειν καὶ διακονεῖσθαί
σοι πάλιν προθύμως — ἀλλὰ τί σοι λέξω; τὸν ἐμὸν ὡς
ἐρωτικὸς ἤδη νενόηκας πόθον. ἆρα δοκῶ σοι καλὴ
καὶ μετὰ τὴν σὴν εὐμορφίαν ἀρέσκω σοι; τί φῄς;
ποιήσεις ἤδη; ποιήσεις, οἶδα ἐγώ. ὁ δ' ἦν νέος
(καλὴ γὰρ ἦν καὶ παρθένος) ἅμα ἔπος ἅμα ἔργον ἄ-
σμενος αὐτίκα μάλα τὴν αἴτησιν τῆς κόρης ἐπλήρου,
περικρατῶν ὀμφάκινα τοῦ στερίου τὰ μῆλα καὶ φι-

Adulterum dominæ puella deperire cœpit, caussam
amoris nacta, dum inservit utriusque cupidini. Nam
sæpe audiit proxime amatoria miscentes simul, dum
adposita custos observat ne quis improvisus irruat ar-
biter. Vidit et in ipsis amplexibus, perque aures et
oculos immersit se cum tæda et sagittis Cupido in pe-
ctus virginis. Ita misera conditionem suam deflebat; nam
servitutis Amor et ipse vinctus est, neque licebat ancillæ
participare gaudiis dominæ, quicum nihil miseræ com-
mune præter cupidinem. Quid igitur illa? non enim
sivit eam Amor inopem consilii. Missa vocare mœchum,
simpliciter ad eum sine fuco « si vis » ait, « carissi-
mum caput, habere deinceps volentem ministram — sed
quid verbis opus? iam tu non nescius amorum deside-
rium meum nosti. Num tibi pulcra videor? num tibi
post tuam formam placeo? quid tu? facies ergo? sed
facies, scio. » At ille (nam formosa erat virgo) dictum
factum, lubens statim votum implevit virginis, acerba
virginei pectoris mala legens simulque basiis veris delec-
tatus. Nam basia mulierum marcida, meretricum inf da

λημάτων ἀπολαύων ἅμα γνησίῳ ν᾿ φιλήματα γὰρ ἕωλα
μὲν τὰ τῶν γυναικῶν, ἄπιστα δὲ τὰ τῶν ἑταιρῶν,
ἀψευδῆ δὲ τὰ τῶν παρθένων, ἔοικότα τοῖς σφετέροις
ἤθεσι. μέμικται δὲ ἁπαλῷ μὲν ἱδρῶτι, θερμῷ δὲ καὶ
πολλῷ τῷ τοῦ πνεύματος ῥεύματι ἐγγὺς μὲν γὰρ τοῦ
στόματος ἡ καρδία, ἡ δὲ ψυχὴ τῶν θυρῶν ἦν δὲ τὴν
χεῖρα τῷ στέρνῳ προσαγάγῃς, ὄψει τὸ πήδημα ταῦτα
μὲν οὖν ἐκεῖνοι, ἡ δὲ κεκτημένη πανούργως ἐπέστη
τοῖς τελουμένοις, ἠρέμα βαδίζουσα καὶ κτύπου χωρίς,
καὶ ζηλοτυποῦσα τὴν παιδίσκην τῆς κόμης ἐξεῖλκεν.
ἡ δὲ στένουσά φησιν « μὴ γὰρ ἡ τύχη σὺν τῷ σώματι
κατεδούλωσε τὴν ψυχήν. ἐπιτεθύμηκα ἔξεστι γὰρ
παῦσαι πρὸς θεῶν ὡς ἐρῶσαν δίκαιόν σε μᾶλλον
ὑπεραλγῆσαι ποθούσης. μὴ τοίνυν ἀτιμάσῃς, ὦ δέ-
σποινα, τὸν ἐμό τε καὶ σὸν δεσπότην Ἔρωτα, ἵνα μὴ
-αῖς σαῖς ἐπιθυμίαις ὀνειδίζουσα λάθῃς καὶ σὺ γὰρ
ἐκείνῳ δουλεύεις, κἀγώ τε καὶ σὺ τὸν αὐτὸν ἕλκομεν
ζυγόν. » ταῦτα μὲν ἡ παῖς, ἡ δὲ κεκτημένη πρὸς τὸν
νέον λάθρα φησί, τῆς δεξιᾶς αὐτοῦ λαβομένη, « Σι-
κελὸς ὀμφακίζει, Ἐμπεδόκλεις, παρατρυγῶν παιδισκά-
ριον ἄωρον καὶ τοῦ φιλήματος ἀμαθές ‒ παρθένος
γάρ, ἅτε τῆς Ἀφροδίτης ἀμύητος ἔτι, τὴν συνουσίαν
ἀτερπής ἐστι καὶ δύσκοιτος, ἀγνοοῦσα ‒ην ἐπὶ τῆς εὐ-
νῆς κολακείαν. γυνὴ δέ, οἵαπερ ἐγώ, τῶν ἀφροδι-
σίων ἱκανὴν ἔχουσα πεῖραν, ὁμοίως ἑαυτήν τε καὶ τὸν
ποθοῦντα λίαν εὐφραίνει, καὶ γυνὴ μὲν καταρᾶ-,
παρθένος δὲ καταφιλεῖται. καὶ τοῦτο μὲν ἔγνως εἰ
δὲ τὰ νῦν ἐπιλέλησαι, δεῦρο, φίλτατε, κἀγώ σε ἥδιστα
δίς τε καὶ τρὶς τῶν ἐμῶν ἀναμνήσω »

η΄ Θεοκλῆς Ὑπερίδῃ

Ἤρων τῆς Ἀριγνώτης, παρθένου καλῆς ταύτην
μοι νομίμως κατενεγύησαν οἱ τεκόντες, καὶ ἦν ὄντως
ἐπαφρόδιτος ὁ γάμος ἐρωμένης γὰρ ἀπέλαυον γαμε-
τῆς. καὶ τὴν συνάφειαν ἡγούμην βεβαίαν, γινώσκων
ὡς ἀσφαλέστερος καθίσταται γάμος ἐκ πόθου ‒ινὸς τὴν
πρόφασιν εὐτυχήσας ἀλλ᾿ ὁ βάσκανος Ἔρως ἐνήλ-
λαξέ μοι τὸν πόθον, καὶ τῆς πενθερᾶς ἀντ᾿ ἐκείνης
ἐρῶ. τί οὖν πράξω; πῶς ἀναιδῶς πρὸς ἐρωμένην,
πῶς ἐπιεινῶς πρὸς πενθερὰν ἐλαλήσω, αὕτη με τὸν
κηδεστὴν ἐξ εὐνοίας παῖδα καλεῖ. πῶς ἐρωτικῶς συν-
διαλέξομαι γυναικί, ἣν πολλάκις μητέρα προσεῖπον.
τοιγαροῦν, κἂν τύχω κἂν ἀποτύχω, διχόθεν ἑνὸς δυσ-
τυχής ὑμεῖς τοίνυν, ὦ θεοί, ἀποτρόπαιοί γε ὄντες
τὸ δυσσεβὲς ἀποτρέψετε Θυγατρὶ καὶ τεκούσῃ μή-
ποτε συμμιγείην

θ΄ Διονυσόδωρος Ἀμπελίδι

Σὺ μὲν ἴσως οἴει βαρύνεσθαί με δεινῶς, ὅτι δή με
τοσοῦτον ἐρῶντα κατέλιπες ἐμοὶ δὲ τούτου νὴ τὸ σὸν
πρόσωπον βραχεῖα φροντὶς πρὸς ἕτερόν γε μεῖζόν κα-
κόν, ἐπείπερ ὡς ἁπλουστάτῳ καὶ νέα περιφρονοῦσα

---

virginum sola vera, sicuti et mores iis simplices miscen-
tur quippe tenero sudore calidoque et crebro spiritu
fluxu nam cor proximum ori proximaque anima ianuæ
suæ admovens pectori manum, salissationem sentieris
Sed hæc illi miscebant simul At domina vafre mysteria
agentibus instituit, tacitula tarim incedens, et furiosa æmu-
latione perculsa traxit comis puellam Sed illa singultans
« non enim » inquit « mentem mihi una cum corpore
addixit fortuna servituti Amavi, nam licebat Parce,
per deos, quanto æquius amantem te amantis misereri
Noli, domina, dehonestare Amorem, tuum ac meum
dominum, ne forte imprudens libidines tuas convicio
ferias Nam et tu illius serva, nosque una ambæ trahi-
mus idem iugum » Hæc puella, sed domina clanculum
apprehensa mariti manu « Siculos » inquit « imitaris,
Empedocles, acerbas uvas legentes, quum puellam ante
tempus decerpis, etiam basiorum imperitam Nam virgo
nondum initiata sacris Veneris etiam in coitu iniucunda
et insiccata est, blanditiarum lectuli nescia Mulier contra
qualis ego sum, experta concubitus dulcedinem, et se
permulcet et amantem summo gaudio Mulier oscula
pangit, panguntur virgini Et tu hæc iam probe nosti
Sin modo oblitus, veni, carum caput, et ego tibi bis
terve mearum deliciarum revocabo memoriam »

VIII Theocles Hyperidi

Amabam Arignotam, elegantem puellam Eam mihi
parentes iugavere iustis nuptiis Felix certe et iucun-
dum videbatur iugum uxorem enim habebam quam
expetiveram, spesque erat firmum ac constantem fore
amoris nodum, quum firmiores nuptiæ sint, quis caussa
ab amore Sed invidus mutavit mihi Cupido meum cu-
pidinem, ut socrum pro uxore depeream Quid faciam
miser? qua fronte cum amica, quo iure cum socru ser-
mones amatorios seram? quæne me generum benevolen-
tiæ ergo filium vocat? et nunc quo modo de amore appel-
labo mulierem, quam sæpe matrem vocavi? Ita sive
mihi frui seu repelli datur, utraque infelix ego Vos o
dii averrunci, solvite me hoc incestu Ne mihi unquam
accidat ut attingam matrem et filiam

IX Dionysiodorus Ampelidi

Tu me forte graviter succensere credis, quod me tanto
percitum amore liquisti testor faciem tuam, leve hoc
mihi præ alia maiori cura, cum simplex ac iuvenis tanto
despectu iusiurandum transgressa sis Sed tu, quantum

τηλικοῦτον ὅρκον παρέβης. ἀλλὰ τοὐμὸν μέρος
ἀνυπεύθυνος εἴης τοῖς ὁρκίοις θεοῖς, εἰ καὶ τὸν ποθοῦντα
μὴ στέργεις, μηδὲ συνθήκας ἔγνως ἐνωμότους φυλάτ-
τειν. ἀλλ᾽ ἔγωγε δέδοικα (εἰρήσεται γάρ, κἂν ἀπεύ-
χωμαι) μή τινά σοι ποινὴν ἀντεπαγάγωσιν οἱ θεοί.
καὶ ἀνιαρότερον ἔσται μοι τοῦτο ἢ τῆς σῆς διαπεπτω-
κέναι φιλίας. ἐμὸν τὸ ἀτύχημα τοῦτο, σὲ δὲ τὸ πα-
ράπαν οὐ ψέγω. τοιγαροῦν ἱκετεύων ὑπὲρ σοῦ τὴν
Δίκην οὔποτ᾽ ἄν, ὦ φιλτάτη, παυσαίμην, μηδαμῶς
αὐτὴν εἰς τιμωρίαν τῶν ἡμαρτημένων ἐλθεῖν, ἀλλὰ καὶ
αὖθις ἀδικούσης, εἴ γέ σοι τοῦτο φίλον, ἀνέχεσθαι
πάλιν καὶ συγγνώμην ἀπονέμειν τῇ σῇ πρέπουσαν
ἡλικίᾳ· ἀνεκτὸν γὰρ ἐμοὶ τὸν ἐμὸν ἔρωτα φέρειν καὶ
μή σε μοχθηρόν τι πεπονθυῖαν ὁρᾶν. ἔρρωσο. κἂν
ἀδικῇς, οἱ θεοὶ συγγνώμονες εἶεν. τίς ἂν οὖν πρὸς
Διὸς εὐφημότερον ἐπέστειλεν ἀδικούμενος;

ι΄. Φιλοπίναξ Χρωματίωνι.

Καλὴν γέγραφα κόρην, καὶ τῆς ἐμῆς ἠράσθην γρα-
φῆς. ἡ τέχνη τὸν πόθον, οὐκ Ἀφροδίτης τὸ βέλος· ἐκ
τῆς ἐμῆς ἐγὼ κατατετόξευμαι δεξιᾶς. ὡς ἀτυχής, ὃς
οὐ γέγονα τὴν γραφικὴν ἀφυής· οὐ γὰρ ἂν αἰσχρᾶς εἰκό-
νος ἠράσθην. νῦν δὲ ὅσον μέ τις ἀποθαυμάζει τῆς
τέχνης, τοσοῦτον κατοικτείρει τοῦ πόθου· οὐ γὰρ ἂν
ἧττον δόξαιμι κακοδαίμων ἐραστὴς ἢ σοφὸς εἶναι τε-
χνίτης. ἀλλὰ τί λίαν ὀδύρομαι καὶ τὴν ἐμὴν καταμέμ-
φομαι δεξιάν; ἐκ τῶν πινάκων ἐπίσταμαι Φαίδραν
Νάρκισσον Πασιφάην. τῇ μὲν οὐκ ἀεὶ παρῆν ὁ τῆς
Ἀμαζόνος, ἡ δὲ καθόλου παρὰ φύσιν ἐπόθει, ὁ δὲ
κυνηγέτης, εἰ τῇ πηγῇ προσῆγε τὴν χεῖρα, διεκέχυτο
ὁ ποθούμενος καὶ περιέρρει τῶν δακτύλων· ἡ μὲν
γὰρ πηγὴ γράφει τὸν Νάρκισσον, ἡ δὲ γραφὴ καὶ τὴν
πηγὴν καὶ τὸν Νάρκισσον οἷον διψῶντα τοῦ κάλλους.
ἐμοὶ δὲ ὅσον ἐθέλω πάρεστιν ἡ φιλτάτη, καὶ κόρη, τὸ
φαινόμενον εὐπρεπής, κἂν τὴν χεῖρα προσάξω, ἀσύγ-
χυτος ἐπιμένει βεβαίως, καὶ τῆς οἰκείας μορφῆς οὐκ
ἐξίσταται. ἡδὺ προσγελᾷ καὶ μικρὸν ὑποκέχηνε, καὶ
εἴποις ἂν ὡς ἐπ᾽ ἄκρου τῶν χειλῶν προκύπτει τις
λόγος καὶ ὅσον οὔπω τοῦ στόματος ἐκπηδᾷ. ἐγὼ δὲ
καὶ τὴν ἀκοὴν προσεπέλασα πολλάκις ὠτακουστῶν τί
ποτε ἄρα βούλεται ψιθυρίζειν, ἀποτυχὼν δὲ τοῦ λόγου
πεφίληκα τὸ στόμα, τῶν παρειῶν τὰς κάλυκας, τῶν
βλεφάρων τὴν χάριν, καὶ ὁμιλεῖν ἐρωτικῶς προτρέπω
τὴν κόρην. ἡ δὲ καθάπερ ἑταίρα τὸν ἐραστὴν ὑπο-
κνίζουσα σιωπᾷ. ἐπέθηκα τῇ κλίνῃ, ἠγκαλισάμην,
ἐπιβέβληκα τῷ στήθει, ἵνα τυχὸν τὸν ἔνδον ἔρωτα
θεραπεύσω, καὶ τέλεον ἐπιμέμηνα τῇ γραφῇ. αἰσθά-
νομαί πάλιν τῆς παραπληξίας, καὶ κινδυνεύω τὴν
ἐμὴν προσαπολέσαι ψυχὴν δι᾽ ἄψυχον ἐρωμένην. χείλη
μὲν φαίνει ὡραῖα, ἀλλ᾽ οὐκ ἀποδίδωσι τὸν καρπὸν τοῦ
φιλῆσαι. τί δὲ ὄφελος κόμης καλῆς μὲν φαινομένης,
κόμης δὲ οὐκ οὔσης; κἀγὼ μὲν δακρύω καὶ ποτνιώ-

---

ad me, videas inulta præsides iurandi deos, quamvis et
spernas amantem et iurata pacta servare nescias. Ve-
rum metus mihi (dicam enim quamvis deprecer) ne vin-
dictam dii reposcant : eritque id gravius mihi, quam
excidisse e tuo pectore. Caussa mali inci malum meum
fatum : te omnino non culpo ; quin nunquam desinam,
smicum caput, iustitiæ oculum deprecari, ne tibi pœnas
infligat meritas. Sed et si tibi visum erit peccare denuo,
ferat rursus et convenientem ætati tuæ veniam det. Nam
mihi quidem proclive ferre meum cupidinem, modo ne
quid tu patiaris mali. Vale, quamvis iniuria; parcant
tibi dii. Quis per Iovem post offensam meliora verba
rescripsit?

X. Philopinax Chromationi.

Pulchram puellam pinxi; dein amare cœpi quam pinxe-
ram tabulam. Amor mihi ab arte mea, non a iaculo Ve-
neris : mea me dextra fixit. Me miserum! non malus
pictor fui; neque enim amassem deformem imaginem. At
nunc quantum quis artem miratur meam, tantum mise-
ratur meum cupidinem : non minus enim censebor infelix
amator quam peritus artifex. Sed quid multis queror ac
meam dextram accuso? Vidi in tabulis Phædram, Narcis-
sum, Pasiphaen. Phædræ non aderat semper Amazonis
filius, alterius furor prorsus præter naturam; at venator
si manum admovebat fonti, peribat cupita facies effluebat-
que digitis. Pingebat fons Narcissum, fontem et Narcissum
tabula, veluti sitientem formæ suæ. Sed mihi quantum volo
adest amica, virgoque ea venusta paret, nec si manum
admoveo perit turbata, sed manet stabilis, formamque
eandem retinens dulce arridet paullulumque hiscit : dicas.
in summis labris sermonem existere, tantumnon ex ore
prodeuntem. At ego adhibui sæpius aurem, ausculta-
turus quid illa insusurrare velit; sermonisque frustratus
oppegi suavium ori, genarum caliculis, ciliorum gratiis,
vocavique ad amplexus virginem. Illa tanquam mora
deliniens amatorem meretrix tacet. Inieci lectulo, am-
plexatus sum ulnis, admovi pectori, si forte intimo illi
meo mederetur cupidini, et omnino me tabula furiavit.
Rursus sentio amentiam meam, iamque periculum ne ex
vano amore amittam animam. Labra tempestiva parent,
sed non reddunt osculandi fructum. Et quid iuvat coma
visu quidem pulchra, sed prorsus non coma? Et ego la-
crimas fundo miser; tabula interea quasi lætabunda re-

μαι, ἡ δὲ εἰκὼν φαιδρὸν ἀποβλέπει. ἀλλ' εἴθε μοι τοιαύτην ἐμψυχον, ὦ χρυσόπτεροι παῖδες Ἀφροδίτης, δοίητε φίλην, ὅπως ἂν ἐκ τῶν τῆς τέχνης ἔργων ἴδω κρείσσονα τέχνης ὡραϊζομένην ἐν ζῶντι κάλλει, καὶ προσαρμόζων ἡδέως τῇ φύσει τὴν ἐμαυτοῦ τέχνην ἄμφω θεάσωμαι συμφωνούσας ἀλλήλαις.

ια'. Ἀπολλογε της Σωσ ᾳ

Ἐβουλόμην εἴπερ οἶόν τε ἦν τοὺς ἐρωτικοὺς ἅπαντας διερωτῆσαι καθ' ἕκαστον, εἴ τις αὐτῶν ἐπαμφοτερίζων ὑφ' ἕνα καιρὸν δυοῖν περιπέπτωκε φίλτροις. ἐγὼ γὰρ ἑταίρας ἐρῶν πρὸς ἀπαλλαγὴν τοῦ πόθου (οὕτω γὰρ ᾤμην) συνεζύγην σώφρονι γαμε-ῇ, καὶ νῦν τῆς τε πόρνης οὐδὲν ἧττον ἐρῶ, καὶ ὁ τῆς ὁμοζύγου προσετέθη, μοι πόθος, καὶ θατέρᾳ συνὼν οὐκ ἀμνημονῶ τῆς ἑτέρας, τὴν εἰκόνα ταύτης ἐπὶ τῆς ψυχῆς ἀναπλάττων. ἔοικα γοῦν κυβερνήτῃ ὑπὸ δυοῖν πνευμάτων ἀπειλημμένῳ, τοῦ μὲν ἔνθεν τοῦ δὲ ἔνθεν ἑστηκότος καὶ περὶ τῆς νεὼς μαχομένων, ἐπὶ τἀναντία μὲν τὴν θάλασσαν ὠθούντων, ἐπ' ἀμφότερα δὲ τὴν μίαν ναῦν ἐλαυνόντων. ἀλλ' εἴθε, καθάπερ διττοὶ Ἔρωτες τὴμ συνομιλοῦντες ἐνδιαιτῶνται ψυχῇ, οὕτω ζηλοτυπίας χωρὶς αἱ γυναῖκες συνῴκουν ἀλλήλαις.

ιϛ' Εὐβουλίδης Ἡγησιστράτῳ

Δυστρόπου γυναικὸς οὐδὲ πενία δεδύνηται μᾶλλον ἐξημερῶσαι τὴν γνώμην, οὐδὲ βραχὺ γοῦν αὐτὴν παρασκευάσαι τοῦ ἀνδρὸς κατήκοον εἶναι. ἐγὼ γὰρ πενιχρὰν ἐξεπίτηδες ἠγαγόμην, ὅπως εὐπόρου γαμετῆς μηδὲν ὑποστήσομαι σοβαρόν. καὶ ᾕρων αὐτῆς αὐτίκα, τὸ πρῶτον·τῆς ἀπορίας αὐτὴν ἐποικτείρων, καὶ τῆς τύχης ἐνόμιζον αὐτὴν ἐλεεῖν, οὐκ ᾔδειν δὲ ὅ-τι τοιοῦτος ἔλεος ἔρωτός ἐστιν ἀρχή· ἐκ γὰρ ἐλέου τὰ πολλὰ φύεται πάθος· ἀλλ' ἡ τοσοῦτον ἐξ ὀργῆς τὴν τύχην ἐνδεὴς πάσης ὁμοζύγου πλουσίας φρύαγμα καὶ τῦφον πολλῷ τῷ μέσῳ παρῆλθεν, ἔστι δὲ καὶ τὸν τρόπον καὶ τοὔνομα Δεινομάχη, καὶ τὼ χεῖρε μόγις ἀπέχεται, καὶ ὥσπερ δέσποινα δεινὴ κεκράτηκέ μου πικρῶς, οὔτε γοῦν ὡς εὔπορον τιμῶσα, οὔτε μὴν ὡς σύνοικον αἰδουμένη· ταῦτά μοι τῆς γαμετῆς ἐστιν ἡ προίξ. ναὶ μὰ Δία (ὑπεμνήσθην γάρ) θαυμαστὸν ἐπηνέγκατό μοι κἀκεῖνο· ἐπεντρυφᾷ πολυτελῶς, καθάπερ ἐπειγομένη πένητά με καταστῆσαι ταχύ· οὐδεὶς γὰρ ἐξαρκεῖ πλοῦτος αὐτῇ, οὐδ' ἂν ἐκ ποταμῶν ἐπιρρέῃ. ἐγὼ δὲ θοἰμάτιον αὐτῇ δεικνύς, ὅπερ ἂν ὑγρῶ φορῶν, κωμικῶς τὴν ἄσωτον ὑπαινίττομαι φάσκων « ὦ γύναι, λίαν σπαθᾷς » ἀλλ' οὐδεπώποτε τῶν ἐμῶν πεφρόντικε λόγων, ὀδυνᾷ δέ με τὸν ἀγαπῶντα μάλιστα ἀναισθήτου γυναικὸς ἀτιμία. τοσοῦτόν ἐστι δύσχρηστον τὸ κακόν· καὶ πέρας ἓν μόνον ἐμοὶ τούτου δοκεῖ, -ἢν βάρβαρον ἐς κόρακας ἐκπέμψασθαι τῆς οἰκίας, πρίν τι σκαιότερον ὑπομείνω· φύσει γὰρ αἱ

---

spicit Sed o vos mihi talem, aunpenni Veneris puelli, detis vivam amiculam, ut ex artis meæ opeiibus videam meliorem arte, viva pulchritudine florentem, meamque artem naturæ iucunde admovens concinentem inter se utramque aspiciam

XI. Apollogenes Sosir.

Velim, si possit, omnes singillatim amatores rogare, si quis eorum duobus simul mentem percitam sensit amoribus Nam ego, quum amarem a lenone, ut liberarer hoc cupidine (sic enim rebar), probam coniugem duxi domum Et nunc amicam nihilo secius depereo, accessitque ultra amor uxorius, et si quando alteram habeo, tum mihi alterius recordatio subit, et repræsentat sibi mens eius dulcem imaginem Prorsus sicuti rector navis, quem bini simul venti, unus hinc alter illinc diversum agunt, pugnantes de navi uterque et mare quidem versantes in contrarias partes, navem ipsam in utramque trudentes tamen Sed utinam, sicuti diversi in animo meo conversantur cupidines, ita et mulier utraque sine æmulo livore esse possent simul

XII Eubulides Hegesistrato

Male moratæ mulieris ne ipsa quidem inopia mansuefacere mentem potest, neque eam vel minimum facere ut morigera sit imperiis viri Nam ego pauperem eo consilio duxeram, ne quid gravius paterer ducta divite Et amavi eam desubito, caussaque prima amoris ex miseratione eius inopiæ Credebam me sortis eius miserei, nescius miser initium esse amoris hanc misericordiam nam sæpe amori origo a miseratione Sed illa ab initio summopere indiga superbiam et fastum multo tanto superavit cuiusvis dotata coniugis, estque re et nomine Dinomacha quin vix manus abstinet ac veluti sæva domina imperium in me exercet crudeliter, nec colens ut divitem, nec verens ut coniugem Dos mihi hæc ab illa Sed et per Iovem (nam hoc commeminni) mirum etiam paraphernum intulit, sumituose ornata incedit, tanquam adigere me cito ad inopiam velit nullæ satis ei opes, ne si fundantur fluminibus quidem At ego commonstrans illi quod gesto pallium, admonui comice prodigam conjugem « Mulier, inquam, nimium eluis » Sed mea dicta subterhabuit, neque efflictim amantem stolidæ mulieris contemtus præcipue afficit Ita me incertum angit malum, cui finem hanc unam video, barbaram ut e domo in barathrum detrudam prius quam deterius quid mihi accidat Natura enim mulieres,

γυναῖκες, ἐπὰν τούτων οἱ συνοικοῦντες ἀνέχωνται,
ῥαρύτερον ἐπεμβαίνουσιν. ἀπίτω τοίνυν ἡ θηριώδης.
ἔστω, δεδόχθω, οὐδὲν ἀμφιβάλλω. κατάδηλος ἡ
γυνή. ἄρκτου παρούσης, φασίν, οὐκ ἐπιζητήσω τὰ ἴχνη.

ιγ΄. Χελιδόνιον Φιλωνίδῃ.

Μάτην ὑποκνίζῃ, γλυκύτατε, μάτην ᾠήθης με πο-
θεῖν ἕτερον μετὰ σέ· οὕτως ἵλεως εἴη μοι Ἀφροδίτη.
ὅσον ἡμῶν ἐκδεδήμηκας χρόνον, τὸν ἔρωτα βεβαίως
ἀνεπίληστον διετήρουν ἀεί. καίτοι με καθεύδουσαν
ἀφεὶς Μέγαράδε προσέπτης, ἐγὼ δ' ἀφυπνισθεῖσα πρὸς
ἐμαυτὴν ἐδόων τοῦτο, « οὐκ ἔστι Φιλωνίδης ἀλλὰ
Θησεύς. κοιμωμένην καταλιπὼν ᾤχου. » Ἀριάδνην
με πᾶσαι καλοῦσι, σὺ δὲ Θησεὺς ἐμοί, εἴθε καὶ Διό-
νυσος. οὐκ ἐθόρυβει σοι τὰ ὦτα, ὅτε σοῦ μετὰ δακρύων
ἐμεμνήμην; εἰ μέντοι εἰδείης ὅτι καὶ νυκτηγρετοῦσα
διεμνημόνευον, καὶ τὴν σὴν ἐπιστολὴν ὡς αὐτοχειρίᾳ
μάλιστα γεγραμμένην μέσην ὑπέθηκα τοῖς μαστοῖς,
τὴν ἐπὶ σοὶ διεσκιρτηδῶσαν παραμυθουμένη καρδίαν,
ἐντεῦθεν ἂν ἤδη χίλια παρασκευάζοιο φιλήματα. οἶδα
οἶδα πόθεν εἰκότως τὴν ἀπάτην ὑπέστης. ὡς ἑταίρα
διὰ κέρδος ὁμιλοῦσα τοῖς νέοις ὑποκρίνομαι τῶν συν-
όντων ἐρῶ, ὅπως ἂν μείζονα τούτοις ἐρεθίσω τὸν πό-
θον. ἵνα γὰρ μὴ πολλάκις σοι διενοχλῶ, παρ' ἑτέρου
τι λαβεῖν ἀνάγκη. σὺ δέ μοι καταμέμφῃ, τὴν ὑπό-
κρισίν ἀγνοήσας. μὴ σύγε, δέομαι καὶ ἱκετεύω, καὶ
κατασπένδω δάκρυα τῶν γραμμάτων. ὅμως ἥμαρ-
τον, ὁμολογῶ, εἴ σοι φίλον ἁπλῶς ὁμολογούσης ἀκοῦ-
σαι. καὶ ἢν βούλει δίκην ἐπίθες, πλὴν τοῦ διαλῦσαι
τὴν ἡμετέραν φιλίαν· τοῦτον γὰρ μόνον οὐ φέρω τῆς
τιμωρίας τρόπον, οὐ μὰ τὴν σὴν φαρέτραν, ἐξ ἧς
ἥδιστά με τοξεύεις. φυλάξομαι δὲ τοῦ λοιποῦ ἵνα σε
μηδὲν ἀνιάσω· οὐκέτι γάρ σε ὡς ἐμὸν ἀλλὰ καὶ ὡς
ἐμαυτήν, ὦ Φιλωνίδη, φιλῶ. ταῦτα γέγραφα νὴ
τοὺς Ἔρωτας ἀσθμαίνουσα καὶ δεδακρυμένη καὶ καθ'
ἕκαστον ὧν ἐπέστελλον ἀναστενάζουσα.

ιδ΄. Μέλιττα Νικοχάρτι.

Εἰ μὴ τὴν καθ' ἡμῶν βασκανίαν ταχὺς ἀπεσόβησεν
Ἔρως, καὶ Ἀφροδίτη θᾶττον ἀμφοτέροις ἀλεξίκακος
ἀνεφάνη, καλοῦ παιδὸς καλὴ μήτηρ, μέχρι παντὸς ἂν
ὑμᾶς ἐχώριζον ἀπ' ἀλλήλων ἄσπονδος μάχη καὶ ἀδιάλ-
λακτος ἔρις. μάτην ἐπέχειρον οἱ βασκαίνοντες ἡμῖν
τῆς φιλίας, καὶ εἰς κενὸν αὐτοῖς ἀπέβη τῆς ἐπιβουλῆς
ὁ σκοπός. ὅθεν, ὦ φίλτατε, μὰ τὸν φίλιον τὸν ἐμόν
τε καὶ σὸν χθὲς ἐπὶ τὸ σὸν δωμάτιον εἰσιοῦσα θᾶττον ἢ
βάδην ἔκλαυσα ὑφ' ἡδονῆς, κατησπαζόμην τε ἀπλήστως
τὸν ἀφροδίσιον οἶκον, καὶ τῶν τοίχων ἐφαπτομένη τοὺς
δακτύλους ἐφίλουν ὑπερχαίρουσα καὶ μειδιῶσα γλυκύ.
μεταξὺ δέ πως ἀπιστοῦσα πρὸς ἐμαυτὴν ἔφασκον
« ἆρ' ἐγρήγορα, ἢ πλανῶσί με τῶν ὀνειράτων εἰκό-
νες; » ὑπὸ τοῦ σφόδρα γὰρ ἐπιθυμεῖν ἐλάμβανέ μέ τις
ἀπιστία. σὺ δὲ ὡς τὸ σὸν ἑόρακας Μελιττάριον,

---

si viri patienter ferant, graviores instant. Habeat ergo
sibi res suas ferina mulier. Esto, ita censeo; nec moror.
Manifesta est mulier. Ursæ præsentis, ut aiunt, non-
quæram vestigia.

XIII. Chelidonium Philonidæ.

Frustra me fastidis, dulcissime; frustra me credis.
flammatam post tuum alio cupidine. Ita propitiam Ve-
nerem habeam, ut ex quo abisti a nobis, constantem
servavi amoris nostri memoriam, quamvis tu me dor-
mientem linquens Megaram avolaris. At ego experrecta
clamabam ad meipsam « non est hic Philonides; The-
seus est : dormientem relinquens abis. » Ariadnam me
mulieres omnes vocant : at tu mihi Theseus; utinam et
Bacchus. Nonne aures tibi tintinabant, quoties lacrimans
faciebam mentionem tui? Quid si et quæ pernox per-
vigil dixerim rescias, et qui literas tuas, præcipue quia
scriptas manu propria, mediis inseruerim papillis, sola-
men cordi meo sussilienti desiderio tui, mille inde pan-
ges suavia. Novi, novi, quæ te suspectio decepit, quod
meretricum in morem, quæ lucri caussa iuventutem admit-
tunt, amorem eorum simulo quiscum soleo, ut maiorem
iis accendam cupidinem. Necesse enim mihi captures ve-
nari ab aliis, ne sæpius appellem te importunius. At tu
me accusas, nescius simulasse : sed tu ne accusa, rogo
te ac supplico, perfundens lacrimis literas. Tamen pec-
cavi, fateor, si simpliciter confitentem audire vis. Irro-
gato quam lubet pœnam, modo ne iubeas amoris nostri
dissidium; solum hunc non fero ego vindictæ modum,
testor pharetram tuam, qua me dulcissime figis. Cavebo
deinceps ne quid offendam : non enim te amplius ut
meum, sed ut meipsam amo, Philonida. Hæc scripsi,
testor Amores, mixta lacrimis ac suspiriis et ad singula
verba planctibus.

XIV. Melissa Nicochareti.

Nisi conceptum contra nos fascinum citus discussisset
Cupido, promtiorque Venus utriusque averruncat exsti-
tisset, pulchri filii pulchra mater, ætatem nos intermina-
tum bellum et implacabile discidium disparassent abin-
vicem. Frustra gavisi sunt amoris nostri mali æmuli,
prævisæque iis insidiæ in irritum cecidere. Itaque ego,
carum caput, testor amabilem meum ac tuum Cupidi-
nem, hesterno ingressa cubiculum tuum pleno gradu,
lacrimas fudi gaudio, nec potui satiari deosculandis ama-
toriis ædibus, ac parietibus admotos digitos lætabunda
dulceque ridens basiavi. Sed interibi diffidens quodam-
modo dixi ad meipsam « vigilone, an me fallunt som-
niorum imagines? » enim ex nimio desiderio fiebat ut
minus crederem. At tu simul tuam Melissarium vidisti,

ὥσπερ εἰς σύμβολον χρονίου θεάματος μεθ' ἡδονῆς τὸν
δάκτυλον ἀνατείνας, ἄσμενος αὐτὸν περιέστρεφες
ἠθικῶς. πολλὴ οὖν χάρις τοῖς φιλίοις θεοῖς ὅτι δὴ
πάλιν ἡμῖν ἀνανεοῦνται τὸν πόθον, μᾶλλον δὲ νῦν
χαριεστέρου καὶ μείζονος αἰσθάνομαι τούτου· ἀεὶ γάρ
πως· ἡδίους αἱ τῶν ἐρώντων μεθ' ὕβριν κολακεῖαι δο-
κοῦσιν.

ιε' Χρυσὶς Μυρρίνῃ.

Τοὺς ἀλλήλων, ὦ φιλτάτη, συνεπιστάμεθα πόθους
σὺ μὲν τὸν ἐμὸν ἄνδρα ποθεῖς, ἐγὼ δὲ τοῦ σοῦ θερά-
ποντος ἐκθύμως ἐρῶ· τί οὖν πρακτέον, πῶς ἂν εὐμη-
χάνως ἑκάστη τὸν ἑαυτῆς ἔρωτα θεραπεύσειεν, ἐδεή-
θην, εὖ ἴσθι, τῆς θεραπείας· τὴν ἔννοιαν ἐμβαλεῖν,
καὶ ταύτην ἐξ ἀφανοῦς ἡ δαίμων προσέπνευσέ μοι
τὴν γνώμην, ἣν οὕτω πράττειν παρεγγυῶ σοι, Μυρ-
ρίνη· τὸν σὸν μὲν οἰκέτην, ἐμὸν δὲ δεσπότην ἐρωτικὸν
δόκει θυμουμένη ἅμα καὶ τύπτουσα τῆς οἰκίας ἐκπέμ-
πειν, ἀλλὰ πρὸς θεῶν πεφεισμένως καὶ τῷ παρόντι μοι
πόθῳ τὴν μάστιγα συμμετροῦσα· ὁ δ' οὖν οἰκέτης,
Εὔχιτος ὁ καλὸς πάντως· ἅτε πρὸς φίλην τῆς κεκτημέ-
νης φεύξεται παρ' ἐμέ, κἀγὼ τὸν ἄνδρα ὡς ὑπὲρ τοῦ
θεράποντος τὴν δέσποιναν ἱκετεύσοντα τὴν ταχίστην
ἐξαποστελῶ πρὸς σέ, οἷον μετὰ δεήσεως αὐτὸν ἐξω-
θοῦσα· τοῦτον δὴ τὸν τρόπον ἑκατέρα τὸν ἑαυτῆς δε-
ξαμένη ἐρώμενον οὐκ ἀμελήσει τοῦ Ἔρωτος ὑπηγου-
μένου ἐπὶ σχολῆς ἅμα καὶ ῥᾳστώνης χρήσασθαι τῷ
παραπεπτωκότι καιρῷ· ἀλλ' ἐπὶ μήκιστον ἐμφορῶ
τῆς ἐπιθυμίας τῇ συγκοιμήσει, κἀμοὶ συνυπεκτείνουσα
τῶν ἀφροδισίων τὴν τέρψιν· ἔρρωσο, καὶ πέπαυσό
μοι θρηνοῦσα τοῦ συζύγου τὴν ἄωρον τελευτήν, φίλον
ἀντ' ἐκείνου τὸν ἐμὸν σύνοικον εὐτυχοῦσα.

ις' Μυρτάλη Παμφίλῳ

Ἐμὲ ποθοῦσαν περιφρονεῖς καὶ περὶ ἐλαχίστου
ποιῇ, ἐμὲ τὴν ἐρῶσαν ὑστάτην ἔχεις καὶ πάρεδρον ἡδονὴν,
καὶ πολλάκις τὴν ἡμετέραν οἰκίαν ὡς οὐδὲ ἰδὼν
ποτε παρέρχῃ· θρύπτῃ, Πάμφιλε, πρὸς ἐμέ, καὶ
καλῶς, ὅτι μὴ ἀπέκλεισα ἐλθόντα « ἔνδον ἕτερος » εἰ-
ποῦσα, ἀλλ' εἰσεδεχόμην ἀπροφασίστως· τότε δ' ἄν σε
καθ' ἡμένον εἶδον καὶ ἀντιμεμηνότα· ἐγὼ διέφθειρά σε
ὑπεραγαπῶσα καὶ τοῦτο δι' ᾗ φανίζουσα· ὑπέροπται γὰρ
αἰσθόμενοι γίγνεσθε· μία μόνη δικαίως ἐσπούδασται
σοι Θαῒς καλὴ γὰρ ὅτι ποθεῖται· ἐκείνη δ' ἐώθεις,
ὅτι σε πόρρωθεν ἀποφεύγει· τῶν γὰρ μὴ ῥᾳδίων
ἐφίεσθε. καὶ ὅταν πολλὰ διδοὺς μάτην ἱκετεύων τὴν
σὴν ἀποκάμῃς, ἐμὲ λοιπὸν τὴν ἐξ ἀπορίας ἐπιζητεῖς·
καίτοι γε τεττάρων ὀβολῶν ἀξία Θαῒς εἰ πάνυ πολλοῦ.
ἐγὼ τοίνυν ἠλιθάτων κακῶν ἐμαυτὴν αἰτιῶμαι πολ-
λάκις γὰρ ἐπομοσαμένη ἣν ἄτοπον ταύτην διαλῦσαι
φιλίαν, ἡνίκα δὲ πάλιν ἑώρων, αὐτίκα μανικῶς προσ-
επήδων καθάπαξ ἐπιλελησμένη τῶν ὅρκων, καὶ λίαν
ἐκκεχυμένως ἠγάπων, ἐφίλουν τε ἡδέως, καὶ σφο-

---

velut indicium exspectatæ diu visionis digitum cum vo-
luptate protensum libenter et eleganter in orbem vertisti.
Magnam gratiam dico amicitiæ præsidibus divis, quod
rursus reconciliant nostrum cupidinem, quem ego nunc
eo gratiorem ac maiorem sentio, quo iucundiores amo-
rum videri solent post iniurias deliciæ

XV Chrysis Myrrhinæ

Sensimus invicem, amica, nostros cupidines Virum
tu meum amas, ego servum tuum efflictim depereo
Quid ergo facto opus, qui commodissime medeamur
utraque nostro desiderio? Rogabam, ut scis, deos, ut
remedii cognitionem animo meo inicerent Et ecce ex
improviso inspiravit deus hanc sententiam menti meæ
Itaque condico tecum ut sic facias Servum tuum, Myr-
rhina, dominum meum amatorium finge irata simul ac
plagis onerans velle te eicere ex ædibus, sed parcius
per deos ac lorum moderans ad meum cupidinem Ita fiet,
ut servus, Luctitus ille pulcher omnino ad me confugiat,
quippe ad amicam dominæ, egoque confestim virum meum
ad te ablegem pro servo deprecaturum, quasi precibus
hominem do deiciens Ad hunc modum utraque cupitum
tenens non negliget Amore duce per otium ac facilem
occasionem uti præsenti tempore Sed tu producas lon-
gius coitus dulcedinem, eadem mihi prorogatura volu-
ptatem gaudii mei Vale, desineque acerbum flere futuri
coniugis, amicum pro eo maritum meum potita

XVI Myrtala Pamphilo

Amantem me spernis ac pro nihilo ducis, diligentem
me habes loco secundæ ac succidaneæ voluptatis, no-
strasque ædes sæpius præteris, quasi si eas nunquam vi-
deris Ferocem facis, Pamphile, adversus me, et me-
rito, quia non exclusi volentem, alium intus mentita,
sed nihil caussata admisi Quod si fecissem, ego te flam-
matum et mutuo furore percitum vidissem Perdidi te ni-
mium amans neque amorem dissimulans Discitis enim
spernere, ubi vos amari sensistis Et merito unam tu
sedulo colis Thaidem Formosa enim illa, quia expetitur,
eam sectaris, quia te longe pellit Flam vos ardua ex-
petitis Et si quando largitus multa multa frustra pre-
catus, irritus voti abis, tum me ex inopia exquiris Quan-
quam dupondia est Thais si magni est Sed ego malorum
summorum accuso me ipsam sæpius enim testata deos
dissoluturam me hunc infœtum amorem, quum te rur-
sus video, furiata statim accedo, velut immemor iura-
menti, effuseque amplexa suavior dulcissime, fir missi-

ὁρῶς ἄγαν ὑπελάμβανον ταῖς ἀγκάλαις, καὶ τιτθολα-
βεῖν ἐπέτρεπον. σὺ μὲν οὖν οἴει με τὸν αὐτὸν ἀεὶ
τρόπον ἕξειν ὡς εὐπειθῆ καὶ ἑτοιμότατα προκειμένην,
ἀλλ' ἔγωγε μὰ τοὺς Ἔρωτας — μαθήσῃ δὲ τῇ πείρᾳ.
καὶ τί χρή με περιττὸν ἀποτελέσαι τὸν ὅρκον, παρὸν
τοῖς ἔργοις ἐμαυτὴν ἐμπεδῶσαι καὶ περὶ τῶν δοκούν-
των ἀποδεῖξαι βεβαίαν. ἔρρωσο, καὶ πρὸς τῶν Θαΐδος
μαστῶν καὶ φιλημάτων μηδὲν ἔτι παρενόχλει.

ιζ'. Ἐπιμενίδης Ἀριγνώτῃ.

Φιλανθρώπως, ὦ γύναι, παραγγέλλεις, καὶ φει-
δομένης ἄγαν ὁ λόγος. ἑξῆς γάρ « μέχρι τίνος, ὦ
μειράκιον, παραμένεις, μηδένα διαλεῖπον καιρόν;
σύνοικον ἔχω. μὴ μάτην τὸν ἐμὸν ῥύπαινε βίον.
ἄπιθι, τὴν σὴν ὁδὸν διανύων, πρὶν ὑπ' ἐκείνου φωρα-
θῇς. οὐ δι' ἐμὲ τοιοῦτος τεθνήξεται νεανίας. » ἀλλ' οὐ-
πώποτε ἠράσθης ἀφ' ὧν λέγεις, οὐδὲ κατεῖδες ἐρῶντα·
σφόδρα γοῦν ἀπειρότατα διαλέγῃ. οὐκ ἔστιν αἰδήμων
ἐραστής, κἂν προπηλακιζόμενος τύχῃ· οὐδὲ δειλός,
κἂν δέῃ τεθνάναι. πρὸς κῦμα πρὸς πνεῦμα πλεῖν οὐδὲν
αὐτῷ διαφέρει. τούτοις μᾶλλον τιμᾶται Ἀφροδίτη
ἢ λιβανωτῷ καὶ θυσίαις. ἐκείνων οὖν ἀπόσχου τῶν
λόγων· λῆροι γάρ εἰσι καὶ φλήναφοι παντελῶς. ἐγὼ
τοίνυν ἐρωτικὸς ἀνέκπληκτος μηδὲν ὀρρωδῶν τὴν ἀν-
δρείαν μιμήσομαι τῶν Λακώνων· παρ' ἐκείνοις γὰρ αἱ
μητέρες πρὸς τοὺς παῖδας ἔφασκον, ἐμοὶ δὲ παρακε-
λεύσεται κάλλιον ἡ ψυχή « ἢ ταύτην ἢ ἐπὶ ταύτης, »
καὶ διὰ τὸ σὸν κάλλος ἢ γάμον ἄσμενος ἢ τάφον αἱ-
ροῦμαι. ἔστωσαν ἢ τρὶς ἓξ ἢ τρεῖς κύβοι νῦν οἱ πε-
πτωκότες. μὴ τοίνυν, ὦ καλλίστη γυναικῶν, ὑπολάβῃς
τὰ γεγραμμένα μόνης χειρὸς εἶναι καὶ γλώττης ἁπλῶς·
ἁμαρτήσῃ γὰρ τῆς ἀληθείας πολύ. ἔλεγχός ἐστι
ταῦτα ψυχῆς ἐρώσης, κἀκείνη διὰ τούτων τὸ συμβὰν
κατεμήνυσε πάθος.

ιη'. Μαντίθεος Ἀγλαοφῶντι.

Γυνὴ τοὔνομα Θελξινόη προσχήματι σώφρονος ἐπὶ
τοὺς ὀφθαλμοὺς καθέλκουσα τὴν ἀμπεχόνην κἀκεῖθεν
κομιδῇ στενὸν ὑποβλέπουσα, ἐλάνθανε κακοτεχνοῦσα
τοὺς νέους· καὶ γὰρ κυνὶ προσέοικε λύκος, ἀγριώτατον
ἡμερωτάτῳ. ταύτης ὁ Πάμφιλος οὐκ οἶδα ὅπως πο-
λυπραγμονήσας τὸ βλέμμα ἐκ πρώτης θέας ἠράσθη
ταχύ· δεξάμενος γὰρ τοῦ κάλλους τὴν ἀπορροὴν διὰ
τῶν ὀμμάτων ἐρωτικῶς διεθερμάνθη, καὶ ὥσπερ βοῦς
μυωπισθεὶς ἐταράττετο, ᾤκνει δὲ τὸν πόθον δηλῶσαι,
τὴν ἐμφαινομένην σεμνότητα δεδιώς. συνῆκε τοῦ
μειρακίου τὴν ὑπόνοιαν ἡ γυνὴ ὡς πολλὴν ἔχουσα τοῦ
πράγματος ἐμπειρίαν. ** ὁ γὰρ ἄνθρωπος οὐχ, ὡς
προαγωγὸς τῷ ποθοῦντι προσῆλθεν, ἀλλά τις εἶναι τῶν
περιέργων ἐδόκει· καὶ πολλὰ τερατευσάμενος ἐπηγγεί-
λατο λόγοις αὐτὴν δαιμονίοις καταδουλώσαι τῷ νέῳ.
καὶ χρυσοῦς αὐτὸν πρότερον εἰσπραξάμενος οὐκ ὀλίγους,

meque ulnis implicatum teneo, ac sino papillas attrectes.
Tu me forte semper ad hunc modum habiturum censes,
morigeram quippe et placari facilem : sed ego testor
Amores, disces reipsa : et quid opus me frustra iusiu-
randum concipere, quum reipsa obligare me possim ct
arbitrio meo dicere sine provocatione sententiam? Vale, et
per mammas perque oscula Thaidis, ne tu mihi molestus
fuas amplius.

XVII. Epimenides Arignotæ.

Humane mulier admones, tuusque sermo est miseran-
tis admodum. Dicis enim « quousque tu sustinebis, iu-
venis, nec ullum tempus intermittes? coniugem habeo;
ne frustra dehonestes vitam meam. Abi vias tuas, an-
tequam ab illo prehendare; non fiet ut propter me talis
adolescens pereat. » Sed, ut sermo tuus est, amasti
nunquam, nunquam amantem vidisti : loqueris enim ut
prorsus inexperta. Non est amator verecundus, ne si
contumeliis expellatur quidem; non est pavidus, ne si
moriendum sit; adversis ventis, adverso æstu navigare
susque deque habet. His colitur Venus magis quam thure
ac victimis. Desine ergo talia edicere; nugæ sunt ete-
nim atque affanniæ meræ. At ego impavidus amator,
nihil veritus Laconum imitabor. fortitudinem. Nam apud
eos admonent matres filios (mihi vero dulcius insusur-
rat anima) « aut hanc aut in hac, » nuptiasque ego liben-
ter aut mortem eligam formæ tuæ causa. Cadant nunc
aut tres sex aut tres tesseræ. Tu interea pulcerrima
mulierum cave credas manus esse vel linguæ tantum hæc
scripta; nam ita longe a vero iveris. Indicia hæc sunt
amantis animæ, quæ per hæc verba totum adfectum suum
prodidit.

XVIII. Mantitheus Aglaophonti.

Mulier nomine Thelxinoe, pudicam simulata, vestem
super oculos adducens sensimque inde respiciens, malis
artibus illectabat improvidam iuventutem. Præferebat
quippe lupa ferissima mansuetissimæ speciem canis. Eam
Pamphilus nescio quo modo curiosius aspectam simul
vidit, simul perire cœpit : excepta siquidem per oculos
formæ exuvia amore exarsit. Agebatur ad modum œstro
percitæ bovis. Sed desiderium palam facere verebatur,
simulatam honestatem reveritus. Sensit suspicionem iu-
venis mulier, perita quippe talium. ** Sed ille non leno-
nis specie accessit iuvenem, verum tanquam unus aliquis
e curiosis : multaque mira memorans, promisit solis se
divinis artibus subiecturum eam adolescenti. Et sane
exactis prius aliquantis aureis infando carmine traxit ad
amantis pedes mulierem, sicuti facturum se iactaverat,

ὑπὸ τὼ πόδε τοῦ ποθοῦντος ἤγαγεν ἀρρήτῳ λόγῳ τὴν
ἄνθρωπον, ὥσπερ αὐτὸς ὑποδεικνὺς τὴν γυναῖκα προσ-
ιοῦσαν ἐνεανιεύετο λέγων ·   ἢ δὲ τὴν ὑπόκρισιν τοῦ
πιστουμένου ** τὸ μὲν πρῶτον οἷον ὑπόσεμνος συνε-
δείπνησεν ἐγκαλυωμένη, καὶ σμικρὸν τῶν ἀργυρίδων
ἀπεγεύετο, μέχρι καὶ αὐτὰς κατ-απέπωκε τὰς χρυ-
σίδας. ἔπειτα τέως ἀντερᾶν ὑμολόγει νῦν πρῶτον
ἔρωτος πειραθεῖσα, καὶ ἦν πάντα μιμηλῶς ἐρώσης τὰ
δρώμενα παρ' ἐκείνης, καὶ πολλάκις παρεδάκρυε τῷ
μειρακίῳ, νῦν μὲν ἀποστένουσα τὸν πόθον, νῦν δὲ
πικρῶς ὀλοφυρομένη ἢν ἐζημίωται σωφροσύνην, καὶ
ὁ Κρὴς ἐδόκει τὴν θάλατταν ἀγνοεῖν. ὁ δὲ σχηματι-
σάμενος μαγγανείαν παρ' ἕκαστον ἑαυτὸν ἀπεθαύμα-
ζεν, εἰς σύμβολον παραδόξου νίκης ἀνατείνων τὴν
χεῖρα. ταῦτα μὲν οὖν γέγονε δίς τε καὶ τρὶς καὶ σφό-
δρα πολλάκις ὡς δὲ λοιπὸν τὸν ἄθλιον ἐρώμενον
ἐφίλωσαν τῶν χρημάτων καὶ κατέστησαν πατςάλου
γυμνότερον, ἀπέλιπον αὐτὸν ἐν πενίᾳ δήπου μυρίᾳ,
καὶ περιπερρονήκασι παντελῶς ὁ μὲν ἐραστὴς περιώ-
δυνος ἐκ τοῦ πόθου τὸν φιλτροποιὸν ἱκέτευε κατ' ἐκεί-
νης ἀνακινῆσαι τὰς ἴυγγας ἔτι γὰρ οὕτως ἤγετο κε-
κρατημένος τῇ ἡλεύη ὁ δέ φησιν « ὦ τάν, εἴς γε τὰ
τοιαῦτα πρόσκαιρος ἡμῶν ἐστὶν ἡ τέχνε, ἄλλως τε καὶ
ἀπολέλαυκας ἱκανῶς »   τούτοις ἀμφότεροι φενακί-
σαντες τὸν νέον ἀπῆλθον, ἢ μὲν πλασαμένη σώφρονος
ἤθη, ὁ δὲ καθάπερ ἐπὶ σκηνῆς ὑποκρινάμενος τῶν
περιέργων τὸ σχῆμα καὶ δαιμόνων προσαγορίας συν-
είρων πλασματώδεις τέ τινας ὑποφθεγγόμενος ἐπι-
κλήσεις καὶ ψιθυρίζων ἀπατηλῶν γοητευμάτων λόγοις
φρινώδεις, ἔνθα δῆθεν αὐτὸς ὑποτρέμων παρεστώ-ς
πλησίον μὴ δεδιέναι παρεκελεύετο τῷ μειρακίῳ

ιθ'. Ἀρχίλοχος Τερπάνδρῳ

Ὅρα πρὸς Διὸς ὅπως γυνή τις ἠρέμα προτρέπει
μαστροπὸν αὐτῆς γενέσθαι τὴν δούλην. ἔφη γὰρ
« ἡ φαντασίην εἶδον, ὦ παιδίσκη, οὐδ' ὕπνον οἷα φι-
λεῖ, ἢ πρὸ θυρῶν ἀκήκοα νέων κωμαστῶν ὑπὲρ ἐμοῦ
μαχομένων ἀωρὶ νυκτῶν, οὐκ ὄναρ ἀλλ' ὕπαρ ἐλεύ-
θεροι γὰρ οἱ στενωποὶ παίζειν καὶ γελᾶν καὶ ᾄδειν
τῷ θέλοντι ἔξεστιν. νὴ τὰς Μούσας εὐστόμως ᾖδον,
ἴσα καὶ Σειρῆνες γλυκεῖαν ἀφιέντες φωνήν » « ἀληθῆ
φησὶν ἡ ταῖς « ἀκήκοας, ὦ κεκτημένη σὲ γάρ τις νέος
καταβόστρυχος ἔτι ἐν ἀπαλῇ τῇ ὑπήνῃ πάλαι ποθεῖ,
Ἱπποθάλης μὲν ὄνομα, ἱκανὸς δὲ καὶ ἀπὸ μόνου τοῦ
κάλλους γινώσκεσθαι καὶ πολλάκις μοι διείλεκται
περὶ σοῦ καὶ « βούλομαι » ἔφη « τὴν σὴν δέσποιναν
προσειπεῖν, ἀλλ' ἐδεδίειν προσαγγεῖλαι τὸν λόγον »
αὐτίκα γοῦν ἡ κεκτημένη τὴν θεράπαιναν ἐπανήρε-το
« τὸ βούλημα ἤκουσας, ὦ φιλ-άτη, » « ναί » φησὶν ἡ
παιδίσκη   ἡ δὲ « ὡς ἐμοῦ γε μή-ω μαθούσης » ἔφη
« παρίτω πάλιν προσάδων, κἂν ἐρωτικός μοι δοκῇ,
χαρίζομαι τῷ μειρακίῳ » ἧλθεν, ἐφάνη τὴν κεφαλὴν
ῥόδοις ἀνθίσας, ἐμμελέστερον ᾖδεν, ἐκρίθη καλός, καὶ

---

præmonstrata illis dum forte progreditur muliere   Illa
simulationi fidem factura, primum velut proba mulier
accubuit velata paullulumque de argenteis gustavit, do-
nec tandem exhausit ipsas aureas   Dein mutuum tandem
cupidinem fassa, tum primum attentatam se amore di-
cere, omniaque amantis callide effingere   Adlacrimabat
sæpius iuveni, modo cupidinem suam querens, modo flens
amare perditam honestatem   Videbatur Cretensis inex-
pertus maris   At ille magnum simulabundus ad singula
mirandam artem suam laudare, manusque veluti insperatæ
victoriæ signum extollere   Hæc illi ter quater sæ-
piusque fecere, donec miserum amantem tandem ex-
haustum pecuniis clavoque nudiorem statuere   tum
demum eum in summa inopia reliquere ac prorsus
neglexere   Ille amore æger rogabat artificem, ut rursus
illicita ducendæ mulieri cieret, etiamnum credulus simu
lataque deceptus fallacia   Sed alter « ars nostra, o bone
vir, non omnium horarum est, et tu alioqui lusisti affa-
tim »   Ad hunc modum uterque pellecto iuvene abiere
illa pudicæ mores simulans, hic velut in scena curiosorum
gestus imitatus, dæmoniorum contractis nominibus effi
ctisque appellationibus insusurratis et mussatis fallacium
illiciorum terrendis sermonibus, dum ipse tremebundus
adstantem iuxta iuvenem sedulo monet ne timeret

XIX Archilochus Terpandro

Vide per Iovem qua ratione famulam sensim instruxe
rit mulier ut conciliatrix sibi fieret « Aut enim » inquit,
« mi puera, visum in somnis vidi, uti adsolet, aut iu-
venes comessatores audivi ante ædes nocte intempesta
canentes reipsa, non in somnis   angiportus enim liberæ,
ludere ridere canere cuilibet licet   Canebant dulce,
Musas testor, non vox suavior ipsis Sirenibus »   « Et
recte audisti, domina, » infit puella « nam te cincinna-
tus iuvenis adhuc tenera lanugine dudum amat   Hippo-
thales ei nomen, sed forma ipsa nobilis satis, sæpiusque
me super te compellavit et « volo » inquit « adfari do-
minam tuam » sed id tibi reverita sum edicere »   Ro-
gavit iterum ancillam domina « sensisti quid vellet, o
amica ? » « Sensi equidem » inquit illa   « Redeat ergo »
inquit « et occinat rursus, nescius me quicquam inau-
disse   tum si dignus amari videbitur, faciam ei copiam
mei » Venit, caput rosis ornatum ostendit, dulcius ce-
cinit, formosus visus est, fruitque sunt invicem ambo

ἀλλήλων συναπέλαυον ἄμφω οὐ μόνον στέρνῳ ἁρμόζοντες, ἀλλὰ καὶ φιλήμασιν ἐπισυνάπτοντες τὰς ψυχάς. τοῦτο γὰρ φίλημα δύναται, καὶ τοῦτο ἔστιν ὃ βούλεται· σπεύδουσιν αἱ ψυχαὶ διὰ τῶν στομάτων πρὸς ἀλλήλας καὶ περὶ τὰ χείλη συναντῶσι, καὶ μῖξις αὕτη γλυκεῖα γίνεται τῶν ψυχῶν.

κ'. Ὠκεάνειος Ἀριστοβούλῳ.

Νέος ἐρωτικός, ὄνομα Λύκων, ἀνήνυτα προσκαρτερῶν καὶ θυραυλῶν γυναικὶ μέμφεται δεινῶς ἀπειθούσῃ. ὃ μὲν γὰρ ἱκετεύων ἔφασκε ταῦτα δὴ τὰ μυριόλεκτα καὶ συνήθη πρὸς τὰ παιδικὰ τοῖς ἐρῶσιν, « οὐκ ἐπικάμπτῃ πρὸς ἔλεον ὁρῶσα μειράκιον; οὐ συναλγεῖς μοι ποθοῦντι; ἔχε με κατὰ κράτος ἑλοῦσα τὸν πᾶσι καὶ πάσαις ἀνάλωτον »· ἣ δὲ τὴν ἀπὸ Σκυθῶν ὧδε ῥῆσιν ἐρεῖ « ἐμοὶ προσλαλῶν εἰς πῦρ ξαίνεις, γύργαθον φυσᾷς, σπόγγῳ πάτταλον κρούεις, καὶ τὰ λοιπὰ τῶν ἀμηχάνων ποιεῖς. » τέλος ἐξ ἀπορίας ὁ νεανίσκος ἐξωργίσθη, καὶ ἀναφλεχθεὶς τῷ θυμῷ τὸν λαιμὸν ὀγκούμενος ἐφύσα τε καὶ τραχύτατα διελοιδορεῖτο τῇ ποθουμένῃ. « ὡς φιλόνεικος » εἶπεν « ὑπάρχεις καὶ λίαν γυνή, ὡς ἀτεράμων, ὦ γῆ καὶ θεοί. θαυμαστὸν πῶς ἡ τοιάδε ψυχὴ οὐκ ἐτέχθη μᾶλλον θηρίον. » ἣ δὲ τῇ λαιᾷ χειρὶ βραχὺ τὴν παρειὰν ἐπικλίνασα, τῇ δὲ λαγόνι τὴν δεξιὰν ἐμβαλοῦσα ἠθικῶς μάλα « τὸν λόγον ἀμυνοῦμαι » φησί. « κλᾶταί σου ἄλλως ἡ γλῶττα, καὶ φληναφᾷν μόνον ἐθέλει. πλὴν ὁποῖον εἴρηκας ἀντάκουε. ἐν ταῖς ἀκρωρείαις περιπλανώμενα τὰ θηρία σπανίως ἐπιτίθεται τοῖς ἀνθρώποις, ἐξ ὑμῶν δὲ ζωγρηθέντα καὶ παραθηγόμενα τοῖς κυνηγεσίοις μανθάνει ἀγριαίνειν· ὡσαύτως δὲ καὶ ἡμᾶς ἐκδιδάσκετε οἷον θηροτροφοῦντες μηδαμῶς ἐλεεῖν ἀλλὰ σκληρῶς ἀπαυθαδιάζεσθαι τοῖς νέοις. ὅτε μὲν γὰρ αὐτοὶ ποθεῖτε, ἀστρώτους καὶ χαμαιπετεῖς κοιμήσεις ἐπὶ θύραις ποιεῖσθε, καὶ λιπαρῶς ἱκετεύετε μόνου ῥήματος τυχεῖν ἀξιοῦντες, καὶ δακρύοντες κατόμνυσθε τοὺς θεούς, ἐπ' ἄκρου τοῦ χείλους ἔχοντες τὸν ὅρκον. ὡς γὰρ λύκοι τοὺς ἄρνας ἀγαπῶσιν, οὕτω τὰ γύναια ποθοῦσιν οἱ νέοι, καὶ λυκοφιλία τούτων ὁ πόθος. ἡνίκα δὲ μέχρι κόρου τὸν ἑαυτῶν ἀπεπληρώσατε πόθον ἃς τὸ πρότερον ὑμῶν ἐρωμένας ἐκ μεταβολῆς ἐραστρίας ἐποιήσατε, μεγαλαυχεῖτε λοιπὸν καὶ καταγελᾶτε τῆς ὥρας, μυσαττόμενοι τὰς ἀθλίας, καὶ βδελύττεσθε ταῖς ἀρτίως τριπωθήτοις προσπίπτοντες ἡδοναῖς· ἐφήμερα γὰρ ὑμῖν τὰ δάκρυα καὶ ὥσπερ ἱδρὼς ἀπομάττεται. τοὺς δὲ ὅρκους αὐτοί φατε μὴ προσπελάζειν τοῖς ὠσὶ τῶν θεῶν. λύκος οὖν γανοῖ, ὦ Λύκων, ἄπιθι διὰ κενῆς, καὶ μηκέτι κάλει θηρία τὰς φυλαττομένας περιπεσεῖν τοῖς θηρίοις. »

mutuis gaudiis non admotis solum pectoribus, sed iunctis per oscula ipsis etiam animis. Hoc enim osculum potest; hoc petit. Festinant invicem ad sese animæ per ora, concurruntque circum labia, fitque ibi coitus animarum dulcissimus.

XX. Oceanius Aristobulo.

Amator adolescens nomine Lyco, frustra perdurans atque ostium occentans, mulierem male morigeram incusat serio. Nam is supplex vulgata et solita amatoribus ad dominas ingerere : « non miseresces adolescentem respiciens ? non condolebis amanti ? habe me vi captum, invictum ante qua viris, qua feminis. » Sed cantionem hanc refert e media Scythia : « quum me adfaris, ignem cædis, rete inflas, spongia clavum trudis, aliaque irritorum ac futilium hominum facis. » Tandem desperatum iuvenem ira init, ardensque animo, collum inflatus, statim ad contumelias amicæ dicendas versus est : « quam tu » inquit, « contentiosa et nimium mulier, quam inexorabilis, testor terram ac deos. Mirum quin tale ingenium corpus potius sortitum est feræ. » Sed illa genam paullulum in lævam acclinis, dexteram lateri supponens « facete » infit « sermonem ulciscar tuum : fracta tibi lingua est, et meras nugas blatit. Ceterum ad id quod dixisti audi. Errantes per præcipitia feræ raro irruunt hominibus, sed captæ a vobis et venationibus pellectæ discunt et ipsæ ferum animum. Ad eundem modum et nos venaturis exercitas docetis nunquam misereri, sed insolescere ac superbe insultare iuventuti. Quamdiu enim amatis, ad ianuas amatarum humi sine strato pernoctatis supplicesque vel uno verbo dignari petitis, testaminique cum lachrimis deos, iusiurandum habentes in summis labris. Nam ut agnos lupi, sic mulieres amant iuvenes, estque hic amor lupinus amor. Sed simul explevistis ad satietatem vestram libidinem amatasque prius vicissim amare fecistis, tum vos magnifice elati florem earum ridetis, ludibrio habetis miseras, superbique studio quæsitos nuper consputatis cupidines; diariæ siquidem lacrimæ vobis, sudoris in modum tergeri promptæ. Iuramenta vero dicitis non accedere aures deûm. Abi ergo, Lyco, abi, lupe incassum hians, nec voca deinceps feras, quæ cavent sibi ne obnoxiæ sint feris. »

κα' Ἀβροκόμης Δελφίδι ἐρωμένῃ

Περίεργος διατελῶ πρὸς τὰ γύναια παντα/ῇ οὐ μὰ
Δί' οὐχ ἵνα τούτων ἅψωμαι (μὴ οὕτω χαλεπῶς
ἀκούσῃς τοῦ λόγου), ἀλλ' ὅπως παράθεσιν ἀκριβῆ σου
τι κἀκείνων ποιήσωμαι, τῆς ἐν πάσαις δι·πρεπούσης
τῷ κάλλει, καὶ παραλλήλους κατ' ἐμαυτὸν ἐννοούμε-
νος ἀντικρίνω καὶ νὴ τὸν Ἔρωτα τὸν εὐτυχῶς εἰς
τὴν ἐμὴν τετοξευκότα ψυχήν, πάσας ἐν πᾶσι νενίκη-
κας, ὡς ἔπος, τῷ σχήματι τῷ κάλλει ταῖς χάρισιν
αἱ γὰρ χάριτές σου παντελῶς ἄδολοι καὶ ἀληθῶς κατὰ
τὴν παροιμίαν γυμναί, καὶ φύσεως αὐτόσκευον ἔρευ-
θος ἐπιτρέ/ει ταῖς παρειαῖς, ὀφρὺς μέλαινα κα·ὰ λευ-
κοῦ τοῦ μετώπου, οὐδὲ στεφανοῦσθαί σοι τὴν κεφα-
λὴν ἀναγκαῖον, ἅτε τῆς κόμης ἀποχρώσης αὐτῇ καὶ
ὅσον τὸ ῥόδον φαιδρότερον τῆς ἄλλης πέφυκε πόας καὶ
λίαν καθ' ἑαυτὴν εὐδοκιμούσης, τοσοῦτον καὶ τῶν
ἐπισήμων γυναικῶν ὑπερφέρεις τοιγαροῦν, ὦ μέ-
λισσα ἐμή, ἁρπάζεις τὰ πάντων ὄμματα, καὶ πρὸς
ἕλκεις καινότερόν τρόπον, οἷον οὔτε ἰχθὺν ἁλιεὺς
εἵλκυσεν οὔτε ὄρνιν θηρευτὴς οὔτε κυνηγέτης νεβρό,
ἀλλ' ἐκεῖνα μὲν ἢ ἀπὸ δελεάτων ἢ τῶν ἰξῶν ἄγουσιν
ἢ ὅπως ποτέ σὺ δὲ ἀπὸ τῶν ὀμμάτων τῇ θέᾳ γαννυ-
μένους ἄγεις ἡμᾶς ἀλλ' ὦ Δελφίδιον ἐμόν τε πρό-
κριτον ἀγαθόν, ζώῃς ἐπὶ μήκιστον, εὖ ζώῃς ἐπὶ σοὶ
γὰρ ἐγὼ φλέγομαι μόνῃ, καὶ ταῖς θεοῖς ἐπεύχομαι
πᾶσι μηδαμῶς ἔχειν περὶ τὴν ὀρθῶς φανεῖσάν μοι
κρίσιν ἑτεροῖον τὸν νοῦν. εἴθε τοίνυν, ἐμὸν γάνος, σὺ
μὲν ταύτην ἐκ τῆς φύσεως ἔχοις τὴν νίκην, ἐγὼ δὲ
μέχρι παντὸς τὸ χρυσοῦν τῶν Ἐρώτων εὐτυχήσαιμ'
βέλος σὺ οὖν αὐτὸ μὴ πειρῶ τῆς ἐμῆς ἀφελέσθαι
καρδίας· οὔτε γὰρ αὐτὴ δύνασαι οὔτε ἐγὼ βούλομαι
οὐ γὰρ ἀπεθύμιον ἔχω τὸν πόθον. ἔστω τοίνυν ἔργον
ἓν μόνον ἐπιδείξιν ἐμοὶ φιλεῖν Δελφίδα καὶ ὑπὸ ταύ-
της φιλεῖσθαι, καὶ λαλεῖν τῇ καλῇ καὶ ἀκούειν λαλού-
σης

κβ' Χαρμίδης Εὐδήμῳ

Γυναικὸς ἔτι προσεμβατεύοντα τὸν μοιχὸν ἔνδον
ἐχούσης, οὗ·ω συμβὰν ὁ ταύτης ἀνὴρ ἐξ ἀλλοδαπῆς
ἀφιγμένος ἔκοπ·ε τὴν θύραν ἅμα βοῶν ἡ δὲ τοῦ
κτύπου καὶ τῆς βοῆς αἰσθομένη τῆς εὐνῆς
καὶ τὴν στρωμνὴν συνετάραξε, πικτελῶς συγγέουσα
τὸ ἐρ·εισμα τοῦ δευτέρου σώματος, ὅτι κατηγόρει μη-
νύματα συζυγίας εἶτά φησι παραθαρρύνουσα τὸν
μοιχόν · εἰ νῦν τῷ συνοίκῳ δεσμώτην σε προσαγάγω,
μηδὲν δείσῃς μηδ' ὑποπτήξῃς, ὦ φίλε » συνέστει·ε
τοῦτον, ἀνέῳγε τὴν θύραν, ὡς ἐπὶ τοιχωρύχον ἐκάλει
τὸν ἄνδρα, φάσκουσα « τοῦτον κατέλαβον, ἄνερ, ἐγ-
χειροῦντα συλαγωγῆσαι τὸν ἡμέτερον οἶνον » ὁ δὲ
θυμωδεὶς ὥρμηκεν εὐθέως αὐτὸν ἀνελεῖν, ἀλλ' ἡ γυνὴ
διεκώλυε παραινοῦσα μᾶλλον τὸν κακοῦργον ἕωθεν
παραδοθῆναι τοῖς ἕνδεκα « εἰ δέ γε δέδοικας, ἄνερ,
ἐγὼ συναγρυπνοῦσα τοῦτον φυ**.

Curiosis ego oculis observo omnes ubique mulieres,
non per Iovem ut eas attentem (ne tu sermonem meum
tam dure exceperis), sed ut te examussim ceteris confe-
ram, quæ forma inter omnes antecellis, et cum ceteris
apud animum meum collatione facta iudicium feram Et
tu per Cupidinem, qui feliciter sauciavit animam meam,
omnes in omnibus, ut aiunt, supergressa es, ornatu
forma gratiis Nam gratiæ tuæ sine fuco ac fallaciis, ut
aiunt, ve·e nudæ, nativus rubor percurrit genas, nigrum
cilium in candida fronte nec tibi opus caput redimire,
sola ei cæsaries satis ac quantum rosa reliquis herbis
quantumvis præstantibus clarior, tantum tu mulieres
illustres superemines Enim tu solum visa cunctorum
oculos rapis, ac novo quodam modo, quali nec piscem
piscator illexit, neque avim auceps, nec venator manu-
lum Nam illa vel esca vel visco vel quovis alio deci-
piuntur modo at tu oculorum aspectu ridentes nos du-
cis Sed, o Delphidium meumque præoptatum bonum,
vivas longum, bene vivas, nam ego in te unam adeo,
deosque omnes rogo, ne unquam abducatur mihi mens
ab hoc recto iudicio. Habeas ergo tu, mea vita, a na-
tura hanc victoriam, egoque æternum aureum amoris
telum feram, quod tu ne conare avellere e meo corde,
neque enim tu potes, neque ego volo non enim mihi
amor contra animi mei sententiam Sit ergo unus mihi
finis, amare Delphidem et ab ea amari, alloqui pulchram
et loquentem audire

Audi quid mulieri mœchum in amplexibus tenenti
acciderit Maritus eius peregre rediens pulsare fores et
simul inclamare cœpit illa sonum ac vocem agnoscens
surrexit e cubili, stratoque turbato confudit omnimodis
alterius corporis vestigia, certa quippe coitus indicia
Dein mœchum bono animo esse iubens « si ego te » inquit
« nunc vinctum viro meo tradidero, ne quid metuas neve
animum despondeas, amice » Vinxit hominem, aperuit
ianuam, virum tanquam ad perfossorem vocavit, « hunc
ego » inquiens, « mi vir, domum nostram explare aggres-
sum cepi » Iratus ille ad arma ocius, ut hominem tolleret
Inhibuit mulier, monens satius esse matutino tradere
maleficum undecimviris « Quod si tu » inquit « metuis,
mi vir, ego una pervigil eum custodiam **

ΑΡΙΣΤΟΤΕΛΟΥΣ ΕΠΙΣΤΟΛΑΙ.

ARISTOTELIS EPISTOLÆ.

α'. Φιλίππῳ.

Οἱ τὰς ἡγεμονίας ἀναλαμβάνοντες πρὸς εὐεργεσίαν τῶν ἀρχομένων οὐχ ὑπὸ τῆς τύχης ἀλλ' οὐδ' ὑπὸ τῆς φύσεως προηγμένοι τὰς ἀρχὰς ἐμπιστεύονται, αἳ μεταπίπτειν εἰώθασιν, ἀλλ' ἐπὶ ταῖς ἀρεταῖς μέγα φρονοῦσιν εὖ καὶ σφόδρα σοφῶς πολιτευόμενοι. οὐδὲν γὰρ τῶν ἐν ἀνθρώποις βέβαιον, καὶ ἐχυρὸν οὐδὲν ὃ μέχρι τῆς ἑσπέρας ἥλιος τραχείᾳ ῥοπῇ συναλλοιοῖ καὶ μεταφέρει. ποικίλλουσα τοὺς βίους ἅπαντας καθάπερ τραγῳδίας ὑποκρίσει τοῖς ἡμετέροις κακοῖς ἡ τύχη μετασκευάζει, εἴπερ μὴ διεψεύσμεθα τῆς ἀληθείας, ὅτι τὸν αὐτὸν τρόπον ὄνπερ τῶν ἐκ γῆς φυομένων ἕκαστα, καὶ τοὺς ἄνδρας ἀνθεῖν ποτε συμβαίνει καὶ τὰς ἀκμὰς ἐν χρόνοις τισὶν ἀναλαμβανομένους πολὺ τῶν ἄλλων διαφέρειν. διὸ πειρῶ μήτε τῆς Ἑλλάδος τυραννικώτερον προΐστασθαι μήτε τοῖς ῥήμασι σοβαρώτερον· τὸ μὲν γὰρ προπετείας ἐστὶ σημεῖον, τὸ δὲ ὁμολογουμένης ἀβουλίας τεκμήριον. δεῖ γὰρ τοὺς νοῦν ἔχοντας τῶν δυναστευόντων μὴ διὰ τὰς ἀρχὰς ἀλλὰ διὰ τῶν ἀρχῶν θαυμάζεσθαι, ἵνα τῆς τύχης μεταπεσούσης τῶν αὐτῶν ἐγκωμίων ἀξιῶνται. τὰ δ' ἄλλα εὖ πρᾶττε, ψυχὴν πρὸς φιλοσοφίαν σῶμα δὲ πρὸς ὑγίειαν ἄγων, καὶ ** ἐπιμελούμενος.

β'. Ἀλεξάνδρῳ.

Ἀπορῶ τίνων ἢ ποίων ἀρχή με λάβῃ πρός σε· ἐφ' ἃ γὰρ ἂν ἐπισκοπῶν ἐπιβάλω τὴν διάνοιαν, πάντα μοι φαίνεται μεγάλα καὶ θαυμαστά, καὶ λήθης οὐδὲν ἄξιον ὁρῶ, μνήμης δὲ οἰκεῖα καὶ προτρέψεως. ὧν οὐδὲν οὐδεὶς ἀμαυρώσει χρόνος· αἱ γὰρ καλαὶ τῶν διδασκάλων παραινέσεις καὶ προτρέψεις θεατὴν ἔχουσι τὸν αἰῶνα. διὸ πειρῶ τὴν ἀρχὴν μὴ εἰς ὕβριν ἀλλ' εἰς εὐεργεσίαν κατατίθεσθαι, ἧς οὐδὲν μεῖζον τῶν ἐν βίῳ ὑπάρχειν πέφυκε. διὸ καὶ τὸ θνητὸν τῆς φύσεως πολλάκις ὑπὸ τοῦ χρεὼν διαλυόμενον ἄφθαρτον διὰ τὸ μέγεθος τῶν ἔργων κέκτηται τὴν μνήμην. τούτων οὖν τὴν ἔννοιαν ἔχε· οὐ γὰρ ἀλόγως ἠνέχθης ὡς ἔνιοι, οἳ ἀτόπως καὶ τὰς γνώμας διετέθησαν. σοὶ καὶ γένος ἔντιμον καὶ βασιλεία πατρῷος καὶ παιδεία βέβαιος καὶ δόξα περίβλεπτος, καὶ ὅσον ταῖς ἀφορμαῖς τῆς τύχης διαφέρεις, τοσοῦτον καὶ ταῖς ἀρεταῖς τῶν κα-

I. Philippo.

Qui imperia in se recipiunt, ut bene subditis faciant, non a fortuna, sed ne natura quidem sua evehuntur ita, ut iis principatus demandetur, cuius esse solet mutatio atque eversio, sed virtutibus suis sese efferunt, et hi recte quidem et sapienter omnino dignitates gerunt. Nihil enim in hominum vita solidum aut constans, aut quod non usque ad vesperam solis cursus acerba et aspera perturbatione commutet et in alium locum transferat. Fortuna cuncta vitæ genera variat eorumque habitum malis nostris velut tragœdiæ actione commutat, siquidem non aberramus a veritate, cum dicimus, eadem ratione, qua unumquodque eorum, quæ e terra nascuntur, viros quoque aliquando florere et vigore ac robore certis temporibus assumto longe ceteris præstare. Quam ob rem adnitere ut neque tyranni instar in gubernanda Græcia te geras, neque dictis insolentius superbias; alterum enim petulentiæ documentum est, alterum manifestæ temeritatis argumentum. Sapientium enim principum hoc est officium, ut non propter imperia sed per imperia admirationem sibi pariant, ut, si fortuna immutata fuerit, iisdem laudibus digni habeantur. Ceterum vale, mentem ad sapientiæ disciplinam, corpus ad valetudinem revocans simulque utilitates curæ habens.

II. Alexandro.

Dubium mihi est quæ vel qualia primum ad te scribam; adeo quæ animo et cogitatione circumspicio, cuncta mihi videntur magna et admiranda, neque video quod sit oblivione dignum, immo ad memoriam omnia faciunt atque adhortationem. Quorum nihil tempus ullum obscurabit; honestæ enim præceptorum admonitiones et adhortationes spectatorem habent universum sæculorum ordinem. Quam ob rem incumbe, ut arbitrium non in iniuriis sed in beneficiis colloces, quo nihil maius in hominum vita fieri potest. Quapropter natura, quæ mortalis est, cum sæpe fato succumbat et intereat, tamen propter operum magnitudinem æternam memoriam possidet. Hæc igitur tecum perpende : neque enim temeritas in rebus tuis inest ut aliorum, quorum etiam in animis flagitium et scelus est. Tibi et genus clarissimum et regnum paternum, disciplina firma et gloria pervagata, et quantum fortunæ opibus excellis, tantum virtutibus

λῶν πρωτεύειν σε δεῖ· τὰ δ' ἄλλα πρᾶττε μὲν τὰ
συμφέροντα, ἐπιτέλει δὲ τὰ δόξαντα

γʹ. Φιλίππω

Οἱ πολλοὶ τῶν φιλοσόφων τὴν εὐεργεσίαν θεῷ ἰσό-
μοιρον παρεσκεύασαν· ὡς γὰρ ἁπλῶς εἰπεῖν χάριτος
δόσις καὶ ἀμοιβὴ συνέχει τοὺς τῶν ἀνθρώπων βίους,
τῶν μὲν διδόντων, τῶν δὲ λαμβανόντων, τῶν δ' αὖ
πάλιν ἀνταποδιδόντων. διὸ καλὸν καὶ δίκαιόν ἐστι
πάντας μὲν τοὺς ἀναξίως ἀτυχοῦντας ἐλεεῖν· οἶκτος
μὲν γὰρ ἡμέρου ψυχῆς ἐστι σημεῖον, χαλεπότης δὲ
ἀπαιδεύτου· αἰσχρὸν γὰρ καὶ σχέτλιον ἀρετὴν ἀτυχοῦ-
σαν περιορᾶν. ὅθεν ἐπαινῶ καὶ τὸν ἡμέτερον γνώρι-
μον Θεόφραστον λέγοντα τὴν χάριν ἀμεταμέλητον εἶναι
καὶ καλὸν καρπὸν φέρειν τὸν παρὰ τῶν εὖ παθόντων
ἔπαινον· διόπερ δεῖ τοὺς νοῦν ἔχοντας τῶν ἀνθρώπων
εἰς πολλοὺς αὐτὴν κατατίθεσθαι, νομίζοντας χωρὶς
τῆς εὐφημίας ἔρανόν τινα τοῦτον αὐτοῖς ὑπάρξειν ἐν
ταῖς μεταβολαῖς τῶν πραγμάτων, καὶ εἴγε μὴ πάντας,
ἀλλ' ἕνα τινὰ τῶν εὐεργετηθέντων ἀποδώσειν τὴν χάριν·
ὅθεν πειρῶ πρόθυμος μὲν εἶναι ταῖς εὐεργεσίαις, ἐπό-
ρος δὲ τοῖς θυμοῖς· τὸ μὲν γὰρ βασιλικόν τε καὶ ἥμε-
ρον, τὸ δὲ βάρβαρόν τε καὶ στυγητόν· τὰ δ' ἄλλα
καθὼς ἂν δοκιμάζης πρᾶττε μὴ παρορῶν τὰς λυσι-
τελεῖς ψήφους

δʹ Τῷ αὐτῷ

Οἱ διάραντες τῶν βασιλέων ἐπὶ φρονήσει καὶ ταῖς
ὑπεροχαῖς τῶν ἄστρων ψαύσαντες εὐεργετοῦσιν οὐδὲ
πρὸς τοὺς αὐτοὺς πολιτευόμενοι καιρούς, ἀλλὰ καὶ
θεωροῦντες τὸ τῆς τύχης ἄστατον θησαυρίζουσι τὴν
χάριν πρὸς ἑκάτερα, ἐν μὲν ταῖς εὐπραγίαις τιμῆς
βουλόμενοι μεταλαμβάνειν (τιμὴ γὰρ οἰκεῖον ἀρετῆς
ἐστίν), ἐν δὲ τοῖς συμπτώμασι βοηθείας· αἱ γὰρ συμ-
φοραὶ τάχα καὶ κρίνουσι τῶν καλῶν πρότερα· σαφέ-
στατος γὰρ εὐνοίας ἔλεγχος ὁ τῆς τύχης καιρός· ἀπαιτεῖ
γὰρ οὐ λόγους ἀλλὰ πράξεις δεόντως, ἡ γὰρ τῶν εὐνοούν-
των ὄψις ὥσπερ ἐν πελάγει χειμαζομένῳ παρεφάνη
γῆ· πᾶσα γὰρ ὡς ἔοικεν ἐν ἐρήμῳ πεσοῦσα τύχη σκοπὸς
ἀληθῶς ἔκκειται τοῖς πολεμεῖν ἢ ἀδικεῖν ἢ συκοφαν-
τεῖν αἰσυρμένοις, μόνη δ' ἡ τῶν σπουδαίων διαγωγὴ ·ὁ
τῆς τύχης εὐκίνητον οὐκ ἀπαρνεῖται, φέρουσα δ' εὐ-
λόγως πᾶν τὸ προσπῖπτον ἐκ τῶν κατὰ Πλάτωνα κρειτ-
τόνων εὖ διατίθεται. διὸ καὶ τὴν ταχυτῆτα τῶν πρα-
γμάτων εὐλαβοῦ καὶ τὸν κύκλον τῆς μεταπτώσεως
τήρει καὶ τὸ ἐν τῷ ζῆν τὴν ψήφους λογίζου πολλὰ γὰρ ἡ
ταὐτομάτου φορὰ κομίζει τῷ βίῳ καὶ ῥοπὰς αὐτονό-
μους ποιεῖ· τοῖς μὲν ἀγνοῦσι μετάνοιαν δίδου, τοῖς
δ' εὐνοοῦσι τὰς χάριτας προχείρους νέμε· ταῦτα γὰρ
πράττων οὐχ ἅπαξ ἀλλὰ δι' ὅλου συντηρῶν ἀσφαλέ-
στατα καὶ ἀκίνδυνα τὰ τῆς ἡγεμονίας ἕξεις μέλαθρα.
ὦ, μὲν ὑπὲρ μεγάλων ὀλίγα, ὡς δὲ πρὸς σέ, πάντα
σχεδὸν εἴρηται.

---

quoque inter bonos te præstare convenit Ceterum fac
quæ sint utilia, quæ vero statuisti, perfice

III Philippo

Plerique philosophi beneficentiæ divinum honorem
tribuerunt, nam, ut summatim dicam, beneficiorum
collatio et gratiæ relatio vitam humanam velut vinculo
coercet, sic ut alii largiantur, alii accipiant, alii rursus
rependant Proinde probum ac iustum est misericor
diam adhibere fortunis immerito afflictorum, nam mise-
ratio placidi animi est, asperitas inculti, turpe enim est
immane est virtutem in miseriis derelictam pati Quam
ob causam laudo etiam discipulum nostrum Theophra
stum, qui dicit, in beneficium non cadere pœnitentiam et
fructum egregium afferre laudationem eorum, de quibus
bene meriti simus Quare convenit ut sapientes homi-
nes in multos conferant beneficia, putentque futurum
esse ut relicta bona existimatione quasi stipis vicem
illa obtineant in rerum commutationibus, et vero si non
omnes, at unus certe eorum, quos beneficiis obstrinxi
mus, gratiam referat Unde enitere, ut promptus sis in
præstandis officiis et iram animi refrenes, illud enim est
regium et mansuetum, hoc barbarum et odiosum Cete-
rum ut tibi videbitur facias et utile consilium ne negligas

IV Eidem

Qui reges sapientia elati sunt et eminentiæ fastigio si-
dera contingunt, bene mereri student, neque solum ad
præsens tempus consilia factaque sua accommodant,
sed cum inconstantiam fortunæ videant, in utrumque
usum beneficia deponunt, cum ut secundis suis rebus in
honore sint (honor enim proprium quiddam est virtutis),
tum ut in cladibus auxilium habeant paratum, calami-
tates enim honoribus necessaria præferunt, certissima
enim amoris et benevolentiæ probatio tempus fortunæ
est, quoniam non verba sed facta desiderat Ac iure
quidem, nam benevolorum adspectus quemadmodum
in mari periclitanti terra apparet Omnis enim in derelicto
cadens fortuna scopus procul dubio positus est iis, qui vel
infestare vel iniuriam inferre vel calumniari volunt, sola
vero bonorum vitæ institutio fortunæ mobilitatem non
abnegat, sed moderate ferens quicquid accidit ex iis qui
secundum Platonem potentiores sunt, optime constituit
animum gerit Quam ob rem rerum velocitatem metue,
et casuum circulum observa, et calculorum vitæ ratio-
nem habeto Multa enim temerarius fortunæ impetus
rerumque cursus affert vitæ, et inchinationes pro suo
arbitrio facit Iis qui per ignorantiam aliquid commise-
runt pœnitendi locum concede, benevolis prompte bene-
facito, hæc enim si feceris, et non semel tantum sed per
universam vitam observaveris, tutissimum et sine peri-
culo tenebis imperii ædificium Ac pro magnitudine rei
pauca, quantum ad te, omnia fere dicta sunt

ε'. Θεοφράστῳ.

Ἡ πρόχειρος ἀδικία τῆς πολυχρονίου λυσιτελε‐
στέρα πέφυκεν ὑπάρχειν· ἢ μὲν γὰρ ὀλιγοχρόνιον ἔχει
καὶ τὴν μνήμην καὶ τὴν βλάβην, ἢ δὲ γηράσκουσα
καὶ περιπεποιημένη τὴν δυσμένειαν ἔχθραν ἀΐδιον
παρασκευάζει, καὶ τῇ μὲν πολλάκις λόγον δωρησά‐
μενοι γαληνισμὸν ηὕρομεν, τῇ δὲ καὶ μερίσαντες τὰς
τριχυμίας σάλον καὶ ἀνίας εἴδομεν πορθμόν. διὸ
φημι δεῖν τὴν ἑταιρίαν μάλιστα μὲν μὴ ἀδικεῖν, οὐδὲ
γὰρ εὔλογον ἔχει τὴν πρόφασιν· εἰ δὲ μή γε, ἀκουσίως
τοῦτο πράξασαν θᾶττον διαλύεσθαι τὴν ἔχθραν· τὸ μὲν
γὰρ μὴ ἀδικεῖν ἴσως ὑπὲρ ἄνθρωπόν ἐστι, τὸ δὲ πλα‐
νηθέντα διασώσασθαι ἐπιφέρει τι καλόν, καὶ σφόδρα
τοῦτο εὐσταθοῦς διανοίας ἴδιόν ἐστιν.

ϛ'. Ἀριστοτέλης βασιλεῖ Ἀλεξάνδρῳ εὖ πράττειν.

Ἔγραψάς μοι περὶ τῶν ἀκροατικῶν λόγων οἰόμενος
δεῖν αὐτοὺς φυλάττειν ἐν ἀπορρήτοις. ἴσθι οὖν αὐτοὺς
καὶ ἐκδεδομένους καὶ μὴ ἐκδεδομένους· ξυνετοὶ γάρ
εἰσι μόνοις τοῖς ἡμῶν ἀκούσασιν.

V. Theophrasto.

Prompte illata iniuria diu præmeditatâ melior est; il‐
lius enim brevis et recordatio nobis est et noxa, inveterata
vero fovendo odium inimicitiam parit perpetuam, et hac
quidem sæpenumero verbo adhibito tranquillitatem inve‐
nimus, illac vero vel superata undarum turba portum
vidimus ægritudinis. Quare censeo amicitiam omnino
lædere non debere, neque enim probabilis exstat ratio;
sin minus, ei, qui invitus hoc commiserit, celeriter esse
in gratiam redeundum. Scilicet nunquam iniuriam af‐
ferre fortasse supra hominem est, verum errore com‐
misso in viam redire laude dignum est atque constantis
animi vel maxime proprium.

VI. Aristoteles Alexandro regis.

Literas ad me misisti de disciplinis acroaticis, non
fuisse eas te iudice libris invulgandas. Scito igitur eas
et foras editas fuisse et non fuisse; neque enim intelli‐
gunt eas nisi qui nos audiverunt.

ΑΡΤΑΞΕΡΞΟΥ ΕΠΙΣΤΟΛΑΙ.

ARTAXERXIS EPISTOLÆ.

α'

Βασιλεὺς μέγας Ἀρταξέρξης τοῖς ἀπὸ Ἰνδικῆς ἕως
ἧς Αἰθιοπίας ἑπτὰ καὶ εἴκοσι καὶ ἑκατὸν σατραπείῶν
ρχουσι τάδε γράφει   Πολλῶν ἐθνῶν ἄρξας, καὶ πά-
ης ἧς ἐβουλήθην κρατήσας οἰκουμένης, καὶ μηδὲν
πὸ τῆς ἐξουσίας ὑπερήφανον μηδὲ σκαιὸν εἰς τοὺς ἀρ-
ομένους ἀναγκασθεὶς ἁμαρτεῖν, ἀλλ' ἐπιεικῆ καὶ
ρᾷον ἐμαυτὸν παρασχών, καὶ προνοησάμενος, εἰρήνης
καὶ εὐνομίας αὐτοῖς, ἐζήτουν πῶς εἰς ἅπαντα τούτων
πολαύειν αὐτοῖς γένοιτο, τοῦ δὲ διὰ σωφροσύ-
ην καὶ δικαιοσύνην παρ' ἐμοὶ τὴν πρώτην μοῖραν
όξης καὶ τιμῆς ἔχοντος, καὶ μετ' ἐμὲ δευτέρου διὰ
ἱστιν καὶ βεβαίαν εὔνοιαν, Ἀμάνου, κηδεμονικῶς
ποδείξαντός μοι παντάπασιν ἀνθρώποις ἀναμεμίχθαι
υσμενὲς ἔθνος καὶ τοῖς νόμοις ἀλλόκοτον καὶ τοῖς βα-
ιλεῦσιν ἀνυπότακτον καὶ παρηλλαγμένον τοῖς ἔθεσι
αὶ τὴν μοναρχίαν μισοῦν καὶ δύσνουν τοῖς ἡμετέροις
ράγμασι, κελεύω τοὺς δηλουμένους ὑπὸ τοῦ δευτέρου
ου πατρὸς Ἀμάνου πάντας σὺν γυναιξὶ καὶ τέκνοις
πολέσαι, μηδεμίαν φειδὼ ποιησαμένους, μηδ' ἐλέ-
λέον ἢ τοῖς ἐπεσταλμένοις πεισθέντας παρακοῦσαι
ῶν γραμμάτων. καὶ τοῦτο γενέσθαι βούλομαι τῇ τι-
άρτῃ καὶ δεκάτῃ τοῦ δωδεκάτου μηνὸς τοῦ ἐνεστῶτος
τους, ὅπως οἱ πανταχόθεν ἡμῖν πολέμιοι μιᾷ ἡμέρᾳ
ιαφθαρέντες τοῦ λοιποῦ μετ' εἰρήνης ἡμῖν τὸν βίον
ιάγειν παρέχωσιν

β'

Βασιλεὺς μέγας Ἀρταξέρξης τοῖς ἄρχουσι καὶ τὰ
μέτερα φρονοῦσι χαίρειν   Πολλοὶ διὰ μέγεθος εὐερ-
εσίας καὶ τιμῆς, ἣν δι' ὑπερβολὴν τῆς χρηστότητος
ῶν παρεχόντων ἐκαρποῦντο, οὐκ εἰς τοὺς ὑποδεεστέ-
ους μόνον ἐξυβρίζουσιν, ἀλλ' οὐδ' αὐτοὺς ἀδικεῖν
ὄκνησαν τοὺς εὐεργετοῦντας, τὸ εὐχάριστον ἐξ ἀν-
ρώπων ἀναιροῦντες, καὶ δι' ἀπειροκαλίαν τῶν οὐκ
ξ ὧν προσεδόκησαν ἀγαθῶν κόρον εἰς τοὺς αἰτίους
φέντες, λήσεσθαι τὸ θεῖον ἐπὶ τούτοις νομίζουσι καὶ
ὴν ἐξ αὐτοῦ διαφεύξεσθαι δίκην   ἔνιοι δὲ τούτων
τροστασίαν πραγμάτων ἐπιτραπέντες παρὰ τῶν φίλων
οὓς κρατοῦντες ψευδέσιν αἰτίαις καὶ διαβολαῖς ἔπει-
σαν κατὰ μηδὲν ἠδικηκότων ὀργὴν ἀναλαβεῖν, ὑφ' ἧς
ἐκινδύνευσαν ἀπολέσθαι.   τοῦτο δὲ οὐκ ἐκ τῶν ἀρ-

I

Rex magnus Artaxerxes centum et viginti septem sa-
trapis, ab India ad Æthiopiam, hæc scribit   Quum mul-
tarum gentium dominatum et totius orbis quam late volui
imperium consecutus fuerim, nihilque superbum aut sæ-
vum in subditos necessitate coactus admiserim, sed mi-
tius et cum lenitate agendo, curandoque ut pace justisque
que legibus fruantur, illis consuluerim, studuerimque
quo modo in omne ævum hæc firma illis maneant et per-
petua, Amanes autem, qui propter prudentiam et justi-
tiam a me præ ceteris decus et honorem adeptus est, et
ob fidem constantemque benevolentiam proximum mihi
locum obtinet, me pro summa sua cura submonuerit,
omnibus per orbem hominibus permixtum esse gentem
infensam omnibus et aversam a legibus et regum imperia
detrectantem et moribus dissentientem, summoque mo-
narchiam odio habere, et maligno in res nostras animo
esse, eoiheo, ut qui voluis significati fuerint ab Amane, altera
meo patre, eos omnes cum uxoribus et liberis perdatis,
nemini omnino parcentes, neve misericordiæ plus quam
mandatis tribuentes contra edicta faciatis   Atque hoc
fieri volo decimo tertio die duodecimi mensis instantis
anni, ut nostri undique inimici uno die deleti vitam no-
bis in posterum quietam tranquillamque præstent

II

Rex magnus Artaxerxes principibus et iis qui stant a
nobis salutem   Multi magnitudine beneficiorum et ho-
noris ex nimia largientium benignitate in eos collati non
solum inferiores injuria conantur afficere, sed et in ipsos
suos beneficos malum moliri non detrectarunt, gratitudinem
ex hominibus tollentes, et inepta ex insperata felicitate
insolentia elati, opum abundantiam in illos convertentes,
quorum beneficio iis aucti sunt, ista deum latitura esse
arbitrantur, seque manus eius ultrices erasuros   Ex his
vero quidam, ab amicis rebus administrandis admoti, et
privato in nonnullos odio flagrantes, deceptis iis quos
penes summum est imperium, falsis criminibus et ca-
lumniis effecerunt, ut in innoxios ita efferrentur, et qua

χαιοτέρων οὐδ' ἀκοῇ γνωρίμων ἡμῖν οὕτως ἰδεῖν ἔστιν
ἔχον, ἀλλ' ἐκ τῶν παρὰ τὰς ἡμετέρας ὄψεις τετολμη-
μένων· ὡς διαβολαῖς μὲν καὶ κατηγορίαις μὴ προσέχειν
ἔτι τοῦ λοιποῦ, μηδ' οἷς ἕτεροι πείθειν ἐπιχειροῦσι,
κρίνειν δὲ ὅσα τις αὐτὸς οἶδε πεπραγμένα, καὶ κολά-
ζειν μὲν ἂν ᾖ τοιαῦτα, χαρίζεσθαι δ' ἂν ἑτέρῳ ἔχῃ,
τοῖς ἔργοις αὐτοῖς ἀλλὰ μὴ τοῖς λόγουσι προστιθέμενον.
ὡς μὲν οὖν Ἀμάνης Ἀμαδάθου μὲν παῖς, Ἀμαληκίτης
δὲ τὸ γένος, ἀλλότριος ὢν τοῦ Περσῶν αἵματος ἐπι-
ξενωθεὶς ἡμῖν ἀπέλαυσε τῆς πρὸς ἅπαντας χρηστότη-
τος, ἐπὶ τοσοῦτον ὡς πατέρα μου τὸ λοιπὸν προσαγο-
ρεύεσθαι καὶ προσκυνούμενον διατελεῖν καὶ μεθ' ἡμᾶς τὰ
δεύτερα τῆς βασιλικῆς παρὰ πάντων τιμῆς ἀποφέρε-
σθαι, τὴν εὐτυχίαν οὐκ ἤνεγκεν, οὐδὲ σώφρονι λογισμῷ
τὸ μέγεθος τῶν ἀγαθῶν ἐταμίευσεν, ἀλλὰ τῆς βασι-
λείας ἐπεβούλευσέ με καὶ τῆς ψυχῆς, τὸν αἴτιον αὐτῷ
τῆς ἐξουσίας, ἀφελέσθαι, τὸν εὐεργέτην μου καὶ σω-
τῆρα Μαρδοχαῖον καὶ τὴν κοινωνὸν ἡμῖν καὶ τοῦ βίου
καὶ τῆς ἀρχῆς Ἐσθῆρα κακούργως καὶ μετ' ἀπάτης
πρὸς ἀπώλειαν αἰτησάμενος· τούτῳ γάρ με τῷ τρόπῳ
τῶν εὐνοούντων ἐρημώσας ἐβούλετο τὴν ἀρχὴν εἰς
ἄλλους μεταβαλεῖν. ἐγὼ δὲ τοὺς ὑπὸ τοῦ ἀλιτηρίου
πρὸς ἀπώλειαν ἐκδοθέντας Ἰουδαίους οὐ πονηροὺς
κατανοήσας, ἀλλὰ τὸν ἄριστον πολιτευομένους τρόπον,
καὶ τῷ θεῷ προσανέχοντας ὃς ἐμοί τε καὶ τοῖς προγό-
νοις ἡμῶν τὴν βασιλείαν διεφύλαξεν, οὐ μόνον ἀπο-
λύω τῆς ἐκ τῶν προσαπεσταλμένων ὑπὸ Ἀμάνου
γραμμάτων τιμωρίας, οἷς ποιήσετε καλῶς μὴ προσ-
έχοντες, ἀλλὰ καὶ τιμῆς αὐτοὺς ἁπάσης τυγχάνειν
βούλομαι, καὶ τὸν ταῦτα κατ' αὐτῶν μηχανησάμενον
πρὸ τῶν πυλῶν τῶν ἐν Σούσοις ἀνεσταύρωσα μετὰ τῆς
γενεᾶς, τοῦ πάντα ἐφορῶντος θεοῦ ταύτην αὐτῷ τὴν
δίκην ἐπιβαλόντος. κελεύω δὲ ὑμᾶς, τὸ ἀντίγραφον
τῆς ἐπιστολῆς ἐκθέντας εἰς ἅπασαν τὴν βασιλείαν,
τοὺς Ἰουδαίους ἀφεῖναι τοῖς ἰδίοις νόμοις χρωμένους
ζῆν μετ' εἰρήνης, καὶ βοηθεῖν αὐτοῖς ὅπως τοὺς ἐν
οἷς ἠτύχησαν καιροῖς ἀδικήσαντας αὐτοὺς ἀμύνωνται,
τῇ τρισκαιδεκάτῃ τοῦ δωδεκάτου μηνός, ὅς ἐστιν Ἀδαρ,
τῇ αὐτῇ ἡμέρᾳ· ταύτην γὰρ αὐτοῖς ὁ θεὸς ἀντὶ ὀλε-
θρίας σωτήριον πεποίηκεν. ἔστω δὲ ἀγαθὴ μὲν τοῖς
εὐνοοῦσιν ἡμῖν, ὑπόμνησις δὲ τῆς τῶν ἐπιβουλευσάν-
των κολάσεως. εἰδέναι μέντοι γε βούλομαι καὶ πό-
λιν καὶ πᾶν ἔθνος, κἂν τῶν γεγραμμένων τινὸς παρα-
κούσῃ, ὅτι καὶ πυρὶ καὶ σιδήρῳ δαπανηθήσεται. τὰ
μέντοι γεγραμμένα προτεθήτω καθ' ὅλης τῆς ἡμῖν
ὑπηκόου χώρας, καὶ παρασκευαζέσθωσαν πάντως εἰς
τὴν προγεγραμμένην ἡμέραν, ἵνα τοὺς ἐχθροὺς μετέλ-
θωσιν.

salutis discrimen adierunt. Id quod adeo cernere licet
non ex iis quæ de rebus antiquis memoriæ prodita sunt
aut quæ fama et auditione accepimus, sed istis ex faci-
noribus quæ ante oculos nostros audacter patrata sunt :
quo deinceps operam demus ut calumniis et criminatio-
nibus fidem non habeamus, iisve quæ alii nobis persua-
deri volunt, sed ea diiudicare quæ ipsis nobis in noti-
tiam veniunt, atque in illa animadvertere, si pœnam
commeruerint, diversaque ab his præmio afficere, rebus
ipsis intendentes, non aliorum sermonibus. Equidem
simulac Amanes, Amadathæ filius, genere Amalecita, a
Persarum sanguine alienus et a nobis hospitio acceptus,
nostra usus est humanitate, qua erga omnes præditi
sumus, eousque ut pater noster postea appellaretur et
constanter ab omnibus coleretur et regios honores se-
cundum nos ab omnibus consequeretur, felicitatem ferre
non potuit neque bene et sapienter fortunæ magnitudinem
temperare et moderari, sed conatus est nos, quibus po-
testatem acceptam debebat, regno privare et spiritu,
Mardochæum optime de nobis meritum et conservatorem
nostrum, et Estherem vitæ nostræ dimidium regnique
sociam nefarie et insidiose postulando ad necem : hoc
enim pacto, quum nos amicis orbasset, imperium ad
alios transferre voluit. Nos vero, quum animadverterimus
Iudæos ab isto scelerato ad exitium proditos non esse
maleficos, sed optimis legibus et institutis vivere deoque
deditos esse, et nobis qui et maioribus nostris imperium
conservavit, non solum illos a pœna absolvimus, cui eos
subiecerunt literæ non ita pridem ab Amane missæ, quibus
si non attendatis, recte facietis ; verum etiam volumus ut
eos omni honore prosequamini ; nam cum qui ista in eorum
perniciem excogitavit ad portas Susorum cruci figendum
curavimus cum tota sua familia,' deo, qui videt omnia,
istas ei pœnas infligente. Vos autem iubemus ut, epi-
stolæ exemplo locis omnibus regni nostri proposito, sinatis
Iudæos suis utentes legibus in pace vivere, illosque adiu-
vetis in eis, a quibus adversis temporibus iniurias acce-
perunt, ulciscendis eadem die, videlicet decima tertia
mensis duodecimi qui est Adar : hanc enim diem deus
pro funesta dedit eis salutarem. Sitque illis quidem
læta, qui nobis bene volunt, monumentum vero ultionis
de insidiarum machinatoribus. Volumus autem civitati
et genti omni notum esse, quæcunque istis singulis quæ
scripta sunt non fuerit obsequuta, eam ferro et igni va-
statum iri. Atque hæ literæ proponantur in omnibus
imperii nostri regionibus, sintque omnes ad eam diem
parati ut suos ulciscantur adversarios.

ΜΙΘΡΙΔΑΤΟΥ ΤΩΝ ΒΡΟΥΤΟΥ

ΕΠΙΣΤΟΛΩΝ ΣΥΝΑΓΩΓΗ.

MITHRIDATIS EPISTOLARUM BRUTI

COLLECTIO.

ΜΙΘΡΙΔΑΤΗΣ ΒΑΣΙΛΕΥΣ ΜΙΘΡΙΔΑΤῌ Τῼ ΑΝΕΨΙῼ ΧΑΙΡΕΙΝ.

Τὰς Βρούτου ἐθαύμασα πολλάκις ἐπιστολάς, οὐ μόνον δεινότητος καὶ συντομίας χάριν, ἀλλὰ καὶ ὡς ἡγεμονικοῦ φρονήματος ἐχούσας χαρακτῆρα· ἐοίκασι γὰρ οὐδὲν νομίζειν καλόν, εἰ μὴ καὶ μεγαλοψυχίας ἔχοιτο. ἐγὼ δ' ἃ μὲν περὶ τῶν τοιούτων φρονῶ λόγων οὐδ' ἐν τῷδε ἀξιῶ διαμφισβητεῖν· ἀποφαίνοντος δὲ σοῦ δυσαποκρίτως αὐτὰς ἔχειν, ᾠήθην δεῖν πεῖραν ποιήσασθαι τῆς ἀντιγραφῆς καὶ πορίσασθαι λόγους, οἵους εἰκὸς ἦν ἕκαστον ἀποκρίνασθαι τῶν ἐπεσταλκότων. ἦν δὲ δυσεύρετος ἡ ἐπιβολὴ κατ' ἄγνοιαν τῆς τότε περὶ τὰς πόλεις τύχης τε καὶ γνώμης· οὐ μὴν ταύτῃ γε ἀνῆκα τὴν ὁρμήν, ἀλλὰ τὰ μὲν ἐξ ἱστοριῶν ἐπιλεξάμενος, τὰ δὲ ταῖς δευτέραις καὶ τρίταις ἐπιστολαῖς ὑποσημαίνεσθαι περὶ τῶν προτέρων συνεὶς οὐχ ἥκιστα παρέζευξα καὶ τὸν ἐξ ἐπινοίας κατάλογον. (2) φύσει δέ πως δυσχερὲς ἀποβαίνει τὸ εἰς ἀλλοτρίαν συνδραμεῖν εὐστοχίαν, ὁπότε καὶ ἰδίαν χαλεπὸν ἀναλογῆσαι. ὁ γοῦν Βροῦτος μυρίας, ὡς εἰκὸς ἄνδρα πολλοῖς ἔθνεσι πολεμοῦντα διαπρεσβευσάμενος ἐπιστολάς, εἴτε ἰδίας εἴτε τινὸς τῶν εἰς ταῦτα μισθοῦ δοκίμων, μόνας ἐξέδωκε τὰς εὐφόρως γραφείσας διὰ τὸ ἀρκέσαι ταῖς ὀλίγαις μόλις τὴν διόρθωσιν. ὁπότε οὖν ἐκεῖνος ἠσθένησεν ἑαυτὸν ἐν πᾶσι μιμήσασθαι, πῶς οἷόν τε ἡμᾶς ἑτέρῳ ἐξομοιωθῆναι καὶ τῇ κατὰ σφᾶς ὁμοτονῆσαι προθέσει; (3) ἀλλά πως γλυκὺ πάθος ἐλπίς, οὐ τῇ ἐπιτυχίᾳ δελεάζουσα μόνον, κολακεύουσα δὲ καὶ τὸ ἀπότευγμα, δι' ἣν οὐδενὸς ἄλλου λείπεσθαι δικαιῶ μάλιστά σοι χαριεῖσθαι. ἐπεὶ κἀκεῖνό με οὐ λέληθεν, ὅτι ὁ μὲν πολλοῖς ἀνδράσι καὶ δήμοις γράφων εἰκότως ἑνὸς ἐξείχετο χαρακτῆρος, ὁ δὲ ὑπὲρ πολλῶν διαλεγόμενος, ἐὰν μὲν ἀλλάσσῃ τὸν τύπον, ἀποπεπλανῆσθαι δόξει τοῦ σκοποῦ, τῇ δὲ αὐτῇ προσέχων ἰδέᾳ καὶ ἀπίθανος φανήσεται καὶ ἕωλος. (4) ἔτι πρὸς τούτοις ἐνθυμητέον, ὡς

MITHRIDATES REX MITHRIDATI CONSOBRINO SALUTEM.

Sæpenumero admirare soleo Bruti epistolas non tantum propter vim dicendi atque brevitatem, sed etiam quod animum præ se ferunt imperatore dignum : nihil enim honestum putare videntur quod non idem cum animi altitudine sit coniunctum : ego vero quæ de eiusmodi sermonibus sentiam, ne hoc quidem loco propositum est disputare. Sed quoniam tu difficile esse censebas ad eas respondere, responsionis periculum faciendum mihi duxi, ac talia invenienda, quæ verisimile esset eorum, qui litteras dedissent, quemque rescripsisse. Difficilis erat autem ad inveniendum rei aditus propterea, quod qui singularum civitatum status quæque sententia tunc fuerit nesciebam : at minime idcirco studium remisi, sed partim ex historiis colligendo, partim ex secundis tertiisque litteris de primarum argumento coniecturam capiendo, hunc indicem, qualem cogitatione informaveram, confeci. (2) Natura autem omnino arduum est, alienam dexteritatem consequi, quum vel sua sibi parem esse difficile sit. Brutus igitur quum innumerabiles, ut qui multis cum gentibus belligeravit, epistolas emisisset, sive propria manu sive ab aliquo probatorum hominum ad hoc mercede conductorum scriptas, solas in vulgus edidit cum facilitate quadam compositas, eo quod vix etiam paucis correctio sufficeret. Quum itaque ille se ipsum non potuerit in omnibus imitari, quomodo fieri possit ut nos alteri similes evadamus atque propositum nostrum prorsus assequamur? (3) Verum suavis est affectus spes, non successu solum alliciens, sed infausto etiam blandiens eventui, qua fit ut præ ceteris omnibus tibi maxime cupiam gratificari. Nam neque hoc me fugit, eum, qui multis hominibus populisque scribat, idem facile posse servare dicendi genus : qui vero pro multis verba facit, si dictionem immutarit, a proposito videbitur aberrasse, sin vero eandem formam obtinuerit, et ad persuadendum parum accommodatus et exilis apparebit. (4) Præterea considerandum, nonnullos proprium

ἡγεμόνος μὲν ἴδιον οἴονταί τινες τὰ γέμοντα ὑπερο—
ψίας ἐπιστέλλειν τοῖς ὑπηκόοις, ἡμῖν δ' ἡ αὐθάδης
ἀντιγραφὴ καταγνωσιν ὡς ἠλιθίοις φέρει, τὸ δὲ τα-
πεινὸν οὐκέτ' ἀναλογεῖ πρὸς τὴν ὁμοίαν ἀπόκρισιν.
ὅμως δ' οὖν τὰ δυσχερῆ καίπερ τοσαῦτα ὄντα προεκ-
λογισάμενος οὐδὲν ἧττον ὑπέστην τὸ ἔργον, βραχὺ μὲν
ἐμαυτῷ γύμνασμα συντάξας, σοὶ δὲ οὐ μέγα κτῆμα,
ἀλλὰ τοῖς πολλοῖς τάχα καὶ εὐκαταφρόνητον· φιλεῖ
γὰρ τὰ πρὸ τῆς πείρας θαυμαστὰ μετὰ τὴν ἐκ τοῦ
συντελέσματος γνῶσιν ῥᾴδια εἶναι παραθεωρεῖσθαι.

α'. Βροῦτος Περγαμηνοῖς.

Ἀκούω ὑμᾶς Δολοβέλλᾳ χρήματα δεδωκέναι. ἃ εἰ
μὲν ἑκόντες ἔδοτε, ὁμολογεῖτε ἀδικεῖν· εἰ δὲ ἄκοντες,
ἀποδείξατε τῷ ἐμοὶ ἑκόντες δοῦναι.

β'. Περγαμηνοὶ Βροῦτῳ.

Χρήματα Δολοβέλλᾳ μὲν ἔτι εὐποροῦντες ἐβιάσθη-
μεν παρασχεῖν, σὺ δὲ ἡμᾶς δοῦναι θέλοντας ᾔτησας,
ὅτε δυσπλήρωτον ἐν ἀπορίᾳ τὸ πρόθυμον.

γ'. Βροῦτος Περγαμηνοῖς.

Τὰ χρήματα ἡμῖν εἰς ὃν ἐπετάξαμεν καιρὸν μὴ
πέμψαντες οὐδὲν ἄλλο εἰ μὴ τὸ δοκεῖν μετὰ τοῦ βε-
βιάσθαι ταῦτα παρασχεῖν ὠφέλησθε. ὥστε διχόθεν
ὑμᾶς βεβλάφθαι, καὶ τῷ τὸ ἀνάλωμα κατ' ἴσον ὑπο-
μεῖναι (δώσετε γὰρ τοσούτῳ κάκιον ὅσωπερ ἄκοντες)
καὶ τῷ ἣν εἰκὸς ἀντὶ τῶν ὑπουργηθέντων φέρεσθαι χά-
ριν ὑμᾶς ἀφῃρῆσθαι· οὐ γὰρ χρὴ τὴν τῶν προθύμων
ὑπηκόων παρρησίαν νέμεσθαι τοὺς οὐκ ἂν εἰ μὴ μετὰ
ἀνάγκης ταῦθ' ἡμῖν παρασχόντας.

δ'. Περγαμηνοὶ Βροῦτῳ.

Εἰ ῥᾴδιος ὁ πορισμὸς ἦν, οὐκ ἂν περιεμείναμεν
βραδυτῆτι διαβαλεῖν τὴν χάριν. τί γὰρ δὴ ὄφελος
τοῖς κἂν ἀρνήσωνται βιασθησομένοις, ἐὰν μετὰ μελ-
λήσεως ἀμφότερα ζημιωθῶσι, καὶ διδόντες τὸ ἀνά-
λωμα καὶ τὴν ἀμοιβὴν ἀπολέσαντες; ἀλλ' ἴσθι ὅτι τὸ
μὲν τάχος περιουσίας ἔργον ἐστίν, ὁ δὲ χρόνος σπου-
δῆς ἐκνικήσας βιαζομένης ἀπορίαν. οὐ δὴ δίκαιον
τὴν τῶν παρὰ δύναμιν ἐπεκταθέντων κακοπραγίαν
ἔλαττον φέρεσθαι τῶν οὐκ ἂν εἰ μὴ ὑπὸ εὐπορίας τα-
χυνάντων.

ε'. Βροῦτος Περγαμηνοῖς.

Τὰ χρήματα ὑμῶν ἐκόμισαν οἱ πρέσβεις, ὡς μὲν
πρὸς ἣν ᾐτιᾶσθε ἀσθένειαν πλείω, ὡς δὲ πρὸς ἣν
ᾐτούμεθα χρείαν ὀλίγα. φυλάττεσθε οὖν μὴ καὶ
δύνασθε πλεῖον ᾧ προσποιεῖσθε καὶ βούλησθε ἔλαττον
οὗ δύνασθε.

---

esse arbitrari principis, ut omnia subditis scribant plena
superbiæ, nobis vero insolens responsio stoliditatis cri-
men affert, nec tamen humilitas ad similia responsa qua-
drat. His igitur omnibus difficultatibus ante perpensis
nihilo minus hunc laborem suscepi, mihi quidem tenue
exercitium, tibi vero rem parum utilem, immo etiam
vulgo fortasse contemnendam. Sic enim fieri solet, ut,
quæ antequam aggressus sis admirabilia visa erant,
eadem ubi absoluta sub oculos cadant, facile despectui
habeantur.

I. Brutus Pergamenis.

Audio vos Dolabellæ pecunias dedisse. Quas si sponte
dedistis, iniuriam vos mihi intulisse confitemini, sin vero
inviti, eo ut mihi libenter detis demonstrate.

II. Pergameni Bruto.

Pecunias Dolabellæ florentes adhuc opibus coacti su-
mus præbere, tu vero petis a nobis, ut volentes tibi
demus, quum animi voluntatem explere præ inopia sit
difficile.

III. Brutus Pergamenis.

Quod pecunias nobis constituto tempore non misistis,
nihil hinc lucrati estis aliud, quam quod coacti demum
has nobis præbere videamini : ex quo duplex damnum
facitis, tum quod eundem plane sumptum sustinetis
(nam quo invitius, eo maiore cum vestro detrimento da-
bitis), tum quod quam par erat pro præstito officio
vos capere gratiam amisistis : non enim eos promptorum
civium libertate frui convenit, qui non nisi coacti hæc
nobis præbuerint.

IV. Pergameni Bruto.

Si facilis fuisset comparatio, non commisissemus ut tar-
ditate gratiam falleremus. Quid enim lucri est eis, qui
etiamsi negent cogentur, si ex cunctatione duplicem ia-
cturam patiuntur, quum et sumptus eis faciendus sit et
gratiam nullam capiant? At scias, festinationem pendere
ex affluentia, retardationem vero ex studio inopiam su-
perare conanti. Non igitur æquum eos, qui supra vires
enisi sunt, gratiam minorem capere quam eos, qui, nisi
pecunia abundassent, prompte non solvissent.

V. Brutus Pergamenis.

Pecunias vestras attulerunt legati, maiores quam pro
inopia, quam prætenditis, exiguas pro usu, ad quem
poposcimus. Videte igitur, ne plus possitis quam simula-
tis, minusque velitis quam potestis.

ς' Περγαμηνοὶ Βρούτω

Ἐπέμψαμέν σοι χρήματα εἰ καὶ τῆς σῆς ἐλάττονα χρείας, ἀλλ' οὖν τῆς ἑαυτῶν ὑποσχέσεως πλείονα· παρηιτούμεθα μὲν γὰρ ὡς μικρότερα ἢ βουλόμεθα ἔχοντες, ἐπορίσαμεν δὲ ὡς πλεῖον ἢ δυνάμεθα σπουδάσαντες.

ζ' Βροῦτος Περγαμηνοῖς.

Δολοβέλλας ἐστὶν ἡμῖν μὲν πολέμιος, ὑμῖν δὲ φίλος, ᾧ εἰς ἅπαν καὶ καθ' ἡμῶν ὑπουργεῖσθε· τί δῆτα ἂν ἔποιτο τοῖς τὰ αὐτὰ ἐκείνῳ ἑλομένοις εἰ μὴ ἁλόντας ἴσα πολεμίοις πάσχειν, οὐδὲ γὰρ μετάνοιαν δοτέον τοῖς οὐ πρὶν ἢ εἰς τὸ παντελὲς ἀποκαμεῖν μετανοοῦσι

η Περγαμηνοὶ Βρούτω

Τῆς μὲν πάλαι πρὸς Δολοβέλλαν φιλίας σὺ αἴτιος, ὀψὲ ἡμῖν ἐπιστέλλων ἀνάγκη γὰρ τὰς ἐκείνου κολακεύειν ἐπιταγὰς πρὶν ἢ σχεῖν πρὸς ὃν ἀποκλίνωμεν τὴν δὲ εἰς τὸ μέλλον μετάνοιαν μὴ ἀφαιροῦ τῶν εἰ καὶ βραδέως, ἀλλ' οὖν ὅταν δύνωνται τὸ ἀγνοηθὲν διορθούντων.

θ' Βροῦτος Περγαμηνοῖς

Ψήφισμα ὑμέτερον οἱ πρέσβεις ὑμῶν ἀπεκόμισάν μοι ἐν Ἀβδήροις τὴν ἀπ' Ἰταλίας στρατιὰν ἐπισκοπουμένῳ, δεξάμενος δὲ τῆς μὲν βραδυτῆτος ὑμᾶς ἐμεμψάμην (Περγαμηνοὺς γὰρ ταῦτα φρονεῖν ἐκ πολλοῦ ἂν ἐβουλόμην καὶ ἔδει), ἐπήνεσα δὲ τῆς εἰς τὰ ἄλλα προθυμίας καὶ τῆς δωρεᾶς τῶν διακοσίων ταλάντων, δι' ἧς πάλαι ἄκοντες δοῦναι Δολοβέλλᾳ τὰ πεντήκοντα ἐπεδείξασθε.

ι' Περγαμηνοὶ Βρούτω

Καὶ τάχιον ἐφρονοῦμεν ἃ προσῆκον ἦν, καὶ νῦν οὐ βραδέως ἀλλ' ἡνίκα δυνατὸν ἐξεγένετο ἡμῖν τὰ εἰκότα συντελοῦμεν οἱ γοῦν ἐν περιουσίᾳ μὴ πλεῖον Δολοβέλλᾳ πεντήκοντα δόντες ταλάντων τετραπλασίονά σοι καίπερ ἐνδεόμενοι συνεισφέρομεν, ὅπως μάθῃς, ὅσον ἑκούσιος ὑπουργία πενομένων τοὺς ἀβουλήτως ἐν εὐπορίᾳ βιασθέντας ὑπεραίρει.

ια' Βροῦτος Ῥοδίοις

Ξανθίους ἀποστάντα, ἡμῶν χειρωσάμενοι ἡβηδὸν ἀπεσφάξαμεν, τήν τε πόλιν αὐτῶν κατεπρήσαμεν Παταρεῦσι δὲ προσθεμένοις ἡμῖν τῶν τε φόρων ἄφεσιν ἐδώκαμεν, ἐλευθέρους αὐτοὺς καὶ αὐτονόμους συγχωρήσαντες εἶναι, εἰς ἐπισκευήν τε τὴν ὑπὸ τοῦ χρόνου καταλελυμένων παρ' αὐτοῖς πεντήκοντα τάλαντα ἐχαρισάμεθα. ὑμῖν οὖν βουλευομένοις περὶ ἑαυτῶν πά-

VI Pergameni Bruto

Misimus tibi pecunias, etsi tenuiores quam pro tuo usu, at certe nostra promissione maiores deprecati sumus enim ut pauciora quam vellemus possidentes, contulimus autem ut plus quam vires paterentur conferdentes

VII Brutus Pergamenis

Dolabella nobis quidem hostis, vobis autem amicus, est, cui in omni re vel contra me opem fertis Quid vero maneat eos, qui easdem cum illo sequuntur partes, quam ut capti eadem cum hostibus patiantur? neque enim pœnitendi locus est eis concedendus, quos non prius quam ad incitas redacti sint pœniteat

VIII Pergameni Bruto

Amicitiæ, quæ dudum nobis cum Dolabella intercedit, tu auctor es, qui sero ad nos miseris litteras necesse erat enim eius mandatis applaudere, priusquam haberemus ad quem declinaremus Pœnitentiam vero in posterum noli eripere eis, qui licet tarde, at quum primum copia eis facta est, quod per ignorantiam commissum est emendant

IX Brutus Pergamenis

Decretum vestrum legati vestri Abderis mihi reddiderunt Italicum exercitum recensenti, accepto autem reprehendi quidem vos ob tarditatem (Pergamenos enim hoc esse iam dudum animo et ego volui et oportebat), laudavi vero quum ob studium, quod in reliquis ostendistis, tum ob munus ducentorum talentorum, quo invitos olim quinquaginta Dolabellæ vos dedisse demonstrastis

X Pergameni Bruto

Et prius quo oportebat animo eramus, et nunc non tarde, sed quam primum facultas nobis facta est quæ par est explemus Qui igitur, quum abundaremus divitiis, non plus quinquaginta talentis Dolabellæ dedimus, quadruplum tibi licet indigentes conferimus, quo intelligas, voluntarium egenorum studium quantum præstet præter voluntatem coactis in rerum affluentia

XI Brutus Rhodiis

Xanthiorum, qui defecerant a nobis, iuventutem trucidavimus urbemque eorum incendio delevimus, Patarensibus vero, quod nobis se adiunxerant, tributorum immunitatem concessimus, ipsosque liberos et sui iuris esse iussimus, atque ad instauranda, quæ tempus apud ipsos evertisset, quinquaginta talenta dono dedimus

12

ρεστιν ὁρᾶν ὄψει, εἴτε χρὴ πολεμίους ἡμᾶς ὥσπερ
Ξάνθιοι, εἴτε φίλους καὶ εὐεργέτας ὄνπερ τρόπον Πα-
ταρεῖς αἱρεῖσθαι.

Vobis igitur de vobis ipsis deliberantibus oculis licet cer-
nere, utrum præstet hostes nos ut Xanthii, an ut Pata-
renses amicos habere et beneficos.

ιβ'. Ῥόδιοι Βρούτῳ.

XII. Rhodii Bruto.

Οὐκ εἰ σὺ βαρέως τοῖς ἐλευθεριάσασι Ξανθίων προσ-
ηνέχθης, ἤδη καὶ ἡμεῖς τοὺς ἐπὶ δουλείᾳ δεκασθέντας
μιμησόμεθα Παταρεῖς, ἀλλ' ἐκείνων μὲν ἀπευξάμε-
νοι. τὴν τύχην πειρασόμεθα τῆς εὐγενείας ἔχεσθαι,
τούτους δὲ μεμψάμενοι τῆς γνώμης οὐ δεησόμεθα τῶν
ἀπὸ σοῦ λημμάτων, ἐνδοξοτέραν ἡγούμενοι τὴν μετὰ
κινδύνων ἐλευθερίαν τῆς ἐπὶ τῷ κερδαίνειν αὐτομολίας.

Non, si tu crudeliter Xanthiorum qui libertatem af-
fectavere tractavisti, idcirco et nos Patarenses mercede
sibi iugum servitutis imponi passos imitabimur, sed illo-
rum fortunam deprecantes generosum animum servare
conabimur, horum vero voluntatem aspernantes lucro a te
capiendo non indigebimus, gloriosius quippe putantes
libertatem tueri cum periculis quam quæstus faciendi
caussa transfugas fieri.

ιγ'. Βροῦτος Κώοις.

XIII. Brutus Cois.

Ῥόδος μὲν ἤδη δεδούλωται Κασσίῳ, πόλις αὐθα-
δέστερον αἰσθομένη τῆς οἰκείας ἰσχύος ἢ βεβαιότερον,
Λυκία δὲ ἡμῖν ὑπήκοος πᾶσα, ἡ μὲν πολέμῳ κα-
μοῦσα, ἡ δ' ἐκ τῆς ἀνάγκης ὠφελημένη τὸ ἀδίαστον·
ἑκοῦσα γὰρ εἵλετο ἃ μετ' οὐ πολὺ ἔμελλε μὴ βουλο-
μένη. καὶ ὑμεῖς οὖν ἕλεσθε ἢ πολέμῳ βιασθέντες
δοῦλοι ἢ ἑκουσίως ἡμᾶς δεξάμενοι φίλοι γενέσθαι.

Rhodus quidem iam a Cassio in servitutem redacta est,
civitas petulantius robur suum experta quam fortius,
Lycia vero nobis paret universa, illa bello defessa, hæc
ex necessitate hoc lucrata, ut vim nullam pateretur :
volentes enim Lycii sibi sumpserunt id, quod brevi in-
vitis fuisset faciendum. Quare vos quoque optione data
eligite, utrum velitis bello coacti servi an ultro nobis
receptis amici fieri.

ιδ'. Κῶοι Βρούτῳ.

XIV. Coi Bruto.

Οὔτε ἡ Ῥοδίων ἅλωσις ἐξέπληξεν ἂν τοὺς μὴ τὰ
σὰ φρονοῦντας, οὔτε ἡ Λυκίων εὐπραξία μετὰ κολα-
κείας ἔπεισεν· ἐλπὶς γὰρ καὶ φόβος ἐν φίλοις μὲν ἀξιό-
πιστα, ἐν δὲ τοῖς ἠλλοτριωμένοις εὐκαταφρόνητα.
ἀλλ' ἡμεῖς ἄνωθέν σοι προσχωροῦντες καθ' ὃν ἀχθό-
μεθα, εἴ γε δόξομεν ἢ ἀπειλῆς ἢ ὑποσχέσεως γεγο-
νέναι κτῆμα. ἔχε οὖν ἡμᾶς ὑπόδειγμα φιλίας πρὸς
ἄλλους μᾶλλον ἢ ἑτέρων ἐφ' ἡμᾶς προσδέου.

Neque Rhodi expugnatio pavorem eis, qui a tuis parti-
bus non starent, incussisset, neque Lyciorum prosperi-
tas blande persuasisset : spes enim atque metus in amicis
fidem faciunt, in hostibus vero contemnenda sunt. At
nos, qui tui sumus ab initio, unum dolemus, si videa-
mur aut minis aut pollicitationibus posse redimi. Itaque
amicitiæ exemplum nos aliis habe potius quam ut ad
nos conciliandos indigeas aliorum.

ιε'. Βροῦτος Κώοις.

XV. Brutus Cois.

Οὐδὲν οὔτε θαλάττης ἄνευ νεῶν οὔτε ἀγεωργήτου
γῆς ὄφελος. πονήσατε οὖν περὶ τὰ σκάφη ὡς εἰ
τῶνδε εἴητε ἄποροι, μηδὲν ἠπειρωτῶν πλέον ἐκ θα-
λάττης ὀνησόμενοι.

Neque ex mari sine navigiis, neque ex inculta terra
commodum licet capere. Quare in navibus conficiendis
operam ponite, ut qui, his si fueritis destituti, non plus
ex mari commodi quam mediterranei sitis percepturi.

ις'. Κῶοι Βρούτῳ.

XVI. Coi Bruto.

Καὶ γεωργίαν ἔστιν ὅτε καὶ ναυτιλίαν ἐμποδίζει
καιρός, ἀλλ' οὔτε γῆς ἀποστεροῦνται οὔτε θαλάττης οἱ
φύσει ταῦτα ἔχοντες· οὐ γὰρ ἴσον τῷ μηδ' ὅλως κεκτῆ-
σθαι τὸ κἂν ἐλλείπῃ ποτὲ εἰς τὴν χρείαν εὐδιόρθωτον.

Et agriculturam nonnunquam et navigationem tempus
impedit, sed neque terram amittent neque mare, qui
hæc natura tenent. Non enim est idem, prorsus non
possideat aliquis, an quid possit, etsi desit aliquando,
facile ubi usus fuerit reparari.

ιζ'. Βροῦτος Παταρεῦσιν.

XVII. Brutus Patarensibus.

Δαμάσιππον Ῥοδίων ναύαρχον μετὰ τὴν Ῥοδίων
ἅλωσιν φυγόντα μετὰ δυοῖν καταφράκτων ἐπυθόμην
παρὰ Ἑρμοδώρου τοῦ Σαμίου ἐμπόρου πεφηνέναι ἐν
τῷ μεγίστῳ ὑμετέρῳ λιμένι. καταχθῆναι μὲν οὖν

Damasippum Rhodiorum classis præfectum post Rho-
dum expugnatam cum duabus cataphractis audivi ex
Hermodoro mercatore Samio in maximo vestro portu

αὐτὸν ἐκεῖσε οὐδὲν ἁμάρτημα ὑμέτερον ἡγοῦμαι εἶναι, κατασχεθέντα δὲ εἰ περαιτέρω ποι τῆς γῆς ὑμῶν ἀποδρᾶναι ἐάσετε, καὶ ἀδικίαν καὶ ἀνανδρίαν ὑμῶν καταγνώσομαι

ιη' Παταρεῖς Βρούτῳ

Εἰ θᾶττον ἡμῖν Ἑρμόδωρος ἢ σοὶ περὶ τοῦ ναυάρχου προσήγγειλεν, οὐκ ἄν, ὥσπερ εἰσπλεύσας ἔλαθε Δαμάσιππος, οὕτω καὶ ἀτχίρων διέφυγεν, ἀλλὰ μέρος ἂν τῆς Ῥοδίων ἁλώσεως ἐγένετο· νυνὶ δὲ σύγγνωθι τῷ τέλει τῆς ἀγνοίας, ἧς καὶ τῇ ἀρχῇ ὑποτίμησιν δέδωκας οὔτε γὰρ ἀδικίας ἔργον τὸ λαθόντα καταδέξασθαι, οὔτε ἀσθενείας τὸ ἐκδιδράσκοντα ἀγνοῆσαι

ιθ' Βροῦτος Καυνίοις

Εὐνοεῖν μὲν ἡμῖν πρεσβευόμενοι προσποιεῖσθε, τὰ δὲ ἔργα εἰς οὐδὲν ὧν ἐχρῆν ἐσπουδακότας ἐλέγχει· ὁρᾶτε οὖν μὴ καὶ ἡμεῖς τῇ διὰ τῶν ἔργων πεισθέντες δυσμενείᾳ μᾶλλον ἢ τὴν ἐκ τῶν λόγων ἡδονὴν θηρώμενοι ὡς ἐχθροῖς ὑμῖν προσενεχθῶμεν.

κ' Καύνιοι Βρούτῳ

Οὐδὲν θαυμαστὸν εἰ πρεσβευόμενοι ὑπὲρ εὐνοίας ἐν ταῖς ὑπουργίαις καταδεέστεροι τῆς χρείας ἐλεγχόμεθα· ἐκεῖνο μὲν γὰρ ἐσπουδακότων ἔργον, τοῦτο δὲ ἀσθενούντων. διὸ χρή σε τὴν ἐκ τῆς προθυμίας διάθεσιν μᾶλλον ἢ τὸ ἐν τοῖς ἔργοις ὑπολιτὲς σκοπεῖν—α φίλους νομίζειν τοὺς καὶ ἃ μὴ δυνάμεθα σπουδάζοντας

κα' Βροῦτος Λυκίοις

Ὅσα ὑμῖν ἐστι μηχανικὰ ὄργανα τειχομαχίας ἢ ναυμαχίας ἐπὶ Καῦνον, παραπέμψατε Κασσίῳ τῷ συνάρχοντί μου πορθοῦντι Ῥόδον θᾶττον ἡμερῶν τριάκοντα, ἀφ' ἧς ἂν ἡμέρας τὴν ἐπιστολὴν ταύτην δέξησθε, ἵνα μὴ τοῖς κατ' ἐκείνων ἡμῖν παρεσκευασμένοις ἀναγκασθῶμεν χρήσασθαι καθ' ὑμῶν

κβ' Λύκιοι Βρούτῳ

Ὀξείας ἐπιταγῆς ἀπόκρισις μία τὸ ῥᾳδίως ὑπουργῆσαι. διὸ πειρασόμεθα φθάσαι τοῖς ἔργοις τὴν ἀπὸ σοῦ προθεσμίαν, ἐπεὶ καὶ σὺ ταῖς ἀπειλαῖς τὴν παρ' ἡμῶν ὑπόσχεσιν ἔφθακας. εἴη μέντοι τὰ ὄργανα μὴ ἄχρηστα φανῆναι διὰ παλαιότητα, ὡς καὶ τὰ Ῥοδίων εὑρήσεις ἐπ' ἄλλους ἄχρηστα.

κγ' Βροῦτος Λυκίοις

Αἱ μηχαναὶ ὑμῶν μετὰ τὸν πόλεμον, ὡς ἡ παροιμία, ἐκομίσθησαν· ἀλλ' ὑμᾶς γε ἐπαινοῦμεν· οὐ γὰρ ὑστερήσατε εἰς ἣν ἐκελεύσαμεν προθεσμίαν, Κάσσιος δὲ ἔφθασεν.

---

comparuisse Et huc quidem delatum eum esse non vestram esse culpam censeo, sin autem eo delatum e vestra ditione aufugere longius permiseritis, et iniuriæ et ignaviæ crimine vos condemnabo

XVIII Patarenses Bruto

Si citius nos quam te de classis præfecto certiores fecisset Hermodorus, non sane Damasippus, ut clam appulit, ita et portu solvens evasisset, sed Rhodi captæ pars fuisset factus Nunc autem finem nobis ignosce ignorantiæ, cuius et principio excusationem præbuisti neque enim iniuriæ loco habendum est, quod latentem receperimus, neque imbecillitatis, quod aufugientem ignoraverimus

XIX Brutus Caunus

Bene vos nobis velle per legatos simulatis, quæ vero facitis, nihil eorum quæ convenit vos curare arguunt Quare videte ne nos quoque factorum invidia commoti magis quam verborum dulcedine capti in vos tanquam inimicos nos geramus

XX Caunii Bruto

Nihil mirum si benevolentiæ significandæ caussa legatos mittentes in officiis præstandis usu inferiores argumur illud enim studiosorum est, hoc impotentium Quare necesse est ut magis voluntatis affectionem quam factorum mediocritatem respiciens pro amicis nos habeas, qui et quæ vires nostras excedunt efficere conamur

XXI Brutus Lycii

Quotquot machinæ vobis Cauni sunt ad murorum oppugnationem vel ad navalia prœlia idoneæ, Cassio transmittite collegæ meo Rhodum obsidenti intra triginta dies, ex quo has litteras acceperitis, ne ea, quæ in illos apparavimus, in vos convertere cogamur

XXII Lycii Bruto

Subiti mandati responsio est una, facile morem gerere Quare conabimur tempus a te constitutum factis antevertere, quia tu quoque nostram promissionem minis tuis antevertisti Utinam vero non inutiles machinæ ob vetustatem videantur, ut et Rhodiorum invenies in alios inutiles

XXIII Brutus Lycus

Machinæ vestræ post bellum, ut in proverbio est, advenere Sed vos quidem laudamus non enim tempus a nobis constitutum neglexistis, Cassius tamen antevertit

κδ'. Λύκιοι Βρούτῳ.

Καὶ σοὶ τάχιον ἐλπίδος νικᾶν συμβαίνει, καὶ ἡμῖν
μὴ βράδιον ἐπιταγῆς ὑπουργεῖν, εἰ μέλλεις τοὺς συμ-
μάχους ἐξ ὧν ἂν κελεύσῃς χρόνων μᾶλλον ἢ ἐξ ὧν ἂν
ταχύνῃ Κάσσιος ἀποδέχεσθαι.

κε'. Βροῦτος Λυκίοις.

Ξάνθιοι τὴν ἐμὴν εὐεργεσίαν ὑπεριδόντες τάφον τῆς
ἀνοίας ἐσχήκασι τὴν πατρίδα, Παταρεῖς δὲ πιστεύ-
σαντες ἑαυτοὺς ἐμοὶ οὐδὲν ἐλλείπουσι διοικοῦντες τὰ
καθ' ἕκαστα τῆς ἐλευθερίας. ἐξὸν οὖν καὶ ὑμῖν ἢ τὴν
Παταρέων κρίσιν ἢ τὴν Ξανθίων τύχην ἑλέσθαι.

κϛ'. Λύκιοι Βρούτῳ.

Ξανθίοις μὲν συναχθόμεθα τῆς συμφορᾶς, ἣν πρόσ-
τιμον τῆς ἀνοίας ἔχουσι τῷ μηδὲ μετανοῆσαι δύνα-
σθαι, Παταρεῦσι δὲ συνήσθημεν σωφρόνως ἅμα καὶ
εὐτυχῶς ἑλομένοις ἃ ἔμελλε συνοίσειν αὐτοῖς. αὐτοὶ
δὲ οὐχ οὕτως ἠλίθια φρονοῦμεν, ὥστε, παρὸν ἐν φίλοις
ἀριθμουμένοις εὐτυχεῖν, τὴν τῶν δι' ἔχθραν κεχο-
λασμένων ἀτυχίαν ἑλέσθαι.

κζ'. Βροῦτος Λυκίοις.

Ξανθίων τοὺς διαφυγόντας οἱ ὑποδεξάμενοι ὑμῶν
οὐδὲν μετριώτερον πείσονται Ξανθίων, Παταρεῦσι δὲ
καὶ Μυρεῦσι καὶ Κωρυκίοις καὶ Φασηλίταις, κἂν ἄλλο
τι εὖ ποιεῖν ὑποδεξάμενοι αὐτοὺς ἐθέλωσιν, ἐπιτρέπω,
ἵνα ὀρθῶς αὐτοῖς βεβουλεῦσθαι φίλους ἡμᾶς ἀλλὰ μὴ
πολεμίους ἑλόμενοι ἔργῳ αἴσθωνται ὁρῶντες Ξαν-
θίους.

κη'. Λύκιοι Βρούτῳ.

Οὐδ' αὐτοὶ Ξανθίους ὑποδέξασθαι ἐγνώκαμεν, εἰ
κοινωνεῖν τῆς συμφορᾶς μᾶλλον ἢ ἐπικουρίζειν μέλλο-
μεν αὐτοῖς τὸ ἀτύχημα, ἐοίκασι δὲ κἀκεῖνοι παραλι-
πόντες τοὺς μηδὲν ὀνήσαντας ἡμᾶς Παταρεῦσι καὶ
Μυρεῦσι καὶ Κωρυκίοις καὶ Φασηλίταις ὡς βεβαιο-
τέροις προσφεύξεσθαι βοηθοῖς. δῆλον γὰρ πεποίηκας,
ὦ Βροῦτε, οὐ δι' ὀργὴν ἐλαύνων τοὺς φυγάδας ἐκ Λυ-
κίας, ὑπὸ δὲ χρηστότητος διδάσκων τίσιν ἥδιον αὐτοὺς
χαρίσῃ.

κθ'. Βροῦτος Κώοις.

Οἱ πεμφθέντες ἐπὶ τὴν παρ' ὑμῶν συμμαχίαν
ἀπήγγειλάν μοι τὰς ναῦς ὑμῶν ἄρτι κατασκευάζε-
σθαι· εἰ δὲ εἰς τὸν τοῦ πολέμου καιρὸν παρασκευά-
ζεσθε, τί χρήσεσθε ταῖς παρασκευαῖς οὐκ οἶδα. τί
γὰρ πλέον ἰσχύος ἀκαίρου, ἢ παντελὴς ἀσθένεια τὸ
ἄχρηστον;

Et tibi citius quam exspectaveras vincere contigit, et
nobis non tardius quam imperaveras obsequi, si velis
socios ex mandati tui tempore magis quam ex Cassii ce-
leritate judicare.

XXV. Brutus Lyciis.

Xanthii quod nostram liberalitatem contempsere, se-
pulcrum amentiæ suæ patriam nacti sunt, Patarenses
vero quod semetipsos in nostram fidem commisere, in
omni re libertatem conservarunt. Vobis igitur optione
data aut Patarensium supplicium aut Xanthiorum fortu-
nam eligatis.

XXVI. Lycii Bruto.

Xanthiorum commiseramur calamitatem, quam pro sua
amentia sibi habent, adeo ut ne resipiscere quidem pos-
sint, cum Patarensibus vero, et ipsi nos gaudemus, quod
prudenter simul et feliciter, quod ipsis profuturum erat,
elegerunt. Nos vero non ea sumus vecordia, ut, quum
in amicis numerari feliciterque agere liceat, miseriam
eorum malimus sequi, qui ob inimicitiam pœnas de-
derunt.

XXVII. Brutus Lyciis.

Xanthiorum profugos qui vestrûm recepere, non le-
viore supplicio, quam Xanthii afficientur. Patarensibus
vero et Myrensibus et Coryciis et Phaselitis, si quo etiam
alio beneficio ornare receptos velint, permitto, quo recte
se consuluisse, quod nos amicos quam inimicos habere
maluerint, conspectis Xanthiis re ipsa sentiant.

XXVIII. Lycii Bruto.

Neque ipsi nos Xanthios recipere decrevimus, si in
malorum societatem potius venturi quam illorum calami-
tatem relevaturi sumus; sed illis quoque relictis nobis,
a quibus nil profecerint, ad Patarenses et Myrenses et
Corycios et Phaselitas tanquam certiores adiutores con-
fugere visum est. Manifesto enim, Brute, non ira com-
motus exules e Lycia expulisti, verum pro tua benignitate
quibus eos tradi velles declarasti.

XXIX. Brutus Cois.

Quos misimus ad societatem quam petivimus ineun-
dam, nunciaverunt mihi naves vestras modo apparari.
Quod si ad belli tempora instituitis, ad quid apparata
vobis opus sit nescio. Quid enim robur prodest intem-
pestivum, quod quia usum nullum habet, prorsus va-
num est?

λ' Ἰωνι Βρουτῳ

Τοὺς μὲν ἰδίους ἐπιστάμεθα καιροὺς ὅτι μακρόθεν τῆς χρείας προηγυτρεπίσθαι δεῖ, τοὺς δὲ τῶν συμμά-χων οὐ ῥᾴδιον συνιδεῖν, εἰ μὴ πρὸ πολλοῦ τις κατα/-γέλλοι. τὴν μέντοι παρασκευὴν μὴ νόμιζε ἄχρηστον εἶναι διὰ τὸ βραδύ· κᾂν γὰρ εἰς τὸ παρὸν ἐλλείπῃ, σώζεται γοῦν ἀκραιφνὴς εἰς τὰ μέλλοντα.

λα' Βροῦτος Καυνίοις

Αἱ μὲν κατ' ὄψιν ὑπουργίαι τῶν ὑπηκόων κολακείας καὶ φόβου τὸ πλέον μεμοίρανται, τὸ δὲ προθύμως εἰς ὃ ἂν ἐπιστέλλωμεν ὑπακούειν πολλὴν ἐνδείκνυται βε-βαιότητα καὶ ὑμεῖς οὖν ὑπὲρ ὧν ἐγράψαμεν δια-σκέψασθε, πότερον ὑμῶν καὶ τὰς ἄλλας ὑπουργίας δι' ἀνάγκην ἀπάσας ἢ δι' εὔνοιαν χρὴ δέχεσθαι πίστις γὰρ αὐτάρκης βεβαιότητος φανεῖται τὸ διηνεκῶς ὑμῶν εἰς τὰς χρείας ἕτοιμον.

ιβ' Καύνιοι Βρο�546-ω

Πίστις εὐνοίας οὐ τὸ συνεχῶς ὑπουργεῖν, τοῦτο γὰρ μόνης ἰσχύος ἔργον, ἀλλὰ τὸ μὴ ὀκνεῖν ἐν οἷς ἄν τις δυνατὸς ἢ καιροῖς ἡμεῖς δ' εἰ μέλλοιμεν ἐκ τῶν ἐλλειμάτων τὴν παλαιὰν σπουδὴν ἀπιστεῖσθαι, μά-την ἂν ἡγησαίμεθα καὶ τὰ πρότερα μεμοχθηκέναι οὐδὲ γὰρ εἰκὸς τότε ἡμᾶς πεπλάσθαι τὴν πρὸς σὲ φι-λίαν, ἣν φόβος μὲν καὶ ἀποῦσαν πάντως ἂν ἐκολά-κευσε, κολακεία δὲ καὶ παροῦσαν ἂν διεψεύσατο

λγ' Βροῦτος Δαμᾷ

Ὅπλων καὶ χρημάτων χρεία ἢ πέμπε ἢ ἀπο-φαίνου.

λδ' Δαμᾶς Βρουτῳ

Εὐπορούντων ἔργον τὸ πέμψαι, πενομένων δὲ τὸ ἀποφαίνεσθαι

λε' Βροῦτος Κυζικηνοῖς

Τὰ ἀπὸ Βιθυνίας ὅπλα παραπέμψατε μέχρι Ἑλλησ-πόντου ἢ κατὰ γῆν ἐπιθέμενοι ἢ κατὰ θάλατταν, αἰσθοισθε δ' ἂν αὐτοὶ τῆς ῥᾳονος αὐτῶν κουιδῆς εἰ μέντοι βραδύτερον ἢ δεῖ ἡμῖν ἔλθοι, ἢ καὶ ὑπὸ τοῖς πολεμίοις γένοιτο, ὑφ' ὑμῶν ἠδικῆσθαι δόξομεν.

λς' Κυζικηνοὶ Βροῦτῳ

Παραπέμψαι τὰ ὅπλα καὶ κατὰ γῆν διὰ τοὺς πολε-μίους καὶ κατὰ θάλατταν διὰ τοὺς χειμῶνας χαλεπό, μάλιστα σοῦ τὰ ἐναντιώτατα συνάψαντος, τάχος καὶ ἀσφάλειαν ὅμως δὲ σπουδῆς οὐδεμίας λελειμμεθα,

XXX Coi Bruto

Nostris rebus scimus multo ante quam usus fuerit esse providendum, sociorum vero res, nisi multo ante quis denunciet, non facile est perspicere Apparatum autem nostrum noli inutilem seriorem in usum iudicare Nam etiamsi nunc quidem nullus eius usus sit, attamen inte-ger ad futurum usum asservatur

XXXI. Brutus Caunus

Quæ subditi palam præstant officia, ex adulatione pen-dent ut plurimum atque metu, quod vero prompte eis quæ mandamus obsequuntur, magnam prodit animi fir-mitatem Quare et vos de eis quæ scripsimus deliberate, utrum et reliqua vestra officia necessitatis an universa benevolentiæ gratia præstita credi oporteat Certissi-mum enim firmitatis pignus semper videbitur, si conti-nenter, ubi usus fuerit, paratos vos præstiteritis

XXXII Cauni Bruto

Benevolentiæ pignus non est, ut sine intermissione quis inserviat, hoc enim solarum virium opus est, sed ut quo quis tempore possit præsto esse non dubitet Sed si ob intermissionem pristinum nostrum studium in suspicionem vocandum est, frustra censeremus et in eis quæ ante fecimus nos laboravisse Neque enim verisi-mile est tunc nos amicitiam erga te simulasse, quam metus quidem et absentem omnino eblanditus esset, adulatio vero et præsentem fefellisset

XXXIII Brutus Damæ

Armis et pecuniis opus est Aut mitte aut sententiam tuam prode

XXXIV Damas Bruto

Abundantium est mittere, inopum vero sententiam prodere

XXXV Brutus Cyzicenis

Arma mihi a Bithynia mittite usque in Hellespontum sive terra iter facientes sive mari, quorum advehendo-rum quæ faciliot sit via ipsi intellexeritis Si vero tar-dius quam necesse est ad nos pervenerint, vel etiam ab hostibus capta fuerint, iniuria a vobis affectos nos pu-tabimus

XXXVI Cyziceni Bruto

Arma mittere et terra propter hostes et navibus pro-pter tempestates difficile est, præsertim quum tu duo maxime dissidentia coniuntens, celeritatem atque secu-ritatem Nullam tamen non dabimus operam, dum quod

ἐὰν τὰ ἐκ τῆς τύχης συμβησόμενα μὴ τοῖς ἀόκνοις ὑπουργήσασι προσθῇς.

λζ'. Βροῦτος Κυζικηνοῖς.

Ἐκομίσθη τὰ ὅπλα καὶ εἰς ὃν ἐβουλόμεθα καιρόν. τῆς οὖν λειτουργίας ταύτης ἐν δέοντι γενομένης ἀντιδίδομεν ὑμῖν τὴν Προκόννησον σὺν ταῖς ἐν αὐτῇ λιθουργίαις.

λη'. Κυζικηνοὶ Βρούτῳ.

Οὔτε κέρδους ἐλπίδι ἐσπουδάσαμεν ἃ ἐπέστειλας, οὔτε εἰς τὰ λοιπὰ ὀκνηρῶς ἐμέλλομεν ἕξειν, ἐπαινεθέντες ἀμισθί. ὅμως ἀξιούμενοι δωρεᾶς ἡδόμεθα τῇ σῇ μαρτυρίᾳ πλέον ἢ ταῖς Προκοννησίων λατομίαις.

λθ'. Βροῦτος Κυζικηνοῖς.

Οἱ πρέσβεις ὑμῶν συνέτυχόν μοι ἀπιόντι ἐπὶ τὸν πόλεμον καὶ παρεῖσθαι τῆς συμμαχίας ἱκέτευον ἀσθένειαν αἰτιώμενοι καὶ τὸ ἀπορεῖν τὰ κοινά. δίκαιον μὲν οὖν ἦν, πλησίον ἤδη τῆς χρείας κατεπειγούσης, καὶ εἰ πρότερον οὐκ ἔδοτε, κἂν νῦν ἐπιπέμψαι. πλέον γὰρ ἂν ἐτίμα τὴν λειτουργίαν ὑμῶν ὁ καιρός. ἐπεὶ δὲ ἐοίκατε τὰ κακίω τοῦ πολέμου προλαβεῖν ἐλπίδι, τῇ μὲν ἀσθενείᾳ ὑμῶν ἦν αἰτιᾶσθε ἥδομαι (τοὐναντίον γὰρ ἂν ἠχθέσθην ἀκούων ἰσχύειν ὑμᾶς κακοὺς ὄντας), τοὺς δὲ ἄνδρας ὑμῶν συμμάχους μὲν οὐκέτι, ὑπουργοὺς δὲ καὶ ἄκοντας ἕξω. λέληθε δὲ ὑμᾶς οὐδαμῶς ὡς δεινὸν τῆς ἐκ τοῦ πολέμου μετασχεῖν νίκης, εἰ γένοιτο, τοὺς τό γ' ἐφ' ἑαυτοῖς εἰς πᾶσαν ἡμᾶς ἀσθένειαν προδόντας.

μ'. Κυζικηνοὶ Βρούτῳ.

Τὸ σπουδαῖον ἡμῶν οὐκ ἐξ ὧν πολλάκις ὑπουργήσαμεν μόνον, ἀλλὰ καὶ ταῖς παρὰ σοῦ δωρεαῖς μαρτυρηθὲν ἐδόκει πεπιστεῦσθαι. ἐπεὶ δὲ τοῖς κατὰ προαίρεσιν οὐχ ἅπαντες ὁμονοοῦσιν οἱ καιροί, τί δεῖ μέρος ἔχθρας ἀριθμῆσαι τήν ποτε ἀσθένειαν; πᾶν γὰρ τοὐναντίον μιᾶς ὑποληπτέον μεγαλοψυχίας τὸ πολυωρεῖν τοὺς ὀρθῶς διακονήσαντας καὶ συγγνώμην ὑποτιμήσει χαρίζεσθαι. σὺ δὲ καὶ πρὸς ἐφ῾ἵεσθαι τῇ ἀδυναμίᾳ ἔφης ἡμῶν, ὥσπερ οὐχὶ σοὶ ἐλλείπειν μέλλοντος ὅσον ἂν ἡμῖν ἐνδέῃ. τοὺς μὲν οὖν ἄνδρας, εἴτε συμμάχους εἴτε ὑπουργοὺς ἐθέλεις (οὐ διοισόμεθα γὰρ περὶ ὀνομάτων), ἄπαγε, ἡμεῖς δὲ εἰ ἀπεγνώκειμέν σου τὰς εἰς τὸν πόλεμον ἐλπίδας, οὐκ ἂν ἐθεραπεύομεν αὐτὰς πρεσβευόμενοι. νῦν δὲ τὰ βέλτιστα εὐχόμενοι περὶ σοῦ καὶ νὴ Δία προσδοκῶντες, εἰ καὶ τῶν ἐπινικίων ἀπελαθησόμεθα ὡς ἐχθροί, τῆς γοῦν χαρᾶς μεθέξομεν ὡς φίλοι.

---

fortuna eventurum est rem impigre procurantibus non imputes.

XXXVII. Brutus Cyzicenis.

Allata sunt arma et quo tempore volbimus. Quod officium quum rite præstiteritis, remuneramur vos Proconneso quæque in ea sunt lapicidinis.

XXXVIII. Cyziceni Bruto.

Neque lucri spe missionem acceleravimus, nec sine mercede laudati segniores in posterum nos gessissemus. Attamen præmio ornati tuo testimonio magis quam Proconnesiorum gaudemus lapicidinis.

XXXIX. Brutus Cyzicenis.

Legati vestri ad bellum me discedentem offenderunt ac fœdere exsolvi suppliciter petebant debilitatem prætexentes atque inopiam reipublicæ. Æquum erat sane, tam prope jam instante necessitate, etiamsi prius non dedissetis, nunc certe mittere : plus enim dignitatis ex ipso tempore ad officium vestrum accessisset. Sed quoniam peiorem de bello spem concepisse videmini, de vestra quam prætexitis debilitate lætor (e contrario enim dolerem, si vos, quum mali sitis, audirem viribus valere), viris autem vestris non ut sociis amplius, sed ut ministris utar etiam invitis. Neque vos fugit quam indignum sit, ut belli victoriæ, si contingat, participes ei fiant, qui quantum in ipsis erat in summum discrimen nos adduxissent.

XL. Cyziceni Bruto.

Nostrum erga te studium non officiis solum a nobis sæpenumero præstitis, verum et a te acceptorum munerum testimonio videbatur comprobatum. Sed quoniam cum animi voluntate non omnia tempora concinunt, quid est cur in inimicitia ponendum sit, si quando deficiant vires? immo e contrario enim eiusdem est animi magnitudinis, diligere qui recte inserviant, et si quando se excusent, dare veniam. Tu vero nostram infirmitatem gaudio tibi esse dicis, quasi quicquid nobis desit non tibi defuturum sit. Viros autem, sive ministros sive socios velis, non enim de nominibus contendemus, tibi habe, nos vero si tuas de bello spes irritas haberemus, non legationibus ipsas foveremus. Nunc autem optima de te precantes, immo per Iovem et exspectantes, etiamsi a victoriæ præmiis ut hostes abigemur, at lætitiæ ut amici non expertes erimus.

μα Βροῦτος Σμυρναίοις

Τὸ πρόθυμον τῶν ὑπηκόων διηνεκὲς μὲν ὂν βεβαιό-
τητα δηλοῖ πρὸς τοὺς ἡγεμόνας, ἐλλεῖπον δὲ καὶ τὸν
ὅτε ἑτοίμως ὑπούργει χρόνον δι' ἀσθένειαν ἐλέγχεται
τὴν ἑαυτοῦ μᾶλλον ἢ γνώμην ὑπουργοῦν. σπουδάσατε
οὖν ἐκπληρῶσαι ὅσα ὑμῖν ἐπέστειλα πρὸς τὸν πόλε-
μον, ὡς εἰ νῦν κακοὶ φανεῖσθε, μηδ' ἣν πρόσθεν ἐπο-
ρίσασθε μαρτυρίαν ἔτι οἰσόμενοι· οὐ γὰρ χρὴ δοκεῖν
ἕξειν τὰ ἴσα μὴ ὁμοίους ἀεὶ φανέντας.

μβ' Σμυρναῖοι Βρούτῳ

Εὐχῆς ἔργον τὸ διηνεκῶς δύνασθαι, καιροῦ δὲ τὸ
ἐνίοτε μὴ ἀρκεῖν, τάς τ' ὑπουργίας οὐ μόνον αἱ ἀσθέ-
νειαι τῶν κελευσθέντων, ἀλλὰ καὶ ἡ συνέχεια τῶν ἐπι-
ταγῶν ἐλλιπεῖς ποιεῖ. ἡμεῖς δὲ εἰ καὶ πάλαι διὰ φό-
βον ἐλειτουργοῦμεν, οὐδ' ἂν νῦν ἐτολμῶμεν ἀρνεῖσθαι
ἀλλὰ πᾶν τοὐναντίον ἢ δοκεῖ συμβέβηκεν ἐσπούδασε
μὲν γὰρ ἡ γνώμη τότε, ὑποτιμᾶται δὲ νῦν ἡ ἀσθένεια.
ὥστε ἄτοπον εἰ τοῖς ἐλλείμμασιν αἱ ὑπουργίαι δια-
βληθήσονται μᾶλλον ἢ ταῖς ὑπουργίαις παρηγορηθή-
σεται τὸ ἐλλεῖπον

μγ' Βροῦτος Μυρεῦσι

Ξάνθιοι ἁλόντες ἐλεεῖσθαι ὑφ' ἡμῶν ἱκέτευον, ἢν δὲ
οἶμαι χαλεπὸν τοὺς τῆς ἐλπίδος τοῦ πολέμου κοινω-
νοῦντας φεύγειν τὰ πάθη καὶ τὴν ἐκ τῆς νίκης ἡδονὴν
θηρωμένους ἴσῃ χρῆσθαι τῇ διαμαρτίᾳ πρὸς τὸ ἄλυ-
πον. καὶ τούτους οὖν ἐπιτηδείους παντελοῦς ἀπω-
λείας ἐθέμεθα, καὶ τοῖς ἄλλοις ἀποκηρύττομεν, εἰ μὴ
εὐθέως ἡμᾶς δέχοιντο, μηδενὶ τὴν ἡμετέραν γνώμην
ἐπιεικεστέραν τῆς ἐκείνων τύχης ἔσεσθαι

μδ' Μυσεῖς Βρούτῳ

Οὐδὲ Ξανθίους ἔδει σωτηρίας ἀποτυχεῖν, ἧς τάχα
ἂν καὶ αὐτοὶ μετέδωκαν τοῖς ἐναντίοις, εἰ ἐκράτησαν
ὡς γὰρ ἡ τοῦ νικᾶν ἴσῃ τοὺς πολεμοῦντας ἐλπὶς
ἐξαίρει, οὕτω καὶ τὸ τῆς ἥττης πάθος εἰς κοινὸν ἔλεον
ἔρχεται διὰ τὸ ἀνθρώπινον· καὶ πρὸς τοὺς λοιποὺς δὲ
παρασκευαστικὴν εὐνοίας ἴσθι τὴν χρηστότητα ἀπειλὴ
μὲν γὰρ ἐχθραν ποιεῖ καὶ πρὸς τὰ οἰκεῖα διὰ τὴν ἐκ
τῶν φόβων ἀπόγνωσιν, ἐλπὶς δὲ καὶ τοὺς διαφόρους
εἰς εὔνοιαν πεπιστευμένην ἤθει προσάγεται.

με' Βροῦτος Μυσεῦσι

Ἡ συμμαχία ὑμῶν ἧκεν ἤδη νενικηκόσιν ἡμῖν
τοῦ μὲν οὖν μηδ' ὅλως τὸ βράδιον ἀφικέσθαι ἄμεινον,
πρὸς μέντοι τὴν τοῦ πολέμου ὑπουργίαν ὁμοίως ἧτε
ἄχρηστοι· ἡ γὰρ ἐν πολέμῳ βραδυτὴς ἴσον ἔχει τῷ
μηδ' ὅλως γινομένῳ τὸ ἄπρακτον.

XLI Brutus Smyrnæis

Subditorum in obsequendo alacritas si perduret, firmum
prodit erga principes animum, sin autem intermittat, tum
etiam, quum promptam sese præbuit, ob suam imbecil-
litatem magis quam ex sententia officia præstitisse coar-
guitur Quare operam date ut quæcunque vobis ad bel-
lum imperavi perficiatis, ut qui, nunc si mali apparebi-
tis, neque quod antea consequuti estis testimonium
retinebitis non enim par est credere eadem esse habitu-
ros, qui non similes quovis tempore apparcant

XLII Smyrnæi Bruto

Optantis est, ut quis continenter possit, verum tem-
pus nonnunquam quin par sis impedit, obsequium autem
non solum eorum, quibus imperatur, infirmitas, verum
etiam mandatorum continuitas debilitat Nos vero si
olim quoque ob metum munia sustinuissemus, neque
nunc recusare auderemus At longe quam videtur aliter
res sese habet Tunc enim operam dedit animus, nunc
vero infirmitas deprecatur. Iniquum igitur, si ob inter-
missionem obsequia potius in suspicionem vocabuntur
quam ob obsequia excusabitur intermissio

XLIII Brutus Myrensibus

Xanthii capti misericordiam nostram supplices implo-
rabant, verum indignum erat, qui spei in bello positæ
consortes fuissent, ejusdem calamitates effugere, quique
parem victoriæ voluptatem appetivissent, re male gesta
ad damnum uti avertendum Hos igitur extrema perni-
cie dignos habuimus, ac reliquis nunciamus, si non sta-
tim nos receperint, nulli voluntatem nostram futuram
esse illorum clade clementiorem

XLIV Myrenses Bruto

Neque Xanthii digni erant qui salutem non impetrarent.
quam nec ipsi fortasse, si superiores evasissent, adver-
sariis denegassent Nam ut æqualis belligerantes effert
spes victoriæ, sic et cladis calamitas communem movet
ob humanitatem misericordiam Atque apud reliquos be-
nevolentiæ conciliatricem benignitatem esse scito minæ
enim odium vel inter amicos pariunt propter desperatio-
nem ex periculis oriundam, spes vero vel inimicos ad be-
nevolentiam adducit placido affectu confirmatam

XLV Brutus Myrensibus

Auxiliares vestri venerunt parta iam victoria Ac præ-
stat quidem sero quam omnino non venisse, verum ad
belli usum inutiles fuistis nam in bello tarditas æque
atque quod omnino non fit eventu caret

μϛ'. Μυρεῖς Βρούτῳ.

Συνήσθημέν σοι νικήσαντι τὸν πόλεμον θᾶττον ἢ τὴν παρ' ἡμῶν συμμαχίαν καίπερ μετὰ σπουδῆς ἐκπεμφθεῖσαν παραγενέσθαι, πρὸς μέντοι τὴν εὔνοιαν οὐδὲ ἡμεῖς ἄπρακτοι ἤλθομεν· οὐδὲ γὰρ ἴσον τῷ μηδ' ὅλως κινηθέντι τὸ κἂν ἑνὸς ὑστερήσῃ πρὸς τὰ λοιπὰ ἕτοιμον.

μζ'. Βροῦτος Μιλησίοις.

Οὐδὲ χρημάτων πένεσθαι πόλει συγγνωστόν· ἐκ πολλοῦ γὰρ ὀφείλει φυλάττεσθαι τὸ ἄπορον· τὸ δὲ ἐν τοσούτῳ πλήθει μηδ' ἄνδρας ὑμᾶς ἔχειν γενναίως ἀγωνιουμένους παντελῶς ἴστε οὐ τύχης ἐνδεεῖς ἀλλὰ τῆς σωτηρίου γνώμης ἐλεγχόμενοι. εἰ δὲ μήτε ὅσα εἰς ἀρετὴν ἀσκεῖτε μήτε ὅσα πρὸς ἰσχὺν παρασκευάζεσθε, ἀδίκως ἴστε πόλις λεγόμενοι.

μη'. Μιλήσιοι Βρούτῳ.

Καὶ χρημάτων καὶ στρατιωτῶν ἐνδεῖν αἰσχρὸν οὐ τοῖς μὴ ἐν ἰδίᾳ καθεστῶσι χρείᾳ, πολὺ δὲ μᾶλλον τοῖς εἰ καὶ οἴκοθεν εὐποροῖεν, διὰ γοῦν τὸ μὴ ἐπαρκεῖν ἄλλων προσδεομένοις. ἡμεῖς δὲ καὶ γνώμης ἕνεκα καὶ τῆς εἰς τὸ δεῦρο τύχης δοκοῦμεν πόλις εἶναι μέχρι τοῦ εἰ καὶ μὴ ἑτέροις ἐπαρκεῖν, ἀλλ' οὖν μηδὲ τῶν πέλας χρῄζειν.

μθ'. Βροῦτος Μιλησίοις.

Εἰ μὲν ἔστιν ὑμῖν ὅπλα ἐν κοινῷ, μὴ χρώμενοι τούτοις ἁμαρτάνετε, μία γὰρ ἰσχὺς ὅπλων τὸ χρῆσθαι· εἰ δὲ καὶ τῆς κατασκευῆς αὐτῶν ἀμελεῖτε, μεμφθέντες ἂν εἰ καὶ ἔχοντες μὴ ἐχρῆσθε, πόσῳ μεμπτότεροι μηδὲ ἔχοντες;

ν'. Μιλήσιοι Βρούτῳ.

Οὐ τὰ ὅπλα ἰσχὺς ἀνδρῶν, ἀλλὰ τῶν ὅπλων οἱ ἄνδρες· ἐκεῖνα μὲν γὰρ δίχα τῶνδε ἄπρακτα, οἱ δὲ καὶ πορίσαι αὐτὰ καὶ χρήσασθαι αὐτοῖς δύνανται. οὔτε οὖν εἰ ἄπεστιν ὅπλα ἐνδεῖ τοῖς πορίσαι αὐτὰ δυναμένοις, οὔτε χρήσιμα τυγχάνει τοῖς κἂν ἔχωσι χρήσασθαι μὴ δυναμένοις.

να'. Βροῦτος Τραλλιανοῖς.

Εἰ μὲν ἐν τῇ ὑμετέρᾳ στρατοπεδεύειν Δολοβέλλαν ἀνεχόμενοι οἴεσθε μηδὲν ἀδικεῖν με, οὐκ ὀρθῶς φρονεῖτε· εἰ δὲ νομίζετε, ὧν ἂν τοὺς ἑαυτῶν πολεμίους ἀφελώμεθα, τούτων ὑμῖν ὡς ὄντων οἰκείων παραχωρήσειν, αὐτίκα πλανᾶσθαί μοι δοκεῖτε. ἢ εἴργετε οὖν αὐτὸν τῆς σφετέρας, ἢ ὅλως μηδ' ὑφ' ἡμῶν ἀδικεῖσθαι φάσκετε ὧν ἂν ἔχετε αὐτοὶ Δολοβέλλαν ἀφελόμενοι, ἀλλὰ μὴ ὑμῖν παραχωρεῖν ἀξιῶμεν.

XLVI. Myrenses Bruto.

Laetati tecum sumus, quod citius victoriam reportasti, quam auxiliares nostri festinanter licet missi advenerunt, verum ad benevolentiam non prorsus inutiles venimus : non enim idem est, omnino non moveri, et quamvis semel defueris, ad reliqua tamen promptum paratumque esse.

XLVII. Brutus Milesiis.

Neque pecuniis egere civitati concedendum est : e longinquo enim egestatis cautio esse debet. Quod autem in tanta multitudine ne viros quidem vos habere dicitis fortiter pugnaturos, hoc omnino sciatis non solum fortunae, verum etiam salutaris sententiae egenos vos coargui. Sin vero neque quae ad robur ducunt comparatis, neque quae ad virtutem exercetis, iniuria scitote dici civitas.

XLVIII. Milesii Bruto.

Et opibus et militibus egere turpe non eis est, qui nulla laborant domestica difficultate, verum eis potius qui, quamvis domi affluant, quoniam hoc non sufficit, aliis indigent. Nos vero quod et ad animum attinet et ad fortunam, quam hucusque obtinuimus, civitatis nomen tueri satis possumus, donec, etsi non aliis suppeditemus, at certe nec aliorum ope indigebimus.

XLIX. Brutus Milesiis.

Si arma vobis suppeditant, quod eis non utimini peccatis : in solo enim usu armorum robur situm est. Sin vero nec ut parctis arma datis operam, quum iam si habentes non uteremini vituperationem subiretis, quanto magis ne habentes quidem vituperandi estis?

L. Milesii Bruto.

Non arma viris, sed viri armis robur afferunt : nam illa sine his inertia sunt, hi vero et parare ea et uti eis possunt. Neque igitur si desunt arma, egent eis, quibus ea parandi facultas est, neque utilia sunt eis qui, etsi habeant, uti tamen eis nequeunt.

LI. Brutus Trallianis.

Si, quod in vestra terra Dolabellam castra ponere patimini, nulla me putatis iniuria afficere, non recte sentitis, sin autem creditis, a quibus locis hostes abegerimus, hos vobis in ditionem vestram nos cessuros esse, rursus errare mihi videmini. Quare aut finibus vestris eum prohibete, aut omnino nec iniuriam a nobis pati dicite, si abacto Dolabella tenere ipsi, nec vero vobis cedere volumus.

νξ´. Γραλλιανοὶ Βρούτῳ

Καὶ Δολοβέλλας ἐν τῇ ἡμετέρᾳ στρατοπεδεύει, ⸱καὶ πᾶς ὁ μετ᾽ ἐκεῖνον βιαζόμενος ἴστω μὴ ἕξων αὐτὴν ὁο-ρίκτητον· οὐ γὰρ εἰ στρατηγὸν Ῥωμαίων σύμμα⸱οι ὄντες μὴ ἐξείργομεν τῆς ἑαυτῶν, ἤδη καὶ τοῖς πρὸς ἐκεῖνον διαφερομένοις ἄθλον αὐτὴν πολέμου κατηγγέλ-καμεν, ἀλλ᾽ ὃς ἂν ἀκόντων ἡμῶν εἰσβιάζηται, δείξο-μεν ἔργῳ καὶ Δολοβέλλαν μὴ ἂν ἄλλως εἰ μὴ ἑκόντων στρατοπεδεύειν .

νγ´. Βροῦτος Τραλλιανοι,

Καὶ πρόσθεν ὑμῖν ἐπέστειλα, ὅτι ἁμαρτάνετε Δο-λοβέλλαν ἐν τῇ ὑμετέρᾳ στρατοπεδεύοντα περιορῶντες, καὶ τὸ παρὸν ἴστε, εἰ μὲν ὡς οἰκείας αὐτῷ παραχω-ρεῖτε, οὐδ᾽ ἂν εἰ πρὸς ἡμῶν ἀφαιρεθείητε ὧν ἐκείνῳ ὡς ἀλλοτρίων ἐξέστητε, ἡμῖν ὡς ἰδίων ἀντιποιησάμε-νοι, εἰ δὲ ὡς φίλῳ ἐν τῇ ὑμετέρᾳ στρατοπεδεύειν δί-δοτε, κοινωνεῖν αὐτῷ τῆς ἐπὶ τῷ πολέμῳ τύχης ἀρξά-μενοι οὐδὲ ἡμῖν ἀκούσιοι πολέμιοι φανεῖσθε.

νδ´. Τραλλιανοι Βρούτῳ

Ἐδηλώσαμέν σοι καὶ πρότερον περὶ Δολοβέλλα, καὶ νῦν ἴσθι, ὅτι οὔτε ἐν ἰδίᾳ στρατοπεδεύ⸱ γῇ, ἔστι γὰρ ἡμετέρα, οὔτε εἴ τις αὐτὴν ἀφέλοιτο ἄλλος, συγ-χωρήσομεν ἀκόντων ἔχειν, ὅτι τὰ παρ᾽ ἡμῶν ἐπιτοα-πέντα βιάσαιτο. εἰ δὲ δοκοῦμεν τῆς ἐπὶ τῷ πολέμῳ τύχης αὐτῷ κοινωνεῖν, αἱρετώτερον τοῖς ἄρχουσι χειρῶν ἀντιπρᾶξαι ἢ σύμμαχον ἄνδρα ἐξείργοντας ἀκου-σίους Ῥωμαίοις ἐχθροὺς φανῆναι

νε´. Βροῦτος Τραλλιανοῖς

Ἠγγέλθη μοι Μηνόδωρον ὑμέτερον πολίτην, ξένον καὶ φίλον Δολοβέλλᾳ τῷ ἡμετέρῳ πολεμίῳ, καὶ πρό-τερον ὑμᾶς μὴ εἴργειν αὐτὸν ἐν τῇ ὑμετέρᾳ στρατοπε-δεύοντα πεῖσαι, καὶ νῦν ὅπως καὶ αὐτὸν καὶ τὴν στρα-τιὰν αὐτοῦ τῇ πόλει δέξησθε συμβουλεύειν. ἐγὼ δὲ ὡς μὲν οὐδὲν ὀνήσει Δολοβέλλαν, εἰ καὶ ταῦτα καὶ ἔτι πλείω τούτων ποιῆσαι προσαχθείητε ὑπὸ Μηνοδώρου ἢ καὶ εἴ τις ἄλλος πείσειεν, οὐκ ἀγνοῶ, οὐδὲ μὴν οὔτε Μηνοδώρου ἢ Δολοβέλλα φιλία καὶ ξενία, οὐ μή, ἀλλ᾽ οὐχ ὅπως κολάσαιμί τινας σκοπῶν ἐφεδρεύειν οἶ-μαι τοῖς ἑνὸς ἑκάστου ἁμαρτήμασιν ἵνα μέντοι μη-δὲν κολάσεως ἄξιον ἁμαρτεῖν ἀναγκασθῆτε, κελεύω ὑμᾶς Μηνόδωρον φυγαδεύσαι τῆς πατρίδος τοῦ ἰδίου λυσιτελοῦς ἕνεκα, εἰ γέ τι λυσιτελεῖ⸱ ἐμέλλεν αὐτῇ τὴν πατρίδα πωλοῦντι, Δολοβέλλαν δὲ μήτε τῇ ⸱πόλει δέξεσθαι, τῆς τε γῆς ἐξελάσαι, βιαζόμενον δὲ ὅπλοις ἀμύνασθαι, ἢ ἀπειθοῦντας οὐχ ὑπὸ Μηνοδώρου ταῦθ᾽ ὑμᾶς οἰήσομαι προαχθέντας πεισθῆναι, ἀλλ᾽ αὐτοὺς Μηνοδώρῳ ⸱τούτων ἀφορμὴν δοῦναι ἐθέλοντας

Et Dolabella ın nostra terra castra metatuı, et quisquı⸱ post eum vım adhıbueıit, scıto non habıtuıum esse eaı. bello captam Non enım sı ducem Romanorum, quod socıı sumus, fınıbus nostrıs non prohıbemus, hınc ıam et adversarııs ıllıus præmıum eam bellı denuncıavımus, verum quısquıs ınvıtıs nobıs ınvadere conetur, re ıpsa demonstrabımus, Dolabellam quoque non vısı volentıbus nobıs castra metarı

Et antea vobıs peı lıtteras sıgnıfıcavı, peccare vos Do-labellam ın vestra terra castra metarı permıttentes, et nunc scıtote, sı tarquam ıllıus proprıa cedatıs, vos ne-que sı a nobıs eıs, quæ tanquam alıena ıllı permısıstıs, pııvatı fuerıtıs, a nobıs tanquam proprıa recepturos esse, sın tanquam amıco ın vestra terıa castra metarı permıt-tatıs, communem ıllı bellı fortunam sponte nactı neque nobıs ınvıtı hostes esse vıdebımını

Certıorem de Dolabella te et antea fecımus, et nunc scıto, neque ın sua cum regıone castra metarı, nostra est enım, neque sı quıs eam alıus sıbı arrogaverıt, pas-suros nos ut nobıs ınvıtıs obtıneat, quod quæ sunt a no-bıs permıssa vıolaret Sın autem communem ıllı bellı fortunam vıdemur experıri, satıus est ınıurıarum aucto-rıbus reluctarı quam homıne socıo ıepulso ınvıtos Roma-nıs vıderı hostes

Nuncıatum est mıhı, Menodorum vestrum cıvem Do-labellæ nostrı hostıs hospıtem atque amıcum et antea vobıs ne ıllum ın vestra terra castra metantem prohıbe-retıs persuasısse, et nunc suadere, ut ıpsum eıusque exercıtum vestra urbe recıpıatıs Ego veıo haud ıgnoro, neque Dolabellæ, sı et hæc et plura adhuc facere a Me-nodoro adducamını aut sı quıs alıus persuaserıt, profu-turum, neque veıo Menodoro Dolabellæ amıcıtıam et hospıtıum At veıo non hoc agens, ut nonnullos punıam, unıus cuıusque crımınıbus advıgılandum censeo, sed ut quomınus pœna quıd dıgnum commıttatıs ımpedıamını Atque nunc ıubeo Menodorum vos patrıa expellere ıpsıus lucrı caussa, sı quıdem ex patrıa vendenda lucrum me-ruıt, Dolabellam veıo neque urbe recıpere et ex fınıbus eıcere, sın vım adhıbeat, armıs arcere Quod sı nega-verıtıs, non a Menodoıo vos ad hæc patranda adductos esse credam, sed ıpsos Menodoro hanc occasıonem ultre obtulısse

νϛ'. Τραλλιανοὶ Βρούτῳ.

Οὐ Μηνόδωρος ὑποδέξασθαι τῇ πόλει Δολοβέλλαν
καὶ τὴν στρατιὰν αὐτοῦ προηγάγετο ἡμᾶς, ὥσπερ
οὐδὲ πάλαι στρατοπεδεύοντα περιορᾶν ἔπειθεν. ἀλλ'
οὐδὲ εἰ ταῦτα ἐπέπρακτο, ἡγούμεθα δοκεῖν αὐτοὶ Μη-
νοδώρῳ τοιαύτης εὐβουλίας ἀφορμὴν παρεσχῆσθαι·
τάχιον γὰρ ἂν τὴν πρὸς Ῥωμαίους ὁμολογήσαιμεν
συμμαχίαν ἡμεῖς ἢ σὺ τοῖς παρ' ἡμῶν τὴν Δολοβέλλα
ξενίαν ἐπικαλεῖς, οἷς εἰ καὶ μηδέν, ὡς λέγεις, ὄφελος
οἴσεται ἡ πρὸς ἀλλήλους ὁμόνοια, μέγα γοῦν περιγέ-
νοιτ' ἂν τὸ ἐκ τῆς πίστεως εὐσυνείδητον. ὅπλων
μέντοι καὶ φυγαδείας οὐδέν τι τοῖς πράγμασι προσδεῖ·
Μηνόδωρος γὰρ συναπῆρκέ Δολοβέλλᾳ, μὰ Δί' οὐχ ὡς
πιπράσκειν τὴν πατρίδα κεκωλυμένος, ἀλλὰ τὴν ἀρχὴν
οὐδὲ νομίζων ἀδίκημα τῷ φίλῳ συνίστασθαι εἰς τὰ
ἐπιτήδεια. σὺ δ' εἰ καλὸν ὑπολαμβάνεις, ὥσπερ καὶ
ἔστι καλόν, τὸ μὴ περιμένειν ποτὲ ἁμαρτάνοντας
ἀμύνεσθαι, πολλῷ μᾶλλον οἰήθητι δεῖν μὴ προεξανί-
στασθαι τῶν διαβολῶν, ἀλλ' ἐπὶ τῷ συμβησομένῳ
τὴν κρίσιν τηρεῖν, ἐπεὶ δόξεις οὐκ ἐφ' οἷς ἂν μέμφῃ
τοὺς πέλας δυσμενῶς διατίθεσθαι, πρὸς οὓς δ' ἂν ἔχ-
θραν ἔχῃς, αἰτίας τούτοις ἐπιφέρειν.

νζ'. Βροῦτος Τραλλιανοῖς.

Χρήματα ὅσα Δολοβέλλας κατέθετο παρὰ Μηνο-
δώρῳ τῷ ἑαυτοῦ ξένῳ, εἴ τέ τινας ἄλλας παρακατα-
θήκας, παρὰ τῶν τέκνων αὐτοῦ κομισάμενοι τῶν δια-
δεξαμένων αὐτοῦ τὴν οὐσίαν μετὰ τὴν ἐκείνου φυγὴν
ἀναπέμψατε πρός με· εἰ δέ γε μὴ εἶναί φατε, αὐτοὺς
τοὺς ἄνδρας μετὰ τέκνων καὶ γυναικῶν· οὐ γὰρ δί-
καιον τοῖς τῶν ἐμῶν πολεμίων φίλοις ἢ καὶ ξένοις πε-
ραιτέρω τοῦ μηδὲν αὐτοὺς παθεῖν λυσιτελῆσαι τὴν
ἡμετέραν ἐπιείκειαν.

νη'. Τραλλιανοὶ Βρούτῳ.

Οὔτε Δολοβέλλαν ἐν τοῖς δαπανηροτάτοις τοῦ πολέ-
μου καιροῖς ἀποθησαυρίσαι παρακαταθήκας εἰκός, οὔτε
Μηνόδωρον ἀπαλλασσόμενον ἐκ τῆς πατρίδος οἷόν τε
καταλιπεῖν οἴκοι τὰ τῆς φυγῆς ἐφόδια. τὸ μέντοι γε
ἀναπέμπειν πρός σε ἢ τὰ μὴ ὄντα χρήματα ἢ τοὺς
ἀναιτίους ἀνθρώπους τῇ μὲν ἀδύνατον τῇ δὲ ἄδικον·
οὐ γὰρ ἄξιον τοῖς ἡμετέροις πολίταις διὰ τοὺς σοὺς
πολεμίους μέχρι συμφορᾶς ἀλυσιτελῆ εἶναι τὴν παρ'
ἡμῶν, ἐὰν πεισθῶμεν, προδοσίαν.

νθ'. Βροῦτος Βιθυνοῖς.

Μηδενὶ δοκείτω χαλεπόν, εἰ πολλὰ εἰσπράττομεν
πολλῶν δεόμενοι· τούτων γὰρ ἡμεῖς ἔργα ἀποδίδομεν.
εἰ δὲ τὸ τῶν εἰσφορῶν πλῆθος βαρύνεσθε, μεμνῆσθαι
χρὴ πόσοι πόνοι σὺν τοῖς διδομένοις ὑφ' ἡμῶν ἀνα-

LVI. Tralliani Bruto.

Non Menodorus ut Dolabellam eiusque exercitum in
urbem reciperemus nos adduxit, ut neque antea ut ca-
stra metari pateremur suadebat. Sed neque hoc si
factum esset, putamus Menodoro tam utilis consilii oc-
casionem nos ipsos videri præbuisse : citius enim cum
Romanis iungendum fœdus profiteremur nos quam tu
nostris Dolabellæ hospitium exprobrabis. Quibus etsi
nihil, ut ais, mutua consensio profutura est, at magnum
certe eis in fidei servatæ conscientia suppetit præsidium.
Armis autem et exilio nihil ad rem opus est : Menodorus
enim una cum Dolabella discessit, non hercle quod pa-
triam vendere sit prohibitus, sed quod omnino iniquum
non putavit, in rebus necessariis comparandis amicum
adiuvare. Tu vero si pulcrum esse censes, ut et pulcrum
est, non differre pœnam peccantibus quibusdam irro-
gandam, multo magis crede non præoccupandas esse
calumnias, verum donec quid evenerit iudicium cohiben-
dum, quoniam videberis non ob ea quæ reprehendis
proximis succensere, sed quibuscum inimicitiam exer-
ces, in eos crimina conferre.

LVII. Brutus Trallianis.

Quotquot pecunias Dolabella apud Menodorum hospi-
tem suum et si quæ alia deposuit, adempta liberis eius,
qui facultates eius post ipsius fugam occuparunt, ad me
mittite : sin vero horum nihil esse dicitis, ipsos viros
totius familiæ cum liberis et uxoribus. Non enim iustum
esset, meorum hostium amicis et hospitibus non solum
nihil detrimenti, sed etiam emolumenti quid mea ex be-
nignitate accedere.

LVIII. Tralliani Bruto.

Neque Dolabellam sumptuosissimis belli temporibus
pecuniam in thesauris reposuisse consentaneum est, ne-
que Menodorum e patria discedentem a se impetrasse ut
exilii viaticum domi derelinqueret. Verum ad te quod
postulas remitti aut quæ non sunt pecunias aut homines
innocentes, partim nequit fieri, partim iniustum est :
non enim digni nostri cives, quibus ob tuos hostes ad
extremam perniciem usque nostra officiat, si pareamus,
proditio.

LIX. Brutus Bithynis.

Nemini durum videatur, quod multa exigimus, multis
quippe indigentes : pro his enim nos ipsa facta reponi-
mus. sin vos ægre fertis multitudinem tributorum, me-
minisse debetis, quot labores collatis pecuniis exhau-

λίσκονται. παντὶ γὰρ δῆλον ὅτι τοῦ παρασκευαζομένου κάμνει πλεῖον ὁ ταῖς παρασκευαῖς τοῦ πολέμου χρώμενος, ἄλλως τε καὶ ὑμῶν μὲν τῆς οἰκείας φροντίδος ἑκάστῳ, ἡμῖν δὲ τῆς ἁπάντων προνοεῖν ἀνάγκη.

ξ' Βιθυνοι Βρουτω

Οὐχ ὅσων δεῖσθαί σοι συμβέβηκεν ἤδη καὶ ἡμῖν εὐπορεῖν τοσούτων περίεστι· γνοίης δ' ἂν δι' ὅσων ἀθροίζεται τὰ παρασκευαζόμενα καμάτων ἐξ ὧν αὐτὸς ἀναλίσκων αὐτὰ κοπιᾷς. καίτοι τὸ μὲν ὑπὲρ ἄλλων εἰσφέρειν μετὰ πόνου καὶ ἀλυσιτελὲς φαίνεται, τὸ δὲ ταῖς ἑτέρων παρασκευαῖς χρῆσθαι μετ' ὠφελείας ἐστὶ ῥάδιον. εἰ δὲ καὶ ὑπὲρ πολλῶν φὴς κακοπαθεῖν, καὶ ἀπὸ πλειόνων σοι ποριστέον· οὐ γὰρ οἷόν τε ἡμᾶς τοὺς περὶ μόνων ἑαυτῶν φροντίζοντας ταῖς ὑπὲρ ἁπάντων εἰσφοραῖς ἐξαρκεῖν.

ξα' Βρουτος Βιθυνοῖς.

Ἀκύλαν ἐμὸν φίλον ἔπεμψα πρὸς ὑμᾶς κατασκευάσοντά μοι ναῦς στρογγύλας πεντήκοντα καὶ μακρὰς διακοσίας, τοσαύτας δὲ καὶ Δολοβέλλᾳ πυνθάνομαι ὑμᾶς παρασχέσθαι· ὀρθῶς οὖν ποιήσετε ναύτας καὶ ἐρέτας εἰς ταῦτα τὰ πλοῖα, ἄχρι ἂν πρὸς ἐμὲ ἀνακομισθῇ, παρασχόντες τῷ Ἀκύλᾳ καὶ σιτηρέσιον τούτοις μηνῶν τεσσάρων· τῶν γὰρ εἰς τὴν ναυπηγίαν δεόντων ξύλων καὶ τῆς τούτων παρασκευῆς ἐπὶ θάλασσαν καὶ τεχνιτῶν εὖ οἶδ' ὅτι οὐδὲν ἀμελήσετε μηδὲ Δολοβέλλᾳ ἐλλιπόντες

ξβ' Βιθυνοι Βρουτω

Οὐκ εἴ τι Δολοβέλλας ἔφθασεν ἁρπάσας, τοῦτο ἤδη καὶ σοὶ λαβεῖν εὔπορον καταλέλοιπεν· οἱ γοῦν ἐκείνῳ πεντήκοντα καὶ ἑκατὸν νεῶν οὐ πλέον δυνάμενοι παρασχεῖν βιασθέντες πῶς οἷοί τε ἂν εἴημεν σοὶ τὰς ἴσας ἐξ ἀπόρων χορηγῆσαι, καὶ μάλιστα σὺν ἐρέταις καὶ ξύλοις καὶ ναυπηγοῖς, ἃ καὶ ἅπαξ εἰσενεγκεῖν χαλεπόν, δὶς δὲ ἀδύνατον, σιτηρέσιον δὲ οὐδὲ Δολοβέλλας ἡμῖν ἅτε μηδ' εἰ κελεύσειε παρασχεῖν δυνησομένοις ἐπήγγειλε· σύγγνωθι οὖν ἡμῖν καὶ σοὶ ἀρνουμένοις κἀκείνῳ ἀρνήσασθαι μὴ δυνηθεῖσιν.

ξγ' Βρουτος Βιθυνοῖς

Ἔγραψέ μοι Ἀκύλας πολλήν τινα ὑμῖν ῥᾳθυμίαν ἐγκεῖσθαι τῆς εἰς τὰ πλοῖα ὑπουργίας, ἐγὼ δὲ ἐκεῖνον σφόδρα ἐμεμψάμην τῆς ἀνεξικακίας, πειθόμενον ἐπιστολῶν μοι τῶν καθ' ὑμῶν, ἃς παρ' ἕκαστα πέμπων οὐ παύεται, δεῖν μᾶλλον ἢ νεῶν, κἂν εἰ σὺν ταῖς κατ' αὐτοῦ πρεσβείαις δέοι· οὐ γὰρ οἷόν τε διὰ τούτων ἐκείνας καταρτισθῆναι. ὑμᾶς δὲ ὑπομνήσαιμ' ἂν ἡδέως καὶ νῦν καὶ ἔπειτα τοῦ μὴ ἄκοντας ἡμῖν, ἀλλ' ἑκόντας καὶ εἰς ταῦτα καὶ εἰς τὰ ἄλλα πάντα ὁμοίως

---

riendi nobis sint manifestum enim cuivis, eo qui apparat multo laborare plus, qui rebus ad bellum apparatis utitur, præsertim quum vestrûm suæ unicuique curæ, nobis vero omnium providendum sit

LX Bithyni Bruto

Non quanto tibi indigere contigit tantundem iam et nobis suppetit Intelligas autem, quanto quæ apparantur cum labore colligantur, ex eo quod eis impendendis ipse fatigaris Atqui pro aliis cum molestia conferre et ipsum inutile videtur, aliorum autem apparatibus cum lucro uti facile est Sin pro multis ais molestias perferre, a pluribus etiam tibi exigendum non enim fieri potest, ut nos, qui nostrûm solorum curam gerimus, tributis pro omnibus conferendis simus pares

LXI Brutus Bithynis

Aquilam amicum meum ad vos misi, ut quinquaginta mihi pararet naves rotundas et longas ducentas, tot enim et Dolabellæ a vobis præstitas esse audio Recte igitur feceritis, si nautas atque remiges in has naves, donec ad me pervehentur, Aquilæ tradideritis, simulque commeatum eis quattuor mensium Nam quod ad ligna attinet ad fabricandas naves necessaria et ea ipsa ad mare advehenda, quodque ad opifices, sat scio nihil horum vos neglecturos esse, quum hac in re neque Dolabellæ defueritis

LXII Bithyni Bruto

Non si quid Dolabella per vim abstulit, hoc iam tibi quoque impetrandi reliqui facultatem Qui igitur illi non plus quam centum et quinquaginta naves coacti potuimus præbere, quomodo tandem tibi parem numerum ad inopiam redacti conficere possumus, idque cum ipsis maxime remigibus et lignis et opificibus, quæ vel semel conferre difficile est, bis autem impossibile? commeatum enim ne Dolabella quidem, ut quem etsi postulasset præbere non potuissemus, nobis imperavit Quare da veniam nobis tibi denegantibus, quæ et illi denegare non potuimus

LXIII Brutus Bithynis

Scripsit mihi Aquila, multam in vobis esse in parandis navibus segnitiem, ego vero illum vehementer ob clementiam reprehendi, quod putaret, epistolis me suis, quas in vos scriptas sine intermissione mittit, magis quam navibus indigere, idque etiamsi vestris insuper in eum legatis opus sit Fieri enim non potest ut per has illæ instruantur Vos autem libenter admonuerim et nunc et postea, ut non inviti, sed volentes et in hac re et in reliquis pariter omnibus vestram mihi operam com-

συναγωνίζεσθαι· ἐκ τῶν παρόντων γὰρ καὶ περὶ ἐκείνων ῥᾴδιον τεκμαίρεσθαι.

ξδ'. Βιθυνοὶ Βρούτῳ.

Ἀκύλας οὐ κατήγορος ἡμῶν τῆς ὀλιγωρίας μᾶλλον ἢ μάρτυς φαίνεται τῆς ἀσθενείας. εἰ γοῦν ἀμελοῦντας ἀληθῶς ἐγίγνωσκεν, οὐκ ἂν παρὸν βιάσασθαι τὴν ὀλιγωρίαν περὶ αὐτῆς σοι ἐπέστελλεν, ἄλλως τε μηδ' ἡμῶν πρεσβεύεσθαι μελλόντων κατὰ τοῦ διακονοῦντος πρὸς τὸν πέμψαντα. νυνὶ δὲ Ἀκύλας μὲν συνεῖδε τὸ τῆς χρείας ἀδύνατον, σὺ δὲ δι' ἀπειλῆς λύσειν νομίζων τὸ ἄπορον ἀδίκως ἅμα καὶ ἀνωφελῶς χαλεπαίνεις· οὔτε γὰρ ἐλπὶς οὔτε φόβος χορηγίας αἴτιον, ἀλλὰ τὸ δύνασθαι.

ξε'. Βροῦτος Βιθυνοῖς.

Οἱ ἄκοντες ἡμῖν ὑπηρετοῦντες οὐχ ἃ μὴ βούλονται παρέχειν κερδαίνουσιν (ἀγαπητὸν γὰρ ἂν ἦν αὐτοῖς τοῦτό γε) ἀλλὰ τὴν ἐπ' ἐκείνοις χάριν, ἥτις ἂν αὐτοῖς ὠφείλετο ὑφ' ἡμῶν, ἀποβάλλουσι. κατασκευάσαντες οὖν τὰς ναῦς ὅνπερ τρόπον ἐπεστείλαμεν σὺν τοῖς ἐρέταις καὶ τῷ ὀφειλομένῳ σιτηρεσίῳ πέμψατε, ἢ ἀναγκασθήσεσθε οὐκ ἐπὶ τούτοις ἄχθεσθαι, ἀλλ' ὧν ἂν ὑπολίπωμεν χάριν ἡμῖν εἰδέναι.

ξϛ'. Βιθυνοὶ Βρούτῳ.

Οἱ βιαζόμενοι τοὺς ὑπουργεῖν μὴ ἰσχύοντας οὐχ ἃ προστάττουσιν ὠφελοῦνται (ἡδὺ γὰρ ἂν ἦν μὴ γενέσθαι χρείας καὶ οἱ ἐν ἀπειλῇ), ἀλλὰ τὸ δοκεῖν μὴ εὐγνώμονες εἶναι ζημιοῦνται· εἴξουσι γὰρ τῇ ἀνάγκῃ πρὸς τὸ ἄπορον, καὶ εἰ μὴ διὰ φιλανθρωπίαν τῇ ἐνδείᾳ συνέγνωσαν. ἡμεῖς μὲν οὖν τάχιον ἂν εὐπορήσαιμεν καὶ ὑπὲρ ἰσχὺν ἢ ἀρνησόμεθα χορηγεῖν ἔχοντες, σὺ δὲ εἰ πλέον οἴει πορίσειν ἀφ' ἡμῶν διὰ βίας, ἴσθι μὴ ὧν ἂν παραλίπῃς, ἀλλ' ὧν ἂν χρήσασθαι δυνηθῇς χάριν ἡμῖν παρέξων.

ξζ'. Βροῦτος Βιθυνοῖς.

Τὰ πλοῖα ἐγὼ πάντα, ὅσων μοι ἔδει, ἐν θαλάσσῃ ἔχω παρασχόντων μοι Μακεδόνων καὶ Λεσβίων καὶ Φοινίκων. ὑμεῖς οὖν ἐπεὶ παρὰ τοὺς χειμῶνας αἰφνιδίως ἐπιπεσόντας ὑστερήσατε, τετρακόσιά μοι τάλαντα εἰς τὸ ἐπιβατικὸν αὐτῶν συγκομίσατε· νομίζω γὰρ εἰς μηδὲν ὑμῖν τούτων αἴτιον τὸν χειμῶνα γεγονέναι, ἐθελησάντων δὲ ὑμῶν ἐνοχλῆσαι.

ξη'. Βιθυνοὶ Βρούτῳ.

Ὁ μὲν χειμὼν διεκώλυσε τὴν ναυτικὴν ἡμῶν συμμαχίαν, ἡ δὲ ναυτικὴ παρασκευὴ ἐξανάλωσε τὰ χρήματα, ὥστε ἡμᾶς εἰ καὶ μὴ σοί, ἀλλ' οὖν αὐτοῖς γε

---

modetis : ex præsentibus enim et de illis facile potest fieri coniectura.

LXIV. Bithyni Bruto.

Aquila aperte non tam negligentiæ nostræ accusator quam imbecillitatis nostræ testis est. Nam si segnes nos revera cognovisset, non utique, quum liceret vim adhibere negligentiæ, de ea ad te litteras dedisset, præsertim quum nec nos legatos mittere contra ministrum ad eum qui ipsum misisset auderemus. Nunc autem Aquila egestatis novit impotentiam, tu vero, quum minis te opinaris inopiam posse solvere, iniuste simul et inutiliter indignaris : neque enim spes neque metus est, verum facultas rei gerendæ adminiculum.

LXV. Brutus Bithynis.

Qui nobis inviti inserviunt non id, quod præstare nolunt, in lucro habent, nam hoc quidem optatum ipsis esset, sed gratiam amittunt a nobis exspectandam. Paratas igitur naves quemadmodum iussimus cum remigibus debitoque commeatu mittite, aut cogemini non ob hæc dolere verum pro eis quæ reliquerimus gratias nobis agere.

LXVI. Bithyni Bruto.

Qui vim adhibent imperata præstare non valentibus, nullum mandati fructum percipiunt (dulce esset enim commodo non privari et eum qui minetur), verum id damni faciunt, quod iniqui esse videantur : cedendum est enim eis necessitati, quam secum fert inopia, etiamsi non humanitatis caussa veniam egestati dederint. Nos igitur citius ut conferamus vel ultra vires operam dederimus, quam ut si possumus præstare recusemus. Tu vero si plus a nobis vi putas te extorquere posse, scito te non si quid relinquendum nobis, sed si quid in usum tuum inveneris convertendum, gratiam nobis habiturum.

LXVII. Brutus Bithynis.

Navigia quotquot indigebam habeo Macedonum et Lesbiorum Phœnicumque ope comparata omnia. Vos igitur quoniam tempestates subito incidentes retardarunt, quadringenta mihi talenta ad ipsa complenda conferte : arbitror enim, tempestatem extra noxiam fuisse nec nisi ex vestra voluntate turbas concitasse.

LXVIII. Bithyni Bruto.

Tempestas quidem navale auxilium nostrum impedivit, navium autem apparatus facultates nostras penitus exhausit, ut etsi non tibi, at nobis certe magnis impen-

ὀκπανκρῶς μεμοχθηκέναι τῆς οὖν χρείας ὑπ' ἄλ-
λων πεπληρωμένης αἰτούμεθα συγγνώμην, βραδύναντες
μὲν διὰ τὴν τύχην, ἀποροῦντες δὲ διὰ τὸ ἀνάλωμα
οὐ γὰρ δυνατὸν ἡμῖν τὰς ναῦς ποιῆσαι χρήματα ὡς ἐκ
τῶν χρημάτων ναῦς

ξϛ' Βροῦτος Σαμίοις

Αἱ βουλαὶ ὑμῶν ὀλίγωροι, αἱ ὑπουργίαι βραδεῖαι
τί τούτων τέλος ἐννοεῖσθε

ο' Σάμιοι Βρούτω

Βουλεύεσθαι μὲν ὀκνηρῶς ἀσφάλεια, ὑπουργεῖν δὲ
βραδέως ἀσθένεια· τούτων ἀμφοτέρων ἓν τέλος συγ-
γνώμη.

sis hic labor constiterit   Quare quum hoc officium ab
aliis præstitum sit , veniam petimus , quos fortuna retar-
davit , sumptus vero redegit ad inopiam   non enim in
nostra potestate situm est , ut ex navibus pecuniam facia
mus , quemadmodum ex pecunia naves

LXIX Brutus Samiis

Consilia vestra parum prompta , tardaque obsequia
quorum quis finis fuerit considerate

LXX Samii Bruto

Deliberare lente securitas, tardeque obsequium præ-
stare imbecillitas   horum utrorumque finis unus indul-
gentia

ΚΑΛΑΝΟΥ ΕΠΙΣΤΟΛΗ.

CALANI EPISTOLA.

Κάλανος Ἀλεξάνδρῳ.

Φίλοι πείθουσι χεῖρας καὶ ἀνάγκην προσφέρειν Ἰνδῶν φιλοσόφοις, οὐδ' ἐν ὕπνῳ ἑορακότες ἡμέτερα ἔργα. σώματα γὰρ μετοίσεις ἐκ τόπου εἰς τόπον, ψυχὰς δὲ οὐκ ἀναγκάσεις ποιεῖν ἃ μὴ βούλονται μᾶλλον ἢ πλίνθους καὶ ξύλα φωνὴν ἀφεῖναι. πῦρ μεγίστους τοῖς ζῶσι σώμασι πόνους καὶ φθορὰν ἐργάζεται· τούτου ὑπεράνω ἡμεῖς γινόμεθα, ζῶντες καόμεθα. οὐκ ἔστι βασιλεὺς οὔτε ἄρχων, ὃς ἀναγκάσει ἡμᾶς ποιεῖν ἃ μὴ προαιρούμεθα. Ἑλλήνων δὲ φιλοσόφοις οὐκ ἐξομοιούμεθα, ὅσοι αὐτῶν εἰς πανήγυριν λόγους ἐμελέτησαν, ἀλλὰ λόγοις ἔργα παρ' ἡμῖν ἀκόλουθα, καὶ ἔργοις λόγοι βραχεῖς ἄλλην ἔχουσι δύναμιν, καὶ μακαριότητα καὶ ἐλευθερίαν περιποιοῦντες.

Calanus Alexandro.

Amici tibi suadent ut tormenta adhibeas Indorum philosophis, ne per somnum quidem conspicati nostras res et nostra negotia. Corpora de loco ad locum transferes, animis invitis nullam vim inferes, nihilo magis quam si lateres et ligna cogas vocem mittere. Ignis corporibus vivis maximos dolores excitat non sine pernicie, hunc tamen nos despicimus dum vivi comburimur. Nullus rex, nullus princeps potest efficere ut quicquam agamus præter animi sententiam. Non sumus Græcorum philosophorum similes, qui diu meditatas orationes recitant in celebritatum conventibus, sed res a verbis apud nos non discrepant. Brevi momento et beatitatem et libertatem adipiscimur.

192

ΧΕΙΛΩΝΟΣ ΕΠΙΣΤΟΛΗ.

CHILONIS EPISTOLA.

Χείλων Περιάνδρῳ.

Ἐπιστέλλεις ἐμὶν ἐκστρατείαν ἐπὶ ἐκδάμως, ὡς
ἀυτός κα ἐξέρποις· ἐγὼν δὲ δοκέω καὶ τὰ οἴκῃα σφα-
λερὰ ἦμεν ἀνδρὶ μονάρχῳ, καὶ τῆνον τυράννων εὐδαι-
μονίζω ὅστις κα οἴκοι ἐξ αὑτὸς αὑτῷ κατθάνῃ.

Chilo Periandro.

Scribis mihi expeditionem in exteros suscipi, teque
ipsum bello interfuturum. Atqui ego monarchæ nec sua
tuta esse puto, felicemque eum tyrannum censeo, qui
domi suæ morte obierit.

ΧΙΩΝΟΣ ΕΠΙΣΤΟΛΑΙ.

CHIONIS EPISTOLÆ.

α΄. Χίων Μάτριδι χαίρειν.

Ἀπέδωκέ μοι Λῦσις τὴν ἐπιστολὴν τρίτην ἡμέραν
ἤδη περὶ Βυζάντιον διατρίβοντι, δι' ἧς τὴν σαυτοῦ
σύγχυσιν καὶ πάσης τῆς οἰκίας ἐδήλους μοι. ἄλλος
μὲν οὖν, ὅσοις ἔνεστι παραμυθήσασθαί σε, ταῦτ' ἂν
διεξήει καὶ τὰς ἐκ τῆς ἀποδημίας ἐλπίδας ἐξηριθμεῖτο
καὶ ἐπὶ ταύταις ἀντίρροπον λύπης εὐφροσύνην καθί-
στατο· ἐγὼ δὲ τοῦτ' αὐτὸ ἀξιῶ παρ' ὑμῶν γενέσθαι,
ὅπως ἆθλόν μοι τῆς ἐλπιζομένης ἀρετῆς καταστήσητε
τὸ μακαρίους ὑμᾶς ποιῆσαι γονεῖς, ἀλλὰ μὴ τὸ πα-
ραμυθίαν ἐκ τῆς ἐμῆς παιδείας προσδέχεσθαι, μὴ
λυπούμενοι δὲ εὐτυχίαν. ἄμεινον δὲ ὥσπερ ἀθλοφόρῳ
μείζονά μοι προθεῖναι τὰ ἆθλα, ἵνα κρείττων ἐπ' αὐτὰ
ἀγωνιστὴς γένωμαι. οὕτως οὖν διάκεισο, ὦ πάτερ, καὶ
παραμυθοῦ τὴν μητέρα, εἴπερ ἄρα ἐκείνην μὲν ἐν τοῖς
παρηγορουμένοις, σὲ δὲ ἐν τοῖς παρηγοροῦσι τετάχθαι
προσήκει.

β΄. Χίων Μάτριδι χαίρειν.

Θράσων ἐμπορεύεται μὲν τὸν Πόντον, χρηστὸς δὲ
μᾶλλον ἢ κατὰ τὴν ἐπιτήδευσιν εἶναί μοι δοκεῖ. καὶ
νῦν ἐν Βυζαντίῳ γενόμενος ἔχω τινὰ αὐτῷ χάριν· θεά-
σασθαι γάρ μοι βουλομένῳ τὰ περὶ τὴν χώραν ἄξια
θέας ὄντα ἡγεμὼν τῆς ὁδοῦ ἐγένετο καὶ τἆλλα ἐπεμε-
λήθη, ὅπως μὴ πονηρά τις ἡμῖν ἡ ὁδὸς καὶ κυνηγετικὴ
γένοιτο, ἀλλὰ ὀχημάτων τε χάριν καὶ τῆς ἄλλης πα-
ρασκευῆς ἁβροτέρα. τοῦτον ὡς ὑμᾶς πλέοντα ᾠήθην
ταύτῃ τῇ μαρτυρίᾳ συμπαραπέμψαι δεῖν, ἵνα ἀντι-
τύχῃ τῶν αὐτῶν. θέας μὲν οὖν οὐδὲν οἶμαι χρῄζει
κατεστρατευμένος ἐκ πολλοῦ χρόνου τὸν Πόντον, εἰς
δὲ τὴν οἰκίαν δῆλον ὡς κατὰ τὸ σεαυτοῦ ἦθος ὑποδέξῃ
προθύμως αὐτόν. ἐγὼ δὲ ὥρμημαι μὲν ἐκπλεῖν,
ἀνέμου δὲ οὐκ ἐπιτυγχάνω.

γ΄. Χίων Μάτριδι χαίρειν.

Πολλὴν χάριν οἶδα τοῖς ἐπισχοῦσιν ἡμᾶς ἀνέμοις
καὶ τὴν ἐν Βυζαντίῳ διατριβὴν βιασαμένοις, καίτοι τὸ
πρῶτον ἠχθόμην αὐτοῖς ἐπειγόμενος· ἀλλὰ γὰρ ἀξία
πρόφασις καὶ χρονιωτέρας μονῆς ἐφάνη Ξενοφῶν ὁ
Σωκράτους γνώριμος. οὗτος γὰρ ὁ Ξενοφῶν εἷς τῶν
ἐπ' Ἀρταξέρξην στρατευσαμένων Ἑλλήνων, Κύρῳ δὲ

Reddidit mihi Lysis epistolam tuam tertium iam diem
Byzantii commoranti, qua tuam ipsius atque universæ
domus sollicitudinem mihi significasti. Alius igitur,
quæcunque ad te consolandum faciant, enarraret et spes
ex hoc itinere exspectandas enumeraret, hisque in parem
tristitiæ lætitiam adduceret : ego vero hoc ipsum a vobis
fieri volo, ut speratæ virtutis præmium mihi constituatis,
ut vos parentes beatos faciam, non ut ex meis studiis so
latium accipiatis aut nulla adversa re affecti felicitatem.
Præstat autem tanquam de præmiis contendenti maiora
mihi præmia proponere, ut acrior fiam ad ea adipiscenda
decertator. Hoc igitur animo esto, pater, et matrem
consolare, siquidem illam ex eis esse, qui consolationis
indigent, te ex eis, qui consolationem præbent, consen-
taneum est.

II. Chion Matridi salutem.

Thraso in Ponto negotiatur, sed probior quam pro vitæ
instituto videtur mihi esse. Ac iam Byzantii quum sim,
est cur gratias ei debeam. Namque spectare cupienti
mihi quæ spectatu digna hac in regione essent, ducem
viæ se adiunxit et reliqua curavit, ne mala nobis via
contingeret et venatoria, sed propter vehicula et reliquum
apparatum commodior. Hunc ad vos navigantem cum
hoc testimonio deducendum censui, quo eadem vicissim
consequatur. Spectare igitur, quæ istic sunt, nihil opinor
ipsi opus est, quum iam pridem in Ponto stipendia fece-
rit, domo tua autem, quemadmodum consuevisti, quin
eum libenter excepturus sis, dubium nullum est. Ego
vero iam dudum hinc solvere cupio, verum secundus
ventus nondum mihi obtigit.

III. Chion Matridi salutem.

Magnam ventis gratiam habeo, qui nos detinuere ac
vi nonnihil Byzantii commorari coegerunt; quanquam
initio succensebam eis, quum valde properarem. Sed ob
Xenophontem Socratis familiarem operæ pretium erat istic
etiam diutius hærere. Hic enim Xenophon unus ex iis
Græcis est, qui bellum adversus Artaxerxem gesserunt

συμμάχων ἐστί. καὶ τὸ μὲν πρῶτον μετά τινος τῶν στρατηγῶν ἦν οὐδὲν πολυπραγμονῶν ὅ τι μὴ στρατιώτην ἐχρῆν, καίπερ εἷς ὢν τῶν Κύρῳ τιμίων· ὡς δὲ Κῦρός τε ἀπέθανεν ἐν τῇ πρώτῃ μάχῃ καὶ οἱ στρατηγοὶ τῶν Ἑλλήνων παρασπονδηθέντες ἀπετμήθησαν τὰς κεφαλάς, ᾑρέθη στρατηγὸς ἀνδρείας τε ἕνεκα καὶ τῆς ἄλλης σοφίας, δοκῶν ἄριστα ἂν διαπράξασθαι τὴν σωτηρίαν τοῖς Ἕλλησι· καὶ οὐκ ἔψευσεν αὐτοὺς τῆς ἐλπίδος, ἀλλὰ διὰ μέσης πολεμίας γῆς ὀλίγην στρατιὰν ἄγων περιεσώσατο, ἑκάστης ἡμέρας τοῖς βασιλέως στρατηγοῖς παραστρατοπεδευόμενος. (2) θαυμαστὰ μὲν οὖν καὶ ταῦτα, πολὺ δὲ τούτων θαυμαστότερόν τε καὶ μεῖζον ὅπερ αὐτὸς ἐγὼ νῦν ἐθεασάμην. πεπονημένοι γὰρ οἱ Ἕλληνες πολυχρονίῳ καὶ χαλεπῇ στρατείᾳ καὶ μηδὲν ἄλλο ᾑρημένοι τῶν κινδύνων ἄθλον πλὴν τῆς σωτηρίας, δεξαμένων αὐτοὺς κατὰ φόβον τῶν Βυζαντίων, ἔγνωσαν διαρπάσαι τὴν πόλιν, καὶ πολὺς τάραχος αἰφνιδίως κατέσχε τοὺς Βυζαντίους· ἐπεὶ δὲ ὡπλίζοντό τε οἱ ξένοι καὶ ὁ σαλπιγκτὴς ἐσήμηνεν, ἐγὼ μὲν ἀσπίδα καὶ λόγχην ἁρπάσας ὥρμων ἐπὶ τὸ τεῖχος, οὗ καὶ τῶν ἐφήβων τινὰς συνεστηκότας ἑώρων. ἦν δὲ ἡ φυλακὴ τῶν τειχῶν οὐδὲν ὠφέλιμος πολεμίων κατεχόντων τὴν πόλιν, ἀλλ᾽ ὅμως ῥᾷον ἐνομίζομεν ἀμυνεῖσθαι πλεονεκτοῦντες τῷ τόπῳ ἢ ἀπολεῖσθαί γε βραδύτερον. (3) κἀν τούτῳ ταραττομένων τῶν Ἑλλήνων ἑωρῶμεν κομήτην ἄνδρα, καλὸν πάνυ καὶ πρᾶον ἰδέσθαι, διεξιόντα δι᾽ αὐτῶν καὶ παύοντα τῆς ὁρμῆς ἕκαστον· οὗτος δὲ ἦν ὁ Ξενοφῶν· ὡς δὲ ἐκ τῶν ἐναντίων παρεκάλουν αὐτὸν οἱ στρατιῶται ἕνα ὄντα πολλοῖς πείθεσθαι καὶ ἀναπαῦσαί ποτε αὐτοὺς τῆς ταλαιπώρου καὶ χαλεπῆς ἄλης, « ἀνάγετε οὖν ἐπὶ πόδα » ἔφη « καὶ βουλεύσασθε· οὐ γὰρ δέος μὴ διαφύγῃ βουλευομένους τὸ πρᾶγμα ἐφ᾽ ὑμῖν κείμενον » ὡς δὲ τοῦτό γε αὐτῷ ἀπειθεῖν ᾐδέσθησαν, εἰς μέσον καταστὰς ὁ Ξενοφῶν θαυμαστοὺς λόγους διέθετο, ὡς τὸ τέλος αὐτῶν ἐδήλωσεν· οὐ γὰρ ἡμῖν γε σαφῶς ἐξηκούοντο· τοὺς γοῦν πρὸ μικροῦ διαρπάζειν ἐγνωκότας τὴν πόλιν μετρίους κατὰ τὴν ἀγορὰν ἑωρῶμεν ὠνυμένους τὰ ἐπιτήδεια, ὡς τῶν ἄλλων Βυζαντίων ἕκαστον, καὶ μηδὲν ἔτι ἐκείνου τοῦ ἀδίκου καὶ ἁρπακτοῦ ἄρεος πνέοντας. (4) αὕτη δὲ ἡ ὄψις ἐπίδειξις ἦν τῆς Ξενοφῶντος ψυχῆς, ὅπως καὶ φρονεῖν καὶ λέγειν ἐδύνατο. οὐ μὴν ἔγωγε ἡσυχίᾳ τὸν ἄνδρα παρελθεῖν ὑπέμεινα, καὶ ταῦτα ὁμοίως Βυζαντίοις εὖ πεπονθὼς ὑπ᾽ αὐτοῦ (ἐπεὶ διὰ τοὺς ἀνέμους καὶ αὐτὸς εἷς ἦν τῶν διαρπασθησομένων), ἀλλ᾽ ἐγνώρισα αὐτῷ ἐμαυτὸν ὅ δὲ καὶ τῆς σῆς πρὸς Σωκράτη φιλίας ἀνεμιμνήσκετο κἀμὲ φιλοσοφεῖν παρίστατο, καὶ τἆλλα οὐ στρατιωτικῶς μὰ Δί᾽ ἀλλὰ καὶ πάνυ φιλανθρώπως διελέγετο· νῦν δὲ εἰς Θρᾴκην ἄγει τὸ στράτευμα· Σεύθης γὰρ ὁ τῶν Θρᾳκῶν βασιλεὺς πρός τινας ὁμόρους πολεμῶν μετεπέμψατο, ἐντελῆ μισθὸν αὐτοῖς ὑποσχόμενος, οἱ δὲ ὑπήκουσαν. οὐ γὰρ ἄποροι διαλυθῆναι βούλονται, ἀλλὰ καὶ κτήσασθαί τι ἐκ τῶν πόνων, ἕως γ᾽ ἔτι

---

ac Cyro auxilium tulerunt · Atque initio quidem unum e ducibus sequebatur, neque quicquam studiose agebat nisi quod deceret militem, quanquam unus eorum, quos Cyrus in pretio habebat · Verum posteaquam primo in prœlio Cyrus occubuit et violatis inducis Græcorum ducibus abscissa capita sunt · factus est imperator, quod et ob fortitudinem et ob reliquam sapientiam Græcorum saluti optime consulturus esse videbatur · Neque hanc eorum spem irritam fecit, sed per medias hostiles regiones exiguas quas ducebat copias incolumes servavit, quotidie castris non procul a regis ducibus positis · (2) Sunt hæc quidem iam admiratione digna, sed hoc multo admirabilius et maius, cuius nunc ipse spectator fui · Nam Græci diuturnæ ac difficilis militiæ laboribus confecti, quum nullum aliud periculorum præmium quam vitam conservatam reperissent, recipientibus eis pro timore Byzantiis, statuerunt urbem populari, multæque turbæ statim Byzantios invasere · Quumque iam mercenarii arma caperent ac tubicen classicum caneret, equidem scuto hastaque correpta currebam ad muros, quo loco et iuvenes nonnullos videbam congregatos · Verum muros custodire nihil referebat, quum urbem hostes iam tenerent · Nihilominus existimabamus defensionem nobis faciliorem fore, si loci commoditate superiores essemus, quam saltem nos perituros esse tardius · (3) Interea tumultuantibus Græcis conspeximus virum promisso capillo, pulchro ac miti adspectu, per medios ordines incedentem ac singulorum impetum reprimentem · Xenophon hic erat · Quum autem ex adversantibus quidam militum eum hortarentur, ut unus multis pareret ac tandem aliquando ærumnosis molestisque erroribus finem imponeret, « pedem igitur referte » inquit « et de re consultate · non enim metuendum est, ne res nostra in potestate sita, dum consultabimus, elabatur » · Pudebat illos hoc ei denegare · itaque in medium progressus Xenophon admirabilem orationem habuit, quemadmodum exitus declaravit · non enim ipsam nos liquido exaudire poteramus · Itaque qui paullo ante urbem diripere decreverant, eosdem iam in foro modeste commeatum, non aliter ac reliquorum Byzantiorum quemlibet, ementes, nec quicquam amplius iniquum illum ac rapacem Martem spirantes videbamus · (4) Erat autem hoc spectaculum indicium Xenophontis animi, quantum ille prudentia et eloquentia præstaret · Ego vero a me impetrare non potui, ut silentio hunc virum præterirem, præsertim eodem cum Byzantiis ab eo beneficio affectus, siquidem a ventis detentus et ipse diripiendus fuissem, sed ipsi qui essem aperui · Tum ille amicitiæ, quæ tibi cum Socrate fuisset, reminisci, meque ad philosophandum cohortari, atque omnino non militarem in modum, per Iovem, verum humaniter admodum mecum colloqui · Nunc copias in Thraciam ducit · nam Thracum rex Seuthes, qui bellum adversus finitimos quosdam gerit, accessivit eum, pleno eis stipendio promisso, illi vero parere, quod dimitti nolunt inopes, sed dum in exercitum adhuc

στράτευμά εἰσιν. (ς) ἴσθι δή, πολύ με νῦν προθυ-
μότερον εἰς Ἀθήνας πλεύσεσθαι φιλοσοφήσοντα· μέ-
μνησαι γὰρ δήπου, ὅτι προτρέπων με συνεχῶς ἐπὶ φι-
λοσοφίαν καὶ θαυμαστὰ διεξιὼν περὶ τῶν καθ᾽ ὁτιοῦν
σπουδασάντων περὶ αὐτὴν μέρος τἄλλα μὲν εἶχες πει-
θόμενον, ἐκεῖνο δὲ καὶ πάνυ φοβούμενον. ἐδόκει γάρ
μοι τὰ μὲν λοιπὰ ὄντως σπουδαιοτέρους ποιεῖν ὅσων
ἐφάψαιτο (καὶ γὰρ τὸ σῶφρον καὶ τὸ δίκαιον οὐκ ἄλ-
λοθεν ἀρύεσθαι τοὺς ἀνθρώπους ἢ ἐκ φιλοσοφίας ᾤμην),
τὸ δὲ πρακτικὸν καὶ σφόδρα λύειν τῆς ψυχῆς καὶ μαλ-
θάσσειν ἐπὶ τὸ ἥσυχον. ἀπραγμοσύνη γὰρ ἦν καὶ
ἠρεμία τὰ θαυμαστά, ὥς μοι ἔλεγες, ἐγκώμια φιλοσό-
φων. (ο) δεινὸν οὖν μοι κατεφαίνετο, εἰ φιλοσοφήσας
τἄλλα μὲν ἀμείνων ἔσομαι, θαρραλέος δ᾽ οὐκέτι οὔτε
στρατιώτης εἶναι δυνήσομαι οὔτε ἀριστεύς, εἰ δέοι,
ἀλλὰ μεθήσω ταῦτα πάντα ὥσπερ ἐπιλήσμονί τινι
ἐπῳδῇ παντὸς ἔργου λαμπροτέρου κηληθεὶς τῇ φιλο-
σοφίᾳ. ἠγνόουν δ᾽ ἄρα, ὅτι.καὶ πρὸς ἀνδρείαν εἰσὶν
ἀμείνους οἱ φιλοσοφήσαντες, καὶ μόλις γε αὐτὸ παρὰ
Ξενοφῶντος ἔμαθον, οὐκ ἐπειδὴ διελέχθη μοι περὶ
αὐτοῦ, ἀλλ᾽ ἐπεὶ τοιοῦτος ὢν ἐφάνη, ὁποῖός ἐστι. μά-
λιστα γὰρ δὴ μετασχὼν τῶν Σωκράτους λόγων ἀρκεῖ
καὶ στρατεύματα καὶ πόλεις σώζειν, καὶ οὐδὲν αὐτὸν
ἐποίησε φιλοσοφία αὐτῷ τε καὶ τοῖς φίλοις ἀχρειότε-
ρον. (γ) ἡσυχία μὲν οὖν ποιητικωτέρα τάχα εὐδαι-
μονίας· ἤδη μέντοι καὶ πράξει καλῶς ἕκαστα ὁ καλῶς
ἠρεμεῖν δυνάμενος, ἐπεὶ καὶ μείζων ἂν εἴη τοῦ πολε-
μοῦντος ὁ πλεονεξίαν καὶ ἐπιθυμίαν καὶ τἄλλα πάθη
χειρούμενος, ὧν καὶ οἱ νικῶντες τοὺς πολέμους ἥτ-
τῶνται. κἀγὼ οὖν ἐλπίζω φιλοσοφήσας τά τε ἄλλα
κρείττων ἔσεσθαι καὶ οὐχ ἧττον ἀνδρεῖος, ἀλλ᾽ ἧττον
θρασύς. ταῦτα μὲν οὖν οὐχ ἱκανὰ μόνον, ἀλλὰ καὶ
τοῦ ἱκανοῦ πέρα. γίνωσκε δέ με ἤδη πρὸς τῷ πλεῖν
ὄντα· καὶ γὰρ δὴ γέγονε καὶ τὰ τῶν ἀνέμων αἰσιώτερα.

δ΄. Χίων Μάτριδι χαίρειν.

Ἐπιτυχόντες τῶν περὶ Σίμον κατ᾽ ἐμπορίαν ὡς
ὑμᾶς πλεόντων ἔγνωμεν καὶ τὰ ἐν Περίνθῳ συντυχόντα
ἡμῖν δηλῶσαι. ἦν μὲν γὰρ ἐρίφων ἑσπερία δύσις,
κἀγὼ προὔλεγον τοῖς σὺν ἡμῖν ναύταις ἐπισχεῖν τὸν
ἔκπλουν, καὶ ταῦτα ἐν Βυζαντίῳ διατρίβειν δυναμέ-
νοις, οἱ δ᾽ οὐκ ἐπείθοντο, ἀλλὰ καὶ πάνυ μου τὴν πρόρ-
ρησιν ἐχλεύαζον, προσεθελῆσθαί μοι νόσον τινὰ
ἀστρονομίας ὑπὸ Ἀρχεδήμου τοῦ ἀστρονόμου λέγοντες.
κἀγὼ μέχρι μέν τινος ἀντεῖχον, καταναυμαχούμενος
δ᾽ ὑπ᾽ αὐτῶν εἶξα, καὶ ταῦτα οὐδ᾽ αὐτὸς εἰδὼς εἴ τι
ἀληθὲς προλέγοιμι, ἅμα δὲ καὶ πνεῦμα οὔριον καὶ
καλὸς πλοῦς προφαινόμενος ἀπιστότερά μου ἐποίει τὰ
προαγορεύματα. (ι) ὡς δὲ ἀνήχθημεν, ἕως μὲν Ση-
λυμβρίαν παραλλάξαι, κατεγελώμην ἐφ᾽ οἷς προεῖπον,
εὐχόμενός γε καὶ μέχρι τῆς ἀποβάσεως γελάσθαι· ὡς
δὲ τριάκοντά που σταδίους ἀπ᾽ αὐτῆς προεκόψαμεν,
δεινὸς ἡμᾶς χειμὼν κατέλαβε, καὶ πολὺν μὲν χρόνον

---

congregati sunt, laborum suorum adipisci præmium. (5) Ce-
terum scito, me iam multo lubentius Athenas ad philoso-
phandum navigaturum. Nam meministi, opinor, quoties
ad philosophiam me impelleres et admirabilia de eis, qui
ullam in eius partem incumberent, enarrares, in reliquis
me tibi assensum esse, hoc unum tamen prorsus metuisse.
Videbatur scilicet mihi in ceteris quidem revéra præ-
stantiores efficere homines, quoscunque attigisset (namque
modestiam et iustitiam non aliunde quam ex philosophia
censebam homines haurire), sed agendi vim animi vel
maxime dissolvere et ad otium emollire. Vacatio enim a
rebus gerendis et tranquillitas admirabiles erant, quas
tu dicebas, philosophorum laudes. (6) Itaque graviter
ferendum mihi videbatur, si philosophia percepta ceteris
in rebus melior evaderem, verum nec fortis amplius
miles esse possem neque, si res ita posceret, præclari
facti auctor, sed abicienda hæc omnia mihi essent delenito
a philosophia, quæ tanquam carmine quodam omnis
egregii facinoris mihi induceret oblivionem. Nimirum
ignorabam, philosophiæ cultores ad fortitudinem etiam
melius esse comparatos, atque hoc ipsum vix a Xeno-
phonte didici, non postquam de ea re sermonem mecum
instituit, sed postquam talem se declaravit, qualis est.
Nam Socratis maxime licet sermonibus institutus, is
tamen est, qui et exercitus et urbes conservare possit,
nihiloque eum fecit philosophia et ipsi sibi et amicis
inutiliorem. (7) Quare vita quieta plus fortasse ad feli-
citatem comparandam valet, sed omnia recte fecerit, qui
otio recte frui potuerit. Nam bellica laude superior
fuerit, qui avaritiam et cupiditatem ceterosque affectus
vicerit, quibus et belli victores obnoxii sunt. Itaque
spero fore ut philosophia duce et in reliquis præstantior
evadam, et nihilo minus fortis, quanquam minus audax
sim. Sed de his non solum quantum satis, sed multo
plus etiam quam satis est. Ceterum scito, navigationem
me iam parare : sunt enim venti magis secundi.

IV. Chion Matridi salutem.

Quum in Simum negotiandi caussa ad vos navigantem
incidissem, visum est nobis et de eis, quæ Perinthi nobis
accidere, vos certiores facere. Erat enim vespertinus
hædorum occasus, egoque dehortabar nautas, qui nobis-
cum erant, ne solverent, præsertim quum Byzantii com-
morari possent; illi vero non parebant, immo prædictio-
nem meam vehementer deridebant, astronomiæ quendam
morbum ab Archedemo astronomo mihi inflictum dicti-
tantes. Et ego quidem aliquamdiu repugnabam, tandem
quasi navali pugna ab illis superatus cessi, idque vel ipse
num quid veri eis prædixissem inscius. Simul et ventus
secundus et pulchra suborta navigatio magis etiam prædi-
ctionibus meis fidem derogabat. (2) Postquam in altum
venimus, usque eo dum Selymbriam præternavigavimus,
ob ea quæ prædixeram deridebar, optans et ipse ad
excensionem usque derideri. Verum ut triginta fere
stadia hinc processimus, vehemens tempestas nobis inci-

οὐδαμοῦ καθορμίσαι τὴν ναῦν δυνάμενοι πονηρῶς πάνυ
διεκείμεθα, μόλις δέ ποτε ἐπιδόντες τὴν Πέρινθον ἐδια-
ζόμεθα πρὸς αὐτήν, κωπηλάται ἀγαθοὶ γενόμενοι τοῖς
μὲν γὰρ ἱστίοις οὐ φορητὸς ἦν ὁ ἄνεμος καὶ δεινὰ
παθόντες, ἵνα μὴ λέγω τὰ μεταξύ, μέσων που νυκτῶν
κατήχθημεν εἰς Πέρινθον. καὶ τότε μὲν κατεδάρθομεν,
ὑπελείπετο δὲ ἡμῖν καὶ ἕτερος χειμὼν οὐδὲν τοῦ θα-
λαττίου μετριώτερος. Περίνθιοι γὰρ ὑπὸ Θρᾳκῶν
ἐπολεμοῦντο, καὶ τοῦτο οἱ πάντα ἀγνοήσαντες ἡμεῖς
οὐκ ἐπυθόμεθα, καίπερ δώδεκα ἡμέρας ἐν Βυζαντίῳ
διατρίψαντες, ἀλλ' ὡς εἰκὸς αἰφνίδιος ἡ καταδρομὴ
τῶν βαρβάρων ἐγένετο (1) ἀναστάντες οὖν ἐξήειμεν
ὀψόμενοι τὴν πόλιν, ὡς ᾠόμεθα, ἐγώ τε καὶ Ἡρακλεί-
δης καὶ Ἀγάθων ὁ χρηστός, εἵποντο δὲ ἡμῖν καὶ τῶν
θεραπόντων Βαιτύλος καὶ Ποδάρκης καὶ Φίλων ὁ
θρασύς, ἡμεῖς μὲν ἄνοπλοι, τῶν δὲ θεραπόντων πα-
ρήρτητο ἕκαστος μάχαιρα, Φίλων μὲν γὰρ καὶ δόρυ
ἐκόμιζε. μικρὸν δὲ προελθόντες ἀπὸ τοῦ λιμένος
ὁρῶμεν στρατόπεδόν τε οὐ πρόσω τῆς πόλεως καὶ τὸ
δεινότερον ἱππέας τρεῖς οὐ πόρρω ἡμῶν. καὶ Φίλων
μὲν δούς μοι τὴν λόγχην, ἵν' αὐτὸς ἢ δρομικώτερος,
ἐπὶ τὴν ναῦν ἔφευγεν, ἐγὼ δὲ οὖν ἐλπίζων ὠκύτερον
ἵππου ἐμαυτὸν εἶναι, περὶ τὸν βραχίονα ἑλίττων θοἰ-
μάτιον καὶ τὴν λόγχην διηγκυλωμένος ἔμενον. τὸ
αὐτὸ δὲ ἐποίουν καὶ οἱ θεράποντες, Ἡρακλείδης δὲ καὶ
Ἀγάθων λίθους ἔχοντες ὀπίσω ἡμῶν ἐκρύπτοντο
(4) προσελάσαντες δὲ οἱ Θρᾷκες πρὶν εἰς ἐρικ-ὸν ἐλθεῖν
ἠκόντισαν τρεῖς λόγχας ἕκαστος, καὶ αἱ μὲν μικρὸν
πρὸ ἡμῶν ἔπεσον, οἱ δὲ ἀναστρέψαντες ὡς δὴ τετελε-
σμένου αὐτοῖς τοῦ ἔργου ἤλαυνον εἰς τὸ στρατόπεδον,
ἀνελόμενοι δ' ἡμεῖς τὰς λόγχας ἀνεχωρήσαμεν ἐπὶ τὴν
ναῦν καὶ λύσαντες τὰ ἀπόγεια ἐπλέομεν. νῦν δ' ἐν
Χίῳ ἐσμέν, πάνυ ἐπιεικῶς τῶν ἀνέμων ἡμῖν παρὰ
πάντα τὸν πλοῦν χρησαμένων. λέγε οὖν Ἀρχεδήμῳ,
ὅτι ἐρίφων ἑσπερία δύσις οὐ κατὰ θάλατταν μόνον
σημαίνει χαλεποὺς χειμῶνας, ἀλλὰ καὶ κατὰ γῆν χα-
λεπωτέρους· ἔχεις γὰρ ἐκ τῆς ἡμετέρας συντυχίας
παῖξαι πρὸς αὐτόν.

ε' Χίων Μάτριδι χαίρειν

Ἀφίγμεθα εἰς Ἀθήνας καὶ Πλάτωνι τῷ Σωκράτους
γνωρίμῳ διαλεγόμεθα. τἆλλα τε γὰρ πάντα σοφὸς
ἀνήρ ἐστι καὶ τὴν φιλοσοφίαν οὐκ ἀπολίτευτον ἔργῳ
τοῖς γνωρίμοις ποιεῖ, ἀλλὰ καὶ -άνυ ἀμφήκη πρός τε
τὸ πρακτικὸν τοῦ βίου καὶ πρὸς ἡσυχίαν ἀπράγμονα.
ἔγραφες δέ μοι καὶ περὶ τῆς σῆς πρὸς αὐτὸν φιλίας,
ὅτι οὐ μικρὸν πλεονέκτημα τὴν σὴν πρὸς Σωκράτη
συνήθειαν εἰς αὐτὸν ἔχοιμι. ἴσθι οὖν, ὅτι πάντων
μὲν ποιεῖται λόγον τῶν καὶ μίαν ἡμέραν ὁμιλησάντων
Σωκράτει, οὐδενὶ δ' οὕτως αὐτὸν οἰκειοῖ, ὡς τῷ μά-
λιστα ἀπολαύειν αὐτοῦ δυναμένῳ καὶ κατὰ τοῦτο
γοῦν ἐσπουδάκαμεν μὴ μειονεκτεῖν τῆς Πλάτωνος φι-
λίας, ἀλλ' ἐν τούτοις τετάχθαι, ὑφ' ὧν εὖ πάσχειν
φησίν, εἴ τι αὐτοὺς εὖ ποιεῖν δύναται. οὐ γὰρ ἥττονα

---

dit, diuque quo navem appelleremus non habentes in
summo discrimine versabamur. Vix tandem visa Perintho
huc vi contendebamus, boni facti remiges (vela enim
ventos sustinere non poterant), et gravissima perpessi,
ne cetera commemorem, media fere nocte Perinthium ap-
pulimus. Ac tum quidem somnum capiebamus, altera
vero tempestas reliqua nobis erat, maritimâ nihilo infe-
rior. Perinthiis enim bellum intulerant Thraces, id quod
nos omnia ignorantes non audivimus, quamvis duodecim
dies Byzantii commorati, sed pro more suo repentina ac-
cidit hæc incursio barbarorum (3) Mane igitur de navi
escendimus videndæ urbis gratia, ut putabamus, ego et
Heraclides et bonus Agatho, nosque comitabantur e servis
Bætylus et Podarces et audax ille Philo. Ac nos quidem
inermes, sed servorum unusquisque succinctus erat ense,
Philo etiam ferebat hastam. Iam paullum a portu pro-
gressi conspicimus castra non procul ab urbe et, quod
gravius erat, prope nos tres equites. Tum Philo data mihi
hasta, quo ipse expeditior esset, ad naves fugiebat, ego
vero qui cursu equum me posse antevertere non confide-
rem, involvens brachium pallio et hastam contorquens
consistebam, idemque et famuli faciebant. Heraclides
autem atque Agatho lapides manibus tenentes a tergo sese
occultabant. (4) Verum Thraces propius accedentes,
priusquam intra teli iactum pervenirent, ternas quisque
in nos hastas coniecerunt, quæ ante pedes nostros deci-
derunt. Itaque illi quasi re confecta in castra sese refe-
rebant, nos vero sublatis hastis ad navem regressi solutis
rudentibus portum reliquimus. Nunc in Chio sumus, in
toto hoc cursu ventis usi satis propitiis. Narra igitur
Archedemo, vespertinum hædorum occasum non mari
solum graves tempestates indicare, sed et terra multo
graviores. Poteris enim ex hoc nostro casu apud ipsum
iocari.

V. Chion Matridi salutem.

Athenas venimus, iamque cum Platone, Socratis di-
scipulo, sermones conferimus. Hic vir enim quum in
reliquis sapiens est, tum philosophiam revera discipulis
probat a rebus publicis minime alienam, sed utrimque
et ad vitam negotiis occupatam et ad otium negotiis va-
cuum idoneam. Scribebas mihi etiam de amicitia, quæ
tibi cum eo fuerit, nec parum mihi apud eum profuturam
consuetudinem, quæ tibi fuerit cum Socrate. Scias
igitur, omnium illum habere rationem, qui vel unum
diem cum Socrate fuerint conversati. Neque tamen cui-
quam ita sese dat, ut ei, qui ex ipso fructum capere
maxime potuerit. Et hac in re operam dedimus, ne ulti-
mum locum teneremus in Platonis amicis, sed in iis nu-
meremur, a quibus se ait beneficium accipere, si quid
ipsis bene facere potuerit. Non minorem enim ait esse

εὐδαιμονίαν εἶναι λέγει τὸ ἀγαθοὺς ποιεῖν τοῦ ἀγαθὸν
γίνεσθαι. τὸ μὲν οὖν ὠφελεῖσθαι τοῖς δυναμένοις
τῶν φίλων αὐτὸς παρέχει, τὸ δ' ὠφελεῖν οὐχ ἧττον
λαμβάνει παρὰ τῶν ὠφελεῖσθαι δυναμένων.

ς'. Χίων Μάτριδι χαίρειν.

'Εκόμισέ μοι Φαίδιμος ταρίχου ῥοδιὰν καὶ μέλιτος
ἀμφορέας πέντε καὶ τοῦ μερσίτου οἴνου κεράμια εἴκοσι
καὶ πρὸς τούτοις τρία ἀργυρίου τάλαντα. καὶ τῆς μὲν
πίστεως ἐκεῖνον ἐπαινῶ, τῆς δ' ἐπιμελείας σὲ ἐπιγι-
νώσκω. ἤδη μέντοι τῶν ἐπιχωρίων γεννημάτων
ὥσπερ ἀπαρχάς τινας βουλοίμην ἄν σε ἀποστέλλειν,
εἴγε ἐπιτρέποι ὁ καιρός· τούτοις γὰρ καὶ τοὺς ἄλλους
φίλους τέρπειν ἔνεστι καὶ Πλάτωνα σοφίζεσθαι ἀδω-
ροδόκητον ὄντα. χρημάτων δὲ οὐδὲ εἷς ἔμοιγε πόθος,
καὶ μάλιστα ἐν 'Αθήναις τε ὄντι καὶ Πλάτωνι διαλε-
γομένῳ, ἐπεὶ καὶ ἄτοπον ἴσως, πεπλευκέναι μὲν ἡμᾶς
εἰς τὴν 'Ελλάδα, ἵνα ἧττον φιλοχρήματοι γενώμεθα,
μηδὲν δ' ἧττον καὶ ἐκ Πόντου πλεῖν πρὸς ἡμᾶς τὴν
φιλοχρημοσύνην. χαριέστερον οὖν ποιήσεις ταῦτα
πέμπων, ὅσα τῆς πατρίδος ἡμᾶς, οὐχ ὅσα πλούτου
ἀναμνήσει.

ζ'. Χίων Μάτριδι χαίρειν.

'Αρχέπολις Λήμνιος μέν ἐστιν, ὡς λέγει, τὸ γένος,
φαῦλος δὲ καὶ ἀτέκμαρτος ἄνθρωπος καὶ στασιαστὴς
πρὸς πάντας, μάλιστα δὲ πάντων πρὸς ἑαυτόν, σὺν
δὲ τούτοις καὶ λελυμένος τῇ ἀποπληξίᾳ καὶ πᾶν ὃ
ἂν οἰηθῇ λέγων· νοεῖ δ' ἀεὶ τὰ μωρότατα. οὗτος τὸ
μὲν πρῶτον, ὡς πυνθάνομαι, ταμίας ἐν Λήμνῳ
γενόμενος καὶ τὰς ὁμοίας μετιὼν ἀρχὰς οὐκ εὐπρεπῶς
ἀνεστρέφετο, ὡς δὲ ἔδοξεν αὐτῷ καταφρονῆσαι καὶ φι-
λοσοφίας, εἰς 'Αθήνας κατέπλευσε, κἀκεῖ πολλὰ μὲν
Πλάτωνι δυσηρέστησε, πολλὰ δ' ἡμᾶς ἐβλασφήμησεν.
οὐδεὶς γὰρ αὐτῷ χρήσιμοι ἐφαινόμεθα, περὶ ἀρετῆς
ἀλλ' οὐ περὶ χρηματισμοῦ τὰς διαλέξεις ποιούμενοι.
(2) νῦν δὲ εἰς τὸν Πόντον ἐμπορεύεσθαί φησιν, οὐκ
ἀφρόνως, εἰ δὴ τοῦτο μόνον ἑαυτῷ προσήκειν λελόγι-
σται· ἀλλὰ τὸ ἀστάθμητον αὐτοῦ καὶ πετόμενον οὐδὲ
ταύτην ἐπιδέχεται τὴν φρόνησιν, ἵνα ὅς τέ ἐστιν εἰδῇ
καὶ εἰς ὃ χρήσιμος· πρὸς γὰρ τὸ ἀεὶ φανταζόμενος
μετεωρίζεται. οὗτος ἐπιλαθόμενος τῶν βλασφημιῶν
προσῆλθέ μοι καὶ ἐδεήθη σοι γράψαι περὶ αὐτοῦ, ἐγὼ
δὲ ἐκείνῳ μέν, ἵνα μὴ ἀναξίῳ ὄντι Βελλεροφόντου
σχῆμα περιῶ, ἑτέραν ἐπιστολὴν ἔδωκα, οὐδὲ ἐκεῖ τι
ὁμοίως ψευσάμενος, ταύτην δὲ προαναγομένῳ Λύσιδι
ἐνεγείρισα. (1) οἶμαι δὴ πάσῃ φιλανθρωπίᾳ δέξασθαί
σε δεῖν τὸν ἄνθρωπον καὶ εἰπεῖν ἐπὶ τέλει ὅτι « οὕτως
ἀμείβεται Χίων τοὺς βλασφημήσαντας· τοῦτο γὰρ ἕν
ἐστι τῶν μαθημάτων αὐτοῦ, ἃ σὺ ἐχλεύαζες, τὸ μη-
δένα κακὸν ἀμύνεσθαι μέχρι τοῦ μὴ αὐτὸν ἀγαθὸν
εἶναι. » τοῦτο δὲ ἔσται, ἐὰν εὐποιίαις αὐτοὺς ἀμυ-
νώμεθα. οἶδα μὲν οὖν ὅτι οὐδὲν πείσεται ἄτρωτος

---

beatitudinem, bonos facere quam ipsum bonum esse.
Itaque commodum eis amicorum, qui uti eo sciunt, ipse
praebet, nec minus accipit ab eis, qui ex ipso commodum
percipiunt.

VI. Chion Matridi salutem.

Attulit mihi Phaedimus carnis sale conditae dolium et
amphoras mellis quinque et vini unguento misti vasa vi-
ginti et praeter haec argenti talenta tria. Et huius quidem
probo fidem, tuam vero agnosco sollicitudinem. Quan-
quam velim nostrae terrae fructus tanquam primitias te
mittere, si tempus permittat : his enim et reliquos amicos
delectare licet et inducere Platonem, omni quippe largi-
tione superiorem. Pecuniae vero desiderium me tenet
nullum, praesertim quum Athenis vivam et cum Platone
sermones conferam, et haud scio an absurdum fuerit,
exuendae divitiarum cupiditatis caussa in Graeciam nos
navigasse, nihilo minus tamen divitiarum cupiditatem ex
Ponto ad nos advehi. Gratius igitur feceris, si ea miseris,
quae nobis patriae, non opulentiae memoriam redintegrent.

VII. Chion Matridi salutem.

Archepolis Lemno est, ut ait, oriundus, improbus homo
atque varius et infestus omnibus, omnium maxime vero
sibi ipsi, praetereaque nervorum laborans remissione et
quicquid in mentem venerit eloquens : non meditatur
autem nisi ineptissima semper. Hic igitur primum, ut
audio, quum quaestor Lemni fuisset et eius generis alia
munera ambiret, parum honorifice reiectus est; postquam
autem philosophiam contemptui habere ei visum est,
Athenas navigavit, ibique multis Platoni bilem movit,
multisque nos contumeliis affecit : inutiles enim ipsi vi-
debamur, qui de virtute, nec vero de lucro faciendo dis-
serebamus. (2) Nunc vero in Pontum, ut ait, navigat
negotiandi gratia, idque non sine ratione, dum hoc solum
se decere cogitasset : sed inconstans ipsius atque vagum
ingenium ne hanc quidem capit cogitationem, ut quis sit
sciat et quam ad rem idoneus. Semper enim in eo vaga-
tur, quod ipsi mentis errore obversatur. Hic contume-
liarum oblitus ad me accessit et ut de se ad te scriberem
rogavit. Ego vero illi, ne praeter dignitatem Bellero-
phontis ei affingerem personam, alteram epistolam dedi,
in qua nec ipsa laesi veritatem, hanc vero Lysidi tradidi
ante ipsum soluturo. (3) Itaque censeo, omni humani-
tate te excipere hominem oportere eique dicere abeunti,
talem gratiam Chionem referre eis, qui contumeliis ipsum
affecissent : « hoc enim unum est ex eius studiis, quae tu
deridebas, non eousque malorum quenquam ulcisci, ut
ipse minus bonus sit. » Id quod consequemur, si benefi-
ciis illos ulciscamur. Scio quidem, his non affectum iri
cuius impenetrabilis est animus prae stultitia, nihilo minus

...ων τὴν ψυχὴν ὑπὸ μωρίας, ὅμως δ' οὖν ἐμῶν αὐτῶν χάριν γενέσθω τοῦτο τὸ πολίτευμα. τάδε περὶ αὐτοῦ λελυμένως καὶ ἀποκαλύπτως ἐδήλωσα, πρὸς ἄλλον μὲν οὐδέν ποτε βλασφημήσας τῶν ὄντων οὐδένα, πρὸς σὲ δὲ τὸν ἐμὸν νοῦν ὑπὸ μηδενὸς παραμπε/όμενον λόγου ἁπλοῦν καὶ σαφῆ δικαιῶν εἶναι.

η' Χίω, Ματριδι /αίρειν

Ὁ ἀποδιδούς σοι τὸ γράμμα Ἀρχέπολις ὁ Λήμνιος ἐμπορευόμενος εἰς τὸν Πόντον ἐδεήθη μου ὅπως αὐτὸν συστήσαιμί σοι, ἐγὼ δὲ ἀσμένως ἐδεξάμην καὶ γὰρ οὐδέ φίλος μοι ἂν ἐτύγχανε χέρδος οὖν μέγα ᾠήθην ἀφορμὴν λαβεῖν τοῦ ποιῆσαί τινα φίλον μὴ ὄντα πρότερον. εἰς ὃ κέρδος συλλήψῃ μοι καὶ σὺ φιλανθρώπως αὐτὸν εἰσδεξάμενος πείθομαι δὲ καὶ μέτριον αὐτὸν ἔμπορον εἶναι καὶ γὰρ φιλοσοφήσας πρότερον εἶτα ἐμπορεύεται.

θ' Χίω, Β ω ι /αφειν

Ὀλιγωρίαν μέν σου τοσαύτην περὶ ἐμὲ οὐκ ἤλπισα ἔσεσθαι οὐδ' ἐβουλόμην προσεδέξασθαι, θαυμάζω δὲ τὴν συντυχίαν, δι' ἣν οὐδὲν τέως ἥκει μοι παρὰ σοῦ γράμμα, καὶ ταῦτα συνεχῶς γραφόντων τῶν ἄλλων φίλων. ὑπὲρ μὲν οὖν τῶν γεγενημένων ἐγὼ αὐτὸς ὑπὲρ σοῦ ἀπολογήσομαι, τὸ δὲ λοιπόν, εἴτε οἱ μὴ ἀποδιδόντες αἴτιοι γεγόνασι, φύλαξαι τοῦτο τῷ συνεχῶς γράφειν οὕτω γὰρ καὶ τῶν ἀπολωσόν-ων ἐπιτενέη εἴτε σὺ μὴ γράφων, φύλαξαι καὶ τοῦτο ῥᾳδία δὲ ἐστιν αὐτοῦ φυλακή χαίτοι γε ἦν τι ἐν τῇ ἡμετέρᾳ φιλίῃ τοσοῦτον, ὅσον καὶ τὰ δυσχερῆ νικᾷν δύνασθαι ἢ ἐπιλέλησαι τοῦ Ἡραίου καὶ τοῦ Καλλιχόρου καὶ τῶν παρὰ Καλλισθένει διατριβῶν αἷς ὅσοις ἄλλοις τὰς ἑαυτῶν ψυχὰς ἐκεράσαμεν, ἢ αὐτὸς μὲν οὐκ ἐπιλέλησαι, ἐμὲ δὲ φιλοσοφίας γευσάμενον ἀμνημονεῖν αἰτῶν ὑπολαμβάνεις, ἀλλ' οὐ προσήκει σοι οὔτε αὐτῇ φαύλως ἔχειν περὶ τὴν φιλίαν οὔτε περὶ ἐμοῦ φαῦλα εἰκάζειν, ἀλλὰ καὶ ὡς μεμνημένον αὐτῆς καὶ ὡς μεμνημένῳ γράφειν συνεχέστερον.

ι' Χίω, Ματριδι χαιρειν

Πλάτωνι ἀδελφιδῶν θυγατέρες εἰσὶ τέτταρες. τούτων τὴν πρεσβυτάτην ἐδίδου Σπευσίππῳ πρὸς γάμον καὶ μετρίαν προῖκα τριάκοντα μνᾶς, ἐπεπόμφει δ' αὐτῷ ταύτας Διονύσιος. ἐγὼ οὖν ἀσπαστὸν ἡγησάμενος τὸν καιρὸν τάλαντον προσετίθην τῇ προικί καὶ μέχρι μὲν πολλοῦ ἠναίνετο, ἐξεπολιορκήσαμεν δ' αὐτὸν πάνυ ἀληθεῖ καὶ δικαίῳ λόγῳ. ἔφαμεν γάρ, ὅτι οὐκ εἰς πλοῦτον, εἰς δὲ φιλανθρωπίαν σοι συμβαλλόμεθα, τὰς δὲ τοιαύτας δωρεὰς δέχεσθαι δεῖ αὗται γὰρ τιμάς σὺ ξουσιν, αἱ δὲ ἄλλαι ἀτιμάζουσι τιμᾷς μὲν οὖν φιλανθρωπίαν, ἀτιμάζεις δὲ πλοῦτον. ἥρμοσας δὲ καὶ τὰς ἄλλας παῖδας ἤδη τοῖς Ἀθήνησιν χαριεστάτοις

---

hoc nostra caussa fiat artificium Libere hæc de eo atque ingenue aperui nam etsi apud alium neminem unquam contumeliis eum insectatus sum, apud te tamen animum meum nulla oratione vestitum, sed simplicem atque apertum esse oportere censui

VIII Chion Matridi salutem

Qui tibi reddit has litteras, Archepolis Lemnius, negotiandi caussa in Pontum profecturus, ut se tibi commendarem, me rogavit, id quod in me lubens recepi neque enim amicus mihi erat Magnum igitur lucrum credidi, quod occasionem nactus sum amicum comparandi, qui antes non fuisset Qua in re tu quoque mihi opem feres, si ipsum humaniter exceperis Ceterum persuasum est, satis honestum eum esse mercatorem nam quum philosophiæ antea dederit operam, iam facit mercaturam

IX Chion Bioni salutem

Tantam tuam mei neglectionem nec futuram speravi nec velim patienter tolera.e Miror autem, quomodo acciderit, ut nulla hactenus abs te littera ad me allata sit, quum reliqui amici scribant continenter Verum de præteritis ego pro te caussam ipse dicam, at in posterum, sive in culpa sint, qui non reddiderint, hoc continenter scribendo cave (ita enim habebis, qui reddant), sive tu non scribens, hoc quoque cave Facilis est autem hæc cautio Atqui tanta quædam in amicitia nostra vis inerat, quæ vel ardua posset superare An oblitus es Heræi et Callichori et quos apud Callisthenem contulimus sermonum et reliquorum omnium, quibus animos nostros irrigavimus? an ipse quidem non oblitus me tamen philosophia imbutum eorum memoriam deposuisse opinaris? at minime te decet, ut aut ipse in amicitia improbe te geras, aut male de me existimes, sed ut eius memor ad memorem scribas crebrius

X Chion Matridi salutem

Platoni sunt neptibus e fratribus filiæ quattuor harum natu maximam in matrimonium dedit Speusippo cum modica dote triginta minarum, quas illi miserat Dionysius Ego igitur gratam videns oblatam occasionem talentum adieci doti Ac diu quidem hoc ille recusabat, tandem expugnavimus eum verissima et iusta ratione Dicebamus enim non in divitias, verum in benevolentiam tibi hoc conferimus, neque eiusmodi dona fas est repudiare Hæc enim honores augent, reliqua dehonestant Itaque benevolentiam reverens, divitias aspernaris Elocasti et reliquas puellas viris Athenis luculen-

ἀλλ' οἱ μὲν πλουτοῦσι, Σπεύσιππος δὲ χαριέστερος ὢν
πένεται. τοῦτ' οὖν τὸ κέρδος ᾠήθην δηλῶσαί σοι,
οὗ μεῖζον ἡμῖν οὐκ οἶδ' εἴ τι περιγενέσθαι ἐν παντὶ τῷ
βίῳ δύναται.

ια΄. Χίων Μάτριδι χαίρειν.

Ἐκομισάμην παρὰ Βιάνορος τὴν ἐπιστολήν, ἐν ᾗ
με ἀνακομίζεσθαι παρεκάλεις· ἱκανὸν γὰρ εἶναι πρὸς
ἡντινοῦν ἀποδημίαν πέντε ἐτῶν χρόνον, ἔκτου δὲ τὴν
ἐμὴν ξενιτείαν ἄρχεσθαι. ἐμὲ δὲ ὅσος μὲν πόθος ἔχει
καὶ ὑμῶν καὶ τῆς πατρίδος, αὐτοὶ σαφῶς ἴστε· ἔοικε
δ' οὖν αὐτὸς οὗτος ὁ πόθος καὶ βιάζεσθαί με πλείω
χρόνον διατρίβειν Ἀθήνησιν· ὠφελιμώτερος γὰρ εἶναι
οἷς συμπαθῶ βούλομαι, τοῦτο δὲ τὸ κράτος μόνη ἔχει
φιλοσοφία. πενταετὴς δὲ χρόνος, ὦ πάτερ, οὐχ ὅπως
φιλοσοφοῦσιν ἀπαρκεῖν ἔμοιγε φαίνεται, ἀλλ' οὐδὲ τοῖς
ἐμπορευομένοις ἐπιμελέστερον. καίτοιγε οἱ μὲν ἐπὶ
τὰ εὐτελέστατα στέλλονται, ἡμεῖς δὲ ἀρετὴν ἐμπο-
ρευόμεθα οὐδενὸς ἄλλου πλὴν φύσεως καὶ φιλοπονίας
καὶ χρόνου ὤνιον. ὧν τὰ μὲν οὐ παντελῶς ἡμῶν ἀπο-
λείπεται, χρόνου μέντοι δεόμεθα. διατρίψαντες οὖν
ἄλλην πενταετίαν ἀναστρέψομεν θεοῦ γε σώζοντος. σὲ
δέ, ᾧ λογισμῷ ἐκπέμπων ἡμᾶς ὑπέμενες, τούτῳ χρὴ
καὶ χρονιζόντων μὴ ἄχθεσθαι, καὶ ταῦτα εἰδότα ὡς
οὐχὶ τὸ ἐκπλεῦσαι ἐπὶ παιδείαν ἀγαθοὺς ποιεῖ, τὸ δὲ
χρονίσαι περὶ παιδείαν σπουδάζοντας.

ιβ΄. Χίων Μάτριδι χαίρειν.

Πρότερον μέν, ὥσπερ ἔγραφόν σοι, δεκαετίαν ἐκ-
πληρώσας, οὕτως ἐπανέρχεσθαι πρὸς ὑμᾶς ἐβουλόμην,
νῦν δὲ ἀκούσας τὴν τυραννίδα οὐκ ἂν ἔτι ὑπομείναιμι
ἐν ἀσφαλεστέρῳ τῶν πολιτῶν εἶναι, ἀλλ' ᾗ ἂν ἄρξῃ
τὸ ἔαρ, πλευσοῦμαι θεοῦ σώζοντος (νῦν μὲν γὰρ με-
σοῦντος ἔτι τοῦ χειμῶνος οὐκ ἐδυνάμην), ἐπεὶ καὶ τε-
λέως ἄτοπον ὁμοίους ἡμᾶς εἶναι τοῖς ἐπειδὰν τι τα-
ραχθῇ τῆς πατρίδος ἀποδιδράσκουσιν ὅπη ἂν τύχῃ,
ἀλλὰ μὴ τότε μάλιστα παρεῖναι, ὅτε ἀνδρῶν ὠφελη-
σόντων δεῖται. εἰ δὲ καὶ παντάπασιν ἐν ἀδυνάτῳ
εἴη τὸ ὠφελεῖν, τὸ γοῦν μετέχειν βλάβης ἑκόντα ἀρετῇ
μὲν παραπλήσιόν μοι δοκεῖ, χάρις δὲ ἴσως ἐνδεεστέρᾳ.
θαρραλεώτερον δέ σοι γέγραφα, ἐπεὶ καὶ Λῦσις τὴν
ἐπιστολὴν ἐκόμιζεν.

ιγ΄. Χίων Μάτριδι χαίρειν.

Ὄντως Κλέαρχος, ὥς μοι ἔγραφες, οὐχ οὕτως Σει-
ληνὸν δέδοικε κατειληφότα αὐτοῦ τὸ φρούριον ὡς ἡμᾶς
φιλοσοφοῦντας. ἐπ' ἐκεῖνον μέν γε οὐκ ἀπέστειλε
τέως τοὺς πολιορκήσοντας, ὡς πυνθάνομαι, ἐπ' ἐμὲ δὲ
ἧκε Κότυς Θρᾷξ, δορυφόρος αὐτοῦ γενόμενος (ἔγνων
γὰρ μετὰ ταῦτα), καὶ μικρὸν ὕστερον ἢ γραφῆναί σοι
τὴν περὶ τῆς νόσου παρ' ἡμῶν ἐπιστολὴν ἐπεχείρη-
σεν (ἀνειλήφειν δὲ ἐμαυτὸν ἱκανῶς ἤδη), καί μοι περὶ

tissimis : sed hi divitiis abundant, Speusippus vero his
etiam luculentior pauper est. De hoc lucro putavi te
certiorem esse faciendum, quo maius nescio an in omni
vita contingere nobis queat nullum.

XI. Chion Matridi salutem.

Accepi a Bianore epistolam, in qua me ut domum. re-
deam hortaris : sufficere enim ad quamcunque peregrina-
tionem spatium annorum quinque, me autem peregre esse
cœpisse annum sextum. Ego vero quanto et vestrum et
patriæ desiderio tenear ipsi certo scitis : sed hoc ipsum
desiderium videtur me compellere, ut Athenis commorer
diutius. Utilior enim eis, quibuscum una calamitatem
perferam, volo esse, quam vim sola philosophia habet.
At vero quinquennium, pater, non modo philosophiæ
operam dantibus sufficere videtur, sed ne eis quidem,
qui mercaturam faciunt diligentius. Quanquam illi ad
vilissima proficiscuntur, nos vero virtutis commercium
facimus, quæ venit alia re nulla quam natura et labore
et tempore, quorum illa quidem non prorsus desidera-
mus, temporis tamen indigemus. Alterum autem quin-
quennium commorati revertemur deo nos conservante. Te
vero, quo consilio nos emittere voluisti, eodem et nobis
diutius absentibus non angi animo decet, præsertim
scientem, non fieri quenquam bonum, quod studiorum
caussa domo navigarit, sed si diuturnam impendat stu-
diis operam.

XII. Chion Matridi salutem.

Volebam ante, ut tibi scripsi, decennio demum exacto
ad vos reverti, iam vero de tyrannide certior factus im-
petrare a me nequeo, ut tutiore quam ceteri cives loco
sim, sed primo vere servante me deo navigabo (nunc
enim media hieme non poteram), quoniam prorsus ab-
surdum esset, eos nos imitari, qui, ubi quid in patria
fuerit turbatum, quocunque aufugiunt, neque vero tum
potissimum præsto esse, ubi viris opem laturis indiget.
Nam etiamsi ut opem feras fieri prorsus nequeat, cala-
mitatem tamen ultro subire haud procul a virtute ab-
esse mihi videtur, quanquam beneficium fortasse non
magni faciendum. Confidentius tibi scripsi, quum Lysis
epistolam perferat.

XIII. Chion Matridi salutem.

Revera Clearchus, ut mihi scribebas, non tantopere
metuit Silenum, qui ejus castellum cepit, quam nos phi-
losophiæ cultores. Illum certe qui oppugnarent hactenus,
ut audio, misit neminem, sed adversus me venit Cotys
Thrax, qui in ejus satellitibus fuit (cognovi enim dein-
ceps), et paullo post, quam ad te de morbo dedi lit-te-

ἕκτην ὥραν μόνῳ περιπατοῦντι ἐν τῷ ᾠδείῳ καὶ περί
τινος σκέμματος φροντίζοντι αἰφνιδίως προσῆξεν. (2)
ἐγὼ δ' εὐθέως μὲν ὑπενόησα ὅπερ ἦν· ὡς δὲ ξιφίδιόν
τι ὁρῶ κακῶς μεταλαμβάνοντα, βοήσας τε αὐτὸν ἐξέ-
πληξα καὶ προσδραμὼν τὴν δεξιὰν αὐτοῦ μετειληφότος
ἤδη τὸ ἐγχειρίδιον καταλαμβάνω, καὶ τὸ λοιπὸν δὴ λα-
κτίζων καὶ περιαγνύων τὸν βραχίονα ἐξέβαλον αὐτοῦ τὸ
ξίφος, καὶ ἐτρώθην μὲν κατενεχθέντος αὐτοῦ ἐπὶ τὸν
πόδα, οὐ χαλεπῶς δὲ ὅμως ἐκ τούτου δὴ ἰλιγγιῶντα
ἔδησα τῷ ἰδίῳ ζώματι, ἀποστρέψας εἰς τοὐπίσω τὼ
χεῖρε, καὶ πρὸς τοὺς στρατηγοὺς ἄγω. κἀκεῖνος μὲν
ἔτισε δίκην, ἐγὼ δὲ οὐδὲν δειλότερος εἰς τὸν πλοῦν
γέγονα, ἀλλὰ τῶν ἐτησίων παυσαμένων ὅπως ἂν ἔχω
πλεύσομαι· ἄτοπον γὰρ τυραννουμένης τῆς πατρί-
δος ἡμᾶς δημοκρατεῖσθαι. (3) καὶ τὰ μὲν ἐμά, ὡς
ἂν ἔχῃ, ἀσφαλῶς ἕξει· ἀγαθὸς γὰρ καὶ ζῶν καὶ ἀπο-
θνήσκων ἔσομαι. ὅπως δέ τι καὶ ὑπὲρ τῆς πατρίδος
πολιτευώμεθα, πεῖθε τὸν Κλέαρχον, ὅτι φιλοσοφήσαν-
τες ἡσυχίας γλιχόμεθα καὶ τελέως ἀπολίτευτοι τὰς
ψυχάς ἐσμεν· ταῦτα δὲ καὶ διὰ Νύμφιδος πεῖθε αὐτόν,
ὃς ἡμῖν μὲν φίλος, ἐκείνῳ δὲ καὶ συγγενής ἐστιν οὕ-
τως γὰρ ἂν πορρωτάτω πάσης ὑποψίας ἀπάγοιτο
ἀπροκαλύπτως δέ σοι γράφομεν, ἐπεὶ καὶ πιστοῖς ἐπι-
τιθέμεθα ἀνδράσι τὰς ἐπιστολὰς καὶ Κλέαρχος, ὡς
ἐδήλους καλῶς ποιῶν, περὶ γοῦν ταῦτα οὐ πολυπρα-
γμονεῖ.

ιδ'. Χίων Μάτριδι χαίρειν

Εἰς Βυζάντιον θρασυτέρῳ μὲν, ταχεῖ δ' οὖν πλῷ
διασωθεὶς ἔγνων αὐτός τε ἐπιμεῖναι χρόνον, ὃν ἄν μοι
καλῶς ἔχειν δοκοίη, καὶ πρὸς ὑμᾶς ἐκπέμψαι Κρωβύ-
λον τὸν θεράποντα, ἵνα τὴν κάθοδον πράττωμεν ὠφε-
λίμως τῇ πατρίδι· τὸ μὲν γὰρ ἡμέτερον ἀσφαλὲς οὐκ
ἐπὶ Κλεάρχῳ ἐστὶν βούλομαι δ', ἐπεὶ προῄσθην ἅπαξ,
καὶ καθόλου σοι τὴν ἐμὴν γνώμην δηλῶσαι. ἐμοὶ γὰρ
δοκεῖ τῇ μὲν πατρίδι ὁ μέγιστος εἶναι κίνδυνος μετ'
ἀτυχίας ἤδη παρούσης. νῦν τε γὰρ, ὡς πυνθάνομαι,
σφαγάς τε ἀνδρῶν καὶ φυγὰς ὑπομένει, στερομένη μὲν
τῶν ἀρίστων πολιτῶν, τοῖς δὲ ἀσεβεστάτοις δουλεύουσα,
καὶ εἰσαῦθις οὐχ ὁ τυχὼν αὐτῇ κίνδυνος, μήποτε ἐκ
τῆς περὶ ταῦτα συντυχίας οἷς μὲν πόθος τοῦ τυραννεῖν,
οἷς δὲ συνήθεια δουλείας γένηται, καὶ τὸ λοιπὸν εἰς
μοναρχίαν ἀκατάλυτον περιστῇ τὰ πράγματα (2) μι-
κραὶ γὰρ δὴ ῥοπαὶ καὶ τῶν πολυχρονίων καὶ σχεδὸν
εἰπεῖν ἀπαύστων ἄρχουσι κακῶν καὶ ἔγγιστα ὅμοιόν τι
ποιοῦσι τοῖς νοσήμασι τῶν σωμάτων· ὥσπερ γὰρ
ἐκεῖνα περὶ μὲν τὰς ἀρχὰς ἔξω ἀπολύεται τῶν ἀνθρώ-
πων, ἐνισχύσαντα δὲ δυσίατα ἢ καὶ τελέως ἀνίατα γί-
νεται, οὕτω καὶ τὰ ἐν ταῖς πολιτείαι, νοσήματα μέχρι
μὲν γὰρ μνήμη τε ἐλευθερίας ἰσχύει καὶ ὑπέρχεται
τοὺς δουλουμένους, ταράταξις λίαν ὀξυρὰ γίνεται
πρὸς τοῦ πλήθους ἐπειδὰν δὲ ἅπαξ ὑπερισχύσῃ τὸ
κακὸν καὶ μηκέτι ἢ τοῖς ἀνθρώποις λόγος, ὅπως

ras, me adortus est (satis autem iam refectus eram),
atque circa sextam horam, quum in odeo ambulans quæ-
stionem aliquam animo considerarem, ex improviso in me
irruit. (2) Sed ipse statim, quid rei esset, suspicatus
sum quare ensem eum videns infenso animo corripien-
tem, clamore ipsum perterrefeci accurrensque eum dex-
tra, quæ ensem iam tenebat, prehendo, deinde conculc-
ans atque brachium retorquens ensem excussi, quo in
pedem delapso vulnus accepi quidem, neque grave ta-
men. Hinc conturbatum suo constrinxi cingulo, contor-
tis in tergum manibus, et ad prætores duxi. Et ille qui-
dem pœnas dedit, ego vero nihilo magis navigationem
timeo, immo cessantibus etesiis, utut res meæ erunt,
navigabo. Absurdum est enim, patria tyrannide op-
pressa, in libera civitate commorari. (3) Meæ res, qua-
lescunque erunt, tutæ sunt, nam sive vivam sive moriar,
bonus ero. Ut autem aliquid etiam pro patria geramus,
persuade Clearcho, nos philosophiæ studio ductos expe-
tere otium et animum nostrum a publicis rebus prorsus
esse alienum. Verum hoc ei per Nymphidem persuade,
qui nobis quidem amicus, illi vero et cognatus est, sic
enim fiet ut ab omni suspicione abducatur. Aperte hæc
ad te scribimus, quoniam et fidelibus viris has litteras
tradidimus et Clearchus, uti significabas, et recte qui-
dem, in his rebus non est curiosus.

XIV. Chion Matridi salutem

Audaci sane navigationis cursu, sed celeri tamen By-
zantium devectus constitui hic commorari, quamdiu
mihi commodum videretur, et Crobylum famulum ad vos
mittere, ut reditum pararemus cum emolumento patriæ.
Nam quominus salvi simus non stat per Clearchum. Sed
postquam semel cœpi, omnem tibi animi mei sententiam
aperiam. Mihi enim videtur patriæ extremum pericu-
lum cum ipsa præsenti calamitate imminere. Iam enim,
ut audio, cædes virorum et exilia perfert, præstantissimis
quippe civibus spoliata et maxime impiis serviens, et
rursum haud leve periculum est, ne, uti hæc quibusdam
bene cesserint, aliis tyrannidis cupido, aliis consuetudo
serviendi oriatur, et res denique in perpetuum unius im-
perium deducatur. (2) Parva enim momenta et diutur-
nas et fere, ut sic dicam, infinitas calamitates afferunt
et idem propemodum quod morbi corporum efficiunt. Ut
enim hi initio facile ab hominibus depelluntur, inveterati
autem vix ac denique prorsus non curari queunt, sic et
morbi in civitatibus quandiu quidem memoria viget li-
bertatis et servitute oppressis in mentem venit aciem
instruere, magna est populo adversus eum, qui ipsum in
servitutem redigit, contentio sin vero semel malum in-
valuerit et homines iam non quomodo illud propulsare,
sed quomodo facillime tolerare queant deliberaverint, tum

αὐτὸ ἀπαλλάξωσιν ἑαυτῶν, ἀλλ' ὅπως ἂν ῥᾷστα ἐν αὐτῷ διάγοιεν, τότε ὁ παντελὴς ὄλεθρος γίνεται. (3) ἡ μὲν οὖν πατρὶς ἐν τοιούτοις κακοῖς καὶ κινδύνοις ἐστίν, ἐγὼ δέ, εἰ μὲν αὐτὸ ἐφ' ἑαυτοῦ βούλοιο τοὐμὸν σκέπτεσθαι, καὶ πάνυ ἀσφαλής εἰμι. δουλείαν γὰρ ταύτην ἔγωγε νομίζω, ἢ μετὰ τῶν σωμάτων καὶ τὰς ψυχὰς ὑφ' ἑαυτὴν ἔχει· ἡ δὲ τῆς μὲν ψυχῆς οὐδ' ὁτιοῦν ἁπτομένη, τὸ δὲ σῶμα μόνον ἔχουσα οὐδὲ δουλεία τυγχάνειν ἔμοιγε δοκεῖ. τεκμήριον δέ. εἴ τι γὰρ δουλείας κακόν, τοῦτο ἐπὶ ψυχὴν καταβαίνει, ἐπεὶ ἄλλως οὐδὲ κακὸν λέγοιτο ἄν· φόβος γὰρ τοῦ παθεῖν τι καὶ ἡ ἐκ τοῦ παθεῖν λύπη τὰ δεινότατα τοῖς μὴ ἐλευθέροις. τί οὖν; ἄν τις μὴ φοβῆται τὸ μέλλον κακὸν μηδὲ ἐπὶ τῷ γινομένῳ ἄχθηται, δουλεύσει; καὶ πῶς ὅ γε μὴ ἔχων τὰ δουλείας κακά; (4) ἴσθι οὖν τοιοῦτόν με ὑπὸ φιλοσοφίας γενόμενον, ὁποῖον κἂν δήσῃ Κλέαρχος, κἂν ὁτιοῦν δράσῃ τῶν χαλεπῶν, οὐδέποτε ποιήσει δοῦλον· οὐδέποτε γάρ μου τὴν ψυχὴν χειρώσεται, ἐν ᾗ τὸ δοῦλον ἢ τὸ ἐλεύθερον, ἐπεὶ σῶμά γε ἀεὶ συντυχίας ἥττον, κἂν ὑπ' ἀνδρὶ μὴ τάττηται δεσπότῃ. ἢν δέ με ἀποκτείνῃ, τότε καὶ τὴν τελείαν ἐλευθερίαν χαριεῖταί μοι. ἢν γὰρ οὐδὲ τὸ περιέχον σῶμα ᾠκείωσε τῇ ἑαυτοῦ δουλείᾳ, ταύτῃ τίνα οἰκονομίαν ἐλλείψειν δοκεῖς κεχωρισμένῃ τοῦ σώματος; οὐ μόνον δὲ ἐγώ, ὃ ἂν πάσχω, ἐλεύθερος, ἀλλὰ καὶ Κλέαρχος, ὃ ἂν διαθῇ με, δοῦλος γενήσεται· φοβούμενος γὰρ διαθήσει, δέος δὲ οὐδὲν ἔχει ψυχῆς ἐλευθερία. (5) τὰ μὲν οὖν ἐμὰ ἐφ' ἑαυτῶν σκοπεῖν, ὡς ὁρᾷς, ἀσφαλέστερα εἰς τὸ παθεῖν ἢ Κλεάρχῳ εἰς τὸ δρᾶσαι, καὶ τό γ' ἐμὸν οὐκ ἐπιμελείας ἀλλ' ὀλιγωρίας δεῖται· τὸ γὰρ ἀρχὴν φροντίζειν περὶ αὐτῶν ἀνδρός ἐστιν οὐ πάνυ τι ἐλευθέρου. τὰ δὲ τῆς πατρίδος συνημμένα μοι οὐκ ἐπιτρέπει τὴν αὐτόνομον ταύτην ἐλευθερίαν, ἀλλὰ καὶ πολιτεύεσθαι ἀναγκάζει καὶ κίνδυνον ἔχειν, κίνδυνον δέ, οὐχὶ μὴ αὐτός τι πάθω, ἀλλὰ μὴ πάσχουσάν τι τὴν πατρίδα οὐκ ὠφελήσω. διὰ τοῦτό μοι ἀνάγκη, καίπερ μὴ φοβουμένῳ, θάνατον προνοεῖν, ὅπως μὴ πρότερον ἀποθάνω ἢ ὑπὲρ τῆς πατρίδος ἀποθανεῖν δυνήσομαι. πολιτεύου δὴ πρὸς τὸν τύραννον ἃ καὶ πρότερόν σοι ἔγραφον, πείθων αὐτὸν ὅτι ἡσυχίας ἐρασταί ἐσμεν, καὶ γράφε ἡμῖν, ἐὰν καὶ ἄλλο τί σοι δοκῇ πρὸς τὴν αὐτόθι πολιτείαν ἀνήκειν, ἐπεὶ ἀνάγκη μοι εἰς τὴν τῆς πατρίδος ἐλευθερίαν ὑπαιρεῖν τι τῆς ἐμαυτοῦ, φροντίζοντι περὶ τούτων καὶ βουλευομένῳ.

ιε'. Χίων Μάτριδι χαίρειν.

Ἐπὶ μὲν τῷ συμπείθεσθαι τὸν τύραννον οἷς περὶ ἐμοῦ πρὸς αὐτὸν ἔλεγες, συγχαίρω τῇ πατρίδι, γράψω δὲ καὶ αὐτός, ὡς συνεβούλευσας, ἀπάγων αὐτὸν ἀπὸ τἀληθοῦς ὡς μάλιστα ἔνεστι. τοὐναντίον γὰρ ἂν ποιῶν ψευσαίμην τοὺς ἐμαυτοῦ πολίτας καὶ φίλους ὧν ἐξ ἐμοῦ ἤλπισαν, καὶ ταῦτα οὐκ ἀξίους ὄντας ἀπατᾶ-

prorsus ad incitum res redacta est. (3) In tantis igitur malis et periculis patria versatur. Ego vero, si meas res ipsas per se considerare velis, omnino tutus sum. Hanc enim servitutem existimo, quæ una cum corporibus animos quoque opprimit : quæ autem animum prorsus non attinget, sed solum corpus tenet, ne servitus quidem mihi videtur esse. Ejus rei argumentum hoc est : si quod servitus malum est, ad animum hoc penetrat, quoniam alioquin ne malum quidem dicendum. Metus enim calamitatis et ex calamitate dolor gravissima sunt non liberis. Quid ergo, si quis nec metuat futurum malum nec præsenti crucietur, hiccine serviet? at quomodo, qui non habeat mala servitutis? (4) Scito igitur, talem a philosophia me esse factum, quem etsi in vincula coniciat Clearchus et quocunque malo affecerit, servum tamen habebit nunquam. Nunquam enim animum meum opprimet, quo ipso constat servus sim an liber, siquidem corpus variis semper casibus obnoxium est, etiamsi domino nulli subiectum. Sin vero me interficiat, tum plane veram libertatem mihi largietur. Quem enim neque in quo habitat corpus ad sibi serviendum adegit, quamnam huic animo libertatem defuturam putas a corpore segregato? Verum non ego solum, quodcunque patiar, liber, sed etiam Clearchus, quodcunque me faciet, servus erit. Metuens enim faciet, formidinis autem expers est libertas animi. (5) Quapropter si meas res per se considerare, maior, ut vides, ad patiendum in eis est securitas quam ad faciendum Clearcho. Neque eis cura, verum contemptu opus est. Omnino enim de eis sollicitum esse viri est non prorsus liberi. At mea cum patria coniunctio non permittit mihi hanc mei ipsius libertatem, verum et rempublicam adire et periculum subire cogit, non dico periculum ne mihi quid accidat, sed ne patriam in discrimine versantem ope carere patiar. Propterea hæc mihi imposita est necessitas, etiamsi nihil metuam, ut mortem præmeditatam habeam, ne prius moriar quam pro patria mori queam. Age vero apud tyrannum de quibus antea ad te scribebam, persuadens ipsi, nos otiunm cupide sectari, et siquid aliud etiam ad consilia nostra liberandæ patriæ pertinere videatur, ad nos scribe, quoniam necesse est ut, hæc quum mediter ac deliberem, in patriæ libertatem de mea ipsius aliquid condonem.

XV. Chion Matridi salutem.

De eo, quod tyrannus consensum præstat iis, quæ illi de me dicebas, patriæ gratulor, scribam autem et ipse ad eum, sicut consuluisti, quam potero longissime a veritate eum abducens. Nam si contrarium facerem, cives meos et amicos spe frustrarer, quam de me conceperunt, idque fraude minime dignes. Sed quod dirus prorsus

σθαι. τὸ δὲ ὠμὸν εἶναι τὸν τύραννον τελέως καὶ χαλεπὸν ὠφελιμώτερον ἔγωγε ἡγοῦμαι τῇ πόλει ἢ τὸ δημοκοπεῖν αὐτὸν καὶ προκαλύπτεσθαι δόξαν μετριότητος. (2) τὸ δὲ αἴτιον, ὅτι οἱ μὲν χαλεποὶ διαφθείρονται ταχέως, καὶ ἂν μὴ καταλυθῶσι, μῖσος ὅμως τυραννίδος κατέλιπον τῷ πλήθει καὶ παντελῶς τὴν μοναρχίαν ἀφ' ἑαυτῶν διέβαλον. οὕτως οὖν συμβαίνει, τὸν γοῦν λοιπὸν χρόνον φυλακτικωτέρους γίνεσθαι καὶ προνοητικωτέρους τῆς δημοκρατίας ἅπαντας. ὅταν δέ τις δουλωσάμενος ἐκδημοκοπήσῃ τοὺς δουλωθέντας, κἂν ἀναιρεθῇ ταχέως, πολλὰ ὅμως ἐγκαταλείπει τυραννίδος ἐν ἑκάστοις κακά, ὧν οἱ μὲν εὖ τι ποθοῦντες πείσεσθαι, οἱ δὲ ἄλλως δημαγωγηθέντες τυφλοὶ τῶν κοινῇ συμφερόντων εἰσί, καὶ τόν τε ἀναιρεθέντα οἰκτείρουσιν ὡς δὴ μέτριον καὶ τὴν τυραννίδα οὐχ ὡς ἀνήκεστόν τι φυλάττονται κακόν, ἀγνοοῦντες ὅτι, κἂν πάντα τις ᾖ μέτριος τύραννος, διὰ τοῦτο καταλυτέος ἐστίν, ὅτι ἔξεστιν αὐτῷ καὶ χαλεπῷ εἶναι. (3) Κλέαρχος δὴ ὠμὸς ὢν αὐτός τε εὐχείρωτος ἔσται μισούμενος καὶ τοῖς ἄλλοις δυσκατορθωτέραν ποιήσει τὴν τυραννίδα, προσποιούμενος δ' εἶναι μέτριος αὐτός τε ἂν ταύτην τὴν δόξαν καρπώσαιτο, τοῖς τε βουλομένοις ὕστερον εὐέμβατον ἀπολίποι τὴν ἀκρόπολιν. ἀλλὰ ταῦτα μὲν καὶ σοὶ δηλαδὴ φανερά, τὸν δὲ τρόπον τῆς γραφῆς καὶ ἀποδόσεως τῶν ἐπιστολῶν χαίρω ὅτι δὴ σύ τε ἀσφαλῆ ἐνόμισας καὶ τὸ τέλος μαρτυρεῖ μὴ ἀτόπως ηὑρῆσθαι. ἔπεμψα δέ σοι καὶ τὸ ἀντίγραφον τῆς πρὸς τὸν Κλέαρχον ἐπιστολῆς, διθυραμβεικωτέραν ποιήσας ἐπίτηδες αὐτήν, ἵν' ἡμῶν καταφρονῇ ὡς λογομανούντων τελέως.

ις'. Χίων Κλεάρχῳ χαίρειν.

Ἐν Ἀθήναις μοι φιλοσοφίας χάριν διατρίβοντι τῶν τε κοινῶν τινες φίλων καὶ ὁ πατὴρ ἔγραψαν ὡς δι' ὑποψίας εἴην πρός σε, καὶ τὰς αἰτίας ἐκέλευον ἀπολύσασθαι· τοῦτο γὰρ δίκαιον εἶναι καὶ αὐτῷ μοι ἄμεινον. ἐγὼ δὲ ὅτι μὲν ὀρθῶς παρήνουν ταῦτα, σαφῶς ᾔδειν, ἠγνόουν δὲ ἀφ' ὧν διεβλήθην, καὶ τοῦτό μοι πρὸς τὴν ἀπολογίαν ἦν ἄπορον· οὔτε γὰρ αὐτὸς παρῆν, ὅτε περιεβάλου τὴν ἀρχήν, οὔτε ἀπὼν ἐδυνάμην ἐναντιοῦσθαι· οὐδ' ὅλως ἢ λόγος ἢ ἔργον τι τῶν ἐμῶν ἐπιμιξίαν τινὰ ἔσχε πρὸς τὰ αὐτόθι πράγματα. τίνες οὖν αἱ διαπόντιοι πρὸς μόναρχον ἐναντιώσεις ἀνθρώπου μετ' ὀλίγων οἰκετῶν ἀποδημοῦντος οὐκ ἐγὼ ηὕρισκον, καὶ διὰ τοῦτό γε ἠπόρουν ἀπολογίας, ὅτι οὐδὲν ἑώρων τὸ κατηγορούμενον. (2) οὐκ ἠπόρουν δὲ πάλιν τῷ μηδὲν ἐννοεῖσθαι τοιοῦτον, ὁποῖον ἴσως ὑποπτεύομαι, ἀλλὰ καὶ πάνυ ἔχων πείθειν σε, ὅτι ἡ ἐμὴ ψυχὴ οὐδενὶ εὐέμβατός ἐστι τῶν τοιούτων βουλευμάτων. οἶμαι μὲν εἰ, καὶ μὴ ἐπεφιλοσοφήκειν, ἱκανὸν ἂν γενέσθαι τεκμήριον τοῦ μὴ ἀπεχθῶς ἔχειν πρός σε τὸ μηδὲ ἠδικῆσθαί τι ὑπὸ σοῦ. οὐδὲ γὰρ οἱ ἀφιλόσοφητοι μὴ παντάπασί γε μανέντες, καθ' ἡδονήν τινα τὰς

tyrannus est ac sævus, utilius existimo civitati quam si populum corrumperet et moderationis speciem prætenderet. (2) Caussa hæc est, quod qui sævi sunt e medio tolluntur statim, ac si non evertantur, tamen tyrannidis odium relinquere populo solent et prorsus unius imperium sola sua culpa in invidiam adducere. Hinc itaque accidit ut in posterum ad conservandum popularem statum et ad providendum ei omnes sint attentiores. At si quis imposito servitutis jugo eos, quibus id imposuit, populari ratione corruperit, etiamsi cito interficiatur, multa tamen in singulis relinquit tyrannidis mala, quorum alii beneficiis affici cupientes, alii aliis popularibus artibus circumventi ad publica commoda cæcutiunt, et dum illum de medio sublatum tanquam moderatum miserantur, ipsi haud sibi cavent a tyrannide tanquam malo insanabili, nimirum ignorantes, tyrannum, etsi in omni re moderatum sese præstet, ideo evertendum esse, quod ei etiam sævo esse liceat. (3) Clearchus igitur quum crudelis sit, et ipse in odium adductus facilis erit ad opprimendum, et efficiet ut alii tyrannidem minus stabilire possint : at si moderatum se esse simulet, et ipse hanc de se existimationem compararet, et in posterum, si qui vellent, ingressu facilem arcem relinqueret. Sed hæc tibi quoque sine dubio manifesta sunt. Ceterum quod ad scribendi et epistolas reddendi modum attinet, gaudeo quod tutus a te sit iudicatus, quodque ipse exitus testetur, non præter rationem esse excogitatum. Misi tibi et exemplar meæ ad Clearchum epistolæ, quam dithyrambo scripsi de industria similem, quo nos contemneret tanquam litterarum studiis insanientes.

XVI. Chion Clearcho salutem.

Athenis philosophiæ caussa mihi commoranti et amicorum quidam et ipse pater me tibi suspectum esse scripsit, meque apud te purgare iussit. Hoc enim æquum esse et ipsi mihi profuturum. Ego vero recte illos hæc monere satis intelligebam, verum quænam ob crimina delatus essem nesciebam, et hoc mihi defensionis aditum impediebat; neque enim ipse aderam, quum regnum tibi comparabas, neque absens adversari tibi poteram, neque omnino sermo aliquis meus sive factum commune quisquam habebat cum eis, quæ illic gerebantur. Quæ igitur transmarina adversus principem repugnantia fuerit hominis cum paucis famulis peregre absentis ego non inveniebam, ac propterea quomodo me defenderem quærebam frustra, quod non videbam quomodo accusarer. (2) Sed rursus frustra non quærebam eo, quod tale nihil cogitaveram, cuius fortasse suspicio in me coniecta est, sed omnino in promptu mihi sunt, quibus persuadeam tibi, eiusmodi consiliis ad meum animum aditum non patere. Sic igitur existimo, etiamsi philosophiæ operam non dedissem, hoc satis grave argumentum esse me nullam simultatem tecum exercere, quod nulla ab

ἀπεχθείας ἐπαναιροῦνται, οὐδ' ἐρωτάς τινας ὥσπερ παιδικῶν ἐπιτηδευμάτων οὕτω καὶ μίσους λαμβάνουσι, (πολλοῦ δεῖ), ἀλλὰ καὶ πάνυ ἐπίστανται, ὅτι οὐδὲν ἀνθρώποις ἀπεχθείας ἀνιαρότερον· ὅταν δὲ ὑπὸ ἀνηκέστου τινὸς διαιρεθῶσιν ἀπὸ ἀλλήλων τὰς ψυχάς, τότε ἀπεχθάνονται, καὶ οὐδὲ τότε ἑκόντες. (3) ἡμῖν δὲ μέχρι τῆς νῦν ἡμέρας οὐδὲν οὔτε μέγα οὔτε μικρὸν ὑπῆρκται πρὸς ἀλλήλους ἀπεχθείας ἔργον, ἀλλὰ σοὶ μὲν οὐδὲν πλέον ὑπονοίας καὶ λόγου, ἐγὼ δὲ καθαρεύω τὴν ψυχὴν καὶ ἀπὸ τούτων. τί οὖν βουλόμενος ἐξαίφνης στασιάζω πρός σε, καὶ ταῦτα μηδέπω καὶ τήμερον ἑορακὼς ἀρχομένην ὑπὸ σοῦ τὴν πατρίδα; ἢ νὴ Δία φυσῶσί με αἱ πολλαὶ τριήρεις καὶ οἱ ἱππεῖς, ἵνα, εἰ μηδὲν ἄλλο, ὑποπτεύῃς τό γε δύνασθαί με ἐχθρὸν εἶναι; ἀλλὰ ἀπεδήμησα μὲν σὺν ὀκτὼ θεράπουσι καὶ φίλοις δύο, Ἡρακλείδῃ καὶ Ἀγάθωνι, ἀναλύω δὲ δύο τῶν οἰκετῶν ἀποβαλών. ταῦτα δὲ οὐκ οἶδ' ὅπως πείθουσί σε ἱκανὴν εἶναι παρασκευὴν ἐπὶ σέ· ἐκεῖνο δ' οὐ σκοπεῖς, ὅτι, εἰ συνῄδειν ἐμαυτῷ δικαίως ὑποπτευομένῳ, οὐκ ἄν ποτε ἑκὼν ἐμαυτὸν ἐνεχείριζον τῷ ὑποπτεύοντι. (4) ἢ οὕτω τι ἐραστὴς ἀπεχθειῶν εἰμι, ὥστε μηδὲ τὴν πρὸς ἐμαυτὸν φυλάττειν φιλίαν, ἀλλ' ἑκοντὶ ἐγχειρίζειν τὸ σῶμα τοῖς δικαίως αὐτὸ τιμωρησομένοις; ἀλλὰ ταῦτα μὲν καὶ τοῖς μὴ φιλοσοφήσασιν ἱκανή, ἐμοὶ δὲ πέρα τοῦ ἱκανοῦ ἀπολογία. ἐγὼ δὲ οὐδ' ἄλλως ἀφυὴς γενόμενος πρὸς τὰ ἐκ φιλοσοφίας ἀγαθὰ συνέλαβον τῇ φύσει ὡς μάλιστα ἐνῆν, καὶ νεανίας γενόμενος οὐκ ἀρχὰς οὐδὲ φιλοτιμίας εἱλόμην, ἀλλὰ εὐθέως θεατὴς ἥρων γενέσθαι τῆς φύσεως τῶν λόγων. καὶ οὗτός με ὁ ἔρως ἤγαγεν εἰς Ἀθήνας καὶ Πλάτωνι ἐποίησε φίλον, καὶ μέχρι γε νῦν οὔπω αὐτοῦ πέπλησμαι. (5) φύσεως μὲν οὖν οὕτως ἔσχον πρὸς ἡσυχίαν, ὡς ἔτι παντελῶς νέος ὢν καταφρονῆσαι πάντων, ὅσα ἀρχήν τε ταρακτικωτέρου βίου δύναται, ἐλθὼν δὲ εἰς Ἀθήνας οὔτε ἐκυνηγέτουν, οὔτε ναύτης εἰς Ἑλλήσποντον ἐπὶ Λακεδαιμονίους σὺν Ἀθηναίοις ἔπλεον, οὔτε ταῦτα ἐπαιδευόμην, ἀφ' ὧν τυράννοις καὶ βασιλεῦσιν ἐχθρὸς ἔσομαι, ἀλλ' ἀνδρὶ ἡσυχίας ἐραστῇ διελεγόμην, τὸν ἔγγιστα θεῷ λόγων παιδευόμενος. καί μοι πρῶτον ὑπ' αὐτοῦ παρηγγέλθη ἡσυχίαν ποθεῖν· ταύτην γὰρ τοῦ κατὰ φιλοσοφίαν λόγου φῶς εἶναι, τὴν δὲ πολιτείαν καὶ πολυπραγμοσύνην ὥσπερ ζόφον τινὰ ἐπικαλύπτειν καὶ ἀνεύρετον ποιεῖν τοῖς ἐρευνῶσιν. (6) ὡς δὲ οὔτε πεφυκέναι κακὸς ἐδόκουν πρὸς αὐτὴν οὔτε πείθεσθαι ῥᾳδίως περὶ αὐτῆς, τηνικαῦτα ἤδη θεὸν πάντων ἐπόπτην καὶ κόσμου κατασκευῇ ἐμάνθανον καὶ φύσεως ἀρχὰς ἑώρων καὶ δικαιοσύνην τιμᾷν ἐδιδασκόμην καὶ ὅσα τοιαῦτα ἄλλα παιδεύει φιλοσοφία. καὶ οὐδὲν οὐχ ὅπως τοῦ εἰδέναι ταῦτα ἀλλ' οὐδὲ τοῦ ζητεῖν τιμιώτερον. τί γὰρ κάλλιον ἢ ἄνθρωπον ὄντα θνητῆς φύσεως καὶ θεοῦ κεκραμένον μοίρᾳ μόνοις εὐκαιρεῖν τοῖς ἀθανάτοις ἑαυτοῦ καὶ ταῦτα πρὸς τὸ συγγενὲς ἄγειν; συγγενῆ δὲ τῷ θείῳ τὰ θεῖα λέγω, (7) ταῦτα ηὐχόμην τε καὶ ἐσπούδαζον μαθεῖν, πολι-

te iniuria affectus sum. Neque enim vel rudes in philosophia, si non prorsus insaniant, animi gratia inimicitias suscipiunt, neque ut puerilium nugarum, sic et odii amoribus sese dedunt (multum abest), immo prorsus sciunt, nihil esse hominibus inimicitiâ molestius. Quum autem re quadam insanabili animi inter se divulsi fuerint, tum demum alienantur, ac ne tum quidem ultro. (3) Nobis autem ad hunc usque diem nullæ fuerunt neque magnæ neque parvæ invicem inimicitiæ. Iam tibi in promptu nihil est nisi suspicio atque criminatio, ego vero ab his quoque animum meum præsto liberum. Quo igitur consilio repente hostis tuus factus sim, præsertim quum neque ad hunc diem te viderim patriæ imperatorem? an me incitant multæ triremes atque equites, ut, si nihil aliud, certe suspicari queas, me posse tibi adversari? at peregre profectus sum cum octo famulis et duobus familiaribus, Heraclide et Agathone, redeo autem duobus famulis amissis. Hæc nescio quomodo tibi persuadeant, satis magnum mihi adversus te esse apparatum. Illud vero non consideras, si mihi conscius essem iure in me coniectæ suspicionis, non ultro me suspicanti in manus fuisse traditurum. (4) An ipse adeo amans sum inimicitiarum, ut ne mihi ipsi quidem debitam amicitiam tuear, sed ultro corpus meum tradam iure puniendum? sed hæc etiam a philosophiâ alienis iusta est, vel potius plus quam iusta excusatio. Ego vero quum nec natura a bonis ex philosophia exspectandis abhorrerem, naturæ operam addidi quantam potui. Itaque iuvenis factus neque munera neque honores affectavi, sed statim doctrinæ naturæ spectator fieri studebam. Quod studium Athenas me duxit et Platoni amicum fecit, neque hactenus eo expleri potui. (5) Quum igitur natura ita ad otium factus essem, ut admodum adolescens adhuc quæ ad vitam turbulentiorem facerent omnia aspernarer, Athenas delatus neque venationi dabam operam, neque in Hellespontum adversus Lacedæmonios cum Atheniensibus navigabam, neque eis instituebar, quæ me tyrannis ac regibus infestum facerent, sed cum viro quietis amante sermones conferebam, doctrina propemodum divina institutus. Ac primum ab illo quietem desiderare iussus sum : hanc enim philosophiæ esse lucem, rei publicæ vero administrationem ac negotiorum tractationem tanquam caliginem quandam illam obscurare et inveniendi viam occludere indagantibus. (6) Quum autem neque natura alienus a philosophiâ esse viderer, neque tamen facile de ea quæ præciperentur approbarem, tum demum deum omnium gubernatorem et compagem mundi cognoscebam et rerum caussas perspiciebam et iustitiam revereri discebam et quæ huius generis alia philosophia præcipit, ac nihil hoc non modo scitu, verum etiam investigatu dignius. Quid enim pulchrius, quam hominem ex mortali natura ac dei particula compositum solis vacare immortalibus sui elementis et hæc ad cognata perducere? cognata vero deo dico quæ divina sunt. (7) Hæc mihi in votis erant et in

τείας δὲ (ἀνέξῃ γὰρ μετὰ παρρησίας μου λέγοντος)
οὐδὲ μεμνῆσθαι ἠξίουν, ἔμαθον δὲ ἄλλα τε πολλὰ καὶ
ταῦτα, οἷς νῦν χρήσομαι πρός σε, τὸν μὲν μὴ ἀδι-
κοῦντα τιμᾶν, τὸν δὲ ἀδικοῦντα εὐεργεσίαις ἀμύ-
νεσθαι, εἰ δὲ μή γε, ἡσυχίᾳ· καὶ φίλον μὲν τιμώ-
τατον ἡγεῖσθαι, ἐχθρὸν δὲ μηδένα ἑαυτῷ κατα-
σκευάζειν, ἀλλὰ καὶ τὸν ὄντα φίλον ποιεῖσθαι, καὶ
μηδὲν τηλικοῦτον νομίζειν κακόν, ὅσον ἂν ταράξεις
τὴν ψυχὴν καὶ τῶν οἰκείων ἔργων ἀποτρέψεις πρὸς
ἕτερα. ἆρά γε ἐπιβούλῳ μοι νομίζεις χρῆσθαι ταῦτα
εἰδότι; μηδαμῶς, ἀλλὰ σοὶ μὲν ἀποκείσθω πολέμων
ἔργα καὶ πολιτειῶν, ἡμῖν δὲ τῆς σῆς τοσοῦτον ἀπο-
τετμήσθω τυραννίδος, ὅσον ἀταράχῳ ἀνδρὶ δοκεῖ ἐνη-
συχάσαι· πείθομαι δ' ὅτι, ἢν καὶ διαλέγεσθαί με
ἐφῇς τοῖς φίλοις, ἠρεμαίους ἂν αὐτοὺς ποιήσαιμι καὶ
ἀπολιτεύτους ὧν σὺ βούλει, διεξιὼν τὰ δεῖ ἡμῖν με-
λετώμενα ἡσυχίας ἐγκώμια, ἐπεὶ καὶ τελέως ἂν εἴη
μὴ ταῦτα φρονῶν ἀχάριστος. (8) φέρε γάρ, εἴ μοι
ταραττομένῳ τι ὧν σὺ ὑποπτεύεις ἡ πραεῖα ἐπισταίη
θεὸς ἡσυχία καὶ ταῦτα λέγοι, « ἀχάριστος εἶ καὶ πο-
νηρός, ὦ Χίων, καὶ οὔτε τῶν καλῶν ἐκείνων μαθημά-
των οὔτε ὅλως σεαυτοῦ μνήμην ἔχεις ἐμοὶ χρώμενος·
δικαιοσύνην ἤσκησας καὶ σωφροσύνην ἐκτήσω καὶ
θεὸν ἔμαθες καὶ τὴν σεαυτοῦ πρὸς αὐτὸν συγγένειαν
ἀνενεώσω καὶ τῶν ταπεινοτέρων -ούτων, θαυμαστῶν
δὲ τοῖς ἄλλοις κατεφρόνησας, φιλοτιμίας καὶ ττούτων
καὶ ὅσα τούτοις ὅμοια· εἶτα νῦν, ὅτε ἀποδιδόναι σε
δεῖ τὴν χάριν μείζονι ἤδη νόμῳ καὶ κρείττονι ψυχῇ
συνόντα μοι καὶ διαλεγόμενον, ἀπολείψεις με οὐδὲ
μεμνημένος, ὅτι οὐ τὰ ἄλλα μόνον ἐκ φιλοσοφίας
ἔμαθες, ἀλλὰ καὶ τὸ ζητεῖν δεξιῶς ἃ μήπω οἶδας·
καὶ πῶς ἂν οὐ γε ζητήσειας ἢ εὕροις ἐμοῦ στερόμε-
νος, » (9) ταῦτ' εἰ λέγοι, τί ἂν ἀποκριναίμην πρὸς
αὐτὴν δίκαιον, ἐγὼ μὲν γὰρ οὐδὲν ὁρῶ· ἀλλὰ μὴν
εὖ ἴσθι, ὡς ἐγὼ ταῦτα πρὸς ἐμαυτὸν ἀεὶ λέγω (λέγει
γὰρ ἕκαστος πρὸς ἑαυτὸν ἃ φρονεῖ) καὶ οὐκ ἄν ποτε
αὐτῶν ἀπολειφθείην. ὥστε οὐδέν σοι δέος ἐξ ἡμῶν
εὔλογον· οὐδὲ γὰρ οὐδ' ἅψεται τῶν σῶν πραγμάτων ἡ
ἐμὴ ἡσυχία.

ιζ' Χίων Πλάτωνι χαίρειν

Δυεῖν ἡμέραιν τῶν Διονυσίων ἔμπροσθεν τοὺς πι-
στοτάτους μοι τῶν θεραπόντων, Πυλάδην καὶ Φιλό-
καλον, ἐξέπεμψα ὡς σέ· μέλλω γὰρ τοῖς Διονυσίοις
ἐπιτίθεσθαι τῷ τυράννῳ, πολιτευσάμενος ἐκ πολλοῦ
ἀνύποπτος αὐτῷ γενέσθαι. πέμπεται δὲ ἐν ταύτῃ τῇ
ἡμέρᾳ πομπὴ τῷ Διονύσῳ, καὶ δοκεῖ ὀλιγωρότερον ἕξειν
δι' αὐτὴν τὰ τῶν δορυφόρων εἰ δὲ μή γε, κἂν διὰ πυρὸς
ἐλθεῖν δέῃ, οὐκ ὀκνήσομεν, οὐδὲ καταισχυνοῦμεν οὔτε
ἑαυτοὺς οὔτε τὴν σὴν φιλοσοφίαν· καὶ τὰ τῶν συνω-
μοτῶν δέ ἐστιν ἡμῖν ὀχυρά, πίστει δὲ ἢ πλήθει ὀχυ-
ρώτερα. (2) οἶδα μὲν οὖν ὡς ἀναιρεθήσομαι, τελειώ-
σας δὲ μόνον τὴν τυραννοκτονίαν τοῦτο παθεῖν εὔχομαι.

his perdiscendis studium meum collocabam, reipublicæ
vero (pace tua enim dicam ingenue) ne meminisse qui-
dem volebam, sed præter alia multa hæc quoque discebam,
quibus nunc utar adversus te, colere eum qui injuria
te non afficiat, sin vero afficiat, hunc propulsare bene-
ficiis satius esse quod si fieri non posset, silentio, item
amico nihil præstantius arbitrari, inimicum sibi parare
neminem, sed et qui sit inimicus amicum facere, denique
nullum malum tantum putare, ut animum conturbare
possit atque a propriis rebus ad alias convertere Itane
hæc scientem me insidiatorem tibi existimas habere?
minime, verum tibi tu habeas negotia belli et reipublicæ,
nobis vero tantillum resectum sit a tuo imperio, quan-
tum homini pacis amanti satis ad colendum otium Præ-
terea non dubito quin, si cum amicis colloquendi potesta-
tem mihi facias, adducere hos possim, ut quiescant et a
publicis negotiis, et quibus voles, abstineant, enarrandis
videlicet, quas dudum meditatus sum, quietis laudibus
Nam prorsus ingratus essem, si ita non sentirem
(8) Age enim, si mihi rebus, quibus tu suspicaris, per-
turbato mansueta illa dea quies adstaret et his me com-
pellaret « Ingratus es et improbus, Chion, et neque
pulcherrimorum illorum præceptorum neque omnino tui
ipsius memor me magistra iustitiam exercuisti et mo-
destiam tibi comparasti et deum cognovisti tuamque
cum ipso cognationem renovasti et istis humiliora, quan-
tumvis reliquis admiranda, contempsisti, honores dico et
divitias et quæ sunt his similia, nunc vero, quum re-
ferre debes gratias, potiore jam lege et præstantiore
animo mecum vivens et sermonem instituens, deseris me,
neque te non solum cetera ex philosophia didicisse, ve-
rum etiam quemadmodum dextre quæras quæ nondum
noveris, meministi Atque quomodo quæras aut inve-
nias, si me careas? » (9) Hæc si illa dicat, quid ei recte
respondeam? ego enim nihil video Sed probe scias, me
hæc mecum semper dicere (quivis enim quæ sentit se-
cum loquitur), neque ullo unquam tempore ab eis esse
defecturum Hinc consentaneum est, a nobis nihil tibi
metuendum esse neque enim ullo pacto mea quies tua
negotia attinget

XVII Chion Platoni salutem.

Duobus ante Dionysia diebus Pyladem et Philocalum,
fidelissimos mihi famulorum, ad te misi, in ipsis enim
Dionysiis impetum in tyrannum facturus sum, postquam
diu hoc egi, ut omni apud eum suspicione carerem Du-
citur hoc die solemnis Baccho pompa, ob quam negligentius
officio suo functuros esse satellites constat sin minus,
etiamsi per flammas transire oporteat, non reformidabimus,
neque indignum quicquam aut nobis aut tua philosophia
committemus Conjuratorum firmum nobis est auxi-
lium, quanquam fide quam multitudine firmius (2) Ac
scio quidem me interfectum iri, sed modo tyrannum sus.

μετὰ παιᾶνος γάρ ἂν καὶ νικητηρίων ἀπολείποιμι τὸν βίον, εἰ καταλύσας τὴν τυραννίδα ἐξ ἀνθρώπων ἀπελεύσομαι. σημαίνει γάρ μοι καὶ ἱερὰ καὶ οἰωνίσματα καὶ πᾶσα ἁπλῶς μαντεία θάνατον κατορθώσαντι τὴν πρᾶξιν. ἐθεασάμην δὲ καὶ αὐτὸς ἐναργεστέραν ἢ κατ᾽ ὄνειρον ὄψιν. ἔδοξε γάρ μοι γυνή, θεῖόν τι χρῆμα κάλλους καὶ μεγέθους, ἀναδεῖν με κοτίνῳ καὶ ταινίαις καὶ μετὰ μικρὸν ἀποδεῖξαί τι μνῆμα περικαλλὲς καὶ εἰπεῖν « ἐπειδὴ κέκμηκας, ὦ Χίων, ἴθι εἰς τουτὶ τὸ μνῆμα ἀναπαυσόμενος. » ἐκ τούτου δὲ τοῦ ὀνείρατος εὐελπίς εἰμι καλοῦ θανάτου τυχεῖν· νομίζω γὰρ μηδὲν κίβδηλον εἶναι ψυχῆς μάντευμα, ἐπεὶ καὶ σὺ οὕτως ἐγίνωσκες. (2) εἰ δὲ καὶ ἀληθεύσειεν ἡ μαντεία, μακαριώτερον ἐμαυτὸν ἡγοῦμαι γενήσεσθαι ἢ εἰ βίος μοι μετὰ τὴν τυραννοκτονίαν εἰς γῆρας ἐδίδοτο· καλὸν γάρ μοι μεγάλα διαπραξαμένῳ πρότερον ἐξ ἀνθρώπων ἀπαλλάττεσθαι ἢ χρόνου τι συναπολαῦσαι, καὶ ἃ ἂν δράσωμεν, πολὺ νομισθήσεται μείζονα ὧν πεισόμεθα, καὶ αὐτοὶ τιμιώτεροι ἐσόμεθα τοῖς εὖ παθοῦσιν, εἰ τῷ ἰδίῳ θανάτῳ τὴν ἐλευθερίαν αὐτοῖς ὠνησόμεθα. μείζων γὰρ ὠφέλεια τοῖς εὐεργετηθεῖσιν εἶναι φαίνεται, ἧς ὁ δράσας οὐ μεταλαμβάνει. οὕτως μὲν δὴ προθύμως ἔχομεν πρὸς τὴν μαντείαν τοῦ θανάτου. σὺ δὲ χαῖρέ τε, ὦ Πλάτων, καὶ εὐδαιμονοίης εἰς τέλειον γῆρας. προσαγορεύω δέ σε ὕστατα, ὡς πείθομαι.

tulero, hoc mihi evenire opto : cum pæane enim et præmiis victoribus destinatis vitam relinquam, si eversa tyrannide ex hominibus discedam. Mortem enim mihi et sacrificia et auguria et omnis omnino generis vaticinationes denuntiant, postquam rem confecero. Quin etiam visum quoddam meis se oculis obtulit manifestius quam quæ in somniis apparere solent. Visa enim mihi est mulier divina prorsus specie et statura redimire me corona oleaginea et vittis et postea pulcherrimum mihi ostendere monumentum ac dicere : « quandoquidem fatigatus es, Chion, ingredere hoc monumentum et quietem cape. » Ex hoc autem somnio bonam spem concipio, fore ut pulchram mortem nanciscar. Nullam enim animi divinationem fallacem esse censeo, quoniam tu quoque ita statuebas. (3) Quod si verum prodiderit hæc divinatio, beatiorem me existimo futurum quam si sublato tyranno vita in senectutem prorogetur. Honestius est enim mihi egregio facinore perpetrato ante ex hominibus secedere quam aliquamdiu parta felicitate una frui, quæque nos fecerimus multo maiora quam quæ passi fuerimus iudicabuntur, adeoque maiore in pretio erimus apud eos, de quibus bene meriti fuerimus, si morte nostra libertatem eis redemerimus. Nam beneficia qui accipiunt, fructus ampliores habent, quorum auctor non est particeps. Ita profecto bono animo sumus in hanc de morte divinationem. Tu vero, Plato, vale, sisque beatus ad seram usque senectutem. Postremum autem te compello, ut persuasum est.

ΚΛΕΟΒΟΥΛΟΥ ΕΠΙΣΤΟΛΗ.

CLEOBULI EPISTOLA.

Σόλωνι. Πολλοί ·μέν τιν ἔασιν ἔταροι καὶ οἶκος πάντη, φαμὶ δὲ ἐγὼν ποτανιωτάταν ἐσεῖσθαι Σόλωνι τὴν Λίνδον δαμοκρατεομέναν. καὶ ἁ νᾶσος πελαγία, ἔνθα οἰκέοντι οὐδὲν δεινὸν ἐκ Πεισιστράτω, καὶ τοὶ ἔταροι δὲ ἑκαστόθεν πὰρ τὺ βασοῦν-χι

Soloni. Multi quidem tibi sunt amici ac domus ub.-cunque, verum ego amicissimam Soloni fore Lindum censeo, civitatem liberam. Estque insula in medio mari sita, ubi degenti nihil est a Pisistrato metuendum, atque ad te amici undique confluent

ΕΠΙΣΤΟΛΑΙ ΚΡΑΤΗΤΟΣ.

CRATETIS EPISTOLÆ.

⊶⊷⊶

α'. Ἱππαρχίᾳ.

Ἐπάνηκε ταχέως. ἔτι δύνασαι Διογένην καταλα-
βεῖν ζῶντα (ἐγγὺς γὰρ ἤδη ἐστὶ τῆς τοῦ βίου τελευτῆς,
χθές γέ τοι παρὰ τοσοῦτον ἐξέπνευσεν), ἵνα καὶ ἀσπάσῃ
αὐτὸν τὸ ἔσχατον ἄσπασμα καὶ γνῷς ὅσον δύναται καὶ
ἐν τοῖς φοβερωτάτοις φιλοσοφία.

I. Hipparchiæ uxori.

Redi celeriter : adhuc vivum Diogenem potes deprehen-
dere (iam enim prope abest a vitæ fine, heri certe pæne
exspiravit), ut eum postremum salutes et cognoscas,
quantum et in maxime timendis philosophia valeat.

β'. Τοῖς ἑταίροις.

Μὴ πάντας αἰτεῖτε τὰ ἀναγκαῖα, μηδὲ παρὰ πάντων
τὰ διδόμενα δέχεσθε (οὐ γὰρ θεμιτὸν ἀρετὴν ὑπὸ κακίας
τρέφεσθαι), μόνους δὲ καὶ παρὰ μόνων τῶν μεμυη-
μένων φιλοσοφίαν, καὶ ὑμῖν ἐξέσται ἀπαιτεῖν τὰ ἴδια
καὶ μὴ δοκεῖν αἰτεῖν τὰ ἀλλότρια.

II. Discipulis.

Ne petatis ab omnibus necessaria, neque ab omnibus
oblata accipiatis (non enim fas est ab improbis virtutem
sustentari), verum a solis philosophia initiatis et licebit
vobis repetere propria et non videri petere aliena.

γ'. Τοῖς αὐτοῖς.

Μελέτω ὑμῖν τῆς ψυχῆς, τοῦ δὲ σώματος ὅσον
ἀνάγκη, τῶν δ' ἔξωθεν μηδ' ὅσον· εὐδαιμονία γὰρ οὐχ
ἡδονή, δι' ἣν τῶν ἐκτὸς χρεία, ἀρετὴ δὲ μετ' οὐδενὸς
τῶν ἐκτὸς τελεία.

III. Eisdem.

Curæ sit vobis animus, corpus tantum, quantum ne-
cesse est, externa vero ne tantum quidem : felicitas enim
non est voluptas, ob quam externis indigemus, sed virtus
sine externorum ope perfecta.

δ'. Ἑρμαΐσκῳ.

Εἴθ' αἱρετὸν πόνος, εἴτε φευκτόν, πόνει, ἵνα μὴ
πονῇς· διὰ γὰρ τοῦ μὴ πονεῖν οὐ φεύγεται πόνος, τῷ
δὲ ἐναντίῳ καὶ διώκεται.

IV. Hermaisco.

Sive expetendus est labor, sive fugiendus est, labora,
ut ne labores. Nam abstinendo a labore non vitatur la-
bor, verum contrario etiam fugatur.

ε'. Τοῖς ἑταίροις.

Καλὸν νόμος, ἀλλ' οὐ κρείττων φιλοσοφίας· ὁ μὲν
γὰρ βιάζεται μὴ ἀδικεῖν, ἡ δὲ διδάσκει. ὅσῳ δὲ χειρόν
ἐστιν ἀνάγκη τι ποιεῖν τοῦ ἑκουσίως, τοσούτῳ καὶ
νόμος φιλοσοφίας, ὥστε διὰ ταῦτα φιλοσοφεῖτε καὶ μὴ
πολιτεύεσθε. κρεῖττον γὰρ δι' οὗ διδάσκονται ἄν-
θρωποι δικαιοπραγεῖν ἐπίστασθαι ἢ δι' οὗ ἀναγκάζονται
μὴ ἀδικεῖν.

V. Discipulis.

Pulchra res lex est, non tamen præstantior philosophia :
illa enim non peccare cogit, hæc vero docet. Quanto autem
deterius est coactum quid facere quam volentem, tanto
et lex inferior philosophia : quamobrem philosophiæ date
operam, non reipublicæ gerendæ. Præstantius est enim,
quo docentur homines, ut recte agere sciant, quam quo
coguntur non peccare.

ς'. Τοῖς αὐτοῖς.

Φιλοσοφεῖτε πολλάκις ἢ ἀναπνεῖτε (αἱρετώτερον
γὰρ τὸ εὖ ζῆν, ὃ ποιεῖ φιλοσοφία, τοῦ ζῆν, ὃ ποιεῖ
ἀναπνοή), καὶ μὴ ὡς οἱ ἄλλοι, ἀλλ' ὡς ἤρξατο μὲν
Ἀντισθένης, ἐτελείωσε δὲ Διογένης. εἰ δὲ δύσκολον

VI. Eisdem.

Philosophemini sæpius quam respiratis (magis enim
expetendum est, ut recte vivamus, quod præstat philo-
sophia, quam ut vivamus, quod præstat respiratio),
nec vero ut alii, sed ut incepit Antisthenes, perfecit

τὸ ὧδε φιλοσοφεῖν, ἀλλὰ συντομώτερον   πρὸς δὲ εὐ-
δαιμονίαν, ὡς ἔλεγε Διογένης, κἂν διὰ πυρὸς βαδι-
στέον.

ζ' Τοῖς πλουσίοις

Ἀπάγξασθε, ὅτι θέρμους καὶ ἰσχάδας καὶ ὕδωρ ἔχοντες
καὶ ἐξωμίδας Μεγαρικὰς πλεῖτε καὶ πολλὰ γεωργεῖτε καὶ
προδίδοτε καὶ τυραννεῖτε καὶ φονεύετε καὶ ὅσα ἄλλα
τοιαῦτά ἐστι ποιεῖτε, δέον ἡρεμεῖν   ἡμεῖς δὲ εἰρήνην
ἄγομεν τὴν πᾶσαν, παντὸς κακοῦ ἐλεύθεροι γινόμενοι
ὑπὸ τοῦ Σινωπέως Διογένους, καὶ ἔχοντες μηδὲν πάντ'
ἔχομεν, ὑμεῖς δὲ πάντ' ἔχοντες οὐδὲν ἔχετε διὰ φιλο-
νεικίαν καὶ φθόνον καὶ φόβον καὶ κενοδοξίαν

η Δογένει

Ἀπὸ μὲν δὴ τοῦ πλούτου ἤδη ἐλευθεριάζομεν, ἡ
δὲ δόξα ἡμᾶς οὐδέπω ἔτι καὶ νῦν μεθίεται τῆς δου-
λείας, καίτοι νὴ τὸν Ἡρακλέα ἡμῶν πάντα ποιούντων
εἰς τὸ ἀφεθῆναι παρ' αὐτῆς ἄλλως δὲ καὶ τῆςδε ἐμαυτὸν
τῆς δεσποίνης λυτρώσομαι καὶ πλεύσομαι Ἀθήναζε
φέρων σοι δωρεὰν ἀντὶ τῆς ἐλευθερίας, εἰς ἣν ἐξείλετο
ἡμᾶς ὁ παρὰ σοῦ λόγος, ἐμαυτοῦ κρείττονα τῶν πάντων
κτημάτων

θ' Μνάσω

Μὴ ἀπέχου τοῦ καλλίστου κόσμου, ἀλλὰ κόσμει
σαυτὴν ἑκάστης ἡμέρας, ἵνα διαφέρουσα ἧς   κάλλι-
στος δὲ κόσμος ἐστὶν ὁ κάλλιστα κοσμῶν, κάλλιστα δὲ
κοσμεῖ ὁ κοσμιωτάτην ποιῶν, κοσμιωτάτην δὲ ποιεῖ
κοσμιότης, ἥ μοι δοκοῦσι καὶ ἡ Πηνελόπη καὶ ἡ Ἄλ-
κηστις κεκοσμῆσθαι καὶ ἔτι καὶ νῦν ἐπ' ἀρετῇ ὑμνεῖ-
σθαι καὶ τιμᾶσθαι. ἵν' οὖν καὶ σὺ ταύταις ἐνάμιλλος
γένῃ, πειρῶ τούτων ἀντέχεσθαι τῶν παραινουμένων.

ι' Λύσιδι

Ἀκήκοά σε, ὦ Λῦσι, ἀπὸ τοῦ ἀγῶνος τοῦ ἐν Ἐρε-
τρίᾳ συνεχῶς μεθύσκεσθαι. εἰ δὲ ταῦτά ἐστιν ἀληθῆ,
πάρεστί γέ σοι μὴ καταφρονῆσαι ὧν Ὅμηρος ὁ σοφὸς
λέγει. φησὶ γάρ « οἶνος καὶ κένταυρον ἀγακλυτὸν
Εὐρυτίωνα ἄασε » καὶ Κύκλωπα ὑπὲρ ἄνθρωπον καὶ
τὸ μέγεθος καὶ τὴν ἰσχὺν φοροῦντα. εἰ οὖν καὶ τοὺς
ἰσχυροτέρους καὶ μείζους ἡμῶν κακῶς διατίθησι, πῶς
οἴει ἡμᾶς αὐτὸν διαθήσειν, οἶμαι μὲν γὰρ ἀθλίως·
ὅπως οὖν μὴ γένηταί ποτε μηδὲν δυσχερὲς ἀπ' αὐτοῦ, πα-
ραινῶ σοι μαθόντα εὐχρήστως αὐτῷ χρῆσθαι   (2) ὡς
ἄτοπόν ἐστι, τῷ μὲν πλήκτρῳ μὴ εἴκειν οἴεσθαι δεῖν,
ὁ τοὺς χρωμένους αὐτῷ καλῶς οὐκ ἐξίστησι τῶν φρενῶν
οὐδ' εἰς μανίαν ἐμβάλλει, τῷ δὲ οἴνῳ οἴεσθαι εἴκειν
δεῖ· καὶ χρῆσθαι αὐτῷ ** ἢ τῷ πλήκτρῳ ἀποβαίνει
τοσοῦτον μεῖζον ** καὶ τὴν μελέτην αὐτοῦ ποιητέον
πειρῶ δὴ τοῖς ἐγκρατέσι τῶν ἀνδρῶν ὁμιλῶν ἐγκρατῶς
χρῆσθαι μανθάνειν, ὅπως ἂν τό γε δῶρον τοῦ θεοῦ μὴ

---

autem Diogenes Sin sic philosophari arduum est, at
compendiosius certe, ad beatitudinem vero, ut Diogenes
dicebat, vel per ignes eundum est

VII Divitibus

Ite in malam rem, quoniam lupinos et caricas et aquam
habentes Megaricaque industa navigatis et multum terræ
colitis et proditis et tyrannidem exercetis et homicidia
patiatis, quæque hoc genus alia facitis, quum otium agere
oportcat Nos vero quiete in agimus perfectam, et omni
malo a Sinopensi Diogene liberati ac nihil habentes habe-
mus omnia, vos autem omnia habentes nihil habetis
propter æmulationem et invidiam et metum et vanæ gloriæ
studium

VIII Diogeni

A divitiis quidem iam sumus liberi, gloria vero nondum
ex servitute nos dimittit, quamvis per Herculem ut ab
ea dimittamur omnem denuis operam   Ceterum ab hac
quoque domina me liberabo atque Athenas navigabo pro
libertate, in quam nos vindicavit tuus sermo, me ipsum
afferens omnibus opibus superiorem

IX Mnaso

Noli abstinere a pulcherrimo ornamento, sed orna te
quotidie, ut excellas Pulcherrimum vero ornamentum
est quod ornat pulcherrime, pulcherrime ornat quod
modestissimam reddit, modestissimam autem reddit mo-
destia, qua mihi videntur et Penelope et Alcestis ornatæ
fuisse et etiamnunc virtutis ergo celebrari atque coli
Ut igitur tu quoque par illis fias, fac ut hæc præcepta
consequaris

X Lysidi

Audivi te, o Lysi, inde a pugna Eretriensi perpetuo gra-
vem esse vino Quod si verum est, non contemnenda tibi
sunt quæ sapiens Homerus dicit Ait enim « vinum et cen-
taurum inclytum Eurytionem perdidit et Cyclopem » supra
hominem et magnitudine et robore præditum   Si igitur nos
robustiores nobis maioresque male afficit , quomodo nos
illud putas affecturum ? misere sane credo   Quare ne
quid ab eo mali accidat, moneo te, ut discas uti eo,
quantum conducat   (2) Namque absurdum est, plectro
quidem non esse cedendum putare, quod eos, qui recte
ipso utuntur, non deicit de mente, neque in furorem
impellit, vino autem cedendum putare eoque uti
.   .   .   .   atque curam eius haberi
oportere Fac igitur, ut cum temperantibus viris con-
versans temperanter uti discas, ut ne dei donum tibi
ludibrio habenti in caput tuum redundet, sed in pretio

ἀτιμάζοντι εἰς κεφαλήν σοι γένηται, ἀλλὰ τιμῶντι
ἡδοναὶ ἀμεταμέλητοι καὶ ὠφέλειαί σοι ἀπ' αὐτοῦ ὦσιν,
ὅταν ἄλλως πᾶς μετ' ἐγκρατείας περαινομένας εὐσχη-
μόνως σε καὶ δικαίως ποιῇ βιοτεύειν, μηδὲν ἄσχημον
μηδὲ φαῦλον ἐν τῷ βίῳ διαπραττόμενον, ἀλλὰ πάντα
τὰ δίκαια λέγοντα καὶ πράττοντα. (3) ὧν παρουσίᾳ
ἄνθρωποι λέγονται τρισευδαίμονες γίνεσθαι, τρισσῶν
αὐτοῖς ἀγαθῶν πληθυνόντων ἐν τῷ βίῳ· οἷς γὰρ τά τε
περὶ ψυχὴν ἐγκρατῶς διάκεινται, τά τε περὶ τὸ σῶμα
ὑγιεινῶς, τά τε περὶ κτῆσιν αὐτάρκως, πῶς ἂν οὐ
τρισευδαίμονες εἶεν; ὅπως οὖν τούτων τῶν ἀγαθῶν ἀπο-
λαύῃς, παραινῶ σοι μὴ ὀλιγωρεῖν τῶν ἐπεσταλμένων.

ια'. Τοῖς ἑταίροις.

Ἀσκεῖτε ὀλίγων δεηθῆναι (τοῦτο γὰρ ἐγγυτάτω θεοῦ,
τὸ δ' ἐναντίον μακροτάτω), καὶ ὑμῖν ἐξέσται μέσοις
γενομένοις θεῶν καὶ ἀλόγων ζῴων τῷ κρείττονι γένει
καὶ μὴ τῷ χείρονι ὁμοίους γενέσθαι.

ιβ'. Ὠρίωνι.

Οὐ ποιεῖ ἀγρὸς σπουδαίους, οὐδὲ ἄστυ φαύλους,
ἀλλ' αἱ σὺν τοῖς ἀγαθοῖς καὶ κακοῖς διατριβαί. ὥστ'
εἰ βούλει ἀγαθοὺς καὶ μὴ κακοὺς γενέσθαι σοι τοὺς
παῖδας, πέμπε μὴ εἰς ἀγρόν, ἀλλ' εἰς φιλοσόφου, ἵνα
καὶ αὐτοὶ βαδίζοντες τὰ καλὰ ἐμάθομεν. ἀσκητὸν
γὰρ ἀρετὴ καὶ οὐκ αὐτόματος ἐμβαίνει τῇ ψυχῇ ὥσπερ
κακία.

ιγ'. Εὐμόλπῳ.

Ἄδοξος στολὴ Διογένειος, ἀλλ' ἀσφαλής, καὶ πι-
στότερος ὁ χρώμενος αὐτῇ τῶν τὰ Καρχηδονίων φο-
ρούντων· καὶ λιτὸς ὁ βίος, ἀλλ' ὑγιεινότερος τοῦ Περ-
σικοῦ· καὶ ἐπίπονος ἡ διαγωγή, ἀλλ' ἐλευθεριωτέρα
τῆς Σαρδαναπάλλου. ὥστε εἰ κρεῖττον τὸ ἀσφαλὲς
τῆς Καρχηδονίας στολῆς καὶ ὑγίεια τοῦ λαμπροῦ βίου
καὶ ἐλευθερία τῆς ἐπονειδίστου διαγωγῆς, καὶ ἡ ταῦτα
φιλοσοφία ποιοῦσα τῶν πάντων ἐστὶ κρείττων, καὶ εἰ
μὴ ἡ κατ' ἄλλους, ἀλλ' ἡ κατὰ Διογένην τὸν εὑρόμενον
τὴν σύντομον ὁδὸν ἐπ' εὐδαιμονίαν.

ιδ'. Τοῖς νέοις.

Ἐθίζεσθε ἐσθίειν μᾶζαν καὶ πίνειν ὕδωρ, ἰχθύος δὲ
καὶ οἴνου μὴ γεύεσθε· ταῦτα γὰρ τοὺς μὲν γέροντας
ἀποθηριοῖ ὥσπερ τὰ παρὰ τῆς Κίρκης φάρμακα, τοὺς
δὲ νέους ἀποθηλύνει.

ιε'. Τοῖς ἑταίροις.

Φεύγετε μὴ μόνον τὰ τέλη τῶν κακῶν, ἀδικίαν καὶ
ἀκρασίαν, ἀλλὰ καὶ τὰ τούτων ποιητικά, τὰς ἡδονάς·
μόναις γὰρ ταύταις καὶ παρούσαις καὶ ἐλπιζομέναις
ἐνατενιεῖτε, ἄλλῳ δὲ οὐδενί. καὶ διώκετε μὴ μόνον

---

habenti voluptates ab eo tibi contingant non pœnitendæ
atque commoda, ubi aliorum vita cum continentia trans-
acta decenter te et iuste facit vivere, nihil indignum
neque malum per vitam committentem, sed omnia recte
dicentem et facientem. (3) Quorum possessione homines-
ter beati dicuntur fieri, tribus ipsis bonis per vitam
exsuperantibus : quorum enim animus temperantia præ-
ditus est et corpus valetudine, quibusque satis est quod
possident, quomodo hi non fuerint ter beati? Quo igitur
his bonis fruare, hortor te, ut hæc præcepta non asper-
nere.

XI. Sodalibus.

Assuescite paucis contenti esse (hoc enim a deo abest
proxime, longissime vero contrarium), et licebit vobis
mediis inter deos et bruta animalia positis generi potiori,
nec vero inferiori similes evadere.

XII. Orioni.

Non rus probos reddit, neque malos urbs, verum cum
bonis atque malis habita commercia. Quare si tibi vis
bonos neque malos evadere liberos, mitte eos non in
agrum, sed in philosophi scholam, quo et ipsi pergentes
honestum didicimus. Exercitatione enim virtus compa-
ratur, neque ultro in animum se insinuat, velut malitia.

XIII. Eumolpo.

Ignobilis quidem Diogenis vestis est, sed firma, quique
ea utitur certior et constantior iis qui Punicas gestant
vestes, et frugalis victus, sed Persico salubrior, et labo-
ribus plena vivendi ratio, sed liberior quam quæ Sarda-
napali fuit. Quare si præstantior est firmitas quam Pu-
nica toga et sanitas quam splendida vita et libertas quam
probrosa vivendi consuetudo, etiam quæ hæc efficit phi-
losophia omnibus est præstantior, et si non quam alii
profitentur, at certe quam Diogenes, qui brevem ad feli-
citatem aditum invenit.

XIV. Adolescentibus.

Assuescite edere panem et bibere aquam, piscem autem
et vinum non gustate : hæc enim senes quidem efferant ut
venena Circes, iuvenes vero effeminant.

XV. Sodalibus.

Fugite non modo summa mala, iniustitiam atque in-
temperantiam, verum etiam ex quibus ista proveniunt
voluptates : his enim solis sive adsint sive exspectentur
intenti eritis, neque alii cuiquam rei : et appetite non

τὰ τέλη τῶν ἀγαθῶν, ἐγκράτειαν καὶ καρτερίαν, ἀλλὰ
καὶ τὰ τούτων ποιητικά, τοὺς πόνους, καὶ μὴ διὰ τὸ
τραχὺ αὐτῶν φεύγετε· οὐ γὰρ μεγάλῳ τινὶ ἀντικαταλ-
λάξετε χρείττω, ἀλλ' ὅσῳ γε χάλκεα χρυσείων πόνων
πρὸς ἀρετήν.

ις' Τοῖς ἑταίροις

Ἡ μὲν κυνικὴ φιλοσοφία ἐστὶν ἡ Διογένειος, ὁ δὲ
κύων ὁ κατὰ ταύτην πονῶν, τὸ δὲ κυνίζειν τὸ συντόμως
φιλοσοφεῖν. ὥστε μὴ φοβεῖσθε τὸ ὄνομα, μηδὲ διὰ
ταῦτα φεύγετε τὸν τρίβωνα καὶ τὴν πήραν, ἃ θεῶν
ὅπλα· συντόμως γὰρ ἐκφέρεται τοῖς διὰ τὸ ἦθος τι-
μίοις· ὥσπερ οὖν, εἰ ἀγαθοί, οὐκ ἂν κακοὶ λεγόμενοι
ἠσχάλλετε, οὕτως μηδὲ νυνί, ὅτε καὶ τὸ φιλοσοφεῖν
συντόμως κυνίζειν λέγεται καὶ ὁ ὧδε φιλοσοφῶν κύων
καὶ ἡ φιλοσοφία κυνική· δόξα γὰρ τὸ ὅλον τοῦτο· δόξῃ
δὲ καὶ ἀδοξίᾳ δουλεύειν, καὶ τοῦτ' ἐν σκιαῖς, ὥς φασι,
τοῖς ὀνόμασι, πάντων χαλεπώτατον· πειρᾶσθε οὖν
καὶ τούτων καὶ τῶν ὁμοίων καταφρονεῖν

ιζ' Τοῖς αὐτοῖς

Οἱ μὲν ἰατροὶ μίαν ἔγραψαν κοιλιακὴν διάθεσιν, ἣν
ἔλεγον ποιεῖν ἀπεψίαν, Διογένης δὲ ἑτέραν, ἣν ἔλεγε
ποιεῖν λιμόν. ἀλλ' ἐπὶ τῇ προτέρᾳ φάρμακον αἰτεῖν
παρὰ τῶν ἰατρῶν οὐκ ἄδοξον, ἀλλὰ τῇ ἑτέρᾳ· ὥστε
διὰ τοῦτο καταφρονεῖτε τῶν τοιαῦτα αἰσχρὰ λεγόντων
καὶ ἄδοξα, καὶ αἰτεῖτε κατ' ἴσον τὴν μᾶζαν τοῖς κατα-
ποτίοις· οὐ γὰρ αἰσχρὸν τὸ αἰτεῖν, ἀλλὰ τὸ μὴ παρέ-
χειν ἑαυτὸν ἄξιον τοῦ διδομένου. ** ἔστι δὲ τὸ δι'
ἀπεψίαν ἢ λιμὸν ἐπὶ ῥᾴστων ** ἡ μὲν γὰρ γίνεται διὰ
γαστριμαργίαν παρὰ κακίας, ἡ δὲ δι' ἔνδειαν παρ'
ἀπορίας

ιη' Τοῖς νεανίσκοις

Ἐθίζεσθε ψυχρῷ λούεσθαι καὶ πίνειν ὕδωρ καὶ
ἐσθίειν μὴ ἀνιδρωτὶ καὶ ἀμπέχεσθαι τρίβωνα καὶ κα-
τατρίβεσθαι ἐπὶ γῆς, καὶ οὐδέποτε ὑμῖν κλεισθήσεται
τὰ βαλανεῖα, αἱ δ' ἄμπελοι καὶ τὰ πρόβατα ἀφορήσει
καὶ τὰ ὀψοπώλια καὶ κλινοπώλια πενητεύσει· ὥσπερ
τοῖς μεμαθηκόσι θερμῷ μὲν λούεσθαι, πίνειν δ' οἶνον
καὶ ἐσθίειν μὴ πονήσαντας καὶ ἀμπέχεσθαι ἁλουργῇ
καὶ ἀναπαύεσθαι ἐπὶ κλίνης

ιθ' Πατροκλεῖ

Μὴ λέγε τὸν Ὀδυσσέα πατέρα τῆς κυνικῆς τὸν
πάντων μαλακώτατον ἑταίρων καὶ τὴν ἡδονὴν ὑπὲρ
πάντα πρεσβεύοντα, ὅτι ποτὲ τὰ τοῦ κυνὸς ἐνεδύσατο·
οὐ γὰρ ἡ στολὴ ποιεῖ κύνα, ἀλλ' ὁ κύων στολήν, ὅπερ
οὐκ ἦν Ὀδυσσεύς, ἡττώμενος μὲν ἀεὶ ὕπνου, ἡττώ-
μενος δὲ ἐδωδῆς, ἐπαινῶν δὲ τὸν ἡδὺν βίον, πράττων
δὲ οὐδὲν οὐδέποτε ἄνευ θεοῦ καὶ τύχης, αἰτῶν δὲ

---

modo summa bona, temperantiam atque patientiam, ve-
rum etiam ex quibus ista proveniunt labores, neque hos
ob ipsorum molestiam declinate non enim re magna
maiora reparabitis, sed velut qui ære aurum, sic labori-
bus virtutem acquiretis

XVI Eisdem

Cynica philosophia est quam condidit Diogenes, canis
qui in hac laborat, canem agere dicitur qui compendiose
philosophatur. Quare nolite timere hoc nomen, nec
propter ista fugere pallium atque peram, deorum arma
non enim moleste feruntur ab eis, qui ob indolem in
pretio habentur Ut igitur, si, qui probi estis, im-
probi dici non indignaremini, sic neque nunc, cum phi-
losophari compendiose canem agere dicitur et ita qui
philosophatur canis et philosophia cynica hoc totum
enim in opinione positum Opinioni autem et contemptui
se subicere, idque in verbis, quæ meræ umbræ sunt, ut
aiunt, omnium est miserrimum Itaque operam date, ut
et hæc et similia contemnatis

XVII Eisdem

Unam medici indicarunt ventris affectionem, quam
dicebant efficere cruditatem, Diogenes vero et alteram,
quam dicebat efficere famem Sed quum priori medici-
nam a medicis postulare non ignominiosum sit, ignomi-
niosum neque alteri est Quare contemnite eos, qui talia
turpia et ignominiosa proferunt, et panem æque atque
pilulas postulate non enim turpe est postulare, verum
eo, qui dederit, non dignum se ipsum præstare At
turpius certe propter cruditatem quam propter famem
medicinam quærere illa enim ob voracitatem ex nequi-
tia, hæc vero ob necessitatem ex inopia nascitur

XVIII Adolescentibus

Assuescite frigida lavari et aquam bibere et cibum non
capere nisi sudore acquisitum et pallio indui et decumbere
in terra, nec vobis unquam præcludentur balnea, nec
vites atque greges proventu carebunt, nec fora, ubi pisces
veneunt atque lecti, inopia laborabunt velut eis, qui ca-
lida lavari et vinum bibere et edere nullo labore superato
et purpura indui et in lecto decumbere didicere

XIX Patroclo

Noli Ulixem, qui sodales omnes mollitie superabat et
voluptatem præ omnibus colebat, cynicæ disciplinæ pa-
trem dicere, quod aliquando canis speciem induit non
enim habitus facit canem, sed canis habitum Talis non
erat Ulixes, quin immo obnoxius semper somno ciboque
obnoxius iucundam laudabat vitam, nihil unquam sine
dei ac fortunæ auxilio agebat, ab omnibus, iis quoque

14

πάντας καὶ τοὺς ταπεινούς, λαμβάνων δ' ὁπόσ' ἄν
τις χαρίσαιτο. λέγε δὲ Διογένη τὸν μὴ ἅπαξ κυνι-
κὴν στολὴν ἐνδυσάμενον, ἀλλὰ τὸν ὅλον βίον κρείττω
καὶ πόνου καὶ ἡδονῆς, τὸν ἀπαιτοῦντα καὶ οὐκ ἐκ τοῦ
ταπεινοῦ, τὸν τἀναγκαῖα πάντα προϊέμενον, τὸν ἐφ'
ἑαυτῷ θαρροῦντα, τὸν μηδέποτε εὐχόμενον ἐλεεινὸν
ἐς τιμὰς ἐλθεῖν, ἀλλὰ σεμνὸν καὶ τῷ λόγῳ πιστεύοντα
καὶ οὐ δόλῳ οὐδὲ τόξῳ, τὸν οὐκ ἐπὶ τῷ ἀποθανεῖν
καρτερικόν, ἀλλ' ἐπὶ τῷ τὴν ἀρετὴν ἀσκῆσαι ἀνδρεῖον·
καὶ ἐξέσται σοι μὴ τὸν Ὀδυσσέα ζηλοῦν, ἀλλὰ τὸν
Διογένη, τὸν πολλοὺς καὶ ὅτε ἔζη ἐξελόμενον ἐκ κακίας
εἰς ἀρετὴν καὶ ὅτε τέθνηκε δι' ὧν κατέλιπεν ἡμῖν
λόγων.

qui humili essent loco, exigebat et quicquid ei offerret
aliquis accipiebat. At Diogenem dic, qui non semel cy-
nicum habitum sibi induebat, sed per totam vitam labore
et voluptate superiorem se præstabat, qui exigebat qui-
dem, sed non a paupere, qui necessaria omnia proiciebat,
sibi ipsi confidebat, nunquam honoribus ornari ob mise-
riam optabat, sed ob gravitatem, quodque rationi fidebat,
non fraudi atque arcui, quique non modo in morte tole-
randa firmitatem, verum et in virtute exercenda fortitu-
dinem comprobat. Itaque licebit tibi æmulari non Ulixem,
sed Diogenem, qui et dum vixit et postquam mortuus
est sermonibus nobis relictis ex vitio in virtutem multos
vindicavit.

κ'. Μητροκλεῖ.

Χωρισθέντος σοῦ παρ' ἡμῶν ἐπ' οἴκου κατέβην εἰς
τὴν τῶν νέων παλαίστραν καὶ ἀλειψάμενος ἔτρεχον. καὶ
με οἱ νέοι κατιδόντες ἐγέλων, ἐγὼ δὲ ἵνα μὴ θᾶττον
καταπαύσωμαι τῶν γυμνασίων, ἐπεκελευόμην ἐμαυτῷ
λέγων « Κράτης, πονεῖς ὑπὲρ ὀφθαλμῶν, ὑπὲρ κεφαλῆς,
ὑπὲρ ὤτων, ὑπὲρ ποδῶν. » οἱ δέ μου ταῦτα ἐπήκου-
σαν, καὶ οὐκέτι ἐπεγέλων, ἀλλ' ἐγχειρήσαντες καὶ αὐτοὶ
τρέχειν ἤρξαντο, καὶ ἐξ ἐκείνου οὐκέτι μόνον ἡλείφοντο,
ἀλλὰ καὶ ἐγυμνάζοντο, καὶ διὰ ταῦτα οὐκ ἐπινόσως
διῆγον, ὥσπερ πάλαι, ἐμοί τε χάριν ἐγίνωσκον ὡς
αἰτίῳ τῆς ὑγιείας, καὶ οὐκ ἀπελείποντο, ἀλλ' εἵποντο
ὅπου ἂν βαδίζοιμι, ἐπακρούμενοι καὶ μιμούμενοι
ἃ λέγοιμι καὶ πράττοιμι. ταῦτα ἐπέσταλκά σοι,
ἵνα καὶ σὺ μὴ καθ' ἑαυτὸν τρέχῃς, κεῖθι δὲ ἔνθα οἱ
νέοι διατρίβουσιν, ὧν ἐχρῆν τι ἡμᾶς προμηθεῖσθαι,
ἐπεὶ διδάσκει καρτερίαν τάχιον τὸ ἔργον τοῦ λόγου,
ὅπερ ἐν μόνῃ τῇ Διογένους ἐστὶ φιλοσοφίᾳ.

XX. Metrocli.

Postquam me relicto domum te contulisti, descendi in
iuvenum palæstram, ibique quum unctus currerem, qui
aderant iuvenes me irridebant. Ego vero, ne prius missas
facerem exercitationes, me ipsum compellabam his ver-
bis : « Crates, laboras pro oculis, pro capite, pro auri-
bus, pro pedibus. » Quæ qui audivere, non amplius ri-
debant, sed data opera et ipsi currere incipiebant, atque
hinc non modo ungebantur, verum etiam se exercebant;
quo fiebat ut non iam, ut antea, infirmo uterentur cor-
pore, mihique ut prosperæ valetudinis auctori gratias re-
ferrent, nec me relinquerent, sed quocunque pergerem
prosequerentur, audituri et imitaturi quod dicerem ac
facerem. Hæc tibi nuntiavi, quo tu quoque non solus
curreres, verum eo loco, quo iuvenes conveniunt,
quorum par est rebus nos prospicere, quoniam omni
præcepto celerius exemplum docet tolerantiam, id quod
in sola Diogenis philosophia situm est.

κα'. Μητροκλεῖ τῷ κυνί.

Ἕως ἂν φοβῇ τὸν κύνα, τοῦτο προσαγορεύω· φαίνει
δὲ φοβούμενος ἕως τούτου. καὶ αὐτὸς δὲ ἐπιστέλλων
ἡμῖν κύνα ἐπέγραψας. καὶ τἆλλα δὲ ὧδε ποιεῖν μαθήσῃ,
μὴ φοβεῖσθαι ἐθιζόμενος, μὴ μόνον λογικεύεσθαι· μακρὰ
γὰρ ἡ διὰ τῶν λόγων ὁδὸς ἐπ' εὐδαιμονίαν, ἡ δὲ διὰ
τῶν καθ' ἡμέραν ἔργων μελέτη σύντομος. ἀλλ' οἱ πολλοὶ
ἐπὶ τὸ αὐτὸ τοῖς κυσὶν ἱέμενοι ἐπειδὰν ἐπιβλέψωσι τὸ
χαλεπὸν αὐτῆς, φεύγουσι τοὺς ἐπιφωνοῦντας. ἀλλὰ
διὰ μὲν ταύτην τὴν ὁδὸν τὸν κύνα οὐ γενέσθαι δεῖ,
ἀλλὰ γεννηθῆναι· φύσει γὰρ ἡ μελέτη μᾶλλον ἀνυ-
σιμωτέρα ἢ ἡ ὁδὸς αὕτη.

XXI. Metrocli cani.

Donec metues canem, hoc nomine te compellabo, vi-
deris autem metuere hucusque. Ipse tamen epistolis ad
me datis canem inscripsisti. Quare et reliqua sic facere
disces, si non modo disscrere, verum etiam non metuere
assueveris. Longa est enim, quæ præceptis constat, ad
felicitatem via, sed brevis, quæ assiduo labore, exerci-
tatio. At plurimi eundem licet cum canibus finem se-
quantur, conspectis eius difficultatibus eos, qui ipsos
compellant, fugiunt. Sed non hac via canem fieri oportet,
verum natum esse ; natura enim exercitatio viâ ista est
efficacior.

κβ'. Μητροκλεῖ.

Μὴ πάντας αἴτει, ἀλλὰ τοὺς ἀξίους, μηδὲ παρὰ
πάντων τὸ ἴσον λάμβανε, ἀλλὰ τριώβολον μὲν παρὰ
τῶν σωφρόνων, μνᾶν δὲ παρὰ τῶν ἀσώτων· οὐ γὰρ
παρ' αὐτῶν ἐστι πάλιν λαβεῖν, ὡς παρὰ τῶν σω-
φρόνων, ὧδε δαπανώντων.

XXII. Metrocli

Ne petas ab omnibus, verum a dignis, neque ab
omnibus idem exigas, verum triobolum a temperantibus,
minam a dissolutis : non enim fieri potest ut ab his, quum
ita sua effundant, iterum, ut a temperantibus, exigas

κγ' Γανυμήδει

Ἕως ἂν φοβῇ τὸν τρίβωνα καὶ τὴν πήραν καὶ τὴν
βακτηρίαν καὶ τὴν κόμην, φιλῆς δὲ τὰ ἁλουργῆ καὶ
τὴν τρυφήν, οὐ παύσει τοὺς ἐραστὰς ἐπισυρόμενος,
ὥσπερ ἡ Πηνελόπη τοὺς μνηστῆρας· ὥστ' εἰ μὴ
σοι ὅλος οἱ τοιοῦτοι τῶν ἀνθρώπων, χρῶ ᾧ προή-
ρησαι βίῳ· εἰ δ' ἔστιν, ὡς πείθομαι, καὶ οὐ μικρός,
τοὺς μὲν ἄλλους βοηθοὺς χαίρειν ἔα δι' ὧν πολλάκις
ἐπειράθης αὐτοὺς ἀπελάσαι σαυτοῦ καὶ οὐκ ἴσχυσας,
ἔνδυσαι δὲ τὰ Διογένεια ὅπλα, οἷς κἀκεῖνος ἀπήλασε
τοὺς ἐπιβουλεύοντας, καὶ πείθου μηδένα ἔτι πελάσειν
σοι τῶν ἐραστῶν· δεινὰ γὰρ ταῦτα καταγωνίσασθαι
τοὺς τοιούτους ἐχθροὺς καὶ ἀποκρύψαι τὸν μὴ ἐθέλοντα
τούτοις ἐκ τοῦ ἐμφανοῦς μάχεσθαι, ὥσπερ ᾅδος κυνῆ
τὸν περικείμενον αὐτήν

κδ' Οεσσαλοῖς

Οὐ γεγόνασιν οἱ ἄνθρωποι τῶν ἵππων χάριν, ἀλλ' οἱ
ἵπποι τῶν ἀνθρώπων, ὥστε πειρᾶσθε ὑμῶν ἢ τῶν
ἵππων ἐπιμελεῖσθαι ἐπεὶ εὖ ἴστε ὅτι ἕξετε ἵππους
πολλοῦ ἀξίους, αὐτοὶ ὀλίγου ἄξιοι ὄντες.

κε' Ἀθηναίοις

Πυνθάνομαι ὑμᾶς ἀπορεῖν χρημάτων· τοὺς ἵππους
οὖν ἀπόδοσθε καὶ εὐπορήσετε· ὅταν δὲ χρεία ᾖ ἵππων,
τοὺς ὄνους χειροτονήσατε ἵππους εἶναι· τοῦτο γὰρ συν-
ηθες ὑμῖν ἐν παντί, μὴ τοὺς ἐπιτηδείους πρὸς τὰς
χρείας ἀλλὰ τοὺς κεχειροτονημένους ποιεῖσθαι· ἀλλ'
εἰ μὲν ἐν τοῖς μείζοσι τὸ μὴ ὄν, ὅμως τὴν χρείαν οὐ
διαφθείρει, μηδ' ἐν τοῖς ἐλάττοσι προσδοκᾶτε. ὥστε
διὰ τοῦτο πείσθητέ μοι, καὶ τοὺς ἵππους, ἐπειδὰν ἀρ-
γυρίων δέησθε καὶ πόρος ἄλλοθεν μὴ ᾖ, ἀπόδοσθε,
τοὺς δὲ ὄνους, ὅταν χρεία ᾖ, χειροτονήσατε ἵππους
εἶναι

κϛ' Τοῖς αὐτοῖς

Μὴ θαυμάζετε, εἰ Διογένης, πάντα τοῦ σπουδαίου
εἶναι λέγων, προσιὼν οὐκ ᾔτει ὑμᾶς, ἀλλ' ἀπῄτει·
οὐ γὰρ ὅτι πάντα τοῦ θεοῦ ἐστι θαυμάζετε, ἀλλ' ὁμο-
λογεῖτε, κἄν τις ὑμᾶς κατ' ὄναρ ἐμπελάσας θῦσαι προσ-
τάττῃ, αὐτῷ θύετε, καὶ οὐ λέγετε μεταιτεῖν τὸν
Ἥλιον ὑμᾶς, ἀλλὰ τὰ αὑτοῦ ἀπαιτεῖν· ἔπειτα τοῦ
θεοῦ λέγοντες πάντα οὐκ ἀσφάλλετε, ὅταν τι ἀπαι-
τῆσθε ὑπ' αὐτοῦ. τὸ αὐτό ἐστι καὶ ἐπὶ τοῦ σπουδαίου
πάντα λέγετε τοῦ θεοῦ καὶ κοινὰ τὰ τῶν φίλων
καὶ φίλον τῷ θεῷ μόνον τὸν σπουδαῖον, ἀλλ' ὅταν
ἀπαιτήσῃ παρά τινος ὑμῶν τὸν ὀβολόν, ὡς τὰ αὑτῶν
μεθιέμενοι συμφοράζετε

κζ' Τοῖς αὐτοῖς

Διογένης ὁ κύων ἔλεγε πάντα τοῦ θεοῦ καὶ κοινὰ

XXIII Ganymedi

Donec metues pallium et peram et baculum et capillum,
amabisque purpuram et mollitiam, non cessabis tecum
trahere amatores, uti Penelope procos Quare si non
molesti tibi homines eiusmodi, utere hoc, quod institui-
sti, vitæ genere, sin vero molesti sunt, ut persuasum
mihi est, idque non mediocriter, iube valere reliquos
adiutores, quibus sæpenumero illos, licet frustra, conatus
es a te repellere, tibique Diogenia arma indue, quibus
et ille eos, qui insidias sibi struebant, repulit, ac per-
suasum habe, amatorum ad te accessurum esse nemi-
nem hæc enim talia sunt, quæ eiusmodi hostes oppri-
mere facile possint, eumque abscondere, qui nolit eum
istis palmam decertare, quemadmodum Plutonis galea eum
qui ipsam capiti imposuit

XXIV Thessalis.

Non facti sunt homines equorum gratia, verum equi
hominum quare operam date, ut vestrûm magis quam
equorum curam habeatis, quum probe sciatis, equos vos
habituros esse pretiosissimos, dum ipsi sitis parvi pretii

XXV Atheniensibus

Audio vos pecuniis indigere Itaque equos vendite et
abundabitis Sin autem equis opus fuerit, asinos decer-
nite esse equos Hoc enim in quavis re vestræ est con-
suetudinis, ut non eos, qui ad rem agendam idonei sint,
verum eos, quos suffragiis constitueritis, vobis præficia-
tis Qui si vel in maioribus rebus detrimentum afferunt
nullum, neque in minoribus nocituros exspectate Quam-
obrem morem mihi gerite atque equos, quum pecuniis
indigeatis, neque aliud suppeditet subsidium, vendite,
asinos vero, si opus fuerit, equos esse decernite

XXVI Eisdem

Nolite mirari, quod Diogenes, qui omnia sapientis esse
dicit, ad vos accedens non petebat, verum repetebat
Non enim dei esse omnia miramini, sed conceditis, et si
quis per somnium vobis visus sacrificare iusserit, sacra
ei facitis, neque Solem petere a vobis, verum sua dicitis
repetere, tum quoniam dei esse omnia dicitis, non mo-
leste fertis, si quid a vobis repetat Sapientis eadem
est ratio Omnia dicitis esse dei et communia amicorum
et amicum deo solum sapientem, at si quis ab aliquo
vestrûm obolum suum repetat, quasi rem vestram pro-
icientes lamentamini

XXVII Eisdem

Diogenes canis dicebat esse omnia et communia

τὰ τῶν φίλων, ὥστε πάντα εἶναι τοῦ σπουδαίου, καὶ
τὸν τούτων τι τῶν λημμάτων ἐκ τοῦ λόγου ἀθετοῦντα
ὅρκια συγχεῖν οὐ τὰ Ἀχαιῶν καὶ Τρώων, ἀλλὰ τὰ τοῦ
βίου, ὥστε πειθόμενοι τῷ λόγῳ μὴ χαλεπαίνετε, ὅταν
αἰτῆσθε παρὰ τῶν σπουδαίων τὸ τριώβολον· οὐ γὰρ τὰ
αὐτῶν, ἀλλὰ τὰ ἐκείνων ἀποδίδοτε.

κη'. Ἱππαρχίᾳ.

Αἱ γυναῖκες ἀνδρῶν οὐκ ἔφυσαν χείρους. Ἀμαζόνες
γοῦν αἱ τοσαῦτα ἔργα ἀσκήσασαι ἐν οὐδενὶ ἀνδρῶν
ἐμειονέκτησαν. ὥστε εἰ μέμνησαι τούτων, μὴ ἀπολιποῦ
τούτων· οὐ γὰρ ἂν πείσειας ἡμᾶς, ὡς παρ' ἑαυτῇ θρύπτει.
αἰσχρὸν δὲ ὡς ἐπὶ τούτῳ συγχυνίζειν καὶ ἐν πύλαις
εὐδοκιμήσασαν τῷ γαμέτῃ καὶ τῷ πλούτῳ νῦν μετα-
νοεῖν καὶ ἐκ μέσης τῆς ὁδοῦ ἀναστρέφειν.

κθ'. Τῇ αὐτῇ.

Οὐκ ἀπὸ τοῦ ἀδιαφορεῖν περὶ πάντα κυνικὴν τὴν φι-
λοσοφίαν ἡμῶν ἐκάλεσαν ἀλλ' ἀπὸ τοῦ σφοδρῶς ὑπο-
μένειν τὰ ἄλλοις διὰ μαλακίαν ἢ δόξαν ἀνυπομόνητα,
ὥστε διὰ τοῦτο καὶ οὐ διὰ τὰ πρῶτα κεκλήκασι κύνας
ἡμᾶς. μένε οὖν καὶ συγκύνιζε (οὐ γὰρ ἔφυς χείρων
ἡμῶν· οὐδὲ γὰρ αἱ κύνες τῶν κυνῶν), ἵνα σοι γένηται
καὶ ἀπὸ τῆς φύσεως ἐλευθερωθῆναι, ὥστε ἀπὸ τοῦ
νόμου ἢ διὰ κακίαν πάντες δουλεύουσιν.

λ'. Τῇ αὐτῇ.

Ἔπεμψά σοι τὴν ἐξωμίδα, ἣν ὑφηναμένη μοι
ἔπεμψας, ὅτι ἀπαγορεύεται τοῖς καρτερίᾳ χρωμένοις
τοιαῦτα ἀμπέχεσθαι, καὶ ἵνα σε τούτου τοῦ ἔργου
ἀποπαύσαιμι, εἰς ὃ πολλῇ σπουδῇ ἐξῆλθες, ἵνα τις
δόξῃς φίλανδρος τοῖς πολλοῖς εἶναι. ἐγὼ δὲ εἰ μὲν διὰ
ταῦτά σε ἡγόμην, εὖ γε ποιεῖς καὶ αὐτὴ διὰ τούτων
ἐπιδεικνυμένη μοι· εἰ δὲ διὰ φιλοσοφίαν, ἧς καὶ αὐτὴ
ὠρέχθης, τὰ τοιαῦτα σπουδάσματα ἔα χαίρειν, πειρῶ
δὲ εἰς τὰ κρείττω τῶν ἀνθρώπων τὸν βίον ὠφελεῖν.
ταῦτα γὰρ ἔμαθες καὶ παρ' ἐμοὶ καὶ παρὰ Διογένει.

λα'. Τῇ αὐτῇ.

Λόγος ψυχῆς ἡγεμὼν καλὸν ἔργον καὶ μέγιστον ἀγα-
θὸν ἀνθρώποις. ζήτει οὖν, ὅτῳ τρόπῳ κτήσῃ τοῦτο·
ἀνθέξῃ γὰρ εὐδαίμονος βίου καὶ κτήματος. ζήτει δὲ
ἄνδρας σοφούς, κἂν δέῃ ἐπ' ἔσχατα γῆς ἀφικνεῖσθαι.

λβ'. Τῇ αὐτῇ.

Ἧκόν τινες παρὰ σοῦ κομίζοντες ἐξωμίδα καινήν,
ἣν ἔφασκον ποιῆσαί σε, ἵνα ἔχοιμι ἐς τὰ χειμάδια.
ἐγὼ δὲ ὅτι μέν σοι μέλω, ἀπεδεξάμην σε, ὅτι δὲ ἔτι
ἰδιωτεύεις καὶ οὐ φιλοσοφεῖς, εἰς ὅ σε προυτρεψάμην,
μέμφομαι. ἔτι οὖν καὶ νῦν ἐπάνηκε, εἴ σοι ὄντως

---

amicorum, ita ut sapientis essent omnia, ac si quis hoc
ex præcepto aliquam propositionum tolleret, hunc fœdera
rumpere non Achæorum Troianorumque, sed ipsius vitæ.
Huic igitur præcepto obtemperantes nolite moleste ferre,
si sapientes a vobis exigant triobolum : non enim vestra
ipsorum, sed quæ illorum sunt rependitis.

Feminas natura non fecit viris deteriores; Amazones
certe, quæ tam magna facinora perpetrarunt, nulla in re
inferiores fuere viris. Quare si harum meministi, nec
patere ab eis te superari. Neque enim domi te mollitiei
non esse deditam nobis persuaseris. Turpe est autem,
hucusque cynismum sequi, et ubi in multis spectata fue-
ris ob maritum et ......, iam sententiam mutare et in me-
dia reverti via.

Non quod nulla re moveremur, cynicam philosophiam
nostram appellavere, sed quod, quæ ob mollitiem atque
opinionem aliis intoleranda sunt, forti toleramus animo.
Hanc ob caussam, neque vero ob priorem canes nos
appellaverunt. Perdura igitur et nobiscum canem age
(non enim natura nobis es deterior, ut nec feminæ canes
maribus), quo tibi contingat, natura duce liberari, dum
ex lege aut propter pravitatem omnes serviunt.

Remisi tibi tunicam, quam a te textam mihi misisti,
quoniam talia sibi inducere vetitum est tolerantiam exer-
centibus, et ut ab hoc negotio te revocarem, in quod
magno cum studio te immisisti, quo amorem præ te fer-
res coniugalem. Ego vero si hanc ob caussam te duxi,
recte et ipsa his animum tuum significans mihi facis;
at si ob philosophiam, cuius et ipsa fuisti cupida, eius-
modi studia valere iube, daque operam, ut gravioribus
vitæ humanæ utilem te præbeas. Hæc enim et apud
me et apud Diogenem didicisti.

Ratio, animi gubernatrix, pulchra res est et summum
hominibus bonum. Quære igitur, quo modo eam tibi
comparare possis : assequeris enim felicem vitam atque
rem. Viros quære sapientes, etiamsi ad extremos terræ
fines procedendum tibi sit.

Venere quidam tunicam a te novam afferentes, quam
te aiebant fecisse, quo hiemis tempore uterer. Ego ve-
ro etsi quod tibi curæ sim probem, tamen quod adhuc
rudis es neque philosophiæ a me tibi commendatæ
operam das, vitupero. Quare revertere nunc demum, si

μέλει καὶ οὐ καλλωπίζῃ ἐπὶ τούτῳ, καὶ σπούδαζε δι'
ἃ ἐπεθύμησας ἡμῖν συνελθεῖν πρὸς γάμον ταῦτα πράτ-
τειν, ταλασίας δὲ τὰς μικρὰς ὠφελείας ἔα ποιεῖν ταῖς
ἄλλαις γυναιξίν, αἳ μηδενὸς τῶν αὐτῶν σοι ὠρέχθησαν

tibi revera curæ est, neque ea inanem captas gloriam, at-
que age ut, quorum caussa nubere nobis voluisti, ea fa-
cias, ex lanificio vero lucri quid facere mulieribus re-
linque eis, quarum studia a tuis distant plurimum

λγ' Τῇ αὐτῇ

XXXIII. Eidem

Ἐπυθόμην σε ἀποτεκεῖν καὶ εὐμαρῶς σὺ μὲν γὰρ
οὐδὲν ἡμῖν ἐδήλωσας. χάρις δὲ θεῷ καὶ σοί. πέ-
πεισαι ἄρα ὅτι τὸ πονεῖν αἴτιόν ἐστι τοῦ μὴ πονεῖν
οὐδὲ γὰρ ἂν ὧδέ γ' εὐμαρῶς ἀπέτεκες, εἰ μὴ κύουσα
ἐπόνεις ὥσπερ οἱ ἀγωνισταί· ἀλλ' αἱ πολλαὶ γυναῖ-
κες, ἐπειδὰν κύωσι, θρύπτονται· ἐπειδὰν δὲ ἀποτέκω-
σιν, αἷς δ' ἂν συμβῇ περισωθῆναι, νοσερὰ τὰ βρέφη
γεννῶνται. ἀλλ' ἐπιδείξασα, εἰ ὅπερ ἐχρῆν ἥκειν
ἀφῖκται, μελέτω σοι τούτου τοῦ σκυλακίου ἡμῶν·
μελήσει δέ, ἐὰν ἀσφαλῶς σαυτῇ παραπλησίως ἐπεισ-
έλθῃς. **. (2) ἔστω οὖν λουτρὸν μὲν ψυχρόν, σπάρ-
γανα δὲ τρίβων, τροφὴ δὲ γάλακτος ὅσον γε μὴ ἐς
κόρον, βαυκαλήσεις δὲ ἐν ὀστρακίῳ χελώνης τοῦτο
γάρ φασι καὶ πρὸς νοσήματα παιδικὰ διαφέρειν· ἐπει-
δὰν δὲ ἐς τὸ λαλεῖν ἢ περιπατεῖν ἔλθῃ, κοσμήσασα
αὐτὸ μὴ ξίφει, ὥσπερ ἡ Αἴθρα τὸν Θησέα, ἀλλὰ
βακτηρίᾳ καὶ τρίβωνι καὶ πήρᾳ, τοῖς μᾶλλον δυναμέ-
νοις φυλάττειν ἀνθρώπους ξιφῶν, πέμπε Ἀθήναζε· τὰ
δ' ἄλλα ἡμῖν μελήσει πελαργὸν ἐς τὸ γῆρας ἑαυτῶν
ἀντὶ κυνὸς θρέψαι

Audivi te et facile quidem peperisse tu enim nihil
nobis nuntiavisti Gratias autem deo atque tibi Itaque
experta iam es, labore effici ut quis non laboret neque
enim tam facile peperisses, nisi gravida athletarum modo
laborasses Verum plurimæ feminæ, postquam gravidæ
factæ sunt, mollitiei sese dedunt, ubi autem partum edunt,
infantes, si quibus ut vivos edant contingat, gignuntur
imbecilli Sed postquam indicaveris, num quod venire
debebat venerit, cura hunc nostrum catulum curabis
autem si   (2) Sit igitur lavatio fri-
gida aqua, incunabula pallium, alimentum lactis quantum
satis est Movebis enim in testudinis testa positum hoc
enim infantium morbos aiunt prohiberi Ubi vero eo
venerit, ut lingua ac pedibus uti possit, ornatum eum
non gladio, ut ab Æthra Theseum, verum baculo et
pallio atque pera, quæ gladiis magis ad conservandos
homines sunt idonea, Athenas mitte Quod reliquum
est, curabo, ut eum ad senectutem nostram colendam
ciconiam disciplina mea pro catulo educem

λδ' Μητροκλεῖ

XXXIV. Metrocli

Ἴσθι με συμφορᾷ κεχρῆσθαι πυθόμενον Διογένη
ἐς λῃστρικὰ ἁλῶναι, καὶ εἰ μή τις τῶν αἰχμαλώτων
λυτρωθεὶς ἦλθεν Ἀθήναζε, ἔτι ἂν ἦν καὶ νῦν ἐν τοῖς
ὁμοίοις. νῦν δ' ἀφικόμενος οὗτος ἰάσατό με, διηγησά-
μενος ὡς * ἤνεγκε τὴν συμφορὰν πράως, ὥστε ποτὲ
καὶ εἶπε τοῖς λῃσταῖς ὀλιγωρούσιν ἡμῶν, « ὦ οὗτοι,
τί δήποτε, εἰ μὲν σῦς ἤγετε εἰς ἐμπορίαν, ἐπεμελεῖσθε
ἂν αὐτῶν, ἵνα ὑμῖν πλεῖον ἀργυρίου πωλούμενοι ἐνέγ-
κωσιν ἡμῶν δὲ, οὓς καὶ αὐτοὶ μέλλετε ὥσπερ σῦς
πιπράσκειν, καταμελεῖτε (2) ἢ οὐ δοκεῖτε καὶ ἡμᾶς
πλεῖον εὑρίσκειν, ἐὰν παχεῖς ὁρώμεθα, ἐλάττω
δὲ ἐὰν λεπτοί, ἐπεὶ ἄνθρωποι οὐχ ἐσθίονται, οὐκ
οἴεσθε δεῖν καὶ ἀνθρώπων ἐπιμελεῖσθαι ὧδε, ἀλλ' ἴστε
γε ὡς πάντες οἱ ἀγοράζοντες τὰ ἀνδράποδα εἰς ἓν τοῦτο
βλέπουσιν, εἰ παχὺ τὸ σῶμα καὶ μέγα ἐρῶ δὲ ὑμῖν
καὶ αἰτίαν, ὅτι τὸν ἄνθρωπον διὰ τὴν τοῦ σώματος
χρείαν ἀγοράζουσι καὶ οὐ τῆς ψυχῆς » ἐξ ἐκείνου οἱ
λῃσταὶ οὐκέτι ἡμέλουν ἡμῶν, ἐπὶ τούτῳ δὲ καὶ ἡμεῖς
αὐτῷ χάριν ἐγινώσκομεν. (3) ὡς δὲ ἥκομεν ἔς τινα
πόλιν, ἵνα ἠδυνάμεθα χέρμα γενέσθαι αὐτοῖς, προή-
γαγον ἡμᾶς ἐς ἀγοράν, εἶτα ἡμεῖς μὲν ἑστῶτες ἐδα-
κρύομεν, ὁ δὲ ἄρτου ἐπιλαβόμενος ᾔσθιε καὶ ἡμῖν
προσώρεγεν ἀπονευόντων δὲ ἡμῶν προσδέξασθαι
ἔφη « καὶ γάρ τ' ἠΰκομος Νιόβη ἐμνήσατο σίτου. »
καὶ τοῦτο μετὰ παιδιᾶς καὶ γέλωτος εἰπὼν « οὐ

Allato nuntio de Diogene capto a latronibus scias me
afflictum fuisse graviter, et nisi quis captivorum re-
demptus Athenas venisset, in simili etiamnum essem
luctu Hic vero huc delatus me consolatus est narrans
hæc « Haud moleste ille casum tulit, immo latrones
aliquando, quum nos negligerent, his verbis compellavit
« O viri, quid agitis? si sues ad mercatum deferretis, cura-
retis istos, quo plus argenti vobis reddant venditi, nos
vero negligitis, quos et ipsos tanquam sues estis venditu-
ri (2) An non putatis nos quoque maiorem reditum
relaturos esse, si pingues fuerimus adspectu, vobis,
minorem autem, si exiles? Quoniam homines non edun-
tur, censetis non pari modo et homines curandos esse?
at scitis tamen, hoc solum omnes, qui mancipia emunt,
spectare, an pingue corpus atque magnum sit Cuius rei
etiam rationem vobis dicam, nimirum quod hominem quo-
que emunt ob corporis usum et non ob animi » Hinc la-
trones negligere nos desinebant, nosque illi habebamus
gratiam Iam quum in urbem aliquam venissemus, ubi
argentum eis fieri possemus, in forum nos producebant Hic
nos stabamus lacrimas fundentes, ille vero panem man-
ducabat nobisque de eo offerebat, nobisque recusantibus
« namque et pulchra Niobe » inquit « non est oblita ci

παύεσθε » ἔφη « εἰρωνευόμενοι καὶ κλαίοντες ἐπὶ τῷ μέλλειν δουλεύειν, ὥσπερ πρὶν ἁλῶναι εἰς τοὺς λῃστὰς ἐλεύθεροι ὄντες καὶ οὐ δοῦλοι καὶ τῶν γε φαύλων δεσποτῶν; νυνὶ μὲν γὰρ κληρώσεσθε ἴσως δεσπότας μετρίους, οἳ ἐκκόψουσιν ὑμῶν τὴν τρυφήν, ὑφ' ἧς διεφθάρητε, ἐμποιήσουσι δὲ καρτερίαν καὶ ἐγκράτειαν, τὰ τιμιώτατα ἀγαθά. » (4) ταῦτα οὖν διεξιόντος οἱ ὠνηταὶ ἑστῶτες τῶν λόγων ἠκροῶντο καὶ αὐτὸν ἐθαύμαζον τῆς ἀπαθείας, τινὲς δὲ καὶ ἠρώτων εἴ τι ἐπίσταται. ὁ δὲ ἔλεγεν ἐπίστασθαι ἀνθρώπων ἄρχειν, « ὥστε εἴ τις ὑμῶν κυρίου δεῖται, συμφωνείτω προσιὼν τοῖς πωληταῖς. » κἀκεῖνοι ἀναγελάσαντες ἐπὶ τούτῳ « καὶ τίς » ἔφασαν « ἐστίν, ὃς ὢν ἐλεύθερος κυρίου δεῖται; » « πάντες » εἶπεν « οἱ φαῦλοι καὶ τιμῶντες μὲν ἡδονήν, ἀτιμάζοντες δὲ πόνον, τὰ μέγιστα τῶν κακῶν δελέατα. » (5) διὰ ταῦτα περιμάχητος ἐγένετο ὁ Διογένης καὶ οὐκέτι ἐπράθη, ἀλλ' οἱ λῃσταὶ καθελόντες αὐτὸν ἀπὸ τοῦ λίθου ἦγον οἴκαδε ‚παρ' αὐτούς, ὑπισχνούμενοι, εἰ ἐπιδείξαι τι αὐτοῖς ὧν πωλούμενος ἔλεγεν εἰδέναι, ἀφήσειν. » διὰ ταῦτα οὔτε αὐτὸς ἐπανελθὼν οἴκαδε τὸ λύτρον ἐπόρισα, οὔτε σοι ἐπέστειλα πορίζειν. ἀλλὰ χαῖρε καὶ σύ, ὅτι ζῇ ἁλοὺς εἰς τὰ λῃστρικὰ καὶ ὅτι ἃ μὴ ὑπὸ πολλῶν ἐπιστεύετο εἶναι ἐφάνη.

λε'. Ἀπερει εὖ πράττειν.

Τὸ μὲν σύντομον καὶ ἁρμοστὸν πρὸς πᾶσαν περίστασιν, ὦ τιμιώτατε ἄνερ, ὁ τῶν ἀρχαίων χρησμὸς ἔφησε τὰ ἀναγκαῖα μὴ φεύγειν· τὸν γὰρ φεύγοντα τὰ ἄφυκτα ἀνάγκη δυστυχεῖν, καὶ τὸν ὀρεγόμενον τῶν ἀδυνάτων ἀνάγκη αὐτῶν ἀτυχεῖν. ἴσως μὲν οὖν δόξω σοι ἀκαιρότερος εἶναι καὶ σχολαστικώτερος. καὶ τοῦτο μὲν οὐκ ἀπολογοῦμαι· ὅμως δέ, εἰ δοκεῖ, ἐμοῦ μὲν καταγίνωσκε, πρόσεχε δὲ τοῖς ἀρχαίοις. ἐγὼ γὰρ ἀπ' ἐμαυτοῦ τεκμαίρομαι, ὅτι τότε θλιβόμεθα ἄνθρωποι, ὅταν ἀπειρότατον βίον ζῆν ἐθέλωμεν. (2) τοῦτο δέ ἐστι τῶν ἀμηχάνων· ἀνάγκη μὲν γὰρ ζῆν μετὰ σώματος, ἀνάγκη δὲ καὶ μετ' ἀνθρώπων, αἱ δὲ πλεῖται περιστάσεις γίνονται ἔκ τε τῆς ἀνοίας τῶν συμβιούντων καὶ πάλιν ἐκ τοῦ σώματος. ἐὰν μὲν οὖν ἐπιστήμων τις ἐν τούτοις ἀναστρέφηται, οὗτός ἐστιν ἄλυπος καὶ ἀτάραχος, ὁ μακάριος ἀνήρ· ἐὰν δὲ καὶ ταῦτα ἀγνοῇ, οὐ μήποτε παύσηται αἰωρούμενος κεναῖς ἐλπίσι καὶ ἐπιθυμίαις συνεχόμενος. σὺ οὖν, εἰ μὲν ἀρέσκῃ τῷ τῶν πολλῶν βίῳ, ἐκείνοις συμβούλοις χρῶ, καὶ γάρ εἰσι τετριμμένοι μᾶλλον ἐν τούτοις· εἰ δέ σε ὁ Σωκράτους καὶ Διογένους ἀρέσκει βίος, τὰ τῶν τραγῳδῶν ἄλλοις παρεὶς σαυτοῦ ἐπάνηκε ἐπὶ τὸν ἐκείνων ζῆλον.

ϛ'. Δεινομάχῳ.

Οὐ μόνον τῶν αἰτούντων Διογένης ἀπεφήνατο ἀργυρικὸν τὸ πτωχικὸν τὸ κυνικόν, ἀλλὰ καὶ τῶν εἰδόν-

bum capere. » Hisque cum ioco atque risu dictis verba hæc adiecit : « Non desinetis per simutationem lamentari, quod servi futuri sitis, quasi, antequam latronum in manus venistis, liberi fueritis nec vero servi et quidem improborumdominorum? nunc enim probos fortasse dominos nanciscemini, qui mollitiem e vobis, quæ vos pessumdedit, expellent, ac tolerantia vos et temperantia, bonis pretiosissimis, impertient. «(4) Hæc igitur narrantem auditores circumstantes auscultabant, ipsumque ob animi æquitatem admirabantur, nonnulli etiam si quid nosset rogabant; ille vero respondit, nosse se hominibus imperare « ut si quis vestrum domino indigeat, is transigat cum venditoribus. » Tum illi videntes « at quis est, » aiebant « qui, liber quum sit, domino indigeat? » « Omnes » respondit « mali, quique colunt voluptatem, laborem autem despiciunt, quæ maximæ sunt vitiorum illecebræ. » (5) Hinc magnum sui Diogenes movit desiderium, non tamen amplius vendendus prostitit, sed remotum de lapide latrones domum ducebant, libertatem ei promittentes, si quid ipsis impertiret eorum, quæ, quum prostaret, scire se professus esset. » Hanc ob caussam neque ipse domum reversus pretium ad eum redimendum acquisivi, neque tibi ut acquireres scripsi. Sed lætare tu quoque, quod vivit captus a latronibus, quodque quæ non apud omnes fidem inveniebant evenere.

XXXV. ...... S.

Breve et congruens omnibus rerum vicissitudinibus præceptum, vir æstimatissime, nonne veterum oraculum hoc edixit, non esse necessaria fugienda? nam inevitabilia qui fugit, fieri non potest quin in miseriam incidat, quique quæ fieri nequeunt appetit, is fine excidat necesse est. Fortasse videor tibi esse importunus nimis et umbraticus, neque ab hoc me defendam crimine : itaque damna me, si placet, dummodo antiquis advertas animum. Ego enim ex me ipso coniecturam facio, tum nos angustiis premi homines, quum vitam volumus vivere rerum vicissitudinibus superiorem. (2) Hoc autem ex eis est quæ fieri nequeunt : necesse est enim vivere corpore præditum, necesse item cum hominibus vivere, plurimæ autem ex eorum, qui nobiscum vivunt, insania et rursus ex corpore nascuntur vicissitudines. Si quis igitur in his versetur sapiens, hic est omni ægritudine vacuus, hic nullo turbatus affectu, is vir beatus : si vero et hæc ignoret, nunquam non erit suspensus vanis exspectationibus et cupiditatibus constrictus. Quare si tibi placet vulgaris hominum vita, his utere consilii adiutoribus, quoniam magis in istis sunt versati : sin vero Socratis atque Diogenis vita placet, relicto aliis tragico apparatu te ipsum confer ad illorum imitationem.

XXXVI. Dinomacho.

Non modo eorum qui argentum peterent mendicitatem cynicam Diogenes declaravit, verum eorum etiam, qui

των τὸ ἐλεητικὸν τὸ σπουδαῖον ὥστε τοῦτο εἰδὼς μὴ πάντας προσιὼν αἴτει, οὐ γὰρ λήψη, μόνον δὲ τὸν σπουδαῖον. τοῦτον γὰρ καὶ λέγομεν εὐδαίμονα ἀκούειν, τῶν δ' ἄλλων οὐδένα

darent, misericordiam sapientiam Quod quum scias, non ab omnibus pete, non enim accipies, sed a solo sapiente Hunc enim et beatum dicimus, reliquorum vero nullum.

ΔΗΜΗΤΡΙΟΥ ΤΟΥ ΦΑΛΗΡΕΩΣ.

DEMETRII PHALEREI.

Πρὸς Πτολεμαῖον τὸν Αἰγυπτίων βασιλία Ἐπιστολή.

Βασιλεῖ μεγάλῳ παρὰ Δημητρίου. Προστάξαντος σοῦ, ὦ βασιλεῦ, περί τε τῶν ἔτι λειπόντων εἰς ἀναπλήρωσιν τῆς βιβλιοθήκης συγγραμμάτων, ὅπως συναχθῇ, καὶ περὶ τῶν διαπεπτωκότων ὅπως τῆς δεούσης ἐπιμελείας τύχῃ, πάσῃ κεχρημένος περὶ ταῦτα σπουδῇ δηλῶ σοι τὰ τῆς Ἰουδαίων νομοθεσίας βιβλία λείπειν ἡμῖν σὺν ἑτέροις. χαρακτῆρσι γὰρ Ἑβραϊκοῖς γεγραμμένα καὶ φωνῇ τῇ ἐθνικῇ ἐστιν ἡμῖν ἀσαφῆ. συμβέβηκε δ' αὐτὰ καὶ ἀμελέστερον ἢ ἔδει σεσημάνθαι διὰ τὸ βασιλικῆς οὔπω τετυχηκέναι προνοίας. ἔστι δὲ ἀναγκαῖον εἶναι καὶ ταῦτα παρὰ σοὶ διηκριβωμένα· φιλοσοφωτέραν γὰρ καὶ ἀκέραιον τὴν νομοθεσίαν εἶναι συμβέβηκεν ὡς ἂν οὖσαν θεοῦ. διὸ καὶ τοὺς ποιητὰς αὐτῆς καὶ συγγραφεῖς τῶν ἱστοριῶν οὐκ ἐπιμνησθῆναί φησιν Ἑκαταῖος ὁ Ἀβδηρίτης, οὐδὲ τῶν κατ' αὐτὴν πολιτευσαμένων ἀνδρῶν, ὡς ἁγνῆς οὔσης καὶ μὴ δέον αὐτὴν βεβήλοις στόμασι διασαφεῖσθαι. ἐὰν οὖν σοι δοκῇ, βασιλεῦ, γράψεις τῷ τῶν Ἰουδαίων ἀρχιερεῖ ὅπως ἀποστείλῃ τῶν πρεσβυτέρων ἓξ ἀφ' ἑκάστης φυλῆς τοὺς ἐμπειροτάτους τῶν νόμων, παρ' ὧν τὸ τῶν βιβλίων σαφὲς καὶ σύμφωνον ἐκμαθόντες καὶ τὸ κατὰ τὴν ἑρμηνείαν ἀκριβὲς λαβόντες τῶν πραγμάτων ἀξίως ταῦτα τῆς σῆς προαιρέσεως συναγάγωμεν.

Ad Ptolemæum Ægyptiorum regem Epistola.

Regi magno Demetrius. Quod mihi mandavisti, o rex, ut qui ad bibliothecæ complementum deessent, ii per me libri congererentur, atque eorum qui dilaberentur debita cura haberetur, summa hac in re diligentia defunctus significo tibi libros legislationis Iudæorum a nobis desiderari cum aliis. Nam quum Hebraicis litteris et patria ipsorum lingua scripti sint, intelligi a nobis non possunt. Contigit autem et ipsos negligentius quam oportebat notatos esse, quod nondum regia eis cura consuluerit. Oportet ideo ut istos etiam ad amussim exactos penes te habeas : scilicet sapientiæ integritatisque plena, ut a deo profecta, hæc est legislatio. Quare nec poetæ nec historiarum scriptores Hecatæo teste Abderita eius meminerunt, adeoque nec hominum illorum, qui ex eius præceptis vitam instituerunt; quod sacra esset et profano ore exponi non oporteret. Quamobrem, si ita tibi visum fuerit, o rex, scribes ad Iudæorum pontificem, ut ad te mittat seniores senos ex singulis tribubus legum peritissimos, a quibus postquam librorum illorum apertum et consonum sensum intellexerimus et accuratam acceperimus rerum interpretationem, hæc ut tuo desiderio dignum est colligamus.

ΔΗΜΟΣΘΕΝΟΥΣ ΕΠΙΣΤΟΛΑΙ.

DEMOSTHENIS EPISTOLÆ.

α'.

Παντὸς ἀρχομένῳ σπουδαίου καὶ λόγου καὶ ἔργου ἀπὸ τῶν θεῶν ὑπολαμβάνω προσήκειν πρῶτον ἄρχεσθαι. εὔχομαι δὴ τοῖς θεοῖς πᾶσι καὶ πάσαις, ὅ τι τῷ δήμῳ τῷ Ἀθηναίων ἄριστόν ἐστι καὶ τοῖς εὐνοοῦσι τῷ δήμῳ καὶ νῦν καὶ ἐς τὸν ἔπειτα χρόνον, τοῦτ' ἐμοὶ μὲν ἐπὶ νοῦν ἐλθεῖν γράψαι, τοῖς δ' ἐκκλησιάσασιν Ἀθηναίων ἑλέσθαι. εὐξάμενος δὲ ταῦτα, τῆς ἀγαθῆς ἐπινοίας ἐλπίδα ἔχων παρὰ τῶν θεῶν, τάδ' ἐπιστέλλω.

Δημοσθένης τῇ βουλῇ καὶ τῷ δήμῳ χαίρειν.

(2) Περὶ μὲν τῆς ἐμῆς οἴκαδε ἀφίξεως ἀεὶ νομίζω πᾶσιν ὑμῖν ἔσεσθαι βουλεύσασθαι, διόπερ νῦν οὐδὲν περὶ αὐτῆς γέγραφα· τὸν δὲ παρόντα καιρὸν ὁρῶν ἑλομένων μὲν ὑμῶν τὰ δέοντα ἅμα δόξαν καὶ σωτηρίαν καὶ ἐλευθερίαν δυναμένων κτήσασθαι οὐ μόνον ὑμῖν, ἀλλὰ καὶ τοῖς ἄλλοις ἅπασιν Ἕλλησιν, ἀγνοησάντων δὲ ἢ παρακρουσθέντων οὐ ῥᾴδιον αὖθις τὸν αὐτὸν ἀναλαβεῖν, ᾠήθην χρῆναι τὴν ἐμαυτοῦ γνώμην ὡς ἔχω περὶ τούτων εἰς μέσον θεῖναι. (3) ἔστι μὲν οὖν ἔργον ἐξ ἐπιστολῆς ἐμμεῖναι συμβουλῇ· πολλοῖς γὰρ εἰώθατε ἀπαντᾶν ὑμεῖς πρὸ τοῦ περιμεῖναι πάντα μαθεῖν. λέγοντι μὲν οὖν ἐστιν αἰσθέσθαι τί βούλεσθε καὶ διορθώσασθαι τἀγνοούμενα ῥᾳδίως· τὸ δὲ βιβλίον οὐδεμίαν ἔχει βοήθειαν τοιαύτην πρὸς τοὺς θορυβοῦντας. οὐ μὴν ἀλλ' ἐὰν ἐθελήσητε ἀκοῦσαι σιγῇ καὶ περιμείνητε πάντα μαθεῖν, οἶμαι, ὡς σὺν θεοῖς εἰρῆσθαι, καίπερ βραχέων τῶν γεγραμμένων ὄντων, αὐτός τε φανήσεσθαι μετὰ πάσης εὐνοίας τὰ δέοντα περὶ ὑμῶν πράττων καὶ τὰ συμφέρονθ' ὑμῖν ἐμφανῆ δείξειν. (4) οὐχ ὡς ἀπορούντων δὲ ὑμῶν ῥητόρων, οὐδὲ τῶν ἄνευ λογισμοῦ ῥᾳδίως ὅ τι ἂν τύχωσιν ἐρούντων, ἔδοξέ μοι τὴν ἐπιστολὴν πέμπειν· ἀλλ' ὅσα τυγχάνω δι' ἐμπειρίαν καὶ τὸ παρηκολουθηκέναι τοῖς πράγμασιν εἰδώς, ταῦτ' ἐβουλήθην τοῖς μὲν προαιρουμένοις λέγειν ἐμφανῆ ποιήσας ἀφθόνους ἀφορμὰς ὧν ὑπολαμβάνω συμφέρειν ὑμῖν δοῦναι, τοῖς δὲ πολλοῖς ῥᾳδίαν τὴν τῶν βελτίστων αἵρεσιν καταστῆσαι. ὧν μὲν οὖν ἕνεκα ἐπῆλθέ μοι τὴν ἐπιστολὴν γράφειν, ταῦτ' ἐστί.

(5) Δεῖ δ' ὑμᾶς, ὦ ἄνδρες Ἀθηναῖοι, πρῶτον μὲν ἁπάντων πρὸς ὑμᾶς αὐτοὺς ὁμόνοιαν εἰς τὸ κοινῇ συμ-

I.

Omnis et dicti et facti gravioris principia ducenda mihi videntur a diis immortalibus. Precor igitur deos deasque omnes, ut, quod Atheniensi populo utilissimum est et populo bene cupientibus, id et nunc et posthac mihi veniat in mentem scribere, et Atheniensium concioni decernere. Hæc precatus cum spe mihi divinitus aliquid bonum venisse in mentem, sic scribo.

Demosthenes Senatui Populoque S.

(2) Quod de meo in patriam reditu semper omnibus vobis deliberandi copiam fore puto, nunc de eo nihil scripsi; cum vero videam hoc nunc esse tempus quo vos, si recta consilia sequamini, simul et gloriam et salutem et libertatem adipisci possitis, non modo vobis, sed et reliquis universis Græcis, sin erraveritis deceptive fueritis, non facile posse eandem occasionem recuperari, duxi meam quam de hisce habeo opinionem in medium esse proferendam. (3) Difficile quidem est per litteras pertexere consilium; multa enim vos ante rem cognitam soletis interpellare. Ac dicenti facile est quid velitis animadvertere quodque ignoratur recte explicare, libello autem nullum tale adiumentum suppetit contra tumultuantes. Si tamen audire voletis cum silentio, et exspectabitis, dum rem omnem cognoveritis, spero diis propitiis, quamquam breves hæ literæ sunt, fore ut appareat, memet optimo studio ea conari pro vobis quæ deceant, et quæ vobis expediant, perspicue declaraturum. (4) Neque vero eo consilio hasce ad vos dedi litteras, quasi vobis desint oratores aliive, qui impræmeditati, quidquid in mentem inciderit, dicant, sed quæ per experientiam et ut in gerendis rebus versatus habeo cognita, iis expositis dicendi in publico studiosis uberem eorum quæ esse putem e republica materiam suppeditare et optimorum consiliorum delectum facilem reddere volui. Ac cur hanc epistolam scribere instituerim, hæc sunt.

(5) Primum omnium, Athenienses, vos concordes esse propter communem civitatis utilitatem oportet, ortasque

φέρον τῇ πόλει παρασχέσθαι καὶ τὰς ἐν τῶν πρότερον
ἐκκλησιῶν ἀμφισθητήσεις ἐᾶσαι, δεύτερον δὲ πάντας
ἐκ μιᾶς γνώμης τοῖς δόξασι προθύμως συναγωνίζε-
σθαι ὡς τὸ μηδὲ ἓν ἁπλῶς πράττειν οὐ μόνον ἐστὶν
ἀνάξιον ὑμῶν καὶ ἀγενές, ἀλλὰ καὶ τοὺς μεγίστους
κινδύνους ἔχει. (6) δεῖ δὲ μηδὲ ταῦτα λαθεῖν ὑμᾶς,
ἃ καθ' αὐτὰ μὲν οὐκ ἔστιν αὐτάρκη κατασχεῖν πρά-
γματα, προστεθέντα δὲ ταῖς δυνάμεσι πολλῷ πάντ'
εὐκατεργαστότερα ὑμῖν ποιήσει. τίνα οὖν ἐστι ταῦτα,
μήτε πόλει μηδεμιᾷ μήτε τῶν ἐν ἑκάστῃ τῶν πόλεων
συνηγωνισμένων τοῖς καθεστηκόσι μηδενὶ μήτε πι-
κραίνεσθαι μήτε μνησικακεῖν (7) ὁ γὰρ τοιοῦτος
φόβος τοὺς συνειδότας αὑτοῖς, ὡς ἀναγκαίος τοῖς
συνεστηκόσι, κίνδυνον ἔχουσι πρόδηλον προθύμους
συναγωνιστὰς ποιεῖ, ἀφεθέντες δὲ τοῦ δέους τού-ου
πάντες ἠπιώτεροι γενήσονται· τοῦτο δὲ οὐ μικρὰν
ὠφέλειαν ἔχει. κατὰ μὲν δὴ πόλεις τὰ τοιαῦτα εὐηθ-
θες προλέγειν, μᾶλλον δ' οὐδ' ἐν δυνατῷ ὡς δ' ἂν
ὑμῖν αὐτοῖς ὁρῷῆτε χρώμενοι, τοιαύτην καὶ κατὰ
τῶν ἄλλων προσδοκίαν παραστήσε-ε ἑκάστοις (8) φη-
μὶ δὲ χρῆναι μήτε σ-ρατηγῷ μήτε ῥήτορι μήτ'
ἰδιώτῃ μηδενὶ τῶν τὰ πρὸ τοῦ γε δοκούντων συνηγω-
νίσθαι τοῖς καθεστηκόσι μήτε μέμφεσθαι μήτ' ἐπιτι-
μᾶν μηδένα μηδὲν ὅλως, ἀλλὰ συγχωρῆσαι πᾶσι τοῖς
ἐν τῇ πόλει πεπολιτεῦσθαι τὰ δέοντα, ἐπειδήπερ οἱ
θεοί, καλῶς ποιοῦντες, σώσαντες τὴν πόλιν ἀποδε-
δώκασιν ὑμῖν ὅ τι ἂν βούλησθε ἐξ ἀρχῆς βουλεύσα-
σθαι, καὶ νομίζειν ὥσπερ ἂν ἐν πλοίῳ τῶν μὲν ἱστίῳ
τῶν δὲ κώπαις ἀποφαινομένων κομίζεσθαι, λέγεσθαι
μὲν ὑπ' ἀμφοτέρων ἅπαντα ἐπὶ σωτηρίᾳ, γεγενῆσθαι
δὲ τὴν χρείαν πρὸς τὰ συμβάντα ἀπὸ τῶν θεῶν (9) ἐὰν
τοῦτον τὸν τρόπον περὶ τῶν παρεληλυθότων ἐγνωκότες
ἦτε, καὶ πιστοὶ πᾶσι γενήσεσθε, καὶ καλῶν καὶ ἀγα-
θῶν ἀνδρῶν ἔργα πράξετε, καὶ τὰ πράγματα ὠφελή-
σετε οὐ μικρῶς, καὶ τοὺς ἐναντιωθέντας ἐν ταῖς πόλε-
σιν ἢ μεταγνῶναι ποιήσετε πάντας, ἢ κομιδῇ τινὰς
αὐτοὺς τοὺς αἰτίους καταλείφθῆναι. μεγαλοψύχως
τοίνυν καὶ πολιτικῶς τὰ κοινὰ συμφέροντα πράττετε,
καὶ τῶν ἰδίων μέμνησθε (10) παρακαλῶ δ' εἰς ταῦτα
οὐ τυχὸν αὐτὸς τῆς τοιαύτης φιλανθρωπίας παρ'
ἐνίων, ἀλλὰ ἀδίκως καὶ στασιαστικῶς εἰς τὴν ἑτέρων
χάριν προπουσείς. ἀλλ' οὔτε τὴν ἰδίαν ὀργὴν ἀναπλη-
ρῶν τὸ κοινῇ συμφέρον οἶμαι δεῖν βλάπτειν, οὔτε
μίγνυμι τῆς ἰδίας ἔχθρας εἰς τὰ κοινὰ συμφέροντα
οὐδέν, ἀλλ' ἐφ' ἃ τοὺς ἄλλους παρακαλῶ, ταῦτα αὐ-
τὸς οἴομαι δεῖν πρῶτος ποιεῖν
(11) Ἃ μὲν οὖν παρασκευαὶ καὶ ἃ δεῖ φυλάξασθαι,
καὶ ἃ πράττων τις ἂν κατ' ἀνθρώπινον λογισμὸν μάλι-
στα κατορθοίη, σχεδὸν εἴρηταί μοι τοῖς δὲ καθ' ἡμέραν
ἐπιστατῆσαι, καὶ τοῖς ἐκ τοῦ παραχρῆμα συμβαίνου-
σιν ὀρθῶς χρῆσθαι, καὶ γνῶναι τὸ πρᾶγμα τῶν καιρῶν
καὶ κρῖναι (12) τί τῶν πραγμάτων ἐξ ὁμιλίας δύναται
προσαγαγέσθαι καὶ τί βίας προσδεῖται, τῶν ἐφεστη-
κότων στρατηγῶν ἔργον ἐστί· διὸ καὶ χαλεπωτάτην

in prioribus conventibus missas facere dissensiones;
deinde consentientibus animis omnes alacriterque quid
quid decretum fuerit adiuvare Nihil enim constanter
simpliciterque agere non modo est indignum vobis et
animi parum generosi, sed summo etiam cum periculo
coniunctum (6) Iam nec illud vobis ignorandum est, ea
quæ per se ad statum rerum vestrarum tuendum satis
non sunt, si ad reliquas copias adiungantur, effectura, ut
multo facilius omnia consequamini Quæ igitur illa
sunt? Neque civitati ulli, neque ullis viris, qui cuiusque
urbis vetera instituta defenderunt, nascendum est, sed
delenda potius ex animis memoria iniuriarum (7) Nam
istiusmodi metus efficit, uti qui se fœderatis in mani-
festo periculo versantibus necessarios esse sciunt, opem
iisdem promptissime ferant qui metu isto liberati omnes
fient mitiores, in quo non parva est utilitas At oppida-
tim proclamare talia stultum fuerit, imo ne fieri quidem
id potest Sed prout vos cum vobis ipsis egisse viderint,
ita efficietis ut quisque cum ceteris etiam actum iri
exspectet (8) Proinde censeo, neque civitatem neque
ducem neque oratorem neque plebeium quemquam,
eorum qui antehac eum defendisse statum qui tum fuit
visi sunt, a quoquam ullo modo vel taxandum vel ob-
iurgandum, sed concedendum esse hoc, omnes cives ea
egisse, quæ oportuerit, postquam benignitate deûm con-
servata republica vobis licitum est de integro vestro ar-
bitratu deliberare et cogitandum, quemadmodum in
navi, cum in velificatione, illi remigatione utendum cen-
sent, dici ab utrisque omnia propter salutem tuendam
prælatum vero esse consilium, quod cum deorum volun-
tate congruerit (9) Quod si de præteritis ad hunc mo-
dum statueritis, et fidem invenietis apud omnes, et officio
bonorum virorum fungemini, et res vestras non parum
erigetis, et eos, qui in urbibus adversati vobis fuerunt,
eo redigetis, ut aut consilia mutent omnes, aut omnino
aliqui esse in culpa ipsi videantur. Quæ igitur e repu-
blica sunt, ea magnis animis et civiliter administrate et
privatarum rerum recordamini (10) Atque hæc eo mo-
neo non eandem humanitatem expertus apud nonnullos,
sed per iniuriam et seditionem in aliorum gratiam quasi
propinatus Verum nec privatæ explendæ iracundiæ
gratia reipublicæ commodis nocendum puto, neque ullam
privati odii partem publicis utilitatibus admisceo, sed
ad quæ alios adhortor, ea mihi primo esse facienda cen-
seo
(11) Quæ igitur præparanda quæque cavenda sunt et
quibus agendis (quantum quidem humano consilio provi-
deri potest) prosperrimo uti successu posse videamini, fere
a me est explicatum Quotidianis autem negotiis præesse
et casibus subitis recte uti et cuiusque rei intelligere
occasiones, et iudicare (12) quæ res benignitate verborum
obtineri possint, quæ item vel extorquendæ sint, ducum

τάξιν ἔχει τὸ συμβουλεύειν· τὰ γὰρ ὀρθῶς βουλευθέντα καὶ δοκιμασθέντα σὺν πολλῇ σπουδῇ καὶ πόνῳ πολλάκις τῷ τοὺς ἐπιστάντας ἄλλως χρήσασθαι διελυμάνθη. (13) νῦν μέντοι πάνθ' ἕξειν καλῶς ἐλπίζω· καὶ γὰρ εἴ τις ὑπείληφεν εὐτυχῇ τὸν Ἀλέξανδρον τῷ πάντα κατορθοῦν, ἐκεῖνο λογισάσθω ὅτι πράττων καὶ πονῶν καὶ τολμῶν, οὐχὶ καθήμενος ηὐτύχει· νῦν τοίνυν τεθνεῶτος ἐκείνου ζητεῖ τινὰς ἡ τύχη, μεθ' ὧν ἔσται· (14) τούτους δὲ ὑμᾶς δεῖ γενέσθαι· τούς τε ἡγεμόνας, δι' ὧν ἀνάγκη τὰ πράγματα πράττεσθαι, ὡς εὐνουστάτους ἐπὶ τὰς δυνάμεις ἐφίστατε, καὶ ὅ τι ποιεῖν αὐτὸς ἕκαστος ὑμῶν δυνήσεται καὶ βουλήσεται, τοῦτο πρὸς αὐτὸν εἰπάτω καὶ ὑποσχέσθω· καὶ τοῦθ' ὅπως μὴ ψεύσεται, μηδ' ἐξηπατῆσθαι μηδὲ πεισθῆναι παρακρουσθεὶς φήσας ἀναδύσεται· (15) ὡς τὴν ἔνδειαν ὧν ἂν ἐλλείπηθ' ὑμεῖς οὐχ εὑρήσετε τοὺς ἀναπληρώσοντας· οὐδὲ τὸν αὐτὸν ἔχει κίνδυνον, περὶ ὧν ἐφ' ὑμῖν ἐστιν ὅπως ἂν βούληθε πρᾶξαι μεταβουλεύεσθαι πολλάκις, καὶ περὶ ὧν ἂν ἐνστῇ πόλεμος· ἀλλὰ ἡ περὶ τούτων μετάγνωσις ἥττα τῆς προαιρέσεως γίγνεται. μὴ δὴ ποιήσητε τοιοῦτο μηδέν, ἀλλ' ὅ τι πράξετε γενναίως καὶ ἑτοίμως ταῖς ψυχαῖς, τοῦτο χειροτονεῖτε, (16) κἂν ἅπαξ ψηφίσησθε, τὸν Δία τὸν Δωδωναῖον καὶ τοὺς ἄλλους θεούς, οἳ πολλὰς καὶ καλὰς καὶ ἀγαθὰς καὶ ἀληθεῖς ὑμῖν μαντείας ἀνῃρήκασιν, ἡγεμόνας ποιησάμενοι καὶ παρακαλέσαντες, καὶ κατὰ τῶν νικητηρίων ἅπασιν αὐτοῖς εὐξάμενοι, μετὰ τῆς ἀγαθῆς τύχης ἐλευθεροῦτε τοὺς Ἕλληνας εὐτυχεῖτε.

β΄ Δημοσθένης τῇ βουλῇ καὶ τῷ δήμῳ χαίρειν

Ἐνόμιζον μὲν ἀρ' ὧν ἐπολιτευόμην οὐχ ὅπως μηδὲν ὑμᾶς ἀδικῶν τοιαῦτα πείσεσθαι, ἀλλὰ καὶ μέτρια ἂν ἐξαμαρτὼν συγγνώμης τεύξεσθαι. ἐπειδὴ δὲ οὕτω γέγονεν, ἕως μὲν ἑώρων ὑμᾶς, οὐδεμιᾷ, ἀποδείξεως φανερᾶς οὐδ' ἐλέγχου τινὸς γιγνομένου παρὰ τῆς βουλῆς, πρὸς τὰ ταύτης ἀπόρρητα καταψηριζομένους, ἁπάντων οὐδὲ ἔλαττον παραχωρεῖν ὑμᾶς ἡγούμενος ἢ ἐμαυτὸν ἀποστερεῖσθαι, σ-έργειν ἡγούμην· τὸ γὰρ οἷς ἂν ἡ βουλὴ φήσῃ τοὺς ὀμωμοκότας δικαστὰς προστίθεσθαι, μηδεμιᾶς ἀποδείξεως ῥηθείσης, τῆς πολιτείας παραχωρεῖν ἦν. (2) ἐπειδὴ δὲ καλῶς ποιοῦντες ᾔσθησθε τὴν δυναστείαν ἣν τινες τῶν ἐν τῇ βουλῇ κατεσκευάζοντο ἑαυτοῖς, καὶ πρὸς τὰς ἀποδείξεις τοὺς ἀγῶνας κρίνετε, τὰ δ' ἀπόρρητα τούτων ἐπιτιμήσεως ἄξια ηὑρήκατε, οἶμαι δεῖν, ἐὰν καὶ ὑμῖν βουλομένοις ᾖ, τῆς ὁμοίας τυχεῖν σωτηρίας τοῖς τῶν ὁμοίων αἰτίων τετυχηκόσι, καὶ μὴ μόνος δι' αἰτίαν ψευδῆ τῆς πατρίδος καὶ τῶν ὄντων καὶ τῆς τῶν οἰκειοτάτων συνηθείας ἀποστερηθῆναι. (3) εἰκότως δ' ἂν ὑμῖν, ὦ ἄνδρες Ἀθηναῖοι, μέλοι τῆς ἐμῆς σωτηρίας, οὐ μόνον κατὰ τοῦτο ὅτι οὐδὲν ὑμᾶς ἀδικῶν δεινὰ πέπονθα, ἀλλὰ καὶ τῆς παρὰ τοῖς ἄλλοις ἀνθρώποις ἕνεκ' εὐδοξίας· μὴ γὰρ εἰ

officium est, quo rebus administrandis sunt præfecti. Qua etiam de causa durissima est dicendæ in concilio sententiæ provincia. Nam recte consulta et magno studio laboreque probata sæpe propterea corrumpuntur. (13) Nunc tamen bene successura esse omnia spero. Nam si quis Alexandrum eo fortunatum putat, quod ei prospere successerunt omnia, is illud reputet, eum agendo et laborando et audendo, non desidendo fuisse fortunatum. Postquam igitur nunc mortuus est, fortuna quærit aliquos quibus adsit. (14) iis vos esse debetis, quam benevolentissimos copiis præficite. Quodque unusquisque vestrûm facere poterit et volet, id ad se ipsum dicat et promittat, caveatque ne fallat, neve tergiversandi gratia sibi data esse verba, non persuasum esse causetur. (15) Quicquid enim vos neglexeritis, id qui recreet neminem invenietis. Neque idem periculum est in iis rebus, quas tum cum voletis agere licebit, consilia sæpe mutare, et in iis, propter quas bellum erit gerendum. Sed in huiusmodi rebus sententiæ mutatio non est aliud, quam consilii et instituti clades. Ne vero tale quippiam committatis, sed quidquid acturi estis, id generosis et paratis animis decernite, (16) et ubi semel decreveritis, ductu et auspiciis tum Dodonei Iovis tum reliquorum deorum, qui multa vobis et præclara et bona et vera oracula reddiderunt, illorumque ope implorata votisque pro victoria iis omnibus nuncupatis, adiutrice fortuna propitia libertatem Græcis restituite.

II. Demosthenes Senatui Populoque S.

Existimabam pro meis in rempublicam meritis me non modo insontem non ita tractatum iri, sed mediocrium etiam peccatorum si quam forte culpam contraxissem, veniam impetraturum. Postquam vero ita accidit, dum videbam a vobis iu iis criminibus per senatum aperte demonstratis et probatis ex istorum arcanis consiliis condemnari omnes, non minus vos de vestro iure concedere quam me fraudari existimans, ferendum æquo esse animo putavi· nam iis assentiri iuratos iudices, quæ senatus sine ulla probatione affirmarit, de reipublicæ iure concedere fuit. (2) Quia vero iam pro vestra prudentia eum principatum, quem in senatu quidam sibi parare conabantur, animadvertistis et in iudicandis causis argumenta spectastis, istorumque arcana digna esse reprehensione deprehendistis, decere censeo (si quidem id vestra etiam voluntas feret) me quoque ita restitui in integrum, ut ii restituti sunt, qui in simili crimine fuerunt, ne solus ego falsum ob crimen patria, fortunis et coniunctissimorum consuetudine caream. (3) Iure autem vobis, Athenienses, salus mea curæ fuerit, cum quod nulla vobis a me orta iniuria, ita sum tractatus, tum propter vestram apud exteros existimationem. Neque enim putetis, si nemo vobis

μηδεὶς ὑμᾶς ἀναμιμνήσκει τοὺς χρόνους μηδὲ τοὺς
καιροὺς ἐν οἷς τὰ μέγιστ' ἐγὼ χρήσιμος ἦν τῇ πόλει,
(4) τοὺς ἄλλους Ἕλληνας ἀγνοεῖν νομίζετε μηδ' ἐπι-
λελῆσθαι τῶν ἐμοὶ πεπραγμένων ὑπὲρ ὑμῶν, ἃ ἐγὼ
δυοῖν ἕνεκα νῦν ὀκνῶ γράφειν καθ' ἕκαστον, ἑνὸς μέν,
τὸν φθόνον δεδιώς, πρὸς ὃν οὐδέν ἐστι προύργου τἀ-
ληθῆ λέγειν, ἑτέρου δέ, ὅτι πολλὰ καὶ ἀνάξια ἐκεί-
νων διὰ τὴν τῶν ἄλλων Ἑλλήνων κακίαν νῦν πράτ-
τειν ἀναγκαζόμεθα. (5) ἐν κεφαλαίῳ δὲ τοιαῦτ' ἐστὶν
ἐφ' οἷς ἐξηταζόμην ὑπὲρ ὑμῶν ἐγώ, ὥσθ' ὑμᾶς μὲν
ἐπ' αὐτοῖς ὑπὸ πάντων ζηλοῦσθαι, ἐμοὶ δ' ἐλπίδα τῶν
μεγίστων δωρεῶν προσδοκᾶσθαι παρ' ὑμῶν. τῆς δὲ
ἀναγκαίας μέν, ἀγνώμονος δὲ τύχης οὐχ ὡς δίκαιον
ἦν, ἀλλ' ὡς ἐβούλετο, κρινάσης τὸν ὑπὲρ τῆς τῶν
Ἑλλήνων ἐλευθερίας ἀγῶνα, ὃν ὑμεῖς ἠγωνίσασθε,
(6) οὐδὲ ἐν τοῖς μετὰ ταῦτα χρόνοις ἀπέστην τῆς εἰς
ὑμᾶς εὐνοίας, οὐδ' ἀντηλλαξάμην ἀντὶ ταύτης οὐδέν,
οὐ χάριν, οὐκ ἐλπίδας, οὐ πλοῦτον, οὐ δυναστείαν,
οὐκ ἀσφάλειαν. καίτοι πάντα ταῦθ' ἑώρων ὑπάρχοντα
τοῖς καθ' ὑμῶν βουλομένοις πολιτεύεσθαι. (7) ὃ δέ,
πολλῶν ὄντων καὶ μεγάλων ἐφ' οἷς εἰκότως ἐπέρχεταί
μοι παρρησιάζεσθαι, μέγιστον ἡγούμην, οὐκ ὀκνήσω
γράψαι πρὸς ὑμᾶς, ὅτι ἐν ἅπαντι τῷ αἰῶνι τῶν μνη-
μονευομένων ἀνθρώπων δεινοτάτου γεγενημένου Φι-
λίππου καὶ δι' ὁμιλίας πεῖσαι προσέχειν αὐτῷ τὸν
νοῦν, ὡς βούλοιτο, καὶ διαφθεῖραι χρήμασι τοὺς ἐν
ἑκάστῃ τῶν Ἑλληνίδων πόλεων γνωρίμους, (8) ἐγὼ
μόνος οὐδετέρου τούτων ἡττήθην, ὃ κοινὴν ὑμῖν φιλο-
τιμίαν φέρει, πολλὰ μὲν ἐντυχὼν Φιλίππῳ καὶ δια-
λεχθεὶς ἐφ' οἷς ὑμεῖς ἐπέμπετε πρεσβεύοντά με, πολ-
λῶν δ' ἀποσχόμενος χρημάτων διδόντος ἐκείνου, ἃ
τῶν συνειδότων ἔτι πολλοὶ ζῶσιν. οὓς τίνα γνώμην
ἔχειν περὶ ὑμῶν εἰκὸς λογίσασθε· τὸ γὰρ τῷ τοιούτῳ
τοῦτον τὸν τρόπον κεχρῆσθαι ἐμοὶ μὲν ἂν εὖ οἶδ' ὅτι
φανείη συμφορά, κακία δὲ οὐδεμία, ὑμετέρα δὲ ἀγνω-
μοσύνη. ἣν τῷ μεταγνῶναι λύσετε. (9) πάντα τοί-
νυν τὰ προειρημένα ἐλάττω νομίζω τῆς συνεχοῦς καὶ
καθ' ἡμέραν πολιτείας, ἐν ᾗ παρεῖχον ἐμαυτὸν ἐγὼ
πολιτευόμενον, οὐδεμιᾶς ὀργῆς οὐδὲ δυσμενείας οὐδὲ
ἀδίκου πλεονεξίας οὔτε κοινῆς οὔτε ἰδίας προϊστάμενος,
οὐδὲ συκοφαντήσας οὐδένα πώποτε οὔτε πολίτην οὔτε
ξένον, οὐδὲ καθ' ὑμῶν ἰδίᾳ δεινὸς ὤν, ἀλλ' ὑπὲρ
ὑμῶν, εἴ τι δεήσειεν, ἐξεταζόμενος δημοσίᾳ. (10)
εἰδεῖεν δ' ἂν οἱ πρεσβύτεροι, καὶ λέγειν τοῖς νεωτέροις
ἐστὲ δίκαιοι τὴν πρὸς Πύθωνα τὸν Βυζάντιον ἐκκλη-
σίαν, ὅτε τοὺς ἀπὸ τῶν Ἑλλήνων ἦλθε πρέσβεις ἔχων,
ὡς ἀδικοῦσαν δείξων τὴν πόλιν, ἀπῆλθε δὲ τἀναντία
τούτων παθών, μόνου τῶν τότε ῥητόρων ἐξετάσαντος
ἐμοῦ τὰ ὑπὲρ ὑμῶν δίκαια. καὶ ἐῶ πρεσβείας ὅσας
ὑπὲρ ὑμῶν ἐπρέσβευσα, ἐν αἷς οὐδὲν ἠλαττώθητε πώ-
ποτε οὐδὲ καθ' ἕν. (11) ἐπολιτευόμην γάρ, ὦ ἄνδρες
Ἀθηναῖοι, οὐχ ὅπως ἀλλήλων ὑμεῖς περιγένησθε σκο-
πῶν, οὐδ' ἐφ' ἑαυτῇ ἀκονῶν τὴν πόλιν, ἀλλ' ἀφ' ὧν
δόξαν καὶ μεγαλοψυχίαν ὑμῖν ὑπάρξειν ἐνόμιζον. ἐφ'

in memoriam redigit ea tempora easque occasiones, qui-
bus ego maximas utilitates attuli reipublicæ, (4) reliquos
etiam Græcos ignorare aut oblitos esse rerum a me pro-
vobis gestarum. Quas ego nunc duabus de causis scri-
bere vereor singulatim : tum quod invidiam reformido,
contra quam in veritate orationis præsidii nihil est; tum
quod multa et indigna illis rebus propter reliquorum
Græcorum ignaviam nunc tolerare cogimur. (5) Summa-
tim vero illiusmodi ea sunt, quæ pro vobis ego suscepi,
ut et omnibus felicitas virtusque vestra admirationi
esset, et ego summorum a vobis præmiorum spem pro-
positam haberem. Cum vero inevitabilis illa quidem,
sed iniqua fortuna non ex æquitate, sed pro sua libidine
susceptum pro libertate Græcorum quod vos gessistis
bellum diiudicasset, (6) nec reliquo tempore meam erga
vos benevolentiam non abieci, nec eam ulla re mutavi,
non gratia, non spe, non divitiis, non potentia, non secu-
ritate. Quanquam videbam omnia hæc iis contingere,
qui contra vos rempublicam gerere vellent. (7) Quod
vero in multis et magnis rebus, quibus mihi iure gloriari
licet, maximum existimarim, non dubitabo scribere ad
vos, cum Philippus inter eos, qui ab omni ævo memoran-
tur, solertissimus fuerit, ad hominum voluntates comitate
et affabilitate sic sibi devinciendos, ut ad nutum paratos
haberet, et largitionibus omnes, quorum aliqua esset in
Græcis urbibus auctoritas, corrumpendos, (8) me solum
ab horum neutro esse victum (id quod etiam nunc vobis
gloriosum est, quanquam sæpe congressus et collo-
cutus sim cum Philippo iis de rebus, propter quas vos
me legatum mittebatis), et magnam pecuniam, quam ille
offerebat, repudiasse. Quarum rerum conscii multi etiam
hodie vivunt; quos quid de vobis iudicare consentaneum
sit cogitate. Quod enim talem ita tractastis, id mea
quidem calamitati scilicet tribuetur, sceleri nequaquam,
vestræ autem iniquitati; quam infamiam consilii muta-
tione delebitis. (9) Iam ea quæ dixi omnia minora puto
continente et quotidiana reipublicæ administratione, in qua
ita me gessi, ut neque ulli iracundiæ neque simultatibus
neque iniusto quæstui vel publico vel privato servierim,
neque ullum unquam vel civem vel hospitem sim calumnia-
tus, neque contra vos privatim facultate mea usus, sed si
quid opus esset, publice pro vobis in procinctu steterim.
(10) Quod cum natu grandiores norint, æquum est ut
iunioribus concionem adversus Pythonem Byzantium ha-
bitam indicetis, quum adductis Græcorum legatis adfuit,
iniurias nostræ urbis ostensurus, et contrarium eius
quod sperarat expertus recessit, ubi ego solus oratorum
illius temporis vestram causam defendi. Omitto quot
legationes pro vobis obierim; in quibus nullum unquam
vel minimum detrimentum cepistis. (11) Ea enim, o
Athenienses, in republica ratio mea fuit, non ut vos alios
alii vinceretis, aut ut civitatem contra semet ipsam acue-
rem, sed ad ea vos incitavi, unde gloriam et magnani-

οἷς ἅπασι μέν, μάλιστα δὲ τοῖς νέοις, ἄγασθαι προσ-
ήκει, καὶ σκοπεῖν μὴ μόνον τὸν διακονήσοντα πρὸς
χάριν πάντ᾽ ἐν τῇ πολιτείᾳ (τούτου μὲν γὰρ οὐδέποτ᾽
ἔστ᾽ ἀπορῆσαι), ἀλλὰ καὶ τὸν ἐπ᾽ εὐνοίᾳ περὶ ὧν ἂν
ἀγνοῆτε ἐπιτιμήσοντα (12) ἔτι τοίνυν παραλείπω
πολλά, ἐφ᾽ οἷς ἕτερος καὶ μηδὲν ἄλλο χρήσιμος γεγο-
νὼς δικαίως ἂν ἠξίου τυγχάνειν σωτηρίας, χορηγίας
καὶ τριηραρχίας καὶ χρημάτων ἐπιδόσεις ἐν πᾶσι τοῖς
καιροῖς ἐν οἷς ἐγὼ φανήσομαι οὐ μόνον αὐτὸς ἐξητα-
σμένος πρῶτος, ἀλλὰ καὶ τοὺς ἄλλους παρακεκλη-
κὼς ὧν ἕκαστον, ὦ ἄνδρες Ἀθηναῖοι, λογίσασθε, ὡς
ἀνάξιόν ἐστι τῆς περιεστηκυίας νῦν ἐμοὶ συμφορᾶς
(13) ἀφθόνων δ᾽ ὄντων, ἀπορῶ τί πρῶτον ὀδύρωμαι
τῶν παρόντων κακῶν. πότερον τὴν ἡλικίαν ἐν ᾗ φυγῆς
ἐπικινδύνου πειρᾶσθαι παρ᾽ ἔθος καὶ παρὰ τὴν ἀξίαν
ἀναγκάζομαι; ἢ τὴν αἰσχύνην ἐφ᾽ ᾗ κατ᾽ οὐδένα ἔλεγ-
χον οὐδ᾽ ἀπόδειξιν ἁλοὺς ἀπόλωλα, ἢ τὰς ἐλπίδας ὧν
διαμαρτών, ὧν ἑτέροις προσῆκε, κεχλερονόμηκα κα-
κῶν; (14) οὔτε ἐφ᾽ οἷς ἐπολιτεύθην πρότερον δίκην ὀφεί-
λων δοῦναί οὔτε τῶν ἐφ᾽ οἷς ἐκρινόμην ἐξελεγχθέντων·
οὔτε γὰρ ἔγωγε τῶν Ἁρπάλου φίλων φανήσομαι γε-
γονώς, τῶν τε γραφέντων περὶ Ἁρπάλου μόνα τὰ
ἐμοὶ πεπραγμένα ἀνέγκλητον πεποίηκε τὴν πόλιν. ἐξ
ὧν πάντων δῆλόν ἐστιν ὅτι καιρῷ τινὶ ληφθεὶς καὶ οὐκ
ἀδικήματι τῇ πρὸς ἅπαντας τοὺς ἐν ταῖς αἰτίαις ὀργῇ
περιπέπτωκα ἀδίκως, τῷ πρῶτος εἰσιέναι (15) ἐπεὶ
τί τῶν δικαίων οὐκ εἶπον ἐγὼ τῶν σεσωκότων τοὺς
ὕστερον κρινομένους; ἢ τίνα ἔλεγον εἰπεῖν ἡ βουλὴ κατ᾽
ἐμοῦ, ἢ τίνα νῦν ἂν εἰπεῖν ἔχοι, οὐ γάρ ἐστιν οὐδείς τὰ
γὰρ μὴ γενόμενα οὐκ ἔστι ποιῆσαι γεγενῆσθαι. ἀλλὰ
περὶ μὲν τούτων παύομαι, πολλὰ γράφειν ἔχων τὸ
γὰρ μηδὲν ἐμαυτῷ συνειδέναι πείραν μοι δέδωκεν εἰς
μὲν ὠφελειᾶν ἀσθενές ὄν, εἰς δὲ τὸ μᾶλλον λυπεῖσθαι
πάντων ὀδυνηρότατον. (16) ἐπειδὴ δὲ καλῶς ποιοῦν-
τες πᾶσι τοῖς ἐν ταῖς αἰτίαις διήλλαχθε, κἀμοὶ διαλ-
λάγητε, ὦ ἄνδρες Ἀθηναῖοι οὔτε γὰρ ἠδίκηχ᾽ ὑμᾶς
οὐδέν, ὡς ἴστωσαν οἱ θεοὶ καὶ ἥρωες (μαρτυρεῖ δέ
μοι πᾶς ὁ πρόσθε παρεληλυθὼς χρόνος, ὃς δικαιότερον
ἂν πιστεύοιθ᾽ ὑφ᾽ ὑμῶν τῆς ἀνελέγχτου νῦν ἐπενεχθεί-
σης αἰτίας), οὔτ᾽ ἐγὼ χείριστος οὐδ᾽ ἀπιστότατος φα-
νήσομαι τῶν διαβληθέντων

(17) Καὶ μὴν τὸ ἀπελθεῖν οὐκ ἂν εἰκότως ὀργὴν πρός
με ποιήσειεν οὐ γὰρ ἀπεγνωκὼς ὑμᾶς, οὐδ᾽ ἑτέρωσε
βλέπων οὐδαμοῖ μετέστην, ἀλλὰ πρῶτον μὲν τοὐνειδος
τῆς εἱρκτῆς χαλεπῶς τῷ λογισμῷ φέρων, εἶτα διὰ τὴν
ἡλικίαν οὐκ ἂν οἷός τ᾽ ὢν τῷ σώματι τὴν κακοπάθειαν
ὑπενεγκεῖν ἔτι δ᾽ οὐδ᾽ ὑμᾶς ἐνόμιζον ἀδουλεῖν ἔξω
με προπηλακισμοῦ γενέσθαι, ὃς οὐδὲν ὑμᾶς ὠφελῶν
ἐμὲ ἀπώλλυεν. (18) ἐπεὶ ὅτι γε ὑμῖν προσεῖχον τὸν
νοῦν καὶ οὐδέσιν ἄλλοις, πολλὰ ἂν ἴδοιτε σημεῖα. εἴς
τε γὰρ πόλιν ἦλθον, οὐκ ἐν ᾗ μέγιστα πράξειν αὐτὸς
ἔμελλον, ἀλλ᾽ εἰς ἣν καὶ τοὺς προγόνους ἐλθόντας
ᾔδειν, ὅτε ὁ πρὸς τὸν Πέρσην κατελάμβανεν αὐτοὺς
κίνδυνος, καὶ παρ᾽ ᾗ πλείστην εὔνοιαν ὑπάρχουσαν

mitalis opinionem relaturos vos arbitrarer Quæ cum
omnes, tum vero adolescentes admirari debent, nec eum
requirere solum, qui captator auræ popularis vulgique
cupiditatum administer omnium in republica sit (talium
enim nulla unquam penuria futura est), sed eum etiam,
qui bono studio vestra errata reprehendat (12) Quin et
alia multa prætereo, propter quæ alius, qui nullam
aliam navasset operam, iure suæ salutis haberi rationem
postularet, ut ædilitia munera, ut triremium instructiones,
ut largitiones pecuniarias, omnibus necessariis tempori-
bus, quibus me non modo primum succurrisse consta-
bit, sed alios etiam esse adhortatum Quorum singula
cogitate, Athenienses, quam ea calamitate indigna sint,
quæ me oppressit (13) Quum vero plurimis nunc in
malis verser, quid primum deplorem dubito utrum
ætatem qua periculosum exilium experiri præter consue-
tudinem et dignitatem cogor? an ignominiam, quod nul-
lius criminis convictus et reus peractus, damnatus perii?
an spem, qua frustratus hereditatem eorum malorum,
quæ aliis debentur, cepi? (14) neque enim ego propter
priora mea acta in republica pœnas dare debeo, quum et
ea, quorum accusabar, probata non sint, neque ego Har-
pali amicus fui, et ex omnibus de Harpalo factis decretis
sola ea quæ ego egi civitatem omni crimine liberarint
Ex quibus omnibus perspicitur, me temporibus circum-
ventum, non scelerum damnatum, iniuste eam, qua in
omnes reos uti soletis, iracundiam experiri, propterea
quod ego primus in iudicium veni (15) Nam quid ego
æqui pro mea defensione non attuli, ex iis quæ postea
ceteros reos conservarunt? aut quibus me testibus se-
natus convicit? aut quid amplius vel nunc dicere quisquam
possit? nemo certe Nam quæ facta non sunt, ea facta ut
sint, efficere nemo potest Sed de his quanquam scribere
multa possem, desino, quod innocentiæ conscientiam
experientia me docuit ad iuvandum parvas habere vires,
ad augendum vero animi dolorem omnium esse acerbissi-
mum (16) Postquam vero pro vestra sapientia reis
omnibus reconciliati estis, et mihi reconciliamini, o Athe-
nienses Neque enim (test is deos et heroes) ullam vestrum
iniuriam feci, et mihi omnis ante acta vita mea testimo-
nio est, cui merito plus fidei haberetur a vo is, quam
isti crimini, quod nunc in me coniectum illud quidem
est, sed probatum et demonstratum non est, neque me
pessimum aut minimæ fidei esse inter eos, quos calumnia
impetit, deprehendetis

(17) Iam ob discessum meum iure irasci mihi non po-
testis Neque enim ideo abii, quod aut de vobis despe-
rarem aut uspiam alio respicerem, sed primum carceris
ignominiam animo ferebam graviter, deinde propter æta-
tem afflictionem illam corporis perpeti non poteram, de-
nique et vos non nolle putabam illam contumeliam me
effugere, quæ neque vos quicquam iuvabat et me perde-
bat (18) Me autem vestri neque cuiusquam alterius
fuisse studiosum multis indiciis deprehendetis Nam et in
urbem me contuli, non in qua me splendidissime vicu-
rum confiderem, sed quo etiam maiores nostros, Persici
belli discriminibus circumventos, venisse sciebam, et

ὑμῖν ἠπιστάμην. (19) ἔστι δ' ἡ Τροιζηνίων αὕτη, ἣ
μάλιστα μὲν οἱ θεοὶ καὶ τῆς πρὸς ὑμᾶς εὐνοίας ἕνεκα
καὶ τῆς εἰς ἐμὲ εὐεργεσίας εὖνοι πάντες εἴησαν, εἶτα
κἀγὼ σωθεὶς ὑφ' ὑμῶν δυνηθείην ἀποδοῦναι χάριτας.
ἔν τε ταύτῃ τινῶν, ὡς ἐμοὶ χαριζομένων, ἐπιτιμᾶν
ὑμῖν τι πειρωμένων τῇ κατ' ἐμὲ ἀγνοίᾳ, ἐγὼ πᾶσαν εὐ-
φημίαν, ὥσπερ ἐμοὶ προσῆκε, παρειχόμην· ἐξ ὧν καὶ
μάλιστ' ἂν νομίζω πάντας ἀγασθέντας με δημοσίᾳ
τιμῆσαι. (20) ὁρῶν δὲ τὴν μὲν εὔνοιαν τῶν ἀνδρῶν
μεγάλην, τὴν δὲ εἰς τὸ παρὸν δύναμιν καταδεεστέ-
ραν, μετελθὼν εἰς τὸ τοῦ Ποσειδῶνος ἱερὸν ἐν Κα-
λαυρείᾳ κάθημαι, οὐ μόνον τῆς ἀσφαλείας ἕνεκα, ἣν
διὰ τὸν θεὸν ἐλπίζω μοι ὑπάρχειν (οὐ γὰρ εὖ οἶδά γε·
ἃ γὰρ ἐφ' ἑτέροις ἐστὶν ὡς ἂν βούλωνται πρᾶξαι,
λεπτὴν καὶ ἄδηλον ἔχει τῷ κινδυνεύοντι τὴν ἀσφά-
λειαν), ἀλλ' ὅτι καὶ τὴν πατρίδα ἐντεῦθεν ἑκάστης
ἡμέρας ἀφορῶ, εἰς ἣν τοσαύτην εὔνοιαν ἐμαυτῷ σύν-
οιδα, ὅσης παρ' ὑμῶν εὔχομαι τυχεῖν.

(21) Ὅπως οὖν, ὦ ἄνδρες Ἀθηναῖοι, μηκέτι πλείω
χρόνον τοῖς παροῦσι κακοῖς συνέχωμαι, ψηφίσασθέ
μοι ταῦτα ἃ καὶ ἄλλοις τισὶν ἤδη, ἵνα μήτε ἀνάξιον
ὑμῶν μηδέν μοι συμβῇ, μήτε ἱκέτης ἑτέρων ἀναγ-
κασθῶ γενέσθαι· οὐδὲ γὰρ ὑμῖν τοῦτο γένοιτ' ἂν κα-
λόν. ἐπεὶ εἴγε μοι τὰ πρὸς ὑμᾶς ἀδιάλλακτα ὑπάρ-
χει, τεθνάναι με κρεῖττον ἦν. (22) εἰκότως δ' ἄν μοι
πιστεύοιτε ταύτην τὴν διάνοιαν ἔχειν καὶ μὴ νῦν μά-
την θρασύνεσθαι· καὶ γὰρ ἐμαυτοῦ κυρίους ὑμᾶς
ἐποίησα καὶ οὐκ ἔφυγον τὸν ἀγῶνα, ἵνα μήτε προδῶ
τὴν ἀλήθειαν μήτ' ἄκυρος ὑμῶν ἐμοῦ μηδεὶς γένηται,
ἀλλ' ὅ τι ἂν βούλησθε, τοῦτο χρήσεσθε· παρ' ὧν γὰρ
ἁπάντων καλῶν κἀγαθῶν ἔτυχον, τούτοις ὑμῖν δεῖν
ἔχειν καὶ ἁμαρτεῖν, εἰ βούλοιντο, εἰς ἐμέ. (23) ἐπειδὴ
δὲ καλῶς ποιοῦσα ἡ δικαία τύχη τῆς ἀδίκου κρατήσασα
δὶς περὶ τῶν αὐτῶν ἀπέδωκεν ὑμῖν βουλεύσασθαι τῷ
μηδὲν ἀνήκεστον ἐψηφίσθαι περὶ ἐμοῦ, σώσατέ με,
ὦ ἄνδρες Ἀθηναῖοι, καὶ ψηφίσασθε καὶ ὑμῶν αὐτῶν
ἄξια καὶ ἐμοῦ. (24) ἐπ' οὐδενὶ γὰρ τῶν πεπραγμένων
ἠδικηκότα με εὑρήσετε, οὐδ' ἐπιτήδειον ἄτιμον εἶναι
οὐδ' ἀπολωλέναι, ἀλλὰ καὶ εὔνουν τῷ πλήθει τῷ ὑμε-
τέρῳ τοῖς μάλισθ' ὁμοίως, ἵνα μηδὲν ἐπίφθονον γράψω,
καὶ πλεῖστα πεπραγματευμένον τῶν νυνὶ ζώντων ὑπὲρ
ὑμῶν, καὶ μέγιστα ὑπάρχοντά μοι κατ' ἐμαυτὸν σύμ-
βολα εὐνοίας πρὸς ὑμᾶς.

(25) Μηδεὶς δ' ὑμῶν ἡγείσθω με, ὦ ἄνδρες Ἀθηναῖοι,
μήτε ἀνανδρίᾳ μήτε ἄλλῃ προφάσει φαύλῃ μηδεμιᾷ
παρ' ὅλην τὴν ἐπιστολὴν ὀδύρεσθαι. ἀλλὰ τοῖς παροῦ-
σιν ἕκαστος ἀφθόνως χρῆται, ἐμοὶ δὲ ταῦτα νῦν πάρε-
στιν, ὡς μήποτ' ὤφελε, λῦπαι καὶ δάκρυα καὶ τῆς
πατρίδος καὶ ὑμῶν πόθος καὶ ὧν πέπονθα λογισμός,
ἃ πάντα ποιεῖ με ὀδύρεσθαι· ἃ ἐπισκοποῦντες δικαίως
ἐν οὐδενὶ τῶν πεπολιτευμένων ὑπὲρ ὑμῶν οὔτε μαλα-
κίαν οὔτε ἀνανδρίαν προσοῦσαν εὑρήσετέ μοι.

(26) Πρὸς μὲν δὴ πάντας ὑμᾶς τοσαῦτα· ἰδίᾳ δὲ τοῖς
ἐμοὶ προσκρούουσιν ἐναντίον ὑμῶν βούλομαι διαλεχθῆ-

quam vobis esse benevolentissimam intellegebam. (19) Est
autem ea Trœzeniorum, cui precor ut dii potissimum
immortales tum ob benevolentiam erga vos, tum ob col-
lata in me beneficia bene velint omnes, deinde ut et ego
a vobis conservatus gratiam referre possim. In qua quum
quidam gratificandi mihi studio vos ob istum in me ad-
missum errorem reprehendere conarentur, ego summa qua
me decuit æquitate vos defendi. Eamque ob causam in
primis factum esse arbitror, ut mihi honos publice habe-
retur. (20) Cum vero hominum benevolentiam, insignem
quidem illam, sed vires in præsentia esse minores cerne-
rem, digressus in Neptuni templum in Calauria me con-
tuli, non modo quod propter numinis religionem me ibi
tutiorem fore spero (nec enim id exploratum habeo; nam
quæ res in aliorum potestate sitæ sunt, eæ spem tenuem
et obscuram periclitanti suppeditant), sed eo etiam, quod
hinc quotidie patriam intueor, in quam tantæ mihi sum
benevolentiæ conscius, quantam utinam a vobis conse-
quar.

(21) Ne igitur, Athenienses, diutius etiam his malis
angar, ea mihi decernitote, quæ iam aliis quoque nonnul-
lis tribuistis, ut neque indignum vobis aliquid mihi usu-
veniat, neque aliis supplicare cogar, id quod nec vobis ho-
nestum esset. Nam si vestra iracundia placari mihi nulla
ratione potest, mori me præstiterit. (22) Iure autem hoc
animo esse me neque nunc sine re hæc iactare credetis. Nam
et vestram auctoritatem subii, et iudicium non detrectavi,
ut neque veritatem indefensam desererem, neque ve-
strûm quisquam in me potestatem non haberet, sed ut ve-
stro arbitratu de me statueretis. Arbitrabar enim eos,
qui omnia in me ornamenta contulissent, etiam erga me
(si ita vellent) delinquendi habere potestatem oportere.
(23) Quia vero iusta fortuna, ita uti decuit, iniusta supe-
ratâ, bis vobis iisdem de rebus statuendi facultatem de-
dit, propterea quod nihil in me, cui mederi non liceat,
statuistis, servatote me, et quæ tum vobis ipsis tum me
digna sunt decernitote. (24) Nihil enim a me perperam
et scelerate factum reperietis, neque me commeritum, ut
vel dignitate vel vita spolier, sed et multitudinis im esse
studiosum, ut qui maxime (ne quid insidiosum scribam)
et pulcherrima ex his qui adhuc vivunt pro vobis ge-
renda suscepisse, maximaque e meis æqualibus benevo-
lentiæ erga vos indicia reliquisse.

(25) Neque vero quisquam vestrûm putet, Athenienses,
me vel ex imbecillitate animi vel ulla alia turpi de causa
per totam epistolam lamentari. Nam ego nunc iis confli-
ctor rebus (quod utinam esset aliter) eo modo; quo
quisque talibus in malis sibi indulget, ut doloribus et la-
crimis et patriæ vestrique desiderio et ærumnarum mea-
rum consideratione. Quæ omnia mihi querelas eli-
ciunt; quæ si cum æquitate reputabitis, in nullis meis
vestrarum rerum administrationibus vel mollitiei vel ti-
miditatis argui me posse reperietis.

(26) Et hæc hactenus ad omnes vos; privatim vero cum
iis qui me lacessunt, coram vobis volo disputare. Nam ea,

ναι ὅσα μὲν γὰρ τοῖς ὑφ' ὑμῶν ἀγνοηθεῖσιν ὑπηρετοῦν-
τες ἐποίουν, ἔστω δι' ὑμᾶς αὐτοῖς πεπρᾶχθαι, καὶ οὐδὲν
ἐγκαλῶ ἐπειδὴ δὲ ἐγνώκαθ' ὑμεῖς οἷα ταῦτ' ἐστίν,
ἐὰν μέν, ὥσπερ ὑπὲρ τῶν λοιπῶν ἐῶσι, καὶ ἐμοὶ συγ-
χωρήσωσι, καλῶς ποιήσουσιν ἐὰν δ' ἐπηρεάζειν ἐγχει-
ρῶσιν, ὑμᾶς ἀξιῶ μοι βοηθεῖν ἅπαντας καὶ μὴ κυριω-
τέραν τὴν τούτων ἔχθραν τῆς παρ' ὑμῶν χάριτός μοι
γενέσθαι. εὐτυχεῖτε.

γ' Δημοσθένης τῇ βουλῇ καὶ τῶ δήμω χαίρειν

Περὶ μὲν τῶν κατ' ἐμαυτόν, ἅ μοι παρ' ὑμῶν ἐνό-
μιζον δίκαιον εἶναι γενέσθαι, τὴν προτέραν ἔπεμψα
πρὸς ὑμᾶς ὑπὲρ ὧν ὅταν ὑμῖν δοκῇ, τότε συγχω-
ρήσετε. περὶ δὲ ὧν νῦν ἐπέσταλκα, βουλοίμην ἂν
ὑμᾶς μὴ παριδεῖν, μηδὲ πρὸς φιλονεικίαν, ἀλλὰ πρὸς
τὸ δίκαιον ἀκοῦσαι συμβαίνει γάρ μοι, καίπερ ἐκποδὼν
διατρίβοντι, πολλῶν ἀκούειν ἐπιτιμώντων ὑμῖν ἐπὶ τοῖς
περὶ τοὺς Λυκούργου παῖδας γιγνομένοις. (2) ἐπέ-
στειλα μὲν οὖν ἂν τὴν ἐπιστολὴν καὶ τῶν ἐκείνω ζῶντι
πεπραγμένων ἕνεκα, ὧν ὁμοίως ἐμοὶ πάντες ἂν αὐτῷ
δικαίως ἔχοιτε χάριν, εἰ τὰ προσήκοντα βούλοισθε
ποιεῖν. ἐκεῖνος γὰρ αὑτὸν ἐν τῷ περὶ τὴν διοίκησιν
μέρει τάξας τῆς πολιτείας τὸ κατ' ἀρχὰς καὶ περὶ
τῶν Ἑλληνικῶν καὶ συμμαχικῶν οὐδὲν εἰωθὼς γρά-
φειν, ὅτε καὶ τῶν δημοτικῶν εἶναι προσποιουμένων οἱ
πολλοὶ κατέλιπον ὑμᾶς, τότε ταῖς τοῦ δήμου προαιρέ-
σεσι προσένειμεν ἑαυτόν, (3) οὐ ὅτι δωρεὰς καὶ προσ-
όδους ἐκ τούτων ὑπῆρχε λαμβάνειν (ἀπὸ γὰρ τῶν
ἐναντίων πάντα τὰ τοιαῦτα ἐγίγνετο), οὐδ' ὅτι ταύτην
ἀσφαλεστέραν τὴν προαίρεσιν οὖσαν ἑώρα (πολλοὺς
γὰρ καὶ προδήλους εἶχε κινδύνους, οὓς ἀναγκαῖον ἦν
ὑπομεῖναι τὸν ὑπὲρ τοῦ δήμου λέγειν καὶ πράττειν
προαιρούμενον), ἀλλ' ὅτι δημοτικὸς καὶ φύσει χρηστὸς
ἀνὴρ ἦν. (4) καίτοι παρὼν ἑώρα τοὺς μὲν βοηθήσαν-
-ας τῷ δήμω ἀσθενεῖς ἐπὶ τοῖς συμβεβηκόσιν ὄντας,
τοὺς δὲ τἀναντία πράττοντας κατὰ πάντα ἐρρωμένους.
ἀλλ' ὅμως οὐδὲν ἧττον ἐκείνος εἵζετο τούτων ἃ συμ-
φέρειν ἡγεῖτο τῷ δήμω, καὶ μετὰ ταῦτα ἀόκνως καὶ
λέγων καὶ πράττων ἃ προσῆκεν ἦν φανερός, ἐφ' οἷς
εὐθὺς ἐξητεῖτο, ὡς ἅπαντες ἴσασιν.
(5) Ἐπέστειλα μὲν οὖν ἄν, ὥσπερ εἶπον ἐν ἀρχῇ,
καὶ διὰ τὴν ἐκείνου χάριν, οὐ μὴν ἀλλὰ καὶ ὑμῖν νομί-
ζων συμφέρειν τὰς παρὰ τοῖς ἔξω γιγνομένας ἐπιτι-
μήσεις εἰδέναι, πολλῷ προθυμότερον πρὸς τὸ πέμψαι
τὴν ἐπιστολὴν ἔσχον. παραιτοῦμαι δὲ τοὺς ἰδίᾳ
πρὸς ἐκεῖνον ἔχοντας δυσκόλως, ὑπομεῖναι τἀληθῆ
καὶ τὰ δίκαια ἀκούειν ὑπὲρ αὐτοῦ εὖ γὰρ ἴστε, ὦ
ἄνδρες Ἀθηναῖοι, ὅτι νῦν ἐκ τῶν περὶ τοὺς παῖδας
αὐτοῦ γεγενημένων φαύλην δόξαν ἡ πόλις λαμβάνει
(6) οὐδεὶς γὰρ τῶν Ἑλλήνων ἀγνοεῖ ὅτι ζῶντα Λυ-
κοῦργον ἐτιμᾶθ' ὑμεῖς εἰς ὑπερβολήν, καὶ πολλῶν αἰ-
τιῶν ἐπενεχθεισῶν ὑπὸ τῶν φθονούντων αὐτῷ οὐδε-
μίαν πώποθ' εὕρετ' ἀληθῆ, οὕτω δ' ἐπιστεύετ' αὐτῷ

---

in quibus vestræ ignorationi subservierunt propter vos ab
eis facta sunto, neque ego accuso quicquam Postquam
vero cognovistis vos, illa cuiusmodi sunt, si, ut reliquos
missos faciunt, ita et me quiescere sinent, recte facient
Sin exagitare me instituerint, peto ut vos omnes opem
mihi feratis, neque commitatis ut istorum odia plus
valeant quam vestra benevolentia Valete

III Demosthenes Senatui Populoque S

Quæ meis in rebus iure a vobis tribui mihi putarem,
superioribus exposui literis, quæ, quum vobis videbitur,
mihi concedetis Hæc autem de quibus nunc scribo,
non negligi a vobis, neque adversandi sed æquitatis
studio cognosci velim Contingit enim mihi, quanquam
peregre degenti, multos audire, qui vos ob ea quæ Ly-
curgi liberis acciderunt, reprehendant (2) Ac literas
hasce misissem propter res etiam ab eo vivente gestas,
de quibus æque mecum omnes, si voletis officio fungi,
gratiam ei habebitis Qui ut primum ad rempublicam
accesserat, in curatione vectigalium urbanorumque mu-
nerum se collocavit, de statu Græciæ ac sociorum nihil
scribere solitus Quum vero eorum etiam qui præ se po-
puli studium ferebant, plerique vos deseruissent, populi
partibus se addixit, (3) non quod inde munera et reditus
capere liceret (nam adversæ factioni hæc omnia proposita
erant) neque quod has partes magis extra periculum esse
videret (multa enim et manifesta pericula res habebat,
quæ ei, qui populi auctoritatem dicendo agendoque tue-
retur, adire necesse erat), sed quod natura popularis et
vir bonus fuit (4) Quanquam autem coram videbat tam eos,
qui populo opem ferre cuperent, propter acceptam cladem
esse infirmos, quam adversarios viribus ab omni parte suf-
fultos, nihilominus tamen ipse in ea quæ populo commo-
darent incumbebat, ac postea strenue palam et dicebat
et agebat ea quæ conveniebant Ob quæ statim, ut omnes
norunt, ad supplicium deposcebatur

(5) Scripsissem igitur, ut principio dixi, et in illius
gratiam, sed tamen quum et vobis expedire putem, ut
convicia quæ apud exteros in vos dicuntur sciatis, multo
magis ad literas mittendas sum incitatus Peto autem,
ut qui privatim illi iniqui sunt, vera et æqua de eo au-
dire non graventur Neque enim, Athenienses, ignorare
debetis, existimationi urbis ex his quæ in eius liberos
facta sunt, labem aspergi (6) nemo enim Græcorum
ignorat, vos vivente Lycurgo summos honores habuisse,
cumque ei plurima crimina ab eius invidis impingerentur
nullum unquam verum deprendisse, tantam autem fidem
habuisse et præ omnibus popularem iudicasse, ut de

15

καὶ δημοτικὸν παρὰ πάντας ἡγεῖσθε, ὥστε πολλὰ τῶν
δικαίων ἐν τῷ φῆσαι Λυκοῦργον ἐκρίνετε, καὶ τοῦθ'
ὑμῖν ἐξήρκει· οὐ γὰρ ἦν ** τοιοῦτον μὴ δοκοῦν ὑμῖν.
(7) νῦν τοίνυν ἅπαντες ἀκούοντες τοὺς υἱεῖς αὐτοῦ
δεδέσθαι τὸν μὲν τεθνεῶτα ἐλεοῦσι, τοῖς παισὶ δ'
ὡς ἀνάξια πάσχουσι συνάχθονται, ὑμῖν δ' ἐπιτιμῶσι
πικρῶς, ὡς οὐκ ἂν τολμήσαιμι γράφειν ἐγώ· ἃ γὰρ
ἄχθομαι τοῖς λέγουσι καὶ ἀντιλέγω καθ' ὅσον δύναμαι
βοηθῶν ὑμῖν, ταῦτα ἄχρι μὲν τοῦ δῆλον ὑμῖν ποιῆσαι
ὅτι πολλοὶ μέμφονται, συμφέρειν ὑμῖν νομίζων εἰδέ-
ναι, γέγραφα, ἀκριβῶς δὲ διεξιέναι δυσχερὲς κρίνω.
(8) ὅσα μέντοι λοιδορίας χωρίς ἐστιν ὧν λέγουσί τι-
νες, καὶ ἀκηκοέναι συμφέρειν ὑμῖν ἡγοῦμαι, ταῦτα δη-
λώσω. οὐδεὶς γὰρ ὑπείληφεν ὡς ἄρα ἠγνοήκατε καὶ
διεψεύσθητε τῆς ἀληθείας περὶ αὐτοῦ Λυκούργου. τό
τε γὰρ τοῦ χρόνου πλῆθος, ὃν ἐξεταζόμενος οὐδὲν
πώποθ' ηὑρέθη περὶ ὑμᾶς οὔτε φρονῶν οὔτε ποιῶν
ἄδικον, καὶ τὸ μηδένα ἀνθρώπων εἰς μηδὲν τῶν ἄλ-
λων ἀναισθησίαν ὑμῶν καταγνῶναι, εἰκότως ἀναιρεῖ
τὴν ὑπὲρ τῆς ἀγνοίας σκῆψιν. (9) λείπεται τοίνυν
ὃ πάντες ἂν εἶναι φαύλων ἀνθρώπων ἔργον φήσαιεν,
τὸ ὅσον ἂν χρῆσθε χρόνον, τοσοῦτον ἑκάστου φροντί-
ζειν ὑμᾶς, μετὰ δὲ ταῦτα μηδένα ἔχειν λόγον. εἰς
τί γὰρ τῶν ἄλλων χρὴ προσδοκᾶν τῷ τετελευτηκότι
τὴν παρ' ὑμῶν ἔσεσθαι χάριν, ὅταν εἰς τοὺς παῖδας
καὶ τὴν εὐδοξίαν τἀναντία ὁρᾷ τις γιγνόμενα, ὧν
μόνων καὶ τελευτῶσι πᾶσιν, ὅπως ἕξει καλῶς, μέ-
λει; (10) καὶ μὴν οὐδὲ χρημάτων ποιεῖν ἕνεκα ταῦτα
δοκεῖτε τῶν καλῶν κἀγαθῶν ἐστιν· οὔτε γὰρ τῆς με-
γαλοψυχίας οὔτε τῆς ἄλλης προαιρέσεως τῆς ὑμετέ-
ρας ἀκόλουθον ἂν φανείη. εἰ γὰρ ὑμᾶς λύσασθαι
παρ' ἑτέρων ἔδει δόντας ἐκ τῶν προσιόντων τὰ χρή-
ματα ταῦτα, πάντας ἂν ἡγοῦμαι προθύμως εἶναι· τί-
μημα δ' ὁρῶν ὀκνοῦντας ἀφεῖναι, ὃ λόγῳ καὶ φθόνῳ
γέγονεν, οὐκ ἔχω τί καταγνῶ, εἰ μὴ ὅλως πικρῶς
καὶ ταραχωδῶς ἔχειν πρὸς τοὺς δημοτικοὺς ὡρμήκατε.
εἰ δὲ τοῦτ' ἔστιν, οὔτ' ὀρθῶς οὔτε συμφερόντως βου-
λεύεσθαι ἐγνώκατε. (11) θαυμάζω δ', εἰ μηδεὶς ὑμῶν
ἐννοεῖ ὅτι τῶν αἰσχρῶν ἐστι τὸν δῆμον τὸν Ἀθηναίων,
συνέσει καὶ παιδείᾳ πάντων προέχειν δοκοῦντα, ὃς καὶ
τοῖς ἀτυχήσασιν ἀεὶ κοινὴν ἔχει καταφυγήν, ἀγνωμο-
νέστερον φαίνεσθαι Φιλίππου, ὃς ἀνουθέτητος ὢν εἰκό-
τως, θρεφεὶς γ' ἐν ἐξουσίᾳ, ὅμως ᾤετο δεῖν, ἡνίκ' εὐ-
τύχησε μάλιστα, τότ' ἀνθρώπινα πράττων φαίνεσθαι,
(12) καὶ τοὺς παραταξαμένους, πρὸς οὓς περὶ τῶν ὅλων
διεκινδύνευσεν, οὐκ ἐτόλμησε δῆσαι τὸ τίνων καὶ τίνες
εἰσὶν ἐξετάσας· οὐ γάρ, ὡς ἔοικεν, ὁμοίως τῶν παρ'
ὑμῖν ῥητόρων ἐνίοις οὔτε δίκαια ἂν εἶναι πρὸς ἅπαντας
τὰ αὐτὰ οὔτε καλὰ ἡγεῖτο, ἀλλὰ τὴν τῆς ἀξίας προσ-
θήκην συλλογιζόμενος τὰ τοιαῦτ' ἐπέκρινεν. (13) ὑμεῖς
δ', ὄντες Ἀθηναῖοι καὶ παιδείας μετέχοντες, ἣ καὶ
τοὺς ἀναισθήτους ἀνεκτοὺς ποιεῖν δοκεῖ δύνασθαι, πρῶ-
τον μέν, ὃ πάντων ἀγνωμονέστατόν ἐστι, περὶ ὧν τὸν
πατέρα αἰτιῶνταί τινες τοὺς υἱεῖς δεδέκατε, εἶτα

---

multis causis e sola Lycurgi affirmatione sententiam fer-
retis, eaque vobis satis esset. Id quod minime fecissetis,
nisi vobis visus fuisset homo integerrimus. (7) Nunc
igitur omnes, qui filios eius in vinculis esse audiunt, et
defunctum miserantur eius, ut cum quibus
inique agatur, vicem dolent, vos vero acerbe insectantur;
ut ego scribere non ausim. Nam ea quae invitus audio,
et propter vos defendendos quantum possum refuto, ea-
tenus ut vobis indicem, multos esse a quibus reprehen-
damini, quod scitu. vobis esse utilia iudicabam, scripsi.
(8) Quae vero sine convicio a quibusdam dicuntur et
auditu fore utilia vobis arbitror, significabo. Nemo vos
per errorem et ignoratione veri ita de ipso Lycurgo sta-
tuere existimat. Nam et longum temporis spatium, quo
exploratus nihil unquam contra vos vel cogitare vel agere
iniustum deprehensus est, et illud, quod mortalium nemo
ullis aliis in rebus vos stuporis arguit, merito istam tollit
ignorantiae suspicionem. (9) Restat igitur, quod omnes
haud frugi hominum esse dicant, ut tantisper cuiusque
curam, dum eius vobis usus est, agere videamini, post
nullam rationem habeatis. Quam enim aliam vos de-
functo gratiam relaturos consentaneum est, quum eius
liberos et existimationem laedi videamus? quae sola, ut
in tuto collocentur, etiam morientibus omnibus curae
sunt. (10) Iam nec illud bonorum virorum est, ut ista
pecuniae gratia facere videamini; id quod neque magni-
tudini animi vestrae nec reliquo vitae instituto congruere
apparebit. Nam si vobis illi tanti ab aliis redimendi es-
sent, e vestra aerario deprompta pecunia, id vos omnes
cupide facturos existimarem. De eo vero quod per ca-
lumniam et ex invidia factum est, non habeo quid sta-
tuam, nisi prorsus acerbe insectari et proturbare popu-
lares homines instituistis. Quod si ita est, neque recte
neque utiliter facere decrevistis.

(11) Miror autem, si nemo vestrûm cogitat turpe esse,
ut populus Atheniensis, sapientiae doctrinaeque opinione
praestans omnibus, ad quem in calamitatibus tanquam
ad commune asylum confugi solet, Philippo inhumanior
videatur, qui (ut in potestate regia educatum probabile
est) a nemine admonitus, tamen quum secundissima for-
tuna usus esset, humanitatis se maxime esse memorem
oportere censuit, (12) ab iis qui adversus ipsum in acie
steterant, et cum quibus de summa rerum depugnarat,
neque qui et cuiates essent perquirere neque vincire au-
sus. Etenim, ut apparet, non ut plerique vestri ora-
tores eadem in omnes esse vel iusta vel honesta putabat,
sed ratione habita dignitatis etiam, talia concludebat et
decernebat. (13) Vos autem, qui estis Athenienses et
liberali doctrina perpoliti, quae stupidos etiam efficere
tolerabiles putatur, primum, quod omnium iniquissimum
est, quarum rerum patrem accusant quidam, ob eas fi-
lios in vincula coniecistis. Atque ita agere perinde esse

τὸ ταῦτα ποιεῖν ἴσον εἶναί φατε, ὥσπερ ὑπὲρ σταθμῶν
ἢ μέτρου τὸ ἴσον σκοπούμενοι, ἀλλ' οὐχ ὑπὲρ ἀνδρῶν
προαιρέσεως καὶ πολιτείας βουλευόμενοι, (14) ἐν οἷς
ἐξεταζόμενος εἰ μὲν χρηστὰ καὶ δημοτικὰ καὶ ἐπ'
εὐνοίᾳ τὰ Λυκούργῳ πεπραγμένα φαίνεται, μηδενὸς
κακοῦ ἀλλὰ καὶ πάντων τῶν ἀγαθῶν τοὺς παῖδας
αὐτοῦ δίκαιόν ἐστι τυγχάνειν παρ' ὑμῶν, εἰ δὲ τἀναν-
τία τούτων, ἐκείνον, ὅτ' ἔζη, ἔδει δίκην δεδωκέναι, τού-
τους δὲ μηδ' οὕτως, ἐφ' οἷς ἐκείνῳ τις ἐγκαλεῖ, τυγχά-
νειν ὀργῆς· πᾶσι γὰρ πάντων τῶν ἁμαρτημάτων ὅρος
ἐστὶ τελευτή. (15) ἐπεὶ εἴγ' οὕτως ἕξετε, ὥσθ' οἱ μὲν
ἀπεχθανθέντες τι τοῖς ὑπὲρ τοῦ δήμου πολιτευομένοις
μηδὲ πρὸς τελευτήσαντας διαλλαγήσονται, ἀλλὰ καὶ
τοῖς παισὶ τὴν ἔχθραν διαφυλάξουσιν, ὁ δὲ δῆμος, ᾧ
συναγωνίζεται τῶν δημοτικῶν ἕκαστος, μέχρι τοῦ
παρόντος χρῆσθαι μνημονεύσει τὰς χάριτας, μετὰ
ταῦτα δὲ μηδὲν φροντιεῖ, οὐδὲν ἀθλιώτερον ἔσται τοῦ
τὴν ὑπὲρ τοῦ δήμου τάξιν αἱρεῖσθαι (16) Εἰ δὲ Μοι-
ροκλῆς ἀποκρίνεται ταῦτα μὲν σοφώτερα ἢ καθ' ἑαυ-
τὸν εἶναι, ἵνα δὲ μὴ ἀποδρῶσιν, αὐτοὺς αὐτοὺς ἐνεκα
ἐρωτῆσαι αὐτόν, ἡνίκα Ταυρέας καὶ Πάταικος καὶ
Ἀριστογείτων καὶ αὐτὸς εἰς τὸ δεσμωτήριον παραδο-
θέντες οὐ μόνον οὐκ ἐδέδεντο, ἀλλὰ καὶ ἐδημηγόρουν,
τί δήποτε οὐχ ἑώρα τὰ δίκαια ταῦτα (17) εἰ δὲ
μὴ φήσει τότ' ἄρχειν, οὐδὲ λέγειν ἐν γε τῷ δήμῳ
αὐτῷ προσῆκει. ὥσπερ πῶς ἴσον ἐστὶ τοὺς μὲν ἄρ-
χειν, οἷς μηδὲ λέγειν ἔξεστι, τοὺς δὲ δεδέσθαι, οἷς
πολλὰ χρήσιμος ἦν ὑμῖν ὁ πατήρ, ἐγὼ μὲν οὐκ ἔχω
συλλογίσασθαι, εἰ μὴ τοῦτο δεῖξαι δημοσίᾳ βούλεσθ',
(18) ὅτι βδελυρία καὶ ἀναίδεια καὶ προαίρεσις πονη-
ρίας ἐν τῇ πόλει ἰσχύει καὶ διασωθῆναι πλείω προσ-
δοκίαν ἔχει, κἂν τι συμβῇ, ῥᾷστον τοῖς τοιούτοις,
ἀπόλυσις γίγνεται, ἐν δὲ προαιρέσει χρηστῇ καὶ βίῳ
σώφρονι καὶ δημοτικῷ προελέσθαι ζῆν σφαλερόν, κἄν
τι γένηται πταῖσμα, ἄφυκτον ἔσται (19) Ὅτι τοί-
νυν τὸ μὲν μὴ δίκαιον εἶναι τὴν ἐναντίαν δόξαν ἔχειν
ᾗ περὶ ζῶντος εἴχετ' ἐκείνου, καὶ τὸ τῶν τε-
τελευτηκότων ἢ τῶν παρόντων πλείω ποιεῖσθαι
λόγον δίκαιον εἶναι, καὶ πάντα τὰ τοιαῦτα, ἐάσω·
παρὰ γὰρ πᾶσιν ὁμολογεῖσθαι ταῦθ' ὑπείληφα ὅσοις
μέντοι πατρικὰς εὐεργεσίας ἀπεμνημονεύσατε τῶν
ἄλλων, ἡδέως ἂν ἴδοιμι ὑμᾶς ἀναμνησθέντας, οἷον
τοῖς Ἀριστείδου καὶ Θρασυβούλου καὶ τοῖς Ἀρχίνου
καὶ πολλῶν ἑτέρων ἀπογόνοις. (20) οὐχ ὡς ἐπιτιμῶν
δὲ ταῦτα παρήνεγκα. τοσούτου γὰρ δέω τοῦτο ποιεῖν,
ὥστε συμφέρειν μάλιστα τῇ πόλει τὰ τοιαῦτα κρίνω
προκαλεῖσθε γὰρ πάντας ἐκ τούτων δημοτικοὺς εἶναι,
ὁρῶντας ὅτι κἂν ἐν τῷ καθ' ἑαυτοῦ βίῳ ταῖς προση-
κούσαις αὐτῶν τιμαῖς ὁ φθόνος ἀντιστῇ, τοῖς γε παι-
σὶν ὑπάρξει τὰ προσήκοντα παρ' ὑμῶν κομίσασθαι.
(21) πῶς οὖν οὐκ ἄτοπον, μᾶλλον δὲ καὶ αἰσχρόν, τῶν
μὲν ἄλλων τισί, καὶ παλαιῶν ὄντων τῶν χρόνων καθ'
οὓς ἐγένοντο χρήσιμοι, καὶ δι' ὧν ἀκούετε τὰς εὐερ-
γεσίας, οὐκ ἐξ ὧν ἑοράκατε ὑπειληφότας, ὅμως τὴν

dicitis ac si æqualitatem in ponderibus aut mensuris
quæreretis et non de virorum instituto vitæ et ratione
reipublicæ consultaretis (14) In qua quidem inquisi-
tione, si bona popularia et studio reipublicæ iuvandæ
suscepta Lycurgi acta videbuntur, non modo nullo affici
malo, sed quibusvis a vobis ornari beneficiis eius liberos
æquum est Sin contraria, illum, dum viveret, pœnas
dedisse oportuit, hos vero ne sic quidem propter obie-
cta patri a quibusdam crimina per iracundiam plecti
Omnibus enim omnium delictorum quasi meta est obitus
(15) Quod si hoc eritis animo, ut aliqui populi studiosis
viris ne cum mortuis quidem in gratiam redeant, sed ini-
micitias etiam ad liberos usque propagent tradantque po-
steris, populus autem, cuius causam quique populares
agunt, dum eorum opera utitur, beneficiorum meminerit,
post ea flocci faciat, nihil erit miserius quam populi
tueri partes
(16) Quodsi Mœrocles respondet hæc argutiora esse quam
quæ intelligat, se vero eos, ut ne effugerent, in carcerem
compegisse, quæritote ex eo, quam Taureas et Patæcus
et Aristogiton atque ipse in carcerem traditi, non modo
vincti non fuerint, sed et conciones habuerint, cur istam
æqualitatem non perspexerit? (17) Sin se tum magistratu
quidem esse functum dicet, sed orationes in publico non
habuisse, idque permissum sibi fuisse legibus, æquum
esse qui potest, ut magistratu fungantur ii, quibus verba
facere non licet, illi vero in vinculis teneantur, quorum
de vobis sæpe bene meritus fuit pater? Ego quidem hæc
coniicere et concludere non possum, nisi hoc publice
vultis ostendere, (18) et vecordiam et impudentiam et
affectationem improbitatis in civitate valere, et maiorem
habere spem incolumitatis, ac, si quid secus acciderit,
tales absolvi, meliorem autem tueri partem vitamque
modestam et popularem instituere periculosum esse, ac
si quid erretur, nullam veniae spem esse propositam
(19) Ad hæc non esse iustum omnino aliter quam de
vivente sentire, decereque ut defunctorum potius quam
viventium rationem habeatis, et quæ sunt eius generis,
omnia missa faciam, quod ea in confesso esse apud omnes
existimo, sed quam multos ob paterna beneficia honora-
stis, tam multis etiam aliorum posteris, velut Aristidis et
Thrasybuli et Archini, similem referri gratiam vellem
(20) Neque vero hæc quo vos reprehenderem attuli, a
quo tantum absum, ut eam rem maxime e republica
dicam Incitatis enim omnes ista ratione ad populum
colendum, quippe qui videant, tametsi viventibus obstet
invidia, quominus honores meritos consequantur, suis
tamen liberis digna præmia esse apud vos reposita (21) An
non igitur absurdum atque adeo turpe est, vos quibus-
dam aliis, licet, ex quo usui fuerint, multum temporis
intercesserit, iudicio de illorum beneficiis ex fama, non ex
iis, quæ vidistis, facto, tamen iustam benevolentiam

15

δικαίαν εὔνοιαν διασώζειν, Λυκούργῳ δ' οὕτως ὑπο-
γυίου καὶ τῆς πολιτείας καὶ τῆς τελευτῆς γεγονυίας,
μηδ' εἰς ἃ καὶ τοῖς ἀγνῶσι καὶ ὑφ' ὧν ἠδικεῖσθε ἕτοι-
μοι τὸν ἄλλον ἦτε χρόνον, εἰς ἔλεον καὶ φιλανθρωπίαν,
μηδ' εἰς ταῦθ' ὑμᾶς αὐτοὺς ὁμοίους παρέχειν, καὶ
ταῦτ' εἰς τοὺς παῖδας αὐτοῦ γιγνομένης τῆς τιμωρίας,
οὓς κἂν ἐχθρός, εἴπερ μέτριος εἴη καὶ λογισμὸν ἔχων,
ἐλεήσαι;

(23) Θαυμάζω τοίνυν καὶ τοῦτ' εἴ τις ὑμῶν ἀγνοεῖ,
ὡς οὐδὲ τοῦτο συμφέρει τῇ πολιτείᾳ φανερὸν γιγνό-
μενον, ὅτι τοῖς μὲν ἄλλην τινὰ κτησαμένοις φιλίαν καὶ
κατορθοῦσιν ἐν πᾶσι πλεονεκτεῖν ὑπάρχει, κἂν ἀτυχή-
σωσί τι, ῥᾳδίας εἶναι τὰς λύσεις, τοῖς δ' εἰς τὸν δῆμον
ἀναρτήσασιν ἑαυτοὺς οὐ μόνον κατὰ τἄλλα ἔλαττον
ἔχειν ὑπάρξει, ἀλλὰ καὶ τὰς συμφορὰς βεβαίους τούτοις
μόνοις τῶν ἄλλων μένειν. (24) ἀλλὰ μὴν ὅτι τοῦθ'
οὕτω γίγνεται, ῥᾴδιον δεῖξαι. τίς γὰρ οὐκ οἶδεν ὑμῶν
Λάχητι τῷ Μελανώπου ἁλῶναι μὲν ὁμοίως ἐν δικα-
στηρίῳ συμβὰν ὡς καὶ νῦν τοῖς Λυκούργου παισίν,
ἀφεθῆναι δὲ πᾶν τὸ ὄφλημα ἐπιστείλαντος Ἀλεξάνδρου;
καὶ πάλιν Μνησιβούλῳ τῷ Ἀχαρνεῖ ἁλῶναι μὲν ὁμοίως,
καταψηφόντος αὐτοῦ τοῦ δικαστηρίου ὥσπερ καὶ τῶν
Λυκούργου παίδων, ἀφεῖσθαι δὲ καλῶς ποιοῦντι;
ἄξιος γὰρ ἀνήρ. (25) καὶ οὐδεὶς ἐπὶ τούτοις τοὺς
νόμους ἔφη καταλύεσθαι τῶν νῦν βοώντων. εἰκότως·
οὐ γὰρ κατελύοντο, εἴπερ ἅπαντες οἱ νόμοι τῶν δι-
καίων ἕνεκα καὶ σωτηρίας τῶν χρηστῶν ἀνθρώπων
τίθενται, καὶ μήτε ἀϊδίους τοῖς ἀτυχήσασι καθιστάναι
τὰς συμφορὰς συμφέρει, μήτ' ἀχαρίστους ὄντας φαί-
νεσθαι. (26) ἀλλὰ μὴν εἴγε ταῦθ' οὕτως, ὥσπερ ἂν
φήσαιμεν, ἔχει συμφέρει, οὐ μόνον τοὺς νόμους οὓ
κατελύετε, ἡνίκα ἐκείνους ἠφίετε, ἀλλὰ καὶ τοὺς βίους
ἐσώζετε τῶν τοὺς νόμους θεμένων ἀνθρώπων, Λάχητα
μὲν πρὸς χάριν δεηθέντος Ἀλεξάνδρου ἀφέντες, Μνη-
σίβουλον δὲ τῇ τοῦ βίου σωφροσύνῃ σώσαντες. (27) μὴ
τοίνυν τὸ κτήσασθαι τὴν ἔξωθεν φιλίαν λυσιτελέστερον
δείκνυτε ἢ τὸ τῷ δήμῳ παρακαταθέσθαι ἑαυτόν, μηδὲ
τὸ τῶν ἀγνώτων εἶναι κρεῖττον ἢ τοῖς πολλοῖς ὑμῖν τὰ
συμφέροντα πολιτευόμενον γιγνώσκεσθαι. τὸ μὲν γὰρ
πᾶσιν ἀρέσκειν τὸν συμβουλεύοντα καὶ τὰ κοινὰ πράτ-
τοντα ἀδύνατον· ἐὰν δ' ἐπ' εὐνοίᾳ ταῦτα τῷ δήμῳ τις
φρονῇ, δίκαιός ἐστι σώζεσθαι· εἰ δὲ μή, καὶ θερα-
πεύειν ἑτέρους μᾶλλον ἢ τὸν δῆμον ἅπαντας διδάξετε,
καὶ φεύγειν τὸ τῶν ὑμῖν συμφερόντων ποιοῦντά τι
γνωσθῆναι. (28) ὅλως δὲ κοινόν ἐστιν ὄνειδος ἁπάν-
των, ὦ ἄνδρες Ἀθηναῖοι, καὶ ὅλης τῆς πόλεως συμ-
φορὰ τὸν φθόνον δοκεῖν μεῖζον ἰσχύειν παρ' ὑμῖν ἢ τὰς
τῶν εὐεργεσιῶν χάριτας, καὶ ταῦτα τοῦ μὲν νοσήματος
ὄντος, τῶν δὲ τοῖς θεοῖς ἀποδεδειγμένων.

(29) Καὶ μὴν οὐδὲ τὸν Πυθέαν παραλείψω τὸν μέχρι
τῆς παρόδου δημοτικόν, μετὰ ταῦτα δ' ἕτοιμον εἰς τὰ
καθ' ὑμῶν πάντα. τίς γὰρ οὐκ οἶδε τοῦτον, ὅτε μὲν
τὴν ὑπὲρ ὑμῶν τάξιν ἔχων εἰς τὸ πολιτεύεσθαι παρῄει,
ὡς δοῦλον ἐλαυνόμενον καὶ γραφὴν ξενίας φεύγοντα

---

constanter tribuere, Lycurgum autem, qui nuper adeo
et reipublicæ præfuit et vitam cum morte commutavit,
ne in iis quidem vos, quæ superiori tempore hominibus
perditis quoque et in vos inIuriis tribuebatis, misericordia
dico et humanitate, similes eosdemque experiri, præser-
tim cum in eius liberos supplicium redundet, quorum
etiam hostem (si moderatus sit et mente utatur) mise-
resceret.

(23) Quin illud etiam demiror, si quis vestrûm hoc igno-
rat, non esse e republica, palam fieri, eos, qui aliorum quo-
rundam amicitiam adiunxerint, et quum res pro-
spere cedunt, in omnibus esse meliore conditione, et quum
fortuna restlarit, facile periculis liberari; cum his vero
qui toti a populo pendent, non modo in aliis rebus peius
agi, sed solis etiam his firmas permanere calamitates.
(24) Atque hoc ita fieri ostendi facile potest. Quis enim
vestrûm ignorat accidisse ut Laches Melanopi filius si-
militer iudicio vinceretur, ut etiam nunc Lycurgi liberi,
sed propter Alexandri literas omne debitum ei esse con-
donatûm? Et rursus Mnesibulum Acharnensem æque con-
victum et iudicum sententia damnatum ac Lycurgi liberos,
esse tamen (quod equidem gaudeo), ut mereretur, abso-
lutum? (25) Neque quisquam istorum, qui nunc clamitant,
propterea leges everti questus est, idque merito. Nec
enim evertebantur, quum omnes leges propter æqui-
tatem et salutem bonorum et frugi hominum ferantur,
cumque nec calamitates effici immortales, nec ingratos
videre expediat. (26) Atqui si hæc ita, ut pronuntiamus,
se habere conducit, non modo leges non evertebatis, quum
illos absolveretis, sed vitam etiam civium, quorum leges
auctoritate sanciuntur, defendebatis, Lachete ad preces
Alexandri absoluto, Mnesibulo propter vitæ frugalitatem
et modestiam conservato. (27) Ne igitur ostendite, uti-
lius esse externas parare amicitias, quam populi fidei
semet ipsum committere, neque præstare, ignoto alicui
esse notum, quam rempublicam ex utilitate populi ad-
ministrare. Nam ut is, qui suadet aliquid aut magistratu
fungitur, placeat omnibus, fieri non potest. Tamen si
quis populi rebus ex animo consultum cupit, dignus est
qui conservetur. Quod nisi fiet, docebitis omnes, alios
potius esse colendos quam populum, et cavendum esse,
ne quis aliquid utile vobis gessisse intelligatur. (28) Omnino
autem commune probrum est, Athenienses, et totius ci-
vitatis calamitas, quod Invidia plus valere apud vos quam
Gratiæ putatur, quum præsertim illa morbus sit, hæ in
deorum numerum referantur.

(29) At nec Pytheam prætermittam, qui pro suggesto
duntaxat popularis est, postea vero paratus ad omnia,
quæ vobis adversantur. Quem, dum vestras in gerenda
republica et concionibus habendis partes tuebatur, quis
nescit ut servum agitari et peregrinitatis accusari solitum,

καὶ μικροῦ πραθέντα ὑπὸ τούτων οἷς νῦν ὑπηρετῶν τοὺς κατ' ἐμοῦ λόγους ἔγραφεν, (30) ἐπειδὴ δ' ἃ κατηγόρει τότε τῶν ἄλλων, νῦν αὐτὸς πράττει, εὐποροῦντα μὲν οὕτως ὥστε δύ' ἔχειν ἑταίρας, αἳ μέχρι φθόης καλῶς ποιοῦσαι προπεπόμφασιν αὐτόν, πέντε τάλαν-α δ' ὀφλόντα ῥᾷον ἐκτίσαι ἢ πέντε δραχμὰς ἀνέχεσθαι πρότερον, πρὸς δὲ τούτοις παρ' ὑμῶν, τοῦ δήμου, οὐ μόνον τῆς πολιτείας μετειληφότα, ὃ κοινὸν ὄνειδός ἐστιν ἅπασιν, ἀλλὰ καὶ θύοντα ὑπὲρ ὑμῶν τὰς πατρῴους θυσίας ἐν Δελφοῖς, (31) ὅταν οὖν τοιαῦτα καὶ τηλικαῦτα πᾶσιν ἰδεῖν ἦ παραδείγματα, ἀφ' ὧν ἀλυσιτελὲς προελέσθαι τὰ τοῦ δήμου πᾶς τις ἂν κρίναι, φοβοῦμαι μήποτ' ἔρημοι τῶν ὑπὲρ ὑμῶν ἐρούντων γένησθε, ἄλλως τε καὶ ὅταν τῶν δημοτικῶν τοὺς μὲν ἡ καθήκουσα μοῖρα καὶ ἡ τύχη καὶ ὁ χρόνος παραιρῆται, οἷον Ναυσικλέα καὶ Χάρητα καὶ Διότιμον καὶ Μενεσθέα καὶ Εὔδοξον, ἔτι δ' Εὔδικον καὶ Ἐφιάλτην καὶ Λυκοῦργον, (32) τοὺς δ' ὑμεῖς πρόησθε, ὥσπερ Χαρίδημον καὶ Φιλοκλέα καὶ ἐμέ, ὧν ἑτέρους εὐνουστέρους οὐδ' αὐτοὶ νομίζετε εἰ δ' ὁμοίως τινάς, οὐ φθονῶ βουλοίμην δ' ἄν, εἴπερ ὑμεῖς δικαίως αὐτοῖς προσοίσεσθε καὶ μὴ ταὐτὰ ἅπερ ἡμεῖς πείσονται, ὡς πλείστους αὐτοὺς γενήσεσθαι ἀλλ' ὅταν γε τοιαῦτα οἷα τὰ νῦν παραδείγματα ἐκφέρητε, τίς ἐστιν ὅστις ταύτην τὴν τάξιν ἑαυτὸν γνησίως ὑμῖν ἐθελήσει δοῦναι, (33) ἀλλὰ μὴν τῶν γε προσποιησομένων οὐκ ἀπορήσετε οὐδὲ γὰρ πρότερον. μὴ γένοιτο δὲ ἰδεῖν ἐξελεγχθέντας αὐτοὺς ὁμοίως ἐκείνοις, οἳ φανερῶς, ἃ τότε ἠρνοῦντο, νῦν πολιτευόμενοι οὐδένα ὑμῶν οὔτε δεδοίκασιν οὔτε αἰσχύνονται. ἃ χρὴ λογιζομένους, ὦ ἄνδρες Ἀθηναῖοι, μήτε τῶν εὐνόων ὀλιγωρεῖν μήτε τοῖς προάγουσιν εἰς πικρίαν καὶ ὠμότητα τὴν πόλιν πείθεσθαι (34) πολὺ γὰρ μᾶλλον εὐνοίας καὶ φιλανθρωπίας τὰ παρόντα πράγματα δεῖται ἢ ταραχῆς καὶ δυσμενείας, ὧν ὑπερβολῇ χρώμενοί τινες ἐργολαβοῦσι καθ' ὑμῶν εἰς ὑποδοχὴν πραγμάτων, ὧν διαψεύσειεν αὐτοὺς ὁ λογισμός εἰ δέ τις ὑμῶν διασύρει ταῦτα, πολλῆς ἐστιν εὐηθείας μεστός εἰ γάρ, ἃ μηδεὶς ἂν ἤλπισεν, ὁρῶν γεγενημένα, ἃ καὶ πρότερον γέγονε τοῦ δήμου πρὸς τοὺς ὑπὲρ αὐτοῦ λέγοντας ὑπ' ἀνθρώπων ἐγκαθέτων διαβληθέντος, νῦν μὴ ἂν οἴεται γενέσθαι, πῶς οὐ τετύφωται,

(35) Ταῦτα δ' εἰ μὲν παρῆν, λέγων ἂν ὑμᾶς ἐδίδασκον ἐπειδὴ δ' ἐν τοιούτοις εἰμὶ ἐν οἷς, εἴ τις ἐμοῦ κατέψευσται ἐφ' οἷς ἀπόλωλα, γένοιτο, γράψας ἐπέσταλκα, πρῶτον μὲν καὶ πλεῖστον λόγον ποιούμενος τοῦ καλοῦ καὶ τοῦ συμφέροντος ὑμῖν, δεύτερον δ' ὅτι τὴν αὐτὴν εὔνοιαν, ἣν πρὸς ζῶντα Λυκοῦργον εἶχον, δίκαιον εἶναι νομίζω καὶ πρὸς παῖδας αὐτοῦ φαίνεσθαι ἔχων (36) εἰ δέ τῳ παρέστηκεν ὡς πολύ μοι περίεστι τῶν ἐμαυτοῦ πραγμάτων, οὐκ ἂν ὀκνήσαιμι πρὸς τοῦτον εἰπεῖν ὅτι τῶν συμφερόντων ὑμῖν καὶ τοῦ μηδένα τῶν φίλων ἐγκαταλείπειν ὁμοίως, ὥσπερ τῆς ἐμαυτοῦ σωτηρίας, φροντίζω. οὔκουν ἐκ τοῦ περιόντος

propeque venundatum ab istis, quibus nunc inserviens orationes illas contra me scripsit? (30) Postquam autem ipse nunc ea facit, propter quæ tum alios criminabatur, ita esse locupletem, ut et duas meretriculas alat, quæ ad tabem eum usque, optimæ sane mulieres, redegerunt, et quinque talenta mulctæ nomine facilius nunc solverit, quam olim totidem drachmas solvere potuisset, et præter hæc a vobis non modo admissum ad gubernacula civitatis (quod commune probrum est omnibus), sed et patria sacra Delphis pro vobis fecisse? (31) Quod si talia et tanta exempla viderint omnes, de quibus nemo est quin populi deligere et tueri partes perniciosum esse iudicet, vereor ne aliquando nulli futuri sint, qui causam vestram tueantur, si præsertim alios naturæ debitum et fortuna et ætas sustulerit, ut Nausiclem, ut Charetem, ut Diotimum, ut Menestheum, ut Eudoxum, præterea que Eudicum et Ephialten et Lycurgum, (32) alios ipsi proieceritis, ut Charidemum et Philoclem et me, quibus vos nec ipsi ullos vestri esse studiosiores putatis, si vero quo-dam æque studiosos, non invideo Velim autem, si vos ita, ut æquum est, eos tractabitis, neque ita ut nos male mulctabitis, eos esse posthac quam plurimos Sin talia, qualia nunc, exempla edideritis, quis est qui se toto animo in istum ordinem dare velit? (33) Qui quidem simulent, ut hactenus, sic etiam deinceps non deerunt Absit autem, ut eorum animi sic palam conspiciantur, ut istorum, qui quæ tum palam infitiabantur, ea nunc ita agunt, ut neminem vestrûm vel metuant vel revereantur Hæc igitur cogitanda sunt, Athenienses, neque vel benevoli negligendi vel iis qui civitatem ad acerbitatem sævitiemque impellunt auscultandum (34) Nam hic rerum status multo magis benevolentiam et humanitatem flagitat quam tumultus et simultates, quas quidam in immensum exaggeratas usurpantes contra vos operam locant ad ea negotia conficienda, quæ dii prohibeant, ne ad exitum perducantur Si quis autem vestrûm hæc cavillatur, is est magna vecordia refertus Qui cum ea facta esse videat, quæ nemo futura metuebat, et olim etiam facta sunt, quum populus per homines insidiatores impulsus eos, a quibus defendebatur, suspectos habere atque odisse cœpit, nunc esse futura non putat, nonne insanit?

(35) Hæc, si adessem, coram vobis explicarem Postquam vero mecum ita agitur, ut cum eo velim agi, cuius mendacius effectum est ut ego perierim, per literas vestri et honoris et commodi ratione inprimis habita significari Secundo loco æquum esse censeo, ut qua benevolentia Lycurgum viventem sum prosecutus, eandem erga eius quoque liberos præ me feram (36) Si cui vero fortasse in mentem venit, mihi multum otii esse a rebus meis, illi ego respondere non dubitem, me de vestra utilitate et omnium amicorum defensione non minus esse quam de mea salute sollicitum Nulla igitur curiositate hæc facio,

ταῦτα ποιῶ, ἀλλ' ἀπὸ τῆς αὐτῆς σπουδῆς καὶ προαι-
ρέσεως καὶ ταῦτα κἀκεῖνα μιᾷ γνώμῃ πραγματεύομαι.
περίεστι δέ μοι τοιαῦτα, οἷα τοῖς κακόν τι νοοῦσιν ὑμῖν
περιγένοιτο. καὶ περὶ μὲν τούτων ἱκανά.

(37) Ἡδέως δ' ἂν ὑμῖν τὴν ἐπ' εὐνοίᾳ καὶ φιλίᾳ
μέμψιν ποιησαίμην νῦν μὲν ἐν κεφαλαίῳ, μικρῷ δ'
ὕστερον δι' ἐπιστολῆς μακρᾶς, ἣν ἐάνπερ ἐγὼ ζῶ προσ-
δοκᾶτε, ἂν μὴ τὰ δίκαια γίγνηταί μοι παρ' ὑμῶν
πρότερον· οἵτινες, ὦ (τί ἂν εἰπὼν μήθ' ἁμαρτεῖν δο-
κοίην μήτε ψευσαίμην;) λίαν ὀλίγωροι, οὔτε τοὺς
ἄλλους οὔθ' ὑμᾶς αὐτοὺς αἰσχύνεσθε, ἐφ' οἷς Ἀριστο-
γείτονα ἀφήκατε, ἐπὶ τούτοις Δημοσθένην ἐκδεβλη-
κότες, (38) καὶ ἃ τοῖς τολμῶσι μηδὲν ὑμῶν φροντίζειν
μὴ λαβοῦσι παρ' ὑμῶν ἔξεστιν ἔχειν, ταῦτ' οὐ δίδοντες
ἐμοί, ἵνα, ἂν οἷός τε ὦ, τά τε ὀφειλόμενα εἰσπράξας
καὶ τοὺς φίλους ἐρανίσας τὰ πρὸς ὑμᾶς διοικήσω, καὶ
μὴ γήρᾳ καὶ φυγὴν ἐπίχειρα τῶν ὑπὲρ ὑμῶν πεπο-
νημένων ἔχων, κοινὸν ὄνειδος τῶν ἀδικησάντων, ἐπὶ
ξένης περιιὼν ὁρῶμαι. (39) βουλομένου δέ μου ἐν
μὲν ὑμετέρας χάριτος καὶ μεγαλοψυχίας τάξει τὴν
οἴκαδέ μοι ἄφιξιν γενέσθαι, ἐμαυτῷ δὲ λύσιν τῆς γε-
γονυίας οὐ δικαίως βλασφημίας πορίσασθαι, καὶ μόνον
αἰτοῦντος ἄδειαν ὅσονπερ χρόνον τὴν ἔκτισιν δεδώ-
κατε, ταῦτα μὲν οὐ συγχωρεῖτε, ἐρωτᾶτε δ', ὡς
ἀπαγγέλλεται πρὸς ἐμέ, τίς οὖν αὐτὸν κωλύει παρεῖναι
καὶ ταῦτα πράττειν; (40) τὸ ἐπίστασθαι αἰσχύνεσθαι,
ὦ ἄνδρες Ἀθηναῖοι, καὶ τὸ ἀναξίως τῶν ὑπὲρ ὑμῶν
πεπολιτευμένων πράττειν, καὶ τὸ τὰ ὄντα ἀπολωλε-
κέναι διὰ τούτους, οἷς, ἵνα μὴ διπλᾶ κατάθωνται ἃ
οὐκ ἠδύναντο ἁπλᾶ, ἐπείσθην ὑπογράψασθαι τὴν
ἀρχὴν τὰς καταβολάς, παρ' ὧν μετὰ μὲν τῆς ὑμετέρας
εὐνοίας ἀφικόμενος μέρος, εἰ καὶ μὴ πάντα, ἴσως ἂν
κομισαίμην, ὥστε μηδὲν ἀσχημονεῖν τὸ λοιπὸν τοῦ
βίου, ἂν δ' ὡς οἱ ταῦτα λέγοντες ἀξιοῦσί με ἔλθω,
ἅμα ἀδοξίᾳ καὶ ἀπορίᾳ καὶ φόβῳ συνέξομαι. (41) ὧν
οὐδὲν ὑμεῖς συλλογίζεσθε, ἀλλὰ ῥημάτων μοι καὶ φι-
λανθρωπίας φθονοῦντες, ἂν οὕτω τύχῃ, δι' ὑμᾶς πε-
ριόψεσθε ἀπολόμενον· οὐ γὰρ ἂν δεηθείην ἄλλων ἢ
ὑμῶν. καὶ τότε φήσετε δεινὰ πεπονθέναι με, ἀκριβῶς
οἶδα, ὅτε οὔτ' ἐμοὶ πλέον οὐδὲν οὔθ' ὑμῖν ἔσται. οὐ
γὰρ δὴ χρήματά γ' εἶναί μοι προσδοκᾶτε ἔξω τῶν
φανερῶν, ὧν ἀφίσταμαι. καὶ τὰ λοιπὰ βούλομαι
συναγαγεῖν, ἐάν μοι μὴ φιλονείκως ἀλλ' ἀνθρωπίνως
δῶτε τὸ πρὸς τούτοις ἀσφαλῶς εἶναι. (42) οὐ μὴν
οὐδὲ παρ' Ἁρπάλου με λαβόντα δείξετε· οὔτε γὰρ
ἠλέγχθην οὔτ' ἔλαβον. εἰ δὲ τὸ περιφανὲς ἀξίωμα
τῆς βουλῆς ἢ τὸν Ἄρειον πάγον προσβλέπετε, τῆς
Ἀριστογείτονος κρίσεως ἀναμνησθέντες ἐγκαλύψα-
σθε· οὐ γὰρ ἔχω τούτου πρότερον πρόσταγμα τοῖς
τοιαῦτ' ἐξημαρτηκόσιν εἰς ἐμέ. (43) οὐ γὰρ δήπου
τοῖς αὐτοῖς γε λόγοις ὑπὸ τῆς αὐτῆς βουλῆς ἀποφαν-
θέντα ἐκεῖνον μὲν ἀφεῖσθαι δίκαιον εἶναι φήσετε, ἐμὲ
δὲ ἀπολωλέναι· οὐχ οὕτως ὑμεῖς ἀλόγιστοι ἔχετε·
οὔτε γὰρ ἄξιος οὔτε ἐπιτήδειος οὔτε χείρων, ἀτυχὴς

sed ut idem studium idemque institutum teneo, sic et
hæc et illa pari animo suscipio. Otii vero tantum mihi
superest, quantum illis, qui vobis male volunt, superesse
velim. Ac de his quidem satis.

(37) Velim autem pro benevolentia et amore meo nunc
breviter queri vobiscum; id quod paulo post per longas
literas, quas (si vixero) a me exspectabitis, faciam, nisi
prius a vobis ius meum fuerim consecutus. Quos (o
quid dicam, ut neque errare neque mentire videar?) ni-
mium negligentes, neque aliorum neque vestri ipsorum
pudet ob ea Demosthenem eiecisse, propter quæ Aristo-
gitonem indemnem dimisistis, (38) quæque iis, qui vos
flocci facere audent, non accepta a vobis tenere licet, ea
non dare mihi, ut et ære alieno redacto et liberalitate
amicorum sublevatus vobis satisfacere possim, ut ne
senectutem et exilium mercedis loco pro meis vestra causa
exantlatis laboribus accipiens commune probrum eorum
qui me læsere iniuria peregre in hominum conspectu
verser. (39) Quum autem ego velim vestro beneficio et
pro magnitudine animorum vestrorum ab exilio domum
revocari eaque infamia, quæ me immerentem obruit, li-
berari, fidemque publicam non diutius petam, quam
quantum mihi temporis ad solvendam mulctam præfini-
vistis; et hæc denegatis et interrogatis, ut mihi renun-
ciatur. Quis ergo me prohibeat venire et hæc agere,
(40) quod vereri didici, Athenienses, et longe alia fortuna
sum, quam mea in vos et rempublicam facta merebuntur;
et quod rei familiaris propter quosdam iacturam feci, ne
illi duplum solvere cogerentur, quum simplum non possent,
satis dare initio pro mea facultate pollicitus. A quibus
adiutrice vestra benevolentia reversus, partem saltem,
si non totum, exigere liceret. Quod si vero ita ut isti
qui iactant talia iubent venero, simul et ignominia et
inopia et metu conflictabor. (41) Quorum vos nihil con-
sideratis; sed verba et humanitatem mihi invidentes me
vestra culpa (si fors ita tulerit) interire sinetis. Neque
enim aliis quam vobis supplex esse possum. Ac tum
sortem meam, satis scio, miseraturi estis, quum querelæ
neque mihi neque vobis quicquam proderunt. Nam alias
opes, præter eas quæ notæ et ereptæ mihi sunt, habere
ne me exspectetis. Reliquias igitur, si omissa conten-
tione id pro humanitate vestra mihi tuto facere concesse-
ritis, conquiram. (42) Neque enim ab Harpalo me ali-
quid accepisse ostendetis; nam neque convictus sum
neque accepi. Si vero senatûs amplam auctoritatem aut
Areopagum intuemini, iudicii de Aristogitone facti re-
cordati erubescite. Non enim aliud habeo levius, quod
mandem iis qui ad istum modum in me deliquerunt.
(43) Nec enim iisdem rationibus utique ab eodem senatu
promulgatum, illum dimitti æquum esse dicetis, me
vero interire. Non adeo vos incogitantes estis. Neque
enim mereor neque dignus his neque illo deterior sum.

μέντοι δι' ὑμᾶς. ὁμολογῶ· πῶς γὰρ οὐκ ἀτυχὴς ᾧ πρὸς τοῖς ἄλλοις κακοῖς καὶ πρὸς Ἀριστογείτονα ἐμαυτὸν ἐξετάζειν συμβαίνει, καὶ ταῦτ' ἀπολωλότι πρὸς σωτηρίας τετυχηκότα;

(44) Καὶ μή με ὑπολαμβάνετε ὀργίζεσθαι τοῖς λόγοις τούτοις· οὐ γὰρ ἂν πάθοιμι τοῦτο πρὸς ὑμᾶς ἐγώ· ἀλλ' ἔχει τινὰ τοῖς ἀδικουμένοις ῥᾳστώνην τὸ λέγειν ἃ πάσχουσιν ὥσπερ τοῖς ἀλγοῦσι τὸ στένειν, ἐπεὶ τῇ γε εὐνοίᾳ οὕτως ἔχω πρὸς ὑμᾶς, ὡς ὑμᾶς ἂν εὐξαίμην πρὸς ἐμέ. (45) καὶ τοῦτ' ἐν πᾶσι πεποίηκα καὶ ποιήσω φανερόν. ἔγνωκα γὰρ ἐξ ἀρχῆς παντὶ τῷ πολιτευομένῳ προσήκειν, ἄνπερ ᾖ δίκαιος πολίτης, ὥσπερ οἱ παῖδες πρὸς τοὺς γονέας, οὕτω πρὸς ἅπαντας τοὺς πολίτας ἔχειν, εὔχεσθαι μὲν ὡς εὐγνωμονεστάτων τυγχάνειν, φέρειν δὲ τοὺς ὄντας εὐμενῶς· ἡ γὰρ ἐν τοῖς τοιούτοις ἧττα καλὴ καὶ προσήκουσα νίκη παρὰ τοῖς εὖ φρονοῦσι κρίνεται. εὐτυχεῖτε.

δ'. Δημοσθένης τῇ βουλῇ καὶ τῷ δήμῳ χαίρειν.

Ἀκούω περὶ ἐμοῦ Θηραμένην ἄλλους τε λόγους βλασφήμους εἰρηκέναι καὶ δυστυχίαν προφέρειν. τὸ μὲν οὖν τοῦτον ἀγνοεῖν ὅτι λοιδορίας, ἢ μηδεμίαν κακίαν, καθ' ὅτου λέγεται, δείκνυσιν, οὐδέν ἐστ' ὄφελος παρ' εὖ φρονοῦσιν ἀνθρώποις, οὐχὶ θαυμάζω· τὸν γὰρ θρασὺν μὲν τῷ βίῳ, μὴ πολίτην δὲ τὴν φύσιν, ἐν ἐργαστηρίῳ δὲ τεθραμμένον ἐκ παιδὸς μὴ αἰσθάνεσθαί τι τῶν τοιούτων εὐλογώτερον ἦν ἢ συνιέναι. (2) τούτῳ μὲν οὖν, ἐὰν ἀφίκωμαί ποτε καὶ σωθῶ, πειράσομαι διαλεχθῆναι περὶ ὧν εἰς ἐμὲ καὶ περὶ ὧν εἰς ὑμᾶς παροινεῖ. καὶ νομίζω, καίπερ οὐδὲν μετέχοντα τοῦ αἰσχύνεσθαι, μετριώτερον αὐτὸν ποιήσειν· ὑμῖν δὲ τοῦ κοινῇ συμφέροντος ἕνεκα βούλομαι δι' ἐπιστολῆς, οὓς περὶ τούτων ἔχω λόγους, δηλῶσαι. οἷς πάνυ τὸν νοῦν προσέχοντες ἀκούσατε· οἴομαι γὰρ αὐτοὺς οὐκ ἀκοῆς μόνον ἀλλὰ καὶ μνήμης ἀξίους εἶναι.

(3) Ἐγὼ τὴν πόλιν τὴν ὑμετέραν εὐτυχεστάτην πασῶν πόλεων ὑπολαμβάνω καὶ θεοφιλεστάτην, καὶ ταῦτα οἶδα καὶ τὸν Δία τὸν Δωδωναῖον καὶ τὴν Διώνην καὶ τὸν Ἀπόλλω τὸν Πύθιον ἀεὶ λέγοντας ἐν ταῖς μαντείαις, καὶ προσεπισφραγιζομένους τὴν ἀγαθὴν τύχην ἐν τῇ πόλει εἶναι παρ' ὑμῖν. ὅσα τοίνυν περὶ τῶν ἐπιόντων δηλοῦσιν οἱ θεοί, δῆλον ὡς προλέγουσι· τὰς δὲ ἀπὸ τῶν προεληλυθότων προσηγορίας ἐπὶ ταῖς γεγονυίαις πράξεσι τίθενται. (4) ἃ τοίνυν ἐγὼ πεπολίτευμαι παρ' ὑμῖν, τῶν ἤδη γεγενημένων ἐστίν, ἀφ' ὧν εὐτυχεῖς ὑμᾶς προσηγορεύκασιν οἱ θεοί. « πῶς οὖν δίκαιον τοὺς μὲν πεισθέντας εὐτυχεῖς ὀνομάζεσθαι, τὸν δὲ πείσαντα τῆς ἐναντίας προσηγορίας τυγχάνειν· πλὴν εἰ τοῦτό τις εἴποι, τὴν μὲν κοινὴν εὐτυχίαν, ἧς ἐγὼ σύμβουλος, θεοὺς τοὺς λέγοντας εἶναι, οἷς οὐ θέμις ψεύδεσθαι, τὴν δ' ἰδίαν βλασφημίαν, ἣ κατ' ἐμοῦ κέχρηται Θηραμένης, θρασὺν καὶ ἀναιδῆ καὶ οὐδὲ νοῦν ἔχοντ' ἄνθρωπον εἰρηκέναι.

Infelicem quidem esse me vestra causa confiteor. Quis enim infelicem me esse neget, cui ad mala cetera id quoque accedit, ut cum Aristogitone me comparem, præsertim perditum cum incolumni?

(44) Neque hæc iracunde a me dici putetis (neque enim ego vobis irasci queam), sed ut suspiria dolentibus, sic affectis iniuria conquestiones levamenti aliquid afferre solent. Nam vobis quidem tam bene cupio, quam vos mihi optarim; (45) et hoc in omnibus rebus et declaravi et declarabo. Nam initio statim animum induxi meum, quisquis ad rempublicam accesserit (modo bonus civis esse velit), eum sic erga omnes cives affectum esse decere, ut liberos erga parentes, ut eos quidem quam æquissimos experiri optet, sed qualescunque fuerint, ferat æquo animo. Ita enim vinci præclarum est et a prudentibus victoria conveniens existimatur. Valete.

IV. Demosthenes Senatui Populoque S.

Audio de me Theramenem cum alia dixisse contumeliosa, tum vero exprobrasse infelicitatem. Eum igitur ignorare, convicio, quo nulla eius cui sit declaretur improbitas, apud homines cordatos nihil profici, non miror. Nam et in vita audacem et non natura civem et a puero in prostibulo educatum nescire hæc quam intelligere facilius credi potest. (2) Cum eo igitur, si quando rediero et mansero incolumis, disputare conabor de ipsius et in me et in vos contumeliis, eumque spero me, quamvis ab omni verecundia sit alienus, modestiorem effecturum. Vobis autem publici boni causa volo per literas quæ hisce de rebus dicenda habeo significare. Quæ vobis diligenter animadvertenda sunt, ut mea quidem sententia non tantum auscultatione digna sed etiam memoria.

(3) Ego vestram urbem omnium urbium fortunatissimam existimo et diis carissimam. Et hæc testari de vobis et Iovem Dodonæum et Dionen et Pythium Apollinem perpetuo, et obsignare insuper, Bonam Fortunam esse in urbe vestra. Iam quæ de futuris rebus significant dii, hæc eos prædicare perspicuum est; a præteritis autem petitas appellationes rebus quæ factæ sunt tribuere. (4) Ego autem, quæ apud vos egi in republica, ex iis sunt quæ iam præterierunt, ob quæ dii vos felices nominarunt. Quo igitur pacto æquum est vos qui paruistis felices dici, eum vero qui suasit, contrarium nomen sortiri? Nisi quis hoc fortasse dixerit, communem felicitatem, cuius ego fui suasor, deos esse qui nominent, quibus mentiri nefas est, privatum autem convicium, quo in me usus est Theramenes, hominem audacem et impudentem et rationis etiam expertem iactasse.

(5) Οὐ τοίνυν μόνον ταῖς παρὰ τῶν θεῶν μαντείαις
ἀγαθὴν οὖσαν εὑρήσετε ἢ κέχρησθε τύχῃ, ἀλλὰ καὶ
ἐξ αὐτῶν τῶν ἔργων θεωροῦντες, ἂν ἐξετάζητε ὀρθῶς.
ὑμεῖς γὰρ εἰ μὲν ὡς ἄνθρωποι τὰ πράγματα βούλεσθε
θεωρεῖν, εὐτυχεστάτην εὑρήσετε ἀφ' ὧν ἐγὼ συνεβού-
λευσα τὴν πόλιν γεγονυῖαν· εἰ δ' ἃ τοῖς θεοῖς ἐξαίρεθ'
ὑπάρχει μόνοις, τούτων ἀξιώσετε τυγχάνειν, ἀδυνάτων
ἐφίεσθε. (6) τί οὖν ἐστὶ θεοῖς ἐξαίρετον, ἀνθρώποις
δ' οὐ δυνατόν; ἁπάντων τῶν ἀγαθῶν ἐγκρατεῖς ὄντας
κυρίους εἶναι καὶ αὐτοὺς ἔχειν καὶ δοῦναι τοῖς ἄλλοις,
φλαῦρον δὲ μηδὲν μηδέποτ' ἐν παντὶ τῷ αἰῶνι μήτε
παθεῖν μήτε μελλῆσαι. καὶ μὴν ὑποκειμένων τούτων,
ὥσπερ προσήκει, σκοπεῖτε τὰ ὑμέτερα αὐτῶν πρὸς τὰ
τῶν ἄλλων ἀνθρώπων. (7) οὐδεὶς γὰρ οὕτως ἐστὶν
ἀγνώμων, ὅστις ἂν ἢ τὰ Λακεδαιμονίοις συμβεβηκότα,
οἷς οὐκ ἐγὼ συνεβούλευον, ἢ τὰ Πέρσαις, πρὸς οὓς
οὐδ' ἀφικόμην πώποτε, αἱρετώτερα φήσειεν εἶναι τῶν
ὑμῖν παρόντων. καὶ ἐῶ Καππάδοκας καὶ Σύρους
καὶ τοὺς τὴν Ἰνδικὴν χώραν κατοικοῦντας ἀνθρώπους
ἐπ' ἔσχατα γῆς· οἷς ἅπασι συμβέβηκε πολλὰ καὶ δεινὰ
πεπονθέναι καὶ χαλεπά. (8) ἀλλὰ νὴ Δία τούτων
μὲν ἄμεινον ὑμᾶς πράττειν ἅπαντες ὁμολογήσουσι,
Θετταλῶν δὲ καὶ Ἀργείων καὶ Ἀρκάδων χεῖρον,
ἢ τινῶν ἄλλων, οἷς ἐν συμμαχίᾳ συνέβη γενέσθαι Φι-
λίππῳ. ἀλλὰ τούτων καὶ πολὺ βέλτιον ἀπηλλάχατε,
οὐ μόνον τῷ μὴ δεδουλευκέναι (καίτοι τί τηλικοῦθ'
ἕτερον;) ἀλλὰ καὶ τῷ τοὺς μὲν πάντας αἰτίους εἶναι
δοκεῖν τῶν τοῖς Ἕλλησι κακῶν συμβεβηκότων διὰ
Φιλίππου καὶ τῆς δουλείας, ἐξ ὧν εἰκότως μισοῦνται,
(9) ὑμᾶς δ' ὁρᾶσθαι ὑπὲρ τῶν Ἑλλήνων καὶ σώμασι
καὶ χρήμασι καὶ πόλει καὶ χώρᾳ καὶ πᾶσιν ἠγωνισ-
μένους, ἀνθ' ὧν εὔκλειαν εἰκὸς ὑπάρχειν καὶ χάριν
ἀθάνατον παρὰ τῶν τὰ δίκαια βουλομένων ποιεῖν.
οὐκοῦν ἀφ' ὧν ἐγὼ συνεβούλευσα, τῶν μὲν ἀντιστάντων
ἄριστα πράττειν τῇ πόλει συμβέβηκε, τῶν δὲ συνη-
γωνισμένων ἐνδοξοτέραν εἶναι περίεστι.

(10) Τοιγαροῦν ἐπὶ τούτοις οἱ θεοὶ τὰς μὲν μαντείας
τὰς ἀγαθὰς ὑμῖν διδόασι, τὴν δ' ἄδικον βλασφημίαν
εἰς κεφαλὴν τῷ λέγοντι τρέπουσι. γνοίη δ' ἄν τις,
εἰ προέλοιτο ἐξετάσαι τὰ ἐπιτηδεύματα, ἐν οἷς ζῇ.
ἃ γὰρ ἂν καταράσαιτό τις αὑτῷ, ταῦτ' ἐκ προαιρέσεως
ποιεῖ. (11) ἐχθρὸς μέν ἐστι τοῖς γονεῦσι, φίλος δὲ
Παυσανίᾳ τῷ πόρνῳ· καὶ θρασύνεται μὲν. ὡς ἀνήρ,
πάσχει δ' ὡς γυνή· καὶ τοῦ μὲν πατρός ἐστι κρείττων,
τῶν δ' αἰσχρῶν ἥττων· οἷς δ' ὑπὸ πάντων δυσχεραί-
νεται, τούτοις τὴν διάνοιαν ἀγάλλει, αἰσχρορρη-
μοσύνῃ καὶ τῷ διηγεῖσθαι ταῦτ' ἐφ' οἷς ἀλγοῦσιν οἱ
ἀκούοντες· ὃ δ', ὡς ἀφελὴς καὶ παρρησίας μεστός, οὐ
παύεται. (12) καὶ ταῦτα οὐκ ἂν ἔγραψα, εἰ μὴ κι-
νῆσαι τὴν ἐν ὑμῖν μνήμην τῶν προσόντων αὐτῷ κακῶν
ἠβουλόμην. ἃ γὰρ εἰπεῖν ἄν τις ὀκνήσαι καὶ γρά-
ψαι φυλάξαιτ' ἄν, οἶμαι δὲ κἂν ἀκούσαντα δυσχε-
ρᾶναι, ταῦτα ἀπὸ τούτων μνησθεὶς οἶδεν ἕκαστος ὑμῶν
πολλὰ καὶ δεινὰ καὶ αἰσχρὰ τούτῳ προσόντα, ὥστ'

(5) Neque vero solum e deorum oraculis bonam esse
qua estis usi fortunam reperietis, sed ipsis etiam eventi-
bus, modo recte iudicare libeat, consideratis. Vos enim,
si ut homines negotia considerare vultis, felicissimam
e meis consiliis urbem esse factam reperietis; sin, quæ
dii soli eximia tenent, vos consequi postulatis, ea quæ
fieri nequeunt affectatis. (6) Quid igitur dii eximium
hominibus negatum habent? ut bona omnia in sua manu
et potestate teneant, eaque tum servare ipsi tum donare
ceteris possint, utque mali nihil ab omni ævo vel passi
vel passuri sint. Iam his iactis fundamentis quemadmo-
dum decet vestrum statum considerate et cum ceterorum
fortuna conferte. (7) Nemo enim ita vecors est qui vel
quæ Lacedæmoniis accidere, quibus ego nihil consului,
vel quæ Persis, ad quos ego nunquam perveni, isti vestro-
statui dicat anteferenda. Omitto Cappadoces et Syros
et Indicæ regionis homines in ultimis terris habitantes,
quibus omnibus usu venit, ut multa et acerba et gravia
sustinerent. (8) At Hercule felicius agi vobiscum quam cum
hisce omnibus fatebuntur omnes, deterius autem quam
cum Thessalis et Argivis et Arcadibus et quibusdam aliis,
quibus accidit ut Philippi societatem colerent. Ac minore
quam hi ipsi etiam incommodo recessistis, non eo tantum,
quod non servistis (quo quid maius fieri queat?) sed ob
illud etiam, quod istis omnibus clades a Philippo illatæ
Græcis et oppressio libertatis imputatur. Unde merito
in odio sunt; (9) vos autem pro salute Græcorum et cor-
pora et opes et urbem et agros in discrimen adduxisse
constat. Unde consentaneum est et vos florere gloria et
apud homines æquos et gratos gratiam iniisse immorta-
lem. Fuit igitur hic meorum consiliorum eventus, ut
vestra urbs ex his quæ restiterunt, prosperrima fortuna
utatur, illis quæ Philippum adiuverunt gloria præstet.

(10) Proinde ob hæc dii vobis bona illa oracula red-
dunt, iniquum autem maledictum in conviciatoris caput
retorquent. Quod ita intelligatur, si quis eius quotidianæ
vitæ consuetudinem spectare instituerit. Nam quæ illa
imprecaris, ea ipse de industria facit, (11) qui parentes
odio, Pausaniam pædiconem amore prosequatur; qui in-
solenter se ut virum iactet, cum muliebria patiatur; patre
superior, turpitudine inferior; qui earum rerum propter
quas illum omnes aversantur, obscœna commemoratione
suum ipse animum oblectet, iisque narrandis recreetur,
quæ nauseam audientibus moveant. Neque tamen ut homo
simplex atque ingenuus desistere potest. (12) Hæc ego
non scripsissem, nisi commovere vestram qua compre-
hensa latent eius flagitia memoriam voluissem. Nam quæ
dictu parum verecunda sunt, ea nec satis honeste scribi
possunt. Atque vel hæc vobis arbitror auditu fuisse
molesta. His enim admonitus unusquisque vestrum multa
eius et atrocia et fœda flagitia meminit. Fit igitur ut

ἐμοί τε μηδὲν ἀνκιδὲς εἰρῆσθαι καὶ τοῦτον ὑπόμνημα
τῶν ἑαυτοῦ κακῶν ὀρθέντα πᾶσιν εἶναι. εὐτυχεῖτε

ε' Δημοσθένης Ἡρακλιοδώρῳ εὖ πράττειν

Οὔθ' ὅπως χρὴ πιστεύειν οἷς ἀπήγγελλέ μοι Με-
νεκράτης οὔθ' ὅπως ἀπιστεῖν ἔχω ἔφη γὰρ Ἐπίτιμον
ἐνδεδεῖχθαι μὲν καὶ ἀπῆχθαι ὑπὸ Ἄφα τοῦ Ἀράτου, σὲ δὲ ἀγω-
νίζεσθαι καὶ ἀπάντων αὐτῷ χαλεπώτατον εἶναι
δέομαι δή σου πρὸς Διὸς ξενίου καὶ πάντων τῶν θεῶν,
μή με καταστήσῃς ἀηδεῖ καὶ δεινῷ μηδενὶ περιπετῆ.
(2) εὖ γὰρ ἴσθι, χωρὶς τοῦ μέλειν μοι τῆς Ἐπιτίμου
σωτηρίας καὶ νομίσαι μεγάλην ἂν συμφοράν, εἴ τι
πάθοι καὶ τού-ου σὺ συναίτιος εἴης, αἰσχύνομαι τοὺς
συνειδότας μοι τοὺς λόγους οὓς ἐγὼ περὶ σοῦ πρὸς
ἅπαντας ἀνθρώπους ἔλεγον, πεπεικὼς ἐμαυτὸν ἀληθῆ
λέγειν, οὐκ ἐκ τοῦ πεπλησιακέναι σοι πεῖραν ἔχων,
(3) ἀλλ' ὁρῶν ὅτι δόξης ἐπιτυγχάνεις καὶ παιδείαν
ἀπεδέχου, καὶ ταῦτα ἀπὸ τῆς Πλάτωνος διατριβῆς,
ἥπερ ἐστὶν ὡς ἀληθῶς τῶν μὲν πλεονεκτημάτων καὶ
τῶν περὶ ταῦτα σοφισμάτων ἔξω, τοῦ βελτίστου δὲ
καὶ τοῦ δικαιοτάτου πάνθ' ἕνεκα ἐξητασμένη· ἧς
μὰ τοὺς θεοὺς τῷ μετασχόντι μὴ οὐχὶ ἀψευδεῖν καὶ
πρὸς ἅπαντας ἀγαθὸν εἶναι οὐχὶ ὅσιον ἡγοῦμαι (4) γέ-
νοιτο δ' ἄν μοι κἀκεῖνο τῶν χαλεπωτάτων εἰ γὰρ ὡρ-
μηκὼς κατ' ἐμαυτοῦ εὐνοικῶς ἔχειν σοι τὴν ἐναντίαν
γνώμην μεταλαβεῖν ἀναγκασθείην, ἃ δὴ ὑπολαμ-
βάνων παρεωρᾶσθαι καὶ πεφενακίσθαι, κἂν μὴ φῶ,
νόμιζε οὕτως ἕξειν (5) εἰ δὲ ἡμῶν καταπεφρόνηκας,
ὅτι τῶν πρώτων οὐκ ἐσμέν πω, λόγισαι ὅτι καὶ σύ
πο-' ἦσθα νέος καὶ -ὴν ἡλικίαν εἶχες ἣν ἡμεῖς νῦν, ἐκ
δὲ τοῦ συμβουλεύειν καὶ πράττειν γεγένησαι τηλικοῦ-
τος. κἂν ἡμῖν τοῦτο συμβαίη, τὸ μὲν γὰρ εὖ βούλε-
σθαι πάρεστι, τῆς δὲ τύχης συλλαμβανούσης καὶ
τοὔργον γένοιτ' ἄν. καλὸς οὖν ἔρανος χάρις δικαία·
ἣν καὶ σὺ ποίησαι πρὸς ἐμέ (6) καὶ μηδ' ὑφ' ἑνὸς
τῶν σοῦ φρονούντων χεῖρον ἄγου μηδὲ ἥττω, ἀλλ'
ἐκείνους ἄγε ἐπὶ τὰ σοὶ δοκοῦντα καὶ πρᾶττε οὕτως
ὅπως μηδενὸς τῶν ὁμολογηθέντων στερηθῶμεν, ἀλλ'
Ἐπιτίμῳ γένηται σωτηρία τις καὶ ἀπαλλαγὴ τῶν
κινδύνων. παρέσομαι δ' εἰς τὸν χρόνον κἀγώ, καθ'
ὃν σὺ φὴς καιρὸν εἶναι. γράψας δέ μοι πέμψον, ἢ καὶ
ὡς φίλῳ ἐπίστελλε. εὐτύχει.

ς'. Δημοσθένης τῇ βουλῇ καὶ τῷ δήμῳ χαίρειν

Ἧλθεν ἐπιστολὴ παρ' Ἀντιφίλου πρὸς τοὺς τῶν
συμμάχων συνέδρους, τοῖς μὲν βουλομένοις ἀγαθὰ
προσδοχᾶν ἱκανῶς γεγραμμένη, τοῖς δ' ὑπηρετοῦσιν
Ἀντιπάτρῳ πολλοὺς καὶ δυσχερεῖς ἀπολείπουσα λόγους,
οἳ παραλαβόντες τὰ παρ' Ἀντιπάτρου γράμματα πρὸς
Δείναρχον εἰς Κόρινθον ἐλθόντα ἀπάτας τὰς ἐν Πελο-
ποννήσῳ πόλεις τοιούτων λόγων ἔπλησαν, οἵων εἰς
κεφαλὴν αὐτῶν τρέψειαν οἱ θεοὶ (2) ἀφικομένου δὲ
τοῦ νῦν ἥκοντος μετὰ τοῦ παρ' ἐμοῦ φέροντος γράμ-

nec ego quicquam turpe dixerim, et iste, quotiens in
publicum prodierit, suarum fœditatum omnibus mo-
numentum exhibeat Valete

Ⅴ Demosthenes Heracleodoro S.

Quæ mihi Menecrates nunciavit, iis ego nec tribuere
fidem nec abrogare possum Dixit enim Epitimum ab
Arato et delatum et abductum esse, te vero litem agere et
esse acerrimum eius hostem Te igitur per Iovem hospita-
lem omnesque deos obtestor, ne quam mihi molestiam et
dolorem parias (2) Præterquam enim quod Epitimi salus
mihi curæ est et quod, si quid ei accideret, magnum mihi
ipsi malum dari videretur, tuique eius calamitatis auctor ei
esses, puderet me etiam eorum quæ omnibus quidem ad
omnes homines de te dixeram, confisus me vera loqui, re
non quidem e familiaribus congressibus comperta, (3) sed
quod te et auctoritate præditum et eruditionem amplexum
esse videbam, eam præsertim quæ in scholis Platonis
traditur, quæ omnino ab avaritia et violentia ceterisque
callidis aucupiis abhorret, ad summam autem bonitatem
et iustitiam omnia refert Qua doctrina qui eruditus
est, huic, ita me dii ament, non colere simplicem veritatem
et in omnes esse benefico nefas esse duco (4) Quin
illud etiam molestissimum mihi esset, si magno benevo-
lentiæ erga te quasi impetu concitatus, mutare senten-
tiam ac alio in te esse animo cogerer Quibus igitur in
rebus me despectum et neglectum esse putem, etsi non
dixero, eas tamen ita se habituras putato (5) Quod si
nos ideo contemnis, quod nondum e principibus sumus,
cogita te quoque olim adolescentem et ea qua nos ætate
modo sumus fuisse et consilus atque actionibus tuis ad
tantum fastigium adscendisse, id quod nobis etiam con-
tingere poterit Nam recta quidem voluntas adest cui
si fortunæ benignitas suffragetur, res ipsa confici queat
Nihil autem melius collocari potest recte tributo officio,
quod et tu nobis præstare debes, (6) neque ab ullo re-
corde vel abduci in deterius vel vinci velis, sed illos tute
in tuam perducito sententiam, itaque te gerito, ut ne
quid e pactis et conventis nostris desideretur, utque Epi-
timus periculis eripiatur et liberetur Adero autem et
ipse eo tempore, quod tu tempestivum esse dixeris Id
igitur mihi per literas significa, vel etiam pro amicitia
impera Vale

ⅤⅠ. Demosthenes Senatui Populoque S

Redditæ sunt ab Antiphilo literæ senatui sociorum,
bona quidem exspectare volentibus scriptæ commode,
sed quæ Antipatri ministris multos et difficiles sermones
suppeditent, qui acceptis ab Antipatro literis ad Dinar-
chum Corinthium missis omnes Peloponnesi urbes iis
sermonibus impleverunt quos in illorum capita, ita dii con-
vertant! (2) Cum vero huc pervenisset iste qui nunc
adest, cum meo tabellario literas ferente a Polemaisto

ματα παρὰ Πολεμαίστου πρὸς τὸν ἀδελφὸν Ἐπίνικον ἄνδρα ὑμῖν εὔνουν καὶ ἐμοὶ φίλον, κἀκείνου πρὸς ἐμὲ ἀγαγόντος, ἀκούσαντί μοι ἃ ἔλεγεν ἐδόκει πρὸς ὑμᾶς αὐτὸν ἀποστεῖλαι, ὅπως πάντα σαφῶς ἀκούσαντες τὰ ἐν τῷ στρατοπέδῳ γεγονότα τοῦ περὶ τὴν μάχην παραγεγενημένου τότε εἰς τὸ παρὸν θαρρῆτε, καὶ τὰ λοιπὰ τῶν θεῶν θελόντων, ἃ βούλεσθε ἕξειν ὑπολαμβάνητε. εὐτυχεῖτε.

ad Epinicum fratrem, virum vestri studiosum et mei amantem, atque ab illo ad me perductus esset, ego audito nuncio eum ad vos mittendum censui, ut perspicue rebus omnibus quæ in castris acciderunt ex eo qui tum prœlio interfuit auditis, et in præsentia bonis animis sitis, et reliqua diis bene fortunantibus talia fore qualia vultis exspectetis. Valete.

ΔΙΟΓΕΝΟΥΣ ΕΠΙΣΤΟΛΑΙ.

DIOGENIS EPISTOLÆ.

α' Σινωπεῦσιν

Ὑμεῖς μὲν ἐμοῦ φυγὴν κατεψηφίσασθε, ἐγὼ δὲ ὑμῶν μονήν. οἰκήσετε οὖν διὰ τοῦτο ὑμεῖς μὲν Σινώπην, ἐγὼ δὲ Ἀθήνας, τοῦτ᾽ ἔστιν ὑμεῖς μὲν μετὰ τῶν ἐμπόρων, ἐγὼ δὲ μετὰ Σόλωνος καὶ τῶν τὴν Ἑλλάδα ἠλευθερωκότων ἀπὸ τῶν Μηδικῶν, καὶ ὑμεῖς μὲν Ἡνιόχοις καὶ Ἀχαιοῖς χρώμενοι, ἀνθρώποις ἐκ τοῦ ἐχθροῦ γένους Πανέλλησιν, ἐγὼ δὲ Δελφοῖς καὶ Ἠλείοις, μεθ᾽ ὧν καὶ θεοὶ πολιτεύονται (2) ἀλλ᾽ ὤφελε τοῦτο μὴ νῦν ὑμῖν δόξαι, ἀλλ᾽ ἔτι πάλαι καὶ ἐπὶ τοῦ πατρὸς Ἰκέτου. νυνὶ δὲ ἐν τοῦτο δέδοικα, μὴ διὰ τὴν πατρίδα ἀπιστηθῶ μέτριος εἶναι. τὸ μὲν οὖν πρὸς ὑμῶν με φυγαδευθῆναι συνηγορεῖ, καὶ πιστεύω αὐτῷ μᾶλλον τοῦ ἑτέρου· κρεῖττον γὰρ παρὰ πολὺ διαβάλλεσθαι πρὸς ὑμῶν ἢ ἐπαινεῖσθαι· ὅμως μέντοι δέδοικα τοῦτο, μή με ὁ κοινὸς περὶ τῆς πατρίδος λόγος βλάψη· ἄλλου δέ τινος οὐδεὶς λόγος· κρεῖττον γὰρ ὁπουδήποτε οἰκεῖν ἢ σὺν ὑμῖν οὕτως ἡμῖν προσενεχθεῖσιν.

β' Ἀντισθένει

Ἀνέβαινον εἰς ἄστυ ἐν Πειραιῶς, καὶ περιτυγχάνει μοι μειράκια ἄττα θρυπτόμενα ἀπὸ συμποσίου τινὸς ἐγρηγερμένα, καὶ ἐν σφίσιν αὐτοῖς, ἐπεὶ ἐγγὺς ἐγενόμην, « ἀνάγωμεν » ἔλεγον « ἀπὸ τοῦ κυνός. » κἀγὼ ἐπεὶ τοῦτο ἤκουσα « θαρρεῖτε » ἔφην, « οὗτος ὁ κύων τεῦτλα οὐ δάκνει. » οἱ δ᾽, ὡς τοῦτο ἔλεξα, ἐπαύοντο θλύοντες καὶ τοὺς στεφάνους οὓς εἶχον περὶ τῆ κεφαλῆ καὶ τῷ τραχήλῳ διαρρήξαντες ἐξέβαλον καὶ τὰς χλανίδας εὐκόσμως περιεβάλοντο καὶ ἥσυχοι εὖ μάλα ἕως εἰς ἄστυ ἠκολούθουν, ἐπακρούμενοι τῶν λόγων οὓς πρὸς ἐμαυτὸν διεξήειν.

γ' Ἱππαρχίᾳ

Ἄγαμαί σε τῆς ἐπιθυμίας, ὅτι τε φιλοσοφίας ὠρέχθης γυνὴ οὖσα, καὶ ὅτι τῆς ἡμετέρας αἱρέσεως ἐγενήθης, ἣν διὰ τὸ αὐστηρὸν καὶ οἱ ἄνδρες κατεπλάγησαν· ἀλλ᾽ ὅπως καὶ τέλος ἐπιθῇς τῇ ἀρχῇ σπούδασον. ἐπιθήσεις δὲ εὖ οἶδα, εἰ Κράτητός τε τοῦ συνευνέτου μὴ ἀπολείποιο, ἡμῖν τε τοῖς εὐεργέταις τῆς φιλοσοφίας θαμινῶς ἐπιστέλλοις· δύνανται γὰρ αἱ ἐπιστολαὶ πολλὰ καὶ οὐχ ἥττονα τῆς πρὸς παρόντας διαλέξεως.

I Sinopensibus

Vos quidem me exilio mulctavistis, ego vero vos mansione Habitabitis igitur vos Sinopen, ego Athenas, hoc est vos quidem cum mercatoribus, ego vero cum Solone cumque eis, qui Græciam in libertatem a Medis vindicaverunt, et vos Heniochis atque Achæis utentes, hoc quidem mihi patrocinatur, idque maiorem quam aliud quicquam fidem mihi facit. nam a vobis reprehend. quam laudari multum præstat. Nihilominus vereor ne communis de patria mea sermo mihi noceat. Alius cuiusquam nulla mihi cura. satius est enim ubivis locorum degere quam cum hominibus sic erga nos affectis.

II Antistheni.

Ascendenti mihi in urbem ex Piræeo obviam fiunt adolescentuli nonnulli luxuria diffluentes a convivio redeuntes, et inter se, quum propius accessissem « recedamus » inquebant « a cane ». At ego quum hoc audissem « bono animo este » inquam « hic canis betas non mordet ». Illi vero, quum hoc dixissem, quiescebant consternati, quasque capitibus collique gestabant coronas discerptas abiciebant, et togas suas decore circumiciebant, tacitique admodum in urbem me prosequebantur, sermones, quos ipse mecum faciebam, auscultantes.

III Pipparchiæ.

Admiror te ob studium tuum, quod et, femina licet sis, philosophiam appetieris, et quod ad nostram disciplinam te contuleris, quam ob austeritatem viri etiam abhorruerunt. Verum ut etiam finem principio imponas, da operam, impones autem, sat scio, si a Cratete coniuge non superaris et ad nos de philosophia bene meritos litteras crebro dederis. namque et litteræ multum valent, neque minus quam quæ coram præsentibus instituitur disputetur.)

δ'. Ἀντιπάτρῳ.

Μὴ μέμφου με, ὅτι σοι μεταπεμπομένῳ ἡμᾶς ἐπὶ Μακεδονίαν οὐκ ἐπείσθημεν, μηδ' ὅτι τοὺς Ἀθήνησιν ἅλας προυχρίναμεν τῆς παρὰ σοῦ τραπέζης· οὐ γὰρ δι' ὑπεροψίαν τοῦτ' ἐπράξαμεν, ἀλλ' οὐδὲ διὰ φιλοδοξίαν, δι' ἣν τάχ' ἴσως ἕτεροι ἂν ἐποίησαν, ἵνα τινὲς τοῖς πολλοῖς μεγάλοι δόξωσι, βασιλεῦσι δυνάμενοι ἀντιλέγειν, ἀλλ' ὅτι ἡμῖν παρὰ τὰς ἐν Μακεδονίᾳ τραπέζας οἱ Ἀθήνησιν ἅλες εἰσὶ σύμφυλοι. φυλακῇ οὖν τῆς οὐσίας μᾶλλον ἀντείπομεν καὶ οὐχ ὑπεροψίᾳ. συγγίγνωσκε οὖν· καὶ γὰρ εἰ πρόβατα ἦμεν, συνέγνως ἂν μὴ πεισθεῖσιν, ὅτι οὐκ ἔστι προβάτου τε τροφὴ καὶ βασιλέως ἡ αὐτή. ἔα οὖν ἕκαστον ὅπου ἂν δύνηται ζῆν, ὦ μακάριε· βασιλικὸν γὰρ τοῦτο καὶ οὐ τὸ ἕτερον.

ε'. Περδίκκᾳ.

Εἰ μὲν ταῖς δόξαις ἤδη πολεμεῖς, λέγω δὲ τοῖς ἰσχυροτέροις ἐχθροῖς καὶ πλείονα καταβλάπτουσί σε Θρᾳκῶν τε καὶ Παιόνων, καταστρεψόμενος τὰ τῶν ἀνθρώπων πάθη μεταπέμπου με· δύναμαι γὰρ εἰς τὸν πρὸς ταῦτα πόλεμον καὶ στρατηγεῖν. εἰ δ' ἔτι σοι τὰ πρὸς ἀνθρώπους ἔργα λείπεται καὶ τούτου τοῦ πολέμου σχεδὸν αἰσθάνῃ, ἔα μὲν ἡμᾶς Ἀθήνησι καθέζεσθαι, μεταπέμπου δὲ τοὺς Ἀλεξάνδρου στρατιώτας, οἷς κἀκεῖνος ἐπικούροις χρώμενος Ἰλλυριοὺς καὶ Σκύθας ὑπέταξεν.

ς'. Κράτητι.

Χωρισθέντος σου εἰς Θήβας ἀνέβαινον ἐκ Πειραιῶς ὑπὸ μέσην ἡμέραν, καὶ διὰ τοῦτο λαμβάνει με δίψος καρτερόν. ὥρμησα οὖν ἐπὶ τὴν Πάνοπος κρήνην. καὶ ἕως ἐγὼ τὸ ποτήριον ἐκ τῆς πήρας ἐξῄρουν, ἧκέ τις θέων θεράπων τῶν τὴν χώραν ἐργαζομένων καὶ συνάψας κοίλας τὰς χεῖρας ἤρύετο ἀπὸ τῆς κρήνης καὶ οὕτως ἔπινε, καὶ ἐγώ, δόξαν μοι ποτηρίου σοφώτερον εἶναι, οὐκ ἠδέσθην εἰδασκάλῳ αὐτῷ τῶν καλῶν χρήσασθαι. (2) ἀπορρίψας οὖν τὸ ποτήριον ὃ εἶχον, καὶ σοὶ εὑρών τινας ἐπὶ Θηβῶν ἀνερχομένους τὸ σοφὸν τοῦτο ἐπέσταλκα, οὐδὲν βουλόμενος τῶν καλῶν δίχα σοῦ ἐπίστασθαι. ἀλλὰ καὶ σὺ διὰ τοῦτο πειρῶ εἰς τὴν ἀγορὰν ἐμβάλλειν, ἵνα πολλοὶ διατρίβουσιν ἄνθρωποι. ἔσται γὰρ ἡμῖν οὕτω καὶ ἄλλα σοφὰ παρὰ τῶν κατὰ μέρος εὑρεῖν· πολλὴ γὰρ ἡ φύσις, ἣν ἐκβαλλομένην ὑπὸ τῆς δόξης ἐκ τοῦ βίου ἐπὶ σωτηρίᾳ ἀνθρώπων κατάγομεν ἡμεῖς.

ζ'. Ἱκέτῃ.

Μὴ ἀνιῶ, ὦ πάτερ, ὅτι κύων λέγομαι καὶ ἀμπέχομαι τρίβωνα διπλοῦν καὶ πήραν φέρω κατ' ὤμων καὶ ῥάβδον ἔχω διὰ χειρός· οὐ γὰρ ἄξιον ἐπὶ τοῖς τοιούτοις ἀνιᾶσθαι, μᾶλλον δὲ ἥδεσθαι, ὅτι ὀλίγοις ἀρ-

Ne mihi vitio vertas, quod tibi arcessenti nos in Macedoniam non paruerimus, neque quod qui nobis est Athenis salem mensæ quæ apud te est prætulerimus. Non enim superbia ducti nec honoris cupidine fecimus, qua ducti hoc alii fortasse fecerint, ut magni quidam vulgo videantur, ut qui regibus queant contradicere, sed quoniam præ Macedonica mensa Attici sales affines nobis sunt. Magis igitur tuendarum nostrarum rerum caussa, nec vero superbia adducti tibi contradiximus. Quare da veniam. Etenim si oves essemus, veniam dares non obtemperantibus, quoniam ovium ac regis non idem alimentum. Itaque permitte, optime, ut ubi cunque possit unusquisque vivat : hoc enim regium, nec vero alterum.

V. Perdiccæ.

Si iam cum opinionibus geris bellum, fortissimis hostibus et maiore te quam Thraces Pæonesque detrimento afficientibus, ad hominum affectus subigendos me arcesse : possum enim in bello adversus hæc gerendo vel ducis fungi munere. Sin vero adhuc tibi cum hominibus negotia restant atque bellum illud vixdum sentis, nos quidem permitte ut Athenis considamus, Alexandri vero arcesse milites, quibus ille subsidiis usus Illyrios subegit atque Scythas.

VI. Crateti.

Quum tu Thebas secederes, adscendebam ex Piræeo sub meridiem, ideoque sitis me invasit vehemens. Quare festinanter me ad Panopis fontem contuli. Interea dum poculum ex pera eximo, accurrebat famulus aliquis eorum, qui in agro operantur, iunctisque cavis manibus hauriebat ex fonte atque sic bibebat, ego vero, quum hoc mihi poculo videretur esse scitius, nihil veritus sum ipso uti bonorum præceptore. (2) Abiecto igitur poculo, quod habebam, inventisque qui ad te Thebas proficiscerentur, sapienter hoc inventum tibi misi, quum nihil eorum, quæ bona sunt, sine te scire voluerim. At tu quoque operam da, ut in forum identidem te conferas, ubi multi conversantur homines. Sic enim continget, ut et alia præclara a singulis nobis comparemus : nimirum late natura patet, quam eiectam ab opinione ex vita saluti hominum inservientes nos reducimus.

VII. Hicetæ.

Noli gravari, pater, quod canis dicor et pallium duplex mihi induo et peram in humeris fero inque manibus baculum : non enim decet ob talia mœrore affici, sed lætari potius, quod paucis contentus est filius tuus

κεῖται ὁ παῖς σου, ἐλεύθερος δέ ἐστι δόξης, ᾗ πάντες δουλεύουσιν Ἕλληνές τε καὶ βάρβαροι· τὸ γὰρ ὄνομα πρὸς τῷ μὴ συμπεφυκέναι τοῖς πράγμασι, σύμβολον δ' εἶναι ἔνδοξόν πώς ἐστι. καλοῦμαι γὰρ κύων ὁ οὐρανοῦ, οὐχ ὁ γῆς, ὅτι ἐκείνῳ εἰκάζω ἐμαυτόν, ζῶν οὐ κατὰ δόξαν, ἀλλὰ κατὰ φύσιν ἐλεύθερος ὑπὸ τὸν Δία, εἰς αὐτὸν ἀνατεθεικὼς τἀγαθὸν καὶ οὐκ εἰς τὸν πλησίον· (2) τὴν δὲ στολὴν καὶ Ὅμηρος γράφει Ὀδυσσέα τὸν τῶν Ἑλλήνων σοφώτατον φορῆσαι, ἡνίκα οἴκαδε ἐπανῄει ἐξ Ἰλίου Ἀθηνᾶς ὑποθημοσύνησιν, καὶ οὕτω καλή ἐστιν, ὡς μὴ ἀνθρώπων εὕρημα εἶναι ὁμολογεῖσθαι, ἀλλὰ θεῶν.

φᾶρος μέν οἱ πρῶτα χιτῶνά τε εἵματ' ἔδωκε
λευγαλέα, ῥυπόωντα, κακῷ μεμορυγμένα καπνῷ
ἀμφὶ δέ μιν μέγα δέρμα ταχείης ἕσσ' ἐλάφοιο
ψιλόν, δῶκε δέ οἱ σκῆπτρον καὶ ἀεικέα πήρην,
πυκνὰ ῥωγαλέην, ἐν δὲ στρόφος ἦεν ἀορτήρ,

Θάρρει οὖν, ὦ πάτερ, ἐπὶ τῷ ὀνόματι, ὃ καλοῦσιν ἡμᾶς, καὶ ἐπὶ τῇ στολῇ, ἐπεὶ ὁ μὲν κύων ἐστὶ πρὸς θεῶν, ἡ δὲ εὕρημα τοῦ θεοῦ.

η' Ἐγγνησίῳ

Ἧκον εἰς Κόρινθον ἐκ Μεγάρων καὶ διαπορευόμενος τὴν ἀγορὰν παρίσταμαι διδασκαλείῳ τινὶ παίδων, καί μοι ἐπεὶ οὐκ εὖ ἐρραψῴδουν, ἔδοξε πυθέσθαι τίς ἦν ὁ διδάσκων αὐτούς· καὶ ἀπεκρίναντο « Διονύσιος ὁ τῆς Σικελίας τύραννος. » κἀγὼ δόξας αὐτοὺς ἐρεσχελεῖν πρός με καὶ τοῦτο οὐχ ἁπλῶς ἀποκεκρίσθαι, παρελθὼν ἐπί τι βάθρον ἐκάθισα, εὐκόσμως ἀναμένων αὐτοῦ· ἐλέγετο γὰρ πρὸς ἀγορὰν ὡρμηκέναι. καὶ δὴ οὐ διαγίνεται πολὺς χρόνος, καὶ ἐπιστρέφεται ὁ Διονύσιος, κἀγὼ ἐξαναστὰς προσαγορεύω τε αὐτὸν καὶ ἐπιλέγω «ὡς οὐκ εὖ, Διονύσιε, διδάσκεις. » (2) ὁ δέ με δόξας συνάχθεσθαι αὐτῷ ἐπὶ τῇ πτώσει τῆς τυραννίδος καὶ τῷ παρόντι σχήματι τοῦ βίου, τοιαῦτα εἶπεν· « ὦ Διόγενες, εὖ ποιεῖς συναλγῶν ἡμῖν. » κἀγὼ προσέθηκα τῷ οὐκ εὖ τὸ ἀληθῶς· ἀλλ' ἐγὼ μὲν οὐχ ὅτι τῆς τυραννίδος ἀφῄρησαι ἄχθομαι, ὦ Διονύσιε, ἀλλ' ὅτι ἐλευθεριάζεις ἐν τῇ Ἑλλάδι τὰ νῦν, καὶ περισέσωσαι ἀπὸ τῶν ἐν Σικελίᾳ κακῶν, οἷς ἔδει σε ἐναποθανεῖν τοσαῦτα ἐργασάμενον φαῦλα γῆν καὶ θάλατταν. »

θ' Κράτητι

Ἐπυθόμην σε τὴν οὐσίαν ἅπασαν κατενεγκεῖν εἰς τὴν ἐκκλησίαν καὶ παραχωρῆσαι τῇ πατρίδι καὶ στάντα ἐν μέσῳ κηρύξαι « Κράτης Κράτητος Κράτητα ἀφίησιν ἐλεύθερον » ἥσθην δὲ ἐπὶ τῇ δωρεᾷ τοὺς πάντας ἀστοὺς καὶ ἀγασθῆναι ἡμᾶς τοὺς τῶν τοιούτων ἀνθρώπων ποιητάς, ἐθελῆσαι δὲ διὰ τοῦτο μεταπέμψασθαι ἡμᾶς Ἀθήνηθεν, σὲ δὲ ἐπιστάμενον τὴν ἡμετέραν κρίσιν κωλῦσαι. ἐνταῦθα μὲν οὖν ἐπαινῶ σε τοῦ νοῦ, ἐπὶ δὲ τῇ παραδόσει τῆς οὐσίας καὶ ἀγα-

---

et liber ab opinione, cui omnes serviunt tam Græci quam barbari Scilicet nomen, præterquam quod non cum ipsis rebus coalescit, symboli loco esse gloriosum quodammodo est Canis enim vocor cœli, quod similis illi sum, non secundum opinionem vivens, verum secundum naturam, liber sub Iove, huic ipsi quod bonum est imputans, non cuiquam hominum (2) Vestem autem meam et Homerus scribit Ulixem, Græcorum sapientissimum, gestasse, quum domum Ilio rediret Minervæ admonitu, eaque adeo honesta est, ut non hominum, verum deorum inventum esse concedatur

togam ei primum et tunicam vestimenta dedit
misera, sordida, malo fœdata fumo,
circaque ipsum magnam pellem celeris induit cervi
nudam, ac baculum ei dedit, vilemque peram
admodum pannosam, eique adiunctum lorum ad gestandum.

Bono igitur animo esto, pater, tam ob nomen, quo nos appellant, quam ob vestitum, quoniam illud cum diis commune est, hic dei numinis divini inventum

VIII Fugnesio

Quum Megaris Corinthum venissem, perambulans forum ad scholam aliquam accessi puerorum, mihique, quum carmina male recitarent, quis ipsos litteras doceret, quærere visum est Et responderunt « Dionysius Siciliæ tyrannus » Tum ego illos ludibrio me habere atque hoc non vere respondere ratus in scamnis consido decore expectans ipsum . dicebatur enim in forum sese contulisse Nec sane multum temporis præterit, quum revertitur Dionysius, ego vero assurgens, postquam ipsum compellavi, hæc addidi, « quam non bene, Dionysi, doces » (2) Tum ille me vicem suam dolere ratus, quod regno excidisset et in præsenti statu vitam ageret, talia dixit « o Diogenes, recte facis, quod nostram doles vicem. » Ego vero « verum est » respondi « quod non bene dicebam at ego non quod regno privatus sis doleo, Dionysi, verum quod libertate frueris in Græcia, quodque ex Sicula calamitate, cui immori te oportebat, postquam tanta mala terra marique perpetrasti, incolumis evasisti »

IX. Crateti

Audivi te universum patrimonium contulisse in concionem et patriæ concessisse et stantem in medio proclamasse « Crates Cratetis Cratetem dimittit liberum, » eoque dono gavisos cives omnes atque admiratos nos, qui eiusmodi homines effecissemus, hanc ob caussam nos Athenis arcessere voluisse, te vero, qui nostram sententiam nosses, impedivisse Et hic quidem laudo te ob mentem tuam, ob donationem vero patrimonii tui etiam demiror, quoniam citius quam exspectaveram opi-

μαι, ἐπεὶ θᾶττον ἢ προσεδόκησα κρείττων ἐγένου τῶν δοξῶν. ἀλλὰ διὰ ταχέων ἐπάνηκε· ἔτι γάρ σοι δεῖ πρὸς τἆλλα συνασκήσεως, καὶ χρονίζειν ἔνθα μὴ εἰσὶν ὅμοιοι οὐκ ἀσφαλές.

ι΄. Μητροκλεῖ.

Μὴ μόνον ἐπὶ τῇ στολῇ καὶ τῷ ὀνόματι καὶ τῇ διαίτῃ θάρρει, Μητρόκλεις, ἀλλὰ καὶ ἐπὶ τῷ αἰτεῖν ἀνθρώπους τὰ σωτήρια· οὐ γὰρ αἰσχρόν. βασιλεῖς γέ τοι καὶ δυνάσται παρὰ τῶν ὑποτεταγμένων αἰτοῦσι χρήματα, στρατιώτας, ναῦς, σῖτον, καὶ οἱ κάμνοντες παρὰ τῶν ἰατρῶν φάρμακα καὶ οὐ μόνον πυρετοῦ, ἀλλὰ καὶ φρίκης καὶ λοιμοῦ, καὶ οἱ ἐρασταὶ παρὰ τῶν παιδικῶν φιλήματα καὶ ἐπαφήματα, τὸν δὲ Ἡρακλέα παρὰ τῶν ἀναισθήτων φασὶ καὶ ἰσχὺν λαμβάνειν. οὐ γὰρ προῖκα οὐδ' ἐπὶ χείρονι ἀντιλλαγῇ, ἀλλ' ἐπὶ τῇ σωτηρίᾳ πάντων ἔστιν αἰτεῖν, ἀνθρώπους τὰ πρὸς τὴν φύσιν, καὶ ἐπὶ τῷ ταὐτὰ ποιεῖν Ἡρακλεῖ τῷ Διὸς καὶ ἔχειν ἀμείβεσθαι πολὺ κρείττονα ὧν λαμβάνεις αὐτός. (a) τίνα ταῦτα; μὴ πρὸς τὴν ἀλήθειαν εἶναί σοι τὴν μάχην τοῦτο πράσσοντι, ἀλλὰ πρὸς τὴν δόξαν. ἢ πάντη μάχου, κἂν μηδέν σε ἐπείγῃ· καλὸν γάρ τι ἔθος·καὶ ὁ πρὸς τὰ τοιαῦτα πόλεμος. Σωκράτης δὲ ἔλεγε μὴ αἰτεῖν τοὺς σπουδαίους, ἀλλὰ ἀπαιτεῖν· εἶναι γὰρ αὐτῶν τὰ πάντα ὡς καὶ τῶν θεῶν. καὶ τοῦτ' ἐπειρᾶτο συνάγειν ἐκ τοῦ κυρίου μὲν ὑπάρχειν τῶν πάντων τοὺς θεούς, κοινὰ δ' εἶναι τὰ τῶν φίλων, φίλον δ' εἶναι τῷ θεῷ τὸν σπουδαῖον. αἰτήσεις τοίνυν τὰ ἴδια.

ια΄. Κράτητι.

Καὶ τοὺς ἀνδριάντας τοὺς ἐν ἀγορᾷ προσιὼν αἴτει τὰ ἄλφιτα. καλὴ γάρ που καὶ ἡ τοιαύτη μελέτη· ἐντεύξῃ γὰρ ἀνθρώποις ἀπαθεστέροις ἀνδριάντων. καὶ ὅταν σου μᾶλλον γάλλοις καὶ κιναιδολόγοις μεταδιδῶσι, μὴ θαύμαζε· τιμᾷ γὰρ ἕκαστον τὸν πλησίον ἑαυτοῦ καὶ οὐ τὸν πόρρω· εἰσὶ δὲ οἱ τοῖς πολλοῖς ἀρέσκοντες γάλλοι μᾶλλον ἢ φιλόσοφοι.

ιβ΄. Τῷ αὐτῷ.

Οἱ πολλοὶ ἐπὶ τὸν εὐδαιμονισμόν, ὅταν μὲν σύντομον ὁδὸν ἐπ' εὐδαιμονίαν φέρουσαν ἀκούσωσιν, ἵενται καθάπερ ἡμεῖς ἐπὶ φιλοσοφίαν· ὅταν δ' ἐπὶ τὴν ὁδὸν ἀφίκωνται καὶ αὐτῆς τὴν χαλεπότητα θεάσωνται, ὡς ἀσθενοῦντες ὀπίσω ἀναχωροῦσιν, εἶτα μέμφονταί που οὐχ αὑτῶν τὴν μαλακίαν, ἀλλὰ τὴν ἡμῶν ἀπάθειαν. ἔα οὖν τούτους μὲν ὅπως ἐσπούδασαν ταῖς ἡδοναῖς συγκαθεύδειν· καταλήψεται γὰρ αὐτοὺς ζῶντας οὐκ εἰς ὃν ἡμᾶς διαβάλλουσι πόνος, ἀλλ' οἱ μείζονες, δι' οὓς πάσῃ περιστάσει δουλεύουσιν αἰσχρῶς. σὺ δὲ ἐπίμενε ἐν τῇ ἀσκήσει ὥσπερ ἤρξω, καὶ σπούδαζε κατ' ἴσον ἡδονῇ ἀντιτάττεσθαι καὶ πόνῳ, ἐπεὶ καὶ κατ' ἴσον ἀμφότερα πολεμεῖν ἡμῖν πέφυκε καὶ εἰς τὰ πρῶτα ἐμποδίζειν, ἡ μὲν διὰ τὸ ἐπὶ τὰ αἰσχρὰ ἄγειν, ὃ δὲ διὰ τὸ ἀπὸ τῶν καλῶν ἀπάγειν τῷ φόβῳ.

---

nionibus superior evasisti. Verum redi celeriter : adhuc enim exercitatione in ceteris tibi opus est, neque morari, ubi non sunt similes, satis tutum.

X. Metrocli.

Non solum in vestitu et nomine et vivendi ratione confidenter persevera, Metrocles, sed etiam in poscendo ab hominibus salutaria : non enim turpe est. Reges sane atque principes a subditis poscunt pecunias, milites, naves, et ægrotantes a medicis remedia non solum adversus febris ardorem, sed etiam adversus frigus febrium atque pestem, et amatores a pueris oscula et contrectationes. Herculem etiam a sensu carentibus aiunt robur accepisse. Non enim gratis neque ut deteriora rependas, verum ut saluti omnium prospicias, petere licet ab hominibus quæ naturæ conveniunt, atque ut idem facias, quod Iovis filius Hercules, utque acceptis longe præstantiora reddere possis. (2) Quænam hæc? ut hoc tibi facienti non adversus veritatem, sed adversus opinionem sit certamen, quacum ubique pugna, etiamsi te nihil cogat : honesta enim consuetudo etiam adversus talia quod geritur bellum. Socrates vero dicebat, non petere sapientes, sed repetere : ipsorum enim omnia esse ut et deorum. Id quod colligere ex eo conabatur, quod dii rerum omnium essent domini, communia autem, quæ amici possiderent, amicus vero deo esset sapiens. Petes itaque propria.

XI. Crateti.

Etiam statuas in foro positas aggressus posce panem : pulchra nimirum et hæc meditatio : incides enim in homines statuis inertiores. Et si eunuchis potius turpissimaque loquentibus quam tibi largientur, noli admirari : colit enim sibi proximum quisque, non eum a quo procul abest; sunt autem propiores qui vulgo probantur eunuchi potius quam philosophi.

XII. Eidem.

Plerique beatitudinem, quum quidem brevem ad fortunam ducentem viam audiunt, eodem quo nos philosophiam studio expetunt; quum vero ad ipsam accedunt viam eiusque difficultatem contemplantur, velut fessi retro cedunt, deinde reprehendunt non suam ipsorum mollitiem. sed nostri animi æquitatem. Permitte igitur hos quidem, quo ipsos fert animus, voluptatibus consopiri : invadet enim eos sic viventes non unus ille, ob quem nos calumniantur, labor, verum maiores, ob quos omni rerum statui turpiter serviunt. Tu vero in exercitatione, uti cœpisti, persevera, operamque da ut æque voluptati resistas ac labori, quoniam utrumque tale est quod nobis adversetur et maxime impedimento sit, illa quod ad inhonesta ducit, hic quod metu ab honestis revocat.

ιγ' Ἀπολήξιδ·

Ἀπεθέμην τὰ πολλὰ τῶν τὴν πήραν βαρυνόντων, πίνακα μὲν διδαχθεὶς ἐν ἄρτῳ τὸ κοῖλον εἶναι, ποτήριον δὲ τὰς χεῖρας· καὶ οὐκ ἔστιν αἰσχύνη τὸν ἐπιστάτην εἰπεῖν ὅτι « παῖς ἦν ἔτι, » οὐκ ἔδει δὲ τὴν εὕρεσιν εὔχρηστον οὖσαν διὰ τὴν ἡλικίαν παρελθεῖν, ἀλλὰ προσδέξασθαι.

ιδ' Ἀντιπάτρῳ

Μέμφη μου τὸν βίον ὡς ἐπίπονον καὶ διὰ χαλεπότητα ὑπ' οὐδενὸς ἐπιτηδευθησόμενον· ἐγὼ δὲ ἑκὼν αὐτὸν ἐπέτεινα, ἵνα γνῶσιν οἱ μιμούμενοί με μὴ τέλεον ἡδυπαθεῖς εἶναι.

ιε' Ἀντιπάτρῳ

Ἀκούω λέγειν σε μηδέν με ποιεῖν παράδοξον διπλοῦν τρίβωνα φοροῦντα καὶ πήραν ἐξημμένον, ἐγὼ δὲ θαυμαστὸν μὲν οὐδὲ εἶναί φημι τούτων, καλὸν δ' ἑκάτερον αὐτῶν ἀπὸ διαθέσεως ἐπιτηδευόμενον· οὐ γὰρ μόνον τὸ σῶμα ταύτῃ δεῖ κεχρῆσθαι τῇ λιτότητι, ἀλλὰ καὶ τὴν ψυχὴν σὺν αὐτῷ, οὐδ' ἐπαγγέλλεσθαι μὲν πολλά, πράττειν δὲ τὰ μηδὲν ἀρκοῦντα, ἀλλὰ τῷ βίῳ τὸν λόγον ἀκόλουθον ἐπιδείκνυσθαι ἃ δὴ πειρῶμαι ποιεῖν καὶ μαρτυρεῖν μοι — ἴσως ὑπολήψῃ με λέγειν τὸν Ἀθηναίων δῆμον ἢ τὸν Κορινθίων, ἀδίκους μάρτυρας, τὴν ἐμαυτοῦ ψυχήν φημι, ἣν οὐκ ἔστι λαθεῖν ἁμαρτάνοντα

ις' Ἀπολήξιδι

Ἐνέτυχόν σοι περὶ οἰκήσεως, καὶ χάρις ὑπόσχομένῳ, κοχλίαν δὲ θεασάμενος ἑτέραν οἴκησιν ἀλεξάνεμον τὸν ἐν τῷ Μητρῴῳ πίθον ἀπολέλυσο οὖν τῆς ὑπηρεσίας ταύτης καὶ σύγχαιρε ἡμῖν τὴν φύσιν ἀνευρίσκουσιν.

ιζ' Ἀνταλκίδῃ

Ἀκούω σε γράφειν περὶ ἀρετῆς πρὸς ἡμᾶς καὶ τοῖς γνωρίμοις ἐπαγγέλλεσθαι ὅτι διὰ τῆς γραφῆς πείσεις ἡμᾶς φρονεῖν περὶ σοῦ τι· ἐγὼ δὲ οὐδὲ τὴν τοῦ Τυνδάρεω θυγατέρα ἐπαινῶ τὴν εἰς τὸν οἶνον τὸ νηπενθὲς βαλοῦσαν φάρμακον (ἔδει γὰρ αὐτὸ προσενέγκασθαι χωρὶς οἴνου), οὐδὲ σέ, ὃς πικρῶν σὺν ἡμῶν οὐδὲν ἐπεδείξω σπουδῆς ἄξιον, διὰ γραμμάτων δὲ ὑπολαμβάνεις ἡμᾶς πείσειν, ἃ μνήμας μὲν ἂν σώζοι τῶν οὐκ ὄντων, ἀρετῆς δὲ ζώντων καὶ οὐ παρόντων οὐκ ἂν εἴη δηλωτικά· ταῦτά σοι γράφειν ἔσχον, ἵνα μὴ διὰ τῶν ἀψύχων ἡμῖν προσφωνῇς, ἀλλὰ παρὼν αὐτός·

ιη' Ἀπολήξιδι

Μητρόδωρον φιλόσοφον παρεκάλεσάν με συστῆσαί σοι Μεγαρικοὶ νεανίσκοι, γελοιοτάτην σύστασιν· ὅτι μὲν γὰρ ἄνθρωπός ἐστιν, ἐκ τῶν εἰκόνων εἴσῃ, εἰ δὲ

XIII Apolexidi

Abieci multa eorum, quæ peram meam onerabant, quum didicissem catillum esse panem excavatum, poculum vero manus. Neque ignominiosum præceptori est dicere « puer adhuc eram », neque utile inventum propter ætatem aspernari par est, sed recipere

XIV Antipatro

Reprehendis vitam meam ut laboriosam et ob d fficultatem a nemine expetendam, ego vero sponte eam intendo, ut, quotquot sunt qui me imitantur, ne prorsus fiant delicati

XV Antipatro

Audio dicere te, nihil me facere admirabile, quod duplex feram pallium peraque cingar, ego vero mirandum quidem horum neutrum dico, honestum vero utrumque, si ex animi sententia exerceatur non enim corpus tantum hac simplicitate uti par est, sed una cum illo etiam animum, neque multa quidem polliceri, at facere tamen quæ non sufficiunt, verum vitæ sermonem convenientem exhibere Hæc igitur studeo facere et testimonium mihi comparare — fortasse credes me dicere Atheniensium populi vel Corinthiorum, iniustorum testium — mei ipsius dico animi, quem quicquid delinquam non est quod celem

XVI Apolexidi

Rogavi te, ut habitationem mihi comparares, et gratias iam ago quod promisisti, cochleam vero conspicatus inveni habitationem a ventis tutam doliumin Metroo. Missum fac igitur hoc officium, nobisque gratulare naturæ qui invenimus

XVII Antalcidæ

Audio te de virtute ad nos scribere et familiaribus polliceri, per illam scriptionem te nobis ut aliquid de te sentiamus persuasurum Ego vero ne Tyndarei filiam quidem laudo, quod in vinum tristitiam depellens coniecerit venenum (erat enim illud sine vino afferendum), neque te, qui præsentibus quidem nobis nulla laude dignum nihil ostendisti, litterulis vero te opinaris nobis esse persuasurum, quæ mortuorum hominum memoriam conservare, non vero virtutem vivorum, qui absunt, declarare valent Hoc habui quod ad te scriberem, ne per inanimata nos compelles, sed præsens ipse

XVIII Apolexidi

Menodorum philosophum ut tibi commendarem Megarici iuvenes me rogarunt, ridiculam admodum commendationem hominem enim eum esse ex imaginibus cogno

καὶ φιλόσοφος, διὰ βίου καὶ λόγου. ὁ γὰρ καθ᾽ ἡμᾶς σπουδαῖος δι᾽ ἑαυτοῦ συνίσταται.

ιθ΄. Ἀναξιλάῳ.

Πυθαγόρας ἑαυτὸν ἔλεγεν Εὔφορβον γεγενῆσθαι τὸν Πάνθου, ἐγὼ δὲ νέον ἐμαυτὸν ἐπέγνων Ἀγαμέμνονα· σκῆπτρόν τε γάρ ἐστί μου τὸ βάκτρον καὶ χλαμὺς ὁ διπλοῦς τρίβων, ἡ δὲ πήρα παρὰ δέρματος ἀλλαγὴν ἀσπίς. εἰ δὲ μὴ καρηκομόω, ** νέος ἦν ὁ Ἀγαμέμνων, γέρων δ᾽ ἂν γενόμενος ἐψιλοκόρρησε. τοιαῦτα γὰρ ἄξιον καὶ φρονεῖν καὶ λέγειν πρὸς τὸν « αὐτὸς ἔφα » λέγοντα.

κ΄. Μελησίππῳ.

Ἤκουόν σε λελυπῆσθαι ὅτι τὰ Ἀθηναίων τέκνα πληγὰς ἡμῖν ἐνέτεινε μεθύοντα, καὶ δεινὰ πάσχειν, εἰ σοφία πεπαρῴνηται. εὖ δ᾽ ἴσθι ὅτι τὸ Διογένους μὲν ἐπλήγη σῶμα ὑπὸ τῶν μεθυόντων, ἀρετὴ δὲ οὐκ ᾐσχύνθη, ἐπεὶ μήτε κοσμεῖσθαι πέφυκεν ὑπὸ φαύλων μήτε αἰσχύνεσθαι. Διογένης μὲν δὴ οὐχ ὑβρίσθη, κακῶς δ᾽ ἔπαθεν ὁ Ἀθηναίων δῆμος, ἐν ᾧ τινὲς ἔδοξαν ἀρετῆς ὑπεριδεῖν. διὰ γοῦν τὴν ἑνὸς ἀφροσύνην κατὰ δήμους ἀφραίνοντες ἀπόλλυνται, βουλευόμενοι τὰ μὴ προσήκοντα καὶ στρατευόμενοι δέον ἡρεμεῖν. εἰ δὲ τὴν ἀρχὴν τὴν ἀπόνοιαν ἔστησαν, οὐκ ἂν ἐπὶ ταῦτα ἐχώρουν.

κα΄. Ἀμυνάνδρῳ.

Γονεῦσι χάριτας οὐχ ἑκτέον οὔτε τοῦ γενέσθαι, ἐπεὶ φύσει γέγονε τὰ ὄντα, οὔτε τῆς ποιότητος· ἡ γὰρ τῶν στοιχείων σύγκρασις αἰτία ταύτης. καὶ μὴν καὶ τῶν κατὰ προαίρεσιν ἢ βούλησιν οὐδεμία χάρις· ἡ γὰρ γένεσις ἀφροδισίων ἐστὶ παρακολούθημα, ἅπερ ἡδονῆς ἕνεκεν, οὐ γενέσεως ἐπιτηδεύεται. ταύτας τὰς φωνὰς ὁ τῆς ἀπαθείας προφήτης ἐγὼ ἀποφθέγγομαι ἐναντίας τῷ τετυφωμένῳ βίῳ. εἰ δέ τισιν εἶναι φαίνονται σκληρότεραι, φύσις αὐτὰς σὺν ἀληθείᾳ βεβαιοῖ καὶ ὁ βίος ὁ τῶν μὴ κατὰ τῦφον, ἀλλὰ κατ᾽ ἀρετὴν βιούντων.

κβ΄. Ἀγησιλάῳ.

Ἐμοὶ τὸ μὲν ζῆν οὕτως ἐστὶν ἀβέβαιον, ὡς μὴ πιστεύεσθαι παραμενεῖν ἕως τὴν ἐπιστολήν σοι γράψω· πήρα δὲ ἱκανὸν αὐτοῦ ταμιεῖον, τὰ δὲ τῶν νομιζομένων θεῶν μείζονα ἢ κατ᾽ ἀνθρώπους. ἐν δὲ μόνον ἐμαυτῷ βέβαιον σύνοιδα, τὴν μετὰ τὴν γένεσιν φθοράν. Ταῦτ᾽ ἐπιστάμενος αὐτός τε τὰς κενὰς ἐλπίδας ἱπταμένας περὶ τὸ σωμάτιον ἀπορυσῶ, καὶ σοὶ παραγγέλλω μὴ πλέον ἀνθρώπου φρονεῖν.

κγ΄. Λακύδᾳ.

Εὐαγγελίζῃ μοι βασιλέα Μακεδόνων σπουδάζειν περὶ τὴν θέαν ἡμῶν, εὖ δὲ ἐποίησας προσθεὶς τῷ βα-

sces; si vero et philosophus, ex vita et sermone. Sapiens enim, quem nos quidem informamus, per se ipsum commendatur.

XIX. Anaxilao.

Pythagoras dicebat Euphorbum se olim fuisse, Panthi filium, ego vero nuper Agamemnonem me esse intellexi : sceptrum enim mihi est baculus et chlamys duplex pallium et pera mutata pelle clypeus. Quod autem comam non alo, mirandum non est. Iuvenis erat Agamemno, senex vero factus calvo fuisset capite. Talia enim et sentire et dicere par est ad eum qui utitur illo « ipse dixit. »

XX. Melesippo.

Audivi te indignatum esse, quod Atheniensium pueri verbera nobis inflixerint vino graves, graviterque ferre, quod sapientiæ facta sit iniuria. Scito vero, Diogenis corpus quidem ab ebriis percussum esse, virtutem vero probro non affectam, quoniam neque ornari ab improbis potest neque dehonestari. Quare Diogenes nulla iniuria affectus, verum indigna passus est populus Atheniensium eo, quod quibusdam placuit virtutem aspernari. Propter unius igitur desipientiam pagatim desipientes pereunt, quum de rebus deliberant absonis, bellumque gerant, ubi satius est quiescere. Qui si a principio vecordiam coercuissent, non eo usque processisseut.

XXI. Amynandro.

Parentibus gratiæ nullæ referendæ, neque quod nati sumus, quoniam natura fiunt quæ sunt, neque ob qualitatem : elementorum enim mixtio huius caussa est. Nec vero pro eis, quæ ex proposito vel voluntate fiunt, gratiæ habendæ sunt : generatio enim res venereas sequitur, quæ voluptatis, non generationis caussa exercentur. Has voces ego æquitatis animi antistes eloquor contrarias insolenti vitæ : quæ si quibus duriores videantur, natura eas cum veritate confirmat et vita non insolenter, sed ad virtutem accommodate viventium.

XXII. Agesilao.

Vita quidem tam incerta mihi est, ut non credam, dum hanc tibi scribo epistolam, mihi permansuram esse, ac sufficientem eius penum habeo peram, deorum vero, qui habentur, res maiores sunt quam secundum hominem. Hoc unum certo mihi constat, post generationem futuram esse mortem. Quæ quum sciam, et ipse vanas spes circa hoc corpusculum volitantes deflo et te ne ultra hominem sapias adhortor.

XXIII. Lacydæ.

Nuncias mihi regem Macedonum desiderio teneri videndi nostri, sed recte fecisti quod regi Macedones ad-

σιλεῖ τοὺς Μακεδόνας· τὰ γὰρ ἡμέτερα ἥξεις ἀβασί-
λευτα. ἰδεῖν δὲ τὸν ἐμὸν τύπον μηδεὶς ὡς ξένον βου-
λέσθω· εἰ δὲ μεταλαβεῖν Ἀλέξανδρος, βίου καὶ λόγων
βούλεται, λέγε αὐτῷ, ὅτι ὅσον ἐξ Ἀθηνῶν εἰς Μα-
κεδονίαν, τοσοῦτον καὶ ἐκ Μακεδονίας εἰς Ἀθήνας

κδ΄. Ἀλεξάνδρῳ

Εἰ θέλεις καλὸς κἀγαθὸς γενέσθαι, ἀπορρίψας ὃ
ἔχεις ἐπὶ τῆς κεφαλῆς ῥάκος παραγενοῦ πρὸς ἡμᾶς.
ἀλλ' οὐ μὴ δυνηθῇς κρατῇ γὰρ ὑπὸ τῶν Ἡφαιστίωνος
μηρῶν.

κε΄. Ἵππων.

Παρεκάλεις με ἐπιστεῖλαί σοι, ὅ τι ποτὲ ἔγνωκα
περὶ θανάτου καὶ ταφῆς, ὡς οὐκ ἂν τέλειος φιλόσοφος
γενόμενος, εἰ μὴ καὶ τὰ μετὰ τὸ ζῆν παρ' ἡμῶν μά-
θοις ἐγὼ δ' ἱκανὸν ἡγοῦμαι τὸ κατ' ἀρετὴν καὶ
φύσιν ζῆσαι καὶ τοῦτ' ἐφ' ἡμῖν εἶναι ὥσπερ δὲ τὰ
πρὸ τῆς γενέσεως παρακεχώρηται τῇ φύσει, οὕτω καὶ
τὰ μετὰ τὸ ζῆν ἐπιτρεπτέα ταύτῃ αὐτὴ γὰρ ὡς ἐγέν-
νησε, καὶ διαλύσει. μηδὲν δὲ εὐλαβηθῇς ὅπως πο-ὲ
ἀναίσθητος ὦ. ἐγὼ γοῦν ἔγνωκα ἀποπνεύσαντί μοι
παρατεθῆναι τὸ βάκτρον, ἵνα τὰ δοκοῦντά με λυμαί-
νεσθαι ζῷα ἀπελαύνοιμι

κϚ΄ Τῷ αὐτῷ

Μέμνησο ὅτι τῆς πενίας τὴν ἀρχὴν ἔδωκά σοι διὰ
βίου, καὶ πειρῶ μήτε αὐτὸς ταύτην ἀποθέσθαι μήτε
ὑπ' ἄλλου ἀφαιρεθῆναι αὐτῆς εἰκὸς γὰρ τοὺς ἐν Θή-
βαις ἐκπεριελθεῖν σε πάλιν κακοδαιμονίζοντας σὺ
δὲ τὸν τρίβωνα λεοντὴν νόει, τὸ δὲ βάκτρον ῥόπαλον,
τὴν δὲ πήραν γῆν καὶ θάλατταν, ἀφ' ἧς τρέφῃ οὕτω
γὰρ ἂν Ἡράκλειον διαναστῆναι σοι φρόνημα καὶ πάσης
τύχης κρεῖττον. ἢν δέ σοι τῶν θέρμων ἢ καὶ τῶν
ἰσχάδων περιῇ, καὶ ἡμῖν πέμπε

κζ΄ Ἀννικέριδι

Λακεδαιμόνιοι καθ' ἡμῶν ἐψηφίσαντο ὡς μὴ τῆς
Σπάρτης ἐπιβαίνοιμεν ἀλλὰ σύ γε μηδὲν εὐλαβη-
θῇς ὀνόματι γὰρ ἀποκέχρησαι κυνισμοῦ ἀξιελέγητό
γε μὴν οἱ μὴ νοοῦντες, ἃ δοκοῦσιν ἀσκεῖν, ὑπ' ἐμοῦ
μόνου κατορθοῦσθαι. βίου τε γὰρ λιτότητα οὐκ οἶδ'
εἴ τις ἐμοῦ μᾶλλον ἤσκησεν ὑπομονήν τε τῶν δεινῶν
τίς ἂν ψυχήσαιτο Διογένους παρόντος; ἀκόλουθα γοῦν
καὶ ταῦτα τούτοις ἀτείχιστον δοκοῦντες δι' ἀνδρείαν
οἰκεῖν τὴν Σπάρτην ἀφύλακτον τὴν ψυχὴν τοῖς πάθεσιν
ἐκδεδώκασι, μηδένα κατ' αὐτῶν βοηθὸν ἐπιστήσαντες
φοβεροὶ οὖν τοῖς ὁμόροις φανέντες ὑπὸ -ῶν ἐν αὐτοῖς
νοσημάτων πολεμοῦνται ἐξελαυνέτωσαν οὖν ἀρε-
τήν, ὑφ' ἧς μόνης δύναιντ' ἂν ἐρρῶσθαι καὶ τῶν νοση-
μάτων ἀπηλλάχθαι

κη΄

Διογένης ὁ κύων τοῖς καλουμένοις Ἕλλησιν οἰμώ-

---

dilisti scis enim nostras res nullius imperio esse sul-
iectas Videre autem meam formam tanquam insolitam
ne cui in mentem veniat si vero vitæ meæ ac sermo-
num particeps fieri cupit Alexander, dic ei, quantum iti-
neris sit Athenis in Macedoniam, tantundem esse ex Ma-
cedonia Athenas

XXIV Alexandro

Si vis honestus evadere, abiecto quem in capite gestas
panno ad nos accede Verum non poteris Hephæstionis
enim femoribus teneris

XXV. Hipponi

Iubebas me tibi scribere, quæcunque de morte et se-
pultura statuerim, quasi perfectus philosophus non futu-
rus, nisi quæ post mortem erunt a nobis didiceris Ego
vero satius duco secundum virtutem et naturam vivere
atque hoc in nostra esse situm potestate Ut autem,
quæ ante generationem erant, permissa sunt naturæ, sic
etiam quæ post vitam futura ei committenda sunt nam
uti genuit, sic etiam dissolvet Noli autem sollicitus
esse, quasi tactu unquam ac sensu carere possim Ego
mortuo mihi constitui apponendum esse baculum, quo
nocitura mihi animalia abigam

XXVI Eidem.

Memento quod paupertatis principatum per vitam tibi
concesserim, daque operam, ut neque ipse illum deponas
neque ab alio eo spolieris vix enim dubium est, quin
Thebani aggrediantur te rursus infelicem iudicantes Tu
vero pallium pellem existima leoninam et baculum cla-
vam, peramque terram atque mare, a quibus nutriris
sic enim Herculea contigerit tibi fortitudo omnique for-
tuna superior Si vero lupinorum aut caricarum quid
tibi reliquum est, nobis mitte

XXVII Annicerid

Lacedæmonii decrevere, Spartam nobis non esse ingre-
diendam Verum tu nihil perturberis nomine enim
contentus es cynismi Commiserandi profecto, qui non
sentiant, quod ipsi videntur exercere, a me solo consum-
mari Victus enim tenuitatem nescio an me magis nemo
coluerit, molestiarumque tolerantiam quis est qui iactet
Diogene præsente huic factum etiam hoc est, ut, quum
immunitam propter fortitudinem suam habitare vellent
Spartam, incustoditam animam affectibus exponerent,
nullo ipsi adversus eos imposito custode Terribiles igi-
tur vicinis visi ab intestinis morbis pessumdantur.
Quare expellant virtutem, qua sola duce potuerint ani-
mis confirmari et a morbis, quibus laborant, liberari

XXVIII

Diogenes canis Græcis qui vocantur miseriam Non dec-

16

ζειν. Ὑπάρχει δὲ τοῦτ' ὑμῖν, κἂν ἐγὼ μὴ λέγω· ὄντες γὰρ ταῖς μὲν ὄψεσιν ἄνθρωποι, ταῖς δὲ ψυχαῖς πίθηκοι, προσποιεῖσθε μὲν πάντα, γινώσκετε δὲ οὐδέν· τοιγάρτοι τιμωρεῖται ὑμᾶς ἡ φύσις· νόμους γὰρ ὑμῖν αὐτοῖς μηχανησάμενοι μέγιστον καὶ πλεῖστον τῦφον ἐξ αὐτῶν διεκληρώσασθε, μάρτυρας τῆς ἐμπεφυσιωμένης κακίας λαβόντες. καὶ οὐδέποτε ἐν εἰρήνῃ, ἀλλ' ἐν πολέμῳ τὸν ὅλον βίον καταγράφετε, κακοὶ κακῶν ἐπιτήδειοι ὄντες, καὶ ἀλλήλοις φθονοῦντες, ἐὰν μικρῷ μαλακώτερον ἱμάτιον ἄλλον ἴδητε ἔχοντα ἢ κερμάτων μικρῷ πλέον ἢ ἐν λόγῳ δριμύτερον ἢ μᾶλλον πεπαιδευμένον. (2) οὐδὲν γὰρ διακρίνετε ὑγιεῖ λόγῳ, ἀλλ' εἰς εἰκότα καὶ πιθανὰ καὶ ἔνδοξα κατολισθάνοντες πάντα μὲν αἰτιᾶσθε, οὐδὲν δὲ οἴδατε, οὐδ' οἱ πρόγονοι ὑμῶν οὐδ' ὑμεῖς, ἀλλὰ ὑπὸ ἀγνοίας καὶ ἀφροσύνης καταμωκώμενοι στρεβλοῦσθε, καλῶς ποιοῦντες. μισεῖ δ' ὑμᾶς οὐ μόνον ὁ κύων, ἀλλὰ καὶ ἡ φύσις αὐτή· μικρὰ μὲν γὰρ εὐφραίνεσθε, πολλὰ δὲ λυπεῖσθε καὶ πρὸ τοῦ γῆμαι καὶ γήμαντες, ὅτι γε ἐγήματε ὄντες ἐξώλεις καὶ δυσάρεστοι. ὅσους δὲ καὶ οἴους ἄνδρας ἀπεκτείνατε, τοὺς μὲν ἐν πολέμῳ πλεονέκται ὄντες, τοὺς δὲ ἐν τῇ καλουμένῃ εἰρήνῃ αἰτίαν ἐπενεγκόντες. (3) οὔκουν πολλοὶ μὲν ἐπὶ τῶν σταυρῶν κρέμανται, πολλοὶ δὲ ὑπὸ τοῦ δημίου ἀπεσφαγμένοι, ἕτεροι δὲ φάρμακον πιόντες δημοσίᾳ, οἱ δ' ἐπὶ τοῦ τροχοῦ, δηλονότι ἄδικοι δόξαντες εἶναι; πότερον οὖν ἐπιχειρητέον, ὦ κακαὶ κεφαλαί, παιδεῦσαι τούτους ἢ ἀποκτεῖναι; νεκρῶν μὲν γὰρ ἡμῖν οὐδεμία δήπου χρεία, εἰ μὴ ὥσπερ ἱερείων σάρκας ἐσθίειν μέλλομεν, ἀνδρῶν δὲ ἀγαθῶν πάντως ἐστὶ χρεία, ὦ κακαὶ κεφαλαί. ἀγραμμάτους μὲν καὶ ἀμούσους παιδεύετε γράμματα τὰ καλούμενα μουσικά, ἵνα ὑπάρχωσιν ὑμῖν, ὅταν ποτὲ χρεία ᾖ τούτων, ἄνδρας δὲ ἀδίκους διὰ τί οὐ παιδεύσαντες χρῆσθε τούτοις, ὁπόταν ᾖ χρεία δικαίων; ἐπεὶ καὶ ἀδίκων χρείαν ἔχετε, ὅταν βούλησθε ὑφελέσθαι πόλιν ἢ στρατόπεδον; (4) καὶ οὔπω μέγα τοῦτο ὅταν μετὰ βίας πράττητε τὰ καλά, καὶ τὰ κρείσσονα λεηλατούμενα πάρεστιν ὁρᾶν, καὶ οἷς μὲν ἄν, ὦ κακαὶ κεφαλαί, ἐπιχειρήσητε, τούτους ἀδικεῖτε, καίτοι αὐτοὶ μείζονος τιμωρίας ἄξιοι ὄντες. ἔν τε τοῖς γυμνασίοις, ὅταν ᾖ τὰ καλούμενα Ἕρμαια ἢ Παναθήναια, καὶ ἐν μέσῃ τῇ ἀγορᾷ ἐσθίετε καὶ πίνετε, μεθύετε, περαίνετε, γυναικοπαθεῖτε. εἶτ' ἐνασεβεῖτε ὑμεῖς ἔτι καὶ κρύφα καὶ φανερῶς ποιεῖτε ταῦτα. οὐδὲν μὲν μέλει τῷ κυνί, ὑμῖν δὲ πάντα ταῦτα ἐπιμελῆ ἐστιν. (5) καὶ ὅπου κύνας εἴργετε βίου φυσικοῦ καὶ ἀληθοῦς, πῶς εἰς αὐτοὺς οὐκ ἂν πλημμελήσαιτε; κἀγὼ μὲν ὁ κύων τῷ λόγῳ, ἡ δὲ φύσις τῷ ἔργῳ ὁμοίως πάντας ὑμᾶς τιμωρεῖται· ὁμοίως γὰρ πᾶσιν ὑμῖν θάνατος ἐπικρέμαται, ὃν ὑμεῖς φοβεῖσθε. καὶ πολλάκις εἶδον πτωχοὺς ὑγιαίνοντας δι' ἔνδειαν, πλουσίους δὲ νοσοῦντας δι' ἀκρασίαν τῆς δυστυχοῦς γαστρὸς καὶ πόσθης· χαρισάμενοι γὰρ τούτοις ὀλίγον ἐναργαλίσθητε χρόνον ὑφ' ἡδονῆς μεγάλας καὶ ἰσχυρὰς ἐναποδεικνυμένης ἀλγηδόνας. (6) καὶ οὐδὲν ὠφελήσει ὑμᾶς οὔτε οἰκία οὔτε τὰ ἐν αὐτῇ

rit vero illa vobis, etiamsi ego non imprecer : nam quum facie quidem sitis homines, animis vero simiæ, omnia simulatis, nihil vero intelligitis. Quare ulciscitur vos natura. Ex legibus enim, quas vobis ipsis tinxistis, maximam et plurimam superbiam nacti estis, insitæ vobis malitiæ exhibitis ipsis testibus. Neque in pace unquam, verum in bello per totam vitam consenescitis, mali malorum socii, invidiam vicissim exercentes, si paullo molliorem vestem videtis alium habentem aut pecuniæ summam paullo ampliorem aut ipsum in dicendo acutiorem aut magis eruditum. (2) Nihil enim diiudicatis sana mente, verum ad verisimilia et credibilia et opinabilia delabentes omnia reprehenditis, nihil vero scitis, neque maiores vestri, neque vos ipsi, sed ab inscitia et vesania delusi torquemini, idque merito, oditque vos non solum canis, sed etiam natura ipsa. Paullum enim lætamini, multum vero doletis et antequam matrimonium iungatis et postquam iunxistis, quoniam junxistis miseri quippe ac morosi. Quot autem et quales viros occidistis, alios in bello superatos, alios in pace, quæ dicitur, adductos in suspicionem. (3) Nonne multi cruci suffixi pendent, multi a carnifice interfecti, alii ad venenum hauriendum publice damnati, alii equuleo impositi, scilicet quod iniusti essent visi? utrum igitur tentare conveniebat, o dira capita, corrigere istos an interficere? cadaverum enim nullus utique nobis usus, nisi tanquam victimarum carnibus vesci voluerimus, virorum vero bonorum omnino usus erit, o dira capita. Indoctos atque rudes docetis musica quæ dicuntur elementa, quo præsto vobis sint, si quando his opus vobis fuerit; viros vero iniustos cur non ad frugem revocatis eisque utimini, si quando iustis opus fuerit, præsertim quum et iniustorum sane usum habeatis, si urbem surripere vultis sive exercitum? (4) Sed nondum magnum hoc ; at ubi cum vi quæ bona sunt agatis, maioribus etiam vim illatum iri licet exspectare, et ad quoscunque, o dira capita, accedatis, hos iniuria afficitis, ipsi vero maiore pœna digni in gymnasiis, si Hermæa instant aut Panathenæa, atque in medio foro editis ac bibitis, vino vos obruitis, pœdicatis, muliebria patimini. Tum etiam impie vos agitis, quod et clam et palam hæc patratis ? Nil canis curat, vobis vero hæc omnia curæ sunt. (5) Et ubi canes a naturali veraque vita prohibetis, quomodo in ipsos non deliqueritis? et ego quidem canis verbis, natura vero re ipsa pariter vos punit omnes : pariter enim vobis omnibus mors imminet, quam extimescitis. Ac sæpenumero vidi pauperes bene valentes ob inopiam, divites vero ægrotantes ob miseri ventris penisque incontinentiam. His enim indulgentes suaviter per breve tempus moti estis a voluptate magnos. atque graves labores afferente. (6) Nec quicquam proderunt vobis ædes, neque quæ in

. κιονόκρανα, ἀλλ' ἐν ταῖς χρυσαῖς καὶ ἀργυραῖς κλίναις κατακείμενοι στρεβλοῦσθε καλῶς ποιοῦντες, οὐδ' ἰσχυροποιεῖσθαι δύνασθε, ἵνα τὰ τῶν ἀγαθῶν λείψανα μετὰ τῶν λαχάνων καταφάγητε κακοὶ κακῶν ἐπιτήδειοι ὄντες, ἀλλ' εἰ νοῦν ἔχετε, ὥσπερ οὐκ ἔχετε, ἐὰν μεθύητε, Σωκράτει τε τῷ σοφῷ πεισθέντες κἀμοὶ κοινῇ βουλῇ συνελθόντες ἡδηδὸν σύμπαντες ἢ σωφρονεῖν μάθετε ἢ ἀπάγξασθε· οὐ γὰρ δυνατὸν εἶναι ἄλλως ἐν τῷ ζῆν, εἰ μὴ θέλετε ὥσπερ ἐν συμποσίῳ, ἕως ἂν ὑπερπιόντες καὶ ὑπερμεθυσθέντες ὑπὸ ἰλίγγων καὶ στρόφων συνεχόμενοι ὑφ' ἑτέρων ἄγησθε καὶ μὴ αὐτοὶ δύνησθε σωθῆναι. (7) σπαταλῶσι δ' ὑμῖν καὶ ἐνθυμουμένοις, ὅσα γε τὰ ἀγαθὰ ὧν δεσπόται λέγεσθε εἶναι, ἔρχονται οἱ κοινοὶ δήμιοι, οὓς ὑμεῖς καλεῖτε ἰατρούς, οἷς ἃ ἂν ἐπὶ τὴν γαστέρα ἐπέλθῃ, ταῦτα λέγουσι καὶ πράττουσιν. οὗτοι δὲ καλῶς ποιοῦντες τέμνουσι καὶ κάουσι καὶ δεσμεύουσι φάρμακά τε διδόασι καὶ ἔσω καὶ ἔξω τοῦ σώματος. κἂν ὑγιασθῆτε, οὐδὲ τοῖς καλουμένοις ἰατροῖς χάριν ἔχετε, ἀλλὰ τοῖς θεοῖς φατὲ δεῖν ἔχειν χάριν· ἐὰν δὲ μή, τοῖς ἰατροῖς ἐγκαλεῖτε. πλεῖον δ' ἔμοιγε πάρεστι τὸ εὐφραίνεσθαι τοῦ λυπεῖσθαι καὶ τὸ εἰδέναι τοῦ ἀγνοεῖν· (8) διετέλεσα γὰρ ἐντυγχάνων Ἀντισθένει τῷ σοφῷ, ὃς μόνοις τοῖς εἰδόσιν αὐτὸν διεῖλε καὶ τοῖς ἀλλοτρίοις τοῖς οὐκ εἰδόσι φύσιν, λόγον, ἀλήθειαν παρεξέδη, οὐδὲν φροντίσας κνωδάλων νηπίων μὴ ἐπισταμένων, ὡς εἴρηται ἐν ἐπιστολῇ, λόγους κυνός. βαρβάροις δὲ οὖσιν οἰμώζειν λέγω, ἕως ἂν ἑλληνιστὶ μαθόντες Ἕλληνες ἀληθινοὶ γένησθε· νῦν μὲν γὰρ πολὺ χαριέστεροί εἰσιν οἱ καλούμενοι βάρβαροι καὶ τόπῳ ἐν ᾧ εἰσὶ καὶ τρόπῳ, καὶ οἱ μὲν καλούμενοι Ἕλληνες στρατεύουσιν ἐπὶ τοὺς βαρβάρους, οἱ δὲ βάρβαροι διαφυλάττειν οἴονται δεῖν τὴν ἑαυτῶν, πάντες ὄντες αὐτάρκεις. ὑμῖν δὲ ἱκανὸν οὐδέν· καὶ γὰρ φιλόδοξοι καὶ ἄλογοι καὶ ἀχρήστως τρεφόμενοί ἐστε.

κθ´. Διονυσίῳ.

Ἐπειδὴ δέδοκταί σοι ἐπιμέλειάν ποιήσασθαι σεαυτοῦ, πέμψω σοι ἄνθρωπον οὐδὲν μὰ Δία Ἀριστίππῳ καὶ Πλάτωνι ὅμοιον, ἀλλ' ἕνα τῶν Ἀθήνησι παιδαγωγῶν ἐξ ὧν ἔχω, δριμύτατα μὲν βλέποντα, ὀξύτατα δὲ βαδίζοντα, σκῦτος δὲ ἀλγεινότατον φέροντα, ὅς σε μὰ Δία ἐπιτρέψει τὸ μὴ καθ' ὥραν ἀναπαύεσθαι καὶ πρωὶ ἐγείρεσθαι, παύσας φόβων καὶ δειμάτων, ἐν οἷς ὧν οἴει τι μᾶλλον διὰ τοὺς δορυφόρους ἢ τῆς ἀκροπόλεως τὴν εὐερκίαν ἀποστήσεσθαι αὐτῶν, δι' ὧν μόνων ἀεὶ πάρεστι. καὶ σοὶ δὲ ὅσῳ μᾶλλον καὶ πλείω καὶ μείζω τοιαῦτα κατασκευάζῃ, πλείους καὶ μείζους ἀπορίαι καὶ δείματα τῆς ψυχῆς ἀποβαίνουσι. (2) πάντα οὖν ταῦτα περιαιρήσεται καὶ θάρσος ἐμποιήσας ἀποστήσει τῆς μαλακίας· τί γὰρ ὄφελος ἀνδρὸς μὴ ἐλευθέρου; ἔστι δέ τοι αὐτὸ τοῦτο ἡ δουλεία, οἷς μετὰ δέους ὁ βίος παρεσκεύασται. ἕως μὲν οὖν ταύτας σὺ τὰς συνουσίας ἔχῃς, οὐκ ἀνήσει σε τούτων τι τῶν κακῶν· ἐὰν

eis sunt capitulorum ornamenta, sed in aureis argenteisque lectis decumbentes torquemini, idque merito; nec corroborari potestis, quo bonorum reliquias cum ipsis oleribus devoretis, qui mali estis malorum socii. At si sapitis, ubi ebrii sitis, Socrati optimo mihique obedientes communi concilio convocato cum omni iuventute aut modestiam discite aut in malam rem abite. Non enim aliter in vita versari licet, nisi vultis ut in convivio, donec vino graves et supra modum pleni oculorum vertigine tormineque correpti ab aliis ducendi sitis, nec vestris ipsorum viribus possitis conservari. (7) Luxuriantibus autem vobis, quantaque sint bona, quorum domini esse dicimini, reputantibus communes superveniunt carnifices, quos vos medicos appellatis, quibus quicquid in ventrem incidit, hoc dicunt atque faciunt. Hi vero, et iure quidem, secant, urunt, colligant, remedia corpori adhibent intra et extra. Et si convalescitis, ne gratias quidem habetis medicis, qui dicuntur, sed si convalescitis, diis habendas esse dicitis gratias, sin vero minus, medicos incusatis. Plus vero mihi quidem licet gaudere quam dolere et scire quam ignorare. (8) Id quod assequutus sum ex consuetudine, quam cum Antisthene habui, qui solus cum eis, qui ipsum norant, disputabat, a reliquis, qui naturam, rationem, veritatem ignorarent, sese abstinebat, nil moratus bestias infantulas, qui non intelligunt, ut in epistola dictum est, canis sermones. Barbari vero cum sitis, miseriam vobis imprecor, usque eo dum græce docti Græci veri evadatis. Nunc enim barbari qui vocantur politiores multo sunt et loco, in quo sunt, et moribus, et qui quidem Græci vocantur, bella barbaris inferunt, barbari autem custodiendam sibi suam terram censent, sibi ipsis contenti omnes, vobis vero satis nihil : etenim ambitiosi estis et rationis expertes et male educati.

XXIX. Dionysio.

Quoniam visum tibi est curam tui ipsius aliquam habere, mittam tibi hominem nihil per Iovem Aristippo Platonique similem, sed unum ex pædagogis, quos Athenis habeo, acutissime videntem et velocissime euntem et flagrum asperrimum gerentem, qui te per Iovem instigabit, ut non quavis hora quietem capias et mane expergefias, solutus ex timoribus atque terriculamentis, a quibus magis putas per satellites arcisque tuæ communitionem liberari, per quæ sola semper adsunt, et quo magis et plura et maiora talia compares, hoc plures et maiores angustiæ animique terriculamenta enascuntur. (2) Hæc igitur omnia a te removebit et animo reddito a mollitie segregabit. Quis enim usus hominis non liberi? est autem hoc ipsum servitus, si cui vita cum metu instituitur. Dum igitur hac tu consuetudine uteris, horum malorum

16.

δὲ τὸν ἐξωμέα λάβῃς, ὅς σου τὰς πλευρὰς ἀποκαθαρεῖ καὶ παύσει δείπνων μαγειρικῶν, ἐν ὁποίοις δὲ καὶ αὐτὸς διαιτᾶται τρόποις κατιστήσει σε, σωθήσῃ, ὦ δείλαιε. (3) νυνὶ δὲ τοιούτους ηὔρηκας ἀνθρώπους, οἳ ἂν μάλιστά σε διαλυμαίνοιντο καὶ διαφθείροιεν· οὐ γὰρ ὅπως ἀγαθόν τι παρασκευάσωσί σοι, ἀλλ' ὅπως δειπνήσωσί τι σκοποῦσι καὶ ὅ τι κερδανοῦσι ζητοῦσιν, οὐδὲν ἀφαιρούμενοί σου τῶν ὑπαρχόντων κακῶν, ἀλλὰ τῶν ὄντων ἀφαιρούμενοι καὶ προσκαταλύοντες τῶν οἰκείων ἐθῶν. καὶ οὕτως ἀναίσθητος εἶ, ὃς οὐδὲ ἐκεῖνο ἀκούεις οὕτως ἐν μέσῳ καὶ πανταχοῦ τῆς Ἑλλάδος λεγόμενον,

ἐσθλῶν μὲν γὰρ ἀπ' ἐσθλὰ μαθήσεαι, ἢν δὲ κακοῖσι
συμμίσγῃς, ἀπολεῖς καὶ τὸν ἐόντα νόον.

(4) ὧν σοι οὐδὲν βαρύτερόν ἐστιν, ὦ δείλαιε, τῶν πατρῴων καὶ τυραννικῶν τρόπων, οὐδέ ἐστιν ὅ τι σε ἀεὶ ἄλλο μᾶλλον ἀπόλλυσιν. ἀλλ' οὐδὲ ἄνθρωπον δύνῃ ἐξευρεῖν ἐπὶ τοῦτο, ὅστις σε ἀποστήσει ὥσπερ τῆς ἱερᾶς νόσου καλουμένης τῆς τυραννίδος· ἅπαντα γὰρ ποιεῖς, ὅσα ἄνθρωπος μαινόμενος ποιεῖ, μόνου δὲ ἀποστὰς τούτου σωθείης ἄν. ἀλλ' οὔτε οἱ συνόντες ὁρῶσιν ὅσον τὸ κακὸν ἔχεις, οὔτε αὐτὸς αἰσθάνῃ, οὕτως ἐκ πολλοῦ τέ σου καὶ σφόδρα ἧπται ἡ νόσος. σκύτους οὖν δεῖ σοι καὶ δεσπότου, οὐχ ὅς σε θαυμάσει καὶ κολακεύσει· ὡς ὑπό γε τοιούτου ἀνθρώπου πῶς ἄν τίς ποτε ὠφεληθείη, ἢ πῶς ὁ τοιοῦτος ὠφελήσειέ τινα; εἰ μὴ ὥσπερ ἵππον ἢ βοῦν κολάζοι τε ἅμα καὶ σωφρονίζοι, φροντίζοι τε τῶν δεόντων. (5) ἀλλὰ σύ γε πόρρω ἥκεις διαφθορᾶς. οὐκοῦν ἀναγκαῖον τομάς τε καὶ καύσεις καὶ φαρμακείας ποιεῖσθαι. σὺ δὲ ὥσπερ τὰ παιδία πάππους τινὰς καὶ τίτθας εἰσηγάγου, καί σοί φασι «δέξαι, τέκνον, ἔγχεαι, εἴ τί με φιλεῖς, μικρὸν ἔτι μόνον τουτὶ πρόσφαγε.» εἰ οὖν σοι ἅπαντες καὶ πᾶσαι συνελθόντες κατηρῶντο, οὐκ ἂν συμφορώτερα τῇ νόσῳ ἐποίεις. ἀλλὰ τί; οὐ γὰρ μήποτε σὺ ἐθελήσεις τὰ θρὶξ τῶν σύκων ἐπιτρώγειν, ἀλλ' ὥσπερ πρόβατον οὐκ ἂν ἀποσταίης τῶν ὡρίμων. οὐκ ἔστιν οὖν σοι οὔτε χαίρειν οὔτε ἐρρῶσθαι, ὦ φίλτατε.

λ'. Ἱκέτῃ.

Ἧκον, ὦ πάτερ, Ἀθήναζε, καὶ πυθόμενος τὸν Σωκράτους ἑταῖρον εὐδαιμονίαν διδάσκειν, εἰσῆλθον παρ' αὐτόν. ὁ δὲ ἐτύγχανε τότε σχολάζων περὶ ταῖν ὁδοῖν ταῖν φερούσαιν **, ἔλεγε δὲ αὐτὰς εἶναι δύο καὶ οὐ πολλάς, καὶ τὴν μὲν σύντομον, τὴν δὲ πολλήν· ἐξεῖναι οὖν ἑκάστῳ ὁποτέραν βούλοιτο βαδίζειν. κἀγὼ ταῦτα ἀκούσας τότε μὲν κατεσίγησα, τῇ δὲ ἑξῆς, ἐπειδὴ πάλιν εἰσιόντων ἡμῶν παρ' αὐτὸν περὶ ταῖν ὁδοῖν παρεκάλεσα αὐτὸν ἐπιδεῖξαι ἡμῖν, καὶ ὃς μάλ' ἑτοίμως ἀπαναστὰς τῶν θάκων ἦγεν ἡμᾶς εἰς ἄστυ καὶ δι' αὐτοῦ εὐθὺς εἰς τὴν ἀκρόπολιν. (2) καὶ ἐπεὶ ἀγχοῦ ἐγενόμεθα, ἐπιδείκνυσιν ἡμῖν δύο τινὲ ὁδὼ ἀναφερούσας, τὴν μὲν ὀλίγην προσάντη τε καὶ δύσκολον, τὴν δὲ

---

nullum te dimittet. Ubi vero palliatum illum nactus fueris, qui tua latera perpurgabit, teque a coenis coquinariis prohibebit et ad eandem, in qua ipse versatur, vivendi rationem compellet, servaberis, o miser. (3) Nunc vero eiusmodi invenisti homines, qui maxime te pessumdent atque perdant : non enim ut boni quid efficiant, sed ut epulentur spectant et quod lucrentur quærunt, nullum eorum, quæ habes, malorum auferentes, verum de bonis tuis auferentes ac moribus tuis detrimentum afferentes. Quin stultus es adeo, ut ne illud quidem audias, quod sic in medio et ubique Græciæ dicitur,

A bonis enim bona disces, sin vero cum malis
versere, perdes et quam adhuc habes mentem.

(4) Et sane nihil tibi gravius est, o miser, paternis et tyrannicis moribus, neque aliud est, quod magis te semper perdat. At ne hominem quidem invenire hoc in malum potes, qui te avertat tanquam a sacro morbo qui dicitur a tyrannide. Omnia enim facis, quæcunque homo furiosus fecerit, a solo autem hoc ubi destiteris, servabere. Sed neque qui tecum conversantur quantum habeas malum vident, neque ipse sentis, tam diu tamque vehementer morbus te invasit. Flagro igitur tibi opus est et domino, non qui te admiretur atque assentiatur tibi : namque ab eiusmodi homine quomodo tandem utilitatem aliquis ceperit aut quomodo talis utilitatem alicui afferat? nisi velut equum sive bovem castiget simul et ad frugem revocet et procuret quibus opus est. (5) At tu eo progressus es pravitatis, ut sectiones et ustiones et venena necesse sit adhibere. Sed tu velut pueri avos quosdam et nutrices tibi introduxisti, qui tibi dicunt « accipe, puerule, infunde, si me amas, paullum adhuc; hoc solum insuper comede. » Quare si universi et universæ coniunctim diras tibi imprecarentur, non faceres quæ ad augendum morbum valent. Quid autem? nolueris enim unquam folia ficuum comedere, sed tanquam ovis non abstinueris a maturis fructibus. Non licet igitur tibi nec salvere nec valere, amicissime.

XXX. Hicetæ.

Athenas quum venissem, mi pater, ibique Socratis discipulum felicitatem docere audivissem, ad ipsum memet contuli. Disputabat ille tunc de viis huc ducentibus atque duas eas dicebat esse, neque plures, alteram brevem, longam alteram : licere igitur cuique utra voluerit incedere. Quibus auditis ego tum quidem silentium tenui, postero vero die, quum rursus ad eum accessissemus, de viis istis ut exponeret nobis admonui, isque prompte ex sedibus exsurgens ad urbem nos perque ipsam recta ad arcem ducebat. (2) Ad quam prope accedentibus monstrat nobis duas vias huc ascendentes, alteram brevem, abruptam et difficilem, alteram longam,

πολλὴν λείαν τε χα ῥᾳδίαν χαθιστάς· ἄμα γάρ « αἱ μὲν
εἰς τὴν ἀκρόπολιν » εἶπε « φέρουσαι ὁδοί εἰσιν αὖται,
αἱ δὲ ἐπὶ τὴν εὐδαιμονίαν τοιαῦται· αἱρεῖσθε δὲ ἕκα-
στος, ἣν ἐθέλετε, ξεναγήσω δ᾽ ἐγώ. » τότε οἱ μὲν ἄλλοι
τῆς ὁδοῦ τὸ δύσκολον καὶ πρόσαντες καταπλαγέντες
ὑποκατεκλίνησαν καὶ τὴν μακρὰν καὶ λείαν παρεκά-
λουν αὐτὸν διάγειν, ἐγὼ δὲ κρείττων γενόμενος τῶν
χαλεπῶν τὴν προσάντη καὶ δύσκολον· ἐπὶ γὰρ εὐδαι-
μονίαν ἐπειγομένῳ κἂν διὰ πυρὸς ἢ ξιφῶν βαδιστέον
εἶναι. (3) ἐπεὶ δὲ ταύτην εἱλόμην τὴν ὁδόν, ἀφαι-
ρεῖταί μου τὸ ἱμάτιον καὶ τὸν χιτῶνα καὶ περιβάλλει
μοι τρίβωνα διπλοῦν καὶ ἀποχρήμνησί μου τοῦ ὤμου
πήραν, ἐμβαλὼν εἰς αὐτὴν ἄρτον καὶ τρίμμα καὶ πο-
τήριον καὶ τρυβλίον, ἔξωθεν δὲ αὐτῇ παρήρτησε λήκυ-
θον καὶ στλεγγίδα, δίδωσι δέ μοι καὶ βακτηρίαν καὶ
ἐγὼ τούτοις ἐκοσμήθην, ἠρόμην δὲ αὐτόν, διὰ τί με
τρίβωνα περιέβαλε διπλοῦν. ὁ δὲ ἔφη « ἵνα σε πρὸς
ἄμφω συνασκήσω, καὶ καῦμα τὸ ἀπὸ θερείας καὶ ψῦ-
χος τὸ ἀπὸ χειμῶνος. » « τί γάρ » ἔφην, « ὁ ἁπλοῦς
τοῦτο οὐκ ἐποίει; » (4) « οὐ μὲν οὖν » εἶπεν, « ἀλλὰ
θέρους μὲν ῥαστώνην, χειμῶνος δὲ πλείονα ἢ κατ᾽ ἄν-
θρωπον ταλαιπωρίαν. » « τὴν δὲ πήραν διὰ τί μοι
περιτέθεικας, » « ἵνα πάντη τὴν οἰκίαν » εἶπε « περι-
φέρῃς. » « τὸ δὲ ποτήριον καὶ τὸ τρυβλίον διὰ τί ἐνέ-
βαλες, » « ὅτι δεῖ σε » εἶπε « καὶ πίνειν καὶ ὄψῳ χρῆ-
σθαι, ὄψῳ ἑτέρῳ » ἔφη, « κάρδαμον μὴ ἔχοντα. » « τὴν
δὲ λήκυθον καὶ τὴν στλεγγίδα πρὸς τί ἀπήρτησας, »
« τὴν μὲν ἀρωγὸν » ἔφη « πόνων, τὴν δὲ γλοίου. » « ἡ
δὲ βακτηρία πρὸς τί, » ἔφην. « πρὸς τὴν ἀσφά-
λειαν » εἶπε « ποίαν τήνδε, » « πρὸς ἣν οἱ θεοὶ αὐτῇ
ἐχρήσαντο, πρὸς τοὺς ποιητάς »

λα΄ Φαινυλίω

Ἀνέβαινον Ὀλυμπίαζε μετὰ τὸν ἀγῶνα, τῇ δ᾽
ὑστεραίᾳ κατὰ τὴν ὁδὸν ὑπήντησέ μοι Κίκερμος ὁ
παγκρατιαστής, κατεσταμμένος τῷ Ὀλυμπιακῷ στε-
φάνῳ, καὶ σὺν αὐτῷ τῶν οἰκείων πολὺς ὅμιλος πο-
ρευόμενος οἴκαδε καγώ, ὡς πλησίον ἐγένετό μου,
λαβόμενος αὐτοῦ τῆς χειρὸς « ἔνστηθι » εἶπον, « ὦ ἄθλιε,
τῆς ταλαιπωρίας καὶ λῆξον τοῦ τύφου, ὅς σε Ὀλυμ-
πίαζε ἀναβάντα ἀνεπίγνωστον τοῖς γονεῦσιν ἀπάγει
καὶ φράσον ἐπὶ τίνι δὴ μέγα φρονῶν κατέστεψαι· μὲν »
ἔφη « τῷδε τῷ στεφάνῳ τὴν κεφαλήν, φοίνικα δὲ διὰ
τῶν χειρῶν φέρεις, ὅλον δὲ τοσοῦτον ἐπισύρῃ. » (2)
καὶ ὃς ἀπεκρίνατο « ἐπὶ τῷ νενικηκέναι παγκράτιον
τοὺς ἐν Ὀλυμπίᾳ πάντας. » « ὦ τοῦ θαύματος, »
ἔφην, « καὶ τὸν Δία καὶ τὸν ἀδελφόν, » « οὐ μὲν οὖν »
ἔφη. « ἀλλὰ τοὺς καθ᾽ ἕνα προκαλούμενος, » « οὐ
γάρ » εἶπεν. « ἄλλους ἄρα δήπουθεν καὶ ἄλλους κλη-
ρωσάμενος ἐπαγκρατίασας, » « πάνυ γε. » « εἶτα
πῶς τοὺς ὑπ᾽ ἄλλων ἐλεληθέντας ἐτόλμησας λέγειν
αὐτὸς νενικηκέναι, τί δαί, ἄνδρες ἦσαν μόνοι οἱ παγ-
κρατιάζοντες Ὀλυμπίασι, » « καὶ παῖδες » εἶπεν.
« καὶ τούτους ἐνίκησας ἀνδρισάμενος, » οὐκ ἔφη.

---

planam atque facilem. « Et hæ quidem » inquit « viæ
sunt ad arcem ducentes, quæ autem ad felicitatem,
eodem modo comparatæ sunt : vos jam eligite, quam
quisque volet, ego vero ducam » Tum reliqui viæ
asperitate ac abruptis perterriti animum abjecere et
ut longa atque plana duceret cohortabantur, ego vero,
ut qui contemnerem difficultates, ut abrupta atque
aspera : nam qui ad felicitatem pervenire studeat, huic vel
per ignes atque enses esse incedendum (3) Quam quum
elegissem viam, ablata mihi toga atque tunica pallium
duplex mihi induit et peram unicit ex humero suspensam,
pane et placenta et poculo et scutula instructam, extra-
que ampullam ei suspendit atque strigilem, prætereaque
dat mihi baculum His ego ornatus interrogabam, qua
de caussa pallium duplex mihi induisset Atque ille
« ut ad utrumque te exercerem, et ad æstivum calorem
et ad hiemale frigus » « Quid enim » inquam, « sim-
plex hoc non efficit? » (4) « Minime vero » respondit,
« sed æstate quidem lavamentum, hieme vero majorem
quam præ humanis viribus molestiam » « Peram autem
cui mihi injecisti? » « Ut quocunque » inquit » domum
tecum circumferas » « Sed poculum et scutulam qua
de caussa in illam indidisti? » « Quod oportet » respon-
dit « et bibas et obsonio utare, obsonio alio » inquit « si
nasturtium non habeas » « Ampullam autem et strigilem
cur suspendisti? » « Alteram in labores » inquit « alteram
in sordes adiumentum » « Sed baculum ad quid? »
rogabam « Ad securitatem » respondit « Qualem hanc? »
« Ad quam dei utuntur ipso, adversus poetas »

XXXI. Phænylio

Ascendebam Olympiam certamine absoluto, posteroque
die mihi in itinere obviam processit Cicermus pancratiasta,
Olympica corona coronatus, cumque eo magna amicorum
domum contendens turba Atque ego, quum prope ad me
accessisset, prehensa manu « finem fac, » inquam « o mi-
ser, laborum atque abice superbiam, quæ Olympiam pro-
fectum talem quem ne parentes quidem agnoscant te re-
ducit Iam dicas, quanam re elatus » inquam « coronam
istam capiti impositam manuque palmam feras ac tantam
tecum trahas turbam » (2) Tum ille respondit « quod
pancratio superavi Olympiæ universos » « Mira nar-
ras, » inquam « Iovem etiam eiusque fratrem? » « Mi-
nime vero » respondit « Sed reliquos num singulatim
provocatos? » Negavit hoc « Itaque cum aliis atque aliis
sortito certamen invisti » « Omnino » « Quare quomodo
ab aliis superatos te ipsum ausus es dicere vicisse? quid
autem, viri soli erant, qui pancratium Olympiæ exerce-
rent? » « Pueri etiam » respondit « Hos quoque vicisti,
quum inter viros relatus sis? » « Non, » inquit, « non enim

« οὐ γὰρ ἦσαν ἐκ τοῦ ἐμοῦ κλήρου. » « τί γάρ, σὺ
τοὺς ἐκ τοῦ ἰδίου κλήρου πάντας ἐνίκησας; » « πάνυ
γε. » « λέγε μοι » ἔφην, « οὐχ ὁ σὸς κλῆρος ὁ τῶν
τελείων ἦν; » « τῶν τελείων « εἶπεν. « Κίκερμος δὲ
ποῖον κλῆρον ἠγωνίζετο; » « ἐμὲ λέγεις; τῶν τελείων »
εἶπεν. « ἆρ' οὖν Κίκερμον ἐνίκησας; » « οὐ μὲν οὖν »
εἶπεν. (2) « εἶτα σὺ μήτε τοὺς παῖδας νενικηκὼς μήτε
τοὺς τελείους πάντας τολμᾷς λέγειν νενικηκέναι; τίνας
δ' εἶχες » ἔφην « τοὺς ἀντιπάλους; » « ἄνδρας » εἶπεν
« ἐπιφανεῖς τῶν ἐκ τῆς Ἑλλάδος καὶ Ἀσίας. » « ἆρα
κρείττονας σαυτοῦ ἢ ἴσους ἢ χείρονας; » « κρείττονας. »
« κρείττονας λέγεις τοὺς ἡττηθέντας ὑπὸ σοῦ; » « ἴσους »
εἶπε. « καὶ πῶς τοὺς ἴσους ἠδυνήθης ἡττῆσαι σεαυτοῦ
μὴ χείρονας γενομένους; » « ἥττους » εἶπεν. « εἶτα οὐ
παύσῃ ἐπὶ τῷ τοὺς ἥττονας κατηγωνίσθαι μέγα φρο-
νῶν; ἢ σὺ μὲν τοῦτο δύνασαι μόνος ποιῆσαι, ὁ τυ-
χὼν δ' οὐκ ἂν δύναιτο; τί δ'; οὐκ ἔστιν ὅστις οὐ τοὺς
χείρονας ἑαυτοῦ δυνάμει ἐπικρατεῖ. (4) ἔα γοῦν ταῦτα,
ὦ Κίκερμε, τὰ πολλὰ χαίρειν καὶ ἀγωνίζου μὴ παγ-
κράτιον, μηδὲ πρὸς ἀνθρώπους, ὧν χείρων ἔσῃ μετ'
οὐ πολὺ εἰς γῆρας ἀφικόμενος, ἧκε δὲ ἐπὶ τὰ ὄντως
καλὰ καὶ μάθε μὴ ὑπὸ ἀνθρωπίων τυπτόμενος καρτε-
ρεῖν, ἀλλ' ὑπὸ τῆς ψυχῆς, μηδ' ἱμᾶσι μηδὲ πυγμαῖς,
ἀλλὰ πενίᾳ, ἀλλ' ἀδοξίᾳ, ἀλλὰ δυσγενείᾳ, ἀλλὰ φυ-
γαδείᾳ. τούτων γὰρ αὐκήσας καταφρονεῖν μακαρίως
μὲν ζήσεις, ἀνεκτῶς δὲ ἀποθανῇ· ἐκεῖνα δὲ ζηλῶν ζή-
σεις ταλαιπώρως. » ταῦτά μου διεξιόντος αὐτῷ τόν τε
φοίνικα εἰς τὴν γῆν κατέβαλε καὶ τὸν στέφανον τῆς κε-
φαλῆς ἀφείλετο καὶ οἷός τε ἦν τὴν ὁδὸν ἀναλύειν.

λθ'. Ἀριστίππῳ.

Ἐπυθόμην σε σχολάσαι βασκανίᾳ καθ' ἡμῶν καὶ
παρὰ τῷ τυράννῳ ὀνειδίζειν ἑκάστοτε τὴν ἐμὴν πενίαν,
ὅτι ἡμᾶς ποτὲ κατέλαβες ἐπὶ τῆς κρήνης σέρεις ἀποκλύ-
ζοντας ὄψον τῷ ἄρτῳ. ἐγὼ δὲ ἄγαμαι, πῶς, ὦ μα-
κάριε, τοῖς τὰ ἄξια ἐπαινοῦσι πενίαν κακίζεις, καὶ
ταῦτα Σωκράτους κατακηκοώς, τοῦ τὸν αὐτὸν μὲν
τρίβωνα χειμῶνος καὶ θέρους καὶ ἄλλοτε ἀμπεχομένου,
τὸν αὐτὸν δὲ πρὸς τὰς γυναῖκας κοινὸν ἔχοντος, ὄψον
δὲ οὐκ ἐκ τῶν κήπων φέροντος· οὐδ' ἐκ τῶν μαγειρείων,
ἀλλ' ἀπὸ τῶν γυμνασίων. ἀλλ' ἔοικας ταῦτα ἐπιλε-
λησμένος διὰ τὰς Σικελικὰς τραπέζας. (2) κἀγὼ οὐχ
ὑπομνήσω σε πότου ἄξιόν ἐστι πενία μάλιστα Ἀθή-
νησιν, οὐδὲ ἀπολογήσομαι περὶ αὐτῆς (οὐ γὰρ εἰς σὲ
κἀγὼ ἀνατίθεμαι τὸ ἐμαυτοῦ ἀγαθόν, ὥσπερ καὶ σὺ
εἰς ἑτέρους· ἀπόχρη οὖν μοι μόνῳ ἐπίστασθαι ὑπὲρ
αὐτοῦ), ὑπομνήσω δέ σέ ποτε περὶ Διονυσίου καὶ τῶν
μακαρίων αὐτοῦ συνουσιῶν, αἵ σε εὐφραίνουσιν, ὁπότε
ἐσθίων καὶ πίνων τὰ πολυτελῆ δεῖπνα καὶ ἃ μήποτε
ἡμῖν παρείη ἀνθρώπους ἑκάστοτε τοὺς μὲν μαστι-
γουμένους, τοὺς δὲ ἀνασκολοπιζομένους, τοὺς δὲ εἰς
τὰς λατομίας ἀπαγομένους βλέπεις, καὶ τῶν μὲν γυ-
ναῖκας ἀφαιρουμένας εἰς ὕβριν τῶν δὲ παῖδας, καὶ

ex meo erant ordine. » « Quid enim, tunc qui ex tuo
erant ordine omnes vicisti? » « Omnino. » « Dic mihi »
inquam « tuus ordo nonne adultorum? » « Adultorum »
respondit. « Cicermus autem quonam cum ordine certa-
vit? » « Me dicis? cum adultorum » respondit « ordine. »
« Cicermum igitur superavisti? » « Minime vero » re-
spondit. (3) « Iam qui neque pueros neque adultos
vicisti, omnes audes dicere te vicisse? quosnam autem
habebas adversarios? » « Viros » respondit « Græciæ at-
que Asiæ clarissimos. » « Superioresne te an pares an
deteriores? » « Superiores. » « Superiores dicis a te
superatos? » « Pares » inquit. « Et quomodo pares
potuisti superare, quum te nihil essent deteriores? » ·
« Inferiores » inquit. « Non desines igitur victoria ab in-
ferioribus reportata superbire? num tu solus hoc potes
efficere, nec cuivis alii contigerit? omnino non est qui se
deteriores vi non superet. (4) Hæc igitur, o Cicerme,
omnino valere iube, nolique pancratio decertare, nec
cum hominibus, quibus brevi, ad senectutem ubi per-
veneris, inferior evades, verum ad ea accede, quæ revera
honesta sunt, ac disce non ab homunculis percussus
sed ab anima tolerantiam, idque non cæstu neque pu-
gno, verum paupertate et obscuritate et humilitate et
exilio. Hæc enim ubi contemnere assueveris, beate vives,
mortemque patienter feres; illa ubi consequare, vives
miserabiliter. » Quibus dictis palmam ille humi proiecit,
coronamque de capite detraxit, ac protenus ab itinere
se recepit

XXXII. Aristippo.

Audivi te obtrectare nos et apud tyrannum pauper-
tatem meam continenter criminari, quod aliquando
nos ad fontem intubum, obsonium pani, abluentes depre-
hendisti. Ego vero, o bone, miror, quomodo honesta
sequentibus paupertatem exprobres, præsertim quum
Socratis disciplina usus sis, qui idem et hieme et æstate
et quovis tempore pallium sibi induit, idemque cum mu-
lieribus commune habuit, obsonium autem non ex hor-
tis neque ex popinis petiit, sed ex gymnasiis. At tibi
videntur ista ob Siculas mensas e memoria excidisse.
(2) Ego vero non quanti pretii sit Athenis maxime pau-
pertas in mentem tibi revocabo, neque de ipsa me defen-
dam (non enim et ego meam felicitatem in te repono
sicut tu in aliis, quare soli mihi nosse eam satis est —
sed in mentem tibi revocabo Dionysium beatumque eius,
quod te delectat, consortium, quum edens ac bibens ma-
gnificis in epulis, quæque procul a nobis absint, homines
continuo vides alios flagris cæsos, alios cruci suffixos,
alios in lapicidinas deductos, atque aliorum feminas,
aliorum liberos gregatimque servos abreptos ad ex-

πλέονας τῶν δούλων, οὐχ ἑνὸς μόνον οὐδ' αὐτοῦ τοῦ τυράννου, ἀλλὰ πολλῶν καὶ ἀνοσίων, καὶ πίνοντα πρὸς ἀνάγκην καὶ μένοντα καὶ πορευόμενον καὶ ἀποδρᾶναι μὴ δυνάμενον διὰ τὰς γρυπὰς πέδας (3) ταῦτ' ἔγωγε ἀντ' ἐκείνων τῶν ὀνειδῶν ὑπομιμνήσκω ὁπόσῳ ζῶμεν σέριες πλύνειν ἐπιστάμενοι, τὰς δὲ Διονυσίου θύρας θεραπεύειν ἀγνοοῦντες ὑμῶν, φημί, χρεῖτ τον τῶν Διονυσίῳ συμβουλευόντων καὶ ἐπιτασσόντων Σικελίᾳ πάσῃ. ἀλλ' εἴη σοι, κἂν ὁπόσα γε λέγῃς πρὸς ἡμᾶς ἀποθαρρυνόμενος, καὶ νοεῖν καὶ μὴ στασιάζεσθαι πρὸς τὰ πάθη τὸν λόγον   καλὰ γὰρ τὰ παρὰ Διονυσίῳ μέχρι λόγου, ἐλευθερία δὲ ἡ ἐπὶ Κρόνου καὶ ἡ φιλήτιος μαζαβλωρος

λγ' Φανομαχω

Ἐκαθήμην ἐν τῷ θεάτρῳ βιβλίδια πολλῶν, ἀμιγόμενος δὲ Ἀλέξανδρος ὁ Φιλίππου στὰς ἐν τῷ καταντικρὺ πλησίον ἐμοῦ τὸν ἥλιον ἀφείλετό μου, κᾀγὼ διὰ τὸ μηκέτι πως ὁρᾶν τὰ διασπάσματα τῶν βιβλιδίων ἀνέβλεψα καὶ τότε ἔγνων αὐτὸν παρόντα. ὡς δέ με καὶ αὐτὸς, ἐπεὶ ἀνέβλεψα, προσηγόρευσε καὶ τὴν δεξιὰν ὤρεξεν, ὡς δὲ καὶ αὐτὸν ἐγὼ διὰ τοῦτο ἀντιπροσηγόρευσα καὶ εἶπον τοιοῦτον « ἀληθῶς ἀνίκητος εἶ, μειράκιον, ὅτι καὶ θεοῖς τὰ ἴσα δύνασαι ἰδοὺ γάρ, ὅ φασι τὴν σελήνην τὸν ἥλιον διατιθέναι ἐν τῷ γε ἔσθαι αὐτῷ καταντικρύ, καὶ σὺ ταῦτό τοῦτο εἴργασαι, ἐπεὶ δεῦρο εἰσελθὼν ἐμοὶ παρέστης » (2) καὶ ὁ Ἀλέξανδρος « σιωπᾷς » εἶπεν, « ὦ Διόγενες » « τί τοῦτ' ἔφην » λέγεις; οὐ γάρ ἐστιν ὁρᾶν σοι ὅτι τοῦ ἔργου μὲν ἀπολείπομαι διὰ τὸ μὴ βλέπειν ὥσπερ ἐν νυκτί, διαφέρον δ' οὐδέν μοι τὰ νῦν σοι προσδιαλέγεσθαι, διαλέγομαι » « οὐδέν » εἶπε « σοὶ διαφέρει Ἀλέξανδρος ὁ βασιλεύς, » « οὐδ' ὅσον » ἔφην « πολεμεῖται γὰρ τῶν ἐμῶν οὐδέν, οὐδὲ καθαρπάζεται, καθάπερ τὰ Μακεδόνων καὶ τὰ Λακεδαιμονίων ἤ τινων ἄλλων, ἐν οἷς ἑκάστῳ χρεία βασιλέως » « διὰ μέντοι πενίαν » ἔφη « διαφέρω σου » « ποῖα » ἔφην « πενίαν, » « τὴν αὐτὸ πενίαν » εἶπε, « δι' ἥνπερ οὕτως εἶ μεταίτης ἐνδεῶν πάντων. » (3) « οὗτοι » ἔφην « τοῦτ' ἐστι πενία τὸ μὴ ἔχειν χρήματα, οὐδὲ κακὸν τὸ μεταιτεῖν, ἀλλὰ τὸ ἐπιθυμεῖν πάντων, ὅπερ ἐστὶν ἐν ὑμῖν, καὶ τὸ βίᾳ. διὰ τοῦτο τῇ μὲν ἐμῇ πενίᾳ χρῆναί τε καὶ γῆ εἰσιν ἐπίκουροι, ναὶ μὴν καὶ τὰ σπήλαια καὶ τὰ νάρη, καὶ πολεμεῖται μὲν διὰ ταύτην οὐδὲ εἷς οὔτε ἐν γῇ οὔτε ἐν θαλάσσῃ, ἀλλ' ὡς ἐγεννήθημεν, ἴσθι, καὶ ζῶμεν τῇ δὲ ὑμετέρᾳ τάξει οὔτε γῆ εὑρίσκεται ἐπίκουρος οὔτε θάλαττα, (4) ἀλλὰ δὴ ταῦτα μὲν ὡς ὄντα παραλείπεται, ἀναβαίνετε δὲ ἐπὶ τὸν οὐρανὸν καὶ οὐδὲ Ὁμήρῳ πείθεσθε τούτων μὴ ἐπιθυμεῖν τὸ εἰς σωφροσύνην τὰ τῶν Ἀλωειδῶν πάθη ἀναγράψαντι. ταῦτ' ἐμοῦ πολλῷ παραστήματι διεξερχομένου πολλή τις αἰδὼς τὸν Ἀλέξανδρον εἰσῆλθε, καὶ ἀποκλίνας πρὸς ἕνα τῶν ἑταίρων εἶπεν « ἀλλ' εἰ μὴ ἔφην Ἀλέξανδρος γενέσθαι, Διογένης ἂν ἐγενόμην » καὶ ἐξανα-

---

plendas libidines non unius solum neque ipsius tyranni, verum multrum impio umque hominum, prætereaque vi coactus et bibis et manes et proficiscens, nec effugere potes aureis compedibus vinctus   (3) Hæc ego pro murris istis in mentem tibi revoco   Quanto nos, qui intubum abluere scimus et ad Dionysii ianuas observantiam nostram significare ignoramus, quanto, inquam, beatius eis vivimus, qui consiliis suis Dionysium iuvant totique imperant Siciliæ   Sed quicquid, qua es impudentia, in nos dicis, contingat tibi ut sapias, nec cum affectibus ratio conflictetur   Pulchræ enim Dionysii res sunt nomine tenus, verum quæ sub Saturno fuit libertas

XXXIII Phanomacho

Sedebam in theatro libri foliis conglutinandis occupatus, quum veniens Alexander, Philippi filius, et exadversum prope me consistens solem ademit mihi, atque ego, quoniam foliorum fissuras non amplius dignovi, sublatis oculis præsentem iam cognovi   Quumque et ipse me intuentem porrecta manu salutasset, rem ego quoque salutavi et hoc modo alloquutus sum « Revera inexpugnabilis es, iuvenis, quum ea lem quæ diis potestas tibi est nam vide, quod lunam aiunt soli facere ex adverso ipsi positam, idem tu quoque efficiisti, quum huc accedens prope me constitisti » (2) « Jocaris, » inquit « o Diogenes » « Quid tibi vis? » inquam « Nonne vides, me opus intermittere, quoniam cernere neque quasi noctu? sed quamvis impræsentiarum tecum colloqui mea nil intersit, colloquar tamen » « Nihil curas » inquit « regem Alexandrum » « Prorsus nihil » inqua n, « nihil enim mearum rerum bello petitur nec diripitur, quemadmodum Macedonum res sive Lacedæmoniorum sive quorundam alio rum, quin eiusmodi re omnes opus habent rege » « At ob paupertatem » inquit « me es inferior » « Quamnam » inquam « paupertatem? » « Tuam » respondit « paupertatem, ob quam tam es mendicus, rebus omnibus indigens » « (3) Minime » inquam « hæc est paupertas, si opes non possideas, neque mendicari malum, verum omnia appetere, id quod vestri moris est, vimque facere Hinc meæ paupertati fontes et terra adiutores sunt, quin et specus atque vellera, propterque istam nemo nec terra neque mari bellum mihi infert, sed uti nati sumus, scito, sic et vivimus, vestræ autem conditioni neque in terra neque in mari situm est subsidium (4) At hæc   iam missa facite sed vos cœlum ipsum petitis, ac ne ab Homero quidem moniti, qui Aloidarum casu describendo a I frugem revocavit homines, ista cessatis affectare »   Quæ quum divissem magno cum animi impetu, multum pudoris incessit Alexandrum, inque unum amicorum reclinatus « si forte non essem » inquit « natus Alexander, fuerim Diogenes »

στήσας με ἀπῆγεν σὺν ἑαυτῷ, παρακαλῶν συστρατεύε-
σθαι, καὶ μόλις ἀφῆκεν.

λδ'. Ὀλυμπιάδι.

Μὴ ἀνιῶ πρὸς τοὺς συνήθεις, Ὀλυμπιάς, ὑπὲρ
ἐμοῦ, ὅτι τρίβωνα ἀμπέχομαι καὶ ἄλφιτα ἐπιπωλού-
μενος ἀνθρώπους μεταιτῶ· οὐ γάρ ἐστι ταῦτα αἰσχρὰ
οὐδ' ἐλευθέροις, ὡς φής, ὕποπτα, καλὰ δὲ καὶ οἷα
ὅπλα εἶναι κατὰ δοξῶν τῶν πολεμουσῶν τῷ βίῳ. κἀγὼ
ταῦτα ἔμαθον οὐ παρὰ Ἀντισθένους πρώτου τὰ μαθή-
ματα, ἀλλὰ θεῶν καὶ ἡρώων καὶ τῶν τὴν Ἑλλάδα
ἐπεστροφότων ἐπὶ σοφίαν, Ὁμήρου καὶ τῶν τραγῳδο-
ποιῶν, (2) οἵτινες Ἥραν τε τὴν Διὸς παράκοιτιν ἔφα-
σαν εἰς ἱέρειαν μεταμορφωθεῖσαν τοιοῦτον βίου σχῆμα
ἀναλαβεῖν « νύμφαις κρηνιάσιν, κυδραῖς θεαῖς, ἀγεί-
ρουσαν Ἰνάχου Ἀργείου ποταμοῦ παισὶν βιοδώροις »,
Τήλεφόν τε τὸν Ἡρακλέους, ἡνίκα εἰς Ἄργος παρε-
γένετο, πολὺ χείρονι σχήματι τοῦ ἡμετέρου ἐμφανι-
σθῆναι « πτωχ' ἀμφίβληστρα σώματος λαβόντα ῥάκη
ἀλκτήρια ψύχους », Ὀδυσσέα τε τὸν Λαέρτου ἐξ Ἰλίου
οἴκαδε ὑποστρέψαντα φάρει ῥωγαλέῳ, ἰπνοῦ καὶ καπνοῦ
ἀναμεστῷ. ἆρά σοι ἔτι δοκεῖ ἡ ἐμὴ στολὴ καὶ τὸ με-
ταιτεῖν αἰσχρὰ εἶναι ἢ καλὰ καὶ ἀγαστὰ βασιλεῦσιν
καὶ παντὶ νοῦν ἔχοντι αἱρετὰ εἰς εὐτέλειαν; (3) καὶ
Τήλεφος μέν, ἵνα ὑγιείας τύχῃ, τούτῳ τῷ σχήματι
τοῦ βίου ἐναπεκρύψατο, Ὀδυσσεὺς δ', ἵνα τοὺς μνη-
στῆρας ἐκ πολλοῦ ἀδικοῦντας ἀποκτείνῃ· ἐγὼ δὲ ἵνα
τύχω μὲν εὐδαιμονίας ἧς μικρὰ μοῖρά ἐστι τὸ Τηλέ-
φειον ἀγαθόν, ἕλω δὲ τὰς ψευδεῖς δόξας δι' ἃς οὐχ
ἕνα δεσπότην ᾑρήμεθα, διαφύγω δὲ νόσους καὶ τοὺς
ἐπ' ἀγορᾶς συκοφάντας, περιέλθω δὲ ἐλεύθερος ὑπὸ
τὸν Δία πατέρα ἐπὶ ὅλης γῆς, μηδένα φοβούμενος τῶν
μεγάλων δεσποτῶν. εἰ μὲν οὖν ἐξιλάσκομαί σε, μῆτερ,
ἐπιδείξας τοὺς κρείττονας ἐμοῦ τρίβωνας ἀμπεχομέ-
νους καὶ πήραν φοροῦντας καὶ παρὰ τῶν χειρόνων ἄλ-
φιτα μεταιτοῦντας, θεοῖς χάρις· εἰ δὲ μή, μάτην ἀνιάσῃ.

λε'. Σωπόλιδι.

Ἧκον εἰς Μίλητον τῆς Ἰωνίας, διαπορευόμενος δὲ
τὴν ἀγορὰν παρήκουσα παίδων μὴ εὖ ῥαψῳδούντων.
προσελθὼν οὖν τῷ διδασκάλῳ ἠρόμην αὐτὸν « διὰ τί
κιθαρίζειν οὐ διδάσκεις; » ὃ δὲ ἀπεκρίνατο « ὅτι οὐκ
ἔμαθον. » εἶτα » ἔφην « πῶς τοῦτο μέν, ὅτι οὐκ
ἔμαθες, οὐ διδάσκεις, γράμματα δέ, ἃ μὴ ἔμαθες, σὺ
διδάσκεις; » πάλιν δὲ προελθὼν μικρὸν εἴσειμι εἰς τὸ
τῶν νέων γυμνάσιον, θεασάμενος δὲ ἐν τῷ αἰθρίῳ κα-
κῶς σφαιρίζοντά τινα, προσελθὼν τῷ παλαιστροφύλακι
« πόσον » εἶπον « ἀποτεταγμένον ἐστὶν ἐπιτίμιον κατὰ
τοῦ ἀλειφαμένου καὶ μὴ σφαιρίσαντος; » ὃ δὲ « ὀβο-
λός » ἔφη. » ἐκεῖνος ὁ νεανίας » ἔφην δείξας τὸν ἄνθρω-
πον « μηδενὸς ὄντος ἐπιτιμίου αὐτῷ ὑπ' ἀνάγκης ἐμ-
παίζει. » (2) ἀποθέμενος οὖν καὶ αὐτὸς τὸν τρίβωνα
καὶ τὴν στλεγγίδα ἐκλύσας παρελθὼν ἠλειψάμην, καὶ

Hinc excitatum me secum abduxit et ut in bellum ipsum
comitarer invitatum vix demum demisit.

XXXIV. Olympiadi.

Noli conqueri, Olympias, cum amicis, quod ego pal-
lium induerim, panemque oberrans exigam ab hominibus:
non enim turpia ista sunt, neque hominibus liberis, ut ais,
suspecta, verum honesta, quæque arma præbere possint
adversus opiniones vitæ humanæ adversarias. Atque hæc
ego non ab Antisthene primo didici præcepta, sed a diis
atque heroibus, ab eisque qui Græciam ad sapientiam con-
vertere, Homero atque tragicis, (2) qui Iunonem aiunt,
Iovis coniugem, in sacerdotem mutatam eiusmodi vitæ
genus subiisse « Naidibus, venerabilibus deabus, stipem
colligentem, almis Inachi Argivi fluvii filiabus, » Tele-
phum item, Herculis filium, quum Argos veniret, multo
nostro deteriore visum esse habitu, « miseris pannis
membra involutum ad arcendum frigus, » atque Ulixem
Troia domum reduentem veste lacerata, illuvie plena et
fumo inquinata. Adhuc videntur tibi habitus meus quod-
que mendicans vivam esse turpia, an pulchra regibusque
admiranda et cuivis, qui quidem sapiat, frugalitatis
caussa expetenda? (3) Ac Telephus quidem, ut valetudi-
nem recuperaret, hoc vitæ habitu se abscondidit, Ulixes
autem, ut procos ob crimina per longum tempus com-
missa interficeret, ego vero, ut felicitatem adipiscar, cuius
minima pars est bonum a Telepho expetitum, utque falsas
opprimam opiniones, per quas non unum nobis imponi-
mus dominum, et morbos effugiam quique in foro domi-
nantur sycophantas, et liber circumvolem sub Iove patre
per universam terram, magnorum dominorum metuens
nullum. Iam te si placaverim eo, mater, quod me su-
periores pallium ostendi induisse peramque gestasse et ab
inferioribus panem exegisse, deis gratias refero; sin mi-
nus, frustra dolebis.

XXXV. Sopolidi.

Miletum postquam veni, urbem Ioniæ, perambulans
forum pueros audivi non recte recitantes. Ad magistrum
accedens igitur rogavi « cur fidibus canere non doces? »
ille autem « quod non didici » respondit. « Qui fit igitur »
inquam « ut hoc quidem, quoniam non didicisti, non
doceas, litteras vero doces, quas non didicisti? » Paul-
lum hinc progressus gymnasium intro iuvenum, ibique
in atrio aliquem pila male ludentem conspicatus ad pa-
læstræ custodem accessi et « quanta » rogavi « mulcta
in cum constituta est, qui unctus pila non ludat? » « Obo-
lus » respondit ille. Tum ego hominem monstrans « ju-
venis ille » inquam « nulla ipsi mulcta imminente invitus
ludificatur. » (2) Deposito igitur pallio strigilique raso-
luta in medium prodiens corpus meum perunxi oleo, nec

οὗ διαγίγνεται χρόνος συχνὸς καὶ κατὰ τὸ ἐπιχώριον εὐθέως παρελθών τις εἰς τῶν νέων, σφόδρα ἀστεῖος τὴν ὄψιν, ἀγένειος, προσαναδίδωσί μοι τὴν χεῖρα, διαπειρώμενος εἰ ἐπίσταμαι τὰ παλαιστρικά. κἀγὼ ἕως μέν τινος προσεποιούμην ὑπὸ αἰδοῦς μὴ εἰδέναι ὡς δὲ ἐπηπείλησε καταναλίσκειν με, ἠρξάμην συνανα-τρίβεσθαι αὐτῷ νομίμως. εἶτα ὁ γνώμων μοί πως ἀνίσταται (τὸ γὰρ ἕτερον ὄνομα δέδια διὰ τοὺς πολ-λοὺς εἰπεῖν), καὶ ὧδε μὲν τὸ μειράκιον ὑπ' αἰδοῦς κα-ταλιπόν με ἄπεισιν, ἐγὼ δὲ ἑστὼς ἐτριβόμην πρὸς ἐμαυτόν. (3) ἐπεὶ δὲ προσεῖδέ με ὁ παλαιστροφύλαξ, προσελθὼν ἐπέπληττεν, κἀγὼ πρὸς αὐτόν « εἶτα σὺ παρεὶς τῷ νόμῳ μάχεσθαι νῦν ἐμοὶ διαφέρῃ, εἰ μὲν ἔθος ἦν τὸ καταλειφομένους πταρμικὸν ὀσφραίνεσθαι, οὐκ ἂν ἤχθαλλες, εἴ τις τῶν ἀλειφομένων ἐν τῷ γυ-μνασίῳ ἐπτάρνυτο· νυνὶ δὲ ἄχθῃ, εἴ τις καλοῦ συνανα-κυλιομένου αὐτόματος ἐστύθη, ἢ δοκεῖς τὰς μὲν ῥῖνας ὅλως ἐπὶ τῇ φύσει εἶναι, ταυτὶ δ' ἡμῶν ἐπὶ τῇ προαι-ρέσει; οὐ παύσῃ » ἔφην « τοιαῦτα σπαράζων πρὸς τοὺς εἰσιόντας; εἰ δέ σοί τίς ἐστι λόγος ἵνα μὴ γί-γνοιτο τοῦτ' ἐν τῷ γυμνασίῳ, μεταιρεῖς ἐκ τοῦ μέσου τοὺς νέους. ἀλλ' οἴει·, ὅτι δυνήσεταί σοι ὁ νόμος, ἐὰν συναναχυλίηται τοῖς ἀνδράσι τὰ μειράκια, δεσμοὺς καὶ κύφωνας τῇ στατικῇ φύσει περιβαλεῖν, « ταῦτ' ἐμοῦ λέξαντος καὶ ὁ παλαιστροφύλαξ ᾤχετ' ἀπιών, κἀγὼ ἀναλαβὼν τὸν τρίβωνα καὶ τὴν πήραν ἐξῆλθον ἐπὶ θάλασσαν.

λς΄ Τιμομάχῳ

Ἧκον εἰς Κύζικον καὶ διαπορευόμενος τὴν ὁδὸν ἐθεασάμην ἐπί τινος θύρας ἐπιγεγραμμένον ὁ τοῦ Διὸς παῖς καλλίνικος Ἡρακλῆς ἐνθάδε κα-τοικεῖ, μηδὲν εἰσίτω κακόν. ἐπιστὰς οὖν ἀνε-γνωσκον καὶ παρερχόμενόν τινα ἠρόμην « τίς ἢ πόθεν ὁ ταύτην τὴν οἰκίαν οἰκῶν, » ὁ δέ με δόξας πυνθάνεσθαι διὰ τὰ ἄλφιτα ἀπεκρίνατο « φαῦλος ἄνθρωπος. ὦ Διόγενες· ἀλλ' ἀπάναγε ἐνθένδε » κἀγὼ πρὸς ἐμαυτὸν « ἀλλ' ἔοικεν » ἔφην « οὗτος, ὅστις ποτ' ἐστιν, ἐξ ὧν λέγει ἑαυτῷ τὴν θύραν ἀποκλεῖσαι » μικρὸν προελθὼν, ἑτέραν εὗραν θεωρῶν τὸ αὐτὸ ἰαμβεῖον ἔχουσαν ἐπιγεγραμμένον (2) « ἐν ταύτῃ » ἔφην « τίς ἐστιν ὁ κατοικῶν; » « τε-λώνης » εἶπεν, « ἄνθρωπος ἀγοραῖος ὤν » « ταύτην οὖν αἱ τῶν πονηρῶν » ἔφην « θύραι μόνον ἔχουσι τὴν ἐπι-γραφὴν ἢ καὶ αἱ τῶν σπουδαίων, » « πάντων » εἶπεν. « εἶτα διὰ τί » ἔφην, « εἰ ὑμᾶς ὠφελεῖ τοῦτο, οὐχὶ ταῖς πύλαις ἐπεγράψατε αὐτὸ ταῖς τῆς πόλεως, ἀλλὰ ταῖς οἰκίαις, εἰς ἃς μηδὲ χωρῆσαι δύναται ὁ Ἡρακλῆς, ἢ τὴν μὲν πόλιν βούλεσθε ἔχειν κακῶς, τὰς δὲ οἰκίας οὔ, ἢ τὰ μὲν κοινὰ ὑμᾶς κακὰ οὐ δύναται καταβλάπτειν, τὰ δ' ἴδια, » « οὐκ ἔχω » εἶπε, « Διόγενες, περὶ -ού-των ἀποκρίνασθαί σοι » « τί δέ » ἔφην « οἴεσθε ὑμεῖς οἱ Κυζικηνοὶ κακὸν εἶναι, » « νόσον, πενίαν, θάνα-ον, τὰ τοιαῦτα » ἔφησεν. (3) εἶτ' οἴεσθε ταῦτα, εἰ μὲν

multum intercesserat temporis, quum ex domestica con-suetudine accedens ad me unus ex iuvenibus, bellus ad-modum facie, imberbis adhuc, manum mihi porrigit, an palæstricæ gnarum essem periculum facturus Ego vero paullisper quasi præ verecundia gnarus non esse simu-labam, sed quum se minaretur me esse confecturum, iam rite cœpi cum ipso congredi Tum forte erigitur mihi gnomon (altero enim vocabulo, ne apud plebeculam offendam, uti vereor), itaque pudore suffusus me relicto abiit iuvenis, ego vero stans ipse me fricui (3) Quum autem palæstræ custos me conspexisset, propius acce-dens increpabat, atque ego ad ipsum conversus « itaque tu, » inquam « postquam rite certare permisisti, nunc iurgio me lacessis? Si mos esset, ut peruncti redo-lerent materiam sternutatoriam, non graviter ferres, si quis unctorum in gymnasio sternutaret nunc vero in-dignaris, si cui cum pulchro puero congresso penis eri-gatur? an censes tu nares quidem onmino pendere a natura, ista vero in nostra esse potestate? Non de-sines » inquam « talia ab intrantibus efflagitare? Sin vero hoc non vis fieri in gymnasio, ex medio demendi tibi sunt iuvenes An putas, legem posse, si cum viris congrediantur iuvenes, vincula atque numellas inuicere pruritui? » Hæc quum divissem, palæstræ custos discces-sit, atque ego resumpto pallio atque pera ad mare me-met contuli

XXXVI Timomacho

Cyzicum veni, ibique in via deambulans ianuam con-spexi sic inscriptam « Iovis filius Hercules victor hic habitat malum ne introeat » Consistens igitur legebam et prætereuntem aliquem rogabam, « quis est et unde, qui hanc domum habitat? » ille vero panis petendæ caussa me rogare ratus « improbus homo, « respondit « o Dio-genes verum hinc discœuas » Atque ego mecum « vide-tur ille, » inquam « quisquis sit, verbis suis sibi ipsi ia-nuam præcludere » Tum paullum progressus aliam conspicio ianuam iisdem inscriptam versibus (2) « In hac » inquam « quisnam habitat? » Publicanus, » respondit « homo serdidus » « Hancine igitur » rogavi « improborum tantum ianuæ an etiam proborum habent inscriptionem? » « Omnium » respondit « Sed quanam de caussa, » inquam « si hoc vobis conducit, non ipsis urbis portis inscripsistis, sed domibus, quas ne ingredi quidem potest Hercules? an urbem quidem vultis cala-mitatem accipere, domus vero non? an sola privata mala, nec vero publica detrimentum vobis afferre possunt? » « Non habeo, » respondit « o Diogenes, quod ad hoc tibi respondeam » « Quid vero » inquam « malum esse vos Cyziceni exsistimatis? » « Morbum, paupertatem, mor-tem, hoc genus alia » respondit (3) « Censetis itaque hæc

εἰς τὴν οἰκίαν εἰσέλθοι, καταβλάψειν ὑμᾶς, εἰ δὲ μὴ
εἰσέλθοι, μὴ καταβλάψειν; » « πάνυ γε » ἔφη. « εἶεν »
ἔφην, « ταῦτα δ' οὐχ ἁπτόμενα βλάψειν ἀνθρώπους; »
« ἁπτόμενα γάρ » εἶπεν. « ἆρ' οὖν » ἔφην « εἰς μὲν
τὰς οἰκίας ἐπειδὰν εἰσέλθῃ, ἅπτεται ὑμῶν, εἰς δὲ τὴν
ἀγορὰν ἐπειδὰν εἰσβάλῃ, τότε οὐχ ἅπτεται; ἢ ἔστιν
ὅστις ἀπολέγει αὐτοὺς ἐπὶ μὲν τῇ ἀγορᾷ μὴ ἅπτεσθαι
ὑμῶν, ἐν δὲ ταῖς οἰκίαις; » « οὐκ ἔχω » εἶπεν « οὐδὲ ἐν-
θάδε ἀποκρίνασθαί σοι. » « τί δέ » ἔφην, « ταῦτα ἐπει-
δὰν εἰς τὰς οἰκίας ὑμῶν εἰσέλθῃ, καταβλάπτει ὑμᾶς,
ἢ ἐπειδὰν εἰς ὑμᾶς αὐτούς; » « εἰς ἡμᾶς » εἶπεν.
(4) « εἶτ' » ἔφην « παρὸν ὑμῖν αὐτοῖς ἐπιγράφειν τὸ
ἰαμβεῖον ταῖς θύραις ἐπιγράφετε; πῶς δέ » ἔφην « ὁ
Ἡρακλῆς εἷς ὢν ἐν τοσαύταις δύναται παροικεῖν οἰ-
κίαις; κινδυνεύει γὰρ καὶ τοῦτο τὴν μωρίαν τῆς πόλεως
ἐνδείκνυσθαι. » « τίνα οὖν τις » εἶπεν, « ὦ Διόγενες,
ἑτέραν ταύτης εὐφημοτέραν ποιήσαιτ' ἂν ἐπιγρα-
φήν; » « χρὴ γάρ » ἔφην « πάντως ἐπιγεγράφθαι τῇ
θύρᾳ; » « πάνυ γε » εἶπεν. « μάθε » ἔφην, « Πενία
ἐνθάδε κατοικεῖ, μηδὲν εἰσίτω κακόν. » « εὐφήμει »
εἶπεν, « ἄνθρωπε, ἀλλ' αὐτὸ τοῦτο κακόν ἐστι. »
« κακόν » ἔφην « καθ' ὑμᾶς, καὶ μὴ παρ' ἐμοῦ μανθά-
νειν. ** ἀλλὰ Λινδίων τοὺς βόας κατέφαγε ». « πενία
δὲ πρὸς θεῶν κακὸν οὐκ ἔστιν; » εἶπε. « τί ποιοῦσαν
αὐτήν » ἔφην « κακὸν λέγεις; » « λιμόν » εἶπε, « ψῦ-
χος, καταφρόνησιν. » (5) « ἀλλ' οὐδέν γε τούτων ὧν
φῂς πενία ἄρα ** οὔτε λιμός· πολλὰ γὰρ ἐν τῇ γῇ
φύεται, δι' ὧν ὅ τε λιμὸς θεραπεύεται τό τε ψῦχος,
ἐπεὶ οὐδὲ τὰ ἄλογα γυμνὰ ὄντα αἰσθάνεται ψύχους. »
« ἀλλὰ τὰ μὲν ἄλογα οὕτως; ἡ φύσις » εἶπεν « ἐποίη-
σεν. » « ἀνθρώπους δὲ ὁ λόγος οὕτως ποιεῖ » ἔφην,
« ἀλλ' οὐ προσποιοῦνται πολλοὶ συνιέναι διὰ μαλα-
κίαν. ἀλλ' εἰσὶ καὶ ἐνθάδε ἐπίκουροι αἵ τε δοραὶ τῶν
ζῴων καὶ τὰ νάκη τῶν προβάτων καὶ οἱ τοῖχοι τῶν
σπηλαίων καὶ τῶν οἴκων. οὐ μὴν οὐδὲ καταφρόνησιν
ἐργάζεται πενία. Ἀριστείδου γέ τοι τοῦ τοὺς φόρους
τάξαντος οὐδεὶς καταφρονεῖ πένητος ὄντος, οὔτε Σω-
κράτους τοῦ Σωφρονίσκου· οὐ γὰρ αὐτὰ ἦσαν βλάβαι,
ἀλλὰ μοχθηρία. (6) τί δέ » ἔφην, « ἀλλὰ ταῦτα ἔδρα
ἡ πενία παρ' ὑμῖν οὐκ οὖσα οὐκ ἦν ἀρετή, ἀλλὰ σφο-
δρότερα κακὰ ἀπελαύνουσα ὑμῶν; » « ποῖα ἄττα; »
εἶπεν. « φθόνους, μίση, συκοφαντίας, τοιχωρυχίας,
ἀπεψίας, στρόφους, ἄλλα χαλεπὰ νοσήματα. πενίαν
ἄρα ἐπιγράψατε οἰκεῖν παρ' ὑμῖν, οὐχὶ τὸν Ἡρακλέα,
καὶ γὰρ ἃ μὲν δύναται ὁ Ἡρακλῆς ἀνατρέπειν οὐ φο-
βεῖσθε, ὕδρας, ταύρους, λέοντας, κερβέρους, ἔνια δὲ
καὶ αὐτοὶ θηρᾶτε· ἃ δὲ πενία ἀπελαύνει, ταῦτα δεινά·
πενίαν μὲν ὀλίγα δαπανῶντες θρέψετε φύλακα αὐ-
τῶν, τὸν δὲ Ἡρακλέα πολλά. » « ἀλλὰ δύσφημόν
ἐστι πενία » εἶπεν, « ὁ δὲ Ἡρακλῆς εὔφημον. » « σοὶ
ἔφην « εἰ πενία ἐστὶ δύσφημον, Αὐγείᾳ δὲ καὶ Διομή-
δει τῷ Θρᾳκὶ καὶ ἄλλοις ὁ Ἡρακλῆς. » « οὐ πείθεις
με » εἶπεν, « ὦ Διόγενες, πενίαν ἐπιγράψαι, ὥσθ'
ἕτερόν τι σκέπτου, ἵνα σοι πεισθῶ τὸν Ἡρακλέα ἐξα-

---

si in domus vestras introeant, detrimentum vobis allaturi
sin vero non introeant, non item? » « Ita prorsus » re-
spondit. « Esto, » inquam « hæccine vero non tangentia
damnum hominibus inferre? » « Tangentia sane », ait.
« Itaque » inquam « si in domus introeant, tangunt vos;
sin vero introeant in forum, non vos tangunt? an quis est
qui vetet ista in foro quidem non, at domi vos attin-
gere? » « Neque hic habeo » inquit « quod tibi respon-
deam. » « Quid autem, » inquam « hæc « ubi in domus
vestras introiverint, detrimentum vobis afferunt, an ubi
in vos ipsos? » « Ubi in nos ipsos » respondit. (4) « Qui
igitur » inquam « quos vobis ipsis inscribere debebatis
versus ianuis vestris inscribitis? quomodo vero Her-
cules, quum unus sit, tot in domibus potest habitare?
nimirum hoc quoque dementiam urbis vestræ videtur
declarare. » « Quamnam igitur aliam, » inquit « o Dioge-
nes, dexteriorem feceris inscriptionem? » « Scilicet
omnino » inquam « censes inscribendam esse ianuam? »
« Prorsus ita » respondit. « Audi igitur » inquam « « pau-
pertas hic habitat, malum ne introeat. » « Taceas,
quæso, » respondit, « nam hoc ipsum malum est. »
« Malum » inquam « vestra ex sententia, nec vero me si
audias. ** verum Lindiorum boves devoravit. » « Pau-
pertas vero per deos malum non est? » inquit. « Quid
facientem malum eam dicis? » « Famem, » inquit « frigus,
contemptionem. » (5) « Sed nihil horum quæ dicis pau-
pertas ** neque fames. Multa enim terra edit famis re-
media atque frigoris, quin bruta animalia, nuda licet
sint, frigus non sentiunt. » « Verum bruta animalia » in-
quit « natura ita comparavit. » « Homines vero » inquam
« ratio sic comparat, sed plurimi præ mollitie hoc se igno-
rare simulant. At hic quoque præsto sunt subsidia, velut
animalium pelles et vellera ovium specuumque parietes
atque ædium. Neque vero contemptum paupertas parit.
Aristidem certe, qui tributa ordinavit, quod pauper erat,
contempsit nemo, neque Socratem Sophronisci filium.
Non enim ipsa paupertas damno est, verum improbitas. »
(6) Quid autem, quæ hoc effecit paupertas vobis, si non
habetis, non expetenda est, præsertim quum alia graviora
a vobis abigat? » « Quænam hæc? » rogavit. « Invi-
diam, odia, calumnias, rapinas, cruditates, tormina,
graves morbos alios. Paupertatem igitur scribite apud
vos habitare, neque Herculem. Nanque quæ Hercules
evertere potest, non timetis, hydras, tauros, leones,
cerberos, nonnulla etiam ipsi venamini : at quæ pauper-
tas abigit, gravia sunt mala. Ad hoc paupertatem par-
vis impensis vestrum ipsorum custodem nutrietis, Her-
culem vero magnis » « At vero infame quid paupertas
est, præclarum autem Hercules. » « Tibi » inquam « si
infame paupertas, at Augiæ et Diomedi Thraci aliisque
Hercules. (7) « Non persuades mihi » inquit, « o Dioge-
nes, ut paupertatem inscribam : quare aliud quid exco-
gita, quo Herculem persuadeas mihi esse exstinguen-

λεῖψαι » « ἔσκεμμαι » ἔφην. « ἄκουε λόγον » εἶπον,
« Δικαιοσύνη ἐνθάδε κατοικεῖ, μηδὲν εἰσίτω κακόν. »
« ἐνταῦθα μέν » ἔφη « πείθομαί σοι, καὶ τὸν Ἡρακλέα
οὐκ ἐξαλείψω, συνεπιγράψω δὲ τὴν δικαιοσύνην. »
« ὀρθῶς » ἔφη. « τοῦτο ποίει καὶ ἐπιγράψας κάθευδε
ἀναπεσὼν ὥσπερ Ὀδυσσεὺς μηκέτι μηδὲν φοβούμε-
νος. » « ποιήσω » εἶπε, « σοὶ δὲ χάριν τούτου γνώσο-
μαι νῦν τε καὶ εἰσαεί, Διόγενες, ἀσφαλισαμένῳ ἀπὸ
τῶν φαύλων ἡμᾶς » ταῦτ' ἐν Κυζίκῳ, φίλε Τιμόμαχε,
ηὐθύνθη ἡμῖν.

ιζ' Μονίμῳ

Ἀπαναστάντος σου τῆς Ἐφέσου ἔπλευσα καὶ αὐτὸς
εἰς Ῥόδον, σπουδάζων τὸν τῶν Ἀλίων ἀγῶνα θεά-
σασθαι. ἀποβὰς δὲ τῆς νεὼς ἀνέβαινον εἰς ἄστυ καὶ
παρὰ Λακύδην τὸν ξένον ὃ δὲ τυχὸν ἴσως, ἐπεὶ ἔγνω
με καταπλεύσαντα, τὴν ἀγορὰν ἐξέκλινεν. ἐγὼ δὲ
ἐπεὶ περιελθὼν τὴν πόλιν οὐδαμῇ αὐτῷ ἐνέτυχον,
ἔγνων δὲ πυθόμενος ὡς εἴη κατὰ ἄστυ, ἐπὶ τὴν τῶν
θεῶν ξενίαν ἀσμένος ἱκόμην καὶ παρὰ τούτοις ἐσηλί-
νωσα ἡμέρα δὲ τρίτῃ σχεδὸν ἢ τετάρτῃ ἐντυχών
μοι κατὰ τὴν ὁδὸν τὴν ὡς ἐπὶ τὸ στρατόπεδον φέρου-
σαν προσηγόρευσε καὶ ἐπὶ τὴν ξενίαν παρεκάλει ἔρχε-
σθαι. (2) κἀγὼ οὐδέν τι μηνίσας αὐτῷ διὰ τοσούτου
μοι ἐντυχόντι « αἰσχρὸν μέν » ἔφην « τοὺς θεοὺς κα-
ταλιπεῖν, οἵ με, ἐπεὶ ἡ σὴ ξενία καταπλεύσαντι ἐκλεί-
σθη, ἐδέξαντο ἀλλ' ἐπεὶ δύνανται οὗτοι ἐπὶ μηδενὶ
τῶν τοιούτων ἀσφάλλειν, ἡμεῖς δὲ διὰ τὸ ἀσθενές, βα-
δίζωμεν πρότερον δέ, εἴ σοι δοκεῖ, ἀναβάντες γυ-
μνασώμεθα οὐ γὰρ χρῆν οἴομαι, εἰ παρὰ σὲ τήμερον
μέλλω κατάγεσθαι καταλιπὼν τοὺς κρείττονας ξένους,
τοῦ σώματος ἀμελεῖν » « ἀλλὰ καλῶς » ἔφη, « Διό-
γενες, λέγεις, καὶ οὐ βιάζομαί σε τοὺς θεοὺς ἐξελ-
θεῖν » (3) ἐγὼ δὲ ἀναβὰς εἰς τὸ στρατόπεδον περιε-
πάτησα, καὶ τότε κατέβην εἰς τὴν οἰκίαν τοῦ Λακύδου
τῷ δὲ ἄρα ἦν παρασκευὴ οὐχ ὅση πρὸς τὴν φύσιν
ἀποχρῆναι ἡ ἡμεῖς ἐδεόμεθα, ἀλλ' ὁπόση πρὸς τὴν
δόξαν ἧς οἱ ἄλλοι ἥττονες κλίναι γὰρ ἐξέστρωτο
σφόδρα πολυτελεῖς καὶ τράπεζαί τινες ἐν τῷ καταντι-
κρὺ ἔκειντο, αἱ μὲν ἐκ βαρισανοου, αἱ δὲ ἐν σφενδα-
μνίνων ξύλων, ἀργυρωμάτων ἀνάπλεῳ, ἐπὶ δὲ τού-
τοις θεράποντες εἰστήκεσαν οἱ μὲν γέρνιδας ἔροντες, οἱ δὲ
ἄλλα σκευοτήματα εἰς ταῦτα ἀπιδὼν « ἀλλὰ ἐγὼ μέν »
ἔφην « ἧκον εἰς τὴν ξενίαν τὴν σήν, Λακύδη, ὠφελη-
θησόμενος, σὺ δὲ ἐπ' ἐμὲ ὅσα οἱ ἐχθροὶ παρεσκεύασα
(4) ταῦτα μὲν οὖν κέλευε ἄλλῃ μεταίρεσθαι, ἡμᾶς δὲ
κατάκλιναι, ὡς Ὅμηρος τοὺς ἥρωας ἐν Ἰλιάδι κατέ-
κλινεν, ἐπὶ ῥινοῦ βοὸς ἀγραύλοιο, ἢ ὡς Λακεδαιμόνιοι
ἐπὶ στιβάδος, καὶ ἕα τὸ σῶμα ἐφ' ὧν ἔμαθε κατακλί-
νεσθαι θέραψ δ' οὐδὲ εἷς ἔστω ἐνταῦθα διακονούμε-
νος· ἀποχρήσουσι γὰρ αἱ χεῖρες ἐς τοῦτο, καὶ γὰρ τού-
του ἕνεκα ἡμῖν προσετέθησαν ὑπὸ τῆς φύσεως ποτήρια
δ' ἔστω, οἷς πιόμεθα, τὰ ἐκ πηλοῦ λεπτὰ καὶ εὔωνα,

dum » « Habeo, inquam « itaque audi justitia hic
habitat, malum ne introeat » « Hic iam » inquit « mo-
rem tibi geram, quanquam non exstinguam Herculem,
verum adscribam justitiam » « Recte » inquam, « ita fa-
cito, et hoc ubi inscripseris, sicut Ulixes dormi reclina-
tus, nihil amplius metuens » « Faciam, » inquit « tibique
gratias agam nunc et omni tempore, Diogenes, quod
tutos nos a malis præstitisti » Hæc, optime Timoma-
che, Cyzici a nobis sunt peracta

Postquam Epheso discessisti, Rhodum et ipse navigavi,
quo ludos conspicerem Solis in honorem celebrandos
Relicta navi in urbem ascendi apud Lacydem hospitem
meum deversurus, ille vero casu fortasse, quum me
appulisse animadvertisset, forum devitavit Itaque ego,
quum per urbem oberranti mihi ut in eum inciderem non
contigisset, licet in urbe ipsum esse certior essem factus,
deorum hospitalitatem libenter imploravi, atque apud
istos domicilium constitui Tertio denium fere vel quarto
die obviam mihi factus in via, quæ ducit ad præto-
rium, salutavit me et ut a, udie deve terem invitavit
(2) Tum ego, quod tanto intervallo obviam mihi fieret
nihil indignatus, « turpe quidem est » inquam « deo. de-
relinquere, quum tuum hospitium præclusum mihi et at
huc devecto, suo excepere sed quoniam isti ob talem
caussam irasci nequeunt, qua nos solemus, qua sumus
imbecillitate, iam eamus Prius autem, si tibi placet, am
bulemus non enim par est, opinor, si maioribus hospi-
bus relictis apud te hodie devertam, corpus ideo negli-
gere » « Recte vero mones » inquit, « Diogenes, neque
te ut deos derelinquas cogo » (3) Ego vero postquam
conscenso prætorio ambulavi, in Lacydis domum menet
contuli Huic autem apparatus erat non ad naturam, qua
nos indigemus, sufficienter accommodatus, verum ad
opinionem, cui vulgus est obnoxium strati erant enim
lecti splendidissimi et ex adverso mensæ positæ aliæ ex

aliæ ex acernis lignis factæ, argenteis vasis repletæ,
servique adstabant alii situlas tenentes, alii aliam supel-
lectilem Quæ conspicatus « at ego » inquam « tuum
hospitium, Lacydes, quo commodum hinc perciperem,
adii, tu vero in me quæ hostes solent paravisti (4) Hæc
igitur tandem iube, nobis auferri iube, nobisque lectum sterne, qualem
Homerus heroibus stravit in Iliade, bovis agrestis pel
lem, aut ex Lacedæmoniorum consuetudine stramentum,
atque ut corpus in eis quæ novit recumbat Servus au
tem nullus hic adsit administrans manus enim ad hoc
sufficient, quæ hunc ad finem a natura nobis datæ sunt
Denique pocula ad bibendum fictilia sunto atque vilia,

πόμα δὲ ὕδωρ ναματιαῖον, τροφαὶ δὲ ἄρτος καὶ ὄψον ἄλες ἢ κάρδαμον. τοιαῦτα ἐγὼ παρὰ Ἀντισθένει παιδευόμενος ἔμαθον ἐσθίειν καὶ πίνειν, οὐχ ὡς φαῦλα ἀλλ' ὡς κρείττονα τῶν ἑτέρων καὶ μᾶλλον δυνάμενα ἐν τῇ ὁδῷ εὑρίσκεσθαι τῇ φερούσῃ ἐπ' εὐδαιμονίαν, ἣν δὴ πάντων τιμιωτάτην χρημάτων θετέον ** ἐν τόπῳ ὀχυρωτάτῳ καὶ ἀποκρημνοτάτῳ μίαν ὁδὸν προσάντη καὶ τραχεῖαν ἱδρῦσθαι. (5) ταύτην οὖν τὴν ὁδὸν διὰ τὸ δύσκολον μόλις ἂν δύνασθαι γυμνὸν ἕκαστον ἀναβῆναι, καὶ οὐχ ὅτι φέροντά τι σὺν ἑαυτῷ καὶ βαρούμενον μόγῳ καὶ δεσμοῖς περισωθῆναι, ἀλλ' οὐδὲ τῶν ἀναγκαίων τι μετιόντα, ποιῆσαι δ' ἐν τῇ ὁδῷ τροφὴν μὲν πόαν ἢ κάρδαμα, πόμα δὲ εὐπαλὲς ὕδωρ, ** μάλιστα δ' ὅπῃ δέοι τοῦ ῥᾷστα βαδίσαι, γυμναστέον ἐσθίειν μὲν κάρδαμον, πίνειν δὲ ὕδωρ, ἀμπέχεσθαι δὲ τρίβωνα κοῦφον, ἀποδειξαμένους τὴν ἄθλησιν τοῦ τε ἀποδύεσθαι πρὸς γῆν, ἑστῶτα δὲ ἐπὶ ἄκρον τὸν Ἑρμῆν ἐκτινάσσειν τοὺς βαδίζοντας, μή τι ἔχοντες ἐφόδιον βέβηλον οἴκοθεν βαδίζωσιν. (6) ἐγὼ τοι παρὰ Ἀντισθένει πρῶτον ἀσκήσας ἐσθίειν τε καὶ πίνειν ἧκον τὴν ἐπ' εὐδαιμονίαν ὁδὸν σπεύδων ἀπνευστί, παρελθὼν δὲ ἵνα ὑπῆρχεν ἡ εὐδαιμονία ἔφην « ὑπέμεινα, εὐδαιμονία, διὰ σὲ καὶ μέγα κακὸν ὕδωρ πίνειν καὶ κάρδαμον ἐσθίειν καὶ ἐπὶ γῆς κοιμᾶσθαι. » ἡ δὲ ἠμείψατό με « ἀλλ' ἐγώ τοι » ἔφη « σοι ταῦτα ποιήσω δίχα ταλαιπωρίας ἡδύτερα τῶν τοῦ πλούτου ἀγαθῶν, ὃν μᾶλλον οἱ ἄνθρωποι ἐμοῦ πρεσβεύουσι, καὶ οὐκ αἰσθάνονται τύραννον ἑαυτοῖς ἐπιτρέφοντες. » ἐξ ἐκείνου ἐγώ, ἐπεὶ ταῦτα τῆς εὐδαιμονίας διαλεγομένης ἤκουσα, οὐκέτι ταῦτα ὡς ἀσκήματα ἥδιον καὶ ἔπινον, ἀλλ' ὡς ἡδονάς, κρατεῖ δέ με πρὸς ταύτην τὴν δίαιταν καὶ τὸ ἔθος, οὗ πᾶς ἀπολειπόμενος βλάπτεται. (7) παρατίθει οὖν ἡμῖν καὶ σὺ τοιαῦτα δεῖπνα, μιμούμενος τὸ κάλλιστον τῶν ἐν τῷ βίῳ, εὐδαιμονίαν, τὰ δὲ πλούτου ἴσα εἰς τοὺς ἁμαρτάνοντας αὐτῆς τῆς ὁδοῦ. ἀλλ' εἰ τοῦτό σοι » ἔφην « δοκοίη, ἴσθι καὶ τοῦτ' » εἶπον. « ἀεὶ τοιούτοις με δείπνοις θοίνα, τοῦ τε λοιποῦ τοιαῦτα παρέχου τοῖς ξένοις. καὶ οὐδέποτε παρόντας μὲν αὐτοὺς ἐκκλινεῖς, ὑστερίζοντας δέ τινας αὐτῶν ζητήσεις, ἐλέγχου γὰρ εἷς βελτίων. » ταῦτά μοι, ἐν Ῥόδῳ ἐπεὶ ἐγενόμην, πρὸς Λακύδην τὸν ξένον ὡμιλήθη.

ΛΗ΄........

Σὺ μέν, ἐπεὶ οἱ ἀγῶνες ἀνεβλήθησαν, καταλιπὼν ᾤχου τὴν Ὀλυμπίαν, ἐγὼ δὲ διὰ τὸ ἐκτόπως εἶναι φιλοθεάμων κατέμεινα τὴν ἄλλην θεώμενος πανήγυριν. διέτριβον δὲ ἐν τῇ ἀγορᾷ, ἵνα ὁ ἄλλος ὅμιλος, καὶ περιιὼν ἄνω κάτω προσέσχον ὅτε μὲν τοῖς πωλοῦσιν, ὅτε δὲ τοῖς ῥαψῳδοῦσιν ἢ φιλοσοφοῦσιν ἢ μαντευομένοις. καὶ ποτε διεξιόντος τινὸς περὶ ἡλίου φύσεως καὶ δυνάμεως καὶ πάντας ἀναπείθοντος παρελθὼν εἰς τὸ μέσον « ποσταῖος, » ἔφην « φιλόσοφε, ἀπὸ

potus aqua fontinalis, cibus panis, obsonium sales et nasturtium. Talia ego ab Antisthene institutus edere ac bibere didici, non quod vilia sint, verum quod præstantiora reliquis, magisque inveniri possunt in via ducente ad felicitatem, quæ omnium rerum habenda est pretiosissima. ** in loco munitissimo et undique abrupto unam viam præcipitem atque asperam condidisse. (5) Hanc igitur viam propter difficultatem vix posse nudum quenquam ascendere, nedum aliquid secum ferentem atque miseria vinculisque oneratum evadere salvum, sed ne corum quidem, quæ necessaria sunt, aliquid persequentem : prætereaque utendum cibo inter viam herba aut nasturtiis ac potu quocum facillime luctari possis, aqua, idque non alieno loco, maxime vero ubi expeditissime eundum sit, ad nasturtium edendum aquamque bibendam ac leve pallium ferendum assuescere oportere, nec ipsum humi decumbendi laborem recusantes, inque summo constitutum Mercurium excutere viatores, quo videat an viaticum aliquod, quo nefas uti, domo secum afferant. (6) Apud Antisthenem igitur edere demum edoctus atque bibere ad felicitatem ducentem viam ingressus sum summa virium intentione, eoque progressus usque, quo sedem felicitas habet, « sustinui » inquam, « o felicitas, quo te assequerer atque summum bonum, aquam bibere et nasturtium edere, humique prostratum somnum capere». Illa vero respondens « at ego » inquit « hæc tibi sine molestia suaviora reddam bonis opulentiæ, quam me studiosius colunt homines, tyrannum se in se ipsos alere ignari. » Quæ ex quo felicitatem audivi disserentem, non ut me exercerem comedere ista corpi atque bibere, sed voluptatis ergo, iamque impellit me ad hanc vivendi rationem consuetudo, quam suo quisque dispendio relinquit. (7) Quare tu quoque tales nobis appone epulas, omnium quæ in vita sunt pulcherrimum imitatus, felicitatem, opulentiæ vero bona in eos reiice, qui a via ad illam ducente aberrarunt. At si sic tibi videtur, hoc quoque » inquam « scias : semper eiusmodi me pasce epulis, ac tales in posterum præbe hospitibus, neque unquam præsentes eos declinabis, immo si qui corum adire te cunctantur, ipsos indagabis : sic enim opprobrium omne evitabis. » Hæc mihi, postquam Rhodum veni, cum Lacyde hospite meo transacta sunt.

XXXVIII.

Tu postquam dilatis certaminibus Olympiam reliquisti, ego utpote spectandi vel maxime studiosus remansi quod reliquum erat festi spectaturus. Versabar in foro cum reliqua turba hominum atque huc et illuc ambulans modo ad mercatores modo ad cantores aut philosophos aut fatidicos animum advertebam. Ibi quum solis naturam atque potestatem quidam enarrans assensum auferret omnium, in medium progressus « quotus » inquam « dies est, philosophe, ex quo tu de cælo descendisti? »

τοὐρανοῦ καταβέβηκας; » ὁ δέ μοι οὐκ εἶχεν ἀποκρί-
νεσθαι οἱ δὲ καταλιπόντες αὐτὸν οἱ περιεστῶτες
ᾤχοντο ἀπιόντες, ὁ δέ γε καταλειφθεὶς μόνος τὰς εἰ-
όνας τοῦ οὐρανοῦ συνετίθει εἰς τὸ κιβώτιον (2) ἀπ'
ἐκείνου προσίσταμαι μάντει, ὁ δὲ ἐκάθητο ἐν τῷ
μέσῳ κατεστεμμένος μείζονα τοῦ εὑραμένου τὴν μαν-
τείαν Ἀπόλλωνος. ἠρόμην οὖν καὶ τοῦτον παρελθὼν
« πότερον ἄριστος εἶ μάντις ἢ φαῦλος, » τοῦ δὲ εἰ-
πόντος ὅτι ἄριστος, ἅμα ἐκτείνας τὴν βακτηρίαν « τί
μέλλω δῆτα ποιεῖν, ἀπόκριναι, πότερον τύπτειν σε ἢ
οὔ; » μικρὸν πρὸς αὑτῷ γενόμενος « οὔ »φησί, τύπτω
τ' ἐγὼ γελάσας αὐτὸν καὶ οἱ περιεστῶτες ἀνέκραγον
« τί » ἔφην « ἐβοήσατε, ἐπεὶ κακὸς μάντις ἐφάνη,
καὶ ἐπλήγθη » (3) ὡς δὲ καὶ τοῦτον καταλιπόντες οἱ
περιεστῶτες ἀπηλλάγησαν, ἄνθρωποι καὶ ἄλλοι οἱ ἐν
τῇ ἀγορᾷ, ἐπεὶ ταῦτα ἤκουσαν, διέλυσαν τοὺς κύκλους·
γαὶ εἵποντο ἐξ ἐκείνου, καὶ πολλάκις μὲν διαλεγομέ-
νου μου περὶ χαρτερίας ἐπακολουθοῦντες ἐπηκροῶντο,
πολλάκις δὲ χαρτεροῦντος ἢ διαιτωμένου παρετύγχα-
νον. ἐκόμιζον δέ μοι διὰ ταῦτα οἱ μὲν ἀργύρια, οἱ
δὲ ἄξια ἀργυρίου, πολλοὶ δὲ καὶ ἐπὶ δεῖπνον ἐκάλουν,
ἐγὼ δὲ παρὰ μὲν τῶν μετοίων ἐλάμβανον τὰ πρὸς τὴν
φύσιν ἀποχρῶντα, παρὰ δὲ τῶν φαύλων οὐδὲν προσιέ-
μην, καὶ παρὰ μὲν τῶν ἐπισταμένων μοι χάριν ἐπὶ
τῷ καὶ τὸ πρῶτον λαβεῖν καὶ πάλιν ἐλάμβανον, παρὰ
δὲ τῶν μὴ ἐπισταμένων οὐκέτι (4) ἐξήταζον δὲ καὶ
τὰς δωρεὰς τῶν δωρεῖσθαί μοι ἐθελόντων τὰ ἄλριτα, καὶ
παρὰ μὲν τῶν ὠφελουμένων ἐλάμβανον, τῶν ἄλλων δὲ
οὐδὲν προσιέμην, οὐκ οἰόμενος καλὸν εἶναι λαμβάνειν
παρὰ τοῦ μηδὲν παρειληφότος. ἐδείπνουν δὲ οὐ παρὰ
πᾶσι, παρὰ μόνοις δὲ τοῖς θεραπείας δεομένοις. ἦσαν
δ' οὗτοι οἱ τοὺς Περσῶν βασιλεῖς μιμούμενοι. καὶ δή
ποτε εἰσελθὼν πρὸς μειράκιον τῶν σφόδρα εὐπόρων
κατακλίνομαι ἔν τινι ἀνδρῶνι πάντη κεκαλλωπισμένῳ
γραφαῖς τε καὶ χρυσῷ, ὥς, μηδὲ ὅπου πτύσαι τις τόπον
εἶναι. (5) ἐπιστὰν οὖν μοι ἐπὶ τὴν φάρυγγα, ἐχρεμ-
ψάμην, περιελάσας δὲ τὰ ὄμματα εἰς τὰ κύκλῳ, ἐπεὶ
ὅπου πτύσαιμι τόπον οὐκ εἶχον, εἰς αὐτὸν ἔπτυσα τὸν
νεανίσκον. τοῦ δὲ μεμψαμένου ἐπὶ «οὔτῳ « εἶτα »
ἔφην « οὗτος, »εἰπὼν αὐτὸν ἐξ ὀνόματος, « ἐμὲ μέμφῃ
τοῦ γενομένου καὶ οὐ σεαυτὸν τοὺς μὲν τοίχους καὶ τὰ
ἐδάφη κοσμήσαντα τοῦ ἀνδρῶνος, σαυτὸν δὲ μόνον
ἀπολιπόντα ἀκόσμητον εἰς τὸ ἐμπτύεσθαι χωρίον ἐπι-
τήδειον; » « ταῦτ' » ἔφη « πρὸς τὴν ἀπαιδευσίαν
φαίνῃ λέγων ἡμῶν, ἀλλ' οὐκ ἐξέσται σοι τοῦτο πάλιν
εἰπεῖν οὐ γὰρ μὴ ἀπολειφθῇ σου ἕνα πόδα. » ἀπὸ
τῆς αὔριον δὴ ἐξ ἐκείνου διανείμας τὴν οὐσίαν τοῖς αὑ-
τοῦ ἐμοὶ ἀναλαβὼν τὴν πήραν καὶ διπλώσας τὸν τρί-
βωνα εἵπετο ταῦτα μετὰ τό σε ἀπαλλαγῆναι ἐπράχθη
ἡμῖν ἐν Ὀλυμπίᾳ

λθ' Μονίμῳ

Μελέτω σοι καὶ τῆς μετοικίας τῆς ἐντεῦθεν, μελή-
σει δέ, εἰ μελετήσειας ἀποθνήσκειν, τοῦτ' ἔστι χωρί-

Ille vero quod mihi responderet non habebat, ceterisque
qui circumstabant abeuntibus solus relictus cœli imagi-
nes in cistulam suam recondebat (2) Hinc transeo ad
vatem In medio is sedebat, corona maiore quam qua
divinandi artis inventor Apollo coronatus Ad hunc igi-
tur accedens « optimusne » rogabam « an malus vates
es? » qui quum « optimus » respondisset, simul sublato
baculo « quidnam » inquam « facturus sum? impingamne
tibi baculum an non? » paullum ille secum meditatus
« non » respondit Protinus ego in risum effusus percu-
tio hominem, quique circumstabant clamorem edidere
« Quid » inquam « conclamatis? quoniam malum se va-
tem præstitit, et fuste mulcatus est » (3) Quumque
hunc quoque qui circumstabant reliquissent, alii etiam
multi globatim in foro conversantes, ex quo hæc audi-
vere, dissoluti me prosequebantur, ac sæpenumero de
continentia disputantem me comitantes auscultabant,
interdum etiam inediæ meæ aut cœnæ testes aderant
Quapropter afferebant mihi pecuniam alii, alii quæ pecu-
niæ haberent pretium, multi etiam ad cœnam invitabant,
ego vero ab honestis solis quæ ad vitam sustentan-
dam sufficerent accipiebam, quod autem mali offerrent
recusabam, atque ab eis, qui quod primum accepi
sem mihi gratias habebant, et iterum accipiebam, ab
ingratis vero non item amplius (4) Æstimabam etiam
dona eorum, qui munerari me volebant, panemque ab
eis, qui commodum ipsi percepissent, accipiebam, reli-
quorum vero dona recusabam, non par esse ratus acci-
pere ab eo, qui ipse nihil recepisset Cœnabam autem
non apud omnes, sed apud eos solos, qui cura indige-
rent Hi erant tales, qui reges Persarum imitarentur
Contigit aliquando, ut apud iuvenem deverterem ex opu-
lentissimis Decumbo in conclavi picturis atque auro
ubicunque exornato, ut ne quo despueret quidem aliquis
relictus esset locus (5) Pituita subita guttur obturabat
itaque screavi, quumque oculos circumferens, quocunque
prospicerem, non invenirem locum quo despuerem, in
iuvenem ipsum despui Qui quum ob hoc me reprehen-
disset, « itaque » inquam « tu, » compellans ipsum no-
mine, « me hanc ob caussam reprehendis, neque vero te
ipsum, qui conclavis parietibus ac solo exornatis te
ipsum solum reliquisti inornatum, ad despuendum lo-
cum opportunum? » « Hæc » inquit « in stoliditatem
meam aperte dicis, sed non licebit tibi hoc iterum di-
cere non enim a latere tuo iam discedam » Postridie
eius diei patrimonio suo propinquis dispertito, sumpta-
que pera ac geminato pallio me sequutus est Hæc post
discessum tuum peracta a nobis sunt Olympiæ

XXXIX Monimo

Curæ tibi esto et hinc facienda demigratio, curabis
autem, si mori mediteris, hoc est animam vivus adhuc

ζειν τὴν ψυχὴν ἔτι ζῶν ἀπὸ τοῦ σώματος. τοῦτο γὰρ δοκῶ μοι καὶ οἱ περὶ Σωκράτη θάνατον ἐκάλουν, καὶ γάρ ἐστιν ἡ μελέτη ἐν τῷ ῥάστῳ. φιλοσοφεῖ δὲ καὶ διασκέπτου, τί πρὸς σὲ οὐχ οὕτως καὶ τί κατὰ φύσιν καὶ τί κατὰ νόμον· ἐν τούτῳ γὰρ μόνῳ χωρίζεται ψυχὴ ἀπὸ σώματος, ἐν δὲ τοῖς ἄλλοις οὐδαμῶς, ἀλλὰ καὶ ὅταν βλέπῃ καὶ ὅταν ἀκούῃ καὶ ὅταν ὀσφραίνηται καὶ ὅταν γεύηται, σύνεστιν ὥσπερ μιᾶς αὐτῷ κορυφῆς ἐξημμένη. γίγνεται γοῦν, ὅταν μὴ μελετήσωμεν ἀποθνήσκειν, χαλεπὴν τελευτὴν ἀναμένειν· ἡ γὰρ ψυχὴ ὥς τινων παιδικῶν ἀπολειπομένη συμφοράζει καὶ μετὰ ἀχθηδόνος πολλῆς ἀπολύεται· ὅταν δὲ καὶ φιλοσόφου ψυχαῖς ἐντύχῃ, τότε καὶ ἐν τῇ ὁδῷ πολλὰ κάμνει. (2) ἀφίεται γὰρ ἀξενάγητος ὅποι ποτὲ φέρεσθαι εἰς κρημνοὺς ἢ χάσματα ἢ ποταμούς, ἕως ἐπὶ τὸ ἔσχατον ἐνεχθῇ· φεύγουσι γὰρ αὐτήν, ὅτι οἴονται πολλὰ ἐξημαρτηκέναι ἐν τῷ ζῆν παραχωρήσασαν τῷ χείρονι τὴν τοῦ ὅλου ἀρχήν, δι' ἣν πολλὰ ἠναγκάσθη ὡς ἐν πονηροκρατίᾳ ἄδικα πρᾶξαι. ὅταν δὲ μελετήσωμεν τὴν καλὴν μελέτην, γίγνεται καὶ ὁ βίος ἡδὺς καὶ ἡ τελευτὴ οὐκ ἀηδὴς καὶ ἡ ὁδὸς ῥάστη· ξεναγεῖ γὰρ πᾶσα ἡ ἐντυγοῦσα τὴν τοιαύτην ψυχὴν ἐπὶ τὰ εὔπορα καὶ ὥσπερ καλὴν ἄγραν ἐπιφανῶς ἄγει λαβομένη παρὰ τοὺς κάτω τῶν καλῶν δικαστάς, αὐτή τε ὡς ἂν μεμελετηκυῖα καὶ μόνη ζῆν οὐκ ἀηδίζεται καταλιποῦσα τὸ σῶμα. (3) ἔστι δὲ καὶ διὰ τοῦτο καὶ πολλή τις ταῖς τοιαύταις ψυχαῖς ἐν ᾅδου τιμή, ὅτι ἄρα οὐκ ἦσαν φιλοσώματοι. δόξα γάρ ἐστι τὰς φιλοσωμάτους ψυχὰς φαύλας τε εἶναι καὶ ἀνελευθέρους, τὰς δὲ μὴ τοιαύτας ἀγαθάς τε καὶ ὑψαύχενας (ζῶσι γὰρ ἡγούμεναι πάντων καὶ ἐπιτάττουσαι ἀρχικῶς), διά τε ταῦτα ἀναιρεῖσθαι μόνα τὰ δίκαια καὶ ῥᾷστα, τῶν δὲ ἐναντίων μηδὲ ἕν, ἐφ' ἃ τὸ σῶμα ἀναγκάζει τὴν ψυχὴν ἥδεσθαι διὰ τὴν περιπεπλασμένην αὐτοῖς ἡδονὴν ἰχθύος τρόπον ἢ ἄλλου τινὸς ἀλόγου πρὸς τὴν τοῦ χείρονος ἀρχὴν γεγενημένου. (4) ταῦτά σοι ἔξεται μελετήσαντι ἀποθνήσκειν, ὅταν δέῃ μετοικεῖν ἐνθένδε. καὶ τὸ πρῶτον ἡδὺς ὁ βίος· ζήσῃ γὰρ ἐλεύθερος, ἄρχων καὶ οὐκ ἀρχόμενος, βραχὺ μὲν καὶ ὅσον τῷ σώματι περισπώμενος, ** καὶ τοῦτ' εἰς τὴν τοῦ ὅλου ἁρμονίαν, σιωπῶν δὲ βασιλεύων καὶ θεωρῶν, ἃ θεοὶ ἀνθρώποις τοῖς μετρίοις κατεσκευάσαντο ἀπεχομένοις τοῦ ἀγρίου βίου, ἐν ᾧ ἁρπαγαὶ καὶ ἀλληλοκτονίαι οὐ περὶ μεγάλων οὐδὲ θείων, περὶ μικρῶν δὲ καὶ κοινῶν, οὐ πρὸς ἀνθρώπους μόνον, ἀλλὰ καὶ τὰ ἄλογα. περὶ γὰρ τοῦ πλείονα ἔχειν καὶ ἐσθίειν καὶ πίνειν καὶ ἀφροδισιάζειν οἱ πάντες φαῦλοί εἰσι καὶ τοῖς ἀλόγοις σύμφοροι.

μ'. Διογένης ὁ κύων Ἀλεξάνδρῳ.

Ἐμεμψάμην καὶ Διονυσίῳ καὶ Περδίκκᾳ, λέγω δὲ καὶ σοὶ ὅτι δοκεῖτε τὸ ἄρχειν εἶναι μάχεσθαι τοῖς ἀνθρώποις. τὸ δὲ πλεῖστον διαφέρει· τὸ μὲν γὰρ

a corpore segregare. Hoc enim et Socrates opinor mortem appellabat. Neque difficilis hæc est meditatio. Philosophare autem et considera, mors quid ad te revera valeat, et quid secundum naturam, quidque secundum legem. In hoc enim solo a corpore segregatur anima, in reliquis vero nullo modo, verum si videat sive audiat sive odoretur sive gustet, coniuncta cum ipso est quasi ex uno vertice suspensa. Fit igitur ut, si mori non meditemur, difficilis nos maneat exitus. Anima enim quasi deliciis suis orbata luget et magno cum dolore discedit, et si in philosophorum a deo animas incidat, tum in itinere quoque laborat admodum. (2) Scilicet relinquitur duce destituta; at periculum est ne in præcipitia aut voragines aut fluvios deferatur, donec ad extremum finem pervenerit : fugiunt enim illæ ipsam, quoniam multa eam in vita deliquisse arbitrantur, quod deteriori sui parti summum imperium concessisset, eoque vel invita tanquam in dominio malorum flagitiosa multa perpetrasset. Sin vero in pulchra illa versemur meditatione, et vita evasit suavis et non insuavis exitus et via facilis : talem enim animam quæcunque in eam incidit planissima prosequitur via et tanquam pulchram prædam captam sollemni pompa ad inferos ducit præclare factorum iudices, atque ipsa quasi et sola vivere assueta non indignatur corpore relicto. (3) Quapropter et multus honor eiusmodi animabus apud inferos habetur, nimirum quod corporis non erant studiosæ. Opinio est enim, corporis studiosas animas pravas esse atque illiberales, non obnoxias vero corpori probas atque nobiles (vivunt enim regentes omnia et tanquam domini imperantes), atque hanc ob caussam sola quæ iusta sint facili negotio in se recipere, nil vero eorum quæ contraria, ad quæ corpus circumfusa ipsis suavitate animam pelliciat ad instar piscis sive alius cuiusdam bestiæ ad obediendum deteriori parti natæ. (4) Hæc tibi contingent mori meditanti, ubi necesse fuerit hinc discedere. Ac primum suavis vita erit : liber enim vives, dominus ipse, nec domino obnoxius, paullum quidem quantumque sit corpore distractus, ... et conspiciens quæ dî hominibus honestis spectacula paravere, quique a vita atroci abstinent, in qua rapinæ fiunt et cædes mutuæ non ob magnas atque divinas, verum ob exiles atque viles res, neque in homines tantum, sed etiam in bruta animalia. Nam quod ad divitias spectat cumulandas, quodque ad edendum et bibendum et ad libidinis desiderium satiandum, pravi sunt omnes et brutis animalibus consimiles.

XL. Diogenes canis Alexandro.

Quod Dionysio et Perdiccæ exprobravi, iam tibi quoque significo, nimirum quod imperium putatis certamen esse cum hominibus ineundum. Id quod prorsus habet

ἀφροσύνη, ἐστί, τὸ δ' ἐπίστασθαι τοῖς ἀνθρώποις χρῆ-
σθαι καὶ ἕνεκά τι τοῦ βελτίσ-ου πράττειν σκόπει
οὖν ἀνθ' ὧν νῦν ἐγχειρεῖς οὐδὲν εἰδὼς ποιεῖν ἐπι-
τρέψαι τινὶ σαυτὸν ἀνθρώπῳ, ὅστις σε ὥσπερ ἰατρὸς
νοσοῦντα ἐκθεραπεύσας ἀπαλλάξει τῆς νῦν πολλῆς
καὶ κακῆς δόξης. σὺ γὰρ ὅπως μέν τινα κακὸν ἅπερ
γάσῃ ζητεῖς, εὖ δ' ἂν οὐδὲ βουλόμενος ἔχοις οὐδένα
ποιῆσαι. (2) ἔτι δὲ τὸ κρατεῖν καὶ τὸ ὑφ' ἑαυτῷ ἔχειν
τινὰς οὐ τοιοῦτόν ἐστιν, οἷον μετὰ τῶν κακίστων ἀν-
θρώπων ἄγειν καὶ φέρειν ἀεὶ τοὺς παρατυγχάνοντας.
τοῦτο γὰρ οὐδὲ τῶν θηρίων τὰ βέλτιστα ποιεῖ, ἀλλ'
οὐδὲ οἱ λύκοι, ὧν ζῷον οὐδέν ἐστι πονηρότερον οὐδὲ
κακουργότερον, οὓς σύ μοι δοκεῖς ὑπερβεβλῆσθαι ἀμα-
θίᾳ. τοῖς μὲν γὰρ ἐξαρκεῖ μόνοις πονήροις εἶναι, σὺ
δὲ καὶ πρὸς μισθὸν διδοὺς ἀνθρώποις τοῖς πονηροτά-
τοις τούτοις τε παρέχεις ἐξουσίαν μηδὲν ὑγιὲς πράττειν
καὶ αὐτὸς ὅμοια τούτοις ἐγχειρεῖς ποιεῖν καὶ μεῖζον
(3) κατάγνωθι οὖν, ὦ 'γαθέ, καὶ ἐν σαυτῷ γενοῦ ἔτι
μᾶλλον. ποῦ γῆς εἶ ἄρα, καὶ τί σοι δύναται τὰ κα-
τασκευάσματα ταῦτα καὶ ἡ σπουδὴ ἡ ἐπὶ τούτοις, οὐ
γὰρ οἴει δήπου βελτίων τινὸς εἶναι ἀνθρώπου τοιαῦτα
ποιῶν. εἰ δὲ μηδενὸς εἶ βελτίων, μηδὲ τούτοις ἐκπο-
νεῖς, τί οἴει σοι τὰ γενόμενα εἶναι ἀλλ' ἢ συμφοραὶ
καὶ φόβους καὶ κινδύνους μεγάλους, καίτοι οὐκ οἶδα
ἐγὼ ὅπως ἂν ἔτι μείζω ἀτυχήματα ἀτυχήσαις τῶν νῦν.
τίς γὰρ ἄνθρωπος μὴ δίκαιος οὐκ ἂν ἀτυχοῖ, τίς κακὸς
καὶ βίαιος οὐκ ἂν κακῶν πράττοι καὶ μηδὲν ἀγαθὸν ἔχοι,
καὶ τοῦτο τὸ ζῆ, δοκεῖ τί σοι εἶναι καὶ περὶ τοῦδε κίν-
δυνός σοι εἶναι μάλιστα παθεῖν τι τοιαυτὶ ποιοῦντι,
(4) καὶ ὥσπερ οὐκ οἴει σοι τούτοις ἐπιβουλεῦσαι μά-
λιστα, εἴπερ τῶν πολλῶν ἐστιν ἐξαμαρτάνειν, οὐ τοί-
νυν ἔχοις ἂν ἐπιδεῖξαι ὅπως τοιοῦτος ὢν ἐπιχείρησαι
ἀνθρώπῳ χρηστῷ, τοιούτοις δὲ ἐπιχρώμενος οἷος πρῶ-
τός γ' ἂν αὐτὸς καὶ μέγιστα κακὰ παθεῖν καὶ νῦν μη-
δὲν ἀγαθὸν πάσχειν, μηδέ σοι ἀρκέσειν τὰ τείχη
ῥᾳδίως τὰ κακὰ ὑπερβάλλεται καὶ παρελαύνεται. σκό-
πει δ' οἷον καὶ αἱ νόσοι ποιοῦσιν οὐδένα γὰρ πυρετὸν
οὐδὲ τεῖχος εἴργει, οὐδὲ ξενικὸν τὸν κατάρρουν, ὥστε
μὴ οὐχ οὕτω διατεθῆναι τῶν τυράννων ὅντινα βούλει,
ὥσπερ ἂν τὸν ἀποροῦντα δοκοῦντα ἄνθρωπον. τίνος
οὖν σοι καὶ ὑγιειναὶ φυλακαὶ παρεσκευασμέναι ἕνεκα
ἀλλ' ἢ ἀμαθίας, ὅπως ὡς μάλιστα ταύτην διαφυ-
λάττωσι, καὶ πλείστοις ᾖς ἐν κακοῖς καὶ ἐν φόβοις,
(5) ἢ γὰρ οἴει ἀλλοθέν ποθεν τοῖς ἀνθρώποις εἶναι
τὰ κακὰ ἢ ἐξ ὧν ἂν μὴ εἰδῶσιν ὅ τι ἂν αὑτοῖς
ᾖ πρακτέον; πάνυ οὖν μοι δοκεῖς καὶ σὺ τῶν τυράν-
νων εἶναι οὗτοι γὰρ οὐδὲ τῶν παίδων πλείω νοῦν
ἔχουσι. παῦσαι οὖν, ὦ 'γαθέ, καὶ εἴ τί σοι βούλει
ἀγαθὸν εἶναι, σκόπει πόθεν τι πράξεις τῶν δεόντων
τοῦτο δὲ οὐδέποτε ἂν δυνηθείης μὴ διδαχθείς ἄρα
οὖν εἴ τινά σοι τῶν Ἀθηναίων δικαστῶν πέμψαιμι, οἳ
γὰρ ὁσημέραι τοῦτο πράττουσι περὶ τῶν ἀδίκων, οἴον-
ται καὶ αὐτοὶ μέγιστον εἶναι καὶ τοὺς ἄλλους παρέχε-
σθαι μηδὲν κακὸν μήτε ἔχοντας μήτε πράττοντας

aliter Hoc enim est amentiam, illud vero eorum qui
uti hominibus sciunt ac publici commodi caussa aliquid
faciunt Vide igitur ut pro eis, quæ sine ratione facere
conaris, te ipsum committas homini, qui tanquam medi-
cus persanatum te liberet opinione, quæ multa tibi
nunc hæret atque prava Tu enim qui in alio allicere ho-
mines possis quæris, beneficio vero ne data opera qui-
dem allicere quenquam possis (2) Iam dominantem in
potestate sua tenere alios multum distat a latrocinio una
cum perditissimis hominibus in obvium quemque exer-
cendo Hoc enim non modo bestiarum probissimæ quæ-
que non committunt, verum ne lupi quidem, quo animali
malignius atque sævius aliud nullum est, quos tu mihi
videris feritate superasse His enim satis est malignis
solum esse, tu vero mercede insuper data hominibus
improbissimis et istis quicquid delinquendi potestatem
facis, et ipse æmulari illos studes atque superare.
(3) In viam igitur redi, o bone, magisque descende in te
ipsum Ubinam es terrarum, quidque proficis isto, quo
tantopere studes, apparatu? nimirum non credis utique
talia te facientem quoquam hominum esse meliorem
Si autem non es quoquam melior, neque in Loc isto
operam collocas, quid tibi censes aliud quam calamita-
tem et metum et magna pericula eventurum? quanquam
nescio qui in maiore quam nunc calamitate versari pos-
sis Quis enim injustus homo in calamitate non versetur?
quis improbus ac superbus non male sese habeat, quippe
ab omni bono destitutus? atque hæc ipsa vita videtur vitalis
esse vita, ob eamque vel mortis periculum non dubitas
subire? (4) et qui non putas hos tibi insidias struere
maxime, siquidem nefas admittere plurimorum est? Non
poteris igitur te, quum talis sis, probo uti homine de-
monstrare, eiusmodi autem utens hominibus persuasum
habe, te primum ipsum vel maxima mala perpessurum,
et nunc quoque hauddaquam bene te habere, neque
præsidio tibi mœnia futura facile mala transiliunt seque
insinuant Vide et morbi quomodo se habeant Nullam
neque febrem murus arcet, neque epiphoram exercitus,
ut fieri nequeat quin tyrannorum quivis eodem modo quo
qui inopia laborare videtur homo afficiatur Quid est
igitur cur et tuendæ valetudinis custodias disponas, nisi
pro tua ignorantia, quas quantumvis vigilanter subeant,
in summis tamen malis versaberis et periculis? (5) an
alunde putas hominibus mala evenire quam ex eo quod
quid faciendum sibi sit ignorent? Quare tu quoque vide-
ris mihi ex veris tyrannis esse hi enim ne infantibus
quidem plus sapiunt Subsiste igitur, o bone, et si bene
tibi esse cupis, cura ut officii tui partes expleas, id
quod nisi edoctus nunquam poteris Visne ex Athenien-
sium iudicibus unum tibi mittam? nam qui in maleficis
castigandis quotidie versantur, et ipsi sibi celsissimum vi-
dentur et reliquos eo se adducere posse opinantur, ut
mali neque habeant quicquam neque faciant Valere au-

ἐρρῶσθαι δὲ ἢ χαίρειν οὐ θέμις μοι γράφειν, ἕως ἂν ᾖς τοιοῦτος καὶ μετὰ τοιουτοτρόπων βιοῖς.

μα'. Μελησίππῳ.

Οὐ δοκεῖ μοι πᾶς τὸ καθ' ἡμᾶς ἐν ἀρετῇ δύνασθαι, ἐπεὶ πολλῶν ἡ πρόθεσις καθαιρετικὴ τῆς ἀξίας γίνεται· οὐδὲ γὰρ ὁ τοῦ Μέλητος εἰπὼν τὸν Δία πατέρα ἀνδρῶν τε θεῶν τε ἐκύδηνεν ἀλλ' ἐμείωσεν, ἐπεὶ χαλεπόν, εἰ οὓς οἱ γεννήσαντες διὰ πονηρίαν ἀπολέγονται, Διὸς εἶναι παῖδας πιστεύομεν.- ταῦτα οὖν ὁ κύων μόνα δυνήσεται, ἃ κατ' ἀρετὴν ἐνεργεῖται.

μβ'. Μελεσίππῃ τῇ σοφῇ.

Ἔφθασεν ἡ χείρ μου πρὸ τῆς σῆς ἀφίξεως τὸν ὑμέναιον ᾆσαι, ἐγίγνωσκε δὲ τὴν ἀφροδισίων ἀποπλήρωσιν εὐπαριστοτέραν εὑρῆσθαι τῆς κατὰ γαστέρα. ὁ γὰρ κυνισμός, ὡς οἶσθα, φύσεώς ἐστιν ἀναζήτησις· εἰ δέ τινες μέμφοιντο τὴν προαίρεσιν ταύτην, ἀξιοπιστότερος ἐπαινῶν ἐγώ.

μγ'. Μαρωνίταις.

Ὀρθῶς ἐποιήσατε τὴν πόλιν μεταχρηματίσαντες καὶ καλέσαντες ἀντὶ Μαρωνείας ἥτις νῦν καλεῖται Ἱππαρχίαν, ἐπεὶ κρεῖττον ὑμῖν ἀπὸ Ἱππαρχίας λέγεσθαι, γυναικὸς μέν, ἀλλὰ φιλοσόφου, ἢ Μάρωνος, ἀνδρὸς οἰνοπώλου.

μδ'. Μητροκλεῖ.

Οὐ μόνον ἄρτος καὶ ὕδωρ καὶ στιβὰς καὶ τρίβων σωφροσύνην καὶ καρτερίαν διδάσκουσιν, ἀλλ' εἰ χρὴ οὕτως φάναι, καὶ ποιμενικὴ χείρ. ὤφελον καὶ τὸν πρὶν ἐκεῖνον βουκόλον ὄντα ἐξεπίστασθαι, ἐπιμέλου οὖν καὶ ταύτης ἔνθα ἂν ἐπείγῃς· ἔστι γὰρ ἐκ τῆς συντάξεως τοῦ ἡμετέρου βίου. τὰς δὲ πρὸς τὰς γυναῖκας ἀκρατεῖς ἐντεύξεις πολλῆς δεομένας σχολῆς ἔα πολλὰ χαίρειν· οὐ γὰρ σχολή τι μόνον πτωχὸν αἰτεῖν κατὰ Πλάτωνα, ἀλλὰ τῷ ἐπ' εὐδαιμονίαν σύντομον ἐπειγομένῳ ἡ πρὸς γυναῖκας ἔντευξις ὄνησιν φέρει ἀνθρώπων δ' ἰδιωτῶν πολλῶν, οἷς ὁμοίως διὰ ταύτην τὴν πρᾶξιν ζημία, περιμαθήσεις παρὰ τοῖς μεμαθηκόσιν ἐκ παντὸς ἐργάσασθαι. σὺ μὴ ἐπιστρέφου, μηδ' εἴ σε διὰ τὸν τοιοῦτον βίον κύνα τινὲς ἢ ἄλλο τι ἀποκαλῶσι χεῖρον.

με'. Περδίκκᾳ.

Αἰσχύνου ἐφ' οἷς γράφων ἀπειλεῖς μοι, ὅτι δῆτά σοι οὐ πείθομαι χείρων Ἐριφύλης γενέσθαι καὶ χρυσοῦ ἐμαυτὸν ἀνταλλάξασθαι κακῶς. τοῦτο γὰρ ἀξιοῖς, καὶ λόγοις μὲν ἅπτεσθαί μου οὐκ ἀναβάλλῃ, ἀπειλεῖς δὲ ἀπειλὴ κανθαρίδος, ἀποκτενεῖν, καὶ οὐκ οἶσθα ὅτι δράσας τοῦτο ἀντιπείσῃ. ἔστι γάρ τις, ᾧ μέλει περὶ ἡμῶν, ὃς καὶ τῶν τοιούτων τὴν ἴσην δίκην τοὺς ἄρξαντας ἀδίκων ἔργων εἰσπράττεται, καὶ ζῶντας μὲν

---

tem aut salvere te iubere nefas mihi est, donec sis talis et cum talibus conversere.

XLI. Melesippo.

Non videtur mihi quivis ex nostra doctrina proficere in virtute, quoniam multorum indoles talis est, quæ eius dignitatem detrahat. Neque enim Meletis filius, quum hominum deorumque patrem dixit Iovem, auctoritatem eius auxit, sed imminuit, quia difficile est, quos qui genuere ob improbitatem repudiant, Iovis esse filios credere. In his solis igitur, quæ sunt in virtute posita, canis proficiet.

XLII. Melesippæ sapienti.

Manus mea, priusquam veneres, hymenæum cecinit, noverat autem rei venereæ expletionem inventu faciliorem esse quam ventris. Cynismum enim scis naturæ esse indaginem : si qui vero hanc reprehendant disciplinam, ego ipsam laudans maiore sum fide dignus.

XLIII. Maronitis.

Recte fecistis, quod urbis vestræ nomen mutavistis eamque pro Maronea Hipparchiam appellavistis, quoniam magis vos decet a femina eaque philosopha Hipparchia quam a viro eoque vinario Marone nominari.

XLIV. Metrocli.

Non solum panis et aqua et stramentum atque pallium modestiam docent atque tolerantiam, verum etiam, si ita licet dicere, manus pastoricia. Utinam iam pridem bubulcum illum nossem. Hanc igitur, quocunque tendas, cura : est enim ad nostram vivendi rationem accommodata. Intemperantem vero cum mulieribus consuetudinem, quum multo indigeant otio, prorsus valere iube. .

. . . .

. . . .

. . . .

. . . .

. . . .

tu noli deficere, etiamsi eiusmodi ob vivendi rationem canem te quidam aut alio deteriore appellavit nomine.

XLV. Perdiccæ.

Erubesce minis, quas litteris in me iactas, quod deteriorem Eriphyle me tibi præstare nolim, neque auro memet ipsum turpiter permutare. Hoc enim poscis, et verbis me non cessas insectari, cantharidisque more minaris cædem, neque hoc si feceris te pœnas scis daturum. Namque est aliquis, qui nostris rebus consulit, quique iustas eiusmodi criminum pœnas ab iniuriarum auctoribus repetit, et a viventibus quidem simplices,

ἁπλοῦν, τελευτήσαντας δὲ δεκαπλάσιον. ταῦτ᾽ ἐγὼ οὐχὶ δεδοικώς σου τὰς ἀπειλὰς ἔγραψα, ἀλλ᾽ οὐ βουλόμενός σε δι᾽ ἐμὲ κακόν τι πρᾶξαι

μς΄ Πλατων τῳ σωζω.

Διαπτύεις μου τὸν τρίβωνα καὶ τὴν πήραν ὡς ἐμοὶ μὲν ἐπαχθῆ καὶ χαλεπά, τὸν δὲ βίον οὐδὲν ὠφελοῦντα, οὐκ εὖ ποιῶν. σοὶ μὲν γὰρ ἐπαχθῆ καὶ χαλεπά ἔμαθες γὰρ ἀπὸ τυραννικῶν τραπεζῶν ἀμέτρως ἐμφορεῖσθαι καὶ γαστρὶ προβάτων, ἀλλὰ μὴ ψυχῆς ἀρετῇ κοσμεῖσθαι· ἐγὼ δὲ ὡς μετ᾽ ἀρετῆς ταῦτα ἐπιτετήδευκα, τίνα ἂν μείζονα ἀπόδειξιν ἢ τὸ μὴ μεταβάλλεσθαι πρὸς ἡδυπάθειαν ἐξόν μοι παρασχοίμην, τόν γε μὴν βίον ἀξιῶ πάντων μᾶλλον ἀνθρώπων ὠφελεῖν οὐ μόνον δι᾽ ὧν ἔχω, ἀλλὰ καὶ δι᾽ ὧν τοιοῦτος αὐτοῖς φαίνομαι. τίς γὰρ ἂν ἐφ᾽ οὕτως αὐτάρκη καὶ λιτὸν πολέμιος στρατεύσαιτο, ἐπὶ τίνα δ᾽ ἂν οἱ τοιούτοις ἀρεσκόμενοι βασιλέα ἢ δῆμον πόλεμον ἐξενέγκαιεν, ἀκόλουθα γοῦν τούτοις, ἐκκικάθαρται μὲν ἡ ψυχὴ κακῶν, ἀφίσταται δὲ κενοδοξίας, ἐπιθυμιῶν δὲ ἀμετρίαν ἐκβέβληκεν, ἀληθεύειν δὲ δεδίδακται, ψευδῶν τε πάντων ὑπερορᾶν· εἰ δέ σε μὴ πείθει ταῦτα, ἄσκει φιλοδονίαν καὶ κατάπαιζε ἡμῶν ὡς οὐ μέγα νοησάντων

μζ΄ Ζηνωνι

Οὐ γαμητέον οὐδὲ θρεπτέον παῖδας, ἐπεὶ τὸ γένος ἡμῶν ἀσθενές ἐστιν, ἐπιφορτίζει δὲ γάμος καὶ τέκνα ἀνίαις τὴν ἀνθρωπίνην ἀσθένειαν· οἱ γοῦν ἐλθόντες ἐπὶ γάμον καὶ τέκνων τροφὴν δι᾽ ἐπικουρίαν ὕστερον γνόντες ὡς πλειόνων ὀχληρῶν ἐστι ταῦτα, μετανοοῦσιν, ἐνὸν ἀρχῆθεν πεφευγέναι· ὁ δὲ ἁπαθὴς ἵκανα πρὸς ὑπομονὴν ὑπολαβὼν τὰ οἰκεῖα γάμον καὶ τέκνων ἐκκλίνει γένεσιν. ἀλλ᾽ ὁ βίος ἔρημος ἀνθρώπων γενήσεται· πόθεν γάρ, ἐρεῖς, ἡ διαδοχή, εἴθε γὰρ ἐπιλείποι βλακεία τὸν βίον, σοφῶν γενομένων πάντων· νῦν δ᾽ ὁ μὲν ἡμῖν πεισθεὶς μόνος ἴσως ἐπιλείψει, ὁ δὲ σύμπας βίος ἀπειθήσας παιδοποιήσεται. εἰ δὲ καὶ γένος ἀνθρώπων ἐπιλείποι, ἆρα ἄξιον τοσοῦτον ὀλοφύρεσθαι, ὅσον καὶ εἰ μυιῶν καὶ σφηκῶν ἐπιλείποι γένεσις, ταῦτα γὰρ τὰ ῥήματα μὴ τεθεαμένων ἐστὶ τὴν τῶν ὄντων φύσιν.

μη΄. Ῥήσῳ

Φρύνιχος Λαρισαῖος ἀκουστὴς ἡμῶν ποθεῖ τὸ ἱππόβοτον Ἄργος θεάσασθαι, ὃς ἀπὸ σοῦ δεήσεται φιλόσοφος ὢν οὐ πολλῶν.

μθ΄

Ὁ κύων Ἀρουέκᾳ γνῶναι σαυτόν (οὕτω γὰρ ἂν εὖ πράττοις), καὶ εἴ τις ἄρα περὶ ψυχὴν νόσος, οἷον ἀφροσύνη, ταύτης ἰατρὸν λαμβάνειν, τοῖς θεοῖς εὐχό-

EPISTOLOGR.

---

decemplices vero a mortuis Hæc non quasi nimias tuas timerem scripsi, sed quod mea caussa te nolo admittere quicquam nefas

XLVI Platoni sapienti

Despicis pallium meum atque peram tanquam gravia mihi et molesta, neque quicquam vitæ commodi afferentia, immerito Tibi enim gravia et molesta, quoniam tyrannorum in epulis te ingurgitare didicisti, ovumque vellere nec vero animi virtute te ornare, ego vero quod cum virtute hoc factitarim, quodnam gravius afferre possim argumentum quam quod ad mollitiem data occasione non defecerim? ac videor mihi humano generi iratiorem quam universi homines afferre utilitatem, non eis quæ habeo tantum, verum et eo, quod talis ab eis conspicior Quis enim in tam modestum atque simplicem impetum hostis faciat? cuinam regi vel populo talibus contenti bellum inferant? Hinc fit ut anima libera sit a malis, a vana gloria abstineat, nimias cupiditates arceat verax sciat esse et omne mendacium aspernari Hæc si tibi fidem non faciunt, luxuriam exerce, nosque deride ut parum sapientes

XLVII Zenoni

Abstinendum a matrimonio atque ab educandis liberis, quoniam genus nostrum imbecillum est, onerantque matrimonium atque liberi angoribus humanam imbecillitatem Quare qui ad matrimonium iungendum liberosque educandos adiutorii sibi parandi caussa accessere, hos posthac, ubi quantas hoc afferat molestias cognoverint pœnitentia subit, quum poterant ab initio evitare Qui vero nulla re facili perturbatur, suasque putat res sufficere ad quidvis tolerandum, matrimonium declinat liberorumque procreationem At sic inopia fiet hominum unde enim, inquies, progenies? Utinam mollities nos deficeret omnesque saperent homines Nunc vero qui nobis morem gerit unus fortasse, carebit liberis, reliqui vero omnes homines liberos procreabunt Verum etiamsi deficeret humanum genus, num æque hoc deplorandum ac si muscarum vesparumque deficeret propago? sic enim loqui solent, qui naturam rerum non indagarunt

XLVIII Rheso

Phrynichus Larissæus auditor noster equis alendis claum Argos cupit videre, isque philosophus quum sit, non multa abs te postulabit

XLIX

Canis Aruecam iubet se ipsum noscere (sic enim recte valebis), et si quo morbo laboret animus, velut insania, huius medicum capere, idque non sine deorum implora-

17

μενος, ἵνα μὴ δοκοῦντα λαβὼν θάτερον ποιῇς. χρό-
νιζε δὲ μὴ οὕτως· οἶνος γάρ σοι θησαυρίζεται, ἀλλὰ
μὲν βλάψεις ὑλήσει. ταῦτα δὲ ποιῶν οὐ μόνον ἐμοὶ
φίλος πολλοῦ ἄξιος, ἀλλὰ καὶ τοῖς ἄλλοις πᾶσι. τὸ δὲ
ἐρρῶσθαί σε καὶ τὸ χαίρειν ἐν τῷ μὴ ἀμελῆσαι τῶν γε-
γραμμένων ἐπέσταλται.

ν'. Χαρμίδᾳ.

Σοφίσματά μοι καὶ γρίφους ὁ σὸς γνώριμος Εὐρή-
μων προύτεινεν ἐξησκημένα ὡς ἔνι μάλιστα. ἐγὼ δὲ
οὐκ ἐπὶ τούτοις ἀξιῶ τὴν ἀρετὴν σεμνύνεσθαι, ἃ ταῖς
κεναῖς καὶ δυσανοίκτοις πυξίσιν ἔοικεν, ἀλλ' ἐπὶ τῷ
βίῳ, ὃν γυμνὸν ἐπιδείκνυσθαι πρέπει τοῖς ἐντυγχά-
νουσι. μετὰ γοῦν τὰς χαλεπάς τε καὶ κατησκημένας
ζητήσεις ὁ γενναῖος καὶ σοφὸς Εὐρήμων περὶ τῶν μη-
τρῴων πρὸς τὸν πατέρα μόνον οὐχὶ γυμνὸς ἐπαγκρα-
τίαζε, καὶ τὴν μάχην τοῦ σοφοῦ ἔνιοι τῶν ἐπιτυχόν-
των φορτικῶν ἀνδρῶν διέλυον. ἔδει δέ, εἴπερ ἀρετῇ
συνετέθραπτο, ἢ τὴν ἀρχὴν μηδὲ συστῆναι χρημάτων
ἐπιθυμίαν περὶ αὐτόν, ἢ πάσης κακίας ἐστὶν αἰτία, οὐ
τῆς σεμνοτάτης φιλοσοφίας, ἧς ἀφῃρῆσθαι τὸ σύμπαν
πάθος. οἱ Ἀθηναῖοι δὲ καθ' ὑμᾶς φιλοσοφήσαντες
ἐοίκασι τοῖς ἐπαγγελλομένοις ἄλλους ἰατρεύειν, ἃ μὴ
αὐτοὺς ἰᾶσθαι δεδύνηται.

να'. Ἐπιμενίδῃ.

Ἐπιμενίδη σοιασσατοιδιεα δι' ἀρετὴν ἀνατλῆναι
μένοις ἂν οἴκοι τὴν γαστέρα τέρπων καὶ τὸ σωμάτιον
κοσμῶν. ἀκούω γάρ σε ἀρετὴν ἐπαγγέλλεσθαι, καί
μοι τὸ πρᾶγμα οὐκ ἐφάνη παράδοξον· εἶναι μὲν γὰρ
ἐσθλὸν κατὰ Σιμωνίδην αλεπόν, ἐπαγγέλλεσθαι δὲ
ῥάδιον.

---

tione, ne . . . . . Noli autem tam diu cunctari : . . .
. . . . Hæc vero si fece-
ris, non mibi solum, verum et reliquis omnibus amicus
eris carissimus. Valere te autem et salvere, si quæ
scripsi non neglexeris, me habes iubentem.

L. Charmidæ.

Argutias mihi atque griphos familiaris tuus Euremo
proposuit quam fieri potest pulitissimos. Ego vero non
istis rebus virtutem velim gloriari, quæ inanis et ad ape-
riendum difficilis pyxidis speciem referunt, sed potius
vita, quam nudam decet in omnium conspectu collocare.
Iam post spinosas illas et eruditione plenas quæstiones
nobilis atque doctus Euremo de bonis maternis cum pa-
tre tantum non nudus decertabat, eamque docti hominis
pugnam importuni quidam homines forte supervenientes
dirimebant. Debebat autem, si quidem revera virtute
innutritus erat, aut omnino procul ab ipso pecuniæ avi-
ditas abesse, quæ omnis improbitatis caussa est, aut
sanctissima philosophia ab omni affectu libera præstari.
Athenienses vero vestro more philosophantes similes iis
sunt, qui quos morbos in aliis sanare pollicentur, iisdem
ipsi laborantes mederi nequeunt.

LI. Epimenidi.

. . . .
genio indulgens tuo pelliculamque curans. Audio enim,
virtutem te polliceri, id quod nequaquam mirum mibi
visum est : esse enim probum, ut ait Simonides, diffi-
cile est, facile vero polliceri.

ΔΙΩΝΟΣ ΕΠΙΣΤΟΛΑΙ.

DIONIS EPISTOLÆ.

α′. Ῥούφῳ.

Συνίστημί σοι τὸν φέροντα τὴν ἐπιστολὴν ἄνδρα πράγματα μὲν ἔχοντα δι' ἀντιδίκου φιλονεικίαν, αὐτὸν δὲ τοῖς φίλοις παρέχειν οὐ βουλόμενον, ἔτι δὲ καὶ τἄλλα οἷον ἂν σὺ ἐπαινέσειας, μέτριος καὶ ἐπιεικής· τὸ γὰρ τοῦ γένους καὶ πολιτικοῦ ἀξιώματος οὐδ' οἶμαί σε δεῖσθαι πυνθάνεσθαι, καὶ γὰρ καὶ ταῦτα αὐτῷ ὑπάρχει.

β′. Ῥούφῳ.

Ἑρέννιον τὸν ἐμὸν ἑταῖρον φθάνεις μὲν ἐπιστάμενος, οὔπω δὲ ἱκανῶς, ὅσον ἐγὼ βούλομαι. οὐδὲ γὰρ νῦν ἂν δυναίμην ἴσως εἰπεῖν ἅπαντα τὰ προσόντα αὐτῷ· τοσαῦτα μέντοι ἄξιον αὐτὸν μαρτυρῆσαι ὡς καὶ γέγονεν ἡμῖν ἐκ πλείονος φίλος καὶ ὅσα πεῖραν ἤδη τῷ χρόνῳ δέδωκε. καὶ περὶ τοὺς λόγους πρότερον μὲν ἐζήλωσε, νῦν δὲ καὶ ὑπερεβάλετο. ἔστι γὰρ ῥήτωρ ἀγαθός, ἔτι δ' ἂν γένοιτο βελτίων σοὶ συνὼν καὶ ὑπὸ σοῦ προαγόμενος. σὺ δέ μοι τὰ πολλὰ περὶ πολλῶν χαριζόμενος ἐν τοῖς μάλιστα ἂν χαρίζοιο καὶ Ἑρέννιον σαυτοῦ νομίζων.

γ′. Εὐσεβίῳ.

Παρόντα σε βλέπειν οἴομαι ταῖς ἐπιστολαῖς ἐντυγχάνων αἷς ἐπιστέλλεις, ὥστ' εἰ γράφοις μοι συνεχέστερον ἥκιστ' ἂν ἐπὶ τῇ ἀπουσίᾳ δυσχεραίνοιμι.

δ′. Τῷ αὐτῷ.

Ἀνιαρὰ μὲν εἶναι τὰ συμβάντα Δρακοντίῳ καὶ κακῶς ἔσχατα τίς οὐκ ἂν ὁμολογήσειεν, ἀνθρώπινα δὲ καὶ πολλοῖς ἤδη γεγενημένα. διὸ καρτερεῖν μὲν ἐπ' ἐκείνοις ἀνάγκη καὶ φέρειν ἑκόντας· δεῖ γάρ, κἂν ἄλλως ἔχῃς, κἂν σφόδρα τοῦ πάθους ἡττᾷ, ὑπὲρ τῶν ὄντων ὁρᾶν ὀρθῶς, ἵνα μὴ τὰς μὲν συμφορὰς ἄριστα διηνυχέναι δοκῇς, περὶ δὲ τοῦ ζῶντος οὐκ ἄριστα φρονεῖν.

ε′. Σαβινιανῷ.

Οὐκ ὄκνῳ τοῦ γράφειν οὐδ' ὑπεροψίᾳ τινὶ σεσιώπηκαί μοι τὰ πρότερα. καί σοι ἂν ὡμολόγουν εἶναι σχετλιώτατος ἀνθρώπων, εἰ τέχνην μὲν τὸ λέγειν ἀσκήσας ἐπιστέλλειν οὐκ ἐβουλόμην, ἠμέλουν δὲ φίλου, ᾧ καὶ συνεξόρευσα τὰ τῶν Μουσῶν καὶ τὰ ἱερὰ συνετελέσθην, ὅσα δὴ πάντων ἐν Ἕλλησιν ἁγιώτατα.

I. Rufo.

Commendo tibi virum, qui has literas tibi reddit, quique vexatur litigatoris contentione et rixa, ipse autem amicos vexare non vult, ac præterea etiam is est, qui tibi placere possit, moderatus scilicet et modestus. Nam de genere eius ac dignitate politica tibi ne quærendum quidem esse puto: quippe et hæc ei præsto sunt.

II. Rufo.

Herennium socium meum antea quidem novisti, sed non tantum, quantum ego volo. Quanquam fortasse nunc non omnes eius virtutes animique proprietates enumerare licuerit. Illud tamen dignum est quod testificer diu eum fuisse amicum nostrum et amicitiæ eum in his temporibus significationem fecisse. Eloquentiâ olim nobiscum concertavit, nunc adeo superavit; est enim optimus orator, et præstabilior etiam evadet, ubi familiaritate ei tua et institutione uti licuerit. Tu vero, qui multa mihi multorum causa gratificatus es, hoc mihi potissimum dabis, ut Herennium velis tuum esse.

III. Eusebio.

Præsentem te conspicere mihi videor, cum in literas quas scribis incido, ita ut si mihi sæpius scribas, ex absentia tua minus doloris percipiam.

IV. Eidem.

Acerba esse quæ Dracontio acciderunt extremaque malorum, humana tamen esse multisque iam percepta, quis est qui non confiteatur? Unde nos constantes esse oportet et molliter ferre quæ divinitus acciderunt. Necesse enim est, ut etiamsi aliter habeas atque impar sis dolori, de instantibus verissime iudices, ne malam fortunam optime absolvisse, de vivo autem minus recte iudicare videaris.

V. Sabiniano.

Non fugâ laboris epistolici neque superbia elatus antea reticui. Nimirum faterer miserrimum me esse hominum, si artem dicendi edoctus literas dare recusarem nullamque amici curam agerem, quocum ad Musarum olim numeros me movi et mysteriis initiatus sum omnium quæ per Græciam sunt longe sanctissimis.

17.

ΔΙΟΝΥΣΙΟΥ ΣΟΦΙΣΤΟΥ ΑΝΤΙΟΧΕΙΑΣ

ΕΠΙΣΤΟΛΑΙ.

DIONYSII SOPHISTÆ ANTIOCHENI

EPISTOLÆ.

α΄. Φιλοξένῳ ἐπισκόπῳ.

Πρᾶγμα ἐμοὶ ποθεινὸν ἐπιστολὴ παρ' ὑμῶν, καὶ εἴθε μὲν ἐξεγένετό μοι καὶ αὐτῆς συνιέναι τῆς φωνῆς· οὕτω γὰρ ἂν ἥδιον ἔσχον ὥσπερ τις ἐραστὴς αὐτὴν ὁρῶν τοῦ ποθουμένου τὴν ὄψιν. οὐ μὴν ἀλλὰ καὶ τὰς εἰκόνας εἰώθαμεν ἀγαπᾶν τῶν ἐρωμένων, ὅταν αὐτοὺς μὴ δυνηθῶμεν ἰδεῖν. τὰ σύμβολα δέ, ὅτι μὲν τῆς ἑορτῆς ἐστιν, ἀγαθά μοι δοκεῖ· διότι δὲ παρ' ὑμῶν, διπλάσια δικαίως νομισθήσεται.

β΄. Διονυσίῳ.

Αὐτὴν ἐδάκρυσα τὴν γῆν, ἐπειδὴ τὴν σὴν ἤκουσα σιωπήν· εἰ γὰρ ὁ κύκνος σιγᾷ, τίς ᾄσεται μουσικήν; εἰ ὁ μεγαλόφωνος Διονύσιος μικρὰ φθέγγεται, τίς οὐ σιωπήσεται; ὡς ἔδει τὴν ψυχὴν πολλοῖς σώμασιν ἐνηχεῖν, ὅπως ἂν ᾖ τοῦτο κἀμοὶ πρὸς ὑπηρεσίαν τῆς τέχνης· δεινὸν γὰρ εἴ τις ἄριστος αὐλητὴς κατεαγότων αὐτῷ τῶν αὐλῶν δι' ἀπορίαν ὀργάνων εἰς θέατρον μὴ καταβαίνει.

γ΄. Στεφάνῳ.

Ὅτι γραμμάτων ἐμῶν ἐπιθυμεῖς ἠγνόουν· ὡς δὲ ᾐσθόμην ἀφ' ὧν ὁ γραμματικὸς Βερονικιανός μοι διελέχθη, γράφων μὲν οὐ παύσομαι, φιλῶν δὲ οὐκ ἐπαυσάμην.

δ΄. Εὐσεβίῳ.

Ποιήσαντες ὑμῶν ἐραστὴν ἐποιήσατέ με καὶ τολμηρόν, ὥστε οὐ παύσομαι γράφων, κἂν πολλάκις αἰτιάσησθέ με θρασύτητος. τί γὰρ ἂν καὶ ποιήσειεν ἄνθρωπος ἐρῶν καὶ παύσασθαι μὴ δυνάμενος;

ε΄. Τῷ τὰ ὀξύβια πέμψαντι.

Τοὺς κεράμους ὅτι μὲν πρωτείους ἐπέγραψας εἶδον, ὅτι δὲ μὴ προσέθηκας ὄξους ἐπελαβόμην· τοῦτο γὰρ

I. Philoxeno episcopo.

Optata mihi res est epistola vestra, atque utinam mihi et ipsam vocem audiendi fieret potestas : sic enim suavius agerem velut amator qui ipsum amati vultum conspicit. Nihilo minus etiam imaginibus eorum quas amamus contenti solemus esse, si ipsos non possumus videre. Stips, quoniam festo die collecta est, grata mihi videtur, sed quia a vobis, duplex iure putabitur.

II. Dionysio.

Ipsam terram deflevi, quum tuum audivi silentium. Nam si olor tacet, quisnam canet musicam? et si alta voce præditus Dionysius summisse loquitur, quis non tacebit? oportebat enim animam multa corpora personare, quo etiam mihi liceat artis officia præstare. Iniquum enim, si optimus tibicen fractis sibi fistulis propter instrumentorum inopiam in theatrum non descendat.

III. Stephano.

Litterarum mearum desiderio te teneri nesciebam; posteaquam autem ex Beroniciani grammatici sermonibus intellexi, scribere non desinam, amare vero non desieram.

IV. Eusebio.

Quod in amicitiam me recepistis, sane audacem quoque me reddidistis, ut finem scribendi non faciam, etiamsi sæpe me accusetis confidentiæ. Quid enim et faciat homo amans quique nequit desinere amare?

V. Ei qui miserat acetabula.

Urceos quidem « primarios » te inscripsisse vidi, quod autem « aceti » non addideris reprehendi. Hoc

ἐπιγράφων κἂν ἀληθεύειν ἐδόκεις καὶ ἀσφαλεστέρους ἐποίεις τοὺς πειρωμένους· νῦν δὲ ὑπὸ τῆς ἀγνοίας ὡς οἶνον ἁρπάζοντες λανθάνουσι κινδυνεύοντες.

ς' Τῷ αὐτῷ

Ἡ φιλότιμος καὶ δικαία σου δωρεὰ μέχρι μὲν τρώην ἀνέπαφος ἦν, ἐπεὶ μηδὲ ἰδεῖν αὐτὴν ἠνειχόμην, οὕτω μεγάλην οὖσαν ἐρυθριῶν. ὡς δὲ ἔδει τῶν κεράμων ἕνα πέμψαι φίλῳ γνησίῳ κατὰ χρείαν ἐπιδημοῦντι, τότε ᾐσθόμην ὅτι καὶ δόλον εἶχεν ἐν ἀπορρήτῳ καὶ τὸν πέμψαντα ὡς ἀληθῶς ἐμιμεῖτο· γελοῖον δὲ ὅτι καὶ σημεῖον ἐπέθηκας αὐτοῖς οἷον εὐφρᾶναι τὸν ἀπατώμενον· οὐδὲν δὲ ἀπεικὸς ἐπιπόνθειν πολλάκις ἐφ' οἷς ἐπείσθην διαμαρτών.

ζ' Τῷ αὐτῷ

Οἱ κέραμοί σου κενοὶ μὲν ἦσαν ἀρθέντες, λυπηροὶ δὲ ἀνοιχθέντες· οὕτω καὶ ὀλίγον ἐν αὐτοῖς ὑπῆρχε καὶ πονηρόν. ὥστε, εἰ τοιαῦτα τιμᾷς, ἀμείνων ἂν εἴης ἀγνωμονῶν.

η' Τῷ ἄρχοντι Ἱεραπόλεως

Οἱ τὰς ἀρχὰς ἐνδόξως μετιόντες, ὥσπερ ὑμεῖς, πλέον τούτου ἐπιτηδεύουσι τοὺς φίλους πλείους ποιεῖσθαι ἐν ταῖς ἀρχαῖς. γινώμεθα τοίνυν φίλοι τῆς μεγαλοπρεπείας τῆς σῆς ἐγώ τε καὶ ὁ τὴν ἐπιστολὴν ὑμῖν ἐπιδούς, ἐγὼ μὲν ὡς γεγραφώς, ὁ δὲ ἑταῖρος Μόδεστος ὧν βούλεται ῥαδίως ἐπιτυχών

θ' Εὐσταθίῳ

Ἆρα μὴ φαίνομαι βραδὺς εἰς ἐπιστολὴν ἢ τοὐναντίον καὶ ἐχληρός; ἀλλ' εἰ καὶ τὸ δεύτερον δοκοίην, αὐτὸς αἴτιος ἐπιστέλλων ὅτι μετέωρος ἡ χάρις ἐστὶ τὴν ἐμὴν ἀπόκρισιν περιμένουσα

ι' Σὲ ζωρῶ

Εἴθε ἦν καὶ πυθέσθαι ὅπως ἡμῖν τοῦ σώματος ἔχεις, ἐπειδή σοι τοῦτο καὶ μόνον ἐνοχλεῖ· τὰ γὰρ τῆς ψυχῆς ἀμείνω καὶ θειότερα πέφυκε· κἂν εὐξαίμην οὕτως ἔχειν ἑτέρους, ὥστε εὐδαιμονέστερον ἐντεῦθεν εἶναι τὸν χρόνον. γράφε οὖν ὁσάκις ἐνδιδῷ σοι τὸ νόσημα, καὶ πότε καὶ πόσον νενίκηται καὶ ὅπως παρεχώρησε ταῖς ἡμετέραις εὐχαῖς· τὸν δὲ ἑταῖρον Ἀρχέλαον ἐκ τῶν ὑμετέρων γραμμάτων ἔχω δι' εὐνοίας, ἀεὶ μεγάλην σύστασιν ἡγησάμενος ἐπιστολὴν ἀνδρὸς ἀγαθοῦ.

ια' Ἱλαρίῳ

Ἆρα μὴ λέληθα ἐμαυτὸν εἰς παροιμίαν ἐλθών, καὶ γέγονα λύκος χανὼν διὰ κενῆς, καὶ τίς ἂν πιστεύσειε ταύτην ἐπ' ἐμὶ τὴν παροιμίαν ἰσχύειν, ὅτε ὑμεῖς τὴν

---

enim inscribens et verum dicere visus esses et tutiores praestitisses experientes Nunc vero inscitia sua quasi vinum rapientes inopinato in periculum incidunt

VI Eidem

Magnificum tuum praeclarumque donum diu intactum iacuit, quoniam ne aspicere quidem sustinebam, tantam eius magnitudinem erubescens Quum vero unus ex urceis amico viro mittendus esset negotii caussa hic agenti, tum demum intellexi etiam dolum continere clandestinum et eum qui misit revera imitari Ridiculum vero, quod etiam signum eis imposueras, quod deceptum oblectaret Nihil tamen praeter exspectationem mihi accidit, quem saepenumero fidem habentem spes fefellit

VII Eidem

Urcei tui, quum tollerentur, vacui erant, aegritudinem autem afferebant aperti Adeo parum in ipsis erat et vitiosum, ut, si talibus nos ornas, satius sit te esse ingratum

VIII Principi Hierapolis.

Qui egregie magistratus gerunt, uti vos, inprimis id curant, ut quam plurimos sibi in magistratibus comparent amicos Recipiamur igitur in amicitiam magnificentiae tuae quum ego, tum is, qui hanc vobis reddit epistolam, ego quidem ut qui scripserim, sodalis vero Modestus facile quae petit consequendo

IX Eustathio

Videorne tibi tardus ad scribendum, an ex contrario etiam molestus? Sed etiamsi hoc alterum videar, ipse in caussa es, quod scribis, promptam esse gratiam responsum meum exspectantem

X Theodoto

Utinam etiam certiores fieri liceret, quomodo nobis corpore valeres quoniam hoc tibi solum affert molestiam animus enim praestantior ac divinus magis Vellem et alios sic habere, ut hinc felicius aetas transigeretur Scribe igitur, quoties per morbum tibi licet, et quando et quantum remiserit et quomodo nostris votis cesserit Sodalem vero Archelaum vestris ex litteris benevolentia prosequor, magnam semper ratus viri boni epistolam esse commendationem.

XI Hilario

Nesciusne in proverbium incidi et factus sum lupus hians in vacuum? et quisnam credidisset, hoc de me proverbium valere quum vos ipsam exspectationem

προσδοκίαν ἐποιήσατε, συζεύξαντες τὰ ἆθλα τοῖς ἐπι-
τάγμασιν; εἰ μὲν οὖν ὡς ἐχρῆν ἠγωνίσμεθα, καὶ
λαμπρὰν αἰτοῦμεν τὴν δωρεάν· εἰ δὲ ἧττον ἐξελέξαμεν
ἢ νομίζομεν, ἀλλ' οὐ χεῖρον ἠβουλήθημεν ἤπερ ἐφά-
νημεν. βουλήσει δὲ ἴσως ἅπαντα κρίνεται. ἀπόδοτε
τὴν σύνταξιν ἀνθρώποις ἢ δυναμένοις ἢ βουλομένοις,
καὶ δότε πρόφασιν ὑμνῆσαι τὴν φιλότιμον καὶ σοφω-
τάτην ἀρχήν, αὐτοὶ πρὸς ἕκαστον ὑπηγούμενοι τῶν
πεπραγμένων.

ιβ'. Ἀζυγίῳ.

Δός μοι τὰς ὑποσχέσεις ἢ μᾶλλον ἀπόδος. λέγω
δὲ ἀπόδος οὐ κατὰ τὸν τῶν ὑποσχέσεων νόμον, ἀλλ'
ὅτι τὸ θεραπεύειν ἡμᾶς ὡς ὄφλημα σαυτὸν ἀπαιτεῖς.
καὶ περὶ ὧν ἤδη τυγχάνω δεηθεὶς ἐπίστειλον ἀκριβῶς,
ὅτι τὸ θέρος ἐνδίδωσιν ἢ θαρρεῖν δι' ἡμᾶς ἢ δραμεῖν
ὡς ἡμᾶς.

ιγ'. Ῥωμύλῳ.

Ἐκ μὲν τῆς ἤδη γραφείσης ἐπιστολῆς καὶ πτερωτὸν
εἶναί σε διὰ τῆς προθυμίας ἐνόμισα, χρόνου δὲ ἐγγε-
νομένου καὶ πεμφθέντος οὐδενὸς ὧν προσεδόκησα,
γράφειν εὐθὺς ἐγκλήματα πικρὸν ἡγησάμην· παρακαλῶ
δὲ ἔτι, σπεῦσον ἢ πάντως ἔλπισον τὰ ἐγκλήματα.

ιδ'. Φιλοξένῳ.

Τοῦτ' ἐστὶ παλαιὸς ἐραστής, τοῦτο ῥήτωρ δεξιός;
οὔτε πρότερος οὔτε δεύτερος ἐπιστέλλεις. καίτοι φι-
λοῦντός γε ἦν καὶ ἱκανοῦ λέγειν. μαρτυρῶ γὰρ ὑμῖν
τὸ πέμπειν ἐπιστολάς. τί οὖ τοῦτο ποιεῖς; ἀπόκριναι
γράφων, εἰ μὴ καὶ τοῦτό με ζημιοῖς. ἀλλ' ἐνταῦθα
καὶ σεαυτὸν ἀδικεῖς καὶ ἐμέ, σεαυτὸν μὲν κυρίαν ἐῶν
κατὰ σοῦ τὴν αἰτίαν, ἐμὲ δὲ μηδὲ ὑπὲρ ὧν ᾐτιασάμην
ἀπολογίας ἀξιῶν.

ιε'. Πλακιδιανῷ.

Ἤδη σοι γράψας ἐπιθυμοῦντι τὸ μὲν ἡδέως δεχθῆναι
τὴν ἐπιστολὴν παρὰ τοῦ κομίσαντος ἔμαθον, παρὰ σοῦ
δὲ οὐδέν. ὥστε ἐξ ὧν μὲν οὐκ ἀπεκρίνω, συμβουλεύεις
ἔτι μὴ γράφειν· ἐπεὶ δὲ καὶ ὁ νῦν αἰτήσας ἀπὸ τῶν
ὁμοίων ὧνπερ καὶ ὁ πρότερος ᾔτει, πάλιν σοι γράφω,
τὴν δὲ ἐγκαλοῦσαν οὐ πέμψω.

ις'. Εὐτοκίῳ.

Πρὸς σαυτοῦ καὶ τῆς παλαιᾶς φιλίας ἡμῶν, οὐ
δοκῶ σοι γράφων ἀναισχυντεῖν, ἀνδρὶ μηδὲ εἰδέναι
μου βουλομένῳ τὰ γράμματα; ἀλλ' ἔτι μὲν ἐλπίζων
μεταθήσειν ὑμᾶς καὶ ἐπὶ τοῦ παρόντος ἐπέσταλκα,
ἀποτυχὼν δὲ νῦν αὖθις, ἀναιδὴς οὐ κληθήσομαι. τοῦ
Μοδέστου δὲ πολύν τινα ἔπαινον ὑπὲρ σοῦ κινοῦντος
παρὰ πολλοῖς ἀναγκαῖον ἡγησάμην καὶ δι' αὐτοῦ κα-
θάπερ διὰ τῆς ἐπιστολῆς ὑμῖν ὁμιλῆσαι.

excitaveritis, mandatis adiungentes præmia? Quod si
igitur, uti par erat, certavimus, splendidum etiam munus
petimus; sin vero minus exegimus quam putabamus,
at non secus voluimus quam videbamur. Ex voluntate
autem nisi fallor omnia iudicantur. Reddite constitutum
præmium hominibus qui aut possunt aut volunt, et oc-
casionem date celebrandi magnificum et sapientissimum
magistratum, ipsi ad singula facta duces vos præbentes.

XII. Azygio.

Da mihi promissa vel potius redde. Dico autem redde
non iuxta promissionum legem, sed quod nos colere quasi
debitum a te ipso repetis. Et de quibus jam petii scribe
exacte, quoniam æstas permittit aut bono animo esse
propter nos aut properare ad nos.

XIII. Romulo.

Ex litteris iam scriptis et alatum te esse præ studio
existimavi; quum vero tempus intercessisset, nec quic-
quam eorum, quæ exspectavi, missum esset, statim cri-
mine te compellare acerbum duxi; sed adhuc te adhortor,
festina, aut omnino exspecta criminationem.

XIV. Philoxeno.

Hocine est vetus amicus, hoc rhetor peritus? neque
prior neque posterior das epistolas. Atqui amantis erat
dicendique facultate præditi, testari hoc apud nos epi-
stolis mittendis. Quid igitur hoc non facias? per litteras
responde, nisi etiam hoc beneficio me privabis. At hic
et ipsi tibi et mihi iniuriam facies, tibi ipsi, quod ratam
relinquis in te coniectam criminationem, mihi vero, quod
ne digna quidem quæ crimini tibi dedi habes defen-
sione.

XV. Placidiano.

Postquam cupienti tibi scripsi, epistolam meam cum
voluptate a te exceptam esse ab eo, qui attulerat, com-
peri, a te vero nihil. Itaque quoniam non respondisti,
ut non iterum scribam hortaris; quum vero qui nunc
petit, similiter petit ut qui petebat prior, rursus tibi
scribo, accusatorias vero litteras non mittam.

XVI. Eutocio.

Per te ipsum et veterem amicitiam nostram, non im-
pudens esse videor, quod tibi scribo, homini qui ne nosse
quidem vult meas litteras? sed adhuc sperans vos animo
mutaturos etiam in præsenti scripsi. Quod si nunc iterum
tulero repulsam, impudens non appellabor; quum autem
Modestus multam apud multos de te laudem excitet, ne-
cessarium duxi per ipsum quoque uti per epistolam vo-
biscum conversari.

ιζ΄. Λεοντίῳ.

Εἶχον μέν τινα λύπην ἄχρι τοῦ παρόντος καὶ δι-
καίαν πρὸς σέ, τὴν δὲ αἰτίαν οὐκ ἀγνοεῖς· εἰ δὲ ἀγνοεῖς,
ἀναμνήσω. γεωργοῖς ἐμοῖς ἐβοήθεις ἀδικοῦσιν ἐμέ.
παυσάμενος οὖν τοῦ λυπεῖν ἐπανήγαγες αὖθις εἰς τὸ
φιλεῖν. φιλήσω δὲ ἔτι μᾶλλον κἀγώ, εἰ μελήσει σοι
τῶν ἐμῶν, ἀλλὰ μὴ τῶν ἀδικούντων ἐμέ.

ιη΄. Δημοφίλῳ.

Ἄρχε μὲν εὐτυχῶς, εὐτυχήσεις δὲ ὢν ἀγαθός, ἐπεὶ
καὶ φιλεῖ τὸ θεῖον τοὺς ἀγαθούς. τὸ δὲ μεμνῆσθαι
τῶν φίλων, εἴπερ ἄλλο τι, καὶ τοῦτο βέβαιον παρὰ
σοί. ἀλλὰ τῶν πραγμάτων ἀφελκόντων εἰς λήθην
ἔδωκα διπλῆν ἀνάμνησιν ὧν παρεκάλεσα, καὶ τὸν
ἐπιδιδόντα καὶ τὸ διδόμενον.

ιθ΄. Ἀραβιανῷ.

Ἡ μὲν ἐπιστολὴ γέγραπται παρ᾽ ἐμοῦ, τὴν χάριν
δὲ οὐκ αἰτῶ μόνος, ἀλλὰ πολλοὶ δέονται μετ᾽ ἐμοῦ.
σκόπησον οὖν ὅπως μήτε τὴν ἐπιστολὴν τοῖς αἰ-
τήσασι καταλίπωμεν, μήτε οἱ δεηθέντες ὑμῶν ἀπο-
τύχωσι δι᾽ ἐμέ.

κ΄. Ἀμμωνίῳ.

Ἄνδρα ἐπιεικῆ καὶ παρὰ τῆς ὄψεως αὐτῆς μαρτυ-
ρούμενον τὸν ἀναγνώστην Οὐλπιανὸν εὖ ποιησάτω τὸ
μέγεθος τὸ σόν, καὶ δι᾽ ὑμᾶς αὐτοὺς καὶ δι᾽ ἐμέ· δι᾽
ὑμᾶς μὲν ὡς ἡγουμένους δεξιῶς, δι᾽ ἐμὲ δὲ ὡς ἱκανὸν
εἶναι νομίζοντα περὶ ὧν ἐπιστέλλω παρ᾽ ὑμῖν. ἡ δὲ
τῆς εὐεργεσίας αἰτία, φιλοπράγμονος ἀντιδίκου καὶ
σπουδάζοντος ἐπηρεάζειν ἐλευθερῶσαι.

κα΄. Ἀνθεμίῳ.

Οὐ παύσομαι γράφων, ἕως ἂν ἀπείπωμεν ἐγὼ μὲν
γράφων, σὺ δὲ ἐνοχλούμενος, ὅπως ἂν καὶ μάθω βε-
βαίως, εἰ δεῖ με περὶ ὧν ἐδεήθην τὴν ἐλπίδα τηρεῖν
ἢ μᾶλλον ἀποβαλεῖν.

κδ΄. Νείλῳ.

Συνὼν μὲν ἐλύπεις, ἀποδημήσειν γὰρ ἠπείλεις·
ἀποδημῶν δὲ νῦν ἀδικεῖς· τῶν γὰρ ἐν τῇ συνηθείᾳ
τερπνῶν ἀποστερεῖς. ἀλλὰ μὴν καὶ γράφων ἐγένου
βαρύτερος· τὸ γὰρ ἡδὺ τῆς ἐλπίδος ἀνήρηκας. ὥστε
οὐκ ἂν ἔχοις εἰπεῖν πότε ἡμᾶς οὐκ ἠνίασας.

κγ΄. Καλλιοπίῳ.

Μεῖζόν με λυπεῖς ὧν ὠφέλησας, οὐ γράφων ἐξ ὅτου
ὠφέλησας. ὥστ᾽ εἰ τὸ τυχεῖν ἀγαθῶν τοὺς ποθουμέ-
νους παρασκευάζει σιγᾶν, κινδυνεύω μᾶλλον ἀγαπᾶν
τὴν βραδυτῆτα τοῦ τάχους, εἰ μέλλοιεν οἱ γνησιώτατοι

Habebam quandam usque ad præsens tempus camque
iustam adversus te offensionem, caussam vero non ignoras;
sin ignoras, in mentem revocabo. Agricolis meis auxi-
lium ferebas iniuriam mihi inferentibus. Velim autem
offendere desinas et in gratiam mecum redeas. Nam magis
te amabo, si res curabis meas, non iniuriam mihi infe-
rentium.

XVIII. Demophilo.

Impera feliciter, felix eris autem, si bonum te præstes,
quoniam et amat divinum numen bonos. Habes tu quidem
hoc præ ceteris, ut amicorum memoriam constanter te-
neas; sed quum hæc sit rerum conditio, ut ad oblivionem
adducat, duplicem dedi eorum quæ petii admonitionem,
et eum qui tradit et id quod traditur.

XIX. Arabiano.

Epistola quidem a me scripta est, beneficium vero non
ego peto solus, sed multi mecum. Vide igitur, ut neque
epistolam petentibus deseramus, neque qui petunt a vobis
per me repulsam ferant.

XX. Ammonio.

Virum æquum et ipsa facie testimonium præ se feren-
tem, lectorem Ulpianum, beneficiis afficiat celsitudo tua,
idque propter vos ipsos et me, propter vos quidem ut
qui scienter viam monstretis, propter me autem, ut qui
quod peto a vobis impetrare me posse existimem. Be-
neficii vero caussa est, ut a contentioso adversario et ad
lædendum prompto liberetur.

XXI. Anthemio.

Non desinam scribere, dum satietas utrumque nos ce-
perit, me quidem scribendi, te vero verborum, quibus
aures tuas onerare soleo; ut tandem certior fiam,
utrum de eis quæ petii spem oporteat conservare an po-
tius abicere.

XXII. Nilo.

Præsens quidem dolore nos afficiebas, minabaris
enim te abiturum; absens vero nunc iniuriaris: nam
consuetudinis nos voluptate privas. At vero et scriptis
molestior evasisti: spei enim iucunditatem sustulisti.
Itaque dicere non possis, quando nobis ægritudinem non
attuleris.

XXIII. Calliopio.

Maiore me dolore quam commodo afficis, non scribens
ex quo iuvisti. Quare si bonorum impetratio silentium
imponit iis quos amamus, parum abest quin tarditatem
festinationi præferam, si optimi discipuli, quia non statim

φοιτηταί, διότι μὴ ταχὺ χαρίζονται, συχνότερον ἐπι-
στέλλειν. τοῦτο μὲν οὖν, ὦ μουσικώτατε, μὴ παύσῃ
ποιῶν, μηδὲ ἀφαιροῦ με τοῖς ἐμοῖς καρποῖς ἐντυγχά-
νειν, ὑμετέραις ἐπιστολαῖς. ἃ δὲ ὑπὲρ ἐμοῦ πρακτέον,
ἀφίημι τῷ θεῷ καὶ ὑμῖν, ὡς ἂν μὴ δοκοίην ἀπειρόκαλος
εἶναι περὶ τῶν αὐτῶν πλειστάκις διαλεγόμενος.

κδ'. Σεθήρῳ.

Οὔτε πατὴρ οἷός τε εἴη μισῆσαι τοὺς ἐξ αὐτοῦ φύντας
οὐδέποτε, καὶ παιδευτὴς ἀμείνων ἔοικεν εἶναι πατρός·
ὁ μὲν γὰρ ἐν ἡδονῆς τύχῃ παιδοποιεῖται, ὁ δὲ ἐν προ-
αιρέσει τέχνης ἀγαθοὺς εἶναι παρασκευάζει. μένε οὖν
θαρρῶν ὡς ἀγαπῶ σε κατὰ τὸν ἀμείνω πατέρα τὸν τῆς
τέχνης, καὶ μηδέποτε μικροψυχίας ἁλῷς, εἴ τις ἄρα
καὶ γέγονεν, ἐπεὶ καὶ πατέρες οἱ τῆς φύσεως ἐνίοτε
παραλυποῦσι τοὺς παῖδας, ἀλλ' οὐκέτι καὶ πολεμοῦσιν
ἀλλήλοις.

κε'. Φιλοξένῳ.

Εὖ πρᾶττε, φίλων ἄριστε καὶ ῥητόρων· οὕτω γὰρ
ἐγὼ διατελῶ περὶ σοῦ τὰ μὲν εὐχόμενος, τὰ δὲ προσ-
δοκῶν. καὶ σὺ μὲν ὅτι μέμνησαι φίλων καὶ σπεύδεις
ὑπὲρ ἡμῶν, εἰσὶν οἱ δεῦρο ταῦτα συνεχῶς ἀπαγγέλ-
λοντες· προστίθει δὲ τούτοις τὸ λειπόμενον καὶ δίδου
συνεχῶς ὑμετέραις ἐντυγχάνειν ἐπιστολαῖς.

κϛ'. Εὐσταθίῳ.

Ὁ γράφων ἐγὼ τὴν ἐπιστολὴν φίλος ὑμῖν, ὁ κομίζων
φίλος ἐμοί, γένοιτο τοίνυν καὶ σοὶ δι' ἐμέ. καὶ γνῶθι
κἀντεῦθα ποδαπός τίς εἰμι φίλους εἰσάγων τοῖς φίλοις,
ἐφ' οἷς δὲ ἥκει καὶ ὅπως αὐτὰ χρὴ διαθεῖναι, τὰς μὲν
αἰτίας αὐτὸς διηγήσεται, πρὸς δὲ τὸ δεύτερον ὑμεῖς
ὑφηγήσασθε καὶ φιλοῦντες ἄγαν καὶ φρονοῦντες
ἱκανῶς.

κζ'. Ἰωάννῃ.

Ἀεὶ μὲν φόβος ἡγεῖταί μοι τῆς πρὸς ὑμᾶς ἐπιστολῆς,
θεραπεύει δὲ αὐτὴν ἡ πραότης ἡ παρ' ὑμῖν. γράφω
τοιγαροῦν τῆς εἰς ὑμᾶς ἐλπίδος ἀντεχόμενος, ὥσπερ
οἱ κυβερνῆται βλέποντες εἰς τὸν ἀπευθύνοντα τῶν
ἀστέρων. ἐπεὶ οὖν καὶ ὑμεῖς οὕτω καταλάμπετε,
μείνατε καὶ οὕτως εὐεργετοῦντες.

κη. Εὐσταθίῳ κοιαίστορι.

Καὶ προθυμία καὶ προσδοκία οὐ μικρὰ παρ' ἡμῖν,
πρῶτον μὲν ἰδεῖν ὑμᾶς, ἔπειτα δὲ καὶ εἰπεῖν εἰς ὑμᾶς.
ἀλλὰ τὸ μὲν πρότερον ἐν ὑμῖν, τὸ δὲ δεύτερον ἐν τῇ
πόλει κἀμοί, μᾶλλον δὲ καὶ τοῦτο ἐν ὑμῖν· οὐ γὰρ
δὴ μικρὸν κώλυμα εἰς πανήγυριν πόλις ἀθυμοῦσα καὶ
παιδευταὶ μετριάζειν οὐκ ἀνεχόμενοι.

---

gratificantur, crebrius velint mittere litteras. Hoc igitur,
doctissime, facere ne desine, neque eripe ius mihi meos
legendi fructus, vestras epistolas. Quid autem pro me
faciendum sit, committo deo atque vobis, ne videar im-
portunus esse de iisdem identidem verba faciens.

XXIV. Severo.

Neque pater unquam possit ex se prognatos odio per-
sequi, et patre praeceptor praestantior esse videtur : ille
enim voluptatis casu liberos procreat, hic vero artis con-
silio bonos efficit. Noli igitur dubitare quin amem te ut
praestantior artis iure pater, neque ignaviae unquam con-
vincaris, si quae omnino iam accidit, quoniam et qui na-
tura sunt patres aegritudine quidem nonnunquam liberos
afficiunt, at non etiam bellum gerunt invicem.

XXV. Philoxeno.

Bene tibi sit, amicorum optime et oratorum : sic enim
ego de te semper quum vota facio, tum exspecto. Et te
quidem amicorum meminisse et nobis bene velle sunt qui
huc continenter nuntient. Iis vero quod deest adde et
fac ut continenter tuis fruar litteris.

XXVI. Eustathio.

Qui scripsi epistolam ego amicus vobis, qui perfert
amicus mihi, quare et per me fiat tibi. Et hinc etiam
qualis sim intellige, qui amicos amicis commendem.
Quamobrem autem veniat et quomodo ea conficienda sint,
caussas ipse enarrabit, alterius vero multa vestra bene-
volentia et prudentia estote ei adiutores.

XXVII. Joanni.

Semper me metus incedit antequam ad vos scribam,
mitigat eum autem quae in vobis est mansuetudo. Scribo
igitur in vobis spem reponens, quemadmodum guberna-
tores, qui in dirigentem stellam intuentur. Quoniam
igitur vos quoque sic splendetis, sic quoque bene facere
ne cessetis.

XXVIII. Eustathio quaestori.

Et studium et exspectatio haud exigua apud nos, pri-
mum quidem vos videndi, deinde etiam vos alloquendi.
Sed primum in vobis situm est, alterum vero in urbe
atque me, immo hoc quoque in vobis : non enim leve
conventus impedimentum civitas afflicta et magistri, qui
nequeunt se continere.

κθ Λιτσκιω

Μία πρὸς ἡμᾶς ἐπιστολὴ παρὰ σοῦ, παρ' ἐμοῦ δέ,
εἴ τις ὑμῖν ἀποδέδωκεν, αὕτη τετάρτη πρᾶττε τοίνυν
καλῶς καὶ μέμνησο τῶν φίλων, κἄν τί σε δεξιὸν πε-
ριστῇ, γράφε πρὸς ἐρῶντα μαθεῖν

γ' Πλακιδιανῷ

Ὁ πρότερον πιστεύσας σοὶ δι' ἐμὲ νῦν ἐμὲ μέμφεται
διὰ σέ λῦσον οὖν τὸ χρέος, ἵνα μὴ κἀγὼ μέμψωμαι
δι' ἐκεῖ

λι Σαλβιανῷ

Τὰς ἐπιστολὰς οἱ τὴν ἀρχὴν εὑρόντες δοκῶ μοι δι'
πρόσρησιν εὗρον, πραγμάτων δ' ἴσως ἐγγινομένων
παρηκολούθηκέ τι καὶ νεώτερον ὑπὲρ αὐτῶν ἐν ταῖς
ἐπιστολαῖς διαλέγεσθαι οὐκοῦν εἰ μὲν ἐμπέσοι πράγ-
ματα, καὶ μακρολογεῖν ἀνάγκη, τούτων δὲ ἀπόν-
τως πῶς ἄν τις χαρίσαιτό σοι μακροτέρας ὁμιλίας ἐρῶντι;
καλῶ γὰρ ὁμιλίαν καὶ τὴν ἐν τοῖς γράμμασιν οὐδὲν
πολὺ τῶν συνουσιῶν διαφέρουσαν

λε' Ἱερίῳ

Εἶτα, ὦ σοφώτατοι τῶν ἐν τῇ γῇ, χρήματα μὲν
αἰτήσας ἔλαβον ἂν καὶ ῥᾳδίως, ἐπιστολὴν δὲ ὑμετέραν
ἰδεῖν πολλάκις μὲν εὐξάμενος πολλάκις δὲ ἱκετεύσας,
ἀνάξιος εἶναι τοῦ τυχεῖν ὑποπτεύομαι, καίτοι φίλοι
μὲν ὡς ὀλίγοι, τιμῶ δὲ ὑπὲρ τοὺς ὀλίγους

λγ' Ἡσυχίῳ

Ἐγὼ καὶ σοῦ κήδομαι καὶ Τιμοθέου, σοῦ μὲν ὡς
μὴ ἀδικοίης, Τιμοθέου δὲ ὡς μὴ ἀδικοῖτο εἰ δὲ καὶ
σοὶ δοκεῖ μετὰ Πλάτωνος τὸ ἀδικεῖν τοῦ ἀδικεῖσθαι
μεῖζον εἶναι κακόν, ἔοικα σοὶ μᾶλλον ἢ τούτῳ χαρί-
ζεσθαι, δεόμενος ὑπὲρ αὐτοῦ πραττομένου δίκας ὑπὲρ
ὧν οὐκ ἐξήμαρτε

λδ' Σεργίῳ

Πολλῆς ἐνέπλησέ με φροντίδος κομίσας τις περὶ
ὑμῶν ἀπαγγελίαν ἐπαχθῆ, καίτοι τὰ βελτίω προσεδε-
χόμην ἀκούειν πέμψον οὖν θᾶττον ἐπιστολὴν τι περι-
μένοντί μοι συνδιατεθῆναι τοῖς γραφομένοις

λε Λεωνίδᾳ

Ἔρρωσο. τοῦτο γὰρ ἐγὼ καὶ συνεύχομαί σοι καὶ
ἀκοῦσαι ποθῶ περὶ σοῦ, κἂν ὅ τι τοῦτό ἐστι παρ' ὑμῖν
ἐπιστείλῃς, οὐ μικρὰν ἕξειν δωρεὰν ἡγοῦμαι παρὰ τῆς
τύχης.

ις' Καλλιοπίῳ

Τοῖς σοῖς ἀπαντῶν ἀεὶ καὶ ὅπως ἔχεις ἐρωτῶ καὶ εἰ

ΧΧΙΧ Elisæo

Una ad nos epistola a te, a me vero, si quis vobis red-
didit, hæc est quarta Bene igitur vale, amicorumque
memento, et si quid tibi prosperum acciderit, scribe ad
scire cupientem.

ΧΧΧ. Placidiano

Qui prius tibi credidit mea caussa, nunc me accusat
sua Solve igitur debitum, ne et ego te accusem illius
caussa

ΧΧΧΙ Salviano

Qui epistolas a principio invenere, salutandi caussa
videntur mihi invenisse, negotiis autem forte interce-
dentibus novi quid accessit hoc, ut de his ipsis in epi-
stolis verba facerent Itaque si negotia incidant, longo
etiam sermone opus est, quæ si desint, quomodo longiora
colloquia largiatur tibi aliquis cupienti ? voco enim col-
loquium et quod fit per epistolas, non multum a consue-
tudine differens

ΧΧΧΙΙ Hierio

Itane, o sapientissimi mortalium, pecunias quidem, si
peterem, facile acciperem, epistolam vero vestram videre
quamvis sæpe optaverim ac sæpe rogaverim, indignus
qui voti compos fiam esse videor ? atqui amo ut pauci,
colo vero plus quam pauci

ΧΧΧΙΙΙ Hesychio

Ego et tui et Timothei curam gero, ac tui quidem, ne
facias iniuriam, Timothei vero, ne iniuriam patiatur
Quod si tibi quoque cum Platone maius videtur esse ma-
lum facere iniuriam quam pati, tibi magis quam illi grati-
ficari videor, quum pro eo rogem, qui pœnas dat eorum
quæ non peccavit

ΧΧΧΙV Sergio

Multa sollicitudine me implevit quidam gravem nuntiuri
de vobis afferens, quanquam meliora sperabam me audi-
turum Quare cito epistolam mihi mitte, quo animo me
esse iubeant scripta exspectanti

ΧΧΧV Leonidæ

Vale Hoc enim ego et precor tibi et audire de te cupio,
atque si hoc vobis suppeditare scripseris, non exiguum
a fortuna habere puto munus

ΧΧΧVI. Calliopio

Quoties in tuos incido, et quomodo valeas quæro et si

του δέονται μὴ σιγᾶν ἀπαιτῶ, λεγόντων δ' ἀμφότερα σὲ μὲν ὑγιαίνειν, αὐτοὺς δὲ χρῄζειν οὐδενός, χαίρων ἐγὼ δικαίως ἀπέρχομαι.

λζ'. Σεργίῳ.

Σφόδρα μέν σου περιεπτυξάμην τὰ γράμματα φιλοσοφοῦντα καὶ παραινοῦντα, γίνωσκε δὲ ὡς οὐδὲν οὔτε τῶν καιρῶν οὔτε τοῦ συμφέροντος ἰσχυρότερον.

λη'. Ματέρνῳ.

Καὶ βραχέα τῷ μεγέθει σου γράφων ὅτι φιλῶ καὶ μέμνημαι δείκνυμι, ποιῶν δὲ καὶ αὐτὸς ὥσπερ ἐγὼ τοῦτο δείξεις ὅπερ ἐγώ.

λθ'. Αἰγυπτίῳ.

Οἶδα καὶ τὰς ὑπερηφάνους τῶν ἑταιρῶν οὕτω ποιούσας καὶ πάντα ἐπιτάττειν βουλομένας τοῖς ἐρασταῖς. ἀλλ' ἐκεῖναι μὲν ἴσασι καὶ θεραπεύειν, ὅταν κελεύωσι, σὺ δὲ Λαΐδα τινὰ Κορινθίαν ἀπομιμῇ, κελεύων μὲν ἑτοίμως, ὑπακούων δὲ οὐδὲ μόλις.

μ'. Ἰωάννῃ.

Τὸν οἶνον τὸν Κνίδιόν φασιν οὕτω πολὺν ἔχειν ὑμᾶς, ὥστε καὶ ἐπ' ἀγορᾶς αὐτὸν διατίθεσθαι· ἡμεῖς δὲ οἱ τὴν Σύρον οἰκοῦντες ἄλλας μὲν εὐτυχοῦμεν ἀμπέλους, τὰς δὲ παρ' ὑμῖν μακαρίζομεν οὕτως εὐδαιμονέστερον, ὅτι καὶ ἀναγκαιότερον. πέμψατε οὖν μοι κεράμους ἀρκοῦντας εἰς ἔτος, ἢ ληψόμενοι τὴν τιμὴν ἢ χάριν ἀντὶ χάριτος ἀπαιτήσοντες.

μα'. Ἀβραμίῳ ἐπισκόπῳ.

Ἔδει πρὸς ἀνδρὸς ἀρετὴν τοὺς μέλλοντας γράφειν καὶ χρόνου μῆκος ἐπιζητεῖν καὶ δύναμιν λόγου ἀξίαν εὑρεῖν· ἁμάρτημα γὰρ οὐ φορητόν, τοιούτοις πράγμασιν ἐγχειρεῖν, ἀφ' ὧν καὶ τὰ τῆς ἀρετῆς προπετείας ἐλέγχεται καὶ τὰ τῆς ἀρετῆς ἐκ τῆς μικρολογίας ὑβρίζεται. τοῦτο τοίνυν ἡμῖν καὶ τὴν ἀναβολὴν πεποίηκε καὶ τὸ δοκοῦν ἔγκλημα περιέθηκε· φίλων γὰρ ἐδόξαμεν ἀμνημονεῖν πρὸς αὐτοὺς μηδὲ γράμμασι φανέντες. γνοὺς τοίνυν τὴν αἰτίαν καὶ σκοπῶν τὴν φιλίαν μὴ παντελῶς τὴν ἐμὴν ἀδέβαιον νομίσῃς διάνοιαν· οὐδὲ γὰρ οὐδὲ αὐτὸς οἶμαι τὴν τοιαύτην κακίζειν ἐπείγῃ προαίρεσιν, ἥτις μικρᾶς γοῦν ἀσφαλείας πεφρόντικεν. εὔχου τοίνυν περὶ ἡμῶν· τοῦτο γὰρ κἀμοὶ ποθεινὸν καὶ σωτήριον καὶ σοὶ προσφιλὲς ἅμα καὶ νόμιμον.

μβ'. Διονυσίῳ ἐπισκόπῳ.

Ἔλαβόν σου τὴν ἐπιστολὴν ὑγιαίνων, ἀντεπιστέλλω δέ σοι νοσῶν. νοσῶ δὲ ἐκεῖνα τὰ εἰωθότα, ἐν οἷς ἀλγήματά τε οὐ φορητὰ τῶν ποδῶν καὶ τὰ ἀπὸ τοῦ μὴ εἶναι καθεύδειν κακὰ καὶ τὸ ἐρᾶν θανάτου. πρὸς ταῦτα εὐχῶν δεῖ τῶν ὑμετέρων, εὐχῶν δὲ λέγω τῶν

---

qua re opus habeant non tacere rogo, dicentibus autem utrumque, te quidem bene valere, se vero nulla re indigere, iure lætus ego discedo.

XXXVII. Sergio.

Vehementer tuas litteras amplexus sum philosophantes atque adhortantes, scias autem nihil esse opportunitate atque utilitate fortius.

XXXVIII. Materno.

Etiam pauca celsitudini tuae scribens amare me ostendo atque meminisse, tu vero exemplum meum sequutus idem ostendes quod ego.

XXXIX. Ægyptio.

Scio superbas meretrices ita facere solere et quidvis imperare velle amatoribus. At illæ norunt etiam obsequi, quum iubent, tu vero Laidem aliquam Corinthiam imitaris, prompte quidem imperans, at ne vix quidem obediens.

XL. Ioanni.

Vini Cnidii tanta copia vos aiunt abundare, ut etiam in foro ipsum divendatis; nos vero, qui Syrum incolimus, aliis quidem vitibus utimur, vestras autem prædicamus, tanto felicius, quo magis necessarium. Mittite igitur mihi cados in annum sufficientes, aut pretium accepturi aut beneficium pro beneficio repetituri.

XLI. Abramio episcopo.

Oportebat ad viri virtutem scripturos et temporis longitudinem quærere et iustam dicendi facultatem invenire: peccatum est enim non tolerandum, eiusmodi res suscipere, quibus et temeritas arguitur et virtus verborum humilitate iniuriam patitur. Hoc igitur nobis et moram iniecit et crimen in opinione positum contraxit: amicorum enim memoriam abiecisse videbamur, coram ipsis ne litteris quidem apparentes. Itaque cognita caussa et spectans amicitiam ne prorsus instabilem meum putes animum: nam neque tu ipse statim opinor consilium improbabis, quod exiguæ sane securitatis curam habet. Quamobrem ora pro nobis: hoc enim et mihi optatum et salutare et tibi gratum simul atque iustum.

XLII. Dionysio episcopo.

Accepi epistolam tuam bene valens, rescribo autem tibi ægrotus, consueto quippe laborans illo morbo, in quo insunt pedum dolores intolerabiles et quæ ex insomnia enascuntur mala et amor mortis. Ad hæc vestris precibus opus est, precibus autem dico solitis, quo deus exorari

ἐθέλων τοῦ δυσωπεῖν τὸν θεόν ὧν, ἐγὼ πολλάκις ἤδη
καὶ τὰ κοινὰ καὶ τὰ ἴδια μάτην ηὐξάμην τοιοῦτόν
ἐστιν ἁμαρτίαι βαρεῖαί τε καὶ πολλαί εἰ δέ τι παρ'
ὑμῖν εὕρηται τοιοῦτον, ὃ δύναιτο ἄν, εἰ καὶ μὴ τὸ πᾶν
ἀνελεῖν τῶν πόνων, ἀλλ' ἀφαιρεῖν μέρος, πέμπε τά-
χιστα καὶ βοήθει φίλου σώματι.

μγ'. Εὐσεβίω

Καὶ τῶν ἵππων λέγουσι τοὺς ἀρίστους, ἐπειδὰν εἰς
ἀγῶνα ἔλθωσιν, εἶναι τὰ τελευταῖα βελτίους ἢ τὰ
πρῶτα τῶν δρόμων, καὶ ὁ καλὸς Ἀκυλῖνος φιλοτιμότερός
ἐστιν ἐν τοῖς πόνοις νῦν μᾶλλον ἢ πάλαι, καὶ προθυ-
μεῖται μὲν οὐδὲν εἶδος ἀγνοῆσαι παιδείας, τοὺς δὲ
περὶ αὐτοῦ παλαιοὺς ἐπαίνους ἐπιδεῖξαι μικρούς· αἱ
τοιαῦται δὲ τῶν νέων ἐπιθυμίαι βίβλων ἐπιδέονται
πλήθους· τοῦτο δὲ οὐκ ἂν γένοιτο, εἰ μὴ παρείη
χρυσός

μδ'. Ἰουλιανῷ

Ἐπεδήμησέ τις ἡμῖν ἐκ τῆς ὑμετέρας καὶ τὸν υἱὸν
ἐπαγόμενος ἐπὶ λόγους ἐγὼ δὲ ἰδὼν ἄνδρα λίαν εὐ-
λαβῆ καὶ ὡς ἂν τύχῃ ταῖς ἀπάταις ἀγόμενον, ἐμμένειν
δὲ οἷς ἐπήνεσεν οὐ δυνάμενον, ἠρώτων τί τοὔνομα εἴη
τῷ ξένῳ τῶν παρόντων δέ τις εἰδέναι δοκῶν « Μα-
κάριος » ἔφησεν, ἐγὼ δὲ ὡς ἤκουσα τὸ Μακάριος,
« τάνυ γε » ἔφην, « εἴπερ οὐκ ἐπεδήμησεν »

με'. Τῷ αὐτῷ

Ἐπέστειλά σοι γαμοῦντι, καὶ συγγνώμην ἔχω μετὰ
τὸν γάμον σιγῶντι· οὐδὲ γάρ ἐστιν, ὡς ἔοικεν, οὐδε.η
παρρησία δεδεμένῳ γυναικείαις ἀπάταις?

μϛ'. Ῥούφῳ σχολαστικῷ

Λόγος ἐστὶ παλαιός, μὴ ῥαδίως Κίλικας ἀληθεύειν,
καὶ δέδοικα μὴ Κιλικίαν ἰδὼν ἐκοινώνησας αὐτῇ καὶ
τῶν τρόπων. ποῦ γὰρ τὰ γράμματα, τοῦ δὲ τὸ συν-
εχῶς ἐπιστέλλειν, ἢ οὐχ αὕτη μὲν ἦν ἡ ὑπόσχεσις,
μεμένηκε δὲ λόγος ὑπόσχεσις, ἐμὲ μὲν λυπεῖσθαι
ποιῶν, σὲ δὲ Κίλικα δεικνύων,

αϛ

Ἐγώ σε φιλῶ μὲν ὡς μαθητήν, συναλγῶ δ' ὡς
ὀρφανῷ καὶ ἀδικουμένῳ καὶ ἀμελοῦντι παιδείας καὶ
παραινῶ μὴ παντελῶς αὐτὴν καταλιπεῖν μηδ' ἀπελ-
πίσαι τοῦ δύνασθαι ταύτης ἐπιτυχεῖν δυνήσεται γὰρ
αὕτη καὶ φυλάττειν οὐσίαν καὶ προσθεῖναι πλούτῳ,
καὶ ἀντιστῆναι τοῖς ἀδικοῦσι καὶ βοηθῆσαι τοῖς δεομέ-
νοις, καὶ οἶκον αὐξῆσαι καὶ δόξαν ἐνεγκεῖν καὶ τὴν
μνήμην διατηρῆσαι τοῦ γένους ἀλλὰ μὴ γένῃ το-
σαύτης εὐτυχίας προδότης ἐπάνελθε τοίνυν πρὸς τὸ
παιδείας, ἐπιθυμεῖν καὶ πονεῖν ἐλευθέρως καὶ ζῆν ἀσφα-
λεστέρως

se patiatur nam ego sæpenumero iam tam publice quam
privatim frustra sum precatus Talis est peccatorum gra-
vium ac multorum exitus Sed si quid apud vos exstet
tale, quod possit, etiamsi non universos tollere dolores,
at certe partem adimere eorum, mitte quam celerrime
et amici corpori fer auxilium

XLIII Eusebio

Et equos præstantissimos ferunt, quum in certamen
venerint, ad extremum cursu meliores esse quam a prin-
cipio, et præclarus Aquilinus in laboribus studiosior nunc
est quam antea, atque hoc agit, ut nullum eruditionis
genus ignoret et veteres suas laudes exiguas fuisse osten-
dat Sed eiusmodi iuvenum studia librorum copia indi-
gent, id quod non facile contingat, nisi præsto sit
aurum

XLIV Iuliano

Deversatus est quidam apud nos ex vestris civibus et
filium secum ducens litteris instituendum Ego vero homi-
nem admodum levem esse vIdens et quibuscunque frau-
dibus expositum, in laudandis vero aliis sibi minime
constantem, rogabam quod nomen esset hospiti Tum
quidam ex præsentibus, qui nosse videbatur, « Macarius »
inquit, atque ego quum audissem Macarium « omnino, »
inquam « dum non peregrinaretur »

XLV Eidem

Scripsi tibi nuptias agenti et ignosco tibi post nuptias
tacenti neque enim ulli, ut videtur, libertas est loquendi,
qui vinctus tenetur mulieris illecebris

XLVI Rufo scholastico

Vetus est dictum, Cilices non facile dicere verum, et
sane metuo ne Cilicia conspecta in morum etiam com-
munionem ipsi veneris Ubinam enim sunt litteræ, ubi
crebra missio epistolarum? An non hæc fuit promissio,
sed mansit promissio verbum mihi quidem dolorem affe-
rens, te vero ostendens Cilicem?

XLVII

Ego te amo ut discipulum, commiseror autem ut or-
bum et iniuria affectum et doctrinam parum curantem
Atque hortor ne prorsus eam deseras neve desperes te
istam posse consequi Poterit ea enim et servare rem
familiarem et cumulum addere divitiis et resistere iniu-
riam inferentibus et auxilium ferre indigentibus et domum
augere et gloriam afferre et memoriam conservare gene-
ris At ne fias tantæ felicitatis proditor Quare reverte-
re ad doctrinæ amorem et ad studia liberalia vitamque
tutiorem

μη'.

Ἐπὶ μεγίστῳ κέρδει, ὡς ἔοικε, τὴν πρὸς ὑμᾶς ἐποιούμην ἐπιστολήν· ἀντὶ γὰρ τῆς παρ' ἐμοῦ τῆς μικρᾶς καὶ φαύλης ἐκείνης ἦλθεν ὑμετέρα καὶ σοφὴ καὶ μεγάλη καὶ σεμνότατα φέρουσα τῷ κεκτημένῳ. τί γὰρ εὐτυχέστερον ἢ τὴν εὔνοιαν τὴν ἡμετέραν ἐν γράμμασιν ἀναγνῶναι καὶ θεωρῆσαι τοῖς ἔργοις;

μθ'.

Ἐμοὶ πρὸς φίλους ἴστω θεὸς οἵα σπουδὴ καὶ προθυμία θεραπεύειν αὐτούς. ἀλλὰ συντρέχειν εὔχομαι τὴν τύχην, ὅπως αὐτοῖς μὴ δόξω ῥάθυμος εἶναι. ταῦτ' ἔφην οὕτως ἔχων εὐημερίας, ὡς ὁ παρὰ σοῦ πεμφθεὶς ἀπαγγελεῖ. τὰ μέντοι περὶ τῶν φίλων ὁποῖά τινα πρὸς ἐμέ, θεῷ καὶ δίκῃ παρίημι κρίνειν. ἐνιαυτὸν γὰρ δὴ καὶ μῆνας τρεῖς ὁ λαβύρινθος ἡμᾶς οὗτος ἔχει τοῦ κακοῦ, καὶ δέδοικα μὴ μετὰ τοῦ σώματος μαρανθῶσιν οἱ λόγοι καί σοι φανῶ δι' ἀμφοτέρων ἄμορφος.

ν'.

Ἀδικεῖς καὶ σαυτὸν κἀμὲ σιωπῶν, ἐμὲ μὲν ὅτι φιλῶν σου ἀεὶ τὰ γράμματα ἀναγινώσκειν ἐπὶ τοῖς καιροῖς τούτοις οὗ δέχομαι, σαυτὸν δὲ ὅτι τὰς ἔμπροσθεν εὐεργεσίας ἀμαυροῖς τῇ μετὰ ταῦτα σιωπῇ. σπουδάζων δ' ἀεὶ τοὺς φίλους ὠφελεῖν, ταυτὸ ποιήσεις εἰ καὶ τοὺς φίλους τῶν φίλων εὐεργετοίης, ὥσπερ οἶμαι τουτονὶ τὸν Μόδεστον. οὗτος γάρ, ὦ γενναῖε, πρᾶγμα εἰς εὐγένειαν ὀφθεὶς παρ' ἡμῖν καὶ τὴν στρατείαν ἧς εἶχε τὴν διελθὼν ἀνεγκλήτως ἐπὶ τοῦ παρόντος ἀποδημεῖ. τί ἄρα βουληθεὶς ἀπεδήμησε; φιλεῖ τοὺς πόνους, μισεῖ τὴν ἀργίαν, οἴεται δὲ ἄμεινον οἰκήσειν τῇ δυναμένῃ παραμυθεῖσθαι πόνους.

να'.

Οὐ γράφεις ἀπελθών. οὐκοῦν ὑπεκρίνω παρών· ἐγὼ δ' εἰ καὶ μέχρι νῦν οὐκ ἔγραψα, τοῦτ' αὐτὸ περιμένων οὐκ ἔγραψα. ἀλλ' εἰ δοκεῖ, λῦσον καὶ σαυτῷ τὴν ὑπεροψίαν καὶ ἐμοὶ τὴν σιωπήν. ἢ μικρὰν οἴει γραφὴν ἐγκαλεῖσθαι περὶ ἐμοῦ τὸ φιλεῖν ὅτε παρῆσθα καὶ τιμᾶν, ἀμφοτέρων δὲ ἐπιλαθέσθαι μετὰ τὴν ἀρτίως ἐπάνοδον;

νβ'.

Σπουδῇ τὴν ἐπιστολὴν ἐποίησα ταύτην, ἐπειδὴ κατεῖχε ἀσχολία περὶ τὸν λόγον τοὺς γράφοντας. τῷ μὲν οὖν τάχει σύγγνωτε τῶν γραμμάτων, τῷ λόγῳ δὲ συμπράξατε, τοῦτο μὲν ὅτι μακρὰν πορείαν ἔρχεται κελευσάντων ἡμῶν, τοῦτο δὲ ὅτι παῖς φιλοῦντός ἐστι. μεινάτω γοῦν παρ' ὑμῖν.

XLVIII.

Magno lucro, ut videtur, mihi fuit quam ad vos dedi epistola. Nam pro parva vilique illa mea vestra venit et sapiens et magna et gravissima ferens accipienti. Quid enim felicius quam benevolentiam vestram litteris conditam legere et factis intueri expressam?

XLIX.

Mihi erga amicos deus scito qui sit amor quodque gratificandi studium; sed velim fortuna gradus meos æquet, ne cessator iis ac negligens esse videar. Hæc dixi ea usus vitæ iucunditate, quam enarrabit is, quem misisti. Quanquam qua ego necessitate amicos meos attingam, deo atque iustitiæ diiudicandum committo. Annum enim et menses tres labyrinthus hic malorum me tenet, ac vereor ne una cum corpore sermones mei marcescant, neve utrobique tibi deformis esse videar.

L.

Iniuriam et tibi et mihi infers tacendo, mihi, quod cum literas tuas libenter legere soleam, per hanc temporis opportunitatem non accipio; tibi vero, quod superiora beneficia silentio tuo obscuras. Iam cum semper id agas, ut amicos adiuves, id ipsum ages, si amicos quoque amicorum beneficiis affeceris, veluti hunc Modestum. Is enim, vir generose, postquam se nobis nobilem ac virtutis plenum præstitit atque ad finem usque laudabiliter interfuit expeditioni, cuius socium se adiunxerat, in præsens peregrinatur. At cur peregrinatur? Amat labores, segnitiem detestatur, opinatur vero melius se habitaturum in terra, quæ consolari eum de laboribus valeat.

LI.

Non scripsisti, ex quo abiisti: præsens igitur dissimulasti; ego autem etsi adhuc non scripsi, id ipsum quia exspectabam, a scribendo abstinui. At si tibi videbitur, solve et tuam superbiam et silentium meum. Num credis leviter me accusari eo, quod cum adesses, amore et honore me affeceris, post nuperum reditum tuum utriusque oblitus sis?

LII.

Summa cum festinatione has literas scripsi; neque enim sermocinando vacabamus scribentes. Itaque epistolæ festinationis plenæ ignoscite, sed verborum eius participes et adiutores estote, tum quia iubentibus nobis longinquas peregrinationes suscipiunt, tum quia prognata ex amico vestro sunt. Itaque mancant apud vos.

νγ'

Οὐκ οἶδ' ὁπόθεν νόμος ἀγνώμων εἰσῆλθεν ἐν τοῖς παροῦσι καιροῖς, κἂν μή τις αἰτία χάριν αἰτεῖν ἐμπέση, οἱ φίλοι τοῖς φίλοις οὐ γράφομεν. τοιγαροῦν πρότερον σιωπῶν, ἐπειδή τις ἐδεήθη, νῦν γράφω, ᾧ πάρεστιν ἀεὶ σιγᾶν, εἰ μηδεὶς δεηθείη μου γράψαι ἀλλὰ ταῦτα μὲν πειράσομαι διορθοῦσθαι πέμπων ἐπιστολὰς αὐτῶν ἕνεκα τῶν δεομένων, καὶ νῦν δὲ εἴ τις ὑμῖν λόγος ἐμοῦ, Παύλῳ συμπρᾶξαι κα-αξιώσατε.

νδ'

Τρόπος ἀγαθὸς οὔτε μεταβάλλεται ταῖς εὐτυχίαις, οὔτ' ἐπιλανθάνεται φιλίας, βελτίων δὲ τύχης ἁπάσης καθέστηκε. ταῦτα μάλιστα ἡ σὴ φύσις λογιζομένη καὶ καλῶς διὰ τούτων εὐδοκιμοῦσα τῶν λογισμῶν ἐπιδείξει μήτ' ἐπιλελησμένη φιλοῦντος μή-' ἀμελοῦσα γράφοντος. αἰτῶ δὲ τὸν Ἰωάννην ὄντα μοι φίλον ἰδεῖν ἡδέως ὑμᾶς καὶ δεῖξαι προθυμίαν ἐφ' οἷς δεῖται βοηθείας ἑταιρίας ἐπιδεομένην ὡς ἐγὼ ἀπὸ τούτων καὶ θαυμάσομαί σε καὶ τὴν παροῦσαν συνεύξομαι τύχην μηδέποτε παύσασθαι.

νε'

Ἠπιστάμην ὡς ἀεὶ δαιμόνιον ἐπιβουλεύει ταῖς ἀρεταῖς, ὥσπερ δὲ τοῦτο κἀκεῖνο ἐγίνωσκον. οὕτω τοίνυν ὦ πάντ' ἀγαθοὶ καὶ ἐφ' ὑμῶν ἐπέθετο μὲν ἀδίκως ὁ φθόνος, ἐλήλεγκται δὲ δικαίως. καὶ ὥσπερ ἡμᾶς ἐτάραξαν οἱ τὸ πάθος εἰπόντες, οὕτως ἐπανήγαγον οἱ τὰ βελτίω κομίσαντες, ὅτι δὴ καὶ βαδίζεις καὶ -ῶν συνήθων ἔχῃ καὶ ἐν τῷ λόγῳ εὐδοκιμεῖς καὶ τῶν δυσχερῶν περιγέγονας.

νϛ'

Τὴν θεοφίλειαν ἐγὼ τὴν σὴν καὶ γράφουσαν φιλῶ καὶ μὴ γράφουσαν, καὶ τὴν ταύτης οὐ μιμήσομαι σιωπήν. τοσούτῳ δὲ μᾶλλον πειράσομαι γράφειν, ὅσῳ ἐφυλασσόμην παθεῖν ἃ -οὺς λοιποὺς καταμέμφομαι.

νζ'

Πάνυ μοι τὴν φιλίαν βεβαιοῖς ἣν Ἰσοκράτης ἐτίμησε, καί σου τὴν παλαιὰν εὔνοιαν ἀνεῖλεν οὐκ εὐπορία πραγμάτων, οὐ μῆκος χρόνου, οὐ τόπου μετάστασις, οὐκ εὐτυχία ἀλλὰ ταῦτα μὲν ὡς ἂν εἴη συμφέρον ἐχέτω, τὸν δὲ μεγαλοπρεπέστατον καὶ λογιώτατον Λέοντα προσείρησο.

νη'

Οὐ πρὸς ἅπαντας ἡ σιωπὴ καλόν, οὐδ' εἰ σφόδρα παρ' ἐνίοις εὐδοκιμεῖ, ἀλλὰ γίνοιτ' ἂν καὶ σιωπὴ λόγου χαλεπωτέρα πολλάκις, οἷον ἀμέλει καὶ τὸ νῦν

LIII.

Nescio unde lex absurda et iniqua in præsentia sagcita sit, scilicet, nisi quæ caussa inciderit, cur beneficii loco aliquid petamus, amici amicis non scribimus Itaque rum prius tacuissem, nunc, cum aliquis gratiam a me petiit, scribo, cui semper licet tacere, nisi quis me ad literas dandas excitaverit Sed illud quidem relicere conabor mittendo literas, quæ ipsos petentes spectant Tuam nunc igitur, si mei aliquam rationem habet,s, Paulo opitulari ne dedigneinini

LIV

Proba indoles neque mutationem subit in rebus secundis, neque obliviscitur amicitiæ, immo quavis fortuna superior evadit Hoc ipsum cum natura tua bene teneat et hominum ore propter id ipsum celebretur, ostendet se neque amici oblitam esse neque despicere scribentem Velim autem Ioannem amicum meum propitiis oculis intuearami, eique ad ca, ad quæ admititui, adipiscenda monstretis voluntatem, insuper sodalitien opitulaticne egentem Nempe ego, hæc si præstiteris, te admirabor et deum precabior, præsentem ut tibi felicitatem usque continuet

LV.

Sciebam dæmones semper virtutibus insidiari, verum, ut hoc, ita etiam illud cognovi Itaque vos quoque o optimi, invidia iniuste insectata est, sed iure convicta est Et quemadmodum perturbationem nobis incecerunt qui de calamitate tua vos certiores fecerunt, ita in pristinum mentis statum nos reduxerunt qui meliora nobis renunciarunt, scilicet incedere te atque cum familiaribus commercium habere et orationis auctoritate multum valere et molestos homines profligasse

LVI

Pietatem ego tuam et scribentem amo et non scribentem Huius tamen silentium non imitabor Eo magis autem scribere conabor, quo caveo iisdem implicari, quæ in aliis reprehendo

LVII

Omnino nulli amicitiam firmas quam Isocrates probavit, ac veterem tuam benevolentiam non vita negotiis distenta remittit, non temporis spatium, non sedis mutatio, non fortuna secunda Sed hæc quidem ita se habeant, ut fructus inde redundent, Leonem velim magnificum et facundissimum mea caussa salutes

LVIII

Non omnes silentium decet, neque si multum apud quosdam auctoritate valeat, verum fuerit haud raro silentium vel sermone molestius Nempe hæc tua causa est

διὰ φροντίδος μὲν γὰρ ἡμεῖς τὸ σὸν μέγεθος ἔχομεν, ὑμεῖς δ' ἴσως οὐδὲ γινώσκετε. καὶ μὴ θαυμάσῃς εἰ πρὸς ἄδικον σιωπὴν δοκῶ τραχύτερον ἐπιστέλλειν· εὔνοια γὰρ ἀμελη θεῖσα τῷ σχήματι τῆς ἐπιεικείας ἐμμένειν οὐ πέφυκεν.

νθ'.

Ἡ ἀφωνία μὲν ἴσως ἥρμοττε τοῖς παροῦσι δυσκόλοις, καὶ καιρὸν ἴσως ἄδικον σιωπῇ θεραπεύει δικαίως· ἀλλ' ἐπεὶ τὰ παρόντα λυπηρὰ δεῖται φαρμάκων, δοίη δ' ἂν ἱκανὸν εἰς θεραπείαν ἡμῖν ὁ σὸς ἄγγελος εὐξάμενός τε καὶ γράφειν ἑλόμενος, ἡμεῖς μὲν ἰδοὺ γεγράφαμεν, ἐπίστελλε δὲ καὶ αὐτὸς καὶ μήθ' ἡμᾶς ἡ λήθη μήτε τὴν ἐπηγγελμένην εὔνοιαν μιμουμένη τὸν καιρὸν ἀδικείτω.

ξ'.

Τῶν ἀρετῶν ἀεὶ πειρᾶσθαι μὲν εὐτυχές, μεμνῆσθαι δ' ἀγαθόν, καὶ τοῦτο κέρδος ἐστὶν ἐπαινούμενον τοῖς ἀνθρώποις. ἐμοὶ δὲ περὶ τὴν ὑμετέραν λαμπρότητα πεῖρα μὲν ὀλίγη, μνήμη δὲ μείζων. αἱ γὰρ ἀληθεῖς ἀρεταὶ ἅμα τε εἰς πεῖραν ἔρχονται καὶ κινοῦσι τὴν εὔνοιαν καὶ λήθην ἐπεισελθεῖν οὐδέποτε συγχωροῦσιν. ἐντεῦθεν ἡ τῆς ἐπιστολῆς ἀφορμή, καὶ δέομαι τοῦτο πρόσθετε τοῖς ἄλλοις ἐπαίνοις ὑμῶν τὸ μὴ σιγῆσαι πρὸς τὸν γράφειν ἑλόμενον.

ξα'.

Οὐδὲν ὑμᾶς ἀνέμνησε τῶν ἡμετέρων, οὐ χρόνος οὕτω μακρός, οὐ καιρὸς τῶν ἑορτῶν, οὐκ ἀνάγκη παλαιοτέρας εὐνοίας, οὐ ξένοι πολλάκις ἡμῖν ἔτι μὴ πάρεστε συναλγοῦντες. πράττετε δὲ μετὰ τοῦ συμφέροντος τὸ δοκοῦν. ἐγὼ γὰρ ὑμῖν μὲν συνεύχομαι, ἐμαυτὸν δ' ὀδύρομαι καὶ μισῶ τὰ ἀνθρώπινα, τῶν μὲν λυπηρῶν ἐπιρρεόντων ἀεί, τῶν βελτιόνων δὲ βεβαίως ἔχειν οὐδαμοῦ πεφυκότων.

ξβ'.

Τὸ μὲν εἶναι παρ' ἑτέροις ὑμᾶς τύχης ὑποληπτέον ἡμᾶς ἀδικούσης, τὸ δὲ ἐκεῖθεν ἀδικούμενον οὐ παραμυθεῖσθαι μνήμῃ καὶ γράμμασι, τοῦτ' ἐγὼ μὲν οὐκ ἂν τολμήσαιμι λέγειν, εἴποι δ' ἄν τις οἶμαι γνώμης εἶναι τῶν οἰκείων ἀμνημονούσης. ἀλλ' ὅπως μὴ τοῦτο γένηται καὶ ἡμᾶς σεμνοτέρους ἐπιδείξητε, δότε αὖθις ἡμῖν πανηγυρίσαι γράμμασιν ὑμετέροις καὶ πάλιν θαυμάσαι τὸν τρόπον ὑμῶν οὐδενὶ τρόπῳ καταβληθῆναι δυνάμενον.

ξγ'.

Μόλις μέν, πάρεστι δ' ὅμως ὅπερ ἐβουλόμην εὐτύχημα, καὶ σεμνύνομαι γράμμασιν ὑμετέροις, καὶ τὴν ἐπὶ τῷ πρότερον ἀμεληθῆναι λύπην ἡ τῶν νῦν γραμ

Summæ enim nobis curæ tua magnitudo est, tu vero fortasse id ita esse ne nosti quidem. Unde ne mireris, quod pro iniusto tuo silentio acerbius scribere videar. Nimirum iniuste habita benevolentia, qua est indole, urbanitatis modos conservare nequit.

LIX.

Linguæ tuæ infantia fortasse sufficiebat huius temporis difficultatibus, ac iure fortasse silentium casuum molestiis medicatur. Sed cum præsentia mala medicinam expetant . . . . nos, ut vides, scripsimus; iam et tu literas mitte neve nobis oblivio neque benevolentiæ . . . . .

LX.

Virtutes semper experiri fortunatorum hominum est, meminisse earum haud ita malum. Atque hoc quidem lucri ab hominibus laudari solet. Mihi vestræ excellentiæ usus et familiaritas rara est, minus rara memoria. Veræ virtutes tentari sese patiuntur et benevolentiam excitant, neque oblivionem supervenire concedunt. Hinc epistola mea profecta est, ac velim mihi, qui epistolam ad vos mittere ausus sum, os vestrum præbeatis haud tacitum, neve reliquis vestris laudibus hanc detrahatis.

LXI.

Nihil vos nostrarum rerum commonefecit, non tantum temporis spatium, non festorum opportunitas, non necessitas antiquæ amicitiæ, non peregrini sæpe una nobiscum dolentes absentiam vestram. Commoda ne neglegatis nec nisi quæ vobis probentur faciatis. Ego pro vobis vota facio, ipsum me miseror, et odi res humanas, cum adversæ semper adfluant, secundæ natura sua nunquam possint stabiliri.

LXII.

Quod apud alios estis, fortunæ imputandum male nos habentis; sed quod male habitis consolatio illinc non affertur memoriæ ac literarum, id, etsi ipse meo iudicio uti nolo, alius tamen animum monstrare dicat amicorum coniunctissimorum immemorem. Verum ut hoc ne fiat et ut haud ita leves nos esse demonstretis, copiam nobis iterum date, ut inter festos dies referamus, quo litteræ tuæ redduntur, utque rursus admiremur animi vestri indolem, quæ nequaquam ad interitum vocari potest.

LXIII.

Sero quidem, sed evenit tamen res diu exoptata, et glorior de epistola tua, et dolerem, quem ex superiore neglecta conceperam, voluptas abegit, quæ ex his litteris

μάτων ἀπελήλακεν ἡδονή τῷ δὲ τῆς ἐπιστολῆς αἰ-
τίῳ νέῳ πειρασόμεθα τοσαύτην εἰσενεγκεῖν προθυμίαν,
ὅσην αὐτὸς ἐκόμισεν εὐτυχίαν οὕτω γὰρ τὰ ὑμέτερα
γράμματα δίκαιον ὀνομάζεσθαι.

ξδ'.

Τὸ μὲν τῆς τύχης ἄνισον παρῄνει μοι δεδιέναι τὴν
παρρησίαν, ἐνίκησε δὲ μᾶλλον ὑπὸ τῆς εὐνοίας ἡ θρα-
σύτης ἢ διὰ τύχην ὁ φόβος, καὶ γίνεται κατηγορία
μὲν ἐμή, πραότης δὲ ὑμετέρα τῆς ἐπιστολῆς ἡ προπέ-
τεια.

ξε'

Ἀκούω σε φιλανθρώπου τῆς τύχης πειρᾶσθαι καὶ τῇ
φήμῃ συνήδομαι καὶ τὰ βελτίω παραμεῖναι ἐπεύχομαι.
μελέτω δέ σοι καὶ τῶν δικαίων ἅμα καὶ τῶν ἐν τοῖς
τρόποις ἐπαίνων, ὡς ἂν ἐπιδεῖξῃς ἔχων τὴν εὐτυ-
χίαν ὀφειλομένην, οὐ πλανωμένην

ξϛ'

Οὐ μετρία μὲν ἡ συμφορά, πῶς γὰρ ἄν, ὅς καὶ
πατρὸς ἀπεστέρημαι καὶ παιδευτοῦ καὶ φιλοῦντος,
μία δὲ τῷ συμβάντι θεραπεία τοὺς ἐοικότας ἐκείνῳ
τοὺς πάντας ὑμᾶς καὶ τηρῆσαί μοι τὴν αὐτὴν εὔνοιαν
καὶ ἀπαιτῆσαι τὴν ἴσην. εὐνοίας δὲ τοιαύτης τρο-
φίμιον ἐποιησάμην μέτριον οἶμαι καὶ δίκαιον. τῶν
γὰρ ὑμετέρων βίβλων μίαν ἐξελόμενος ἔχω τὸν μὲν
ἀπελθόντα τῇ μνήμῃ τιμήσας, ὑμῶν δὲ τῇ φιλίᾳ θαρ-
ρήσας εἰ μὲν οὖν καὶ ὑμῖν δόξω τεθαρρηκέναι κα-
λῶς, ἱκανὸν καὶ τοῦτο δεῖγμα φιλίας εἰ δὲ προπέτεια
τὸ γινόμενον νομισθῇ, μικρὸν ἀργύριον διαλύει τὴν
μέμψιν

ξζ'

Ὠφελεῖς ἅπαντας ἐν μὲν ταῖς συνουσίαις ἀπὸ τοῦ
λέγειν, ἐν δὲ ταῖς ἀπουσίαις ἀπὸ τοῦ γράφειν. θερα-
πεύεις δὲ καὶ οἷς ἐπιστέλλεις τοῖς γὰρ λαβοῦσι ταῦτα
γίνεται μαρτυρία μὲν τῆς μνήμης, κοινωνία δὲ τῆς
ἑορτῆς. ἔστι δ' ἅμεινον μετέχειν ὁπωσοῦν ἑορτῆς
ἢ μνήμης ἄξιον εἶναι δοκεῖν, ἣν ὑμεῖς οἷς ἀγαπᾶτε
χαρίζεσθε. ὅτι δὲ πρὸς τούτοις καὶ τὸ τῶν ὑμετέρων
εὐχῶν ὠφέλιμον ἀναμέμικται πρόδηλον, καὶ παντα-
χοῦ τὸ τοιοῦτο γνωρίζεται καὶ σιγώμενον.

ξη'

Εἶδον ὑμᾶς νῦν ἐν τοῖς γράμμασι, καὶ μάλα ἔγγυ-
θεν ἔδοξα συνεῖναι τρόποις ἐκείνοις, ὧν τοσαῦται μὲν
χάριτες, τοσαύτη δὲ τῶν πραγμάτων ὑπεροψία καὶ
τὸ μεμαθηκέναι σαφῶς ὅτι δεῖ τὰ ἀνθρώπινα παίζειν
πεφυκότα μὲν ἀθλίως, παυόμενα δὲ ῥᾳδίως ἐντεῦθεν
συναλγῶ μὲν ἐλάχιστα τοῖς ἀπελθοῦσιν, ὑμῶν δὲ πα-
ραμυθίαν ἀπειρόκαλον ἐπιστέλλειν οὐχ ᾕρημαι. τοῦ

---

manavit Iuvenem autem, qui epistolæ scribendæ occasio-
nem dedit, tantum liberalitatis offeremus, quantum ipse
felicitatis nobis attulit ita enim vestras literas nomi-
nari par est

LXIV

Fortunæ diversitas a liberiore sermone me dehortaba-
tur, et tamen, benevolentia tua quasi iubente, protervi-
tas vicit vel metus fortunæ adversæ Ita epistolæ meæ
petulantia criminis me defert, te lenitatis convincat

LXV

Audio te fortunæ humanitatem expertum esse, et gra-
tulor tibi quod bene audis, et opto ut ne mutentur quæ
bene tibi evenerunt Persequere honesta et morum
laudes, ut fortunam debitam tibi solvisse, non temere
vagatam esse demonstres

LXVI

Non mediocris mea calamitas est, videlicet cura et
patre orbatus sim et educatore et amico, una vero huic
casu medicina sit, ut vos omnes, qui illi similes estis,
eandem amicitiam mihi conservetis eandemque a me ex-
postuletis Cui amicitiæ modeste, opinor, et iuste prolusi
Nam librorum vestrorum unum selectum habeo, defun-
ctum memoria mea honorans, vestra autem amicitiæ fidem
habens Iam si vobis quoque videbor recte fidem meam
collocasse, vel hoc amicitiæ testimonio contentus sum,
sin petulanter egisse videbor, parva pecunia reprehensio-
nem franget

LXVII

Omnes adiuvas præsens dicendo, absens scribendo
Verum etiam colis et observas eos, ad quos literas das,
nam iis, qui illas accipiunt, memoriæ tuæ testimonia et
communionem festi tradis Melius autem est quavis ra-
tione in festorum societate esse quam memoria dignum
videri, quam iis quos diligitis non denegatis His una
etiam votorum vestrorum emolumenta adnasta esse ma-
nifestum est, et ubique eiusmodi quid cognoscitur vel
ubi silentio premitur

LXVIII

Conspicatus sum vos nuper in literis vestris, et proxi-
mius mihi videbar esse indoli illi, quam tot gratiæ, tanta
rerum temporumque contemptio exornant, et quæ non
ignorat, rebus humanis illudendum esse, quippe quæ, na-
tura miseræ, facile finem habeant Hinc defunctos mi-
nime deploro, vobis autem quominus consolationem ine

γὰρ δεῖται λόγων ἐπεισάκτων ἀνὴρ ἐν περιουσίᾳ το- | ptam mitterem abstinui. Qui enim virum qui adeo vir-
σαύτῃ τῶν ἀρετῶν; | tutibus affluit, sermonibus aliunde illatis adiuves?

ξθ'.

Οὐδὲ ἐπιλελῆσθαι κἂν βουληθῶμεν ἔχομεν· τί γὰρ φιλίας ἰσχυρότερον, ἣν ἐποίησε μὲν ἡ κοινωνία τῶν λόγων, ἐβεβαίωσε δὲ μετὰ τῶν τρόπων ὁ χρόνος; ἐπεὶ καὶ νῦν ὅπου ποτ' ἂν ὦ αὐτὸς πρὸς τὰς ἐνταῦθα συνουσίας ἐπανάγω ἐμαυτόν. τοιοῦτος μὲν ἐγώ, καὶ οὐκ ἄν ποτε δυναίμην ἔχειν ἑτέρως· σὲ δὲ τὸν ἐν πλή-θει πραγμάτων διοικείτω θεὸς καὶ συμφέρουσα τύχη, μεμνῆσθαι πείθουσα καὶ φιλίας ἀρχαίας καὶ παλαιᾶς συνηθείας.

Neque oblivisci possumus, etiamsi velimus. Quid enim validius est amicitiâ, quam sermonum communio peperit, tempus una cum natura moribusque firmavit? Quippe etiam nunc, ubicumque dego, congressus quos hic loci habuimus mente recolo. Ita fert natura mea neque unquam a me discedam; te autem negotiorum multitudine implicitum deus moderetur et propitia fortuna, suadens tibi veteris meminisse amicitiæ et antiquæ familiaritatis.

ο'.

LXX

Ὁρᾷς ὁπόσα δύναται σωφροσύνη καὶ τῶν ἀρετῶν ἡ σπουδή. προσήγαγέ σε θεῷ, πεποίηκεν οἰκειότερον, τοῖς ἁγίοις παρέστησεν ἀπορρήτως. μένε τοίνυν ταῦτα ἀσκῶν, καὶ ἡμᾶς ποίει βελτίους ἐξ ὧν συνήγαγες ἀρετῶν καὶ ὧν ἐν παρρησίαις ἔχεις εὐχῶν.

Vides quantum possit temperantia et virtutum studium. Ad deum te perduxit, amiciorem mihi et maiore necessitudine devinctum reddidit, sanctis mirabiliter te adiunxit. Hæc igitur exercere perge, nosque meliores redde adiuvantibus virtutibus quas coegisti et precibus, quorum usus tibi omnium consensu concessus est.

οα'.

LXXI

Εἰ καὶ ἄρχειν ἡμῶν ἐπὶ πλέον ὤκνησέ σου τὸ μέγε-θος, ἀλλὰ τό γε φιλεῖν οὐκ ἀπέθετο, μένει δ' ἔνδον τῇ γνώμῃ τὰ πρέποντα χαριζόμενον. Θεόπεμπτος τοί-νυν ὁ εὐλαβέστατος πολλαχόθεν προσήκων ἐμοὶ δεῖται τοῦ μεγέθους τοῦ σοῦ· κἂν αὐτῷ συλλάβῃς τὰ δίκαια, ἐμοὶ τὴν χάριν ἐκτέθεικας.

Etsi imperare nobis magnitudo tua diutius hæsitavit, at certe amorem non exuit, ac manet ille in pectore tuo decora præstans. Theopemptus religiosissimus, quocum magna mihi necessitudo est, ope tua indiget; hunc si pro merito adiuveris, mihi gratificatus eris.

οβ'.

Ἂν γράφω σιγᾷς, ἂν μὴ γράφω κατηγορεῖς, ἐγὼ δὲ πρὸς ἑκάτερον οὐκ ὀκνῶ καὶ ἀθυμεῖν ὅτι σιγᾷς καὶ γεγραφέναι μὲν πολλάκις, εἶναι δὲ ἐν ταῖς τῶν μὴ γραφόντων αἰτίαις. ἢ τοίνυν μίμησαί μου τὸ γράφειν ἢ σύγγνωθι σιωπῶν.

Si scribo, taces; si non scribo, vituperas me; ego vero sine mora et animum despondeo, cum siles, et sæpe scribo, et tamen in silentii infamia sum. Aut igitur scribendo me imitare, aut ignosce, quippe qui ipse taceas.

ογ'.

Τί δεῖ παρ' ὑμῖν δικαιοσύνην ἐγκωμιάζειν ἢ τὰς λοιπὰς ἀρετάς, μεθ' ὧν συνοικεῖτε καὶ ἃς πεποίησθε γνωρίμους; ἀρετὴ γὰρ φίλιος θεῷ· ἃ κέκτησθε μὲν καθαρῶς, παιδεύετε δὲ ἐπιμελῶς, καί που κἀμὲ τε-ταγμένον ἔχετε ταῖς ὑμετέραις εὐχαῖς· οὐ γὰρ ἂν τολμήσαιμι λέγειν ὡς ἀμνημονήσει ποτὲ περὶ τὰ τοιαῦτα ἣν πράττειν ὑπέσχετο. ὑπέσχετο δὲ οἶμαι μεμνῆσθαι μὲν ἡδέως, εὔχεσθαι δὲ προθύμως, ὃ καὶ οἷς ὑπέσχετο τῇ τῶν τρόπων ἐπιεικείᾳ χαρίζεται.

Cur apud vos laudemus iustitiam vel reliquas virtutes quibuscum consortium habetis quasque in familiaritatem vestram recepistis? virtus enim deo amica est. Hæc igitur incorrupte possidete et studiose colite et me ipsum quoque precibus vestris comprehendite. Neque enim dicere ausim, oblivioni illam daturam esse quæ pollicita est. Pollicita autem est, nisi fallor, comiter meminisse et studiose precari, id quod pro morum suorum humanitate iis præstat, quibus pollicita est.

οδ'.

Ἂν σιγῶμεν, οὐ γράφεις, ἂν ἐπιστέλλωμεν ἔτι σι-γᾷς. πῶς οὖν ἔτι τῷ γράφειν ἕλξαι σε δυνησόμεθα,

Si tacemus, non scribis; si literas ad te damus, non minus taces. Qui igitur te scribendo ad nos trahemus.

εἰ μήτε δεόμενοι πείθομεν μήτε γράφοντες ἀναγκάζομεν;

οζ

Πολέμιος ὁ χειμών, ὑμῖν μὲν ἀμετρίᾳ νιφετῶν, ἡμῖν δὲ σπάνει γραμμάτων σῶν. ὁ βελτίων δὲ περιήκει καιρός· καὶ μετὰ τῆς ἀηδόνος τὴν σὴν ἄγει φωνήν. κἀκείνη μὲν προλέγει τὰ τοῦ χειμῶνος οὐκέτι δεδιέναι δεινά, αὕτη δὲ μηκέτι τὴν σὴν ἀγανακτεῖν ἀπουσίαν· ἀλλ᾽ ὦ γενναία κεφαλή, καὶ φίλη μὲν ἐμοὶ φίλη δὲ τῶν ἑορτῶν, ἧκε τὸ θᾶττον ἡμῖν· καὶ γὰρ ἄτοπον τὴν ἀηδόνα μὲν πανταχοῦ φερομένην ὁρᾶν, τὴν δὲ σὴν εὐψυχίαν ἐπικαθειργμένην ἀκούειν καὶ τῇ πρὸς τοὺς φίλους εὐνοίᾳ μηδαμοῦ κινουμένην.

ος

Ἥμαρτον ἐπιστέλλων, ἀπολογήσομαι σιωπῶν· τὰς γὰρ θεραπείας φασὶν ἀπὸ τῶν ἐναντίων συμβαίνειν κἀν τοῖς νοσήμασι κἀν τοῖς πράγμασι· πάλαι σε ἐνίκησεν ὁ παῖς καὶ τῷ τρόπῳ καὶ ταῖς ἐλπίσι τῶν λόγων.

οζ´

Ὁ μὲν φθόνος οὐδὲν ἐπεχείρησε κακινὸν ἀρετῇ πολεμῶν, τῷ δὲ κρείττονι χάρις ὅτι τοῦτον πανταχοῦ λελυπήκατε καὶ κρατεῖν οὐκ ἀφήκατε. ἂν μὲν οὖν αὖθις θρασύνηται καὶ μείνῃ φιλονεικῶν, τὴν περὶ ὑμᾶς ὄψεται δόξαν μετὰ ἀληθείας αὐτῷ μαχομένην καὶ νικηθῆναι μηδαμοῦ δυναμένην· εἰ δὲ ἄκων μέν, ἐθελήσει δ᾽ ὅμως παύσασθαι τῆς ἀναιδείας, τίς μαρτυρία μείζων ἂν εἴη τῶν ἐν ὑμῖν ἀρετῶν ἢ ὅτι καὶ τὸν φθόνον πεποιήκατε σωφρονέστερον; εἴη δὲ τὴν φίλην ὑμῶν ἀεὶ νίκην συμπαρεῖναι, κἂν συκοφάντης ἐπίῃ κἂν πολέμιος.

οη´

Τί μοι σιγᾷς, ὦ φίλη κεφαλὴ καὶ κοσμεῖν ἱκανὴ τὴν βασιλείαν, εἰ μὲν γὰρ ἀμυνόμενος τοῦτο ποιεῖς, εἰπὲ καὶ τὴν ἀδικίαν, ὑπὲρ ἧς ἡμᾶς οὕτω λυπεῖς· εἰ δὲ οὐκ ἔχοι τις αἰτίαν μηδαμόθεν εἰπεῖν, μὴ σίγα πρὸς ἄνδρα τῇ περὶ σοῦ μνήμῃ κοσμούμενον.

οθ´

Τὸ μὲν ἐπιτιμᾶν ἢ λοιδορεῖν ῥάδιον εἶναι καὶ παντὸς ὁ Παιανιεὺς ἐκεῖνος ἔφη παιδευτής· ὁ Γλαυκίππου δὲ πάντων ἀπαιδευτότατον ἔφη τὸ λοιδορεῖν. Καὶ σιωπῶ κατάλογον τοσούτων ῥητόρων καὶ ποιητῶν τοῦτο ἀμαθίαν τιθέντων· ἐκεῖνοι μὲν οὖν τῷ τοιούτῳ νοσήματι κἂν ἐμμείνωσιν οὐ λυπήσουσιν· ἴσως γὰρ ὑπὸ τῆς τύχης ἐξηπάτηνται καὶ τῆς ἀπὸ τοῦ σωφρονεῖν ὁμιλίας οὐ μέμνηνται· σὺ δὲ ὁ σοφίαν μὲν ἀσκῶν ἐπιμελῶς, ἀμαθίᾳ δὲ πολεμεῖν ἱκανός, μένε προθύμως·

cum neque precibus macereris neque epistolis cogi te patiaris?

LXXV.

Infesta hiems est, vobis nivium mole, nobis epistolarum tuarum inopia. Redit tamen lætior tempestas et una cum luscinia tuam vocem reducit. Atque illa quidem nos iubet hiemis formidines non amplius timere, hæc autem tuam non amplius stomachari absentiam. At, generosum caput, dilectum nobis et festis diebus amicum, quam primum ad nos propera. Absurdum enim est, lusciniam quidem ubique volitantem conspici, magnanimitatem autem tuam in custodiam conditam esse neque amicorum tuorum amore concuti.

LXXVI

Peccavi scribendo, excusabo me tacendo. Aiunt enim et in morbis et in rebus curationes fieri adhibitis contrariis. Iamdudum filius tuus te et moribus vicit et eo, quod bene sperare nos iubet de eius facultate oratoria.

LXXVII

Nihil novi invidia aggressa est, cum virtutem impugnaret, sed deorum numini gratiæ referendæ, quod ubivis illam male habuistis neque vires assumere sivitis. Iam si iterum impudentius se gerat inque rixa et contentione perseveret, magnam hominum quæ de vobis est opinionem veritate adhibita pugnantem secum et semper invictam videbit, si invita quidem, sed tamen absistere procacitate volet, quodnam gravius testimonium virtutum in vobis positarum perhiberi possit, quam quod ipsam invidiam modestiorem reddidistis? Faxit autem deus, ut victoria amica nunquam a latere vestro discedat, sive sycophanta adventat sive hostis.

LXXVIII

Quid mihi siles, carum caput, quod fasciam regiam honestet? Nam si iniuriæ persequeudæ caussa ita facis, agedum, etiam iniuriam nomina, ob quam tantum nobis dolorem commoves, at si non est unde quis insinuationem repetat, ne silentio tuo lædas virum memoria tui superbientem.

LXXIX

Convicia et obiurgationes rem levem esse et cuiusvis hominis Pæaniensis ille ludimagister dicebat, Glaucippi contra filius omnium rerum incultissimum convicia esse declarat. Omitto tot rhetorum et poetarum catalogum ignorantiam inde probari testantium. Atque illi quidem etiamsi perseverent in hoc vitio, non me vexabunt, fortasse enim eos fortuna ludificata est, neque illi meminerunt sermonum, quibus moderatio subest. Tu, qui sapientiam studiose exerces et ignorantiam bello persequeris, persiste in amore tuo, et si eiusmodi linguæ incidis,

φίλων· κᾶν περιτύχῃς ποτὲ γλώττῃ τοιαύτῃ, φαίνου
γελῶν καὶ λογίζου τὸν Ἄνυτον, ἐννόει τὸν Θρασύμα-
χον, καὶ σκόπει πόθεν ἐπῄει τὸ λοιδορεῖν ἑτοιμότερον.

π'.

Ἃ πάλαι συνεύχομαι, ταῦτα ἀσκεῖν σε πυνθάνομαι.
τίνα δὲ ταῦτα; ἀγωνίζῃ πρὸς πονηρίαν δυνατῶς, πα-
ρατάττῃ γενναίως, καταλύεις ἀπόνοιαν ἐξ ἀμαθίας
ἐπαιρομένην. μένε δὴ ταῦτα δυνάμενος καὶ δεικνὺς
τὴν ἀλόγιστον εὐτυχίαν πρὸς ἀρετὴν οὐκ ἀντίσχου-
σαν.

πα'.

Ἅπας ἡμῖν ὁ χρόνος σύνοιδε τὴν ὑπὲρ φίλων μὲν
ἐπιμέλειαν, κατὰ δὲ τὰς ὑποσχέσεις ἀλήθειαν. ταῦτα
καὶ ὁ νῦν μαρτυρησάτω καιρός, εἴπερ ἄξιος εἶναι δο-
κεῖ τὴν ἐμὴν ὑποδέξασθαι προθυμίαν.

πβ'.

Ἐπὶ πολλά με περιήγαγε πάθη τὰ νῦν γράμματα
τῆς ὑμῶν ἐξουσίας. ὅτε μὲν γὰρ τὴν ἐπιστολὴν
ἐδεχόμην, ἦλθον εἰς ἡδονήν· νόσον δὲ ἀναγνοὺς ὑμετέ-
ραν ἀπηνέχθην εἰς ἀθυμίαν. ἀλλὰ πάλιν ἰδὼν τὸ
νενικῆσθαι τὴν νόσον ἐγκείμενον, εἰς ἐλάττονα μὲν
ἡδονὴν τῆς προτέρας, ὅμως δὲ εἰς ἡδονὴν ἐπανῆλθον.

πγ'.

Ἐγὼ μὲν ἐπιστέλλω συχνότερον, ἠμέλημαι δέ, ὡς
ἔοικεν, ὅσῳ καὶ γράφειν ἐπείγομαι· τίνα γὰρ ἂν ἔχοις
αἰτίαν εὔλογον εἰπεῖν τῆς σιωπῆς, ὅτε λέγειν μὲν εἶ
δυνατός, ἔχεις δὲ καὶ τῷ γράφειν ἀφορμάς, ἀφ' ὧν εὖ
ποιεῖς ἐν τοῖς ἔργοις ἡμᾶς;

πδ'.

Σὺ μὲν διδοὺς ἐπιστέλλεις, ἐγὼ δὲ φιλῶν· καὶ σὺ μὲν
ὑπὸ τῆς τῶν πραγμάτων ἀνάγκης, ἐγὼ δὲ ὑπὸ τῆς ἀρ-
χαιοτέρας εὐνοίας.

πε'.

Ὡς μὲν παιδείας μεταλαβὼν μετάδος φιλῶν, ὡς δὲ
χρυσίον ὀφείλων ἀπόδος ἑκών, ἀπολογούμενος ὡς ἀνα-
βαλλόμενος καὶ ἐμοὶ καὶ τῷ χρόνῳ καὶ τῷ ψόγῳ τῆς
ἀδικίας.

---

ride atque Anyti tibi imaginem repræsenta et Thrasy-
machum oculis tuis propone, et reputa, unde convicia
promptius proficisci potuerint.

LXXX.

Exercere te eas res audio, pro quibus dudum vota
suscipio. Quænam ille? Luctaris pro viribus cum pra-
vitate, fortiter ei resistis, debellas dementiam ex igno-
rantia ortam et superbia elatam. Hac vi cum valeas,
tene eam, monstrans simul insulsam fortunam virtuti
obsistere non posse.

LXXXI.

Cuivis tempori prout ipsi mihi exploratum est amico-
rum me curam gerere et promissis stare. Eadem et præ-
sens tempus testificator, siquidem dignum videtur, quod
propensum in te animum meum suscipiat.·

LXXXII.

In multos animi affectus nuperæ tuæ literæ, vir illus-
tris, me detulerunt. Nam cum acciperem, in gaudium
deveni; perlectis illis cum rescissem te morbo vexari,
in desperationem incidi. Sed cum rursus intelligerem in-
faustis illis verbis alia adiuncta esse, quibus victum esse
morbum nuntiaretur, lætitiam quidem inde priore illa
minorem, at certe lætitiam cepi.

LXXXIII.

Ego quidem sæpius literas scribo, sed ratio mei, ut
videtur, non habetur pro diligentia et assiduitate, qua li-
teras efficere soleo. Quamnam enim sanam caussam si-
lentii tui afferas, quum et dicendi non sis nescius, et ipsa
scriptione occasionem habeas, unde labores nostros ad-
iuvare possis?

LXXXIV.

Tu scribis, ut munere me dones; ego, ut amore te
prosequar; et tu quidem rerum necessitate pulsus, ego
pro vetere benevolentia in te mea.

LXXXV.

Ut vir humanitate excultus lubens nobis doctrinam
tuam imperti; ut aere alieno obrutus, sponte tua redde
pecuniam, procrastinationis excusatione usus adversus
me et tempus et iniuriæ vituperationem.

ΕΥΡΙΠΙΔΟΥ ΕΠΙΣΤΟΛΑΙ.

EURIPIDIS EPISTOLÆ.

α΄ Ἀρχελάῳ βασιλεῖ

Τὸ μὲν ἀργύριον ἀνεπέμψαμέν σοι πάλιν, ὅπερ ἡμῖν Ἀμφίας ἐκόμιζεν, οὐ δόξαν κενὴν θηρώμενοι, εἰ μή γε καὶ ἀχθεσθήσεσθαί σε μᾶλλον ἢ ἀποδέξεσθαι ἡμᾶς δι᾿ αὐτὸ ἐνομίζομεν, τοὺς δ᾿ ἄλλους αὐτὸ δὴ τοῦτο καὶ μάλιστα πάντων συκοφαντεῖν ἐπιχειρήσειν ὡς ἐπίδειξιν οὖσαν τὸ πρᾶγμα καὶ πρόσχημα μᾶλλον εἰς τοὺς πολλούς, οὐ μεγαλοφροσύνην οὐδεμίαν ὥστε τούτων μὲν ἀμφοῖν ἕνεκα κἂν ἐδεξάμεθα (καὶ Κλίτων δὲ ἐπέστειλεν ἡμῖν, ὅπως λάβοιμεν, ἀπειλήσας ὀργίζεσθαι μὴ λαβοῦσιν), ἀλλ᾿ ὡς τὸ μὲν αὔταρκες ἡμῖν τε καὶ τοῖς φίλοις παρόν, τὸ δὲ ὑπὸ σοῦ πεμφθὲν πλεῖον ἢ ὅσον ἥ τε κτῆσις ἥρμοζε καὶ ἦν ἡμῖν ἡ φυλακὴ ῥᾳδία (2) περὶ δὲ τῶν Πελλαίων νεανίσκων καὶ πρότερον ἤδη ἐπεστείλαμέν σοι δεόμενοι, καὶ νῦν δεόμεθα σῶσαί τε αὐτοὺς καὶ ἀνεῖναι τῶν δεσμῶν οὐδὲν γὰρ ἀδικεῖν ἐοίκασιν ἢ οὐδὲν βλάπτειν ἀρεθέντες ἔτι. μέτριον δὲ καὶ τὸ χαρίσασθαι δεομένοις ἡμῖν καὶ τὸ ἐλεῆσαι δὲ τὸν πατέρα αὐτῶν, γέροντα, ὡς ἔστι πυνθάνεσθαι τῶν εὐγενεστάτων ἐν Πέλλῃ καὶ κατὰ ἄλλα δοκίμων, ὃς αὐτὸς ἐλθὼν Ἀθήναζε ἐφ᾿ ἡμᾶς κατέφυγεν, ἐλπίσας δύνασθαί τι παρὰ σοί, καὶ ἐδεήθη ταῦτα ἐπιστεῖλαί σοι. ἀλλὰ μὴ φαυλότερος γίνῃ περὶ ἡμᾶς ἢ ἐκεῖνος ὑπέλαβεν.

β΄ Σοφοκλεῖ

Ἐκομίσθη Ἀθήναζε, ὦ Σοφόκλεις, ἡ παρὰ τὸν εἰς Χίον πλοῦν γενομένη σοι συμφορά, καὶ ἴσθι οὕτω διατεθεῖσαν τὴν πόλιν ἅπασαν, ὡς μηδὲ τοὺς ἐχθροὺς ἧσσον ἀχθεσθῆναι τῶν φίλων. τὸ δὲ τοσούτου κακοῦ ἥκοντος περισώζεσθαί σε καὶ τὸ τῶν συνόντων σοι φίλων μηδὲ θεραπόντων ἀποβαλεῖν μηδένα, οὐκ ἄλλο τι ἔγωγε ἢ θεοῦ πρόνοιαν γενέσθαι πείθομαι ἡ μέντοι περὶ τὰ δράματα συμφορά, ἣν τίς οὐχὶ κοινὴν ἁπάσης τῆς Ἑλλάδος νομίσειεν ἄν, δεινὴ μέν, ἀλλὰ περιῄρος γε σοῦ ῥᾳδίως ἐπανορθωθήσεται (2) σκόπει δ᾿ ὅπως ἀσφαλεστέραν ἢ ταχυτέραν ποιήσαιο τὴν ἐπάνοδον, καὶ εἴ τι ἄρα ἢ θάλασσα ἢ τὸ κρύος παραργήμα νήξόμενόν γε ἢ ὕστερον κακῶσαι δοκεῖ, ῥαίσας τὸ σῶμα πρότερον ἡσυχῇ ἐπανίοι. καὶ τὰ οἴκοι ἴσθι κατὰ νοῦν καὶ ὅσα ἐπέστειλας ἐπιτελῆ ὄντα. ἄσπασαι Χιονίδην τε καὶ Λαπρέπην, καὶ εἰδέτωσαν ἡμᾶς οὐχ ἥκιστα

I Archelao regi

Argentum, quod Amphias nobis attulit, iterum ad te remisimus, haud vanam gloriam captantes, præsertim quum te potius eapropter iratum fore quam nos esse probaturum crederemus, reliquos vero maxime hoc ipsum vitio mihi vertere conaturos, quasi ostentatio hæc res esset et prætextus magis in vulgus quam animi magnitudo ut duabus hisce de caussis accepissemus potius (et Chto sane scripsit nobis, ut acciperemus, minatus iram non accepturis), rerum quum mihi quod satis est nobis et amicis suppetit, ac munus a te missum maius erat quam quod nostris rebus conveniret et facile a nobis posset custodiri (2) De Pellæis iuvenibus et prius tibi scripsimus supplicantes, et nunc iterum rogamus, ut serves eos et a vinculis dimittas non enim videntur malum fecisse aut certe non amplius facturi, si dimiseris Æquum est autem, ut hoc nobis rogantibus gratificeris et patrem eorum misereris, senem ut audire licet, ex nobilioribus Pellæis et ceteroqui claris, qui ipse Athenas veniens ad nos confugit, sperans nos aliquid apud te valere, atque hæc ut ad te scriberemus oravit Tu vero ne alieniore in nos sis animo quam ille opinatus est

II Sophocli

Allata est Athenas, o Sophocles, quæ tibi in Chium naviganti accidit calamitas, et scito ita totam civitatem affectam, ut non minus inimici quam amici ægre ferrent Quod vero ex tanto malo incolumis evaseris, quodque ex amicis qui una tecum fuere, immo nec famulorum quenquam amiseris, nihil ego aliud quam dei providentiam fuisse persuasum habeo Iam quod tragœdiarum tuarum fecisti damnum, quod quis est quin ad universam Græciam pertinere censeat, grave utique est, sed quod te tamen superstite facile reparabitur (2) Vide autem, ut tutum magis quam celerem reditum habeas, et sive mare sive frigus statim te naufragum aut post vexaverit, recreato prius corpore per otium revertere Et domi scias omnia ex sententia, et quæcunque mandaveris, perfecta esse Saluta Chionidem et Laprepem, sciantque nos haud nu-

καὶ ἐπ' αὐτοῖς χαίροντας ὅτι σώζονται. Ἀντιγένη
τὸν ἰατρόν, εἴπερ ἔτι ἐν Χίῳ καταλαμβάνεις καὶ μὴ
ἀπῆρχέ πω εἰς Ῥόδον, ἄσπασαι, καὶ ἴσθι ἀνδρῶν βέλ-
τιστον ὄντα, καὶ τοὺς Κρατίνου υἱεῖς.

γ'. Ἀρχελάῳ βασιλεῖ.

Ἀφίκετο Ἀθήναζε πρὸς ἡμᾶς ὁ Πελλαῖος γέρων ἅμα
τοῖς ἑαυτοῦ νεανίσκοις, καὶ ἐγένετο ἡ ὄψις, ὦ βέλτιστε
βασιλεῦ, ἡδεῖα μὲν ἐμοὶ τῷ θεωμένῳ τε καὶ δι' ὃν
ταῦτα ἐγένετο, καλὴ δὲ καὶ σοὶ ἀπόντι καὶ φέρουσα
δόξαν πολλὴν καὶ ζῆλον παρὰ πᾶσι τοῖς τε ἐπιτηδείοις
τοῖς ἐμοῖς καὶ Ἀθηναίων ὁπόσοι εἶδον· εἶδον δὲ πολλοί,
καὶ οὐδεὶς ὅστις οὐκ ἠγάσθη τέ σου τῆς φιλανθρωπίας
καὶ συνηύξατό σοι τὰ ἀγαθά. περιῄει γὰρ ὁ γέρων
οὐ πολλαῖς πάνυ ἡμέραις πρότερον ἐνθάδε ῥυπῶν τε
καὶ κόμην ἔχων ἐν οὕτω πάνυ λιτῇ τινι ἐλπίδι τεθει-
μένος τὴν σωτηρίαν τῶν παίδων, λαμπρός τε ἐξαίφνης
καὶ μετὰ δυοῖν παίδοιν νεανίαιν, θύων τε τοῖς θεοῖς,
ἐμέ τε ὑμῶν καὶ περιέπων, ὅτι σώσαιμι αὐτῷ τοὺς
υἱέας, καὶ τὴν πόλιν τῶν Ἀθηναίων, ὅτι τοιούτους
πολίτας τρέφει. (2) ἐγὼ δὲ πολλὰ μὲν καὶ ἕτερα εἰ-
πεῖν ἔχω, οὐ βούλομαι δέ, ἐπιδεικνὺς ὅσῳ πλείονα ἐκ
τούτου σεαυτὸν ὤνησας ἢ ἄλλον τινὰ ἀνθρώπων, δοκεῖν
διὰ τοῦτο ἐλάττω σοι χάριν ἔχειν. ὁμολογῶ δὲ αὐτὸς
τε εὖ τὰ μέγιστα πεπονθέναι καὶ πειράσεσθαι τοῦ
καλοῦ τούτου ἔργου πολλὰ πάνυ καὶ μεγάλα παρ-
σχεῖν σοι χαριστήρια, ὅτι οὔτε τὸν δείλαιον γέροντα
ἐκεῖνον, ὅτε ἠτύχει, τῆς ἐφ' ἡμῖν οὔτε ἡμᾶς τῆς ἐπὶ
σοὶ γενομένης ἐψεύσω ἐλπίδος.

δ'. Τῷ αὐτῷ.

Καὶ τὰ περὶ τοὺς Πελλαίους, ὦ βέλτιστε Ἀρχέλαε,
καὶ πολλὰ ἄλλα πεπολίτευταί σοι καλῶς καὶ πρὸς ἐμὲ
καὶ πρὸς ἑτέρους ἐπιεικεῖς τε καὶ σπουδῆς ἀξίους πολ-
λούς, καὶ οὐχ ἧσσον αὐτά, εὖ ἴσθι, ὅσα πρὸς ἄλλους
τινάς, ἢ ὅσα πρὸς ἡμᾶς ἰδίᾳ πέπρακταί σοι καλῶς,
ἐπιμελές μοι εἰδέναι, οὐ φιλοπράγμονι ὄντι, ἀλλὰ
χαίροντι ἐφ' οἷς εὐδοκιμοῦντα πυνθάνομαί σε, καὶ χά-
ριν σοι οὐκ ἐλάττω ὑπὲρ αὐτῶν ἔχω· οὐ γὰρ ἀφ' ὧν
αὐτὸς ἔπαθόν τι ἰδίᾳ δεῖν μᾶλλον ἡσθῆναι ἢ ὅτι σε
τοιοῦτον ὄντα ἔγνων ἔγωγε νομίζω. ταύτὸ δὴ τοῦτό
μοι περίεστιν ἀπὸ παντὸς ἔργου, ὅ τι ἂν εἰς τοινοῦν
τῶν ἐπιεικῶν πυνθάνομαί σε καλῶς πεπολιτευμένον.
(2) καὶ μέμνησο τούτων, ὦ βέλτιστε Ἀρχέλαε, ὅτι τὰ
μὲν ἄλλα οὐδὲν πλέον ἢ πολλοὺς πόνους καὶ πολλὰς
φροντίδας ἔδωκέ σοι ὁ θεός, ἐν δὲ ἔδωκεν ἀγαθόν, δύ-
νασθαι εὖ ποιεῖν οὓς ἂν ἐθέλῃς, θέλειν δὲ δεῖ τοὺς
ἀξίους. καὶ τὰ μὲν ἄλλα ἐπ' αὐτῷ βουλομένῳ ἐστὶν
ἀφελέσθαι, ἐν δὲ οὐδὲ βουληθείς ποτε ἀφαιρήσεται, τὸ
πολλοὺς εὖ πεποιηκέναι. ὥστε εὖ ἴσθι, ὅτι οὐδεμία
μείζων ἀνδρὶ γενομένῳ ποτὲ ἐν δυνάμει μεταμέλεια καὶ
πολυωδυνία γίγνεται ἢ εἰ διδόντος τοῦ θεοῦ μηδένα ἔδρα-
σεν ἀγαθὸν μηδὲ ἕν, βουλομένῳ δὲ ὁρᾷν πέπαυται διδοὺς

nus de ipsis servatis gavisos esse. Antigenem medicum,
si adhuc in Chio deprehendis, necdum in Rhodum abiit,
saluta et scito eum virum esse optimum, item Cratini
filios.

III. Archelao regi.

Venit Athenas ad nos Pellæus senex una cum suis
adolescentibus, fuitque spectaculum, rex optime, iu-
cundum mihi quidem coram spectanti quoque interce-
dente ista facta essent, pulchrum autem et tibi absenti
et magnam gloriam ferens et admirationem apud omnes
meos necessarios et quotquot viderunt Athenienses; vide-
runt autem multi, nec erat eorum quisquam, qui non
tuam humanitatem admiraretur et omnia bona tibi pre-
caretur. Circumibat enim senex, haud multis ante die-
bus squalens et comam alens in tenui adeo spe filiorum
salute posita, iam splendidus repente et cum duobus
filiis adolescentibus, diis sacrificans meque celebrans et
colens, quod filios ipsi servaverim, urbemque Athenien-
sium, quod tales cives aleret. (2) Ego vero et alia multa
quæ dicam habeo, nolo autem, postquam ostendi,
quanto plus ex hoc te ipsum iuveris quam ullum alium
hominem, videri exinde minorem tibi gratiam referre.
Confiteor autem ipse, me maximo a te beneficio affectum
esse et operam daturum, ut pro præclaro hoc officio
plurimas tibi et magnas gratias referam, quod neque
miserum illum senem, quum miseria laborabat, de no-
bis, neque nos de te concepta spe fefelleris.

IV. Eidem.

Et in negotio illo de Pellæis, optime Archelae, et in
multis aliis recte te gessisti et erga me et erga alios ho-
nestos et amore dignos viros multos, et crede mihi, non
minus quæ erga alios, quam quæ privatim erga nos egregie
præstitisti, curæ esse mihi scire, non quod curiosus
sim, sed quod gaudeam super eis, in quibus te laudem
meruisse audiam, neque tibi pro ipsis minorem gratiam
habeo : non enim ob collata privatim in me beneficia
magis gaudendum quam quod talem te cognoverim ego
quidem censeo. Idque ipsum mihi contigit ab omni
opere, quod in optimum quemque recte te præstare au-
diam. (2) Ceterum hæc memento, optime Archelae,
quod, etsi in reliquis nihil aliud quam multos labores
multasque ærumnas deus tibi dederit, hoc tamen unum
dedit bonum, ut possis, quibuscunque velis, bene
facere : velle autem oportet dignis. Et reliqua quidem
qui volet auferre poterit, unum hoc ne volens quidem
quisquam auferet, multis bene fecisse. Quare probe
scias, maiorem nullam viro in summa potentia aliquando
constituto pœnitentiam oriri posse et mœstitiam, quam
si, licet copiam deus fecerit, neminem tamen ullo bene-
ficio affecerit, quum vero velit bene facere, deus per-

ὁ θεός. ἀλλ' οὐ σύ γε ἂν τοῦτο πώποτε πάθοις, οὐδὲ
ἀνιάσῃ ὅτι οἴχεται ὁ καιρὸς εἰς ἀνθρώπων εὐεργεσίαν
ἀνατεθεὶς φροῦδος ἤδη καὶ πέπαυται παρὼν ὁ θεός, ἀλλὰ
καὶ παρέσται μὲν ἀεὶ καὶ στήσεται κατόπιν ἀξίῳ γε
ὄντι καὶ χρωμένῳ ταῖς ἑαυτοῦ χάρισι δεξιῶς. (1)
ἀλλὰ δῆτα, κἂν ἐπίσχῃ πνέων, πάντως ἤδη καὶ πό-
λεις καὶ ἔθνη καὶ ἰδιῶται πολλοὶ καὶ ἤσθοντο τῆς σῆς
δυνάμεως οὐ σὺν κακῷ, καὶ ἔχουσιν ἀπόμοιραν τῆς σῆς
εὐπραξίας. καὶ οἱ μὲν πόνοι παύσαιντ' ἂν ἑκαστάντος
σοῦ καὶ τὸ κινδυνεύειν καὶ αἱ φροντίδες, τὸ δὲ συνει-
δὸς ὧν τε ἔπαθον τοῖς παθοῦσι καὶ σοὶ τῷ πεποιηκότι
ἀεὶ μενεῖ οὐ μικρὸν οὔτε κτῆμα οὔτε ἀπόλαυσμα, ἀλλὰ
ἀρκοῦν τοῦτο καὶ ἐν δυσπραγίαις ἡδονὰς παρέχειν.
ταῦτα δὴ παρακελεύομαι πράσσειν τε ἀεὶ καὶ μὴ
ἀποκάμνειν, ὥσπερ οὐδ' ἀποκάμοις ἄν, οὐδ' ἔστι τις
τούτου κόρος, τὰ δ' ἄλλα πράως ὁμοίως καὶ δεξιῶς
χρῆσθαι τῇ παρούσῃ δυνάμει· καὶ γὰρ τοῦτο αὐτὸ οὐκ
ἄλλου τινὰ ἀνθρώπων, οὐδ' ὅστις τεθνήξεσθαι παρα-
χρῆμα μέλλων σοῦ κελεύσαντος ἀφεθῇ, ἐκείνων μᾶλλον
ἢ σεαυτὸν εὐφρανεῖ τὸ τοιοῦτον εἶναι τὸν τρόπον (4) ἔτι
γε μὴν καὶ τὸ τοὺς ἀπανταχόθι τιμῆς καὶ λόγου τινὸς
τῶν Ἑλλήνων ἀξίους καὶ μάλιστα τοὺς κατὰ τὰς τέχνας
σπουδαζομένους καὶ πάλιν αὖ μάλιστα τούτων ἀπό-
των τοὺς ποιεῖν ἢ λέγειν τι κατὰ παιδείαν δυναμένους
μετακαλεῖσθαί σε πανταχόθεν καὶ χορηγίαις τῶν ἐπι-
τηδείων ἀφθόνοις καὶ ταῖς ἄλλαις φιλοφροσύναις τι-
μελεῖν, ὅπως ἀπαλλαγέντες τῶν ἄλλων φροντίδος
ἐπιδιδῶσιν ἀεὶ διὰ σὲ καὶ προϊῶσιν ἐν ταῖς ἑαυτῶν ἕκα-
στοι τέχναις, καὶ τούτων ἀναπιμπλάναι τὸν οἶκον,
ἀλλὰ μὴ κολάκων καὶ βωμολόχων ἀνθρώπων, καὶ
τούτους θεραπεύειν αὐτόν, οὐχ ὑπ' ἐκείνων θερα-
πεύεσθαι, μᾶλλον ὁμολογοῦντα, ὥσπερ ἔστι πολυ-
θρύλητον, πολλάκις, ὅτι ἐπ' ἐκείνοις μᾶλλόν ἐστι τὸ
σὲ εἶναι ὁποῖος εἶ καὶ τὸ τοιοῦτον ὄντα παρὰ τοῖς,
ἔπειτα ἀνθρώποις λόγου τυχεῖν, ἢ ἐπὶ σοὶ τὸ ἐκεί-
νους εὐτυχεῖν ἐκείνοις μέν γε, κἂν ὑπολίπωσιν αἱ παρὰ
σοῦ δωρεαί, καὶ πλοῦτον αὐτάρκη καὶ δόξαν εἶναι
καὶ ἡδονὴν τὰς τέχνας· τίς σ' οὐκ ἂν ἀγάσαιτο καὶ
μακαρίσειε τούτων ἁπάντων, καὶ μάλιστα ὅ τι ὁμολο-
γοῦσιν ἤδη καὶ ἴσασι πάντες εἰς τοῦτό σε ἥκοντα τῆς
πρὸς τοὺς συνόντας σοι φιλανθρωπίας, ὥστε τὴν μὲν
ἰσχὺν καὶ πάνυ σοι συμβάλλεσθαι, τὸ δὲ ὄνομα μηδὲν
ἀντιπράσσειν τὸ τοῦ βασιλέως εἰς τὸ στέργεσθαι ὑπὸ
τῶν φίλων

ε' Κηφισοφῶντι.

Καὶ ἀφικόμεθα εἰς Μακεδονίαν, ὦ βέλτιστε Κηφισο-
φῶν, τό τε σῶμα οὐ μοχθηρῶς διατεθέντες καὶ ὡς
οἷόν τε μάλιστα ἦν ἐπιεικῶς κομιζόμενοι συντόμως,
καὶ ἀπεδέξατο ἡμᾶς Ἀρχέλαος, ὡς εἰκός τε ἦν καὶ
προσεδοκῶμεν ἡμεῖς, οὐ φιλοξενίᾳ μόνον, ὧν οὐδὲν
ἐγρήζομεν ἡμεῖς, ἀλλὰ καὶ φιλοφροσύναις, ὧν οὐδ' ἂν
εὔξαιτό τις μείζους παρὰ βασιλέων· καὶ κατελάβομεν
Κρίτωνα ἐρρωμένον, καὶ ἔστιν ἡμῖν σὺν ἐκείνῳ τὰ πολλὰ

---

mittere desierit Sed tale quid tu nunquam pateris,
neque ægre feres, benefaciendi hominibus occasionem
iamiam evanuisse, neque amplius adesse deum, ve-
rum et semper tibi aderit et pone adstabit, ut qui dig-
nus sis atque ipsius beneficiis recte utaris (3) At vero,
etsi destiterit adspirare, iam omnino et civitates et gentes
et privati multi tuam potentiam non cum damno ex-
perti sunt tuæque felicitatis sibi habent partem Et la-
bores quidem tui, si de statu excideris, et pericula et
curæ cessaverint, conscientia vero beneficiorum et iis
qui acceperint, et tibi qui præbueris, perpetuo manebit
haud contemnenda possessio et fructus, sed ad voluptates
in calamitatibus etiam præbendas idonea Hæc iam auc-
tor tibi sum ut semper facias nec fatigeris, ut neque fa-
tigaberis, neque ullum huius rei tædium est, quod reli-
quum est, ut mansuete simul et prudenter utare præsenti
potestate nam hoc ipsum nullum alium hominem, ne
eum quidem, qui ab imminente morte tuo iussu libera-
retur, maiore quam te ipsum gaudio afficiet, tali te esse
animo (4) Praeterea iubeo et eos Græcorum, qui quoque
loco honore et respectu digni sunt, maximeque artium
studio splendidos, et rursus horum maxime qui pœtica et
oratoria pro eruditione sua facultate pollent, undecunque
convocare et largo rerum necessariarum apparatu aliisque
muneribus fovere, ut reliquis curis liberati per te auge-
scant semper et in suis quisque artibus proficiant, ac talibus
ædes tuas implere, nec vero adulatoribus atque scurris,
eosque colere ipsum, non ab illis coli, præsertim confi-
tentem, ut sæpenumero ex te audire licet, te illis potius
debere quod talis sis qualis es, atque hinc et apud futu-
ros homines laudem consequuturus, quam illos tibi
quod felices sint illis enim, etiamsi tua munera defi-
ciant, et satis opum et gloriam et voluptatem in artibus
superesse Quis non ob hæc omnia demiretur te et bea-
tum prædicet, idque maxime, quod iam fatentur atque
norunt omnes, eo te humanitatis erga familiares tuos
processisse, ut ipsa quidem potentia valde te adiuvet,
nomen autem regis nihil omnino obsit quo minus ab
amicis diligaris

A Cephisophonti

Venimus in Macedoniam, optime Cephisophon, nec
corpore male affecti et quam fieri potuit convenienter
brevi spatio perlati, atque excepit nos Archelaus, ut
consentaneum erat nosque exspectabamus, non tantum
muneribus, quibus nihil nos indigebamus, sed et a co-
mitate, qua nemo maiorem a regibus optaverit Et
Critonem deprehendimus salvum, nobisque cum illo ple-

καί, ὅταν τύχῃ, σὺν Ἀρχελάῳ ἄμεμπτος ἡ διαγωγή, πρός τε τοῖς ἔργοις οὐδὲν κωλυόμεθα τοῖς τούτων γίγνεσθαι. ἀλλὰ πολὺς μὲν ἔγκειται ὁ Κλίτων, πολὺς δὲ καὶ ὁ Ἀρχέλαος, ἑκάστοτε φροντίζειν τι καὶ ποιεῖν τῶν εἰωθότων ἀναγκάζοντες, ὥστε ἔμοιγε μισθὸν οὐκ ἀηδῆ μὲν οὖν οὐδὲ ἄπονον δοκεῖ Ἀρχέλαος ἀναπράσσεσθαι τῶν τε δωρεῶν, ὧν ἔδωκέ μοι εὐθὺς ἀφικομένῳ, καὶ ὅτι ἑστία με λαμπρότερον ἢ ἐμοὶ φίλον ἦν ἑκάστης ἡμέρας. (2) περὶ δὲ ὧν ἐπέστειλας ἡμῖν σὺ μὲν εὖ ποιεῖς ἐπιστέλλων ἃ δοκεῖς ἡμῖν εἰδέναι διαφέρειν· ἴσθι μέντοι μηδὲν μᾶλλον ἡμῖν ὃν νῦν Ἀγάθων ἢ Μέσατος λέγει μέλον ἢ τῶν Ἀριστοφάνους φληναφημάτων οἶσθά ποτε μέλον. καὶ τούτοις γε ἂν ἀδικήσαις ἡμᾶς εἰς τὰ μάλιστα ἀποκρινάμενός ποτε, κἂν ὅλως μὴ παυσομένους τῆς ἀναγωγίας αὐτοὺς ὁρᾷς. ἣν μέντοι τις τῶν ἀξίων περὶ Εὐριπίδου λέγειν τι ἀκούειν αἰτιᾶται ἡμᾶς τῆς πρὸς Ἀρχέλαον ὁδοῦ, ἃ μὲν τὸ πρόσθεν εἴπομεν περὶ τοῦ μὴ δεῖν εἰς Μακεδονίαν ἡμᾶς ἀποδημεῖν ἐπιστάμενος, ἃ δὲ μετὰ ταῦτα ἡμᾶς ἀπηνάγκασε βαδίσαι ἀγνοῶν, τοῦτον δὲ ἄξιον νόμιζε δηλοῦν αὐτῷ ἅπερ οἶσθα, ὦ Κηφισοφῶν, καὶ οὕτω πεπαύσεται ἀγνοῶν τὰς αἰτίας καὶ ἅμα, ὅπερ εἰκός ἐστι τὸν ἀγνοοῦντα πάσχειν, καταγινώσκων ἡμῶν ὡς φιλοχρημάτων γενομένων. (1) οὐ γάρ που δὴ πορφύραν καὶ σκῆπτρον φορεῖν ἢ φρούρια λαβόντας ἐν Τριβαλλοῖς ἡγεῖσθαι ὑπάρχοντας καλουμένους ὀρεχθῆναί τις ἂν φήσειεν ἡμᾶς καὶ διὰ τοῦτο δὴ στείλασθαι τὴν πρὸς Ἀρχέλαον ὁδόν, ἀλλὰ δῆλον ὅτι πλούτου ἕνεκα. εἶτα πῶς ὃν ὅτε νέοι τε καὶ ὅτε μέσοι τὴν ἡλικίαν ἦμεν, καὶ ὃν ἔτι ζώσης ἡμῖν τῆς μητρός, ἧς ἕνεκα ἂν μόνης ἐβουλόμεθα πλουτεῖν, εἴπερ ἄλλως ἐβουλόμεθα, οὐχ ὅπως ἐδιώξαμεν, ἀλλὰ καὶ ἀπεωσάμεθα ἐγκείμενον, τὸν αὐτὸν τοῦτον πλοῦτον ἤδη τηλικοῖσδε οὖσιν ἡμῖν ἱμερτὸν εἶναι εἰκότως ἄν τις νομίσειεν, εἰ μὴ διὰ τοῦτο ἄρα πολλὰ λαβεῖν σὺν ἀδοξίᾳ τέ τινι ἡμετέρᾳ καὶ οὐδὲ ἀπολαύσει ἔτι οὐδεμιᾷ ἐπεθυμήσαμεν, ἵνα ἐν βαρβάρων γῇ ἀποθάνωμεν, καὶ ἵνα πλείονα Ἀρχελάῳ καταλίπωμεν χρήματα; (4) ἔτι δὲ δὴ καὶ προσθείης ὅτι, ἐπειδὴ τάχιστα ἀφικόμεθα εἰς Μακεδονίαν, ὀλίγαις ὕστερον ἡμέραις τεσσαράκοντα τάλαντα ἀργυρίου διδόντος Ἀρχελάου καὶ ἀγανακτοῦντος ὅτι οὐ λαμβάνοιμεν, ἀντέσχομεν μὴ λαβεῖν, τῶν δὲ ἄλλων δώρων ὁπόσα ἢ Κλίτων ἔδωκεν ἡμῖν ἢ Ἀρχέλαος ἔπεισε λαβεῖν, οὐκ ἔσθ' ὅ τι ἐνθάδε ὑπολελείμμεθα, ἀλλ' οἴχονται αὐτὰ φέροντες οἵπερ καὶ ταύτην τὴν ἐπιστολὴν φέρουσιν, ὑμῖν τοῖς αὐτόθι ἑταίροις καὶ ἐπιτηδείοις νεμήσοντες ἅπαντα. τίς δ' ἂν οὕτως εὑρεθείη ἔτι σκαιός καὶ βάσκανον τρόπον, ὅστις ἂν φιλοχρηματίᾳ με θελχθέντα ταύτην ἀποδημῆσαι ὑπολάβοι τὴν ἀποδημίαν; ἀλλὰ δήπου ἀλαζονείαν τινὰ ἢ τοῦ δύνασθαί τι μέγα ἐπιθυμίαν ἐροῦσιν. (5) ἀλλ' ἡ μὲν δύναμις ἡμῖν καὶ μένουσιν Ἀθήνησιν ἢ παρὰ Ἀρχελάου καὶ πάλαι ἦν, ἄλλως τε καὶ Κλίτων οὐ τοσοῦτον ἐδύνατο μέγα τῷ μὴ ἄλλον ἢ ὃν προῃρούμην ἐξ ἀρχῆς τρόπον βιοῦν ἐμέ, μηδ' ὅπου μὴ ἐθέλοιμι

rumque et passim cum Archelao pulchrum est commercium, nec illorum negotiis adesse prohibemur. Sed multus mihi instat Clito et multus etiam Archelaus quotidie, meditari semper aliquid et scribere polito nostro more cogentes, ut mercedem mihi non ingratam quidem, sed nec laboris expertem Archelaus exigere videatur eorum munerum, quæ mihi dedit statim adventienti, et quod lautioribus quam gratum mihi est epulis quotidie me excipit. (2) De quibus autem scripsisti nobis, bene quidem facis, quod scribis quæ scire nostra interesse putas; scias tamen, nobis nihil magis curæ esse ea, quæ Agatho nunc dicit atque Mesatus, quam olim curavi nugas Aristophanis. His igitur si responderis unquam, peccaveris vehementer, etiamsi a contumacia sua plane non desistere eos videas. Si quis vero ex eis, qui digni sunt ut de Euripide aliquid dicant atque audiant, accuset nos quod ad Archelaum profecti simus, qui quidem, quæ prius de itinere in Macedoniam non faciendo diximus, sciat, nesciat autem quæ postea nos eo proficisci coëgere, hunc dignum esse existima, cui exponas, Cephisophon, quæ nosti, atque ita desinet ille caussas ignorare, simulque, quod accidere solet ignoranti, accusare nos ut pecuniarum cupidos. (3) Non enim nos utique aliquis dixerit cupivisse, ut purpuram aut sceptrum gestaremus, neque præsidiis apud Triballos impositi dominaremur procuratores dicti, atque hanc ob caussam ad Archelaum iter suscepisse, sed divitiarum caussa sine dubio. Cur igitur quas, quum iuvenes quumque media ætate eramus, superstite adhuc matre, cuius solius gratia ditescere voluissemus, si omnino unquam voluimus, non modo non captavimus, verum et repudiavimus, has ipsas divitias iam ultro oblatas ita ætate provectis nobis expetendas esse iure quis existimet? Nisi forte cum famæ nostræ dispendio nec ullo nostri commodo opes colligere stuluimus, quo in peregrina terra moreremur et ampliores Archelao relinqueremus copias. (4) Præterea hoc quoque adicias, quod, postquam venissemus in Macedoniam, paucis post diebus offerenti quadraginta argenti talenta Archelao, ægreque quod non acciperemus ferenti, restitimus tamen nec accepimus. Ex reliquis autem muneribus, quæcunque vel Clito nobis donavit vel Archelaus accipere persuasit, non est quod hic reliquerimus, sed abierunt hæc ferentes qui et hanc epistolam ferunt, vobis illic sociis et familiaribus distributuri omnia. Quis vero adhuc inveniatur tam lævus et invidus moribus, qui me avaritia illectum hoc iter ingressum suspicetur? Sed nimirum superbiam aliquam aut magnæ cuiusdam potentiæ cupiditatem dicent. (5) At vero potentia nobis etiam Athenis manentibus apud Archelaum et olim magna fuit, præsertim quum nec Clito valeret tantum, ut non alio, quam ab initio mihi proposueram, modo vivendi mihi putarem, aut in quo loco minime vellem, vitæ finem faciendum, deni-

ἀποθανεῖν, τελευταῖον δὲ καὶ παρέχειν λόγους ἐσαιλ
τοῖς κακῶς βουλομένοις ἡμᾶς λέγειν. εἰ δὲ δὴ καὶ
δυνάμεώς τινος ὠρέχθημεν, τί ἄλλο ταύτῃ τῇ δυνάμει
ἢ πρῶτον μὲν εἰς τὰ τῆς πόλεως, ἔπειτα εἰς τὰ τῶν
φίλων χρήσεσθαι ἐμέλλομεν, ἀλαζονείας τε ἕνεκα
πολὺ ἂν μᾶλλον ἐν ὄψει τῶν τε φίλων καὶ οὐχ ἥκιστα
τῶν ἐχθρῶν δύνασθαί τι ἐδουλόμεθα. καὶ μὴν εμμε-
τάδολόν γέ με οὔτε εἰς τὰ ἐπιτηδεύματα οὔτε εἰς ὑμᾶς
τοὺς φίλους καὶ οὐχ ἧσσον εἰς τοὺς ἐχθροὺς σκοπῶν
εἴποι τις ἄν, οἷς ἅπασιν ἐκ νέου μέχρι τοῦ νῦν τοῖς αὐ-
τοῖς κέχρημαι πλὴν ἑνὸς ἀνδρός, Σοφοκλέους· πρὸς γὰρ
δὴ τοῦτον μόνον ἴσασί με τάχα οὐχ ὁμοίως ἀεὶ τὴν
γνώμην ἔχοντα (6) ὃν ἐγὼ ἐμίσησα μὲν οὐδέποτε, ἐθαύ-
μασα δὲ ἀεί, ἐστερξα δ' οὐχ ὁμοίως ἀεί, ἀλλὰ φιλοτι-
μότερον μέν τινα εἶναί ποτε δόξης ὑπεῖδον, βουληθέντα
δὲ διαλύσασθαι τὰ νείκη, προθυμότατα ὑπεδεξάμην. καὶ
ἀλλήλους μέν, ἐξ ὅτου συνέβη, στέργομέν τε καὶ
στέρξομεν, τοὺς δ' ἐμβάλλοντας ἡμῖν πολλάκις τὰς
ὑπονοίας εἶναι ἐκ τοῦ ἡμᾶς ἀπεχθάνεσθαι τὸν ἕτερον
θεραπεύοντες, ἄν τι πλεῖον ἔχωσι, διαδεβλήκαθα καὶ
νῦν, ὦ βέλτιστε Κηφισοφῶν, οἶδ' ὅτι οὗτοί εἰσιν οἱ
τοὺς περὶ ἡμῶν λόγους ἐμβάλλοντες εἰς τοὺς ὄχλους·
ἀλλ' ὥσπερ ἀεὶ ἄπρακτοι αὐτῶν αἱ κακαὶ γλῶσσαι
ἐγένοντο καὶ γέλωτα ἐξ αὐτῶν καὶ μῖσος, οὐδὲν πλέον,
ὠφλίσκανον, καὶ νῦν ἴσθι ὅτι οὐκ ἄπρακτοι μόνον
ἀλλὰ καὶ ἐπὶ κακῷ σφίσιν ἔσονται. σὺ μέντοι εὖ
ποιεῖς περὶ τούτων ἡμῖν γράφων, ἐπειδήπερ οἴει ἡμῖν
διαφέρειν· ἀλλ' ὥσπερ εὖ ποιεῖς γράφων, οὕτως ἀδι-
κεῖν σε φήσαιμ' ἂν ἡμᾶς ἀντιλέγοντα ὑπὲρ αὐτῶν
τοῖς οὐκ ἀξίοις.

que et calumniandi materiem usque obtrectatoribus nostris
præberem. Sin vero potentiæ cupidi essemus, ad quid
aliud hac potentia quam primum ad civitatis nostræ
deinde ad amicorum commodum usuri eramus? Superbiæ
autem gratia multo sane magis in amicorum quoque con-
spectu, nec minus inimicorum potentes esse vellemus. At
inconstantem me neque ad studia mea, neque ad vos
amicos, sed nec minus ad inimicos respiciens aliquis di-
cat, quibus omnibus ex iuvene hucusque eisdem utor,
uno viro excepto, Sophocle. erga hunc enim solum no-
runt me fortasse haud similiter semper affectum. (6)
Hunc ego odi quidem nunquam, miratus vero sum sem-
per, non tamen semper similiter dilexi, sed aliquando con-
tentiosiorem suspicans neglexi, volentem autem deponere
controversias promptissime excepi. Et nos quidem iam
invicem, ex quo hoc factum est, diligimus et diligemus,
eos vero, qui suspiciones sæpenumero nobis iniciunt,
quoque odium nobis moveant, alterum adulantur nos-
trum, ne quid lucri faciant, confutamus. Et nunc, opti-
time Cephisophon, hos novi esse, qui de nobis sermones
in vulgus spargant. sed ut effectu semper pravæ eorum
linguæ caruerunt, nihilque aliud quam risum et odium
sibi contraverunt, ita et nunc scias, non tantum invali-
das futuras, sed etiam in ipsorum damnum da eventuras.
Tu sane recte facis, quod de his nobis scribis, quando
quidem id e re nostra putas, verum ut recte facis, quod
scribis, ita affirmaverim te iniuria nos afficere, si de his
rebus hominibus non dignis contradixeris.

ΗΡΑΚΛΕΙΤΟΥ ΤΟΥ ΕΦΕΣΙΟΥ

ΕΠΙΣΤΟΛΑΙ.

HERACLITI EPHESII EPISTOLÆ.

α'. Ϝασιλεὺς Δαρεῖος Ἡράκλειτον Ἐφέσιον σοφὸν ἄνδρα προσαγορεύει.

Καταβέβλησαι λόγον γραπτὸν περὶ φύσεως δυσνόητόν τε καὶ δυσεξήγητον. ἔν τισι μὲν οὖν ἑρμηνευόμενος κατὰ λέξιν σὴν δοκεῖ μοι δύναμίν τινα προσφέρεσθαι θεωρίας κόσμου τοῦ σύμπαντος καὶ τῶν ἀπὸ τούτου συμβαινόντων, ἅπερ ἐστὶν ἐν θειοτάτῃ κείμενα κινήσει, τῶν δὲ πλείστων ἐποχὴν ἔχειν τὰ πρὸς ζήτησιν καὶ μάθησιν, ὥστε καὶ τοὺς ἐπὶ πλεῖστον μετεσχηκότας γραμμάτων ἑλληνικῶν καὶ τοὺς ἄλλους τοὺς ἀσχολουμένους περὶ τὴν τῶν μετεώρων προσοχὴν καὶ φιλομάθειαν ἀπορεῖσθαι τῆς ἐν ὀρθῇ γνώμῃ παρὰ σοὶ δοκούσης καταγεγράφθαι διηγήσεως. βασιλεὺς οὖν Δαρεῖος Ὑστάσπου βούλεται σῆς ἀκροάσεως μεταλαβεῖν καὶ παιδείας λογικῆς. ἔρχου δὴ συντόμως πρὸς ἐμὴν ὄψιν καὶ βασίλειον οἶκον. Ἕλληνες γὰρ ὡς ἐπὶ τὸ πλεῖστον ἀνεπιστήμαντοι σοφιζομένοις ἀνδράσιν ὄντες παρορῶσι τὰ καλῶς ὑπ' αὐτῶν ἐνδεικνύμενα πρὸς καλὴν ἀγωγὴν καὶ δίαιταν, παρ' ἐμοὶ δὲ ὑπάρξει σοι πᾶσα μὲν προεδρία, καθ' ἡμέραν δὲ καλὴ καὶ σπουδαία προσαγόρευσις καὶ βίος εὐδόκιμος σαῖς παραινέσεσιν.

β'. Ἡράκλειτος Δαρείῳ βασιλεῖ πατρὸς Ὑστάσπεω χαίρειν.

Ὁκόσοι τυγχάνουσιν ὄντες ἐπιχθόνιοι, τῆς μὲν ἀληθείης καὶ δικαιοπραγίης ἀπέχονται, ἀπληστίῃ δὲ καὶ δοξοκοπίῃ προσέχουσι κακῆς εἵνεκεν ἀνοίης. ἐγὼ δὲ ἀμνηστίην ἔχων πάσης πονηρίης καὶ κόρον φεύγων παντὸς οἰκειεύμενον φθόνον διὰ τὴν ὑπερηφανίην οὐκ ἂν ἀφικοίμην εἰς Περσικὴν χώρην, ὀλίγοις ἀρκεόμενος κατ' ἐμὴν γνώμην. ἔρρωσο.

γ'. Βασιλεὺς Δαρεῖος Ἐφεσίοις.

Ἀνὴρ ἀγαθὸς μέγα ἀγαθὸν πόλει. λόγοις καλοῖς καὶ νόμοις ψυχὰς ἀγαθὰς ποιεῖ καιρίως ἄγων εἰς ἀγαθά. ὑμεῖς δὲ Ἑρμόδωρον οὐ μόνον αὐτῶν βέλτιστον ἀλλὰ καὶ Ἰώνων πάντων ἐξεβάλετε ἐκ πατρίδος, αἰσχρὰς αἰτίας ψυχῇ ἀγαθῇ προσάπτοντες. εἰ μὲν οὖν δισ-

I. Rex Darius Heraclitum Ephesium sapientem virum salutat.

Emisisti scriptum sermonem de natura intellectu et explicatu difficilem. Atque in quibusdam quidem, quantum ex verbis tuis colligere licet, videtur mibi facultatem præ se ferre contemplationis mundi universi et eorum quæ ab hoc pendent, quæ sunt in divinissimo motu posita, plurimorum autem ad indagationem et cognitionem præclusum habere aditum, ita ut et græcarum litterarum peritissimi et reliqui rerum cœlestium studio ac scientiæ dediti qua vera sententia libellus scriptus esse videatur ambigant. Rex itaque Darius Hystaspis filius auscultationis atque institutionis coram tradendæ fieri cupit particeps. Fac igitur, ut brevi in meum conspectum et regiam domum venias. Græci enim ut plurimum sapientes viros nil curantes contemnunt ea, quæ ad disciplinam et vitam recte instituendam ab illis præcipiuntur, apud me vero omnis honor tibi suppetet et quotidie honesta atque studiosa allocutio et tuis adhortationibus vita celebris.

II. Heraclitus Dario regi Hystaspis filio salutem.

Quotquot sunt mortales, a veritate abhorrent atque probitate, insatiabili vero cupiditati tuæ et gloriæ malæ benevolentiæ gratia inserviunt. Ego vero malitiæ omnis expers et fugiens fastidium, quod cuiusque odium comparat ob superbiam, in regionem Persicam non venerim, paucis ex animi sententia contentus. Vale.

III. Rex Darius Ephesiis.

Vir bonus magnum bonum reipublicæ, sermonibus honestis ac legibus mentes bonas reddit ad bona impellens tempestive. Vos autem Hermodorum non modo vestrum optimum, sed et universorum Ionum ex patria expulistis, turpibus in bonum animum criminibus colla-

280

γνώκατε βασιλεῖ πολεμεῖν δεσπότῃ, ἑτοιμάζεσθε (ἀποστελῶ γὰρ στρατιάν, ᾗ ὑμεῖς οὐ δυνήσεσθε ἀντι-τάσσεσθαι· αἰσχρὸν γὰρ βασιλεῖ μεγάλῳ μὴ ἀρκεῖν φίλοις). εἰ δὲ μηδὲν τοιοῦτον ἐγχειρήσετε, κατάξετε Ἑρμόδωρον καὶ ἀπόδοτε αὐτῷ πατρῴαν κτῆσιν, μνη-μονεύοντες ἃ ὑμᾶς ἐκείνου εὐνοίᾳ εὐηργέτησα, φόρους ἐλάττους τάξας ὧν ἐφέρετε καὶ γῆν πολλὴν δοὺς πρὸς ᾗ ἐκέκτησθε ὧν οὐκ ἐοίκατε χάριν ὀφείλειν· οὐ γὰρ ἄν ποτε Ἑρμόδωρον φίλον βασιλέως ἐφυγαδεύσατε ἀποστείλατε οὖν ἄνδρας τοὺς ἐροῦντας πρός με τὸ δί-καιον ὑπὲρ ὧν ἐγκαλεῖτε Ἑρμοδώρῳ, ἵν' ἐὰν μὲν ἐκεῖ-νος ἐπιδειχθῇ κακορρονῶν, ἐπιτιμηθῇ, ἐὰν δὲ ὑμεῖς, ἐπὶ νοῦν βέλτιον θῶμαι καὶ εἰς τὸ λοιπὸν ἁμαρτάνειν κωλύσω εἰς ἀγαθοὺς ἄνδρα. καὶ γὰρ βασιλεῖ ὑμε-πέρῳ συμφέρει ταῦτα καὶ ὑμῖν. ἔρρωσθε

δ΄ Ἡρακλείτῳ, Ἑρμοδώρῳ

Ἤδη μηκέτι τοῖς ἑαυτοῦ χαλέπαινε, Ἑρμόδωρε. Εὐθυκλῆς ὁ Νικοφῶντος τοῦ συλήσαντος προπέρυσι τὴν θεὸν ἀσεβείας με γέγραπται. ἄνδρα σοφίᾳ πρού-χοντα ἀπαιδευσίᾳ νικῶν, ὡς ὅτι ἐπέγραψα τῷ βωμῷ οὗ ἐπέστησα τὸ ἐμὸν ὄνομα, θεοποιῶν ἄνθρωπον ὄντα ἐμαυτόν. εἶτα κριθήσομαι ὑπὸ ἀσεβοῦς ἐν ἀσεβείᾳ τί οἴει; δόξω αὐτοῖς εὐσεβὴς εἶναι ἐναντία φρονῶν οἷς αὐτοὶ περὶ θεῶν νομίζουσιν, εἰ καὶ πεπηρωμένην ἔχρι-νον ὄψιν, τυφλότητα ἂν ἔλεγον τὴν ὅρασιν ἀλλ' ὦ ἀμαθεῖς ἄνθρωποι, διδάξατε πρῶτον ἡμᾶς τί ἐστιν ὁ θεός, ἵνα ἀσεβεῖν λέγοντες πιστεύησθε (2) ποῦ δ' ἐστιν ὁ θεός, ἐν τοῖς ναοῖς ἀποκικλεισμένος; εὐσεβεῖς με εἰ ἐν σκότει τὸν θεὸν ἱδρύετε. ἄνθρωπος λοιδορίαν ποιεῖ-ται λίθινος εἰ λέγοιτο, θεὸς δὲ μυθεύεται, ὅς, τοῦτο τὸ λεγόμενον, ἐκ κρημνῶν γεννᾶται, ἀπαίδευτοι, οὐκ ἴστε ὅτι οὐκ ἔστι θεὸς χειρόκμητος, οὐδὲ ἐναργῆ βάσιν ἔχει, οὐδ' ἔχει ἕνα περίβολον, ἀλλ' ὅλος ὁ κό-σμος αὐτῷ ναός ἐστι ζῴοις καὶ φυτοῖς καὶ ἄστροις πεποικιλμένος, Ἡρακλεῖ ἐπέγραψα τῷ Ἐφεσίῳ τὸν βωμὸν πολιτογραφῶν ὑμῖν τὸν θεόν, οὐχ Ἡρακλείτῳ ἂν δὲ ὑμεῖς ἀξυνετῆτε γράμματα, οὐκ ἐμὴ ἀσέβεια τὸ ὑμῶν ἀπαίδευτον. μανθάνετε σοφίην καὶ συνίετε. ἀλλ' οὐ θέλετε, οὐδ' ἐγὼ ἀναγκάζω γηράτε σὺν ἀπαιδευσίᾳ χαίροντες ἰδίοις κακοῖς. (3) Ἡρακλῆς δὲ οὐκ ἄνθρωπος ἐγένει, ὡς μὲν Ὅμηρος ἐψεύσατο, καὶ ξενοκτόνος ἀλλὰ τί αὐτὸν ἐθεοποίησεν. ἡ ἰδία κα-λοκαγαθία καὶ ἔργων τὰ γενναιότατα τοσούτων ἐκτε-λέσαντα ἄθλος. ἐγὼ μὲν οὖν, ὦ ἄνθρωποι, οὐ καὶ αὐτὸς ἀγαθός εἰμι, ἥμαρτον ἐρόμενος ὑμᾶς καὶ γὰρ εἰ τὰ ἐναντία ἀποκρίναισθε, ὅμως ἀγαθός εἰμι καὶ ἔμοιγε πολλοὶ καὶ δυσχερέστατοι ἄθλοι κατώρθωνται νενίκηκα ἡδονάς, νενίκηκα χρήματα, νενίκηκα φιλο-τιμίαν, κατεπάλαισα δειλίαν, κατεπάλαισα κολα-κείαν, οὐκ ἀντιλέγει μοι φόβος, οὐκ ἀντιλέγει μοι μέθη, φοβεῖταί με λύπη, φοβεῖταί με ὀργή κατὰ τούτων ἀγών· καὶ αὐτὸς ἐστεφάνωμαι ἐμαυτῷ ἐπι-

tis Si igitur cum rege domino bellum gerere decrevi-stis, paramini Mittam enim exercitum, cui resistere vos non poteritis nam regi magno turpe, non ferre ami-cis opem Sin tale nihil in vos suscipietis, Hermodorum revocate et paterna ei bona restituite, recordantes quanta in vos illius amore beneficia contulerim minore quam pendebatis tributo imperato, multaque ad eam quam te-nebatis adiecta terra Pro quibus gratiam videmini vobis debere nullam non enim Hermodorum regis amicum in exilium eiecissetis Mittite igitur viros, qui caussam dicant pro eis, quorum reum Hermodorum agitis, ut, si criminis ille coarguatur, poenas det, sin vos, ad frugem vos reducam et ne in bonos viros peccetis in posterum caveam namque et regi vestro hoc conducit et vobis ipsis Valete

IV Heraclitus Hermodoro

Noli amplius, Hermodore, tuis succensere Euthycles Nicophontis, qui deae fanum ante hos duos annos compi-laverat, filius impietatis me accusavit, sapientia prae-stantem virum rusticitate sua superans, quod altari, cui praefui, meum nomen inscripserim, deum ex homine me ipsum faciens Itaque ab impio in impiis iudicabor Quid censes? Piusne videbor eis esse, qui diversam ab illis de diis opinionem habeam? Si etiam occaecatum ocu-lum iudicarent, caecitatem visum dicerent Sed, o ho-mines imperiti, docete nos primum, quid sit deus, ut impietatis reos nos agentes fidem mereatis (2) Ubi vero deus est? num in templis conclusus? O pios, qui in tenebris deum erigitis Homo convitium facit, lapideus si dicatur, deus autem fingitur ex praecipitus, quod aiunt, natus? Indocti nescitis deum non manibus exsculpi, neque a prin-cipio fundamentum habere, neque uno septo contineri, sed totum mundum templum ei esse animalibus et plan-tis et astris decoratum, Herculi Ephesio inscripsi aram in vestrorum civium numerum deum referens, non He-raclito Sin vos litteras non intelligitis, non nulli impie-tati vertenda est vestra imperitia Discite sapientiam atque sapite, sed non vultis, neque ego cogo Senescite cum imperitia vestris ipsorum gaudentes malis (3) Her-cules nonne homo natus fuit? Immo, ut Homerus men-titur, adeo hospitum interfector Sed quid eum deorum in ordinem retulit? Ipsius probitas fortissimaque facta tam magnis laboribus perpetrata Ego igitur, o homines, non et ipse sum bonus? Erravi vos interrogans nam etsi contraria respondeatis, sum tamen bonus Mihi quoque multi eique difficillimi labores feliciter confecti sunt, vici voluptates, vici pecunias, vici honoris cupidi-tatem, profligavi ignaviam, profligavi adulationem, non repugnat mihi metus, non repugnat mihi temulentia, metuit me tristitia, metuit me iracundia Contra hos ipsos adversarios et ipse coronam nactus sum, mihime!

τάττων, οὐχ ὑπ' Εὐρυσθέως. (4) οὐ παύσεσθε σοφίαν
ὑβρίζοντες καὶ ἴδια ἁμαρτήματα καὶ ἴδια ἐγκλήματα
ἡμῖν προστριβόμενοι; εἰ ἐδύνασθε μετ' ἐνιαυτοὺς ἐκ
παλιγγενεσίας πεντακοσίους ἀναβιῶναι, κατελάβετε
ἂν Ἡράκλειτον ἔτι ζῶντα, ὑμῶν δὲ οὐδ' ἴχνος ὀνόμα-
τος. ἰσοχρονήσω πόλεσι καὶ χώραις διὰ παιδείαν
οὐδέποτε σιγώμενος. κἂν ἡ Ἐφεσίων ἀναρπασθῇ πό-
λις καὶ οἱ βωμοὶ διαλυθῶσι πάντες, αἱ ἀνθρώπων
ψυχαὶ τῆς ἐμῆς ἔσονται χωρία μνήμης. ἄξομαι καὶ
αὐτὸς γυναῖκα Ἥβην, οὐ τὴν Ἡρακλέους (ἐκεῖνος ἀεὶ
ἔσται μετὰ τῆς ἑαυτοῦ), ἑτέρα δ' ἡμῖν γενήσεται.
(5) πολλὰς ἀρετὴ γεννᾷ, καὶ Ὁμήρῳ ἔδωκεν ἄλλην καὶ
Ἡσιόδῳ ἄλλην, καὶ ὅσοι ἂν ἀγαθοὶ γένωνται, ἑνὶ
ἑκάστῳ συνοικίζει παιδείας κλέος. ἆρ' οὐκ εἰμὶ εὐσε-
βής, Εὐθύκλεις, ὃς μόνος οἶδα θεόν, σὺ δὲ καὶ θρασὺς
εἶναι οἰόμενος καὶ ἀσεβὴς τὸν μὴ ὄντα δοκῶν; ἐὰν δὲ
μὴ ἱδρυθῇ θεοῦ βωμός, οὐκ ἔστι θεός, ἐὰν δὲ ἱδρυθῇ
μὴ θεοῦ, θεός ἐστιν, ὥστε λίθοι θεῶν μάρτυρες; ἔργα
δεῖ μαρτυρεῖν οἷα ἡλίου· νὺξ αὐτῷ καὶ ἡμέρα μαρτυ-
ροῦσιν, ὧραι αὐτῷ μάρτυρες, γῆ ὅλη καρποφοροῦσα
μάρτυς, σελήνης ὁ κύκλος, ἐκείνου ἔργον, οὐράνιος
μαρτυρία.

ε'. Ἡράκλειτος Ἀμφιδάμαντι.

Νοσοῦμεν, Ἀμφιδάμα, νοῦσον ὕδρωπα, ὥστε ὅσα
ἐν ἡμῖν, ἑκάστου τὸ κράτος νόσημα. ὑπερβολὴ θερμοῦ
πυρετός, ὑπερβολὴ ψυχροῦ παράλυσις, ὑπερβολὴ
πνεύματος πνῖγος, ἢ νῦν ἐμὴ ὑγρὰ νόσος. ἀλλὰ θεῖόν τι
ψυχὴ ἡ ἁρμόζουσα αὐτά. ὑγίεια ἐστὶ τὸ πρῶτον ἰατρι-
κώτατον φύσις· οὐ γὰρ εἰκάζει ἡ πρώτη ἀτεχνία τὸ παρ'
αὑτῇ, ἀλλὰ ὕστερον. ἀλλὰ μιμούμενοι οἱ ἄνθρωποι
ἐπιστήμας καὶ ἀγνοίας ἐκάλεσαν. ἐγὼ εἰ οἶδα κόσμου
φύσιν, οἶδα καὶ ἀνθρώπου, οἶδα νόσους, οἶδα ὑγίειαν.
ἰάσομαι ἐμαυτόν, μιμήσομαι θεόν, ὃς κόσμου ἀμε-
τρίας ἐπανισοῖ ἡλίῳ ἐπιτάττων. (2) οὐχ ἁλώσεται νόσῳ
Ἡράκλειτος, νόσος Ἡρακλείτου ἁλώσεται γνώμῃ.
καὶ ἐν τῷ παντὶ ὑγρὰ αὐαίνεται, θερμὰ ψύχεται.
οἶδεν ἐμὴ σοφίη ὁδοὺς φύσεως, οἶδε καὶ νόσου παῦλαν.
ἐὰν δὲ φθάσαν ὑπέραντλον γένηται τὸ σῶμα, δύσεται
εἰς τὸ εἱμαρμένον. ἀλλὰ οὐ ψυχὴ δύσεται, ἀλλὰ
ἀθάνατον οὖσα χρῆμα εἰς οὐρανὸν ἀναπτήσεται μετάρ-
σιος, δέξονται δέ με αἰθέριοι δόμοι καὶ Ἐφεσίους συ-
κοφαντήσω. πολιτεύσομαι οὐκ ἐν ἀνθρώποις, ἀλλ'
ἐν θεοῖς, καὶ οὐχ ἱδρύσω ἄλλων βωμούς, ἀλλ' ἐμοὶ
ἄλλοι, οὐδὲ ἀπειλήσει μοι ἀσέβειαν Εὐθυκλῆς, ἀλλ'
ἐγὼ ἐκείνῳ χολήν. (3) θαυμάζουσι πῶς ἀεὶ σκυθρωπὸς
Ἡράκλειτος, οὐ θαυμάζουσι πῶς ἀεὶ πονηροὶ ἄνθρω-
ποι. μικρὰ τῆς κακίας ὑπανεῖτε, καὶ ὦ τάχα μει-
διάσω. καίτοι πρότερος ἐν τῇ νόσῳ νῦν ἐγενόμην,
ὅτι οὐκ ἐντυγχάνω ἀνθρώποις, ἀλλὰ μόνος νόσῳ.
τάχα καὶ ψυχὴ μαντεύεται ἀπόλυσιν ἑαυτῆς ἤδη ποτὲ
ἐκ τοῦ δεσμωτηρίου τούτου, καὶ σειομένου τοῦ σώμα-
τος ἐκκύπτουσα ἀναμιμνήσκεται τὰ πάτρια χωρία,
ἔνθεν κατελθοῦσα περιεβάλετο ῥέον σῶμα τεθνειὸς

ipsi imperans, non ab Eurystheo. (4) Non desinetis in-
iuria sapientiam afficere, vestra ipsorum peccata vestra-
que crimina nobis impingentes? Si possetis post annos
quingentos regenerati reviviscere, deprehenderetis adhuc
viventem Heraclitum, vestrum vero nominis ne vesti-
gium quidem. Tamdiu vivam quam civitates atque
terræ, ob doctrinam nullo silentio oppressus; et etiamsi
Ephesiorum civitas diruta fuerit aræque deiectæ omnes,
hominum animi meæ memoriæ erunt receptacula. Agam
et ipse uxorem Heben, non illam Herculis, — ille cum
sua semper erit — verum alia nobis continget. (5) Mul-
tas virtus gignit, et aliam Homero elocavit, aliam He-
siodo, et quotquot sunt boni, suum cuique desponsat de-
cus eruditio. Nonne igitur pius sum, Euthycles, qui
solus deum novi, tu vero audax, qui deum esse credis, et
impius, quod eum qui est non esse opinaris? Et si non con-
dita sit dei ara, non est deus, sin vero condita sit non dei,
est deus? Itaque lapides deorum testes. At opera testes
adhibendi sunt, qualia solis : nox atque dies testimonium
ei dicunt, tempestates ei testes, terra universa frugifera
testis, lunæ orbis, illius opus, cœleste testimonium.

V. Heraclitus Amphidamanti.

Laboramus, Amphidama, hydrope, ita ut, quicquid in
nobis est, affectum sit a morbo. Abundantia calidi fe-
bris, abundantia frigidi torpor, abundantia spiritus suffo-
catio, hic nunc humidus meus morbus est. Sed divinum
quid anima, quæ morbos temperat. Valetudini principium
est saluberrimum natura : nam non effingit prima sim-
plicitas quod ipsi repugnat, verum postea homines alia
imitantes scientias et inscitias appellavere. Ego si mundi
novi naturam, novi et hominis, novi morbos, novi sani-
tatem, medebor mihimet ipse, imitabor deum, qui mundi
redundantiam compensat soli mandans. (2) Non succumbet
morbo Heraclitus, succumbet morbus Heracliti consilio.
Etiam in universo humida arescunt, calida frigescunt.
Novit mea sapientia naturæ vias, novit et morbi finem.
Sin vero prius corpus redundarit, descendet in fatalem
locum; at animus non descendet, immo quum res sit
immortalis, in cœlum sublimis evolabit. Excipient me
ætherea domicilia, et Ephesios criminabor. Versabor
non in hominibus, sed in diis, neque aliorum ædificabo
aras, sed alii mihi, neque impietatis crimen mihi mina-
bitur Euthycles, sed ego illi iram. (3) Mirantur perpetuam
Heracliti tristitiam, non mirantur perpetuam homi-
num malitiam. Improbitatis aliquantulum remittite, et
mox ego ridebo. Quanquam hic modo nunc factus sum
hilarior, quod cum hominibus non versor, sed cum morbo
solus. Mox et anima præsagit, hoc ex carcere iam se
solutum iri et ex quassato corpore prospiciens patria do-
micilia in memoriam revocat, unde digressa fluxum hoc

τιῦτο, ὃ δοκεῖ τοῖς ἄλλοις ζῆν ἐν φλέγματι καὶ χολῇ
καὶ ἰχῶρι καὶ αἵματι καὶ νεύροις καὶ ὀστοῖς καὶ σάρ-
κεσι πεπιλημένον. εἰ γὰρ μὴ τὰ πάθη ἐσορίζετο τὴν
κόλασιν, οὐκ ἂν ἤδη πρόπαλαι καταλιπόντες τὸ σῶμα
ἐξήλθομεν ἀπ᾽ αὐτοῦ, ἔρρωσο

ς΄ Τῷ αὐτῷ

Συνῆλθον οἱ ἰατροί, Ἀμφιδάμα, καὶ πάνυ προθύ-
μως· γε ἐπὶ τὴν ἐμὴν νοῦσαν, οὔτε τέχνην οὔτε φύσιν
εἰδότες, ἀλλά τὸ μὲν οὐδὲ ἐδούλοντο, τὸ δὲ ἐδόκουν,
ἄμφω δὲ ἠγνόουν. οὐδὲν πλέον ἢ κατεμάλαξάν μου
τὴν γαστέρα ταῖς ἀφαῖς ὡς ἀσγόν οἱ δὲ καὶ θερα-
πεύειν ἤθελον. ἀλλ᾽ οὐκ ἐπέτρεψα, ἀλλὰ λόγον αὐτοὺς
πρότερον ἤτουν τῆς νόσου, καὶ οὐκ ἔδοσαν, οὐδὲ περ-
ιεγένοντό μου, ἀλλ᾽ ἐγὼ αὐτῶν « πῶς ἂν οὖν » ἔφην
« δύναισθε αὐληταὶ τεχνῖται εἶναι ὑπὸ μὴ αὐλητοῦ
ἡττημένοι, ἐμαυτὸν ἰάσομαι, ἢ ὑμεῖς, ἐάν με δι-δά-
ξητε πῶς ἐξ ἐπομβρίας αὐχμὸν ποιητέον » (2) οἱ δὲ
οὐδὲ συνέντες τὸ ἐρώτημα ἡσύχασαν ἀπορούμενοι ἐπι-
στήμης ἰδίας ἔγνων ὅτι καὶ τοὺς ἄλλους οὐκ αὐτοί,
ἀλλὰ τύχη ἰάσαιτο. οὗτοι ἀσεβοῦσιν, Ἀμφιδάμα,
καταψευδόμενοι τεχνῶν ἃς οὐκ ἔχουσι, καὶ θεραπεύον-
τες ἃ μὴ ἴσασι, καὶ ἀποκτιννύντες ἀνθρώπους, δι᾽ ὀνό-
ματος τέχνης ἀδικοῦντες καὶ φύσιν καὶ τέχνην αἰσ-
χρόν ἐστιν ὁμολογεῖν ἄγνοιαν, αἴσχιον ἐπιστήμην οὐκ
ἔχοντα τί αὐτοῖς ἡδὺ τὸ ψεύδεσθαι ἢ ἵνα δι᾽ ἀπάτης
χρηματίσωνται, ἀμείνους ἂν ἦσαν μεταιτοῦντες
ἐλεοῦντο γοῦν ἂν νῦν δὲ μισοῦνται καὶ βλάπτον-ες
καὶ ψευδόμενοι. εὐ-ελέστεραι αἱ ἄλλαι τέχναι, τα-
χέως ἐλέγχονται δυσελεγκτότερα τὰ κρείττω. (3) ἐξε-
λήθεσάν με οἱ τοιοῦτοι ἐν τῇ πόλει οὐδεὶς αὐτῶν
ἰατρός, ἀλλὰ πάντες ἀπατεῶνες καὶ φένακες, σοφί-
σματα τέχνης ἀργυρίου πιπράσκοντες Ἡρακλεόδω-
ρον ἐμὸν θεῖον οὗτοι ἀπέκτειναν καὶ μισθὸν ἔλαβον,
οἳ οὐκ ἐδυνήθησαν ἐμῆς νόσου λόγον εἰπεῖν, οὐδὲ ἐξ
ἐπομβρίας πῶς ἂν αὐχμὸς γένοιτο. οὐκ ἴσασιν ὅτι
θεὸς ἐν κόσμῳ μεγάλα σώματα ἰατρεύει ἐπανισοῖ
αὐτῶν τὸ ἄμετρον, τὰ θρυπτόμενα ἑνοποιεῖ, τὰ ὀλι-
σθήσαντα ὑποφυὰς πιέζει, συνάγει τὰ σκιδνάμενα,
φαιδρύνει τὰ ἀπρεπῆ, κατείργει τὰ λιχρρόεντα, διώκει
τὰ φεύγοντα, φωτὶ μὲν ἀναλάμπει τὸ ζοφερόν, περα-
τοῖ δὲ τὸ ἄπειρον, καὶ μορφὴν μὲν ἐπιβάλλει τοῖς
ἀμόρφοις, ὄψεις δὲ ἀναπίμπλησι τὰ ἀναίσθητα (4) διὰ
πάσης γὰρ ἔρχεται τῆς οὐσίας πλήττων, ἁρμοζόμενος,
διαλύων, πηγνύς, χέων τὸ ξηρὸν εἰς ὑγρὸν τήκει
καὶ εἰς λύσιν αὐτὸ καθίστησι, καὶ λιβάδας μὲν ἐνθυ-
μιᾷ, παχύνει δὲ χαλασθέντα τὸν ἀέρα, καὶ συνεχῶς
τὰ μὲν ἄνωθει διώκει, τὰ δὲ κάτωθεν ἱδρύει ταῦτα
κάμνοντος κόσμου θεραπεία τοῦτον ἐγὼ μιμήσομαι
ἐν ἐμαυτῷ, τοῖς δ᾽ ἄλλοις χαίρειν λέγω

ζ΄ Ἑρμοδώρῳ

Πυνθάνομαι Ἐφεσίους μέλλειν εἰσηγήσεσθαι νόμον

corpus mortuum induebat, quod reliquis vivere videtur
ex pituita et bile et sanie et sanguine et nervis et ossibus
et carnibus condensatum Nam si affectus pœnam non
fallerent, non iam relicto dudum corpore ex ipso extremus ?
Vale

VI Eidem

Convenere medici, Amphidama, ad morbum meum
summo studio, perspectam tenentes neque artem neque
naturam, sed alterum ne volebant quidem, alterum sibi
videbantur, at utrumque ignorabant Nihil aliud quam
emollierunt ventrem meum contrectationibus tanquam
utrem Alii etiam curare volebant, sed non permissi, ve-
rum primum morbi ab eis petebam rationem, nec tamen
mihi reddidere, neque me superabant, sed ipsos ego
« Quomodo igitur » aiebam « tibiis canendi artifices pos-
sitis esse, quùm a non tibicine victi sitis ? Mihimet mede-
bor ipse, aut vos, ubi me quomodo sit ex humoris redun-
dantia siccitas efficienda docueritis »(2) At illi ne intel-
lecta quidem quæstione acquievere, in sua ipsorum scientia
ancipiter hærentes Cognovi ceteros quoque non ab ipsis,
sed a fortuna esse persanatos Hi impie faciunt, Amphi-
dama, artes ementientes quas non habent, et curantes
quæ nesciunt, atque homines artis nomine interficientes,
quo et naturæ et arti injuriam inferunt Turpe est in-
scitiam profiteri, turpius adhuc artem, quam non habeas
Quam voluptatem mendacium eis affert, nisi ut ex fraude
lucrum faciant? Melius sibi consulerent, si mendicarentur,
misericordiam certe moverent nunc vero damno, quod
afferunt, et mendacio in odium incurrunt Viliores artes
reliquæ, statim arguuntur Difficiliora ad arguendum
quæ præstantiora sunt (3) Latuerant me hac in civitate
isti Nemo eorum fœdicus, verum præstigiatores omnes
atque imposto es, artis fallacias argento divendentes
Heracleodorum avunculum meum hi hi merce hi necaverunt,
qui non potuere morbi mei proferre caussam, neque ex
humoris redundantia quomodo fieret siccitas Nesciunt
in mundo deum magna corpora curare, eo ut redundan-
tiam ipsorum ad æqualitatem revocet, tracta coniungat,
labentia priusquam concidant sustineat, sparsa in unum
redigat, indecora expungat, capta custodiat, fugientia
persequatur, tenebricosa lumine illustret, infinita fini-
bus terminet, deformibus formam addat, sensu cassa
visu imbuat (4) Per omnem enim naturam pergit rum-
pens, concinnans, solvens, iungens, fundens Aridum li-
quefacit ac dissolvit, humores exhalat, condensat laxa-
tum aerem, et continenter quæ supra sunt deprimit, quæ
infra erigit Hæc ægrotantis mundi curatio Hunc egomet
imitabor in me ipso, reliqua valere iubeo

VII Hermodoro

Audio Ephesios legem contra me laturos legibus omnibus

κατ' ἐμοῦ ἀνομώτατον· οὐδεὶς γὰρ νόμος ἐφ' ἑνός, ἀλλὰ κρίσις. οὐκ ἴσασιν Ἐφέσιοι ὅτι ἕτερος δικαστὴς νομοθέτου. καίτοι γε ἀμείνων οὗτος, ἐπεὶ ἀπαθέστερος πρὸς ἄδηλον τὸν μέλλοντα πράξειν. ὁ δικάζων δὲ ὁρᾷ τὸν κρινόμενον, ᾧ συνάπτεται τὸ πάθος. ἴσασί με, Ἑρμόδωρε, συντεχνιτεύσαντά σοι τοὺς νόμους, κἀμὲ ἐλάσαι βούλονται, ἀλλ' οὐ πρότερόν γε ἢ ἐλέγξαι αὐτούς, ὅτι ἄδικα ἐγνώκασι. τὸν μὴ γελῶντα καὶ πάντα μισανθρωποῦντα πρὸ ἡλίου δύνοντος ἐξιέναι τῆς πόλεως, τοῦτο νομοθετεῖν βουλεύονται, οὐδεὶς δ' ἐστὶν ὁ μὴ γελῶν, Ἑρμόδωρε, ἢ Ἡράκλειτος, ὥστε με ἐλαύνουσιν. (2) ὦ ἄνθρωποι, οὐ θέλετε μαθεῖν, διὰ τί ἀεὶ ἀγελαστῶ; οὐ μισῶν ἀνθρώπους, ἀλλὰ κακίαν αὐτῶν. οὕτω γράψατε τὸν νόμον, « Εἴ τις μισεῖ κακίαν, ἐξίτω τῆς πόλεως », καὶ πρῶτος ἔξειμι. φυγαδευθήσομαι οὐ πατρίδος ἀλλὰ πονηρίας ἄσμενος. μεταγράψατε τὸ διάταγμα. εἰ δὲ ὁμολογεῖτε Ἐφεσίους κακίαν εἶναι καὶ ὑμᾶς μισῶ, πῶς οὐκ ἂν ἐγὼ δικαιότερον νομοθέτης, εἴην τοὺς ποιήσαντας Ἡράκλειτον διὰ πονηρίαν ἀγέλαστον ἐξιέναι τοῦ ζῆν, μᾶλλον δὲ μυρίαις ζημιοῦσθαι, εἰ πλέον ἀνιᾶσθε ἀργυρίῳ κολαζόμενοι; τοῦτο ὑμῶν ἐστι φυγή, τοῦτο θάνατος. (3) ἠδικήκατέ με ἀφελόμενοι ὃ θεὸς ἔδωκε καὶ φυγαδεύετέ με ἀδίκως. ἢ διὰ τοῦτο ὑμᾶς πρῶτον ἀγαπήσω, ὅτι μου τὸ ἥμερον ἐξεκόψατε; καὶ οὐ παύεσθε ἐπαγωνιζόμενοι νόμοις καὶ φυγαδείαις; ἐν γὰρ τῇ πόλει μένων οὐ πεφυγάδευμαι ἀφ' ὑμῶν; τίνι συμμοιχεύω, τίνι συμμιαιφονῶ, τίνι συμμεθύω, τίνι συμφθείρομαι; οὐ φθείρω, οὐκ ἀδικῶ οὐδένα τῶν ἁπάντων, μόνος εἰμὶ ἐν τῇ πόλει. ἐρημίαν αὐτὴν πεποιήκατε διὰ κακίας. ἡ ἀγορὰ ὑμῶν Ἡράκλειτον ἀγαθὸν ποιεῖ; οὐκ, ἀλλὰ Ἡράκλειτος ὑμᾶς, πόλιν. ἀλλ' οὐκ ἐθέλετε. (4) ἐγὼ μὲν βούλομαι καὶ νόμος εἰμὶ ἄλλων, εἷς δ' ὢν οὐκ ἄρχω πόλιν κολάζειν. θαυμάζετε εἰ μηδέπω γελῶ, ἐγὼ δὲ τοὺς γελῶντας ὅτι ἀδικοῦντες χαίρουσι, σκυθρωπάζειν δέον οὐ δικαιοπραγοῦντας, ὅτε μοι καιρὸν γέλωτος ἐν εἰρήνῃ, ὥστε μὴ ἐπὶ τὰ δικαστήρια στρατεύεσθαι ἐν ταῖς γλώτταις ἔχοντες τὰ ὅπλα, ἀπεστερηκότες χρήματα, γυναῖκας φθείραντες, φίλους φαρμακεύσαντες, ἱεροσυλήσαντες, προαγωγεύσαντες, ὄχλοις ὁραθέντες ἄπιστοι, τυμπανίσαντες, ἄλλος ἄλλου πλήρης κακοῦ. (5) ταῦτα γελάσω ὁρῶν ἀνθρώπους ποιοῦντας ἢ ἐσθῆτα καὶ γένεια καὶ κεφαλῆς πόνους ἀτημελήτους ἢ γυναῖκα φαρμακέους ἐπειλημμένην τέκνων ἢ μειράκια τῆς οὐσίας ἐκβεθρωμένα ἢ πολίτην γαμετῆς ἀφῃρημένον ἢ κόρην βίᾳ διαπαρθενευθεῖσαν ἐν παννυχίσιν ἢ ἑταίραν οὕπω γυναικῶν ἔχουσαν ἤδη πάθη ἢ διὰ ἀσέλγειαν νεανίσκων ἀνὰ πόλεως ἐραστὴν ὅλης ἢ τὰς τῶν ἐλαιῶν φθορὰς ἐν μύροις ἢ τοὺς ἐν συνδείπνοις γινομένους διὰ δακτύλων πλείονας ἢ τὰς δι' ἐδεσμάτων πολυτελείας καὶ γαστέρας ῥεούσας ἢ τοὺς ἐπὶ σκηνῆς ἀγωνοθετουμένους δήμους τὰ μεγάλα δίκαια; ἀφήσει δέ μου τὴν ὄψιν ἀρετὴ χυθῆναι ὑστέρα πονηρίας τεταγμένη. (6) ἢ τοὺς ἀληθινοὺς ὑμῶν πολέμους γελάσω, ὅτε προφάσεις ἀδικημάτων ποιη-

contrariam : nulla enim lex in unum statuitur, sed iudicium. Nesciunt Ephesii inter judicem et legislatorem quid differat. Et hic quidem altero præstat, quoniam, cum incertum sit qui sit noxam commissurus, ab omni perturbatione vacuus est; iudex vero ex rei adspectu pendens commovetur. Sciunt me, Hermodore, tibi legum ferendarum socium fuisse atque in exilium mittere me volunt, sed non ante quam se ipsos redarguerint, male sese decrevisse, ut, qui non rideat et omnia humana odio habeat, ante solis occasum ex urbe exeat, hanc legem edere in animo est. Nemo est autem, Hermodore, præter Heraclitum, qui non qua ratione in exilium me agunt rideat. (2) O homines, non vultis qua de caussa nunquam rideam discere? Non quod homines oderim, sed quod eorum pravitatem. Sic legem scribite, « Si quis oderit pravitatem, exeat ex urbe, » et primus exibo. Non patriam fugiam, sed pravitatem libenter. Rescribite decretum. Sin vero conceditis Ephesiis esse pravitatem et ego vos odio persequor, quomodo non iustior essem legislator, si eos, quorum ob pravitatem nunquam ridenti Heraclito ex vita exeundum est, ** immo decem millibus mulctari, si gravius fertis argenti mulctam irrogatam? Hoc vestrum est exilium, hæc mors. (3) Iniuriam mihi intulistis, qui quod deus dedit mihi ademistis, et præter ius in exilium me expellitis. An iccirco vos primum diligam, quod hilaritatem mihi excussistis, nec legibus me et exiliis persequi·desinitis? Namque et in urbe manens a vobis non profugio? Cuinam adulterii vel cædium vel temulentiæ vel sceleris socius sum? Non perdo, non lædo quenquam omnium, solus sum in civitate, in solitudinem per pravitatem eam redegistis. Forumne vestrum Heraclitum bonum reddit? Non, verum Heraclitus vos, civitatem. At non vultis. (4) Ego quidem volo et lex sum ceterorum, unus tamen non par sum civituti castigandæ. Miramini quod nunquam adhuc riserim, ego vero ridentes miror, quod iniuria lætantur, quum oporteat iniuste agentes in mœrore esse. Date mihi ridendi occasionem in pace, ita ut non in judiciis stipendia faciatis in linguis arma habentes, postquam pecunias rapuistis, mulieres corrupistis, amicos veneno sustulistis, sacrilegia patrastis, lenocinium exercuistis, vulgo perfidiam prodidistis, verberibus cecidistis, alius alio scelere vos contaminastis. (5) Hæc rideam videns homines agentes, vestem et barbam et capitis ornamenta neglecta aut venefici uxorem puerum in complexu tenentem aut adolescentum exesa patrimonia aut civem uxore privatum · aut virgini nocturno tempore·vim illatam aut meretricem nondum feminam tamen feminæ partes subeuntem aut propter impudicitiam iuvenem unum totius amatorem civitatis aut olivas in unguenta consumptas aut in epulis .... aut ferculorum lautitiis ventres fluentes aut populos in scena de maximis negotiis sententias ferentes? Sed oculis meis lacrimas offundet virtus si posthabita fuerit improbitati. (6) An vera vestra bella rideam, quum iniuriarum sub prætextu cædibus vos con-

σάμενοι καταμιπιρονεῖσθε δύστηνοι ἐξ ἀνθρώπων θηρία
γεγονότες, αὐλοῖς καὶ σάλπιγξι διὰ μουσικῆς εἰς ἄμουσα
πάθη παραξυνόμενοι, σίδηρος δὲ ἀρότρων καὶ γεωργίας
δικαιότερον ὄργανον σφαγῆς καὶ θανάτων ἠυτρέπισται,
ὑβρίζεται δὲ δι' ὑμῶν θεός, Ἀθηνᾶ πολεμίσ-ρια καὶ
Ἄρης ἐνυάλιος καλούμενος, φάλαγγας δὲ ἀντιστήσαντες
ἄνθρωποι κατὰ ἀνθρώπων ἀλλήλων σφαγὰς εὔχεσθε,
ὡς λειποτάκτας τοὺς μὴ μιαιφονοῦντας τιμωρούμενοι
καὶ ὡς ἀρισ-έας τοὺς ἐμπλεονάσαντας αἵματι τιμῶν, ς,
(7) λέοντες δ' οὐχ ὁπλίζονται κατ' ἀλλήλων, οὐδὲ ξίφη
ἀναλαμβάνουσιν αἱ ἵπποι, οὐδὲ τεθωρακισμένον ἄν
ἴδοις ἀετὸν ἐπ' ἀετῷ· οὐδὲ ἄλλο μάχης ἔχει ὄργανον,
ἀλλ' ἑκάστῳ τὰ μέρη καὶ ὅπλα τοῖς μὲν κέρατα τὰ ὅπλα,
τοῖς δὲ ῥύγχη, τοῖς δὲ πτερά, τοῖς δὲ τάχος, ἄλλοις
μέγεθος, ἄλλοις ὀλιγότης, οἷς δὲ πάχος, οἷς δὲ νῆξις,
πολλοῖς δὲ πνεῦμα. οὐδὲν ξίφος ἄλογα ποιεῖ ζῷα χαίρειν,
πολλοῖς ὁρῶντα φυλαττόμενον ἐν αὐτοῖς αὐτεως νόμον,
ἀλλ' οὐκ ἐν ἀνθρώποις μᾶλλον δὲ τοῦτο πλέον ἂν εἴη
παράβασις, ἐν κρείττοσι τὸ ἀδέβιον (8) τέλος δὲ πο-
λέμων τί ὑμῖν εὐκτέον ἄρα, ἢ δι' ἐκεῖνο παύσετέ με
κατηφείας, πόθεν; οὐχὶ δὲ πλέον ὁμοφύλων σφῶν καὶ
δενδροτομουμένη γῆ καὶ ἀναρπαζομένη πόλις καὶ
χήρας προπηλακιζόμενον καὶ γυναῖκες ἀπαγόμεναι καὶ
τέκνα ἐξ ἀγκαλῶν ἀποσπώμενα καὶ θάλαμοι διαφθει-
ρόμενοι καὶ παρθένοι παλλακευόμεναι καὶ μειράκια
θηλυνόμενα καὶ ἐλεύθεροι σιδηροδετούμενοι καὶ ναοὶ
θεῶν κατασπώμενοι καὶ ἡρῷα δαιμόνων ἀνορυττόμενα
καὶ παιᾶνες ἀνοσίων ἔργων καὶ χαρισ-ήρια θεοῖς ἀδι-
κίας, (9) ταῦτα ἀγελαστῶ. ἐν εἰρήνῃ πολεμεῖτε διὰ
λόγων, ἐν πολέμῳ πολιτεύεσθε διὰ σιδήρου ἁρπάζετε
τὸ δίκαιον ἐν ξίφεσιν Ἑρμόδωρος ἐλαύνεται νόμους
γράφων, Ἡράκλειτος ἐλαύνεται ἀσεβείας αἱ πόλεις
ἔρημοι καλοκαγαθίας, αἱ ἐρημίαι πρὸς τὸ ἀδικεῖν
ὄχλοι. τείχη ἔστηκεν ἀνθρώπων σύμβολα πονηρίας
ἀποκλείοντα τὴν βίαν ὑμῶν, οἰκίαι περιβέβληνται πᾶ-
σιν. ἕτερα τείχη πλημμελείας οἱ ἔνδον πολέμιοι,
ἀλλὰ πολῖται, οἱ ἐκτὸς πολέμιοι, ἀλλὰ ξένοι πάντες
ἐχθροί, οὐδένες φίλοι (10) δύναμαι γελάσαι ἐχθρὸς
ὁρῶν τοσούτους, τὸν ἀλλότριον πλοῦτον ἴδιον οἴεσθε, τὰς
ἀλλοτρίας γυναῖκας ἰδίας νομίζετε, τοὺς ἐλευθέρους
ἀνδραποδίζετε, τὰ ζῶντα κατεσθίετε, τοὺς νόμους
παραβαίνετε, παρανομίας νομοθετεῖτε, πάντα βιάζε-
σθε ἃ μὴ πεφύκατε. τὰ μάλιστα δοκοῦντα δικαιοσύ-
νης εἶναι σύμβολα, οἱ νόμοι, ἀδικίας εἰσὶ τεκμήρια·
εἰ γὰρ μὴ ἦσαν, ἀνέδην ἂν ἐπονηρεύεσθε νῦν δέ τι
καὶ μικρὸν ἐπιστομίζεσθε φόβῳ κολάσεως κατέχεσθε
εἰς πᾶσαν ἀδικίαν

η' Τῷ αὐτῷ

Δῆλου μοι, Ἑρμόδωρε, πότε ἀπαίρειν κέκρικας εἰς
Ἰταλίαν δέξαιντό σε οἱ ἐκείνης τῆς χώρας θεοὶ καὶ
δαίμονες ἡδέως. ὄναρ ἐδόκουν τοῖς σοῖς νόμοις τὰ
παρὰ πάσης τῆς οἰκουμένης διαδήματα προσιέναι καὶ

---

rammatis infelices ex hominibus in bestias mutati, tibiis
atque flagris per musicam ad alienos a musis motus in-
stigati, ferrumque aratris et agriculturæ aptius instru-
mentum ad cædem et mortem inferendam apparatur, ac
deo iniuriam infertis, Minervæ bellatrici et Marti, qui
Enyalius appellatur, confertimque homines hominibus
oppositi mutuas cædes optatis, tanquam desertores eos,
qui cæde se non polluunt, punientes et tanquam fortis-
simos viros eos, qui plurimum sanguinis effudere, cele-
brantes? (7) Leones vero non armantur in se invicem,
neque gladios equi arripiunt, neque loricatam aquilam vi-
deas adversus aquilam. Nullum aliud habent pugnandi
instrumentum, sed sua cuique membra pro armis sunt,
alius cornua, alius rostra, alius alæ, alius celeritas, alius
magnitudo, alius parvitas, his crassitudo, illis natatio,
multis etiam spiritus. Nullus ensis brutis animalibus
gaudio est, quum sibi videant naturæ legem conservatam,
et hominibus non item. Quanquam magis hoc conduce-
ret viduum est in præstantioribus inconstantiæ (8) Finis
autem bellorum cui vobis optandus est? An isto me modo
a mærore revocabitis? Qui fiet? Non autem e re vestra
est, dum sitis generis societate iuncti, direpta et eversa
urbs et vexata senectus et mulieres abductæ et infantes
ex ulnis abstracti et thalami polluti et virgines vitiatæ
et adolescentes effeminati et liberi in vincula coniecti et
templa deorum deiecta et heroum monumenta effossa et
pæanes impie factorum et pro iniuriis oblatæ diis grates
(9) Hæc non e deo in pace verbis transigitis, in bello
ferro decernitis, rapitis ius gladiis, Hermodorus expellitur
ob scriptas leges, Heraclitus ob impietatem, civitates pro-
bitate destitutæ, solitudines plebi ad inferendam iniuriam
præsidia, mœnia condita sunt hominum signa improbi-
tatis vestram vim arcentia, ædes circumiectæ sunt
omnibus, alia sunt vitiositatis mœnia, qui intus hostes,
at cives, qui extra hostes, at peregrini, omnes inimici,
amici nulli (10) Possumne ridere, quum tot hostes vi-
deam? Alienas opes pro vestris habetis, alienas coniuges
vestras putatis, liberos in servitutem redigitis, viventia
devoratis, leges migratis, scelera legibus confirmatis,
omnibus vim facitis, neque extimescitis quæ maxime
videantur iustitiæ esse documenta Leges iniuriæ testimo-
nium sunt nam si non essent, effrenate in peccata vos
daretis, nunc vero paullisper reprimimini, supplicii metu
prohibemini quin omne scelus committatis

VIII Eidem

Nuntia mihi, Hermodore, quando decreveris proficisci
in Italiam Benigne te illius terræ dii ac dæmones exci-
piant Per somnium videbantur totius orbis terrarum

κατὰ τὸ ἔθος· τὸ Περσῶν ἐγκλώμενα ἐπὶ στόμα προσ-
κυνεῖν αὐτούς, οἳ δὲ σεμνῶς πάνυ καθειστήκεσαν.
προσκυνήσουσί σε 'Εφέσιοι μηκέτι ὄντα, ὅταν οἱ σοὶ
νόμοι πᾶσιν ἐπιτάττωσι, καὶ τότε χρήσονται αὐτοῖς
ἀναγκαζόμενοι. θεὸς γὰρ ἀφείλετο ἐκείνους ἡγεμονίαν
καὶ ἑαυτοὺς ἐνόμισαν ἀξίους δουλεύειν. (1) τοῦτο μεμά-
θηκα καὶ ἐκ πατέρων. ὅλη Ἀσία κτῆμα ἐγένετο βα-
σιλέως καὶ πάντες 'Εφέσιοι λάφυρον. ἀήθεις εἰσὶν
ἐλευθερίας, ἀήθεις τοῦ ἄρχειν. καὶ νῦν ὡς εἰκὸς ὑπα-
κούσονται κελευόμενοι, ἢ μὴ πεισθέντες οἰμώξονται.
καὶ μέμφονται θεοὺς ἄνθρωποι ὅτι αὐτοὺς οὐ πλουτί-
ζουσιν ἀγαθά, οὐ μέμφονται ἴδιον ἦθος ἀφροσύνης.
τυφλῶν ἐστι μὴ δέξασθαι ἃ δίδωσι χρηστὰ δαίμων.
Σίβυλλα ἐν πολλοῖς καὶ τοῦτο ἐρράσθη « ἥξει σοφὸν
'Ιταλίησιν ἐξ 'Ιάδος χώρης. » εἰδέ σε πρὸ τοσούτου
αἰῶνος, 'Ερμόδωρε, ἡ Σίβυλλα ἐκείνη καὶ τότε ἦσθα,
'Εφέσιοι δὲ οὐδὲ νῦν βούλονται ὁρᾶν ὃν διὰ θεοφο-
ρουμένης γυναικὸς ἀλήθεια ἔβλεπε. (4) σοφὸς μεμαρτύ-
ρησαι, 'Ερμόδωρε, 'Εφέσιοι δὲ ἀντιλέγουσι θεοῦ μαρ-
τυρίᾳ. ἀποτίσονται ἑαυτῶν ὕβριν καὶ νῦν ἀποτίννυται
γνώμης ἀναπιμπλάντες ἡμᾶς κακῆς. οἶκ ἀφαιρού-
μενος πλοῦτον κολάζει θεός, ἀλλὰ καὶ μᾶλλον δίδωσι
πονηροῖς, ἵν' ἔχοντες δι' ὧν ἁμαρτάνουσιν ἐλέγ-
χωνται καὶ περιουσιάζοντες σκηνοβατῶσιν αὐτῶν τὴν
μοχθηρίαν· ἢ δ' ἀπορία παρακάλυμμά ἐστιν. μὴ
ἐπιλίποι ὑμᾶς τύχη, ἵνα ὀνειδίζησθε πονηρευόμενοι.
οὗτοι μὲν χαιρόντων, σὺ δέ μοι δήλου τὸν καιρὸν τῆς
ἐξόδου. πάντως ἐντυχεῖν σοι βούλομαι καὶ περί τε
ἄλλων πάνυ συχνῶν καὶ περὶ αὐτῶν τῶν νόμων βραχέα
εἰπεῖν. (4) ἔγραφον δ' ἂν αὐτά, εἰ μὴ περὶ παντὸς
ἐποιούμην ἀπόρρητα μεῖναι. οὐδὲν δὲ οὕτω σιωπᾶται
ὡς ἑνὶ λαλῶν εἷς, καὶ ἔτι μᾶλλον 'Ηράκλειτος 'Ερμο-
δώρῳ. πολλοὶ οὐ διαφέρουσι κεραμίων σαθρῶν, ὡς
μηδὲν στέγειν δύνασθαι, ἀλλ' ὑπὸ γλωσσαλγίας διαρ-
ρεῖν. 'Αθηναῖοι ὄντες αὐτόχθονες ἔγνωσαν φύσιν ἀν-
θρώπων, ὅτι γενόμενοι ἐκ γῆς ἐσθ' ὅτε διερρωγότα
ἔχουσι νοῦν. τούτους ἐπαίδευσαν φυλακὴν ἀπορρήτων
διὰ μυστηρίων, ἵν' ὡς φόβῳ σιγῶσιν, ἀλλ' οὐ κρίσει,
καὶ μηκέτι χαλεπὸν ᾖ τὸ μελῆσαν τῇ ψυχῇ σιωπᾶν.

θ'. Τῷ αὐτῷ.

Ἄχρι τίνος, 'Ερμόδωρε, κακοὶ ἔσονται ἄνθρωποι
καὶ οὐκέτι εἷς ἕκαστος ἰδίᾳ, ἀλλὰ καὶ κοινῇ πόλεις
ὅλαι; 'Εφέσιοί σε ἀνδρῶν ὄντα ἄριστον ἐλαύνουσιν.
ἀντὶ τίνος; ἢ ὅτι νόμους γράφεις τοῖς ἐλευθέροις ἰσο-
πολιτείαν καὶ τοῖς τούτων τέκνοις ἰσοτιμίαν; καίτοι-
γε ὁ μὲν γνήσιος πολίτης οὐ κριθεὶς ἀγαθὸς γίνεται,
ἀλλὰ γεννηθεὶς ἀναγκάζεται, καὶ οὐδ' ἢν ἀναγκασθῇ,
πολλάκις ἀγαθὸς ἔμεινεν, οἱ δὲ δοκιμασθέντες ἀξιοῦνται
τοῦ πολιτεύματος μαρτυρήσαντες βίῳ τὸ ἰσότιμον,
πόσῳ κρείττους οἱ δι' ἀρετὴν ἐγγραφόμενοι; (2) Λακε-
δαιμόνιοι δὲ μετ' ἄλλων καὶ τοῦτο ἀγαθοί, οὐ γράμμα-
σιν ἀποδεικνύντες Σπαρτιάτας ἀλλ' ἀγωγῇ· κἂν ἐλθὼν

---

diademata ad leges tuas acceder: et more Persarum in
os procumbentia ipsas adorare, illæ vero graviter admodum
astabant. Adorabunt te Ephesii e vivis digressum, quum
tuæ leges omnibus imperabunt, et tunc eis utentur neces-
sitate coacti. Deus enim imperium eis ademit et se ipsos
iudicavere servitute dignos. (2) Hoc didici etiam ex ma-
ioribus. Tota Asia in regis ditionem venit et omnes Ephesii
præda facti sunt. Insueti sunt libertatis, insueti imperii, et
nunc, ut consentaneum est, iussi dicto erunt audientes, aut
si non obedient, in malam partem abibunt. Et deos
homines incusant, quod se bonis non locupletent, non
suam incusant stultitiam. Cæcorum est, quæ bona largitur
fortuna non accipere. Sibylla in multis hoc quoque va-
ticinata est, ex Ionia sapientem venturum in Italiam. Te
ante tot sæcula Sibylla ista novit, Hermodore, et tunc
fuisti, Ephesii vero ne nunc quidem videre volunt
quem per feminam divino afflatu percitam conspexit ve-
ritas. (3) Sapientiæ tibi dictum est testimonium, Her-
modore, Ephesii vero dei testimonio contradicunt. Luent
suam ipsorum iniuriam et iam iam luunt, quum prava nos
impleant opinione. Non adimendis divitiis punit deus,
immo vero largitur improbis, ut habentes quibus
peccent redarguantur et affluentes opibus sua flagitia
omnibus patefaciant. Paupertas vero tegumentum est.
Ne vobis desit fortuna, ut nequitia vestra probris pro-
scindatur. Illi quidem valeant, tu vero discessus tui
tempus mihi aperi. Omnino te volo convenire et quum
de aliis multis tum de ipsis legibus pauca tecum collo-
qui. (4) Scriptis ea mandarem, nisi plurimi facerem ut
occulta manerent. Nihil vero ita siletur quam· si unus
cum uno loquitur, præsertim Heraclitus cum Hermodoro.
Multi a putridis urceis nihil differunt, ita ut nihil conti-
nere possint, sed linguæ prurigine diffluant. Athenienses,
qui erant indigenæ, naturam hominum perspexerunt,
quod ex terra nati hiscentem interdum haberent mentem.
Hos docuerunt arcanorum custodiam per mysteria, ut
quasi metu tacerent, non iudicio, nec amplius silere
difficile esset ea quæ animum pupugissent.

IX. Eidem.

Quousque tandem, Hermodore, nequam erunt homines,
idque non modo privatim singuli, verum et universim
totæ civitates? Ephesii te optimum virorum expellunt.
Cua de caussa? An quod servis eadem cum liberis de-
crevisti iura civitatis, eosdemque horum cum liberis ho-
nores? Atque si genuinus civis nullo iudicio bonus fit, sed
natus ad virtutem cogitur et non coactus malus evasit
sæpenumero, ii vero, qui probati cives facti sunt, digni
civitate habentur, quoniam pari honore dignos sese esse
vita sua testificati sunt, quanto præstant ob virtutem in
civium numerum recepti? (2) Lacedæmonii autem quum
ob alia, tum propterea probandi sunt, quod Spartiatas

τις Σκύθης ἢ Τριβαλλὸς ἢ Παφλαγὼν ἢ μηδὲν ἔχων
ὄνομα μόρης ὑποστῇ τὴν Λυκούργειον σκληραγωγίαν,
Λάκων ἐστίν, ὥστε ἕκαστος τῶν πολιτευθέντων ἐν
ἑαυτῷ φέρων τὴν πατρίδα ἔρχεται, πάσης δὲ πόλεως
ῥυγχδεύει κακία, κἂν ἐν μέσαις ταῖς σπήλαις τις οἰκῇ·
οὐδὲ Ἐφέσιον εἶναί τινα πείθομαι, εἰ μὴ ὡς κύνα
Ἐφέσιον ἢ βοῦν· ἀνὴρ δὲ Ἐφέσιος, εἰ ἀγαθός, ὁ-
σμου πολίτης. τοῦτο γὰρ κοινὸν πάντων ἐστὶ χωρίον,
ἐν ᾧ νόμος ἐστὶν οὐ γράμμα ἀλλὰ θεός, καὶ ὁ παρα-
βαίνων ἃ μὴ χρὴ ἀσεβήσει μᾶλλον· οὐδὲ παραδύ-
σεται, εἰ παραδὺς οὐ λήσεται. (3) πολλαὶ δίκης Ἐρι-
νύες, ἁμαρτημάτων φύλακες· Ἡσίοδος· ψεύσεται τρεῖς
μυριάδας εἰπὼν ὀλίγαι εἰσίν, οὐκ ἀσκοῦσι κακία κό-
σμου· πολὺ ἐστὶ πονηρία· ἐγὼ δὲ πολίται θεοί·
θεοῖς ξυνοικῶν δι' ἀρετῆς οἶδα ἥλιον ὁπόσος ἐστί, πο-
νηροὶ δὲ οὐδ' ὅτι εἰσίν. ἢ αἰσχύνονται Ἐφέσιοι δού-
λους ἀγαθοὺς εἶναι, εἰκότως· αὐτοὶ γὰρ κακοὶ ἐλεύθε-
ροι, οἳ οὐκ ἐλευθέροις πάθεσιν εἴκουσι· τοιοί ὅμοιοι
οἷοί εἰσι, καὶ ἁμαρτήσουσι πάντας ἰσόχριτι ἀρετῆς· εἰ
δὲ οἴεσθε, ὦ ἄνθρωποι, εἰ θεὸς οἱ πεπτωκώς κύνας οὐδὲ
πρόβατα δούλους, οὐδὲ ὄνους οὐδὲ ἵππους οὐδὲ ὀρεῖς,
ἀνθρώπους ἐποίησε, (1) καὶ ὅτι κρείττονας ἐκάλεσε
δουλεία, οὐκ αἰσχύνεσθε καὶ τοῦτο τῆς δουλείας ἀξι-
κ'ας καὶ ἔργον καὶ ὄνομα; πόσῳ κρείσσονες Ἐφέσιοι
λύκοι καὶ λέοντες. οὐκ ἐξανδραποδίζονται ἀλλήλους,
οὐδὲ ἐπρίατο ἀετὸς ἀετόν, οὐδὲ λέων λέοντα σύναγορεῖ,
οὐδὲ ἐξέτεμε κύων κύνα, ὡς ὑμεῖς τὸν τῆς θεοῦ Μεγα-
βύζον, φοβούμενοι τῇ παρθενίᾳ αὐτῆς ἄνδρα ἱερᾶ-
σθαι. ἢ πῶς ἀσεβήσαντες εἰς φύσιν εὐσεβεῖτε εἰς
ξόανον, ἵνα θεοῖς καταρᾶται πρῶτον ὁ ἱερεὺς ἀνὴρ
μένος τὸν ἄνδρα. κατέγνωτε καὶ τῆς θεοῦ ἀκρασίαν,
εἰ φοβεῖσθε ὑπ' ἀνδρὸς αὐτὴν θεραπεύεσθαι (5) « μὴ
συγκαθιζέτω μοι δοῦλος μηδὲ συνδειπνείτω » Ἐφέσιοι
λέγουσιν, ἐγὼ δὲ ἐρῶ δικαιοτέραν φωνὴν συγκαθι-
ζέτω μοι ἀγαθὸς καὶ συνδειπνείτω μοι, μᾶλλον δὲ
προκαθιζέτω, προτιμηθήτω οὐ γὰρ ὕχη τὸ ἰσούμενον,
ἀλλ' ἀρετή τί ὑμᾶς ἀδικεῖ Ἑρμόδωρος, Ἐφεσίους
ὑπομιμνήσκων πάντας ἀνθρώπους εἶναι κα' μηδένα
μεγαλαυχεῖν τύχῃ ὑπὲρ φύσιν, μόνη πονηρία δουλα-
γωγεῖ, μόνη ἐλευθέροι ἀρετή, ἀνθρώπων δὲ οὐδεὶς
κἂν ἐπιτάττητε ἄλλοις διὰ τύχην ἀγαθοῖς οὖσιν, αὐτοὶ
δοῦλοί ἐστε δι' ἐπιθυμίαν, κελευόμενοι ὑπὸ τῶν ἑαυτῶν
δεσποτῶν. (6) οὐ φοβεῖσθε δέ, ὦ ἄνθρωποι, πόλεως
ὀλιγανδρίαν, τί οὖν ἐπήλυ εἰσάξετε πλῆθος. δέον τοὺς
ὑφ' ὑμῶν ἀχθέντας καὶ ῥαρέντας καὶ ἀπειλαῖς καὶ
κολάσεσι καὶ φόβοις ἀγαθοὺς γεγονότας; ἔσονται χρείτ-
τους, Ἑρμόδωρε, οἱ πεισθησόμενοι τοῖς σοῖς νόμοις.
μὴ χαλέπαινε. μαντεύεται τὸ ἐμὸν ἦθος, ὅπερ ἑκάστῳ
δαίμων. καὶ πεισθήσονται, ὃν ἔσται καὶ τὸ σύμπαν
κράτος μιμησαμένων φύσιν (7) σῶμα δοῦλον ψυχῆς
συμπολιτεύεται ψυχῇ, καὶ οὐ χαλεπαίνει νοῦς ἰδίοις
συνικῶν ὑπηρέταις, καὶ γῆ, τὸ ἀτιμότατον ἐν κόσμῳ,
οὐρανῷ συνάρχει, καὶ οὐκ ἀναίνεται οὐρανὸς ἐπίχαιρα
ἐδάφη, οὐδὲ καρδία σπλάγχνα, τὸ ἱερώτατον χρῆμα

non litteris, sed institutione esse volunt, et si quis huc
delatus Scytha aut Triballus aut Paphlago aut alius a nulla
terra nomen habens severam subeat a Lycurgo institutam
disciplinam, Laco est, ita ut quivis civium secum patriam
circumferat, omnique civitate expellet nequitia, etiamsi
medius in columnis quis habitet Neque Ephesium esse
aliquem credo, nisi ut canem Ephesium vel bovem. Vir
vero Ephesius si probus, mundi civis Hic enim locus
civribus communis, in quo lex est non littera, sed deus,
et ubi, si quis quae decet migret, impius habebitur, vel
potius ne migrabit quidem, si quum migraverit latere
nequeat (3) Permultæ iuris Erinyes, custodes pecca-
torum Falsus est Hesiodus, quum triginta millia pro-
ferret paucæ sunt, neque mundi nequitiae coercendæ
pares Multum improbitatis est Mihi vero cives dei,
cum diis una versans per virtutem quantus sol sit novi,
improbi autem ne quod sunt quidem An Ephesii servos
bonos esse dedecori sibi putant? Nil mirum, ipsi enim
mali liberi, qui illiberalibus patent affectibus Des-
sant esse quales sunt, et diligent omnes pro virtutis
aequitate Quid censetis, homines, si deus non canes
neque oves neque asinos neque equos neque mulos servos
fecisset, verum homines? (4) Nec pudet vos, quod præ-
stantiores servitus affixit, quam vestrae hoc sit et factum
et nomen nequitiae? Quanto praestant Ephesus lupi et
leones Non servitutis iugum sibi imponunt invicem,
neque emit aquila aquilam, neque leo leoni pocula ienn-
strat, neque exsecuit canis canem, ut vos dea sacerdotem
Megabyzum, virginitatem eius viro sacerdoti committere
dubitantes Aut quomodo, qui in naturam impios vos
praestatis, pii sitis erga simulacrum? Diva diis imprecatur
primum sacerdos excisa virilitate, deinde et immodestiae
deam insimulatis, si viro eius cultum committere dubita-
tis (5) Ne mecum servus considat, ne mecum convive-
tur, Ephesii aiunt, ego vero aequius proferam praeceptum
Considat mecum probus et conviveatur mecum, vel potius
priorem locum occupet et maiorem honorem non enim
fortuna exaequat, verum virtus Quid vobis iniuriæ in-
fert Hermodorus Ephesios dum admonet omnes homines
esse, nec superbire quenquam ultra naturae fines? Sola
nequitia in servitutem redigit, sola virtus in libertatem
vindicat, hominum vero nullus Etsi aliis imperatis, qui
fortuna probi sunt, ipsi servi estis propter cupiditatem,
a vestris ipsorum dominis instigati (6) Non metuitis
autem, o viri, hominum in civitate paucitatem? Quid
igitur alienigenarum recipietis turbam, quum satis sit
recipere a vobis altos et educatos et minis ac poenis
metuque probos factos? Praestabunt, Hermodore, qui
tuis legibus parebunt Noli irasci, praesagit animus
meus quod suus cuique dæmon Atque parebunt, quo-
rum et omnis erit vis naturam imitantibus (7) Corpus
animo licet obnoxium cum animo tamen conversatur,
neque aegre fert mens hoc cum servis suis consortium,
et terra, mundi pars contemptissima, una cum caelo re-

τὰ φαυλότατα ἐν σώματι. ἀλλὰ θεὸς μὲν οὐκ ἐφθό-
νησεν ἐπίσης ἅπασιν ὀφθαλμοὺς ἅψαι καὶ ἀκοὰς ἀνα-
πετάσαι καὶ γεῦσιν καὶ ὄσφρησιν καὶ μνήμην καὶ ἐλ-
πίδα, καὶ ἡλίου φῶς οὐκ ἀπέκλεισε δούλων, πάντας
ἀνθρώπους κόσμου καταλέξας πολίτας· Ἐφέσιοι δὲ τὴν
ἑαυτῶν πόλιν ὑπερκόσμιον οἴονται μηδέποτε τῶν κοινῶν
ἀξιοῦντες. ὁρᾶτε μὴ ἀσεβῆτε θεῷ ἀντιπολιτευόμενοι.
ἀεὶ βούλεσθε μισεῖσθαι ὑπὸ δούλων, καὶ ἐν ᾧ ὑπηρέ-
τουν πρότερον καὶ ἐν ᾧ ἀτιμοῦνται ὕστερον; (8) τί οὖν
αὐτοὺς ἠλευθεροῦτε, εἰ μὴ ἀξίους ἐνομίζετε; ἢ ὅτι
πάθεσιν ὑμῶν ὑπήκουσαν; ἐκείνοις οὖν χαλεπαίνετε οἱ
διὰ τύχην ἐλειτούργουν, ἀλλ' οὐχ ἑαυτοῖς, οἱ διὰ κακίαν
ἐπάσχετε; οἰκτροὶ ἦσαν τὰ κακὰ φόβῳ ἀνεχόμενοι,
κατάρατοι δ' ὑμεῖς ἐπιτάττοντες τὰ χείρω· καὶ τότε
πικροτέροις ἐδουλεύετε δεσπόταις, καὶ νῦν ἔτι δουλεύετε
φοβούμενοι ὧν ἤρξατε. τί οὖν βούλεσθε; τῆς πόλεως
ἀθρόοι πάντες ἐξέλθωσι καὶ ἐξελθόντες ἰδίαν πόλιν κτί-
σωσι, καταρώμενοι ὑμῖν καὶ παισὶ παίδων ἀνεπιβα-
σίαν ψηφισάμενοι; πολεμίους ἑαυτοῖς τρέφετε, Ἐφέ-
σιοι, καὶ τοῖς μέλλουσι παισὶ πρὸς τοὺς μέλλοντας ἐξ
ἐκείνων. ὄψονται, Ἑρμόδωρε, Ἐφέσιοι τὰ ἑαυτῶν,
σὺ δὲ χαῖρε ἀγαθὸς ὤν.

gnat, nec cœlum aspernatur opportunum fundamentum,
neque cor viscera, sanctissima res quæ in corpore sunt
vilissima. Sed neque deus dedignatus est pariter omnibus
accendere oculos et auditum aperire et saporem et odorem
et memoriam et spem, nec solis lumen servis interclusit,
cunctis hominibus mundi civibus constitutis. Ephesii
autem suam civitatem supermundialem arbitrantur, quum
reipublicæ potestatem nolunt facere. Videte ne impie
agatis deo repugnantes. Perpetuone odio vultis esse
servis, et quo ante serviebant tempore et quo postea
despectui habentur? (8) Quid igitur in libertatem eos vin-
dicabatis, si eos dignos non iudicabatis? An quia libidi-
nibus vestris obtemperavere? Illis igitur succensetis, qui
pro fortuna sua serviebant, nec vero vobis ipsis, qui
pro nequitia vestra male eratis affecti? Miseri erant, qui
mala metu tolerabant, vos vero exsecrandi, qui turpiora
imperabatis. Et tunc gravioribus serviebatis dominis,
et etiamnum servitis, timentes eos, in quos dominati
estis. Quid igitur vultis? Ex civitate simul omnes exeant
et exsules urbem sibi condant, mala vobis imprecantes
et liberos liberorum aditu interdicentes. Inimicos vestrum
ipsorum alitis, Ephesii, et futuris liberis in futuros ex
illis. Videbunt, Hermodore, quæ sibi destinata sunt
Ephesii, tu vero qua es probitate, vale.

ΙΠΠΟΚΡΑΤΟΥΣ ΕΠΙΣΤΟΛΑΙ.

HIPPOCRATIS EPISTOLÆ.

α΄ Βασιλεὺς βασιλέων μέγας Ἀρταξέρξης Παίτω χαίρειν

Νοῦσος προσεπέλασε ἡ λαλεομένη λοιμὴ τοῖσι στρατεύμασι ἡμέων, καὶ πολλὰ ποιησάντων ἡμέων ἔνδοσιν οὐκ ἔδωκε ὅθεν, ἀξιῶ, παντοίῃσι καὶ πόσῃσι τῆσι παρ᾽ ἐμεῦ διδομένῃσι δωρεῇσι ἤ τι τῶν ἐκ φύσιος βοηθημάτων ἤ τινα τῶν ἐκ τέχνης πρηξίων ἤ τινος ἑτέρου ἀνδρὸς ἑρμηνείην δυναμένου ἰήσασθαι πέμπε τάχος (2) μάστιξον, ἀξιῶ, τὸ πάθος ἄλυς γὰρ κατὰ τὸν ὄχλον πολλοὺς οὐ πολεμέοντας πολεμεόμεθα, ἐχθρὸν ἔχοντες τὸν θῆρα λυμαινόμενον τὰ ποίμνια τέτρωκε πολλούς, δυσιάτους ἐποίησε πικρὰ βέλη βελῶν καταπέμπει οὐ φέρω γνώμην, οὐκέτι ἔχω μετ᾽ ἀνδρῶν γονίμων βουλεύσασθαι λύε ταῦτα πάντα μὴ διαλείψας ἀγαθῇ τύχῃ ἔρρωσο

β΄. Παῖτος βασιλεῖ βασιλέων τῷ μεγάλῳ Ἀρταξέρξῃ χαίρειν

Τὰ φυσικὰ βοηθήματα οὐ λύει τὴν ἐπιδημίην τοῦ λοιμικοῦ πάθεος ὅσα γὰρ ἐκ φύσιος γίγνεται νοσήματα, αὐτὴ ἡ φύσις ἰῆται κρίνουσα ὅσα δὲ ἐξ ἐπιδημίης, τέχνη τεχνικῶς κρίνουσα τὴν τροπὴν τῶν σωμάτων (2) Ἱπποκράτης δὲ ἰητρὸς ἰῆται τοῦτο τὸ πάθος τῷ γένει μὲν οὖν ἐστι Δωριεύς, πόλιος δὲ Κῶ, πατρὸς δὲ Ἡρακλείδα τοῦ Ἱπποκράτεος τοῦ Γνωσιδίκου τοῦ Νέβρου τοῦ Σωστράτου τοῦ Θεοδώρου τοῦ Κλεομυττάδα τοῦ Κρισάμιδος. (3) οὗτος θείῃ φύσι κέχρηται, καὶ ἐκ μικρῶν καὶ ἰδιωτικῶν εἰς μεγάλα καὶ τεχνικὰ προήγαγε τὴν ἰητρικήν γίγνεται μὲν οὖν ὁ θεῖος Ἱπποκράτης ἔνατος μὲν ἀπὸ Κρισάμιδος τοῦ βασιλέος, ὀκτωκαιδέκατος δὲ ἀπὸ Ἀσκληπιοῦ, εἰκοστὸς δὲ ἀπὸ Διός, μητρὸς δὲ Πραξιθέης τῆς Φαιναρέτης ἐκ τῆς οἰκίης τῶν Ἡρακλειδέων, ὥστε κατ᾽ ἀμφότερα τὰ σπέρματα θεῶν ἀπόγονός ἐστι ὁ θεῖος Ἱπποκράτης, πρὸς μὲν πατρὸς Ἀσκληπιάδης ἐών, πρὸς δὲ μητρὸς Ἡρακλείδης (4) ἔμαθε δὲ τὴν τέχνην παρά τε τῷ πατρὶ Ἡρακλείδᾳ καὶ παρὰ τῷ πάππῳ Ἱπποκράτει ἀλλὰ παρὰ μὲν τούτοισι, ὡς εἰκός, τὰ πρῶτα ἐμυήθη τῆς ἰητρικῆς ὅσα τεχνικῶς ἦν καὶ τούτους εἰδέναι, τὴν δὲ σύμπασαν τέχνην αὐτὸς ἑωυτὸν ἐδίδαξε, θείῃ φύσι κεχρημένος, καὶ τοσοῦτον ὑπερβέβληκε τῇ τῆς ψυχῆς εὐγενείῃ τοὺς προγόνους, ὅσον διενήνοχε αὐτῶν καὶ τῇ τῆς τέχνης ἀρετῇ καθαίρει δὲ οὐ θηρίων, θηριωδῶν δὲ νοσημάτων καὶ ἀγρίων πολλὴν γῆν καὶ θάλασσαν ἐλα-

I Magnus Artaxerxes rex regum Pæto S

Morbus pestilens dictus nostris exercitibus se applicuit, nobisque crebro multa molientibus nihil dum remisit Quare velim omnigenis quæ a me præbentur donis ut quamprimum aliquod ex natura sumptum præsidium aut aliquod ex arte remedium aut alicuius qui mederi queat consilium ad nos transmittas (2) Propulsa, oro, hanc affectionem Magna enim multitudinem invasit anxietas Abstinentes bello debellamur, cum hostem habeamus feram istam gregem nostrum devastantem Multos sauciavit et immedicabiles reddidit, acerba iacula immisit Non fero Angor animo neque habeo, quid iam consilii cum viris præstantibus capiam Hæc omnia sine mora solve fortuna usus propitia Vale

II Pætus regi regum magno Artaxerxi

Quæ a natura præsidia petuntur, pestilentiam grassantem non solvunt, morbos enim ex natura ortos ipsa natura inclinatione critica curat, epidemicos vero ars artificiose corporum mutationem discernens curat (2) At Hippocrates medicus hunc morbum sanat, a Doriensibus oriundus et civitate Co, patre vero Heraclide Hippocratis filio, Gnosidico Nebro Sostrate Theodoro Cleomyttada Crisamida (3) Hic divina natura præditus ex parvis ac vulgaribus initiis in magnam artem medicinam provexit Ac divinus quidem Hippocrates nonus a Crisamide rege, ab Æsculapio vero decimus octavus, a Iove vigesimus, matre vero Praxithea Phænaretes filia, ex Heraclidarum familia Quare ex utroque semine a diis oriundus divinus Hippocrates, ex patre quidem Asclepiadarum familiam attingens, ex matre vero Heraclidarum (4) Artem vero tum ex patre Heraclide, tum ex avo Hippocrate didicit Verum ab his quidem, ut par est, primum artis mysteriis initiatus, quæ eos tenuisse credibile est, ipse deinde sese divino ingenio præditus universam artem docuit, tantum ingenii nobilitate maiores suos superans, quantum iis artis excellentia præstitit Expellit autem non feras sed feros et agrestes morbos per magnos terræ et maris

σπείρων πανταχοῦ, ὥσπερ ὁ Τριπτόλεμος τὰ τῆς Δή-
μητρος σπέρματα, τὰ τοῦ Ἀσκληπιοῦ βοηθήματα.
(b) τοιγαροῦν ἐνδικώτατα καὶ αὐτὸς ἀνιέρωται πολλα-
χοῦ τῆς γῆς, ἠξίωταί τε τῶν αὐτῶν Ἡρακλεῖ τε καὶ
Ἀσκληπιῷ ὑπὸ Ἀθηναίων δωρεῶν. τοῦτον μετάπεμ-
ψαι, ἀργύριον καὶ χρυσίον ὅσον ἂν βούληται διδοὺς
αὐτῷ· οὗτος γὰρ ἐπίσταται οὐχ ἕνα τρόπον τῆς ἰήσιος
τοῦ πάθεος, οὗτος πατὴρ ὑγιείης, οὗτος σωτήρ, οὗτος
ἀκεσώδυνος, οὗτος ἁπλῶς ἡγεμὼν τῆς θεοπρεπέος ἐπι-
στήμης. ἔρρωσο.

γ΄. Βασιλεὺς βασιλέων μέγας Ἀρταξέρξης Ὑστάνει Ἑλλησ-
πόντου ὑπάρχῳ χαίρειν.

Ἱπποκράτεος ἰητροῦ Κώου ἀπὸ Ἀσκληπιοῦ γεγονό-
τος καὶ ἐς ἐμὲ κλέος τέχνης ἀφῖκται. διδοὺς οὖν αὐτῷ
χρυσίον ὁκόσον ἂν βούληται, καὶ τὰ ἄλλα χύδην ὧν
ἂν σπανίζῃ, πέμπε πρὸς ἡμέας· ἔσται γὰρ ὁμότιμος
Περσέων τοῖσι ἀρίστοισι. ἀλλὰ καὶ εἴ τις ἄλλος ἀνὴρ
κατ᾽ Εὐρώπην ἀγαθὸς φαίνοιτο, φίλον οἴκῳ βασιλέος
ποιοῦ μὴ φειδόμενος ὄλβου· ἄνδρας γὰρ εὑρεῖν δυνα-
μένους τι κατὰ συμβουλίην οὐ ῥηίδιον.

δ΄. Ὑστάνης Ἱπποκράτει ἰητρῷ Κώῳ Ἀσκληπιαδέων ὄντι
ἀπογόνῳ χαίρειν.

ε΄. Ἣν ἔπεμψε βασιλεὺς ἐπιστολὴν σέο χρῄζων πέμ-
πομφά σοι. γράψον οὖν πρὸς ταῦτα ἵνα κατὰ τάχος
τὴν σὴν ἀπόφασιν πέμψω.

ε΄. Ἱπποκράτης ἰητρὸς Ὑστάνει Ἑλλησπόντου ὑπάρχῳ χαί-
ρειν.

Πέμπε βασιλεῖ ἃ ἐγὼ γράφω, ὅτι καὶ προσφορῇ
καὶ ἐσθῆτι καὶ οἰκήσει καὶ πάσῃ τῇ ἐς τὸν βίον ἀρκεούσῃ
οὐσίῃ χρέομαι. ὄλβου δὲ Περσέων οὔ μοι θέμις ἐπαυ-
ρέσθαι, οὐδὲ νούσων παῦσαι βαρβάρους ἄνδρας, ἐχ-
θροὺς ἐόντας Ἑλλήνων.

στ΄. Ἱπποκράτης Δημητρίῳ ὑγιαίνειν.

Βασιλεὺς Περσέων ἡμέας μεταπέμπεται, οὐκ εἰ-
δὼς ὅτι λόγος ἐμοὶ σοφίης χρυσοῦ πλέον δύναται.

ζ΄. Βασιλεῖ βασιλέων τῷ ἐμῷ μεγάλῳ δεσπότῃ Ἀρταξέρξῃ
Ὑστάνης Ἑλλησπόντου ὕπαρχος· χαίρειν.

Ἣν ἔπεμψας ἐπιστολήν, λέγων πέμψαι Ἱπποκρά-
τει ἰητρῷ Κώῳ ἀπὸ Ἀσκληπιαδέων γεγονότι, ἔπεμψα,
καὶ παρ᾽ αὐτοῦ ἐκομισάμην ἀπόκρισιν, ἣν γράψας
ἔδωκε καὶ ἠξίωσε ἐς τὸν σὸν οἶκον πέμπειν. φέροντα
οὖν ἀπέσταλκά σοι φενακηνασθην διευτύχη.

η΄. Βασιλεὺς βασιλέων μέγας Ἀρταξέρξης Κώοις τάδε λέγει.

Δότε τοῖσι ἐμοῖσι ἀγγέλοισι Ἱπποκράτεα ἰητρὸν
κακοὺς τρόπους ἔχοντα καὶ ἐς ὑμέας καὶ ἐς ἐμὲ καὶ ἐς

tractus, atque Æsculapii auxilia non secus ac Triptolemus
Cereris semina dispergit. (5) Quamobrem iustissimis de
causis in multis terrarum locis etiam ipse divinis honori-
bus affectus est, et ab Atheniensibus iisdem quibus Her-
cules et Æsculapius muneribus cohonestatus est. Hunc
accersiri iube, aurique et argenti quantum volet dato.
Hic enim non unum huius mali sanandi modum tenet.
Hic sanitatis pater est, hic salvator, dolorum sanator,
hic, ut breviter dicam, divinæ scientiæ princeps est.
Vale.

III. Rex regum magnus Artaxerxes Hystani Hellesponti præ-
fecto S.

Hippocratis medici Coi, ab Æsculapio oriundi, artis
gloria ad me quoque pervenit. Auri igitur quantum volet,
reliquaque quibus indiget effuse ei promittito et ad nos
mittito; cum Persarum enim optimatibus eodem erit ho-
nore. Et si quis alius in Europa prudentia excellit, eum
in familiam regiam nihil divitiis parcens asciscito. Neque
enim viros qui consilio valeant invenire est facile.

IV. Hystanes Hippocrati medico Coo ex Asclepiadarum fami-
lia oriundo S.

Quas misit Persarum rex literas præsentiam tuam ex-
petens ad te misi. Ad hæc igitur rescribe, ut quam ce-
lerrime mittam responsum tuum.

V. Hippocrates medicus Hystani Hellesponti præfecto S.

Regi quæ respondeo quam celerrime rescribe, nos victu,
vestitu, domo, omnique re ad vitam necessaria cumu-
late frui. Persarum autem opibus uti non mihi fas est,
neque barbaros morbis liberare, cum sint Græcorum
hostes.

VI. Hippocrates Demetrio S.

Rex Persarum nos ad se vocat, nescius potiorem mihi
esse sapientiæ quam auri rationem.

VII. Regi regum magno meo domino Artaxerxi Hystanes Hel-
lesponti præfectus S.

Quam ad me misisti epistolam, iubens ut ad Hippo-
cratem medicum Coum et ex Asclepiadarum familia
oriundum mitterem, misi et ab eo responsum accepi,
quod scriptum traditum ut domum tuam mitterem iussit.
...... igitur ...... qui hoc perferat ad te misi.

VIII. Rex regum magnus Artaxerxes hæc Cois denuntiat.

Hippocratem medicum maligno erga nos animo et in vos
et me et Persas proterve iniurium nuntiis meis reddite;

Πέρσας ἀσελγαίνοντα εἰ δὲ μή, γνώσεσθε καὶ πρὸ τῆς
ἁμαρτίης τιμωρίην τίσαντες δηιώσας γὰρ ὑμέων τὴν
πόλιν καὶ τὴν νῆσον κατασπάσας ἐς πέλαγος, ποιήσω
μηδὲ ἐς τὸν λοιπὸν χρόνον γνωσθῆναι, εἰ ἦν ἐν τούτῳ
τῷ τόπῳ νῆσος ἢ πόλις Κῴων

θ'

Ἔδοξε τῇ πόλι ἀποκρίνασθαι τοῖσι παρὰ Ἀρταξέρ-
ξεω ἀγγέλοισι ὅτι Κῷοι οὐδὲν ἀνάξιον πρήξουσι οὔτε
Μέροπος οὔτε Ἡρακλέος οὔτε Ἀσκληπιοῦ (2) ὧν ἕνε-
κεν πάντως οἱ πολῖται οὔτι δώσουσι Ἱπποκράτεα, οὐδὲ
εἰ μέλλοιεν ἄρτι ὀλέθρῳ τῷ κακίστῳ ἀπολεῖσθαι καὶ
γὰρ Δαρείου καὶ Ξέρξεω ἀπὸ πατέρων ἐπιστολὰς γρα-
ψάντων γῆν καὶ ὕδωρ οὐκ ἔδωκε αἰτεόντων ὁ δᾶμος,
ὁρέων αὐτοὺς ὁμοίως τοῖσι ἄλλοισι ἀνθρώποισι ἀπο-
στούς ἐόντας. (3) καὶ νῦν τὰν αὐτὰν ἀπὸ Κῴων ἀπό-
κρισιν διδοῖ. Ἱπποκράτεα οὐ δίδοντι ἔλοιτο ἀπαγ-
γελλόντων οὖν αὐτῷ οἱ ἄγγελοι ὅτι οὐδὲ οἱ θεοὶ ἀμ-
λήσουσι ἀμέων

ι' Ἀθδηριτέων ἡ βουλὴ καὶ ο δῆμος Ἱπποκράτεϊ χαίρειν.

Κινδυνεύεται τὰ μέγιστα τῇ πόλι νῦν, Ἱππόκρα-
τες, ἀνὴρ τῶν ἡμετέρων, ὃς καὶ τῷ παρόντι χρόνῳ
καὶ τῷ μέλλοντι ἀεὶ κλέος ἠλπίζετο τῇ πόλι, μηδὲ
νῦν, ὦ πάντες θεοί, φθονηθείη οὗτος ὑπὸ πολλῆς
τῆς κατεχούσης αὐτὸν σοφίης κινάσηκε, ὥστε φόβος
οὐχ ὁ τυχών, ἂν φθαρῇ τὸν λογισμὸν Δημόκριτος, ὄν-
τως δὴ τὴν πόλιν ἡμέων Ἀθδηριτέων καταλειφθήσε-
σθαι (2) ἐκλαθόμενος γὰρ ἁπάντων καὶ ἑωυτοῦ
πρότερον, ἐγρηγορὼς καὶ νύκτα καὶ ἡμέρην, γελῶν
ἕκαστα μικρὰ καὶ μεγάλα καὶ μηδὲν οἰόμενος εἶναι
τὸν βίον ὅλον διατελεῖ γαμέει τις, ὁ δὲ ἐμπορεύεται,
ὁ δὲ δημηγορέει, ἄλλος ἄρχει, πρεσβεύει, χειροτονέ-
εται, ἀποχειροτονέεται, νοσέει, τέτρωται, τέθνηκε,
ὁ δὲ πάντα γελῇ, τοὺς μὲν κατηφέας τε καὶ σκυθρω-
ποὺς τοὺς δὲ χαίροντας ὁρέων (3) ζητέει δὲ ὁ ἀνὴρ
καὶ περὶ τῶν ἐν Ἅιδου καὶ γράφει ταῦτα, καὶ εἰδώλων
φησὶ πλήρεα τὸν ἠέρα εἶναι, καὶ ὀρνέων φωνὰς ὠτα-
κούστεει, καὶ πολλάκις νύκτωρ ἐξαναστὰς μοῦνος ἡσυχῇ
ᾠδὰς ᾄδοντι ἔοικε, καὶ ἀποδημέειν ἐνίοτε λέγει ἐς τὴν
ἀπειρίην καὶ Δημοκρίτους εἶναι ὁμοίους ἑωυτῷ ἀνα-
ριθμήτους, καὶ συνδιεφθορώς τῇ γνώμῃ τὸ χρῶμα ζῇ.
ταῦτα φοβούρεθα, Ἱππόκρατες, ταῦτα ταρασσόμεθα.
(4) ἀλλὰ σῶζε, καὶ ταχὺς ἐλθὼν νουθέτησον τὴν πα-
τρίδα. μηδὲ ἡμέας ἀποδάλῃς καὶ γὰρ οὐδὲ ἀπόδη-
τοί ἐσμεν, καὶ ἐν ἡμῖν μαρτυρίη κεῖται οὐκ ἀναμάρ-
τοις οὔτε δόξης τῆς ἐπ' αὐτῷ περισωθέντι οὔτε χρη-
μάτων οὔτε παιδείης (καίτοι τὰ τῆς παιδείης· πολλῷ
σοι βελτίω τῶν τῆς τύχης), ἀλλά σοι καὶ ταῦτα συγνὰ
παρ' ἡμέων καὶ ἄρθονα γενήσεται τῆς γὰρ Δημοκρί-
του ψυχῆς ἀλλ' οὐδ' εἰ χρυσὸς ἦν ἡ πόλις ἀνταξία
βουλήσιος οὐδ' ὁτιοῦν ἀριστερήσαντα. τοὺς νόμους
ἡμέων δοκέομεν νοσέειν, Ἱππόκρατες, τοὺς νόμους

---

alioqui nosccitis vos etiam ante facinus pœnas persolu
turos Vestra enim urbe ferro et igni devastata et insula
demolita in pelagus efficiam, ut ne in posterum quidem
dignoscatur, num eo loco insula vel urbs Coorum fuerit

IX

Artaxerxis nuntiis populus respondere constituit, Coos
nihil Merope neque Hercule neque Æsculapio indignum
facturos, (2) ideoque cives Hippocratem minime reddituros,
ros, etiamsi pessimam mortem oppetere debeat Dario
enim et Xerxi per literas terram et aquam a maioribus
nostris petentibus populus recusavit, cum videret eos
qui se hostiliter persequerentur, æque ac alios homines
propelli posse (3) Atque etiam nunc idem respondet,
Coos Hippocratem vobis non esse tradituros Hoc igi-
tur illi nuntient legati, ipsos deos nostri curam habituros
esse

X Senatus populusque Abderitanus Hippocrati S.

Caput urbis nostræ nunc summo in discrimine versatur,
Hippocrates, vir scilicet nostras, qui et nunc et olim
huic urbi semper ornamento fore sperabatur, quique uti-
nam ne nunc, o dii omnes, nobis denegetur Is ob multam
sapientiam, quam consecutus est, adeo ægrotat, ut non
mediocriter verendum sit ne, si Democritus mente cap-
tus fuerit, urbs nostra Abderitana penitus pro deserta
habenda sit (2) Omnium enim imprimisque sui oblitus,
vigilans noctu et interdiu, singulaque parva et magna
deridens ac pro nihilo reputans, totam vitam traducit
Ducit aliquis uxorem, hic mercaturam exercet, hic con-
cionem habet, alius magistratum gerit, legationem obit,
populi suffragio magistratus declaratur, abrogatur, ægro-
tat, vulneratur, moritur, hic autem ridet omnia, cum hos
demisso et tetrico vultu, illos hilares videat (3) Quin et
ea inquirit quæ apud inferos fiunt, et de his scribit, et
imaginum plenum aerem esse dicit seque avium voces
intelligere, et sæpe de nocte surgens solus placide canere
videtur, seseque quandoque in infinitatem peregrinari
dicit, et innumerabiles sui similes esse Democritos, una-
que cum mente corpore perditus vivit Hæc metuimus,
o Hippocrates, his de rebus perturbati sumus (4) Ve-
rum tuo consilio patriam nostram servaturus cito adve-
nito, neque nos despexeris Neque enim despiciendi
sumus, et nos testimonii auctoritate valemus, et de De-
mocrito servato neque gloria neque pecunia neque erudi-
tionis fama frustraberis Et quamquam plus apud te va-
leat doctrinæ quam fortunæ ratio, hæc tamen tibi a nobis
et copiosa et larga offeretur Etenim vitam Democriti
urbs nostra, quam auream esse velimus quovis pignore
redimere tendet Leges nostras, Hippocrates, ægro-

19

παρακόπτειν. (5) ἴθι θεραπεύσων, ἀνδρῶν φέριστε,
ἄνδρα ἀρίσημον, οὐκ ἰητρός, ἀλλὰ κτίστης ἐὼν ὅλης
τῆς Ἰωνίης, περιβάλλων ἡμῖν ἱερώτερον τεῖχος. πό-
λιν, οὐκ ἄνδρα θεραπεύσεις, βουλὴν δὲ νοσοῦσαν καὶ
κινδυνεύουσαν ἀποκλεισθῆναι μέλλεις ἀνοιγνύναι, αὐτὸς
νομοθέτης, αὐτὸς δικαστής, αὐτὸς ἄρχων, αὐτὸς
σωτήρ, καὶ τούτων τεχνίτης ἀφίξει. ταῦτά σε προσ-
δοκῶμεν, Ἱππόκρατες, ταῦτα καὶ γένοιο ἐλθών. (6)
μία πολίων οὐκ ἄσημος, μᾶλλον δὲ ἡ Ἑλλὰς ὅλη
δέεταί σου φυλάξαι σῶμα σοφίης.   αὐτὴν δὲ δόκει
παιδείαν πρεσβεύειν πρὸς σὲ τῆς παρακοπῆς ταύτης
ἀπαλλαγῆναι δεομένην.   ξυγγενὲς μὲν οὖν, ὡς ἔοικε,
πᾶσι σοφίη, τοῖσι δ' ἐγγυτέρω κεχωρηκόσι αὐτῆς ὥσ-
περ ἡμῖν καὶ μάλα πλέον.   εὖ ἴσθι, χαριεῖ καὶ τῷ
μέλλοντι αἰῶνι, μὴ προσκλιπὼν Δημόκριτον ἧς ἐλ-
πίζει προτερήσειν ἀληθείης. (7) σὺ γὰρ Ἀσκληπιῷ
προσπέπλεξαι γένος καὶ τέχνην, ὁ δὲ Ἡρακλέος ἐστι
ἀδελφιδοῦς, ἀφ' οὗ Ἄβδηρος, ὥς που πυνθάνη πάν-
τως, ᾧ ἐπώνυμος ἡ πόλις. ὥστε κἀκείνῳ χάρις ἡ
Δημοκρίτου γένοιτ' ἂν ἴησις. ὁρέων οὖν, ὦ Ἱπποκρα-
τες, ἐς ἀναισθησίην ἀπορρέοντα καὶ δῆμον καὶ ἄνδρα
ἀρίσημον, σπεῦδε πρὸς ἡμέας, δεόμεθα. φεῦ ὡς καὶ τὰ
ἀγαθὰ περισσεύσαντα νοῦσον τυγχάνουσι· (8) ὁ Δημόκρι-
τος γὰρ ὅσον ἐρρώσθη πρὸς ἄκρα σοφίης, ἴσα κινδυ-
νεύει νῦν ἀποπληξίῃ διανοίης καὶ ἠλιθιότητι κεκακῶ-
σθαι, οἱ δ' ἄλλοι, ὅσοι πολλοὶ Ἀβδηρῖται, μείναντες
ἐν ἀπαιδευσίῃ τόν γε κοινὸν κατέχουσι νόον, ἀλλὰ νῦν
γε φρονιμώτεροι νοῦσον σοφοῦ κρίνειν οἱ πρὶν ἄφρονες.
ἴθι οὖν μετὰ Ἀσκληπιοῦ πατρός, ἴθι μετὰ Ἡρακλέος
θυγατρὸς Ἠπιόνης, ἴθι μετὰ παίδων τῶν ἐπὶ Ἴλιον
στρατευσαμένων, ἴθι νῦν παιώνια νούσου φέρων ἄκεα.
(9) εὐκαρπήσει δὲ γῆ ῥίζας καὶ βοτάνας ἀλεξιφάρμακα
μανίης ἄνθεα· σχεδὸν οὖν οὐδέποτε γονιμώτερον εὑφο-
ρήσουσι οὔτε γῆ οὔτε ὀρέων ἀκρώρειαι ἢ νῦν Δημο-
κρίτῳ τὰ πρὸς ὑγιείην. ἔρρωσο.

ια'. Ἱπποκράτης Ἀβδηριτέων τῇ βουλῇ καὶ τῷ δήμῳ χαίρειν.

Ὁ πολίτης ὑμέων Ἀμελησαγόρης ἦλθε ἐς Κῶ, καὶ
ἔτυχε τότ' ἐοῦσα ἡ ἀνάληψις τῆς ῥάβδου ἐν ἐκείνῃ τῇ
ἡμέρῃ καὶ ἐτήσιος ἑορτή, ὡς ἴστε, πανήγυρις ἡμῖν
καὶ πομπὴ πολυτελὴς ἐς κυπάρισσον, ἣν ἔθος ἄγειν
τοῖσι τῷ θεῷ προσήκουσι. (2) ἐπεὶ δὲ σπουδάζειν
ἐῴκεε καὶ ἐκ τῶν λόγων καὶ ἐκ τῆς προσόψιος ὁ Ἀμε-
λησαγόρης, πεισθείς, ὅπερ ἦν, ἐπείγειν τὸ πρῆγμα,
ἀνέγνων τε ὑμέων τὴν ἐπιστολὴν καὶ ἐθώυμασα ὅτι
περὶ ἑνὸς ἀνθρώπου ὡς εἷς ἄνθρωπος ἡ πόλις θορυβέε-
σθε. (3) μακάριοί γε δῆμοι ὁκόσοι ἴσασι τοὺς ἀγαθοὺς
ἄνδρας ἕρκατα ἑωυτῶν, καὶ οὐ τοὺς πύργους οὐδὲ
τὰ τείχεα, ἀλλὰ σοφῶν ἀνδρῶν σοφὰς γνώμας. ἐγὼ
δὲ πείθομαι τέχνας μὲν εἶναι θεῶν χάριτας, ἀνθρώ-
πους δὲ ἔργα φύσιος. μὴ νεμεσήσητε, ἄνδρες Ἀβδηρῖ-
ται, εἰ οὐχ ὑμέας δοκέω ἀλλὰ τὴν φύσιν αὐτὴν κα-
λέειν με ἀνασῶσαι ποίημα ἑωυτῆς, κινδυνεῦον ὑπὸ

tare et delirare existimamus. (5) Adsis, vir optime,
virum eximium curaturus. Venies non tanquam medicus,
sed velut totius Ioniæ fundator, nos sacratiore muro cir-
cumdabis. Urbem non virum curabis, senatum ægrotan-
tem et ne claudatur periclitantem aperies, ipse legum
conditor, iudex, magistratus, servator et horum artifex
advenies. Hanc in rem te exspectamus, Hippocrates, hæc
nobis eris ubi veneris. (6) Civitatum una non obscura,
imo universa Græcia te orat, ut sapientiæ corpus conser-
ves. Ipsam vero doctrinam apud te legationem obire
putato, ut se hac insania liberes rogantem. Sapientia
certe, ut nobis videtur, omnibus cognata est et iis, qui ad
eam propius accesserunt, velut nobis, multo magis. Certo
scito te a futuro sæculo magnam inituram gratiam, si
Democritum veritate, qua cum omnibus præstare posse
sperat, non destitueris. (7) Tu enim Æsculapio genere
et arte coniunctus es, hic vero Herculis ex fratre nepos,
ex quo Abderus, ut procul dubio audisti, cuius nomen
civitas habet. Quare illi etiam grata futura est Demo-
criti curatio. Cum igitur videas, Hippocrates, et popu-
lum et virum egregium ad sensuum stupiditatem delabi,
ad nos ut festines rogamus. Mirum quod vel bona exu-
berantia morbi existunt. (8) Democritus enim quantum
sapientiæ acumine valuit, in tantum nunc periclitatur,
ne mentis stupore et dementia male afficiatur. At reli-
quum Abderitanum vulgus ineruditum sensu quidem
communi fruitur, quin etiam qui antea imprudentes ha-
bebantur, ad sapientis morbum discernendum nunc qui-
dem perspicaciores sunt. Adesto igitur cum Æsculapio
patre, cum Herculis filia Epione, cum filiis qui ad Ilium
in expeditionem profecti sunt, adesto nunc pæonia tecum
morbi remedia afferens. (9) Terra uberibus fructibus,
radicibus, herbis et floribus ad depellendam insaniam
ferax erit, neque fere unquam fæcundius quid produ-
cent neque terra neque montium iuga quam quæ nunc ad
Democriti salutem. Vale.

XI. Hippocrates senatui populoque Abderitarum S.

Civis vester Amelesagoras eo die Co appulit, in quem
forte inciderat virgæ assumptio, universaria, ut scitis,
nobis festivitas et publicus conventus, pompaque ad cu-
pressum celebris, quam pro more deducunt qui deo di-
cati sunt. (2) Cum autem et ex verbis et ex aspectu
ipso festinare videretur Amelesagoras, credens re vera
urgere negotium, epistolam vestram legi et miratus sum
quod de unius hominis salute non secus ac si unus esset
in civitate conturbati essetis. (3) Certe beati sunt populi,
qui viros bonos sua esse propugnacula intelligunt, non
turres, non mœnia, sed prudentium virorum prudentia
consilia. At vero artes deorum esse munera cum mihi
persuadeam, viros autem naturæ opera, ne indignemini,
viri Abderitæ, si naturam, non vos me vocare existimem
ad opus suum conservandum, quod periclitatur ne morbo

νούσου διαπεσεῖν   (4) ὥστε πρὸ ὑμέων ἐγὼ φύσι
καὶ θεοῖσι ὑπακούων σπεύδω νοσεῦντα Δημόκριτον
ἰήσασθαι, εἴπερ δὴ καὶ τοῦτο νοῦσός ἐστι, ἀλλὰ μὴ
ἀπάτη ϳσκιάζεσθε, ὅπερ εὔχομαι.   καὶ γένοιτο ἂν
πλέον τῆς ἐν ὑμῖν εὐνοίης τεκμήριον τὸ πρὸς ὑπό-
νοιαν ταραχθῆναι   (5) ἀργύριον δέ μοι ἐρχομένῳ
οὔτ' ἂν φύσις οὔτε θεὸς ὑπόσχοιτο, ὥστε μηδ' ὑμεῖς,
ἄνδρες Ἀβδηρῖται, βιάζεσθε, ἀλλ' ἐᾶτε ἐλευθέρης τέ-
χνης ἐλεύθερα τὰ ἔργα. οἱ δὲ μισθαρνεῦντες δουλεύειν
ἀναγκάζουσι τὰς ἐπιστήμας, ὥσπερ ἐξανδραποδίζοντες
αὐτὰς ἐκ τῆς προτέρης παρρησίης. (6) εἴθ' ὡς εἰκὸς
καὶ ψεύσαιντο ἂν ὡς περὶ μεγάλης νούσου, καὶ ἀρνη-
θεῖεν ἂν ὡς περὶ σμικρῆς, καὶ οὐκ ἂν ἔλθοιεν ὑποσχό-
μενοι, καὶ πάλιν ἔλθοιεν μὴ κληθέντες οἰκτρός γε ὁ
τῶν ἀνθρώπων βίος, ὅτι δι' ὅλου αὐτοῦ ὡς πνεῦμα
χειμέριον ἢ ἀφόρητος φιλαργυρίη διελήλυθε, ἐφ' ἣν
εἴθε μᾶλλον ἅπαντες ἰητροὶ ξυνήεσαν ἀποθεραπεῦ-
σαι χαλεπωτέρην μανίης νοῦσον, ὅτι καὶ μακαρίζεται
νοῦσος ἐοῦσα καὶ κακοῦσα. (7) οἶμαι δὲ ἔγωγε καὶ τὰ
τῆς ψυχῆς νοσήματα πάντα μανίας εἶναι· σφοδρὰς ἐμ-
ποιούσας δόξας ·ινὰς καὶ φαντασίας τῷ λογισμῷ, ὧν ὁ
δι' ἀρετῆς ἀποκαθαρθεὶς ὑγιάζεται   (8) ἐ̓ὼ δὲ εἰ
πλουτέειν ἐξ ἅπαντος ἐβουλόμην, ὦ ἄνδρες Ἀβδηρῖ-
ται, οὐκ ἂν εἵνεκεν δέκα ταλάντων διέβαινον πρὸς
ὑμέας, ἀλλ' ἐπὶ τὸν μέγαν ἐρχόμενος Περσέων βασι-
λέα, ἔνθα πόλιες ὅλαι προσῆσαν τῆς ἐξ ἀνθρώπων
εὐτυχίης γεγενημέναι, οἵμην ἂν τὸν ἐκεῖ λοιμὸν
ἀνιών. (9) ἀλλ' ἀπηρνησάμην ἔγθρὴν Ἑλλάδι χώ-
ρην ἐλευθερῶσαι κακῆς νούσου κἀγὼ τὸ μὲν ἐπ' ἐμοὶ
καταναυμαχῶ τοὺς βαρβάρους, εἶχον δ' ἂν αἰσχύνην
τὸν βασιλέος πλοῦτον καὶ πατρίδος ἔγθρὴν περι-
ποιούσην, περιεχείμην δ' ἂν αὐτά, ὡς ἑλέπολις τῆς
Ἑλλάδος ὑπάρχων (10) οὐκ ἔστι πλοῦτος τὸ παντα-
χόθεν χρηματίζεσθαι μεγάλα γὰρ ἱερὰ τῆς ἀρετῆς
ἐπὶ δικαιοσύνην, οὐκ ὀρυσσόμενα ἀλλ' ἐμφανέα
ἐόντα. ἢ οὐκ οἴεσθε ἴσον ἁμάρτημα εἶναι σώζειν πο-
λεμίους καὶ φίλους ἰᾶσθαι μισθοῦ, (11) ἀλλ' οὐχ ὧδε
ἔχει τὰ ἡμέτερα, ὦ δῆμε οὐ καρποῦμαι νούσους, οὐδὲ
δι' εὐχῆς ἤκουσα τὴν Δημοκρίτου παράκρουσιν, ὃς
εἴτε ὑγιαίνει, φίλος ἔσται, εἴτε νοσέει, θεραπευθεὶς
φίλος πλέον ὑπάρξει. πυνθάνομαι δὲ αὐτὸν ἐμβριθέα
καὶ στερρὸν τὰ ἤθεα καὶ τῆς ὑμετέρης πόλιος ἐόντα
κόσμον ἔρρωσθε.

ιβ' Ἱπποκράτης Φιλοποίμενι χαίρειν

Οἱ τὴν τῆς πόλιος ἐπιστολὴν ἀποδόντες μοι πρέ-
σβεις καὶ τὴν ἀπέδοσαν, ἥσθην δὲ κάρτα ξεινίην τε
ὑποσχνευμένου σοι καὶ τὴν ἑτέρην διαίτην. ἔλθοιμεν
δὲ αἰσίη τύχῃ καὶ ἀμείνωσθα ὡς ὑπολαμβάνομεν
χρηστοτέρησι ἐλπίσι, ἐξ ὧν ἐν τῇ γραφῇ παραδεδή-
λωται οὐ μανίην ἀλλὰ ψυχῆς τινὰ ῥῶσιν ὑπερβάλλου-
σαν διασαφέοντες τἀνδρός, μήτε παίδων μήτε γυ-
ναικὸς μήτε συγγενέων μήτε οὐσίης μήτε τινὸς ὅλως

corruat   (4) Quare naturæ et diis potius quam vobis
auscultans festino Democritum ægrotantem sanaturus, si
sane hic morbus est, ac non potius, quod exopto, errore
hallucinamini Ac certe maius fuerit benevolentiæ vestræ
testimonium, si vos ad hanc suspicionem conturbari fue-
ritis (5) Mihi vero ad vos venienti non natura, neque
deus argentum promiserit Unde neque vos, viri Abde-
ritæ, per vim obtrudite, sed liberæ artis libera esse sinite
opera Qui autem mercede operam suam loc nt, has
scientias tanquam ex priore libertate mancipio dantes
servire cogunt (6) Deinde probabile est mentiri posse tan-
quam in magno morbo, et negare ut in parvo, aut ubi
promiserint, non venire, rursusque non vocatos venire
Miserabilis sane est humana vita, quod eam totam into-
lerabilis argenti cupiditas velut hibernus flatus pervaserit,
ad quem morbum curandum utinam medici omnes potius
concurrerent, gravior enim ille mentis alienatione est,
quippe qui, etiamsi morbus sit et male affligat, censeatur
beatus   (7) Equidem omnes animi morbos vehementes
insanias reputo, cum opiniones quasdam et visa rationi
suscitent, ex quibus sanescit qui per virtutem repurgatur
(8) Ego vero si omnibus modis ditescere voluissem, viri
Abderitæ, ne decem quidem talentorum gratia ad vos
venirem, sed ad magnum Persarum regem proficiscerer,
ubi urbes totæ cuiusvis generis opibus mirum quantum
refertæ occurrissent, illorum autem pestilentem morbum
curassem   (9) Sed regionem Græciæ inimicam malo
morbo liberare recusari Et ipse, quantum in me erat,
barbaros navali proelio supero Regias autem opes igno-
miniæ mihi futuras et opulentiam patriæ inimicam
reportassem, quibus circumaffluens urbium Græciæ quasi
destructor existerem   (10) Divitiæ non sunt pecuniæ un-
decunque comparatæ Magna enim sunt virtutis sacra,
quæ a iustitia non teguntur, sed in apertum se proferunt
An non reputatis æquale peccatum esse, hostes servare
et amicos mercede curare? (11) At non ita se habent res
nostræ Ex morbis quæstum non facio, neque ex animo
Democriti dementiam audivi, qui sive sanus sit, amicus
est, sive ægrotet, curatus magis etiam amicus futurus est
Eum autem gravibus et firmis moribus esse præditum
intelligo et urbi vestræ esse ornamento Valete

XII Hippocrates Philopœmeni S

Legati cum urbis vestræ epistola etiam tuam mihi
reddiderunt, quodque tuum hospitium et reliqua vitæ
commoda promitteres, valde lætatus sum Auspicato
autem veniemus et, ut opinamur, meliore spe accedemus,
quippe argumento usi iis quæ per litteras accepimus,
non insaniam sed eximium quoddam animi robur in viro
isto agnoscimus, qui neque liberorum neque uxoris neque

ἐν φροντίδι ἐόντος, ἡμέρην δὲ καὶ εὐφρόνην πρὸς ἑωυτῷ
κατεστεῶτος καὶ ἰδιάζοντος πάμπολλα ἐν ἄντροισι καὶ
ἐρημίῃσι ἢ ὑπὸ σκέπῃσι δενδρέων καὶ ἐν μαλθακῇσι
ποίῃσι ἢ παρ' ἡσύχοισι ὑδάτων ῥεέθροισι. (2) ξυμβαίνει
μὲν οὖν τὰ πολλὰ τοῖς μελαγχολῶσι τοιαῦτα· σιγηλοί
τε γὰρ ἔνιότε καὶ μονήρεες καὶ φιλέρημοι τυγχάνουσι,
ἀπανθρωπεύονταί τε ξύμφυλον ὄψιν ἀλλοτριωτάτην
νομίζοντες.   οὐκ ἄποικος δὲ καὶ τοῖσι περὶ παιδείην
ἐσπουδακόσι τὰς ἄλλας φροντίδας ὑπὸ μιῆς τῆς ἐν σο-
φίῃ διαθέσιος σεσοβῆσθαι.   (3) ὥσπερ γὰρ ὁμῶες
καὶ ὁμοΐδες ἐν τοῖσι οἴκοισι θορυβέοντες καὶ στασιά-
ζοντες, ὁκόταν ἐξαπιναίως αὐτοῖσι δέσποινα ἐπιστῇ,
πτοηθέντες ἐφησυχάζουσι, παραπλησίως καὶ αἱ λοιπαὶ
αἱ κατὰ ψυχὴν ἐπιθυμίαι ἀνθρώποισι κακῶν ὑπηρέτιδες·
ἐπὴν δὲ σοφίης ὄψις ἑωυτὴν ἐπιστήσῃ, ὡς δοῦλα τὰ
λοιπὰ πάθεα ἐκκεχώρηκε. (4) ποθέουσι δὲ ἄντρα καὶ
ἡσυχίην οὐ πάντως οἱ μανέντες, ἀλλὰ καὶ οἱ τῶν ἀνθρω-
πίνων πρηγμάτων ὑπερφρονήσαντες ἀταραξίης ἐπιθυ-
μίῃ.   ὁκόταν γὰρ ὁ νόος ὑπὸ τῶν ἔξω φροντίδων κο-
πτόμενος ἀναπαύσασθαι θελήσῃ τὸ σῶμα, τότε ταχέως
ἐς ἡσυχίην μετήλλαξε, εἶτα ἀναστὰς ὄρθριος ἐν ἑωυτῷ
περισκοπεῖ κύκλῳ χωρίον ἀληθείης, ἐν ᾧ οὐ γυνή,
οὐ τέκνα, οὐ κασίγνητοι, οὐ ξυγγενέες, οὐ δμῶες, οὐδ'
ὅλως οὐδὲ ἐν τῶν θορύβων ἐμποιεόντων, πάντα δ'
ἀποκεκλεισμένα τὰ ταράσσοντα ἕστηκε ὑπὸ φόβου,
οὐδὲ πλησιάσαι τολμέοντα ὑπὸ εὐλαβείης τῶν αὐτόθι
οἰκεόντων· οἰκέουσι δὲ τὸ χωρίον ἐκεῖνο τέχναι καὶ
ἀρεταὶ καὶ θεοὶ καὶ δαίμονες καὶ βουλαὶ καὶ γνῶμαι.
(5) καὶ ὁ μέγας πόλος ἐν ἐκείνῳ τῷ χωρίῳ τοὺς πολυκι-
νήτους ἀστέρας κατέστεπται, εἰς ὃ τάχα καὶ Δημόκρι-
τος ὑπὸ σοφίης μετοικήσας εἶτ' οὐκέθ' ὁρέων τοὺς ἐν
τῇ πόλι, οἷά γε τηλοῦ ἐκδεδημηκώς, δοξάζεται μανίης
νοῦσον διὰ τὸ φιλέρημον, σπεύδουσι δὲ Ἀβδηρῖται
ἀργυρίου ἐλεγχθῆναι ὅτι οὐ ξυνιᾶσι Δημόκριτον.
ἀλλὰ σύ γε ἡμῖν κατάρτυε τὴν ξεινίην, ἑταῖρε Φι-
λοποίμην· οὐδὲ γὰρ ἐθέλω τεταραγμένῃ τῇ πόλι
παρασχεῖν ὄχλησιν, ἐκ παλαιοῦ ἴδιον ἔχων ξεῖνόν σε,
ὡς οἶσθα.

ιγ'. Ἱπποκράτης Διονυσίῳ χαίρειν.

*Ἢ περίμεινόν με ἐν Ἁλικαρνησσῷ ἢ φθάσον αὐτὸς
ἐλθών, ὦ ἑταῖρε· κατὰ πᾶσαν γὰρ ἀνάγκην ἀπιτέον εἰς
Ἀβδηρά μοι Δημοκρίτου χάριν, ἐφ' ὃν νοσέοντα μετε-
πέμψατό με ἡ πόλις. (2) ἀλλ' ἔκτοπος γάρ τις ἡ ξυμπα-
θείη τῶν ἀνθρώπων, Διονύσιε, ὡς μία ψυχὴ συννοσεύν-
των τῷ πολίτῃ· ὥστε μοι δοκέουσι καὶ αὐτοὶ θεραπείης
δέεσθαι. ἐγὼ μὲν οἶμαι οὐδὲ νοῦσον αὐτὸ εἶναι, ἀλλ'
ἀμετρίην παιδείης, οὐκ οὖσαν δὲ τῷ ὄντι ἀμετρίην,
ἀλλὰ νομιζομένην τοῖσι ἰδιώτῃσι, ἐπεὶ οὐδέποτε βλα-
βερὸν τῆς ἀρετῆς τὸ ἄμετρον. (3) δόξα δὲ νούσου
γίγνεται τοῦτο διὰ τὴν τῶν κρινόντων ἀπαιδευσίην,
δοκιμάζει δὲ ἕκαστος ἐξ ὧν αὐτὸς οὐκ ἔχει τὸ ἐν
ἄλλῳ πλεονάζον περισσεύειν. καὶ ἴσως που καὶ ὁ δει-

cognatorum neque rei familiaris neque cuiusquam omnino
curam habeat, sed dies et noctes secum vivat et privatam
vitam degat in antris plerumque et solitudinibus aut in
arborum umbraculis aut in mollibus herbis aut iuxta cre-
bra aquarum fluenta. (2) Hæc igitur plerumque melan-
cholicis accidunt. Quandoque enim taciturni sunt, soli-
tarii, desertorum amantes, familiarium conspectum
tanquam alienum fugiunt. Neque etiam absurdum est
in his, qui ad disciplinas studiose contendunt, omnes alias
curas ab uno sapientiæ affectu excuti. (3) Non aliter
enim ac ministri et ministræ in domibus tumultuantes ac
concertantes, si quando derepente eis hera adfuerit, at-
toniti conquiescunt, similiter etiam reliquæ animi cupi-
ditates malorum hominibus sunt administræ ; at ubi sa-
pientia in conspectum se dederit, tanquam mancipia re-
liqui affectus discedunt. (4) Expetunt autem speluncas
et quietem non amentes solum, verum etiam qui res
humanas negligunt ob tranquillitatis desiderium. Cum
enim mens curis externis fracta se recreare voluerit,
tunc cito quieti se tradit, deinde celsa atque erecta verita-
tis locum circumspicit, in quo non pater, non mater, non
uxor, non liberi, non frater, non cognati, non ministri,
non fortuna neque prorsus quicquam tumultum excitat,
sed perturbantia omnia reiecta præ timore subsistunt
neque appropinquare audent pro eorum reverentia qui
illic inhabitant. Illum autem locum inhabitant artes,
virtutum omne genus, dii, dæmones, consilia, sententiæ.
(5) In illaque regione magnus polus stellis plurimum se
moventibus tanquam corona cinctus est, in quam for-
tassis Democritus ob sapientiam commigravit. Deinde
cum eos qui in urbe sunt non amplius videat, ut qui
procul a domo agat, ob solitudinis amorem insanire cre-
ditur. Cum vero Abderitæ Democritum non intelligant,
de argento periculum facere student. Tu vero, amice
Philopœmen, hospitium nobis præparats ; neque enim
perturbatæ urbi molestus esse volo, cum te, ut nosti,
veterem et proprium hospitem habeam.

XIII. Hippocrates Dionysio S.

Aut me Halicarnassi exspecta, aut me, o amice, ante-
verte; necessario enim mihi Democriti gratia in Abderam
abeundum, ad quem ægrotantem urbs me accersivit.
(2) At mirabilis, Dionysi, quædam est hominum isto-
rum naturæ cognatio et quasi concentus, quippe qui vel-
ut uno animo cum cive suo ægrotent, ut et ipsi cura-
tione indigere mihi videantur. Equidem ne morbum
quidem esse puto, sed nimis exsuperantem doctrinam
quæ tamen modum exsuperare non potest, sed ita vulgo
existimatur, cum virtus modum exsuperans nunquam sit
noxia. (3) Quod vero eminet, propter eorum qui iudi-
cant inscitiam morbi speciem præbet. Unusquisque au-
tem ex his quæ non habet, id quod in alio abundat mo-

λὸς ἀμετρίην τὴν ἀνδρείην ὑπέληξε, καὶ ὁ φιλάργυρος
τὴν μεγαλοφυζίην, καὶ πᾶσα ἔλλειψις ὑπερβάλλειν
δοκέει τὸ τῆς ἀρετῆς ξύμμετρον (ιʹ) ἐκεῖνον μὲν οὖν
αὐτὸν ἰδόντες μετὰ τῆς ἐνθένδε προγνώσιος καὶ ἀκού-
σαντες τῶν λόγων αὐτοῦ ἄμεινον εἰσόμεθα· σὺ δὲ
ἔπειξον, ὦ Διονύσιε, παραγενέσθαι βούλομαι γὰρ
ἐνδιατρίψαί σε τῇ πατρίδι μου μέχρις ἂν ἐπανέλθω,
ὅπως τῶν ἡμετέρων φροντίζῃς καὶ πρὸ τῶν ἐμῶν
τῆς πόλιος ἔπειτ' οὐκ οἶδ' ὅπως ἐκ ξυντυχίης
ὑγιεινὸν τὸ ἔτος ἐστὶ καὶ τὴν ἀρχαίην φύσιν ἔχον ὥστε
οὐ πολλὰ παρενοχλέουσι νοῦσοι πλὴν ὅμως πά-
ριθι. (ιʹ) οἰκήσεις δὲ τὴν ἐμὴν εὐκαιρέουσαν οἰκίην,
ἅτε καὶ τοῦ γυναίου μένοντος πρὸς τοὺς γονῆας διὰ
τὴν ἐμὴν ἀποδημίην ἐπισκόπει δὲ καὶ τὰ ἐκεί-
νης, ὅπως διάγῃ σωφρόνως, καὶ μὴ διὰ τὴν τἀνδρὸς
ἀπουσίην ἄλλους ἄνδρας νομίζῃ, κόσμιος μὲν οὖν ἦν ἐξ
ἀρχῆς, καὶ τοὺς γονῆας ἀσπαζίους εἶχε, τόν τε πατέρα
ἀνδρικόν τε καὶ μισοπόνηρον ὑπερφυῶς γερόντων
ἀλλ' ὅμως ἀεὶ χρηίζει γυνὴ τοῦ σωφρονίζοντος, ἔχει
γὰρ φύσι καὶ τὸ ἀκόλαστον ἐν ἑωυτῇ, ὅπερ εἰ μὴ καθ'
ἡμέρην ἐκκόπτοιτο, ὥσπερ τὰ δένδρεα καθυλομανέει
(ιʹ) ἐγὼ δὲ φίλον ἀκριβέστερον οἶμαι γονέων ἐς φυλα-
κὴν γυναικὸς, οὐ γὰρ ὡς ἐκείνοις καὶ τούτῳ ξυνοικέει
πάθος εὐνοίης, δι' οὗ πολλάκις ἐπισκιάζονται τὴν νου-
θεσίην. φρονιμώτερον δὲ ἐν παντὶ τὸ ἀπαθέστερον,
ἅτε μὴ ἐπιχλώμενον ὑπὸ εὐνοίης

ιδ Ἱπποκράτης Δαμαγήτῳ χαίρειν

Οἶδα παρὰ σοὶ γενόμενον, ἐν Ῥόδῳ, Δαμάγητε,
τὴν ναῦν ἐκείνην (Ἁλίας ἐπιγραφὴ ἦν αὐτῇ), πάγκα-
λόν τινα καὶ εὔπρυμνον, ἱκανῶς τε τετροπ-ωμένην, καὶ
διάβασιν εἶχε πολλὴν ἐπήνεες δὲ καὶ τὸ ναυτικὸν αὐ-
τῆς ὡς ἀσφαλῶς καὶ ἐντελῶς ὑπουργῆσαι, καὶ
τοῦ πλόου τὴν εὐδρομίην (βʹ) ταύτην ἔκπεμψον ἡμῖν,
εἰ οἷόν τε, μὴ κώπησι ἀλλὰ πτερύξι ἐρε-ώσας·
ἐπείγει γὰρ τὸ πρῆγμα, φιλότης, καὶ ἐς Ἄβδηρα
διαπλεύσας πάνυ ταχέως· βούλομαι νοσεύσας ἰή-
σασθαι πόλιν διὰ νοσεῦντα ἕνα Δημόκριτον ἀκούεις
που τἀνδρὸς τὸ κλέος. (γʹ) τοῦτον ἡ πατρὶς αἰτιᾶται
μανίῃ κεκακῶσθαι, ἐγὼ δὲ βούλομαι μὴ ὄντως
αὐτὸν παρακόπτειν, ἀλλ' ἐκείνοισι δόξαν εἶναι
γελᾷ, φασί, ἀεὶ καὶ οὐδέποτε παύεται γελῶν ἐπὶ
παντὶ πρήγματι, καὶ σημεῖον αὐτὸ τοῦτο μανίης
δοκέει (δʹ) ὅθεν λέγε τοῖσι ἐν Ῥόδῳ φίλοισι με-
τριάζειν καὶ μὴ πολλὰ γελῆν μηδὲ πολλὰ σκυθρω-
πάζειν, ἀλλὰ τούτων ἀμφοῖν τὸ μέτριον κτήσασθαι,
ἵνα τοῖσι μὲν χαριέστατος εἶναι δόξῃς, οἷσι δὲ φρον-
τιστὴς περὶ ἀρετῆς μερμηρίζῃς. (εʹ) ἕνι μέντοι τι,
Δαμάγητε, κακόν, παρ' ἕκαστον αὐτοῦ γελῶντος· εἰ
γὰρ ἡ ἀμετρίη φλαύρη, τὸ διὰ παντὸς φλαυρότερον
καὶ εἴποιμ' ἂν αὐτῷ « Δημόκριτε, καὶ νοσεῦντος καὶ
κτεννυμένου καὶ τεθνεῶτος καὶ πολιορκεομένου καὶ
παντὸς ἐμπίπτοντος κακοῦ, ἕκαστον τῶν τρηχασσσ-ομένων

---

dum excedere opinatur Ita timidus fortitudinem et ava-
rusanimi magnitudinem modum excedere sentit, omnisque
defectus moderationem virtutis excessum esse putat
(4) Illum igitur ipsum ubi viderimus cum ea quam hic
concepimus praenotione, eiusque sermonem audiverimus
melius cognoscemus Tu vero, Dionysi, ipse accedere
festina, volo enim te, quoad redero, in patria nostra
commorari, ut rerum nostrarum imprimisque urbis nos-
træ curam habeas, quandoquidem nescio quo casu salu-
bris annus est et pristinam naturam retinet Quare neque
multi morbi molesti sunt Verumtamen adesto (5)
Domum meam vacantem inhabitabis, cum uxor mea
propter profectionem meam apud parentes maneat Il-
lius tamen vitam observa, ut pudice degat et ne ob
viri absentiam alios viros usurpet Modesta quidem
ab initio fuit et probos habuit parentes, patrem autem
senem mirum in modum virilem et vehementer malos
odio prosequentem, semper tamen eo qui ad bonam fru-
gem corrigat mulier opus habet Natura enim insitam
intemperantiam habet, quae nisi quotidie resecetur, velut
arbores supervacuis frondibus et inutili fruticatione
luxuriat (6) At ego amicum parentibus diligentiorem in
muliere custodienda existimo, neque enim hic, velut illi,
benevolentiae affectu cum ea coniunctus est, quo plerum-
que admonitioni tenebras offundunt In omni autem re
animus ab omni perturbatione liber prudentior est, quod
nimium benevolentia frangi non possit

XIV Hippocrates Damageto S

Cum apud te Rhodi essem, Damagete, navem illam
vidi cui Haliæ inscriptio inerat, quae mihi perpulchra,
puppi proba et carina idonea instructa, multaque transla-
habere visa est, tu vero eam commendabas, quod ad
navigandum in velox esset, tuta, ad regendum bene fa-
bricata, facilemque navigationis cursum haberet (2)
Eam ad nos mittito, sed si fieri possit, non remis, sed
alarum remigio instructam, res enim, amice, urget,
ut quam citissime in Abderam traiiciam, ægrotan-
tem enim urbem propter unum Democritum morbo af-
fectam curare volo, si quando de huius viri fama acce-
pisti (3) Hunc patria dementiae insimulat, at ego volo, non
vero exopto, illum se vera non delirare, sed eos ita opi-
nari Pudet semper, inquiunt, neque in quovis negotio
ridere cessat, hocque illis insaniæ signum videtur (4)
Quare nostros qui Rhodi sunt amicos moneto, ut semper
modum teneant neque multum rideant neque multum te-
trici sint, sed inter hæc modum teneant, uti his quidem
gratissimus esse videaris, illis vero commentationi de-
ditus, de virtute ante cogitans (5) Inest certe, Dama-
gete, vitii aliquid, quod ad singula rideat, si enim im-
moderantia vitiosa est, quae perpetua, vitiosior Eum
autem sic alloquar, « Democrite, si quis ægrotat, si quis
interficitur, moritur, obsidetur, omnino si quid mali in-
cidit, nihil horum est, quod tibi non praebeat materiam

ὕλη σοι γέλωτος ὑπόκεισται. (6) οὐ θεομαχέεις δέ, εἰ
δύο ἐόντοιν ἐν τῷ κόσμῳ, λύπης καὶ χαρᾶς, σὺ θάτε-
ρον ἐκβέβληκας; μακάριός γ' ἂν ἧς (ἀλλ' ἀδύνατον),
εἰ μήτε μήτηρ σοι νενόσηκε μήτε πατὴρ μήτε τὰ τυ-
χόντα τέκνα ἢ γυνὴ ἢ φίλος. ἀλλὰ διὰ τὸν σὸν γέλωτα ἵνα
σώζηται εὐτυχέειτὰ πάντα. (7) ἀλλὰ νοσεύντων γελᾷς,
ἀποθνησκόντων χαίρεις, εἴ τέ τί που πύθοιο κακόν,
εὐφραίνεαι. ὡς πονηρότατος εἶ, ὦ Δημόκριτε, καὶ
πόρρω γε σοφίης, εἰ νομίζεις ταῦτα μηδὲ κακὰ εἶναι.
μελαγχολᾷς οὖν, ὦ Δημόκριτε, κινδυνεύων καὶ αὐτὸς
Ἀβδηρίτης εἶναι, φρονιμωτέρη δὲ ἡ πόλις. » (8) ἀλλὰ
περὶ μὲν δὴ τούτων ἀκριβέστερον ἐκεῖ λέξομεν, Δα-
μάγητε· ἡ δὲ ναῦς καὶ τὸν χρόνον ὃν ἐπιστέλλω σοι
χρονίζει.

ιε΄. Ἱπποκράτης Φιλοποίμενι χαίρειν.

Σύννους καὶ πεφροντικῶς ὑπὲρ Δημοκρίτου, ἐκείνῃ
τῇ νυκτὶ καταδαρθὼν, πρὸς ἀρχομένην τὴν ἠῶ ὄναρ
ἐφαντάσθην, ἐξ οὗ νομίζω κάρτα μηδὲν ἐπισφαλές γε-
νήσεσθαι· ἔκπληκτος δὲ διηγέρθην. (2) ἐδόκεεν γὰρ αὐτὸν
τὸν Ἀσκληπιὸν ὁρῆν, φαίνεσθαί τε αὐτὸν πλησίον, ἤδη
δὲ πρὸς τῇσι Ἀβδηριτέων πύλῃσι ἐτυγχάνομεν. ὁ δὲ
Ἀσκληπιός, οὐχ ὡς εἰώθεσαν αὐτοῦ αἱ εἰκόνες, μει-
λίχιός τε καὶ πρᾷος ἰδέεσθαι κατεφαίνετο, ἀλλὰ διεγη-
γερμένος τῇ σχέσι καὶ ἰδέεσθαι φοβερώτερος. (3) εἵ-
ποντο δὲ αὐτῷ δράκοντες, χρῆμά τι ἑρπετῶν ὑπερφυές,
ἐπειγόμενοι δὲ καὶ αὐτοὶ μακρῷ τῷ ἐπισύρματι καί τι
φρικῶδες ὡς ἐν ἐρημίῃ καὶ νάπῃσι κοίλῃσι ὑποσυ-
ρίζοντες. οἱ δὲ κατόπιν ἑταῖροι κίστας φαρμάκων εὖ
μάλα περιεσφηκωμένας ἔχοντες ἦσαν. (4) ὤρεξε
δέ μοι τὴν χεῖρα ὁ θεός, κἀγὼ λαβόμενος ἄσμενος
ἐλιπάρεον ξυνέρχεσθαι καὶ μὴ καθυστερέειν τί μου τῆς
θεραπηίης· ὁ δὲ « οὐδέν τί » ἔφη « ἐν τῷ παρεόντι
χρῄζεις ἐμέο, ἀλλά σε αὕτη ξεναγήσει ἡ θεὸς κοινὴ,
ἀθανάτων τε καὶ θνητῶν. » ἐγὼ δὲ ἐπιστρεφεὶς ὁρέω
γυναῖκα καλήν τε καὶ μεγάλην ἀφελὲς πεπλοκισμένην,
λαμπρείμονα· διέλαμπον δ' αὐτῆς οἱ τῶν ὀμμάτων
κύκλοι καθαρόν τι φῶς, οἷον ἀστέρων μαρμαρυγὰς δο-
κέειν. (5) καὶ ὁ μὲν δαίμων ἐχωρίσθη, κείνη δὲ ἡ
γυνὴ πιέσασά με τοῦ καρποῦ μαλθακῇ τινὶ εὐτονίῃ διὰ
τοῦ ἄστεος ἦγε φιλοφρονεομένη. ὡς δὲ πλησίον τῆς
οἰκίης ἦμεν, ἵνα τὴν ξεινίην ἐδόκεον ηὐτρεπίσθαι, ἀπῄει
ὡς φάσμα, μοῦνον εἰποῦσα « αὔριόν σε παρὰ Δημοκρίτῳ
καταλήψομαι. » (6) ἤδη δὲ αὐτῆς μεταστρεφομένης
« δέομαι » ἔφην « ὦ ἀρίστη, τίς εἶ καὶ τί σε καλέομεν; »
ἡ δὲ « Ἀληθείη » ἔφη· « αὕτη δὲ ἣν προσιοῦσαν ὁρῇς »
(καὶ γὰρ ἐξαίφνης ἑτέρη τις κατεφαίνετο, οὐκ ἀκαλ-
λὴς μὲν οὐδὲ αὐτή, θρασυτέρη δὲ καὶ σεσοβημένη)
« Δόξα » ἔφη « χαλέεται, κατοικέει δὲ παρὰ τοῖσι
Ἀβδηρίτῃσι. » (7) ἐγὼ οὖν ἀναστὰς ὑπεκρινάμην
ἐμωυτῷ τοὔναρ, ὅτι οὐ δεήσαιτο ἰητροῦ Δημόκριτος,
ὅπου γε αὐτὸς ὁ θεραπεύων θεὸς ἀπέστη, οὐκ ἔχων
ὕλην θεραπηίης· ἀλλὰ ἡ μὲν ἀληθείη τοῦ ὑγιαίνειν

---

ridendi. (6) Nonne bellum diis indicere videris, si, cum
duo sint in mundo, gaudium et tristitia, alterum a te
reieceris? Beatus certe mihi videaris (verum id fieri ne-
quit), si neque mater tibi ægrotet, neque pater neque
liberi aut uxor aut amicus. Sed propter tuum risum, ne
scilicet pereat, omnia tibi prospere cedere simulas. Sed
quod cum ægrotant rides, cum moriuntur gaudes, si quod
malum audieris, exhilararis, maxime improbus es, De-
mocrite, longeque a sapientia aberras, si hæc non vitia
existimas. Atra igitur bile vexaris Democrite, et pericli-
taris ne ipse Abderitanus habearis, prudentior autem sit
civitas. » (8) Verum de his quidem, Damagete, illic exac-
tius disseremus; navis autem etiam hoc tempore quo ad
te scribo moratur.

XV. Hippocrates Philopœmeni S.

Cum cogitabundus et solicitus de Democriti salute es-
sem, illaque ipsa nocte dormirem, sub aurcræ initium
somnium mihi visum est, ex quo nihil admodum pericu-
losi eventurum existimo. Mirandum in modum excita-
tus sum. (2) Ipsum enim Æsculapium præsentem mihi
videre videbar, iamque ad Abderitanas portas pervenera-
mus. At Æsculapius non ca lenitate ac facilitate, qua illius
imagines conspici solent, videbatur, sed habitus erat
commoto similis et aspectus magis horrendus. (3) Se-
quebantur autem eum dracones inter reptilia eximii, lon-
goque tractu festinantes, horrendum quiddam velut in
solitudinibus et cavis vallibus subsibilantes. Pone ibant
comites medicamentorum cistas probe obturatas habentes.
(4) Deinde mihi manum deus porrexit, qua lubenter ar-
repta rogabam mecum uti veniret, neve me in curatione
desereret. Ille vero « nihil » inquit « mea opera in præ-
sentia indiges, verum hæc communis tum immortalium
tum mortalium dea te nunc hospitem deducet. » At ego
conversus mulierem tum pulchram tum magnam aspicio,
simplici capillorum ornatu, splendido cultu, cuius ocu-
rum orbes claro lumine pellucebant, uti stellarum fulgores
viderentur. (5) Et deus quidem discessit, mulier vero
illa molliter prehensa manu mea per urbem perhumaniter
complexa deduxit; ubi vero ad domum venimus, ubi mihi
hospitium paratum putabam, velut spectrum discessit, hæc
tantum dicens « cras te apud Democritum offendam. »
(6) Qua iam discedente « quæso optima » inquam « quæ-
nam es et quod tibi nomen est. » « Veritas » inquit.
« Quam vero accedentem vides Opinio est » inquit (con-
festimque altera quædam mihi visa est, neque mala hæc
quidem, ferociore tamen et fastuoso aspectu) « et apud
Abderitanos habitat. » (7) Experrectus igitur mihi ipsi
somnium explicavi, quod ex quo ipse deus medendi auctor
discessisset, tanquam nullam curandi haberet materiam,
Democritus medico non indigeat, sed veritas ipsa, quod

παρὰ Δημοκρίτῳ μένει, ἡ δὲ τοῦ νοσέειν αὐ-ὸν δόξα παρὰ Ἀβδηρίτῃσι ὄντως κατοικέει. (8) ταῦτα πι-σ-εύω ἀληθέα εἶναι, Φιλοποίμην, καὶ ἔστι, καὶ οὐκ ἀπογιγνώσκω -ὰ ὀνείρατα, μάλιστα δὲ ἐκόταν καὶ τάξι, διαφυλάσσῃ. ἰητρικὴ δὲ καὶ πάνυ μαντικὴ ξυγγενίς ἐστι, ἐπεὶ τῶν δυοῖν τεχνέων εἷς πατὴρ ὁ Ἀπόλλων, ὁ καὶ πρόγονος ἡμῖν, ἐσομένας νούσους προαγορεύων καὶ νοσήσαντας ἰώμενος

ὑ´. Ἱπποκράτης Κρατεύα χαιρε ν

Ἐπίσταμαί σε ῥιζοτόμων ἄριστον, ὦ ἑταῖρε, καὶ διὰ τὴν ἄσκησιν καὶ διὰ τὸ τῶν προγόνων κλέος, ὥς μ η δὲν ἀποδεῖν σε τοῦ προπάτορος Κρατεύα. (2) νῦν οὖν, εἴ καί ποτε ἄλλοτε, βοτανολόγησον ὁκόσα τε καὶ ὁκοῖα δύνασαι, ἀναγκαίη γὰρ ἐπείγει, καὶ διάπεμψαί μοι αὐτὰ ἐπ᾽ ἄνδρα ὅλῃ πόλι ἰσοστάσιον, Ἀβδηρίτην μέν, ἀλλὰ Δη-μόκριτον νοσέειν γὰρ αὐτόν φασι καὶ καθάρσιος μάλα χρηΐζειν ἐντὸς μανίης ἐόντα. (3) μὴ χρησαίμεθα μέντοι σου τοῖσι φαρμάκοισι, ὥσπερ καὶ πέπεισμαι ἀλλ᾽ ὅμως εὐτρεπίσασθαι χρὴ παντα χόθε ν. τὸ δὲ χρῆμα τῶν βο-τανῶν πολλάκις παρὰ σοὶ ἐθωύμασα, ὡς καὶ τὴν τῶν ὅλων φύσιν τε καὶ διάταξιν καὶ τὸ ἱερώτατον γῆς ἵδρυγα, ἐξ ἧς τὰ ζῷα καὶ τὰ φυτὰ καὶ τροφαὶ καὶ φάρμακα καὶ τύχη καὶ ὁ πλοῦτος αὐτὸς ἀναφύεται οὐδὲ γὰρ ἄν εἶχε οἱ ἐπιθῇ ἡ φιλαργυρίη, οὐδ᾽ ἂν Ἀβδηρῖταί με νῦν δέκα ταλάντοισι ἐδελέαζον, ἀντὶ ἰητροῦ μισθωτὸν ἐλέγ-χοντες. (4) εἴθε δὲ ἐδύνασο, Κρατεύα, τῆς φιλαργυρίης τὴν πικρὴν ῥίζαν ἐκκόψαι, ὡς μηδὲν αὐτῆς λείψανον ἀφεῖναι εὖ ἴσθι, ἐκαθήραμεν ἂν τῶν ἀνθρώπων μετὰ τῶν σωμάτων καὶ τὰς ψυχάς. (5) ἀλλὰ ταῦτα μὲν εὐχαί, σὺ δ᾽ ἡμῖν τὸ παρεὸν μάλιστα τὰς ὀρεινὰς καὶ ὑψηλοφύτους ῥιζοτόμει βοτάνας στερεώτεραι γὰρ τῶν ὑδρηλοτέρων εἰσὶ καὶ δριμύτεραι μᾶλλον διὰ τὴν τῆς γῆς πυκνότητα καὶ τὴν λεπτότητα τοῦ ἠέρος ὅ τι γὰρ ἕλκουσι ἐμψυχότερόν ἐστι. (6) πειρήθητι δ᾽ ὅμως καὶ τὰς παρὰ λίμνῃσι περικυλίας ἀνθολογῆσαι, καὶ τὰς παραποταμίους ἢ χρηνίτιδας παρ᾽ ἡμῖν καλεομένας, ἃς δὴ ἀσθενέας καὶ ἀτόνους καὶ γλυκυ-χύλους εἶναι πέπεισμαι. πάντα δὲ ὁκόσα χυλοὶ καὶ ὀποὶ ῥέοντες, ἐν ὑαλίνοισι ἀγγείοισι φερέσθωσαν ὁκόσα δ᾽ αὖ φύλλα ἢ ἄνθεα, ἐν κωθῶσι καινοῖσι πε-ριεσφρηκωμένοισι, ὅπως μὴ διαρριπτζόμενα τῇσι πνοιῇσι ἐκλίπῃ τὸν τόνον τῆς φαρμακείης, ὥσπερ λιποψυχήσαντα. (7) ἀλλ᾽ εὐθὺς ἡμῖν ταῦτα πέμψον καὶ γὰρ ἡ ὥρη τοῦ ἔτεος ἁρμόδιος, καὶ ἡ ἀναγκαίη τῆς λεγομένης μανίης ἐπείγει, τέχνης δὲ πάσης μὲν ἀλλότριον ἀναβολή, ἰητρικῆς δὲ καὶ πάνυ, ἡ ψυχῆς κίνδυνος ἢ ὑπέρθεσις ψυχαὶ δὲ τῶν θερα-πητῶν οἱ καιροί, ὧν ἡ παραφυλακὴ τὸ τέλος. (8) ἔλ-πομαι οὖν ὑγιέα εἶναι Δημόκριτον καὶ δίχα ἰήσιος εἰ δ᾽ ἄρα τι σφάλμα φύσιος ἢ καιροῦ ἢ ἄλλη τις αἰτίη γένοιτο (πολλὰ γὰρ ἂν ἡμέας θνητοὺς ἐόντας λάθοι, ἅτε μὴ πάνυ δι᾽ ἀτρεκείης εὐτονέοντας), ἐπὶ

ὑ´. Hippocrates Crateuæ S.

sanus sit, apud Democritum manet, opinio vero quod ægrotet re vera apud Abderitanos habitat (8) Hæc vera esse, ut sunt, credo, Philopœmen, neque somnia reiicio, præsertim quæ ordinem conservant Medicina autem et divinatio magnam inter se cognationem habent, quando-quidem duarum artium pater est unus Apollo, progenitor noster, qui et futuros morbos prædicit et ægrotantes curat

Scio te, o amice, præstantissimum esse herbarium, teque propter studium et maiorum gloriam nihil facultate Crateuæ proavo tuo cedere (2) Nunc igitur si unquam alias quot et qualescunque poteris herbas lege, cum ne-cessitas urgeat, easque ad nos transmitte, ad virum cu-randum, Abderitam quidem, verum Democritum, toti civitati æquiparandum Eum enim ægrotare aiunt, et insania detentum purgatione valde indigere (3) Ac ut ne medicamentis quidem, ut spero, utamur, sed tamen undequaque instructum esse oportet Rem autem her-bariam apud te semper miratus sum, ut et rerum uni-versarum naturam et ordinem sanctissimumque terræ solum, ex qua animantia, plantæ, alimenta, medica-menta, fortuna divitiæque ipsæ promanant Neque enim alioqui pecuniæ cupiditas haberet ubi consisteret, neque me nunc Abderitæ decem talentis illectassent, pro medico me vocantes mercenarium (4) Quod si, Cra-teua, amaram pecuniæ cupiditatis radicem exscindere posses, ut ne ullæ eius reliquiæ restarent, hoc probe teneto, nos una cum hominum corporibus etiam animos male affectos purgaturos fuisse (5) Sed hæc quidem in votis habenda, tu vero nobis, quod præsens est, in omni-nas et ex summis collibus herbas legito Nam ob soli densitatem et aeris tenuitatem aquosioribus sunt soli-diores et vehementiores, quod enim attrahunt, magis est animatum (6) Tenta tamen ut etiam ex eis quæ circa stagna aut paludes nascuntur herbas colligas, et eas quæ apud nos fluviales aut fontanæ aut ex aquis sa-lientibus scatentes vocantur, quas sane imbecillas et re-missas ac dulcis succi esse mihi persuadeo. Succi autem on nes et fluidi liquores in vitreis vasis adferantur, ac rursus folia, flores et radices in fictilibus novis prole obturatis, ut ne ventis difflata vim medicam tanquam animo deficientes amittant (7) Verum hæc ad nos con-festim mitte, anni enim tempestas commoda est, et in-saniæ quam vocant necessitas urget Est vero cum ab omni arte aliena procrastinatio, tum vero maxime a medicina, in qua dilatio vitæ periculum affert, temporum autem opportunitates curationum sunt animi, earumque observatio finis (8) Democritum sane quidem etiam citra medelam convaliturum spero, si vero aliquod naturæ aut occasionis aut alterius alicuius causæ erratum con-tingat (multa namque nos mortales latent, cum non admodum veritate præstemus), ad id quod obscurum

τὸ ἄδηλον πᾶσαν χρεὼν δύναμιν ἠθροῖσθαι. (9) οὐ γὰρ
ἀρκέεται ὁ κινδυνεύων οἷς δυνάμεθα, ἀλλ' ἐπιθυμέει
καὶ ὧν μὴ δυνάμεθα· καὶ σχεδὸν αἰεὶ πρὸς δύο στρα-
τευόμεθα τέλεα, τὸ μὲν ἀνθρώπου, τὸ δὲ τέχνης, ὧν τὸ
μὲν ἄδηλον, τὸ δὲ τῇ ἐπιστήμῃ ὥρισται. (10) δεῖ δὲ
ἐν ἀμφοτέροισι τούτοισι καὶ τύχης· τὸ γὰρ ἀτέκμαρτον
ἐν τῇσι καθάρσισι δι' εὐλαβείης ἰόντων. καὶ γὰρ στο-
μάχου κάθαρσιν ὑφορώμεθα, καὶ ξυμμετρίην φαρμα-
κείης πρὸς ἀγνοευμένην φύσιν στοχαζόμεθα· οὐ γὰρ
ωὑτὴ καὶ μία φύσις ἁπάντων, ἕτερον δ' αἰεὶ πρὸς
ἑωυτὴν ὁρίζουσα οἰκειοῖ. (11) ἐνίοτε δὲ καὶ τῇσι βο-
τάνῃσι πολλὰ τῶν ἑρπετῶν ἐνιοβόλησι καὶ περιχα-
νόντα τῇ ἐντὸς αὔρῃ κάκωσιν ἀντ' ἀλέξιος αὐτῇσι
προσέπνευσε. καὶ τούτου ἀγνοίη ἔσται, εἰ μή τις ἄρα
κηλὶς ἢ σπῖλος ἢ ἐδμὴ θηριώδης καὶ ἀπηνὴς τοῦ γενο-
μένου σύμβολον φανείη, εἶθ' ἡ τέχνη διὰ τὸ ξύμπτωμα
τῆς τύχης τῆς κατορθώσιος ἀφήμαρτε. (12) βεβαιό-
τεραι δ' αἰεὶ αἱ δι' ἐλλεβόρων διὰ τοῦτο καθάρσιες, ᾗσι
καὶ Μελάμπους ἐπὶ τῶν Προίτου θυγατέρων καὶ Ἀντι-
κυρεὺς ἐφ' Ἡρακλέος ἱστορέονται κεχρῆσθαι. μὴ
χρησαίμεθα δὲ ἡμεῖς ἐπὶ Δημοκρίτου μηδενὶ τούτων,
ἀλλὰ γένοιτο ἐκείνῳ τῶν δρηστικωτάτων φαρμάκων
σοφίη.

ιζ'. Ἱπποκράτης; Δαμαγήτῳ χαίρειν.

Τοῦτ' ἐκεῖνο, Δαμάγητε, ὅπερ εἰκάζομεν, οὐ πα-
ρέκοπτε Δημόκριτος, ἀλλὰ πάντα ὑπερεφρόνεε, καὶ
ἡμέας ἐσωφρόνιζε καὶ δι' ἡμέων πάντας ἀνθρώπους.
(2) ἐξέπεμψας δέ μοι, φιλότης, ὡς ἀληθέως ἀσκλη-
πιάδα νῆα, ᾗ πρόσθεις μετὰ τοῦ ἁλίου ἐπίσημον καὶ
Ὑγιείην, ἐπεὶ κατὰ δαίμονα τῷ ὄντι ἱστιοδρόμηκε,
καὶ ἐκείνῃ τῇ ἡμέρῃ κατέπλευσε ἐς Ἀβδηρα, ᾗπερ
αὐτοῖσι ἐπεστάλκεα ἀφίξεσθαι. πάντας οὖν ἀολλέας
πρὸ τῶν πυλέων εὕρομεν, ὡς εἰκός, ἡμέας περιμέ-
νοντας, οὐκ ἄνδρας μοῦνον ἀλλὰ καὶ γυναῖκας, ἔτι δὲ
καὶ πρεσβύτας καὶ παιδία, νὴ τοὺς θεοὺς κατηφέα καὶ
τὰ νήπια. (3) καὶ οὗτοι μὲν ὧδε εἶχον ὡς ἐπὶ μαινο-
μένῳ τῷ Δημοκρίτῳ, ὁ δὲ μετ' ἀκριβείης τότε ὑπερ-
εφιλοσόφεε. ἐπεὶ δέ με εἶδε, ἔδοξάν που σμικρόν
τι ἔφ' ἑωυτῶν γεγονέναι καὶ χρηστὰς ἐλπίδας ἐποιεῦντο,
ὁ δὲ Φιλοποίμην ἄγειν ἐπὶ τὴν ξεινίην με ὡρμέετο,
κἀκείνοις ξυνεδόκεε τοῦτο. (4) ἐγὼ δὲ ἔφην « ὦ Ἀ-
βδηρῖται, οὐδέν ἐστί μοι προὔργου ἢ Δημόκριτον θεή-
σασθαι », οἱ δ' ἐπῄνεον ἀκούσαντες καὶ ἥσθησαν,
ἦγόν τέ με ξυντόμως διὰ τῆς ἀγορῆς, οἱ μὲν ἑπόμενοι,
οἱ δὲ προθέοντες ἑτέρωθεν ἕτεροι, « ὦ Ζεῦ βασιλεῦ »
λέγοντες « βοήθεε θεράπευσον. » (5) κἀγὼ παρηγόρεον
θαρρέειν, ὡς τάχα μὲν οὐδενὸς ἐόντος κακοῦ πίσυνος
ἐτησίῃσι ὥρῃσι, εἰ δ' ἄρα καί τινος βραχέος, εὐδιορ-
θώτου, καὶ ἅμα ταῦτα λέγων ᾔειν, οὐδὲ γὰρ πόρρω
ἦν ἡ οἰκίη, μᾶλλον δ' οὐδὲ ἡ πόλις. (6) παρῆμεν
οὖν (πλησίον γὰρ τοῦ τείχεος ἐτύγχανε) καὶ ἀνάγουσί
με ἡσυχῇ. ἔπειτα κατόπιν τοῦ πύργου βουνός τις ἦν
ὑψηλός, μακρῇσι καὶ λασίῃσι αἰγείροισι ἐπίσκιος

---

est facultatem omnem congregatam esse opus est.
(9) Neque enim ei, qui periculo constitutus est, satis
sunt quæ possumus, verum etiam quæ non possumus
expetit, fereque cum duobus finibus configimus, al-
tero hominis, altero artis, quorum ille obscurus est,
alter arte circumscriptus. (10) Et in utraque re fortuna
opus est; nulla enim coniectura eorum quæ ad purgatio-
nem cum cautione feruntur. Nam et stomachum male
affectum suspectamus, et medicationis convenientem
modum ex ignota natura conicimus. Neque enim eadem
et una est omnium natura, alterum autem semper etiam
sibi circumscribens assimilat, interdum vero totum perdit.
(11) Quin etiam reptilia multa herbas suo veneno infi-
ciunt, et suo circum hiatu cum interiore aura maligni-
tatem pro exuilio ipsis inspirant. Idque ignorabitur, nisi
certe macula quædam aut inquinamentum aut ferinus et
iniucundus odor eius rei quæ accidit notam dederit;
atque ars ipsa propter fortunæ lapsum a via recta aberrat.
(12) Certiores autem sunt per veratrum purgationes,
quibus etiam Melampus ad Prœti filias et Anticyreus in
Hercule usi fuisse traduntur. Ac optandum nobis ut
nullum ex his in Democrito usurpemus, sed sapientia
efficacissimum et præstantissimum medicamentum illi
contingat, et finem imponat. Vale.

XVII. Hippocrates Damageto S.

Hoc ipsum coniciebamus, Damageto; non delirat De-
mocritus, sed in omnibus sapit nosque et per nos omnes
homines sapientiores reddit. (2) Misisti autem ad me,
amice, revera Æsculapii navem, cui cum Haliæ signo
etiam Sanitatem apponito, cum revera prospero numine
vela fecerit, eoque die Abderam appulerit, quo me per-
venturam scripseram. Omnes igitur ante portas con-
gregatos offendimus, nos, ut par erat, expectantes,
non viros solum, verum etiam mulieres, atque etiam
senes et pueros, per deos, tristes itemque infantes.
(3) Hi sane sic affecti erant, quod Democritum insanire
opinabantur, at ille tunc exacta diligentia philosophiæ in-
cumbebat. Ubi autem me viderunt, paulum ad se rediisse
et bene sperare visi sunt. Philœpœmen vero me ad
hospitium ducere properabat, quod et communiter illis
placebat. (4) At ego « viri Abderitæ » inquam, « nihil
mihi prius faciendum existimo, quam ut Democritum
videam. » Quo audito collaudarunt et lætati sunt, meque
continuo per forum deduxerunt, alii quidem sequentes,
alii præcurrentes, aliaque ex parte alii clamantes
« Iuppiter rex, adiuva, medelam adhibe. » (5) At ego
bono animo esse iubebam, quod etesiarum tempestate
fretus nihil mali aut certe pusillum et quod facile corrigi
posset me inventurum esse sperabam. (6) Simulque
hæc dicens pergebam; neque enim procul domus erat,
imo neque tota civitas. Procedebamus igitur, cum iuxta
mœnia esset, illucque me placide deducunt. Deinde
post turrim collis erat altus, longis et densis populis nigris

ἔνθεν ἑωρᾶτο τὰ τοῦ Δημοκρίτου καταγώγια. καὶ
αὐτὸς ὁ Δημόκριτος ἐκάθητο ὑπό τινι ἀμφιλαφεῖ
καὶ χθαμαλῇ πλατανίστῳ, ἐν ἐξωμίδι παχείῃ, μοῦνος,
ἀνήλιφος, ἐπὶ λιθίνῳ θώκῳ, ὠχριαχὸς πάνυ καὶ
λιπόσαρκος, κουριῶν τὰ γένεια παρ' αὐτὸν δ' ἐπὶ
δεξιῆς λεπτόρρυτον ὕδωρ κατὰ πρηνέος τοῦ λόφου
ἠρεμαίως ἐκελάρυζε. (7) ἦν δέ τι τέμενος ὑπὲρ ἐκεῖνον
τὸν λόφον, ὡς ἐν ὑπονοίῃ κατεικάζοντι, νυμφέων ἱδρυ-
μένον, αὐτοφύτοισι ἐπιτρεπὲς ἀμπέλοισι. ὁ δ' εἶχε ἐν
εὐκοσμίῃ πολλῇ βιβλίον ἐπὶ τοῖν γουνάτοιν, καὶ ἕτερα
δέ τινα ἐξ ἀμφοῖν τοῖν μεροῖν αὐτῷ παρεβέβλητο,
ἐσεσώρευτο δὲ καὶ ζῷα συχνὰ ἀνατετμημένα ἐν ὅλων
(8) ὁ δὲ ὁτὲ μὲν ξυντόνως ἔγραφε ἐγκείμενος, ὁτὲ δὲ
ἠρέμεε τὰμπολύ τε ἐπέχων καὶ ἐν ἑωυτῷ μερμηρί-
ζων, εἶτα μετ' οὐ πολὺ τούτων, ἐρόομενος ἐξανιστὸς
περιεπάτεε, καὶ τὰ σπλάγχνα τῶν ζῴων ἐπεσκόπει,
καὶ καταθεὶς αὐτὰ μετελθὼν ἐκαθέζετο. (9) οἱ δὲ
Ἀβδηρῖται περιεστεῶτές με κατηφέες καὶ οὐ πόρρω
τὰς ὄψιας δακρύων ἔχοντές φασι « ὁρῇς μέντοι τὸν τοῦ
Δημοκρίτου βίον αὐτός, ὦ Ἱππόκρατες, ὡς μέμηνε
καὶ οὔτε ἃ ἐθέλει οἶδε οὔτε ἅ τι ἔρδει καὶ τις αὐτῶν
μᾶλλον ἐνδείξασθαι βουλόμενος τὴν μανίην αὐτοῦ,
ὀξὺ ἐκώκυσε ἴκελον γυναικὶ ἐπὶ θανάτῳ τέκνου ὀλο-
φυρομένη, εἶτα ἀνώλωιζε ἄλλος ὑποκρινόμενος πα-
ροδίτην ἀπολέσαντά τι ὧν διεκόμιζε (10) καὶ ὁ
Δημόκριτος ἐπακούων τὰ μὲν ἐμειδίᾳ, τὰ δὲ ἐξεγέ-
λα, οὐκέτι οὐδὲν γράφων, τὴν δὲ κεφαλὴν θαμινὰ
ἐπέσειε ἐγὼ δέ « ὑμεῖς μέν » ἔφην « ὦ Ἀβδηρῖται,
αὐτόθι μίμνετε, ἐγγυτέρω δὲ αὐτὸς καὶ σώματος καὶ
λόγων τἀνδρὸς γενηθείς, ἰδὼν καὶ ἀκούσας εἴσομαι
τοῦ πάθεος τὴν ἀληθείην », καὶ ταῦτα εἰπὼν κατέβαινον
ἡσυχῇ ἦν δὲ ὀξὺ καὶ ἐπίρροπον ἐκεῖνο τὸ χωρίον,
μόλις δ' οὖν διαστηριζόμενος διῆλθον. (11) ἐπεὶ δὲ
ἐπλησίαζον, ἔτυχε, τότε ἐπιλθὸν αὐτῷ, ὅ τι δήποτε
γράφων ἐνθουσιωδῶς καὶ μεθ' ὁρμῆς. εἰστήκειν οὖν
αὐτόθι περιμένων αὐτοῦ τὸν καιρὸν τῆς ἀναπαύσιος, ὁ
δὲ μετὰ σμικρὸν λήξας τῆς φορῆς τοῦ γραφείου ἀνέ-
βλεψέ τε ἐς ἐμὲ προσιόντα καὶ φησὶ « χαῖρε, ξεῖνε »
κἀγὼ « πολλὰ δὲ καὶ σύ, Δημόκριτε, ἀνδρῶν σοφώ-
τατε » (12) ὁ δὲ αἰδεσθείς, οἶμαι, ὅτι οὐκ ὀνόματι
προσεῖπέ με, « σὲ δέ » ἔφη « τί καλέωμεν, ἀγνοίῃ γὰρ
τοῦ σοῦ οὐνόματος ἦν πρόφασις τῆς τοῦ ξείνου προση-
γορίης » « Ἱπποκράτης » ἔφην « ἐμοιγε· οὔνομα, ὁ
ἰητρός » ὁ δ' εἶπε « ἡ τῶν Ἀσκληπιαδέων εὐγενείη
πολύ τέ σου τὸ κλέος τῆς ἐν ἰητρικῇ σοφίης πεφοίτηκε
ὡς ἐμέ. (13) τί δέ σε χρέος δεῦρ' ἤγαγε, ἑταῖρε,
μᾶλλον δὲ πρὸ πάντων κάθισον ὁρῇς δὲ τὸν οὕτως
οὐκ ἀηδέα φύλλων θυμῶνα ὡς χλοερὸς καὶ μαλθακός
ἐστι ἐγκαθίσαι, προσηνέστερος τῶν τῆς τύχης ἐπι-
φθόνων θώκων. » καθίσαντος δέ μου αὖ· φησί « ἰδίῳ
τι ἢ ἐπιδήμιον πρῆγμα διζήμενος δεῦρο ἀφῖξαι,
φράζε σαφέως καὶ γὰρ ἡμεῖς ὅ τι δυναίμεθα συνερ-
γοῖμεν ἄν. » (14) κἀγὼ « τὸ μὲν κατ' ἀληθείην » ἔφην
« αἴτιον, εἵνεκα σεῦ δεῦρο γὰρ ἥκω σοὶ ξυντυχεῖν

---

opacus, unde Democriti domicilium conspiciebatur Ipse
Democritus sub umbrosa et humili platano sedebat,
in exomide crassa, solus, squalidus, in lapidea sella,
pallidus admodum et macilentus, barba promissa Iuxta
eum ad dextram tenuis aquula per declivem tumulum
decurrens placide resonabat (7) Erat autem delubrum
quoddam super tumulum illum, Nymphis, quantum
conicere licebat, dedicatum, sponte enatis vitibus cir-
cumdatum Ille vero composite admodum librum super
genua habebat, et alii quidam utraque ex parte ei adia-
cebant, crebra autem animalium cadavera omnibus parti-
bus dissecta accumulata erant (8) Ille autem modo contento
studio scriptioni incumbebat, modo longa scribendi inter-
capedine facta in cogitatione defixus quiescebat Deinde
non multo post his peractis exsurgens deambulabat et
animali ita viscera attente inspiciebat, hisque depositis
reversus rursus desidebat (9) At vero Abderitæ mihi
tristes, nec procul a lacrimantibus oculis assistentes
« vides certe » inquiunt « Hippocrates, Democriti vitam,
quam insana? neque quid velit aut quid faciat norit »
Et ex his aliquis cum magis etiam eius insaniam mihi
demonstrare vellet, altos eiulatus ad instar mulieris libe-
rorum mortem lamentantis edidit, deinde rursus alius
ingemuit, viatoris personam agens, qui quæ secum por-
tabat perdidit (10) Quibus auditis Democritus partim
risit, partim subsannavit nihilque amplius scribebat, ca-
put vero crebro concutiebat At ego « vos quidem » in-
quam « viri Abderitæ, hic manete, ubi autem ipse pro-
pius accessero et viri verba audiero corpusque videro,
morbi veritatem cognoscam, » hisque dictis placide de-
scendi Erat autem præceps locus ille et pronus, itaque
non sine manuum præsidio tandem perveni quo conten-
debam (11) Ubi vero propius accessi, forte eum nescio
quid cogitationis subierat, quam divino furore actus et
concitatus literis mandabat Isthic igitur constiti, tempus
opportunum dum ipse cessaret exspectans At ille non
multo post, compresso impetu stili scriptorii, me acce-
dentem aspexit et « salve » inquit « hospes » Et ego
« tu quoque plurimum » inquam « Democrite, hominum
sapientissime » (12) Ille vero pudore suffusus, opinor,
quod me nomine non compellasset, « te vero » inquit
« quonam nomine vocavero? tui enim nominis ignoratio
occasio fuit cur te hospitem appellarem » « Hippocrates »
inquam « medicus vocor » At ille « Asclepiadarum » in-
quit « nobilitas tuæque in arte medica sapientiæ gloria
crebris admodum hominum sermonibus ad nos pervenit,
(13) Quidnam vero te negotium, o amice, huc adduxit?
Quin potius omissis omnibus consideto Cernis enim
quam non sit iucunda hæc foliis instrata sedes, viridis
ad hæc et mollis, et ad insidendum blandior invidia obnoxiis
fortunæ sellis » Cum vero consedissem rursus inquit « pri-
vatum an publicum animo agitans negotium huc venisti?
eloquere aperte Ad id enim te pro viribus adiuvabimus »
(14) Ego vero « ista sane vera causa est » inquam, huc tui
gratia venio, ut te virum sapientem convenirem Occasionem

ἀνδρὶ σοφῷ· ἔχει δὲ πρόφασιν ἡ πατρίς, ἧς πρεσβείην τελέω. » ὁ δέ « ξεινίη τοίνυν » φησί « τὰ πρῶτα κέχρησο ἡμετέρῃ ». πειρεύμενος δὲ κατὰ πάντα τἀνδρός, καίπερ ἤδη μοι δήλου μὴ παρακόπτειν, « Φιλοποίμενα οἶσθα » ἔφην, « πολιήτην ἐόντα ὑμέτερον; » (15) ὁ δέ « καὶ μάλα » ἔφη « τὸν Δάμωνος εἰ λέγεις υἱόν, τὸν οἰκεῦντα παρὰ τὴν Ἑρμαΐδα κρήνην. » « τοῦτον » εἶπον, « ᾧ καὶ τυγχάνω ἐκ πατέρων ἰδιόξεινος. ἀλλὰ σύ, Δημόκριτε, τῇ κρέσσονί με ξεινίῃ δέχευ καὶ πρῶτόν γε τί τοῦτο ὃ γράφων τυγχάνεις φράζε. » ὁ δὲ ἐπισχὼν ὀλίγον « περὶ μανίης » ἔφη. (16) κἀγώ « ὦ Ζεῦ βασιλεῦ » φημί, « εὐκαίρως γε ἀντιγράφεις πρὸς τὴν πόλιν, » ὁ δέ « ποίην » φησί « πόλιν, Ἱππόκρατες; » ἐγὼ δέ « οὐδέν » ἔφην « ὦ Δημόκριτε, ἀλλ' οὐκ οἶδ' ὅπως προσέπεσε. ἀλλὰ τί περὶ μανίης γράφεις; « τί γὰρ » εἶπε « ἄλλο ἢ τίς πέλει καὶ ὅκως ἀνθρώποισι ἐγγίγνεται, καὶ τίνα τρόπον ἀπολωφέοιτο; τὰ γὰρ ζῶα ταῦτα » ἔφη « ὁκόσα ὁρῇς, τούτου μέντοιγε ἀνατάμνω εἵνεκεν, οὐ μισέων θεοῦ ἔργα, χολῆς δὲ διζήμενος φύσιν καὶ θέσιν· οἶσθα γὰρ ἀνθρώπων παρακοπῆς ὡς αἰτίη ἐπὶ τὸ πολὺ αὕτη πλεονάσασα, ἐπεὶ πᾶσι μὲν φύσι ἐνυπάρχει, ἀλλὰ παρὰ οἷσι μὲν ἐλάσσων, παρ' οἷσι δέ τισι πλείων. (17) ἡ δὲ ἀμετρίη αὐτῆς νοῦσοι τυγχάνουσι, ὡς ὕλης ὁτὲ μὲν ἀγαθῆς ὁτὲ δὲ φλαύρης ὑποκειμένης. » κἀγώ « νὴ Δί' » ἔφην « ὦ Δημόκριτε, ἀληθέως τε καὶ φρονίμως λέγεις. ὅθεν εὐδαίμονά σε κρίνω ἀπολαύοντα τοσαύτης ἡσυχίης· ἡμῖν δὲ μετέχειν ταύτης οὐκ ἐπιτέτραπται. » ἐρομένου δέ « διὰ τί, ὦ Ἱππόκρατες, οὐκ ἐπιτέτραπται; » « ὅτι » ἔφην « ἢ ἀγροὶ ἢ οἰκίη ἢ τέκνα ἢ δάνεια ἢ νοῦσοι ἢ θάνατοι ἢ δμῶες ἢ γάμοι ἢ τοιαῦτά τινα τὴν εὐκαιρίην ὑποτάμνεται. » (18) ἐνθαῦτα δὴ ἀνὴρ ἐς τὸ εἰωθὸς πάθος κατηνέχθη, καὶ μάλα ἀθρόον τι ἀνεκάγχασε καὶ ἐπετώθασε, καὶ τὸ λοιπὸν ἡσυχίην ἦγε. κἀγώ « τί μέντοι » ἔφην, « ὦ Δημόκριτε, γελῇς; πότερον τἀγαθὰ ὧν εἶπον ἢ τὰ φλαῦρα; » ὁ δὲ ἔτι μᾶλλον ἐγέλα, καὶ ἄπωθεν ὀρεῦντες οἱ Ἀβδηρῖται, οἱ μὲν τὰς κεφαλὰς ἑωυτῶν ἔπαιον, οἱ δὲ τὰ μέτωπα, οἱ δὲ τὰς τρίχας ἔτιλλον· καὶ γάρ, ὡς ὕστερον ἔφασαν, πλεονάζοντι παρὰ τὸ εἰωθὸς ἐχρήσατο τῷ γέλωτι. (19) ὑποτυχὼν δ' ἐγὼ ἔφην « ἀλλὰ μήν, σοφῶν ἄριστε Δημόκριτε, ποθέω γὰρ αἰτίην τοῦ περὶ σε πάθεος καταλαβέσθαι, τίνος εἵνεκεν ἄξιος ἐφάνην ἐγὼ γέλωτος αὐτὸς ἢ τὰ λαληθέντα, ὅκως ἢ μαθὼν παύσωμαι τῆς αἰτίης ἢ σὺ ἐλεγχθεὶς διακρούσῃ τοὺς ἀκαίρους γέλωτας. » (20) ὁ δέ « Ἡράκλεις » ἔφη, « εἰ γὰρ δυνήσεαί με ἐλέγξαι, θεραπηίην θεραπεύσεις οἵην οὐδεπώποτε, ὦ Ἱππόκρατες. » « καὶ πῶς οὐκ ἐλεγχθήσεαι » ἔφην « ὦ ἄριστε, ἢ οὐκ οἴεαι ἄτοπός τις εἶναι γελῶν ἀνθρώπου θάνατον ἢ νοῦσον ἢ παρακοπὴν ἢ μανίην ἢ μελαγχολίην ἢ σφαγὴν ἢ ἄλλο τι χέρειον; (21) ἢ τοὔμπαλιν γάμους ἢ πανηγύριας ἢ τεκνογονίην ἢ μυστήρια ἢ ἀρχὰς ἢ τιμὰς ἢ πᾶν ὅλως ὄνομα ἀγαθόν; καὶ γὰρ ἃ δέον οἰκτείρειν γελῇς, καὶ ἐφ' οἷσι ἥδεσθαι χρή, καταγελῇς τούτων, ὥστε

autem patria dedit, cuius legationem obeo. » At ille « hospitio igitur primum nostro utere. » Ego vero pertentato per omnia viro, etsi eum minime delirare iam mihi constaret, « Philopœmenena » inquam « nosti, civem vestrum? » (15) Ille vero « maxime » inquit, « si Damonis filium dicis, cuius ædes sunt iuxta fontem Hermaida? » « Illum ipsum » inquam, « cuius antiquus sum et peculiaris hospes. Tu vero, Democrite, potiore me hospitio excipito, imprimisque quidnam scribas eloquere. » Ille vero·paulum moratus « de insania » inquit. (16) Tum ego « Iuppiter rex » inquam « peropportune sane contra civitatem scribis ». At ille « quam civitatem, Hippocrates? » « Nihil » inquam « o Democrite, sed nescio quo modo mihi excidit. Sed quid de insania scribis? » « Quidnam vero » inquit « aliud quam quid sit et quomodo hominibus innascatur et quanam ratione allevetur. Hæc enim » inquit « quæ vides animantia huius certe rei gratia reseco, minime dei opera odio prosequens, sed bilis naturam et sedem inquirens. Nosti enim quod hæc ubi redundarit, ut plurimum hominum insaniæ causa est. In omni quidem natura inest, sed in aliis minus, in aliis copiosius. (17) Huius autem abundantia morbi fiunt, quippe materia partim bona partim mala subiecta. » Tum ego « per Iovem » inquam « o Democrite, vere et sapienter ais. Hinc te beatum iudico, qui tanta quiete fruaris, cuius participes esse nobis non liceat. » At interrogato illo « cur, Hippocrates, non liceat? » « quod » inquam « aut agri aut res familiaris aut liberi aut æs alienum aut morbi aut mortes aut servi aut nuptiæ aut eiusmodi res huius opportunitatem nobis rescindunt. » (18) Tum ille in solitam affectionem delapsus et abunde in risum effusus est et vehementius irrisit ac præterea quievit. At ego « quid » inquam « Democrite rides? num de bonis aut malis quæ dixi? » Ille vero adhuc magis ridebat. Quod procul videntes Abderitæ partim capita partim frontem cædebant, nonnulli etiam capillos evellebant. Nam ut postea rescivi, copiosiore quam solebat risu usus fuerat. (19) Tum ego « at vero sapientum optime Democrite, huius enim tui affectus causam deprehendere cupio, quonam tibi risu dignus visus sim aut ea quæ dicta sunt, ut hoc cognito causa desistam, vel tu reprehensus importunos hos risus summoveas. » (20) Tum ille « si mehercule » inquit « redarguere me poteris, curationem Hippocrates qualem nullus unquam fecerit. » « Et quomodo » inquam « optime, reprehensione dignus non videaris aut te absurdum non esse putas, si hominum mortem rides aut morbum aut dementiam aut insaniam aut melancholiam aut cædem aut quid peius? (21) aut contra nuptias aut conventuum celebritates aut liberorum natales aut mysteria aut magistratus aut honores aut quidvis denique bonum? Quæ enim commiseratione digna sunt rides, et de quibus lætari oportet, ea et

μήτε ἀγαθὸν μήτε κακὸν παρὰ σοὶ διακεκρίσθαι »
(22) ὃ δέ « ταῦτα μέν » ἔφη « εὖ λέγεις, ὦ Ἱππό-
κρατες· ἢ γὰρ οὐκ οἶσθά πω τοῦ ἡμετέρου γέλωτος τὴν
αἰτίην· μαθὼν δ᾽ εὖ οἶδ᾽ ὅτι κρίσσονα τῆς πρεσβείης
ἀντιφορτισάμενος ἀποίσεις θεραπηίην τὸν ἐμὸν γέλωτα
τῇ πατρίδ᾽, καὶ σεωυτὸν καὶ τοὺς ἄλλους δυνήσεαι σω-
φρονίζειν (23) ἀνθ᾽ ὧν ἴσως κἀμὲ διδάξεις ἰητρικὴν
ἀμοιβηδόν, γνοὺς ὅσῃ σπουδῇ περὶ τὰ ἀσπούδαστα,
φιλοτιμεύμενοι πρήσσειν τὰ μηδενὸς ἄξια, πάντες
ἄνθρωποι τὸν βίον ἀχρήστως ἀναλίσκουσι, γελώτων ἄξια
διοικεῦντες ἐγὼ δέ » λέγε » φημί « πρὸς θεῶν μήποτε
γὰρ διαλανθάνῃ νοσέων πᾶς ὁ κόσμος, καὶ οὐκ ἔστι
ὅκου διαπεμφθείη πρεσβείην πρὸς θεραπηίην. (24) τί
γὰρ ἂν εἴη ἔξω αὐτοῦ, ὃ δὲ ὑπολαβὼν « πολλαί γε »
φησί « ἀπειρίαι κόσμων εἰσί, ὦ Ἱππόκρατες, καὶ
μηδαμῶς, ὦ ἑταῖρε, κατασμικρολόγει πλουσίην τὴν
φύσιν ἐοῦσαν· ἀλλὰ ταῦτα μέν » ἔφην « ὦ Δημόκριτε,
διδάξεις· ἐν ἰδίῳ καιρῷ· εὐλαβέομαι δὲ μή κως καὶ
τὴν ἀπειρίην διεξιὼν γελᾶν ἄρξῃ ἴσθι τοίνυν· περὶ
τοῦ ἐοῦ γέλωτος τῷ βίῳ λόγον δώσων (25) ὃ δὲ μάλα
τρηχὺ ἐπιδὼν μοι « δύο » φησί « τοὐμοῦ γέλωτος
αἰτίας δοκέεις, ἀγαθὰ καὶ φλαῦρα· ἐγὼ δὲ ἕνα γελῶ
τὸν ἄνθρωπον, ἀνοίης μὲν γέμοντα, κενεὸν δὲ πρηγ-
μάτων ὀρθῶν, πάσῃσι ἐπιβουλῇσι νηπιάζοντα καὶ μη-
δεμιῆς εἵνεκα ὠφελείης ἀνύοντα τοὺς ἀνηνύτους
μόχθους, πείρατα γῆς καὶ ἀορίστους μυχοὺς ἀμε-
τρίῃσι ἐπιθυμίης ὁδεύοντα, ἄργυρον τήκοντα καὶ
χρυσόν, καὶ μὴ παυόμενον τῆς κτήσιος ταύτης, αἰεὶ
δὲ θορυβεύμενον περὶ τὸ πλέον, ὅκως αὐτοῦ ἐλάσσων
γένηται. (26) καὶ οὐδὲν αἰσχύνεται λεγόμενος εὐδαί-
μων, ὅτι χάσματα γῆς ὀρύσσει δεσμίοισι χερσί, ὧν οἱ
μὲν συμφ~~ὴ~~ ἐπιπεσούσης τῆς γῆς ἐρθάρησαι, οἱ
δὲ πολλῷ χρόνῳ ταύτην ἔχοντες τὴν ἀναγκαίην ὡς
ἐν πατρίδι τῇ κολάσι καταμίνουσι, ἄργυρον καὶ
χρυσὸν μαστεύοντες, ἴχνεα κόνιος καὶ ψήγματα ἐρευ-
νῶντες, ψάμμον ἄλλην ἀλλαχόθεν ἀγείροντες καὶ γῆς
φλέβας ἐκτάμνοντες, ἐς περιουσίην αἰεὶ βωλοποιεῦντες
ἐκ γῆς μητρός, τὴν δὲ γῆν μίαν καὶ τὴν αὐτὴν ἐοῦσαν
καὶ θωυμάζουσι καὶ πατέουσι. (27) ὅσος γέλως ἐπι-
μόχθου καὶ χρυφίης γῆς ἐρῶσι καὶ τὴν φανερὴν ὑβρί-
ζουσι κύνας ὠνεῦνται, οἳ δ᾽ ἵππους, οἱ δὲ χώρην πολλὴν
περιορίζοντες ἰδίην ἐπιγράφουσι, καὶ πολλῶν ἐθέλοντες
δεσπόζειν οὐδὲ ἑωυτῶν δύνανται. γαμεῖν σπεύδου-
σι, ἃς μετ᾽ ὀλίγον ἐκβάλλουσι ἐρῶσιν, εἶτα μισέουσι
μετ᾽ ἐπιθυμίης τεκνοῦσι, εἶτα ἐκβάλλουσι τελείως.
(28) τίς ἡ κενὴ σπουδὴ καὶ ἀλόγιστος, μηδὲν μανίης
διαφέρουσα· πολεμέουσι ἔμφυλα, ἠρεμίην οὐχ αἱρετί-
ζουσι. ἀντενεδρεύουσι βασιλῆας, ἀνδροφονέουσι, γῆν
ὀρύσσοντες ἄργυρον ζητέουσι, ἄργυρον εὑρόντες γῆν
ἐθέλουσι πρίασθαι, ὠνησάμενοι γῆν καρποὺς πιπρά-
σκουσι, καρποὺς ἀποδόμενοι πάλιν ἀργύριον μεταλαμ-
βάνουσι. ἐν ὅσῃσι μεταβολῇσί εἰσι, ἐν ὅσῃ κακίῃ πολι-
τείης· μὴ ἔχοντες οὐσίην ποθέουσι, ἔχοντες κρύπτουσι
ἢ ἀφανίζουσι (29) γελῶ ἐφ᾽ οἷσι κακοπρηγέουσι,

ipsa derides, adeo ut apud te neque boni neque mali
ullum sit discrimen » (22) At ille « recte quidem dicis,
Hippocrates, verum risus nostri causam nondum nosti,
quam cum didiceris, certus sum te risum meum effi-
caciorum medicamentum in patriam esse reporta-
turum, quo et ipsum te et alios ad saniorem rationem
revocare poteris, quoque legatio tua compensabitur
(23) Pro quibus fortasse etiam me medicinam mutuo
docueris, ubi cognoveris quanto studio omnes homines
ad ea quæ negligenda sunt et nullius pretii faciendi
contendunt, et in iis quæ risu digna sunt consectandis
vitam consumunt » Tum ego « dii, per deos » inquam
« nunquid omnis mundus se ægrotare ignoret, neque
habeat unde sui curationem legatione accersat? (24) Quid
enim extra eum esse potest? » Quo audito « multæ »
inquit « sunt, Hippocrates, mundorum infinitates, ne-
que, amice, naturam divitem ut parvam existimare »
« Sed hæc, Democrite » inquam, « suo tempore docebis,
vereor enim, ne si quando infinitatem percenseris, ri-
dere incipias Nunc vero de tuo risu in vita reddendam
esse tibi rationem puta » (25) At ille admodum perspicue
in me intuens « duas » inquit « risus mei causas exi-
stimas, bona et mala At ego unum hominem rideo,
amentia refertum, recte factis vacuum, in omnibus
consiliis pueriliter agentem, nullius utilitatis gratia im-
mensos labores tolerantem, terræ fines et infinitos re-
cessus argenti et auri comparandi gratia immoderatis
cupiditatibus peragrantem et nunquam ab his compa-
randis cessantem, semper vero ad copiam tumultuantem,
ut ab ea subjugatur (26) Non suffunditur pudore, cum di-
ves dicatur, quod in terræ hiatus inquirens sectorum ma-
nibus effodiat, qui partim quidem a terra inani intereunt,
partim vero diutius hac necessitate detenti in supplicio
tanquam in patria permanent, aurum et argentum per-
quirentes, pulveris vestigia et ramenta pervestigantes,
arenam aliam aliunde excitantes, et terræ venas exscin-
dentes, ad opulentiam semper terram matrem in glebas
proscindunt, quam eandem et admirantur et vero cal-
cant (27) At quantam isti nobis risum movent?
Terram latentem cum labore amant, apertam contu-
melia afficiunt Canes emunt, nonnulli etiam equos,
alii vero aliquantum agri finibus includunt sibique ad-
scribunt, et cum multis dominari volunt, sibi ipsis im-
perare nequeunt In matrimonium se conjiciunt, ut brevi
uxores repudiant, amant, mox odio prosequuntur, cupi-
ditate incensi liberos gignunt, adultos foras protrudunt
(28) Quodnam hoc inane studium et rationis expers ni-
hilque ab insania discrepans? Bellum intestinum gerunt,
tranquillitatem spernunt Regibus vicissim insidias ten-
dunt, homines necant, defossa terra argentum investi-
gant, argento reperto terram emere cupiunt, terra empta
fructum venundant, fructibus divenditis rursus argentum
capiunt Quibus mutationibus et quantis vitiis obnoxii?
Cum opes non habeant, eas expetunt, si habent, abscon-
dunt, dissipant (29) Derideo res eorum adversas, in-

ἐπιτείνω τὸν γέλωτα ἐφ' οἷς δυστυχέουσι· θεσμοὺς γὰρ
ἀληθείης παραδεβήκασι. φιλονικέοντες ἔχθρη πρὸς
ἀλλήλους δῆριν ἔχουσι μετὰ ἀδελφέων καὶ τοκέων
καὶ πολιητέων, καὶ ταῦτα ὑπὲρ τοιούτων κτημάτων
ὧν οὐδὲ εἷς θανὼν δεσπότης ἐστί, ἀλληλοκτονέουσι,
ἀθεσμόδια φρονεῦντες φίλων καὶ πατρίδων ἀπορίην
ὑπερορέουσι, πλουτίζουσι τὰ ἀνάξια καὶ τὰ ἄψυχα,
ὅλης τῆς οὐσίης ἀνδριάντα ὠνέονται, ὅτι δοκέει λαλέειν
τὸ ἄγαλμα, τοὺς δὲ ἀληθέως λαλέοντας μισέουσι. (30)
τῶν μὴ ἰδίων ἐφίενται· καὶ γὰρ ἤπειρον οἰκεῦντες θάλασ-
σαν ποθέουσι, καὶ πάλιν ἐν νήσοισι ἐόντες ἠπείρων γλί-
χονται, καὶ πάντα διαστρέφουσι ἐς ἰδίην ἐπιθυμίην. καὶ
δοκέουσι μὲν ἐν πολέμῳ ἀνδρείην ἐπαινέσαι, νικῶνται
δὲ καθ' ἡμέρην ὑπὸ τῆς ἀσελγείης, ὑπὸ τῆς φιλαργυ-
ρίης, ὑπὸ τῶν παθέων ἁπάντων ἃ νοσέουσι. Θερσῖται
δ' εἰσὶ τοῦ βίου πάντες. (31) τί δὲ τὸν ἐμόν, Ἱππόκρα-
τες, ἐμέμψω γέλωτα; οὐ γὰρ αὐτός τις τῆς ἰδίης ἀνοίης,
ἀλλὰ ἄλλος ἄλλου καταγελᾷ, οἱ μὲν τῶν μεθυόντων, ὅταν
αὐτοὶ δοκέωσι νήφειν, οἱ δὲ τῶν ἐρώντων, χαλεπωτέρην
νοῦσον νοσεῦντες αὐτοί, οἱ δὲ τῶν πλεόντων, ἄλλοι δὲ τῶν
περὶ γεωργίην ἀσχοληθέντων· οὐ ξυμφωνέουσι γὰρ οὔτε
τῇσι τέχνῃσι οὔτε τοῖσι ἔργοισι. » (32) ἐγὼ δέ « ταῦτα
μὲν » ἔφην « κρήγυα, Δημόκριτε, οὐδὲ ἄλλος τις ἂν
εἴη λόγος ἁρμοδιώτερος ἐξαγγέλλειν ταλαιπωρίην
θνητῶν· ἀλλ' αἱ πρήξιες νομοθετέουσι τὴν ἀναγκαίην,
οἰκονομίης τε εἵνεκεν καὶ ναυπηγίης καὶ τῆς ἑτέρης
πολιτηίης, ἐν ᾗ χρεὼν εἶναι τὸν ἄνθρωπον· οὐ γὰρ εἰς
ἀργίην αὐτὸν ἡ φύσις ἐγέννησε. (33) ἐκ τούτων δὲ
πάλιν φιλοδοξίη χυθεῖσα ἔσφηλε πολλῶν ὀρθογνώμονα
ψυχήν, σπουδαζόντων μὲν ἅπαντα ὡς ἐπ' ἀδιαπτω-
σίῃ, μὴ κατευτονεύντων δὲ τὴν ἀδηλότητα προσρῆ-
σθαι. ἢ κοῦ γάρ τις, ὦ Δημόκριτε, γαμέων ἢ χω-
ρισμὸν ἢ θάνατον προσεδόκησε; τίς δ' ὁμοίως παι-
δοτροφέων ἀπωλείην; (34) ἀλλὰ οὐδὲ ἐν γεωργίῃ καὶ
πλόῳ καὶ βασιληίῃ καὶ ἡγεμονίῃ καὶ πάνθ' ὅσ' ὑπάρχει
κατὰ τὸν αἰῶνα· οὐδὲ εἷς γὰρ προὔπαθε πταῖσαι,
ἀλλ' ἀγαθῇσι ἕκαστος τούτων ἐλπίσι φέρεται, τῶν
δέ γε χερειόνων οὐδὲ μέμνηται, μήποτ' οὖν ὁ σὸς γέλως
τούτοισι ἀνάρμοστος; » ὁ δὲ Δημόκριτος· « μάλα νω-
θής » ἔφη « τὸν νόον ὑπάρχεις καὶ μακρήν γε τῆς ἐμῆς
γνώμης ἀπόδημος εἶ, Ἱππόκρατες, ἀταραξίης καὶ τα-
ραχῆς μέτρα μὴ ἐπισκοπέων δι' ἀγνοίην. (35) ταῦτα
γὰρ αὐτὰ διανοίῃ φρενήρεϊ διοικεύντες, αὐτοί τε ῥη-
ϊδίως ἀπηλλάσσοντο καὶ τὸν ἐμὸν ἐλώφεον γέλωτα.
νῦν δ' ὡς ἐπ' ἀρηρόσι τοῖσι ἐν τῷ βίῳ φρενοβλαβέες
τετύφωνται, ἀξυλλογίστῳ διανοίῃ τῆς ἀτάκτου φορῆς
δυσδίδακτοι· νουθεσίη γὰρ αὐτάρκης ὑπῆρχε ἡ τῶν
ξυμπάντων μεταβολή, ὀξείῃσι τροπῇσι ἐμπίπτουσα,
αἰφνίδιον τροχηλασίην παντοίην ἑλίσσουσα. (36) οἳ δ'
ὡς ἐπ' ἀρηρυίῃ καὶ βεβαίῃ ἐκλελησμένοι παθέων κατὰ
τὸ ξυνεχὲς ἐμπιπτόντων, ἄλλοτε ἄλλως ποθέοντες τὰ
λυπέοντα, διζήμενοι τὰ μὴ ξυμφέροντα, ἐναλινδέονται
πολλῇσι ξυμφορῇσι. (37) εἰ δέ τις ἐμερμήριζε κατὰ
δύναμιν ἰδίην τὰ ξύμπαντα ἔρδειν, ἀδιάπτωτον ἐφρούρεε

---

fortuna intento risu excipio; veritatis enim instituta
violant. Contentionis studio hostiles inter se rixas ha-
bent, cum fratribus vero, parentibus et civibus mutuas
cædes exercent, idque possessionum causa quarum nemo
post mortem dominus esse potest; iniustam vitam con-
sectantes amicorum et patriæ inopiam nil morantur, di-
vitiis onerant indigna et inanimata; universis facultatibus
statuam redimunt, quod simulacrum loqui videatur; eos
vero, qui vere loquuntur, odio habent. (30) Res alienas
amore prosequuntur, in continente habitantes maritima
expetunt, rursusque insulas tenentes continentem affe-
ctant, cunctaque in suam cupiditatem pervertunt. Et in
bello quidem fortitudinem laudare videntur, at in dies a
libidinum indulgentia et avaritia vincuntur et quovis ge-
nere affectuum, quibus conflictantur. Thersitis autem
vitam omnes referunt. (31) Cur igitur risum meum,
Hippocrates, reprehendisti? Neque enim suam quis, sed
alter alterius amentiam deridet, velut alii ebrios, cum
ipsi sibi sobrii videantur, alii amantes, cum ipsi graviore
morbo laborent, hi vero navigantes, alii agriculturæ de-
ditos. Neque enim artibus, neque operibus inter se
consentiunt. » (32) Tum ego « hæc quidem » inquam
« vera sunt, Democrite, neque alia quæpiam oratio ad
convincendam mortalium miseriam commodior fuerit;
verum ipsæ actiones hanc necessitatem veluti decreto
quodam imponunt ad rei domesticæ dispensationem, na-
vium fabricationem et reliquam reipublicæ administra-
tionem, in qua versari hominem oportet. Neque enim
ad inertiam eum natura procreavit. (33) Ex his rursus
late sparsa ambitio multorum hominum recte sentientem
animum aberrare coegit, ut ad omnia velut sine lapsu
summo studio contendant, non tamen obscuritatem præ-
videre possint. Quis enim, o Democrite, uxorem ducens
divortium aut mortem cogitat? aut liberos educans inter-
itum? (34) Sed neque in agricultura, navigatione, regno,
imperio et omni vitæ genere; nemo enim istorum in
opinionem venit, pedem se offensurum esse, sed quivis
bona spe pascitur, deteriorum vero ne meminit quidem.
Num igitur risus tuus his parum convenit? » Tum De-
mocritus « tardo » inquit « es admodum ingenio proculque
a mea sententia peregrinaris, Hippocrates, neque tran-
quillitatis et perturbationis modum propter ignorantiam
prospicis. (35) Qui enim hæc ipsa prudenti cogitatione
disponunt, et ipsi facile liberantur et meum risum sub-
levant. Nunc vero, quasi res humanæ firmiter consti-
tutæ sint, mente capti insolescunt, neque mente ratiocina-
tionis experte inordinatum impetum facile addiscunt. Suf-
ficiens enim fuerit admonitio rerum omnium commutatio,
quæ subditis conversionibus incidens repentinam et omni-
modam rerum orbitam nodorum instar implicat. (36)
Illi vero, tanquam hæc fixa sit et firma, affectionum
continenter incidentium obliti, aliter alius quæ tris-
titiam adferunt expetentes, quæ sunt incommoda in-
quirentes, in multis calamitatibus assidue versantur.
(37) Quod si quis omnia quæ facit pro viribus mente

τι,ν ζωήν, έωυτὸν ἐξεπιστάμενος καὶ ξύγκρισιν ἰδίην σαφέως κατανοήσας καὶ μὴ τῆς ἐπιθυμίης τὴν σπουδὴν ἀόριστον ἐκτείνων, τὴν δὲ πλουσίην φύσιν καὶ πάντων τιθηνὸν δι' αὐταρκείης ἐσορέων (38) καθάπερ δὲ τῶν παχέων ἐν εὐεξίη κίνδυνος πρόδηλος, οὕτω τὸ μέγεθος τῶν εὐτυχημάτων ἐπισφαλέστερόν ἐστι, αοίσημοι δ' ἐπὶ τῇσι κακοδαιμονίῃσι ξυνθεωρέονται ἄλλοι δὲ τὰ τῶν πέλας μηδὲν ἱστορέοντες ὑπὸ τῆς ἰδίης κακοπρηγίης ἀπώλοντο, τὰ δῆλα καθάπερ ἄδηλα μὴ προθεωρέοντες, ὑπόδειγμα τὸν μακρὸν βίον ἔχοντες γενομένων καὶ μὴ γενομένων, ἐξ ὧν καὶ τὸ ἐσόμενον ἐχρῆν κατανοῆσαι (39) -αὖθ' ὁ ἐμὸς γέλως, ἄφρονες ἄνθρωποι, πονηρίης δίκας ἐκτίνοντες, φιλαργυρίης ἀπληστίης ἔχθρης ἐνέδρης ἐπιβουλίης βασκανίης ἀργαλέον ἐξειπεῖν πολυμηχανίην κακῶν ἀπειρίη γάρ τίς ἐστι κἂν τούτοισι δολοπλοκίῃσι ἀνθαμιλλέονται σκολιόφρονες, ἀρετῆς δὲ παρ' αὐτοῖσι τρόπης ἐστὶ τὸ χέρειον· φιλοψευδίην γὰρ ἀσκέουσι, φιληδονίην νοσμέουσι, νόμοισι ἀπειθέοντες (40) ὁ δὲ αὐτῶν καταρρίνει τὴν ἀπροαιρεσίην, μήτε ὁρήσιος μήτε ἀκοῆς μετεχόντων, μούνη δ' αἴσθησις ἀνθρώπου ἀτρεκείη διανοίης τηλαυγής, τό τε ἐὸν καὶ τὸ ἐσόμενον προϊσορμένη, δυσαρεστεῦνται πᾶσι, καὶ πάλιν τοῖσι αὐτοῖσι ἐμπελάζονται. ἀρνησάμενοι πλόον πλέουσι, γεωργίην ἀπειπάμενοι αὖτις γεωργέουσι, ἐκβάλλοντες γαμετὴν ἑτέρην ἐσάγονται, γεννήσαντες ἔθαψαν, θάψαντες πάλιν τρέφουσι, γήρας ηὔξαντο, εἶτα δὲ αὐτὸ ἀρνέομενοι στενάζουσι, ἐν οὐδεμιῇ καταστάσι βεβαίῃ ἔχοντες τὴν γνώμην. (41) ἡγεμόνες καὶ βασιλέες μακαρίζουσι τὸν ἰδιώτην, ὁ δὲ ἰδιώτης ὀρέγεται βασιληίης· ὁ πολιτευόμενος τὸν χειροτεχνεῦντα ὡς ἀκίνδυνον, ὁ δὲ χειροτέχνης ἐκεῖνον ὡς εὐτονεῦντα κατὰ πάντων τὴν γὰρ ὀρθὴν κέλευθον τῆς ἀρετῆς ὁ θεωρέων καθαρὴν καὶ λείην καὶ ἀπρόσπταιστον, εἰς ἣν οὐδὲ εἷς τετόλμηκεν ἐμβῆναι, φέρονται δὲ ἐπὶ τὴν ἀπειθέα καὶ σκολιήν, τρηχυβατεῦν-ες καὶ καταφερόμενοι καὶ προσκόπτοντες, οἱ δὲ πλεῖστοι ἐκπίπτοντες, ἀσθμαίνοντες ὡς διωκόμενοι, ἐρίζοντες ὑστερεῦνται προηγεύμενοι. (42) και οὓς μὲν αὐτῶν ἔρωτες ἀτάσθαλοι ὑποπετερήγασι ἀλλοτρίης φώρας εὐνῆς, ἀναιδείης πιούνους οὓς δὲ τήλεν φιλαργυρίη, νοῦσος ἀόριστος, οἱ δ' ἀλλήλοισι ἀντεπιτίθενται, οἱ δ' ὑπὸ φιλοδοξίης ἐς ἱέρα ἀναχθέντες βρίθει κακίης ἐς βυθὸν ἀπωλείης καταφέρονται (43) ἄλλοι κατασκάπτουσι ἐποικοδομέοντες· χαρίζονται, εἶτα μετανοοῦσι καὶ ἀφαιρεῦνται τὰ φιλίης δίκαια χακοπρηγεῦντες ἐς ἔχθρην τὰ ξυγγενείης πολεμοποιεῦσι, καὶ τούτων ἁπάντων αἰτίη ἡ φιλαργυρίη· τί νηπίων ἀθυρόντων διαφέρουσι, παρ' οἷσι ἄκριτος μὲν ἡ γνώμη, ἡ δὲ προσπεσὸν τερπνόν; (44) ἐν δὲ τοῖσι θυμοῖσι τί περισσὸν ζῷοισι ἀλόγοισι παραλέλοιπασι, πλὴν ὅτι ἐν αὐταρκείῃ μένουσι οἱ θῆρες ‑τίς γὰρ λέων ἐς γῆν κατέκρυψε χρυσόν, τίς ταῦρος πλεονεξίην ἐχορύσατο, τίς πάρδαλις ἀπλησίην κεχώρηκε, διψῇ μὲν ἄγριος σῦς ὅσον ὕδατος ποιεσθῇ, λύκος δὲ δαρδάψας

---

verseret, vitam ab omni casu immunem servaret se ipse probe noscens, et suam ipsius concretionem aperte intelligens cupiditatis studium in infinitum non extenderet, sed naturam divitem et omnium alumnam per ea quæ abunde suppetunt sequeretur (38) Quemadmodum autem optimus corporis habitus affectionum periculum denuntiat, sic magnus rerum successus lubricus est Rebus autem in adversis insignes conspiciuntur Alii vero aliorum res minime oculis subicientes, pravis suis affectionibus pereunt, manifesta velut obscura non providentes, cum tamen longam vitam exemplum habeant eorum quæ fiunt et non fiunt, ex quibus quod futurum est cognoscere oportebat (39) Hæc est mei risus materia, homines imprudentes, qui pœnas datis improbitatis vestræ, avaritiæ, inexplebilis cupiditatis, inimicitiarum, insidiarum, subdolorum consiliorum, invidentiæ Difficile est multorum malorum machinationem solertiam verbis exprimere, cum eorum sit infinitas quædam et in his cum dolosis commentis prava mente inter se concisentur Habetur autem apud eos virtutis loco ingenium malum pravumque, mendacia enim amant et in his se exercent, voluptatis studium extollunt, legibus ne tantillum parentes (40) Itaque risus meus quæ ab his nullo proposito consilio fiunt condemnat, cum neque visionis neque auditionis participes sint, at solus hominis sensus recta intelligentiâ eminus splendescit, qui per qui præsentia et futura prævideat Omnia detestantur ac rursus ad eadem se adiungunt Navigationem aversantes navigant, agricultura propulsata rursus agrum colunt, abdicata uxore aliam inducunt, susceptos liberos sepeliunt et his sepultis alios procreant et rursus educant, senectutem exoptant, cumque eo pervenerint, gemunt nulloque in statu firma mente persistunt (41) Principes ac reges privatum beatum prædicant, privatus regium imperium affectat Qui rempublicam regit, artificem tanquam periculi expertem laudat, artifex vero illum quippe infinitam potentiam exercentem Rectam enim virtutis viam puram minimeque asperam ac inoffensam non cernunt, pereamque nemo incedere sustinet, e contrario per inaccessam et tortuosam feruntur ut per aspera incedentes offendunt et præcipites eunt, plerique deerrant itinere anhelantes perinde ac si quis persequatur eos, iurgio decertantes, cui primo loco eundum sit, male subsequentes, præcursantes (42) Et male eorum quosdam impudentia fretos nefandi amores alieni cubilis corrumpendi succendunt, quosdam etiam inordinatus avaritiæ morbus tabefacit, alii mutuas insidias struunt, alii ambitionis studio in aera subvecti sceleris gravitate in exitu profundum præcipites deferuntur (43) Diruunt, deinde ædificant, beneficio collato gratiam demereentur, deinde pœnitentia ducti amicitiæ iura violant maleque afficiendo ad inimicitias deveniunt et cognationis iura bello appetunt horumque omnium in causa avaritia est Quanam in re ab infantibus ludibundis discrepant, quos, cum mens iudicio careat, quicquid sese forte obtulit delectat? (44) Quod ad cupiditates attinet, non multum a brutis animantibus differunt, nisi quod feræ in eo quod satis est se continent Quinam enim leo aurum defossum in terram abdidit? quinam tau-

τὸ προσπεσὸν τῆς ἀναγκαίης τροφῆς ἀναπέπαυται·
ἡμέρῃσι δὲ καὶ νυξὶ ξυναπτομένῃσι οὐκ ἔχει θοίνης
κόρον ὤνθρωπος. χρόνων μὲν ἐνιαυσίων τάξις ὀχείης
ἀλόγων ἐστὶ τέρμα, ὃ δὲ ἐς τὸ διηνεκὲς οἰστρο-
μανίην ἔχει τῆς ἀσελγείης. (45) Ἱππόκρατες, μὴ
γελάσω τὸν κλαίοντα δι' ἔρωτα ὅτι ξυμφερόντως ἀπο-
κέκλεισται, μάλιστα δ' ἂν ῥιφοκινδυνῇ καὶ φέρηται
κατὰ κρημνῶν ἢ βυθῶν πελάγεος, ἐπιτενῶ τὸν γέ-
λωτα; μὴ γελάσω τὸν τὴν νῆα πολλοῖσι φορτίοισι βα-
πτίσαντα, εἶτα μέγα μεμφόμενον τῇ θαλάσσῃ ὅτι κατε-
βύθισε τὴν πλήρεα; ἐγὼ μὲν οὐδ' ἀξίως δοκέω γελῇν,
ἐξευρεῖν δὲ κατ' αὐτῶν ἤθελόν τι λυπηρόν. ἀλλ' οὐδὲ
ἰητρικὴν ὑπὲρ τούτων ἐχρῆν εἶναι μὴ τεχνωμένην
παιώνια φάρμακα. (46) ὁ σὸς πρόγονος Ἀσκληπιὸς
νουθεσίῃ σοι γενέσθω· σώζων ἀνθρώπους κεραυνοῖσι
εὐχαρίστηται. οὐχ ὁρῇς ὅτι κἀγὼ τῆς αὐτῆς μοίρης
εἰμί; μανίης διζήμενος αἰτίην ζῷα κατακτείνω καὶ
ἀνατάμνω; ἐχρῆν δὲ ἐξ ἀνθρώπων τὴν αἰτίην ἐρευ-
νῆσαι. (47) οὐχ ὁρῇς ὅτι καὶ ὁ κόσμος μισανθρωπίης
πεπλήρωται καὶ ἄπειρα κατ' αὐτῶν πάθεα ξυνήθροικε;
ὅλος δ ἄνθρωπος ἐκ γενετῆς νοῦσος ἐστί. τρεφόμενος
ἄχρηστος, ἱκέτης βοηθείης· αὐξόμενος ἀτάσθαλος ἄ-
φρων διὰ χειρὸς παιδαγωγίῃ· ἀκμάζων θρασύς, παρακ-
μάζων οἰκτρός, τοὺς ἰδίους πόνους ἀλογιστίῃ γεωργή-
σας· ἐκ μητρῴων γὰρ λύθρων ἐξέθορε τοιοῦτος.
(48) διὰ τοῦτο οἱ μὲν θυμικοὶ καὶ ὀργῆς ἀμέτρου γέ-
μοντες, οἳ δ' ἐν φθορῇσι καὶ μοιχείῃσι διὰ παντός, οἳ δ'
ἐν ἐπιθυμίῃσι τῶν ἀλλοτρίων, οἳ δ' ἐν ἀπωλείῃσι τῶν
σφετέρων. ὤφελε δύναμις ὑπῆρχε τὰς ἁπάντων οἰκήσιας
ἀνακαλύψαντα μηδὲν ἀφεῖναι τῶν ἐντὸς παρακαλύμμα,
εἶθ' οὕτως ὁρῆν τὰ πρησσόμενα ἔνδον. (49) εἴδομεν
ἂν τοὺς μὲν ἐσθίοντας, οὓς δὲ ἐμέοντας, ἑτέρους δ'
αἰκίῃσι στρεβλεῦντας, τοὺς δὲ φάρμακα κυκεῦντα,
τοὺς δὲ ξυννοεῦντα; ἐπιβουλίην, τοὺς δὲ ψηφίζοντας,
ἄλλους χαίροντας, τοὺς δὲ κλαίοντας, τοὺς δὲ ἐπὶ κα-
τηγορίῃ τῶν φίλων ξυγγράφοντας, οὓς δὲ διὰ φιλοδο-
ξίην ἔκφρονας. (50) καίτοιγε βαθύτεραι πρήξιες
τῶν κατὰ ψυχὴν κευθομένων, καὶ τούτων ὁκόσοι μὲν
νέοι ὁκόσοι δὲ πρεσβῦται αἰτεῦντες ἀρνεύμενοι πενό-
μενοι περιουσιάζοντες λιμῷ ὀλιβόμενοι, οἳ δὲ ἀσωτίῃ
βεβαρημένοι ῥυπῶντες δέσμιοι, οἳ δὲ τρυφῇσι γαυ-
ριῶντες τρέφοντες, ἄλλοι θάπτοντες, ὑπερορέοντες ἃ
ἔχουσι, πρὸς τὰς ἐλπιζομένας πρήξιας ὡρμημένοι,
οἱ μὲν ἀνίσχυνται, οἱ δὲ φειδωλοί, οἱ δὲ ἄπληστοι,
οἱ δὲ μὴ φρονεῦντες, οἱ δὲ τυπτόμενοι, οἱ δὲ ὑπερηφα-
νεῦντες, οἱ δὲ ἐπαιρόμενοι κενοδοξίῃ. (51) καὶ οἱ μὲν
ἵπποισι παρεστεῶτες, οἱ δὲ ἀνδράσι, οἱ δὲ κυσί, οἱ
δὲ λίθοισι ἢ ξύλοισι, οἱ δὲ χαλκῷ, οἱ δὲ γραφῇσι. καὶ
οἱ μὲν ἐν πρεσβείῃσι, οἱ δὲ ἐν στρατηγίῃσι, οἱ δὲ ἐν ἱερω-
σύνῃσι, οἱ δὲ στεφανηφορέοντες, οἱ δὲ ἐν ὅπλοις, οἱ δ' ἀπο-
κτιννύμενοι. (52) φέρονται δὲ τούτων ἕκαστοι οἱ μὲν
ἐπὶ ναυμαχίην, οἱ δὲ ἐπὶ στρατηίην, οἱ δὲ ἐπ' ἀγροι-
κίην, ἕτεροι δὲ ἐπὶ νῆας, οἱ δὲ ἐς ἀγορήν, οἱ δ' ἐς
ἐκκλησίην, οἱ δὲ ἐπὶ θέητρον, οἱ δὲ ἐς φυγαδείην, ἄλλοι

rus alienarum rerum cupiditate in pugnam delatus est?
qum pardalis inexplebilem aviditatem admisit? Sitit aper,
sed eatenus, qua aquam appetit; lupus dilaniato quod
sese obtulit necessario alimento quiescit; at si dies iun-
gantur noctibus, hominem non capit comessandi satietas.
Et anniversariorum temporum ordo brutis quidem ani-
mantibus coitus finem adfert, hic vero insano libidinis
stimulo continenter agitatur. (45) Quomodo, Hippocra-
tes, ciulantem ob amorem, cum feliciter repulsam tulit,
non derideam? præcipueque si quis nullo habito pericu
lorum delectu per præcipitia et alta maria feratur, intenso
risu non excipiam? Non ridebo eum, qui navem multis
mercibus onustam demersit, deinde mare incusantem,
quod eam plenam submerserit? Equidem hæc ne digna
quidem risu duco, verum aliquid molesti in eos excogitare
malim. Sed neque medicinam pro his esse oportuit, nec
qui Pæonia medicamenta conficeret. (46) Cuius rei te
admoneto tuus ille progenitor Æsculapius, qui pro servatis
hominibus gratam beneficii recordationem fulminis ic-
tum reportavit. Non vides me eiusdem vitii participem
esse, dum in insaniæ causam inquirens animantia macto
ac reseco, quam in hominibus perscrutari oportuit?
(47) Nonne vides mundum ipsum inhumanitate redundare
et infinitas adversus hominem affectiones cumulare?
Totus homo ab ipso ortu morbus est. A teneris un-
guiculis inutilis est, auxilium supplex implorat; dum
increscit, improbus et demens est, institutione puerili in-
digens; in ætatis vigore constitutus audax; ætate marce-
scens miserabilis, suos labores per imprudentiam exco-
lens. Talis ex materno cruore promicuit. (48) Prop-
terea alii indignabundi sunt et immodica ira referti
in calamitatibus et pugnis, alii in adulteriis et stupris
perpetuo versantur, alii in ebrietatibus, alii in rerum
alienarum cupiditatibus, alii in suis perdendis. Quod
si possemus nullo intrinsecus relicto velamento omnium
habitationes detegere, atque ita quæ intus aguntur
inspicere, (49) alios edere videremus, alios vomere,
alios indignis verberibus torquere, alios venena mi-
scere, alios insidias struere, alios subducere calculos,
alios gaudere, illos plorare, hos amicorum accusationem
meditari, illos vero nimia ambitione desipere. (50) Ac-
cedunt actiones in animis altius reconditæ. Et in his iu-
venes pariter ac senes petentes, denegantes, pauperes,
rebus affluentes, fame oppressi, item luxu gravati, sor-
didi, vincti, deliciis gestientes, olentes, alii iugu-
lantes, alii sepelientes, ea quæ habent pro nihilo ha-
bentes, speratas possessiones captantes, alii impudentes,
alii parci, alii inexplebiles, alii interficientes, alii verbe-
ribus afflicti, alii superbe se iactantes, alii inani gloria
elati. (51) Porro alii equis addicti sunt, alii hominibus,
alii canibus, alii lapidibus aut lignis, alii statuis ex ære,
alii picturis, alii legationibus, alii rei militaris admi-
nistrationibus, alii rebus sacris; alii coronas gestant, alii
armati sunt, alii interficiuntur. (52) Et horum singuli
partim in pugna navali versantur, partim in pugna
terrestri, partim in agricultura, alii in navibus, alii in
foro, alii in concionibus, alii in theatro, alii in fuga,

δὲ ἀλλαχόσε. (5ʹ) καὶ οἵ μὲν ἐς φιληδονίην καὶ ἡδυ-
παθείην καὶ ἀκρασίην, οἱ δὲ ἐς ἀργίην καὶ ῥᾳθυμίην.
τὰς ἀναξίους οὖν καὶ δυστήνους σπουδὰς τοιαύτας ὁρεῶντες
καὶ τοσαύτας, κῶς μὴ χλευάσωμεν τὸν τοιῆσδε ἀκρασίης
γέμοντα βίον αὐτῶν; χάρτα γὰρ ἕλπομαι μηδὲ τὴν
σὴν ἰητρικὴν ἀνδάνειν αὐτοῖσι δυσαρεστέονται γὰρ
ἀκροᾶσι καὶ μανίην τὴν σοφίην νομίζουσι (5δ) ἤκουσα
γὰρ ὑπὸ νοσεύντων σαφέως τωθάζεσθαί σου τὰ πολλὰ
τῆς ἐπιστήμης ἢ διὰ φθόνον ἢ δι' ἀχαριστίην οἵ τε
γὰρ νοσέοντες ἅμα τῷ σώζεσθαι τὴν αἰτίην ἢ θεοῖσι ἢ
τύχῃ προσνέμουσι, (5ε) πολλοί τε τῇ φύσι προσάψαντες
ἐχθαίρουσι τὸν εὐεργετήσαντα, μικροῦ δεῖν προσαγχ-
ναχτεύντες εἰ νομίζονται χρεωφειλέται οἳ δὲ πολὺ τὸ
τῆς ἀτεχνίης ἐφ' ἑωυτοῖσι ἔχοντες, ἀΐδριες ἐόντες,
καθαιρέουσι τὸ κρέσσον ἐν ἀναισθήτοισι γὰρ εἰσι αἱ
ψῆφοι, οὔτε δ' οἱ πάσχοντες ἐξομολογέειν ἐθέλουσι, οὔτε
οἱ ὁμοτεχνεῦντες μαρτυρέειν φθόνος γὰρ ἐνίσταται
(5ζ) οὐκ ἀπείρῳ δέ σοι τῶν τοιούτων λεσχηνεύω ταῦτα,
σαφέως δὲ εἰδὼς ἐν ἀναξιοπαθείῃσί σε πολλάκις γεννη-
θέντα καὶ δι' οὐσίην τε καὶ βασκανίην φιλοτωθασθέντα
ἀτρεκείης γὰρ οὐδεμία οὔτε γνῶσις οὔτε μαρτυρίη »
ἐπειειδὴ λέγων ταῦτα καί μοι, Δαμάγητε, θεσειδ-
ὴς τις κατεφαίνετο, καὶ τῆς προτέρης αὐτοῦ μορφῆς
ἐξελελήσμην (5η) καὶ φημὶ « ὦ Δημόκριτε μεγαλόδοξε,
μεγάλας τε τῶν σῶν ξενίων δωρεὰς εἰς Κῶ ἀποίσομαι
(πολλοῦ γάρ με τῆς σῆς σοφίης θωυμασμοῦ πεπλήρω-
κας) ἀπονοστέω τέ σευ κηρὺξ ἀληθείην ἀνθρωπίνης φύ-
σιος ἐξηγνευσάντος καὶ νοήσαντος καὶ λαλήσαντος. θερα-
πείην τε λαβὼν παρὰ σεῦ τῆς ἐμῆς διανοίης ἀπαλλάσσο-
μαι, τῆς ὥρης τοῦτο ἀξιούσης καὶ τῆς τοῦ σώματος
τημελείης· αὔριον δὲ κατὰ τὸ ἑξῆς ἐν ταὐτῷ γενησό-
μεθα. » (5θ) ἀνιστάμην ταῦτα εἰπών, καὶ ὃς ἕτοιμος ἦν
ἐπακολουθέειν, προσελθόντος δέ τινι οὐκ οἶδ' ὁκόθεν ἐπεδί-
δου τὰ βιβλία. κἀγὼ ξυντονώτερον ἐπείξας πρὸς τοὺς
ὄντως Ἀβδηρίτας ἐπὶ τῇ σκοπιῇ ἀναμένοντάς με « ἄν-
δρες » ἔφην, « τῆς πρὸς ἐμὲ πρεσβείης χάρις ὑμῖν
πολλὴ Δημόκριτον γὰρ εἶδον, ἄνδρα σοφώτατον, σω-
φρονίζειν ἀνθρώπους μοῦνον δυνάμενον » ταῦτ' ἔχω
σοι περὶ Δημοκρίτου, Δαμάγητε, φράζειν γηθόσυνος
πάνυ. ἔρρωσο

ιη' Δημόκριτος Ἱπποκράτει ... εὖ πρῆττειν

Ἐπῆλθες ἡμῖν, ὦ Ἱππόκρατες, ὡς μεμηνόσι, ἐλ-
έξορον δώσων, πεισθεὶς ἀνοήτοισι ἀνδράσι, παρ' οἷσι ὁ
πόνος τῆς ἀρετῆς μανίη κρίνεται· ἐτυγχάνομεν δὲ
περὶ κόσμου διαθέσιος ἔτι τε ἄστρων
οὐρανίων ξυγγράφοντες (2) γνούς δὲ τὴν τοῦ-ω φύ-
σιν, ὡς ἀτρεκέως χάρτα εἴη δεδημιουργημένα καὶ
ὡς ἐπηλοῦ μανίης καὶ παραφροσίης καθέστηκοι, ἐμιο
μὲν φύσιν ἐπήνεσας, ἀπηνέας δὲ καὶ μεμηνότας κεί-
νους ἔκρινα ὁκόσα γὰρ ἰνδάλλεσθαι διαλλάσσοντα
ἀνὰ τὸν ἠέρα πλάζει ἡμέας, ᾗ δὴ κόσμῳ ξυνορᾶται
καὶ ἀμειψιρρυσμέωνα τέτυχε, ταῦτα νόος ἐμὸς φύσιν
ἐρευνήσας ἀτρεκέως ἐς φάος ἤγαγε· μάρτυρες δὲ τοῦ-

alii aliis in rebus, (53) alii etiam ad voluptatis studium,
mollitiem et intemperantiam feruntur, alii ad otium ac
desidiam Cum igitur tot indigena et misera studia vi-
deamus, quomodo vitam eorum tantæ intemperantiæ
deditam ludibrio non habeamus ? Vehementer vereor, ne
auiem tuam medicam ipsi non sint probaturi, nam au-
ditione ac disceptatione non delectantur et sapientum
insaniam existimant (54) Certe audivi maiorem artis
tuæ partem aut per invidiam aut per ingratitudinem palam
contumelia affici Ægrotantes enim simul ac servati
sunt, causam diis vel fortunæ attribuunt, (55) multi etiam
hoc suæ naturæ assignantes bene merentem odio prose-
quuntur, parumque abest quin insuper indignentur se de-
bitores eius esse dicantur, alii etiam artis imperitiam
præferentes, cum sint ignorantes, quod melius est dam-
nant Calculorum enim suffragia stupidis attribuuntur,
ac neque curationem bene processisse fateri volunt,
neque medici collegæ testimonio suo confirmare, cum
invidia obstet (56) Neque tu huiusmodi contumelias
non expertus es, cum probe sciam hæc, quæ in memo-
rabilibus affectionibus fiunt, te per causam aut invidiam
nunquam iubenter convitiis insectatum Veritatis enim
nulla est cognitio, neque testimonii confirmatio Quæ
cum diceret, subridebat mihique, Damagete, divina
quadam specie prioremque formam oblitus esse videbatur
(57) Tum ego, Democrite præstantissime, magna hospi-
talitatis tuæ munera mecum in Co reportabo, cum multa
me sapientiæ tuæ admonitione complexus Præco enim
tuarum laudum revertor, quod naturæ humanæ veritatem
investigasti et mente complexus es Accepta autem a te
mentis curatione discedo, cum id tempus postulet, ut
corpori consulatur, « Cras vero ac deinceps ad eundem lo-
cum revertemur » (58) Quæ cum dixissem surrexi, ille
vero me comitari paratus erat, cumque quidam haud scio
unde accederet, libros tradidit Et ego ad Abderitas,
qui me speculantes expectabant iam fama sua non indigni,
concitatiore gressu redii « Viri » inquam « Abderitæ,
pro vestra ad me legatione magnas habeo gratias. Demo-
critum enim virum sapientissimum vidi, qui solus ho-
mines ad sanam mentem reducere potest » Hæc habui,
Damagete quæ de Democrito tibi læto admodum animo
narrarem Vale

XVIII Democritus Hippocrati

Venisti ad nos, Hippocrates, ut tanquam insanis vera-
trum exhiberes, a stultis hominibus persuasus, quibus
virtutis labor insania reputatur, ac tum forte de mundi
ratione deque polorum et insuper de astrorum cælestium
descriptione scribebamus (2) Cum autem horum naturam
cognovisses, quam perfecte et absolute essent fabricata et
quam procul ab insania ac dementia abessent, naturam
quidem meam laudasti, illos vero immites et insanos iu-
dicasti Quæcunque enim per aerem feruntur et imaginum
vicissitudine nos decipiunt (quæ cum mundo cernuntur
quæque soluta individuorum coalitione formam mutant),
ea mens nostra, dum naturæ veritatem indagatur, in
lucem producit Harum rerum testes sunt libri a me

20

τῶν βίβλοι ὑπ' ἐμέο γραφεῖσαι. (3) χρὴ οὖν καὶ
σέ, ὦ Ἱππόκρατες, μὴ τοιουτοτρόποισι ἀνδράσι ξυν-
έρχεσθαι καὶ ξυνομιλέειν, ὧν νόος ἀκρόπλοος καὶ
ἀβέβαιος καθέστηκε. εἰ γὰρ πεισθεὶς τούτοισι ὡς με-
μηνότα με ἐπόιησας, ἡ πινυτὴ μανίη ἂν ἐγεγόνει, καὶ
σέο τέχνην ἂν κατεμέμψαντο, ὡς παραίτιον παρακο-
πῆς γεγενημένην· (4) ἐλλέβορος γὰρ ὑγιαίνουσι μὲν ἐο-
θεὶς ἐπισκοτέει διανοίην, μεμηνόσι δὲ δοθεὶς κάρτα ὠφε-
λίει. γνῶθι γὰρ ὡς εἰ μὴ καταλελαβήκεές με γράφοντα,
ἀλλ' ἀνακεκλιμένον ἢ σχέδην περιπατεῦντα καὶ προσο-
μιλεῦντα ἐμεωυτῷ καὶ ὁτὲ μὲν δυσχεραίνοντα ὁτὲ δὲ
μειδιῶντα ἐπὶ τοῖς ἐννοευμένοισι ὑπ' ἐμέο, καὶ τοῖσι μὲν
προσομιλέουσι τῶν γνωρίμων οὐ προσέχοντα, ἐφιστάνον-
τα δὲ τὴν διανοίην καὶ σκεπτόμενον ἐκπάγλως, ᾠήθης
ἂν Δημόκριτον κατά γε ὄψιος κρίσιν ἐκ τῶν ὁρεομένων
μανίης εἰκόνι ἐοικέναι. (5) χρὴ οὖν τὸν ἰητρὸν μὴ
μοῦνον ὄψι τὰ πάθεα κρίνειν, ἀλλὰ καὶ πρήγμασι· τούς
τε ῥυθμοὺς ἀνακρίνειν ὡς ἐπὶ τὸ πλεῖστον, καὶ πότε-
ρον ἄρχεται τὸ πάθος ἢ μεσάζει ἢ λήγει, καὶ διαφορὴν
καὶ ὥρην καὶ ἡλικίην παρατηρέειν οὐλομελίην τε τοῦ
σκήνεος· ἐκ γὰρ τούτων ἁπάντων εὐχερῶς ἂν τὰς νού-
σους εὕροις. ἀπέστειλα δέ σοι τὸν περὶ μανίης λόγον.

ιϚ'. Δημόκριτος Ἱπποκράτει περὶ μανίης.

Μαινόμεθα, ὡς ἔφην ἐν τῷ περὶ ἱερῆς νούσου, ὑπὸ
ὑγρότητος τοῦ ἐγκεφάλου, ἐν ᾧ ἐστὶ τὰ τῆς ψυχῆς
ἔργα. ὅταν ὑγρότερος τῆς φύσιος ᾖ, ἀνάγκη κινέε-
σθαι, κινευμένου δὲ μήτε τὴν ὄψιν ἀτρεμίζειν μήτε
τὴν ἀκοήν, ἀλλὰ ἄλλοτε ἀλλοῖα ὁρῆν τε καὶ ἀκούειν,
τήν τε γλῶσσαν τοιαῦτα διαλέγεσθαι, οἷα ἂν βλέπη
τε καὶ ἀκούη ἑκάστοτε. (2) ὅσον δὲ ἂν ἀτρεμίση ὁ
ἐγκέφαλος, τοσοῦτον καὶ φρονέει χρόνον ὁ ἄνθρωπος.
γίγνεται δὲ ἡ διαφθορὴ τοῦ ἐγκεφάλου ὑπὸ φλέγματος
καὶ χολῆς, γνώση δὲ ἑκάτερα ὧδε. οἱ μὲν γὰρ ὑπὸ
φλέγματος μαινόμενοι ἥσυχοί τέ εἰσι καὶ οὐ βοηταὶ
οὐδὲ θορυβώδεες, οἱ δὲ ὑπὸ χολῆς πλῆκται καὶ κακοῦργοι
καὶ οὐκ ἡρεμαῖοι. (3) ἢν μὲν ξυνεχῶς μαίνωνται,
αὗται αἱ προφάσιες εἰσί· ἢν δὲ δείματα καὶ φόβοι, ὑπὸ
μεταστάσιος γίγνονται τοῦ ἐγκεφάλου θερμαινομένου
ὑπὸ χολῆς ὁρμώσης ἐπ' αὐτὸν κατὰ τὰς φλέβας τὰς
αἱματίτιδας. (4) ὅταν δὲ ἀπέλθη ἡ χολὴ πάλιν ἐς τὰς
φλέβας καὶ τὸ σῶμα, πέπαυται. ἀνίηται δὲ καὶ ἀσῆ-
ται καὶ ἐπιλήθεται, παρὰ καιρὸν ψυχομένου τοῦ ἐγκε-
φάλου ὑπὸ φλέγματος καὶ ξυνισταμένου παρὰ τὸ ἔθος.
(5) ὅταν δὲ ἐξαπίνης ὁ ἐγκέφαλος διαθερμαίνηται ὑπὸ
χολῆς κατὰ τὰς φλέβας τὰς εἰρημένας, ἐπιζέσαντος
τοῦ αἵματος, ἐνύπνια ὁρῆ φοβερά, καὶ ὡς ἐγρηγο-
ρότος τὸ πρόσωπον φλογιᾷ, καὶ οἱ ὀφθαλμοὶ ἐρυθραί-
νονται, καὶ ἡ γνώμη ἐπινοέει τι κακὸν ἐργάζεσθαι.
τοῦτο καὶ ἐν τῷ ὕπνῳ πάσχει. (6) ὅταν δὲ αἷμα σκε-
δασθῇ πάλιν ἐς τὰς φλέβας, πέπαυται. ἐν δὲ τῷ
πέμπτῳ τῶν ἐπιδημιέων ἱστόρησα ὡς ἐγίγνετο ἀφωνίη,
ἀγνοίη, παραληρήσεις συχναὶ καὶ ὑποστροφαί, ἡ δὲ
γλῶσσα σκληρή, καὶ εἰ μὴ διακλύσαιτο, λαλεῖν οὐχ

conscripti. (3) Minime igitur, Hippocrates, cum huius-
modi viris, quorum mens in summo fluctuat et incon-
stans est, te congredi aut conversari oportet. Nam si ab-
his persuasus mihi tanquam insano veratrum propinasses,
prudentia in insaniam evasisset artemque tuam velut de-
mentiæ causam increpuissent; (4) veratrum enim sanis ad-
hibitum menti tenebras offundit, insanis multum prodesse
consuevit. Sciendum autem te, si me non scribentem,
sed recumbentem aut tardo passu deambulantem offen-
disses et mecum colloquentem, modo ea quæ animo-
agitarem implacide ferentem, modo ridentem et familia-
ribus me convenientibus mentem non adhibentem, sed
stupendum in modum mente et contemplatione in rem
aliquam incumbentem, te, inquam, ex his sane, quæ
vidisses, Democritum insaniæ imaginem præ se ferre
oculis tuis iudicasses. (5) Medicum igitur non solum
ex aspectu, sed ex re ipsa affectus iudicare decet, et
pulsum ut plurimum et num morbus incipiat aut in
medio sit aut in fine discernere et considerata temporis-
et ætatis differentia et universa totius corporis naturam
contemplari. Ex his enim omnibus facile morbum de-
prehendas. Ceterum dissertationem de insania ad te-
misi.

XIX. De insania dissertatio.

Insanimus ob humiditatem cerebri, in quo animi sunt
officia. Nam cum humidius quam pro natura fuerit, moveri
necesse est, velut dixi in libello de morbo sacro; cum au-
tem movetur, neque visionem neque auditionem quiescere
par est, verum modo hæc modo illa videre et audire lin-
guamque ea quæ singulis temporis videris et audieris dis-
serere. (2) Eo autem tempore homo sapit, quo cerebrum
quiescit. Cerebri vero corruptio ex pituita et bile oritur.
Utrumque hoc modo dignosces. Qui ex pituita insaniunt,
quieti sunt neque clamosi neque tumultuantes; qui vero-
ex bile, hi verberitant, maleficia committunt, neque
quiescunt. (3) Et siquidem continenter insaniunt, eæ causæ
sunt. Terrores vero et metus ex transmutatione fiunt, ca-
lefacto cerebro a bile in ipsum per venas sanguinarias ir-
ruente. (4) Ubi vero bilis rursus in venas et corpus
discessit, quiescunt. Tristantur vero et æstuant et plus-
oblivione premuntur, dum cerebrum a pituita refrige-
ratur et præter naturam concrescit. (5) Cum vero de-
repente cerebrum a bile calefactum fuerit, sanguine in
commemoratis venis ebulliente, horrenda vident insomnia,
ac velut evigilati facies incenditur, oculi rubent, mensque-
aliquid mali agitat. Idque etiam in somno contingit.
(6) Ubi vero sanguis rursus in venis sparsus fuerit,
quiescunt. Libro quinto de morbis vulgaribus quendam
recensui, in quo vocis defectio contingebat, ignoratio,
crebra deliria et morbi reversiones. Lingua dura erat, ac
nisi collueret, loqui non poterat, et plerumque valde-

ἴός τε ἦν, καὶ σφόδρα πικρὴ τὰ πολλά. (7) φλεβο-
τομίη ἔλυσε, ὑδροποσίη, μελίκρητον, ἐλλεβόρων πό-
σιες. οὗτος ὀλίγον ἐπιζήσας χρόνον ἐτελεύτησε ἄλλος
ἦν, ὃν ὅτε εἰς ποτὸν ὁρμώη, φόβος τῆς αὐλητρίδος
'λάμβανε, εἰ ἀκούσειε αὐλούσης· ἡμέρης δὲ ἀκούων
οὐδὲν ἔπασχε.

κ' Ἱπποκράτης Δημοκρίτω χαίρειν

Ἰητρικῆς τέχνης, ὦ Δημόκριτε, κατορθώμα-α μὲν
ἡ πολλοὶ τῶν ἀνθρώπων οὐ πανυάπασι ἐπαινέουσι,
θεοῖσι δὲ πολλάκις προσαρτῶσι· ἣν δέ τι ἡ φύσις ἀν-
.ιπρήξασα ἀπολέσῃ τὸν θεραπευόμενον, τὸν ἰη-ρὸν
καταμέμφονται παρέντες τὸ θεῖον   καὶ ἐγὼ δοκέω
πλείονα μεμψιμοιρίην ἢ τιμὴν κεκληρῶσθαι τὴν τί-
χνην (2) ἐγὼ μὲν γὰρ ἰητρικῆς ἐς τέλος οὐκ ἀφῖγμαι,
'αἴπερ ἤδη γηραλέος καθεστεώς· οὐδὲ γὰρ ὁ τᾶσδε
ὑρετὴς Ἀσκληπιός, ἀλλὰ καὶ αὐτὸς διεφώνησε, κα-
ιἅπερ ἡμῖν ξυγγραφέων βίβλοι παραδεδώκασι   (2)
ἡ μὲν οὖν ὑπὸ σέο ἀποσταλεῖσα ἡμῖν ἐπιστολὴ κα-
εμέμφετο τῆς φαρμακείης τοῦ ἐλλεβόρου   εἰσή-
'θην μὲν οὖν, ὦ Δημόκριτε, ὡς μεμηνότα ἐλλεβοριῶ,
ος οὐ καταμαντευσάμενος ὅστις ποτ' εἴης ὡς δ' ἐντυ-
ιὼν εἶδον οὐ μὰ Δία παραφρονήσιος ἔργον ἀλλὰ σχε-
.ὸν ἀποδοχῆς πάσης, κάρτα τὴν φύσιν ἐπίνεσα, ἄρι-
.τόν τε ἑρμηνέα φύσιος καὶ κόσμου ἔκρινα, τοὺς δὲ
σαγαγόντας με ἐμεμψάμην ὡς μεμηνότα φαρμακείης
ιὰρ αὐτοὶ ἐχρήιζον   (4) ἐπειδὴ τοίνυν ταὐτόματον
ιμέας εἰς τωὐτὸ ξυνήγαγε, ὀρθῶς ποιήσεις ἐπιστέλλων
ιμῖν πυκνότερον καὶ μεταδιδοὺς τῶν ὑπὸ σέο γραφο-
ιένων ξυνταγμάτων. ἀπέστειλα δέ σοι καὶ αὐτὸς τον
περὶ ἐλλεβορισμοῦ λόγον. ἔρρωσο

κα' Ἱπποκράτης Δημοκρίτω περὶ ἐλλεβορισμοῦ

Τοῖς μὴ ῥηιδίως ἄνω καθαρομένοις πρὸ τῆς πόσιος
προυγραίνειν τὰ σώματα πλέονι τροφῇ καὶ ἀναπαύσι
'πὴν δὲ πίῃ ἐλλέβορον, πρὸς κινήσιας τὰ σώματα
ιᾶλλον ἄγειν, μὴ πρὸς ὕπνους· δηλοῖ δὲ ἡ ναυτιλίη
ὅτι κίνησις τὰ σώματα ταράσσει. (2) ἐπὴν βούλῃ
ιᾶλλον ἄγειν ἐλλέβορον, κίνεε τὰ σώματα. ἐλλέβορος
'πικίνδυνος τοῖσι σάρκας ὑγιέας ἔχουσι. ὅσοι ἐν ταῖς
ραρμακοποσίῃσι μὴ διψῶσι, καθαιρόμενοι οὐ παύονται
πρὶν ἢ διψήσωσι. σπασμὸς ἐξ ἐλλεβόρου θανάσιμον
'πὶ ὑπερκαθάρσι σπασμὸς ἢ λυγμὸς ἐπιγινόμενος
κακόν. ἐν ταῖς ταραχῇσι τῆς κοιλίης καὶ τοῖσι ἐμέτοισι
τοῖσι αὐτομά-ως γιγνομένοισι, ἢν μὲν οἷα δεῖ καθαίρε-
σθαι καθαίρωνται, ξυμφέρει τε καὶ εὐφόρως φέρουσι
.ὶ δὲ μή, τοὐναντίον. (3) ὡς δὲ ἔρην ἐν τῷ προγνωστικῷ,
.άθαρσις εὐθετέει ἢ ἄνω, ὅκου ἄνευ πυρετοῦ ἀσιτίη ἢ
καρδιωγμὸς ἢ σκοτόδινος ἢ στόμα ἐκπικρεύμενον, κα-
ιόλου ἐν τῇσι ὑπὲρ τῶν φρενῶν ὀδύνῃσι· ἡ δὲ κάτω, ὅκου
ιωρὶς πυρετοῦ στρόφος, ὀσφύος ὀδύναι, γουνάτων βάρος,
καταμήνια δυσεργεῦντα, ὀδύναι ἐν τοῖσι ὑπὸ τὸ διά-
ρραγμα. (4) φυλάσσεσθαι δὲ ἐν τῇσι φαρμακοποσίῃσι

amara (7) Venæ sectio solutionem attulit, aquæ potio
aqua mulsa et veratri potiones Hic cum non diu su-
pervixisset, mortuus est Erat et alius, quem, cum ad
convivium procederet, si tibicinam tibia canentem au-
diret, timor invadebat, interdiu vero si audiret, nihil
patiebatur

XX Hippocrates Democrito s

In arte medica quæ recte fiunt plerumque hominum
vulgus non admodum laudat, sæpe vero diis attribuit, at
si in aliquo repugnans natura eum qui curatur intere-
merit, numen praetermittentes medicos incusant Et ego
sane plus reprehensionis quam honoris ex arte mihi con-
secutus videor (2) Neque enim, quantumvis iam senex,
ad artis medicae summam perveni, neque inventor eius
Æsculapius, sed et ipse a sese in multis dissensit, ut
se ipso in libris nobis tradiderunt (3) Tua ad nos missa
epistola per veratrum medicationem instituendam repre-
hendebat Accitus sum, Democrite, ut insanientem ve-
ratro purgarem, cum conicere non possem, qualis tandem
esses, postquam vero tecum versatus non mehercule de-
sipientiae opus sed omni prope favore prosequendum
cognovi, magnopere naturam laudavi, teque 'prae-
stantissimum naturæ et mundi interpretem iudicavi, eos
vero qui me acciverunt tanquam insanos accusavi, cum
ipsi medicatione indigerent (4) Quandoquidem igitur
casu contigit ut nos una conveniremus, recte feceris si
ad nos crebriores literas dederis, et a te con cripta com-
mentaria ad nos transmiseris Misi autem etiam ad te
de veratri usu libellum Vale

XXI Hippocrates Democrito de veratri purgatione

Qui non facile per superiora purgantur, iis corpora co-
piosiore cibo et quiete ante potionem humectanda sunt
Post veratri potionem corpora magis ad motionem quam
ad somnos adducenda, turbari autem motione corpora
demonstratur navigatione (2) Cum voles veratrum effi-
cacius esse, corpora moveto Veratrum carnes sanas
habentibus periculum creat Qui in medicamentorum
potionibus non sitiunt, purgari non desinunt prius quam
sitiant Ex veratro orta convulsio letalis Immodicæ
purgationi succedens convulsio aut singultus malo est.
In alvi perturbationibus et vomitionibus sponte obortis si
qualia purgari convenit purgentur, conducit et facile fe-
runt, alioqui contra accidit (3) At velut in praenoti-
nibus dictum est, per superiora purgatio accommoda est
ei, qui sine febre cibi fastidio aut ventriculi morsu aut
tenebricosa vertigine torquetur, aut cui os amarum est
et in summa omnibus supra septum transversum dolori-
bus, per inferiora vero, ubi citra febrem tormina deti-
nent, lumborum dolor, genuum gravitas, menses ægre
prodeunt et dolores sunt in partibus septo transverso in-
ferioribus (4) In medicamentorum autem potionibus

τοὺς ἀστείους τὰ σώματα, μάλιστα δὲ τοὺς μέλανας
καὶ ὑγροσάρκους, καὶ τοὺς ὑποξήρους δὲ καὶ ψελλοὺς
καὶ τραυλούς. ὁκόσοι δὲ τὰ φλεγμαίνοντα ἐν ἀρχῇ
τῆς νούσου, ὡς ἔφην ἐν τῷ περὶ πτισάνης, εὐθέως
ἐπιχειροῦσι λύειν φαρμακείῃ, τοῦ μὲν ξυντεταμένου
καὶ φλεγμαίνοντος οὐδὲν ἀφαιρέουσι· οὐδὲ γὰρ ἐνδι-
δοῖ ὠμὸν ἐὸν τὸ πάθος, τὰ δὲ ἀντέχοντα τῷ νοσήματι
καὶ ὑγιεινὰ ξυντήκουσι· ἀσθενέος δὲ τοῦ σώματος γε-
νομένου, τὸ νόσημα ἐπικρατέει καὶ ἀνιήτως ἔχουσι.
(5) ἐλλεβορίζειν δὲ χρὴ οἷσι ἀπὸ κεφαλῆς φέρεται
ῥεῦμα. μὴ διδόναι δὲ ἐπὶ ἐμπύων, μηδὲ φαρμακεύειν
τοὺς ἀχρόους, τοὺς βραγχώδεας, τοὺς σπληνώδεας,
τοὺς λιφαίμους, τοὺς πνευματώδεας καὶ ξηρὰ βήσ-
σοντας, διψώδεας, φυσώδεας, ἐντεταμένους ὑποχόνδρια
καὶ πλευρὰς καὶ μετάφρενα, τοὺς ἀπονεναρκωμένους
καὶ ἀμαυρὰ βλέποντας καὶ οἷσι ἦχοι τῶν ὤτων, καὶ
τοὺς τῆς οὐρήθρας ἀκρατέας, μηδὲ τοὺς ἰκτερώδεας ἢ
κοιλίης ἀσθενέας ἢ αἱμορρώδεας ἢ ἐν φύμασι. (6) ἢν
δὲ φαρμακεῦσαι δοκέῃ, ἑλλεβόρῳ ἀσφαλέως ἄνω κά-
θαιρε, κάτω δὲ μή· κράτιστον δὲ τούτοισι διαιτᾶν. ὡς
δὲ ἔφην ἐν τῷ προρρητικῷ, μὴ φαρμακεύειν μηδὲ τοὺς
ἐπανεμέοντας μέλανα, ἀποσίτους καὶ παραφόρους,
καθ' ἥβην μικρὰ ὀδυνώδεας, ὄμμα θρασύ, κεκλασμένον
ἔχοντας, ἐποιδοῦντας, σκοτώδεας, ἀχρόους, μηδὲ τοὺς
ἐν πυρετῷ καυματώδεας κατακεκλασμένους. (7) ὡς
δὲ ἔφην ἐν τῷ περὶ πτισάνης, σησαμοειδὲς ἄνω κα-
θαίρει ἡ πόσις ἥμισυ δραχμῆς ἐν ὀξυμέλιτι τετριμ-
μένον· ξυμμίσγειν δὲ καὶ τοῖσι ἑλλεβόροισι τὸ τρίτον
μέρος τῆς πόσιος, καὶ ἧσσον πνίγει. (8) καθαίρειν
δὲ καὶ τοὺς ἐν χρονίοις τεταρταίοις καὶ τοὺς ἐν λιπυ-
ριώδεῖ πυρετῷ χρονίους, καὶ ὧν οὐκ ἔστι δίψος οὐδὲ
ἀπόκρισις. τούτους δὲ μὴ πρότερον τῶν τριῶν ἑβδο-
μάδων, ποτὲ δὲ καὶ πλευριτικοὺς καὶ εἰλεώδεας. ὡς
δὲ ἔφην ἐν τῷ περὶ γυναικείων, καθαίρειν καὶ ἢν αἱ
μῆτραι καθάρσιος δέωνται.

κδ'. Ἱπποκράτης πρὸς τὸν υἱὸν Θεσσαλόν.

Ἱστορίης δέ, ὦ παῖ, μελέτω σοι, γεωμετρικῆς καὶ
ἀριθμητικῆς· οὐ γὰρ μόνον σέο τὸν βίον εὐκλέα καὶ ἐπὶ
πολλὰ χρήσιμον ἐς ἀνθρωπίνην μοίρην ἐπιτελέσει,
ἀλλὰ καὶ τὴν ψυχὴν ὀξυτέρην καὶ τηλαυγεστέρην κατὰ
τὸ ἐν ἰητρικῇ ὀνίνασθαι πᾶν ὅ τι χρήζει. (2) καίτοι
ἡ μὲν τῆς γεωμετρίης ἱστορίη ἐοῦσα πολυσχήμων τε
καὶ πολυειδὴς καὶ πᾶν μετὰ ἀποδείξιος περαινομένη
ἔσται χρησίμη πρὸς τὰς τῶν ὀστέων θέσιας καὶ ἐξαρ-
θρήσιας καὶ τὴν λοιπὴν τῶν μελέων τάξιν· (3) εἴη γὰρ
τὴν τούτων πολυτροπίην εὐεπιγνωστοτέρην, ἐμβολῇ
τε ἄρθρων καὶ τῇ τῶν ὀστέων τῶν συντριβομένων ἀνα-
πρίσι τε καὶ ἐκτρυπήσι καὶ συνθέσι καὶ ἐξαιρέσι καὶ
τῇ λοιπῇ θεραπείῃ χρήσῃ, εἰδὼς ὁκοῖον τὸ χωρίον
ἐστὶ καὶ τὸ ἐκ τούτου ἐξαιρεύμενον ὀστέον. (4) ἡ δὲ
τῆς ἀριθμήσιος τάξις πρός τε τὰς περιόδους καὶ εὐλόγους
τῶν πυρετῶν μεταστάσιας καὶ τὰς κρίσιας τῶν νο-

vitandi sunt qui corpore probe valent, præcipue vero
nigri et humida carne prædīti, subsicci, balbi et blæsi.
At qui per morbi initia inflammationes confestim per me-
dicamenti potionem solvere nituntur, ii de distento quidem
ac inflammato nihil auferunt, velut a me dictum est in
libro de ptisana. Crudus enim affectus nihil cedit; quæ
vero morbo resistunt et sana sunt, tabefaciunt. Imbecillo
autem reddito corpore morbus superior evadit, et curari
nequeunt. (5) Veratrum autem exhibendum quibus de
capite fluxio fertur, at suppuratis minime dandum. Me-
dicamento minime purgandi decolores, rauciduli, lie-
nosi, sanguine carentes, suspiriosi et sicca tussi vexati,
siticulosi, flatuosi, quique præcordia distenta habent
et latera et dorsum, qui stupore affecti hebetius cer-
nunt, quibus aures sonant, quique urinam minime conti-
nent, neque qui morbo regio laborant et alvo sunt debili,
quibus sanguis erumpit aut qui tubercula habent. (6) Quod
si medicamento purgandum videatur, veratro per supe-
riora secure purgato, at per inferiora minime. His autem
præstat victus rationem præscribere. Neque vero, quem-
admodum in Prædictis dixi, medicamento purgandi sunt,
qui nigra vomitione refundunt, cibos aversantur, delirant,
quique dolore vexati parum dormiunt, qui aspectum fe-
rocem oblique deflexum habent, subtumidi sunt, tene-
bricosa vertigine vexantur, decolores, neque qui in febre
æstuant et confracti sunt. (7) Sesamoides vero, velut
dixi libro de ptisana, per superiora purgat, potum ad
drachmam dimidiam et in aceto mulso tritum. Admi-
scetur etiam veratris tertia potionis parte, et minus
strangulat. (8) Diuturnas etiam quartanas purgat, et
longa febre lipyria laborantes et eos quibus neque sitis
neque excretio adest, neque tamen ante tres hebdomadas.
Interdum etiam morbo laterali et volvulo' laborantes.
Quin etiam purgandum est, si uteri purgatione opus ha-
beant, velut dixi libro de morbis mulierum.

XXII. Hippocrates ad Thessalum filium.

Geometriæ et arithmetices cognitioni studium adhibeto,
mi fili. Neque enim solum vitam tuam· gloriosam et ad
multa in rebus humanis utilem, verum etiam mentem
acutiorem et longe splendidiorem ad fructum eorum
omnium, quæ in arte medica usui sunt, consequen-
dum reddet. (2) Quanquam geometriæ cognitio, cum
multas et varias formas habeat et omnia cum demon-
stratione ad exitum perducat, tum ad ossium positus et
articulos suis sedibus emotos, tum etiam ad reliquam
membrorum compositionem utilis futura est. (3) Nam
ad horum affectuum variam cognitionem facilius perve-
nies, deinde articulorum repositionem, tum ossium con-
tritorum resectionem et perforationem et coaptationem et
subtractionem, reliquamque curationem adhibebis, qui
locum et os quale sit ex eo emotum cognoveris. (4) Nu-
merorum vero series tum ad ambitus tum ad eas muta-
tiones, quæ ad certam rationem in febribus fiunt, et ad

…εύντων καὶ τὰς ἐν νούσοις ἀσφαλείας ἀρκέουσα ἔσται
μάλα γὰρ σεμνὸν ὑπηρεσίην ἔχειν ἐν ἰητρικῇ τοιήνδε,
ἥτις σοι τὰ μέρεα τῆς ἐπιτάσιος καὶ τῆς ἀνέσιος ἄνισα
ὄντα τὴν μοῖραν εὔγνωστα παρέξεται χωρὶς ἀμπλα-
κίης. διὸ δὴ χάρτα ἐς δύναμιν ἀφίκνεο τῆς τοιῆσδε
ἐμπειρίης. ἔρρωσο.

κγ΄ Δημοκρ.τος Ἱπποκράτει περὶ φυσιος ανθρωπου

Χρὴ πάντας ἀνθρώπους ἰητρικὴν τέχνην ἐπίστα-
σθαι, ὦ Ἱππόκρατες (καλὸν γὰρ ἅμα καὶ ξύμφορον ἐς
τὸν βίον), πάντων δὲ μάλιστα τοὺς παιδείης καὶ λό-
γων ἴδριας γεγενημένους· ἱστορίην σοφίης γὰρ δοκέω
ἰητρικῆς ἀδελφήν καὶ ξύνοικον. (ι) σοφίη μὲν γὰρ
ψυχὴν ἀναρρύεται παθέων, ἰητρικὴ δὲ νούσους σωμά-
των ἀφαιρέεται· αὔξεται δὲ νόος παρεούσης ὑγιείης.
ἢν καλὸν προνοέειν τοὺς ἐσθλὰ φρονέοντας ἕξιος δὲ
σωματικῆς ἀληζούσης οὐδὲ προθυμίην ἄγει νόος ἐς μελέ-
την ἀρετῆς· νούσος γὰρ παρεοῦσα δεινῶς ψυχὴν ἀμαυ-
ροῖ, φρόνησιν ἐς συμπαθείην ἄγουσα (ϳ) φύσιος δὲ
ἀνθρωπίνης ὑπογραφὴ θεωρίην ἔχει τοιήνδε· ὁ μὲν
ἐγκέφαλος φρουρέει τὴν ἀκρην τοῦ σώματος, ἀσφα-
λείην ἐμπεπιστευμένος, ὑμέσι νευρώδεσι ἐγκατοικέων,
ὑπὲρ ᾧ ὀστέων διπλόων φύσιες ἀναγκαῖαι ἀρηρυῖαι·
δεσπότην φύλακα διανοίης καλύπτουσι (ι) τριχέων
δὲ εὐκοσμίη χρῶτα κοσμέουσα, τὸ δὲ τῶν ὀμμάτων
ὁρητικὸν ἐν πολυχίτωνι φωλεῶν ὑγρῷ ἐνίσταται ὑπὸ με-
τώπῳ κοιλασίησι ἐνίδρυται θεωρίης δὲ αἴτιον· ἀκριβῆς
κόρη φύλακα· τάρσον εὐκαιρίης ὑπομένει· διπλοῖ δὲ
ῥώθωνες ὀσφρηξίος ἐπιγνώμονες διορίζουσι ὀφθαλμῶν
γειτνίην. (ι) μαλακὴ δὲ χειλέων ἀφὴ στόματι πε-
ριπτυσσομένη, ῥημάτων αἴσθησιν ἀκριβέα τε διάρθρω-
σιν παρέσχηκε κυβερνωμένη. γένειον δὲ ἀκροτενὲς
καὶ χελύνειον γόμφοις ξυνηρμοσμένον ἐκλογίη δὲ
μύθων ὦτα δημιουργὸς ἀνέῳγε, οἷσι ἐπιὼν ὁ θυμὸς οὐκ
ἀσφαλὴς διήκονος ἀλογιστίης γίγνεται· λαλιῆς μή-
τηρ γλῶσσα, ψυχῆς ἄγγελος, πυλωρεύσα τὴν γεῦ-
σιν, ἐχυροῖσι ὀδόντων θριγκοῖσι πεφρούρηται (ϛ)
βρύγχος δὲ καὶ φάρυγξ ἡρμοσμένοι ἀλλήλοισι γειτνιῶσι·
ὁ μὲν γὰρ ἐς κέλευθον πνεύματος, ὃ δὲ ἐς βυθὸν κοι-
λίης τροφὴν προπέμπει λάβρον ὠθεύμενος κωνοει-
δὴς δὲ καρδίη βασιλίς, ὀργῆς τιθηνός, πρὸς πᾶσαν
ἐπιβουλὴν ἐνδέδυκε θώρακα, θαμιναὶ δὲ πνευμάτων
σήραγγες ἠέρι διοδευόμεναι φωνῆς αἴτιον πνεῦμα
τίκτουσι. (η) τὸ δὲ χορηγὸν αἵματος καὶ μεταβάλλον
ἐς τροφὴν αἷμα ἧπαρ, ἐπιθυμίης αἴτιον. χολὴ δὲ χλωρὴ πρὸς ἥπατι
μένουσα καὶ διαφθορὴ σώματος ἀνθρωπίου ὑπερελύ-
σασα γίγνεται· βλαβερὸς δὲ σώματος ἀνθρωπίου καὶ
ἀνωφελὴς ἔνοικος σπλὴν ἀπέναντι εὕδει, πρῆγμα μη-
δὲν αἰτεύμενος (η) μέση δὲ τούτων χορηγέει πανδαί-
κτειρα κοιλίη κατευνάζεται διοικέουσα τὴν πέψιν ἔνοχα
δὲ κοιλίης ξυνθέσιος δημιουργίην ξυνδονεύμενα εἰλέεται
περὶ κοιλίην ἔντερα, λήψιος καὶ ἀποκρίσιος αἴτια,

iudicandos ægrorum crises et ad securitatem in morbis
satis futura est Præclarum enim est, id tibi in re medica
subministrari, quod intensiones ac remissiones partes,
quæ ex parte inæquales sunt, absque errore te edoceat
Quapropter ad huius experientiæ facultatem valde con-
tendito Vale.

XXIII. Democritus Hippocrati de natura humana

Omnes artem medicam nosse convenit, o Hippocrates,
cum præclara simul res sit et ad vitam conducibilis, tum
vero vel maxime eruditionis et eloquentiæ peritos Sa-
pientiæ enim cognitionem medicinæ sororem et familia-
rem esse duco, (2) sapientia siquidem animum pertur-
bationibus liberat, at medicina corporum morbos pellit
Mens autem increscit cum adest sanitas, cuius curam
habere eos qui recte sentiunt præclarum est Ubi vero
corporis habitus dolet, mens ad virtutis exercitationem
nullam adhibet diligentiam Præsens enim morbus ani-
mum vehementer hebetat, et intelligentiam in affectus
cognationem secum adducit (3) Humanæ vero naturæ
descriptio hanc habet speculationem Cerebrum quidem
in summa corporis parte præsidio locatum est, ad secu-
ritatem sibi concreditam, intra membranas nervosas col-
locatum, supra quod duplicia ossa ad necessitatem adap-
tata dominum mentis custodem cerebrum cooperirint (4)
Pilorum concinna ratio cutem exornat Oculorum vero cer-
nendi visintra multa tunicas insistentibus humoribus velut
in cavo delitescens sub fronte ad moderationem collo-
cata, cernendi causa est Pupilla sincera, palpebræ ex-
tremam oram, τάρσον dicunt, ad opportunitatis custodiam
sustinet Nares duplices odoratus arbitræ, oculorum
viciniam dirimunt (5) Labra vero os molli suo contactu
circumplexa, verborum sensum et exactam articulatio-
nem regunt et efficiunt Mentum autem in extremitatem
desinit et testudinis in modum connexum dentium
clavis coaptatur At aures opifex ad sermones excipien-
dos aperuit, in quas cum sermo subit, certus temeritatis
minister evadit Lingua loquelæ mater, animi nuntia,
gustus custodiæ præfecta, tutis dentium sepimentis mu-
nita est (6) Guttur ac gula iuxta sese coaptata viciniam
habent Illud enim in spiritus viam, hæc vero in ven-
triculi profundum liberaliter propellendo alimentum de-
mittit Cor regnum locum obtinens, coni formam ha-
bens, adversus omnes insultus thoracem induit Crebræ
autem spiritus cavernæ, aeri perviæ, spiritum vocis
causam pariunt (7) At hepar quod sanguinem suggerit
et in alimentum transmutat, cum fibris plerumque vena
cava alluitur, cupiditatisque causa est Bilis pallida in
hepate manens, ubi in corpore humano redundat, ipsum
corrumpit, eiusque noxius et inutilis est incola Splen
ex adverso iacet, nullum negotium exhibens (8) Ho-
rum medius ventriculus omnia in se recipiens chorum
ducit et recumbit coctionem moderans Intestina vero
quæ ventris compositione continentur, constituta uti cum
eo agitentur, per ventrem convolvuntur, eorum quæ

(9) δίδυμοι δὲ νεφροὶ ἰσχίοισι ἐνηδρασμένοι καὶ ἡμφιε-
σμένοι δημῷ, οὔρων ἐκκρίσιος οὐκ ἀλλότριοι πεφύκασι·
κύριος δὲ ἁπάσης κοιλίης ὁ καλεύμενος ἐπίπλοος γα-
στέρα πᾶσαν ἐμπεριείληφε, μόνου σπληνὸς ἄτερ. (10)
ἑξῆς νευρώδης κύστις ἰσχίῳ στόμα ἐνηδρασμένη, συμ-
πεπλεγμένων ἀγγείων, οὔρων ἐκκρίσιος αἰτίη γίγνεται.
ἡ δὲ γειτνιῶσα ταύτῃ μήτηρ βρεφέων, δεινὸν ἄλγος,
τῶν ἐν γυναικὶ μόχθων μυρίων παραιτίη, μήτρη ἐμ-
πεφώλευκε· ἡ πυλωρὸς μυχοῖσι ἰσχίων βράσασα σάρξ
σφίγγεται νεύροισι, ἐκ δὲ πλήθους ἐκχέουσα γαστρὸς
φύσιος ἐκ τόκου προνοίης. (11) ἐκ δὲ σώματος κρεμαστοὶ
ἐκτὸς οἰκίην νέμονται ἐκγόνων κτίσται ὄρχιες, πουλυ-
γίτωνες ἐόντες. εὐνοίης ἤδη ἀπὸ φλεβῶν τε καὶ νεύρων
πλέγμα, οὔρων ἔγχυσιν ποιεύμενον, ξυνουσίης ὑπουρ-
γόν, φύσιος ὑπὸ δεδημιούργηται θριξὶ ἤδης πυκαζόμε-
νον. (12) σκέλεα δὲ καὶ βραχίονες καὶ τὰ προσηρτη-
μένα τούτοισι ἄκρα, διηκονίης πᾶσαν ἀρχὴν ξυνηθροι-
σμένα ἔχοντα, νεύρων ἀσφαλέα λειτουργίην τελέουσι.
ἡ δὲ ἀσώματος ἐν μυχοῖσι φύσις ἐξέτευξε παντάμορφα
σπλάγχνων γένεα, ἃ δὴ θάνατος ἐπισταθεὶς ὠκέως
ἔπαυσε λειτουργίης.

κδ'. Ἱπποκράτης Κῷος βασιλεῖ Δημητρίῳ χαίρειν.

Ἡμεῖς καὶ πρότερον μὲν σπουδάζοντες, ὦ βασιλεῦ,
περὶ τῆς ἀνθρωπίνης φύσιος ἐν κεφαλαίῳ θεωρῆσαι τὰ
μέρη, ταῦτα ξυγγράψαντες καθάπερ ἠξίωσας ἀπε-
στείλαμεν. νῦν δὲ περὶ ὧν δεῖ μάλιστα σπουδάζειν
τοὺς ἔμφρονας, ἡμεῖς τὰ μὲν καὶ παρὰ τῶν πρότερον
παρειληφότες, τὰ δὲ καὶ νῦν αὐτοὶ προσεξευρίσκοντες
γεγράφαμέν σοι. οἷς σὺ τοῖς τῶν προτέρων ἀρρωστημά-
των σημείοις γινομένοις ἐπακολουθῶν καὶ χρώμενος
πλειστάκις ἄνουσος ἂν εἴης τὸν ἅπαντα χρόνον. (2)
ἔστι δὲ δύο γένη ἀρρωστιῶν ἁπάντων ζώων, ἢ κατὰ
κατὰ γένος, ἢ δὲ κατὰ πάθος ἀνόμοιαι. τὰς δ' ἐπι-
θυμίας τὰς κατὰ τὴν τροφὴν ἐκ τῶν ὑπεναντίων ὄψει
ξηραινομένων τῶν κενουμένων τὰ δὲ πλήρη πληρούν-
των ὡς κινᾷ. τὰς δὲ νούσους ἁπάσας ἐξ ὑπεναντίων
ὄψει καθεστηκυίας καὶ νούσους ὑπὸ νούσων γιγνομένας.
(3) ὑπὸ σπασμῶν πυρετὸς ἐπιγινόμενος ἵστησι τὸ νό-
σημα κεφαλῆς, πολλῆς δὲ περιωδυνίας αἷμα κατὰ
τὰ ὦτα ῥαγὲν ἢ κατὰ τὰς ῥῖνας. σπασμοὶ δὲ τοῖς
μελαγχολικοῖς ἐπιγινόμενοι παύουσι τὰς μελαγχολίας.
(4) καὶ καθόλου μὲν ἔστι καὶ ῥίζα τῶν ἀνθρωπίνων νο-
σημάτων ἡ κεφαλή, καὶ τὰ ἀρρωστήματα τὰ μέγιστα
ἐκ ταύτης παραγίνεται· ἐπικειμένη γὰρ αὐτὴν τῷ
σώματι ὥσπερ σικύαν, τῶν εἰσφερομένων ἁπάντων
συμβαίνει αὐτὴν ἕλκειν περιττώματα καὶ τοὺς λεπτο-
μερεῖς χυμούς. (5) δεῖ δὲ προσέχειν τὸν νοῦν ἰδίως
ζῆν αὐτὸν παρασκευάσαντα εἰς ταῦτα τὰ μέρη, ὅπως
μηδεμίαν αὔξησιν λαμβάνῃ τὰ προσπίπτοντα τῶν ἀρ-
ρωστημάτων διά τε τῆς ἐπιμελείης καὶ τῆς εὐτα-
ξίης τῆς παρὰ σοὶ γινομένης, καὶ μήτε ταῖς τῶν
ἀφροδισίων ἀκρασίαις μήτε ταῖς τῶν διαφόρων ἐδε-
σμάτων μήτε τοῖς ὕπνοις τοῖς ὑπερκολαστικοῖς, ἀγυ-

---

assumuntur et excernuntur causæ. (9) At gemini renes
coxis insidentes et adipe circumlati, ad urinarum ex-
cretione non alieni natura sunt comparati. Omentum
vocatum toti ventri dominatur, eumque solo liene ex-
cepto complectitur. (10) Vesica deinceps nervosa, coxæ
ore per complicata vasa insidens, urinarum excretionis
causa existit. Huic vicina infantium mater, gravis cala-
mitas, sexcentarum ærumnarum mulieri auctor uterus
delitescit. Cujus osculo caro præficitur, quæ ex imis
coxarum recessibus erumpens, nervis adstringitur, et
plenitudine naturæ ventris effundens, ex partus provi-
dentia. (11) Extra corpus pensiles domum incolunt ad
generationem conditi testes, multiplices tunicas haben-
tes. Pubes autem ex venis et nervis ad benevolentiam
contexta, urinarum effusionem facit, ad veneris minis-
terium a natura condita pubertatis appetentiam coarctat.
(12) Crura et brachia hisque annexa extrema, totum of-
ficii principium coacervatum habent, totamque nervo-
rum administrationem perficiunt. Incorporea autem in
imis recessibus natura viscerum omne genus fabricavit,
quibus sane mors insistens ea celeriter administratione
solvit.

XXIV. Hippocrates Cous regi Demetrio S.

Nos cum antea, o rex, operam dederimus ut naturæ
humanæ partes in summa consideraremus, eas ad te con-
scriptas velut iussisti misimus. Nunc vero ea quibus
summo studio prudentes incumbere debent, partim qui-
dem a maioribus excepta, partim vero etiam nunc per
nos inventa ad te scripsimus. Quæ si una cum prio-
rum morborum signis assecutus fueris, iisque sæpius
usus fueris, nullum per omne vitæ tempus morbum
experieris. (2) Duo autem sunt morborum genera,
quæ universa animantia affligunt, unum quidem genere,
alterum vero affectu inter se dissimilia. At alimento-
rum cupiditates ex repugnantibus deprehendes, dum quæ
vacuantur eorum quæ plena sunt, et quæ implent vacuo-
rum indicationem faciunt. Morbos autem omnes ex
subcontrariis conflatos deprehendes, et morbos ex mor-
bis oriundos. (3) Convulsionibus succedens febris mor-
bum compescit. Capitis magnos dolores, sanguis per
aures aut nares copiose prorumpens. Convulsiones me-
lancholicis omnibus succedentes, melancholias sedant.
(4) Et in summa quidem humanorum morborum radix
caput est, ex eoque maximæ ægrotationes adveniunt.
Cum enim toti corpori incumbat, eorum omnium quæ
ingeruntur reliquias et tenues humores non secus ac cu-
curbitulam attrahere contingit. (5) Intendere autem
animum oportet ut in has partes præparatus peculia-
riter vivas, et adhibita diligentia tam bene constituto or-
dine omnia apud te fiant, ut nullum ingruentis morbi
incrementum accipiat, et neque rerum venerearum neque
diversorum eduliorum intemperantia neque somnis

μνάστου ὄντος τοῦ σώματος, χρώμενος, ἀλλ' ἐπακολου-
θοῦντα τοῖς σημείοις τοῖς γιγνομένοις ἐν τῷ σώματι
διατηρεῖν τὸν καιρὸν ἑκάστου σώματος, ὅπως ἂν φυλα-
ξάμενος τὸ ἀρρώστημα τὸ μέλλον ἐπιφερεσθαι ταῖς θε-
ραπηίαις αἷς ἂν ἐγὼ γράφω χρώμενος διατελῇς ἄνου-
σος ἐών.

maxime noxiis minime exercitato corpore utaris, sed
signa quæ in corpore fiunt secutus, cuiusque corporis
occasionem conserves, ut eo qui ingruit morbo evitato,
earum medelarum usu quas præscribo sine ullo morbo
vitam transigas

νε'

Ἔδοξε τῇ βουλῇ καὶ τῷ δήμῳ τῶν Ἀθηναίων
Ἐπειδὴ Ἱπποκράτης Κῷος ἰητρὸς ὑπάρχων καὶ γεγο-
νὼς ἀπὸ Ἀσκληπιοῦ μεγάλην εὔνοιαν μετὰ σωτηρίας
ἐνδέδεικται τοῖς Ἕλλησι, ὅτε καὶ λοιμοῦ ἰόντος ἀπὸ
τῆς βαρβάρων ἐπὶ τὴν Ἑλλάδα, κατὰ τόπους ἀπο-
στείλας τοὺς ἑαυτοῦ μαθητὰς παρήγγειλε τίσι χρὴ θε-
ραπείαις χρωμένους ἀσφαλῶς διώσασθαι τὸν ἐπιόντα
λοιμόν, (2) ὅπως τε ἰατρικὴ τέχνη Ἀπόλλωνος διαδο-
θεῖσα τοῖς Ἕλλησιν ἀσφαλῶς σώσῃ τοὺς κάμνοντας αὐ-
τῶν· ἐξέδωκε δὲ καὶ ξυγγράψας ἀφθόνως τὰ περὶ τῆς
ἰατρικῆς τέχνης, πολλοὺς βουλόμενος τοὺς σώζοντας
ὑπάρχειν ἰατρούς, τοῦ τε Περσῶν βασιλέως μεταπεμ-
πομένου αὐτὸν ἐπὶ τιμαῖς ταῖς κατ' αὐτὸν ἴσαις καὶ
δώροις ἐφ' οἷς ἂν αὐτὸς Ἱπποκράτης αἱρῆται, ὑπερεῖδε
τὰς ὑποσχέσεις τοῦ βαρβάρου, ὅτι πολέμιος καὶ κοινὸς
ἐχθρὸς ὑπῆρχε τοῖς Ἕλλησιν. (3) ὅπως οὖν ὁ δῆμος ὁ
Ἀθηναίων φαίνηται προτιμούμενος τὰ χρήσιμα διὰ
παντὸς ὑπὲρ τῶν Ἑλλήνων, καὶ ἵνα χάριν ἀποδῷ πρέ-
πουσαν Ἱπποκράτει ὑπὲρ τῶν εὐεργετημάτων, δέδο-
κται τῷ δήμῳ μυῆσαι αὐτὸν τὰ μυστήρια τὰ μεγάλα
δημοσίᾳ καθάπερ Ἡρακλέα τὸν Διός, καὶ στεφανῶσαι
αὐτὸν στεφάνῳ χρυσῷ ἀπὸ χρυσῶν χιλίων, ἀναγορεῦ-
σαί τε τὸν στέφανον Παναθηναίοις τοῖς μεγάλοις ἐν τῷ
ἀγῶνι τῷ γυμνικῷ, καὶ ἐξεῖναι πᾶσι Κώων παισὶν
ἐφηβεύειν ἐν Ἀθήναι, ἐπειδήπερ ἡ πατρὶς αὐτῶν ἄν-
δρα τοιοῦτον ἐγέννησεν· εἶναι δὲ Ἱπποκράτει καὶ πο-
λιτείαν καὶ σίτησιν ἐν Πρυτανείῳ διὰ βίου

Senatus populusque Atheniensium sic censuit Quan-
doquidem Hippocrates Cous medicus ab Æsculapio oriun-
dus summam benevolentiam in servandis Græcis osten-
dit, cum peste a barbaris in Græciam pervadente,
demissis per loca suis discipulis medelas indicavit, qui-
bus instantem pestem secure repellere possent quo-
que modo (2) medicina Græcis tradita eos laborantes
tuto servaret Quin et exacte a se scripta de re medica
in publicum emisit, cum multos esse cuperet medicos,
qui servare possent Persarum etiam rege ipsum ad hono-
res suos optimatibus æquales et munera quæ ipse Hip-
pocrates optaret accersente, barbari pollicitationes, quod
hostis et communis Græcorum inimicus esset, con-
tempsit (3) Ut igitur constet populum Atheniensem
Græcis semper utiliter consuluisse, utque dignam pro
meritis Hippocrati gratiam referat, decrevit populus, ut
in magnis mysteriis non secus ac Hercules Iovis filius
publice initiaretur, et corona aurea mille aureorum coro-
naretur, coronam ipsam Quinquatribus magnis in gym-
nico certamine præcone proclamante Et omnibus Coo-
rum liberis liceat, non secus ac Atheniensium, Athenis
pubertatem agere, quod eorum patria eiusmodi virum
procrearit Hippocrates vero ut civitatis iure et victu
in Prytaneo toto vitæ tempore donetur

ις

Ὦ πολλοὶ καὶ πολλῶν πολίων οἰκηταί, ἐν ἀξίᾳ με-
γάλῃ γεγῶτες, κοινὸν οὔνομα Θεσσαλοί, πᾶσι ἀν-
θρώποισι πικρὴ ἀνάγκη τὰ μεμοιραμένα φέρειν καρ-
τερῇ γὰρ βιάζεσθαι ἃ ἂν βούληται ξ καὶ ἐγὼ νῦν εἴκων
ξὺν ἐμῇ γενεῇ θαλλοὺς στέφας ἐπ' Ἀθηναίης βωμοῦ
ἱκέτης ἵδρυμαι τίς ἐών, χρὴ λέγειν τοῖσι ἀγνοέουσι.
(2) Ἱπποκράτης, ὦ ἄνδρες, ὁ ἰητρὸς ὁ Κῷος διὰ
σεμνῆς καὶ καλῆς αἰτίης ἐμεωυτόν καὶ παῖδας ὑμῖν
ξυνίστημι γινώσκεσθαι, ὃ πληθύς καὶ γὰρ δή, ὦ ἄν-
δρες, οἰκεῖον ἐν οἷς, ὡς εἰπεῖν ἀληθῶς πολλοῖσι ἡμέων
καὶ πολίων ὑμετέρων γιγνώσκομαι, ὡς τύπῳ εἰπεῖν
οὔνομα δ' ἰδέης καὶ προσωπίων λελήχηκε δοκέω δὲ
τοῦτο ἐκ ἰδέης ἐμῆς ὑγιείης τε καὶ ζωῆς αἴτιον ἀν-
θρώποισι, οὐ μόνον τοῖσι τὴν ἡμετέρην οἰκέουσι, ἀλλὰ
καὶ πολλοῖσι Ἑλλήνων ἐγγὺς ἡμέων γινώσκομαι
(3) ἤδη δ' ὅτῳ ὑπέμεινα τὸ τηλικοῦτον πρῆγμα ἔργῳ

Vos alloquor, o multi et multarum urbium incolæ,
summaque dignitate constituti, communi nomine Thes-
sali Mortales omnes duræ fati necessitati sunt obnoxii, quæ
satis viribus valet, ut vel invitos cogat facere quæ velit
Huic ego quoque nunc cedens cum prole mea fronde
coronatus ad Minervæ aram supplicans similis qui sedes,
quis sim iis qui me non norunt enarrare oportet (2) Hippo-
crates medicus Cous, o viri, gravi et honesta de causa
me ipsum oculis vestris propono cognoscendum et liberos
meos Namque mihi sane familiares estis, inter quos re-
vera plurimos et in vestris urbibus, ut paucis expediam,
noti sumus Nomen vero meum ulterius quam forma
processit Id autem causæ ex arte mea, quæ sanitatem
et vitam tuetur, fuisse videtur, quod non solum homini-
bus qui vestram regionem incolunt, verum etiam multis
Græcis vobis finitimis notus sum (3) Cur autem tantum

πρᾶξαι ἐρέω. « Ἀθηναῖοι, ὦ ἄνδρες Θεσσαλοί, κακῶς ἐξουσίῃ χρεόμενοι, μητρόπολιν ἡμετέρην Κῶ ἐν δούλης μερίδι διατίθενται, τὰ ἐλεύθερα διὰ προγόνων κτήσιος δορίκτητα ποιεύμενοι, οὔτε ξυγγενείην αἰδεσθέντες, ἥ ἐστι αὐτοῖσι ἀπὸ Ἀπόλλωνός τε καὶ Ἡρακλέος, ἥτις ἐς Αἰνιόν τε καὶ Σούνιον τοὺς κείνων παῖδας ἱκνέεται, οὔθ' Ἡρακλέος εὐεργεσιῶν εἵνεκεν περὶ ἐς νόον βαλόμενοι, ἃς ὁ κοινὸς ὑμῖν τε καὶ ἡμῖν ὀρθῶς ποιέων θεὸς ἐς κείνους κατέθετο. ὑμεῖς δὲ ἀλλὰ πρὸς Διός τε ἱκεσίου καὶ θεῶν ὁμογνίων ἐξέλθετε, ἀμύνατε, ἐλευθερώσατε, τῆς ἰδίης φιλοτιμίης μηδὲν ἐλλείποντες.

κζ'.

Προσήκειν ἡγέομαι, ὦ ἄνδρες Ἀθηναῖοι, τὸν καθιστάμενον ἐς ὑμέας καὶ μὴ γιγνωσκόμενον παντὶ τῷ πλήθεϊ, πρῶτον μὲν δηλῶσαι ὅστις καὶ ὁπόθεν ἐστί, μετὰ δὲ ταῦτα οὕτω τῶν ἄλλων λόγων ἅπτεσθαι. ἐμοὶ μὲν πατήρ Ἱπποκράτης, ὃν ὑμεῖς γιγνώσκετε ἐν ἰητρικῇ ἡλίκην δύναμιν ἔχει, οὔνομα δὲ Θεσσαλός. (2) γιγνώσκομαι δὲ κἀγὼ οὐκ ἐν δευτέροισι ὑμέων οὐδ' ὀλίγοισι. πατρὶς δέ μοι Κῶς, ἣν ὅκως ὑμῖν οἰκείη ἐστὶ ἐξ ἀρχαίων, ἕτεροι ἐροῦσι οἵτινες ἱστορίην ἐξηγήσασθαι δυνατώτεροι. (3) ἦλθον δὲ πεμφθεὶς ὑπὸ τοῦ πατρός, τέσσαρας ἔχων εὐεργεσίας εἰπεῖν παρ' ἡμέων ἐς ὑμέας γεγενημένας· τὴν μέν τινα παλαιὴν ἐπὶ τῶν προγόνων, κοινὴν ἐς ἅπαντας τοὺς Ἀμφικτύονας, ὃν ὑμεῖς οὐκ ἐλαχίστη μοῖρα· τὴν δὲ ἑτέρην ἔτι μέζω ταύτης καὶ διικνεομένην ἐς Ἑλλήνων τοὺς πλείστους. (4) καὶ αὗται μὲν φανήσονται τῆς πόλιος καὶ τῶν προγόνων τῶν ἐμῶν ἐοῦσαι, ἡ δὲ τρίτη τοῦ πατρὸς ἰδίῃ, καὶ τηλικαύτη ὅσην εἰς ἀνὴρ οὐδείς ὑμῖν τε καὶ πολλοῖσι Ἑλλήνων κατέθετο. ἡ δ' ὑστάτη τῶν τεσσάρων κοινὴ τοῦ πατρὸς καὶ ἐμέο, καὶ οὐκέτι ἐς πλέονας ἀλλ' ἐς ὑμέας αὐτοὺς διικνεομένη, ἣ πρὸς μὲν τὰς προτέρας εὐεργεσίας σμικρὴ ἂν φανείη, πρὸς δὲ ἑτέρων χάριτας μετρεομένη μεγάλη. (5) αἱ μὲν δὴ εὐεργεσίαι οὕτως ἔχουσι ἃς ἔρην εἶναι, ὡς ξυνελόντι εἰπεῖν· δεῖ δὲ μὴ μοῦνον φάναι ἀλλὰ καὶ ἀποδεῖξαι ὡς εἰσὶ ἀληθέες. ἀρχὴν οὖν τῷ λόγῳ τὴν ἀρχὴν τῶν ὑπουργιέων ποιήσομαι, τὰ δὲ ἀρχαιότατα πρῶτα λέξω, ἐν οἷσι τάχ' ἄν με καταλάβοι μακρότερα καὶ μυθωδέστερα εἰπεῖν· ποθέει δέ πως ἀρχαίως λέγεσθαι. (6) ἦν γὰρ χρόνος ὅτ' ἦν Κρισαῖον ἔθνος. καὶ ᾤκεον μὲν περὶ τὸ Πυθικὸν ἱερόν, γῆν δ' εἶχον ἥ τε νῦν τῷ Ἀπόλλωνι καθιέρωται· καλέεται δὲ τὸ μὲν Κρισαῖον πεδίον ᾧ Λοκροὶ παροικέουσι καὶ ᾧ Μέλαιναι πρόσεισι, τὸ δὲ Κίρφιον ὄρος ᾧ Φωκέες παρακάαται. (7) οὗτοι οἱ Κρισαῖοι γενόμενοί κοτε πολλοὶ καὶ ἰσχυροὶ καὶ πλούσιοι, τούτοισι τοῖσι ἀγαθοῖσι ἐπὶ κακῷ ἐχρήσαντο· ἐξυβρίσαντες γὰρ πολλὰ καὶ δεινὰ καὶ παράνομα εἰργάσαντο ἐς τὸν θεὸν ἀσεβέοντες, Δελφοὺς καταδουλούμενοι, προσοίκους ληϊζόμενοι, θεωροὺς συλέοντες, γυναῖκάς τε καὶ παῖδας ἀγινέοντες καὶ ἐς

negotium peragendum susceperim, iam referam. Athenienses, viri Thessali, abusi potentia sua metropolim nostram Co in servitutem redigunt, belli iure libertate quam a maioribus acoepimus nos privarunt, neque cognationem reverentur quæ eis nobiscum inde ab Apolline et Hercule est, quæque ad Ænium et Sunium eorum liberos devenit, neque eis in mentem venit Herculis beneficiorum, quæ deus ille et vobis et nobis communis non iniuria in eos contulit. At vos per Iovem supplicum curam gerentem et per penates deos foras prodite, opem ferte et vestræ dignitatis memores nos in libertatem asserite.

XXVII.

Consentaneum esse arbitror, viri Athenienses, ut is qui apud vos dicturus est, cum multitudini notus non sit, primum quidem quinam et unde sit demonstret, deinde vero reliquam orationem persequatur. Ac pater quidem mihi est Hippocrates, quem quantam habeat in arte medica facultatem, optime nostis, nomen vero Thessalus. (2) Verum et ipse inter vos non in postremis nec in paucis sum cognitus. Patria mea Cos est, quæ qua ratione vobis ab antiquo coniuncta sit, cæteri dicent qui in enarranda historia plus valent. (3) Huc autem veni a patre missus, quatuor in vos a nobis collata beneficia commemoraturus; unum quidem vetus quoddam, maiorum nostrorum memoria, in omnes Amphictyones commune, quorum vos in minima pars estis; alterum vero hoc aliquanto maius, quod et ipsum ad plurimos Græcos permanavit. (4) Et hæc quidem ab urbe nostra et maioribus nostris profecta deprehendentur; at tertium patris est proprium et tantum quanto nemo unquam hominum tum vos tum multos Græcos affecit. Quartum et ultimum mihi cum patre commune est, quod nec iam in multos, sed in vos ipsos redundavit. Quod quanquam cum prioribus beneficiis comparatum parvum videri queat, cum aliorum tamen beneficiis collatum magnum est. (5) Atque hæc quidem beneficia, ut paucis comprehendam, quemadmodum dixi, ita se habent. Vera autem esse non solum dicere, sed etiam demonstrare convenit. Orationis igitur nostræ exordium ab officiis nostris sumam, ac primum antiquissima referam, in quibus longiora fortasse et fabulosiora narrare mihi acciderit. Quivis autem vetus dici desiderat. (6) Olim enim Crisæa gens fuit, et circa Pythicum templum habitabat, terram autem quæ nunc Apollini dicata est incolebat. Crisæus vero campus vocatur, quem Locri accolunt et in quo sunt Melænæ; Cirphius autem mons, cui Phocenses adiacent. (7) Crisæi vero cum numerosi essent ac potentes et divites, his bonis insolentius abusi multa gravia et iniusta perpetrarunt, in deum etiam impie se gerentes, Delphos subiugantes, vicinos diripientes, ad oraculum consulendum missos deprædantes, uxores et liberos vi ab-

τὰ σώματα ἐξυβρίζοντες· ἀνθ' ὧν Ἀμφικτύονες ὀρ-
γισθέντες καὶ στρατεύματι ἐς τὴν γῆν ἐμβαλόντες
αὐτῶν καὶ μάχῃ νικήσαντες, τὴν χώρην ἐδῄουν καὶ
τὰς πόλιας ἐπόρθεον. (8) ἔνθα πολλὰ καὶ ἀνόσια
ποιήσαντες ἀμετλίοισι ἀπήνεγκαν καὶ οὐ μείω ὧν
ἔπραξαν τίνοντες μακαριστοὶ δ' ἦσαν αὐτῶν οἱ ἐν
χερσὶ τελευτήσαντες, δεύτεροι δὲ οἱ δοριάλωτοι γενό-
μενοι, οἵ τε ἐς ἑτέρην χώρην καὶ πόλιας ἐπεραιώθη-
σαν· τὰ γὰρ σφέτερα κακὰ οὐκ εἶχον ἐν ὀφθαλμοῖσ·
(9) οἱ δὲ αὐτοῦ μείναντες τῶν αἰχμαλώτων ἀτυχεστα-
τοι ἦσαν, ὅσοι ᾠκέοντο ἐν χώρῃ τῇ ἑωυτῶν σὺν γυ-
ναιξὶ καὶ τέκνοισι, ἀγρούς τε καὶ ἄστεα πυρὶ παραδι-
δόμενα ἐθεώρεον. (10) ἔτι δὲ τούτων κάκιον διῆγον
οἱ ἐν τοῖς τείχεσι διαρκέοντες, ὁκότε τῶν εἰρημένων
κακῶν ἃ μὲν ἔβλεπον ἃ δ' ἐπυνθάνοντο, πλέον ἀκούον-
τες τῶν ἀληθέων οὕτω γάρ κου ἔθος γίγνεσθαι· καὶ δὴ
κακὰς ἐλπίδας σωτηρίης εἶχον (11) ἦν δέ σφι πόλις
ἐγγὺς τούτου τοῦ τόπου μεγίστη, ὅκου νῦν ὁ ἱππικὸς
ἀγὼν τίθεται, ἧς τὰ τείχη ἐπεσκευάζοντο καὶ τοὺς ἐκ
τῶν ἄλλων πολίων διαφεύγοντας ἐσέχοντο, τὰ δὲ
ἀχρεῖα ἐξέβαλον καὶ τὰ ἀναγκαῖα ἐσεκομίζοντο, καὶ
διενοεῦντο ὑπομένειν, ἐλπίσαντες μήτε μάχῃ τὴν πό-
λιν αἱρεθῆναι μήτε κατὰ μῆκος χρόνου (12) οἱ δ'
Ἀμφικτύονες τά τε ἄλλα καθεῖλον, καὶ ἐπὶ ταύτῃ τῇ
πόλι φρούριον ποιησάμενοι καὶ ἐς πολιορκίην σκευά-
σαντες, τὸ ἄλλο στράτευμα κατὰ πόλιας ἀφῆκαν.
προϊόντος δὲ τοῦ χρόνου καὶ λοιμοῦ ἐς τὸ στρατόπεδον
ἐμπεσόντος καὶ τῶν στρατιωτῶν νοσεόντων, τινῶν δὲ
καὶ ἀποθνησκόντων, τῶν δὲ καὶ ἐκλειπόντων τὸ φρού-
ριον διὰ τὴν νοῦσον, οἱ Ἀμφικτύονες ἐταράσσοντο καὶ
ἄλλοι ἄλλα ἐβουλεύοντο φιλέει δὲ τὰ κοινὰ οὕτω κως
γίγνεσθαι. (13) τέλος δὲ ἀγανακτήσαντες τῷ πάθει καὶ
ἀπογνωσιμαχήσαντες τῷ θεῷ ἐπέτρεψαν, καὶ ἤροντο
ὅ τι χρὴ ποιέειν· ὁ δ' ἐκέλευε πολεμέειν, καὶ ὑπισ-
χνέετο κρατήσειν, ἢν ἐς Κῶ ἐλθόντες ἐλάφου παῖδα ἐς
ἐπικουρίην ἀγάγωνται ξὺν χρυσῷ σπεύσαντες, ὡς
μὴ πρότερον οἱ Κρισαῖοι ἐν τῷ ἀδύτῳ τὸν τρίποδα
συλήσωσι· εἰ δὲ μή, τὴν πόλιν οὐκ ἁλώσεσθαι. (14)
οἱ δὲ ταῦτα ἀκούσαντες καὶ ἐλθόντες ἐς Κῶ τὰ μαν-
τευθέντα ἀπήγγειλαν. ἀπορεύντων δὲ τῶν Κώων
καὶ ἀγνοεύντων τὸ μάντευμα, ἀνέστη ἀνήρ, γέ-
νος μὲν Ἀσκληπιάδης, πρόγονος δὲ ἡμέτερος, ἰη-
τρὸς δὲ Ἑλλήνων κράτιστος ὁμολογεύμενος τῶν τότε
(ὄνομά οἱ ἦν Νεβρός), ὅστις νομίζειν ἔφη τὸ θέσ-
φατον ἥκειν ἐς ἑωυτόν, « εἴπερ θεὸς οὕτω παρῄνεσε
ὑμῖν, ἐλθόντας ἐς Κῶ ἐλάφου παῖδα ἐς ἐπικουρίην
ἀγαγεῖν (15) Κῶς μὲν γὰρ αὕτη, τὰ δὲ ἐλάφων ἔκ-
γονα νεβροὶ καλέονται, Νεβρός δέ μοι οὔνομα, ἐπικου-
ρίην δ' ἂν ἄλλη τίς προτέρη γένοιτο στρατοπέδῳ νο-
σέοντι ἰητροῦ, καὶ μὴν τό γε εὐθὺ ἐρχόμενον οὐ δο-
κέω ὅτι τοὺς τοσοῦτον Ἑλλήνων ὑπερέχοντας ὄλβῳ
ἐς Κῶ παρελθόντας ἔταξε ὁ θεὸς νόμισμα χρυ-
σοῦν αἰτέειν, ἀλλὰ τοῦτο τὸ θέσφατον ἐς τὴν ἐμὴν οἰ-
κίην ἔρχεται Χρυσὸς γάρ μοι κέκληται τῶν ἀρρένων

ducentes eorumque corpora stupro contaminantes Unde
ira commoti Amphictyones immisso in eorum agros exercitu
usque prælio superatis regionem devastarunt et urbes ex-
pugnarunt (8) Ubi qui multa et nefaria perpetrarunt, in
miserabiles calamitates inciderunt, neque minores pœnas
quam aliis influxerant persolverunt Ex quibus felicissimi
fuerunt qui hostium manibus perierunt, deinde qui bello
capti sunt, quique ad aliam regionem et urbes transmissi
sunt, neque enim sua mala ob oculos habuerunt (9) At
qui captivi illic remanserunt, infelicissimi fuerunt, qui
suam regionem incolentes cum uxoribus et liberis agros
et urbes igne conflagrantes aspexerunt (0) His autem
adhuc peius degebant qui intra mœnia perdurabant, cum
commemorata mala partim videbant, partim sciscitando
resciscebant, veris maiora audientes (sic enim contingere
solet), et sane suæ saluti diffidebant (11) Erat autem
illis urbs prope hunc locum maxima, ubi nunc equestre
certamen celebratur, in quam mœnibus refectis exules
aliarum urbium receperunt, inutilibus vero eiectis neces-
saria comportarunt et de sustinendo bello cogitabant,
sperantes neque hostili manu neque longa temporis obsi-
dione urbem capi posse (12) Amphictyones vero tum
reliqua destruxerunt, tum præsidio urbi imposito et ad
obsidionem comparato reliquum exercitum oppidatim di-
miserunt Interiecto tempore, cum pestis castra inva-
sisset, militibus ægrotantibus, nonnullis etiam morienti-
bus, aliis quoque propter morbum præsidium deseren-
tibus, Amphictyones turbati sunt et varia inter se
consultabant Solent autem hæc in rebus publicis evenire
(13) Tandem morbum indigne ferentes, mutata sententia
iudicium de se deo commiserunt et quid agendum esset
interrogaverunt At ille bellum gerere iussit et victoriam
pollicitus est, si Co peterent cervique filium cum auro in
subsidium adducerent, idque festinabundi, prius quam
Crisæi in adyto tripodem diriperent, alioqui urbem capi
non posse (14) Quibus auditis Co profecti oraculum
renunciaverunt Hærentibus autem Cois et vaticinium
ignorantibus, surrexit ex Asclepiadarum genere quidam
ex maioribus nostris medicus inter Græcos eius temporis
procul omni dubio præstantissimus, Nebrus nomine, qui
dicebat videri sibi oraculum se ipsum innuere « Quippe
s. deus » inquit « vobis consulat ut Co profecti cervi
filium in subsidium adduceretis (15) Nempe hæc
est Cos, cervorum fœtus Nebri appellantur, Nebrus
autem mihi nomen est Quodnam vero subsidium male
habenti exercitui potius fuerit quam medicus? Certe con-
sentaneum non existimo ut eos qui tantum Græcos divitiis
superant, deus Co venire iusserit, ut aureos nummos pe-
terent Verum oraculum istud in familiam meam venit
Chrysus enim mihi vocatur filiorum meorum natu mini-

παίδων ὁ νεώτατος. (16) ἔστι δὲ πάντα καὶ ἰδέῃ
καὶ ἐς ψυχὴν ἀρετῇ, ὡς πατέρα λέγειν, πάντων διά-
κριτος τῶν πολιητέων. ἐγὼ μὲν οὖν, εἰ μὴ ὑμῖν ἄλλο
δοκέει, πεντηκόντορον πληρώσας τοῖσι ἐμοῖσι τέλεσι
αὐτός τε εἰμι καὶ τὸν παῖδα ἄξω, ὑπηρεσίας τε ἰητρι-
κὰς καὶ πολεμικάς, ἵνα ἐς ἀμφότερα βοηθῶμεν.» (17)
ὁ μὲν εἶπε, τοῖσι δὲ ἔδοξε, οἱ δὲ ἀπεστάλησαν. ξυνεν-
είθησε δὲ ὁ Νεβρὸς οὗτος καὶ Καλυδώνιον ἄνδρα παρ'
ἑωυτῷ τρεφόμενον, ὑπὲρ οὗ τὸ αὐτίκα ὁ λόγος δηλώσει,
ὅταν ἡ χρῆσις ἔλθῃ. ὅτε δ' οὖν ἀφίκοντο οὗτοι οἱ ἄν-
δρες οὗ τὸ στρατόπεδον ἐπετελέετο, ὁ θεὸς ἔχαιρε· οἵ
τε γὰρ θάνατοι τῶν στρατιωτέων ἔληξαν, καὶ θείῃ τύχῃ
ἵππου τοῦ Εὐρυλόχου, ὃς ἡγέετο τοῦ πολέμου Θεσσα-
λὸς ἐὼν καὶ ἄνωθεν ἐξ Ἡρακλειδέων, κρούσαντος τὸν
σωλῆνα τῇ ὁπλῇ, δι' οὗ τὸ ὕδωρ ἤγετο ἐς τὸ τεῖχος,
ὁκότε διακονίεσθαι ἤθελε, Νεβρὸς φαρμάκοισι ἐμίηνε
τὸ ὕδωρ. (18) ἔνθεν αἱ κοιλίαι τῶν Κρισαίων ἐφθά-
ρησαν, καὶ μέγα δή τι ξυνεβάλετο πρὸς τὸ ἁλῶναι τὴν
πόλιν. καὶ ἐνθεῦτεν αἱ γνῶμαι ἐπήρθησαν τῶν πο-
λιορκεύντων, ὡς τοῦ θεοῦ ἐπικουρέοντος ἤδη σαφέως.
(19) προσβολὰς δὲ ποιευμένων καὶ ἆθλα προτιθέντων
τοῖσι πρώτοισι ἐπὶ τὸ τεῖχος ἀναβᾶσι, ὁ ἀγὼν ἦν
καρτερώτατος, καὶ ἡ πόλις ἡρέετο· ἀνέβη γὰρ πρῶτος
ἐπὶ τὸ τεῖχος Χρυσὸς καὶ κατέλαβε τὸν πύργον, ξυνεί-
πετο δὲ αὐτῷ ἐκ ποδὸς ξυνασπίζων ὁ ἀνὴρ ὁ Καλυδώ-
νιος, περὶ οὗ προέλεξα. (20) ὁ μὲν οὖν Χρυσὸς δόρατι
πληγεὶς ἔπεσε κατ' ἄκρης ἐκ τοῦ πύργου ὑπὸ Μερμό-
δεω, τοῦ Λύκου δὲ ἀδελφεοῦ, ὃς ἀπέθανε λευσθείς, ὅτε
ἦλθε ἐς τὸ ἄδυτον τὸν τρίποδα συλήσων. ἡ δ' οὖν
πόλις οὕτως ἥλω, ἥ τε τοῦ Νεβροῦ ἐπικουρίη σὺν
Χρυσῷ ὀρθῶς ἀπήντησε καὶ κατὰ τὰ ἰητρικὰ καὶ κατὰ
τὰ πολεμικά, ὅ τε θεὸς ἠλήθευσε, καὶ ὃ ὑπέσχετο
ἐποίησε. (21) ἐφ' οἷσι οἱ Ἀμφικτύονες τῷ μὲν Ἀπόλ-
λωνι νηὸν ἀνέθεσαν τὸν νῦν ἐόντα ἐν Δελφοῖσι, ἀγῶνά
τε γυμνικὸν καὶ ἱππικὸν πρότερον οὐ τιθέντες νῦν τι-
θέασι, τήν τε τῶν Κρισαίων χώρην ἅπασαν καθιέ-
ρωσαν τῷ δόντι ἃ ἔδωκε διδόντες καθότι ἔχρησε,
τόν τε τοῦ Νεβροῦ παῖδα Χρυσὸν ἔθαψαν ἐν τῷ ἱππο-
δρόμῳ, καὶ ξυνέταξαν δημοσίᾳ Δελφοὺς ἐναγίζειν.
(22) Ἀσκληπιάδῃσι δὲ τοῖσι ἐν Κῷ ἐδόθη Νεβροῦ χά-
ριτι προμηθείῃ πρὸς μαντείην, καθάπερ τοῖσι ἱερο-
μνήμοσι, Καλυδωνίοισι δὲ ἀπ' ἐκείνου τοῦ ἀνδρὸς καὶ
ἐκείνης τῆς ὑπουργίης καὶ ἔτι νῦν ἐν Δελφοῖσι προμαν-
τείη καὶ ἀτεισιτίη δέδοται. ἀλλ' ἐπάνειμι ἐπὶ τὰ ἡμέ-
τερα. (23) ὅτι γὰρ ἀληθέα λέγω, τοῦ πατρὸς καὶ
ἐμεῦ ἐπελθόντων Ἀμφικτύονες ἀνενεώσαντο ταῦτα
καὶ ἀπέδοσαν, καὶ ἐν στήλῃ ἀναγράψαντες ἐν Δελ-
φοῖσι ἀνέθεσαν. καὶ τούτου μέν μοι τοῦ λόγου τὸ τέλος
ἐνταῦθα καθαρῶς δείκνυσι τοὺς ἡμετέρους προγόνους
ὑμέων εὐεργέτας· τοῦτον δὲ καταθέμενος, ἄλλον αἱρή-
σομαι περὶ τῶν αὐτῶν, οὐ τὸν αὐτόν. (24) ὅτε γὰρ
βασιλεὺς ὁ μέγας ξὺν Πέρσῃσι καὶ τοῖσι ἄλλοισι βαρ-
βάροισι ἐστράτευσε ἐπὶ τοὺς μὴ διδόντας ὕδωρ καὶ γῆν
Ἑλλήνων, ἡ πατρὶς ἡ ἡμετέρη εἵλετο μᾶλλον πανδη-

mus. (16) Hic autem omnino et specie et animi virtute, si
patri dicere licet, omnibus civibus præcellit. Ego igitur,
nisi quid aliud vobis videatur, navi actuaria quinquaginta
remorum meis sumptibus auxiliis medicis et bellicis
instructa et ipse veniam et filium meum deducam, ut
utroque modo vobis auxilium feramus. » (17) Quæ cum
dixisset, assensu suo permiserunt legati, ut. navis
solveretur. Nebrus autem Calydonium apud se edu-
catum, cuius statim, cum res tulerit, mentio fiet, se-
cum navem conscendere iussit. Cum igitur ad locum
castrorum viri illi pervenissent, deus lætatus est; nam
et militum mortes cessarunt, cumque divina quadam
fortuna equus Eurylochi, qui belli dux et Thessa-
lus erat et originem ex Heraclide altius repetebat, in
pulvere volutatus, canalem ex quo aqua in urbem
deducebatur ungula percussisset, Nebrus eam venenis
refecit. (18) Unde Crisæorum ventres in exitium adducti
sunt, idque multum certe ad capiendam urbem contulit.
Hinc velut deo aperte auxilium ferente, obsidentium
animi sublati sunt. (19) Cum autem impetum in muros
facerent et eis qui primi in mœnia ascendissent præmia
proponerent, validissimum certamen fuit, urbsque capta
est. Primus enim Chrysus in murum ascendit et turrim
occupavit. Eum autem e vestigio sequebatur simul di-
micans vir ille Calydonius, de quo ante dixi. (20) Ac
Chrysus quidem ex summa turri decidit, hasta percussus
a Mermode Lyci fratre, qui cum tripodem direpturus in
adytum venisset, lapidibus obrutus periit. Sic igitur
urbem ceperunt, Nebrique auxilium Chryso opitulante
tum in medicis tum in bellicis rebus bene respondit,
deusque verax fuit et quæ promiserat præstitit. (21)
Quibus de causis Amphictyones Apollini templum, quod
nunc Delphis est, dicarunt, certamenque gymnicum et
equestre, quod nunquam antea, nunc constituerunt, to-
tamque Crisæorum regionem deo addixerunt, se deditu-
rum secundum oraculum reddentes ei quæ pollicitus erat
quæque revera dederat, Chrysumque Nebri filium in
circo equestri sepelierunt, et statuerunt, ut ei Delphi
publice parentarent. (22) Asclepiadis vero in Co in Nebri
gratiam præsentia ac scientia rerum futurarum concessa
est, qua et hieromnemones valebant; Calydoniis autem
ob illius viri et officii meritum etiam nunc apud Delphos
primæ vaticinandi partes et victus publicus conceduntur.
Verum ad nostra redeo. (23) Nam vera me referre inde
patet, quod cum pater et ego accessissemus, Amphictyo-
nes hæc renovarunt et ut nostra nobis tribuerunt, Del-
phisque columnæ inscripta proposuerunt legenda. Atque
huius quidem narrationis exitus liquido ostendit maiores
nostros de vobis esse bene meritos; eâ vero quasi deposita
aliam de iisdem, non tamen eandem assumam. (24) Cum
enim magnus ille rex cum Persis et reliquis barbaris in
Græcos, qui aquam et terram recusabant, exercitum duce-

μεὶ ἀπολέσθαι, ὡς μὴ καθ' ὑμέων τε καὶ τῶν ταὐτὰ
ὑμῖν γιγνωσκόντων ὅπλα πολέμια λάβῃ καὶ ἐν νηυσὶ
στρατείην ἀποστείλῃ, ἀλλ' ἀνένευσε καλόν τι καὶ
ἄξιον τῶν πατέρων μεγαλοφρονευμένη, οἳ λέγονται
γηγενέες τε εἶναι καὶ Ἡρακλεῖδαι. (25) ἔδοξε οὖν
σφι, τεσσάρων ἐόντων τειχέων ἐν τῇ νήσῳ, πάντα
ἐκλιπεῖν καὶ ἐς τὰ ὄρεα καταφυγοῦσι ἀντέχεσθαι σω-
τηρίης· ὅθεν δὴ τίκταον οὐκ ἀπήντησε, χώρης λεη-
λατευμένης καὶ σωμάτων ἐλευθέρων ἀνδραποδιζομέ-
νων καὶ κτεινομένων ἐχθρῶν νόμῳ, τῆς τε πόλιος καὶ
τῶν ἄλλων ἐρυμάτων καὶ ἱερῶν καταιθαλουμένων, ἔτι
δὲ καὶ τῇ θυγατρὶ τοῦ Λυγδάμιος Ἀρτεμισίῃ κατὰ κα-
τρώϊον νεῖκος δοθέντων ἐκσαγηνεῦσαι πάντων ὅσα λοι-
πὰ ἦν. (26) ἀλλὰ γὰρ ὡς ἔοικε θεοῖσι οὐκ ἠμελεύμεθα,
χειμώνων δὲ γενομένων ἐξαισίων αἵ τε νῆες τῆς Ἀρ-
τεμισίης ἐκινδύνευσαν ἅπασαι ἀπολέσθαι, πολλαὶ δὲ καὶ
ἀπώλοντο, ἔς τε τὸ στράτευμα αὐτῆς πολλοὶ κεραυνοὶ
ἐνέπεσον, σπανιόν τι τῆς νήσου κεραυνουμένης· λέγε-
ται δὲ καὶ φάσματα ἡρώων τῇ γυναικὶ ὀφθῆναι· ἃ δὴ
πάντα φοβηθεῖσα ἀπέστη ἔργων ἀνηκέστων, ὁμολογίην
πικρὴν ποιησαμένη καὶ λίην μακρὴν λέγεσθαι, ὥστε
ἄμεις ω. (27) ἀποδώσω δὲ καὶ ἐνταῦθα προγόνοισι
τοῖσι ἐμοῖσι κυριότητα οὐ ψευδέα τοῦ μήτ' ἐφ' ὑμέας
μήτ' ἐπὶ Λακεδαιμονίους ἢ ἑτέρους ἄλλους Ἑλλήνων
Κῷους ἑκουσίᾳ ὅπλα λαβεῖν, καίπερ πολλῶν τῶν ὁμοῦ
νήσους τε καὶ Ἀσίην οἰκεόντων συναψαμένων τοῖσι βαρ-
βάροισι τοῦ πολέμου οὐ βίῃ· οἱ γὰρ προεστεῶτες τό-
τε τῆς πόλιος ἦσαν Κάδμος τε καὶ Ἱππόλοχος, ἐπ' ἀλ-
λοῖσι δὲ κέεται προγόνοις ἡμοῖς εἶναι τόν τε Κάδμον
καὶ τὸν Ἱππόλοχον. (28) ὁ μὲν γὰρ Κάδμος, ὃς τὴν
βουλὴν αὐτὴν ἤρτυσε, ἐπὶ τῆς ἐμῆς μητρός, ὁ δὲ Ἱπ-
πόλοχος ἐξ Ἀσκληπιαδέων τέταρτος ἀπὸ Νεβροῦ τοῦ
Κρισαίους συγκαθελόντος, ἡμεῖς δ' Ἀσκληπιάδαι κατ'
ἀνδρογενείην, ὥστε καὶ τοῦτο τὸ καλὸν τῶν ἡμετέρων
προγόνων προελέσθαι. (29) ἐπάνειμι δ' ἐπὶ τὸν Κάδ-
μον. οὗτος γὰρ δὴ ὁ ἀνὴρ οὕτω ἔσπευδε τὰ τῶν Ἑλ-
λήνων καλά, ὥστε ὁκότε ἐλέχξε ἡ χώρη πολιορκεομένη
ὑπὸ Ἀρτεμισίης, αὐτοῦ καταλιπὼν τὴν γυναῖκα καὶ
γενεήν, ᾤχετο ξὺν τοῖσι ταυτὰ αἱρεομένοισι ἐπὶ Σι-
κελίης, ὅκως Γέλωνα καὶ τοὺς ἀδελφεοὺς κωλύσοι, φι-
λίην ξυνθέσθαι κατὰ Ἑλλήνων πρὸς τοὺς βαρβάρους·
(30) διεπρήξατο δὲ καὶ ἄλλα πολλὰ καλὰ ἔργα, ἃ μη-
κύνειν οὐ πρόσκαιρον· αἱ μὲν δὴ δημόσιαι καὶ ἡμέων
προγόνων ὑπουργίαι ἐς ὑμέας καὶ τοὺς ἄλλους Ἕλλη-
νας αὗται καὶ τοιαῦται, καὶ γὰρ ἐκλείπει ἡ δύναμις
τοῦ λόγου· ἔρχομαι δ' ἤδη ἐν εἴδόσι εὐεργεσίην Ἱππο-
κράτους πατρὸς ἐμέο προέσθαι, λέγων δ' ἂν ἀληθεύοιμι
οὕτως· (31) ὁκότε λοιμοῦ ῥέοντος διὰ τῆς βαρβάρου, ἣ
ὑπόκειται Ἰλλυριῶν καὶ Παιόνων, ὁκότε δὴ ἐπὶ ταύ-
την τὴν χώρην ἦγε τὸ κακόν, οἱ τούτων τῶν ἐθνέων
βασιλέες κατὰ δόξαν ἰητρικὴν, ἢ ἀληθὴς ἐοῦσα παν-
ταχόσε ἰσχύει ἔρχεσθαι, κατὰ πατρὸς τοῦ ἐμέο πέμ-
πουσι ἐπὶ Θεσσαλίης (ἐκεῖ γὰρ δὴ ὁ ἐμὸς πατὴρ καὶ
πρότερον καὶ νῦν οἴκησιν εἶχε), καλέοντες αὐτὸν ἐς

ret, patria nostra maluit cum toto populo perire, ut ne in
vos et eos qui vobiscum sentirent arma sumeret et expe-
ditionem navalem mitteret, sed excelso animo renuit ho-
nestum quid et maioribus suis dignum sentiens, qui terra
editi et Heraclidæ dicuntur. (25) Placuit igitur iis ut
quatuor quæ erant in insula urbibus relictis in montes
confugerent atque ita salutem viribus omnibus retine-
rent. Ex quo sane quid non mali obligit, regione de-
vastata, liberis corporibus in servitutem abductis et
hostili iure interfectis, urbeque et cæteris præsidiis ac
templis in cinerem redactis. Quin etiam Artemisiæ
Lygdamis filiæ pro patrium victoria permissum erat omnia
quæ reliqua erant asportare. (26) At enim a diis, ut res
docuit, derelicti non sumus, sed immanibus exortis tem-
pestatibus naves omnes in periculum adductæ sunt, ple-
ræque etiam perierunt et in eius exercitum crebra ful-
mina deciderunt, insula nostra raro fulmine appetita.
Feruntur etiam heroum spectra mulieri esse visa, quibus
omnibus perterrita atrocibus cœptis post acerbam con-
fessionem destitit, quæ quod dictu acerba sint, etiam a
me dimittantur. (27) Hoc vero loco maioribus etiam
meis quæ sunt illis valde propria neque falsa reddam,
Coos nunquam adversus vos neque Lacedæmonios neque
alios Græcos sponte arma sumpsisse, quamvis multi, qui
simul insulas et Asiam incolunt, bello cum barbaris nulla
vi coacti comuncti essent. Tunc enim urbi præerant
Cadmus et Hippolochus, qui re vera ex nostris sunt ma-
ioribus. (28) Nam Cadmus, qui senatum etiam regebat,
ex matris meæ maioribus est, Hippolochus vero ex Ascle-
piadum familia a Nebro, qui Crisæos simul evertit, quar-
tus est, nos autem Asclepiadæ ex virili stirpe sumus.
Proinde præclarum hoc maiorem nostrorum facinus am-
plecti vos decet. (29) Nunc autem ad Cadmum redeo.
Hic certe ornamenta Græciæ adeo studiosus fuit, ut relicta
isthic uxore et familia cum iis qui eadem sentiebant in
Siciliam profectus sit, uti Gelonem eiusque fratres ab
amicitia cum barbaris contra Græcos contrahenda diver-
teret. (30) multaque alia præclara facinora perpetravit,
quæ verbis exaggerare tempestivum non est. Ac certe
quidem hæc et eiusmodi sunt publica nostrorum in vos
et reliquos Græcos officia, ut me dicendi facultas defi-
ciat. Iam vero eo devenio ut Hippocratis patris mei be-
neficium vobis non nescientibus in mentem reducam,
quod cum recenseo, verum me dicere sic comperietis
(31) Cum pestis ex barbarorum regione, quæ supra Illy-
rios et Pæonas sita est, decurreret, cumque malum ad
hanc regionem pervenisset, istarum nationum reges, pro
rei medicæ fama, quæ re vera vires suas quocunque
extenderat, ad patrem meum in Thessaliam mittunt, qui
illic sane, ut prius, etiam nunc domum habet, ipsum ut
auxilium ferret accersentes. Neque aurum solum et ar-

ἐπικουρίην· χρυσοῦ τε καὶ ἀργύρου καὶ ἄλλων κτεάνων·
οὐ μόνον ἔφασαν πέμψειν ἔχειν, ἀλλὰ καὶ ἀποίσεσθαι
ὁκόσα ἂν αὐτὸς ἐθέλῃ ἐπαμύναντα. (32) ὃ δὲ ἐρώτη-
σιν ποιησάμενος ὁκοῖαί τινες ἐν μέρεϊ κινήσιες γίγνον-
ται κατά τε καύματα καὶ ἀνέμους καὶ ἀγλύας καὶ τἄλλα
ἃ πέφυκε τὰς ἕξιας κινεῖν παρὰ τὸ καθεστηκός. (33)
ὁκότε δὴ πάντων μαθήσια· ἀνεῖλετο, τοὺς μὲν χωρέειν
ἐκέλευσε ὀπίσω, ἀποφηνάμενος μὴ οἷός τε εἶναι ἐς
χώρην τὴν ἐκείνων ἰέναι· ἴκως δὲ εἶχε τάχεος, αὐτὸς
μὲν Θεσσαλοῖσι ἥρέτο παραγγέλλειν ὁκοίοισι χρὴ τρό-
ποισι κακοῦ τοῦ προσιόντος εὐλαβείην ποιέεσθαι, καὶ
ξυγγράφων θεραπείην ἐξετίθει περὶ τὰς πόλιας, ἐμὲ δὲ
ἐπὶ Μακεδονίης ἐξαπέστειλε, βασιλεῦσι γὰρ Ἡρακλει-
δέων, οἳ ἐκεῖ κατέχουσι, πατρικὴ ξενίη ὑπῆρχε ἡμῖν.
(34) κἀγὼ μὲν ἤειν ᾗ με ὁ πατὴρ ἐκέλευσε ἀπὸ Θεσ-
σαλίης, ἀρήξων τοῖς ἐκεῖ· συνετέτακτο δὲ μοι ξυμβα-
λεῖν ἐς πόλιν τὴν ὑμετέρην· ἀδελφεὸν δὲ τὸν ἐμὸν
Δράκοντα ἐκ Πηγασέων ὁρμηθέντα πλόον ποιέεσθαι
ἐφ' Ἑλλησπόντου ἐκέλευσα, οὐ παραπλησίην δοὺς
ὑποθήκην ᾗ αὐτὸς ἔπρησσε· οὐ γὰρ πάντες τόποι τὰ
αὐτὰ φέρουσι παθήματα διὰ τὸ μὴ πάντῃ τὰ περιέ-
χοντα δὲ ἠέρος ὅμοια εἶναι. (35) Πόλυβον δὲ τὸν τὴν
θυγατέρα ἔχοντα, ἐμὴν δὲ ἀδελφεήν, καὶ ἄλλους τῶν
μαθητέων διέπεμπε ἐς ἑτέρας ἑτέρων καὶ πλοτοὺς καὶ
ὁδοὺς πορευσομένους, ὅκως ὅτι πλείστοις ἐπαρήξαι.
ὡς δὲ δὴ τὰ κατὰ Θεσσαλίην ἠνύσατο, ἐπορεύετο
τοῖσι ἐγχωρέοισι ἔθνεσι βοηθέων. (36) ἐπὶ Πύλας
δὲ ἐλθὼν Δωριεῦσι καὶ τοῖσι ὁμοῦ Φωκεῦσι ἐπήρ-
κεσ. καὶ ὁκότε δὴ ἐς Δελφοὺς ἀφίκετο, ὑπὲρ Ἑλ-
λήνων ἱκετίην ἔθετο τῷ θεῷ, καὶ θύσας ἤνυε τὴν
ἐπὶ Βοιωτῶν, τοῖς δὲ ἐκεῖ ἐπαμύνας ἀναλόγως ἐν
τῇ ὑμετέρῃ ἦν καὶ ἱκανὰ ἃ νῦν ἐγὼ ἐπαγορεύω τε
ὑμῖν σωτήρια ἐκ θυμοῦ παντὸς εἶπε. (37) δοκέω δ'
ὑμέων ὅτι ἀληθεύω πολλοὺς γιγνώσκειν· οὐ γὰρ πάλαι
ἀλλ' ἔτος ἐστὶ τοῦτο ἔνατον ἐξ οὗ διελήλυθα καὶ ἐπὶ
Πελοπόννησον ἐσταλλόμην, καὶ τοῖσι ἐκείνῃ οἰκέουσι
βοηθήσων. πάντοθεν δ' ἡμῖν καὶ λόγῳ καὶ ἔργῳ
ἀξίη τιμὴ ἀπήντα, ὥστε μὴ μεταμελεσθαι ὅτι οὐκ
ἠλλαξάμεθα χρηματισμοῦ τοῦ ἐξ Ἰλλυριῶν καὶ Παιό-
νων. (38) παρὰ δὲ τὰς ἄλλας πόλιας τὰ παρ' ὑμέων
δοθέντα μεγάλα ἦν· ἥ τε γὰρ πολιτείη ἡ ὑμετέρη ὑπερ-
ῆγε τὰς ἑτέρων· αἱ γὰρ Ἀθῆναι ὑψηλότερόν τι τῶν
ἄλλων πολιῶν ἐς δόξαν, καὶ ὁ ἐν τῷ ὑμετέρῳ θεήτρῳ
χρύσεος στέφανος ἐπιτεθεὶς ζήλου πρὸς τὸ ἄκρον ἦγε.
(39) ἀλλὰ καὶ τοῦτο καλὸν ὑπερεβάλεσθε μνήσαντες τὰ
Δήμητρος καὶ Κόρης ὄργια καὶ τὸν πατέρα καὶ ἐμὲ δη-
μοσίη. καὶ τρεῖς μὲν αὐταί μοι οἷον ἀνιόντε ἐξέλκεας τοὺς
λόγους σχοινίων προέχεσθαι πόλιός τε καὶ προγόνων
καὶ πατρὸς τοῦ ἐμοῦ χάριτας ξὺν πολλοῖσι Ἑλλήνων,
τετάρτην δ' ἀναλήψομαι λέγειν ὑπουργίην, ἥν, ὡς
ὑπεθέμην, ἐς ὑμᾶς ἐγὼ καὶ ὁ πατὴρ ὁ ἐμὸς κατεθέ-
μεθα. (40) ὅτε γὰρ Ἀλκιβιάδην ἐξεπέμπετε ἐπὶ Σι-
κελίην, πολλῇ μὲν δυνάμι, οὐχ οὕτως δὲ πολλῇ ὡς θαυ-
μαστῇ (εἰ γὰρ ὡς ἔργα), λόγχη ἐν ἐκκλησίῃ ὑπὲρ

gentum reliquasque opes se missuros promiserunt, verum
etiam si succurreret, quæcunque vellet reportaturum.
(32) Ille vero percontatus est, quænam apud eos peculia-
res agitationes contingerent et æstus, deinde ventos et
aeris perturbationes reliquaque quæ corporum habitus ex
præsenti statu agitare queunt. (33) Quæ certe omnia
edoctus redire eos iussit, responso dato se non posse ad
illorum regionem proficisci. Quam citissime autem po-
tuit, ipsos quidem Thessalos admonere constituit, qui-
busnam modis ab ingruente malo sibi caverent et con-
scriptam medelam per urbes proposuit, me autem in Ma-
cedoniam misit. Cum regibus enim Heraclidarum, qui
illic regnum obtinent, nobis paterni officii familiaritas
intercedit. (34) Et ego quidem ex Thessalia, quo me
pater ire iussit, discessi auxilium illis laturus; mihi vero
constitutum erat, ut ad vestram urbem accederem. Dra-
conem autem fratrem meum ex Pagasis profectum, Hel-
lespontum navigare iussit, præceptione instructum diversa
ab ea quam ipse sequebatur. Neque enim loca omnia eadem
ferunt auxilia, quod aer circumfusus non ubique idem
est. (35) At Polybum, cui filiam suam sororem meam
locaverat, et reliquos discipulos ad diversas urbes
misit, ut ad fora et compita profecti quam plurimis
subvenirent. Rebus autem in Thessalia confectis ad
vicinas nationes, ut illis auxilio esset, se conferebat.
(36) In Pylas vero profectus Doriensibus et reliquis
simul Phocensibus auxilium suppeditavit. Cumque
Delphos pervenisset, pro Græcis deo supplicavit et sa-
crificio peracto ad Bœotos se contulit, iisque simili modo
suppetias ferens, ad vos profectus, plurima quæ ad
salutem satis essent, quæque ego nunc adicio, penitus
ex animo dixit. (37) Quæ autem dico vera esse, multos
ex vobis nosse arbitror. Neque enim ita pridem id con-
tigit, sed nonus hic annus agitur, ex quo in Peloponne-
sum missus profectus sum, iis qui eam incolunt auxilium
allaturus. Nobis autem undique et verbis et re dignus
honor obveniebat, adeo ut minime nos pœniteat cum Il-
lyriorum aut Pæonum lucro non commutasse. (38) At
quæ a vobis sunt concessa, ad reliquas urbes collata,
magna sunt; vestra enim respublica reliquis præstat;
Athenæ enim ad gloriam nescio quid reliquis urbibus su-
blimius habent. Quin etiam corona illa aurea in theatro
vestro imposita ad summum gloriæ culmen ipsum per-
duxit. (39) Sed et bonum illud cumulastis, dum pa-
trem meque publice Cereris et Proserpinæ mysteriis ac
sacris initiastis. Atque hæc quidem tria sunt tum urbis
tum maiorum nostrorum et patris mei in vos cum multis
Græcis beneficia, quæ quantum licuit verbis velut fune
evoluto extensa vobis obtendere tentavi. Quartum vero
beneficium oratione mea repetam, quod, velut proposui,
in vos ego paterque meus collocavimus. (40) Cum enim
Alcibiadem urbs in Siciliam cum multis copiis mitteretis,
neque tamen tam multis quam admirandis (siquidem

ἰητρῷ προσπεσόντος, ὃν δέοι ἀκολουθεῖν τῷ στρατεύ-
ματι, παρελθὼν ὁ πατὴρ ὑπέσχετο ἐμὲ ἐπὶ τὰ ὑμέτερα
σώματα δώσειν τοῖσι ἰδίοισι δαπανήμασι κατεσκευα-
σμένον καὶ ἄτερ μισθῶν αἰτήσιος ἕως ἂν ὁ στόλος ἀπο-
δήμῃ, ἐν ἐλάσσονι τιθέμενος τὸ λυσιτελές, ἀξιόχρεων
ἐὸν τῆς ὑμέων χρείης ἐσομένης. (41) ἐγὼ γὰρ οὐχ ὅπως
τὰ ὑπάρχοντα κατεδαπάνεον (ὃ ἐποίεον ὑμῖν ὑπουρ-
γέων), ἀλλὰ καὶ ἐν ἄλλοισι μεγάλοισι ἔργοισι ἐτετάγμην.
καὶ τοῦτο ἐλάχιστον τῶν μελλόντων ῥηθήσεσθαι
προείλετο γὰρ μᾶλλον ὁ πατὴρ ἐν ἐμοὶ τῷ υἱέϊ καὶ ἐν
γῇ ὀθνείῃ σαλεύειν καὶ κατὰ θάλασσαν καὶ κατὰ κιν-
δύνους πολεμικοὺς καὶ κατὰ ἀρρωστίας, αἳ τοῖσι ἐν
πλανώδεσι βίοισι εἰθισμένοι εἰσὶ μᾶλλον προσκαθίζειν
ἢ τοῖσι ἐν τεταγμένῃ ζωῇ ἠπίστατο γὰρ χάριτι χά-
ριτα μετρέεσθαι, καὶ μὴ οἷόνπερ τι ὠνεύμενος ἐκ
χειρὸς ἐς χεῖρα ξυναλλάξας ἅπαξ ἀπιέναι. (42) ὃ
μὲν δὴ τοιούτων ὑπῆρξε, ἐγὼ δέ, ἅτε παῖς ἐὼν ἐκεί-
νου, οὐδὲν ἐλλείπω φιλοτιμίης καὶ τέχνης βοηθῶν
καὶ κινδυνεύων ξὺν ὑμῖν ὁκότε που καιρὸς εἴη, καὶ ἐς
ταῦτά με ἀμφότερα οὔτε νοῦσος οὔτε κακοπαθείη οὔτε
φόβος ὁ ἐν θαλάσσῃ καὶ ὁ ἐν ἱεροῖ πολεμίων εἴργει
(43) μαρτυρίη δὲ οὐκ ἐν ἄλλοισι τισι ἐν δ' ὑμῖν αὐτοῖ-
σι κεῖται ὥστε εἰ τῳ ἀντιλεκτέον, ἀναστήτω μηδὲν
ὀκνήσας ἀλλ' οὐ δοκέω ψεύδεσθαι ταῦτα δὲ πρή-
ξας ἐπὶ τρία ἔτεα, στεφανωθείς τε χρυσέῳ στεφάνῳ
καὶ ἔτι κάλλιον εὐφημεύμενος ἐς τὴν ἰδίην ἀπῆλθον
ἐπὶ γάμῳ, ὡς διαδόχους καταστήσαιμι καὶ τέχνης καὶ
γενεῆς ἡμετέρης. (44) ἃ μὲν δὴ παρὰ πόλιος προγό-
νων πατρός τε καὶ ἐμέο ὑμῖν ὑπάρχει, ταῦτ' ἐστί
εἴρηται δὲ καὶ ὧν ἡμεῖς παρ' ὑμέων ἐπαυράμεθα δο-
κέω δὲ πολλοὺς ὑμέων θαυμάζειν ὅτεων χάριν ταῦτα
ἀναμεμέτρηται ὡς οὖν καὶ ὑμεῖς εἰδῆτε καὶ ἐμοὶ
γίνηται ἃ ἐγὼ ἐπιθυμέω, καιρὸς λέγειν. (45) ὁ πα-
τήρ, ὦ ἄνδρες Ἀθηναῖοι, καὶ ἐγὼ αἰτεόμεθα ὑμέας (οὗτω
γὰρ εἰπεῖν ἐλευθέρους καὶ φίλους παρὰ φίλων τοιεῖν
ἐλευθέρων) ἐκ πατρίδος τῆς ἡμετέρης ὅπλα πολέμια μὴ
ἄρασθαι εἰ δὲ δεῖ, ὥσπερ ἴσως δεῖ τοὺς ὑπὲρ τῆς αὐτῶν
προεἰληλυθότας, δεόμεθα μὴ ἡμέας μετέχοντας ἀξιω-
μάτων με γάλων καὶ τοιούτων προυπάρξαντας, ἐν δούλων
μέρει τίθεσθαι. (46) ἔτι δὲ (καὶ γὰρ οὕτως ἅρμο-
σει λέγειν) μὴ ποιήσησθε ἱκετεύομεν τὰ ἡμέτερα
ὑμῖν αὐτοῖσι δουρίκτητα, πολὺ μειόνων ἢν ἐπάνω
γένησθε ἀλλ' ὑπιδέσθαι καὶ τοῦτο, ὅτι ἑτέροις ἑτέρη
ἢ ὕλη ταγύνει, καὶ κοτε μικρῶν μεγάλοι προτεδεή-
θησαν, καὶ οἱ καρτεροὶ δι' ἀσθενέας σωτηρίης ἔτυχον
(47) δοκέω δὲ σύνδηλον, ὡς μὴ ἐνδοιότερον εἴπω, ὅτι
ἐς ἐνὶ ἀνδρὶ οὐ πόλις ἀλλὰ ὅλα ἔθνεα ἤδη ποτὲ
ὠφελη ὠφεληθέντα ἐν πολεμικοῖσι καὶ ἔνθα τέχνη ἰ-
σχύει (48) μηδ' ἡμέας ἀποβάλησθε καὶ γὰρ οὐδὲ
ἀπόθλητοί ἐσμεν, καὶ ἐν ἡμῖν μαρτυρίη κεῖται ἀλλ'
ἀρχὴν μὲν οἱ θεοί, ἔνθεν γένος εὔχομαι εἶναι, Ἀσκλη-
πιός τε καὶ Ἡρακλῆς, ἐπ' ὠφελείη ἀνθρώπων ἐγέ-
νοντο, καὶ τούτους δι' ἀρετὴν τὴν ἐνταῦθα ἐν θεῶν
μέρει ἔχουσι πᾶσαι πόλιες δὲ ἐμὴ καὶ ἐγὼ ὁ λέγων ἐς

facta spectentur), cumque in concione sermo de medico
incidisset, quem exercitum sequi oporteret, in medium
progressus pater meus, me quoad classis abesset, suis
sumptibus instructum, citra ullam mercedem ad curanda
vestra corpora daturum recepit, parvi suam utilitatem
existimans, quod certo sciret id vobis usui fore (41) Ego
enim non tantum dum vobis inservio facultates meas in-
sumpsi, verum etiam aliis magis operibus præfectus
eram Idque eorum quæ dicturus sum est minimum.
Maluit enim pater in me filio et in terra aliena fluctuare
et maritimis ac bellica morborumque pericula experiri,
quæ iis qui errabundam vitam degunt magis incumbere
solent quam iis qui certam vitæ rationem sequuntur,
noverat enim gratiam gratia remetiri et non velut ex ali-
qua empta et ex manu in manum semel tradita disce-
dere (42) Et hæc quidem præstitit, ego autem, utpote
qui illius sim filius, ut vobis auxilium ferrem nihil dili-
gentiæ neque artis prætermisi, meque si quando occasio
fuit vobiscum periculis obieci, neque ad hæc ambo
præstanda aut morbus aut labor aut moris et hostilis
manus metus deterruit (43) Cuius rei testimonium non
ab aliis quibusdam, sed a vobis ipsis petendum est
Quare si qui contradicere velit, confestim surgat, sed
me mentiri non existimo Hæc autem per triennium
præstiti, corona vero aurea donatus et longe hono-
rificentius acceptus, domum ad nuptias redii, ut et ar-
tis et generis nostri successores relinquerem (44)
Et hæc quidem a civitate, maioribus nostris et pa-
tre, a meque in vos profecta sunt Dictum etiam est qui-
bus commodis affecti a vobis fuerimus Multos autem
ex vobis mirari arbitror, quorsum hæc a me recensean-
tur Ut igitur et vos sciatis et quæ cupio mihi eveniant,
dicendi tempus est (45) Pater meus et ego, viri Athe-
nienses, a vobis petimus (hac enim oratione amici et
liberi a vobis amicis et liberis impetrare debemus), ne
contra patriam nostram arma hostilia feratis Quod si
de eat, quemadmodum sane eos decet, qui suos ipsorum
fines transgressi sunt, rogamus, ne nos, qui in tanto ho-
nore sumus taliumque olim beneficiorum autores fuimus,
servorum loco habeatis (46) Ad hæc etiam, ita enim
dicere convenit, supplicamus, ne res nostras vobis
Lelli iure subditas possideatis, si nobis longe inferioribus
superiores fueritis, sed istud consideretis, alia aliter
fortuna cito præcipitare et quandoque magnos parvorum
opem implorasse, potentioresque per debiles salutem
consecutos esse (47) Manifestum vero arbitror, ut ne
clarius quidem mihi demonstrandum sit, in rebus belli-
cis ab uno homine, non civitatem solum, verum etiam
totas nationes iam aliquando utilitatem consequi visas
esse, ubi ars valuerit (48) Ne nos despiciatis, neque
enim despiciendi sumus (cuius rei testimonium penes
nos est), sed omnino quidem ab illis a quibus nos
oriundos gloriamur, Æsculapius et Hercules, ad homi-
num utilitatem nati sunt, eosque ob virtutem quam

τούτους ἀνερχόμεθα, ὡς ἀνθρώπων λόγοι κατέχουσι. (49) ὅθεν δὴ καὶ ὑπὲρ Ἑλλήνων φανεύμεθα ἀμφότεροι ταύτῃ προϊστάμενοι καὶ ἐπὶ παντὶ καλλίστῳ· οὐ γὰρ μῦθος τὰ Τρωικὰ ἀλλ' ἔργα, ἐν οἷσι ἡ Κῶς σὺν τῇσι ἑωυτῆς νήσοισι οὐ πολλοστή, μεγίστη δ' ἐς ξυμμαχίην ἐστί. (50) οὕτως δὲ καὶ Ἀσκληπιοῦ παῖδες οὐ τέχνῃ μόνον ἀλλὰ καὶ ὅπλοισι ἐπήρκεσαν Ἕλλησι. Μαχάων γέ τοι ψυχὴν κατέθετο ἐν τῇ Τρωάδι, ὅτε, ὡς οἱ ταῦτα γράφοντες λέγουσι, ἐξ ἵππου ἐς πόλιν τὴν Πριάμου ἐσῆλθε. μὴ δὴ μήτε καθότι ἔμφυλοι μήτε καθότι ἐξ ἐπαρηγόντων ἐπαρήγοντες γεγόναμεν Ἕλλησι ἀδικήσητε ἡμέας. (51) οὐ μηχανέω δὲ οὔτε τὰ Κρισαῖα αὖθις οὔτε τὰ Περσικὰ λέγων, ὁκότε καὶ ἀκηκόατε καὶ ἐν χερσὶ μᾶλλον τῶν ἀρτίως εἰρημένων ἐστί. ἐν θυμῷ δὲ λάβετε καὶ οὕτως εὐεργέτας μὴ ὅσιον ἀδικεῖν, ἡμέας δὲ εὐεργέτας ὡς τὰ ἔργα φησί. τίνες φανεῖσθε οἱ πατέρων γεγῶτες οἵων οἱ μυθολόγοι εἶπον, ἂν τὸ ἀδικεῖν ἀντὶ τοῦ χρηστοὶ εἶναι αἱρῆσθε; οὐ γὰρ ἐθέλω πικρότερον λέγειν. (52) κεῖνοι γὰρ, ὦ ἄνδρες Ἀθηναῖοι, Ἡρακλείδῃσι μὲν ἔτινον χάριτας, ἑτέροισι δὲ πολλοῖσι εὐεργετηθέντες ἐπήρκεσαν· ὑπολίποι δ' ἄν με ἡμέρη μακρολογέοντα, εἰ διεξίοιμι ὁκόσοις ὁκόσα ἀπήντηκε ἀγαθὰ οὐδὲν ἐν χρείῃ ὑμῖν γεγονόσι. (53) περιβλέψατε δὲ ἑωυτούς, καὶ μηδὲ ἐμεῦ εἰπόντος γνῶτε ὁκοῖα πρήσσετε. κακὸν ἐξωσίη, ὦ ἄνδρες Ἀθηναῖοι· οὐ γὰρ ἐπίσταται τὰ ἑωυτῆς μέτρῳ ταμιεύεσθαι, ἀλλὰ δή τινας καὶ πόλιας καὶ ἔθνεα ἐλυμήνατο. ἐς ἑτέρους δὲ οἷον ἐς κάτοπρον βλέψαντες ἴδετε αὐτοὶ ἃ ποιέετε, καὶ ἐγὼ ἀληθέα λέγω. καὶ νέος δὲ νόμος ὅστις εὐτυχέῃ πεποιθὼς μὴ καὶ ἐς τὰ δυσπετέα βλέπειν. οὐχ ὑμέτερον· πολλὰ γὰρ καὶ ὧδε δαίμονος πεπείρησθε. οὐδὲν ὑμέας ἀδικέομεν· εἰ δὲ καὶ ἀδικέομεν, μὴ ὅπλοισι ἀλλὰ λόγῳ κριθῶμεν. (54) παραιτέομαι δὲ ὑμέας καὶ τοῦτο, μὴ ποιῆσαι χάριν ἑτέροισι ὀφειλῆσαι ἐπικουρήσασι ἡμῖν· ἐπικουρήσουσι γάρ, ἢν ὀρθῶς ποιέωσι, οἵ τε ἐντὸς Θεσσαλίης Ἄργεος Λακεδαίμονος Μακεδονίης βασιλῆες, καὶ εἰ κου ἕτεροι Ἡρακλείδαι ἢ Ἡρακλειδέων ξυγγενέες οἰκέουσι. κρέσσον ἄτερ βίης τὰ δίκαια ποιέειν ἢ βιασθέντας. (55) οὐκ εἶπον δ' ἐπ' ἀναστάσει, τοῦτο δὲ φανερὸν ποιέων, ὅτι πολλοῖσι μελόμεθα ἢ μελησόμεθα, εἰ μὴ παντάχῃ οἴχεται τὸ χρηστοὺς ἀνθρώπους ἔτι εἶναι. ἐγὼ μὲν οὖν (μικρὴ γάρ μοι δύναμις λόγου, ἅτε πρὸς ἑτέρων ἐπιμελείῃ ἡρμοσμένῳ) ἐνταῦθα καταπαύσω, ἀξιῶ δὲ ξείνους ἡμετέρους καὶ τοὺς ἡμῖν ξυμβούλους εἰθισμένους εἶναι καὶ θεῶν καὶ ἡρώων εἵνεκεν καὶ χαρίτων, αἳ ἀνθρώποισι παρ' ἀνθρώπων γίγνονται, ἔχθρας μὲν εἴργειν τὰς ὑμέων ἐς ἡμέας, ἐς δὲ φίλα προτρέπεσθαι. εἰ γὰρ μὴ ἐν τῇ ὑμετέρῃ πόλι τούτων ἐπιτευξόμεθα, οὐκ οἶδ' ὅκου ἐλθόντες ὧν ἱμείρομεν εὐμοιρήσομεν.

mortalibus præstiterunt deorum loco omnes habent; urbem autem meam et ipsum me, qui apud vos dico, a diis illis originem repetere hominum memoria prodit. (49) Unde sane etiam pro Græcis utrosque hac in parte et in præclarissimo quoque facinore stetisse planum erit. Neque enim res Troianæ fabulis sed factis continentur, in quibus Cos non una de multis, sed maxima in auxilio ferendo fuit. (50) Sic vero etiam Æsculapii filii non arte solum, verum etiam armis Græcis auxilium suppeditarunt. Machaon certe animam in Troade reliquit, velut de his scribentes tradunt, cum ex equo Priami urbem intraret. Ne nos sane vel ex eo quod contribules sumus, vel ex eo quod inter auxiliares Græcis auxilium tulimus, inique opprimatis. (51) Non producam longius, neque Crisæorum res neque Persarum repetam, quandoquidem ea audivistis, magisque sunt in manibus quam nuper commemorata. Quin etiam sic in animo reponite, impium esse de se bene meritos contumelia afficere. Nos autem de vobis bene meritos cum facta testentur, quales vos esse constabit, si ex maioribus orti, quales fabularum scriptores ferunt, iniuria lacessere quam benefici esse malueritis? Neque enim quicquam atrocius dicere volo. (52) Illi enim, viri Athenienses, Heraclidis gratias retulerunt, aliisque multis, a quibus beneficia acceperant, auxilio subvenerunt. Dies me sane deficiat, si longa ennarratione enumerem, quanta bona iis obvenerint, qui nulla in re de vobis bene meriti. (53) In vosmetipsos intueamini, meque vel tacente cognoscite qualia perpetretis. Mala res est potentia, viri Athenienses, neque enim novit quæ sua sunt intra modum in aliud tempus asservare, verum et urbibus quibusdam et gentibus exitio fuit. In alios autem tanquam in speculum intuentes videte quæ ipsi facitis, et me vera dicere intelligite. Et nova lex est, quæ eum, qui sibi rerum prosperum successum persuadet, vetat etiam ad difficilia respicere. Non hoc est vestrum. Plerumque enim sic etiam fortunam estis experti. Nulla vos læsimus iniuria; quod si læsimus, non armis, sed verbis iudicium experiamur. (54) Illud etiam a vobis peto, ne efficiatis ut aliis qui nobis auxilium ferent hoc beneficium debeamus. Auxilium enim ferent, si quidem recte faciant, qui intra Thessaliam, Argos, Lacedæmona, Macedoniam sunt reges, et sicubi alii habitant Heraclidæ aut Heraclidis cognatione coniuncti. Præstat citra vim quam vi coactos iuste facere. (55) Id quod non ita dictum velim quasi ipsi auctores futuri simus, ut ad bellum illi contra vos cooriantur, verum hoc vobis aperio, nos multis curæ esse aut certe fore, nisi hominum benevolentia de medio omnino sublata est. Atque ego quidem (est enim mihi exilis dicendi facultas, ut qui me ad aliarum rerum studium adiunxerim) hic finem dicendi faciam. Velim autem hospites nostri et qui nobis consulere consueverunt deorum et heroum gratia et beneficiorum quæ homines inter se conferunt arceant inimicitias, quas adversus nos geritis, vosque ad amicitiam convertant. Quæ si in hac civitate vestra nobis non successerint, haud scio undenam quæ cupimus consequamur.

ΙΣΟΚΡΑΤΟΥΣ ΕΠΙΣΤΟΛΑΙ.

ISOCRATIS EPISTOLÆ.

α΄. Ἰσοκράτης Διονυσίῳ χαίρειν.

Εἰ μὲν νεώτερος ἦν, οὐκ ἂν ἐπιστολὴν ἔπεμπον
ἀλλ᾽ αὐτὸς ἄν σοι πλεύσας ἐνταῦθα διελέχθην· ἐπειδὴ
δ᾽ οὐ κατὰ τοὺς αὐτοὺς χρόνους ὅ τε τῆς ἡλικίας τῆς
ἐμῆς καιρὸς καὶ τῶν σῶν πραγμάτων συμβέβηκεν, ἀλλ᾽
ἐγὼ μὲν προαπείρηκα, τὰ δὲ πράττεσθαι νῦν ἀκμὴν
εἴληφεν, ὡς οἷόν τ᾽ ἐστὶν ἐκ τῶν παρόντων, οὕτω σοι
πειράσομαι δηλῶσαι περὶ αὐτῶν.
(2) Οἶδα μὲν οὖν ὅτι τοῖς συμβουλεύειν ἐπιχει-
ροῦσι πολὺ διαφέρει μὴ διὰ γραμμάτων ποιεῖσθαι τὴν
συνουσίαν ἀλλ᾽ αὐτοὺς πλησιάσαντας, οὐ μόνον ὅτι
περὶ τῶν αὐτῶν πραγμάτων ῥᾷον ἄν τις παριὼν πρὸς
παρόντα φράσειεν ἢ δι᾽ ἐπιστολῆς δηλώσειεν, οὐδ᾽
ὅτι πάντες τοῖς λεγομένοις μᾶλλον ἢ τοῖς γεγραμμέ-
νοις πιστεύουσι, καὶ τῶν μὲν ὡς εἰσηγημάτων τῶν δ᾽
ὡς ποιημάτων ποιοῦνται τὴν ἀκρόασιν· (3) ἔτι δὲ πρὸς
τούτοις ἐν μὲν ταῖς συνουσίαις ἢν ἀγνοηθῇ τι τῶν
λεγομένων ἢ μὴ πιστευθῇ, παρὼν ὁ τὸν λόγον διεξ-
ιὼν ἀμφοτέροις τούτοις ἐπήμυνεν, ἐν δὲ τοῖς ἐπιστελ-
λομένοις καὶ γεγραμμένοις ἤν τι συμβῇ τοιοῦτον, οὐκ
ἔστιν ὁ διορθώσων· ἀπόντος γὰρ τοῦ γράψαντος ἔρημα
τοῦ βοηθήσοντός ἐστιν. οὐ μὴν ἀλλ᾽ ἐπειδὴ σὺ μέλ-
λεις αὐτῶν ἔσεσθαι κριτής, πολλὰς ἐλπίδας ἔχω φα-
νήσεσθαι λέγοντας ἡμᾶς τι τῶν δεόντων· ἡγοῦμαι γὰρ
ἁπάσας ἀφέντα σε τὰς δυσχερείας τὰς προειρημένας
αὐταῖς ταῖς πράξεσι προσέξειν τὸν νοῦν.
(4) Καίτοι τινὲς ἤδη με τῶν σοὶ πλησιασάντων
ἐκφοβεῖν ἐπεχείρησαν, λέγοντες, ὡς σὺ τοὺς μὲν κολα-
κεύοντας τιμᾷς, τῶν δὲ συμβουλευόντων καταφρονεῖς.
ἐγὼ δ᾽ εἰ μὲν ἀπεδεχόμην τοὺς λόγους τούτους ἐκεί-
νων, πολλὴν ἂν ἡσυχίαν εἶχον· νῦν δ᾽ οὐδεὶς ἄν με
πείσειεν ὡς οἷόν τ᾽ ἐστὶ τοσοῦτον καὶ τῇ γνώμῃ καὶ
ταῖς πράξεσι διενεγκεῖν, ἂν μή τις τῶν μὲν μαθητὴς
τῶν δ᾽ ἀκροατὴς τῶν δ᾽ εὑρετὴς γένηται, καὶ παντα-
χόθεν προσαγάγηται καὶ συλλέξηται δι᾽ ὧν οἷόν τ᾽
ἐστὶν ἀσκῆσαι τὴν αὑτοῦ διάνοιαν.
(5) Ἐπήρθην μὲν οὖν ἐπιστέλλειν σοι διὰ ταῦτα.
λέγειν δὲ μέλλω περὶ μεγάλων πραγμάτων καὶ πε-
ρὶ ὧν οὐδενὶ τῶν ζώντων ἀκοῦσαι μᾶλλον ἢ σοὶ προσ-
ήκει. καὶ μὴ νόμιζέ με προθύμως οὕτω σε παρακα-
λεῖν, ἵνα γένῃ συγγράμματος ἀκροατής· οὐ γὰρ οὔτ᾽ ἐγὼ
τυγχάνω φιλοτίμως διακείμενος πρὸς τὰς ἐπιδείξεις

I. Isocrates Dionysio S. D.

Si essem iunior, non per literas tecum agerem, sed
istuc profectus coram disseruissem. Sed cum ætatis
meæ tempus et rerum tuarum occasio non inter sese con-
gruant (nam et ego senectute retardor, et res nunc rec-
tissime administrari possunt, ita tibi eas explicare conabor
ut tali statu rerum fieri potest.
(2) Equidem haud ignoro, quantum ad persuadendum
intersit, utrum viva voce an per literas consilium detur,
non eo tantum, quod iisdem de rebus præsenti cum præ-
sentibus agere quam scriptis facilius est, aut quod omnes
dictis quam scriptis plus credunt, et illa tanquam decreta,
hæc ut commenta audiunt; (3) sed propterea in primis, quod
in congressibus, si quid forte vel non recte intelligitur, vel
non creditur, is qui coram adest, utrique incommodo fa-
cili opera medetur; in mandatis vero et scriptis, si talis
scrupulus inciderit, nemo est qui tollat; ipso scriptore
absente ab eo qui ea explicet aut defendat destituuntur.
Sed cum totius rei penes te iudicium sit futurum, bona
mihi spes est orationem nostram ponderis aliquid apud
te habituram, quem reiectis omnibus iâi genus impedi-
mentis res ipsas spectaturum arbitror.
(4) Quidam autem, qui in congressum et colloquium
tuum venerunt, me ab hoc instituto deterrere sunt co-
nati, cum viderent apud te assentatores in pretio esse,
contemni monitores. Quorum verbis si crederem, om-
nino quievissem. Sed nemo mihi persuadebit posse
fieri ut quisquam tanta et laude sapientiæ et rerum
gestarum gloria ceteris antecellat, nisi ex aliis discat,
alios audiat, alios invenerit, et undecunque accersat et
colligat ea quibus ingenium ipsius excolatur.
(5) Et hæ me causæ, ut ad te scriberem, moverunt.
Dicturus autem sum magnis de rebus deque iis quas
audire nemini mortalium quam tibi magis convenit.
Neve alacriter adeo me ire te hortatum existima, ut
scriptam orationem audire velis. Neque enim aut ego
nunc gloriolam ex orationibus ostentationis causa scriptis

319

οὔτε σὺ λανθάνεις ἡμᾶς ἤδη πλήρης ὢν τῶν τοιούτων.
(6) πρὸς δὲ τούτοις κἀκεῖνο πᾶσι φανερόν, ὅτι τοῖς
μὲν ἐπιδείξεως δεομένοις αἱ πανηγύρεις ἁρμόττουσιν
(ἐκεῖ γὰρ ἄν τις ἐν πλείστοις τὴν αὑτοῦ δύναμιν δια-
σπείρειεν), τοῖς δὲ διαπράξασθαί τι βουλομένοις πρὸς
τοῦτον διαλεκτέον, ὅστις τάχιστα μέλλει τὰς πράξεις
ἐπιτελεῖν τὰς ὑπὸ τοῦ λόγου δηλωθείσας. (7) εἰ μὲν
οὖν μιᾷ τινι τῶν πόλεων εἰσηγούμην, πρὸς τοὺς ἐκεί-
νης προεστῶτας τοὺς λόγους ἂν ἐποιούμην· ἐπειδὴ δ'
ὑπὲρ τῆς τῶν Ἑλλήνων σωτηρίας παρεσκεύασμαι
συμβουλεύειν, πρὸς τίν' ἂν δικαιότερον διαλεχθείην ἢ
πρὸς τὸν πρωτεύοντα τοῦ γένους καὶ μεγίστην ἔχοντα
δύναμιν;

(8) Καὶ μὴν οὐδ' ἀκαίρως φανησόμεθα μεμνημένοι
περὶ τούτων. ὅτε μὲν γὰρ Λακεδαιμόνιοι τὴν ἀρχὴν
εἶχον, οὐ ῥᾴδιον ἦν ἐπιμεληθῆναί σοι τῶν περὶ τὸν τό-
πον τὸν ἡμέτερον, οὐδὲ τούτοις ἐναντία πράττειν ἅμα
καὶ Καρχηδονίοις πολεμεῖν· ἐπειδὴ δὲ Καρχηδόνιοι
μὲν οὕτω πράττουσιν ὥστ' ἀγαπᾶν ἢν τὴν χώραν τὴν
αὑτῶν ἔχωσιν, ἡ δ' ἡμετέρα πόλις ἡδέως ἂν αὑτήν σοι
παράσχοι συναγωνιζομένην, εἴ τι πράττοις ὑπὲρ τῆς
Ἑλλάδος ἀγαθόν, πῶς ἂν παραπέσοι καλλίων καιρὸς
τοῦ νῦν σοι παρόντος;

(9) Καὶ μὴ θαυμάσῃς, εἰ μήτε δημηγορῶν μήτε
στρατηγῶν μήτ' ἄλλως δυνάστης ὢν οὕτως ἐμβριθὲς
αἴρομαι πρᾶγμα καὶ δυοῖν ἐπιχειρῶ τοῖν μεγίστοιν,
ὑπέρ τε τῆς Ἑλλάδος λέγειν καὶ σοὶ συμβουλεύειν. ἐγὼ
γὰρ τοῦ μὲν πράττειν τι τῶν κοινῶν εὐθὺς ἐξέστην
(δι' ἃς δὲ προφάσεις, πολὺ ἂν ἔργον εἴη μοι λέγειν), τῆς
δὲ παιδεύσεως τῆς τῶν μὲν μικρῶν καταφρονούσης,
τῶν δὲ μεγάλων ἐφικνεῖσθαι πειρωμένης οὐκ ἂν φα-
νείην ἄμοιρος γεγενημένος. (10) ὥστ' οὐδὲν ἄτοπον, εἰ
τι τῶν συμφερόντων ἰδεῖν ἂν μᾶλλον δυνηθείην τῶν
εἰκῇ μὲν πολιτευομένων μεγάλην δὲ δόξαν εἰληφό-
των. δηλώσομεν δ' οὐκ εἰς ἀναβολὰς εἴ τινος ἄξιοι
τυγχάνομεν ὄντες, ἀλλ' ἐκ τῶν ῥηθήσεσθαι μελλόν-
των. . . . .

β'. Φιλίππῳ.

Οἶδα μὲν ὅτι πάντες εἰώθασι πλείω χάριν ἔχειν
τοῖς ἐπαινοῦσιν ἢ τοῖς συμβουλεύουσιν, ἄλλως τε κἂν
μὴ κελευσθεὶς ἐπιχειρῇ τις τοῦτο ποιεῖν. ἐγὼ δ' εἰ
μὲν μὴ καὶ πρότερον ἐτύγχανόν σοι παρηνεχὼς μετὰ
πολλῆς εὐνοίας, ἐξ ὧν ἐδόκεις μοι τὰ πρέποντα μά-
λιστ' ἂν σαυτῷ πράττειν, ἴσως οὐδ' ἂν νῦν ἐπεγείρουν
ἀποφαίνεσθαι περὶ τῶν σοὶ συμβεβηκότων· (2) ἐπειδὴ
δὲ προειλόμην φροντίζειν τῶν σῶν πραγμάτων καὶ τῆς
πόλεως ἕνεκα τῆς ἐμαυτοῦ καὶ τῶν ἄλλων Ἑλλήνων,
αἰσχυνθείην ἂν εἰ περὶ μὲν τῶν ἧττον ἀναγκαίων
φαινοίμην σοι συμβεβουλευκώς, ὑπὲρ δὲ τῶν μᾶλλον
κατεπειγόντων μηδένα λόγον ποιοίμην, καὶ ταῦτ'
εἰδὼς ἐκεῖνα μὲν ὑπὲρ δόξης ὄντα, ταῦτα δ' ὑπὲρ
σωτηρίας, ἧς ὀλιγωρεῖν ἅπασιν ἔδοξας τοῖς ἀκούσασι

capto, aut te ciusmodi orationes vel ad sanctatem iam
audivisse ignoramus. (6) Ad hæc illud etiam omnibus
est perspicuum, si qui ostentare ingenia cupiant, celebres
eis conventus esse petendos, in quibus plurimos invenient
eloquentiæ suæ admiratores : si qui autem perficere ali-
quid studeant, iis cum eo disserendum esse, qui res ip-
sas, quæ oratione fuerint expositæ, quamprimum sit
exsecuturus. (7) Quod si urbi alicui consilium darem,
cum magistratibus et principibus civitatis sermonem
haberem; quum vero de salute Græcorum tuenda sua-
dere instituerim, quisnam mihi æquius appellandus erit,
quam is qui et nobilitate et potentia Græcis omnibus an-
tecellit?

(8) Neque vero nos harum rerum intempestive mentio-
nem facere censendum est. Nam dum Lacedæmonii
rerum potirentur, difficile tibi fuit gentis nostræ sus-
cipere curam, illisque adversari et una cum Carthagi-
niensibus bellum gerere. Nunc vero quum res Cartha-
giniensium in eo loco sint, ut bene secum agi putent si
suam ditionem tueri queant, nostra autem civitas promp-
tissime tecum suas opes coniungat, si de Græcia bene
mereri studueris, quæ tandem hac melior occasio tibi
dari queat?

(9) Mirari autem non debes me, qui neque orator
sum neque imperator nec alioqui vir potens, negotium
tam arduum suscepisse duasque res maximas conari,
ut et de statu Græciæ orationem habeam, et tibi dem
consilium. Nam ego ut nunquam gessi rem publicam
(qua quibus de causis abstinuerim, dictu operosum
fuerit), sic nemo negabit, opinor, me ea doctrina quæ
res minutas despicit et consequi arduas conatur, non
esse destitutum. (10) Quare absurdi nihil fuerit me,
quid publice prosit, aliquanto acutius perspicere, quam
qui temere rempublicam capessunt magnamque aucto-
ritatem habent. Non autem per moras declarabimus
num alicuius pretii simus, sed rei testis aptissimus ipsa
erit oratio.

II. Philippo.

Equidem scio solere gratiores esse omnibus lauda-
tores quam monitores, præsertim, si quis præcipiendi
munus non rogatus suscipiat. Ego vero nisi etiam prius
optimo studio te monuissem iis de rebus, quæ officii
tui esse maxime videbantur, fortasse nunc de iis quæ
ad te pertinent suadere non institucrem. (2) Sed quia
mihi propositum est rerum tuarum gerere curam cum
patriæ meæ tum ceterorum Græcorum causa, turpe
mihi ducerem, cum de rebus non perinde necessariis
consilium tibi dedissem, nunc longe graviorem nullam
facere mentionem, præsertim quum scirem illa ad glo-
riam tantum, hæc vero ad salutem tuam pertinere,
quam neglexisse visus es iis omnibus qui convicia in te

τὰς περὶ σοῦ ῥηθείσας βλασφημίας. (3) οὐδεὶς γὰρ
ἔστιν ὅστις οὐ κατέγνω προπετέστερόν σε κινδυνεύειν
ἢ βασιλικώτερον, καὶ μᾶλλόν σοι μέλειν τῶν περὶ τὴν
ἀνδρείαν ἐπαίνων ἢ τῶν ὅλων πραγμάτων. ἔστι δ᾽
ὁμοίως αἰσχρὸν περιστάντων τε τῶν πολεμίων μὴ
διαφέροντα γενέσθαι τῶν ἄλλων, μηδεμιᾶς τε συμ-
πεσούσης ἀνάγκης αὐτὸν ἐμβαλεῖν εἰς τοιούτους ἀγῶ-
νας, ἐν οἷς κατορθώσας μὲν οὐδὲν ἂν ἦσθα μέγα δια-
τεπραγμένος, τελευτήσας δὲ τὸν βίον ὅπασαν ἂν τὴν
ὑπάρχουσαν εὐδαιμονίαν συνανεῖλες. (4) χρὴ δὲ μὴ
καλὰς ἁπάσας ὑπολαμβάνειν τὰς ἐν τοῖς πολέμοις
τελευτάς, ἀλλὰ τὰς μὲν ὑπὲρ τῆς πατρίδος καὶ τῶν
γονέων καὶ τῶν παίδων ἐπαίνων ἀξίας, τὰς δὲ
αὐτά τε πάντα βλαπτούσας καὶ τὰς πράξεις τὰς πρό-
τερον κατωρθωμένας καταρρυπαινούσας αἰσχρὰς νο-
μίζειν καὶ φεύγειν ὡς αἰτίας πολλῆς ἀδοξίας γιγνο-
μένας.

(5) Ἡγοῦμαι δέ σοι συμφέρειν μιμεῖσθαι τὰς πό-
λεις, ὃν τρόπον διοικοῦσι τὰ περὶ τοὺς πολέμους. ἅ-
πασαι γάρ, ὅταν στρατόπεδον ἐκπέμπωσιν, εἰώθασι
τὸ κοινὸν καὶ τὸ βουλευσόμενον ὑπὲρ τῶν ἐνεστώτων
εἰς ἀσφάλειαν καθιστάναι· διὸ δὴ συμβαίνει μηδὲ
μιᾶς ἀτυχίας συμπεσούσης ἀνηρῆσθαι καὶ τὴν δύνα-
μιν αὐτῶν, ἀλλὰ πολλὰς ὑποφέρειν δύνασθαι συμ-
φορὰς καὶ πάλιν αὐτὰς ἐκ τούτων ἀναλαμβάνειν. (6) δ
αἱ σὲ δεῖ σκοπεῖν, καὶ μηδὲν μεῖζον ἀγαθὸν τῆς σω-
τηρίας ὑπολαμβάνειν, ἵνα καὶ τὰς νίκας τὰς συμβαινού-
σας κατὰ τρόπον διοικῇς καὶ τὰς ἀτυχίας τὰς συμ-
πιπτούσας ἐπανορθοῦν δύνῃ. ἴδοις δ᾽ ἂν καὶ Λακε-
δαιμονίους περὶ τῆς τῶν βασιλέων σωτηρίας πολλὴν
ἐπιμέλειαν ποιουμένους, καὶ τοὺς ἐνδοξοτάτους τῶν
πολιτῶν φύλακας αὐτῶν καθιστάντας, οἷς αἴσχιόν
ἐστιν ἐκείνους τελευτήσαντας περιιδεῖν ἢ τὰς ἀσπίδας
ἀποβαλεῖν. (7) ἀλλὰ μὴν οὐδ᾽ ἐκεῖνά σε λέληθεν, ἃ
Ξέρξη τε τῷ καταδουλώσασθαι τοὺς Ἕλληνας βουλη-
θέντι καὶ Κύρῳ τῷ τῆς βασιλείας ἀμφισβητήσαντι
συνέπεσεν. ἐκεῖνος μὲν γὰρ τηλικαύταις ἥτταις καὶ συμφο-
ραῖς περιπεσὼν ἡλίκαις οὐδεὶς οἶδεν ἄλλοις γενομέναις,
διὰ τὸ περιποιῆσαι τὴν αὑτοῦ ψυχὴν τήν τε βασι-
λείαν κατέσχε καὶ τοῖς παισὶ τοῖς αὑτοῦ παρέδωκε καὶ
τὴν Ἀσίαν οὕτω διῴκησεν ὥστε μηδὲν ἧττον αὐτὴν
εἶναι φοβερὰν τοῖς Ἕλλησιν ἢ πρότερον· (8) Κῦρος
δὲ νικήσας ἅπασαν τὴν βασιλέως δύναμιν καὶ κρα-
τήσας ἂν τῶν πραγμάτων, εἰ μὴ διὰ τὴν αὑτοῦ προ-
πέτειαν, οὐ μόνον αὑτὸν ἀπεστέρησε τηλικαύτης δυ-
ναστείας, ἀλλὰ καὶ τοὺς συνακολουθήσαντας εἰς τὰς
ἐσχάτας συμφορὰς κατέστησεν. ἔχοιμι δ᾽ ἂν παμ-
πληθεῖς εἰπεῖν, οἳ μεγάλων στρατοπέδων ἡγεμόνες γε-
νόμενοι διὰ τὸ προδιαφθαρῆναι πολλὰς μυριάδας αὐτοῖς
συναπώλεσαν.

(9) Ὧν ἐνθυμούμενον χρὴ μὴ τιμᾶν τὴν ἀνδρείαν
τὴν μετ᾽ ἀνοίας ἀλογίστου καὶ φιλοτιμίας ἀκαίρου
γιγνομένην, μηδὲ πολλῶν κινδύνων ἰδίων ὑπαρχόντων
ταῖς μοναρχίαις ἑτέρους ἀδόξους καὶ στρατιωτικοὺς

dicta audierunt. (3) Nemo enim est quin statuat te in
adeundis periculis magis esse temerarium quam regia
dignitas patiatur, et de laude fortitudinis quam de
summa rerum magis sollicitum esse. Atqui æque turpe
est et hostibus circumdatum strenue pugnando aliis non
superiorem esse, et cum nulla talis urget necessitas, in
ea te discrimina conicere, quibus superatis nihil me-
morabile gesseris, interfectus autem omnes fortunas
una evertas. (4) Neque vero semper præclarum haben-
dum est in bellis occumbere, sed quando id fit pro de-
fensione patriæ, parentum et liberum, laudabile est,
quum vere talis obitus et his omnibus nocet et superio-
rum temporum successibus labem aspergit, turpis ha-
bendus et fugiendus est, ut multas ignominiæ conci-
liator.

(5) Eam potius in gerendis bellis rationem tibi sequen-
dam censeo, qua urbes utuntur. Nam hæ omnes,
quum aliquo mittunt exercitus, rempublicam et senatum
de rebus deliberantem in tuto collocare solent. Unde id
evenit, ut, si una plaga fuerit accepta, non tamen vires
omnes amittant, sed et multas clades perferre et opes suas
recuperare possint. (6) Quod et tibi propositum esse de-
bet, neque ullum salute maius esse bonum existiman-
dum, ut et victorias, quæ contingant, recte uti queas, et
cladibus, quæ forte accidant, succurrere possis. Ac
videas etiam Lacedæmonios de regum incolumitate
maxime esse sollicitos et clarissimos quosque cives eorum
custodes constitui, quibus turpius est a capite regis peri-
cula non depulisse quam clipeum abiecisse. (7) Neque
illa etiam ignoras, quæ Xerxi Græcos opprimere servitute
conato et Cyro Persicum regnum sibi vindicare aggresso
acciderunt. Alter enim tantis præliis victus, tot cladibus
affectus, quot nemo aliis accidisse norit, tamen quia vi-
tam conservarat, non ipse modo regnum obtinuit, sed
idem filiis suis reliquit, et Asiam ita firmavit, ut nihilo
minus esset, quam prius, Græcis formidanda. (8) Cyrus
autem, victis omnibus regis exercitibus cum summa re-
rum potitus esset, temeritate sua non se ipsum modo
tanto imperio privavit, sed milites suos etiam in extremum
discrimen adduxit. Innumeros commemorare possim,
qui quum maximorum exercituum duces essent, quia
ipsi immature perierunt, una secum innumeros in exi-
tium traxerunt.

(9) Hæc exempla tibi consideranda sunt, ut eam forti-
tudinis laudem, quæ cum temeraria vecordia et intem-
pestiva ambitione coniuncta est, non appetendam iu-
dices, neque ipse tibi in tot regnorum periculis alia igno-

21

αὑτῷ προσεξευρίσκειν, μηδ' ἁμιλλᾶσθαι τοῖς ἢ βίου
δυστυχοῦς ἀπαλλαγῆναι βουλομένοις ἢ μισθοφορᾶς
ἕνεκα μείζονος εἰκῇ τοὺς κινδύνους προαιρουμένοις,
(10) μηδ' ἐπιθυμεῖν τοιαύτης δόξης ἧς πολλοὶ καὶ τῶν
Ἑλλήνων καὶ τῶν βαρβάρων τυγχάνουσιν, ἀλλὰ τῆς
τηλικαύτης τὸ μέγεθος ἣν μόνος ἂν τῶν νῦν ὄντων
κτήσασθαι δυνηθείης· μηδ' ἀγαπᾶν λίαν τὰς τοιαύτας
ἀρετὰς ὧν καὶ τοῖς φαύλοις μέτεστιν, ἀλλ' ἐκείνας
ὧν οὐδεὶς ἂν πονηρὸς κοινωνήσειε· (11) μηδὲ ποιεῖσθαι
πολέμους ἀδόξους καὶ χαλεπούς, ἐξὸν ἐντίμους καὶ
ῥᾳδίους, μηδ' ἐξ ὧν τοὺς μὲν οἰκειοτάτους εἰς λύπας
καὶ φροντίδας καταστήσεις, τοὺς δ' ἐχθροὺς ἐν ἐλπίσι
μεγάλαις ποιήσεις, οἵας καὶ νῦν αὐτοῖς παρέσχες·
ἀλλὰ τῶν μὲν βαρβάρων, πρὸς οὓς νῦν πολεμεῖς, ἐπὶ
τοσοῦτον ἐξαρκέσει σοι κρατεῖν ὅσον ἐν ἀσφαλείᾳ κα-
ταστῆσαι τὴν σαυτοῦ χώραν, τὸν δὲ νῦν μέγαν προσα-
γορευόμενον καταλύειν ἐπιχειρήσεις, ἵνα τήν τε σαυτοῦ
δόξαν μείζω ποιήσῃς καὶ τοῖς Ἕλλησιν ὑποδείξῃς,
πρὸς ὃν χρὴ πολεμεῖν.

(12) Πρὸ πολλοῦ δ' ἂν ἐποιησάμην ἐπιστεῖλαί σοι
ταῦτα πρὸ τῆς στρατείας, ἵν' εἰ μὲν ἐπείσθης, μὴ τη-
λικούτῳ κινδύνῳ περιέπεσες, εἰ δ' ἠπίστησας, μὴ
συμβουλεύειν ἐδόκουν ταῦτα τοῖς ἤδη διὰ τὸ πάθος
ὑπὸ πάντων ἐγνωσμένοις, ἀλλὰ τὸ συμβεβηκὸς ἐμαρ-
τύρει τοὺς λόγους ὀρθῶς ἔχειν τοὺς ὑπ' ἐμοῦ περὶ αὐ-
τῶν εἰρημένους.

(13) Πολλὰ δ' ἔχων εἰπεῖν διὰ τὴν τοῦ πράγματος
φύσιν παύσομαι λέγων· οἶμαι γὰρ καὶ σὲ καὶ τῶν
ἑταίρων τοὺς σπουδαιοτάτους ῥᾳδίως ὁπόσ' ἂν βού-
λησθε προσθήσειν τοῖς εἰρημένοις. πρὸς δὲ τούτοις
φοβοῦμαι τὴν ἀκαιρίαν· καὶ γὰρ νῦν κατὰ μικρὸν
προϊὼν ἔλαθον ἐμαυτὸν οὐκ εἰς ἐπιστολῆς συμμετρίαν
ἀλλ' εἰς λόγου μῆκος ἐξοκείλας.

(14) Οὐ μὴν ἀλλὰ καίπερ τούτων οὕτως ἐχόντων
οὐ παραλειπτέον ἐστὶ τὰ περὶ τῆς πόλεως, ἀλλὰ πειρα-
τέον παρακαλέσαι σε πρὸς τὴν οἰκειότητα καὶ τὴν
χρῆσιν αὐτῆς. οἶμαι γὰρ πολλοὺς εἶναι τοὺς ἀπαγ-
γέλλοντας καὶ λέγοντας οὐ μόνον τὰ δυσχερέστατα
τῶν περὶ σοῦ παρ' ἡμῖν εἰρημένων, ἀλλὰ καὶ παρ' αὐ-
τῶν προστιθέντας· οἷς οὐκ εἰκὸς προσέχειν τὸν νοῦν.
(15) καὶ γὰρ ἂν ἄτοπον ποιοίης, εἰ τὸν μὲν δῆμον τὸν
ἡμέτερον ψέγοις ὅτι ῥᾳδίως πείθεται τοῖς διαβάλ-
λουσιν, αὐτὸς δὲ φαίνοιο πιστεύων τοῖς τὴν τέχνην
ταύτην ἔχουσι καὶ μὴ γιγνώσκοις, ὡς ὅσπερ ἂν
τὴν πόλιν εὐαγωγοτέραν ὑπὸ τῶν τυχόντων οὖσαν
ἀποφαίνωσι, τοσούτῳ μᾶλλόν σοι συμφερόντως ἔχου-
σαν αὐτὴν ἐπιδεικνύουσιν. εἰ γὰρ οἱ μηδὲν ἀγαθὸν
οἷοί τ' ὄντες ποιῆσαι διαπράττονται τοῖς λόγοις ὅ τι
ἂν βουληθῶσιν, ἦ πού σέ γε προσήκει τὸν πλεῖστ' ἂν
ἔργῳ δυνάμενον εὐεργετῆσαι μηδενὸς ἀποτυχεῖν παρ'
ἡμῶν.

(16) Ἡγοῦμαι δὲ δεῖν πρὸς μὲν τοὺς πικρῶς τῆς
πόλεως ἡμῶν κατηγοροῦντας ἐκείνους ἀντιτάττεσθαι
τοὺς πάντα τε ταῦτ' εἶναι λέγοντας, καὶ μήτε μεῖζον

---

bilia et militaria accersas, neque cum iis certes, qui uat
vitam calamitosam perdere volunt aut, stipendii maioris
impetrandi causa temere in pericula se coniciunt, (10)
neque gloriam desideres tibi cum multis Græcis et bar-
baris communem, sed eam, cuius tanta sit amplitudo, ut tibi
soli nostro seculo contingere queat, neque tales virtutes
nimis adames, quæ contemptis etiam hominibus haud
negatæ sunt, sed illas, quarum nemo malus particeps
esse possit; (11) neque bella geras obscura et molesta,
quum honorata et faciliora suscipere liceat; neque ea,
per quæ et tibi coniunctissimos molestiis ac solicitudi-
nibus afficias et hostibus tuis magnam spem suminis-
tres; id quod nunc quoque abs te factum est : sed bar-
baros istos, cum quibus nunc dimicas, tantisper vicisse,
suffecerit, dum regnum tuum in tuto collocaris; istum
vero, qui nunc Magnus Rex appellatur, regno evèrtere
studebis ut gloriam tuam amplifices et Græcis ostendas,
quocum bella geranda sint.

(12) Vehementer autem optarem me hæc ad te scrip-
sisse ante susceptam expeditionem, ut vel, si paruisses,
in tantum periculum non venisses, vel, si mea monita
neglexisses, ego non viderer ea suadere, quæ nunc
eventu edocti omnes probant; sed ut exitus testaretur,
vera et recta fuisse mea his de rebus consilia.

(13) Cum vero huius disputationis ea natura sit, ut
largam dicendi materiam præbeat, ego pluribus verbis
non utar, quod existimo et te ipsum et ex amicis tuis
viros honestissimos facile, quam multa volueritis, ad hæc
adiecturos. Præterea vereor ne fuerim importunior. Nam
dum paulatim progredior, non animadverti me neglecta
epistolæ brevitate in iustæ orationis prolixitatem inci-
disse.

(14) Quæ quanquam ita sunt, non tamen præterire
debeo, quæ de nostra urbe dicenda sunt: sed danda est
opera, ut te adhorter ad contrahendam cum ea fami-
liaritatem et amicitiæ usum. Arbitror enim esse multos
qui nuntient atque dictitent non odiosissima tantum quæ
apud nos de te dicta sunt, sed quædam etiam de suo affin-
gant. Quibus auscultare non decet. (15) Absurdum enim
fuerit te, qui nostrum populum eo reprehendas, quod ca-
lumniatoribus facile aures præbeat, illos magnificare
qui artem calumniandi exercent, neque intelligere istos,
quo facilius civitatem nostram a quibuslibet in quamvis
posse traduci partem asserant, eo tibi magis opportunam
eam esse ostendere. Nam si hi qui nulla in rempublicam
beneficia conferre possunt, solis verbis quicquid volunt
impetrant, qui consentaneum est te, qui ipsis factis plu-
rimum iuvare potes, quicquam a nobis non consecu-
turum? (16) Acerbis autem nostræ urbis accusatoribus
illos esse opponendos video, et qui hæc omnia affirment,
et qui Athenienses nulla vel magna vel parva in re deli-

μήτ' ἔλαττον αὐτὴν ἡλιχηκέναι φάσκοντας. ἐγὼ δ'
οὐδὲν ἂν εἴποιμι τοιοῦτον· αἰσχυνθείην γὰρ ἄν, εἰ—ῶν
ἄλλων μηδὲ τοὺς θεοὺς ἀναμαρτήτους εἶναι νομιζόν-
των αὐτὸς τολμῴην λέγειν ὡς οὐδὲν πώποθ' ἡ πόλις
ἡμῶν πεπλημμέληκεν. (17) οὐ μὴν ἀλλ' ἐχεῖν' ἔχω
περὶ αὐτῆς εἰπεῖν, ὅτι χρησιμωτέραν οὐκ ἂν εὕροις
ταύτης οὔτέ τοῖς Ἕλλησιν οὔτε τοῖς σοῖς πράγμασιν
ᾗ μάλιστα προσεκτέον τὸν νοῦν ἐστιν. οὐ γὰρ μόνον
συναγωνιζομένη γίγνοιτ' ἂν αἰτία σοι πολλῶν ἀγα-
θῶν ἀλλὰ καὶ φιλικῶς ἔχειν δοχοῦσα μόνον (18) τούς
τε γὰρ ὑπὸ σοὶ νῦν ὄντας ῥᾶον ἂν κατέχοις, εἰ μηδὲ
μίαν ἔχοιεν ἀποστροφήν, τῶν τε βαρβάρων οὓς βου-
ληθείης θᾶττον ἂν καταστρέψαιο. καίτοι πῶς οὐ χρὴ
προθύμως ὀρέγεσθαι τῆς τοιαύτης εὐνοίας, δι' ἣν οὐ
μόνον τὴν ὑπάρχουσαν ἀρχὴν ἀσφαλῶς καθέξεις, ἀλλὰ
καὶ πολλὴν ἑτέραν ἀκινδύνως προσκτήσει, (19) θαυ-
μάζω δ' ὅσοι τῶν τὰς δυνάμεις ἐχόντων τὰ μὲν τῶν
ξενιτευομένων στρατόπεδα μισθοῦνται καὶ χρήματα
πολλὰ δαπανῶσι, συνειδότες ὅτι πλείους ἠδίκηκε τῶν
πιστευσάντων αὐτοῖς ἢ σέσωκε, τὴν δὲ πόλιν τὴν
τηλικαύτην δύναμιν κεκτημένην μὴ πειρῶνται θερα-
πεύειν, ἢ καὶ μίαν ἑκάστην τῶν πόλεων καὶ σύμπα-
σαν τὴν Ἑλλάδα πολλάκις ἤδη σέσωκεν (20) ἐνθυ-
μοῦ δ' ὅτι πολλοῖς καλῶς βεβουλεῦσθαι δοκεῖς, ὅτι δι-
καίως κέχρησαι Θετταλοῖς καὶ συμφερόντως ἐκείνοις,
ἀνδράσιν οὐκ εὐμεταχειρίστοις ἀλλὰ μεγαλοψύχοις
καὶ στάσεως μεστοῖς. χρὴ τοίνυν καὶ περὶ ἡμᾶς πει-
ρᾶσθαι γίγνεσθαί σε τοιοῦτον, ἐπιστάμενον ὅτι τὴν
μὲν χώραν Θετταλοὶ τὴν δὲ δύναμιν ἡμεῖς ὅμοροι
σοι τυγχάνομεν ἔχοντες, ἣν ἐκ παντὸς τρόπου ζήτει
προσαγαγέσθαι. (21) πολὺ γὰρ κάλλιόν ἐστι τὰς εὐ-
νοίας τὰς τῶν πόλεων αἱρεῖν ἢ τὰ τείχη. τὰ μὲν γὰρ
τοιαῦτα τῶν ἔργων οὐ μόνον ἔχει φθόνον, ἀλλὰ καὶ
τῶν τοιούτων τὴν αἰτίαν τοῖς στρατοπέδοις ἀνατι-
θέασιν ἢν δὲ τὰς οἰκειότητας καὶ τὰς εὐνοίας κτή-
σασθαι δυνηθῇς, ἅπαντες τὴν σὴν διάνοιαν ἐπαινέ-
σονται

(22) Δικαίως δ' ἄν μοι πιστεύοις οἷς εἴρηκα περὶ
τῆς πόλεως· φανήσομαι γὰρ οὔτε κολακεύειν αὐτὴν
ἐν τοῖς λόγοις εἰθισμένος, ἀλλὰ πλεῖστα πάντων ἐπιτε-
τιμηκώς, οὔτ' εὖ παρὰ τοῖς πολλοῖς καὶ τοῖς εἰκῇ δοκι-
μάζουσι φερόμενος, ἀλλ' ἀγνοούμενος ὑπ' αὐτῶν καὶ
φθονούμενος ὥσπερ σύ. πλὴν τοσοῦτον διαφέρομεν,
ὅτι πρὸς σὲ μὲν διὰ τὴν δύναμιν καὶ τὴν εὐδαιμονίαν
οὕτως ἔχουσι, πρὸς δ' ἐμέ, διότι προσποιοῦμαι τὸ
βέλτιον αὐτῶν φρονεῖν, ἐπεὶ πλείους ὁρῶσιν ἐμοὶ δια-
λέγεσθαι βουλομένους ἢ σφίσιν αὐτοῖς. (23) ἡβουλό-
μην δ' ἂν ἡμῖν ὁμοίως ῥᾴδιον εἶναι τὴν δόξαν, ἣν
ἔχομεν παρ' αὐτοῖς, διαφεύγειν νῦν δὲ σὺ μὲν οὐ
χαλεπῶς, ἢν βουληθῇς, αὐτὴν διαλύσεις, ἐμοὶ δ'
ἀνάγκη καὶ διὰ τὸ γῆρας καὶ δι' ἄλλα πολλὰ στέργειν
τοῖς παροῦσιν

(24) Οὐκ οἶδ' ὅ τι δεῖ πλείω λέγειν πλὴν τοσοῦτον,
ὅτι καλόν ἐστι τὴν βασιλείαν καὶ τὴν εὐδαιμονίαν τὴν

quisse asserant Absit autem, ut ego tale aliquid dicam
Nam quum alii ne deos quidem omni crimine vacare
putent, me gloriari puderet nos nihil unquam peccavisse,
(17) illud tamen habeo dicere, te nullam aliam urbem in-
venturum, quæ vel Græcis vel tuis rebus magis sit op-
portuna Quod tibi est diligentissime considerandum
Nec enim tantum, si tecum societatem inierit, sed si vel
visa fuerit amica tibi esse maximas tibi allatura est utili-
tates (18) Nam et hos qui tibi nunc parent, si non ha-
bebunt ad quos confugiant, in officio facilius continebis,
et quosvis barbarorum celerius subiges An vero talis
benevolentia non alacriter expetenda est, qua non modo
partum imperium secure teneas, sed amplam etiam di-
tionem sine periculo acquiras? (19) Miror equidem eo-
rum principum rationes, qui peregrinos milites con-
ducunt et magnis impensis alunt, a quibus et ipsi no-
runt plures eorum qui illis crediderunt esse pro litos
quam servatos, tam potentis vero urbis adiungere sibi
studia non conantur, quæ cum singulas urbes, tum uni-
versam Græciam sæpe iam conservavit (20) Illud co-
gita, multos laudare tuam prudentiam, quod ita cum
Thessalis egeris, ut et æquum erat et illis expediebat,
qui quidem viri sunt non facillimis ingenii sed animosi et
seditiosissimi Istæc eadem ratio de nobis etiam erit
ineunda, quum scias, ut regionem Thessalorum, sic Athe-
niensium potentiam tibi esse finitimam, quam tibi omni
studio conciliare debes (21) Multo enim præclarius est
benevolentiam civitatum capere quam mœnia Hoc enim
non modo invidiosum est, sed et quicquid fit huius ge-
neris, exercitibus plerumque ascribitur, si autem fa-
miliaritates contrahere potueris et hominum benevo-
lentiam colligere, sapientiam tuam mirabuntur omnes

(22) Hæc quæ de urbe nostra disserui, affirmanti mihi
iure credideris Satis enim constat me et meis civibus
adeo assentiri non solere, ut nemo sit omnium qui sæpius
eos reprehenderit, neque etiam in magno esse pretio
apud vulgus et temerarios rerum æstimatores, sed illo-
rum aliis ignotum esse, aliis æque invisum ac te Hoc ta-
men inter nos interest, quod tibi potentiam et opes in-
vident, mihi, quod me illis sapientiorem esse profiteor
pluresque sunt qui mea consuetudine quam illorum de-
lectentur (23) Utinam vero tam facile mihi esset, quam
tibi, conceptam de nobis vulgi opinionem abolere Nunc
id quidem in tua manu est, modo velis, mihi vero cum
propter senium, tum pluribus aliis de causis, boni for-
tuna mea est consulenda Non video plura dicere quor-
sum attineat, hoc tamen addam, pulchrum esse regnum

ὑπαρχουσαν ὑμῖν παρακαταθέσθαι τῇ τῶν Ἑλλήνων εὐνοίᾳ.

vestrum ac felicitatem Graecorum benevolentiae tanquam depositum commendare.

γ'. Φιλίππῳ.

III. Isocrates Philippo s. d.

Ἐγὼ διελέχθην μὲν καὶ πρὸς Ἀντίπατρον περί τε τῶν τῇ πόλει καὶ τῶν σοὶ συμφερόντων ἐξαρκούντως, ὡς ἐμαυτὸν ἔπειθον, ἠβουλήθην δὲ καὶ πρὸς σὲ γράψαι περὶ ὧν μοι δοκεῖ πρακτέον εἶναι μετὰ τὴν εἰρήνην, παραπλήσια μὲν τοῖς ἐν τῷ λόγῳ γεγραμμένοις, πολὺ δ' ἐκείνων συντομώτερα.

(2) Κατ' ἐκεῖνον μὲν γὰρ τὸν χρόνον σννεβούλευον, ὡς χρὴ διαλλάξαντά σε τὴν πόλιν τὴν ἡμετέραν καὶ τὴν Λακεδαιμονίοις καὶ τὴν Θηβαίων καὶ τὴν Ἀργείων εἰς ὁμόνοιαν καταστῆσαι τοὺς Ἕλληνας, ἡγούμενος, ἐὰν τὰς προεστώσας πόλεις πείσῃς οὕτω φρονεῖν, ταχέως καὶ τὰς ἄλλας ἐπακολουθήσειν. τότε μὲν οὖν ἄλλος ἦν καιρός, νῦν δὲ συμβέβηκε μηκέτι δεῖν πείθειν· διὰ γὰρ τὸν ἀγῶνα τὸν γεγενημένον ἠναγκασμένοι πάντες εἰσὶν εὖ φρονεῖν καὶ τούτων ἐπιθυμεῖν ὧν ὑπονοοῦσί σε βούλεσθαι πράττειν, καὶ λέγειν ὡς δεῖ παυσαμένους τῆς μανίας καὶ τῆς πλεονεξίας, ἣν ἐποιοῦντο πρὸς ἀλλήλους, εἰς τὴν Ἀσίαν τὸν πόλεμον ἐξενεγκεῖν. (3) καὶ πολλοὶ πυνθάνονται παρ' ἐμοῦ πότερον ἐγὼ σοὶ παρήνεσα ποιεῖσθαι τὴν στρατείαν τὴν ἐπὶ τοὺς βαρβάρους, ἢ σοῦ διανοηθέντος συνεῖπον· ἐγὼ δ' οὐκ εἰδέναι μέν φημι τὸ σαφές (οὐ γὰρ συγγεγενῆσθαί σοι πρότερον), οὐ μὴν ἀλλ' οἴεσθαι σὲ μὲν ἐγνωκέναι περὶ τούτων, ἐμὲ δὲ συνειρηκέναι ταῖς σαῖς ἐπιθυμίαις. ταῦτα δ' ἀκούοντες ἐδέοντό μου πάντες παρακελεύεσθαί σοι καὶ προτρέπειν ἐπὶ τῶν αὐτῶν τούτων μένειν, ὡς οὐδέποτ' ἂν γενομένων οὔτε καλλιόνων ἔργων οὔτ' ὠφελιμωτέρων τοῖς Ἕλλησιν οὐδ' ἐν καιρῷ μᾶλλον πραχθησομένων.

(4) Εἰ μὲν οὖν εἶχον τὴν αὐτὴν δύναμιν ἥνπερ πρότερον, καὶ μὴ παντάπασιν ἦν ἀπειρηκώς, οὐκ ἂν δι' ἐπιστολῆς διελεγόμην, ἀλλὰ παρὼν αὐτὸς παρώξυνον ἄν σε καὶ παρεκάλουν ἐπὶ τὰς πράξεις ταύτας. νῦν δ' ὡς δύναμαι παρακελεύομαί σοι μὴ καταμελῆσαι τούτων, πρὶν ἂν τέλος ἐπιθῇς αὐτοῖς. ἔστι δὲ πρὸς μὲν ἄλλο τι τῶν ὄντων ἀπλήστως ἔχειν οὐ καλόν (αἱ γὰρ μετριότητες παρὰ τοῖς πολλοῖς εὐδοκιμοῦσι), δόξης δὲ μεγάλης καὶ καλῆς ἐπιθυμεῖν καὶ μηδέποτ' ἐμπίμπλασθαι προσήκει τοῖς πολὺ τῶν ἄλλων διενεγκοῦσιν· ὅπερ σοὶ συμβέβηκεν. (5) ἡγοῦ δὲ τόθ' ἕξειν ἀνυπέρβλητον αὐτὴν καὶ τῶν σοὶ πεπραγμένων ἀξίαν, ὅταν τοὺς μὲν βαρβάρους ἀναγκάσῃς εἱλωτεύειν τοῖς Ἕλλησι πλὴν τῶν σοὶ συναγωνισαμένων, τὸν δὲ βασιλέα τὸν νῦν μέγαν προσαγορευόμενον ποιήσῃς τοῦτο πράττειν ὅ τι ἂν σὺ προστάττῃς. ταῦτα δὲ κατεργάσασθαι πολὺ ῥᾷόν ἐστιν ἐκ τῶν νῦν παρόντων, ἢ προελθεῖν ἐπὶ τὴν δύναμιν καὶ τὴν δόξαν, ἣν νῦν ἔχεις, ἐκ τῆς βασιλείας τῆς ἐξ ἀρχῆς ὑμῖν ὑπαρξάσης· οὐδὲν γὰρ ἔσται λοιπὸν ἔτι πλὴν θεὸν γενέ-

Etsi cum Antipatro etiam et de nostrae urbis et tuis commodis satis, ut mihi persuadeo, copiose disserui, tamen ad te quoque scribere volui, quid pace iam facta mihi agendum esse videatur, non multum absimilia his quae in oratione perscripta sunt, sed multo breviora.

(2) Tum enim suadebam, ut compositis nostrae urbis et Lacedaemoniorum et Thebanorum Argivorumque controversiis Graecos in concordiam reduceres. Existimabam enim, si id a principibus civitatibus impetrasses, quam primum reliquas quoque secuturas. Atque illo quidem tempore alius erat rerum status. Nunc vero in eo loco res sunt, ut suadere nihil sit necesse. Nam propter commissum proelium omnes coacti sunt ad sanam mentem redire et ea desiderare, quae te velle facere suspicantur, et profiteri omissa insania et avaritia, qua alios alii exagitarent, bellum in Asiam esse transferendum. (3) Atque illud complures ex me quaerunt, utrum ego tibi suaserim ut expeditionem contra barbaros susciperes, an vero, quum tu iam id decrevisses, ego sententiae tuae approbator accesserim. Ego vero nihil me de eo comperti habere dico; neque enim prius tecum convenisse : sed putare tamen, cum tibi id iam antea deliberatum esset, me tuis consiliis suffragatum esse. Quae illi cum audirent, omnes me rogabant ut te hortarer, ne mutares consilium : nunquam enim edi posse illustriora facinora, vel Graecis utiliora, neque unquam posse dari meliorem rei gerendae occasionem.

(4) Si igitur ea quae olim fuit ingenii facultas mihi suppeteret, neque senectus omnes vires ademisset, non per literas tecum agerem, sed coram te invitarem et cohortarer ad hoc negotium strenue suscipiendum. Nunc ut possum te hortor, ne his desistas, priusquam rem omnem confeceris. Alterius porro alicuius rei cupiditate insatiabili aestuare non est honestum, nam plerisque probatur mediocritas ; sed magnam illustremque gloriam desiderare, nec eius unquam satietate affici debent, qui ceteris multum antecellunt ; id quod tibi contigit. (5) Tum autem ad famae tuae splendorem nihil posse accedere putato eamque rebus tuis gestis parem fore, quum barbaros (iis exceptis qui se ad ductum tuum applicaverint) Graecis servire coëgeris, illumque regem qui nunc Magnus appellatur, eo redegeris, ut ea agat quae tu imperaris. Hoc autem rerum statu nunc haec tibi perficere multo facilius est, quam eam consequi potentiam et gloriam, quam tibi vetusti regni subsidio comparasti : neque enim quicquam tibi erit adhuc reliquum, nisi ut

σθαι. (6) χάριν δ' ἔχω τῷ γήρᾳ ταύτην μόνην, ὅτι προήγαγεν εἰς τοῦτό μου τὸν βίον, ὥσθ' ἃ νέος ὢν διενοούμην καὶ γράφειν ἐπεχείρουν ἔν τε τῷ πανηγυρικῷ λόγῳ καὶ τῷ πρὸς σὲ πεμφθέντι, ταῦτα νῦν τὰ μὲν ἤδη γιγνόμενα διὰ τῶν σῶν ἐρρῶ πράξεων, τὰ δ' ἐλπίζω γενήσεσθαι.

δ' Ἀντιπάτρῳ

Ἐγώ, καίπερ κινδύνου παρ' ἡμῖν ὄντος εἰς Μακεδονίαν πέμπειν ἐπιστολήν, οὐ μόνον νῦν ὅτε πολεμοῦμεν πρὸς ὑμᾶς, ἀλλὰ καὶ τῆς εἰρήνης οὔσης, ὅμως γράψαι πρὸς σὲ προειλόμην περὶ Διοδότου, δίκαιον εἶναι νομίζων ἅπαντας μὲν περὶ πολλοῦ ποιεῖσθαι τοὺς ἐμαυτῷ πεπλησιακότας καὶ γεγενημένους ἀξίους ἡμῶν, οὐχ ἥκιστα δὲ τοῦτον καὶ διὰ τὴν εὔνοιαν τὴν εἰς ἡμᾶς καὶ διὰ τὴν ἄλλην ἐπιείκειαν. (2) μάλιστα μὲν οὖν ἐβουλόμην ἂν αὐτὸν συσταθῆναί σοι δι' ἡμῶν· ἐπειδὴ δὲ δι' ἑτέρων ἐντετύχηκέ σοι, λοιπόν ἐστί μοι μαρτυρῆσαι περὶ αὐτοῦ καὶ βεβαιῶσαι τὴν γεγενημένην αὐτῷ πρὸς σὲ γνῶσιν. ἐμοὶ γὰρ πολλῶν καὶ παντοδαπῶν συγγεγενημένων ἀνδρῶν, καὶ δόξας ἐνίων μεγάλας ἐχόντων, τῶν μὲν ἄλλων ἁπάντων οἱ μέν τινες περὶ αὐτὸν λόγον οἱ δὲ περὶ τὸ διανοηθῆναι καὶ πρᾶξαι δεινοὶ γεγόνασιν, οἱ δ' ἐπὶ μὲν τοῦ βίου σώφρονες καὶ χαρίεντες, πρὸς δὲ τὰς ἄλλας χρήσεις καὶ διαγωγὰς ἀφυεῖς παντάπασιν (3) οὗτος δ' οὕτως εὐάρμοστον τὴν φύσιν ἔσχηκεν ὥστ' ἐν ἅπασι τοῖς εἰρημένοις τελειότατος εἶναι καὶ ταῦτ' οὐκ ἂν ἐτόλμων λέγειν, εἰ μὴ τὴν ἀκριβεστάτην πεῖραν αὐτός τ' εἶχον αὐτοῦ καὶ σὲ λήψεσθαι προσεδόκων, τὰ μὲν αὐτὸν χρώμενον αὐτῷ, τὰ δὲ καὶ παρὰ τῶν ἄλλων τῶν ἐμπείρων αὐτῷ πυνθανόμενον, (4) ὧν οὐδεὶς ὅστις οὐκ ἂν ὁμολογήσειεν, εἰ μὴ λίαν εἴη φθονερός, καὶ εἰπεῖν καὶ βουλεύσασθαι μηδενὸς ἧττον αὐτὸν δύνασθαι, καὶ δικαιότατον καὶ σωφρονέστατον αὐτὸν εἶναι καὶ χρημάτων ἐγκρατέστατον, ἔτι δὲ συνημερεύσαι καὶ συμβιῶναι πάντων ἥδιστον καὶ πραότατον, πρὸς δὲ τούτοις πλείστην ἔχειν παρρησίαν, οὐχ ἣν οὐ προσῆκεν, ἀλλὰ τὴν εἰκότως ἂν μεγίστην γιγνομένην σημεῖον τῆς εὐνοίας τῆς πρὸς τοὺς φίλους· (5) ἣν τῶν δυναστῶν οἱ μὲν ἀξιόχρεων τὸν ὄγκον τὸν τῆς ψυχῆς ἔχοντες τιμῶσιν ὡς χρησίμην οὖσαν, οἱ δ' ἀσθενέστεροι τὰς φύσεις ὄντες ἢ κατὰ τὰς ὑπαρχούσας ἐξουσίας δυσχεραίνουσιν, ὡς ὧν οὐ προαιροῦνταί τι ποιεῖν βιαζομένη αὐτούς, οὐκ εἰδότες ὡς οἱ μάλιστα περὶ τοῦ συμφέροντος ἀντιλέγειν τολμῶντες, οὗτοι πλείστην ἐξουσίαν αὐτοῖς τοῦ πράττειν ἃ βούλονται παρασκευάζουσιν. (6) εἰκὸς γὰρ διὰ μὲν τοὺς ἀεὶ πρὸς ἡδονὴν λέγειν προαιρουμένους οὐχ ὅπως τὰς μοναρχίας δύνασθαι διαμένειν, αἳ πολλοὺς τοὺς ἀναγκαίους ἐφέλκονται κινδύνους, ἀλλ' οὐδὲ τὰς πολιτείας, αἳ μετὰ πλείονος ἀσφαλείας εἰσί, διὰ δὲ τοὺς ἐπὶ τῷ βελτίστῳ παρρησιαζομένους πολλὰ σώζεσθαι καὶ τῶν

deus fias (6) Ego vero senectuti ob hoc unum habeo gratiam, quod eo usque produxi vitæ meæ tempus, ut ea quæ adolescens animo agitavi et tum in Panegyrica, tum ad te missa oratione scribenda suscepi, partim nunc per te geri et administrari videam, partim deinceps perfectum esse sperem

IV. Antipatro

Quanquam apud nos periculosum est literas mittere in Macedoniam, non modo nunc quum bellum vobiscum gerimus, sed pacis etiam tempore, ego tamen ad te scribere de Diodoto institui Æquum enim esse existimo, ut magnifaciam cum omnes familiares meos, qui se nobis dignos præbuerunt, tum vero hunc et propter benevolentiam erga nos et ob morum integritatem (2) Maxime autem vellem eum per nos fuisse commendatum tibi postquam vero aliorum opera ei aditus ad te patefactus est, hoc mihi relinquitur, ut testimonium de eo dicam eamque notitiam, quæ inter te et illum est, confirmem Nam cum multi et varii viri atque ex illis nonnulli gloria celebres mea consuetudine sint usi, reliquorum omnium alii eloquentia, alii prudentia et rebus gerendis conspicui evaserunt, alii vero vitæ quidem modestia et suavitate morum commendati sunt, ad alios usus et actiones alias prorsus inepti . (3) huic autem ea contigit ingenii dexteritas, ut in his quæ diximus omnibus sit absolutissimus Quæ ego dicere non auderem, nisi et ipse ab omni parte perspectum eum haberem, et omnino putarem te idem cogniturum partim ex familiaribus cum eo congressibus, partim ex eorum quibus notus est sermonibus (4) quorum nemo erit , nisi supra modum sit invidus, quin fateatur eum et eloquentia et consiliis nullo esse inferiorem, virumque justissimum et modestissimum et ab avaritia alienissimum, atque in quotidiano usu et vitæ consuetudine suavissimum hominem et urbanissimum, ad hæc summam in eo esse dicendi libertatem, non illam indecoram, sed hanc quæ iure maximum signum habetur benevolentiæ erga amicos, (5) quam ex principibus hi qui tantos animos habent, quantos imperii maiestas requirit, tanquam utilem venerantur, qui autem imbecillioribus sunt ingeniis, quam potentiæ amplitudo postulat, ut molestam aversantur, quasi vero per eam cogantur aliquid contra sui animi voluntatem facere, qui non intelligunt, quum de utilitate deliberatur, eos qui adversari audent maximam eis dare potestatem ea quæ velint faciendi (6) Consentaneum est enim, eos qui ad gratiam loqui omnia student, non modo regum imperia, quæ multa eaque necessaria pericula secum trahunt, firmare non posse, sed ne rerumpublicarum quidem, quæ aliquanto tutiores sunt, libertatem, eos autem qui propter audientium utilitatem libere quæ sentiunt dicunt, multa conservare posse etiam us

ἐπιδόξων διαφθαρήσεσθαι πραγμάτων. ὧν ἕνεκα
προσῆκε μὲν παρὰ πᾶσι τοῖς μονάρχοις πλέον φέρε-
σθαι τοὺς τὴν ἀλήθειαν ἀποφαινομένους τῶν ἅπαντα
μὲν πρὸς χάριν μηδὲν δὲ χάριτος ἄξιον λεγόντων·
συμβαίνει δ' ἔλαττον ἔχειν αὐτοὺς παρ' ἐνίοις αὐτῶν.
(7) ὃ καὶ Διοδότῳ παθεῖν συνέπεσε παρά τισι τῶν περὶ
τὴν Ἀσίαν δυναστῶν, οἷς περὶ πολλὰ χρήσιμος γενό-
μενος οὐ μόνον τῷ συμβουλεύειν ἀλλὰ καὶ τῷ πράτ-
τειν καὶ κινδυνεύειν, διὰ τὸ παρρησιάζεσθαι πρὸς αὐ-
τοὺς περὶ ὧν ἐκείνοις συνέφερε, καὶ τῶν οἴκοι τι-
μῶν ἀπεστέρηται καὶ πολλῶν ἄλλων ἐλπίδων, καὶ μεῖ-
ζον ἴσχυσαν αἱ τῶν τυχόντων ἀνθρώπων κολακεῖαι
τῶν εὐεργεσιῶν τῶν τούτου. (8) διὸ δὴ καὶ πρὸς
ὑμᾶς ἀεὶ προσιέναι διανοούμενος ὀκνηρῶς εἶχεν, οὐχ
ὡς ἅπαντας ὁμοίους εἶναι νομίζων τοὺς ὑπὲρ αὐτὸν
ὄντας, ἀλλὰ διὰ τὰς πρὸς ἐκείνους γεγενημένας δυσχε-
ρείας καὶ πρὸς τὰς παρ' ὑμῶν ἐλπίδας ἀθυμότερος ἦν,
παραπλήσιον, ὡς ἐμοὶ δοκεῖ, πεπονθὼς τῶν πεπλευ-
κότων τισίν, οἳ τὸ πρῶτον, ὅταν χρήσωνται χειμῶ-
σιν, οὐκέτι θαρροῦντες εἰσβαίνουσιν εἰς θάλατταν,
καίπερ εἰδότες ὅτι καὶ καλοῦ πλοῦ πολλάκις ἐπιτυ-
χεῖν ἔστιν. οὐ μὴν ἀλλ' ἐπειδὴ συνέστηκέ σοι, καλῶς
ποιεῖ. (9) λογίζομαι γὰρ αὐτῷ συνοίσειν, μάλιστα
μὲν τῇ φιλανθρωπίᾳ τῇ σῇ στοχαζόμενος, ἣν ἔχειν
ὑπείληφα παρὰ τοῖς ἔξωθεν ἀνθρώποις, ἔπειτα νο-
μίζων οὐκ ἀγνοεῖν ὑμᾶς ὅτι πάντων ἥδιστόν ἐστι
καὶ λυσιτελέστατον πιστοὺς ἅμα καὶ χρησίμους φί-
λους κτᾶσθαι ταῖς εὐεργεσίαις καὶ τοὺς τοιούτους εὖ
ποιεῖν, ὑπὲρ ὧν πολλοὶ καὶ τῶν ἄλλων ὑμῖν χάριν
ἕξουσιν. ἅπαντες γὰρ οἱ χαρίεντες τοὺς τοῖς σπου-
δαίοις τῶν ἀνδρῶν καλῶς ὁμιλοῦντας ὁμοίως ἐπαι-
νοῦσι καὶ τιμῶσιν, ὥσπερ αὐτοὶ τῶν ὠφελειῶν ἀπο-
λαύοντες.

(10) Ἀλλὰ γὰρ Διόδοτον αὐτὸν οἶμαι μάλιστά σε
προτρέψεσθαι πρὸς τὸ φροντίζειν αὐτοῦ. συνέπεισον
δὲ καὶ τὸν υἱὸν αὐτοῦ τῶν ὑμετέρων ἀντέχεσθαι
πραγμάτων, καὶ παραδόντ' ὑμῖν αὐτὸν ὥσπερ μαθητὴν
εἰς τοὔμπροσθεν πειραθῆναι προελθεῖν. ὃ δὲ ταῦτά
μου λέγοντος ἐπιθυμεῖν μὲν ἔφασκε τῆς ὑμετέρας φι-
λίας, οὐ μὴν ἀλλὰ παραπλήσιόν τι πεπονθέναι πρὸς
αὐτὴν καὶ πρὸς τοὺς στεφανίτας ἀγῶνας. (11) ἐκεί-
νους τε γὰρ νικᾶν μὲν ἂν βούλεσθαι, καταθῆναι δ'
εἰς αὐτοὺς οὐκ ἂν τολμῆσαι διὰ τὸ μὴ μετεσχηκέναι
ῥώμης ἀξίας τῶν στεφάνων, τῶν τε παρ' ὑμῶν τιμῶν
εὔξασθαι μὲν ἂν τυχεῖν, ἐφίξεσθαι δ' αὐτῶν οὐ
προσδοκᾶν· τήν τε γὰρ ἀπειρίαν τὴν αὐτοῦ καταπε-
πλῆχθαι καὶ τὴν λαμπρότητα τὴν ὑμετέραν, ἔτι δὲ
καὶ τὸ σωμάτιον οὐκ εὐκρινὲς ὄν, ἀλλ' ἔχον ἄττα σίνη
νομίζειν ἐμποδιεῖν αὐτὸν πρὸς πολλὰ τῶν πραγ-
μάτων.

(12) Οὗτος μὲν οὖν, ὅ τι ἂν αὐτῷ δοκῇ συμφέ-
ρειν, τοῦτο πράξει· σὺ δ' ἐάν τε περὶ ὑμᾶς ἐὰν θ' ἡσυ-
χίαν ἔχων διατρίβῃ περὶ τούτους τοὺς τόπους, ἐπιμε-
λοῦ καὶ τῶν ἄλλων μὲν ἁπάντων, ὧν ἂν τυγχάνῃ δεό-

quæ alioqui peritura videbantur. Quibus de causis
æquum est apud omnes principes maiorem esse eorum,
qui vera dicere non dubitant, auctoritatem, quam eorum
qui ad gratiam omnia, nihil autem gratia dignum lo-
quuntur. Fieri tamen solet, ut illi apud nonnullos mi-
nore in pretio sint quam assentatores. (7) Id quod
etiam Diodotum apud quosdam Asiæ proceres afflixit.
Quorum commodis quum multis in rebus consuluisset,
non dandis modo consiliis, sed rebus etiam gerendis
adeundisque periculis : quia tamen liberius eos officii sui
monebat, tum honores quos in patria tenuit amisit, tum
aliorum multorum spe præmiorum excidit, ac plus va-
luerunt levissimorum hominum adulationes meritis et
beneficiis tanti viri. (8) His de causis, tametsi ad vos
se conferre semper in animo habebat, tamen nescio
quo timore est retardatus, non quod omnes in altiori
dignitatis gradu collocatos similes esse inter se putaret,
sed quia difficiles aliorum mores expertus minus avide
spem, quæ a vobis ostendebatur, amplecti audebat. In
quo idem illi accidisse videtur, quod navigantium pleris-
que, qui ubi semel in tempestates inciderunt, nunquam
securis animis mare ingrediuntur, etsi sciunt, sæpe pro-
speram etiam navigationem solere contingere. Sed quo-
niam tibi commendatus est, bene factum est. (9) Puto
enim id illi profuturum, inprimis id coniciens ex tua huma-
nitate, quæ ab exteris hominibus prædicatur; deinde vos
præterire non arbitror, nihil esse vel suavius vel utilius,
quam fideles simul et utiles amicos parare beneficiis, et
de talibus viris bene mereri, propter quos multi etiam alii
gratiam vobis habituri sunt. Omnes enim boni et docti
eos, qui præstantibus doctrina et virtute viris honorem
habent, non minus laudant et venerantur, quam si in
ipsos collata fuissent omnia.

(10) Sed ipsum Diodotum suapte potissimum industria
effecturum esse arbitror, ut sui curam geras. Autor
autem etiam eius filio fui, ut se ad vos conferret, seque
vobis in disciplinam quasi tradito proficere atque operæ
pretium facere conaretur. Quod cum exaudisset, se qui-
dem vestræ amicitiæ percupidum esse dixit, sed eodem
esse erga illam animo, quo erga certamina coronaria.
(11) Cupere enim in illis victoriam consequi, sed ad ea
propterea descendere non audere, quod sibi vires coronis
dignas deesse animadvertat, eodemque modo se optare
quidem honores a vobis consequi, sed eam sibi faculta-
tem negatam esse arbitrari. Nam et imperitia sua et splen-
dore vestro se deterreri. Huc accedere corpusculum quo-
que minus sanum et nonnulla non integra habens,
quod existimet in multis sibi rebus impedimento fore.

(12) Et hic quidem, quod e re sua esse putabit, id fa-
ciet. Sive autem ad vos se contulerit, sive quieti otio-
que deditus in hisce locis versabitur, curæ tibi esse ve-
lim, cum cetera quibus indigebit omnia ut subministres,

ινος, μάλιστα δὲ τῆς ἀσφαλείας καὶ τῆς τούτου και
ις τοῦ πατρὸς αὐτοῦ, νομίσας ὥσπερ παρακαταθήκην
ειν τοῦτον παρά τε τοῦ γήρως ἡμῶν, ὃ προσηκόν-
ος ἂν πολλῆς τυγχάνοι προνοίας, καὶ τῆς δόξης τῆς
ταρχούσης, εἴ τινος ἄρα σπουδῆς ἐστιν ἀξία, καὶ τῆς
νοίας τῆς περὶ ὑμᾶς, ἣν ἔχων ἅπαντα τὸν χρόνον
ατετέλεκα. (13) καὶ μὴ θαυμάσῃς μήτ' εἰ μακρο-
ραν γέγραφα τὴν ἐπιστολήν, μήτ' εἰ τι περιεργότερον
τὶ πρεσβυτικώτερον εἰρήκαμεν ἐν αὐτῇ· πάντων γὰρ
ῶν ἄλλων ἀμελήσας ἑνὸς μόνου ἐφρόντισα, τοῦ φα-
ῆναι σπουδάζων ὑπὲρ ἀνδρῶν φίλων καὶ προσφιλε-
τάτων μοι γενενημένων.

ε' Ἀλεξάνδρῳ

Πρὸς τὸν πατέρα σου γράφων ἐπιστολὴν ἄτοπον
μην ποιήσειν, εἰ περὶ τὸν αὐτὸν ὄντα σε τόπον ἐκεί-
ρ μήτε προσερῶ μήτ' ἀσπάσομαι μήτε γράψω τι
ιοῦτον, ὃ ποιήσει τοὺς ἀναγνόντας μὴ νομίζειν ἤδη
ε παραφρονεῖν διὰ τὸ γῆρας μηδὲ παντάπασι ληρεῖν,
λλ' ἔτι τὸ καταλελειμμένον μου μέρος καὶ λοιπὸν ὂν
ὀκ ἀνάξιον εἶναι τῆς δυνάμεως, ἣν ἔσχον νεώτερος
ιν.

(2) Ἀκούω δέ σε πάντων λεγόντων, ὡς φιλάνθρω-
ος εἶ καὶ φιλαθήναιος καὶ φιλόσοφος, οὐκ ἀφρόνως
λλὰ νοῦν ἔχοντος. τῶν τε γὰρ πολιτῶν ἀποδέχε-
θαί σε τῶν ἡμετέρων οὐ τοὺς ἡμελκότας αὐτῶν καὶ
ονηρῶν πραγμάτων ἐπιθυμοῦντας, ἀλλ' οἷς συνδια-
ρίβων τ' οὐκ ἂν λυπηθείης, συμβάλλων τε καὶ κοι-
ωνῶν πραγμάτων οὐδὲν ἂν βλαβείης οὐδ' ἀδικηθείης,
οἵσπερ χρὴ πλησιάζειν τοὺς εὖ φρονοῦντας (3) τῶν
ι φιλοσοφιῶν οὐκ ἀποδοκιμάζειν μὲν οὐδὲ τὴν περὶ τὰς
ιδας, ἀλλὰ νομίζειν εἶναι πλεονεκτικὴν ἐν ταῖς ἰδίαις
ιατριβαῖς, οὐ μὴν ἁρμόττειν οὔτε τοῖς τοῦ πλήθους
ροεστῶσιν οὔτε τοῖς τὰς μοναρχίας ἔχουσιν· οὐδὲ γὰρ
υμφέρον οὐδὲ πρέπον ἐστὶ τοῖς μᾶλλον τῶν ἄλλων
ρονοῦσιν οὐδ' αὐτοῖς ἐρίζειν πρὸς τοὺς συμπολιτευο-
ένους οὔτε τοῖς ἄλλοις ἐπιτρέπειν πρὸς αὐτοὺς ἀντιλέ-
ειν. (4) ταύτῃ μὲν οὖν οὐκ ἀγαπᾷν σε τὴν διατριβήν,
ροαιρεῖσθαι δὲ τὴν παιδείαν τὴν περὶ τοὺς λόγους
ς χρώμεθα περὶ τὰς πράξεις τὰς προσπιπτούσας καθ'
εάστην τὴν ἡμέραν, καὶ μεθ' ὧν βουλευόμεθα περὶ
ῶν κοινῶν· δι' ἣν νῦν τε δοξάζεις περὶ τῶν μελλόντων
πιεικῶς, τοῖς τ' ἀρχομένοις προστάττειν οὐκ ἀνοήτως,
δεῖ πράττειν ἑκάστους, ἐπιστήσει, περὶ δὲ τῶν κα-
ῶν καὶ δικαίων καὶ τῶν τούτοις ἐναντίων ὀρθῶς κρί-
ειν, πρὸς δὲ τούτοις τιμᾶν τε καὶ κολάζειν, ὡς προσ-
ῆκόν ἐστιν ἑκατέρους. (5) σωφρονεῖς οὖν νῦν ταῦτα
ελετῶν· ἐλπίδας γὰρ τῷ τε πατρὶ καὶ τοῖς ἄλλοις
αρέχεις, ὡς, ἂν πρεσβύτερος γενόμενος ἐμμείνῃς τού-
οις, τοσοῦτον προέξεις τῇ φρονήσει τῶν ἄλλων, ὅσον
ερ ὁ πατήρ σου διενήνοχεν ἁπάντων.

ϛ' Τοῖς Ἰάσονος παισὶν

Ἀπήγγειλέ τίς μοι τῶν προσπρεσβευσάντων ὡς ὑμᾶς,

---

tum vero et huius et parentis eius vita in tuto ut collo-
cetur Existimare enim debes, te hunc tanquam de-
positum habere a senectute nostra, quæ minime certe
negligenda est, et ab ea auctoritate, si qua forte cura
videbitur digna et ab ea benevolentia, qua vos per
omnem ætatem sum persecutus (13) Neque mireris,
si vel prolixiorem scripsi epistolam, vel aliquid in ea inu-
tilius aut senilius divinius Ego enim neglectis cæteris re-
bus omnibus, in hoc unum toto animo intentus fui, ut
apparcret mihi maximæ curæ esse amicorum commoda,
quos summa caritate complector

V Isocrates Alexandro s d

Quum ad patrem tuum literas darem, absurde me fac-
turum putabam, si te, qui in eodem loco cum illo ver-
sareris, neque compellarem neque salutarem, neque tale
aliquid ad te scriberem, quod efficeret, ne ii qui legerent,
putarent me iam senio desipere aut prorsus delirare, sed
quod adhuc reliquum est mei et extat, non indignum esse
ea facultate, qua iunior florebam

(2) Prædicari autem te ab omnibus audio ut et huma-
num et Athenienses amicum et sapientiæ studiosum,
ii, quo profecto non insipienter sed prudentissime facis
Illo quoque laudem mereris, quod ex nostris civibus
suscipias non eos qui nullum virtutis et doctrinæ studium
habuerunt malarumque rerum cupiditate constricti tenen-
tur, sed eos, quorum disputationibus audiendis nullas
molestias capias, quorumque commerciis et consiliis
utendo neque damnis neque iniuriis afficiaris talium
enim consuetudo prudentibus expetenda est (3) Inter
doctrinarum porro genera ne dialecticas quidem disputa-
tiones improbare diceris, sed sic de illis sentire, ut eas
existimes in privatis congressibus permultum valere,
non tamen vel populi gubernatoribus vel principibus esse
opportunas Nec enim expedire nec decere, ut qui di-
gnitate ceteris præstant, vel ipsi cum civibus rixentur,
vel ceteris dent contradicendi licentiam (4) Hoc igitur
studium te non amare ferunt, sed eloquentiæ disciplinam
permagni facere, qua utimur et in quotidianæ vitæ ne-
gotiis et cum de republica deliberamus Per quam nunc
de futuris rebus prudenter constituere videris, et non
insipienter quid singulos qui parent facere deceat præ-
cipere et de rebus honestis et iustis harumque contrariis
recte iudicare scies, præterea sic vel pœnis vel præmiis
afficere utrosque, ut mereantur Sapienter igitur nunc
agis, qui talibus studiis occuperis Spem enim et patri
et reliquis amicis affers, ubi ætate processeris et in his
actionibus perseveraris, fore ut reliquos tantum sapien-
tia antecas, quantum pater tuus omnibus antecellit

VI Isocrates Iasonis liberis s d.

Renuntiavit mihi quidam legatorum qui ad vos missi

ὅτι καλέσαντες αὐτὸν ἄνευ τῶν ἄλλων ἐρωτήσαιτ' εἰ πεισθείην ἀποδημῆσαι καὶ διατρίψαι παρ' ὑμῖν. ἐγὼ δ' ἕνεκα μὲν τῆς Ἰάσονος καὶ Πολυαλκοῦς ξενίας ἡδέως ἂν ἀφικοίμην ὡς ὑμᾶς· οἶμαι γὰρ ἂν τὴν ὁμιλίαν τὴν γενομένην ἅπασιν ἡμῖν συνενεγκεῖν· (2) ἀλλὰ γὰρ ἐμποδίζει με πολλά, μάλιστα μὲν τὸ μὴ δύνασθαι πλανᾶσθαι καὶ τὸ μὴ πρέπειν ἐπιξενοῦσθαι τοῖς τηλικούτοις, ἔπειθ' ὅτι πάντες οἱ πυθόμενοι τὴν ἀποδημίαν δικαίως ἄν μου καταφρονήσειαν, εἰ προηρημένος τὸν ἄλλον χρόνον ἡσυχίαν ἄγειν ἐπὶ γήρως ἀποδημεῖν ἐπιχειροίην, ὅτ' εἰκὸς ἦν, εἰ καὶ πρότερον ἀλλοθί που διέτριβον, νῦν οἴκαδε σπεύδειν, οὕτως ὑπαγυίου μοι τῆς τελευτῆς οὔσης. (3) πρὸς δὲ τούτοις φοβοῦμαι καὶ τὴν πόλιν· χρὴ γὰρ τἀληθῆ λέγειν. ὁρῶ γὰρ τὰς συμμαχίας τὰς πρὸς αὐτὴν γιγνομένας ταχέως διαλυομένας. εἰ δή τι συμβαίη καὶ πρὸς ὑμᾶς τοιοῦτον, εἰ καὶ τὰς αἰτίας καὶ τοὺς κινδύνους διαφυγεῖν δυνηθείην, ὃ χαλεπόν ἐστιν, ἀλλ' οὖν αἰσχυνθείην ἄν, εἴτε διὰ τὴν πόλιν δόξαιμί τισιν ὑμῶν ἀμελεῖν, εἴτε δι' ὑμᾶς τῆς πόλεως ὀλιγωρεῖν. μὴ κοινοῦ δὲ τοῦ συμφέροντος ὄντος, οὐκ οἶδ' ὅπως ἂν ἀμφοτέροις ἀρέσκειν δυνηθείην. αἱ μὲν οὖν αἰτίαι, δι' ἃς οὐκ ἔξεστί μοι ποιεῖν ἃ βούλομαι, τοιαῦται συμβεβήκασιν.

(4) Οὐ μὴν περὶ τῶν ἐμαυτοῦ μόνον ἐπιστείλας οἶμαι δεῖν ἀμελῆσαι τῶν ὑμετέρων, ἀλλ' ἅπερ ἂν παραγενόμενος πρὸς ὑμᾶς διελέχθην, πειράσομαι καὶ νῦν περὶ τῶν αὐτῶν τούτων ὅπως ἂν δύναμαι διεξελθεῖν. μηδὲν δ' ὑπολάβητε τοιοῦτον, ὡς ἄρ' ἐγὼ ταύτην ἔγραψα τὴν ἐπιστολὴν οὐχ ἕνεκα τῆς ὑμετέρας ξενίας, ἀλλ' ἐπίδειξιν ποιήσασθαι βουλόμενος· οὐ γὰρ εἰς τοῦθ' ἥκω μανίας ὥστ' ἀγνοεῖν ὅτι κρείττω μὲν γράψαι τῶν πρότερον διαδεδομένων οὐκ ἂν δυναίμην, τοσοῦτον τῆς ἀκμῆς ὑστερῶν, χείρω δ' ἐξενεγκὼν πολὺ φαυλοτέραν ἂν λάβοιμι δόξαν τῆς νῦν ἡμῖν ὑπαρχούσης. (5) ἔπειτ' εἴπερ ἐπιδείξειν προσεῖχον τὸν νοῦν ἀλλὰ μὴ πρὸς ὑμᾶς ἐσπούδαζον, οὐκ ἂν ταύτην ἐξ ἁπασῶν προειλόμην τὴν ὑπόθεσιν, περὶ ἧς χαλεπόν ἐστιν ἐπιεικῶς εἰπεῖν, ἀλλὰ πολὺ καλλίους ἑτέρας ἂν εὗρον καὶ μᾶλλον λόγον ἐχούσας. ἀλλὰ γὰρ οὔτε πρότερον οὐδεπώποτ' ἐφιλοτιμήθην ἐπὶ τούτοις ἀλλ' ἐφ' ἑτέροις μᾶλλον ἃ τοὺς πολλοὺς διαλέληθεν, οὔτε νῦν ἔχων ταύτην τὴν διάνοιαν ἐπραγματευσάμην, (6) ἀλλ' ὑμᾶς μὲν ὁρῶν ἐν πολλοῖς καὶ μεγάλοις πράγμασιν ὄντας, αὐτὸς δ' ἀποφήνασθαι βουλόμενος ἣν ἔχω γνώμην περὶ αὐτῶν. ἡγοῦμαι δὲ συμβουλεύειν μὲν ἀκμὴν ἔχειν (αἱ γὰρ ἐμπειρίαι παιδεύουσι τοὺς τηλικούτους καὶ ποιοῦσι μᾶλλον τῶν ἄλλων δύνασθαι καθορᾶν τὸ βέλτιστον), εἰπεῖν δὲ περὶ τῶν προτεθέντων ἐπιχαρίτως καὶ μουσικῶς καὶ διαπεπονημένως οὐκέτι τῆς ἡμετέρας ἡλικίας ἐστίν, ἀλλ' ἀγαπῴην ἄν, εἰ μὴ παντάπασιν ἐκλελυμένως διαλεχθείην περὶ αὐτῶν.

(7) Μὴ θαυμάζετε δ' ἄν τι φαίνωμαι λέγων ὧν πρότερον ἀκηκόατε· τῷ μὲν γὰρ ἴσως ἄκων ἂν ἐντύχοιμι, τὸ δὲ καὶ προειδώς, εἰ πρέπον εἰς τὸν λόγον

sunt, se a vobis revocatum ac seorsum a ceteris interrogatum esse, an persuaderi mihi possit, ut peregre profectus vestra familiaritate utar. Ego vero propter Iasonis et Polyalcis hospitium libenter ad vos venirem : eum enim congressum posse nobis omnibus prodesse scio : (2) sed multa me impediunt, atque illud inprimis, quod et itineris labores ferre nequeo et tam grandi ætate peregre vivere indecorum est; deinde, quod omnes audita ea peregrinatione iure me contemnerent, qui reliquo vitæ meæ tempore otium amplexus, in senectute demum peregrinari instituerem, quum deceret, etiamsi prius alibi vixissem, nunc domum festinare, postquam ab obitu tam prope absum. (3) Ad hæc (vera enim dicenda sunt) etiam civitatem meam formido, qui initas cum ea societates celeriter solere dirimi videam. Quod si et vestris in rebus tale aliquid accidisset, etiamsi crimina et pericula effugere possem (id quod difficile admodum est), et me puderet, sive aliqui putarent vos a me propter meam civitatem negligi, sive propter vos patriæ rationem non haberi. Quum autem non communis sit utilitas, quomodo utrisque gratificari queam, non video. Causæ igitur, propter quas ea quæ vellem mihi facere non licet, tales inciderunt.

(4) Neque tamen decere existimo ut de meis tantum rebus scriberis res vestras negligam ; sed quæ istic coram disseruissem, hæc eadem nunc, ita ut potero, explicare conabor. Neque vero putetis hanc epistolam ostentationis a me causa potius scriptam esse, quam hospitii vestri. Non enim ita insanio, ut ignorem, me hac affecta ætate meliora iis quæ prius edita sunt, scribere nequaquam posse; sin deteriora protulero, fore ut gloria mea non parum minuatur. (5) Deinde si ostentationi ingenii servire magis quam serio vobiscum agere studerem, non hoc argumentum ex omnibus delegissem, de quo haud difficile est apte disserere, sed alia longe pulchriora et uberiora reperissem. Sed neque hactenus unquam his de rebus laudibus efferri volui, sed ob alia potius, quæ plerique ignorant, neque nunc eo animo laborem hunc cepi; (6) sed cum vos multis arduis negotiis implicatos esse viderem, quæ mea sit de illis sententia, declarare volui. Ac dandi quidem consilii facultatem ætati meæ adesse censeo (nam experientia et rerum multarum usus senes erudit atque efficit ut quid expediat acutius quam alii perspicere possint); de propositis autem rebus suaviter et concinne atque elaborate dicere, non iam nostræ ætatis munus est; sed hoc mihi suffecerit, si meam sententiam non dissolute prorsus exposuero.

(7) Neque vero miremini, si quid dicere videbor quod prius audivistis. Nam eorum quædam fortassis etiam invito in mentem venient, quædam, quod instituto meo

εἴη, προσλάϐοιμι· καὶ γὰρ ἂν ἄτοπος εἴην, εἰ τοὺς
ἄλλους ὁρῶν τοῖς ἐμοῖς χρωμένους αὐτὸς μόνος ἀπε-
χοίμην τῶν ὑπ' ἐμοῦ πρότερον εἰρημένων. τούτου
δ' ἕνεκα ταῦτα προεῖπον, ὅτι τὸ πρῶτον ἐπιφερόμενον
ἓν τῶν τεθρυλημένων ἐστίν. (8) εἴθισμαι γὰρ λέγειν
πρὸς τοὺς περὶ τὴν φιλοσοφίαν τὴν ἡμετέραν διατρί-
ϐοντας, ὅτι τοῦτο πρῶτον δεῖ σκέψασθαι, τί τῷ λόγῳ
καὶ τοῖς τοῦ λόγου μέρεσι διαπρακτέον ἐστίν ἐπειδὰν
δὲ τοῦθ' εὕρωμεν καὶ διακριϐωσώμεθα, ζητητέον εἶναί
φημι τὰς ἰδέας, δι' ὧν ταῦτ' ἐξεργασθήσεται καὶ λή-
ψεται τέλος ὅπερ ὑπεθέμεθα. καὶ ταῦτα φράζω
μὲν ἐπὶ τῶν λόγων, ἔστι δὲ τοῦτο τὸ στοιχεῖον καὶ
κατὰ τῶν ἄλλων ἁπάντων καὶ κατὰ τῶν ὑμετέρων
πραγμάτων. (9) οὐδὲν γὰρ οἷόν τ' ἐστὶ πραχθῆναι
νοῦν ἐχόντως, ἂν μὴ τοῦτο πρῶτον μετὰ πολλῆς προ-
νοίας λογίσησθε καὶ βουλεύσησθε, πῶς χρὴ τὸν ἐπί-
λοιπον χρόνον ὑμῶν αὐτῶν προστῆναι καὶ τίνα βίον
προελέσθαι καὶ ποίας δόξης ὀριγνηθῆναι καὶ ποτέρας
τῶν τιμῶν ἀγαπῆσαι, τὰς παρ' ἑκόντων γιγνομένας ἢ
τὰς παρ' ἀκόντων τῶν πολιτῶν· ταῦτα δὲ διορισαμέ-
νους, τόγ' ἤδη τὰς πράξεις τὰς καθ' ἑκάστην τὴν ἡμέ-
ραν σκεπτέον, ὅπως συντελοῦσι πρὸς τὰς ὑποθέσεις τὰς
ἐξ ἀρχῆς γενομένας. (10) καὶ τοῦτον μὲν τὸν τρόπον
ζητοῦντες ὥσπερ σκοποῦ κειμένου στοχάσεσθε τῇ ψυχῇ,
καὶ μᾶλλον ἐπιτεύξεσθε τοῦ συμφέροντος ἐὰν δὲ μη-
δεμίαν ποιήσησθε τοιαύτην ὑπόθεσιν, ἀλλὰ τὸ προσ-
πῖπτον ἐπιχειρῆτε πράττειν, ἀναγκαῖόν ἐστιν ὑμᾶς
ταῖς διανοίαις πλανᾶσθαι καὶ πολλῶν διαμαρτάνειν
πραγμάτων. (11) Ἴσως ἂν οὖν τις τῶν εἰκῆ ζῆν προῃρημένων
τοὺς μὲν τοιούτους λογισμοὺς διασύρειν ἐπιχειρή-
σειεν, ἀξιώσειε δ' ἂν ἤδη με συμϐουλεύειν περὶ τῶν
προειρημένων. ἔστιν οὖν οὐκ ὀκνητέον ἀποφήνασθαι
περὶ αὐτῶν, ἃ τυγχάνω γιγνώσκων ἐμοὶ γὰρ αἱρε-
τώτερος ὁ βίος εἶναι δοκεῖ καὶ βελτίων ὁ τῶν ἰδιωτευ-
όντων ἢ τῶν τυραννούντων, καὶ τὰς τιμὰς ἡδίους
ἡγοῦμαι τὰς ἐν ταῖς πολιτείαις ἢ τὰς ἐν ταῖς μοναρ-
χίαις· καὶ περὶ τούτων λέγειν ἐπιχειρήσω. (12) καί-
τοι μ' οὐ λέληθεν ὅτι πολλοὺς ἔξω τοὺς ἐναντιουμέ-
νους, καὶ μάλιστα τοὺς περὶ ὑμᾶς ὄντας οἶμαι γὰρ
οὐχ ἥκιστα τούτους ἐπὶ τὴν τυραννίδα παροξύνειν
ὑμᾶς σκοποῦσι γὰρ οὐ πανταχῆ τὴν φύσιν τοῦ πράγ-
ματος, ἀλλὰ πολλὰ παραλογίζονται σφᾶς αὐτούς. τὰς
μὲν γὰρ ἐξουσίας καὶ τὰ κέρδη καὶ τὰς ἡδονὰς ὁρῶσι,
καὶ τούτων ἀπολαύσεσθαι προσδοκῶσι, τὰς δὲ ταραχὰς
καὶ τὰς συμφορὰς τὰς τοῖς ἄρχουσι συμπιπτούσας καὶ
τοῖς φίλοις αὐτῶν οὐ θεωροῦσιν, ἀλλὰ πεπόνθασιν
ὅπερ οἱ τοῖς αἰσχίστοις καὶ παρανομωτάτοις τῶν ἔρ-
γων ἐπιχειροῦντες (13) καὶ γὰρ ἐκεῖνοι τὰς μὲν πο-
νηρίας τὰς τῶν πραγμάτων οὐκ ἀγνοοῦσιν, ἐλπίζουσι
δ', ὅσον μὲν ἀγαθόν ἐστιν ἐν αὐτοῖς, τοῦτο μὲν ἐκλήψι-
σθαι, τὰ δὲ δεινὰ πάντα τὰ προσόντα τῷ πράγματι
καὶ τὰ κακὰ διαφεύξασθαι, καὶ διοικήσειν τὰ περὶ
σφᾶς αὐτοὺς οὕτως ὥστε τῶν μὲν κινδύνων εἶναι

esse idonea scio, assumam Ineptus enim essem, quum
alios videam dicta mea imitari, si ego solus his quæ
prius ipse dixi, abstinerem Hæc propterea præfatus sum,
quod id quod primum occurrit, unum ex pervulgatis
est (8) Soleo enim nostræ disciplinæ sectatoribus di-
cere ante omnia esse considerandum, quidnam oratione
et partibus orationis efficiendum sit quod ubi inveneri-
mus, et accurate confecerimus, rationes et ornamenta
quærenda esse dico, quibus argumentum expoliatur, et
finem eum qui nobis propositus fuerat consequatur Et
hæc de orationibus dico, est autem idem et aliarum re-
rum omnium et vestræ deliberationis fundamentum (9)
Non enim fieri potest, ut quicquam prudenter agatur,
nisi hoc primum singulari sapientia cogitaveritis et con-
stitueritis, quales vos in posterum præbere velitis, et
quomodo vitam vestram instituere, qualemque auctori-
tatem expetere et utrum honorem sequi eumne, quem cives
ipsi ultro deferunt, an qui ab iisdem invitis extorque-
tur His iam definitis tum iam singulæ actiones, quæ
in dies incidunt, considerandæ sunt, et efficiendum ut
ad eum finem, qui initio propositus fuit, referantur (10)
Quod si hoc modo quæretis, animo quod utile sit tan-
quam meta proposita invenietis, idque magis asseque-
mini sin nullum tale fundamentum iacietis, sed id quod
fortuito incidet, agetis, necesse est ut animis vestris er-
retis et multis rebus frustremini

(11) Fortassis autem eorum aliquis qui temere vitam
instituerunt, has rationes perstringere conabitur, et ut
certi aliquid de proposita quæstione dicam, dissimulan-
dum est Mihi enim præstabilior esse videtur, et melior
privatorum hominum quam tyrannorum vita, et iucun-
diores honores esse in republica quam in regno Ac de
hisce disserere aggrediar

(12) Quanquam scio fore multos qui mihi adversentur
et familiares vestros inprimis Hos enim vos magno-
pere ad retinendam stabiliendamque tyrannidem incitare
opinor non enim rei naturam universæ nec ab omni
parte intuentur, sed hallucinantur et in errores ipsi se
coniciunt Auctoritatem illi quidem et emolumenta et
voluptates vident, iisque frui se posse sperant sed turbas
et clades principibus obici solitas illorumque amicis non
perspiciunt, idemque illis evenit, quod his qui turpissima
et maxime nefaria facinora moliuntur (13) qui etsi re-
rum pravitatem non ignorant, tamen id commodi quod
illis inest excerpturos se sperant periculis et malis om-
nibus quæ cum iis rebus coniungi solent evitatis, eam-
que de se rationem inituros, ut et a discrimine omni

πόρρω, τῶν δ' ὠφελειῶν ἐγγύς. (14) τοὺς μὲν οὖν ταύτην ἔχοντας τὴν διάνοιαν ζηλῶ τῆς ῥαθυμίας, αὐτὸς δ' αἰσχυνθείην ἄν, εἰ συμβουλεύων ἑτέροις ἐκείνων ἀμελήσας τὸ ἐμαυτῷ συμφέρον ποιοίην, καὶ μὴ παντάπασιν ἔξω θεὶς ἐμαυτὸν καὶ τῶν ὠφελειῶν καὶ τῶν ἄλλων ἁπάντων τὰ βέλτιστα παραινοίην. ὡς οὖν ἐμοῦ ταύτην ἔχοντος τὴν γνώμην, οὕτως ἐμοὶ προσέχετε τὸν νοῦν.

ζ'. Τιμοθέῳ.

Περὶ μὲν τῆς οἰκειότητος τῆς ὑπαρχούσης ἡμῖν πρὸς ἀλλήλους οἶμαί σε πολλῶν ἀκηκοέναι, συγχαίρω δέ σοι πυνθανόμενος πρῶτον μὲν ὅτι τῇ δυναστείᾳ τῇ παρούσῃ κάλλιον χρῇ τοῦ πατρὸς καὶ φρονιμώτερον, ἔπειθ' ὅτι προαιρεῖ δόξαν καλὴν κτήσασθαι μᾶλλον ἢ πλοῦτον μέγαν συναγαγεῖν. σημεῖον γὰρ οὐ μικρὸν ἐκφέρεις ἀρετῆς ἀλλ' ὡς δυνατὸν μέγιστον, ταύτην ἔχων τὴν γνώμην· ὥστ' ἢν ἐμμείνῃς τοῖς περὶ σοῦ νῦν λεγομένοις, οὐκ ἀπορήσεις τῶν ἐγκωμιασομένων τήν τε φρόνησιν τὴν σὴν καὶ τὴν προαίρεσιν ταύτην. (2) ἡγοῦμαι δὲ κἂν τὰ διηγγελμένα περὶ τοῦ πατρός σου συμβαλέσθαι μεγάλην πίστιν πρὸς τὸ δοκεῖν εὖ φρονεῖν σε καὶ διαφέρειν τῶν ἄλλων· εἰώθασι γὰρ οἱ πλεῖστοι τῶν ἀνθρώπων οὐχ οὕτως ἐπαινεῖν καὶ τιμᾶν τοὺς ἐκ τῶν πατέρων τῶν εὐδοκιμούντων γεγονότας, ὡς τοὺς ἐκ τῶν δυσκόλων καὶ χαλεπῶν, ἤνπερ φαίνωνται μηδὲν ὅμοιοι τοῖς γονεῦσιν ὄντες. μᾶλλον γὰρ ἐπὶ πάντων κεχαρισμένον αὐτοῖς ἐστι τὸ παρὰ λόγον συμβαῖνον ἀγαθὸν τῶν εἰκότως καὶ προσηκόντως γιγνομένων.

(3) Ὧν ἐνθυμούμενον χρὴ ζητεῖν καὶ φιλοσοφεῖν, ἐξ ὅτου τρόπου καὶ μετὰ τίνων καὶ τίσι συμβούλοις χρώμενος τάς τε τῆς πόλεως ἀτυχίας ἐπανορθώσεις, καὶ τοὺς πολίτας ἐπί τε τὰς ἐργασίας καὶ τὴν σωφροσύνην προτρέψεις, καὶ ποιήσεις αὐτοὺς ἥδιον ζῆν καὶ θαρραλεώτερον ἢ τὸν παρελθόντα χρόνον. ταῦτα γάρ ἐστιν ἔργα τῶν ὀρθῶς καὶ φρονίμως τυραννευόντων. (4) ὧν ἔνιοι καταφρονήσαντες οὐδὲν ἄλλο σκοποῦσι πλὴν ὅπως αὐτοί θ' ὡς μετὰ πλείστης ἀσελγείας τὸν βίον διάξουσι, τῶν τε πολιτῶν τοὺς βελτίστους καὶ πλουσιωτάτους καὶ φρονιμωτάτους λυμανοῦνται καὶ δασμολογήσουσι, κακῶς εἰδότες ὅτι προσήκει τοὺς εὖ φρονοῦντας καὶ τὴν τιμὴν ταύτην ἔχοντας μὴ τοῖς τῶν ἄλλων κακοῖς αὐτοῖς ἡδονὰς παρασκευάζειν ἀλλὰ ταῖς αὐτῶν ἐπιμελείαις τοὺς πολίτας εὐδαιμονεστέρους ποιεῖν, (5) μηδὲ πικρῶς μὲν καὶ χαλεπῶς διακεῖσθαι πρὸς ἅπαντας, ἀμελεῖν δὲ τῆς αὑτῶν σωτηρίας, ἀλλ' οὕτω μὲν πράως καὶ νομίμως ἐπιστατεῖν τῶν πραγμάτων, ὥστε μηδένα τολμᾶν αὐτοῖς ἐπιβουλεύειν, μετὰ τοσαύτης δ' ἀκριβείας τὴν τοῦ σώματος ποιεῖσθαι φυλακήν, ὡς ἁπάντων αὐτοὺς ἀνελεῖν βουλομένων. ταύτην γὰρ τὴν διάνοιαν ἔχοντες αὐτοί τ' ἂν ἔξω τῶν κινδύνων εἶεν καὶ παρὰ τοῖς ἄλλοις εὐδοκιμοῖεν· ὧν ἀγαθὰ μείζω

sint remotissimi et utilitatibus proximi. (14) Si qui igitur ita sentiunt, illos ego sua socordia beatos esse facile patior : me vero puderet aliis suadentem illis neglectis meum compendium spectare, nec repudiatis et commodis et ceteris rebus omnibus, ut a me alienis, utilissima praecipere. Mihi igitur sic auscultetis velim, ut me hoc esse animo non dubitetis.

VII. Timotheo.

Qua necessitudine inter nos coniuncti simus, ex multis te audiisse arbitror. Gratulor autem tibi primum, quod ista potestate rectius uteris quam pater ac prudentius; deinde quod honestam famam parandi quam magnas divitias coacervandi es studiosior. Non enim parvum signum virtutis ostendis, sed quam fieri potest maximum; qui tali animo sis praeditus. Quare si, ut coepisti, passimque de te nunc praedicatur, perrexeris, non defuturi sunt qui et sapientiam tuam et institutum istud laudibus illustrent. (2) Arbitror autem etiam ea quae de patre tuo dicuntur, momenti plurimum ad hoc esse allatura, ut sapere aliisque praestare videaris. Solent enim plerique non ita commendare et venerari laudatis patribus natos, ut eos qui patrum saevitiam et immanitatem nulla ex parte imitantur. Quicquid enim boni mortalibus praeter expectationem offertur, id omnibus in rebus longe gratius est quam ea quae usitata et legitima ratione contingunt.

(3) His igitur consideratis quaerendum tibi et solicite cogitandum est, quibus modis et quorum opera quorumque consiliis tum urbis calamitates emendes, tum cives ad officium et modestiam cohorteris, atque efficias ut et suavius et securius aevum exigant, quam superiori tempore. Nam haec officia sunt bonorum et cordatorum principum. (4) Quibus nonnulli contemptis in id unum intenti sunt, ut in summa licentia vitam transigant optimosque et opulentissimos civium iniuriis afficiant et tributa ab iis exigant. Ignorant illi nimirum, decere viros prudentes in hoc honorum et dignitatis fastigio collocatos non ex aliorum miseriis suas parare voluptates, sed sua sollicitudine et laboribus civium felicitatem augere, (5) neque acerbitatem et saevitiam in omnes exercere suamque ipsorum salutem negligere, sed imperium ea clementia et aequitate administrare, ut nemo eis audeat insidiari, et non minore vitam suam diligentia munire, quam si omnes in eorum exitium conspirassent. Hoc enim animo si agant, fiet ut et ipsi extra periculum sint, et apud ceteros gloria floreant. Quibus maiora

χαλεπὸν εὑρεῖν ἐστίν. (6) ἐνεθυμήθην δὲ μεταξὺ γρά-
φων, ὡς εὐτυχῶς ἅπαντά σοι συμβέβηκε. τὴν μὲν
γὰρ εὐπορίαν, ἣν ἀναγκαῖον ἦν κτήσασθαι μετὰ βίας
τυραννικῶς καὶ μετὰ πολλῆς ἀπεχθείας, ὁ πατήρ σοι
καταλέλοιπε, τὸ δὲ χρῆσθαι τούτοις καλῶς καὶ φιλαν-
θρώπως ἐπὶ σοὶ γέγονεν· ὧν χρή σε πολλὴν τοιεῖσθαι
τὴν ἐπιμέλειαν.

(7) Ἃ μὲν.οὖν ἐγὼ γιγνώσκω, ταῦτ' ἐστίν· ἔχει δ'
οὕτως. εἰ μὲν ἐρᾷς χρημάτων καὶ μείζονος δυνα-
στείας καὶ κινδύνων, δι' ὧν αἱ κτήσεις τούτων εἰσίν,
ἑτέρους σοι συμβούλους παρακλητέον· εἰ δὲ ταῦτα
μὲν ἱκανῶς ἔχεις, ἀρετῆς δὲ καὶ δόξης καλῆς καὶ τῆς
παρὰ τῶν πολλῶν εὐνοίας ἐπιθυμεῖς, τοῖς τε λόγοις
τοῖς ἐμοῖς προσεκτέον τὸν νοῦν ἐστι καὶ τοῖς καλῶς
τὰς πόλεις τὰς αὐτῶν διοικοῦσιν ἁμιλλητέον καὶ πει-
ρατέον αὐτῶν διενεγκεῖν. (8) ἀκούω δὲ Κλέομιν τὸν
ἐν Μηθύμνῃ ταύτην ἔχοντα τὴν δυναστείαν περί τε
τὰς ἄλλας πράξεις καλὸν κἀγαθὸν εἶναι καὶ φρόνιμον,
καὶ τοσοῦτον ἀπέχειν τοῦ τῶν πολιτῶν τινὰς ἀποκτεί-
νειν ἢ φυγαδεύειν ἢ δημεύειν τὰς οὐσίας ἢ ποιεῖν ἄλλο
τι κακὸν, ὥστε πολλὴν μὲν ἀσφάλειαν παρέχειν τοῖς
συμπολιτευομένοις, κατάγειν δὲ τοὺς φεύγοντας, (9)
ἀποδιδόναι δὲ τοῖς μὲν κατιοῦσι τὰς κτήσεις ἐξ ὧν
ἐξέπεσον, τοῖς δὲ πριαμένοις τὰς τιμὰς τὰς ἑκάστοις
γιγνομένας, πρὸς δὲ τοῦτο καθοπλίζειν ἅπαντας τοὺς
πολίτας, ὡς οὐδενὸς μὲν ἐπιχειρήσοντος περὶ αὐτὸν
νεωτερίζειν, ἢν δ' ἄρα τινὲς τολμήσωσιν, ἡγούμενος
λυσιτελεῖν αὐτῷ τεθνάναι τοιαύτην ἀρετὴν ἐνδειξα-
μένῳ τοῖς πολίταις μᾶλλον ἢ ζῆν πλείω χρόνον τῇ
πόλει τῶν μεγίστων κακῶν αἴτιον γενομένῳ

(10) Ἔτι δ' ἂν πλείω σοι περὶ τούτων διελέχθην,
σως δ' ἂν καὶ χαριέστερον, εἰ μὴ παντάπασιν ἔδει με
διὰ ταχέων γράψαι σοι τὴν ἐπιστολήν. νῦν δὲ σοὶ
μὲν αὖθις συμβουλεύσομεν, ἐὰν μὴ κωλύσῃ με τὸ γῆ-
ρας, ἐν δὲ τῷ παρόντι περὶ τῶν ἰδίων δηλώσομεν.
Αὐτοκράτωρ γὰρ ὁ τὰ γράμματα φέρων οἰκείως ἐμὶν
ἔχει (11) περί τε γὰρ τὰς διατριβὰς τὰς αὐτὰς γεγό-
ναμεν καὶ τῇ τέχνῃ πολλάκις αὐτοῦ κέχρημαι καὶ τὸ
τελευταῖον περὶ τῆς ἀποδημίας τῆς ὡς σὲ σύμβουλος
ἐγενόμην αὐτῷ· διὰ δὴ ταῦτα πάντα βουλοίμην ἄν
τε καλῶς αὐτῷ χρήσασθαι καὶ συμφερόντως ἀμφοτέ-
ροις ὑμῖν, καὶ γενέσθαι φανερόν, ὅτι μέρος τι καὶ δι'
ἐμὲ γίγνεταί τι τῶν δεόντων αὐτῷ.

(12) Καὶ μὴ θαυμάσῃς, εἰ σοὶ μὲν οὕτως ἐπιστέλλω
προθύμως, Κλεάρχου δὲ μηδὲν πώποτ' ἐδεήθην. σχε-
δὸν γὰρ ἅπαντες οἱ παρ' ὑμῶν καταπλέοντες σὲ μὲν
ὅμοιόν φασιν εἶναι τοῖς βελτίστοις τῶν ἐμοὶ πεπλησια-
κότων, Κλέαρχον δὲ κατὰ μὲν ἐκεῖνον τὸν χρόνον, ὅτ'
ἦν παρ' ἡμῖν, ὡμολόγουν, ὅσοιπερ ἐνέτυχον, ἐλευθε-
ριώτατον εἶναι καὶ πρᾳότατον καὶ φιλανθρωπότατον
τῶν μετεχόντων τῆς διατριβῆς· ἐπειδὴ δὲ δύναμιν
ἔλαβε, τοσοῦτον ἔδοξε μεταπεσεῖν ὥστε πάντας θαυ-
μάζειν τοὺς πρότερον αὐτὸν γιγνώσκοντας. (13) πρὸς
μὲν οὖν ἐκεῖνον διὰ ταύτας τὰς αἰτίας ἀπηλλοτριώθην

bona invenire difficile est (b) Inter scribendum autem
in mentem mihi venit secundissima tibi omnia accidisse
Opum enim abundantiam, quam necesse erat regio modo
vi multisque inimicitiis susceptis comparare, pater tibi
reliquit, his vero bene et humaniter uti, in tua manu
est, et in eo te summo studio elaborare decet

(7) Quæ igitur mihi consulta videantur, hæc sunt
Sic autem se res habet Si pecunias maioremque poten-
tiam et pericula, sine quibus hæ parari nequeunt, ada-
mas, alii tibi in consilium adhibendi erunt, sin tibi ha-
rum rerum abunde est, virtutis vero et honestæ famæ
ac popularis benevolentiæ desiderio teneris, et orationi
meæ obtemperandum erit et cum illis certandum, qui
præclare suas urbes administrant, et tentandum etiam ut
eos superes (8) Nam et Cleominin audio, qui Methymnæ
dominatur, cum in aliis actionibus viri boni et prudentis
fungi officio, tum tantum abesse ut civium quosquam
occidat aut in exilium agat aut proscribat aut alia ulla
clade afficiat, ut cives eius in summa securitate degant,
ut patria pulsos ab exilio revocet, (9) ut restitutis pos-
sessiones unde exciderunt reddat, his vero qui eas eme-
rant, tantum pro eis numeret, quanti emerunt, neque
his contentus, cives omnes armis instruat et exoruet, ni-
hil metuens ne qui novarum rerum studiosi insidias ipsi
struant Quod si qui audeant, mortem oppetere satius
esse ducit in tanta humanitate et benignitate erga cives,
quam crudeliter in eosdem grassando vitam ultra pro-
ducere

(10) Plura de his fortasse et elegantius tecum disse-
ruissem, nisi mihi hæ literæ cum magna festinatione
scribendæ essent Sed alias iterum tibi, nisi me senium
prohibuerit, consilium dabimus in præsentia vero de
privatis rebus agemus Autocrator enim, qui literas has
tibi reddit, est mihi familiaris (11) nam et in iisdem
studiis versati sumus et eius arte sæpe usus sum denique
vero illi autor fui ad te proficiscendi His omnibus de
causis cum honore te tractes velim et ut nostrum utri-
que expedit, ac præ te feras, quicquid officiorum in eum
contuleris, aliqua ex parte mea quoque gratia fieri

(12) Neque miretis me tam expedite ad te scribere,
qui a Clearcho nihil unquam petierim Nam fere omnes qui
istinc ad nos navigant, te similem esse dicunt præstantis-
simis eorum qui nobiscum una versati sunt Clearchum
vero, quo tempore apud nos fuit fatebantur omnes qui eum
unquam convenerant, liberalissimum esse et mansuetissi-
mum et humanissimum inter omnes discipulos nostros
posteaquam autem principatum est adeptus, ita mutasse
animum visus est, ut omnes qui eum prius norant, de-
mirentur (13) Ob has igitur causas factus ab eo sum
alienior · te vero amo et probo ac vehementer velim te

σὲ δ' ἀποδέχομαι καὶ πρὸ πολλοῦ ποιησαίμην ἂν οἰ-
κείως διατεθῆναι πρὸς ἡμᾶς. δηλώσεις δὲ καὶ σὺ διὰ
ταχέων, εἰ τὴν αὐτὴν γνώμην ἔχεις ἡμῖν· Αὐτοκρά-
τορός τε γὰρ ἐπιμελήσει καὶ πέμψεις ἐπιστολὴν ὡς
ἡμᾶς, ἀνανεούμενος τὴν φιλίαν καὶ ξενίαν τὴν πρότε-
ρον ὑπάρχουσαν. ἔρρωσο, κἄν του δέῃ τῶν παρ'
ἡμῶν, ἐπίστελλε.

ζ'. Τοῖς Μυτιληναίων ἄρχουσιν.

Οἱ παῖδες οἱ Ἀφαρέως, υἱιδεῖς δ' ἐμοί, παι-
δευθέντες ὑπ' Ἀγήνορος τὰ περὶ τὴν μουσικήν, ἐδεή-
θησάν μου γράμματα πέμψαι πρὸς ὑμᾶς, ὅπως ἄν,
ἐπειδὰν καὶ τῶν ἄλλων τινὰς καταγάγητε φυγάδων,
καὶ τοῦτον καταδέξησθε καὶ τὸν πατέρα καὶ τοὺς ἀδελ-
φούς. λέγοντος δέ μου πρὸς αὐτοὺς ὅτι δέδοικα
μὴ λίαν ἄτοπος εἶναι δόξω καὶ περίεργος, ζητῶν εὑ-
ρίσκεσθαι τηλικαῦτα τὸ μέγεθος παρ' ἀνδρῶν, οἷς
οὐδεπώποτε πρότερον οὔτε διελέχθην οὔτε συνήθης
ἐγενόμην, ἀκούσαντες ταῦτα πολὺ μᾶλλον ἐλιπάρουν.
(2) ὡς δ' οὐδὲν αὐτοῖς ἀπέβαινεν ὧν ἤλπιζον, ἅπασιν
ἦσαν καταφανεῖς ἀηδῶς διακείμενοι καὶ χαλεπῶς φέ-
ροντες. ὁρῶν δ' αὐτοὺς λυπουμένους μᾶλλον τοῦ
προσήκοντος, τελευτῶν ὑπεσχόμην γράψειν τὴν ἐπι-
στολὴν καὶ πέμψειν ὑμῖν. ὑπὲρ μὲν οὖν τοῦ μὴ δι-
καίως ἂν δοκεῖν μωρὸς εἶναι μηδ' ὀχληρὸς ταῦτ' ἔχω
λέγειν.

(3) Ἡγοῦμαι δὲ καλῶς ὑμᾶς βεβουλεῦσθαι καὶ
διαλλαττομένους τοῖς πολίταις τοῖς ὑμετέροις, καὶ πει-
ρωμένους τοὺς μὲν φεύγοντας ὀλίγους ποιεῖν, τοὺς δὲ
συμπολιτευομένους πολλούς, καὶ μιμουμένους τὰ
περὶ τὴν στάσιν τὴν πόλιν τὴν ἡμετέραν. μάλιστα δ'
ἄν τις ὑμᾶς ἐπαινέσειεν, ὅτι τοῖς κατιοῦσιν ἀποδίδοτε
τὴν οὐσίαν· ἐπιδείκνυσθε γὰρ καὶ ποιεῖτε πᾶσι φανε-
ρόν, ὡς οὐ τῶν κτημάτων ἐπιθυμήσαντες τῶν ἀλλο-
τρίων ἀλλ' ὑπὲρ τῆς πόλεως δείσαντες ἐποιήσασθε τὴν
ἐκβολὴν αὐτῶν. (4) οὐ μὴν ἀλλ' εἰ καὶ μηδὲν ὑμῖν ἔδοξε
τούτων μηδὲ προσεδέχεσθε μηδένα τῶν φυγάδων,
τούτους γε νομίζω συμφέρειν ὑμῖν κατάγειν. αἰσχρὸν
γὰρ τὴν μὲν πόλιν ὑμῶν ὑπὸ πάντων ὁμολογεῖσθαι
μουσικωτάτην εἶναι καὶ τοὺς ὀνομαστοτάτους ἐν αὐτῇ
παρ' ὑμῖν τυγχάνειν γεγονότας, τὸν δὲ προέχοντα τῶν
νῦν ὄντων περὶ τὴν ἱστορίαν τῆς παιδείας ταύτης φεύ-
γειν ἐκ τῆς τοιαύτης πόλεως, καὶ τοὺς μὲν ἄλλους
Ἕλληνας τοὺς διαφέροντας περί τι τῶν καλῶν ἐπιτη-
δευμάτων, κἂν μηδὲν προσήκωσι, ποιεῖσθαι πολίτας,
ὑμᾶς δὲ τοὺς εὐδοκιμοῦντάς τε παρὰ τοῖς ἄλλοις
καὶ μετασχόντας τῆς αὐτῆς φύσεως περιορᾶν παρ'
ἑτέροις μετοικοῦντας. (5) θαυμάζω δ' ὅσαι τῶν πό-
λεων μείζονας δωρεῶν ἀξιοῦσι τοὺς ἐν τοῖς γυμνικοῖς
ἀγῶσι κατορθοῦντας μᾶλλον ἢ τοὺς τῇ φρονήσει καὶ
τῇ φιλοπονίᾳ τι τῶν χρησίμων εὑρίσκοντας, καὶ μὴ
συνορῶσιν ὅτι πεφύκασιν αἱ μὲν περὶ τὴν ῥώμην καὶ
τὸ τάχος δυνάμεις συναποθνήσκειν τοῖς σώμασιν, αἱ
δ' ἐπιστῆμαι παραμένειν ἅπαντα τὸν χρόνον ὠφελοῦ-

nos complecti familiariter. Sed et tu quamprimum os-
tendes, an idem tuus sit erga nos animus. Nam et Au-
tocratem commendatum habebis et epistolam ad nos
mittes, qua vetus amicitia nostra et hospitium renove-
tur. Vale, et si quid aliud a nobis praestari tibi volue-
ris, scribito.

VIII. Mitylenaeorum magistratui.

Aphareі liberi, mei nepotes, ab Agenore in musicis
eruditi, me orarunt, ut vos per literas rogarem, ut,
quando etiam alios nonnullos ab exilio revocastis, hunc
quoque cum patre et fratribus restituatis. Quibus ego
cum dicerem, vereri me, ne nimis absurde et impru-
denter facere viderer, qui rem tantam a viris, cum qui-
bus nunquam prius vel collocutus vel familiaritate con-
iunctus essem, impetrare studerem, hac excusatione au-
dita rogando multo magis instare coeperunt. (2) Ubi
vero spe sua prorsus frustrabantur, omnibus apparebat
eos affici molestia et repulsam graviter ferre. Cum au-
tem eos vehementius dolere viderem quam decebat, post-
remo pollicitus sum, me hanc epistolam scripturum, et
ad vos missurum esse. Atque haec habeo quae dicam,
ne iure a vobis stultitiae aut importunitatis accuser.

(3) Arbitror autem vos prudenter fecisse, qui et cum
civibus vestris in gratiam redieritis, et operam dederitis
ut exulum numerus minuatur, civium maior fiat, et in
ista seditione urbis nostrae exemplum imitemini. Illud
autem inprimis laude dignum est, quod exulibus ereptas
opes una cum patria restituitis. Ostenditis enim et
omnibus declaratis vos non alienarum opum cupiditate
impulsos, sed reipublicae metuentes urbe eos eiecisse.
(4) Verum, etiamsi nihil horum decrevissetis nec ullum
exulem reciperetis, è re vestra tamen esse putarem, ut
his, de quibus ego scribo, patriam redderetis. Quum
enim inter omnes constet vestram urbem peritia musica
omnibus antecellere et viros in ea arte celeberrimos apud
vos esse natos, turpe fuerit eum qui cognitione huius
disciplinae nostrae aetatis artifices superat, tali civitate
exulare; et quum ceteri Graeci eos, qui aliquo honesto
studio excellunt, quanquam prorsus alienos, civitate
donare soleant, vos committere ut qui apud alios fama
floreant et cives sint vestri, apud exteros inquilinos
agant. (5) Demiror equidem eas civitates, quae maiora
praemia victoribus in ludis gymnicis decernunt, quam
his qui ingenii solertia et industria sua vitae aliquid
utile repererunt, neque considerant robur et pedum ce-
leritatem morte una cum corpore interire, artium autem
eam esse naturam, ut perpetuo durent suique studiosos

σαι τοὺς χρωμένους αὐταῖς. (5) ὧν ἐνθυμουμένους χρὴ τοὺς νοῦν ἔχοντας περὶ πλείστου μὲν ποιεῖσθαι τοὺς καλῶς καὶ δικαίως τῆς αὑτῶν πόλεως ἐπιστατοῦντας, δευτέρους δὲ τοὺς τιμὴν καὶ δόξαν αὐτῇ καλὴν συμβαλέσθαι δυναμένους· ἅπαντες γὰρ ὥσπερ δείγματι τοῖς τοιούτοις χρώμενοι καὶ τοὺς ἄλλους τοὺς συμπολιτευομένους ὁμοίους εἶναι τούτοις νομίζουσιν.

(7) Ἴσως οὖν εἴποι τις ἂν ὅτι προσήκει τοὺς εὑρέσθαι τι βουλομένους μὴ τὸ πρᾶγμα μόνον ἐπαινεῖν, ἀλλὰ καὶ σφᾶς αὐτοὺς ἐπιδεικνύναι δικαίως ἂν τυγχάνοντας περὶ ὧν ἂν ποιῶνται τοὺς λόγους. ἔχει δ' οὕτως. ἐγὼ τοῦ μὲν πολιτεύεσθαι καὶ ῥητορεύειν ἀπέστην· οὔτε γὰρ φωνὴν εἶχον ἱκανὴν οὔτε τόλμαν· οὐ μὴν παντάπασιν ἄχρηστος ἔφυν οὐδ' ἀδόκιμος, ἀλλὰ τοῖς προῃρημένοις λέγειν ἀγαθόν τι περὶ ὑμῶν καὶ τῶν ἄλλων συμμάχων φανείη ἂν καὶ σύμβουλος καὶ συναγωνιστὴς γεγενημένος, αὐτός τε πλείους λόγους πεποιημένος ὑπὲρ τῆς ἐλευθερίας καὶ τῆς αὐτονομίας τῆς τῶν Ἑλλήνων ἢ σύμπαντες οἱ τὰ βήματα κατατετριφότες. (8) ὑπὲρ ὧν ὑμεῖς ἄν μοι δικαίως πλείστην ἔχοιτε χάριν· μάλιστα γὰρ ἐπιθυμοῦντες διατελεῖτε τῆς τοιαύτης καταστάσεως. οἶμαι δ' ἂν εἰ Κόνων μὲν καὶ Τιμόθεος ἐτύγχανον ζῶντες, Διόφαντος δ' ἧκεν ἐκ τῆς Ἀσίας, πολλὴν ἂν αὐτοὺς ποιήσασθαι σπουδήν, εὑρέσθαι με βουλομένους ὧν τυγχάνειν δέομαι. περὶ ὧν οὐκ οἶδα τί δεῖ πλείω λέγειν· οὐδεὶς γὰρ ὑμῶν οὕτως ἐστὶ νέος οὐδ' ἐπιλήσμων, ὅστις οὐκ οἶδε τὰς ἐκείνων εὐεργεσίας.

(9) Οὕτω δ' ἄν μοι δοκεῖτε κάλλιστα βουλεύσασθαι περὶ τούτων, εἰ σκέψεσθε τίς ἐστιν ὁ δεόμενος καὶ ὑπὲρ ποίων τινῶν ἀνθρώπων. εὑρήσετε τοίνυν ἐμὲ μὲν οἰκειότατα κεχρημένον τοῖς μεγίστου ἀγαθῶν αἰτίοις γεγενημένοις ὑμῖν τε καὶ τοῖς ἄλλοις, ὑπὲρ ὧν δὲ δέομαι τοιούτους ὄντας, οἵους τοὺς μὲν πρεσβυτέρους καὶ τοὺς περὶ τὴν πολιτείαν ὄντας μὴ λυπεῖν, τοῖς δὲ νεωτέροις διατριβὴν παρέχειν ἡδεῖαν καὶ χρησίμην καὶ πρέπουσαν τοῖς τηλικούτοις.

(10) Μὴ θαυμάζετε δ' εἰ προθυμότερον καὶ διὰ μακροτέρων τῶν ἄλλων γέγραφα τὴν ἐπιστολήν· βούλομαι γὰρ ἀμφότερα, τοῖς τε παισὶν ἡμῶν χαρίσασθαι καὶ ποιῆσαι φανερὸν αὐτοῖς ὅτι κἂν μὴ δημηγορῶσι μηδὲ στρατηγῶσιν, ἀλλὰ μόνον μιμῶνται τὸν τρόπον τὸν ἐμόν, οὐκ ἠμελημένως διάξουσιν ἐν τοῖς Ἕλλησιν. ἐν ἔτι λοιπόν· ἂν ἄρα δόξῃ τι τούτων ὑμῖν πράττειν, Ἀγήνορί τε δηλώσατε καὶ τοῖς ἀδελφοῖς, ὅτι μέρος τι καὶ δι' ἐμὲ τυγχάνουσιν ὧν ἐπεθύμουν.

θ'. Ἀρχιδάμῳ.

Εἰδώς, ὦ Ἀρχίδαμε, πολλοὺς ὡρμημένους ἐγκωμιάζειν σὲ καὶ τὸν πατέρα καὶ τὸ γένος ὑμῶν, εἱλόμην τοῦτον μὲν τὸν λόγον, ἐπειδὴ λίαν ῥᾴδιος ἦν, ἐκείνοις παραλιπεῖν, αὐτὸς δέ σε διανοοῦμαι παρακαλεῖν ἐπὶ στρατηγίας καὶ στρατείας οὐδὲν ὁμοίας ταῖς νῦν ἐνεστηκυίαις, ἀλλ' ἐξ ὧν μεγάλων ἀγαθῶν αἴτιος γενήσει καὶ τῇ πόλει τῇ σαυτοῦ καὶ τοῖς Ἕλλησιν ἅπασιν. (2)

semper iuvent. (6) Hæc prudentibus consideranda sunt, ut maximi faciant bonos et iustos reipublicæ gubernatores; proximum honoris gradum iis tribuant, qui civitati ornamento et gloriæ esse possunt. Omnes enim in hæc tanquam in specimen quoddam intuentes, reliquos etiam cives his viris similes esse iudicant.

(7) Fortassis autem dixerit aliquis, si qui beneficium petant, non rem ipsam tantum esse laudandam, sed ostendendum etiam ip os non esse indignos ea re, de qua verba faciant. Sic autem hæc se res habet. Ego reipublicæ administratione et concionibus habendis abstinui, propterea quod et vox et audacia me deficiebat; non tamen omnino nullus mei usus aut nulla fuit auctoritas: sed me his qui vestræ ceterorumque sociorum dignitati ac commodis patrocinati sunt, et consiliarium et adiutorem fuisse comperietis; præterea plura verba feci de libertate et iure suo Græcis restituendo, quam omnes isti qui suggestum crebris concionibus contriverunt. (8) Pro quibus vos mihi rebus merito maximam gratiam habueritis; nam semper hoc reipublicæ statum maxime desiderastis. Arbitror autem Cononem et Timotheum, si viverent, ac Diophantum, si ex Asia redisset, mea causa strenue fuisse laboraturos, qui vellent idem mihi a vobis tribui, quod a vobis peto. De quibus nescio quorsum attineat plura verba facere: nemo enim vestrûm ita vel adolescens vel obliviosus est, quin collata in vos ab illis beneficia noverit.

(9) Sic autem de hoc negotio rectissime deliberaturi videmini, si consideretis, et quis sit is qui orat, et pro qualibus hominibus intercedat. Reperietis enim me coniunctissimum et amicissimum fuisse his qui vos et alios summis beneficiis affecerunt: eos vero pro quibus intercedo eius generis esse homines, qui nec senioribus et magistratu præditis molesti sint, et adolescentes in studiis iucundis et utilibus et huic ætati convenientibus exerceant.

(10) Ne vero miremini si promptius et longiores ceteris ad vos literas dederim. Nam et filiis nostris obsequi et simul ostendere cupio, etiamsi rempublicam non attigerint neque exercitui præfuerint, sed mores tantum et institutum meum imitentur, fore tamen ut apud Græcos contemnantur. Unum adhuc est reliquum, si precibus nostris locum dare vobis visum fuerit, ut Agenori et fratribus eius significetis, eis mea quoque causa ex quadam parte ea tribui, quæ sibi tribui vehementer optant.

IX. Archidamo.

Quum sciam, Archidame, quam multi te parentemque tuum et vestrum universum genus laudibus ornare aggrediantur, eam ipsis dicendi materiam, quum facilis admodum esset et obvia, relinquendam putavi; mihi autem in animo est hortari te ad expeditiones iis prorsus dissimiles quæ hoc tempore suscipiuntur, sed ad tales, ex quibus civitati tuæ non minus quam cunctæ Græciæ maximorum bonorum auctor futurus sis. (2) Atque hoc

ταύτην δ' ἐποιησάμην τὴν αἵρεσιν, οὐκ ἀγνοῶν τῶν
λόγων τὸν εὐμεταχειριστότερον, ἀλλ'ἀκριβῶς εἰδὼς ὅτι
πράξεις μὲν εὑρεῖν καλὰς καὶ μεγάλας συμφερούσας
χαλεπὸν καὶ σπάνιόν ἐστιν, ἐπαινέσαι δὲ τὰς ἀρετὰς
τὰς ὑμετέρας ῥᾳδίως οἷός τ' ἂν ἐγενόμην. οὐ γὰρ
ἔδει με παρ' ἐμαυτοῦ πορίζεσθαι τὰ ῥηθησόμενα περὶ
αὐτῶν, ἀλλ' ἐκ τῶν ὑμῖν πεπραγμένων τοσαύτας ἂν
καὶ τοιαύτας ἀφορμὰς ἔλαβον, ὥστε τὰς περὶ τῶν ἄλ-
λων εὐλογίας μηδὲ κατὰ μικρὸν ἐναμίλλους γενέσθαι
τῇ περὶ ὑμᾶς ῥηθείσῃ (3) πῶς γὰρ ἄν τις ἢ τὴν εὐ-
γένειαν ὑπερεβάλετο τῶν γεγονότων ἀφ' Ἡρακλέους
καὶ Διός, ἣν πάντες ἴσασι μόνοις ὑμῖν ὁμολογουμένοις
ὑπάρχουσαν, ἢ τὴν ἀρετὴν τῶν ἐν Πελοποννήσῳ τὰς
Δωρικὰς πόλεις κτισάντων καὶ τὴν χώραν ταύτην κα-
τασχόντων, ἢ τὸ πλῆθος τῶν κινδύνων καὶ τῶν τρο-
παίων τῶν διὰ τὴν ὑμετέραν ἡγεμονίαν καὶ βασιλείαν
σταθέντων, (4) τίς δ' ἂν ἠπόρησε διεξιέναι βουληθεὶς
τὴν ὅλης τῆς πόλεως καὶ σωφροσύνην καὶ πολιτείαν τὴν
ὑπὸ τῶν προγόνων τῶν ὑμετέρων συνταχθεῖσαν, πόσοις
δ' ἂν λόγοις ἐξεγένετο χρήσασθαι περὶ τὴν φρόνησιν
τοῦ σοῦ πατρὸς καὶ τὴν ἐν ταῖς συμφοραῖς διοίκησιν καὶ
τὴν μάχην τὴν ἐν τῇ πόλει γενομένην, ἧς ἡγεμὼν σὺ
κατστὰς καὶ μετ' ὀλίγων πρὸς πολλοὺς κινδυνεύσας
καὶ πάντων διενεχθεὶς αἴτιος ἐγένου τῇ πόλει τῆς
σωτηρίας, οὗ κάλλιον ἔργον οὐδεὶς ἂν ἐπιδείξειεν,
(5) οὔτε γὰρ πόλεις ἑλεῖν οὔτε πολλοὺς ἀποκτεῖναι
τῶν πολεμίων οὕτω μέγα καὶ σεμνόν ἐστιν, ὡς ἐκ τῶν
τοιούτων κινδύνων σῶσαι τὴν πατρίδα, μὴ τὴν τυ-
χοῦσαν, ἀλλὰ τὴν τοσοῦτον ἐπ' ἀρετῇ διενεγκοῦσαν.
περὶ ὧν μὴ κομψῶς ἀλλ' ἁπλῶς διελθών, μηδὲ τῇ
λέξει κοσμήσας ἀλλ' ἐξαριθμήσας μόνον καὶ ῥύζην εἰ-
πὼν οὐδεὶς ὅστις οὐκ ἂν εὐδοκιμήσειεν

(6) Ἐγὼ τοίνυν δυνηθεὶς ἂν καὶ περὶ τούτων ἐξαρ-
κούντως διαλεχθῆναι, κἀκεῖνο γιγνώσκων, πρῶτον μὲν
ὅτι ῥᾷόν ἐστι περὶ τῶν γεγενημένων εὐπόρως ἐπι-
δραμεῖν ἢ περὶ τῶν μελλόντων νοῦν ἐχόντως εἰπεῖν,
ἔπειθ' ὅτι πάντες ἄνθρωποι πλείω χάριν ἔχουσι τοῖς
ἐπαινοῦσιν ἢ τοῖς συμβουλεύουσι (τοὺς μὲν γὰρ ὡς
εὔνους ὄντας ἀποδέχονται, τοὺς δ', ἂν μὴ κελευσθέντες
παραινῶσιν, ἐνοχλεῖν νομίζουσιν, (7) ἀλλ' ὅμως ἅπαντα
ταῦτα προειδὼς τῶν μὲν πρὸς χάριν ἂν ῥηθέντων
ἀπεσχόμην, περὶ δὲ τοιούτων μέλλω λέγειν περὶ ὧν
οὐδεὶς ἂν ἄλλος τολμήσειεν, ἡγούμενος δεῖν τοὺς
ἐπιεικείας καὶ φρονήσεως ἀμφισβητοῦντας μὴ τοὺς
ῥᾴστους προαιρεῖσθαι τῶν λόγων ἀλλὰ τοὺς ἐργωδε-
στάτους, μηδὲ τοὺς ἡδίστους τοῖς ἀκούουσιν, ἀλλ' ἐξ
ὧν ὠφελήσουσι καὶ τὰς πόλεις τὰς αὑτῶν καὶ τοὺς ἄλ-
λους Ἕλληνας ἐφ' οἷσπερ ἐγὼ τυγχάνω νῦν ἐφεστη-
κώς.

(8) Θαυμάζω δὲ καὶ τῶν ἄλλων τῶν πράττειν ἢ
λέγειν δυναμένων, εἰ μηδεπώποτ' αὐτοῖς ἐπῆλθεν
ἐνθυμηθῆναι περὶ τῶν κοινῶν πραγμάτων, μηδ' ἐλεῆ-
σαι τὰς τῆς Ἑλλάδος δυσπραξίας οὕτως αἰσχρῶς
καὶ δεινῶς διατιθεμένης, ἧς οὐδεὶς παραλείπεται τό-

scribendi argumentum delegi non ignarus quidnam esse
ad pertractandum facilius, sed probe sciens fore ut sicuti
arduum simul et paucorum hominum esset invenire quas
geras res praeclaras magnas utiles, ita tuas tuaeque familiae
virtutes laudare haud difficulter possem Neque enim opus
fuisset de meo depromere quae de his dicerentur, quando
ex ipsis per vos gestis rebus talis mihi ac tanta dabatur
dicendi materies, ut quae de aliis praedicantur laudes, ne
tantillum quidem cum iis conferri possint quibus vos ce-
lebraremini (3) Quomodo enim aliquis superet vel no-
bilitatem eorum qui ab Hercule et ipso Iove genus du
cunt, quam omnes uno ore confitentur in vobis solis
reperiri, vel virtutem eorum, qui Doricas in Peloponneso
urbes condiderunt, et illam regionem occupaverunt, vel
praeliorum tropaeorumque multitudinem quae vestro ductu
atque auspiciis facta sunt et statuta? (4) Quis autem
dicendis egeret, qui velit quum fortitudinem ac tempe-
rantiam totius vestrae civitatis, tum a vestris maioribus
institutum reipublicae statum percensere? quantis porro
verbis uti liceret ad explicandam parentis tui prudentiam,
eiusdemque in adversis rei gerendae rationem, et illud
quod intra ipsam urbem commissum est proelium? in
quo tu proelio constitutus imperator pugnando cum pau-
cis adversus multos omnibus antecelluisti, et urbem
tuam ab exitio servasti quo nihil praeclarius gestum
ab ullo proferri possit (5) neque enim vel urbes expug-
nare vel hostium magnas copias interimere, magnum
adeo est et honorificum, ut fuit e tantis periculis patriam
liberare, et non illam vulgarem aliquam, sed quae tan-
topere virtutis causa emineret De quibus nemo scilicet
non cum ostentatione, sed simpliciter narrando, neque
cum verborum ornatu, sed enumerando duntaxat et
temere quidvis effundendo disseruerit, qui non ex eo
magnam sibi laudem comparaverit

(6) Ego igitur qui etiam de his poteram idoneo modo
profari, atque illud sentiens, primum facilius esse de
praeteritis copiose eloqui, quam de futuris cordate di-
cere, deinde omnes homines maiorem habere gratiam
laudantibus quam consiliantibus, et illos quidem libenter
excipere ut sui studiosos, hos vero, nisi iussi admo-
neant, auribus obtundere arbitrari (7) quae etsi omnia
providerim, nihilo tamen secius ab his abstinui quae ad
gratiam ineundam dicenda essent, de iis tantum modo dic-
turus de quibus nemo alius ausit ratus nimirum decere
eos qui de aequitate et prudentia cum aliis contendunt,
nequaquam ea sibi eligere argumenta quae tractatu facil-
lima sunt, sed quae difficillima, neque rursus ea quae
auditu sint iucundissima, sed ex quibus emolumenti
plurimum afferant quum suis civitatibus, tum Graecis
omnibus, in quorum utilitatem nunc intendor.

(8) Demiror autem ceteros quibus vel agendi est vel
dicendi aliqua facultas, quod nulla unquam de commu-
nibus rebus illorum animos cogitatio subeat, neque mo-
veantur Graeciae calamitatibus, cuius status adeo foedus
est et miserabilis ut nullus in ea locus reperiatur, qui non

τος ὃς οὐ γέμει καὶ μεστός ἐστι πολέμου καὶ στάσεων
καὶ σφαγῶν καὶ κακῶν ἀναριθμήτων, ὧν πλεῖστον μέ-
ρος μετειλήφασιν οἱ τῆς Ἀσίας τὴν παραλίαν οἰκοῦν-
τες, οὓς ἐν ταῖς συνθήκαις ἅπαντας ἐκδεδώκαμεν οὐ
μόνον τοῖς βαρβάροις ἀλλὰ καὶ τῶν Ἑλλήνων τοῖς τῆς
μὲν φωνῆς τῆς ἡμετέρας κοινωνοῦσι, τῷ δὲ τρόπῳ τῷ
τῶν βαρβάρων χρωμένοις· (9) οὕς, εἰ νοῦν εἴχομεν, οὐκ
ἂν περιεωρῶμεν ἀθροιζομένους οὐδ᾽ ὑπὸ τῶν τυχόντων
στρατηγουμένους, οὐδὲ μείζους καὶ κρείττους συντάξεις
στρατοπέδων γιγνομένας ἐκ τῶν πλανωμένων ἢ τῶν πο-
λιτευομένων· οἳ τῆς μὲν βασιλέως χώρας μικρὸν μέρος
λυμαίνονται, τὰς δὲ πόλεις τὰς Ἑλληνίδας, εἰς ἣν ἂν
εἰσέλθωσιν, ἀναστάτους ποιοῦσι, τοὺς μὲν ἀποκτείνοντες,
τοὺς δὲ φυγαδεύοντες, τῶν δὲ τὰς οὐσίας διαρπάζοντες,
(10) ἔτι δὲ παῖδας καὶ γυναῖκας ὑβρίζοντες, καὶ τὰς μὲν
εὐπρεπεστάτας καταισχύνοντες, τῶν δ᾽ ἄλλων ἃ περὶ
τοῖς σώμασιν ἔχουσι περισπῶντες, ὥσθ᾽ ἃς πρότερον
οὐδὲ διακεκοσμημένας ἦν ἰδεῖν τοῖς ἀλλοτρίοις, ταύτας
ὑπὸ πολλῶν ὁρᾶσθαι γυμνάς, ἐνίας δ᾽ αὐτῶν ἐν ῥάκεσι
περιφθειρομένας δι᾽ ἔνδειαν τῶν ἀναγκαίων

(11) Ὑπὲρ ὧν πολὺν ἤδη χρόνον γιγνομένων οὔτε
πόλις οὐδεμία τῶν προεστάναι τῶν Ἑλλήνων ἀξιου-
σῶν ἠγανάκτησεν, οὔτ᾽ ἀνὴρ τῶν πρωτευόντων οὐδεὶς
βαρέως ἤνεγκε, πλὴν ὁ σὸς πατὴρ μόνος γὰρ Ἀγησί-
λαος ὧν ἡμεῖς ἴσμεν ἐπιθυμῶν ἅπαντα τὸν χρόνον διε-
τέλεσε τοὺς μὲν Ἕλληνας ἐλευθερῶσαι, πρὸς δὲ τοὺς
βαρβάρους πόλεμον ἐξενεγκεῖν. οὐ μὴν ἀλλὰ κἀκεῖνος
ἑνὸς πράγματος διήμαρτεν (12) καὶ μὴ θαυμάσῃς εἰ
πρὸς σὲ διαλεγόμενος μνησθήσομαι τῶν οὐκ ὀρθῶς ὑπ᾽
αὐτοῦ γνωσθέντων· εἰθισμαί τε γὰρ μετὰ παρρησίας
ἀεὶ ποιεῖσθαι τοὺς λόγους, καὶ δεξαίμην ἂν δικαίως
ἐπιτιμήσας ἀπεχθέσθαι μᾶλλον ἢ παρὰ τὸ προσῆκον
ἐπαινέσας χαρίσασθαι. (13) τὸ μὲν οὖν ἐμὸν οὕτως
ἔχον ἐστίν, ἐκεῖνος δ᾽ ἐν πᾶσι τοῖς ἄλλοις διενεγχὼν
καὶ γενόμενος ἐγκρατέστατος καὶ δικαιότατος καὶ πε-
λιτικώτατος διττὰς ἔσχεν ἐπιθυμίας, χωρὶς μὲν ἑκα-
τέραν καλὴν εἶναι δοκοῦσαν, οὐ συμφωνούσας δ᾽ ἀλλή-
λαις οὐδ᾽ ἅμα πράττεσθαι δυναμένας ἠβούλετο γὰρ
βασιλεῖ τε πολεμεῖν καὶ τῶν φίλων τοὺς φεύγοντας εἰς
τὰς πόλεις καταγαγεῖν καὶ κυρίους καταστῆσαι τῶν
πραγμάτων (11) συνέβαινεν οὖν ἐκ μὲν τῆς πραγ-
ματείας τῆς ὑπὲρ τῶν ἑταίρων ἐν κακοῖς καὶ κινδύνοις
εἶναι τοὺς Ἕλληνας, διὰ δὲ τὴν ταραχὴν τὴν ἐνθάδε
γιγνομένην μὴ σχολὴν ἄγειν μηδὲ δύνασθαι πολεμεῖν
τοῖς βαρβάροις. ὥστ᾽ ἐκ τῶν ἀγνοηθέντων κατ᾽ ἐκεῖ-
νον τὸν χρόνον ῥάδιον καταμαθεῖν, ὅτι δεῖ τοὺς ὀρθῶς
βουλευομένους μὴ πρότερον ἐκφέρειν πρὸς βασιλέα
πόλεμον, πρὶν ἂν διαλλάξῃ τις τοὺς Ἕλληνας καὶ
παύσῃ τῆς μανίας καὶ τῆς φιλονικίας ἡμᾶς περὶ
ὧν ἐγὼ καὶ πρότερον εἴρηκα καὶ νῦν ποιήσομαι τοὺς
λόγους.

(15) Καίτοι τινὲς τῶν οὐδεμιᾶς μὲν παιδείας μετε-
σχηκότων, δύνασθαι δὲ παιδεύειν τοὺς ἄλλους ὑπισ-
χνουμένων, καὶ ψέγειν μὲν τἀμὰ τολμώντων, μιμεῖ-

bellorum, seditionum, cædium et infinitorum malorum
plenus sit quorum quidem partem longe maximam susti-
nent ii qui Asiæ maritima incolunt, et a nobis universis
in fœderibus sunt dediti, non barbaris tantummodo, sed
iis item Græcis, qui etsi nobiscum eadem lingua utan-
tur, a moribus barbarorum nihil discrepant, (9) quos certe,
si in nobis quidquam esset sanæ mentis, non sineremus
coire nec a quibus libet in expeditionem educi, maiores-
que et validiores conflari copias e vagantibus viris quam
e civibus in urbe degentibus quum exiguam admo-
dum ditionis regiæ partem devastent, Græcas urbes, ad
quamcumque accesserint, evertunt, in quibus alios truci-
dant, alios exterminant, alios bonis exspoliant, (10)
prætereaque pueros et feminas contumeliis afficiunt, et
in liis forma præstantissimas contemerant, ceteras iis
exuunt vestimentis quibus teguntur ipsorum corpora,
ut quas antea ne ornatas quidem videre poterant alieni,
hæ iam nudæ a multis conspiciantur, et earum nonnullæ
in vilibus pannis ob necessariorum inopiam pereant

(11) Quæ quum tanto iam tempore mala perdurent,
nulla tamen civitas ex iis quæ Græcorum imperium affec-
tant neque vir aliquis ex Græciæ principibus molestius
tulit præterquam tuus parens solus enim Agesilaus
eorum quos novimus, in magno semper vixit deside-
rio tum Græcos in libertatem vindicandi tum belli bar-
baris inferendi Qui tamen et ipse in re una aberrare
visus est (12) Neque mireris velim, si, tecum ego
disserens, eorum mentionem faciam quæ minus ille recte
sensit nam et libere loqui semper soleo, et malim ob
iustam reprehensionem odium incurrere potius quam
per immeritam laudem gratificari (13) Hæc igitur est mea
ratio Ceterum ille qui in reliquis omnibus superabat alios,
idemque erat maxime iustus et temperans ac rerum geren
dum peritus, habuit duos cupiditates, præclaram utram-
que seorsum, sed non inter se consentientes, nec eius
generis quæ simul confieri possint Quum enim et regi
Persarum bellum inferre et amicos ab exilio in patriam
quemque suam restituere ac summæ rerum præficere de
crevisset, (14) fiebat, dum amicis studeret impensius,
ut et Græci in malis ac bellis versarentur, et ipse propter
tumultum hic excitatum pugnandi contra barbaros
otium et facultatem non haberet Quare ex his, quæ illo
tempore errata sunt, facile intelligitur eum qui recte vo-
luis consultum velit, non prius regi Persico bellum in-
ferre debere, quam Græcos reconciliarit illorumque
hunc furorem et ambitionem hanc compescuerit Qua
de re ut alias verba feci, ita nunc quoque faciam

(15) At enim ex iis qui alios se docere posse pollicentur,
quum sint ipsi doctrinæ omnis expertes, quique mea
scripta carpere audent, quæ tamen imitari gestiunt, hoc

σθαι δὲ γλιχομένων, τάχ' ἂν μανίαν εἶναι φήσειαν τὸ μέλειν ἐμοὶ τῶν τῆς Ἑλλάδος συμφορῶν, ὥσπερ παρὰ τοὺς ἐμοὺς λόγους ἢ βέλτιον ἢ χεῖρον αὐτὴν πράξουσαν. ὧν δικαίως ἂν ἅπαντες πολλὴν ἀνανδρίαν καὶ μικροψυχίαν καταγνοῖεν, ὅτι προσποιούμενοι φιλοσοφεῖν αὐτοὶ μὲν ἐπὶ μικροῖς φιλοτιμοῦνται, τοῖς δὲ δυναμένοις περὶ τῶν μεγίστων συμβουλεύειν φθονοῦντες διατελοῦσιν. (16) οὗτοι μὲν οὖν βοηθοῦντες ταῖς αὑτῶν ἀσθενείαις καὶ ῥᾳθυμίαις ἴσως τοιαῦτ' ἐροῦσιν· ἐγὼ δ' οὕτως ἐπ' ἐμαυτῷ μέγα φρονῶ, καίπερ ἔτη γεγονὼς ὀγδοήκοντα καὶ παντάπασιν ἀπειρηκώς, ὥστ' οἶμαι καὶ λέγειν ἐμοὶ προσήκειν μάλιστα περὶ τούτων καὶ καλῶς βεβουλεῦσθαι πρὸς σὲ ποιούμενον τοὺς λόγους, καὶ τυχὸν ἀπ' αὐτῶν γενήσεσθαί τι τῶν δεόντων. (17) ἡγοῦμαι δὲ καὶ τοὺς ἄλλους Ἕλληνας, εἰ δεήσειεν αὐτοὺς ἐξ ἁπάντων ἐκλέξασθαι τόν τε τῷ λόγῳ κάλλιστ' ἂν δυνηθέντα παρακαλέσαι τοὺς Ἕλληνας ἐπὶ τὴν τῶν βαρβάρων στρατείαν καὶ τὸν τάχιστα μέλλοντα τὰς πράξεις ἐπιτελεῖν τὰς συμφέρειν δοξάσας, οὐκ ἂν ἄλλους ἀνθ' ἡμῶν προκριθῆναι. καίτοι πῶς οὐκ ἂν αἰσχρὸν ποιήσαιμεν, εἰ τούτων ἀμελήσαιμεν οὕτως ἐντίμων ὄντων, ὧν ἅπαντες ἂν ἡμᾶς ἀξιώσειαν; (18) τὸ μὲν οὖν ἐμὸν ἔλαττόν ἐστιν· ἀποφήνασθαι γὰρ ἃ γιγνώσκει τις, οὐ πάνυ τῶν χαλεπῶν πέφυκεν· σοὶ δὲ προσήκει προσέχοντι τὸν νοῦν τοῖς ὑπ' ἐμοῦ λεγομένοις βουλεύσασθαι, πότερον ὀλιγωρητέον ἐστὶ τῶν Ἑλληνικῶν πραγμάτων γεγονότι μὲν ὥσπερ ὀλίγῳ πρότερον ἐγὼ διῆλθον, ἡγεμόνι δὲ Λακεδαιμονίων ὄντι, βασιλεῖ δὲ προσαγορευομένῳ, μεγίστην δὲ τῶν Ἑλλήνων ἔχοντι δόξαν, ἢ τῶν μὲν ἐνεστώτων πραγμάτων ὑπεροπτέον, μείζοσι δ' ἐπιχειρητέον.

(19) Ἐγὼ μὲν γάρ φημι χρῆναί σε πάντων ἀφέμενον τῶν ἄλλων δυοῖν τούτοιν προσέχειν τὸν νοῦν, ὅπως τοὺς μὲν Ἕλληνας ἀπαλλάξεις τῶν πολέμων καὶ τῶν ἄλλων κακῶν τῶν νῦν αὐτοῖς παρόντων, τοὺς δὲ βαρβάρους παύσεις ὑβρίζοντας καὶ πλείω κεκτημένους ἀγαθὰ τοῦ προσήκοντος. ὡς δ' ἐστὶ ταῦτα δυνατὰ καὶ συμφέροντα καὶ σοὶ καὶ τῇ πόλει καὶ τοῖς ἄλλοις ἅπασιν, ἐμὸν ἔργον ἤδη διδάξαι περὶ αὐτῶν ἐστιν.

amentiæ forsan adscribant, quod Græciæ calamitates ego curare profitear, quasi per meam orationem melius cum illa agi deinceps possit aut deterius. (16) Quorum merito sane pusillum nimis ac parum virilem animum omnes reprehendant, quod se tanquam oratores iactitantes, et ipsi ob parva gloriantur, et aliis qui de maioribus consilia suggerere possint, non desinant invidere. Atque illi quidem ignaviam et imbecillitatem suam obtegere cupientes, talia fortasse sunt dicturi; ego vero quanquam octogesimum iam annum agam, et ab rebus gerendis me plane abdicaverim, ita magnifice tamen de me adhuc sentio, ut putem mei præsertim fuisse muneris de his dicere, meque tecum agendo præclara suggessisse consilia, ac per hæc forsan aliqua rectius gestum iri. (17) Quin et ceteros Græcos existimo, si inter omnes ipsis deligendus esset is qui Græcos optime posset oratione sua incitare ad invadendos bello barbaros, tum qui celerrime posset conficere quæ utiliter gerenda viderentur, nullos omnino alios nobis præposituros. At enim quomodo non ageremus turpiter, si tam honorificum de nobis indicium negligeremus? (18) Ac meum quidem munus minoris momenti est, quum non ita soleat esse arduum suam sententiam proferre : te vero decet meis verbis attendentem perpendere utrum Græcæ res tibi negligendæ sint, iis commendato natalibus quæ modo dicebam, duci Lacedæmoniorum, ipsorumque regi appellato, et maximum inter Græcos nomen sustinenti; an potius præsentia omittenda sint negotia, ut his maiora suscipias. (19) Equidem censeo in hæc duo maxime, ceteris omnibus prætermissis, tibi esse incumbendum, ut Græcos bellis ac ceteris miseriis quibus hodie conflictantur liberes, utque barbarorum coerceas insolentiam, et nimia ipsorum bona imminuas. Hæc autem confici posse eademque et tibi et tuæ civitati et ceteris omnibus expedire, monere te mei operis est.

ΙΟΥΛΙΑΝΟΥ ΑΥΤΟΚΡΑΤΟΡΟΣ

ΕΠΙΣΤΟΛΑΙ.

IULIANI IMPERATORIS EPISTOLÆ.

α΄. Προαιρεσίῳ.

Τί δὲ οὐκ ἔμελλον ἐγὼ Προαιρέσιον τὸν καλὸν προσ-
αγορεύειν, ἄνδρα ἀφιέντα τοὺς λόγους, ὥσπερ οἱ πο-
ταμοὶ τοῖς πεδίοις ἐπαφιᾶσι τὰ ῥεύματα, καὶ ζηλοῦντα
τὸν Περικλέα κατὰ τοὺς λόγους, ἔξω τοῦ συνταράττειν
καὶ ξυγκυκᾶν τὴν Ἑλλάδα; θαυμάζειν δὲ οὐ χρὴ τὴν
Λακωνικὴν εἰ πρός σε βραχυλογίαν ἐμιμησάμην· (2) ὑμῖν
γὰρ πρέπει τοῖς σοφοῖς μακροὺς πάνυ καὶ μεγάλους
ποιεῖσθαι λόγους, ἡμῖν δὲ ἀρκεῖ καὶ τὰ βραχέα πρὸς
ὑμᾶς. ἴσθι δῆτά μοι πολλὰ πανταχόθεν κύκλῳ πράγ-
ματα ἐπιρρεῖν. τῆς καθόδου τὰς αἰτίας, εἰ μὲν ἱστο-
ρίαν γράφεις, ἀκριβέστατα ἀπαγγελῶ σοι, δοὺς τὰς
ἐπιστολὰς ἀποδείξεις ἐγγράφους· εἰ δ΄ ἔγνωκας ταῖς
μελέταις καὶ τοῖς γυμνάσμασιν εἰς τέλος ἄχρι γήρως
προσκαρτερεῖν, οὐδὲν ἴσως μου τὴν σιωπὴν μέμψῃ.

β΄. Λιβανίῳ.

Ἐπειδὴ τῆς ὑποσχέσεως ἐπελάθου (τρίτη γοῦν ἐστὶ
σήμερον, καὶ ὁ φιλόσοφος Πρίσκος αὐτὸς μὲν οὐχ ἧκε,
γράμματα δ΄ ἀπέστειλεν ὡς ἔτι χρονίζων), ὑπομι-
μνήσκω σε τὸ χρέος ἀπαιτῶν. ὀφλημα δὲ ἔστιν, ὡς
οἶσθα, σοὶ μὲν ἀποδοῦναι ῥᾴδιον, ἐμοὶ δὲ ἥδιστον πάν-
των κομίσασθαι. πέμπε δὴ τὸν λόγον καὶ τὴν ἱερὰν
συμβουλήν, ἀλλὰ πρὸς Ἑρμοῦ καὶ Μουσῶν ταχέως,
ἐπεὶ καὶ τούτων με τῶν τριῶν ἡμερῶν ἴσθι συντρίψας,
(2) εἴπερ ἀληθῆ φησιν ὁ Σικελιώτης ποιητής, ἐν ἤματι
φάσκων τοὺς ποθοῦντας γηράσκειν. εἰ δὲ ταῦτά ἐστιν,
ὥσπερ οὖν ἐστί, τὸ γῆρας ἡμῖν ἐτριπλασίασας, ὦ
γενναῖε. ταῦτα μεταξὺ τοῦ πράττειν ὑπηγόρευσά σοι
γράφειν γὰρ οὐχ οἷός τε ἦν, ἀργοτέραν ἔχων τῆς
γλώττης τὴν χεῖρα. καίτοι μοι καὶ τὴν γλῶτταν εἶναι
συμβέβηκεν ὑπὸ τῆς ἀνασκησίας ἀργοτέραν καὶ ἀδιάρ-
θρωτον. ἔρρωσό μοι, ἀδελφὲ ποθεινότατε καὶ προσ-
φιλέστατε.

γ΄. Ἀριστοξένῳ φιλοσόφῳ.

Ἆρά γε χρὴ περιμένειν κλῆσιν; καὶ τὸ ἀεὶ προτι-
μᾶν μηδαμοῦ; ἀλλ΄ ὅρα μὴ χαλεπὴν ταύτην εἰσαγά-

I. Prohæresio.

Cur ego Prohæresium optimum virum non salutabo?
hominem ita in dicendo copiosum et abundantem, ut flu-
mina, cum in patentes campos influunt; hominem æmu-
lantem eloquentia Periclem, nisi quod Græciam non
conturbat nec permiscet? Noli autem mirari, quod Laco-
nicæ orationis brevitatem erga te imitatus fuerim. (2) Vos
enim sapientes homines decet copiosa et magnifica ora-
tione uti; nobis satis est, si pauca ad vos scribamus.
Scito igitur, multa undique negotia mihi affluere. Redi-
tus causas, si quidem historiam cogitas, accuratissime
tibi exponam, epistolas tanquam demonstrationes scriptas
ad te missurus. Sin autem te oratoriis studiis et exerci-
tationibus ad extremam usque senectutem consumere
statuis, nihil fortasse meum silentium accusabis.

II. Libanio.

Quandoquidem promissi tui oblitus es (tertius enim
hic dies est, neque Priscus philosophus venit, sed litteras
misit tanquam adhuc morans), revoco tibi in memoriam
debitum flagitando. Est autem, ut scis, eiusmodi, ut
et tibi facile sit persolvere, et mihi periucundum accipere.
Mitte itaque orationem illam unáque sacrum consilium, sed,
per Mercurium et Musas, mitte celeriter. (2) Nam et me
scito tribus his diebus valde abs te consumptum esse, si qui-
dem vere ait poeta Siculus, uno die desiderantes consenes-
cere. Quod si ita est, ut certe est, senectutem iam nobis,
vir egregie, triplicasti. Hæc ad te dictavi occupatus. Scri-
bere enim ipse non poteram, quod manum lingua tardio-
rem habebam. Quin et lingua ipsa tardior iam est, quod
eam iam diu non exercuerim. Vale, frater suavissime
et carissime.

III. Aristoxeno philosopho.

An vero expectandum est, dum vocere? an priorem
officio atque amicitia certare prorsus iam extinctum

γωμεν τὴν νομοθεσίαν, εἰ ταῦτα χρὴ παρὰ τῶν φίλων περιμένειν, ὅσα καὶ παρὰ τῶν ἁπλῶς καὶ ὡς ἔτυχε γνωρίμων. ἀπορήσει τις ἐνταῦθα πῶς οὐκ εἰδότες ἀλλήλους ἐσμὲν φίλοι; πῶς δὲ τοῖς πρὸ χιλίων ἐτῶν γεγονόσι καὶ ναὶ μὰ Δία δισχιλίων; ὅτι σπουδαῖοι πάντες ἦσαν καὶ τὸν τρόπον καλοί τε κἀγαθοί. ἐπιθυμοῦμεν δὲ καὶ ἡμεῖς εἶναι τοιοῦτοι. (2) εἰ καὶ τοῦ εἶναι, τόγε εἰς ἐμέ, πάμπληθες ἀπολειπόμεθα, πλὴν ἀλλ' ἥγε ἐπιθυμία τάττει πως ἡμᾶς εἰς τὴν αὐτὴν ἐκείνοις μερίδα. καὶ τί τοιαῦτα ἐγὼ ληρῶ μακρότερον; εἴτε γὰρ ἄκλητον ἰέναι χρή, ἥξεις δήπουθεν· εἴτε καὶ ταῦτα περιμένεις, ἰδού σοι καὶ παράκλησις ἥκει παρ' ἡμῶν. ἔντυχε οὖν ἡμῖν περὶ τὰ Τύανα πρὸς Διὸς φιλίου, δεῖξον ἡμῖν ἄνδρα ἐν Καππαδόκαις καθαρῶς Ἕλληνα. τέως γὰρ τοὺς μὲν οὐ βουλομένους, ὀλίγους δέ τινας ἐθέλοντας μέν, οὐκ εἰδότας δὲ θύειν ὁρῶ.

est? Vide ne iniquam legem in amicitiam inducamus, et ab amicis eadem expectare conveniat, quæ vulgo a quibuslibet familiaribus expectantur. Quæret aliquis, quemadmodum amici simus, cum ne de facie quidem inter nos noverimus? At ego vicissim quæro, qui fit ut eos, qui mille annos, imo etiam bis millenos antea fuerunt, diligamus? Nempe quia boni viri erant. Et nos sane tales esse volumus. (2) Ac tametsi quod ad me attinet, multum ab eo absumus, ut tales simus, voluntate certe proxime accedimus. Verum quid pluribus tempus consumo? si invocatum venire oportet, venies: sin vocationem expectas, habes adhortationem meam. Quocirca per Iovem amicitiæ præsidem te oro, ut ad nos prope Tyana venias, hominemque inter Cappadocas vere Græcum ostendas. Nam adhuc quidem invitos nonnullos, volentes paucos, sed inscientes sacrificare video.

δ'. Ἰουλιανὸς Θεοδώρᾳ τῇ αἰδεσιμωτάτῃ.

IV. Iulianus Theodoræ plurimum observandæ.

Τὰ πεμφθέντα παρὰ σοῦ βιβλία πάντα ὑπεδεξάμην καὶ τὰς ἐπιστολὰς ἄσμενος διὰ τοῦ βελτίστου Μυγδονίου. καὶ μόγις ἄγων σχολήν, ὡς ἴσασιν οἱ θεοί, οὐ κακιζομένην λόγῳ ταῦτα ἀντέγραψα πρὸς σέ. σὺ δὲ εὖ πράττοις καὶ γράφοις ἀεὶ τοιαῦτα.

Libros omnes, quos ad me misisti, cum epistolis perlibenter accepi, a Mygdonio viro optimo mihi redditos. Et cum otii vix quicquam haberem (Dii enim sciunt, nihil me verbis minuere) hæc ad te rescripsi. Tu vero da operam ut valeas, et semper ad nos tales litteras mittas.

ε'. Ἐκδικίῳ ἐπάρχῳ Αἰγύπτου.

V. Ecdicio præfecto Ægypti.

Εἰ καὶ τῶν ἄλλων ἕνεκα μὴ γράφεις ἡμῖν, ἀλλ' ὑπέρ γε τοῦ θεοῖς ἐχθροῦ χρῆν σε γράφειν Ἀθανασίου, καὶ ταῦτα πρὸ πλείονος ἤδη χρόνου τὰ καλῶς ἡμῖν ἐγνωσμένα πεπυσμένον. (2) ὄμνυμι δὲ τὸν μέγαν Σάραπιν, ὡς εἰ μὴ πρὸ τῶν Δεκεμβρίων Καλανδῶν ὁ θεοῖς ἐχθρὸς Ἀθανάσιος ἐξέλθοι ἐκείνης, μᾶλλον δὲ καὶ πάσης τῆς Αἰγύπτου, τῇ ὑπακουούσῃ σοι τάξει προστιμήσομαι χρυσοῦ λίτρας ἑκατόν. (3) οἶσθα δὲ ὅπως εἰμὶ βραδὺς μὲν εἰς τὸ καταγνῶναι, πολλῷ δὲ ἔτι βραδύτερος εἰς τὸ ἅπαξ καταγνοὺς ἀνεῖναι. ** καὶ τῇ αὐτοῦ χειρὶ πάνυ με λυπεῖ τὸ καταφρονεῖσθαι τοὺς θεοὺς πάντας. οὐδὲν οὕτως ἴδοιμι, μᾶλλον δὲ ἀκούσαιμι μηδενὸς παρὰ σοῦ πραχθέντος, ὡς Ἀθανάσιον ἐξεληλαμένον τῶν τῆς Αἰγύπτου τόπων, τὸν μιαρόν, ὃς ἐτόλμησεν Ἑλληνίδας ἐπ' ἐμοῦ γυναῖκας τῶν ἐπισήμων βαπτίσαι. διωκέσθω.

Etsi nihil de cæteris scribis, attamen de illo deorum hoste Athanasio scribere certe debuisti, præsertim cum præclara nostra decreta multo ante audivisses. (2) Testor magnum Sarapin, nisi ante Calendas Decembres inimicus deorum Athanasius ex urbe vel potius ex universa Ægypto discesserit, centum auri pondo cohortem, quæ tibi paret, multatum iri. (3) Scis autem quam sim lentus ad condemnandum, et quanto lentior, postquam condemnavi, ad ignoscendum. *** Per mihi molestum est, eius opera deos omnes contemni. Equidem ex tuis factis nullum libentius videro, imo audiero, quam Athanasium illum scelestum ex omnibus Ægypti locis pulsum esse: qui ausus est in meo regno fœminas Græcorum illustres ad baptismum impellere. Eiciatur.

ς'. Ἀρταβίῳ.

VI. Artabio.

Ἐγὼ νὴ τοὺς θεοὺς οὔτε κτείνεσθαι τοὺς Γαλιλαίους οὔτε τύπτεσθαι παρὰ τὸ δίκαιον οὔτε ἄλλο τι πάσχειν κακὸν βούλομαι, προτιμᾶσθαι μέντοι τοὺς θεοσεβεῖς καὶ πάνυ φημὶ δεῖν· διὰ γὰρ τὴν Γαλιλαίων μωρίαν ὀλίγου δεῖν ἅπαντα ἀνετράπη, διὰ δὲ τὴν τῶν θεῶν εὐμένειαν σωζόμεθα πάντες. ὅθεν χρὴ τιμᾶν τοὺς θεοὺς καὶ τοὺς θεοσεβεῖς ἄνδρας τε καὶ πόλεις.

Ego per deos neque interfici Galilæos neque cædi præter ius et æquum neque molestiæ quicquam perpeti volo, sed tamen iis deorum cultores præferendos esse vel maxime censeo. Etenim Galilæorum amentia propemodum omnia afflixit ac perdidit, cum deorum benevolentia omnes salvi simus. Quare tum deos colere tum eorum cultores et viros et populos honorare debemus.

η' Γεωργίῳ

Ἦλθες Τηλέμαχε φησὶ τὸ ἔπος ἐγὼ δέ σε καὶ
εἶδον ἤδη τοῖς γράμμασι, καὶ τῆς ἱερᾶς σοῦ ψυχῆς
τὴν εἰκόνα καθάπερ ὀλίγῃ σφραγῖδι μεγάλου ᾳρχ-
κτῆρος τύπον ἀνεμαξάμην. ἔστι γὰρ ἐν ὀλίγῳ πολλὰ
δειχθῆναι, ἐπεὶ καὶ Φειδίας ὁ σοφὸς οὐκ ἐκ τῆς Ὀλυμ-
πίασι μόνον ἢ Ἀθήνησιν εἰκόνος ἐγνωρίζετο, ἀλλ'
ἤδει καὶ μικρῷ γλύμματι μεγάλης τέχνης ἔργον ἐγ-
χλεῖσαι, (2) οἷον δὴ τὸν τέττιγά φασιν αὐτοῦ καὶ τὴν
μέλιτταν, εἰ δὲ βούλει, καὶ τὴν μυῖαν εἶναι ὧν ἕκαστον,
εἰ καὶ τῇ φύσει κεφάλκωται, τῇ τέχνῃ ἐψύχωται,
ἀλλ' ἐν ἐκείνοις μὲν ἴσως αὐτῷ καὶ ἡ σμικρότης τῶν
ζῴων εἰς τὴν κατὰ λόγον τέχνην τὸ εἰκὸς ἐχαρίζετο·
σὺ δ' ἀλλὰ τὸν ἐφ' ἵππου θηρῶντα Ἀλέξανδρον εἰ δο-
κεῖ σκόπει, οὗ τὸ μέτρον ἐστὶ πᾶν ὄνυχος οὐ μεῖζον
(3) οὕτω δὲ ἐφ' ἑνατέρου τὸ θαῦμα τῆς τέχνης κέχυται,
ὥστε ὁ μὲν Ἀλέξανδρος ἤδη τὸ θηρίον βάλλει καὶ τὸν
θεατὴν φοβεῖ, δι' ὅλου δυσωπῶν τοῦ σχήματος, ὁ δὲ
ἵππος ἐν ἄκρα τῶν ποδῶν τῇ βάσει τὴν στάσιν φεύγων
ἐν τῇ τῆς ἐνεργείας κλοπῇ τῇ τέχνῃ κινεῖται. ὁ δὴ
καὶ αὐτὸς ἡμῖν, ὦ γενναῖε, ἐποίεις. (4) ὥσπερ γὰρ
ἐν Ἑρμοῦ λογίου σταδίοις δι' ὅλου πολλάκις τοῦ δρό-
μου στεφανωθεὶς ἤδη δι' ὧν ἐν ὀλίγοις γράφεις τῆς
ἀρετῆς τὸ ἄκρον ἐμφαίνεις καὶ τῷ ὄντι τὸν Ὀδυσσέα
τὸν Ὁμήρου ζηλοῖ, ὃς καὶ μόνον εἰπὼν ὅστις ἦ, ἦρ-
χει τοὺς Φαίακας ἐκπλῆξαι εἰ δέ τι καὶ παρ' ἡμῶν
τοῦ κατὰ σὲ φιλικοῦ καπνοῦ δέει, φθόνος οὐδεὶς πάν-
τως που καὶ παρὰ τῶν ἡττόνων εἶναί τι χρηστὸν ὁ μῦς
τὸν λέοντα σώσας ἀρκούντως δείκνυσιν.

ζ' Ἐκδικίῳ ἐπάρχῳ Αἰγύπτου

Ἄλλοι μὲν ἵππων, ἄλλοι δὲ ὀρνέων, ἄλλοι δὲ θη-
ρίων ἐρῶσιν ἐμοὶ δὲ βιβλίων κτήσεως ἐκ παιδαρίου
δεινὸς ἐντέτηκε πόθος ἄτοπον οὖν εἰ ταῦτα περιί-
δοιμι σφετερισαμένους ἀνθρώπους, οἷς οὐκ ἀρκεῖ τὸ
χρυσίον ἀποπλῆσαι τὸν πολὺν ἔρωτα τοῦ πλούτου,
πρὸς δὲ καὶ ταῦτα ὑφαιρεῖσθαι ῥᾳδίως διανοουμένους.
(2) ταύτην οὖν ἰδιωτικήν μοι δὸς τὴν χάριν, ὅπως
ἀνευρεθῇ πάντα τὰ Γεωργίου βιβλία. πολλὰ μὲν γὰρ
ἦν φιλόσοφα παρ' αὐτῷ πολλὰ δὲ ῥητορικὰ, πολλὰ δὲ
ἦν καὶ τῆς τῶν δυσσεβῶν Γαλιλαίων διδασκαλίας. ἃ
βουλοίμην μὲν ἠφανίσθαι πάντη τοῦ δὲ μὴ σὺν τού-
τοις ὑφαιρεθῆναι τὰ χρησιμώτερα, ζητείσθω κάκεῖνα
μετ' ἀκριβείας ἅπαντα. (3) ἡγεμὼν δὲ τῆς ζητήσεως
ἔστω σοι ταύτης ὁ νοτάριος Γεωργίου, ὃς μετὰ πίσ-
τεως μὲν ἀνιχνεύσας αὐτὰ γέρας ἴστω τευξόμενος ἐλευ-
θερίας, εἰ δ' ἀμωσγέπως γένοιτο κακοῦργος περὶ τὸ
πρᾶγμα, βασάνων εἰς πεῖραν ἥξων (4) ἐπίσταμαι δὲ
ἐγὼ τὰ Γεωργίου βιβλία, καὶ εἰ μὴ πάντα, πολλὰ
μέντοι· μετέδωκε γάρ μοι περὶ τὴν Καππαδοκίαν
ὄντι πρὸς μεταγραφήν τινα, καὶ ταῦτα ἔλαβε πάλιν.

VII Georgio

In versu illo scis esse *venisti*, *mi Telemache* At ego
te et vidi iam in litteris, et tuæ divinæ mentis imagi-
nem, quasi magni cuiusdam signi effigiem, parvo sigillo
expressi Licet enim multa in re parva ostendere Sa-
piens ille Phidias non ex ea solum imagine, quæ in Olym-
pus est aut Athenis, notus erat, verum etiam quod in
exigua sculptura magnæ artis opus incluserat (2) Talem
aiunt eius cicadam et apem fuisse, ac, si vis, muscam
quorum unumquodque licet natura æreum finxit, ars
tamen vita atque anima ornavit Verum in iis parvitas
fortasse animantum in artis industriam speciem veritatis
contulit at tu, si placet, Alexandrum ex equo venan-
tem intuere, cuius magnitudo digiti unguem non supe-
rat, (3) et tamen uterque adeo mirabili est artificio expres-
sus, ut Alexander quidem et beluam feriat et spectatori
terrorem vultu incutiat, equus vero in extrema pedum
basi consistere recusans, dum motionis sensum tanquam
surripit, arte tamen moveatur Hoc ipsum tu, vir egre-
gie, paulo ante apud nos fecisti (4) Nam ut in Mercurii
facundi stadiis toties iam victor coronatus in paucis his
scriptis virtutem summam demonstras vereque Homeri-
cum Ulixem imitaris, qui vel tantum dicendo quisnam
esset, Phæacas perterruit ac conturbavit Si quid etiam
a nobis fumi, ut ais, ab amico profecti desideras, liben-
ter largiemur Omnino amicitiam quoque infimorum
utilem esse, satis docet mus, qui leoni mercedis loco
salutem attulit

VIII Ecdicio præfecto Ægypti

Quidam equis, alii avibus, nonnulli feris delectantur
ego vero inde usque a pueritia librorum cupiditate arsi
Quare absurdum est, has opes iis relinquere, quorum
avaritia nequit auro expleri, imo qui et istos libros facile
suffurari clanculum moliuntur (2) Quocirca hoc mihi pri-
vatim beneficium dabis, ut Georgii scripta omnia repe-
rienda cures Multa erant apud illum philosophica,
multa rhetorica, multa de impiorum Galilæorum doc-
trina quæ quidem velim penitus extincta esse, sed ne
cum his utiliora quoque pereant, et illa cuncta diligenter
exquiri volo (3) Dux autem tibi esto ad inquirendum li
brarius ipsius Georgii qui si fideliter in eam curam incu-
buerit, præmium sibi libertatem esse sciat, sin autem
malitiose et astute quodammodo rem gesserit, quæstio
nem de se habitum iri (4) Georgii libros ego novi, etsi non
omnes, at multos tamen Mihi enim, cum in Cappado-
cia essem, quosdam describendos dedit, quos ad eum
postea remisi

22

θ'. Αὐτοκράτωρ Καῖσαρ Ἰουλιανὸς Μέγιστος Σεβαστὸς Ἀλεξανδρέων τῷ δήμῳ.

Εἰ μὴ τὸν Ἀλέξανδρον τὸν οἰκιστὴν ὑμῶν καὶ πρό γε τούτου τὸν μέγαν θεὸν τὸν ἁγιώτατον Σάραπιν αἰδεῖσθε, τοῦ κοινοῦ γοῦν ὑμᾶς καὶ ἀνθρωπίνου καὶ πρέποντος πῶς οὐκ εἰσῆλθε λόγος οὐδείς; προσθήσω δὲ ὅτι καὶ ἡμῶν, οὓς οἱ θεοὶ πάντες, ἐν πρώτοις δὲ ὁ μέγας Σάραπις ἄρχειν ἐδικαίωσαν τῆς οἰκουμένης. (2) οἷς πρέπον ἦν τὴν ὑπὲρ τῶν ἠδικηκότων ὑμᾶς φυλάξαι διάγνωσιν. ἀλλ' ὀργὴ τυχὸν ἴσως ὑμᾶς ἐξηπάτησε καὶ θυμός, ὅσπερ οὖν εἴωθε τὰ δεινὰ πράττειν, τὰς φρένας μετοικίσας, εἰ τὰ τῆς ὁρμῆς ἀναστείλαντες τοῖς παραχρῆμα βεβουλευμένοις καλῶς ὕστερον ἐπηγάγετε τὴν παρανομίαν, οὐδὲ ἠσχύνθητε δῆμος ὄντες τολμῆσαι ταῦτα, ἐφ' οἷς ἐκείνους ἐμισήσατε δικαίως. (3) εἴπατε γάρ μοι πρὸς τοῦ Σαράπιδος, ὑπὲρ ποίων ἀδικημάτων ἐχαλεπήνατε Γεωργίῳ. τὸν μακαριώτατον Κωνστάντιον ἐρεῖτε δήπουθεν ὅτι καθ' ὑμῶν παρώξυνεν, εἶτα εἰσήγαγεν εἰς τὴν ἱερὰν πόλιν στρατόπεδον, καὶ κατέλαβεν ὁ στρατηγὸς τῆς Αἰγύπτου τὸ ἁγιώτατον τοῦ θεοῦ τέμενος, ἀποσυλήσας ἐκεῖθεν εἰκόνας καὶ ἀναθήματα καὶ τὸν ἐν τοῖς ἱεροῖς κόσμον. (4) ὑμῶν δὲ ἀγανακτούντων εἰκότως καὶ πειρωμένων ἀμύνειν τῷ θεῷ, μᾶλλον δὲ τοῖς τοῦ θεοῦ κτήμασιν, ὃ δὲ ἐτόλμησεν ὑμῖν ἐπιπέμψαι τοὺς ὁπλίτας ἀδίκως καὶ παρανόμως καὶ ἀσεβῶς, ἴσως Γεώργιον μᾶλλον ἢ τὸν Κωνστάντιον δεδοικώς, εἰ μετριώτερον ὑμῖν καὶ πολιτικώτερον, ἀλλὰ μὴ τυραννικώτερον πόρρωθεν προσεφέρετο. (5) τούτων οὖν ἕνεκεν ὀργιζόμενοι τῷ θεοῖς ἐχθρῷ Γεωργίῳ τὴν ἱερὰν αὖθις ἐμιάνατε πόλιν, ἐξὸν ὑποβάλλειν αὐτὸν ταῖς τῶν δικαστῶν ψήφοις. οὕτω γὰρ ἐγίνετο ἂν οὐ φόνος οὐδὲ παρανομία τὸ πρᾶγμα, δίκη δὲ ἐμμελής, ὑμᾶς μὲν ἀθῴους πάντῃ φυλάττουσα, τιμωρουμένη μὲν τὸν ἀνίατα δυσσεβήσαντα σωφρονίζουσα δὲ τοὺς ἄλλους πάντας ὅσοι τῶν θεῶν ὀλιγωροῦσι καὶ προσέτι τὰς τοιαύτας πόλεις καὶ τοὺς ἀνθοῦντας δήμους ἐν οὐδενὶ τίθενται, τῆς ἑαυτῶν δὲ ποιοῦνται πάρεργον δυναστείας τὴν κατ' ἐκείνων ὠμότητα. (6) παραβάλλετε τοίνυν ταύτην μου τὴν ἐπιστολήν, ἣν μικρῷ πρὶην ἐπέστειλα, καὶ τὸ διάφορον καταμάθετε. πόσους μὲν ὑμῶν ἐπαίνοις ἔγραφον τότε; νυνὶ δὲ μὰ τοὺς θεοὺς ὀφείλων ὑμᾶς ἐπαινεῖν οὐ δύναμαι διὰ τὴν παρανομίαν. τολμᾷ δῆμος ὥσπερ οἱ κύνες ἄνθρωπον σπαράττειν, εἶτα οὐκ αἰσχύνεται τὰς χεῖρας προσάγειν τοῖς θεοῖς αἵματος ῥεούσας. ἀλλὰ Γεώργιος ἄξιος ἦν τοιαῦτα παθεῖν. (7) καὶ τούτων ἴσως ἐγὼ φαίην ἂν χείρονα καὶ πικρότερα. καὶ δι' ὑμᾶς ἐρεῖτε. σύμφημι καὶ αὐτός· παρ' ὑμῶν δὲ εἰ λέγοιτε, τοῦτο οὐκέτι συγχωρῶ. νόμοι γὰρ ὑμῖν εἰσιν οὓς χρὴ τιμᾶσθαι μάλιστα μὲν ὑπὸ πάντων ἰδίᾳ καὶ στέργεσθαι· πλὴν ἐπειδὴ συμβαίνει τῶν καθ' ἕκαστόν τινας παρανομεῖν, ἀλλὰ τὰ κοινὰ γοῦν εὐνομεῖσθαι χρὴ καὶ πειθαρχεῖν τοῖς νόμοις ὑμᾶς, καὶ μὴ παραβαίνειν ὅσαπερ ἐξ ἀρχῆς ἐνομίσθη

IX. Imperator Cæsar Iulianus Maximus Augustus populo Alexandrino.

Si nihil vos Alexander conditor, ac potius Deus ille magnus sanctissimus Sarapis commovet, attamen patriæ, humanitatis, officii ratio nonne debuit ac potuit commovere? addo etiam nostri, quos cum dii omnes, tum vero inprimis magnus Sarapis, totius orbis imperio præfecerunt : (2) quorum intereat de iniuria vobis facta cognoscere. Verum iracundia vos fortasse decepit et furor (qui atrocissima quæque solet committere, ubi mentem domicilio suo exturbavit), quando represso impetu iis, quæ statim a vobis recte consulta erant, iniquum postea facinus subiecistis, neque veriti estis, cum plebs essetis, eadem committere, quæ in illis merito reprehendebatis. (3) Etenim per Sarapin, dicite mihi, quæ tandem Georgii crimina vos in illum incitarunt? Respondebitis, arbitror, quoniam in vos beatissimum Constantium accenderit, deinde exercitum in sacram urbem adduxerit, tum dux Ægypti sanctissimum dei templum ceperit, statuas et donaria et ornatum omnem diripuerit : (4) cumque vos merito irasceremini, et deo vel dei potius opibus succurreretis, illa summa iniquitate, scelere impietateque usus armatos immisit, magis fortasse Georgium quam Constantium veritus, si seipsum erga vos modeste ac civiliter gereret, neque tyrannidem aliquo modo exerceret. (5) His itaque causis irati deorum inimico Georgio, iterum sacram urbem scelere polluistis, cum liceret eum sententiis iudicum permittere. Sic enim non cædes, non scelus ullum fuisset, ius et æquitas adhibita esset, quæ et vos penitus conservaret et impietatis auctorem puniret et cæteros comprimeret, qui Deos contemnunt insuperque urbes istas et florentes populos pro nihilo ducunt, sed crudelitatem erga illos existimant potentiæ suæ additamentum. (6) Conferte itaque meam illam epistolam, quam ad vos paulo ante misi, cum hac ipsa, et quantum intersit considerate, quantisque laudibus vos illic affecerim : quas cum hoc tempore vobis tribuere deberem, propter scelus vestrum medius fidius non possum. Ausus est populus, ut canes, hominem discerpere, neque pudet eum, manus madentes sanguine ad deos tollere. Atenim dignus erat Georgius, qui talia pateretur. (7) Imo longe fortasse graviora, inquam, et acerbiora. At vestro nomine, inquietis. Fateor ; sed a vobis, non concedo. Sunt enim leges, quas observare omnes et colere debebatis : ac si privatim a nonnullis violarentur, publice quidem certe rem bene administrari, legibus obtemperari, instituta maiorum sancta et sacra haberi conveniebat.

καλῶς. (8) εὐτύχημα γέγονεν ὑμῖν, ἄνδρες Ἀλεξαν-
δρεῖς, ἐπ' ἐμοῦ πλημμελῆσαι τοιοῦτό τι ὑμᾶς, ὃς
αἰδοῖ τῇ πρὸς τὸν θεὸν καὶ διὰ τὸν θεῖον τὸν ἐμὸν
καὶ ὁμώνυμον, ὃς ἦρξεν αὐτῆς τε Αἰγύπτου καὶ τῆς
ὑμετέρας πόλεως, ἀδελφικὴν εὔνοιαν ὑμῖν ἀποσώζω.
(9) τὸ γὰρ τῆς ἐξουσίας ἀκαταφρόνητον καὶ τὸ ἀπηνέ-
στερον καὶ καθαρὸν τῆς ἀρχῆς οὔποτ' ἂν δήμου περιΐδοι
τόλμημα μὴ οὐ καθάπερ νόσημα χαλεπὸν πικροτέρῳ
διαχαθῆραι φαρμάκῳ προσφέρω δ' ἐγὼ ὑμῖν δι' ἅσ-
περ ἔναγχος ἔφην αἰτίας τὸ προσηνέστατον παραίνε-
σιν καὶ λόγους, ὑφ' ὧν εὖ οἶδα ὅτι πείσεσθε μᾶλλον,
εἴπερ ἐστὲ καθάπερ ἀκούω τό τε ἀρχαῖον Ἕλληνες
καὶ τὰ νῦν ἔτι τῆς εὐγενείας ἐκείνης ὕπεστιν ὑμῖν
ἀξιόλογος καὶ γενναῖος ἐν τῇ διανοίᾳ καὶ τοῖς ἐπιτη-
δεύμασιν ὁ χαρακτήρ.

Προτεθήτω τοῖς ἐμοῖς πολίταις Ἀλεξανδρεῦσιν

ι΄ Ἰουλιανὸς Βυζαντίοις

Τοὺς βουλευτὰς πάντας ὑμῖν ἀποδεδώκαμεν καὶ τοὺς
πατροδούλους, εἴτε τῇ Γαλιλαίων ἑαυτοὺς ἔδοσαν
θρησκείᾳ, εἴτε πως ἄλλως ἐπραγματεύσαντο διαδρῆ-
ναι τὸ βουλευτήριον, ἔξω τῶν ἐν τῇ μητροπόλει λε-
λειτουργηκότων.

ια Βασιλίῳ

Ἡ μὲν παροιμία φησὶν οὐ πόλεμον ἀγγέλλεις,
ἐγὼ δὲ προσθείην ἐκ τῆς κωμῳδίας ὦ χρυσὸν ἀγ-
γείλας ἐπῶν ἴθ' οὖν ἔργοις αὐτὸ δεῖξον, καὶ
σπεῦδε παρ' ἡμᾶς ἀφίξῃ γὰρ φίλος παρὰ φίλον. ἡ
δὲ περὶ τὰ πράγματα κοινὴ καὶ συνεχὴς ἀσχολία δο-
κεῖ μὲν εἶναί πως τοῖς μὴ παρεργον αὐτὰ ποιοῦσιν ἐπα-
χθής, οἱ δὲ τῆς ἐπιμελείας κοινωνοῦντές εἰσιν ἐπιει-
κεῖς, ὡς ἐμαυτὸν πείθω, καὶ συνετοὶ καὶ πάντως
ἱκανοὶ πρὸς πάντα. (2) δίδωμι οὖν μοι ῥᾳστώνην, ὥστε
ἐξεῖναι μηδὲν ὀλιγωροῦντι καὶ ἀναπαύεσθαι· σύνεσμεν
γὰρ ἀλλήλοις οὐ μετὰ τῆς αὐλικῆς ὑποκρίσεως, ἧς μό-
νης οἶμαί σε μέχρι τοῦ δεῦρο πεπειρᾶσθαι, καθ' ἣν
ἐπαινοῦντες μισοῦσι τηλικοῦτον μῖσος, ἡλίκον οὐδὲ τοὺς
πολεμιωτάτους, ἀλλὰ μετὰ τῆς προσηκούσης ἀλλήλοις
ἐλευθερίας ἐξελέγχοντές τε ὅταν δέῃ καὶ ἐπιτιμῶντες
οὐκ ἔλαττον φιλοῦμεν ἀλλήλους τῶν σφόδρα ἑταίρων
(3) ἔνθεν ἔξεστιν ἡμῖν (ἀπείη δὲ φθόνος) ἀνειμένοις τε
σπουδάζειν καὶ σπουδάζουσι μὴ ταλαιπωρεῖσθαι, κα-
θεύδειν δὲ ἀδεῶς. ἐπεὶ καὶ ἐγρηγορὼς οὐχ ὑπὲρ ἐμαυτοῦ
μᾶλλον ἢ ὑπὲρ τῶν ἄλλων ἁπάντων ὡς εἰκὸς ἐγρήγορα
(4) ταῦτα ἴσως κατηδολέσχησά σου καὶ κατελήρησα,
παθών τι βλακῶδες ἐπήνεσα γὰρ ἐμαυτὸν ὥσπερ
Ἀστυδάμας· ἀλλ' ἵνα σε πείσω προύργου τι μᾶλλον
ἡμῖν τὴν σὴν παρουσίαν ἅτε ἀνδρὸς ἔμφρονος ποιήσειν
ἢ παραιρήσεσθαί τι τοῦ καιροῦ, ταῦτα ἐπέστειλα
σπεῦδε οὖν, ὅπερ ἔφην, δημοσίῳ χρησόμενος δρόμῳ
συνδιατρίψας δὲ ἡμῖν ἐφ' ὅσον σοι φίλον, οἵπερ ἂν
θέλῃς ὑφ' ἡμῶν πεμπόμενος ὡς προσῆκόν ἐστι βαδιεῖ

---

(8) Præclare est vobiscum actum, viri Alexandrini, quod
me regnante talia commisistis, qui partim verecundia in
deum, partim avunculi mihi cognominis, qui tum ipsi
Ægypto tum vestræ civitati præfuit, recordatione fra-
ternam erga vos caritatem conservo (9) Certe rigida auc-
toritas imperiumque severum ac intemperatum haud-
quaquam facinus insolens populi ferret, sed tanquam
gravem morbum aspериore medicina sanaret At ego
propter eas causas, quas modo commemoravi, remedium
lenius adhibeo, orationem nimirum atque admonitionem
Quibus (ut spero) eo libentius parebitis, quod et anti-
qua origine Græci estis, et etiamnunc illustres ac præ-
claras nobilitatis illius notas animo vitaque retinetis

Proponatur civibus meis Alexandrinis

X Iulianus Byzantiis

Senatores omnes vobis reddidimus et decuriones pa-
tricios, sive in Galilæorum religionem se dederunt, sive
aliud quidvis gesserunt, ut curiam effugerent, extra eos
qui in urbe primaria publico muneri præfuerunt

XI Basilio

Non bellum denuntias, ait vetus verbum at ego
addam illud comœdiæ veteris o nuntium aureorum
verborum ! Age igitur, istud re ipsa ostende, et ad nos
quamprimum advola certe amicus ad amicum venies
Publica et assidua cura reipublicæ molesta quidem esse
videtur iis, qui strenue in ea versantur at socii labo-
rum æqui sunt, mea quidem sententia, et prudentes,
omninoque ad omnia idonei (2) Quare ipse mihi opportu
nitatem hanc comparavi, ut sine ulla reipublicæ negligen
tia nonnihil quoque spatii ad relaxationem animi sumam
Etenim conversamur absque simulatione aulica, quam tu
solam, opinor, hactenus expertus es (secundum quam ii,
qui laudant, maiore odio prosequuntur quam inimicis-
simos), sed honesta moderataque libertate, cum opus est,
nos mutuo accusamus et reprehendimus, neque tamen
propterea minus inter nos amamus, quam qui maxime
amici sunt (3) Ex eo accidit (quod sine invidia dicere li-
ceat) ut, dum relaxamur, seria agamus, et dum hæc agi-
mus, minime cruciemur et secure dormiamus quoniam
cum vigilarem, non tam pro me ipso, quam pro cæteris
omnibus, ut par erat, vigilavi (4) Hæc forsitan apud te
nugatus sum, levitate quadam animi et insolentia me
ipsum namque, sicut Astydamas, collaudavi Verumta-
men, ut intelligeres multo magis tuum conspectum, sa-
pientis videlicet hominis, nobis profuturum quam im-
pedimentum allaturum, hæc scripsi Propera igitur, ut
dixi, et cursu publico utere cumque apud nos, quan-
tum tibi videbitur, fueris, tum a nobis honeste et ut de-
cet dimissus, quo voles, proficisceris

ιβ'. Ἰουλιανὸς Ἰουλιανῷ θείῳ.

Τρίτης ὥρας νυκτὸς ἀρχομένης οὐκ ἔχων οὐδὲ τὸν ὑπογράφοντα διὰ τὸ πάντας ἀσχόλους εἶναι, μόλις ἴσχυσα πρός σε ταῦτα γράψαι. ζῶμεν διὰ τοὺς θεούς, ἐλευθερωθέντες τοῦ παθεῖν ἢ δρᾶσαι τὰ ἀνήκεστα· μάρτυς δὲ ὁ Ἥλιος, ὃν μάλιστα πάντων ἱκέτευσα συνάρασθαί μοι, καὶ ὁ βασιλεὺς Ζεύς, ὡς οὐ πώποτε ηὐξάμην ἀποκτεῖναι Κωνστάντιον, μᾶλλον δὲ ἀπηυξάμην. (2) τί οὖν ἦλθον; ἐπειδὴ θεοὶ διαρρήδην ἐκέλευσαν, σωτηρίαν μὲν ἐπαγγελλόμενοι πειθομένῳ, μένοντι δὲ ὃ μηδεὶς θεῶν ποιήσειεν. ἄλλως τε καὶ πολέμιος ἀποδειχθεὶς ᾤμην φοβῆσαι μόνον καὶ εἰς ὁμιλίας ἥξειν ἐπιεικεστέρας τὰ πράγματα· εἰ δὲ μάχῃ κριθείη, τῇ τύχῃ τὰ πάντα καὶ τοῖς θεοῖς ἐπιτρέψας περιμένειν ὅπερ ἂν αὐτῶν τῇ φιλανθρωπίᾳ δόξῃ.

ιγ'. Ἰουλιανὸς Λιβανίῳ.

Ἀνέγνων χθές σου τὸν λόγον πρὸ ἀρίστου σχεδόν, ἀριστήσας δὲ πρὶν ἀναπαύσασθαι τὸ λοιπὸν προσαπέδωκα τῆς ἀναγνώσεως. μακάριος εἶ λέγειν οὕτω, μᾶλλον δὲ φρονεῖν οὕτω δυνάμενος. ὦ λόγος, ὦ φρένες, ὦ σύνθεσις, ὦ διαίρεσις, ὦ ἐπιχειρήματα, ὦ τάξις, ὦ ἀφορμαί, ὦ λέξις, ὦ ἁρμονία, ὦ συνθήκη.

ιδ'. Ἰουλιανὸς Μαξίμῳ φιλοσόφῳ.

Ἀλέξανδρον μὲν τὸν Μακεδόνα τοῖς Ὁμήρου ποιήμασιν ἐφυπνώττειν λόγος, ἵνα δὴ νύκτα καὶ μεθ' ἡμέραν αὐτοῦ τοῖς πολεμικοῖς ὁμιλοίη συνθήμασιν· ἡμεῖς δέ σου ταῖς ἐπιστολαῖς ὥσπερ παιωνίοις τισὶ φαρμάκοις συγκαθεύδομεν, καὶ οὐ διαλείπομεν ἐντυγχάνοντες ἀεὶ καθάπερ νεαραῖς ἔτι καὶ πρῶτον εἰς χεῖρας ἡκούσαις. (2) εἴπερ οὖν ἐθέλεις ἡμῖν εἰκόνα τῆς σῆς παρουσίας τὴν ἐν τοῖς γράμμασιν ὁμιλίαν προξενεῖν, γράφε καὶ μὴ λῆγε συνεχῶς τοῦτο πράττων· μᾶλλον δὲ ἧκε σὺν θεοῖς, ἐνθυμούμενος ὡς ἡμῖν γ' ἕως ἂν ἀπῇς οὐδὲ ὅτι ζῶμεν εἰπεῖν ἐστιν, εἰ μὴ ὅσον τοῖς παρὰ σοῦ γραφομένοις ἐντυχεῖν ἔξεστιν.

ιε'. Ἰουλιανὸς τῷ αὐτῷ.

Ὁ μὲν μῦθος ποιεῖ τὸν ἀετόν, ἐπειδὰν τὰ γνήσια τῶν κυημάτων βασανίζῃ, φέρειν ἄπτιλα πρὸς τὸν αἰθέρα καὶ ταῖς ἡλίου προσάγειν ἀκτῖσιν, ὥσπερ ὑπὸ μάρτυρι τῷ θεῷ πατέρα τε ἀληθοῦς νεοττοῦ γινόμενον καὶ νόθου γονῆς ἀλλοτριούμενον· ἡμεῖς δέ σοι καθάπερ Ἑρμῇ λογίῳ τοὺς ἡμετέρους λόγους ἐγχειρίζομεν. (2) κἂν μὲν ὑπομείνωσι τὴν ἀκοὴν τὴν σήν, ἐπὶ σοὶ τὸ κρῖναι περὶ αὐτῶν εἰ καὶ πρὸς τοὺς ἄλλους εἰσὶ πτήσιμοι· εἰ δὲ μή, ῥῖψον ἐκεῖ καθάπερ Μουσῶν ἀλλοτρίους, ἢ ποταμῷ κλύσον ὡς νόθους. (3) πάντως οὐδὲ ὁ Ῥῆνος ἀδικεῖ τοὺς Κελτούς, ὃς τὰ μὲν νόθα τῶν βρεφῶν ὑποβρύχια ταῖς δίναις ποιεῖ, καθάπερ ἀκολάστου λέχους τιμωρὸς πρέπων· ὅσα δ' ἂν ἐπιγνῷ καθαροῦ σπέρματος, ὑπεράνω

Ad tertiam horam noctis ineuntis cum neminem qui scriberet haberem, quod omnes occupati essent, vix potui hæc ad te scribere. Vivimus deorum beneficio, liberati ab extremis malis patiendis vel faciendis. Testis vero mihi est Sol, cuius auxilium opemque inprimis posci; testis Iupiter rex, quod Constantium occidere nunquam optaverim, imo magis ne id accideret exoptaverim. (2) Cur igitur veni? quia videlicet dii aperte hortabantur, salutem polliciti, si parerem; sin vero remanerem, id quod dii prohibent. Accedit, quod cum hostis iam appellatus essem, terrere eum dumtaxat cogitabam, eo que pacto res ad colloquium aliquod lenius et mitius deventuras esse : aut si etiam bello decernendum foret, fortunæ diisque omnia permitterem, atque exitum, qualem ipsorum clementia afferret, exspectarem.

XIII. Iulianus Libanio.

Legi hesterno die orationem tuam magna ex parte ante prandium, pransus vero sine ulla intermissione reliquum absolvi. O te felicem, qui ita possis dicere aut sentire potius! o orationem, o mentem, o coniunctionem, o disiunctionem, o argumenta, o dispositionem, o aditus, o verba, o numerum, o compositionem!

XIV. Iulianus Maximo philosopho.

Alexandrum Macedonem aiunt Homeri carminibus indormire solitum, ut noctes diesque in bellicis eius præceptis versaretur : at nos cum tuis epistolis tanquam Pæoniis medicamentis dormimus, easque assidue tanquam recentes ac novas iteramus. (2) Quare si tuarum litterarum colloquio præsentiæ tuæ imaginem nobis repræsentare vis, scribe et assidue scribe; vel potius diis iuvantibus veni, tibique persuade, quamdiu abfueris, nos vita frui non posse dicere nisi eatenus, quoad litteras tuas legimus.

XV. Iulianus eidem.

Aquilam fingunt fabulæ, cum veros fœtus explorare vult, implumes eos adhuc et teneros in cælum ferre solisque radiis obicere, tanquam deo teste verum patrem a falso atque adultero seiungat : at tibi nos tanquam Mercurio eloquentiæ præsidi scripta nostra offerimus, (2) ut, si aures tuas sustinere possint, tu pro arbitrio tuo statuas, an in vulgus evolare debeant : sin minus, ea continuo proicias tanquam a Musis aliena, aut flumine obruas ut adulterina. (3) Sic certe Gallis iniuriam nullam facit Rhenus, qui spurios infantes abripit, tanquam impuri lecti vindex : quos autem ex puro semine ortos agnovit, in summa aqua suspendit, matrisque trementis

τοῦ ὕδατος αἰωρεῖ καὶ τῇ μητρὶ τρεμούσῃ πάλιν εἰς χεῖρας .δίδωσιν, ὥσπερ ἀδέκαστόν τινα μαρτυρίαν αὐτῇ καθαρῶν καὶ ἀμέμπτων γάμων τὴν τοῦ παιδὸς σωτηρίαν ἀντιδωρούμενος.

ις'. Ἰουλιανὸς Ὀριβασίῳ

Τῶν ὀνειράτων δύο πύλας εἶναί φησιν ὁ θεῖος Ὅμηρος, καὶ διάφορον εἶναι αὐτοῖς καὶ τὴν ὑπὲρ τῶν ἀποβησομένων πίστιν. ἐγὼ δὲ νομίζω σε νῦν, εἴπερ ποτὲ καὶ ἄλλοτε, σαφῶς ἑορακέναι περὶ τῶν μελλόντων· ἐθεασάμην γὰρ καὶ αὐτὸς τοιοῦτον σήμερον. δένδρον γὰρ ᾠόμην ὑψηλὸν ἔν τινι τρικλίνῳ σφόδρα μεγάλῳ πεφυτευμένον εἰς ἔδαφος ῥέπειν, ἐν τῇ ῥίζῃ παραπεφυκότος ἑτέρου μικροῦ καὶ νεογενοῦς, ἀνθηροῦ λίαν (2) ἐγὼ δὲ περὶ τοῦ μικροῦ σφόδρα ἠγωνίων μή τις αὐτὸ μετὰ τοῦ μεγάλου συναποσπάσῃ. καὶ τοίνυν ἐπειδὴ πλησίον ἐγενόμην, ὁρῶ τὸ μέγα μὲν ἐπὶ τῆς γῆς κατετεταμένον, τὸ μικρὸν δὲ ὀρθὸν μέν, μετέωρον δὲ ἀπὸ γῆς ὡς οὖν εἶδον, ἀγωνιάσας ἔφην « οἴου δένδρου, κίνδυνός ἐστι μηδὲ τὴν παραφυάδα σωθῆναι » (3) καί τις ἀγνὼς ἐμοὶ παντελῶς « ὅρα » ἔφησεν « ἀκριβῶς καὶ θάρρει· τῆς ῥίζης γὰρ ἐν τῇ γῇ μενούσης τὸ μικρότερον ἀβλαβὲς διαμενεῖ καὶ βεβαιότερον ἱδρυνθήσεται » τὰ μὲν δὴ τῶν ὀνειράτων τοιαῦτα, θεὸς δὲ οἶδεν εἰς ὅ τι φέρει περὶ δὲ τοῦ μιαροῦ ἀνδρογύνου μάθοιμ' ἂν ἡδέως ἐκεῖνο, πότε διελέχθη περὶ ἐμοῦ ταῦτα, πότερον πρὶν συντυχεῖν ἐμοὶ ἢ μετὰ τοῦτο. (4) δήλωσον οὖν ἡμῖν ὅ τι ἂν οἷός τε ἦς. ὑπὲρ δὲ τῶν πρὸς αὐτὸν ἴσθι ὅτι πολλάκις, αὐτοῦ τοὺς ἐπαρχιώτας ἀδικήσαντος, ἐσιώπησα παρὰ τὸ πρέπον ἐμαυτῷ, τὰ μὲν οὐκ ἀκούων, τὰ δὲ οὐ προσιέμενος, ἄλλοις δὲ ἀπιστῶν, ἔνια δὲ εἰς τοὺς συνόντας αὐτῷ τρέπων (5) ὅτι δέ μοι μεταδοῦναι τῆς τοιαύτης ἠξίωσεν αἰσχύνης, ἀποστείλας τὰ μικρὰ καὶ πάσης αἰσχύνης ἄξια ὑπομνήματα, τί με πράττειν ἐχρῆν, ἆρα σιωπᾶν ἢ μάχεσθαι, τὸ μὲν οὖν πρῶτον ἦν ἠλίθιον καὶ δουλοπρεπὲς καὶ θεομίσητον, τὸ δεύτερον δὲ δίκαιον μὲν καὶ ἀνδρεῖον καὶ ἐλευθέριον, ὑπὸ δὲ τῶν ἐχόντων ἡμᾶς πραγμάτων οὐ συγχωρούμενον (6) τί τοίνυν ἐποίησα πολλῶν παρόντων, οὓς ᾔδειν ἀναγγελοῦντας αὐτῷ « Πάντη καὶ πάντως » εἶπον « διορθώσει τὰ ὑπομνήματα ὁ δεῖνα, ἐπεὶ δεινῶς ἀσχημονεῖ » τοῦτο ἐκεῖνος ἀκούσας τοσοῦτον ἐδέησε σωφρόνως τι πρᾶξαι, ὥστε πεποίηκεν οἷα μὰ τὸν θεὸν οὐδ' ἂν εἷς μέτριος τύραννος, οὐ μου πλησίον ὄντος (7) ἐνταῦθα τί πράττειν ἐχρῆν ἄνδρα τῶν Πλάτωνος καὶ Ἀριστοτέλους ζηλωτὴν δογμάτων, ἆρα περιορᾶν ἀνθρώπους ἀθλίους τοῖς κλέπταις ἐκδιδομένους, ἢ κατὰ δύναμιν αὐτοῖς ἀμύνειν, ὡς ἤδη, τὸ κύκνειον ἐξᾴδουσι διὰ τὸ θεσμικὸς ἐργαστήριον τῶν τοιούτων; ἐμοὶ μὲν οὖν αἰσχρὸν εἶναι δοκεῖ τοὺς μὲν χιλιάρχους, ὅταν λείπωσι τὴν τάξιν, κατακαίνειν (καίτοι χρὴν ἱκανὰ τεθνάναι παραχρῆμα καὶ μηδὲ ταφῆς ἀξιοῦσθαι), τὴν δὲ ὑπὲρ τῶν ἀθλίων ἀνθρώπων ἀπολείπειν τάξιν, ὅταν δέῃ πρὸς κλέπτας ἀγωνίζεσθαι τοιούτους, καὶ ταῦτα

---

manibus reddit, et quasi verum incorruptumque casti et laudabilis coniugii testimonium servato infante persolvit.

Somniorum portas duas esse ait divinus Homerus, et variam iis esse fidem rerum futurarum at ego te nunc, si unquam alias, certo futura vidisse arbitror, nam et ego hodie tale quiddam vidi Arborem proceram in quodam triclinio perampio et spatioso insitam videre mihi visus sum, quæ in terram se inflecteret, atque arbusculam parvam et teneram valideque florentem ad radices agnatam haberet (2) Angebat me autem vehementer metus de exigua illa arbore, ne a quopiam una cum magna avelleretur. Et cum propius accessissem, cerno magnam arborem humi prostratam, parvam autem erectam quidem, sed a terra suspensam Quod cum vidissem, æstuans ac laborans « heu, inquam, quanta arbor, et tamen est periculum ne surculus etiam ei agnatus intereat ! » (3) Hic quidam mihi ignotus omnino « contemplare » ait « diligenter, et bono sis animo radice enim humi manente, parvula illa arbor permanebit incolumis, firmiorque hærebit » Ac somnium quidem tale est quo autem pertineat, deus scit Verum de scelerato illo eunucho valde cupio scire, quando ista de me narraverit, utrum antequam mihi occurrit, an postea (4) tu quod poteris, nobis indicabis Quod vero ad ipsum attinet, scito me persæpe, illo provinciales vexante, tacuisse contra quam dignitas mea postularet, cum quædam non audirem, alia non admitterem, nonnulla non crederem, multa in eius familiares et domesticos converterem (5) Quod autem mihi talem maculam inurere voluit, missis libellis omni scelere et contumelia refertis, quid me facere oportuit? num tacere, an pugnare? Illud stultum ac servile erat, deoque ingratum hoc iustum quidem et forte et libero dignum, attamen per negotia, quibus tum implicati eramus, minime licitum (6) Quid igitur feci? multis præsentibus, quos et relaturos intelligebam, « omnino certe » inquam « iste scripta sua emendabit, nam adhuc quidem valde est intemperans » Hoc ille audito tantum abfuit ut ad sanitatem et modestiam rediret, ut ea fecerit, quæ per Iovem nullus modestus tyrannus fecisset, præsertim cum tam prope ab eo abessem (7) Quid hic faciendum erat homini Platonis et Aristotelis studioso? utrum miseros homines in latronum potestatem dedere? an eos potius pro mea parte defendere, ut qui iam propter nefariam istorum officinam cyeneum carmen canant? Mihi certe turpe videtur tribunos militares, ubi ordinem deseruerint, condemnare, quanquam mors eis ante oculos oppetenda esset, ac ne sepultura quidem dignos iudicare, in miseris autem hominibus ab iniuria vindicandis ordinem deserere, cum præsertim adversus tales latrones dimicandum sit, et quidem deo nobis auxilium ferente, sicuti nos ad

τοῦ θεοῦ συμμαχοῦντος ἡμῖν, ὥσπερ οὖν ἔταξεν. (8) εἰ δὲ καὶ παθεῖν τι συμβαίη, μετὰ καλοῦ τοῦ συνειδότος οὐ μικρὰ παραμυθία πορευθῆναι. τὸν δὲ χρηστὸν Σαλούστιον θεοί μέν μοι χαρίσαιντο, ἂν συμβῇ δὲ διὰ τοῦτο τυγχάνειν διαδόχου, λυπήσει τυχὸν οὐδέν· ἄμεινον γὰρ ὀλίγον ὀρθῶς ἢ πολὺν κακῶς πρᾶξαι χρόνον. (9) οὐκ ἔστιν, ὡς λέγουσί τινες, τὰ περιπατητικὰ δόγματα τῶν Στωικῶν ἀγεννέστερα, τοσούτῳ δὲ μόνον ἀλλήλων ὡς ἐγὼ κρίνω διαφέρει· τὰ μὲν γάρ ἐστιν ἀεὶ θερμότερα καὶ ἀδουλότερα, τὰ δὲ φρονήσεως ἄξια τοῖς ἐγνωσμένοις ἐμμένει.

ιζ'. Ἰουλιανὸς Εὐγενίῳ φιλοσόφῳ.

Δαίδαλον μὲν Ἰκαρίῳ φασὶν ἐκ κηροῦ πτερὰ συμπλάσαντα τολμῆσαι τὴν φύσιν βιάσασθαι τῇ τέχνῃ. ἐγὼ δὲ ἐκεῖνον μὲν εἰ καὶ τῆς τέχνης ἐπαινῶ, τῆς γνώμης οὐκ ἄγαμαι· μόνος γὰρ δὴ κηρῷ λυσίμῳ τοῦ παιδὸς ὑπέμεινε τὴν σωτηρίαν πιστεῦσαι. (2) εἰ δέ μοι θέμις ἦν κατὰ τὸν Τήιον ἐκεῖνον μελοποιὸν τὴν τῶν ὀρνίθων ἀλλάξασθαι φύσιν, οὐκ ἂν δήπου πρὸς Ὄλυμπον οὐδὲ ὑπὲρ μέμψεως ἐρωτικῆς, ἀλλ' εἰς αὐτοὺς ἂν τῶν ὑμετέρων ὀρῶν τοὺς πρόποδας ἔπτην, ἵνα σε τὸ μέλημα τοὐμόν, ὥς φησιν ἡ Σαπφώ, περιπτύξωμαι. (3) ἐπεὶ δέ με ἀνθρωπείου σώματος δεσμῷ κατακλείσασα ἡ φύσις εἰς τὸ μετέωρον ἁπλῶσαι, οἷς ἔχω σε πτεροῖς μετέρχομαι, καὶ γράφω καὶ σύνειμι τὸν δυνατὸν τρόπον. πάντως που καὶ Ὅμηρος αὐτοὺς οὐκ ἄλλου τινὸς ἢ τούτου χάριν πτερόεντας ὀνομάζει, διότι δύνανται πανταχοῦ φοιτᾶν, ὥσπερ οἱ ταχύτατοι τῶν ὀρνίθων ᾗ ἂν ἐθέλωσιν ἄττοντες. (4) γράφε δὲ καὶ αὐτός, ὦ φίλος· ἴση γὰρ δήπου σοι τῶν λόγων, εἰ μὴ καὶ μείζων ὑπάρχει ἡ πτέρωσις, ᾗ τοὺς ἑταίρους μεταθεῖν δύνασαι καὶ πανταχόθεν ὡς παρὼν εὐφραίνειν.

ιη'. Ἰουλιανὸς Ἐκηβόλῳ.

Πινδάρῳ μὲν ἀργυρέας εἶναι δοκεῖ τὰς Μούσας, οἱονεὶ τὸ ἔκδηλον αὐτῶν καὶ περιφανὲς τῆς τέχνης ἐς τὸ τῆς ὕλης λαμπρότερον ἀπεικάζοντι· Ὅμηρος δὲ ὁ σοφὸς τόν τε ἄργυρον αἰγλήεντα λέγει, καὶ τὸ ὕδωρ ἀργύρεον ὀνομάζει, καθάπερ ἡλίου καθαραῖς ἀκτῖσιν αὐτῷ τῷ τῆς εἰκόνος φαιδρῷ μαρμαρύσσων, Σαπφὼ δ' ἡ καλὴ τὴν σελήνην ἀργυρέαν φησὶ καὶ διὰ τοῦτο τῶν ἄλλων ἀστέρων ἀποκρύπτειν τὴν ὄψιν. (2) οὕτω καὶ θεοῖς τὸν ἄργυρον μᾶλλον ἢ τὸν χρυσὸν εἰκάσειεν ἄν τις πρέπειν· ἀνθρώποις γε μὴν ὅτι πρὸς τὴν χρείαν ἐστὶν ὁ ἄργυρος τοῦ χρυσοῦ τιμιώτερος καὶ σύνεστι μᾶλλον αὐτοῖς, οὐχ ὥσπερ ὁ χρυσὸς ἐπὶ γῆς κρυπτόμενος ἢ φεύγων αὐτῶν τὴν ὄψιν, ἀλλὰ καὶ ὀφθῆναι καλὸς καὶ ἐν διαιτήμασι κρείττων, οὐκ ἐμὸς ἴδιος ἀλλὰ παλαιῶν ἀνδρῶν ὁ λόγος ἐστίν. (3) εἰ δὲ καὶ σοὶ τοῦ πεμφθέντος ὑπὸ σοῦ χρυσοῦ νομίσματος εἰς τὸ ἴσον τῆς τιμῆς ἕτε-

prælium instruxit. (8) Quod si etiam perpetiendum sit aliquid, non parva consolatio est, cum recta et integra mentis conscientia decedere. Utinam dii Salustfum virum probum nobis concedant. Ac si propterea successor forte nobis dabitur, nihil erit, ut spero, molestum. Etenim breve tempus bene et innocenter actum peccanti inmortalitati anteponendum est. (9) Peripatetica philosophia non est, sicut quidam opinantur, ignavior Stoïca. Hoc autem, mea sententia, inter utramque differt, quod altera sit calidior magisque turbulenta; altera prudentior, nempe in sententia permanendum.

XVII. Iulianus Eugenio philosopho.

Dædalum narrant pennas Icario e cera finxisse, arteque naturam vincere tentasse. At ego illius quidem artem laudo, animum tamen non probo : quippe cum solus ex omni memoria sit ausus ceræ fluxæ ac fragili salutem filii committere. (2) Ego tamen, si mihi esset integrum Teii illius Lyrici instar in avem mutari, non mehercule ad Olympum, neque ob amatorias aliquas querimonias, sed in ipsa montium vestrorum radices volarem, quo te meam (ut ait Sappho) curam amplecterer. (3) Quoniam igitur natura me in hoc ergastulum corporis inclusit, neque in sublime ferri concedit, quibus possum alis te adeo, et scribo et quo licet modo tecum sum. Homerus certe non alia ex causa dixit verba alata, nisi quia omnem in partem ire possunt, ut velocissimæ aves, quocunque volunt, prosilientes. (4) Verumtamen tu quoque, amice, vicissim scribe. Nam et tibi par est vel maior in dicendo alarum copia, qua et amicos potes sectari et varie, tanquam præsens esses, delectare.

XVIII. Iulianus Hecebolo.

Pindarus argenteas Musas esse vult, quasi artis illarum claritatem et splendorem cum clarissima rerum omnium materia conferat ; Homerus vero ille sapiens argentum illustre et aquam argenteam appellat, quod ipsa speciei suæ hilaritate et nitore non secus atque solis radiis colluceat ; denique eximia Sappho lunam nominat argenteam, ob eamque causam cæterorum siderum aspectum ait ab ea obscurari. (2) Quare diis argentum potius quam aurum congruere coniectari possit aliquis. Quod autem hominibus ad usum aptius et melius sit argentum quam aurum, quodque magis eis adsit, neque ut aurum in terra occultetur, aut eorum oculos vitet, sed et aspectu iucundum sit et ad vitam commodius, non mea sed veterum oratio est. (3) Quod si nos etiam aureum nummum abs te missum argento remunerari voluimus,

ρον τοσοῦτον ἀργύριον ἀν-ιδίδομεν, μὴ κρίνῃς ἥττω τὴν χάριν, μηδὲ ὥσπερ τῷ Γλαύκῳ πρὸς τὸ ἔλαττον οἰηθῇς εἶναι τὴν ἀντίδοσιν, ἐπεὶ μηδὲ ὁ Διομήδης ἴσως ἀργυρᾶ χρυσῶν ἀντέδωκεν, ἅτε δὴ πολλῷ τῶν ἑτέρων ὄντα χρησιμώτερα καὶ τὰς αἰχμὰς μολίβδου δίκην ἐκτρέπειν εἰδότα. (4) ταῦτά σοι προσπαίζομεν, ἀφ᾿ ὧν αὐτὸς γράφεις τὸ ἐνδόσιμον εἰς σὲ τῆς παρρησίας λαμβάνοντες. σὺ δὲ εἰ τῷ ὄντι χρυσοῦ τιμιώτερα ἡμῖν δῶρα ἐθέλεις ἐκπέμπειν, γράφε, καὶ μὴ λῆγε συνεχῶς τοῦτο πράττων· ἐμοὶ γὰρ καὶ γράμμα παρὰ σοῦ μικρὸν ὅτουπερ ἂν εἴπῃ τις ἀγαθοῦ κάλλιον εἶναι κρίνεται.

ιθ' Ἰουλιανὸς Εὐστοχίῳ

Ἡσιόδῳ μὲν δοκεῖ τῷ σοφῷ καλεῖν ἐπὶ τὰς ἑορτὰς τοὺς γείτονας ὡς συνησθησομένους, ἐπειδὴ καὶ συναλγοῦσι καὶ συναγωνιῶσιν, ὅταν τις ἀπροσδόκητος ἐμπέσῃ ταραχή· ἐγὼ δὲ φημὶ τοὺς φίλους δεῖν καλεῖν, οὐχὶ τοὺς γείτονας· τὸ αἴτιον δέ, ὅτι γείτονα μὲν ἔνεστιν ἐχθρὸν ἔχειν, φίλον δὲ ἐχθρὸν οὐ μᾶλλον ἢ τὸ λευκὸν μέλαν εἶναι καὶ τὸ θερμὸν ψυχρόν (2) ὅτι δὲ ἡμῖν οὐ νῦν μόνον ἀλλὰ καὶ πάλαι φίλος εἶ, καὶ διετέλεσας εὐνοικῶς ἔχων, εἰ καὶ μηδὲν ὑπῆρχεν ἄλλο τεκμήριον, ἀλλὰ τό γε ἡμᾶς οὕτω διατεθεῖσθαι περὶ σὲ μέγα ἂν εἴη τούτου σημεῖον. ἧκε τοίνυν μεθέξων τῆς ὑπατείας καὶ αὐτός. ἄξει δέ σε ὁ δημόσιος δρόμος, ὀχήματι χρώμενον καὶ παρίππῳ ἑνί· εἰ δὲ χρή τι καὶ ἐπεύξασθαι, τὴν Ἐνοδίαν εὐμενῆ σοι καὶ τὸν Ἐνόδιον παρακεκλήκαμεν.

κ' Ἰουλιανὸς Καλλιξείνῃ

Χρόνος δίκαιον ἄνδρα δείκνυσι μόνος, ὥς παρὰ τῶν ἔμπροσθεν ἔγνωμεν ἐγὼ δ᾿ ἂν φαίην ὅτι καὶ τὸν εὐσεβῆ καὶ τὸν φιλόθεον ἀλλ᾿ ἐμαρτυρήθη, φής, καὶ ἡ Πηνελόπη φιλάνδρως. εἶτα μετὰ τοῦ φιλάνδρου τὸ φιλόθεον τίς ἐν γυναικὶ δεύτερον τίθησι· καὶ οὐ φανεῖται πολὺν πάνυ τὸν μανδραγόραν ἐκπεπωκώς, (2) εἰ δὲ καὶ τοὺς καιρούς· τις ἐν νῷ λάβοι καὶ τὴν μὲν Πηνελόπην ἐπαινουμένην σχεδὸν ὑπὸ πάντων ἐπὶ τῇ φιλανδρίᾳ, κινδυνευούσας δὲ τὰς εὐσεβεῖς ὀλίγῳ πρότερον γυναῖκας, καὶ προσθείη δὲ τῶν κακῶν ὅτι καὶ διπλάσιος ὁ χρόνος, ἆρ᾿ ἔστι σοι τὴν Πηνελόπην ἀξίως παραβάλλειν, (3) ἀλλὰ μὴ μικροὺς ποιοῦ τοὺς ἐπαίνους, ἀνθ᾿ ὧν ἀμείψονται μέν σε πάντες οἱ θεοί, τὰ παρ᾿ ἡμῶν δὲ διπλῇ σε τιμήσομεν τῇ ἱερωσύνῃ. πρὸς ᾗ γὰρ πρότερον εἶχες τῆς ἁγιωτάτης θεοῦ Δήμητρος, καὶ τῆς μεγίστης μητρὸς θεᾶς τῆς Φρυγίας ἐν τῇ θεοφιλεῖ Πεσσινοῦντι τὴν ἱερωσύνην ἐπιτρεπόμεθά σοι.

κα Ἰουλιανὸς Λεοντίῳ

Ὁ λογοποιὸς ὁ Θούριος ὦτα εἶπεν ἀνθρώποις ὀφθαλμῶν ἀπιστότερα τούτου δ᾿ ἐπὶ σοῦ τὴν ἐναντίαν

ne putes ideo leviore te affectum esse munere, neque ut Glauco in armorum commutatione, sic tibi in hac referenda gratia existimes accidisse neque enim ex æquo Diomedes argentea arma pro aureis dedit, quippe cum longe his utiliora illa essent et ad retundendas instar plumbi acies aptiora (4) Hæc tecum iocati sumus, ex iis quæ ipse scribis occasionem nacti liberius in te dicendi Tu si revera pretiosiora auro munera nobis largiri vis, scribe, assidueque id facito Mihi namque quamvis parva abs te epistola tamen maximis etiam bonis anteponetur

XIX Iulianus Eustochio

Hesiodus ille sapiens vicinos ad convivia vocandos esse censet, ut communiter gaudeant, quandoquidem, cum perturbatio casusque aliquis inopinatus incidit, communem dolorem et angorem perferunt at ego amicos, non vicinos vocandos existimo Quamobrem? quia vicinus potest aliquando esse inimicus, at amicus non magis id esse potest, quam quod album est nigrum aut quod calidum frigidum (2) Te vero non solum hoc tempore, sed etiam multo ante amicum fuisse, et deinde semper eadem voluntate nos prosecutum esse, si nihil aliud, certe hoc testificatur, quod tam vehementer te amamus Veni igitur, ut et ipse consulatus honore fungaris Ducet autem te publicus cursus vehiculo et uno parhippo Quod si est præterea optandum aliquid, Enodiam tibi propitiam Enodiumque imploravimus

XX. Iulianus Callixenæ

Iustum virum longa arguit solum dies Sic sane veteres At ego addam, etiam pium et religiosum virum tempore argui At enim, inquiunt, Penelopes etiam amor et fides erga virum tempore cognita est Et quis tandem, inquam, in muliere amorem coniugis sui religioni ac pietati anteponet, quin continuo mandragoræ multum bibisse iudicetur? (2) Quod si quis etiam tempora consideret, et Penelopen ab omnibus prope de viri amore laudatam et mulieres paulo ante ob pietatem periclitantes, et si addiderit malorum tempus duplex esse, an iure poterit Penelopen tecum comparare? (3) Tu vero noli parvas eas laudes ducere, pro quibus et dii omnes tibi meritas gratias relaturi sunt, et nos pro parte nostra te duplici sacerdotio ornabimus Ad illud quod antea habebas, Cereris sanctissimæ, iam magnæ quoque matris Phrygiæ deæ in sacra Pessinunte sacerdotium adiungimus

XXI Iulianus Leontio

Ille scriptor historiæ Thurius aures dixit esse hominibus minus fideles quam oculos At ego in te contra

ἔχω γνώμην ἐγώ· πιστότερα γάρ ἐστί μοι τὰ ὦτα τῶν
ὀφθαλμῶν. οὐ γὰρ εἴποτε εἶδόν σε δεκάκις, οὕτως ἂν
ἐπίστευσα τοῖς ὀφθαλμοῖς, ὡς νῦν ταῖς ἀκοαῖς πιστεύω
ταῖς ἐμαυτοῦ, παρ' ἀνδρὸς οὐδαμῶς οἵου τε ψεύδε-
σθαι δεδιδαγμένος ὅτι πάντα ἀνὴρ ὢν αὐτὸς σεαυτοῦ
κρείττων εἶ περὶ τὸ ῥέξαι (φησὶν "Ομηρος) χεραί τε
καὶ ποσίν. ἐπιτρέψαντες οὖν σοι τὴν τῶν ὅπλων
χρῆσιν ἀπεστείλαμέν τε πανοπλίαν ἣ τέως τοῖς πε-
ζοῖς ἁρμόττει, ἐγκατελέξαμέν τέ σε τῷ τῶν οἰκείων
συντάγματι.

κβ'. Ἑρμογένει ἀποϋπάρχῳ Αἰγύπτου.

Δός μοί τι κατὰ τοὺς μελικτὰς εἰπεῖν ῥήτορας, ὦ
παρ' ἐλπίδα σεσωσμένος ἐγώ, ὦ παρ' ἐλπίδας ἀκηκοὼς
ὅτι διαπέφευγας οὗτοι μὰ Δία τὴν τρικέφαλον Ὕδραν,
τὸν ἀδελφόν φημι Κωνστάντιον (ἀλλ' ἐκεῖνος μὲν ἦν οἷος
ἦν), ἀλλὰ τὰ περὶ αὐτὸν θηρία πᾶσιν ἐποφθαλμιῶντα,
ἃ κἀκεῖνον ἐποίει χαλεπώτερον, οὐδὲ τὸ καθ' ἑαυτὸν
ὄντα πρᾶον, εἰ καὶ ἐδόκει πολλοῖς τοιοῦτος. (2) ἐκείνῳ
μὲν οὖν, ἐπειδὴ μακαρίτης ἐγένετο, κούφη γῆ, καθάπερ
λέγεται· τούτους δὲ ἀδίκως τι παθεῖν οὐκ ἂν ἐθέλοιμι,
ἴστω Ζεύς. ἐπειδὴ δὲ αὐτοῖς ἐπανίστανται πολλοὶ
κατήγοροι, δικαστήριον ἀποκεκλήρωται. σὺ δέ, ὦ
φίλε, πάρει, καὶ παρὰ δύναμιν ἐπείχθητι· θεάσασθαι
γάρ σε πάλαι τε ηὐχόμην, νὴ τοὺς θεούς, καὶ νῦν εὐμε-
νέστατα ὅτι διεσώθης ἀκηκοώς, ἥκειν παρακελεύομαι.

κγ'. Ἰουλιανὸς Σαραπίωνι τῷ λαμπροτάτῳ.

Ἄλλοι μὲν ἄλλως τὰς πανηγύρεις νομίζουσιν, ἐγὼ
δὲ ἡδύ σοι γλυκείας ἑορτῆς σύνθημα τῶν ἐπιχωρίων
ἰσχάδων τὰς μακροκέντρους ἑκατὸν ἐκπέμπω, τῷ μὲν
τοῦ δώρου μεγέθει μικράν, τῷ κάλλει δὲ ἴσως ἀρκοῦσαν
ἡδονὴν μνηστεύων. (2) Ἀριστοφάνει μὲν οὖν δοκεῖ εἶναι
πλὴν μέλιτος τῶν ἄλλων γλυκύτερον τὰς ἰσχάδας, καὶ
οὐδὲ τοῦτ' ἀνέχεται τὴν ἰσχάδων εἶναι γλυκύτερον, ὡς
αὐτὸς ἐπικρίνας λέγει· Ἡροδότῳ δὲ ἄρα τῷ συγγραφεῖ
πρὸς ἐπίδειξιν ἐρημίας ἀληθοῦς ἥρκεσεν εἰπόντι παρ'
οἷς οὔτε συκᾶ ἐστιν οὔτε ἄλλο ἀγαθὸν οὐδέν,
ὡς οὔτε ἄλλου τινὸς ἐν καρποῖς ἀγαθοῦ προτέρου τῶν
σύκων ὄντος, οὔτε ἔτι πάντως ἀγαθοῦ λείποντος παρ'
οἷς ἂν ᾖ τὸ σῦκον. (3) Ὅμηρος δὲ ὁ σοφὸς τὰ μὲν ἄλλα
τῶν καρπῶν εἰς μέγεθος ἢ χρόαν ἢ κάλλος ἐπαινεῖ,
μόνῳ δὲ τῷ σύκῳ τὴν τῆς γλυκύτητος ἐπωνυμίαν συγ-
χωρεῖ. καὶ τὸ μὲν μέλι χλωρὸν καλεῖ, δεδιὼς μὴ
λάθῃ γλυκὺ προσειπὼν ὃ καὶ πικρὸν εἶναι πολλαχοῦ
συμβαίνει· τῷ σύκῳ δὲ ἄρα μόνῳ ἀποδίδωσι τὴν οἰκείαν
εὐφημίαν, ὥσπερ τῷ νέκταρι, διότι καὶ μόνον φησὶ
γλυκὺ τῶν ἄλλων ἐστί. (4) καὶ μέλι μὲν Ἱπποκρά-
της γλυκὺ μὲν εἶναι τὴν αἴσθησιν, πικρὸν δὲ πάντως τὴν
ἀνάδοσιν, καὶ οὐκ ἀπιστῶ τῷ λόγῳ· χολῆς γὰρ αὐτὸ
ποιητικὸν εἶναι ξύμπαντες ὁμολογοῦσι καὶ τρέπειν τοὺς
χυμοὺς εἰς τοὐναντίον τῆς γεύσεως. ὃ δὴ καὶ μᾶλλον
τῆς ἐκ φύσεως αὐτοῦ πικρότητος κατηγορεῖ τὴν γένε-

sentio, magisque auribus quam oculis credo. Nunquam
enim, ne si decies quidem te vidissem, tantum fidei ocu-
lis, quantum nunc auribus tribuissem, quippe qui ab
homine minime mendaci te cum semper virum esse
intellexerim, tum in agendo pedibus manibusque (ut ait
Homerus) ita contendere, ut te ipsum superare videaris.
Quare armorum usum tibi permittimus, armaturamque
universam mittimus, quibus adhuc pedites utuntur,
teque domesticorum numero adscribimus.

XXII. Hermogeni expræfecto Ægypti.

Permitte mihi iuxta poetas dicere, o me præter spem
felicem, o nuntium præter expectationem allatum, quod
evaseris non, mehercule, hydram multorum capitum,
fratrem meum Constantium dico (fuit is, qualis fuit),
sed belluas ipsius comites, quæ oculis unumquemque
petebant, quæque illum reddebant atrociorem, qui per
se non admodum clemens erat, licet multis esse videre-
tur. (2) Verum illi, quandoquidem e vita iam excessit,
terra (ut aiunt) sit levis : istos autem iniuste pati quip-
piam nolim (scit Iupiter) : sed quia accusatores nacti
sunt multos, iudicium iis datum est. Tu vero, amice,
adveni, supra vires festinans : videre enim te et olim
medius fidius optavi, et nunc, cum te salvum esse liben-
tissime audierim, venire iubeo.

XXIII. Iulianus Sarapioni clarissimo.

Alii aliter solemnia agere solent : at ego tibi caricas
nostrates quibus longus pediculus est centum mitto,
quas tanquam signum iucundum diei festi accipies. In
qua voluptatem quidem, si ad muneris magnitudinem
spectas, non magnam, sin autem ad pulchritudinem, satis
magnam fortasse percipies. (2) Aristophanes ait, excepto
melle, nihil dulcius esse caricis : imo ne hoc quidem
ipsum dulcedine præponendum illis esse postea iudicat.
Et Herodotus rerum scriptor ad veram solitudinem osten-
dendam satis habuit ita dicere : *Apud eos neque fici
sunt, neque aliud bonum ullum,* tanquam ex omni
fructuum genere nullum melius maiusve ficis inveniatur,
neque ubi ficus sit, boni quippiam desideretur. (3) Neque
aliter Homerus ille sapiens, cum cæteros fructus partim
ob magnitudinem, partim ob colorem pulchritudinemve
laudat, soli fico dulcedinis nomen attribuit. Idem mel
flavum vocat, veritus ne imprudens dulce id appellet,
quod amarum persæpe esse solet : at uni certe fico pro-
prie hanc appellationem tribuit, ut nectari, quod ficus
sola ex omnibus dulcis sit. (4) Ac mel quidem Hippocrates·
ait sensu dulce, ad digestionem vero omnino amarum
esse; neque ei repugno, quia omnium consensu bilem
procreat, et humores in contrarium saporem convertit :
quæ res magis ipsum natura amarum esse demonstrat.

σιν· οὐ γὰρ ἂν εἰς τοῦτο μετέβαλλεν ὁ πικρόν ἐστιν,
εἰ μὴ καὶ πάντως αὐτῷ προσῆν ἐξ ἀρχῆς τοῦτο, ἀφ'
οὗ πρὸς τὸ ἕτερον μετέπιπτε (5) σῦκον δὲ οὐκ αἰσθήσει
μόνον ἡδύ, ἀλλὰ καὶ ἀναδόσει κρεῖττόν ἐστιν οὕτω
δὲ ἐστιν ἀνθρώποις ὠφέλιμον, ὥστε καὶ ἀλεξιφάρμακον
αὐτὸ παντὸς ὀλεθρίου φαρμάκου φησὶν Ἀριστοτέλης
εἶναι, κἂν τοῖς δείπνοις οὐκ ἄλλου τινὸς ἢ τούτου χάριν
τῶν ἐδεσμάτων προπαρατίθεσθαί τε καὶ ἐπι-ραγηματί-
ζεσθαι, καθάπερ ἀντ' ἄλλης τινὸς ἀλεξήσεως ἱερᾶς
ταῖς τῶν βρωμάτων ἀδικίαις περιπτυσσόμενον   (6)
καὶ μὴν ὅτι θεοῖς τὸ σῦκον ἀνάκειται καὶ θυσίας ἐστὶν
ἁπάσης ἐμβώμιον, καὶ ὅτι παντὸς λιβανωτοῦ κρεῖττον
ἐς θυμιάματος σκευασίαν ἐστίν, οὐκ ἐμὸς ἴδιος οὗτος ὁ
λόγος, ἀλλ' ὅστις τὴν χρείαν αὐτοῦ ἔμαθεν, οἶδεν ὡς
ἀνδρὸς σοφοῦ καὶ ἱεροφάντου λόγος ἐστί (7) Θεόφραστος
δὲ ὁ καλὸς ἐν γεωργίας παραγγέλμασι τὰς τῶν ἑτερο-
φύτων δένδρων γενέσεις ἐκτιθεὶς καὶ ὅσα ἀλληλούχοις
ἐγκεντρίσεσιν εἴκει, πάντων οἶμαι τῶν φυτῶν μᾶλλον
ἐπαινεῖ τῆς συκῆς τὸ δένδρον ὡς ἂν ποικίλης καὶ δια-
φόρου γενέσεως δεκτικὸν καὶ μόνον τῶν ἄλλων εὔκολον
παντοίου γένους ἐνεγκεῖν βλάστην, εἴ τις αὐτοῦ τῶν
κλάδων ἐκτεμὼν ἕκαστον, εἶτα ἐκρήξας δ'λην ἐς ἄλλο
τῶν πρέμνων ἐμφρᾷ γονὴν ἐναρμόσειεν, ὡς ἀρκεῖν
ἤδη πολλάκις αὐτῷ καὶ ἀνθ' ὁλοκλήρου κήπου τὴν
ὄψιν, οἷον ἐν λειμῶνι χαριεστάτῳ ποικίλην τινὰ καὶ
πολυειδῆ τῶν καρπῶν ἀφ' ἑαυτοῦ τὴν ἀγλαΐαν ἀντιπε-
πομφότος   (8) καὶ τὰ μὲν ἄλλα τῶν ἀκροδρύων ἐστὶν
ὀλιγοχρόνια καὶ τὴν μονὴν οὐκ ἀνέχεται, μόνῳ δὲ τῷ
σύκῳ καὶ ὑπερενιαυτίζειν ἔξεστι καὶ τῇ τοῦ μέλλοντος
καρποῦ γενέσει συνενεχθῆναι. ὥστε φησὶ καὶ Ὅμηρος
ἐν Ἀλκίνου κήπῳ τοὺς καρποὺς ἀλλήλοις ἐπιγράσκειν.
ἐπὶ μὲν οὖν τῶν ἄλλων ἴσως ἂν μῦθος ποιητικὸς εἶναι
δόξειε· μόνῳ δὲ τῷ σύκῳ πρὸς τὸ τῆς ἀληθείας ἐναργὲς
ἂν συμφέροιτο, διότι καὶ μόνον τῶν ἄλλων καρπῶν
ἐστι μονιμώτερον (9) τοιαύτη δὲ ἔχον οἶμαι τὸ σῦκον
τὴν φύσιν, πολλῷ κρεῖττόν ἐστι τὸ παρ' ἡμῖν ἔχον τὴν
γένεσιν, ὡς εἶναι τῶν μὲν ἄλλων φυτῶν αὐτὸ τιμιώ-
τερον, αὐτοῦ δὲ τοῦ σύκου τὸ παρ' ἡμῖν θαυμασιώτερον,
καὶ νικᾷν μὲν αὐτὸ τῶν ἄλλων τὴν γένεσιν, αὖθις δ'
ὑπὸ τοῦ παρ' ἡμῖν ἡττᾶσθαι καὶ τῇ πρὸς ἑκάτερον
ἐγκρίσει πάλιν σώζεσθαι, κρατοῦντι μὲν ἔοικός, οἷς
δ' αὖ κρατεῖσθαι δοκεῖ, πάλιν ἐς τὸ καθόλου νικῶντι
(10) καὶ τοῦτο οὐκ ἀπεικότως παρ' ἡμῖν μόνοις συμβαί-
νει· ἔδει γὰρ οἶμαι τὴν Διὸς πόλιν ἀληθῶς καὶ τὸν τῆς
ἕωας ἁπάσης ὀφθαλμὸν (τὴν ἱερὰν καὶ με ίστην, Δα-
μασκὸν λέγω) τοῖς ᾽ε ἄλλοις σύμπασιν, οἷον ἱερῶν
κάλλει καὶ νεῶν μεγέθει καὶ ὡρῶν εὐκαιρίᾳ καὶ πηγῶν
ἀγλαΐᾳ καὶ ποταμῶν πλήθει καὶ γῆς εὐφορίᾳ νικῶσαν
μόνην ἄρα καὶ τῷ τοιούτῳ φυτῷ πρὸς τὴν τοῦ θαύματος
ὑπεροχὴν ἀρκέσαι (11) οὐδὲν οὖν ἀνέχεται μεταβολῆς
τὸ δένδρον, οὐδ' ὑπερβαίνει τοὺς ἐπιχωρίους ὅσους τῆς
βλάστης, ἀλλ' ὥσπερ αὐτόχθονος φυτοῦ νόμῳ τὴν ἐς
ἀποικίας γένεσιν ἀρνεῖται   καὶ χρυσὸς μὲν οἶμαι καὶ
ἄργυρος ὁ αὐτὸς πολλαχοῦ φύεται, μόνη δὲ ἡ παρ'

Nunquam enim in amaram naturam mutaretur, nisi ei
esset ab initio illud, cuius vi in diversum inclinare asso-
let (5) At ficus non solum sensu est dulcis, verum etiam
digestione antecellit Iam adeo utilis hominibus est, ut
præsidium ad quævis venena salutare Aristoteli videatur,
ac mensis etiam inchoandis et claudendis non ob aliam
causam adhiberi, tanquam hoc unum pro quovis alio sacro
remedio ciborum iniurias circumplicet et vinculis conliget
(6) Enimvero diis ficum consecrari omnibusque aris adhi-
beri et quovis thure ad odores aptiorem esse, non mea est
oratio, sed quisquis usum eius didicit, a sapiente aliquo
homine sacrorumque antistite manasse intelligit (7) Theo-
phrastus ille vir egregius in iis, quæ de agricultura scri-
psit, ubi de arborum, quæ in aliis inseri possint, na-
tura mutuaque insitione disserit, præcipue ficum com-
mendat, quod variorum generum arbores admittat, et
una ex omnibus facile aliarum stirpem ferat, si quis eius
singulos ramos amputet et in eorum quemque diffissum
aliarum arborum sobolem inserat, ita ut persæpe huius
unius aspectus pro horto integro esse possit, quod ut in
prato amœnissimo, sic ipsa varium ac multiplicem omnis
generis fructuum splendorem a sese mittat (8) Et cum cæ-
terarum arborum poma exigui temporis sint neque ætatem
ferant, sola ficus ultra annum vivit, et sequentis fructus
ortum comitatur Itaque Homerus in horto Alcinoi ait
fructus alios super aliis senescere Quod in cæteris for-
tasse poetica fabula videri potest in fico certe cum ve-
ritate consentiens oratio est, quia hic fructus omnium
maxime ad diuturnitatem servatur. (9) Ac cum ea sit ficus
ut opinor natura, tamen apud nos longe præstantior na-
scitur ut aliis quidem plantis collata facile præstet
omnibus, ipsi vero ficui omnino nostra antecellat, et
reliquas omnes genere vincat, a nostra vincatur, et hac
cum utrisque collatione rursus servetur tum quia cæ-
teris, ut par est, excellit, tum quia ea parte, qua vincitur,
rursus in universo genere vincit (10) Nec sane immerito
nobis solis istud accidit Etenim æquum erat, opinor
veram Iovis urbem totiusque Orientis oculum (sacram et
amplissimam Damascum dico) cum omnibus aliis rebus,
ut sacrorum elegantia, templorum magnitudine, temporum
anni opportunitate fontium nitore, fluviorum multitu-
dine, terræ ubertate vinceret, solam etiam plantæ istius
nobilitate miraculum de se maius commovere (11) Quocirca
hæc arbor mutationem omnem soli respuit neque patrios
fines egreditur, sed velut indigena planta ortum ex colonia
aspernatur Aurum atque argentum, sicuti arbitror,

ἡμῖν χώρα τίκτει φυτὸν ἀλλαχοῦ φῦναι μὴ δυνάμενον.
(12) ὥσπερ δὲ τὰ ἐξ Ἰνδῶν ἀγώγιμα καὶ οἱ Περσικοὶ σῆ-
ρες ἢ ὅσα ἐν τῇ Αἰθιόπων γῇ τίκτεταί μὲν καὶ τρέφεται,
τῷ δὲ τῆς ἐμπορίας νόμῳ πανταχοῦ διαβαίνει, οὕτω
δὴ καὶ τὸ παρ' ἡμῖν σῦκον ἀλλαχοῦ τῆς γῆς οὐ γινόμενον
πανταχοῦ παρ' ἡμῶν στέλλεται, καὶ οὔτε πόλις οὔτε
νῆσός ἐστιν, ἣν οὐκ ἐπέρχεται τῷ τῆς ἡδονῆς θαύματι.
(13) ἀλλὰ καὶ τράπεζαν βασιλικὴν κοσμεῖ, καὶ παντὸς
δείπνου σεμνόν ἐστιν ἐγκαλλώπισμα, καὶ οὔτ' ἂν
ἔνθρυπτον οὔτε στρεπτὸν οὔτε νεήλατον οὔτε ἄλλο κα-
ρυκείας γένος οὐδὲν ἐς τὸ ἴσον ἀφίκοιτο · τοσοῦτον αὐτῷ
τῶν τε ἄλλων ἐδεσμάτων καὶ δὴ καὶ τῶν ἑκασταχοῦ
περίεστι τοῦ θαύματος. (14) καὶ τὰ μὲν ἄλλα τῶν σύ-
κων ἢ ὀπωρινὴν ἔχει τὴν βρῶσιν ἢ τερσαινόμενα ἐς τὸ
ὅμοιον ἔρχεται, τὸ δὲ παρ' ἡμῖν μόνον ἀμφοτερίζει τῇ
χρείᾳ, καὶ καλὸν μέν ἐστιν ἐπιδένδριον, πολλῷ δὲ κάλ-
λιον εἰ ἐς τερσιὰν ἔλθοι. (15) εἰ δὲ καὶ τὴν ὥραν αὐτοῦ
τὴν ἐν τοῖς δένδροις ὀφθαλμῷ λάβοις, καὶ ὅπως ἑκάστου
τῶν πρέμνων ἐπιμήκεσι τοῖς κέντροις καλύκων δίκην
ἀπήρτηνται, ἢ ὅπως ἐν κύκλῳ περιθεῖ τῷ καρπῷ τὸ
δένδρον ἄλλως ἐπ' ἄλλαις ἐν τοίχῳ περιφερεῖ πολυειδεῖς
ἀγλαΐας μηχανώμενον, φαίης ἂν αὐτῷ καθάπερ ἐν
ὅρμῳ δέρης τὰς τῶν δένδρων ἐξαιρέσεις αὐτοῦ. (16) καὶ
ἡ πρὸς χρονίαν μονὴν ἐπιτέχνησις οὐκ ἐλάττονα τῆς ἐς
τὴν χρείαν ἡδονῆς ἔχει τὴν φιλοτιμίαν · οὐ γὰρ ὥσπερ
τὰ ἄλλα τῶν σύκων ὁμοῦ καὶ κατὰ ταὐτὸν ἔρριπται,
οὐδὲ σωρηδὸν ἢ γύδην ἡλίῳ τερσαίνεται, ἀλλὰ πρῶτον
μὲν ἠρέμα τῶν δένδρων αὐτὰ ταῖς χερσὶν ἀποδρέ-
πουσιν, ἔπειτα θρηπξιν ἢ ῥάβδοις ἀκανθώδεσι τῶν τοί-
χων ἀπαρτῶσιν, (17) ἵνα λευκαίνηται μὲν ἡλίῳ καθαρῷ
προσομιλοῦντα, μένῃ δὲ ἀνεπιβούλευτα τῶν ζῴων καὶ
τῶν ὀρνιθίων, οἱονεὶ τῶν κέντρων τῇ ἀλεξήσει δορυ-
φορούμενα. καὶ ὑπὲρ μὲν γενέσεως αὐτῶν καὶ γλυ-
κύτητος καὶ ὥρας καὶ ποιήσεως καὶ χρείας ταῦτά σοι
παρ' ἡμῶν ἡ ἐπιστολὴ προσπαίζει.

(18) Ὅ γε μὴν τῶν ἑκατὸν ἀριθμὸς ὡς ἔστι τῶν ἄλ-
λων τιμιώτερος καὶ τὸ τέλεον ἐν αὐτῷ τῶν ἀριθμῶν πε-
ριγράφων, μάθοι ἄν τις θεωρῶν τῇδε. καὶ οὐκ ἀγνοῶ
μὲν ὡς παλαιῶν καὶ σοφῶν ἀνδρῶν ὁ λόγος, τοῦ ἀρτίου
τὸν περιττὸν προχεῖσθαι, οὐδὲ ὡς ἀρχήν φασιν αὐξή-
σεως εἶναι τὸ μὴ συνδυάζον · τὸ γὰρ ὅμοιον θατέρῳ μέ-
νειν ὁποῖον καὶ τὸ ἕτερον, δυοῖν δὲ γενομένοιν τὸ
τρίτον εἶναι τὴν περιττότητα. (19) ἐγὼ δ' ἂν εἰ καὶ τολ-
μηρότερος ὁ λόγος ἐστί, φαίην ὅμως. ἀρχῆς μέν εἰσιν
οἱ ἀριθμοὶ πάντως ἐξηρτημένοι, καὶ τὸ προσεχὲς τῆς
αὐξήσεως διὰ παντὸς ἂν κομίζοιντο · πολλῷ γε μὴν οἶμαι
δικαιότερον τῷ ἀρτίῳ μᾶλλον ἢ τῷ περιττῷ τὴν τῆς αὐ-
ξήσεως αἰτίαν προσκεῖσθαι. (20) ὁ μὲν γὰρ εἷς ἀριθμὸς
οὐκ ἂν εἴη περιττός, οὐκ ἔχων ὅτου περιττὸς γένοιτο ·
ἡ δὲ τῆς δυάδος συζυγία τίκτει διπλῆν τὴν περιττό-
τητα, κἂκ τῶν δυοῖν ἀριθμῶν ὁ τρίτος εἰκότως εἰς αὔ-
ξησιν ἔρχεται. πάλιν τε ἐν τῇ τῆς ἑτέρας δυάδος
μίξει τῆς τετράδος τὴν ὑπεροχὴν λαμβάνει, καὶ ὅλως
ἡ πρὸς ἄλληλα κοινωνία τὴν ἐξ ἑκατέρου περιττότητα

idem multifariam nascitur; at sola hæc nostra regio fert
plantam, quæ alibi nasci non potest. (12) Ut porro merces
Indicæ et Persici seres, quæve in Æthiopum terra na-
scuntur quidem et crescunt, mercatoria vero lege in
omnes orbis partes distrahuntur, sic nostra hæc ficus
nusquam alibi nascitur, et a nobis in omnem locum di-
mittitur : neque civitas ulla est aut insula, in quam
voluptatis suæ admiratione non perveniat. (13) Quin et
regales mensas ornat, atque ad omnium conviviorum or-
natum adhibetur; neque intritum aut scriblita aut panis
dulciarius aut denique aliud condimenti genus pari sua-
vitate unquam reperietur : adeo est mirabilis iste cibus
præ aliis omnibus. (14) Ac cæteræ quidem fici aut per dies
caniculares eduntur, aut assicatæ pari usui inserviunt :
at nostræ duntaxat utrumque usum præstant, et valent
in arbore, et præstantiores sunt in sole paratæ. (15) Quod
si pulchritudinem istarum in arbore considere, et quem-
admodum a singulis ramis pendeant longioribus pediculis
instar calycum, aut quo pacto arbor fructum in orbem
circumdet, multiplicem interea speciem rotunditate illa
exhibens, dixeris sane quasi in torque colli esse eius ap-
pendices ex arboribus. (16) Præterea in arte, quæ ad istas
ficus servandas adhibetur, non minus est studii, quam in
usu voluptatis. Non enim, sicut ceteræ ficus, in unum
locum coniciuntur, neque acervatim confusceve in sole
siccantur, sed ex arbore primum sensim decerpuntur,
deinde ex arbustis ramisve aculeatis in muro suspendun-
tur, (17) partim ut assiduo puri solis usu albescant, partim
ut ab insidiis animantium et avicularum tutæ permaneant,
aculeorum præsidio tanquam satellitum comitatu circum-
septæ. Ac de earum ortu, dulcedine, specie, confectione,
utilitate nostra epistola hæc lusit.

(18) Deinceps numerum centenarium aliis omnibus nu-
meris nobiliorem esse omniumque perfectionem numerorum
eo contineri doceamus. Equidem non sum nescius, veteres
eosdemque sapientes homines imparem numerum pari
præposuisse, atque amplificationis fontem putavisse illum,
quod non copulatur : quod enim alteri simile sit, tale
semper manere, quale sit alterum; cum vero duo numeri
sint, tertium esse imparilitatem. (19) At ego dicam fortasse
audacius, dicam tamen. Numeri omnes ex principio apti
sunt, et possunt per quemvis numerum omnino augeri;
præstat tamen amplificationis causam pari numero potius
quam impari tribuere. (20) Etenim unum non erit impar, si
non habeat cum quo impariter conferri possit : at binarii
copulatio duplicem imparilitatem procreat, atque e duobus
numeris tertius ad incrementum iure accedit : et rursum
cum binarius alter adiungitur, fit quaternarii amplificatio :
omninoque eorum inter se coniunctio, inæqualitatem ex
utrisque ortam ostendens, in binarii numero concluditur.

φαίνουσα εἰς τὸν τῆς δυάδος ἀριθμὸν περιχλείεται. (21) δεδομένου δὴ τούτου, φαίην ἂν οἶμαι τῆς πρώτης δεκάδος τὴν εἰς αὐτὸ περιφέρειαν ἀνακυκλούσης εἰς τὸν τῆς ἑκατοντάδος ἀριθμὸν τὸ ὅλον διαβαίνειν, ὡς τῷ μὲν ἑνὶ τὴν αὔξησιν ἂν εἰς δέκα συντείνειν, πάλιν δ' αὖ τὴν δεκάδα δι' αὐτῆς ἀνιοῦσαν εἰς τὸν τῶν ἑκατὸν ἀριθμὸν συντελεῖσθαι. (22) κἀντεῦθεν αὖ πάλιν ἐξ ἑκατοντάδων τὸ ὅλον τῶν ἀριθμῶν τὴν δύναμιν καρποῦσθαι, μήτε τοῦ ἑνὸς ἠρεμοῦντος, εἰ μή τι τῆς δυάδος ἐν τῇ μίξει τὸ περιττὸν ἀεὶ τικτούσης τε καὶ εἰς ἑαυτὴν αὖθις ἀνακαλουμένης, ἄχρις ἂν ἑτέρα πάλιν ἑκατοντάδι τῶν ἀριθμῶν τὸ συναγόμενον καταχλείσῃ, καὶ τὸν τέλεον αὐτῷ προσάπτουσα πάλιν ἐξ αὐτοῦ πρὸς τὸ ἕτερον ἕρπύσῃ, ταῖς τῶν ἑκατοντάδων ἐπηγορίαις ἀεὶ τὸ ὅλον εἰς τὸ τῆς καταλήψεως ἄπειρον ἀναφέρουσα. (23) δοκεῖ δέ μοι καὶ Ὅμηρος οὐχ ἁπλῶς οὐδὲ ἀργῶς ἐν τοῖς ἔπεσι τὴν ἑκατονταθύσανον αἰγίδα τῷ Διὶ περιθεῖναι, ἀλλά τινι κρείττονι καὶ ἀπορρήτῳ λόγῳ τοῦτο αἰνίττεσθαι λέγων, ὡς ἄρα τῷ τελειοτάτῳ θεῷ τὸν τελειότατον ἀριθμὸν περιάψεις καὶ ᾧ μόνοι παρὰ τοὺς ἄλλους ἂν δικαιότερον κοσμοῖτο, ἢ ὅτι τὸν ξύμπαντα κόσμον, ὃν εἰς αἰγίδος σχῆμα τῷ τῆς εἰκόνος περιφερεῖ ξυνείληφεν, οὐκ ἄλλος πως ἢ ὁ τῶν ἑκατὸν ἀριθμὸς περιγράφει, τῇ κατὰ κύκλον ἑκατοντάδι τὴν ἐς τὸ ὅλον τοῦ νοητοῦ κατανόησιν ἐφαρμόττων. (24) ὁ δ' αὐτὸς λόγος οὗτος καὶ τὸν ἑκατοντάχειρα τὸν Βριάρεω καθίζει πάρεδρον τῷ Διί, καὶ πρὸς τὴν τοῦ πατρὸς ἁμιλλᾶσθαι συγχωρεῖ δύναμιν, οἷον ἐν τῷ τοῦ ἀριθμοῦ τελέῳ τὸ τέλεον αὐτῷ τῆς ἰσχύος ἀποδιδούς. (25) καὶ μὴν καὶ Πίνδαρος ὁ Θηβαῖος τὴν ἀναίρεσιν τοῦ Τυφῶνος ἐν ἐπινικίοις κηρύττων καὶ τὸ τοῦ μεγίστου τούτου γίγαντος κράτος τῷ μεγίστῳ βασιλεῖ τῶν θεῶν περιτιθεὶς οὐχ ἑτέρωθεν αὐτῷ τῆς εὐφημίας κρατύνει τὴν ὑπερβολὴν ἢ ὅτι τὸν γίγαντα τὸν ἑκατοντακέφαλον ἑνὶ βλήματι καθελεῖν ἥρκεσεν, ὡς οὔτε τινος ἄλλου εἰς χεῖρα τοῦ Διὸς ἐλθεῖν ἀντιμάχου γίγαντος νομισθέντος ἢ ὃν ἡ μήτηρ μόνον τῶν ἄλλων ἑκατὸν κεφαλαῖς ὥπλισεν, οὔτε ἑτέρου τινὸς θεῶν ἢ μόνου Διὸς ἀξιονικοτέρου πρὸς τὴν τοῦ τοσούτου γίγαντος καθαίρεσιν ὄντος. (26) Σιμωνίδῃ δὲ ἄρα τῷ μελιχῷ πρὸς τὴν Ἀπόλλωνος εὐφημίαν ἀρκεῖ τὸν θεὸν ἑκατὸν προσειπόντι καὶ καθάπερ ἀντ' ἄλλου τινὸς ἱεροῦ γνωρίσματος αὐτοῦ τὴν ἐπωνυμίαν κοσμῆσαι, διότι τὸν Πύθωνα τὸν δράκοντα βέλεσιν ἑκατὸν ὥς φησιν ἐχειρώσατο· καὶ μᾶλλον αὐτὸν ἑκατὸν ἢ Πύθιον χαίρειν προσαγορεύμενον, οἷον ὁλοκλήρου τινὸς ἐπωνυμίας συμβόλῳ προσφωνούμενον (27) ἢ γε μὴν τὸν Δία θρεψαμένη νῆσος ἡ Κρήτη καθάπερ τροφεῖα τῆς Διὸς ὑποδοχῆς ἀντιλαβοῦσα τῷ τῶν ἑκατὸν πύλεων ἀριθμῷ τετίμηται. καὶ Θήβας δὲ ἄρα τὰς ἑκατονταπύλους οὐκ ἄλλου τινὸς ἢ τούτου χάριν ἐπαινεῖ Ὅμηρος, διότι ταῖς πύλαις ταῖς ἑκατὸν κάλλος ἦν θαυμαστόν. καὶ σιωπῶ θεῶν ἑκατόμβας καὶ νεὼς ἑκατομπέδους καὶ βωμοὺς ἑκατοντακρήπιδας καὶ τοὺς ἑκατονταδόχους ἀνδρῶνας, καὶ τὰς ἀρούρας δὲ τὰς

(21) Hoc posito dicam primo denario in seipsum circumducto centenarium totum effici, ut ex uno quidem decem, ex his autem in se redeuntibus centum procreentur · (22) hinc item e centenariis numerorum summa universa vires sumat, unitate interea minime feriante, nisi cum binaria commistio inæqualitatem creat et in se ipsam iterum revocatur, dum rursum in centenarium alterum totius numeri summa concludatur, atque hoc absoluto et perfecto ad alterum ex eo procedat, et centenariorum appellationibus perpetuo summam in infinitum producat (23) Homerus mihi quidem videtur non temere neque otiose in poemate suo clipeum e centum loris Iovi tribuisse verum magna aliqua et abdita ratione istud dicendo involvit, quoniam videlicet perfectissimo deo perfectissimum numerum accommodabat, eumque numerum quo maxime exornari posset . aut quia mundum universum, quem clipei forma propter rotunditatem comprehendit, non alius numerus describit quam centenarius, circuli centenario accommodat intelligentiam eius, qui in universo intelligitur (24) Eadem ratione centimanus Briareus iuxta ipsum Iovem collocatur, et cum patre certat, quasi perfectum eius robur perfecto numero exprimatur. (25) Quin et Pindarus Thebanus, cum Typhoei cædem in illo triumphali carmine celebrat, et maximi huius gigantis robur maximo deorum regi attribuit, non alio nomine eum magnifice adeo commendat, quam quod gigantem centeno capite horrendum uno ictu afflixerit atque prostraverit, tanquam nullus alius gigas manum cum Iove conserere potuerit, nisi quem solum mater centum capitibus armarat, neque ullus deus præter Iovem tanta victoria dignus esset (26) Simonides poeta lyricus magnæ laudis loco Apollinem ἑκατόν appellat, et quasi hac una sacra nota eius cognomen exornat, quod Pythonem serpentem centum sagittis, ut ait, confecerit imo magis ac sæpius se ἑκατὸν quam Pythium appellari gaudet, quod illo cognomine tanquam perfecto aliquo titulo exornetur (27) Iam illa ipsa Iovis nutrix Creta, quasi Iovis educati et suscepti mercede, centum urbium numero ornata est Thebas etiam ἑκατομπύλους nominat Homerus, propterea quod centum portis maxima esset dignitas ac pulchritudo Taceo deorum hecatombas, templa hecatompeda, aras censens basi, centenarios andronas, centuigera arva et cætera

ἑκατονταπλέθρους· καὶ ὅσα ἄλλα θεῖά τε καὶ ἀνθρώπινα
τῇ τοῦ ἀριθμοῦ τοῦδε προσηγορίᾳ συνείληπται. (28) ὅ γε
μὴν ἀριθμὸς οὗτος οἶδε καὶ στρατιωτικὴν ὁμοῦ καὶ εἰ-
ρηνικὴν τάξιν κοσμῆσαι, καὶ φαιδρύνει μὲν τὴν ἑκα-
τόνταδρον λοχαγίαν, τιμᾷ δὲ ἧδε καὶ δικαστῶν ἐς τὸ
ἴσον ἤκουσαν ἐπωνυμίαν. καί με καὶ πλείω τούτων
ἔχοντα λέγειν ὁ τῆς ἐπιστολῆς ἐπιστρέφει νόμος· σὺ
δὲ ἀλλὰ συγγνώμην ἔχε τῷ λόγῳ, διότι καὶ ταῦτα
πλείω τῶν ἱκανῶν εἴρηται. (29) καὶ εἰ μὲν ἔχει μέτριον
ἐπὶ σοὶ κριτῇ κάλλος τὸ ἐγχείρημα, πάντως καὶ πρὸς
τοὺς ἄλλους ἔκφορον ἔσται, τῆς παρὰ σοῦ ψήφου τὴν
μαρτυρίαν δεξάμενον· εἰ δὲ χειρὸς ἑτέρας προσδεῖται
πρὸς τὸ τοῦ σκοποῦ συμπλήρωμα, τίς ἄν σου καλλίων
εἴη τὴν γραφὴν εἰς κάλλος ἀκριβῶσαι;

κδ'. Ἰουλιανὸς Ἰουδαίων τῷ κοινῷ.

Πάνυ ὑμῖν φορτικώτατον γεγένηται ἐπὶ τῶν παρῳ-
χηκότων καιρῶν τῶν ζυγῶν τῆς δουλείας τὸ δὴ δια-
γραφαῖς ἀκηρύκτοις πράττεσθαι ὑμᾶς καὶ χρυσίου
πλῆθος ἄφατον εἰσκομίζειν τοῖς τοῦ ταμιείου λόγοις·
ὧν πολλὰ μὲν αὐτοψεὶ ἐθεώρουν, πλείονα δὲ τούτων
ἔμαθον εὑρὼν τὰ βρέβια τὰ καθ' ὑμῶν φυλαττόμενα·
ἔτι δὲ καὶ μέλλουσαν πάλιν εἰσφορὰν καθ' ὑμῶν προ-
τάττεσθαι εἶρξα, καὶ τὸ τῆς τοιαύτης δυσφημίας ἀσέ-
βημα ἐνταῦθα ἐβιασάμην στῆσαι, καὶ πυρὶ παρέδωκα
τὰ βρέβια τὰ καθ' ὑμῶν ἐν τοῖς ἐμοῖς σκρινίοις ἀπο-
κείμενα, ὡς μηκέτι δύνασθαι καθ' ὑμῶν τινα τοιαύτην
ἀκοντίζειν ἀσεβείας φήμην. (2) καὶ τούτων μὲν ὑμῖν οὐ
τοσοῦτον αἴτιος κατέστη ὁ τῆς μνήμης ἄξιος Κωνστάν-
τιος ὁ ἀδελφός, ὅσον οἱ τὴν γνώμην βάρβαροι καὶ τὴν
ψυχὴν ἄθεοι οἱ τὴν τούτου τράπεζαν ἑστιώμενοι, οὓς
ἐγὼ μὲν ἐν χερσὶν ἐμαῖς λαβόμενος εἰς βόθρον ὤσας
ὤλεσα, ὡς μηδὲ μνήμην ἔτι φέρεσθαι παρ' ἡμῖν τῆς
αὐτῶν ἀπωλείας. (3) ἐπὶ πλέον δὲ ὑμᾶς εὐωχεῖσθαι
βουλόμενος τὸν ἀδελφὸν Ἰουλον τὸν αἰδεσιμώτατον
πατριάρχην παρήνεσα καὶ τὴν λεγομένην εἶναι παρ'
ὑμῖν ἀποστολὴν κωλυθῆναι καὶ μηκέτι δύνασθαι τὰ
πλήθη ὑμῶν τινα ἀδικεῖν τοιαύταις φόρων εἰσπρά-
ξεσιν, ὡς πανταχόθεν ὑμῖν τὸ ἀμέριμνον ὑπάρχειν
τῆς ἐμῆς βασιλείας, ἵνα ἀπολαύοντες ἔτι μείζονας
εὐχὰς ποιῆσθε τῆς ἐμῆς βασιλείας τῷ πάντων κρείττονι
καὶ δημιουργῷ θεῷ τῷ καταξιώσαντι στέψαι με τῇ
ἀχράντῳ αὐτοῦ δεξιᾷ. (4) πέφυκε γὰρ τοὺς ἔν τινι με-
ρίμνῃ ἐξεταζομένους περιδεῖσθαι τὴν διάνοιαν καὶ μὴ
τοσοῦτον εἰς τὴν προσευχὴν τὰς χεῖρας ἀνατείνειν
τολμᾶν, τοὺς δὲ πανταχόθεν ἔχοντας τὸ ἀμέριμνον
ὁλοκλήρῳ ψυχῇ χαίροντας ὑπὲρ τοῦ βασιλείου ἱκετη-
ρίους λατρείας ποιεῖσθαι τῷ μείζονι, τῷ δυναμένῳ κα-
τευθῦναι τὴν βασιλείαν ἐπὶ τὰ κάλλιστα, καθάπερ
προαιρούμεθα. (5) ὅπερ χρὴ ποιεῖν ὑμᾶς, ἵνα κἀγὼ τὸν
τῶν Περσῶν πόλεμον διορθωσάμενος τὴν ἐκ πολλῶν
ἐτῶν ἐπιθυμουμένην παρ' ὑμῖν ἰδεῖν οἰκουμένην πόλιν
ἁγίαν Ἱερουσαλὴμ ἐμοῖς καμάτοις ἀνοικοδομήσας

---

divina aut humana, quæ huius numeri appellatione con-
tinentur. (28) Iste ipse numerus et belli et pacis ordines
decorat, centurias militares exhilarat, iudicum appella-
tionem, quæ pari ratione continetur, honorat. Ac me
quidem, cum plura possem dicere, lex epistolæ prohibet.
Tu interea ignosces, quod plura etiam, quam satis est,
diximus. (29) Quod si iudice te mediocritatem assecuta erit
exercitatio nostra, omnino ad alios etiam exire poterit,
tui iudicii testimonio freta : sin alterius manum deside-
rat, ut quod vult assequatur, quis te uno aptior fuerit
ad scriptum ita exornandum, ut hominum oculis
placeat?

XXIV. Iulianus Iudæorum nationi.

Superiora tempora non tam vobis ob servitutem mo-
lesta fuere, quam quod tabulis iniussu principis emissis
obnoxii essetis, immensumque aurum in ærarium infer-
retis. Quam rem ego magna ex parte meis vidi oculis,
tum multo magis ex ipsis tabellis, quæ contra vos as-
servabantur, perspexi : quin et paratum iam iterum
contra vos vectigal prohibui, et impietatem hanc detes-
tabilem compressi, tabulasque incendi quæ in meis
scriniis ad vos opprimendos custodiebantur, ut nemini
liceat deinceps tantæ impietatis rumorem in vos spar-
gere. (2) Neque sane harum iniuriarum causa Constantio
fratri, viro memorabili, potius tribuenda videatur, quam
nonnullis animo barbaris et mente impiis, qui eius mensa
utebantur: quos ego manibus meis arreptos atque in fo-
veam coniectos perdidi, ut ne memoria quidem ulla de
eorum interitu apud nos supersit. (3) Quum vero longe
maioribus beneficiis vos ornare vellem, fratrem Iulum,
patriarcham omni observantia dignum, hortatus sum, ut
et apostolatum quem apud vos esse dicunt prohibeat, et
nemini in posterum liceat vectigalia eiusmodi a vobis
exigere; quo summa vobis securitas et otium sit in meo
regno, et maiore studio pro meo regno vota faciatis deo
optimo et opifici, qui mihi dignatus est suis purissimis
manibus coronam imponere. (4) Solent namque qui soli-
citudine aliqua premuntur, mente constringi, neque tam
confidenter manus ad deum orandum tollere : at qui cura
penitus vacui sunt, tota mente gaudent, et pro regno
supplices manus ad deum maximum porrigunt; in quo
situm est, ut regnum nostrum in optimo statu versetur,
sicut optamus. (5) Id vos inprimis curare atque conten-
dere debetis, quo et ipse Persico bello ex animi sententia
gesto sanctam urbem Hierusalem, quam multos iam
annos habitatam videre desideratis, meis laboribus re-

οἰκίσω, καὶ ἐν αὐτῇ δόξαν δώσω μεθ' ὑμῶν τῷ κρείττονι.

κε'. Ἀλεξανδρεῦσι διάταγμα.

Ἐχρῆν τὸν ἐξελαθέντα βασιλικοῖς πολλοῖς πάνυ καὶ πολλῶν αὐτοκρατόρων προστάγμασιν ἐν γοῦν ἐπίταγμα περιμεῖναι βασιλικόν, εἶθ' οὕτως εἰς τὴν ἑαυτοῦ κατιέναι, ἀλλὰ μὴ τόλμῃ μηδ' ἀπονοίᾳ χρησάμενον ὡς οὐκ οὖσιν ἐνυβρίζειν τοῖς νόμοις, ἐπεί τοι καὶ τὸ νῦν τοῖς φυγαδευθεῖσιν ὑπὸ τοῦ μακαρίτου Κωνσταντίου οὐ κάθοδον εἰς τὰς ἐκκλησίας ἀλλὰ τὴν εἰς τὰς πατρίδας συνεχωρήσαμεν. (2) Ἀθανάσιον δὲ πυνθάνομαι τὸν τολμηρότατον ὑπὸ τοῦ συνήθους ἐπαρθέντα θράσους ἀντιλαβέσθαι τοῦ λεγομένου παρ' αὐτοῖς ἐπισκοπῆς θρόνου, τοῦτο δὲ εἶναι καὶ τῷ θεοσεβεῖ τῶν Ἀλεξανδρέων δήμῳ οὐ μετρίως ἀηδές. ὅθεν αὐτῷ προαγορεύομεν ἀπιέναι τῆς πόλεως, ἐξ ἧς ἂν ἡμέρας τὰ τῆς ἡμετέρας ἡμερότητος γράμματα δέξηται παραχρῆμα· μένοντι δ' αὐτῷ τῆς πόλεως εἴσω μείζους πολὺ καὶ χαλεπωτέρας προαγορεύομεν τιμωρίας.

κϛ'. Ἰουλιανὸς Λιβανίῳ σοφιστῇ καὶ κοιαίστωρι.

Μέχρι τῶν Λιτάρβων ἦλθον (ἔστι δὲ κώμη Χαλκίδος), καὶ ἐνέτυχον ὁδῷ λείψανα ἐχούσῃ χειμαδίων Ἀντιοχικῶν. ἦν δὲ αὐτῆς οἶμαι τὸ μὲν τέλμα τὸ δὲ ὄρος, τραχεῖα δὲ πᾶσα, καὶ ἐνέκειντο τῷ τέλματι λίθοι ὥσπερ ἐπίτηδες ἐρριμμένοις ἐοικότες, ἐπ' οὐδεμιᾷ τέχνῃ συγκείμενοι, ὃν τρόπον εἰώθασιν ἐν ταῖς ἄλλαις πόλεσι τὰς λεωφόρους οἱ ἐξοικοδομοῦντες ποιεῖν, ἀντὶ μὲν τῆς κονίας πολὺν τὸν χοῦν ἐποικοδομοῦντες, πυκνοὺς δὲ ὥσπερ ἐν τοίχῳ τιθέντες τοὺς λίθους. ἐπεὶ δὲ διαβὰς μόλις ἦλθον εἰς τὸν πρῶτον σταθμόν, ἐννέα που σχεδὸν ἦσαν ὧραι, καὶ ἐδεξάμην εἴσω τῆς αὐλῆς τὸ πλεῖστον τῆς παρ' ὑμῖν βουλῆς. ἃ δὲ διελέχθημεν πρὸς ἀλλήλους, ἴσως ἐπύθου· μάθοις δ' ἂν καὶ ἡμῶν ἀκούσας, εἰ θεοὶ θέλοιεν.

(2) Ἀπὸ τῶν Λιτάρβων εἰς τὴν Βέροιαν ἐπορευόμην, καὶ ὁ Ζεὺς αἴσια πάντα ἐσήμηνεν, ἐναργῆ δείξας τὴν διοσημίαν. ἐπιμείνας δὲ ἡμέραν ἐκεῖ τὴν ἀκρόπολιν εἶδον καὶ ἔθυσα τῷ Διὶ βασιλικῶς ταῦρον λευκόν, διελέχθην δὲ ὀλίγα τῇ βουλῇ περὶ θεοσεβείας. ἀλλὰ τοὺς λόγους ἐπήνουν μὲν ἅπαντες, ἐπείσθησαν δὲ αὐτοῖς ὀλίγοι παντάπασιν, καὶ τοιοῦτοι οἳ καὶ πρὸ τῶν ἐμῶν λόγων ἐδόκουν ἔχειν ὑγιῶς. ἐλάβοντο δὲ ὥσπερ παρρησίας ἀποτρίψασθαι τὴν αἰδῶ καὶ ἀποθέσθαι· περίεστι γάρ, ὦ θεοί, τοῖς ἀνθρώποις ἐπὶ μὲν τοῖς καλοῖς ἐρυθριᾶν, ἀνδρείᾳ ψυχῆς καὶ εὐσεβείᾳ, καλλωπίζεσθαι δὲ ἐπὶ τοῖς χειρίστοις, ἱεροσυλίᾳ καὶ μαλακίᾳ γνώμης καὶ σώματος.

(3) Ἔνθεν ὑποδέχονταί με Βάτναι, χωρίον οἷον παρ' ὑμῖν οὐκ εἶδον ἔξω τῆς Δάφνης, ἣ νῦν ἔοικε ταῖς Βάτναις· ὡς τά γε πρὸ μικροῦ, σωζομένου τοῦ νεὼ καὶ τοῦ ἀγάλματος, Ὄσσῃ καὶ Πηλίῳ καὶ ταῖς Ὀλύμ-

---

fectam frequentem, et una vobiscum in ea optimo deo gratias agam.

XXV. Edictum ad Alexandrinos.

Æquum erat, eum qui regiis et imperatoriis edictis compluribus eiectus fuerat, unum saltem edictum regium expectare, ac tum denique domum suam redire, non autem singulari audacia atque amentia fretum legibus tanquam omnino extinctis ac perditis illudere. Etenim nunc quoque nos Galilæis a Constantio eiectis non reditum ad suas ecclesias, sed in patriam cuique suam concessimus. (2) Audio Athanasium, hominem audacissimum, solita audacia elatum, episcopatus sedem, ut ipsi appellant, iterum usurpare, id vero non mediocriter Alexandrino populo displicere deos colenti. Quare eum iubemus urbe excedere, eo ipso die quo humanitatis nostræ litteras acceperit : quod si in urbe manserit, longo maiores gravioresque ei pœnas denuntiamus.

XXVI. Iulianus Libanio sophistæ et quæstori.

Litarba veni (quod oppidum est in Chalcide) et casu incidi in viam quandam, quæ reliquias adhuc Antiochensium hibernorum habebat. Erat autem sicut opinor, illius pars una palus, altera mons, tota certe aspera : ad paludem erant lapides, tanquam de industria disiecti, nulla arte compositi, quomodo in cæteris urbibus ii qui vias publicas condunt facere solent, loco calcis multum rudus superstruentes ac sicut in pariete cumulatos lapides ponentes. Hoc itineris spatio confecto, ubi vix tandem ad prima stativa perveni (quod fuit hora fere nona), senatus vestri maximam partem domum meam recepi. Ac ibi quæ simus inter nos collocuti, fortasse accepisti, et ex nobis ipsis aliquando, si diis placuerit, cognosces.

(2) Litarbis deinde ad Berœam veni, et Iupiter clarum prodens ostentum læta omnia denuntiavit. Commoratus autem ibi diem unum, arcem invisi, et Iovi regio more taurum candidum sacrificavi, cum senatu autem pauca de religione disserui. Et laudarunt quidem omnes orationem meam, pauci vero admodum assensere, atque isti ipsi erant, quos ante meam orationem sanos esse arbitrabar : postea tamen quasi licentia arrepta omnem pudorem excusserunt ac deposuerunt. Erubescunt enim homines vehementer (o dii immortales) in rebus bonestis, ut fortitudine animi ac pietate : in turpissimis exultant, ut in sacrilegio et corporis animique ignavia.

(3) Inde me Batnæ exceperunt, locus qualem in vestra regione nullum vidi extra Daphnem, quæ nunc Batnis confertur, cum antea salvis templo et simulacro non solum Ossæ, Pelio, Olympo et Thessalicis vallibus æquare,

που κορυφαῖς καὶ τοῖς Θετταλικοῖς Τέμπεσιν
ἄγων ἐπίσης ἢ καὶ προτιμῶν ἁπάντων ὁμοῦ τὴν
Δάφνην οὐκ ἂν ᾐσχυνόμην. ἱερὸν Διὸς Ὀλυμπίου καὶ
Ἀπόλλωνος Πυθίου τὸ χωρίον. ἀλλ' ἐπὶ μὲν τῇ Δάφνῃ
γέγραπταί σοι λόγος, ὁποῖον ἂν ἄλλος οὐδὲ εἷς τῶν
οἳοι νῦν βροτοί εἰσι καὶ μάλα ἐπιχειρήσας καμεῖν ἐρ-
γάσαιτο, νομίζω δὲ καὶ τῶν ἔμπροσθεν οὐ πολλοὺς
πάνυ. (4) τί οὖν ἐγὼ νῦν ἐπιχειρῶ περὶ αὐτῆς γράφειν,
οὕτω λαμπρᾶς ** ἐπ' αὐτῇ συγγεγραμμένης; ὡς μή-
ποτε ὤφελε τοιοῦτον. αἵ γε μὴν Βάτναι (βαρβαρικὸν
ὄνομα τοῦτο) χωρίον ἐστὶν Ἑλληνικόν, πρῶτον μὲν
ὅτι διὰ πάσης τῆς πέριξ χώρας ἀτμοὶ λιβανωτοῦ παν-
ταχόθεν ἦσαν, ἱερεῖά τε ἐθλέπομεν εὐτρεπῆ πανταχοῦ.
(5) τοῦτο μὲν οὖν εἰ καὶ λίαν ηὔφραινέ με, θερμότερον
ὅμως ἐδόκει καὶ τῆς εἰς τοὺς θεοὺς εὐσεβείας ἀλλό-
τριον· ἐκτὸς πάτου γὰρ εἶναι χρὴ καὶ δρᾶσθαι καθ'
ἡσυχίαν, ἐπ' αὐτὸ τοῦτο πορευομένων οὐκ ἐπ' ἄλλο τι
τῶν ἑορταζόντων, τὰ πρὸς τοὺς θεοὺς ἱερά τε καὶ ὅσια.
τοῦτο μὲν οὖν ἴσως τεύξεται τῆς ἁρμοζούσης ἐπιμε-
λείας αὐτίκα, τὰς Βάτνας δὲ ἑῴων πεδίον λάσιον,
ἄλση κυπαρίττων ἔχον νέων (καὶ ἦν ἐν ταύταις οὐδὲ
γεράνδρυον οὐδὲ σαπρόν, ἀλλὰ ἐξ ἴσης ἅπαντα θάλλοντα
τῇ κόμῃ), καὶ τὰ βασίλεια πολυτελῆ μὲν ἥκιστα
(πηλοῦ γὰρ ἦν μόνον καὶ ξύλων οὐδὲν ποικίλον ἔχοντα),
κῆπον δὲ τοῦ μὲν Ἀλκίνου καταδεέστερον, παραπλή-
σιον δὲ τῷ Λαέρτου, καὶ ἐν αὐτῷ μικρὸν ἄλσος πάνυ,
κυπαρίττων μεστόν, καὶ τῷ θριγκίῳ δὲ πολλὰ τοιαῦτα
παραπεφυτευμένα δένδρα στίχῳ καὶ ἐφεξῆς. (6) εἶτα
τὸ μέσον πρασιαί, καὶ ἐν ταύταις λάχανα καὶ δένδρα
παντοίαν ὀπώραν φέροντα. τί οὖν ἐνταῦθα; ἔθυσα
δείλης, εἶτ' ὄρθρου βαθέος, ὅπερ εἴωθα ποιεῖν ἐπιεικῶς
ἑκάστης ἡμέρας. ἐπεὶ δὲ ἦν καλὰ τὰ ἱερά, τῆς πό-
λεως εἰχόμεθα, καὶ ὑπαντῶσιν ἡμῖν οἱ πολῖται, καὶ
ὑποδέχεταί με ξένος, ὀφθεὶς μὲν ἄρτι, φιλούμενος δὲ
ὑπ' ἐμοῦ πάλαι. τὴν δὲ αἰτίαν αὐτὸς μὲν οἶδα ὅτι
συνῄδεις, ἐμοὶ δὲ ἡδὺ καὶ ἄλλως φράσαι· τὸ γὰρ ἀεὶ
περὶ αὐτῶν ἀκούειν καὶ λέγειν ἐστί μοι νέκταρ.
(7) Ἰαμβλίχου τοῦ θειοτάτου τὸ θρέμμα Σώπατρος, ὁ
τούτου κηδεστὴς ἐξ ὅσου· ἐμοὶ γὰρ τὸ μὴ πάντα ἐκείνων
τῶν ἀνδρῶν ἀγαπᾶν ἀδικημάτων οὐδὲν οὕτω φαυλό-
τατον εἶναι δοκεῖ. πρόσεστι ταύτης αἰτία μείζων·
ὑποδεξαμένου γὰρ πολλάκις τόν τε ἀνεψιὸν τὸν ἐμὸν
καὶ τὸν ὁμοπάτριον ἀδελφὸν καὶ προτραπεὶς ὑπ' αὐτῶν,
οἷα εἰκός, πολλάκις ἀποστῆναι τῆς εἰς τοὺς θεοὺς εὐ-
σεβείας, ὃ χαλεπόν ἐστιν, οὐκ ἐλήφθη τῇ νόσῳ.

(8) Ταῦτα εἶχον ἀπὸ τῆς Ἱερᾶς πόλεως σοι γράφειν
ὑπὲρ τῶν ἐμαυτοῦ. τὰς δὲ στρατιωτικὰς ἢ πολιτικὰς
οἰκονομίας αὐτὸν ἐχρῆν οἶμαι παρόντα ἐφορᾶν καὶ
ἐπιμελεῖσθαι· μεῖζον γάρ ἐστιν ἢ κατ' ἐπιστολήν, εὖ
ἴσθι, καὶ τοσοῦτον ὅσον οὐ ῥᾴδιον οὐ τριπλάσια τούτου
περιλαβεῖν σκοποῦντι τἀκριβές. ἐπεὶ καὶ φαίην δέ
σοι, καὶ ταῦτα φράσω δι' ὀλίγων. πρὸς τοὺς Σαρα-
κηνοὺς ἔπεμψα πρέσβεις, ὑπομιμνήσκων αὐτοὺς ἥκειν,
εἰ βούλοιντο. (9) ἐν μὲν δὴ τοιοῦτο· ἕτερον δέ, λίαν

verum etiam anteferre omnibus Daphnem non vererer.
Locus Iovi Olympio et Pythio Apollini sacer est. Sed de
Daphne scripta est a te oratio, qualem nemo alius eorum
qui nunc vivunt hominum, quamvis maxime contenderet,
possit perficere, veterum autem non multos perfecturos
fuisse existimo. (4) Quid igitur ego de ea nunc scribam,
cum tua tam luculenta extet oratio? Absit, ut quicquam
tale cogitem. Igitur Batnæ (nomen est istud barbarum)
locus est Græcus, primum quod thuris odor ex omni
parte regionis circumspirabat, et victimas in omnibus locis
apparatas cernebamus. (5) Atque id quidem etsi multum
mihi voluptatis afferebat, tamen calidius videbatur et
a deorum cultu alienum. Procul enim a tumultu ac
tranquille, ita ut propter eum ipsum nec alium quem-
piam finem festus dies celebretur, sacra et profana diis
peragi decet. Verum istud fortasse brevi corrigetur.
Batnas vero videbam esse agrum silvosum, nemoribus
tenerarum cupressorum ornatum. Et in his nulla erat
arbor annosa, nulla putris, sed omnes pariter coma flo-
rebant. Regia domus non erat sumptuosa (e luto enim
et lignis tantum erat, nullam ornatus varietatem habebat),
hortus illo Alcinoi pauperior, similis autem horto Laertis.
Nemus erat in eo perexiguum, cupressis refertum : iuxta
murum plurimæ arbores ordine ac deinceps insitæ : (6)
in medio areæ, et in his olera atque arbores, quæ omnis
generis fructus afferebant. Quid tum illic? sacrificavi
vesperi et postridie summo mane, quod studiose singulis
diebus facere consuevi. Quum vero læta ac præclara
essent sacra, ad urbem contendimus. Ibi nobis a civibus
itum est obviam, et nos domum suam excepit amicus
quidam, quem tum primum fere videramus, sed multo
ante tempore amabamus. Causam quidem notam tibi
esse scio, sed et incassum effari delector : nectar enim
mihi est de illis semper et audire et dicere. (7) Iamblichi
divinissimi alumnus fuit Sopater, huius affinis ......;
mihi enim res illorum virorum omnes non amare scelus
omnium maximum videtur. Sed est alia quoque maior
causa. Hic cum persæpe patruelem meum et fratrem
germanum hospitio accepisset, et ab iis magnopere ut
par fuit solicitaretur, ut a diis deficeret, nunquam
tamen (quod grave et magnum est) in eum morbum la-
psus est.

(8) Hæc habui, quæ ex Hierapoli ad te de rebus meis
scriberem. Quod ad bellicas et civiles res attinet, ipse
tu præsens de iis debes cognoscere : maior enim, ut probe
scis, res est, quam ut epistola comprehendi possit, imo
tanta, ut facile hac epistola ter maiorem absorberet qui
accuratam descriptionem spectaret. Veruntamen nar-
rabo tibi, idque breviter. Legatos misi ad Saracenos et ut
veniant, si velint, commonefacio. (9) Hoc primum caput

ἐγρηγορότας ὡς ἐνεδέχετο τοὺς παραφυλάξοντας ἐξέ-
πεμψα, μή τις ἐνθένδε πρὸς τοὺς πολεμίους ἐξέλθῃ
λαθών, ἐσόμενος αὐτοῖς ὡς κεκινήμεθα μηνυτής.
ἐκεῖθεν ἐδίκασα δίκην στρατιωτικήν, ὡς ἐμαυτὸν
πείθω, πρᾳότατα καὶ δικαιότατα. Ἵππους περιττοὺς
καὶ ἡμιόνους παρεσκεύασα, τὸ στρατόπεδον εἰς ταὐτὸ
συναγαγών. ναῦς πληροῦνται ποτάμιαι πυροῦ, μᾶλλον
δὲ ἄρτων ξηρῶν καὶ ὄξους. (10) καὶ τούτων ἕκαστον ὅπως
ἐπράχθη καὶ τίνες ἐφ' ἑκάστῳ γεγόνασι λόγοι, πόσου
μήκους ἐστὶ συγγραφὴ ἐννοεῖς. ἐπιστολαῖς δ' ὁπόσαις
ὑπέγραψα καὶ βίβλοις τὰ ἑπόμενα ὥσπερ αἴσιά μοι (καὶ
ταῦτα συμπερινοστεῖ πανταχοῦ), τί δεῖ νῦν πράγματα
ἔχειν ἀπαριθμούμενον;

κζ'. Ἰουλιανὸς Γρηγορίῳ ἡγεμόνι.

Ἐμοὶ καὶ γράμμα παρὰ σοῦ μικρὸν ἀρκεῖ μεγάλης
ἡδονῆς πρόφασιν μνηστεῦσαι. καὶ τοίνυν οἷς ἔγραψας
λίαν ἡσθεὶς ἀντιδίδωμι καὶ αὐτὸς τὴν ἴσην, οὐ τῷ τῶν
ἐπιστολῶν μήκει μᾶλλον ἢ τῷ τῆς εὐνοίας μεγέθει τὰς
τῶν ἑταίρων φιλίας ἐκτίνεσθαι δεῖν κρίνων.

κη'. Ἰουλιανὸς Ἀλυπίῳ ἀδελφῷ Καισαρίου.

Ὁ Συλοσῶν ἀνῆλθε, φασί, παρὰ τὸν Δαρεῖον, καὶ
ὑπέμνησεν αὐτὸν τῆς χλανίδος, καὶ ᾔτησεν ἀντ' ἐκείνης
παρ' αὐτοῦ τὴν Σάμον. εἶτα ἐπὶ τούτῳ Δαρεῖος μὲν
ἐμεγαλοφρονεῖτο, μεγάλα ἀντὶ μικρῶν νομίζων ἀπο-
δεδωκέναι· Συλοσῶν δὲ λυπρὰν ἐλάμβανε χάριν. σκό-
πει δὴ τὰ ἡμέτερα νῦν πρὸς ἐκεῖνα. (2) ἓν μὲν δὴ τὸ
πρῶτον οἶμαι κρεῖσσον ἔργον ἡμέτερον, οὐδὲ γὰρ ὑπε-
μείναμεν ὑπομνησθῆναι παρ' ἄλλου· τοσούτῳ δὲ
χρόνῳ τὴν μνήμην τῆς σῆς φιλίας διαφυλάξαντες ἀκέ-
ραιον, ἐπειδὴ πρῶτον ἡμῖν ἔδωκεν ὁ θεός, οὐκ ἐν
δευτέροις ἀλλ' ἐν τοῖς πρώτοις σε μετεκαλέσαμεν.
τὰ μὲν οὖν πρῶτα τοιαῦτα· περὶ δὲ τῶν μελλόντων
(3) ἆρά μοι δώσεις τι (καὶ γάρ εἰμι μαντικός) προαγο-
ρεῦσαι; μακρῷ νομίζω κρείττονα ἐκείνων, Ἀδράστεια
δ' εὐμενὴς εἴη. σύ τε γὰρ οὐδὲν δέῃ συγκαταστρεφο-
μένου πόλιν βασιλέως, ἐγώ τε πολλῶν δέομαι τῶν
συνεπανορθούντων μοι τὰ πεπτωκότα κακῶς. ταῦτά
σοι Γαλλικὴ καὶ βάρβαρος Μοῦσα προσπαίζει, σὺ δὲ
ὑπὸ τῇ τῶν θεῶν πομπῇ χαίρων ἀφίκοιο, καὶ τῇ
σαυτοῦ χειρὶ λῃς ἐρίφων καὶ τῆς ἐν τοῖς χειμαδίοις
θήρας τῶν προβατίων. ἧκε πρὸς τὸν φίλον, ὅς σε
τότε, καίπερ οὔπω γινώσκειν ὅσος εἶ δυνάμενος, ὅμως
περιεῖπον.

κθ'. Ἰουλιανὸς τῷ αὐτῷ.

Ἤδη μὲν ἐτύγχανον ἀνειμένος τῆς νόσου, τὴν γεω-
γραφίαν ὅτε ἀπέστειλας· οὐ μὴν ἔλαττον διὰ τοῦτο
ἡδέως ἐδεξάμην τὸ παρὰ σοῦ πινάκιον ἀποσταλέν.
ἔχει γὰρ καὶ τὰ διαγράμματα τῶν πρόσθεν βελτίω,
καὶ κατεμούσωσας αὐτὸ προσθεὶς τοὺς ἰάμβους οὐ

est. Alterum, exploratores misi quoad licuit vigilantis-
simos, ne quis hinc tacitus ad hostes veniat, certioresque
faciat nos commoveri. Inde controversiam militarem,
ut mihi persuadeo, summa lenitate æquitateque discep-
tavi. Equos eximios et mulos comparavi; copias in
unum coegi; naves fluviatiles implentur frumento, vel
potius pane cocto atque aceto. (10) Quorum unumquod-
que quomodo gestum fuerit, qui sermones habiti sint,
exponere quam longæ sit epistolæ non ignoras. Quam vero
multis et litteris et libris mandarim ea, quæ mihi tan-
quam læta auspicia eveniunt (circumferuntur autem
nobiscum), quid iam opus est fastidiose ac moleste re-
censere?

XXVII. Iulianus Gregorio duci.

Mihi sane vel exigua abs te epistola sufficit ad magnæ
voluptatis occasionem præbendam. Ego vero iis quæ
scripsisti plurimum lætatus, parem gratiam refero,
neque tam epistolæ prolixitate, quam benevolentiæ
magnitudine amicorum caritatem retribuendam esse iu-
dico.

XXVIII. Iulianus Alypio Cæsarii fratri.

Syloson (ait ille) ad Darium venit, ac pallium ei com-
memoravit, et petiit pro eo Samum. Postea Darius in
ea re magnopere sibi placebat, putans se magna pro parvis
retulisse : Syloson tamen triste beneficium accepit. Con-
fer nunc nostra cum illis. (2) Primum quidem una in
re nos multo melius, quandoquidem non expectavimus,
dum ab altero admoneremur, sed in tanto tempore ami-
citiam erga te perpetuam sanctamque servavimus; deinde
cum primum nobis oblata est a deo facultas, non inter
secundos, sed inter primos te amicos appellavi. Ergo hoc
primum. (3) De futuris autem (sum enim augur) dasne
mihi ut augurer? longe melius expecto, modo sit propitia
Adrastia. Neque enim tibi opus est rege, qui te in ever-
tenda urbe aliqua suis viribus iuvet : et mihi multis sane
opus est, qui me adiuvent ad ea restituenda, quæ male
ceciderc. Hæc tecum Musa Gallica et barbara iocatur.
Tu vero interea diis ducibus venies : ad manum tibi erit
præda hœdorum et ovium, quæ in hibernis venatio est.
Veni ad amicum, qui tu iam tum, antequam nossem
quantus esses, tamen valde colui.

XXIX. Iulianus eidem.

Iam eram morbo liberatus, cum geographiam misisti;
non tamen propterea minus grata mihi fuit tabella abs te
missa. Sunt enim in ea tum descriptiones prioribus me-
liores, tum iambi, quibus eam exornasti, non illi quidem

23

μάχην ἀείδοντας τὴν Βουπάλειον κατὰ τὸν
Κυρηναῖον ποιητήν, ἀλλ' οἵους ἡ καλὴ Σαπφὼ βούλεται
τοῖς νόμοις ἁρμόττειν. (2) καὶ τὸ μὲν δῶρον τοιοῦτόν
ἐστιν ὁποῖον ἴσως σοί τε ἔπρεπε δοῦναι, ἐμοί τε ἥδιστον
ἐξἄσθαι· πρὶ δὲ τὴν διοίκησιν τῶν πραγμάτων ὅτι
δραστηρίως ἅμα καὶ πράως ἅπαντα περαίνειν προ-
θυμῇ, συνηδόμεθα· μῖξαι γὰρ πραότητα καὶ σωφρο-
σύνην ἀνδρείᾳ καὶ ῥώμῃ, καὶ τῇ μὲν χρήσασθαι πρὸς
τοὺς ἐπιεικεστάτους, τῇ δὲ ἐπὶ τῶν πονηρῶν ἀπαραι-
τήτως πρὸς ἐπανόρθωσιν οὐ μικρᾶς ἐστι φύσεως οὐδ'
ἀρετῆς ἔργον, ὡς ἐμαυτὸν πείθω. (3) τούτων εὐχόμεθά
σε τῶν σκοπῶν ἐχόμενον ἄμφω πρὸς ἓν τὸ καλὸν αὐτοὺς
συναρμόσαι· τοῦτο γὰρ ἁπάσαις προκεῖσθαι ταῖς ἀρε-
ταῖς τέλος οὐκ εἰκῆ τῶν παλαιῶν ἐπίστευον οἱ λογιώ-
τατοι. ἐρρωμένος καὶ εὐδαιμονῶν διατελοίης ἐπὶ μή-
κιστον, ἀδελφὲ ποθεινότατε καὶ φιλικώτατε.

λ'. Ἰουλιανὸς Ἀετίῳ ἐπισκόπῳ.

Κοινῶς μὲν ἅπασι τοῖς ὁπωσοῦν ὑπὸ τοῦ μακαρίτου
Κωνσταντίου πεφυγαδευμένοις ἕνεκεν τῆς τῶν Γαλι-
λαίων ἀπονοίας ἀνῆκα τὴν φυγήν, σὲ δὲ οὐκ ἀνίημι
μόνον, ἀλλὰ γὰρ καὶ παλαιᾶς γνώσεώς τε καὶ συνη-
θείας μεμνημένος ἀφιχέσθαι προτρέπω μέχρις ἡμῶν.
χρήσῃ δὲ ὀχήματι δημοσίῳ μέχρι τοῦ στρατοπέδου
τοῦ ἐμοῦ καὶ ἑνὶ παρίππῳ.

λα'. Ἰουλιανὸς Λουκιανῷ σοφιστῇ.

Καὶ γράφω καὶ ἀντιτυχεῖν ἀξιῶ τῶν ἴσων. εἰ δὲ
ἀδικῶ συνεχῶς ἐπιστέλλων, ἀνταδικηθῆναι δέομαι τὰ
ὅμοια παθών.

λβ'. Ἰουλιανὸς Δοσιθέῳ.

Μικροῦ μ' ἐπῆλθε δακρῦσαι. καίτοιγε ἐχρῆν εὐ-
φημεῖν τοὔνομα τὸ σὸν φθεγγόμενον· ἀνεμνήσθην γὰρ
τοῦ γενναίου καὶ πάντα θαυμασίου πατρὸς ἡμῶν, ὃν
εἰ μὲν ζηλώσεις, αὐτός τε εὐδαίμων ἔσῃ, καὶ τῷ βίῳ
δώσεις, ὥσπερ ἐκεῖνος, ἐφ' ὅτῳ φιλοτιμήσεται· ῥᾳ-
θυμήσας δὲ λυπήσεις ἐμέ, σαυτῷ δὲ ὅτι μηδὲν ὄφελος
μέμψῃ.

λγ'. Ἰουλιανὸς Ἰαμβλίχῳ φιλοσόφῳ.

Ὀδυσσεῖ μὲν ἐξήρκει τοῦ παιδὸς τὴν ἐφ' ἑαυτῷ φαν-
τασίαν ἀναστέλλοντι λέγειν

οὔ τίς τοι θεός εἰμι· τί μ' ἀθανάτοισιν εἴσκεις;

ἐγὼ δὲ οὐδ' ἂν ἐν ἀνθρώποις εἶναι φαίην ἂν ὅλως, ἕως
ἂν Ἰαμβλίχῳ μὴ συνῶ. ἀλλ' ἐραστὴς μὲν εἶναι σὸς
ὁμολογῶ, καθάπερ ἐκεῖνος τοῦ Τηλεμάχου πατήρ· κἂν
γὰρ ἀνάξιόν με λέγῃ τις εἶναι, οὐδὲ οὕτως τοῦ ποθεῖν
ἀφαιρήσεται, ἐπεὶ καὶ ἀγαλμάτων καλῶν ἀκούω πολ-
λοὺς ἐραστὰς γενέσθαι μὴ μόνον τοῦ δημιουργοῦ τὴν
τέχνην μὴ βλάπτοντας, ἀλλὰ καὶ τῷ περὶ αὐτὰ πάθει

bellum sonantes Bupaleum, ut ait poeta Cyrenæus, sed
quales egregia Sappho solet hymnis suis intexere. (2)
Denique munus tuum est eiusmodi, ut et te fortasse sit
dignum, et mihi sane quam gratissimum. De reipublicæ
autem administratione quod diligenter atque humaniter
transigere omnia studes, gratum est. Etenim lenitatem
ac moderationem cum fortitudine et robore ita temperare,
ut illa erga bonos viros utare, hanc ad pravos severe cor-
rigendos adhibeas, non mediocris ingenii ac virtutis rem
esse arbitror. (3) Hos fines tibi propositos esse et ad hone-
statem unicam referri cupio, extremum siquidem virtutum
omnium istud esse non sine causa veterum sapientissimi
crediderunt. Vale, et quam longissime beatus vive, frater
suavissime et carissime.

XXX. Iulianus Aetio episcopo.

Communiter omnibus, qui a Constantio vita defuncto
eiecti patria fuerant propter amentiam Galilæorum, exi-
lium condonavi : te autem non solum ea pœna libero,
verum etiam memor pristinæ consuetudinis atque ami-
citiæ nostræ hortor ut ad nos venias. Uteris autem
vehiculo publico usque ad nostram cohortem et uno par-
hippo.

XXXI. Iulianus Luciano sophistæ.

Scribo et litteras vicissim expecto. Quod si tam cre-
bris litteris tibi iniuriam facio, tu mihi vicissim parem
iniuriam reponito.

XXXII. Iulianus Dositheo.

Vix potui lacrimas continere, licet fausti ominis esset
nomen tuum pronunciatum. Commovebat enim mihi
memoriam nobilis illius et omnibus modis admirandi
patris nostri : quem si imitari voles, et ipse felix eris
et, sicut ille, generi humano virum præstabis, in quo
gloriabitur : sin ignavus fueris, tum mihi dolorem
afferes, tum te tibi detrimento fuisse in perpetuum do-
lebis.

XXXIII. Iulianus Iamblicho philosopho.

Ulixi satis fuit ad filii de ipso opinionem coercendum
dicere

non sum de superis : quid me immortalibus æquas?

At ego me ne vivere quidem omnino dicam, quamdiu
absum ab Iamblicho. Imo tui amatorem esse me profi-
teor, sicut ille Tolemachi. Quamvis enim indignum me
aliquis fortasse dixerit, attamen non propterea me a tui
amore abstrahet. Nam et multos egregiarum statuarum
amatores fuisse audio, qui non solum artificis laudi nihil
obfuerint, verum etiam suo erga illas amore veram vi-

τὴν ἔμψυχον ἡδονὴν·τῷ ἔργῳ προστιθέντας. (2) τῶν
γε μὴν παλαιῶν καὶ σοφῶν ἀνδρῶν, οἷς ἡμᾶς ἐγκρίνειν
ἐθέλεις παίζων, τοσοῦτον ἀπέχειν ἂν φαίην, ὁπόσον
αὐτῷ σοι τῶν ἀνδρῶν μετεῖναι πιστεύω. καίτοι σύγε
οὐ Πίνδαρον μόνον οὐδὲ Δημόκριτον ἢ Ὀρφέα τὸν
παλαιότατον, ἀλλὰ καὶ ξύμπαν ὁμοῦ τὸ Ἑλληνικόν,
ὁπόσον εἰς ἄκρον φιλοσοφίας ἐλθεῖν μνημονεύεται, κα-
θάπερ ἐν λύρᾳ ποικίλων φθόγγων ἐναρμονίῳ συστάσει
πρὸς τὸ ἐντελὲς τῆς μουσικῆς κεράσας ἔχεις. (3) καὶ
ὥσπερ Ἄργον τὸν φύλακα τῆς Ἰοῦς οἱ μῦθοι πρόνοιαν
ἔχοντα τῶν Διὸς παιδικῶν ἀκοιμήτοις πανταχόθεν
ὀμμάτων βολαῖς περιφράττουσιν, οὕτω καὶ σὲ γνήσιον
ἀρετῆς φύλακα μυρίοις παιδεύσεως ὀφθαλμοῖς ὁ λόγος
φωτίζει. (4) Πρωτέα μὲν δὴ τὸν Αἰγύπτιον φασι ποι-
κίλαις μορφαῖς ἑαυτὸν ἐξαλλάττειν, ὥσπερ δεδιότα μὴ
λάθῃ τοῖς δεομένοις ὅτι ἦν σοφὸς ἐκφήνας· ἐγὼ δὲ εἴπερ
ἦν ὄντως σοφὸς ὁ Πρωτεὺς καὶ οἷος πολλὰ τῶν ὄντων
γινώσκειν, ὡς Ὅμηρος λέγει, τῆς μὲν φύσεως αὐτὸν
ἐπαινῶ, τῆς γνώμης δ' οὐκ ἄγαμαι, διότι μὴ φιλαν-
θρώπου τινὸς ἀλλ' ἀπατεῶνος ἔργον ἐποίει κρύπτων
ἑαυτόν, ἵνα μὴ χρήσιμος ἀνθρώποις ᾖ. (5) σὲ δέ, ὦ
γενναῖε, τίς οὐκ ἂν ἀληθῶς θαυμάσειεν ὡς οὐδέν τι
τοῦ Πρωτέως τοῦ σοφοῦ μείων, εἰ μὴ καὶ μᾶλλον εἰς
ἀρετὴν ἄκραν τελεσθεὶς ὧν ἔχεις καλῶν οὐ φθονεῖς ἀν-
θρώποις, ἀλλ' ἡλίου καθαροῦ δίκην ἀκτίνας σοφίας
ἀκραιφνοῦς ἐπὶ πάντας ἄγεις, οὐ μόνον παροῦσι τὰ εἰ-
κότα ξυνιών, ἀλλὰ καὶ ἀπόντας ἐφ' ὅσον ἔξεστι τοῖς παρὰ
σαυτοῦ σεμνύνων; (6) νικήσης δ' ἂν καὶ τὸν Ὀρφέα
τὸν καλὸν οἷς πράττεις, εἴγε ὁ μὲν τὴν οἰκείαν μου-
σικὴν εἰς τὰς τῶν θηρίων ἀκοὰς κατανάλισκε, σὺ δ'
ὥσπερ ἐπὶ σωτηρίᾳ τοῦ κοινοῦ τῶν ἀνθρώπων τεχθείς,
τὴν Ἀσκληπιοῦ χεῖρα πανταχοῦ ζηλῶν, ἅπαντα
ἐπέρχη λογίῳ τε καὶ σωτηρίῳ νεύματι. ὥστ' ἐμοὶ
δοκεῖ καὶ Ὅμηρος, εἰ ἀνεβίω, πολλῷ δικαιότερον ἂν
ἐπὶ σοὶ αἰνίξασθαι τὸ

εἷς δ' ἔτι που ζωὸς κατερύκεται εὑρέϊ κόσμῳ.

(7) τῷ γὰρ ὄντι τοῦ παλαιοῦ κόμματος ἡμῖν οἱονεὶ σπιν-
θήρ τις ἱερὸς ἀληθοῦς καὶ γονίμου παιδεύσεως ὑπὸ σοὶ
ζωπυρεῖται μόνῳ. καὶ εἴη γε, Ζεῦ σῶτερ καὶ Ἑρμῆ
λόγιε, τὸ κοινὸν ἁπάσης τῆς οἰκουμένης ὄφελος Ἰάμ-
βλιχον τὸν καλὸν ἐπὶ μήκιστον χρόνον τηρεῖσθαι.
(8) πάντως που καὶ ἐφ' Ὁμήρου καὶ Πλάτωνος καὶ
Σωκράτους καὶ εἴ τις ἄξιος τοῦ χοροῦ τούτου, δι-
καίας εὐχῆς ἐπίτευγμα τοῖς πρότερον εὐτυχηθὲν οὕτω
τοὺς ἐκείνων καιροὺς ἐπὶ μεῖζον ηὔξησεν. οὐδὲν δὴ
κωλύει καὶ ἐφ' ἡμῶν ἄνδρα καὶ λόγοις καὶ βίῳ τῶν
ἀνδρῶν ἐκείνων ἀντάξιον ὑφ' ὁμοίαις εὐχαῖς εἰς τὸ
ἀκρότατον τοῦ γήρως ἐπ' εὐδαιμονίᾳ τῶν ἀνθρώπων
παραπεμφθῆναι.

λδ'.

Ὑπὲρ τῆς Ἀργείων πόλεως πολλὰ μὲν ἄν τις εἰπεῖν

---

vamque voluptatem operi addiderint. (2) Quod autem me
veteribus illis sapientibus ludens adscribis, tantum me
ab iis abesse sentio, quantum te ipsum eorum consortem
esse certus sum. Tu vero non solum Pindarum aut De-
mocritum aut Orpheum illum antiquissimum, sed omnes
omnino Græciæ philosophos, qui in eo genere floruisse
memorantur, tanquam in lyræ variis e sonis concentu ad
perfectam musicam coniunxisti. (3) Atque ut Argum illum,
qui Io delicias Iovis custodiebat, pervigilibus oculis un-
dique poetæ obsepiunt, sic et te, virtutis verum et ger-
manum custodem, innumeris doctrinæ luminibus illustrat
eloquentia. (4) Aiunt Proteum illum Ægyptium se in varias
formas commutasse, quasi veritum, ne imprudens homi-
nibus requirentibus sapientem se esse demonstraret. Ego
vero siquidem sapiens fuit reipsa Proteus et is qui multas
res cognosceret (sicut vult Homerus), de scientia cum
laudo, de ingenio non laudo : non enim viri boni et libe-
ralis sed impostoris improbi officio fungebatur, cum eo
se occultaret, ne hominibus prodesset. (5) At te, vir cla-
rissime, quis non iure admiretur, quod sapienti Proteo
nequaquam inferior, imo magis consummata virtute per-
fectus ea quibus abundas bona hominibus non invides,
sed instar nitidi solis tuos illustres radios in omnes emit-
tis, non modo præsentes docendo, sed etiam absentes
quoad licet scriptis tuis ornando? (6) In quo et Orpheum
illum nobilem superas. Ille siquidem musicam suam in
belluis demulcendis consumebat : tu tanquam ad salutem
humanæ reipublicæ in hoc mundo genitus, omnibus locis
Æsculapii manum imitaris, numineque prudenti et salu-
tari omnes orbis partes perlustras. Quocirca mibi videtur
Homerus, si revivisceret, multo iustius illud de te usur-
pare posse :

unus adhuc vivus lato versatur in orbe.

(7) Nam revera antiqui moris nobis tanquam scintilla quæ-
dam sacra veræ atque uberis doctrinæ a te uno denuo
accenditur. Atque utinam (o servator Iupiter et eloquentiæ
antistes Mercuri) contingat Iamblichum optimum, id est,
commune orbis terrarum commodum, longissima vita frui.
(8) Certe cum veteres pro Homero, Platone, Socrate,
et si quis alius in orbem hunc incidit, iusta vota feliciter
atque ex animi sententia fecerint vitamque illorum hoc
modo produxerint, non erit incommodum, hominem
nostra ætate viris illis et vita et oratione parem similibus
votis ad summam senectutem cum hominum felicitate
transmittere.

XXXIV.

Multa sunt, quæ de Argivorum civitate dici possunt,

23.

ἔχοι, σεμνύνειν αὐτῆς ἐθέλων παλαιὰ καὶ νέα πράγ-
ματα· τοῦ τε γὰρ Τρωϊκοῦ καθάπερ ὕστερον Ἀθη-
ναίοις καὶ Λακεδαιμονίοις τοῦτο προσήκει τὸ πλέον
ἐκείνοις ἔργου. δοκεῖ μὲν γὰρ ἄμφω κοινῇ πραχθῆναι
παρὰ τῆς Ἑλλάδος· ἄξιον δὲ ὥσπερ τῶν ἔργων καὶ
τῆς φροντίδος, οὕτως καὶ τῶν ἐπαίνων τοὺς ἡγεμόνας
τὸ πλέον μετέχειν. (2) ἀλλὰ ταῦτα μὲν ἀρχαῖά πως εἶναι
δοκεῖ, τὰ δὲ ἐπὶ τούτοις, ἥ τε Ἡρακλειδῶν κάθοδος
καὶ ὡς τῷ πρεσβυτάτῳ τὸ γέρας ἐξῃρέθη, ἥ τε εἰς Μα-
κεδόνας ἐκεῖθεν ἀποικία, καὶ τὸ Λακεδαιμονίοις οὕτω
πλησίον παροικοῦντας ἀδούλωτον ἀεὶ καὶ ἐλευθέραν
φυλάξαι τὴν πόλιν, οὐ μικρᾶς οὐδὲ τῆς τυχούσης ἀν-
δρείας ἦν. (3) ἀλλὰ δὴ καὶ τὰ τοσαῦτα περὶ τοὺς Πέρσας
ὑπὸ τῶν Μακεδόνων γενόμενα ταύτῃ προσήκειν τῇ
πόλει δικαίως ἄν τις ὑπολάβοι. Φιλίππου τε γὰρ
καὶ Ἀλεξάνδρου τῶν πάνυ τῶν προγόνων πατρὶς ἦν
αὕτη· Ῥωμαίοις δὲ ὕστερον οὐχ ἁλοῦσα μᾶλλον ἢ
κατὰ ξυμμαχίαν ὑπήκουσε, καὶ ὥσπερ οἶμαι μετείχε
καὶ αὐτὴ καθάπερ αἱ λοιπαὶ τῆς ἐλευθερίας καὶ τῶν
ἄλλων δικαίων, ὅσα νέμουσι ταῖς περὶ τὴν Ἑλλάδα
πόλεσιν οἱ κρατοῦντες ἀεί.

(4) Κορίνθιοι δὲ νῦν αὐτὴν προσγενομένην αὐτοῖς
(οὕτω γὰρ εἰπεῖν εὐπρεπέστερον) ἀπὸ τῆς βασιλευούσης
πόλεως εἰς κακίαν ἐπαρθέντες συντελεῖν αὐτοῖς ἀναγκά-
ζουσι, καὶ ταύτης ἦρξαν ὥς φασι τῆς καινοτομίας
ἕβδομος οὗτος ἐνιαυτός, οὔτε τὴν Δελφῶν οὔτε τὴν
Ἠλείων ἀτέλειαν ἧς ἠξιώθησαν ἐπὶ τῷ διατιθέναι τοὺς
παρὰ σφίσιν ἱεροὺς ἀγῶνας αἰδεσθέντες. (5) τεττάρων
γὰρ ὄντων ὡς ἴσμεν τῶν μεγίστων καὶ λαμπροτάτων
ἀγώνων περὶ τὴν Ἑλλάδα, Ἠλεῖοι μὲν Ὀλύμπια,
Δελφοὶ δὲ Πύθια, καὶ τὰ ἐν Ἰσθμῷ Κορίνθιοι, Ἀρ-
γεῖοι δὲ τὴν τῶν Νεμέων συγκροτοῦσι πανήγυριν.
πῶς οὖν εὔλογον ἐκείνοις μὲν ὑπάρχειν τὴν ἀτέλειαν
τὴν πάλαι δοθεῖσαν, τοὺς δὲ ἐπὶ τοῖς ὁμοίοις δαπανή-
μασιν ἀφεθέντας πάλαι, τυχὸν δὲ οὐδὲ τὴν ἀρχὴν
ὑπαχθέντας νῦν ἀφῃρῆσθαι τὴν προνομίαν ἧς ἠξιώθησαν;
(6) πρὸς δὲ τούτοις Ἠλεῖοι μὲν καὶ Δελφοὶ διὰ τῆς πολυ-
θρυλήτου πεντετηρίδος ἅπαξ ἐπιτελεῖν εἰώθασι, διττὰ
δ' ἐστὶ Νέμεα παρὰ τοῖς Ἀργείοις, καθάπερ Ἴσθμια παρὰ
Κορινθίοις.· ἐν μέντοι τούτῳ τῷ χρόνῳ καὶ δύο πρόσ-
κεινται παρὰ τοῖς Ἀργείοις ἀγῶνες ἕτεροι τοιοίδε, ὥστε
εἶναι τέσσαρας τοὺς πάντας ἐν ἐνιαυτοῖς τέσσαρσι.
(7) πῶς οὖν εἰκὸς ἐκείνους μὲν ἀπράγμονας εἶναι λει-
τουργοῦντας ἅπαξ, τούτους δὲ ὑπάγεσθαι καὶ πρὸς ἑτέρων
συντέλειαν ἐπὶ τετραπλασίοις τοῖς οἴκοι λειτουργήμα-
σιν, ἄλλως τε οὐδὲ πρὸς Ἑλληνικὴν οὐδὲ παλαιὰν
πανήγυριν; οὐ γὰρ εἰς χορηγίαν ἀγώνων γυμνικῶν ἢ
μουσικῶν οἱ Κορίνθιοι τῶν πολλῶν δέονται χρημάτων,
ἐπὶ δὲ τὰ κυνηγέσια τὰ πολλάκις ἐν τοῖς θεάτροις
ἐπιτελούμενα ἄρκτους καὶ παρδάλεις ὠνοῦνται. ἀτὰρ
αὐτοὶ μὲν εἰκότως φέρουσι διὰ τὸν πλοῦτον τῶν ἀναλω-
μάτων τὸ μέγεθος, ἄλλως τε καὶ πολλῶν πόλεων ὡς εἰ-
κὸς αὐτοῖς εἰς τοῦτο συναιρομένων, (8) Ἀργεῖοι δὲ χρη-
μάτων τε ἔχοντες ἐνδεέστερον καὶ ξενικῇ θέᾳ καὶ παρ'

si quis velit eorum res veteres et novas prædicare. Nam
rerum ad Troiam gestarum gloria , sicut Atheniensibus
et Lacedæmoniis postea, sic illis maxima ex parte tri-
buenda est. Etsi enim ambo illa communiter ab universa
Græcia gesta sunt , attamen ut laborum et molestiarum,
sic laudum præcipua pars esse debet imperatorum. (2)
Verum ista sunt vetera. Deinceps vero Heraclidarum
reversio , honos ereptus natu maximo, inde in Macedo-
niam colonia, et a Lacedæmoniis vicinis liberæ civitatis
perpetua defensio conservatioque , non exiguæ neque vul-
garis virtutis fuit. (3) Quin etiam tanta illa Macedonum in
Persas facinora civitati huic attribui posse videntur : hæc
siquidem avorum Philippi et Alexandri , virorum excel-
lentium , patria erat. Posteris autem temporibus paruit
Romanis non tam victa quam in societatem fœdusque
adhibita : atque , ut opinor , et libertatis et iuris omnis
particeps fuit, quo reliquæ Græciæ civitates utuntur con-
cessu ac munere imperatorum.

(4) Atque hæc cum ita sint , tamen eam civitatem Corin-
thii , quæ adiuncta est eis (sic enim dicere est honestius)
ab urbe regnante , elati atque audaces ad scelus, tribu-
tariam sibi esse cogunt , et huius incepti septimo iam
anno sunt auctores, neque Delphorum atque Eleorum
immunitatem , ipsis ad sacros ludos celebrandos condo-
natam , verentur. (5) Cum enim sint quatuor (ut scimus)
maxima et clarissima certamina in Græcia , Elei Olym-
pia , Delphi Pythia , Corinthii Isthmia , Argivi Nemea
conficiunt et curant. Quæ igitur æquitas est, manere
illis immunitatem olim concessam , hos autem ob similes
sumtus olim immunes , imo fortassis ne initio quidem
obnoxios , privari nunc privilegio eo quod obtinuerant?
(6) Præterea Elei et Delphi per famosum quinquennium
semel duntaxat pecunias conferre solent : at duplicia in-
terea sunt Nemea apud Argivos , sicut et Isthmia apud
Corinthios. Quin et hoc tempore duo præterea certamina
hæc Argivis sunt adiecta , ut quaterni omnino ludi annis
quaternis fiant. (7) Quamobrem quo tandem iure illi semel
exhibito certamine liberantur, hi domi quaternis ludis
editis , tamen aliis præterea tribuere coguntur, præsertim
cum neque veteres sint neque in Græcia solemnes ? Non
enim ad gymnicos musicosve ludos magna pecunia Co-
rinthiis opus est , sed ad venationes, quæ sæpe in theatris
exhibentur, ursas et pantheras emunt : quæ quidem ipsi
facile ferunt propter opes et sumtuum magnitudinem , et
multis quidem civitatibus ut par est pecunias conferentibus
ipsi genii oblectationem sui redimunt. (8) At Argivi et a
pecuniis inopes et externo spectaculo et apud exteros ho-.

ἄλλοις ἐπιδουλεύειν ἀναγκαζόμενοι πω, οὐκ ἄδικα μὲν καὶ παράνομα, τῆς δὲ περὶ τὴν πόλιν ἀρχαίας δυνάμεώς τε καὶ δόξης ἀνάξια πείσονται, ὄντες γὰρ αὐτοῖς ἀστυγείτονες, οὓς προσῆκον ἦν ἀγαπᾶσθαι μᾶλλον, εἴπερ ὀρθῶς εἶχε τὸ οὐ δ' ἂν βοῦς ἀπόλοιτ', εἰ μὴ διὰ κακίαν γειτόνων· Ἀργεῖοι δὲ ἐοίκασιν οὐχ ὑπὲρ ἑνὸς πολυπραγμονούμενοι βοιδίου ταῦτα τοὺς Κορινθίους αἰτιᾶσθαι, ἀλλ' ὑπὲρ πολλῶν καὶ μεγάλων ἀναλωμάτων, οἷς οὐ δικαίως εἰσὶν ὑπεύθυνοι.

(9) Καίτοι πρὸς τοὺς Κορινθίους εἰκότως ἄν τις καὶ τοῦτο προσθείη, πότερον αὐτοῖς δοκεῖ καλῶς ἔχειν τοῖς τῆς παλαιᾶς Ἑλλάδος ἕπεσθαι νομίμοις ἢ μᾶλλον οἷς ἔναγχος δοκοῦσι παρὰ τῆς βασιλευούσης προσειληφέναι πόλεως, εἰ μὲν γὰρ τὴν τῶν παλαιῶν νομίμων ἀγαπῶσι σεμνότητα, οὐκ Ἀργείοις μᾶλλον εἰς Κόρινθον ἢ Κορινθίοις εἰς Ἄργος συντελεῖν προσήκει· εἰ δὲ τοῖς νῦν ὑπάρξασι τὴν πόλιν, ἐπειδὴ τὴν Ῥωμαϊκὴν ἀποικίαν ἐδέξαντο, ἰσχυριζόμενοι πλέον ἔχειν ἀξιοῦσι, παραιτησόμεθα μετρίως αὐτοὺς μὴ τῶν πατέρων φρονεῖν μείζονα, μηδὲ ὅσα καλῶς ἐκεῖνοι κρίναντες ταῖς περὶ τὴν Ἑλλάδα διεφύλαξαν πόλεσιν ἔθιμα, ταῦτα καταλύειν καὶ καινοτομεῖν ἐπὶ βλάβῃ καὶ λύμῃ τῶν ἀστυγειτόνων, ἄλλως τε καὶ νεωτέρᾳ χρωμένους τῇ ψήφῳ, καὶ τὴν ἀπραγμοσύνην ὑπὲρ τῆς Ἀργείων πόλεως τὴν δίκην εἰσελθεῖν ἕρμαιον ἔχοντας τῆς πλεονεξίας. (10) εἰ γὰρ ἐφῆκεν ἔξω τῆς Ἑλλάδος ἀπάγων τὴν δίκην, οἱ Κορίνθιοι ἔλαττόν τε ἰσχύειν ἔμελλον, καὶ τὸ δίκαιον ἐξεταζόμενον καλῶς φαίνεσθαι καίπερ ὄντων πολλῶν καὶ γενναίων τούτων συνηγόρων, ὑφ' ὧν εἰκός ἐστι τὸν δικαστὴν προστιθεμένου καὶ τοῦ κατὰ τὴν πόλιν ἀξιώματος δυσωπούμενον ταύτην τὴν ψῆφον ἐξενεγκεῖν

(11) Ἀλλὰ τὰ μὲν ὑπὲρ τῆς πόλεως δίκαια καὶ τῶν ῥητόρων, εἰ μόνον ἀκούειν ἐθέλοις καὶ λέγειν αὐτοῖς ἐπιτραπείη τὴν δίκην, ἐξ ὑπαρχῆς πεύσῃ, καὶ τὸ παραστὰν ἐκ τῶν λεγομένων ὀρθῶς κριθήσεται ὅτι δὲ χρὴ καὶ τοῖς τὴν πρεσβείαν ταύτην προσάγουσι δι' ἡμῶν πεισθῆναι, μικρὰ προσθεῖναι χρὴ περὶ αὐτῶν (12)Διογένης μέντοι καὶ Λαμπρίας φιλοσοφοῦσι μέν, εἴπερ τις ἄλλος τῶν καθ' ἡμᾶς, τῆς πολιτείας δὲ τὰ μὲν ἔννομα καὶ κερδαλέα διαπεφεύγασι· τῇ πατρίδι δὲ ἐπαρκεῖν ἀεὶ κατὰ δύναμιν προθυμούμενοι, ὅταν ἡ πόλις ἐν χρείᾳ μεγάλῃ γένηται, τότε ῥητορεύουσι καὶ πολιτεύονται καὶ πρεσβεύουσι καὶ δαπανῶσιν ἐκ τῶν ὑπαρχόντων προθύμως, ἔργοις ἀπολογούμενοι τὰ φιλοσοφίας ὀνείδη καὶ τὸ δοκεῖν ἀχρήστους εἶναι ταῖς πόλεσι τοὺς μετιόντας φιλοσοφίαν ψεῦδος ἐλέγχοντες. (13) χρῆται γὰρ αὐτοῖς ἥ τε πατρὶς εἰς ταῦτα, καὶ πειρῶνται βοηθεῖν αἰτία τοῦ δικαίου δι' ἡμῶν, ἡμεῖς δὲ αὖθις διὰ σοῦ. τοῦτο γὰρ καὶ μόνον λείπεται τοῖς ἀδικουμένοις εἰς τὸ σωθῆναι, τὸ τυχεῖν δικαστοῦ κρίνειν τε ἐθέλοντος καὶ δυναμένου καλῶς ὁπότερον γὰρ ἂν ἀπῇ τούτων, ἐξαπατηθέντος ἢ καταπροδόντος αὐτοῦ τὸ δίκαιον οἴχεσθαι πάντως ἀνάγκη (14) ἀλλ' ἐπειδὴ νῦν ἡμῖν τὰ μὲν τῶν δικαστῶν ὑπάρχει κατ' εὐχάς, λέγειν δὲ οὐκ ἔνι μὴ τότε ἐφιέν-

mines servire coacti, nonne iniustas et iniquas res de civitatis veteri potentia et gloria indignas patientur? Ac cum hi sint illis vicini eoque nomine cariores esse debuissent, si modo locum haberet illud, *ne bos quidem perierit, nisi ob scelus vicini*, tamen Argivi videntur non de bove uno solliciti Corinthios accusare, sed de multis et magnis sumtibus, quibus præter ius et æquum obstringuntur

(9) Verum hoc etiam in Corinthios addi potest, utrum malint iura veteris Græciæ sequi, an ea quæ deinceps a principe civitate acceperunt Nam si in sanctis veterum legibus stare volunt, non magis decet Argivos Corinthios, quam Argivis Corinthios conferre. sin autem recentes leges amplexi, quoniam in Romanam coloniam redacti sint, inde civitatem suam commodum capere contendunt, modeste ab iis deprecabimur, ne altiores spiritus gerant suis patribus, neque præclara instituta, quæ ab illis relicta sunt Græciæ, in perniciem propinquorum civium evertant ac mutent, recenti scilicet eam in rem iudicio confisi et ex eius, quo Argivorum causam agebat, imperitia cupiditatis suæ lucrum facientes. (10) Nam si quis causam hanc extra Græciam evocasset, minus certe virium Corinthii habuissent, et iuris æquitas a multis et egregiis istis patronis diligenter exquisita magis apparuisset a quibus et iudicem proposita civitatis dignitate veritum verisimile est talem sententiam tulisse

(11) Verum de civitatis iure vel ex oratoribus, si audire voles ipsisque causam dicendi potestas fiat, a principio audies, et de tota summa recte ex eorum oratione statuetur Quod vero iis, qui legati huc venerunt, credere oportet, pauca addenda sunt (12)Diogenes et Lamprias, si quis alius hoc tempore, philosophantur Atqui hi reipublicæ munera et quæstus aspernantur attamen si patria eorum operam desideret, ei pro viribus serviunt tum causas agunt, rempublicam administrant, legationes suscipiunt, et pecunias liberaliter impendunt, denique re ac factis philosophiæ crimina refutant, et, quod vulgo creditur, philosophos patriæ inutiles esse, falsum demonstrant (13) Utitur enim illis ad res istas patria, et iustitiæ causam defendere conantur nostro auxilio usi, nos vero tuo Hoc enim reliquum est iis, qui afficiuntur iniuria, quo se tueantur ac servent, iudicem eum nancisci, qui recte iudicare et velit et possit utrumvis defuerit istorum, ut iudex fallatur aut prævaricetur, æquitatem perire est necesse (14) Verum quando iudex est qualem optamus, dicendi autem potestas non est iis, qui tum non appella-

τας, ἀξιοῦσι τοῦτο πρῶτον αὐτοῖς ἀνεθῆναι, καὶ μὴ τὴν ἀπραγμοσύνην τοῦ τότε συνειπόντος τῇ πόλει καὶ τὴν δίκην ἐπιτροπεύσαντος αἰτίαν αὐτῇ γενέσθαι εἰς τὸν ἔπειτα αἰῶνα βλάβης τοσαύτης.

(15) Ἄτοπον δὲ οὐ χρὴ νομίζειν τὸ τὴν δίκην αὖθις ἀνάδικον ποιεῖν· τοῖς μὲν γὰρ ἰδιώταις ξυμφέρει τὸ κρεῖττον καὶ λυσιτελέστερον ὀλίγον παριδεῖν, τὴν εἰς τὸν ἔπειτα χρόνον ἀσφάλειαν ὠνουμένοις. ὄντος γὰρ αὐτοῖς ὀλίγου βίου, ἡδὺ μὲν καὶ τὸ ἐπ' ὀλίγον ἡσυχίαν ἀπολαῦσαι, φοβερὸν δὲ καὶ τὸ πρὸ τῶν δικαστηρίων ἀπολέσθαι κρινόμενον, καὶ παισὶ παραπέμψαι τὴν δίκην ἀτελῆ. (16) ὥστε κινδυνεύει κρεῖσσον εἶναι τὸ καλὸν ὁπωσοῦν προσλαβεῖν ἥμισυ ἢ περὶ τοῦ παντὸς ἀγωνιζόμενον ἀποθανεῖν. τὰς πόλεις δὲ ἀθανάτους οὔσας εἰ μή τις δικαίως κρίνας τῆς πρὸς ἀλλήλας φιλονικίας ἀπαλλάξει, ἀθάνατον ἔχειν τὴν δύσνοιαν πάντως ἀναγκαῖον. καὶ τὸ μῖσος δὲ ἰσχυρὸν τῷ χρόνῳ κρατυνόμενον. εἴρηται, φασὶν οἱ ῥήτορες, ὅγ' ἐμὸς λόγος, κρίνοις δ' ἂν αὐτὸς τὰ δέοντα.

λε'. Ἰουλιανὸς αὐτοκράτωρ Πορφυρίῳ χαίρειν.

Πολλή τις ἦν πάνυ καὶ μεγάλη βιβλιοθήκη Γεωργίου, παντοδαπῶν μὲν φιλοσόφων πολλῶν δὲ ὑπομνηματογράφων, οὐκ ἐλάχιστα δ' ἐν αὐτοῖς καὶ τὰ τῶν Γαλιλαίων βιβλία. πᾶσαν οὖν ἀθρόως ταύτην τὴν βιβλιοθήκην ἀναζητήσας φρόντισον εἰς Ἀντιόχειαν ἀποστεῖλαι, γινώσκων ὅτι μεγίστη δὴ καὶ αὐτὸς περιβληθήσῃ ζημίᾳ, εἰ μὴ μετὰ πάσης ἐπιμελείας ἀνιχνεύσειας, καὶ τοὺς ὁπωσοῦν ὑπονοίας ἔχοντας ὑφ᾽ ῥῆσθαι τῶν βιβλίων πᾶσι μὲν ἐλέγχοις, παντοδαποῖς δὲ ὅρκοις, πλείονι δὲ τῶν οἰκετῶν βασάνῳ, πείθειν εἰ μὴ δύναιο, καταναγκάσειας εἰς μέσον πάντα προκομίσαι. ἔρρωσο.

λς'. Ἀμερίῳ.

Οὐκ ἀδακρυτί σου τὴν ἐπιστολὴν ἀνέγνων, ἣν ἐπὶ τῷ τῆς συνοικούσης θανάτῳ πεποίησαι, τοῦ πάθους τὴν ὑπερβολὴν ἀγγείλας· πρὸς γὰρ τῷ καὶ καθ' ἑαυτὸ λύπης τὸ ξυμβὰν ἄξιον εἶναι, γυναῖκα νέαν καὶ σώφρονα καὶ θυμήρη τῷ γήμαντι, πρὸς δὲ καὶ παίδων ἱερῶν μητέρα πρὸ ὥρας ἀναρπασθῆναι καθάπερ δᾷδα λαμπρῶς ἡμμένην εἶτα ἐν ὀλίγῳ καταβαλοῦσαν τὴν φλόγα, ἔτι καὶ τὸ τοῦ πάθους εἰς σὲ τεῖνον οὐχ ἧττόν μοι δοκεῖ λυπηρὸν εἶναι. (2) ἥκιστα γὰρ δὴ πάντων ἄξιος ἦν ὁ καλὸς Ἀμέριος ἀλγεινοῦ τινος εἰς πεῖραν ἐλθεῖν, ἀνὴρ καὶ λόγῳ χρηστὸς καὶ ἡμῖν εἴ τε μάλιστα τῶν φίλων ὁ ποθεινότατος. οὐ μὴν ἀλλ' εἰ μὲν ἕτερος ἦν, ᾧ γράφειν περὶ τούτων ἐχρῆν, πάντως ἂν ἔδει μοι πλειόνων εἰς τοῦτο λόγων, τό τε συμβὰν ὡς ἀνθρώπινον καὶ τὸ φέρειν ὡς ἀναγκαῖον καὶ τὸ μηδὲν ἐκ τοῦ μᾶλλον ἀλγεῖν ἔχειν πλέον, καὶ πάντα ὅσα ἐδόκει πρὸς τὴν τοῦ πάθους παραμυθίαν ἁρμόττειν

verunt, hanc primum sibi concedi postulant; neque illius inertiam, qui tum civitatis causam agebat, tanto detrimento sibi in posterum esse.

(15) Neque vero absurdum debet videri, quod iudicium revocetur. Privatis enim hominibus conducit, commoda et opportunitates paululum negligere, ut in posterum pacem atque otium redimant. Cum enim exiguis terminis eorum vita contineatur, iucundum est exiguo saltem tempore tranquille et quiete vivere, horribile autem et periculosum in ipso fori conspectu causam perire et ad posteros non definitam transmitti; (16) ut melius esse videatur, boni quocunque modo dimidium obtinere, quam de totodimicantes perire. At urbes immortales, nisi quis integre iudicabit omnemque controversiam dirimet, sempiternas inimicitias gerere necesse est. Grave autem odium esse solet, quod temporis longinquitas confirmavit. Dixi, ut aiunt rhetores; ipse vero de causa, ut aequum erit, statuito.

XXXV. Iulianus imperator Porphyrio S.

Georgii magna sane et copiosa bibliotheca fuit et philosophorum et historicorum omni genere referta, itemque de Galilaeorum maxime doctrina multi et varii commentarii exstabant. Quare totam eam bibliothecam perquire et Antiochiam mitti cura: scito autem te quoque gravissimas poenas esse daturum, nisi omnem diligentiam in quaerendo adhibueris, et quos suspicio erit quacunque ratione libros aliquos intervertisse, tum argumentis omnibus, tum iureiurando multiplici, tum magis servorum quaestione, nisi queas convincere, saltem vi cogas eos in medium proferre Vale.

XXXVI. Amerio.

Legi tuam epistolam non sine lacrimis, in qua de uxoris tuae obitu scribis, casusque acerbitatem exponis. Nam cum res per se luctuosa sit, uxorem adolescentulam et castam et viro suo iucundam, praetereaque liberorum praestantium matrem ante tempus ereptam esse, tanquam facem accensam et paulo post exstinctam, tum vero ad te dolorem eum pertinere per mihi molestum est. (2) Etenim indignissimus erat omnium noster Amerius, qui molestiam doloremque aliquem gustaret, vir et oratione optimus, et nobiscum coniunctissimus. Verum enim vero si ad alium scriberem, omnino longiore mihi oratione opus esset, qua et humanum esse eum casum docerem, et ferre necessarium, et, in luctu graviore solatium maius non esse; denique omnia remedia, quae ad dolorem leniendum

ὡς ἀγνοοῦντα διδάσκοντι (3) ἐπεὶ δὲ αἴσχιον ἡγοῦμαι πρὸς ἄνδρα τοὺς ἄλλους νουθετεῖν εἰδότα ποιεῖσθαι λόγους, οἷς χρὴ τοὺς μὴ εἰδότας σωφρονίζειν καὶ παιδεύειν, φέρε σοι τὰ ἄλλα παρεὶς ἀνδρὸς εἴπω σοφοῦ εἴτε μῦθον εἴτε δὴ λόγον ἀληθῆ, σοὶ μὲν ἴσως οὐ ξένον, τοῖς πλείοσι δὲ ὡς εἰκὸς ἄγνωστον, ᾧ δὴ καὶ μόνῳ χρησάμενος ὥσπερ φαρμάκῳ νηπενθεῖ λύσιν ἂν εὕροις τοῦ πάθους οὐκ ἐλάττω τῆς κύλικος, ἣν ἡ Λάκαινα τῷ Τηλεμάχῳ πρὸς τὸ ἴσον τῆς χρείας ὀρέξαι πιστεύεται. (1) φασὶ γὰρ Δημόκριτον τὸν Ἀβδηρίτην, ἐπειδὴ Δαρείῳ γυναικὸς καλῆς ἀλγοῦντι θάνατον οὐκ εἶχεν ὅ τι ἂν εἰπὼν εἰς παραμυθίαν ἀρκέσειεν, ὑποσχέσθαι οἱ τὴν ἀπελθοῦσαν εἰς τὸ φῶς ἀνάξειν, ἢν ἐθελήσῃ τῶν εἰς τὴν χρείαν ἡκόντων ὑποστῆναι τὴν χορηγίαν. (5) κελεύσαντος δ' ἐκείνου μηδενὸς φείσασθαι, ὅ τι δ' ἂν ἐξῇ λαβόντα τὴν ὑπόσχεσιν ἐμπεδῶσαι, μικρὸν ἐπισχόντα χρόνον εἰπεῖν ὅτι τὰ μὲν ἄλλα αὐτῷ πρὸς τὴν τοῦ ἔργου πρᾶξιν συμπορισθείη, μόνου δὲ ἑνὸς προσδέοιτο, ὃ δὴ αὐτὸν μὲν οὐκ ἔχειν ὅπως ἂν λάβοι, Δαρεῖον δὲ ὡς βασιλέα τῆς ὅλης Ἀσίας οὐ χαλεπῶς ἂν ἴσως εὑρεῖν. (6) ἐρομένου δ' ἐκείνου « τί ἂν εἴη τοσοῦτον ὃ μόνῳ βασιλεῖ γνωσθῆναι συγχωρεῖται », ὑπολαβόντα φασὶ τὸν Δημόκριτον, εἰ τριῶν ἀπενθήτων ὀνόματα τῷ τάφῳ τῆς γυναικὸς ἐπιγράψειεν, εὐθὺς αὐτὴν ἀναβιώσεσθαι τῷ τῆς τελευτῆς νόμῳ δυσωπουμένην. (7) ἀπορήσαντος δὲ τοῦ Δαρείου καὶ μηδένα ἄρα δυνηθέντος εὑρεῖν ὅτῳ μὴ καὶ παθεῖν λυπηρόν τι συνηνέχθη, γελάσαντα συνήθως τὸν Δημόκριτον εἰπεῖν « τί οὖν, ὦ πάντων ἀτοπώτατε, θρηνεῖς ἀνέδην ὡς μόνος ἀλγεινῷ τοσούτῳ συμπλακείς, ὁ μηδὲ ἕνα τῶν πώποτε γεγονότων ἄμοιρον οἰκείου πάθους ἔχων εὑρεῖν; » ἀλλὰ ταῦτα μὲν ἀκούειν ἔδει Δαρεῖον, ἄνδρα βάρβαρον καὶ ἀπαίδευτον, ἔκδοτον ἡδονῇ καὶ πάθει· σὲ δὲ ἄνδρα Ἕλληνα καὶ παιδείαν ἀληθῆ πρεσβεύοντα καὶ παρὰ σαυτοῦ τὸ ἄκος ἔχειν ἐχρῆν, ἐπεὶ καὶ ἄλλως αἰσχύνη τῷ λογισμῷ γένοιτ' ἄν, εἰ μὴ ταὐτὸν δύναιτο τῷ χρόνῳ.

λζ' Μαξίμῳ φιλοσόφῳ

Πάντα ἀθρόα ἔπεισί μοι καὶ ἀποκλείει τὴν φωνὴν ἄλλο ἄλλῳ προελθεῖν οὐ συγχωροῦν τῶν ἐμῶν διανοημάτων, εἴτε ψυχρὸν τῶν παθῶν εἴτε ὅπως φίλον κατονομάζειν τὰ τοιαῦτα· ἀλλ' ἀποδῶμεν αὐτοῖς ἣν ὁ χρόνος ἀπέδωκε τάξιν, εὐχαριστήσαντες τοῖς πάντα ἀγαθοῖς, οἳ τέως μὲν γράφειν ἐμοὶ συνεχώρησαν, ἴσως δὲ ἡμῖν καὶ ἀλλήλους ἰδεῖν συγχωρήσουσιν. (2) ὡς πρῶτον αὐτοκράτωρ ἄκων ἐγενόμην, ὡς ἴσασι καὶ θεοὶ (καὶ τοῦτο αὐτοῖς καταφανὲς ὃν ἐνεδέχετο τρόπον ἐποίησα), στρατεύσας ἐπὶ τοὺς βαρβάρους, ἐκείνης μοι γενομένης τριμήνου τῆς στρατείας, ἐπανιὼν εἰς τοὺς Γαλατικοὺς αἰγιαλοὺς ἐπεσκόπουν, καὶ τῶν ἐκεῖθεν ἡκόντων ἀνεπυνθανόμην, μή τις φιλόσοφος, μή τις σχολαστικὸς ἢ τριβώνιον ἢ χλανίδιον φορῶν κατῄ-

apta viderentur, tanquam eorum imperito adhiberem (3) Nunc vero quoniam turpe videtur ad eum, qui cæteros docere valet, ea uti oratione, qua indoctos lenire ac erudire consuevimus, age cæteris rebus omissis referam tibi fabulam vel potius verum sermonem sapientis cuiusdam viri, non quidem illum tibi fortasse inauditum, attamen multis, ut opinor, ignotum, quo vel unico tanquam lætitiæ pharmaco usus ægritudinis remedium invenies non minus quam illo poculo, quod Telemacho in re simili Lacæna dedisse creditur (4) Aiunt enim Democritum Abderiten, cum nullo modo posset Darium, cui paulo ante uxor pulcherrima e vita excesserat, consolari, se illi mortuam resuscitaturum dixisse, si vellet res ad hoc negotium necessarias suppeditare (5) cumque rex eum iuberet, nulla sumtus ratione habita, quidquid opus esset accipere promissaque præstare, tum paulisper cunctatum dixisse cætera quidem sibi abunde suppetere, sed unum deesse, neque id quemadmodum haberi posset se intelligere, Darium tamen, quod totius Asiæ rex esset, facile fortasse consecuturum (6) Hic cum rogaret ille, quid tandem tam magnum esset, quod soli regi fas esset scire, tum Democritum respondisse aiunt, si tumulo uxoris inscriberet nomina trium, qui neminem unquam luxissent, statim illam ab inferis esse redituram, ita ut mors con funderetur (7) Tum Darius cum hæreret neminemque reperiret, cui triste aliquid non accidisset, Democritus pro sua consuetudine ridens « cur igitur » inquit « ineptissime omnium, effusius tu luges, quasi unus tanti mali particeps, cum neminem eorum qui unquam fuerunt, sine privato aliquo dolore vixisse reperias? » Verum ista quidem Darium audire conveniebat, hominem barbarum et indoctum, voluptati ac dolori obsequentem at te et Græcum et veræ doctrinæ studiosum a te ipso repetere medicinam oportet Etenim turpe fuerit rationi, non posse impetrare quod impetratura est dies

XXXVII Maximo philosopho

Omnes uno tempore cogitationes meæ sese mihi offerunt vocemque intercludunt, dum nulla aliam præire patitur, sive est ineptus et frigidus quidam affectus, sive aliud quodcunque voles nominare Sed demus iis locum quem tempus tribuit, iisque optimas gratias agamus, qui adhuc facultatem scribendi nobis concessere, ac visendi mutuo fortassis etiam concedent (2) Cum primum imperator invitus creatus sum (cuius rei conscii sunt dii, et quantum in me situm fuit, ipsis declaravi), bellum gerens in barbaros et trimestri spatio in ea militia consumto ad Gallicas oras revertens, circumspiciebam et percontabar de omnibus qui illinc venirent, num quis philosophus, num quis scholasticus aut pallo penulave indutus

ρεν. (3) ἐπεὶ δὲ περὶ τὸν Βικεντίωνα (πολίχνιον δὲ νῦν
ἐστὶν ἀνειλημμένη, πάλαι δὲ μεγάλη τε ἦν καὶ πολυτελέ-
σιν ἱεροῖς ἐκεκόσμητο, τείχει καρτερῷ καὶ προσέτι τῇ
φύσει τοῦ χωρίου· περιθεῖ γὰρ αὐτὸ ὁ Δοῦβις ποταμός.
ἢ δὲ ὥσπερ ἐν θαλάττῃ πετρώδης ἄκρα ἀνέστηκεν,
ἄβατος ὀλίγου δέω φάναι καὶ αὐτοῖς ὄρνισι, πλὴν ὅσα
ὁ ποταμὸς αὐτὴν περιρρέων ὥσπερ τινὰς αἰγιαλοὺς
ἔχει προκειμένους), ταύτης πλησίον τῆς πόλεως ἀπήν-
τησε κυνικός τις ἀνήρ, ἔχων τρίβωνα καὶ βακτηρίαν.
(4) τοῦτον πόρρωθεν θεασάμενος οὐδὲν ἄλλο ὑπέλαβον
ἢ σέ, πλησίον δὲ ἤδη προσιὼν παρὰ σοῦ πάντως ἥκειν
αὐτὸν ἐνόμιζον. οὗτος δ' ἀνὴρ φίλος μέν, ἧττον δὲ
τῆς προσδοκωμένης ἐλπίδος. ἓν μὲν δὴ τοιοῦτον ὄναρ
ἐγένετό μοι. μετὰ τοῦτο δὲ ᾤμην σε πολυπραγμονή-
σαντα τὰ κατ' ἐμὲ τῆς Ἑλλάδος ἐκτὸς οὐδαμῶς εὑρε-
θῆναι. ἴστω Ζεύς, ἴστω μέγας Ἥλιος, ἴστω Ἀθηνᾶς
κράτος καὶ πάντες θεοὶ καὶ πᾶσαι, πῶς κατιὼν ἐπὶ
τοὺς Ἰλλυριοὺς ἀπὸ τῶν Κελτῶν ἔτρεμον ὑπὲρ σοῦ. (5)
καὶ ἐπυνθανόμην τῶν θεῶν, αὐτὸς μὲν οὐ τολμῶν (οὐ
γὰρ ὑπέμενον οὔτε ἰδεῖν τοιοῦτον οὔτε ἀκοῦσαι οὐδέν,
οἶον ἄν τις ὑπέλαβε δύνασθαι τηνικαῦτα περὶ σὲ γί-
νεσθαι), ἐπέτρεπον δὲ ἄλλοις. οἱ θεοὶ δὲ ταραχὰς
μέν τινας ἔσεσθαι περὶ σὲ περιφανῶς ἐδήλουν, οὐδὲν
μέντοι δεινὸν οὐδὲ εἰς ἔργον τῶν ἀθέσμων βουλευμά-
των. ἀλλ' ὁρᾷς ὅτι μεγάλα καὶ πολλὰ παρέδραμον. (6)
μάλιστά σε πυθέσθαι ἄξιον πῶς μὲν ἀληθοῦς τῆς ἐπι-
φανείας ἠσθόμεθα τῶν θεῶν, τίνα δὲ τρόπον τὸ τοσοῦ-
τον τῶν ἐπιβούλων πλῆθος διαπεφεύγαμεν, κτείναντες
οὐδένα, χρήματα οὐδενὸς ἀφελόμενοι, φυλαξάμενοι δὲ
μόνον οὓς ἐλαμβάνομεν ἐπ' αὐτοφώρῳ). ταῦτα μὲν
οὖν ἴσως οὐ γράφειν ἀλλὰ φράζειν χρή, οἶμαι δέ σε
καὶ μάλα ἡδέως πεύσεσθαι. (7) θρησκεύομεν τοὺς θεοὺς
ἀναφανδόν, καὶ τὸ πλῆθος τοῦ συγκα:ελθόντος μοι
στρατοπέδου θεοσεβές ἐστιν. ἡμεῖς φανερῶς βουθυ-
τοῦμεν. ἀπεδώκαμεν τοῖς θεοῖς χαριστήρια ἑκατόμ-
βας πολλάς. ἐμὲ κελεύουσιν οἱ θεοὶ τὰ πάντα ἁ-
γνεύειν εἰς δύναμιν, καὶ πείθομαί γε καὶ προθύμως αὐ-
τοῖς· μεγάλους γὰρ καρποὺς τῶν πόνων ἀποδώσειν
φασίν, ἢν μὴ ῥαθυμῶμεν. ἦλθε πρὸς ἡμᾶς Εὐά-
γριος.

λη'. Τῷ αὐτῷ.

Χρὴ ξεῖνον παρεόντα φιλεῖν, ἐθέλοντα δὲ πέμπειν

Ὅμηρος ὁ σοφὸς ἐνομοθέτησεν· ἡμῖν δὲ ὑπάρχει πρὸς
ἀλλήλους ξενικῆς φιλίας ἀμείνων ἥ τε διὰ τῆς ἐνδε-
χομένης παιδείας καὶ τῆς περὶ τοὺς θεοὺς εὐσεβείας,
ὥστε οὐκ ἄν μέ τις ἐγράψατο δικαίως ὡς τὸν Ὁμήρου
παραβαίνοντα νόμον, εἰ καὶ ἐπὶ πλεῖόν σε μένειν παρ'
ἡμῖν ἀξιώσαιμι. (2) ἀλλά σου τὸ σωμάτιον ἰδὼν ἐπι-
μελείας πλείονος δεόμενον ἐπέτρεψα βαδίζειν εἰς τὴν
πατρίδα, καὶ ῥᾳστώνης ἐπεμελήθην τῆς πορείας.
ὀχήματι γοῦν ἔξεστί σοι δημοσίῳ χρήσασθαι, πορεύοιεν

---

eo appulisset. (3) Cum autem Vesontionem appropinqua-
rem (est autem oppidulum nunc refectum, magnum tamen
olim et magnificis templis ornatum, moenibus firmissimis
et loci natura munitum, propterea quod cingitur Dubi :
estque, ut in mari, rupes excelsa, propemodum ipsis
avibus inaccessa, nisi qua flumen ambiens tanquam littora
quaedam habet proiecta), cum, inquam, prope abessem
ab hac urbe, vir quidam Cynicus cum pera et baculo
mihi occurrit. (4) Eum ego cum eminus aspexissem, te
ipsum esse putavi : cum accessi propius, a te omnino il-
lum venire suspicatus sum. Est autem mihi quidem
ille amicus, multum tamen infra exspectationem meam.
Ergo hoc unum nobis somnium obtigit. Postea existimabam
te de rebus meis sollicitum nusquam e Graecia pedem
extulisse. Testis est Iupiter, testis magnus Sol, testis
Minerva, testis dii deaeque omnes, quanto in timore tua
causa fuerim, cum ad Illyrios a Gallis venirem. (5) Et
quidem sciscitabar deos, non ego ipse (neque enim prae-
sens spectare audireve potuissem, quis tum status esse
posset rerum tuarum), sed aliis negotium committe-
bam. At dii manifeste ostendebant, perturbationes ali-
quas tibi fore; nihil tamen terribile aut opportunum
sceleratis consiliis denunciabant. Sed vides me multas et
magnas res praeterire. (6) Illud maxime te audire conve-
nit, et quam crebro auxilium deorum sensimus, et quo-
modo tantam insidiatorum multitudinem effugimus, ne-
mine occiso aut spoliato, sed iis tantum custodiae tra-
ditis, qui in scelere ipso deprehensi erant. (7) Atque haec
quidem fortasse melius erat dicere quam scribere, puto
tamen abs te libentissimo animo auditum iri. Deos pu-
blice et palam colimus, et totus meus exercitus illorum
cultum sequitur. Nos aperte boves immolamus. Diis
gratias egimus multis hecatombis. Me iubent dii pure et
caste, quoad potero, vivere. Ego vero iis pareo, et qui-
dem libenti animo. Magnos fructus laborum pollicentur,
nisi segniter agamus. Venit ad nos Evagrius.

XXXVIII. Eidem.

Dum tecum est hospes, colito; dimitte volentem:

sic lex Homeri praecipit. At nobis amicitia est longe
maior, quam illa hospitii; nempe haec, quam doctrina,
quaecumque est, ac religio conciliat. Quare nemo me
iure accusasset, quasi Homericam legem violarem, si te
apud nos diutius manere voluissem. (2) Sed cum viderem
corpusculum tuum curationis ac solatii maioris indigere,
permisi tibi ut ires in patriam, et de commoditate itine-
ris providi : usum siquidem publici vehiculi tibi concessi.

δέ σε σὺν Ἀσκληπιῷ πάντες οἱ θεοί, καὶ πάλιν ἡμῖν συντυχεῖν δοῖεν.

λθ'. Ἰαμβλίχῳ

Αἰσθάνομαί σου τῆς ἐν τῇ μέμψει γλυκύτητος, καὶ ὡς ἕκατερον ἐξ ἴσου πράττεις, καὶ οἷς γράφεις τιμῶν καὶ οἷς ἐγκαλεῖς παιδεύων· ἐγὼ δὲ εἰ μέν τι συνῄδειν ἐμαυτῷ τοῦ πρός σε γιγνομένου καὶ κατὰ μικρὸν ἐλλιπόντι, πάντως ἢ προφάσεις εὐλόγους εἰπὼν ἐπειρώμην ἂν τὴν μέμψιν ἐκκλίνειν, ἢ συγγνώμην αἰτεῖν οὐκ ἠρνούμην, ἐπεὶ μηδὲ ἄλλως ἀσύγγνωστον οἶδά σε πρὸς τοὺς σούς, εἴ τι τῶν πρός σε φιλικῶν ἐξήμαρτον ἄκοντες (2) νῦν δέ (οὐ γὰρ ἦν οὔτε σὲ παροφθῆναι θέμις οὔτε ἡμᾶς ἀμελεῖν, ἵνα τύχοιμεν ὧν ἀεὶ ζητοῦντες ποθοῦμεν) φέρε σοι καθάπερ ἐν δρῷ γραφῆς ἀπολογήσωμαι, καὶ δείξω μηδὲν ἐμαυτὸν ὧν ἐχρῆν εἰς σὲ παριδεῖν ἀλλὰ μηδ' ἀμελῆσαι τολμήσαντα.

(3) Ἦλθον ἐκ Παννονίας ἤδη τρίτον ἔτος τουτί, μόλις ἀφ' ὧν οἶσθα κινδύνων καὶ πόνων σωθείς. ὑπερβὰς δὲ τὸν Καλχηδόνιον πορθμὸν καὶ ἐπιστὰς τῇ Νικομήδους πόλει, σοὶ πρώτῳ καθάπερ πατρίῳ θεῷ τὰ πρωτόλεια -ῶν ἐμαυτοῦ σώστρων ἀπέδωκα, σύμβολον τῆς ἀφίξεως τῆς ἐμῆς οἷον ἀντ' ἀναθήματος ἱεροῦ τὴν εἰς σὲ πρόσρησιν ἐκπέμπων. (4) καὶ ἦν ὁ κομίζων τὰ γράμματα τῶν βασιλείων ὑπασπιστῶν εἷς, Ἰουλιανὸς ὄνομα, Βαχχύλου παῖς, Ἀπαμεὺς τὸ γένος, ᾧ διὰ τοῦτο μάλιστα τὴν ἐπιστολὴν ἐνεχείριζον, ὅτι καὶ πρὸς ὑμᾶς ἥξειν καί σε ἀκριβῶς εἰδέναι καθυπισχνεῖτο. (5) μετὰ ταῦτά μοι καθάπερ ἐξ Ἀπόλλωνος ἱερὸν ἐφοίτα παρὰ σοῦ γράμμα, τὴν ἄφιξιν τὴν ἡμετέραν ἀσμένως ἀκηκοέναι δηλοῦντος· ἦν δὲ τοῦτο ἐμοὶ δεξιὸν οἰώνισμα καὶ χρηστῶν ἐλπίδων ἀρχή, Ἰάμβλιχος ὁ σοφὸς καὶ τὰ Ἰαμβλίχου γράμματα πρὸς ἡμᾶς· τί με δεῖ λέγειν ὅπως ηὐφράνθην ἢ ἃ πρὸς τὴν ἐπιστολὴν ἔπαθον, (6) εἰ γὰρ ἐδέξω τὰ παρ' ἡμῶν ἕνεκα τούτων γραφέντα (ἣν δὲ δι' ἡμεροδρόμου τῶν ἐκεῖθεν ἡκόντων ὡς σὲ πεμφθέντα), πάντως ἂν ὁπόσην ἐπ' αὐτοῖς ἡδονὴν ἔσχον ἀφ' ὧν ἐδήλουν ἐγίνωσκες· πάλιν Ἰπανιόντος οἴκαδε τοῦ τροφέως τῶν ἐμαυτοῦ παιδίων ἑτέρων ἦρχον πρός σε γραμμάτων, ὁμοῦ καὶ τὴν ἐπὶ τοῖς φθάνουσι χάριν ὁμολογῶν καὶ πρὸς τὰ ἑξῆς ἐν ἴσῳ παρὰ σοῦ τὴν ἀντίδοσιν αἰτῶν. (7) μετὰ ταῦτα ἐπρέσβευσεν ὡς ἡμᾶς ὁ καλὸς Σώπατρος· ἐγὼ δὲ ὡς ἔγνων, εὐθὺς ἀναπηδήσας ᾖξα καὶ περιπλακεὶς ἐδάκρυον ὑφ' ἡδονῆς, οὐδὲν ἄλλο ἢ σὲ καὶ τὰ παρὰ σοῦ πρὸς ἡμᾶς ὀνειροπολῶν γράμματα. ὡς δὲ ἔλαβον, ἐφίλουν καὶ τοῖς ὀφθαλμοῖς προσῆγον, καὶ ἀπρὶξ εἰχόμην, ὥσπερ δεδιὼς μὴ λάθῃ με ἀποπτὰν ἐν τῇ τῶν γραμμάτων ἀναγνώσει τὸ τῆς σῆς εἰκόνος ἴνδαλμα. (8) καὶ δὴ καὶ ἀντέγραφον εὐθύς, οὐ πρὸς σὲ μόνον ἀλλὰ καὶ πρὸς τὸν ἱερὸν Σώπατρον τὸν ἐκείνου παῖδα, καθάπερ θρυπτόμενος ὅτι τὸν κοινὸν ἑταῖρον ἐκ τῆς Ἀπαμείας οἷον ἐνέχυρον τῆς ὑμετέρας ἀπουσίας αν-ειληφότες εἴημεν. ἐξ ἐκείνου τρίτην ἤδη πρός σε γεγρα-

Æsculapius et dii omnes te deducant, atque iterum ad nos adducant.

XXXIX Iamblicho

Sentio tuam in reprehendendo dulcedinem, et quemadmodum utrumque pariter efficias, ut et nos scribendo ornes et reprehendendo erudias Ego vero si mihi essem conscius vel tantillum officio erga te meo defuisse, certe aliqua probabili ratione crimen conarer effugere, quantum possem, aut delicti veniam petere non recusarem, præsertim cum te nec alias sciam esse tuis implacabilem, si quid per imprudentiam in amicitia offenderint (2) Nunc autem (neque enim cunctationem aut inertiam res ferebat, si modo assequi aliquando volumus quæ semper optavimus) constitui tibi, tanquam coram iudice res esset, causam dicere, nihilque a me secus quam oporteret vel negligentia vel tarditate commissum esse probare

(3) E Pannonia veni tertio abhinc anno, vix et illis periculis et laboribus quos tu minime ignoras ereptus. Cum autem fretum Chalcedonium traiecissem et ad urbem Nicomedis appropinquassem, tibi primo quasi patrio deo prima pro salute mea vota persolvi, cum ad te signum adventus mei, quasi donarium aliquod sacrum, salutationem misi (4) Litteras autem ferebat unus e regiis satellitibus, nomine Iulianus, Bacchyli filius, genere Apameus, cui propterea libentius epistolam tradidi, quod et istuc ire et te optime nosse aiebat (5) Postea vero mihi abs te tanquam ab Apolline sacra epistola allata est, qua libenter de meo adventu cognovisse declarabas Fuit vero mihi tanquam lætum omen et initium bene sperandi sapiens ille Iamblichus et Iamblichi litteræ Quid hic commemorem, quantopere lætatus fuerim aut quemadmodum legendis tuis litteris affectus? (6) Si enim de hac re litteras nostras accepisti (quas tabellario cuidam ex iis, qui ad nos istinc veniunt, dedimus ad te perferendas), certe quantam ex iis voluptatem ceperim, e nostris verbis intelligis Iterum autem cum domum rediret educator meorum liberorum, alteras ad te litteras misi, quibus et tibi de prioribus tuis gratias agebam, et simul in posterum mutuas a te litteras flagitabam. (7) Postea venit ad nos legatus clarus vir Sopater utque hominem agnovi, continuo exsilui, eumque complexus flevi præ gaudio, quod nihil nisi te ac tuas litteras augurarer Quas ut accepi, osculatus sum et ad oculos admovi, mordicusque tenui, quasi veritus, ne inter legendum imago vultus tui ex oculis meis sensim evolaret (8) Et quidem statim rescripsi non ad te solum, sed etiam ad illius filium Sopatrum clarissimum, quasi ludens, quod communem amicum ex Apamea tanquam obsidem pro vobis absentibus accepissemus Ex eo tempore cum

φῶς, αὐτὸς οὐδεμίαν ἄλλην ἢ τὴν ἐν ᾗ μέμφεσθαι
δοκεῖς ἐπιστολὴν ἐδεξάμην.

(9) Εἰ μὲν δὴ διὰ τοῦτο ἐγκαλεῖς, ἵνα νῷ τῆς αἰτίας
σχήματι πλείονας ἡμῖν ἀφορμὰς τοῦ γράφειν προξενῇς,
δέχομαι τὴν μέμψιν ἄσμενος καὶ ἐν οἷς λαμβάνω τὸ
πᾶν τῆς χάριτος εἰς ἐμαυτὸν οἰκειοῦμαι· εἰ δὲ ὡς ἀλη-
θῶς ἐλλιπόντα τι τοῦ πρός σε καθήκοντος αἰτιᾷ, τίς ἂν
ἐμοῦ γένοιτ' ἂν ἀθλιώτερος διὰ γραμματοφόρων ἀδικίαν ἢ
ῥᾳθυμίαν πάντων ἥκιστα τούτου τυγχάνοντος; (10) καί-
τοι ἐγὼ μέν, κἂν μὴ πλεονάκις γράφω, δίκαιός εἰμι συγ-
γνώμης παρὰ σοῦ τυγχάνειν, οὐ τῆς ἀσχολίας ἣν ἐν χερ-
σὶν ἔχω προΐστην ἂν (μὴ γὰρ οὕτω πράξαιμαι κακῶς, ὡς μὴ
καὶ ἀσχολίας ἁπάσης, καθά φησι Πίνδαρος, τὸ κατὰ
σὲ κρεῖττον ἡγεῖσθαι), ἀλλ' ὅτι πρὸς ἄνδρα τηλικοῦτον,
οὗ καὶ μνησθῆναι φόβος, ὃ καὶ γράφειν κατοκνῶν τοῦ
πλέον ἢ προσήκει θαρροῦντός ἐστι σωφρονέστερος.
(11) ὥσπερ γὰρ οἱ ταῖς ἡλίου μαρμαρυγαῖς ἀντιβλέπειν
συνεχῶς τολμῶντες, ἂν μὴ θειοί τινες ὦσι καὶ τῶν
ἀκτίνων αὐτοῦ καθάπερ οἱ τῶν ἀετῶν γνήσιοι κατα-
θαρρῶσιν, οὔτε ἃ μὴ θέμις ὀρθῆναι θεωρεῖν ἔχουσι, καὶ
ὅσῳπερ μᾶλλον φιλονικοῦσι, τοσούτῳ πλέον ὅτι
μὴ δύνανται τυχεῖν ἐμφαίνουσιν, οὕτω καὶ ὁ πρὸς σὲ
γράφειν τολμῶν, ὅσῳπερ ἂν ἐθέλῃ θαρρεῖν, τοσούτῳ
μᾶλλον ὅτι χρὴ δεδιέναι καθαρῶς δείκνυσι. (12) σοί γε
μήν, ὦ γενναῖε, παντὸς ὡς εἰπεῖν τοῦ Ἑλληνικοῦ σω-
τῆρι καθεστῶτι πρέπον ἦν ἀφθόνως τε ἡμῖν γράφειν
καὶ τὸν παρ' ἡμῖν ὄκνον ἐφ' ὅσον ἐξῆν κατασττέλλειν.
(13) ὥσπερ γὰρ ὁ Ἥλιος (ἵνα δὴ πάλιν ἐκ τοῦ θεοῦ πρός
σε τὴν εἰκόνα λάβῃ ὁ λόγος) ὅ δ' οὖν Ἥλιος ὥσπερ,
ὅταν ἀκτῖσι καθαρθεὶς ὅλος λάμπῃ, οὐδὲ ἀποκρίνῃ
τοῦ πρὸς τὴν αἴγλην ἐλθόντος, ὃ μὴ τὸ οἰκεῖον, ἐργά-
ζεται, οὕτω δὴ καὶ σὲ χρῆν ἀφθόνως τῶν παρὰ σοῦ
καλῶν οἷον φωτὸς τὸ Ἑλληνικὸν ἐπαρδεύοντα μὴ ἀπο-
κνεῖν, εἴ τις ἢ αἰδοῦς ἢ δέους ἕνεκα τοῦ πρός σε τὴν ἀν-
τίδοσιν δυσωπεῖται. (14) οὐδὲ γὰρ ὁ Ἀσκληπιὸς ἐπ'
ἀμοιβῆς ἐλπίδι τοὺς ἀνθρώπους ἰᾶται, ἀλλὰ τὸ οἰκεῖον
αὐτοῦ φιλανθρώπευμα πανταχοῦ πληροῖ. ὃ δὴ καὶ σὲ
χρὴν ὥσπερει ψυχῶν ἑλλογίμων ἰατρὸν ὄντα ποιεῖν
καὶ τὸ τῆς ἀρετῆς παράγγελμα διὰ πάντων σώζειν,
οἷον ἀγαθὸν τοξότην, ὃς, κἂν μὴ τὸν ἀντίπαλον ἔχῃ,
πάντως ἐς τὸ καίριον ἀεὶ τὴν χεῖρα γυμνάζει. (15) ἐπεὶ
μηδὲ ὁ σκοπὸς ἑκατέροις ὁ αὐτός, ἡμῖν τε τῶν παρὰ
σοῦ δεξιῶν τυχεῖν καὶ σοὶ τοῖς παρ' ἡμῶν διδομένοις
ἐντυχεῖν. (16) ἀλλ' ἡμεῖς, κἂν μυριάκις γράψωμεν,
ἴσα τοῖς Ὁμηρικοῖς παισὶ παίζομεν, οἳ παρὰ τὰς θῖνας
ὅ τι ἂν ἐκ πηλοῦ πλάσωσιν ἀφιᾶσι κλύζεσθαι· παρὰ
σοῦ δὲ καὶ μικρὸν γράμμα παντός ἐστι γονίμου ῥεύμα-
τος κρεῖττον, καὶ εὐξαίμην ἂν ἔγωγε Ἰαμβλίχου μᾶλ-
λον ἐπιστολὴν μίαν ἢ τὸν ἐκ Λυδίας χρυσὸν κεκτῆσθαι.
εἰ δὲ μέλει τί σοι τῶν ἐραστῶν τῶν σῶν (μέλει δέ, εἰ
μὴ σφάλλομαι), μὴ περιίδῃς ὥσπερ νεοττοὺς ἡμᾶς ἀεὶ
τῶν παρὰ σοῦ τροφῶν ἐν χρείᾳ τυγχάνοντας, ἀλλὰ καὶ
γράφε συνεχῶς καὶ τοῖς παρὰ σαυτοῦ καλοῖς ἑστιᾶν μὴ
κατόκνει. (17) κἂν ἐλλίπωμεν, αὐτὸς ἑκατέρου τὴν χρείαν

hanc ad te scripserim, ipse nullam abs te epistolam ac-
cepi præter istam qua me videris accusare.

(9) Si iam ob id nos accusas, ut hac specie accusationis
maiorem nobis occasionem scribendi præbeas, accipio
libenti animo totam accusationem tuam, atque ex his ip-
sis litteris, quas abs te accipio, omnem gratiam et sua-
vitatem decerpo : sin autem omnino peccatum aliquod
meum erga te accusas, quis me miserior, qui per tabella-
riorum iniuriam aut negligentiam tibi satisfacere officio non
possum? (10) Verumtamen ego, licet non persæpe scribe-
rem, iure possem a te veniam obtinere, non ⌈ropter occupa-
tionem, quam in præsenti habeo (absit enim ut adeo sim
miser, ut te meis rebus omnibus, sicut Pindarus ait, non
anteponam), sed quod ad te, tantum virum, cuius vel
meminisse sine timore non licet, vel qui scribere cunctatur
sapientior est e⟩, qui nimis audet. (11) Nam sicut qui in
solem assidue suspicere audent, nisi diviniore quadam
natura præditi sint, eiusque radios tanquam aquilarum
veri fœtus intueantur, neque ea, quæ nefas est videri,
possunt cernere, et quo magis contendunt, eo magis se
id assequi non posse ostendunt : sic qui ad te audet
scribere, quo plus audere nititur, eo magis. timendum
esse liquido demonstrat. (12) Tibi vero, vir generose, qui
ad gentilitatem totam servandam, ut ita dicam, consti-
tutus es, consentaneum erat et ad nos crebras litteras
mittere, et nostram desidiam inertiamque, quantum
posses, coercere. (13) Nam quemadmodum Sol (ut iterum
ex eodem deo ad te similitudinem mea ducat oratio), ut,
inquam, Sol cum purus totus ac lucidus radiis collucet,
n:n dispiciens an quod lumini occurrit, sit consentaneum,
suum munus perficit, sic te oportebat Helleniorum bona
tua tanquam lucem in universos ge:tiles effundere, ne-
que eo desistere, quod aliquis metu aut verecundia erga
te impeditus respondere tibi scribendo non audeat. (14)
Neque enim Æsculapius mercedis spe homines curat,
sed humanitatem suam tanquam disciplinam aliquam in
omnes homines explicat. Idem te facere oportuit, cu n
sis animorum studiosorum medicus, et omnibus in rebus
virtutis præceptum servare, ut bonus sagittarius, qui
tametsi adversarium non habeat, tamen semper manum
exercet, ut opportuno tempore ea utatur. (15) Nam neque
scopus utrique nostrum idem est, ut nos videlicet tuis
eruditis scriptis fruamur et tu nostra legas, (16) sed nos
quamvis millies scribamus, similiter ut Homerici pueri
ludimus, qui iuxta littora quicquid e luto finxerunt fluc-
tibus obrui sinunt, cum interim tua licet parva epistola
cuivis fertili fluvio anteponenda sit. Ac sane epistolam
unam Iamblichi malim quam omne Lydiæ aurum possi-
dere.. Quod si amatorum tuorum ulla tibi cura est (e:t
autem aliqua, nisi fallor), ne nos quasi pullos negligas,
qui cibo tuo magnopere egemus, sed scribe assidue, ne-
que tuis bonis pascere nos desine.(17) Quod si forte officio

οἰκείου, καὶ ὧν δίδως καὶ ὧν ἀνθ' ἡμῶν τὸ ἴσον πρε-
σβεύεις. πρέπει δὲ Ἑρμοῦ λογίου μαθητήν, εἰ δὲ
βούλει καὶ τρόφιμον ὄντα σε, τὴν ἐκείνου ῥάβδον οὐκ
ἐν τῷ καθεύδειν ποιεῖν ἀλλ' ἐν τῷ κινεῖν καὶ διεγείρειν
μᾶλλον ἐθέλειν μιμεῖσθαι.

μ'. Τῷ αὐτῷ.

Ἐχρῆν μὲν ἡμᾶς τῷ γράμματι πειθομένους τῷ
Δελφικῷ γινώσκειν ἑαυτοὺς καὶ μὴ τολμᾶν ἀνδρὸς
ἀκοῆς τοσούτου ̔καταθαρρεῖν, ᾧ καὶ ὀφθέντι μόνον ἀν-
τιβλέψαι δυσχερές, ἤ που τὴν πάνσοφον ἁρμονίαν
κινοῦντι πρὸς τὸ ἴσον ἐλθεῖν, ἐπεὶ κἂν Πανὶ μέλος λι-
γυρὸν ἠχοῦντι πᾶς ὅστις ἐκσταίη, κἂν Ἀρισταῖος
ᾖ, καὶ Ἀπόλλωνι πρὸς κιθάραν ψάλλοντι πᾶς ὅστις
ἠρεμοίη, κἂν τὴν Ὀρφέως μουσικὴν εἰδῇ. (2) τὸ γὰρ
ἧττον τῷ κρείττονι, καθ' ὅσον ἧττόν ἐστιν, εἴκοι ἂν
δικαίως, εἰ μέλλοι τό τε οἰκεῖον καὶ τὸ μὴ τί ἐστι γι-
νώσκειν. ὅστις δ' ἐνθέῳ μουσικῇ θνητὸν ἀναρμόσαι
μέλος ἤλπισεν, οὐκ ἔμαθέ που τὸ Μαρσύου τοῦ Φρυ-
γὸς πάθος οὐδὲ τὸν ὁμώνυμον ἐκείνῳ ποταμόν, ὃς
μανέντος αὐλητοῦ τιμωρίας ῥεῖ, ἀλλ' οὐδὲ τὴν Θαμύ-
ριδος τοῦ Θρακὸς τελευτὴν ἤκουσεν, ὃς ταῖς Μούσαις
οὐκ εὐτυχῶς ἀντεφθέγξατο. (3) τί γὰρ δεῖ τὰς Σειρῆνας
λέγειν, ὧν ἔτι τὸ πτερὸν ἐπὶ τοῦ μετώπου φέρουσιν
αἱ νικήσασαι; ἀλλ' ἐκείνων μὲν ἕκαστος ἀμούσου τόλ-
μης ἀρκοῦσαν ἔτι καὶ νῦν ἐκτίνει τῇ μνήμῃ δίκην,
ἡμᾶς δὲ ἔδει μὲν ὡς ἔφην εἴσω τῶν οἰκείων ὅρων ἑ-
στάναι καὶ τῆς ὑπὸ σοῦ μουσικῆς ἐμφορουμένους ἠρε-
μεῖν, ὥσπερ οἳ τὴν Ἀπόλλωνος μαντείαν ἐξ ἀδύτων ἱε-
ρῶν προϊοῦσαν ἡσυχῇ δέχονται· (4) ἐπεὶ δ' αὐτὸς ἡμῖν
τοῦ μέλους τὸ ἐνδόσιμον τῷ παρὰ σαυτοῦ λόγῳ μνη-
στεύεις καὶ οἷον Ἑρμοῦ ῥάβδῳ κινεῖς καὶ διεγείρεις
̔καθεύδοντας, φέρε σοι, καθάπερ οἱ τῷ Διονύσῳ τὸν
θύρσον κρούσαντι πρὸς τὴν χορείαν ἄνετοι φέρονται,
οὕτω καὶ ἡμεῖς ὑπὸ τῷ σῷ πλήκτρῳ τὸ εἰκὸς ἀντηχή-
σωμεν, ὥσπερ οἱ χοροστάτῃ πρὸς τὸ ἀνάκλημα τοῦ
ῥυθμοῦ συναμαρτοῦντες. (5) καὶ πρῶτόν σοι τῶν λόγων,
οὓς βασιλεῖ κελεύσαντι πρὸς τὴν ἀοίδιμον τοῦ πορθμοῦ
ζεῦξιν ἔναγχος ἐξειργασάμεθα, ἐπειδὴ τοῦτό ἐστι δο-
κοῦν, ἀπαρξώμεθα, μικρὰ μὲν ἀντὶ μεγάλων καὶ τῷ
ὄντι χαλκᾶ χρυσῶν ἀντιδιδόντες, οἷς δὲ ἔχομεν ξενίοις
τὸν Ἑρμῆν τὸν ἡμέτερον ἐστιῶντες. (6) πάντως οὐδὲ
τῆς Ἑκάλης ὁ Θησεὺς τοῦ δείπνου τὸ λιτὸν ἀπηξίωσεν,
ἀλλ' ᾔδει καὶ μικροῖς ἐς τὸ ἀναγκαῖον ἀρκεῖσθαι· ὁ
Πὰν δὲ ὁ νόμιος τοῦ παιδὸς τοῦ βουκόλου τὴν σύριγγα
προσαρμόσαι τοῖς χείλεσιν οὐκ ἠτίμασε. προσοῦ δὴ
καὶ αὐτὸς τὸν λόγον εὐμενεῖ νεύματι, καὶ μὴ ἀποκνή-
σῃς ὀλίγῳ μέλει μεγάλην ἀκοὴν ἐνδοῦναι. (7) ἀλλ' ἐὰν
μὲν ἔχῃ τι δεξιόν, αὐτός τε ὁ λόγος εὐτυχεῖ καὶ ὁ
ποιητὴς αὐτοῦ τῆς παρὰ τῆς Ἀθηνᾶς ψήφου τὴν μαρ-
τυρίαν προσλαβών· εἰ δ' ἔτι γειρὸς ἐντελοῦς εἰς τὸ τοῦ
ὅλου πλήρωμα προσδεῖται, μὴ ἀπαξιώσῃς αὐτῷ τὸ
ἐνδέον προσθεῖναι. (8) ἤδη που καὶ ἀνδρὶ τοξότῃ κληθεὶς

---

defuerimus, ipse utrumque munus præstato, tum ad nos,
tum pro nobis vicissim scribendo. Etenim Mercurii fa-
cundi discipulum aut etiam alumnum, qualis tu es, virga
uti decet, non ad somnum inducendum, sed ad moven-
dum et excitandum, atque hac ex parte maxime illum
imitari

XL. Eidem.

Oportebat sane iuxta Delphicum oraculum nos ipsos
nosse neque audere tanti viri auribus obstrepere, quem
vel aspicientem respicere difficile est, nedum concen-
tum omnis sapientiæ moventi velle par referre. Nam et
Pani dulce carmen canenti quilibet concesserit, quamvis
sit Aristæus; et Apolline ad citharam canente unusquis-
que tacet, quamvis Orphei musicam teneat. (2) Quod enim
minus est, hoc ipso quod est minus, cedere debet ma-
iori, si modo vult et sua ipsius bona et aliena cogno-
scere. Quisquis autem cum divina musica humanam vult
componere, nunquam Marsyæ Phrygis casum didicit,
neque nominis eiusdem fluvium, qui tibicinis insani sup-
plicio manat : immo neque Thamyræ Thracis mortem au-
divit, qui infeliciter cum Musis de cantu certavit. (3) Quid
enim Sirenas memorem? quarum alam in fronte adhuc
gestant victrices. Verumenimvero illi stultæ audaciæ pœ-
nas satis magnas nunc etiam posteritati persolvunt : nos
autem, sicut ante dixi, oportebat sane nostris finibus
contentos esse et tua musica satiatos quiescere, ut qui
Apollinis oracula e sacris adytis cum silentio excipiunt.
(4) Verum, quando tu nobis ad canendum præis, et tan-
quam Mercurii virga oratione tua nos moves atque exci-
tas dormientes, ecce ipsi quoque, sicut qui Baccho thyr-
sum pulsanti cum chorcis lymphati occurrunt, sic ad
plectrum tuum respondeamus, perinde ut qui præsulto-
rem ad numeri provocationem sequuntur. (5) Accipias
igitur primum, quando ita vis, orationem, quam nuper
imperatoris iussu in nobilem illam freti coniunctionem
elaboravi. Parvum certe munusculum, si cum tuo con-
feratur, omninoque æs pro auro reddimus : sed tamen
quo possumus munere nostrum Mercurium prosequimur.
Theseus quidem certe mensam Hecales, licet tenuem,
non est aspernatus, sed necessitati obsecutus exiguo con-
tentus fuit. Pan ille Nomius non erubuit, cum pueri
bubulci fistulam suis labris admovit. (6) Quare tu quoque
librum nostrum amico animo admitte, neque te pœniteat
exiguo carmini magnam aurem præbere. Verum si
quid erit boni, et liber felix est et eius auctor, ut cui
Minerva ipsa testimonium laudis dederit : sin extremam
manum, quo perficiatur, desiderat, ne sit tibi grave ad-
dere quod deest. Sic olim sagittario invocanti deus af-

ὁ θεὸς παρέστη καὶ συνεφήψατο τοῦ βέλους, καὶ κιθα
ρῳδῷ τὸν ὄρθιον ᾄδοντι πρὸς τὸ ἐλλεῖπον τῆς χορδῆς
ὑπὸ τῷ τέττιγι τὸ ἴσον ὁ Πύθιος ἀντεφθέγξατο.

μα΄.

Παιδείαν ὀρθὴν εἶναι νομίζομεν οὐ τὴν ἐν τοῖς ῥή
μασι καὶ τῇ γλώττῃ πολιτευομένην εὐρυθμίαν, ἀλλὰ
διάθεσιν ὑγιᾶ νοῦν ἐχούσης διανοίας, καὶ ἀληθεῖς δό
ξας ὑπέρ τε ἀγαθῶν καὶ κακῶν, ἐσθλῶν τε καὶ αἰσ
χρῶν. ὅστις οὖν ἕτερα μὲν φρονεῖ, διδάσκει δὲ ἕτερα
τοὺς πλησιάζοντας, αὐτὸς ἀπολελεῖφθαι τοσούτῳ δοκεῖ
τῆς παιδείας, ὅσῳ καὶ τοῦ χρηστὸς ἀνὴρ εἶναι. (2) καὶ
εἰ μὲν ἐπὶ σμικροῖς εἴη τὸ διάφορον τῆς γνώμης πρὸς τὴν
γλῶτταν, κακὸς μὲν εἰς τόδε, ὅμως τῷ τοσῷ γίνεται·
εἰ δὲ ἐν τοῖς μεγίστοις ἄλλα μὲν φρονοίη τις, ἐναντία
δὲ ὧν φρονεῖ διδάσκοι, πῶς οὐ τοῦτο ἐκεῖνο καπήλων
ἐστίν, οὔ τι χρηστῶν ἀλλὰ παμπονήρων ἀνθρώπων, οἳ
μάλιστα παιδεύουσιν ὅσα μάλιστα φαῦλα νομίζουσιν,
ἐξαπατῶντες καὶ δελεάζοντες τοῖς ἐπαίνοις εἰς οὓς με
τατιθέναι τὰ σφέτερα ἐθέλουσιν οἶμαι κακά; (3) πάντας
μὲν οὖν χρὴ τοὺς καὶ ὁτιοῦν διδάσκειν ἐπαγγελλομέ
νους εἶναι τὸν τρόπον ἐπιεικεῖς καὶ μὴ μαχόμενα τοῖς
δημοσίᾳ μεταχαρακτηρίζοντας τὰ ἐν τῇ ψυχῇ φέρειν
δοξάσματα, πολὺ δὲ μᾶλλον ἁπάντων οἶμαι δεῖν εἶναι
τοιούτους ὅσοι ἐπὶ λόγοις τοῖς νέοις συγγίγνονται, τῶν πα
λαιῶν ἐξηγηταὶ γιγνόμενοι συγγραμμάτων, εἴτε ῥήτορες
εἴτε γραμματικοί, καὶ ἔτι πλέον οἱ σοφισταί. βούλονται
γὰρ πρὸς τοῖς ἄλλοις οὐ λέξεων μόνον, ἠθῶν δὲ εἶναι
διδάσκαλοι, καὶ τὸ κατὰ σφᾶς εἶναί φασι τὴν πολιτι
κὴν φιλοσοφίαν. (4) εἰ μὲν οὖν ἀληθὲς ἢ μή, τοῦτο
ἀφείσθω νῦν· ἐπαινῶ δὲ αὐτοὺς οὕτως ἐπαγγελμάτων
καλῶν ὀρεγομένους ἐπαινέσαιμ᾽ ἂν ἔτι πλέον, εἰ μὴ
ψεύδοιντο μηδ᾽ ἐξελέγχοιεν αὐτοὺς ἕτερα μὲν φρονοῦν
τες, διδάσκοντες δὲ τοὺς πλησιάζοντας ἕτερα. τί
οὖν; Ὁμήρῳ μέντοι καὶ Ἡσιόδῳ καὶ Δημοσθένει καὶ
Ἡροδότῳ καὶ Θουκυδίδῃ καὶ Ἰσοκράτει καὶ Λυσίᾳ
θεοὶ πάσης ἡγοῦνται παιδείας. (5) οὐχ οἱ μὲν Ἑρμοῦ
σφᾶς ἱεροὺς οἱ δὲ Μουσῶν ἐνόμιζον; ἄτοπον μὲν οἶμαι
τοὺς ἐξηγουμένους τὰ τούτων ἀτιμάζειν τοὺς ὑπ᾽ αὐτῶν
τιμηθέντας θεούς. (6) οὐ μὴν ἐπειδὴ τοῦτο ἄτοπον οἶμαι,
φημὶ δεῖν αὐτοὺς μεταθεμένους τοῖς νέοις συνεῖναι· δί
δωμι δὲ αἵρεσιν μὴ διδάσκειν ἃ μὴ νομίζουσι σπου
δαῖα, βουλομένους δὲ διδάσκειν ἔργῳ πρῶτον καὶ πεί
θειν τοὺς μαθητὰς ὡς οὔτε Ὅμηρος οὔτε τούτων τις,
οὓς ἐξηγοῦνται καὶ ὧν κατεγνωκότες εἰσὶν ἀσέβειαν
ἄνοιάν τε καὶ πλάνην εἰς τοὺς θεούς, τοιοῦτός ἐστιν.
(6) ἐπεὶ δ᾽ ἐκεῖνοι ἐξ ὧν γεγράφασι παρατρέφονται μι
σθαρνοῦντες, εἶναι ὁμολογοῦσιν αἰσχροκερδέστατοι καὶ
δραχμῶν ὀλίγων ἕνεκα πάντα ὑπομένειν. ἕως μὲν
οὖν τούτου πολλὰ ἦν τὰ αἴτια τοῦ μὴ φοιτᾶν εἰς τὰ
ἱερά, καὶ ὁ πανταχόθεν ἐπικρεμάμενος φόβος ἐδίδου
συγγνώμην ἀποκρύπτεσθαι τὰς ἀληθεστάτας ὑπὲρ τῶν

---

fuit et telum una direxit; sic citharœdo orthium canenti,
cum nervus deficeret, Apollo ipse cicadæ specie respondit.

XLI.

Doctrinam rectam esse arbitramur non concinnitatem
eam, quæ verbis et lingua se iactat, sed affectionem sanam animi cordati et veras certasque de bonis et malis,
honestis et turpibus sententias. Quare quisquis aliud
sentit, aliud suos discipulos docet, is tantum videtur a
scientia quantum a probitate abesse. (2) Ac si de parva re
sit linguæ animique dissensio, in hoc ipso etiam est improbus, tametsi modum non excedat sceleris magnitudo:
sin vero in maximis rebus aliud sentit, contraque ac
sentit docet, nonne hæc cauponum, non dico bonorum,
sed nequissimorum vita est? quippe cum id maxime doceant, quod maxime malum existimant, fallentes atque
inescantes eos laudibus, quibuscum sua, ut arbitror
mala commutare volunt. (3) Quamobrem omnes, qui quid,
vis docere profitentur, bonis moribus esse debent neque
opiniones novas et a sensu populari abhorrentes afferre:
sed imprimis tales esse debent, qui adolescentes in veterum scriptis instituunt, sive sint rhetores sive grammatici, et præcipue sophistæ, qui non solum verborum,
sed etiam morum magistros se esse volunt; et ad se
philosophiam de administrandis rebus publicis pertinere
contendunt. (4) Hoc verum sit necne, in præsentia omitto:
laudo eos, quod doctrinam tam præstantem expetant; plus
certe laudatnrus, si non mentirentur, neque se ipsi refellerent, dum aliud sentiunt, aliud discipulis tradunt. Quid?
Homerus, Hesiodus, Demosthenes, Herodotus, Thucydides, Isocrates, Lysias deos habent doctrinæ suæ duces et
auctores. Nonne eorum alii Mercurio, alii Musis sacros se
esse arbitrabantur? (5) Quare absurdum est, qui horum
libros exponunt, deos vituperare, quos illi coluerunt.
Neque tamen, quia id absurdum puto, idcirco eos mutata
sententia familiariter discipulis uti iubeo: verum do optionem, ut ne doceant quæ non bona esse censent; sin docere malunt, doceant reipsa primum et persuadeant discipulis, neque Homerum neque Hesiodum neque quemquam
eorum, quos interpretati sunt, quosque impietatis amentiæ
errorisque erga deos condemnarunt, talem esse. (6) Nam
alioqui cum ex illorum scriptis alantur mercedemque capiant, avarissimos plane et sordidissimos se esse fatentur, paucarumque drachmarum gratia quælibet sustinere. Atque hactenus quidem multa erant, quæ eos
templorum aditu prohiberent: et timor undique imprudens excusabat, quo minus verissimæ de diis sententiæ
explicarentur. Nunc autem cum deorum munere atque

θεῶν δόξας ἐπειδὴ δὲ ἡμῖν οἱ θεοὶ τὴν ἐλευθερίαν ἔδο-
σαν, ἄτοπον εἶναί μοι φαίνεται διδάσκειν ἐκεῖνα τοὺς
ἀνθρώπους, ὅσα μὴ νομίζουσιν εὖ ἔχειν (7) ἀλλ' εἰ μὲν,
οἴονται σοφοὺς ὧν εἰσιν ἐξηγηταὶ καὶ ὧν ὥσπερ προ-
φῆται κάθηνται, ζηλούντων αὐτῶν πρῶτον τὴν εἰς τοὺς
θεοὺς εὐσέβειαν εἰ δὲ εἰς τοὺς τιμιωτάτους ὑπολαμβά-
νουσι πεπλανῆσθαι, βαδιζόντων εἰς τὰς τῶν Γαλιλαίων
ἐκκλησίας, ἐξηγησόμενοι Ματθαῖον καὶ Λουκᾶν, οἷς
πεισθέντες ἱερείων ὑμεῖς ἀπέχεσθαι νομοθετεῖτε βού
λομαι ὑμῶν ἐγὼ καὶ τὰς ἀκοάς, ὡς ἂν ὑμεῖς εἴποιτε,
καὶ τὴν γλῶτταν ἐξαναγεννηθῆναι τούτων ὧν ἔμοιγε
εἴη μετέχειν ἀεὶ καὶ ὅστις ἐμοὶ φίλα νοεῖ τε καὶ πράτ-
τει. (8) τοῖς μὲν καθηγεμόσι καὶ διδασκάλοις οὑτοσὶ
κοινὸς κεῖται νόμος ὁ βουλόμενος γὰρ τῶν νέων φοιτᾶν
οὐκ ἀποκέκλεισται. οὐδὲ γὰρ οὐδ' εὔλογον ἀγνοοῦντας
ἔτι τοὺς παῖδας ἐφ' ὅ τι τρέπωνται τῆς βελτίστης ἀπο-
κλείειν ὁδοῦ, φόβῳ δὲ καὶ ἄκοντας ἄγειν ἐπὶ τὰ πά-
τρια. καίτοι δίκαιον ἦν, ὥσπερ τοὺς φρενιτίζοντας,
οὕτω καὶ τούτους ἄκοντας ἰᾶσθαι, πλὴν ἀλλὰ συγγνώ-
μην ὑπάρχειν ἅπασι τῆς τοιαύτης νόσου καὶ γὰρ
οἶμαι διδάσκειν ἀλλ' οὐχὶ κολάζειν χρὴ τοὺς ἀνοήτους

μβ΄ Ἐκηβόλῳ

Ἐγὼ μὲν κέχρημαι τοῖς Γαλιλαίοις ἅπασιν οὕτω
πράως καὶ φιλανθρώπως, ὥστε μηδένα μηδαμοῦ βίαν
ὑπομένειν μηδὲ εἰς ἱερὸν ἕλκεσθαι μηδὲ εἰς ἄλλο τι
τοιοῦτον ἐπηρεάζεσθαι παρὰ τὴν οἰκείαν πρόθεσιν οἱ
δὲ τῆς Ἀρειανικῆς ἐκκλησίας ὑπὸ τοῦ πλούτου τρυ-
φῶντες ἐπεχείρησαν τοῖς ἀπὸ τοῦ Οὐαλεντίνου, καὶ
τετολμήκασι τοσαῦτα κατὰ τὴν Ἔδεσσαν, ὅσα οὐδέποτε
ἐν εὐνομουμένῃ πόλει γένοιτ' ἄν. (2) οὐκοῦν ἐπειδὴ
αὐτοῖς ὑπὸ τοῦ θαυμασιωτάτου νόμου προείρηται **, ἵν'
εἰς τὴν βασιλείαν τῶν οὐρανῶν εὐοδώτερον πορευῶσι,
πρὸς τοῦτο συναγωνιζόμενοι τοῖς ἀνθρώποις αὐτῶν τὰ
χρήματα τῆς Ἐδεσσηνῶν ἐκκλησίας ἅπαντα ἐκελεύ-
σαμεν ἀναληφθῆναι δοθησόμενα τοῖς στρατιώταις, καὶ
τὰ κτήματα τοῖς ἡμετέροις προστεθῆναι πριβάτοις,
ἵνα πενόμενοι σωφρονῶσι, καὶ μὴ στερηθῶσιν ἧς ἔτι
ἐλπίζουσιν οὐρανίου βασιλείας. (3) τοῖς οἰκοῦσι δὲ τὴν
Ἔδεσσαν προαγορεύομεν ἀπέχεσθαι πάσης στάσεως
καὶ φιλονεικίας, ἵνα μὴ τὴν ἡμετέραν φιλανθρωπίαν
κινήσαντες καθ' ὑμῶν αὐτῶν ὑπὲρ τῆς τῶν κοινῶν
ἀταξίας δίκην τίσητε, ξίφει καὶ φυγῇ καὶ πυρὶ ζη-
μιωθέντες.

μγ΄ Λιβανίῳ

Ἄρτι μοι παυσαμένῳ τῆς χαλεπῆς πάνυ καὶ τα-
χείας νόσου τῇ τοῦ πάντα ἐφορῶντος προνοίᾳ γράμ-
ματα εἰς χεῖράς ἦλθεν ὑμέτερα, καθ' ἣν ἡμέραν πρῶ-
τον ἐλουσάμην. δεήθης ἤδη ταῦτα ἀναγνούς, οὐκ ἂν
εἴποις ῥᾳδίως ὅπως ἐρρωννύμην, αἰσθανόμενος τῆς σῆς
ἀκραιφνοῦς καὶ καθαρᾶς εὐνοίας, ἧς εἴθε γενοίμην
ἄξιος, ὡς ἂν μὴ καταισχύναιμι τὴν σὴν φιλίαν (2) τὰς

---

concessu libertate potiamur, absurdum mihi videtur ea
homines docere, quæ non bona esse arbitrentur (7) Quod
si in iis quæ docent, et quorum quasi interpretes se-
dent, sapientiam esse ullam arbitrantur, studeant primum
illorum in deos pietatem imitari, sin in deos sanctissimos
putant ab illis auctoribus peccatum esse, eant in Gali-
læorum ecclesias, ibique Matthæum et Lucam interpre-
tentur quibus vos obtemperantes a victimis abstinere
iubetis Cupio ego et aures et linguam vostram (sic-
ut vos loqueremini) renasci in iis rebus, quarum uti-
nam et ego sim semper particeps et omnes qui me dili-
gunt (8) Doctoribus quidem et præceptoribus communis
hæc lex statuatur Adolescentes enim qui ire volent,
minime prohibentur, illiquidem siquidem fuerit, pueros
adhuc ignaros quo se vertant, ob optima via reicere ac
metu coactos ad patria instituta deducere Quamvis
iustum esset istos quemadmodum impotentes et insanos,
invitos ac repugnantes curare, attamen liceat omnibus
per nos isto morbo detineri Docere enim amentes, non
punire oportet

XLII Hecebolo

Equidem de Galilæis omnibus adeo clementer et hu-
maniter statui, ut nemo vim patiatur, neque in templum
trahatur, neque alia de re ulla præter voluntatem suam
contumelia afficiatur At qui sunt de ecclesia Arianorum
luxuriantes opibus in Valentinianos invaserunt, eaque
apud Edessam perpetraverunt, quæ nunquam in civitate
bene instituta accidissent (2) Quare quum ipsis a lege
admirabili paupertas imperata sit, quo facilius in regnum
cœlorum veniant, nos ad id hominibus opem tulimus,
eorumque pecunias omnes ab Edessenorum ecclesia tolli
iussimus, ut militi dividantur, et facultates, ut nostris
privatis attribuantur quo illi pauperes facti sapiant, ne-
que regno cælesti quod nunc etiam sperant priventur
(3) Iis autem qui Edessam incolunt, edicimus, ut sedi-
tione pugnaque omni abstineant, ne, si nostram huma-
nitatem commoveritis, vos ipsi pro communi omnium in-
temperie ac insolentia pœnas luatis, gladio exilio igne
multati

XLIII Libanio

Nuper cum e gravissimo atque acerrimo morbo numi-
nis providentia recreatus essem, vestras accepi litteras,
quo die primum balneum intravi Quas cum vesperi
legissem, dici non potest quam sim confirmatus per-
specta tua sincera puraque benevolentia qua utinam
dignus essem, ne dedecori sim amicitiæ tuæ (2) Igitur sta-

μὲν οὖν ὑμετέρας ἐπιστολὰς εὐθὺς ἀνέγνων, καίπερ οὐ
σφόδρα τοῦτο ποιεῖν δυνάμενος, τὰς δὲ τοῦ Ἀντωνίου
πρὸς τὸν Ἀλέξανδρον εἰς τὴν ὑστεραίαν ἐταμιευσάμην.
ἐκεῖθεν ἑβδόμῃ σοι ταῦτα ἔγραφον ἡμέρᾳ, κατὰ λόγον
μοι τῆς ῥώσεως προχωρούσης διὰ τὴν τοῦ θεοῦ προμή-
θειαν. σώζοιό μοι, ποθεινότατε καὶ φιλικώτατε
ἀδελφέ.

tim litteras vestras legi, quamvis id facere non admodum
possem : quas autem Antonius ad Alexandrum mittebat,
in posterum diem reservavi. Inde ad te septimo die
hæc scripsi, cum mihi dei providentia valetudo e sen-
tentia procederet. Serveris mihi, optatissime et caris-
sime frater.

μδ'. Ζήνωνι.

XLIV. Zenoni.

Πολλὰ μὲν καὶ ἄλλα σοι μαρτυρεῖ καὶ τῆς ἰατρικῆς
τέχνης εἰς τὰ πρῶτα ἀνήκειν, καὶ ἤθους καὶ ἐπιεικείας
καὶ βίου σωφροσύνης συμφώνως πρὸς τὴν τέχνην ἔχειν,
νῦν δὲ προσῆλθε τὸ κεφάλαιον τῆς μαρτυρίας. τὴν
τῶν Ἀλεξανδρέων πόλιν ἀπὼν ἐπιστρέφεις εἰς σεαυ-
τόν· τοσοῦτον αὐτῇ κέντρον ὥσπερ μέλιττα καταλέ-
λοιπας. εἰκότως· καλῶς γὰρ εἰρῆσθαι καὶ Ὁμήρῳ
δοκεῖ τὸ

εἷς ἰητρὸς ἀνὴρ πολλῶν ἀντάξιος ἄλλων.

(2) σὺ δὲ οὐκ ἰατρὸς ἁπλῶς, ἀλλὰ καὶ διδάσκαλος τοῖς
βουλομένοις τῆς τέχνης, ὥστε σχεδὸν ὃ πρὸς τοὺς πολ-
λούς εἰσιν οἱ ἰατροί, τοῦτο ἐκείνοις σύ. λύεις δέ σοι τὴν
φυγὴν καὶ ἡ πρόφασις αὐτή, καὶ μάλα λαμπρῶς· εἰ γὰρ
διὰ Γεώργιον μετέστης τῆς Ἀλεξανδρείας, οὐ δικαίως
μετέστης, καὶ δικαιότατα ἂν ὀπίσω κατέλθοις. κάτιθι
τοίνυν ἐπίτιμος καὶ τὸ πρότερον ἔχων ἀξίωμα, καὶ
ἡμῖν κοινὴ παρ' ἀμφοτέροις χάρις ἀποκείσθω, Ἀλεξαν-
δρεῦσι μὲν Ζήνωνα, σοὶ δὲ ἀποδοῦσι τὴν Ἀλεξάν-
δρειαν.

Cum multæ aliæ res testificantur te ad summum me-
dicæ artis gradum pervenisse, eique parem morum ac
vitæ temperantiam adiunxisse, tum vero hoc tempore
maximum omnium testimonium accessit, quod Alexan-
driam absens universam in te convertis : tantum ei tuo
decessu aculeum tanquam apis reliquisti. Nec sane
immerito ; præclare enim Homerus

vir medicus par est multorum millibus unus.

(2) Tu vero non tantum medicus es, verum etiam magister
omnibus, qui eius artis studio ducuntur, ut propemo-
dum quod medici sunt populo, hoc ipse sis medicis.
Hæc autem causa te liberat exilio, et quidem magnifice.
Nam si propter Georgium Alexandria excessisti, non
iure excessisti : iustissime autem reverti potes. Redi
igitur cum honore et dignitate pristina : nobis autem
gratia sit apud utrumque, et quia Zenonem Alexandrinis,
et quia Zenoni Alexandriam restituimus.

με'. Εὐαγρίῳ.

XLV. Evagrio.

Συγκτησείδιον μικρὸν ἀγρῶν τεττάρων δοθέντων
μοι παρὰ τῆς τήθης ἐν τῇ Βιθυνίᾳ τῇ σῇ διαθέσει
δῶρον δίδωμι, ἔλαττον μὲν ἢ ὥστε ἄνδρα εἰς περιου-
σίαν ὀνῆσαί τι μέγα καὶ ἀποφῆναι ὄλβιον, ἔχον δ'
ἂν οὐδ' ὡς παντάπασιν ἀτερπῆ τὴν δόσιν, εἰ σοι τὰ
καθ' ἕκαστα περὶ αὐτοῦ διέλθοιμι. παίζειν δὲ οὐδὲν
κωλύει πρός σε χαρίτων γέμοντα καὶ εὐμουσίας. (2)
ἀπῴκισται μὲν τῆς θαλάσσης σταδίους οὐ πλέον εἴκοσι,
καὶ οὔτε ἔμπορος οὔτε ναύτης ἐνοχλεῖ λάλος καὶ ὑβρι-
στὴς τῷ χωρίῳ. οὐ μὴν ἀφῄρηται τὰς παρὰ τοῦ
Νηρέως χάριτας παντελῶς, ἔχει δὲ ἰχθὺν πρόσφατον
ἀεὶ καὶ ἀσπαίροντα, καὶ ἐπί τινος ἀπὸ τῶν δωμάτων
προελθὼν γηλόφου ὄψει τὴν θάλατταν τὴν Προποντίδα
καὶ τὰς νήσους τήν τε ἐπώνυμον πόλιν τοῦ γενναίου
βασιλέως, οὐ φυκίοις ἐφεστὼς καὶ βρύοις, οὐδὲ ἐνο-
γλούμενος ὑπὸ τῶν ἐκβαλλομένων εἰς τοὺς αἰγιαλοὺς
καὶ τὰς ψάμμους ἀτερπῶν πάνυ καὶ οὐδὲ ὀνομάζειν
ἐπιτηδείων κυμάτων, ἀλλ' ἐπὶ σμίλακος καὶ θύμου
καὶ πόας εὐώδους. (3) ἡσυχία δὲ πολλὴ κατακλινομένῳ
καὶ εἰς τὸ βιβλίον ἀφορῶντι, εἶτα διαναπαύοντι τὴν
ὄψιν ἥδιστον ἀπιδεῖν εἰς τὰς ναῦς καὶ τὴν θάλατταν.
τοῦτο ἐμοὶ μειρακίῳ κομιδῇ νέῳ θερίδιον ἐδόκει φίλτα-

Parvam acceperam ab avia mea possessionem in Bi-
thynia quatuor agrorum, eamque tuo in me amori dono.
Munus est profecto levius, quam ut eo quispiam possit
vel de opum abundantia gloriari vel beatum se prædi-
care : munus tamen non omnino iniucundum, si tibi
cuncta eius bona sigillatim recenseam. Nec sane absur-
dum sit, tecum, qui elegantiæ atque amœnitatis plenus
es, iocari. (2) Abest a mari stadia non amplius viginti, no-
que mercator aut nauta loquax et petulans loco illi ob-
strepit. Sed tamen non propterea Nerei gratiam amittit ;
habet enim perpetuo piscem recentem et palpitantem, et
si domo in tumulum terræ aliquem prodieris, videbis mare
Proponticum atque insulas et urbem nobilissimi regis no-
mine appellatam : neque interim in algulis et musco aut
sordibus aut rebus aliis iniucundis, quæ in littus atque
arenas eiciuntur et fere non nominantur, versabere, sed
in smilace et thymo et herbis fragrantibus. (3) Cum vero
in librum incubueris, alta quies est; et cum oculos
multa lectione defatigatos reficere voles, gratissimus erit
maris et navium aspectus. Mihi quidem adolescentulo

τον, ἔχει γὰρ καὶ πηγὰς οὐ φαύλας καὶ λουτρὸν οὐκ
ἀναφρόδιτον καὶ κῆπον καὶ δένδρα· ἀνὴρ δ' ὧν ἤδη
τὴν παλαιὰν ἐκείνην ἐπόθ.υν δίαιταν, καὶ ἦλθον πολ-
λάκις, καὶ γέγονεν ἡμῖν οὐκ ἔξω λόγων ἡ σύνοδος·
ἔστι δ' ἐνταῦθα καὶ γεωργία· ἐμῆς μικρὸν ὑπόμνημα,
φυταλιὰ βραχεῖα, φέρουσα οἶνον εὐώδη τε καὶ ἡδύν,
οὐκ ἀναμένοντά τι παρὰ τοῦ χρόνου προσλαβεῖν τὸν
Διόνυσον ὄψει καὶ τὰς Χάριτας. (4) ὁ βότρυς δὲ ἐπὶ
τῆς ἀμπέλου καὶ ἐπὶ τῆς ληνοῦ θλιβόμενος ἀπόζει τῶν
ῥόδων, τὸ γλεῦκος δὲ ἐν τοῖς πίθοις ἤδη νέκταρός
ἐστιν ἀπορρώ· Ὁμήρῳ πιστεύοντι τί δῆτα οὐ πολὺς
γέγονεν οὐδ' ἐπὶ πλέθρα πάνυ πολλὰ τοιοῦτος ἀμπε-
λών, τυ/ὸν μὲν οὐδὲ ἐγὼ γεωργὸς γέγονα πρόθυμος; **
ἀλλὰ ἐπεὶ ἐμοὶ νηφάλιος ὁ τοῦ Διονύσου κρατὴρ καὶ
ἐπὶ πολὺ τῶν νυμφῶν δεῖται, ὅσον εἰς ἐμαυτὸν καὶ
τοὺς φίλους (ὀλίγον δέ ἐστι τὸ χρῆμα τῶν ἀνδρῶν)
παρεσκευασάμην (6) νῦν δή σοι δῶρον, ὦ φίλη κεφαλή,
δίδωμι μικρὸν μὲν ὅπερ ἐστί, χαρίεν δὲ φίλῳ παρὰ
φίλου, οἴκοθεν οἴκαδε, κατὰ τὸν σοφὸν ποιητὴν Πίν-
δαρον. τὴν ἐπιστολὴν ἐπισύρων πρὸς λύχνον γέγρα-
φα, ὥστε εἴ τι ἡμάρτηται, μὴ πικρῶς ἐξέταζε, μηδ'
ὡς ῥήτωρ ῥήτορα

μς' Ὀραξι

Βασιλεῖ μὲν πρὸς χρόνος ὁρῶντι χαλεπὸν ἂν ὑμῶν
ἐφάνη τὸ αἴτημα, καὶ οὐκ ἂν ᾠήθη δεῖν τὴν δημοσίαν
εὐπορίαν βλάπτειν τῇ πρός τινας ἰδίᾳ χάριτι· ἐπεὶ δὲ
ἡμεῖς οὐχ ὅτι πλεῖστα παρὰ τῶν ὑπηκόων ἀθροίζειν
πεποιήμεθα σκοπόν, ἀλλ' ὅτι πλείστων ἀγαθῶν αὐτοῖς
αἴτιοι γίγνεσθαι, τοῦτο καὶ ὑμῖν ἀπολύσει τὰ ὀφλή-
ματα. (2) ἀπολύσει δὲ οὐχ ἁπλῶς ἅπαντα, ἀλλὰ μερι-
σθήσεται τὸ πρᾶγμα, τὸ μὲν εἰς ὑμᾶς, τὸ δὲ εἰς τὴν
τῶν στρατιωτῶν χρείαν, ἐξ ἧς οὐκ ἐλάχιστα καὶ αὐτοὶ
δήπου φέρεσθε τὴν εἰρήνην καὶ τὴν ἀσφάλειαν· τοιγαρ-
οῦν μέχρι μὲν τῆς τρίτης ἐπινεύσεως ἀφίεμεν ὑμῖν
πάντα, ὅσα ἐκ τοῦ φθάνοντος ἐλλείπει χρόνου· μετὰ
ταῦτα δὲ εἰσοίσετε κατὰ τὸ ἔθος (3) ὑμῖν τε γὰρ τὰ
ἀφιέμενα χάρις ἱκανή, καὶ ἡμῖν τῶν κοινῶν οὐκ ἀμε-
λητέον. περὶ τούτου καὶ τοῖς ἐπάρχοις ἐπέσταλκα,
ἵν' ἡ χάρις ὑμῖν εἰς ἔργον προχωρήσῃ. ἐρρωμένους
ὑμᾶς· οἱ θεοὶ σώζοιεν τὸν ἅπαντα χρόνον

μζ' Ζήνωνι

Πάντων μὲν ἕνεκά μοι τὸ σῶμα διάκειται μετρίως,
οὐ μὴν ἀλλὰ καὶ τὰ τῆς γνώμης ἔχει καλῶς. οἶμαι
δ' ἐγὼ τούτου προοίμιεν εἶναι μηδὲν χρεῖττον ἐπι-
στολῇ φίλου παρὰ φίλου πεμπομένη· τούτου οὖν ἐστι τὸ
προοίμιον, αἰτήσεως, οἶμαι τίς δὲ ἡ αἴτησις, ἐπι-
στολῶν ἀμοιβαίων, ἃς εἴη γε καὶ κατὰ διάνοιαν ὁμολο-
γῆσαι ταῖς ἐμαῖς, αἶσιν παρὰ σοῦ ταὐτὰ πρὸς ἡμᾶς
ἐξαγγελλούσας.

æstivus locus videbatur gratissimus, quia fontes habet non
contemnendos et balneum non invenustum, præterea
hortum et arbores· cumque vir iam essem'; eadem loci
illius cupiditate tenebar· Itaque persæpe illuc veni,
neque mihi sine confabulatione fuit congressus· Est etiam
illic agriculturæ meæ monumentum exiguum, parva quæ-
dam vinea, quæ vinum fert suave et odoriferum, ne-
que temporis diuturnitate præstantiæ quicquam assumens
denique Bacchum et Gratias videbis (4) Iam uva, et cum
in vite adhuc pendet et cum in torculario premitur, odo-
rem edit rosarum· mustum vero in doliis iam nectaris
est liquor, si quis Homero fidem habere velit· Quæres
fortasse, quamobrem, cum tales essent vites, non ta-
men multo plura iugera eodem genere consevirem? Quo-
niam, inquam, neque ipse fortasse valde diligens agricola
fui· deinde cum sobrius sit mihi Bacchi calix, magnam-
que partem nymphis indigeat, tantum vini comparavi,
quantum mihi et amicis (quorum exiguus solet esse nu-
merus) satis esse videretur (5) Nunc igitur illud tibi, o
carum caput, dono, exiguum certe, quicquid est, sed
tamen gratum amico ab amico, domum domo, ut ait
sapiens poeta Pindarus· Epistolam hanc raptim ad lu-
cernam conscripsi· Quare si quid peccatum erit, ne se-
vere neque ut rhetor in rhetorem inquiras

XLVI Thracibus

Imperatori ad lucrum spectanti difficilis vestra postu-
latio videretur, neque unquam paucorum gratia publicis
vectigalibus detrimentum afferri pateretur· Verum quia
consilium est nostrum non quam plurima e subditis colli
gere, sed quam plurimum eis prodesse, idcirco vobis debita
condonamus· (2) Neque tamen omnia, sed pars una vobis,
altera militibus cedet· quæ quidem et ipsa maxima ex
parte vestra erit, cum præsertim pacis et securitatis
vestræ causa impendatur· Quare usque ad tertiam in-
dictionem vobis remittimus quæcunque e præterito tem-
pore reliqua sunt· deinceps autem solvetis, sicut con-
suetudo postulat (3) Nam et quæ vobis remisimus, satis
multa sunt, neque nobis rei publicæ rationes sunt negli-
gendæ· Hac de re ad præfectos scripsi, ut beneficium
vobis verbo datum re persolvatur· Valentes vos dii per
omne tempus servent

XLVII Zenoni

Cum omnibus de causis mihi corpus est in mediocri
statu valetudinis, tum vero animus recte se habet· Hoc
proœmio melius nullum esse potest epistolæ ab amico ad
amicum missæ· Quid est igitur in hoc proœmio? peti-
tio, ut opinor· Cuius tandem rei? Epistolarum mutua-
rum· quæ utinam sententiam habeant cum meis con-
gruentem, nobisque de te læta ac prospera omnia renun-
tient.

μη'. Ἀρσακίῳ ἀρχιερεῖ Γαλατίας.

Ὁ ἑλληνισμὸς οὔπω πράττει κατὰ λόγον ἡμῶν
ἕνεκα τῶν μετιόντων αὐτόν· τὰ γὰρ τῶν θεῶν λαμπρὰ
καὶ μεγάλα, κρείττονα πάσης μὲν εὐχῆς πάσης δὲ ἐλ-
πίδος. Ἵλεως δὲ ἔστω τοῖς λόγοις ἡμῶν Ἀδράστεια·
τὴν γὰρ ἐν ὀλίγῳ τοιαύτην καὶ τηλικαύτην μεταβολὴν
οὐδ' ἂν εὔξασθαί τις ὀλίγῳ πρότερον ἐτόλμα. (2) τί
οὖν ἡμεῖς οἰόμεθα ταῦτα ἀρκεῖν, οὐδὲ ἀποβλέπομεν ὡς
μάλιστα τὴν ἀθεότητα συνηύξησεν ἡ περὶ τοὺς ξένους
φιλανθρωπία καὶ ἡ περὶ τὰς ταφὰς τῶν νεκρῶν προ-
μήθεια καὶ ἡ πεπλασμένη σεμνότης κατὰ τὸν βίον;
ὧν ἕκαστον οἶμαι χρῆναι παρ' ἡμῶν ἀληθῶς ἐπιτη-
δεύεσθαι. (3) καὶ οὐκ ἀπόχρη τὸ σὲ μόνον εἶναι τοιοῦ-
τον, ἀλλὰ πάντας ἁπαξαπλῶς ὅσοι περὶ τὴν Γαλα-
τίαν εἰσὶν ἱερεῖς. οὓς ἢ δυσώπησον ἢ πεῖσον εἶναι
σπουδαίους, ἢ τῆς ἱερατικῆς λειτουργίας ἀπόστησον, εἰ
μὴ προσέρχοιντο μετὰ γυναικῶν καὶ παίδων καὶ θερα-
πόντων τοῖς θεοῖς, ἀλλὰ ἀνέχοιντο τῶν οἰκετῶν ἢ υἱέων
ἢ τῶν γαμετῶν ἀσεβούντων μὲν εἰς τοὺς θεούς, ἀθεότητα
δὲ θεοσεβείας προτιμώντων. (4) ἔπειτα παραίνεσον ἱερέα
μήτε θεάτρῳ παραβάλλειν μήτε ἐν καπηλείῳ πίνειν,
ἢ τέχνης τινὸς καὶ ἐργασίας αἰσχρᾶς καὶ ἐπονειδίστου
προΐστασθαι· καὶ τοὺς μὲν πειθομένους τίμα, τοὺς δὲ
ἀπειθοῦντας ἐξώθει. ξενοδοχεῖα καθ' ἑκάστην πόλιν
κατάστησον πυκνά, ἵν' ἀπολαύσωσιν οἱ ξένοι τῆς παρ'
ἡμῶν φιλανθρωπίας, οὐ τῶν ἡμετέρων μόνον, ἀλλὰ
καὶ ἄλλων ὅστις ἂν δεηθῇ χρημάτων. (5) ὅθεν δὲ εὐ-
πορήσεις, ἐπινενόηταί μοι τέως. ἑκάστου γὰρ ἐνιαυτοῦ
τρισμυρίους μοδίους κατὰ πᾶσαν τὴν Γαλατίαν ἐκέ-
λευσα δοθῆναι σίτου καὶ ἑξακισμυρίους οἴνου ξέστας.
ὧν τὸ μὲν πέμπτον εἰς τοὺς πένητας τοὺς τοῖς ἱερεῦσιν
ὑπηρετουμένους ἀναλίσκεσθαί φημι χρῆναι, τὰ δὲ ἄλλα
τοῖς ξένοις καὶ τοῖς μεταιτοῦσιν ἐπινέμεσθαι παρ'
ἡμῶν. (6) αἰσχρὸν γὰρ εἰ τῶν μὲν Ἰουδαίων οὐδεὶς με-
ταιτεῖ, τρέφουσι δὲ οἱ δυσσεβεῖς Γαλιλαῖοι πρὸς τοῖς
ἑαυτῶν καὶ τοὺς ἡμετέρους, οἱ δὲ ἡμέτεροι τῆς παρ'
ἡμῶν ἐπικουρίας ἐνδεεῖς φαίνονται. (7) δίδασκε δὲ καὶ
συνεισφέρειν τοὺς Ἑλληνιστὰς εἰς τὰς τοιαύτας λει-
τουργίας καὶ τὰς Ἑλληνικὰς κώμας ἀπάρχεσθαι τοῖς
θεοῖς τῶν καρπῶν, καὶ τοὺς Ἑλληνικοὺς ταῖς τοιαύ-
ταις εὐποιίαις προσέθιζε, διδάσκων αὐτοὺς ὡς τοῦτο
πάλαι ἦν ἡμέτερον ἔργον. (8) Ὅμηρος γοῦν αὐτὸ πε-
ποίηκεν Εὔμαιον λέγοντα,

ξεῖν', οὔ μοι θέμις ἔστ', οὐδ' εἰ κακίων σέθεν ἔλθοι,
ξεῖνον ἀτιμῆσαι· πρὸς γὰρ Διός εἰσιν ἅπαντες
ξεῖνοί τε πτωχοί τε. δόσις δ' ὀλίγη τε φίλη τε.

(9) μηδὲ τὰ παρ' ἡμῖν ἀγαθὰ παραζηλοῦν ἄλλοις συγ-
χωροῦντες αὐτοὶ τῇ ῥᾳθυμίᾳ καταισχύνωμεν, μᾶλλον
δὲ καταπρούμεθα τὴν εἰς τοὺς θεοὺς εὐλάβειαν. εἰ
ταῦτα πυθοίμην ἐγώ σε πράττοντα, μεστὸς εὐφροσύ-
νης ἔσομαι.

(10) Τοὺς ἡγεμόνας ὀλιγάκις ἐπὶ τῆς οἰκίας ὅρα, τὰ

Quod quidem nondum religio gentilium ex nostra pro-
cedat sententia, impedimento sunt hi qui eam profiten-
tur. Quæ autem a diis nobis donata sunt, ea splendida
magnaque sunt et excellentiora, quam quæ omnino vel
optari vel sperari poterant : sit quidem Nemesis verbis
nostris propitia. Nam in tam exiguo temporis spatio
tantam ac talem rerum mutationem paulo ante ne optare
quidem quisquam audebat. (2) Sed quid est causæ, cur
in hisce, perinde ac si nihil amplius opus esset, conquie-
scamus, ac non potius convertamus oculos ad ea,
quibus impia christianorum religio crevit, id est ad
benignitatem in peregrinos, ad curam ab illis in mortuis
sepeliendis positam, et ad sanctimoniam vitæ, quam si-
mulant? Quorum singula a nobis vere exsequenda esse
censeo. Neque satis est te solum esse talem, sed velim
omnes nostros sacerdotes omnino, qui Galatiam incolunt;
(3) quos vel minis vel persuasione impellas, ut sint honesti :
vel sacerdotali ministerio abdices, si non una cum uxori-
bus, liberis et famulis diis colendis sedulo animos atten-
dant, sed patiantur servos aut filios aut coniuges impie in
deos se gerere et impietatem pietati præponere. (4) Deinde
sacerdotem quemque hortare, ne accedat ad spectacula
neve in taberna bibat, neu artem aliquam aut opificium
turpe infameve exerceat. Et qui tibi in his rebus morem
gerunt, eis honorem tribuito : qui autem resistunt, ex-
pellito. Porro xenodochia multa in singulis civitatibus
exstruito, ut peregrini nostra benignitate fruantur; ne-
que solum hi, qui nostram colunt religionem, sed alii
quoque, si qui pecuniarum indigeant. (5) At ratio, qua
res tibi ad hoc institutum necessariæ abunde suppetant,
a me interim excogitata est. Nam triginta millia modio-
rum tritici in tota Galatia, et sexaginta millia sextari-
rum vini in singulos annos dari iussi : quorum quintam
partem in pauperes, qui sacerdotibus inserviunt, insu-
mendam esse mando; quod reliquum est, peregrinis et
mendicantibus sublevandis distribuendum. (6) Nam turpe
profecto est, cum nemo ex Iudæis mendicet; et impii
Galilæi non suos modo, sed nostros quoque alant; sit
nostri auxilio, quod a nobis ferri ipsis debeat, destituti
videantur. (7) Quare doceto gentiles in eiusmodi ministeria
pecuniam conferre et pagos gentilium ex fructibus diis
offerre primitias, atque deorum cultores eiusmodi be-
neficentiæ officiis assuefacito, planumque illis facito hoc
nostrum olim munus fuisse. (8) Nam Homerus Eumæum
sic loquentem facit :

hospes si nostris succederet advena tectis·
vilior, acciperem placide. Sunt Jves egensque·
a Iove : parvum hoc est (fateor), sed munus amicum.

(9) Neque autem permittamus alios nostrorum imitatione
bonorum nobis laudem præripere, ut ipsi propter socor-
diam turpitudine et infamia afficiamur; immo potius,
ne pietatem erga deos penitus prodere videamur. Quod-
si te ista sedulo obire accepero, maxima sane lætitia
gestiam.

(10) Præsides sed scribas domi raro invisas, ad eos lit-

πλεῖστα δὲ αὐτοῖς ἐπίστελλε. εἰσιοῦσι δὲ εἰς τὴν πόλιν ὑπαντάτω μηδεὶς αὐτοῖς ἱερέων, ἀλλ' ὅταν εἰς τὰ ἱερὰ φοιτῶσι τῶν θεῶν, εἴσω τῶν προθύρων. (11) ἡγείσθω δὲ μηδεὶς αὐτῶν εἴσω στρατιώτης, ἑπέσθω δὲ ὁ βουλόμενος· ἅμα γὰρ εἰς τὸν οὐδὸν ἦλθε τοῦ τεμένους καὶ γέγονεν ἰδιώτης. ἄρχεις γὰρ αὐτός, ὡς οἶσθα, τῶν ἔνδον, ἐπεὶ καὶ ὁ θεῖος ταῦτα ἀπαιτεῖ θεσμός. καὶ οἱ μὲν πειθόμενοι κατὰ ἀλήθειάν εἰσι θεοσεβεῖς, οἱ δὲ ἀντεχόμενοι τοῦ τύφου δοξοκόποι εἰσὶ καὶ κενόδοξοι.

(12) Τῇ Πεσσινοῦντι βοηθεῖν ἕτοιμός εἰμι, εἰ τὴν μητέρα τῶν θεῶν ἵλεων καταστήσουσιν ἑαυτοῖς· ἀμελοῦντες δὲ αὐτῆς οὐκ ἄμεμπτοι μόνον, ἀλλὰ πικρὸν εἰπεῖν μὴ καὶ τῆς παρ' ἡμῶν ἀπολαύσωσι δυσμενείας.

> οὐ γάρ μοι θέμις ἐστὶ κομιζέμεν οὐδ' ἐλεαίρειν
> ἄνερας, οἵ κε θεοῖσιν ἀπεχθωντ' ἀθανάτοισιν

πεῖθε τοίνυν αὐτούς, εἰ τῆς παρ' ἐμοῦ κηδεμονίας ἀντέχονται, πανδημεὶ τῆς μητρὸς τῶν θεῶν ἱκέτας γενέσθαι.

μθ'. Ἰουλιανὸς Ἐκδικίῳ ἐπάρχῳ Αἰγύπτου

Ἡ μὲν παροιμία φησίν « ἐμοὶ σὺ διηγεῖ τοὐμὸν ὄναρ », ἐγὼ δ' ἔοικά σοι τὸ σὸν ὕπαρ ἀφηγεῖσθαι πολύς, φασί, ὁ Νεῖλος ἀρθεὶς μετέωρος τοῖς πήχεσιν ἐπλήρωσε πᾶσαν τὴν Αἴγυπτον· εἰ δὲ καὶ τὸν ἀριθμὸν ἀκοῦσαι ποθεῖς, εἰς τὴν εἰκάδα τοῦ Σεπτεμβρίου τρὶς πέντε. μηνύει δὲ ταῦτα Θεόφιλος ὁ στρατοπεδάρχης εἰ τοίνυν ἠγνόησας αὐτό, παρ' ἡμῶν ἀκούων εὐφραίνου.

Ἰουλιανὸς Ἀλεξανδρεῦσιν

Εἰ μέν τις τῶν ἄλλων ἦν ὑμῶν οἰκιστής, οἳ τὸν ἑαυτῶν παραβάντες νόμον ἀπέτισαν ὁποίας ἦν εἰκὸς δίκας, ἑλόμενοι μὲν ζῆν παρανόμως, εἰσαγαγόντες δὲ κήρυγμα καὶ διδασκαλίαν νεκράν, λόγον εἶχεν οὐδ' ὡς Ἀθανάσιον ὑφ' ὑμῶν ἐπιζητεῖσθαι· νυνὶ δὲ κτίστου μὲν ὄντος Ἀλεξάνδρου τῆς πόλεως, ὑπάρχοντος δὲ ὑμῖν πολιούχου θεοῦ τοῦ βασιλέως Σαράπιδος ἅμα τῇ παρέδρῳ κόρῃ καὶ τῇ βασιλίδι τῆς Αἰγύπτου πάσης Ἴσιδι ** τὴν ὑγιαίνουσαν οὐ ζηλοῦντες πόλιν ἀλλὰ τὸ νοσοῦν μέρος ἐπιφημίζειν ἑαυτῷ τολμᾷ τὸ τῆς πόλεως ὄνομα.

(2) Λίαν αἰσχύνομαι νὴ τοὺς θεούς, ἄνδρες Ἀλεξανδρεῖς, εἴ τις ὅλως Ἀλεξανδρέων ὁμολογεῖ Γαλιλαῖος εἶναι. τῶν ὡς ἀληθῶς Ἑβραίων οἱ πατέρες Αἰγυπτίοις ἐδούλευον πάλαι, νυνὶ δὲ ὑμεῖς, ἄνδρες Ἀλεξανδρεῖς, Αἰγυπτίων κρατήσαντες (ἐκράτησε γὰρ ὁ κτίστης ὑμῶν τῆς Αἰγύπτου) τοῖς κατωλιγωρηκόσι τῶν πατρίων δογμάτων δουλείαν ἐθελούσιον ἄντικρυς τῶν παλαιῶν θεσμῶν ὑφίστασθε. καὶ οὐκ εἰσέρχεται μνήμη τῆς παλαιᾶς ὑμᾶς ἐκείνης εὐδαιμονίας, ἡνίκα ἦν κοινωνία μὲν πρὸς θεοὺς Αἰγύπτῳ τῇ πάσῃ, πολλῶν δὲ ἀπελαύομεν ἀγαθῶν. (3) ἀλλ' οἱ νῦν εἰσαγαγόν-

teras sæpissime Ingredientibus illis in urbem nemo sacerdos oliviam prodeat, nisi quando ad templa deorum accedunt, solum intra vestibula (11) Eos initiantes nullus miles præcedat, sequatur autem qui vult Nam simul ut ingreditur limen delubri, privati personam induit, siquidem ipse, ut nosti, his qui intus sunt præes, propterea quod divina lex istud postulat Et qui tibi parent, sunt revera pii qui autem præ arrogantia resistunt, ostentatores sunt et inanis gloriæ appetentes

(12) Pessinunti opem ferre paratus sum, dummodo matrem deorum sibi propitiam reddant At si eam contemnant, non modo querendi prætextu carent, verum etiam, quod dictu acerbius est, in gravissimam apud nos offensionem incurrent

> Nam scelus infandum est dextram præstare benignam
> illis qui superis indicunt bella beatis

Persuade igitur illis, ut, si a me curam de se suscipi cupiant, omnes una se deorum matri supplices præbeant

XLIX Iulianus Ecdicio præfecto Ægypti

Meum tu mihi somnium narras ait proverbium At ego verum tibi visum tuum narraturus videor Nilus, ut ferunt, multis in altum cubitis elatus in universam exundavit Ægyptum Ac si cubitorum quoque numerum audire vis, A D XII Cal Oct quindecim deprehensi sunt Significavit hoc Theophilus castrorum præfectus Quam ob rem si id nescisti hactenus, a nobis audiens gaudeto

L. Iulianus Alexandrinis

Si alius quispiam vestræ conditor urbis esset et iis, qui suas ipsi leges transgressi meritas pœnas eo ipso persolverunt, quod et nefariam vitam sponte sua delegerunt et novum dogmatis doctrinæque genus invexerunt, ne tum quidem desiderari a vobis æquum esset Athanasium Nunc vero, cum et urbis vestræ conditorem habeatis Alexandrum, et tutelaris vobis præsesque sit deus ille rex Sarapis, una cum assestrice puella et Ægypti regina totius Iside, ** minime sanam civitatem imitantes Verum male affecta pars audet civitatis nomen assumere

(2) Equidem pudore per deos haud mediocri teneor, Alexandrini, quod ullus apud vos Galilæum se esse fateri audeat Hebræorum quondam verorum parentes Ægyptiis serviebant At vos, Alexandrini modo, qui Ægyptum subegistis (hanc enim conditor vester sibi subiecit), patriorum dogmatum contemptoribus servire sponte contra antiqua iura sustinetis, neque priscæ illius felicitatis recordamini, quæ tum suppetebat, cum et communionem cum diis Ægyptus habebat omnis, et in multa honorum abundantia virebamus (3) At illi, qui novam hanc vobis

τες ὑμῖν τὸ καινὸν τοῦτο κήρυγμα τίνος αἴτιοι γεγόνα-
σιν ἀγαθοῦ τῇ πόλει φράσατε. οἰκιστὴς ὑμῖν ἦν
ἀνὴρ θεοσεβὴς Ἀλέξανδρος ὁ Μακεδών, οὔτι μὰ Δία
κατά τινα τούτων ὧν οὐδὲ κατὰ πάντας Ἑβραίους μα-
κρῷ γεγονότας αὐτῶν κρείττονας. (4) ἐκείνων μὲν οὖν
καὶ ὁ τοῦ Λάγου Πτολεμαῖος ἦν ἀμείνων, Ἀλέξανδρος
δὲ κᾶν Ῥωμαίοις ἐπὶ ἄμιλλαν ἰὼν ἀγῶνα παρεῖχεν.
τί οὖν μετὰ τὸν κτίστην οἱ Πτολεμαῖοι, τὴν πόλιν
ὑμῶν ὥσπερ γνησίαν θυγατέρα παιδοτροφήσαντες;
οὔτι ποῖς Ἰησοῦ λόγοις ηὔξησαν αὐτήν, οὐδὲ τῇ τῶν
ἐχθίστων Γαλιλαίων διδασκαλίᾳ τὴν οἰκονομίαν αὐτῇ
ταύτην, ὑφ' ἧς νῦν ἐστιν εὐδαίμων, ἐξειργάσαντο.
(5) τρίτον, ἐπειδὴ Ῥωμαῖοι κύριοι γεγόναμεν αὐτῆς
ἀφελόμενοι τοὺς Πτολεμαίους οὐ καλῶς ἄρχοντας, ὁ
Σεβαστὸς ἐπιδημήσας ὑμῶν τῇ πόλει καὶ πρὸς τοὺς
ὑμετέρους πολίτας διαλεχθείς « ἄνδρες » εἶπεν « Ἀλε-
ξανδρεῖς, ἀφίημι τὴν πόλιν αἰτίας πάσης, αἰδοῖ τοῦ
μεγάλου θεοῦ Σαράπιδος, αὐτοῦ τε ἕνεκα τοῦ δήμου
καὶ τοῦ μεγέθους τῆς πόλεως· αἰτία δέ μοι τρίτη τῆς
εἰς ὑμᾶς εὐνοίας ἐστὶ καὶ ὁ ἑταῖρος Ἄρειος. » ἦν δὲ ὁ
Ἄρειος οὗτος πολίτης μὲν ὑμέτερος, Καίσαρος δὲ τοῦ
Σεβαστοῦ συμβιωτής, ἀνὴρ φιλόσοφος.

(6) Τὰ μὲν οὖν ἰδίᾳ περὶ τὴν πόλιν ὑμῶν ὑπάρξαντα
παρὰ τῶν Ὀλυμπίων θεῶν, ὡς ἐν βραχεῖ φράσαι,
τοιαῦτα, σιωπῶ δὲ διὰ τὸ μῆκος τὰ πολλά· τὰ δὲ κοινῇ
καθ' ἡμέραν οὐκ ἀνθρώποις ὀλίγοις οὐδὲ ἑνὶ γένει οὐδὲ
μιᾷ πόλει, παντὶ δὲ ὁμοῦ τῷ κόσμῳ παρὰ τῶν ἐπιφα-
νῶν θεῶν διδόμενα πῶς ὑμεῖς οὐκ ἴστε; (7) μόνοι τῆς ἐξ
Ἡλίου κατιούσης αὐγῆς ἀναισθήτως ἔχετε; μόνοι θέρος
οὐκ ἴστε καὶ χειμῶνα παρ' αὐτοῦ γινόμενον; μόνοι
ζωογονούμενα καὶ φυόμενα παρ' αὐτοῦ τὰ πάντα; τὴν
δὲ ἐξ αὐτοῦ καὶ παρ' αὐτοῦ δημιουργὸν τῶν ὅλων Σε-
λήνην οὖσαν οὐκ αἰσθάνεσθε πόσων ἀγαθῶν αἰτία τῇ
πόλει γίνεται; (8) καὶ τούτων μὲν τῶν θεῶν οὐδένα προσ-
κυνεῖν τολμᾶτε· ὃν δὲ οὔτε ὑμεῖς οὔτε οἱ πατέρες ὑμῶν
ἑοράκασιν Ἰησοῦν οἴεσθε χρῆναι θεὸν λόγον ὑπάρχειν.
ὃν δὲ ἐξ αἰῶνος ἅπαν ὁρᾷ τὸ τῶν ἀνθρώπων γένος καὶ
βλέπει καὶ σέβεται καὶ σεβόμενον εὖ πράττει, τὸν μέγαν
Ἥλιον λέγω, τὸ ζῶν ἄγαλμα καὶ ἔμψυχον καὶ ἔννουν
καὶ ἀγαθοεργὸν τοῦ νοητοῦ παντός, εἴ τί μοι πείθεσθε
παραινοῦντι, καὶ μικρὰ ὑμᾶς αὐτοὺς ἐπαναγάγετε
πρὸς τὴν ἀλήθειαν. οὐχ ἁμαρτήσεσθε τῆς ὀρθῆς ὁδοῦ
πειθόμενοι τῷ πορευθέντι κἀκείνην τὴν ὁδὸν ἄχρις
ἐτῶν εἴκοσι καὶ ταύτην ἰδοὺ σὺν θεοῖς πορευομένῳ
δωδέκατον ἔτος.

(9) Εἰ μὲν οὖν φίλον ὑμῖν πείθεσθαι, μειζόνως εὐ-
φρανεῖτε· τῇ δεισιδαιμονίᾳ δὲ καὶ κατηχήσει τῶν πα-
νούργων ἀνθρώπων ἐμμένειν εἴπερ ἐθέλοιτε, τὰ πρὸς
ἀλλήλους ὁμονοεῖτε καὶ τὸν Ἀθανάσιον μὴ ποθεῖτε.
πολλοὶ πάντως εἰσὶ τῶν αὐτοῦ μαθητῶν δυνάμενοι
τὰς ἀκοὰς ὑμῶν κνησιώσας καὶ δεομένας ἀσεβῶν ῥη-
μάτων ἱκανῶς παραμυθήσασθαι. ὤφελε γὰρ Ἀθανασίῳ
μόνῳ ἡ τοῦ δυσσεβοῦς αὐτοῦ διδασκαλείου κατακε-
κλεῖσθαι μοχθηρία. (10) νῦν δέ ἐστι πλῆθος ὑμῖν οὐκ

religionem invehunt, cuius tandem auctores boni civitati
fuerint vestræ, dicite. Conditor vobis obtigit pius erga deos
vir Alexander Macedo, non istorum utique similis, neque
Hebræorum omnium, qui longe illis antecelluerunt. (4)
Iisdem porro Lagi quoque filius Ptolemæus præstitit. Nam
Alexander Romanos ipsos, si cum iis certasset, in discrimen
adduxisset. Quid deinde post conditorem vestrum Ptole-
mæi, vestram civitatem velut germanam filiam a primis
annis educantes? non Iesu sermonibus eam ad incrementum
evexerunt, neque invisorum Galilæorum doctrina tantam
hanc, quæ beatam nunc illam facit, administrationem
rerum copiamque pepererunt. (5) Tertio, postquam nos
Romani compotes illius urbis fuimus, quam Ptolemæis
haud recte imperantibus eripuimus, Augustus ad eam
veniens et ad vestros cives verba faciens o cives, inquit,
Alexandrini, urbi vestræ culpam omnem remitto cum
ob magni dei Sarapidis reverentiam tum propter
populum ipsum ac civilatis amplitudinem. Accedit
meæ erga vos benevolentiæ tertia mihi causa, amicus
meus Arius. Erat autem Arius iste civis vester et Au-
gusti Cæsaris contubernalis, professione philosophus.

(6) Quæ privatim igitur in civitatem vestram cœlestium
deorum beneficio commoda redundarunt, eiusmodi fere,
ut paucis eloquar, fuerunt. Nam id genus pleraque, ne
sim longior, omitto. Quæ autem communiter quotidie,
non in paucos homines, nec in unum aliquod genus
unamque civitatem, sed in mundum universum ab illus-
tribus diis bona proficiscuntur, qui tandem non agnosci-
tis? (7) An soli splendoris illius a sole manantis sensum
nullum habetis? soli æstatem et hiemem ab illo fieri
nescitis? soli vegetari ab eo producique penitus universa?
Iam illam ab eodem ac per eundem molitricem omnium
Lunam non videtis quantas commoditates afferat civitati?
(8) Atqui nullum istorum adetis adorare numinum. Iesum
vero, quem neque vos neque patres vestri videre, Iæsum
deum esse verbum creditis oportere. Quem autem ex
æterno genus omne videt atque intuetur hominum et ve-
neratur ac venerando feliciter degit, magnum dico Solem
illum, vivum et anima mentque prædium ac beneficum
simulacrum intelligibilis universi, si quid hortani mihi
creditis et vos paululum ipsos ad veritatem reflectitis. Non
enim a recto tramite aberrabitis, si ei fidem habeatis,
qui ad annum usque vicesimum ætatis illa via progressus
est, et hanc alteram modo duodecimum iam insistit
annum.

(9) Vos igitur, si monenti mihi obtemperare vultis, maio-
rem lætitiam afferetis. Sin est, ut in illa superstitione
et callidorum hominum institutione perseverare malitis,
at mutuam inter vos concordiam retinete, neque Atha-
nasium desiderate. Sunt enim iæ eius discipulis utique
complures, qui prurientibus ac sermonibus impiis expleri
cupientibus auribus vestris abunde satisfaciant. Utinam
enim Athanasio solo sacrilegæ ipsius scholæ circum-
scripta esset improbitas! (10) Sed est in vobis eiusmodi

ἀγεννές, καὶ πρᾶγμά τε οὐδέν. ὃν γὰρ ἂν ἔλησθε τοῦ
πλήθους, ὅσα γε εἰς τὴν τῶν γραφῶν, διδασκαλίαν ἥκει,
/είρων οὐδὲν ἔσται τοῦ παρ' ὑμῶν ποθουμένου. εἰ δὲ
τῆς ἄλλης ἐντρεχείας ἐρῶντες Ἀθανασίου (πανοῦργον
γὰρ εἶναι τὸν ἄνδρα πυνθάνομαι) ταύτας ἐποιήσασθε
τὰς δεήσεις, ἴστε διὰ τοῦτο αὐτὸν ἀπεληλαμένον τῆς
πόλεως· ἀνεπιτήδειον γὰρ φύσει προστατεύων δήμου
πολυπράγμων ἀνήρ. (11) εἰ δὲ μηδὲ ἀνήρ, ἀλλ' ἀνθρω-
πίσκος εὐτελής, καθάπερ οὗτος ὁ μέγας οἰόμενος περὶ
τῆς κεφαλῆς κινδυνεύειν, τοῦτο δὲ δίδωσιν ἀταξίας ἀρ-
χήν ** ὅθεν ἵνα μὴ γένηται τοιοῦτο πρὸς ὑμᾶς μηθέν,
ἀπελθεῖν αὐτῷ προηγορεύσαμεν τῆς πόλεως πάλαι,
νυνὶ δὲ καὶ Αἰγύπτου πάσης.

Προτεθήτω τοῖς ἡμετέροις πολίταις Ἀλεξανδρεῦσιν

να' Ἰουλιανὸς Βοστρηνο῀ς

Ὤμην ἐγὼ τοὺς τῶν Γαλιλαίων προστάτας ἕξειν
μοι μείζονα χάριν ἢ τῷ φθάσαντι πρὸ ἐμοῦ τὴν ἀρχὴν
ἐπιτροπεῦσαι. συνέβη γὰρ ἐπὶ μὲν ἐκείνου τοὺς πολ-
λοὺς αὐτῶν καὶ φυγαδευθῆναι καὶ διω/χθῆναι καὶ δε-
σμευθῆναι, πολλὰ δὲ ἤδη καὶ σφαγῆναι πλήθη τῶν
λεγομένων αἱρετικῶν, ὥστε ἐν Σαμοσάτοις καὶ Κυζίκῳ
/αὶ Παφλαγονία καὶ Βιθυνία καὶ Γαλατία καὶ πολλοῖς
ἄλλοις ἔθνεσιν ἄρδην ἀνατραπῆναι πορθηθείσας κώμας
(2) ἐπ' ἐμοῦ δὲ τοὐναντίον. οἵ τε γὰρ ἐξορισθέντες ἀφεί-
θησαν, καὶ οἱ δημευθέντες ἀπολαμβάνειν τὰ σφέτερα
πάντα νόμῳ παρ' ἡμῶν ἔλαβον οἱ δ' εἰς τοσοῦτον
λυσσομανίας ἥκουσι καὶ ἀπονοίας, ὥστε, ὅτι μὴ τυ-
ραννεῖν ἔξεστιν αὐτοῖς· μηδὲ ἃ ποτε ἔπραττον κα-' ἀλ-
λήλων ἔπειτα καὶ ἡμᾶς τοὺς θεοσεβεῖς εἰργάζοντο
δ ατιθέναι, παροξυνόμενοι πάντα κινοῦσι λίθον καὶ
συνταράττει τολμῶσι τὰ πλήθη καὶ στασιάζειν, (3)
ἀσεβοῦντες μὲν εἰς τοὺς θεούς, ἀπειθοῦντες δὲ τοῖς ἡμε-
τέροις προστάγμασι, καίπερ οὕτως οὖσι φιλανθρώποις.
οὐδένα γοῦν αὐτῶν ἄκοντα πρὸς βωμοὺς ἐῶμεν ἕλκε-
σθαι, διαρρήδην δὲ αὐτοῖς προαγορεύομεν, εἴ τις ἑκὼν
χερνίβων καὶ σπονδῶν ἡμῖν ἐθέλει κοινωνεῖν, καθάρσια
προσφέρεσθαι πρῶτον καὶ τοὺς ἀποτροπαίους ἱκετεύειν
θεούς. (4) οὕτω πόρρω τυγχάνομεν τοῦ τινα τῶν δυσ-
σεβῶν ἐθελῆσαί πο-α ἢ διανοηθῆναι τῶν γαρ' ἡμῖν
εὐαγῶν μετασχεῖν θυσιῶν, πρὶν τὴν μὲν ψυχὴν ταῖς
λιτανείαις πρὸς τοὺς θεούς, τὸ δὲ σῶμα τοῖς νομίμοις
καθαρσίοις καθάρασθαι.

(5) Τὰ γοῦν πλήθη τὰ παρὰ τῶν λεγομένων κληρικῶ,
ἐξηπατημένα πρόδηλον ὅτι ταύτης ἀφαιρεθείσης στα-
σιάζει τῆς ἀδείας. οἱ γὰρ εἰς τοῦτο τετυραννηκότες
οὐκ ἀγαπῶσιν ὅτι μὴ τίνουσι δίκην, ὑπὲρ ὧν ἔπραξαν
κακῶν, ποθοῦντες δὲ τὴν προτέραν δυναστείαν, ὅτι μὴ
δικάζειν ἔξεστιν αὐτοῖς καὶ γράφειν διαθήκας καὶ ἀλ-
λοτρίους σφετερίζεσθαι κλήρους, πάντα κινοῦσιν ἀκο-
σμίας κάλων καὶ τὸ λεγόμενον πῦρ ἐπὶ πῦρ ὀχετεύουσι
καὶ τοῖς προτέρο ς κακοῖς μείζονα ἐπιθεῖναι τολμῶσιν,
εἰς δ.άστασιν ἄγοντες τὰ πλήθη (6) ἔδοξεν οὖν μοι πᾶσι
τοῖς δήμοις προαγορεῦσαι διὰ τῦδε τοῦ διατάγματος

---

non ignobilis multitudo, ac ne id quidem est difficile factu
Nam quicunque tandem e populo delectus erit a vobis,
quod ad scripturarum enarrationem pertinet, nihilo erit
eo qui optatur a vobis deterior Sin, quod reliqua vos
Athanasii solertia delectat (veteratorem enim esse hom-
nem illum audio), idcirco mihi pro eo supplicastis,
scitote hac ipsa de causa urbe illum ejectum fuisse Ete-
nim parum commoda per sese res est, vir populo præsi-
dens ac multiplicium rerum novandarum cupidus (11)
Quod si ne ille quidem vir est, sed contentus homuncio,
qualis iste magnus, qui de capite periclitari existimat,
hoc vero publicæ perturbationis initium est Quan obrem,
ne quid simile apud vos contingat, cedere illum pridem
civitate iussimus, nunc vero Ægypto etiam universa

Proponatur civibus nostris Alexandrinis

LI Iulianus Bostrems.

Equidem Galilæorum præsules maiorem mihi gratiam,
quam ei, qui ante me imperio præfuit, habituros puta-
bam Nam imperante illo plerique ex iis relegati ac in
ius rapti vinetique sunt, tum eorum quos hæreticos vo-
cant turbæ quamplurimæ iugulatæ sunt, adeo ut Samo
satis et in Cyzico, Paphlagonia, Bithynia et Galatia aliis-
que gentibus integri pagi vastati sint ac funditus eversi
(2) Me vero rerum potiente contra accidit Nam et relegatis
permissus est reditus, et quorum bona publicata fue
rant, edicto nostro omnia sua recuperarunt At illi eo furo-
ris ac vecordiæ venerunt, ut, quia tyrannice grassari iis
amplius non licet, nec ea, quæ in se primum invicem,
tum in nos quoque pios numinum cultores moliebantur,
perpetrare possunt, iracundia perciti nullum non lapi-
dem movent, neque miscere tumulto populos et ad sedi
tionem incitare vereantur (3) In quo et adversus deos
impii sunt et adversus edicta nostra, quamlibet humani
tatis plena, contumaces Sane neminem istorum trahi
ad aras nostras invitum patimur Quin iis aperte denun-
tiamus, si quis sponte lustrationum libationumque par-
ticeps esse nobiscum velit, adhibere piacula primum
oportere et averruncos exorare deos (4) Tantum
ab eo absumus, ut sacrilegorum quempiam velimus
unquam aut vel levissime cogitemus in sacrorum illo-
rum quæ penes nos sunt religiosissima communionem
recipere, priusquam et animam supplicationibus ad deos
et corpus legitimis purgationibus expiatum habeat

(5) Vulgus igitur ab iis, qui clerici vocantur, in erro-
rem inductum illa ipsa quam dixi impunitate ac licentia
ei detracta perspicue tumultus excitat Nam qui ad id
usque tempus tyrannidem gesserunt, non hoc ipso con-
tenti sunt, quod præteritorum criminum pœnas nullas
luant, sed prioris dominationis cupidi, quoniam neque
ius dicere amplius illis permittitur, neque testamenta
scribere aut alienas hæreditates intervertere et ad se e
omnia transferre omnes, ut ita dicam, petulantiæ ruden-
tes explicant et, quod est in proverbio, ignem in ignem
derivare ac priora mala maioribus cumulare non dubi
tant, dum civitatum populos seditionibus invicem com-
mittunt (6) Quocirca populis omnibus præsenti edicto de-
nun are a. notum facere vol imu   ne cum clericis un

2 i

καὶ φανερὸν καταστῆσαι, μὴ συστασιάζειν τοῖς κληρι-
κοῖς μηδὲ ἀναπείθεσθαι παρ' αὐτῶν λίθους αἴρειν, μηδὲ
ἀπιστεῖν τοῖς ἄρχουσιν, ἀλλὰ συνιέναι μὲν ἕως ἂν
ἐθέλωσιν, εὔχεσθαι δὲ ἃς νομίζουσιν εὐχὰς ὑπὲρ ἑαυτῶν,
εἰ δὲ ἀναπείθοιεν ὑπὲρ ἑαυτῶν στασιάζειν, μηχέτι συν-
ᾴδειν, ἵνα μὴ δίκην δῶσι.

(7) Ταῦτα δέ μοι παρέστη τῇ Βοστρηνῶν ἰδίᾳ προα-
γορεῦσαι. πόλει διὰ τὸ τὸν ἐπίσκοπον Τίτον καὶ τοὺς
κληρικοὺς ἐξ ὧν ἐπέδοσαν βιβλίων τοῦ μετὰ σφῶν
πλήθους κατηγορηκέναι, τῶν μὲν παραινούντων τῷ
πλήθει μὴ στασιάζειν, ὁρμωμένου δὲ τοῦ πλήθους
πρὸς ἀταξίαν. ἐν γοῦν τοῖς βιβλίοις καὶ αὐτὴν ἣν ἐτόλ-
μησεν ἐγγράψαι τὴν φωνὴν ὑπέταξά μου τῷδε τῷ δια-
τάγματι. (8) καὶ τοι Χριστιανῶν ὄντων ἐφα-
μίλλων τῷ πλήθει τῶν Ἑλλήνων, κατεχο-
μένων δὲ τῇ ἡμετέρᾳ παραινέσει, μηδένα
μηδαμοῦ ἀτακτεῖν. ταῦτα γάρ ἐστιν ὑπὲρ ὑμῶν
τοῦ ἐπισκόπου τὰ ῥήματα. (9) ὁρᾶτε ὅπως τὴν ὑμετέραν
εὐταξίαν οὐκ ἀπὸ τῆς ὑμετέρας εἶναί φησι γνώμης,
οἵ γε ἄκοντες, ὥς γε εἶπε, κατέχεσθε διὰ τὰς αὐτοῦ
παραινέσεις. ὡς οὖν κατήγορον ὑμῶν ἑκόντες τῆς
πόλεως διώξατε, τὰ πλήθη δὲ ὁμονοεῖτε πρὸς ἀλλή-
λους, καὶ μηδεὶς ἐναντιούσθω μηδὲ ἀδικείτω. μήθ'
οἱ πεπλανημένοι τοῖς ὀρθῶς καὶ δικαίως τοὺς θεοὺς
θεραπεύουσι κατὰ τὰ ἐξ αἰῶνος ἡμῖν παραδεδομένα,
μήθ' οἱ θεραπευταὶ τῶν θεῶν λυμαίνεσθε ταῖς οἰκίαις
ἢ διαρπάζετε τῶν ἀγνοίᾳ μᾶλλον ἢ γνώμῃ πεπλανη-
μένων. (10) λόγῳ δὲ πείθεσθαι χρὴ καὶ διδάσκεσθαι τοὺς
ἀνθρώπους, οὐ πληγαῖς, οὐδὲ ὕβρεσιν οὐδὲ αἰκισμῷ
τοῦ σώματος. αὖθις δὲ καὶ πολλάκις παραινῶ τοῖς
ἐπὶ τὴν ἀληθῆ θεοσέβειαν ὁρμωμένοις μηδὲν ἀδικεῖν
τῶν Γαλιλαίων τὰ πλήθη, μηδὲ ἐπιτίθεσθαι μηδὲ
ὑβρίζειν εἰς αὐτούς. (11) ἐλεεῖν δὲ χρὴ μᾶλλον ἢ μισεῖν
τοὺς ἐπὶ τοῖς μεγίστοις πράττοντας κακῶς· μέγιστον
γὰρ τῶν καλῶν ὡς ἀληθῶς ἡ θεοσέβεια, καὶ τοὐναν-
τίον τῶν κακῶν ἡ δυσσέβεια. συμβαίνει δὲ τοὺς ἀπὸ
θεῶν ἐπὶ τοὺς νεκροὺς καὶ τὰ λείψανα μεταστραμμέ-
νους ταύτην ἀποτῖσαι τὴν ζημίαν. ὡς τοῖς μὲν ἐνε-
χομένοις τινὶ συναλγοῦμεν, τοῖς δὲ ἀπολυομένοις καὶ
ἀφιεμένοις ὑπὸ τῶν θεῶν συνηδόμεθα.

Ἐδόθη τῇ τῶν Καλανδῶν Αὐγούστου ἐν Ἀντιοχείᾳ.

νβ'. Ἰαμβλίχῳ φιλοσόφῳ.

Ὦ Ζεῦ, πῶς ἔχει καλῶς ἡμᾶς μὲν ἐν Θρᾴκῃ διά-
γειν μέσῃ καὶ τοῖς ἐνταῦθα σιροῖς ἐγχειμάζειν, παρ'
Ἰαμβλίχου δὲ τοῦ καλοῦ καθάπερ ἑῴου τινὸς ἔαρος ἡμῖν
τὰς ἐπιστολὰς ἀντὶ χελιδόνων πέμπεσθαι, καὶ μήτε
ἡμῖν εἶναι μηδέπω παρ' αὐτὸν ἐλθεῖν μήτ' αὐτῷ παρ'
ἡμᾶς ἥκειν ἐξεῖναι. τίς ἂν ἑκὼν εἶναι ταῦτα δέξαιτο,
ἐὰν μὴ Θρᾷξ τις ᾖ καὶ Τηρέως ἀντάξιος;

Ζεῦ ἄνα, ἀλλὰ σὺ ῥῦσαι ἀπὸ Θρῄκηθεν Ἀχαιοὺς·
ποίησον δ' αἴθρην, δὸς δ' ὀφθαλμοῖσιν ἰδέσθαι

ποτὲ τὸν ἡμέτερον Ἑρμῆν καὶ τά τε ἀνάκτορα αὐτοῦ

---

seditiones faciant, neque ab ipsis induci se sinant, ut vel
lapides tollant vel magistratibus non obtemperent, sed ut
conventus quidem eorum frequentent, quoad illis videbi-
tur, et quas habent constitutas pro se preces obeant; sin
iidem suapte causa ad seditiones illos vocent, minime iis
assentiantur, ne pœnis subiaceant.

(7) Hæc porro Bostrenorum civitati privatim denuntiare
volui, quod episcopus Titus et Clerici in libellis, quos
obtulerunt, in populum, qui apud se est, crimen omne
contulerunt, tanquam se frustra cives a seditione revo-
cantibus ii nihilominus ad turbas ac tumultus decurrerint.
Sane verba ipsa, quæ in oblatis libellis inserere ausus
est, præsenti edicto subieci : (8) *cum tamen Christiani
gentilibus haud inferiores numero essent, sed hortatu
nostro continerentur, ne quis uspiam tumultuari vel-
let.* Hæc enim de vobis verba sunt episcopi. (9) Videte
quemadmodum modestiam vestram non ex animi vestri
proposito venisse dicat, utpote qui inviti, ut ait ipse,
cohortatione sua repressi a seditione temperetis. Quam-
obrem vos illum tanquam accusatorem vestrum e civi-
tate sponte pellite, cives autem concordiam mutuo reti-
nete, ita ut nemo adversetur aut iniuriam faciat alteri :
neque vos qui in errore estis, aliis, qui deos recte iuste-
que venerantur iis ritibus, qui nobis ab omni æternitate
traditi sunt ; neque deorum cultores illorum ædibus, qui
ignorantia magis quam animi consilio in errore versantur,
vim inferte aut eas diripite. (10) Quippe oratione persuaderi
docerique satius est homines quam verberibus ac contu-
meliis corporumque suppliciis. Ergo iterum ac sæpius
eos admoneo, qui in veram religionem voluntate sua fe-
runtur, ne qua iniuria Galilæos afficiant, neve in eos im-
petum faciant, aut contumeliis vexent.(11) Etenim miseri-
cordia potius illi quam odio digni sunt, qui maximis in re-
bus calamitatem patiuntur. Est autem ut bonorum
omnium revera maximum pietas ac religio, sic contra
maximum malorum impietas. Cuiusmodi sibi damnum
inferunt qui a diis immortalibus ad mortuos et eorum
reliquias sese transferunt. Ac qui in malo aliquo ver-
santur, eorum vicem dolemus : de iis vero, qui liberati
et a diis exempti sunt, plurimum gratulamur.

Datum Calendis Augusti Antiochiæ.

LII. Iamblicho philosopho.

O Iupiter, qui tandem bellum illud est, nos in Thracia
media vivere et in eius cryptis hiemare, dum a præclaro
interim Iamblicho tanquam orientali quodam vere hirun-
dinum ad nos loco litteræ mittuntur, adeo ut neque ad
illum nobis hucusque venire nec ad nos illi proficisci li-
citum fuerit? Quis hæc nisi Thrax et Tereo dignus æquo
tandem animo patiatur?

Iupiter rex, age libera e Thracia Achivos,
induc vero serenitatem, da oculis intueri

aliquando Mercurium nostrum, atque et illius adyta sa-

προσειπεῖν καὶ τοῖς ἔδεσιν ἐμφῦναι, καθάπερ τὸν Ὀδυσσέα φασίν, ὅτε ἐκ τῆς ἀλης τὴν Ἰθάκην εἶδεν. ἀλλ᾽ ἐκεῖνον μὲν οἱ Φαίακες ἔτι καθεύδοντα ὥσπερ τι φορτίον ἐκθέμενοι τῆς νεὼς ὤχοντο· ἡμᾶς δὲ οὐδὲ ὕπνος αἱρεῖ, μέχρις ἂν σὲ τὸ μέγα τῆς οἰκουμένης ὄφελος ἰδεῖν ἐγγένηται. (2) καίτοι σὺ μὲν τὴν ἑῴαν ὅλην ἐμέ τε καὶ τὸν ἑταῖρον Σώπατρον εἰς τὴν Θρᾴκην μετενηνοχέναι προσπαίζεις, ἡμῖν δέ, εἰ χρὴ τἀληθὲς εἰπεῖν, ἕως ἂν Ἰάμβλιχος μὴ παρῇ, Κιμμερίων ἀχλὺς συνοικεῖ. καὶ σὺ μὲν δυοῖν θάτερον αἰτεῖς, ἢ ἡμᾶς παρὰ σὲ ἥκειν ἢ αὐτόν σε παρ᾽ ἡμᾶς. ἡμῖν δὲ τὸ μὲν ἕτερον εὐκταῖόν τε ὁμοῦ καὶ σύμφορον αὐτοὺς ἐπανελθεῖν ὡς σὲ καὶ τῶν παρα σοὶ καλῶν ἀπολαῦσαι· τὸ δὲ ἕτερον εὐχῆς μὲν ἁπάσης κρεῖττον· (3) ἐπεὶ δὲ ἀδύνατόν σοί γε καὶ ἀξύμφορόν ἐστι, σὺ μὲν οἴκοι μένειν καὶ χαίρειν καὶ τὴν ἡσυχίαν ἣν ἔχεις σώζειν, ἡμεῖς δέ, ὅ τι ἂν θεὸς διδῷ, γενναίως οἴσομεν. ἀνδρῶν γὰρ ἀγαθῶν εἶναί φασι τὸ μὲν εὐελπι κεκτῆσθαι καὶ τὰ δέοντα πράττειν, ἕπεσθαι δὲ τοῖς ἀναγκαίοις τοῦ δαίμονος.

νγʹ Γεωργίῳ Καθολικῷ

Ἡ μὲν ἠχὼ θεὸς ἔστω κατὰ σὲ καὶ λάλος, εἰ δὲ βούλει, καὶ Πανὶ σύζυγος· οὐ γὰρ διοίσομαι. κἂν γὰρ ἐθέλῃ με διδάσκειν ἡ φύσις ὅτι ἐστὶν ἠχὼ φωνῆς ἐς ἀέρος πλῆξιν ἀντίτυπος ἠχὴ πρὸς τοὖμπαλιν τῆς ἀκοῆς ἀντανακλωμένη, ὅμως, παλαιῶν ἀνδρῶν ἔτι καὶ νέων οὐκ ἔλαττον ἢ τῷ σῷ πειθόμενος λόγῳ, θεὸν εἶναι τὴν ἠχὼ δυσωποῦμαι. (2) τί γοῦν ἂν εἴη τοῦτο πρὸς ἡμᾶς, εἰ πολλῷ τῷ μέτρῳ τοῖς πρὸς σὲ φιλικοῖς τὴν ἠχὼ νικῶμεν, ἡ μὲν γὰρ οὐ πρὸς ὅ τι ἂν ἀκούσῃ μᾶλλον ἢ πρὸς τὰ ἔσχατα τῆς φωνῆς ἀντιφθέγγεται, καθάπερ ἐρωμένης φειδωλὸς ἄκροις ἀντιφιλοῦσα τὸν ἐραστὴν τοῖς χείλεσιν· ἡμεῖς δὲ καὶ τῶν πρός σε κατάχρομεν ἡδέως, καὶ αὖθις εἰς τὴν παρὰ σοῦ πρόσκλησιν σφαίρας δίκην τὸ ἴσον ἀντιπέμπομεν. (3) ὥστε οὐκ ἂν φθάνοις αὐτὸς ἔνοχος ὢν οἷς γράφεις καὶ σαυτὸν ἀφ᾽ ὧν πλέον λαμβάνων ἐλάχιστον ἀντιδίδως οὐχ ἡμᾶς, ἐν οἷς ἐπ᾽ ἄμφω πλεονεκτεῖν σπεύδομεν, ἐς τὸ ὅμοιον τῆς εἰκόνος ἐγκρίνων πλὴν ἄν τε ἴσῳ τῷ μέτρῳ διδῷς ὥπερ ἂν λάβῃς ἄν τε μή, ἡμῖν ὅ τι ἂν ἐξῇ παρὰ σοῦ λαβεῖν ἡδὺ καὶ πρὸς τὸ ὅλον ἀρκεῖν πιστεύεται·.

νδʹ Εὐμενίῳ καὶ Φαριανῷ

Εἴ τις ὑμᾶς πέπεικεν ὅτι τοῦ φιλοσοφεῖν ἐπὶ σχολῆς ἀπραγμόνως ἐστὶν ἥδιον ἢ λυσιτελέστερόν τι τοῖς ἀνθρώποις, ἠπατημένος ἐξαπατᾷ· εἰ δὲ μένει παρ᾽ ὑμῖν ἡ πάλαι προθυμία καὶ μὴ καθάπερ φλὸξ λαμπρὰ ταχέως ἀπέσβη, μακαρίους ἔγωγε ὑμᾶς ὑπολαμβάνω. τέταρτος ἐνιαυτὸς ἤδη παρελήλυθε καὶ μὴν οὑτοσὶ τρίτος ἐπ᾽ αὐτῷ σχεδόν, ἐξότε κεχωρίσμεθα ἡμεῖς ἀλλήλων· ἡδέως δ᾽ ἂν ἐσκεψάμην ἐν τούτῳ πόσον τι προελήλύθατε (2) τὰ δὲ ἐμά, εἰ καὶ φθεγγοίμην Ἑλλην-

---

lutare et simulacra complecti, quemadmodum Ulixem fecisse narrant, cum post diuturnos errores Ithacam rediit At Phæaces illo, cum adhuc dormiret, e navi mercis instar exposito discesserunt, nos contra ne somnum quidem capimus, donec te, ingens orbis terrarum commodum, fas sit aspicere (2) Tu vero iocari etiam voluisti, cum diceres, me et sodalem meum Sopatrum transportasse orientem in Thraciam atqui, si quod res est fateri convenit, quamdiu abest Iamblichus, Cimmeriæ tenebræ nobis obversari videntur Porro tu duorum alterum postulas, ut vel ad te nos eamus vel tu ad nos ipse venias Quorum alterum, ut ad te redeamus ac bonis tuis perfruamur, optandum nobis est atque utile, alterum voto omni præstantius est (3) Sed quoniam facere illud non potes, neque rationibus tuis expedit, tu domi te quidem contine, ac bene vale, et quam habes quietem obtine nos quicquid divinitus nobis acciderit, forti animo perferemus Nam proborum virorum hoc dicitur, bona spe præditum esse atque officium suum facere, ad ea vero, quæ fatalis necessitas imposuerit, accommodare sese

LIII Georgio Catholico

Esto vero, ita ut dicis, dea quædam et loquax Echo ac Panos adeo, si placet, coniux, non enim repugnem Nam tametsi natura nos docere conetur, Echo nihil aliud esse, nisi vocis ex aeris percussione respondentem ac resonantem imaginem, quæ aurium ex adverso reciprocatur ac refrangitur, tamen eandem illam Echo deam esse non magis tuo, quam veterum ac recentiorum omnium sermone ac sententia adducor ut credam (2) Sed quid nostra illud interest, si in amore erga te longo a nobis Echo intervallo superatur? Hæc enim, quicquid audierit, non ad omnia potius quam ad vocis extrema respondet, sic tanquam præparca quædam amicula, quæ amatorem suum summis tantummodo labris osculatur · nos vero cum libenter hoc tibi genere officii præimus, tum abs te ipso provocati velut in pilæ ludo par vicissim remittimus (3) Quocirca nunquam effugies, cum tutemet in iis quæ scribis reus atque obnoxius tenearis, ac te ipsum, quatenus plura idem accipis et quam minimum reddis, non utique nos, qui in ambobus superiores esse studemus, in illius imaginis similitudine reponas Verumtamen sive eadem mensura reddis quod acceperis, sive non reddis, quicquid est, quod a te licet accipere, mihi hoc gratissimum n est, et in solidum sufficere persuasum habeo

LIV. Eumenio et Phariano

Si quis est, qui vobis persuaserit, iucundius aliquid et utilius hominibus esse, quam in otio ac secure philosophari, falsus hic opinione vos fallit Sin pristina in vobis adhuc alacritas perseverat, neque confestim emicantis flammæ instar extincta est, equidem felices vos esse iudico Quartus iam annus abiit, ac tertius fere praeterea mensis, ex quo ab invicem seiuncti sumus Quantum igitur toto illo interiecto tempore progressum habueritis, libenter inspexerim (2) Quod autem ad me

νιστί, θαυμάζειν ἄξιον· οὕτως ἐσμὲν ἐκϐεϐαρϐαρωμένοι
διὰ τὰ χωρία. μὴ καταφρονεῖτε τῶν λογιδίων, μηδὲ
ἀμελεῖτε ῥητορικῆς μηδὲ τοῦ ποιήμασιν ὁμιλεῖν· ἔστω
δὲ τῶν μαθημάτων ἐπιμέλεια πλείων, ὁ δὲ πᾶς πόνος
τῶν Ἀριστοτέλους καὶ Πλάτωνος δογμάτων ἐπιστήμῃ.
(ȝ) τοῦτο ἔργον ἐστὶ, τοῦτο κρηπὶς θεμέλιος οἰκοδομία
στέγη· τἆλλα δὲ πάρεργα, μετὰ μείζονος σπουδῆς
παρ' ὑμῶν ἐπιτελούμενα ἢ παρά τισι τὰ ἀληθῶς ἔργα.
ἐγὼ νὴ τὴν θείαν δίκην ὑμᾶς ὡς ἀδελφοὺς φιλῶν ταῦτα
ὑμῖν συμϐουλεύω· γεγόνατε γάρ μοι συμφοιτηταὶ καὶ
πάνυ φίλοι. εἰ μὲν οὖν πεισθείητε, πλέον στέρξω,
ἀπειθοῦντας δὲ ὁρῶν λυπήσομαι. λύπη δὲ συνεχὴς
εἰς ὅ ποτε τελευτᾶν εἴωθεν, εἰπεῖν παραιτοῦμαι οἰωνοῦ
χρείττονος ἕνεκα.

νε'. Ἐκδικίῳ.

Ἄξιόν ἐστιν, εἴπερ ἄλλου τινός, καὶ τῆς ἱερᾶς ἐπι-
μεληθῆναι μουσικῆς. ἐπιλεξάμενος οὖν ἐκ τοῦ δήμου
τῶν Ἀλεξανδρέων εὖ γεγονότας μειρακίσκους ἀρτάϐας
ἑκάστῳ κέλευσον δύο τοῦ μηνὸς χορηγεῖσθαι, ἔλαιόν τε
ἐπ' αὐτῷ καὶ σῖτον καὶ οἶνον· ἐσθῆτα δὲ παρέξουσιν οἱ
τοῦ ταμιείου προεστῶτες. (2) οὗτοι δὲ τέως ἐκ φωνῆς
καταλεγέσθωσαν· εἰ δέ τινες δύναιντο καὶ τῆς ἐπιστήμης
αὐτῆς εἰς ἄκρον μετασχεῖν, ἴστωσαν ἀποκείμενα πάνυ
μεγάλα τοῦ πόνου τὰ ἔπαθλα καὶ παρ' ἡμῶν. ὅτι
γὰρ πρὸ ἡμῶν αὐτοὶ τὰς ψυχὰς ἀπὸ τῆς θείας μου-
σικῆς καθαρθέντες ὀνήσονται, πιστευτέον τοῖς προα-
ποφαινομένοις ὀρθῶς ὑπὲρ τούτων. ὑπὲρ μὲν οὖν τῶν
παίδων τοσαῦτα, τοὺς δὲ νῦν ἀκρωμένους τοῦ μουσικοῦ
Διοσκόρου ποίησον ἀντιλαϐέσθαι τῆς τέχνης προθυμό-
τερον, ὡς ἡμῶν ἑτοίμων ἐπὶ ὅπερ ἂν ἐθέλωσιν αὐτοῖς
συνάρασθαι.

νϛ'. Ἐλπιδίῳ φιλοσόφῳ.

Ἔστι καὶ μικροῦ γράμματος ἡδονὴ μείζων, ὅταν ἡ
τοῦ γράφοντος εὔνοια μὴ τῇ τῆς ἐπιστολῆς σμικρότητι
μᾶλλον ἢ τῷ τῆς ψυχῆς μεγέθει μετρῆται· εἰ δὲ δὴ
καὶ νῦν βραχέα τὰ τῆς προσρήσεως ὑφ' ἡμῶν γένηται,
μηδ' οὕτω τὸν ἐπ' αὐτοῖς πόθον τεκμηριώσῃ, ἀλλ'
εἰδὼς ἐφ' ὅσον ὁ παρ' ἡμῶν ἔρως ἐπὶ σοὶ τέταται, τῇ
μὲν τοῦ γράμματος βραχύτητι συγγνώμην νέμε, τοῖς
ἴσοις δὲ ἡμᾶς ἀμείϐεσθαι μὴ κατόκνει. πᾶν γὰρ ὅ τι
ἂν εἰδῆς κἂν μικρὸν ᾖ, παντὸς ἀγαθοῦ γνώρισμα παρ'
ἡμῖν σώζει.

νζ'. Ἰουλιανὸς Ἀλεξανδρεῦσιν.

Ὀϐελὸν εἶναι παρ' ὑμῖν ἀκούω λίθινον εἰς ὕψος
ἱκανὸν ἐπηρμένον, ἐπὶ τῆς ἠόνος ὥσπερ ἄλλο τι τῶν
ἀτιμοτάτων ἐρριμμένον. ἐπὶ τοῦτον ἐναυπηγήσατο
σκάφος ὁ μακαρίτης Κωνστάντιος, ὡς μετάξων αὐτὸν
εἰς τὴν ἐμὴν πατρίδα Κωνσταντίνου πόλιν. ἐπεὶ δὲ
ἐκείνῳ συνέϐη θεῶν ἐθελόντων ἐνθένδε ἐκεῖσε πορευ-

attinet, mirum est, si vel Græce loqui possim : tanta:s,
ex regionibus istis barbariem contraximus. At vos ne-
que oratorium studium contemnite, neque rhetoricam aut
poetarum lectionem negligite : sed ita tamen, ut in di-
sciplinas ipsas vehementius incumbatis. Itaque labor
omnis vester in Aristotelicorum Platonicorumque dog-
matum scientia versetur. (3) Vestrum hoc opus sit, hoc
crepido, fundamentum, ædificium, tectum : reliqua sint
accessionis instar. Quæ maiore tamen a vobis studio,
quam legitima opera ab nonnullis elaborentur. Ego vero
per divinum ius fasque vos tanquam fratres diligens
id vobis consilii dedi utpote condiscipulis olim meis et
amicitia coniunctissimis. Quod si mihi hac in re parue-
ritis, ego vos maiori quodam amore complectar; sin
minus responderitis, equidem res dolebo. Porro con-
tinuus dolor quem tandem exitum habeat, melioris omi-
nis causa tacere malo.

LV. Ecdicio.

Si qua res est studio nostro curaque digna, eiusmodi
esse sacra musica videtur. Tu igitur ex Alexandrino-
rum populo delectis bonæ indolis adolescentulis, mens-
truas in singulos artabas duas erogari præcipe, nec non
oleum, frumentum et vinum : vestem porro præbebunt
ærarii præfecti. (2) Atque illi quidem interim ex voce
conscribantur. Quod si aliqui perfecte artem illam con-
sequi potuerint, sciant haud mediocria sibi laboris illius
præmia etiam a nobis esse constituta. Nam quod citra
nostra illa præmia non mediocrem fructum divinæ ope
musicæ ex animorum suorum purgatione percepturi sint,
persuadent illi, qui olim recte hac de re statuerunt. De
pueris igitur ita præcipimus. Iam vero quod ad musici
Dioscori discipulos attinet, fac ut artem illam studiosius
addiscant. Nos enim ad illos, quacumque in re volue-.
rint, iuvandos parati sumus.

LVI. Elpidio philosopho.

Affert et epistola parva voluptatem maiorem, cum
eius, qui scripsit, benevolentiam non parvitate potius
epistolæ quam animi magnitudine metimur. Quamob-
rem si hæc salutatio paulo a nobis brevior instituatur,
noli de nostro in te studio coniecturam ex ea re facere.
Imo vero cum meus amor in te quam vehemens sit
optime noris, litterarum brevitati sic ignoscas velim, ut
sine ulla cunctatione vicissim rescribas. Quicquid enim
a te in nos profectum fuerit, id, etsi parvum est, boni
specimen omnis apud nos obtinet.

LVII. Iulianus Alexandrinis.

Obeliscum apud vos esse audio lapideum, in magnam
altitudinem exstructum; despici tamen et, ut quid vile,
iacere in littore. Eum Divus Constantius instructo navi-
gio Constantinopolim patriam meam advehi præceperat.
Sed quandoquidem ille diis ita volentibus fatalem istinc
ad plures migrationem migravit, exigit a me eadem civi-

θῆναι τὴν εἱμαρμένην πορείαν, ἡ πόλις ἀπαιτεῖ παρ'
ἐμοῦ τὸ ἀνάθημα, πατρὶς οὖσά μου καὶ προσήκουσα
πλέον ἤπερ ἐκείνῳ. (2) ὃ μὲν γὰρ αὐτὴν ὡς ἀδελφήν,
ἐγὼ δὲ ὡς μητέρα φιλῶ· καὶ γὰρ ἐγενόμην παρ' αὐτῇ
καὶ ἐτράφην ἐκεῖσε, καὶ οὐ δύναμαι περὶ αὐτὴν ἀγνω-
μονῆσαι. τί οὖν; ἐπειδὴ καὶ ὑμᾶς οὐδὲν ἔλαττον τῆς
πατρίδος φιλῶ, δίδωμι καὶ παρ' ὑμῖν ἀναστῆσαι τὴν
χαλκῆν εἰκόνα (3) πεποίηται δὲ ἔναγχος ἀνδριὰς τῷ
μεγέθει κολοσσαικός, ὃν ἀναστήσαντες ἕξετε ἀντὶ ἀνα-
θήματος λιθίνου χαλκοῦν, ἀνδρός, οὗ φατὲ ποθεῖν
εἰκόνα καὶ μορφήν, ἀντὶ τριγώνου λίθου χαράγματα
ἔχοντος Αἰγύπτια (4) καὶ τὸ λεγόμενον δέ, ὥς τινές
εἰσιν οἱ θεραπεύοντες καὶ προσκαθεύδοντες αὐτοῦ τῇ
κορυφῇ, πάνυ με πείθει χρῆναι τῆς δεισιδαιμονίας
ἕνεκα ταύτης ἀπάγειν αὐτόν. οἱ γὰρ θεώμενοι τοὺς
καθεύδοντας ἐκεῖ, πολλοῦ μὲν ῥύπου πολλῆς δὲ ἀσελ-
γείας περὶ τὸν τόπον ὡς ἔτυχεν οὔσης, οὔτε πιστεύουσιν
αὐτὸν θεῖον εἶναι, καὶ διὰ τὴν τῶν προσεχόντων αὐτῷ
δεισιδαιμονίαν ἀπιστότεροι περὶ τοὺς θεοὺς καθίσταν-
ται. (5) δι' αὐτὸ δὴ οὖν τοῦτο καὶ μᾶλλον ὑμῖν προσήκει
συνειλαβέσθαι καὶ πέμψαι τῇ ἐμῇ πατρίδι τῇ ξενοδο-
χούσῃ καλῶς ὑμᾶς, ὅτε εἰς τὸν Πόντον εἰσπλεῖτε, καὶ
ὥσπερ εἰς τὰς τροφὰς καὶ εἰς τὸν ἐκτὸς κόσμον συμβάλ-
λεσθαι. πάντως οὐκ ἄχαρι καὶ παρ' αὐτοῖς ἑστάναι
τι τῶν ὑμετέρων, εἰς ὃ προσπλέοντες τῇ πόλει μετ'
εὐφροσύνης ἀποβλέψετε.

νη'. Διονυσίῳ.

Ἀμείνων ἦσθα σιωπῶν πρότερον ἢ νῦν ἀπολογού-
μενος, οὐδὲ γὰρ ἐλοιδοροῦ τότε, καίτοι διανοούμενος
ἴσως αὐτό· νυνὶ δὲ ὥσπερ ὠδίνων τὴν καθ' ἡμῶν λοι-
δορίαν αὐτόραν ἐξέχεας· ἢ γὰρ οὐ χρῇ με καὶ λοιδο-
ρίαν αὐτὸ καὶ βλασφημίαν νομίζειν ὅτι με τοῖς σαυτοῦ
φίλοις ὑπελάμβανες εἶναι προσόμοιον, ὧν ἑκατέρῳ δέ-
δωκας σεαυτὸν ἄκλητον, μᾶλλον δὲ τῷ μὲν ἄκλητον τῷ
προτέρῳ, τῷ δευτέρῳ δὲ ἐνδειξαμένῳ μόνον ὅτι σε
συνεργὸν ἐθέλει προσλαβεῖν ὑπήκουσας, (2) ἀλλ' εἰ μὲν
ἐγὼ προσόμοιός εἰμι Κώνσταντι καὶ Μαγνεντίῳ, τὸ
πρᾶγμα αὐτό φασι δείξει· σὺ δ' ὅτι κατὰ τὸν Κω-
μικὸν

σαυτὴν ἐπαινεῖς ὥσπερ Ἀστυδάμας, γύναι,

πρόδηλόν ἐστιν ἐξ ὧν ἐπέστειλας· ἡ γὰρ ἀφροσία
καὶ τὸ μέγα θάρσος καὶ τὸ εἶθε με γνοίης ὅσος
καὶ οἷός εἰμι, καὶ πάντα ἁπλῶς τὰ τοιαῦτα, βαβαί,
πηλίκου κτύπου καὶ κόμπου ῥημάτων ἐστὶν (3) ἀλλὰ
καὶ πρὸς τῶν Χαρίτων καὶ τῆς Ἀφροδίτης εἰ τολμηρὸς
οὑτωσὶ καὶ γενναῖος, τί καὶ τρίτον ἠυλαβήθης, ἂν δέῃ,
προσκρούειν· οἱ γὰρ τοῖς κρατοῦσιν ἀπεχθανόμενοι τὸ
μὲν κουφότατον καὶ ὡς εἰπεῖν τις ἥδιστον τῷ γε
νοῦν ἔχοντι τοῦ πράγματα ἔχειν ταχέως ἀπαλλάττον-
ται, μικρὰ δέ, εἰ χρὴ προσζημιωθῆναι, περὶ τὰ χρή-
ματα πταίουσι· τὸ δὲ κεφάλαιόν ἐστι τῆς ὀργῆς καὶ

tas donarium, quum ipsa mihi sit patria adeoque maiore
mihi quam illi necessitudine coniuncta (2) Ille namque
eam ut sororem, at ego ut matrem amo in eius enim
solo primum steti in lucem editus, illic altus educatus-
que sum, nec fieri ulla ratione potest, ut in illam ingra-
tus unquam videar Quid igitur? quoniam et vos non
minus quam patriam amo, do, ut et apud vos æreum
erigatur simulacrum (3) Facta est autem nuper statua co-
lossea magnitudine, quam vos erigentes habebitis pro
lapideo donario æreum, viri, cuius simulacrum et for-
mam desiderare dicitis, pro triangulo lapide Ægypti
notis inscripto (4) Et, quod vulgo fertur, quosdam esse
therapeutas, qui obelisci huius vertici indormiant, valde
mihi persuadet, ob huiusmodi superstitionem oportet
ipsum abduci Nam qui inspiciunt indormientes ibi,
multasque sordes ac flagitia loco, ut casus tulit, circum-
fusa, illum minime arbitrantur quid divinum esse, et
propter eorum, qui saxo eidem immorantur superstitio
nem minus de diis credunt (5) Idcirco igitur magis etiam
vobis convenit inceptum adiuvare, saxumque illud ad
patriam meam mittere, quæ vos honesto excipere solet
hospitio, quando in Pontum navigatis, et quemadmo-
dum annona deferenda, ita et externo urbis ornatu au-
gendo operam vestram conferre Neque omnino vobis
ingratum erit, apud nos ipsos aliquid vestrum exstare, in
quod, quum ad urbem adnavigatis, cum hilaritate in
posterum respiciatis

LVIII Dionysio.

Rectius facieras prius, cum taceres, quam nunc,
quum te instituis defendere. Quid igitur? Neque enim
ullam tunc inferebas iniuriam, etsi illam fortasse medi-
tabare, nunc autem, veluti pariendi dolores patiens, con-
tumeliam in nos gnaviter effudisti Annon enim oportet
me contumeliam et blasphemiam interpretari, quod me
tuis amicis adsimilem esse existimas? quorum utrique
tu te invocatum obtulisti, vel potius priori invocatum,
alteri vero vel annuenti tuam sibi gratam fore operam,
obedientissime paruisti (2) Cæterum, an ego sim Constanti
et Magnentio similis, res ipsa, quod aiunt, indicabit
quod vero tu iuxta Comicum te ipsam laudas, velut
Astydamas, mulier, id ex iis, quæ scripsisti, liquet
Omnia enim illa imperterrita mens et ingens audacia
itemque illud, utinam me nosses quantus et qualis
sim, et cætera deinceps eiusmodi, papæ, at personantia
sunt et tumida turgidaque (3) Sed Gratias testor et Vene-
rem, si ita audax es et generosus, quid adeo metuelas
tertia vice ne collidere esset necesse? Qui enim princi-
pum incurrerunt odium, promte a munere quod habent
discedunt, id quod facillimum sapientique, ut ita dicam
suavissimum sin leve insuper oportet damnum susti-
nere, parvam opum iacturam faciunt summus autem

τὸ παθεῖν, φασί, τὰ ἀνήκεστα, τὸ ζῆν προέσθαι.
(4) τούτων δὴ πάντων ὑπερορῶν, ὅτι καὶ τὸν ἰδίως **
ἐπέγνωκας· καὶ τὸν κοινῶς καὶ γενικῶς ἄνθρωπον ὑφ'
ἡμῶν τῶν ὀψιμαθῶν ἀγνοούμενον, ἀνθ' ὅτου πρὸς τῶν
θεῶν εὐλαβεῖσθαι ἔφης, μὴ τρίτον προσκρούσῃς; οὐ
γὰρ δὴ πονηρὸν ἐκ χρηστοῦ σε ποιήσω χαλεπήνας
ἐγώ· ζηλωτὸς γὰρ ἂν ἦν ἐν δίκῃ τοῦτο δυνάμενος. ἢ
γάρ, ὥς φησι Πλάτων, καὶ τοὐναντίον οἷός τε ἦν ἄν.
(5) ἀδεσπότου δὲ τῆς ἀρετῆς οὔσης ἐχρῆν ὑπολογίζεσθαι
μηδὲν τῶν τοιούτων. ἀλλ' οἴει μέγα τὸ πάντας μὲν
βλασφημεῖν, πᾶσι δὲ ἁπλῶς λοιδορεῖσθαι, καὶ τὸ τῆς
εἰρήνης τέμενος ἀποφαίνειν πολέμου.ἐργαστήριον. ἢ
τοῦτο νομίζεις ὑπὲρ τῶν παλαιῶν ἁμαρτημάτων ἀπο-
λογεῖσθαι πρὸς ἅπαντας καὶ τῆς πάλαι ποτὲ μαλακίας
παραπέτασμα τὴν νῦν ἀνδρείαν εἶναί σοι; τὸν μῦθον
ἀκήκοας τὸν Βαβρίου, γαλῆ ποτ' ἀνδρὸς εὐπρε-
ποῦς ἐρασθεῖσα· τὰ δὲ ἄλλα ἐκ τοῦ βιβλίου μάν-
θανε. (6) πολλὰ εἰπὼν οὐδένα ἂν πείσειας ἀνθρώπων
ὡς οὐ γέγονας ὅπερ οὖν γέγονας καὶ οἷον πολλοὶ πάλαι
σε ἠπίσταντο. τὴν νῦν δὲ ἀμαθίαν καὶ τὸ θάρσος οὐχ
ἡ φιλοσοφία μὰ τοὺς θεοὺς ἐνεποίησέ σοι, τοὐναντίον
δὲ ἡ διπλῆ κατὰ Πλάτωνα ἄγνοια· κινδυνεύεις γὰρ
εἰδέναι μηδέν, ὡς οὐδὲ ἡμεῖς, οἴει δὲ πάντων εἶναι
σοφώτατος, οὐ τῶν νῦν ὄντων μόνον, ἀλλὰ καὶ τῶν γε-
γονότων, ἴσως δὲ καὶ τῶν ἐσομένων. οὕτω σοι πρὸς
ὑπερβολὴν ἀμαθίας τὰ τῆς οἰήσεως ἐπιδέδωκεν.
(7) Ἀλλὰ σοῦ μὲν ἕνεκα καὶ ταῦτα τῶν ἱκανῶν εἴρηταί
μοι πλείω, δεῖ δὲ ἴσως ἀπολογήσασθαι διὰ σὲ καὶ τοῖς
ἄλλοις ὅτι προχείρως ἐπὶ κοινωνίαν σε παρεκάλεσα
πραγμάτων. οὐ πρῶτος οὐδὲ μόνος ἔπαθον, ὦ Διο-
νύσιε. ἐξηπάτησε καὶ Πλάτωνα τὸν μέγαν ὁ σὸς
ὁμώνυμος, ἀλλὰ καὶ ὁ Ἀθηναῖος Κάλλιππος· εἰδέναι
μὲν γὰρ αὐτόν φησι πονηρόν, τηλικαύτην δὲ ἐν αὐτῷ
τὸ μέγεθος κακίαν οὐδὲ ἐλπίσαι πώποτε. (8) καὶ τί χρὴ
λέγειν ὑπὲρ τούτων, ὅπου καὶ τῶν Ἀσκληπιαδῶν ὁ
ἄριστος Ἱπποκράτης ἔφη ἔσφηλαν δέ μου τὴν
γνώμην αἱ ἐν τῇ κεφαλῇ ῥαφαί; εἶτ' ἐκεῖνοι μὲν
ὑπὲρ ὧν ᾔδεσαν ἐξηπατῶντο, καὶ τὸ τεχνικὸν ἐλάν-
θανε τὸν ἰατρὸν θεώρημα, θαυμαστὸν δέ, εἴπερ Ἰου-
λιανὸς ἀκούσας ἐξαίφνης ἀνδρίζεσθαι Διονύσιον ἐξη-
πατήθη; (9) ἀκούεις ἐκεῖνον τὸν Ἠλεῖον Φαίδωνα,
καὶ τὴν ἱστορίαν ἐπίστασαι· εἰ δὲ ἀγνοεῖς, ἐπιμε-
λέστερον πολυπραγμόνησον, ἐγὼ δὲ οὐκ ἐρῶ τοῦτο.
ἐκεῖνος ἐνόμιζεν οὐδένα ἀνίατον εἶναι τῇ φιλοσοφίᾳ,
πάντας δὲ ἐκ πάντων ὑπ' αὐτῆς καθαίρεσθαι βίων
ἐπιτηδευμάτων ἐπιθυμιῶν, πάντων ἁπαξαπλῶς
τῶν τοιούτων. εἰ γὰρ τοῖς εὖ πεφυκόσι καὶ καλῶς
τεθραμμένοις ἐπήρκει μόνον, οὐδὲν ἂν ἦν θαυμαστὸν
τὸ κατ' αὐτήν· εἰ δὲ καὶ τοὺς οὕτω διεκειμένους
ἀνάγει πρὸς τὸ φῶς, δοκεῖ μοι διαφερόντως εἶναι θαυ-
μάσιον. (10) ἐκτούτων ἡ περί σέμοι κατ' ὀλίγον γνώμη,
ὡς ἴσασιν οἱ θεοὶ πάντες, ἔρρεπεν ἐπὶ τὸ βέλτιον.
οὗτοι γοῦν οὔτε ἐν πρώτοις οὔτε ἐν δευτέροις τῶν κρα-
τίστων ἐθέμην ἀνδρῶν τὸ κατὰ σέ. ἐπίστασαι ἴσως

irœ effectus est pati supplicium et vita cedere. (4) Hæc
omnia tu facis flocci, qui et proprie tibi faventem ab-
negasti; et ex communi ac generali captu hominem,
quem nos scilicet tardi studiorum cum ignarissimis novi-
mus, cur per deos metuere dixisti, ne tertia vice colli-
deres? Non enim profecto, si tibi succenseam, ex bono
malum facturus sum; quod qui posset facere, in pretio
habendus merito esset. Idem enim, ut est apud Plato-
nem, posset etiam contrarium efficere. (5) Sed libera res
cum sit virtus, nihil tale cogitare te oportebat. Tu vero
magnum putas omnes petere maledictis ac de omnibus
promiscue detrahere et ex pacis delubro facere officinam
armorum. An id putas, quæcunque a te pridem sunt
peccata, facile apud omnes excusari purgarique et nupera
fortitudine umbram mollitiei pristinæ obduci? Fabulam
audivisti Babrii : *mustela quondam amore capta for-
mosi*; cætera e libro disce. (6) Quamvis multa dicas, ne-
mini tamen persuadebis unquam, te eum non fuisse qui
fueris et qualem te permulti iam pridem norunt. Nunc
autem inscitiam tibi ac temeritatem non philosophia,
deos testor, attulit, sed potius duplex, ut ait Plato, igno-
rantia. Quum enim nihil propemodum scias, quod et
nos de nobis ipsi fatemur, autumas te sapientiorem esse
omnibus, qui sunt, qui fuerunt, quique futuri sunt post-
hac ; tantum in te stoliditatis de tua opinione exuberat.
(7) Sed hæc tibi quidem propter te dicta plus satis.
Verum mihi pluribus fortean apud alios agendum est, quod
tam inconsiderate te ad rerum gerendarum societatem
vocavi. Nec primus ego nec solus indigna sum passus,
Dionysi. Decepit et Platonem cognominis tibi Dionysius,
imo etiam Callippus Atheniensis, quem non ignorasse
quidem se ait esse nauci, tanta vero malitia hominem
nunquam sperasse. (8) Et quid hic moror? Nonne et medi-
corum præstantissimus Hippocrates dixit *opinionem
meam suturæ capitis fefellerunt?* At illi quidem in iis,
quæ nosse apprime debuerant, decepti sunt, medicumque
latuit artis suæ regula; mirum vero, si et Iulianus
audiens Dionysium subito virum exstitisse deceptus
est? (9) Audis Eleum illum Phædonem, et historiam
nosti : sin secus, accuratius inquire; nec enim dicam.
Putabat ille neminem esse tam prave affectum, quem
philosophia non curaret, omnesque illius ope libidines,
cupiditates, affectus atque, ut uno semel verbo dicam,
cuncta huiuscemodi tolli facillime posse. Nam si bene et
feliciter natos solum iuvat, quid magnum philosophia
habet? si vero homines usque adeo corruptos valet redu-
cere ad lucem, hoc inprimis esse admirabile mihi vide-
tur. (10) Atque exinde quoque paullatim de te, ut norunt
omnes dii, melius sentire cœpi. Neque tamen sic in
primo te nec in secundo præstantium virorum numero
computavi, quod ipse fortean nosti : si ignoras, sciscitare

αὐτό· εἰ δὲ ἀγνοεῖς, τοῦ καλοῦ Συμμάχου πυνθάνου.
πέπεισμαι γὰρ ἐκεῖνος ὅτι οὔποτε ἂν ἑκὼν εἶναι ψεύ-
σαιτο, τὰ πάντα ἀληθίζεσθαι πεφυκώς. (11) εἰ δὲ ἀγα-
νακτεῖς ὅτι μὴ πάντων σε προετιμήσαμεν, ἐγὼ μὲν
ἐμαυτὸν ὅτι σε καὶ ἐν ἐσχάτοις ἔταξα μέμφομαι, καὶ
χάριν οἶδα τοῖς θεοῖς πᾶσί τε καὶ πάσαις, οἳ κοινω-
νῆσαί σε πραγμάτων καὶ φίλους ἡμᾶς γενέσθαι διε-
κώλυσαν. (12) καὶ γὰρ εἰ πολλὰ περὶ τῆς φήμης οἱ ποιη-
ταί φασιν ὡς ἔστι θεός, ἔστω δὲ εἰ βούλει δαιμόνιον, καὶ
τὸ τῆς φήμης οὐ πάντη προσεκτέον αὐτῇ, διότι πέφυκε
τὸ δαιμόνιον οὐ πάντα καθαρὸν οὐδὲ ἀγαθὸν τελείως
ὡς τὸ τῶν θεῶν εἶναι γένος, ἀλλ’ ἐπικοινωνεῖ πως καὶ
πρὸς θάτερον. εἰ δὲ ὑπὲρ τῶν ἄλλων δαιμόνων οὐ
θέμις τοῦτο φάναι, περὶ τῆς φήμης οἶδ’ ὅτι λέγων ὡς
πολλὰ μὲν ψευδῶς πολλὰ δὲ ἀληθῶς ἀγγέλλει, οὔποτ’
ἂν αὐτὸς ἁλοίην ψευδομαρτυριῶν.

(13) Ἀλλὰ τὴν παρρησίαν τὴν σὴν οἴει τεττάρων
εἶναι ὀβολῶν, τὸ λεγόμενον, ἀξίαν. οὐκ οἶσθ’ ὅτι καὶ
Θερσίτης ἐν τοῖς Ἕλλησιν ἐπαρρησιάζετο, καὶ Ὀδυσ-
σεὺς μὲν αὐτὸν ὁ συνετώτατος ἔπαισε τῷ σκήπτρῳ, τῷ
δὲ Ἀγαμέμνονι τῆς Θερσίτου παροινίας ἔλαττον
ἔμελεν ἢ γελοίων μυιῶν, τὸ τῆς παροιμίας, πλὴν οὐ
μέγα ἔργον ἐστὶν ἐπιτιμᾶν ἄλλοις, ἑαυτὸν δὲ ἀνεπιτί-
μητον παρασχεῖν. εἰ δέ σοι ταύτης μέτεστι τῆς μερί-
δος, ἐπίδειξον ἡμῖν. (14) ἆρ’ ὅτε νέος ἦσθα, καλὰς
ἔδωκας ὑπὲρ σαυτοῦ τοῖς πρεσβυτέροις ὁμιλίας, ἀλλ’
ἐγὼ κατὰ τὴν Εὐριπίδειον Ἡλέκτραν τὰς τοιαύτας
σιγῶ τύχας. ἐπεὶ δὲ ἀνὴρ γέγονας καὶ στρατοπέδῳ
παρέβαλες, ἔπραξας ὅπως πρὸς τοῦ Διὸς ὑπὲρ τῆς
ἀληθείας φὴς προσκρούσας ἀπηλλάχθαι ἐκ τίνος
τοῦτο ἔχων δεῖξαι, ὥσπερ οὐ πολλῶν καὶ πονηροτάτων,
ὑφ’ ὧνπερ καὶ αὐτὸς ἀπηλάθης, ἐκτοπισθέντων; (15) οὐ
τοῦτό ἐστιν, ὦ συνετώτατε Διονύσιε, σπουδαίου ἀνδρὸς
καὶ σώφρονος, ἀπεχθανόμενον ἀπελθεῖν τοῖς κρατοῦσιν·
ἦσθα δὲ ἂν βελτίων, εἰ τοὺς ἀνθρώπους ἐκ τῆς πρὸς
σεαυτὸν συνουσίας ἀπέφηνας ἡμῖν μετριωτέρους· ἀλλὰ
τοῦτο μὲν οὐ κατὰ σέ, μὰ τοὺς θεούς, οὐδὲ κατὰ μυ-
ρίους ἄλλους ὅσοι ζηλοῦσιν τὴν σὴν τρόπον· πέτραι
γὰρ πέτραις καὶ λίθοι λίθοις προσαραττόμενοι οὐκ
ὠφελοῦσι μὲν ἀλλήλους, ὁ δ’ ἰσχυρότερος τὸν ἥττονα
εὐχερῶς συντρίβει.

(16) Ἆρα μὴ Λακωνικῶς ταῦτα καὶ συντόμως λέγω;
ἀλλ’ ἐγὼ μὲν οἶμαι λαλίστερος διὰ σὲ καὶ τῶν Ἀττικῶν
ἀποπεφάνθαι τεττίγων. ἐπιθήσω σοι δίκην τὴν πρέπουσαν, ἐθελόν-
νηκας, ἐπιθήσω σοι δίκην τὴν πρέπουσαν, ἐθελόν-
των θεῶν καὶ τῆς δεσποίνης Ἀδραστείας. τίς οὖν
ἡ δίκη καὶ τί μάλιστα τὸ δυνάμενόν σου τὴν γλῶτταν
καὶ τὴν διάνοιαν ὀδυνῆσαι, ὡς ἐλάχιστα πειράσομαι
διὰ τε τῶν λόγων καὶ διὰ τῶν ἔργων ἐξαμαρτὼν μὴ
παρασχέσθαι σου τῇ κακηγόρῳ γλώττῃ πολλὴν εὐλα-
φλυα-
ρίαν. (17) καίτοι με οὐ λέληθεν ὅτι καὶ τῆς Ἀφροδίτης
φασὶν ὑπὸ τοῦ Μώμου ἐσκῶφθαι τὸ σάνδαλον ἀλλ’
ὁρᾷς ὅτι πολλὰ καὶ ὁ Μῶμος ἐρρήγνυτο, καὶ μόλις
ἐλάμβανε τοῦ σανδάλου εἴη δὲ καὶ σὲ περὶ ταῦτα

ex optimo Symmacho Certo enim scio non se turpi men-
dacio contaminaturum qui suapte natura verum dicere
consuevit (11) Si vero ægre fers quod non omnibus a me
prælatus es, ego mihi ipsi indignor quod te non in po-
stremissimis habui, gratiasque ago diis et deabus omni-
bus, qui me prohibuerunt, ne propius communicaremus
et negotiorum coniunctione fieremus amici (12) Etsi enim
multa de fama dicuntur a poetis, quod dea sit, sit po-
tius dæmonium, siquidem famæ non est per omnia fides
tribuenda Est enim dæmonium non purum bonumque
per omnia, qualis deorum natura esse consuevit, sed ab
sequiore parte etiam quodammodo participat Quod si
de aliis non fas sit affirmare dæmonibus, de fama novi
dicentem, quod falso multa, multa vere nuntiat, me nun-
quam falsi argutum iri testimonii

(13) Verum tu tuam libertatem in dicendo quatuor,
quod dicitur, obolorum pretio æstimas An nescis, quod
et Thersites inter Græcos libertate in dicendo utebatur ?
quem sceptro percussit Ulixes sapientissimus Agamem-
noni autem minus curæ erat Thersitæ maledicentia,
ut est in proverbio, muscas testudo curat Non
magnum negotium est alios reprehendere, sed aliis sese
inculpatum et irreprehensibilem præbere quod si tibi
contigit, age, id nobis demonstrato (14) Scilicet iuvenis
cum esses, bellas de te præbuisti fabulas senioribus : ego
tamen cum Euripidea Electra tales casus silentio præ-
tereo At vir factus, quando adversus hostes res gerenda
erat, fecisti profecto quod de veritate ais, obviam illis
datus retrocessisti Quibus hoc possum testibus de-
monstrare ? non e vulgo nec levissimis, sed a quibus ipse
es repulsus, qui ex locis illis ad nos venerunt (15) Illud
strenui prudentisque viri non est, cordalissime Dionysi,
discedere principibus invisum infensumque at tum es-
ses melior, si tua consuetudine et familiaritate homines
nobis reddidisses sapientiores Sed hoc tibi nunquam
neque aliis mille tui similibus continget Etenim saxa
saxis si confligant, et lapides lapidibus si collidantur, ni-
hil sibi invicem prosunt, sed mollior a duriore facile
teritur

(16) Nonne hæc loquor Laconice et concise ? Ego enim ar-
bitror me tua causa loquaciorem Atticis cicadis videri Pro
tuis autem in me contumeliis conviciisque faxo pœnas mihi
luas, ut par erit, annuentibus diis dominaque Adrastea
Quonam pacto, ais, et quidnam præcipue valebit linguam
tuam et mentem constringere ? Ut verbo et opere quam
minimum peccans obstruam . quantum in me erit, per-
vicaci et maledicæ tuæ linguæ ac futilitati rimas (17) Ne-
scius tamen non sum, Veneris ipsius soleam Momi dicteria
non evasisse Sed vides, ut idem ille Momus ob reli-
quum Veneris decorem invidia rumpebatur, et vix repe-

τριβόμενον καταγηράσαι καὶ τοῦ Τιθωνοῦ βαθύτερον
καὶ τοῦ Κινύρου πλουσιώτερον καὶ τοῦ Σαρδανα-
πάλλου τρυφηλότερον, ὅπως τὸ τῆς παροιμίας ἐπὶ σοῦ
πληρωθῇ δὶς παῖδες οἱ γέροντες.

(18) Ἀλλ' ὁ θέσπιος Ἀλέξανδρος ἐκ τίνων ἐφάνη σοι
τηλικοῦτος; ἆρ' ὅτι μιμητὴς αὐτοῦ γενόμενος ἐζήλωσας
ὅσα ἐκείνῳ τὸ μειράκιον ὁ Ἑρμόλαος ὠνείδισεν; ἢ
τοῦτο μὲν οὐδεὶς οὕτως ἐστὶν ἀνόητος ὡς ὑπονοῆσαι
περὶ σοῦ· τοὐναντίον δὲ καὶ ὅπερ ἀπωδύρετο παθὼν
Ἑρμόλαος, καὶ διόπερ διενοεῖτο τὸν Ἀλέξανδρον, ὥς
φασιν, ἀποκτεῖναι, τοῦτο δὲ οὐδεὶς ὅστις πεπεισμένος
οὐκ ἔστι περὶ σοῦ. (19) πολλῶν δὲ ἐγὼ νὴ τοὺς θεοὺς καὶ
σφόδρα σε φαμένων φιλεῖν ἀκήκοα πολλὰ ὑπὲρ ταύτης
ἀπολογουμένων τῆς ἁμαρτίας, ἤδη δέ τινος καὶ ἀπι-
στοῦντος· ἀλλ' οὗτός ἐστιν ἡ μία χελιδών· οὐ ποιεῖ
τὸ ἔαρ. ἀλλ' ἴσως ἐκεῖθεν Ἀλέξανδρος ὤφθη σοι μέ-
γας, ὅτι Καλλισθένη μὲν ἀπέκτεινε πικρῶς, Κλεῖτος
δὲ αὐτῷ τῆς παροινίας ἔργον ἐγένετο, Φιλώτας τε καὶ
Παρμενίων καὶ τὸ Παρμενίωνος παιδίον. (20) ἔπειτα
τὰ περὶ τὸν Ἕκτορα τὸν ἐν Αἰγύπτῳ τοῦ Νείλου
ταῖς δίναις ἢ ταῖς Εὐφράτου (λέγεται γὰρ ἑκάτε-
ρον) ἐναποπνιγέντα καὶ τὰς ἄλλας αὐτοῦ παιδιὰς σιω-
πῶ, μὴ βλασφημεῖν ἄνδρα δόξω τὸ κατορθούμενον
μὲν οὐδαμῶς ἔχοντα, κράτιστον μέντοι τὰ πολεμικὰ
στρατηγόν· ὧν σὺ κατὰ τὴν προαίρεσιν καὶ κατὰ
τὴν ἀνδρείαν ἐλάττων μετέχεις ἢ τριχῶν ἰχθύες. (21)
ἄκουε δὴ τῆς παραινέσεως μὴ λίαν ὀργίλως,

οὔ τοι, τέκνον ἐμόν, δέδοται πολημήϊα ἔργα.

τὰ δὲ ἑξῆς οὐ παραγράφομαι, αἰσχύνομαι γὰρ νὴ τοὺς
θεούς. ἀξιῶ μέντοι σε προσυπακούειν αὐτό· καὶ γὰρ
εὔλογον ἕπεσθαι τοῖς ἔργοις τοὺς λόγους, ἀλλὰ μὴ φεύ-
γειν τὰ ῥήματα τὸν μηδαμῶς διαπεφευγότα τὰ ἔργα.

(22) Ἀλλ' ὁ τὴν Μαγνεντίου καὶ Κώνσταντος ὁσία
αἰσχυνόμενος, ἀνθ' ὅτου τοῖς ζῶσι πολεμεῖς καὶ τοῖς
ὁπωσοῦν βελτίστοις λοιδορῇ; πότερον ὅτι μᾶλλον
ἐκεῖνοι δύνανται τῶν ζώντων ἀμύνεσθαι τοὺς λυποῦν-
τας; ἀλλὰ σοὶ τοῦτο οὐ προσήκει λέγειν· εἰ γάρ,
ὡς γράφεις, θαρραλεώτατος. ἀλλ' εἰ μὴ τοῦτο, τυχὸν
ἕτερον· ὡς γὰρ οὐκ αἰσθανομένους ἐπισκώπτειν ἴσως
οὐ βούλει. (23) τῶν ζώντων δὲ ἆρά τις οὕτως εὐήθης
ἐστὶν ἢ μικρόψυχος, ὃς ἀξιώσειεν ἂν αὐτοῦ παρὰ σοὶ
λόγον εἶναί τινα, καὶ οὐ βουλήσεται μάλιστα μὲν
ἀγνοεῖσθαι παρὰ σοῦ παντάπασιν, εἰ δ' ἀδύνατον εἴη,
λοιδορεῖσθαι παρὰ σοῦ μᾶλλον, καθάπερ ἐγὼ νῦν,
ἢ τιμᾶσθαι; μήποτε οὕτω κακῶς φρονήσαιμι, μή-
ποτε τῶν παρὰ σοῦ μᾶλλον ἐπαίνων ἢ ψόγων ἀντι-
ποιησαίμην.

(24) Ἀλλ' αὐτὸ τοῦτο τὸ γράφειν πρός σε δακνομένου
τυχὸν ἴσως ἐστίν; οὐ μὰ τοὺς θεοὺς τοὺς σωτῆρας, ἀλλ'
ἐπικόπτοντος τὴν ἄγαν αὐθάδειαν καὶ τὴν θρασύτητα
καὶ τὴν ἀκολασίαν τὴν τῆς γλώττης καὶ τὸ τῆς ψυχῆς
ἄγριον καὶ τὸ μαινόμενον τῶν φρενῶν καὶ τὸ παρακε-

---

(18) At divinus Alexander quibus de causis tantus tibi
videtur? num quia imitatorem te eius et æmulum geris in
eo, quod illi puer Hermolaus· exprobravit? Nemo autem
ita desipit, ut istud de te suspicetur; contrarium vero
et de quo graviter conquerebatur affectus verberibus
Hermolaus, quam ob causam quoque aiunt Alexandrum
voluisse occidere, hoc nemo est qui de te non sit persua-
sus. (19) Ex multis ego, deos testor, et qui vehementer
te aiebant a se diligi, audivi multa pro hoc scelere a te
removendo disputare; erat etiam aliquis, qui negaret
se illud credere. Sed una hirundo ille fuerit, quæ ver
non facit. At enim fortasse ideo magnus tibi Alexander
visus est, quod Callisthenem crudeliter interfecit, quod
Clitum per temulentiam, quod Philotam et Parmenio-
nem. (20) Tum quæ Hectorem attinent in Nili Ægyptii fluc-
tibus vel Euphratis (utrumque enim fertur) suffocatum
et alios eius lusus omitto, ne contumeliosus in virum vi-
dear, qui morum quidem rectitudine neutiquam con-
spicuus fuit, in bello autem præclarissimus dux. Quorum
utrorumque, et virtutis studii et fortitudinis, minus
etiam est in te, quam comarum in piscibus. (21) Audi
vero quod te monebo, nec ira tibi mentem efferat :

non tibi, nata, datum est armorum laude lucere.

Quæ apud poetam sequuntur, non adscribo; nam profe-
cto pudore cohibeor : velim tamen ea cogitatione tua
suppleri, cum rationi sit congruens rebus verba subse-
qui, eumque, qui rem neutiquam refugit, nec verba de-
bere aliena a se putare.

(22) Sed qui Magnentii et Constantis manes revereris, cur
oppugnas viventes et optimis quibusque conviciaris? Num
quod illi superstitibus amplius possunt ulcisci iniurias?
Quod tamen tibi affirmare neutiquam convenit, si qui-
dem, ut scribis, es audentissimus. Sed si hoc non va-
leat, alterum fortasse, quod illos tanquam non sensu-
ros derides. (23) Sed non opinor hoc volueris. Ex viventi-
bus autem quis ita est stolidus aut pusillanimis, ut hilum
curet sui apud te haberi rationem quamcumque ut non
malit prorsus tibi esse ignotus; aut si hoc non possit fieri,
conviciis peti a te potius; ut mihi nunc contigit, quam
honorari? Nolim equidem tam male sapere, ut laudes a
te quam vituperationes tuas potiores existimem.

(24) Sed hoc ipsum fortasse, quod a te scribo, læsum
me offensumque indicat. Minime sane, deos servatores
testor : sed reprimere cupio nimis sibi placentem homi-
nem audacemque et effrænem eius linguam et ferocem
animam et insanam prorsusque turbatam mentem. Lice-

κινηχὸς ἐν πᾶσιν. ἐξῆν γοῦν, εἴπερ ἐδεδήγμην, ἔρ-
γοις ἀλλὰ μὴ λόγοις σε σφόδρα νομίμως κολάσαι
πολίτης γὰρ ὢν καὶ τῆς γερουσίας· μετέχων αὐτοχρά-
τορος ἐπίταγμα παρητήσω· τοῦτο δὲ οὐκ ἐξῆν δήπουθεν
τῷ μὴ μεγάλην ἀνάγχην προϊσχομένῳ. (25) οὔχουν
ἐξήρχει μοι ὑπὲρ τούτου ζημιῶσαί σε παντοίαν ζημίαν,
ἀλλ᾽ ᾠήθην δεῖν γράψαι πρός σε πρῶτον, νομίζων
ἰάσιμον ἐπιστολίῳ βραχεῖ ὡς δὲ ἐμμένοντα τοῖς
αὐτοῖς, μᾶλλον δὲ τὸ λεληθὸς τέως τῆς μανίας ἐρώ-
ρασα, ** μή τι καὶ νομισθείης ἀνήρ, οὐκ ἀνὴρ ὤν, καὶ
παρρησίας μεστός, ἐμβροντησίας· ὧν πλήρης, καὶ
παιδείας μετεσχηχώς, οὐδὲ γρῦ λόγων ἁψάμενος, ὅτα
γε εἰκός ἐστι ταῖς ἐπιστολαῖς σου τεκμήρασθαι τὸ
γὰρ φροῦδον οὐδεὶς εἶπε τῶν ἀρχαίων ἐπὶ τοῦ
προφανοῦς, ὥσπερ σὺ νῦν, ἐπεὶ τὰς ἄλλας σου τῆς
ἐπιστολῆς ἁμαρτίας οὐδεὶς ἂν ἐπεξελθεῖν ἐν μαχρῷ βι-
βλίῳ δυνηθείη καὶ τὸ μαστροπὸν ἐκεῖνο καὶ βδελυρὸν
ἦθος, ὑφ᾽ οὗ σεαυτὸν προαγωγεύεις (26) οὐ γὰρ τοὺς
ἐξ ἑτοίμου ** φύσει ** οὐδὲ τοὺς ἐφεδρεύοντας ταῖς ἀρ-
χαῖς, ἀλλὰ τοὺς βεβαίᾳ κρίσει χρωμένους, καὶ δὴ
τοῦτο τὸ δέον αἱρουμένους τούτους δεῖν, ἀλλὰ τοὺς
ἑτοίμως ὑπαχούοντας αἱρεῖσθαι. καλάς γε ἡμῖν ἐλ-
πίδας ὑποφαίνεις οὐδὲ δεόμενος, ὡς ὑπείξων, ἢν αὖθις
καλῶμεν ἐπὶ κοινωνίᾳ πραγμάτων (27) ἐμοὶ δὲ τοσοῦ-
τον μέρος τούτου περίεστιν, ὥστε σε τῶν ἄλλων εἰσιε-
μένων οὐδὲ προσείρηκα πώποτε καίτοιγε πρὸς πολ-
λοὺς ἔγωγε τὸ ἐποίησα γνωρίμων τε καὶ ἀγνοουμέ-
νων ἐμοὶ κατὰ τὴν θεοφιλῆ Ῥώμην διατρίβοντας
οὕτω σου τῆς φιλίας ἀντεποιούμην, οὕτω σε σπουδῆς
ἄξιον ᾠόμην. (28) εἰκὸς οὖν ὅτι καὶ τὰ μέλλοντα πρὸς
σὲ τοιαῦτα ἔσται καὶ γὰρ νῦν ἔγραψα ταυτηνὶ τὴν
ἐπιστολήν, οὐ σοὶ μόνον ἀναγνωσομαι, ἐπεὶ καὶ ἀναγ-
καίαν πολλοῖς αὐτὴν ᾔδειν, καὶ δώσω γε πᾶσιν οὐκ
ἄχουσιν, ὡς ἐμαυτὸν πείθω, ληψομένοις· σεμνό-ερον
γὰρ ὁρῶντές σε καὶ ὀγχωδέστερον τῶν ἔμπροσθέν σου
βεβιωμένων ἄχθονται τελείαν ἕξεις παρ᾽ ἡμῶν τὴν
ἀπόχρισιν, ὥστε σε μηδὲν ἐπιποθεῖν οὔχουν οὐδὲ
ἡμεῖς παρὰ σοῦ τι πλέον ἀπαιτοῦμεν, ἀλλ᾽ ἐντυχών,
ὅτε βούλει, τοῖς γράμμασι χρήσαι· τὸ γὰρ τῆς ἡμε-έρας
φιλίας πέπραταί σοι ἔρρωσο τρυφῶν καὶ λοιδορού-
μενος ἐμοὶ παραπλησίως.

νθ Ἰαμβλίχῳ

Ἦλθες καὶ ἐποίησας, ἦλθες γὰρ δὴ καὶ ἀπὼν οἷς
γράψεις· ἐγὼ δέ σε μὰ ἐμὰν ἀν᾽ δ᾽ ἐφύλαξας ἐμὰν
φρένα χαισμέναν πόθῳ. οὔχουν οὔτε ἀρνούμαι τὸ
φίλτρον οὔτε ἀπολείπω σε κατ᾽ οὐδέν, ἀλλὰ καὶ ὡς
παρόντα τῇ ψυχῇ θεωρῶ καὶ ἀπόντι σύνειμι, καὶ οὐδὲν
ἱκανόν ἐστί μοι πρὸς χόρον ὀρχέσαι καίτοι σύ γε
οὐκ ἀνίης καὶ παρόντας εὖ ποιῶν ἀεὶ καὶ ἀπόντας οὐκ
εὐφραίνων μόνον οἷς γράψεις ἀλλὰ καὶ σώζων. (1) ὅτι
γοῦν ἀπήγγειλέ μοί τις ἔναγχος ὡς παρὰ σοῦ γράμμα-τα
κομίσας ἑταῖρος ἥχοι, ἐτύγχανον μὲν ἐν ἀηδίᾳ τοῦ

---

bat sane, si morsu offensus essem tuo, rebus, non
verbis legitimas omnino pœnas a te repetere Civis
enim et ex senatorio ordine cum sis, imperatoris manda-
tum transgressus es Hoc autem fas non erat, summa
ad hoc non adigente necessitate (25) Igitur neque causæ
hoc mihi satis fuit propterea te damno qualicunque af
ficere, sed duxi prius ad te scribendum, sperans brevi
te epistolio sanari posse Cum vero te deprehendissem
delictis resistentem tuis, vel potius latentem prius insa-
niam palam proditam, ** ne deinceps, qui vir non es
virum te putent homines, et libere dicentem, qui es
maxime stupidus, vel eruditum, qui litteras nunquam
attigisti, ut ex epistolis tuis licet arguere Neque enim
antiquorum ullus τὸ φροῦδον de re manifesta usurpavit,
quod tu nunc facis Nam ceteros epistolæ tuæ lapsus
nemo facile persequatur sermone quamvis longo, neque
lenoninos et impuros tuos mores explicare queat Stas
enim velut prostibulum, nec eos modo, qui te ultro
adeunt, ductando captas ** (26) Neque enim I os qui ma-
gistratus aucupantur, sed eos qui firmo utuntur iudicio
et per hoc rectum colunt, ita ut decet, deligemus, et qui
obsequi parati sunt Bonas nobis spes obicis, dum ne
rogas quidem, ut obsecundaturus, si iterum te ad com-
munia negotia appellaverimus (27) Ego vero tantum ab
illo absum, ut, cæteris intrantibus, te ne adlocutus quidem
sim unquam quod tamen multis ego feci notis et ignotis,
qui Romæ in illa dilecta diis urbe versantur Tanti ami-
citiam tuam æstimavi, ita dignum te esse ratus sum
(28) Verisimile igitur in posterum quoque meam hanc de
te sententiam fore Nam et in præsenti hanc ad te exaravi
epistolam non solum legendam tibi, sed quam necessa-
riam duco ut multi cognoscant, et dabo legendam om-
nibus, qui, ut opinor, non illubentes eam a me accipient
Cum enim vident te ita insolentem et turgidum esse præ
aliis, indignantur Perfectam hanc habes a nobis re-
sponsionem, ita ut nihil desiderare possis amplius nec
nos a te quicquam amplius postulamus Igitur epistolas
nostras, cum voles, lege, amicitiam enim nostram ven-
didisti Vale inter delicias tuas et tua,in me convicia

LIX Iamblicho

Venisti et fecisti Nam et absens per eas, quas scribis,
litteras venisti Ego vero te, per meam, quam tu incen-
disti, meam, inq am, mentem ardentem desidero, nec
amorem inficior, nec te ulla re desero, sed tanquam præ-
sentem contemplor animo et cum absente versor nec est
quicquam quod me plene satiare possit Verum tu ne-
que de præsentibus bene merendi finem facis, nec absen-
tes cum oblectare scriptis tuis, tum salutem iis afferre
desinis (2) Cum igitur mihi nuper nuntiasset aliquis, adve-
nisse sodalem, qui a te litteras afferret, tertium iam diem

στομάχου τριταῖος ἤδη καθεστὼς· καί τι καὶ περιαλγῶς
ἔχων τοῦ σώματος, ὡς μηδὲ ἔξω πυρετοῦ μεῖναι· ση-
μανθὲν δὲ ὡς ἔφην ὅτι μοι πρὸς ταῖς θύραις ὁ τὰ γράμ-
ματα ἔχων εἴη, ἐγὼ μὲν ὥσπερ τις ἀκρατὴς ἐμαυτοῦ
καὶ κάτοχος ἀναπηδήσας ᾖξα πρὶν ὅ τι δέοι παρεῖ-
ναι. (3) ἐπεὶ δὲ καὶ ἔλαβον εἰς χεῖρας τὴν ἐπιστολὴν
μόνον, ὀμνύω τοὺς θεοὺς αὐτούς καὶ τὸν ἐπὶ σοί με
ἀνάψαντα πόθον, ὡς ἅμα τε ἔφυγον οἱ πόνοι καί με
καὶ ὁ πυρετὸς ἀνῆκεν εὐθύς, ὥσπερ τινὶ τοῦ σωτῆρος
ἐναργεῖ παρουσίᾳ δυσωπούμενος. ὡς δὲ καὶ λύσας
ἀνέγνων, τίνα με ἡγῇ ψυχὴν ἐσχηκέναι τότε ἢ πόσης
ἡδονῆς ἀνάπλεων γεγενῆσθαι; τὸν φίλτατον ὡς φῂς
ἂν ἐμόν, τὸν ἐρωτικὸν ἀληθῶς, τὸν διάκονον τῶν
καλῶν, ὑπερεπαινοῦντά τε καὶ φιλοῦντα δικαίως, ὅτι
μοι τῶν παρὰ σοῦ γραμμάτων ὑπηρέτης γέγονεν,
πτηνοῦ δίκην ἡμῖν τὴν ἐπιστολὴν διευθύνας οὐ-
ρίῳ τε καὶ πομπίμῳ πνεύματι, δι' ἧς οὐ μόνον
ὑπῆρξεν ἡσθῆναί μοι τὰ εἰκότα περὶ σοῦ γνόντι, ἀλλὰ
καὶ αὐτῷ κάμνοντι παρὰ σοῦ σωθῆναι; (ι) τά γε μὴν
ἄλλα πῶς ἃ πρὸς τὴν ἐπιστολὴν ἔπαθον εἴποιμ' ἄν, ἢ
πῶς ἂν ἀρκούντως ἐμαυτοῦ τὸν ἔρωτα καταμηνύσαιμι;
ποσάκις ἀνέδραμον εἰς ἀρχὴν ἐκ μέσου; ποσάκις ἔδεισα
μὴ πληρώσας· λάθω; ποσάκις ὥσπερ ἐν κύκλῳ τινὶ καὶ
στροφῆς περιόδῳ τοῦ συμπεράσματος τὸ πλήρωμα
πρὸς τὴν ἀρχὴν ἀνεῖλκον, οἷον ἐν ᾄσματι μουσικῷ
ταὐτὸν τοῦ ῥυθμοῦ τῷ τέλει τὸ πρὸς τὴν ἀρχὴν ἡγού-
μενον μέλος ἀντιδιδούς, ἢ καὶ νὴ Δία τὰ ἑξῆς
τούτων, ὁσάκις μὲν τῷ στόματι τὴν ἐπιστολὴν προσή-
γαγον ὥσπερ αἱ μητέρες τὰ παιδία προσπλέκονται,
ὁσάκις δὲ ἀκριβῆ τῷ στόματι καθάπερ ἐρωμένην
ἐμαυτοῦ φιλτάτην ἀσπαζόμενος, ὁσάκις δὲ τὴν ἐπι-
γραφὴν αὐτήν, ἢ χειρὶ σῇ καθάπερ ἐναργεῖ σφραγῖδι
σεσήμαντο, προσειπὼν καὶ φιλήσας εἶτα ἐπέβα-
λον τοῖς ὀφθαλμοῖς, οἱονεὶ τοῖς τῆς ἱερᾶς ἐκείνης δε-
ξιᾶς δακτύλοις ἐν τῷ τῶν γραμμάτων ἴχνει προσπε-
φυκώς. (5) χαῖρε δὲ καὶ αὐτὸς ἡμῖν πολλά, καθά-
περ ἡ καλὴ Σαπφώ φησι, καὶ οὐκ ἰσάριθμα μόνον τῷ
χρόνῳ, ὃν ἀλλήλων ἀπελείφθημεν, ἀλλὰ γὰρ καὶ
ἀεὶ χαῖρε, καὶ γράφε καὶ μέμνησο ἡμῶν τὰ εἰ-
κότα. ὡς ἡμᾶς γε οὐκ ἐπιλείψει χρόνος, ἐν ᾧ σε μὴ
πάντα καὶ ἐν παντὶ καιρῷ καὶ λόγῳ διὰ μνήμης ἕξο-
μεν. (6) εἰ δέ ποθι Ζεὺς δοίη ἱκέσθαι ἐς πατρίδα
γαῖαν, καί σου τὴν ἱερὰν ἐκείνην ἑστίαν αὖθις ὑπέλθοι-
μεν, μὴ φείσῃ λοιπὸν ὡς φυγάδος, ἀλλὰ δῆσον εἰ δοκεῖ
πρὸς τοῖς σεαυτοῦ θώκοις τοῖς φιλτάτοις, ὥσπερ τινὰ
Μουσῶν λιποτάκτην ἑλών, εἶτα τοῖς εἰς τιμωρίαν ἀρ-
κοῦσι παιδεύων. πάντως οὐδὲ ἄκων ὑποστήσομαι τὴν
δίκην, ἀλλ' ἑκὼν δὴ καὶ χαίρων, ὥσπερ ἀγαθοῦ πα-
τρὸς ἐπανόρθωσιν προμηθῆ καὶ σωτήριον. (7) εἰ δὲ δὴ
μοι καὶ κατ' ἐμαυτοῦ τὴν κρίσιν ἐθέλοις πιστεῦσαι καὶ
δοίης ἐνεγκεῖν ἣν βούλομαι, ἐμαυτόν, ὦ γενναῖε, τῷ σῷ
χιτωνίσκῳ προσάψαιμι ἂν ἡδέως, ἵνα σου μηδὲν
ἀπολειποίμην, ἀλλὰ συνείην ἀεὶ καὶ πανταχῇ προσ-
φεροίμην, ὥσπερ οὓς οἱ μῦθοι διφυεῖς ἀνθρώπους

stomacho laborabam et affecta eram valetudine, ut nec
extra febrem consisterem : sed cum mihi, ut dixi, signi-
ficatum esset, adesse præ foribus qui a te litteras habe-
ret, statim velut impotens mei et furore quodam instinc-
tus exsiliensque, nec ministris exspectatis, obviam erupi.
(3) Ut autem epistolam in manus tantummodo sumsi, deos
ipsos et illud meum, quo in te sum inflammatus, deside-
rium testor, repente fugisse dolores omnes, ac me fe-
brim reliquisse, velut manifesta salutaris cuiusdam nu-
minis præsentia territam. Postquam vero resignatam
legere cœpi, quo me tandem animo fuisse tunc existi-
mas, aut quantam cepisse voluptatem ? cum amicissimum,
ut ais, nuntium et ad amores reipsa factum ac rerum
præclararum administrum impense collauderem ac me-
rito oscularer, quod perferendis ad me litteris tuis ope-
ram navaverat, easque more volucris ad nos secundo
ac prospero vento direxerat, quæ mihi non solum oblec-
tationem attulerunt, quod ex ipsis in illo, quem par
erat, statu res tuas esse cognovi, sed ægrotanti quoque
salutem ac sospitatem reddiderunt. (4) Iam quod ad cæ-
tera spectat, quis animi mei affectus fuerit, cum primum
epistolam illam legi, qua tandem oratione consequar aut
quemadmodum desiderium meum idoneis verbis expli-
cem ? quotiens me ad initium a fine revocavi, quotiens
veritus sum, ne imprudens totam legendo percurrerem
quotiens, velut in circulo quodam ac strophæ ambitu,
finem et clausulam ad principium retraxi, sic tanquam
in musico cantu id ipsum, qua carmen exordium cepe-
rat, modulationis in fine repeterem ? vel illa, per Iovem,
quæ deinde consecuta sunt ? quotiens ad os meum epi-
stolam admovi, sicut matres filiolos suos exosculantur ?
quotiens ad idem meum os adhæsit, tanquam suavissi-
mam meam amasiam complecterer ? ? quotiens inscriptio-
nem ipsam, quam velut manifesto sigillo tuapte manu
obsignaveras, blande compellavi suaviatusque sum ?
tum oculis imposui, quasi sacræ illius dextræ digitis in
istis litterarum vestigiis affixus. (5) Tu vero nobis et ipse
plurimum salve, ut egregia illa Sappho loquitur, nec pro
ratione modo temporis, eius quo invicem abiuncti sumus
sed perpetuo salve, ac scribe et quantum par est memento
nostri. Nam, quod ad me attinet, nullum tempus erit,
quo non tui penitus et in occasione omni ac sermone
meminerim. (6) Quod si unquam Iupiter dederit contin-
gere patriam terram, ac tuos illos sacros penates subire
liceat, noli tanquam fugitivo deinceps parcere, sed ad
iucundissima tua subsellia, non secus ac desertorem
Musarum a fuga retractum, si videtur, alliga : tum pro
eius merito castigatum admone. Equidem ultro ac gau-
dens, nedum invitus, pœnas istas, tanquam ab optimo
patre providam ac salutarem emendationem, excipiam.
(7) Sin est ut mihi deme, qualemcumque velim, sententiam
ferre permittas, hoc mihi, præstantissime vir, libenter
imponam, ut ad tuniculam tuam adhærescam, nec a te
ullo tempore divellar, sed una tecum assidue verser et
ubique sim applicitus; cuiusmodi sunt, quos biformes

πλάττουσιν. εἰ μὴ κἀκεῖνο οἱ μῦθοι λέγουσι μὲν ὡς παίζοντες, αἰνίττονται δὲ εἰς τὸ τῆς φιλίας ἐξαίρετον, ἐν τῷ τῆς κοινωνίας δεσμῷ τὸ δι' ἑκατέρου τῆς ψυχῆς ὁμογενὲς ἐμφαίνοντες.

ξ'. Τῷ αὐτῷ.

Ἱκανὴν ὁμολογῶ τῆς σῆς ἀπολείψεως ἐκτετικέναι δίκην οὐ μόνον οἷς παρὰ τὴν ἀποδημίαν συνηνέχθην ἀνιαροῖς, ἀλλὰ γὰρ καὶ αὐτῷ τούτῳ πλέον, ὅτι σου τὸν τοσοῦτον ἀπελείφθην χρόνον, καίτοι πολλαῖς καὶ ποικίλαις πανταχοῦ χρησάμενος τύχαις, ὡς μηδὲν ἀπείρατον καταλιπεῖν. (2) ἀλλὰ καὶ πολέμων θορύβους καὶ πολιορκίας ἀνάγκην καὶ φυγῆς πλάνην καὶ φόβους παντοίους, ἔτι δὲ χειμώνων ὑπερβολὰς καὶ νόσων κινδύνους καὶ τὰς ἐκ Παννονίας τῆς ἄνω μέχρι τοῦ κατὰ τὸν Καλχηδόνιον πορθμὸν διάπλου μυρίας δὴ καὶ πολυτρόπους συμφορὰς ὑπομείνας οὐδὲ οὕτω λυπηρὸν οὐδὲ δυσχερὲς ἐμαυτῷ συμβεβηκέναι φαίην ἂν ὡς ὅτι σε τὸ κοινὸν τῶν Ἑλλήνων ἀγαθὸν ἐπὶ τοσοῦτον χρόνον τὴν ἑῴαν ἀπολιπὼν οὐκ εἶδον. (3) ὥστ' εἴπερ ἀχλύν τινα τοῖς ἐμοῖς ὀφθαλμοῖς καὶ νέφος πολὺ περικεῖσθαι λέγοιμι, μὴ θαυμάσῃς· τότε γὰρ δή με καὶ ἀὴρ εὔδιος καὶ φέγγος ἡλίου λαμπρότατον καὶ οἷον ἔαρ ἀληθῶς τοῦ βίου περιέξει κάλλιστον, ὅταν σὲ τὸ μέγα τῆς οἰκουμένης ἄγαλμα περιπτύξωμαι καὶ καθάπερ ἀγαθῷ πατρὶ παῖς γνήσιος ἐκ πολέμου τινὸς ἢ διαποντίου κλύδωνος ἀνελπίστως ὀφθεὶς εἶτα ὅσα ἔπαθον καὶ δι' ὅσων κινδύνων ἦλθον εἰπὼν καὶ οἷον ἐπ' ἀγκύρας ἱερᾶς ὁρμιζόμενος ἀρκοῦσαν ἤδη τῶν ἀλγεινῶν παραψυχὴν εὕρωμαι. (4) παραμυθεῖται γὰρ ὡς εἰκὸς καὶ ἐπικουφίζει τὰς συμφορὰς ὅταν τις ἃ πέπονθεν εἰς τοὺς ἄλλους ἔκφορα καθιστὰς διανείμῃ τοῦ πάθους τὴν γνῶσιν ἐν τῇ κοινωνίᾳ τοῦ λόγου. τέως γε μὴν οἷς ἔχω σε κατὰ δύναμιν τὴν ἐμὴν μέτειμι· καὶ γὰρ οὐ παύσομαι τὸν ἐν μέσῳ τῆς ἀπολείψεως χρόνον τῷ τῶν γραμμάτων θεραπεύων συνθήματι. (5) εἰ δὲ δὴ καὶ ἀντιτύχοιμι παρὰ σοῦ τῶν ἴσων, ὑφελῶ τι καὶ μικρόν, οἷον ἀντὶ σωτηρίου τινὸς συμβόλου τοῖς σοῖς ὁμιλῶν γράμμασι. σὺ δὲ δέχοιο τὰ παρ' ἡμῶν εὐμενῶς, παρέχοις δὲ καὶ σεαυτὸν εἰς ἀμοιβὴν εὐμενέστερον, ὡς ὅ τι ἂν σημήνῃς καλὸν ἢ γράψῃς, ταῦτα ἀντὶ τῆς Ἑρμοῦ λογίου φωνῆς ἢ τῆς Ἀσκληπιοῦ χειρὸς παρ' ἡμῖν κρίνεται.

ξα'

** τοῦθ' ὅπερ ὑπάρχει τοῖς ξύλοις, οὐκ ἄξιόν ἐστι νέμειν ἀνθρώποις, ὑποκείσθω γὰρ ἄνθρωπος ἱερωσύνης ἀντειλῆφθαι, τυχὸν οὐκ ἄξιος· οὐ χρὴ φείδεσθαι μέχρι τοσούτου, μέχρις ἂν ἐπιγνόντες ὡς πονηρός ἐστι καὶ τῆς λειτουργίας αὐτὸν εἴρξαντες τὸ προπετῶς ἴσως προσθέντων ὄνομα τοῦ ἱερέως ὑπεύθυνον ἀποδείξωμεν ὕβρει καὶ κολάσει καὶ ζημίᾳ, ταῦτα εἰ μὲν ἀγνοεῖς, οὐδὲ τῶν ἄλλων ἔοικας εἰδέναι τι τῶν μετρίων. (2) ἐπεὶ

LX. Eidem.

Satis magnas pœnæ abiunctionis abs te meæ dedisse me fateor non ob eas molestias solum, quas in peregrinatione ista sum expertus, sed huius unius rei maxime causa, quod tanto abs te sum tempore divulsus quamquam et multis et variis fortunæ casibus ubique conflictatus fuerim, sic ut nullius non periculum facerem (2) Verum cum et bellorum tumultus ac strepitus et obsidionis necessitatem et errores fugæ et varios metus et asperas ac rigidas hiemes et morborum pericula et innumerabiles ac diversas calamitates, quæ me a superiore Pannonia ad freti Calchedonii traiectum usque comitatæ sunt, hactenus exhauserim, nihil tamen peræque mihi acerbum ac triste contigisse dixerim, atque illud unum, quod ab oriente digressum Græcorum te commune bonum tam longo tempore non vidi (3) Noli itaque mirari, si nescio quam caliginem adhuc offusam esse meis oculis, et densissimam nubem obductam dixerim Tunc enim profecto et aer mihi serenus et lux sole ipso splendidior et velut formosissimum ver quoddam vitæ ad me devenerit, cum te magnum terrarum orbis simulacrum complecti potero, ac, quemadmodum bono parenti germanus filius e bello marisve fluctibus præter spem conspectus, quæcunque sum perpessus ac quibus perfunctus periculis exponens et quasi in sacra ancora stans idoneum solatium calamitatum mearum reperiam (4) Consolationem enim, ut credo, levamenque calamitatum accipit aliquis, cum ea quæ perpessus est in aliorum effundit aures, et laborum suorum notitiam in sermonis communione impertitur. Ego vero quibus possum te officiis interim prosequor, nec tempus hoc totum, quo a te absum, epistolarum scriptione levare desinam (5) Quod si parem de te gratiam impetrare potuero, nonnihil se dolor meus remittet, cum litteras tuas tanquam salutare quoddam omen adhibuero Tu vero fac ut et meas benevole et humaniter accipias et ad mutui officii consuetudinem humaniorem te præbeas Quicquid enim boni ac præclari significaris aut scripseris, id ego velut Mercurii doctrinarum præsidis vocem vel Æsculapii manum esse iudico

LXI

Hoc ipsum, quod lignis tribuitur, nonne hominibus concedere oportet? Etenim cogitemus hominem, qui sacerdotio potitus sit fors tan indignus, nonne tantisper et parcendum est, dum ipsius improbitate comperta primum a sacra functione removeatur, tum deinde nomen ipsum sacerdotis temere huic impositum contumeliæ, supplicio pœnæque subiiciatur? Hæc si non intelligis, ne rem quidem ullam cæterarum tenes, etiam mediocrium (2) Quam enim iuris atque æqui peritiam obtines, qui

σοι ποῦ μέτεστιν ἐμπειρίας ὅλως τῶν δικαίων, ὃς οὐκ
οἶσθα τί μὲν ἱερεύς, τί δὲ ἰδιώτης; ποῦ δέ σοι μέτεστι
σωφροσύνης, εἴπερ ἠκίσω τοῦτον ᾧ καὶ θώκων ἐχρῆν
ἐξανίστασθαι; τὸ αἰσχρὸν ἁπάντων καὶ σοι μάλιστα
μήτε πρὸς θεοὺς μήτε πρὸς ἀνθρώπους ἔχον καλῶς. (3)
οἱ μὲν τῶν Γαλιλαίων ἴσως ἐπίσκοποι καὶ πρεσβύτεροι
συγκαθίζουσί σοι, καὶ εἰ μὴ δημοσίως δι' ἐμέ, λάθρᾳ
καὶ ἐν τῷ οἴκῳ· διὰ σὲ τέτυπται δὲ ὁ ἱερεύς, οὐ γὰρ
ἂν ἦλθεν ἐπὶ ταύτην ὁ παρ' ὑμῖν ἀρχιερεὺς μὰ Δία τὴν
δέησιν. ἀλλ' ἐπειδή σοι πέφηνε μυθώδη τὰ παρ'
Ὁμήρῳ, τῶν τοῦ Διδυμαίου δεσπότου χρησμῶν ἐπά-
κουσον, εἴ σοι φανείη πάλαι μὲν ἔργῳ νουθετήσας
καλῶς τοὺς Ἕλληνας, ὕστερον δὲ τοὺς σωφρονοῦντας
διδάσκων τοῖς λόγοις,

(4) ὅσσοι ἐς ἀρητῆρας ἀτασθαλίῃσι νόοιο
ἀθανάτων ῥέζουσ' ἀποφώλια καὶ γεράεσσιν
ἀντία βουλεύουσιν ἀδεισιθέοισι λογισμοῖς,
οὐκέθ' ὅλην βιότοιο διεκπερόωσιν ἀταρπόν,
ὅσσοι περ μακάρεσσιν ἐλωβήσαντο θεοῖσιν,
ὧν κεῖνοι θεόσεπτον ἕλον θεραπηΐδα τιμήν.

ὁ μὲν οὖν θεὸς οὐ τοὺς τύπτοντας οὐδὲ τοὺς ὑβρίζον-
τας ἀλλὰ τοὺς ἀποστεροῦντας τῶν τιμῶν εἶναι **
θεοῖς ἐχθρούς· ὁ δὲ τυπτήσας ἱερόσυλος ἂν εἴη. (5) ἐγὼ
τοίνυν ἐπειδήπερ εἰμὶ κατὰ μὲν τὰ πάτρια μέγας ἀρ-
χιερεύς, ἔλαχον δὲ νῦν καὶ τοῦ Διδυμαίου προφητεύειν,
ἀπαγορεύω σοι τρεῖς περιόδους σελήνης μήτι τῶν εἰς
ἱερέα μηδὲν ἐνοχλεῖν· εἰ δὲ ἐν τούτῳ τῷ χρόνῳ φα-
νείης ἄξιος, ἐπιστειλαντός μοι τοῦ τῆς πόλεως ἀρχιε-
ρέως, εἰ παραδεκτὸς εἴης ἡμῖν ἐσαῦθις μετὰ τῶν θεῶν
βουλεύσομαι. (6) ταύτην ἐγώ σοι τῆς προπετείας ἐπι-
τίθημι ζημίαν. τὰς δὲ ἐκ τῶν θεῶν ἀρὰς πολλὰς μὲν
εἰώθεσαν οἱ παλαιοὶ λέγειν καὶ γράφειν, οὐ μὴν ἔμοιγε
φαίνεται καλῶς ἔχειν· οὐδαμοῦ γὰρ αὐτοὶ πεποιηκότες
οἱ θεοὶ φαίνονται. καὶ ἄλλως εὐχῶν εἶναι διακόνους
ἡμᾶς. ὅθεν οἶμαι καὶ συνεύχομαί σοι πολλὰ λιπαρή-
σαντι τοὺς θεοὺς ἀδείας τυχεῖν ὧν ἐπλημμέλησας.

ϛβ'. Ἰουλιανὸς Καῖσαρ Θεοδώρῳ ἀρχιερεῖ.

Ἐμοὶ πρὸς σὲ πεποίηται παρὰ τοὺς ἄλλους ἰδιαί-
τερον ἐπιστολῆς εἶδος, ὅτι σοι καὶ πλέον μέτεστι τῆς
πρὸς ἐμὲ φιλίας ἤπερ οἶμαι τοῖς ἄλλοις· ἔστι γὰρ
ἡμῖν ὁ κοινὸς καθηγεμὼν οὐ μικρά, καὶ μέμνησαι
δήπου. (2) χρόνος δὲ οὐ βραχύς ὅτε διατρίβων ἔτι κατὰ
τὴν ἑσπέραν, ἐπειδή σε λίαν ἀρέσκειν ἐπυθόμην αὐτῷ,
φίλον ἐνόμισα, καίτοι λ....... ἔχον ἐκεῖνο καλῶς εἰώ-
θεν ἐμοὶ διὰ περιττὴν εὐλάβειαν τὸ οὐ γάρ ἔγωγε
ἤντησ' οὐδὲ ἴδον, καὶ ὡς ἡγεῖσθαι χρὴ φιλία; μὲν
γνῶσιν, γνώσεως δὲ πεῖραν. (3) ἀλλ' ἦν τις ὡς ἔοικεν οὐκ
ἐλάχιστος παρ' ἐμοὶ λόγος καὶ τοῦ αὐτὸς ἔφα. διόπερ
ἐγὼ καὶ τότε σε τοῖς γνωρίμοις ᾤμην δεῖν ἐγκαταλέ-
γειν, καὶ νῦν ἐπιτρέπω πρᾶγμα ἐμοὶ μὲν φίλον, ἀν-
θρώποις δὲ πᾶσι πανταχοῦ λυσιτελέστατον. σὺ δὲ
εἰ καλῶς, ὥσπερ οὖν ἄξιον ἐλπίζειν, αὐτὸ μεταχειρί-

nondum scis quid sacerdos sit, quid privatus. Quam tu
vero moderationem habes animi, si eum male mulcaveris,
cui te vel decebat assurgere ac loco cedere? O rem omni
modo turpem, neque tibi præsertim vel deorum vel ho-
minum causa satis decoram! (3) Ac Galilæorum quidem
episcopi et presbyteri tibi fortassis assident, etsi non
publice propter me, at clanculum domique. Propter te
autem sacerdos vapulat. Nam nisi ita res haberet, non sic
vester ille pontifex mihi supplicasset. At quoniam Ho-
merica illa fabulosa tibi videntur, audi Apollinis oracula
Didymæi, ac vide num recte olim quidem reipsa Græcos
admonuerit, postea vero frugi ac moderatos homines
sermone docuerit :

(4) quicunque in sacerdotes superbia mentis
deorum immortalium stolida perpetrant et honoribus
contraria consulunt contemtricibus deum cogitationibus
non iam illi totam vitæ conficiunt iter,
quicunque beata contumeliis affecerunt numina,
quorum isti religiosum susceperunt cultum et honorem.

Hic nimirum deus non eos, qui sacerdotes pulsant aut
contumeliose tractant, sed qui debitis illos honoribus pri-
vant, deorum inimicos esse pronun.ciat. Quare qui ver-
berat, merito sacrilegus habeatur. (5) Ego itaque, quoniam
secundum patriæ leges maximus sum pontifex et oraculi
Didymæi præfecturam modo sum sortitus, edico tibi, ne
quid eorum quæ ad sacerdotem pertinent tribus totis
mensibus attingas. Quod si intra hoc spatium dignus
esse videbere, postquam a civitatis antistite super ea re
litteras accepero, utrum sis admittendus, cum diis postea
deliberabo. (6) Hanc tibi pœnam tuæ timeritatis impono.
Ad ea quondam veteres deorum exsecrationes solebant
verbis ac scriptis adiungere. Hoc tamen ego nequaquam
recte habere iudico, quippe nunquam a diis ipsis factum
videtur. Et alioqui precum esse administros nos decet.
Itaque vel meis precibus te adiuvo, ut, cum assiduus in
diis exorandis fueris, eorum veniam impetres, quæ per-
peram admisisti.

LXII. Iulianus Cæsar Theodoro pontifici.

Mihi ad te specialius quoddam quam ad alios con-
scriptum est epistolæ genus, et ideo quidem, quod tibi
mecum, ut arbitror, maior quam cum aliis amicitiæ usus
intercedit; est enim nobis communis ductor, cuius rei
memineris utique. (2) Non diu vero est, quod, cum in
occidente adhuc versarer, ex quo te valde ei placere
intellexi, in amicorum numero te habui, etsi propter
nimiam cautionem Homeri illud bene mihi habere vide-
batur, non mihi ille obviam factus est, neque vidi
eum, et amicitiam præcedere debere cognitione, cogni-
tionem vero consuetudinem. (3) Sed plurimum apud me
valet doctoris nostri auctoritas. Quapropter ego et inter
notos referre te continuo debere censui, et nunc tibi nego-
tium committo mihi quidem iucundum, omnibus vero ho-
minibus futurum utique utilissimum. Tu autem præclare,
prout id sperare decet, illud suscipe, multam quidem his in

σαιο, ἴσθι πολλὴν μὲν εὐφροσύνην ἐνταῦθα πρξίζων,
ἐλπίδα δὲ ἀγαθὴν μείζονα τὴν εἰς τὸ μέλλον. (4) οὐ γὰρ
δὴ καὶ ἡμεῖς ἐσμὲν τῶν πεπεισμένων τὰς ψυχὰς ἤτοι
προαπόλλυσθαι τῶν σωμάτων ἢ συναπόλλυσθαι, πει-
θόμεθα δὲ τῶν μὲν ἀνθρώπων οὐδενί, τοῖς θεοῖς δὲ μό-
νον, οὓς δὴ καὶ μάλιστα ταῦτα εἰκὸς εἰδέναι μόνους,
εἴ γε χρὴ καλεῖν εἰκὸς τὸ ἀναγκαῖον ὡς τοῖς μὲν ἀν-
θρώποις ἁρμόζει περὶ τῶν τοιούτων εἰκάζειν, ἐπίστα-
σθαι δὲ αὐτὰ τοὺς θεοὺς ἀνάγκη.

(5) Τί ποτ' οὖν ἐστιν ὃ φημί σοι νῦν ἐπιτρέπειν, ἄρ-
χειν τῶν περὶ τὴν Ἀσίαν ἱερῶν ἁπάντων .. τοὺς λίθους
.. τὴν πόλιν ἱερέων, καὶ ἀπονέμοντι τὸ τρέπον ἑκά-
στῳ. πρέπει δὲ ἐπιείκεια μὲν πρῶτον ἄρχοντι ἡ χρηστό-ης
τε ἐπ' αὐτῇ καὶ φιλανθρωπία πρὸς τοὺς ἀξίους αὐτῶν
τυγχάνειν ὡς ὅστις γε ἀδικεῖ μὲν ἀνθρώπους, ἀνόσιος δ'
ἐστὶ πρὸς θεούς, θρασὺς δὲ πρὸς πάντας, ἢ διδακτέος
μετὰ παρρησίας ἐστὶν ἢ μετὰ ἐμβριθείας κολαστέος (6)
ὅσα μὲν οὖν χρὴ κοινῇ συντάξαι περὶ τῶν ἱερῶν ἁπάντων
ἐντελέστερον, αὐτίκα μάλα σὺν τοῖς ἄλλοις εἴσει, μικρὰ
δὲ τέως ὑποθέσθαι σοι βούλομαι δίκαιος δὲ εἶ πείθεσθαί
μοι τὰ τοιαῦτα. (7) καὶ γὰρ οὐδὲ ἀποσχεδιάζω τὰ
πολλὰ τῶν τοιούτων, ὡς ἴσασιν οἱ θεοὶ πάντες, ἀλλά,
εἴπερ τις ἄλλος, εὐλαβής εἰμι καὶ φεύγω τὴν καινοτο-
μίαν ἐν ἅπασι μὲν ὡς ἔπος εἰπεῖν, ἰδίᾳ δὲ ἐν τοῖς πρὸς
τοὺς θεούς, οἰόμενος χρῆναι τοὺς πατρίους ἐξ ἀρχῆς
φυλάττεσθαι νόμους, οὓς ὅτι μὲν ἔδοσαν οἱ θεοί, φανερὸν
οὐ γὰρ ἂν ἦσαν οὕτω καλοὶ παρὰ ἀνθρώπων ἁπλῶς
γενόμενοι. συνέβη δὲ αὐτοὺς ἀμεληθῆναι καὶ δια-
φθαρῆναι πλούτου καὶ τρυφῆς ἐπικρατησάντων, οἶμαι
δεῖν ὥσπερ ἀφ' ἑστίας ἐπιμεληθῆναι τῶν τοιούτων. (8)
ὁρῶν οὖν πολλὴν μὲν ὀλιγωρίαν οὖσαν ἡμῖν πρὸς τοὺς
θεούς, ἅπασαν δὲ εὐλάβειαν τὴν εἰς τοὺς κρείττονας
ἀπεληλαμένην ὑπὸ τῆς ἀκαθάρτου ** τρυφῆς, ἀεὶ μὲν
ᾠδυράμην ἐγὼ κατ' ἐμαυτὸν τὰ τοιαῦτα τοὺς μὲν
εὐσεβείας σχολῇ προσέχοντας οὕτω διαπύρως, ὡς αἱ-
ρεῖσθαι μὲν ὑπὲρ αὐτῆς θάνατον, ἀνέχεσθαι δὲ πᾶσαν
ἔνδειαν καὶ λιμόν, ὑείων θεοὺς μὴ γεύσαιτο μηδὲ
πνικτοῦ μήτ' ἄρα τοῦ ἀποθλιβέντος ἡμᾶς δὲ οὕτω
ῥαθύμως πρὸς τοὺς θεοὺς διακειμένους, ὥστε ἐπι-
λελῆσθαι μὲν τῶν πατρίων, ἀγνοεῖν δὲ λοιπὸν εἰ καὶ
ἐτάχθη πώποτέ τι τοιοῦτον. (9) ἀλλ' οὗτοι μὲν ἐν μέρει
θεοσεβεῖς ὄντες, ἐπειπερ ὃν τιμῶσιν ** ἀλλ' ἀληθῶς
ὄντα δυνατώτατον καὶ ἀγαθώτατον, ὃς ἐπιτροπεύει τὸν
αἰσθητὸν κόσμον ** εὖ οἶδ' ὅτι καὶ ἡμεῖς ἄλλοις θε-
ραπεύομεν ὀνόμασιν, εἰκότα μοι δοκοῦσι ποιεῖν, τοὺς
νόμους μὴ παραβαίνοντες, ἐκεῖνο μόνον ἁμαρτάνειν,
ὅτι μὴ καὶ τοὺς ἄλλους θεοὺς ἀρέσκοντες, τούτῳ μά-
λιστα τὸν θεὸν θεραπεύουσιν ἀλλ' ἡμῖν οἴονται τοῖς
ἔθνεσιν ἀποκεχληρῶσθαι μόνοις, ἀλαζονείᾳ
βαρβαρικῇ πρὸς ταυτηνὶ τὴν ἀπόνοιαν ἐπαρθέντες ὡς
ἐκ τῆς Γαλιλαίων δυσσεβείας ὥσπερ τι νόσημα τῷ
βίῳ τὴν ἑαυτῶν .. .

terris iucunditatem, maiorem vero in futurum spem præ-
biturus (4) Neque enim nos ex eorum numero sumus,
qui animos vel ante corpora aut cum corporibus interire
statuunt Nulli vero inter homines de hisce fidem habe-
mus, solum autem diis, quos et solos apprime hæc scire
consentaneum est, dummodo vocare liceat consentaneum,
quod necessarium est nam hominibus quidem convenit
de iis rebus conicere, scire autem illas deos est necesse

(5) Quid tandem est illud, quod dico me velle nunc tibi
committere ? ut omnibus nempe Asiæ sacris præsis, ruris
et urbium sacerdotibus imperes ac distribuas unicuique id
quod ei convenit Moderatio ante omnia antistiti sacro-
rum, benignitas vero insuper et humanitas erga eos ad
sit, qui merentur iis frui Qui vero iniuste se erga ho-
mines gerit, iniquus est erga deos temerarius vero in
omnes aut libere monendus est aut graviter puniendus
(6) Qualia vero in universum oporteat de sacris omnibus
perfectius decernere, mox cum cæteris comperies, pauca
vero interea volo huc tibi proponere iure autem istis in
rebus tu mihi obtemperabis (7) Neque enim plura id
genus, ut omnes dii norunt, temere effutio, sed si quis
alius circumspecte in iis versor, et novitatem quidem in
omnibus fere fugio, sed speciatim in iis, quæ deos respi-
ciunt, ratus nimirum debere nos ante omnia patrias ob-
servare leges, quas certum est a diis datas haud
enim exsisterent adeo præclaræ, si ab hominibus simpli-
citer essent profectæ Quum vero acciderit, ut illæ
neglectæ sint et corruptæ, divitiis ac luxu prævalentibus,
arbitror oportere tanquam a Laribus earum curam geri
(8) Videns igitur magnam nobis circa deorum cultum ne-
gligentiam, omnem autem erga superos reverentiam impu-
ris deliciis profligatam, semper equidem talia apud me
deplorabam illos quidem, qui impietatis scholam sectan-
tur, servidos adeo esse, ut non solum pro ea mortem
obire eligant, sed et omnem inopiam famemque ferant,
ne suillis aut suffocato aut etiam morticino vescantur,
nos autem ita segnes ad deos pertinentibus adeo segnes
esse, ut patriarum etiam legum obliviscamur, ignoremus
præterea, num unquam tale quid fuerit præscriptum (9)
Sed illi quidem pro sua parte pii, quandoquidem quem
colunt ** sed qui revera sit potentissimus et optimus
quippe sensibilem mundum regit, qui equidem, ut optime
novi, a nobis etiam aliis colitur nominibus, consentanea
mihi videntur facere, dum leges non transgrediun
tur in eo autem solum errare, quod, spreto aliorum
deorum cultu, ii maxime deo inserviunt, nobis vero
putant gentilibus solis eum occultari, se ipsos barbara
ostentatione ad hanc vesaniam efferentes Quod impii
Galilæi, tanquam quendam vitæ morbum

ξγ'. Ἰουλιανοῦ νόμος περὶ τῶν ἰατρῶν.

Τὴν ἰατρικὴν ἐπιστήμην σωτηριώδη τοῖς ἀνθρώποις τυγχάνειν τὸ ἐναργὲς τῆς χρείας μαρτυρεῖ. διὸ καὶ ταύτην ἐξ οὐρανοῦ πεφοιτηκέναι δικαίως φιλοσόφων παῖδες κηρύττουσι· τὸ γὰρ ἀσθενὲς τῆς ἡμετέρας φύσεως καὶ τὰ τῶν ἐπισυμβαινόντων ἀρρωστημάτων ἐπανορθοῦται διὰ ταύτης. ὅθεν κατὰ τὸν τοῦ δικαίου λογισμὸν συνῳδὰ τοῖς ἄνωθεν βασιλεῦσι θεσπίζοντες ἡμετέρᾳ φιλανθρωπίᾳ κελεύομεν τῶν βουλευτικῶν λειτουργημάτων ἀνενοχλήτους ὑμᾶς τοὺς λοιποὺς χρόνους διάγειν.

ξδ'. Πρὸς δῆμον εὐφημήσαντα ἐν τῷ Τυχαίῳ.

Εἰ μὲν εἰς τὸ θέατρον λαθὼν εἰσῆλθον, εὐφημεῖτε· εἰ δὲ εἰς τὰ ἱερά, τὴν ἡσυχίαν ἄγετε καὶ μετενέγκατε ὑμῶν τὰς εὐφημίας εἰς τοὺς θεούς. μᾶλλον δὲ οἱ θεοὶ τῶν εὐφημιῶν οὐ χρήζουσιν.

ξε'. Ζωγράφῳ.

Εἰ μὲν μὴ εἶχον καὶ ἐχαρίσω μοι, συγγνώμης ἦσθα ἄξιος· εἰ δὲ εἶχον μέν, οὐκ ἐχρησάμην δέ, τοὺς θεοὺς ἔφερον, μᾶλλον δὲ ὑπὸ τῶν θεῶν ἐφερόμην. σύ μοι ἀλλότριον σχῆμα πῶς ἐδίδους, ἑταῖρε; οἷόν με εἶδες, τοιοῦτον καὶ γράψον.

ξϛ'. Ἀρσάκῃ Ἀρμενίων σατράπῃ.

Ἐπείχθητι πρὸς τὴν τῶν πολεμίων παράταξιν, Ἀρσάκιε, θᾶττον ἢ λόγος, τὴν δεξιὰν κατὰ τῆς Περσικῆς μανίας ὁπλίσας. ἡ γὰρ ἡμετέρα παρασκευή τε καὶ προθυμία δυοῖν θάτερον βεβούλευται, ἢ τὸ χρεὼν ἀποδοῦναι ἐπὶ τῆς Παρθυαίων εὐοδίᾳ τὰ μέγιστα διαπραξαμένους καὶ τὰ δεινότατα διαθεμένους τοὺς ἀντιπάλους, ἢ τούτους χειρωσαμένους, πρυτανευόντων ἡμῖν τῶν θεῶν, καλλινίκους ἐπανελθεῖν ἐπὶ τὴν ἐνεγκαμένην, τρόπαια κατὰ τῶν πολεμίων ἐγείραντας. (2) πᾶσαν οὖν ῥαστώνην καὶ φενακισμὸν ἀποθέμενος, καὶ τὸν μακαρίτην ἐκεῖνον καὶ τὰς τῶν εὖ γεγονότων περιουσίας τὰς εἰς σέ τε καὶ τοὺς ὁμοτρόπους σοι βαρβάρους ὑπὸ τοῦ ἀβροτάτου καὶ πολυτελοῦς Κωνσταντίου κενωθείσας, νῦν μοι τὸν Ἰουλιανόν, τὸν ἀρχιερέα, τὸν Καίσαρα, τὸν Αὔγουστον, τὸν θεῶν τε καὶ Ἄρεος θεραπευτὴν ἐννόησον, τὸν Φραγκῶν τε καὶ βαρβάρων ὀλετῆρα, τὸν Γάλλων τε καὶ Ἰταλῶν ἐλευθερωτήν. (3) εἰ δὲ ἑτερόν τι βουλεύσαιο (πυνθάνομαι γὰρ εἶναί σε πανοῦργον καὶ κακὸν στρατιώτην καὶ ἀλαζόνα, ὡς τὰ παρόντα μοι πράγματα δείκνυσιν· ἐχθρὸν γάρ τινα τῆς κοινῆς λυσιτελείας λανθάνοντα ἀποκρύπτειν παρὰ σοὶ πειρᾷ, καὶ τέως μὲν τοῦτο ὑπερτιθέναι διὰ τὴν τοῦ πολέμου τύχην) ἀρκεῖ γὰρ ἡμῖν ἡ τῶν θεῶν συμμαχία πρὸς τὴν

LXIII. Ad medicos.

Artem medicam hominibus salutarem esse usus ipse demonstrat. Quare et ipsam e cælo in terram descendisse non immerito philosophi prædicant. Etenim naturæ nostræ infirmitas et valetudinis offensiones, quæ quotidie incidunt, per hanc corriguntur. Quam ob rem sicut æquitatis ratio postulat, nos superiorum regum auctoritatem et vocem secuti, pro nostra humanitate iubemus vos senatoriis muneribus liberos in posterum vivere.

LXIV. Ad populum acclamantem in Tychæo.

Si in theatrum latenter ingrediar, acclamate; sin autem in templa me conferam, silentium agite et acclamationes vestras in deos transferte. Immo vero plausibus et bonis verbis dii non indigent.

LXV. Ad pictorem.

Si quidem non haberem, et mihi fuisses gratificatus, venia dignus esses: sin autem haberem neque uterer, deos ferrem, imo potius dii me ferrent. Tu vero quare alienum mihi habitum dedisti, o amice? Qualem me vidisti, talem etiam pingito.

LXVI. Arsaci Armeniorum Satrapæ.

Ad hostium aciem propera, Arsacie, celerius quam sermo, dextram adversus Persicum furorem obarmans. Noster enim bellicus apparatus animique promptitudo alterutrum constituit, aut naturæ debitum persolvere, postquam in plana Parthorum expeditione maxima confecerimus atque adversarios gravissime adfecerimus, aut iisdem in servitutem redactis, diis nostra gubernantibus, in patriam redire victores, trophæis adversus hostes statutis. (2) Omnem igitur desidiam atque tergiversationem abiciens, Divumque illum et nobilium facultates, quas in te non solum sed in tui similes barbaros mollissimus ac magnificus Constantius olim exhausit, pro nihilo ducens, nunc mihi cogita Iulianum, Pontificem Maximum, Cæsarem, Augustum, deorum ac Martis cultorem, qui et Francorum et barbarorum perditor, Gallorum vero atque Italorum liberator est. (3) Quodsi pravi quid apud te constitueris (audio enim te versutum esse malumque militem et superbum, ut res ipsa mihi fidem facit, quum hostem quendam publicæ utilitatis apud te latitantem abscondere atque interim hoc differre propter belli fortunam videare), nobis satis est deorum

ὧν πολεμίων καθαίρεσιν ͵ς, εἰ δέ τι τὰ τῆς εἱμαρμένης
τρίνειε (θεῶν γὰρ βούλησις ἢ ταύτης ἐξουσία), ἀδεῶς
τὰ γενναίως οἴσω τοῦτο. ἴσθι δὲ ὡς σὺ μὲν πάρερ-
τον ἔσῃ τῆς Περσικῆς χειρός, συναφθείσης σοι παγγε-
εὶ τῆς Ἑστίας καὶ τῆς Ἀρμενίων ἀρχῆς· κοινωνήσει
ἰέ σοι τῆς δυστυχίας καὶ ἡ Νισιβίων πόλις, τῶν οὐ-
ρανίων θεῶν τοῦτο πάλαι ἡμῖν προαγορευσάντων.

ξς´ Ἰουλιανὸς Σωσιπάτρῳ

Ἔστι τις ἡδονῆς ἀφορμὴ πλείων, ὅταν ἐξῇ δι' ἀν-
ρὸς οἰκείου τοὺς φίλους προσφωνεῖν· οὐ γὰρ μόνον οἷς
ράφεις τὸ τῆς σεαυτοῦ ψυχῆς ἴνδαλμα τοῖς ἐντυγχά-
ουσι ξυναρμόττῃ. ὃ δὴ καὶ αὐτὸς ποιῶ τὸν γὰρ
ροφέα τῶν ἐμαυτοῦ παίδων Ἀντίοχον ὡς ὑμᾶς ἐκ-
:έμπων, ἀπρόσρητόν σε καταλιπεῖν οὐκ ἠνεσχόμην·
ὥστε εἴ τι τῶν καθ' ἡμᾶς ποθεῖς, ἔχοις ἂν οἰκειότερον
ταρ' αὐτοῦ γνῶναι εἰ δέ τι καὶ σοὶ μέλει τῶν σῶν
ραστῶν, ὡς ἔγωγε ὅτι μέλει πιστεύω, δείξεις ἐν οἷς
ν ἐξῇ γράφε·ν μηδαμῶς ἐλλείπων

ξη´ Ἰουλιανὸς Φιλίππῳ

Ἐγὼ νὴ τοὺς θεοὺς ἔτι Καῖσαρ ὢν ἐπέστειλά σοι,
αἱ νομίζω πλέον ἢ ἅπαξ. ὥρμησα μέντοι πολλάκις,
λλ' ἐκώλυσαν ἄλλοτε ἄλλαι προφάσεις, εἶτα ἡ γενο-
ένη διὰ τὴν ἀνάρρησιν ἐμοί τε καὶ τῷ μακαρίτῃ
ιωνσταντίῳ λυκοφιλία παντάπασι γὰρ ἐφυλαττό-
.ην ὑπὲρ τὰς Ἄλπεις ἐπιστεῖλαί τινι, μὴ πραγμά-
ων αὐτῷ χαλεπῶν αἴτιος γένωμαι. τεκμήριον δέ μοι
οἰοῦ τοῦτο εὐνοίας τὸ γράφειν· οὐ γὰρ ἐθέλει πολλά-
ις ὁμολογεῖν ἡ γλῶττα τῇ διανοίᾳ (2) καὶ ἴσως ἔχει
ἔν τι πρὸς τὸ γαυριᾶν καὶ ἀλαζονεύεσθαι τοῖς ἰδιώ-
αις; ἡ τῶν βασιλικῶν ἐπιστολῶν ἐπίδειξις, ὅταν πρὸς
οὓς ἀσυνήθεις ὥσπερ δακτύλιοί τινες ὑπὸ τῶν ἀπει-
οκάλων φερόμενοι κομίζωνται. φιλία δὲ ἀληθινὴ
ίνεται μάλιστα μὲν δι' ὁμοιότητος, ἡ δευτέρα δὲ
ταν τις ἀληθῶς ἀλλὰ μὴ πλαστῶς θαυμάζῃ, καὶ
αρὰ τῇ τύχῃ καὶ συνέσει κρείττων ὡς ὁ πρᾷος καὶ
ἕτριος καὶ σώφρων ἀγαπηθῇ (3) τὰ γραμματεῖα δὲ
αῦτα πολλοῦ τύφου καὶ πολλῆς φλυαρίας ἐστὶ μεστά,
αἱ ἔγωγε πολλάκις ἐμαυτῷ μέμφομαι μακρότερα
οιούμενος αὐτὰ καὶ λαλίστερος ὤν, ἐξὸν Πυθαγόρεια
ιδάσκειν τὴν γλῶτταν. ὑπεδεξάμην μέντοι τὰ σύμ-
:ολα, φιάλην ἀργυρᾶν, ἕλκουσαν μίαν μνᾶν, καὶ
ρυσοῦ νόμισμα καλέσαι δέ σε πρὸς ἐμαυτὸν ὥσπερ
πέστειλας ἐβουλόμην (4) ἤδη δὲ ἔαρ ὑποφαίνει καὶ
ένδρα βλαστάνει, χελιδόνες δὲ ὅσον οὔπω προσδοκώ-
ιεναι τοὺς συστρατευομένους ἡμᾶς ὅταν ἐπεισέλθωσιν
ξελαύνουσι τῶν οἰκιῶν, καὶ φασὶ δεῖν ὑπερορίους
ἶναι πορευσόμεθα δὲ δι' ὑμῶν, ὥστε μοι βέλτιον
:ν ἐντύχοις ἐθελόντων θεῶν ἐν τοῖς σαυτοῦ τοῦτο δὲ
ἤμαι ταχέως ἔσεσθαι, πλὴν εἰ μή τι δαιμόνιον γε-
οιτο κώλυμα. καὶ τοῦτο δὲ αὐτὸ τοῖς θεοῖς εὐχό-
ιεθα.

---

auxilium, ut hostes cunctos interuecione deleamus (4)
Sin vero futum aliquid decreverit (huius enim potestas
deorum voluntas est), secure et fortiter hoc feram Scito
tamen incensa tibi funditus domo atque exciso Armenio-
rum imperio te Persicæ potentiæ appendicem fore Com-
munem vero tecum calamitatem subibit Nisibiorum civi-
tas, cælestibus diis hoc olim nobis prænuntiantibus

LXVII Iulianus Sosipatro.

Amplior voluptatis est occasio, ubi amicos datur per
virum familiarem salutare Nam ita fit, ut non solum
per litteras animi tui simulacrum ad eos quibus scri-
bis perveniat Idem mihi iam contingit, nam Antio-
chum liberorum meorum educatorem ad vos cum mitte-
rem, non potui quin te per epistolam alloquerer, ut, si
quid de rebus nostris desideras, possis ex illo familiarius
cognoscere Tibi quoque si curæ sunt amici tui, ut ego
esse tibi curæ non dubito, fac ut, si sint, per quos lit-
teras mittere liceat, scribere neutiquam negligas

LXVIII Iulianus Philippo

Cum adhuc Cæsar essem, deos testor, ad te scripsi
atque plus simplici vice, ut opinor Sæpius certe animi
impetus me incessit, sed iam hæ iam aliæ me causæ im-
pediverunt, tum illa quod, pronunciato me Augusto, Iu-
pina inter me ac beatum Constantium amicitia cœpisset
Magnopere enim cavi, quo minus cuiquam trans Alpes
scriberem, ne graves illi molestiæ mea causa excitarentur
Tu vero documentum hoc habe meæ in te benevolentiæ,
quod ad te scribo, nam et lingua sæpe animo suffragari
renuit (2) Et fortasse privatis est gloriandi ac sese effe-
rendi materia, si imperatoris ad se epistolas ostentare
valeant, quando ad inassuetos illæ tanquam annuli qui-
dam ab hominibus elegantiarum rudibus perferuntur
Vera autem amicitia maxime inter pares locum habet
Sed est et secundum genus amicitiæ, quando unus al-
terum vera, non simulata æstimatione colit ac suspicit, et
fortuna vel ingenio præstantior amatur tanquam modes-
tus homo et placidus ac mentis bene sanæ (3) Epistolæ
autem huiuscemodi multo fastu, ineptis multis refertæ
sunt Ac sæpe me ipse reprehendo quod longiores illas
facio, sumque loquacior, cum possem et Pythagoricum
morem linguæ instituere Symbola recepi phialam ar-
genteam minæ pondere et nunnisma aureum Volui te, ut
in litteris tuis scribis, ad me accessere (4) Sed iam ver
imminet et arbores frondescere incipiunt, hirundinesque
necdum exspectatæ, ubi advenerint, commilitaturos nos
domibus eiciunt, atque peregrinas terras petere iu-
bent Per vestram autem regionem iter facturi sumus,
ut adeo melius feceris, si diis propitiis apud tuos mihi
occurreris Idque brevi futurum spero, ni impedimen-
tum divinitus obiciatur. Atque ut brevi contingat deos
oramus.

ξθ΄. Ἰουλιανὸς Εὐθηρίῳ.

Ζῶμεν ὑπὸ τῶν θεῶν σωθέντες, ὑπὲρ ἐμοῦ δὲ
αὐτοῖς θύε τὰ χαριστήρια. θύσεις δὲ οὐχ ὑπὲρ ἑνὸς
ἀνδρός, ἀλλ᾽ ὑπὲρ τοῦ κοινοῦ τῶν Ἑλλήνων. εἰ δέ
σοι σχολὴ καὶ μέχρι τῆς Κωνσταντίνου πόλεως δια-
βῆναι, τιμησαίμην ἂν οὐκ ὀλίγου τὴν σὴν ἐντυχίαν.

ο΄. Ἰουλιανὸς Διογένει.

Διογένης ὁ σὸς υἱὸς ὀφθείς μοι μετὰ τὴν ἔξοδον τὴν
σὴν καὶ φήσας ὠργίσθαι σέ τι πρὸς αὐτὸν οἷον ἂν
πατὴρ πρὸς παῖδα χαλεπήνειεν, ἐδεήθη μέσον με τῶν
πρὸς αὐτὸν καταλλαγῶν παρὰ σοὶ γενέσθαι. εἰ μὲν
οὖν μέτρια καὶ οἷα δύνασθαι φέρειν ἥμαρτεν, εἶξον τῇ
φύσει· καὶ τὸ πατὴρ εἶναι γνοὺς ἐπάνελθε πρὸς τὸν
παῖδα τῇ γνώμῃ· εἰ δέ τι μεῖζον ἔπταικεν ἢ οἷον πρὸς
συγγνώμην ἐλθεῖν, αὐτὸς ἂν εἴης δικαιότερος κριτής,
εἴτε δεῖ καὶ τοῦτο γενναίως ἐνεγκόντα νικῆσαι τοῦ
παιδὸς τὴν βουλὴν γνώμῃ κρείττονι, εἴτε καὶ πλείονος
χρόνου σωφρονισμῷ τὴν ἐπὶ τῷ πταισθέντι βάσανον
πιστεῦσαι.

οα΄. Ἰουλιανὸς Πρίσκῳ.

Ἐγὼ δεξάμενός σου τὰ γράμματα παραχρῆμα τὸν
Ἀρχέλαον ἀπέστειλα, δοὺς αὐτῷ φέρειν ἐπιστολὰς πρὸς
σέ, καὶ τὸ σύνθημα, καθάπερ ἐκέλευσας, εἰς πλείονα
χρόνον. ἱστορῆσαι δέ σοι τὸν Ὠκεανὸν ἐθέλοντι ὑπάρξει
σὺν θεῷ πάντα κατὰ γνώμην, εἰ μή γε τὴν Γαλατῶν
ἀμουσίαν καὶ τὸν χειμῶνα διευλαβηθείης. (2) ἀλλὰ τοῦτο
μὲν ὅπως ἂν ᾖ τῷ θεῷ φίλον γενήσεται, ἐγὼ δὲ ὄμνυμί
σοι τὸν πάντων ἀγαθῶν ἐμοὶ αἴτιον καὶ σωτῆρα, ὅτι διὰ
τοῦτο ζῆν εὔχομαι, ἵν᾽ ὑμῖν τι χρήσιμος γένωμαι. (3)
τὸ δὲ ὑμῖν εἶναι εἴπω, τοὺς ἀληθινούς φημι φιλοσόφους,
ὧν εἶναί σε πεισθεὶς οἶσθα πῶς ἐφίλησα καὶ φιλῶ καὶ
ὁρᾶν εὔχομαι. ἐρρωμένον σε ἡ θεία πρόνοια διαφυ-
λάξειε πολλοῖς χρόνοις, ἀδελφὲ ποθεινότατε καὶ φιλι-
κώτατε. τὴν ἱερὰν Ἱππίαν καὶ τὰ παιδία ὑμῶν προσ-
αγορεύω.

οβ΄. Λιβανίῳ σοφιστῇ καὶ κουαίστωρι.

Ὡς ὤνησέ γε τὸ σύνθημα ἡμῖν μελλήσαν· ἀντὶ
γὰρ τοῦ τρέμειν καὶ δεδιέναι φερόμενον ἐπὶ τῆς δημο-
σίας ἀπήνης· καὶ περιπίπτοντα κραιπαλῶσιν ὀρεωκό-
μοις καὶ ἡμιόνοις ἀκοστήσασι καθ᾽ Ὅμηρον δι᾽ ἀργίαν
καὶ πλησμονὴν ἀνέχεσθαι κονιορτοῦ καὶ φωνῆς ἀλλο-
κότου καὶ ψόφου μαστίγων βαδίζειν ἐπὶ σχολῆς πε-
ρίεστί μοι δι᾽ ὁδοῦ συνηρεφοῦς καὶ ἐπισκίου, (2) πολλὰς
μὲν κρήνας πολλὰς δὲ ἐχούσης καταγωγὰς ἐπιτηδείους
τῇ ὥρᾳ μεταξὺ τὸν πόνον διαναπαύοντι, ἵν᾽ ἄν μοι
φανῇ κατάλυσις εὔπνους τε καὶ ἀμφιλαφὴς ὑπὸ πλα-
τάνοις τισὶν ἢ κυπαρίττοις, τὸν Φαῖδρον ἔχοντι ἐν χερσὶ
τὸν Μυρρινούσιον ἢ ἕτερόν τινα τῶν Πλάτωνος λόγων.

Vivimus servati a diis. Pro me igitur ut illis gratias
agas, sacra facito. Facies autem non pro uno viro, sed
pro communi Græcorum salute. Quod si otium tibi fue-
rit Constantinopolin traicere, præsentia tua non parum
gaudebo.

LXX. Iulianus Diogeni.

Post profectionem tuam Diogenes filius tuus ad me ve-
nit, dixitque te sibi irasci et quantum posset pater filio
indignari : quare rogavit me, ut medium me interponerem
atque se tibi reconciliarem. Si igitur delictum eius leve
sit et quale ferri utcumque possit, da quæso spatium
naturæ, atque memor patrem te esse cum filio redi in
gratiam ; si vero maius quidpiam admiserit quam ut ve-
niæ locus esse possit, ipse rectius iudicabis præstetne
aut hoc etiam generose sustinendo voluntatem filii me-
liore consilio vincere, aut longioris temporis emenda-
tioni committere delicti reparandi experimentum.

LXXI. Iulianus Prisco.

Acceptis litteris tuis extemplo Archelaum misi, epi-
stolasque ad te perferendas dedi, et tesseram commeatus,
sicut iusseras, in longius tempus. Oceanum speculari si
volueris, omnia tibi fluent cum deo ex animi sententia,
nisi Gallorum inelegantiam aut tempestatem pertime-
scis. (2) Sed hoc, ut deo visum fuerit, ita fiet. Ego iuro
tibi per illum, qui omnium mihi bonorum auctor et ser-
vator est, quod vel ideo opto vivere, ut vobis utilis esse
valeam. (3) Vobis autem cum aio, veros philosophos intel-
ligo, ex quorum numero esse te persuasus non potes
ignorare quantopere et amavi te et amo et videre gestio.
Firmum te ac valentem divina providentia multos con-
servet annos, frater desideratissime et amicissime. Præ-
claram coniugem tuam Hippiam liberosque vestros cupio
salvere.

LXXII. Libanio sophistæ et quæstori.

Quam opportune accidit, cursum publicum non statim
præsto nobis fuisse. Nam tremoris loco et timoris, qui
in vectura publica sustinendus fuisset modo in ebrios
muliones incidentibus mulosque (quos hordeo pastos cum
Homero dixeris, ita ignavi sunt et distenti), modo ex-
cipientibus pulverem et voces insolentes cum scuticarum
strepitu, nunc datur otio pergere per viam opacam et
umbrosam (2) multis amœnam fontibus et ductibus oppor-
tunis aquarum ; et quum hora nos recreandi interponi-
tur, loco quo placuerit fragranti et spatioso sub platanis
et cupressis acquiescimus, Phædrum Myrrhinusium aut
alium quempiam ex Platonis libris in manibus habentes.

αὐτά σοι, ὦ φίλη κεφαλή, ἀπολαύων τῆς ἐλευθέρου
δοιπορίας, ἄτοπον ὑπέλαβον τὸ μὴ καὶ τοῦτο κοινώ-
ασθαί τε καὶ ἀποσημῆναι.

ογ΄. Εὐκλείδῃ φιλοσόφῳ.

Πότε γὰρ ἡμῶν ἀπελείφθης, ἵνα καὶ γράφωμεν, ἢ
ὅτε οὐχὶ τοῖς τῆς ψυχῆς ὀφθαλμοῖς ὡς παρόντα σε
ἑωρῶμεν; οἵγε οὐ μόνον ἀεί σοι συνεῖναι καὶ συνομι-
εῖν δοκοῦμεν, ἀλλὰ καὶ τῶν γε νῦν προσηκόντων ὡς
τὸ παρουσίᾳ τῇ σῇ τὰ εἰκότα κηδόμεθα. εἰ δὲ καὶ
ῥάφεσθαί σοι παρ᾽ ἡμῶν ὡς ἀπόντι θέλεις, ὅρα μὲν
πως μὴ αὐτὸς τὸ δοκεῖν ἡμῶν ἀπεῖναι μᾶλλον αὐτῷ
ῥάφειν ἐθέλειν ἐκφήνῃς πλὴν ἀλλ᾽ εἴγε σοι φίλον
στίν, καὶ πρὸς τοῦτο ἑκόντες ὑπακούομεν. (2) πάντως
ε, τὸ τοῦ λόγου, θέοντα τῇ παρακελεύσει τὸν ἵππον
ἰς πεδίον ἄξεις. ἄγε οὖν ὅπως ἀντιδίδως τὰ ἴσα,
αἰ πρὸς τὴν ἀντίκλησιν ἐν τῇ τῶν ἀμοιβαίων συνε-
είᾳ μὴ κατοκνήσῃς. (3) καίτοι ἔγωγε εἰς τὴν ὑπὲρ τοῦ
οινοῦ σοι γινομένην σπουδὴν οὐκ ἐθέλω διοχλεῖν, ἀλλ᾽
ὅπω σε φυλάττω τῇ θύρᾳ τῶν καλῶν, οὐ μόνον οὐκ
ἰδικεῖν ἀλλὰ καὶ ξύμπαν ὁμοῦ τὸ Ἑλληνικὸν ὠφελεῖν ἂν
οκοίη, ὥσπερ σκύλακα γενναῖον, ἀόχλητον ἀφεὶς
σχολακεύειν τοῖς περὶ τοὺς λόγους ἵνεστι· ὁλοκλήρῳ
ᾧ βήματι. (4) εἰ δέ σοι τοσοῦτον τάχος περίεστιν, ὡς
ιήτε τῶν φίλων ἀμελεῖν μήτ᾽ ἐκείνοις ἐνδεῖν, ἴθι χρῆ-
ται παρ᾽ ἄμφω τῷ δρόμῳ.

οδ΄. Λιβανίῳ.

Ἀποδέδωκας Ἀριστοφάνει τὰς ἀμοιβὰς τῆς τε περὶ
οὓς θεοὺς εὐσεβείας καὶ τῆς περὶ σεαυτὸν προθυμίας,
ἐμείψας αὐτῷ καὶ μεταθεὶς τὰ πρόσθεν ἐπονείδιστα
τρὸς εὔκλειαν οὐ τὴν νῦν μόνον ἀλλὰ καὶ εἰς τὸν
ἔπειτα χρόνον, ὡς οὐχ ὅμοιόν γε ἡ Παύλου συκοφαν-
ία καὶ ἡ τοῦ δεῖνος χρίσις τοῖς ὑπὸ σοῦ γραφομένοις
ιόγοις· (2) ἐκείνα μὲν γὰρ ἀνθοῦντά τε ἐμισεῖτο καὶ
τυναπέσβη τοῖς δράσασιν, οἱ δὲ σοὶ λόγοι καὶ νῦν ὑπὸ
τῶν ἀληθῶς Ἑλλήνων ἀγαπῶνται, καὶ εἰς τὸν ἔπειτα χρό-
ιον, εἰ μή τι σφάλλομαι κρίσεως ὀρθῆς, ἀγαπηθήσονται
πεύσῃ δὴ λοιπὸν εἰ πέπεικάς με, μᾶλλον δὲ μεταπέ-
πεικας ὑπὲρ Ἀριστοφάνους (3) μὴ νομίζειν αὐτὸν ἡδο-
νῶν ἥττονα καὶ χρημάτων ὁμολογῶ. τί δὲ οὐ μέλλω
τῷ φιλοσοφωτάτῳ καὶ φιλαληθεστάτῳ τῶν ῥητόρων
εἴκειν; ἔσεται καὶ τὸ ἐπὶ τούτοις παρὰ σοῦ προσανερω-
τᾶσθαι. (4) τί οὖν οὐ μετατίθεμεν αὐτῷ τὰς συμφορὰς
εἰς ἀμείνω τύχην καὶ ἀφανίζομεν τὰ κατασχόντα διὰ
τὰς δυσπραγίας ὀνείδη, σύν τε δύ᾽ ἐρχομένω,
φασίν, ἐγὼ καὶ σὺ βουλευσώμεθα δίκαιος δὲ εἰ μὴ
συμβουλεύειν μόνον ὅτι χρὴ βοηθεῖν ἀνδρὶ τοὺς θεοὺς
ἀδόλως τετιμηκότι, ἀλλὰ καὶ ὃν χρὴ τρόπον. (5) καίτοι
τοῦτο ἠνίξω τρόπον τινά. βέλτιον δὲ ἴσως ὑπὲρ τῶν
τοιούτων οὐ γράφειν ἀλλὰ διαλέγεσθαι πρὸς ἀλλή-
λους. ἔρρωσό μοι, ἀδελφὲ ποθεινότατε καὶ προσφι-
λέστατε.

Hæc ego, qui liberi itineris voluptate me oblecto, tecum,
carissimum caput, non communicare nec tibi significare
indignum existimavi

LXXIII Euclidi philosopho.

Ecquando te dereliquimus, ut ad litteras scribendas
recurrere nobis sit necesse? vel quando non animi nostri
luminibus te veluti præsentem intuemur? ut qui non so-
lum videmur assidue tecum versari et colloqui, sed
etiam pro nostra consuetudine perinde ut in præsentia
tua res tuas curamus. Si autem omnino vis, ut ad te
tanquam ad absentem scribam, vide ne per hoc ipse,
quod cupis me scribere ad te, prodas potius te a nobis
abesse Quicquid sit tamen, si gratum istud ducis.
etiam hac in re lubentes tibi obsequimur, (2) ac sane,
quod aiunt in proverbio, currentem equum hortatione
alacrius ire in campum facies Tu modo par pari redde,
nec mutuis litteris assidue respondere grave ducito (3)
Quanquam ego industriam tuam pro communi laboran-
tem bono turbare nolim, sed ut te res pulcherrimas ve-
nantem observo, sic non modo minime peccaturus, sed
de omni Græco nomine præclare meriturus videor, si te
non distineam, verum pleno ac libero cursu sinam tan-
quam generosum canem per omnia vestigia eruditionem
indagare ac persequi Quod si tanta celeritate polles,
ut nec amicos negligas, nec illis rebus desis, age, ad
utrumque cursum vires intende

LXXIV Libanio.

Retribuisti Aristophani vicem, quam et religio eius
erga deos et in te benevolentia exposcebat. Rependisti
illi, et priores quas passus est ignominias in laudem eius
et gloriam convertisti non præsentem tantummodo sed
duraturam ad posteros Nec tanti est vel Pauli calum-
nia vel sententia illius iudicis, ut cum orationibus a te
scriptis conferri mereantur (2) Nam illa statim cum pro-
dirent odio habebantur, et cum auctoribus suis exstincta
sunt At tuæ orationes et nunc amantur a vere Græcis,
et, nisi me fallit iudicium, in futurum tempus amabun-
tur In posterum sane comperies, num mihi persuaseris
vel potius mentem immutaveris de Aristophane (3) Vo-
luptatibus eum ac divitiis indulgere, minime credere me
confiteor Quidni cedam oratori philosopho veritatisque
amantissimo? Accedit, quod his de rebus insuper abs te
rogor (4) Cur igitur adversos ei casus in meliorem fortu-
nam non mutamus, neque dissolvimus opprobria ex rebus
conflata, quæ male successerant? Duobus pariter eunti-
bus, ut aiunt, ego ac tu deliberemus Æquum enim est,
ut non solum consilium des opem esse ferendam viro,
qui sincere deos colit, sed etiam quonam modo ferenda
sit, (5) quanquam id aliquo iam modo innueris Sed præ-
stat fortasse de talibus non scribere sed coram colloqui
Vale, frater optatissime et carissime.

ος'. Ἰουλιανὸς τῷ μεγάλῳ Βασιλείῳ.

Τὸ ἔμφυτόν μοι ἐκ παιδόθεν γαληνὸν καὶ φιλάν
θρωπον μέχρι τοῦ παρόντος γε ἐπιδεικνύμενος, πάν
τας ὑπηκόους ἐκομισάμην τοὺς οἰκοῦντας τὴν ὑφ'
ἥλιον. ἰδοὺ γὰρ πᾶν γένος βαρβάρων μέχρι ὁρίων
Ὠκεανοῦ ποταμοῦ δῶρά μοι κομίζον ἧκε παρὰ ποσὶ
τοῖς ἐμοῖς, ὁμοίως δὲ καὶ Σαγάδαρες οἱ παρὰ τὸν
Δάνουβιν ἐκτραφέντες καὶ Γόττοι ποικιλοκαρόμορ
φοι, οἷς οὐκ ἔστι θέα ὁμοιοειδὴς ἀνθρώποις, ἀλλὰ
μορφὴ ἀγριαίνουσα, (2) οὗτοι καὶ αὐτοὶ κατὰ τὴν
ἐνεστῶσαν προκυλινδοῦνται ἴχνεσι τοῖς ἐμοῖς, ὑπισ
χνούμενοι ποιεῖν ἐκεῖνα, ἅπερ τῇ ἐμῇ ἁρμόζει βασι
λείᾳ. οὐχὶ δὲ ἐν τούτῳ μόνῳ ἕλκομαι, ἀλλὰ δεῖ με
σὺν πολλῷ τῷ τάχει καταλαβεῖν τὴν Περσῶν καὶ τρο
πώσασθαι τὸν Σάπωριν ἐκεῖνον τὸν ἀπόγονον Δαρείου
γεγονότα, ἄχρις οὗ ὑπόφορος καὶ ὑποτελής μοι γένη
ται· (3) ἐντεῦθεν δὲ καὶ τὴν Ἰνδῶν καὶ τὴν Σαρακηνῶν
περιοικίδα ἐκπορθῆσαι, ἄχρις οὗ καὶ αὐτοὶ πάντες ἐν
δευτέρᾳ τάξει βασιλείας γένωνται τῆς ἐμῆς ὑπόφοροι
καὶ ὑποτελεῖς. ἀλλ' αὐτὸς ἐπέκεινα τῆς τούτων δυνά
μεως· πεφρόνηκας, εὐλάβειαν μὲν λέγων ἐνδεδύσθαι,
ἀναίδειαν δὲ προβαλλόμενος, καὶ πανταχοῦ διαφημί
ζων ἀνάξιόν με τῆς τῶν Ῥωμαίων βασιλείας γεγο
νέναι. (4) ἢ οὐκ οἶσθα αὐτός, ὡς Κώνστα τοῦ κρα
τίστου ἀπόγονος γέγονα; καὶ τούτων οὕτως γνωσθέντων
ἡμῖν σοῦ ἕνεκα, οὐδὲ τῆς προτέρας ἐξέστημεν διαθέ
σεως, ἧσπερ ἔτι νέοι ὄντες τῇ ἡλικίᾳ ἐγώ τε καὶ σὺ
μετεσχήκαμεν. (5) ἀλλὰ γαληνῷ τῷ φρονήματι θεσπίζω
δέκα ἑκατοντάδας χρυσίου λιτρῶν ἐξαποσταλῆναί μοι
παρὰ σοῦ ἐν τῇ παρόδῳ μου τῇ κατὰ τὴν Καίσαρος,
ἔτι μου κατὰ τὴν λεωφόρον ὑπάρχοντος, σὺν πολλῷ
τῷ τάχει ἀφικνουμένου μου κατὰ τὴν Περσῶν, ἑτοί
μου ὄντος μου, εἰ μὴ τοῦτο ποιήσεις, πάντα τόπον
ἀνασκευάσαι τῆς Καίσαρος, καὶ τὰ πάλαι αὐτῆς ἐγη
γερμένα καλλιουργήματα καταστρέψαι κατὰ τόπον,
ναούς τε καὶ ἀγάλματα ἀναστῆσαι, ὥστε με πεῖσαι
πάντας εἰκεῖν βασιλεῖ Ῥωμαίων καὶ μὴ ὑπεραίρε
σθαι. (6) τὸ οὖν ἐξονομασθὲν χρυσίον ἐξ ἀριθμοῦ ζυγῷ
Καμπανῷ τρυτανίσας καὶ διαμετρήσας ἀσφαλῶς ἐξα
πόστειλόν μοι δι' οἰκείου πιστοῦ σοι ὄντος, δακτυλίῳ
τῷ σῷ σφραγισάμενος, ὥστε με ἐπεγνωκότι, κἂν ὀψέ
ποτε, τοῦ καιροῦ τὸ ἀπαραίτητον γαληνόν σοι γενέ
σθαι περὶ τὰ ἐπταισμένα. ἃ γὰρ ἀνέγνων, ἔγνων καὶ
κατέγνων.

ος'. Εὐσταθίῳ φιλοσόφῳ.

Μὴ λίαν ᾖ κοινὸν τὸ προοίμιον τὸν ἐσθλὸν ἄνδρα.
τὰ δὴ ἐφεξῆς οἶσθα δήπουθεν. ἀλλὰ καὶ ἔχεις. οἶσθα
μὲν γὰρ ἅτε λόγιος ὢν καὶ φιλόσοφος τὸ ἐπόμενον
αὐτῷ, ἐμὲ δὲ ἔχεις φίλον, εἴπερ συνάμφω ἐσθλοί
ἐσμεν. ὑπὲρ γὰρ σοῦ τοῦτο κἂν διατειναίμην ὅτι
τοιοῦτος εἶ, περὶ δὲ ἐμαυτοῦ σιωπῶ· γένοιτο δὲ τοὺς

Naturaliter insitum mihi a puero mite humanumque
ingenium cum hactenus testatum fecerim omnibus, omnes
qui sub sole habitant obsequentes mihi habui. Ecce enim
barbarorum genus omne ab ultimis Oceani venit finibus,
donaque ad pedes meos advolvit. Similiter et Sagadares,
qui ad Danubium victitant, et variis in capite formis
Gothi, qui vix hominum, sed trucem figuram referunt,
(2) hi et ipsi in praesenti mea adorant vestigia, polliciti
se facturos quae ratio imperii me exposcit. Neque haec
sola moror, sed oportet me iam maturate Persarum
regnum occupare et Saporim illum, qui ad Darium genus refert, in ordinem redigere, ut tributa mihi pendat
ac vectigalia; (3) hinc Indorum quoque et Saracenorum ditiones exsuperare, ut ipsi quoque universi inferiores imperio meo se fateantur, vectigalesque mihi sint ac tributarii. Tu vero horum omnium viribus maiora sapiens,
pietatem dum dicis te induisse, praefers impudentiam,
et usquequaque diffamas me et indignum esse Romano
imperio iactitas. (4) Itaque ignoras me ex Constantis
potentissimi genere prognatum? Illa vero cum comperta
mihi sint, necdum tamen renuntiavi affectui, quo iuvenili aetate ego et tu iuncti fuimus, (5) verum ira procul
et indignatione tibi edico, ut mille libras auri mittas mihi,
cum Caesaream praeteribo et adhuc publicam viam ténebo, quam citissime ad Persicum bellum contendens.
Hoc ni feceris, paratus sum Caesaream totam vastare
et pulchra quae pridem sunt ibi excitata monumenta
evertere atque templa et imagines deorum ibi erigere,
quo fidem faciam omnibus, imperatori Romano ut concedant, neque se ultra fas efferant. (6) Quod igitur denominavi aurum, dicto numero, Campano pondere trutinatum mensuratumque tuto ad me mittes per aliquem
familiarem tibi fidum, atque annulo tuo obsignabis; ut
cognoscente te tandem aliquando, licet sero, temporis
necessitatem, mitiorem peccatis tuis me praebeam. Quae
enim legi, intellexi damnavique.

LXXVI. Eustathio philosopho.

Vide, ne admodum commune sit procemium illud ·
bonum virum. Sequentia autem nosti: imo etiam habes.
Nosti scilicet ut eruditus atque philosophus id quod
post illa sequitur: me vero habes amicum, si quidem
ambo boni viri sumus. Nam te quidem talem esse facile
contendere possum; de me autem ipso sileo: utinam

ἄλλους αἰσθέσθαι καὶ ἐμοῦ τοιούτου. (2) τί οὖν ὥσπερ
ἄτοπόν τι λέγων κύκλῳ περίειμι δέον εἰπεῖν, ἧκε καὶ
σπεῦδε καί, τὸ λεγόμενον, ἵπτασο. πορεύσει δέ σε
θεὸς εὐμενὴς μετὰ τῆς Ἐνοδίας παρθένου, καὶ ὑπουρ-
γήσει δρόμος δημόσιος ὀχήματι βουλομένῳ χρήσασθαι
καὶ παρίπποις δυσίν.

vero alii me quoque talem esse sentiant (2) Cur igitur,
quasi absurdi quid disserens, per ambages circumeo quæ
dicere oportet? Veni et propera et, ut aiunt, advola
Deducet te propitius deus cum Enodia virgine, suppetet-
que tibi cursus publicus, si vehiculo uti volueris ac
duobus parhippis.

LXXVIII.

*Iulianus etenim Christo perfidus Imperator sic
Photino hæresiarchæ adversus Diodorum scribit* Tu
quidem, o Photine, verisimilis videris, et proximus
salvare, benefaciens nequaquam in utero inducere quem
credidisti deum Diodorus autem Nazaræi magus, eius
pigmentalibus manganes acuens irrationabilitatem, acutus
apparuit sophista religionis agrestis *Et post paulu-
lum* · Quod si nobis opitulati fuerint dii et deæ et musæ
omnes et fortuna, ostendemus infirmum et corruptorem
legum et rationum et mysteriorum paganorum et deorum
infernorum, et illum novum eius deum Galilæum, quem
æternum fabulose prædicat indigna morte et sepultura,
denudatum confictæ a Diodoro deitatis *Sicut autem
solent errantes convicti fingere, quod arte magis quam
veritate vincamur, sequitur dicens* Iste enim malo
communis utilitatis Athenas navigans et philosophans

imprudentei musicorum participatus est rationem, et
rhetoris confectionibus odibilem adarmavit linguam ad-
versus cælestes deos, usque adeo ignorans paganorum
mysteria, omnemque miserabiliter imbibens, ut aiunt,
degenerum et imperitorum eius theologorum piscatorum
errorem Propter quod iam diu est quod ab ipsis puni-
tur diis Iam enim per multos annos in periculum con-
versus et in corruptionem thoracis incidens, ad sum-
mum pervenit supplicium Omne eius corpus consump-
tum est Nam malæ eius conciderunt, rugæ vero in
altitudinem corporis descenderunt Quod non est philo-
sophicæ conversationis indicio, sicut videri vult a se
deceptus, sed iustitiæ pro certo deorumque pœnæ, qua
percutitur competenti ratione, usque ad novissimum
vitæ suæ finem asperam et amaram vitam vivens et
faciem pallore confectam.

ΑΠΟΣΠΑΣΜΑΤΙΑ

α

Περίεστι γάρ σοι καὶ σχολή, καὶ φύσεως ἔχεις εὖ,
καὶ φιλοσοφίας ἐρᾷς, εἴπερ τις ἄλλος τῶν πώποτε
τρία δὲ ἅμα ταῦτα ξυνελθόντα ἤρκεσεν ἀποφῆναι τὸν
Ἀμφίονα τῆς παλαιᾶς μουσικῆς εὑρετήν, χρόνος, θεοῦ
πνεῦμα, ἔρως ὑμνῳδίας· οὐδὲ γὰρ ἡ τῶν ὀργάνων ἔν-
δεια πρὸς ταῦτα πέφυκεν ἀντιτάττεσθαι καὶ ταῦτα
ῥᾳδίως ἂν ὁ τῶν τριῶν τούτων μέτοχος ἐξεύροι. (2) ἢ
γὰρ οὐχὶ τοῦτον αὐτὸν ἀκοῇ παραδεδέγμεθα οὐ τὰς
ἁρμονίας μόνον, αὐτὴν δὲ ἐπ᾽ αὐταῖς ἐξευρεῖν τὴν λύ-
ραν, εἴτε δαιμονιωτέρᾳ χρησάμενος ἐπινοίᾳ, εἴτε τινὶ
θείᾳ δόσει διά τινα συμμαχίαν ἀμήχανον, καὶ τῶν
παλαιῶν οἱ πλεῖστοι τοῖς τρισὶ τούτοις ἐοίκασι μά-
λιστα προσσχόντες οὔτι πλαστῶς φιλοσοφῆσαι, οὐδε-
νὸς ἄλλου δεόμενοι.

β'

Τίς οὖν ἀγνοεῖ τὸν Αἰθιόπων ὑπὲρ τοῦ παρ᾽ ἡμῖν
τροφιμωτάτου· σιτίου λόγον, ἁψάμενοι γὰρ τῆς μάζης
θαυμάζειν ἔφασαν ὅπως κόπρια σιτούμενοι ζῶμεν, εἰ
τῷ πιστὸς ὁ Θούριος εἶναι λογοποιὸς δοκεῖ· ἰχθυοφά-
γων δὲ καὶ σαρκοφάγων ἀνθρώπων γένη μηδ᾽ ὄναρ
ἰδόντα τὴν παρ᾽ ἡμῖν δίαιταν οἱ τὴν οἰκουμένην περιη-
γούμενοι γῆν ἱστοροῦσιν. ὧν εἴ τις παρ᾽ ἡμῖν ζηλώσαι

FRAGMENTA.

I

Nam et otium tibi suppetit et a natura egregie com-
paratus es, et philosophiæ si quis alius amore teneris.
Quæ tria in unum collecta facile potuerunt Amphionem
musicæ veteris inventorem efficere nimirum tempus,
dei spiritus, canticorum amor Non enim instrumento-
rum vilitas suapte natura illis opponi potest, ac qui trium
istorum particeps erit, facile illa inveniet (2) Annon Am-
phionem ipsum fama accepimus non harmonias modo sed
lyram ipsam insuper excogitasse, sive præstantiore
animi solertia usum sive dono quodam dei et admira-
bili modo divinitus adiutum? Ac veteres plerique in illa
tria potissimum intenti sincere ac sine fuco philosophati
videntur, rei præterea nullius indigi

II

Quis igitur de cibo, qui apud nos pro optimo habetur
alimento, dictum illud Æthiopum nescit? Qui cum mazam
degustassent, mirari se dixerunt, quomodo stercoribus
vescentes viveremus si qua Thurio rerum scriptori fi-
des est Esse præterea nationes hominum piscibus
carnibusque vescentium, qui nostri victus rationem ne
per somnium quidem viderunt, asserunt illi, qui de situ

τὴν δίαιταν ἐπιχειρήσει, οὐδὲν ἄμεινον διακείσεται τῶν τὸ κώνειον προσενεγκαμένων ἢ τὴν ἀκόνιτον ἢ τὸν ἑλλέβορον.

γ'.

Τὴν παροινίαν, ἣν εἰς ἡμᾶς ὁ τῆς Ἑλλάδος ἡγεμὼν πεπαρῴνηκεν, οὗτοι βαρέως ἤνεγκας, οὐδὲν ἡγούμενος τούτων εἰς σὲ γεγονέναι· τό γε μὴν τῇ πόλει βοηθεῖν ἐκείνῃ βούλεσθαι καὶ προθυμεῖσθαι, περὶ ἣν ἐποιήσω τὰς διατριβάς, φιλοσόφου ψυχῆς ἐστι τεκμήριον, ὥστε μοι δοκεῖ τὸ μὲν πρότερον Σωκράτει προσήκειν, τὸ δεύτερον δὲ οἶμαι Μουσωνίῳ. ἐκεῖνος μὲν γὰρ ἔφη, ὅτι μὴ θεμιτὸν ἄνδρα σπουδαῖον πρός του τῶν χειρόνων καὶ φαύλων βλαβῆναι· ὃ δὲ ἐπεμέλετο τῶν βάρεων, ὁπηνίκα φεύγειν αὐτὸν ἐπέταττε Νέρων.

δ'.

Πρὸς τὴν Ἑρκυνίαν ὕλην ἤλθομεν, καὶ εἶδον ἐγὼ χρῆμα ἐξαίσιον. ἰδοὺ γοῦν σοι θαρρῶν ἐγγυῶμαι μήποτε ὦφθαι τοιοῦτον μηδέν, ὅσα γε ἡμεῖς ἴσμεν, ἐν τῇ Ῥωμαίων. ἀλλ' εἴτε τὰ Θετταλικὰ Τέμπη δύσβατα νομίζει τις εἴτε τὰς Θερμοπύλας εἴτε τὸν μέγαν καὶ διωλύγιον Ταῦρον, ἐλάχιστα ἴστω χαλεπότητος ἕνεκα πρὸς τὸ Ἑρκύνιον ὄντα.

ε'. Ἰουλιανὸς Κορινθίοις.

...... πατρῴα μοι πρὸς ὑμᾶς ὑπάρχει φιλία· καὶ γὰρ ᾤκησε παρ' ὑμῖν ὁ ἐμὸς πατήρ, καὶ ἀναχθεὶς ἔνθεν, ὥσπερ ἐκ Φαιάκων Ὀδυσσεύς, τῆς πολυχρονίου πλάνης ἀπηλλάγη ..... ἐνταῦθα ὁ πατὴρ ἀνεπαύσατο.

ς'.

... ἵνα μὴ ἀκονώμενοι τὴν γλῶτταν ἑτοίμως πρὸς τοὺς διαλεκτικοὺς τῶν Ἑλλήνων ἀπαντῶσιν.

ζ'.

... τοῖς οἰκείοις γὰρ πτεροῖς κατὰ τὴν παροιμίαν βαλλόμεθα. ἐκ γὰρ τῶν ἡμετέρων συγγραμμάτων καθοπλιζόμενοι τὸν καθ' ἡμῶν ἀναδέχονται πόλεμον.

Γάλλος Καῖσαρ Ἰουλιανῷ ἀδελφῷ χαίρειν.

Ἡ γειτνίασις τῆς χώρας, λέγω δὲ τῆς Ἰωνίας, πλεῖστον ὅσον εἰς κέρδος ἡμᾶς ἤνεγκεν. ἀνιωμένους γὰρ ἡμᾶς καὶ δυσχεραίνοντας ἐπὶ ταῖς πρώταις φήμαις παρεμυθήσατο. τί δὲ ἔστιν ὃ λέγω, γνώσῃ. ἧκεν εἰς ἡμετέρας ἀκοὰς ἀποστῆναι μέν σε τῆς προτέρας θρησκείας τῆς ἐκ προγόνων παραδοθείσης, ἐπὶ δὲ τὴν μάταιον δεισιδαιμονίαν ἐληλακέναι, οἴστρῳ τινὶ κακῷ συμβούλῳ εἰς τοῦτο ἐλαθέντα. καὶ τί οὐκ ἔμελλον πάσχειν δυσχεραίνων; (2) ὡς εἰ μέν τι τῶν

orbis commentati sunt. Illorum victitandi rationem si quis apud nos æmulari voluerit, nihilo iis melius habebit, qui cicutam vel aconitum vel helleborum hauserint.

III.

Contumeliam, qua nos Græciæ præfectus affecit, in levi habuisti, nihil hæc ad te pertinere putans. Quod autem illi urbi opem ferre velis, eique studeas, in qua scholas habuisti, dignæ philosopho mentis est indicium. Itaque prius illud convenire Socrati, alterum Musonio videtur. Nam ille fas esse negabat, virum bonum ab ullo deteriorum lædi : hic vero turrium curator erat, quum exsulare a Nerone iussus est.

IV.

Ad Hercyniam silvam contendentes rem vidimus plane stupendam. Enimvero tibi affirmare ausim, nihil tale unquam esse visum, quantum scimus, in orbe Romano. Nam sive quis Thessalica Tempe prærupta et inaccessa putat, sive loca ad Thermopylas, sive ingentem et arduum Taurum, minima hæc esse scito cum saltus Hercynii asperitate collata.

V. Iulianus Corinthiis.

..... paterna mihi vobiscum intercedit amicitia. Etenim apud vos pater meus habitavit, indeque reversus, ut Ulixes a Phæacibus, diuturno errore liberatus est ..... Ibi pater requievit.

VI.

... ne, si linguam accuissent, gentilium dialecticis expeditius responderent.

VII.

... nostris enim pennis, ut est in proverbio, configimur. Quippe nostrorum scriptorum armis instructi bellum contra nos gerunt.

Gallus Cæsar Iuliano fratri S. D.

Ioniæ provinciæ vicinitas maximum mihi lucrum attulit, quippe quem priore de te fama dolentem mœrentemque recreavit. Ad aures meas pervenit, te, abdicata prima religione, quam a maioribus accepisti, ad inanem superstitionem deflexisse, impetu quodam pravoque consilio abreptum. Quid non mihi accidisse putas, cum tuam vicem dolerem? (2) Nam sicut meum esse commodum

εν σοὶ χαλῶν διαβοώμενον γνοίην, κέρδος οἰχεῖον ἡγοῦμαι· οὐδέ τι τῶν δυσχερῶν, ὅπερ οὐκ οἶμαι, ἐξίσης ζημίωμα μᾶλλον ἐμὸν νομίζω· ἐπὶ τούτοις οὖν ἀνιώμενόν με ἡ παρουσία τοῦ πατρὸς ἡμῶν Ἀετίου τύρραινεν, ἀπαγγέλλοντος μὲν ἐναντία, ἡμῖν δὲ εὐχτά· καὶ γὰρ σπουδάζειν σε ἔφη εἰς οἴχους εὐχῶν, καὶ μὴ πόρρω τῆς μνείας τῶν ἀθλητῶν ἀνδρῶν ἀπο σπᾶσθαι, ὅλως δὲ ἔχεσθαι διεβεβαιοῦτο τῆς θεοσεβείας τῶν ἡμετέρων. (3) ἐγὼ δέ σοι τοῦτ' ἂν εἴποιμι κατὰ τὸ Ὁμηρικὸν βάλλ' οὕτως, καὶ ἐπὶ τοιαύταις· μνείαις εὔφραινε τοὺς ἀγαπῶντας, μεμνημένος ὡς οὐκ ἔστι τι θεοσεβείας ἀνώτερον. ἡ γὰρ εἰς ἄχρον ἀρετὴ παιδεύει τὸ μὲν ψεῦδος ὡς ἀπατηλὸν μισεῖν, τοῦ δὲ ἀληθοῦς ἔχεσθαι, ὅπερ μάλιστα ἐν τῇ περὶ τὸ θεῖον φαίνεται θρησκεία. (4) ὄχλος γὰρ πάντως φιλόνεικον καὶ ἄστατον· τὸ δὲ μόνον σὺν ἑνὶ ὑπουργὸν ὂν βασιλεύει τοῦ παντός, οὐκ ἐκ δασμοῦ καὶ κλήρου, καθάπερ οἱ Κρόνου παῖδες, ἀλλ' αὐτὸ ἀρχὴ ὄν, καὶ κρατοῦν τῶν ἁπάντων, οὐδὲ δεξάμενον βίᾳ ἕτερον, ἀλλὰ πρὸ πάντων ὄν. τοῦτο ὄντως θεός, ὅνπερ σὺν τῷ ὀφειλομένῳ σεβάσματι προσκυνεῖν χρή· ἔρρωσο

reor, cum tua bona prædicari audio, ita mala, quæ deus avertat, meum apprime damnum arbitror. Me igitur in eo mœrore iacentem communis pater Aetius adveniens erexit, qui et plane contraria narravit et mihi optatissima. Nam te domibus precationi consecratis studiose versari et a memoria martyrum non divelli dixit, sed omnino dei cultui addictum esse adfirmavit. (3) Ego vero Homeri illam vocem tibi ingero sic iaculare. Perge, inquam, ut cœpisti, atque hanc eis rependе voluptatem, unumque est atque potentia præditum, rerum omnium ria retine, nihil religioni præferendum esse. Virtus enim quo est perfectior, monet ut mendacii detestemur fallacias, veritatem autem consectemur. quod præcipue in pietate erga deum curandum esse apparet. (4) Multitudo dissidii origo et perpetuitatis est labes· quod vero solum unumque est atque potentia præditum, rerum omnium tenet imperium, non, ut Saturni filii, sorte aut partitione, sed quia suapte natura principium est et omnia potentia continet neque vi acquisita. nam ipsum ante omnia est. Hic revera est deus, quem debito cultu venerari oportet. Vale.

ΛΟΥΚΙΑΝΟΥ ΕΠΙΣΤΟΛΑΙ ΚΡΟΝΙΚΑΙ.

LUCIANI EPISTOLÆ SATURNALES.

α΄. Ἐγὼ Κρόνῳ χαίρειν.

(19) Ἐγεγράφειν μὲν ἤδη σοι καὶ πρότερον δηλῶν ἐν οἷς εἴην καὶ ὡς ὑπὸ πενίας κινδυνεύοιμι μόνος ἄμοιρος εἶναι τῆς ἑορτῆς ἣν ἐπήγγελκας, ἔτι καὶ τοῦτο προσθείς (μέμνημαι γάρ) ἀλογώτατον εἶναι τοὺς μὲν ἡμῶν ὑπερπλουτεῖν καὶ τρυφᾶν οὐ κοινωνοῦντας ὧν ἔχουσι τοῖς πενεστέροις, τοὺς δὲ λιμῷ διαφθείρεσθαι, καὶ ταῦτα Κρονίων ἐνεστώτων· ἐπεὶ δέ μοι τότε οὐδὲν ἀντεπέστειλας, ἡγησάμην δεῖν αὖθις ἀναμνῆσαί σε τῶν αὐτῶν. ἐχρῆν γάρ σε, ὦ ἄριστε Κρόνε, τὸ ἄνισον τοῦτο ἀφελόντα καὶ τὰ ἀγαθὰ ἐς τὸ μέσον ἅπασι καταθέντα ἔπειτα κελεύειν ἑορτάζειν. ὡς δὲ νῦν ἔχομεν, μύρμηξ ἢ κάμηλος, ὡς ἡ παροιμία φησί· μᾶλλον δὲ τραγικὸν ὑποκριτὴν ἐννόησον θατέρῳ μὲν τοῖν ποδοῖν ἐφ᾽ ὑψηλοῦ βεβηκότα, ὁ δ᾽ ἕτερος ἀνυπόδητος ἔστω. εἰ τοίνυν βαδίζοι οὕτως ἔχων, ὁρᾷς ὅτι ἀναγκαῖον αὐτῷ ἄρτι μὲν ὑψηλῷ ἄρτι δὲ ταπεινῷ γενέσθαι, καθ᾽ ὁπότερον ἂν πόδα προβαίνῃ. τοσοῦτον κἂν τῷ βίῳ ἡμῶν τὸ ἄνισον· καὶ οἱ μὲν ὑποδησάμενοι ἐμβάτας τῆς τύχης χορηγούσης ἐντραγῳδοῦσιν ἡμῖν, οἱ πολλοὶ δὲ πεζῇ καὶ χαμαὶ βαδίζομεν, δυνάμενοι ἄν, εὖ ἴσθι, μὴ χεῖρον αὐτῶν ὑποκρίνεσθαι καὶ διαβαίνειν, εἴ τις καὶ ἡμᾶς ἐνεσκεύασε παραπλησίως ἐκείνοις. (20) καίτοι ἀκούω τῶν ποιητῶν λεγόντων, ὡς τὸ παλαιὸν οὐ τοιαῦτα ἦν τοῖς ἀνθρώποις τὰ πράγματα σοῦ ἔτι μοναρχοῦντος, ἀλλ᾽ ἡ μὲν γῆ ἄσπορος καὶ ἀνήροτος ἔφερεν αὐτοῖς τὰ ἀγαθά, δεῖπνον ἕτοιμον ἑκάστῳ ἐς κόρον, ποταμοὶ δὲ οἱ μὲν οἴνου οἱ δὲ γάλα, εἰσὶ δὲ οἳ καὶ μέλι ἔρρεον. τὸ δὲ μέγιστον, αὐτοὺς ἐκείνους φασὶ τοὺς ἀνθρώπους χρυσοῦς εἶναι, πενίαν δὲ μηδὲ τὸ παράπαν αὐτοῖς πλησιάζειν. ἡμεῖς δὲ αὐτοὶ μὲν οὐδὲ μόλυβδος ἂν εἰκότως δοκοίημεν ἀλλ᾽ εἴ τι καὶ τούτου ἀτιμότερον, ἡ τροφὴ δὲ μετὰ πόνων τοῖς πλείστοις, ἡ πενία δὲ καὶ ἀπορία καὶ ἀμηχανία καὶ τὸ οἴμοι καὶ τὸ πόθεν ἄν μοι γένοιτο καὶ ὦ τῆς τύχης πολλὰ τοιαῦτα παρὰ γοῦν ἡμῖν τοῖς πένησι. καὶ ἧττον ἄν, εὖ ἴσθι, ἠνιώμεθα ἂν ἐπ᾽ αὐτοῖς, εἰ μὴ τοὺς πλουσίους ἑωρῶμεν τοσαύτῃ εὐδαιμονίᾳ συνόντας, οἳ τοσοῦτον μὲν χρυσὸν τοσοῦτον δὲ ἀργύρον ἐγκλεισάμενοι, ἐσθῆτας δὲ ὅσας ἔχοντες, ἀνδράποδα δὲ καὶ ζεύγη καὶ συνοικίας καὶ ἀγρούς, πάμπολλα δὲ ταῦτα ἕκαστα κεκτημένοι οὐχ ὅπως μετέδοσαν ἡμῖν ποτε αὐτῶν ἀλλ᾽ οὐδὲ προσβλέ-

I. Ego Saturno S.

(19) Equidem iam prius tibi litteris demonstravi, qui loco essem et ut præ paupertate in periculo versarei ne solus sim expers eius quam denuntiasti solemnitatis. Adieceram etiam, probe commemini, vehementer esse rationi adversum, alios nostrûm opibus deliciisque affluere, neque quidquam de his, quæ habent, impertiri tenuioribus; alios autem enecari fame : idque instantibus Saturnalibus. Quando quidem vero nihil mihi tum rescripsisti, faciendum putavi, ut iterum de iisdem rebus te admonerem. Decebat enim te, Saturne optime, sublata prius illa inæqualitate, bonis in medio omnium positis, deinde imperare dies festos. Ut vero nunc habemus, formica aliqua est aut camelus, ut est in proverbio. Quin tu tragicum mihi actorem cogita, altero quidem pede alte calceatum, alter vero eius pes discalceatus sit. Si iam eo habitu ingrediatur, vides necesse illi esse, ut modo excelsus sit, modo humilis, prout hoc vel illo pede procedat; tanta etiam est in vita nostra inæqualitas. Alii induti cothurnis a fortuna suppeditatis tragico nos fastu conculcant. Nos autem vulgus pedibus et humi ingredimur, qui possemus, bene noris, non deterius illis agere, et gradum grandire, si quis nos etiam similiter atque illos instruat. (20) Quanquam audio poëtas dicere, olim non sic fuisse res hominum, te adhuc rerum potiente, sed tellurem sine semine et aratro genuisse ipsis bona, paratas unicuique ad satietatem usque epulas. Fluvios autem partim vino, partim lacte fluxisse : fuisse etiam qui melle. Quod vero maximum, illos ipsos homines aiunt fuisse aureos, paupertatem vero omnino ad illos accessisse. At nos contra ea ipsi quidem vix plumbum videamur merito, aut si quid illo vilius : victus autem cum labore plerisque contingit : ceterum paupertas et consilii inopia et desperatio et illud « hei mihi » et « unde nanciscar? » et « heu fortunam ! » talia apud nos quidem pauperes plurima. Ac minus ea indigne, bene noris, ferremus, nisi divites in tanta esse felicitate videremus, qui tot vestes habentes, mancipiaque et currus et vicos totos et agros, et magnam quidem vim, nihil horum nobis impertiant, neque adspicere de plebe homines di-

πειν τοὺς πολλοὺς ἀξιοῦσι. (21) ταῦτα ἡμᾶς μάλιστα
ἀποπνίγει, ὦ Κρόνε, καὶ ἀφόρητον ἡγούμεθα τὸ
πρᾶγμα, τὸν μὲν ἐφ' ἁλουργίδων κατακείμενον τοσού-
τοις ἀγαθοῖς ἐντρυφᾶν ἐρυγγάνοντα καὶ ὑπὸ τῶν συν-
όντων εὐδαιμονιζόμενον ἀεὶ ἑορτάζοντα, ἐμὲ δὲ καὶ
τοὺς ὁμοίους ὀνειροπολεῖν εἰ ποθὲν ὀβολοὶ τέτταρες γέ-
νοιντο, ὡς ἔχοιμεν ἄρτων γοῦν ἢ ἀλφίτων ἐμπεπλη-
σμένοι καθεύδειν, κάρδαμον ἢ θύμον ἢ κρόμμυον
ἐπιτρώγοντες. ἢ τοίνυν ταῦτα, ὦ Κρόνε, ἀλλάττειν
καὶ μεταποιεῖν ἐς τὸ ἰσοδίαιτον, ἢ τὸ ὕστατον, αὐτούς
γε ἐκείνους κελεύειν τοὺς πλουσίους μὴ μόνους ἀπο-
λαύειν τῶν ἀγαθῶν, ἀλλὰ ἀπὸ μὲν μεδίμνων τοσούτων
χρυσίου χοίνικά γε ἡμῶν πάντων κατασκεδάσαι, ἀπὸ
δὲ ἱματίων ὅσα κἂν ὑπὸ σητῶν διαβρωθέντα οὐκ ἂν
αὐτοὺς ἀνιάσειε, ταῦτα γοῦν πάντως ἀπολλύμενα καὶ
ὑπὸ τοῦ χρόνου διαφθαρησόμενα ἡμῖν δοῦναι περιβα-
λέσθαι μᾶλλον ἢ ἐν ταῖς κοίταις καὶ κίσταις εὐρῶτι
πολλῷ κατασαπῆναι. (22) καὶ μὴν καὶ δειπνίζειν
ἕκαστον ἄρτι μὲν τέτταρας ἄρτι δὲ πέντε τῶν πενήτων
παραλαμβάνοντας, μὴ μέντοι ἐς τὸν νῦν τρόπον τῶν
δείπνων, ἀλλ' ἐς τὸ δημοτικώτερον, ὡς ἐπ' ἴσης μετ-
έχειν ἅπαντας καὶ μὴ τὸν μὲν ἐμφορεῖσθαι τῶν ὄψων
καὶ τὸν οἰκέτην περιμένειν ἑστῶτα, ἔστ' ἂν ἀπαγο-
ρεύσῃ ἐσθίων, ἐφ' ἡμᾶς δὲ ἐλθόντα, ἔτι παρασκευαζο-
μένων ὡς ἐπιβαλούντων τὴν χεῖρα, παραμείβεσθαι,
δείξαντα μόνον τὴν λοπάδα ἢ ὅσον ἐστὶ τοῦ πλακοῦντος
τὸ λοιπόν, μηδὲ ἐσκομισθέντος ὑὸς διανέμοντα τῷ μὲν
δεσπότῃ παρατιθέναι τὸ ἡμίτομον ὅλον σὺν τῇ κεφαλῇ,
τοῖς δὲ ἄλλοις ὀστᾶ φέρειν ἐγκεκαλυμμένα. προειπεῖν
δὲ καὶ τοῖς οἰνοχόοις μὴ περιμένειν, ἔστ' ἂν ἑπτάκις
αἰτήσῃ πιεῖν ἡμῶν ἕκαστος, ἀλλὰ ἢν ἅπαξ κελεύσῃ,
αὐτίκα ἐγχέαι καὶ ἀναδοῦναι μεγάλην κύλικα ἐμπλη-
σάμενος ὥσπερ τῷ δεσπότῃ. καὶ τὸν οἶνον δὲ πᾶσι
τοῖς συμπόταις ἕνα καὶ τὸν αὐτὸν εἶναι· ἢ ποῦ γὰρ
γεγράφθαι τοῦτον τὸν νόμον, τὸν μὲν ἀνθοσμίου μεθύ-
σκεσθαι, ἐμοὶ δὲ ὑπὸ τοῦ γλεύκους διαρρήγνυσθαι τὴν
γαστέρα, (23) ἢν ταῦτα ἐπανορθώσῃς καὶ μετακοσμή-
σῃς, ὦ Κρόνε, βίον μὲν τὸν βίον, ἑορτὴν δὲ τὴν ἑορτὴν
ἔσῃ πεποιηκώς, εἰ δὲ μή, ἐκεῖνοι μὲν ἑορταζόντων,
ἡμεῖς δὲ καθεδούμεθα εὐχόμενοι, ἐπειδὰν λουσάμενοι
ἥκωσι, τὸν παῖδα μὲν αὐτοῖς ἀνατρέψαντα τὸν ἀμφορέα
κατᾶξαι, τὸν μάγειρον δὲ τὸν ζωμὸν κνισῶσαι καὶ
ἐπιλαθόμενον τὸ τάριχος μὲν ἐς τὴν φακῆν ἐμβαλεῖν,
τὴν κύνα δὲ παρεισπεσοῦσαν τὸ ἀλλᾶντα ὅλον κα-
ταφαγεῖν, περὶ τἆλλα τῶν ὀψοποιῶν ἐχόντων, καὶ τοῦ
πλακοῦντος τὸ ἥμισυ, τὸν δὲ ὗν καὶ τὸν ἔλαφον καὶ τὰ
δελφάκια μεταξὺ ὀπτώμενα τὸ ὅμοιον ποιεῖν ὅπερ
Ὅμηρος περὶ τῶν Ἰλίου βοῶν φησί, μᾶλλον δὲ μὴ
ἕρπειν μόνον, ἀλλ' ἀναπηδήσαντα φεύγειν εἰς τὸ ὄρος
αὐτοῖς ὀβελοῖς, καὶ τὰς ὄρνεις δὲ τὰς παχείας, καίτοι
ἀπτέρους ἤδη οὔσας καὶ ἐσκευασμένας, ἀναπταμένας
οἴχεσθαι καὶ ταύτας, ὡς μὴ μόνοι ἀπολαύοιεν αὐτῶν.
(24) ὃ δὲ δὴ μάλιστα ἂν αὐτοὺς ἀνιάσειε, τὸ μὲν χρυ-
σίον μύρμηκάς τινας οἵους τοὺς Ἰνδικοὺς ἀνορύττοντας

gnentur. (21) Ista nos præsertim, Saturne, angunt, et
intolerabile arbitramur istum quidem iacentem in purpura
tot in bonis delicias agere ructantem, et beatum prædi-
cari a familiaribus, perpetuosque dies festos agere me
vero ac mei similes hoc ipsum per quietem etiam et in
somnis curare, unde quatuor confiant oboli, ut pane
certe aut pulte oppleti, adhibito nasturtio aut porri aut
cepæ obsonio, ire cubitum queamus Aut igitur hæc
immuta, Saturne, et reduc ad æqualitatem, aut, quod
extremum est, ipsis illis divitibus impera, ne soli
fruantur bonis illis, sed de tot modiis auri chœnicem
saltem in nos omnes spargant de vestibus autem tantum,
quantum e tineis si corrodatur, ægre non ferant, hæc
ergo omnino peritura et corrumpenda a tempore nobis
uti dent induenda potius, quam in arcis ac cistis multo
situ computrescant (22) Verum etiam cœna excipere
illos iube assumptos modo quatuor modo quinque pau-
perum, non tamen præsenti modo cœnarum, sed popu-
lari magis ratione, ut ex æquo participes sint universi,
nec alter quidem obsoniis se ingurgitet, manente servo
atque adstante, donec ille edere non amplius possit, ad
nos vero cum venerit idem servus, adhuc parantibus nobis
manum inicere, præterea, ostensa modo patina aut
quantum est placentæ reliquum, neque ut illato porco
carptor hero quidem apponat dimidium ipsum cum capite,
reliquis vero involuta ossa offerat Præcipere porro
illos iube pocillatoribus, ne exspectent, dum septies
bibere unusquisque nostrûm postulaverit, sed cum
semel iusserit, infundere statim et tradere non minus
quam hero magnum plenumque calicem Vinum vero
ipsum convivis omnibus unum idemque esse impera, ubi
enim scriptam esse illam legem, ut alter vino odorato
inebrietur, mihi autem a musto rumpatur venter?
(23) Hæc si correxeris, Saturne, tum demum ut vita vita
sit et festi dies sint festi effeceris Sin minus, festos
illi dies obeant nos vero sedebimus vota facientes, ut,
cum e balneo redeant, puer eversam illis fregerit am-
phoram, coquus autem nidore ius corruperit, et aliud
agens pisculentam muriam infuderit lenticulæ, ut irre-
pens canis totum farcimen, occupatis alia in re coquis,
dimidiamque placentam devoraverit, aper vero atque
cervus et porcelli, dum assantur, simile uti faciant ei,
quod de Solis bubus narrat Homerus quin non repant
modo, sed exsilientes in montem ipsis cum verubus au-
fugiant gallinæ autem saginatæ, licet vulsis iam pennis
apparatæ, evolantes ipsæ quoque discedant, ne soli illis
fruantur (24) Quod vero imprimis molestum iis fuerit,
ut formicæ, quales sunt illæ Indicæ effossos thesauros

ἐκ τῶν θησαυρῶν ἐκφέρειν νύκτωρ ἐς τὸ δημόσιον, τὴν ἐσθῆτα δὲ ὀλιγωρίᾳ τῶν ἐπιμελητῶν κοσκινηδὸν διατετρυπῆσθαι ὑπὸ τῶν βελτίστων μυῶν, ὡς σαγήνης θυννευτικῆς μηδὲν διαφέρειν, παῖδας δὲ αὐτῶν τοὺς ὡραίους καὶ κομήτας, οὓς Ὑακίνθους ἢ Ἀχιλλέας ἢ Ναρκίσσους ὀνομάζουσι, μεταξὺ ὀρέγοντάς σφισι τὸ ἔκπωμα φαλακροὺς γίγνεσθαι ὑπορρεούσης τῆς κόμης καὶ πώγωνα φύειν ὀξὺν, οἷοί εἰσιν ἐν ταῖς κωμῳδίαις οἱ σφηνοπώγωνες, καὶ τὸ παρὰ τοῖς κροτάφοις πάνυ λάσιον καὶ κάρτα ἐκκεντοῦν, τὸ μεταξὺ δὲ λεῖον καὶ γυμνὸν εἶναι. ταῦτα καὶ πλείω τούτων εὐξαίμεθ' ἄν, ἢν μὴ ἐθέλωσι τὸ ἄγαν φίλαυτον τοῦτ' ἀφέντες ἐς τὸ κοινὸν πλουτεῖν καὶ μεταδιδόναι ἡμῖν τῶν μετρίων.

β'. Κρόνος ἐμοὶ τῷ τιμιωτάτῳ χαίρειν.

(25) Τί ταῦτα ληρεῖς, ὦ οὗτος, ἐμοὶ περὶ τῶν παρόντων ἐπιστέλλων καὶ ἀναδασμὸν τῶν ἀγαθῶν ποιεῖν κελεύων; τὸ δὲ ἑτέρου ἂν εἴη, τοῦ νῦν ἄρχοντος. θαυμάζω γάρ σε εἰ μόνος ἁπάντων ἀγνοεῖς ὡς ἐγὼ μὲν πάλαι βασιλεὺς ὢν πέπαυμαι, τοῖς παισὶ διανείμας τὴν ἀρχήν, ὁ δὲ Ζεὺς μάλιστα τῶν τοιούτων ἐπιμελεῖται· τὰ δὲ ἡμέτερα ταῦτα μέχρι πεττῶν καὶ κρότου καὶ ᾠδῆς καὶ μέθης, καὶ τοῦτο οὗ πλέον ἡμερῶν ἑπτά· ὥστε περὶ τῶν μειζόνων ἃ φής, ἀφελεῖν τὸ ἄνισον καὶ ἐκ τῆς ὁμοίας ἢ πένεσθαι ἢ πλουτεῖν ἅπαντας, ὁ Ζεὺς ἂν χρηματίσειεν ὑμῖν. εἰ δέ τι τῶν ἐς τῆς ἑορτῆς ἀδικοῖτό τις ἢ πλεονεκτοῖτο, ἐμὸν ἂν εἴη διακάζειν. καὶ ἐπιστέλλω δὲ τοῖς πλουσίοις περὶ τῶν δείπνων καὶ τοῦ χοίνικος τοῦ χρυσίου καὶ τῶν ἐσθήτων, ὡς καὶ ὑμῖν πέμποιεν ἐς τὴν ἑορτήν· δίκαια γὰρ ταῦτα καὶ ἄξια αὐτοὺς ποιεῖν, ὥς φατέ, ἢν μή τι εὔλογον ἐκεῖνοι πρὸς ταῦτα λέγειν ἔχωσι. (26) τὸ δὲ ὅλον, ἴστε οἱ πένητες ὑμεῖς ἐξηπατημένοι καὶ οὐκ ὀρθῶς δοξάζοντες περὶ τῶν πλουσίων, οἵ γε πανευδαίμονας αὐτοὺς οἴεσθε εἶναι καὶ μόνους ἡδύν τινα βιοῦν τὸν βίον, ὅτι δειπνεῖν τε πολυτελῶς ἐστιν αὐτοῖς καὶ μεθύσκεσθαι οἴνου ἡδέος καὶ παιδὶν ὡραίοις καὶ γυναιξὶν ὁμιλεῖν καὶ ἐσθῆσι μαλακαῖς χρῆσθαι· τὸ δὲ πάνυ ἀγνοεῖτε ὁποῖόν ἐστιν. αἱ γὰρ φροντίδες αἱ περὶ τούτων οὐ μικραί, ἀλλ' ἀνάγκη ἐπαγρυπνεῖν ἑκάστοις, μή τι ὁ οἰκονόμος βλακεύσῃ ἢ ὑφελόμενος λάθῃ, μὴ ὁ οἶνος ὀξυνθῇ, μὴ ὁ σῖτος φθειρεῖ ζέσῃ, μὴ λῃστὴς ὠφέληται τὰ ἐκπώματα, μὴ πιστεύσῃ τοῖς συκοφάνταις ὁ δῆμος λέγουσι τυραννεῖν αὐτὸν ἐθέλειν. ταῦτα δὲ πάντα καὶ οὐδέ τὸ πολλοστὸν ἂν εἴη μέρος τῶν ἀνιώντων αὐτούς· εἰ γοῦν ἠπίστασθε τοὺς φόβους καὶ τὰς μερίμνας ἃς ἔχουσι, πάνυ ἂν ὑμῖν φευκτέον ὁ πλοῦτος ἔδοξεν. (27) ἐπεί τοι οἴει με αὐτὸν οὕτως ἂν ποτε κορυβαντιᾶσαι, ὡς εἰ καλὸν ἦν τὸ πλουτεῖν καὶ βασιλεύειν, ἀφέντα ἂν αὐτὰ καὶ παραχωρήσαντα ἄλλοις καθῆσθαι ἰδιωτεύοντα καὶ ἀνέχεσθαι ὑπ' ἄλλῳ ταττόμενον; ἀλλὰ τὰ πολλὰ ταῦτα εἰδώς, ἃ τοῖς πλουσίοις καὶ ἄρχουσι προσεῖναι ἀνάγκη,

noctu in publicum efferant, atque ut vestis eis ob negligentiam curatorum cribri instar perforata sit ab optimis muribus, ne quid a reti thunnis capiendis differant, atque ut pueri illorum pulchri et comati, quos Hyacinthos vel Achilles vel Narcissos appellant, dum poculum illis porrigunt, coma defluente calvescant, et barba crescat eis acuta, quales sunt in comœdiis illi cuneobarbi, atque in ipsis temporibus plane hirsuta vehementerque pungens, interiectis partibus lævibus atque nudis. Hæc et his plura vota faciemus, si noluerint, relicto illo nimio tui ipsorum amore, in commune esse divites et mediocria nobis impertiri.

II. Saturnus mihi suo carissimo s.

(25) Quid sic deliras, o noster, qui de præsentibus rebus ad me scribas et bonorum divisionem me iubeas instituere? At illud alterius opus fuerit, ejus qui nunc rerum potitur. Miror enim, si solus omnium ignoras, me, qui olim rex fui, distributo filiis imperio, unum esse desisse, ad Iovis autem curam maxime pertinere talia, hoc autem nostrum regnum intra talos et plausus cantumque et ebrietatem fere contineri, idque septem non amplius diebus. Itaque de maioribus illis, quæ dicis, de auferenda inæqualitate, ut ex æquo aut pauperes sint omnes aut divites, Iuppiter vobis respondeat. Si quis vero in iis, quæ ad solemnitatem pertinent, per iniuriam aut avaritiam aliquid designet, meum fuerit iudicium. Ac scribo ad divites epistolam de cœnis, de chœnice auri et de vestibus, ut vobis etiam solemnis causa aliquid mittant : iusta enim ista et digna, quæ faciant, uti dicitis, nisi quid habent illi, quod cum ratione contra dicant. (26) In universum autem scitote, pauperes, falli vos, neque recte de divitibus sentire, si undique beatos illos putatis, et suavem vitam solos vivere, quod sumptuose cœnare illis licet, et dulci vino inebriari, et cum pueris formosis atque mulieribus esse, et vestimentis uti mollibus. Omnino autem, quale id sit, nescitis. Curæ etenim de hisce non parvæ. Sed opus est invigilare singulis, ne quid ipsis imprudentibus dispensator vel stupore perdat, vel fraude subducat, ne acescat vinum, ne curculionem creet frumentum, aut pocula latro auferat, ne delatoribus credat populus tyrannidem ab ipso affectari dicentibus. Hæc vero omnia vix una de multis particula molestiarum, quæ illos premunt, fuerit. Si enim timores sciatis, quos habent, et curas, fugiendæ omnino vobis videantur divitiæ. (27) Alioqui putas ipsum me ita insanire unquam, ut, si quid præclarum adeo esset divitiæ, et imperium, relicta illa concedam aliis, desideam ipse privatus, et sub alterius imperio vivam. Sed cum scirem multa illa, quæ adesse divitibus atque imperantibus necesse est, dimisi, nec

ἀφῆκα τὴν ἀρχὴν εὖ ποιῶν (28) καὶ γὰρ ἃ νῦν ἐποτνιῶ πρός με, τοὺς μὲν ὑῶν καὶ πλακούντων ἐμφορουμένους, ὑμᾶς δὲ κάρδαμον ἢ θύμον ἢ χρόμμυον ἐπιτρώγοντας ἐν τῇ ἑορτῇ, σκέψαι ὁποῖά ἐστι· πρὸς μὲν γὰρ τὸ παρὸν ἡδὺ καὶ οὐκ ἀνιαρὸν ἴσως ἑκάτερον αὐτῶν, τὸ δὲ μετὰ ταῦτα ἔμπαλιν ἀναστρέφεται τὸ πρᾶγμα· εἶτα ὑμεῖς μὲν οὔτε καρηβαροῦντες ἀνασταίητ' ἂν ἐς τὴν ὑστεραίαν ὥσπερ ἐκεῖνοι ὑπὸ τῆς μέθης οὔτε ὑπὸ τῆς ἄγαν πλησμονῆς δυσῶδές τε καὶ καπνωδέστερον ἐρυγγάνοντες· οἳ δὲ τούτων τε ἀπολαύουσι καὶ τὸ πολὺ τῆς νυκτὸς ἢ παισὶν ἢ γυναιξὶν ἢ ὅπως ἂν ὁ τράχος κελεύῃ συναναφυρέντες ἢ φθόην ἢ περιπνευμονίαν ἢ ὕδερον συνελέξαντο ἐκ τῆς πολλῆς τρυφῆς· ἢ τίνα ἂν αὐτῶν ῥᾳδίως δεῖξαι δύναιο μὴ πολὺ τὸ νεκρῶδες ἐμφαίνοντα, τίνα δὲ ἐς γῆρας ἀφικόμενον τοῖς αὐτοῦ ποσίν, ἀλλὰ μὴ φοράδην ἐπὶ τεττάρων ὀχούμενον, ὁλόχρυσον μὲν τὰ ἔξω, κατάρραφον δὲ τὰ ἔνδον, ὥσπερ αἱ τραγικαὶ ἐσθῆτες ἐκ ῥακίων πάνυ εὐτελῶν συγκεκαττυμέναι, ὑμεῖς δὲ ἰχθύων μὲν ἄγευστοι καὶ ἄσιτοι, ποδάγρας δὲ ἢ περιπνευμονίας οὐχ ὁρᾶθ' ὅτι καὶ τούτων ἄπειροί ἐστε; καίτοι οὐδ' αὐτοῖς ἐκείνοις, ἡδύ ἐστι τὸ καθ' ἡμέραν καὶ πέρα τοῦ κόρου ἐσθίειν τούτων, ἀλλὰ ἴδοις ἂν αὐτοὺς οὕτω λαχάνων καὶ θύμου ὀρεγομένους ἐνίοτε, ὥσπερ οὐδὲ σὺ τῶν λαγῶν καὶ ὑῶν. (29) ἐῶ λέγειν ὅσα ἄλλα λυπεῖ αὐτούς, υἱὸς ἀκόλαστος ἢ γυνὴ τοῦ οἰκέτου ἐρῶσα ἢ ἐρώμενος πρὸς ἀνάγκην μᾶλλον ἢ πρὸς ἡδονὴν συνών· καὶ ὅλως πολλά ἐστιν ἅπερ ὑμεῖς ἀγνοοῦντες τὸν χρυσὸν ὁρᾶτε αὐτῶν μόνον καὶ τὴν πορφύραν, κα' ἢν ἴδητέ ποτε ἐξελαύνοντας ἐπὶ λευκοῦ ζεύγους, κεχήνατε καὶ προσκυνεῖτε. εἰ δὲ ὑπερεωρᾶτε αὐτῶν καὶ κατεφρονεῖτε καὶ μήτε ἐπεστρέφεσθε πρὸς τὴν ἀργυρᾶν ἁρμάμαξαν μήτε μεταξὺ διαλεγομένων ἐς τὸν ἐν τῷ δακτυλίῳ σμάραγδον ἀφεωρᾶτε καὶ τῶν ἱματίων παραπτόμενοι τὸ μαλακὸν ἐθαυμάζετε, ἀλλ' εἴατε καθ' ἑαυτοὺς πλουτεῖν, εὖ ἴστε, αὐτοὶ ἂν ἐφ' ὑμᾶς ἰόντες ἐδέοντο συνδειπνεῖν, ὡς ἐπεδείξαντο ὑμῖν τὰς κλίνας καὶ τὰς τραπέζας καὶ τὰ ἐκπώματα, ὧν οὐδὲν ὄφελος, εἰ ἁμάρτυρος ἡ κτῆσις εἴη (30) τά γέ τοι πλεῖστα εὕροιτε ἂν αὐτοὺς ὑμῶν ἕνεκα κτωμένους, οὐχ ὅπως αὐτοὶ χρήσωνται, ἀλλ' ὅπως ὑμεῖς θαυμάζητε· ταῦτα ὑμᾶς παραμυθοῦμαι εἰδὼς τὸν βίον ἑκάτερον, καὶ ἄξιον ἑορτάζειν ἐνθυμουμένους ὅτι μετ' ὀλίγον ἅπαντας δεήσει ἀπιέναι ἐκ τοῦ βίου κἀκείνους τὸν πλοῦτον καὶ ὑμᾶς τὴν πενίαν ἀφέντας. πλὴν ἐπιστελῶ γε αὐτοῖς ὥσπερ ὑπεσχόμην, καὶ οἶδ' ὅτι οὐκ ὀλιγωρήσουσι τῶν ἐμῶν γραμμάτων.

γ´ Κρόνος τοῖς πλουσίοις χαίρειν

(31) Οἱ πένητες ἔναγχος ἐπεστάλκασί μοι, αἰτιώμενοι ὑμᾶς μὴ μεταδιδόναι σφίσιν ὧν ἔχετε, καὶ τὸ μὲν ὅλον ἠξίουν με κοινὰ πᾶσι ποιεῖν τἀγαθὰ καὶ τὸ μέρος ἕκαστον αὐτῶν ἔχειν· δίκαιον γὰρ εἶναι ἰσοτι-

pœnitet, imperium (28) Quæ autem modo apud me conquestus es, illos apris ingurgitare se et placentis, vos nasturtium aut perrum aut cepam per dies festos arrodere, quale sit vide In præsens enim suave utrumque et minime forte molestum Quantum vero ad ea, quæ sequuntur, in contrariam partem res vertitur Deinde enim vos neque gravato, ut isti, per ebrietatem capite postridie surgatis, neque ventre nimis referto tetrum vaporem eructetis At illi cum istum divitiarum fructum habeant, tum maiorem noctis partem cum pueris aut mulieribus, aut prout mala libido imperaverit, volutati, tabem vel pulmonis inflammationem vel aquam intercutem non difficulter ex multa illa luxuria colligant Aut quem illorum ostendere facile possis, qui non plane sit pallidus, non multum cadaveri similis? Quem autem, si ad senectutem omnino pervenit, suis ipsum utentem pedibus, non quatuor hominum humeris invectum? aureum illum quidem quod ad externa, intus vero consutilem, quales sunt tragicæ vestes, de pannis plane vilibus consarcinatæ Vos autem pisces ne gustatis quidem, nedum ut us vescamini, podagræ autem et pulmonum morbi nonne videtis ipsorum quoque vos expertes esse? aut siquid tale simili alia causa accidat Quanquam ne ipsis quidem suave iam est ipsum illud quotidie et ultra quam satis est de his edere Verum videas illos adeo oleris ac porri nonnunquam cupidos, ut neque tu ita leporum aut aprorum (29) Mitto dicere quæ illos alia excruciant, aut filius corruptus, aut uxor amans servum, aut puer necessitate potius præbens quam amore Multa sunt in universum, quorum vos ignari aurum modo illorum spectatis et purpuram Et si videas illos aliquando albis equis vectos, hiatu admiratione et adoratis Si vero despiceretis ea et contemneretis, nec adverteret vos argentum carpentum, nec inter agendum cum illis ad smaragdum in annulo respiceretis, et cum stupore quodam mollitiem vestium admiraremini, si pro se divites illos esse paterenini, ipsi ad vos, bene noritis, venirent, ut secum cœnaretis rogarent, uti suos vobis lecto est mensas et pocula ostenderent, quorum usus nullus est, si testibus careat possessio (30) Certe pleraque vestra illos causa possidere videatis, non quo utantur ipsi, verum vos ut admiremini Hæc consolandi vos causa scribo, qui utrumque vitæ genus norim Et vel hoc nomine solemne hoc a vobis celebrari dignum est, si cogitetis, abeundum esse paulo post de vita omnibus, relicta illis bonorum copia, vobis paupertate Verum etiam scribam illis, ut promiseram, et novi meas ab illis literas non neglectum iri

III Saturnus divitibus s.

Literas mihi nuper miserunt pauperes, quibus vos accusant, qui de vestris opibus nihil sibi impertiatis Atque in universum illud petiere, ut communia omnibus bona facerem, quorum æquam unusquisque partem haberet

μίαν καθεστηκέναι καὶ μὴ τῷ μὲν πλέον, τῷ δὲ μηδ'
ὅλως μετεῖναι τῶν ἡδέων. ἐγὼ δὲ περὶ μὲν τούτων
ἔφην ἄμεινον σκέψεσθαι τὸν Δία, περὶ δὲ τῶν παρόντων
καὶ ὧν ἀδικεῖσθαι ᾤοντο κατὰ τὴν ἑορτὴν ἑώρων ἐπ'
ἐμὲ καθήκουσαν τὴν κρίσιν, καὶ ὑπεσχόμην γράψειν
πρὸς ὑμᾶς. ἔστι δὲ ἅπερ ἀξιοῦσι μέτρια, ὡς
ἐμοὶ ἔδοξε. πῶς γάρ, φασί, ῥιγοῦντες τοσούτῳ
χρύει καὶ λιμῷ ἐχόμενοι προσέτι ἑορτάζοιμεν ἄν; εἰ
τοίνυν ἐθέλοιμι κἀκείνους μετέχειν τῆς ἑορτῆς, ἐκέ-
λευόν με ἀναγκάσαι ὑμᾶς ἐσθῆτων τε ὧν ἔχετε μετα-
δοῦναι αὐτοῖς, εἴ τινες περιτταὶ καὶ παχύτεραι ἢ καθ'
ὑμᾶς, καὶ τοῦ χρυσίου ὀλίγον ἐπιστάξαι αὐτοῖς· εἰ
γὰρ ταῦτα, φασί, ποιήσετε, μηδὲ ἀμφισβητεῖν ὑμῖν
ἔτι τῶν ἀγαθῶν ἐπὶ τοῦ Διός· εἰ δὲ μή, ἀπειλοῦσι
προσκαλέσεσθαι ἐπὶ τὸν ἀναδασμόν, ἐπειδὰν τὸ πρῶτον
δίκας ὁ Ζεὺς προθῇ. ταῦτά ἐστιν οὐ πάνυ τι χαλεπὰ
ὑμῖν ἀπὸ τοσούτων ἃ καλῶς ποιοῦντες ἔχετε. (32) νὴ
Δία καὶ τῶν δείπνων πέρι, ὡς συνδειπνοῖεν ὑμῖν, καὶ
τοῦτο προσθεῖναι ἠξίουν τῇ ἐπιστολῇ, ὡς νῦν γε μόνους
ὑμᾶς τρυφᾶν ἐπικλεισαμένους τὰς θύρας· εἰ δέ ποτε κἀ-
κείνων τινὰς ἑστιᾶν διὰ μακροῦ ἐθελήσαιτε, πλέον τοῦ
εὐφραίνοντος ἐνείναιτο ἀνιαρὸν τῷ δείπνῳ, καὶ τὰ πολλὰ
ἐφ' ὕβρει αὐτῶν γίγνεσθαι, οἷον ἐκεῖνο τὸ μὴ τοῦ αὐτοῦ
οἴνου συμπίνειν (Ἡράκλεις, ὡς ἀνελεύθερον), ὥστε καὶ
καταγιγνώσκειν αὐτῶν ἐκείνων ἄξιον, ὅτι μὴ πίνοντες
μεταξὺ ἀναστάντες οἴχονται ὅλον ὑμῖν τὸ συμπόσιον
καταλιπόντες. ἀλλ' οὐδὲ ἐς κόρον φασὶ πίνειν· τοὺς
γὰρ οἰνοχόους ὑμῶν ὥσπερ τοὺς Ὀδυσσέως ἑταίρους
κηρῷ βεβύσθαι τὰ ὦτα. τὰ μὲν γὰρ ἄλλα οὕτως
αἰσχρά ἐστιν, ὥστε ὀκνῶ λέγειν ἃ περὶ τῆς νομῆς τῶν
κρεῶν αἰτιῶνται καὶ τῶν διακόνων, ὑμῖν μὲν παρε-
στώτων, ἔστ' ἂν ὑπερεμφορηθῆτε, ἐκείνους δὲ παρα-
θεόντων, καὶ ἄλλα πολλὰ τοιαῦτα μικροπρεπῆ καὶ
ἥκιστα ἐλευθέροις πρέποντα. τὸ γοῦν ἥδιστον καὶ
συμποτικώτατον ἡ ἰσοτιμία ἐστί, καὶ ὁ ἰσοδαίτης
τούτου ἕνεκα ἡγεῖται ὑμῖν τῶν συμποσίων, ὡς τὸ ἴσον
ἅπαντες ἔχωσιν. (33) ὁρᾶτε οὖν ὅπως μηκέτι ὑμᾶς
αἰτιάσονται, ἀλλὰ τιμήσουσι καὶ φιλήσουσι τῶν
ὀλίγων τούτων μεταλαμβάνοντες, ὧν ὑμῖν μὲν ἡ δαπάνη
ἀνεπαίσθητος, ἐκείνοις δὲ ἐν καιρῷ τῆς χρείας ἡ δόσις
ἀείμνηστος. ἄλλως τε οὔτ' ἂν οἰκεῖν δύναισθε τὰς
πόλεις μὴ οὐχὶ καὶ πενήτων συμπολιτευομένων καὶ
μυρία πρὸς τὴν εὐδαιμονίαν ὑμῖν συντελούντων, οὔτ'
ἂν ἔχοιτε τοὺς θαυμάζοντας ὑμῶν τὸν πλοῦτον, ἢν
μόνοι καὶ ἰδίᾳ καὶ ὑπὸ σκότῳ πλουτῆτε. ἰδόντων οὖν
πολλοὶ καὶ θαυμασάντων ὑμῶν τὸν ἄργυρον καὶ τὰς
τραπέζας καὶ προπινόντων φιλοτησίας, καὶ μεταξὺ
πίνοντες περισκοπούντων τὸ ἔκπωμα καὶ τὸ βάρος
ἱστάντων αὐτοὶ διαβαστάσαντες καὶ τῆς τορείας τὸ
ἀκριβὲς καὶ τὸν χρυσὸν ὅσος, ὃς ἐπανθεῖ τῇ τέχνῃ.
πρὸς γὰρ τῷ χρηστοὶ καὶ φιλάνθρωποι ἀκούειν καὶ
τοῦ φθονεῖσθαι ὑπ' αὐτῶν ἔξω γενήσεσθε. τίς γὰρ ἂν
φθονήσειε τῷ κοινωνοῦντι καὶ μεταδιδόντι τῶν μετρίων;
τίς δ' οὐκ ἂν εὔξαιτο εἰς τὸ μήκιστον διαβιῶναι αὐτὸν

Par enim esse, ut instituatur æqualitas, nec plus alius
quam opus est, alius vero plane nihil suavitatis habeat.
Respondi ego, de his Iovis potius inspectionem esse.
De præsentibus autem et iis iniuriis, quibus te perfectos
hosce dies affici a vobis putabant, ad me pertinere vide-
bam iudicium, et scripturum me vobis recepi. Sunt
autem ea, quæ a vobis postulant, ut mihi quidem vide-
batur, moderata. Quo modo enim, aiunt, si gentes tanto
gelu et fame pressi festos insuper dies agamus? Si igitur
vellem ipsos quoque in partem celebrationis venire,
voluerunt uti vos cogerem cum de vestimentis, quæ
habetis, sibi impertiri aliquid, si qua essent superflua
aut quam vos deceat crassiora; tum aliquantum auri
ipsis instillare. Hæc si faciatis, negant se de bonis litem
vobis apud Iovem moturos amplius : sin minus, ad di-
visionem se provocaturos minantur, ubi primum Iuppiter
iudicium proposuerit. Hæc sunt non admodum difficilia
vobis de tantis, quas me non invidente habetis, opibus.
(32) Sane etiam de cœnis, ut illas vobiscum capiant,
etiam hoc epistolæ addendum putarunt; vos nunc solos,
clausis ianuis, delicate vivere : si vero quandoque etiam
illorum quosdam convivio excipere post longum inter-
vallum velletis, plus molestiarum quam hilaritatis cœnæ
inesse, et pleraque ibi contumeliose in se fieri; ut illud,
quod non de eodem vino bibant, Hercules! quam est
hoc illiberale! atque reprehensione ipsi digni, qui non
inter hæc surgant, et discedentes vestrum vobis vos
convivium habere iubeant. Sed ne vel sic quidem ad
saturitatem se bibere aiunt. Vestros enim pocillatores,
ut illos Ulixis socios, cera obturatas habere aures. Re-
liqua adeo sunt turpia, uti dicere ea dubitem, quæ de
carnium divisione et ministris dicunt, qui vobis adstent,
dum ultra modum vos ingurgitetis, illos autem præter-
currant, et alia in hoc genere multa, ieiuna illa quidem
et minime digna liberis. Suavissimum enim maxime
convivale est illa æqualitas, et præest hanc ob causam
conviviis vestris æquus ille dapium divisor Bacchus, ut
æquum omnes habeant. (33) Curate igitur, ut non
amplius vos accusent, sed honorent potius amentque
minutorum istorum participes, quorum vos sumtum non
sentiatis; quæ tamen, ut munus opportuno adeo ad
usum tempore datum, perpetua ipsi memoria prose-
quantur. Et alioquin ne habitare quidem urbes pos-
sitis, nisi et pauperes in civitate habeatis, qui innu-
merabilia vobis ad felicitatem conferant; nec habeatis
qui divitias admirentur vestras, si soli et privatim et in
tenebris sitis divites. Videat igitur vulgus et admiretur
argentum vestrum et mensas, et amicitiæ poculum sibi
invicem propinent; atque inter bibendum considerent
poculum, cuius pondus ipsi manu librando explorent, et
cælatura quam accurate expressa sit, et quantum
auri in illo artificio niteat. Præterquam enim quod man-
sueti et humani audietis, etiam invidiam illorum evita-
veritis. Quis enim invideat ei, qui impertiat sibi quod

ἀπολαύοντα τῶν ἀγαθῶν, ὡς δὲ νῦν ἔχετε, ἀμάρτυρος μὲν ἡ εὐδαιμονία, ἐπίφθονος δὲ ὁ πλοῦτος, ἀηδὴς δὲ ὁ βίος. (34) οὐδὲ γὰρ οὐδὲ ὁμοίως ἡδύ, οἶμαι, μόνον ἐμπίπλασθαι, ὥσπερ τοὺς λέοντάς φασι καὶ τοὺς μονιοὺς τῶν λύκων, καὶ συνόντας δεξιοῖς ἀνδράσι καὶ πάντα χαρίζεσθαι πειρωμένοις, οἳ πρῶτα μὲν οὐ κωφὸν καὶ ἄφωνον ἐάσουσι τὸ συμπόσιον εἶναι, ἀλλ' ἐν μύθοις συμποτικοῖς καὶ σκώμμασιν ἀνεπαχθέσι καὶ φιλοφροσύναις ποικίλαις συνέσονται, οἷαι ἥδισται διατριβαί, φίλαι μὲν Διονύσῳ καὶ Ἀφροδίτῃ, φίλαι δὲ Χάρισιν· ἔπειτα δὲ πρὸς ἅπαντας ἐς τὴν ὑστεραίαν διηγούμενοι ὑμῶν τὴν δεξιότητα φιλεῖσθαι παρασκευάσουσι. ταῦτα πολλοῦ πρίασθαι καλῶς εἶχεν. (35) ἐπεὶ ἐρήσομαι ὑμᾶς, εἰ μύοντες οἱ πένητες βαδίζοιεν (ὑποθώμεθα γὰρ οὕτως), οὐκ ἂν ὑμᾶς ἠνίασεν οὐκ ἔχοντας οἷς ἐπιδείξαισθε τὰς ἁλουργεῖς ἐσθῆτας καὶ τῶν ἀκολουθούντων τὸ πλῆθος ἢ τῶν δακτυλίων τὸ μέγεθος, ἐῶ λέγειν ὡς καὶ ἐπιβουλὰς καὶ μίση παρὰ τῶν πενήτων ἀναγκαῖον ἐγγίγνεσθαι πρὸς ὑμᾶς, ἣν μόνοι τρυφᾶν ἐθέλητε. ἃ μὲν γὰρ εὔξεσθαι καθ' ὑμῶν ἀπειλοῦσιν, ἀποτρόπαια, μηδὲ γένοιτο εἰς ἀνάγκην αὐτοὺς καταστῆναι τῆς εὐχῆς, ἐπεὶ οὔτε ἀλλάντων γεύσεσθε οὔτε πλακοῦντος ἢ εἴ τι λείψανον τῆς χυνός, ἡ φακῆ δὲ ὑμῖν σαπέρδην ἐντετηκότα ἕξει, ὃς δὲ καὶ ἔλαφος ὀπτώμενοι μεταξὺ δρασμὸν βουλεύσουσιν ἐκ τοῦ ὀπτανίου ἐς τὸ ὄρος, καὶ ὄρνεις ψύττα κατατείνασαι ἄπτεροι καὶ αὐταὶ παρ' αὐτοὺς τοὺς πένητας ἐκπετήσονται· τὸ δὲ μέγιστον, οἱ ὡραιότατοι τῶν οἰνοχόων φαλακροὶ ἐν ἀκαρεῖ τοῦ χρόνου ὑμῖν γενήσονται, ἐπὶ κατεαγότι καὶ ταῦτα τῷ ἀμφορεῖ. πρὸς τάδε βουλεύεσθε ἃ καὶ τῇ ἑορτῇ πρέποντα γένοιτ' ἂν καὶ ὑμῖν ἀσφαλέστατα, καὶ ἐπικουφίζετε πολλὴν τὴν πενίαν αὐτοῖς, ἀπ' ὀλίγου τελέσματος φίλους οὐ μεμπτοὺς ἕξοντες.

δ' Οἱ πλούσιοι τῷ Κρόνῳ χαίρειν

(36) Πρὸς γὰρ σὲ οἴει μόνον ὑπὸ τῶν πενήτων ταῦτα γεγράφθαι, ὦ Κρόνε, οὐχὶ δὲ καὶ ὁ Ζεὺς ἤδη ἐκκεκώφηται πρὸς αὐτῶν ἀναβοώντων καὶ αὐτὰ δὴ ταῦτα τὸν ἀναδασμὸν ἀξιούντων γενέσθαι καὶ αἰτιωμένων τήν τε εἱμαρμένην ὡς ἄνισον τὴν νομὴν πεποιημένην καὶ ἡμᾶς ὅτι μηδενὸς αὐτοῖς μεταδιδόναι ἀξιοῦμεν, ἀλλ' οἶδεν ἐκεῖνος, ἅτε Ζεὺς ὤν, παρ' οἷστισιν ἡ αἰτία, καὶ διὰ τοῦτο παρακούει αὐτῶν τὰ πολλά· σοὶ δὲ ὅμως ἀπολογησόμεθα, ἐπείπερ ἄρχεις γε νῦν ἡμῶν. ἡμεῖς μὲν γὰρ ἅπαντα πρὸ ὀφθαλμῶν λαβόντες ἃ γέγραφας, ὡς καλὸν ἐπικουρεῖν ἀπὸ πολλῶν τοῖς δεομένοις καὶ ἐς ἥδιον συνεῖναι καὶ συνευωχεῖσθαι τοῖς πένησιν, ἀεὶ διετελοῦμεν οὕτως ποιοῦντες ὡς μηδὲ τὸν ἰσοδαίτην αὐτὸν αἰτιάσασθαί τι. (37) οἱ δὲ ὀλίγων ἐν ἀρχῇ δεῖσθαι φάσκοντες, ἐπειδήπερ ἅπαξ αὐτοῖς ἀνεπετάσαμεν τὰς θύρας, οὐκ ἀνίεσαν ἀλλὰ ἐπ' ἄλλοις αἰτοῦντες· εἰ δὲ μὴ πάντα εὐθὺς μηδὲ πρὸς ἔπος λαμβάνοιεν, ὀργὴ καὶ μῖσος καὶ πρόχειροι αἱ βλασφη-

æquum est atque donet? Quis vero non optet, quam longissime illum extendere ævum et bonis frui? Ut vero nunc habetis, teste caret vestra felicitas, invidiæ opportunæ sunt vestræ divitiæ, suavitatis vita vestra expers (34) Neque enim æque iucundum, credo, est, impleri solum, quod de leonibus aiunt et de genere luporum solivago, atque in convictu hominum dextrorum et gratiam inire omnibus in rebus studentium qui primo non patientur convivium esse mutum et vocis expers, sed in fabulis convivalibus et iocis non molestis et vario genere comitatis una versabuntur quod genus suavissimæ consuetudinis Baccho amicum et Veneri, amicum Gratus Tum vero postridie narranda apud omnes dexteritate vestra amorem vobis conciliabunt Tum vero vel magno redimere bonum fuerit (35) Namque interrogabo vos, si clausis oculis incederent pauperes (ponamus enim hoc), nonne vobis id molestum esset non habentibus, quibus ostenderetis vestes purpureas et pedissequorum turbam aut speciem annulorum? Omitto dicere, fieri non posse, quin insidias et odia contra vos concipiant pauperes, si vivere in deliciis soli velitis Quæ enim se vota contra vos facturos minantur, abominanda sunt, et absit, ut in necessitatem eorum votorum deveniant Nam neque farcimen gustabitis neque placentam, nisi si quid forte canis reliquerit lenticula vobis saperdæ tabem habebit : aper et cervus, dum assantur, fugam de culina meditabuntur in saltum et gallinæ, ilicet ' contentis alis etiam implumes ad ipsos pauperes avolabunt quod vero maximum, pincernarum formosissimi calvi vobis uno momento fient, idque fracta insuper amphora Ad hæc, quæ tum dies festos deceant, tum vobis sint tutissima, statuite, et multani illis paupertatem levate, quos parva pensione interposita amicos habebitis minime contemnendos

IV. Divites Saturno

(36) Nimirum ad te solum scripta esse a pauperibus ista, Saturne, existimas? Nonne etiam Iuppiter diu est cum ab istis obtunditur clamantibus et divisionem fieri postulantibus et fatum accusantibus, quod inæqualem illam divisionem fecerit, et nos qui nihil impertiri illis dignemur? Verum novit ille, ut qui sit Iuppiter, penes utros culpa sit, et ob id ipsum preces illorum surda fere aure transmittit Interim tamen causam apud te, qui nunc certe nobis imperes, dicemus Nos enim, quibus quæ scripsisti ante oculos versarentur omnia, tanquam pulchrum esset auxilium ferre de sua copia indigentibus, et suavius, versari cum pauperibus atque epulari, semper faciebamus ita, æquo ipsi victu utentes, adeo ut neque isodæta quod accusaret haberet (37) At isti, qui paucis initio opus se habere dixerant, cum semel fores us aperuissemus, alia super alia petere non desierunt. Si vero non omnia statim neque in ipso verbo acciperent, ira et odium et maledicta in promtu Ac

μίαι· κἂν εἴ τι ἐπιψεύδοιντο ἡμῖν, ἀλλ' οἵ γε ἀκούοντες
ἐπίστευον ἂν ὡς ἀκριβῶς εἰδόσιν ἐκ τοῦ συγγεγονέναι.
ὥστε δυοῖν θάτερον, ἢ μὴ διδόντα ἐχθρὸν εἶναι πάντως
ἔδει, ἢ πάντα προϊέμενον αὐτίκα μάλα πένεσθαι καὶ
τῶν αἰτούντων καὶ αὐτὸν εἶναι. (18) καὶ τὰ μὲν ἄλλα
μέτρια· ἐν δὲ τοῖς δείπνοις αὐτοῖς ἀμελήσαντες τοῦ
ἐμπίπλασθαι καὶ γαστρίζεσθαι καὶ αὐτοί, ἐπειδὰν
πλέον τοῦ ἱκανοῦ ἐμπίωσιν, ἢ παιδὸς ὡραίου μεταξὺ
ἀναδόντος τὸ ἔκπωμα ἔνυξαν τὴν χεῖρα, ἢ παλλακῇ
ἢ γαμετῇ γυναικὶ ἐπεχείρησαν· εἶτα κατεμέσαντες τοῦ
συμποσίου ἐς τὴν ὑστεραίαν λοιδοροῦνται ἡμῖν κατελ-
θόντες, ὡς ἐδίψησαν καὶ ὡς λιμῷ συνῆσαν διηγούμενοι.
καὶ εἴ σοι ταῦτα καταψεύδεσθαι αὐτῶν δοκοῦμεν, τὸν
ὑμέτερον παράσιτον ἀναμνήσθητι τὸν Ἰξίονα, ὃς κοινῆς
τραπέζης ἀξίω' ἔχων ἴσον ὑμῖν, τῇ Ἥρᾳ μεθυσθεὶς
ἐπεγείρει ὁ γενναῖος. (39) ταῦτ' ἐστὶ καὶ τὰ τοιαῦτα,
ὑφ' ὧν ἡμεῖς ἐβουλευσάμεθα πρὸς τὸ λοιπὸν ἀσφαλείας
τῆς ἡμετέρας ἕνεκα μηκέτι ἐπιβατὸν αὐτοῖς ποιεῖν τὴν
οἰκίαν. εἰ δὲ ἐπὶ σοῦ συνθοῖντο μετρίων δεήσεσθαι,
ὥσπερ νῦν φασί, μηδὲν δὲ ὑβριστικὸν ἐν τοῖς συμπο-
σίοις ἐργάσεσθαι, κοινωνούντων ἡμῖν καὶ συνδει-
πνούντων τύχῃ τῇ ἀγαθῇ. καὶ τῶν ἱματίων ὡς σὺ
κελεύεις πέμψομεν, καὶ τοῦ χρυσίου ὁπόσον οἷόν τε
προσδαπανήσομεν, καὶ ὅλως οὐδὲν ἐλλείψομεν. καὶ
αὐτοὶ δὲ ἀφέμενοι τοῦ κατὰ τέχνην ὁμιλεῖν ἡμῖν φίλοι
ἀντὶ κολάκων καὶ παρασίτων ἔστων. ὡς ἡμᾶς γε
οὐδὲν ἂν αἰτιάσαιο κἀκείνων τὰ δέοντα ποιεῖν ἐθε-
λόντων.

si quid mendacio nobis affingerent, credebant tamen, qui
audirent, velut accurate ipso ex convictu scientibus.
Itaque alterum de duobus, aut si nihil dares, inimicum
omnino esse oportebat; aut si omnia illis diripienda per-
mitteres, ipsum fieri statim pauperem, et unum eorum,
qui ab aliis peterent. (38) Ac reliqua tolerabilia : in ipsis
vero cœnis non satis habentes impleri et ingurgitare se,
etiam ipsi, ubi plus quam satis esset bibissent, vel
formosi pueri, dum poculum prœbet, manum stringe-
bant, vel pellicem aut coniugem adeo tentare audebant.
Deinde ubi vomitu opplevere triclinium, postridie male-
dictis nos perstringunt; quam sitierint, quam famis
convictores fuerint enarrant. Et si hœc mentiri contra
eos videamur, vestri illius parasiti recordare, Ixionis;
qui communi dignatus mensa, dignationem æqualem
vobis habens. ebrius cum esset, Iunonis pudorem tentavit
vir fortis. (39) Hæc sunt et talia, quibus inducti de-
crevimus in posterum nostræ securitatis causa non am-
plius accessum illis in nostras domus præbere. Si vero
te arbitro ac vindice spondeant, moderata se, uti nunc
aiunt, petituros, neque contumeliosum quidquam admis-
suros in conviviis, in communionem veniunto, quod
bene vertat, nobiscum epulantor. Etiam de vestibus, ut
imperas, mittemus, ac de auro etiam, quantum æquum
fuerit, insuper impendemus. Atque in universum nulla
in parte deficiemus. Verum ipsi quoque ex arte nobiscum
agere desinunto, pro adulatoribus et parasitis amici
sunto. Nos quidem, si et isti facere officium voluerint,
nulla in re accusabis.

ΜΕΝΕΚΡΑΤΟΥΣ ΕΠΙΣΤΟΛΗ.

MENECRATIS EPISTOLA.

Μενεκράτης Ζεὺς Φιλίππῳ χαίρειν.

Σὺ μὲν Μακεδονίας βασιλεύεις, ἐγὼ δὲ ἰατρικῆς· καὶ σὺ μὲν ὑγιαίνοντας δύνασαι, ὅταν βουληθῇς, ἀπολ. λύναι, ἐγὼ δὲ τοὺς νοσοῦντας σώζειν καὶ τοὺς εὑρώ- στους ἀνόσους, οἳ ἂν ἐμοὶ πείθωνται, παρέχειν μέχρι γήρως ζῶντας. τοιγαροῦν σὲ μὲν Μακεδόνες δορυ- φοροῦσιν, ἐμὲ δὲ καὶ οἱ θεοὶ μέλλοντες ἔσεσθαι· Ζεὺς ἀρ ἐγὼ αὐτοῖς βίον παρέχω.

Menecrates Iuppiter Philippo s.

Tu Macedoniæ rex es, ego medicinæ sum . actu quidem sanos potes, si velis, perdere, ego vero ægrotos sanare et robustos integros, dum mihi pareant, ad senectutem us- que viventes conservare. Itaque te Macedones stipant, me vero qui dii sunt futuri : Iuppiter enim ego vitam eis præbeo.

ΜΕΝΙΠΠΟΥ ΕΠΙΣΤΟΛΗ.

MENIPPI EPISTOLA.

Μένιππος αὐτοπηρίταις.

᾿Ορθῶς ποιεῖτε πεινῶντες διψῶντες ῥιγῶντες χαμευ-
νοῦντες· ταῦτα γὰρ διατάττει νόμος ὁ Διογένειος, ὃς
ἐγράφη κατὰ Λυχοῦργον νομοθέτην Λαχεδαιμονίων·
ἐὰν δέ τις ὑμῶν παραχούσῃ, παραδοθήσεται νόσῳ καὶ
βασχανίᾳ καὶ λύπῃ καὶ πᾶσι τοῖς ἀπὸ τοῦ χοροῦ τού-
του, λήψονται δὲ αὐτοὺς καὶ ποδάγραι καὶ βηχία καὶ
φῦσαι βροντώδεις κάτωθεν, ὅτι ἐς νόμον δίκαιον καὶ
θεῖον τὸν ἀπὸ Σινώπης ἠσέβησαν.

Menippus veris peræ gerulis.

Recte facitis quod esuritis, sititis, algetis, humi strati
somnum capitis : sic enim iubet lex Diogenia , quæ scripta
est ex sententia Lycurgi, legislatoris Lacedæmoniorum.
Sin vero quis vestrum dicto audiens non fuerit, morbo tra-
detur et invidiæ et dolori et quæquæ eiusdem sunt familiæ,
invadent eos podagræ ventique tonantes ab imo, quod
legem iustam ac divinam violavere Sinope oriundam.

ΜΟΥΣΩΝΙΟΥ ΕΠΙΣΤΟΛΗ.

MUSONII EPISTOLA.

Παγκρατίδη.

Καὶ ἐκ τῶν ἀπαγγελλομένων ἡμῖν περὶ σοῦ καὶ ἐξ ὧν αὐτὸς ἐπέστειλας τοῖς υἱοῖς σου τεκμαιρόμενος μὴ τὰ αὐτὰ τοῖς λαώδεσιν, ἀλλ᾽ ἅπερ οἰκεῖόν ἐστι σὲ φρονεῖν περὶ φιλοσοφίας, προεθυμήθην κατὰ μὲν τὸ παρὸν συνησθῆναί σοι ἐπ᾽ αὐτοῖς, εἰς δὲ τὸ ἐπιὸν συνεύξασθαι, μὴ ἐφ᾽ ἕτερόν τι αὐτοὺς ἀποκλῖναι, τηροῦντας δὲ ἣν ἔχουσι νῦν πρόθεσιν ἄχρι τέλους φιλοσοφῆσαι, ἵν᾽ αὐτοί τε εὖ ἀπαλλάττωσι καὶ σὲ ἀνθ᾽ ὧν ἐκ σοῦ ἔπαθον ἀμείψασθαι δυνηθῶσι. δυεῖν γὰρ ὡς καθόλου εἰπεῖν οὐσῶν αἰτιῶν, παρ᾽ ἃς ἄνθρωποι εὐτάκτως καὶ ὁδῷ ζῶσιν, ἐμπειρίας τε καὶ ἐγκρατείας, πῶς ἂν δυναίμεθα ἢ πρὸς ἑαυτοὺς ἢ πρὸς ἑτέρους ποιεῖν τὰ δέοντα ὑπ᾽ ἀγνοίας ἅμα καὶ ἀκρασίας κατεχόμενοι; (2) ἡ μὲν οὖν τούτων ἀπόλυσις ἀναγκαίως πάνυ ἔοικε παρ᾽ ἡμῶν ἀπαιτεῖσθαι· πρὸς γὰρ τὸ τεταγμένως καὶ εὐσχημόνως ζῆν γεγόναμεν, τοῦ λόγου εἰς τοῦτο ἡμῖν καθάπερ ἐπισκόπου καὶ ἄρχοντος ὑπὸ τῆς φύσεως δεδομένου. ἀπολυθῆναι μέντοι ἀγνοίας καὶ ἀκρασίας οὐχ οἷόν τε ἡμᾶς ἄνευ τοῦ ἐπιτρέψαι αὐτοὺς τῇ διὰ τοῦ λόγου ἰατρείᾳ· προσελθοῦσα γὰρ αὕτη καὶ τὸ προεστηκὸς ἐν ἡμῖν ὡς τοῦ παρὰ φύσιν εἰς τὸ κατὰ φύσιν ἀεὶ τρέπουσα τὰς μὲν μοχθηρὰς τῶν κρίσεων καὶ ἐκ τῆς διαστροφῆς ἐγκειμένας ἐπικόπτειν καὶ ἐξάγειν ἐκ τῆς ψυχῆς ἀεὶ πειρᾶται, τὰς δ᾽ ὑγιεῖς καὶ ἀκολούθους τῇ φύσει ἀντεισάγειν ἢ ἀσθενούσας ἀνακτᾶσθαι. (3) ἰσχὺν δὲ αὗται καὶ εὐστάθειαν προσλαβοῦσαι ὡς χρὴ ἡμᾶς ἐν ἅπασι τοῖς κατὰ τὸν βίον ὁδηγοῦσιν, ὥστε καὶ ὁρᾶν ἀεὶ τὰ ἐπιβάλλονθ᾽ ἡμῖν καὶ σύμφωνα οἷς ἐδοκιμάσαμεν πράττειν. τοιαῦτα οὐκ ἐπαγγελλομένης μόνον ἀλλὰ καὶ παρεχούσης τῆς κατὰ τὴν ψυχὴν ἰατρείας τίνα ἄν τις δικαιομονεῖν ἐπὶ τὸ βοηθεῖν τοῖς σοῖς παισὶν ἢ σὲ καλέσειεν; ἢ οὐκ εὐδαιμονεῖν μὲν αὐτοὺς προαιρῇ πατὴρ ὤν, ἑτοίμως δ᾽ ἔχεις πᾶν ὁτιοῦν ὑποστῆναι, ἵνα αὐτοὺς ὁρᾷς ἐν ἀγαθοῖς ὄντας; ἢ οὐκ ἐπὶ ταῦτα καὶ ἐγέννησας αὐτοὺς καὶ ἀνεθρέψω; οὐ τοιαῦτα δὲ διηνεκῶς σὺ περὶ αὐτῶν εὔχῃ τοῖς θεοῖς; (4) ἀρετῆς δὲ καὶ εὐσχημοσύνης βίου ἀντιποιούμενος οὐκ ἂν ἐθελήσειας ὁρᾶν τοὺς σεαυτοῦ παῖδας εὐτάκτους μὲν ἐν ἐδωδαῖς καὶ πόσεσι, κρατοῦντας δὲ τῶν ὑπὸ γαστέρα, ὡς πρὸς σπορὰν μόνον τέκνων, ὅταν εὔκαιρον ᾖ, τοῖς γεννητικοῖς μέρεσι χρῆσθαι, καὶ ὀλίγῳ μὲν ὕπνῳ πρὸς ἀνάπαυσιν ἀρκουμένους, ἐσθῆτι δὲ ἀπράγμονι καὶ μὴ

Pancratidæ.

Et ex hominum de te sermonibus et ex tuis ad filios tuos datis litteris non idem te quod vulgus, sed quod par est de philosophia sentire colligens meum putavi, in præsenti quidem ipsos tibi gratulari, in posterum vero vota facere, ne in aliud quid declinent, sed quod nunc propositum habent conservantes ad finem usque philosophentur, ut et ipsis bene cedat et tibi pro beneficiis in se collatis gratias referre possint. Nam quum duæ sint in universum caussæ, quibus homines recte et via vitam instituunt, peritia et temperantia, quomodo possimus aut erga nos ipsos aut erga alios officium explere inscitia simul et intemperantia detenti? (2) Ab his igitur ut liberentur necessario prorsus videtur a nobis requiri : nam ad composite et honeste vivendum nati sumus, ratione ad hoc nobis quasi custode ac principe a natura data. Liberari vero ab inscitia et intemperantia non possumus, nisi rationis curæ nos committamus : hæc enim quum accedit, eiusque quod in nobis primarium est conditionem naturæ alienam ad naturæ statum semper revocat, prava iudicia et ex perversitate insita resecare et evellere ex animo semper conatur, sana vero et naturæ convenientia introducere aut imbecilla recreare. (3) Quæ ubi robur et constantiam nacta fuerint, rectam nobis in omni vitæ negotio monstrant viam, ut et officia nostra semper videamus et eis quæ probavimus consentanea faciamus. Talia quum non modo promittat, sed etiam præstet animi curatio, cuiusnam auxilium aliquis iustius tuis liberis imploraverit quam tuum? An non beate vivere eos cupis, quum pater sis, et ad quidvis subeundum paratus es, ut eos in bonorum numero conspicias? An non ad hæc et genuisti ipsos et educasti? Non talia eis continenter a diis precaris? (4) Virtutem autem et vitæ honestatem colens non velis liberos tuos videre temperantes in cibo atque potu, et membra ventri subiecta continentes, ut ad procreandam subolem tantum, quum opportunum sit, genitalibus utantur partibus, et exiguo somno ad requiescendum contentos, et veste simplici et non fucata, sed pura et ad tegenda ea, quæ tegi natura vult, accommo-

ἐψευσμένη, ἀλλὰ καθαρᾷ καὶ πρὸς τὸ ἐκ τῆς φύσεως
εἰς τὸ σκέπειν ἀπαιτούμενον ἡρμοσμένη ἠμφιεσμένους,
βλέμμα δ᾽ εἶναι καὶ βάδισμα αὐτῶν αἰδοῖ καὶ φρονή-
σει κεχαρακτηρισμένον, ὡς μὴ ἄν τινα θαρσῆσαι
ἐπ᾽ αὐτῶν ἢ ποιῆσαί τι ἢ εἰπεῖν ἄκοσμον, ἐν ἑτοίμῳ
δ᾽ εἶναι αὐτοῖς ὁπότε βουληθεῖεν καὶ δεήσειεν ὅλῳ τε
τῷ σώματι καὶ παντὶ μέρει αὐτοῦ εἰς ὃ πέφυκε χρῆ-
σθαι; (5) οὐκ ἂν δὲ ἐθελήσειας αὐτοὺς ἐπεσκεμμένους
τὰ θεῖα καὶ τὰ ἀνθρώπινα πρὸς μὲν θεοὺς εὐσεβείᾳ
καὶ ὁσιότητι κοσμεῖσθαι, πρὸς ἀνθρώπους δὲ δικαιο-
σύνῃ καὶ ὁσιότητι, καὶ πατρίδα μὲν γονέων προτι-
μᾶν, καὶ αὐτῶν τοῦτο βουλησομένων τῶν γονέων,
εἴπερ σωφρονοῖεν, γονεῖς δὲ τῶν οἰκείων καὶ συγγε-
νῶν, αὐτῶν δὲ τῶν γονέων τῷ πατρὶ τὸ πρεσβεῖον
ἀπονέμοντας, τὸ μὲν αἰτεῖν ἢ μέμφεσθαι θάτερον αὐ-
τῶν ἀσεβὲς ἡγεῖσθαι, τὸ δ᾽ ἀμείβεσθαι ὑπὲρ τῶν προη-
γησαμένων εὐχαρίστῳ καὶ μνημονούσῃ διαθέσει
ἀναγκαῖον, ὡς ἂν μόνως οὕτως ἐκτίνειν δυναμένους
παλαιὰς χάριτας ἐπὶ νέαις δανεισθείσας, ἑτοίμως δ᾽
ἔχοντας ὑπερμαχεῖν αὐτῶν καὶ δι᾽ αὐτούς, εἰ δεήσειεν,
ἀποθνήσκειν, ὁπότε δὲ χαλεπήνειαν, μὴ ῥήματα μό-
νον, ἀλλὰ καὶ πληγὰς καὶ τραύματα ἀπ᾽ ὀργῆς οὐ
διαθέσεως φερόμενα πράως ἐκδέχεσθαι, οὐχ ὑπὲρ
ἑαυτῶν τότε, ἀλλ᾽ ὑπὲρ τῶν γονέων εὐλαβῶς ἔχοντας,
μὴ ἐκ τοῦ διατιθέναι αὐτοί τι κακὸν πάθωσι; (6) τί
δ᾽ οὐκ ἂν ὑπομείνειας, ὥστε πεισθῆναί περὶ αὐτῶν,
ὅτι τὸν αὐτὸν μὲν οἰκήσουσι διὰ βίου οἶκον, ἑαυτοὺς δὲ
καὶ τὰ ἑαυτῶν ἐν κοινῷ θέμενοι διατελέσουσιν ὁμονο-
οῦντες, ὡς καὶ σπουδαῖς καὶ ἀνέσεσι ταῖς αὐταῖς χρῆ-
σθαι; ἢ ταῦτα μὲν ἐθελήσειας ἂν αὐτοῖς ὑπάρξαι, θα-
νάτου δὲ καὶ πόνου καὶ δόξης οὐκ ἂν βούλοιο αὐτοὺς
ὑπεράνω εἶναι, οἷς ὁ πολὺς καταδεδουλωμένος, ὅποι
ἂν ἀπίῃ, τῷ δι᾽ αὐτῶν κατισχύοντι ὥσπερ τι ἄτιμον
ἀνδράποδον ἄγεταί τε καὶ φέρεται, τὸ δὲ τῇ φύσει μὲν
πολὺ ῥᾳδέστερον τῶν προτέρων, ἐν δὲ τοῖς καθ᾽ ἡμᾶς
χρόνοις ὑπὸ τῆς ἐπὶ τοσαῦτα κατεχούσης διαστροφῆς
γεγονὸς δυσχερέστερον οὐκ ἂν εὔξαιο αὐτοῖς ὑπάρξαι,
ὥστε μὴ ἀργυρίῳ αὐτοὺς πάντα μετρεῖν καὶ αὐτοὺς
μᾶλλον καὶ γονεῖς καὶ τέκνα ἢ χρήματα προΐεσθαι,
ἀλλὰ κτήσεως μὲν ἀντιποιεῖσθαι ἐφ᾽ ὅσον ἀναγκαῖον
διὰ τὰς εἰς αὑτοὺς καὶ τοὺς οἰκείους αὐτῶν χρείας,
θησαυρισμοῦ δὲ καὶ τοῦ πλείονος παρὰ τὸ ἀρκοῦν ὑπερ-
φρονεῖν, ὑφ᾽ ὧν ἰδίᾳ τε καὶ κοινῇ εἰς κακὰ ἐπάλληλα καὶ
ἀνήκεστα ἄνθρωποι ἐκτρέπονται; (7) ἀλλὰ ταῦτα μὲν
εὐκτά, οὐκ ἐπίσης δ᾽ εὐκτὸν τότε ἄρχειν αὐτοὺς καὶ δικά-
ζειν δύνασθαι κατὰ νόμους καὶ τὸ δίκαιον, καὶ τὸ συμ-
φωνοῦντας ἑαυτοῖς τε καὶ ἀλλήλοις καὶ ἐν οἷς πράττουσι
καὶ ἐν οἷς λέγουσι τὸν μὲν βίον ἔχειν ἀεὶ προαιρησόμενον
τοὺς λόγους, τὸν δὲ λόγον νῷ καὶ τῷ φρονεῖν τὰ ἄριστα
βεβαιούμενον καὶ εἰς προφορὰν ὅταν ᾖ καιρὸς ἐντεινό-
μενον, καὶ τόνδ᾽ ἡγεῖσθαι, ἐπειδὰν ὑπερμαχεῖν μέλ-
λωσιν ἱερῶν, πατρίδος, γονέων, φίλων, ἀληθείας, νό-
μων, καὶ συλλαβόντι εἰπεῖν τῶν ἀδικουμένων; οὔτε
γὰρ σὲ οὔτε ἕτερόν τινα οἴομαι, εἴπερ εὖ φρονοίη, ὡς

data indutos, vultum autem et gressum eorum esse pu-
dore et prudentia notatum, ut non audeat quisquam co-
ram ipsis aut facere aut dicere quicquam indecorum,
atque in promptu eis esse, quum velint atque opus sit,
quum toto corpore, tum qualibet eius parte ad eam rem,
cuius caussa nata est, uti? (5) Non velis eos perpensis
rebus divinis et humanis erga deos pietate ornari atque
sanctitate, erga homines justitia et sanctitate, et paren-
tibus patriam anteferre, quod et ipsi, si sapiant, parentes
volent, parentes autem familiaribus et cognatis, atque ex
ipsis parentibus patri primum honorem deferentes rogare
quidem aut reprehendere alterutrum eorum nefarium
ducere, gratiam vero pro officiis praestitis referre grato et
memori animo necessarium, quasi sic tantum rependere
possint vetera beneficia novis cumulata, item promptos
esse ad eos defendendos et pro ipsis, si necesse sit, vel
mortem subeundam, et ubi indignentur, non verba solum,
sed etiam verbera et vulnera ab ira, non ab animo profici-
scentia placide excipere, non sua caussa tunc, verum pro
parentibus caventes, ne ex animi affectu malum aliquod
patiantur? (6) quid vero non sustineas, ut certior fias, ean-
dem eos domum per vitam habitaturos esse, seque ipsis ac
bonis suis communem in usum deditis concorditer aetatem
acturos, ita ut iisdem et studiis et animi remissionibus
utantur? An haec quidem eis praesto esse velis, morte
vero et labore et opinione non velis esse superiores, qui-
bus obnoxium vulgus, quocunque se vertat, ipsorum vi
tanquam vile aliquod mancipium agitur atque trahitur,
quodque natura sua quidem multo est prioribus facilius,
nostris vero temporibus tam late vagante perversitate
difficilius evasit, non optaveris eis contingere, ut non
argento omnia metiantur, nec se ipsos potius et parentes
atque liberos prodant quam pecunias, verum opibus qui-
dem operam dent, quatenus necessarium sit ad suos suo-
rumque familiarium usus, thesauros vero et id quod
plus quam satis est contemnant, quibus privatim atque
publice ad multa insanabiliaque mala homines impellun-
tur? (7) Sed haec quidem optanda, non autem aeque
optandum, ut ipsi imperium gerere et iudicia secundum
leges et iustitiam gubernare possint, et consentientes
quum ipsis sibi tum inter se mutuo tam in eis quae fa-
ciunt quam in eis quae loquuntur vitam agant, quae lin-
guam semper antevertat, et rationem habeant prudentia
et animi honestate confirmatam et ad agendum, si tem-
pus postulet, paratam atque promptam, eaque primas te-
neat, quum pugnare velint pro sacris, patria, parentibus,
amicis, veritate, legibus, ut breviter dicam, pro iniuria
affectis? neque te enim, neque alium quenquam arbitror,
qui quidem sapiat, ut ad respublicas regendas aptam pro-

πολιτικὸν δοκιμάζειν λόγον τὸν μὴ εἰς ταῦτα ἀλλ' εἰς
τἀναντία ἐντεινόμενον. (8) εἰ τοίνυν καὶ εὐκτὰ ταῦτα
καὶ αἱρετά, πῶς οὐ καὶ τὸ φιλοσοφεῖν θείη ἄν τις καὶ
εὐκτὸν καὶ αἱρετόν, δι' οὗ μόνου περιγίνεται ταῦτα,
φιλοσοφεῖ μὲν γὰρ ὁ τῆς ἐκκαθάρσεως τοῦ λόγου ἐπι-
μελούμενος καὶ ἐπιτηδεύων λόγον ὀρθόν, ὁ δ' ἐπιμε-
λούμενος λόγου ἑαυτοῦ τε ἅμα ἐπιμελεῖται καὶ πατρί-
δος καὶ πατρὸς καὶ ἀδελφῶν καὶ φίλων καὶ συλλαβόντι
εἰπεῖν πάντων. θεωροὺς γὰρ ἡ φύσις κόσμου καὶ τῶν ἐν
αὐτῷ κατασκευάσασα, διὰ τοῦ μεταδοῦναι ἡμῖν λόγου,
κοινοῦ μὲν ὄντος πρὸς τούτους, ἰδίου δὲ παρὰ τὰ ἄλλα
ζῶα, ἀξιοῖ ἡμᾶς τοὺς μὲν θεοὺς καθάπερ τινὰς ἀρίστους
καὶ πρώτους ἡγεμόνας καὶ κοινοὺς εὐεργέτας τε ἡμῶν
καὶ γονεῖς ζηλοῦν τε καὶ ἀμείβεσθαι· διὰ τῆς πρὸς αὐτοὺς
εὐπειθείας, ἀνθρώπων δὲ καὶ κατὰ τὸ κοινὸν καὶ κατὰ
τὰς ἰδιαίτερον γινομένας ἐπιπλοκὰς καὶ κηδεμονικῶς
καὶ εὐποιητικῶς προΐστασθαι. (9) ἐπειδὰν δὲ νόμῳ
καὶ δίκῃ συγκεράσωμεν τὰ ἀνθρώπινα καὶ τὰ θεῖα,
φησὶν ἄκρως μὲν κατὰ φύσιν ἡμᾶς διατεθήσεσθαι ἅτε
τελείους γεγονότας καὶ ἐπὶ τὰ ἀνωτάτω προελθόντας,
νόμον καὶ δίκην, οἷς καὶ τὰ θεῖα οἰακίζεται· τε ̣α
μακάρια γίγνεται, τοιούτους δ' ὄντας διὰ τὴν τοῦ λο-
γου καὶ τοῦ κατ' αὐτὸν σχηματιζομένου ἤθους ὀρθό-
τητα καὶ βιώσεσθαι εὐδαιμόνως καὶ καταστρέψειν
τὸν βίον εὐδαιμόνως, ὥσπερ τι δρᾶμα εὖ συντεταγ-
μένον ἀπ' ἀρχῆς μέχρι τέλους ἀστείως ὑποκριναμέ-
νους καὶ ἀπαρτίσαντας. (10) θαρρῶν οὖν, ὦ Πα-
κρατίδη, μὴ ἐπίτρεπε μόνον ἀλλὰ καὶ παρακάλει
τοὺς παῖδας φιλοσοφεῖν, καὶ συναγωνιστὴν παρέ-
χων σεαυτὸν διέγειρε αὐτούς, καὶ πασῶν ἁρμοδιωτά-
την παρρησίαν παρασκεύαζε· ἐξέσται γάρ σοι τοιαῦτα
προελομένῳ καὶ πρὸς τοὺς ἐξ αἵματος ὑμῖν δικαίους
ὄντας λέγειν, ὅτι οὐ τέκνα μόνον εἰς τὸ γένος· ἀλλὰ
καὶ τοιάδε τέκνα εἰσήγαγες, καὶ πρὸς τὴν πατρίδα,
ὅτι οὐχ οἵους ἔτυχε μόνον ἀνθρώπους αὐτῇ ἀλλὰ καὶ
οἵους δεῖ πολίτας παρέστησας (11) εἰ δὲ θαρρήσετε
κοινῇ καὶ πρὸς τὴν ἑαυτῶν τε καὶ ἀλλήλων θεραπείαν
ὡς ἄξιόν ἐστι διαναστήσετε τὰς ψυχάς, εὐθὺς καὶ ἐν τῇ
ἀγωνοθεσίᾳ τοῦ θεοῦ συμφιλοσοφήσετε ἀλλήλοις, οὐ
μόνον τὰ νομιζόμενα παρασκευάζοντες αὐτῇ, ἅπερ ἐκ
βαλαντίου ψιλοῦ γίγνεται, ἀλλὰ καί, οὗ ἕνεκεν νενό-
μισται, ἀκολουθοῦντες τῇ ἱερᾷ καὶ ἀρχαίᾳ παραδόσει,
ὅπερ ἐκ μόνης τῆς εὐσεβοῦς καὶ φιλοσόφου περιγίνεται
διαθέσεως, καὶ ἀπὸ τῆς ἐν τῇ ἀγῶνι εὐταξίας ἐπὶ τὸν
κοινὸν ὑμῖν τε καὶ πᾶσιν ἡμῖν ἀγῶνα τραπήσεσθε,
οὐδὲν μὲν τῶν κατὰ φύσιν ἀφαιρησόμενον, μόνα δὲ τὰ
λύπης καὶ θορύβου αἴτια ἡμῶν περισπάσοντα (12)
ἐν ᾧ ἀγῶνι ἡττηθῆναι μὲν ἀνάγκη τὸν ἀπαράσκευον,
ἡττηθέντα δὲ ἐκπεσεῖν χρὴ εἰς δουλείαν καὶ κακοδαι-
μονίαν, ἣν οὐδ' ἐξομόσασθαί τινι ἡμῶν συγκεχώρη-
ται· κρατούμεθα γὰρ ἐν αὐτῇ ὑπό τε τῶν ἀιδίων καὶ
τῶν τῆς φύσεως καὶ ὑπὸ τῶν θέσει νόμων, εὐκτατεῖν
ἑκάστῳ καὶ ζῆν δικαίως ἅμα καὶ ὁσίως προστασσόν-
των. ταῦτα οἶμαί σε ὡς παρὰ πατρὸς παίδων πα-

bare rationem, quæ non ad hæc, sed ad contraria ten-
tat (8) Si igitur et optanda hæc et expetenda, quo-
modo non etiam, qua sola hæc comparantur, philosophiam
aliquis optandam et expetendam esse ducat? Philosopha-
tur enim, qui expurgandæ rationis curam habet et rectæ
studet rationi Qui vero rationem curat, se ipsum simul
curat et patriam et patrem et fratres et amicos et ut bre-
viter dicam omnes. Nimirum natura quum mundi et
eorum quæ in ipso sunt speculatores constituerit, eo,
quod nobis impertivit rationem, cum illis quidem com-
munem, propriam vero præ reliquis animalibus, vult
deos nos tanquam optimos quosdam ac primarios duces
et ut communes beneficiorum in nos collatorum auctores
atque patres admirari et gratum eis obsequio nostro
significare animum, hominibus vero tam in publico quam
in privato vitæ commercio cum studio et beneficentia
præesse (9) Postquam vero legibus ac iure divina atque
humana miscuerimus, prorsus quidem nos ait ad naturam
esse compositos, quippe ex omni parte absolutos et ad
suprema progressos, legem ac iustitiam, quibus et divina
numina regantur et beata fiant, tales autem quum simus
ob rationis et formatorum secundum illam morum rectitu-
dinem et acturos nos esse vitam feliciter et feliciter fini-
turos, quasi fabulam aliquam bene compositam ab initio
usque ad finem pulchre luserimus atque absolverimus
(10) Confidenti igitur animo, o Pancratida, ad philoso-
phiam non admitte solum, verum etiam adhortare pue-
ros, teque ipsum studiorum socium exhibens excita eos
et omnium convenientissimam loquendi libertatem para
Talia enim ita instituenti, licebit tibi et sanguine vobis
cognatis dicere, te non liberos solum in genus, verum et
tales liberos introduxisse, et patriæ, te non solum qua-
lescunque homines ei, sed etiam quales par sit cives
præbuisse (11) Quod si confidetis communiter et quum
ad vestrum ipsorum tum ad mutuam invicem curam, uti
par est, promptis animis accedetis, statim quidem in in-
stituendis dei ludis mutuo philosophiam tractabitis, non
tantum iusta eis apparantes, quæ ex tenui fiunt marsupio,
verum etiam quam ob caussam instituti sunt, sancta et
vetusta præcepta observantes, id quod ex sola pia et phi-
losophica mentis affectione fieri potest, ludisque rite
institutis ad commune vobis ac nobis omnibus certamen
convertemini, quod nihil quidem eorum, quæ naturæ con-
veniunt, detrahet, solas vero doloris et perturbationis
caussas auferet (12) In quo certamine vinci necesse est
imparatum, victum autem in servitutem incidere oportet
et infelicitatem, quam ne eiurare quidem cuiquam nos-
trum concessum est superamur enim in ea iam ac sem-
piternis et natura natis quam a latis demum legibus,
unumquemque moderate se gerere et iuste simul a sancte
vivere iubentibus Hæc si quasi a patre liberorum pater

26

τέρα προσδεξάμενον αὐτόν τε ἄμεινον ἕξειν καὶ τοῖς
υἱοῖς εἰς τὰ ἄριστα συλλήψεσθαι. ἀσπάζομαί σε. καὶ
διὰ τἄλλα καὶ διὰ τὴν εἰς ἡμᾶς εὔνοιαν. ἴσθι ὑπ᾽
ἐμοῦ στεργόμενος.　　τοιούτων δὲ καὶ ἑτέρων φιλοσο-
φοῦντες εὐπορήσετε φίλων.

acceperis, et ipsum te arbitror melius habiturum, et fi-
liis tuis ad optima quæque auxilio futurum. Saluto et
quum ob reliqua tum propter tuam in nos benevolentiam.
Scias te a me diligi. Eiusmodi vero amicis et aliis, dum
philosophiæ operam detis, abundabitis.

ΝΙΚΙΟΥ ΕΠΙΣΤΟΛΗ.

NICIÆ EPISTOLA.

Ἀθηναίοις

Τὰ μὲν πρότερον πραχθέντα, ὦ Ἀθηναῖοι, ἐν ἄλλαις [πολλαῖς] ἐπιστολαῖς ἴστε, νῦν δὲ καιρὸς οὐχ ἧσσον μαθόντας ὑμᾶς ἐν ᾧ ἐσμὲν βουλεύσασθαι. κρατησάντων γὰρ ἡμῶν μάχαις ταῖς πλείοσι Συρακοσίους, ἐφ' οὓς ἐπέμφθημεν, καὶ τὰ τείχη οἰκοδομησαμένων ἐν οἷσπερ νῦν ἐσμὲν ἦλθε Γύλιππος Λακεδαιμόνιος στρατιὰν ἔχων ἔκ τε Πελοποννήσου καὶ τῶν ἐν Σικελίᾳ πόλεων ἔστιν ὧν καὶ μάχη, τῇ μὲν πρώτῃ νικᾶται ὑφ' ἡμῶν, τῇ δ' ὑστεραίᾳ ἱππεῦσί τε πολλοῖς καὶ ἀκοντισταῖς βιασθέντες ἀνεχωρήσαμεν ἐς τὰ τείχη νῦν οὖν ἡμεῖς μὲν παυσάμενοι τοῦ περιτειχισμοῦ διὰ τὸ πλῆθος τῶν ἐναντίων ἡσυχάζομεν (οὐδὲ γὰρ ξυμπάσῃ τῇ στρατιᾷ δυναίμεθ' ἂν χρήσασθαι ἀπαναλωκυίας τῆς φυλακῆς τῶν τειχῶν μέρος τι τοῦ ὁπλιτικοῦ), οἱ δὲ παρῳκοδομήκασιν ἡμῖν τεῖχος ἁπλοῦν, ὥστε μὴ εἶναι ἔτι περιτειχίσαι αὐτούς, ἢν μή τις τὸ παρατείχισμα τοῦτο πολλῇ στρατιᾷ ἐπελθὼν ἕλῃ. ξυμβέβηκέ τε πολιορκεῖν δοκοῦντας ἡμᾶς ἄλλους αὐτοὺς μᾶλλον, ὅσα γε κατὰ γῆν, τοῦτο πάσχειν· οὐδὲ γὰρ τῆς χώρας ἐπὶ πολὺ διὰ τοὺς ἱππέας ἐξερχόμεθα. πεπόμφασι δὲ καὶ ἐς Πελοπόννησον πρέσβεις ἐπ' ἄλλην στρατιὰν καὶ ἐς τὰς ἐν Σικελίᾳ πόλεις Γύλιππος οἴεται, τὰς μὲν καὶ πείσων ξυμπολεμεῖν ὅσαι νῦν ἡσυχάζουσιν, ἀπὸ δὲ τῶν ἔτι καὶ στρατιὰν πεζὴν καὶ ναυτικοῦ παρασκευήν, ἢν δύνηται, ἄξων διανοοῦνται γάρ, ὡς ἐγὼ πυνθάνομαι, τῷ τε πεζῷ ἅμα τῶν τειχῶν ἡμῶν πειρᾶν καὶ ταῖς ναυσὶ κατὰ θάλασσαν. καὶ δεινὸν μηδενὶ ὑμῶν δόξῃ εἶναι ὅτι καὶ κατὰ θάλασσαν· τὸ γὰρ ναυτικὸν ἡμῶν, ὅπερ κἀκεῖνοι πυνθάνονται, τὸ μὲν πρῶτον ἤκμαζε καὶ τῶν νεῶν τῇ ξηρότητι καὶ τῶν πληρωμάτων τῇ σωτηρίᾳ· νῦν δὲ αἵ τε νῆες διάβροχοι τοσοῦτον χρόνον ἤδη θαλασσεύουσαι καὶ τὰ πληρώματα ἔφθαρται. τὰς μὲν γὰρ ναῦς οὐκ ἔστιν ἀνελκύσαντας διαψῦξαι διὰ τὸ ἀντιπάλους τῷ πλήθει καὶ ἔτι πλείους τὰς τῶν πολεμίων οὔσας ἀεὶ προσδοκίαν παρέχειν ὡς ἐπιπλεύσονται· φανεραὶ δ' εἰσὶν ἀναπειρώμεναι καὶ αἱ ἐπιχειρήσεις ἐπ' ἐκείνοις καὶ ἀποξηρᾶναι τὰς σφετέρας μᾶλλον ἐξουσία οὐ γὰρ ἐφορμοῦσιν ἄλλοις. ἡμῖν δ' ἐκ πολλῆς ἂν περιουσίας νεῶν μόλις τοῦτο ὑπῆρχε καὶ μὴ ἀναγκαζομένοις, ὥσπερ νῦν, πάσαις φυλάσσειν· εἰ γὰρ ἀφαιρήσομέν τι καὶ βραχὺ τῆς τηρήσεως, τὰ ἐπιτήδεια οὐχ ἕξομεν, παρὰ

Prius acta, o Athemenses, ex aliis multis comperta habetis epistolis, nunc vero tempus, ut item de praesenti, in quo versamur, statu certiores facti delibereti Scilicet postquam Syracusanos, in quos missi sumus, plurimis praelus superavimus et moenia, in quibus nunc sumus, aedificavimus, venit Gylippus Lacedaemonius cum exercitu e Peloponneso Siciliaeque urbibus nonnullis collecto Et primo quidem praelio vincitur a nobis, altero vero equitum iaculatorumque turba pressi in moenia nos recepimus Nunc igitur nos missa communitione propter adversariorum multitudinem quiescimus (neque enim universo exercitu uti licet, quum partem nulitum gravis armaturae moenium consumat custodia), illi vero iuxta aedificaverunt nobis murum simplicem, ut non liceat amplius ipsos circummunire, nisi quis murum iuxta positum multo exercitu immisso capiat Atque accidit nobis ut, qui alios obsidere videbamur, ipsi potius, quantum id terram quidem attinet, hoc patiamur namque non longe per agros propter equites egredimur Miserunt etiam in Peloponnesum legatos ad alium exercitum conducendum, inque Siciliae civitates Gylippus profectus est ut alias, quotquot nunc quiescunt, ad bellum secum gerendum excitet, ex aliis iam novum exercitum pedestrem et navalem apparatum, si possit, adducat Constituerunt enim, ut audio, pedestribus simul copiis moenia nostra tentare et mare navibus Nec quod mare quoque mirum cuiquam vestrum videatur Classis enim nostra, quod illi quoque compertum habent, ab initio quidem valebat et navium aritudine et classicorum incolumitate, nunc vero naves, per tantum tempus mari immersae, madore vitiosae factae et classici corrupti sunt Nam naves non licet subductas exsiccare, propterea quod exspectandum semper est fore ut numero pares atque adeo plures hostium naves impetum faciant Apparet autem periculum eas esse facturas, estque penes illos invadendi facultas et suas magis exsiccandi naves copia non enim alii custodiendi ipsis sunt Nobis autem vel navium copia abundantibus vix facere hoc liceret, etiamsi non, ut nunc, omnibus custodire coacti essemus Nam si vel minimum quid de custodia detrahamus, commeatum non habebimus quem nunc quoque iuxta illorum urbem

τὴν ἐκείνων πόλιν χαλεπῶς καὶ νῦν ἐσκομιζόμενοι. τὰ δὲ πληρώματα διὰ τόδε ἐφθάρη τε ἡμῖν καὶ ἔτι νῦν φθείρεται, τῶν ναυτῶν τῶν μὲν διὰ φρυγανισμὸν καὶ ἁρπαγὴν καὶ ὑδρείαν μακρὰν ὑπὸ τῶν ἱππέων ἀπολλυμένων· οἱ δὲ θεράποντες, ἐπειδὴ ἐς ἀντίπαλα καθεστήκαμεν, αὐτομολοῦσι, καὶ οἱ ξένοι οἱ μὲν ἀναγκαστοὶ ἐσβάντες εὐθὺς κατὰ τὰς πόλεις ἀποχωροῦσιν, οἱ δ' ὑπὸ μεγάλου μισθοῦ τὸ πρῶτον ἐπαρθέντες καὶ οἰόμενοι χρηματιεῖσθαι μᾶλλον ἢ μαχεῖσθαι, ἐπειδὴ παρὰ γνώμην ναυτικόν τε δὴ καὶ τἆλλα ἀπὸ τῶν πολεμίων ἀνθεστῶτα ὁρῶσιν, οἱ μὲν ἐπ' αὐτομολίας προφάσει ἀπέρχονται, οἱ δ' ὡς ἕκαστοι δύνανται· πολλὴ δ' ἡ Σικελία· εἰσὶ δ' οἳ καὶ αὐτοὶ ἐμπορευόμενοι ἀνδράποδα Ὑκκαρικὰ ἀντεμβιβάσαι ὑπὲρ σφῶν πείσαντες τοὺς τριηράρχους τὴν ἀκρίβειαν τοῦ ναυτικοῦ ἀφήρηνται. ἐπισταμένοις δ' ὑμῖν γράφω, ὅτι βραχεῖα ἀκμὴ πληρώματος καὶ ὀλίγοι τῶν ναυτῶν οἱ ἐξορμῶντές τε ναῦν καὶ ξυνέχοντες τὴν ἐρεσίαν. τούτων δὲ πάντων ἀπορώτατον τό τε μὴ οἷόν τε εἶναι ταῦτα ἐμοὶ κωλῦσαι τῷ στρατηγῷ (χαλεπαὶ γὰρ αἱ ὑμέτεραι φύσεις ἄρξαι) καὶ ὅτι οὐδ' ὁπόθεν ἐπιπληρωσόμεθα τὰς ναῦς ἔχομεν, ὃ τοῖς πολεμίοις πολλαχόθεν ὑπάρχει, ἀλλ' ἀνάγκη ἀφ' ὧν ἔχοντες ἤλθομεν τά τε ὄντα καὶ ἀπαναλισκόμενα γίγνεσθαι· αἱ γὰρ νῦν οὖσαι πόλεις ξύμμαχοι ἀδύνατοι, Νάξος καὶ Κατάνη. εἰ δὲ προσγενήσεται ἓν ἔτι τοῖς πολεμίοις, ὥστε τὰ τρέφοντα ἡμᾶς χωρία τῆς Ἰταλίας, ὁρῶντα ἐν ᾧ τ' ἐσμὲν καὶ ὑμῶν μὴ ἐπιβοηθούντων, πρὸς ἐκείνους χωρῆσαι, διαπεπολεμήσεται αὐτοῖς ἀμαχεὶ ἐκπολιορκηθέντων ἡμῶν [ὁ πόλεμος]. τούτων ἐγὼ ἡδίω μὲν ἂν εἶχον ὑμῖν ἕτερα ἐπιστέλλειν, οὐ μέντοι χρησιμώτερά γε, εἰ δεῖ σαφῶς εἰδότας τὰ ἐνθάδε βουλεύσασθαι. καὶ ἅμα τὰς φύσεις ἐπιστάμενος ὑμῶν, βουλομένων μὲν τὰ ἥδιστα ἀκούειν, αἰτιωμένων δὲ ὕστερον, ἤν τι ὑμῖν ἀπ' αὐτῶν μὴ ὁμοῖον ἐκβῇ, ἀσφαλέστερον ἡγησάμην τὸ ἀληθὲς δηλῶσαι. καὶ νῦν ὡς ἐφ' ἃ μὲν ἤλθομεν τὸ πρῶτον καὶ τῶν στρατιωτῶν καὶ τῶν ἡγεμόνων ὑμῖν μὴ μεμπτῶν γεγενημένων, οὕτω τὴν γνώμην ἔχετε· ἐπειδὴ δὲ Σικελία τε ἅπασα ξυνίσταται καὶ ἐκ Πελοποννήσου ἄλλη στρατιὰ προσδόκιμος, αὐτοὶ βουλεύεσθε ἤδη ὡς τῶν γ' ἐνθάδε μηδὲ τοῖς παροῦσιν ἀνταρκούντων, ἀλλ' ἢ τούτους μεταπέμπειν δέον ἢ ἄλλην στρατιὰν μὴ ἐλάσσω ἐπιπέμπειν καὶ πεζὴν καὶ ναυτικήν, καὶ χρήματα μὴ ὀλίγα, ἐμοὶ δὲ διάδοχόν τινα, ὡς ἀδύνατός εἰμι διὰ νόσον νεφρῖτιν παραμένειν. ἀξιῶ δ' ὑμῶν ξυγγνώμης τυγχάνειν· καὶ γὰρ ὅτ' ἐρρώμην πολλὰ ἐν ἡγεμονίαις ὑμᾶς εὖ ἐποίησα. ὅ τι δὲ μέλλετε, ἅμα τῷ ἦρι εὐθὺς καὶ μὴ ἐς ἀναβολὰς πράσσετε, ὡς τῶν πολεμίων τὰ μὲν ἐν Σικελίᾳ δι' ὀλίγου ποριουμένων, τὰ δ' ἐκ Πελοποννήσου σχολαίτερον μέν, ὅμως δ', ἢν μὴ προσέχητε τὴν γνώμην, τὰ μὲν λήσουσιν ὑμᾶς ὥσπερ καὶ πρότερον, τὰ δὲ φθήσονται.

ægre invehimus. Classiarii vero ideo corrupti nobis sunt et adhuc corrumpuntur, quod nautæ quidem propter lignationem et rapinam et aquationem longius evagantes ab equitibus opprimuntur, servi autem, postquam ad virium æqualitatem redacti sumus, transfugiunt, atque peregrinorum alii, qui necessitate coacti naves conscenderant, statim in suam quisque civitatem redeunt, alii magna mercede primum allecti et quæstum sese facturos potius quam certamen subituros existimantes, quoniam præter exspectationem classem iam et reliqua ab hostium parte obsistentia vident, partim suæ voluntatis prætextu discedunt, partim ut quique possunt : late autem patet Sicilia : sunt etiam qui ipsi mercatum facientes mancipia Hyccarica pro se ut in naves imponerent trierarchis persuaserint atque ita perdiderint exactam rei nauticæ disciplinam. Scientibus vobis scribo exiguam esse copiam remigum ætate et robore florentium, paucosque esse nautas, qui navem e statione deducere et remiges coercere queant. His omnibus vero maior in eo posita est difficultas, quod ego, qui sum imperator, hæc impedire nequeo (difficilis enim ad regendum vestra est indoles) neque habemus unde naves iterum compleamus, id quod hostibus multis ex locis suppetit, verum necesse est ut ad ea, quæ huc nobiscum attulimus, et quæ adhuc sunt et quæ perdidimus referantur : nam quæ nunc a nostris stant partibus civitates imbecilles sunt, Naxus atque Catana. Sin vero hoc unum adhuc eveniet hostibus, ut quæ nos alunt urbes Italiæ, quum quo in rerum statu simus neque vos auxilio venire vident, ad illos transeant, sine gladio nobis expugnatis debellatum ipsis erit. His gratiora quidem alia scribere ad vos possem, nec vero utiliora, si quidem rerum qui hic est statu penitus perspecto deliberandum vobis est. Ac simul quum indolem vestram norim, qua cupitis quidem iucundissima audire, deinde vero obiurgatis, si quid secus vobis cesserit, tutius existimavi verum aperire. Atque nunc, ad quæ missi sumus ab initio, in eis et milites et duces tales se gessisse, ut reprehendendi ncn sint, persuasum habeatis : sed quoniam universa Sicilia vires contulit, novusque ex Peloponneso instat exercitus, ipsi iam deliberate reputantes, quæ hic sunt nobis ne ad præsentes quidem hostes sufficere propulsandos, verum ut hos domum esse revocandos aut alias mittendas copias haud minores et pedestres et navales et pecunias sat magnas, mihique successorem, qui ob renum dolores perdurare nequeam. Neque venia vestra indignus mihi videor : nam dum valebam, imperator sæpe de vobis bene merui. Quicquid autem statuetis, primo statim vere et sine cunctatione facitote, quum hostes, quæ in Sicilia ipsis suppetunt, brevi, quæque ex Peloponneso instant tardius quidem, sed ita tamen paraturi sint, ut, si animum non attendatis, aut fallant vos, sicut et antea, aut antevertant.

ΠΑΥΣΑΝΙΟΥ ΕΠΙΣΤΟΛΗ.

PAUSANIÆ EPISTOLA.

Ξέρξη.

Παυσανίας ὁ ἡγεμὼν τῆς Σπάρτης τούσδε τέ σοι χαρίζεσθαι βουλόμενος ἀποπέμπει δορὶ ἑλών, καὶ γνώμην ποιοῦμαι, εἰ καὶ σοὶ δοκεῖ, θυγατέρα τε τὴν σὴν γῆμαι καί σοι Σπάρτην τε καὶ τὴν ἄλλην Ἑλλάδα ὑποχείριον ποιῆσαι. δυνατὸς δὲ δοκῶ εἶναι ταῦτα πρᾶξαι μετὰ σοῦ βουλευόμενος. εἰ οὖν τί σε τούτων ἀρέσκει, πέμπε ἄνδρα πιστὸν ἐπὶ θάλασσαν, δι' οὗ τὸ λοιπὸν τοὺς λόγους ποιησόμεθα.

ΞΕΡΞΟΥ ΕΠΙΣΤΟΛΗ.

Ὧδε λέγει βασιλεὺς Ξέρξης Παυσανίᾳ. καὶ τῶν ἀνδρῶν, οὕς μοι πέραν θαλάσσης ἐκ Βυζαντίου ἔσωσας, κεῖταί σοι εὐεργεσία ἐν τῷ ἡμετέρῳ οἴκῳ ἐσαεὶ ἀνάγραπτος, καὶ τοῖς λόγοις τοῖς ἀπὸ σοῦ ἀρέσκομαι. καὶ σὲ μήτε νὺξ μήθ' ἡμέρα ἐπισχέτω ὥστε ἀνεῖναι πράσσειν τι ὧν ἐμοὶ ὑπισχνῇ, μηδὲ χρυσοῦ καὶ ἀργύρου δαπάνῃ κεκωλύσθω μηδὲ στρατιᾶς πλήθει, εἴ ποι δεῖ παραγίγνεσθαι, ἀλλὰ μετ' Ἀρταβάζου ἀνδρὸς ἀγαθοῦ, ὅν σοι ἔπεμψα, πρᾶσσε θαρσῶν, καὶ τὰ ἐμὰ καὶ τὰ σὰ ὅπῃ κάλλιστα καὶ ἄριστα ἕξει ἀμφοτέροις.

Xerxi.

Pausanias Spartanorum dux et hos tibi gratificari cupiens remittit bello captos, et polliceor, si tibi quoque placet, me nuptum mihi data filia tua Spartam atque reliquam Græciam in tuam potestatem traditurum. Videor enim mihi efficere hoc posse tuo consilio adiutus. Si igitur quid horum tibi gratum est, hominem ad mare mitte fidum quo uti possimus ad res nostras agendas.

XERXIS EPISTOLA.

Sic dicit rex Xerxes Pausaniæ. Et pro viris, quos Byzantio mihi trans mare salvos misisti, reposita tibi est gratia in nostris ædibus nulla oblivione delenda, et propositis tuis gaudeo. Itaque nec nox nec dies te arceat quin eorum, quæ mihi polliceris, aliquid peragas, neque impedimento sit auri argentique impensa neque copiarum quopiam mittendarum multitudo, sed cum Artabazo probo viro, quem tibi misi, confidenter transige et meas res et tuas, prout utrique maxime conducet.

ΠΕΡΙΑΝΔΡΟΥ ΕΠΙΣΤΟΛΑΙ.

PERIANDRI EPISTOLÆ.

α'. Τοῖς σοφοῖς.

Πολλὰ χάρις τῷ Πυθοῖ Ἀπόλλωνι τοῦ εἰς ἓν ἐλθόντας εὑρεῖν, ἀξοῦντί τε καὶ ἐς Κόρινθον ταὶ ἐμαὶ ἐπιστολαί. ἐγὼν δὲ ὑμᾶς ἀποδέχομαι, ὡς ἴστε αὐτοί, ὅτι δαμοτικώτατα. πεύθομαι ὡς πέρυτι ἐγένετο ὑμῶν ἁλία παρὰ τὸν Λυδὸν ἐς Σάρδεις. ἤδη ὦν μὴ ὀκνεῖτε καὶ παρ' ἐμὲ φοιτᾶν τὸν Κορίνθου τύραννον. ὑμᾶς γὰρ καὶ ἄσμενοι ὄψονται Κορίνθιοι, φοιτεῦντας ἐς οἶκον τὸν Περιάνδρου.

β'. Προκλεῖ.

Ἐμὶν μὲν ἀκούσιον τᾶς δάμαρτος τὸ ἄγος, τὸ δὲ ἑκὼν τῷ παιδί με ἄπο θυμοῦ ποιήσαις ἀδικεῖς. ἢ ὦν παῦσον τὰν ἀπήνειαν τῶ παιδός, ἢ ἐγὼν τὸ ἀμυνοῦμαι. καὶ γὰρ δὴ καὶ αὐτὸς ποινὰς ἔτισα τὶν τᾷ θυγατρί, συγκατακαύσας αὐτᾷ τὰ πασᾶν Κορινθιᾶν εἴματα.

I. Sapientibus.

Gratias multas ago Pythio Apollini, quod in unum coactos vos inveniam, atque perducent vos epistolæ meæ Corinthum. Ego vero vos, ut nostis ipsi, quam civilissime excipiam. Audio vos superiore anno Sardes apud Lydum convenisse. Itaque ne dubitetis ad me quoque proficisci Corinthi tyrannum. Vos enim libenter videbunt Corinthii Periandri domum adeuntes

II. Procli.

Nobis quidem non ex sententia fuit uxoris cædes, tu vero, qui pueri animum volens a me abalienasti, iniuste facis. Aut igitur filii inimicitiæ impone finem aut ego te ulciscar. Nam iam dudum filiæ tuæ pœnas persolvi, omnium Corinthiarum mulierum vestibus cum ipsa concrematis.

ΦΑΛΑΡΙΔΟΣ ΕΠΙΣΤΟΛΑΙ.

PHALARIDIS EPISTOLÆ.

―――――――

α'. Λυκίνῳ.

Πολύκλειτος ὁ Μεσσήγιος, οὗ κατηγορεῖς παρὰ τοῖς πολίταις προδοσίαν, ἰάσατό μου νόσον ἀνήκεστον, οὐκ ἀγνοῶ δὲ λύπας εὐαγγελιζόμενός σοι καὶ δάκρυα· σὲ δ' οὐκ ἂν οὐδ' αὐτὸς ὁ τῆς τέχνης ἡγεμὼν Ἀσκληπιὸς μετὰ πάντων ἰάσαιτο τῶν θεῶν. σώματος μὲν γὰρ ἀρρωστίαν θεραπεύει τέχνη, ψυχῆς δὲ νόσον ἰατρόν ἰᾶται θάνατος, ὃν ἐπαχθέστατον ἀντὶ πολλῶν καὶ μεγάλων ἀδικημάτων, οὐκ ἀκουσίων, ὧν ἐμοὶ προστρίβεις, ἀλλ' ἑκουσίων, ὧν αὐτὸς εἴργασαι, προσδέχου.

I. Lycino.

Polycletus Messanius, quem proditionis apud cives accusas, liberavit me morbo insanabili. Nec ignoro, me luctus nuntiare tibi atque lacrimas. Te vero ne ipse quidem antistes artis Æsculapius cum omnibus diis persanaverit. Nam corporis infirmitatem curat ars, animæ vero morbum medica sanat mors, quam gravissimam pro multis magnisque iniuriis, non ab invito factis, quas mihi obicis, sed voluntariis, quas ipse fecisti, expecta.

β'. Μεγαρεῦσι.

Οὐ μέμφομαι τὴν ἀχαριστίαν ὑμῶν πολλάκις εὐηργετημένων, ὅτι μου κρινομένου περὶ τῶν ὅρων πρὸς τοὺς ἀστυγείτονας κατεψευδομαρτυρήκατε, κατηγορῶ δὲ ἐμαυτοῦ τῆς ἀναλγησίας, ὅτι προπηλακιζόμενος ὑπὸ τῶν αὐτῶν πολλάκις οὐ σωφρονίζομαι. ὑμεῖς μὲν γὰρ οὐδέποτε χάριτος ἐμοὶ μνημονεύετε, ἐγὼ δ' ὡς μηδέποτε ἐπιλελησμένοις χαρίζομαι.

II. Megareis.

Non reprehendo vestrum beneficiis sæpe numero affectorum ingratum animum, quod in me de finibus cum vicinis disceptantem falsum dedistis testimonium, me ipsum vero inertiæ accuso, quod iniuria sæpenumero affectus ab iisdem non disco sapere. Vos enim nunquam gratiæ memores erga me vos geritis, ego vero tanquam nunquam oblitis gratificor.

γ'. Τυρσηνῷ.

Εἰ τοὺς μετ' ἀνάγκης τι πράξαντας τῶν μὴ νομίμων χαλεπὰς ἔχειν δεῖ περὶ τοῦ μέλλοντος βίου τὰς προσδοκίας, ὡς ὑπέφαινες Αἰγεσταίοις, εἰς τὴν τοῦ δαιμονίου πρόνοιαν ἀναφέρων τὰ περὶ ἐμοῦ, τίνας ἐχρῆν ἐλπίδας ἔχειν σὲ περὶ σεαυτοῦ, τὸν μὴ μετ' ἀνάγκης μηδὲν ὧν παρανενόμηκας, μετὰ γνώμης δὲ ἅπαντα ἠσεβηκότα;

III. Tyrseno.

Si, qui necessitate coacti iniusti quid fecerunt, eorum acerbam oportet esse futuri exspectationem, ut Segestanis significabas, quum ad divinam providentiam res meas referebas, quamnam par est te spem habere de te ipso, qui nihil eorum quæ inique fecisti necessitate coactus, sed consulto impie perpetrasti omnia?

δ'. Λυκίνῳ.

Οὐκ ὀρθῶς ἠρώτησας ἐν Λεοντίνοις ὡς παρόντα με καὶ δυνάμενον ἀποκρίνασθαί σοι, τίς εἰμὶ καὶ τίνων καὶ πόθεν. ἐγὼ γὰρ ὥσπερ ἐμαυτὸν οἶδα Φάλαριν Λεωδάμαντος υἱόν, Ἀστυπαλαιέα τὸ γένος, πατρίδος ἀπεστερημένον, τύραννον Ἀκραγαντίνων, ἔμπειρον πολέμων, ἀπῶτα μέχρι τοῦ παρόντος, οὕτως οἶδα καὶ Λυκῖνον πόρνον μὲν ἐν παισί, λάγνον δ' ἐν νέοις, μοιχὸν δ' ἐν γυναιξίν, ἀκόλαστον δ' ἐν νόμοις, ἀσελγῆ δ' ἐν ἡδοναῖς, ἀργὸν δ' ἐν εἰρήνῃ, λιποτάκτην δ' ἐν πολέμῳ, δώσοντά μοι καὶ τῶν δημηγοριῶν καὶ τούτων

IV. Lycino.

Non recte interrogasti apud Leontinos tanquam præsentem me et qui possem tibi respondere, quis essem et a quibus et unde. Ego enim ut memet novi Phalarin, Leodamantis filium, Astypalæum genere, patria exulem, tyrannum Agrigentinorum, peritum bellorum, ad hoc usque tempus invictum, sic novi etiam Lycinum exoletum in pueris, mollem in iuvenibus, adulterum in mulieribus, intemperantem in legibus, protervum in voluptatibus, desidem in pace, desertorem in bello, daturum mihi et concionem et eorum quorum te con-

ὧν ἐλέγχω σε δίκην, ἐὰν μὴ θᾶττον ἁλῷς, ἀλλ' οὖν ὅταν ἔκδοτόν σε παραδῶσι Λεοντῖνοι, βουλόμενοι τοῦ πρὸς ἡμᾶς ἀπαλλαγῆναι πολέμου.

vinco pœnas, nisi citius captus fueris, ubi Leontini te tradiderint, bellum nobiscum gestum componere cupientes.

ε'. Λεοντίνοις.

V. Leontinis.

Εἰ καταλῦσαί με τὸν πρὸς ὑμᾶς ὀρέγεσθε πόλεμον, μηδὲν αἰδεσθέντες ἔκδοτέ μοι Λυκῖνον, ἵνα τὴν ὀργὴν ἅπασαν εἰς τοῦτον ἀφεὶς παύσωμαι τοῦ πρὸς τὴν πόλιν θυμοῦ. χρήσομαι δ' οὐδὲν αὐτῷ χαλεπώτερον ἢ πάντας ὑμᾶς ἐπίσταμαι βουλομένους.

Si componere me cupitis bellum vobiscum gestum, nihil veriti tradite mihi Lycinum, ut omni bile in hunc effusa irasci civitati desinam. Tractabo eum autem nihilo durius quam omnes vos velle scio.

ϛ'. Ζευξίππῳ.

VI. Zeuxippo.

Τῷ μὲν υἱῷ σου διὰ τὴν νεότητα συγγινώσκω, σοὶ δὲ διὰ τὸ γῆρας, καίπερ ἀσύγγνωστα πεποιηκόσιν. ἂν μέντοι μὴ παύσησθε τῆς αὐθαδείας, οὔτ' ἐκεῖνον ἡ νεότης οὔτε σὲ τὸ γῆρας ἐξαιρήσεται, δι' αὐτὰ δὲ ταῦτα καὶ μᾶλλον κολασθήσεσθε, δι' ἃ νῦν συγγνώμης ἀξιοῦσθε.

Filio tuo propter iuventutem ignosco, tibi vero propter senectutem, quamvis talia quæ ignosci nequeunt feceritis. Sin vero non destiteritis a contumacia, nec illum iuventus, nec te senectus liberabit, sed propter ea ipsa magis etiam puniemini, ob quæ nunc venia dignamini.

ζ'. Εὐήνῳ.

VII. Eueno.

Γνώμης γενόμενος τὸ πρῶτον ἁλόντα αἰχμάλωτον ἀποκτεῖναί σου τὸν υἱὸν ἀνθ' ὧν ἠδίκηκέ μου τοὺς ναυάρχους, μετέγνων ὕστερον καὶ σέσωκα. μᾶλλον γὰρ βούλομαι διὰ τῆς ἐκείνου ζωῆς σὲ λυπεῖν ἢ διὰ τῆς ἀναιρέσεως τὸν ἀποθανόντα.

Quum primum decrevissem, filium tuum captum interficere, quod navium præfectos meos iniuria affecerat, dein sententia mutata servavi. Malim enim illius vita tibi quam eius morte ipsi dolorem commovere.

η'. Σαμέᾳ.

VIII. Sameæ.

Εἰδώς σου τὴν χρηστότητα τοῦ τρόπου καὶ τὴν ὑπερφυᾶ πρὸς ἅπαντας φιλανθρωπίαν, καὶ ὅτι τὰς τῶν πλησίον εὐτυχίας ἡμέρως καὶ συμπαθῶς ἰδίας ἀλγηδόνας καὶ συμφορὰς ἡγῇ, γέγραφά σοι συντόμως, ὅτι καὶ τὴν δίκην καὶ τὴν ναυμαχίαν καὶ τὴν παράταξιν καὶ τὸ τελευταῖον τὸν ἱππικὸν ἀγῶνα νενικήκαμεν, ἵν' ἀκούσας, ὡς προσήκει καλῷ κἀγαθῷ, στένης ἀδιαλείπτως, λαμβάνων παρὰ τῆς σεαυτοῦ φύσεως τὰς ἀξίας καὶ πρεπούσας τοσαύτῃ κακοηθείᾳ βασάνους.

Cognita qua es morum bonitate et incredibili in omnes humanitate, et quod aliorum successus pro lenitate tua atque misericordia proprios cruciatus calamitatesque ducis, scripsi tibi breviter, vicisse nos et caussam et prœlium tam navale quam terrestre et postremo equestre certamen, ut nuntio accepto, sicut convenit viro bono et honesto, continenter gemas, sumptis a tua ipsius natura dignis ac tantæ malignitati consentaneis tormentis.

θ'. Κλεοστράτῳ.

IX. Cleostrato.

Πάνυ μοι δοκεῖ μετὰ γέλωτος ἄξιον εἶναι θαυμάσαι τὸ σωφρονίζεσθαί τινας ὑπὸ σοῦ· τὸν γὰρ ἄλλοις ἐπιτιμᾶν ἐπιβαλλόμενον καὶ αὐτὸν ἀπηλλάχθαι χρὴ πάσης πονηρίας. σὺ δὲ ταῖς τῶν ὑπὸ σοῦ νουθετουμένων κακίαις ἔνοχος ὢν καὶ ταῖς ἄλλαις ἁπάσαις ὡς ἀνεπίληπτος εἰς πονηρίαν οὕτω νουθετεῖς.

Omnino mihi videtur dignum esse quod ridens quis miretur, castigari aliquos a te : nam qui alios reprehendere conatur, ipsum abesse oportet ab omni improbitate. Tu vero eorum, qui a te obiurgantur, vitiis et reliquis omnibus obnoxius quasi ab omni vitio vacuus ita demum obiurgas.

ι'. Λακρίτῳ.

X. Lacrito.

Ἀχθομένῳ σοι βαρέως ἐπὶ τῇ τοῦ παιδὸς τελευτῇ πᾶσα συγγνώμη, κἀγὼ δὲ σφόδρα συμπαθῶν, ὡσεὶ τῶν οἰκείων τὸ συμβεβηκὸς ἡγούμενος, μεῖζον ἄχθομαι, καίτοι στερροτέρᾳ φύσει πρὸς τὰ τοιαῦτα

Filii mortem graviter ferenti tibi omni modo ignoscendum, atque vehementer mihi dolenti quasi alicuius necessarii casum maiori tristitiæ est, firmiore licet animo adversus talia utar, quod nec immoderate dolentibus

χρώμενος διὰ τὸ μηδὲν ὄφελος ὁρᾶν μηδὲ τοῖς ἀμέτρως ἀνιωμένοις. παραμυθία δέ σοι ἔστω μεγάλη τῆς ἐπ' αὐτῷ συμφορᾶς πρῶτον μέν, ὅτι ὑπὲρ πατρίδος ἀγωνιζόμενος ἐν πολέμῳ σὺν ἀριστείᾳ τέθνηκεν, εἶθ' ὅτι νικῶν καλλίστου τέλους ὑπὸ τῆς εἱμαρμένης ἠξίωται, τὸ δὲ τελευταῖον ὅτι μηδὲν ἁμαρτὼν παρὰ τὸν βίον ἐπεσφράγισται τὴν ἰδίαν ἀρετὴν θανάτῳ. ὁ μὲν γὰρ ἐν τῷ ζῆν ἀγαθὸς ἄδηλον εἰ μὴ μεταβαλεῖ πρὸς τὸ χεῖρον· αἱ τύχαι γὰρ ἀνθρώπων τὸ πλεῖστον, οὐχ αἱ γνῶμαι κρατοῦσιν· ὁ δὲ τελευτήσας ἀκατηγόρητος ἐν τῷ καλλίστῳ σχήματι τῆς δόξης καθίδρυται. νομίσας οὖν ἀξίας παρ' αὐτοῦ χάριτας ἀπειληφέναι γενέσεως καὶ ἀνατροφῆς τὸ καλὸν κἀγαθὸν μέχρι τέλους αὐτὸν γεγονέναι, ταύτην αὐτῷ τὴν ἀμοιβὴν ἀντίδος, τὸ πράως καὶ μετρίως τὴν ἐπ' αὐτῷ λύπην ἐνεγκεῖν

ια' Μεγακλεῖ

Καὶ τοὺς ἵππους ἐκπέπομφά σοι κεκοσμημένους ἐπὶ τὸν ἀγῶνα καὶ τὰ χρήματα δοῦναι Τεύκρῳ προστέταχα. κἂν ἄλλου του δέῃ, μὴ κατόκνει γράφειν· οὐδὲν γὰρ οὕτως ἔσται μέγα τῶν αἰτημάτων, ὃ μὴ πάντως αἰτησαμένῳ χαριούμεθα.

ιβ' Ἀγλάῳ

Τεθησαυρίκαμεν τοῦ πλούτου ὅσον παρέσχεν ὁ θεὸς εἰς μεταβολὰς τῆς τύχης οὐκ ἐν τοῖς κόλποις τῆς γῆς, ὡς παρήνεις, ἀλλ' εἰς τοὺς βουληθέντας τῶν φίλων τὰς δωρεὰς λαμβάνειν· σὺ δ' οὐδ' εἰς τοῦτο πρόθυμον ἡμῖν σεαυτὸν ἐχαρίσω, τὸ κατά γε ὑμᾶς τοὺς φίλους, κἂν ἀποσφαλῶμεν τῆς ἀρχῆς, ἕξεσθαι τῶν ἐλπίδων οὐ μὴν ἀλλ' εἰ καὶ μὴ πρότερον, νῦν γε λαβὼν ὡς παρακαταθήκην ἐμοὶ φυλαχθησομένην φίλου τι ποίησον ἔργον· πιστὸν γὰρ οὐδὲν ἡγησόμεθα γῆς μέρος παρελθόντες ὡς κόνεως ἀπιστοτέρους τοὺς ἐξ ὑμῶν τῶν ἑταίρων κρατίστους ὃν εὐτυχούντων, κἂν αὐτὸς ἑτέρῳ συμπλακῶ δαίμονι, ἡσθεὶς οὐδὲν ἧττον εὐτυχεῖν δόξω

ιγ' Ἡροδίκῳ

Ἄλλου μὲν ἦν κακῶς πεπονθότος μηδὲν ὁμολογῆσαι πρὸς τὸν δεδρακότα περὶ ἀμύνης, ἵν' ὡς ἥκιστα πρὸς αὐτὸν ὕποπτος ἁλῴη, ἐγὼ δὲ τοῦτο μὲν ἀγεννοῦς ἀνδρὸς ἔργον ἡγοῦμαι τὸ τὸν ἀγνοοῦντα χειρώσασθαι. προηδικημένος δ' ὑπὸ σοῦ μεγάλα μηνύω σοι φυλάττεσθαι τὴν ἐπιοῦσαν ἐξ ἡμῶν ἄμυναν, ἵνα πρὸ τοῦ μὲν παθεῖν ἡ προσδοκία κολάζῃ σε, μετὰ δὲ τὴν προσδοκίαν αὐτὸ τὸ παθεῖν

ιδ' Εὐμήλῳ

Οὔτε δοκοῦντος οὔτε ὄντος ἀδίκου τὸν ἄρξαντα πλημμελεῖν ἀμύνεσθαι, τοῦ πρώτου γεγονότος ὑπὸ τοῦ τὸ δεύτερον παρ' ἡμῶν ἔσεσθαι προσδέχου

quicquam video commodi Solatium vero magnum esto tibi in hac calamitate, primum quod pro patria fortiter pugnans in bello cecidit, deinde quod victor pulcherrimo vitæ exitu a fato donatus est, postremo quod nullo dum vixit vitio commisso virtutem suam morte confirmavit Qui enim in vita bonus est, obscurum an in peius degeneret, fortuna enim homines plerumque, non consilium regit qui autem inculpatus moritur, in pulcherrimo gloriæ gradu collocatus est Puta igitur, digna te nativitatis atque educationis ab eo præmia accepisse, quod bonus et honestus ad mortem usque fuit, atque has ei vices redde, ut leniter moderateque calamitatem feras

XI Megacli

Et equos emisi tibi ornatos ad certamen, et ut pecuniam daret Teucro imperavi Ac si qua alia re indigeas, scribere ne cuncteris nihil enim eorum, quæ petieris, tam magnum quicquam erit, quod non omnino petenti gratificabimur

XII Aglao

De divitiis, quantacunque præbuit deus ad vicissitudines fortunæ, thesaurum reposuimus non in terræ penetralibus, sicut hortabare, sed in eos amicorum, qui dona accipere voluerunt Tu vero ne extenus quidem promptum temet nobis præstitisti, ut in vobis amicis, si imperio exciderimus, firmam spem repositam haberemus At vero etsi ante non, nunc tandem accepto tanquam deposito nihil custodiendo amici facito officium Fidam enim nullam terræ partem existimabimus, si tanquam pulvere infideliores e vobis amicis præteriemus præstantissimis : qui ubi felices fuerint, tametsi ego cum altera conflixero fortuna, lætus tamen nihilo minus me felicem arbitrabor

XIII Herodico

Alius esset malo affecti nihil confiteri apud eius auctorem de ultione, ut nihil suspicionis in ipsum habens opprimeretur, ego vero ignavi hominis esse puto, opprimere ignorantem Iniuria vero magna affectus ante a te moneo te, ut caveas futuram a nobis ultionem, quo ante supplicium exspectatione eius puniaris, post exspectationem vero ipso supplicio

XIV Eumelo

Quum nec videatur nec sit iniustum eum qui primus peccaverit ulcisci, quum prius factum sit a te, posterius a nobis futurum exspecta

ιε΄. Τεύκρῳ.

Ταυρομενείταις τὰ λύτρα τῶν αἰχμαλώτων, ἅπερ
ἔλαβον, ἀπόδος, μὴ ποιούμενος ἐμὴν τὴν χάριν ἀλλὰ
Στησιχόρου. ζῇ γὰρ ἐκεῖνος εἰς τὴν τῶν ληψομένων
εὐεργεσίαν ὁ παρ' ἐμοῦ ταύτην ᾐτημένος, τέθνηκε
μέντοι ἡ περὶ τούτων αὐτῷ χάρις εἰς ἀμνήμονας ἀν-
θρώπους δεδομένη.

ς΄. Ἀριστοφῶντι.

Τὰ μὲν σὰ καὶ τούτων ὧν πεπόμφαμεν καὶ πλειό-
νων ἔτι καὶ μειζόνων ἀγαθῶν ἄξια, τὰ δ' ἐμὰ μὴ
βούλου μαθεῖν· οὐδὲν γὰρ ἐπ' αὐτοῖς ἔχομεν σιγῆς
κρεῖττον.

ιζ΄. Ἀμφινόμῳ.

Οὐ διδόναι χάριτας οἶμαι δωρούμενος ἀγαθοῖς ἀν-
δράσιν, ἀλλὰ πολὺ μᾶλλον παρ' αὐτῶν λαμβάνειν.
ὅθεν, ἀξιῶ, μὴ ὡς πρὸς δεδωκότα με χάριν, ἀλλ' ὡς
πρὸς ὀφείλοντά σοι διὰ τὸ βουληθῆναί σε λαβεῖν ἃ
ἐπέμψαμεν γράφε.

ιη΄. Ἐρυθείᾳ.

Καί περ ἐμαυτοῦ πλείστην οἶδά σοι χάριν καὶ περὶ
τοῦ κοινοῦ παιδός, ὃν ἐπὶ σοὶ κατέλιπον, Ἐρύθεια·
περὶ μὲν ἐμαυτοῦ, ὅτι φεύγοντός μου χηρεύειν ὑπέ-
μεινας μᾶλλον ἢ γήμασθαί τινι, πλείστων ἀγαγέσθαι
σε βουλομένων, περὶ δὲ τοῦ παιδός, ὅτι σὺ ἀμφό-
τερα καὶ πατὴρ αὐτῷ καὶ μήτηρ ἐγένου, οὔτ' ἀνδρ'
ἕτερον ἀντὶ Φαλάριδος, οὔθ' υἱὸν ἀντὶ Παυρόλα προ-
τιμήσασα, ἀλλ' ἀντὶ μὲν ἀνδρὸς δευτέρου τὴν ἐπὶ τῷ
πρώτῳ μονὴν ἑλομένη, ἀντὶ δὲ παιδὸς ἄλλου τὸν ὑπὸ
τοῦ πρώτου σπαρέντα σώζουσα. τελείωσον οὖν ἀνδρὶ
καὶ υἱῷ τὴν ὑπὸ σεαυτῆς αὐτῷ δεδομένην χάριν, ἄχρις
ἂν φρονήσας τὰ ἁρμόζοντα τοῖς χρόνοις μήτε πατρὸς
ἔτι μήτε μητρὸς προσδέηται. λιπαρῶ δέ σε μετὰ
τοσαύτης δεήσεως, οὐχ ὡς ἀπιστῶν μητρὶ περὶ τέκνου
καὶ ταῦτα τοιαύτῃ, ἀλλ' ὡς πατὴρ ὑπὲρ ἑνὸς υἱοῦ
φοβούμενος. δύναιο δ' ἂν ἀπὸ τῶν σεαυτῆς παθῶν καὶ
τὸ παρὰ πατέρων ἐπὶ τέκνοις ἐνθυμηθεῖσα δέος συγ-
γνώμης ἀξιοῦν τὸν οὕτως ἐπιστέλλοντά με.

ιθ΄. Παυρόλᾳ.

Μάλιστα μὲν ἀμφοτέρους τοὺς γονέας, ὦ παῖ,
στέργειν σοι προσήκει καὶ περὶ πλείστου ποιεῖσθαι·
τοῦτο γὰρ καὶ σεμνὸν καὶ ἄλλως εὐσεβὲς υἱῷ, με-
μνῆσθαι τῆς τῶν γεγεννηκότων καὶ τοσαῦτ' εὐηργετη-
κότων χάριτος. ἐπεί τοι πατρὸς ἀμέλησον μᾶλλον ἢ
μητρός· οὐ γὰρ ἀπὸ τῶν ἴσων καὶ ὁμοίων τὰ πατρὸς
ἂν εἴη δίκαια πρὸς τέκνων αὔξησιν καὶ τὰ μητρός, ἀλλ'
ἡ μὲν γὰρ σὺν τῷ κυῆσαι καὶ γεννῆσαι καὶ τιθηνῆσαι
μυρίους ἄλλους ἀνήντλησε πόνους, ὁ δ' ἐκτραφέντος ὑπὸ
τῆς τεκούσης καὶ τελειωθέντος ἀπολαύσεως μετέχειν

Tauromenitanis pretia captivorum, quæ accepi, redde
non meo, sed Stesichori beneficio. Vivit enim ille ad
bene faciendum accepturis, qui a me hoc petiit, interiit
vero ei his præstitum beneficium in immemores homines
datum.

XVI. Aristophonti.

Tua quidem et iis quæ misimus et pluribus etiam ac
maioribus beneficiis digna sunt, mea vero cognoscere
noli : nihil enim melius quam silentio ea premi.

XVII. Amphinomo.

Viris bonis donando non dare beneficia me arbitror, sed
multo magis ab ipsis accipere. Quare, obsecro, ad me
scribas non ut qui dederim beneficium, sed ut qui devin-
ctus tibi sim, quod ea quæ misimus accipere voluisti.

XVIII. Erythiæ.

Et meo nomine gratias tibi ago et communis filii, quem
tuæ curæ reliqui, Erythia : ac meo quidem, quod mè exule
viduitatem sustinere quam alteri nubere maluisti, plurimi
licet uxorem te expeterent, filii vero, quod utrumque et
pater ei et mater fuisti, neque alium virum Phalaridis
neque Paurolæ filium prætulisti, sed pro secundo viro
primo adhærere voluisti, pro filio vero alio quem ex
primo conceperas servasti. Perfice igitur viro et filio
quod tua sponte huic fecisti beneficium, usque dum
temporibus convenienter sapiat, neque patre amplius nec
matre indigeat. Hoc abs te tantis precibus contendo,
non ut qui matri, ac tali quidem, permittere puerum
dubitem, sed ut pater, qui unico filio metuit. Poteris
autem ex tuo ipsius animo de patrum propter filios metu
coniectura facta mihi sic præcipienti ignoscere.

XIX. Paurolæ.

Maxime ambo parentes, o fili, amare oportet te ac
plurimi facere : hoc enim et sanctum et omnino pium
est, ut filius gratiam referat iis, qui ipsum genuerunt et
tantis affecerunt beneficiis; verum tamen patrem potius
neglige quam matrem. Non enim æqua et paria patris
fuerint iura in liberorum incrementa atque matris, ve-
rum hæc præterquam quod in utero gestat et parit et
nutrit innumerabiles alios perfert labores, ille vero
educato eo a matre ac viro facto fructuum particeps

ἀξιοῖ, δυσκόλου πειραθεὶς οὐδενός. (2) ἰδιαίτερον δὲ τῶν ἄλλων ἡ σὴ μήτηρ διὰ τὰς ἐμὰς φυγὰς περὶ τῆς σῆς κεκοπίακε τελειώσεως, τὰς ὑπὲρ ἀμφοῖν μόνη φροντίδας ὑποστᾶσα, ὥστε καὶ σὺ τὰς εἰς ἑκατέρους τοὺς γονέας εὐχαριστίας μιᾷ μητρὶ τῇ πάντα πονησάσῃ ἀπόδος. πεπληρώσεται γάρ σοι καὶ τὰ πρὸς τὸν πατέρα δίκαια διὰ τῶν εἰς τὴν μητέρα φιλανθρώπων· οὐδὲν γὰρ ἀπαιτήσω πλεῖον εἰς ἐμαυτόν, ἂν εἰς ταύτην εὐσεβήσῃς, μᾶλλον δὲ καὶ προσειληφέναι παρὰ σοῦ πολὺ μέρος εὐεργεσίας ὁμολογήσω. πρέποι δ᾽ ἂν σοι μητρὶ περὶ πολλῶν χάριν ἀποδόντι μεγάλης εὐεργεσίας ἀρχὴν ποιήσασθαι πρὸς πατέρα.

ς᾽ Τῷ αὐτῷ

Τὰ μὲν παρὰ πατρὸς εἰς υἱὸν ἔσχηκας δίκαια, Παυρόλα, τὰ δ᾽ ἐκ σοῦ πατρὶ δυνάμενος οὐκ ἀντιπαρέχων ἁμαρτάνεις· πυνθάνομαι γάρ σε παιδείας, ὃ πολλάκις ἐμεμψάμην, οὐκ ἐπιμελεῖσθαι· ἄλλην δὲ χάριν οὐκ ἐπιζητῶ λαβεῖν παρὰ σοῦ ταύτης ὑστερήσας. ἴσθι δέ, ὅτι καὶ τὸ παιδείας συμφέρον ἂν χαρίσασθαι βουληθῇς, οὐχ ὁ ληψόμενος τὴν χάριν ἀλλ᾽ ὁ δώσων μᾶλλον καθέξει.

κα᾽ Μεσσηνίοις

Πολύκλειτον, ὡς πυνθάνομαι, τὸν ἰατρὸν ὑμεῖς μέμφεσθε ὡς προδότην Ἀκραγαντίνων γεγονότα, ὅτι με κάμνοντα παραλαβών, δυνάμενος ἀποκτεῖναι, χαλεπωτάτης ἐξήρπασε νόσου, καὶ τὸν ἔπαινον αὐτοῦ τῆς δικαιοσύνης κατηγορίαν ἀδικίας ποιεῖσθε, καὶ τοῦθ᾽ ὁμολογοῦντες οὐκ αἰσχύνεσθε. ἐγὼ δὲ θαυμάζω τῆς τέχνης αὐτοῦ τὸν τρόπον μᾶλλον, ὅτι με θνήσκοντα πιστευθεὶς οὐχ ὡς τύραννον ἀνῄρηκεν, ἀλλ᾽ ὡς νοσοῦντα εὐνοήσας σέσωκεν. καὶ διὰ μὲν τὴν ὑμετέραν μέμψιν οὐδ᾽ ὁτιοῦν πέπονθε κακόν, διὰ δὲ τὴν ἐμὴν εὐχαριστίαν ὅμοια τοῖς πρώτοις Σικελιωτῶν πεπλούτηκεν. οἶδα γοῦν, ὅτι διὰ τὴν δόσιν τῶν χαριστηρίων πάντες εὔχεσθε προδόται μᾶλλον Ἀκραγαντίνων ἢ τυραννοκτόνοι Φαλάριδος ἀκουσθῆναι.

κβ᾽ Ἀνδροκλεῖ

Κἀγὼ μὲν ἐσπουδασμένως ἐπέσταλκα Στησιχόρῳ μηδὲν ἀχθεσθῆναι περὶ τῆς διαβολῆς, ἣν κατ᾽ αὐτοῦ πεποίηνται πρός με οἱ περὶ Εὔβουλον, καὶ σὺ δὲ δός μοι ταύτην τὴν χάριν, ἀνάδοχος αὐτῷ γενόμενος περὶ τοῦ μηδὲν ἐμὲ κατ᾽ αὐτοῦ πονηρὸν πεπιστευκέναι· μᾶλλον γὰρ ἂν πεισθείην, ὡς τὴν ἀρχὴν νὴ Δία οὐδὲ ἐπεβουλεύθην ὑπ᾽ αὐτῶν, ὅπερ ὡμολογήκασιν, ἢ ὡς διὰ τὰς ἐκείνου ποιήσεις, ἀλλ᾽ οὐ διὰ τὰς ἰδίας κακουργίας εἴησαν ἐπιβεβουλευκότες

κγ᾽ Πυθαγόρᾳ.

Ἡ Φαλάριδος τυραννὶς τῆς Πυθαγόρου φιλοσοφίας

esse vult, expertus licet molesti nihil (2) Præ ceteris vero tua mater propter exilium meum in te educando laboravit, quum pro ambobus sola curam sustineret Quare etiam tu quam utrique parenti debes gratiam uni matri, quæ cuncta perfecit, refer Nam expleta tibi erunt patri quoque debita officia, si pietate matrem prosequaris nihil enim requiram amplius in me, quam ut in eam pius sis, immo et magnam a te beneficiorum partem accepisse confitebor Decet vero te quum matri pro multis gratiam referas, magnorum beneficiorum initium facere in patrem

XX Eidem

Quæ patris in filium sunt officia accepisti, Paurola, quæ vero tua si patri, quanquam potes, mutua non præstas, peccas Intelligo enim te, quod sæpe reprehendi, litterarum studia non curare Qua quidem frustratus gratia aliam a te non requiro Scias autem, si literarum emolumentum gratificari volueris, non in eum, qui accepturus, sed qui daturus sit, multo magis collocatum iri beneficium

XXI Messaniis.

Polycletum, ut audio, medicum vestrum accusatis tanquam Agrigentinorum proditorem, quod me ægrotum sibi traditum, quum posset interficere, gravissimo eripuit morbo, atque eius iustitiæ laudem in iniuriæ crimen convertitis, neque id vos pudet confiteri Ego vero magis quam artem eius animum admiror, quod moribundum etiam fidei suæ commissum me non ut tyrannum sustulit, sed ut ægrotantem sua cura conservarit Ac vestra quidem accusatione mali nihil quicquam passus est, meo vero grati animi beneficio divitis par evasit primis Siculorum Novi itaque, propter grati animi dona vos universos malle proditores Agrigentinorum quam tyrannicidæ Phalaridis audire

XXII Androcli.

Et ego data opera scripsi Stesichoro, ne sollicitus esset de calumnia, quam in eam contulerunt apud me Eubulus atque socii, et tu hanc mihi fac gratiam, ut sponsor ei sis, nihil me mali adversus eum credidisse Facilius enim mihi persuaderem, me nullis omnino insidiis, id quod confessi sunt, ab iis petitum, quam propter illius carmina, nec vero propter insitam ipsis malitiam insidiatos esse

XXIII. Pythagoræ.

Phalaridis tyrannis a Pythagoræ philosophia plurimum

πλεῖστον ὅσον ἐοκεῖ κεχωρίσθαι, κωλύει δὲ ὅμως οὐ-
δὲν καὶ τούτων οὕτως ἐχόντων συγγενομένους ἡμᾶς
τὴν ἀτρεκῆ διάπειραν ἀλλήλων λαβεῖν· δύναιτο γὰρ
ἂν καὶ τὰ πόρρωθεν διεστῶτα συναγαγεῖν εἰς ταὐ-
τὸν ὁμιλία. ἐγὼ μὲν οὖν ἀκοῇ τὰ περὶ σοῦ
πυνθανόμενος ἄριστον ἄνδρα πέπεισμαί σε εἶναι, σὺ
δὲ περὶ ἐμοῦ μὴ κρίνε· ψευδὴς γάρ με δόξα λυπεῖ.
οὐ μὴν ἀλλ' ἐμοὶ μὲν οὐκ ἔστιν ἀσφαλὲς ἀφικέσθαι πρὸς
σὲ δι' ἣν κατηγορούμαι τυραννίδα· ἄνευ μὲν γὰρ
ὅπλων καὶ δορυφόρων ἐρχόμενος εὐεπιχείρητος ἔσομαι,
μεθ' ὅπλων δὲ καὶ φρουρᾶς ὕποπτος. σοὶ δὲ πᾶσα
ἀσφάλεια κινδύνων ἀπηλλαγμένῳ καὶ παραγενέσθαι
πρός με καὶ μεθ' ἡσυχίας συμβιῶναι. (2) λαμβάνων
δέ μου διάπειραν, ἐὰν μὲν ὡς τύραννον ἐξετάζῃς,
ἰδιώτην εὑρήσεις με μᾶλλον ἢ τύραννον· ἐὰν δὲ ὡς ἰδιώ-
την, ἔχοντά τι διὰ τὴν ἀνάγκην καὶ τυράννου. κρατεῖν γὰρ
οὐχ οἷόν τε τοιαύτης ἀρχῆς ὠμότητι μὴ χρώμενον,
οὐδ' ἔστιν ἐν τυραννίδι χρηστότης ἀκίνδυνος. διά τε
οὖν τἆλλα καὶ διὰ τοῦτό σοι ποθῶ συγγενέσθαι·
πείσομαι γάρ σοι τὴν ἡμερωτέραν ὁδὸν πορευθῆναι,
ἐὰν τὸ πιστὸν εἰς σωτηρίαν τῷ πεισθησομένῳ μετὰ
τῶν Πυθαγόρου λόγων ἡ ἀλήθεια προσβεβαιώσῃ.

κδ'. Θώρακι.

Πότερον ἐμαυτὸν ὡς ἀσαφῶς γράφοντα μέμψωμαι
ἢ σὲ ὡς ἑκουσίως μαθεῖν μὴ βουλόμενον αἰτιάσωμαι
ἀγνοῶ· δύο γάρ σοι μυριάδες ἐκλογισμῶν λελοίπασιν.
εἰ δὲ σαφέστερον ἐπιζητεῖς διδαχθῆναι, τοὺς ἄλλῳ
σε τρόπῳ διδάξοντας ἢ σὺ μαθεῖν ἂν ἠθέλησας ἐν τάχει
παρ' ἡμῶν προσδέχου.

κε'. Λέοντι.

Οὐ νῦν ἀλλὰ πολλάκις ἤδη σοι γέγραφα, μηδεμίαν
ἄλλην εὐχαριστίαν ἡμῖν ἀποδοῦναι περὶ τῆς γυναικός,
εἰ ἄρα νομίζεις ὑφ' ἡμῶν εὖ πεπονθέναι διὰ τὸν γάμον,
ἢ τὸ στέργειν ἐκείνην, δι' ἣν ἡμῖν οἴει δεῖν χάριτας
ἀπονέμειν, ἐξ ἧς ἡ συνάφεια τοῦ πρὸς ἡμᾶς γένους
ἀρχὴν εἰληφέναι σοι φαίνεται.

κς'. Ἀριστοφῶντι.

Αὐθάδεια καὶ νεότητος ἀβουλία πολλοὺς ἀνθρώπων
ἀπώλεσεν, οἷς ἀμφοτέροις τοῖς πάθεσιν ἴσθι σου τὸν υἱὸν
κεχρημένον. ἀδικούμενος δ' ὑπ' αὐτοῦ μεγάλα δι' ἃς
προείρηκα αἰτίας τὴν ἄμυναν ἐπέσχηκα, σοὶ μᾶλλον βου-
λόμενος καὶ οὐκ ἐκείνῳ χαρίζεσθαι· μαρτυρῇ γὰρ ὑπὸ
πολλῶν ἀρίστην ἐπιείκειαν ἔχων παρὰ σεαυτῷ. διόπερ
οὐκ ἐδοκίμαζον δι' υἱοῦ πονηρίαν λυπεῖν γῆρας πατρὸς
οὐδὲν ἀδικήσαντος. ἕνα γὰρ ἔχων παῖδα τοῦτον, εἰ καὶ
πάντως φαῦλός ἐστι, δι' ἐρημίαν ἄλλου διαδόχου στέρ-
γεις· κακίαν γὰρ υἱοῦ πατρὸς εὔνοια νικᾷ. ἂν μέντοι
μὴ παύσηται πλεονάζων, ἀπειθῇ δὲ καὶ τοῖς σοῖς παρ-
αγγέλμασι καὶ τοῖς ἐμοῖς λόγοις, μὴ ἀγνοήσῃς ὅτι

quantum distare videtur, nihil tamen impedit, etiamsi
hæc ita sese habeant, quin conveniamus ac veram nos-
trum faciamus uterque alterius experimentum : poterit
enim vel longissime distantia in unum coniungere consue-
tudo. Ego igitur auditione de te edoctus optimum vi-
rum te esse persuasum habeo, tu vero de me noli iudi-
care : falsa enim opinio me lædit. Verum enimvero
mihi tutum non est ad te proficisci propter tyrannidem,
quæ mihi exprobratur : nam si sine armis et satellitibus
veniam, facilis insultu ero ; sin autem cum armis et
præsidio, suspectus. Tibi vero extra periculum posito
omnino tutum est et ad me pervenire et in otio una vi-
tam degere. (2) Quum autem qualis ego sim experieris,
si tanquam tyrannum me explores, privatum me inve-
nies magis quam tyrannum, sin tanquam privatum, ha-
bentem nonnihil vel invitum etiam tyranni. Fieri enim
non potest ut talem quis teneat principatum crudelitate
non usus, neque in tyrannide periculi expers est probi-
tas. Quumpropter cetera igitur, tum propter hoc tecum
consuetudinem habere cupio : persuaderi enim mihi pa-
tiar a te, ut mansuetiorem ingrediar viam, si fidem in
salutem ei, cui persuadebitur, una cum Pythagoræ ser-
monibus veritas confirmaverit.

XXIV. Thoraci.

Utrum memet, quasi obscure scribam, an te, quasi
tua sponte discere nolis, accusem nescio ; viginti enim
millia tibi rationum restant, si clarius studes doceri.
Quare qui alio modo te doceant, quam tu discere velis,
brevi a nobis exspecta.

XXV. Leonti.

Non nunc primum, sed sæpius iam tibi scripsi, ne
aliam ullam pro uxore gratiam mihi referas nisi hanc, si
quidem ob nuptias nos bene de te meruisse putes, ut fi-
liam ames, cuius caussa nobis obstrictum te esse existi-
mas, ex qua in generis nostri communionem primum
videris transiisse.

XXVI. Aristophonti.

Arrogantia et iuvenilis temeritas multos perdiderunt
hominum, quo utroque morbo scias filium tuum laborare.
Magna autem licet ab eo iniuria affectus ob eas quas
dixi caussas tamen ultionem distuli, idque tua, non illius
gratia : multorum enim testimonio singularis in te inest
probitas. Quapropter patris insontis senectutem ob filii
nequitiam dolore afficiendam non existimabam. Quum
enim unicum habeas filium, hunc, etiamsi omnino pra-
vum, amas tamen, quoniam alius heres tibi nullus est :
filii enim improbitatem patris superat benevolentia. Quod
si vero delinquere non desinat, nec tuis præceptis et

καὶ περὶ ἐμαυτοῦ καὶ περὶ σοῦ τὰς πρεπούσας λή-
ψομαι παρ' αὐτοῦ δίκας. ἵνα δὲ ὅταν ἐπ' αὐτῷ γέ-
νηται τῷ κακῷ, μὴ προσποιηθῇ ἠγνοηκέναι τὰ ὑπ'
ἐμοῦ γεγραμμένα πρός σέ, καὶ πρὸς αὐτὸν ἐκεῖνον
περὶ τῶν αὐτῶν ἐπέσταλκα.

κζ'. Ἀντιμάχῳ

Εἰ μὲν ἔχων οὐκ ἀποδίδως τὸ δάνειον, ἑκών εἶ πο-
νηρός· εἰ δ' οὐκ ἔχων, ἀδικεῖς μέν, τὸ δ' ἀκούσιον παρὰ
τοῖς ἀνθρωπίνως λογιζομένοις συγγνώμης ἀξιοῦται. ἡ
δὲ συγγνώμη γίνωσκε ὅτι μέλλησίς ἐστιν ἀπολήψεως,
οὐ παντελὴς χρημάτων ἀπόγνωσις

κη' Ἀριστομένει

· Μὴ συνάχθου μοι περὶ τῶν τραυμάτων ὧν τέτρω-
μαι κατὰ τὸν πόλεμον· τὸ μὲν γὰρ εὔνουν καὶ συμ-
παθές σου ἄγαμαι, τοσοῦτον δ' ἀπέχω τοῦ βαρέως
φέρειν ἐπὶ τοῖς τοιούτοις, εἰ καὶ παρ' ὀλίγον ἦλθον ἐξ
αὐτῶν ἀποθανεῖν, ὥστε, ἀπευκτοῦ τοῦ θανάτου ὄντος
πᾶσιν ἀνθρώποις, εὐξαίμην ἂν καὶ τῆς εἱμαρμένης
θᾶττον, εἰ καὶ πλείονά μοι χρόνον ἐπιτρέποι ζῆν, ἐν
πολέμῳ τελευτῆσαι   τί γὰρ ἀνδρὶ γενναίῳ μεῖζον
ἀγαθὸν ἢ περὶ ἀρετῆς καὶ νίκης ἀγωνιζομένῳ ἀπερεύ-
ξασθαι τὸν βίον;

κθ' Ξενοπείθει

Οὐκ ἄχθομαί ταῖς διαβολαῖς οὐδὲ ταῖς δόξαις αἷς
ἔχουσιν ἐφ' ἡμῖν οἱ μὴ δικαίως κατηγοροῦντες, καὶ
τοῦτο δι' οὐδὲν ἕτερον πέπονθα ἢ διὰ τὸ γινώσκειν,
ὅτι τοῖς μὲν ἄλλοις φύσει κακοῖς, ἐμοὶ δὲ διὰ τὴν καὶ
θεῶν πλεῖον ἰσχύουσαν ἀνάγκην τοιούτῳ γενέσθαι συν-
έβη   διαφέρει δέ, καθ' ὅσον ἐγὼ μὲν τύραννος ὢν
ἐξουσίαν διὰ τὴν ἀρχὴν ἔχων ὁμολογῶ, ὑμεῖς δ' ἰδιῶται
γεγονότες παρ' ὅσον δεδοίκατε τοὺς νόμους ὁμολογεῖν
δέον ἀρνεῖσθε

λ' Καταναίοις

Ἀχθέντας αἰχμαλώτους ἐπ' ἐμὲ τῶν ὑμετέρων πο-
λιτῶν τινάς, οὐδεμίαν ἐκ τῶν μυρίων ἔχοντας ἐλπίδα τοῦ
σωθήσεσθαι διὰ τὸ μὴ σφόδρα ἀνιᾶσθαι ὑμᾶς ἀναιρεθέν-
των αὐτῶν, σέσωκα, οὐκ ἐπιλελησμένος τῆς πρὸς ὑμᾶς
ἔχθρας· πάντων γὰρ ἂν εἴην ἐπιλησμονέστατος, εἰ
τοῦ θυμοῦ μικροτέραν δίκην παρ' ὑμῶν λαβεῖν κατα-
φρονήσαιμι   ὅταν δὲ τὴν κατ' ἀξίαν ὑπόσχητέ μοι,
τόθ' ὑμᾶς τὸ μέγεθος τῆς συμφορᾶς ὧν ἱδράσατε κακῶν
ἀναμνήσει.

λα' Ταῖς Στησιχόρου θυγατράσι

Ταυρομενίται μέν, ὑπὲρ ὧν γράφετε πρός με, ἐν-
τολὴν ἔχειν λέγουσαι παρὰ τοῦ πατρός, ὅτε μετήλ-
λαττε τὸν βίον, οὐδεμιᾶς ἦσαν ἐπιτήδειοι τυχεῖν ἐπιει-

---

meis adhortationibus obtemperet, probe scias eum et
mea et tua caussa meritas daturum pœnas Ne autem,
quum in eodem proposito perseverans in ipsum malum
inciderit, ignorantiam prætexat, de eisdem rebus, de
quibus ad te scripsi, ad ipsum quoque dedi litteras

XXVII Antimacho

Si quum habes non reddis mutuum, sponte es impro-
bus, sin vero quum non habes, injuriam facis quidem,
sed quod ab invito fit apud eos, qui humaniter rationes
ineunt, meretur veniam Veniam vero scias restitutionis
esse dilationem, non universæ pecuniæ remissionem

XXVIII Aristomeni

Noli de vulneribus in bello a me acceptis mecum do-
lere nam etsi benevolentiam tuam ac sollicitum tuum
de me animum agnosco, tantum tamen abest ut graviter
feram talia, licet propemodum ex eis mortuus sim, ut,
quamvis omnibus hominibus deprecanda mors sit, precer
tamen ante fatum, si vel diuturniorem mihi concedat vi-
tam, in bello mori Quid enim generoso homini præstantius
quam de virtute et victoria certanti animam exhalare?

XXIX Xenopithi

Non moleste fero calumnias neque opiniones, quas de
nobis qui injuste accusant habent, et hoc animo non alia
de caussa sum quam quod scio, aliis natura malis, mihi
necessitate, quæ vel diis est potentior, tali esse obli-
gisse Differt vero, quod ego tyrannus, cui propter
imperium potestas est, confiteor, vos privati, quatenus
metuitis leges, quum confiteri oporteat, negatis

XXX Catinensibus

Ductos ad me nonnullos e vestris civibus captivos,
quum nullam ex multis salutis spem haberent, quia vos
ipsorum interitum non admodum estis curaturi, conser-
vavi, non oblitus quod mihi in vos est odii Nam omnium
essem obliviosissimus, si ira mea minores a vobis pœnas
repetere aspernarer Ubi vero dignas mihi dabitis, tum
vos magnitudo calamitatis in malorum quæ fecistis me-
moriam reducet

XXXI Stesichori filiabus

Taurominitani, de quibus scribitis mandatum vos ac-
cepisse a patre, quum e vita decederet, nulla digni erant
benignitate nulla enim unquam injuria nec minore nec

κείας· οὐδὲν γὰρ ὑπ' ἐμοῦ πώποτε πλημμελεηθέντες οὔτε μεῖζον οὔτ' ἔλαττον ἀδίκως ἐξήνεγκαν τὸν κατ' ἐμοῦ πόλεμον. Στησίχορος δ' οὐ μόνον ταύτης τῆς χάριτος ἄξιός ἐστι παρ' ἐμοῦ τυχεῖν, ἧς αἰτεῖται δι' ὑμῶν, τὰ λύτρα τῶν αἰχμαλώτων αὐτοῖς ἅπερ εἰσεπραξάμην ἀποδοθῆναι, ἀλλ' εἰ καί τι τῶν δυνατῶν ἐστι μεῖζον. καὶ γὰρ εἰ τεθνάναι δοκεῖ τισίν, ὅπερ οὐδεὶς ἂν εὖ φρονῶν εἴποι, ἐμοὶ γοῦν ὁ τοιοῦτος οὐ τέθνηκεν. μὴ γὰρ τοσοῦτον ἰσχύσειε τὸ κατὰ Ταυρομενειτῶν μῖσος, ὥστε Στησίχορον αἰτησάμενόν τι μὴ λαβεῖν ὧν Φάλαρις ἔχει τὴν ἐξουσίαν. πάντας μὲν γὰρ ἀνθρώπους ὑπ' ἐκείνου πρέπει νικᾶσθαι, περιττότερον δὲ πάντων ἐμὲ τὸν ἐν τοσαύταις μυριάσιν ἀνθρώπων, ὧν ἐπειράθην, ἀνδρὸς ἀρετὴν ἐπιφανεστέραν οὐκ εἰδότα. διὸ τά τε χρήματα αὐτοῖς ἀποδοῦναι προστέταχα, καὶ τὴν χάριν ταύτην οὐ δεδωκέναι τῷ πατρὶ ὑμῶν, μὰ τοὺς θεούς, ἀλλ' αὐτὸς παρ' ἐκείνου μᾶλλον εἰληφέναι νομίζω.

ιβ'. Κριτοδήμῳ.

Ἀγαθοῦ μὲν ἔργον φίλου καὶ σὺ ποιεῖς καὶ πάντες, ὅσοι πλεῖόν τί μου τοῦ μετρίου περὶ ἀνδρείας μαρτυρεῖτε, πεπεισμένοι ταῖς ἐμαῖς βουλαῖς καὶ πράξεσιν ἡττῆσθαι Λεοντίνους. ἐγὼ δὲ σαφῶς οἶδα τὴν μὲν ἀναγκαίαν ἄμυναν ὑπ' ἐμοῦ πεπραγμένην, τὴν δ' εὐκταιοτάτην νίκην ὑπὸ τῆς τύχης κατωρθωμένην· οὐδὲν γάρ ἐστιν, ὦ φίλτατε, τῶν ἐν ἀνθρώποις οὔτε μεῖζον οὔτε ἔλαττον, ὃ μὴ ταῖς ἐκείνης ῥοπαῖς βεβαιοῦται.

λγ'. Κτησίππῳ.

Οὔτε πρότερον, ὁπηνίκα Ταυρομενεῖται ἀδίκως ἐξήνεγκαν τὸν κατ' ἐμοῦ πόλεμον, ἀπολυτρώσας τοὺς αἰχμαλώτους ἐκείνοις ἐχαρισάμην, τῷ κοινῷ δὲ νόμῳ τῶν Ἑλλήνων οὐκ ἠναντιώθην, οὔθ' ὕστερον ἀποδιδοὺς ἃ τότε ἔλαβον, εὐεργετῶν τοὺς ἀπολήψομένους, ὅπερ ὠνείδιζες, αὐτοῖς ἀπέδωκα, Στησιχόρῳ δὲ πρεσβευσαμένῳ διὰ τῶν θυγατέρων περὶ αὐτῶν ἐπείσθην. Ταυρομενεῖται μὲν οὖν καὶ τεθνηκότι Στησιχόρῳ χάριν ἴστωσαν ὧν ἔτυχον, Στησίχορος δὲ τοῖς ἑαυτοῦ τρόποις, ἐγὼ δὲ περὶ τῆς πρεσβείας ἀμνημονήσω· γινώσκω γάρ, ὅτι δι' αὐτῆς αἰτησάμενός τι παρ' ἐμοῦ καὶ τυχὼν Ταυρομενείτας μὲν εἰς χρήματα εὐηργέτησεν, ἐμὲ δ' εἰς ἐπίδειξιν ἧς ἔχειν ὑπ' ἀνθρώπων ἀπιστοῦμαι χρηστότητος.

λδ'. Πολυδεύκει.

Θαυμάζειν διὰ τῆς ἐπιστολῆς ἔοικας τὴν παρὰ πολύ μου μεταβολὴν τοῦ βίου, ὅτι τὸν ἄλλον χρόνον θρασυτέρως ἢ κατὰ τύραννον ἐμφανὴς ὢν τὰ νῦν οὐδὲ τοῖς ἀναγκαιοτάτοις ὁρῶμαι. ἐγὼ δὲ ἐνδεέστερον ἢ δεῖ φεύγω πάντας ἀνθρώπους· πίστιν γὰρ οὔτε παρ'

---

maiore a me affecti iniuste bellum mihi intulerunt. Stesichorus vero non solum dignus est qui quod per vos petit accipiat beneficium, ut captivorum pretia, quæ exegi, reddi eis iubeam, verum etiam si eorum, quæ quidem fieri possunt, maius quid est. Nam etsi mortuus esse quibusdam videtur, id quod sapiens nemo dixerit, mihi tamen talis vir mortuus non est. Absit enim, ut tantum valeat odium in Taurominitanos, ut Stesichorus, ubi quid petiverit, non assequatur ea, quorum Phalaris habet potestatem. Nempe omnes homines iuvat ab illo superari, sed omnium maxime me, qui in tot millibus hominum, quibus usus sum, viri illustriorem animum non vidi. Quare et pecuniam eis reddi iussi, et beneficium hoc non dedisse patri vestro, per deos, sed ipsum me ab illo potius accepisse censeo.

XXXII. Critodemo.

Boni amici opus facitis et tu et omnes, quotquot mediocritatem excedens mihi fortitudinis præbetis testimonium, meis consiliis et factis devictos esse Leontinos confidentes. Ego vero certo scio, necessariam ultionem a me factam, exoptatissimam autem victoriam a fortuna esse consummatam : nihil est enim, o carissime, in rebus humanis neque maius neque minus, quod non illius momentis confirmetur.

XXXIII. Ctesippo.

Neque antea, quum Taurominitani iniuste mihi bellum intulissent, accepto pretio captivos dimisi in illorum gratiam, sed communi Græcorum legi non repugnavi, neque dein reddens quæ tunc accepi, ut bene facerem accepturis, quod exprobrabas, ipsis reddidi, sed Stesichoro per filias oratrices pro eis petenti obsequutus sum. Taurominitani igitur etiam mortuo Stesichoro gratias habento pro eis quæ assequuti sunt, Stesichorus suis ipsius moribus, ego vero pro multis magnisque illi gratiis habitis neque pro hac legatione habere obliviscar : sentio enim, quum quod per eam petiit nactus esset, Taurominitanis quidem ipsum bene fecisse in pecuniam, mihi vero in documentum qua me homines non esse præditum credunt probitatis.

XXXIV. Polluci.

Litteris tuis mirari videris meam vivendi rationem tantopere immutatam, quod, quum ante audacius quam tyrannum decebat in publicum prodierim, nunc ne familiarissimis quidem aditus ad me patet. Ego vero minus etiam quam oportet omnes homines fugio : nam nec apud

ἄλλοις τισὶν οὔτ' ἐν φίλοις βεβαίαν εὗρον διὸ πάντα
πολυπόνως ἐπιγνοὺς τὴν ἀοίκητον ἐρημίαν ἐν Λιβύῃ
*τοῦ μετ' ἀνθρώπων βίου αἱρετωτέραν ὑπολαμβάνω καὶ
τὰ θηρόβοτα Νομάδων ἐνδιαιτήματα. μᾶλλον γὰρ
ἐμπελασθεὶς λέουσιν ἀκινδύνως συναυλισαίμην ἂν καὶ
συνευνηθείην ἑρπετοῖς πᾶσιν ἢ τοῖς νῦν οὖσιν ἀνθρώ-
ποις τοσοῦτον ἡμῖν αἱ πολλαὶ καὶ ποικίλαι καὶ συνε-
χεῖς τύχαι ἐμπειρίας [καὶ πονηρίας] μεταδεδώκασιν.

λε΄ Πολυγνώτῳ

Καὶ τοῦ δωρεῖσθαί τί σοι πρὸς τὸ μέλλον καὶ τοῦ
γράφειν πεπαύσομαι, Πολύγνωτε, πέπαυσο δὲ καὶ σὺ
τῶν ὑπὲρ ἐμοῦ πολλῶν ἐπαίνων τοῖς γὰρ ἔργοις μου
κατηγορῶν, δι' ὧν οὐδὲν ἀποδέχῃ τῶν πεμπομένων
ὑπ' ἐμοῦ, τοῖς λόγοις με ἐγκωμιάζεις, οὐδὲ τοῦτο
συνείς, ὅτι λόγος ἔργου σκιὰ παρὰ τοῖς σοφωτέροις
δεδόξασται

λς΄ Κλεομενίδῃ

Τῶν δώρων ὅσα μέν σοι πρὸς τὴν γυμνασιαρχίαν
ἥκει, πεπόμφαμεν, ἐλαίου μετρητὰς διακοσίους καὶ
πυρῶν μεδίμνους τετρακοσίους, ὅσα δὲ νεότητός ἐστι,
τῷ υἱῷ σου, τόν τε οἶνον καὶ τοὺς γραμματεῖς καὶ τὰ
Στησιχόρου ποιήματα, εἰ μὴ καὶ ταῦτά τις τὰ δῶρα
Συρακουσίων ὑποπτεύσειε νεωτέρων ἕνεκα πραγμάτων
ὑπὸ τυράννου πεπέμφθαι.

λζ΄ Γοργίᾳ

Τὰ μὲν ἄλλα τῆς ἐπιστολῆς σου πάντα καλῶς ἡγοῦ-
μαι γεγράφθαι, τὴν δὲ παράκλησιν τὴν ἐπὶ τοῖς μέλ-
λουσι περιττεύειν νυνὶ μάλιστα λογίζομαι. ἐγὼ γὰρ οὔτε
τελευτὴν οὔτε τελευτῆς εἶδος φεύγω σωφρονεῖν ὑπολαμ-
βανόμενος· εἱμαρμένη γὰρ οὐχ ὑπ' ἀνθρώπων νομοθε-
τεῖται. καθόλου δὲ τὸν ἐξετάζοντα περὶ τῶν ἐσομένων
καλῶν ἢ κακῶν λίαν εὐήθη νομίζω, εἴ τις ἢ προγνῶναι
τὸ μέλλον δύνασθαι πέπεισται ἢ προγνοὺς φυλάξασθαι
εἰ δέ τις τὸ μὲν προγνῶναι δυνατὸν ἡγεῖται, τὸ δὲ φυ-
λάξασθαι ἀδύνατον, τοῦ χάριν ἐσπούδακεν εἰδέναι τό γε
νησόμενον, ὅπερ καὶ ἀγνοοῦντος καὶ γινώσκοντος ἔσται,
(2) οὐ μὴν ἀλλ' εἰ σὺν τῷ γνῶναι καὶ τὸ φυλάξασθαι
τούτῳ ὃν ἀνυστὸν εἶναι φήσει τις, οἷός τε ἔσται καὶ δια-
τάξαι καὶ μεταθεῖναι ἄλλον ἀντὶ τοῦ προγνωσθέντος χεί-
ρονος ἐπιεικέστερον τρόπον, ᾧ τελευτῆσαι δύναιτ' ἄν,
ἐγὼ μὲν οὐκ οἶμαι· θεοῦ γάρ, οὐ τὸ τοιοῦτον, οὐκ
ἀνθρώπου· ἐνθυμηθεὶς δέ τις τοὺς λεγομένους ἀπὸ τοῦ
Διός, Αἰακὸν καὶ Μίνω καὶ Ῥαδάμανθυν, καὶ τοὺς
ἄλλους ἡμιθέους οὔτε ἀθανάτους γενομένους οὔτε ἄλ-
λως ἀποθανόντας ἢ κατὰ τὴν ἰδίαν ἑκάστου εἱμαρμέ-
νην, ἢ περὶ μοίρας ἢ θανάτου δυσανασχετῶν ἢ φο-
βούμενος ἐμπεδόφρων εἶναί σοι δοκεῖ, μάλιστα μὲν
οὖν πειρῶ καὶ σὺ τοιαύτην διάνοιαν ἐν τοῖς ἰδίοις περὶ
τῶν ἀφανῶν ἔχειν, ὡς μηδὲν περὶ αὐτῶν φροντίζειν,
ἐπεί τοι περὶ ἡμῶν ὡς μηδὲν μεριμνώντων ἐπίστασο

alios nec apud amicos fidem constantem inveni Quare
singulis summo cum studio perspectis desertas Africæ
solitudines ferisque repletas Numidarum sedes consortio
hominum præferendas esse censeo Cum leonibus enim
iunctus tutius commorarer et cum quibusvis reptilibus
cubarem quam cum iis qui nunc sunt hominibus Tan-
tum nobis multæ et variæ et continuæ fortunæ vicissi-
tudines experientiæ nobis [et malitiæ] impertiverunt

XXXV Polygnoto.

Et a te donando in posterum et a scribendo desistam,
Polygnote, desiste tu quoque a me laudando apud plebem.
Namque facto me accusans, quod nihil accipis eorum quæ
a me mittuntur, oratione me celebras, nec tamen re-
putas, orationem facti umbram credi a prudentioribus

XXXVI Cleomenidæ

Munera, quibus tu quidem opus habes ad gymnasii
præfecturam, misimus, ducentos olei metretas et tritici
medimnos quadringentos, quæ vero iuventuti conve-
niunt, filio tuo, vinum et pueros scribas et Stesichori
carmina, nisi et hæc dona Syracusianorum aliquis sus-
pecta habeat tanquam ad res novas moliendas missa a
tyranno

XXXVII Gorgiæ

Reliqua epistolæ tuæ omnia pulchre scripta censeo, sed
tuam de futuris adhortationem nunc quidem supervaca-
neam esse puto Ego enim nec mortem nec mortis
speciem fugio idque recte facere mihi videor fatum
enim non hominum legibus obsequitur Omnino etiam
qui in futura bona an mala inquirat valde stultum
existimo, si quis aut ante cognoscere futurum se
posse credat, aut quum ante cognoverit cavere Si quis
vero ut ante cognoscat fieri posse existimat, ut caveat
non posse fieri, quam ob caussam studet scire id
quod futurum est, quod eo nesciente et sciente erit? (2)
verum enim vero si quis, quum cognoverit, ut caveat
quoque id quod instat fieri posse dicet, num poterit et
ordinare et in locum mollis ante cogniti deterioris alium
substituere leniorem, quo moriatur? ego quidem nul-
lum puto esse dei enim tale opus, non hominis
Si quis vero reputaverit, qui a Iove prognati dicun-
tur Æacum et Minoem et Rhadamanthium, et reliquos se-
mideos nec immortales fuisse nec aliter quam suo quem-
que fato esse mortuos, fatumne vel mortem graviter
ferens aut metuens rationis compos tibi esse videtur?
qua te operam da tu quoque, ut tuis in rebus de eis
quæ latent eo sis animo, ut nihil ea cures, nos certe
nullo modo sollicitos esse scias

λη'. Δημοτέλει.

Συγγνώμην ἔχω σοι τῶν παραινέσεων· τύραννος γὰρ οὐ γεγονὼς τυράννῳ συμβουλεύεις καταθέσθαι τὴν τυραννίδα, θεῶν μὲν οὐδένα μοι διδοὺς ἐγγυητὴν τῆς ἀσφαλείας, ᾧ τάχα ἂν καὶ ἐπείσθην, ἀξιόπιστον δὲ σαυτὸν ἡγούμενος ἀνάδοχον ὑπὲρ τηλικούτου πράγματος, σχεδὸν οὐκ εἰδώς, ὅτι τοῦ κτήσασθαι τὴν τοιαύτην ἀρχὴν ἐπισφαλέστερόν ἐστι τὸ καταθέσθαι. ὥσπερ γὰρ ἰδιώτῃ τοῦ τυραννῆσαι πολλῷ λυσιτελέστερόν ἐστι τὸ μὴ τυραννῆσαι, οὕτω τυράννῳ τοῦ καταθέσθαι τὸ μὴ καταθέσθαι τὴν ἀρχὴν τῆς τυραννίδος. καθόλου δὲ τὸ περὶ τυραννίδος οὕτως ὡς περὶ γενέσεως καὶ ζωῆς ἀνθρώπου φρονητέον· οὔτε γὰρ ἄνθρωπος ἀκούσας πρὸ τῆς ἑαυτοῦ γενέσεως, εἴ πως γένοιτο δυνατόν, ὅσοις μέλλει δυσκόλοις ἐγκυρήσειν παρὰ τὸν βίον, γεννηθῆναι βουληθείη ποτ' ἄν, οὔτ' ἰδιώτης ἐσπουδακὼς τυραννῆσαι, προπυθόμενος τὰς ἐν τυραννίδι κακοδαιμονίας, τύραννος ἄν, ἀλλ' οὐκ ἰδιώτης ἐθελήσειε καταβιῶναι. (2) οὕτω, Δημότελες, ἀνθρώπῳ τοῦ μὲν γενέσθαι συμφορώτερον ὁρῶ τὸ μὴ γενέσθαι, τοῦ τυραννῆσαι δὲ τὸ μεῖναι μέχρι ζωῆς ἰδιώτην. εἰ μὲν οὖν πρὸ τῆς τυραννίδος τὰ περὶ αὐτῆς μοι διηγησάμενος κακὰ συνεβούλευες, πάντως ἂν ἐπείσθην μὴ τυραννῆσαι, τύραννος δ' ὢν καὶ διὰ τὴν ἀνάγκην τῆς ἀρχῆς εἰς πολλὰ προπεπτωκὼς οὐχ, οἷον ἀνθρώπῳ τινὶ πεισθείην ἂν καταθέσθαι τὴν ταύτης ἐξουσίαν, ἀλλ' οὐδὲ θεῶν τῷ δυναστεύοντι. καταθέμενον γὰρ τὴν ἀρχὴν οἶδ' ὅτι δεῖ πολλὰ καὶ δεινὰ παθόντα πρὸς τῶν τυραννηθέντων οὕτω καταστρέψαι τὸν βίον.

λθ'. Πολυστράτῳ.

Καὶ τοῖς ἄλλοις ἅπασι φίλοις ἐπέσταλκα διὰ ταχέων ἐλθεῖν εἰς Ἀκράγαντα, καὶ σοῦ δέομαι παραγενέσθαι πρὸ Ὀλυμπίων. βούλομαι γὰρ τῶν μάλιστα εὐνουστάτων σύλλογον ἀγαγὼν τὴν πρέπουσαν ἐπιμέλειαν ὥσπερ ἄλλοτε καὶ νῦν ποιήσασθαι καὶ περὶ πραγμάτων ἐπισφαλῶν καὶ μεγάλων γνώμην λαβεῖν, ἀτόπου μὲν ἡ δυσκόλου μεταδώσων οὐδενός (ἀρκέσω γὰρ ἐγὼ τοῖς ἐμαυτοῦ), πεισθησόμενος δὲ οἷς ἂν εἴποιτε, ἵνα μενούσης μὲν τῆς ἀρχῆς ἐν οἷς ἐστι πολλάκις ὑμᾶς δεξιώσωμαι, πιπτούσης δὲ ταύτης, ἂν δοκῇ τῷ δαίμονι, τὴν ὑστάτην λαβόντες προσαγόρευσιν μνήμονες εὐσεβεῖς ὧν ἐφιλοτιμήθημεν εἰς ὑμᾶς γένησθε. ἥκετε οὖν ἀνυπερθέτως τῇ προτέρᾳ προθυμίᾳ κεχρημένοι πρὸς Φάλαριν, ὃν μάλιστα ὑμεῖς γινώσκετε.

μ'. Παυρόλᾳ.

Ἐδεξάμην τὸν ὑπὸ σοῦ πεμφθέντα μοι στέφανον ὁλκῆς χρυσῶν ἑξακοσίων. ὃν τέχνης μὲν ἕνεκα καὶ τῆς τοῦ πέμψαντος φιλοτιμίας εἴληφα, στεφανωσάμενος δ' αὐτὸν ἡμέραν μίαν, ἐν ᾗ τοῖς πατρῴοις θεοῖς ἐπινίκια τῆς πρὸς Λεοντίνους μάχης ἐβουθύτουν, τὸν αὐτὸν

XXXVIII. Demoteli.

Adhortationum tuarum veniam tibi do : quum enim tyrannus non sis, tyranno deponendæ tyrannidis das consilium, nec tamen deorum quoquam securitatis vade mihi dato (nam sane sic obtemperavissem), sed fide dignum in tanto negotio temet ipsum sponsorem existimans, periculosius esse deponere quam acquirere tale imperium fere nescius. Ut enim privato homini multo utilius est non esse quam esse tyrannum, ita tyranno non deponere quam deponere imperium tyrannidis. In universum autem de tyrannide sicut de nativitate et vita hominis sentiendum est. Neque enim homo si, antequam natus sit, ut hoc omnino fieri possit, quot malis obnoxius esset in vita futurus audiret, natum se vellet unquam, neque privatus tyrannidem affectans, ante intellectis, quæ in tyrannide sunt, miseriis, tyrannus, nec vero privatus cuperet vitam degere. Sic, Demoteles, homini magis non esse quam esse natum video conducere atque manere dum vivat privatum magis quam tyrannum esse. Quod si igitur ante tyrannidem malis, quæ in ea sunt, enarratis mihi consuluisses, omnino ne fierem tyrannus persuasisses : quum vero tyrannus sim et propter imperii necessitatem in multa præceps ruerim, non modo, ut huius deponam potestatem, ab homine quoquam non poterit mihi persuaderi, sed ne a deorum quidem domino. Deposito enim imperio scio oportere gravia multa passum a tyrannide subiectis sic demum vitam finire.

XXXIX. Polystrato.

Et reliquis amicis omnibus scripsi, ut celerrime venirent Agrigentum, et a te peto, ut adsis ante Olympia. Volo enim quam benevolentissimorum concilio coacto quam par est curam, sicut olim, etiam nunc agere deque rebus periculosis atque magnis consilium capere, nihil impertiturus iniqui aut molesti (sufficiam enim ego meis ipsius), sed obtemperaturus eis quæ dixeritis, ut manente imperio in eodem quo nunc est statu sæpe liberaliter vos excipiam, intercidente vero, si deo videatur, ultimum salutati memores sitis pietatis, qua bene de vobis studui mereri. Venite igitur sine cunctatione, pristinam animi promptitudinem Phalaridi, quem maxime vos nostis, exprimentes.

XL. Paurolæ.

Allata est quam ad me misisti corona sexcentorum aureorum pondo. Quam ob artem et eius qui misit studium accepi, gestatam autem unum diem, quo diis patriis ob partam in proelio cum Leontinis victoriam sacra feci,

πέσταλκα δῶρον Ἐρυθεία τῇ μητρί σου. οὐδένα γὰρ
ὅρον ἀξιώτερον τοιαύτῃ κοσμηθῆναι πολυτελείᾳ ἢ μη-
έρα. γένοιο δ᾽ ἂν ἡμῖν καλλίων σὺ καὶ πρεπωδέστερος
τέφανος, εἰ τῆς τῶν γονέων εὐχῆς ἄξια φρονῶν εὑρε-
είης.

μα' Ἱππολυτίων

Ἐπιτρέπω σοι πρός με παραγενέσθαι, καθὼς ἀξιοῖς,
ρκον δ᾽ οὐδένα σοι δίδωμι τοῦ μηδέν σε πείσεσθαι
κκόν, ἀλλὰ πίστιν. εἰ δέ μου τῇ τῶν λόγων ἀπι-
τεῖς ὑποσχέσει, νῦν με ταῖς ἀληθείαις ἀδικεῖς, οὐχ ὅτι
πτηγορήθης· εἰδὼς γάρ με μηδενὶ πώποτε παραδε-
ηκότα πίστιν ὡς κατεγνωκὼς ὅρκῳ μετέρχη· καίτοι
ἰ διαφέρει πρὸς εὐσέβειαν, ὅρκον ἢ πίστιν συγχέαι,
μφότερα γὰρ ἡ γνώμη βεβαιοῖ.

μβ' Τῷ αὐτῷ

Εἰ μὲν ἀπὸ τῶν σεαυτοῦ τρόπων στοχαζόμενος ἀπι-
τεῖς ἐμοί, σύνεσιν ἐμοῦ καταδικάζεις, οὐ πονηρίαν· εἰ
᾽ ἀπὸ τῶν ἐμῶν, ἀγνοίᾳ μου πολὺ διημάρτηκας.
ὁποῦτον γὰρ ἀπέχω τοῦ παραβῆναι πίστιν, ὥστ᾽ ἀπ᾽
μαυτοῦ καὶ τοῖς ἄλλοις πέρα τοῦ δέοντος προσέχων
ις βεβαιοτέραν πίστεως ἔχουσιν εὐσέβειαν πολλάκις
σφάλην. ἧκε οὖν ἐμοὶ πεισθεὶς ἄνευ δόλου καὶ ἀπά-
ης, πεισόμενος μὲν ἄτοπον οὐδέν, μαρτυρήσων δὲ
ρὸς ἅπαντας, ὅτι Φάλαρις οὐ ψεύδεται πίστιν

μγ' Τεύκρῳ

Ἀριστομένει τῷ σῷ τὸ χωρίον παρεδόθη καὶ Ἱπ-
ολυτίων ἀφείθη τῶν ἐγκλημάτων· σὲ δ᾽, ὡς ἐπαγ-
έλλῃ, προσδοκῶμεν· ἐγὼ δ᾽ ἔρρωμαι, εἰ τοῦτ᾽
στὶν ἐρρῶσθαι, τὸ πολλοῖς ἐπιχειρήσαντα καὶ τῶν
λείστων περιγενόμενον διὰ τὰ χείρω μεταμέλεσθαι
αὶ τῶν βελτιόνων.

μδ' Νικίᾳ

Ἐφ᾽ οἷς μισεῖς σου τὸν υἱόν, ὅτι τοὺς σοὺς οὐ μι-
ιεῖται τρόπους, ἐπὶ τούτοις ὑπὸ τῶν ἄλλων ἁπάν-
ων φιλεῖται· σύνες οὖν, ὅτι πάντες οἱ τοῦτον φιλοῦν-
ες σὲ μισοῦσιν.

με' Ἀδειμάντῳ

Ἀκούω σε διαφέρεσθαι πρὸς τὸν ἀδελφόν, ὁπότερος
ἱμῶν ἐστὶ χείρων, σοῦ μὲν ἐκεῖνον λέγοντος, ἐκείνου
ὲ τοὐμπαλιν σέ. ἐγὼ δ᾽ οἶμαι, μᾶλλον δὲ καλῶς
έπεισμαι, τῶν μὲν ἄλλων ἁπάντων ἐκεῖνον εἶναι κα-
ίω, σοῦ δὲ οὔτε ἐκεῖνον οὔτε ἄλλον ἀνθρώπων οὐδένα

μϛ' Ἐγεσταίοις

Παύσασθέ μου τοὺς φυγάδας ὑποδεχόμενοι· Φάλα-

---

dono eandem Erythiæ misi, matri tuæ Neminem enim
inveni tam pretioso ornatu digniorem quam matrem
Tu vero nobis pulchrior fueris ac decentior corona, si
parentum votis digna sapere inveniaris

XLI Hippolytioni

Potestatem tibi facio, uti petis, ad me veniendi, nec
tamen fore, ut nihil mali patiaris, iusiurandum, sed fi-
dem do Si vero promissis meis fidem non habes, nunc
revera iniuriam mihi facis, non quum accusabaris Qui
enim scis, me nemini cuiquam fidem fefellisse, quasi con-
demnaveris requiris iusiurandum Quid vero ad reli-
gionem interest, iusiurandum an fidem violari? utrum-
que enim animus confirmat

XLII Eidem

Si a tuis moribus coniectura facta fidem non habes
mihi, prudentiæ me condemnas, non malitiæ, sin vero a
meis, ignoratione mei multum errasti Tantum abest
enim, ut fidem fallam, ut ex meo ingenio coniectura facta
etiam reliquis tanquam maioris fidei religionem æstiman-
tibus plus æquo confidens sæpenumero erraverim
Veni igitur ad me sine fraulis ac doli suspicione, nihil
passurus mali, sed apud omnes Phalarin non fallere fi-
dem testaturus

XLIII Teucro

Aristomeni tuo locus traditus est et Hippolytio iudi-
cio absolutus Te autem, ut promittis, exspectamus
Ego vero valeo, si hoc est valere, multa aggressum ac
plurima consequutum ob deteriora et meliorum pœni-
tere

XLIV Niciæ

Quæ tibi caussa odio prosequendi filium tuum, quia
tuos non imitatur mores, ea ceteris omnibus est cum di-
ligendi Hinc colligas, omnes, qui hunc ament, te odisse.

XLV Adimanto

Audio te cum fratre dissidere, uter vestrum sit dete-
rior, quum tu illum dicas, ille vicissim te Ego vero
puto, immo probe persuasum habeo, reliquis omnibus
peiorem esse illum, te vero neque illum neque homi-
num quenquam alium.

XLVI Segestanis

Desinite exules meos recipere Phalarin enim neque

27.

ριν γὰρ οὔτ' εὖ ποιῶν τις οὔτε κακῶς ἐνίκησε. μάθοιτε δ' ἂν τὸ τοιοῦτον, εἰ τὰ Μελιταίων καὶ Λεοντίνων ἴδοιτε. τοῖς μὲν γὰρ ἐλευθερίας, Λεοντίνοις δὲ δουλείας παραίτιος ἐγενόμην· τοῖς μέν, ὅτι τριήρη μου κατέδυσαν, Μελιταίοις δέ, ὅτι καταδυομένην ἐδούλοντο σῶσαι.

μζ'.

Τῶν ὑπ' ἐμοῦ πεμφθεισῶν δωρεῶν Ἀντισθένης μὲν τὸ μέρος ἐδέξατο, Θεότιμος δ' οὔ. διὸ τῷ μὲν οἶδα χάριν, τὸν δ' οὐ μέμφομαι· ὁ μὲν γὰρ οὐδὲν ἠλάττωσέ με λαβών, ὁ δ' οὐδὲν ἐζημίωσεν.

μη'. Μενεμάχῳ.

Μὴ μεταμέλου χρηστὸς γενόμενος, εἰ βούλει τῆς τοῦ πατρὸς πονηρίας ἀπολιμπανόμενος νομισθῆναι, ἐπεὶ καὶ τοῦ πρώτου χρόνου τὴν πρὸς Καμαριναίους ὑπόληψιν προσαπολεῖς· δόξεις γὰρ ὑποκρίσει καιροῦ καὶ οὐκ ἀληθείᾳ χρηστὸς γεγονέναι.

μθ'. Ἐπιστράτῳ.

Ὡς πρὸς εὐτυχῆ τινα ἔοικας γράφειν, ἐγὼ δέ σοι ἃ οἶδα περὶ ἐμαυτοῦ συνελὼν ἐν βραχεῖ δηλώσω. εἰ τοῦτ' ἔστιν εὐτυχεῖν, τὸ γεννηθέντα μὲν ὀρφανίας πειραθῆναι, νεάζοντα δὲ κατὰ περίστασιν ἐκπεσεῖν τῆς πατρίδος, ἀπολέσαι δὲ τὰ πλεῖστα τῆς οὐσίας, φθαρῆναι δὲ εἰς βάρβαρα ἔθνη, φεύγειν δὲ ἐξ ἁπάσης γῆς ἀδικούμενον, ἐπιβουλεύεσθαι δὲ μὴ μόνον ὑπ' ἐχθρῶν, ἀλλὰ καὶ τῶν εὐεργετουμένων, τυραννήσαντα δὲ ἀπεύχεσθαι καὶ τὸν ἐν τυραννίδι βίον, εὐτυχοῦμεν.

ν'. Ὀνήτορι.

Καὶ σὺ καὶ πάντες οἱ φίλοι τοῦτ' ἄν μοι χαρίζοισθε, μήτε ἐξετάζοντες περὶ ἐμοῦ μηδὲν μήτε πολυπραγμονοῦντες, εἰ μή τι βουλοίμην· τοιαῦτα γάρ ἐστι τὰ κατὰ τύχην περὶ ἡμᾶς, ὡς μᾶλλον ἡσθῆναι τοὺς ἐχθροὺς ἀκούσαντας ἢ λυπηθῆναι τοὺς φίλους μὴ συνυπακούσαντας.

να'. Ἐτεονίκῳ.

Τῆς μὲν τῶν ἄλλων ἔχθρας, ὅσοι τι κακόν με δεδράκασιν, ὡς παρακαλεῖς, κἂν ἐπιλαθοίμην· θνητοὺς γὰρ ὄντας ἀθάνατον ὀργὴν ἔχειν, ὥς φασιν, οὔτοι προσήκει· τῆς μέντοι Πύθωνος εἰς ἐμαυτὸν δυσμενείας οὐ μόνον ζῶν, ἀλλ' οὐδ' ἀποθανών, ὃ πᾶσι συμβαίνει τοῖς τελευτήσασιν, ἐπιλαθοίμην ἄν. ὁ γὰρ τὰ μέγιστά με τῶν κακῶν ἐργασάμενος οὗτός ἐστιν ὁ μετὰ τὴν ἐμὴν φυγὴν Ἐρύθειαν τὴν γυναῖκα, βουλομένην ἐμὲ διώκειν, ἀναινομένην δὲ τούτῳ γήμασθαι, φαρμάκῳ διαφθείρας.

---

bene faciendo neque male quisquam vicit. Didiceritis hoc, si Melitensium atque Leontinorum res spectaveritis. Illis enim libertatis, Leontinis servitutis auctor fui, et his quidem, quod triremem meam submerserunt, Melitensibus vero, quod submersam servare voluerunt.

XLVII.

Donorum, quæ misi, Antisthenes partem accepit, Theotimus non. Quapropter illi gratias ago, hunc non accuso : nam ille nulla re me fraudavit, hic nullo me affecit damno.

XLVIII. Menemacho.

Ne te pœniteat probitatis tuæ, si vis a patris malignitate alienus existimari, alioquin enim et prioris temporis quam apud Camarinæos excitasti opinionem una perdes : videberis enim simulatione pro tempore, non re vera probus esse.

XLIX. Epistrato.

Videris tanquam ad fortunatum scribere, ego vero tibi res meas paucis complexus breviter exponam. Si hoc est fortunatum esse, prima ætate parentibus orbari, iuvenem patria casu eici, spoliari maxima bonorum parte, vagari barbaras inter nationes, expelli omni terra per iniuriam, insidiis peti non tantum inimicorum, sed etiam affectorum beneficiis, imperium consequutum demum abominari vitam in tyrannide degendam, fortunati sumus.

L. Onetori.

Et tu et omnes amici hoc mihi gratissimum feceritis, si neque in meas res inquiratis, neque curiosius eas, nisi ipse velim, perscrutemini : talis est enim fortunæ meæ conditio, ut magis ea inimici si audiverint lætentur, quàm amici si non audiverint doleant.

LI. Eteonico.

Reliquorum inimicitias, quotquot mali aliquid mihi fecerunt, ut hortaris, sane obliviscerer; mortales enim quum simus, immortales habere iras, ut aiunt, haudquaquam convenit : at vero Pythonis infestum in me animum non tantum vivus, sed ne mortuus quidem, id quod vita functis accidit omnibus, obliviscerer. Qui enim maximo malo me affecit, hic est, qui me exule Erythiam uxorem, quum me sequi vellet et huic nubere recusaret, veneno perdidit.

νβ'. Μεγαρεῦσι.

Οὐκ ἐλπίζων παρ' ὑμῶν ἀπολήψεσθαι χάριν τὰς
τριήρεις ὑμῶν ἁλούσας μεθῆκα προφανῶς κατ' ἐμοῦ
πλεούσας. εἰ γὰρ ἐμνημονεύετε χάριτος, οὐκ ἂν
ἐπελάθεσθε ὅτι πρότερον τρὶς ὑμᾶς ἀποθνήσκοντας
ἐν σιτοδείᾳ σέσωκα.

νγ' Λεοντίνοις

Λεωνίδαν, ὃν ἐξεπέμψατε κατάσκοπον τῶν ἐμῶν
πραγμάτων, ἁλόντα δυνάμενος ἀποκτεῖναι σέσωκα,
οὐχ ὑμῖν χαριζόμενος, ἀλλ' ἵνα μὴ ζητῶ τίς ὑμῖν
σαφῶς ἀπαγγείλη τὴν παρασκευὴν τοῦ καθ' ὑμῶν πο-
λέμου. καὶ γὰρ ἐμοὶ πάνυ πιστῶς ἄνευ βασάνου τὰ
παρ' ὑμῖν ἐδήλωσεν, ὅτι πάντων ἐνδεεῖς ἐστε πλὴν
λιμοῦ καὶ φόβου· τούτων δ' ὑμᾶς φησὶ καὶ λίαν εὐ-
πορεῖν.

νδ' Ἱμεραίο ς

Ἐγὼ πάντα μὲν ὑπὲρ Στησιχόρου πράττειν ἕτοι-
μός εἰμι, κἂν εἰ πρὸς αὐτὴν ἔδει με τὴν Μοῖραν ὅπλα
ἀράμενον περὶ τοῦ θανάτου διαγωνίσασθαι, οὐκ ἂν
ὤκνησα, ἐφ' ᾧ τε θεῖον ἄνδρα περὶ κάλλους ὑμνῳδίας
ἐπαινούμενον ὑμῖν τε καὶ τοῖς ἄλλοις ἀνθρώποις περι-
σώσασθαι, ὃν ἐξ ἁπάντων αἱ καθαρώταται θεαὶ Μοῦ-
σαι προυτίμησαν ὑμνοπόλων, δι' ὧν μέλη καὶ χορούς
ἀνθρώποις ἐξήνεγκαν. λογίσασθε δὲ ὡς, ὅπου ποτ' ἂν
ταφῆ Στησίχορος, Ἱμεραῖός ἐστι, καὶ πάσης μὲν πα-
τρίδος κληθήσεται διὰ τὴν ἀρετήν, μενεῖ δὲ ὑμέτερος.
ἅμα δὲ μηδὲ οἴεσθε ἕνα τῶν νεκρῶν Στησίχορον, ἀλλ' ἐν
τοῖς ποιήμασιν εἶναι, ἃ κοινὰ πάντων ἀνθρώπων πε-
ποίηται. (2) δέξασθε δέ, ὦ Ἱμεραῖοι, παρὰ μὲν ὑμῖν
γεννηθέντα τραφῆναι τὸν ἥρωα καὶ παιδευθέντα κατα-
διῶναι, γηράσκοντα ἐν ὕμνοις καὶ μέλεσι, παρὰ δὲ
Καταναίοις τοῦτο βουληθεῖσιν, εἰς ἄλλο τι τῆς φύσεως
μεταβαλούσης, τελευτῆσαι. καὶ ἐν μὲν Ἱμέρᾳ νεὼς
ἱστάσθω, Στησιχόρου μνημεῖον ἀρετῆς ἀθάνατον, ἐν
δὲ Κατάνη τὸ σπουδαζόμενον ὑπ' αὐτῶν, τάφος· περὶ
μὲν οὖν τούτου ὅπως ἂν ἄμεινον δόξῃ ὑμῖν αὐτοῖς
πράσσετε, μήτε χρημάτων τὸ ἐπ' ἐμοὶ μήθ' ὅπλων
ἐνδεεῖς εἶναι νομίζοντες μήτ' ἀνδρῶν, ἐν δὲ προνοεῖσθε,
ὡς οὔτε ἑλοῦσιν ὑμῖν πόλιν ἐν Σικελίᾳ Σικελιώταις
οὖσιν εὐπρεπές, οὔτε μὴ ἑλοῦσιν ἀσφαλές· (3) τὸν δ'
ἄνδρα μὴ στένετε μηδ' ὀλοφύρεσθε, κινοῦντές τι τῆς
ἐπ' αὐτῷ τύχης· τέθνηκε μὲν γὰρ τὸ σῶμα τὸ Στησι-
χόρου, τοὔνομα δὲ παραλαβὼν ὁ ἀνήνυτος αἰὼν εὐ-
κλεὲς μὲν ἐν βίῳ, μακάριον δ' ἐν μνήμαις ἀναθήσει
τὰ μέντοι μέλη καὶ ἔπη καὶ παντοῖα ἄλλα ποιήματα
ταραινῶ καὶ δημοσίᾳ ἐν ἅπασι τοῖς ἱεροῖς ἀναγράφε-
σθαι καὶ ἰδίᾳ ἕκαστον ἐν τῷ σφετέρῳ οἴκῳ τότε γὰρ
ἂν ἀφανίζοιτο Στησίχορος, ὅταν τούτων τι μὴ φυλάτ-
τηται· εἴς τε τοὺς ἄλλους ἀνθρώπους διαπέμψασθε ἐπι-
μελῶς, εἰδότες ὅτι μᾶλλον τοῦ γράψαντος ἀνδρὸς ἡ

LII Megareis.

Quum nullam beneficii vicissim a vobis accipiendi
spem haberem, triremes vestras captas dimisi palam
contra me navigantes Nam si memores essetis beneficii,
non oblivisceremini, me antea ter moribundos in annonæ
caritate vos servasse

LIII. Leontinis.

Leonidam, quem misistis exploratorem rerum mearum,
captum, quum possem interficere, servavi, non vestra
gratia, sed ne quærerem, quis apparatum belli adversus
vos gerendi clare vobis nuntiaret Etenim fideliter ad-
modum sine tormento res vestras mihi patefecit, omnium
indigos vos esse præter famem atque metum, horum
vero suppetere vobis affatim

LIV Himerensibus

Equidem Stesichori caussa ad omnia facienda paratus
sum, immo si cum ipso fato me sumptis armis de morte
certare oporteret, non cunctarer, quo divinum virum ob
cantuum pulchritudinem laudatum vobis et reliquis ho-
minibus conservarem, quem purissimæ deæ Musæ præ
omnibus poetis æstimarunt, per quos cantus et choros
ediderunt. Considerate vero, ubicunque tandem sepul-
tus fuerit Stesichorus, Himerensem esse atque omnis
quidem patriæ vocabitur ob virtutem, manebit vero ves-
ter Simul autem nolite putare unum ex mortuis Stesi-
chorum, sed in carminibus esse, quæ omnium ho-
minum fecit communia (2) Ratum habete, Himeren-
ses, apud vos natum heroem et altum esse et educatum
vitam transegisse, in carminibus cantibusque senescentem,
apud Catinenses vero, qui illud exoptarunt, in aliud mu-
tata natura mortem obiisse Et Himeræ quidem tem-
plum erigitor, Stesichori monumentum virtutis immor-
tale, Catinæ vero expetitum ab eis sepulcrum De hoc
igitur ut optimum vobis ipsis visum fuerit statuite, nec
pecunia, quantum in me est, neque armis vos indigere
rati, neque viris Unum providete, nec, quum ceperi-
tis civitatem in Sicilia, vobis Siculis decorum, nec,
quum non ceperitis, tutum fore (3) Virum vero istum
nec lugete nec deplorate, fortunam eius conturbantes
mortuum est enim corpus Stesichori, nomen vero æter-
nitati traditum gloriosum quidem in vita, beatum vero in
omnium memoria consecrabitur Cantus autem et epica
carmina et omnis generis alia poemata hortor ut et
publice in omnibus templis et privatim in suis quisque
ædibus scripta asservetis tunc enim evanuerit Stesicho-
rus, si quid horum non conservetur atque ad reliquos
homines transmittite diligenter, quum sciatis, in maiore

θρέψασα πόλις τὸν τοιοῦτον ὑπὸ πάντων θαυμασθή-
σεται.

νε'. Τιμοσθένει.

Τὸ φρούριον, ὃ σὺ πορθῶν ἐγκατέλιπες, ὑπὸ τῶν
περὶ Τεῦκρον ἐξ ἐπιδρομῆς ᾑρέθη, τοῦ δὲ περὶ
τὴν ἐπιστολὴν τάχους συντομώτερον ἴσθι ληφθὲν τὸ
χωρίον.

νς'. Ἀβάριδι.

Πυνθάνομαί σε χάριν ὁμιλίας ἀνδρῶν ἐπιφανῶν ἐξ
Ὑπερβορέων εἰς τοὺς καθ' ἡμᾶς ἀφῖχθαι τόπους. Πυ-
θαγόρᾳ μὲν οὖν τῷ φιλοσόφῳ καὶ Στησιχόρῳ τῷ ποιη-
τῇ καί τισιν ἄλλοις τῶν ἐλλογίμων Ἑλλήνων συμμε-
μιχέναι καὶ πολλὰ παρ' αὐτῶν προσμεμαθηκέναι,
ζητεῖν δὲ καὶ πλείοσιν ἱστορίας χάριν ὧν οὐκ οἶσθα
ἐντυχεῖν. εἰ μὲν οὖν προκατέσχησαι ταῖς ἐμαῖς δια-
βολαῖς καὶ πέπεισαι τοιοῦτον εἶναί με, ὁποῖον οἱ δια-
βάλλοντες εἰσάγουσι, μεταπείθειν οὐ ῥάδιον· εἰ δὲ τὸ
ἀληθὲς ἐξετάζεσθαι δικαίοις παρὰ πᾶσι μὲν ἀνθρώ-
ποις, μάλιστα δὲ παρὰ σοφοῖς ἀνδράσιν, ἐλθὲ πρός με
συγγενησόμενος, ὥσπερ ἄλλοι πολλοὶ τῶν ἀξίων λό-
γου. γνώσῃ γὰρ ἐκ πείρας τά τε ἄλλα πάντα παρ'
ἐμοὶ κάλλιον καὶ σεμνότερον, εἰ δὲ δεῖ εἰπεῖν μηδὲν
ὀκνήσαντα, καὶ φιλανθρωπότερον ἢ πρὸς τὴν κατέ-
χουσαν φήμην ἐσχηματισμένα καὶ τὸν ταῦτα διέ-
ποντα καὶ κοσμοῦντα Φάλαριν οὐδενὸς τῶν σφόδρα
ἐπὶ τούτοις θαυμαζομένων δεύτερον.

νζ'. Ἄβαρις Φαλάριδι τυράννῳ.

Ἔδειξας φύσιν σὴν οἰκείαν ὕβρεως καὶ ὠμότητος,
καί σε ἔτεκεν οὐ γυνὴ καὶ ἀνήρ, ἀλλὰ λέαινα καὶ
σῦς ἄγριος· ποιεῖς γὰρ πάντα βίᾳ καὶ προσέτι
δόξῃ κακῇ καὶ ἀγριότητι. μὴ σύ γε κάλει Ἄβαριν,
εὐσεβῆ ἄνδρα, εἰς πόλιν Ἀκράγαντα· ἀλλότρια γὰρ ἐμοὶ
φόνος καὶ χαλεπότης καὶ κακὴ ἄγνοια. εἰ δὲ προ-
θύμως με θέλεις ἐλθεῖν εἰς τὸν οἶκον, νόμοις Ἑλληνι-
κοῖς χρώμενος προσκαλοῦ με εἰς τὴν συνήθειαν, καθα-
ρεύων χερσὶ καὶ ψυχῇ πρὸς πάντα πολίτην σὸν καὶ
ξένον· εἰ δὲ μή, χαίρειν σοι Ἄβαρις λέγει.

νη'. Πολυστράτῳ καὶ Δαΐσκῳ.

Ἐγχειρεῖτε καὶ μὴ μέλλετε διὰ τάχους ἐμοὶ πολε-
μεῖν· ἐπὶ τοιούτοις γὰρ ἄθλοις οἷς δημηγοροῦντες
ἐλέγετε, διαβάλλοντές με πρὸς Λεοντίνους, οὔτε φθο-
νοῦμεν ὑμῖν οὔτε ἀποσυμβουλεύομεν φιλοτιμεῖσθαι.

νθ'. Ναυσικλεῖ.

Ἐγὼ μέν, ὅπερ ἤδη πολλάκις ἐπεσταλκώς σοι τυγ-
χάνω, κἂν Ἑρμοκράτης ἤ τις ἄλλος εἴρξῃ τὰς παρ'
ἐμοῦ δωρεὰς λαβεῖν τὴν Φιλοδήμου θυγατέρα γαμου-

civitatem quam auctorem ipsum apud omnes futuram
esse admiratione.

LV. Timostheni.

Castellum, quod tu oppugnans reliquisti, a Teucro
facto impetu eversum est. Citius autem quam hæc
epistola scripta sit scias captum esse locum.

LVI. Abaridi.

Audio te consuetudinis caussa cum claris viris habendæ
ex Hyperboreis in nostras terras advenisse, ideoque Py-
thagoræ philosopho et Stesichoro poetæ aliisque illustri-
bus Græcis te adiunxisse ac multa ab eis addidicisse,
cupere etiam pluribus ad cognoscenda ea quæ ignoras in
notitiam pervenire. Quod si igitur calumniis in me coni-
iectis occupatus es ac talem credis esse, qualem calum-
niatores repræsentant, non facile est ab hac sententia te
abducere; sin autem veritatem exquirendam esse censes
quum apud omnes homines, tum apud sapientes viros
maxime, veni ad me, quo me utaris, sicut multi alii in
laude dignis. Experientia enim cognosces reliqua omnia
apud me pulchrius et honestius et, si sine hæsitatione
dicendum est, etiam humanius quam fama fert ordinata,
et qui hæc regat et ornet Phalarin nemine eorum,
quorum summa est propter hæc admiratio, inferiorem.

LVII. Abaris Phalaridi tyranno.

Ostendisti veram contumeliæ et crudelitatis naturam,
ac te pepererunt non mulier et vir, sed leæna et sus agres-
tis. Facis enim omnia vi et præterea opinione mala
atque feritate. Noli tu Abarin vocare, pium virum,
in urbem Agrigenti: aliena enim a me sunt cædes et
sævitia et mala ignorantia. Sin vero me cupis venire
in tuas ædes, legibus Græcis usus advoca me ad focum,
purus manibus ac mente in quemque civem tuum atque
hospitem; sin minus, valere te iubet Abaris.

LVIII. Polystrato et Daisco.

Aggredimini, nec cessate quam primum mihi bellum
inferre; talia enim præmia, de quibus in concione apud
Leontinos me calumniantes dicebatis, nec invidemus
vobis, nec contendere de eis dissuademus.

LIX. Nausicli.

Ego quidem, quod sæpenumero iam tibi scripsi,
etiamsi Hermocrates sive quis alius obstet quin Philodemi
filia nuptialia a me dona missa accipiat, quæ misi dedi, et

μένην, ἃ πέμπω δέδωκα, καὶ τὸν ἔπαινον ἴσον,
μᾶλλον δὲ εὐκλεέστερον ἔχω, παρ' ὅσον τοιούτοις
συγγενέσιν ὁ τύραννος καὶ μηδὲν προσήκων, ἀντεξετά-
ζομαι. πρὸς δὲ τοὺς ὀνειδίζοντας, ὅτι χαριζόμενοι
πείθομεν, ταύτην ἔχω τὴν ἀπολογίαν, τὸ μὴ δύνασθαι
τοὺς εὐεργετουμένους ἀντὶ φιλοφροσύνης βίᾳ χρήσα-
σθαι.

ξ' Ἀριστολόχῳ

Ἐπιλαθόμενος ἧς ἔχειν ἠρνοῦ πονηρίας καὶ γενό-
μενος ἄλλος τις πρὸς ἡμᾶς ἢ οἷος εἶ, χαλεπὸν ὑπό-
λαβε μὴ τοῦτο μόνον, εἰ πολλάκις ὑπ' ἐμοῦ καὶ καθ'
ἑκάστην γε κατηγορίαν εὖ παθὼν οὐ τοῖς ὁμοίοις ἡμᾶς
ἀμείβῃ (ἐγὼ μὲν γὰρ οὐκ ἐάσω χρηστότητα τὴν δο-
κοῦσαν εἶναί τισι τῆς κατ' ἐμαυτοῦ πονηρίας ἐνέγκα-
σθαι δευτέραν αἰτίαν), ἀλλ' εἰ μηδὲ σὺ σεαυτοῦ πρός
με εὐεργετεῖν βεβουλημένον φείδῃ ἡμῶν γοῦν οὕτως
ἐχόντων ἐπὶ τὸ πλεῖστον τάχ' ἂν ἐπιεικέστερος ὀφθείης;

ξα' Ἐπιχάρμῳ

Περὶ τῶν αὐτῶν σὺ καὶ Δημοτέλης ἡμῖν συνεβου-
λεύετε, ἀποστῆναι τῆς τυραννίδος· ταῦτα δ' οὐ δυσ-
νοοῦντες, ἀλλ' ἀγνοοῦντες δι' ἀπειρίαν οὕτω συνεβου-
λεύετε· τὸ μὲν γὰρ ἄρξασθαι ῥᾷον ἐστι τυραννίδος ὀρε-
γομένῳ, τὸ παύσασθαι δ' οὐκέτι διὰ τὸ πολλὰ μὴ
δεόντως πρᾶξαι, ὥσπερ οὐδὲ τοξότῃ μεθέντι τὸν οἰ-
στὸν ἀναλαβεῖν τὸ βεβλημένον ἀλλ' εἰ μὲν δυνατὸν
ὑμῖν ἐστιν ἀνελεῖν τὴν ἀρχὴν τῆς τυραννίδος, καὶ δὴ
ποιεῖτε· εἰ δὲ τοῦτό ἐστιν ἀδύνατον, ἀδυνατωτέραν ἴστε
τὴν ὑμετέραν παραίνεσιν ἐμοὶ δόξαι συμφέρειν

ξβ' Τιμοσθένει

Τῶν στρατιωτῶν οἱ μὲν ἡμίσεις τὸ φρούριον ἐπι-
μείναντες ἐκκοψάτωσαν, οἱ δ' ἄλλοι τὰς ἐπιδρομὰς
τῆς θαλάσσης διαχωσάτωσαν, ἵνα τῆς πλημμυρίδος
διαφυγείσης ἐνεργὸν ἀντὶ ἀργοῦ γένηται τὸ πεδίον
ἀνακείσθω δ' ἡ περὶ ἑκατέρων αὐτῶν χάρις τοῖς πρώ-
τοις τὸ καθ' ἑαυτοὺς ἔργον ἀποτελέσασιν.

ξγ' Ἀριστολόχῳ

Εἰ τὸ Στησίχορον ἀδείας ἀξιωθῆναι παρ' ἡμῖν αἰχ-
μαλώτων ποτὲ γενόμενον ἐπαίρει σε κατ' ἐμοῦ γράφειν
τραγῳδίας, ὡς πᾶσι τοῖς ποιηταῖς ἡμέρως προσενε-
χθησομένου μου, πολὺ τῆς ἀληθείας διαμαρτάνεις
οὐ γὰρ ἀποδέχομαι κοινότητι ποιητάς, ἀλλὰ τοὺς
ἀγαθοὺς τῶν ποιητῶν, οὐδὲ τοὺς εἰς ἔχθραν ἐμοὶ κα-
ταστάντας, ἀλλὰ τοὺς γενναίους τῶν ἐχθρῶν σὺ δὲ
κακὸς μὲν ποιητὴς ἄναλκις δ' ἐχθρὸς ὢν καὶ κατ'
ἀνδρείαν καὶ κατὰ δύναμιν ποιητικὴν Στησιχόρῳ
σεαυτὸν προσεικάζεις γνώσῃ δὲ τὴν τῶν λεγομένων
διαίρεσιν οὐκ εἰς μακράν, οὐ παρ' ὅ τι εἰς ἡμᾶς γράφεις;

æqualem laudem, immo maiorem habeo, quod talibus
cum cognatis tyrannus ego neque ulla necessitate comun-
ctus contendam Qui vero largitiones mihi exprobrant,
his ita pro me responsum volo, beneficiis affectos pro
benevolentia non posse vim reponere.

LX. Aristolocho

Oblitus qua te esse negabas malitiæ, aliusque factus
adversus nos quam qualis es, durum cogita non hoc
solum, si sæpenumero a me et quotiescunque accusaris
beneficiis affectus non similia nobis rependas (ego enim
quæ quibusdam esse videtur probitatem secundas post
malitiam in me ferre non permittam), sed si erga me ad
benefaciendum promptum tu ne tibi ipsi quidem parcas
Tales igitur quum ut plurimum nos geramus, fortasse
æquior apparueris

LXI Epicharmo

Idem et tu et Demoteles nobis consilium dabatis, ut
nempe desisteremus a tyrannide, idque non quod male-
voli, sed quod ignari eratis propter imperitiam sic da-
batis nam incipere facilius est tyrannidem appetenti,
desinere vero non item, quod multa parum recte fecerit,
sicut neque sagittario, qui sagittam emiserit, iactum
recipere Iam si fieri potest, ut vos tollatis initium
tyrannidis, facite quæso, sin vero hoc fieri non potest
multo minus fieri posse scitote, ut vestra hortatio mihi
utilis videatur

LXII Timostheni

Militum dimidia pars maneto, ut castellum diruant,
reliqui maris incursum aggere facto prohibento, ut aqua
absumpta siccatus campus pro inculto fiat cultus Re-
fertor vero, quæ pro utrisque debetur, gratia e.s, qui
primi suum opus perfecerint.

LXIII Aristolocho

Si Stesichoro, quum aliquando apud nos captivus esset,
data venia te ad tragœdias in me scribendas incitat,
quasi ego omnes poetas clementer sim tractaturus, mul-
tum a vero aberras Non enim familiariter omnes excipio
poetas, sed bonos e poetis, neque qui inimicitiam in me
exercent, sed generosos ex inimicis Tu vero, qui tam
malus poeta quam ignavus inimicus es, et fortitudine et
vi poetica cum Stesichoro te comparas Cognosces autem
quid inter hæc differat non longo post tempore, non ob
ea quæ in nos scribis (omnium enim essem ignavissimus,

(πάντων γὰρ ἂν εἴην ἀψυχότατος, εἰ καὶ τῶν σῶν
ἐπιστραφείην δραμάτων), ἀλλ' ὅτι τοιοῦτος ὢν ἐχθρὸς
καὶ ποιητὴς τῶν αὐτῶν σεαυτὸν καὶ Στησίχορον
ἀξιοῖς.

ξγ'. Ἀμφιδάμαντι καὶ Θρασυβούλῳ.

Ὑμεῖς μὲν ἀποδεδωκέναι τὰ χρήματα, ἃ ἐδανεί-
σασθε, Τεύκρῳ λέγετε, ὃ δ' οὔ φησιν ἀπειληφέναι.
οὐκ ἔχω δὲ μὰ τὸν Ἡρακλέα οὔθ' ὑμῖν ἀπιστεῖν οὔτ'
ἐκείνῳ μὴ πιστεύειν· ὃ μὲν γὰρ ἐπιζητεῖ βεβαίωσιν
ὑμᾶς ἔχειν τῆς ἀποδόσεως, ὑμεῖς δὲ ὡς φίλῳ πεπι-
στευκέναι λέγετε. δι' ἅς γ' αἰτίας οὐκ ἀπειληφώς, ἵνα
μὴ δόξω ὑμῶν ἀπιστεῖν τοῖς λόγοις, ὡς κεκομισμένος
προσδέδεγμαι. εἴη μέντοι μέχρι παντὸς ἀγνοηθῆναι
τἀληθὲς ἢ τὸν ἕτερον ὑμῶν, ὅστις ἐστί, πονηρὸν εὑρε-
θῆναι. κρεῖττον γὰρ ἡγοῦμαι πολλῶν χρημάτων
ἐνεγκεῖν ζημίαν ἢ φίλων. ἀνάγκη δὲ τῆς ἀληθείας
εὑρεθείσης ἀντὶ φίλων τοὺς ἀδικοῦντας καὶ ψευδομένους
ἐχθροὺς γενέσθαι.

ξε'. Πελοπίδῃ.

Οὔτ' ἂν ἐγὼ γράψαιμι πρὸς Στησίχορον περὶ ὧν
ἀξιοῖς, οὔτ' ἂν ἐκεῖνος ἐπινεύσειεν εἴς τινα τῶν οὐκέτι
ζώντων ἐξενεγκεῖν μέλος, εἰ καὶ γράψαιμεν ἡμεῖς.
ἀπόχρη δέ μοι χάριν εἰληφέναι παρ' αὐτοῦ τὴν ἐπὶ τῇ
Νικοκλέους γυναικὶ ποίησιν. εἰ δέ τι βούλει παρ'
ἡμῶν αἰτεῖν, οὗτινος ἡ ἐξουσία οὐκ ἐπ' ἀλλοτρίαν ἀλλ'
ἐπὶ τὴν ἐμὴν ἄνεισι γνώμην, ἐπίστελλε.

ξϛ'. Τηλεκλείδῃ.

Ἰδίᾳ τινὶ χρώμενος γνώμῃ πρὸς πολλοὺς ἤδη τῶν
ἐμῶν ἑταίρων διείλεξαι, τοῦτ' ἴσως διαπραττόμενος
ὃ καὶ γέγονεν, εἰς ἐμὲ κομισθῆναι τοὺς λόγους, ὡς οὐκ
ἐχρῆν με μετὰ τὸν δημιουργὸν τοῦ ταύρου Περίλαον
ἄλλους κατεργάσασθαι τῷ τρόπῳ τῆς αὐτῆς αἰκίας·
τὸν γὰρ ἴδιον λύειν ἔπαινον. ἐγὼ δ' οὔτε τῆς ἐπὶ
Περιλάῳ τιμωρίας ἐπαινούμενος ἐπιστρέφομαι (τιμω-
ρὸς γὰρ οὐκ ἐγενόμην ἐπαίνου χάριν), οὔτε τῆς ἐπὶ
τοῖς ἄλλοις κολάσεως διαβαλλόμενος ἄχθομαι· δόξης
γὰρ αἰσχρᾶς ἢ καλῆς ἄμυνα κεχώρισται. (2) εὖ μέν-
τοι καὶ τοῦτο ἴσθι, ὅτι τοῦ μέλλειν καὶ ἄλλους τινὰς
ἐν τῷ ταύρῳ διαφθείρεσθαι χάριν ἐκολασάμην αὐτόν,
ἐπεὶ τῆς τοῦ χαλκοῦ κατασκευῆς ἕνεκα δωρεᾶς οὐκ
ἀπωλείας ἦν ἄξιος. δίκαιον μὲν οὖν ἐκείνῳ τὰς περὶ
τούτων αἰτίας καὶ τοῖς εἰς τοῦτο τύχης ἥκειν βιαζομέ-
νοις ἀνακαττεῖν· εἰ δὲ καὶ εἰς ἡμᾶς ἀναφέροιντο ὑπὸ
τῶν ἀγνωμόνως κρινόντων, οὐκ ἀχθόμεθα, ἕως ἔχο-
μεν ἀξίους ἀποδεικνύναι τῆς κολάσεως τοὺς ἀνατρου-
μένους. ἀρξάμενοι γὰρ ἀπὸ τοῦ πρώτου κολασθέντος, ὃν
ὑπὲρ ἁπάντων ἀνθρώπων, μᾶλλον δ' αὐτῆς τῆς ἀνθρω-
πίνης φύσεως ἐπυρπόλησα, τὸν αὐτὸν τρόπον τῆς ἐξετά-
σεως ἐπὶ πάντων ποιήσασθε. (3) εἰ γὰρ τὴν ἐπὶ Περιλάῳ

---

si tua quoque dramata curarem), sed quia, talis ini-
micus et poeta qui sis, eodem temet ipsum ac Stesicho-
rum honore dignum esse putas.

LXIV. Amphidamanti et Thrasybulo.

Vos reddidisse pecuniam, quam mutuo sumpsistis,
Teucro dicitis, ille negat se recepisse, ego vero nequeo
hercle nec vobis fidem derogare nec illi non credere :
ille enim requirit, ut habeatis quo redditam confirmetis,
vos vero tanquam amico credidisse dicitis. Quapropter,
quamvis non receperim, ne vestrum cuiquam videar dif-
fidere, in tabulis ut acceptas retuli. Utinam vero sem-
per lateat potius verum quam alter vestrum, quisquis
sit, improbus inveniatur. Praestare enim censeo magnae
pecuniae facere quam amicorum detrimentum. Necesse
est autem invento vero pro amicis eos, qui iniuriam fa-
ciant et mentiantur, inimicos esse.

LXV. Pelopidae.

Neque ego ad Stesichorum scriberem de eis, quae
petis, neque ille annueret in quenquam non amplius vi-
ventium edere cantum, etiamsi scriberemus nos. Suf-
ficit mihi vero beneficium ab eo carmen in Nicoclis uxo-
rem accepisse. Quod si quid vis a nobis petere, cuius
facultas non ad alienum sed ad meum arbitrium redit,
scribe.

LXVI. Teleclidae.

Peculiari quodam usus consilio apud multos iam socio-
rum meorum disseruisti, id fortasse agens, quod etiam eve-
nit, ut ad me sermones tui perferrentur, post Perilaum, tauri
artificem, non oportuisse me alios eodem cruciatus genere
interficere : sic enim me tollere laudem propriam. Ego
vero neque ob Perilai supplicium landari curo (non enim
laudis gratia vindicavi), neque calumnias ob poenas a
reliquis sumptas aegre fero : a fama enim tam turpi
quam honesta seiuncta est ultio. (2) Sed hoc quoque
probe scias, me aliorum quorundam etiam in tauro in-
terficiendorum caussa eum punivisse : nam propter aeris
apparatum dono, non exitio dignus erat. Aequum est
igitur, illi horum caussas atque eis, qui istam fortunam
experiri adnituntur, tribui. Si vero in nos quoque confe-
rantur ab inique iudicantibus, non aegre ferimus, dum
interfectos poena dignos possimus demonstrare. Nam
facto initio a primo, qui punitus est, quem pro omnibus
hominibus, immo pro ipsa humana natura concremavi,
eodem modo examinate omnes. (3) Etenim si poenam a

κόλασιν ὡς δικαίαν ἐπαινεῖτε, καὶ τῶν ἄλλων, ὅσους ὑπὲρ ἀλλοτρίων ἐκολασάμην ἀδικημάτων, οὐ δήπου μέμφοισθ' ἂν προσηκόντως, οὐδὲ ὅσων ἀνῃρήκαμεν ἐκσπόνδων ἐμοὶ γεγενημένων δι' οὓς ἐμηχανήσαντο ὀλέθρους. ἦπου σφόδρα γε ἂν ἄβουλος εἴην, εἰ τοὺς ὑπὲρ ἄλλων κακούργους, ἐάν με καὶ εὖ ποιῶσι, τιμωρούμενος τοὺς εἰς ἐμαυτὸν ἐπιβουλεύοντας ἀζημίους ἐάσαιμι καὶ τὴν δύσκλειαν ὑπὲρ τῶν μὴ προσηκόντων ἐπὶ τῷ φοβερὸς δοκεῖν εἶναι τοῖς ἐπιβουλεύουσιν ἀναδεχόμενος ὑπὲρ τῶν ἰδίων κινδύνων ὀκνήσαιμι πέπαυσο δὴ καὶ σεαυτῷ κἀμοὶ πράγματα παρέχων.

ξζ' Παυρόλᾳ

Ἀφικόμενος εἰς Ἱμέραν ἀναγκαίας ἕνεκα πραγματείας ἤκουσα τῶν Στησιχόρου θυγατέρων ποιήματα λυριζουσῶν, ἃ μὲν αὐτοῦ Στησιχόρου γεγραφότος, ἃ δὲ τῶν παρθένων ἴδια, ἦν δὲ τῶν μὲν Στησιχόρου τὰ τῶν θυγατέρων ἥττονα, τῶν δὲ ἄλλων εἴ τινα κατὰ σύγκρισιν ἐξετασθείη, κατὰ πολὺ βελτίονα. ὥστε με τρισόλβιον ἡγήσασθαι τὸν διδάξαντα, τρισολβίους δὲ καὶ τὰς παρὰ φύσιν εἰς τοσοῦτον βάθος παιδείας ἀχθείσας εἴεν δή, Παυρόλα (σφόδρα γὰρ καὶ διὰ ταῦτα ἐπιζητῶ μαθεῖν), τίνα δή ποτε γνώμην ἔχων τὸ μὲν σῶμα γυμνάζεις ὅπλοις τε καὶ κυνηγεσίοις καὶ ταῖς ἄλλαις κακοπαθείαις, τὴν δὲ ψυχὴν ἀγύμναστον ἐᾷς λόγων τε καὶ παιδείας Ἑλληνικῆς, ἣν ἐχρῆν πρώτην ἐπὶ τὰ τοιαῦτα συνεσκῆσθαι καὶ μόνην, (2) σώματος μὲν γὰρ ἐπιμελητέον ὑγιείας χάριν, οὐκ ἰσχύος, εἰ μή τις τῶν ἱερῶν ἀγώνων ἕνεκα ἀθλοίη ψυχῆς δὲ πάντας τρόπους προνοεῖσθαι χρὴ τὸν μέλλοντα μετὰ ἀρίστης τιμῆς ἐν δημοκρατουμένῃ ζήσεσθαι πόλει, εἴ γε μὴ σύ, τοῦθ' ὃ κατηγοροῦσί τινες, ὥρμηκας ἐπὶ τὸ ζηλοῦν καὶ μιμεῖσθαι τὸν ἐν τυραννίδι βίον ὡς προσήκοντά σοι κατὰ νόμους, καὶ διὰ τοῦτο σωματικὴν ἐπασκεῖς ῥώμην, οἰόμενος ἁρμόζουσαν εἶναί σοι τὴν ἰσχὺν εἰς τοιαύτης δυναστείας κατάκτησιν ὅπερ ἐὰν εὖ φρονῶν τυγχάνῃς, παρὰ τοῦ μεταμελομένου περὶ μοναρχίας, οὐχ ἑκουσίως, ἀλλ' ἐξ ἀνάγκης τοῦτον ἐπανελομένου τὸν βίον, γνώμην λάβε ὁ γὰρ ἀμφοτέρων πεπειραμένος τυραννηθῆναι μᾶλλον εὔξαιτο ἂν ἢ τυραννῆσαι. (3) ὁ μὲν γὰρ ἕνα φοβεῖται τῶν ἄλλων χαλεπῶν ἀπηλλαγμένος, τὸν τύραννον, ὁ τύραννος δὲ καὶ τοὺς ἔξωθεν ἐπιβουλεύοντας καὶ δι' οὓς σώζεται· ἀνάγκη γὰρ αὐτῷ μετὰ τῶν πολλῶν φόβων καὶ ταλαιπωριῶν προσευλαβεῖσθαι τοὺς φυλάττοντας ὥστε ἐμφρονέστερον δεξάμενος τὴν τοῦ συμβουλεύοντος πατρὸς εὔνοιαν ἴσος ἀξίου πᾶσιν εἶναι, τὸ δὲ ἐκ φόβων διηνεκῶν καὶ κινδύνων ἀδιαπαύστων αὐτεξουσίοις ἐχθροῖς καὶ παισὶν ἐχθρῶν πάρες. εἰ δὲ ἀπειρίᾳ καὶ νεότητι τὸν ἐν τυραννίδι βίον οἴει τι τερπνὸν καὶ προσφιλὲς ἔχειν, ἀλλ' οὐ τὰς ἀνωτάτω συμφορὰς καὶ κακοδαιμονίας, πάντως μὲν ἁμαρτάνεις, καὶ τοῦτο

Perilao sumptam ut iustam laudatis, reliquorum quoque, quotquot pro alienis iniuriis punivi, pœnas non sane vituperaveritis merito, neque eorum, quotquot sustulimus fœdifragos mihi factos propter perniciem, quam machinati sunt Imprudens certe admodum profecto essem, si eos, qui lædunt alios, etiamsi mihi vel bene faciant, punirem, eos vero, qui mihi ipsi insidiantur, inultos sinerem, et si pro aliis nulla mihi necessitate iunctis, quo metuendus videar insidiatoribus, infamiam subirem, pro meis ipsius periculis vero idem facere dubitarem Desine igitur et tibi ipsi et mihi negotium facessere

Quum ob negotium necessarium essem Himeræ, carmina canentes ad lyram Stesichori filias audivi, alia ab ipso Stesichoro scripta, alia puellarum propria Erant vero Stesichoreis filiarum carmina inferiora, aliorum vero si qua cum iis comparentur, longe meliora Quamobrem ter beatum magistrum iudicavi, terque beatas, quæ ad istum eruditionis gradum præter naturam pervenissent, etiam discipulas Age igitur, Paurola (valde enim et hanc ob caussam scire desidero), quo tandem consilio corpus exerces armis et venationibus reliquisque molestis laboribus, animum vero incultum relinquis litteris græcisque disciplinis, quem primum talibus exerceri oportebat atque solum? (2) Corpus enim curandum est valetudinis caussa, non roboris, nisi quis sacrorum certaminum caussa labores perferat, animo vero omnibus modis providere eum oportet, qui quam honorificentissime in libera republica victurus sit Nisi forte tu, id quod nonnulli de te perhibent, tyrannidis æmulandæ atque imitandæ flagras studio, ut quæ legibus tibi debeatur, ac propterea corporis vires exerces, ad talem principatum obtinendum robur idoneum tibi esse ratus Quod si recte sapias, ab eo, quem non sua sponte, sed necessitate urgente istam vitæ rationem sequutum principatus pœnitet, consilium accipe Nam qui utrumque expertus est, tyranno subiectus esse quam agere tyrannum mallet (3) Nam ille a reliquis malis liber ab uno metuit, tyranno, tyrannus vero et ab externis insidiatoribus et per quos servatur, necesse habet enim in multis periculis ac miserus præcipue a custodibus sibi caveat Quare prudenter accepta consulentis patris benevolentia fac ut par sis omnibus, potestatem autem perpetuo metu infinitisque periculis iunctam inimicis et inimicorum filis relinque Sin vero pro imperitia et adolescentia iucundi quid et grati, ac non summas calamitates et miserias inesse putas in tyrannide,

πάσχεις δι' ἄγνοιαν, εὔχου δέ σοι τὸν θεὸν μηδέποτε τυραννικῆς πεῖραν παραστῆσαι τύχης.

ξη'. Τῷ αὐτῷ.

Οὐχ ὑπὸ σοῦ πολλὰ νομίζω χρήματα αἰτεῖσθαι, μὰ τοὺς θεούς, ἀλλ' ἐμαυτὸν ἐνδεέστερον εὑρίσκω ἢ δεῖ χρηστότητι παιδὸς ὑπηρετεῖν. εἴη μέντοι σε εἰς ὅσα φὴς ἀναλίσκειν, καὶ οὕτω διδοὺς τῶν ληψομένων φίλων ἀπορήσεις θᾶττον ἢ παρὰ τοῦ πατρὸς αἰτούμενος. ὅτῳ γὰρ ἂν προηγῆται τὸ λαμπρῶς χαρίζεσθαι, ἕπεται τὸ μετὰ μεγαλοφροσύνης ἀξίως κτᾶσθαι· ὅταν δὲ ἅπαξ τὸ δρᾶν πρόθυμον παρῇ τισί, τὸ κατορθοῦν ἕτοιμον αἱ τύχαι παρέχονται. μὴ δὴ καταιδούμενός με τοιούτοις παρρησιάζου λόγοις ὡς οὐκ ἀσμένως ὀλίγα διδόντα υἱῷ, δι' ὃν τὰ πάντα περιεποιησάμην. τοσοῦτον γὰρ ἀπέχω τοῦ μέμφεσθαί σε τῆς πρὸς τοὺς ἑταίρους ἐκτενείας, ὥσθ' ὑπερφυῶς ἡδόμενος ἄξια παραινῶ σοι διανοεῖσθαι τῆς τοσαύτης φιλανθρωπίας, ἵνα μὴ μόνον πρὸς τὸ παρὸν ᾖς μεγαλόφρων, συμπαραμενούσης δέ σοι τῆς αὐτῆς τύχης ἔσαεὶ φυλάττῃς τὸ βούλημα. καὶ δίδομεν οὖν ἀσμένως, ὦ γενναῖε Παυρόλα, καὶ λαμβάνομεν χάριν παρὰ σοῦ τὸν τρόπον τῆς δαπάνης οὕτως εὔελπιν καὶ χρηστὸν ὄντα.

ξθ'. Ἐρυθείᾳ.

Εἰ μὲν εὐλαβουμένη τὸν ἐν τυραννίδι βίον οὐ τολμᾷς εἰς Ἀκράγαντα πέμψαι Παυρόλαν, συγγνώμην ἔχω σοι καὶ ὡς γυναικὶ καὶ ὡς μητρὶ δεδοικυίᾳ περὶ ἀγαπητοῦ παιδός· εἰ δὲ ὡς μόνη καὶ οὐ μετ' ἐμοῦ γεγενηκυῖα μόνη καὶ ἔχειν δικαιεῖ, αὐτόν, ἀγνωμόνως κρίνεις τὰ περὶ γονέων. κατὰ μὲν γὰρ τὸν ἀποτομώτατον λόγον πατρὸς ἂν εἴη παῖς μᾶλλον ἢ μητρός, κατὰ δὲ τὸν εὐγνωμονέστερον ἑκατέρων ἴσως. εἰ δὲ τὸ μεταδοῦναί ποτε καὶ τῷ γεγεννηκότι τοῦ υἱοῦ σεαυτῆς ἐλάττωσιν ἡγῇ, τί δοκεῖς τὸν μηδὲ μετέχειν ἀξιούμενον; κοινωνικώτερον δὴ ποιοῦσα πέμψον αὐτὸν ὡς ἐμέ, οὐ διὰ μακρᾶς ἥξοντα πρὸς σέ, ἀλλὰ θᾶττον καὶ μεθ' ὅσων δεῖ Φαλάριδος καὶ Ἐρυθείας παῖδα, ἵνα, εἰ καὶ μὴ μετ' ἐμοῦ, μετ' ἀλλήλων γοῦν ἐν ἀφθονίᾳ πλούτου βιοτεύητε. (2) εἰς τίνας γὰρ ἄν τις ἀναγκαιοτέρους εὔξαιτο περιουσιάζειν, γυναικὸς καὶ παιδὸς οὐκ ἐπιμεληθείς; ἐγὼ δὲ περὶ ὑμᾶς ἐσπουδακώς, ὡς εἰκὸς ἄνδρα καὶ πατέρα, βούλομαι τῶν παρ' ἐμοὶ χρημάτων μοῖραν οὐκ ὀλίγην ἐν ὑμῖν τοῖς φιλτάτοις ἐναπερείσασθαι καὶ τοῦτο σὺν τάχει πρᾶξαι, καὶ διὰ τἆλλα μέν, οὐχ ἥκιστα δὲ καὶ διὰ τὸ ἐπιὸν γῆρας καὶ διὰ τὴν πρόσφατον συμβεβηκυῖάν μοι χαλεπὴν νόσον. ὑπομιμνήσκει γάρ με τελευταίαν ἡγεῖσθαι τοῦ ζῆν ἀνθρώπῳ προθεσμίαν τὴν ἐνεστῶσαν ἡμέραν. τῆς δὲ παρουσίας τῆς Κρήτηθεν εἰς Ἀκράγαντα καὶ τῆς ἐνθένδε πάλιν ἀφόδου τὸ πιστὸν αὐτῷ πρὸς ἀσφάλειαν ἡ τοῦ πατρὸς εὔνοια παρέξεται μᾶλλον ἢ ὁ τῆς μητρὸς φόβος.

plane erras, et id quidem ignorantia, at deum precare ne unquam tyrannicam fortunam experiare.

Non magnam a te puto pecuniam peti, per deos, sed memet sentio minus quam par est liberalitati filii subvenire. Liceat autem tibi in ea quæ dicis insumere, ac sic quum des, accepturis amicis citius indigebis, quam quum a patre petas. Nam ut quis primum splendide gratificetur, sequitur ut animi magnitudine digne acquirat : si cui autem semel ad agendum promptus animus exstiterit, felicem eventum illico præstat fortuna. Noli itaque reverentia mei talibus uti verbis, quasi non libenter pauca dem filio, cuius caussa omnia acquisivi. Tantum enim abest, ut reprehendam officiosum tuum in amicos animum, ut supra modum lætatus adhorter te, digna tanta humanitate sentias, quo non modo nunc sis magnificus, verum eadem tibi manente fortuna semper eam conserves voluntatem. Damus igitur libenter, optime Paurola, et gratiam a te accipimus sumptuum modum tum bonæ spei plenum atque probum.

Si vitam timens in tyrannide agendam non audes Agrigentum mittere Paurolam, ignosco tibi et ut mulieri et ut matri metuenti dilecto filio, sin vero, quasi sola et non mecum genueris, sola eum possidere vis, imprudenter res parentum iudicas. Nam summo iure patris filius magis quam matris fuerit, æquiore vero utriusque pariter. Iam si, quum genitorem participem facias filii, de tua auctoritate putas detrahi, quid de eo censes, qui ne parte quidem habetur dignus? quare æquius facias, si eum ad me mittes non longe post ad te rediturum, sed cito et ornatum quibus oportet Phalaridis et Erythiæ filium, ut, etiamsi non mecum, inter vos tamen in rerum omnium abundantia vivatis. (2) Nam qui tandem necessarii magis esse poterunt, in quos quis cupiat sibi opes suppetere, si uxorem aut filium neglexerit? ego vero sic erga vos affectus, ut par est esse virum atque patrem, divitiarum, quæ mihi sunt, partem volo non exiguam apud vos deponere, idque quam primum facere, quum propter alia, tum propter senectutem appropinquantem maxime et in quem nuper incidi vehementem morbum. Admonet enim me, ut ultimum existimem vitæ terminum homini statutum præsentem diem. Itineris autem ex Creta Agrigentum faciendi et rursus hinc reditus tuti fidem patris ei benevolentia præstabit magis quam matris metus.

ο΄. Πολυκλείτῳ.

Οὐκ οἶδα τί σου μᾶλλον ἄν τις θαυμάσειεν, ὦ Πο-
λύκλειτε, τὴν ἰσχὺν τῆς ἰατρικῆς ἢ τὴν τοῦ τρόπου
πίστιν· ἡ μὲν γὰρ ἰσχὺς τυραννοκτόνον νενίκηκε πά-
θος, ὁ δὲ τρόπος τιμὰς τυραννοκτόνους δι᾽ ἀμφοτέρων
δὲ τούτων ἡ σὴ δικαιοσύνη δραμοῦσα τον δυσὶ κινδύνοις
ἀναιρούμενον, ἀφύκτου τε νόσου προσβολῇ καὶ τιμαῖς
πολεμίων, περιεσώσατο.   μόνῳ γὰρ σοὶ παρῆν
κτείναντός με τοῦ πάθους μηδὲν ἀπὸ τῆς τέχνης ἀντι-
πράξαντι τετυραννοκτονηκέναι δοκεῖν, καὶ μὴ κτείναν-
τος πᾶν τὸ δοθὲν ἑτοίμως ὡς ἐπὶ σωτηρίᾳ μου λα-
βόντος ἂν διαφθεῖραι   ἦν δὲ καὶ τὸ δόξαι διαφθεῖραι
πρὸς τὸ τυχεῖν τῶν ὁμοίων τιμῶν   ἀλλ᾽ οὐ γὰρ
ἐβουλήθης κέρδος ἄδικον ἀντὶ δόξης δικαίας ἑλέσθαι
ἴσως γὰρ οὐδ᾽ εἶχεν ὁ παραδούς σοι καιρός ἐμὲ διὰ τὴν
νόσον τυραννοκτονίας εὐσεβῶς τύπον   (2) ἐγὼ μὲν
οὖν, ἐπὶ σοὶ γενόμενον ὅ τι βούλοιό μοι χρῆσθαι, τὰς
ἀξίας χάριτας οὐκ ἔχων τοσαύτης ἀρετῆς ἀποδοῦναι
τοῦθ᾽ ἓν οἶδα, ὅτι τοῦ κτίσαντος θεοῦ τὴν τέχνην ἄξια
φρονεῖν ἐπαιδεύθης· ὅμως δὲ σὺν τοῖς τῆς ἰατρικῆς
καὶ τοῖς τῆς πίστεως ἐπαίνοις ἀπέσταλκά σοι τῆς
ἐμαυτοῦ ψυχῆς χαριστήρια, φιάλας ἀπέφθου χρυσοῦ
τέσσαρας καὶ κρατῆρας ἀργυροῦς οὐ τῆς καθ᾽ ἡμᾶς
τέχνης δύο καὶ ποτηρίων Θηρικλείων ζεύγη δέκα καὶ
παῖδας ἀφθόρους εἴκοσι καὶ ἀργυρίου μυριάδας Ἀττι-
κὰς πέντε.   γέγραφα δὲ καὶ Τεύκρῳ τῷ ἐπὶ τῆς διοι-
κήσεως διδόναι σοι σύνταξιν, ὅσην λαμβάνουσιν οἵ τε
ναύαρχοι καὶ οἱ ταξίαρχοι καὶ δὴ καὶ οἱ σωματο-
φύλακες, μικρὰν ἀμοιβὴν ἀντὶ μεγάλης εὐεργεσίας
προσκείσθω δὲ τῷ καταδεεστέρῳ τῆς εὐχαριστίας τὸ
προσομολογεῖν, ἴσην ἀμοιβὴν οὐκ ἔχειν ἀποδοῦναι τὸν
εὐεργετηθέντα.

οα΄. Τῷ αὐτῷ

Ἀπέλυσα διὰ σὲ Κάλλαισχρον οὕτως ἐπιβουλεύ-
σαντά μοι περιφανῶς, ὡς μὴ μόνον ὁμολογῆσαι τὴν
ἐπίθεσιν, ἀλλὰ καὶ τοὺς συνωμότας μηνῦσαι, προσ-
θεῖναι δὲ τῇ μηνύσει καὶ τὸν τόπον ἐν ᾧ καὶ πότε
καὶ πῶς ἔμελλον ἐπιχειρήσειν   ἀλλ᾽ ἦν ἀμνήμονος
ὡς ἀληθῶς ἀνδρὸς μὴ χαρίσασθαι σωτηρίαν ἀνθρώπῳ
τῷ ταύτην δεδωρημένῳ   ἅμα δὲ ἐλογιζόμην, ὅτι κἀμοῦ
μὲν ἦν τὸ δοῦναι τὴν τοιαύτην χάριν ἰατρῷ σεσωκότι, πρὸ
πολλοῦ δὲ σοὶ τὸ λαβεῖν πρεπωδέστερον τῷ τῆς ἰατρι-
κῆς προστατοῦντι καὶ πάντας σώζοντι τοὺς δεηθέντας.
ἴστω μέντοι τὸ παράλογον Κάλλαισχρος, ὅτι ζωῆς παρὰ
σοῦ χάριν εἴληφεν ἑτέρου ζωὴν οὐ δικαίως ἀφελόμενος
ἀφῄρηται μὲν γὰρ οὐ μελλήσας, ἄλλως δὲ ἠτύχηκεν.

οβ΄. Περισθένει

Τὴν Εὐβούλου καὶ τὴν Ἀριστοφῶντος γυναῖκα, τῶν
ἐπιβουλευσάντων μοι, Περίσθενες, ἃς ἑλὼν αἰχμαλώ-
τους ἔπεμψας ὡς ἀπολουμένας πρός με, σφόδρα σπου-

Nescio quid in te magis admirandum sit, Polyclete, vis
medicæ artis an animi integritas Nam vis tyrannicidam
vicit morbum, animus vero honores tyrannicidas Utrum-
que hoc eluctata tua iustitia duobus periculis pereuntem,
et inevitabilis morbi impetu et hostium præmus, conser-
vavit Soli enim tibi licebat, si me interemisset morbus,
nullo artis tuæ remedio obnixus tyrannicidam videri, et
si non interemisset, me quicquid dares prompte tanquam
salutiferum sumentem interficere, prætereaque vel opi-
nio cædis facere poterat ad talia præmia obtinenda At
lucrum iniustum iustæ gloriæ anteferre noluisti fortasse
enim quæ me tibi tradidit occasio propter morbum nec
sancte perpetrandi tyrannicidii habebat formam (2) Ego
igitur, quum in tua fuerit potestate, ut quod velles
mihi faceres, tantæ virtuti remunerandæ impar unum
hoc novi, te conditore artis deo digna sapere didicisse
Nihilo minus una cum medicæ artis atque integritatis
laude misi tibi ob vitam meam conservatam præmia,
phialas auri puri quattuor, et crateras argenteos antiqui
operis duo et poculorum Thericleorum paria decem et
pueros intactos viginti et quinquaginta millia drachma-
rum Atticarum Præterea scripsi Teucro quæstori, ut
salarium annuum tibi det, quantum accipiunt navium
præfecti et tribuni militum et præterea stipatores, parvam
illam pro magno beneficio remunerationem Restat ut is,
qui remunerando impar sit, accepta præmia se non posse
pro dignitate reddere confiteatur

Dimisi tua caussa Callæschrum tam manifesto mihi
insidiantem, ut non solum confiteretur insidias, sed etiam
coniurationis socios indicaret, adderetque indicio etiam
locum, ubi, et quando et quomodo aggressuri essent
Sed hominis esset opinor beneficii immemoris, non gra-
tificari saluteni ei, qui ipsam dederit Simul autem co-
gitavi, meum quidem esse tale beneficium dare medico,
qui me conservavit, multo vero magis te accipere decere,
qui medicinæ præes, omnesque, qui te rogant, servas
Sciat tamen inopinatum exitum Callæschrus, quod vitæ
a te beneficium accepit, dum alterius vitam iniuste abs-
tulit Abstulit enim non cunctanter, sed frustra voto
excidit

Eubuli et Aristophontis, qui mihi insidias struxerunt
uxores, Peristhenes, quas captivas misisti ad me peritu-
ras, quum vehementer primum de medio tollere cupivis-

δάσας τὸ πρῶτον ἀνελεῖν σέσωκα. καὶ πάντως που θαυμάζεις ὅτι ὑφῆκα τῆς ὀργῆς· εἰ δὲ καὶ πύθοιο τὴν αἰτίαν, ὅτι δι' εὐγενείας ὑπερβάλλουσαν ἀπόδειξιν, οὐδὲν πρὸς ἐμοῦ πεπόνθασι μᾶλλον ἂν ἔτι θαυμάσειας. ἐρωτώμεναι γὰρ ὑπ' ἐμοῦ τὴν ἐπιβουλὴν εἰ συνήδεσαν τοῖς ἀνδράσιν, οὐ μόνον ἔφασαν συνειδέναι, ἀλλὰ καὶ συνορμῆσαι τυραννοκτονεῖν. « ἀντὶ ποίας » δὲ « ἀδι- κίας » εἰπόντος μου « μείζονος ἢ ἐλάττονος εἰς ὑμᾶς ἐξ ἐμοῦ γενομένης; » « ἰδίας μὲν οὐδεμιᾶς, τῆς δὲ κοι- νῆς» ἀπεκρίναντο· κοινὴν γὰρ ἀδικίαν εἶναι τὸ κατα- δουλοῦσθαι πόλεις ἐλευθέρας. « τί παθοῦσαι τοιγάρτοι » πάλιν ἐπανερομένου μου « δίκην ἀποτίσαιτ' ἄν μοι τοῦ μίσους τὴν κατ' ἀξίαν; » « ἀποθανοῦσαι » προσέθηκαν. ζῆν δή, οὐ τεθνάναι κρίνας τὰς μετὰ τοιαύτης ἀρε- τῆς ἀποθνησκούσας φρονήματός τε τοσούτου, Περίσθε- νες, ἐγὼ δικαίως ἐφεισάμην, σύτε πάνθ' ὅσα μετὰ τού- των ἔλαβες, ὅτε ἡλίσκοντο, μεταπεμψάμενος αὐτῶν τοὺς ἀναγκαίους ἀπόδος, ἵνα περὶ μηδενὸς ὡς ἠδικη- μέναι μέμψωνται.

ογ'. Εὐάνδρῳ.

Καὶ σὲ καὶ πάντας Ἱμεραίους, μᾶλλον δὲ τοὺς πλεί- στους Σικελιωτῶν οἶμαι γινώσκειν τοῦτο, ὅτι τῆς ἐν Ἱμέρᾳ συντεθείσης κατ' ἐμοῦ ἐπιβουλῆς δικαιότερος ὢν τῶν ἐγχειρούντων περιεγενόμην. οὐ γὰρ δήπου φαῦλος ἂν κριτὴς τῶν ἐν τῷ σφετέρῳ τεμένει τολμω- μένων ὁ Ζεὺς ἐγένετο, ὥστε τοὺς δίκαιόν τι πράξαντας ἐν ἱερῷ ὡς ἀδικοῦντας ὑποχειρίους παραδοῦναι τῷ προσηκόντως ἂν ὑπ' αὐτῶν ἀπολομένῳ. ταῦτα μὲν οὖν οὐδεὶς ἂν ἄλλως ὑπολάβοι, Στησίχορον δὲ πυν- θανόμενος ἀνιᾶσθαι, διότι τῆς ἐπιβουλῆς τὴν αἰτίαν εἰς τὰς ἐκείνου ποιήσεις οἱ περὶ Εὔβουλον ἀνέφερον, οὐκ ἂν βουλοίμην ὡς ἐμοῦ ταῦτα πεπεισμένου δυσ- χεραίνειν. εἰ γὰρ τοῖς τούτου ποιήμασι προσεῖχον, ὥς φασιν αὐτοί, οὐ πονηρίας ἂν ἀπεγνωσμένης, ἀλλὰ χρηστότητος ὑπερβαλλούσης ἔπαθλον ἤραντο.

οδ'. Ὀρσιλόχῳ.

Εἰ τὸ μὴ βουληθῆναί ποτε Πυθαγόραν τὸν φιλόσο- φον ἀφικέσθαι πρός με πολλάκις ὑπ' ἐμοῦ καλούμενον διαβολήν ἔφερέ μοι, καθὼς ἐγκωμιάζων αὐτὸν ἔλεγες ἐπὶ τῷ φεύγειν αὐτὸν τὴν μετ' ἐμοῦ συμβίωσιν, τὸ παραγεγονέναι καὶ πέμπτον ἤδη μῆνα συνεῖναι μεθ' ἡδονῆς πάντως ἔπαινός ἐστιν ἐμός. δῆλον γὰρ ὡς οὐκ ἂν ἔμεινεν οὐδὲ βραχὺ μόριον ἡμέρας, εἰ μὴ τοῖς ἑαυτοῦ τρόποις εὑρήκει κἀμὲ παραπλήσιον.

οε'. Λεοντίδῃ.

Ἀμέτροις κέχρησαι λόγοις πρὸς Καμαριναίους, ἐγείρων αὐτοὺς εἰς τὸν κατ' ἐμοῦ πόλεμον. εὖ μέντοι καὶ τόδε ἀφ' ἡμῶν ἴσθι μὴ καλῶς πεπεικὼς αὐτούς, ὅτι οὐ λόγοις ἀπράκτοις ἀμυνούμεθά σε, οἷς εἰς ἡμᾶς ἄρχειν δοκεῖς, ἀλλ' ἔργοις, ὧν οἱ πειραθέντες αὖθις

---

sem, servavi. Atque omnino miraris fortasse, quod irai quid remiserim : si vero cognoveris propter egregium nobi- litate responsum nihil passas esse, magis etiam mirabere. Interrogatæ enim a me, an insidiarum consciæ viris fuerint, non solum aiebant, sed etiam una promptas fuisse ad ty- rannum occidendum. « Pro qua iniuria » rogante me (« sive maiore sive minore vobis a me facta? » « privata nulla, sed publica » responderunt ; nam publicam iniuriam se existimare, in servitutem adducere liberas civitates. « Quomodo igitur » rursus quærente me « pœnas mihi hoc dignas dependetis ? » « moriendo » subiecerunt. Vivere autem ratus, non mori, quæ tam fortiter mortem sub- eant, tantæ animi magnitudini, Peristhenes, et ego iure peperci, et tu quæcunque in tuas manus venere, quum istæ caperentur, arcessitis earum necessariis redde, ne ulla re iniuriam sibi factam conquerantur.

LXXIII. Evandro.

Et te et omnes Himerenses, immo vero plerosque Si- culorum hoc puto scire, insidiis Himeræ mihi structis, quum eis qui me peterent iustior essem, superiorem evasisse. Non enim tam utique malus iudex ausorum in suo templo fuisset Iuppiter, ut, qui iusti quid in sacro fecissent, tanquam iniuste facientes in potestatem trade- ret ei, quem illorum manu par esset interire. Hæc igitur nemo est qui aliter accipiat. Quod vero Stesichorum audio dolere, quia insidiarum culpam in eius carmina Eubulus atque socii contulere, nolim, quasi ego hæc credam, eum moleste ferre. Si enim ad huius carmina attendissent, ut ipsi aiunt, non malitiæ desperatæ, sed uberrimæ bonitatis præmium tulissent.

LXXIV. Orsilocho.

Si, quod Pythagoras philosophus noluit ad me venire, quantumvis sæpe a me vocatus, calumniam mihi movit, sicut laudans cum dixisti, quod meam consuetudinem fugeret, omnino, quod venit et quintum iam mensem suavissime mecum agit, mea laus est. Apparet enim, ne minimam quidem diei partem eum mansurum fuisse, nisi suis ipsius moribus me quoque similem deprehen- disset.

LXXV. Leontidæ.

Immodicis usus es sermonibus ad Camarinæos, ad bellum mihi inferendum eos incitans. Probe autem hoc etiam a nobis scias, quum non satis eis persuaseris, non verbis inanibus nos te ulturos esse, quibus nobis iniuriam inferre videris, sed factis, quæ qui experti

οὐκ ἐπεβούλευσαν. τοῦτ' εἰδότες Καμαριναῖοι πεῖραν οὐ βούλονται λαβεῖν ὀργιζομένου Φαλάριδος· χαριζόμενος γὰρ αὐτοῖς ἡδίων ἔδοξα.

ος' Δημαράτῳ

Μὴ θαύμαζε τὸν Ἀλκίνου καὶ Δορυμένους θάνατον ὡς μετὰ πικρᾶς καὶ τυραννικῆς ὠμότητος πεπραγμένον· πολλῷ γάρ ἐστι θαυμαστότερον τὸν δὶς καὶ τρὶς ἀδείας ἀξιωθέντα ὑπὸ· τυράννου τότε κολασθῆναι.

οζ' Ἡγησίππῳ

Σὺ μὲν ἴσως καὶ ἄλλοι συγγενεῖς, ὅσοις μάλιστα ἀχθομένοις ἐστὶ τὸ φεύγειν Κλεισθένην, νῦν ἔγνωτε λακῶς βεβουλευμένον ἐπὶ τούτοις, ἐφ' οἷς ἀπεστέρηται τῆς πατρίδος, ὅτ' οὐδενὸς ἑτέρου καιρὸς ἢ μεταμελείας ἐγὼ δέ, ὅτε μάλιστα πολὺς ἐν ταῖς τοῦ πολιτεύεσθαι κενοδοξίαις ἦν, τότε τὰ μέγιστα ᾤκτειρον αὐτὸν καὶ ἐπέστελλόν γε περὶ τούτων μαρτυρόμενος οἷ τελευτήσοι. ὁ δ' ὑπὸ τῆς ἡδονῆς τοῦ τιμᾶσθαι γαυριῶν ἐκπαθὴς ἦν, λήρους ἡμᾶς ὑποπτεύων γράφειν οὐκ ὄντας ἐμπείρους δημοκρατουμένης πόλεως, μᾶλλον δ' οὐδὲ βουλομένους εἰδέναι τὸν ὑπὲρ τῆς πόλεως τὰ ἄριστα πράξαντα διὰ τὴν τυραννίδα, ἕως οὗ λαμπρότερον πνεύσας ἢ συνέφερε τοῖς ἰδίοις φυσήμασιν ἀνετράπη καὶ μετὰ ζημίας ἔγνω μεγάλης οὐ Φάλαριν ἀμαθῆ πόλεως εὐνομουμένης διὰ τὴν ἀρχήν, ἀλλ' ἑαυτὸν ἀγνῶτα δήμου διὰ τὴν πρόσκαιρον εὐπραγίαν (2) ἐπαγωγὸν γὰρ ὄχλος εἰς ἀτυχίας καὶ τὰς ἀρχὰς πρὸς τὰ τέλη διαφωνούσας ἔχων. ἐγὼ γοῦν καὶ πᾶς ὁ μὴ παραφρονῶν συρίττεσθαι μᾶλλον ὑπὸ πλήθους ἀκρίτου βουλοίμην ἂν ἢ τιμᾶσθαι τὸ μὲν γὰρ ἔχθος αὐτοῦ τάξινον τοῦ ἀφθῆναι σβέννυται καὶ οὐδ' ἐν οἷς ἀκμάζει καιροῖς ἐπιζήμιόν ἐστιν, ἡ δὲ τῆς εὐνοίας δόκησις φυγὰς ἢ θανάτους ἢ δημεύσεις ἢ τούτων γε μετριώτερον οὐδὲν φέρει. νὴ τὸν Δία τὸν μέγιστον, Ἡγήσιππε, ὡς ἴσμεν, οὕτως ἂν εἴπομεν πρὸς σέ· δῆμος ἅπας ἄτακτος, ἄνους, ἄπρακτος, ἑτοιμότατος ἐφ' ὅ τι ἂν τύχῃ μεταχθῆναι, ἄπιστος, ἀβέβαιος, ὀξύς, προδοτικός, ἐψευσμένος, φωνὴ μόνον ἀνωφελής, καὶ πρὸς ἔπαινον καὶ πρὸς ὀργὴν εὐχερής. τοῦτ' ἔστι τὸ μετ' ἐνδόξου προπηλακισμοῦ φθείρεσθαι, τὸ δήμῳ πολιτευόμενον ζητεῖν ἀρέσκειν· μεμήνασι δ' ὅμως τινὲς εἰς τοῦτο ἀνοήτῳ καὶ δυσκαθέκτῳ ὁρμῇ, μᾶλλον δὲ λύσσῃ χρώμενοι. (3) καὶ πολλοὶ παίδων ὄντες ἐρασταὶ τοσούτους κόπους οὐκ ἔσχον εἰς τέκνα, καὶ χαίροντες γάμοις οὐχ, οὕ-ως εἶδον ἀσμένως γυναῖκας, καὶ φιλόπλουτοι φύντες οὐ παραπλησίως ἔστερξαν χρήματα, καὶ φ'λοπλοι καὶ μαχηταὶ καὶ φιλιππότεροι νίκης ἕνεκα τῶν ἐν Ὀλυμπίασιν ἀγώνων οὐκ ἐπὶ τοσοῦτον ἥσθησαν ἑκάστοις τούτων, ὡς οἱ ἀθλίαν δόξαν καὶ τιμὴν ἀνόνητον καὶ κρότον ἐπὶ ζημίᾳ τῇ ἑαυτῶν ἀγρεύοντες· τοῖς δὲ τῶν τοιούτων ἐρασταῖς οἱ μὲν οἰκεῖοι συναχθεσθεῖεν

---

sunt, in posterum insid.ari desierunt Hoc quum sciant Camarinæi, irascentis Phalaridis experimentum facere nolunt gratificans enim iucundior is soleo videri

LXXVI. Demarató

Noli mirari Alcinoi et Dorymenis mortem quasi cum dira et tyrannica crudelitate perpetratam multo enim mirabilius est bis torque veniam adeptum a tyranno tum demum pœnas aliquem dedisse

LXXVII Hegesippo

Tu fortasse aliique cognati, qui inprimis dolent Clisthenis exilium, nunc demum de eis, ob quæ patria expulsus est, male consultum fuisse cognoscitis, quum iam nullus nisi pœnitentiæ locus sit relictus Ego vero, quum maxime arderet vano reipublicæ gerendæ studio, tunc potissimum eius miserebar et litteris testabar, quis futurus esset exitus Is autem honoris cupiditate captus prorsus intemperanter se gerebat, nugas nos suspicans scribere, imperitos civitatis a populo regendæ,* immo ne volentes quidem optime de civitate meritum scire ob tyrannidem, usque dum maiora spirans quam conduceret suo ipsius spiritu everteretur, magnoque cum detrimento disceret, non Phalarin esse rudem civitatis bene legibus institutæ propter imperium, sed semet ipsum ignarum populi propter temporarium rerum successum (2) Hoc enim habet vulgus, ut in calamitates alliciat, nec respondeat in eo exitus principio Ego quidem et quivis, qui non desipit, exsibilari mallem a cæca multitudine quam honoribus ornari nam odium eius citius, quam deperdit, extinguitur, ac ne tum quidem, quum ferret maxime, damnosum est, favoris vero opinio exilia aut mortes aut publicationes aut his quidem moderatius nihil fert Per Iovem maximum, Hegesippe, ex animi sententia dicemus . populus omnis incompositus, amens, desidiosus, ad consilium mutandum promptissimus, infidus, inconstans, iracundus, perfidiosus, fallax, vox tantum inutilis, et ad odium et ad laudem facilis Hoc est cum gloriosa contumelia perire, populo in regenda republica placere velle Est tamen is quorundam furor, ut insano et effrenato impetu, immo vero rabie in id ferantur (3) Ac multi, qui liberos amant, tanto desiderio prolis non tenentur, nec nuptiis gaudentes tam cupide spectare feminas, nec qui divites esse cupiunt similiter pecunias amare, nec studiosi armorum, perficiosiet equorum alendorum cupidi victoriæ caussa in ludis Olympicis reportandæ tantam voluptatem capere e singulis horum solent, quantam qui miseram gloriam honoremque inutilem ac plausum suo ipsorum venantur detrimento Qui vero talia amant, cum iis necessarii doluerint quam vehementissime, inimici autem

ἂν ὡς ἕνι μάλιστα, οἱ δ' ἐχθροὶ τὰ μέγιστα πάντων
ἐψηϑεῖεν. ὑμεῖς δὲ παραμυθεῖσϑε μὲν Κλεισϑένη
συγγενεῖς ὄντες, εἰ ἄρα δυσϑύμως ἔχει, ὡς ἀνθρώπινόν
τι πεπονϑότα, ἀποτρέπετε δ' ἐπὶ τοῖς αὐτοῖς φιλοτι-
μεῖσϑαι ὡς ἀνήκεστα ἡμαρτηκότα.

οη'. Στησιχόρῳ.

Νικοκλῆς ὁ Συρακούσιος (οὐκ ἀγνοεῖς δ' ἴσως ὃν
λέγω, διὰ γὰρ ἐπιφάνειαν οἰκείαν οὐκ ἔστι τῶν ἀγνοη-
θῆναι δυναμένων ὑπὸ Στησιχόρου) γυναικὸς ἀποϑα-
νούσης αὐτῷ μέγα προσφάτως καὶ περιττὸν περιτέ-
θειται πένθος. εἰκότως· ἔτυχε γὰρ τὴν αὐτὴν ταύτην
ἀδελφιδῆν ἔχων καὶ γυναῖκα. οὗτος ὁ Νικοκλῆς
(ᾔδει γάρ, ὡς ἔοικεν, ὅσοις πρὸς ἀλλήλους κεχρήμεθα
πόϑοις) πέμψας πρός με Κλεόνικον τὸν ἀδελφὸν αὐτοῦ
ἠξίου ὅπως σου δεηθείην ἔπαινον ἐν ποιήσει διαϑέ-
σϑαι περὶ τῆς ἀνθρώπου. καὶ γάρ, ὡς πυνθάνομαι
Συρακουσίων, πᾶσάν τε τὴν ἄλλην ἀρετήν, πρὸς δὲ
καὶ τὴν ἀνωτάτω σωφροσύνην αὐτῇ μαρτυρούντων,
οὐκ ἔστιν ἀνάξιος ὑπὸ τοῦ σοῦ στόματος ὑμνηϑῆναι.
(2) πεφύλαξαι μὲν οὖν γράφειν εἰς τοὺς κατὰ σεαυτὸν
ἀνθρώπους, ἵνα μὴ δόξῃ σού τις ὠνίαν εἶναι τὴν
ποίησιν· ἔστι δὲ Κλεαρίστη, φιλότης, οὐδὲ αὐτὴ καϑ'
ἡμᾶς, εἰς τὸ χρεὼν ἀπηλλαγμένη. μὴ δὴ τὸ σύνηϑές
σου τῆς γνώμης προβαλλόμενος ἀποστραφῇς μου τὴν
δέησιν· οὐδὲ γὰρ εἰκὸς ἀτυχῆσαι παρὰ Στησιχόρου
Φάλαριν αἰτησάμενον, οὐχ ὅτι χάριτας ὀφείλεις ὑπέρ
τινος, ἀλλ' ὅτι τὴν πεπιστευμένην δόξαν ἀξιοῦμεν ὑπὸ
σοῦ βεβαιωθῆναι. δὸς δή μοι προφανῶς χάριν τῆς
σαυτοῦ φύσεως ἀφθόνως, αἰτουμένῳ μὲν ἃ δώσεις εἰς
ἐμαυτόν, ληψομένῳ δὲ εἰς φίλον. (3) λοιπόν, εἴγε
νένευκας ἐπὶ τὴν χάριν, Κλεαρίστην γράφε Συρακου-
σίαν τὸ γένος, Ἐχεκρατίδου πατρός, ἀδελφιδῆν οὗ
γεγράφαμεν καὶ γυναῖκα, ἑκκαίδεκα συνεζηκυίαν ἔτη,
τριακοστὸν δὲ ζήσασαν, δυοῖν παίδων μητέρα, τεθνη-
κυῖαν δὲ ἐκ διαφθορᾶς. τὰ μὲν κεφάλαια τῶν ὑπο-
θηκῶν ταῦτα, ἐπιπνευσθείης δὲ εἰς τὰ κατὰ μέρος τῆς
γραφῆς ὑφ' ὧν κατέχῃ θεῶν, καί σου τὴν ἱερὰν καὶ
ὑμνοπόλον κεφαλὴν ἡ Μουσῶν συγγένεια κοσμήσειεν
ἄλλαις τε ὑμνῳδίαις καὶ τῇ νῦν ὑφ' ἡμῶν εἰς Κλεαρί-
στην ἐπεσταλμένῃ.

οϑ'. Τῷ αὐτῷ.

Τῶν μὲν ἐπὶ Κλεαρίστῃ μελῶν πολλή σοι καὶ με-
γάλη χάρις ἀποκείσεται. καὶ γὰρ ἐπέδωκας σεαυτὸν
εἰς ἃ παρεκάλουν, καὶ ταῖς κατὰ μέρος οἰκονομίαις
ὑπερφυῶς συνηνέχθης, καὶ τὸ σχῆμα τῆς γραφῆς θαυ-
μαστῶς ἡδοκίμησεν, οὐ παρ' ἐμοὶ μόνον (ἐγὼ μὲν γὰρ
ἐπὶ πᾶσιν ὁμοίως ἄγαμαι τοῖς Στησιχόρου) ἀλλὰ καὶ
τοῖς συνακούσασιν Ἀκραγαντίνοις πολλοῖς γενομένοις.
εἴσονται δὲ οὐχ οἱ τὸ παρὸν ἀκηκοότες, οὐδ' ὅσοι νῦν
εἰσίν, ἀλλ' ὅσους ὁ μεϑ' ἡμᾶς οἴσει βίος. ἡ μὲν οὖν
ὑπὲρ ταύτης σου τῆς ποιήσεως χάρις, ὡς ἔφην, ὀφεί-

maxime omnium fuerint lætati. Vos vero consolamini
Clisthenem, quum sitis cognati, si quidem animo afflic-
tus est, tanquam humani aliquid passum, et dehorta-
mini, ne iisdem rebus se efferat, tanquam insanabili er-
rore lapsum.

LXXVIII. Stesichoro.

Nicocles Syracusius (non ignoras opinor quem dicam :
nam propter splendorem domesticum non est ex iis, qui
ignorari a Stesichoro possunt) mortua uxore magnum
nuper et incredibilem percepit luctum. Nec iniuria :
habebat enim eandem illam neptem et uxorem. Hic Ni-
cocles (noverat enim, ut videtur, quanto nos invicem
amore prosequamur) misso ad me Cleonico fratre suo
iussit a te petere, ut mulieris laudationem versibus com-
poneres. Etenim ut audio ex Syracusiis quum reliquas
virtutes eius omnes, tum summam pudicitiam suo tes-
timonio confirmantibus, non est indigna quæ tuo canatur
ore. (2) Cavisti quidem in tuæ ætatis homines scribere,
ne quis opinaretur venalem tuam esse Musam : est autem,
amice, Clearista ne ipsa quidem ætatis nostræ, postquam
fato concessit. Noli itaque sub consuetudinis tuæ obtentu
precibus meis repugnare : neque enim par est Phalarin,
quum petat a Stesichoro, repulsam pati, non quod pro
beneficio aliquo debes gratiam, sed quod conceptam
opinionem volumus a te confirmari. Palam igitur in me
ingenii tui confer gratiam, petentem quidem quæ dabis
meo, accepturum vero amici nomine. (3) Ceterum, si
quidem ad gratificandum propensus es, depinge Cleari-
stam genere Syracusiam, Echecratidis filiam, neptem
eius quem scripsimus et uxorem, sedecim annos viro
iunctam, triginta natam, duorum liberorum matrem, ex
abortione mortuam. Atque hæc quidem argumenti ca-
pita. Afflentur autem tibi singulæ picturæ partes a
deabus, a quibus possideris, ac sacrum tuum et poeti-
cum caput Musarum cognatio quum aliis cantibus
ornet, tum eo, de quo nunc scripsimus, in Cleari-
stam.

LXXIX. Eidem.

Pro cantibus in Clearistam multa tibi magnaque habe-
bitur gratia. Etenim ad quæ hortabar, temet præbuisti,
partesque singulas disposuisti supra quam dici potest
apte; et forma picturæ miram retulit laudem, non apud
me solum (ego enim pariter omnia Stesichori admiror),
sed et, qui una audiverunt, Agrigentinos, qui multi
fuere. Intelligent autem, non qui modo audiverunt nec
quotquot nunc sunt solum, sed quotquot ventura feret
ætas. Ac pro hoc quidem carmine tuo gratia, sicut dixi,

λεται ὑπ' ἐμοῦ, κεχάρισαι δὲ διὰ τῆς ἐμῆς ἀξιώσεως
τοῖς τε νῦν οὖσι καὶ τοῖς ἐσομένοις ἀνθρώποις καὶ
ταύτην τὴν μελῳδίαν. περὶ δ' ἐμοῦ καὶ τῶν ἐμῶν
(τοιοῦτο γάρ τι διὰ τῆς ἐπιστολῆς ἐδήλους) πρὸς
ἑταιρείου Διὸς καὶ κοινῆς ἑστίας μηδὲ ἐν ἐν ποιήσει,
μήθ' ὡς κακὸς ἐγενόμην μήθ' ὡς ἀγαθός, ἐπιμνη-
σθῇς· ἐκμελὲς γάρ ἐστί μοι τοὔνομα διὰ τὰς τύχας.
γεγράφθω δὲ Φάλαρις ἐν αὐτῷ Στησιχόρῳ, εἴτε βελ-
τίων τῆς κατεχούσης ἐν ἀνθρώποις δόξης, εἴτε καὶ
τοὐναντίον ὑπείληπται.

π'. Κλεαινέτῃ καὶ Θεανοῖ.

Τὴν μὲν φιλοφροσύνην ὑμῶν ἀσμένως ἀποδέχομαι
τοσαύτῃ σπουδῇ βουλομένων ὀνομάσαι Φάλαριν, πα-
ραιτοῦνται δὲ αἱ τύχαι, κἂν ἡμεῖς συνηγορῶμεν· εὑ-
ρήσετε γὰρ ἀνεπίληπτον καὶ ἀκατηγόρητον ἐκ τοῦ
γένους ὄνομα αὐτῷ γεγεννημένον. ἐγὼ δὲ πολλὰ καὶ
μεγάλα διὰ πικρᾶς εἱμαρμένης ἀνάγκην ἀκουσίως
πραχθέντα μοι κατέγνωσμαι, καί τοὐμὸν ὄνομα δι'
οὐδὲν ἕτερόν ἐστιν ἐκμελὲς ἢ ὅτι νόμοις οὐ πείθομαι,
νόμος δέ εἰμι τοῖς ὑπηκόοις. ἣν δέ μοι χάριτος
ἀμοιβὴν προσφέρεσθε Φάλαριν ὀνομάζουσαι, ταύτην
εὐεργεσίαν ποιήσασθε, μὴ τοῦτο τιθέναι τὸ ὄνομα.

πα'. Ἐνναίοις.

Οὐ μεταμελόμενος ἐπὶ τῇ παρέσει τῶν χρημάτων, ὦ
ἄνδρες Ἐνναῖοι, τὴν ἐπιστολὴν ὑμῖν ταύτην ἐπέσταλ-
κα, ἀλλ' ἵνα βεβαίαν ἔχητε τὴν χάριν ἐπεξελθόντες τῇ
δίκη Περίανδρον· τοῦ γὰρ ἀληθῶς ἔχειν τὴν πόλιν,
ἀλλὰ μὴ προφάσει ψευδεῖ καταχρωμένην ἀποστερεῖν
τοὺς δεδανεικότας ἀπόδειξις ἔσται μοι τὸ τούτου τῆς
κλοπῆς ὑμᾶς καταψεύσασθαι. οὐ γὰρ ἔχει λόγον ὑγιᾶ,
τοὺς αὐτοὺς τοτὲ μὲν ὡς πενομένους πάρεσιν αἰτεῖσθαι
χρημάτων, τοτὲ δὲ ὡς πλουτοῦντας πολλὰ τῶν κοινῶν
εἰς τοὺς ἁρπάζοντας προέσθαι, ἀλλ' ἢ καὶ πρὸς τοὺς
δανειστὰς πλουσίους ὑμᾶς εἶναι δέον, ἢ καὶ πρὸς τοὺς
κλέπτοντας πένητας. (2) ἐὰν δὲ τὰ μὲν τῆς πόλεως
χαρίζησθε τοῖς νοσφιζομένοις ὡς περιουσιάζοντες, τὰ
δὲ τῶν δεδανεικότων ἀποστερῆτε διὰ τοὺς δημαγωγοὺς
ὡς ἀπορούμενοι, πρῶτον μέν, ὃ καὶ μεῖζόν ἐστιν,
ἀδικήσετε μηδενὸς ὑμῖν ἀδικεῖν ἐπιτρέποντος, ἔπειτα
πολλῷ δικαιότερόν ἐστιν ἃ πάρεισιν ὁ δεδανεικὼς
ὑμῶν ἔχειν οὐ δυναμένους διὰ τοὺς ἀφαιρουμένους, κο-
μίσασθαι τοὺς δεδανεικότα, ἢ Φαλάριδος ἐπ' ὀνόματι
δωρεᾶς χρεωκοπηθέντος Περίανδρον ἀδεῶς κεκερδακέ-
ναι τὰ τοῦ παρεικότος. ὥσθ' ὑμῖν πάρεστιν ἢ σὺν τῷ
σῶσαι τὰ σφέτερα κύρια ἔχειν καὶ τὴν ἀπ' ἐμοῦ
χάριν, ἢ μετὰ τῆς τῶν ἰδίων χρημάτων ἀπωλείας
πραχθῆναι καὶ τὰ παρειμένα.

πβ'. Τιμάνδρῳ.

Τῆς ἐν Καμαρίνῃ πολιτείας κατ' ἐμοῦ, μὴ πεπει-

Mei vero mearumque rerum (tale enim aliquid litteris
tuis significabas), per sodalitium Iovem communesque
lares, ne in carmine quidem, neque quam sim malus
neque quam bonus, mentionem feceris : absonum enim
meum nomen est propter calamitates. Esto vero Pha-
laris inscriptus in ipso Stesichoro, sive melior opinione,
quæ inter homines invaluit, sive contrarium etiam sta-
tuatur.

LXXX. Cleænetæ et Theano.

Benevolentiam vestram libenter accipio, quum tanto
studio Phalaridis nomen vultis usurpare, fortuna vero id
prohibet, etiamsi nos assentiamur : invenietis enim incul-
patum ei atque irreprehensum nomen a maioribus obti-
gisse. Ego vero multorum mihi magnorumque, quæ
duri fati necessitate coactus invitus commisi, factorum
conscius sum, neque aliam ob caussam invisum meum
nomen est, quam quod legibus non obtempero, verum
ipse lex sum subditis. Quam vero gratiam mihi refertis
Phalarin appellantes, eam in beneficium vertetis, si ab
hoc nomine abstineatis.

LXXXI. Ennensibus.

Non quod remissæ pecuniæ me pœniteat, Ennenses,
epistolam hanc vobis misi, sed ut firmum habeatis in ius
vocato Periandro beneficium. Nam revera habere civita-
tem, sed falso sub prætextu privare creditores ex eo mihi
apparebit, si falso eum furti accusaveritis. Hoc enim
sana omni caret ratione, eosdem modo tanquam pauperes
debiti remissionem petere, modo tanquam divites publi-
corum bonorum multa permittere diripienda, verum aut
erga creditores etiam vos divites esse oportet, aut erga
peculatores etiam pauperes. (2) Si vero civitatis bona
tanquam copiis affluentes surripientibus gratificemini,
creditores autem suis propter demagogos tanquam egeni
spolietis, primum, id quod et maximum est, iniuriam
facietis, etsi nemo ut iniuriam faciatis vobis permittet,
deinde multo est iustius, cum remissam a debitore pe-
cuniam propter eos qui auferunt retinere non possi-
tis, atque recipere eam creditorem, quam Phalaride
doni nomine ære suo fraudato Periandrum impune lu-
crari quæ eius sunt qui remisit. Itaque in vobis est,
aut una cum servandis vestris pecuniis ratum habere et
a me præstitum beneficium, aut cum rei familiaris iac-
tura ea quoque exigi a vobis, quæ remissa sunt.

LXXXII. Timandro.

Eorum, quæ Camarinæ contra me molitus es, quum

σμένων Καμαριναίων μέγαν ὑπὲρ μικρᾶς αἰτίας ἐπά-
ρασθαι πόλεμον, νῦν μὲν ἴσως παραμυθίαν ἔχεις τὸ
κατ᾽ ἐμοῦ στρατιὰν ἀγείρειν· ὅταν δὲ τὸ κοῦφον ἐπι-
λίπῃ σε τῆς τεθείσης ἐλπίδος, τότε κατὰ τὴν ἀξίαν οὐχ
ὧν δέδρακας ἀλλ᾽ ὧν πέπονθας ἀνιάσῃ. καίτοι τί
σοι ὄφελος εἰς παραμυθίαν; εἰ μὲν γὰρ ἐμελλήσαμεν
δεῖσαι ὥσπερ ἐκπέπληξαι σύ, τάχ᾽ ἄν τινος εἴχου
λόγου διὰ τὸν ἐμὸν φόβον· νῦν δ᾽ εἰς τἄλλα μὲν οὐδ᾽
ὅσον ἡμᾶς ἐλύπησας, σὲ δὲ τῷ μηδ᾽ ἐναρμόσαι σεαυτὸν
τῷ παρ᾽ ἡμῖν ἀπολέσθαι βασανιστηρίῳ. οὐδεμιᾶς
γάρ σοι δεῖ τελευτῆς ἐπὶ τοιαύταις κολαζομένῳ συμ-
φοραῖς, ἀλλὰ καὶ τῆς κατὰ φύσιν ζωῆς, εἰ οἷόν τε,
μακροτέρου βίου.

πγ΄. Μελιταίοις.

Συμπέπεισμαι πρεσβευσαμένοις ὑμῖν δανεῖσαι χρή-
ματα, καίπερ πρὸς τὸ παρὸν οὐκ εὐπόρως ἔχων διὰ τὸ
συνεχῶς εἰς πολέμους ἀνηλωκέναι. ἀλλὰ προφάσεως
οὔ φασι δεῖν πρὸς φίλους. πάθοιτε δὲ μηδὲν ὅμοιον
τοῖς πολλοῖς, οἳ δανειζόμενοι μὲν τοῖς εὐφημοτάτοις
ὀνόμασιν ἀποχρῶνται, ἀπαιτούμενοι δὲ τοῖς χαλεπω-
τάτοις, ἔργον οὔτε δίκαιον οὔτε εὐχάριστον ποιοῦντες.
δεῖ γὰρ λαβόντα μεμνῆσθαι τῶν δεδωκότων καὶ μέχρι
τῆς ἀποδόσεως ὁμοίους ἡγεῖσθαι τοὺς δεδανεικότας, καὶ
εἴτε χρηστὸς εἴη, ὡς χρηστῷ διαλύεσθαι, εἴτε καὶ
φαῦλος, ὡς φαύλῳ. καὶ γὰρ ἐπιεικεῖ καὶ μὴ τοιούτῳ
δίκαιον ἀποδοῦναι τὸ πεπιστευμένον. (2) ἐγὼ μὲν
οὖν, ὦ Μελιταῖοι, καὶ ὅταν δανείζω καὶ ὅταν ἀπαιτῶ,
εἷς εἰμι καὶ ἐμαυτῷ παραπλήσιος, οἱ δανειζόμενοι δὲ
πρὸς τοὺς καιροὺς τὸν τρόπον ὥσπερ φασὶ τοὺς
χαμαιλέοντας τὰ χρώματα πρὸς τοὺς τόπους ἀλλάτ-
τουσι, καὶ λαμβάνοντες μὲν ὡς εὐεργέτην καὶ θεὸν
ἐπαινοῦσιν, ἀπαιτούμενοι δὲ τύραννον καὶ οὐ κα-
θαρὸν ἀποκαλοῦσιν. οἶδα δὲ καὶ τοῦτο, ὅτι πολλῷ
κρεῖττόν ἐστιν ἰδιώτῃ δανείσαντα χρεωκοπεῖσθαι ἢ
πόλει· ὑπὸ ἰδιώτου μὲν γάρ τις ἀποστερόμενος ἐχ-
θρὸν ἕνα προσκέκτηται, καὶ τοῦτον ἀσθενῆ· ὑπὸ δὲ
πόλεως ζημιοῦται μὲν οὐδὲν ἧττον, ἐχθροὺς δὲ
πολλοὺς ἔχει καὶ οὐχ ἕνα. οὐ μὴν καταγνοίην ἂν
ὑμῶν τοιόνδε τι, ἀλλ᾽ ἀνυπόπτως δίδωμι τὰ χρήματα·
τά τε γὰρ ἄλλα μνήμονας ὑμᾶς ἐπίσταμαι καὶ περὶ
τὰ συμβόλαια δικαιοτάτους καὶ πρὸς τοῖς ἄλλοις οὐδὲ
τοῦτο ἀγνοοῦντας, ὅτι κατηγορία μᾶλλόν ἐστι πολλῶν
ἀδικεῖν ἕνα ἢ ἑνὸς ὑπὸ πολλῶν ἀδικεῖσθαι. οὐ γὰρ
εἰκὸς ἕνα πολλῶν, πολλοὺς δ᾽ ἑνὸς καταφρονεῖν εὐ-
λογώτερον.

πδ΄. Μεσσηνίοις.

Οὐκ ἠγνόουν, ὅτι πέμψαντός μου τοῖς παρ᾽ ὑμῖν
θεοῖς ἀναθήματα, τρίποδάς τε Δελφικοὺς καὶ στεφά-
νους χρυσοῦς καὶ ἄλλα πολλὰ καὶ πολυτελῆ χαριστή-
ρια τῆς σωτηρίας, δυοῖν θάτερον ποιήσετε, ἢ τοῖς

---

non persuaseris Camarinæis magnum pro parva caussa
suscipere bellum, nunc fortasse solatium habes, quod
exercitum in me colligis : ubi vero quod habet vani spes
proposita te reliquerit, tunc uti par est non ob ea quæ
fecisti, sed quæ passus es dolebis. Quanquam quid
tibi prodest ad solatium? Si enim passuri essemus quæ
tu extimescis, fortasse aliqua niterere ratione pro-
pter meum metum : nunc vero in ceteris ne tantulum
quidem me læsisti, te vero, quod ne aptum quidem te
præbuisti, qui nostro perires tormento. Nulla enim tibi
opus est morte, quum tali calamitate puniaris, sed etiam
naturali, si fieri potest, longiore vita.

LXXXIII. Melitensibus.

Quas missis legatis petiistis pecunias vobis mutuo dare
adduci me passus sum, quamvis in præsentia non magna
mihi copia sit propter continuos in bella sumptus. Sed
caussa non opus esse aiunt in amicis. Ne vero similes
vos præstetis plurimis, qui quum sumunt mutuum, blan-
dissimis, quum vero appellantur, asperrimis nominibus
abutuntur, rem nec iustam nec grati animi agentes.
Oportet enim, qui accepit, memorem esse eorum qui
dederunt et, donec reddat, æquales existimare eos qui
mutuum dederunt, et sive sit bonus, ut bono, sive
pravus, ut pravo solvere. Nam et probo et non probo
creditum reddere æquum est. (2) Ego sane, Meliten-
ses, et quum do mutuum et quum repeto, idem sum
mihique similis, qui vero sumunt mutuum, ad tempora
etiam mores, sicut chamæleontes aiunt colores ad loca,
immutant, et quum accipiunt, ut beneficii auctorem at-
que deum laudant, quum appellantur, tyrannum et im-
purum contumeliose nominant. Verum et hoc scio,
multo melius esse, si privato mutuum dederis, fraudari
quam si civitati : nam a privato si quis spolietur, inimi-
cum unum sibi comparaverit eumque imbecillem; sin vero
a civitate, damnum non minus facit, inimicos autem
multos habet, non unum. Nec vero tale quid de vobis
metuo, sed sine suspicione do pecunias : nam et alias
memores vos scio et in contractibus iustissimos, præterea-
que hoc quoque haudquaquam ignorantes, maiorem in
reprehensionem incurrere multos uni iniuriam facientes
quam unum a multis iniuria affectum. Nam verisimile
non est unum multos, sed multos unum contemptui ha-
bere magis rationi consentaneum.

LXXXIV. Messaniis.

Non ignorabam, quum dona mitterem diis vestris,
tripodes Delphicos et coronas aureas atque alia multa et
pretiosa pro salute mea munera, alterutrum vos facturos
esse, aut diis pie consecraturos, aut hos privantes inter ·

θεοῖς εὐσεβοῦντες ἀναθήσετε, ἢ τούτους ἀποστερήσαντες
αὐτοὶ διανεμεῖσθε, ὅπερ δὴ καὶ δεδράχατε προσποιη-
σάμενοι γὰρ ἐμοὶ λοιδορεῖσθαι, ὡς τῶν ἀναθημάτων διὰ
τὸν κτησάμενον οὐ καθαρῶν ὄντων, τοὺς θεοὺς ἱεροσυ-
λήκατε. τί γὰρ διαφέρει τὰ καθωσιωμένα περι-
σπάσαντας ἀπενεγκεῖν ἢ τὰ κατωνομασμένα τοῖς θεοῖς,
ἐκείνων γὰρ ἀμφότερα ἦν καὶ οὐ τῶν πεπομφότων
(2) ἡ μὲν οὖν παρ' ἐμοῦ χάρις εἰς τοὺς θεοὺς καὶ ἡ
παρ' ὑμῶν ἀσέβεια παντελής ἐστι καὶ γὰρ ἐμὲ τὸν
δεδωκότα καὶ τοὺς ἁρπάσαντας ὑμᾶς ἴσασιν ἀρκεῖ
δέ μοι τοὺς τὰ τῶν θεῶν λαβόντας ἐναγεῖς ὑμᾶς·
ὁρᾶν γεγονότας τῇ τῶν ἱεροσυληθέντων ὀργῇ σὺν
γὰρ τοῖς ἄλλοις, δι' ὧν αὐτὰ κέρδος ἡγήσασθε, προσ-
ωμολογήκατε μηδὲν εἶναι μυσαρὸν τῶν ἀπεσταλ-
μένων, εἰ μὴ τὰ αὐτὰ κειμήλια διττὰς ἔχει τύχας.
ἂν μὲν ὑμεῖς αὐτὰ διανέμησθε, τὰς ἀμείνους, ἂν δὲ
τοῖς θεοῖς κομισθῇ, τὰς χείρους (3) πρὸς δὲ τού-
τοις ἑαυτοὺς ἐλέγχετε περιφανῶς ἠσεβηκότας οἱ μὲν
γὰρ ἄρχοντες τοῦ ψηφίσασθαι πολέμια εἶναι τὰ χρή-
ματα τὴν αἰτίαν ἐπὶ τὸν δῆμον ἀναφέρουσιν, ὑμεῖς δὲ
ὁ δῆμος ἐπὶ τοὺς ἄρχοντας, καὶ τὸ πάντων δεινότατον
τοὺς μὲν θεοὺς ὡς κακοὺς ἀνθρώπους προδότας ἂν γε-
νέσθαι λέγετε, εἰ δῶρα παρὰ τυράννου λάβοιεν, τοὺς
δὲ πολιτευομένους παρ' ὑμῖν, οἳ τρὶς οὐχ ἅπαξ
Μεσσήνην ὡς Ἀκράγαντά μοι ὑπὸ χεῖρα πεποιή-
κεσαν ἄν, εἰ χρήματα αὐτοῖς αἰτοῦσι προείμην,
οὐ κολάζετε. τὸ δ' αἴτιον, ὅτι κοινωνεῖτε τῆς αὐτῆς
προαιρέσεως καὶ οὐ δύνασθε τοῖς αἰτίοις ἐλευθέρως
ἐπεξελθεῖν πάντες γὰρ ἔνοχοι δωροδοκίας εὑρεθήσεσθε
οὐ μὴν ἀλλ' ἐγὼ μέν, ἵνα μὴ δοκῶ περὶ τῶν ἀναθη-
μάτων λέγειν μήτε παρ' ἐμοὶ μεμενηκότων μήτε τοῖς
θεοῖς ἀνατεθειμένων, οὐδεμίαν ποιήσομαι φροντίδα,
μετελεύσονται δὲ ὑμᾶς ἀξίως τῶν τετολμημένων οἱ
σεσυλημένοι καὶ περὶ ἐμοῦ καὶ περὶ ὧν εἰς αὐτοὺς
ἠσεβήκατε. ἔρρωσθε τὸ δὲ ἔρρωσθε διπλῆν παρέμφα-
σιν ἔχον, ἀγαθοῦ καὶ κακοῦ, μὴ ἀγνοεῖτε ὅτι πρὸς τὸ
χεῖρον γέγραπται

πε΄ Τιμωνακτι

Νενίκηκα τῷ πολέμῳ Λεοντίνους ἵνα δὲ τῇ λύπῃ
διαρκέσῃς καὶ μὴ πάντων ἀθρόως ἀκούσας ἀποκαρτε-
ρήσῃς, οὐκ ἔγραψά σοι περὶ τῶν ὅλων, ὅτι καὶ
Ταυρομενείτας καὶ Ζαγκλαίους συμμαχήσαντας αὐτοῖς
καὶ αὐτοὺς εἰς τέλος νενίκηκα, οὐδ' ὅτι λαβὼν ὑπὲρ
τῆς ἀφέσεως τῶν ἑαλωκότων τάλαντα ἑκατὸν ἀπελύ-
τρωσα τοὺς αἰχμαλώτους οὐ γὰρ ἐβουλόμην διὰ τὴν
ὑπερβάλλουσαν τῶν εὐτυχημένων μοι προσαγγελίαν
ἀπολουμένου σου τὸν οὐκ ὀρθῶς ὄντα δοκεῖν ἄνθρωπον
ἀνῃρηκέναι.

πς΄ Ἱερωνι.

Πολλὰ λέγειν ἔχων καὶ κατὰ σοῦ καὶ περὶ ἧς κατ'
ἐμοῦ πεφλυάρηκας ἐν Λεοντίνοις δημοκοπίας οὐδὲν

vos ipsos distributuros, id quod fecistis Simulantes enim
vos convicium mihi facere, quasi donaria propter eum,
qui possederat, impura essent, deos per sacrilegium
spoliastis Nam quid interest, consecrata diripueritis an
destinata diis? illorum enim utraque sunt, nec eorum
qui miserunt (2) Itaque et gratus meus in deos animus
et vestra impietas consummata sunt nam et qui dedit
me, et vos qui rapuistis sciunt Sufficit vero mihi, quum
diu non acceperint, piacula videre vos factos eorum, qui
per sacrilegium sunt spoliati, iræ præter enim quam
quod lucro ea duxistis vobis, nihil esse eorum quæ missa
sunt impurum confessi estis, nisi forte rerum pretiosarum
earundem duplex est conditio, si inter vos eas distribua-
tis melior, sin vero diis offerantur, deterior (3) Accedit
quod vos ipsos manifeste impietatis coarguitis nam ma-
gistratus caussam, cur hostiles esse istas res decreve-
rint, in populum conferunt, vos vero populus in magis-
tratus, et quod omnium est gravissimum, deos tanquam
malos homines proditores fore dicitis, si dona a tyranno
acciperent, eos vero, qui apud vos rempublicam regunt,
quique ter et non semel Messanam sicut Agrigentum mei
potestati subiecerint, si pecuniam eis petentibus largirer,
non punitis (4) Caussa hæc est, quod eiusdem propo-
siti participes estis, nec libere potestis reos iudicio per-
sequi nam omnes largitionibus corruptos esse appare-
bit Verum enimvero, ne videar de donariis dicere,
sive apud me mansissent, sive diis consecrata essent,
nihil equidem curabo, repetent vero a vobis dignas te-
meritate vestra pœnas qui spoliati sunt et mea caussa
et vestræ in ipsos impietatis Valete Quumque du-
plicem hoc valete significationem, boni et mali, habeat,
nolite ignorare, in deteriorem partem scriptum esse

LXXXV. Timonacti

Vici bello Leontinos Sed quo dolori par esses nec
universis simul auditis manum tibi inferres, non scripsi
tibi quod rem conficit, me et Tauromunitanos et Zan-
clæos, qui auxilium illis tulerant, ipsos etiam plane de-
vicisse, neque me acceptis pro eorum qui capti essent
libertate centum talentis redemptos captivos dimisisse
Nolebam enim, si incredibili rerum feliciter a me gestarum
nuntio accepto perisses, qui vere non esset hominem vi-
deri interfecisse

LXXXVI Hieroni

Quamvis multa habeam dicere et in te et de populari-
tate tua, qua fretus apud Leontinos in me nugatus es,

28

ἐρῶ περισσότερον πλὴν ὅτι κώνωπος ἐλέφας Ἰνδὸς οὐκ ἀλεγίζει.

πζ'. Ἀρισταινέτῳ.

Οὐ λυπεῖ με τὸ γῆρας· οὐ γὰρ ἡ τῆς τυραννίδος ἰσχὺς γεγήρακεν, ἀλλὰ Φάλαρις· λυπεῖς δέ με σὺ λίαν ὑπερφοβούμενός μου. τὸ γὰρ εἱμαρμένον ἥξει, κἂν Ἀρισταίνετος μᾶλλον ἢ δεῖ φοβηθῇ.

πολλῷ δὲ κρεῖττόν ἐστι μὴ δεδοικότα
παθεῖν τὸ μέλλον δεινὸν ἢ δεδοικότα,

ἵνα σοι καὶ μετὰ παραδειγμάτων ποιητικῶν ἐπιστέλλω.

πη'. Ἱμεραίοις.

Ἡμῖν μέν, ὦ Ἱμεραῖοι, τὴν γνώμην τὴν ἑαυτῶν καὶ σφόδρα δήλην ἐποιήσατε, ὅτι ὑμῖν οὐδὲν διαφέρει Φάλαριν ἐχθρὸν ἢ φίλον εἶναι. τὸ θεῖον δὲ καλῶς ἐποίησε, καὶ πείθομαι ὅτι ἔχω ἰσχυρὸν παρ' αὐτοῦ σύμβολον τοῦ ὅτι καὶ τἄλλα χωρήσει μοι κατὰ νοῦν. ἐγὼ δὲ Κόνωνα μέν, ὥσπερ καὶ πρότερον ὑμῖν ἐπέστειλα, ἀποσφάξαι εὐθέως ἐκέλευσα, εἰδὼς πονηρὸν ὄντα καὶ οὔτε γονέας αὐτῷ οὔτε συγγενεῖς ἐν τῇ πόλει ὄντας. Δρωπίδαν δ' ὑμῖν ἀπέπεμψα τιμήσας ὡς ἐνῆν· οὔτε γὰρ πονηρὸς ὑμῖν, οὔτε ἠδικηκὼς ἡμᾶς οὐδέν. περὶ δὲ Στησιχόρου βουλευσόμεθα.

πθ'. Νεολαΐδᾳ.

Οὐδὲν ἄχαρι βούλομαί σε παθεῖν ὑπ' ἐμοῦ· πλείω γὰρ εὑρίσκω σοι τὰ ἀγαθὰ πεπραγμένα τῶν χειρόνων. διὸ καὶ τοῦτό σου τῶν βελτιόνων ἓν γενέσθω, τὸ μὴ προσαναγκάσαι με τῷ χαλεπωτέρῳ τῆς ψυχῆς κατὰ σοῦ χρήσασθαι πάθει.

ζ'. Μνησικλεῖ.

Τῆς μὲν εὐτυχίας ὡς μάλιστα συνήσθημεν ἀκούσαντες, εἰ καὶ σφόδρα σοι βουλομένῳ υἱὸν ποιήσασθαι θυγάτηρ ἐγένετο. καὶ νομίζομεν αὐτὴν τοσοῦτον ποθεινοτέραν γενέσθαι σοι, καθ' ὅσον ἀνθ' υἱοῦ γέγονε· πέφυκε γὰρ θυγάτηρ μᾶλλον ἀρρένων παίδων περὶ πλείστου ποιεῖσθαι γονέας. τὰς δὲ δωρεὰς τὰς παρ' ἡμῶν τότε ἂν ἀσμένως δόξειας λαμβάνειν, ὅταν μὴ μόνον ἃ πέμπομεν προθύμως ἀπόδεχῃ, ἀλλὰ καὶ ὧν δεῖ σοι ἀγνοούντων ἡμῶν ἐπιστέλλῃς. δεῖ δέ σοι καὶ πλειόνων ἤδη νυνὶ καὶ πολυτελεστέρων διὰ τὴν θυγατέρα.

ζα'. Ἀλκάνδρῳ.

Μήτε σὺ μήτ' ἄλλος ἀνθρώπων μηδεὶς ἐμὲ καταδείσειν λόγοις οἰέσθω, κἂν μηδεὶς εἴπω, ἀλλὰ μηδ' ἔργοις· ἐλπιζέτω· πολέμων γὰρ ἔμπειρος ὢν καὶ οὔτ' ἐπ' ἀδίκοις οὔτε παρὰ δύναμιν θρασυνόμενος, καὶ

---

nihil dicam amplius quam elephantem Indicum non curare culicem.

Non molesta mihi est senectus : non enim tyrannidis vis consenuit, verum Phalaris; tu vero mihi valde es molestus, dum mihi metuis. Namque veniet fatum, etiamsi plus æque Aristænetus metuerit.

Futura fata convenit multo magis
nihil timentem quam timentem perpeti,

ut et cum poeticis exemplis tibi scribam.

LXXXVIII. Himerensibus.

Sententiam vestram vel maximo manifestam nobis fecistis, Himerenses, quod vestra nihil interesse existimatis, Phalarin inimicum an amicum esse. Bene autem fecit divinum numen, credoque me certum ab eo omen habere hoc, reliqua quoque ex animi sententia mihi successura. Ego vero Cononem , ut et antea vobis scripsi, statim iugulari iussi, quum scirem, improbum esse neque parentes ei et cognatos in civitate. Dropidam vobis remisi honore, quantum poteram, affectum; neque enim improbus in vos, neque in nos fuit unquam iniuriosus. De Stesichoro deliberabimus.

LXXXIX. Neolaidæ.

Nihil acerbi volo te a me pati : plura enim te invenio bona quam mala perpetrasse. Quare etiam hoc ex bonis tuis unum esto, ut ne me cogas atrociore animi in te uti affectu.

XC. Mnesicli.

Accepto nuntio optatissimo quam maxime tecum lætati sumus, etiamsi vehementer filium optanti filia tibi nata sit. Atque eam tanto desiderabiliorem tibi natam credimus, quod pro filio nata est. Natura enim filia ita comparata est, ut masculis liberis plus parentes colat. Dona vero nostra tunc libenter visus fueris accipere, quum non solum quæ mittimus prompto animo accipias, verum etiam quibus opus tibi sit nobis ignaris scribas. Opus habes autem pluribus iam nunc et pretiosioribus propter filiam.

XCI. Alcandro.

Neque tu neque alius hominum quisquam timorem mihi incussurum se verbis facile putato, etiamsi nihil dicam, nedum ut factis speret : nam et bellorum peritus et neque in rebus iniustis nec supra vires audax, et va-

οὓς καιροὺς ῥοπὰς ἀγχιστρόφους καὶ ἑτεροκλινεῖς εἰ-
ὡς ἔχοντας, ἔτι δὲ τὰς τύχας ἀδεβαίους εἰπεῖν μᾶλλον
κανώτερος πεφυκὼς ἢ ἀκοῦσαι, θαρρῶ μὲν ἐπ' ἐμαυτῷ
σου οὐδεὶς τῶν ὄντων, πιστεύω δὲ τῷ δαίμονι πρὸς
:ηδένα τῶν ἀδικησάντων ἐλαττον σχήσειν. ἔχω γὰρ
ἀρ' αὐτοῦ πίστιν ἰσχυρὰν τὸ πάντας ἐφ' ἡμῖν ποιῆσαι
οὓς ἐπιβουλεύονσας.

ϟβʹ Στησιχόρῳ

Ἀκούω σε καὶ εἰς Ἀλούντιον παρεληλυθέναι καὶ εἰς
Ἀλαισαν καὶ χρήματα ἀγείρειν καὶ στρατιώτας παρα-
αμβάνειν πέμποντα κατὰ τὰς πόλεις, καὶ ταῦτα
υντάττειν ἐφ' ἡμᾶς οὐκ ἄρ', ὦ Στησίχορε, παύσῃ
ἧς ἀκρασίας τοῦ πολιτεύεσθαι τηλικοῦτος ὤν, οὐδὲ
ἰσχύνῃ τὰς θεάς, ὧν ζηλωτὴς μὲν εἶναι καλλωπίζῃ,
ὑμαίνῃ δ' αὐτὰς ἐν οἷς πολιτεύῃ πρὸς ἄνδρας ἀμεί-
ονς, οὐδ' ἐλεεῖς τοὺς παῖδας οὐ πολὺ ἀποδέοντας
νδρας εἶναι ἤδη, ἀλλὰ τροπετὴς εἶ ἀκμήν, μέλλων
ὑτοῖς ἐχθρὸν ἐπιτειχίσειν οὕτω βαρύν, ὃς αὐτοὺς ἐκ-
ρίψει πίτυος δίκην, καὶ τοὺς μὲν τῶν Ἀχαιῶν νόστους
υνθάνομαί σε συγγράφειν χαί τισι τῶν ἡρώων ἐκείνων
δουλίαν ἐπιτιμᾶν ἱκανῶς ὅπως δ' αὐτὸς ἀπονοστήσεις
παθῆς ἐξ Ἀλαίσης εἰς Ἱμέραν οὐδὲν φροντίζεις· ἀλλ'
ὖ ἴσθι, ὅτι μένουσί σε καὶ Καφηρίδες πέτραι καὶ
Πλαγκταὶ καὶ Χάρυβδις [καὶ ὁ ναύπλιος στόλος], καὶ
ὸκ ἂν ἐκφύγοις ὅλως τὰς ἐμὰς χεῖρας, οὐδ' ἂν εἰ θεῶν
ἔ τις καθ' ὑμᾶς τοὺς ποιητὰς ἀιστώσειεν.

ϟγʹ Ἱμεραίοις

Ἀπελύσαμεν Στησίχορον, ὦ Ἱμεραῖοι, παρέντες
ὑτῷ τῶν πεπολιτευμένων πρὸς ἡμᾶς τὰς αἰτίας, οὐ
ι' ὑμᾶς ἐξιοῦντας, ὡς ὑμῶν γε ἕνεκα κἂν ἀπωλώλει
ολλάκις οὐχ ἅπαξ, ἀλλὰ ταῖς θεαῖς αὐτὸν ἀφήκαμεν,
ἷς ἐστι κατάσχετος, καὶ ὅσοι ἔχουσι τὴν Ἱμερίδα
ἦν θεοί τε καὶ ἥρωες· οὐδὲν γὰρ ἔχω ἐκείνοις ἐγκα-
εῖν, εἰ καὶ ὑμῖν πάνυ πολλά. καὶ αὐτοὶ δὲ ὑμεῖς
στε, οἷα ἐπεχείρησε ποιῆσαι κακά. ἀλλ' ᾐδέσθην
ἱρὸν ἄνδρα καὶ κατὰ σοφίαν εὐκλεᾶ καὶ ταῖς Μούσαις
ς ἀληθῶς καταπεπιστευμένον συγκατατάξαι τῷ
ὄρυφῳ καὶ βδελυρῷ Κόνωνι καὶ βιάσασθαι ἀποθανεῖν,
ις εἶδέ γε καὶ τὴν μοῖραν ἐπέχειν τῶν τοιούτων ἐνῆν
αὶ ὑμῖν δὲ ἐπισκήπτω λιπαρῶς ὡς οἷόν τε, ὦ Ἱμε-
αῖοι, μὴ κατασύρειν αὐτὸν εἰς ἐκμελῆ καὶ ἀπῳδὰ τῶν
σχάτων αὐτοῦ πολιτευμάτων. (2) καὶ γὰρ οὐδὲ αὐτὸς
κὼν εἶναι παραδίδωσιν ἑαυτόν, ὡς πυνθάνομαι παρὰ
ῶν εἰς Ἀλαισαν ἀφικνουμένων, ἀλλ' ἥττων ὢν τῆς
μετέρας ἀγνωμοσύνης καὶ βίας. παύσασθε οὖν βια-
όμενοι αὐτὸν καὶ χρῆσθε τοῖς ἐπιτηδειοτέροις, Στη-
ίχορον δὲ ἄνετον εἶναι καὶ σχολάζειν τῇ λύρᾳ
ῆ ἑαυτοῦ ἄφετε καὶ μὴ ὁμοίους ἐμοὶ ἐχθροὺς αὐτῷ
ατασκευάζετε, οὐχ ὁμοίως ἴσως αὐτῷ προσοισομένους,
ἰ δὲ δεῖσθε πάντως τῶν πρὸς ἡμᾶς πολιτευομένων,

---

ria temporum sciens momenta et mutabilia, prætereaque
ad narrandam fortunæ inconstantiam quam ad audien-
dam aptior, confido mihimet quantum eorum qui sunt
nemo, ac deo credo, me nemini eorum, qui iniuriam
intulerunt, inferiorem fore. Pignus enim certum ab eo
mihi est hoc, quod omnes, qui insidias struxerunt, no-
bis subiccit

XCII Stesichoro

Audio te et Aiuntium profectum et Halesam pecunias
cogere et copias contrahere civitatibus imperatas easque
in nos instruere. Non ergo desistes, Stesichore, tam
senex ab intemperanti reipublicæ gerendæ cupiditate?
neque revereris deas, quarum cultorem te esse iactas,
sed ipsas iniuria afficis, dum rempublicam geris adversus
viros meliores? neque liberorum misereris, qui iam ad
virilem ætatem prope accesserunt, sed imprudens es,
hostem illis oppositurus tam gravem, qui eos exscindet
ut qui pinum? et Achæorum quidem reditus audio
te conscribere et heroum illorum nonnullis consilii ino-
piam satis exprobrare. tu vero quomodo ipse Halesa
Himeram incolumis rediturus sis nihil curas. Scias
autem, te manere et Capbarea saxa et Planctas et Cha-
rybdin, nec meas manus facile effugeris, ne si deorum
quidem aliquis, ut cum vobis poetis loquar, te occulta-
verit.

XCIII Himerensibus

Absolvimus Stesichorum, Himerenses, remissa ei eo-
rum, quæ in republica adversus nos gessit, culpa, non
propter vestram petitionem, nam ad vos quod attinet vel
sæpenumero, non semel perisset, verum deabus eum
remisimus, a quibus possidetur, et quotquot agrum Hi-
merensem habent dii et heroes. nihil est enim cur hos,
etiamsi multa sunt cur vos accusem. Neque ipsi vos
ignoratis, qualia mala facere aggressus sit. Sed reveritus
sum virum sacrum et sapientia clarum et Musis revera
concreditum in eodem numero habere cum Conone,
exoleto et impuro homine, et ad mortem subeundam
cogere. atque utinam talium quoque cohibere liceret
fatum. Ac simul vos impense quantum possum rogo,
Himerenses, ne abripiatis eum ad absona et absurda,
quæ novissima eius fuerunt, reipublicæ gerendæ studia.
(2) Neque enim ipse voluntarius se tradit, ut ab eis audio,
qui Halesam veniunt, sed vestra victus iniquitate et vio-
lentia. Desistite igitur a vi ei inferenda et utimini aptio-
ribus, Stesichorum vero sacrum esse ac lyræ suæ vacare
sinite, nec similes mihi hostes ei subornate, non similiter
fortasse eum tractaturos. Sin vero omnino socius in ge-

προχειρίσασθε τοιούτους ἑτέρους ἐξ ὑμῶν τινάς, οὓς ἐγὼ λαβών, ὡς ἂν ἐμοὶ φίλον ᾖ καὶ ἐμῇ ψυχῇ κεχαρισμένον, μετ' οὐδεμιᾶς δεισιδαιμονίας καταχρήσομαι.

ϙδ'. Στησιχόρῳ.

Τυραννοῦμεν, ὦ Στησίχορε, καὶ οὐχ Ἱμεραίων, ἀλλὰ Ἀκραγαντίνων, ὥστε σοι πολλὴν εἰδέναι χάριν, ὅτι ἀφελόμενος ἡμᾶς ἐλάσσω ἀρχὴν τὴν μείζω ἔδωκας. εὖ μέντοι ἴσθι, ὅτι καὶ οἱ ἐν Ἀκράγαντι ἄρχοντες τοὺς ἐν Ἱμέρᾳ ἐχθροὺς ἀμύνεσθαι δυνησόμεθα.

ϙε'. Αὐτονόῃ.

Ἔπεμψά σοι τὸ ἀργύριον οὐδ' ὅσον ἐπαναβαλόμενος μετὰ τὸ λαβεῖν τὰ γράμματα, νομίζων οὐ χάριτος εἶναι τὸν καιρὸν μόνον, ἀλλὰ καὶ τάχους. τρία μὲν οὖν τάλαντα, ὡς ἠξίους, ἐπεδώκαμεν, ὅπως καταθεμένη τὴν ὑπὲρ τοῦ παιδὸς ζημίαν λύσῃς τὰς φυγὰς αὐτοῦ, καὶ μὴ ἐπὶ πλέον ἀλητεύῃ· πείρᾳ γὰρ οἴδαμεν τὴν τοῦ φεύγειν ἀτυχίαν ὅσον ἐστὶ κακόν. τρία δὲ παρ' ἑαυτῶν ἀπεστείλαμεν, ἵνα τὰ δημιόπρατα τῆς οὐσίας ἀναλάβῃς. παραινῶ δὲ τοῦ λοιποῦ τῷ Κλεισθένει πολιτείας ἀπέχεσθαι καὶ μὴ τοιαύτας αἱρεῖσθαι πραγματείας ἐξ ὧν αἱ μὲν ὠφέλειαι πάσης γίνονται τῆς πόλεως, αἱ βλάβαι δὲ ἴδιαι τῶν προεστηκότων. (2) καὶ εἰ τὰ οἰκεῖα μὴ οἷά τε σωφρονίζειν αὐτόν, τοῖς ἐμοῖς παραδείγμασιν ἀνεψιαδοῦ πρὸς μητρὸς ὄντος χρήσθω, ὅτι κἀγὼ διὰ πολιτείας ἄγνοιαν ἐκπεσὼν τῆς πατρίδος οὐδὲ τύραννος ὢν ἴσχυκα κατελθεῖν. οὐδὲν δὲ τερπνὸν οὕτως ἡγοῦμαι τῆς ἀρχῆς ὡς ἀνιαρὸν τὸ φεύγειν τὴν πατρίδα. ταῦτα δ' ὑμῖν ἐπιστέλλω μὰ τοὺς θεοὺς οὐκ ἐφ' οἷς δέδωκα ἀλγῶν, ἀλλ' ἐφ' οἷς πεπόνθατε ἀνιώμενος, οὐδ' ὅπως μὴ πάλιν ποτὲ δῶ, ἀλλ' ἵνα ὑμεῖς μὲν εἰς μηδὲν κακὸν ἀξιώσητε λαβεῖν, ἐγὼ δ' εἰς εὐτυχίας αἰτούμενος ὑπὸ τῶν οἰκειοτάτων καὶ προθυμότερον καὶ πολυτελέστερον χαρίζωμαι.

ϙϛ'. Νικοφήμῳ.

Οὓς ἐν Λεοντίνοις κατελέγου δημηγορῶν καταιχισθέντας ἀπολέσθαι οἰκτίστως, ἐπιβουλεύσαντας ἀπωλέσαμεν. καὶ οὐδὲ τοῦτ' αἰσθάνῃ, ὅτι τοὺς ὑπ' ἐμοῦ τιμωρηθέντας παραφέρων οὐ μόνον αὐτὸς ἐπιβουλεύεις ἐμοὶ τοιαῦτα ἔχων παραδείγματα, ἀλλὰ καὶ Λεοντίνους πολεμεῖν ἀναγκάζων ὀκνηροτέρους ποιεῖς, ὅτι πρὸς τοιοῦτον ἐχθρὸν ἀδικοῦντες πολέμου ἄρξουσιν· ἀμήχανον γὰρ τὸν αὐτὸν καὶ μισεῖσθαι διὰ χαλεπότητα καὶ καταφρονεῖσθαι ἐπὶ μαλακίᾳ, εἴπερ ἀπέβη τὸ δόξαν. ἐπὶ τοιούτοις γὰρ ἄθλοις οὔτε φθονοῦμεν ὑμῖν οὔτε ἀποσυμβουλεύομεν φιλοτιμεῖσθαι.

ϙζ'. Λυσίνῳ.

Οὐ παύσῃ τῆς ἀβουλίας, ἀμαθέστατε Λυσῖνε, οὐδὲ

---

renda republica indigetis, tales e vobis alios eligite, quos ego ubi cepero, prout mihi libuerit ac meus in vos fuerit animus, sine ulla religione conficiam.

XCIV. Stesichoro.

Tyranni sumus, Stesichore, ac non Himerensium, sed Agrigentinorum, ut magnas tibi agam gratias, quod minore imperio nobis adempto maius dedisti. Certo autem scias, nos Agrigenti principes qui Himeræ sunt hostes ulcisci posse.

XCV. Autonoæ.

Acceptis litteris misi tibi argentum sine ulla mora, non beneficii solum, sed etiam celeritatis tempus esse ratus. Ac tria quidem talenta, uti petebas, largiti sumus, quo soluta pro filio mulcta exilio eum liberares, nec ille amplius oberraret: experientia enim novimus exulum infortunium quantum sit malum. Tria vero sponte misimus, quo publicata bona recuperares. Ceterum hortor Clisthenem, ut a republica abstineat, nec talia sectetur studia, in quibus commoda totius fiunt civitatis, damna vero propria eorum, qui præsunt. (2) Et si domestica eum non poterunt emendare, me consobrino a matre exemplo utitur, quod ego quoque reipublicæ ignoratione pulsus patria ne tyrannus quidem potui redire. Nec vero quicquam tam iucundum duco in imperio quam triste patriam fugere. Hæc vobis scribo per deos non ob ea quæ dedi dolens, sed ob illa quæ passi estis afflictus, neque ut nunquam rursus dem, sed ut vos in nullam malam rem accipere velitis, ego vero in prosperam fortunam rogatus a coniunctissimis et promptius et liberalius gratificer.

XCVI. Nicophemo.

Quos apud Leontinos ad populum instigandum recensebas excruciatos misere periisse, eos ob structas insidias perdidimus. Ac ne hoc quidem sentis, te enumorandis eis, qui a me puniti sunt, non solum ipsum insidiari mihi, quamvis talia exempla habeas, sed etiam Leontinos, dum bellare cogis, tardiores reddere, quia tali hosti iniuste bellum inferent. Nam fieri non potest, ut idem et ob crudelitatem odio et ob mollitiem sit contemptui, si quidem ad opinionem res cecidit. Talia enim præmia nec invidemus vobis, nec contendere de eis dissuademus.

XCVII. Lysino.

Non desistes a temeritate, stultissime Lysine, nec

φείσῃ σεαυτοῦ τριάκοντα ἔτη γεγονώς, βαρυτέρους
ἐχθροὺς ἢ δυνήσῃ μετὰ πολλῶν ἄλλων τοιούτων φέρειν
ποιούμενος, ἀλλ' ἔπη καὶ τραγῳδίας εἰς ἐμὲ γράφεις
ὡς ἀνιασόμενον, τὰ δ' ἀποτελέσματά σοι δεινότερα
πάσης τραγῳδίας φυλάξῃ μὴ γενέσθαι

ζη'. Ἐπιχάρμῳ

Ἀρκεῖς μόνος δικαίους ἡμᾶς νομίζων, κἂν μηδεὶς
ἄλλος λέγοντί σοι πείθηται εἷς γὰρ ἀνὴρ ἐμοὶ τοιοῦτος
ἁπάσης ἐστὶ Σικελίας μέτρον, τὸ δ' ἀνεξέταστον πλῆ-
θος ἐρημίας ὑπειλήφαμεν ἀναπλήρωμα, ὑφ' οὗ καὶ
τὸ ἀγνοεῖσθαι καὶ μὴ χρηστοτέρους δοκεῖν οὗ ἐσμὲν
τάχα οὐκ ἀνωφελές. οὐ δὲ πολλοὺς μὲν ἔχεις ὁμοίους
σεαυτῷ (τὴν γὰρ ἀρετὴν τῶν ἀνθρώπων, οὐ τὸν ἀριθμὸν
σκοπούμεθα), μεθ' ὧν ἔγνωκας ἡμᾶς καλοὺς κἀγαθούς
εἰ μέντοι καὶ μόνος ἦσθα, ἐπλουτοῦμεν ἀνθρώπων
μαρτύρων καὶ πλειόνων οὐ προσεδεόμεθα ἐπαίνων

ζθ Κεβρῶνι

Τί δήποτε θαυμάζοντές με τῶν τρόπων ὡς δειναῖς
χρώμενον αἰκίαις πρὸς τοὺς ἐπιχειροῦντας ἐξ ὑμῶν κατ'
ἐμοῦ τῷ τοιούτῳ οὐκ ἐκπέπληχθε, ἀλλὰ τὰς μὲν τύχας
ὀλοφύρεσθε τῶν τιμωρηθέντων, συμβούλους δ' αὐτοὺς οὐ
ποιεῖσθε μὴ ἀδικεῖν Φάλαριν, ἄμεινον μὲν οὖν κἀμοὶ
ἦν μὴ καθίστασθαι εἰς τοιαύτης ἀμύνης ἀνάγκην, λυσι-
τελέστερον δὲ ὑμῖν τὸ μὴ χρῆσθαι τῇ προπετείᾳ
κατὰ πάντα, ἔπειτά τε ἐμοὶ ὁ τρόπος εὐνοουμένῃ,
τί ποτ' ἂν ἐπράξατε, εἰ μὴ τοιοῦτος ἐγενόμην ἔγωγε
περὶ τὰς τιμωρίας, ὁπότε μηδὲν ἐλπίζοντες πείσεσθαι
μέτριον παραβάλλεσθε, ἔστιν οὖν ἐμὲ παῦσαι τῆς ὠμό-
τητος, ἐὰν αὐτοὶ πρότερον παύσησθε ἀδικίας.

ρ' Εὐκτήμονι

Οὐδὲν ἐψεύσαι τῶν ἐπ' ἐμοὶ διαβολῶν καὶ γὰρ αὐτὸς
πάνθ' ὅσα κατηγορεῖς ἐν Συρακουσίοις ὁμολογῶ. ἀλλ'
εἰ τὸν αὐτὸν τρόπον ἐγώ τε τοῦ τιμωρεῖσθαι τοὺς
εἰς ἐμαυτὸν ἁμαρτάνοντας ἐφειδόμην, καὶ ὑμεῖς τοῦ
προπετῶς οὕτως κἀμοὶ καὶ ἑαυτοῖς ἐπιβουλεύειν, οὐ-
δεὶς ἂν οὔτε ἐμοῦ κατηγόρησεν ὡς ἔκθεσμα δρῶντος,
οὔθ' ὑμᾶς ὡς ἀνίατα πάσχοντας ᾠκτίζετο.

ρα' Κλεοβούλῳ

Οὐ πείθονταί σοι Καμαριναῖοι τὸν πρὸς ἐμὲ πόλεμον
ἐξενεγκεῖν σφόδρα πολλὰ ἑκάστης ἐκκλησίας πείθοντι
καλῶς γὰρ ἴσασι πόλεμον ἔργοις οὐ λόγοις δημηγόρων
κατορθούμενον ὥστε, εἰ βούλει πολεμεῖν αὐτούς, τὰ
ἀποτελέσματα δεῖξον τῆ γνώμῃ συνοίσοντα. ἂν μέντοι
μηδ' οὕτως ὑπακούσωσι, μεταβαλλόμενος τἀναντία
παραίνει, καὶ τάχ' ἂν τούτῳ περιγένοιο τῷ τρόπῳ ὧ,
βεβούλησαι. δυοῖν γὰρ θάτερον ἐν τῷ παρόντι, ἢ τὴν
γνώμην ἀσύμφορον ἢ τὸν συμβουλεύοντα οὐδενὸς ἄξιον
ἡγοῦνται. ἐγὼ μὲν γὰρ οἶμαι ἑκάτερα. σὺ μέντοι

---

parces tibi triginta annos nato, graviores tentans hostes
quam poteris cum multis aliis talibus sustinere, sed car-
mina et tragœdias in me scribis quasi graviter laturum?
exitus vero tibi ne omni tragœdia atrocior fiat cave

XCVIII Epicharmo

Sufficis solus iustos nos esse existimans, etiamsi nemo
alius verbis tuis fidem habeat nam talis vir unus mihi
instar est totius Siciliæ, multitudinem vero nesciam iudi-
care solitudinis habemus supplementum, a qua ignorari
nec meliores videri quam simus fortasse non inutile Tu
multos quidem habes tibi similes (nam virtutem eorum
qui sunt, non numerum spectamus), quibuscum nosti
nos bonos et honestos verum etiamsi solus esses,
abundaremus testibus, nec pluribus laudibus indigere-
mus

XCIX Cebroni

Cur tandem qui moribus meis adstupetis, ut qui cru-
delibus utar suppliciis in istos ex vobis, qui insidias mihi
machinantur, hoc tali non deterremini? at sortem eo-
rum, qui pœnas dederunt, deploratis, nec tamen eorum
exemplo discitis ab iniuria Phalaridi inferenda abstinere
Ac mihi quidem satius esset, ad tale non cogi genus ul-
tionis, vobis vero utilius, omnino inconsiderate nihil
agere Deinde, quæ mihi insita est benevolentia, quid
tandem faceretis si non tali modo pœnas sumerem, quum
etiam moderatum supplicium non expectantes iis vos te-
mere obiicitis? licet igitur me a crudelitate revocare, si
vos ab iniuria abstinebitis

C. Euctemoni

Tuarum in me criminationum nulla falsa est, quin et
ipse omnia, quorum me apud Syracusios accusas, confi-
teor Verum si pariter et ego ab eis puniendis abstine-
rem, qui in me ita delinquunt, et vos ab inconsiderata te-
meritate, qua insidias et mihi et vestram in perniciem
struitis, nemo neque me tanquam nefanda patrantem
accusaret, neque vestrum ut insanabilia passorum misere-
retur

CI Cleobulo

Non persuades Camarinæis, ut bellum adversus me
suscipiant, quantumvis multa quaque concione moliens
probe enim sciunt, bellum factis, non dictis oratorum
perfici Quare, si vis bellare eos, exitus ostende consilio
responsuros Sin vero ne sic quidem obtemperaverint,
mutata sententia contraria suade, ac fortasse hoc modo
quæ vis obtinebis Duorum enim alterum, ut res nunc
sunt, aut consilium damnosum aut consilii auctorem
inutilem existimant Ego sane puto utrumque Scias

Ἴσθι καὶ τόδε, ὡς οὐ λόγοις ἀπράκτοις ἀμυνούμεθά σε, οἷς εἰς ἡμᾶς ἄρχειν δοκεῖς ἀδικίας, ἀλλὰ ἔργοις, ὧν οἱ πειραθέντες οὐκ εἰσαῦθις ἐπεβούλευσαν. ταῦτ' εἰδότες Καμαριναῖοι οὐ βούλονται πεῖραν λαβεῖν ὀργιζομένου Φαλάριδος· χαριζόμενος γὰρ αὐτοῖς ἡδίων ἔδοξα.

ρβ'. Κλεοδίκῳ.

Πολλὰ καὶ δεινὰ βεβούλευσαι κατ' ἐμοῦ, Κλεόδικε, παρὰ τὴν ὑπάρχουσαν δύναμιν. πόθεν γὰρ σοὶ τὸ ἐλπίσαι κακῶς ποιήσειν Φάλαριν, χαριουμένῳ τῇ τοῦ Θρακὸς τοῦ βυρσοδέψου θυγατριδῇ, Αὐτάνδρου δὲ γυναικί, τοῦ τὸν δεσπότην ἑαυτοῦ κτείναντος, ἐξ ὧν οὕτω πλουτῆσαι αὐτῷ συνέβη, καίπερ τοῖς τῆς φύσεως νόμοις ἐνυβρικότι; οὐ μὴν εἰς τοῦτό γε προαχθήσομαι τῆς ὀργῆς, ὥστε τὰ σοὶ πεπραγμένα λόγῳ διεξελθεῖν. ἐὰν γάρ σε ἄξιον ἀμύνης ἡγησώμεθα, οὐκ ἐν λόγοις βουλησόμεθα μόνον, ἀλλ' ἐν ἔργοις δυνησόμεθα, ἅπερ εἰς ἡμᾶς ὠρέχθης ἐξαμαρτάνειν, εἰς κεφαλὴν σοί τε καὶ τῷ σῷ γένει τρέψαι.

ργ'. Τοῖς Στησιχόρου παισίν.

Τοῦ πένθους τίνα ἄν τις ἄλλην ἱκανωτέραν ὑμῖν παράκλησιν εἰσενέγκοιτο, ὦ παῖδες, ἢ τὴν ἀρετὴν τοῦ γονέως, ἐφ' ᾧ καὶ τὸ πένθος φέρεσθαι; οὐ γὰρ δακρύεσθαι τὰ Στησιχόρου πρέπον, ἀλλ' ὑμνεῖσθαι. καὶ καθόλου μὲν οὐκ ἂν ἐβουλόμην ὑμᾶς οὔτε θρήνους οὔτε αἰκισμοὺς προσέσθαι σωμάτων, οὐχ ὅτι οὐ κοινὰ ταῦτα πάθη καὶ κατηναγκασμένα παρέπεται πᾶσιν, ἀλλ' ὅτι τὰ τοιαῦτα ἀνθρώποις ἐστὶν ἁρμοστὰ δυστήνοις, ὧν οὐχ ἡ τελευτὴ τὰς ὀλοφύρσεις προσηκούσας ἀλλ' ὁ βίος ἔχει, οὐ Στησιχόρῳ, ζήσαντι μὲν ἔτη τοσαῦτα σὺν ταῖς ἁγιωτάταις θεαῖς [ἐν χοροῖς καὶ μέλεσι Μουσῶν,] ὀνομασθησομένῳ δὲ ἐπὶ τιμαῖς καὶ στεφάνοις. (2) ὁμολογουμένως γὰρ οὔτε παρ' ἡμῖν οὔτε παρὰ τοῖς ἄλλοις ἀνθρώποις μείζων ** ἡ γὰρ ἀθάνατος τοῦ θεοῦ μοῖρα ἡ πρὸς τὸ πᾶν ἰοῦσα αὕτη καὶ οὐχ ἑτέρα τις ἔμοιγε εἶναι δοκεῖ. ὥστε, ὦ παῖδες μεγάλου καὶ ὑπερφυοῦς πατρός, φρονεῖτε μὲν ἄξια τοῦ τεκνώσαντος (οὐ γὰρ μικρὸς ἐλίπεν ἀγὼν μὴ πολὺ καταδεεστέρους ἐκείνου ὑμᾶς γενέσθαι), πενθεῖτε δὲ μηδαμῶς εὐτυχῆ μοῖραν ἥρωος οὐχ ἑνὶ μακαρισθησομένην χρόνῳ, παντὶ δὲ αἰῶνι, μηδὲ τῶν τιμῶν, ἃς ψηφίζονται ὡς ἐπὶ θεῷ Ἱμεραῖοι, τὸ λαμπρότατον ὑφαιρεῖσθε, τὴν δόξαν. οὐ γὰρ ἐκεῖνός γε, ὃν ἡμεῖς ἴσμεν, ἡχθέσθη θανάτου προθεσμίᾳ συναιρούμενος, οὐδὲ τῶν ἡρώων τοὺς γεννατοτάτους, ἐπεὶ ὑπὲρ δόξης ἔθνησκον, ἐν τοῖς καλλίστοις ποιήμασιν ὑμνήσας, ἅπερ ὑμῖν κτήματα μὲν τοῦ παντός ἐστιν ἄξια, παραδείγματα δὲ βίου σωφρονέστατα, αὐτός, ὁπόθ' ἧκεν ἡ μοῖρα πρὸς τὸ πέρας, ἀπτοήτως ἔθνησκεν. (3) εὖ γὰρ ἴστε, ὦ παῖδες, οὐ γὰρ ὑφ' ἡμῖν γενόμενος ἐχθροῖς οὖσιν ἔδεισεν, οὐδὲ ὡς δεινόν τι πείσεσθαι μέλλων ἐπεκλάσθη. πολὺ δὲ γενναιότε-

autem etiam, ad nos quod attinet, non verbis inanibus nos te ulturos esse, quibus ultro nobis iniuriam inferre videris, sed factis, quæ qui experti sunt, in posterum insidiari desierunt. Hæc quum sciant Camarinæi, irascentis Phalaridis experimentum facere nolunt : gratificans enim iucundior eis soleo videri.

CII. Cleodico.

Multa mala in me machinatus es, Cleodice, præter tuam quam habes potestatem. Unde enim ea tibi spes, fore ut affligeres Phalarin, quo gratum faceres Thracis istius coriarii nepti, uxori Autandri, qui domino suo interfecto divitias istas sibi comparavit, etsi omnibus naturæ legibus insultavit? nec tamen eo procedam iracundiæ, ut tua facinora verbis percenseam. Quum enim ultione te dignum iudicaverimus, non verbis tantum volemus, sed re ipsa efficere poterimus, ut ea, quæ tu in nos peccare fueris conatus, in caput tibi tuumque genus convertantur.

CIII. Stesichori liberis.

Luctus quam quis aliam meliorem vobis consolationem afferat, liberi, quam virtutem parentis, cuius caussa lugetis? non enim defleri Stesichorum decet, sed hymnis celebrari. Atque omnino nolim vos nec lamenta nec laniatus admittere corporis, non quod communes hi affectus non necessario adhæreant omnibus, sed quia talia hominibus conveniunt miseris, quorum non mors habet, verum vita, cur merito deploretur, non Stesichoro, qui tot annos vixit cum sanctissimis deabus, in choris et cantibus Musarum, ac propter præmia et coronas celebrabitur. (2) Haud dubie enim neque apud nos neque apud ceteros homines maius quicquam : nam immortalis dei pars ad universum rediens hæc et non alia mihi quidem videtur esse. Quapropter, liberi magni et sortem humanam egressi patris, digna genitore sapite (non enim parum contendendum vobis, ne multo inferiores illo sitis), sed minime lugete felicem herois sortem, non uno tempore beatam prædicandam, sed omni sæculo, neque ex præmiis, quæ decernunt tanquam deo Himerenses, quod est splendidissimum eripite, gloriam. Non enim ille, quem nos cognitum habemus, graviter tulit statuto mortis tempore abreptus, neque qui heroum ob gloriam mortuos pulcherrimis cecinit carminibus, quæ vobis divitiæ pretiosissimæ atque vitæ exempla prudentissima, ipse instante fato extremo meticulose obiit. (3) Non enim, probe nostis, liberi, in nostra quum esset inimicorum potestate, metuit, neque tanquam mali aliquid passurus fractus est

ρος αἰχμάλωτος ἡμῖν ἦν ἢ ἀντίπαλος. ἡττήθη γοῦν
τὰ πικρὰ τῆς τυραννίδος ὑπὸ σοφίας, οὐδ᾽ ὁτιοῦν ἔχον-
τός μου δρᾶσαι κατ᾽ αὐτοῦ δεινόν· ὃ γὰρ ἔδρων, ἐχα-
ριζόμην. ἐγὼ δὲ μυρίοις πόνοις προθυμηθεὶς ἑλεῖν,
ἀφ᾽ οὗ περιεγενόμην αὐτοῦ, οὐδὲν ἔσχον ἕτερον αἱρεθεὶς
ὑπὸ τούτου μᾶλλον ἢ χάριν εἰδέναι, κἂν εὐεργεσίας
παρ᾽ ἡμῶν ἐθελήσῃ λαμβάνειν.   ἐφ᾽ ᾧ οὐδ᾽ ὀφεί-
λεσθαι χάριν ἐμαυτῷ νομίζω, περιποιησάμενος εἰς
δώδεκα μάλιστα αὐτὸν ἔτη (τοσαῦτα γάρ ἐστιν ἃ
προσβεβίωκεν), ἐγὼ δὲ ὀφείλειν, ὅτι καὶ τὰ ἄλλα προσ-
επέρρωσεν ἡμᾶς καὶ θανάτου καταφρονῆσαι μόνος ἀν-
θρώπων ἔπεισεν.

ρδ'. Καταναίοις.

Ὑμεῖς μὲν ἴσως ἐμαυτῷ πλεοναζούσας δοκεῖτε
ποινὰς τετικέναι ὧν εἰς ἐμὲ καὶ τοὺς ἐμοὺς παρηνο-
μήσατε, ἀντὶ μὲν ἀνδρῶν τριάκοντα ὧν ἀσεβῶς κατε-
πυρπολήσατε πεντακοσίους ὁπλίτας ἀπολωλεκότες,
ἀντὶ δὲ ταλάντων ἑπτὰ ὧν διηρπάσατε πλείστας ἀπε-
στερημένοι προσόδους· ἐγὼ δὲ προοίμιον ὑμῖν ὧν
μέλλετε πάσχειν ὑπ᾽ ἐμοῦ τὰ νῦν γεγονότα καταγ-
γέλλω, ἵν᾽ ἃ δι᾽ ἐμαυτὸν συμμαχήσαντα τοῖς ἐχθροῖς
ὑμῶν πεπόνθατε ὁμολογεῖν αἰσχύνησθε.   οὐ μὴν
ἀνήσω γε τὴν πρὸς ὑμᾶς δυσμένειαν, ἕως ἂν ἡ διοι-
κοῦσα πρόνοια τὴν αὐτὴν ἁρμονίαν τοῦ κόσμου φυ-
λάττῃ. ἐξοίσω δὲ τὸν πρὸς ὑμᾶς πόλεμον οὐχ ὑπὲρ
ἐμαυτοῦ τοσοῦτον ὅσον ὑπὲρ θεῶν τῶν πάντα καὶ σώ-
ζειν καὶ φθείρειν δυναμένων, εἴ γε θείας ψυχῆς, ὥσπερ
τὰ λοιπὰ τῆς φύσεως στοιχεῖα, καὶ τὸ κατὰ τὴν
Αἴτνην πῦρ μεμοίραται, εἰς ὃ τοὺς ἱκέτας ἀθέως βα-
λόντες οὐ Φάλαριν ἐχθρόν, ἀλλὰ τὸν πάντων ἐπόπτην
ἥλιον ἐπικέκτησθε.

ρε'. Νικαινέτῳ.

Τὸ πολλάκις ἴσως ἡμᾶς ἐπεσταλκέναι τῷ σῷ πατρὶ
παῦσαί σε τῆς ἀφροσύνης ἐπῆρχεν, ὡς οὐκ ἄν, εἰ μὴ
ἐδεδοίκειμεν τὴν ἔχθραν, ἀποτρέπειν παρεκελευόμεθα.
ἐγὼ δὲ περὶ μὲν τούτου τὸ μὴ οὕτως ἔχειν οὐδὲ γρά-
φειν ἀξιῶ, πυνθανόμενος δ᾽ ἐπιεικῆ τὸν γέροντα εἶναι
καὶ μηδὲ ἑτέρους αὐτῷ γεγονέναι παῖδας, ἐκεῖνον μὲν
ἐλεῶν, σοῦ δὲ παρ᾽ ἡλικίαν θρασυνομένου φειδόμενος,
ἕως τοῦ παρόντος ἀνέσχηκα. σὺ δ᾽ οὔτε πατέρα πρε-
σβύτην οἰκτείρεις ἐφ᾽ ἑνὶ κινδυνεύοντα παιδί, οὔτε
σεαυτοῦ φροντίζεις, ἐπιμένεις δὲ τῇ προπετείᾳ, πρῶτον
μὲν τάχα, παρ᾽ ὅσον οὐδὲν ὑφ᾽ ἡμῶν πέπονθας, εἶτ᾽
οἰόμενος ἐξεῖναί σοι, ὁπόταν βούλῃ, πεπαῦσθαι. τοῦτο
δ᾽ οὐδὲ τοῖς πολὺ σοῦ δυνατωτέροις ἐνεγένετο. ἕως οὖν
σοι παρὸν ἑκατέρου. ἑλέσθαι τὸ λυσιτελέστερον, μὴ
μιμοῦ Τίμανδρον, ἐχθρῷ δὲ μᾶλλον ὠφελίμῳ ἢ λίαν
ἐπιζημίῳ συμβούλῳ χρῆσαι.

ρϛ'. Πολυδεύκει.

Ἐρρωμενέστερον ἀδικοῦμαι τῷ παντὶ ἢ τιμωροῦ-

---

animo, sed multo nobilior captivus nobis fuit quam ad-
versarius.   Victa est igitur acerbitas tyrannidis sapientia,
quum nihil esset quod ei facere possem malum : nam
quod faciebam, gratificabar ei.   Ego vero quum infinito
labore studuissem eum capere, postquam in meam redegi
potestatem, non potui, captus ab eo magis, aliud quam
gratiam habere, si vel beneficium a nobis accipere vellet.
Quare nec gratiam mihi deberi puto , quum eum in an-
nos duodecim maxime nihi asseruerim (tot enim sunt
quos postea vixit), sed me debere, quod et in ceteris
nos confirmavit et mortem contemnere solus hominum
persuasit.

CIV. Catinensibus.

Vos nimias fortasse pœnas mihi solvisse opinamini in-
iuriarum, quas mihi atque meis intulistis, quum pro tri-
ginta viris, quos impie concremastis, quingentos milites
perdidistis, pro septem talentis autem, quæ diripuistis,
plurimis privati estis reditibus. Ego vero prœmium
vobis eorum, quæ passuri a me estis, quæ nunc facta
sunt denuntio, ut quæ, quum hostibus vestris auxi-
lium ferrem, passi estis pudeat vos profiteri. At non
remittam infestum in vos animum, dum moderatrix
providentia eundem servabit mundi ordinem. Sed bellum
vobis inferam non tam pro me ipso quam pro diis, qui
omnia et servare et perdere possunt, si quidem divinæ
animæ, ut reliqua naturæ elementa, Ætnæus quoque
ignis particeps est, in quem supplicibus nefarie deiectis
non Phalarin hostem, sed omnium inspectorem solem vo-
bis comparastis.

CV. Nicæneto.

Quod sæpe scripsi patri tuo, ut a dementia te avoca-
ret, fortasse te extulit ad credendum, quasi, nisi timuis-
semus inimicitiam, non dissuadere iussissemus. Ego autem
hoc secus se habere ne scribere quidem volo.   Quum vero
intelligam, bonum esse senem , neque alios ei esse libe-
ros, quum illius misertus, tum tibi supra ætatem audaci
parcens, hactenus me continui. Tu autem neque patris
senis misereris, eiusque unico periclitantis filio, neque
tibi ipsi prospicies, sed permanes in petulantia, ac primum
fortasse, quod nihil dum a nobis passus es, deinde vero,
quod putas tibi licere, quum volueris, desistere. At hoc
ne multo te potentioribus quidem contigit. Dum igitur
penes te est e duobus eligere quod satius est, noli Ti-
mandrum imitari, sed præstat inimico utili quam per-
quam noxio uti consiliario.

CVI. Polluci.

Qua afficior iniuria, Pollux, pœnis a me sumptis maior

μαι, Πολύδευκες, οὐχ ὥσπερ ἔφησθα καὶ πάσχειν με δεινὰ καὶ δρᾶν. ἐγὼ μὲν γὰρ καὶ δὶς καὶ τρὶς ἀδείας τοὺς αὐτοὺς τῶν ἐπιβουλευσάντων ἠξίωσα, τῶν δ' ἀδικούντων οὐδείς ἐστιν, ὅστις ἐπὶ τοῖς πρώτοις ἁλοὺς κακοῖς ἔπειτα τὸ δεύτερον πονηρὸς ὀφθῆναι ᾐδέσθη.

ρζ'. Ἐγγυίνοις.

Οὔτε προφάσεως ἐνδεῖν μοι δοκῶ, δι' ἣν ἂν δικαίως ὑμᾶς ἀμυναίμην, οὔτε βουλομένῳ ἐπεξιέναι δυνάμεως. βουλήσομαι δέ, ἂν μὴ νῦν γέ ποτε αἰδεσθέντες ἡμᾶς ἀπολύσητε τοὺς ἄνδρας, οὓς οὐδενὶ δικαίῳ, διότι δὲ τῷ κακῶς ἀπολουμένῳ Πασίωνι παρατριβομένῳ πρὸς ἡμᾶς ἔδοξε, τρίτον ἤδη μῆνα τοῦτον ἐν τῷ δεσμωτηρίῳ κατέχετε.

ρη'. Ἱμεραίοις.

Στησίχορον ἴστε καὶ Κόνωνα καὶ Δρωπίδαν περαιουμένους ἀπὸ Παχύνου εἰς Πελοπόννησον ἀντὶ Κορινθίων, πρὸς οὓς γ' ἐπέμφθησαν ὑφ' ὑμῶν, πρὸς ἐμὲ ἀχθέντας. καὶ Δρωπίδαν μὲν ἴσως ἀποδώσομεν ὑμῖν, Κόνωνα δ' εὐθὺς ἀπεσφάξαμεν· Στησίχορος δὲ σῶός ἐστιν, ἕως ἂν τὸν τρόπον λογισώμεθα, ὃν χρὴ αὐτὸν τιμωρηθέντα ἀποθανεῖν.

ρθ'. Στησιχόρῳ.

Πυνθάνομαί σε περιδεῆ σφόδρα εἶναι ἐννοοῦντα τὴν δύναμιν ἡμῶν καὶ συνειδότα ἅμα τοῖς πρὸς ἐμὲ σοὶ πεπολιτευμένοις. θαυμάζω δέ σε, εἰ νῦν ἤρξω περιδεὴς εἶναι, ἀλλ' οὐ τότε εὐθέως, ὅτε ἐπολιτεύου πρός με ἀρχῆς παρανόμου [ὥσπερ σὺ προύλεγες] Ἱμεραίοις συλλαβέσθαι βουλόμενος, διελογίζου, ὅτι γένοιτ' ἂν τάχα ἃ σὺ λέγεις Ἱμεραίοις. εἰ μὲν οὖν ὑπερεφρόνεις θανάτου, ὥσπερ καὶ ἐχρῆν σοφὸν ὄντα, τί ἵν, ὦ μάταιε, ἰλιγγιᾷς, ἐξόν, ἃ προσδοκῶν τότε οὐδὲν ἧττον θρασὺς ἦσθα, ταῦτα καὶ πελάζοντα γενναίως ὑπομένειν; εἰ δέ, ὥσπερ δῆλος εἶ, περιτρόμως ἔχεις πρὸς τὴν ἀφ' ἡμῶν δίκην ἐσομένην, τί, ὦ προπετέστατε, ἐβόας τότε καὶ τοσοῦτον σεαυτῷ παρεσκεύαζες ἐχθρόν, ἐναγῆ καὶ αὐθάδη καλῶν καὶ τὰς ἐκ τῶν ἐπῶν σου ῥήσεις εἰσφέρων εἰς τὰς ἐκκλησίας; τί δὲ μουσικὸς καὶ μελοποιὸς ὢν καθιστᾷς σεαυτὸν εἰς ἐναντίον σχῆμα καὶ προαίρεσιν βίου τοῖς ἐπιτηδεύμασιν, ἐξὸν σχολὴν ἄγειν καθεζόμενον καὶ μὴ θερμοτέρων ἅπτεσθαι πραγμάτων ἢ ποιηταῖς πρέπει; ἐπεὶ δ' ἀντὶ ποιητοῦ δημαγωγὸς ὠρέχθης γενέσθαι, μένει σε οἷα φημὶ οὐ ποιητὰς οὐδὲ μουσικοὺς ἄνδρας, ἀλλὰ δημαγωγοὺς ὑπὲρ δύναμιν θρασυνομένους κρατούντων ἐχθρῶν.

ρι'. Κλεισθένει.

Οὐ τὸ τοῖς πολλοῖς εἰθισμένον, ὅταν ἐπὶ τοῦ λόγου βλαφθέντες ἐν τοῖς ἀποτελέσμασι τῶν ἔργων εὐδοκιμή-

---

omnino est, non ut tu alebas, gravia me et pati et facere : ego enim iisdem insidiatoribus bis terque veniam dedi, eorum autem qui scelera perpetrant nemo est, quem semel in pravo facinore deprehensum iterum improbum esse pudeat.

CVII. Enguinis.

Neque caussa mihi videor indigere, ob quam iuste vos ulciscar, neque, ubi voluerim adoriri, potestate. Volam autem, nisi nunc tandem nos reverti dimiseritis viros, quos nullo iure, sed quod perditissimo homini Pasioni nobis infenso ita placuit, tertium iam hunc mensem in carcere detinetis.

CVIII. Himerensibus.

Stesichorum scitote et Cononem et Dropidam, quum a Pachyno in Peloponnesum traicerent, non ad Corinthios ad quos a vobis missi erant, pervenisse, sed ad me adductos esse. Ac Dropidam quidem fortasse reddemus vobis, Cononem vero statim iugulavimus : Stesichorus denique salvus est, donec exputemus, quo supplicii genere affectum eum mori oporteat.

CIX. Stesichoro.

Audio te consideratione nostrarum virium ac novarum rerum, quas adversus me molitus es, conscientia conterritum pertimescere. Miror vero, si nunc demum pertimescis, et non iam tum, quum adversus me res novas moliebaris ad illegitimum imperium obtinendum Himerensibus socium te adiungens, reputabas, brevi futura esse ea quæ dicebas Himerensibus. Si mortem igitur contemnebas, ut sane decebat sapientem, quid nunc, inepte, æstuas, quum liceat, quæ tunc ventura audacter exspectabas, hæc iam instantia fortiter sustinere ? sin vero, ut apparet, pœnam pertimescis a nobis tibi imminentem, quid tunc clamabas, inconsideratissime, ac tantum tibi parabas hostem, scelestum eum atque arrogantem vocans tuisque e carminibus sententias proferens in conciones ? quid, musicus quum sis et poeta, te ipsum conicis in formam institutumque vitæ studiis contrarium, quum liceat in otio considere et a calidioribus quam quæ poetis conveniunt rebus abstinere ? quoniam vero pro poeta concionator esse voluisti, manent te qualia non dico poetas atque musicos, sed concionatores supra vires superbientes, postquam in hostium manus devenere.

CX. Clistheni.

Non id quod plurimi solent facere, quum in consiliis parum felices rerum exitu probati fuerint, facturus scri-

σωσι, πρᾶξαι βουλόμενος ἐπιστεῖλαί σοι δεῖν ᾠήθην,
ἵν᾽ ἐν ᾧ παρὰ γνώμην ἐσφάλης, οὐ πεισθεὶς ἐμοὶ τὰ
βέλτιστα εἰπόντι, μέρος συμφορᾶς γενόμενος ἐπιτι-
μήσην (οὐδὲν γὰρ ἕτερόν μοι δοκοῦσιν οἱ τοῦθ᾽ αἱρού-
μενοι ποιεῖν ἢ πολὺν ἑαυτῶν ἔπαινον εὐδουλίας διατι-
θέμενοι κατηγορεῖν τῶν ἐπταικότων, ὅτι οὔτε προέ-
γνωσαν τὸ συμφέρον, οὔτε τοῖς προειποῦσιν ἐπείσθη-
σαν), ἀλλ᾽ ὥσπερ αἰσθανόμενος περὶ σοῦ τὰ μέλλοντα
ἔσεσθαι, ἵνα μὴ πάθῃς, οἰκειότατος ἐγενόμην, οὕτω
πεπονθότος ἃ μήποτ᾽ ὤφελες, αὐτὸς οἶμαι καὶ συνα-
μαρτεῖν καὶ συνταλαιπωρεῖν (1) προυλεγον μὲν γάρ,
ἵνα μὴ γένηται γεγονότων δὲ διὰ τὴν τύχην συνα-
τυχῶ καὶ τῇ τύχῃ οὐκ ὀνειδίζω, ἀλλ᾽ ἵνα μὴ
μείνῃ τοιαῦτα, ὡς ἔνεστι πεφιλοτίμημαι. ταῦτα
μὲν οὖν παρὰ τῆς σεαυτοῦ μητρὸς ἥκων ἄμεινον
ἂν μάθοις· σὺ δὲ σχέτλιος, ὃς οὐδ᾽ ἐκπεσὼν τῆς
πατρίδος παρ᾽ ἡμῖν ἐδουλήθης ὡς εὐνουστάτοις τὰς
φυγὰς ἀναπαῦσαι. τοῦτο δὲ εἰ μὲν ἄλλου του χάριν
εἵλου, δίκαιος οὐκ ἂν εἴης περὶ ἡμᾶς· εἰ δ᾽ ὡς ὀνει-
δισθησόμενος ᾐδέσθης τοὺς προειπόντας καὶ οὐ πείσαν-
τας, μικροῦ δέω λέγειν ὅτι καὶ ἥδομαι οὕτω σου σω-
φρονοῦντος, αἰσχυνόμενος γὰρ ἐπὶ τοῖς προειρημένοις
οὐκ ἂν ἐπὶ τοῖς αὐτοῖς ἁλίσκοιο ἁμαρτάνων.

ρια΄ Νικίππω

Τοῦ μὲν εἰληφέναι σε τὰς παρ᾽ ἐμοῦ δωρεὰς πλείστη
σοι χάρις, ἐγὼ δέ, ὅπερ ἔλεγες φοβεῖσθαι Συρακου-
σίους, μή τί σοι χαλεπὸν ἐξ αὐτῶν ἀνάσχῃ δεξαμένῳ
τὰ παρ᾽ ἡμῶν χρήματα μηνύσεως αὐτοῖς ἀποδοθείσης,
τοῦτ᾽ ἔμελλον ποιήσειν, μὴ λαβόντος σου κατηγορή-
σειν ὡς εἰληφότος, ἵν᾽ ἢ σοι τὸ αὐτὸ δεξαμένῳ καὶ
μή, μᾶλλον δὲ τὸ μὲν ἧττον, τὸ δὲ τῷ παντὶ χεῖρον.
μὴ λαβὼν μὲν γὰρ ἐμοῦ κατηγοροῦντος τὸ δεδωκέναι
πάντως ἂν αἰτίαν εἶχες εἰληφέναι λαβὼν δὲ ταῖς
ἀληθείαις ἐμοῦ τὸ μὴ δεδωκέναι λέγοντος, οὐκ ἴσως
ἀλλ᾽ ὄντως ἀπήλλαξαι τῆς αἰτίας.

ριβ΄ Ἱερωνύμῳ

Ἐπυνθάνου, τίσιν ἀντεξήταχα τὸ δύνασθαι Λεον-
τίνων μοι ἐπεξιόντων κατὰ τῆς χώρας, ἣν ἐμὴν οὖσαν
ἀποτέμνονται, περιγενέσθαι τὸ μὲν οὖν ὅτι δικαιο-έρων
ἑλόμενος καὶ οὐκ ἄρχων πολέμου ἀλλ᾽ ἀμυνόμενος,
οὐκ ἂν ἐπιστείλαιμι τούτων γὰρ παρ᾽ ὑμῖν οὐκ ἔστι
λόγος· ὃ δέ, κἂν μὴ προσποιῆσθε, ὑμᾶς εἰδέναι
ἀνάγκη, τοῦτ᾽ ἂν εἴποιμι, ὁπλοῖς πολλοῖς καὶ ἀνδράσι
δυνατοῖς καὶ χρήμασι καὶ ναυσὶ καὶ ἵπποις, ὧν ἁπάντων
ἐνδεεῖς ὄντες αὐτοὶ μαχοῦνται πολεμίῳ καὶ περὶ ταῦτα
καὶ περὶ τὰς τύχας πεπλουτηκότι.

ριγ΄ Λαμάχῳ

Τοὺς ἑπτὰ καὶ τριάκοντα τούσδε, ὅταν τοῦ πλήθους
λάβῃ τῶν Καμαριναίων, χαλκευθῆναι κατὰ φύσεως
ἀπανθρωπίαν ἀποφαίνεις βούλομαι μὲν ἐν τούτῳ

---

bendum tibi esse censui, quo, quod præter opinionem
lapsus es non habita mihi optima suadenti fide, pars ipse
calamitatis factus, reprehenderem (nihil aliud enim, qui
sic instituunt, videntur mihi facere, quam suam ipsorum
prudentiam magnopere laudando accusare lapsos, quod
neque quod utile esset præsenserint, neque eis, qui præ-
dixerunt, fidem adiunxerint), sed ut, quum quæ tibi im-
minerent animadverterem, ne paterere, omnem tua caussa
dedi operam, ita, quum passus sis, quæ non debebas, me
ipsum puto et una erravisse et simul affligi (2) Prædi-
cebam sane, ne fieret, quum vero factum sit fortuna, si-
mul infortunatus sum, nec probris increpo fortunam, sed
ne in eodem statu res maneat, quantum fieri potest la-
boro Atque hæc quidem a matre tua coram melius po-
teris intelligere tu vero miser es, qui ne exul quidem
patria apud nos voluisti quam benevolentissimos fugam
sistere Quod si alia de caussa fecisti, iniquus in nos
fueris, sin autem tanquam reprehendendus ventus es eos,
qui prædixerunt, nec persuaserunt tamen, parum abest
quin dicam me lætari adeo, quod ita sapias quum enim
eorum, quæ prædicta sunt, te pudeat, non in eisdem ite-
rum erroribus deprehenderis

CXI Nicippo

Gratias tibi ago maximas, quod dona a me missa acce-
pisti quod vero dicebas te metuere, ne, si dona mea
accepisses, Syracusis indicio facto periculum aliquod ab
iis tibi immineret, sic equidem constitueram, si non ac-
cepisses tanquam qui accepisses te accusare, ut sive ac-
ciperes sive non, in eadem esses conditione, immo vero
si illud, in meliore, si hoc, in longe peiore Nam si non
accepisses, me dedisse affirmante, omnino crimen incur-
reres munerum acceptorum, cum vero revera accepisse
me dedisse negante, non fortasse, sed procul omni du-
bio crimine absolutus es

CXII Hieronymo.

Rogabas, quibus rebus posse me Leontinos, ingres-
sione facta agrum meum devastantes, superare colligam
Atque hoc quidem, quod iustiorem caussam habeam,
nec belli auctor sim, sed propulsator, non scribam ho-
rum enim a vobis nulla habetur ratio Quod vero, ta-
metsi dissimuletis, vos scire necesse est, hoc dicam
armis multis et viris fortibus et pecuniis et navibus et
equis, quorum omnium indigi ipsi cum hoste conflicta-
bunt et horum et fortunæ divites

CXIII Lamachio

Septem et triginta istos, quoties captas plebem Cama-
rinæorum, ære combustos esse naturæ immanitate de-
claras Volo quidem in hoc subsistere numero et, ita

μεῖναι τῷ ἀριθμῷ καὶ νὴ τὸν Δία τὸν μέγιστον εὔχομαι, οὐχ ὁρῶ δὲ ἐώμενον τοῦτο ὑπό τινων μέχρι τούτων ὡρίσθαι. σὺ γοῦν αὐτὸς ἐννέα καὶ τριάκοντα βιάζη τούτους γενέσθαι, προσνέμων σεαυτὸν καὶ τὸν ἀναίσθητον Ἐπιθέρσην. καὶ οὐχ ὅμοιόν ἐστιν ἢ ἐμὲ διαβάλλεσθαι ὑφ' ὑμῶν ἀπολλυμένων ἢ ὑμᾶς πονηροτάτους ὄντας ὑπ' ἐμοῦ ἀμυνομένου ἀπόλλυσθαι.

ριδ'. Νικάρχῳ.

Οὐκ ἀναγκάζεις Καμαριναίους ἐμοὶ πολεμεῖν, ἀλλ' ὑπ' ἐμοῦ πολεμεῖσθαι, οἱ δὲ σωφρόνων ἀνδρῶν ποιοῦντες πρᾶγμα καὶ τοῦτο σαφῶς εἰδότες καὶ πρὸ τῶν λόγων τὰ ἔργα σκοπούμενοι καὶ πρὸ τῶν ἔργων ἔτι τάχιον τὰ ἀποτελέσματα, πολὺν ἤδη χρόνον παραπέμπουσί σου τὰς δημαγωγίας, σὺ δ' οὐκ αἰσχύνη βαρύτερος ὢν ἐκείνοις ἀπὸ τοῦ βήματος [καὶ τῶν λόγων] ἢ ἐμοί, καθ' οὗ πολιτεύῃ.

ριε'. Νικαίῳ.

Οὐ δοκεῖ σοι πικρὸν βασανιστήριον ὁ ταῦρος οὐδὲ τῶν παρ' ἡμῖν μηχανημάτων οὐδέν, ἐπεὶ τὸν εἰς ἐκεῖνα ἔλεον οὐκ ἂν μέλλων ἡμῖν μάχεσθαι προανήλισκες.

ριϛ'. Κλεομέδοντι.

Σὺ μέν, ὡς πυνθάνομαι, κατηγορῶν ἐμοῦ τὰς περὶ τὸν Κλεόμβροτον τύχας οἰκτρὰς ὀδύρεσθαι ἐπιχειρεῖς, ἐγὼ δὲ σέ, Κλεόμεδον, πολὺ μὲν ἐκείνου τολμῶντα ἀδικώτερα, τῷ παντὶ δὲ ὄντα ἀσθενέστερον ἐμοὶ ὑποχείριον γενέσθαι.

ριζ'. Μελιταίοις.

Οὐκ ἐκφαυλίζων, ὦ Μελιταῖοι, τὰς τιμὰς ὑμῶν ἀπέπεμψα τὸν πρεσβευτὴν κατασεσημασμένας φέροντα αὐτάς, οὐκ ἐᾷ δέ με ἐπαινεῖσθαι τὰ πεπραγμένα. ὑμεῖς μὲν οὖν ἴσως, οἷον αὐτοί με εἶναι δοκεῖν ἐθέλετε, τοιοῦτον οἴεσθε ὑπολαμβάνεσθαι καὶ παρ' ἑτέροις· ἐγὼ δὲ οἶδα παρὰ μὲν τοῖς ἄλλοις ἅπασι κακὸς ὑπολαμβανόμενος, παρὰ δ' ὑμῖν κἂν νομίζωμαι ἀγαθός, οὐδὲν ἐκτεῖναι δυνάμενος ἐντεῦθεν ἐπὶ τοὺς ἄλλους τὴν φήμην, πολὺ δὲ μᾶλλον εἰς τὰς ψευδοδοξίας τῶν ἀνθρώπων βλάψων ὑμᾶς, ὅτι τὸν κάκιστον οὐκ ἄν, εἰ μὴ τοιοῦτοι καθειστήκειτε, ἐπηνεῖτε. ἐξ ὧν τοίνυν ὑμεῖς μὲν ἂν ἀδίκως πονηροί, ἐγὼ δ' οὐδὲν ἐπιεικέστερος [ἐμαυτοῦ] ὑπελαμβανόμην, οὐκ ᾤμην δεῖν ἐμαυτὸν τιμᾶσθαι.

ριη'. Καμαριναίοις.

Καὶ εἰς Γέλαν ἔπεμψα καὶ εἰς Λεοντίνους, καὶ πρὸς ὑμᾶς πέμψαι δεῖν ᾠήθην, ὅπως μοι συλλάβησθε εἰς τὰ παρόντα, οὐχ ὅπλων οὐδὲ ἵππων δεομένῳ οὐδὲ ἀνδρῶν, ὧν κενὴν εἶναι λέγετε τὴν πόλιν, ἀλλ' ἀργυρίου.

me Iuppiter maximus, opto, sed video esse, qui non permittant hoc iis terminari. Tu certe ipse novem et triginta hos esse cogis, quum temet adiungis et stupidum Epithersen. Nec simile est, aut me conviciis proscindi a vobis interficiendis, aut vos improbissimos a me ultionis caussa interfici.

CXIV. Nicarcho.

Non cogis Camarinæos mihi inferre bellum, sed a me bello oppugnari, illi vero quod prudentium virorum est sequuti, idque probe scientes, et ante dicta facta considerantes et ante facta celerius etiam exitus, iam dudum artes tuas aspernantur, te vero non pudet molestiorem habendis ex suggestu orationibus esse illis quam mihi, contra quem novas res moliris.

CXV. Nicæo.

Non videtur tibi acerbum tormentum taurus nequo machinarum nostrarum ulla: non enim bellum adversus me parans omnem ab illis exspectandam misericordiam consumpsisses.

CXVI. Cleomedonti.

Tu, sicut audio, me accusans hoc agis, ut Cleombroti casum miserabilem deplores, ego vero, ut tu, Cleomedon, qui longe quam ille iniquiora audes eoque omnino es inferior, in mea potestate sis.

CXVII. Melitensibus.

Non quod despicerem, Melitenses, ea, quibus me honoravistis, per legatum obsignata remisi, sed non sinunt me laudari ea quæ gesta sunt. Ac vos fortasse, qualem ipsi me esse videri vultis, talem putatis etiam ab aliis haberi: ego vero scio, me a reliquis omnibus malum haberi, a vobis autem etiamsi bonus esse censear, minime tamen hinc ad reliquos extendere posse famam, sed multo magis falsis hominum opinionibus excitandis vobis nociturum, quod improbissimum, nisi essetis tales, non probaretis. Itaque quibus fieri non potuisset quin vos iniuste mali, ego vero nihilo probior haberer, his non putavi me oportere honorari.

CXVIII. Camarinæis.

Et Gelam misi et ad Leontinos et ad vos mittendum esse putavi, ut in præsentem rerum statum auxilio mihi veniretis, non armis neque equis indigo nec viris, quo-

καὶ Λεοντῖνοι μὲν ἡμῖν ἔπεμψαν πέντε τάλαντα εὐθέως,
Γελῶοι δὲ ὑπέσχηνται δέκα δώσειν ὑμᾶς δ᾽ οὔτε
βραδυτέρους Λεοντίνων οὔτε μικροπρεπεστέρους ἔσε-
σθαι Γελώων ὑπολαμβάνω

ιθ΄ Ἀστυπαλαιεῦσιν.

Οὔτε μᾶλλον ἀνιαθεὶς ἐν τῷ ζῆν ἐμαυτῷ σύνοιδα,
μὰ τοὺς θεούς, ἄνδρες πολῖται, καίτοι πολλαῖς καὶ
παραδόξοις χρησάμενος μεταβολαῖς, οὔτε πλέον ἡσθείς,
ἄμοιρος γὰρ οὐδὲ τῶν τερπνῶν ἐγενόμην ἠνιάθην
μὲν οὖν ἐκείνην τὴν ἡμέραν, ἐν ᾗ τῆς πατρίδος ἐξέ-
πιπτον ἀδίκως, ὅπερ ἀλγεινότατόν ἐστι καὶ τοῖς δι-
καίως τοῦτο πάσχουσιν, ἥσθην δέ, ὅτι δημοσίᾳ μου
μνησθέντες ἐγράψατέ μοι περὶ ὧν ὁ καιρὸς ὑμᾶς ἤπει-
γεν. ὡς γὰρ παρ᾽ ἑνὸς τῶν μάλιστα εὐνοουμένων καὶ
περὶ ὑμᾶς ἐσπουδακότων ἠιτήσασθε, οὐ τοσοῦτον, ὡς
ἔοικε, τοῦ λαβεῖν τι τῶν ἐψηφισμένων, ὅσον τοῦ μαρ-
τυρῆσαι μὲν ἐμοὶ δημοσίᾳ τὸ μὴ δικαίως ἐξεληλάσθαι,
καταγνῶναι δὲ τῶν τοῦτο δρασάντων οὔτε γὰρ αἰ-
τῆσαι χάριτας παρὰ τοῦ μὴ στεργομένου τις ἂν οὔτε
λαβεῖν παρὰ τοῦ μὴ στέργοντος ὑπομείνειεν. (2) νῦν
δὲ παρέδωκεν ὁ καιρὸς μέμψασθαι μὲν ὑμᾶς ὡς τοὺς
πρώτους χρόνους μηδὲν αἰτησαμένους, εὐχαριστῆσαι
δὲ τοῦ παρόντος, ἡνίκα αἰτεῖσθε ἅπερ ὑμεῖς μὲν οἱ
λαβόντες δώσετε ταῖς ἀληθείαις (δίδομαι γὰρ ὑμῶν
χάριν τὴν αἴτησιν), ἐγὼ δὲ ὁ μετὰ τοσαύτης
ἡδονῆς διδοὺς λήψομαι μᾶλλον ἢ δώσω τί γὰρ
ἀνδρὶ φιλοπάτριδι κάλλιον καὶ μεγαλοπρεπέστερον ἢ
δοκεῖν τοὺς ἑαυτοῦ πολίτας εὖ ποιεῖν, ὃ διὰ τῆς ἐπι-
στολῆς μοι τῆς ὑμετέρας πεπλήρωται τοῦ μὲν οὖν
βραδύτερον ἀφῖχθαι τὰς δωρεὰς ἢ παρ᾽ ὃν ἐβού-
λεσθε χρόνον μήτε ἐμὲ μήτε τοὺς πρέσβεις ὑμῶν αἰ-
τιᾶσθε, τὸν δὲ χειμῶνα καὶ τὴν ὥραν τοῦ καθεστῶτος
ἔτους, τὸ μὲν γὰρ ἐξ ἡμῶν προθυμίας οὐδ᾽ ἧστινος
ἀπελείπετο, πλεῖν δὲ διὰ τὴν ὑπερβολὴν τοῦ χειμῶνος
οὐδὲ μετὰ τῶν ἐσχάτων τολμημάτων ἦν. (3) τοῦ
μέντοι σεσῶσθαι τὰ πεμφθέντα, καίτοι πελαγίῳ πα-
ραβληθέντα κινδύνῳ, τῇ τύχῃ χάριν εἰδότες οὐκ ἂν
ἁμαρτάνοιτε. οὐ μὴν ἀλλὰ καὶ ** τῶν κομιζομένων
ἀποδώσουσι μὲν ὑμῖν ὁμολογη>μένως οἱ πρέσβεις, δη-
λώσει δὲ καθέκαστα καλὸ συναπεσταλμένος αὐτοῖς ἀνὴρ
ὁ καὶ τὴν ἐπιστολὴν φέρων, Εὔβουλος, παρ᾽ οὗ τά τε
εἴδη καὶ τὸν ἀριθμὸν λαβόντες τὰ μὲν ἄλλα διανείμασθε
καθ᾽ ὃν ἂν προῄρησθε τρόπον, τοῖς χρήμασι δὲ πρὸς
ἐπισκευὴν καὶ κόσμον τῆς πόλεως χρησάμενοι καλῶς
ἂν εἴητε πεφρονηκότες, διὰ τὴν ἐμὴν παραίνεσιν,
διὰ δὲ τὴν ὑμετέραν αὐτῶν εὐβουλίαν οὐδεὶς γὰρ ἀλ-
λοτρίᾳ προαιρέσει ἀλλὰ τῇ οἰκείᾳ χρηστὸς τέρυκεν
εἰ δ᾽, ὅπερ οὐδὲ λέγειν ἐφ᾽ ὑμῶν ἄξιον, τοῖς εἰς ἕτερον
εἶδος δεδομένοις εἰς ἄλλο τι καταχρήσεσθε τῶν οὐκ
ἀναγκαίων, εὖ ἴστε, ὅτι ὑμεῖς μᾶλλον ἂν μεμφθείητε
τοῦ μὴ δέοντος προσενηνέχθαι τοῖς δωρηθεῖσιν ἢ ὁ
δοὺς εὐλογηθείη τοῦ δεδωκέναι (4) ὡς γὰρ ἄτοπον,
τὸν ἐκπεπτωκότα τῆς πατρίδος· οὐδέν με τῶν οὗτης

rum vacuam dicitis esse urbem, sed pecunia Ac Leon-
tini quidem nobis miserunt quinque talenta statim, Ge-
lenses decem se daturos promiserunt Vos vero nec tardio-
res Leontinis nec minus liberales fore Gelensibus opinor

CXIX Astypalæensibus

Neque maioris mihi, dum vivo, doloris per deos conscius
fui, multas licet incredibilesque vicissitudines expertus,
neque maioris gaudii, nam neque omnis expers voluptatis
fui Ac dolui quidem isto die, quo patria iniuste excule-
bam, quod eis etiam, qui iure hoc patiuntur, acerbissi-
mum est, gavisus sum vero, quod publice mei memores
de quibus tempus vos urgebat scripsistis Nam tanquam
ab eorum uno, qui maxime benevoli vestrumque studiosi
sunt, petivistis, non tam, puto, ut eorum quæ decreta
essent aliquid acciperetis, quam ut publice testaremini,
me iniuste esse patria expulsum, eiusque rei auctores
condemnaretis Neque enim beneficia petere a non amato,
neque a non amante accipere sustinuerit aliquis (2)
Nunc quidem permittit tempus et reprehendere vos
quod hucusque nihil petiveritis, et in præsentia, quum
petatis, referre gratiam, quam quidem vos, qui acci-
pitis, dabitis revera — vestram enim petitionem be-
neficium accepi, — ego vero, qui tanta cum volup-
tate do, accipiam potius quam dabo Quid enim pa-
triam amanti pulchrius ac præstantius quam civibus suis
benefacere videri? id quod litteris vestris mihi contigit.
Quod vero tardius quam volebatis dona veniunt, eius rei
neque me neque in legatos vestros culpam conicite,
sed in hiemem et præsentis anni tempestatem Quod enim
in nobis fuit, nullam curam intermisimus, navigare vero
ob nimiam vim hiemis ne cum extrema quidem audacia
licebat (3) Quare quod quæ misimus conservata sunt,
marinis licet periculis obiecta, non errabitis si fortunæ
acceptum retuleritis Eorum autem quæ apportantur, indi-
cem reddent vobis ex composito legati, prætereaque singu-
latim indicabit qui una cum eis missus epistolam perfert,
Eubulus, a quo generibus et numero acceptis reliqua quidem
quacunque volueritis ratione distribuite, pecunias vero si
ad instaurandam et ornandam civitatem usi fueritis, recte
sapueritis, non meo hortatu, sed vestra ipsorum pruden-
tia, nemo enim alieno instituto, sed suo ipsius bonus
est Sin vero, quod de vobis ne dici quidem par est,
donis ad alium usum datis ad alium, cuius nulla est ne-
cessitas, abutemini, probe sciatis, vobis, quod non recte
donis fueritis usi, vituperationi magis, quam ei qui dedit,
quod dederit, laudi fore (4) Nam ut absurdum est, patria
expulsum ob exilium memet nullo modo studere dirutas

ἀνακτήσασθαι ζητεῖν τὰ κατερριμμένα, οὕτω τοὺς
ἐνοικοῦντας τὰ πίπτοντα μέρη περιιδεῖν καὶ μηδὲ ἐξ
ὧν ἄλλοι δίδωσι φιλοτιμεῖσθαι. ἐὰν μέντοι δικαιώ-
σητε μὴ μόνοις ὑμῖν πεπέμφθαι τὰς δωρεάς, ἀλλὰ
καὶ τοῖς μεθ' ὑμᾶς καὶ μετ' ἐκείνων τῇ πόλει καὶ
τοῖς θεοῖς, τότ' ἂν ὑμεῖς θαυμασθείητε πλέον τῆς εὐ-
βουλίας ἢ τοῦ δεδωρῆσθαί τι τῶν ἰδίων ὁ δεδωρημένος.
τίς γὰρ ἂν ἀγνοήσειεν, ὅτι τὸ μὲν χαρίσασθαι τῆς τοῦ
διδόντος ἐπιμελείας ἔπαινός ἐστι, τὸ δὲ χρήσασθαι
τοῖς δοθεῖσιν ὡς προσῆκε τῆς τοῦ λαβόντος εὐλογιστίας;
βουλοίμην δ' ἂν ὑμᾶς μαρτυρηθῆναι περὶ ἀρετῆς μᾶλλον
ἢ περὶ πλούτου δαψιλείας ἐμαυτόν· τὸ μὲν γὰρ ψυχῆς
ἀγαθῆς, τὸ δὲ τύχης περιουσιαζούσης ἐγκώμιον δόξει.

ρκ'. Ἀξιόχῳ.

Σεμνύνεσθαι μέν, ὥσπερ καὶ ἐπ' ἄλλῳ τινὶ τῶν κα-
λῶν, ἐπ' εὐγενείᾳ εἰκός ἐστιν, ἐγὼ δὲ μίαν εὐγένειαν
ἀρετὴν οἶδα, τὰ δ' ἄλλα πάντα τύχην. καὶ γένοιτ'
ἂν ὁ μὲν ἐκ φαύλων ἀγαθὸς καὶ βασιλέων ἁπάν-
των εὐγενέστερος, ὁ δ' ἐξ ἀγαθῶν φαῦλος αὐτός τε
ἑαυτοῦ καὶ τῶν ταπεινοτάτων δυσγενέστερος. ὥστε
ψυχῆς ἔπαινον αὔχει πρὸς Συρακουσίους, μὴ προ-
γόνων τεθνηκυῖαν εἰς ἀδοξοτέρους διαδόχους εὐγέ-
νειαν.

ρκα'. Ἱμεραίοις.

Ἐκέλευσα ὑμῖν Στησίχορόν μοι ἀποστεῖλαι καὶ
Κόνωνα καὶ Ἑρμοκράτην διὰ τάχους, ὑμεῖς δὲ ἀντὶ
Ἑρμοκράτους καὶ Κόνωνος καὶ Στησιχόρου Σαμέαν
καὶ Νίκαρχον ἐπέμψατε. ἐγὼ δὲ εἰ μέν, οἷον ὑμεῖς
με ὑπετοπάσατε εἶναι, τοιοῦτος ἤμην, οὐκ ἂν ἠγνόουν,
ὅτι δι' ἐκείνους ἐμὲ ἀποδοῦναι ὑμῖν τι τῶν ἀνηκέστων
ἐχρῆν, καὶ ἧκεν ἂν καὶ Στησίχορος καὶ Κόνων πρὸς
με καὶ Ἑρμοκράτης εὐθέως. καὶ γὰρ Κόνωνος μὲν
ὑμῖν πεπονευκότος ἀνθρώπου ἐστί τις πρόνοια, Σαμέα
δὲ καὶ Νίκαρχου, ἐπιφανεστάτων ἀνδρῶν καὶ κάλλιστα
ἐξ ἁπάντων ὑμῶν βεβιωκότων, οὐκ ἔστιν. ἀλλ' οὔτε
ἐπιεικεῖς ἄνδρας καὶ μηδέν με ἠδικηκότας μηδὲ τὴν
πατρίδα τὴν ἑαυτῶν ἀδικεῖν ἐβουλόμην, οὔτε νόμον
κοινὸν Ἑλλήνων καταλύειν. καίτοι ὑμεῖς γε πολλοὺς
νόμους Ἑλλήνων κοινοὺς κατελύσατε, οὐχ ἅπαξ ἀλλὰ
καὶ πολλάκις, ἐν οἷς πρός με ἐπολιτεύεσθε· λόγῳ δ'
οὐδὲν δέομαι λέγειν αὐτός τε εἰδὼς καὶ πρὸς εἰ-
δότας γράφων. (2) ἀλλ' οὐκ ἐμιμησάμην γε ὑμᾶς
οὐδὲ μιμήσομαι ἐγὼ ὁ ἀνδροφόνος καὶ ἐναγὴς τοσούτοις
ἄγεσιν, ἀλλ' ἔπεμψα ὑμῖν τοὺς πρέσβεις, παρὸν
δυοῖν θάτερον ἀμογητὶ ἔχειν, ἢ ἐκείνους ὑμᾶς ἀναγ-
κάσαι ἀντὶ τούτων πέμψαι, ἢ εἰς τοὺς ἐν χερσὶν ὄντας
ἀφεῖναι τὴν πρὸς ἐκείνους ὀργήν. καὶ μὴν εἰς τοῦτό
γε ἤδη κατέστησε τὰ πράγματα ἡμᾶς καὶ αἱ ἀνάγκαι
τοῦ μὴ δικαίως βιοῦν, ὥστε μηδὲν παρὰ τοῦτο χείρους
ἡμᾶς νομισθῆναι ἀποκτείναντας τοὺς πρέσβεις ὑμῶν,
μηδὲ ἀμείνους σώσαντας. πέφυρται γὰρ ἤδη τἀμὰ

eius partes instaurare, ita absurdissimum, incolas negligere
ruentes nec de eis, quæ det alius, esse liberales. Quod si
tamen existimaveritis, non vobis solis, sed et posteris
vestris et una cum eis civitati atque diis missa esse dona,
maiori erit prudentia vestra quam eius qui donavit, quod
de suo donaverit, admirationi. Quis est enim qui ignoret,
in gratificando eius, qui dat, voluntatem, in iusto donorum
usu eius, qui accipit, prudentiam laudari? malim vero
vos virtutis quam me amplissimarum divitiarum testimo-
nium habere; illa enim boni animi, hæc fortunæ affluentis
videbitur esse commendatio.

CXX. Axiocho.

Gloriari ut de alio quovis bono, sic et de generis nobi-
litate non dedecet, ego vero unicam nobilitatem virtutem
novi, reliqua omnia fortunæ bona. Ac fieri potest, ut
quis a pravis ortus bonus evadat atque omnibus regibus
nobilior, a bonis autem prognatus pravus sit et semet
ipso atque abiectissimo quoque ignobilior. Itaque animi
effer laudes apud Syracusios, non maiorum emortuam ad
ignobiles successores delatam nobilitatem.

CXXI. Himerensibus.

Jussi vos quam primum mihi mittere Stesichorum et
Cononem et Hermocratem, vos autem pro Hermocrate et
Conone et Stesichoro Sameam et Nicarchum misistis.
Ego vero si, qualem vos esse me suspicati estis, talis
essem, meum putarem insanabilem aliquam propter illos
imponere vobis plagam, ac statim ad me venirent et Ste-
sichorus et Conon et Hermocrates. Namque Cononem,
hominem exoletum, vos curatis, Sameam autem et Nicar-
chum, clarissimos viros atque omnium vestrum hone-
stissime viventes, negligitis. At vero neque probos viros,
qui nulla me nec patriam suam iniuria affecerunt, lædere
volebam, neque legem communem Græcorum violare,
tametsi vos multas Græcorum leges communes violastis,
non semel, verum sæpius etiam, quum adversus me res
novas moliebamini: sed nolo hæc oratione recensere,
quum et ipse sciam et ad scientes scribam. (2) Vos vero
non imitatus sum nec imitabor ego homicida iste et tantis
pollutus flagitiis, sed misi vobis legatos, quum in prompta
mihi esset alterutrum facere, aut illos vos cogere pro
his mittere, aut in eos, qui in manibus essent, in illos
susceptam convertere iram. Enimvero eo iam rerum
conditio et iniuste vivendi necessitas nos adduxit, nihil
ut hoc deteriores videamur interfectis legatis vestris,
neque servatis meliores. Iam enim res meæ contaminatæ

καὶ μεμίανται, καὶ οἶδα ὅτι μικρὰ ῥοπὴ ἔτι ἡμῖν εἰς
εὔνοιάν τε καὶ μῖσος ἀνθρώπων δίκαιον ἢ μὴ δίκαιόν
τι πράσσειν. καὶ εἰς τοῦτο οὐχ ἥκιστά με ὑμεῖς γ᾽,
ὦ Ἱμεραῖοι, τὸ σχῆμα κατεστήσατε καὶ οἱ ἄνδρες ὑμῶν
ἐκεῖνοι. (3) καὶ τῶν μὲν ἄλλων, ὅσα ἔπαθον δι᾽ αὐτοὺς
κακά, ἔστι καὶ συγγνῶναι τοῖς αἰτίοις καὶ καταχέαι
λήθην τῶν γεγονότων· τοῦ δὲ μὴ ἐξεῖναι δίκαιόν τι
πράσσειν τίνα ἄν τις αὐτάρκη δίκην εἰσπράξαιτο παρὰ
τῶν αἰτίων, ἐπεὶ τίνας ἦν δικαιότερον ἀπολαῦσαι τῆς
ἡμετέρας ἀδικίας ἢ δι᾽ οὓς ἀνάγκη ἀδικεῖν ἡμᾶς ἐστιν,
ἀλλ᾽ ὅμως, ὦ Ἱμεραῖοι, ταῦτά γε ἅπαντα σκοπῶν καὶ
ὀργιζόμενος καὶ τύραννος ὢν καὶ ἔχων, εἰ καὶ πάνυ
οὓς οὐκ ἐβουλόμην, ἀλλ᾽ ὧν γ᾽ ἀναιρεθέντων ἐμέλλομεν
ὑμᾶς οὐδὲν ἧττον ἐβουλόμην αὐτῶν καὶ ἀπέ-
πεμψα ἑστιάσας. εἰ μὲν οὖν καὶ αὐτοὶ τὰ δίκαια ἐν
μέρει ποιεῖν ἐθελήσετε, λογισάμενοι ὅτι οὐχ ἅπασαν
ὀργὴν * *, ἐὰν εἰς δύο ἄνδρας ἢ τρεῖς ἅπαντα ἀπο-
στρέψητε τὰ τῇ πόλει ἐπικρεμάμενα δεινά· εἰ δὲ Κόνων
ὃ τέως ὑφ᾽ ἑκάστου ὑμῶν εἰς τὸ σῶμα παροινούμενος
σώζεται, αὐτοῖς βάθροις ὑπομενεῖτε ἀνάστατον ἅπασαν
γενέσθαι τὴν πόλιν πειράσομαι γὰρ ὑμῖν μηδὲν
ἐπιεικέστερος φανῆναι ἢ ὑμεῖς νομίζετε.

ρκδ´ Ἀθηναίοις

Ἀφίκετο ὡς ἡμᾶς Περίλαος ὁ πλάστης ὑμῶν, ὦ
Ἀθηναῖοι, δημιουργήματα πάνυ τὴν κατασκευὴν ἀπο-
χρῶντα κομίζων, ἐφ᾽ οἷς ἀσμενοί τε αὐτὸν ἐδεξάμεθα
καὶ δώροις ἀξίοις διά τε τὴν τέχνην καὶ οὐχ ἥκιστα
διὰ τὴν πατρίδα ἠμειψάμεθα ὁ δ᾽ ἐντὸς οὐ πολλοῦ
χρόνου χαλκευσάμενος ταῦρον μεγέθει πλείω τοῦ κατὰ
φύσιν εἰς Ἀκράγαντα ἤνεγκεν. ἥσθημεν οὖν ζῷον
ἐργατικὸν ἀνθρώπῳ σύντροφον εἰσδεξάμενοι, καὶ σφόδρα
ἡμῖν τὸ θέαμα τυραννικὸν κατεφάνη οὐ γάρ πω τὸ
ἐν αὐτῷ λελοχημένον ἐπεδέδεικτο ἐπεὶ δ᾽ ἀναπτύξας
τὸ πλευρὸν ἐγύμνωσε

μὲν ὠμότητος ἀνάπλεων φόνον,
διὰ θανάτου δυσποτμώτερον μόρον,

τότε δὴ τῆς τέχνης αὐτὸν ἐπαινέσαντες τῶν τρόπων
ἐτιμωρούμεθα, καὶ τῆς ἰδίας ἐπινοίας τὴν ἀπόδειξιν
αὐτὸν πρὸ τῶν ἄλλων, ἐπεὶ κακουργότερον οὐδένα τοῦ
δημιουργήσαντος ἐξεύρομεν, δοῦναι ἠξιώσαμεν (2) ἐνε-
βιβάσαμεν οὖν αὐτὸν καὶ τὸ πῦρ ὑψάμεν ὡς αὐτὸς
ὑπέθετο, πιμπράμενος δὲ τῆς ἐπιστήμης ἀληθεῖς
οὔσας τὰς ἀποδείξεις ἔδωκεν οὔτε γὰρ εἴδομεν τίς
ὁ τιμωρούμενος, οὔτε ἠκούσαμεν γόων οὐδ᾽ ὀλοφυρ-
μῶν τὰς γὰρ ἔνδοθεν ἐμβοωμένας ὀλοφύρσεις ὁ χαλκὸς
εἰς τὰς ἀκουσομένας χολαστὰς ἐξεμυκᾶτο. ὑμᾶς δέ,
ὦ Ἀθηναῖοι, πυνθανόμενος ἄχθεσθαι περὶ τῆς ἀναιρέ-
σεως τοῦ δημιουργοῦ καὶ δι᾽ ὀργῆς ἔχειν ἡμᾶς ἐθαύ-
μαζον καὶ τέως ἀπιστῶ. εἰ μὲν γάρ, ὅτι μὴ χαλε-
πωτέρῳ ὀλέθρῳ ἠκισάμεθα αὐτόν, μέμφεσθε, ἀπολο-
γοῦμαι πρὸς ὑμᾶς τὸ μὴ δυσποτμότερον ἐπινοῆσαι
μόρον εἰ δ᾽ αὖ διὰ τὸ ὁπωσοῦν τετιμωρῆσθαι, κινδυ-

---

sunt et pollutæ, ac scio parvum nobis esse ad benevo-
lentiam atque odium hominum, iuste an iniuste faciamus,
momentum Atque in hunc statum vos maxime me con-
stituistis, Himerenses, et illi vestri homines (3) Ac re-
liquorum quidem, quæ per eos passus sum, malorum
et veniam auctoribus dare et oblivionem inducere facto-
rum licet eius vero, quod nihil iusti facere liceat,
quam sufficientem pœnam aliquis exigat de auctoribus?
quos enim est æquius nostram iniuriam experiri, quam
eos, propter quos necesse est iniuriam nos facere? nihilo
minus, Himerenses, licet hæc omnia considerarem et
succenserem et tyrannus essem, haberemque tametsi
minime quos volebam, at eos tamen, quibus interfectis
non minore vos dolore affecissemus, peperci eis et ho-
spitio exceptos dimisi Quod si igitur ipsi quoque quod
iustum est vicissim facere voletis, non omnem reputantes
iram vos luisse, si in duo aut tres homines omnia civitati
impendentia mala averteritis, bene est sin autem Conon,
cuius corpori etiamnum vos omnes ac singuli illuditis,
servatur, non prohibebitis quin tota civitas funditus
evertatur conabor enim nihilo vobis æquior videri quam
vos putatis.

CXXIII Atheniensibus.

Venit ad nos Perilaus, fictor vester, Athenienses, opera
quam artificiosissime facta secum adveniens quapropter
lubenter eum exceptmus dignisque præmiis quum ob
artem tum maxime ob patriam remuneravimus Hic
autem intra breve temporis spatium ex ære confectum
taurum, qui magnitudinem naturalem excederet, Agri-
gentum pertulit Læti igitur animal laboriosum, homini
socium, accepimus, ac visum est nobis spectaculum
valde res esse digna tyranno, nondum enim ille delite-
scentem in eo mortem demonstraverat Posteaquam vero
aperto latere nudavit

omni crudelitate plenam cædem
omnique morte miserius exitium,

tum hominem ob artem laudatum ob mores punivimus
et, quoniam peiorem artifice invenimus neminem, ut sui
inventi documentum ipse ante alios daret voluimus
(2) Immisimus eum igitur, ignesque ad comburendum,
ut ipse præceperat, subiecimus, ac diræ scientiæ vera
dedit documenta Neque enim quis puniretur vidimus,
neque audivimus gemitus nec eiulatus, nam intus editos
eiulatus æs ad audituros punitores emugiebat Vos
vero, Athenienses, quum intelligebam graviter ferre de
medio sublatum artificem nihique succensere, mirabar,
nec etiamnum credo Si enim, quod graviore eum sup-
plicio non excruciavimus, vituperatis, hanc habeo excu-
sationem, miseriorem me mortem non invenisse sin
vero quod aliquo modo punitus est, parum abest quin

νεύετε πανδημεὶ οἱ ἐπὶ χρηστότητι ὑπεραυχοῦντες
πικροτάτην ὀφλῆσαι ὠμότητα. ἢ γὰρ ἑνὸς ἀνδρὸς
τοὔργον ἢ ἁπάσης ὑμῶν τῆς πόλεως εἶναι ἀνάγκη·
τοῦτο δὲ διαγινώσκεται μόνῃ τῇ ὑμετέρᾳ πρός με δια-
θέσει. (3) εἰ μὲν γὰρ δικαίως ἀνὴρ ἀπώλετο καὶ
προσήκει τοὺς τρόπους καὶ τὴν φύσιν οὐδεὶς Ἀθηναίων
ἐκείνῳ, τοῦ χάριν ἡμᾶς μέμφοισθ' ἄν; εἰ δὲ ἀδίκως,
ὑμεῖς μὲν ἐντεῦθεν ὁμολογεῖτε οὐδὲν ἀμείνους εἶναι
Περιλάου, ἐγὼ δὲ οὔπω δίδωμι τὴν τιμωρίαν πεπρᾶ-
χθαι ἄδικον, πρὶν ἂν ἐμαυτῷ δόξω παρὰ τὴν δίκην
εἰργάσθαι. καίτοι παρὰ τυράννου τὰ δίκαια οὐδὲ
εἷς ἐπιζητεῖ, τὸ γὰρ σῷζον αὐτὸν τοῦτο ἔοικεν εἶναι·
ἀλλὰ τοὐμὸν ἀσφαλὲς καὶ τὸ τῆς ἀρχῆς ἐχυρώτατον
ὑπεξελεῖν τότ' ἂν δόξαιμι, ὅταν κατ' εὐθεῖαν μὴ τετι-
μωρῆσθαι δοκῶ. πέποιθα δὲ μήθ' ὑμῶν τῳ μήτε τῶν
ἄλλων Ἑλλήνων τὴν λώβην ἄδικον φανεῖσθαι, ἤν τις
ἑτέροις ἐτεκτήνατο, αὐτὸν ἐμφορήσασθαι τὸν μηχανη-
σάμενον, τεκμαιρόμενος ἔκ τε τῶν λοιπῶν ἁπάντων,
οὐχ ἥκιστα μέντοι καὶ δι' ἐμαυτόν, ὅτι μοι ταύτῃ
μάλιστα προσήκειν τιμωρηθῆναι ἔδοξε. καίτοι γ'
ὑπὲρ ἐμοῦ τὸν ὄλεθρον εὗρε κατὰ τῶν ἐπιβουλευόντων
ἀχθεινότατον· ἀλλὰ τοὐμὸν ἀσφαλές, ἐν οἷς τοῦ φύσει
δικαίου κριτὴς ἀπεδείχθην, ἀφῆκα, ἁπλοῦν δὲ αὐτὸ
ἐφ' ἑαυτοῦ τὸ δίκαιον ἐλογισάμην. (4) καὶ μὴν καὶ
τὸ πικροτέρους ἐᾶν πολλοὺς ὑπάρχειν ᾔδειν ἐμοὶ συν-
αγορεῦσαν, καὶ τὸ ἡμερώτερος φανεὶς τῆς δόξης μᾶλλον
ἐπιβουλευθήσεσθαι, καὶ ὅτι παύσω πάντα τινὰ προθυ-
μούμενον εἰς ἐμὲ διὰ τῆς τούτου κολάσεως, καὶ ὡς
βέλτιον ἴσως τῇ βίᾳ χρῆσθαι διὰ τὴν ἀνάγκην τῶν
ἐπιχειρούντων. ἀλλ' ὅμως ταῦτα εἰδὼς ἅπαντα καὶ
τῆς ὕστερον εὐφημίας οὐδὲν δεόμενος δεινὸν ἡγησάμην
ἄνθρωπον ἀνθρώποις τοιούτου μόρου ἄρξαντα εἶναι
ἀτιμώρητον. διὰ τοῦτο αἷς τοὺς ἄλλους μηδὲν ἀδι-
κήσαντας αὐτὸν ἠπείχθη τέχναις ἐγκαταπρῆσαι,
ταύταις ἐνεφρουρήθη ὑφ' ἡμῶν τῶν ἀξιωθέντων χάριτος
τοιαύτης ἐνεφρουρήθη. τάχα τις ὑμῶν, ὦ Ἀθηναῖοι,
ἀκούων τὸ παράλογον, ὡς, εἰ δέοι τούτοις αὐτὸν τοῖς
ὀλέθροις οἷς ἐπενόησε καθ' ἑτέρων περιπεσεῖν τὸν
ἐξευρόντα, πολλαῖς πάνυ με Ἐρινύσιν ὀφείλεσθαι
νομίζει, μᾶλλον δ' οὐδ' ἐξαρκέσειν ὅλαις τῇ αὐτοῦ μιᾷ
ψυχῇ, καθ' ἑαυτοῦ δὲ τοὺς μόρους ὑπογράφειν. (5) ἀλλ'
εἰ χωρὶς δυσμενείας σκέπτεσθαι ἐθελήσετε, εὑροιτε ἂν
οὔτε δρῶντας ἑκόντας ἡμᾶς, οὔτε εἰ πάσχομεν, δόξαν
τῷ δαίμονι, δικαίως ἀπολαύοντας. καὶ γὰρ ἐξουσίαν
ἔχοντες δρᾶν διὰ τὴν τυραννίδα τὰ πρὸς ὠμότητα,
ὅμως ἴσμεν ἔκτοπα ὄντα, καὶ μηδὲν τῶν πεπραγμένων
ἑαυτοῖς ἀναλαβεῖν δυνάμενοι τὸ μὲν ὅτι δεινὰ ταῦτ'
ἐστὶν ὁμολογοῦμεν. εἶθε μέντοι μηδὲ δρᾶσαι αὐτὰ
πικρᾷ ἀνάγκῃ ἐβιάσθημεν, καὶ οὐδεὶς ἕτερος ἦν ἂν ὡς
χρηστὸς ἐπαινούμενος ἡμῶν παρόντων. τίς γὰρ ὑμῶν,
ὦ Ἀθηναῖοι, ἢ τῶν ἄλλων ἀνθρώπων τὸν ἐπιβουλεύ-
σαντα ἑαυτῷ ἐχθρὸν οὐ διὰ πάσης ἀμύνης παρασχὸν
ἐτιμωρήσατο; τοιοῦτον εὑρὼν Περίλαον ἐτιμωρησάμην.
καὶ σύνοιδα μὲν ἐμαυτῷ ἔκθεσμα ὁρῶν, παραμυθίαν

ad unum omnes, qui humanitatis nomine supra modum
superbitis, dirissimæ immanitatis rei videamini. Nam
aut unius viri opus aut totius vestræ civitatis sit necesse
est, hoc autem ex solo vestro in me animo cognoscitur.
(3) Si enim iure homo periit, nec moribus et ingenio
Atheniensium quisquam similis illi est, quid est cur nos
vituperetis? sin vero iniuria, hinc vos Perilao nihilo me-
liores esse confitemini, ego vero nondum do iniuste
sumptam esse pœnam, donec mihimet ipsi visus fuero
contra ius fecisse. Atqui a tyranno quod iustum est nemo
requirit, quod enim servat eum, id esse convenit: at
meam securitatem ac firmissimum imperii præsidium
tunc subvertisse visus fuero, si iure eum non punivisse
videar. Confido autem, neque vestrum alicui neque re-
liquorum Græcorum iniustum videri, si quam quis aliis
struxerit perniciem ipse experiatur qui machinatus sit,
coniectura facta quum ex reliquis omnibus, tum mea
caussa maxime, quod hac ratione ut puniretur par esse
visum est. Quanquam pro me supplicium invenit in
insidiatores gravissimum; sed mea securitate, quum eius
quod natura iustum est iudex constitutus sim, omissa
simpliciter quod esset re· se iustum reputavi. (4) Ac
novi sane, excusationi mihi fore, quod inimicos habiturus
eram ferociores, et quod opinione mitior visus periculum
erat ne magis insidiis peterer, et quod omnium illo pu-
niendo a me abalienaturus eram animos, et quod præstat
fortasse vi uti ab insidiatoribus circumventum: nihilo
minus tamen his omnibus perspectis ac posteritatis præ-
conio nihil indigens iniquum duxi hominem, qui homi-
nibus talis mortis auctor esset, dimitti impunitum.
Quocirca in quibus alios, qui nulla ipsum iniuria affece-
rant, comburere studuit machinis, iis iure a nobis tali
beneficio ornatis inclusus est. Forte vestrum aliquis,
Athenienses, audito præter exspectationem hoc præcepto,
quasi quæ in alios excogitavit supplicia ipse subire in-
ventor debeat, multis omnino me Furiis obnoxium esse
opinatur, immo ne sufficere quidem omnibus uno meo
animo, in memet ipsum vero mortes me præscribere.
(5) At si remoto odio considerare voletis, neque nos fa-
cere volentes invenietis, neque si patimur, quum deo
visum sit, iuste perpeti. Forte vestrum quanquam potestatem
habemus tyrannidis caussa ea faciendi, quæ sunt crudelia,
tamen insolentia esse novimus, quumque eorum, quæ
a nobis facta sunt, nihil reparare possimus, gravia tamen
esse confitemur. Utinam vero neque facere ea dira
coacti essemus necessitate, tum nemo alius esset, qui
tanquam probus nobis præsentibus laudaretur. Quis enim
vestrum, Athenienses, aut reliquorum hominum hostem
sibi insidiantem non omni vindicta data occasione puni-
verit? talem inventum Perilaum punivi, atque iniqua
quidem me fecisse conscius mihi sum, hoc tamen solatii

δ' ἔχω τὸ μὴ μετὰ γνώμης ἐθελουσίου, ὃ ~οἷς ὑπ' ἐμοῦ τιμωρουμένοις οὐ πρόσεστιν. (ϛ) ἐγὼ μὲν οὖν, ὦ σοφώτατοι γηγενεῖς Ἀθηναῖοι, καὶ ἐν τούτῳ τὰ ὑμέτερα ἤδη ἐμιμησάμην, ἐκεῖνος δὲ ἃ δέον ἔχειν ἡμᾶς τοὺς τυράννους μετεδίωξε, καὶ δικαίως οὐχ οἷοι φύσει ἦμεν, ἀλλ' οἵους ἡμᾶς αὐτὸς ἔπλαττεν, εἰς αὐτὸν ἐγενόμεθα εὖ μέντοι καὶ νῦν ἴστε, ὅτι οὔτε ἐγὼ ἰδιωτεύων Περίλαος ἂν ἦν, οὔτε ἐκεῖνος μοναρχῶν Φάλαρις ὑμῖν μέντοι οὐχ ὅτι ὄνειδος, ἐὰν χαλεπήνητε περὶ τῆς τούτου κολάσεως, ἀλλ' ἐὰν καὶ μὴ κολάζητε τοὺς τοιούτους. κοινῇ μὲν γὰρ ἅπαντας ἀνθρώπους ἠδίκει, καθ' ὃ τοιούτους ἐπινόει μόρους, ἰδίᾳ δ' ὑμᾶς διαβάλλων εἰς ὠμότητα καὶ τὸ τῆς πόλεως ἔμφυτον ἦθος λυμαινόμενος ἅπαντας μὲν οὖν οἶμαι τὸν τρόπον τῆς τιμωρίας ἐπαινεῖν, ἄξιοι γὰρ οἱ τοιοῦτοι πολῖται· εἰ δέ τίς ἐστιν, ᾧ ὁ μόρος οὐκ ἤρεσεν, ἴστω ὡς οὐδὲ Περιλάῳ ἀρεστὰ ἐπράξαμεν.

ρκγ´ Λυσικλεῖ

Οὐ θαυμάζω τὴν αἰτίαν, δι' ἣν οὐδὲν ἔχεις ἐμφερὲς οὔτε τῷ πατρί σου οὔτε τῷ παιδί, ὦ Λυσίκλεις οὔτε γὰρ εἶ Λυσικράτους υἱὸς οὔτε Νεοπτολέμου πατήρ ταῦτα δέ φασι τὴν μητέρα σου καὶ τὴν γυναῖκα πρὸς πολλοὺς Σικελιωτῶν διαβεβαιοῦσθαι καὶ διὰ τοῦτο τῶν μεγάλων τυγχάνεις ἐπαίνων. ἐν γάρ τι καὶ τοῦτο τῶν θαυμαζομένων ἐστί, τὸ πρὸς πάντας μέν, μάλιστα δὲ πρὸς εἰδότας ἀψευστεῖν.

ρκδ´ Πολυδεύκει

Τοὺς ἐμοὶ περὶ τῶν κατὰ δίκην ἀναιρουμένων πολεμεῖν παρασκευαζομένους, Πολύδευκες, ἀκούσαντας καὶ σαφῶς εἰδότας περὶ ὅτου τοῦτο ποιήσουσι, τιμωροὺς ὁμολογεῖν δέον, σὺ μέντοι κατηγορῶν ἐν Συρακουσίοις ἐμοῦ, τὸ μὲν τιμωρὸς ὡς δεινὸς λέγεις, τὰς δ' αἰτίας, ἃς μάλιστα ἔδει, ἐφ' αἷς ταῦτα ἔπαθον ὡς ἀνήκεστοι, οὐδέποτε ἠξίωσας προσθεῖναι ἐχρῆν γάρ, ὦ δημαγωγὲ Πολύδευκες, λέγειν μὲν τὸν θάνατον, ἐπιδείκνυσθαι δὲ τὴν πρόφασιν, ἵνα καὶ παρὰ τὴν αἰτίαν μᾶλλον ἐπαίρῃς τὰ πάθη καθ' ὧν ἂν πολιτεύῃ εἰ δὲ αἰσχύνεσθε γυμνῶσαι τὰς αἰτίας, ἐφ' αἷς κατηγορεῖτε, τίνι δικαίῳ πολεμήσετε ἐπ' αὐταῖς μὰ τοὺς θεοὺς οὐκ οἶδα

ρκε´. Λακρίτῳ

Ὡς μὲν οὐκ ἐχρῆν εἰς κινδύνους καθίστασθαι περὶ τοιαύτης ἐλπίδος τοὺς οὕτω δεδιότας, οὐδ' ἐβουλόμην ἂν θερμοτέρων ἀποτελεσμάτων λαβεῖν ἐπὶ σοὶ πεῖραν ἐπεὶ δὲ τὸν ἡμέτερον φόβον ἡ σὴ νενίκηκε ῥώμη, ἀγαθῷ μὲν οἰωνῷ τοιούτῳ κέχρησαι, ὅτι καὶ τἄλλα σοι κατὰ νοῦν γενήσεται. τεθαρρήκαμεν δ' οὐδέν τι μᾶλλον ἀπηλλαγμένου σου, ἀλλὰ καὶ ἐπετάθημεν ταῖς ἐλπίσι, καὶ μέχρις ἂν ἥκῃς ἡμῖν σῶος, πρὸς τὰς ἀπὸ σοῦ πεύσεις ἀνακρεμάμεθα ἅπερ οὖν καὶ ἀποστέλ-

habeo, quod non ex animi sententia, id quod a me punitis non suppeditat (6) Itaque ego, sapientissimi in li genæ Athenienses, etiam in hoc vestros mores imitatus sum, ille vero quæ nos habere tyrannos oportet affectavit, ac iure non quales natura eramus, sed quales nos finxit ipse erga eum fuimus Probe autem et nunc sciatis, neque me, si essem privatus, Perilaum, neque illum, si princeps, futurum fuisse Phalarin, vobis autem non modo ignominiosum, si pœnam de eo sumptam ægre tuleritis, verum etiam si tales non puniatis Nam generatim omnes homines iniuria affecit, quum tales excogitabat mortes, speciatim autem vos, crudelitatis crimen vobis inferens atque nativam civitatis indolem contaminans Quapropter supplicii rationem probare puto omnes, hoc enim digni tales cives sunt, si quis est autem, cui mors ista non placuerit, scito, neque Perilao quæ placerent nos fecisse

CXXIII Lysicli

Non miror, quod nihil habeas simile aut patri tuo aut filio, Lysicles nam nec Lysicratis filius es nec Neoptolemi pater, id quod matrem tuam et uxorem aiunt apud plerosque Siculorum affirmare, proptereaque tam magnam laudem consequi Nam hoc quoque eorum, quæ quis miretur, unum est, quod apud omnes, tum maxime vero quod apud scientes verum confiteantur

CXXIV Polluci

Qui mihi inferendum parant bellum ob eos quos iure e medio sustuli, Pollux, quia audiverunt ac certo sciunt, quamobrem id faciant, quum ultores esse confitendum sit, tu apud Syracusanos me accusas .
dicis, caussas vero, quas maxime delebas, ob quas ista velut insanabiles passi sunt, adicere nunquam voluisti Oportebat enim, concionator Pollux, non tantum cædem commemorare, sed etiam prætextum ostendere, quo caussa allata magis etiam affectus in eos quos petis incitares Sin vero vos pudet caussas patefacere, ob quas accusatis, quo iure ob ipsas bellum illaturi sitis per deos ignoro

CXXV Lacrito

Ut non oportebat pericula subire de tali spe eos, qui sic metuunt, ita nec vellem calidioris effectus in te capere experimentum Quum vero metum nostrum tua vicerit fortitudo, bono omine hoc utare, reliqua quoque ex sententia tibi successura Nihilo magis autem confisi sumus te hinc degresso, verum et spe tenemur et, donec reverteris nobis salvus, nuntium a te mittendum anxie exspectamus Quare quæ tum quoque, quum misimus,

λοντές σε παρηνέσαμεν, ταῦτ' ἂν ἀξιώσαιμεν ἀπηρ-
κότα, πρὸ τοῦ χωρίου ζητεῖν ἡμῖν περιποιεῖσθαι Λάκρι-
τον, ὃν ἀντὶ πολλῶν τόπων καὶ πόλεων καὶ τυραννίδων
καὶ αὐτῆς γε νὴ τοὺς θεοὺς τῆς ψυχῆς ἑαυτοῖς εἶναι
νενομίκαμεν.

ρκϛ'. Τῷ αὐτῷ.

Καὶ τῶν σῶν ὑποσχέσεων μέμνησο, Λάκριτε, καὶ
τῆς Φαλάριδος ἐρημίας φρόντιζε· ἐν ὅσῃ γὰρ ἀπορίᾳ
λείπομαι φίλων οὐκ ἀγνοεῖς. ἐπιστέλλω δὲ περιφόβως
οὕτως ἔχων, οὔτε τὴν τῶν πολεμίων ἰσχὺν πεφρικὼς
ἔγωγε (πολὺ γὰρ ἡμῶν εἰσι καταδεέστεροι) οὔτε τὴν
τῶν συμμάχων ἀσθένειαν (τῷ παντὶ γὰρ μᾶλλον τῶν
ἀντιπάλων ἔρρωνται), ἀλλὰ τὴν σὴν περὶ τὰς μάχας
προθυμίαν, μὴ μᾶλλον ἢ δεῖ σπουδῇ μεταποιήσῃ
ἀγαθὸς φανῆναι τὰ πολέμια, ἀχθόμενος εἰ μὴ πᾶσι
τοῖς ἔργοις ἑνὶ χρόνῳ πρασσομένοις παρέσῃ. μέμνησο
δέ, ὅτι παρακαταθήκην σοι σεαυτὸν ἐδώκαμεν ἐξιόντι,
ἣν ὑπέσχου σῶαν ἡμῖν ἀποδώσειν. καὶ νῦν τοῦθ'
ἱκετεύομεν, οὐχ ἵνα τῆς σαυτοῦ φύσεως ἀνάξιόν τι
φρονήσῃς (τοῦτο μὲν γὰρ ἀδύνατον), ἀλλ' ἵνα εἰς
πολλοὺς ἀγῶνας ἑτέρους ἔχῃς ἐπιδεῖξαι σαυτὸν μα-
χητὴν φιλόμοχθον. ταυτὶ δὲ κἂν αὐτὸς σαυτοῦ γένῃ
μαλακώτερος, ἐν ἄλλοις ἡμῖν σεαυτὸν ἐκπεπληρω-
μένον ἀποδώσεις.

ρκζ'. Ἐπιστράτῳ.

Μὴ βιάζου με δίκας παρὰ σοῦ λαβεῖν τρὶς ἤδη πα-
ρεικότα, μηδὲ ἐμβάλλου τῇ σαυτοῦ ψυχῇ ὡς οὐκ ἀλ-
λότριος Φαλάριδος ἔλεος, ἐπεὶ καὶ πάνυ τοῦτον σέ-
βεσθαι παραιτησάμενοι τῇ τοῦ τυράννου χρησόμεθα
ὀργῇ.

ρκη'. Ἀριστοφῶντι.

Μὴ λογίζου τὸν ἀριθμὸν τῶν εἰς τὸν ταῦρον ἀνηλω-
μένων· πλείους γάρ εἰσιν, ἐὰν τὰς πράξεις αὐτῶν
ἐξετάσῃς, ἢ τὰ ὀνόματα. ἀλλ' ὅμως καὶ τοιοῦτοι
ὄντες ὑφ' ἡμῖν ἐγένοντο. σὲ δ' οὐκ ἠξιοῦμεν οὕτω
νεώτερον ὄντα πρεσβυτέρας ἐπαναιρεῖσθαι φροντίδας·
δυστήνους γὰρ ἀποδείκνυμεν τοὺς ἡμῖν ἀντιπράξαντας.
ἐπεὶ δ' ὀργὴ μεταβολὴν ἰδεῖν τοῦ βίου, παύσασθαι
μὲν ἔτι παραινῶ, μὰ τοὺς θεοὺς οὐχ ὡς δεδιὼς ὑπὸ
σοῦ κακόν τι παθεῖν (οὐ γὰρ ἐκ γυναικείας χειρὸς
τυραννοκτονηθήσεται Φάλαρις), ἀλλ' ἵνα μὴ καὶ σὺ
συνάριθμος τῶν εἰς τὸν ταῦρον ἐμβληθέντων γένῃ καὶ
διαβολῆς ἀδίκου μέρος ἡμῖν εἰς ὠμότητα τιμωρηθεὶς
ὑπ' ἐμοῦ. ἐὰν δὲ μὴ πείθῃ, τάχα σὺ σφόδρα προσδέ-
χου περὶ ταύτης ἡμῖν τῆς παραινέσεως ἐκτίσειν δίκας.

ρκθ'. Τιμολάῳ.

Τὸ μὲν μηδὲν ἁμαρτάνειν εἰκότως ἴσως καὶ δικαίως
θεοῦ νομίζεται, τὸ δ' ἁμαρτόντα τούτῳ αὐτῷ πρὸς τὸ

---

monuimus, ea velimus sufficere, ut ante castellum stu-
deas nobis acquirere Lacritum, quem pro multis locis et
civitatibus et tyrannidibus et ipsa per deos anima nobis
esse censemus.

CXXVI. Eidem.

Et tuorum promissorum memento, Lacrite, et Phala-
ridis solitudinis curam gere. In quanta enim penuria
amicorum relictus sim non ignoras. Scribo autem tam
trepide, non quod hostium vires ego pertimuerim (nam
multo nobis sunt inferiores) vel infirmitatem sociorum
(nam omnino magis quam adversarii valent), sed tuam
in pugnando alacritatem, ne magis revera quam par est
bello strenuus videri studeas, quippe moleste ferens, si
non omnibus simul rebus interfueris gerendis. Memento
vero, nos pignus tibi temet ipsum dedisse exeunti, quod
salvum te nobis redditurum promisisti. Atque hoc nunc
supplices precamur, non ut natura tua indignum quicquam
facies (hoc enim fieri non potest), sed ut in multa alia
certamina exhibere te possis bellatorem indefessum. Nunc
autem si te ipso mollior fueris, in aliis temet nobis reddes
omnibus numeris absolutum.

CXXVII. Epistrato.

Noli iniuriis tuis me cogere ad supplicium de te su-
mendum, qui iam ter veniam dederim, neque id in ani-
mum tuum inducas, quasi non abhorreat a Phalaride
misericordia : nam hoc vel maxime alienum a nobis pu-
tantes tyranni utemur animo.

CXXVIII. Aristophonti.

Noli computare numerum eorum, qui insumpti sunt in
taurum : nam plures sunt, si facta eorum exploraveris,
quam nomina. Nihilominus tamen, tales licet fuerint,
nobis succubuere. Te vero nolebamus tam iuvenem
seniles suscipere curas : miseros enim facimus, qui nobis
repugnant. Quoniam vero mutationem vitæ cupis cer-
nere, ut desistas adhuc hortor, per deos non quod me-
tuam, ne malo quoquam a te afficiar (non enim muliebri
manu tyrannicidium perpetrabitur in Phalaridem), sed ne
tu quoque annumereris eis, qui in taurum sunt insumpti,
tuaque pars sit iniustæ crudelitatis criminationis, quum
sis punitus a me. Si vero non obtemperes, quam celer-
rime exspecta huius quoque adhortationis te nobis per-
soluturum esse pœnas.

CXXIX. Timolao.

Nihil peccare iure sane ac merito dei esse creditur;
postquam autem peccatum sit, eo ipso in posterum emen-

μέλλον σεσωφρονίσθαι ἀνθρώπου, τὸ μέντοι μηδὲν
πταίσαντα καὶ ἀτυχήσαντα πεφυλάχθαι οὐκ οἶδα ἄλλου
τινὸς ὑποληφθῆναι δυνάμενον ἢ κακοῦ. αἰσχρὸν οὖν
(ἔτι γὰρ ἔγγιον προσελευσόμεθα) ἑτέροις παράδειγμα
τῆς ἀβουλίας γενόμενον αὐτὸν ἑαυτῷ μηδ' ἐκ τῆς οἰ-
κείας συμφορᾶς χρήσιμον γενέσθαι.

ρλ'. Φαιδίμῳ.

Πεπείσμεθα τὸ τρίτον ἤδη μηδὲν ἀδικεῖσθαι ὑπὸ
σοῦ, καίτοι χαλεπωτέραις αἰτίαις ἐφ' ἑκάστῃ κα-
τηγορίᾳ περιεσχημένου, ἀλλ' οἷον ἐβουλόμεθά σε καὶ
δίκαιον ἦν περὶ ἡμᾶς εἶναι, τοιοῦτον ᾠήθημεν γεγο-
νέναι. τοὺς δὲ τῶν κατηγορούντων λόγους ψευδεῖς
ἐνομίσαμεν, παρ' ὅσον ἐδείσαμεν ἐλέγξαι περὶ σοῦ τὴν
ἀλήθειαν. εὖ μέντοι ἴσθι, ὅτι καὶ τὸ μηδὲν ἀδικεῖν
ἐν αἰτίᾳ πολλάκις ἐνεχθὲν ἀσφαλὲς αὐτοῦ τοῦ δαίμονος
ἔδοξαν οἱ περὶ αὐτῶν δεδιότες κεκολάσθαι. φρόντιζε
οὖν, ὅπως μήτε τὸν τρόπον ἡμῖν τὸν σεαυτοῦ ἐχθρὸν
παρέξῃς μήτε τὴν τύχην. χαλεπὸν δέ σοι δοξάτω μὴ
τοῦτο μόνον, εἰ πολλάκις ὑπ' ἐμοῦ καὶ ἐφ' ἑκάστῃ γ'
ἀδικίᾳ εὖ παθὼν οὐ τοῖς ὁμοίοις ἡμᾶς, ὥσπερ δίκαιον,
ἀμείβῃ (ἐγὼ μὲν γὰρ οὐκ ἐάσω πονηρίας χρηστότητα
ἐνέγκασθαι δευτερεῖα), ἀλλ' εἰ μηδὲ σὺ σεαυτοῦ πρός
με εὐεργετεῖν βεβουλημένον ἐπιεικέστερος ὀφθήσῃ.

ρλα'. Φιλοδήμῳ.

Ἐν μεγάλῃ μοι δοκεῖς εὐηθείᾳ καθεστάναι, Φιλό-
δημε, εἰ τοσαύτας εὐχὰς οἴει καὶ σπονδὰς ἡμῖν ὑπὲρ
σοῦ, ὡς οἴκαδε ἀπονοστήσῃς, γενέσθαι περὶ τῶν πέντε
ταλάντων, ὅπως ταῦθ' ἡμῖν σωθείη, ἃ μετὰ τοῦ μηδὲν
ἐλπίζειν. παρὰ σοῦ χρηστὸν ἐπεδώκαμεν, ἀλλ' οὐκ
αὐτοῦ σοῦ τῆς ἑταιρείας. τοῦτο δὲ μὰ τοὺς θεοὺς οὐ-
δενὸς πλήθους ἐστὶν ἀντάξιον. εἰ δὲ πάντως θέλεις
παρὰ σαυτοῦ δοκεῖν ἐκπεπροικίσθαι τὴν παῖδα, ἔστι
μὲν οὐδὲν ἧττον καὶ ταῦτα ἐκ τῶν σῶν· εἰ δὲ οὐ δο-
κεῖς, προσθεὶς ἐκείνοις τοῖς πέντε ταλάντοις τὰ παρὰ
σαυτοῦ τοσαῦτα τὴν προῖκα δέκα ταλάντων ἀνάγραφον,
ἵν', εἰ βούλει, τῆς προικὸς τὸ μέν τι τῆς Φαλάριδος εἴη
χάριτος, ὃ δὲ τῆς Φιλοδήμου περιουσίας. μαρτυροῦσα
δ' ἡμῖν πρὸς σὲ πολλὰ καὶ μεγάλα Θεανὼ χαρᾶς ἡμᾶς
ἀναπίμπλησιν· ἃ γὰρ ἔτι παῖς οὖσα ἔπασχε, μήτηρ
γενομένη μαρτυρεῖ.

ρλβ'. Ἀγησιλάῳ.

Ἡ Τελεσίππη χαλεπῶς ἔοικέ σου φέρειν τὴν ἐν
Συρακούσαις μονήν, εἰς τοσοῦτον δὲ παρέχουσα φιλάν-
δρου καὶ σώφρονος ἔργον γυναικὸς ἐμαρτύρατο ἡμᾶς
ὡς κατὰ σοῦ τὴν ἀρχὴν πικρὰν ἔχοντας, οὐκ ἀνέξε-
σθαι φάσκουσα ἐπὶ πλέον σε ἀπόντα, ἀλλ' ἐπιβοησα-
μένη τὸν ἑαυτῆς πατέρα, γινώσκεις ἴσως, ὃ βούλεται
πράττειν. ἀλλ' εὖ ἴσθι, καὶ ποιήσειεν ἂν· οὐ γὰρ οἵα
τέ ἐστι περιορᾶν ἑαυτῆς τὸν ἄνδρα νενοσφισμένον.

dari, hominis, ubi vero quis cum sua calamitate pecca-
verit, ne cavere quidem, haud scio an alius non censen-
dum sit quam improbi. Turpe igitur (nam adhuc propius
accedamus, qui aliis temeritatis exemplum factus sit,
hunc ne proprio quidem damno edoctum sibi provi-
dere.

CXXX. Phædimo.

Iam tertium nobis persuasum est nulla nos iniuria a te
affici, licet, quoties accusaris, gravissimis teneare cri-
minationibus, sed qualem te volebamus et æquum erat
erga nos esse, talem esse opinati sumus. Accusatorum
vero sermones falsos eatenus putavimus, qua veriti sumus
de te verum comperiri. Probe tamen scias, quod aiunt
nihil facere iniuste, in caussa sæpenumero allatum,
ipsius fortunæ præsidium opinari eos, qui ipsis sibi
pœnam metuant. Cura igitur, ut neque mores tuos ini-
micos nobis exhibeas neque fortunam. Grave vero vi-
deatur tibi non hoc solum, si sæpe a me et quoties iniu-
riam fecisti beneficiis affectus non similia nobis, ut æquum
est, rependas (ego enim probitatem secundas post mali-
tiam ferre non permittam), sed si erga me ad benefa-
ciendum promptum tu te ipso non æquior appareas.

CXXXI. Philodemo.

In magna videris mihi stultitia versari, Philodeme, si
tot preces votaque a nobis pro felici reditu tuo nuncupata
putas ob quinque talenta, ne hæc nobis perirent, quæ
nihil probi a te sperantes dedimus, neque vero ob tuam
ipsius familiaritatem. Hoc vero per deos cum multis divitiis
comparari potest. Quod si omnino velis de tuo ipse do-
tare filiam videri, sunt nihilo minus hæc quoque de tuis,
sin vero aliter censeas, ad ista quinque talenta totidem
adiectis decem talentorum perscribe dotem, ut, si lubet,
pars dotis Phalaridis liberalitati, pars Philodemi opu-
lentiæ debeatur. Quod vero Theano nobis apud te mul-
torum magnorumque beneficiorum dat testimonium,
gaudio nos implet: quæ enim, quum adhuc puella esset
accepit, de his mater iam facta profert testimonium.

CXXXII. Agesilao.

Telesippe graviter videtur ferre, quod Syracusis com-
moraris. In tantum autem passa, quæ solent mulieres
viri amantes et pudicæ, obtestata nos est ut qui acerbo
in te uteremur imperio, laturam sese negans diutius
tuam absentiam, sed implorato patris sui auxilio, nosti
fortasse, quod vult facere. Quin probe scias, etiam fac-
turam fuisse: non enim ea est, quæ possit admittere, ut

29

κἀκείνη μὲν ἐμὲ ἠξίου δύνασθαι ἐπανήκειν σε ἀναγκάσας, ἐγὼ δ' ἐκείνην· οὐ γὰρ οὕτως οἴομαί σε Φάλαριν αἰδεῖσθαι ὡς Τελεσίππην. ἐπάνηκε οὖν καὶ τοῖς ποθοῦσιν ἀπόδιδου σαυτόν, εἴθ' ἡμᾶς αἰσχύνῃ μᾶλλον, εἴτ' ἐκείνην, ἀξίαν οὖσαν νὴ τοὺς θεοὺς ἀγαπᾶσθαι πλέον.

ρλγ'. Πολυμνήστορι.

Πολλά σοι καὶ μεγάλα πρὸς ἡμᾶς ἐμαρτύρει Λάκριτος, καὶ περὶ τἄλλα μὲν ἅπαντα, μάλιστα δὲ περὶ τῆς συμμαχίας τῶν πελτοφόρων. τῇ γὰρ σῇ σπουδῇ καὶ τῇ τῶν ἀγωνισαμένων ἀνδρῶν τὸ χωρίον ἁλῶναι ἀποφαίνει καὶ τοὺς ἰδίους ἐπαίνους, ὡς ἔοικε, σοὶ παραχωρεῖν ἀνακεῖσθαι. ἐγὼ δέ, εἰ μὲν ἐλάμβανες τὰς παρ' ἐμοῦ δωρεὰς πάσας, ἐδεδοίκειν ἂν καὶ οὕτω μὰ τοὺς θεούς, μὴ ἡττῶμαι τῆς φιλοφροσύνης τῆς παρὰ σοῦ· νῦν δέ σου καὶ τὰς χάριτας οὐ καθ' ὃ πέμπονται ἀποδεχομένου νικᾶσθαι ὁ τύραννος ὁμολογῶ ἰδιώτου ἑνός. εἰ μέντοι τὸ παρὸν μὴ δέξῃ τὰ τρίτα τῆς λείας διανείμαι τοῖς στρατιώταις, ἃ καὶ Λακρίτου διδόντος παραυτίκα οὐχ οἷός τε ἐγένου λαβεῖν, εὖ ἴσθι ὀκνηροτέρους ἡμᾶς γενέσθαι οὐκ εὖ ποιεῖν (τοῦτο μὲν γὰρ οὐκ ἦν ἡμῖν ἐπὶ σοῦ) ἀλλ' εὖ πάσχειν ὑπὸ σοῦ πρὸς τὸ ἐπιὸν ἀναγκάσεις.

ρλδ'. Πολυμνήστορι.

Ἔδεισας ἡμῶν τὰς ἀπειλὰς τοῦ μηδ' αὖθις δεήσεσθαι. παρ' ὃ τι καὶ τὴν λείαν διένειμας, ὡς ἠξιοῦμεν, ἀποδοὺς τοῖς πονήσασι τῶν κινδύνων τὰ ἔπαθλα· καὶ καλῶς. ηὔφρανάς τε γὰρ καὶ ἐπέρρωσας μηδὲν ὀκνεῖν αἰτεῖσθαι παρὰ σοῦ, καὶ τοὺς ἄνδρας, ὁπότε δέοι ἀγωνίζεσθαι, προθυμοτέρους ἐποίησας. τίς γὰρ ἂν ἕλοιτο σήκωμα τῶν πόνων χωρίς; οὐδεὶς ὅστις ἂν ὑποσταίη τοὺς καμάτους. ἄλλοις μὲν οὖν καὶ ταῦτα ἐκομίσω, οὐ μὴν ἀλλὰ καὶ λαμβάνων, εἰς τὸ ἐπιτηδείους ἡμῖν κατασκευάσαι τοὺς στρατιώτας, ἐὰν εἰς τὰ μέλλοντα δεηθῶμεν, καὶ ταῦτα λαμβάνειν ἔοικας.

ρλε'. Τεύκρῳ.

Τοὺς μὲν γάμους ἦχθαι τῆς Φιλοδήμου θυγατρὸς θᾶττον ἢ σὺ ἐπέστειλας ἔτυχες ἡμῖν ἠκούσαμεν· φθάνει γὰρ ἡ φήμη καὶ τοὺς πάνυ πολλῇ σπουδῇ περὶ τὰς μηνύσεις κεχρημένους, ἐπεὶ ταχεῖα τῶν γινομένων, κἂν διὰ μακρᾶς τὸ πραχθὲν κομίζῃ, ἄγγελος ἡ θεός. καὶ ἡμεῖς τάχα ἂν εἰκότως ἐμεμψάμεθα αὐτὴν τὸ τοιοῖδε παραδεδόσθαι καὶ διὰ τἄλλα μὲν ἀδίκους εἰς τοσαύτην ὠμότητα διαβαλλόμενοι, οὐχ ἥκιστα δὲ καὶ διὰ ταύτην κατεγνωσμένοι. φέρει γὰρ ἡμᾶς κακοῦς πανταχόθεν περιβόωσα τοῖς ἀκουσομένοις, καὶ διὰ ταύτην οὐδ' ἰδόντες ἐμέ πω τῶν νῦν ὄντων τινὲς οὕτω πειραθέντες ὡς ἐπ' ἀνθρώπων γεγονότα ὀλέθρῳ προβέβληνται. (2) ταῦτα μὲν οὖν ἐμὰ ταλαιπωρήματα καὶ οὐδενὸς

Multarum tibi magnarumque rerum apud nos testimonium dixit Lacritus, quum de reliquis omnibus, tum maxime de auxilio peltastarum. Tua enim et militum alacritate declarat captum esse locum, suas adeo laudes, ut videtur, tibi honoris caussa cedens. Ego vero, etiamsi acciperes quæ habeo dona omnia, vel sic tamen vereor per deos, ne vincar benevolentia tua : nunc vero, quum munera non quo mittuntur animo accipis, vinci me tyrannum fateor a privato uno. Quod si igitur nunc non accipis tertiam prædæ militibus distribuendam, quam etiam Lacrito statim dante ut acciperes a te impetrare non potuisti, probe scias, te tardiores nos esse non ad benefaciendum (hoc enim non licet nobis te superstite), sed ad beneficia a te accipienda in posterum coacturum.

CXXXIV. Polymnestori.

Veritus es quod minati sumus, non iterum nos opem tuam imploraturos, unde prædam distribuisti, uti iusimus, eis, qui laborem sustinuere, ut periculorum præmia, et recte quidem. Nam et exhilarasti et impulisti me ad quodvis prompte a te petendum, et milites, ubi pugnandum erit, alacriores reddidisti. Quis enim acceperit præmium sine laboribus? nemo, qui sustinere labores possit. Atque aliis quidem hæc quoque consequutus es : quæ quamvis acceperis, hæc etiam eo tamen consilii, ut milites nobis devincias, ubi in posterum eis indiguerimus, accipere videris.

CXXXV. Teucro.

Filiæ Philodemi nuptias celebratas ante tuas litteras nobis traditas audivimus : antevertit enim fama eos etiam, qui quam celerrime indicare curant, quoniam velox est, etiamsi ex longinquo quid factum afferat, rerum dea nuntia. Ac nos fortasse iure eam accusemus, quod talia de nobis tradita sunt, quippe et aliis nominibus iniuste in tantam crudelitatis infamiam delapsi, et maxime etiam ob eam condemnati. Undique enim nos tanquam possimos in vulgus diffamat, atque ob hanc nonnulli eorum qui nunc vivunt me neque visum neque cognitum quasi in hom'num perniciem natum aversati sunt. (2) Atque hæc

ἑτέρου· τὴν δ' οἰκίαν, εἰς ἣν ἐτελέσθησαν αἱ πρῶται
σύνοδοι Λεοντί τε καὶ Θεανοῖ, κρατεῖν αὐτοῖς, ὡς
ἔχουσιν, ἐπίτρεπε, μηδὲ ἀνίστα τὸν Ὑμέναιον ἀπὸ
τῆς ἑστίας, ἔνθα ἥσθη· ἄξιον τὸ δώρημα τοῖς κομι-
σομένοις ἀποδο/ῆς νενομίχαμεν· φίλτατα γὰρ τὰ χωρία
τοῖς νυμφαγωγηθεῖσιν, ἔνθα ἂν τὰ πρῶτα δεσμὰ ἀπό-
θωνται παρθενίας. ἐθόνου δὲ Συρακουσίοις μᾶλλον
ἄξιος Φιλόδημος ἢ ἐλέου κριθήτω, καὶ μηδεὶς εὐτυ/ὴς
οὕτως ἐν εὐδαιμονίας μοίρᾳ ὡς ἐκεῖνος ἐν κακοπραγίᾳ
τύχης τοῖς φθονοῦσι νομισθήτω· Φάλαριν δὲ μισεί-
τωσαν ἅπαντες (οὐ γὰρ παραιτοῦμαι μῖσος ἀζίμιον),
εὐ/έσθωσαν δὲ καλῶς κατὰ σφᾶς, κἂν μὴ προσποιῶν-
ται, τοιούτων καὶ αὐτοὶ λαβέσθαι φίλων.

ρλς Τιμάνδρῳ

Τὰ πολιτεύματά σου -ἃ ἐν Καμαρίνῃ, Τίμανδρε,
καὶ ὁ πολὺς οἰκτισμὸς ἐπὶ τοῖς ὑφ' ἡμῶν ἀπολουμένοις
ἐπέρρωσε μὰ τὸν Δία οὐδὲ βουλομένους τοὺς περὶ
Κλεόμβροτον ἐνεῖρξαι τῷ ταύρῳ· ἐδεδοίκειν γὰρ
ἄδειαν αὐτοῖς ἐπιχορηγήσας παῦσαί σε κατ' ἐμοῦ τὴν
πόλιν ἀνιστάντα ἡδέως γὰρ ἐμαυτὸν πολίτευμα πα-
ρέ/ω τῷ δήμῳ, ἕως οὐκ αἰσχύνονται Καμαριναῖοι
τῶν σῶν ἀνεχόμενοι λόγων, οὗ τὰ πολιτεύματα οὐχ
ὅπως ἐπὶ Φάλαριν ἀμή/ανα ἀλλ' οὐδ' ἐπὶ οἱνέτην
Φαλάριδος ἂν θείη. καὶ χαλεπὸν μέν, εἰ καὶ πάνυ
συνέφερεν αὐτοῖς πολεμεῖν Ἀκραγαντίνοις, τὸ πει-
σθέντας ἅψασθαι τῶν ἔργων· νῦν δ' ὁ πόλεμος αὐτοῖς
τῷ παντὶ βαρύτερος τοῦ συμβούλου, μᾶλλον δ' ὁ δη-
μη/όρος οὐδὲ μικρὰ ῥοπὴ τῆς τούτου ταλαιπωρίας
(2) ἐγείρειν μέντοι τὰ πλήθη λέγοντα τὰς αἰτίας ἥρ-
μοζεν, ἵν' ἡ πόλις πεισθεῖσα ὑπὸ σοῦ στρατεύεσθαι,
πολεμικοῦ σφόδρα ἀνδρός, ἀναγράψηται ὑπὲρ οἷα
πεπραγότων τιμωρὸς ἀνίσταται· ἀλλ' οὐκ ἐθέλετε
καθ' ἕνα γὰρ ὑμῶν ὀνομαζόντων πολλὰς αἰτίας, ἀπηρ-
τημένας ἔξω δείκνυτε· ἀλλὰ μὴν εἴ τις ὀρεῖς τοὺς ἐν
τέλει διὰ τὸ μὴ δοκεῖν ὅσιον αὐτῷ σε σκέπτοιτο, τῷ
πάντων χαλεπωτέρου τυ/εῖν ὀλέθρου νομίσειεν ἂν ἄξιον
εἶναι, ὃς ἀποδόμενος τὴν οἰκίαν καὶ τὰ χωρία καὶ εἴ
τί σοι πατρῷον ἦν ἀνδράποδον, στρατιὰν ἐπ' ἐμὲ μι-
σθοφορεῖς καὶ Καμαριναίους νεώτερα ἀναγκάζεις φρο-
νεῖν ταῦτα δὲ ποιῶν οὐδὲν ἢ ἢ σαυτὸν μὲν ἀπέ-
γνωκας ἄξιον ἴσως ὄντα (πολλὰ γάρ σοι καὶ δεινὰ
πέπρακται), βιάζῃ δὲ τὴν πόλιν τῆς σῆς ἀφροσύνης
οὐκ ἐπαΐουσαν ἐ·ολαῦσαι

ρλζ' Ἐν/αίοις

Ἐκ πολλῶν πάνυ /ρημάτων ὧν ἐδανείσασθε παρ'
ἐμοῦ ὀκτὼ τάλαντα μόνον ἀποδοῦναι πείσαν-ε,, καὶ
ταῦτα ἐν οἷς μάλιστα καιροῖς /ρημά-ων ἐδεόμ/ην ἐπι-
κουρίσθητε, οὐδὲ περὶ ταῦ-α εὐτακτήκατε, ἀλλὰ
τέσσαρα μόλις α/θόμενοι καὶ στένοντες διελύσασθε·
τέσσαρα δ' ἀκμὴ κατέχετε. καὶ μὰ τοὺς θεοὺς οὐχ
οὕτω περὶ τούτων ἄχθομαι ὡς περὶ τῆς ἐπὶ τοῖς ἀρε-

---

quidem meæ ærumnæ sunt nec alius cuiusquam Do-
mini vero, in qua primum convenere, Leonti et Theano,
ut nunc habent, ita ut suam permitte retinendam, nec
sedibus, in quibus cantatus est, move Hymenæum Di
gnum hoc munus existimavimus, quod qui reportaturi
essent cum laude acciperent solent enim gratissima
esse recens nuptiis loca, ubi primum virginitatis cingulum
deposuerunt Invidia vero potius dignus quam miseri-
cordia Philodemus a Syracusanis iudicetur, nec in summa
felicitate tam fortunatus quisquam quam in adversa for-
tuna invidus ille censeatur Phalarim autem omnes odio
habeant (odium enim innoxium non deprecor), sibique
ipsis optent, etiamsi apud quosdam id dissimulent, ut et
ipsi eiusmodi amicos consequantur

CXXXVI Timandro

Quas Camarinæ moliris res, Timandre, multusque
luctus in eos, qui a nobis interimuntur, editus impule-
runt per Iovem etiam invitos, ut Cleombrotum tauro in-
cluderemus Metuebam enim, ne venia ei data te a
civitate adversus me incitanda revocarem Libenter enim
memet tractandum præbeo populo, dum non pudeat Ca-
marinæos tuas ferre orationes, cuius molimina non modo
in Phalarin, sed ne in servum quidem Phalaridis ineluc-
tabilia duxerim Ac difficile quidem, etiamsi cum
Agrigentinis bellum gerere vel maxime iuvaret, ut rem
ipsam aggrediantur persuadere, nunc vero bellum eis
omni modo gravius suasore, immo non parvum momen-
tum orator ad hoc infeliciter gerendum (2) At sic demum
excitare plebem oportebat, ut simul caussas exponeres,
quo, quum persuasum esset civitati sub te merere, ad-
modum bellicoso viro, perscriberetur, pro qualium fa-
ctorum auctoribus vindex surgeret Sed hoc non vultis,
nam quas multas quisque vestrum caussas nominat,
alienas prorsus in medium profertis Verum enimvero
si quis missis magistratibus, quod non videtur fas esse,
ipsum te consideret, omnium gravissimo dignum esse
ce ..bit exitio, qui domo et prædus, et si quod tibi pa-
ternum erat mancipium, venditis exercitum adversus me
alis et Camarinæos res novas cogis meditari Quæ dum
agis, fieri non potest quin et tu de te ipso desperaveris,
et iure quidem fortasse (multa enim gravia a te perpe-
trata sunt), et civitatem dementiæ tuæ effecta invitam
eogas experiri.

CXXXVII Fnnensibus

Ex magna admodum pecunia, quam a me mutuam
sumpsistis, postquam ut octo tantum talenta redderetis
persuasistis, atque ita quibus maxime temporibus pecu-
nia indigerem levati estis, ne hac quidem ex composito
reddidistis, sed vix quattuor gravate et cum suspirio
persolvistis, quattuor etiamnum retinetis Nec per deos

θεῖσι χάριτος· ἡ μὲν γὰρ χρεωκοπία ὑμῶν, ἐὰν ἐπι-
τρέπωμεν καὶ τοῦτο, τεσσάρων μόνον ταλάντων ἔχει
τὴν ζημίαν, ἡ δ᾽ ἀχαριστία ὑπερδεκατάλαντον τὴν
βλάβην. ὁμοίως γὰρ καὶ ταῦτα ἀποδώσειν ὑπισχνεῖσθε
καὶ τὰς περὶ ἐκείνων εἰδέναι χάριτας ὡμολογεῖτε. ὥστε
οὐδεμία περὶ τῆς ἐν ὑμῖν οὔσης ἀχαριστίας χρηστὴ
ἐλπίς, εἰ τὴν ἐφ᾽ ὑμῖν οὖσαν κομιδὴν οὐχ οἷοί τε ἐγέ-
νεσθε ἐκτίνειν. (2) οὐ μὴν ἀλλ᾽ εἰ καὶ ταύτης ἐστὲ
τῆς γνώμης, ἐγὼ πυνθανόμενος ὑμᾶς. παρὰ τῶν πρέ-
σβεων ἐνδεῶς ἔχειν καὶ ἐκ τῶν ἰδίων οἴκων εἰσφέρειν,
ἀφίημι καὶ τούτων τὴν πόλιν, μᾶλλον δέ, εἰ καὶ τὰ
ἀποδοθέντα βούλεσθε λαμβάνειν, ἀποπέμπειν ἕτοιμός
εἰμι, εἰ μέλλετε ἐπωφελεῖσθαι καὶ μὴ οἱ τὰ τοῦ δήμου
κλέψαντες, ἐξ ὧν ὑμεῖς κοινῇ πένεσθε, καὶ ταῦτα οἴ-
σονται. τὰς δ᾽ ἀναστάσεις τῶν εἰκόνων, ἃς εὐεργε-
σίας ἀμοιβὴν εἰς ἐμὲ πρεσβεύοντες ἐπαγγέλλεσθε,
μὴ φιλοτιμεῖσθε. μετὰ γὰρ τὴν ἐμαυτοῦ καὶ τὴν εἰς
ταῦτα ὑμῖν χαρίζομαι δαπάνην.

ρλη'. Λυσάνδρῳ.

Ἐφθάκαμεν τὴν παρὰ σοῦ πεμπομένην συμμαχίαν·
πρὶν γὰρ ἐλθεῖν τοὺς παρ᾽ Εὐκλείδου στρατιώτας, εἴ-
δομεν τοὺς πολεμίους, ὥσθ᾽ ἡμᾶς εἰς μὲν τὴν μάχην
ὑπὸ τῶν μισθοφόρων ὑστερησάντων μηδ᾽ ὁτιοῦν ὀνη-
θῆναι, εἰς δὲ τὴν δόξαν καὶ τοὺς ἐπαίνους πλεῖστον.
εἰς ὀλίγους γὰρ ἡμῶν τοὺς ἀγωνισαμένους, οὐκ εἰς
ἅπαντας ἡ νίκη ἀνάκειται, κινδύνων δὲ μειζόνων με-
τασχόντες ἐπάθλων λαμπροτέρων ἐτύχομεν.

ρλ' Ἀριμάχῳ.

Οὐκ ἀχθόμεθα τῆς διαβολῆς οὐδὲ τῆς δόξης ἧς
ἔχουσιν ἐπ᾽ ἐμοὶ οἱ νῦν ἄνθρωποι. ἰδὼν γὰρ ἐν ἴσῳ
τὸ ἀδικεῖν, μᾶλλον δὲ πολλῷ δικαιότερον ἤδη τοῦ
δικαίου νενομισμένου τὸ ἄδικον, τοσοῦτον ἀπέχω τοῦ
ἐπικρύπτεσθαι, ὥστ᾽ ἐπ᾽ αὐτοῖς παρρησιάζεσθαι, ὅτι
τοῖς μὲν ἄλλοις φύσει τοιούτοις, ἐμοὶ δ᾽ ἀνάγκη γε-
νέσθαι συμβέβηκε. φημὶ γὰρ καὶ ἡμῖν τὰ παρά-
νομα προσγεγενῆσθαι πάθη καὶ τοῖς ἄλλοις ἅπασι τὸ
αὐτὸ ἔχομεν εἶναι. διαφέρει δὲ ἑνὶ τούτῳ, ὅτι ἡμεῖς
μὲν τύραννοι δοξασθέντες ἔχοντες ἐξουσίαν ὁμολογοῦ-
μεν, ἐκεῖνοι δ᾽ ἰδιῶται ὄντες παρ᾽ ὅσον δεδίασι δίκην
δοῦναι ἀρνοῦνται.

ρμ'. Πολυστράτῳ.

Ἐγὼ τῶν μὲν εὖ πεπονθότων ὑπ᾽ ἐμοῦ οὐδένα ἂν
εἴποιμι οὔτε πρὸς σὲ οὔτε πρὸς ἄλλον ἀνθρώπων οὐ-
δένα· οὐ γὰρ δήπου, ἵνα σὺ δέξαιο τὰς παρ᾽ ἡμῶν
δωρεάς, ἃς πεμπομένας παρορᾷς, τὸ καὶ ἑτέρους
πολλοὺς ἐπιδείκνυσθαι λαβόντας πρέπον ἐστίν. προσ-
έτι καὶ ἀνυπόπτως τοῖς λαβοῦσιν ὀνειδιοῦμεν· οὐ
γὰρ οἰόμεθα ὀνείδους ἀπηλλάχθαι, οὔτε ἂν αὐτός τις
ἕκαστος ἰδίας εὐεργεσίας διεξίῃ, οὔτε ἂν ἑτέρων λε-

---

tam hoc me pungit quam quod remittendo vobis contuli
beneficium : nam fraudatio vestra, si etiam hoc permitta-
mus, quattuor tantum talentorum mihi affert damnum,
ingratus vero animus vester plus quam decem talentorum
detrimentum. Nam similiter et hæc reddituros vos pro-
mittebatis et pro illis gratiam habere confitebamini. Unde
bonæ spei de ingrato vestro animo iam nihil reliquum est,
si quod in vestra erat potestate ut reddatis non potuistis
a vobis impetrare. (2) Nihilo minus, etsi eo estis animo,
quum a legatis vos audio esse in inopia atque de priva-
tis vestris conferre facultatibus, etiam hæc remitto civi-
tati, immo, si reddita quoque vultis accipere, ad ea
remittenda paratus sum, si modo hoc e re vestra futu-
rum est, nec peculatores ærarii, quæ publicæ vestræ pe-
nuriæ caussa est, hæc etiam auferent. De erigendis
autem imaginibus, quas remunerandi beneficii caussa
mihi per legatos pollicemini, nolite solliciti esse : nam
post meum ipsius etiam in hæc faciendum vobis gratifi-
cor sumptum.

CXXXVIII. Lysandro.

Antevertimus auxiliares a te missos : nam antequam
venirent Euclidæ milites, vidimus hostes, ita ut a merce-
nariis tardius venientibus nihil adiumenti acceperimus,
ad gloriam et laudes plurimum. Paucis enim nostrum qui
pugnarunt, non universis victoria debetur, periculis au-
tem maioribus exantlatis præmia splendidiora nacti su-
mus.

CXXXIX. Arimacho.

Non moleste ferimus calumniam neque quam qui nunc
sunt homines de me habent opinionem. Quum enim
perinde videam esse iniuriam facere, immo vero multo
iustius iam quam iustum habitum iniustum, tam
abest ut celem, ut ob id ipsum libere profitear, aliis na-
tura talibus esse, mihi necessitate obtigisse. Dico enim
et nobis iniquos affectus accessisse et reliquis omnibus
idem esse insitum; differt vero hoc uno, quod nos ty-
ranni habiti, quibus est potestas, confitemur, illi privati,
quatenus metuunt poenas dare, negant.

CXL. Polystrato.

Ego eorum, qui beneficiis a me affecti sunt, neque
tibi quenquam neque alii hominum appellaverim : non
enim, quo tu dona nostra accipias, quæ missa aspernaris,
alios etiam esse multos qui acceperint ostendere decet.
Præetereaque et aperte eis, qui acceperunt, exprobrabi-
mus : non enim putamus ab exprobratione alienum,
si quis aut ipse sua enarret beneficia aut alios dicen-

γόντων ἀκούειν ἐθέλῃ. ὅσοι μέντοι παρὰ τὴν ἡμετέ-
ραν γνώμην βίᾳ καὶ ἀδικίᾳ πολλὰ τῶν ἐμῶν ἀπώ-
λεσαν, ἔξεστί σοι λογίσασθαι. καίτοι πολλοὺς ἂν
σφόδρα εὕροις περὶ πλείστου ποιησαμένους τὰ δίκαια
κατασχεῖν, ἔπειτα ἀποτίσαντας οὐχ, ἑκουσίως, ἀλλ'
ἀνάγκῃ καὶ φόβῳ πολέμου καὶ ὅπλων. (2) τινὲς δὲ
ὁσιώτατα, ἀλλὰ καὶ πάντων εὐσεβέστατα κατέσχον
ἐφ' ὅσον ῥώμης μετεποιοῦντο· οὐ γὰρ δήπου προστρό-
παια χρήματα καὶ ἐναγῆ μετὰ κινδύνων τοσούτων
κατασχεῖν ὑπέμειναν ἄν, ἃ καὶ ἀναγκαζομένους
λαβεῖν ἐχρῆν ἀπώσασθαι. τίνα οὖν σὺ πρὸς Διὸς
ὑποτυπούμενος οὐκ ἤθελες τὴν δωρεὰν λαμβάνειν, ἐπεὶ
καὶ αἱ προφάσεις, ἃς σὺ προσποιούμενος ἔλεγες προ-
βεβλῆσθαι, καὶ τούτῳ τῷ τρόπῳ καὶ μυρίοις ἑτέροις
λύονται, μαρτυρεῖται γὰρ ὑπ' αὐτῶν τῶν ἐχθρῶν τὰ
χρήματα καθαρὰ εἶναι, εἰ μὴ τούτῳ διοίσει, ὅτι
ἐκεῖνοι μὲν δι' ἀδίκου ὀνόματος τῆς ἁρπαγῆς ἔχειν
ἐβιάζοντο, καὶ τοῦτο προσθέντες τῷ ἀσεβεῖν, σὺ δὲ
μετὰ τοῦ δικαιοτάτου λήψῃ, φίλου πιστοῦ διδόντος
ἑκουσίως.

ϱμα' Ἀγεμόρτῳ

Ἠισθόμην ποτέ, ὦ Ἀγέμορτε, ὅπως περὶ τῶν
κατ' ἐμαυτὸν ἐβουλευσάμην πολλὰ μὲν γὰρ καὶ
ἄλλα ἠνίασεν ἡμᾶς ἡ περίβλεπτος αὕτη μοναρχία,
περὶ ἧς ὁ ἄβουλος ἐγὼ τοὺς πολλοὺς πόνους καὶ κινδύ-
νους ὑπέστην ἑκών, μεγίστου δ' ἐν αὐτῇ τούτου κακοῦ
ἐπειράθην, εἰ μηδ' εὖ παθεῖν τις ὑφ' ἡμῶν ἐπιεικὴς
ἀνὴρ βούλεται, ἀλλ' ἀνάγκη πᾶσα, ἂν δέῃ χαρίσα-
σθαί τινι τῶν δεομένων, τοῖς ἐξωλεστάτοις χαρίζεσθαι.
οἱ γὰρ ἀγνώμονες ὑμεῖς οὐκ οἶδ' ὅπως ἀπεστραμμένοι
τί γὰρ ἄλλο ἢ δέδιτε εὖ παθεῖν ὑπ' ἐμοῦ, ἐπεὶ τίνος
ἕνεκεν, τοσούτων ἐμοὶ καὶ συμφοιτητῶν γενομένων
καὶ συνεφήβων καὶ φίλων, οὐδὲ εἷς ἀφῖκται τέως ὑμῶν,
ἀλλ' οὐδὲ ὑπέσχηταί τις ἀφίξεσθαι πρὸς ἐμὲ πλὴν
Καλλισθένους; καί, εὖ οἶδα γάρ, οὐδ' ἐκεῖνος ἀφίξεται
(2) καὶ τοῖς μὲν ἄλλοις ἴσως εἰσί τινες ἀποφυγαὶ τοῦ μὴ
δοκεῖν ἀναφανδὸν βδελύττεσθαί μου τὰς δωρεάς, ὅσους
ἐλθεῖν γε κατ' ἀρχὰς ὡς ἐμὲ τοὺς μὲν νόσοι, τοὺς δὲ
πατέρες, πολλοὺς δὲ κωλύει τὰ πολιτικά· σὲ δ' ἐγὼ
εὖ εἰδὼς οὐδ' ἐπεχείρησά πω καλέσαι μέλλων γε μὴ
τυγχάνειν, οὐδὲ καλέσαιμ' ἂν ἔτι τὰ μάλιστα νῦν τήν
τε ἀρρωστίαν ἀκούων σου καὶ τοὺς παῖδας, οὓς μετὰ
τὸν ἔκπλουν τὸν ἡμέτερον οἴκοθεν ἐπυθόμην ἐκ Πραΰ-
λης σοι γεγενῆσθαι. καὶ συνήσθην γε νὴ Δία τοῦ
πρὸς πλεῖστον ἀνακείσεσθαι κήδους ἕνεκα καὶ τῆς
πολυπαιδίας. τίς οὖν ἀπολείπεταί σοι πρόφασις τοῦ
μὴ οὐ δεδιέναι σε δοκεῖν, ὅστις, ὦ θεοί, πέμψαντος
ἐλέγχος ἐμοῦ σοι οὐ μὰ Δία φόρτον ἐπίφθονον, οἷον
ἔμελλεν ὄψεσθαι παραπεμπόμενον μετ' αὐλῶν καὶ
παιάνων πᾶσα ἡ πόλις, ἀλλὰ χρυσίδιον, καὶ τοῦτο
νύκτωρ δωρὶ παντάπασιν, ὥσπερ τι ἄγος ἢ μίασμα ἰδὼν
ἀπότροπον, αὐτόθεν ἀπεστράφης; ἀλλ' εἰκὸς κακοῦ

tes audire cupiat Quot vero contra nost.am opi-
nionem vi atque iniuria multa de meis perdiderunt,
licet tibi existimare Multos tamen admodum invene-
ris, qui quæ debita retinere plurimi fecerunt, deinde sol-
verunt non sponte, sed necessitate et metu belli et ar-
morum (2) Quidam sanctissima, immo et omnium sce-
leratissima retinuerunt omni qua potuerunt vi non enim
exsecrandas res et detestabiles cum tantis periculis re-
tinere sustinuissent, quas vel coactos accipere oportebat
repudiare Quid igitur tu, per Iovem, fingens animo
donum accipere nolebas, quum etiam caussæ, quas tu
simulabas obtentas esse, hoc modo et infinitis aliis sol-
vuntur? testimonio enim ipsorum inimicorum res puras
esse constat, nisi hoc differt, quod illi iniusto nomine
rapinæ potiri conati sunt, hoc quoque impietati adiun-
gentes, tu vero iustissimo accipies, fido amico dante
sua sponte

CXLI Agemorto

Sensi tandem, Agemorte, quemadmodum rebus meis
consuluerim Nam quum alias sæpe mæror nobis fuit
illustris hic principatus, cuius caussa stultus ego tot la-
bores et pericula sponte sustinui, tum maximum in eo
malum hoc expertus sum, quod ne beneficiis quidem
affici a nobis vir bonus quisquam vult, sed necesse est,
si cui petentium gratificandum sit, perditissimis gratifice-
mur Vos enim, qui iniqui estis, nescio quomodo aba-
lienati quid aliud metuitis quam beneficus a me affici?
nam qui fit tandem ut, tot licet mihi sint et condiscipuli
et adolescentiæ socii et amici, ne unus quidem vestrum
hucusque venerit, immo ne promiserit quidem aliquis se
esse ad me venturum, præter Callisthenem? ac, certo
enim scio, hic quoque non veniet (2) Atque reliquis qui-
dem fortasse excusationes quædam sunt, ne palam videan-
tur munera mea detestari, quotquot omnino ad me venire
alios morbi alios patres, plurimos autem res civiles
prohibent te vero, quem probe nossem, vocare ne cona-
tus quidem sum, quum spes obtinendi nulla esset, neque
vocarem cum maxime nunc de morbo tuo nuntio ac-
cepto deque liberis, quos post nostrum e patria disces-
sum audivi ex Prayla tibi natos esse Quin tecum læta-
tus sum per Iovem, et propterea quod corpori curando
ut plurimum studes, et propter prolis ubertatem Quid
est igitur quod prætendas, quo minus metuere videaris,
qui, dii boni, quum nuper misissem tibi non per Io-
vem onus invidiosum, quod visura esset tibiarum et
canticum pompa advehendum universa civitas, sed
parum auri, idque nocte, et media quidem atque intem-
pesta, velut scelere aut flagitio exsecrando conspecto, id

γὰρ ἀνδρὸς ἦν ὥρα καὶ πεφυρμένου φόνῳ ἀνθρώ-
πων. (1) ναὶ μεγάλως σχέτλιος εἴ τις καὶ ἀγνώμων
τὸν τρόπον, ὦ Ἀγέμορτε, καὶ μέντοι πρὸς ἡμᾶς καὶ
ἀνηλεής, ὃς οὐκ οἰκτείρεις με κακοδαίμονα ὄντα καὶ
διακείμενον οὕτως, ὥσπερ διάκειμαι νῦν, ἀθλίως
ὥς, οὗπερ ἕνεκα ὠρέχθην μάλιστα μοναρχίας, ἵν'
ἔχοιμι λαμπρὸς εἶναι πρὸς τοὺς φίλους, ἐπειδὴ τάχιστα
τούτου κατ' εὐχὴν παρὰ τῶν θεῶν ἔτυχον, οὐκ ἔχω
πρὸς οὓς ἐλλαμπρύνωμαι ταῖς χάρισιν, ἀλλ', ὃ μόνον
ἦν μοι πάντων παραμύθιον τῶν κακῶν, καὶ τούτου
με ἀπεστερήκατε οἱ φίλοι, μηδ' εὖ ποιεῖν μηδένα
ὑμῶν ἐπιτρέποντες ἐκ τῶν περιόντων, ἀλλ' εἰς ἀνάγ-
κην καθεστήκαμεν, ὦ θεοί, μὴ προσιεμένων ὑμῶν
τὰς δωρεάς, οἷς βούλομαι διδόναι, τισὶ τῶν κολάκων
καὶ τῶν βωμολόχων τῆς τυραννίδος διδόναι, οἷς οὐ
βούλομαι.

ρμβ' Τεύκρῳ

Τὴν Φιλοδήμου γυναῖκα Κλεαινέτην (οἶσθα δήπου
ἣν λέγω, ὦ Τεῦκρε) βουλόμενος ὑπὲρ θυγατρὸς γάμων
ἰδεῖν τοῖς ἐν τόσοι, ἐκωλύθην, ἐφ' ἃ καὶ σὲ παρεκάλουν
ἥκειν ἄν, εἴπερ μὴ περὶ τοιαύτης κηδεμονίας ἐγνώκειν
ἐν Συρακούσαις καταλιπεῖν· ὅθεν καὶ περισσότερον
αἴσθοιο ἄν, ὡς οὐκ εἰκῆ σοι περὶ αὐτῶν ἐπιστέλλομεν·
μέτελθε ταύτην αὐτὸς καὶ πέντε τάλαντα ἀνάδεξαι
προικὸς τῷ κηδεστῇ γαρουμένης τῆς παιδός, μὴ
μᾶλλον ὡς δωρεᾶς διδομένης ἢ χρέος ὀφειλόμενον ὑπ'
ἐμοῦ διορθούμενος· ἐὰν μέντοι πυνθάνηται, πόθεν
ἔχομεν Φιλοδήμου τοσαῦτα χρήματα, μὴ φάσκε εἰ-
δέναι, ἀλλ' εἰς ἐμὲ τὸν λαβόντα καὶ Φιλόδημον τὸν
δόντα τὸ γινώσκειν ἀνάφερε· (2) καὶ διὰ σπουδῆς
μὲν ἔχε Λέοντα κηδεστὴν ποιήσασθαι· ἀφίετο γὰρ ὡς
ἡμᾶς μετιὼν τὸν γάμον, κἀγὼ διὰ τάχους πάνθ' ὑπο-
σχόμενος ἀπέσταλκα αὐτὸν ὡς σέ· κἂν δὲ ἄλλον τινὰ
ἀμείνων εὕρηται νυμφίον ἡ μήτηρ τῆς παιδός, ἐκείνῳ
τὴν προῖκα ἀνάδεχου καὶ μηκέτι προσφιλοτιμοῦ· οὐ
γὰρ ἐφ' ἑνὶ κηδεστῇ Φιλοδήμου μεμνῆσθαι ὡμολογή-
σαμεν, οὐδὲ δωρούμενοι χρήματα· χαριούμεθα τὸν
γάμον, ἀλλὰ πρὸς θεῶν μὴ οὕτως ἀμελῶς ἔχω ἐγγύη
ὡς ἄν τι διδούς, ἀλλ' ὡς λαμβάνων πέντε τάλαντα, εἴ-
περ ἀνδρί τινι ταύτην ζεῦξαι ἐφίεται· αἰσχρὸν γὰρ
ἀτυχῆσαι διδόντας ἔνθα πρόκειται δοκεῖν τούτου μὴ
δοῦναι χάριν ἃ προσεποιήθημεν χρήματα ἑκόντι
ἀποτῖσαι. (3) οὐ μὴν καταγνοίην γ' ἂν ἐμοῦ τοιόνδε
τι, ὡς ἔγωγε νὴ τὸν Ἥλιον δόξω ζημίαν μείναντα
παρ' ἐμοὶ τὰ χρήματα καὶ μέγα ὄφελος λαβόντος, εἰς
τὸν γάμον τῆς ποιδός· οὐ γὰρ ὅμοια φρονεῖν δύναιντ'
ἂν μηδὲν εἰδότες περὶ ἐμοῦ· εἴτε δὲ μὴ δεινότερον
ἀπαντινχοῦ Φάλαριν τὸν τρόπον περιεβόων. πέμπε
δὲ τοῖς γάμοις τῇ παιδὶ θυγατέρας τέτταρας ὁμήλικας
καὶ γυναικείας ἀμπεχόνας, ἃς ὑφ' ἡμῶν σταλείσας
ἕξεις, καὶ χρυσοῦς ἑξήκοντα, καὶ ταχέως μὲν ἀχθῆναι
παραινεῖ τοὺς γάμους ὡς καὶ νῦν βραδέως ἀχθησομέ-
νους, προθύμως δὲ πέμπε τὰς δωρεὰς ὡς ἐπὶ τοῖς

aversatus es? nec mirum nam improbi hominis erant
dona et cæde humana inquinati (3) Næ valde durus et
iniquo animo es, Agemorte, et profecto erga nos etiam
immisericors, dum non miseret te mei, qui infelix sum
atque his, quibus nunc laboro, miseriis oppressus, qui,
cuius caussa maxime principatum affectavi, ut in amicos
liberalis esse possem, quum primum hoc ex voto a diis
consequutus sum, non habeo de quibus merere possim
beneficiis, sed quod solum mihi erat malorum omnium
solatium, hoc etiam me privatis vos amici, ne benefacere
quidem cuiquam vestrum permittentes ex rerum abun-
dantia, sed in necessitatem adducti sumus, dii boni, ut
repudiantibus vobis dona, quibus dare volo, adulatorum
ac scurrarum tyrannidis nonnullis, quibus uolo, dare
cogar

CXLII Teucro

Philodemi uxorem Cleænetam (nosti utique quam di-
cam, Teucre) quum super filiæ nuptiis convenire vellem,
præsentibus negotiis impeditus sum, ad quæ te etiam
accesserem, nisi ad talem rem curandam Syracusis te
relinquere decrevissem Ex quo magis etiam nos serio
de iis ad te scribere intelligas Ipse eam conveni et
quinque talenta in dotem genero promitte, si filia nuptias
ineat, non tanquam donum dandum, sed ut debitum
meo nomine solvendum Si autem quærat, unde tantas
Philodemi pecunias habeamus, nega te scire, verum in
me qui acceperim et in Philodemum qui dederit huius
rei notitiam omnem confer (2) Et cura ut Leontem ei
generum facias venit enim ad nos ad has nuptias pera-
gendas, atque ego statim omnia pollicitus eum ad te misi.
Sin vero alium sponsum meliorem puellæ mater invene-
rit, huic dotem promitte, nec amplius contende Non
enim unius alicuius generi nomine Philodemi nos memo-
res esse constituimus, neque, pecunias quum damus,
nuptias gratificabimur, nec per deos ne tam negligenter
sponsalia facias, quasi rependas, sed quasi accipias quin-
que talenta, si quidem viro alicui eam nubere permittat.
Turpe est enim, qui dent voti compotes non fieri, ubi
propositum est, non eius caussa dedisse videri quas
ultro persolvere simulavimus pecunias (3) At mihi tale
quid vitio non verterim nam ego per Solem detrimentum
duvero, si apud me manserit pecunia, magnum vero
lucrum, si puella in nuptias acceperit, idem enim mearum
rerum ignari sentire nequeunt Atque utinam nusquam
gravioribus convicis Phalaridis mores infamarent Mitte
vero virgini ad nuptias famulas quattuor æquales et
muliebres vestes, quas a me accepisti, et aureos sexa-
ginta, atque ut quam primum nuptiæ celebrentur hortare,
vel sic tardius quam oportebat celebrandæ, prompte vero

Φαλάριδος ἰδίας καρπούμενος χάριτας. καὶ ταῦτα
μὲν οὕτως ἔχοι, Τεῦκρε, τὰ δ᾽ ἄλλα ὡς καὶ πατρὸς δεο-
μένη τῇ παιδὶ καὶ ἀνδρὸς χηρευούσῃ τῇ γυναικὶ ταμίας
γενοῦ, καὶ προστὰς αὐτῶν τῆς χρείας μετὰ τῆς ἰδικοῦ
θῦε τοὺς γάμους ὡς μάλιστα πολυτελέστατα, μή τις
Συρακουσίων τῶν προσηκόντων τῇ παιδὶ ἐν τῇ καλ-
λίστῃ ἡμέρᾳ ἄθλιον ἀντὶ μακαρίου εἴπῃ Φιλόδημον,
ἀλλὰ νικήσωμεν αὐτοῦ τὴν τύχην.

ρμγ′. Κλεαινέτῃ.

Ὁ Φιλοδήμου πλοῦς ἐπὶ τὴν ξένην, τοῦ σοῦ μὲν
ἀνδρός, ἡμετέρου δὲ ἀμέμπτου φίλου, σοὶ μὲν εὐκλεῶς
ἔοικε παραγίνεσθαι, τῇ θυγατρὶ δ᾽ ὑμῶν εἰκοστὸν
ἤδη ἔτος οἰκουρούσῃ οὐκ εὐτυχῶς. ἡ μὲν γὰρ ἐπ᾽
ἀνδρὶ χηρεία χρόνους προσλαμβάνουσα πλείω ἀρετήν,
ἡ δ᾽ ἐπὶ παιδὶ παρ᾽ ὥραν μηκυνομένη παρθενία δια-
βολὴν κτᾶται. πᾶσι γὰρ ἀνθρώποις αἴσχιστον δέδο-
κται καὶ νὴ Δία ἐστὶ παρὰ τοὺς τῆς φύσεως χρόνους
θυγάτηρ οἰκουροῦσα. πάλαι γὰρ ἐχρῆν καὶ τὸν ἐκείνης
βίον, ὥσπερ τὸν σόν, πρὸς ἄνδρα ἐπαινεῖσθαι. (2) ἴσως
μὲν οὖν ἀντὶ Φιλοδήμου παραμυθίαν ἡγῇ παῖδα
ἔχειν, ἣν ἐκείνου καὶ σὺ ἐγείνασθε, σχέτλιον δὲ διὰ
πόθον γαμετοῦ θυγατέρα ἀποστερεῖν γάμων, καὶ οὐχ
ὅμοιον τοῦ μετ᾽ ὀλίγον ἥξοντος ἀφαιρεῖσθαι ἀνδρὸς καὶ
οὗ μήπω πεῖράν τις ἔσχηκε καὶ συνήθειαν τοῖς τῆς
φύσεως ἀναγκαζομένη νόμοις· ὅταν δὲ μηδὲ κεκμη-
κότων γονέων, μηδὲ δι᾽ ἔνδειαν χρημάτων, ὥσπερ
νῦν, μεγάλης ἀτυχίας τεκμήριον τοῦτο. ὃ μηδαμῶς
κατοιωνίζου, Κλεαινέτη· πεντατάλαντον γὰρ προῖκα
κατέλιπεν αὐτῇ Φιλόδημος ἐκπλέων παρ᾽ ἡμῖν, καὶ
οὐχὶ ταῦτα μόνον· ἔστι γὰρ αὐτῷ κοινὰ καὶ τὰ Φα-
λάριδος χρήματα. ὥστε οὐκ οἶδα, Κλεαινέτη, τί ἂν
μέλλοις· οὐ γάρ οἶμαι δεῖν μηδενὸς ὑστερίζουσαν εἰς
τὸν γάμον τὴν Φιλοδήμου περιμένειν ἄφιξιν. (3) ὅσα μὲν
γὰρ εἰκὸς εἰς τὴν ἐκείνου παρουσίαν ἀναβαλέσθαι, μὴ
φθάνωμεν· ὅσα δὲ αὐτὴ κατεπείγει ἡ φύσις ἀκόντων
ἡμῶν, ἂν οἷόν τε, μὴ περιμένωμεν, ἐπεὶ τοὺς ἡμετέ-
ρους οὐκ ἀναδέχεται καιροὺς ἡ τῆς ἡλικίας ὥρα. τάχα
δὲ Φιλόδημος μὲν εἴργεται τοσούτοις· ὅσοις πατέρα
εἰκὸς εἴργεσθαι ἐξώρου θυγατρὸς οὔσης εἰς γάμον, σοὶ
δὲ τοῦ κατέχειν οἴκαδε παρὰ τὸν νόμον τὴν παῖδα οὐ-
δεμία πρόφασις· οὐ γὰρ οὕτως αὐτῇ πατρὸς εἰς τὸ
παρὸν δεῖ ὡς ἀνδρός. σὺ δὲ κατὰ πολλὰς ἀνάγκας
καὶ μεγίστην τῆς τύχης ἀπόντι τῷ πατρὶ προσνέμειν
οἴει δεῖν καὶ παροῦσαν τὴν μητέρα. οὐκ, ἐάν γ᾽ ἐμοὶ
πεισθεῖσα καὶ περὶ ἀνδρὸς εὐτυχῶς καὶ περὶ θυγατρὸς
εὐπρεπῶς βουλεύσῃ. (4) πολλὰ γὰρ καὶ ἕτερα καλῶς
δίχα Φιλοδήμου δρῶσα πράγματα ἐν τοῦτ᾽ ἀντὶ πάντων
κοινὸν ἐργάσῃ ἀγαθὸν καὶ γυναικὶ σωφρονούσῃ κόσμον
οἶσον, ἠδεύσασα κατὰ νόμους τὴν παῖδα. τὰ μὲν οὖν
χρήματα Τεῦκρος οὑμός, ὁπόταν ἐθέλῃς, ἀπαριθμή-
σει· εἰ δέ του καὶ ἑτέρου δεῖ σοι πρὸς τὸν γάμον,
ἐκεῖνος ὑπουργήσει. σὺ μόνον ἃ βούλει πρόσταττε.
καὶ Φιλόδημον εὔχου μὲν ἐλθεῖν εἰς τὸν γάμον, ὑπερ-

mitte dona, ut ex Phalaridis liberalitate proprias gratias
percipias. Atque hæc quidem ita sint, Teucer. Quod
reliquum est, et filiæ ut patre et mulieris ut viro orbatæ
curam suscipe et parcens earum sumptibus nostris im-
pensis celebra nuptias quam magnificentissime, ne quis
Syracusanorum, qui puellæ sunt cognati, lætissimo hoc
die pro felici miserum Philodemum nuncupet, sed eius
fortunam superemus.

CXLIII. Cleænetæ.

Philodemi, tui mariti nostrique amici incomparabilis,
navigatio peregre facta tibi quidem gloriose videtur eve-
nire, filiæ vero vestræ vicesimum iam annum domi absque
viro agenti infeliciter. Nam vita absente marito in vidui-
tate transacta procedente tempore maioris virtutis lau-
dem, filiæ vero virginitas præter ætatem producta ca-
lumniam acquirit. Turpissimum enim ab omnibus homi-
nibus habetur et est, per Iovem, si diutius filia quam
ætas permittit a natura constituta innupta domi maneat.
Dudum enim oportebat illius quoque, ut tua, cum viro
societas laudari. (2) Fortasse igitur pro Philodemo so-
latium putas filiam habere, quam ille et tu genuistis : at
iniquum est, desiderio mariti filiam nuptiis fraudare, nec
viro brevi reditaro privari perinde est atque eo, cuius
ipsi naturæ legibus cogentibus nondum quis consuetudi-
nem experta est; quod si fit nec mortuis parentibus nec
ob inopiam pecuniæ, ut nunc est, magnæ est infelicitatis
argumentum. Tale quid augurari omnino noli, Cleæneta :
quinque talentorum enim dotem ipsi reliquit apud nos
quum solveret Philodemus, neque hoc solum : sunt enim
ei communes etiam Phalaridis pecuniæ. Quare nescio,
Cleæneta, quid cuncteris : non enim, quum nihil ad nu-
ptias tibi desit, Philodemi reditum exspectandum arbi-
tror. (3) Quicquid enim in illius adventum differri con-
venit, ne præcipitemus, quicquid vero nobis invitis ipsa
natura festinari iubet, si fieri potest, ne moremur, si-
quidem vestras opportunitates matura puellæ ætas non
exspectat. Fortasse autem eiusmodi Philodemus impe-
ditur negotiis, quibus, quum ad nuptias matura sit filia,
patrem par est detineri, tibi vero nullus est prætextus,
cur filiam contra leges domi detineas : nam non tam pa-
tris nunc quam mariti indiget. Tu vero multis necessa-
riis de caussis et maxime quidem ob fortunam absenti
patri præsentem etiam matrem adiungendam putas. Non
facies, si me audis et de viro feliciter deque filia recte
consules. (4) Namque alia multa quum sine Philodemo
præclare fecisti, hoc unum instar omnium in communem
utilitatem feceris, quodque mulieri prudenti decori sit
futurum, si legibus convenienter filiam elocaveris. Pe-
cuniam Teucer noster, quandocunque volueris, adnume-
rabit, et si qua alia re indiges, iste subministrabit. Tu
modo quæ velis iubeas, utque Philodemus ad nuptias

θάλλου δὲ μηδαμῶς εἰς ἐκεῖνον ἥξοντα τοὺς τῆς παιδὸς χρόνους· καὶ τοῦ σῶον ἐκεῖνον εἶναι καὶ παρέσεσθαι καὶ τἄλλα μὲν ἔστω σοι μαρτύρια, μηδὲν δ' ἧττον ἡ πρὸς αὐτὸν φιλοφροσύνη.

ρμδ'. Νικοκλεῖ.

Ἐπεστείλαμεν Στησιχόρῳ, ὡς ἠξίους, περὶ τοῦ ἐλεγείου, καὶ τὸν τρόπον ὑπεθέμεθα ὡς χρὴ γράφειν, ὃ δ' ἄσμενος ἡμῖν τῆς ἑαυτοῦ φύσεως ἐπιδώσειν ὑπέσχετο, παραμυθίαν ἴσως ἡγούμενος ἔσεσθαί σοι τοῦ πένθους τὴν σοφίαν. ἡ μὲν οὖν συμφορὰ δυσπαρηγόρητος καὶ βαρυτέρα ἢ ὥστε λόγοις ἐπικουφισθῆναι, ἐπεὶ διττοῖς ᾠκειωμένος ὀνόμασιν ἑνὶ χρόνῳ περὶ ἑκατέρου ἀνιᾷ. ἀδελφιδῆς τε γὰρ ὁμομητρίας καὶ γυναικὸς ἀγαθῆς ἀπενοσφίσθης, κάλλει μὲν ἐξοχωτάτης, σωφροσύνη δὲ οὐδὲ εἰς δευτερεῖον γυναικὶ μεθ' ἑαυτὴν ἑώσης τόπον. ὡς ἐκπέπληγα καὶ παντακόθεν ἀπέγνωκας σεαυτοῦ, καὶ τὰς ὀλοφύρσεις οὐ μεταποιούμενος καὶ τοῦ σώζεσθαι προσποιῇ. χρὴ δὲ μὴ βαρύτερον φέρειν τὴν τύχην· οὐ γὰρ ἀρετῆς τοῦτό γ' ἄξιον, εἰ πρὸς τὸ πένθος ἀπαλλάξεις σαυτὸν καὶ χρήσῃ ἀνηκέστῳ συμφορᾷ. (2) ἀλλ' ἄγε, ὦ Νικόκλεις, μικρὸν ἀπὸ τῆς ἀνίας μεταστρεψεὶς σκέψαι τὸν ταλαίπωρον ἀνθρώπων βίον, οἷα καθήρμοσται τάξει. γεννᾶται ἕκαστος ἡμῶν ἐπὶ μυρίοις κακοῖς, καὶ ταῦθ' ὅταν ἀνύσῃ, τῆς τοῦ ταλαιπωρεῖν ἀνεπαύσατο ἐπιδημίας. τερπνὸν δὲ ἡγούμεθα τὸν βίον τοιοῦτον ὄντα, παρ' ὅσον οὐδὲν θανάτου πείσεσθαι κάκιον ἠλπίκαμεν, καὶ τὸν τελευτήσαντα οἰκτιζόμενοι, ὅστις πρῶτος ἄπεισιν, οὐκ ἄπωθεν ἑπόμενοι τούτῳ λελήθαμεν ἑαυτοῖς ἐπιρριπτοῦντες τὰ δάκρυα. αὕτη δίκη ἀνθρώπων, Νικόκλεις, καὶ ἐπὶ τοιούτῳ τέλει ἅπαντες ἀνατρεφόμεθα, οὐδ' ἐστὶν ὄντινα τῶν γενομένων ἕτερον ὑποδέξεται χρῆμα τυραννικώτερον. μοῖρα τοῦτο παντὸς ἀνθρώπου, ὑπ' οὐδενὸς γοητευόμενον. (3) ὁρᾷς ἐμὲ τὸν μόναρχον, ὃν πάντες ἄνθρωποι βιαιότατον ἀποφαίνονται; ταύτης, οὐδ' ἄν με δεινότερον κηρύξωσιν οἱ νῦν ὄντες, οὐκ ἂν περιγενοίμην· οὐδεὶς γὰρ τῶν παρ' ἡμῖν χαλεπῶν ὑποστήσεται, ἀλλ' ἄπιμεν, ὅταν ἔνι τὸ χρεὼν τελευτῆσαι. εἶθε δ' ἐπὶ τοιούτῳ ἐτύχομεν μοναρχίας, οὐχ ὅπως ἑαυτῶν ἀπωσώμεθα τοὺς μόρους (ἡμᾶς μὲν γὰρ ἴσως καὶ πρὸ μοίρας ἀξίους φαίη τις ἂν εἶναι ἀπολέσθαι, καὶ πρὸς ταύτην τὴν ἀξίωσιν οὐδ' αὐτοὶ ἐναντιούμεθα), ἀλλ' ἵνα τῶν ἐπιεικεστάτων καὶ ὡς ἐπὶ μήκιστον ἀξίων ζῆν ἐπέχωμεν τὰ τέλη. (4) ἐπεὶ δ' ἐκείνη καθ' ἡμῶν καὶ οὐχ ἡμεῖς κατ' ἐκείνης τύραννοι ἀπεδείχθημεν, ἠπίως χρὴ φέρειν οὐ διὰ τοῦτο μόνον, ὅτι εἰς οὐδὲν περαίνονται οἱ γόοι, ἀλλ' ὅτι καὶ τὸν ἐκείνης δαίμονα, εἴπερ αἰσθοιτό σε οὕτω κατασμυχόμενον, ἀνιᾶσθαι μὲν εἰκός, αὐτὴν δὲ τὴν πλεῖστα μὲν εὐφράνασαν τὸν ἄνδρα, ἐλεεῖσαν δ' ἐφ' οἷς ἔχαιρεν ἐκεῖνος, ἄχθεσθαι καὶ ἐν τῷ θανάτῳ, ὦ μὰ τὸν Δία μόνον ὅτι σὺ τοιαύτης ἀπεστάλης γυ-

veniat optes, minime vero in illius adventum filiæ nuptias differas, et salvum illum esse et adfuturum quum ex aliis documentis, tum ex mea erga eum benevolentia colligas.

Scripsimus Stesichoro, ut iussisti, de epitaphio, eique quo modo scribi oporteret subiecimus, is autem lubens de suo ingenio largiturum se promisit, solatium fortasse ratus fore tibi luctus poesin. Calamitas sane insolabilis et gravior quam quæ levari oratione possit, quoniam duobus conciliatus nominibus, simul utroque mæres. Nam et nepte a matre et coniuge optima privatus es pulchritudinis excellentissimæ, pudicitiæ vero tantæ, ut nulli mulieri secundas post se relinquat. Quam obstupescis ac desperas atque eiulatus vel de salute tua parum sollicitus adsciscis. Oportet autem non gravius accipi quam potest ferri fortunam : non enim hoc certe virtute dignum, si luctu te conficies et in miseriam te deicies insanabilem. (2) Age igitur, Nicocles, misso parumper dolore considera, ærumnosa hominum vita quo ordine sit constituta. Nascitur in infinita quisque mala, quibus ubi defunctus sit, ab ærumnarum societate requiescit. Iucundam ducimus hanc talem vitam, quatenus nihil morte nos passuros peius speravimus, et mortuum miserantes, qui primus abit, dum nos non longo intervallo sequimur, inscii in nosmet ipsos effundimus lacrimas. Ea lege homines sumus, Nicocles, et hunc in finem omnes educamur, neque quisquam est, quem rerum, quæ fiunt, alia excipiet atrocior. Fatum hoc omnis hominis, nullius obnoxium præstigiis. (3) Vides me principem, quem omnes homines violentissimum declarant. Hoc, ne si atrociorem quidem qui nunc vivunt me prædicarent, superior non evaderem : nihil enim eorum, quæ apud nos dira sunt, illud cohibebit, sed abimus, ubi instat fatum. Utinam vero ea conditione obtineremus principatum, non ut a nobis depelleremus mortem (nos enim fortasse ante fatum etiam dignos aliquis dicat esse qui pereamus, et contra hanc opinionem ne ipsi quidem repugnamus), sed ut probissimorum et longissima vita dignorum retardemus exitus. (4) Quoniam vero illud in nos, non nos in illud tyranni constituti sumus, leniter ferre oportet, non solum propterea, quod nihil proficitur lamentis, sed etiam quod illius manes, ubi senserint tanto te mærore contabescere, angi consentaneum est, ipsamque, quæ plurimum exhilaraverit maritum, eisdemque quibus ille gavisa sit, mœstitia etiam in morte affici, non per Iovem solum, quod tu tali privatus sis uxore, sed quod et illa tali orbata sit marito. Quum

ναικός, ἀλλ' ὅτι καὶ ἐκείνη τοιούτου ἐστερήθη ἀνδρός.
ἐπεὶ τοίνυν οὔτε πρῶτος οὔτε μόνος τοιαύτῃ ἐχρήσω
συμφορᾷ, λογίζου τὰ ἀνθρώπινα πράως φέρειν, εἰ καὶ
μὴ δι' ἐμὲ ἑτοίμως πρὸς θάνατον ὑπὸ ποικίλων ἔχοντα
συμφορῶν, ἀλλὰ διὰ τὴν ἰσότητα τῆς φύσεως, ὅτι
πᾶσι κοινὸν τοῦτο, κἂν σφόδρα περιφόβως ἔχωσί τινες,
καὶ τοῖς μὴ λίαν ἀχθομένοις πλεῖστα συμβέβηκεν
ἀπολαύειν τοῦ βίου.

ρμε' Στησιχόρῳ

Τὸ ἔλαιον ἐπέμψαμεν, εἴ τι νοοῦμεν, οὐ μὰ Δί' οὐ σοὶ
τὸ παρόν, ἀλλὰ θυγατριδῷ σου καὶ γὰρ αὐτὸ τὸ μειρά-
κιον ἄξιον ἡμῖν λόγου φαίνεται καὶ τὴν γυμνασιαρ-
χίαν μηδὲν ἧσσον Ἀγησιλάου. βουλοίμην δ' ἂν αὐτὸν
ἐκτελέσαι τὸ καθ' ἡμᾶς μέρος τὸ δ' ἀργύριον τὸ
παρ' ἡμῶν, ὃ μὴ σὺ κομίζειν ἐβουλήθης τότε παρών,
εἰ μὴ λαβὼν ἔσῃ νῦν γε, προδοσίας, εὖ ἴσθι, πρὸς
Ἱμεραίους καταψεύσομαί σου, κἂν ἔτι παραστῇ χα-
λεπώτερον δέ σοι οἷμαι καὶ τοῦθ', ὅπερ προπέμπειν
εἱλόμην. πρόσμενε δή, Στησίχορε, καὶ πρὸς τοῖς
ἔπεσι καί, δι' ἃ σεβαστότερος εἶ πολλῶν καὶ θαυμα-
σιώτερος, τὰ ἐπιτηδεύματα ταῦτα καὶ στέργε καὶ
τίμα, τὰ ἄλλα προέμενος, ἐν οἷς ποτ' ἂν κατ' ἄκραν
εὐδοκιμῇς, ὅμοιος τοῖς πονηροτάτοις ἔσῃ.

ρμς' Στησιχόρῳ

Σὺ περὶ ἡμῶν, ὦ Στησίχορε, μηδὲν μήτε ἐν ᾠδαῖς
μήτε ἄλλοθί που λέγε οὐδὲν γὰρ βούλομαι μᾶλλον ἢ
σιωπᾶσθαι τὰ ἡμέτερα τῶν δ' ἄλλων φθόνος οὐδείς,
ὑπὲρ ὅσων ἂν αὐτός τε καὶ κατὰ σαυτὸν ἐθέλῃς κἀπὶ νοῦν
ἄγῃ τὸ δαιμόνιον πολιτείαν δὲ φεῦγε μάλιστα πάντων
ἐμὲ ὁρῶν, ὃς, ἡνίκα μακαριστὸς εἶναι ἐδόκουν πᾶσιν,
ἐπὶ τούτοις ἐμαυτῷ σύνοιδα μάλιστα ἀντιωμένῳ. εἰ
δ' ἐγώ σοι κατ' ἐμαυτὸν εἰκότα πάσχειν φαίνομαι μο-
ναρχίας ὀρεχθεὶς ἑκών, ὑπὲρ πατρίδος δέ σοι πολι-
τευομένῳ καὶ δημοκρατίας οὐδὲν ἀπαντήσεσθαι δυσ-
χερὲς οἴει, τὸ νῦν καθ' ἡμᾶς ἄφες νῦν, εἰς δὲ σαυτὸν
ἀτενὲς βλέψον, ὦ Στησίχορε, καὶ κατανόησον· οὐ
γὰρ ὑπὲρ βελτιόνων τις οὐδὲ καθαρωτέραν ὁδὸν σοῦ
βαδίσας ἥψατο πολιτείας· ἀλλ' ὅμως λόγισαι κατὰ
σαυτόν, οἷα μὲν πρὸ τούτων ἔπαθες, οἷα δ' ἐμέλλησας
παθεῖν, εἰ μὴ τοιοῦτος ἐχθρὸς ἤμην ἐγώ. (3) καίτοι
καλόν γε, κἂν εὐροῇ τις καὶ κατ' οὖρον φέρηται παρὰ
τῆς τύχης, μὴ πάντα ποιεῖν αὐτὸν ἐπὶ τῇ τύχῃ καὶ
γὰρ σὺ νῦν αὐτὸς οὔτε τύραννος· Ἱμεραίων οὔτε ἐχθρὸς
πᾶσιν, ὥσπερ ἡμεῖς, ἀλλ' ἐν πολίταις καὶ φίλοις, ὡς
ἐνόμιζες αὐτός, δι' οὓς ἐχθροὺς ἔσῃς ἡμᾶς, κἀγὼ μὲν
οὐκ ἂν τυραννήσας, παρὼν σοι νῦν αὐτῶν διὰ σὲ καὶ
σοῦ στοχαζόμενος, ἀλλ' ὅμως λόγισαι κατανοήσας,
πόσα ἄττα πέπονθας ὑπ' αὐτῶν. εἰ δὲ βούλει, τὸν
ὑπὸ τῶν πολιτῶν ἀγαθὰ μὲν πλεῖστα πεπονηκότα, κακὸν
δὲ μηδέν, μηδὲ μὴν ἀχαριστηθέντα, καθάπερ σύ,
σκέψαι καὶ μάθοις ἄν, ὡς ἀνὴρ ἐκεῖνος, ὅστις τῶν

---

igitur nec primus nec solus tali affectus sis calamitate,
reputa, res humanas patienter ferendas esse, etsi non
propter me, quem ad mortem paratum multiplices red-
didere calamitates, at propter æqualem naturæ legem,
quod omnibus commune hoc, etiamsi vehementer quidam
metuant, eisque, qui parum ægre ferunt, ut plurimum
vita fruerentur contigit

CXLV Stesichoro

Oleum misimus, si quid sapio, per Iovem non tibi nunc
quidem, sed nepoti tuo nam dignus adolescens iste vi-
detur cuius habeatur ratio, et in gymnasio regendo nihil
inferior Agesilao Velim autem eum perficere, quantum
in me est Argentum autem a nobis missum, quod tu
coram tunc auferre noluisti, si nunc quidem non acce-
peris, scias me proditionis criminationem apud Himeren-
ses in te coniecturum,   gravius vero
tibi puto etiam hoc, quod ante mittere constitui Per-
severa igitur, Stesichore, et in carminibus, et ob quæ
venerabilior multis es atque admirabilior, ea studia et
ama et cole, abiectis reliquis, quibus quum in summa
existimatione fueris, a pessimis non differes

CXLVI. Stesichoro.

Tu de nobis, Stesichore, nihil neque in carminibus
dic neque alibi, nihil enim magis cupio quam res nostras
silentio transmitti De reliquis nihil equidem laboro, de
quibus dicere ipse apud animum tuum constituas ac nu-
men divinum admonuerit Rempublicam vero fuge maxime
omnium, respiciens nos, qui, quum beatissimus esse
viderear omnibus, hac ipsa re gravissimum dolorem mihi
illatum memini Sin ego tibi, quod ad me, merita perpeti
videor, quum principatum mea sponte affectarim, pro
patria vero tibi rempublicam gerenti et populari statu
nihil molesti eventurum putas, res nostras mitte nunc,
Stesichore, et in te ipsum defixis oculis considera Non
enim pro melioribus aliquis neque viam ingressus since-
riorem attigit rempublicam at reputa tamen, qualia pro
his passus sis et qualia passurus fuisses, nisi talis hostis
fuissem ego (2) Atqui pulchrum est, etiamsi prospere
res cedant alicui et secundis ventis ferantur a fortuna,
non omnia eum committere fortunæ Etenim ipse tu
nunc, qui nec tyrannus Himerensium, nec hostis omni-
bus, sicut nos, sed in civibus et amicis, ut eos putabas,
propter quos hostes habebas nos, et ego quidem, si
tyrannus non essem, nunc facta mihi de eis per te et de
te coniciendi facultate, at reputa apud animum, quanta
ab eis passus sis Sin vero vis, eum, qui a civibus bona
quam plurima, malique nihil passus sit, cuique gratia
negata nulla, quemadmodum tu, considera, ac disces,

κοινῶν ἀφέμενος τῶν ἰδίων προέστηκε καὶ ὃς οὐκ
ἄλλο τι οἴεται τὸ ἑαυτοῦ πράσσειν ἀλλ' ἢ σκοπεῖν ὅπως
μάλιστα ἡσθ,σεται.

ρμζ. Τῷ αὐτῷ.

Μὴ φρόντιζε, ὦ Στησίχορε, τῆς Εὐβούλου καὶ
Ἀριστοφῶντος πρός με κατηγορίας, μηδ' ἀχθεσθῇς, εἰ
τῆς καθ' ἡμῶν ἐπιβουλῆς τὴν αἰτίαν εἰς σὲ ἀναφέρειν
καὶ τὰ σὰ κάλλιστα ἔπη ἠξίουν. παρ' ὅσον μὲν γὰρ
ἤλθομεν ἐν Ἱμέρᾳ κινδύνου καὶ σὺ οἶσθα, μηδὲν δὲ
ἡμῶν ἀνήκεστον παθόντων ἥδεσθαι προσήκει σοι κατά
γε τὴν ἐκείνων αἰτίαν μᾶλλον ἢ ἀνιᾶσθαι τῆς τε ῥώμης
ἕνεκα τῶν ποιημάτων, ἅ σοι ἐπιπνέουσιν αἱ θεαί, καὶ
ἡμῶν περιόντων, εἴ σοι ἄρα τι μέλομεν. παρεξήτακας
γὰρ καὶ τὰ μέλη πλέον ἢ κατὰ λύραν δυνάμεως ἔχειν,
καὶ Φάλαριν μεῖζον' ἢ κατὰ τυραννοκτόνους, ἡμεῖς δὲ
παρακινδυνεύσαντες ἐσχάτως καὶ εἰς τύραννον ὡρμή-
σαμεν καὶ εἰς ἑταιρείαν μεμήναμεν, καὶ οὐ μεμφόμεθά
σε μελλήσαντες ἀναιρεθῆναι, μᾶλλον δὲ ἀναιρεθέντες·
οὐ γὰρ ἄν, εἰ καὶ ἐτελέσθη τὸ ἄδικον βούλημα, Στησί-
χορος ἡμᾶς παθεῖν ταῦτα ἐπῃνέσατο. (2) σὺ μὲν γὰρ
ἴσως ἐπῶν κόσμῳ θεοειδεστάτῳ τὸ τυραννοκτονεῖν ἐπαι-
νεῖς (καὶ οὐκ ἀποτρέπομεν εἴ τις θαυμάσει τὸν λόγον),
ἀλλ' οὐ τὸ Φάλαριν· ἀνδροφονεῖν γάρ ἐστι τὸ τοιοῦτον,
ἀλλ' οὐ τυραννοκτονεῖν. οὐ γὰρ οἶσθα ἄρχομαι πείρᾳ
μαθών. οὐδὲ Δρωπίδας οὐδ' ἄλλος ἐπιεικὴς ἀνὴρ οὐδὲ
εἷς, ἀλλ' οὐδὲ ὁ σωτὴρ ἐν ἡμῖν Ζεὺς ἐνέμεινεν ἐν τῷ
ἱερῷ καρτερός. Εὐβούλου καὶ Ἀριστοφῶντος δυοῖν ἀδί-
κοιν εἷς δίκαιος ἐγενόμην, τὸν τύραννόν με περιεσώσατο,
Κόνων δ' ὁ καταπορνευθεὶς καὶ Θεαγόρας ὁ τοὺς
ὀλεθροὺς ἡμῖν μηχανησάμενος καὶ Ἀντιμήδης καὶ
Περικλῆς καὶ ὅσοι δὴ τούτοις παραπλήσιοι ἀνηρέ-
θησαν ὑπ' ἐμοῦ τῷ δικαιοτάτῳ τῆς ἀμύνης νόμῳ, οὕς,
εἰ μὴ τοσαύτης ἐξουσίας εἰχόμην, ἀποθανεῖν ἂν
εἱλόμην ἀντιτιμωρησάμενος. (3) λεγέτωσάν με μιαι-
φόνον, ἄθεον, ἐναγῆ, τύραννον, πολλαῖς περιυγμέναν
καὶ ἀνηκέστοις μιάσμασι, καὶ τούτων ἂν δεινότερόν τι
εἰπεῖν καθ' ἡμῶν ἔχωσι, μὴ φειδέσθωσαν. ἐπαι-
νοῦντες γάρ με διαβάλλειν ἐοίκασι πρὸς τοὺς χρηστοὺς
οἱ πονηρότατοι, ὧν οἱ μὲν ἐπυρώθησαν ὑφ' ἡμῶν
ἔμφρουροι τῷ ταύρῳ, οἱ δ' ἀνεσκολοπίσθησαν, ἔνθα
ἔμελλον ἐμπρόσωποι ἔσεσθαι τοῖς λοιποῖς μηδὲν καθ'
ἡμῶν τεκταίνειν κακόν, ἄλλοι δ' ὄψεις ἐξηρέθησαν,
τινὲς δ' ἄκρα περιεκόπησαν καὶ κατὰ τροχῶν ἐλυγί-
σθησαν, καὶ κεφαλὰς ἄλλοι περιεσκυθίσθησαν, οἱ δὲ ὡς
ἔτυχον ἀδικίας προάρξαντες ὀλέθρου πικροῦ κατὰ δίκην
ἐνεφορήσαντο. δι' οὓς ὁμολογοῦμεν ἀναστᾶθναι τύ-
ραννοι, καὶ οὐκ ἀρνησόμεθα κατὰ πονηρῶν μοναρχίας
ὀρεχθῆναι, οὐδὲ παυσόμεθα ποτε τῆς ὠμότητος καὶ
ἀπανθρωπίας, πρὸς δὲ τοὺς χρηστοὺς ὅμοιοί γ' ἐσμὲν
ἄρχοντες, οἷοί περ ἐγενόμεθα πρὶν ἄρξαι. (4) μὴ δὴ
δόξῃς, ὦ Στησίχορε, κατ' ἐμοῦ τι τῶν ἐπῶν, ὅταν κατὰ
δυνάστου γράφῃς, ἐπιπνεῖσθαι, ὑποδέχου δ' ἄσμενος

hunc illum esse, qui publicis missis privatis suis rebus
præsit, quique nihil aliud putet ·suum agere, quam ut
videat, quomodo maxime lætetur.

Noli curare, Stesichore, Eubuli et Aristophontis apud
me accusationem, neque omnino gravari, quod insidiarum
nobis structarum caussam in te conferre tuaque pulcher-
rima carmina voluerunt. In quantum enim Himeræ vene-
rimus discrimen tu quoque nosti; quum vero nihil insa-
nabile simus passi, gaudere te decet illorum criminatione
magis quam dolere, quum propter vim carminum, quæ
tibi afflant deæ, tum quod superstites nos sumus, si
quidem aliqua nostri tibi cura est. Simul enim exploratum
habes, et carmina plus quam pro lyra virium habere,
et Phalarin maius aliquod esse quam pro tyrannicidis.
Nos autem extrema periclitati et in tyrannum erupimus
et factionis comparandæ studio exarsimus, nec accusamus
te, quanquam ad mortem fuimus destinati, immo de
nullo sublati sumus; non enim, etiamsi ad exitum per-
ductum esset improbum consilium, Stesichorus nos hæc
pati approbasset. (2) Etenim tu fortasse divino carminum
ornatu tyrannum occidere probas (neque dehortamur
si quis dictum admirabitur), non autem Phalarin : hoc est
enim hominem occidere, non tyrannum. Scilicet ab eo
quod nosti ordior experientia doctus. Neque Dropidas
neque alius bonus ullus firmo animo permansit in templo :
Eubulum et Aristophontem duos iniustos unus superavi
iustus, quin ille apud nos servator Iuppiter me tyrannum
conservavit, Conon vero exoletus iste, quique perniciem
nobis machinatus est Theagoras et Antimedes et Pericles,
et quotquot horum similes, de medio a me sublati sunt
iustissima vindictæ lege, a quibus etiam, nisi tantam
habuissem potestatem, sumpsisse pœnas morte mea
redimere voluissem. (3) Dicant me pollutum cædibus,
impium, devotum, tyrannum, multis contaminatum
inexpiabilibusque sceleribus, nec, si quid his gravius
in nos habent dicere, parcant. Laudantes enim calum-
niari me videntur apud probos improbissimi, quorum hi
combusti a nobis sunt inclusi tauro, illi crucibus affixi,
spectaculo futuri reliquis, ne quid in nos mali molirentur,
aliorum oculi effossi sunt, nonnulli extremis partibus
abscissis torti rotis, aliorum ex capitibus cutis detracta,
alii, ut quisque sceleris auctor exstitit, diro supplicio ut
fas erat affecti. Propter quos tyrannos nos surrexisse
confitemur, neque inficiabimur adversus improbos domi-
natum appetivisse, neque a crudelitate atque immanitate
unquam desistemus : erga probos vero similes erimus
principes, quales fuimus ante quam principatum obti-
nuimus. (4) Itaque noli putare, Stesichore, adversus
me aliquid carminum, si quando contra tyrannum scribas,
afflari, sed lubens deas suscipe, nostra caussa nihil eo-

τὰς θεάς, δι' ἡμᾶς μηδὲν τῶν ἐπὶ νοῦν ἡκόντων ἀπο
διοπομπούμενος ἴσθι γὰρ ὡς μηδεὶς τυραννοκτονήσει
Φάλαριν ἔξω τῆς ἰδίας μοίρας, ἣν ἀπὸ νεότητος
ἔχομεν καθ' ἑαυτῶν, ἐὰν καὶ τὰ τῶν ὑμνοπόλων σι
γήσῃ μέλη· ὅθεν ἤκουσαν αὐτὴν ἀναγκαίως, ὁπόταν
ἐθέλῃ, ὡς ὀφειλομένην ἑαυτοῖς ὑποδεξόμεθα
τοῖς δὲ περὶ Εὔβουλον τυραννοκτόνοις, ἐπεὶ παρὰ
ταύτην ἐπιχείρουν, ἆθλα ἀπεδώκαμεν, οὐχ ἃ παρὰ
νόμων προσήκει ἀνδράσι κενὴν δόξαν θηρωμένοις ἐπὶ
καθαιρέσει μονάρχου, ἀλλ' ἃ παρὰ τυράννου πλέον
ἰσχύοντος νόμων. καταπαρέντες γὰρ εἰς τὴν Ἱμεραίων
θηρόβοτον ἄχρι τῶν στηθῶν μετὰ πολλοὺς ἄλλους αἰ
κίας τρόπους ἐν τῇ λώβῃ διενυκτέρευσαν σὺ δ' ὡς ἐπὶ
μήκιστον εὐτυχοίης ἔρρωσο. καὶ τὸ μὲν μηδὲν
παθεῖν τοιοῦτον οὐκ ἂν συνευξαίμεθά σοι, παρὰ γὰρ
τῆς ἰδίας δικαιοσύνης τοῦτ' ἔχειν φαίης ἄν, ἀλλὰ μηδὲ
δρᾶσαί ποτε ἀνάγκη γενέσθαι Φάλαριν παραπλήσιον
μέλοιεν δέ σοι Μουσῶν εὐκλεεῖς πόνοι, πέμπε δὲ καὶ
εἰς ἡμᾶς τῶν ποιημάτων ἃ τὰς παρούσας ἐπανήσει
φροντίδας.

ρμη' Ἐνναίοι,

Ἐγὼ μὲν οἶμαι καὶ τῆς ἐλευθερίας ἐμαυτὸν αἴτιον
ὑμῖν γεγονέναι ἀλλὰ περὶ μὲν τῆς ἐλευθερίας οὐ
μέμφομαι ὑμῖν ἀχαρίστοις οὖσι, τὸ μέντοι ἀργύριον,
ὃ ἐδανείσασθε, ἀπόδοτε καὶ γὰρ αὐτὸς ἐν χρείᾳ εἰμὶ
οὐ μετρίᾳ καὶ περιπέμπω χρήματα δανειζόμενος εἰς
ἅπασαν Σικελίαν καὶ οἱ μὲν ἐχαρίσαντο ἡμῖν, ὥσ
περ Λεοντῖνοι καὶ Γελῷοι, οἱ δὲ ὑπέσχηνται δανεί
σειν, ὡς Ὑβλαῖοι καὶ Φιντιεῖς. τί ἂν οὖν πρὸς Διὸς
αὐτοὶ ὑπολάβοιτε περὶ αὐτῶν, τηλικαῦτα ἃ δεδάνεισθε
μὴ ἀποδιδόντες, ὁπότε ἄλλοι χαρίζονται τὰ αὑτῶν,
μηδὲν ὑφ' ἡμῶν ἀγαθὸν πεπονθότες, εἰ δὲ πύθοιτο
οἱ ὑπεσχημένοι χαριεῖσθαι, ὅτι ἀντὶ τοῦ κομίζεσθαι
τὰ ὀφειλόμενα τοῖς μηδὲν ὀφείλουσι βαρεῖς ἐσμέν, ἆρ'
ἔτι δώσειν οἴεσθε αὐτούς, ἐγὼ μὲν γὰρ οἶμαι, μηδὲ
τοὺς δανείσειν ὑπεσχημένους δανείσειν ἔτι, ἀλλ' ἐνθυ
μηθήσεσθαι, ὅτι ὁ μὴ ἀναπρασσόμενος τὰ ἑαυτοῦ παρὰ
τῶν ὀφειλόντων οὕτως τοῖς δανείσασιν ἀποτίνειν οὐ
βουλήσεται. ταῦτα τοίνυν ἐνθυμηθέντες, εἰ μὴ ἀπο
τίσετε, αἰδέσθητε εἰ δὲ μὴ ταῦτα ἀνύσιεν, εὖ ἴστε
ὅτι ταχὺ σφόδρα καὶ λόγων κρεῖσσόν τι εὑρήσομεν, ὃ
ἐπαναγκάσει ὑμᾶς, εἴπερ οἷόν τε ἐπαναγκαζομένους
τὰ δίκαια ποιεῖν ἐστίν.

rum, quæ in mentem veniant, aversatus Scito enim,
neminem occisurum esse Phalarin extra proprium fatum,
quod a iuventute in nosmet constitutum habemus, etiamsi
poetarum carmina conticescant Quare id venturum necessario, quandocunque velit, eodem quo debitum nobis
modo suscipiemus Qui vero cum Eubulo sunt tyrannicidis, quoniam præter id agressi sunt, præmia reddidimus, non quæ a legibus conveniunt viris ex cæde tyranni
inanem gloriam venantibus, sed quæ a tyranno plus legibus pollente Defixi enim in bestiarum quæ Himeræ est
caveam ad pectus usque post multos alios cruciatuum
modos in tormento noctem transegerunt Tu vero quam
diutissime feliciter agas Ac ne quid tale patiare sane
non tibi optaverimus, nam a tua ipsius iustitia hoc habere te diceres, verum ne simile quid unquam facere
Phalari necesse sit Musarum tibi curæ sint opera nobilia, atque carminum ad nos mitte quæ præsentes allevabunt sollicitudines

CXLVIII Ennensibus

Equidem puto libertatis auctorem vobis me fuisse Sed
ob libertatem vos licet ingratos nolo reprehendere, verum
argentum tamen, quod mutuum sumpsistis, reddite.
Namque ipse in inopia sum non mediocri et pecunias
mutuandæ caussa per totam Siciliam circummitto Atque alii quidem gratificati nobis sunt, ut Leontini et
Gelenses, alii mutuam daturos sese promiserunt, ut Hyblæi et Phintienses Quid igitur per Iovem de vobis
ipsis existimetis, tanta pecunia quam mutuam sumpsistis nondum reddita, quum alii sua gratificantur, nullo
licet a nobis beneficio affecti? si vero audiverint ei, qui
se nobis gratificaturos promiserunt, nos pecunia nobis
debita non recepta molestos esse eis qui nihil debeant,
num adhuc daturos putatis an? ego certe censeo, neque
eos, qui mutuam pecuniam se daturos promiserunt, mutuam adhuc daturos esse, sed cogitaturos fore ut, qui
sua non exigat a debitoribus, hic eis qui mutuam dederunt solvere nolit Hæc igitur reputantes, si non solvatis
vereamini sin vero his nihil efficitur, scitote, nos celeriter admodum omni etiam oratione maius aliquid inventuros esse, quod coget vos, siquidem fieri poterit ut
coacti id quod iustum est faciatis

ΦΕΡΕΚΥΔΟΥ ΕΠΙΣΤΟΛΗ.

PHERECYDIS EPISTOLA.

Θαλῇ.

Εὖ θνήσκοις ὅταν τοι τὸ χρεὼν ἥκῃ. νοῦσός με
καταλελάβηκε δεδεγμένον τὰ παρὰ σέο γράμματα.
φθειρῶν ἔβρυον πᾶς καί με εἶχεν ἠπίαλος. ἐπέσκηψα
δ' ὧν τοῖσι οἰκιήτῃσι, ἐπήν με κατθάψωσι, ἐς σὲ
τὴν γραφὴν ἐνεῖκαι. σὺ δὲ ἢν δοκιμώσῃς σὺν τοῖσι
ἄλλοισι σοφοῖσι, οὕτω μιν φῆνον, ἢν δὲ οὐ δοκιμώσητε,
μὴ φήνῃς· ἐμοὶ μὲν γὰρ οὔκω ἥνδανε. ἔστι δὲ οὐκ
ἀτρεκηίη πρηγμάτων, οὐδ' ὑπίσχομαι τἀληθὲς εἰδέναι,
ἅσσα δ' ἂν ἐπιλέγῃ θεολογέων· τὰ ἄλλα χρὴ νοέειν·
ἅπαντα γὰρ αἰνίσσομαι. τῇ δὲ νούσῳ πιεζόμενος ἐπὶ
μᾶλλον οὔτε τῶν τινὰ ἰητρῶν οὔτε τοὺς ἑταίρους ἐσιέ-
μην, προεστεῶσι δὲ τῇ θύρῃ καὶ εἰρομένοισι ὁκοῖόν τι
εἴη, διεὶς δάκτυλον ἐκ τῆς κληίθρης ἔδειξ' ἂν ὡς ἔβρυον
τοῦ κακοῦ. καὶ προεῖπα αὐτοῖσι ἥκειν ἐς τὴν ὑστε-
ραίην ἐπὶ τὰς Φερεκύδεω ταράς.

Thaleti.

Bene moriaris, quum tibi fatalis dies supervenerit.
Morbus me invaserat, quum tuas accepi litteras. Pedicu-
lis implebar totus et febris me tenebat. Mandavi itaque
familiaribus meis ut, quum me sepelierint, ad te perfe-
rant quæ scripsi. Tu autem si ea probaveris cum reli-
quis sapientibus, ita demum ede in lucem, sin autem im-
probaveritis, edere noli. Mihi enim nondum satis place-
bant. Est autem non certa rerum fides, neque quid sit
verum me scire professus sum, sed quæ deligat qui de
rebus divinis disserat : reliqua conicere oportet, omnia
enim indico potius quam aperio. Morbo autem magis
magisque ingravescente pressus neque medicorum quen-
quam neque amicorum admittebam, sed ad ianuam
adstantibus quidque rei esset interrogantibus digito per
ostii claustra exserto quanto malo laborarem ostendi,
admonuique ut postridie conveniant ad agendas Pherecy-
dis exsequias

ΦΙΛΙΠΠΟΥ ΕΠΙΣΤΟΛΑΙ.

PHILIPPI EPISTOLÆ.

α'.

Βασιλεὺς Μακεδόνων Φίλιππος Ἀθηναίων τῇ βου-
λῇ καὶ τῷ δήμῳ χαίρειν. Ἴστε ἡμᾶς παρεληλυθότας εἴσω
Πυλῶν καὶ τὰ κατὰ τὴν Φωκίδα ὑφ' ἑαυτοῦ πεποιημέ-
νους, καὶ ὅσα μὲν ἑκουσίως προσετίθετο τῶν πολισμά-
των, φρουρὰς εἰσαγηοχότας εἰς αὐτά, τὰ δὲ μὴ ὑπα-
κούοντα κατὰ κράτος λαβόντες καὶ ἐξανδραποδισάμε-
νοι κατεσκάψαμεν. ἀκούων δὲ καὶ ὑμᾶς παρασκευάζε-
σθαι βοηθεῖν αὐτοῖς γέγραφα ὑμῖν, ἵνα μὴ πλεῖον ἐνο-
χλῆσθε περὶ τούτων· τοῖς μὲν γὰρ ὅλοις οὐδὲ μέτριόν
μοι δοκεῖτε ποιεῖν τὴν εἰρήνην συνθέμενοι καὶ ὁμοίως
ἀντιπαρεξάγοντες, καὶ ταῦτα οὐδὲ συμπεριειλημμέ-
νων τῶν Φωκέων ἐν ταῖς κοιναῖς ἡμῶν συνθήκαις,
ὥστε ἐὰν μὴ ἐμμένητε τοῖς ὡμολογημένοις, οὐδὲν
προτερήσετε ἔξω τοῦ ἐφθακέναι ἀδικοῦντες.

β'.

Φίλιππος Ἀθηναίων τῇ βουλῇ καὶ τῷ δήμῳ χαί-
ρειν. Ἐπειδὴ πολλάκις μου πρέσβεις ἀποστείλαντος,
ἵν' ἐμμείνωμεν τοῖς ὅρκοις καὶ ταῖς ὁμολογίαις, οὐδε-
μίαν ἐποιεῖσθε ἐπιστροφήν, ᾤμην δεῖν πέμψαι πρὸς
ὑμᾶς ὑπὲρ ὧν ἀδικεῖσθαι νομίζω. μὴ θαυμάσητε δὲ
τὸ μῆκος τῆς ἐπιστολῆς· πολλῶν γὰρ ὑπαρχόντων ἐγ-
κλημάτων ἀναγκαῖόν ἐστιν ὑπὲρ ἁπάντων δηλῶσαι
καθαρῶς. (2) πρῶτον μὲν γὰρ Νικίου τοῦ κήρυκος
ἁρπασθέντος ἐκ τῆς χώρας τῆς ἐμῆς οὐ τοῖς παρανο-
μοῦσιν ἐπετιμήσατε, ἀλλὰ τὸν ἀδικούμενον εἴρξατε
δέκα μῆνας· ἃς δ' ἔφερε παρ' ἡμῶν ἐπιστολάς, ἀνέ-
γνωτε ἐπὶ τοῦ βήματος. ἔπειτα Θασίων ὑποδεχομέ-
νων τὰς Βυζαντίων τριήρεις καὶ τῶν λῃστῶν τοὺς
βουλομένους οὐδὲν ἐφροντίζετε, τῶν συνθηκῶν διαρ-
ρήδην λεγουσῶν, πολεμίους εἶναι τοὺς ταῦτα ποιοῦν-
τας. (3) ἔτι τοίνυν περὶ τοὺς αὐτοὺς χρόνους Διο-
πείθης ἐμβαλὼν εἰς τὴν χώραν Κρωβύλην μὲν καὶ τὴν
Τιρίστασιν ἐξηνδραποδίσατο, τὴν δὲ προσεχῆ Θρᾴκην
ἐπόρθησε, τέλος δὲ εἰς τοῦτο ἦλθε παρανομίας, ὥστε
Ἀμφίλοχον ὑπὲρ τῶν αἰχμαλώτων ἐλθόντα πρεσβευ-
τὴν συλλαβὼν καὶ τὰς ἐσχάτας ἀνάγκας ἐπιθεὶς ἀπε-
λύτρωσε ταλάντων ἐννέα· καὶ ταῦτα τῷ δήμῳ εὐδο-
κοῦντα ἐποίησεν. (4) καίτοι τὸ παρανομεῖν εἰς κήρυκας
καὶ πρέσβεις τοῖς ἄλλοις τε πᾶσιν ἀσεβὲς εἶναι δοκεῖ,
καὶ μάλιστα ὑμῖν. Μεγαρέων γοῦν Ἀνθεμοκρίτου ἀνε-
λόντων εἰς τοῦτο ἐλήλυθεν ὁ δῆμος, ὥστε μυστηρίων

I.

Rex Macedonum Philippus Atheniensium senatui po-
puloque salutem. Scitote nos intra Pylas esse progressos
et Phocidem in potestatem nostram redegisse, quæque
oppida ultro se nobis adiunxerunt, in ea præsidia intro-
duxisse : quæ vero repugnabant, vi cepimus civibusque
venditis evertimus. Quum autem audirem vos quoque
ad opem illis ferendam instrui, scripsi vobis, ne ea de re
plus quam opus sit laboretis. Scilicet omnino ne æquum
quidem facere mihi videmini, qui pace licet pacta nihi-
lominus in aciem descenditis, præsertim quum nec in
communibus nostris pactis comprehensi sint Phocenses.
Quare nisi manebitis in conventis, nulla ne nisi auspi-
candis iniuriis eritis superiores.

II.

Philippus Atheniensium senatui populoque salutem.
Quum sæpe legatos miserim, ut pactis et conventis
staremus, idque vos nihil moverit, significandum vobis
esse duxi, quibus in rebus iniuriam mihi fieri existimem.
Ne vero miremini epistolæ magnitudinem : nam multæ
quum sint conquerendi caussæ, necesse est omnes expli-
cari perspicue. (2) Ac primum Nicia præcone ex di-
tione mea abrepto tantum abest ut sontes puniveritis,
ut ipsum iniuria affectum decem menses in vinculis te-
nueritis, nostrasque quas ferebat litteras pro concione
legeretis. Deinde quum Thasii Byzantiorum triremes
et piratas quoscunque susciperent, id nihil curabatis,
quanquam fœdus hoc qui faciant pro hostibus habere
diserte iubet. (3) Præterea circa eadem tempora
Diopithes impressione in ditionem meam facta Cro-
bylæ atque Tiristasis cives in servitutem abduxit et
finitimam Thraciam populatus eo denique violentiæ
processit, ut Amphilochum, qui de captivis redi-
mendis legatus venerat, comprehensum et in extre-
mam necessitatem adductum novem talentis extor-
tis dimitteret : atque hæc quidem populo probavit. (4)
Atqui præconem et legatos violare quum ceteris omnibus
impium videtur, tum vobis maxime. Certe quum Me-
garenses Anthemocritum sustulissent, adeo ira populus

461

μὲν εἶργον αὐτούς, ὑπόμνημα δὲ τῆς ἀδικίας ἔστησαν ἀνδριάντα πρὸ τῶν πυλῶν. καίτοι πῶς οὐ δεινόν, ἐφ' οἷς παθόντες οὕτως ἐμισήσατε τοὺς δράσαντας, νῦν αὐτοὺς φαίνεσθαι ποιοῦντας; (5) Καλλίας τοίνυν ὁ παρ' ὑμῶν στρατηγὸς τὰς μὲν πόλεις τὰς ἐν τῷ Παγασίτῃ κόλπῳ κατοικουμένας ἔλαβεν ἁπάσας, ὑμῖν μὲν ἐνόρχους· ἐμοὶ δὲ συμμαχίδας οὔσας, τοὺς δ' εἰς Μακεδονίαν πλέοντας ἐπώλει πάντας πολεμίους κρίνων· καὶ διὰ ταῦθ' ὑμεῖς ἐπηνεῖτ' αὐτὸν ἐν τοῖς ψηφίσμασιν. ὥστε ἔγωγε ἀπορῶ τί ποτ' ἔσται καινότερον, ἐὰν ὁμολογήσητέ μοι πολεμεῖν· καὶ γὰρ ὅτε φανερῶς διεφερόμεθα, λῃστὰς ἐξεπέμπετε, καὶ τοὺς πλέοντας ὡς ἡμᾶς ἐπωλεῖτε, τοῖς ἐναντίοις ἐβοηθεῖτε, τὴν χώραν μου κακῶς ἐποιεῖτε. (6) χωρὶς τοίνυν εἰς τοῦτο παρανομίας ἀφῖχθε καὶ δυσμενείας, ὥστε καὶ πρὸς τὸν Πέρσην πρέσβεις ἀπεστάλκατε πείσοντας αὐτὸν ἐμοὶ πολεμεῖν· ὃ μάλιστα ἄν τις θαυμάσειεν. πρὸ μὲν γὰρ τοῦ λαβεῖν αὐτὸν Αἴγυπτον καὶ Φοινίκην ἐψηφίσασθε, ἂν ἐκεῖνός τι νεωτερίζῃ, παρακαλεῖν ὁμοίως ἐμὲ καὶ τοὺς ἄλλους Ἕλληνας ἅπαντας ἐπ' αὐτόν· (7) νῦν δὲ τοσοῦτον ὑμῖν περίεστι τοῦ πρὸς ἐμὲ μίσους, ὥστε πρὸς ἐκεῖνον διαλέγεσθαι περὶ τῆς ἐπισυμμαχίας. καίτοι τὸ παλαιὸν οἱ πατέρες ὑμῶν, ὡς ἐγὼ πυνθάνομαι, τοῖς Πεισιστρατίδαις ἐπετίμων ὡς ἐπάγουσι τὸν Πέρσην ἐπὶ τοὺς Ἕλληνας· ὑμεῖς δ' οὐκ αἰσχύνεσθε ταῦτα ποιοῦντες, ἃ διετελεῖτε τοῖς τυράννοις ἐγκαλοῦντες, (8) ἀλλὰ πρὸς τοῖς ἄλλοις καὶ γράφετε ἐν τοῖς ψηφίσμασιν ἐμοὶ προστάττοντες Τήρην καὶ Κερσοβλέπτην ἐᾶν Θρᾴκης ἄρχειν ὡς ὄντας Ἀθηναίους. ἐγὼ δὲ τούτους οὔτε τῶν περὶ τῆς εἰρήνης συνθηκῶν οἶδα μετασχόντας ὑμῖν οὔτ' ἐν ταῖς στήλαις ἀναγεγραμμένους οὔτ' Ἀθηναίους ὄντας, ἀλλὰ Τήρην μὲν μετ' ἐμοῦ στρατευόμενον ἐφ' ὑμᾶς, Κερσοβλέπτην δὲ τοῖς παρ' ἐμοῦ πρεσβευταῖς ἰδίᾳ μὲν τοὺς ὅρκους ὀμόσαι προθυμούμενον, κωλυθέντα δ' ὑπὸ τῶν ὑμετέρων στρατηγῶν, ἀποφαινόντων αὐτὸν Ἀθηναίων ἐχθρόν. (9) καίτοι πῶς ἐστι τοῦτ' ἴσον ἢ δίκαιον, ὅταν μὲν ὑμῖν συμφέρῃ, πολέμιον εἶναι φάσκειν αὐτὸν τῆς πόλεως, ὅταν δ' ἐμὲ συκοφαντεῖν βούλησθε, πολίτην ἀποδείκνυσθαι τὸν αὐτὸν ὑφ' ὑμῶν, καὶ Σιτάλκου μὲν ἀποθανόντος, ᾧ μετέδοτε τῆς πολιτείας, εὐθὺς ποιήσασθαι πρὸς τὸν ἀποκτείναντα φιλίαν, ὑπὲρ δὲ Κερσοβλέπτου πόλεμον αἵρεσθαι πρὸς ἡμᾶς, καὶ ταῦτα σαφῶς εἰδότας, ὅτι τῶν λαμβανόντων τὰς δωρεὰς τὰς τοιαύτας οὐδεὶς οὔτε τῶν νόμων οὔτε τῶν ψηφισμάτων οὐδὲν φροντίζει τῶν ὑμετέρων; (10) οὐ μὴν ἀλλ' εἰ δεῖ πάντα τἆλλα παραλιπόντα συντόμως εἰπεῖν, ὑμεῖς ἔδοτε πολιτείαν Εὐαγόρᾳ τῷ Κυπρίῳ καὶ Διονυσίῳ τῷ Συρακοσίῳ καὶ τοῖς ἐκγόνοις τοῖς ἐκείνων. ἐὰν οὖν πείσητε τοὺς ἐκβαλόντας ἑκατέρους αὐτῶν ἀποδοῦναι πάλιν τὰς ἀρχὰς τοῖς ἐκπεσοῦσι, κομίζεσθε καὶ παρ' ἐμοῦ τὴν Θρᾴκην, ὅσης Τήρης καὶ Κερσοβλέπτης ἦρχον. εἰ δὲ τοῖς μὲν ἐκείνων κρατήσασι μηδ' ἐγκαλεῖν ἀξιοῦτε μηδέν, ἐμὲ δ' ἐνοχλεῖτε, πῶς οὐ δικαίως

exarsit, ut illos mysteriis prohiberet, atque in memoriam iniuriæ ante portam statuam erigeret. Qui vero non iniquum sit, quæ perpessi tanto odio auctores facinoris persecuti estis, eadem nunc ipsos palam· facere·? (5) porro Callias vester imperator urbes in Pagasetico sinu sitas universas cepit, vobis fœdere iurato, mihi societate coniunctas, quique in MaceJoniam navigabant, eos vendebat pro hostibus omnes habens : et propter hæc in decretis eum laudavistis. Dubius itaque sum, quid adici his possit, si palam mecum bellum geratis. Nam quum aperte dissentiebamus, prædones emittebatis, et eos, qui ad nos navigabant, vendebatis, adversarios nostros iuvabatis, regionem meam infestabatis. (6) Eo denique iniquitatis et inimicitiæ progressi estis, ut etiam Persæ persuadére missis legatis studueritis,·ut bellum mihi inferat : id quod maxime quis demiretur. Antequam enim is Ægyptum et Phœniciam cepisset, decrevistis, ut si quid ille novarum rerum moliretur, me pariter atque reliquos Græcos omnes a'lversus cum advocaretis : (7) nunc vero tanta est odii vestri in me acerbitas, ut de ineunda eum eo contra me societate agatis. Atqui olim patres vestri, ut audio, Pisistratidis crimini dabant, quod Persas in Græciam adducerent, vos vero ea·facere non pudet, quæ·tyrannis solebatis exprobrare. (8) Quin præter alia in decretis vestris mihi imperatis, ut Terem et Cersobleptem, quod Athenienses sint, Thraciæ dominari sinam. Ego vero istos nec pactis de pace continere vobiscum scio, nec pilis inscriptos, neque Athenienses esse, verum Terem quidem mecum vobis arma intulisse, Cersobleptem autem, quum meis legatis seorsum dare iusiurandum cuperet, a vestris ducibus esse prohibitum, qui eum Atheniensium inimicum declarabant. ·(9) At istuc quomodo æquum sit aut iustum, quum e re vestra est, eum vestræ civitatis inimicum appellare, quum vero me calumniari vultis, eundem vestrum civem profiteri, et Sitalce occiso, quem civitate donaveratis, statim eius interfectorem in amicitiam vestram recipere, pro Cersoblepte vero arma adversus nos capere, idque scientes, neminem eorum, qui talia dona accipiunt, leges vestras aut decreta quicquam curare? (10) Verum si missis re'liquis omnibus breviter dicendum est, vos civitatem dedistis Euagoræ Cyprio et Dionysio Syracusano illorumque posteris. Quod si igitur eis, qui utrosque elecerunt, ut in imperium exsules factos restituant persuaseritis, a me quoque Thraciæ recuperate partem, quam Teres atque Cersobleptes tenuerunt. Sin vero victores illorum ne verbo quidem increpandos censetis·me au-

ὑμᾶς ἀμυνοίμην ἄν; (11) περὶ μὲν οὖν τούτων πολλὰ
λέγειν ἔχων ἔτι δίκαια παραλιπεῖν προαιροῦμαι Καρ-
διανοὺς δέ φημι βοηθεῖν γεγονὼς αὐτοῖς πρὸ τῆς εἰρή-
νης σύμμαχος, οὐκ ἐθελόντων δ' ὑμῶν ἐλθεῖν εἰς κρί-
σιν, πολλάκις μὲν ἐμοῦ δεηθέντος, οὐκ ὀλιγάκις δ'
ἐκείνων· ὥστε πῶς οὐκ ἂν εἴην πάντων φαυλότατος,
εἰ καταλιπὼν τοὺς συμμάχους μᾶλλον ὑμῶν φροντί-
ζοιμι τῶν πάντα μοι τρόπον ἐναντιουμένων ἢ τῶν βε-
βαίως μοι φίλων ἀεὶ μενόντων; (12) εἰ τοίνυν δεῖ μηδὲ
τοῦτο παραλιπεῖν, εἰς τοσοῦτο ἐληλύθατε πλεονεξίας,
ὥστε πρότερον μὲν ἐνεκαλεῖτέ μοι τὰ προειρημένα
μόνον, τὰ δ' ὑπογυιότατα Πεπαρηθίων φασκόντων
δεινὰ πεπονθέναι προσετάξατε τῷ στρατηγῷ δίκην
παρ' ἐμοῦ λαβεῖν ὑπὲρ ἐκείνων, οὓς ἐγὼ μὲν ἐτιμω-
ρησάμην ἐνδεεστέρως· ἢ προσῆκεν, ἐκεῖνοι δὲ εἰρήνης
οὔσης καταλαβόντες Ἀλόννησον οὔτε τὸ χωρίον οὔτε
τοὺς φρουροὺς ἀπεδίδοσαν πέμψαντος ὑπὲρ αὐτῶν ἐμοῦ
πολλάκις (13) ὑμεῖς δ', ὧν μὲν ἠδίκησαν ἐμὲ Πε-
παρήθιοι, τούτων μὲν οὐδὲν ἐπεσκέψασθε, τὴν δὲ τι-
μωρίαν, ἀκριβῶς εἰδότες ὅτι τὴν νῆσον οὔτ' ἐκείνους
οὔτε ὑμᾶς ἀφειλόμην, ἀλλὰ τὸν λῃστὴν Σώστρατον
εἰ μὲν οὖν αὐτοί φατε παραδοῦναι Σωστράτῳ, λῃστὰς
ὁμολογεῖτε καταπέμπειν· εἰ δ' ἀκόντων ὑμῶν ἐκεῖνος
κατεκράτει, τί δεινὸν πεπόνθατε λαβόντος ἐμοῦ καὶ
τὸν τόπον τοῖς πλέουσιν ἀσφαλῆ παρέχοντος, (14) το-
σαύτην δέ μου ποιουμένου πρόνοιαν τῆς ὑμετέρας
πόλεως, καὶ διδόντος αὐτῇ τὴν νῆσον, οἱ ῥήτορες
λαμβάνειν μὲν οὐκ εἴων, ἀπολαβεῖν δὲ συνεβούλευον,
ὅπως ὑπομείνας μὲν τὸ προστασσόμενον τὴν ἀλλοτρίαν
ἔχειν ὁμολογῶ, μὴ προέμενος δὲ τὸ χωρίον ὕποπτος
γένωμαι τῷ πλήθει· γνοὺς ἐγὼ ταῦτα προυκαλούμην
κριθῆναι περὶ τούτων πρὸς ὑμᾶς, ἵν' εἰ μὲν ἐμὴ γνω-
σθῇ, παρ' ἐμοῦ δοθῇ τὸ χωρίον ὑμῖν, ἐὰν δὲ ὑμετέρα
κριθῇ, τότε ἀποδῶ τῷ δήμῳ (15) ταῦτα δέ μου πολ-
λάκις ἀξιοῦντος ὑμεῖς μὲν οὐ προσείχετε, Πεπαρήθιοι
δὲ τὴν νῆσον κατέλαβον. τί οὖν ἐχρῆν με ποιεῖν, οὐ
δίκην λαβεῖν παρὰ τῶν ὑπερβεβηκότων τοὺς ὅρκους,
οὐ τιμωρήσασθαι τοὺς οὕτως ὑπερηφάνως ἀσελγαίνον-
τας, καὶ γὰρ εἰ Πεπαρηθίων ἦν ἡ νῆσος, τί προσ-
ῆκεν ἀπαιτεῖν Ἀθηναίους, εἰ δὲ ὑμετέρα, πῶς οὐκ
ἐκείνοις ὀργίζεσθε καταλαβοῦσι τὴν ἀλλοτρίαν, (16)
εἰς τοῦτο δὲ προεβεβήκει ἔχθρας, ὥστε βουλόμενος
ταῖς ναυσὶν εἰς τὸν Ἑλλήσποντον παραβαλεῖν, ἀναγ-
κάσθην αὐτὰς παραπέμψαι διὰ Χερρονήσου τῇ στρα-
τιᾷ, τῶν μὲν κληρούχων κατὰ τὸ Πολυκράτους δόγμα
πολεμούντων ἡμῖν, ὑμῶν δὲ τοιαῦτα ψηφιζομένων,
τοῦ δὲ στρατηγοῦ Βυζαντίους τε παρακαλοῦντος καὶ
διαγγέλλοντος πρὸς ἅπαντας, ὅτι πολεμεῖτ' αὐτῷ
προστάττετε, ἂν καιρὸν λάβῃ. τοιαῦτα δὲ πασχων
ὅμως τῆς πόλεως καὶ τῶν τριηρῶν καὶ τῆς χώρας
ἀπεσχόμην, ἱκανὸς ὢν τὰ πλεῖστα λαβεῖν ἢ πάντα,
καὶ διετέλεσα προκαλούμενος ὑμᾶς εἰς κρίσιν ἐλθεῖν
ὑπὲρ ὧν αἰτιώμεθα ἀλλήλους (17) καίτοι σκοπεῖσθε,
πότερον κάλλιόν ἐστιν ὅπλοις ἢ λόγοις διακρίνεσθαι,

tem vexatis, nonne iure vos ulciscar ? (11) Ac de his qui-
dem quæ multa præterea in promptu habeo iure di-
cenda, prætermittam Cardianis autem me opem ferre
confiteor, quum horum socius iam ante pacem fuerim,
vos vero sæpe a me et non raro ab illis in ius vocati
aurem præbere nolueritis An non igitur omnium homi-
num essem nequissimus, si desertis sociis vos potius
curarem, qui omni modo me vexatis, quam eos, qui
constanter amicos se mihi præstant? (12) Iam si hoc
quoque non est prætereundum, eo insolentiæ venistis,
ut prius de supra dictis tantum me accusaretis, nuper-
rime vero, quum Peparethii iniuriam sibi fieri quereren-
tur, duci vestro mandaretis, ut me pro illis ulcisceretur,
quos ego sane clementius quam meruerant tractavi, quum
illi in media pace Halonneso occupata neque insulam mihi
neque præsidiarios milites identidem per legatos repo-
scenti reddiderint (13) Vos vero iniuriæ mihi a Pepa-
rethiis illatæ nullam rationem habuistis, sed tantum
pœnæ, quum probe sciatis, me insulam neque illis neque
vobis, sed Sostrato piratæ eripuisse Quam si vos Sos-
trato tradidisse ipsi dicitis, piratas emissos confitemini,
sin ille vobis invitis obtinuit, quæ tandem iniuria eo vo-
bis facta est, quod ego illam occuparim et tutum locum
reddidi navigantibus? (14) Etsi autem tanti vestram
civitatem faciebam, ut insulam ei darem, tamen ora-
tores vestri accipere non permittebant, verum recipien-
dam esse suadebant, ut si quod imperabatur facerem,
me alienam obtinere faterer, sin insulam retinerem, mul-
titudini suspectus fierem Quibus ego cognitis ultro de-
nuntiabam me de his in iudicio vobiscum disceptaturum,
ut, si mihi adiudicata esset, vobis a me daretur, sin vo-
bis, tum restituerem populo (15) Hæc sæpenumero me
postulante vos nihil curabatis, Peparethii autem insulam
occuparunt Quid igitur mihi faciendum fuit? non pœnæ
sumendæ ab eis qui iuranda violassent? non ulci-
scendi qui tam superbe lascivirent? nam si Peparethior in
fuit insula, quo iure Athenienses repetiverunt? sin vestra,
cur non eis irascimini, qui alienam occuparint? (16) Sed
eo progressi sumus inimicitiæ, ut, quum naves in Helles-
pontum deducere cuperem, coactus sim eas per Cherso-
nesum exercitu comitari, quod coloni vestri ex Polycratis
decreto bellum contra nos gerebant, vosque decernebatis
talia et imperator vester Byzantios excitabat et apud
omnes missis nuntiis divulgabat, sibi mandari a vobis, ut
data occasione bellum gereret Talia quum paterer, ni-
hilo minus urbi vestræ et triremibus et agro peperci,
quamvis plerisque potiri possem vel potius omnibus,
et vos ad ea, quæ inter nos essent, controversias dis-
ceptatione dirimendas perpetuo provocari (17) Atqui
considerate, utrum honestius sit armis an verbis discep-

καὶ πότερον αὐτοὺς εἶναι βραβευτὰς ἢ πεῖσαί τινας ἑτέρους· καὶ λογίζεσθ' ὡς ἄλογόν ἐστιν Ἀθηναίους Θασίους μὲν καὶ Μαρωνείτας ἀναγκάσαι περὶ Στρύμης διακριθῆναι λόγοις, αὐτοὺς δὲ πρὸς ἐμὲ μὴ διαλύσασθαι περὶ ὧν ἀμφισβητοῦμεν τὸν τρόπον τοῦτον, ἄλλως τε καὶ γιγνώσκοντας ὅτι νικηθέντες μὲν οὐδὲν ἀποβαλεῖτε, κρατήσαντες δὲ λήψεσθε τὰ νῦν ὑφ' ἡμῖν ὄντα. (18) πάντων δέ μοι δοκεῖ παραλογώτατον εἶναι, διότι πέμψαντος ἐμοῦ πρέσβεις ἀπὸ τῆς συμμαχίας πάσης, ἵν' ὦσι μάρτυρες, καὶ βουλομένου ποιήσασθαι πρὸς ὑμᾶς δικαίας ὁμολογίας ὑπὲρ τῶν Ἑλλήνων, οὐδὲ τοὺς περὶ τούτων λόγους ἐδέξασθε παρὰ τῶν πρεσβευόντων, ἐξὸν ὑμῖν ἢ τῶν κινδύνων ἀπαλλάξαι τοὺς δυσχερὲς ὑποπτεύοντάς τι καθ' ἡμῶν, ἢ φανερῶς ἐξελέγξαι με φαυλότατον ὄντα τῶν ἁπάντων. (19) τῷ μὲν οὖν δήμῳ ταῦτα συνέφερε, τοῖς δὲ λέγουσιν οὐκ ἐλυσιτέλει. φασὶ γὰρ οἱ τῆς πολιτείας τῆς παρ' ὑμῖν ἔμπειροι τὴν μὲν εἰρήνην πόλεμον αὐτοῖς εἶναι, τὸν δὲ πόλεμον εἰρήνην· ἢ γὰρ συναγωνιζομένους τοῖς στρατηγοῖς ἢ συκοφαντοῦντας ἀεί τι λαμβάνειν παρ' αὐτῶν, ἔτι δὲ τῶν πολιτῶν τοῖς γνωριμωτάτοις καὶ τῶν ἔξωθεν τοῖς ἐνδοξοτάτοις λοιδορουμένους ἐπὶ τοῦ βήματος περιποιεῖσθαι παρὰ τοῦ πλήθους δόξαν ὡς εἰσὶ δημοτικοί. (20) ῥᾴδιον μὲν οὖν ἐστί μοι παῦσαι τῆς βλασφημίας αὐτοὺς μικρὰ πάνυ προεμένῳ, καὶ ποιῆσαι λέγειν ἐπαίνους ὑπὲρ ἡμῶν. ἀλλ' αἰσχυνοίμην ἄν, εἰ τὴν πρὸς ἡμᾶς εὔνοιαν παρὰ τούτων φαινοίμην ὠνούμενος, οἳ πρὸς τοῖς ἄλλοις εἰς τοῦτο τόλμης ἥκουσιν, ὥστε καὶ περὶ Ἀμφιπόλεως πρὸς ἡμᾶς ἀμφισβητεῖν ἐπιχειροῦσιν, ὑπὲρ ἧς οἶμαι τῶν ἀντιποιουμένων αὐτῆς οἶμαι πολὺ δικαιότερα λέγειν αὐτός. (21) εἴτε γὰρ τῶν ἐξ ἀρχῆς κρατησάντων γίγνεται, πῶς οὐ δικαίως ἡμεῖς αὐτὴν ἔχομεν, Ἀλεξάνδρου τοῦ προγόνου πρώτου κατασχόντος τὸν τόπον, ὅθεν καὶ τῶν αἰχμαλώτων Μήδων ἀπαρχὴν ἀνδριάντα χρυσοῦν ἀνέστησεν εἰς Δελφούς; εἴτε τούτων μὲν ἀμφισβητήσειέ τις, ἀξιοῖ δὲ γίγνεσθαι τῶν ὕστερον γενομένων κυρίων, ὑπάρχει μοι καὶ τοῦτο τὸ δίκαιον· ἐκπολιορκήσας γὰρ τοὺς ὑμᾶς μὲν ἐκβαλόντας ὑπὸ Λακεδαιμονίων δὲ κατοικισθέντας ἔλαβον τὸ χωρίον. (22) καίτοι πάντες οἰκοῦμεν τὰς πόλεις ἢ τῶν προγόνων παραδόντων ἢ κατὰ πόλεμον κύριοι καταστάντες. ὑμεῖς δὲ οὔτε πρῶτοι λαβόντες οὔτε νῦν ἔχοντες, ἐλάχιστον δὲ χρόνον ἐν τοῖς τόποις ἐμμείναντες, ἀντιποιεῖσθε τῆς πόλεως, καὶ ταῦτα πίστιν ὑπὲρ ἡμῶν αὐτοὶ βεβαιοτάτην ἐπιθέντες· πολλάκις γὰρ ἐμοῦ γράφοντος ἐν ταῖς ἐπιστολαῖς ὑπὲρ αὐτῆς ἐγνώκατε δικαίως ἔχειν ἡμᾶς, τότε μὲν ποιησάμενοι τὴν εἰρήνην ἔχοντος ἐμοῦ τὴν πόλιν, κᾆτα συμμαχίαν ἐπὶ ταῖς αὐταῖς ὁμολογίαις. (23) καίτοι πῶς ἂν ἑτέρα γένοιτο βεβαιοτέρα ταύτης κτῆσις, τῆς τὸ μὲν ἐξ ἀρχῆς καταλειφθείσης ἡμῖν ὑπὸ τῶν προγόνων, πάλιν δὲ κατὰ πόλεμον ἐμῆς γεγενημένης, τρίτον δὲ συγχωρηθείσης ὑφ' ὑμῶν τῶν εἰθισμένων ἀμφισβητεῖν καὶ τῶν οὐδὲν

tare, et magis deceat ipsos esse arbitros an ad alios arbitrium deferre. Reputate etiam, quam absurdum sit, quod Athenienses Thasios atque Maronitas ad litem de Stryme disceptatione finiendam cogant, ipsi autem quas mecum agunt controversias hoc modo non componant, praesertim quum sciatis vos, si succubueritis, nihil amissuros, sin viceritis, habituros ea, quae nunc in nostra potestate sunt. (18) Sed omnium iniquissimum hoc mihi videtur, quod, quum legatos ex omnibus sociis misissem, ut testes essent, quumque pro Graecis quae iusta essent vobiscum pacisci vellem, legatorum ne orationem quidem de his admisistis, quamvis vobis licuisset aut eos liberare periculis, qui male de nobis suspicabantur, aut palam convincere me tanquam omnium improbissimum. (19) Ac populo quidem illa erant utilia, sed e re oratorum non erant. Nam qui reipublicae vestrae gnari sunt, pacem aiunt eis bellum esse et bellum pacem. Illos enim a ducibus vel patrocinando vel calumniando semper aliquid accipere, praetereaque quum civium nobilissimos tum exterorum celeberrimos in concione conviciendo id lucrari apud plebem, ut populares esse videantur. (20) Facile quidem mihi esset, parva impensa horum compescere maledicentiam atque ut laudibus me efferant efficere. Sed me puderet, si benevolentiam in nos ab his palam mercari viderer, qui praeter cetera tam audaces sunt, ut etiam de Amphipoli movere nobis controversiam non dubitent, pro qua ego longe aequiora quam qui eam sibi vindicant videor mihi dicere. (21) Sive enim eorum est, qui primum in potestatem suam redegerunt, quomodo non iure nos eam habeamus, quum Alexander avus noster locum illum primus occupaverit, unde etiam de primitiis captorum Medorum auream Delphis statuam dedicavit? sive hoc aliquis in dubium vocet et eorum esse censeat, qui postremi sint potiti, hoc quoque iure mihi competit : expugnatis enim eis, qui vos eiecerant et a Lacedaemoniis huc deducti fuerant, cepi oppidum. (22) Atqui omnes in urbibus habitamus, quas aut a maioribus accepimus aut bello subegimus. Vos autem, qui nec primi potiti estis nec nunc obtinetis, sed minimum tempus in illis locis consedistis, urbem illam vobis arrogatis, idque quum ipsi eius possessionem nobis evidentissimo testimonio confirmaveritis : nam saepius quum in litteris eius mentionem iniecissem, censuistis eam iure a me teneri, tum pacem mecum facientes, quum urbem obtinerem, deinde etiam societatem eadem pactione. (23) Quae ergo possessio firmior fieri possit hac, quae primum nobis relicta a maioribus, deinde iure belli nostra facta, postremo a vobis concessa est, qui vindicare vobis soletis etiam ea, quae

ὑμῖν προσηκόντων, (24) & μὲν οὖν ἐγκαλῶ, ταῦτ' ἐ-
στίν ὡς δὲ προυπαρχόντων καὶ διὰ τὴν ἐμὴν εὐλάβειαν
μᾶλλον ἤδη τοῖς πράγμασιν ἐπιτιθεμένων καὶ καθ'
ὅσον ἂν δύνησθε κακοποιούντων, ὑμᾶς ἀμυνοῦμαι
μετὰ τοῦ δικαίου, καὶ μάρτυρας τοὺς θεοὺς ποιησάμε-
νος διαλήψομαι περὶ τῶν καθ' ὑμᾶς.

γ'

Βασιλεὺς Μακεδόνων Φίλιππος Ἀθηναίων τῇ
βουλῇ καὶ τῷ δήμῳ χαίρειν. Παραγενόμενοι πρὸς
ἐμὲ οἱ παρ' ὑμῶν πρεσβευταί, Κηφισοφῶν καὶ Δη-
μόκριτος καὶ Πολύκριτος, διελέγοντο περὶ τῆς τῶν
πλοίων ἀφέσεως, ὧν ἐναυάρχει Λαομέδων. καθ' ὅλου
μὲν οὖν ἔμοιγε φαίνεσθε ἐν μεγάλῃ εὐηθείᾳ ἔσεσθαι,
εἴ γ' οἴεσθ' ἐμὲ λανθάνειν ὅτι ἐξαπεστάλη ταῦτα τὰ
πλοῖα πρόφασιν μὲν ὡς τὸν σῖτον παραπέμψοντα ἐκ
τοῦ Ἑλλησπόντου εἰς Λῆμνον, βοηθήσοντα δὲ Ση-
λυμβριανοῖς τοῖς ὑπ' ἐμοῦ μὲν πολιορκουμένοις, οὐ
συμπεριειλημμένοις δὲ ἐν ταῖς τῆς φιλίας κοινῇ κειμέ-
ναις ἡμῖν συνθήκαις. καὶ ταῦτα συνετάχθη τῷ ναυάρχῳ
ἄνευ μὲν τοῦ δήμου τοῦ Ἀθηναίων, ὑπὸ δέ τινων ἀρ-
χόντων καὶ ἑτέρων ἰδιωτῶν μὲν νῦν ὄντων, ἐκ παντὸς
δὲ τρόπου βουλομένων τὸν δῆμον ἀντὶ τῆς νῦν ὑπαρ-
χούσης πρὸς ἐμὲ φιλίας τὸν πόλεμον ἀναλαβεῖν, καὶ
πολλῷ μᾶλλον φιλοτιμουμένων τοῦτο συντετελέσθαι ἢ
τοῖς Σηλυμβριανοῖς βοηθῆσαι καὶ ὑπολαμβάνουσιν αὐ-
τοῖς τὸ τοιοῦτο πρόσοδον ἔσεσθαι οὐ μέντοι μοι δοκεῖ
τοῦτο χρήσιμον ὑπάρχειν οὔθ' ὑμῖν οὔτ' ἐμοί δ'όπερ
τά τε νῦν καταχθέντα πλοῖα πρὸς ἡμᾶς ἀφίημι ὑμῖν,
καὶ τοῦ λοιποῦ, ἐὰν βούλησθε μὴ ἐπιτρέπειν τοῖς
προεστηκόσιν ὑμῶν κακοήθως πολιτεύεσθαι, ἀλλ' ἐπι-
τιμᾶτε, πειράσομαι κἀγὼ διαφυλάττειν τὴ εἰρήνην.
εὐτυχεῖτε.

δ'

Βασιλεὺς Μακεδόνων Φίλιππος Ἀθηναίων τῇ βου-
λῇ καὶ τῷ δήμῳ χαίρειν Ἦν μὲν ἀπ' ἀρχῆς εἴχετε
πρὸς ἡμᾶς αἵρεσιν, οὐκ ἀγνοῶ, καὶ τίνα σπουδὴν
ποιεῖσθε προσκαλέσασθαι βουλόμενοι Θετταλοὺς καὶ
Θηβαίους, ἔτι δὲ καὶ Βοιωτούς βέλτιον δ' αὐτῶν
φρονούντων καὶ μὴ βουλομένων ἐφ' ὑμῖν ποιήσασθαι
τὴν ἑαυτῶν αἵρεσιν, ἀλλὰ κατὰ τὸ συμφέρον ἱστα-
μένων, νῦν ἐξ ὑποστροφῆς ἀποστείλαντες ὑμεῖς πρός
με πρέσβεις καὶ κήρυκα συνθηκῶν μνημονεύετε καὶ
τὰς ἀνοχὰς αἰτεῖσθε, κατ' οὐδὲν ὑφ' ἡμῶν πεπλημμε-
ληκότι ἐγὼ μέντοι ἀκούσας τῶν πρεσβευτῶν συγ-
κατατίθεμαι τοῖς παρακαλουμένοις καὶ ἕτοιμός εἰμι
ποιεῖσθαι τὰς ἀνοχάς, ἄν περ τοὺς οὐκ ὀρθῶς συμβου-
λεύοντας ὑμῖν παραπέμψαντες τῆς προσηκούσης ἀτι-
μίας ἀξιώσητε. ἔρρωσθε.

ε'

Βασιλεὺς Μακεδόνων Φίλιππος Θηβαίων τῇ βουλῇ

nihil ad vos attinent? (24) Quæ igitur vobis obicio, hæc
sunt Iam quia auctores estis iniuriarum et propter mo-
destiam meam magis iam rebus meis infesti imminetis et
quantum in vobis est me lacessitis, optimo vos ulciscar
iure, dusque testibus invocatis de iniuriis vestris dis-
ceptabo

III.

Rex Macedonum Philippus Atheniensium senatui po-
puloque salutem. Profecti ad me legati vestri Cephiso-
phon et Democritus et Polycritus de navibus dimittendis
verba fecerunt, quibus præfuit Laomedon Omnino igi-
tur mihi magno in stupore versari videmini, si quidem
me hoc non intelligere putatis, missa esse navigia illa
per speciem frumenti ex Hellesponto in Lemnum comi-
tandi, revera ut Selymbrianis, qui a me obsidebantur,
nec tamen communi amicitiæ fœdere comprehensi sunt,
auxilium ferrent Atque hæc mandata erant navarcho
sine populo quidem Atheniensium auctoritate, sed a qui-
busdam magistratibus et aliis, qui quum privati nunc
sint, omnibus modis efficere student, ut populus repu-
diata mecum unita amicitia bellum redintegret, atque hoc
ut conficiant multo magis laborant quam ut Selymbria-
nis opem ferant Eamque rem sibi quæstui fore putant
Ego tamen id neque vobis neque mihi utile esse censeo
Quamobrem navigia nunc ad me deducta vobis remitto,
atque in posterum, si vestros magistratus nolueritis ma-
litiose rempublicam gerere, sed coercueritis, operam
dabo ut et ego pacem custodiam Valete

IV

Rex Macedonum Philippus Atheniensium senatui po-
puloque salutem Quo ab initio erga nos fueritis animo,
non ignoro, et quantum studii adhibeatis, ut in partes
vestras pertrahatis Thessalos et Thebanos, prætereaque
Bœotos quoque Hi vero quum prudentiores sint et
suam voluntatem vestro arbitrio subicere nolint , verum
ab utilitatis parte stent, nunc mutato consilio per legatos
et præconem ad me missos pactionum admonetis et in-
ducias petitis, nulla per nos iniuria lacessiti Ego vero
legatis auditis adnuo postulatis et paratus sum ad fa-
ciendas inducias, si quidem , qui vobis non recte consu-
lunt, repudiatos qua digni sunt infamia punietis
Valete.

V.

Rex Macedonum Philippus Thebanorum senatui popu-
30

καὶ τῷ δήμῳ χαίρειν. Ἐκομισάμην τὴν παρ' ὑμῶν ἐπιστολήν, δι' ἧς μοι τὴν ὁμόνοιαν καὶ τὴν εἰρήνην ἀνανεοῦσθε. πυνθάνομαι μέντοι διότι πᾶσαν ὑμῖν Ἀθηναῖοι προσφέρονται φιλοτιμίαν, βουλόμενοι ὑμᾶς συγκαταίνους γενέσθαι τοῖς ὑπ' αὐτῶν παρακαλουμένοις. πρότερον μὲν οὖν ὑμῶν κατεγίγνωσκον ἐπὶ τῷ μέλλειν πείθεσθαι ταῖς ἐκείνων ἐλπίσι καὶ ἐπακολουθεῖν αὐτῶν τῇ προαιρέσει, νῦν δ' ἐπιγνοὺς ὑμᾶς τὰ πρὸς ἡμᾶς ἐζητηκότας ἔχειν εἰρήνην μᾶλλον ἢ ταῖς ἑτέρων ἐπακολουθεῖν γνώμαις, ἥσθην καὶ μᾶλλον ὑμᾶς ἐπαινῶ κατὰ πολλά, μάλιστα δ' ἐπὶ τῷ βουλεύασθαι περὶ τούτων ἀσφαλέστερον καὶ τὰ πρὸς ἡμᾶς ἔχειν ἐν εὐνοίᾳ· ὅπερ οὐ μικρὰν ὑμῖν οἴσειν ἐλπίζω ῥοπήν, ἐάν περ ἐπὶ ταύτης μένητε τῆς προθέσεως. ἔρρωσθε.

ϛ'.

Βασιλεὺς Μακεδόνων Φίλιππος Πελοποννησίων τῶν ἐν τῇ συμμαχίᾳ τοῖς δημιουργοῖς καὶ τοῖς συνέδροις καὶ τοῖς ἄλλοις συμμάχοις πᾶσι χαίρειν. Ἐπειδὴ Λοκροὶ οἱ καλούμενοι Ὀζόλαι, κατοικοῦντες ἐν Ἀμφίσσῃ, πλημμελοῦσιν εἰς τὸ ἱερὸν τοῦ Ἀπόλλωνος τοῦ ἐν Δελφοῖς καὶ τὴν ἱερὰν χώραν ἐρχόμενοι μεθ' ὅπλων λεηλατοῦσι, βούλομαι τῷ θεῷ μεθ' ὑμῶν βοηθεῖν καὶ ἀμύνασθαι τοὺς παραβαίνοντάς τι τῶν ἐν ἀνθρώποις εὐσεβῶν. ὥστε συναντᾶτε μετὰ τῶν ὅπλων εἰς τὴν Φωκίδα, ἔχοντες ἐπισιτισμὸν ἡμερῶν τεσσαράκοντα, τοῦ ἐνεστῶτος μηνὸς λῴου, ὡς ἡμεῖς ἄγομεν, ὡς δὲ Ἀθηναῖοι, βοηδρομιῶνος, ὡς δὲ Κορίνθιοι, πανέμου. πρὸς δὲ τοὺς μὴ συναντήσαντας πανδημεὶ χρησόμεθα τοῖς διὰ συμβόλων ἡμῖν κειμένοις ἐπιζημίοις. εὐτυχεῖτε.

ζ'.

Φίλιππος Ἀριστοτέλει χαίρειν. Ἴσθι μοι γεγονότα υἱόν. πολλὴν οὖν τοῖς θεοῖς χάριν ἔχω, οὐχ οὕτως ἐπὶ τῇ γενέσει τοῦ παιδός, ὡς ἐπὶ τῷ κατὰ τὴν σὴν ἡλικίαν αὐτὸν γεγονέναι· ἐλπίζω γὰρ αὐτὸν ὑπὸ σοῦ τραφέντα καὶ παιδευθέντα ἄξιον ἔσεσθαι καὶ ἡμῶν καὶ τῆς τῶν πραγμάτων διαδοχῆς.

η'. Ὀλυμπιάδι.

Ἀποδέχομαι τὴν σὴν φρόνησιν καὶ πρόνοιαν τοῦ συμφέροντος, ὅτι τὸ κατὰ φύσιν συγγενὲς οὐ φύσει φιλοστόργῳ ἀλλ' ἀρετῇ κρίνασα δοκιμάζεις. οὕτω γὰρ οἶμαι καὶ ἡμᾶς ἀφροντιστοῦντας τοῦ καλοῦ καθ' ὑπερβολὴν ἀναγκάσεις τὸν τῶν καλῶν ἀναλαμβάνειν ζῆλον. θησαύρισμα δ' ἐστὶν ἀρετῆς τερπνόν τι κομιζούσης τῷ βίῳ διόλου, μὴ τῷ γένει χαρίζεσθαι τὸ φιλόστοργον, ἀλλὰ τῷ τοῦ γένους ἀξιώματι μεταδιδόναι τῆς φιλανθρωπίας. ὁ μὲν γὰρ πολλάκις κατὰ φύσιν ὑπάρχων εὐθὺς καὶ τὴν φύσιν τῶν γεγεννηκότων οὖσαν σπουδαίαν ὑβρίζειν εἴωθεν, ὁ δὲ μηδεμιᾶς συγγενείας κοινωνήσας ἐνίοτε διὰ τὸν παρὰ φύσιν νόμον τὴν φύσιν

loque salutem. Accepi litteras vestras, quibus concordiam renovatis atque pacem. Attamen audio Athenienses omnem dare operam, ut vos provocationum suarum ad stipulatores habeant. Ut igitur prius vos reprehendebam, quod spem ab illis factam essetis amplexuri et illorum institutum secuturi, ita nunc, postquam intellexi malle vos nobis addictos pacem habere quam aliorum sequi consilia, lætatus sum et vos quum multis nominibus laudo, tum eo maxime, quod tutiora consilia sectamini et benevolentiam erga nos servatis, id quod non parum vobis momenti allaturum puto, si in isto consilio perseverabitis. Valete.

VI.

Rex Macedonum Philippus Peloponnesiorum sociorum demiurgis et assessoribus et reliquis sociis omnibus salutem. Quoniam Locrenses, qui Ozolæ appellantur atque Amphissam incolunt, in templum Apollinis Delphici delinquunt et sacrum agrum armata manu progressi deprædantur, deo vobis adiuvantibus opem feram et ulciscar eos, qui quæ apud homines habentur sancta violarunt. Quare armati adsitis in Phocide eum quadraginta dierum commeatu instante mense Loo, ut nos agimus, ut Athenienses Boedromione, ut Corinthii Panemo. Qui vero non aderunt cum omnibus copiis, in hos utemur vindicta, quæ pactis nobis constituta est. Valete.

VII.

Philippus Aristoteli salutem dicit. Filium mihi genitum scito. Quod equidem diis habeo gratiam, non proinde quia natus est quam pro eo, quod eum nasci contigit temporibus vitæ tuæ. Spero enim fore ut educatus eruditusque abs te dignus existat et nobis et rerum istarum susceptione.

VIII. Olympiadi.

Laudo prudentiam tuam et utilitatis procurationem, quod naturalem cognationem non naturali affectu, sed virtute æstimatam probas. Sic enim, opinor, nos quoque, qui nullam honestatis curam habemus, ad honestarum rerum æmulationem suscipiendam semper in vita afferentis, non generi gratificari naturalem amoris affectionem, sed generis dignitati humanitatem impertire. Nam sæpenumero, qui naturæ vinculo iunctus est, statim etiam naturam parentum licet bonam contumelia afficere solet, qui vero nullius particeps fuit cognationis,

ὔξησε.   μηδὲν οὖν ἀνάξιον τοῦ γένου, καὶ τῆς πρὸς μᾶς εὐνοίας φρόνει.   ἔτι δὲ καὶ τῆς περὶ τὸν βίον οσμιότητος ἀντέχου, καὶ πρᾶττε πάντα Φιλίππου μὲν ξια, 'Ολυμπιάδος δ' οὐκ ἀλλότρια ὁ γὰρ τῆς διανοίας χνος πρὸς τὸ μὴ βλέπειν τι τῶν ἀναγκαίων ὄγκος ἐν κακῶν φθόνος δ' ἀγαθῶν ὑπάρχει ἄνευ γὰρ νοῦ καὶ υνέσεως οὔθ' αἱ πράξεις ὄνησιν φέρουσιν, οὔθ' αἱ δυνάμεις ὠφέλιμοι καθεστᾶσι διὸ δεῖ πρότερον τὴν χρῆσιν ι τὴν κτῆσιν τῶν ἀγαθῶν σκοπεῖν, καὶ τότε πράττειν οἷς μεγίστοις καὶ πλείστοις εὐληχήμασι κεχρημένους.   τὸ γὰρ μὴ κεκτῆσθαι πλοῦτον βλάβην οὐ κοιίζει τηλικαύτην, τὸ δὲ τοῖς οὖσι κακῶς κεχρῆσθαι ἀπόλλυσι τὸν ὄντως πᾶσι κεχορηγημένον βίον ἔχουσα οἴνου ταῦτα κατὰ νοῦν καὶ νύκτωρ καὶ μεθ' ἡμέραν κόπει τὸ συμφέρον ταῖς τῆς ἡγεμονίας προσόδοις. ὕτω γὰρ ἀναγκαῖόν ἐστι τὴν ἀρχὴν πλείστην καὶ μεγίστην ἐπίδοσιν λήψεσθαι, ὅταν ὁ μὲν οἶκος ἀρετῆς ίκεῖος ᾖ, ὁ δὲ τούτου δεσπόζων μὴ δέηται καλοκαγαἰίας.   τὰ δ' ἄλλα προνοοῦ τοῦ συμφέροντος.

nonnunquam eo, quod præter naturam erat institutum, naturam auxit Nihil igitur indignum genere tuaque erga nos benevolentia sentias   Præterea vitæ honestatem tuere et fac omnia Philippo quidem digna, ab Olympiade vero non aliena Nam animi socordia, dum res necessarias negligit, turba malorum est atque invidia bonorum Scilicet sine mente et intelligentia neque actiones utilitatem præbent, neque vires usui sunt Quamobrem bonorum oportet usum prius quam possessionem considerare et tum ad faciendum accedere maximo et optimo cum successu   Etenim non possidere divitias non tantum affert detrimenti, at eis, quæ possides, male uti perdit etiam vitam revera omnibus affluentem Hæc igitur noctes ac dies animo volvens quid utile sit imperii redditibus dispice Sic enim fieri non potest quin maximum regno lætissimumque incrementum accedat, quum domus virtutis addicta fuerit, eiusque dominus non egeat probitate Ceterum utilitatis curam gerito

ΦΙΛΟΣΤΡΑΤΟΥ ΕΠΙΣΤΟΛΑΙ.

PHILOSTRATI EPISTOLÆ.

α΄. Μειρακίῳ.

Τὰ ῥόδα ὥσπερ πτεροῖς τοῖς φύλλοις ἐποχούμενα
ἐλθεῖν παρὰ σὲ σπουδὴν ἐποιήσατο. ὑπόδεξαι αὐτὰ
εὐμενῶς ἢ ὡς Ἀδώνιδος ὑπομνήματα ἢ ὡς Ἀφροδίτης
βαφὴν ἢ ὡς γῆς ὄμματα. ἀθλητῇ μὲν οὖν κότινος
πρέπει καὶ βασιλεῖ μεγάλῳ ὀρθὴ τιάρα καὶ στρατιώτῃ
λόφος, καλῷ δὲ μειρακίῳ ῥόδον καὶ διὰ ξυγγένειαν εὐω-
δίας καὶ διὰ τὸ οἰκεῖον τῆς χρόας. περιθήσῃ δ᾽ οὐ σὺ
τὰ ῥόδα, ἀλλ᾽ αὐτὰ σέ.

β΄. Τῷ αὐτῷ.

Πέπομφά σοι στέφανον ῥόδων, οὐ σὲ τιμῶν (καὶ
τοῦτο μὲν γάρ), ἀλλ᾽ αὐτοῖς τι χαριζόμενος τοῖς ῥόδοις,
ἵνα μὴ μαρανθῇ.

γ΄. Τῷ αὐτῷ.

Οἱ Λακεδαιμόνιοι φοινικοβαφεῖς ἐνεδύοντο χιτῶνας,
ἢ ἵν᾽ ἐκπλήττωσι τοὺς ἐναντίους τῷ φοβερῷ τῆς
χρόας, ἢ ἵνα ἀγνοῶσι τὸ αἷμα τῇ κοινωνίᾳ τῆς βα-
φῆς. ὑμᾶς δὲ δεῖ τοὺς καλοὺς ῥόδοις μόνοις ὁπλίζε-
σθαι καὶ ταύτην λαμβάνειν παρὰ τῶν ἐραστῶν τὴν
πανοπλίαν. ὑάκινθος μὲν οὖν λευκῷ μειρακίῳ πρέπει
καὶ νάρκισσος μέλανι, ῥόδον δὲ πᾶσιν, ὡς καὶ μειρά-
κιον πάλαι ὂν καὶ ἄνθος καὶ φάρμακον καὶ μύρον.
ταῦτ᾽ Ἀγχίσην ἀνέπεισε, ταῦτ᾽ Ἄρη ἀπέδυσε, ταῦτ᾽
Ἄδωνιν ἐλθεῖν ἀνέμνησε, ταῦτ᾽ ἦρος κόμαι, ταῦτα
γῆς ἀστραπαί, ταῦτ᾽ ἔρωτος λαμπάδες.

δ΄. Τῷ αὐτῷ.

Αἰτιᾷ με ὅτι σοι ῥόδα οὐκ ἔπεμψα· ἐγὼ δ᾽ οὔτε ὡς
ὀλίγωρος τοῦτ᾽ ἐποίησα οὔτε ὡς ἀνέραστος ἄνθρωπος,
ἀλλ᾽ ἐσκόπουν ὅτι ξανθὸς ὢν καὶ ῥόδοις ἰδίοις στεφα-
νούμενος ἀλλοτρίων ἀνθέων οὐ δέῃ. οὐδὲ γὰρ Ὅμη-
ρος τῷ ξανθῷ Μελεάγρῳ στέφανον περιέθηκεν, ἐπεὶ
τοῦτο ἂν ἦν πῦρ ἐπὶ πυρὶ καὶ δαλὸς ἐπ᾽ ἐκείνῳ δι-
πλοῦς, ἀλλ᾽ οὐδὲ τῷ Ἀχιλλεῖ οὐδὲ τῷ Μενελάῳ οὐδ᾽
ὅσοι ἄλλοι παρ᾽ αὐτῷ κομῶσι. φθονερὸν γὰρ δεινῶς
τὸ ἄνθος καὶ ὠκύμορον καὶ παύσασθαι ταχύ, λέγεται
δ᾽ αὐτοῦ καὶ τὴν πρώτην γένεσιν ἐκ λυπηροτάτης ἄρ-
ξασθαι προφάσεως· ἡ γὰρ ἄκανθα τῶν ῥόδων παριοῦ-
σαν τὴν Ἀφροδίτην ἔκνισεν, ὡς Κύπριοι λέγουσι καὶ
Φοίνικες. ἀλλὰ τί μὴ στεφανούμεθα ἄνθος ὃ οὐδ᾽
Ἀφροδίτης φείδεται;

I. (29) Iuveni.

Rosæ foliis tanquam alis latæ ut ad te venirent propo-
rarunt. Suscipe eas benigne aut ut Adonidis monumenta
aut ut Veneris tincturam aut ut terræ oculos. Athletam
quidem oleagina decet corona, regem magnum erecta
tiara, militem galea, formosum vero adolescentem rosa
quum ob odoris affinitatem, tum ob coloris proprietatem.
Non autem tu rosas, sed rosæ te inducent.

II. (30) Eidem.

Misi tibi rosarum coronam, non quo te honore affice-
rem, quaquam hoc quoque, sed quo ipsis rosis gratum
facerem, ne emarcescerent.

III. (27) Eidem.

Lacedæmonii purpureas induebant tunicas, quo aut
horrido colore formidinem hostibus incuterent, aut præ
coloris similitudine effusum sanguinem non animadverte-
rent. Vos autem formosos solis rosis decet armari et i-
stam ab amatoribus accipere armaturam. Hyacinthus igitur
candido, narcissus nigro adolescenti convenit, rosa vero
omnibus, ut quæ et adolescens olim fuerit et flos et me-
dicamentum et unguentum. Hæ Anchisen pellexere,
hæ Martem armis exuere, hæ Adonidem ut veniret ad-
monuere, hæ veris comæ, hæ terræ fulgores, hæ amoris
faces.

IV. (37) Eidem.

Criminaris me quod rosas tibi non miserim, ego vero
nec præ incuria hoc feci, nec præ inhumanitate, verum
quum flavus sis propriisque rosis redimitus, alienis flo-
ribus putabam te non indigere. Neque enim Homerus
flavo Meleagro imposuit coronam, quum ignis hic alius
super alio fuisset et titio præter fatalem illum geminus,
immo neque Achilli neque Menelao neque aliis, quotquot
apud eum alunt comam. Perquam invidiosus enim ille flos,
vitæque brevis et exstinctu facilis. Dicitur etiam ex
tristissima caussa originem duxisse; spina enim rosarum
prætereuntem Venerem pupugit, ut Cyprii aiunt atque
Phœnices. Sed quidni coronemur flore, qui ne Veneri
quidem parcit?

ε' Τῷ αὐτῷ

Πόθεν εἶ μειράκιον εἰπέ, ὅτι οὕτως ἀτέγκτως πρὸς
ἔρωτα ἔχεις. ἐκ Σπάρτης ἐρεῖς· οὐκ εἶδες οὖν
Ὑάκινθον, οὐδ' ἐστεφανώσω τῷ τραύματι. ἀλλ' ἐκ
Θετταλίας, οὐκ ἐδίδαξεν οὖν σε οὐδ' ὁ Φθιώτης. ἀλλ'
Ἀθήνηθεν; τὸν Ἁρμόδιον οὖν καὶ τὸν Ἀριστογείτονα οὐ
παρῆλθες. ἀλλ' ἀπ' Ἰωνίας, καὶ τί τῆς γῆς ἐκείνης ἀθρό-
τερον, ὅπου Βράγχοι καὶ Κλάροι οἱ Ἀπόλλωνος καλοί,
ἀλλ' ἐκ Κρήτης, ὅπου πλεῖστος Ἔρως ὁ τὰς ἑκατὸν
πόλεις περιπολῶν, Σκύθης μοι δοκεῖς καὶ βάρβαρος
εἶναι ἀπ' ἐκείνου τοῦ βωμοῦ καὶ τῶν ἀξένων θυμά-
των. ἔξεστιν οὖν σοι τὸν πάτριον τιμῆσαι νόμον· ὃν
εἰ σώζειν θέλεις, λάβε τὸ ξίφος· οὐ παραιτοῦμαι, μὴ
φοβηθῇς ἐπιθυμῶ κἂν τοῦ τραύματος·

ς' Μειρακίῳ

Εἰ σωφρονεῖς, διὰ τί ἐμοὶ μόνῳ, εἰ δὲ χαρίζῃ, διὰ
τί μὴ κἀμοί;

ζ'. Τῷ αὐτῷ

Ὅτι πένης εἰμί, ἀτιμότερός σοι δοκῶ· καὶ μὴν
καὶ αὐτὸς δ' Ἔρως γυμνός ἐστι καὶ αἱ Χάριτες ἀφα-
ρεῖς, ὁρῶ δ' ἐγὼ καὶ τὸν Ἡρακλέα ἐν ταῖς γραφαῖς
δορὰν θηρίου περιβεβλημένον καὶ τὰ πολλὰ χαμαὶ
καθεύδοντα, τὸν δ' Ἀπόλλωνα καὶ ψιλῷ ζώματι ἢ δι-
σκεύοντα ἢ τοξεύοντα ἢ τρέχοντα· οἱ δὲ Περσῶν βασι-
λεῖς τρυφῶσι καὶ μετέωροι κάθηνται τὸν πολὺν χρυσὸν
περιβαλλόμενοι· τοιγαροῦν ἐπραγον κακῶς ὑπὸ τῶν
πενήτων Ἑλλήνων νικώμενοι. ἦν πτωχὸς ὁ Σωκρά-
της, ἀλλ' ὑπέτρεχε τὸν τρίβωνα αὐτοῦ ὁ πλούσιος
Ἀλκιβιάδης· πενία γὰρ οὐκ ἔστιν ἔγκλημα. ἄπιδε
πρὸς τὸ θέατρον, πενήτων ὁ δῆμος· ἄπιδε πρὸς τὰ
δικαστήρια, πένητες κάθηνται· ἄπιδε πρὸς τὰς μάχας,
οἱ μὲν πολυτελεῖς καὶ χρυσοῖ τοῖς ὅπλοις λείπουσι τὰς
τάξεις, ἡμεῖς δ' ἀριστεύομεν (2) ἐν αὐτοῖς τε τοῖς πρὸς
τοὺς καλοὺς ὑμᾶς σκέψαι πόσον τὸ μεθόριον ὑβρίζει
τὸν πεισθέντα ὁ πλούσιος ὡς ἐωνημένον, ὁ δὲ πένης οἶδε
χάριν ὡς ἐλεούμενος. πάλιν τὸ λαμπρὸν τὸ πεπραγμένον
ἐς ἐξουσίαν ἀναφέρει τῆς οἰκείας δυνάμεως, ὁ δὲ πένης
ἐς τὴν τοῦ δόντος φιλανθρωπίαν· ὁ πλούσιος ἄγγελον
πέμπει κόλακα καὶ παράσιτον καὶ μάγειρον καὶ τοὺς ἐκ
τῆς τραπέζης, ὁ πένης δ' ἑαυτόν· καὶ τί δεῖ τὰ πολλὰ
λέγειν, ὁ πλούσιος καλεῖ σε ἐρώμενον, ἐγὼ δὲ κύριον,
ἐκεῖνος ὑπηρέτην, ἐγὼ δὲ θεόν, ἐκεῖνος μέρος τῶν
αὑτοῦ κτημάτων, ἐγὼ δὲ πάντα· ὅθεν ἄλλου πάλιν
ἐρασθεὶς ὅμοιος πρὸς ἐκεῖνον ἔσται, ὁ πένης δ' ἅπαξ
ἐρᾷ. τίς δύναται παραμεῖναι νοσοῦντι, τίς αὐτὸν
προτάξαι πεμπομένου βέλους, τίς ὑπὲρ σοῦ πεσεῖν, ἐν
τούτοις πᾶσι πλουτῶ

η' Τῷ αὐτῷ

Εἰ ξένος οὖν ἐρῶ σου, μὴ θαυμάσῃς οὐκ ἔστιν ὁ

V (41) Eidem

Cuias sis, adolescens, dic, quo l adeo ad amores obdu-
ruisti Sparta dices, non igitur vidisti Hyacinthum, nec
vulnere eius te coronavisti An ex Thessalia? non igitur nec
Phthiotes te edocuit An Athenis? Harmodium igitur et
Aristogitonem non attigisti An ex Ionia? quid vero hac re
gione teneris, ubi Branchi sunt et Clari, Apollinis deli
ciae? an Creta? ubi plurimus est amor per centum urbes
circumerrans? Scytha mihi videris esse atque barbaru:
ab ara illa cruenta veniens et hostis inhospitalibus Licet
itaque tibi patrium morem retinere Quem si servare vis,
accipe ensem Non recuso, noli timere, immo vulnus
expeto

VI (43) Iuveni

Si pudicus es, cur mihi soli? sin autem gratificus, cur
non et mihi?

VII (44) Eidem

Quia pauper sum mmoris tibi videor esse pretu Atqui
ipse etiam Amor nudus est et Gratiae sine veste Video
autem in picturis Herculem beluæ exuviis indutum et
plerumque humi dormientem, Apollinem item tunica in-
dutum vel disco ludentem vel iaculantem vel currentem
Persarum vero reges luxuriantur, sublimesque considunt
multo auro affluentes, quare detrimentum ceperunt a
pauperibus Graecis superati Pauper erat Socrates, re-
rum palliam eius subibat dives Alcibiades Paupertas
enim non est crimini Respice ad theatrum, pauperibus
constat populus, respice ad iudicia, pauperes sedent iu-
dices, respice ad praelia, divites atque armis aurei aciem
deserunt, nos vero strenue rem gerimus (2) Inque ipso
eum pulcris vobis commercio vide quantum sit discri-
men Insultat dives ei cui persuasit, quasi coemerit,
pauper gratiam habet ut misericordi, rursus dives lu-
crum ex propriæ potestatis arbitrio repetit, pauper ex
eius qui dat humanitate, dive, nuntium mittit adulato-
rem et parasitum, coquum et mensæ administros, pau-
per se ipsum Quid multa? dives scortum te appellat,
ego dominum, ille servum, ego deum, ille rerum suarum
partem, ego omnia Unde alium rursus amans eodem
erga illum erit an mo, pauper vero semel amat Qui.
aegrotanti assidere potest? quis telo emisso corpus pro-
icere? quis pro te cadere? in his omnibus dives sum

VIII (46) Eidem

Quod ego te, qui sim peregrinus, amem, mirari noli

φθαλμοὺς ξενίας ἁλῶναι· καὶ γὰρ κάλλος αὐτῶν ὁμοίως
καὶ πῦρ ἀνάπτεται.   οὐ μὴν ὁ Βράγχος ἔφευγε τὸν
Ἀπόλλωνα ὡς ξένον, οὐδ' ὁ Πάτροκλος τὸν Ἀχιλλέα,
οὐδ' ὁ Χρύσιππος τὸν Λάϊον.   ἦρα καὶ Σμερδίου Πο-
λυκράτης ὁ Σάμιος καὶ τοῦ Πέρσου μειρακίου ὁ Ἀγη-
σίλαος, εἰ καὶ τοὔνομα τοῦ μειρακίου ἀγνοῶ.   ξένοι
καὶ ὄμβροι τῆς γῆς καὶ ποταμοὶ τῆς θαλάττης καὶ ὁ
Ἀσκληπιὸς Ἀθηναίων καὶ ὁ Ζεὺς ἡμῶν καὶ ὁ Νεῖλος
Αἰγυπτίων καὶ ὁ Ἥλιος πάντων.   ξένα καὶ ἡ ψυχὴ
τοῦ σώματος καὶ ἡ ἀηδὼν τοῦ ἔαρος καὶ ἡ χελιδὼν
τῆς οἰκίας καὶ ὁ Γανυμήδης τοῦ οὐρανοῦ καὶ ἡ ἀλκυὼν
τῆς πέτρας καὶ ὁ ἐλέφας Ῥωμαίων καὶ ὁ ὄρνις ὁ φοῖ-
νιξ τῶν Ἰνδῶν τῶν μυρεψῶν· καὶ οὗτος μὲν ὁ ξένος καὶ
βραδύς, τὸν δὲ πελαργὸν οἱ πρῶτον θεασάμενοι καὶ
προσκυνοῦσι. ξένα καὶ τὰ γράμματα, ἐκ Φοινίκης γὰρ
ἦλθε, καὶ Σηρῶν ὑφαὶ καὶ μάγων θεολογία, οἷς πᾶσιν
ἥδιον χρώμεθα ἢ τοῖς ἐγχωρίοις, ὅτι τῶν μὲν σπάνιον
τοὐπίκτητον, τῶν δ' ὀλίγωρον τὸ οἰκεῖον.   ἀμείνων
καὶ ἐραστὴς ὁ ξένος, ὅσῳ καὶ ἀνύποπτος τῇ ἀγνωσίᾳ
καὶ πρὸς τὸ λαθεῖν ἀφανέστερος.   .

θ'. Τῷ αὐτῷ.

Τί παθόντα τὰ ῥόδα, πρὶν μὲν παρὰ σοὶ γενέσθαι,
καλὰ ἦν καὶ εὔοδμα (οὐ γὰρ ἂν αὐτὰ οὐδ' ἔπεμψα, εἰ
μή τι ἀξιόκτητον εἶχεν), ἐλθόντα δ' εὐθὺς ἐμαράνθη
καὶ ἀπέπνευσε; τὸ μὲν σαφὲς οὐκ οἶδα τῆς αἰτίας, οὐ
γάρ μοί τι εἰπεῖν ἠθέλησεν· ὡς δ' εἰκάσαι, οὐκ ἤνεγκε
παρευδοκιμούμενα, οὐδ' ἠνέσχετο τῆς πρὸς σὲ ἁμίλ-
λης, ἀλλ' ὁμοῦ τε ἔθιγεν εὐωδεστέρου χρωτὸς καὶ
ἀπώλετο.   οὕτω καὶ λύχνος πίπτει πυρὸς μείζονος
ἡττηθείς, καὶ ἄστρα ἀμαυρά, ὅταν ἀντιβλέπειν ἡλίῳ
μὴ δύνηται.

ι'. Τῷ αὐτῷ.

Τοὺς ὄρνεις αἱ καλιαὶ δέχονται, τοὺς ἰχθύας αἱ πέ-
τραι, τὰ ὄμματα τοὺς καλούς. κἀκεῖνα μὲν πλανᾶται
μεθιστάμενα καὶ μετοικοῦντα ἄλλοτε ἐπ' ἄλλους τό-
πους (ἄγουσι γὰρ αὐτοὺς ὡς ἄγουσιν οἱ καιροί),
κάλλος δὲ ἅπαξ ἐπ' ὀφθαλμοῖς ῥυὲν οὐκ ἄπεισιν ἐκ
τούτου τοῦ καταγωγίου.   οὕτω κἀγώ σε ὑπεδεξάμην
καὶ φέρω πανταχοῦ τοῖς τῶν ὀμμάτων δικτύοις, κἂν
ἐπὶ θάλατταν ἔλθω, ἀνάγει σε ἡ θάλαττα, ὥσπερ τὴν
Ἀφροδίτην ὁ μῦθος, ἄν τε ἐπὶ λειμῶνα, αὐτῶν τῶν
ἀνθέων ἐξέχεις.   καὶ τί γὰρ ἐκεῖ τοιοῦτον φύεται;
καὶ γὰρ εἰ καλὰ καὶ χαρίεντα, ἀλλὰ μιᾶς ἡμέρας.
ἀπιδὼν δ' ἐς οὐρανὸν τὸν μὲν ἥλιον ἡγοῦμαι κατιέναι
καὶ κάτω που βαδίζειν, ἀντ' ἐκείνου δὲ σὲ φαίνειν. εἰ
δὲ καὶ νὺξ γένοιτο, δύο βλέπω μόνους ἀστέρας, τὸν
ἕσπερον καὶ σέ.

ια'. Τῷ αὐτῷ.

Ποσάκις σοι τοὺς ὀφθαλμοὺς ἀνέῳξα, ἵν' ἀπέλθῃς,
ὥσπερ οἱ τὰ δίκτυα ἀναπτύσσοντες τοῖς θηρίοις ἐς

Non licet peregrinitatis oculos condemnare; etenim pul-
critudo eos pariter atque ignis incendit. At neque Bran-
chus Apollinem fugiebat tanquam peregrinum, neque
Patroclus Achillem, neque Chrysippus Laium. Smerdiam
quoque amabat Polycrates Samius et Persicum adole-
scentem Agesilaus, etsi quod adolescenti nomen fuerit
ignoro.   Peregrini et imbres terræ sunt et fluvii maris et
Æsculapius apud Athenienses et Iuppiter apud nos et
Nilus apud Ægyptios et Sol apud omnes.   Peregrinatur
etiam in corpore animus et luscinia in vere et hirundo
in domo et Ganymedes in cœlo et alcedo in saxo et ele-
phas apud Romanos et phœnix avis apud Indos ungua-
rios.   Atque hæc quidem hospes etiam tarda est, ci-
coniam vero qui primi conspexerint et adorant.   Pere-
grinæ etiam litteræ sunt, ex Phœnicia enim venerunt, et
Serum texta et magorum theologia, quibus omnibus
lubentius utimur quam domesticis, quia illorum rara est
comparatio, horum vilis possessio. Præstat item amator
peregrinus, quo longius a suspicione abest pro ignobili-
tate, quoque facilius latet pro obscuritate.

IX. (33) Eidem.

Quid rosis accidit, quod quæ, antequam ad te veni-
rent, pulcræ erant atque fragrantes (non enim misissem
eas, nisi habuissent cur expetendæ viderentur), postquam
venerunt, statim emarcuerunt atque exhalarunt? veram
quidem caussam nescio, nam noluerunt mihi quicquam
dicere, sed quæ facilis est coniectura, ægre ferebant su-
perari, nec tecum subeundum certamen sustinebant, sed
simul atque attigerunt odoratiorem cutem, perierunt.
Sic etiam lucerna concidit ab igne maiore superata, atque
astra, ubi solis adspectum ferre nequeunt, obscurantur.

X. (50) Eidem.

Aves excipiunt nidi, pisces saxa, oculi formosos, et
illa quidem oberrant locum mutantia atque in alias alio
tempore sedes transeuntia (ducunt enim eos tempora
quomodocunque ducunt), at pulcritudo ubi semel in
oculos influxerit, non discedit hoc ex diversorio. Sic et
ego te excepi et ubique in oculorum retibus circumfero,
et si ad mare veniam, mare te educit, ut Venerem fabula,
sin ad pratum, ex ipsis emines floribus. Et quid-
nam ibi tale nascitur? etenim si pulcra et venusta, at
unius sunt diei.   Sin autem cœlum suspiciam, solem
quidem descendisse et infra obambulare alicubi censeo,
te vero illius loco lucere.   Sin ingruat nox, duas tantum
stellas video, Hesperum atque te.

XI. (48) Eidem.

Quoties oculos patefeci meos, quo abires, ut qui reti-
bus aperiendis fugiendi facultatem faciunt beluis? at tu

ἐξουσίαν τοῦ φυγεῖν; καὶ σὺ μένεις ἑδραῖος κατὰ τοὺς
δεινοὺς ἐποίκους, οἳ χώραν ἅπαξ ἀλλοτρίαν καταλα-
βόντες οὐκέτι δέχονται τὴν ἀπανάστασιν. καὶ δὴ πάλιν,
ὥσπερ εἴωθα, ἐπαίρω τὰ βλέφαρα ἀπόπτηθι ἤδη
ποτὲ καὶ τὴν πολιορκίαν λῦσον καὶ γενοῦ ξένος ἄλλων
ὀμμάτων. οὐκ ἀκούεις, ὅς γε καὶ μᾶλλον ἔχῃ τοῦ
πρόσω καὶ μέχρι τῆς ψυχῆς· καὶ τίς ὁ καινὸς ἐμ-
πρησμός, κινδυνεύω, αἰτῶ ὕδωρ, κοιμίζει δ' οὐδείς,
ὅτι τὸ σβεστήριον ἐς -αύτην τὴν φλόγα ἀπορώτατον
εἴτε ἐκ πηγῆς κομίζοι τις, εἴτε ἐκ ποταμοῦ λαμβάνοι
καὶ γὰρ αὐτὸ τὸ ὕδωρ ὑπ' ἔρωτος κάεται.

ιβ΄ Τῷ αὐτῷ

Πόθεν μου τὴν ψυχὴν κατέλαβες, ἢ δῆλον ὅτι ἀπὸ
τῶν ὀμμάτων, ἀφ' ὧν μόνων κάλλος ἐσέρχεται, ὥσπερ
γὰρ τὰς ἀκροπόλεις οἱ τύραννοι καὶ τὰ ἐρυμνὰ οἱ
βασιλεῖς καὶ τὰ ὑψηλὰ οἱ ἀετοὶ καταλαμβάνουσιν,
οὕτω καὶ ὁ ἔρως τὴν τῶν ὀφθαλμῶν ἀκρόπολιν, ἣν οὐ
ξύλοις οὐδὲ πλίνθοις, ἀλλὰ μόνοις βλεφάροις τειχίσας
ἥσυχῇ καὶ κατὰ μικρὸν ἐς τὴν ψυχὴν ἐσδύεται, τα-
χέως μὲν ὡς πτηνός, ἐλευθέρως δ' ὡς γυμνός, ἀμά-
χως δ' ὡς τοξότης τὰ δ' ὄμματα, ἐπεὶ πρῶτα ξυνίησι
κάλλους, διὰ τοῦτο μάλιστα καὶ κάεται, θεοῦ τινος
οἶμαι θελήσαντος αὐτοῖς τὴν αὐτὴν ὁδὸν καὶ τῆς ἐς τὸ
βλέπειν ἡδονῆς εἶναι καὶ τῆς ἐς τὸ λυπεῖσθαι προφά-
σεως· τί γάρ, ὦ κακοὶ δαδοῦχοι ἔρωτος καὶ τῆς τῶν
σωμάτων ὥρας περίεργοι μάρτυρες, πρῶτοι μὲν τὸ
κάλλος ἡμῖν ἐπυρσεύσατε, πρῶτοι δὲ μνησθῆναι τὴν
ψυχὴν ἐποιήσατε τῆς ἔξωθεν ἐπιρροῆς, πρῶτοι δὲ
ἐβιάσασθε τὸν ἥλιον καταλιποῦσαν πῦρ ἀλλότριον ἐπαι-
νεῖν, τοιγαροῦν ἀγρυπνεῖτε καὶ κάεσθε, ἀπαλλαγὴν
ἂν εἴλεσθε εὑρεῖν μὴ δυνάμενοι.

ιγ΄ Τῷ αὐτῷ.

Ὁ καλὸς ἂν μὲν ᾖ θηριώδης, πῦρ ἐστίν, ἂν δ'
ἥμερος, φῶς μὴ κᾶε οὖν, ἀλλὰ σῶζε καὶ τὸν Ἔλεου
βωμὸν ἐν τῇ ψυχῇ ἔχε, ἀντιλαβὼν βέβαιον φίλον
ὠκυμόρου δωρεᾶς καὶ φθάσας τὸν χρόνον, ὃς μόνος
καταλύει τοὺς καλούς, ὥσπερ οἱ δημοτικοὶ τοὺς τυ-
ράννους. ὡς δέδοικά γε (ὃ φρονῶ γὰρ εἰρήσεται) μὴ
μέλλοντός σου καὶ βραδύνοντος· τὰ γένεια ἐπέλθῃ καὶ
τὴν τοῦ προσώπου ξυσκιάσῃ χάριν, ὥσπερ εἴωθε τὸν
ἥλιον κρύπτειν ἡ νεφέων ξυσκευή· τί δέδοικα ἅπερ
ἔστιν ἤδη βλέπειν, ἕρπει μὲν ὁ ἴουλος, αἱ δὲ παρειαὶ
χνοάζουσι, τὸ δὲ πρόσωπον ὅλον ἀνθεῖ· πρὶν οὖν σου
τὸ ἔαρ ἀπελθεῖν ὅλον καὶ χειμῶνα ἐπιστῆναι, δὸς
αὐτοῦ πρὸς Ἔρωτος, πρὸς τούτων τῶν γενείων, ἃ δεῖ
με αὔριον ὀμνύναι.

ιδ΄ Τῷ αὐτῷ

Χαῖρε, κἂν μὴ θέλῃς, χαῖρε κἂν μὴ γράφῃς, ἄλλοις
καλέ, ἐμοὶ δ' ὑπερήφανε· οὐκ ἦσθα ἄρα ξυγκείμενος
ἐκ σαρκὸς καὶ τῶν ὅσα τούτοις κίρναται, ἀλλ' ἐξ ἀδά-

immotus manes, ut molesti coloni, qui semel occupata
sede aliena ut rursus emigrent adduci nequeunt Iterum
igitur pro more meo tollo palpebras Iam avola tandem
aliquando et obsidionem solve, aliorumque hospes esto
oculorum Non audis, qui quidem longius etiam pergis
et usque ad animam Et quodnam novum hoc incen-
dium? periclitor, aquam posco, nemo autem sedat, quia
huic flammæ restinguendæ subsidium inventu difficilli-
mum est, sive ex fonte quis afferat, sive ex fluvio hau-
riat Nam et ipsa ab amore uritur

XII (31) Eidem.

Qua ex parte animum meum expugnavisti? nonne ex
oculis aperte, per quos solos introit pulcritudo? nam ut
arces tyranni, regesque castella atque excelsa loca aquilæ
occupant, sic et amor oculorum arcem, quibus non val-
lis nec lateribus, sed solis palpebris communitis placide
sensimque in animum se insinuat, celeriter ut alatus,
libere ut nudus, nullo ut sagittario repugnante Oculi
vero quod primi pulcritudinem sentiunt, ob hoc ipsum
maxime et uruntur, quum deus opinor quidam eandem
eis et ad voluptatem ex visu percipiendam et ad dolo-
rem contrahiendum viam esse voluerit Quid enim, o
mali amoris tædiferi et corporum venustatis curiosi tes-
tes, primi pulcritudinem nobis nuntiastis, primique ani-
mum eorum, quæ extrinsecus affluunt, meminisse do-
cuistis, et primi coegistis misso sole alienum laudare
ignem? itaque pernoctate atque urimini, liberationem ab
eis, quæ amplexi estis, frustra quærentes

XIII (50) Eidem

Formosus, si sævus sit, ignis, sin mansuetus, lumen
est Ne igitur uras, sed serves et Misericordiæ aram in
animo habeas, constantem amicum pro fragili munere
accipiens et tempus antevertens, quod solum formosos
destruit, quemadmodum populares tyrannos Quam
timeo (dicam enim quod sentio) ne te cunctante et moram
faciente barba superveniat vultusque gratiam obumbret,
quemadmodum solem solet nubium congeries occultare.
Quid timeo, quæ licet iam videre? serpit lanugo et vi-
rent malæ, totusque vultus floret Priusquam igitur ver
tuum totum prætereat et hiems ingruat, de eo dona per
Amorem, per hanc barbam, per quam mihi cras erit iu-
randum

XIV (10) Eidem.

Salve, etiamsi nolis, salve, etiamsi non scribas, aliis
formose, mihi superbe Non es compositus ex carne eis-
que quæ his miscentur, verum eo adamante et saxo et

μαντος καὶ πέτρας καὶ Στυγός. ταχέως σε θεασαίμην γενειῶντα καὶ παρ' ἀλλοτρίαις θύραις κείμενον. ναὶ Ἔρως, ναὶ Νέμεσις, ὀξεῖς θεοὶ καὶ στρεφόμενοι.

ιε'. Ἑτέρῳ.

Τί μοι τὰ γένεια, ὦ παιδίον, δεικνύεις; οὐ παύῃ κάλλους, ἀλλ' ἄρχῃ· τὸ μὲν γὰρ ὀξὺ τῆς ὥρας παρελήλυθεν ὅσον τι πτηνὸν καὶ ἄπιστον, τὸ δ' ἑδραῖον καὶ βέβαιον μένει. χρόνος δ' οὐκ ἐλέγχει τοὺς ἀληθῶς καλούς, ἀλλὰ δεικνύει καὶ μαρτυρεῖ μᾶλλον αὐτοῖς ἢ φθονεῖ. τὸν δ' ὑπηνήτην καὶ Ὅμηρος λέγει χαριέστατον ὁ ποιητὴς εἰδὼς κάλλος καὶ βλέπειν καὶ ποιεῖν. οὐκ ἂν δήποτε τοῦτ' ἀπεφήνατο, εἰ μὴ πρῶτος αὐτὸς ἐρωμένου καὶ ἥψατο γενείων καὶ ἐφίλησε. πρὶν μὲν γὰρ ἀνθεῖν, οὐδὲν ἀπεῖχον γυναικὸς αἱ σαὶ παρειαὶ οὖσαι ἁπαλαί τε καὶ διαυγεῖς· ὅτε δὲ ἤδη χνοάζεις, ἀνδρικώτερος εἶ σεαυτοῦ καὶ τελεώτερος. ἀλλὰ τί ἤθελες μηδ' εὐνούχων διαφέρειν, οἷς τὰ γένεια ἄκαρπα καὶ σκληρὰ καὶ λίθοις ὅμοια; αἰσχύνονται γοῦν οἱ ἀλιτήριοι ταύτῃ τῇ τομῇ μᾶλλον ἢ ἐκείνῃ, τὴν μὲν ἀπόρρητον νομίζοντες, τὴν δὲ σαφέστατον ἔλεγχον τῆς ὄψεως.

ις'. Τῷ αὐτῷ.

Οὐδ' ὁ τοῦ Μενάνδρου Πολέμων καλὸν μειράκιον περιέκειρεν, ἀλλ' αἰχμαλώτου μὲν ἐρωμένης κατετόλμησεν ὀργισθείς, ἣν οὐδ' αὐτὴν ἀποκείρας ἠνέσχετο (κλάει γοῦν καταπεσὼν καὶ μεταγινώσκει τῷ φόνῳ τῶν τριχῶν), ἐφήβου δ' ἄρα ἐρείσατο καὶ τὸ δρᾶμα, σὺ δ' οὐκ οἶδα τί παθὼν σεαυτῷ πεπολέμηκας, ὦ ἀνδροφόνε τῆς κεφαλῆς. τί ἔδει μαχαιρῶν ἐπὶ τὰς τρίχας; τί δ' ἑκουσίων καὶ πολλῶν τραυμάτων; οἷον θέρος ἐξέκοψας. οὐδὲ οἱ ποιηταί σε ἐπαίδευσαν τοὺς Εὐφόρβους καὶ τοὺς Μενελάους κομῶντας ἐσάγοντες καὶ ὅλον τὸ Ἀχαιῶν στρατόπεδον· καὶ εἴ τις αὐτοῖς καλὸς ποταμός, κομᾷ· ὡς γὰρ χρυσᾶς ἀνάθημα καὶ ἄργυρος, οὕτως καὶ τρίχας. (2) κομῶσιν οἱ μὲν βάρβαροι πίλοις, οἱ δὲ Ἕλληνες κράνεσιν, οἱ δὲ ὀφθαλμοὶ βλεφάρις, ἡ δὲ ναῦς ἱστίοις, ἡ δὲ γῆ ὄρεσι, τὰ δ' ὄρη νάπαις, ἡ δὲ θάλαττα νήσοις, οἱ δὲ ταῦροι κέρασιν, οἱ ποταμοὶ τέμπεσιν, αἱ πόλεις τείχεσιν. φοβερώτερος δὲ καὶ λέων ὁ λάσιος καὶ ἵππος ὁ ἤδη τῇ χαίτῃ πεποιηθώς, καὶ ἀλεκτρυὼν μαχιμώτερος ὁ τὰ κάλλαια ἐγγηγερκώς. τιμῶσι καὶ σοφοὶ τῶν ἀστέρων τοὺς κομήτας καὶ τῶν ἱερέων τοὺς τὰς κόμας ἀνέτους καὶ τῶν θεῶν ἄλλον ἄλλως· τὸν Ποσειδῶνα ὡς κυανοχαίτην, τὸν Ἀπόλλω ὡς ἀκειρεκόμην, τὸν Πᾶνα ὡς δασύν, τὴν Ἶσιν ὡς λυσίκομον, τὸν Διόνυσον ὡς μετὰ τῶν τριχῶν καὶ τῷ κιττῷ κομῶντα, Ἀφροδίτη δὲ οὐδὲ πενθοῦσα ἀπεκείρατο. (3) ἤκουσά γε μὴν ἀνδρὸς σοφοῦ καὶ τὰς ἀκτῖνας λέγοντος κόμας Ἡλίου καὶ τὸν Δία σεμνότερον τῶν ἄλλων θεῶν, ὅτε τὴν κόμην σείει, κἂν ἐπινεύσῃ, οὐ ψεύδεται. ὁ δ' Ἑρμῆς κομᾷ καὶ τῷ κροτάφῳ καὶ τοῖς σφυροῖς. τότ' ἀποκείρεται

Styge. Brevi te videro barbatum et ad alienas ianuas iacentem. Næ Amor, næ Nemesis, celeres dii ac versatiles.

XV. (63) Alii.

Quid mihi barbam, o puer, monstras? non desinis pulcer esse, sed incipis. In forma enim quod præcox est, transit velut volucre quiddam et incertum, quod verò firmum et stabile, manet. Tempus autem vere formosos non redarguit, sed ostendit et testimonium potius eis dicit, quam invidet. Pubescentem Homerus quoque dicit venustissimum, poeta pulcritudinem et intueri et carmine describere gnarus. Qui non ita iudicasset, nisi ipse primus amati mentum et attigisset et osculatus esset. Nempe priusquam florerent, nihil a muliebribus tuæ discrepabant genæ, tenerae quippe et pellucidæ, sed ex quo iam pubescis, virilis magis evasisti et perfectior. Sed quid, nec ob eunuchis differre quicquam velles, quibus menta sterilia sunt et dura lapidibusque similia? magis certe huius quam illius sectionis miseros istos pudet, illam secretam esse putantes, hanc vero apertissimum aspectus argumentum.

XVI. (26) Eidem.

Ne Menandri quidem Polemo pulcrum adolescentem tondebat, sed in captivam amasiam iratus hoc ausus est, quam ne ipsam quidem tonsam æquo animo ferebat; quare procumbens lacrimat et cædis agit in comam commissæ pœnitentiam. Ephebo igitur pepercit et comœdia, tu vero nescio qua de caussa tibi ipsi bellum indixisti, o capitis parricida. Quid cultris opus erat adversus comas? quid ultro illatis tam multis vulneribus? qualem excidisti messem, neque ex poetarum profecisti disciplina, Euphorbos et Menelaos comatos introducentium et universum Achæorum exercitum? Immo si quis apud eos pulcer fluvius, comam alit; nam uti aurum inter donaria est et argentum, sic et comæ. (2) Comati sunt barbari pileis, Græci galcis, oculi palpebris, navis velis, terra montibus, montes saltibus, mare insulis, tauri cornibus, fluvii convallibus, urbes mœnibus. Terribilior etiam leo hirsutus et equus iuba iam fretus et gallus pugnacior paleam promittens. Venerantur etiam sapientes stellarum crinitas et sacerdotum comam promittentes et deorum alium aliter, Neptunum ob capillorum nigredinem, Apollinem ut intonsum, Panem ob densam comam, Isin ob solutam, Bacchum ut præter crines etiam hedera comantem, Venus autem ne lugens quidem tonsa est. (3) Quin virum audivi sapientem radios etiam Solis comam dicentem, Iovemque reliquis diis venerabiliorem, quum comam quatiat, nec fallat, si ea annuerit. Mercurius autem et temporibus comat et talis. Urbs etiam ton-

καὶ πόλις, ὅτε ἁλίσκεται, καὶ γυνὴ τότε ἀφίησι τῆς
κεφαλῆς τὸ κάλλος, ὅτε πενθεῖ, καὶ γῆς λιμός, ὅτε
μὴ κομᾷ. ἀλλὰ δένδρον μὲν πεσὸν κλάεται καὶ ποιη-
τὴς μεγαλόφωνος πολλὰ ἐπ' αὐτῷ λέγει, σὺ δὲ φύλλα
τοσαῦτα ἐκτεμὼν οὐ δακρύεις· φέρ' εἴπω σοι τὸν
ἐπιτάφιον τῆς κόμης. ὦ κάλλους ἀκρόπολις, ὦ ἔρωτος
ἄλσος, ὦ ἄστρα κεφαλῆς.

ιζ' Τῷ αὐτῷ

Ἔστιν ἔαρ καὶ κάλλους καὶ ῥόδου, ὁ δὲ μὴ χρη-
σάμενος τοῖς παροῦσιν ἀνόητος ἐν οὐ μένουσι μέλλων
καὶ βραδύνων ἐν ἀπιοῦσι· φθονερὸς γὰρ ὁ χρόνος καὶ
τὴν ἄνθους ὥραν ἀφανίζει καὶ τὴν κάλλους ἀκμὴν
ἀπάγει. μηδὲν μέλλε, ὦ φθεγγόμενον ῥόδον, ἀλλ'
ἕως ἔξεστι καὶ ζῆς, μετάδος ἡμῖν ὧν ἔχεις.

ιη' Ἑτέρῳ

Μαλακώτερον διετέθης ὑπὸ τοῦ σανδαλίου θλιβείς,
ὡς πέπεισμαι· δειναὶ γὰρ δακεῖν σάρκας ἁπαλὰς αἱ
τῶν δερμάτων καινότητες· διὰ τοῦτο ὁ Ἀσκληπιὸς
τὰ μὲν ἐκ πολέμου καὶ θήρας τραύματα καὶ πάσης
τοιαύτης τύχης ἰᾶται ῥαδίως, ταῦτα δὲ ἐφ' διὰ τὸ
ἑκούσιον, ὡς ἀνοίᾳ μᾶλλον ἢ ἐπηρείᾳ δαιμόνων γενό-
μενα. τί οὐκ ἀνυπόδετος βαδίζεις, τί δὲ τῇ γῇ φθο-
νεῖς; βλαυτία καὶ σανδάλια καὶ κρηπῖδες καὶ πέδιλα
νοσούντων ἐστὶ φορήματα ἢ γερόντων. τὸν γοῦν Φι-
λοκτήτην ἐν τούτοις γράφουσι τοῖς ἐρύμασιν ὡς καὶ
χωλὸν καὶ νοσοῦντα, τὸν δ' ἐκ Σινώπης φιλόσοφον
καὶ τὸν Θηβαῖον Κράτητα καὶ τὸν Αἴαντα καὶ τὸν
Ἀχιλλέα ἀνυποδέτους καὶ τὸν Ἰάσονα ἐξ ἡμισείας
(2) λέγεται γὰρ ὡς τὸν Ἄναυρον αὐτοῦ διαβαίνοντος
ποταμὸν ἐνεσχέθη ἡ κρηπὶς τῷ ποταμῷ, καὶ ὁ Ἰά-
σων οὕτως ἠλευθέρωτο τῶν ποδῶν τὸν ἕτερον τύχῃ τὸ
δέον διδαχθείς, οὐ γνώμῃ ἑλόμενος, καὶ ἀπῄει καλῶς
σεσυλημένος. μηδὲν ἔστω σοι μεταξὺ τῆς γῆς καὶ τοῦ
ποδός. μὴ φοβηθῇς, δέξεται τὴν βάσιν ἡ κόνις ὡς
πόαν. ὦ ῥυθμοὶ ποδῶν φιλτάτων, ὦ καινὰ ἄνθη, ὦ
γῆς φυτεύματα, ὦ φιλήματα ἐρηρεισμένα

ιθ' Πόρνῃ

Πωλεῖς σεαυτήν, καὶ γὰρ οἱ μισθοφόροι· καὶ
παντὸς εἶ τοῦ διδόντος, καὶ γὰρ οἱ κυβερνῆται οὕ-
τως σου πίνομεν ὡς τῶν ποταμῶν, οὕτως ἁπτόμεθα
ὡς τῶν ῥόδων· μὴ δὴ αἰδοῦ τῷ εὐκόλῳ, ἀλλὰ σε-
μνύνου τῷ ἑτοίμῳ· καὶ γὰρ ὕδωρ πᾶσι πρόκειται, καὶ
πῦρ οὐχ ἑνὸς καὶ ὁ ἥλιος δημόσιος θεός· τὸ μὲν
οἴκημά σου κάλλους ἀκρόπολις, οἱ δ' ἐσιόντες ἱερεῖς,
οἱ δὲ στεφανούμενοι θεωροί, τὸ δ' ἀργύριον φόροι τῶν
ὑπακουόντων ἡδέως βασίλευε καὶ ἔτι προσκυνοῦ.

κ' Τῇ αὐτῇ

Καὶ τῷ Διί, ὅτε ἐκοιμᾶτο ἐν τῷ ὄρει τῇ Ἴδῃ, ἄνθη

XVII. (33) Eidem

detur demum expugnata et femina lugens capitis deponit
ornamenta, et terra si non comat, fames est Iam arbor
si cadat, fletur, multaque in eam poeta clara voce dicit,
tu vero solus excisis non ploras Age funebrem dicam
tibi comæ laudem o pulcritudinis arcem, o amoris lu-
cum, o capitis sidera

XVII. (33) Eidem

Est suum et pulcritudini ver et rosis, qui vero præ-
sentibus non utitur, stultus est, dum in non manentibus
cunctatur et moram facit in diffugientibus Invidum enim
tempus et floris venustatem extinguit et pulcritudinis
vigorem aufert Nihil cunctare, o rosa vocalis, sed dum
licet et vivis, quæ habes nobiscum communica

XVIII (22) Alii

Affectus aliquantum es a sanJalio attritus, credo,
prompta sunt enim ad mordendas carnes teneras coria
recentia Quapropter Æsculapius vulnera in bello atque
venatione et eiusmodi quovis casu accepta facile sanat,
hæc vero mittit ut quæ volenti stultitia magis quam dæ-
monum illata sint invidia Quidni discalceatus incedis?
quid terræ invides? soleæ et sandalia et crepidæ et cal-
cei ægrotantium sunt gestamina vel senum Hunc Phi-
loctetam cum hisce pingunt munimentis ut et claudum et
ægrotantem, Sinopensem autem philosophum et Theba-
num Cratetem et Aiacem et Achillem discalceatos et Ia-
sonem dimidia parte (2) Fertur enim Anaurum eo flu-
vium transeunte crepidam in fluvio inhæsisse, atque sic
Iason alterum pedem liberum nactus est, casu quid fieri
oporteret edoctus, non consilio assequutus, abiitque pul-
cre spoliatus Nihil esto tibi inter terram atque pedem
medium Noli timere, excipiet pedis plantam pulvis
tanquam herbam O moduli pedum carissimorum, o
novi flores, o telluris plantæ, o oscula impressa

XIX (69) Meretrici

Vendis te ipsam, id quod et mercenarii faciunt, et cui-
vis te præbes pecuniam solventi, id quod et navium gu-
bernatores Ita de te bibimus uti de fluvus, ita te at-
trectamus uti rosas Ne igitur tuæ te pudeat facilitatis,
sed tua gloriare promptitudine Namque et aqua omni-
bus patet, nec ignis unius est, et sol communis deus.
Domus tua pulcritudinis arx est, qui intrant sacerdotes,
qui coronantur theori, argentum tributa Subditis sua-
viter impera et adhuc adorere

XX (52) Eidem

Iovi quoque, quum dormiret in Ida monte, flores terra

ἀνῆκεν ἡ γῆ λωτόν τε καὶ ὑάκινθον καὶ κρόκον, ῥόδα
δ' οὐ παρῆν, πότερα ὡς μόνης Ἀφροδίτης κτήματα,
παρ' ἧς καὶ ταῦτα ἔδει τὴν Ἥραν δανείσασθαι, καθά-
περ καὶ τὸν κεστὸν ἐδανείσατο, ἢ ὡς οὐκ ἂν κοιμη-
θέντος τοῦ Διός, εἰ καὶ ταῦτα παρῆν, ἢ δ' ἐδεῖτο
καὶ καθεύδειν τὸν Δία; ὅταν δὲ πνέῃ ῥόδα, ἀνάγκη
δήπου πᾶσα καὶ ἀνθρώποις καὶ θεοῖς ἀγρυπνεῖν ἡδέως·
ἡ γὰρ εὐωδία δεινὴ πᾶσαν ἡσυχίαν ἐξοικίσαι. ταῦτα
μὲν οὖν ἀφείσθω Ὁμήρῳ καὶ τῇ τῶν ποιητῶν ἐξου-
σίᾳ, σὺ δ' ἀγροίκως ἐποίησας μόνη κοιμηθεῖσα ἐν ῥό-
δοις καὶ σωφρονήσασα ἐν οὐ σώφροσιν. ἢ γὰρ τῶν
ἐραστῶν ἐχρῆν σοι ξυμπαρεῖναί τινα ἢ ἐμὲ ἢ τὸν Δία,
πλὴν εἰ μὴ προεθυμήθης, ὦ καλή, τὸν στέφανον τοῖς
στέρνοις προσαγαγοῦσα καινῷ μοιχῷ ξυμπλακῆναι.

κα'. Ἑτέρᾳ γυναικί.

Οὖσα ξανθὴ τί ῥόδα ζητεῖς; καὶ μὴν φύσεως οὕτως
ἔχεις ὡς ἐκεῖνα. τί λαμβάνῃ ἄνθους μετὰ μικρὸν οὐκ
ὄντος; τί δὲ τὴν κεφαλὴν στεφανοῖς πυρί; ἐμοὶ γὰρ
δοκεῖ καὶ τῆς Κολχίδος ὁ ὅρμος, ὃν ἔπεμψε τῇ Γλαύ-
κῃ, ῥόδα εἶναι πεφαρμαγμένα, καὶ διὰ τοῦτο ἐκαύθη
λαβοῦσα. εἴτε γὰρ τὰ ῥόδα τερπνά, μὴ παρευδοκι-
μείτω τὰς καλάς, εἴτε εὐώδη, μὴ ἀντιπνείτω, εἴτε
ὠκύμορα, μὴ φοβείτω. ἡ δὲ σὴ κεφαλὴ λειμὼν
πολλὰ ἄνθη φέρων ἐστίν, ἃ μήτε θέρους ἄπεισι καὶ
χειμῶνος μέσου φύεται καὶ δρεψαμένων οὐ λύεται.

κβ'. Τῇ αὐτῇ.

Ἡ καλλωπιζομένη γυνὴ θεραπεύει τὸ ἐλλιπὲς φο-
βουμένη φωραθῆναι, ὃ οὐκ ἔχει ἡ φύσις, ἡ δὲ καλὴ
οὐδενὸς δεῖται τῶν ἐπικτήτων, ἀρκοῦσα ἑαυτῇ πρὸς
πᾶν τὸ ὁλόκληρον. ὀφθαλμῶν δ' ὑπογραφαὶ καὶ κόμης
προσθέσεις καὶ γραφαὶ παρειῶν καὶ χειλέων βαφαὶ καὶ εἴ
τι ἐκ κομμωτικῆς φάρμακον καὶ εἴ τι ἐκ φύκους δολε-
ρὸν ἄνθος πρὸς ἐπανόρθωσιν τοῦ ἐνδεοῦς εὑρέθη· τὸ δ'
ἀκόσμητον ἀληθῶς καλόν, ὥστ' εἰ μάλιστα πεπί-
στευκας σεαυτῇ, διὰ τοῦτό σε μάλιστ' ἀγαπῶ, μαρτύ-
ριον τὸ ἄπραγμον ἡγούμενος τῆς ἐν εὐμορφίᾳ πίστεως.
οὐ γὰρ κονίᾳς τὸ πρόσωπον, ἀλλ' ἀδόλως εἶ καλή, οἷαι
πρότερον ἦσαν ὧν χρυσὸς ἤρα καὶ βοῦς καὶ ὕδωρ καὶ
ὄρνιθες καὶ δράκοντες. τὸ δὲ φῦκος καὶ ὁ κηρὸς καὶ
τὸ ταραντινίδιον καὶ οἱ ἐπικάρπιοι ὄφεις καὶ αἱ χρυ-
σαῖ πέδαι Θαΐδος καὶ Λαΐδος καὶ Ἀρισταγόρας φάρμακα.

κγ'. Ἑτέρᾳ γυναικί.

Εἰ μὲν δέῃ χρημάτων, πένης εἰμί, εἰ δὲ φιλίας καὶ
χρηστοῦ τρόπου, πλουτῶ. ἔστι δ' οὐχ οὕτως ἐμοὶ
δεινὸν τὸ μὴ ἔχειν, ὡς σοὶ πρὸς αἰσχύνην τὸ μισθοῦ
φιλεῖν· ἑταίρας μὲν γὰρ ἔργον προσίεσθαι τοὺς τὰς σα-
ρίσσας ἔχοντας καὶ τὰς σπάθας ὡς ἑτοίμως διδόντας,
γυναικὸς δ' ἐλευθέρας πρὸς τὸ βέλτιον ἀεὶ βλέπειν καὶ
τὸ χρηστὸν ἐν εὐνοίᾳ τίθεσθαι. πρόσταξον, ὡς βού-
λει, καὶ πείθομαι· πλεῖν κέλευσον, ἐμβαίνω, πληγὰς

edidit, lotum et hyacinthum et crocum, rosæ tamen non
aderant, utrum quod soli Veneri essent propriæ, a qua
has quoque Iunonem mutuas sumere oportebat, quemad-
modum et cestum mutuo sumpserat, an quia dormire Iup-
piter non potuisset, si hæ quoque adfuissent, illa vero
omnino somno Iovi obducendo indigebat? at ubi rosæ
spirant, fieri sane nequit quin et homines et dii lubenter
vigilent; tam suavis enim odor est, qui omnem quietem
arceat. Hæc igitur Homero relinquenda et poetarum
arbitrio; tu vero inficete fecisti, quæ sola rosis indormi-
veris et sobrietatem in parum sobriis exercueris. Aut
enim amatorum quendam tibi adesse oportebat aut me
aut Iovem, nisi forte, o pulcra, serto pectori admoto in
novi mœchi amplexibus esse tibi videbare.

XXI. (38) Alii feminæ.

Quæ flava sis, quid rosas quæris? atqui eadem es
qua illæ indole. Quid florem affectas brevi periturum?
quidque caput coronas igni? mihi enim videtur et mo-
nile, quod Colchis Glaucæ misit, rosæ fuisse venenatæ,
ob eamque caussam, quum cepisset, combusta est. Nam
si iucundæ rosæ, ne æmulentur pulcras, sin suaveolentes,
ne odore certent exhalando, sin brevis vitæ, ne perter-
reant. Tuum vero caput pratum est multorum ferax
florum, qui neque æstate abeunt, et media hieme nas-
cuntur, nec si quis decerpserit diffluunt.

XXII. (40) Eidem.

Quæ sese comit mulier inopiæ subsidium quærit, me-
tuens ne quod non habet natura deprehendatur, pulcra
vero nulla re opus habet aliunde quæsita, sibi ipsi ad in-
tegritatem sufficiens. Oculorum pigmenta et supposi-
titia coma, fucique genarum et labrorum tincturæ, et si
quod lenocinii studium suggerit medicamentum et si
quem fucus dolosum nitorem, ad supplendos defectus
inventa sunt: incomptum vero vere pulcrum est. Quare
quo magis tibi ipsi fidas, eo magis te amo, securitatem
testem existimans fiduciæ in pulcritudine positæ. Non
enim incrustas faciem, verum ingenue pulcra es, quales
olim fuere quas aurum amabat et bos et aqua et aves et
dracones. At fucus et cerussa et texta Tarentina et an-
guiferæ armillæ et aureæ catellæ Thaidis sunt Laidisque
et Aristagoræ medicamenta.

XXIII. (43) Alii feminæ.

Si pecuniam petis, pauper sum, sin autem amicitiam
et honestos mores, dives. Nec mihi tamen æque quod
non habeam molestum est, quam tibi quod mercede ames
ignominiosum. Meretricis enim opus est, admittere eos
qui sarissas habent atque spathas ut promptos ad solven-
dum, ingenuæ vero feminæ, virtutem semper ante ocu-
los habere et honestatem benevolentia amplecti. Impera,
ut lubet, atque obsequar, navigare iube, navem con-

ὑπομεῖναι, καρτερῶ, ῥῖψαι τὴν ψυχήν, οὐκ ὀκνῶ, δραμεῖν διὰ πυρός, οὐ κάομαι. · τίς ταῦτα πλούσιος ποιεῖ;

κδ΄. Μειρακίῳ.

Ὁ Ἀγαμέμνων, ὅτε μὲν ὀργῆς ἐκράτει, καλὸς ἦν καὶ οὐχ ἑνὶ θεῷ ἀλλὰ πολλοῖς ὅμοιος,

  ὄμματα καὶ κεφαλὴν ἴκελος Διὶ τερπικεραύνῳ,
  Ἄρεϊ δὲ ζώνην, στέρνον δὲ Ποσειδάωνι,

ὅτε δ' ἐνησχημόνει τῇ γλυκύτητι τοῦ θυμοῦ καὶ πρὸς τοὺς ἑταίρους ἠγρίωτο, ἔλαφος καὶ κύων ἐνομίζετο, καὶ τὰ τοῦ Διὸς ὄμματα οὐδαμοῦ· σῦς μὲν γὰρ ὀργίζονται καὶ κύνες καὶ ὄφεις καὶ λύκοι καὶ ὅσα ἄλλα οὐ χρῆται λογισμῷ θηρία, καλὸς δ' ἄνθρωπος καὶ μὴ γελάσας λυπεῖ, μήτι γε σκυθρωπότερος ἑαυτοῦ γενόμενος. οὐ πρέπει δ' οὐδ' ἡλίῳ τὸ πρόσωπον νεφέλη καλύπτεσθαι. τίς ἡ κατήφεια αὕτη, τίς ἡ νύξ, τί τὸ στυγνὸν σκότος; μειδίασον, κατάστηθι, ἀπόδος ἡμῖν τὴν τῶν ὀμμάτων ἡμέραν.

κε΄ Γυναικὶ θυμουμένη.

Χθές σε ὀργιζομένην κατέλαβον καὶ ἔδοξα ἄλλην βλέπειν· τούτου δ' αἴτιον ἡ τοῦ θυμοῦ ἔκστασις ἀκριβῶς σοι ξυγχέασα τὴν τοῦ προσώπου χάριν. μὴ δὴ μεταποίει τὴν γνώμην μηδ' ἄγριον βλέπε· οὐδὲ γὰρ τὴν σελήνην ἔτι λαμπρὰν δοκοῦμεν, ὅταν ᾖ ξυννεφής, οὐδὲ τὴν Ἀφροδίτην καλήν, ὅταν ὀργίζηται ἢ δακρύῃ, οὐδὲ τὴν Ἥραν βοῶμεν, ὅταν χαλεπαίνῃ τῷ Διί, οὐδὲ τὴν θάλατταν δῖαν, ὅταν ταράττηται. ἡ δ' Ἀθηνᾶ καὶ ἔρριψε τὸν αὐλὸν ὡς τὸ πρόσωπον αὐτῆς συγχέαντα, ἤδη δὲ καὶ τὰς Ἐρινῦς Εὐμενίδας καλοῦμεν ὡς τὸ σκυθρωπὸν ἀρνουμένας, καὶ ταῖς ἀκάνθαις τῶν ῥόδων χαίρομεν, ὅτι ἐξ ἀγρίου θάμνου καὶ λυπεῖν καὶ κεντεῖν εἰδότος γελῶσιν ἐν τοῖς ῥόδοις. ἄνθος δ' ἐστὶ καὶ γυναικὶ ἡ τοῦ προσώπου γαλήνη. μὴ τραχεῖα γίγνου, μὴ φοβερά, μὴ ἀποστεροῦ τὸ κάλλος, μὴ ἀφαιροῦ ῥόδων σεαυτήν, ἃ ταῖς καλαῖς ὑμῖν ἐν τοῖς ὄμμασι φύεται. εἰ δ' ἀπιστεῖς οἷς λέγω, τὸ κάτοπτρον λαβοῦσα ἴδε σου τὸ πρόσωπον ἠλλαγμένον. εὖγε, ὅτι ἀπεστράφης.

κϛ΄. Ἄλλη.

Κελεύεις μοι μὴ βλέπειν κἀγὼ σοὶ μὴ βλέπεσθαι. τίς τοῦτο κελεύει νομοθέτης, τίς δὲ κἀκεῖνο; εἰ δὲ μηδέτερον κεκώλυται, μήτε σαυτὴν ἀφαιροῦ τῆς ἐς ἐπίδειξιν εὐδοκιμήσεως, μήτε ἐμὲ τῆς ἐς τέρψιν ἐξουσίας. οὐδὲ πηγὴ λέγει « μὴ πίῃς, » οὐδ' ὀπώρα « μὴ λάβῃς, » οὐδὲ λειμὼν « μὴ προσέλθῃς. » ἕπου καὶ σὺ τοῖς νόμοις καὶ διψῶντα παῦσον.

κζ΄. Μειρακίῳ.

Ὡς δύσερί σοι καὶ φιλόνεικον τὸ κάλλος· ἀμελούμε-

---

scendo, plagas excipere, sustineo, animam abicere, non recuso, per ignes incedere, non uror. Quis hæc dives faciet?

XXIV. (54) Iuveni.

Agamemno, ubi iram coercebat, pulcer erat nec uni sed multis diis similis,

os oculosque Iovi similis, qui fulgure gaudet,
et Marti zona, Neptuno pectore,

sed ubi iracundiæ dulcedini turpiter indulgebat et adversus sodales sæviebat, cervus et canis censebatur, nec usquam Iovis oculi; sues enim irascuntur et canes et serpentes et lupi et quæ aliæ expertes sunt rationis beluæ, formosus vero homo vel risu cohibito displicet, nedum ut supra modum exasperatus placere possit. Nec soli decorum est nube faciem occultare. Quænam hæc est mœstitia, quæ nox, quæ tristis caligo? subride, cohibe te, redde nobis oculorum diem.

XXV. (53) Feminæ stomachanti.

Heri te irascentem deprehendi, aliamque intueri mihi visus sum. Huius autem rei caussa mentis alienatio prorsus tibi vultus gratiam conturbans. Noli igitur sententiam mutare neque tetricum tueri; neque enim lunam adhuc splendidam putamus, si nubibus obducatur, neque pulcram Venerem, si irascatur sive lacrimet, neque Iunonem magnis oculis præditam, si Iovi succenseat, neque mare divinum, si conturbetur. Minerva autem et tibias proiecit, ut quæ vultum eius deformarent. Iam et Erinyes Eumenides appellamus, ut quæ tristitiam repudiant, ipsisque rosarum spinis delectamur, quod ex agresti licet natæ frutice, quique lædere sciat atque pungere, in rosis tamen rideant. Mulieri etiam flos vultus tranquillitas est. Noli aspera esse nec terribilis, noli iacturam facere pulcritudinis, noli eripere tibi ipsi rosas, quæ pulcris vobis in oculis nascuntur. Sin vero fidem verbis meis derogas, arrepto speculo vultum immutatum contemplare. Bene est, quod faciem avertas.

XXVI. (37) Alii.

Iubes me non videre et ego te non videri. Quis hoc iubet legislator, quisque et illud? sed si neutrum prohibitum est, neque te ipsam priva ostentationis laude, neque me delectationis facultate. Nec fons ait « ne bibito », nec pomum « ne sumito », nec pratum « cave accedas. » Obsequere tu quoque legibus ac satura sitientem.

XXVII. (39) Iuveni.

Quam pervicax tibi et contentiosa pulcritudo. Neglecta

νον μᾶλλον ἀνθεῖ, καθάπερ τῶν φυτῶν ὅσα τῇ φύσει
θαρροῦντα καὶ τῆς τῶν γεωργῶν πολυωρίας μὴ χρή-
ζοντα. οὐχ ἵππον ἀναβαίνεις, οὐκ ἐς παλαίστραν
ἀπαντᾷς, οὐχ ἡλίῳ δίδως σεαυτόν, ἀλλ' αὐχμηρὸς
περίει καὶ ῥύπῳ καὶ σεαυτῷ μαχόμενος. ἐξηπά-
τησαι· καλὸς εἶ, κἂν μὴ θέλῃς, καὶ πάντας ἕλκεις
τῷ λίαν ἀμελουμένῳ, ὥσπερ οἱ βότρυς καὶ τὰ μῆλα
καὶ εἴ τι ἄλλο αὐτόματον καλόν. οὕτω καὶ ὁ Ἀπόλλων
ποιμένων ἦρα καὶ ἡ Ἀφροδίτη βουκόλων καὶ ἡ Ῥέα
ἀγροίκων καὶ ἡ Δημήτηρ τῶν τὰ ἀστεῖα οὐκ εἰδότων.
οὐδεὶς οὐδ' ἀστέρας εἶδε κοσμουμένους οὐδ' ὄρνιθας,
οὐδ' ἵππους τις καλλωπίζων χρυσῷ ἢ ἐλέφαντι λανθάνει
λυμαινόμενος τοῦ ζῴου τὸ γαῦρον.

κη'. Γυναίῳ τινί.

Τὴν καλὴν ἀπὸ τοῦ τρόπου δεῖ ποιεῖσθαι τῶν ἐρα-
στῶν τὸν κατάλογον, οὐκ ἀπὸ τοῦ γένους· καὶ γὰρ
ξένος ἐπιεικὴς δύναται γενέσθαι καὶ πολίτης κακός,
ὅσῳ καὶ τοῦ φρονεῖν ἐγγύτερός ἐστιν. ὁ μὲν οὖν
ἐγχώριος οὐδὲν διαφέρει λίθων καὶ παντὸς τοῦ μέ-
νοντος, ᾧ τὸ ἑδραῖον ἀνάγκη πρόσεστιν, ὁ δὲ ξένος
ἔοικε τοῖς ὀξυτάτοις θεοῖς Ἡλίῳ καὶ ἀνέμοις καὶ
ἄστροις καὶ Ἔρωτι, ὑφ' ὧν κἀγὼ πτηνὸς γενόμε-
νος δεῦρο ἐλήλυθα κινηθεὶς προφάσει κρείττονι. μή μου
τῆς ἱκεσίας ὑπερίδῃς. οὐδὲ γὰρ τὸν Πέλοπα ἡ Ἱππο-
δάμεια ἠτίμησε ξένον ὄντα καὶ βάρβαρον, οὐδ' ἡ Ἑ-
λένη τὸν δι' αὐτὴν παρόντα, οὐδ' ἡ Φύλλις τὸν ἐκ
θαλάττης ** οὐδ' ἡ Ἀνδρομέδα τὸν πρὸς αὐτὴν κα-
ταπτάντα. (2) ᾔδεσαν γὰρ ὡς παρὰ μὲν τῶν ἐγχω-
ρίων μίαν πολιν λαμβάνουσι, παρὰ δὲ τῶν ξένων πολ-
λάς. καὶ μὴν κἀγὼ τοῦ ἔρωτος ξένος καὶ σὺ τοῦ
κάλλους· οὐ γὰρ ἡμεῖς πρὸς αὐτὰ ἀπήλθομεν, ἀλλὰ
αὐτὰ πρὸς ἡμᾶς κατῆλθε, καὶ τὴν παρουσίαν αὐτῶν
δεδέγμεθα ἡδέως, ὡς τὴν τῶν ἄστρων οἱ πλέοντες. εἰ
δ' ἐμοὶ τὸ ξένῳ εἶναι οὐ γίγνεται πρὸς τὸν ἔρωτα ἐμ-
ποδών, μηδὲ σοὶ κώλυμα ἔστω πρὸς τὸ ξυνεῖναι τοῖς
ἐρῶσιν ταχύ γ' ἂν φυγάδα εἵλου νυμφίον, ὥσπερ
Ἄδραστος τὸν Πολυνείκην καὶ τὸν Τυδέα, οὓς γαμ-
βροὺς ἐποιήσατο ἐπὶ τῆς βασιλείας τὴν ἔκτισιν. μὴ
λακώνιζε, ὦ γύναι, μηδὲ μιμοῦ τὸν Λυκοῦργον· ξενη-
λασίαν γὰρ ἔρως οὐκ ἔχει.

κθ'. Γυναικὶ πόρνῃ.

Τὰ μὲν σὰ ὄμματα φιλῶ, τὰ δ' ἐμὰ οὐ φιλῶ· τοῖς
μὲν γὰρ ξύνεστιν πολλὴν ξυνέγνωκα, τοῖς δὲ δεινὴν πε-
ριεργίαν. ἀναίσχυντά ἐστιν, ἀλλὰ καὶ κρύπτειν οὐδὲν
δυνάμενα ὧν ἑόρακεν ἅπαξ. οὐκ ἀφέστηκεν οὖν μου τῆς
ψυχῆς λέγοντα « οὐκ εἶδες τὴν εὔκομον, τὴν εὐπρόσω-
πον; ἧκε, ἀνάβηθι, ἀλλὰ καὶ κλαῦσον καὶ γράψον
καὶ δείχθητι. » ἡ δ' εὖ μάλα πείθεται, παρακούειν μὴ
δυναμένη λίχνων δορυφόρων· καὶ γὰρ μὴ βουλομένην
σύρουσιν ἔξω καὶ βιάζονται φρονεῖν ὅσα αὐτοὶ προ-
λαβόντες ἐπήνεσαν. ἀμέλει πρὶν ἔρωτα ἐς γῆν καταπτῆ-

magis viret, uti plantæ, quæ natura sua fretæ agricola-
rum curatione minimé indigent. Non equum conscendis,
non in palæstram prodis, non soli te ipsum committis, sed
squalidus obambulas et sordibus et tecum ipse pugnans.
Falleris; formosus es, etiamsi nolis, omnesque trahis eo
quod prorsus te negligis, quemadmodum uvæ et mala et si
quid aliud natura sua pulcrum est. Sic et Apollo pastores
amabat et Venus bubulcos et Rhea agricolas et Ceres
eos qui res urbanas ignorabant. Nemo stellas vidit se
comentes neque aves nec equos aureo eburneove ornatu
naturæ suæ alacritatem occultare gestientes.

XXVIII. (17) Mulieri.

Pulcram ingenii, non generis habita ratione allegere
par est amatores ; nam et peregrinus bonus esse potest et
civis pravus, quo propius abest a superbia. Indigena
igitur nihil discrepat a lapidibus et omni re manente, cui
stabilitas necessitate quadam adest, peregrinus vero ce-
lerrimis similis est diis, Soli et ventis et astris et Amori,
a quibus et ego ales factus huc accessi maiore caussa
adductus. Noli meas aspernari preces : nec Pelopem
Hippodamia despicatui habuit peregrinum licet atque
barbarum, nec Helena eum qui propter ipsam adve-
nerat, neque Phyllis ex mari reducem factum, neque An-
dromeda eum qui ad se advolaverat. (2) Nempe nove-
rant quod apud indigenas unam tantum urbem, apud
peregrinos vero multas tenere possent. Atqui et ego
amoris hospes sum et tu pulcritudinis ; non enim nos ad
illa accessimus, verum ad nos illa devenere, eorumque
adventum læti excepimus velut astrorum præsentiam
navigantes. Quod si mihi autem peregrinitas non est
quin amem impedimentum, nec tibi esto quin cum
amantibus versere obstaculum. Mox exsulem sponsum
caperes, ut Adrastus Polynicem atque Tydeum, quos
generos adscivit ad regnum vindicandum. Noli Lacænam
agere, o puella, neque Lycurgum imitari ; legem enim de
peregrinis expellendis amor non agnoscit.

XXIX. (53) Feminæ meretrici.

Tuos quidem oculos amo, meos vero amo minime ; in
illis enim multam prudentiam agnosco, in his iniquam
curiositatem. Impudentes sunt, verum nec eorum quæ
semel viderunt occultare quicquam possunt. Non igitur
animæ meæ dicere desierunt « vidistine pulcre coma-
tam, facie formosam? adesto, ascende, sed et lacrimis
insta et scriptis et precibus. » Illa vero promptissime
obsequitur, quum resistere non possit gulosis satellitibus ;
nam et invitam trahunt foras, vique peragunt, quæ ipsi
ante probaverunt. Omnino priusquam amor in terram

ναι, μόνον τὸν ἥλιον ἠπίστατο καλὸν ἡ ψυχὴ καὶ τοῦτο
αὐτῆς τὸ θέαμα καὶ θαῦμα ἦν· γευσαμένη δ' ὥρας
ἀνθρωπίνης ἔκαμε, καὶ ἐκ μὲν τῆς σπουδῆς ἐκείνης
κατέπεσεν, ἐς δὲ θητείαν μετήχθη πικράν.

γ′ Ἕτερα

Τὸ μὲν ἔργον ἕν, ἄν τε ἐπ' ἀνδρὸς ἄν τε ἐπὶ μοιχοῦ
γένηται, τὸ δὲ τῷ κινδύνῳ σφαλερώτερον τῇ χάριτι
μεῖζον· οὐχ οὕτω γὰρ εὐφραίνει τὸ φανερὸν τῆς ἐξου-
σίας ὡς τὸ ἀπόρρητον τῆς ἡδονῆς, πᾶν δὲ τερπνότερον
τὸ κεκλεμμένον. οὕτω καὶ Ποσειδῶν ὑπῆλθε πορφυρῷ
κύματι καὶ βοῖ Ζεὺς καὶ χρυσῷ ὕδατι καὶ δράκοντι
καὶ ἄλλοις προκαλύμμασιν, ἀφ' ὧν Διόνυσος καὶ Ἀπόλ-
λων καὶ Ἡρακλῆς οἱ ἐκ μοιχείας θεοί. λέγει δ'
Ὅμηρος καὶ τὴν Ἥραν ἰδεῖν αὐτὸν τότε ἡδέως, ὅτ'
αὐτῇ ξυνῆεν λάθρα· τὴν γὰρ ἀνδρὸς ἐξουσίαν μετέθη-
κεν ἐς κλοπὴν μοιχείας.

λα′ Πόρνῃ γυναικί

Ὁ μοιχὸς καὶ πείσας σφαλερώτατον ἀνάλωμα καὶ
ὀδυνηρὸν μὴ τυγχάνων· τῆς μὲν γὰρ εὐπραγίας κίνδυ-
νος ὁ νόμος, τῆς δὲ λύπης μισθὸς ὁ ἔρως· φοβεῖσθαι
δ' ἄμεινον τυχόντα ὧν βούλεταί τις ἢ ἀνιᾶσθαι ἀμε-
λούμενον.

λβ′ Γυναικὶ καπηλίδι

Τὰ μὲν ὄμματά σου διαυγέστερα τῶν ἐκπωμάτων,
ὡς δύνασθαι δι' αὐτῶν καὶ τὴν ψυχὴν ἰδεῖν, τὸ δὲ τῶν
παρειῶν ἐρύθημα εὔχρουν ὑπὲρ αὐτὸν τὸν οἶνον, τὸ δὲ
λινοῦν τοῦτο χιτώνιον ἀντιλάμπει ταῖς παρειαῖς, τὰ δὲ
χείλη βέβαπται τῷ τῶν ῥόδων αἵματι, καί μοι δοκεῖς
καὶ τὸ ὕδωρ φέρειν ὡς ἀπὸ πηγῶν τῶν ὀμμάτων καὶ διὰ
τοῦτο εἶναι νυμφῶν μία· πόσους ἱστᾷς ἐπειγομένους; πό-
σους κατέχεις παρατρέχοντας, πόσους μὴ φθεγξαμένη
καλεῖς, ἐγὼ πρῶτος, ἐπειδὰν ἴδω σε, διψῶ καὶ ἵστα-
μαι μὴ θέλων, τὸ ἔκπωμα κατέχων καὶ τὸ μὲν οὐ
προσάγω τοῖς χείλεσι, σοῦ δ' οἶδα πίνων.

λγ′ Τῇ αὐτῇ

Ἐξ ὑέλου μὲν τὰ ἐκπώματα, αἱ δὲ σαὶ χεῖρες ἀρ-
γυρᾶ αὐτὰ ποιοῦσι καὶ χρυσᾶ, ὡς καὶ τούτοις τὸ βλέ-
πειν ὑγρῶς παρὰ τῶν σῶν ὀμμάτων εἶναι. ὥστε
ἐκεῖνα μὲν κατάθου καὶ χαίρειν ἔα τά τε ἄλλα καὶ διὰ
τὸν ἐν τῷ σφαλερῷ τῆς ὕλης φόβον, ἐμοὶ δὲ μόνοις
πρόπινε τοῖς ὄμμασιν, ὧν καὶ ὁ Ζεὺς γευσάμενος κα-
λὸν οἰνοχόον παρεστήσατο· εἰ δὲ βούλει, τὸν μὲν
οἶνον μὴ παραπόλλυε, μόνου δ' ἐμβαλοῦσα ὕδατος
καὶ τοῖς χείλεσι προσφέρουσα πλήρου φιλημάτων τὸ
ἔκπωμα καὶ οὕτως δίδου τοῖς δεομένοις. ἔστι γὰρ
ἀνέραστος οὐδεὶς οὕτως, ὡς ποθεῖν ἔτι τὴν Διονύσου
χάριν μετὰ τὰς τῆς Ἀφροδίτης ἀμπέλους

---

devolaret, solum solem pulcrum anima noverat, et hoc
eius erat spectaculum et miraculum, degustata vero pul-
critudine humana elanguit et a studio illo defecit, inque
servitutem redacta est acerbam

Res quidem eadem, a marito an ab adultero peragatur,
hoc vero ut periculosius maiorem habet gratiam, non
enim æque delectat manifesta potestas quam occulta vo-
luptas, omneque furtivum iucundius Sic etiam Neptu
nus purpureum subiit fluctum et bovem Iuppiter au-
reumque imbrem et draconem atque alia integumenta,
unde Bacchus et Apollo et Hercules et reliqui ex adulte-
rio nati dii Ait Homerus etiam Iunonem tum eum
lubenter vidisse, quum clanculum secum consuesceret;
mariti enim potestatem in furtum adulterii mutavit

Adulter et si persuadeat, incertissimam impensam fa-
cit, sin repulsam ferat, tristem Felicitati enim pericu-
lum a lege imminet, doloris autem pretium amor sup-
petit At præstat timere aliquem qua appetit consequu-
tum quam spretum mœrore confici

Oculi tui poculis sunt pellucidiores, ut possim per eos
animam quoque intueri, genarumque rubor nitore ipsum
vinum superat, ac lucem genarum lintea ista reflectit tu-
nica, et labra rosarum sanguine tincta sunt, quin aquam
mihi ab oculis tanquam fontibus effundere, ideoque nym-
pharum videris esse una Quam multos festinantes sistis?
quam multos prætereuntes tenes? quam multos voce edita
nulla advocas? Ego quum primum te video, sitio et invi-
tus subsisto poculum tenens, hoc tamen labris non ad-
moveo, verum te bibere mihi videor

Ex vitro pocula sunt, tuæ vero manus argentea ca fa-
ciunt atque aurea, ut et ista ex oculorum tuorum obtutu
mollia evadant adspectu Quare illa quæso depone et
valere sine quum propter cetera, tum propter pericu-
losam materiæ fragilitatem Mihi vero solis propina
oculis, quibus Iuppiter etiam degustatis pulcrum pincer-
nam sibi comparavit. Si placet autem, noli vinum temere
consumere verum de aqua infundens solum labrisque
admovens osculis imple poculum atque ita præbe indi-
gentibus. Nemo enim tam durus est, qui Bacchi munus
post Veneris vites expetat

λδʹ. Γυναικὶ πόρνῃ.

Οὐκ οἶδα τί σου μᾶλλον ἐπαινέσω. τὴν κεφαλήν; ἀλλ' ὦ τῶν ὀμμάτων. τοὺς ὀφθαλμούς; ἀλλ' ὦ τῶν παρειῶν. τὰς παρειάς; ἀλλὰ τὰ χείλη με ἐπάγεται καὶ δεινῶς κάεται κεκλεισμένα μὲν δι' εὐκοσμίαν, ἀνοιχθέντα δὲ δι' εὐωδίαν.

λεʹ. Τῇ αὐτῇ.

Ἡ Δανάη χρυσὸν ἐλάμβανεν, ἡ Λῆδα ὄρνιθας, ἡ Εὐρώπη τὰ ἐξ ἀγέλης, ἡ Ἀντιόπη ὅσα ὄρεια, ἡ Ἀμυμώνη ὅσα θαλάττια, οἱ δὲ ποιηταὶ τὰ δῶρα μύθους ἐποίησαν παράγοντες τὴν ἀλήθειαν ψυχαγωγίᾳ ψευσμάτων. λάβε λάβε καὶ σὺ τὸν ἀκκισμὸν ἀφελοῦσα τοῦ μεγαλογνώμονος καὶ τὴν εἰρωνείαν ἀφεῖσα τοῦ σώφρονος, ἵνα κἀγὼ Ζεὺς γένωμαι καὶ Ποσειδῶν, διδοὺς μὲν ἃ θέλεις, ἃ δὲ θέλω λαμβάνων.

λϛʹ. Γυναικὶ ἑτέρᾳ.

Μὴ ὑποδήσῃ ποτέ, μηδὲ κρύψῃς τὰ σφυρὰ ἐψευσμένοις καὶ δολεραῖς δέρμασιν, ὧν ἀπατηλὸν τὸ κάλλος ἐν τῇ βαφῇ. εἰ μὲν γὰρ λευκὰ φοροίης, ξυγχεῖς τὴν τῶν ποδῶν λευκότητα (τὸ γὰρ ὅμοιον ἐν τῷ ὁμοίῳ οὐ φαίνεται), εἰ δ' ὑακίνθινχ, τῷ μέλανι λυπεῖς, εἰ δὲ φοινικοβαφῆ, φοβεῖς ὡς ῥέοντος ἐκεῖθέν ποθεν αἵματος. εἰ δέ σου καὶ τἄλλα πάντα ἐφαίνετο, καὶ πολὺ κρείττων ἂν ἦς, ἐμπίπτουσα ὅλη ταῖς τῶν ὁρώντων θήραις. ἀλλὰ τῶν μὲν ἄλλων μερῶν ποιοῦ τινά, εἰ θέλεις, φειδὼ καὶ μήτε σκέπης αὐτοῖς φθονήσῃς, μήτε προβλημάτων τῶν ἀναγκαίων, τοὺς δὲ πόδας κατάλιπε γυμνοὺς ὡς δειρήν, ὡς παρειάς, ὡς κόμας, ὡς ῥῖνα· ὅπου μὲν γάρ τι ἡμαρτήθη τῇ φύσει, σοφισμάτων δεῖ πρὸς τὴν βλάβην, ἵνα κρύψῃ τὸ ἐλλιπὲς ἡ τέχνη, ὅπου δ' ἀρκεῖ τὸ κάλλος ἐς ἐπίδειξιν οἰκείαν, περιττὰ τὰ φάρμακα. (2) θάρσησον σεαυτῇ καὶ πίστευσον τοῖς ποσί· τούτων φείσεται καὶ πῦρ, τούτων καὶ θάλαττα, κἂν ποταμὸν θελήσῃς περᾶσαι, στήσεται, κἂν κρημνοὺς ὑπερβῆναι, λειμῶνας δόξεις πατεῖν. οὕτω καὶ τὴν Θέτιν ἀργυρόπεζαν εἶπεν ὁ πάσας ἀκριβῶς εἰδὼς τὰς τοῦ κάλλους ὑπεροχάς, οὕτω καὶ τὴν Ἀφροδίτην γράφουσιν οἱ ζωγράφοι τὴν ἀνασχοῦσαν ἐκ τῆς θαλάττης. μὴ βασάνιζε, ὦ καλή, τὼ πόδε, μηδὲ κρύπτε οὐδὲν ἔχοντας τοῦ λαθεῖν ἄξιον, ἀλλὰ βάδιζε μαλακῶς καὶ κατάλειπε σεαυτῆς ἴχνος, ὡς μέλλουσά τι χαρίζεσθαι καὶ τῇ γῇ.

λζʹ. Τῇ αὐτῇ.

Ὁ Μῶμος τῶν μὲν ἄλλων οὐδὲν ἔφη τῆς Ἀφροδίτης αἰτιάσασθαι, τί γὰρ ἂν καὶ ἐμέμψατο; ἐν δὲ μόνον δυσχεραίνειν ἔφη, ὅτι τρύζοι αὐτῆς τὸ ὑπόδημα καὶ λίαν εἴη λάλον καὶ τῷ ψόφῳ ὀχληρόν. εἰ δ' ἀνυπόδητος ἐβάδιζεν, ὥσπερ ἀνέσχεν ἐκ τῆς θαλάττης, οὐκ ἄν ποτε ηὐπόρησε σκωμμάτων οὐδὲ κωμῳδίας ὁ

XXXIV. (65) Mulieri meretrici.

Quid in te magis laudem nescio. Caput? at o oculos. An oculos? at o genas. An genas? at labia me ad se rapiunt ardentque vehementer, verecunde clausa quidem, patentia tamen, quo suavem edant odorem.

XXXV. (20) Eidem.

Danae aurum accipiebat, Leda aves, Europa de grege tauros, Antiopa quæ in montibus, Amymone quæ in mari versantur, poetæ vero in fabulas hæc dona redegerunt, veritatem fallentes commentorum delenimentis. Accipe, accipe tu quoque remota superbiæ iactatione missaque castitatis simulatione, ut et ego Iuppiter fiam et Neptunus, dans quæ cupis, quæque cupio accipiens.

XXXVI. (67) Mulieri alii.

Noli calceos gestare, nec talos falsis dolosisque involvere pellibus, quarum fallax est colore pulcritudo. Nam si candidam gestes, evertes pedum tuorum candorem; simile enim in simili non apparet; sin autem fuscam, nigredine contristas, sin purpuream, terres quasi sanguine hinc aliqua parte profluente. Utinam vero cetera tua omnia cernerentur, longe etiam superior esses in intuentium venatum tota irruens. Verum reliquis membris tuis, si ita videtur, parce, neque tegumentum invide eis atque velamenta necessaria, pedes vero nudos relinque ut collum, ut genas, ut comam, ut nasum. Ubi quod enim a natura vitium commissum est, callide inventis opus est adversus detrimentum, ut quod non integrum est ars tegat; ubi vero sua ipsius ostentatione pulcritudo sufficit, supervacanea sunt medicamenta. (2) Tibi ipsi confide et pedibus tuis te committe; his ignis parcet, his et mare, et si fluvium traicere volueris, stabit, sin præcipitia transire, prata calcare tibi videberis. Sic et Thetin argenteis pedibus præditam dixit, qui omnes accurate pulcritudinis virtutes noverat, sic et Venerem pictores pingunt ex mari emergentem. Noli torquere, o pulcra, pedes, neque occultare, qui nihil habeant quod occultetur dignum, verum molliter incede ac tui ipsius vestigium relinque, ut terræ quoque gratum aliquid factura.

XXXVII. (21) Eidem.

Momus aliud quidem nihil se in Venere aiebat reprehendere, quid enim tandem reprehendisset? Unum vero ægre ferre se aiebat, quod calceus eius strideret nimisque esset garrulus atque sonitu molestus; sin autem discalceata incessisset, qualis e mari emerserat, nihil habuisset quod cavillaretur et rideret scelestus ille, ac videtur

ἀλιτήριος, καί μοι δοκεῖ μηδὲ μοιχευομένη διὰ τοῦτο
μόνον λαθεῖν, ὅτι πάνθ' ὁ Ἥφαιστος ἔγνω τὰ κεκρυμ-
μένα, τοῦ σανδαλίου διαβαλόντος. ταῦτα μὲν ἡμῖν
ὁ μῦθος, σὺ δὲ καὶ τῆς Ἀφροδίτης ἔοικας βουλεύε-
σθαι ἄμεινον χρωμένη τοῖς ποσὶν ὡς ἐτέχθης, καὶ φεύ-
γουσα τοῦ Μώμου τὰ ἐγκλήματα ὦ ἄδετοι πόδες,
ὦ κάλλος ἐλεύθερον, ὦ τρισευδαίμων ἐγὼ καὶ μακά-
ριος, ἐὰν πατῇ με.

λη' Τῇ αὐτῇ

Ὁ τοῖς ἄλλοις ἐπίρρητον δοκεῖ καὶ μέμφεως ἄξιον,
ὅτι ἀναίσχυντος εἶ καὶ θρασεῖα καὶ εὔκολος, τοῦτο
μάλιστα ἐγώ σου φιλῶ. καὶ γὰρ ἵππους θαυμάζομεν
τοὺς φρονήματι χρωμένους καὶ ὄρνιθας τοὺς μὴ νεύον-
τας κάτω οὐδὲν οὖν οὐδὲ σὺ καινὸν ποιεῖς, εἰ γυνὴ οὖσα
πολλῶν ὥρα κρατοῦσα ὑψηλόν τε ὁρᾷς καὶ μετεωρον
βαδίζεις, εἴπερ τις ἐστὶ καὶ κάλλους ἀκρόπολις πολὺ
κρείττων τῶν βασιλείων μισθώματα λαμβάνεις
καὶ γὰρ ἡ Δανάη χρυσόν καὶ στεφάνους δέχη τοῦτο
μὲν καὶ Ἄρτεμις ἡ παρθένος καὶ γεωργοῖς παρέχεις
σεαυτὴν ἡ δ' Ἑλένη καὶ ποιμέσι καὶ κιθαρῳδοῖς
μηδὲ δούλων καταφρονήσῃς, ἵνα καὶ σὲ δοκῶσιν
ἐλεύθεροι. ἀλλὰ μηδὲ ναυτῶν ταχέως μὲν ἀπίχσιν,
ἀλλ' ὁ Ἰάσων οὐκ ἄτιμος ὁ πρῶτος κατατολμήσας θα-
λάττης οὔτε γὰρ πῦρ θερμὸν οὕτως ὥς σου τὸ ἄσθμα,
οὔτ' αὐλὸς ἡδὺ ἄκουσμα οὕτως, ὡς τὰ σὰ ῥήματα.

λθ' Τῇ αὐτῇ

Μηδὲ γράφειν φυγάδα ἀνέξῃ, ἀλλ' ἐπίνευε φιλοῦ-
σιν. ἔφευγε καὶ Ἀριστείδης, ἀλλ' ἐπανήρχετο, καὶ
Ξενοφῶν, ἀλλ' οὐ δικαίως, ἔφευγε καὶ Θεμιστοκλῆς,
ἀλλ' ἐτιμᾶτο καὶ παρὰ βαρβάροις, καὶ Ἀλκιβιάδης,
ἀλλὰ παρετείχιζε τὰς Ἀθήνας, καὶ Δημοσθένης, ἀλλ'
ὁ φθόνος αἴτιος. φεύγει καὶ θάλαττα, ὅταν ὑφ' ἡλίῳ
ἐλαύνηται, καὶ ὁ ἥλιος, ὅταν νὺξ καταλαμβάνῃ φεύ-
γει καὶ μετόπωρον χειμῶνος προσιόντος καὶ χει-
μὼν ἄπεισιν ἔαρος διώκοντος, καὶ ξυνελόντι εἰπεῖν αἱ
τῶν ὑστέρων καιρῶν ἐπιθυμίαι τῶν προτέρων και-
ρῶν εἰσι φυγαί. ἐδέξαντο καὶ Ἀθηναῖοι Δημήτερα
φεύγουσαν καὶ Διόνυσον μετοικοῦντα καὶ τοὺς Ἡρα-
κλέους παῖδας ἁλωμένους, ὅτε καὶ τὸν Ἐλέου ἐστή-
σαντο βωμὸν ὡς τρισκαιδεκάτου θεοῦ, οὐκ οἶνον
σπένδοντες αὐτῷ, ἀλλὰ δακρύων ἀνάστησον καὶ σὺ
τὸν βωμὸν καὶ κακῶς πράττοντα ἐλέησον ἄνθρωπον,
μὴ δὶς γένωμαι φυγὰς καὶ τῆς πατρίδος στερηθεὶς
καὶ τοῦ πρὸς σὲ ἔρωτος σφαλεὶς ἐὰν γὰρ ἐλεήσῃς,
κατελήλυθα

μ' Τῇ αὐτῇ

Ἡ πυρσαίνουσα μίλτος τὰ χείλη καὶ τὴν παρειὰν
γράφουσα κώλυμα φιλημάτων, κατηγορεῖ δὲ καὶ
γήρας τοῦ προσώπου, ὑφ' οὗ πελιδνὸν μὲν τὸ στόμα,
ῥυσὴ δ' ἡ παρειὰ καὶ ἔξωρος. ἴσχε δὴ χρωματο-

---

nihil et adulterium exercens quin lateret non hoc solum
obstitisse, quod omnia occulta Vulcanus nosset, quippe
quum sandalium ipsam proderet Hæc quidem nobis
fabula, tu vero vel Venere melius consulere tibi videris,
si pedibus utaris, uti nata es, et Momi effugias crimi-
nationes O pedes vinculis liberos, o liberam pulcritu-
dinem, o ter felicem me ac beatum, si me conculcet

XXXVIII (68) Eidem

Quod aliis infame videtur et reprehensione dignum,
impudentem te esse audacemque atque facilem, id maxime
ego in te amo Nam et equos admiramur superbientes
et aves quæ caput non demittunt Itaque ne tu qui-
dem novum quid facis, si utpote mulier pulcritudine
multis præstans supercilia attollis et sublimi gressu ince-
dis, si quidem quæ pulcritudinis etiam arx est longe re-
gnis superior Mercedem accipis, nempe et Danae aurum
Et coronas impetras, has quidem et Diana virgo Et
agricolis te ipsam præbes, Helena et pastoribus et ci-
tharædis Neque servos asperneris, quo vel tuo benefi-
cio liberi videantur, at neque nautas, celeriter quidem
abeunt, verum contemptus haud fuit Iason, qui primus
maris periculum fecit Neque enim ignis tam est quam
spiritus tuus calidus, neque tibia tam suavis auditu quam
oratio tua

XXXIX (70) Eidem

Ne scribere quidem exuli permittes? at annue amanti-
bus Exulabat et Aristides, sed in patriam redut, et Xe-
nophon, sed nulla sua culpa, exulabat et Themisto-
cles, sed in honore erat vel apud barbaros, et Alci-
biades, sed et murum adversus Athenas exstruebat, et
Lemosthenes, sed invidia caussa erat Exulat et mare
ubi a sole impellitur, et sol, ubi nox appetit Exulat
etiam auctumnus hieme instante et hiems abit vere
insequente, utque paucis dicam, quæ ante fuere tempes-
tates a minoribus natu in exilium compelluntur Exce-
perunt et Athenienses Cererem fugientem et Bacchum
transmigrantem et Heraclidas errabundos, quo tempore
et Misericordiæ ut tertii et decimi dei aram consti-
tuerunt, non vino ei libantes, verum lacrimis Erige tu quoque
hanc aram, hominisque miserere miseri, ne bis exul fiam
et patria extorris et tuo excidens amore Nam si miserita
fueris, ero restitutus

XL (2) Eidem

Rubens nimium labra genasque pingens impedimento
est osculis, coarguitque senectæ faciem, quæ lividum
facit os et rugosam genam atque flaccidam Desine igitur

ποίαν καὶ μηδὲν ἐπιποίει τῷ κάλλει, μὴ καὶ γράψω-
μαί σε γήρως ἐπὶ τῇ τοῦ προσώπου γραφῇ.

μα΄. Ἀθηνοδώρῳ.

Οἱ ὀφθαλμοὶ ξύμβουλοι τοῦ ἐρᾶν, σὺ δ᾽ ἀκοῇν σπά-
σας ἐρᾷς Ἰωνικοῦ μειρακίου εἰκὼν Κόρινθον· τουτὶ δὲ
μανικὸν φαίνεται τοῖς οὔπω εἰδόσιν ὅτι νοῦς ὁρᾷ.

μβ΄. Τῷ αὐτῷ.

Εἰ κρότῳ ἀνοήτῳ χαίρεις, καὶ τοὺς πελαργούς,
ἐπειδὰν παριόντας ἡμᾶς κροτῶσιν, ἡγοῦ δῆμον το-
σούτῳ σωφρονέστερον τοῦ Ἀθηναίων, ὅσῳ μηδὲ αἰ-
τοῦσι μηδὲν ὑπὲρ τοῦ κροτεῖν.

μγ΄. Τῷ αὐτῷ.

Τὸ ἐρῶντα καρτερεῖν σωφρονέστερον τοῦ μηδ᾽ ἐρα-
σθῆναι· καὶ γὰρ δὴ καὶ τὰ πολεμικὰ ἄνδρες οὐχ οἱ μὴ
τρωθέντες, ἀλλ᾽ οἱ νικῶντες ἐν τρχύμασιν.

μδ΄. Ἀθηναΐδι.

Τὸ μὲν μὴ ἐρῶντι χαρίζεσθαι Λυσίου δόξα, τὸ δ᾽
ἐρῶντι δοκεῖ Πλάτωνι, σοὶ δὲ καὶ ἐρῶντι καὶ μὴ
ἐρῶντι. τοῦτο δὲ σοφὸς μὲν οὐδείς, Λαΐς δ᾽ οἶμαι
ἐπῄνει.

με΄. Διοδώρῳ.

Τὰς ἀπυρήνους ῥόας Ἐρυθραὶ κηπεύουσιν οἰνοχοού-
σας νᾶμα πότιμόν, ὥσπερ τῶν βοτρύων οἱ εὖ πράτ-
τοντες. δέκα σοι τούτων τρυγήσας ἔπεμψα, χρῶ δ᾽
αὐταῖς σιτούμενος μὲν ὡς οἴνῳ, μεθύων δ᾽ ὡς σίτῳ.

μς΄. Μειρακίῳ.

Εὖ πεποίηκας στρωμνῇ χρησάμενος τοῖς ῥόδοις· ἡ
γὰρ πρὸς τὰ πεμφθέντα ἡδονὴ σημεῖον μέγα τῆς
πρὸς τὸν πέμψαντα τιμῆς, ὥστε κἀγὼ σοι δι᾽ αὐ-
τῶν ἡψάμην· καὶ γάρ ἐστιν ἐρωτικὰ καὶ πανοῦργα
καὶ κάλλει χρῆσθαι εἰδότα. δέδοικα δέ, μὴ οὐδ᾽
ἡσυχίαν ἤγαγεν, ἀλλ᾽ ἠνώχλει σοι καθεύδοντι, ὥσπερ
τῇ Δανάῃ ὁ χρυσός. εἰ δὲ βούλει τι φίλῳ χαρίζεσθαι,
τὰ λείψανα αὐτῶν ἀντίπεμψον μηκέτι πνέοντα ῥόδων
μόνον, ἀλλὰ καὶ σοῦ.

μζ΄. Ἑταίρᾳ τινί.

Εἰ Λάκαινα ἦσθα, ὦ καλή, Ἑλένης ἂν ἐμνημόνευ-
σας καὶ τῆς νεώς, εἰ Κορινθία, τῶν Λαΐδος κώμων, εἰ
Βοιωτία, τῶν Ἀλκμήνης γάμων, εἰ τῶν ἐξ Ἤλιδος,
οὐκ ἤκουσας τὸν Πέλοπος δρόμον; οὐκ ἐζήλωσας τὴν
ἐκ θεάτρου γαμηθεῖσαν; οὐκ ἐθαύμασας τὸν Ἀλφειόν,
οὐκ ἔπιες τοῦ νυμφίου; ἡ δὲ Τυρώ τῷ Ἐνιπεῖ ἐπενή-
ξατο καὶ ἀγρίωντι ἐπὶ θάλατταν συνήγαγεν· ἦν γὰρ
ἀγαθὴ καὶ μεγάλων ἐραστῶν ἀξία, δοκεῖς δέ μοι μηδὲ

---

fucum obducere, nec quicquam admisce pulcritudini,
ne ob pictam faciêm senectæ te accusem.

XLI. (3) Athenodoro.

Oculi amoris sunt suasores, tu vero ex fama Ionicum
amas adolescentem Corinthum habitans, idque vesanum
videtur eis, qui mentem videre nesciunt.

XLII. (4) Eidem.

Si stolido plausu delectaris, ciconias quoque, ubi præ-
tereuntibus nobis adstrepunt, populum puta Atheniensibus
eo modestiorem, quod pro plausu suo ne petunt quidem
quicquam.

XLIII. (5) Eidem.

Amantem sese continere maioris temperantiæ est quam
omnino non amare; namque et in bello viri sunt non qui
non vulnerantur, verum qui vulnerati victoriam conse-
quuntur.

XLIV. (6) Athenaidi.

Non amanti gratificandum esse Lysiæ est sententia,
amanti autem Platoni videtur, tibi vero et amanti et non
amanti. Id quod sapiens quidem nemo, Lais vero opinor
probabat.

XLV. (10) Diodoro.

Punica sine nucleis mala Erythræ proferunt liquorem
potabilem fundentia tanquam vinum velut sucosæ uvæ.
Horum decem a me decerpta mitto, tu autem utere eis
cibum capiens ut vino, ebrius verò ut cibo.

XLVI. (31) Iuveni.

Recte fecisti quod lecto rosis usus es; nam voluptas
ex donis capta magnum est pietatis erga eum qui misit
argumentum. Itaque et ego per eas te attrectavi; sunt
enim amatoriæ et versutæ et pulcritudine uti gnaræ.
Vercor autem ut quietæ, nec dormienti tibi molestæ
fuerint, quemadmodum aurum Danaæ. Quod si quid
vis amanti gratum facere, earum reliquias remitte non
solum rosarum adhuc, sed tui etiam odorem exhalantes.

XLVII. (42) Meretrici.

Si Lacæna esses, o pulcra, Helenæ meminisses atque
navis, si Corinthia, Laidis comissationum, si Bœotia
Alcmenæ nuptiarum, sin ex Elide, non audivisses cur-
sum Pelopis? non æmulata esses eam, quæ ex theatro
recens nupsit? non admirata Alpheum? non fruita sponso?
Tyro vero Enipeo innatavit et .... excepit;
erat enim bona magnisque digna amatoribus. Sed nec

σπιακή τις εἶναι, πάντως γὰρ ἂν τῷ Ἔρωτι ἔθυες,
δ' Ἀττικῇ, τὰς γὰρ παννυχίδας καὶ τὰς ἑορτὰς καὶ
Μενάνδρου δράματα οὐκ ἄν ποτε ἠγνόησας· ἀλλ' εἰ
ἐβάρβαρος εἶ καὶ μία τῶν ἀπὸ Θερμώδοντος ποταμοῦ
ρθένων, ἀλλ' οὖν καὶ ταύτας λόγος νεανίσκοις ξυμ-
έχεσθαι καὶ τίκτειν ἐκ κλοπῆς· ἀλλὰ μὴ, Θρᾷττα καὶ
δωνία; καὶ μὴν καὶ τούτων ἔρως ἥψατο, καὶ ἡ μὲν
Νυσίῳ ξυνεπλάκη, ἡ δὲ τῷ Βοιωτῷ Διί. ἔοικα
ηχέναι σε, εἰ μὴ κακός εἰμι καὶ φαῦλος φυσιογνω-
νεῖν Δαναός σοι πατὴρ καὶ χεὶρ ἐκείνη καὶ λῆμα
ικόν· ἀλλὰ κἀκείνων τις τῶν ἀνδροφόνων παρθένων
ινίσκου φιλοῦντος ἐφείσατο. οὐχ ἱκετεύω σε, οὐ
κρύω, πλήρωσον τὸ δρᾶμα, ἵνα μου ψαύσῃς κἂν
ει.

μη' Ἑταίρῳ τινί

Καὶ σὺ πονηρὸς οὕτως, ὡς μηδένα ἄλλον ἐλεεῖν,
γὼ δυστυχὴς οὕτως, ὡς μηδὲ παρ' ἄλλου λαβεῖν,
· πάνυ χαίρω τῇ κακοπραγίᾳ βουλόμενος μὴ παύ-
σθαι διαμαρτάνων, ἵνα παύσῃ μηδὲ σὺ τῆς ἐπὶ τῷ
χρῷ τοῦ τρόπου κακοδοξίας· -ὸ μὲν γὰρ ἐμὸν μιᾶς
ρον ἡδονῆς, τὸ δὲ σὸν κοινὸν ἐς διαβολὴν τῆς παρὰ
ντων αἰτίας.

μθ' Τῷ αὐτῷ

Ἔπεμψά σοι σῦκα ἠρινά, θαυμάζοις δ' ἂν αὐτῶν
τὸ ἤδη ἢ τὸ ἔτ'.

ν' Τῷ αὐτῷ

Τί τὸ καινὸν ἀνδρολήψιον τοῦτο; τίς ἡ τυραννίς,
εις με ἀπὸ τῶν ὀμμάτων καὶ σύρεις μὴ θέλοντα,
περ τοὺς πλέοντας ἡ Χάρυβδις ἀνερρόφει. ἦσαν
α καὶ ἔρωτος πέτραι καὶ ὀφθαλμῶν πνεύματα, οἷς
ἅπαξ ἐνσχεθεὶς καταδύεται. τοῦτο μὲν οὖν οὐκ εἶχεν
ι' ἡ Χάρυβδις ἐμπρόθεσμον ἐκεῖνο τὸ ναυάγιον,
ι σμικρόν τις ἀναμείνας σωτηρίας ηὐπόρει δένδρον
ιὼν ἐν πελάγει, ὁ δ' ἐς ταύτην ἅπαξ τὴν θάλατταν
ταρρυείς, οὐκέτι ἐξέρχεται.

να'. Γυναικί

Ἡ Σαπφὼ τοῦ ῥόδου ἐρᾷ καὶ στεφανοῖ αὐτὸ ἀεί
νι ἐγκωμίῳ τὰς καλὰς τῶν παρθένων ἐκείνῳ
οιοῦσα, ὁμοιοῖ δ' αὐτὸ καὶ τοῖς τῶν Χαρίτων πήχε-
ι, ἐπειδὰν ἀποδύσῃ σφῶν τὰς ὠλένας· ἐκεῖνο μὲν
ν εἰ κάλλιστον ἀνθέων, βραχὺ τὴν ὥραν παρέπεται
ρ τοῖς ἄλλοις ἐννεάσαν τῷ ἦρι· τὸ δὲ σὸν εἶδος ἀεὶ
θηλεν· ὅθεν ὀφθαλμοῖς ἐμμειδιᾷ καὶ παρειαῖς οἷον
ἔαρ τὸ μετόπωρον τοῦ κάλλους.

νβ' Νικήτῃ

Οὐ τὸ ἐρᾶν νόσος, ἀλλὰ τὸ μὴ ἐρᾶν· εἰ γὰρ ἀπὸ
ῦ ὁρᾶν τὸ ἐρᾶν, τυφλοὶ οἱ μὴ ἐρῶντες

Thespiensis mihi esse videris, omnino enim Amori sacra
faceres, neque Atheniensis, non enim pervigilia atque
festos dies, Menandrique fabulas ignorares. Verum et
si barbara esses atque una de virginibus, quæ ad Ther-
modontem habitant, tamen has etiam fama est in iuve-
num venire amplexus et ex furtivis parere amoribus. An
vero Thressa vel Sidonia? at has quoque amor attigit,
atque illa quidem Nysium, hæc vero Bœotium Iovem am
plexata est. Videor mihi te indagasse, nisi hebes sum et
rudis in arte ex facie divinandi. Danaus tibi pater est et
manus illa et mens cruenta. Sed illarum etiam parrici-
darum virginum una tamen iuveni pepercit amanti. Non
te oro supplex, non fundo lacrimas, perfice rem, ut me
vel ense tangas.

XLVIII (12) Sodali cuidam.

Et tam tu malignus es ut neminis miserearis, et ego tam
sum miser, ut nec ab alio accipere velim, qua valde gau-
deo miseria, repulsæ ferendæ finem minime appetens, ne
tu quoque ob moris immanitatem male audire desinas.
Meum enim unius voluptatis opus est, tuum vero com-
munem incurrit culpæ in omnes commissæ reprehensio-
nem.

XLIX (9) Eidem

Ficus tibi misi vernas, tuque mireris in eis, sive quod
iam sint, sive quod adhuc.

L (49) Eidem

Quid novum plagæ genus istud? quæ tyrannis? trahis
me oculis rapisque invitum, quemadmodum navigantes
Charybdis absorbebat. Sunt igitur et amoris scopuli et
oculorum turbines, quibus qui semel implicatus fuerit
demergitur. Et hoc quidem Charybdis non habebat
stati temporis erat hoc naufragium, et si quis paullum ex-
spectaret, inventa in mari arbore ex periculo evadebat.
Qui vero in hoc mare delatus semel fuerit, huic nullus
patet exitus.

LI (73) Mulieri

Rosam Sappho amat, semperque aliqua eam ornat
laude pulcras virgines cum ea comparans, comparat eam
etiam cum Gratiarum brachiis ipsarum nudatis cubitis.
Hic igitur si florum est pulcerrimus, brevis tamen est
ætatis, transit enim una cum ceteris vere transacta iu-
ventute. tua vero forma semper floret, unde in oculis
tuis genisque tanquam ver auctumnus ridet pulcritudi-
nis.

LII (74) Nicetæ

Non ægrotant, qui amant, sed qui non amant. Nam si
amare (ἐρᾶν) a videndo (ὁρᾶν) est, cæci sunt qui non
amant

31

νγ'. Γυναικί τινι.

Τὴν νεφέλην τῶν ὀφρύων ἀφαιρεῖν ἄμεινον, ὡς μηδὲν κατηφὲς εἴη σοι περὶ τὴν ὥραν· αὐτῶν τε γὰρ τῶν ὡρῶν ἡδίους αἱ ἀνειμέναι καὶ γελῶσαι, καὶ τὸ κάλλος ἡδονὴν ὥσπερ ἐκ κατόπτρου ἐμφαίνει τῆς περὶ τῷ προσώπῳ γαλήνης, ἣν εἰ μὴ θολώσεις, ἄστρον ὑπέρτατον ἐν ἀμέρᾳ βλεπόμενον δόξεις. εἰ δ' ἐκ Πινδάρου ταῦτα, κἀκεῖνό που κατὰ Πίνδαρον, τὸ τὴν ἀκτῖνα τὴν ἀπὸ σοῦ πηδῶσαν εἶναι τῶν ἐμῶν ὀφθαλμῶν δμήτειραν.

νδ'. Γυναικί.

Εἰ κἀμὲ φεύγεις, ἀλλ' ὑπόδεξαι κἂν τὰ ῥόδα ἀντ' ἐμοῦ. καί σου δέομαι μὴ στεφανοῦσθαι μόνον, ἀλλὰ καὶ κοιμηθῆναι ἐπ' αὐτῶν· καὶ γάρ ἐστιν ἰδεῖν μὲν καλά, οἷαν τὸ πῦρ ἔχει τὴν ἀκμήν, ἅψασθαι δὲ μαλακὰ καὶ πάσης στρωμνῆς ἁπαλώτερα ὑπὲρ τὸν Βαθυλώνιον κόκκον καὶ τὴν Τυρίαν πορφύραν. καὶ γὰρ εἰ σπουδαῖα ἐκεῖνα, ἀλλ' οὐ πνεῖ καλόν. ἐνετειλάμην αὐτοῖς καὶ τὴν δειρήν σου φιλῆσαι καὶ τοῖς μαστοῖς ἐπελθεῖν καὶ ἀνδρίσασθαι, ἂν ἐφῇς, καὶ οἶδ' ἀκούσεται. ὦ μακάρια, οἵαν γυναῖκα περιβάλλειν μέλλετε. ἀλλὰ δεήθητε αὐτῆς ὑπὲρ ἐμοῦ καὶ πρεσβεύσατε καὶ πείσατε, ἐὰν δὲ παρακούῃ, κατακαύσατε.

νε'. Ἑτέρᾳ γυναικί.

Ὄντως τὰ ῥόδα Ἔρωτος φυτά· καὶ γὰρ νέα, ὡς ἐκεῖνος, καὶ ὑγρά, ὡς αὐτὸς ὁ Ἔρως, καὶ χρυσοκομοῦσιν ἄμφω καὶ τἄλλ' αὐτοῖς ὅμοια. τὰ ῥόδα τὴν ἄκανθαν ἀντὶ βελῶν ἔχει, τὸ πυρρὸν ἀντὶ δᾴδων, τοῖς φύλλοις ἐπτέρωται. χρόνον δ' οὔτε Ἔρως οὔτε ῥόδα οἶδεν· ἐχθρὸς γὰρ ὁ θεὸς καὶ τῇ κάλλους ὀπώρᾳ καὶ τῇ ῥόδων ἐπιδημίᾳ. εἶδον ἐν Ῥώμῃ τοὺς ἀνθοφόρους τρέχοντας καὶ τῷ τάχει μαρτυροῦντας τὸ ἄπιστον τῆς ἀκμῆς· ὁ γὰρ δρόμος διδασκαλία χρήσεως. εἰ μὲν οὖν ἅψῃ ταχέως· τῶν ῥόδων, μένει, εἰ δὲ μελλήσεις, ἀπελήλυθε. μαραίνεται καὶ γυνὴ μετὰ ῥόδων, ἂν βραδύνῃ. μὴ μέλλε, ὦ καλή· ξυμπαίξωμεν, στεφανωσώμεθα τοῖς ῥόδοις, ξυνδράμωμεν.

νϛ'. Μειρακίῳ.

Ἀπέκλειόν σοι τὰ ὄμματα. πῶς σοι; εἴπω· ὡς οἱ πολιορκούμενοι τὰς πύλας. καὶ σὺ τὴν φρουρὰν λαθὼν ἔνδον εἶ. λέγε, τίς σε ἐσήγαγεν, εἰ μή τι τὰ ὄμματα ** ἦν ἄρα πάθος ἐρωτικὸν καὶ κατὰ τῆς ψυχῆς γενόμενον, ἥ γε πάλαι μὲν μόνα ἐνεθυμεῖτο ἃ ἤθελε, καὶ περὶ τὰ κάλλιστα ἐσπουδάκει φιλοσοφοῦσα, καὶ ἦν αὐτῆς ὁ ἔρως τὰ οὐρανοῦ νῶτα ὁρᾶν καὶ περὶ τῆς κατὰ ταῦτα οὔσης οὐσίας πολυπραγμονεῖν καὶ τίνες αἱ τοῦ παντὸς περίοδοι καὶ τίς ἡ ταῦτ' ἄγουσα ἀνάγκη, καὶ τὸ σκέμμα ἐδόκει χαριέστατον ἡλίῳ ξυνδραμεῖν καὶ σελήνῃ, ξυγκινδυνεῦσαι μὲν ἀπιούσῃ, ξυνησθῆναι

Præstat nubem a superciliis removere, ne quid triste inhæreat pulcritudini tuæ; ipsarum enim horarum suaviora sunt remissa ac ridentia, et pulcritudo voluptatem tanquam e speculo ostendit ex vultus serenitate, quam si conturbaveris, sidus celsissimum interdiu conspicuum videberis. Quæ si Pindari sunt, hoc quoque Pindaricum, radium a te prosilientem meorum oculorum esse domitricem.

LIV. (58) Mulieri.

Etsi me fugis, at rosas saltem mei loco suscipe atque oro te, ut non solum coronarieis, sed etiam indormire velis. Nam quum adspectu pulcræ ob igneum fulgorem, tum tactu molles sunt et omni lecto supra Babylonium coccum Tyriamque purpuram teneriores. Nam etsi egregia illa, at pulcrum non spirant. Iussi eas et collum tuum osculari et mammis arrepere, virique partes agere, si permittas, ac scio dicto erunt audientes. O felices, qualem feminam estis complexuræ. Sed rogate eam meo nomine et conciliate et persuadete, sin vero non exaudiat, urite.

LV. (34) Alii mulieri.

Revera rosæ Amoris flores sunt; nam et iuveniles sunt, ut ille, et molles, ut ipse Amor, et aureæ utrisque comæ sunt et cetera eis similia. Rosæ spinas pro sagittis habent, ruborem pro facibus, foliis alatæ sunt. Diuturnitatem nec rosæ nec amor norunt; hæc enim dea et pulcritudinis æstati infesta est et rosarum assiduitati. Vidi Romæ florigeros currentes et celeritate vigoris infirmitatem testificantes; cursus enim utendum esse docet. Itaque si celeriter rosas apprehendas, manent, sin cuncteris, iam abierunt. Marcescit et mulier cum rosis, si moretur. Ne cuncteris, o pulcra, colludamus, coronemur rosis, una curramus.

LVI. (32) Iuveni.

Claudebam tibi oculos. Quomodo tibi? dicam. Ut obsessi portas. Tu tamen clam præsidio intus es. Dic, quis te introduxit, nisi oculi præsidium reliquere? Erant igitur amoris insidiæ eæque in animam compositæ, quæ olim quidem sola cogitabat, quæ volebat, et in pulcerrimis philosophiæ præceptis operam collocabat, eratque ei amor cœli terga intueri et naturam eius indagare, quæque essent mundi versationes et quæ ista agens necessitas, gratissimaque videbatur contemplatio, solis cursum persequi atque lunæ, cum ea decrescente una trepidare et

δὲ πληρουμένῃ, τῷ τε ἄλλῳ χορῷ τῶν ἀστέρων ξυμ-
πλανηθῆναι καὶ μηδὲν ἄβατον μηδ' ἀθέατον καταλιπεῖν
τῶν ὑπὲρ τὴν γῆν μυστηρίων. ἀφ' οὗ δ' ἀνθρωπίνῳ
πλησιάσασα ἔρωτι ἑάλω κάλλους ὄμμασι, πάντων
ἐμελήσασα ἐκείνων περὶ ἓν τοῦτο ἐσπούδακε, καὶ ὅσον
ἂν τῆς ἔξω μορφῆς ἁρπάσῃ, τοσοῦτον ἔνδον ξυντίθησι
καὶ μνήμῃ ταμιεύεται, τὸ δ' ἔσω παρελθὸν φῶς μέν
ἐστιν ἐν ἡμέρᾳ, νύκτωρ δ' ὄναρ γίγνεται.

νζ'. Πρὸς φιλοῦντα

Πέπεισαι μέν, ὡς εἰκάζειν ἔχω, τοῦ δ' ἔργου τὴν
αἰσχύνην δκνεῖς, εἶτα πρᾶγμα ἀποδιδράσκεις, ἀφ' οὗ
τις φίλος γίγνεται; οὐκ ἐντεῦθεν ἐπληρώθη καλῶν τὰ
Ὁμήρου ἔπη τὸν Νιρέα τὸν Ἀχιλλέα ἐς Τροίαν ἄγον-
τος; οὐκ ἐντεῦθεν Ἁρμόδιοι καὶ Ἀριστογείτονες, οἵ γε
φίλοι καὶ μέχρι τῶν ξιφῶν, ὁ δ' Ἀπόλλων οὐχ Ἀ-
δμήτῳ καὶ Βράγχῳ ἐθήτευσεν, ὁ δὲ Ζεὺς οὐ τὸν Γανυ-
μήδην ἥρπασεν, ᾧ χαίρει καὶ πρὸ τοῦ νέκταρος, μό-
νοι γὰρ ὑμεῖς οἱ καλοὶ καὶ τὸν οὐρανὸν οἰκεῖτε ὡς
πόλιν. μὴ φθονήσῃς ἐραστοῦ σεαυτῷ δοῦναι μὲν
ἀθανασίαν οὐκ ἔχοντος, τὴν δ' αὑτοῦ ψυχὴν προτείνον-
τος. εἰ δ' ἀπιστεῖς, ἕτοιμος ἀποθνήσκειν, κἂν ἐπιτάτ-
τῃς τοῦτο νυνί. εἰ δὲ πλέκω τὸν βρόχον, ἀπάνθρωπε,
οὐ καθαιρήσεις;

νη'. Μειρακίῳ

Ἐπαινῶ σε ἀντισοφιζόμενον τῷ χρόνῳ καὶ περι-
κόπτοντα τὰ γένεια· ὃ γὰρ ἀπῆλθε φύσει, τοῦτο μένει
τέχνῃ, ἡδίστη δ' ἡ τῶν ἀπολυμένων ἀνάκτησις
ὥστ', εἰ ἐμοὶ ξυμβουλεύοντι πείθοιο, τῇ μὲν κεφαλῇ
κόμα, καὶ μελέτω σοι τῶν βοστρύχων, ὡς τοὺς μὲν
ταῖς παρειαῖς ξυγκαταβαίνειν ἠρέμα, τοὺς δὲ τοῖς
ὤμοις ἐπικαθῆσθαι, καθάπερ φησὶν Ὅμηρος τοὺς
Εὐβοεῖς ὄπισθεν κομᾶν (κεφαλὴ γὰρ ἀνθοῦσα ἡδίων
παρὰ πολὺ τοῦ τῆς Ἀθηνᾶς φυτοῦ, εἴπερ γε δεῖ καὶ
ταύτην τὴν ἀκρόπολιν μὴ ψιλὴν ὁρᾶσθαι μηδ' ἀνόσμη-
τον), τὰ δὲ γένειά σοι ψιλὰ ἔστω, καὶ μηδὲν ἐνοχλείτω
τῷ φωτὶ τούτῳ μήτε νεφέλη μήτε ἀχλύς· ὡς γὰρ οὐχ
ἡδὺ θέαμα κεκλεισμένα ὄμματα, οὕτως οὐδὲ γένεια
καλοῦ κομῶντα. εἴτε οὖν φαρμάκοις εἴτε μαχαίραις
λεπταῖς εἴτε ἄκροις δακτύλοις εἴτε ῥύμμασι καὶ πόκις
εἴτε ἄλλῃ τινὶ μηχανῇ, πρᾶττε σεαυτῷ τὸ κάλλος
μακρότερον. οὕτω γὰρ ἔσῃ μιμούμενος τοὺς ἀγήρως
θεούς.

νθ'. Γυναικὶ

Ἐχθὲς ξυγκλείσας τὰ βλέφαρα ὅσον ἡσυχῇ σκαρ-
δαμύξαι, πολὺν ἡγούμην τὸν χρόνον ἀμέλει τοῖς
ὀφθαλμοῖς ὡς ἀνεράστοις ἐνεκάλουν « τί δὴ αὑτῆς ἐπε-
λάθεσθε; τί δὲ τὴν φρουρὰν ἐξελίπετε, ποῦ δ' ἐστι
καὶ τί γέγονε, κἂν τοῦτο αὐτὸ μηνύσατε. » νομίσας
δ' ἀκούειν ἀπῆλθον ἔνθα σε ὄψεσθαι ᾠόμην καὶ τοῦτο
ἐκεῖνο ἐζήτουν ὡς ἡρπαγμένην τί οὖν μέλλω ποιεῖν,

---

una gaudere cum impleta, atque cum reliquo astrorum
choro una oberrare, nihilque mysteriorum, quæ terræ
imminent, intactum aut invisum relinquere Sed ex quo
humano admota amori pulcritudinis oculis capta est, ne-
glectis istis omnibus in hoc uno studium collocavit, et
quantum externæ formæ arripuerit, tantum intus compo-
nit et memoria reponit, quicquid autem intus fuerit ad-
missum, lumen quidem interdiu est, noctu vero somnium
evadit

LVII (56) Amanti

Persuasum est tibi, ut conicere licet, sed rei metuis
turpitudinem? quid igitur facinus declinas, quo demum
iungitur amicitia? nonne hinc pulcris referta sunt Homeri
carmina, Nireum, Achillem Troiam adducentis? nonne
hinc Harmodu et Aristogitones, qui quidem amici vel ad
ensem usque? Apollo item nonne Admeto servivit atque
Brancho? ac Iuppiter nonne Ganymedem rapuit, quo vel
nectare magis gaudet? soli enim vos pulcri cœlum etiam
velut urbem habitatis Ne tibi invideas amatorem, qui
quidem immortalitatem tibi dare nequit, at animam
suam tibi offert Quod si non credis, paratus sum ad
mortem, ubi hoc nunc iubes Si laqueum autem nectam,
inhumane, non detrahes?

LVIII (62) Iuveni

Laudo te, qui tempus arte eludas et lanuginem rese-
ces, quo'd enim natura discessit, id arte manet, iucun-
dissima vero est eorum, quæ amissa sunt, recuperatio
Itaque si quid mea apud te valet auctoritas, capite co-
mam ale, cincinnosque cura, ut alii iuxta genas descen-
dant placide, alii in humeros defluant, quemadmodum
Homerus ait Eubœos a tergo comare (nam caput capil-
lum germinans multo iucundius est Minervæ planta, si-
quidem et hanc arcem non convenit nudam inornatamque
conspici), genæ vero nudæ tibi sint, nec quicquam huic
lumini officiant neque nubes neque caligo Nam uti haud
iucundum adspectum præbent clausi oculi, sic neque
genæ pulcri capillosæ Sive igitur medicamentis sive
cultellis sive summis digitis sive smegmatis et herbis
sive alia quadam arte, fac ut maneat tibi pulcritudo Sic
enim deos imitatus fueris nunquam senescentes

LIX (63) Mulieri

Heri quum palpebras clausissem, ita tamen ut placide
nictarem tantum, longum tempus putabam præteriisse
Sane oculos ut amoris expertes obiurgabam, « quid igi-
tur obliti eius estis? cur custodiam deseruistis? ubinam
est et quid accidit? hoc saltem ipsum indicate » Quum-
que audire mihi visus essem, abii eo, ubi te visurum me
opinabar, et ut raptam, quod aiunt, te quærebam Quid

31

ἐὰν ἐξελάσῃς ἐς ἀγρόν, ὡς πέρυσι, καὶ πολλῶν ἡμερῶν τὰς ἐν ἄστει διατριβὰς καταλίπῃς; ἡγοῦμαι ἀναγκαῖον σαφῶς ἀπολωλέναι μηδὲν ἔχοντα ἡδὺ μήτε ἀκούειν μήτε ὁρᾶν. ἐγὼ μὲν γὰρ ἕψεσθαί σοι νομίζω τὴν πόλιν ἐξιούσῃ καὶ αὐτοὺς τοὺς ἐν ἄστει θεοὺς ἑλκομένους ὑπὸ τῆς θέας. τί γὰρ ἐνταῦθα μόνοι ποιοῦσιν; εἰ δὲ κἀκεῖνοι κατὰ χώραν μενοῦσιν, ἀλλ᾽ ἔγωγε οὐκ ἀπολειφθήσομαι τοῦ Ἔρωτος ἐφόλκιον· εἰ δὲ καὶ σκάπτειν δέοι, λήψομαι τὴν δίκελλαν, εἴτε κλᾶν, θεραπεύσω τὰς ἀμπέλους, εἴτε ἐπάγειν λαχάνοις ὕδωρ, ὁδοποιήσω τὸν δρόμον. τίς γὰρ οὕτω τυφλὸς ποταμός, ὡς σὴν γῆν μὴ γεωργεῖν; ἐν ἐξόμνυμαι τῶν ἐν ἀγροῖς εἰθισμένων, ἀμέλγειν γάλα. μόνων ἡδέως τῶν σῶν μαστῶν ἅπτομαι.

ξ᾽. Γυναικὶ καπηλίδι.

Πάντα με αἱρεῖ τὰ σά, καὶ ὁ λινοῦς χιτὼν ὡς ὁ τῆς Ἴσιδος, καὶ τὸ καπηλεῖον ὡς Ἀφροδίσιον, καὶ τὰ ἐκπώματα ὡς Ἥρας ὄμματα, καὶ ὁ οἶνος ὡς ἄνθος, καὶ τῶν τριῶν δακτύλων αἱ ξυνθέσεις, ἐφ᾽ ὧν ὀχεῖται τὸ ποτήριον, ὥσπερ αἱ τῶν φύλλων τῶν ἐν τοῖς ῥόδοις ἐκβολαί. κἀγὼ μὲν φοβοῦμαι μὴ πέσῃ, τὸ δ᾽ ἕστηκεν ὀχυρῶς ὡς γνώμῃ ἐρηρεισμένον, καὶ τοῖς δακτύλοις ξυμπέφυχεν. εἰ δὲ καὶ ἀποπίοις ποτέ, πᾶν τὸ καταλειπόμενον γίγνεται θερμότερον τῷ ἄσθματι, ἥδιον δὲ τοῦ νέκταρος. κάτεισι γοῦν ἐπὶ τὴν φάρυγγα ἀκωλύτοις ὁδοῖς, ὥσπερ οὐκ οἴνῳ κεκραμένον, ἀλλὰ φιλήμασιν.

ξα᾽. Γυναικί.

Τίς σε, ὦ καλή, περιέκειρεν; ὡς ἀνόητος καὶ βάρβαρος ὁ μὴ φεισάμενος τῶν Ἀφροδίτης δώρων. οὐδὲ γὰρ γῆ κομῶσα ἡδὺ οὕτω θέαμα ὡς γυνὴ κατάκομος. φεῦ ἀναιδοῦς παλάμης, ὄντως πάντα τὰ ἐκ πολεμίων πέπονθας· ἐγὼ δ᾽ οὐκ ἂν οὐδ᾽ αἰχμάλωτον περιέκειρα, τιμῶν τὸ κάλλος ὡς οὐχ ἡδέως ἀμελούμενον. ἀλλ᾽ ἐπεὶ τετέλεσται τὰ δεινά, κἂν μήνυσον τὰς κόμας ποῦ κεῖνται, ποῦ τέτμηνται, πῶς αὐτὰς ὑποσπόνδους λάβω, πῶς φιλήσω χαμαὶ κειμένας. ὦ πτερὰ Ἔρωτος, ὦ κεφαλῆς ἀκροθίνια, ὦ κάλλους λείψανα.

ξβ᾽. Τῇ αὐτῇ.

Ὅτε ἔκρινε τὰς θεὰς ὁ Ἀλέξανδρος, οὔπω παρῆν ἡ ἐκ Λακεδαίμονος· εἰ δ᾽ οὖν, μόνην ἂν καλὴν ἀπεφήνατο ἣν αὐτὸς ἐβούλετο. ὅπερ οὖν ἐκείνῳ τότε πρὸς τὴν κρίσιν ἐλλιπῶς ἔσχεν, ἐμοὶ νῦν ἐπανορθωθήσεται. μὴ κάμνετε, ὦ θεαί, μηδὲ ἐρίζετε, ἔχω γὰρ ἰδοὺ τὸ μῆλον. λάβε, ὦ καλή, καὶ νίκα τὰς θεάς, καὶ ἀνάγνωθι τὰ γράμματα. τά τ᾽ ἄλλα καὶ ἐπιστολῇ τῷ μήλῳ κέχρημαι. ἐκεῖνο Ἔριδος, τοῦτο Ἔρωτος· ἐκεῖνο ἐσιώπα, τοῦτο φθέγγεται. μὴ ῥίψῃς, μὴ φάγῃς· οὐδ᾽ ἐν πολέμῳ πρεσβευτὴς παρανομεῖται. τί οὖν ἐπέσταλκα; αὐτὸ ἐρεῖ « Εὐίππη, φιλῶ σε. » ὑπόγρα-

---

igitur faciam, si in agrum egressa, ut anno proximo multis diebus urbanam reliquisti conversationem? prorsus manifesto de me actum puto, quum nec auditu nec visu iucundum quicquam habeam. Ego enim censeo, te ex urbe egredientem vel ipsos eius deos sequuturos esse adspectu tuo tractos. Quid enim hic soli faciunt? sed etiamsi hi loco suo manebunt, at ego non relinquar Amoris appendix. Quod si etiam fodere oporteat, sumam sarculum, sin putare, colam vites, sin in olera aquam inducere, deducam fossam. Quis enim tam cæcus fluvius, quin tuum solum non colat? unum eiuro eorum, quæ ruri fieri solent, lac mulgere : solas enim tuas mammas cum voluptate tango.

LX. (23) Mulieri copæ.

Omnia tua me capiunt, et linea tunica, velut quæ est Isidis, et caupona velut Veneris sacrum, et pocula velut Iunonis oculi, et vinum velut flos, et trium digitorum, quibus poculum vehitur, coniunctio velut in rosis calycis folia. Atque ego quidem metuo ne cadat, at illud firmiter stat quasi consilio fixum et cum digitis concrevit. Quod si etiam degustes aliquando, quod relinquitur omne halitu incalescit et nectare fit suavius. Descendit igitur ad guttur expeditis viis, quasi non vino temperatum, sed osculis.

LXI. (64) Mulieri.

Quis te, o pulcra, totondit? quam amens et barbarus, qui Veneris muneribus non pepercit? Neque terra tam comans tam adspectu pulcra quam femina comata. Heu manum temerariam, revera quicquid ab hoste metuendum passa es. Ego vero ne captivam quidem detonderem, pulcritudinem reverens, ut quam negligere indignum sit. Sed quoniam patratum est facinus, indica saltem, ubi reposita sit coma, ubi abscissa, quomodo fide interposita potiri ea possim, quomodo osculari humi proiectam. O Amoris alas, o capitis primitias, o pulcritudinis reliquias.

LXII. (66) Eidem.

Quum deabus ius diceret Alexander, nondum aderat Lacæna; sin adfuisset, solam pulcram declarasset quam volebat ipse. Quod igitur secus illi tunc in iudicio cadebat, mihi nunc emendabitur. Nolite laborare, o deæ, nec contendere : en malum teneo. Accipe, o pulcra, vincis enim deas, et lege inscriptionem. Ceterum epistola etiam malo utor : illud Eridis erat, hoc Amoris, silebat illud, vocem hoc emittit. Noli abicere, noli devorare : ne in bello quidem legatus violatur. Quid igitur huic epistolæ inscripsi? ipsum dicet : « Euippe, amo te. »

ϕον ἀναγνοῦσα « κἀγὼ σέ. » δέχεται τὸ μῆλον καὶ ταῦτα τὰ γράμματα

ξγ'. Γυναικί

Ἐπυθόμην ὡς τὰ ῥόδα ἐλθόντα παρὰ σὲ ὅσα χρέος ἀπέλαβεν· ἐγώ τε γὰρ ἐνετειλάμην αὐτοῖς, καὶ ὡς εἰκὸς πιόντα ἀκηράτου χρωτὸς τῆς σῆς δρόσου κατείχον τὴν ψυχὴν ἐξιοῦσαν καὶ δυσαιασχετοῦσαν. καλῶς ἐποιή-σατε, ὦ ῥόδα, ἀναβιώσαντα, καὶ δέομαι, μείνατε, ἔστ' ἂν ἔλθω. μαθεῖν γὰρ ἔγνωκα, εἴ τι παρ' ἀλλή-λων εἰλήφατε ἐς εὐωδίαν αὐτὴ καὶ ὑμεῖς ἐς χρόνον.

ξδ' Μειρακίῳ

Τὴν σωφροσύνην, ἐφ' ᾗ μέγα δὴ φρονεῖς, οὐκ οἶδα τί εἴπω πότερον ἀγριότητα ἀντίπαλον τῶν φύσεως ἐπιταγμάτων, ἢ φιλοσοφίαν ἀγροικίᾳ πεπυργωμένην, ἢ αὐθάδη πρὸς ἡδονὰς δειλίαν, ἢ σεμνὴν ὀλιγωρίαν τῶν τοῦ βίου τερπνῶν, ὅ τι δ' ἂν ᾖ καὶ δοκῇ τοῖς σο-φισταῖς, δόξῃ μέν ἐστι καλόν, ἔργῳ δ' ἀπανθρωπότε-ρον. τί γὰρ δὴ μέγα, πρὶν ἀπελθεῖν τοῦ βίου, νεκρὸν εἶναι σώφρονα, στεφανῶσαι, πρὶν ὅλως ἀπανθεῖν, καὶ χρῖσαι, πρὶν σαπῆναι, καὶ κτῆσαι φίλους, πρὶν ἔρημος γενέσθαι. καλὸν νυκτὶ προλαβεῖν τὴν νύκτα ἐκείνην, πρὶν εἰφῆν, πιεῖν, πρὶν πεινῆν, φαγεῖν ποίαν δοκεῖς ἡμέραν σεαυτοῦ, τὴν χθές; τέθνηκεν. τὴν τήμερον, οὐκ ἔστι τὴν ἐπιοῦσαν, οὐκ οἶδ' εἰ παρέσται σοι. καὶ σὺ κἀκεῖνα τῆς τύχης.

ξε' Ἐπικτήτῳ

Φοβοῦ δῆμον παρ' ᾧ πολλὰ δύνασαι

ξς Χαρίτωνι

Μεμνήσεσθαι τῶν σῶν λόγων οἴει τοὺς Ἕλληνας, ἐπειδὰν τελευτήσῃς οἱ δὲ μηδὲν ὄντες ὁπότε εἰσί, τίνες ἂν εἶεν, ὁπότε οὐκ εἰσίν;

ξζ' Φιλήμονι

Τὸν τραγῳδὸν Διοκλέα εἰ μὲν ἤδη γιγνώσκεις, ἐπαινεῖς δήπου, εἰ δ' ἀγνοεῖς, ἐν τοῖς καλῶς ἐπαινου-μένοις γράφε, καὶ γενοῦ περὶ αὐτὸν οἷον εἰκὸς ἢ τὸν πεπεισμένον ἢ τὸν μὴ ἀπιστοῦντα

ξη' Κτησιδήμῳ

Οἱ ἐρωτικοὶ τῶν ποιητῶν ἀγαθαὶ ἀκρόασις καὶ ἐξώ-ροις ἄγουσι γὰρ αὐτοὺς ἐς ἔννοιαν τοῦ ἐρᾶν ὥσπερ ἀνηβηκότας. μὴ δὴ νόμιζε σαυτὸν ὑπερήμερον τῆς τούτων ἀκροάσεως ἡ γὰρ ξυνουσία τῶν τοιῶνδε ποιη-τῶν ἢ οὐκ ἐπιλήσει σε ἀφροδισίων ἢ ἀναμνήσει.

ξθ Ἐπικτήτῳ

Οἱ τελούμενοι τῇ Ῥέᾳ μαίνονται πληγέντες τὰ ὦτα κτύποις ὀργάνων. ἀλλ' ἐκεῖνα μὲν κυμβάλων καὶ αὐλῶν ἔργα, σὲ δ' οὕτως ἐκπλήττουσιν Ἀθηναῖοι χρο-

---

His lectis subscribe « et ego te », caput enim malum has quoque litteras.

LXIII (36) Mulieri

Audivi rosas, quum ad te pervenissent, debitam vo-luptatem percepisse Nam ut mandavi eis, de puris-simo cutis tuæ rore bibentes vitam retinuere iam exeun-tem et male se habentem Bene fecistis, o rosæ, quod revixistis, rogoque donec veniam maneatis Experiri enim decrevi, numquid a vobis invicem profeceritis, in suaveolentia illa et vos in diuturnitate

LXIV (71) Iuveni

Castitatem, qua te effers, quid dicam nescio utrum ferociam naturæ legibus adversantem, an philosophiam rusticitate munitam, an arrogantem adversus voluptates timiditatem, an gravem vitæ deliciarum despicientiam? sed quicquid sit et sophistis videatur, specie quidem pulcrum est, re ipsa inhumanius Quæ enim quæso laus est, antequam vita decedas præ castitate emori? corona te antequam prorsus emarcueris, et unge te antequam putrueris, et amicos tibi compara antequam solus fueris Pulcrum est, nocte antevertere noctem illam, antequam sitias bibere, antequam esurias edere Quam diem tuam arbitraris? Hesternam? periit Hodiernam? non est tua, Crastinam? nescio an tibi futura sit Et tu et illa ludi-bria fortunæ

LXV (7) Epicteto

Time populum, apud quem multum vales

LXVI (8) Charitoni

Græcos opinaris orationum tuarum, ubi vita discesseris, memoriam esse servaturos qui vero nihil sunt, dum sunt, qui erunt, ubi non fuerint?

LXVII (11) Philemoni.

Dioclem tragœdum, si quidem iam nosti, probas sine dubio, sin vero ignoras, in merito probatorum refer nu-merum et talem te ei præbe, qualem par est esse eum qui aut ipse norit aut non diffidat

LXVIII (14) Ctesidemo

Amatorii poetæ iucundi sunt auditu vel senioribus; amorem enim in mentem eis revocant quasi iuvenescen-tibus Noli igitur credere, ad hos audiendos tempus elapsum tibi esse, nam eiusmodi poetarum consuetudo efficiet, ut rei venereæ aut non obliviscaris aut reminis-caris

LXIX (13) Epicteto

Qui Rheæ initiati sunt, furore aguntur aures instru-mentorum strepitu perculsi Et illud quidem cymbalo-tum tibiarumque opus est, te vero ita Athenienses chro-

τοῦντες, ὡς ἐκλανθάνεσθαι τίς εἶ καὶ τίνων γέγονας.

ο'. Κλεοφῶντι καὶ Γαίῳ.

Ὑπὲρ ὧν ἐπεστείλατε, τὰ μὲν ἤδη γέγονε, τὰ δ' αὐτίκα ἔσται· ἐγὼ γὰρ Λήμνιος ὢν πατρίδα ἐμαυτοῦ καὶ τὴν Ἴμβρον ἡγοῦμαι, ξυνάπτων εὐνοίᾳ καὶ τὰς νήσους ἀλλήλαις καὶ ἐμαυτὸν ἀμφοτέραις.

οα'. Αἰρετιανῷ.

Τὸ ποιητικὸν ἔθνος πολλοὶ καὶ πλείους ἢ οἱ τῶν μελιττῶν ἑσμοί, βόσκουσι δὲ τὰς μὲν λειμῶνες, τοὺς δ' οἰκίαι καὶ πόλεις, ἀνθεστιῶσί τε αἱ μὲν κηρίοις, οἱ δ' ὀψοποιίᾳ λαμπρᾷ. εἰσὶ δὲ τῶν ποιητῶν οἱ καὶ τραγήμασιν ἑστιῶντες, τούτους δ' ἡγώμεθα τοὺς τῶν ἐρωτικῶν ποιητάς, ὧν εἷς καὶ Κέλσος οὗτος ᾠδαῖς παραδεδωκὼς τὸν ἑαυτοῦ βίον ὥσπερ οἱ χρηστοὶ τέττιγες. ὡς δ' ἂν μὴ δρόσῳ ἀλλὰ σιτίοις ἀληθινοῖς τρέφοιτο, πεπίστευκά σοι μελήσειν.

ογ'. Ἀντωνίνῳ.

Οἱ πελαργοὶ τὰς πεπορθημένας πόλεις οὐκ ἐσπέτονται, κακῶν πεπαυμένων ἠχὼ φεύγοντες· σὺ δ' οἰκίαν οἰκεῖς, ἣν αὐτὸς ἐπόρθησας καὶ θεοῖς τοῖς ἐν αὐτῇ θύεις ὥσπερ οὐκ οὖσιν, ἢ οὖσι μέν, ἐκλελησμένοις δ' ὅτι καὶ τὰ ἐκείνων ἔχεις.

οδ'. Ἰουλίᾳ Σεβαστῇ.

Οὐδ' ὁ θεσπέσιος Πλάτων τοῖς σοφισταῖς ἐβάσκηνεν, εἰ καὶ σφόδρα ἐνίοις δοκεῖ τοῦτο, ἀλλὰ φιλοτίμως πρὸς αὐτοὺς εἶχεν, ἐπειδὴ διεφοίτων θέλγοντες μικράς τε καὶ μείζους πόλεις τὸν Ὀρφέως καὶ Θαμύρου τρόπον, τοῦ δὲ βασκαίνειν ἀπεῖχε τοσοῦτον, ὅσον φιλοτιμία φθόνου· φθόνος μὲν γὰρ τρέφει τὰς μοχθηρὰς φύσεις, φιλοτιμία δὲ τὰς λαμπρὰς ἐγείρει, καὶ βασκαίνει μέν τις τὰ μὴ ἑαυτῷ ἐφικτά, ἃ δ' ἄμεινον ἢ μὴ χεῖρον διαθήσεται,·φιλοτιμεῖται πρὸς ταῦτα. ὁ γοῦν Πλάτων καὶ ἐς τὰς ἰδέας τῶν σοφιστῶν ἵεται, καὶ οὔτε τῷ Γοργίᾳ παρίησι τὸ ἑαυτοῦ ἄμεινον γοργιάζειν, πολλά τε κατὰ τὴν Ἱππίου καὶ Πρωταγόρου ἠχὼ φθέγγεται. (2) ζηλωταὶ δ' ἐγένοντο ἄλλοι μὲν ἄλλων· καὶ γὰρ δὴ καὶ ὁ τοῦ Γρύλλου φιλοτιμεῖται πρὸς τὸν τοῦ Προδίκου Ἡρακλέα, ὁπότε ὁ Πρόδικος τὴν κακίαν καὶ τὴν ἀρετὴν ἄγει παρὰ τὸν Ἡρακλέα καλούσας αὐτὸν ἐς βίου αἵρεσιν. Γοργίου δὲ θαυμασταὶ ἦσαν ἄριστοί τε καὶ πλεῖστοι· πρῶτον μὲν οἱ κατὰ Θετταλίαν Ἕλληνες, παρ' οἷς τὸ ῥητορεύειν γοργιάζειν ἐπωνυμίαν ἔσχεν, εἶτα τὸ ξύμπαν Ἑλληνικόν, ἐν οἷς Ὀλυμπίασι διελέχθη κατὰ τῶν βαρβάρων ἀπὸ τῆς τοῦ νεὼ βαλβῖδος. λέγεται δὲ καὶ Ἀσπασία ἡ Μιλησία τὴν τοῦ Περικλέους γλῶτταν κατὰ τὸν Γοργίαν θῆξαι, Κριτίας δὲ καὶ Θουκυδίδης οὐκ ἀγνοοῦνται τὸ μεγαλόγνωμον καὶ τὴν ὀφρὺν παρ' αὐτοῦ κεκτημένοι, μεταποιοῦντες δ' αὐτὸ ἐς τὸ οἰκεῖον ὁ μὲν ὑπ' εὐγλωττίας, ὁ δ' ὑπὸ

---

plausu obstupefaciunt, ut quis sis obliviscaris et a quibus parentibus ortus.

LXX. (16) Cleophonti et Caio.

De quibus scripsistis, ea partim iam facta sunt, partim brevi fient. Ego enim, qui Lemnius sim, Imbrum quoque patriam mihi esse puto, benevolentia et inter se insulas et me ipsum utrique iungens.

LXXI. (17) Hæretiano.

Poetica gens numerosa, pluresque quam apium examina, pascuntque illas prata, hos domus atque civitates, epulisque se excipiunt illæ favis, hi splendido obsoniorum apparatu. Sunt etiam poetæ, qui bellaria apponant, ac tales putemus amatoriorum poetas, quorum unus et Celsus iste, qui vitam suam cantibus impendit quemadmodum bonæ cicadæ. Qui ne rore, sed vero cibo alatur tibi curæ fore confido.

LXXII. (18) Antonino.

Ciconiæ in urbes devastatas non advolant præteritorum malorum imaginem fugientes; tu vero domum habitas, quam ipse diripuisti, diisque, qui in ea sunt, sacrificas, quasi non sint, aut ut sint, quasi quod et ipsorum bona occupaveris oblitis.

LXXIII. (12) Iuliæ Augustæ.

Nec divinus Plato sophistis invidebat, etsi valde hoc quibusdam placet, verum æmulabatur eos, quod parvas magnasque civitates demulcentes Orphei atque Thamyri modo oberrabant, a malignitate autem tantum aberat, quantum ab invidia æmulatio. Nam invidia misera ingenia nutrit, æmulatio vero splendida excitat, atque invidet quis eis, quæ ipse nequit consequi, quæ vero ut meliora evadant aut non deteriora curat, hæc æmulatur. Plato igitur sophistarum etiam formas appetit, ac neque Gorgiæ cedit gorgissando et multa ad Hippiæ et Protagoræ dicendi genus exprimit. (2) Æmuli autem alii aliorum exstitere; nam et Grylli filius Prodici Herculem æmulatur, quum Prodicus pravitatem et virtutem ad Herculem adducit ad vitæ genus eligendum eum invitantes. Gorgiæ autem admiratores erant optimi et plurimi, ac primum quidem qui Thessaliam habitabant Græci, apud quos eloquentiæ ars gorgissandi cognomen accepit, tum universi Græci, coram quibus Olympiæ contra barbaros ex templi crepidine disseruit. Fertur etiam Aspasia Milesia Periclis linguam ad Gorgiæ exemplum acuisse, Critiam autem et Thucydidem non ignorant granditatem et fastum orationis ab eo accepisse, atque ad suam indolem accommodavisse alterum pro facundia,

ὁμῆς. (1) καὶ Αἰσχίνης δ' ὁ ἀπὸ τοῦ Σωκράτους,
πέρ οὗ πρώην ἐσπούδαζες ὡς οὐκ ἀφανῶς τοὺς δια-
λόγους κολάζοντος, οὐκ ὤκνει γοργιάζειν ἐν τῷ περὶ
ῆς Θαργηλίας λόγῳ. φησὶ γάρ που ὧδε « Θαργη-
λία Μιλησία ἐλθοῦσα εἰς Θετταλίαν ξυνῆν Ἀντιόχῳ
Ἰετταλῷ βασιλεύοντι πάντων Θετταλῶν » αἱ δ' ἀπο-
τάσεις αἵ τε προσβολαὶ τῶν λόγων Γοργίου ἐπιχωρία-
ον πολλαχοῦ μέν, μάλιστα δ' ἐν τῷ τῶν ἐποποιῶν
ὄχλῳ   πεῖθε δὴ καὶ σύ, ὦ βασίλεια, τὸν Θαρτα-
εώτερον τοῦ Ἑλληνικοῦ Πλούταρχον μὴ ἄχθεσθαι
ῆς σοφιστᾶς, μηδ' ἐς διαβολὰς καθίστασθαι τοῦ
ὀργίου. εἰ δ' οὐ πείθεις, σὺ μέν, οἵα σου σοφία καὶ
ῆτις, οἶσθα τί χρή ὄνομα θέσθαι τῷ τοιῷδε, ἐγὼ
εἰπεῖν ἔχων οὐ λέγω.

ζ' Ὅτι —εχνις— Ἀλκιβιάδης   τ. x γὰρ οὐκ ἔστιν ἐγ-
ἡμα, οὔτε.   τη, ἔλαστος οἰτια, ἤ τηλη ἀπολεῖτα: τὸ
.ος ἀλλήλους γο ιωνια ἀπιδε — ιλεόομενος ἐκεῖνος εε-
.ιντται τῶ θησάματι, ὁ πενης σιωπᾶ παλιν — ὁ πενης εα-
ὸν, ὡς μηδ' ἐν τούτω τῇ τιμῇ, ἀπεῖναι τῇ, αλτουρη α: ο
λουσιος ἐοὺς εὐθεως ελιγητα: το γὰρ πρᾶγμα καταφρφον-
γνεται τῷ πτηθει τῶν ξυνειγωνότων, ω, μηδὲ τοὺς γειτο
ις μηδὲ τοὺς παριοντας τῶ, ὅσα πορω, αγνοῆσαι το δρᾶμα
πε ητι χρησάμενος: τιλω λα0ἀνει οὔτε γὰρ ὁ;χος τῇ δεχ-
τ προσεστι, ναι τη τῶν ἔξωθεν καταθύησιν εκτρπιο εενος
κι το τῶν δυνατωτερων αὐτοῦ γινεσθαι τινας ἀετερασιης,
ς ραστον τοῦ πραγματος, οὐχ ὁμολογε' την ευτυχιαν,
ιϑ' αποκρυπτεται   τι δεῖ τα πολλα λεγειν, ὁ πλουσιος —
ισοῦντι, τις ξυναγωνισηται, τις ξυνελεϑἡ εις στρα-οπεδον,
ς αὐτον — ελουστῶ
η'. Εἰ ξενος — αναπτεται, ναι δεῖ το μεν λαωψι, το δ'
θις αισθεσθαι, διαφ σεως δ' οὐδεὶ οὔτ ὦσιν οὔτ' ὄμμασιν,
ϳ' εισι και ξενος και πολιταις οἱ της φυχῆ, ἀγγελοι οὐ μην
- ξενον, οὐδ' ὁ Ἑλλας τον Ἡρακλεα, οὐδ' ὁ Λικμιος του
'αἰαμαλλον, οὐδ' — αφανεστερος εἰ δε δὴ καὶ μενοντος,
γραψον με συ και Ζευ, γενοῦ φρατριος: και Ἀπολλων τα-
ϳϑω,, ἡ δε ξωῆ τοῦ Ἐρωτος
ι' Τοὺς ὄρνεις—διχτυος, κἄν τε ἔμπορο, τις ἐλθών, ποι-
χινει μοι δοκεῖς κἂν καθῆσθαι πιθων τους λιθους, ναί τε
ιι θαλαττιαν — ἡμερας και μην και ποταμοῦ πληγιον γενο
ινος τον μὲν οὐκ οἶδα ὅπως ἠράληται, σε δι ρεῖ ἀντ'
εἶνει νομίζω καλόν και μεγα και πολ, μεῖζον τῆς θαλάτ-
τ., αντίος δε φαινεν, δι εγω βούλομαι εἰ δι — σε
ιβ' Ποθεν μου — και κακαθε ια φλογίζεσθε ἀπαλλαγὴν
ν ειλεσθε ελοείν μη δυνάμινοι μακαριων, ὦ θεοί, τῶν ελ-
νετῆς τελωων, ἐφ' οὓς ἔρως ρολον ουκ ἔχει
ιγ' Ὁ καλος — ἀνθεῖ. εεῦ, μελλοντες εγγρασαμεν, σὺ
ἰν θᾶττον εἴξει μὴ θελήσας, εγω δ' ὀννησας ἐσηθῆ, ια: πρι:
- ουνήιαι
ιε' Τι μοι — ἄ-ιστον ναι καᾶπερ πιρός ὁριη σδεννυται,
ϳ δε — ὀψεως
ιη' Μαλακωτερον — ρευματι ἐς ἀντιψμεν τῆς ἰλυος γεμο-
ενης — ποαν, και τὸ ἴχνος προσκυνησομεν παντες; ὦ ρυθ-
οὶ —σνμα ἐρριμμενον
ιθ' Μεισαιφ πορνω Πωλεῖ; στατὸν κα: γαρ — ρόδων
ικείνοις μεν ἀρασκεις, ὅτι καὶ γυμνος ἐστηκας και διδω, ες
ρίσιν σεαυτον, ὁ μονον καλλου: ἴδιον εστι παρρησιαν, εὐ-
ιχοῦτος μη δη αιδοῦ — οὐκ ενος και ἄτρα παντων και ο
λιος — βασιλευς και λαμβανε και ἔτι προσκυνοῦ
κα' Οἶσα τι, — φοβειται ἐμοι μεν οὐδεν ἄλλω δοκεῖ
ροσιοικεναι φυλλα ρόδων λυθεντων ἢ πιττευσιν οι ρολλοι
ς τῶ: σκόξα ἐρωτικῶν αὐτοῖς μάλλον ἄχθονται λυθεσιν ἢ
αιρουσιν ἐπιτετειςιεμένοις, ἐπει την παρουσιαν τῆς ἡδονῆς
υ-ω, ὁ μέλλων φοβος: νικᾷ δε ση — λύεται ει γαρ ἐπι-
ρεψεις μοι κἂν ἔνα βοστρυχον εντεμεῖν ε' του ἀπελθω μι

---

alterum pro robore   (3) Æschines etiam Socraticus, de
quo nuper disserebas, ut qui non obscure dialogos suos
castigasset, in sermone de Thargelia scripto gorgissare
non dubitabat   Dicit enim hoc fere modo « Thargelia
Milesia profecta in Thessaliam cum Antiocho versabatur
Thessalo, qui cunctis imperat Thessalis » Separatores
autem et commissuræ orationum Gorgiæ multis quidem
locis recipiebantur, maxime vero in epicorum poetarum
corpore   Jam suade tu quoque, regina, Græcorum au-
dacissimo Plutarcho sophistis infensum esse minime,
nec de Gorgia male existimare. Quod si non persuade-
bis, tu quidem pro sapientia tua ac prudentia quo talis
nomine sit appellandus nosti, ego vero, quamvis possim
dicere, non dicam

VII Quia — Alcibiades Paupertas enim non est crimini
neque ignominiæ, quoniam quod quisque queritur huminum,
fortuna mutuo redarguit commercio Respice — misericordi
Ille de præda gloriatur, pauper tacet Rursus — se ipsum, ut
se in hac quidem re honor absit admotæ ab ipso operi manus
Dives eo quod dat statim convincitur, res enim palam fit mul-
titudine eorum, qui conscii sunt, ut neque vicini, neque qui
forte interveniunt viatores negotium ignorent   qui paupere
utitur amico, latet, procul enim fastus abest a rogatione et
aliorum calumnias evitans ac ne quis de potentioribus sibi riva-
lis existat ut quæ facillima res sit, non prohibetur felicitatem,
sed dissimulat Quid multa — potest Quis una pernoctare?
quis una in castra exire? quis telo — dives sum.

VIII. Quod — incidit, nec fieri potest quin hic effulgeat, illa
statim persentiatur Discrimine autem nec aures nec oculi in-
digent, verum et peregrini et civibus animi nuntii sunt At —
peregrini um, neque Hyllas Herculem, neque Licymnius Rhada-
manthum, neque — obscuritate Sin vero at assiduo opus sit,
tribui tuæ me adscribe et Iuppiter esto phratrius et Apollo
patruus, tribus autem Amoris

X Aves — circumfero, et si ad montem quendam accedam,
pascere mihi videris ac sedere movens lapides, sin ad mare —
et Quin etiam prope fluvium si consistam, nescio quomodo
ille mihi evanesce t, te vero eius loco fluere puto pulcrum ma
gnumque et mari multo maiorem Sin autem — lucere, quem
ego cupio Sin — te

XII Quia — atque urimini et deliberate liberationem — quæ-
rentes. Beatos, o dii, eos, qui cæci nati sunt, ad quos amori
nullus patet aditus.

XIII Formosus — floret Eheu cunctantes consenuimus, tu
quidem citus nolens obsequi, ego vero precari metuens Prius
quam — iurandum

XV Quid — incertum et ut ignis impetus exit nguitur, quod
— argumentum

XVIII. Affectus — inhæsisse limo eam retinente atque —
herbam et vestigium osculabimur omnes, o — iactum oscu-
lum.

XIX. Puero quæstum corpore faciente Vendis te ipsum —
rosas. Places illis quod et nudus prostas et iudicio te subimittis,
quod solum pulcritudinis proprium est sui nactæ fiduciam Ne
— unius est et astra omnium et sol — impera et accipe et ad-
huc adorere

XXI Quæ — perterreant Mihi quidem nulli alii rei similia
videntur rosarum diffluent um folia quam morientibus Eorum
certe, qui amoribus valde dediti sunt, plerique maiore ipsis dif-
fluentibus tristitia quam floris robore communitur gaudio affi-
ciuntur Tuum — diffluunt Utinam concesseris mihi vel unam

οὕτως πνίων, ἔσῃ χαριζομένη ῥόδα μαρανθῆναι μὴ δυνά-
μενα.

κβ'. Ἡ καλλωπιζομένη — σεαυτῇ καὶ τεθάρρηκας, — τὰ
πρόσωπα, οὐδ' ἐν ταῖς κηρίναις τέταξαι γυναιξίν, ἀλλ' ἐν ταῖς
ἀδόλως καλαῖς — φάρμακα.

κε'. Ἐχθές σε — ἐπεστράφης· ἢ γὰρ ἐμίσησας ἢ ἐφοβήθης
ἢ οὐκ ἐγνώρισας ἢ μετενόησας.

κϛ'. Κελεύεις — παῦσον ὁδοιπόρον, ὃν τὸ σὸν ἄστρον
ἀπώλεσεν.

κζ'. Ὡς δύσερι — δίδως ἑαυτόν· ἄνθος γὰρ καὶ βαφὴ τοῖς
καλοῖς· ἀλλ' αὐχμηρὸς — καλόν· ὁ μὲν γὰρ καλλωπισμὸς
ἑταιρικὸν καὶ πάνυ δεῖ δυσχεραίνειν τὴν φαρμασσομένην εὐ-
μορφίαν ὡς πανουργίας ἐγγύς, τὸ δ' ἀκέραιον καὶ ἄκακον καὶ
ἀνεπιβούλευτον μόνων ἴδιον τῶν αὐτὸ δεξαμένων τὸ κάλλος.
οὕτω καὶ — εἰδότων, ὅτι πᾶν ἀληθέστερον τοῦ δεδολωμένου
τὸ φύσει παρόν. οὐδεὶς — οὐδὲ λέοντας οὐδ' ὄρνιθας, ὁ δ' ἵπ-
πους καλλωπίζων χρυσῷ ἢ ἐλέφαντι ἢ ταινίαις λανθάνει λυ-
μαινόμενος τοῦ ζῴου τὸ γαῦρον καὶ τέχνῃ παραδιδοὺς τὸ ἀ-
σχῆμα ἐπανορθοῦσθαι τῆς φύσεως τὰ λείποντα.

κη'. Τὴν καλὴν — ξένων πολλάς· εἰ δὲ δοκεῖ, φέρε, ἐπὶ
ξυνθήκαις γενέσθω τὸ πρᾶγμα· ἢ ἀμφότεροι· μένωμεν, ἢ μετ'
ἀλλήλων ἐκεῖσε ἀπέλθωμεν. οὐ δέχῃ τοῦτο; γνῶθι οὖν ὡς
γενέσθαι μὲν ἰχθὺς ξένος οὐκ ἀνέχεται, χαίρει δὲ μεταβολαῖς·
τῆς γῆς οὔσης μιᾶς. τί γὰρ ἄλλο αἱ πατρίδες ἢ μέτρα δειλά
ἀγεννῶν νομοθετῶν ὅροις καὶ πύλαις διαγραφόντων τὰ οἰ-
κεῖα, ἵνα ταῖς εὐνοίαις στινοχωρώμεθα ὑπερβαίνειν ὀκνοῦν-
τες τὸ πινάκιον τῆς χωροφιλίας· καὶ μὴν — ἔκτισιν. μή τις
ἀποκλείει καὶ ξένον πῦρ οὐκ ἐναῦσαι θέλοντα, ἀλλὰ τὸ κάό-
μενον σβέσαι· μὴ λακωνίζε — ἔχει.

κθ'. Τὰ μὲν — πικράν, ἧς ἔργα θυραυλίαι καὶ χαμαικοι-
τίαι καὶ ἢ πρὸς θάλπος καὶ χειμῶνα ἀντίταξις καὶ μ'
ἀνάειρ' ἢ ἐγώ σε πρὸς τὸν ἀντεραστὴν μάχῃ. τούτων δ' εἰ
πάντων σὺ τὸ φάρμακον, ἔργου ἐφημέρου ποιήματα ἀθάνατα
καὶ βραχείας σώματος ἡδονῇ μνήμην ἀντιλαβοῦσα ἀγήρω. ἃ
μὲν γὰρ δώσεις, κοινὰ καὶ ῥᾴδια τοῦ θήλεος παντός, ἃ δὲ
κτήσῃ αὐτὴ τούτων, οὐδ' ἂν εἴποιμι ὅσα· εὔνοια καὶ μνήμη
καὶ νὺξ, ἀφ' ὧν καὶ μήτηρ καὶ πατὴρ γίγνεται.

λγ'. Ἐξ ὑέλου — ὀμμάτων εἶναι. ἀλλὰ τοῖς μὲν ἀψύχοι
καὶ ἀκινήτου τὸ διαειδὲς, καθάπερ τῶν ὑδάτων τοῖς ἑστηκόσι,
τὰ δ' ἐν τοῖς προσώποις ἐκπώματα τῇ τ' ἄλλῃ ὑγρότητι εὐ-
φραίνειν ἔοικε καὶ τῇ ξυνέσει τῶν φιλημάτων. ὥστ' ἐκεῖνα
— ἀμπέλους.

λδ'. Οὐκ οἶδα — εὐωδίαν· εἰ δὲ καὶ ἀποδύσῃ, ἀστράπτειν
τὰ ἔνδον οἶμαι. Φειδία καὶ Λύσιππα καὶ Πολυκλείτα, ὡς τα-
χέως ἐπαύσασθε· οὐ γὰρ ἂν πρὸ τούτου τι ἄγαλμα ἄλλο
ἐποιήσατε. εὖ μὲν ἔχει· τῆς χειρὸς ἐξόχως, εὖ δὲ τῆς τῶν
στέρνων εὐρύτητος, εὖ δὲ τοῦ περὶ τὴν γαστέρα ῥυθμοῦ. τὰ
δ' ἄλλα οὐδὲ ἰδία πῶς εἴπω. μάχεται τὸ κάλλος καὶ τοῦ Πρια-
μίδου δικαστοῦ. φεῦ, γένωμαι τίς; ταῦτ' ἐπαινέσω; καὶ μὴν
ἐκεῖνα ἀμείνονα. ἐκείνοις δῶ τὴν κρίσιν; καὶ μὴν ἀνθέλκει με
ταῦτα. ἐπίτρεφον ἄψασθαι καὶ ἀποφαίνομαι.

λϛ'. Μὴ ὑποδήσῃ — ἐκ τῆς θαλάττης. οὕτω καὶ τὰς Λευ-
κιππίδας. ἑτοίμους ἔχε τοὺς πόδας τοῖς βουλομένοις φιλεῖν
καὶ μηδὲ χρυσοῦ δέον. μισῶ τὰς πέδας, ὧν ἡ πολυτέλεια
τιμωρία διαφέρει δ' ἢ χρυσῷ τινὰ ἢ σιδήρῳ δεδέσθαι; πλὴν
εἰ μὴ τούτων ἐκεῖνο καὶ κάλλιον, ὅτι μετ' εὐφροσύνης ἀνιᾷ.

λη'. Ὃ τοῖς — τῶν ἵππων θαυμάζομεν τοὺς αὐτῶν ξυν-
ιέντας καὶ λεόντων τοὺς φρονήματι χρωμένους — πολὺ
κρεῖττον τῶν βασιλέων, εἴ γε ὑμᾶς μὲν φιλοῦμεν, ἐκείνους
δὲ φοβούμεθα. μισθώματα λαμβάνεις — ποιμέσι. καὶ κιθα-
ρῳδοῖς χαρίζῃ. οὐ μέλλεις πρὸς τὸν Ἀπόλλω βλέπουσα·
σὺ δὲ μὴδ' αὐλητῶν ἀπόσχου, καὶ γὰρ Μουσῶν ἡ τέχνη,
μηδὲ δούλων — ἐλεύθεροι, μηδὲ τῶν ἀμφὶ κυνηγέσια καὶ
θήρας ἐχόντων ** αἰσχύνεσθαι τὴν Ἀφροδίτην, ὦ καλή·
μηδὲ ναυτῶν — θαλάττης. ἀλλὰ μηδὲ τῶν μισθοῦ στρατευο-
μένων· ἀπόδος δὲ τούτους τοὺς ὑπερηφάνους. πένησι μὲν γὰρ
μηδ' ἀντείπῃς ποτέ· ἀκούουσιν αὐτῶν οἱ θεοί. τὸν μὲν γέ-

excidere cincinnum; nam si ita discedam spirans, largita fueris
rosas, quæ marcescere nequeant.

XXII. Quæ — fidas teque nitaris, eo — faciem, neque in
cerussatarum mulierum numero haberis, verum in eis, quæ in-
genue sunt pulcræ, quales — medicamenta.

XXV. Heri — avertas. Aut enim odisti aut terreris aut non
agnoscis aut pœnitentiam agis.

XXVI. Iubes — sitientem viatorem, quem tuum sidus per-
didit.

XXVII. Quam — te ipsum committis; flos enim et color
pulcris est, sed — pulcrum est. Munditiis enim deditum esse
meretricium est, et omnino aversanda est fucata pulcritudo ut
quæ a fraude absit proxime, simplicitas autem probitasque et
ab insidiis aliena sinceritas solorum est propria eorum, quibus
vera obtigit pulcritudo. Sic — ignorabant, quia, quod natura
suppeditat, omni fucato verius est. Nemo — neque leones, ne-
que aves. Qui vero equos auro exornat vel ebore vel tæniis,
imprudens fervidam animalis lædit indolem atque arti commit-
tit munus corrigendi ea, quæ naturæ prætermissa sunt.

XXVIII. Pulcram — possent. Si autem placet, age, pacto de
ea re statuatur : aut hic uterque maneamus aut simul illuc dis-
cedamus. Non accipis hoc? considera igitur, piscem peregri-
num fieri non posse, lubenter tamen mutare solum, quod unum
est et idem. Quid aliud enim patriæ sunt quam miseræ sordi-
dorum legislatorum mensuræ, terminis ac portis sua circum-
scribentium, ut benevolentia nostra in angustum cogatur, nec
audeamus migrare tabulam, qua amor in patriam imperatur?
atqui — vindicandum. Num quis ædibus vel peregrinum pro-
hibet ignem non accendere, sed flagrantem exstinguere volen-
tem? noli — agnoscit.

XXIX. Tuos — acerbam, cuius opera sunt ad limina perno-
ctare et humi dormire et cum æstu atque frigore pugnare et
« me tolle aut tollam te » cum rivali concertare. Horum omnium
tu es remedium, pro unius diei re opera sempiterna et pro
brevi corporis voluptate memoriam nacta nunquam senescen-
tem. Nam quæ dabis, communia sunt et facilia omni feminæ,
quæ autem pro his habebis, quanta sint dicere vix possum :
benevolentia et memoria et nox, a quibus et mater et pater
nascitur.

XXXIII. Ex vitreo — adspectu. Sed his inanimata et immota
est pellucidatas quemadmodum aquis stagnantibus, quæ vero
in facie sunt pocula, quum reliqua mollitie videntur oblectare,
tum osculorum sensu. Quare — expetat.

XXXIV. Quid — odorem. Si autem deponas vestem, intus
latentia fulgere puto. Phidia et Lysippe et Polyclete, quam
intempestive esse desistis ; neque enim pro hac aliam statuam
fecissetis. Præstas manus pulcritudine et pectoris latitudine et
ventris elegantia. Cetera quomodo describam nescio. De præ-
mio concertat hæc pulcritudo vel Priamida sedente ludice. Heu
quo me vertam? hæc laudem? at ista meliora. Istis primas de-
feram? at hæc me retrahunt. Patere ut attrectem, et senten-
tiam feram.

XXXVI. Noli — emergentem. Sic et Leucippidas. Paratos
habe pedes volentibus osculari et ne auro quidem eos con-
stringe, odi vincula, quorum pretium supplicio est. Num autem
interest auro quenquam an ferro vincirl? nisi hoc illo pulcrius
est, quod cum voluptate lædit.

XXXVIII. Quod — nam et equorum admiramur sibi confi-
dentes et leonum superbientes — regibus superior. Siquidem
vos amamus, illos metuimus. Mercedem — pastoribus. Et ci-
tharœdis gratificari non dubitas respiciens Apollinem. Tu vero
nec tibicinibus abstineas, Musarum enim ars est, neque servos
— videantur, neque qui venationem exercent ** pudore Vene-
rem, o pulcra, neque nautas — fecit. At neque militum sti-
pendia merentes, hos vero superbos nuda. Pauperibus enim ne
verbo quidem adversaris ; dii eos audiunt. Senem cole prop-

ροντα τίμησον δια την σεμνότητα, τὸν δε νεον διδαξον ὡς
ἄρτι ἀρχόμενον, τὸν ξένον, ἂν σπεύδῃ, κατασχες ταῦτα και
Τιμαγορα και Λαΐ; και Ἀρισταγόρα και τὸ Μενανδρου Γλυ
χέριον, ὧν κατ᾽ ἴγνη και σὺ βαίνεις   εἰδυῖα χρῆσθαι **
παρεῖχες και την σην σοφιαν ἐπι καιροῦ τῶν ἔργων ἔχουσα
οὔτε γαρ — ῥηματα

λθ᾽ Μηδὲ — φιλοῦσιν οὐκοῦν οὐδ᾽ ἀναπνεῖν οὐδὲ κλαειν,
οὐδ᾽ ἀλλα ὅσα ἡ φύσις; μή με διώξῃς τῶν θυρῶν, ὡς τῆς
πατρίδος ἡ τύχη, μηδ᾽ ονειδίσῃς; πρᾶγμα αὐτόματον ου το
λαμπρον ἀλόγῳ τῆς δυνκμεως ἔφευγε — ἀλλὰ δακρυων και
τῆς πρὸς τοὺς ἱκετεύοντας αἰδοῦς ἀνάστησον — κατελή-
λυθα.

ter gravitatem, iuvenem doce tanquam tironem, hospitem, si
festinet, retine Sic et Timagora et Lais et Aristagora, Menan
drique Glycerium, quarum vestigus tu quoque incedis Sciens
uti ** præbebas etiam sapientiam tuam rerum opportunitati
accommoditam habens Neque — tua.

XXXIX Ne — amantibus Sin minus, nec spirare, nec
lacrimare, nec alia quæ natura fert Noli me a foribus arcere,
ut a patria fortuna, neque exprobrare mihi rem, quæ sponte
accidit, exulabat — verum lacrimis et erga supplices vere-
cundia Erige — restitutus.

ΠΕΙΣΙΣΤΡΑΤΟΥ ΕΠΙΣΤΟΛΙΙ.

PISISTRATI EPISTOLA.

Σόλωνι.

Οὔτε μόνος Ἑλλήνων τυραννίδι ἐπεθέμην οὔτε οὐ προσῆκόν μοι, γένους ὄντι τῶν Κοδριδῶν. ἀνέλαβον γὰρ ἐγὼ ἃ ὀμόσαντες Ἀθηναῖοι παρέξειν Κόδρῳ τε καὶ τῷ ἐκείνου γένει ἀφείλοντο. τά τε ἄλλα ἁμαρτάνω οὐδὲν ἢ περὶ θεοὺς ἢ περὶ ἀνθρώπους, ἀλλὰ καθ᾽ ὅ τι σὺ διέθηκας τοὺς θεσμοὺς Ἀθηναίοις ἐπιτρέπω πολι- τεύειν. καὶ ἄμεινόν γε πολιτεύουσιν ἢ κατὰ δημο- κρατίαν· οὐκ ἐῶ γὰρ οὐδένα ὑβρίζειν, καὶ ὁ τύραννος ἐγὼ οὐ πλέον τι φέρομαι τἀξιώματος καὶ τῆς τιμῆς, ὁποῖα δὲ καὶ τοῖς πρόσθεν βασιλεῦσιν ἦν τὰ ῥητὰ γέρα. ἀπάγει δὲ ἕκαστος Ἀθηναίων τοῦ αὑτοῦ κλήρου δεκά- την, οὐκ ἐμοί, ἀλλ᾽ ὁπόθεν ἔσται ἀναλοῦν εἴς τε θυ- σίας δημοτελεῖς καὶ εἴ τι ἄλλο τῶν κοινῶν καὶ ἢν πό- λεμος ἡμᾶς καταλάβῃ. σοὶ δ᾽ ἐγὼ οὔτι μέμφομαι μηνύσαντι τὴν ἐμὴν διάνοιαν· εὐνοίᾳ γὰρ τῆς πόλεως μᾶλλον ἢ κατὰ τὸ ἐμὸν ἔχθος ἐμήνυες, ἔτι τε ἀμαθίᾳ τῆς ἀρχῆς, ὁποίαν τινὰ ἐγὼ καταστήσομαι. ἐπεὶ μα- θὼν τάχ᾽ ἂν ἠνέσχου καθισταμένου, οὐδ᾽ ἔφυγες. ἐπάνιθι τοίνυν οἴκαδε, πιστεύων μοι καὶ ἀνωμότῳ ἄχαρι μηδὲ πείσεσθαι Σόλωνα ἐκ Πεισιστράτου· ἴσθι γὰρ μηδ᾽ ἄλλον τινὰ πεπονθέναι τῶν ἐμοὶ ἐχθρῶν. εἰ δὲ ἀξιώσεις τῶν ἐμῶν φίλων εἷς εἶναι, ἔσῃ ἀνὰ πρώ- τους· οὐ γάρ τι ἐν σοὶ ἐνορῶ δολερὸν ἢ ἄπιστον· εἴτε ἄλλως Ἀθήνησιν οἰκεῖν, ἐπιτετράψεται. ἡμῶν δὲ οὕ- νεκα μὴ ἐστέρησο τῆς πατρίδος.

Soloni.

Neque solus Graecorum tyrannidem arripui, neque ut qui a Codro genus repetam rem a me alienam usurpavi. Recepi enim ego quae postquam Codro eiusque posteris se praebi- turos iureiurando se obstrinxerant Athenienses abstulerunt. Ceterum nihil delinquo vel in deos vel in homines, verum secundum leges, quos tu dedisti, permitto Atheniensibus vivere. Et melius quidem vivunt quam si libera esset civitas: non enim patior cuiquam fieri iniuriam: neque ego tyrannus auctoritate atque honore antiquis praesto regibus, contentus iis quae olim illis ex pacto tribui sole- bant. Ac solvit Atheniensium quivis suarum rerum de- cimam non mihi, sed ut sit quod in sacrificia publica insumatur et si qua alia re civitas indiget aut quando bellum ingruat. Tibi vero ego non succenseo, quod mentem meam detexeris: civitatis enim studio magis quam mei odio detexisti, praetereaque quale imperium constiturus essem nescius. Nam si scivisses, forlasse aequo animo toleravisses, neque in exilium abiisses. Redi igitur in patriam bona fide mihique et iniurato credens, nihil fore periculi a Pisistrato Soloni. Scito enim neque alium quenquam inimicorum meorum mali quicquam a me perpessum. Tu vero, si placuerit ex amicis meis esse, eris inter primos: nihil enim video in te fraudis aut perfidiae · sin alio quovis modo habitare Athenis velis, in tuo arbitrio hoc esto positum. Nostra caussa ne careas patria.

ΠΙΤΤΑΚΟΥ ΕΠΙΣΤΟΛΗ.

PITTACI EPISTOLA.

Κροισῳ

Κέλεαί με ἰχνέεσθαι ἐς Λυδίην, ὅπως σοι τὸν ὄλβον ἴδοιμι· ἐγὼ δὲ καὶ μὴ ὁρεὶς πέπεισμαι τὸν Ἀλυάττεω παῖδα τῶν βασιλήων πολυχρυσότατον πέλειν· οὐδέν τε πλέον ἄμμιν ἱκομένοις ἐς Σάρδις χρυσοῦ γὰρ οὐ δεύμεθα, ἀλλὰ πέπαμαι ἄρχια καὶ τοῖς ἐμοῖς ἑτάροις ἔμπας δ᾽ ἵξομαι, ὡς ἀνδρὶ ξείνῳ γενοίμην τοι συνόμιλος.

Crœsᴐ

Jubes me in Lydiam venire ad spectandas opes tuas ego vero his etiam non conspectis persuasum habeo Alyattis lilium regum omnium esse opulentissimum Neque amplius quicquam Sardes profecti habituri sumus auro enim non indigemus, sed possideo quantum satis et amicis meis sit. Veniam tamen, ut tibi hospitali viro fiam familiaris

ΠΛΑΤΩΝΟΣ ΕΠΙΣΤΟΛΑΙ.

PLATONIS EPISTOLÆ.

α΄. Δίων Διονυσίῳ εὖ πράττειν.

(309) Διατρίψας ἐγὼ παρ' ὑμῖν χρόνον τοσοῦτον καὶ διοικῶν τὴν ὑμετέραν ἀρχὴν πεπιστευμένος πάντων μάλιστα, τὰς ὠφελείας ὑμῶν λαμβανόντων, τὰς δια-βολὰς δυσχερεῖς οὔσας ὑπέμενον· ἤδη γὰρ ὅτι τῶν ὠμοτέρων οὐδὲν ἐμοῦ συνεθέλοντος ὑμῖν δόξει πεπρᾶ-χθαι· πάντες γὰρ οἱ συμπολιτευόμενοι μεθ' ὑμῶν ὑπάρ-χουσί μοι μάρτυρες, ὧν ἐγὼ πολλοῖς συνηγωνισάμην, ἀπολύσας αὐτοὺς οὐ σμικρᾶς ζημίας. αὐτοκράτωρ δὲ πολλάκις τὴν ὑμετέραν πόλιν διαφυλάξας ἀπεπέμ-φθην ἀτιμότερον ἢ πτωχὸν ὑμῶν ἀποστελλόντων προσήκει καὶ κελευόντων ἐκπλεῦσαι, τοσοῦτον παρ' ὑμῖν διατρίψαντα χρόνον. ἐγὼ μὲν οὖν περὶ ἐμαυτοῦ βουλεύσομαι τὸν λοιπὸν τρόπον ἀπανθρωπότερον, σὺ δὲ τοιοῦτος ὢν τύραννος οἰκήσεις μόνος. τὸ δὲ χρυσίον τὸ λαμπρόν, ὅπερ ἔδωκας εἰς ἀποστολήν, ἄγει σοι Βακχεῖος ὃ τὴν ἐπιστολὴν φέρων· οὔτε γὰρ ἐφόδιον ἐκεῖνό γ' ἦν ἱκανὸν οὔτε πρὸς τὸν ἄλλον βίον ξυμφέρον, ἀδοξίαν δὲ πλείστην μὲν τῷ διδόντι σοι παρασκευάζον, οὐ πολλῷ δὲ ἐλάττω κἀμοὶ λαμβάνοντι. διόπερ οὐ λαμβάνω. σοὶ δ' οὐδὲν διαφέρει δῆλον ὅτι καὶ λαβεῖν καὶ δοῦναι τοσοῦτον, ὥστε κομισάμενος ἄλλον τινὰ τῶν ἑταίρων θεράπευσον ὥσπερ ἐμέ· κἀγὼ γὰρ ἱκανῶς ὑπὸ σοῦ τεθεράπευμαι. καί μοι τὸ τοῦ Εὐριπίδου κατὰ καιρόν ἐστιν εἰπεῖν, ὅτι σοι πραγμάτων ἄλλων ποτὲ ξυμπεσόντων

εὔξει τοιοῦτον ἄνδρα σοι παρεστάναι.

ὑπομνῆσαι δέ σε βούλομαι διότι καὶ τῶν ἄλλων τρα-γῳδοποιῶν οἱ πλεῖστοι, ὅταν ὑπό τινος ἀποθνήσκοντα τύραννον εἰσάγωσιν, ἀναβοῶντα ποιοῦσι

(310) φίλων ἔρημος, ὦ τάλας, ἀπόλλυμαι,

χρυσίου δὲ σπάνει ἀπολλύμενον οὐδεὶς πεποίηκε. κἀκεῖνο δὲ τὸ ποίημα τοῖς νοῦν ἔχουσιν οὐ κακῶς ἔχειν δοκεῖ

οὐ χρυσὸς ἀγλαὸς σπανιώτατος· ἐν θνατῶν δυσελπίστῳ βίῳ,
οὐδ' ἀδάμας οὐδ' ἀργύρου κλῖναι πρὸς ἄνθρωπον δοκιμαζόμεν'
[ἀστράπτει πρὸς ὄψεις·
οὐδὲ γαίας εὐρυπέδου γόνιμοι βρίθοντες αὐτάρκεις γύαι,
ὡς ἀγαθῶν ἀνδρῶν ὁμοφράδμων νόησις.

ἔρρωσο, καὶ γίγνωσκε τοσοῦτον ἡμῶν διημαρτηκώς, ἵνα πρὸς τοὺς ἄλλους βέλτιον προσφέρῃ.

---

1. Dion Dionysio bene agere.

(309) Ego dum apud vos diuturna opera ita imperium vestrum administrarem, ut ceteris utilitates vestras captantibus fidei dignitate præstarem, gravibus calumniis me subposui. Sciebam enim, quod me vobiscum una res vestras administrante, crudele nihil commisisse unquam videremini. Omnes autem, qui eadem in gubernatione versati sunt, testes mihi esse possunt; quorum ego permultos summo conatu a damnis non mediocribus liberavi. Imperio quin etiam apud vos fungens, civitatem vestram sæpius custodivi. Tandem vero ignominiosius a vobis expulsus sum, quam vilissimum aliquem expelli conveniat, ipse ego iussus a vobis abire, qui tam diuturnam operam vestris sum commodis impartitus. Igitur posthac modo quodam inhumaniori mihi ipsi consulam, tu autem talis tyrannus gubernabis solus. Pecuniam vero illam egregiam, abs te in viaticum missam, per Bacchium hunc una cum his literis ad te remitto. Neque enim ad viaticum sufficit, neque ad ceteram vitam satis est utilis: tibique danti dedecus allatura maximum, et mihi non multo minus accipienti. Itaque illam accipere nolui. Tua vero nihil interest et dare et accipere tantundem: sed illa recepta tuorum quemvis alterum honorabis, quemadmodum me honorasti. Ego enim abs te satis iam sum honoratus. Et mihi opportune nunc Euripidis illud venit in mentem, Te rebus quandoque poscentibus

talem tibi virum assistere optaturum.

Meminisse autem te volo, et alios tragicos plurimos, cum tyrannum aliquem pereuntem inducunt, huiusmodi illi voces attribuere:

(310) Heu miser, pereo, nullis fultus amicis.

Auri vero defectu pereuntem aliquem nullus adhuc retulit poetarum. Illud quoque poeticum mentem habentibus valde probatur
Non auri fulgor, in misera mortalium vita rarissimi,
non adamas, non argenteæ mensæ, quæ apud homines haben-
[tur in pretio, ita oculis coruscant,
neque lati fundi aut pinguia cultu tantum valent ad vitam,
quantum mens bonorum virorum consentiens.

Vale: atque considera tantum erga nos erratum, quo erga ceteros probabilius te geras.

492

β. Πλάτων Διονυσίῳ εὖ πράττειν.

Ἤκουσα Ἀρχεδήμου, ὅτι σὺ ἡγεῖ χρῆναι περὶ σοῦ
μὴ μόνον ἐμὲ ἡσυχίαν ἄγειν ἀλλὰ καὶ τοὺς ἐμοὺς
ἐπιτηδείους τοῦ φλαῦρόν τι ποιεῖν ἢ λέγειν περὶ σοῦ·
Δίωνα δὲ μόνον ἐξαίρετον ποιεῖ. οὗτος δὲ ὁ λόγος ση-
μαίνει, ὅτι οὐκ ἄρχω ἐγὼ τῶν ἐμῶν ἐπιτηδείων· εἰ
γὰρ ἦρχον ἐγὼ οὕτω τῶν τε ἄλλων καὶ σοῦ καὶ Δίωνος,
πλείω ἂν ἦν ὑμῖν τε πᾶσιν ἀγαθὰ τοῖς τε ἄλλοις Ἕλ-
λησιν, ὡς ἐγώ φημι. νῦν δὲ μέγας ἐγώ εἰμι ἐμαυτὸν
παρέχων τῷ ἐμῷ λόγῳ ἑπόμενον. καὶ ταῦτα λέγω
ὡς οὐχ ὑγιές τι Κρατιστόλου καὶ Πολυξένου πρὸς σὲ
εἰρηκότων, ὧν φασὶ λέγειν τὸν ἕτερον ὅτι ἀκοῦσαι
Ὀλυμπίασι πολλῶν τινῶν τῶν μετ᾽ ἐμοῦ σε κακηγο-
ρούντων. ἴσως γὰρ ὀξύτερον ἐμοῦ ἀκούει· ἐγὼ μὲν
γὰρ οὐκ ἤκουσα. χρὴ δέ, ὡς ἐμοὶ δοκεῖ, οὑτωσί σε
ποιεῖν τοῦ λοιποῦ, ὅταν τι τοιοῦτον λέγῃ τις περὶ ἡμῶν
τινός, γράμματα πέμψαντα ἐμὲ ἐρέσθαι· ἐγὼ γὰρ
τἀληθῆ λέγειν οὔτε ὀκνήσω οὔτε αἰσχυνοῦμαι. ἐμοὶ
δὲ δὴ καὶ σοὶ τὰ πρὸς ἀλλήλους οὑτωσὶ τυγχάνει
ἔχοντα· οὔτε αὐτοὶ ἀγνῶτές ἐσμεν οὐδενὶ Ἑλλήνων ὡς
ἔπος εἰπεῖν, οὔτε ἡ συνουσία ἡμῶν σιγᾶται. μὴ λαν-
θανέτω δέ σε ὅτι οὐδ᾽ εἰς τὸν ἔπειτα χρόνον σιγηθή-
σεται· τοιοῦτοι οἱ παραδεδεγμένοι εἰσὶν αὐτήν, ἅτε
οὐκ ὀλίγην γεγενημένην οὐδ᾽ ἠρέμα. τί οὖν δὴ λέγω;
νυνὶ ἐρῶ ἄνωθεν ἀρξάμενος. πέφυκε ξυνιέναι εἰς
ταὐτὸ φρόνησίς τε καὶ δύναμις μεγάλη, καὶ ταῦτ᾽ ἀλ-
ληλ᾽ ἀεὶ διώκει καὶ ζητεῖ καὶ συγγίγνεται· ἔπειτα καὶ
οἱ ἄνθρωποι χαίρουσι περὶ τούτων αὐτοί τε διαλεγόμενοι
καὶ ἄλλων ἀκούοντες ἔν τε ἰδίαις ξυνουσίαις καὶ ἐν ταῖς
ποιήσεσιν, (311) οἷον καὶ περὶ Ἱέρωνος ὅταν διαλέ-
γωνται ἄνθρωποι καὶ Παυσανίου τοῦ Λακεδαιμονίου,
χαίρουσι τὴν Σιμωνίδου ξυνουσίαν παραφέροντες, ἅ τε
ἔπραξε καὶ εἶπε πρὸς αὐτούς· καὶ Περίανδρον τὸν Κο-
ρίνθιον καὶ Θαλῆν τὸν Μιλήσιον ὑμνεῖν εἰώθασιν ἅμα,
καὶ Περικλέα καὶ Ἀναξαγόραν, καὶ Κροῖσον αὖ καὶ
Σόλωνα [ὡς σοφοὺς καὶ Κῦρον ὡς δυνάστην.] καὶ δὴ
ταῦτα μιμούμενοι οἱ ποιηταὶ Κρέοντα μὲν καὶ Τειρε-
σίαν συνάγουσι, Πολύειδον δὲ καὶ Μίνω, Ἀγαμέ-
μνονα δὲ καὶ Νέστορα καὶ Ὀδυσσέα καὶ Παλαμήδη·
ὡς δ᾽ ἐμοὶ δοκεῖ, καὶ Προμηθέα Διὶ ταύτῃ πῃ συνῆγον
οἱ πρῶτοι ἄνθρωποι. τούτων δὲ τοὺς μὲν εἰς διαφοράν,
τοὺς δ᾽ εἰς φιλίαν ἀλλήλοις ἰόντας, τοὺς δὲ τοτὲ μὲν
εἰς φιλίαν τοτὲ δ᾽ εἰς διαφοράν, καὶ τὰ μὲν ὁμονοοῦν-
τας τὰ δὲ διαφερομένους ᾄδουσι. πάντα δὴ ταῦτα
λέγω τόδε βουλόμενος ἐνδείξασθαι, ὅτι οὐκ ἐπειδὰν
ἡμεῖς τελευτήσωμεν καὶ οἱ λόγοι οἱ περὶ ἡμῶν σε-
σιγήσονται. ὥστ᾽ ἐπιμελητέον αὐτῶν ἐστίν· ἀνάγκη
γάρ, ὡς ἔοικε, μέλειν ἡμῖν καὶ τοῦ ἔπειτα χρόνου,
ἐπειδὴ καὶ τυγχάνουσι κατά τινα φύσιν οἱ μὲν ἀνδρα-
ποδωδέστατοι οὐδὲν φροντίζοντες αὐτοῦ, οἱ δ᾽ ἐπιει-
κέστατοι πᾶν ποιοῦντες ὅπως ἂν εἰς τὸν ἔπειτα χρό-
νον εὖ ἀκούσωσιν. ὃ δὴ καὶ ἐγὼ τεκμήριον ποιοῦμαι
ὅτι ἔστι τις αἴσθησις τοῖς τεθνεῶσι τῶν ἐνθάδε· αἱ γὰρ

II. Plato Dionysio bene agere.

Audivi ex Archedemo te censere, non solum me sed
familiares etiam meos, præter unicum Dionem, nihil mali
adversus te loqui debere vel agere. Hoc autem, quod
de Dione excipis, ostendit me in familiares meos impe-
rium non habere. Si enim haberem cum in alios tum in
Dionem ac te imperium, tam vobis quam ceteris Græcis
bona, ut arbitror, plurima provenirent. Nunc autem in
hoc dumtaxat magnus sum, quod me ipsum præsto ra-
tioni meæ obedientem. Atque hæc dico, quia nihil sin-
ceri Cratistolus et Polyxenus ad te detulerunt. Quorum
alterum dicere ferunt audisse Olympiis multos eorum
qui mecum erant, de te obloquentes. Forsitan acutius,
quam ego, ille audit. Ego enim tale nihil audivi. Vi-
detur autem mihi posthac, quoties huiuscemodi aliquid
ad te defertur, te ita facere oportere, ut scribas ad me
et rem ipsam perquiras. Ego enim verum fateri nec
formidabo nec erubescam. Mihi autem et tibi ita se res
invicem habet. Neque nos alicui, ut ita dicam, Græco-
rum incogniti sumus, neque familiaritatem nostram huius
seculi homines conticescunt, certum quoque illud habeto,
neque posteros tacituros. Tales sunt, qui eam excepe-
runt, utpote neque parvam neque obscuram. Quorsum
hæc? statim aperiam, superius aliquanto exorsus. Na-
turæ quidem lege sapientia potentiaque excellens in idem
tendunt, semperque ista duo se invicem affectant, per-
sequuntur, congrediuntur, deinde etiam istis homines ad-
modum delectantur, quoties sive in carminibus poeta-
rum sive privatis colloquiis huiusmodi quædam refe-
runt aut audiunt : (311) ceu cum de Hierone et Pausania
Lacedæmonio loquuntur homines, gaudent Simonidis fa-
miliaritatem, quæ cum illis fuit, commemorare et quæ
ad eos dixit fecitque referre. Similiter Periandrum
Corinthium et Thaletem Milesium una celebrare consue-
verunt, Periclem et Anaxagoram, Crœsum atque So-
lonem, ut sapientes, et Cyrum, ut potentem. Atqui hæc
imitati poetæ Creontem et Tiresiam simul inducunt,
Polyidumque et Minoa, Agamemnonem et Nestorem,
Ulixem et Palamedem; atque, ut mihi videtur, eadem
ratione prisci homines Iovi Prometheum coniunxerunt.
Horum vero alios consentientes alios dissentientes indu-
cunt : alios autem quandoque concordes, quandoque
vero discordes : eorumque tam dissensiones quam con-
sensiones canunt. Cuncta vero hæc ideo dixi, ut illud
ostenderem, quod etiam cum mortui fuerimus, de
nobis homines non silebunt; quocirca non negligendum
a nobis, sed curam habendum temporis subsequentis.
Fit enim natura quadam, ut ignavissimi homines nihil
curent quæ sit de ipsis futura opinio : probatissimi
autem viri cuncta faciant, quo in futuris seculis bene de
se loquentes homines audiant, quam ego coniecturam
facio, esse aliquem sensum iis, qui mortui sunt, rerum
nostrarum, quoniam optimi animi sic fore divinant,

βέλτισται ψυχαὶ μαντεύονται ταῦτα οὕτως ἔχειν, αἱ
δὲ μοχθηρόταται οὔ φασι, κυριώτερα δὲ τὰ τῶν θείων
ἀνδρῶν μαντεύματα ἢ τὰ τῶν μή. οἶμαι δ' ἔγωγε
τοῖς ἔμπροσθεν, περὶ ὧν λέγω, εἰ ἐξείη αὐτοῖς ἐπα-
νορθώσασθαι τὰς αὐτῶν συνουσίας, πάνυ ἂν σπουδάσαι
ὥστε βελτίω λέγεσθαι περὶ αὐτῶν ἢ νῦν. τοῦτο οὖν
ἡμῖν ἔτι, σὺν θεῷ εἰπεῖν, ἔξεστιν, εἴ τι ἄρα μὴ καλῶς
πέπρακται κατὰ τὴν ἔμπροσθεν συνουσίαν, ἐπανορ-
θώσασθαι καὶ ἔργῳ καὶ λόγῳ· περὶ γὰρ φιλοσοφίαν
φημὶ ἐγὼ τὴν ἀληθινὴν δόξαν ἔσεσθαι ἡμῶν μὲν
ὄντων ἐπιεικῶν βελτίω, φαύλων δὲ τοὐναντίον.
καίτοι περὶ τούτου ἡμεῖς ἐπιμελούμενοι οὐδὲν ἂν εὐ-
σεβέστερον πράττοιμεν, οὐδ' ἀμελοῦντες ἀσεβέστερον.
ὡς δὴ δεῖ γίγνεσθαι, καὶ τὸ δίκαιον ᾗ ἔχει, ἐγὼ φράσω.
ἦλθον ἐγὼ εἰς Σικελίαν δόξαν ἔχων πολὺ τῶν ἐν φιλο-
σοφίᾳ διαφέρειν, βουλόμενος δὲ [ἐλθὼν εἰς Συρακούσας]
συμμάρτυρα λαβεῖν σέ,(312) ἵνα δή μοι τιμῷτο φιλοσοφία
καὶ παρὰ τῷ πλήθει. τοῦτο δ' οὐκ εὐαγές μοι ἀπέβη.
τὸ δ' αἴτιον οὐ λέγω ὅπερ ἂν πολλοὶ εἴποιεν, ἀλλ' ὅτι
ἐφαίνου οὐ πάνυ ἐμοὶ πιστεύειν σύ, ἀλλ' ἐμὲ μέν πως
ἀποπέμψασθαι ἐθέλειν, ἑτέρους δὲ μεταπέμψασθαι,
καὶ ζητεῖν τὸ πρᾶγμα τί τὸ ἐμόν ἐστιν, ἀπιστῶν, ὡς
ἐμοὶ δοκεῖ. καὶ οἱ ἐπὶ τούτοις βοῶντες πολλοὶ ἦσαν,
λέγοντες ὡς σὺ ἐμοῦ μὲν καταπεφρόνηκας, ἄλλα δὲ
ἐσπούδακας. ταῦτα δὴ διαβεβόηται· ὁ δὲ μετὰ ταῦτα
δίκαιόν ἐστι ποιεῖν, ἄκουε, ἵνα σοι καὶ ἀποκρίνωμαι
ὃ σὺ ἐρωτᾷς, πῶς χρὴ ἔχειν ἐμὲ καὶ σὲ πρὸς ἀλλήλους.
εἰ μὲν ὅλως φιλοσοφίας καταπεφρόνηκας, ἔαν χαίρειν·
εἰ δὲ παρ' ἑτέρου ἀκήκοας ἢ αὐτὸς βελτίονα εὕρηκας
τῶν παρ' ἐμοί, ἐκεῖνα τίμα· εἰ δ' ἄρα τὰ παρ' ἡμῶν
σοι ἀρέσκει, τιμητέον καὶ ἐμὲ μάλιστα. νῦν οὖν,
ὥσπερ καὶ ἐξ ἀρχῆς, σὺ καθηγοῦ, ἕψομαι δὲ ἐγώ· τι-
μώμενος μὲν γὰρ ὑπὸ σοῦ τιμήσω σέ, μὴ τιμώμενος δὲ
ἡσυχίαν ἄξω. ἔτι δὲ σὺ μὲν ἐμὲ τιμῶν καὶ τούτου
καθηγούμενος φιλοσοφίαν δόξεις τιμᾶν, καὶ αὐτὸ τοῦτο,
ὃ διεσκόπει καὶ ἄλλως, πρὸς πολλῶν εὐδοξίαν σοι
οἴσει ὡς φιλοσόφῳ ὄντι· ἐγὼ δὲ σὲ τιμῶν μὴ τιμῶντα
πλοῦτον δόξω θαυμάζειν τε καὶ διώκειν, τοῦτο δ' ἴσμεν
ὅτι παρὰ πᾶσιν ὄνομα οὐ καλὸν ἔχει. ὡς δ' ἐν κεφα-
λαίῳ εἰπεῖν, σοῦ μὲν τιμῶντος ἀμφοτέροις κόσμος,
ἐμοῦ δ' ὄνειδος ἀμφοῖν. περὶ μὲν οὖν τούτων
ταῦτα.

Τὸ δὲ σφαιρίον οὐκ ὀρθῶς ἔχει· δηλώσει δέ σοι
Ἀρχέδημος, ἐπειδὰν ἔλθῃ. καὶ δὴ καὶ περὶ τοῦδε, ὃ
τούτου τιμιώτερόν τ' ἐστὶ καὶ θειότερον, καὶ μάλα
σφόδρ' αὐτῷ δηλωτέον, ὑπὲρ οὗ σὺ πέπομφας ἀπορού-
μενος. φὴς γὰρ δὴ κατὰ τὸν ἐκείνου λόγον, οὐχ ἱκανῶς
ἀποδεδεῖχθαί σοι περὶ τῆς τοῦ πρώτου φύσεως. φρα-
στέον δή σοι δι' αἰνιγμῶν, ἵν' ἄν τι ἡ δέλτος ἢ πόντου
ἢ γῆς ἐν πτυχαῖς πάθῃ, ὁ ἀναγνοὺς μὴ γνῷ. ὧδε
γὰρ ἔχει. περὶ τὸν πάντων βασιλέα πάντ' ἐστὶ καὶ
ἐκείνου ἕνεκα πάντα, καὶ ἐκεῖνο αἴτιον ἁπάντων τῶν
καλῶν· δεύτερον δὲ περὶ τὰ δεύτερα, καὶ τρίτον περὶ
τὰ τρίτα. ἡ οὖν ἀνθρωπίνη ψυχὴ περὶ αὐτὰ ὀρέγεται

---

deterrimi autem nequaquam. Validiora vero sunt divi-
norum virorum præsagia, quam aliorum. Puto autem,
si liceret superioribus illis defunctis, de quibus loquor,
suam consuetudinem emendare, plurimum operam adhi-
bituros, ut meliores de se quam nunc opiniones circum
ferantur. Hoc nobis quidem etiam nunc, favente deo,
facere licet, et, si quid in superiori familiaritate nostra
non recte factum est, tam factis quam dictis emendare
illud atque corrigere, ut vera et optima, præsertim
quantum ad philosophiam attinet, de nobis supersit
opinio, ac fama nostrarum verum siquidem bona est,
melior, sin mala, bona efficiatur. Atqui nos ista cu-
rantes nihil religiosius agere possemus, et negligentes
nihil profanius. Quemadmodum autem hoc fieri con-
veniat ac iuste fieri possit, ego iam dicam. Quando
in Siciliam veni, fama erat me permultum inter eos, qui
tunc philosophabantur, excellere. (312) Cupiebam etiam
cum Syracusas venissem, opinionis illius testem habere
te, ut etiam apud multitudinem philosophia mihi ho-
noraretur. Verum non satis prospere mihi res illa suc-
cessit. Causam vero huius rei non illam fuisse dico,
quam plerique existimarent : sed illam fuisse causam
assero, quod tu non satis mihi credere visus es, sed me
quodam modo dimittere velle, alios vero vocare, et
quærere, quid mihi esset negotii, cum diffidentia qua-
dam, ut mihi videbatur. Et qui de iis loquebantur, permulti
erant, affirmantes, quod me quidem contemneres atque
ad alia animum intendisses. Hæc igitur tunc fama incre-
huit. Quid autem post hæc fieri oporteat, iam audi :
ut ad illud, quod interrogasti, respondeam, quo pacto
nos invicem gerere debeamus. Si tu quidem omnino
philosophiam spernis, valere sinamus; sin autem vel ab
alio audisti vel ipse per te invenisti meliora quam ea,
quæ a me traduntur, illa complectere. Quod si vero
tibi placent, nos quoque maxime honorare debes. Nunc
autem, tanquam ab initio, tu ducas, ego sequar. Ho-
noratus enim a te honorabo te : non honoratus autem
conquiescam. Præterea si tu honorare prius me cœperis,
philosophiam videberis honorare : idque apud multitu-
dinem, quod tu inprimis cupiebas, tibi gloriam pariet,
tanquam sapientiæ amatori. Sin autem ego te honora-
vero, me minime honorantem, divitias admirari videbor
et sequi. Hoc vero quam turpe ab omnibus censeatur,
non ignoramus. Ut autem summatim dicam, te hono-
rante, ambobus honor erit : me autem honorante, am-
bobus infamia. Et de his quidem satis.

Summa vero ipsa non recte se habet. Narrabit vero ipse
tibi Archedemus, cum ad te redierit. Illud autem pretio-
sius et divinius, de quo per illum me interrogas, omnino
ipsi est ostendendum. Ais enim, ut ille refert, non suffi-
cienter tibi a me de prima natura demonstratum fuisse.
Dicendum est igitur tibi nunc per ænigmata quædam, ut
si quid huic tabellæ vel mari vel terra contingat, qui eam
legerit, intelligere non valeat. Est autem ita. Circa
omnium regem cuncta sunt : ipsius gratia omnia, ipse pul-
chrorum omnium causa : circa secundum secunda : ter-
tia circa tertium. Humanus animus affectat, qualia illa

μαθεῖν ποῖ' ἄττα ἐστί, βλέπουσα εἰς τὰ αὑτῆς συγγενῆ, ὧν οὐδὲν ἱκανῶς ἔχει. (113) τοῦ δὴ βασιλέως πέρι καὶ ὧν εἶπον, οὐδέν ἐστι τοιοῦτον. τὸ δὴ μετὰ τοῦτο ἡ ψυχή φησιν — ἀλλὰ ποῖόν τι μὴν τοῦτ' ἐστίν, ὦ παῖ Διονυσίου καὶ Δωρίδος, τὸ ἐρώτημα, ὃ πάντων αἴτιόν ἐστι κακῶν, μᾶλλον δὲ ἡ περὶ τούτου ὠδὶς ἐν τῇ ψυχῇ ἐγγιγνομένη, ἣν εἰ μή τις ἐξαιρεθήσεται, τῆς ἀληθείας ὄντως οὐ μή ποτε τύχῃ, σὺ δὲ τοῦτο πρὸς ἐμὲ ἐν τῷ κήπῳ ὑπὸ ταῖς δάφναις αὐτὸς ἔφησθα ἐννενοηκέναι καὶ εἶναι σὸν εὕρημα καὶ ἐγὼ εἶπον, ὅτι τοῦτο εἰ φαίνοιτό σοι οὕτως ἔχειν, πολλῶν ἂν εἴης λόγων ἐμὲ ἀπολελυκώς· οὐ μὴν ἄλλῳ γέ ποτ' ἔφην ἐντετυχηκέναι τοῦθ' ἂν εὑρηκότι, ἀλλὰ ἡ πολλή μοι πραγματεία περὶ τοῦτ' εἴη. σὺ δὲ ἴσως μὲν ἀκούσας του, τάχα δ' ἂν θείᾳ μοίρᾳ κατὰ τοῦθ' ὁρμήσας, ἔπειτα αὐτοῦ τὰς ἀποδείξεις ὡς ἔχων βεβαίως οὐ κατέδησας, ἀλλ' ἄττεις τοτὲ μὲν οὕτω, τοτὲ δὲ ἄλλως περὶ τὸ φανταζόμενον, τὸ δὲ οὐδέν ἐστι τοιοῦτον· καὶ τοῦτο οὐ σοὶ μόνῳ γέγονεν, ἀλλ' εὖ ἴσθι μηδένα πώποτέ μου τὸ πρῶτον ἀκούσαντα ἔχειν ἄλλως πως ἢ οὕτω κατ' ἀρχάς, καὶ ὁ μὲν πλείω ἔχων πράγματα ὁ δὲ ἐλάττω μόγις ἀπαλλάττονται, σχεδὸν δὲ οὐδεὶς ὀλίγα τούτων δὴ γεγονότων καὶ ἐχόντων οὕτω σχεδὸν κατὰ τὴν ἐμὴν δόξαν εὑρήκαμεν ὃ σὺ ἐπέστειλας, ὅπως δεῖ πρὸς ἀλλήλους ἡμᾶς ἔχειν. ἐπεὶ γὰρ βασανίζεις ταῦτα ξυγγιγνόμενός τε ἄλλοις καὶ παραθεώμενος παρὰ τὰ τῶν ἄλλων καὶ αὐτὰ καθ' αὑτά, νῦν σοι ταῦτά τε, εἰ ἀληθὴς ἡ βάσανος, προσφύσεται, καὶ οἰκεῖος τούτοις τε καὶ ἡμῖν ἔσει. πῶς οὖν ταῦτ' ἔσται καὶ πάντα ἃ εἰρήκαμεν, τὸν Ἀρχέδημον νῦν τε ὀρθῶς ἐποίησας πέμψας, καὶ τὸ λοιπόν, ἐπειδὰν ἔλθῃ πρὸς σὲ καὶ ἀπαγγείλῃ τὰ παρ' ἐμοῦ, μετὰ ταῦτα ἴσως ἄλλαι σε ἀπορίαι λήψονται· πέμψεις οὖν αὖθις, ἂν ὀρθῶς βουλεύῃ, παρ' ἐμὲ τὸν Ἀρχέδημον, ὁ δ' ἐμπορευσάμενος ἥξει πάλιν· καὶ τοῦτο ἐὰν δὶς ἢ τρὶς ποιήσῃς καὶ βασανίσῃς τὰ παρ' ἐμοῦ πεμφθέντα ἱκανῶς, θαυμάζοιμ' ἂν εἰ μὴ τὰ πρὶν ἀπορούμενα πολύ σοι διοίσει ἢ τὰ νῦν. θαρροῦντες οὖν ποιεῖτε οὕτως· οὐ μὴ γάρ ποτε τῆς ἐμπορίας ταύτης οὔτε σὺ στείλῃς οὔτε Ἀρχέδημος ἐμπορεύσηται καλλίω καὶ θεοφιλεστέραν (314) εὐλαβοῦ μέντοι μή ποτε ἐκπέσῃ ταῦτα εἰς ἀνθρώπους ἀπαιδεύτους· σχεδὸν γάρ, ὡς ἐμοὶ δοκεῖ, οὐκ ἔστι τούτων πρὸς τοὺς πολλοὺς καταγελαστότερα ἀκούσματα, οὐδ' αὖ πρὸς τοὺς εὐφυεῖς θαυμαστότερά τε καὶ ἐνθουσιαστικώτερα. πολλάκις δὲ λεγόμενα καὶ ἀεὶ ἀκουόμενα καὶ πολλὰ ἔτη μόγις ὥσπερ χρυσὸς ἐγκαθαίρεται μετὰ πολλῆς πραγματείας. ὃ δὲ θαυμαστὸν αὐτοῦ γέγονεν, ἄκουσον. εἰσὶ γὰρ ἄνθρωποι ταῦτα ἀκηκοότες καὶ πλείους, δυνατοὶ μὲν μαθεῖν, δυνατοὶ δὲ μνημονεῦσαι καὶ βασανίσαντες πάντῃ πάντως κρῖναι, γέροντες ἤδη καὶ οὐκ ἐλάττω τριάκοντα ἐτῶν ἀκηκοότες, οἳ νῦν ἄρτι σφίσι φασὶ τὰ μὲν τότε ἀπιστότατα δόξαντα εἶναι νῦν πιστότατα καὶ ἐναργέστατα φαίνεσθαι, ἃ δὲ τότε πιστότατα, νῦν τοὐναντίον. πρὸς ταῦτ' οὖν σκοπῶν εὐ-

sint, intelligere, aspiciens in ea quæ sibi cognata sunt (313) quorum nihil sufficienter se habet. Sed in rege ipso et in his, quæ dixi, nihil est tale. Quod autem post hoc est, animus dicit. At enim qualis hæc tua interrogatio est, Dionysii et Doridis fili, quæ malorum omnium causa est? Immo vero magis huius stimulus quidam animo nostro ingenitus quem nisi quis eruat, veritatem certe nunquam assequetur. Tu hoc ad me in hortis, cum essemus sub lauris, excogitavisse dixisti ac tuam fuisse inventionem. Et ego inquam, si hoc ita se habere tibi videretur, multis me disputationibus liberasses nec alium unquam huius inventorem reperisse plurimamque investigationem meam circa id versari. Tu forsan, aliquo audito, divina quadam sorte inde progressus es. Demonstrationes autem eius rei nunquam firmas, sed alias aliter protulisti, quatenus phantasia coniectabas. Hoc autem nihil est tale, et hoc non tibi soli contigit. Sed certe scito neminem, quando primum me audit, aliter affici. Et alius quidem magis alius vero minus defatigatus vix tandem a labore cessant. Omnes autem ferme laborant non parum. Hæc autem cum ita sint et fuerint, fere invenimus, ut opinor, quod tu per epistolam petisti, quemadmodum oportet invicem nos habere. Postquam vero hæc et me per se discusseris et cum aliorum opinionibus comparaveris, modo rectum examen peregeris, consentientem nobis te et nostris præbebis. Quonam igitur pacto hæc et alia, quæ diximus, fient? Recte tu quidem ea de causa Archedemum ad nos misisti. Ac postquam ad te reversus sententiam tibi meam retulerit, dubitationes aliæ tu forsitan capient. Tu vero si recte tibi consules, mittes iterum ad me Archedemum. Ille rursus, quasi mercator, non sine lucro redibit. Quod si bis aut ter feceris, atque illa, quæ mittimus, diligenter examinaveris, mirabor equidem, si non multo melius quam nunc ad ea, quæ dubitas, te habeas. Audacter igitur id agatis. Neque enim vel tu vel Archedemus negotiationem ullam suscipere potest, quæ aut honestior sit aut deo acceptior. (314) Cave tamen, ne excidant hæc unquam in aures hominum disciplinæ eruditionisque expertium. Nulla sunt enim, ut mea fert opinio, quæ dicta ad populum magis ridicula videantur, neque quæ apud ingenuos prolata magis mirabilia et divina. Sæpe vero dicta semperque audita et multis annis vix tandem, velut aurum, cum magno labore purificantur. Nam quod in hac re mirabile contingere consuevit, id audi. Sunt complures homines, qui ista iam audiverunt, pollentes acumine, pollentes memoria, in examinando et iudicando sollertes, provecti iam ætate, neque minus triginta annis hæc audierunt. Hi tamen affirmant, quæ auditu quondam incredibilia maxime videbantur, ea sibi nunc primum valde credibilia videri atque perspicua et quæ tunc probabilissima, ea nunc sibi contra videri. Hæc igitur intuens cave, ne quando te pœniteat eorum, quæ tibi

λαβοῦ μή ποτέ σοι μεταμελήσῃ τῶν νῦν ἀναξίως
ἐκπεσόντων. μεγίστη δὲ φυλακὴ τὸ μὴ γράφειν ἀλλ'
ἐκμανθάνειν· οὐ γάρ ἐστι τὰ γραφέντα μὴ οὐκ ἐκπε-
σεῖν. διὰ ταῦτα· οὐδὲν πώποτ' ἐγὼ περὶ τούτων γέ-
γραφα, οὐδ' ἔστι σύγγραμμα Πλάτωνος οὐδὲν οὐδ'
ἔσται, τὰ δὲ νῦν λεγόμενα Σωκράτους ἐστὶ καλοῦ καὶ
νέου γεγονότος. ἔρρωσο καὶ πείθου, καὶ τὴν ἐπιστολὴν
ταύτην πρῶτον πολλάκις ἀναγνοὺς κατάκαυσον.

Ταῦτα μὲν ταύτῃ. περὶ δὲ Πολυξένου ἐθαύμασας
ὅτι οὐ πέμψαιμί σοι. ἐγὼ δὲ καὶ περὶ Λυκόφρονος
καὶ τῶν ἄλλων τῶν παρὰ σοὶ ὄντων λέγω καὶ πάλαι
καὶ νῦν τὸν αὐτὸν λόγον, ὅτι πρὸς τὸ διαλεχθῆναι καὶ
φύσει καὶ τῇ μεθόδῳ τῶν λόγων πάμπολυ διαφέρεις
αὐτῶν, καὶ οὐδεὶς αὐτῶν ἑκὼν ἐξελέγχεται, ὥς τινες
ὑπολαμβάνουσιν, ἀλλ' ἄκοντες. καὶ δοκεῖς μέντοι
πάνυ μετρίως κεχρῆσθαί τε αὐτοῖς καὶ δεδωρῆσθαι.
ταῦτα μὲν περὶ τούτων, πολλὰ ὡς περὶ τοιούτων·
Φιλιστίωνι δέ, εἰ μὲν αὐτὸς χρῇ, σφόδρα χρῶ, εἰ δὲ
οἷόν τε, Σπευσίππῳ χρῆσον καὶ ἀπόπεμψον. δεῖται
δὲ σοῦ καὶ Σπεύσιππος· ὑπέσχετο δέ μοι καὶ Φιλι-
στίων, εἰ σὺ ἀφείης αὐτόν, ἥξειν προθύμως Ἀθήναζε.
τὸν ἐκ τῶν λιθοτομιῶν εὖ ἐποίησας ἀφείς, ἐλαφρὰ δὲ
ἡ δέησις καὶ περὶ τῶν οἰκετῶν αὐτοῦ καὶ περὶ Ἡγη-
σίππου τοῦ Ἀρίστωνος· ἐπέστειλα γάρ μοι, ἄν τις
ἀδικῇ ἢ τούτων ἢ ἐκείνους καὶ σὺ αἴσθῃ, μὴ ἐπιτρέψειν.
(315) καὶ περὶ Λυσικλείδου τἀληθὲς εἰπεῖν ἄξιον· μόνος
γὰρ τῶν ἐκ Σικελίας Ἀθήναζε ἀφικομένων οὐδὲν με-
τεβάλετο περὶ τῆς σῆς καὶ ἐμῆς συνουσίας, ἀλλ' ἀεί
τι ἀγαθὸν καὶ ἐπὶ τὰ βελτίω λέγων περὶ τῶν γεγονότων
διατελεῖ.

γ'.

Πλάτων Διονυσίῳ χαίρειν ἐπιστείλας ἆρ' ὀρθῶς ἂν
τυγχάνοιμι τῆς βελτίστης προσρήσεως, ἢ μᾶλλον κατὰ
τὴν ἐμὴν συνήθειαν γράφων εὖ πράττειν, ὥσπερ εἴωθα
ἐν ταῖς ἐπιστολαῖς τοὺς φίλους προσαγορεύειν; σὺ μὲν
γὰρ δὴ καὶ τὸν θεόν, ὡς ἤγγειλαν οἱ τότε θεωροῦντες,
προσεῖπες ἐν Δελφοῖς αὐτῷ τούτῳ θωπεύσας τῷ ῥή-
ματι, καὶ γέγραφας, ὥς φασί,

χαῖρε καὶ ἡδόμενον βίοτον διάσωζε τυράννου·

ἐγὼ δὲ οὐδὲ ἀνθρώπῳ, μήτι δὴ θεῷ, παρακελευ-
σαίμην ἂν δρᾶν τοῦτο, θεῷ μέν, ὅτι παρὰ φύσιν
προστάττοιμ' ἄν, πόρρω γὰρ ἡδονῆς ἵδρυται καὶ λύ-
πης τὸ θεῖον, ἀνθρώπῳ δέ, ὅτι τὰ πολλὰ βλάβην
ἡδονὴ καὶ λύπη γεννᾷ, δυσμάθειαν καὶ λήθην καὶ
ἀφροσύνην καὶ ὕβριν τίκτουσα ἐν τῇ ψυχῇ. καὶ ταῦτα
μὲν οὕτως εἰρήσθω παρ' ἐμοῦ περὶ τῆς προσρήσεως·
σὺ δ' ἀναγνοὺς αὐτά, ὅπῃ βούλει δέξασθαι, ταύτῃ
δέχου.

Φασὶ δ' οὐκ ὀλίγοι λέγειν σε πρός τινας τῶν παρὰ
σὲ πρεσβευόντων, ὡς ἄρα σοῦ ποτε λέγοντος ἀκούσας
ἐγὼ μέλλοντος τάς τε Ἑλληνίδας πόλεις ἐν Σικελίᾳ

indigne nunc exciderunt. Maxima vero huius rei custodia
est, nihil scribere, sed addiscere. Nam quæ scribuntur,
contineri non possunt. Ista de causa nihil ego de iis
scripsi unquam : neque est Platonis opus perscriptum
aliquod, neque erit. Quæ autem modo dicuntur, So-
cratis sunt : qui vir etiam dum iuvenis esset, virtute
claruit. Vale, et nobis crede; atque hanc epistolam,
cum sæpius eam legeris, statim combure.

Et de his quidem satis. Miraris autem, quod ad te Polyxe-
num non mittam. Ego autem de Lycophrone etiam et reli-
quis, qui apud te sunt, idem iamdudum et nunc prorsus
affirmo, te scilicet istis tum ingenio tum disserendi arte
præstare quam plurimum : nec illorum quenquam sponte
tibi in disputando, ut aliqui suspicantur, cedere, sed in-
vitos. Atqui videris admodum modeste illis fuisse usus,
et honestis eos muneribus prosecutus. Sed de iis quidem,
perinde atque de talibus, talia multa licet dicere. Phili-
stione si uti contigerit, utere quam maxime. Et, si fieri
potest, Speusippi utere opera, atque remittas. Eget
quidem tui et Speusippus. Pollicitus autem mihi est
Philistion, si abs te dimittatur, se Athenas e vestigio pe-
titurum. Quod ex lapicidinis istum dimiseris laudabile
fuit. Levis autem petitio tam de illius necessariis quam
de Hegesippo, Aristonis filio. Nam et ad me scripsisti,
si quis huic vel illis iniuriam velit inferre, ac tu id per-
senseris, te minime permissurum. (315) De Lysiclide
præterea vera fateri decet. Nempe solus iste ex iis qui
Sicilia Athenas profecti sunt, nihil in tua meaque con-
suetudine immutavit : sed quæ facta sunt, quotidie ver-
bis pro viribus magis honestat.

III.

Quæritur rectiusne ponam in te salutando Gaudere,
an potius si more meo scribam Bene agere, quemad-
modum ego solitus sum scribere ad amicos? Tu quidem,
ut aiunt hi, qui tecum in Delphis affuerunt, ita deum
ipsum blande alloqui ac similiter scribere consuevisti,

Gaude, vitamque tyranni iucundam serva.

Ego autem neque deum hoc modo neque hominem
salutarim. Non deum, quia contra illius naturam lo-
querer (nam procul a molestia et voluptate divinitas) :
non hominem, quia sæpius detrimentum et dolorem sibi
affert voluptas, hebetudinem in animo et oblivionem, in-
sipientiam et petulantiam pariens. Et de salutatione
quidem hæc mihi dicta sint : quæ tu, postquam lege-
ris, sicuti voles, ita capies.

Ferunt vero non pauci te dicere solitum ad legatos
quosdam, dum te adeunt, in animo habuisse Græcas
civitates in Sicilia restituere et Syracusanos relevare ac pro

οἰκίζειν καὶ Συρακοσίους ἐπικουφίσαι, τὴν ἀρχὴν
ἀντὶ τυραννίδος εἰς βασιλείαν μεταστήσαντα, ταῦτ'
ἄρα σὲ μὲν τότε διεκώλυσα, ὡς σὺ φῄς, σοῦ σφόδρα
προθυμουμένου, νῦν δὲ Δίωνα διδάσκοιμι ὁρᾶν αὐτὰ
ταῦτα, καὶ τοῖς διανοήμασι τοῖς σοῖς τὴν σὴν ἀρχὴν
ἀφαιρούμεθά σε. σὺ δ' εἰ μέν τι διὰ τοὺς λόγους
τούτους ὠφελεῖ, γιγνώσκεις αὐτός, ἀδικεῖς δ' οὖν ἐμὲ
τἀναντία τῶν γενομένων λέγων. ἄδην γὰρ ὑπὸ Φι-
λιστίδου καὶ ἄλλων πολλῶν πρὸς τοὺς μισθοφόρους καὶ
εἰς τὸ Συρακοσίων πλῆθος διεβλήθην διὰ τὸ μένειν
ἐν ἀκροπόλει, τοὺς δ' ἔξωθεν, εἴ τι γίγνοιτο ἁμάρ-
τημα, πᾶν εἰς ἐμὲ τρέπειν, σὲ φάσκοντας πάντα ἐμοὶ
πείθεσθαι· σὺ δ' αὐτὸς οἶσθα σαφέστατα τῶν πολι-
τικῶν ἐμὲ σοὶ κοινῇ πραγματευσάμενον ἑκόντα ὀλίγα
δὴ κατ' ἀρχάς, (316) ὅπῃ πλέον ποιεῖν ἂν ᾠήθην,
ἄλλα τε βραχέα ἄττα καὶ περὶ τὰ τῶν νόμων προοίμια
σπουδάσαντα μετρίως, χωρὶς ὧν σὺ προσέγραψας ἤ
τις ἕτερος· ἀκούω γὰρ ὕστερον ὑμῶν τινὰς αὐτὰ δια-
σκευωρεῖν. δῆλα μὴν ἑκάτερα ἔσται τοῖς τὸ ἐμὸν ἦθος
δυναμένοις κρίνειν. ἀλλ' οὖν, ὅπερ ἀρτίως εἶπον, οὐ
διαβολῆς προσδέομαι πρός τε Συρακοσίους καὶ εἰ δή
τινες ἑτέρους πείθεις λέγων αὐτά, ἀλλὰ πολὺ μᾶλλον
ἀπολογίας πρός τε τὴν προτέραν γενομένην διαβολὴν
καὶ τὴν νῦν μετ' ἐκείνην μείζω φυομένην καὶ σφοδρο-
τέραν. πρὸς δύο δή μοι διττὰς ἀναγκαῖον ποιήσασθαι
τὰς ἀπολογίας, πρῶτον μὲν ὡς εἰκότως σοι ἔφυγον
κοινωνεῖν περὶ τὰ τῆς πόλεως πράγματα, τὸ δὲ δεύ-
τερον ὡς οὐκ ἐμὴν ταύτην εἴρηκας συμβουλὴν οὐδὲ
διακώλυσιν, μέλλοντί σοι κατοικίζειν Ἑλληνίδας πό-
λεις ἐμποδὼν ἐμὲ γεγενῆσθαι. τὴν οὖν ἀρχὴν ὧν
εἶπον περὶ προτέρων ἄκουε πρότερον.

Ἦλθον καλούμενος εἰς Συρακούσας ὑπό τε σοῦ καὶ
Δίωνος, τοῦ μὲν δεδοκιμασμένου παρ' ἐμοὶ καὶ ξένου
πάλαι γεγονότος, ἐν ἡλικίᾳ δὲ ὄντος μέσῃ τε καὶ κα-
θεστηκυίᾳ, ὧν δὴ παντάπασι χρεία τοῖς νοῦν καὶ σμι-
κρὸν κεκτημένοις μέλλουσι περὶ τοσούτων ὅσα ἦν τότε
τὰ σὰ βουλεύεσθαι, σοῦ δὲ ὄντος μὲν σφόδρα νέου,
πολλῆς δὲ ἀπειρίας οὔσης περὶ σὲ τούτων ὧν ἔμπειρον
ἔδει γενέσθαι, καὶ σφόδρα ἀγνώστου ἐμοί. τὸ μετὰ τοῦτο
εἴτ' ἄνθρωπος εἴτε θεὸς εἴτε τύχη τις μετὰ σοῦ Δίωνα
ἐξέβαλε, καὶ ἐλείφθης μόνος. ἆρ' οὖν οἴει μοι τότε
πολιτικῶν εἶναι κοινωνίαν πρὸς σέ, τὸν μὲν ἔμφρονα
κοινωνὸν ἀπολωλεκότι, τὸν δὲ ἄφρονα ὁρῶντι μετὰ
πονηρῶν καὶ πολλῶν ἀνθρώπων καταλελειμμένον, οὐκ
ἄρχοντα, οἰόμενον δ' ἄρχειν, ὑπὸ δὲ τοιούτων ἀνθρώ-
πων ἀρχόμενον, ἐν οἷς τί χρῆν ποιεῖν ἐμέ; μῶν οὔ,
ὅπερ ἐποίουν, ἀναγκαῖον ἐκ τῶν λοιπῶν τὰ μὲν πολι-
τικὰ χαίρειν ἐᾶν, εὐλαβούμενον τὰς ἐκ τῶν φθόνων
διαβολάς, ὑμᾶς δὲ πάντως, καίπερ ἀλλήλων χωρὶς
γεγονότας καὶ διαφόρους ὄντας, πειράσθαι φίλους ἀλ-
λήλοις ὅτι μάλιστα ποιεῖν, τούτων δὴ καὶ σὺ μάρτυς,
ὅτι τοῦτο αὐτὸ ξυντείνων οὐκ ἀνῆκα πώποτε· καὶ μόγις
μέν, ὅμως δ' ὡμολογήθη νῦν πλεῦσαι μὲν οἴκαδε ἐμέ,
ἐπειδὴ πόλεμος ὑμᾶς κατεῖχεν, (317) εἰρήνης δ' αὖ γε-

tyrannide regiam gubernationem illis inducere, audientem
vero hæc me tibi, ne faceres illa, obstitisse, cum tu
vehementer id cuperes, nunc autem, illa ipsa ut faciat,
Dionem docere, ac tuis propriis cogitationibus imperium a
nobis tuum labefactari Utrum sermones huiusmodi ali-
quam tibi utilitatem ferant, tu ipse cognoscis iniuria certe
me afficis, cum contraria dicas, quam veritas sit Et pro-
fecto satis superque hactenus a Philistide et aliis complu-
ribus invidia mihi conflata est et apud milites et apud Sy-
racusanos Nam cum in arce una tecum habitarem, omnia
erant, te malefacta in me convertebantur, asserentibus qui
extra singula meo consilio facere tu autem aperte scis
perpauca me tecum de gubernatione civili sponte mea
(316), atque id ab initio tractavisse, dum aliquid posse
me proficere arbitrabar, et alia quædam exigua, legum
procemiis mediocriter incumbentem quibus tamen postea
vel tu vel alium audio quædam præter mentem meam inse-
ruisse, quæ facile internoscent ii, qui possunt morem
ingenii nostri discernere Sed, ut modo dicebam, non
egeo calumnia et apud Syracusanos et apud alios, quibus
me ista dicens criminaris Sed multo magis purgatione
contra primam calumniam, et contra novam nuper exor-
tam, maiorem quidem ac vehementiorem Ego adversus
duas calumnias necesse est excusationem me duplicem
aggredi Primum quidem merito noluisse me de guber-
natione reipublicæ tecum agere deinde meum illud con-
silium non fuisse, quod tu ais, ut suaderem tibi, ne ci-
vitates Græcas restitueres Et primum quidem de primo
sic accipe

Veni Syracusas a te vocatus et a Dione, cum esset
ipse Dion magnæ apud te dignitatis, mihi iampridem
hospes, ætate vero media atque perfecta quibus omnino
vel mediocriter prudens opus esse ad res huiusmodi ge-
rendas, quales tuæ erant, existimarit Tu vero eras
admodum iuvenis, et omnium ignarus, quorum oportebat
te peritiam habere, mihi quoque valde ignotus Post
hæc sive quis homo, sive deus, sive fortuna quædam
tecum Dionem pepulit tu solus relictus es An igitur
communionem mihi aliquam tecum rerum civilium tunc
relictam putas, cum viderem prudentem quidem consul-
torem abs te pulsum, te autem imprudentem cum multis
flagitiosis ita fuisse relictum, ut non imperares, imperare
arbitrareris, sed huiusmodi hominibus revera ser-
vires ? Tunc ergo quid oportebat me facere ? An non id
quod faciebam ? Abstinere videlicet omni gubernatione, ne
invidia malevolorum in calumnias vocarer et illud omnino
conari, ut vos invicem dissidentes et longe divisos in
pristinam amicitiam gratiamque reducerem Tu mihi
testis esse potes, quanto conatu hoc a me negotium sus-
ceptum fuerit, neque unquam desertum (317) Tandem

νομένης ἐλθεῖν ἐμέ τε καὶ Δίωνα εἰς Συρακούσας, σὲ
δὲ καλεῖν ἡμᾶς. καὶ ταῦτα μὲν οὕτως ἐγένετο τῆς
ἐμῆς εἰς Συρακούσας ἀποδημίας πέρι τῆς πρώτης καὶ
τῆς πάλιν οἴκαδε σωτηρίας· τὸ δὲ δεύτερον εἰρήνης
γενομένης ἐκάλεις με οὖ κατὰ τὰς ὁμολογίας, ἀλλὰ
μόνον ἥκειν ἐπέστελλες, Δίωνα δ' εἰσαῦθις ἔφησθα
μεταπέμψεσθαι. διὰ ταῦτα οὐκ ἦλθον, ἀλλὰ καὶ
Δίωνι τότ' ἀπηχθόμην· ᾤετο γὰρ εἶναι βέλτιον ἐλθεῖν
ἐμὲ καὶ ὑπακοῦσαί σοι. τὸ δὲ μετὰ ταῦτα ὕστερον
ἐνιαυτῷ τριήρης ἀφίκετο καὶ ἐπιστολαὶ παρὰ σοῦ, τῶν
δ' ἐν ταῖς ἐπιστολαῖς γραμμάτων ἦρχεν, ὡς, ἂν ἀφί-
κωμαι, τὰ Δίωνός μοι γενήσοιτο πράγματα πάντα
κατὰ νοῦν τὸν ἐμόν, μὴ ἀφικομένου δὲ τἀναντία.
αἰσχύνομαι δὴ λέγειν, ὅσαι τότε ἐπιστολαὶ παρὰ σοῦ
καὶ παρ' ἄλλων ἦλθον διὰ σὲ ἐξ Ἰταλίας καὶ Σικε-
λίας, καὶ παρ' ὅσους τῶν ἐμῶν οἰκείων καὶ τῶν γνω-
ρίμων, καὶ πᾶσαι διακελεύομεναί μοι ἰέναι καὶ δεόμε-
ναι σοὶ πάντως ἐμὲ πείθεσθαι. ἐδόκει δὴ πᾶσιν, ἀρ-
ξαμένοις ἀπὸ Δίωνος, δεῖν ἐμὲ πλεῦσαι καὶ μὴ μαλ-
θακίζεσθαι. καίτοι τήν θ' ἡλικίαν αὐτοῖς προυτεινόμην
καὶ περὶ σοῦ διισχυριζόμην ὡς οὐχ οἷός τ' ἔσοιο ἀν-
ταρκέσαι τοῖς διαβάλλουσιν ἡμᾶς καὶ βουλομένοις εἰς
ἔχθραν ἐλθεῖν· ἑώρων γὰρ καὶ τότε καὶ νῦν ὁρῶ τὰς
μεγάλας οὐσίας καὶ ὑπερόγκους τῶν τε ἰδιωτῶν καὶ
τῶν μονάρχων σχεδόν, ὅσῳπερ ἂν μείζους ὦσι, το-
σούτῳ πλείους καὶ μείζους τοὺς διαβάλλοντας καὶ πρὸς
ἡδονὴν μετὰ αἰσχρᾶς βλάβης ὁμιλοῦντας τρεφούσας,
οὖ κακὸν οὐδὲν μεῖζον γεννᾷ πλοῦτός τε καὶ ἡ τῆς
ἄλλης ἐξουσίας δύναμις. ὅμως δ' οὖν πάντα ταῦτα
χαίρειν ἐάσας ἦλθον, διανοηθείς, ὡς οὐδένα δεῖ τῶν
ἐμῶν φίλων ἐμὲ αἰτιᾶσθαι ὡς διὰ τὴν ἐμὴν ῥαθυμίαν
τὰ σφέτερα πάντα ἐξὸν μὴ ἀπολέσθαι διώλετο· ἐλθὼν
δέ, οἶσθα γὰρ δὴ σὺ πάντα τἀντεῦθεν ἤδη γενόμενα,
ἐγὼ μὲν ἠξίουν δήπου κατὰ τὴν ὁμολογίαν τῶν ἐπι-
στολῶν πρῶτον μὲν κατάγειν Δίωνα οἰκειωσάμενον,
φράζων τὴν οἰκειότητα, ἣν εἰ ἐμοὶ τότε ἐπείθου, τάχ'
ἂν βέλτιον τῶν νῦν γεγονότων ἔσχε καὶ σοὶ καὶ Συρα-
κούσαις καὶ τοῖς ἄλλοις Ἕλλησιν, ὡς ἡ ἐμὴ δόξα
μαντεύεται· ἔπειτα τὰ Δίωνος τοὺς οἰκείους ἔχειν
ἠξίουν καὶ μὴ διανείμασθαι τοὺς διανειμαμένους,
(318) οὓς οἶσθα σύ. πρὸς δὲ τούτοις ᾤμην δεῖν τὰ κατ'
ἐνιαυτὸν πάντα ἐξὸν αὐτῷ κομίζεσθαι καὶ μᾶλλον
ἔτι καὶ οὐχ ἧττον ἐμοῦ παραγενομένου πέμπεσθαι.
τούτων οὐδενὸς τυγχάνων ἠξίουν ἀπιέναι. τὸ μετὰ
ταῦτα ἐπειθές με μεῖναι τὸν ἐνιαυτόν, φάσκων τὴν
Δίωνος ἀποδόμενος οὐσίαν πᾶσαν τὰ μὲν ἡμίσεα ἀπο-
πέμψειν εἰς Κόρινθον, τὰ δ' ἄλλα τῷ παιδὶ καταλεί-
ψειν αὐτοῦ. πολλὰ ἔχων εἰπεῖν, ὧν ὑποσχόμενος
οὐδὲν ἐποίησας, διὰ τὸ πλῆθος αὐτῶν συντέμνω. τὰ
γὰρ δὴ χρήματα πάντα ἀποδόμενος, οὐ πείσας Δίωνα,
φάσκων οὐ πωλήσειν ἄνευ τοῦ πείθειν, τὸν κολοφῶνα,
ὦ θαυμάσιε, ταῖς ὑποσχέσεσιν ἁπάσαις νεανικώτατον
ἐπέθηκας· μηχανὴν γὰρ οὔτε καλὴν οὔτε κομψὴν οὔτε
δικαίαν οὔτε ξυμφέρουσαν εὗρες, ἐμὲ ἐκφοβεῖν ὡς

vix ita convenimus, ut domum remearem; finitoque
bello, quod tunc erat, ego et Dion Syracusas rediremus,
tu autem nos advocares. Hæc sunt acta in prima illa
profectione ad te mea et in patriam reditu. Facta deinde
pace iterum me vocasti : non tamen ut invicem conve-
niremus, una cum Dione, sed solum. Scripsisti enim ut
ipse tunc venirem : Dionem vero postea te vocaturum.
Ea de causa ego tunc non veni : quod quidem Dioni dis-
plicuit, qui præstare putabat, ut parerem tibi atque ve-
nirem. Transacto post hæc anno triremis a te una missa
est, et simul cum illa literæ tuæ : quarum caput erat,
si venirem, Dionis res ita fore, ut ego maxime optabam;
contra vero, si non venirem, contra. Pudet referre, quam
multæ tunc epistolæ scriptæ sunt tam abs te quam ab
aliis tua causa ex Italia atque Sicilia ad me et ad multos
propinquorum familiariumque meorum : quæ omnes
exhortabantur precabanturque, ut tibi obsecutus acce-
derem. Visum est igitur omnibus, et imprimis Dioni,
absque dilatione eundum esse, quanquam ego ob ætatem
me excusabam, et de tua constantia me diffidere dicebam,
quasi nequires obtrectatoribus malevolisque meis, disci-
dium inter nos quærentibus, resistere; conspexeram enim
iam pridem, et nunc etiam perspicio opes tam privatorum
quam principum, quanto maiores sunt, tanto magis in-
sidiatores et turpium noxiarumque voluptatum machina-
tores nutrire : quo nihil perniciosius gignit opulentia atque
potestas. Verumtamen omissis his omnibus venire de-
crevi, ne querelæ materiam alicui familiarium meorum
relinquerem, quod cum possent eius res salvæ esse, ob
negligentiam meam perissent. Quæ vero post adventum
meum secuta sint, tu optime nosti. Censebam equidem,
ut secundum promissa epistolarum tuarum quam primum
Dionem revocares et pristina familiaritate reciperes :
cuius ego rationem habendam esse putabam. In quo si
mihi paruisses, forte melius tuæ et Syracusanorum cete-
rorumque Græcorum res, ut mea vaticinatur opinio, sese
haberent. Arbitrabar deinde, bona Dionis suis restitui
debere : (318) nec illis divisoribus, quos tu præfeceras,
eorum administrationem amplius relinqui. Iudicabam
præterea pecuniam, singulis annis Dioni solitam mitti,
esse mittendam, non diminutam ob præsentiam meam, sed
magis adauctam. Cum autem horum nihil abs te impe-
trare possem, abire constitui. Tu vero annum me expe-
ctare rogasti, affirmans te Dionis bona omnia venditu-
rum, ita ut dimidia pars Corinthum ad Dionem ipsum
mitteretur, reliqua vero pro eius filio Syracusis maneret.
Multa præterea referre possum, quæ promissa a te ser-
vata non sunt; sed ea ob multitudinem omitto. Cum enim
bonorum Dionis omnium venditionem faceres absque ullo
eius consensu, quanquam ita demum hoc faciendum
dixeras, si ille assentiretur; promissis omnibus, o vir
mirabilis, colophonium, ut aiunt, suffragium finemque
gloriosissimum imposuisti. Rem profecto neque hone-
stam neque honorificam neque iustam neque utilem ma-

οοῦντα τὰ τότε γιγνόμενα, ἵνα μηδὲ ἐγὼ ζητοίην
χρήματα ἀποπέμπεσθαι. ἡνίκα γὰρ Ἡρακλείδην
βαλες, οὔτε Συρακοσίοις δοκοῦν δικαίως οὔτ᾽ ἐμοί,
τι μετὰ Θεοδότου καὶ Εὐρυβίου συνεδεήθην σου μὴ
.εῖν ταῦτα, ταύτην λαβὼν ὡς ἱκανὴν πρόφασ᾽ν εἶ-
, ὅτι καὶ πάλαι σοι δῆλος εἴην σοῦ μὲν οὐδὲν φρο,-
ων, Δίωνος δὲ καὶ τῶν Δίωνος φίλων καὶ οἰκείων,
ἐπειδὴ νῦν Θεοδότης καὶ Ἡρακλείδης ἐν διαβολαῖς
ν οἰκεῖοι Δίωνος ὄντες, πᾶν μηχανώμην ὅπως οὗτοι
δώσουσι δίκην. καὶ ταῦτα μὲν ταύτῃ περὶ τὰ
ιιτικὰ κοινωνίας τῆς ἐμῆς καὶ σῆς καὶ εἴ τινα
ραν ἀλλοτριότητα ἐνεῖδες ἐν ἐμοὶ πρὸς σέ, εἰκότως
ι ταύτῃ πάντα ταῦτα γεγονέναι. καὶ μὴ θαύμαζε
ὡς γὰρ ἂν ἔχοντί γε νοῦν ἀνδρὶ φαινοίμην ἐνδίκως,
σθεὶς ὑπὸ τοῦ μεγέθους τῆς σῆς ἀρχῆς τὸν μὲν πα-
ὸν φίλον καὶ ξένον, κακῶς πράττοντα διὰ σέ, μηδὲν
ι χείρω, ἵνα οὕτως εἴπω, τοῦτον μὲν προδοῦναι,
δὲ τὸν ἀδικοῦντα ἑλέσθαι καὶ πᾶν δρᾶν ὅπῃ σὺ
ρσέταττες, ἕνεκα χρημάτων δῆλον ὅτι οὐδὲν γὰρ
ἕτερον ἔφησεν αἴτιόν τις εἶναι τῆς ἐμῆς μεταβολῆς,
μετεβαλόμην. ἀλλὰ ταῦτα μὲν ταύτῃ γενόμενα
ι ἐμὴν καὶ σὴν λυκοφιλίαν καὶ ἀκοινωνίαν [διὰ σὲ]
εἰργάσατο.

Σχεδὸν δ᾽ εἰς λόγον ὁ λόγος ἥκει μοι ξυνεχὴς τῷ νῦν
γενομένῳ, περὶ οὗ μοι τὸ δεύτερον ἀπολογητέον
ἦν εἶναι. (319) σκόπει δὴ καὶ πρόσεχε πάντως,
τί σοι ψεύδεσθαι δόξω καὶ μὴ τἀληθῆ λέγειν
μὶ γάρ σε Ἀρχεδήμου παρόντος ἐν τῷ κήπῳ καὶ
ιιστοκρίτου, σχεδὸν ἡμέραις πρότερον εἴκοσι τῆς
ῆς ἐκ Συρακουσῶν οἴκαδ᾽ ἀποδημίας, ἃ νῦν δὴ
ρεις καὶ μοι μεμφόμενος, ὡς Ἡρακλείδου τέ μοι καὶ
ν ἄλλων πάντων μᾶλλον ἢ σοῦ μέλοι καί με
ίτων ἐναντίον διηρώτησας, εἰ μνημονεύω, κατ᾽
λὰς ὅτ᾽ ἦλθον, κελεύων σε τὰς πόλεις τὰς Ἑλ-
νίδας κατοικίζειν· ἐγὼ δὲ συνεχώρουν μεμνῆσθαι
ὶ ἔτι νῦν μοι δοκεῖν ταῦτ᾽ εἶναι βέλτιστα. ῥητέον
, ὦ Διονύσιε, καὶ τοὐπὶ τούτῳ τότε λεχθέν· ἠρόμην
ρ δή σε, πότερον αὐτὸ τοῦτό σοι ξυμβουλεύσαιμι
νον ἤ τι καὶ ἄλλο πρὸς τούτῳ σὺ δὲ καὶ μάλα
ιεκρίνω μεμηνιμένως καὶ ὑβριστικῶς εἰς ἐμέ, ὡς
ιυ (διὸ τὸ τότε σοι ὕβρισμα νῦν ὕπαρ ἀντ᾽ ὀνεί-
τος γέγονεν), εἶπες δὲ καὶ μάλ᾽ ἀπλάστως γελῶν,
μέμνημαι, ὡς παιδευθέντα με ἐκέλευες ποιεῖν πάντα
ῦτα ἢ μὴ ποιεῖν. ἔφην ἐγὼ κάλλιστα μνημονεῦσαί
. οὐκοῦν παιδευθέντα, ἔφησθα, γεωμετρεῖν, ἢ
ῶς; κἀγὼ τὸ μετὰ ταῦτα ὃ ἐπῄει μοι εἰπεῖν οὐκ εἶ-
ιν, φοβούμενος μὴ σμικροῦ ῥήματος ἕνεκα τὸν
πλοῦν ὃν προσεδόκων, μὴ μοι στενὸν γίγνοιτο ἀντ᾽
ρυχωρίας. ἀλλ᾽ οὖν ὧν ἕνεκα πάντ᾽ εἴρηται, ταῦτ᾽
ιτί· μή με διάβαλλε λέγων ὡς οὐκ εἴων ἐγώ σε πό-
ις Ἑλληνίδας ἐρρούσας ὑπὸ βαρβάρων οἰκίζειν, οὐδὲ
ιυρακοσίους ἐπικουφίσαι βασιλείαν ἀντὶ τυραννίδος
εταστήσαντα. τούτων γὰρ οὔθ᾽ ἧττον ἐμοὶ πρέποντα
ροι; ἂν ποτε λέγων μου καταψεύσασθαι, πρὸς δὲ

chinatus, me deterrere conatus es, tanquam rerum illa-
rum nescium, quo ego pecunias ad Dionem mittendas
postulare desisterem. Nam cum Heraclidem pelleres,
quod neque Syracusanis neque mihi iustum videbatur,
egoque una cum Theodote et Eurybio pro Heraclide de-
precarer, accepta hinc quasi sufficienti quadam occas one,
iampridem te deprehendisse dixisti nullam mihi curam
esse rerum tuarum, sed Dionis solum eiusque amicorum
et propinquorum itaque, cum Heraclides et Theodotes,
Dionis amici, suspicione criminis non carerent, me omnia
facere, quo meritas pœnas non darent. Hæc quidem in
nostra illa civilis administrationis communione et quam-
cunque aliam dissensionem nobis accidisse quid mirum?
Plavus enim a prudentibus viris merito existimari pos-
sem, si potentiæ tuæ magnitudine adductus veterem
amicum et hospitem meum, a te patria pulsum, nulla in
parte, ut ita loquar, te deteriorem, prodidissem atque
destituissem, te vero iniuriantem illi præposuissem et
omnia fecissem, quæ imperares, tuarum scilicet opum
gratia. Certe si illum tui gratia prodidissem, nemo aliam
mutationis meæ causam fuisse dixisset. Hæc igitur ita
gesta causa fuerunt succensendi inter nos et nihil com-
municandi.

Verum mihi opportune iam sermo in eam transit par-
tem, de qua secundo mihi loco dicendum proposi-
sui (319) Attende, obsecro, diligenter, si verum tibi
dicere videor. Dico te Archedemo præsente et Aristo-
crito cum esses in hortis, viginti ferme dies ante reces-
sum meum a Syracusanis Athenas, dixisse mihi illa,
quæ nunc etiam dicis, quod Heraclidis et aliorum omnium
magis quam tui curam haberem. Præterea me in præ-
sentia illorum rogasti, an meminissem, cum primo Syra-
cusas veni, suasisse me tibi civitates Græcas restituere.
Egoque concessi meminisse me et addidi etiam tunc
optimum mihi videri. Fatendum est, o Dionysi, quod
subinde dictum est. Petii equidem, utrum id solum
tibi consuluissem, an aliud præterea. Ad hæc tu ira-
cunde nimium et contumeliose respondisti, et alia etiam
me præcepisse. Itaque contumelia tunc in me id fuit,
ut putasti, nunc autem asseveratio pro somnio est. Ro-
gasti autem me aperte nimium, si bene quid memini,
me deridens, an ista præcepissem tibi quasi docto, an
non. Respondi te id optime meminisse. At ipse ad hæc
adiecisti. Ut docto in geometria? an quomodo? Tunc ego,
quod respondere poteram, reticui, veritus ne verbi ali-
cuius exigui causa navigatio illa a me expectata mihi
pro lata angusta fieret. Ceterum ad illud iam redeamus,
quo tendunt hæc omnia. Noli invidiam conflare mihi,
dicens te prohibitum fuisse a me civitates Græcas di-
rutas a barbaris restituere ac Syracusanis gubernationem
pro tyrannica regiam mutare. Nihil enim de me potes
mentiri, quod a meis sit moribus alienum. Atqui si foret

32.

τούτοις ἔτι σαφεστέρους τούτων εἰς ἔλεγχον λόγους
ἐγὼ δοίην ἄν, εἴ τις ἱκανή που φαίνοιτο κρίσις, ὡς
ἐγὼ μὲν ἐκέλευον, σὺ δ' οὐκ ἤθελες πράττειν αὐτά.
καὶ μὴν οὐ χαλεπὸν εἰπεῖν ἐναργῶς ὡς ἦν ταῦτα
ἄριστα πραχθέντα καὶ σοὶ καὶ Συρακοσίοις καὶ Σικε-
λιώταις πᾶσιν. ἀλλ' ὦ τᾶν, εἰ μὲν μὴ φῇς εἰρηκέναι
εἰρηκὼς ταῦτα, ἔχω τὴν δίκην· εἰ δ' ὁμολογεῖς, τὸ
μετὰ τοῦτο ἡγησάμενος εἶναι σοφὸν τὸν Στησίχορον,
τὴν παλινῳδίαν αὐτοῦ μιμησάμενος, ἐκ τοῦ ψεύδους
εἰς τὸν ἀληθῆ λόγον μεταστήσει.

δ'. Πλάτων Δίωνι Συρακοσίῳ εὖ πράττειν.

(320) Οἴμαι μὲν φανερὰν εἶναι διὰ παντὸς τοῦ χρόνου
τὴν ἐμὴν προθυμίαν περὶ τὰς συμβεβηκυίας πράξεις,
καὶ ὅτι πολλὴν εἶχον περὶ αὐτῶν σπουδὴν εἰς τὸ ξυμ-
περανθῆναι, οὐκ ἄλλου τινὸς ἕνεκα μᾶλλον ἢ τῆς ἐπὶ
τοῖς καλοῖς φιλοτιμίας· νομίζω γὰρ δίκαιον εἶναι τοὺς
ὄντας τῇ ἀληθείᾳ ἐπιεικεῖς καὶ πράττοντας τοιαῦτα
τυγχάνειν δόξης τῆς προσηκούσης. .τὰ μὲν οὖν εἰς τὸ
παρόν, σὺν θεῷ εἰπεῖν, ἔχει καλῶς, τὰ δὲ περὶ τῶν
μελλόντων ὁ μέγιστός ἐστιν ἀγών. ἀνδρείᾳ μὲν γὰρ
καὶ τάχει καὶ ῥώμῃ διενεγκεῖν δόξειεν ἂν καὶ ἕτερων
εἶναί τινων, ἀληθείᾳ δὲ καὶ δικαιοσύνῃ καὶ μεγαλοπρε-
πείᾳ καὶ τῇ περὶ πάντα ταῦτα εὐσχημοσύνῃ, ξυμφαίη
τις ἂν τοὺς ἀντιποιουμένους τὰ τοιαῦτα τιμᾶν εἰκότως
τῶν ἄλλων διαφέρειν. νῦν οὖν δῆλον μέν ἐστιν ὃ
λέγω, ἀναμιμνήσκειν δὲ ὅμως δεῖ ἡμᾶς αὐτούς, ὅτι
προσήκει πλέον ἢ παίδων τῶν ἄλλων ἀνθρώπων δια-
φέρειν τοὺς οἶσθα δήπου. φανερὸς οὖν δεῖ ἡμᾶς
γενέσθαι, ὅτι ἐσμὲν τοιοῦτοι οἷοίπερ φαμέν, ἄλλως τε
καὶ ἐπειδὴ, σὺν θεῷ εἰπεῖν, ῥάδιον ἔσται. τοῖς μὲν
γὰρ ἄλλοις συμβέβηκεν ἀναγκαῖον εἶναι πλανηθῆναι
πολὺν τόπον, εἰ μέλλουσι γνωσθῆναι· τὸ δὲ νῦν ὑπάρ-
χον περὶ σὲ τοιοῦτόν ἐστιν, ὥστε τοὺς ἐξ ἁπάσης τῆς
οἰκουμένης, εἰ καὶ νεανικώτερόν ἐστιν εἰπεῖν, εἰς ἕνα
τόπον ἀποβλέπειν, καὶ ἐν τούτῳ μάλιστα πρὸς σέ.
ὡς οὖν ὑπὸ πάντων δρώμενος παρασκευάζου τόν τε
Λυκοῦργον ἐκεῖνον ἀρχαῖον ἀποδείξων καὶ τὸν Κῦρον,
καὶ εἴ τις ἄλλος πώποτε ἔδοξεν ἤθει καὶ πολιτείᾳ διε-
νεγκεῖν, ἄλλως τε καὶ ἐπειδὴ πολλοὶ καὶ σχεδὸν
ἅπαντες οἱ τῇδε λέγουσιν ὡς πολλή ἐστιν ἐλπὶς ἀναι-
ρεθέντος Διονυσίου διαφθαρῆναι τὰ πράγματα διὰ τὴν
σήν τε καὶ Ἡρακλείδου καὶ Θεοδότου καὶ τῶν ἄλλων
γνωρίμων φιλοτιμίαν. μάλιστα μὲν οὖν μηδεὶς εἴη
τοιοῦτος· ἐὰν δ' ἄρα καὶ γίγνηταί τις, σὺ φαίνου ἰα-
τρεύων, καὶ πρὸς τὸ βέλτιστον ἔλθοιτ' ἄν. (321) ταῦτα
δὲ ἴσως γελοῖόν σοι φαίνεται εἶναι τὸ ἐμὲ λέγειν, διότι
καὶ αὐτὸς οὐκ ἀγνοεῖς· ἐγὼ δὲ καὶ ἐν τοῖς θεάτροις ὁρῶ
τοὺς ἀγωνιστὰς ὑπὸ τῶν παίδων παροξυνομένους, μήτι
δὴ ὑπό γε τῶν φίλων, οὓς ἄν τις οἴηται μετὰ σπουδῆς
κατ' εὔνοιαν παρακελεύεσθαι. νῦν οὖν αὐτοί τε ἀγω-
νίζεσθε καὶ ἡμῖν εἴ του δεῖ ἐπιστέλλετε· τὰ δ' ἐνθάδε
παραπλησίως ἔχει καθάπερ καὶ ὑμῶν παρόντων. ἐπι-
στέλλετε δὲ καὶ ὅ τι πέπρακται ὑμῖν ἢ πράττοντες

---

alicubi sufficiens huius rei iudicium, etiam alia dicerem
superioribus clariora, probaremque manifeste, me sua-
sisse tibi ut illa faceres, te autem recusavisse. Nequa-
quam difficile est ostendere illa futura fuisse optima et
tibi et Syracusanis et Siculis omnibus. Si ergo negas te
ista dixisse, cum dixeris : satis equidem habeo, quo te
criminer. Quod si fateris, Stesichorum sapientem puta,
atque eius palinodiam, id est cantum superiori contra-
rium imitatus, ex mendaci sermone te ad verum tra-
ducas.

IV. Plato Dioni Syracusano bene agere.

(320) Puto manifestam esse per omne tempus propen-
sissimam voluntatem meam circa singula, quæ contige-
rint : neque occultum esse vobis studium conficiendi fuisse
mihi non aliam magis ob causam, quam ut in rebus ho-
nestis honorem consequerer. Censeo enim esse iustum,
ut, qui revera boni sunt viri et talia faciunt, dignam
gloriam consequantur. Præsentia igitur, deo gratias,
recte se habent ; de futuris vero maximum vobis propo-
situm est certamen. Nam fortitudine quidem, celeritate
ac robore præstare tale est, ut aliorum quoque esse
possit : sed veritate, iustitia, magnificentia et huiusmodi
quadam honestate et dignitate præcellere ad eos qui ista
gerunt et talium sibi gloriam vindicant, præ ceteris atti-
net. Manifestum sane est, quod dico. Meminisse autem
debemus, oportere nos, ut te non latet, plus ab aliis
quam viros a pueris differre. · Itaque constare omnibus
debet tales nos esse, quales videri volumus : præsertim
cum deo iuvante perfacile sit futurum. Ceteris siquidem
hoc contigit, ut multa loca obire compulsi fuerint ad id
consequendum. Rerum vero tuarum status huiusmodi
est, ut ex universo, ut ita dixerim, terrarum orbo
unum in locum, et in illo ipso in te unum maxime oculi
omnium sint conversi. Tanquam igitur subiectus oculis
spectatusque ab omnibus conare Lycurgum illum anti-
quum exprimere et Cyrum, et si quis alius videatur un-
quam moribus et publicis institutis excelluisse ; præser-
tim cum sit multorum ac pæne omnium qui hic sunt opinio,
post Dionysium sublatum res esse perituras propter
tuam et Heraclidis et Theodotæ ceterorumque nobilium
ambitionem et excellendi cupiditatem. Primum quidem
optandum est, ne quisquam talis existat. Quod si quis
apparuerit talis, tu medebere, ut res in melius dedu-
cantur. (321) Ridiculum tibi forte videtur me ista mo-
nere, cum tibi sint nota : sed ego in theatria conspicio
certatores a pueris provocari, nedum ab amicis, qui be-
nevolentiæ studio cohortari putantur. Vos certe nunc
tanquam in theatro quodam certatis. In quo si nostra
opera opus est, certiores nos facite. Hic autem perinde
se res habent, ut eum vos aderatis. Scribite mihi, quid
actum sit quidve agatur. Nam licet audiamus multa, ·

τυγχάνετε, ὡς ἡμεῖς πολλὰ ἀκούοντες οὐδὲν ἴσμεν. καὶ νῦν ἐπιστολαὶ παρὰ μὲν Θεοδότου καὶ Ἡρακλείδου ἥκουσιν εἰς Λακεδαίμονα καὶ Αἴγιναν, ἡμεῖς δέ, καθάπερ εἴρηται, πολλὰ ἀκούοντες περὶ τῶν τῇδε οὐδὲν ἴσμεν. ἐνθυμοῦ δὲ καὶ ὅτι δοκεῖς τισὶν ἐνδεεστέρως τοῦ προσήκοντος θεραπευτικὸς εἶναι. μὴ οὖν λανθανέτω σε, ὅτι διὰ τοῦ ἀρέσκειν τοῖς ἀνθρώποις καὶ τὸ πράττειν ἐστίν, ἡ δ' αὐθάδεια ἐρημίᾳ ξύνοικος εὐτύχει.

ε' Πλάτων Περδίκκᾳ εὖ πράττειν

Εὐφραίῳ μὲν συνεβούλευσα, καθάπερ ἐπέστελλες, τῶν σῶν ἐπιμελούμενον περὶ ταῦτα διατρίβειν· δίκαιος δ' εἰμὶ καὶ σοὶ ξενικὴν καὶ ἱερὰν ξυμβουλὴν λεγομένην ξυμβουλεύειν περί τε τῶν ἄλλων ὧν ἂν φράζῃς καὶ ὡς Εὐφραίῳ δεῖ τὰ νῦν χρῆσθαι   πολλὰ μὲν γὰρ ὁ ἀνὴρ χρήσιμος, μέγιστον δὲ οὗ καὶ σὺ νῦν ἐνδεὴς εἶ διά τε τὴν ἡλικίαν καὶ διὰ τὸ μὴ πολλοὺς αὐτοῦ πέρι ξυμβούλους εἶναι τοῖς νέοις. ἔστι γὰρ δή τις φωνὴ τῶν πολιτειῶν ἑκάστης καθαπερεί τινων ζῴων, ἄλλη μὲν δημοκρατίας, ἄλλη δ' ὀλιγαρχίας, ἡ δ' αὖ μοναρχίας ταύτας φαῖεν μὲν ἂν ἐπίστασθαι πάμπολλοι, πλεῖστον δ' ἀπολείπονται τοῦ κατανοεῖν αὐτὰς πλὴν ὀλίγων δή τινων. ἥτις μὲν ἂν οὖν τῶν πολιτειῶν τὴν αὑτῆς φθέγγηται φωνὴν πρός τε θεοὺς καὶ πρὸς ἀνθρώπους, καὶ τῇ φωνῇ τὰς πράξεις ἑπομένας ἀποδιδῷ, θάλλει τε ἀεὶ καὶ σώζεται, μιμουμένη δ' ἄλλην φθείρεται.   πρὸς ταῦτ' οὖν Εὐφραιός σοι γίγνοιτ' οὐχ ἥκιστα ἂν χρήσιμος, καίπερ καὶ πρὸς ἄλλα ὧν ἀνδρεῖος (322) τοὺς γὰρ τῆς μοναρχίας λόγους οὐχ ἥκιστ' αὐτὸν ἐλπίζω ξυνεξευρήσειν τῶν περὶ τὴν σὴν διατριβὴν ὄντων   εἰς ταῦτ' οὖν αὐτῷ χρώμενος ὀνήσει τε αὐτὸς καὶ ἐκεῖνον πλεῖστα ὠφελήσεις. ἐὰν δέ τις ἀκούσας ταῦτα εἴπῃ, Πλάτων, ὡς ἔοικε, προσποιεῖται μὲν τὰ δημοκρατίᾳ ξυμφέροντα εἰδέναι, ἐξὸν δ' ἐν τῷ δήμῳ λέγειν καὶ συμβουλεύειν αὐτῷ τὰ βέλτιστα οὐ πώποτε ἀναστὰς ἐφθέγξατο, πρὸς ταῦτ' εἰπεῖν, ὅτι Πλάτων ὀψὲ ἐν τῇ πατρίδι γέγονε καὶ τὸν δῆμον κατέλαβεν ἤδη πρεσβύτερον καὶ εἰθισμένον ὑπὸ τῶν ἔμπροσθεν πολλὰ καὶ ἀνόμοια τῇ ἐκείνου ξυμβουλῇ πράττειν ἐπεὶ πάντων ἂν ἥδιστα καθάπερ πατρὶ συνεβούλευεν αὐτῷ, εἰ μὴ μάτην μὲν κινδυνεύσειν ᾤετο, πλέον δ' οὐδὲν ποιήσειν   ταὐτὸν δὴ οἶμαι δράσαι ἂν καὶ τὴν ἐμὴν ξυμβουλήν. εἰ γὰρ δόξαιμεν ἀνιάτως ἔχειν, πολλὰ ἂν χαίρειν ἡμῖν εἰπὼν ἐκτὸς ἂν γίγνοιτο τῆς περὶ ἐμὲ καὶ τὰ ἐμὰ ξυμβουλῆς.   εὐτύχει

ς'. Πλάτων Ἑρμείᾳ καὶ Ἐράστῳ καὶ Κορίσκῳ εὖ πράττειν

Ἐμοὶ φαίνεται θεῶν τις ὑμῖν τύχην ἀγαθήν, ἂν εὖ δέξησθε, εὐμενῶς καὶ ἱκανῶς παρασκευάζειν οἰκεῖτε γὰρ δὴ γείτονές τε ὑμῖν αὐτοῖς καὶ χρείαν ἔχοντες ὥστε ἀλλήλους εἰς τὰ μέγιστα ὠφελεῖν. Ἑρμείᾳ μὲν γὰρ οὔτε ἵππων πλῆθος οὔτε ἄλλης πολεμικῆς συμμαχίας

certi nihil habemus   Multæ a Theodota et Heraclide feruntur epistolæ Lacedæmona et Æginam   nos autem, ut dixi, audientes multa de rebus vestris, nihil aperte percipimus   Nec te lateat eam esse de te apud quosdam opinionem, quasi de homine aliquanto minus quam decet officioso atque affabili   Memento igitur necessariam esse ad res gerendas hominum benevolentiam   austeritas vero solitudinem amicorum parit   Felix esto

V Plato Perdiccæ bene agere

Euphræo suasi, quemadmodum ad me scripsisti, ut in rerum tuarum administratione perseveraret   Est autem meum, tibi quoque et de aliis rebus, quemadmodum religio et hospitalitas postulat, consilium dare, et quemadmodum Euphræo uti debeas   Profecto vir ille ad multa utilis esse potest, maxime vero ad id, cuius tu plurimum indiges ob ætatem, præsertim cum haud multi reperiantur, qui de iis rebus consilium iuvenibus idonei sint afferre   Est enim vox quædam uniuscuiusque civilis gubernationis, velut animalium quorundam.   Nam aliam popularis, aliam paucorum, aliam unius gubernatio vocem emittit   Has intelligere multi profitentur   sed longe absunt ab intelligendo, præter admodum paucos   Quæ igitur gubernatio propriam vocem erga deos et erga homines emittit, consentaneasque voci actiones reddit, ea viret semper et servatur   Quod si vocem alterius imitatur, interitum recipit   Ad hæc Euphræus tibi perutilis esse poterit   quamvis et ad alia vir fortis sit   (322) Rationes enim monarchiæ, id est principatus unius, non minus quam eos, qui apud te sunt, eum inventurum esse spero   Ad hæc igitur illo fretus utilitatem ex eo percipies, et referes ipsi tu deinde quam plurimam   Quod si quis hæc audiens obiiciat   Plato quidem profitetur quæ ad popularem statum conferant intelligere, nunquam tamen, licet occasio data fuerit, in civitate sua surrexit ad consilium populo exhibendum   ad hæc respondebitur, Platonem sero tandem fuisse in patria, populumque offendisse iam senescentem, assuefactumque per illos, qui ante se fuerant, multa diversa facere a consilio suo   Nam libentissime, ut parenti, illi consuluisset, nisi frustra se ipsum periculo subiecturum existimasset   Idem quoque circa consilium mihi futurum existimo   Si enim insanabiles videremur, re dimissa omni de me meisque consilio abstineret   Esto felix

VI. Plato Hermiæ Erasto et Corisco bene agere

Mihi quidem videtur deorum aliquis fortunam vobis optimam, modo recte eam recipiatis, benigne abundeque parasse   Quippe finitimi estis, et utilitatem vobis mutuam conferre valetis permaximam   Hermiæ siquidem neque multitudo equorum neque alius belli apparatus

οὐδ' αὖ χρυσοῦ προσγενομένου γένοιτ' ἂν μείζων εἰς τὰ πάντα δύναμις, ἢ φίλων βεβαίων τε καὶ ἦθος ἐχόντων ὑγιές· Ἐράστῳ δὲ καὶ Κορίσκῳ πρὸς τῇ τῶν εἰδῶν σοφίᾳ τῇ καλῇ ταύτῃ φήμ' ἐγώ, καίπερ γέρων ὤν, προσδεῖν σοφίας τῆς περὶ τοὺς πονηροὺς καὶ ἀδίκους φυλακτικῆς καί τινος ἀμυντικῆς δυνάμεως, ἄπειροι γάρ εἰσι διὰ τὸ μεθ' ἡμῶν μετρίων ὄντων καὶ οὐ κακῶν συχνὸν διατετριφέναι τοῦ βίου. διὸ δὴ τούτων προσδεῖν εἶπον, ἵνα μὴ ἀναγκάζωνται τῆς ἀληθινῆς μὲν ἀμελεῖν σοφίας, τῆς δὲ ἀνθρωπίνης τε καὶ ἀναγκαίας ἐπιμελεῖσθαι μειζόνως ἢ δεῖ. ταύτην δ' αὖ τὴν δύναμιν Ἑρμείας μοι φαίνεται φύσει τε, ὅσα μήπω ξυγγεγονότι, καὶ τέχνῃ δι' ἐμπειρίας εἰληφέναι. (323) τί οὖν δὴ λέγω; σοὶ μέν, Ἑρμεία, πεπειραμένος Ἐράστου καὶ Κορίσκου πλέονα ἢ σύ, φημὶ καὶ μηνύω καὶ μαρτυρῶ μὴ ῥᾳδίως εὑρήσειν σε ἀξιοπιστότερα ἤθη τρύτων τῶν γειτόνων· ἔχεσθαι δὴ παντὶ ξυμβουλεύω δικαίῳ τρόπῳ τούτων τῶν ἀνδρῶν, μὴ πάρεργον ἡγουμένῳ· Κορίσκῳ δὲ καὶ Ἐράστῳ πάλιν Ἑρμείου ἀντέχεσθαι ξύμβουλός εἰμι καὶ πειρᾶσθαι ταῖς ἀνθέξεσιν ἀλλήλων εἰς μίαν ἀφικέσθαι φιλίας ξυμπλοκήν. ἂν δέ τις ὑμῶν ἄρα ταύτην πῃ λύειν δοκῇ (τὸ γὰρ ἀνθρώπινον οὐ παντάπασι βέβαιον), δεῦρο παρ' ἐμὲ καὶ τοὺς ἐμοὺς πέμπετε μομφῆς κατήγορον ἐπιστολήν· οἶμαι γὰρ δίκῃ τε καὶ αἰδοῖ τοὺς παρ' ἡμῶν ἐντεῦθεν ἐλθόντας λόγους, εἰ μή τι λυθῇ μέγα τύχοι γενόμενον, ἐπῳδῆς ἡστινοσοῦν μᾶλλον ἂν συμφῦσαι καὶ συνδῆσαι πάλιν εἰς τὴν προϋπάρχουσαν φιλότητά τε καὶ κοινωνίαν, ἣν ὅταν μὲν φιλοσοφῶμεν ἅπαντες ἡμεῖς τε καὶ ὑμεῖς, ὅσον ἂν δυνώμεθα καὶ ἑκάστῳ παρείκῃ, κύρια τὰ νῦν κεχρησμῳδημένα ἔσται· τὸ δὲ ἂν μὴ δρῶμεν ταῦτα οὐκ ἐρῶ, φήμην γὰρ ἀγαθὴν μαντεύομαι, καὶ φημὶ δὴ ταῦθ' ἡμᾶς πάντ' ἀγαθὰ ποιήσειν, ἂν θεὸς ἐθέλῃ. ταύτην τὴν ἐπιστολὴν πάντας ὑμᾶς τρεῖς ὄντας ἀναγνῶναι χρή, μάλιστα μὲν ἀθρόους, εἰ δὲ μή, κατὰ δύο κοινῇ κατὰ δύναμιν ὡς οἷόν τ' ἐστὶ πλειστάκις, καὶ χρῆσθαι συνθήκῃ καὶ νόμῳ κυρίῳ, ὅ ἐστι δίκαιον, ἐπομνύντας σπουδῇ τε ἅμα μὴ ἀμούσῳ καὶ τῇ τῆς σπουδῆς ἀδελφῇ παιδιᾷ, καὶ τὸν τῶν πάντων θεὸν ἡγεμόνα τῶν τε ὄντων καὶ τῶν μελλόντων, τοῦ τε ἡγεμόνος καὶ αἰτίου πατέρα κύριον ἐπομνύντας, ὅν, ἂν ὄντως φιλοσοφῶμεν, εἰσόμεθα πάντες σαφῶς εἰς δύναμιν ἀνθρώπων εὐδαιμόνων.

ζ'. Πλάτων τοῖς Δίωνος οἰκείοις τε καὶ ἑταίροις εὖ πράττειν.

Ἐπεστείλατέ μοι νομίζειν δεῖν τὴν διάνοιαν ὑμῶν εἶναι τὴν αὐτὴν ἣν εἶχε καὶ Δίων, καὶ δὴ καὶ κοινωνεῖν διεκελεύσθέ μοι, καθ' ὅσον οἷός τ' εἰμὶ ἔργῳ καὶ λόγῳ. (324) ἐγὼ δέ, εἰ μὲν δόξαν καὶ ἐπιθυμίαν τὴν αὐτὴν ἔχετε ἐκείνῳ, ξύμφημι κοινωνήσειν, εἰ δὲ μή, βουλεύσεσθαι πολλάκις. τίς δ' ἦν ἡ ἐκείνου διάνοια καὶ ἐπιθυμία, σχεδὸν οὐκ εἰκάζων ἀλλ' ὡς εἰδὼς σαφῶς εἴποιμ' ἄν. ὅτε γὰρ κατ' ἀρχὰς εἰς Συρακούσας ἐγὼ

---

neque auri magnitudo usque adeo vires augeret quantum amicorum bonorum constantia atque fidelitas. Erasto autem et Corisco, præter sapientiam istam de speciebus pulcherrimam, alia insuper affirmo, etsi sum senex, opus esse sapientia adversus improbos iniustosque cavendi, et ad resistendum potentia. Sunt enim inexperti fraudum, quia penes nos cum hominibus vivere diu consueti sunt minime malis. Quapropter illos huiusmodi quadam indigere dico cautione, ne compellantur veram negligere sapientiam et humanam hanc necessariamque sapientiam plus, quam deceat, meditari. Rursus vero eam ipsam vim mihi videtur Hermias inprimis natura usque et arte consecutus. (323) Quid igitur dico? Equidem Erasti et Corisci expertus magis quam tu, confirmo tibi, o Hermia, denuntio, testor, non facile magis fidos homines istis finitimis esse te reperturum. Tibi itaque consulo, ut, quoad fieri potest ac licet, omni studio hos viros complectaris. Vobis quoque, o Eraste et Corisce, consulo, ut Hermiam vicissim suscipiatis, certantes mutuo amore et beneficio, uno maxime amicitiæ nodo vinciri. At si quis vestrum coniunctionem istam dissolvere videatur (nam humana quidem mobilia sunt), huc ad me meosque mittite accusatoriam delinquentis epistolam. Puto enim responsiones nostras iustitia et pudore, nisi quid magnum subsit, magis omni, ut dicitur, incantatione vos in pristinam amicitiam et communionem copulaturas. Ita si philosophemur omnes nosque et vos, quantum valebimus et nostrum cuique concedetur, rata hæc modo edita oracula servabuntur. Quod si ista negligimus, nihil equidem profabor. Omen namque bonum vobis prædico, atque vaticinor, hæc bona omnia vos ita demum esse facturos, si deus voluerit. Hanc vero epistolam a vobis tribus simul legendam censeo aut saltem duobus una legentibus et sæpe etiam repetentibus : utendumque vobis pacto et lege certa, etiam iureiurando, ut æquum est, interposito, non sine eleganti studio atque huius studii sorore disciplina, testando deum, rerum omnium ducem præsentium et futurarum, ac ducis et causæ patrem dominum. Quem si vere philosophemur, cognoscemus aperte omnes, quatenus felicis hominis natura potest attingere.

VII. Plato Dionis propinquis et amicis bene agere.

Scripsistis mihi censere vos eandem mentem in republica esse vobis conservandam, quam Dion habuisset : meque rogatis in communionem accedere, quantum verbo factoque virium habeam. (324) Ego autem, si eam voluntatem opinionemque, quam ille habuit, habetis, assentior vobis et in communionem accedo : si non habetis, de ea re consultandum etiam atque etiam dico. Quæ vero fuerit illius mens atque voluntas, non ut coniectans,

ἀφικόμην, σχεδὸν ἔτη τετταράκοντα γεγονώς, Δίων
εἶχε τὴν ἡλικίαν ἣν τὰ νῦν Ἱππαρῖνος γέγονε, καὶ
ἣν ἔσχε τότε δόξαν, ταύτην καὶ διετέλεσεν ἔχων,
Συρακοσίους δεῖν ἐλευθέρους εἶναι, κατὰ νόμους
τοὺς ἀρίστους οἰκοῦντας. ὥστε οὐδὲν θαυμαστόν,
εἴ τις θεῶν καὶ τοῦτον εἰς τὴν αὐτὴν δόξαν περὶ πολι-
τείας ἐκείνῳ γενέσθαι σύμφρονα ποιήσειε. τίς δ᾽ ἦν
ὁ τρόπος τῆς γενέσεως αὐτῆς, οὐκ ἀπάξιον ἀκοῦσαι νέῳ
καὶ μὴ νέῳ, πειράσομαι δὲ ἐξ ἀρχῆς αὐτὴν ἐγὼ πρὸς
ὑμᾶς διεξελθεῖν ἔχει γὰρ καιρὸν τὰ νῦν.

Νέος ἐγώ ποτε ὢν πολλοῖς δὴ ταὐτὸν ἔπαθον ᾠή-
θην, εἰ θᾶττον ἐμαυτοῦ γενοίμην κύριος, ἐπὶ τὰ κοινὰ
τῆς πόλεως εὐθὺς ἰέναι. καί μοι τύχαι τινὲς τῶν τῆς
πόλεως πραγμάτων τοιάδε παρέπεσον. ὑπὸ πολλῶν
γὰρ τῆς τότε πολιτείας λοιδορουμένης μεταβολὴ γί-
γνεται, καὶ τῆς μεταβολῆς εἰς καὶ πεντήκοντά τινες
ἄνδρες προύστησαν ἄρχοντες, ἕνδεκα μὲν ἐν ἄστει
δέκα δ᾽ ἐν Πειραιεῖ, περί τε ἀγορὰν ἑκάτεροι τούτων
ὅσα τ᾽ ἐν τοῖς λιμέσι διοικεῖν ἔδει, τριάκοντα δὲ πάν-
των ἄρχοντες κατέστησαν αὐτοκράτορες. τούτων δὴ
τινες οἰκεῖοί τε ὄντες καὶ γνώριμοι ἐτύγχανον ἐμοί, καὶ
δὴ καὶ παρεκάλουν εὐθὺς ὡς ἐπὶ προσήκοντα πράγματά
με. καὶ ἐγὼ θαυμαστὸν οὐδὲν ἔπαθον ὑπὸ νεότητος·
ᾠήθην γὰρ αὐτοὺς ἔκ τινος ἀδίκου βίου ἐπὶ δίκαιον
τρόπον ἄγοντας διοικήσειν δὴ τὴν πόλιν, ὥστε αὐτοῖς
σφόδρα προσεῖχον τὸν νοῦν, τί πράξειεν. καὶ ὁρῶν
δὴ τοὺς ἄνδρας ἐν χρόνῳ ὀλίγῳ χρυσὸν ἀποδείξαντας
τὴν ἔμπροσθεν πολιτείαν (τά τε ἄλλα καὶ φίλον ἄνδρα
ἐμοὶ πρεσβύτερον Σωκράτη, ὃν ἐγὼ σχεδὸν οὐκ ἂν
αἰσχυνοίμην εἰπὼν δικαιότατον εἶναι τῶν τότε, ἐπί
τινα τῶν πολιτῶν μεθ᾽ ἑτέρων ἔπεμπον, βίᾳ ἄξοντα ὡς
ἀποθανούμενον, (325) ἵνα δὴ μετέχοι τῶν πραγμάτων
αὐτοῖς, εἴτε βούλοιτο εἴτε μή· ὁ δ᾽ οὐκ ἐπείθε-ο, πᾶν
δὲ παρεκινδύνευσε παθεῖν πρὶν ἀνοσίοις αὐτοῖς ἔργοις
γενέσθαι κοινωνός), ἃ δὴ πάντα καθορῶν καὶ εἴ τιν᾽
ἄλλα τοιαῦτα οὐ σμικρά, ἐδυσχέρανά τε καὶ ἐμαυτὸν
ἐπανήγαγον ἀπὸ τῶν τότε κακῶν χρόνῳ δὲ οὐ πολλῷ
μετέπεσε τὰ τῶν τριάκοντά τε καὶ πᾶσα ἡ τότε πολι-
τεία. πάλιν δὲ βραδύτερον μέν, εἷλκε δέ με ὅμως ἡ
περὶ τὸ πράττειν τὰ κοινὰ καὶ πολιτικὰ ἐπιθυμία.
ἦν οὖν καὶ ἐν ἐκείνοις, ἅτε τεταραγμένοις, πολλὰ γιγνό-
μενα ἅ τις ἂν δυσχεράνειε, καὶ οὐδέν τι θαυμαστὸν
ἦν τιμωρίας ἐχθρῶν γίγνεσθαί τινών τισι μείζους ἐν
μεταβολαῖς· καίτοι πολλῇ γε ἐχρήσαντο οἱ τότε κα-
τελθόντες ἐπιεικείᾳ κατὰ δέ τινα τύχην αὖ τὸν ἑταῖρον
ἡμῶν Σωκράτη τοῦτον δυναστεύοντές τινες εἰσάγουσιν
εἰς δικαστήριον, ἀνοσιωτάτην αἰτίαν ἐπιβάλλοντες καὶ
πάντων ἥκιστα Σωκράτει προσήκουσαν· ὡς ἀσεβῆ
γὰρ οἳ μὲν εἰσήγαγον οἱ δὲ κατεψηφίσαντο, καὶ ἀπέ-
κτειναν τὸν τότε τῆς ἀνοσίου ἀγωγῆς οὐκ ἐθελήσαντα
μετασχεῖν περὶ ἕνα τῶν τότε φευγόντων φίλων, ὅτε
φεύγοντες ἐδυστύχουν αὐτοί· σκοποῦντι δή μοι ταῦτά τε
καὶ τοὺς ἀνθρώπους τοὺς πράττοντας τὰ πολιτικά, καὶ
τοὺς νόμους γε καὶ ἔθη, ὅσῳ μᾶλλον διεσκόπουν ἡλικίας

sed tanquam sciens referre possum Quum ego primum
Syracusas profectus sum, annos circiter quadraginta ætatis
agens, Dion in ea erat ætate, qua nunc Hipparinus et
in ea, qua tunc erat, opinione semper perseveravit, Sy-
racusanos putans fore liberos oportere atque optimis le-
gibus gubernari Itaque non esset mirandum, si quis
deorum hunc in eandem opinionem reipublicæ gubernandæ
ipsi consentientem præstitisset Qua vero ratione id
fuerit faciendum, digna res est, quæ et seni et iuveni
audiatur Conabor autem, quoniam præsens tempus id
poscit, rem omnem a principio vobis referre

Equidem adolescens dum essem, eandem, quam ple-
rique, habui cupiditatem Statueram enim, cum primum
mei ipsius compos factus essem, ad rempublicam me con-
ferre Interim talia quædam circa rempublicam contige-
runt Nam cum præsens reipublicæ status a multis impro-
baretur, secuta mutatio est Tunc unus et quinquaginta
viri gubernationem arripuerunt Horum undecim in urbe,
decem vero in Piræo forensium rerum atque portuum
administrationem habebant Sed penes triginta viros
summa erat omnium auctoritas constituta Horum non-
nulli domestici et noti erant mihi qui me statim invita-
verunt ad rempublicam capessendam Atque ego nihil
mirabile sum ob iuventutem perpessus Quippe existi-
mabam illos ab iniusta vita civitatem ad iustos mores
debere convertere Itaque diligenter in dies, quid
facerent, observabam Verum animadverti eos brevi
admodum tempore ita se gerere, ut prior ille reipub-
licæ status fuisse aureus putaretur Nam et alia
multa iniuste fecerunt, et amicum meum seniorem So-
cratem, quem ego iustissimum omnium, qui tunc erant,
appellare non vereor, una cum aliis quibusdam ad ad-
ducendum aliquem civium ad se miserunt, ut ultimo
supplicio afficeretur, (325) Socratemque ipsum, vel sponte
vel invitum, quasi participem sibi coniungerent Qui
tamen parere noluit, ac potius cuncta pati gravissima
constituit, quam impiorum scelerum illis socius fore.
Hæc igitur cum viderem et alia quædam non parva, gra-
viter tuli et ab illis malis me recepi Nec multo post
secuta horum triginta eversio est, totaque respublica
mutata Rursus igitur, quanquam moderatius, cupiebam
tamen adire rempublicam Sed agebantur tunc etiam,
utpote turbata republica, quæ improbares permulta.
Nec sane mirum fuerit, in huiusmodi mutationibus ini-
micos quosdam pœnas dare graviores quanquam qui
redierant, magna uterentur clementia Iterum sorte
quadam accidit, ut Socratem hunc, amicum nostrum,
potentes in republica quidam accusarent, impium crimen
obicientes ac minime omnium ipsi conveniens Quasi
enim non recte de diis sentiret, alii quidem in iudicium
traxerunt, alii sententiam in eum dixerunt, condemna-
veruntque, et eum hominem necavere, qui superiore
tempore, quo nihil impie faceret, unum ex ipsis tunc
exsulantem ducere atque rei impiæ nullo modo particeps
fieri sustinuerat Cum hæc igitur animadverterem et

τε εἰς τὸ πρόσθε προύβαινον, τοσούτῳ χαλεπώτερον
ἐφαίνετο ὀρθῶς εἶναί μοι τὰ πολιτικὰ διοικεῖν· οὔτε γὰρ
ἄνευ φίλων ἀνδρῶν καὶ ἑταίρων πιστῶν οἶόν τ' εἶναι
πράττειν, οὓς οὔθ' ὑπάρχοντας ἦν εὑρεῖν εὐπετές (οὐ
γὰρ ἔτι ἐν τοῖς τῶν πατέρων ἤθεσι καὶ ἐπιτηδεύμασιν ἡ
πόλις ἡμῶν διῳκεῖτο), καινούς τε ἄλλους ἀδύνατον ἦν
κτᾶσθαι μετά τινος ῥᾳστώνης, τά τε τῶν νόμων γράμ-
ματα καὶ ἔθη διεφθείρετο καὶ ἐνεδίδου θαυμαστὸν
ὅσον, ὥστε με, τὸ πρῶτον πολλῆς μεστὸν ὄντα ὁρμῆς
ἐπὶ τὸ πράττειν τὰ κοινά, βλέποντα εἰς ταῦτα καὶ
φερόμενα ὁρῶντα πάντῃ πάντως, τελευτῶντα ἰλιγγιᾶν,
καὶ τοῦ μὲν σκοπεῖν μὴ ἀποστῆναι πῇ ποτὲ ἄμεινον
ἂν γίγνοιτο περί τε αὐτὰ ταῦτα καὶ δὴ καὶ περὶ τὴν
πᾶσαν πολιτείαν, (326) τοῦ δὲ πράττειν αὖ περιμένειν
ἀεὶ καιρούς, τελευτῶντα δὲ νοῆσαι περὶ πασῶν τῶν
νῦν πόλεων ὅτι κακῶς ξύμπασαι πολιτεύονται. τὰ
γὰρ τῶν νόμων αὐταῖς σχεδὸν ἀνιάτως ἔχοντά ἐστιν
ἄνευ παρασκευῆς θαυμαστῆς τινος μετὰ τύχης. λέγειν
τε ἠναγκάσθην, ἐπαινῶν τὴν ὀρθὴν φιλοσοφίαν, ὡς
ἐκ ταύτης ἔστι τά τε πολιτικὰ δίκαια καὶ τὰ τῶν
ἰδιωτῶν πάντα κατιδεῖν. κακῶν οὖν οὐ λήξειν τὰ ἀν-
θρώπινα γένη, πρὶν ἂν ἢ τὸ τῶν φιλοσοφούντων ὀρθῶς
γε καὶ ἀληθῶς γένος εἰς ἀρχὰς ἔλθῃ τὰς πολιτικὰς ἢ
τὸ τῶν δυναστευόντων ἐν ταῖς πόλεσιν ἔκ τινος μοίρας
θείας ὄντως φιλοσοφήσῃ.

Ταύτην δὴ τὴν διάνοιαν ἔχων εἰς Ἰταλίαν τε καὶ
Σικελίαν ἦλθον, ὅτε πρῶτον ἀφικόμην. ἐλθόντα δέ
με ὁ ταύτῃ λεγόμενος αὖ βίος εὐδαίμων, Ἰταλιωτικῶν
τε καὶ Συρακοσίων τραπεζῶν πλήρης, οὐδαμῇ οὐδαμῶς
ἤρεσε, δίς τε τῆς ἡμέρας ἐμπιπλάμενον ζῆν καὶ μη-
δέποτε κοιμώμενον μόνον νύκτωρ, καὶ ὅσα τούτῳ
ἐπιτηδεύματα ξυνέπεται τῷ βίῳ· ἐκ γὰρ τούτων τῶν
ἐθῶν οὔτ' ἂν φρόνιμος οὐδείς ποτε γενέσθαι τῶν ὑπὸ
τὸν οὐρανὸν ἀνθρώπων ἐκ νέου ἐπιτηδεύων δύναιτο
(οὐχ οὕτω θαυμαστῇ φύσει κραθήσεται), σώφρων δὲ
οὐδ' ἂν θελήσαι ποτὲ γενέσθαι, καὶ δὴ καὶ περὶ τῆς
ἄλλης ἀρετῆς ὁ αὐτὸς λόγος ἂν εἴη. πόλις τε οὐ-
δεμία ἂν ἠρεμήσαι κατὰ νόμους οὔδ' οὑστινασοῦν,
ἀνδρῶν οἰομένων ἀναλίσκειν μὲν δεῖν πάντα ἐς ὑπερ-
βολάς, ἀργῶν δὲ εἰς ἅπαντα ἡγουμένων αὖ δεῖν γί-
γνεσθαι πλὴν εἰς εὐωχίας καὶ πότους καὶ ἀφροδισίων
διαπτοήσεις. ἀναγκαῖον δὲ εἶναι ταύτας τὰς πόλεις
εἰς τυραννίδας τε καὶ ὀλιγαρχίας καὶ δημοκρατίας
μεταβαλλούσας μηδέποτε λήγειν, δικαίας δὲ καὶ
ἰσονόμου πολιτείας τοὺς ἐν αὐταῖς δυναστεύοντας
μηδ' ὄνομα ἀκούοντας ἀνέχεσθαι. ταῦτα δὴ πρὸς
τοῖς πρόσθε διανοούμενος εἰς Συρακούσας διεπορεύθην,
ἴσως μὲν κατὰ τύχην, ἔοικε μὴν τότε μηχανωμένῳ
τινὶ τῶν κρειττόνων ἀρχὴν βαλέσθαι τῶν νῦν γεγο-
νότων πραγμάτων περὶ Δίωνα καὶ τῶν περὶ Συρα-
κούσας· δέος δὲ μὴ καὶ πλειόνων ἔτι, ἐὰν μὴ νῦν
ὑμεῖς ἐμοὶ πείθησθε τὸ δεύτερον συμβουλεύοντι. πῶς
οὖν δὴ λέγω πάντων ἀρχὴν γεγονέναι τὴν τότε εἰς Σι-
κελίαν ἐμὴν ἄφιξιν; (327) ἐγὼ συγγενόμενος Δίωνι

homines, qui in reipublicæ gubernatione versabantur,
legesque et mores : quanto magis considerarem quantoque
magis ætate progrederer, tanto difficilius arbitrabar esse
recte rempublicam gubernare. Neque enim hoc fieri
potest absque amicis sociisque fidelibus : quos nec repe-
rire iam exsistentes facile erat : non enim amplius in pa-
triis moribus institutisque civitas nostra gubernabatur :
et parare novos impossibile erat sine summa difficultate;
et simul leges moresque penitus corrupti erant. Itaque
ego ille, qui prius exarseram incredibili cupiditate me
ad rempublicam conferendi, intuens cuncta in præceps
deferri, tandem, quo me verterem, nesciebam. Et ab
investigatione quidem nequaquam desistere placuit, si
quid forte melius eveniret et circa hæc ipsa et universam
rempublicam : (326) agendi vero opportunitatem aliquam
exspectare. Tandem vero compertum est mihi, respu-
blicas omnes, quæ nunc sunt, improbe gubernari. Nam
quantum ad leges attinet, insanabiliter ferme se habent,
nullo instituto mirabili, sed fortuna quadam viventes.
Quapropter dicere adductus sum, laudans rectam philo-
sophiam, quid iustum sit et quid non, tam in republica
quam privata, per eam dumtaxat discerni. Itaque non
prius desinere humanum genus in malis versari, quam
aut homines recte vereque philosophantes rerumpubli-
carum gubernationem adepti fuerint : aut hi, qui guber-
nant, divina quadam sorte vere philosophentur.

Hac ego mente Italiam Siciliamque adii. Hæc fuit prima
in ea loca profectio mea. Ego cum pervenissem, vitam
illam, quam beatam vocant, Italicarum Syracusanarumque
mensarum plenam, nullo modo probavi, bis videlicet in
die saturum fieri, et nocte nunquam iacere solum, et ce-
tera quæ vitam huiusmodi subsequuntur. Nemo enim
omnium, qui sub cœlo sunt, si in huiusmodi moribus ab
adolescentia nutriatur, quamvis natura mirabili sit, un-
quam tamen prudens evadet. Temperatus esse certe
nunquam curabit : eademque erit de ceteris virtutibus
ratio. Civitas autem nulla legum ullarum potentia qui-
escere poterit, si cuncta in superfluos sumptus eroganda
cives existiment, ceterisque posthabitis omnibus, con-
viviis dumtaxat et venereis oblectamentis obnixe putent
operam impendendam. Necesse est huiusmodi civitates
modo in tyrannidem modo in paucorum potentiam modo
in popularem statum mutari, neque unquam quiescere :
iustæ vero æquabilisque gubernationis eos, qui in his ci-
vitatibus potentes sunt, ne nomen quidem ipsum audire
velle. Hæc ego una cum superioribus illis considerans
Syracusas profectus sum, forte quidem fortuna quadam.
Videtur autem alicuius eorum opera, qui supra nos sunt,
principium tunc fuisse datum omnibus, quæ nuper Dioni
Syracusisque contigerunt : ac vereor, ne pluribus insuper,
si vos mihi nunc iterum consulenti nequaquam assentia-
mini. (327) Quemadmodum vero dicam omnium fuisse

τότε νέῳ κινδυνεύω, τὰ δοκοῦντα ἐμοὶ βέλτιστα ἀν-
θρώποις εἶναι μηνύων διὰ λόγων καὶ πράττειν αὐτὰ
ξυμβουλεύων, ἀγνοεῖν ὅτι τυραννίδος τινὰ τρόπον κα-
τάλυσιν ἐσομένην μηχανώμενος ἐλάνθανον ἐμαυτόν.
Δίων μὲν γὰρ δὴ μάλ' εὐμαθὴς ὢν πρός τε τἆλλα
καὶ πρὸς τοὺς τότε ὑπ' ἐμοῦ λόγους λεγομένους οὕτως
ὀξέως ὑπήκουσε κα' σφόδρα, ὡς οὐδεὶς πώποτε ὧν
ἐγὼ προσέτυχον νέων, καὶ τὸν ἐπίλοιπον βίον ζῆν
ἠθέλησε διαφερόντως τῶν πολλῶν Ἰταλιωτῶν τε καὶ
Σικελιωτῶν, ἀρετὴν περὶ πλείονος ἡδονῆς τῆς τε
ἄλλης τρυφῆς ἠγαπηκώς. ὅθεν ἐπαχθέστερον τοῖς
περὶ τὰ τυραννικὰ νόμιμα ζῶσιν ἐβίω μέχρι τοῦ
θανάτου τοῦ περὶ Διονύσιον γενομένου. μετὰ δὲ
τοῦτο διενοήθη μὴ μόνον ἐν αὑτῷ ποτ' ἂν γενέσθαι
ταύτην τὴν διάνοιαν, ἣν αὐτὸς ὑπὸ τῶν ὀρθῶν
λόγων ἔσχεν, ἐγγιγνομένην δ' αὐτὴν καὶ ἐν ἄλλοις
κατενόει, πολλοῖς μὲν οὔ, ἐγγιγνομένην δ' οὖν
ἔν τισιν, ὧν καὶ Διονύσιον ἡγήσατο ἕνα γενέσθαι
τάχ' ἂν ξυλλαμβανόντων θεῶν, γενομένου δ' αὖ τοῦ
τοιούτου τόν τε αὐτοῦ βίον καὶ τὸν τῶν ἄλλων Συρα-
κοσίων ἀμήχανον ἂν μακαριστὸν ξυμβῆναι γενό-
μενον. πρὸς δὴ ταῦτα ᾠήθη δεῖν ἐκ παντὸς τρόπου
εἰς Συρακούσας ὅτι τάχιστα ἐλθεῖν ἐμὲ κοινωνὸν τούτ-
των, μεμνημένος τήν τε αὐτοῦ καὶ ἐμὴν συνουσίαν
ὡς εὐπετῶς ἐξειργάσατο εἰς ἐπιθυμίαν ἐλθεῖν αὐτὸν τοῦ
καλλίστου τε καὶ ἀρίστου βίου· ὃ δὴ καὶ νῦν εἰ διαπ-
πράξαιτο ἐν Διονυσίῳ ὡς ἐπεχείρησε, μεγάλας ἐλπίδας
εἶχεν ἄνευ σφαγῶν καὶ θανάτων καὶ τῶν νῦν γεγονότων
κακῶν βίον ἂν εὐδαίμονα καὶ ἀληθινὸν ἐν πάσῃ τῇ
χώρᾳ κατασκευάσαι. ταῦτα Δίων ὀρθῶς διανοηθεὶς
ἔπεισε μεταπέμπεσθαι Διονύσιον ἐμέ, καὶ αὐτὸς ἐδεῖτο
πέμπων ἥκειν ὅτι τάχιστα ἐκ παντὸς τρόπου, πρίν
τινας ἄλλους ἐντυχόντας Διονυσίῳ ἐπ' ἄλλον βίον αὐτὸν
τοῦ βελτίστου παρατρέψαι. λέγων δὲ τάδε ἐδεῖτο, εἰ
καὶ μακρότερα εἰπεῖν· Τίνας γὰρ καιρούς, ἔφη, μεί-
ζους περιμενοῦμεν τῶν νῦν παραγεγονότων θείᾳ τινὶ
τύχῃ, καταλέγων δὲ τήν τε ἀρχὴν τῆς Ἰταλίας καὶ
Σικελίας καὶ τὴν αὐτοῦ δύναμιν ἐν αὐτῇ, (328) καὶ τὴν
νεότητα καὶ τὴν ἐπιθυμίαν Διονυσίου, φιλοσοφίας
τε καὶ παιδείας ὡς ἔχοι σφόδρα λέγων, τούς τε αὐτοῦ
ἀδελφιδοῦς καὶ τοὺς οἰκείους ὡς εὐπαράκλητοι εἶεν
πρὸς τὸν ὑπ' ἐμοῦ λεγόμενον ἀεὶ λόγον καὶ βίον, ἱκα-
νώτατοί τε Διονύσιον συμπαρακαλεῖν, ὥστε, εἴπερ ποτέ,
καὶ νῦν ἐλπὶς πᾶσα ἀποτελεσθήσεσθαι τὸ τοὺς αὐτοὺς
φιλοσόφους τε καὶ πόλεων ἄρχοντας μεγάλων ξυμβῆναι
γενομένους τὰ μὲν δὴ παρακελεύματα ἦν ταῦτά τε
καὶ τοιαῦτα ἕτερα πάμπολλα, τὴν δ' ἐμὴν δόξαν τὸ
μὲν περὶ τῶν νέων, ὅπη ποτὲ γενήσοιτο, εἶχε φόβος
(αἱ γὰρ ἐπιθυμίαι τῶν τοιούτων ταχεῖαι καὶ πολλάκις
ἑαυταῖς ἐναντίαι φερόμεναι), τὸ δὲ Δίωνος ἠπιστάμην
τῆς ψυχῆς πέρι φύσει τε ἐμβριθὲς ὂν ἡλικίας τε ἤδη
μετρίως ἔχον. ὅθεν μοι σκοπουμένῳ καὶ διστάζοντι
πότερον εἴη πορευτέον ἢ πῶς, ὅμως ἔρρεψε δεῖν, εἴ
ποτέ τις τὰ διανοηθέντα περὶ νόμων τε καὶ πολιτείας

principium profectionem tunc Syracusas meam, accipite
Ego cum Dione tunc iuvene eram frequens, et quæ ho-
minibus optima fore arbitrabar, quibus poteram rationibus
suadebam et ut faceret consulebam   Sed his dicendis
videor latenter et præter intentionem tunc meam tyran-
nidis ruinam, quæ secuta est, paravisse   Dion enim cum
esset acerrimo ingenio cum ad cetera omnia tum ad ea,
quæ tunc dicebantur a me, perdiscenda, ita celeriter ac
vehementer illa arripuit, ut nemo ex omnibus iuvenibus,
quos unquam convenerim   Ac reliquam vitam ducere
statuit multo præstantius, quam alii multi Italicorum
atque Siculorum, virtutem potius quam voluptatem de-
liciasque sectatus   Itaque infensus vivebat illis, qui in
tyrannicis institutis degebant atque hoc usque ad Dio-
nysii mortem Postea vero animadvertit eam sententiam,
quam ipse rectis conceperat rationibus, non in se uno
solum, verum etiam in aliis quibusdam, licet non multis,
existere in quorum numero Dionysium iuniorem, diis
bene iuvantibus, sperabat fore   Quod si accideret, et
ille ipse et ceteri Syracusani mirificam felicitatem
nanciscerentur   Quapropter censuit me quam celerrime
Syracusas accedere debere, horum socium atque adiu-
torem futurum memoria tenens, quam facile diuium
mea secum consuetudo ipsum in cupiditatem vitæ pul-
cherrimæ atque optimæ traduxisset   Quam cupiditatem
si in Dionysio, ut aggressus erat, perficeret, magnam
spem habebat, absque cædibus et sanguine et absque iis
quæ nunc evenerunt, malis veram vivendi rationem ac
beatam vitam in universa illa regione constituere posse
Hæc Dion recte considerans Dionysio suasit, ut me vo-
caret et ipse quoque rogavit, ut accedere cunctis post-
habitis festinarem, priusquam ulli alii Dionysio adhæ-
rentes, neglectis optimis vitæ institutis, ad alia illum
deflecterent   Cohortationem insuper precibus lo gam
adiunxit Quodnam, inquit, tempus aliud iam expectamus
ad agendum opportunius, quam quod nunc nobis est di
vina quadam fortuna concessum? Narrabat præterea
magnitudinem imperii Dionysii per Italiam atque Sici-
liam, eiusque in his ipsis locis potentiam, (328) iuventam
quoque atque cupiditatem eius ad philosophiæ et disci-
plinæ studia vehementissimam   Quin etiam quam pro-
pensi forent eius necessarii atque domestici cum ad eam,
quam suaderem, disciplinam vitæ recipiendam, ipsum
quoque Dionysium ad hoc provocare idonei   Itaque si
unquam alias, et nunc certe maximam adesse spem,
eosdem fore et philosophos et magnarum principes civi
tatum Ille igitur his me rationibus aliisque generis
eiusdem permultis adhortabatur   Ego vero, quo tandem
affectus iuvenum evasurus esset, formidabam Talium
enim cupiditates et veloces sunt et sæpe subinet contranæ
perferuntur Dionem tamen natura gravem tum ætate
iam satis maturum esse sciebam   Itaque cogitanti am-
bigentique mihi, utrum eundum parendumque foret
necne, subiit tandem eundum esse atque parendum

ἀποτελεῖν ἐγχειρήσοι. καὶ νῦν πειρατέον εἶναι· πείσας
γὰρ ἕνα μόνον ἱκανῶς πάντα ἐξειργασμένος ἐσοίμην
ἀγαθά. ταύτῃ μὲν δὴ τῇ διανοίᾳ τε καὶ τόλμῃ ἀπῆρα
οἴκοθεν, οὐχ ᾗ τινες ἐδόξαζον, ἀλλ᾽ αἰσχυνόμενος μὲν
ἐμαυτὸν τὸ μέγιστον, μὴ δόξαιμί ποτε ἐμαυτῷ παν-
τάπασι λόγος μόνον ἀτεχνῶς εἶναί τις, ἔργου δὲ οὐ-
δενὸς ἄν ποτε ἑκὼν ἀνθάψασθαι, κινδυνεύσειν δὲ προ-
δοῦναι πρῶτον μὲν τὴν Δίωνος ξενίαν τε καὶ ἑταιρείαν
ἐν κινδύνοις ὄντως γεγονότος οὐ σμικροῖς. εἴτ᾽ οὖν
πάθοι τι, εἴτ᾽ ἐκπεσὼν ὑπὸ Διονυσίου καὶ τῶν ἄλλων
ἐχθρῶν ἔλθοι παρ᾽ ἡμᾶς φεύγων καὶ ἀνέροιτο εἰπὼν
Ὦ Πλάτων, ἥκω σοι φυγὰς οὐχ ὁπλιτῶν δεόμενος
οὐδὲ ἱππέων ἐνδεὴς γενόμενος τοῦ ἀμύνασθαι τοὺς
ἐχθρούς, ἀλλὰ λόγων καὶ πειθοῦς, ᾗ σὲ μάλιστα ἠπι-
στάμην ἐγὼ δυνάμενον ἀνθρώπους νέους ἐπὶ τὰ ἀγαθὰ
καὶ τὰ δίκαια προτρέποντα εἰς φιλίαν τε καὶ ἑταιρείαν
ἀλλήλοις καθιστάναι ἑκάστοτε· ὧν ἐνδείᾳ κατὰ τὸ
σὸν μέρος νῦν ἐγὼ καταλιπὼν Συρακούσας ἐνθάδε πά-
ρειμι. καὶ τὸ μὲν ἐμὸν ἔλαττον ὄνειδός σοι φέρει· φι-
λοσοφία δέ, ἣν ἐγκωμιάζεις ἀεὶ καὶ ἀτίμως φῂς ὑπὸ
τῶν λοιπῶν ἀνθρώπων φέρεσθαι, πῶς οὐ προδέδοται
τὰ νῦν μετ᾽ ἐμοῦ μέρος ὅσον ἐπὶ σοὶ γέγονε; (329) καὶ
Μεγαροῖ μὲν εἰ κατοικοῦντες ἐτυγχάνομεν, ἦλθες δή-
που ἄν μοι βοηθὸς ἐφ᾽ ὃ σε παρεκάλουν, ἢ πάντων
ἂν φαυλότατον ἡγοῦ σαυτόν· νῦν δ᾽ ἄρα τὸ μῆκος τῆς
πορείας καὶ τὸ μέγεθος δὴ τοῦ πλοῦ καὶ τοῦ πόνου
ἐπαιτιώμενος οἴει δόξαν κακίας ἀποφευξεῖσθαί ποτε;
πολλοῦ γε καὶ δεήσει. λεχθέντων δὲ τούτων τίς ἂν ἦν
μοι πρὸς ταῦτα εὐσχήμων ἀπόκρισις; οὐκ ἔστιν. ἀλλ᾽
ἦλθον μὲν κατὰ λόγον ἐν δίκῃ τε ὡς οἷόν τε ἀνθρώπῳ
μάλιστα, διὰ τὰ τοιαῦτα καταλιπὼν τὰς ἐμαυτοῦ δια-
τριβάς, οὔσας οὐκ ἀσχήμονας, ὑπὸ τυραννίδα δοκοῦσαν
οὐ πρέπειν τοῖς ἐμοῖς λόγοις οὐδὲ ἐμοί· ἐλθὼν τε
ἐμαυτὸν ἠλευθέρωσα Διὸς ξενίου καὶ τῆς φιλοσόφου
ἀνέγκλητον μοίρας παρέσχον, ἐπονειδίστου γενομένης
ἄν, εἴ τι καταμαλθακισθεὶς καὶ ἀποδειλιῶν αἰσχύνης
μετέσχον κακῆς. ἐλθὼν δέ, οὐ γὰρ δεῖ μηκύνειν,
εὗρον στάσεως τὰ περὶ Διονύσιον μεστὰ ξύμπαντα
καὶ διαβολῶν πρὸς τὴν τυραννίδα Δίωνος πέρι. ἤμυνον
μὲν οὖν καθ᾽ ὅσον ἠδυνάμην, σμικρὰ δ᾽ οἷός τ᾽ ἦν,
μηνὶ δὲ σχεδὸν ἴσως τετάρτῳ Δίωνα Διονύσιος αἰτιώ-
μενος ἐπιβουλεύειν τῇ τυραννίδι, σμικρὸν εἰς πλοῖον
ἐμβιβάσας ἐξέβαλεν ἀτίμως. οἱ δὴ Δίωνος τὸ μετὰ
τοῦτο πάντες φίλοι ἐφοβούμεθα, μή τινα ἐπαιτιώμενος
τιμωροῖτο ὡς συναίτιον τῆς Δίωνος ἐπιβουλῆς· περὶ δ᾽
ἐμοῦ καὶ διῆλθε λόγος τις ἐν Συρακούσαις, ὡς τεθνεὼς
εἴην ὑπὸ Διονυσίου ὡς δὴ τούτων ἁπάντων τῶν τότε
γεγονότων αἴτιος. ὁ δὲ αἰσθανόμενος πάντας ἡμᾶς οὕτω
διατεθέντας, φοβούμενος μὴ μεῖζον ἐκ τῶν φόβων γέ-
νοιτό τι, φιλοφρόνως πάντας ἀνελάμβανε, καὶ δὴ καὶ
τὸν ἐμὲ παρεμυθεῖτό τε καὶ θαρρεῖν διεκελεύετο καὶ
ἐδεῖτο πάντως μένειν· ἐγίγνετο γάρ οἱ τὸ μὲν ἐμὲ φυ-
γεῖν ἀπ᾽ αὐτοῦ καλὸν οὐδέν, τὸ δὲ μένειν, διὸ δὴ καὶ
σφόδρα προσεποιεῖτο δεῖσθαι. τὰς δὲ τῶν τυράννων

atque si quis unquam ea, quæ de legibus et republica co-
gitaverat, perficere velit, nunc fore tentandum; quippe
cum iudicarem, si uni dumtaxat persuasissem, me bona
sufficienter omnia perfecturum. Quamobrem hac sen-
tentia fiduciaque domo abii : non qua opinabantur qui-
dam, sed quadam scientiæ verecundia inprimis ad-
ductus, ne quando mihi ipsi viderer verba solum habere,
effectum vero officiumque nullum sponte præstare,
proderequo primum Dionis hospitalitatem amicitiamque,
non parvis subiecti periculis. Cui si quid adversi acci-
deret, vel pelleretur a Dionysio ceterisque inimicis, atque
profugus ad nos his verbis confugeret : O Plato, venio
ad te patria pulsus, cum neque militibus neque equi-
tibus carerem, quorum viribus resisterem inimicis, sed
verbis persuasioneque indigerem, qua maxime sciebam te
posse iuvenes ad probitatem iustitiamque exhortando
in amicitiam necessitudinemque devincire. Quarum
defectu rerum modo per te factum est, ut ego Syracusis
expulsus huc accesserim. Et mea quidem fortuna abs
te deserta minus tibi vituperationis affert : at vero ipsa
philosophia, quam semper laudas, quamve apud alios
carere honore conquereris, nonne abs te nunc una mecum
prodita est? (329) Qrod si Megaris fuissem, venisses
utique mihi adiutor, cum te vocassem : alioquin te
omnium ignavissimum iudicavisses. Nunc autem ob iti-
neris longitudinem periculumque navigationis atque la-
bores te excusans, infamiam evitare te putas? Permultum
certe aberit. Si, inquam, hæc ille diceret, quænam
mihi esset probabilis responsio? Certe nulla. Quas ob
res rationibus, quoad fieri potest, probabilibus atque
ipso iure adductus accessi, relinquens consuetudinis
meas satis quidem honestas, sub tyrannidem, neque meis
sermonibus neque mihi convenientem. Veniens autem
me liberavi, ne vel hospitalia Iuppiter vel philosophica
sors accusare me posset. Certe philosophiæ dedecori
fuissem, si ob mollitiem timiditatemque vituperari po-
tuissem. Ceterum cum eo venissem, neque enim oportet
longius evagari, omnia apud Dionysium seditionis plena
offendi atque calumniarum in Dionem, quasi tyrannidem
affectaret. Defendi igitur, quantum valui : sed parum
potui. Quarto enim fere mense post adventum meum
Dionysius, accusans Dionem, quasi tyrannidi insidiaretur,
in parvum coniecit navigium ac turpiter expulit. Amici
vero Dionis, quotquot eramus, cuncti formidabamus, ne
forte aliquem nostrum Dionysius, quasi socium illius cri-
minis, supplicio afficeret. Rumor autem exortus est Syra-
cusis, me occisum esse a Dionysio, quasi omnium, quæ
tunc acciderant, auctorem. At ille sentiens nos omnes
sic affectos, veritus ne ex metu nostro aliquid forsan
accideret gravius, benigne admodum omnes recepit : me
certe ipsum consolatus bonam habere spem iussit, atque
ut permanerem omnino rogavit. Erat enim sibi in fuga
quidem mea nihil honesti, sed in permanendo. Atque
iccirco precari me maxime simulabat. Preces autem

δεήσεις ἴσμεν ὅτι μεμιγμέναι ἀνάγκαις εἰσίν. ὃ δὴ
μηχανώμενος διεκώλυέ μου τὸν ἔκπλουν, εἰς ἀκρόπολιν
ἀγαγὼν καὶ κατοικίσας ὅθεν οὐδ' ἂν εἷς ἔτι με ναύ-
κληρος μὴ ὅτι κωλύοντος ἐξήγαγε Διονυσίου. ἀλλ' οὐδ'
εἰ μὴ πέμπων αὐτὸς τὸν κελεύοντα ἐξαγαγεῖν ἐπέ-
στελλεν, οὔτ' ἂν ἔμπορος οὔτε τῶν ἐν ταῖς τῆς χώρας
ἐξόδοις ἀρχόντων οὐδ' ἂν εἷς περιεῖδέ με μόνον ἐκπο-
ρευόμενον, ὃς οὐκ ἂν συλλαβὼν εὐθέως παρὰ Διονύ-
σιον πάλιν ἀπήγαγεν, ἄλλως τε καὶ διηγγελμένον ἤδη
ποτὲ τοὐναντίον ἢ τὸ πρότερον πάλιν, (330) ὡς Πλά-
τωνα Διονύσιος θαυμαστῶς ὡς ἀσπάζεται. τὸ δ' εἶχε
δὴ πῶς; τὸ γὰρ ἀληθὲς δεῖ φράζειν. ἠσπάζετο μὲν
ἀεὶ προϊόντος τοῦ χρόνου μᾶλλον κατὰ τὴν τοῦ τρόπου
τε καὶ ἤθους συνουσίαν, ἑαυτὸν δὲ ἐπαινεῖν μᾶλλον ἢ
Δίωνα ἐβούλετό με καὶ φίλον ἡγεῖσθαι διαφερόντως
μᾶλλον ἢ ἐκεῖνον, καὶ θαυμαστῶς ἐφιλονείκει πρὸς τὸ
τοιοῦτον. ᾗ δ' ἂν οὕτως ἐγένετο, εἴπερ ἐγένετο, κάλ-
λιστα, ὤκνει ὡς δὴ μανθάνων καὶ ἀκούων τῶν περὶ
φιλοσοφίαν λόγων οἰκειοῦσθαι καὶ ἐμοὶ συγγίγνεσθαι,
φοβούμενος τοὺς τῶν διαβαλλόντων λόγους, μή πη
παραποδισθείη καὶ Δίων δὴ πάντα εἴη διαπεπραγμέ-
νος. ἐγὼ δὲ πάντα ὑπέμενον, τὴν πρώτην διάνοιαν
φυλάττων ᾗπερ ἀφικόμην, εἴ πως ἐπὶ ἐπιθυμίαν ἔλθοι
τῆς φιλοσόφου ζωῆς· ὁ δ' ἐνίκησεν ἀντιτείνων.

Καὶ ὁ πρῶτος δὴ χρόνος τῆς εἰς Σικελίαν ἐμῆς ἐπι-
δημήσεώς τε καὶ διατριβῆς διὰ πάντα ταῦτα ξυνέβη
γενόμενος. μετὰ δὲ τοῦτο ἀπεδήμησά τε καὶ πάλιν
ἀφικόμην πάσῃ σπουδῇ μεταπεμπομένου Διονυσίου·
ὧν δὲ ἕνεκα καὶ ὅσα ἔπραξα, ὡς εἰκότα τε καὶ δίκαια,
ὑμῖν πρῶτον μὲν ξυμβουλεύσας ἃ χρὴ ποιεῖν ἐκ τῶν
νῦν γεγονότων, ὕστερον τὰ περὶ ταῦτα διέξειμι, τῶν
ἐπανερωτώντων ἕνεκα τί δὴ βουλόμενος ἦλθον τὸ
δεύτερον, ἵνα μὴ τὰ πάρεργα ὡς ἔργα μοι ξυμβαίνῃ
λεγόμενα. λέγω δὴ τάδε. ἐγώ τον συμβουλεύοντα
ἀνδρὶ κάμνοντι καὶ δίαιταν διαιτωμένῳ μοχθηρὰν
πρὸς ὑγίειαν ἄλλο τι χρὴ πρῶτον μὲν μεταβάλλειν
τὸν βίον, καὶ ἐθέλοντι μὲν πείθεσθαι καὶ τἆλλα ἤδη
παραινεῖν, μὴ ἐθέλοντι δέ, φεύγοντα ἀπὸ τῆς τοῦ
τοιούτου ξυμβουλῆς ἄνδρα τε ἡγοίμην ἂν καὶ ἰατρικόν,
τὸν δὲ ὑπομένοντα τοὐναντίον ἄνανδρόν τε καὶ ἄτεχνον.
ταὐτὸν δὴ καὶ πόλει, εἴτε αὐτῆς εἷς εἴη κύριος εἴτε
καὶ πλείους, εἰ μὲν κατὰ τρόπον ὀρθῇ πορευομένης
ὁδῷ τῆς πολιτείας ξυμβουλεύοιτό τι τῶν προσφόρων,
νοῦν ἔχοντος τὸ τοῖς τοιούτοις ξυμβουλεύειν· τοῖς δ'
ἔξω τὸ παράπαν βαίνουσι τῆς ὀρθῆς πολιτείας καὶ μη-
δαμῇ ἐθέλουσιν αὐτῆς εἰς ἴχνος ἰέναι, προαγορεύουσι
δὲ τῷ ξυμβούλῳ τὴν μὲν πολιτείαν ἐᾶν καὶ μὴ κινεῖν,
(331) ὡς ἀποθανουμένῳ ἐὰν κινῇ, ταῖς δὲ βουλήσεσι
καὶ ἐπιθυμίαις αὐτῶν ὑπηρετοῦντα ξυμβουλεύειν κε-
λεύουσι τίνα τρόπον γίγνοιτ' ἂν ῥᾷστά τε καὶ τάχιστα
εἰς τὸν ἀεὶ χρόνον, τὸν μὲν ὑπομένοντα ξυμβουλὰς
τοιαύτας ἡγοίμην ἂν ἄνανδρον, τὸν δ' οὐχ ὑπομένοντα
ἄνδρα. ταύτην δὴ τὴν διάνοιαν ἐγὼ κεκτημένος,
ὅταν τίς μοι ξυμβουλεύηται περί τινος τῶν μεγίστων

tyrannorum necessitati permixtas esse non ignoramus.
Cum vero, ne abirem, machinaretur, collocavit me in
arce, atque his locis habitare voluit, unde nullus posthac
nauta, non modo prohibente illo, sed nisi iubente atque
mittente, foret abducturus; neque quisquam sive merca-
tor sive alicuius provinciæ magistratus me solum exeun-
tem conspexisset, qui non me captum ad Dionysium re-
pente reduceret, præsertim cum iam, contra quam prius,
(330) vulgatum esset Dionysium rursus Platonem vehe-
menter complecti. Et quodammodo ita erat : neque enim
tacendum est verum. Complectebatur ille quidem in
dies me magis atque magis, et gaudebat moribus nostris
atque consuetudine. Cupiebatque a me laudari magis
quam Dionem, et amicum longe magis existimari : et ad
id quidem maxime contendebat. Rationem vero, qua id
optime fuisset factum, si modo fieri potuisset, neglexit.
Hæc enim fuerat, ut mihi videlicet in audiendis addi-
scendisque philosophiæ rationibus liberius adhæreret,
mecumque conveniret. At vero ad hoc ille diffidentior
erat, timens ne, quemadmodum asserebant calumniatores,
si rationibus illis implicaretur, Dion, quæ cupiebat, iam
esset omnia assecutus. Ego autem omnia pertuli, in
eadem sententia perseverans, qua ab initio profectus
eram : tentans, si quo pacto fieri posset, ut in cupidi-
tatem vitæ philosophicæ perveniret. At ille contra nitens
me vicit.

Et primum quidem tempus meæ profectionis in Si-
ciliam actionumque illic mearum per hæc omnia tra-
ductum est. Posteris vero temporibus in Siciliam
iterum sum reversus, quo me omni studio Dionysius re-
vocabat. Quam vero ob causam rursus accesserim,
quidve illic egerim, neque id quidem absque ratione,
tunc demum vobis referam, cum vobis, quid potissimum
rebus sic se habentibus agendum sit, consuluero. Re-
feram, inquam, eorum gratia, qui interrogant, quonam
consilio secundo redierim. Sed ne, quæ accessoria sunt,
præcipuis anteponantur, ad consilium iam devenio. Reor
equidem hominem consulentem ægroto et circa victum
intemperato imprimis hoc suadere debere, ut modum
vivendi mutet : ac si ægrotus in hoc obediat, tunc alia
iam illi ad medelam conferre : at si parere nolit, tunc
consulentem ipsum virum putabo et medicum, si eum
omiserit. Quod si consulendo ulterius perseveraverit,
contra putabo, ignavum scilicet atque artis expertem.
Idem quoque de civitate , sive unus eam gubernet sive
plures, existimo. Si enim probabili quadam ratione rec-
taque via incedenti populo utile aliquid consulatur, id
quidem agere sapientis officium arbitror. Sin autem
penitus a civili ratione desciscant, neque vestigia quidem
eius sequi velint dicantque consultori præstare, (331) ut
rempublicam omittat, neque quicquam in ea commoveat,
utpote, si commoverit periturio ; voluptatibus autem li-
bidinibusque ipsorum indulgeat, atque ea ratione consu-
lat, qua facillime semper celeriterque satis eorum volu-
ptatibus fiat : equidem eum , qui in eiusmodi gubernatione
perstiterit, nequaquam virum putabo, sed eum potius,

περὶ τὸν αὑτοῦ βίον, οἷον περὶ χρημάτων κτήσεως ἢ
περὶ σώματος ἢ ψυχῆς ἐπιμελείας, ἄν μέν μοι τὸ καθ'
ἡμέραν ἔν τινι τρόπῳ δοκῇ ζῆν ἢ συμβουλεύσαντος ἄν
ἐθέλειν πείθεσθαι περὶ ὧν ἀνακοινοῦται, προθύμως
ξυμβουλεύω καὶ οὐκ ἀφοσιωσάμενος μόνον ἐπαυσάμην·
ἐὰν δὲ μὴ ξυμβουλεύηταί μοι τὸ παράπαν ἢ συμ-
βουλεύοντι δῆλος ᾖ μηδαμῇ πεισόμενος, αὐτόκλητος
ἐπὶ τὸν τοιοῦτον οὐκ ἔρχομαι ξυμβουλεύσων, βιασό-
μενος δὲ οὐδ' ἂν υἱὸς ᾖ μου. δούλῳ δὲ ξυμβουλεύ-
σαιμ' ἂν καὶ μὴ ἐθέλοντά γε προσβιαζοίμην, πατέρα
δὲ ἢ μητέρα οὐχ ὅσιον ἡγοῦμαι προσβιάζεσθαι μὴ νόσῳ
παραφροσύνης ἐχομένους. ἐὰν δέ τινα καθεστῶτα ζῶσι
βίον, ἐμοὶ δὲ ἀρέσκοντα, ἐμοὶ δὲ μή, μήτε ἀπεχθάνε-
σθαι μάτην νουθετοῦντι μήτε δὴ κολακεύοντά γε
ὑπηρετεῖν αὐτοῖς, πληρώσεις ἐπιθυμιῶν ἐκπορίζοντα
ἃς αὐτὸς ἀσπαζόμενος οὐκ ἂν ἐθέλοιμι ζῆν. ταὐτὸν
δὴ καὶ περὶ πόλεως αὑτοῦ διανοούμενον χρὴ ζῆν τὸν
ἔμφρονα· λέγειν μέν, εἰ μὴ καλῶς αὐτῷ φαίνοιτο πο-
λιτεύεσθαι, εἰ μέλλοι μήτε ματαίως ἐρεῖν μήτε ἀπο-
θανεῖσθαι λέγων, βίαν δὲ πατρίδι πολιτείας μεταβολῆς
μὴ προσφέρειν, ὅταν ἄνευ φυγῶν καὶ σφαγῆς ἀνδρῶν
μὴ δυνατὸν ᾖ γίγνεσθαι τὴν ἀρίστην, ἡσυχίαν δὲ ἄγοντα
εὔχεσθαι τὰ ἀγαθὰ αὑτῷ τε καὶ τῇ πόλει. κατὰ δὴ
τοῦτον τὸν τρόπον ἐγὼ ὑμῖν τ' ἂν ξυμβουλεύοιμι, ξυν-
εβούλευον δὲ καὶ Διονυσίῳ μετὰ Δίωνος, ζῆν μέντοι τὸ
καθ' ἡμέραν πρῶτον, ὅπως ἐγκρατὴς αὐτὸς αὑτοῦ ὅτι
μάλιστα ἔσεσθαι μέλλοι καὶ πιστοὺς φίλους τε καὶ
ἑταίρους κτήσεσθαι, ὅπως μὴ πάθοι ἅπερ ὁ πατὴρ
αὐτοῦ, ὃς παραλαβὼν Σικελίας πολλὰς καὶ μεγάλας
πόλεις ὑπὸ τῶν βαρβάρων ἐκπεπορθημένας οὐχ οἷός τ'
ἦν κατοικίσας πολιτείας ἐν ἑκάσταις καταστήσασθαι
πιστὰς ἑταίρων ἀνδρῶν, (332) οὔτε ἄλλων δή ποθεν
ὀθνείων οὔτε ἀδελφῶν, οὓς ἔθρεψέ τε αὐτὸς νεωτέρους
ὄντας ἔκ τε ἰδιωτῶν ἄρχοντας καὶ ἐκ πενήτων πλου-
σίους ἐπεποιήκει διαφερόντως. τούτων κοινωνὸν τῆς
ἀρχῆς οὐδένα οἷός τ' ἦν πειθοῖ καὶ διδαχῇ καὶ εὐεργε-
σίαις καὶ ξυγγενείαις ἀπεργασάμενος ποιήσασθαι, Δα-
ρείου δὲ ἑπταπλασίῳ φαυλότερος ἐγένετο, ὃς οὐκ ἀδελ-
φοῖς πιστεύσας οὐδ' ὑφ' αὑτοῦ τραφεῖσι, κοινωνοῖς δὲ
μόνον τῆς τοῦ Μήδου τε καὶ εὐνούχου χειρώσεως,
διένειμέ τε μέρη μείζω ἕκαστα Σικελίας πάσης ἑπτὰ
καὶ πιστοῖς ἐχρήσατο τοῖς κοινωνοῖς καὶ οὐκ ἐπιτιθε-
μένοις οὔτε αὐτῷ οὔτε ἀλλήλοις, ἔδειξέ τε παράδειγμα,
οἷον χρὴ τὸν νομοθέτην καὶ βασιλέα τὸν ἀγαθὸν γί-
γνεσθαι· νόμους γὰρ κατασκευάσας ἔτι καὶ νῦν δια-
σέσωκε τὴν Περσῶν ἀρχήν. ἔτι δὲ Ἀθηναῖοι πρὸς
τούτοις, οὐκ αὐτοὶ κατοικίσαντες ὅλας τῶν Ἑλλήνων
πόλεις ὑπὸ βαρβάρων ἐκβεβλημένας, ἀλλ' οἰκουμένας
παραλαβόντες, ὅμως ἑβδομήκοντα ἔτη διεφύλαξαν τὴν
ἀρχὴν ἀνδρὸς φίλους ἐν ταῖς πόλεσιν ἑκάσταις κεκτη-
μένοι. Διονύσιος δὲ εἰς μίαν πόλιν ἀθροίσας πᾶσαν
Σικελίαν ὑπὸ σοφίας, πιστεύων οὐδενί, μόγις ἐσώθη·
πένης γὰρ ἦν ἀνδρῶν φίλων καὶ πιστῶν, οὗ μεῖζον
σημεῖον εἰς ἀρετὴν καὶ κακίαν οὐκ ἔστιν οὐδέν, τοῦ

qui prorsus omiserit. In hac ergo sententia constitutus,
quoties aliquis me de rebus gravioribus consulit, sive
ad divitias sive ad corporis vel animi purgationem perti-
neant, si quotidiana illius vita modum aliquem servare
posse videatur, vel saltem consulenti mihi videatur ob-
temperaturus, libenter consulo, neque prius desino quam
initium pro viribus ad finem usque perduxerim. Si autem
aut omnino non petat a me consilium, aut, qui petit,
manifeste appareat consulenti mihi nullo modo obtempera-
turus, ultro quidem non accedo ad consultandum : per
vim vero, ne si meus quidem sit filius. Servo tamen
etiam invito consulerem, ac vi adhibita compellerem.
At patrem vel matrem per vim cogere nefas esse arbitror,
nisi propter morbum mente alienatos. Quod si suo quo-
dam more vivant, qui mihi nequaquam probetur, neque
infensus adversarer frustra monendo, neque rursus blan-
diendo eorum cupiditatibus assentarer, ea porrigens,
quibus ego si indulgerem, vivere nolim. Hac eadem
mente circa patriam vir prudens esse debet, ut ita re-
prehendat civitatis errores, si neque frustra sit repre-
hensurus neque ob reprehensionis studium periturus.
Vim autem patriæ per reipublicæ mutationem afferet
nunquam, quando absque expulsione et cæde civium
emendari non possit : sed quietem aget, votoque preca-
bitur optima et sibi et patriæ. Hoc igitur pacto ego
vobis consulerem. Consulebam similiter Dionysio, una
cum Dione ea videlicet ratione quotidie vivere, qua sui
ipsius compos maxime redderetur, amicosque et fami-
liares fidos haberet : ne idem sibi, quod et patri, acci-
deret. Qui, cum multas in Sicilia magnasque urbes sus-
cepisset quondam a barbaris devastatas, easque resti-
tuisset, non potuit in singulis illarum gubernatores
rerumpublicarum constituere fidos, neque ex domesticis
suis neque ex aliis undecunque comparatis, (332) neque
ex fratribus suis iunioribus, quos ipse educaverat : sed
tum ex privatis hominibus præsides, tum ex paupertate
admodum divites fecit. Horum tamen nullum fidum sibi
gubernationis socium potuit adhibere, vel suadendo,
sive docendo sive largiendo, sive in necessitudinem reci-
piendo : septies deterior Dario, qui neque fratribus con-
fidens, neque his, qui sub eo educati fuerant, sed sociis
dumtaxat Midæ eunuchique, captivitatis partes divisit
septem, singulas maiores tota Sicilia, assignavitque sin-
gulis : atque eos fidos nactus est regni socios, neque
vel sibi vel invicem insidiantes. Præterea exemplum
dedit, qualem oportet se ipsum legumlatorem regemque
bonum præstare, quippe cum leges tulerit, quibus adhuc
Persarum servatur imperium. Accedit ad hæc, quod
Athenienses, cum multas Græcorum urbes, non a se
quidem ab aliis constitutas, deinde occupatas a barbaris,
in potestatem suam recepissent, annos septuaginta in
eis tenuerunt imperium, utpote qui amicos sibi in singulis
civitatibus comparaverant. Dionysius autem, cum in
urbem unam universam Siciliam congregasset ob sapien-
tiam, nulli confidens, ægre servatus est. Carebat enim
amicis fidisque hominibus : quo nullum est maius argu-
mentum vel improbitatis, si desint, vel probitatis, si

ἔρημον ἢ μὴ τοιούτων ἀνδρῶν εἶναι. ἃ δὴ καὶ Διο
νυσίῳ ξυνεβουλεύομεν ἐγώ καὶ Δίων, ἐπειδὴ τὰ παρὰ
τοῦ πατρὸς αὐτῷ ξυνεϐεϐήκει οὕτως ἀνομιλήτῳ μὲν
παιδείας ἀνομιλήτῳ δὲ συνουσιῶν τῶν προσηκουσῶν
γεγονέναι, πρῶτον ἐπὶ ταῦτα ὁρμήσαντα φίλους ἄλλους
αὐτῷ τῶν οἰκείων ἅμα καὶ ἡλικιωτῶν καὶ συμφώνους
πρὸς ἀρετὴν κτήσασθαι, μάλιστα δ᾽ αὐτὸν αὑτῷ, τούτου
γὰρ αὐτὸν θαυμαστῶς ἐνδεᾶ γεγονέναι· λέγοντες οὐκ
ἐναργῶς οὕτως, οὐ γὰρ ἦν ἀσφαλές, αἰνιττόμενοι δὲ
καὶ διαμαχόμενοι τοῖς λόγοις ὡς οὕτω μὲν πᾶς ἀνὴρ
αὐτόν τε καὶ ἐκείνους ὧν ἂν ἡγεμὼν γίγνηται σώσει,
μὴ ταύτῃ δὲ τραπόμενος τἀναντία πάντα ἀποτελεῖ
πορευθεὶς δὲ ὡς ἐλέγομεν, καὶ ἑαυτὸν ἔμφρονά τε καὶ
σώφρονα ἀπεργασάμενος, εἰ τὰς ἐξηρημωμένας Σικε
λίας πόλεις κατοικίσειε νόμοις τε ξυνδήσειε καὶ πολι
τείαις, ὥστε αὐτῷ τε οἰκείας καὶ ἀλλήλαις εἶναι πρὸς
τὰς τῶν βαρβάρων βοηθείας, οὐ διπλασίαν τὴν πα
τρῴαν ἀρχὴν μόνον ποιήσοι, (333) πολλαπλασίαν δὲ
ὄντως· ἕτοιμον γὰρ εἶναι τούτων γενομένων πολὺ
μᾶλλον δουλώσασθαι Καρχηδονίους τῆς ἐπὶ Γέλωνος
αὐτοῖς γενομένης δουλείας, ἀλλ᾽ οὐχ ὥσπερ πᾶν τοὐ
ναντίον ὁ πατὴρ αὐτῶ φόρον ἐτάξατο φέρειν τοῖς
βαρβάροις. ταῦτα ἦν τὰ λεγόμενα καὶ παρακελευό
μενα ὑφ᾽ ἡμῶν τῶν ἐπιβουλευόντων Διονυσίῳ, ὡς
πολλαχόθεν ἐχώρουν οἱ τοιοῦτοι λόγοι, οἳ δὴ καὶ κρα
τήσαντες παρὰ Διονυσίῳ ἐξέβαλον μὲν Δίωνα, ἡμᾶς
δ᾽ εἰς φόβον κατέβαλον· ἵνα δ᾽ ἐκπεράνωμεν οὐκ ὀλίγα
πράγματα ἐν ὀλίγῳ χρόνῳ, ἐλθὼν ἐκ Πελοποννήσου
καὶ Ἀθηνῶν Δίων ἔργῳ τὸν Διονύσιον ἐνουθέτησεν.
ἐπειδὴ δ᾽ οὖν ἠλευθέρωσέ τε καὶ ἀπέδωκεν αὐτοῖς δὶς
τὴν πόλιν, ταὐτὸν πρὸς Δίωνα Συρακόσιοι τότε ἔπα
θον, ὅπερ καὶ Διονύσιος, ὅτε αὐτὸν ἐπεχείρει παι
δεύσας καὶ θρέψας βασιλέα τῆς ἀρχῆς ἄξιον οὕτω
κοινωνεῖν αὐτῷ τοῦ βίου παντός, ὁ δὲ τοῖς διαβάλ
λουσι καὶ λέγουσιν ὡς ἐπιβουλεύων τῇ τυραννίδι
Δίων πράττοι πάντα ὅσα ἔπραττεν ἐν τῷ τότε χρόνῳ,
ἵνα ὁ μὲν παιδείᾳ δὴ τὸν νοῦν κηληθεὶς ἀμελοῖ τῆς
ἀρχῆς ἐπιτρέψας ἐκείνῳ, ὁ δὲ σφετερίσαιτο καὶ Διο
νύσιον ἐκβάλοι ἐκ τῆς ἀρχῆς δόλῳ. ταῦτα τότε ἐνίκησε
καὶ τὸ δεύτερον ἐν Συρακοσίοις λεγόμενα, καὶ μάλα
ἀτόπῳ τε καὶ αἰσχρᾷ νίκῃ τοῖς τῆς νίκης αἰτίοις οἷον
γὰρ γέγονεν, ἀκοῦσαι χρὴ τοὺς ἐμὲ παρακαλοῦντας
πρὸς τὰ νῦν πράγματα. ἦλθον Ἀθηναῖος ἀνὴρ ἐγώ,
ἑταῖρος Δίωνος, σύμμαχος αὐτῷ πρὸς τὸν τύραννον,
ὅπως ἀντὶ πολέμου φιλίαν ποιήσαιμι. διαμαχόμενος
δὲ τοῖς διαβάλλουσιν ἡττήθην. πείθοντος δὲ Διονυ
σίου τιμαῖς καὶ χρήμασι γενέσθαι μετ᾽ αὐτοῦ ἐμέ,
μάρτυρά τε καὶ φίλον πρὸς τὴν εὐπρέπειαν τῆς ἐκβολῆς
τῆς Δίωνος αὐτῷ γίγνεσθαι, τούτων δὴ τὸ πᾶν διή
μαρτεν. ὕστερον δὲ δὴ κατιὼν οἴκαδε Δίων ἀδελφὼ
δύο προσλαμβάνει Ἀθήνηθεν, οὐκ ἐκ φιλοσοφίας γεγο
νότε φίλω ἀλλ᾽ ἐκ τῆς περιτρεχούσης ἑταιρείας ταύτης
τῆς τῶν πλείστων φίλων, ἣν ἐκ τοῦ ξενίζειν τε καὶ μυεῖν
καὶ ἐποπτεύειν πραγματεύονται. καὶ δὴ καὶ τούτω

adsint Hæc igitur Dionysio ego ac Dion consulebamus,
postquam paternæ res sic se habuissent, ut neque eruditorum virorum familiaritates, neque decentes haberet
consuetudines admonebamusque, ut animum ad hæc
intendens imprimis amicos sibi alios ex domesticis et
æqualibus compararet, ad virtutemque concordes maxime
vero, ut se ipsum sibi consentientem constantemque
præstaret Huius enim rei defectum apud eum esse quam
maximum ostendebamus, non apertis quidem nunc
verbis (neque enim tutum fuisset), sed ratione quadam
latentiore, idem tamen significante docentes, ita demum
unumquemque hominum tam se quam illos, quibus
imperat, posse servare, si hæc observaverit sin autem
contra se gesserit, contra prorsus accidere Quod si ita,
ut dicebamus, incederet, seque ipsum prudentem temperatumque præstaret si rursus devastatas urbes Siciliæ
restitueret, ac legibus institutisque ad rempublicam pertinentibus eas muniret, ut et sibi benevolæ et inter se
invicem contra vim barbarorum auxilio forent (333) non
duplicaret modo regnum paternum, verum etiam multiplicaret Fore quidem si ita se gereret, ut Carthagineuses multo magis facilusque suæ potestati subicerecutur, quam Geloni subditi fuissent contra quam patri
accidit suo, ille enim pendere tributum barbaris coactus
fuerat Hæc erant, quæ dicebamus præcipiebamusque
Dionysio, nos videlicet insidiantes ei, ut multi divulgarerant Qui et, cum nos apud Dionysium superavissent, Dionem quidem expulerunt, nos autem in formidinem coniecerunt Verum ut non pauca paucis comprehendamus, Dion profectus ex Peloponneso atque Athenis,
rebus iam ipsis Dionysium commonefecit Cum ergo liberasset civitatem Dion, eamque iam bis civibus reddidisset, eodem pacto affecti fuerunt adversus Dionem
Syracusani, quo et antea Dionysius Nam olim Dionysium Dion educare atque erudire contenderat, quo eum
regem regno redderet dignum talemque se illi per omnem
vitam præstare statuerat Obtrectatores autem calumniatoresque Dionysio persuaserunt, Dionem, quasi tyrannidi insidiantem eo tempore, hæc omnia machinari,
ut mens Dionysii, disciplinæ studus irretita, dominanem negligeret eamque Dioni totam relinqueret, Dion
vero, gubernationem dolo usurpans, illum expelleret
Quemadmodum vero tunc apud Dionysium, ita postea
inter Syracusanos hæc eadem dicta iactataque pervicerunt, infami prorsus turpique victoria his ipsis, qui superaverunt Sed quale id fuerit, audire vos oportet, qui me
ad res vestras compendas vocatis Veni ergo Atheniensis
homo, Dionis amicus atque adiutor eius adversus tyrannum, ut pro bello amicitiam facerem at pugnans contra
calumniatores superatus sum Cum vero Dionysius conaretur non verbis solum sed pecuniis etiam et honoribus
me sibi conciliare atque detinere, ut mea cum ipso familiaritas testimonio foret Dionem non iniuria expulsum
fuisse nihil apud me hac in re tanto suo conatu consequi
potuit Posteris vero temporibus Dion rediens domum,
fratres duos Athenienses secum duxit, non ex philosophia
sic amicos, sed ex hac communi vulgarique familiaritate, quæ hospitalitate quadam et frequenti inter sacra
spectaculaque consuetudine amicitiam contrahere consuevit Similiter illi, tum ex his, quæ dixi, tum quia redeunti obsequia præstiterunt, amicitiam cum Dione

τὼ ξυγκαταγαγόντε αὐτὸν φίλω ἐκ τούτων τε καὶ ἐκ
τῆς πρὸς τὴν κάθοδον ὑπηρεσίας ἐγενέσθην ἑταίρω.
(334) ἐλθόντες δὲ εἰς Σικελίαν, ἐπειδὴ Δίωνα ᾔσθοντο
διαβεβλημένον εἰς τοὺς ἐλευθερωθέντας ὑπ᾿ αὐτοῦ Σι-
κελιώτας ὡς ἐπιβουλεύοντα γενέσθαι τύραννον, οὐ μό-
νον τὸν ἑταῖρον καὶ ξένον προύδοσαν, ἀλλ᾿ οἷον τοῦ
φόνου αὐτόχειρες ἐγένοντο, ὅπλα ἔχοντες ἐν ταῖς χερσὶν
αὐτοὶ τοῖς φονεῦσι παρεστῶτες ἐπίκουροι. καὶ τὸ μὲν
αἰσχρὸν καὶ ἀνόσιον οὔτε παρίεμαι ἔγωγε οὔτε τι λέγω,
πολλοῖς γὰρ καὶ ἄλλοις ὑμνεῖν ταῦτα ἐπιμελὲς καὶ εἰς
τὸν ἔπειτα μελήσει χρόνον· τὸ δὲ Ἀθηναίων πέρι λε-
γόμενον, ὡς αἰσχύνην οὗτοι περιῆψαν τῇ πόλει, ἐξαι-
ροῦμαι. φημὶ γὰρ κἀκεῖνον Ἀθηναῖον εἶναι ὃς οὐ
προύδωκε τὸν αὐτὸν τοῦτον, ἐξὸν χρήματα καὶ ἄλλας
τιμὰς πολλὰς λαμβάνειν· οὐ γὰρ διὰ βαναύσου φιλό-
τητος ἐγεγόνει φίλος, διὰ δὲ ἐλευθέρας παιδείας κοι-
νωνίαν, ᾗ μόνῃ χρὴ πιστεύειν τὸν νοῦν κεκτημένον
μᾶλλον ἢ ξυγγενείᾳ ψυχῶν καὶ σωμάτων. ὥστε οὐκ
ἀξίω ὀνείδους γεγόνατον τῇ πόλει τὼ Δίωνα ἀποκτεί-
ναντε, ὡς ἐλλογίμω πώποτε ἄνδρε γενομένω.

Ταῦτα εἴρηται πάντα τῆς ξυμβουλῆς ἕνεκα τῶν
Διωνείων φίλων καὶ ξυγγενῶν. ξυμβουλεύω δὲ δή τι
πρὸς τούτοις τὴν αὐτὴν ξυμβουλὴν καὶ λόγον τὸν αὐτὸν
λέγων ἤδη τρίτον τρίτοις ὑμῖν. μὴ δουλοῦσθαι Σικε-
λίαν ὑπ᾿ ἀνθρώποις δεσπόταις μηδὲ ἄλλην πόλιν ὅ γ᾿
ἐμὸς λόγος, ἀλλ᾿ ὑπὸ νόμοις· οὔτε γὰρ τοῖς δουλουμέ-
νοις οὔτε τοῖς δουλωθεῖσιν ἄμεινον, αὐτοῖς καὶ παισὶ
παίδων τε ἐκγόνοις, ἀλλ᾿ ὀλέθριος πάντως ἡ πεῖρα,
σμικρὰ δὲ καὶ ἀνελεύθερα ψυχῶν ἤθη τὰ τοιαῦτα ἁρ-
πάζειν κέρδη φιλεῖ, οὐδὲν τῶν εἰς τὸν ἔπειτα καὶ εἰς
τὸν παρόντα καιρὸν ἀγαθῶν καὶ δικαίων εἰδότα θείων
τε καὶ ἀνθρωπίνων. ταῦτα πρῶτον μὲν Δίωνα ἐγὼ
ἐπεχείρησα πείθειν, δεύτερον δὲ Διονύσιον, τρίτους δὲ
ὑμᾶς νῦν. καί μοι πείθεσθε Διὸς τρίτου σωτῆρος χάριν,
εἶτα εἰς Διονύσιον βλέψαντες καὶ Δίωνα, ὧν ὁ μὲν μὴ
πειθόμενος ζῇ τὰ νῦν οὐ καλῶς, ὁ δὲ πειθόμενος τέ-
θνηκε καλῶς· τὸ γὰρ τῶν καλλίστων ἐφιέμενον αὑτῷ
τε καὶ πόλει πάσχειν ὅ τι ἂν πάσχῃ πᾶν ὀρθὸν καὶ
καλόν. οὔτε γὰρ πέφυκεν ἀθάνατος ἡμῶν οὐδείς,
οὔτ᾿ εἴ τῳ ξυμβαίη, γένοιτο ἂν εὐδαίμων, ὡς δοκεῖ
τοῖς πολλοῖς· κακὸν γὰρ καὶ ἀγαθὸν οὐδὲν λόγου ἄξιόν
ἐστι τοῖς ἀψύχοις, (335) ἀλλ᾿ ἢ μετὰ σώματος· οὔσῃ
ψυχῇ τοῦτο ξυμβήσεται ἑκάστῃ ἢ κεχωρισμένῃ. πεί-
θεσθαι δὲ ὄντως ἀεὶ χρὴ τοῖς παλαιοῖς τε καὶ ἱεροῖς
λόγοις, οἳ δὴ μηνύουσιν ἡμῖν ἀθάνατον ψυχὴν εἶναι
δικαστάς τε ἴσχειν καὶ τίνειν τὰς μεγίστας τιμωρίας,
ὅταν τις ἀπαλλαχθῇ τοῦ σώματος. διὸ καὶ τὰ μεγάλα
ἁμαρτήματα καὶ ἀδικήματα σμικρότερον εἶναι χρὴ
νομίζειν κακὸν πάσχειν ἢ δρᾶσαι, ὧν ὁ φιλοχρήματος
πένης τε ἀνὴρ τὴν ψυχὴν οὔτε ἀκούει, ἐὰν δ᾿ ἀκούσῃ,
καταγελῶν, ὡς οἴεται, πανταχόθεν ἀναιδῶς ἁρπάζει
πᾶν ὅ τι περ ἂν οἴηται, καθάπερ θηρίον, φαγεῖν ἢ
πιεῖν ἢ περὶ τὴν ἀνδραποδώδη καὶ ἀχάριστον, ἀφρο-
δίσιον λεγομένην οὐκ ὀρθῶς, ἡδονὴν πορίζειν αὑτῷ

conflaverant. Hi ergo cum in Siciliam profecti essent,
intelligerentque calumnias inter illos ipsos, qui ab ipso
liberati erant, (334) in Dionem coniectas, quasi tyranni-
dem affectaret, non prodiderunt modo amicum et ho-
spitem, sed ceu propriis manibus ipsi percussores fue-
runt. Arma enim tenentes interfectoribus palam auxiliati
sunt. Et facinoris quidem illius turpitudinem impieta-
temque neque praetereo equidem neque enarro. Multi
enim haec diligentius narraverunt atque narrabunt. Sed
adversus infamiam civitatis nostrae respondeo. Nam si
Athenienses fuerunt illi, qui prodiderunt : ille quoque
Atheniensis fuit, qui neque pecuniarum neque honorum
pollicitatione, ut proderet illum, adduci unquam potuit.
Non enim per vulgarem mercenariamque benevolentiam
factus erat amicus, sed per liberalis disciplinae commu-
nionem. Qui certe uni, qui sapit, plus adhibet fidei
quam ulli et animorum coniunctioni et corporum consan-
guinitati. Itaque non tanti aestimandi sunt illi, ut dedecus
civitati ob Dionis caedem afferre potuerint, quasi alicuius
pretii unquam fuerint.·

Haec dicta sunt omnia, quo Dionis amicis propin-
quisque consuleretur. Consulo autem praeterea et tertio
vobis quoque iam tertiis idem prorsus eademque ra-
tione, ne Sicilia neve civitas ulla aliquibus hominibus
sed legibus dumtaxat subiciatur, ut nostra fert ratio.
Neque enim dominantibus ipsis neque servientibus
id utile est, neque eorum filiis aut natis natorum : sed·
perniciosorum omnino hominum est id aggredi. An-
gusti vero et illiberalis animi est eiusmodi lucra prae-
cipere : nihil vel in praesens vel in futurum tempus bo-
norum iustorumque vel divinorum humanorumve intelli-
gentis. Haec ego Dioni primum persuadere conatus sum,
deinde Dionysio, tertio vero nunc vobis. Ergo pareatis
mihi Iovis tertii servatoris gratia. Praeterea Dionysii
Dionisque exitum animadvertite. Dionysius quidem, non
obtemperans consiliis meis, vivit etiam nunc, non ho-
neste : Dion vero, cum obtemperavisset, honeste interiit.
Ei namque viro, qui praeclarissima sibi patriaeque affc-
ctat, nihil unquam, nisi rectum pulchrumque potest
accidere. Nec vero quisquam nostrum natus est immor-
talis : neque, si cui id contigerit, esset is propterea felix,
ut vulgo videtur. Rebus quidem carentibus anima nihil
vel bonum est vel malum existimatione dignum :(335) sed
unicuique animae id· accidet, aut dum est cum corpore,
nata corpore separatae. Credendum est revera semper
ita quis sacrisque verbis, quae nobis nuntiant immortalem
esse animam, iudicesque habere, suppliciaque pati
maxima, postquam a corpore fuerit separata. Quamob-
rem minus malum existimandum est perpeti gravissimas
iniurias, a delinquentibus illatas, quam inferre. Quae
quidem homo cumulandae pecuniae deditus et in pauper-
tate animi constitutus non audit, ac, si audiverit, quasi
suo iudicio deridenda contemnit : atque impudenter
rapit undique, quicquid existimat sibi, veluti bestiae,

τοὐμπίπλασθαι, τυφλὸς ὢν καὶ οὐχ ὁρῶν οἷς ξυνέπεται τῶν ἁρπαγμάτων ἀνοσιουργία, κακὸν ἡλίκον ἀεὶ μετ' ἀδικήματος ἑκάστου, ἣν ἀναγκαῖον τῷ ἀδικήσαντι συνεφέλκειν ἐπί τε γῇ στρεφομένῳ καὶ ὑπὸ γῆς νοστήσαντι πορείαν ἄτιμόν τε καὶ ἀθλίαν πάντως πανταχῇ. Δίωνα δὴ ἐγὼ λέγων ταῦτά τε καὶ ἄλλα τοιαῦτα ἔπειθον, καὶ τοῖς ἀποκτείνασιν ἐκεῖνον δικαιότατ' ἂν ὀργιζοίμην ἐγὼ τρόπον τινὰ ὁμοιότατα καὶ Διονυσίῳ· ἀμφότεροι γὰρ ἐμὲ καὶ τοὺς ἄλλους ὡς ἔπος εἰπεῖν ἅπαντας τὰ μέγιστα ἔβλαψαν ἀνθρώπους, οἱ μὲν τὸν βουλόμενον δικαιοσύνῃ χρῆσθαι διαφθείραντες, 8 δὲ οὐδὲν ἐθελήσας χρήσασθαι δικαιοσύνῃ διὰ πάσης τῆς ἀρχῆς, μεγίστην ἔχων ἐν ᾗ γενομένη ἂν φιλοσοφία τε καὶ δύναμις ὄντως ἐν ταὐτῷ διὰ πάντων ἀνθρώπων Ἑλλήνων τε καὶ βαρβάρων λάμψασα ἱκανῶς δόξαν παρέστησε πᾶσι τὴν ἀληθῆ, ὡς οὐκ ἄν ποτε γένοιτο εὐδαίμων οὔτε πόλις οὔτ' ἀνὴρ οὐδείς, ὃς ἂν μὴ μετὰ φρονήσεως ὑπὸ δικαιοσύνῃ διαγάγῃ τὸν βίον, ἤτοι ἐν αὐτῷ κεκτημένος ἢ ὁσίων ἀνδρῶν ἀρχόντων ἐν ἤθεσι τραφείς τε καὶ παιδευθεὶς ἐνδίκως. ταῦτα μὲν Διονύσιος ἔβλαψε, τὰ δὲ ἄλλα σμικρά ἂν εἴη πρὸς ταῦτά μοι βλάβη· ὁ δὲ Δίωνα ἀποκτείνας οὐκ οἶδε ταὐτὸν ἐξειργασμένος τούτῳ. Δίωνα γὰρ ἐγὼ σαφῶς οἶδα, εἰ οἷόν τε περὶ ἀνθρώπου ἄνθρωπον διισχυρίζεσθαι, ὅτι, τὴν ἀρχὴν εἰ κατέσχεν, οὐκ ἄν ποτε ἐπ' ἄλλο γε σχῆμα ἀρχῆς ἐτράπετο ἢ [ἐπὶ τὸ] Συρακούσας μὲν πρῶτον τὴν πατρίδα τὴν ἑαυτοῦ, (336) ἐπεὶ τὴν δουλείαν αὐτῆς ἀπήλλαξε καὶ φαιδρύνας ἐλευθερίῳ ἐν σχήματι κατέστησε, τὸ μετὰ τοῦτ' ἂν πάσῃ μηχανῇ ἐκόσμησε νόμοις τοῖς προσήκουσί τε καὶ ἀρίστοις [τοὺς πολίτας], τό τε ἐφεξῆς τούτοις προυθυμεῖτ' ἂν πρᾶξαι, πᾶσαν Σικελίαν κατοικίζειν καὶ ἐλευθέραν ἀπὸ τῶν βαρβάρων ποιεῖν, τοὺς μὲν ἐκβάλλων τοὺς δὲ χειρούμενος ῥᾷον Ἱέρωνος· τούτων δ' αὖ γενομένων δι' ἀνδρὸς δικαίου τε καὶ ἀνδρείου καὶ σώφρονος καὶ φιλοσόφου τὴν αὐτὴν ἀρετῆς ἂν πέρι γενέσθαι δόξαν τοῖς πολλοῖς ἥπερ ἄν, εἰ Διονύσιος ἐπείσθη, παρὰ πᾶσιν ἂν ὡς ἔπος εἰπεῖν ἀνθρώποις ἐκράτησε σωζομένη. νῦν δὲ ἤ πού τις δαίμων ἤ τις ἀλιτήριος ἐμπεσὼν ἀνομίᾳ καὶ ἀθεότητι καὶ τὸ μέγιστον τόλμαις ἀμαθίας, ἐξ ἧς πάντα κακὰ πᾶσιν ἐρρίζωται καὶ βλαστάνει καὶ εἰς ὕστερον ἀποτελεῖ καρπὸν τοῖς γεννήσασι πικρότατον, αὕτη πάντα τὸ δεύτερον αὖ ἔτρεψέ τε καὶ ἀπώλεσε. νῦν δὲ δὴ εὐφημῶμεν χάριν οἰωνοῦ τὸ τρίτον· ὅμως δὲ μιμεῖσθαι μὲν συμβουλεύω Δίωνα ὑμῖν τοῖς φίλοις τήν τε τῆς πατρίδος εὔνοιαν καὶ τὴν τῆς τροφῆς σώφρονα δίαιταν, ἐπὶ λῳόνων δὲ ὀρνίθων τὰς ἐκείνου βουλήσεις πειρᾶσθαι ἀποτελεῖν. αἳ δὲ ἦσαν, ἀκηκόατε παρ' ἐμοῦ σαφῶς· τὸν δὲ μὴ δυνάμενον τῶν μὲν Δωριστὶ ζῆν κατὰ τὰ πάτρια, διώκοντα δὲ τόν τε τῶν Δίωνος σφαγέων καὶ τὸν Σικελικὸν βίον, μήτε παρακαλεῖν μήτε οἴεσθαι πιστὸν ἄν τι καὶ ὑγιὲς πρᾶξαί ποτε· τοὺς δὲ ἄλλους παρακαλεῖν ἐπὶ πάσης Σικελίας κατοικισμόν τε καὶ ἰσονομίαν ἐκ

piscentiam : neque rursus cernit, quantum sit impietas malum, quibusque insit rebus, semper iniustitiæ mixta. Quam quidem necesse est animam, quæ perpetraverit iniusta, secum trahere, et dum per terram revolvitur inter homines, et dum sub terram passim turpiter omnino atque misere circumfertur. Cum igitur hæc aliaque generis eiusdem Dioni dicerem, persuasi. Interfectoribus autem eius iustissime quidem irascerer, eodem quasi modo atque Dionysio. Utrique enim et mihi et aliis, ut ita dixerim, omnibus damna gravissima intulerunt. Illi quidem, cum interficerent eum, qui volebat uti iustitia : hic autem, cum nullo pacto vellet uti iustitia, in universo regno maximam habens potentiam. In qua quod si philosophia una cum potentia vere in idem quasi domicilium concurrisset, per omnes homines, et Græcos et barbaros, elucentem veramque opinionem sufficienter omnibus ostendisset, neque civitatem neque hominem unquam fore felicem, nisi et cum prudentia et sub iustitia vixerit, sive per se illas possideat, sive sub sanctorum principum moribus rite educetur atque erudiatur. In his quidem nocuit Dionysius : cetera vero, si ad hæc comparentur, damna perexigua mihi videntur. At enim qui Dionem interfecit, non intellexit idem, quod Dionysius, se fecisse. Equidem certe scio, quantum homini de homine affirmare licet, Dionem, si regni gubernacula diutius tenuisset, nunquam in aliam dominandi formam fuisse conversurum, quam, cum ab initio patriam suam Syracusas, (336) expulsa servitute, in suo iure constituit, libertatis iam splendore lætissimam : deinde omni studio cives congruis optimisque legibus ornaturum ; præterea omnem diligentiam adhibiturum fuisse, quo tota inhabitaretur Sicilia, liberareturque a barbaris, aliis quidem expulsis, aliis vero subactis, facilius quam fecerat Hieron. Cum vero hæc per virum iustum, fortem, temperatum vel philosophum gesta fuissent, eadem apud multos virtutis floruisset opinio, quæ et salva re apud omnes, ut ita dixerim, homines viguisset, si Dionysius nobis ab initio paruisset. Nunc autem, sive quis dæmon sive perniciosus aliquis his sese obiciens, iniquitate et impietate, et quod pessimum est, ignoranti audacia, ex qua mala omnibus omnia et radicibus hærent et pullulant et in posterum producunt fructum his qui nascentur amarissimum, cuncta hæc pervertit rursus et perdidit. Sed nunc tertio felicium auspiciorum gratia bona dumtaxat ominemur. Consulo igitur vobis amicis, ut Dionem imitemini, amorem illius in patriam vitæque temperantiam magis magisque complectentes. Quibus autem auspiciis consilia eius perficere conandum vobis sit, et qualia consilia fuerint, aperte quidem ex me audistis. At si quis est inter vos, qui Dorice nequeat vivere secundum patriæ instituta, sequaturque Siculum vivendi morem et eorum, qui Dionem occiderunt : neque eum recipere neque existimare velitis ulla in re fidelem atque sincerum. Ceteros autem adhortari potius debetis ad habitationem totius Siciliæ disponendam legumque paritatem, tum ex ipsa Sicilia

τε αὐτῆς Σικελίας καὶ ἐκ Πελοποννήσου ξυμπάσης,
φοβεῖσθαι δὲ μηδὲ Ἀθήνας· εἰσὶ γὰρ καὶ ἐκεῖ πάντων
ἀνθρώπων διαφέροντες πρὸς ἀρετὴν ξενοφόνων τε ἀν-
δρῶν μισοῦντες τόλμας. εἰ δ' οὖν ταῦτα μὲν ὕστερα
γένοιτ' ἄν, κατεπείγουσι δὲ ὑμᾶς αἱ τῶν στάσεων
πολλαὶ καὶ παντοδαπαὶ φυόμεναι ἑκάστης ἡμέρας
διαφοραί, εἰδέναι μέν που χρὴ πάντα τινὰ ἄνδρα, ᾧ
καὶ βραχὺ δόξης ὀρθῆς μετέδωκε θεία τις τύχη, ὡς
οὐκ ἔστι παῦλα κακῶν τοῖς στασιάσασι, πρὶν ἂν οἱ
κρατήσαντες μάχαις καὶ ἐκβολαῖς ἀνθρώπων καὶ σφα-
γαῖς μνησικακοῦντες καὶ ἐπὶ τιμωρίας παύσωνται τρε-
πόμενοι τῶν ἐχθρῶν, (337) ἐγκρατεῖς δὲ ὄντες, αὑτῶν θέ-
μενοι νόμους κοινοὺς μηδὲν μᾶλλον πρὸς ἡδονὴν αὑτοῖς
ἢ τοῖς ἡττηθεῖσι κειμένους, ἀναγκάσωσιν αὑτοὺς
χρῆσθαι τοῖς νόμοις διτταῖς οὔσαις ἀνάγκαις, αἰδοῖ καὶ
φόβῳ, φόβῳ μὲν διὰ τὸ κρείττους αὑτῶν εἶναι δει-
κνύντες τὴν βίαν, αἰδοῖ δὲ αὖ διὰ τὸ κρείττους φαίνε-
σθαι περί τε τὰς ἡδονὰς καὶ τοῖς νόμοις μᾶλλον ἐθέ-
λοντές τε καὶ δυνάμενοι δουλεύειν. ἄλλως δὲ οὐκ
ἔστιν ὡς ἄν ποτε κακῶν λήξαι πόλις ἐν αὑτῇ στασιά-
σασα, ἀλλὰ στάσεις καὶ ἔχθραι καὶ μίση καὶ ἀπιστίαι
ταῖς οὕτω διατεθείσαις πόλεσιν αὐταῖς πρὸς αὑτὰς ἀεὶ
γίγνεσθαι φιλεῖ. τοὺς δὴ κρατήσαντας ἀεὶ χρή,
ὅτανπερ ἐπιθυμήσωσι σωτηρίας, αὑτοὺς ἐν αὑτοῖς ἄν-
δρας προκρῖναι τῶν ἄλλων οὓς ἂν πυνθάνωνται ἀρί-
στους ὄντας, πρῶτον μὲν γέροντας, καὶ παῖδας καὶ
γυναῖκας κεκτημένους οἴκοι καὶ προγόνους αὑτῶν ὅτι
μάλιστα πολλούς τε καὶ ὀνομαστοὺς καὶ κτῆσιν κε-
κτημένους πάντας ἱκανήν· ἀριθμὸν δὲ εἶεν ἂν μυριάν-
δρῳ πόλει πεντήκοντα ἱκανοὶ τοιοῦτοι. τούτους δὲ
δεήσεσι καὶ τιμαῖς ὅτι μεγίσταις οἴκοθεν μεταπέμ-
πεσθαι, μεταπεμψαμένους δὲ ὀμόσαντας δεῖσθαι καὶ
κελεύειν θεῖναι νόμους, μήτε νικήσασι μήτε νικηθεῖσι
νέμειν πλέον, τὸ δὲ ἴσον καὶ κοινὸν πάσῃ τῇ πόλει.
τεθέντων δὲ τῶν νόμων ἐν τούτῳ δὴ τὰ πάντα ἐστίν.
ἂν μὲν γὰρ οἱ νενικηκότες ἥττους αὑτοὺς τῶν νόμων
μᾶλλον τῶν νενικημένων παρέχωνται, πάντ' ἔσται σω-
τηρίας τε καὶ εὐδαιμονίας μεστὰ καὶ πάντων κακῶν
ἀποφυγή· εἰ δὲ μή, μήτ' ἐμὲ μήτ' ἄλλον κοινωνὸν
παρακαλεῖν ἐπὶ τὸν μὴ πειθόμενον τοῖς νῦν ἐπεσταλ-
μένοις. ταῦτα γάρ ἐστιν ἀδελφὰ ὧν τε Δίων ὧν τ'
ἐγὼ ἐπεχειρήσαμεν Συρακούσαις εὖ φρονοῦντες συμ-
πρᾶξαι, δεύτερα μήν· πρῶτα δ' ἦν ἃ τὸ πρῶτον
ἐπεχειρήθη μετ' αὐτοῦ Διονυσίου πραχθῆναι πᾶσι κοινὰ
ἀγαθά, τύχη δέ τις ἀνθρώπων κρείττων διεφόρησε. τὰ
δὲ νῦν ὑμεῖς πειρᾶσθε εὐτυχέστερον αὐτὰ ἀγαθῇ πρᾶξαι
μοίρᾳ καὶ θείᾳ τινὶ τύχῃ.

Ξυμβουλὴ μὲν δὴ καὶ ἐπιστολὴ εἰρήσθω καὶ ἡ παρὰ
Διονύσιον ἐμὴ προτέρα ἄφιξις· ἡ δὲ δὴ ὑστέρα πορεία
τε καὶ πλοῦς ὡς εἰκότως τε ἅμα καὶ ἐμμελῶς γέγονεν,
ᾧ μέλει ἀκούειν, ἔξεστι τὸ μετὰ τοῦτο. ὁ μὲν γὰρ δὴ
πρῶτος χρόνος τῆς ἐν Σικελίᾳ διατριβῆς μοι διεπε-
ράνθη, (338) καθάπερ εἶπον, πρὶν συμβουλεύειν τοῖς
οἰκείοις καὶ ἑταίροις τοῖς περὶ Δίωνα· τὸ μετ' ἐκεῖνα

---

tum ex omni Peloponneso : nec Athenas horrete. Sunt
enim et ibi viri virtute omnium præstantissimi, et qui
odio habeant eorum crudelitatem, qui hospitum cæde se
polluant. Verum si hæc tardiora iam sunt urgentque
vos quotidianæ multiplicesque seditiones atque discordiæ :
intelligere unumquemque oportet, cui modo vel paulum
rectæ opinionis sors quædam divina largita sit, nullum
fore finem seditionum malorumque ex seditione nascen-
tium, priusquam illi, qui vicerint prœlio, a cædibus
pulsionibusque civium atque etiam iniuriarum comme-
moratione vindictæque cupiditate temperantes inimicis
concilientur, suique ipsius compotes fiant : (337) præterea
leges ferant communes, nihilo magis ad voluptatem
suam quam eorum, quos vicerint : cogantque illos his
legibus uti. Cogant, inquam, gemina necessitatis via, metu
scilicet et pudore : metu quidem propterea quod poten-
tiores sint, suam vim demonstrantes : pudore vero ex
eo, quod rursus potentiores promptioresque appareant
tum in voluptatibus superandis tum in legibus obser-
vandis. Aliter autem nulla prorsus est via finiendorum
malorum civitatis, in se ipsa seditionibus laborantis : sed
seditiones, inimicitiæ, odia, proditiones in republica,
ut in civitatibus ita se habentibus intra se atque vicissim
fieri consuevit, semper exorientur. Quamobrem qui
tanquam potentiores rempublicam tenent, si salutem
exoptant, ipsi inter se eligere atque in honore præferre
eos debent, quos esse audiverint optimos : primum
quidem senes, qui filios et uxores habeant atque domi-
cilium, ac maiores eorum quam plurimos et probatos et
insignes, sufficiensque omnes patrimonium possidentes.
Civitati vero decem millium virorum quinquaginta eius-
modi sufficient. Hos ergo precibus honoribusque quam
maximis domo evocare debent : evocatos autem precari
atque iureiurando astringere, ut leges condant, quæ
neque victoribus neque victis plus tribuant, sed ius uni-
versæ civitati æquum atque commune. Latis denique
legibus in hoc iam omnia consistunt. Si enim victores
subesse legibus voluerint magis etiam quam illi, qui victi
sunt : omnia iam erunt salutis felicitatisque plena ma-
laque omnia procul aberunt. Sin minus, nec me nec alium
in commune consilium ad eum vocare oportet, qui præ-
ceptis eiusmodi non acquieverit. Hæc utique germana
sunt eorum, quæ iamdiu ego ac Dion Syracusis efficere
recto iudicio aggressi sumus, posteriora tamen. Nam
prima quidem illa fuissent, quæ apud Dionysium ipsum
primo bona omnibus communia agere conati sumus : sed
fortuna quædam hominibus potentior illa dissolvit. Nunc
autem vos ista conemini bona quadam sorte divinaque
fortuna fortunatius agere.

Atque hic finis epistolæ de consilio deque prima
in Siciliam navigatione mea. Quod autem sequens
profectio et navigatio mea neque ab re neque temere
suscepta fuerit, si cui id curæ sit, audire iam licet.
Primum quidem habitationis in Sicilia mea tempus
mihi transactum fuerat; (338) quemadmodum supra
dixi, priusquam amicis necessariisque Dionis con-

' οὖν ἔπεισα ὅπη δή ποτ' ἐδυνάμην Διονύσιον ἀφεῖναί
ιε, εἰρήνης δὲ γενομένης, ἦν γὰρ τότε πόλεμος ἐν
Σικελίᾳ, ξυνωμολογήσαμεν ἀμφότεροι Διονύσιος
μὲν ἔφη μεταπέμψεσθαι Δίωνα καὶ ἐμέ, πάλιν κατα-
τησάμενος τὰ περὶ τὴν ἀρχὴν ἀσφαλέστερον ἑαυτῷ,
ἰώνα δὲ ἠξίου διανοεῖσθαι μὴ φυγὴν αὑτῷ γεγονέναι
ὅτε, μετάστασιν δέ· ἐγὼ δ' ἥξειν ὡμολόγησα ἐπὶ
τούτοις τοῖς λόγοις. γενομένης δὲ εἰρήνης μετεπέμπετ'
μέ, Δίωνα δὲ ἐπισχεῖν ἔτι ἐνιαυτὸν ἐδεῖτο, ἐμὲ δὲ
ἥκειν ἐκ παντὸς τρόπου ἠξίου. Δίων μὲν οὖν ἐκέ-
λευέ τέ με πλεῖν καὶ ἐδεῖτο· καὶ γὰρ δὴ λόγος ἐχώρει
ὁλὸς ἐκ Σικελίας, ὡς Διονύσιος θαυμαστῶς φιλοσο-
φίας ἐν ἐπιθυμίᾳ πάλιν εἴη γεγονὼς τὰ νῦν, ὅθεν ὁ
ἰῶν συντεταμένως ἐδεῖτο ἡμῶν τῇ μεταπέμψει μὴ
πειθεῖν. ἐγὼ δὲ ᾔδη μέν που κατὰ τὴν φιλοσοφίαν
οἷς νέοις πολλὰ τοιαῦτα γιγνόμενα, ὅμως δ' οὖν
σφαλέστερόν μοι ἔδοξε χαίρειν τότε γε πολλὰ καὶ
ἰῶνα καὶ Διονύσιον ἐᾶν, καὶ ἀπηχθόμην ἀμφοῖν ἀπο-
ρινάμενος ὅτι γέρων τε εἴην καὶ κατὰ τὰς ὁμολογίας
ὐδὲν γίγνοιτο τῶν τὰ νῦν πραττομένων. ἔοικε δὴ τὸ
ετὰ τοῦτο Ἀρχύτας τε παρὰ Διονυσίου ἀφικέσθαι
ἐγὼ γὰρ πρὶν ἀπιέναι ξενίαν καὶ φιλίαν Ἀρχύτᾳ καὶ
οἷς ἐν Τάραντι καὶ Διονυσίῳ ποιήσας ἀπέπλεον), ἄλλοι
έ τινες ἐν Συρακούσαις ἦσαν Δίωνός τε ἄττα διακη-
οότες καὶ τούτων τινὲς ἄλλοι, παρακουσμάτων τινῶν
ιμμεστοι τῶν κατὰ φιλοσοφίαν, οἳ δοκοῦσί μοι Διονυσίῳ
ειρᾶσθαι διαλέγεσθαι περὶ τῶν τοιούτων, ὡς Διο-
νυσίου πάντα διακηκοότος ὅσα διενοούμην ἐγώ. ὁ δὲ
ὔτε ἄλλως ἐστὶν ἀφυὴς πρὸς τὴν τοῦ μανθάνειν δύναμιν
ιλότιμός τε θαυμαστῶς· ἤρεσκέ τε οὖν ἴσως αὐτῷ τὰ
εγόμενα, ἠσχύνετό τε φανερὸς γιγνόμενος οὐδὲν ἀκη-
ὼς ὅτ' ἐπεδήμουν ἐγώ, ὅθεν ἅμα μὲν εἰς ἐπιθυμίαν
ει τοῦ διακοῦσαι ἐναργέστερον, ἅμα δ' ἡ φιλοτιμία
ατήπειγεν αὐτόν. δι' ἃ δὲ οὐκ ἤκουσεν ἐν τῇ
ρόσθεν ἐπιδημίᾳ, διεξήλθομεν ἐν τοῖς ἄνω ῥηθεῖσι
όγοις ἐπειδὴ οὖν οἴκαδέ τε ἐσώθην καὶ καλοῦντος
ὁ δεύτερον ἀπηρνήθην, καθάπερ εἶπον νῦν δή, δοκεῖ
ιοι Διονύσιος παντάπασι φιλοτιμηθῆναι, μή ποτέ τισι
ὄξαιμι καταφρονῶν αὐτοῦ, τῆς φύσεώς τε καὶ ἕξεως
ᾶμα καὶ τῆς διαίτης ἔμπειρος γεγονώς, (339) οὐκέτ'
θέλειν δυσχεραίνων παρ' αὐτὸν ἀφικνεῖσθαι δίκαιος
ὴ λέγειν εἰμὶ τἀληθὲς καὶ ὑπομένειν, εἴ τις ἄρα τὰ
εγονότα ἀκούσας καταφρονήσει τῆς ἐμῆς φιλοσοφίας,
ὸν τύραννον δὲ ἡγήσεται νοῦν ἔχειν. ἔπεμψε μὲν
ὰρ δὴ Διονύσιος τρίτον ἐπ' ἐμὲ τριήρη ῥαστώνης
ἕνεκα τῆς πορείας, ἔπεμψε δὲ Ἀρχέδημον, ὃν ἡγεῖτό
ε τῶν ἐν Σικελίᾳ περὶ πλείστου ποιεῖσθαι, τῶν Ἀρ-
ύτᾳ ξυγγεγονότων ἕνα, καὶ ἄλλους γνωρίμους τῶν ἐν
Σικελίᾳ· οὗτοι δὲ ἡμῖν ἤγγελλον πάντες τὸν αὐτὸν
όγον, ὡς θαυμαστὸν ὅσον Διονύσιος ἐπιδεδωκὼς εἴη
ρὸς φιλοσοφίαν. ἔπεμψε δὲ ἐπιστολὴν πάνυ μακράν,
ἰδὼς ὡς πρὸς Δίωνα διεκείμην καὶ τὴν αὖ Δίωνος
ροθυμίαν τοῦ ἐμὲ πλεῖν καὶ εἰς Συρακούσας ἐλθεῖν·
ρὸς γὰρ δὴ πάντα ταῦτα ἦν παρεσκευασμένη τὴν

silium darem postea vero, quantum potui, Dionysio
persuasi, ut me abire permitteret Convenerat autem
inter nos, ut cum pax facta esset ex bello, quod tunc in
Sicilia erat, statusque illius tutius confirmatus, Dion
revocaretur atque ego simul accederem Voluit autem
Dionem intelligere atque existimare, se non quasi in
exsilio, sed in secessu quodam constitutum esse, certo
tempore rediturum Ego vero consentiens recepi me ita
facturum Sed cum postea pax secuta esset, me quidem
accersivit Dionysius Dionem vero ad annum insuper
hortatus est absentiam tolerare Me autem, ut omnino
ad eum properarem, rogavit Dion igitur, ut illuc acce-
derem, et jubebat et precabatur Increbuerat enim ex
Sicilia fama, Dionysium miro quodam rursus philosophiæ
desiderio affici Qua re commotus Dion, ne profectionem
omitterem, magnopere flagitabat Ego vero, quanquam
sciebam, juvenes plerumque erga philosophiam affici ita
solere existimavi tamen, tutius fore, ut rem totam di-
mitterem neque Dionysio neque Dioni parerem Odiosa
igitur utrique respondi, me videlicet iccirco non profe-
cturum quia senex iam essem, et eorum, quæ in præ-
sentia fierent, nihil ita, ut convenerat, fieret Audivi
autem Archytam Tarentinum interim ad Dionysium ac-
cessisse Ego enim illum ante discessum meum nonnul-
losque alios Tarentinos in Dionysii familiaritatem addu-
xeram Erant et ibi apud Syracusas, nonnunquam
Dionis auditores, atque inter hos alii quidam, qui alia
plurima in philosophia audiverant qui mihi visi sunt
contendisse de rebus huiusmodi apud Dionysium dispu-
tare, quasi ille omnia, quæ excogitaverim, audivisset.
Ille vero nec hebes est ad perdiscendum, et honoris cu
piditate vehementer incensus Placuerunt igitur illi
forte, quæ dicebantur manifesteque erubescebat nihil a
me, cum ad eum profectus sum, audivisse Itaque par-
tim amor planius audiendi eum invaserat partim cupi-
ditas gloriæ stimulabat Quam vero ob causam in prima
illa peregrinatione mea non audiverit, in superioribus
enarravi Cum ergo domum ego sospes redissem, atque
illi iterum revocanti negavissem, ut dixi, visus iam
mihi est Dionysius honoris sui cura prorsus ardere, ve-
ritus ne sic acciperent homines negationem meam, quasi
illum prorsus contemnerem, cum eius ingenium mo-
resque et vitam ipsa experientia cognovissem (339) Ius-
tum est autem, me verum fateri, ferreque æquo animo,
si quis quæ contigerint, audiens meam quidem sperni
philosophiam, tyrannum vero mentem putet habere.
Misit enim Dionysius tertio ad me triremem, qua facile
navigarem misit et Archedemum, quem ex omnibus
Archytæ in Sicilia familiaribus plurimi a me fieri exsti-
mabat atque una alios ex Sicilia nobiles Omnes iisdem
mihi verbis affirmarunt Dionysium mirum in modum
philosophiæ deditum esse Misit ipse præterea pergran-
dem epistolam cum sciret, quemadmodum et ipse erga
Dionem afficerer, et Dionis cupiditatem id prorsus expe-

ἀρχὴν ἔχουσα ἡ ἐπιστολή, τῇδέ πη φράζουσα, Διο-
νύσιος Πλάτωνι. τὰ νόμιμα ἐπὶ τούτοις εἰπὼν οὐδὲν
τὸ μετὰ τοῦτο εἶπε.πρότερον ἢ ὡς ἂν εἰς Σικελίαν
πεισθεὶς ὑφ' ἡμῶν ἔλθῃς τὰ νῦν, πρῶτον μέν σοι τὰ
περὶ Δίωνα ὑπάρξει ταύτῃ γιγνόμενα ὅπηπερ ἂν
αὐτὸς ἐθέλῃς, θελήσεις δὲ οἶδ' ὅτι τὰ μέτρια, καὶ ἐγὼ
συγχωρήσομαι· εἰ δὲ μή, οὐδέν σοι τῶν περὶ Δίωνα
ἕξει πραγμάτων οὔτε περὶ τἆλλα οὔτε περὶ αὐτὸν κατὰ
νοῦν γιγνόμενον. ταῦθ' οὕτως εἶπε, τἆλλα δὲ μακρὰ
ἂν εἴη καὶ ἄνευ καιροῦ λεγόμενα. ἐπιστολαὶ δὲ ἄλλαι
ἐφοίτων παρά τε Ἀρχύτου καὶ τῶν ἐν Τάραντι, τήν
τε φιλοσοφίαν ἐγκωμιάζουσαι τὴν Διονυσίου, καὶ ὅτι,
ἂν μὴ ἀφίκωμαι νῦν, τὴν πρὸς Διονύσιον αὐτοῖς γενο-
μένην φιλίαν δι' ἐμοῦ οὐ σμικρὰν οὖσαν πρὸς τὰ πο-
λιτικὰ παντάπασι διαβαλοίην. ταύτης δὴ τοιαύτης
γενομένης ἐν τῷ τότε χρόνῳ τῆς μεταπέμψεως, τῶν μὲν
ἐκ Σικελίας τε καὶ Ἰταλίας ἑλκόντων, τῶν δὲ Ἀθήνηθεν
ἀτεχνῶς μετὰ δεήσεως οἷον ἐξωθούντων με, πάλιν
ὁ λόγος ἧκεν ὁ αὐτός, τὸ μὴ δεῖν προδοῦναι Δίωνα
μηδὲ τοὺς ἐν Τάραντι ξένους τε καὶ ἑταίρους· αὐτῷ
δέ μοι ὑπῆν, ὡς οὐδὲν θαυμαστὸν νέον ἄνθρωπον
παρακούοντα ἀξίων λόγου πραγμάτων [εὐμαθῆ] πρὸς
ἔρωτα ἐλθεῖν τοῦ βελτίστου βίου. δεῖν οὖν αὐτὸ ἐξε-
λέγξαι σαφῶς ὁποτέρως ποτὲ ἄρα σχοίη, καὶ τοῦτ'
αὐτὸ μηδαμῇ προδοῦναι μηδὲ τὸν ἐμὲ αἴτιον γενέσθαι
τηλικούτου ἀληθῶς ὀνείδους, (340) εἴπερ ὄντως εἴη τῳ
ταῦτα λελεγμένα. πορεύομαι δὴ τῷ λογισμῷ τούτῳ
κατακαλυψάμενος, πολλὰ δεδιὼς μαντευόμενός τε οὐ
πάνυ καλῶς, ὡς ἔοικεν. ἐλθὼν δ' οὖν τὸ τρίτον τῷ
σωτῆρι τοῦτό γε οὖν ἔπραξα ὄντως· ἐσώθην γάρ τοι
πάλιν εὐτυχῶς, καὶ τούτων γε μετὰ θεὸν Διονυσίῳ
χάριν εἰδέναι χρεών, ὅτι πολλῶν βουληθέντων ἀπο-
λέσαι με διεκώλυσε καὶ ἔδωκέ τι μέρος αἰδοῖ τῶν περὶ
ἐμὲ πραγμάτων. ἐπειδὴ δὲ ἀφικόμην, ᾤμην τούτου
πρῶτον ἔλεγχον δεῖν λαβεῖν, πότερον ὄντως εἴη Διο-
νύσιος ἐξημμένος ὑπὸ φιλοσοφίας ὥσπερ πυρός, ἢ
μάτην ὁ πολὺς οὗτος ἔλθοι λόγος· Ἀθήναζε. ἔστι δή
τις τρόπος τοῦ πεῖρα τὰ τοιαῦτα λαμβάνειν οὐκ
ἀγεννὴς ἀλλ' ὄντως τυράννοις πρέπων, ἄλλως τε καὶ
τοῖς τῶν παρακουσμάτων μεστοῖς, ὃ δὴ κἀγὼ Διονύ-
σιον εὐθὺς ἐλθὼν ᾐσθόμην καὶ μάλα πεπονθότα. δεί-
κνύναι δὴ δεῖ τοῖς τοιούτοις ὅ τι ἔστι πᾶν τὸ πρᾶγμα
οἷόν τε καὶ δι' ὅσων πραγμάτων καὶ ὅσον πόνον ἔχει.
ὁ γὰρ ἀκούσας, ἐὰν μὲν ὄντως ᾖ φιλόσοφος οἰκεῖός τε
καὶ ἄξιος τοῦ πράγματος θεῖος ὤν, ὁδόν τε ἡγεῖται
θαυμαστὴν ἀκηκοέναι ξυντατόν τε εἶναι νῦν καὶ οὐ
βιωτὸν ἄλλως ποιοῦντι· μετὰ τοῦτο δὴ ξυντείνας
αὑτόν τε καὶ τὸν ἡγούμενον τὴν ὁδὸν οὐκ ἀνίησι πρὶν
ἂν ἢ τέλος ἐπιθῇ πᾶσιν ἢ λάβῃ δύναμιν, ὥστε αὐτὸς
αὑτὸν χωρὶς τοῦ δείξαντος μὴ ἀδύνατος εἶναι ποδηγεῖν.
ταύτῃ καὶ κατὰ ταῦτα διανοηθεὶς ὁ τοιοῦτος ζῇ, πράτ-
των μὲν ἐν οἷς τισιν ἂν ᾖ πράξεσι, παρὰ πάντα δὲ
ἀεὶ φιλοσοφίας ἐχόμενος καὶ τροφῆς τῆς καθ' ἡμέραν,
ἥτις ἂν αὐτὸν μάλιστα εὐμαθῆ τε καὶ μνήμονα καὶ

---

tere, ut Syracusas me conferrem. Ad hæc igitur omnia
composita epistola fuerat, tali quodam exordio : Diony-
sius Platoni. Legitima et consueta ratione in his præ,
fatus, Nihil deinceps prius, ait, quam quod in Siciliam
pro nostra voluntate veneris. Primum quidem de Dione ita
fiet, ut ipse volueris. Voles autem, ut arbitror, moderata :
atque ego concedam. At vero, nisi veneris, nihil impetrabis
eorum, quæ pro Dione optas : neque in rebus aliis, neque
in his, quæ ad personam suam spectantia inprimis desi-
deratis. Hæc ita scripsit. Cetera vero prolixa forent neque
satis opportuna relatu. Venerunt aliæ quoque epistolæ
ab Archyta aliisque Tarentinis, laudantes in Dionysio sa-
pientiæ studium. Præterea his addebant, nisi profici-
scerer, amicitiam illam quam ipsis cum Dionysio consta-
veram, neque parvam quidem, quantum ad civilia spe-
ctat, me omnino calumniis subiecturum. Cum igitur
eo tempore sic accersirer, aliis quidem ex Sicilia et Italia
me trahentibus, aliis vero precibus Athenis quasi me
impellentibus, ratioque mihi dictaret non decere Dionem
Tarentinosque hospites et amicos prodere : atque mihi
ipsi succurreret non esse mirum, si quis ingeniosus iu-
venis, cum prius sermones de rebus magnis audire no-
luerit, mutata deinde sententia ardore quodam vitæ
optimæ accendatur : oportereque ipsum evidenter ar-
guere, utram in partem declinet; nec ipsum prodere,
nec me ipsum causam illi præbere tantæ vituperationis
suæ, si modo res eius revera ita, ut fertur, sese habeant :
(340) harum, inquam, rationum patrocinio protectus iter
ingredior, multa quidem timens multaque fore divinans,
nec recte quidem, ut videtur. Profectus denique sum
tertio, sub servatore. Id enim re vera consecutus sum :
nam rursus feliciter sum servatus. Atque horum post
deum Dionysio habeo gratiam, quoniam, cum plerique
me interficere cuperent, restitit ipse, partemque aliquam
pudoris sui meis in rebus exhibuit. Cum itaque ad eum
pervenissem, operæ pretium imprimis fore censui hoc
ipsum exanimare, utrum revera Dionysius amore philo-
sophiæ accensus velut igne flagraret, an vanus de eo
rumor Athenas usque fuerit pervagatus. Id modus
quidam experientiæ circa hæc sumendæ, non ingenero-
sus ille quidem, sed tyrannis revera conveniens, his
præcipue, qui plurimos iam audiverint. Quod quidem
ego statim veniens persensi prorsus Dionysio contigisse.
Ostendendum est utique illis, quam magna res philoso-
phia sit, quantoque studio egeat, et quantis laboribus
comparetur. Qui igitur hæc audiverit, si revera sapien-
tiam amet, eique natura cognatus atque ipsius posses-
sione sit dignus, quasi qui divinus sit, viam sibi mira-
bilem esse putat ostensam, perque eam sibi omni conatu
existimat gradiendum, aliterque facienti vivendum esse
non censet. Itaque se ipsum atque etiam huius viæ du-
cem impensius cohortatur : neque prius desinit quam vel
finem omnium fuerit consecutus vel saltem eam sibi
comparaverit facultatem, per quam ipse se iam sine duce
ad terminum perducere valeat. Hæc igitur, atque eius-
modi rationibus, ille considerans, per universam vitam,
quicquid omnino agat, ante omnia est philosophiæ semper

λογίζεσθαι δυνατὸν ἐν αὐτῷ νήφοντα ἀπεργάζηται τὴν
δὲ ἐναντίαν ταύτῃ μισῶν διατελεῖ. οἱ δὲ ὄντως μὲν
μὴ φιλόσοφοι, δόξαις δ' ἐπικεχρωσμένοι, καθάπερ οἱ
τὰ σώματα ὑπὸ τοῦ ἡλίου ἐπικεκαυμένοι, ἰδόντες τε
ὅσα μαθήματά ἐστι καὶ ὁ πόνος ἡλίκος καὶ ὡς ἐπὶ τὰ ἡ
καθ' ἡμέραν ὡς πρέπουσα ἡ κοσμία τῷ πράγματι,
χαλεπὸν ἡγησάμενοι καὶ ἀδύνατον αὐτοῖς οὔτε δὴ
ἐπιτηδεύειν δυνατοὶ γίγνονται, (341) ἔνιοι δὲ αὐτῶν πεί-
θουσιν αὑτούς, ὡς ἱκανῶς ἀκηκοότες εἰσὶ τὸ ὅλον καὶ
οὐδὲν ἔτι δέονταί τινων πραγμάτων. ἡ μὲν δὴ πεῖρα
αὕτη γίγνεται ἡ σαφής τε καὶ ἀσφαλεστάτη πρὸς τοὺς
τρυφῶντάς τε καὶ ἀδυνάτους διαπονεῖν, ὡς μηδέποτε
βαλεῖν ἐν αἰτίᾳ τὸν δεικνύντα ἀλλ' αὐτὸν αὑτόν, μὴ
δυνάμενον πάντα τὰ πρόσφορα ἐπιτηδεύειν τῷ πράγ-
ματι. οὕτως δὴ καὶ Διονυσίῳ τότ' ἐρρήθη τὰ ῥηθέντα.
πάντα μὲν οὖν οὔτ' ἐγὼ διεξῆλθον οὔτε Διονύσιος ἐδεῖτο·
πολλὰ γὰρ αὐτὸς καὶ τὰ μέγιστα εἰδέναι τε καὶ ἱκανῶς
ἔχειν προσεποιεῖτο διὰ τὰς ὑπὸ τῶν ἄλλων παρακοάς·
ὕστερον δὲ καὶ ἀκούω γεγραφέναι αὐτὸν περὶ ὧν τότε
ἤκουσε, συνθέντα ὡς αὑτοῦ τέχνην, οὐδὲν τῶν αὐτῶν
ὧν ἀκούοι· οἶδα δὲ οὐδὲν τούτων· ἄλλους μέν τινας
οἶδα γεγραφότας περὶ τῶν αὐτῶν τούτων, οἵτινες δέ,
οὐδ' αὐτοὶ αὑτούς· τοσόνδε γε μὴν περὶ πάντων ἔχω
φράζειν τῶν γεγραφότων καὶ γραψόντων, ὅσοι φασὶν
εἰδέναι περὶ ὧν ἐγὼ σπουδάζω, εἴτ' ἐμοῦ ἀκηκοότες
εἴτ' ἄλλων εἴθ' ὡς εὑρόντες αὐτοί, τούτους οὐκ ἔστι
κατά γε τὴν ἐμὴν δόξαν περὶ τοῦ πράγματος ἐπαΐειν
οὐδέν. οὔκουν ἐμόν γε περὶ αὐτῶν ἐστι σύγγραμμα
οὐδὲ μήποτε γένηται· ῥητὸν γὰρ οὐδαμῶς ἐστιν ὡς
ἄλλα μαθήματα, ἀλλ' ἐκ πολλῆς συνουσίας γιγνομένης
περὶ τὸ πρᾶγμα αὐτὸ καὶ τοῦ συζῆν ἐξαίφνης, οἷον ἀπὸ
πυρὸς πηδήσαντος ἐξαφθὲν φῶς, ἐν τῇ ψυχῇ γενόμενον
αὐτὸ ἑαυτὸ ἤδη τρέφει. καίτοι τοσόνδε γε οἶδα, ὅτι
γραφέντα ἢ λεχθέντα ὑπ' ἐμοῦ βέλτιστ' ἂν λεχθείη,
καὶ μὴν ὅτι γεγραμμένα κακῶς οὐχ ἥκιστ' ἂν ἐμὲ
λυποῖ· εἰ δέ μοι ἐφαίνετο γραπτά θ' ἱκανῶς εἶναι πρὸς
τοὺς πολλοὺς καὶ ῥητά, τί τούτου κάλλιον ἐπέπρακτ'
ἂν ἡμῖν ἐν τῷ βίῳ ἢ τοῖς τε ἀνθρώποισι μέγα ὄφελος
γράψαι καὶ τὴν φύσιν εἰς φῶς πᾶσι προαγαγεῖν; ἀλλ'
οὔτε ἀνθρώποις ἡγοῦμαι τὴν ἐπιχείρησιν περὶ αὐτῶν
γενομένην ἀγαθόν, εἰ μή τισιν ὀλίγοις, ὁπόσοι δυνατοὶ
ἀνευρεῖν αὐτοὶ διὰ σμικρᾶς ἐνδείξεως· τῶν δὲ δὴ ἄλλων
τοὺς μὲν καταφρονήσεως οὐκ ὀρθῶς ἐμπλήσειεν ἂν οὐ-
δαμῇ ἐμμελοῦς, τοὺς δὲ ὑψηλῆς καὶ χαύνης ἐλπίδος,
ὡς σέμν' ἄττα μεμαθηκότας. (342) ἔτι δὲ μακρότερα
περὶ αὐτῶν ἐν νῷ μοι γέγονεν εἰπεῖν· τάχα γὰρ ἂν
περὶ ὧν λέγω σαφέστερον ἂν εἴη τι λεχθέντων αὐτῶν
ἔστι γάρ τις λόγος ἀληθὴς ἐναντίος τῷ τολμήσαντι
γράφειν τῶν τοιούτων καὶ ὁτιοῦν, πολλάκις μὲν ὑπ'
ἐμοῦ καὶ πρόσθεν ῥηθείς, ἔοικε δ' οὖν εἶναι καὶ νῦν
λεκτέος.

Ἔστι τῶν ὄντων ἑκάστῳ, δι' ὧν τὴν ἐπιστήμην
ἀνάγκη παραγίγνεσθαι, τρία, τέταρτον δ' αὐτή, πέμ-
πτον δ' αὐτὸ τιθέναι δεῖ δ δὴ γνωστόν τε καὶ ἀληθές

intentus victuque quotidiano utitur, quo maxime queat
ingenium et memoriam et iudicium conservare, sese so-
brium præstans, contrariumque huic victum semper
odio habens. At vero qui non sunt revera sapientiæ
amatores, sed opinionibus dumtaxat extrinsecus colorati,
instar eorum, qui sub sole uruntur atque colorantur,
cum audiverint, quot discenda sint, quanto labore, qua
quotidiani victus temperantia philosophiæ studiis neces-
saria, rem protinus sibi duram impossibilemque rati, ut
operam dent adduci non possunt (341) Plerique vero si-
bimet persuadent sufficienter se omnia iam audivisse,
neque studio prorsus ullo ulterius indigere. Hæc utique
faciendi periculi ratio perspicua est et minime fallax, ad-
versus eos, qui prosequi præ mollitie nequeunt ut cri-
men in præceptorem reicere nunquam possint, sed ipsi
iam se ipsos ad ea, quæ philosophiam docent, peragenda
redarguant, ut impotentes. Hac utique examinis ratione
apud Dionysium tunc usus sum cuncta vero nec ego
percurri neque Dionysius requirebat. Nam erant permulta
et maxima, in quibus se satis doctum ob ea, quæ ab aliis
audiverat, existimari studebat. Audio vero, ipsum de
his, quæ tunc audivit, scripsisse postea, quasi artem
propriam componentem cum nihil tamen horum revera
ipsorum messet, ut equidem audio. De his vero ego
nihil certi scio. Alios tamen quosdam novi de rebus
eisdem scripsisse. Quicunque vero hi fuerint, ne ipsi
quidem se ipsos Tantum vero dicam de his omnibus,
qui aut scripserunt aut scripturi sunt, se scire affirman-
tes, quæ sint ea, quæ ipse tanquam seria studiose medi-
tor, sive a me sive ab aliis audiverint, sive tanquam
inventores ipsi fuerint, nihil eos ipsa de re meo iudicio
percipere posse. Nec enim de ipsis scripsi unquam, nec
scribam. Id namque nullo pacto verbis exprimi potest,
quemadmodum ceteræ disciplinæ sed ex diuturna circa
id ipsum consuetudine vitæque ad ipsum coniunctione,
subito tandem, quasi ab igne scintillanti lumen refulgens,
in anima se ipsum iam alit. Atqui tantum equidem scio,
videlicet scripta a me vel dicta optime dicerentur male
vero scripta non minimam mihi afferrent molestiam Quod
si scriptis vel voce proferenda mihi in vulgum viderentur,
quidnam pulchrius nobis in vita fieri posset, quam rem
valde utilem hominibus afferre, atque naturam omnibus
proferre in lucem? At vero studium in his edendis utile
esse non reor hominibus, nisi admodum paucis, qui vi-
delicet, exiguis ante vestigiis demonstratis, ad invenien-
dum ipsi sagaces sint. Alios vero partim contemptu ne-
fario, partim elata spe vanaque implevisset, quasi præ-
clara quædam iam didicissent. Proinde longiora de ipsis
dicere cogitavi. Forte enim, si hæc dicantur, nonnihil de
his, quæ dico, clarius apparebit. (342) Est namque sermo
quidam verus, obstans illi qui de rebus eiusmodi nihil
omnino audet scribere sæpe quidem a me alias dictus
et nunc, ut videtur, dicendus.

Unicuique ipsorum, quæ sunt, tria sunt, ex quibus
scientiam fieri necessarium sit Quartum ipsa scientia
est quintum vero oportet ipsum ponere, quod quidem

33

ἔστιν. ὧν ἓν μὲν ὄνομα, δεύτερον δὲ λόγος, τὸ δὲ τρίτον
εἴδωλον, τέταρτον δὲ ἐπιστήμη. περὶ ἓν οὖν λαβὲ
βουλόμενος μαθεῖν τὸ νῦν λεγόμενον, καὶ πάντων οὕτω
πέρι νόησον. κύκλος ἐστί τι λεγόμενον, ᾧ τοῦτ' αὐτό
ἐστιν ὄνομα ὃ νῦν ἐφθέγμεθα. λόγος δ' αὐτοῦ τὸ δεύ-
τερον, ἐξ ὀνομάτων καὶ ῥημάτων συγκείμενος· τὸ γὰρ
ἐκ τῶν ἐσχάτων ἐπὶ τὸ μέσον ἴσον ἀπέχον πάντη, λόγος
ἂν εἴη ἐκείνου ᾧπερ στρογγύλον καὶ περιφερὲς ὄνομα
καὶ κύκλος. τρίτον δὲ τὸ ζωγραφούμενόν τε καὶ ἐξα-
λειφόμενον καὶ τορνευόμενον καὶ ἀπολλύμενον· ὧν
αὐτὸς ὁ κύκλος, ὃν πέρι πάντ' ἐστὶ ταῦτα, οὐδὲν πάσχει
τούτων ὡς ἕτερον ὄν. τέταρτον δὲ ἐπιστήμη καὶ νοῦς
ἀληθής τε δόξα περὶ ταῦτ' ἐστίν. ὡς δὲ ἓν τοῦτο αὖ
πᾶν θετέον, οὐκ ἐν φωναῖς οὐδ' ἐν σωμάτων σχήμασιν
ἀλλ' ἐν ψυχαῖς ἐνόν, ᾧ δῆλον ἕτερόν τε ὂν αὐτοῦ τοῦ
κύκλου τῆς φύσεως τῶν τε ἔμπροσθεν λεχθέντων
τριῶν. τούτων δὲ ἐγγύτατα μὲν ξυγγενείᾳ καὶ ὁμοιό-
τητι τοῦ πέμπτου νοῦς πεπλησίακε, τἄλλα δὲ πλέον
ἀπέχει. ταὐτὸν δὴ περί τε εὐθέος ἅμα καὶ περιφεροῦς
σχήματος καὶ χρόας, περί τε ἀγαθοῦ καὶ καλοῦ καὶ
δικαίου, καὶ περὶ σώματος ἅπαντος σκευαστοῦ τε καὶ
κατὰ φύσιν γεγονότος, πυρὸς ὕδατός τε καὶ τῶν τοιού-
των πάντων, καὶ ζῴου ξύμπαντος πέρι καὶ ἐν ψυχαῖς
ἤθους, καὶ περὶ ποιήματα καὶ παθήματα ξύμπαντα· οὐ
γὰρ ἂν τούτων μή τις τὰ τέτταρα λάβῃ ἁμῶς γέ πως,
οὔποτε τελέως ἐπιστήμης τοῦ πέμπτου μέτοχος ἔσται.
πρὸς γὰρ τούτοις ταῦτα οὐχ ἧττον ἐπιχειρεῖ τὸ ποῖόν τι
περὶ ἕκαστον δηλοῦν ἢ τὸ ὂν ἑκάστου διὰ τὸ τῶν λόγων
ἀσθενές. (343) ὧν ἕνεκα νοῦν ἔχων οὐδεὶς τολμήσει ποτὲ
εἰς αὐτὸ τιθέναι τὰ νενοημένα ὑπ' αὐτοῦ, καὶ ταῦτα
εἰς ἀμετακίνητον, ὃ δὴ πάσχει τὰ γεγραμμένα τύποις.
τοῦτο δὲ πάλιν αὖ τὸ νῦν λεγόμενον δεῖ παθεῖν. κύκλος
ἕκαστος τῶν ἐν ταῖς πράξεσι γραφομένων ἢ καὶ τορ-
νευθέντων μεστὸς τοῦ ἐναντίου ἐστὶ τῷ πέμπτῳ, τοῦ
γὰρ εὐθέος ἐφάπτεται πάντη· αὐτὸς δέ, φαμέν, ὁ κύ-
κλος οὔτε τι σμικρότερον οὔτε μεῖζον τῆς ἐναντίας ἔχει
ἐν αὑτῷ φύσεως. ὄνομά τε αὖ φαμὲν οὐδὲν οὐδενὶ
βέβαιον εἶναι, κωλύειν δ' οὐδὲν τὰ νῦν στρογγύλα κα-
λούμενα εὐθέα κεκλῆσθαι τά τε εὐθέα δὴ στρογγύλα,
καὶ οὐδὲν ἧττον βεβαίως ἕξειν τοῖς μεταθεμένοις καὶ
ἐναντίως καλοῦσιν. καὶ μὴν περὶ λόγου γε ὁ αὐτὸς
λόγος, εἴπερ ἐξ ὀνομάτων καὶ ῥημάτων σύγκειται,
μηδὲν ἱκανῶς βεβαίως εἶναι βέβαιον. μυρίος δὲ λόγος
αὖ περὶ ἑκάστου τῶν τεττάρων, ὡς ἀσαφές· τὸ δὲ μέ-
γιστον, ὅπερ εἴπομεν ὀλίγον ἔμπροσθεν, ὅτι δυοῖν ὄν-
τοιν, τοῦ τε ὄντος καὶ τοῦ ποιοῦ τινός, οὐ τὸ ποιόν τι,
τὸ δὲ τί ζητούσης εἰδέναι τῆς ψυχῆς, τὸ μὴ ζητούμενον
ἕκαστον τῶν τεττάρων προτεῖνον τῇ ψυχῇ λόγῳ τε καὶ
κατ' ἔργα, αἰσθήσεσιν εὐέλεγκτον τό τε λεγόμενον καὶ
δεικνύμενον ἀεὶ παρεχόμενον ἕκαστον, ἀπορίας τε καὶ
ἀσαφείας ἐμπίπλησι πάσης ὡς ἔπος εἰπεῖν πάντ' ἄνδρα.
ἐν οἷσι μὲν οὖν μηδ' εἰθισμένοι τὸ ἀληθὲς ζητεῖν ἐσμὲν
ὑπὸ πονηρᾶς τροφῆς, ἐξαρκεῖ δὲ τὸ προταθὲν τῶν εἰ-
δώλων, οὐ καταγέλαστοι γιγνόμεθα ὑπ' ἀλλήλων, οἱ

cognoscibile, id est quod agnosci potest, atque vere
existit. Horum unum est nomen, secundum oratio
sive ratio quædam, tertium simulacrum : scientia
quartum. De uno quovis igitur accipe, cupiens, quod
modo dictum est, discere : deque omnibus similiter
cogita. Circulus aliquid dicitur, cui nomen id est.
quod modo pronuntiabamus. Sequitur autem eius
oratio sive ratio quædam, ex nominibus verbisque com-
posita. Quod enim ab extremis ad medium æqualiter
undique distat, illius ratio est : quod rotundi et circum-
ferentiæ et circuli nomine designamus. Tertium vero
scilicet, quod pictus circulus sit, vel deletus, aut torno
factus, vel destructus. Quorum nihil ipse circulus, circa
quem hæc singula sunt, patitur, utpote aliud quiddam
exsitens. Quartum autem scientia est et intellectus atque
vera circa hæc opinio. Hoc rursus totum tanquam unum
est ponendum, quod nec in vocibus, nec in corporum
figuris est, sed animis : ideoque manifestum est aliud esse,
quam sit ipsa circuli natura, rursusque aliud quam tria
illa, quæ supra diximus. Horum vero ex numero intel-
lectus cognatione similitudineque quinto proximus hæret :
cetera remotiora sunt. Idem quoque de recta et curva dici
potest figura atque colore : deque bono et pulchro et iusto :
rursus de quocunque corpore, vel manu facto vel naturali,
sive igni sive aqua, ceterisque huiusmodi : similiter de
omni animali ac de moribus animorum atque de actioni-
bus passionibusque universis. Nisi enim quis in his illa
quatuor quodammodo capiat, nunquam scientiæ circa
quintum perfecte particeps erit. Proinde illa non minus,
quale quid sit unumquodque, quam quid sit, aggredi-
tur ostendere, propter rationum debilitatem. (343) Qua-
propter nemo mentis compos audebit unquam in idem,
atque id quidem immutabile, referre, quæ ab ipso in-
telliguntur, atque quatuor illa : quod utique patiuntur,
quæ designantur figuris. Id vero, quod nunc dicimus,
rursus est considerandum. Sane circulus quilibet horum,
qui inter hominum manus vel pinguntur vel torno fiunt,
plenus contrarii est ad quintum. Recti namque unde-
quaque fit particeps. Ipsum vero circulum affirmamus
neque minus neque magis aliquid, id est, nihil omnino
habere in se naturæ contrariæ. Præterea nullius horum
nomen firmitatem dicimus ullam habere. Nihil enim
prohiberet, quæ nunc rotunda nominamus, recta vocari
rectaque rotunda : nec firmitatem ullam maiorem fore
nominibus in contrarium permutatis. Eadem quoque de
oratione ratio est, cum ex nominibus verbisque compo-
natur nullam omnino habentibus firmitatem. Multipliciter
rursus probari potest nullum horum quatuor certum fir-
mumque esse. Maximum vero omnium, quod paulo ante
dicebamus, quod cum duo sint, essentia et qualitas,
quando animus non quale, sed quid sit, quærit, nisi
quodlibet horum quatuor quæsitam prius ab anima tam
ratione quam effectu, denique sensibus bene discussum,
per omnia, quæ dicuntur atque ostenduntur, evaserit ,
omni ambiguitate et obscuritate, ut ita dixerim, omnes
implebit. In quibus igitur haudquaquam consueti sumus

ἐρωτώμενοι ὑπὸ τῶν ἐρωτώντων, δυναμένων δὲ τὰ
τέτταρα διαρρίπτειν τε καὶ ἐλέγχειν· ἐν οἷς δ' ἂν τὸ
πέμπτον ἀποκρίνασθαι καὶ δηλοῦν ἀναγκάζωμεν, ὁ
βουλόμενος τῶν δυναμένων ἀνατρέπειν κρατεῖ, καὶ
ποιεῖ τὸν ἐξηγούμενον ἐν λόγοις ἢ γράμμασιν ἢ ἀπο-
κρίσεσι τοῖς πολλοῖς τῶν ἀκουόντων δοκεῖν μηδὲν γι-
γνώσκειν ὧν ἂν ἐπιχειρῇ γράφειν ἢ λέγειν, ἀγνοούντων
'νίοτε, ὡς οὐχ ἡ ψυχὴ τοῦ γράψαντος ἢ λέξαντος ἐλέγ-
χεται, ἀλλ' ἡ τῶν τεττάρων φύσις ἑκάστου, πεφυκυῖα
φαύλως· ἡ δὲ διὰ πάντων αὐτῶν διαγωγή, ἄνω καὶ
κάτω μεταβαίνουσα ἐφ' ἕκαστον, μόγις ἐπιστήμην
'ἐνέτεκεν εὖ πεφυκότος εὖ πεφυκότι· κακῶς δὲ ἂν φυῇ,
ὡς ἡ τῶν πολλῶν ἕξις τῆς ψυχῆς εἴς τε τὸ μαθεῖν εἰς
·τε τὰ λεγόμενα ἤθη πέφυκε, τὰ δὲ διέφθαρται,
(344) οὐδ' ἂν ὁ Λυγκεὺς ἰδεῖν ποιήσειε τοὺς τοιούτους.
νὶ δὲ λόγῳ, τὸν μὴ ξυγγενῆ τοῦ πράγματος οὔτ' ἂν
ὑμάθεια μαθεῖν ποιήσειέ ποτε οὔτε μνήμη· τὴν ἀρχὴν
γὰρ ἐν ἀλλοτρίαις ἕξεσιν οὐκ ἐγγίγνεται· ὥστε ὁπόσοι τῶν
ἰκαίων τε καὶ τῶν ἄλλων ὅσα καλὰ μὴ προσφυεῖς εἰσὶ
·καὶ ξυγγενεῖς, ἄλλοι δὲ ἄλλων εὐμαθεῖς ἅμα καὶ μνή-
μονες, οὐδ' ὅσοι ξυγγενεῖς, δυσμαθεῖς δὲ καὶ ἀμνήμο-
·νες, οὐδένες τούτων μήποτε μάθωσιν ἀλήθειαν ἀρετῆς
ἰς τὸ δυνατὸν οὐδὲ κακίας. ἅμα γὰρ αὐτὰ ἀνάγκη
ιανθάνειν, καὶ τὸ ψεῦδος ἅμα καὶ ἀληθὲς τῆς ὅλης
ιὐσίας, μετὰ τριβῆς πάσης καὶ χρόνου πολλοῦ, ὅπερ
'ν ἀρχαῖς εἶπον. μόγις δὲ τριβόμενα πρὸς ἄλληλα
ιὐτῶν ἕκαστα, ὀνόματα καὶ λόγοι ὄψεις τε καὶ αἰσθή-
σεις, ἐν εὐμενέσιν ἐλέγχοις ἐλεγχόμενα καὶ ἄνευ φθόνων
ρωτήσεσι καὶ ἀποκρίσεσι χρωμένων, ἐξέλαμψε φρό-
·ησις περὶ ἕκαστον καὶ νοῦς, συντείνων ὅτι μάλιστ'
ἰς δύναμιν ἀνθρωπίνην· διὸ δὴ πᾶς ἀνὴρ σπουδαῖος
ὧν ὄντων σπουδαίων πέρι πολλοῦ δεῖ μὴ γράψας
τοτὲ ἐν ἀνθρώποις εἰς φθόνον καὶ ἀπορίαν καταβάλῃ.
νὶ δὴ ἐκ τούτων δεῖ γιγνώσκειν λόγῳ, ὅταν ἴδῃ τίς
·ου συγγράμματα γεγραμμένα εἴτε ἐν νόμοις νομο-
θέτου εἴτε ἐν ἄλλοις τισὶν ἅττ' οὖν, ὡς οὐκ ἦν τούτῳ
ταῦτα σπουδαιότατα, εἴπερ ἔστ' αὐτὸς σπουδαῖος,
κεῖται δέ που ἐν χώρᾳ τῇ καλλίστῃ τῶν τούτου· εἰ δὲ
ὄντως αὐτῷ ταῦτ' ἐσπουδασμένα ἐν γράμμασιν ἐτέθη,
'Ἐξ ἄρα δή οἱ ἔπειτα, θεοὶ μὲν οὔ, βροτοὶ δὲ φρένας
ὤλεσαν αὐτοί.

Τούτῳ δὴ τῷ μύθῳ τε καὶ πλάνῳ ὁ ξυνεπισπόμενος
εὖ εἴσεται, εἴτ' οὖν Διονύσιος ἔγραψέ τι τῶν περὶ φύ-
σεως ἄκρων καὶ πρώτων εἴτε τις ἐλάττων εἴτε μείζων,
ὡς οὐδὲν ἀκηκοὼς οὐδὲ μεμαθηκὼς ἦν ὑγιὲς ὧν ἔγραψε
κατὰ τὸν ἐμὸν λόγον· ὁμοίως γὰρ ἂν αὐτὰ ἐσέβετο
ἐμοί, καὶ οὐκ ἂν αὐτὰ ἐτόλμησεν εἰς ἀναρμοστίαν καὶ
ἀπρέπειαν ἐκβάλλειν. οὐδὲ γὰρ ὑπομνημάτων χάριν
αὐτὰ ἔγραψεν (οὐδὲν γὰρ δεινὸν μή τις αὐτὸ ἐπιλά-
θηται, ἐὰν ἅπαξ τῇ ψυχῇ περιλάβῃ· πάντων γὰρ ἐν
βραχυτάτοις κεῖται), φιλοτιμίας δὲ αἰσχρᾶς εἴπερ ἕνεκα,
εἴθ' ὡς αὑτοῦ τιθέμενος εἴθ' ὡς παιδείας δὴ μέτοχος
ὤν, ἧς οὐκ ἄξιος ἦν ἀγαπῶν δόξαν τὴν τῆς μετοχῆς
γενομένην (345) εἰ μὲν οὖν ἐκ τῆς μιᾶς συνουσίας

ob pravam educationem verum perquirere, sed nobis
satis factum putamus, si apposita simulacra attigerimus,
minime derisui sumus invicem interrogati unterrogantı-
bus, potentibus dumtaxat quatuor illa discutere atque
arguere Ubi vero necessitas cogit, quintum ostendere,
quivis eorum, qui possunt subvertere atque retractare,
pervincit facitque, ut qui exponit sermonibus vel litteris
vel disputationibus, apud audientium multos nihil eorum,
quæ vel dicere vel scribere aggreditur, intelligere videa-
tur Qua in re sæpe ignoratur, non animum scribentis
vel dicentis redargui, sed naturam potius cuiuslibet illo-
rum quatuor se male habentis Traductio vero, per
omnia illa sursum deorsumque in unumquodque discur-
rendo perveniens, vix tandem scientiam parit intrinsecus
scientiam, inquam, ipsius, quod naturaliter bene affectum
est in animo, ad ipsum quoque naturaliter bene affecto
At si quis male affectus sit natura, qualis naturaliter
animæ habitus inest multis, tum ad illa quæ discenda
sunt, tum ad mores, corruptique illi sunt (344) ne Lyn-
ceus quidem ut eiusmodi animus videat, efficere posset
Atque, ut summatim dicam, neque acumen neque me-
moria faciet unquam, ut, qui rei ipsius, de qua agitur,
non est cognatus, ipsam inspiciat Principium etenim in
habitibus alienis non sortitur Quamobrem quicunque
iustis aliisque, quotcunque sunt pulchra, non sunt apti
natura atque cognati, licet alii ad alia ingeniosi simul et
memores, rursus quicunque cognati sunt quidem, sed
hebetes et memoria parum validi, nunquam ad summam
discendi veritatem perveniet vel virtutis vel vitii Ne-
cesse enim est ea simul perdiscere, et falsum simul et
verum totius essentiæ, cum omni exercitatione atque
longitudine temporis quod et ab initio dixi Postquam
vero singulatim ipsorum nomina, rationes visusque et
sensus agitata invicem tritaque fuerint, benignisque
reprehensionibus redarguta et absque invidia interrogando
respondendoque discussa vix tandem refulget circa
unumquodque prudentia atque intelligentia, ad summum
omnino pro humana facultate contendens Quamobrem
permultum abest, ut vir studiosus de his, quæ revera
digna sunt studio, scribens hominibus, se simul et sua
invidiæ ambiguitatique subicere debeat Uno vero ex his
sermone id intelligere licet quando videlicet quis, alicu-
ius scripta cernens, sive legumlatoris in legibus sive in
quibuslibet alus aliorum, animadvertat illa non esse illi
tanquam omnino seria studiosissime pertractata si qui-
dem sit ipse studiosus iacent autem inter sua, in regione
pulcherrima. Sin autem revera ipsi hæc tanquam seria
studiose litteris tradita sunt, dii quidem minime, sed
homines mentem eripuerunt

Hanc utique fabulam digressionemque quicunque
sequetur, plane intelliget, sive Dionysius aliquid de
summis et primis naturæ scripserit, sive quivis alius,
aut minor aut maior, nihil eum sincerum audivisse
vel didicisse eorum, quæ scripsit, ut mea fert opinio
Alioquin pariter atque ego ipsa veneratus fuisset
neque ausus fuisset unquam temere edendo absur-
ditati indecentiæque subicere Neque vero quasi in
memoriæ subsidium illa scripsit Non enim hæc in re
memoriæ diffidendum, si id semel animo fuerit compre-
hensum Nam id totum brevissime omnium est collectum
forte vero turpi quadam ambitione id fecit, vel tanquam
sua hæc asserens, vel tanquam particeps disciplinæ, qua
indignus erat, quærens gloriam ex participatione quæsi-
tam (345) Verum si ex una dumtaxat congressione id

Διονυσίῳ τοῦτο γέγονε, τάχ' ἂν εἴη· γέγονε δ' οὖν
ὅπως, ἴττω Ζεύς, φησὶν ὁ Θηβαῖος, διεξῆλθον μὲν γὰρ
ὡς εἶπόν τε ἐγὼ καὶ ἅπαξ μόνον· ὕστερον δὲ οὐ πώ-
ποτε ἔτι. ἐννοεῖν δὴ δεῖ τὸ μετὰ τοῦτο, ὅτῳ μέλει
τὸ περὶ αὐτὰ γεγονὸς εὑρεῖν ὅπη ποτὲ γέγονε, τίνι
ποτ' αἰτίᾳ τὸ δεύτερον καὶ τὸ τρίτον πλεονάκις τε οὐ
διεξῆμεν, πότερον Διονύσιος ἀκούσας μόνον ἅπαξ οὕ-
τως εἰδέναι τε οἴεται καὶ ἱκανῶς οἶδεν, εἴτε αὐτὸς
εὑρὼν ἢ καὶ μαθὼν ἔμπροσθεν παρ' ἑτέρων, ἢ φαῦλα
εἶναι τὰ λεχθέντα, ἢ τὸ τρίτον οὐ καθ' αὑτόν, μείζονα
δέ, καὶ ὄντως οὐκ ἂν δυνατὸς εἶναι φρονήσεώς τε καὶ
ἀρετῆς ζῆν ἐπιμελούμενος. εἰ μὲν γὰρ φαῦλα, πολ-
λοῖς μάρτυσι μαχεῖται τὰ ἐναντία λέγουσιν, οἳ περὶ
τῶν τοιούτων πάμπολυ Διονυσίου κυριώτεροι ἂν εἶεν
κριταί· εἰ δὲ εὑρηκέναι ἢ μεμαθηκέναι, ἄξια δ' οὖν
εἶναι πρὸς παιδείαν ψυχῆς ἐλευθέρας, πῶς ἂν μὴ θαυ-
μαστὸς ὢν ἄνθρωπος τὸν ἡγεμόνα τούτων καὶ κύριον
οὕτως εὐχερῶς ἠτίμασέ ποτ' ἄν; πῶς δ' ἠτίμασεν; ἐγὼ
φράζοιμ' ἄν. οὐ πολὺν χρόνον διαλιπὼν τὸ μετὰ
τοῦτο, ἐν τῷ πρόσθεν Δίωνα ἐῶν τὰ ἑαυτοῦ κεκτῆσθαι
καὶ καρποῦσθαι χρήματα, τότε οὐκέτ' εἴα τοὺς ἐπι-
τρόπους αὐτοῦ πέμπειν εἰς Πελοπόννησον, καθάπερ
ἐπιλελησμένος τῆς ἐπιστολῆς παντάπασιν· εἶναι γὰρ
αὐτὰ οὐ Δίωνος ἀλλὰ τοῦ υἱέος, ὄντος μὲν ἀδελφιδοῦ
αὑτοῦ, κατὰ νόμους ἐπιτροπεύοντος. τὰ μὲν δὴ πε-
πραγμένα μέχρι τούτου ταῦτ' ἦν ἐν τῷ τότε χρόνῳ,
τούτων δὲ οὕτω γενομένων ἑώρακα τε ἐγὼ ἀκριβῶς
τὴν ἐπιθυμίαν τῆς Διονυσίου φιλοσοφίας, ἀγανακτεῖν
τε ἐξῆν εἴτε βουλοίμην εἴτε μή. ἦν γὰρ θέρος ἤδη
τότε καὶ ἔκπλοι τῶν νεῶν. ἐδόκει δὴ χαλεπαίνειν μὲν οὐ
δεῖν ἐμὲ Διονυσίῳ μᾶλλον ἢ ἐμαυτῷ τε καὶ τοῖς βια-
σαμένοις ἐλθεῖν ἐμὲ τὸ τρίτον εἰς τὸν πορθμὸν τὸν περὶ
τὴν Σκύλλαν,

ὄφρ' ἔτι τὴν ὀλοὴν ἀναμετρήσαιμι Χάρυβδιν,

λέγειν δὲ πρὸς Διονύσιον, ὅτι μοι μένειν ἀδύνατον εἴη
Δίωνος οὕτω προπεπηλακισμένου. ὁ δὲ παρεμυθεῖτό
τε καὶ ἐδεῖτο μένειν, οὐκ οἰόμενός οἱ καλῶς ἔχειν ἐμὲ
ἄγγελον αὐτὸν τῶν τοιούτων ἐλθεῖν ὅτι τάχος· οὐ
πείθων δὲ αὐτός μοι πομπὴν παρασκευάσειν ἔφη.
(346) ἐγὼ γὰρ ἐν τοῖς ἀποστόλοις πλοίοις ἐμβὰς διε-
νοούμην πλεῖν, τεθυμωμένος πάσχειν τε οἰόμενος δεῖν,
εἰ διακωλυοίμην, ὁτιοῦν, ἐπειδὴ περιφανῶς ἠδίκουν
μὲν οὐδέν, ἠδικούμην δέ. ὁ δὲ οὐδέν με τοῦ καταμένειν
προσιέμενον ὁρῶν μηχανὴν τοῦ μεῖναί τε τότε ἔκπλουν
μηχανᾶται τοιάνδε τινά. τῇ μετὰ ταῦτα ἐλθὼν ἡμέρᾳ
λέγει πρός με πιθανὸν λόγον. ἐμοὶ καὶ σοὶ Δίων, ἔφη,
καὶ τὰ Δίωνος ἐκποδὼν ἀπαλλαχθήτω τοῦ περὶ αὐτὰ
πολλάκις διαφέρεσθαι· ποιήσω γὰρ διὰ σέ, ἔφη, Δίωνι
τάδε. ἀξιῶ ἐκεῖνον ἀπολαβόντα τὰ ἑαυτοῦ οἰκεῖν μὲν
ἐν Πελοποννήσῳ, μὴ ὡς φυγάδα δέ, ἀλλ' ὡς αὐτῷ καὶ
δεῦρο ἐξὸν ἀποδημεῖν, ὅταν ἐκείνῳ τε καὶ ἐμοὶ καὶ ὑμῖν
τοῖς φίλοις κοινῇ ξυνδοκῇ· ταῦτα δ' εἶναι μὴ ἐπιβου-
λεύοντος ἐμοί. τούτων δὲ ἐγγυητὰς γίγνεσθαι σέ τε καὶ

Dionysio contigit, esset id forsan concedendum. Qualis
autem fuit? Proh Iuppiter, inquit Thebanus. Percurri
equidem hæc illi, eo, quo dixi, modo, semelque tantum.
postea vero nunquam. Post hæc autem considerandum
est, si cui cura sit invenire eius, quod nobis circa illa
accidit, causam : cur videlicet et secundo et tertio, et
sæpius ea non pertractavimus : utrum Dionysius, ipsis
semel dumtaxat auditis, adeo sufficienter ea se scire pu-
taverit, satisque norit, sive invenerit ipse sive ab aliis
ante didicerit, an frivola, quæ dicebantur, existimarit :
an forte præter hæc tertium quiddam acciderit, videlicet
ut ipsa haud suis æqualia viribus, sed maiora, censuerit,
ac revera se minime idoneum esse, qui sub prudentiæ
virtutisque diligentia vivat? Si enim frivola existimasse
dicatur, multis certe testibus pro causa nostra contra pu-
gnabitur, qui in rebus eiusmodi iudicandis longe maiorem
quam Dionysius auctoritatem habeant. Quod si invenisse
vel didicisse, atque ipsa quidem digna videri, quæ liberali
animo in disciplinam adhibeantur : quis non id mirum
putet, Dionysium sic affectum horum aliquando ducem
et auctorem tam facile contempsisse? quo autem pacto
contempserit, iam dicam. Profecto non multo post hoc
tempore patrimonium Dionis, quod prius eum libere
possidere fructusque inde percipere permittebat, iam
vetuit omnino per eius procuratores attingi, pecuniasque,
ut consueverant, ad ipsum in Peloponnesum mitti, quasi
epistolæ illius prorsus oblitus, quam mihi scripserat.
Asserebat enim res illas non Dionis esse, sed filii : qui
cum esset ex sorore nepos, eum ex lege sub tutela ipsius
esse. Hæc igitur usque ad illud tempus acta fuerunt.
Quæ ego considerans, iam plane perspiciebam, quo pacto
erga philosophiam Dionysius fuisset affectus : conturba-
rique licebat sive sponte sive invite. Erat iam tunc
æstas, et frequenter navigabatur : videbaturque mihi non
tam de Dionysio quam de me ipso conquerendum, et de
his, qui me impulerant, ut in artum Scyllæ tertio deve-
nirem, Charybdimque remetirer perniciosam. Compulsus
itaque cum Dionysio dicere non posse me ullo modo apud
se fore, Dione tam ignominiose contemplo. At ille me
consolabatur, rogabatque ut manerem, non putans sibi
honestum, ut ego ipse tam cito horum a se factorum
nuntius irem. (346) Cum vero mihi manendum persua-
dere non posset, ipse mihi se paraturum ait, qui et quo
pacto me deferrem. Ego autem in transmissoriis navigiis
traicere constitueram, omnia esse perferenda ducens, si
abire me prohiberet, quippe cum manifeste ipse nulla
Dionysium iniuria afficiens ab eo iniuria affectus fuissem.
At ille, cum me nullo modo manere velle cognosceret,
quo navigationem tunc meam impediret, talia machinatus
est. Postridie sermonem ad me habuit gratiosum atque
probabilem. Mihi et tibi, inquit, Dion Dionisque res,
quatenus discordiæ nostræ causam præbent, tollantur e
medio. Dioni equidem tui gratia hæc faciam. Decerno Dio-
nem, recipientem sua, habitare in Peloponneso, non tan-
quam exsulem, sed tanquam cui liceat huc proficisci,
quando illi et mihi vobisque amicis communiter videatur :

τοὺς σοὺς οἰκείους καὶ τοὺς ἐνθάδε Δίωνος· ὑμῖν δὲ τὸ
βέβαιον ἐκεῖνος παρεχέτω. τὰ χρήματα δὲ ἃ ἂν λάβῃ,
κατὰ Πελοπόννησον μὲν καὶ Ἀθήνας κείσθω παρ' οἷσ-
τισιν ἂν ὑμῖν δοκῇ, καρπούσθω δὲ Δίων, μὴ κύριος δὲ
ἄνευ ὑμῶν γιγνέσθω ἀνελέσθαι. ἐγὼ γὰρ ἐκείνῳ μὲν
οὐ σφόδρα πιστεύω τούτοις χρώμενον ἂν τοῖς χρήμασι
δίκαιον γίγνεσθαι περὶ ἐμέ· οὐ γὰρ ὀλίγα ἔσται· σοὶ δὲ
καὶ τοῖς σοῖς μᾶλλον πεπίστευκα. ὅρα δὴ ταῦτα εἰ
σοι ἀρέσκει, καὶ μένε ἐπὶ τούτοις τὸν ἐνιαυτὸν τοῦτον,
εἰς δὲ ὥρας ἄπιθι λαβὼν τὰ χρήματα ταῦτα· καὶ Δίων
εὖ οἶδ' ὅτι πολλὴν χάριν ἕξει σοι διαπραξαμένῳ ταῦτα
ὑπὲρ ἐκείνου. τοῦτον δὴ ἐγὼ τὸν λόγον ἀκούσας ἐδυσ-
χέραινον μέν, ὅμως δὲ βουλευσάμενος ἔφην εἰς τὴν
ὑστεραίαν αὐτῷ περ' τούτων τὰ δόξαντα ἀπαγγελεῖν.
ταῦτα ξυνεθέμεθα τότε. ἐβουλευόμην δὴ τὸ μετὰ ταῦτα
κατ' ἐμαυτὸν γενόμενος, μάλα συγκεχυμένος πρῶτος
δ' ἦν μοι τῆς βουλῆς ἡγούμενος ὅδε λόγος. φέρε, εἰ
διανοεῖται τούτων μηδὲν ποιεῖν Διονύσιος ὧν φησίν,
ἀπελθόντος δ' ἐμοῦ ἐὰν ἐπιστέλλῃ Δίωνι πιθανῶς αὐτός
τε καὶ ἄλλοι πολλοὶ τῶν αὐτοῦ, διακελευόμενος ἃ νῦν
πρὸς ἐμὲ λέγει, ὡς αὐτοῦ μὲν ἐθέλοντος, ἐμοῦ δὲ οὐκ
ἐθελήσαντος ἃ προυκαλεῖτό με δρᾶν, ἀλλ' ὀλιγωρήσαν-
τος τῶν ἐκείνου τὸ παράπαν πραγμάτων, πρὸς δὲ καὶ
τούτοισιν ἔτι μηδ' ἐθέλῃ με ἐκπέμπειν, αὐτὸς τῶν ναυ-
κλήρων μηδενὶ προστάττων, (347) ἐνδείξηται δὲ πᾶσι
ῥᾳδίως ὡς ἀβουλῶν ἐμὲ ἐκπλεῖν, ἆρά τις ἐθελήσει με
ἄγειν ναύτης ὁρμώμενος ἐκ τῆς Διονυσίου οἰκίας,
ᾤκουν γὰρ δὴ πρὸς τοῖς ἄλλοισι κακοῖς ἐν τῷ κήπῳ
τῷ περὶ τὴν οἰκίαν, ὅθεν οὐδ' ἂν ὁ θυρωρὸς ἤθελέ με
ἀφεῖναι μὴ πεμφθείσης αὐτῷ τινος ἐντολῆς παρὰ Διο-
νυσίου. ἂν δὲ περιμείνω τὸν ἐνιαυτόν, ἔξω μὲν Δίωνι
ταῦτα ἐπιστέλλειν, ἐν οἷς τ' αὖ εἰμὶ καὶ ἃ πράττω·
καὶ ἐὰν μὲν δὴ ποιῇ τι Διονύσιος ὧν φησίν, οὐ παντά-
πασιν ἔσται μοι καταγελάστως πεπραγμένα· τάλαντα
γὰρ ἴσως ἐστὶν οὐκ ἔλαττον, ἂν ἐκτιμᾷ τις ὀρθῶς,
ἑκατὸν ἡ Δίωνος οὐσία· ἂν δ' οὖν γίγνηται τὰ νῦν ὑπο-
φαίνοντα, οἷα εἰκὸς αὐτὰ γίγνεσθαι, ἀπορῶ μὲν ὅ τι
χρήσομαι ἐμαυτῷ, ὅμως δὲ ἀναγκαῖον ἴσως ἐνιαυτόν γ'
ἔτι πονῆσαι καὶ ἔργοις ἐλέγξαι πειράσθαι τὰς Διονυσίου
μηχανάς. ταῦτά μοι δόξαντα ἐς τὴν ὑστεραίαν εἶπον
πρὸς Διονύσιον ὅτι δέδοκταί μοι μένειν ἀξιῶ μήν,
ἔφην, μὴ κύριον ἡγεῖσθαί σε Δίωνος ἐμέ, πέμπειν δὲ
μετ' ἐμοῦ σὲ παρ' αὐτὸν γράμματα τὰ νῦν δεδογμένα
δηλοῦντα, καὶ ἐρωτᾶν εἴτι ἀρκεῖ ταῦτα αὐτῷ· καὶ εἰ
μή, βούλεται δὲ ἀλλ' ἄττα καὶ ἀξιοῖ, καὶ ταῦτα ἐπι-
στέλλειν ὅτι τάχιστα, σὲ δὲ νεωτερίζειν μηδέν πω
τῶν περὶ ἐκεῖνον. ταῦτ' ἐρρήθη, ταῦτα ξυνωμολογή-
σαμεν, ὡς νῦν εἴρηται σχεδὸν ἐξέπλευσε δὴ τὰ πλοῖα
μετὰ τοῦτο, καὶ οὐκέτι μοι δυνατὸν ἦν πλεῖν, ὅτε δή
μοι καὶ Διονύσιος ἐμνήσθη λέγων ὅτι τὴν ἡμίσειαν
τῆς οὐσίας εἶναι δέοι Δίωνος, τὴν δ' ἡμίσειαν τοῦ
υἱέος· ἔφη δή, πωλήσειν αὐτήν, πραθείσης δὲ τὰ μὲν
ἡμίσεα ἐμοὶ δώσειν ἄγειν, τὰ δ' ἡμίσεα τῷ παιδὶ κα-
ταλείψειν αὐτοῦ· τὸ γὰρ δὴ δικαιότατον οὕτως ἔχειν.

dummodo nullam mihi iniuriam faciat. Huius autem rei
fideiussores mihi fore te familiaresque tam tuos quam
Dionis, qui hic habitant. Dionem quoque ipsum id volis
observaturum, sufficienter confirmare debere. Pecuniae
vero omnes, quas ille acceperit, in Peloponneso et Athe-
nis deponantur, penes quos vobis videtur. Harum quidem
pecuniarum fructus accipiat Dion, sed ipsas tollere, nisi
vobis concedentibus, nequeat. Non enim confido, si pe-
cunias susceperit, eum mihi fidem servaturum, cum non
paucæ futuræ sint. Maiorem vero tibi tuisque habeo
fidem. Considera igitur, an tibi hæc placeant, maneque
horum gratia hic annum quo peracto, susceptis his pe-
cuniis, abibis. Dionem equidem scio magnam tibi
gratiam habiturum, cum hæc sibi perfeceris. Cum igitur
hæc audissem, quanquam ægre omnino ferebam, respondi
tamen hac in re me consultaturum tempusque respon-
dendi in crastinum sumpsi. Atque in hoc consentientes
tunc discessimus. Consultabam itaque posthac ipse
mecum, valde quidem ambiguus. Occurrebat autem,
quasi consilii dux, prima mihi eiusmodi ratio. Age
utique, etsi Dionysius nihil eorum, quæ promittit, servare
cogitat, si tamen abeunte me per se ac per amicos pro-
babiliter ad Dionem scribat, quæ nunc mihi dicit, se
quidem obtulisse ultro, me vero noluisse resque suas pe-
nitus neglexisse. Præterea his addebam si Dionysius
me nolens dimittere, ideoque navigium nautasque non
det, immo facile cunctis significet velle me ipso nolente
discedere (347) quisnam me navi asportare ex ædibus
ipsis Dionysii audeat? Habitabam equidem, ne quid
deesset incommodi, in ipsis, qui circa ædes erant hor-
tis. unde ne ianitor quidem, nisi iubente Dionysio, egredi
permisisset. Quod si annum permansero, habeo equidem,
quod Dioni significem notumque faciam, in quibus sim
constitutus quidque agam. Ac si Dionysius nonnihil
eorum, quæ promittit, servaverit, opera tolerantiaque
hæc mea non omnino deridenda videbitur. Patrimonium
namque Dionis non pauciorum quam centum talentorum,
si quis recte æstimare velit, censebitur. At vero, si ita
res cadant, ut eas verisimile est casuras, quo me vertam
nescio. Veruntamen forte necesse est, me annum adhuc
tolerantem machinationes Dionysii re ipsa pro viribus re-
darguere. Cum ita mecum consultavissem, sequenti mox
die ad Dionysium retuli, videri mihi manendum esse. sed
addidi, ne existimaret me posse apud Dionem prorsus
omnia quasi dominum, ideoque operæ pretium esse, ut
una mecum ipse quoque ad eum scriberet, significans
hæc nostra consilia, atque interrogans, utrum sibi hæc
satis faciant necne. et numquid aliud præter ea quiddam
exigat. Idque quam primum inquam scribendum esse
interea vero nihil in re Dionis ab eo novi esse tentandum.
Hæc inter nos dicta sunt. In his ferme, ut nunc dico,
convenimus. Post hæc autem, cum iam naves abiissent,
ideoque nulla mihi foret ulterius navigandi facultas
Dionysius, quasi nonnihil prætermissi reminiscens, Di-
midia, inquit, bonorum Dionis pars pro filio iure manere
debet, dimidia vero ad Dionem mitti. Hanc ergo vendi
curabo. Qua vendita, pecuniarum dimidium tibi tradam,
quod ad Dionem perferatur. reliqua vero pars penes nos

πληγεὶς δ᾽ ἐγὼ τῷ λεχθέντι πάνυ μὲν ᾤμην γελοῖον
εἶναι ἀντιλέγειν ἔτι, ὅμως δ᾽ εἶπον ὅτι χρείη τὴν παρὰ
Δίωνος ἐπιστολὴν περιμένειν ἡμᾶς καὶ ταῦτα πάλιν
αὐτῷ ἐπιστέλλειν. ὁ δὲ ἑξῆς τούτοις πάνυ νεανικῶς
ἐπώλει τὴν οὐσίαν αὐτοῦ πᾶσαν, ὅπῃ τε καὶ ὅπως
ἤθελε καὶ οἷστισι, πρὸς ἐμὲ δὲ οὐδὲν ὅλως ἐφθέγγετο
περὶ αὐτῶν. καὶ μὴν ὡσαύτως ἐγὼ πρὸς ἐκεῖνον αὖ
περὶ τῶν Δίωνος πραγμάτων οὐδὲν ἔτι διελεγόμην·
οὐδὲν γὰρ ἂν ἔτι πλέον ᾤμην ποιεῖν.

Μέχρι μὲν δὴ τούτων ταύτῃ μοι βεβοηθημένον ἐγε-
γόνει φιλοσοφίᾳ καὶ φίλοις· τὸ δὲ μετὰ ταῦτα ἐζῶμεν
ἐγὼ καὶ Διονύσιος, (348) ἐγὼ μὲν βλέπων ἔξω, καθάπερ
ὄρνις ποθῶν ποθὲν ἀναπτέσθαι, ὁ δὲ διαμηχανώμενος
τίνα τρόπον ἀνασοβήσοι με μηδὲν ἀποδοὺς τῶν Δίωνος·
ὅμως δὲ ἔφαμεν ἑταῖροί γε εἶναι πρὸς πᾶσαν Σικελίαν.
τῶν δὴ μισθοφόρων τοὺς πρεσβυτέρους Διονύσιος ἐπε-
χείρησεν ὀλιγομισθοτέρους ποιεῖν παρὰ τὰ τοῦ πατρὸς
ἔθη, θυμωθέντες δὲ οἱ στρατιῶται ξυνελέγησαν ἀθρόοι
καὶ οὐκ ἔφασαν ἐπιτρέψειν· ὁ δ᾽ ἐπεχείρει βιάζεσθαι
κλείσας τὰς τῆς ἀκροπόλεως πύλας, οἱ δ᾽ ἐφέροντο
εὐθὺς πρὸς τὰ τείχη, παιῶνά τινα ἀναβοήσαντες βάρ-
βαρον καὶ πολεμικόν· οὗ δὴ περιδεὴς Διονύσιος γενό-
μενος ἅπαντα συνεχώρησε καὶ ἔτι πλείω τοῖς τότε
συλλεχθεῖσι τῶν πελταστῶν. λόγος δή τις ταχὺ διῆλθεν
ὡς Ἡρακλείδης αἴτιος εἴη γεγονὼς πάντων τούτων. ὃν
ἀκούσας ὁ μὲν Ἡρακλείδης ἐκποδὼν αὐτὸν ἔσχεν
ἀφανῆ, Διονύσιος δὲ ἐζήτει λαβεῖν. ἀπορῶν δέ, Θεο-
δότην μεταπεμψάμενος εἰς τὸν κῆπον (ἔτυχον δ᾽ ἐν
τῷ κήπῳ καὶ ἐγὼ τότε περιπατῶν) τὰ μὲν οὖν ἄλλα
οὔτ᾽ οἶδα οὔτ᾽ ἤκουον διαλεγομένων, ἃ δὲ ἐναντίον εἶπε
Θεοδότης ἐμοῦ πρὸς Διονύσιον, οἶδά τε καὶ μέμνημαι.
Πλάτων γάρ, ἔφη, Διονύσιον ἐγὼ πείθω τουτονί, ἐὰν
ἐγὼ γένωμαι δεῦρο Ἡρακλείδην κομίσαι δυνατὸς ἡμῖν
εἰς λόγους περὶ τῶν ἐγκλημάτων αὐτῷ τῶν νῦν γεγο-
νότων, ἂν ἄρα μὴ δόξῃ δεῖν αὐτὸν οἰκεῖν ἐν Σικελίᾳ,
τόν τε υἱὸν λαβόντα καὶ τὴν γυναῖκα ἀξιῶ εἰς Πελο-
πόννησον ἀποπλεῖν, οἰκεῖν τε βλάπτοντα μηδὲν Διο-
νύσιον ἐκεῖ, καρπούμενον δὲ τὰ ἑαυτοῦ. μετεπεμψά-
μην μὲν οὖν καὶ πρότερον αὐτόν, μεταπέμψομαι δὲ
καὶ νῦν, ἄν τ᾽ οὖν ἀπὸ τῆς προτέρας μεταπομπῆς ἄν
τε καὶ ἀπὸ τῆς νῦν ὑπακούσῃ μοι· Διονύσιον δὲ ἀξιῶ
καὶ δέομαι, ἄν τις ἐντυγχάνῃ Ἡρακλείδῃ ἐάν τ᾽ ἐν
ἀγρῷ ἐάν τ᾽ ἐνθάδε, μηδὲν ἄλλο αὐτῷ φλαῦρον γίγνε-
σθαι, μεταστῆναι δ᾽ ἐκ τῆς χώρας, ἕως ἂν ἄλλο τι
Διονυσίῳ δόξῃ. ταῦτα, ἔφη, συγχωρεῖς; λέγων πρὸς
τὸν Διονύσιον. συγχωρῶ· μηδ᾽ ἂν πρὸς τῇ σῇ, ἔφη,
φανῇ οἰκίᾳ, πείσεσθαι φλαῦρον μηδὲν παρὰ τὰ νῦν
εἰρημένα. τῇ δὴ μετὰ ταύτην τὴν ἡμέραν δείλης Εὐρ-
ύβιος καὶ Θεοδότης προσηλθέτην μοι σπουδῇ τεθορυ-
βημένω θαυμαστῶς, καὶ ὁ Θεοδότης λέγει, Πλάτων,
ἔφη, παρῆσθα χθὲς οἷς περὶ Ἡρακλείδου Διονύσιος
ὡμολόγει πρὸς ἐμὲ καὶ σέ; πῶς δὲ οὐκ; ἔφην. νῦν
τοίνυν, ἦ δ᾽ ὅς, περιθέουσι πελτασταὶ λαβεῖν Ἡρα-
κλείδην ζητοῦντες, ὁ δὲ εἶναί πῃ ταύτῃ κινδυνεύει.

pro filio reservabitur. Ita enim ius ipsum exigit. Ilis
ego illius dictis percussus, ridiculum putavi amplius ea
de re loqui. Dixi tamen decere nos expectare a Dione
responsum, atque rursus hæc ipsa ad illum rescribere.
At ille post nimis audacter patrimonium Dionis totum,
quanto libuit pretio, et quo pacto hæc et quibus placuit,
vendidit. Mihi vero ea de re verbum omnino fecit nullum.
At ego similiter posthac de re Dionis nihil ulterius locutus
sum, quippe cum nihil amplius me profecturum existi-
marem.

Hactenus hac ratione et philosophiæ et amicis auxi-
lium præstiti. Post hæc autem ego et Dionysius ita
viximus, ut ego (348) quidem semper extra spectarem,
quasi avis quædam alicunde cupiens evolare : ille vero
assidue, quo pacto me cohiberet, machinaretur, de
rebus quidem Dionis concedens nihil. In ceteris tamen
negotiis per universam Siciliam amicos inter nos esse
fatebamur. Eo autem tempore Dionysius veteranis mi-
litibus stipendia minuere tentavit, præter parentis con-
suetudinem. Irati vero milites in unum convenerunt,
neque id se toleraturos comminabantur. Itaque ille,
clausis arcis ipsius portis, coercere illos conabatur. At
illi repente adventarunt ad mœnia, clamorem quendam
barbarum ac bellicum attollentes. Quo metu conterritus
Dionysius cuncta illis consueta, atque etiam plura, con-
fluentibus illis concessit. Rumor autem fuit Heraclidem
tumultus omnis causam exstitisse. Quod Heraclides
quidem præsentiens clam fugam arripuit. Dionysius vero,
cum illum capere affectaret neque inveniret, Theodoter
ad se in hortos accersivit. Eram forte tunc et ipse in
hortis perambulans. Cetera quidem, quæ inter illos tra-
ctata sunt, neque scio neque, dum colloquerentur, au-
divi : sed quæ me præsente inquit Dionysio Theodotes,
et novi et memini. O Plato, ait, Dionysio suadeo huic,
si Heraclidem huc adducere potero, criminibus in se,de-
latis responsurum : ac si nolit deinde eum Dionysius in
Sicilia permanere, saltem permittat, uxorem filiumque
suscipere atque in Peloponnesum abire, ibique habitare,
nihil ibi molientem contra Dionysium et bonorum, quæ
hic possidet, fructus percipientem. Hæc ergo fiducia Ho-
raclidem iam vocavi atque iterum vocabo. Sive igitur
ex prima vocatione sive ex secunda huc ille venerit, cum
Dionysio constituebam rogabamque, ne quid mali Hera-
clidi inferatur vel extra urbem vel in urbe : tantum
vero, si videbitur, extra fines mittatur, donec aliter Dio-
nysio videatur. Hæc, inquit, Dionysi, concedisne? Con-
cedo, respondit : neque etiam, si quando in ædibus tuis
appareat, aliud quicquam mali esse passurum. Sequenti
vero die in ipso crepusculo Eurybius et Theodotes ad me
mirum in modum perterriti convolarunt. Confestimque
Theodotes, O Plato, inquit, affuisti heri conditionibus,
in quibus de Heraclide Dionysius mecum tecumque con-
venit. Affui, inquam. (349) At ille, nunc, inquit, dis-
currunt satellites ad Heraclidem comprehendendum
atque periculum est, ne ille prope alicubi sit. Sequere
ergo nobiscum omni studio ad Dionysium. Ivimus ita-

ἀλλ' ἡμῖν, ἔφη, συνακολούθησον πρὸς Διονύσιον ἁπάσῃ
μηχανῇ. (319) ᾠχόμεθα οὖν καὶ εἰσήλθομεν παρ'
αὐτόν, καὶ τὼ μὲν ἑστάτην σιγῇ δακρύοντε, ἐγὼ δὲ
εἶπον· οἵδε πεφόβηνται, μή τι σὺ παρὰ τὰ χθὲς ὡμο-
λογημένα ποιήσῃς περὶ Ἡρακλείδην νεώτερον· δοκεῖ
γάρ μοι ταύτῃ πῃ γεγονέναι φανερὸς ἀποτετραμμένος.
ὁ δὲ ἀκούσας ἀνερλέχθη τε καὶ παντοδαπὰ χρώματα
ἀφῆκεν, οἷα ἂν θυμούμενος ἀφείη. προσπεσὼν δ' αὐτῷ
ὁ Θεοδότης λαβόμενος τῆς χειρὸς ἐδάκρυσέ τε καὶ ἱκέ-
τευε μηδὲν τοιοῦτον ποιεῖν ὑπολαβὼν δ' ἐγὼ παραμυ-
θούμενος, θάρρει, Θεοδότα, ἔφην· οὐ γὰρ τολμήσει
Διονύσιος παρὰ τὰ χθὲς ὡμολογημένα ἄλλα ποτὲ δρᾶν.
καὶ ὃς ἐμβλέψας μοι καὶ μάλα τυραννικῶς, σοί, ἔφη,
ἐγὼ οὔτε τι σμικρὸν οὔτε μέγα ὡμολόγησα· νὴ τοὺς
θεούς, ἦν δ' ἐγώ, σύ γε ταῦτα ἃ σοῦ νῦν οὗτος δεῖται
μὴ ποιεῖν. καὶ εἰπὼν ταῦτα ἀποστρεφόμενος ᾠχόμην
ἔξω· τὸ μετὰ ταῦτα δ' ὁ μὲν ἐκυνήγει τὸν Ἡρακλείδην,
Θεοδότης δὲ ἀγγέλους πέμπων Ἡρακλείδῃ φεύγειν
διεκελεύετο. ὁ δὲ ἐκπέμψας Τισίαν καὶ πελταστὰς
διώκειν ἐκέλευε· φθάνει δέ, ὡς ἐλέγετο, Ἡρακλείδης
εἰς τὴν Καρχηδονίων ἐπικράτειαν ἐκφυγὼν ἡμέρας
σμικρῷ τινι μέρει· τὸ δὴ μετὰ τοῦτο ἡ πάλαι ἐπι-
βουλὴ Διονυσίῳ τοῦ μὴ ἀποδοῦναι τὰ Δίωνος χρήματα
ἔδοξεν ἔχθρας λόγον ἔχειν ἂν πρός με πιθανόν· καὶ
πρῶτον μὲν ἐκ τῆς ἀκροπόλεως ἐκπέμπει με, εὑρὼν
πρόφασιν, ὡς τὰς γυναῖκας ἐν τῷ κήπῳ, ἐν ᾧ κατῴ-
κουν ἐγώ, δέοι θῦσαι θυσίαν τινὰ δεχήμερον ἔξω δή
με παρ' Ἀρχεδήμῳ προσέταττε τὸν χρόνον τοῦτον
μεῖναι. ὄντος δ' ἐμοῦ ἐκεῖ Θεοδότης μεταπεμψάμενός
με πολλὰ περὶ τῶν τότε πραχθέντων ἠγανάκτει καὶ
ἐμέμφετο Διονυσίῳ· ὁ δ' ἀκούσας ὅτι παρὰ Θεοδότην
εἴην εἰσεληλυθώς, πρόφασιν αὖ ταύτην ἄλλην τῆς πρὸς
ἐμὲ διαφορᾶς ποιούμενος, ἀδελφὴν τῆς πρόσθεν, πέμ-
ψας τινὰ ἠρώτα με, εἰ ξυγγενοίμην ὄντως μεταπεμψα-
μένου με Θεοδότου· κἀγώ, παντάπασιν, ἔφην· ὁ δέ,
ἐκέλευε τοίνυν, ἔφη, σοὶ φράζειν, ὅτι καλῶς οὐδαμῇ
ποιεῖς Δίωνα καὶ τοὺς Δίωνος φίλους ἀεὶ περὶ πλείονος
αὑτοῦ ποιούμενος ταῦτ' ἐρρήθη, καὶ οὐκέτι μετε-
πέμψατό με εἰς τὴν οἴκησιν πάλιν, ὡς ἤδη σαφῶς Θεο-
δότου μὲν ὄντος μου καὶ Ἡρακλείδου φίλου, αὐτοῦ δ'
ἐχθροῦ, καὶ οὐκ εὐνοεῖν ᾤετό με, ὅτι Δίωνι τὰ χρή-
ματα ἔρρει παντελῶς. ᾤκουν δὴ τὸ μετὰ τοῦτο ἔξω
τῆς ἀκροπόλεως ἐν τοῖς μισθοφόροις. (350) προσιόντες
δέ μοι ἄλλοι τε καὶ οἱ τῶν ὑπηρεσιῶν ὄντες Ἀθήνηθεν
ἐμοὶ πολῖται ἀπήγγελλον ὅτι διαβεβλημένος εἴην ἐν
τοῖς πελτασταῖς καί μοί τινες ἀπειλοῖεν, εἴ που λή-
ψονταί με, διαφθερεῖν. μηχανῶμαι δή τινα τοιάνδε
σωτηρίαν. πέμπω παρ' Ἀρχύταν καὶ τοὺς ἄλλους
φίλους εἰς Τάραντα, φράζων ἐν οἷς ὢν τυγχάνω· οἱ δὲ
πρόφασίν τινα πρεσβείας πορισάμενοι παρὰ τῆς πό-
λεως πέμπουσι τριακόντορόν τε καὶ Λαμίσκον αὑτῶν
ἕνα, ὃς ἐλθὼν ἐδεῖτο Διονυσίου περὶ ἐμοῦ, λέγων ὅτι
βουλοίμην ἀπιέναι, καὶ μηδαμῶς ἄλλως ποιεῖν· ὁ δὲ
ξυνωμολόγησε καὶ ἀπέπεμψεν ἐφόδια δούς, τῶν Δίωνος

que et ingressi ad ipsum, illi quidem silentio stabant
lacrimantes. Ego vero inquam, verentur hi, Dionysi,
ne tu, contra quam heri convenerit, novi quicquam agas
adversus Heraclidem. Nam videtur ille mihi prope ali-
cubi divertisse manifesteque adesse. Dionysius vero his
auditis exarsit in iras, in variosque se mutavit colores,
quales ira consuevit afferre. Et Theodotes, apud pedes
eius procumbens, manu eius apprehensa multis cum la-
crimis, ne quid tale faceret, deprecabatur. Tunc ego
sermonem suscipiens, eum consolaturus, Bono sis animo,
inquam, o Theodotes. Non enim aliter facere audet Dio-
nysius, quam heri promisit. At Dionysius, tyrannico
nimium vultu me intuitus, tibi, inquit, promisi nihil,
sive magnum sive parvum. Immo vero per deos, in-
quam, promisisti, non facturum te hæc ipsa, quæ nunc
ne facias iste deprecatur. Hæc ego locutus egredior.
Post hæc Dionysius quidem Heraclidem capere conabatur,
Theodotes autem hæc per nuntios illi significans, ut fu-
gam arriperet, admonuit. Miserat quidem Dionysius et
Tisiam quendam cum satellitibus iubens passim Heracli-
dem insequi. Sed ille, ut fertur, anticipans, et parvo
quodam diei spatio satellites devitans, intra Carthagi-
niensium fines se recepit. Iam vero ex inimicitiis contra
me exortis probabilem Dionysio occasionem, quam per
insidias diu captaverat, ne videlicet ad Dionem pecuniæ
mitterentur, assecutus fuisse videtur. Ac primum quidem
ex arce me emisit, occasionem præferens, quod mulieres
sacra decem dierum in quibus habitabam hortis essent
facturæ. Itaque me per eos dies extra arcem apud Ar-
chidemum manere iussit. Interea Theodotes, me ad se
vocans, multa circa ea, quæ tunc facta erant, de Dio-
nysio conquestus est. Dionysius vero, cum audisset ad
Theodotem me profectum fuisse, nactus et hanc rursus
occasionem contra me odii, priori similem, misit ad me,
qui percontaretur, nunquid apud Theodotem vocatus ali-
quando fuissem. Atque ego adfuisse libere confessus sum.
Tunc ille, iussit ergo, inquit, Dionysius me tibi edicere,
non recte facere te, quod Dionem Dionisque amicos pluris
quam ipsum semper æstimes. Hæc dicta fuerunt nec
unquam posthac me in suas ædes vocavit, quasi manifeste
Theodotis Heraclidisque amicum, sibi vero inimicum ac
propterea infensum quod res Dionis iam omnino pe-
rissent. (350) Habitabam deinde extra arcem inter mi-
lites mercede conductos. Adeuntes vero me et alii
quidam et ministrorum aliqui, Athenienses patria, si-
gnificarunt, calumnias adversus me inter milites fuisse
diffusas præterea quosdam comminatos esse, sicubi me
nanciscantur, interfecturos. Excogito igitur evasionem
eiusmodi. Mitto Tarentum ad Archytam aliosque amicos,
significans, in quo essem discrimine constitutus. Illi vero
occasionem quandam legationis patriæ nomine excogi-
tantes, Lamiscum, eorum unum, una cum navi ordinis
triginta remorum mittunt. Qui veniens ad Dionysium
rogavit, ut me omnino pro voluntate mea salvum abire
permitteret. Ille autem assensus me dimisit, commeatum
præbens. Pecunias vero Dionis neque ego petii neque

δὲ χρημάτων οὔτ' ἐγώ τι ἀπῄτουν οὔτε τις ἀπέδωκεν.
ἐλθὼν δὲ εἰς Πελοπόννησον εἰς Ὀλυμπίαν, Δίωνα κα-
ταλαβὼν θεωροῦντα, ἤγγελλον τὰ γεγονότα· ὃ δὲ τὸν Δία
ἐπιμαρτυράμενος εὐθὺς παρήγγελλεν ἐμοὶ καὶ τοῖς ἐμοῖς
οἰκείοις καὶ φίλοις παρασκευάζεσθαι τιμωρεῖσθαι Διονύ-
σιον, ἡμᾶς μὲν ξεναπατείας χάριν, οὕτω γὰρ ἔλεγέ τε
καὶ ἐνόει, αὐτὸν δ' ἐκβολῆς ἀδίκου καὶ φυγῆς. ἀκούσας δ'
ἐγὼ τοὺς μὲν φίλους παρακαλεῖν αὐτὸν ἐκέλευον, εἰ βού-
λοιντο· ἐμὲ δ' εἶπον ὅτι σὺ μετὰ τῶν ἄλλων βίᾳ τινὰ
τρόπον σύσσιτον καὶ συνέστιον καὶ κοινωνὸν ἱερῶν
Διονυσίῳ ἐποίησας, ὃς ἴσως ἡγεῖτο διαβαλλόντων πολ-
λῶν ἐπιβουλεύειν ἐμὲ μετὰ σοῦ ἑαυτῷ καὶ τῇ τυραννίδι,
καὶ ὅμως οὐκ ἀπέκτεινεν, ᾐδέσθη δέ. οὔτ' οὖν ἡλικίαν
ἔχω συμπολεμεῖν ἔτι σχεδὸν οὐδενί, κοινός τε ὑμῖν εἰμι,
ἄν ποτέ τι πρὸς ἀλλήλους δεηθέντες φιλίας ἀγαθόν τι
ποιεῖν βουληθῆτε· κακὰ δὲ ἕως ἂν ἐπιθυμῆτε, ἄλλους
παρακαλεῖτε. ταῦτα εἶπον μεμισηκὼς τὴν περὶ Σι-
κελίαν πλάνην καὶ ἀτυχίαν· ἀπειθοῦντες δὲ καὶ οὐ πει-
θόμενοι ταῖς ὑπ' ἐμοῦ διαλέξεσι πάντων τῶν νῦν γε-
γονότων κακῶν αὐτοὶ αἴτιοι ἐγένοντο αὐτοῖς, ὧν, εἰ
Διονύσιος ἀπέδωκε τὰ χρήματα Δίωνι ἢ καὶ παντάπασι
κατηλλάγη, οὐκ ἄν ποτε ἐγένετο οὐδέν, ὅσα γε δὴ τἀν-
θρώπινα· Δίωνα γὰρ ἐγὼ καὶ τῷ βούλεσθαι καὶ τῷ
δύνασθαι κατεῖχον ἐπ' ἂν ῥᾳδίως. νῦν δὲ ὁρμήσαντες ἐπ'
ἀλλήλους κακῶν πάντα ἐμπεπλήκασι. (351) καίτοι
τήν γε αὐτὴν Δίων εἶχε βούλησιν, ἥνπερ ἂν ἐγώ φαίην
δεῖν ἐμὲ καὶ ἄλλον, ὅστις μέτριος, περί τε τῆς αὑτοῦ
δυνάμεως καὶ φίλων καὶ περὶ πόλεως τῆς αὑτοῦ δια-
νοοῖτ' ἂν εὐεργετῶν ἐν δυνάμει καὶ τιμαῖσι γενέσθαι τὰ
μέγιστα ἐν ταῖς μεγίσταις. ἔστι δὲ οὐκ ἄν τις πλούσιον
ἑαυτὸν ποιήσῃ, καὶ ἑταίρους καὶ πόλιν ἐπιβουλεύσας
καὶ ξυνωμότας συναγαγών, πένης ὢν καὶ ἑαυτοῦ μὴ
κρατῶν, ὑπὸ δειλίας τῆς πρὸς τὰς ἡδονὰς ἡττημένος,
εἶτα τοὺς τὰς οὐσίας κεκτημένους ἀποκτείνας, ἐχθροὺς
καλῶν τούτους, διαφορῇ τὰ τούτων χρήματα καὶ τοῖς
συνεργοῖς τε καὶ ἑταίροις παρακελεύηται, ὅπως μηδεὶς
αὐτῷ ἐγκαλῇ πένης φάσκων εἶναι· ταὐτὸν δὲ καὶ τὴν
πόλιν ἂν οὕτω τις εὐεργετῶν τιμᾶται ὑπ' αὐτῆς, τοῖς
πολλοῖς τὰ τῶν ὀλίγων ὑπὸ ψηφισμάτων διανέμων, ἢ
μεγάλης προεστὼς πόλεως καὶ πολλῶν ἀρχούσης ἐλατ-
τόνων τῇ ἑαυτοῦ πόλει τὰ τῶν σμικροτέρων χρήματα
διανέμῃ μὴ κατὰ δίκην. οὕτω μὲν γὰρ οὔτε Δίων
οὔτε ἄλλος ποτὲ οὐδεὶς ἐπὶ δύναμιν ἑκὼν εἶσιν ἀλιτη-
ριώδη ἑαυτῷ τε καὶ γένει εἰς τὸν ἀεὶ χρόνον, ἐπὶ πο-
λιτείαν δὲ καὶ νόμων κατασκευὴν τῶν δικαιοτάτων τε
καὶ ἀρίστων, οὔ τι δι' ὀλιγίστων θανάτων καὶ φυγῶν
γιγνομένην. ἃ δὴ Δίων νῦν πράττων, προτιμήσας τὸ
πάσχειν ἀνόσια τοῦ δρᾶσαι πρότερον, διευλαβούμενος
δὲ μὴ παθεῖν, ὅμως ἔπταισεν ἐπ' ἄκρον ἐλθὼν τοῦ πε-
ριγενέσθαι τῶν ἐχθρῶν, θαυμαστὸν παθὼν οὐδέν.
ὅσιος γὰρ ἄνθρωπος ἀνοσίων πέρι, σώφρων τε καὶ
ἔμφρων, τὸ μὲν ὅλον οὐκ ἄν ποτε διαψευσθείη τῆς
ψυχῆς τῶν τοιούτων πέρι, κυβερνήτου δὲ ἀγαθοῦ πάθος
ἂν ἴσως οὐ θαυμαστὸν εἰ πάθοι, ὃν χειμὼν μὲν ἐσόμενος

quisquam dedit. Post hæc cum in Peloponnesum perve-
nissem, ibique offendissem Dionem ludos spectantem
Olympicos, quæ facta fuerant, enarravi. Ille vero, Io-
vem testatus, statim mihi meisque propinquis et amicis
edixit, se pœnas a Dionysio exacturum, tum quod me
illic hospitem decepisset (sic enim ille et dixit et sensit),
tum quod ipsum iniuste admodum expulisset. Hæc ego
audiens suasi, ut ad hæc, si videretur, amicos alios
convocaret. Me autem, quoniam et sua et aliorum opera
quasi violentia impulisset in Dionysii familiaritatem, ha-
bitationis, victus, sacrorum communione astrictum, pu-
taret quasi medium quendam æquumque utrinque esse
debere, præsertim cum iamdiu multis apud Dionysium
me calumniantibus, quasi tecum ipsi tyrannidique eius
insidiantem, ipse non occiderit quidem, sed reveritus
sit. Ad hæc ætatem meam rebus bellicis ineptam esse
addidi : simulque medium quendam me inter eos esse, si
quando conciliatore quodam opus sit, qui resarcire optan-
tibus amicitiam possit. Quamdiu vero odiis certabitis,
ad hæc tanquam propugnatores alios advocabitis. Hæc
ego inquam, perosus errorem fortunamque in Sicilia mihi
adversam. Quoniam vero ibi rationibus meis non obtem-
peraverunt, omnium, quæ secuta sunt, malorum ipsimet
sibi causam præbuere. Profecto si Dionysius res Dioni
suas restituisset, vel potius si omnino placatus fuisset,
nihil prout conditio fert humana, accidisset adversi. Nam
Dionem quidem pro voluntate mea et consilio et aucto-
ritate facile continuissem. Contra vero nunc in se invi-
cem impetum facientes omnia calamitatibus implevere.
(351) Dion certe eandem habebat voluntatem, quam ego
dicerem et mihi et aliis, quicunque moderati sunt, ha-
bendam esse : videlicet ut potestas vel propria vel ami-
corum vel civitatis optetur, quo in ipsis honoribus et
potentiis quis constitutus, præsertim in maximis, se et
suos et patriam beneficiis iustis afficiat. Neque vero id
fit, si quis ad id dumtaxat incumbat, ut divitiis se ami-
cosque et, ut licet, ærarium expleat per insidias crude-
liumque coniurationes : ipse pauper videlicet, impotens
se continere, sed præ animi angustia voluptatibus suc-
cumbens : præterea opulentos homines, tanquam inimicos
decernens, trucidet, rapiatque pecunias : atque interea
sociis familiaribusque edicat, sibi quidem in his, cum sit
egenus, succensendum non esse. Eodem modo, si quis
similiter civitatem suam beneficiis afficiens honoretur ab
ipsa, dum multis res paucorum civium per sua decreta
distribuit : vel si quis magnæ præsidens civitati, pluribus
minoribusque civitatibus imperanti, pecunias minorum
civitatum iniuste attribuat suæ. Hoc enim pacto neque
Dion neque alius unquam sponte sua ad potentiam pro-
greditur, perniciosam et sibi et posteris perpetuo futuram.
Prudens vero ad constituendam accedit rempublicam,
legesque condendas iustissimas atque optimas : et id qui-
dem absque cædibus expulsionibusque civilibus. Quæ
modo cum ageret Dion, constituens pati profana potius
quam facere, cavens quoque ne ipse pateretur, cecidit
tamen, cum iam ad summum superandorum hostium per-
venisset. Neque mirum alicui, quod accidit Dioni, vi-
deri debet. Pium enim virum temperatumque et pru-
dentem omnino quidem in rebus eiusmodi impii nunquam

οὐκ ἂν πάνυ λάθοι, χειμῶνος δὲ ἐξαίσιον καὶ ἀπροσ-
δόκητον μέγεθος λάθοι τ' ἂν καὶ λαθὸν κατακλύσειε
βίᾳ. ταὐτὸν δὴ καὶ Δίωνα ἔσφηλε κακοὶ μὲν γὰρ ὄντες
αὐτὸν σφόδρα οὐκ ἔλαθον οἱ σφήλαντες, ὅσον δὲ ὕψος
ἀμαθίας εἶχον καὶ τῆς ἄλλης μοχθηρίας τε καὶ λαι-
μαργίας, ἔλαθον. ᾧ δὴ σφαλεὶς κεῖται, Σικελίαν
πένθει περιβαλὼν μυρίῳ. τὰ δὴ μετὰ τὰ νῦν ῥη-
θέντα ἃ ξυμβουλεύω, (352) σχεδὸν εἴρηταί τέ μοι καὶ
εἰρήσθω ὧν δ' ἐπανέλαβον ἕνεκα τὴν εἰς Σικελίαν
ἄφιξιν τὴν δευτέραν, ἀναγκαῖον εἶναι ἔδοξέ μοι ῥηθῆναι
δι' ἣν διὰ τὴν ἀτοπίαν καὶ ἀλογίαν τῶν λεγομένων εἰ
δ' ἄρα τινὶ τὰ νῦν ῥηθέντα εὐλογώτερα ἐφάνη καὶ
προφάσεις πρὸς τὰ γενόμενα ἱκανὰς ἔχειν ἔδοξέ τῳ,
μετρίως ἂν ἡμῖν καὶ ἱκανῶς εἴη τὰ νῦν εἰρημένα

η΄

Πλάτων τοῖς Δίωνος οἰκείοις τε καὶ ἑταίροις εὖ
πράττειν ἃ δ' ἂν διανοηθέντες μάλιστα εὖ πράττοιτε,
ὄντως πειράσομαι ταῦθ' ὑμῖν κατὰ δύναμιν διεξελθεῖν
ἐλπίζω δὲ οὐχ ὑμῖν μόνοις ξυμβουλεύσειν τὰ ξυμφέ-
ροντα, μάλιστά γε μὴν ὑμῖν, καὶ δευτέροις πᾶσι τοῖς
ἐν Συρακούσαις, τρίτοις δὲ ὑμῶν καὶ τοῖς ἐχθροῖς καὶ
πολεμίοις, πλὴν εἴ τις αὐτῶν ἀνοσιουργὸς γέγονε·
ταῦτα γὰρ ἀνίατα καὶ οὐκ ἄν ποτέ τις αὐτὰ ἐκνίψειε.
νοήσατε δὲ ἃ λέγω νῦν. ἔσθ' ὑμῖν κατὰ Σικελίαν
πᾶσαν λελυμένης τῆς τυραννίδος πᾶσα μάχη περὶ
αὐτῶν τούτων, τῶν μὲν βουλομένων ἀναλαβεῖν πάλιν
τὴν ἀρχήν, τῶν δὲ τῇ τῆς τυραννίδος ἀποφυγῇ τέλος
ἐπιθεῖναι ξυμβουλὴ δὴ περὶ τῶν τοιούτων ὀρθὴ δοκεῖ
ἑκάστοτε τοῖς πολλοῖς εἶναι ταῦτα ξυμβουλεύειν δεῖν
ἃ τοὺς μὲν πολεμίους ὡς πλεῖστα κακὰ ἐξεργάσεται,
τοὺς δὲ φίλους ὡς πλεῖστα ἀγαθά τὸ δὲ οὐδαμῶς ῥᾴ-
διον, πολλὰ κακὰ δρῶντας τοὺς ἄλλους μὴ οὐ καὶ πά-
σχειν αὐτὸν πολλὰ ἕτερα. δεῖ δὲ οὐ μακρὰν ἐλθόντας
ποι τὰ τοιαῦτα ἐναργῶς ἰδεῖν, ἀλλ' ὅσα νῦν γέγονε τῇδε
αὐτοῦ περὶ Σικελίαν, τῶν μὲν ἐπιχειρούντων δρᾶν,
τῶν δὲ ἀμύνασθαι τοὺς δρῶντας. ἃ κἂν ἄλλοις μυθο-
λογοῦντες ἱκανοὶ γίγνοισθ' ἂν ἑκάστοτε διδάσκαλοι
τούτων μὲν δὴ σχεδὸν οὐκ ἀπορία· τῶν δὲ ὅσα γένοιτ'
ἂν ἢ πᾶσι συμφέροντα ἐχθροῖς τε καὶ φίλοις ἢ ὅτι
σμικρότατα κακὰ ἀμφοῖν, ταῦτα οὔτε ῥᾴδιον δρᾶν οὔτε
ἰδόντα ἐπιτελεῖν, εὐχῇ δὲ προσέοικεν ἡ τοιαύτη ξυμ-
βουλή τε καὶ ἐπιχείρησις τοῦ λόγου ἔστω δὴ παν-
τάπασι μὲν εὐχή τις, (353) ἀπὸ γὰρ θεῶν χρὴ πάντα
ἀρχόμενον ἀεὶ λέγειν τε καὶ νοεῖν, ἐπιτελὲς δ' εἴη ση-
μαίνουσα ἡμῖν τοιόνδε τινὰ λόγον νῦν ὑμῖν καὶ τοῖς
πολεμίοις σχεδόν, ἐξ οὗπερ γέγονεν ὁ πόλεμος, συγ-
γένεια ἄρχει μία διὰ τέλους, ἣν ποτε κατέστησαν οἱ
πατέρες ὑμῶν εἰς ἀπορίαν ἐλθόντες τὴν ἅπασαν, τόθ'
ὅτε κίνδυνος ἐγένετο ἔσχατος Σικελίᾳ τῇ τῶν Ἑλλήνων
ὑπὸ Καρχηδονίων ἀνάστατον ὅλην ἐκβαρβαρωθεῖσαν
γενέσθαι. τότε γὰρ εἵλοντο Διονύσιον μὲν ὡς νέον καὶ
πολεμικὸν ἐπὶ τὰς τοῦ πολέμου πρεπούσας αὐτῷ πρά-
ξεις, σύμβουλον δὲ καὶ πρεσβύτερον Ἱππαρῖνον, ἐπὶ

fallunt Sed neque mirandum est, si idem ipsi, quod
probo gubernatori, forsan acciderit quem futura tem-
pestas haud admodum latet, sed insueta et iccirco im-
provisa tempestatum magnitudo latere potest ac vilatendo
submergere Hoc utique modo Dionem sors aliquantum
fefellisse videtur Quod enim mali essent, eum non la-
tebat quamvis, quam profunda esset in iis inscientia et
iniquitas voracitasque, latuerit Qua quidem in re de-
ceptus occubuit, Siciliam incredibili dolori subiciens
(352) Quæ igitur post hæc, quæ narrata sunt, vobis con-
sulo, hactenus quidem dicta sunt Quibus autem de causis
ipse in Siciliam quasi compulsus redierim, ostendere ar-
bitratus sum oportere, ne cui reversio mea absurda ac
præter rationem suscepta videretur Quamobrem, si
cui, quæ nunc dixi, probabiliora visa sunt, ac sufficientes
exstitisse occasiones, cur ita fieret, videantur, satis qui-
dem sufficienterque iam fuisse dictum putabimus

VIII Plato Dionis propinquis et amicis

Qua potissimum vivendi ratione prospere succedant res,
revera conabor vobis pro viribus enarrare Spero autem
non vobis solum, quæ in re vestra sint, me consulturum,
sed vobis quidem maxime secundo vero loco omnibus
qui sunt Syracusis tertio inimicis etiam vestris et ho-
stibus, præterquam si quis illorum impio se ipsum scelere
polluit Hæc enim insanabilia sunt, neque expiare un-
quam hæc quisquam posset Considerate vero, quod in
præsentia dicam Omne iam vestrum circa Siciliam
omnem, dissoluta tyrannide, consilium atque studium in
his versatur Nempe alii quidem affectant tyrannidem
iterum suscitare, alii tyrannidis memoriam omnem pror-
sus exstinguere Consilium vero in huiusmodi rebus apud
multos rectum ubique videri solet, si ita res constituantur,
ut hostes quam maximis afficiantur malis, amicis artem
beneficii plurimum afferat At vero nequaquam id fa-
cile est, ut qui multa aliis inferunt damna, ipsi non multa
vicissim ab aliis patiantur neque nunc opus est horum
exempla longe perquirere quippe cum quæ nuper in Si-
cilia acciderunt, satis exemplo nobis esse possint Cuncta
enim sic accidisse videntur, dum alii quidem inferre
mala, alii vero repellere et ulcisci contenderent In quibus
enarrandis idonei aliorum magistri ubique esse potestis
in his ergo percipiendis nulla ferme est difficultas Quæ
vero aut cunctis, tam inimicis quam amicis, utilia sunt,
aut saltem, quæ his quam minimum obsint, hæc certe
ipsa nec facile est perspicere, neque, postquam perspexe-
ris, ad votum perficere Hæc igitur consultatio atque
inquisitio voto persimilis esse videtur Ideoque sit nobis
ipsa omnino tanquam votum et deprecatio quædam
Omnibus enim in rebus et dicendis et cogitandis princi-
pium semper a diis est faciendum (353) Votum utique
eiusmodi absolutum talem nobis significabit rationem,
quæ vobis simul, inimicisque conducat Principio, ex
quo tempore bellum in Sicilia gestum est, familia una
continue dominata est, quam publicis rebus præfecerunt
vestri maiores, in summo tunc periculo constituti, cum a
Carthaginiensibus premerentur, venissetque res in extre-
mum discrimen, ne Sicilia, quæ excolebatur a Græcis,
iam a barbaris confunderetur atque devastaretur Tunc

σωτηρίᾳ τῆς Σικελίας αὐτοκράτορας, ὥς φασι, τυ-
ράννους ἐπονομάζοντες. καὶ εἴτε δὴ θείαν τις ἡγεῖσθαι
βούλεται τύχην καὶ θεὸν εἴτε τὴν τῶν ἀρχόντων ἀρετὴν
εἴτε καὶ τὸ ξυναμφότερον μετὰ τῶν τότε πολιτῶν τῆς
σωτηρίας αἰτίαν ξυμβῆναι γενομένην, ἔστω ταύτῃ ὅπῃ
τις ὑπολαμβάνει· σωτηρία δ' οὖν οὕτω συνέβη τοῖς
τότε γενομένοις. τοιούτων οὖν αὐτῶν γεγονότων δί-
καιόν που τοῖς σώσασι πάντας χάριν ἔχειν· εἰ δέ τι
τὸν μετέπειτα χρόνον ἡ τυραννὶς οὐκ ὀρθῶς τῇ τῆς
πόλεως δωρεᾷ κατακέχρηται, τούτων δίκας τὰς μὲν
ἔχει, τὰς δὲ τινέτω. τίνες οὖν δὴ δίκαι ἀναγκαίως
ὀρθαὶ γίγνοιντ' ἂν ἐκ τῶν ὑπαρχόντων αὐτοῖς; εἰ μὲν
ῥᾳδίως ὑμεῖς ἀποφυγεῖν οἷοί τ' ἦτε αὐτοὺς καὶ ἄνευ
μεγάλων κινδύνων καὶ πόνων, ἢ ἐκεῖνοι ἑλεῖν εὐπετῶς
πάλιν τὴν ἀρχήν, οὐδ' ἂν συμβουλεύειν οἷόν τ' ἦν τὰ
μέλλοντα ῥηθήσεσθαι· νῦν δ' ἐννοεῖν ὑμᾶς ἀμφοτέρους
χρεὼν καὶ ἀναμιμνήσκεσθαι ποσάκις ἐν ἐλπίδι ἑκά-
τεροι γεγόνατε τοῦ [νῦν] οἴεσθαι σχεδὸν ἀεί τινος σμι-
κροῦ ἐπιδεεῖς εἶναι τὸ μὴ πάντα κατὰ νοῦν πράττειν,
καὶ δὴ καὶ ὅτι τὸ σμικρὸν τοῦτο μεγάλων καὶ μυρίων
κακῶν αἴτιον ἑκάστοτε ξυμβαίνει γιγνόμενον, καὶ πέ-
ρας οὐδέν ποτε τελεῖται, ξυνάπτει δὲ ἀεὶ παλαιὰ τε-
λευτὴ δοκοῦσα ἀρχῇ φυομένῃ νέᾳ, διολέσθαι δ' ὑπὸ τοῦ
κύκλου τούτου κινδυνεύσει καὶ τὸ τυραννικὸν ἅπαν καὶ
τὸ δημοτικὸν γένος, ἥξει δέ, ἐάνπερ τῶν εἰκότων γί-
γνηταί τε καὶ ἀπευκτῶν, σχεδὸν εἰς ἐρημίαν τῆς Ἑλ-
ληνικῆς φωνῆς Σικελία πᾶσα, Φοινίκων ἢ Ὀπικῶν
μεταβαλοῦσα εἴς τινα δυναστείαν καὶ κράτος. τούτων
δὴ χρὴ πάσῃ προθυμίᾳ πάντας τοὺς Ἕλληνας τέμνειν
φάρμακον. εἰ μὲν δή τις ὀρθότερον ἄμεινόν τ' ἔχει τοῦ
ὑπ' ἐμοῦ ῥηθησομένου, ἐνεγκὼν εἰς τὸ μέσον ὀρθότατα
φιλέλλην ἂν λεχθείη· (154) ὃ δέ μοι φαίνεταί πῃ τὰ
νῦν, ἐγὼ πειράσομαι πάσῃ παρρησίᾳ καὶ κοινῷ τινι
δικαίῳ λόγῳ χρώμενος δηλοῦν. λέγω γὰρ δὴ διαι-
τητοῦ τινὰ τρόπον, διαλεγόμενος ὡς δυοῖν τυραννεύ-
σαντί τε καὶ τυραννευθέντι, ὡς ἑνὶ ἑκατέρῳ παλαιὰν
ἐμὴν ξυμβουλήν. καὶ νῦν δ' ὅ γ' ἐμὸς λόγος ἂν εἴη ξύμ-
βουλος τυράννῳ παντὶ φεύγειν μὲν τοὔνομά τε καὶ
τοὔργον τοῦτο, εἰς βασιλείαν δέ, εἰ δυνατὸν εἴη, μετα-
βαλεῖν. δυνατὸν δέ, ὡς ἔδειξεν ἔργῳ σοφὸς ἀνὴρ καὶ
ἀγαθὸς Λυκοῦργος, ὃς ἰδὼν τὸ τῶν οἰκείων γένος ἐν
Ἄργει καὶ Μεσσήνῃ ἐκ βασιλέων εἰς τυράννων δύναμιν
ἀφικομένους καὶ διαφθείραντας ἑαυτούς τε καὶ τὴν
πόλιν ἑκατέρους ἑκατέραν, δείσας περὶ τῆς αὑτοῦ πό-
λεως ἅμα καὶ γένους, φάρμακον ἐπήνεγκε τὴν τῶν
γερόντων ἀρχὴν καὶ τὸν τῶν ἐφόρων δεσμὸν τῆς βα-
σιλικῆς ἀρχῆς σωτήριον, ὥστε γενεὰς τοσαύτας ἤδη
μετ' εὐκλείας σώζεσθαι, νόμος ἐπειδὴ κύριος ἐγένετο
βασιλεὺς τῶν ἀνθρώπων, ἀλλ' οὐκ ἄνθρωποι τύραννοι
νόμων. ὃ δὴ καὶ νῦν οὑμὸς λόγος πᾶσι παρακελεύε-
ται, τοῖς μὲν τυραννίδος ἐφιεμένοις ἀποτρέπεσθαι καὶ
φεύγειν φυγῇ ἀπλήστως πεινώντων εὐδαιμόνισμα ἀν-
θρώπων καὶ ἀνοήτων, εἰς βασιλέως δ' εἶδος πειρᾶσθαι
μεταβάλλειν καὶ δουλεῦσαι νόμοις βασιλικοῖς, τὰς

igitur Dionysium quidem elegerunt, ut iuvenem bello
strenuum, qui rebus bellicis convenientibus sibi præesset :
Hipparinum vero, utpote seniorem, consilio res mode-
rari voluerunt : atque pro totius Siciliæ salute absolutam
his auctoritatem concedentes Tyrannos, ut fertur, ap-
pellaverunt. Proinde sive quis fortunam quandam divi-
nam deumque, sive eorum, quibus commissa res est,
virtutem, sive utrumque una cum temporis illius civibus,
salutis illius causam exstitisse censeat, esto id quidem,
ut quisque existimat. Salus certe hoc pacto tunc illis
parta est. Quamobrem, cum ita se illi gessissent, iustum
erat gratiam ab illis, qui servati erant, referri. Si quid
autem postea mali tyrannis ipsa, munere civitatis abutens
patravit, habet quidem sceleris sui iudices, unde et pœ-
nas persolvat. Sed quænam illis pœnæ ob ea, quæ acta
sunt, necessario recteque admoveri possunt? Si enim vel
vos illorum vim facile propulsare possetis et absque
magnis periculis laboribusque id facere, vel illi se domi-
nationem facile recepturos arbitrarentur : haud sane
possemus ea vobis, quæ nunc dicturi sumus, consulere.
Nunc vero utrique considerare atque meminisse debetis,
quotiens iam alterutri in spem prope certam pervenistis
consequendi quod optabatis, paulum deesse opinantes ad
cuncta pro arbitrio consequenda. Id ipsum tamen paulum
ingenium plurimorumque malorum ubique causa exsti-
tit : neque dum pervenit ad terminum, sed continuata
quadam successione inveterati iam mali apparenti termino
principium suboritur novum. Eiusmodi vero circuitus
perditurus videtur tyrannicum genus simul atque popu-
lare : et quantum verisimili ratione formidandum porten-
ditur, tota Sicilia in Græcæ linguæ oblivionem lapsura
videtur, ad Phœnicum Opicorumque potestatem domina-
tionemque translata. Quamobrem contra hæc Græci
omnes omni providentia remedium afferre debent. Si quis
igitur rectius meliusque consilium eo, quod a me dicetur,
(354) adducat in medium, merito Græcorum amator co-
gnominabitur. Quæ vero quodammodo sit mea sententia,
conabor nunc libere prorsus, communi ratione legeque
fretus, exponere. Ego igitur, personam mihi arbitratoris
assumens, quemadmodum iamdiu consuevi, tam exercenti
quam patienti tyrannidem communiter consulam. Atque
imprimis omni tyranno, ut appellationem hanc remque
ipsam fugiat, atque in regnum, si potest fieri, transferat.
Fieri vero posse Lycurgus, vir bonus et sapiens, re de-
monstravit. Is enim, cum videret genus proprium Argis
Messenæque ex regno in tyrannidem iam translatum,
ideoque hos populus utrosque tam se ipsos perdentes
quam civitates utrinque utrasque, timens patriæ simul
et generi remedium adhibuit, senatum procreans ephoro-
rumque magistratum in regni salutem. Quapropter tot
iam sæcula servatur cum gloria : postquam videlicet lex
auctoritatis plena hominum regina facta est : non autem
homines legum tyranni. Ad hoc ipsum in præsentia ratio
mea omnes homines cohortatur, suadens his, qui tyran-
nidem affectant, declinare ac fugere indefesso quodam
fugienti studio eiusmodi famescentium stultorumque ho-
minum felicitatem : atque ad regiam gubernationis for-
mam pro viribus se transferre, legibusque regiis obtem-
perare, maximos honores ab hominibus legibusque vo-
lentibus quandoque reportaturis. Qui vero omnibus

μεγίστας τιμὰς κεκτημένους παρ' ἑκόντων τε ἀνθρώ-
πων καὶ τῶν νόμων· τοῖς δὲ δὴ ἐλεύθερα διωκουσιν
ἤθη καὶ φεύγουσι τὸν δούλειον ζυγὸν ὡς ὂν κακόν,
εὐλαβεῖσθαι ξυμβουλεύοιμ' ἂν μή ποτε ἀπληστίᾳ ἐλευ-
θερίας ἀκαίρου τινὸς εἰς τὸ τῶν προγόνων νόσημα
ἐμπέσωσιν, ὃ διὰ τὴν ἄγαν ἀναρχίαν οἱ τότ' ἔπαθον,
ἀμέτρῳ ἐλευθερίας χρώμενοι ἔρωτι· οἱ γὰρ πρὸ Διο-
νυσίου καὶ Ἱππαρίνου ἄρξαντες Σικελιῶται τότε ὡς
ᾤοντο εὐδαιμόνως ἔζων, τρυφῶντές τε καὶ ἅμα ἀρχόν-
των ἄρχοντες· οἳ καὶ τοὺς δέκα στρατηγοὺς κατέλυσαν
βάλλοντες τοὺς πρὸ Διονυσίου, κατὰ νόμον οὐδένα
κρίναντες, ἵνα δὴ δουλεύοιεν μηδενὶ μήτε σὺν δίκῃ
μήτε νόμῳ δεσπότῃ, ἐλεύθεροι δ' εἶεν πάντη πάντως·
ὅθεν αἱ τυραννίδες ἐγένοντο αὐτοῖς· δουλεία γὰρ καὶ
ἐλευθερία ὑπερβάλλουσα μὲν ἑκατέρα πάγκακον, ἔμ-
μετρος δὲ οὖσα πανάγαθον· μετρία δὲ ἡ θεῷ δουλεία,
ἄμετρος δὲ ἡ τοῖς ἀνθρώποις· (355) θεὸς δὲ ἀνθρώποις
σώφροσι νόμος, ἄφρονι δὲ ἡδονή. τούτων δὴ ταύτῃ
πεφυκότων, ἃ ξυμβουλεύω Συρακοσίοις πᾶσι, φράζειν
παρακελεύομαι τοῖς Δίωνος φίλοις ἐκείνου καὶ ἐμὴν
κοινὴν ξυμβουλήν· ἐγὼ δὲ ἑρμηνεύσω ἃ ἐκεῖνος ἔμ-
πνους ὢν καὶ δυνάμενος εἶπεν ἂν νῦν πρὸς ὑμᾶς.
τίν' οὖν δή τις ἂν εἴποι λόγον ἀποφαίνεται ὑμῖν περὶ
τῶν νῦν παρόντων ἡ Δίωνος ξυμβουλή, τόνδε.

Δέξασθε, ὦ Συρακόσιοι, πάντων πρῶτον νόμους,
οἵτινες ἂν ὑμῖν φαίνωνται μὴ πρὸς χρηματισμὸν καὶ
πλοῦτον τρέφοντες τὰς γνώμας ὑμῶν μήτ' ἐπιθυμίας,
ἀλλ' ὄντων τριῶν, ψυχῆς καὶ σώματος, ἔτι δὲ χρη-
μάτων, τὴν τῆς ψυχῆς ἀρετὴν ἐντιμοτάτην ποιοῦντες,
δευτέραν δὲ τὴν τοῦ σώματος, ὑπὸ τῇ τῆς ψυχῆς κει-
μένην, τρίτην δὲ καὶ ὑστάτην τὴν τῶν χρημάτων
τιμήν, δουλεύουσαν τῷ σώματί τε καὶ τῇ ψυχῇ. καὶ
ὁ μὲν ταῦτα ἀπεργαζόμενος θεσμὸς νόμος ἂν ὀρθῶς
ὑμῖν εἴη κείμενος, ὄντως εὐδαίμονας ἀποτελῶν τοὺς
χρωμένους· ὁ δὲ τοὺς πλουσίους εὐδαίμονας ὀνο-
μάζων λόγος αὐτός τε ἄθλιος, γυναικῶν καὶ παίδων
ὢν λόγος ἄνους, τοὺς πειθομένους τε ἀπεργάζεται
τοιούτους. ὅτι δ' ἀληθῆ ταῦτ' ἐγὼ παρακελεύομαι,
ἐὰν γεύσησθε τῶν νῦν λεγομένων περὶ νόμων, ἔργῳ
γνώσεσθε, ἣ δὴ βάσανος ἀληθεστάτη δοκεῖ γίγνεσθαι
τῶν πάντων πέρι. δεξαμένους δὲ τοὺς τοιούτους νό-
μους, ἐπειδὴ κατέχει κίνδυνος Σικελίαν, καὶ οὔτε
κρατεῖτε ἱκανῶς οὔτ' αὖ διαφερόντως κρατεῖσθε, δί-
καιον ἂν ἴσως καὶ ξυμφέρον γίγνοιτο ὑμῖν πᾶσι μέσον
τεμεῖν, τοῖς τε φεύγουσι τῆς ἀρχῆς τὴν χαλεπότητα
ὑμῖν καὶ τοῖς τὴν ἀρχὴν πάλιν ἐρῶσι τιμεῖν, ὧν οἱ
πρόγονοι τότε, τὸ μέγιστον, ἔσωσαν ἀπὸ βαρβάρων
-οὺς Ἕλληνας, ὥστ' ἐξεῖναι περὶ πολιτείας νῦν
ποιεῖσθαι λόγους· ἔρρουσι δὲ τότε οὔτε λόγος οὔτ'
ἐλπὶς ἐλείπετ' ἂν οὐδαμῇ οὐδαμῶς. νῦν οὖν τοῖς
μὲν ἐλευθερία γιγνέσθω μετὰ βασιλικῆς ἀρχῆς, τοῖς
δὲ ἀρχὴ ὑπεύθυνος βασιλική, δεσποζόντων νόμων τῶν
τε ἄλλων πολιτῶν καὶ τῶν βασιλέων αὐτῶν, ἄν τι
παράνομον πράττωσιν· ἐπὶ δὲ τούτοις ξύμπασιν ἀδόλῳ

vivendi præferunt libertatem, iugum vero servile fugiunt
tanquam malum, ii caveant moneo, ne insatiabili importunæ
libertatis aviditate in maiorum suorum incidant morbum
quem quidem illi propterea passi sunt, quod nulli parere
volentes libertatis amore intemperanter abusi sunt. Qui
enim ante Dionysium et Hipparinum in Sicilia guberna-
bant, beate sibi vivere videbantur, libidinibus dissoluti,
præsidentiumque præsidentes, præterea decem ante Dio-
nysium præfectos deposuerunt atque pepulerunt, nemi-
nem secundum legem iudicantes, quo nulli subessent
homini iusto iudicanti aut dominanti legi, sed omnino in
singulis liberi forent. Qua quidem de causa illis tyran-
nides surrexerunt. Servitus enim ac libertas, si modum
excedat, utraque mala est. si modum observet, utraque
bona. Moderata quidem servitus est, quæ deo exhibe-
tur. immoderata vero, quæ hominibus. Deus quidem
hominibus temperatis lex est. (355) intemperatis vero
voluptas. Cum igitur hæc ita natura se habeant, quæ con-
sulo, mando Dionis amicis, ea Syracusanis omnibus pro-
mulganda ex communi Dionis meaque sententia. Equi-
dem vobis exponam, quæ ille adhuc spirans locutus est.
Quam igitur rationem, quæret quispiam, circa præsentia
nobis Dionis consilium affert?

Hanc vero omnium primam nunc accipite. Principio
leges tales sint, quæ non ad opes pecuniasque compa-
randas neque ad libidines mentes convertant. sed cum
tria sint, anima, corpus, pecunia, virtutem animi
maxime anteponant, secundo vero loco virtutem cor-
poris, virtuti animi servientem, tertio ultimoque gradu
pecuniam pretium collocent, animo corporique mini-
strans. Quæcunque lex hæc efficit, recta est, revera
beatitudinem utentibus afferens. Locupletes vero beatos
appellare sermo amens est et infelix, mulieribus pue-
risque conveniens, atque eos, qui id credunt, tales effi-
ciens. Quod autem ego nunc ad vera vos bona cohortor,
si, quæ modo dixi de legibus, degustetis, opere ipso in-
telligetis. Quæ quidem examinatio in cunctis verissima esse
videtur. Receptis vero eiusmodi legibus, cum Sicilia in
discrimine posita sit, neque sufficienter vos superetis neque
rursus admodum superemini, iustum forte atque utile
vobis omnibus erit medium incidere, tum vobis domi-
nationis acerbitatem fugientibus, tum aliis domina-
tionem adipisci desiderantibus. Quorum maiores olim,
quod maximi faciendum est, Græcos a barbaris serva-
verunt, adeo ut in præsentia liceat de republica con-
sultare. Alioquin, si tunc perditæ res fuissent, neque
nunc de his loqui liceret neque spes ulla superesset.
Nunc igitur aliis quidem libertas sit cum regia potes-
tate. aliis autem potestas regno subiecta, legibus do-
minantibus non aliis tantum civibus, sed ipsis etiam re-
gibus, si quid egerint contra leges. In his autem omnibus
mente a dolis aliena atque sana cum diis reges create.

γνώμη καὶ ὑγιεῖ μετὰ θεῶν βασιλέα στήσασθε, πρῶ-
τον μὲν τὸν ἐμὸν υἱὸν χαρίτων ἕνεκα διττῶν, τῆς τε
παρ' ἐμοῦ καὶ τοῦ ἐμοῦ πατρός. ὁ μὲν γὰρ ἀπὸ βαρ-
βάρων ἠλευθέρωσεν ἐν τῷ τότε χρόνῳ τὴν πόλιν, ἐγὼ δὲ
(356) ἀπὸ τυράννων νῦν δίς, ὧν αὐτοὶ μάρτυρες ὑμεῖς
γεγόνατε. δεύτερον δὲ δὴ ποιεῖσθε βασιλέα τὸν τῷ
μὲν ἐμῷ πατρὶ ταὐτὸν κεκτημένον ὄνομα, υἱὸν δὲ
Διονυσίου, χάριν τῆς τε δὴ νῦν βοηθείας καὶ ὁσίου τρό-
που · ὃς γενόμενος τυράννου πατρὸς ἑκὼν τὴν πόλιν
ἐλευθεροῖ, τιμὴν αὑτῷ καὶ γένει ἀείζωον ἀντὶ τυραν-
νίδος ἐφημέρου καὶ ἀδίκου κτώμενος. τρίτον δὲ προ-
καλεῖσθαι χρὴ βασιλέα γίγνεσθαι Συρακουσῶν, ἑκόντα
ἑκούσης τῆς πόλεως, τὸν νῦν τοῦ τῶν πολεμίων ἄρ-
χοντα στρατοπέδου, Διονύσιον τὸν Διονυσίου, ἐὰν
ἐθέλῃ ἑκὼν εἰς βασιλέως σχῆμα ἀπαλλάττεσθαι, δε-
διὼς μὲν τὰς τύχας, ἐλεῶν δὲ πατρίδα καὶ ἱερῶν
ἀθεραπευσίαν καὶ τάφους, μὴ διὰ φιλονεικίαν πάντως
πάντα ἀπολέσῃ βαρβάροις ἐπίχαρτος γενόμενος. τρεῖς
δ' ὄντας βασιλέας, εἴτ' οὖν τὴν Λακωνικὴν δύναμιν
αὐτοῖς δόντες εἴτε ἀφελόντες καὶ ξυνομολογησάμενοι,
καταστήσασθε τρόπῳ τινὶ τοιῷδε, ὃς εἴρηται μὲν καὶ
πρότερον ὑμῖν, ὅμως. δ' ἔτι καὶ νῦν ἀκούετε. ἐὰν
ἐθέλῃ τὸ γένος ὑμῖν τὸ Διονυσίου τε καὶ Ἱππαρίνου
ἐπὶ σωτηρίᾳ Σικελίας παύσασθαι τῶν νῦν παρόντων
κακῶν, τιμὰς αὑτοῖς καὶ γένει λαβόντας εἴς τε τὸν
ἔπειτα καὶ τὸν νῦν χρόνον, ἐπὶ τούτοις καλεῖτε, ὥσπερ
καὶ πρότερον ἐρρήθη, πρέσβεις οὓς ἂν ἐθελήσωσι
κυρίους ποιησάμενοι τῶν διαλλαγῶν, εἴτε τινὸς αὐ-
τόθεν εἴτε ἔξωθεν εἴτε ἀμφότερα, καὶ ὁπόσους ἂν συγ-
χωρήσωσι. τούτους δ' ἐλθόντας νόμους μὲν πρῶτον
θεῖναι καὶ πολιτείαν τοιαύτην, ἐν ᾗ βασιλέας ἁρμόττει
γίγνεσθαι κυρίους ἱερῶν τε καὶ ὅσων ἄλλων πρέπει
τοῖς γενομένοις ποτὲ εὐεργέταις, πολέμου δὲ καὶ εἰρή-
νης ἄρχοντας νομοφύλακας ποιήσασθαι ἀριθμὸν τριά-
κοντα καὶ πέντε μετά τε δήμου καὶ βουλῆς. δικα-
στήρια δὲ ἄλλα μὲν ἄλλων, θανάτου δὲ καὶ φυγῆς τούς
τε πέντε καὶ τριάκοντα ὑπάρχειν. πρὸς τούτοις τε
ἐκλεκτοὺς γίγνεσθαι δικαστὰς ἐκ τῶν [νῦν] ἀεὶ πε-
ρυσινῶν ἀρχόντων, ἕνα ἀφ' ἑκάστης τῆς ἀρχῆς τὸν
ἄριστον δόξαντ' εἶναι καὶ δικαιότατον· τούτους δὲ τὸν
ἐπιόντα ἐνιαυτὸν δικάζειν ὅσα θανάτου καὶ δεσμοῦ καὶ
μεταστάσεως τῶν πολιτῶν· βασιλέα δὲ τῶν τοιούτων
δικῶν μὴ ἐξεῖναι δικαστὴν γίγνεσθαι, (357) καθάπερ
ἱερέα, φόνου καθαρεύοντα καὶ δεσμοῦ καὶ φυγῆς. ταῦθ'
ὑμῖν ἐγὼ καὶ ζῶν διενοήθην γίγνεσθαι καὶ νῦν δια-
νοοῦμαι. καὶ τότε κρατήσας τῶν ἐχθρῶν μεθ' ὑμῶν, εἰ
μὴ ξενικαὶ ἐρινύες ἐκώλυσαν, κατέστησα ἂν ᾗπερ καὶ
διενοούμην, καὶ μετὰ ταῦτα Σικελίαν ἂν τὴν ἄλλην,
εἴπερ ἔργα ἐπὶ νῷ ἐγίγνετο, κατῴκισα, τοὺς μὲν βαρ-
βάρους ἣν νῦν ἔχουσιν ἀφελόμενος, ὅσοι μὴ ὑπὲρ τῆς
κοινῆς ἐλευθερίας διεπολέμησαν πρὸς τὴν τυραννίδα,
τοὺς δ' ἔμπροσθεν οἰκητὰς τῶν Ἑλληνικῶν τόπων εἰς
τὰς ἀρχαίας καὶ πατρῴας οἰκήσεις κατοικίσας. ταὐτὰ
δὲ ταῦτα καὶ νῦν πᾶσι συμβουλεύω κοινῇ διανοηθῆναι

primum quidem filium meum, duplici gratia, mei scilicet
gratia atque avi sui. Ille enim sua tempestate patriam a
barbaris liberavit : ego vero iam bis a tyrannis. Quorum
quidem testes mihi vos ipsi estis (356). Secundum vero
regem create eum, qui idem, quod et pater meus, nomen
habet : Dionysii inquam filium. Atque id facite prae-
sentis eius in patriam officii piorumque eius morum : qui
patre tyranno natus patriam sponte liberare aggreditur,
pro brevissima iniustaque tyrannide gloriam sibi generi-
que comparans sempiternam Tertium denique ad re-
gnum Syracusanum invitare oportet volentem, civitate
volente, Dionysium Dionysii filium, nunc exercitus hos-
tium ducem : si velit, inquam, regiae dignitatis forma
contentus vivere, timens videlicet fortunae vices, et pa-
triam miseratus sacraque et sepulcra maiorum; ne
contentione prorsus omnia perdat, barbaris ex patriae
infelicitate gratificans. Hos vero tres reges, sive illis auc-
toritatem eandem, quam Lacedaemonii reges habent, de-
deritis, sive quid ademeritis, communi consensu consti-
tuetis, tali quodam pacto, ut prius dictum est, atque
iterum nunc audite. Si Dionysii et Hipparini genus vo-
luerit pro Siciliae salute his calamitatibus, quae nunc
urgent, finem imponere, honores sibi totique familiae
comparantes non ad praesens solum sed in posterum :
hac, inquam, conditiones, quemadmodum et prius dictum
est, ad regnum vocate : et legatos, quos ipsi velint, con-
cordiae gratia cum publica auctoritate deligite, sive ex
vestris civibus, sive ex alienis sive ex utrisque, totque
praeterea, quot illi concesserint. Qui communi sententia
leges condant atque rempublicam ita constituant, ut in
ea reges esse deceat sacrorum dominos aliarumque re-
rum, quascunque decet his concedi, quorum beneficia in
patriam exstant. Proinde belli pacisque arbitrium ha-
beant custodes ipsi legum creati, numero quinque et tri-
ginta, una cum populo atque senatu. Iudicia vero dis-
tincta sint alia aliorum. Mortis quidem atque exsilii
auctoritas sit penes triginta et quinque viros, et praeter
eos penes alios quosdam iudices ex illis electos, qui ma-
gistratibus proxime perfuncti sunt : ita ut unus ex quo-
libet magistratu eligatur, qui optimus iustissimusque
appareat. Hi sequenti anno de morte et carcere et ex-
silio sententiam ferant. Regi vero his iudiciis interesse
non liceat, utpote sacerdoti, quem in ferenda necis, car-
ceris, exsilii sententia contaminari nefas sit. (357) Haec
equidem et dum viverem, cogitabam, et nunc etiam co-
gito facienda : atque tunc, cum inimicos superavissem
una vobiscum, nisi externi furiaeque obstitissent, ut
decreveram, constituissem. Proinde si ad votum res pro-
cessissent, colonis reliquam Siciliam replevissem, bar-
baris quidem ex his locis, quae nunc occupant, expulsis,
praeterquam si qui eorum pro communi libertate contra
tyrannidem pugnaverunt : priores autem Graecorum lo-
corum colonos in antiquas patriasque sedes restituissem.
Haec igitur eadem in praesentia omnibus coasulo com-

καὶ πράττειν τε καὶ παρακαλεῖν ἐπὶ ταύτας τὰς πράξεις πάντας, τὸν μὴ ἐθέλοντα δὲ πολέμιον ἡγεῖσθαι κοινῇ. ἔστι δὲ ταῦτα οὐκ ἀδύνατα ἃ γὰρ ἐν δυοῖν τε ὄντα ψυχαῖν τυγχάνει καὶ λογισαμένοις εὑρεῖν βέλτιστα ἑτοίμως ἔχει, ταῦτα δὲ σχεδὸν ὁ κρίνων ἀδύνατα οὐκ εὖ φρονεῖ. λέγω δὲ τὰς δύο τήν τε Ἱππαρίνου τοῦ Διονυσίου υἱέος καὶ τὴν τοῦ ἐμοῦ υἱέες τούτοιν γὰρ ξυνομολογησάντοιν τοῖς γε ἄλλοις Συρακουσίοις οἶμαι πᾶσιν ὅσοιπερ τῆς πόλεως κήδονται ξυνδοκεῖν. ἀλλὰ θεοῖς τε πᾶσι τιμὰς μετ' εὐχῶν δόντες τοῖς τε ἄλλοις ὅσοις μετὰ θεῶν πρέπει, πείθοντες καὶ προκαλούμενοι φίλους καὶ διαφόρους μαλακῶς τε καὶ πάντως, μὴ ἀποστῆτε πρὶν ἂν τὰ νῦν ὑφ' ἡμῶν λεγθέντα, οἷον ὀνείρατα θεῖα ἐπιστάντα ἐγρηγορόσιν, ἐναργῆ τε ἐξεργάσησθε τελεσθέντα καὶ εὐτυχῆ.

θ' Πλάτων Ἀρχύτᾳ Ταραντίνῳ εὖ πράττειν

Ἀφίκοντο πρὸς ἡμᾶς οἱ περὶ Ἀρχιππον καὶ Φιλωνίδην, τήν τε ἐπιστολὴν φέροντες ἣν σὺ αὐτοῖς ἔδωκας, καὶ ἀπαγγέλλοντες τὰ παρὰ σοῦ. τὰ μὲν οὖν πρὸς τὴν πόλιν οὐ χαλεπῶς διεπράξαντο, καὶ γὰρ οὐδὲ παντελῶς ἦν ἐργώδη· τὰ δὲ παρὰ σοῦ διῆλθον ἡμῖν, λέγοντες ὑποδυσφορεῖν σε ὅτι οὐ δύνασαι τῆς περὶ τὰ κοινὰ ἀσχολίας ἀπολυθῆναι· ὅτι μὲν οὖν ἥδιστόν ἐστιν ἐν τῷ βίῳ (158) τὸ τὰ αὑτοῦ πράττειν, ἄλλως τε καὶ εἴ τις ἕλοιτο τοιαῦτα πράττειν οἷα καὶ σύ, σχεδὸν παντὶ δῆλον· ἀλλὰ κἀκεῖνο δεῖ σε ἐνθυμεῖσθαι, ὅτι ἕκαστος ἡμῶν οὐχ αὑτῷ μόνον γέγονεν, ἀλλὰ τῆς γενέσεως ἡμῶν τὸ μέν τι ἡ πατρὶς μερίζεται, τὸ δέ τι οἱ γεννήσαντες, τὸ δὲ οἱ λοιποὶ φίλοι, πολλὰ δὲ καὶ τοῖς καιροῖς δίδοται τοῖς τὸν βίον ἡμῶν καταλαμβάνουσι. καλούσης δὲ τῆς πατρίδος αὐτῆς πρὸς τὰ κοινά, ἄτοπον ἴσως τὸ μὴ ὑπακούειν· ἅμα γὰρ ξυμβαίνει καὶ χώραν καταλιμπάνειν φαύλοις ἀνθρώποις, οἳ οὐκ ἀπὸ τοῦ βελτίστου πρὸς τὰ κοινὰ προσέρχονται. περὶ τούτων μὲν οὖν ἱκανῶς, Ἐχεκράτους δὲ καὶ νῦν ἐπιμέλειαν ἔχομεν καὶ εἰς τὸν λοιπὸν χρόνον ἕξομεν καὶ διὰ σὲ καὶ διὰ τὸν πατέρα αὐτοῦ Φρυνίωνα καὶ δι' αὐτὸν τὸν νεανίσκον

ι' Πλάτων Ἀριστοδώρῳ εὖ πράττειν.

Ἀκούω Δίωνος ἐν τοῖς μάλιστα ἑταῖρον εἶναί-έ σε νῦν καὶ γεγονέναι διὰ παντός, τὸ σοφώτατον ἦθος τῶν εἰς φιλοσοφίαν παρεχόμενον· τὸ γὰρ βέβαιον καὶ πιστὸν καὶ ὑγιές, τοῦτο ἐγώ φημι εἶναι τὴν ἀληθινὴν φιλοσοφίαν, τὰς δὲ ἄλλας τε καὶ εἰς ἄλλα τεινούσας σοφίας τε καὶ δεινότητας κομψότητας, οἶμαι προσαγορεύων ὀρθῶς ὀνομάζειν· ἀλλ' ἔρρωσό τε καὶ μένε ἐν τοῖς ἤθεσιν οἷσπερ καὶ νῦν μένεις.

ια' Πλάτων Λαοδάμαντι εὖ πράττειν

Ἐπέστειλα μέν σοι καὶ πρότερον, ὅτι πολὺ δια-

---

muni consilio deliberare et agere, atque ad hæc agenda omnes cohortari. quod si qui dissenserint, eos communi sententia hostes existimare. Neque vero hæc talia sunt ut fieri nequeant. Quæ enim in duorum animis consistunt, atque his, qui consultando perquirunt optima, mox facileque occurrunt, ea qui impossibilia iudicat non recte sentit. Dico autem duos, Hipparini scilicet, Dionysii filii, atque insuper mei filii animos. Arbitror enim, si hi consenserint, alios quoque Syracusanos et omnes, quibus patria curæ est, consensuros. Sed diis omnibus honores cum precibus offerentes, et aliis præterea, quibuscunque una cum diis vovere decet, præterea cohortantes invitantesque amicos et inimicos omnino atque benigne, nolite prius desistere quam ea, quæ a nobis nunc dicta sunt, quasi divina somnia vigilantibus supervenientia, perspicua quidem atque felicia perfectissime impleatis.

IX. Plato Archytæ Tarentino bene agere

Venerunt ad nos Archippi Philonidisque familiares, ferentes epistolam quam iis dederas, ac de rebus tuis quæ oportuit nuntiantes. Publica quidem civitatis negotia absque difficultate peregerunt. neque enim admodum laboriosa erant. Te vero narraverunt permoleste ferre, quod a publicis civitatis occupationibus te liberare non vales. Quod igitur dulcissimum vitæ genus sit agere sua, præsertim si quis talia elegerit facienda, (358) qualia tu, omnibus ferme est manifestum. Sed illud quoque te considerare oportet, nullum nostrum sibi soli natum esse. sed ortus nostri partem sibi patriam vindicare, partem parentes, partem amicos. multa insuper pro temporum diversitate nobis accidere, quibus nostra vita occupata est. Vocante igitur te patria ipsa ad rempublicam gubernandam absurdum forsan esset non parere. præsertim cum simul accidat, ut aditus pravis hominibus relinquatur, qui nulla ipsius, quod optimum est, ratione proficiscuntur ad publica. De his ergo iam satis. Echecratis autem curam habemus in præsentia, habebimusque in posterum, et tui gratia et patris eius Phrynionis et propter ipsum adolescentem.

X. Plato Aristodoro bene agere

Audio te ante alios et nunc esse familiarem Dionis, et per omne tempus sapientiam morum ad philosophiam spectantium inprimisexercuisse. Nam firmitatem, fidem, sinceritatem veram esse philosophiam existimo. alias vero et ad alia declinantes scientias et facultates, si quis ornamenta dixerit, recte, ut arbitror, appellabit. Sed vale iam et in præsentibus his persevera moribus.

XI. Plato Laodamanti bene agere

Scripsimus etiam prius ad te, referre multum ad ea

φέρει πρὸς ἅπαντα ἃ λέγεις αὐτὸν ἀφιχέσθαι σε Ἀθή-
ναζε· ἐπειδὴ δὲ σὺ φῇς ἀδύνατον εἶναι, μετὰ τοῦτο ἦν
δεύτερον, εἰ δυνατὸν ἐμὲ ἀφιχέσθαι ἢ Σωκράτη, ὥσπερ
ἐπέστειλας. νῦν δὲ Σωκράτης μέν ἐστι περὶ ἀσθένειαν
τὴν τῆς στραγγουρίας, ἐμὲ δὲ ἀφικόμενον ἐνταῦθα ἀσχη-
λον ἂν εἴη μὴ διαπράξασθαι ἐφ' ἅπερ σὺ παρακαλεῖς.
ἐγὼ δὲ ταῦτα γενέσθαι ἂν οὐ πολλὴν ἐλπίδα ἔχω. δι'
ἃ δέ, μακρᾶς ἑτέρας δέοιτ' ἂν ἐπιστολῆς, εἴ τις πάντα
διεξίοι· καὶ ἅμα οὐδὲ τῷ σώματι διὰ τὴν ἡλικίαν ἱκανῶς
ἔχω πλανᾶσθαι καὶ κινδυνεύειν κατά τε γῆν καὶ κατὰ
θάλατταν, οἷα ἀπαντᾷ καὶ νῦν πάντα κινδύνων ἐν
ταῖς πορείαις ἐστὶ μεστά. συμβουλεῦσαι μέντοι ἔχω
σοί τε καὶ τοῖς οἰκισταῖς, (359) ὃ εἰπόντος μὲν ἐμοῦ, φησὶν
Ἡσίοδος, δόξαι ἂν εἶναι φαῦλον, χαλεπὸν δὲ νοῆσαι.
εἰ γὰρ οἴονθ' ὑπὸ νόμων θέσεως καὶ ὧν τινων εὖ ποτὲ
πόλιν ἂν κατασκευασθῆναι, ἄνευ τοῦ εἶναί τι κύριον
ἐπιμελούμενον ἐν τῇ πόλει τῆς καθ' ἡμέραν διαίτης,
ὅπως ἂν ᾖ σώφρων τε καὶ ἀνδρικὴ δούλων τε καὶ
ἐλευθέρων, οὐκ ὀρθῶς διανοοῦνται. τοῦτο δ' αὖ, εἰ
μέν εἰσιν ἤδη ἄνδρες ἄξιοι τῆς ἀρχῆς ταύτης, γένοιτ'
ἄν· εἰ δ' ἐπὶ τὸ παιδεῦσαι δεῖ τινος, οὔτε ὁ παιδεύσων
οὔτε οἱ παιδευθησόμενοι, ὡς ἐγὼ οἶμαι, εἰσὶν ὑμῖν,
ἀλλὰ λοιπὸν τοῖς θεοῖς εὔχεσθαι. καὶ γὰρ σχεδόν τι
καὶ αἱ ἔμπροσθεν πόλεις οὕτω κατεσκευάσθησαν, καὶ
ἔπειτα εὖ ᾤκησαν, ὑπὸ ξυμβάσεων πραγμάτων με-
γάλων καὶ κατὰ πόλεμον καὶ κατὰ τὰς ἄλλας πράξεις
γενομένων, ὅταν ἐν τοιούτοις καιροῖς ἀνὴρ καλός τε καὶ
ἀγαθὸς ἐγγένηται μεγάλην δύναμιν ἔχων. τὸ δ' ἔμ-
προσθεν αὐτὰ προθυμεῖσθαι μὲν χρὴ καὶ ἀνάγκη,
διανοεῖσθαι μέντοι αὐτὰ οἷα λέγω, καὶ μὴ ἀνοη-
ταίνειν οἰομένους τι ἑτοίμως διαπράξασθαι. εὐ-
τύχει.

ιβ'. Πλάτων Ἀρχύτᾳ Ταραντίνῳ εὖ πράττειν.

Τὰ μὲν παρὰ σοῦ ἐλθόνθ' ὑπομνήματα θαυμαστῶς
ὡς ἄσμενοί τε ἐλάβομεν καὶ τοῦ γράψαντος αὐτὰ
ἠγάσθημεν ὡς ἔνι μάλιστα, καὶ ἔδοξεν ἡμῖν εἶναι ὁ
ἀνὴρ ἄξιος ἐκείνων τῶν πάλαι προγόνων· λέγονται
γὰρ δὴ οἱ ἄνδρες οὗτοι μύριοι εἶναι, οὗτοι δ' ἦσαν
τῶν ἐπὶ Λαομέδοντος ἐξαναστάντων Τρώων, ἄνδρες
ἀγαθοί, ὡς ὁ παραδεδομένος μῦθος δηλοῖ. τὰ δὲ
παρ' ἐμοὶ ὑπομνήματα, περὶ ὧν ἐπέστειλας, ἱκανῶς
μὲν οὔπω ἔχει, ὡς δέ ποτε τυγχάνει ἔχοντα, ἀπέ-
σταλκά σοι. περὶ δὲ τῆς φυλακῆς ἀμφότεροι συμφω-
νοῦμεν, ὥστ' οὐδὲν δεῖ παρακελεύεσθαι.

ιγ'. Πλάτων Διονυσίῳ τυράννῳ Συρακουσῶν εὖ πράττειν.

(360) Ἀρχή σοι τῆς ἐπιστολῆς ἔστω καὶ ἅμα ξύμβολον
ὅτι παρ' ἐμοῦ ἐστί. τοὺς Λοκροὺς ποθ' ἑστιῶν νεα-
νίσκους, πόρρω κατακείμενος ἀπ' ἐμοῦ, ἀνέστης παρ'
ἐμὲ καὶ φιλοφρονούμενος εἶπες εὖ τι ῥῆμα ἔχον, ὡς ἐμοί
τε ἐδόκει καὶ τῷ παρακατακειμένῳ, ἦν δ' οὗτος τῶν
καλῶν τις. ὃς τότε εἶπεν Ἦ που πολλά, ὦ Διονύσιε,

---

quæ dicis, omnia, ut Athenas ipse proficiscaris. Quoniam
vero ais te venire non posse, secundo id loco foret, si vel
ego vel Socratés, ut per tuas litteras significasti, istuc
nos conferre possemus. Verum Socrates quidem hoc tem-
pore morbo stranguriæ impeditur. Mihi vero istuc profi-
ciscenti dedecus perficerentur foret, si illa quorum gratia
me vocas, nequaquam , quæ quidem perfici posse haud
admodum spero. Si quis autem ea omnia referre aggre-
diatur, quorum de causa ita diffidam, prolixa opus erit
epistola. Præterea per ætatem non satis corpore valeo
ad iter conficiendum, periculaque mari terraque obeunda,
qualia iter solet obicere : præsertim vero per id tempus
omnia iter agentibus plena periculis sunt. Consulere ta-
men tibi colonisque possum, (359) quod nunc me refe-
rente inquit Hesiodus, videri quidem leve quiddam esse,
difficile vero intelligere. Nam si putant aliqui, legum qua-
rumlibet positione civitatem bene quandoque constitui
posse, nisi sit aliquis cum auctoritate præsidens civitati,
quotidianæ omnium vitæ moderator, adeo ut sit tem-
perata et fortis tam in servis quam in liberis, non recte
putant. Proinde, si sint iam apud vos viri hac potestate
digni, id fieret. Sin autem ad disciplinam opus sit ali-
quo, neque qui doceat, neque qui doceantur, ut opinor,
apud vos sunt · reliquum est deos precari. Nam fere
quæ ante hoc tempus civitates fuerunt, sic ab initio con-
stitutæ sunt , ac postea bene excultæ , pro contingentia
magnarum rerum, tum bello tum pace, quando in huius-
modi temporibus vir clarus et probus magnam adeptus
fuerit potestatem. Prius autem ipsa promptissime curare
oportet atque necesse est : considerare tamén ea, qualia
dico ; neque temere aggredi, quasi leviter peragantur :
cogitare vero, quid commode fieri possit. Vale felix.

XII. Plato Archytæ Tarentino bene agere.

Mirum est, quam libenti animo commentaria abs te
missa accepimus, eorumque auctoris ingenio delectati
sumus. Visus quidem nobis est vir ipse dignus maioribus
illis antiquis. Fertur autem eos virorum decem milia
fuisse, qui ex numero Troianorum omnium, qui sub
Laomedonte surrexere, ut fabula tradit, præstantissimi
fuerunt. Commentaria vero, quæ tu per litterás a me pe-
tis, nondum absoluta sunt. Qualiacunque tamen sunt, ad
te misi. De custodia vero idem sentimus ambo. Qua-
propter nihil cohortatione opus esse videtur.

XIII. Plato Dionysio Syracusarum tyranno bene agere.

(360) Principium tibi epistolæ, simulque nota quod
hæc epistola mea sit, hæc esto : Quum aliquando Locros
iuvenes convivio excepisses, et procul a me discum-
beres, surrexisti, ad meque accessisti, et comiter humani-
terque dixisti lepidum quiddam , ut et mihi et ei qui
proxime assidebat visum est. Erat autem ille ex numero

ς σοφίαν ὠφελεῖ ὑπὸ Πλάτωνος. σὺ δ' εἶπες Καὶ
ς ἄλλα πολλά, ἐπεὶ καὶ ἀπ' αὐτῆς τῆς μεταπέμ-
εως, ὅτι μετεπεμψάμην αὐτόν, δι' αὐτὸ τοῦτο εὐθὺς
ρελήθην. τοῦτ' οὖν διασωστέον, ὅπως ἂν αὐξάνηται
εἰ ἡμῖν ἡ ἀπ' ἀλλήλων ὠφέλεια. καὶ ἐγὼ νῦν τοῦτ'
ὑπὸ παρασκευάζων τῶν τε Πυθαγορείων πέμπω σοι
αὶ τῶν διαιρέσεων, καὶ ἄνδρα, ὥσπερ ἐδόκει ἡμῖν τότε,
γε σὺ καὶ Ἀρχύτης, εἴπερ ἥκει παρά σε Ἀρχύτης,
ρῆσθαι δύναισθ' ἂν ἔστι δὲ ὄνομα μὲν Ἑλίκων, τὸ
! γένος ἐκ Κυζίκου, μαθητὴς δὲ Εὐδόξου καὶ περὶ
άντα τὰ ἐκείνου πάνυ χαριέντως ἔχων ἔτι δὲ καὶ τῶν
σοκράτους μαθητῶν τῷ ξυγγέγονε καὶ Πολυξένῳ τῶν
ρύσωνός τινι ἑταίρων ὁ δὲ σπάνιον ἐπὶ τούτοις, οὔτε
χαρίς ἐστιν ἐντυχεῖν οὔτε κακοήθει ἔοικεν, ἀλλὰ
ἄλλον ἐλαφρὸς καὶ εὐήθης δόξειεν ἂν εἶναι. δεδιὼς
λέγω ταῦτα, ὅτι ὑπὲρ ἀνθρώπου δόξαν ἀποφαί-
ιμαι, οὐ φαύλου ζώου, ἀλλ' εὐμεταβόλου, πλὴν
ἐνυ ὀλίγων -ινῶν καὶ εἰς ὀλίγα ἐπεὶ καὶ περὶ τού-
ω φοβούμενος καὶ ἀπιστῶν ἐσκόπουν αὐτός τε ἐν-
ιγχάνων καὶ ἐπυνθανόμην τῶν πολιτῶν αὐτοῦ, καὶ
δεὶς οὐδὲν φλαῦρον ἔλεγε τὸν ἄνδρα. σκόπει δὲ
εἰ αὐτὸς καὶ εὐλαβοῦ μάλιστα μὲν οὖν, ἂν καὶ
ιωστιοῦν σχολάζῃς, μάνθανε παρ' αὐτοῦ καὶ τἄλλα
λοσόφει· εἰ δὲ μή, ἐκδίδαξαί τινα, ἵνα κατὰ
χολὴν μανθάνων βελτίων γίγνῃ καὶ εὐδοξῆς, ὅπως
δι' ἐμὲ ὠφελεῖσθαί σε μὴ ἀνιῇ. καὶ ταῦτα μὲν δὴ
ούτη.

(361) Περὶ δὲ ὧν ἐπέστειλές μοι ἀποπέμπειν σοι,
ν μὲν Ἀπόλλω ἐποιησάμην τε καὶ ἄγει σοι Λεπτίνης,
ου καὶ ἀγαθοῦ δημιουργοῦ· ὄνομα δ' ἐστιν αὐτῷ
εωχάρης ἕτερον δὲ παρ' αὐτῷ ἔργον ἦν πάνυ κομ-
ίν, ὡς ἐδόκει. ἐπριάμην οὖν αὐτὸ βουλόμενός σου
ῇ γυναικὶ δοῦναι, ὅτι μου ἐπεμελεῖτο καὶ ὑγιαίνοντος
εἰ ἀσθενοῦντος ἀξίως ἐμοῦ τε καὶ σοῦ. δὸς οὖν
ιτῇ, ἂν μή τί σοι ἄλλο δόξῃ πέμπω δὲ καὶ οἴνου
ιυκέος δώδεκα σταμνία τοῖς παισὶ καὶ μέλιτος δύο
χάδων δὲ ὕστερον ἤλθομεν τῆς ἀποθέσεως, τὰ δὲ
ὄρτα ἀποτεθέντα κατεσάπη· ἀλλ' αὖθις βέλτιον ἐπι-
λησόμεθα. περὶ δὲ φυτῶν Λεπτίνης σοι ἐρεῖ ἀρ-
ίρτον δ' εἰς ταῦτα ἕνεκά τε τούτων καὶ εἰσφορῶν
νῶν εἰς τὴν πόλιν ἔλαβον παρὰ Λεπτίνου, λέγων ἅ
ι ἐδόκει εὐσχημονέστατα ἡμῖν εἶναι καὶ ἀληθῆ λέ-
ιν, ὅτι ἡμέτερον εἴη ὃ εἰς τὴν ναῦν ἀνηλώσαμεν τὴν
εὐκαδίαν, σ' εδὸν ἑκκαίδεκα μναῖ τοῦτ' οὖν ἔλα-
ον, καὶ λαβὼν αὐτός τε ἐχρησάμην καὶ ὑμῖν ταῦτα
πέπεμψα τὸ δὴ μετὰ τοῦτο περὶ χρημάτων ἄκουε
ς σοι ἔχει, περί τε τὰ σὰ τὰ Ἀθήνῃσι καὶ περὶ τὰ
ιά. ἐγὼ τοῖς σοῖς χρήμασιν, ὥσπερ τότε σοι ἔλεγον,
χήσομαι καθάπερ τοῖς τῶν ἄλλων ἐπιτηδείων χρῶμαι
ὡς ἂν δύνωμαι ὀλιγίστοις, ὅσα ἀναγκαῖα ἢ δίκαια
εὐσχήμονα ἐμοί τε δοκεῖ καὶ παρ' οὗ ἂν λαμβάνω
ιοὶ δὴ τοιοῦτον νῦν ξυμβέβηκεν. εἰσί μοι ἀδελφιδῶν
γατέρες τῶν ἀποθανουσῶν τότε ὅτ'· ἐγὼ οὐκ ἐστε-
ανούμην, σὺ δ' ἐκέλευες, τέτταρες, ἡ μὲν νῦν ἐπί-

urbanorum qui tum, Maiorem sane in modum, inquit,
o Dionysi, a Platone ad consequendam sapientiam adiu-
varis Cui tu, Multis etiam aliis in rebus, respondisti
Etenim ex quo eum accersiri iussi, repente ob eam ip-
sam causam quod eum accersiveram, emolumentum per
cepi Itaque conservandum est hoc, ut hæc mutua utilitas
perpetuo magis ac magis inter nos augescat Nunc igitur
hoc ipsum studens, mitto tibi ex Pythagoreis et ex
divisionibus, et virum præterea cuius opera, quemad-
modum tum nobis visum est, et tu et Archytas (si ipse
ad te venit) uti possitis Ei nomen est Helicon patria
Cyzicus, Eudoxi discipulus, cuius omni doctrina ele-
ganter est institutus , et usus ei intercessit cum quodam
Isocratis discipulorum et Polyxeno, Brysonis sodali
quoque præterea rarum est, comis est et affabilis ne-
que malitiosus videtur, sed levius potius et candidus esse
iudicaretur Caute autem et timide loquor quippe de
homine sententiam exponens, non de perdito animali,
sed quod mutari corrigique facile possit, nisi in quibus-
dam, usque perpaucis Præterea id veritus, ac diffidens,
considerabam cum illo colloquens, ac de civibus ipsius
percontabar, neque quisquam mihi quicquam de eo mali
retulit Considerato autem tu quoque, et cautionem ad-
iubeto accuratissimeque, quoties tibi otium erit, ex
illo discito, aliisque in rebus philosophator sin minus,
doceto quempiam, ut per otium discens melior et il-
lustrior evadas, neque a me iuvari desinas Atque hæc
quidem hactenus

(361) Quod autem per litteras a me ut Apollinem
tibi mitterem petiisti, id feci ' Leptines tibi eum de-
portandum suscepit Factus est ab erudito et præ-
stanti artifice cui nomen est Leochari Erat apud eum
opus aliud, sane egregium ut videbatur quare illud
sum mercatus, ut uxori tuæ dono darem quoniam mei
curam suscepit, et prospera et adversa valetudine uten-
tis, quemadmodum utroque nostrum dignum erat Quare
illi dabis nisi quid aliud videtur Mitto etiam pueris
vini dulcis duodecim amphoras, mellis duas Caricæ iam
reconditæ fuerant, priusquam veniremus Myrtorum
baccæ conditæ putruerunt sed posthac diligentius cu-
rabimus De plantis Leptines tibi narrabit Pecuniam au-
tem ad istorum emptionem et tributum quoddam civi-
tati pendendum a Leptine accepi dicens quæ mihi et
utrique nostrum honestissima et dictu vera videbantur
Pecunia quam in navem Leucadiam insumpsimus, fere
est minarum XVI Eam igitur accepi, atque ea in istis
sum usus quæ ad vos misi Iam de tuis pecuniis quæ
sunt Athenis, itemque de meis quomodo res se habeat,
audi Ego tuis pecuniis quemadmodum olim tibi dixi,
utar, quomodo aliorum amicorum facultatibus Utor au-
tem quam paucissimis possum , in iis scilicet quæ neces-
saria, iusta et honesta videntur et mihi et ei a quo ac-
cipio Cuiusmodi mihi quiddam hoc tempore accidit Sunt
mii fratris filiarum, quæ tum mortuæ sunt cum ego, te
tamen iubente, non sum coronatus, filiæ quattuor pr.n a

54

γαμος, ἢ δὲ ὀκταέτις, ἢ δὲ σμικρὸν πρὸς τρισὶν ἔτεσιν, ἢ
δὲ οὔπω ἐνιαυσία. ταύτας ἐκδοτέον ἐμοί ἐστι καὶ τοῖς
ἐμοῖς ἐπιτηδείοις, αἷς ἂν ἐγὼ ἐπιδιῶ· αἷς δ᾽ ἂν μή, χαι-
ρόντων. καὶ ὧν ἂν γένωνται οἱ πατέρες αὐτῶν ἐμοῦ
πλουσιώτεροι, οὐκ ἐκδοτέον· τὰ δὲ νῦν ἐγὼ αὐτῶν εὐ-
πορώτερος, καὶ τὰς μητέρας δὲ αὐτῶν ἐγὼ ἐξέδωκα καὶ
μετ᾽ ἄλλων καὶ μετὰ Δίωνος. ἡ μὲν οὖν Σπευσίππῳ
γαμεῖται, ἀδελφῆς οὖσα αὐτῷ θυγάτηρ. δεῖ δὴ ταύτῃ
οὐδὲν πλέον ἢ τριάκοντα μνῶν· μέτριαι γὰρ αὗται
ἡμῖν προῖκες. ἔτι δὲ ἐὰν ἡ μήτηρ τελευτήσῃ ἡ ἐμή,
οὐδὲν αὖ πλείονος ἢ δέκα μνῶν δέοι ἂν εἰς τὴν οἰκο-
δομίαν τοῦ τάφου. καὶ περὶ ταῦτα τὰ μὲν ἐμὰ
ἀναγκαῖα σχεδόν τι ἐν τῷ νῦν ταῦτά ἐστιν· ἐὰν δέ τι
ἄλλο γίγνηται ἴδιον ἢ δημόσιον ἀνάλωμα διὰ τὴν
παρὰ σὲ ἄφιξιν, ὥσπερ τότε ἔλεγον δεῖ ποιεῖν, ἐμὲ
μὲν διαμάχεσθαι, ὅπως ὡς ὀλίγιστον γένηται τὸ ἀνά-
λωμα· ὃ δ᾽ ἂν μὴ δύνωμαι, σὴν εἶναι τὴν δα-
πάνην.

(362) Τὸ δὴ μετὰ ταῦτα λέγω περὶ τῶν σῶν αὖ χρη-
μάτων τῶν Ἀθήνησι τῆς ἀναλώσεως, ὅτι πρῶτον μὲν
ἐάν τι δέῃ ἐμὲ ἀναλίσκειν εἰς χορηγίαν ἤ τι τοιοῦτον,
οὐκ ἔστι σοι ξένος οὐδεὶς ὅστις δώσει, ὡς ᾠόμεθα, ἐπεὶ
καὶ ἄν τί σοι αὐτῷ διαφέρῃ μέγα, ὥστε ἀναλωθὲν μὲν
ἤδη δυνηθεῖ, μὴ ἀναλωθὲν δὲ ἀλλ᾽ ἐγχρονισθέν, ἕως ἄν
τις παρὰ σοῦ ἔλθῃ, βλάψει, πρὸς τῷ χαλεπῷ τὸ
τοιοῦτόν σοί ἐστι καὶ αἰσχρόν. ἐγὼ γὰρ δὴ ταῦτά γε
ἐξήτασα, παρ᾽ Ἀνδρομήδη τὸν Αἰγινήτην πέμψας
Ἔραστον, παρ᾽ οὗ ἐκέλευες τοῦ ὑμετέρου ξένου, εἴ τι
δεοίμην, λαμβάνειν, βουλόμενος καὶ ἄλλα μείζονα
ἃ ἐπέστελλες πέμπειν. ὁ δὲ εἶπεν εἰκότα καὶ ἀνθρώ-
πινα, ὅτι καὶ πρότερον ἀναλώσας τῷ πατρί σου
μόλις κομίσαιτο, καὶ νῦν σμικρὰ μὲν δοίη ἄν, πλείω
δὲ οὔ. οὕτω δὴ παρὰ Λεπτίνου ἔλαβον· καὶ τοῦτό
γε ἄξιον ἐπαινέσαι Λεπτίνην, οὐχ ὅτι ἔδωκεν, ἀλλ᾽
ὅτι προθύμως, καὶ τὰ ἄλλα περὶ σὲ καὶ λέγων καὶ
πράττων ὅ τι οἷός τ᾽ ἦν ἐπιτήδειος φανερὸς ἦν. χρὴ
γὰρ δὴ καὶ τὰ τοιαῦτα καὶ τἀναντία τούτων ἐμὲ
ἀπαγγέλλειν, ὁποῖός τις ἂν ἕκαστος ἐμοὶ φαίνηται
περὶ σέ. τὸ δ᾽ οὖν περὶ τῶν χρημάτων ἐγὼ σοι παρ-
ρησιάσομαι· δίκαιον γάρ, καὶ ἅμα ἐμπείρως ἔχων
τῶν παρὰ σοὶ λέγοιμ᾽ ἄν. οἱ προσαγγέλλοντες ἑκά-
στοτέ σοι, ὅ τι ἂν οἴωνται ἀνάλωμα εἰσαγγέλλειν, οὐκ
ἐθέλουσι προσαγγέλλειν, ὡς δὴ ἀπεχθησόμενοι. ἔθιζε
οὖν αὐτοὺς καὶ ἀνάγκαζε φράζειν καὶ ταῦτα καὶ τὰ
ἄλλα· σὲ γὰρ δεῖ εἰδέναι τε τὰ πάντα κατὰ δύναμιν
καὶ κριτὴν εἶναι καὶ μὴ φεύγειν τὸ εἰδέναι. πάντων
γὰρ ἄριστόν σοι ἔσται πρὸς τὴν ἀρχήν· τὰ γὰρ ἀνα-
λώματα ὀρθῶς ἀναλισκόμενα καὶ ὀρθῶς ἀποδιδόμενα
πρός τε τἆλλα καὶ πρὸς αὐτὴν τὴν τῶν χρημάτων
κτῆσιν καὶ σὺ δὴ φῂς ἀγαθὸν εἶναι καὶ φήσεις. μὴ
οὖν σε διαβαλλόντων πρὸς τοὺς ἀνθρώπους οἱ κήδεσθαί
σου φάσκοντες· τοῦτο γὰρ οὔτε ἀγαθὸν οὔτε καλὸν πρὸς
δόξαν σοι δοκεῖ ξύμβολον εἶναι.

Τὰ μετὰ ταῦτα περὶ Δίωνος λέγοιμ᾽ ἄν. τὰ μὲν

est nubilis, altera annorum octo, tertia paulo amplius
trium, quarta nondum est annicula. Iis autem quibus
ego nubentibus superstes ero, tum a me tum a meis
amicis dotes curandæ sunt : quibus non ero, eæ valeant
Si patres earum ditiores me essent, dos curanda non
esset. Nunc ipsi sum locupletior : et earum matres ego
tum ab aliis, tum a Dione adiutus collocavi nuptum.
Una igitur Speusippo traditur, eius ex sorore neptis.
Opus est autem huic non amplius XXX minis. Honestæ
siquidem et convenientes nobis sunt eiusmodi dotes.
Deinde si mater mea moriatur, ad monimentum facien-
dum non opus fuerit amplius X minis. Atque hæc quidem
mihi hoc tempore sunt necessaria. Quod si quis alius fiat
sumptus aut privatim aut publice ob meam ad te pro-
fectionem, sicuti aliquando faciendum dicebam, meum
erit contendere et pugnare ut sumptus fiat perexiguus :
quod demere non potero , tibi expensum feretur.

(362) Sed deinceps commemoremus de impensis Athe-
niensis tuæ pecuniæ. Primum si quid mihi expendendum
fuerit in choragium aut tale quidpiam, non est, nostra qui-
dem sententia, hospes ullus, qui tibi eam reddat. Permagni
autem tua refert, si quod impensum est, e re tua sit.
Quod autem non impensum, sed usque eo dilatum dum
abs te aliquis venerit, tibi damnum afferat : quum præ-
terquam quod facile est, tibi etiam turpe sit futurum.
Ego enim hæc tentavi apud Andromedem, eoque Ægi-
netam Erastum misi, a quo iusseras, utpote ab hospite
vestro, si quid opus esset, sumerem : quum maiora de
quibus scripseras, cuperem mittere. Ille vero quod
æquum et non ab homine alienum esset, respondit, se
quæ antea patris nomine impendisset, ægre recepisse :
ac nunc pauca nudum non recusaturum, multa vero
maxime. Quapropter a Leptine sumpsi : qui laude dignus
est, non tantum quia dedit, sed quia lubenter et prompte
dedit, cæterisque in rebus tum dictis tum factis illi
amicus ac benevolus apparet. Hæc enim atque his con-
traria me tibi exponere oportet, quali quisque esse in
te animo videatur. Quare de pecuniis tibi libere, id quod
res est, aperiam. Æquum est enim : et simul domesticos
tuos expertus, de iis quoque commemorabo. Qui tibi
assidue pollicentur se de iis sumptibus quos faciendos
arbitrantur, te admonituros, admonere tamen nolunt ne
in offensionem tuam incurrant. Itaque illos tu assuefacias
oportet, et cogas tum hæc tum alia tibi exponere. Debes
enim tu, quoad poteris, omnia nosse, iudexque eorum
esse, neque ullius rei notitiam fugere. Hæc enim est ad
principatum tuendum conservandumque vel commodis-
sima ratio. Siquidem si sumptus recte facies, si nomina
recte dissolveris, cum ad alia omnia, tum ad opum pos-
sessionem conservationemque maximam iure dices esse
opportunitatem. Providebis etiam ne te apud homines
illi calumnientur qui se tui studiosos esse iactant. Hoc
enim ad tuam existimationem minime conducere vi-
detur.

Age, de Dione commemoremus. Cætera sane ne-

οὖν ἀλλ' οὔπω ἔχω λέγειν, πρὶν ἂν παρὰ σοῦ ἔλθωσιν
αἱ ἐπιστολαί, ὥσπερ ἔφης· περὶ μέντοι ἐκείνων ὧν
οὐκ εἴας μεμνῆσθαι πρὸς αὐτόν, οὔτε ἐμνήσθην οὔτε
διελέχθην, ἐξεπειρώμην δὲ εἴτε χαλεπῶς εἴτε ῥᾳδίως
οἴσει γιγνομένων, καί μοι ἐδόκει οὐκ ἠρέμα ἂν ἄχ-
θεσθαι εἰ γίγνοιτο. τὰ δὲ ἄλλα περὶ σὲ καὶ λόγῳ καὶ
ἔργῳ μέτριός μοι δοκεῖ εἶναι Δίων.

(363) Κρατίνῳ τῷ Τιμοθέου μὲν ἀδελφῷ ἐμῷ δ'
ἑταίρῳ θώρακα δωρησόμεθα ὁπλιτικὸν τῶν μάλα κα-
λῶν τῶν πεζῶν, καὶ ταῖς Κέβητος θυγατράσι χιτώνια
τρία ἑπταπήχη, μὴ τῶν πολυτελῶν τῶν Ἀμοργίνων,
ἀλλὰ τῶν Σικελικῶν τῶν λινῶν. ἐπιεικῶς δὲ γιγνώ-
σκεις τοὔνομα Κέβητος· γεγραμμένος γάρ ἐστιν ἐν τοῖς
Σωκρατείοις λόγοις μετὰ Σιμμίου Σωκράτει διαλεγό-
μενος ἐν τῷ περὶ ψυχῆς λόγῳ, ἀνὴρ πᾶσιν ἡμῖν οἰκεῖός
τε καὶ εὔνους.

Περὶ δὲ δὴ τοῦ ξυμβόλου τοῦ περὶ τὰς ἐπιστολάς,
ὅσας τε ἂν ἐπιστέλλω σπουδῇ καὶ ὅσας ἂν μή, οἶμαι
μέν σε μεμνῆσθαι, ὅμως δ' ἐννόει καὶ πάνυ πρόσεχε
τὸν νοῦν· πολλοὶ γὰρ οἱ κελεύοντες γράφειν, οὓς οὐ
ῥᾴδιον φανερῶς διωθεῖσθαι. τῆς μὲν γὰρ σπουδαίας
ἐπιστολῆς θεὸς ἄρχει, θεοὶ δὲ τῆς ἥττον.

Οἱ πρέσβεις καὶ ἐδέοντο ἐπιστέλλειν σοι, καὶ εἰ-
κός· πάνυ γὰρ προθύμως σὲ πανταχοῦ καὶ ἐμὲ ἐγκω-
μιάζουσι, καὶ οὐχ ἥκιστα Φίλαγρος, ὃς τότε τὴν χεῖρα
ἠσθένει· καὶ Φιλαΐδης ὁ παρὰ βασιλέως ἥκων τοῦ
μεγάλου ἔλεγε περὶ σοῦ· εἰ δὲ μὴ πάνυ μακρᾶς ἐπι-
στολῆς ἦν, ἔγραψα ἂν ἃ ἔλεγε.

Νῦν δὲ Λεπτίνου πυνθάνου ἂν τὸν θώρακα ἢ ἄλλο
τι ὧν ἐπιστέλλω πέμπῃς, ἂν μὲν αὐτός τῳ βούλῃ,
εἰ δὲ μή, Τηρίλλῳ δός· ἔστι δὲ τῶν ἀεὶ πλεόντων,
ἡμέτερος ἐπιτήδειος καὶ τὰ ἄλλα καὶ περὶ φιλοσοφίαν
χαρίεις. Τίσωνος δ' ἐστὶ κηδεστής, ὃς τότε ὅθ' ἡμεῖς
ἀπεπλέομεν ἐπολιανόμει.

Ἔρρωσο καὶ φιλοσόφει καὶ τοὺς ἄλλους προτρέπου
τοὺς νεωτέρους, καὶ τοὺς συσφαιριστὰς ἀσπάζου ὑπὲρ
ἐμοῦ, καὶ πρόσταττε τοῖς τε ἄλλοις καὶ Ἀριστοκρίτῳ,
ἐάν τις παρ' ἐμοῦ λόγος ἢ ἐπιστολὴ ἴῃ παρὰ σέ, ἐπιμε-
λεῖσθαι ὅπως ὡς τάχιστα σὺ αἴσθῃ, καὶ ὑπομιμνήσκειν
σε ἵνα ἐπιμελῇ τῶν ἐπισταλέντων. καὶ νῦν Λεπτίνῃ
τῆς ἀποδόσεως τοῦ ἀργυρίου μὴ ἀμελήσῃς, ἀλλ' ὡς
τάχιστα ἀπόδος, ἵνα καὶ οἱ ἄλλοι πρὸς τοῦτον ὁρῶντες
προθυμότεροι ὦσιν ἡμῖν ὑπηρετεῖν.

Ἰατροκλῆς, ὁ μετὰ Μυρωνίδου τότε ἐλεύθερος ἀφε-
θεὶς ὑπ' ἐμοῦ, πλεῖ νῦν μετὰ τῶν πεμπομένων παρ'
ἐμοῦ. ἔμμισθον οὖν που αὐτὸν κατάστησον ὡς ὄντα
σοι εὔνουν, καὶ ἄν τι βούλῃ, αὐτῷ χρῶ. καὶ τὴν
ἐπιστολὴν ἢ αὐτὴν ἢ εἰ ὑπόμνημα αὐτῆς σώζεται, καὶ
αὐτὸς ἴσθι.

ιδ'.

Γεώργιος, ᾧ τὴν ἐπιστολὴν δέδωκα, τῶν φίλων
ἡμῖν ἐστι τῶν συνεσχολακότων χρόνον ἤδη πολύν,
καὶ τὸ ἦθος, ὡς καὶ ἡμεῖς ὑπολαμβάνομεν, ὥσπερ τις

quco adhuc exponere, nisi prius tuæ quas dicis litteræ
ad me allatæ sint. De iis autem de quibus me apud
illum mentionem facere nolebas, neque mentionem
feci, neque commemoravi. Exploravi tamen graviterne
an facile, si ea fierent, toleraret : ac mihi visus est non
leviter stomachaturus, si ea confierent. Cæterum mihi
Dio visus est tum dictis tum factis æquo in te esse
animo.

Cratino, Timothei (363) fratri, sodali meo, thoracem
dabimus militarem ornatissimum, ex eo genere quo
pedites uti solent. Cebetis filiabus tres tunicas, non
pretiosas, ut sunt Amorginæ, sed ut Siculæ lineæ. Ce-
betis autem nomen tibi maxime notum est. Extat enim
in Dialogis Socraticis, et in Dialogo de animo disputat
simul cum Simmia adversus Socratem, vir omnibus nobis
et familiaris et benevolus.

Notam autem epistolarum quas aut serio aut non
serio scribo etsi opinor te meminisse, tamen attendito di-
ligenter, animumque adverti. Complures enim iubent
me scribere, quos non facile possum aperte repellere.
Seriæ igitur epistolæ initium est deus : non seriæ, dii.

Legati quoque a me petebant ut tibi scriberem : ne-
que iniuria. Admodum enim libenter te ubique ac me
dilaudant. In his non minimum Philager, qui per id
tempus ex manus dolore laborabat : item Philaides, a
Dario rege magno veniens, de te verba faciebat : ac nisi
valde prolixæ et verbosæ epistolæ opus esset, quæ ille
dicebat, perscriberem.

Nunc ex Leptine percontare an thoracem aut aliud quid-
piam eorum de quibus scribo, mittas : si tamen ei tu velis
committere : sin minus, Terillo committito. Ex iis qui
perpetuo navigant nobis est amicus, et cum aliis in rebus
tum in philosophia minime ineptus. Tisonisque gener est
eius qui quo tempore navigabamus, urbem regebat.

Vale et philosophare, aliosque adolescentes excita atque
adhortare, meisque verbis tuos in pilæ ludo collusores sa-
luta. Iube vero cum aliis, tum Aristocrito, siquid a me
aut verbis aut litteris tibi nuntietur, det operam ut quam-
primum ad te perferatur : tibique in memoriam revocet ea
quæ tibi scripta erunt, ut ea curæ habeas. Nunc vero
da operam ut Leptini sua pecunia primo quoque tempore
persolvatur : ut alii in eum respicientes, promptius et
alacrius nobis inserviant.

Iatrocles a me una cum Myronida libertate donatus,
navigat nunc cum iis qui a me mittuntur. Huic dabis sti-
pendium, utpote animum erga te benevolum gerenti,
eiusque opera ubi voles uteris. Et epistolam aut ipsam,
aut si ipsius exemplar servatur, tute cognosce.

XIV.

Georgius, cui epistolam dedi, iam dudum condisci-
pulus noster est, moribusque, ut nobis quidem videtur,
si quis alius modestus. Unde una cum eo ad philoso-

ἄλλος ἐπιεικής. διὸ καὶ τῶν κατὰ φιλοσοφίαν κεκοι-
νωνήκαμεν αὐτῷ. τοῦτον οὖν ἐδόκει μοι καλῶς
ἔχειν συστῆσαί σοι (τοὺς γὰρ χρηστοὺς εὖ οἶδα ὅτι
βούλει γνωρίζειν), ἄλλως τ' ἐπεὶ καὶ γειτνιᾷ τῇ
χώρᾳ· τυγχάνει γὰρ ὢν Κιεριεὺς καὶ μέλλει νῦν
οἴκοι ποιεῖσθαι. τὴν διατριβήν. ἔσται δὲ σύστασις
ἄοχλός σοι καὶ ὄλυπος· εὐλαβής τε γάρ ἐστι πάνυ τῷ
τρόπῳ, καὶ προῄρηται ζῆν ἀπραγμόνως. ἀλλὰ γνώ-
ριζε τὸν ἄνδρα, καὶ ἐπιμελοῦ ὡς τοιούτου καὶ οὕτως
ἔχοντος πρὸς ἡμᾶς. δώσει δέ σοι καὶ τοὺς λόγους οὗ-
τος οὓς ἀνέγνωμεν.

ιε΄.

Καλλίμαχος, ὑπὲρ οὗ γέγραφα τὴν ἐπιστολήν,
ἔστιν ἡμῖν τῶν συνεσχολακότων· συμβέβηκε δ' αὐτῷ
συμπεπτωκέναι τύχῃ τινί, περὶ ἧς εὖ οἶδα ὅτι καὶ σὺ
ἀκήκοας. ἀπῆκται γὰρ ὑπὸ τοῦ Δρομοκλείδου ἔκ
τινος φιλονεικίας μειρακιώδους, καὶ ἔστιν ἐν τῷ οἰκή-
ματι χρόνον ἤδη πολύν· ἀξιοῖ δὲ ἡμᾶς δικαίαν ἀξίωσιν
καὶ ἣν ἂν φίλος ἀξιώσειεν, βοηθεῖν αὐτῷ. τὴν δὲ
βοήθειαν οὔθ' ἡμεῖς ἔχομεν εἰς ἄλλον ἀνενεγκεῖν,
ἐκεῖνός τε διαρρήδην λέγει καὶ οἴεται σοῦ βουληθέντος
ῥᾳδίαν εἶναι τὴν σωτηρίαν αὐτῷ, οὔτ' ἀπέχθειαν
οὐδεμίαν ἔχουσαν οὔτ' ἔχθραν· οὐδένα γὰρ ἰαν τὸν
ἐναντιωθησόμενον. ὁ γὰρ αὖ Δρομοκλείδης ἀεὶ μὲν
καὶ ἐν ἅπασιν, ὡς ἐγὼ κρίνω, χρηστός ἐστι καὶ εὐ-
γνώμων, ἀτὰρ δὴ καὶ τὰ πράγματα πάλαι σπουδάζει
διαλυθῆναι. καλῶς ἂν οὖν ποιοῖς καὶ ἡμῶν ἕνεκα καὶ
αὐτοῦ, ποιησάμενός τινα ἐπιμέλειαν τοῦ ἀνδρός, ὅπως
σωθῇ· τὰ γὰρ φιλάνθρωπα εὖ οἶσθ' ὅτι καὶ ἡμεῖς
ἄν, εἰ βούλοιο, παραινέσαιμεν. ὥστε μὴ κατα-
προΐεσθαι μηδ' ἄλλῳ παριέναι τὸ συντελεῖν, ἀλλὰ
ταῦτά γε ποιεῖν. ἔρρωσο.

phiam incubuimus. Hunc tibi commendare haud abso-
num mihi visum est (bene enim scio te probos homines
cognoscere velle), praesertim cum agellus eius aedibus
tuis proximus sit. Est enim Cieriensis, ac nunc domi
vult commorari. Commendatio autem ista molestia ca-
rebit neque aegritudine animum tuum afficiet; maxime
enim verecundus est litiumque expertem vitam agere
constituit. Sed cognosce virum, eiusque curam gere, ut
qui sit qualem dixi, summaque nos attingat necessi-
tate. Dabit autem tibi ille etiam orationes, quas perle-
gimus.

XV.

Callimachus, cuius causa epistolam scripsi, in iisdem
nobiscum versatus est scholis. Nactus autem est ma-
lum, quod bene scio te non ignorare. A Dromoclide
enim ob litem quandam puerilem in carcerem deductus
est, ibique diu tenetur. Poscit autem a nobis quod
iure et ut amicus poscere posse videtur, ut sibi auxi-
liemur. Auxilium autem neque nos alii homini commit-
tere possumus, et vero ille diserte dicit et opinatur, te
volente facile sibi salutem repertum iri, quae neque offen-
sionem habeat neque odium; neque enim quemquam
fore, qui contradicat. Dromoclides enim me iudice cum
semper et ubique probus est et aequus rerum aestimator,
tum controversiam istam dudum gestit componi. Itaque
nostra causa et illius recte feceris, si curam aliquam ho-
minis egeris, ut liberetur custodia; non enim ignoras
actiones humanas a nobis quoque, si velis, excitari.
Unde noli hoc negotium e manibus dimittere neve alium
designare qui exsequatur, sed ipse rem administra. Vale.

ΠΡΟΚΟΠΙΟΥ ΣΟΦΙΣΤΟΥ ΕΠΙΣΤΟΛΑΙ.

PROCOPII SOPHISTÆ EPISTOLÆ.

α'. Νηφαλίῳ.

Ἥσθην δεξάμενος τὴν ὑμετέραν ἐπιστολήν, εἰς ἔρ-
γον δὲ ταύτην ἀγαγεῖν βουλόμενος οὐκ ἔσχον ὑπουργοῦ-
σαν τῇ προθυμίᾳ τὴν χρείαν. τὸ δ' αἴτιον τύχην μὲν
οὐκ ἄν ποτε εἴποιμι, καὶ μάλιστα πρὸς ὑμᾶς, θεοῦ δὲ
πάντως πρόνοιαν κυβερνῶσαν ὡς βούλεται τὰ ἡμέ-
τερα.

β'. Φιλίππῳ ἀδελφῷ.

Τοῖς ἀγαθοῖς τῶν ἀνδρῶν ἀρκεῖ μὲν εἰς σύστασιν
φιλίας ὁ τρόπος· ἀλλ' ἐπειδὴ καὶ ἀφορμὴν εἶναι προσ-
ήκει τινά, δι' ἧς δεῖ πρῶτον εἰς λόγους ἐλθεῖν, εἶτα
πειραθέντας θαυμάζειν, τούτου χάριν ἐπέδωκα τῷ λο-
γίῳ Θέωνι τὴν ἐπιστολήν. πρῶτον γὰρ διὰ ταύτην
εὐμενῶς αὐτὸν ὄψει, ὕστερον δὲ περιττὰ νομίσας τὰ
γράμματα δι' αὐτὸν οἶμαι θαυμάσεις τὸν ἄνδρα.

γ'. Καισαρείῳ καὶ Εὐβούλῳ.

Πυθαγόρας ὁ Σάμιος ἀλλ' οὐδὲ τοῦτόν φασιν ὡς μέ-
χρι παντὸς ἐτίμα σιγήν, ἀλλ' ὥριστο χρόνος αὐτῷ
μεταβολὴν ἔχων ἐπὶ λόγους, καὶ μετεβάλλοντο. ἀλλ'
οὐδὲ παρ' ὃν ἐσιώπων χρόνον ἔδει δήπουθεν μηδὲν
παρ' ἀλλήλων εἰδέναι, ἀλλὰ τὴν μὲν γλῶτταν εἶχε
σιγή, ἡ δὲ χεὶρ διηκονεῖτο τῇ γνώμῃ, καὶ διὰ τῶν
γραμμάτων πάλιν ἐφθέγγοντο. ὑμεῖς δὲ εἰ μὲν τὸν
Πυθαγόραν ζηλοῦτε, καὶ δὴ πέρας ἔστω σιγῆς, λύσει
γὰρ αὐτὴν εἰκότως ὁ χρόνος· εἰ δέ τι πλέον φέροντες
ἥκετε, σκληροί τινες ὑμεῖς καὶ ἀντερᾶν οὐκ εἰδότες.
καίτοι τὸν Ἀλφειὸν λόγος ποταμὸν ὄντα καὶ τοσοῦτον
Ἀρεθούσης ἀπῳκισμένον μέχρι καὶ νῦν ἐκ Πελοποννή-
σου τὴν Σικελίαν ὁρᾶν, καὶ διὰ μέσης θαλάττης ἀγό-
μενον σκοπεῖν ὅπως καλός τε ᾖ καὶ διαμένῃ γλυκὺς τῇ
πηγῇ. ἢ δὲ δέχεται τὸν ἐραστὴν κεκμηκότα καὶ δί-
δωσιν ἑαυτήν, καὶ ἴδοις ἂν τότε ξένην ἀφροδίτην πο-
ταμοῦ καὶ πηγῆς. ὑμεῖς δὲ οὔτε φοιτᾶτε πρὸς ἡμᾶς
τοῖς λόγοις, οὔτε φοιτῶντας ἀμείβεσθε. ἀλλὰ γὰρ
δοίητε τέλος ἐγκλημάτων ἡμῖν· εἰ δὲ μή, — ἀλλ' οὐ
βούλομαί τι λέγειν, ἵνα μὴ λυπήσας ἀπέλθω.

δ'. Γερμανῷ.

Ὅσον οἱ ἀγαθοὶ λυποῦσιν ἄνδρες πεῖραν αὐτῶν
παρέχοντες καὶ ἀφιστάμενοι τῶν ἐγνωκότων, νῦν

I. Nephalio.

Vestris litteris acceptis magno sum affectus gaudio,
quum autem ad effectum perducere ipsas vellem, non
habui ministrantem voluntati facultatem. Caussam vero
non fortunam dixerim præsertim apud vos, sed
omnino dei providentiam pro arbitrio res nostras guber-
nantem.

II. Philippo fratri.

Bonis viris sufficiunt ad amicitiam iungendam mores;
sed quoniam necesse est, ut et occasio quædam offeratur,
qua primum se in sermonem dent, deinde periculo facto
invicem admirentur, hac de caussa erudito Theoni hanc
tradidi epistolam. Primum enim ob hanc benevole eum
videbis, postea supervacaneis habitis litteris propter ip-
sum opinor hominem miraberis.

III. Cæsario et Eubulo.

Ne Pythagoram quidem Samium aiunt in omne tempus
silentium coluisse, sed præfinitum ab eo erat tempus, quod
rursus loquendi daret facultatem, atque in viam tum
redibant. Verum ne illo tempore quidem, quo silebant,
nihil a se mutuo sciscitari oportebat, sed linguam conti-
nebat silentium, manus vero menti inserviebat, et rursus
per litteras loquebantur. Vos si Pythagoram imitamini,
sit etiam terminus silentii : merito enim tempus ipsum
solvet. Sin vero plus quiddam adfertis, duri vos estis et
redamare nescii. Atqui Alpheum fama est fluvium tan-
toque intervallo ab Arethusa disiunctum usque ad hoc
tempus etiam ex Peloponneso Siciliam spectare, et per
medium mare ductum videre ut pulcher sit et dulcis
fonti conservetur. Illa vero amatorem recipit defessum et
præbet se ipsam, ibique est videre miram fluvii atque fon-
tis Venerem. Vos vero neque sermonibus ad nos acceci-
tis, neque accedentibus parem gratiam refertis. At finem
nobis criminationum faciatis, sin minus, — at non di-
cam, ne vobis offensis discedam.

IV. Germano.

Quantum dolorem afferant boni viri, si, postquam sui
copiam fecerint, deinde eos, in quorum notitiam perve-

ἔργῳ μαθὼν διηγοῦμαι τοῖς ἄλλοις. ὑμᾶς γὰρ ᾔδειν μὲν
καὶ πρὶν εἰς λόγους ἐλθεῖν· εἰ δὲ θαυμάζεις ὁπόθεν,
διδασκάλους εἶχον ὅσοι πειραθέντες ἐθαύμαζον. ὡς δὲ
κἀγὼ συμμίξας ἐμάνθανον, χάριν μὲν ὡμολόγουν τῇ
τύχῃ, πάλιν δὲ ταύτην ἐμεμφόμην εἰ τοσούτου γεύ-
σασα πράγματος ἄκρῳ δακτύλῳ φασὶν εἶτα τὴν ἡδο-
νὴν ἀφαιρήσεται. καὶ οὐ τοσοῦτον ηὔφρανε τὸ πα-
ρόν, ὅσον αἱ τοῦ μέλλοντος ἐλπίδες ἐλύπουν· ἐλο-
γιζόμην γάρ, ὅτι δὴ θᾶττον ἡμᾶς οἰχήσῃ καταλι-
πών. τοῦτο δὲ καὶ γέγονε καὶ συμβὰν λυπεῖ, καὶ ἀπο-
ροῦμαι τῷ πράγματι, σὺ δὲ φιλονεικεῖς ἐπὶ τὸ μεῖζον
ἡμῖν ἐξάπτειν τὸν ἔρωτα καὶ πόρρω γενόμενος. τῇ
γὰρ εἰς ἐμὲ σπουδῇ καὶ τὰς ἐμὰς ἐλπίδας ὑπερβάλλων
ἐνίκας. ἀλλ' εἴθε γάρ τις θεῶν εὐμενὴς ἡμῖν γένοιτο
καί σε θᾶττον ὡς ἡμᾶς αὖθις ἐνέγκοι.

ε'. Ἰωάννῃ.

Εἰ τῆς περὶ φίλους ὀλιγωρίας ἦσαν γραφαί, καί μέ
τις εἰσῆγεν εἰς δικαστήριον αὐτὸ δὴ τοῦτο κατηγορῶν,
ὡς ἀδικοίην οὐ μετρίως ἐν οὐδενὶ φίλον ποιούμενος,
οὐκ ἂν ἄλλως τὴν νικῶσαν ᾤμην λαβεῖν ἢ σὲ παρεχό-
μενος μάρτυρα τὸν νῦν οὐκ οἶδ' ὅπως ὀφθέντα κατή-
γορον· οὕτω μοι παρ' ἐλπίδας ἐξέβη τὰ παρὰ σοῦ,
εἰ βραχύ τί σε πρᾶγμα διστάζειν ἐπ' ἐμοὶ παρεσκεύα-
σεν. ἐγὼ γὰρ οἶδα καὶ μὴ φίλους πυκνὰ δὴ τοῖς
γράμμασι βάλλοντας, ὅταν λανθάνειν ἐθέλωσι, καὶ
φίλους σιωπῶντας, ὁπότε τῇ μνήμῃ τῶν ἀπόντων ἀρ-
κούμενοι πρὸς ἑτέρους ἠσχόληνται. οὐκοῦν οὔτε τὸ
γράφειν εὐνοίας, οὔτε τὸ σιωπᾶν ἐγκλήματος, μὴ τῆς
γνώμης βεβαιούσης ἑκάτερα. οὐκοῦν ταῦτα παρεὶς
ἐκεῖνα δὴ σκόπει, εἰ μηδέν μοι τῶν ὑμετέρων δίδωσι
λήθην, εἰ διὰ παντὸς ἄγω λόγου καὶ θαύματος ὥσπερ
ἐπὶ τῇ μνήμῃ κοσμούμενος, εἰ τὴν Ἰωάννην εἰπὼν τὸν
γλυκὺν πάντως τῷ λόγῳ προσέθηκα. ταῦτα σκοπῶν
ἀγαπήσεις σιωπῶντα μᾶλλον ἢ φθεγγόμενον ἕτερον,
εἰ καὶ τὸ Δωδώνης αὐτῷ χαλκεῖον ἐπὶ τῆς γλώττης
ἠχεῖ. ἀλλ' ὅπως μὴ ταύτην ἀπολογίαν ἔχειν ἡγού-
μενος σιωπήσῃς· εἰ δὲ μή, τἀναντία φθεγξόμεθα.

ϛ'. Φιλίππῳ ἀδελφῷ.

Μακρὸν ἡμῖν ἐσίγησας χρόνον καὶ τὸ πρᾶγμα φέ-
ρειν οὐκ ἔχομεν. σκόπει γάρ, χειμὼν ἦν καὶ οὐ με-
τρίως· ἐφέρομεν, ὤφθησαν χελιδόνες καὶ οὐδὲ μετὰ τού-
των ἐφθέγξω, καὶ νῦν ᾄδουσι τέττιγες καὶ παρ' ἐλπί-
δας ἡμῖν ἡ σιγή. εἰ μὲν οὖν πρὸς λύπην ταῦτα, ἀγνοῶ
μὲν ὅ τι ποτὲ πράττων ἐλύπησα, ὅμως δ' οὐκ ἂν
ὑμᾶς οἶμαι μείζω τιμωρίαν λαβεῖν· εἰ δὲ τῆς πάλαι
σπουδῆς εἰς ῥαθυμίαν μετέστης, ἀδικεῖς μὲν συγγε-
νείας νόμον, παραβαίνεις δὲ φιλίας θεσμόν. εἰ δὲ μὴ
δυσχερὲς εἰπεῖν, τάχ' ἄν τίς σε φαίη καὶ σαυτοῦ γεγε-
νῆσθαι κατήγορον· εἰς γὰρ ἡμῖν σιωπῶσιν ἐπέπληξας,
τούτοις ὤφθης αὐτὸς ἁλισκόμενος. καὶ πῶς ἂν ἔχοι
λόγον τὸν πεπεικότα λαλεῖν τὴν τοῦ πεισθέντος με-

nere, derelinquunt, re ipsa doctus reliquis iam enarro.
Nimirum vos noram et ante quam sermonem tecum in-
stituerem. Quod si miraris unde, præceptores habebam
quotquot experti vos admirabantur. Quum vero et ipse
tua usus consuetudine didicissem, gratias quidem agebam
fortunæ, sed rursus eam reprehendebam, si tanta re
gustata summo quod aiunt digito mihi ademptura volup-
tatem esset. Nec tanto me gaudio præsentia quanto fu-
turi temporis exspectatio dolore afficiebat. Scilicet cogi-
tabam, te brevi nobis relictis discessurum esse, idque et
contigit et factum peperit dolorem. Atque ego quomodo
hac ex re me expediam nescio, tu vero operam das, ut
magis nobis amorem incendas · etiam procul semotus.
Tuo enim in me studio spem etiam meam longe superabas.
Sed utinam deorum aliquis propitius nobis sit et te mox
ad nos reducat.

V. Ioanni.

Si neglectorum amicorum essent actiones, meque quis-
piam in iudicium vocaret eo ipso nomine accusans, quod
peccarem non mediocriter pro nihilo amicum ducens, non
aliter me vincere caussam posse arbitror quam si te ad-
hiberem testem, qui nescio quomodo nunc accusatoris
partes suscepisti. Adeo præter exspectationem hoc mihi
abs te contigit, si exigua quædam res te ut de me du-
bitares impulit. Ego enim scio, et qui non sunt amici
frequenter telorum instar litteras conicere, si latere ve-
lint, et amicos silentium agere, si absentium memoria
contenti negotiis cum aliis gerendis distineantur. Itaque
neque scribere in benevolentia, neque tacere in crimine
ponendum, nisi utrumque confirmet animi sententia. His
igitur omissis illa iam reputa, an quicquam sit, quod
meo in animo vestras res oblitteret, an omni te oratione
colam, quasi tua memoria glorians, an Ioannem appellans
eundem et suavem omnino cognominem. Hæc reputans
magis me diliges tacentem quam loquentem alium, etiamsi
Dodonæ ahenum in lingua ei sonet. Verum ne hanc te
excusationem habere putans taceas, sin minus, dissonabi-
mus.

VI. Philippo fratri.

Per longum tempus nobis tacuisti, id quod ferre non
possum. Vide enim, hiems erat et non mediocriter fe-
rebamus, apparuerunt hirundines, neque cum his loquu-
tus es, iamque cicadæ canunt et præter spem nobis tuum
silentium est. Quod si facis iniuriam tibi factam putans,
quo te læserimus, nescimus; tamen non credo maiores
te a nobis pœnas repetere potuisse. Sin a pristino
studio ad despicientiam divicisti, cognationis lædis le-
gem et amicitiæ præcepta migras. Pace tua autem di-
xerim, tui ipsius quispiam dicat te accusatorem esse fac-
tum: quibus enim nos tacentes obiurgasti, his aperte iam
ipse es obnoxius. Et quomodo non absurdum videatur, eum
qui loqui iusserit, alterius, cui persuaserit, silentium in

ταλαμβάνειν σιωπήν, ἀλλ' ὥρα λοιπὸν καὶ σοφιστήν
με καλεῖν καὶ παίζειν ἅμα τῷ λόγῳ οὐδὲν τοῦτο
πρᾶγμα πάντως, καὶ ὅ τι ἂν λέγῃς, οἴσω μετρίως,
εἰ φθεγγομένου μόνου ἀκούσομαι.

ζ' Τῷ αὐτῷ

Ἡ μὲν λυποῦσα διὰ τὴν σιγὴν ὥρα καὶ δὴ πέρας
ἔχει καὶ πέπαυται, ἐγὼ δέ τοι μέγα φρονεῖν ἐθέλων
ἐλπίδι γραμμάτων τῶν παρὰ σοῦ, ἐμαυτοῦ τε γίνο-
μαι καὶ μνήμην λαμβάνω τῶν παρελθόντων ὅσον γὰρ
τοὐπὶ σοὶ σιωπῶντι τὸ πᾶν ἡμῖν ἔτος ἐστὶ χειμὼν
μᾶλλον δὲ καὶ ποθεινότερον ἡμῖν τὸν ὄντως χειμῶνα
ποιεῖς, ὅσον ἐν ἐκείνῳ μὲν φέρει παραμυθίαν τὸ τὴν
σιγὴν ἀναφέρειν τῇ τῆς ὥρας ἀνάγκῃ, τοῦ δὲ θέρους λεί-
πεται ἡμῖν δακρύειν ὅτι μηδεὶς παρὰ σοὶ λόγος τῶν
ἐραστῶν· τὸ γὰρ ἀπεῖναι μὲν τὴν ἀνάγκην, σὲ δὲ
πάλιν σιγᾶν, ἡμῖν τοῦ καταφρονεῖσθαι παρίστησι δό-
ξαν. ἀλλ', ὦ πάντες Ἔρωτες, εἰς πεῖραν ἄγετε τοῦ-
τον τῶν ἡμετέρων, ὅπως αἴσθησιν λάβῃ ποτέ, δεινὸν
ὅσον ὑπῆρχεν ἐραστὴς παρορώμενος.

η' Ζαχαρίᾳ

Λῦσον ἡμῖν μετὰ τοῦ χειμῶνος τὴν σιωπήν ἀμφό-
τερα μὲν γὰρ ἐπαχθῆ εἰ δὲ ἦν διὰ παντὸς σοῦ λαλοῦν-
τος ἀκούειν, καὶ χειμὼν ἂν ἡμᾶς οὐδὲν ἐλύπει το-
σοῦτο. ἀλλὰ γὰρ ὅλῳ ῥεύματι τὴν σὴν ἡμῖν ἐπάφες
πηγήν νικᾷ γὰρ αὐτὴ παρ' ἐμοὶ τὴν ἐκ τοῦ ἔαρος
ἡδονήν, εἰ καὶ νέον ἐν τούτῳ τὸ φῶς, εἰ καὶ χελιδόνες
ἐν τούτῳ πληροῦσι τὰς ἀκοὰς τῆς ᾠδῆς, ἐμοὶ δοκεῖν
ὑμνοῦσαι τὴν ὥραν, καὶ τὰ ῥόδα τῆς κάλυκος ἀνα-
δύντα μέσην τινὰ καὶ κεκραμένην παρέχει τὴν θέαν
καὶ εἰς μνήμην ἄγει διηγημάτων ἀρχαίων, ὡς ἦν Ἀδω-
νις καλὸς καὶ Ἀφροδίτη τοῦτον ἐζήτει, καὶ ἡ τεκοῦσα
τοὺς Ἔρωτας οὐκ οἶδ' ὅπως ἐρᾶν ἐπαιδεύετο, τῶν δὲ
παιδικῶν ἀποτυχοῦσα πλήττεταί τε τὸν πόδα καὶ φαί-
νει τὸ ῥόδον ἀλλ' ἡμῖν ἐρώντων ὡς πρὸς τὴν σὴν
φωνὴν μικρὰ ταῦτα νομίζεται

θ' Τῷ εὐ-ῷ

Ἰδού σοι καιρὸς πάλιν ἀπαιτῶν τὴν πρὸς τοὺς δεο-
μένους ῥοπήν, ὁ δὲ τὴν ἀφορμὴν διδοὺς πάλιν ἐγώ,
ὥστε διχόθεν εὖ οἶδ' ὅτι χάριν ὁμολογήσεις, ὅτιπερ εὖ
ποιεῖν εὖρες καὶ ὅτι σοι τοῦτο γέγονε· δι' ἐμέ. χαίρεις
γὰρ ὄντως εὖ ποιῶν ἢ πάσχοντες ἕτεροι, καὶ τὸν τὴν
ἀφορμὴν δεδωκότα κἂν εὐεργέτην προσείτοις ὡς
τοίνυν σοι χάριν δώσων μᾶλλον ἢ ληψόμενος οὕτω
σεμνύνομαι ἀλλὰ τί τὸ πρᾶγμα, γελῶν εὖ οἶδ' ὅτι
πυνθάνῃ Ἀλέξανδρός τις παρ' ἡμῖν ἐπὶ ξύλοις τὴν
ἐμπορίαν ποιεῖται, κἀντεῦθεν ἔχει τὸν βίον οἷα δὲ
εἰκὸς τοὺς τοιούτους, κοινωνόν τινα ποιεῖται τοῦ
πράγματος (Εὐθύμιος αὐτῷ τοὔνομα), ὅπως ὁ μὲν
τέμποι τὰ δοκοῦντα, ὁ δὲ μένων δέχοιτο, καὶ τὴν

---

se recipere? Sed tempus iam est, ut soplustam me ap-
pelles et huic voci iocos admisceas Nil hoc omnino
molestiæ nobis facesset, et quicquid dices, feram mode-
rato, si te loquentem modo audiam

VII Eidem.

Tempus ob taciturnitatem molestum finem iam habet
atque desit, ego vero superbire volens spe tuarum litte-
rarum iam resipisco et præteritorum repeto memoriam.
Quam enim te silente totus nobis annus hiems est? Immo
optatiorem etiam nobis veram reddis hiemem, siquidem
in illa consolationem nobis affert, quod silentium tem-
poris necessitati imputamus æstate vero reliquum nobis
est lamentari, quod nulla a te ratio ducitur amantium.
Nam abesse necessitatem, at te tamen rursus tacere,
suspicionem nobis incit, ne contemtui esse credamus
Sed o amores universi, conscium hunc facite nostrarum
rerum, ut sentiat aliquando, quam grave sit amantem ne-
gligi

VIII Zachariæ

Rumpe nobis una cum hieme silentium utrumque enim
molestum est At si semper loquentem audire te liceret,
hiems non tantas molestias nobis crearet Sed enim toto
flumine tuum fontem nobis immitte vincit enim iste
apud me ex vere perceptam voluptatem, etiamsi novum
in hoc sit lumen, etiamsi hirundines in hoc cantu suo
aures impleant, ut mihi videtur temporis iucunditatem
celebrantes, atque rosæ ex calyce prodeuntes medium
quoddam et temperatum spectaculum exhibeant, fabula-
rumque ant quarum memoriam recolant, ut Adonis erat
formosus, eumque petebat Venus, et quæ pepererat
Amores nescio quomodo amare discebat, frustrata autem
amasio vulnerato pede edebat rosam Sed nobis aman-
tibus, si cum tua voce comparentur, exigua hæc putan-
tur

IX Eidem

En tibi iterum tempus indigentibus ferendum requi
rens auxilium, quique occasionem dat, iterum ego sum,
ut gratias sine dubio utrimque habiturus sis, et quod de
quo bene merraris invenisti et quod mea causa hoc tibi
contigit Gaudium enim revera ex conferendis beneficiis
maius percipis quam ex accipiendis alii, atque eum, qui
occasionem dederit, benefactorem adeo appellareris
Quare ut magis daturus tibi quam accepturus beneficium
ita glorior Sed quid rei sit, sat scio ridens interrogabis.
Alexander quidem apud nos lignis mercaturam facit et
inde victum habet Ut autem plerumque solent eiusmo-
modi homines, socium negotii assumsit quendam Euthy-
mium nomine, ea conditione ut alter mitteret, de qui.

ἐμπορίαν οὕτω ποιοῦνται. οὗτος τοίνυν τὴν τῶν
Ῥοδίων οἰκεῖ παρ' ὑμῖν, ὦ Ζεῦ, καὶ ὅμως φησὶ μὴ
δίκαια πάσχειν. τὸν δὲ ἀδικοῦντα Ῥωμαίων γλώττῃ
κογκούσσωρα εἴποις· νομοθετεῖ γὰρ μὴ εἰωθότα καὶ και-
νοτέρου κέρδους ἀφορμὴν μηχανᾶται, ὥσπερ οὐχ ὑμῶν
ἀρχόντων τῆς Ῥόδου. ἀλλὰ ταῦτα μὲν ὡς εἰκὸς ὑμῶν
οὐκ εἰδότων οὐκοῦν παυέσθω μαθόντων, ὅπως ἐγὼ μὲν
σοὶ χάριν εἰδείην, ὁ δὲ τυχὼν τῶν δικαίων ἐμοί, διη-
γούμενος ὡς ἠδικεῖτο καὶ πέπαυται.

ι'. Φιλίππῳ ἀδελφῷ.

Πάλιν γράμματα παρ' ἡμῶν καὶ πάλιν τῶν σιω-
πώντων ὑμεῖς. καὶ δέδοικα μὴ καὶ φλυαρίαν ἡμῶν τινα
καταγνῷς· παντελῶς γὰρ σιγῶν καὶ τοὺς ὁπωσοῦν λα-
λοῦντας φλυάρους εἶναι δοκεῖς. εἰ δὲ σὺ τοὺς φίλους
ἀπὼν παρορᾷς, πᾶσι τοῖς ἀποῦσι λείπεται τὸ σιγᾶν.
οὐκοῦν γενοῦ πάλιν ἐκεῖνος καὶ φθέγγου πρὸς ἡμᾶς·
οἱ γὰρ ἀγαθοὶ μὴ τὸ προσῆκον ποιοῦντες παράδειγμα
πρόκεινται τοῖς πλημμελεῖν βουλομένοις. σὲ δ' ἂν
βουλοίμην καὶ γνώρισμα φέρειν ἀνδρὸς μηδ' ἂν εἴ τι
γένοιτο τῶν προσηκόντων ὑπερορῶντος. πρὸς δὲ τὴν
χρείαν τὴν ὑμῖν γραφεῖσαν οὕτω σπουδαίους ἑαυτοὺς
ἐπιδείξατε, ὡς ἡμῖν ταύτην ἀνύοντες. ὀκνῶ γὰρ εἰ-
πεῖν ὡς καὶ πλείονα τὴν προθυμίαν γενέσθαι βούλομαι
παρ' ὑμῶν. ἀντὶ γὰρ πλείστων χαρίτων μίαν ταύτην
ἐκτίνομεν τῷ δεομένῳ τῆς χρείας.

ια'. Στρατηγίῳ καὶ Ἰλασίῳ.

Πάλιν ὑμῖν ἐκ τῶν ἀμπέλων ἰχθῦς, καὶ ἀγροὶ τὰ τῆς
θαλάττης, ὡς ἔοικε, χορηγοῦσι, καὶ ἅμα χωρία καὶ
θάλατταν ὑμῖν ὑπάρχει τρυγᾶν καὶ πῆ μὲν βότρυς
λαμβάνειν πῆ δὲ πάλιν ἰχθῦς. καὶ ἔοικεν ἡ θάλαττα
τοὺς ὑμετέρους τρόπους μιμεῖσθαι· ὑμεῖς τε γὰρ προ-
θύμως χορηγεῖτε, κἀκείνη πρὸς τὴν ὑμετέραν ὑπουρ-
γεῖν ἐθέλει φιλοτιμίαν. ἡ δὲ παρ' ἡμῖν θάλαττα ἴσα
καὶ ἠπειρώτας ἡμᾶς ἀπεργάζεται, πλὴν ὅτι παρέχει
τὰ κύματα καὶ χορηγεῖ τὴν ἐξ αὐτῆς ἀπειλὴν ἰχθύων
χωρίς.

ιβ'. Ἰωάννῃ.

Ὁ λογιώτατος Διόδωρος λύσις ἡμῖν ἔστω τῆς πρὸς
ἀλλήλους σιγῆς, καὶ σὲ γράφειν ἀπαιτῶν καὶ τὰ παρ'
ἡμῶν σοι διδούς. φίλος μὲν γὰρ οὗτος ἐμός, ἤδη δὲ
πρὶν ἰδεῖν καὶ σὸς ἐτύγχανεν ἐραστής· οἱ γὰρ ἐξ ἡμῶν
λόγοι τὰ περὶ σοῦ διηγούμενοι καὶ πρὸ τῆς θέας
ἐποίουν τὸν ἔρωτα. ὁ γὰρ ἀνὴρ ἐρωτικός ἐστι τῶν
καλῶν καὶ πολυπραγμονεῖ τοὺς χρηστούς, ὥσπερ δε-
διὼς μή ποτέ τις τοιοῦτος ὢν διαλάθῃ. καὶ τί σοι τὰ
περὶ τούτου λέγειν με δεῖ; πάντως γὰρ τῇ πείρᾳ τοῦ-
τον μαθὼν ἐλάττω νομίσεις τὸν ἔπαινον καὶ ἀσθενῆ με
καλέσεις ῥήτορα, ὡς οὐδὲ τὰ προσήκοντα λέγειν δυ-
νάμενον.

bus convenisset, alter manens acciperet, et ita mercatu-
ram facerent. Ilic igitur Rhodi apud vos habitat, o
Iuppiter, et tamen sibi iniuriam fieri dicit. Auctorem
autem iniuriæ Romanorum lingua *concussorem* dixeris :
iubet enim fieri prorsus inaudita atque novi lucri occa-
sionem machinatur, quasi non vos imperium Rhodi gere-
retis. Sed hæc, ut videtur, vobis nescientibus. Quamobrem
coerceatur, postquam didiceritis, ut ego quidem tibi gra-
tias habeam, ille vero in integrum restitutus mihi,
quomodo iniuria affectus et exsolutus sit enarrans.

X. Philippo fratri.

Iterum litteræ a nobis atque iterum tacentes vos. Et
vereor ne ineptiarum etiam nos damnes : prorsus enim
tacens eos etiam, qui quomodocunque loquuntur, ineptos
esse iudicas. Si vero tu absens amicos negligis, absenti-
bus omnibus reliquum est ut taceant. Itaque fac ut rursus
sis ille et nos alloquaris. Boni enim officium haud ex-
sequentes exemplum proposili sunt delinquere volentibus,
te vero velim et indolem præ te ferre hominis, qui nec
si quid accidat quod æquum sit, negligat. Verum in
negotio, de quo vobis scripsi, peragendo tam strenuos
vos præbete ac si nobis illud peragatis. Dubito enim di-
cere, me velle ut maior etiam opera huc a vobis impen-
datur. Nimirum pro plurimis beneficiis hoc unum repen-
dimus indigenti.

XI. Strategio et Ilasio.

Iterum vobis e vitibus pisces, et agri marinos fœtus,
ut videtur, afferunt, ac prædia simul et mare vobis licet
vindemiare et iam uvas accipere, alias rursum pisces. Et
sane videtur mare vestros mores imitari : vos enim ad
sumptum faciendum prompto estis animo, atque illud
ad vestram liberalitatem sese vult acommodare. Nos-
trum vero mare idem et nobis facit continentem incolen-
tibus, præterquam quod fluctus præbet ac minas suas
absque piscibus perficit.

XII. Ioanni.

Eruditissimus Diodorus finem imponat mutuo inter nos
silentio et abs te scripta flagitans et nostra tibi reddens.
Scilicet amicus hic est meus, teque et antequam vidit
cœpit diligere : nostri enim de te habiti sermones etiam
ante adspectum excitaverunt amorem. Nimirum hic
vir amans est honorum, probosque curiose investigat,
quasi metuens ne quis talis eum lateat. Sed quid est cur
huius rei tibi enarrem ? Omnino enim usu eum cogno-
sces et iusto minorem meam censebis laudem atque ex-
sanguem me dices oratorem, qui ne iusta quidem verbis
exprimere potuerim.

ιγʹ. Lισιε ῳ.

Εἰ τοὺς ποθοῦντας καὶ μία γηράσκειν ἡμέρα ποιεῖ, ἐξ ὅσου με χρόνου γεγηρακέναι δοκεῖς οὕτω μέν σου βληθέντα τῷ πόθῳ (τίς γὰρ πειραθεὶς οὐκ ἐρῶν ἀπαλλάττεται;), τοσοῦτον δὲ χρόνον ἐστερημένον τῆς θέας, ἀλλ᾽ εὖ γε ποιῶν τοῖς γράμμασιν ἐπικουφίζεις τὰ δυσχερῆ, τοὺς σοφοὺς ζηλώσας τῶν ἰατρῶν, οἳ μὴ θεραπεύειν ἔχοντες μόνον παραμυθοῦνται τὸ πάθος τοιοῦτος ἡμῖν γέγονας ἀντὶ σαυτοῦ παρέχων τὰ γράμματα. καὶ νῦν τοὺς σφοδροὺς μιμοῦμαι τῶν ἐραστῶν καὶ διὰ τῆς εἰκόνος παραμυθοῦμαι τὸν ἔρωτα. τῷ δὲ καλῷ Μεγάλῳ σὲ μὲν φύσις, ἐμὲ δὲ τέχνη πατέρα ποιεῖ, ὥστε δι᾽ ἐμοῦ παρεῖναι νόμιζε τὸ παιδίον. εἰ δέ τι παραλείψω, τοῦτο νόμιζε μηδὲ δύνασθαί με ποιεῖν, καὶ μέμφομαι τὴν τύχην μὴ καὶ πάντα δυνάμενος, ἵνα σοι χαρίσωμαι τοσοῦτον ὅσον καὶ βούλομαι· ἀλλ᾽ ὦ θεοί, μὴ διαμάρτοιμεν ἄμφω τῆς ἐλπίδος, ἣν ἐπὶ τῷ παιδὶ πεποιήμεθα.

ιδʹ. Ἰλασίῳ

Εἰ τὰ τῶν φίλων κοινὰ παλαιὸς εἶναι βούλεται λόγος, ἐμοὶ δὲ φίλος ὁ λογιώτατος Πέτρος, καὶ σὸς ἂν εἰκότως νομίζοιτο. Εἰ δὲ δικαίως τοῦτον ἀσπάζομαι, δείξει μὲν πολλάκις ἡ πεῖρα, ἡ δὲ θέα σοι τέως μαρτυρήσει τὸν τρόπον. οὗτος ὑμῶν τι δεόμενος καὶ βουληθεὶς πάντως τυχεῖν ἐμὲ πρὸς ταύτην ἐκίνησε τὴν ἐπιστολήν, νομίζων τοσοῦτον με δύνασθαι παρ᾽ ὑμῖν ὡς μηδενὸς ἂν εἰκότως διαμαρτεῖν. ἀλλ᾽ εἰ μὲν ἀληθῆ νομίζει, βεβαίωσον ἔτι τὴν γνώμην· εἰ δὲ ψευδῆ, καὶ οὕτως ὑπούργησον, ἵνα μὴ δειχθῶμεν ἐν τοῖς ἄλλοις τὴν πρὸς ἀλλήλους φιλίαν πλαττόμενοι. ἔχει δὲ καὶ τὸ δίκαιον συμμαχοῦν, ὅπερ σοι καὶ μηδενὸς αἰτοῦντος καθίστηκε φίλον· τὸ δὲ δυνάμενον ἀδικίαν κωλῦσαι περιιδεῖν ἐν ἴσῳ καθέστηκε τῷ ποιεῖν, ὅπερ τῆς σῆς γνώμης ἀλλότριον· ἴσθι δὲ ὡς πάντως ἐπινεύσεις ἢ τοῖς γράμμασι τοῖς ἐμοῖς ἢ τῇ παρουσίᾳ πειθόμενος· ἓν μόνον λυπήσεις, ἀμβλυτέραν τῇ ἀναβολῇ τὴν ἀρετὴν ἐνδεικνύμενος.

ιεʹ. Φιλίππῳ ἀδελφῷ

Ὦ πόσα δύνανται καὶ μεταβάλλουσιν Ἔρωτες, καὶ βεβαιοῦσι τοῖς ἔργοις ὡς οὐδὲν αὐτῶν ἐκείνων μεῖζον ἰσχύει· ἐοίκασι δὲ λέγειν ὡς « μάλιστα πάντων μισοῦμεν ὑπεροψίαν. » κἂν τὴν ὀφρῦν τις ἀνασπάσῃ καὶ παρίδῃ λόγους ἐρῶντος, ἐνήλλαξαν οὗτοι τὴν τάξιν, καὶ ὁ σεμνὸς ἐκεῖνος ἐξαίφνης ἐρᾷ καὶ φθέγγεται ταπεινόν· ἀλλὰ τί μοι βούλεται ταῦτα, ἤδη μὲν πάντως ἐπίστασαι καὶ γελᾷς, ἀλλ᾽ ὅμως τιμῆς ἕνεκα τῆς ἐκείνων εἰρήσεται. ἐμοὶ γὰρ ὁ σὸς πόθος ὅλῳ ῥεύματι προσβαλὼν εἷλκε τὸν λογισμὸν ἐφ᾽ ἑαυτόν, καὶ δεινῶς ἠπόρουν καὶ οὐκ εἶχον ὅ τι καὶ γένωμαι· μίαν τοίνυν ἐδόκουν εἶναι παραμυθίαν, εἴ τι λέξεις

Si amantes vel una dies reddit senes, quam diu me iam consenuisse putas ita tui desiderio affectum (quis enim. te qui novit, non statim amore accenditur?), tamque diu tuo adspectu privatum? Sed recte facis quod litteris allevas molestiam, sapientes medicos imitatus, qui ubi sanare non possunt, satis habent mitigare morbum Talem nobis te præbes pro te ipso exhibens litteras Iam igitur vehementes amantes imitor, perque simulacrum consolor amorem Optimo vero Megalo te quidem natura, me ars parentem fecit Itaque per me præsto esse filium iudica Si quid vero prætermiserim, hoc existima me nec facere potuisse, et vitupero fortunam, quod non possum omnia, quo tibi gratificarer tantum, quantum etiam vellem Sed o dii, ne frustremur ambo spe, quam de puero concepimus

Si res amicorum communes esse vult vetus proverbium, mihique amicus eruditissimus Petrus est, tuus quoque merito censeatur Quem an iure diligam, experientia fortasse monstrabit, interim tibi cultus eius habitusque quo sit ingenio probabit Is vestræ quædam in re opis indigens et omnino voti compos volens fieri me ad hanc epistolam scribendam impulit, me tantum apud vos posse arbitratus, ut nunquam videar a vobis repulsam posse ferre Iam si recte sic existimat, sententiam eius adhuc confirma, sin vero falso, sic etiam operam tuam commoda, ne vulgi existimatione mutuam inter nos amicitiam finxisse arguamur Habet autem et iustitiam petitionis suæ adiutricem, quæ etiam nemine petente amica tibi est Qui vero, quum arcere iniuriam possit, auxilium non fert, eadem est conditione quam qui committit ipse, id quod a tuo animo alienum est Scito tamen, gratum te omnino facturum, sive litteris meis sive illius præsentia movearis, ingratum solum hoc, si tardiorem cunctando ostenderis virtutem

O quantam vim habent et quantam mutationem afferunt amores, atque ipsis rebus nihil esse, quod se plus possit, probant Videntur dicere « maxime omnium fastum odimus » Iam si quis supercilium erigat et amantis contemnat sermones, mox ordinem illi mutant ac protinus magnificus ille amat et loquitur humiliter Sed quid his mihi volo? iam tu quidem plane intelligis atque rides, at tamen honoris illorum caussa dicetur Mihi enim tui desiderium toto impetu accidens omnem ad se rapuit cogitationem, ac summas in angustias adductus quid agerem non habebam Unam igitur arbitrabar consolationem, si quid diceres absens et loquentem te sæpius au-

ἀπὼν καὶ φθεγγομένου πολλάκις ἀκούσω. ὡς οὖν ἔ-
γνως τὸ πρᾶγμα, ξένον τι πέπονθας οἴμοι καὶ πρὸς
ἀλαζονείαν ἐπήρθης. καὶ ἐγὼ μὲν ᾔεων, σὺ δὲ παν-
τάπασιν οὐ προσεῖχες. ἐδεόμην, καὶ ἦν μοι πλέον
οὐδέν. προύφερον τὴν συγγένειαν, ἀδελφὸν προσεῖ-
πον, ὑπέμνησα φιλίου Διός, σὺ δὲ καὶ πάλιν ἐσίγας.
ἀμήχανον ἦν τὸ πρᾶγμα λοιπόν. τί οὖν καὶ γέγονεν;
εἶπόν τι πρὸς τοὺς Ἔρωτας καὶ ἐδάκρυσα, καὶ παρε-
κάλουν ἐπὶ τὰ τόξα καὶ πείθονται, καὶ οἳ μὲν ἔβαλ-
λον, σὺ δὲ πειραθεὶς μετεβάλλου, καὶ ὁ πρὶν ἡμῖν
ἀλαζὼν ᾔτεις με γενέσθαι φιλάνθρωπον, ὅπως μὴ τῶν
αὐτῶν πειραθῇς παρ' ἡμῶν, ὦνπερ ἡμεῖς παρὰ σοῦ.
ἀλλ' ὦ φίλοι Ἔρωτες, ἐγὼ μὲν πείθομαι καὶ πρὶν
ἀμύνασθαι διαλλάττομαι· εἰ δέ τι πάλιν νεανιεύσεται,
— ἀλλ' οὐκ ἂν οἶμαι τολμήσειε.

ις'. Ἰλίᾳ.

Τῆς ὑμετέρας δωρεᾶς ἡ μὲν πεῖρα τοὺς ἐγνωκότας,
ἡ δὲ φήμη τοὺς ἄλλους εἰς θαῦμα κινεῖ, ἐμὲ δὲ ἀμ-
φότερα πρὸς τὸ ἀνάγραπτον ἐσαεὶ τὴν ὑμετέραν ἔχειν
εὐεργεσίαν. καὶ θαυμαζόμενος ἐφ' οἷς τοιούτων ἀγα-
θῶν γέγονα ὑπηρέτης τῇ πατρίδι, εἰς ὑμᾶς ἀνάγω τὴν
μνήμην τῶν ἀγαθῶν τὴν αἰτίαν. ὅθεν εἰ παρὰ τὸ προσ-
ῆκον παρρησιάζομαι τὰ μικρὰ προσάγων ὑμῖν, θαυ-
μαστὸν οὐδέν· οὐδὲ γὰρ οἱ τοῖς θεοῖς λιβανωτὸν ἐπι-
θύοντες πρὸς ἀξίαν τὴν χάριν, πρὸς δὲ δύναμιν τὸ δο-
κεῖν εὐγνώμονες ἐπιδείκνυνται. καὶ ἐπὶ τῶν ὑμῖν
προσαγομένων τὰ μέγιστα τοῖς ἐλαχίστοις τὴν αὐτὴν
ἔχει δύναμιν πρὸς τὴν εὐεργεσίαν μετρούμενα.

ιζ'. Θωμᾷ.

Νῦν ὄντως ἡμῖν ἀνθοῦσι Δίκη καὶ Μοῦσαι καὶ σύν-
οικοι γίνονται τὴν σὴν εὑροῦσαι ψυχὴν μεριζομένην
ψήφῳ δικαίᾳ καὶ λόγοις. σύνεισι τὰ νῦν ἀλλήλαις
ὥσπερ εἰκὸς ἀδελφαί τε οὖσαι καὶ κοινὸν ἔχουσαι πα-
τέρα τὸν Δία. ἐξ οὗ γὰρ ἀπέλιπες πάλαι διὰ χειρὸς
οὐκ ἔχων ἔτι τὴν Καίσαρος, οἷα δήπου καὶ ἐγένετο,
ἀπέλιπον μὲν τὰς πόλεις ἡμῖν, ὑπερεωρᾶτο δὲ τὰ
ἡμέτερα, ἦσαν δὲ παρὰ τῷ πατρὶ κατηγοροῦσαι τῶν
ἐπὶ γῆς. ἀλλ' ἐπένευσε πάλιν, καὶ γέγονας παρ'
ἡμῖν, καὶ νεάζει πάλιν τοῖς ὑπηκόοις ἡ τύχη.
κἂν γὰρ ψῆφον ἐνέγκῃς, οὐκ ἀρνεῖται ταύτην ἡ Δίκη,
κἂν λόγον εἴπῃς, ἐπαινοῦσι πάντως αἱ Μοῦσαι.
ὃ δὲ μάλιστα τεθαύμακα λέξω. τὸ γὰρ τοσούτων
προύχοντα μὴ τῶν ἐλαττόνων ὑπεριδεῖν, ἀλλὰ καὶ λό-
γων ἄρχειν καὶ φιλίας μεμνῆσθαι καί τι καὶ λεγόντων
ἐθέλειν ἀκούειν, σοὶ μὲν προσθήκη τοῦτο τοῦ θαύματος
τὰ Σωκράτους οἶμαι φιλοσοφοῦντι, ἐμοὶ δὲ τὸ χρῆμα
βαρὺ κατ' ἐμαυτὸν ὡς δύναμαι ζῶντι καὶ εὐχομένῳ
λαθεῖν. καὶ εἰ μὴ κερδαίνειν ἐβουλόμην ἑτέραν αὖ-
θις ἐπιστολήν, ἐσίγων ἂν ἀπορῶν τί καὶ φθέγξωμαι
μετὰ σέ· νυνὶ δὲ καὶ γράφειν ἐρυθριῶ καὶ σωπᾶν οὐκ
ἀνέξομαι, τὴν σὴν ἐγείρων γλῶτταν μουσικὸν αὖθις
ἠχῆσαι καὶ μικροῖς τὰ μεγάλα θηρώμενος. πολλὰ δὲ

direm. Quum igitur intellexisses rem, heu mihi novum
quid passus in superbiam es elatus. Atque ego quidem
amabam, tu vero prorsus non curabas. Petebam, nec
tamen quicquam hinc lucrabar. Proferebam cognationem,
fratrem appellabam, amicalis Iovis admonebam, at tu
rursus tacebas. Nulla supererat spes fore ut rem asse-
querer. Quid igitur accidit? Compellavi Amores lacri-
mans et ut tela caperent adhortabar. Morem gerunt. Et
hi quidem iaculabantur, tu vero simul ac sensisti muta-
tus es, et qui ante superbus in nos fueras, iam miseri-
cordiam meam implorabas, ne idem tibi a nobis continge-
ret quod a te nobis. Sed o cari Amores, ego morem gero
et antequam ulciscar in gratiam redeo : sin vero iterum
superbiet, — at non audebit opinor.

XVI. Eliæ.

Vestræ liberalitatis eos qui cognoverunt experientia, reli-
quos fama in admirationem impellit, me vero utrumque
adducit, ut vestram munificentiam nunquam non mandem
litteris. Et si quibus ipse admirationi sum, quod talium bo-
norum extiterim auctor patriæ, vobis memoriâ bonorum
caussam acceptam refero. Unde si præter decorum libere
loquor, exigua licet vobis offeram, mirum non est; neque
enim qui diis thure sacra faciunt, pro dignitate gratiam
referunt, sed pro viribus gratum animum significant.
Itaque in eis quoque, quæ vobis offeruntur, maxima
eandem cum minimis habent vim ad beneficium æsti-
mata.

XVII. Thomæ.

Nunc revera nobis florent Iustitia atque Musæ et sociæ
factæ sunt tua inventa anima inter iustum suffragium et
litteras divisa. Conversantur igitur, ut par est, quippe soro-
res quum sint et ex communi patre oriundæ Iove. Ex quo
enim reliquisti pridem neque amplius administrasti urbem
Cæsaris, qualia sane acciderunt, reliquerunt illæ civi-
tates nostras, nostra vero neglecta iacebant instituta. Erant
autem apud patrem quæ in terra fierent accusantes. Sed
annuit iterum et iam apud nos es, iterumque iuvenescit
subditis fortuna. Sive enim sententiam feras, non hanc
improbat Iustitia, sive verba facias, laudant omnino
Musæ. Quod vero maxime admirari soleo dicam. Scili-
cet quod, qui tot super homines excellas, inferiores mi-
nime contemnis, sed et colloquia ordiris et amicitiæ
memor es et benignam loquentibus præbes aurem, tibi
quidem additamentum hoc admirationis ex eo est, opi-
nor, quod Socratis amplecteris philosophiam : mihi vero
onus durum est, qui mecum ipse quantum possum vivo
et latere cupio. Ac nisi aliam rursus epistolam lucrari
vellem, tacerem non habens quid post te loquerer : nunc
vero et scribere erubesco, nec ut taceam a me impetrare
possum, tuam linguam ad musicam edendam excitans,
parvisque captans magna. Optime sit ei, qui nostrarum

κἀγαθὰ γένοιτο τῷ τὰς πόλεις ἡμῖν ἐπιτροπεύειν λα-
χόντι· δεῖξαι γὰρ πρὸ τῆς πείρας τὸ μέλλον βουλόμενος
καὶ παλαιᾶς τύχης ἄγων εἰς μνήμην ὑμᾶς ἐκάλει συν-
εργούς καὶ πᾶσι τὸ μέλλον εὐθὺς ἐμαντεύετο. τὸν δὲ
καλὸν Μέγαν ἠγάπων μὲν καὶ πρώην ὥσπερ εἰκὸς καὶ
ὅσον εἶχον ἐδίδουν (ὁ γὰρ τῆς τέχνης οὕτω βούλεται νό-
μος), ἀλλὰ καὶ πατὴρ ὑπάρχει καὶ κηδεστής, ἱκανοὶ
δι' ἀρετὴν ἐμποιῆσαι καὶ τῷ ῥᾳθυμοῦντι σπουδήν.
ὑμῶν δὲ νυνὶ προστεθέντων τῷ νέῳ εὔξομαι δικαίαν
εὐχήν. Ζεῦ ἄλλοι τε θεοί, δυναίμην τι μεῖζον ἢ πρό-
τερον, καὶ ὄναιτο Μέγας ἡμῶν ὁπόσον ὁ κηδόμενος
βούλεται.

ιη' Στεφάνῳ

Ἔτι παρὰ τὸν Νεῖλον οἰκεῖς, ἔτι ποθοῦντας ὑπερο-
ρᾷς, τί τοσοῦτον εἰπέ μοι παθών, εἰ μὲν γὰρ οἴει τὸ
βράδος ἐπὶ πλέον ἡμῖν ἐξάπτειν τὸν ἔρωτα, ἴσθι δὴ
καλῶς ὡς εἰς ἄκρον ἀφῖκται, καὶ οὐκ ἂν ἔχοις ὅ τι προσ-
θήσεις ἔτι τῷ πράγματι· εἰ δέ σε τοῦ Μακεδόνος ἡ
πόλις ἐφέλκεται χαρίτων ἕνεκα καὶ τοῦ δοκεῖν αὐτὸν
ἔχειν ἤδη τὸν Ἑλικῶνα, ζήλου τὸν Ὀδυσσέα καὶ πα-
ρελθὼν τὰς Σειρῆνας μέμνησο τῆς Ἰθάκης. καὶ γάρ
σε νῦν ἐπιθυμῶν ἀρχαίῳ σχήματι τεττιγοφόρον ἰδεῖν
κέχηνα τῇ θαλάττῃ καὶ περισκοπῶ τὰς ὁλκάδας, εἴ
ποτε παρόντα θεάσομαι. σὺ δέ μοι δοκεῖς τὸν Θη-
σέως ἐκεῖνον ἐζηλωκέναι, καὶ ταῦτα τοῖς παισὶ καθη-
γούμενος, « νυμφίε Δημοφόων, ἄδικε ξένε », ὃς οὐδὲ
παιδὸς θέλεις ἔτι μεμνῆσθαι καλοῦ τε ὄντος καὶ εἴ γε
παρείης ἤδη σε δυναμένου πατέρα καλεῖν·

ιθ' Φιλίππῳ ἀδελφῷ

Εἰ τοῖς γονεῦσι τὸ προσῆκον ἀποδιδόναι παλαιοί τε
λόγοι καὶ ὁ τῆς φύσεως βούλεται νόμος, πόσον εἰκὸς
πατρίδι χάριν ἐκτίνειν, ἐξ ἧς προῆλθε καὶ τοῖς γο-
νεῦσιν ἀρχή, ἐπὶ ταύτην σε νῦν ὁ καιρὸς καλεῖ,
καὶ δόκει τὴν ἐνεγκοῦσαν ταύτην σοι δι' ἐμοῦ φωνὴν
ἀφιέναι· οὕτω γὰρ καὶ τὸ δέον ἔσῃ πεπληρωκὼς καὶ
μνήμην ἡμῖν παράσχοις τοῦ πράγματος, ὅτῳ καὶ περὶ
τῶν μεγίστων ἡ χρεία· βαρὺ δὲ προσδόκα μηδέν,
ἀλλὰ σοὶ μὲν ῥᾷστον διδόναι, μέγα δὲ τοῖς λαβοῦσι
τυχεῖν. βασιλεῖ τῷ μεγάλῳ τὰς ὑπὲρ τῆς πόλεως
δεήσεις ἐπιδοθῆναι βουλόμεθα διὰ τοῦ παρ' ὑμῖν ἀρ-
χιερέως ἢ τοῦ βασιλέως ἀδελφοῦ, ἵνα τὸ τοῦ ἐπιδι-
δόντος ἀξίωμα λόγον τινὰ παράσχῃ τῷ διδομένῳ· ταῦτα
γὰρ ποιῶν κοινὴν καταθήσει χάριν καὶ τοῖς αἰτήσασι
καὶ τοῖς αἰτηθεῖσιν ἡμῖν.

κ' Ζαχαρίᾳ

Τὴν παρ' ὑμῶν ἐδεξάμην ἐπιστολήν, ὅπερ ἔδει μὲν
καὶ πάλαι γενέσθαι, ὅμως δ' οὐδὲ νῦν γενόμενον ἀπήμ-
βλυνέ τι τῆς χάριτος· τοιοῦτόν τι τὸ τῶν ἐρώντων πάθος·
ἐπειδὰν μὲν ἀτυχῶσι, δυσχερὲς αὐτοῖς τὸ πρᾶγμα δο-

civitatum præfecturam sortitus est volens enim antequam
experiremur quid futurum esset demonstrare et pristinæ
fortunæ memoriam recolens vos adiutores vocabat ac de
futuro statim vaticinabatur Optimum vero Magnum et
antea quantum par esset diligebam et quantum possem ei
impertiebam sic enim artis iubet lex Verum et pater
præsto ei est et affinis, qui sua virtute vel negligentem
ad diligentiam excitare possunt Nunc autem quum te
iuveni propitium reddiderim, iustum votum nuncupo
Iuppiter aliique du, utinam maius quid possem quam
antea, ac tantum a nobis emolumenti Magnus percipiat,
quantum vult, cuius curæ ille demandatus est

XVIII Stephano

Etiamnum ad Nilum habitas? etiamnum amantes
aspernaris? Quid, dic mihi, tantum passus es? Nam si
cunctando magis nobis putas incendere amorem, probe
scito iam ad extremum pervenisse, nec quicquam, quod
rei addas, facile te habiturum sin vero te Macedonis
urbs ad se attrahit Gratiarum caussa et quod videatur
ipsum iam habere Heliconem, Ulixem imitare et præter-
itis Sirenibus memento Ithacæ Etenim cupiens te iam
veterum habitu videre tettigophorum inhio mari et na-
ves circumspicio, si forte te præsentem conspiciam Tu
vero videris mihi Thesei filium illum imitari, idque pue-
ros instituens, Sponse Demophon, hospes inique, qui
neque filii meminisse vis, qui et formosus est et, si
adveneris, iam te patrem poterit appellare

XIX Philippo fratri

Si parentibus officium præstare quum veterum dicta tum
lex naturæ præcipit, quantam par est patriæ gratiam repen-
dere, ex qua parentibus vivendi initium prodit? Ad
hanc te præsens vocat tempus, et istam puta, quæ te
edidit, hanc per me vocem ad te mittere Sic enim et
officio satisfeceris et nobis rei dabis memoriam Agitur
etiam de gravissimis, quanquam grave puta nihil, sed
tibi quidem facillimum est dare, magnum vero accipient-
ibus consequi Regi magno supplicia pro civitate facta
per summum pontificem vestrum aut regis fratrem reddi
volumus, ut reddentis dignitas momentum aliquod libello
adiciat Hæc enim si feceris, communem gratiam
inibis quum ab eis qui rogarunt, tum a nobis qui rogati
sumus

XX Zachariæ

Accepi vestras litteras, quod quidem iam dudum fieri
oportebat, quanquam neque nunc demum factum de gra-
tia detraxit Habet hoc amantium affectus si quod vo-
lunt non assequuntur, molestum eis videtur et ferre ne-

κεῖ καὶ φέρειν οὐ δύνανται· ἡνίκα δὲ λάβωνται τοῦ
ποθουμένου, ὡς μηδὲν παθόντες τῶν προλαβόντων
πόνων ἐπιλανθάνονται. ἀλλ' ὅπως μὴ νῦν τοῦτο μα-
θὼν πρίν τι γράφειν αὖθις ἡμᾶς ἀνιάσῃς τῇ σιωπῇ·
οὐδὲ γὰρ βουλοίμην ἔγωγε πολλὰ παθὼν εἶτα πάλιν
εὐφραίνεσθαι. οὐδὲ γὰρ ἂν οἱ Δελφοὶ ὅλως αὐτῶν ἀπεῖ-
ναι τὸν Πύθιον ἕλοιντο, εἰ καὶ παρόντος εὐθὺς ἑορτὴν
ἄγουσι τὴν ἐπιδημίαν Ἀπόλλωνος.

κα΄. Θωμᾷ.

Τῶν ἀγαθῶν ἀνδρῶν εὐφραίνειν οἶδε καὶ χωρὶς
θέας ἡ μνήμη, καὶ τότε μᾶλλον, ἡνίκα τοὺς πειραθέν-
τας ὅλου πληρώσαντες ἔρωτος μηκέτι παρῶσι χορη-
γοῦντες ἀεὶ τῇ θέᾳ τὴν ἡδονήν. τότε γὰρ ἀποροῦντες
οἵτινες γένωνται τὸν πόθον ἔχουσιν ἀντὶ τῆς θέας ἀεὶ
χορηγοῦντα τὴν μνήμην· ἑαυτοῖς γὰρ ἀνατυποῦσι τοὺς
ἀπελθόντας καὶ παρόντων σοφίζονται μίμημα. ταῦτα
γνωμολογῶ τοιούτῳ πάθει περιπεσών, ἐξ οὗ καὶ πει-
ραθεὶς ἐθαύμασα καὶ μὴ παρόντα πάλιν ζητῶ, καὶ
τὴν τύχην προσεύχομαι μηχανᾶσθαί τι καινὸν καὶ συν-
άγειν ποτὲ τοὺς τοσοῦτον ἀλλήλων ἀπέχοντας ἐραστάς.

κβ΄. Κάστορι.

Τῷ φέροντι τὴν ἐπιστολὴν πολλὰ παρὰ σοῦ τὴν
εὔνοιαν ἀπαιτεῖ, γένος συνάπτον ἐμοί, γάμος τὴν οἰ-
κειότητα βεβαιῶν, καὶ τὸ δὴ μέγιστον ἡμέτερα γράμ-
ματα. καὶ οὐκ ἀλαζονείας ὁ λόγος, θαρροῦντος δὲ
μᾶλλον, ὡς τἀμὰ μικρὰ μὲν τῇ φύσει, μεγάλα δὲ δύ-
ναται παρὰ σοί. δεῖται δὲ γλώττης δικαίας καὶ λό-
γων εὐροίας σβέσαι δυναμένης συκοφαντίαν. οἶδα τοί-
νυν ὡς τῆς ἐμῆς ἐλπίδος κρείττων γενήσῃ· φιλοτιμεῖ
γὰρ ἀεὶ μείζον εἰς πεῖραν ἐλθεῖν ὧν ἂν ἐλπίσῃ
παρὰ σοῦ. σὸν δ' ἂν εἴη λοιπὸν ἢ τὴν ἐμὴν ἐλπίδα
νικῆσαι τοῖς ἔργοις ἢ μὴ ταύτης ἐλάττω δεῖξαι τὰ
πράγματα.

κγ΄. Νεστορίῳ.

Χρεμύλος πεπλούτηκεν ἐξαίφνης, ἡ κωμῳδία φησί.
καὶ σὺ νῦν πλουτεῖν ἔοικας, οὐπώποτε τοῦτο μαθών,
Ἴρου δὲ πτωχότερος ἀεὶ γεγονώς. ἐκεῖθεν ἄρα σοι
ποθεινοτέρα γέγονεν ἡ πατρίς, ἣν πρότερον ἀπεκάλεις
τῆς οἰκουμένης τὸ βάραθρον, ὅλος δὲ τῆς ὕλης γέγονας,
τῇ φιλοσοφίᾳ χαίρειν εἰπών. τὸ δὲ πρᾶον ἐκεῖνο καὶ
ἥμερον, ὅ σοι μόλις ἐνεποίησα τὸ πρότερον, καὶ τὰς ἐπὶ
σοὶ τοῦ προκόψειν ἐλπίδας φροῦδα πάντα πεποίηκας.
νῦν ὡς εἰκὸς ὄρειος γέγονας καὶ οἷον ὁ τῆς χώρας
βούλεται νόμος. τοιαῦτα παρὰ τῆς τύχης ἀπέλαυσας
ὁ παρὰ τὴν πενίαν πάλαι φιλοσοφῶν. ὅθεν ἐμφιλο-
χωρεῖς τῇ πατρίδι καὶ σκοπεῖς οὐχ ὅθεν ἔσῃ σοφώ-
τερος, ἀλλ' ὅθεν ἂν ἴδοις κομῶντα τὰ λήϊα. ἐγὼ δέ
σε ποθῶν τοὺς Ἔρωτας μέμρομαι, εἰ μὴ δύνανται
ψυχὴν μίαν ἀντερᾶν ποιῆσαι τῶν οὕτω ποθούντων.

queunt; simul atque vero assequuti sunt, quasi nihil
passi priorum laborum obliviscuntur. Sed ne iam hac re
cognita priusquam aliquid scribas, iterum silentio ægre
nobis facias : nolim enim equidem multa perpessus mox
rursus gaudio affici. Neque enim Delphi prorsus a se
abesse malint Pythium, quanquam, quotiens venit, solen-
niter celebrant præsentiam Apollinis.

XXI. Thomæ.

Bonorum virorum delectare potest etiam sine adspectu
memoria, ac magis tum, quum expertis omni amore
impletis non amplius coram adsint adspectu semper vo-
luptatem suggerentes. Tum enim pæne desperantibus
desiderium pro adspectu semper memoriam eis sug-
gerit : nam sibi ipsis mente refingunt absentes et præsen-
tium comminiscuntur imaginem. Has sententiolas loquor
tali affectu captus, qui fecit, ut expertus amicum admi-
rarer et non præsentem rursus quæram, precerque for-
tunam, ut novi quid moliatur ac tanto intervallo disiun-
ctos amicos tandem aliquando coniungat.

XXII. Castori.

Multa sunt, quæ ut hanc epistolam ferenti benevolen-
tiam præstes postulant, generis inter nos communio,
coniugium necessitatem confirmans, et quod maximum
est, nostræ litteræ. Neque vanus hic est sermo, sed po-
tius confidentis, res meas, licet exiguas natura, multum
tamen apud te valere. Indiget autem ille lingua iusta et
flumine orationis, quod possit diluere calumniam. Iam te
spe mea superiorem fore scio : semper enim operam
das, ut præstes maiora quam de te sperarit aliquis. Quod
reliquum est, tuum erit aut meam spem opere superare,
aut curare ut saltem spem meam facta æquiparent.]

XXIII. Nestorio.

Chremylus subito dives factus est, inquit comœdia. Tu
quoque nunc dives videris esse, quum nunquam hoc di-
diceris, sed Iro pauperior semper fueris. Hinc igitur
carior tibi evasit patria, quam antea orbis terrarum no-
minabas barathrum. Omnino totus es in opibus, repu-
diata philosophia, comitatem autem illam et mansuetu-
dinem, qua ægre antea te imbueram, et proficiendi de te
conceptam spem, omnia irrita fecisti. Nunc, ut videtur,
monticola evasisti et qualem esse vult terræ indoles.
Talia a fortuna impetrasti, qui solebas olim in egestate
philosophari. Hinc libenter in patria versaris spectasque
non quo sapientior fias, sed quo lætas videas segetes.
Ego vero te desiderans Amores vitupero, quod nequeunt
efficere, ut animus unus tanto desiderio flagrantes re-
camet.

κδ' Εὐσεβίῳ κα Ἠλίᾳ

Ἐγὼ καὶ παρόντας ὑμᾶς ἡδέως ὁρῶν καὶ ἀπόντων
ἀεὶ μεμνημένος οὐκ ᾠήθην δεῖν σιγῇ τὸν καιρὸν πα-
ρελθεῖν· ἀεὶ μὲν γὰρ ὑμῖν ἐπιστέλλειν ἡδύ, τὸν δὲ
κοινὸν παῖδα μὴ μετὰ γραμμάτων προπέμπειν οὔτ' ἂν
ὑμεῖς ἐπηνέσατε, κἀγὼ ποιεῖν ᾐσχυνόμην. ἕως μὲν
οὖν μοι παρῆν, σπουδῇς αὐτῷ χάριν ἐδόκουν καὶ φύ-
σει γεγονέναι πατήρ, νυνὶ δὲ τὴν ἐξ ἡμῶν ἰόντι μόνον
εὔχεσθαι δύναμαι διηγουμένων ἄλλων ἀκούειν, ὡς οἷον
ἐδούλου τὸν νέον θεὸς ἐπένευσεν ἤδη καὶ γέγονεν ἀλλὰ
τίς γένοιτο τούτων τῶν λόγων πατήρ, εὔνους μὲν οὐκ
ἂν μᾶλλον, κρείττων δὲ ἴσως;

κε' Φαίδρῳ

Ὄντως ἄρα τῆς ψυχῆς εἰκόνες ἦσαν οἱ λόγοι καὶ
τοὺς ἀπόντας ἔδειξαν ὅπως ἔχουσι γνώμης, οὐ ἧττον
ἢ ζωγράφος ἅπερ ἂν ἐθέλῃ μιμεῖσθαι· τοῖς γὰρ ὑμε-
τέροις γράμμασιν ἐντυχών, ὃν ἠγνόουν τῇ πείρᾳ, τοῦτον
ἐκεῖνον ἔχειν ἐδόκουν, ὡς εἴ τις ἐξελιὼν τὸ πρόγραμμα
τὴν ἐπιστολὴν ἐπεδίδου, ᾤμην ἂν πατρὸς εἶναι φιλο-
στόργου πρὸς παῖδα τὰ γράμματα. τοιούτους ἡ ἀρετὴ
τοὺς ἑαυτῆς ἔοικε τροφίμους δεικνύναι. τὸ γάρ σε
μήτε ἰδόντα μήτε πεπειραμένον καὶ λόγου προκατάρ-
χειν καὶ κοινὰ πρός με ποιεῖσθαι τὰ παρόντα τῶν
ἀγαθῶν, τίνος εὐφημίας οὐκ ἂν τύχοι δικαίως, ἀλλ'
ὅμως προῄρημαι μηδ' ἂν εἴ τι γένοιτο τὴν ἐμὴν Ἰθά-
κην ὑπεριδεῖν, ἀλλὰ καὶ τὸν Ὁμηρικὸν Ὀδυσσέα διὰ
ταῦτα ζηλῶ, ὅτι πάντα παριδὼν τὴν μικρὰν ἐπόθει
νῆσον καὶ ἧς οὐκ ἄν τις ἐπὶ βελτίστοις ἐμνήσθη

κϛ' Ἱερωνύμῳ.

Πάλιν Αἴγυπτος καὶ τρυφή, καὶ πένητες ἡμεῖς παρὰ
σοὶ καὶ λόγος ἀπόντων οὐδείς· οὐδὲν τοῦτο πρᾶγμα
γελᾷ μόνον χρυσῷ ῥέοντα τον Νεῖλον ὁρῶν· κἂν ἔτι
μᾶλλον τὴν ὀφρὺν ἀνασπάσῃς, οἴσομεν πάντως ὑπερορ-
ρώμενοι. ἔσσεται γὰρ ἦμαρ, ὅτε πάλιν ὄψει τὴν
Ἐλοῦσαν, καὶ δακρύσεις ψάμμον μεθισταμένην τοῖς
πνεύμασι καὶ γυμνοῦσαν εἰς ῥίζας τὴν ἄμπελον ἔνθα
καὶ νύμφαι ξέναι τινὲς καὶ θαλάττιαι καὶ Ζεὺς ὑέτιος
οὐδαμοῦ τότε γελάσω μὲν ἐγὼ καὶ κωμῳδήσω τὴν
τύχην, σὺ δὲ νομιεῖς εὐδαίμονα τον νῦν ἀπερριμμένον
ἐμὲ πλὴν ἐν ὅσῳ σοι δίδωσιν ὁ Νεῖλος τρυφᾶν, γράφε
μόνον καὶ κάλει σμικροὺς ἡμᾶς καὶ χαμαί τινας ἑρχο-
μένους οὕτω γὰρ καὶ σοῦ γράφοντος ἀπολαύσομεν καὶ
τὴν σὴν ἀλαζονείαν τῇ τοῦ μέλλοντος ἐλπίδι παραμυ-
θησόμεθα.

κζ' Ἰλασίῳ

Τὸ παρ' ὑμῖν χωρίον καρποὺς μὲν τίκτειν ἔοικεν
ἀγαθούς, ἀντικεῖσθαι δὲ μόνοις τοῖς σώμασι τοὺς μὲν
γὰρ θαῦμα τοῖς ὁρῶσι παρέχει καὶ τὴν τῆς ὥρας βιά-

Ego quum et præsentes vos magna cum voluptate vi-
deam, et absentium vestrum immemor nunquam sim,
non existimavi tempus oblatum silentio prætereundum
Semper enim vobis scribere iucundum est, communem
autem filium litteris non prosequi neque vos laudaretis,
et me committere pudet Donec igitur mecum fuit, studii
causa et visus sum etiam natura parens, nunc vero ex
disciplina mea egresso hoc solum optare possum, ut
alios narrantes audiam, qualem voluisses esse iuvenem,
talis ut iam esset deum dedisse Sed quis huius sermonis
pater existat? Non sane benevolentior me, sed melior
fortasse

XXV Phædro

Revera igitur animi imaginem refert sermo et qualem
absentes habeant sententiam ostendit, non secus atque
quæ pictori placuit imitari Quum enim vestras litteras
perlegissem, quem experientia non noveram, hunc ip-
sum tenere videbar, ut si quis inscriptione sublata epi-
stolam tradidisset, patris benevoli litteras ad filium esse
putassem Tales suos alumnos virtus reddere solet
Nam quod tu, qui neque vidisti me unquam neque antea
cognovisti, sermonis initium facis, quæque præsto tibi
sunt bona mecum communicas, qua hoc non dignum
habeatur laude? Nihilo minus constitui, quidcumque ac-
cidat, Ithacam meam non contemnere, sed et Homericum
Ulixem propterea admiror, quod posthabitis omnibus
parvam suam insulam amabat et de qua non facile quis-
quam dixerit honorifice

XXVI Hieronymo.

Iterum Ægyptus et luxus, nosque pauperes apud te,
neque ulla absentium ratio Nihil hoc refert ride modo
auro fluentem Nilum videns Et si magis etiam supercil-
lium contrahas, tolerabimus omnino nos contemni Erit
enim dies, ubi rursus videbis Elusam et arenam luge-
bis ventis dissipatam et nudatas ad radices usque vites.
Ibi et fontes quidam insolentes et salsi atque Iup-
piter pluvius nusquam Tum ego videbo et fortunæ
insultabo, tu vero felicem existimabis me nunc abiec-
tum Attamen dum Nilus luxuriari tibi concedit, scribe
modo et nos pusillos appella humique repentes sic enim
et tuis fruar scriptis et insolentiam tuam spe futuri mi-
tigabo

XXVII Ilasio.

Vestrum prædium bonos progignere videtur fructus,
solis vero corporibus adversari illos enim miraculum vi
dentibus exhibet, vimque facit naturæ tempestatis, his

ζεται φύσιν, τὰ δὲ λαβὸν ἐρρωμένα μικρὸν ὕστερον
ἀπέδωκεν ὠχριῶντα. ὅθεν οὐκ ἂν ἑλοίμην ὀλίγων
καρπῶν ἀπολαύσας νοσεῖν καὶ τὴν αἰτίαν ἐρωτώμενος
αἰσχύνεσθαι καὶ σιγᾶν, ὃ δὴ ποιεῖν εἴωθας σιγῇ τὰ
χωρία κοσμῶν. σὲ δὲ βούλομαι καὶ πλείστων ἀγαθῶν
ἀπολαύειν καὶ τῇ τοῦ σώματος ῥώσει τὴν τοῦ χωρίου
φύσιν νικᾶν.

κη΄. Διοδώρῳ.

Δέδεγμαί σου πάλιν ἐπιστολὴν τοῖς μὲν λόγοις
σαφῆ καὶ λίαν καλήν, τοῖς δὲ γράμμασιν ἀσαφῆ καὶ
τῶν λόγων τὴν χάριν καλύπτουσαν. δοκεῖς γάρ μοι
δεδιώς, μή ποτε πρὸς λήθην ἔλθῃς τῆς φύσεως· πρὸς
τὸ σαφὲς αὐτὴν βιασάμενος, τῷ τύπῳ τῶν γραμμάτων
παραμυθεῖσθαι τῶν ῥημάτων τὸ γνώριμον, ὅπως ἂν
πάλιν ἐκ τῆς συνήθους ἀσαφείας ἔχῃς τὸ γνώρισμα.
οὕτως σοι πλεονέκτημα τὸ πρᾶγμα φαίνεται, καὶ δε-
διέναι μοι δοκεῖς ἐκπεσεῖν τοῦ προσρήματος. θάρρει
τοίνυν ὡς οὔποτε μεταθείμην τῆς δόξης ἕτερα φρονῶν
περὶ σοῦ, οὐδὲ ἑκὼν εἶναί σε τῆς θαυμαστῆς εὐ-
κλείας στερήσαιμι. μόνον μή με ἀναγκάσῃς Πυθῶδε
φοιτᾶν καὶ δεικνύντα τὰ γράμματα « φράσον » λέγειν
« ὦ μαντικὲ Πύθιε, τί ποτε λέγειν ὁ γράφων ἐβού-
λετο; » ταῦτα δέ μοι πεπαίχθω πρὸς σὲ τὴν ὑμετέραν
χάριν ἐκμιμουμένῳ.

κθ΄. Μακαρίῳ.

Τῆς περὶ ἡμᾶς εὐνοίας γλυκύ σου καθέστηκε καὶ
τὸ σύμβολον, καὶ μιμεῖται τὴν γνώμην τὸ δῶρον
τῷ μέλιτι συμπλεκόμενον. λόγων γὰρ γενόμενος
ἐραστὴς καὶ τούτων ἐμφορηθεὶς ἔγνως ὡς μέγα δή τι
χρῆμα φιλία συμπροϊοῦσα τῷ χρόνῳ καὶ μὴ τῇ δια-
στάσει δεχομένη τὴν λήθην. ὅθεν σε καὶ πρὶν ἐπαι-
νῶν νῦν ἔτι πλέον τεθαύμακα, ὅτι καὶ μὴ παρὼν
καθέστηκας παραπλήσιος. ἀλλά μοι πρᾶττε καλῶς καὶ
τῶν νόμων ἔμφορου καὶ γένοιο δὴ θᾶττον, ἵνα τι καὶ
λέξω ποιητικόν,

πατρί τε σῷ μέγα χάρμα πόληΐ τε παντί τε δήμῳ.

λ΄. Στεφάνῳ.

Ἥσθην δεξάμενος τὴν ὑμετέραν ἐπιστολήν, ὃν ἡδό-
μην ἀεὶ τῇ μνήμῃ λαβών, τοῦτον διὰ τῶν γραμμάτων
θεώμενος, εἴ γε τῆς ψυχῆς ὄντως εἰκόνες οἱ λόγοι.
καὶ εἴ μοι δίδως εἰπεῖν μείζων ἢ κατ᾽ ἐμαυτὸν ἐδόκουν
γενέσθαι, σκοπῶν ὥς με φίλων ἐγκαταλέγεις χορῷ
καὶ λόγος ἐμοὶ παρὰ σοὶ καὶ γραμμάτων ἄρχεις προ-
καλουμένων τὰ παραπλήσια. δι᾽ ὧν δέ με θαυμάζειν
ἐδόκεις, σαυτὸν ὁρᾶν παρεῖχες τοῖς γράμμασι, δι᾽ ἐμοῦ
μέσου τὰ σαυτοῦ διηγούμενος. ὥστε με μειδιῶντα
λέγειν πρὸς ἐμαυτόν, « ὡς ἀληθεῖς οἱ λόγοι, νὴ τοὺς
θεούς, εἰ περὶ τοῦ γεγραφότος ἐλέγοντο. » νυνὶ δὲ
λέγων ἐλάνθανες οὐχ οἷος ἐγώ, ἀλλ᾽ οἷον εἶναί με δεῖ

---

autem postquam robusta accepit, brevi reddit pallid.
Hinc nolim ego, quo paucis fruerer fructibus, ægrotare
et caussam rogatus erubescere ac tacere, il quod facere
consuevisti fundos tuos silentio exornans. At te volo et
plurimis bonis frui et corporis firmitate naturam loci vin-
cere.

XXVIII. Diodoro.

Accepi iterum tuam epistolam verbis quidem perspi
cuam et perelegantem, litteris vero obscuram gratiamque
verborum occultantem. Videris enim mihi metuens, ne
in oblivionem naturæ tuæ venias, si ad perspicuitatem
eam per vim adigas, litterarum figura verborum tem-
perare claritudinem, ut rursus ex consueta obscuritate
cognoscantur. Ita ex usu tuo rem esse censes. Quin ti-
mere mihi videris, ne salutatione excidas. Confide igitur,
me quam de te concepi existimationem nunquam esse
mutaturum aut aliter sensurum. Haud sane lubens præ-
clara gloria te privaverim, modo ne me cogas Delphos
proficisci et ostensis litteris « explica, » dicere « o vates
Pythie, quid tandem dicere scriptor voluit ? » Hæc ioci
caussa ad vestram imitandam gratiam a me dicta sunto.

XXIX. Macario.

Tuæ erga nos benevolentiæ gratum fuit signum
atque animi tui sententiam repræsentat donum melle
permixtum. Litterarum enim cultor eisque imbutus
cognovisti, quam eximia res esset amicitia, quæ una cum
tempore procederet, neque intervallo obnoxia fieret obli-
vioni. Quare quum antea iam te laudarim, nunc adhuc
magis admiror, quod etiam absens tui te præbes similem.
Sed tu mihi vale ac satiare legibus, brevique evade, ut ea
versu utar,

patri tuo magnum gaudium et urbi et universo populo.

XXX. Stephano.

Epistola vestra allata magnopere lætatus sum, quum,
cuius memoriam lœtus semper colui, eundem per litteras
iam conspicerem, siquidem animi imagines revera sunt
sermones. Et si mihi permittis dicere, maior quam pro
mea fortuna videbar esse, considerans te in amicorum
numerum me referre, melque rationem a te haberi, atque
litteras te mittere primum, quæ similes requirant. In qui-
bus autem me admirari videbare, te ipsum conspiciendum
præbuisti litteris, meo sub nomine enarrans tua, ut ego
subridens ad me ipsum dicerem, « quam vera, per deos,
hæc essent verba, si de ipso, qui scripsit, dicta essent. »
Nunc vero te fugit, quod me non qualis essem, sed qua-
lem oportet esse, ut tales laudes merear, descripsisti.

τοιούτων ἐπαίνων τευξόμενον πολλὰ δέ σοι κἀγαθὰ γένοιτο καὶ σπουδῆς ἕνεκα καὶ τρόπων πραότητος καὶ μνήμης εὐνοίας, καὶ τὸ δὴ μέγιστον, ὅτι καὶ μὴ παρὼν καθέστηκας παραπλήσιος.

λα΄ Παγκρατίῳ

Οἱ τὰς Σειρῆνάς ποτε παραπλέοντες καὶ τὰ μέλη ταῖς ἀκοαῖς ἀρυόμενοι οὐ πατρίδας ἐπόθουν, οὐ παί-δων ἀνεμιμνήσκοντο, πάντα δὲ πάσχειν αὐτοὺς ἐδόκει καλὸν ἢ τούτων ἀπαίρειν, ὧν τῆς ἡδονῆς ἐπειράθη-σαν. ἡμεῖς δὲ τῆς σῆς μούσης ἄκρῳ φασὶ δακτύλῳ γευσάμενοι οὕτως ὅλῳ πόθῳ πρὸς αὐτὴν ἐβακχεύσα-μεν, ὡς μηδὲ μικρὸν ἀπεῖναι ταύτης αἱρεῖσθαι, κἂν ἀνάγκη διεστάναι τοῖς σώμασιν. ἀναγομένοις δὲ ὑμῖν τῇ διανοίᾳ συναναγόμεθα καὶ τὴν Ἀλεξάνδρου νῦν οἰκοῦμεν, τὸ σὺν ὑμῖν εἶναι τῇ φαντασίᾳ πλαττό-μενοι τοιαύτην μοι γνώμην ἐναποτίκτουσιν Ἔρωτες κἂν πρὸς ὀλίγον ἀνενεγκῶ ἐν ἐμαυτῷ πάλιν γένωμαι, τοῖς σοῖς ἐπεντρυφῶ διηγήμασι, καὶ πάντες ἀνὰ μέ-ρος τὰ ὑμέτερα μνημονεύουσιν, ὁ μὲν τοῦ λόγου τὸ ἥμερον, ὁ δὲ τῶν τρόπων τὸ σεμνόν, ἄλλοι γλυκὺν προσωνόμασαν, ὁ δὲ τῆς γνώμης λέγει τὸ μέτριον, ὁ δέ σε φέρει ἐπὶ τῆς γλώττης εἶπε τὰς Μούσας, καὶ πᾶς τις φιλονεικεῖ φθάσαι τοὺς ἄλλους μόνος τὰ σὰ διηγούμενος. σὺ δὲ γράφε τὴν ἀπουσίαν θεραπεύων τοῖς γράμμασι καὶ τὸν φέροντα τὴν ἐπιστολὴν ἡδέως ἰδεῖν καταξίωσον.

λβ΄ Νηπαλίῳ

Ὅσον ἐμὴν πάλαι τὸν θυμὸν ἐπάρηξας τοῖς γράμ-μασι, τοσοῦτον νῦν χρηστότητι τὰς ἡμετέρας ἐλπίδας ἐνίκησας τὸ γὰρ διορθοῦσθαι τὰ φθάσαντα καὶ παραμυθεῖσθαι τὸν εἰς φιλίαν ἀδικεῖσθαι πειθόμενον πῶς οὐ σοφοῦ τὴν γνώμην ἀνδρὸς καὶ τὸ λυποῦν θερα-πεύειν εἰδότος, ἕν με μόνον τῶν ὑμετέρων ἠνίασεν, εἰ τοσοῦτον ἐμὲ πεπονθέναι δοκεῖς, ὡς καὶ δώρων δεῖσθαι μεταβαλλόντων τὴν γνώμην, ὥς που καὶ Ἀγαμέμνων τὸν Θετταλὸν στρατιώτην. πλὴν καὶ τὰ δῶρα δέχο-μαι προθύμως, οὐ ταῦτα ζηλώσας μᾶλλον ἢ τὴν τοῦ πεπομφότος προαίρεσιν ὁ δὲ φέρων τὴν ἐπιστολὴν τῆς ὑμετέρας εὐνοίας δεόμενος τυγχανέτω ταύτης ἐν οἷς αἰτῶν οὐ λυπεῖ

λγ΄ Ἰωάννῃ

Δέδεγμαί σου τὴν φίλην καὶ γέμουσαν ὄντως ἀφρο-δίτης ἐπιστολήν, τῆς μὲν μακρᾶς σιωπῆς σωκρατι-κῶς αἰτιωμένην ἡμῖν τὸ δαιμόνιον, τὸ δὲ χαμαὶ κείμενον ἐμὲ καὶ πρὸς ὕψος ἀρετῆς ἀναβλέπειν οὐκ ἔχοντα καὶ τί γὰρ ἕτερον ἢ σοφιστὴν, ὡς ἂν αὐτὸς ἐπισκώψειας, εἰς αὐτὴν φιλοσοφίαν τοῖς ἐπαίνοις ἀνά-γουσαν, μᾶλλον δὲ τὴν ἀκοὴν ὑποσουρομένην, ὅπως κλαπεῖσα τοῖς μηδὲν προσήκουσιν ἐπαίνοις, ἀνάσχοιτο πράως κατηγορουμένης ῥητορικῆς καὶ φέροι τὰ συν-

Sed multa tibi bona contingant quum propter studium tuum, tum propter morum suavitatem et amoris memo-riam, quodque summum est, quod et absens tui te præ-bes similem

Qui Sirenes præternavigabant, suisque ipsarum cantum hauriebant auribus, non patriæ desiderio tenebantur, non liberorum recordabantur, sed omnia pati malebant quam discedere ab eis, quarum voluptatem experti erant Nos vero tua Musa summo quod aiunt digito gustata sic omni cupiditate ei inhiamus, ut ne paullulum quidem ab ipsa abesse velimus, etsi necesse sit corporibus distare Itaque solventibus vobis cogitatione una solvebamur, et iam Alexandri urbem habitamus atque vobiscum esse mente fingimus Talem mihi sententiam ingenerant amores Et si paullisper relaxatus ad me ipsum redeam, eis quæ de te narrantur heluor, atque omnes ex ordine vestras res commemorant, alius sermonis facilitatem, alius morum gravitatem, alii suavem appellant, alius mo-derationem laudat animi, alius te Musas in lingua ferre dicit, et quivis reliquos studet antevertere, ut solus tuas res possit enarrare Tu vero scribe absentiam tuam sa-nans litteris, atque eum, qui hanc fert epistolam, dig-num habe quem benigne adspicias

Quantum olim iræ per litteras in me concussisti, tantum nunc probitate nostram exspectationem superasti Nam præterita corrigere et consolari eum, qui pro benevolentia sua iniuria affectus sibi videtur, quomodo hoc non pru-dentia sit viri atque talis, qui curare sciat contumeliam? Hoc uno tantum ægre mihi fecisti, quod tantum me pas-sum arbitraris, ut vel muneribus opus habeam, quæ in alium mentem me adducant, ut et Agamemno Thessalum militem Nihilo minus oblata dona prompto animo acci-pio, non tanti hæc ipsa quam eius qui misit voluntatem faciens Qui vero hanc fert epistolam vestræ benevolen-tiæ indigens, dum petitione sua non molestus sit, com-pos eius fiat

Accepi amicam tuam et plenam revera Veneris episto-lam, quæ diuturni silentii Socratico more dæmonium nostrum accusat, me vero humi iacentem et ad virtutis sublimitatem respicere non valentem et quid aliud quam sophistam, ut ipse illudas, ad ipsam philosophiam laudi-bus adducit, immo aures fallit, quo laudibus elusæ nihil ad se pertinentibus moderate ferant rhetoricam accusare et consuetas illas tolerent cantilenas, politicæ partis si-

ἤθη ταῦτα δὴ τερετίσματα, τὸ πολιτικῆς μορίου
«ἴδωλον καὶ τὸ δήμοις ὁμιλεῖν καὶ ὅσα δὴ παιζόντων
ἐθέλουσι λόγοι· οὐ γὰρ εἴποιμι φθονούντων αἰδοῖ φι-
λοσοφίας καὶ Πλάτωνος. καὶ αὐτὸς δὲ οἶμαι περὶ τῆς
τέχνης, ὦ σοφώτατε, τἀναντία φρονῶν σκωμμάτων
ὡς ἔοικε χάριν ὄνου φασὶ σκιὰν ἐγκαλεῖς Θρασυμά-
χους ἡμῖν καὶ Πώλους ἐπεισκυκλῶν καὶ ὅσα δὴ Πλά-
τωνος ἀνεπλάσαντο χάριτες. ἀλλὰ παῦσαι λοιπόν, ὦ
λῷστε, τὰ μέγιστα τῶν πραγμάτων ἀγορεύων κακῶς,
εἰ δὲ μή, — ἀλλ' εἰς ἀμείνω καιρὸν ἐπέχω τὴν ἀπειλήν.

λδ'. Διοδώρῳ.

Τοῖς ὑμετέροις γράμμασιν ἐντυχὼν παλαιᾶς εὐδαι-
μονίας ἀφικόμην εἰς μνήμην, τὸν Νεῖλον ἐκεῖνον καὶ
τὴν παρ' αὐτῷ τῆς ὑμετέρας θέας ἀπόλαυσιν τῇ δια-
νοίᾳ τυπούμενος, καί μοι δακρύειν ἐπῆλθε τὴν τῆς
τύχης ῥοπὴν ὡς ἄνω καὶ κάτω στρεφομένην. νῦν μὲν
συνάγει τοὺς ἀνθρώπους ὡς οὐκ ἄν τις ἐλπίσειε, νῦν
δὲ πάλιν διίστησιν οὓς παρ' ἐλπίδα συνήγαγεν.
ἀλλὰ σοφόν τι πρὸς αὐτὴν ἐμηχανήσαντο φάρμακον,
ἐπιστολαῖς ἀνακοινοῦντες τὸν πόθον καὶ τὴν παρου-
σίαν τρόπον τινὰ τοῖς γράμμασι μηχανώμενοι.

λε'. Τῷ αὐτῷ.

Τοῖς περὶ φιλίαν ἐσπουδακόσιν ἀρκεῖν ἡγοῦμαι τὴν
εὔνοιαν καὶ τὸ ταῖς τῶν συνήθων χρείαις ὑπουργεῖν
ἑτοιμότερον, τὸ δὲ καὶ προσαναλίσκειν οἴκοθεν οὔτ'
ἄλλως δίκαιον οὔτε τῷ δεξαμένῳ τὴν χάριν καλόν· ὁ
γὰρ ἅπαξ ζημιωθεὶς περὶ δευτέραν χρείαν καθέστηκεν
ὀκνηρότερος. ὅπερ εἰ καὶ μὴ πάθοιτε νόμῳ φιλίας ἀεὶ
βεβαιούμενοι, ἀλλ' οὖν ἐγὼ τοῦ γράφειν ὑπὲρ τῶν δο-
κούντων ὑπ' αἰδοῦς ἀνακόπτομαι. ὅθεν εἴ με βού-
λεσθε τῇ πρὸς ὑμᾶς παρρησίᾳ χαίρειν ἀεί, οὐκ ὀκνή-
σετε χρέος λαβεῖν ὀφειλόμενον.

λς'. Σωσιανῷ καὶ Ἰουλίῳ.

Οἷά μοι συνέβη δεξαμένῳ τὴν ὑμετέραν ἐπιστολήν,
οὐ χεῖρον πρὸς ὑμᾶς διηγήσασθαι. πρώην γάρ τις τὰ
οὐράνια σοφὸς εἶναι βουλόμενος καὶ τέχνην ἔχων, ὡς
ἔλεγεν, ἐκ τῶν ἀστέρων προλέγειν τὰ μέλλοντα, πε-
ριτυχὼν ἐξαίφνης ἐμοὶ καὶ θεὶς ἐπὶ δακτύλοις τὴν
ψῆφον, « ὡς εὐτυχής » φησίν « ὑπάρχων ἐλάνθανες·
μέγα τί σοι καὶ λαμπρὸν ὅσον οὔπω παρ' ἐλπίδα γε-
νήσεται. » ἐγὼ δὲ τούτων ἀκούσας τὸν Πλοῦτον ἐφαν-
ταζόμην αὐτόν, ἀξιωμάτων ἔνεμον τὴν διάνοιαν καὶ
τῆς ἐν ἐλπίσι τύχης σοβαρωτέραν εἶχον τὴν γνώμην.
ὡς οὖν οὕτως ἔχοντί μοι προσιών τις ἐπεδίδου τὰ ὑμέτερα
γράμματα, « τοῦτο » ἔφην « ἐκεῖνο, προῆλθεν εἰς ἔργον ὁ
λόγος· χρηστὰ γάρ μοι μαθόντες μηνύειν πρὸ τῶν ἄλλων
ἐπείγονται. τί γὰρ ἂν καὶ παθόντες οὕτω νῦν παρ' ἐλπί-
δας ἐπέστελλον; » ὡς δὲ τοῖς ἔνδον ἐντυχὼν κάλαμον
ἀνέγνων ἀπόθλητον καὶ ἐμπορίαν ἀτιμοτάτην, « ἰοὺ
ἰού » πρὸς ἐμαυτὸν ἔφην, « παρ' ἐλπίδας εὐτύχηκα.

mulacrum et cum populis commercium et quicquid ser-
mones solent ludentium, ne dicam invidentium philoso-
phiæ reverentia et Platonis. Et tu ipse, opinor, de arte
licet, o sapientissime, aliter existimes, ioci ut videtur
caussa asini, quod aiunt, umbram exprobras, Thrasyma-
chos nobis atque Polos obiciens et quicquid Platonis
finxere gratiæ. Sed desine in posterum, o bone, rerum
maximis maledicere, sin minus, — at in opportunius tem-
pus reservo minas.

XXXIV. Diodoro.

Quum vestras litteras legissem, in pristinæ felici-
tatis recordationem incidi, Nilum illum et apud ip-
sum vestri adspectus voluptatem animo recolens, nec
facere potui quin fortunæ deplorarem vicissitudinem ut
sursum ac deorsum inclinantem. Modo coniungit homines,
quemadmodum nemo speraverit, modo disiungit quos
præter spem coniunxerat. At sapiens aliquod in eam
commenti sunt remedium, epistolis desiderium imper-
tientes et præsentiam quodammodo litteris machinantes.

XXXV. Eidem.

Eis qui amicitiæ operam dant, sufficere arbitror bene-
volentiam et necessariis rebus inservire, insuper autem
impendere de suis neque omnino iustum est, neque ei qui
beneficium accipit honestum : nam qui semel damnum
fecit, ad officium iterum præstandum tardior evadit.
Quod etiamsi vobis non accidat amicitiæ lege semper
confirmatis, attamen ego de eis quæ mihi videntur
scribere pudore prohibeor. Quare si me vultis loquendi
apud vos libertate semper gaudere, non dubitabitis æs
alienum vobis debitum recipere.

XXXVI. Sosiano et Iulio.

Quæ vestra epistola allata mihi acciderint non abs re
fuerit vobis enarrare. Nuper enim quidam cœlestium re-
rum peritus sibi visus et artem habens, ut aiebat, ex
astris futura prædicendi, subito obviam mihi factus, per-
que digitos calculis subductis « quam sis fortunatus »
inquit « nescis. Magnum quiddam et splendidum brevi
spatio tibi præter spem continget. » Ego vero his au-
ditis Plutum somniabam ipsum, honoribus videbar mihi
abundare, animaque eram fortuna in spe posita insolen-
tiore. Quum igitur mihi sic affecto vestras quidam lit-
teras redderet, hoc aiebam illud : « ad effectum perduc-
ta est oratio. Fausta enim mihi nuntiare præ ceteris
certiores facti properant. Quam enim aliam ob caussam
nunc ita præter spem litteras mitterent ? » Quum vero
inspectis ipsis arundinem invenissem abiectam et mer-
cem vilissimam, « eheu » ad me ipsum dicebam, « præ-
ter spem secus res mihi cecidit; quod aiunt ab equis ad

τὸ δὴ λεγόμενον ἀφ' ἵππων ἐπ' ὄνους μεταβεβήκαμεν
πάντα μὲν οἴμοι κατνίζειν οἶδεν ἡ τύχη, ἀλλ' οὔποτ'
ἂν ἤλπισα χαλάμων γενέσθαι πατὴρ ὑπὸ καλύβῃ
καθήμενος. ταῦτά μοι Ζεὺς ὡς ἔοικεν ἀνατέλλων χαρί-
ζεται. » καὶ γέλως διὰ τῶν ἀκουόντων ἐπέτρεχεν ἐπ'
ἐμοὶ καὶ « δέχου τὸν ἄνδρα » φησὶ « καὶ τὸν ὄρνιν τοῦ
θεοῦ. »

λζ' Διοδώρῳ

Σὺ μὲν ἡμῶν σκώπτεις τὴν σιωπήν, ἐγὼ δέ σου
τὴν ἀλαζονείαν φέρειν οὐκ ἔχω, δι' ἣν ἴσως οἴει τις
εἶναι σεμνός, ἣν ἡμῖν διὰ πλείστου φανῇς, καί που
λόγον πολλάκις ἐμβάλῃς ἡμῖν « πότε πρὸς ἡμᾶς ὁ
καλός, ὁ τὴν θέαν ἡδύς, ὁ τὰς Σειρῆνας ἀποκρύπτων
ταῖς ἡδοναῖς, ὁ τὴν πατρίδα παρορῶν, ἵνα σώσῃ τὴν
Καίσαρος, » τοιαῦτα λογοποιεῖν ἡμᾶς ἡγῇ τῇ μελλήσει
κατατείνων ἀεί, καὶ παρὰ σαυτῷ πάντως γνωμολογεῖς,
ὡς τὸ σπάνιον ἀεὶ τοῖς ζητοῦσιν ἐπιτείνει τὸν πόθον.
ὅθεν ἡμᾶς παρορᾷς, καὶ οὐ τοῦτο δεινόν, καίπερ ὂν
τοιοῦτον, ἀλλὰ καὶ τὰς πατρίους πανηγύρεις ἐν οὐ-
δενὶ λόγῳ ποιῇ. ἀλλὰ πολλάκις ἐμβαλὼν ἐλπίδας
ὡς ἥξεις, εἶτα πάλιν ἀνέδυς καὶ διεψεύσμεθα. ὥστε
δέδοκται καὶ πρεσβείαν πέμπειν ἡμᾶς καὶ καλεῖν τὸν
εὐεργέτην οὕτω γὰρ χαίρεις λεγόμενος· ἀλλὰ φά-
νηθι μόλις, ὦ λῷστε, τὴν μεθ' ἡμῶν ἐπιτελέσων παν-
ήγυριν. εἰ δὲ τὴν πρεσβείαν περιμένεις, ὥρα σοι
καταμένειν ἐκεῖ τῶν γὰρ καλούντων οὐδείς.

λη' Γεσσίῳ ἰατροσοφιστῇ

Ὡς πικρὰ τὰ καθ' ἡμῶν τῆς τύχης βουλεύματα καὶ
πρὸς δεινῆς ἀρκοῦντα τραγῳδίας ὑπόθεσιν. οὔπω παίδων
οἰκτίστου τάφου πεπαύμεθα, καὶ τὴν τεκοῦσαν ἐξαίφ-
νης ἐφέλκεται (ἐκείνη μὲν ἴσως ὁρῶσα καθ' ἡδονήν,
εἰ πᾶσι φιλτάτοις προσέθηκεν, ἡμῖν δὲ πάθη συνά-
πτουσα πάθεσι καὶ τάφῳ τάφον ἐργαζομένη βαρύτερον),
καὶ τῆς μητρὸς ἀπεστέρησεν οἴμοι παιδάρια ἔτι τῆς
μητρῴας ἐξηρτημένα θηλῆς δακρύων ὄντως ταῦτα
καὶ σκηνῆς ἐπέκεινα πάθη, καὶ οἷα βεβαιῶσαι μῦθον
ὡς γυνὴ δυστυχὴς ἐξ ἀνθρώπου λίθος ἐγένετο ἦν γάρ, ὡς
ἔοικε, Φρυγία καὶ βάρβαρος, καὶ πρὸς τὸ τῆς τύχης
πῶμα τοῖς ἐκ φιλοσοφίας φαρμάκοις οὐ προκατείληπτο
τὴν ψυχήν. οἷα δὴ τὸν μέγαν ἐκεῖνον Ἀναξαγόραν
λόγος, προσαγγείλαντος αὐτῷ τινος τοῦ παιδὸς τὴν
ἄωρον τελευτήν, εἰπεῖν εὐθέως ὡς δὴ παρεσκευασμέ-
νον ἐκ πολλοῦ καὶ μηδὲν μέγα παθόντα πρὸς τῆς ἀκοῆς,
ὡς « ᾔδειν κἀγὼ θνητὸν γεννήσας, » καὶ οἶμαί γε τοῖς
εἰρημένοις τεκμαιρόμενος, ὡς, εἰ καὶ τὸ γύναιόν τις
ἀπήγγειλεν ἐπὶ τῷ παιδὶ κεῖσθαι, πάντως ἂν προσέ-
θηκεν ὡς « ᾔδειν καὶ θνητῇ συνοικῶν » ὅθεν ἐπαινῶ
τοὺς πρώτους τραγῳδίας εὑρόντας, ὅτι καταμαθόντες
τὴν τύχην ἄνω καὶ κάτω κυκᾷν τὰ τῶν ἀνθρώπων
πράγματα τὴν σκηνὴν ἡμῖν ἐπενόησαν, ἀλλοτρίοις εὖ
μάλα κακοῖς τὰς τῶν οἰκείων προκαταλαμβάνοντες

---

asinos descendimus. In omnibus heu mihi ad res novas
prona est fortuna, sed nunquam sperassem me arundinum
patrem futurum, sub tugurio sedens. Hæc mihi Juppi-
ter, ut videtur, enittens largitur. Atque ob iis qui au-
diebant risus in me oriebatur et « accipe virum » dice-
bant « atque avem dei. »

XXXVII. Diodoro

Tu nostrum silentium derides, ego vero tuam insolen-
tiam ferre nequeo, qua fortasse gravem te videri putas,
si nobis per longissima intervalla te conspiciendum præ-
bes et loquendi de te interea sæpe numero nobis occa-
sionem inicis « Quando redibit ad nos formosus ille, ad-
spectu suavis, qui Sirenes voluptatibus obscurat, qui
patriam contemnit, ut servet urbem Cæsaris? » Ejus-
modi sermones jactare nos existimas, cunctando usque
nos torquens, et omnino sic apud animum tuum statuis,
raritatem semper quærentibus desiderium augere. Hinc
nos negligis, neque hoc est grave, licet ejusmodi sit, ve-
rum et patrios conventus prorsus nihil curas, sed spe
sæpe facta, te venturum esse, mox iterum aufugis, nos
que falsi sumus. Quare visum est etiam legationem
mittere et bene meritum vocare hoc enim gaudes no-
mine. Sed adsis tandem, o bone, ad conventum nobis-
cum celebrandum. Sin vero legationem expectas, com-
modum ibi manebis. nemo enim vocabit.

XXXVIII. Gessio iatrosophistæ

Quam acerba sunt in nos fortunæ consilia, quæ vel ad
gravissimæ tragœdiæ sufficere possint argumentum
Nondum a puerorum miseranda sepultura requievimus,
quum iam et matrem attrahit, illi fortasse gratum fa-
ciens, quod carissimis liberis apposuit, nobis vero dolo-
rem dolore cumulans et sepulcro sepulcrum gravius
superinstruens. Ac matre proh dolor infantes spoliavit
adhuc a materna mamma dependentes. Lacrimas revera
et scenam superantia hæc mala sunt, quæque fidem fa-
bulæ faciant, qua mulier infelix ex homine sit in lapi-
dem conversa. erat enim Phrygia, ut videtur, atque bar-
bara, et adversus fortunæ potionem non philosophiæ re-
mediis præmunierat animum, quemadmodum magnum
illum Anaxagoram, quum intempestivam filii ei mortem
aliquis nuntiasset, tanquam multo ante præparatum
nec vehementer commotum nuntio dixisse aiunt « scie-
bam me mortalem in matrimonium
duxisse. » Quamobrem laudo eos, qui primi tragœdiam
invenere, quod quum sursum deorsum versare humanas
res fortunam cognovissent, scenam nobis excogitarunt
alienis malis pulcherrime domesticorum calamitatibus

συμφοράς. τί γὰρ δεινὸν ἐν ἡμῖν, ὃ μὴ φθάσας ὁ
χρόνος ἀπέδειξε; τί δ' ἂν γένοιτο καινόν, ὃ μὴ πρὸς
εἰκόνα παραπλησίαν ἀνάγεται; ἀλλ' εἴ γε φίλον ἡμῖν
τῆς τύχης ὀρθῆναι κρείττοσι, πρὸς τὸν τῆς συνήθους
φιλοσοφίας ὅρμον ὑποδραμούμεθα, τίνες τέ ἐσμεν σκο-
ποῦντες καὶ πόθεν ἀφίγμεθα, καὶ τίνες ἄρα τῶν καθ'
ἡμᾶς πραγμάτων οἱ λόγοι, καὶ ὡς δεθέντας λυθῆναι
δεῖ πάντως, ὁπηνίκα δόξει τῷ δήσαντι, καὶ ἀποθέσθαι
τὸ προσωπεῖον, ὅπερ ἡμῖν ὁ τοῦ μεγάλου δράματος πε-
ριτέθεικε ποιητής· τοῦτο γὰρ ὄντως ἡ τοῦ σαυτὸν γνῶθι
παραίνεσις. τοῦτο σὸν ἔργον, ὦ σοφώτατε, καὶ τοὺς
τῆς προνοίας ὡς οἶμαι λόγους συνεχῶς ἀνελίττοντος καὶ
τοῖς σοφίας ἀμυήτοις καρτερίας σαυτὸν παρεχομένου
παράδειγμα. ὅθεν εἰς ἑαυτοὺς ἐπανέλθωμεν, « ἀλλὰ
τί κεν ῥέξαιμι, λέγοντες καὶ τὸ « θεὸς διὰ πάντα τε-
λευτᾷ. » ταῦτα γὰρ σκοπῶν σαυτοῦ τε δράσεις ἄξια
καὶ τὸ θεῖον παρασκευάσεις εὐμενέσι ποτὲ τὰ καθ'
ἡμᾶς ἰδεῖν ὀφθαλμοῖς.

λθ'. Διοδώρῳ.

Δέδεγμαί σου τὰς καλὰς ἰσχάδας καὶ κρείττους οἶ-
μαι τῶν Ἀττικῶν, δι' ἅς φασιν ὁ μέγας ἐκεκίνητο
πόλεμος, ὅτε βασιλεὺς ἐπήει γῆν ἐπεμβάλλων θαλάττῃ
καὶ διατέμνων ὄρος εἰς θάλατταν, δέδεγμαι δὲ καὶ
ὑποδήματα καὶ λίαν καλά. πλὴν ἀλλ' οὐ ξυμβλῆτ'
ἐστὶ κυνόσβατος οὐδ' ἀνεμῶναι πρὸς ῥόδα· ἀσταφὶς γὰρ
μακρὰ καὶ συμμέτρῳ στύψει τὴν ἐν φυτῷ παραμυθου-
μένη γλυκύτητα ποίων μὲν ἰσχάδων Ἀττικῶν ποίων δὲ
πλακούντων, ἐφ' οὓς ἀεὶ τὴν γλῶτταν προτείνεις,
οὐ κρείττων καθέστηκε; πέπομφα δὲ καὶ στρουθοὺς
ἐξ ἅλμης ἀδηφάγου γαστρὸς παραμύθιον. ἆρ' οὐ
κρείττω πολλῷ τὰ ἡμέτερα; πᾶς ἄν τις οἶμαι τένθης
φήσειε δικαστής. πλὴν ἴσως τὰς μελλούσας βλαύτας
ἐρεῖς. ἐγὼ δὲ κέχηνα μὲν πρὸς αὐτάς· ἐπειδὰν δὲ
πέμψῃς, — ἀλλ' οὐ βούλομαι λέγειν οἷα δὴ καὶ σκώ-
πτειν πειράσομαι.

μ'. Δωροθέῳ.

Ἦν ἄρα τοῖς ποθοῦσιν ἔαρ οὐ καιροῦ μεταβολὴ καὶ
ὥρας λαμπρότης καὶ χελιδόνες ᾄδουσαι καὶ γῆ ποικιλ-
λομένη τοῖς ἄνθεσιν, ἀλλὰ παιδικῶν φωνὴ χειμῶνα
σιγῆς τῇ τῶν ἐρώντων ψυχῇ παρενοχλοῦντα πρὸς εὔ-
διον ἀκοὴν μεταβάλλουσα. τοιοῦτός τις πέφυκας
κρείττω πάσης ἡδονῆς τὰ γράμματα χαρισάμενος.
ὡς ὅ γε παριππεύσας χειμὼν ἐπῆλθε μὲν τῇ φύσει
πολύς, σοῦ δὲ σιγῶντος ἔδοξε δυσχερέστερος.

μα'. Ὠρίωνι.

Τοὺς ἀγαθοὺς τῶν φίλων ἀπόντας μᾶλλον ἐλέγχειν
οἶδεν ἡ πεῖρα. κρίσις γὰρ εὐνοίας οὐ τὰ παρόντα τι-
μᾶν· τοῦτο γὰρ ἔσθ' ὅτε ποιήσειεν ἄν τις, καθάπερ
ἐπὶ σκηνῆς ὁ τῶν ἀγαθῶν τὸ πρόσωπον περικείμενος ᴇ

---

praeludentes. Quid enim dirum est in nobis, quod non
antea tempus iam ediderit, quidve novum accidat, quod
non ad simile exemplum referatur? Sed si curae nobis
est, ut fortuna superiores esse videamur, ad solitae phi-
losophiae portum confugiamus, et qui simus considerantes
et unde venerimus et quae sint rerum nostrarum rationes,
et vinctos nos solvi omnino oportere, quum ei qui vinxit
visum fuerit, et deponendam esse personam, quam nobis
magni huius dramatis poeta induit. Haec enim vera est
vis praecepti illius, nosce te ipsum. Hoc tuum officium,
sapientissime, ut providentiae opinor rationes evolvas con-
tinenter et sapientiae expertibus patientiae exemplum te
ipsum praebeas. Quare ad nos ipsos redeamus, « sed
quid agamus » dicentes atque illud « deus ad finem per-
ducit omnia. » Haec enim considerans et te ipso dig-
num te praestabis et efficies, ut numen divinum benignis
nostras res adspiciat oculis.

XXXIX. Diodoro.

Accepi pulchras caricas et praestantiores opinor atticis,
propter quas magnum bellum aiunt motum est, quum
rex invasit terram iniciens mari et montem mari tenus
intersecans. Accepi et calceos pulcherrimos ipsos
quoque. At non conferri possunt rubus caninus neque
anemona cum rosis. Nam passa uva longa et modica
constrictione dulcedinem insitam temperans quibusnam
caricis Atticis, quibusque placentis, quas tu exserta lin-
gua liguris semper, non est praestantior? Misi et passe-
res de salsugine voracis ventris solatium. Sane nostra
multo esse meliora quivis gulosus iudex opinor affirma-
bit, nisi forte de futuris crepidis dices. Ego vero his
quidem inhio, sed ubi miseris, — at nolo dicere, qualia
iam propositum sit ludere.

XL. Dorotheo.

Est quidem amantibus ver non temporis vicissitudo
et coeli splendor et hirundines canentes, terraque flori-
bus ornata, verum amasii vox, silentii hiemem aman-
tium animo molestam in serenam convertens auditionem.
Talis visus es omni voluptate superioribus gratifican-
dis litteris. Nam multa ingruit quae modo praeteriit
natura sua hiems, te vero tacente visa est immanior.

XLI. Orioni.

Bonos amicos absentes magis probare solet usus; iudicari
enim de benevolentia nequit, si praesentia colas. Nam hoc
interdum faciat aliquis, velut in scena is, qui bonorum
partes agit, id quod ipsi deest ementitur. Sin vero quis

μὴ πέφυκεν ὑποκρίνεται. εἰ δέ τις τῷ τόπῳ διεστὼς εἰς ἕν χωρεῖ τῇ σπουδῇ καὶ τῇ γνώμῃ συνάπτεται, οὗτος ἐκεῖνος ὁ φιλίας νόμον περιστέλλειν εἰδώς. τοιοῦτος ἡμῖν προῆλθες, ἀρετῇ τῶν δευτέρων τὰ φθάσαντα παρελθών. εἰ δὲ καὶ πατέρων εἰκόνες οἱ παῖδες, εἰκότως ἄρα με καὶ φήμη κομίζει μετάρσιον διὰ παιδὸς ἀγαθοῦ σμικρὸν πατέρα μεῖζω ποιοῦσα δοκεῖν καὶ πανταχοῦ, καθάπερ ἔφης, ταῖς πόλεσι παραπέμπουσα. ἀλλά μοι περιέποις τὴν ἀρετήν, ἣν παρ' ἐμοὶ τῶν λόγων, τὴν αὐτὴν ἔχειν περὶ τοὺς νόμους σπουδὴν καὶ φύσιν ἐπιδεικνύμενος.

μβ'. Κυριακῷ.

Τὰ μὲν σὰ δῶρα τοιαῦτα, τὰ δὲ ἡμέτερα κἂν αὐτὸς ἐπαινέσειας οὕτω τῇ γαστρὶ χαριζόμενος. λίχνος γάρ τις ὢν καὶ τὸ γαστρίζεσθαι μελέτην πεποιημένος καὶ βρώμασι τὴν εὐδαιμονίαν μετρῶν, εἴ πού τι θηράσαις ἡδύ, προτείνεις εὐθέως τὴν γλῶτταν, καθάπερ τις Αἴας τὴν μεγάλην ἀσπίδα. καὶ μάρτυς ὁ καιρός, ἐν ᾧ πλακοῦντα παρ' ἑτέρων ὑφήρπασας, ὅλον εὐθὺς παραπέμψας τῷ στόματι.

μγ'. Παγκρατίῳ.

Οὕτω παρορᾷς τοὺς ποθοῦντας; οὕτω τῆς γλώττης ἐπέχεις τὰ νάματα; ἀλλ' ἐμοὶ καὶ διαγράφει τὴν ὑμετέραν θέαν ὁ πόθος, καὶ νῦν ἔγνων ὀνειροπολεῖν ἐγρηγορότος τοῦ σώματος. ἀλλὰ δίδου σαυτὸν μέχρι γοῦν γραμμάτων ἡμῖν· τοῖς γὰρ ποθοῦσι παραμυθία τὸ καὶ σμικρόν τι σύμβολον τῶν ἐρωμένων ἰδεῖν. μέμνησο δὲ καὶ τῶν λόγων ἐκείνων, ἐν οἷς ὑποσχέσεις ἦσαν ἢ θᾶττον ἐλθεῖν ὡς ἡμᾶς ἢ γράμμασι πυκνοῖς ἀνεπαίσθητον τὴν ἀπουσίαν ποιεῖν. νυνὶ δὲ κινδυνεύω γράφεσθαί σε παρὰ ταῖς Μούσαις, ὡς ὁ σοφὸς Παγκράτιος· δεινὸς ἦν λέγειν ἃ μὴ ποιεῖν ἐλογίζετο.

μδ'. Σωζομένῳ.

Οὐ τὴν τυχοῦσαν ἡμῖν ἡδονὴν ἐνεποίησεν ὁ σοφὸς Καισάρειος τὴν σὴν σπουδὴν ἀφηγούμενος· οἷα γὰρ χρηστὸς ἀνὴρ καὶ τοῖς λόγοις συντεθραμμένος ἀνεπίφθονον ἡμῖν καὶ καθαρὸν ἐδίδου τὸν ἔπαινον, μειδιῶν τε ἅμα καὶ συνηδόμενος ἐμοὶ τῆς γονῆς. ἐγὼ δὲ σὲ μὲν ἐμακάρισα τῶν ἐπαίνων, ἐκεῖνον δὲ τῆς προαιρέσεως, ἐμαυτὸν δὲ τῆς τύχης, εἰ τοὺς παρ' ἡμᾶς φοιτῶντας εὐδοκιμεῖν ἀνὴρ ἀγαθὸς ἐμαρτύρησεν. ἀλλ' ἐπιδίδου πρὸς ἀρετὴν τῇ σωφροσύνῃ κοσμούμενος καὶ μειζόνων ἐπαίνων ὑποθέσεις δίδου τοῖς ἀπαγγέλλουσιν.

με'. Ἠλίᾳ ἐπισκόπῳ.

Πολλῶν ὄντων εἰπεῖν ἐξ ὧν ἄν τις τὰ τῆς τύχης τραγῳδήσειε παίγνια, μεταποιούσης ἀεὶ πρὸς τὸ δοκοῦν τὰ ἡμέτερα καὶ μηδὲν ἑστάναι συγχωρούσης ἐπὶ τοῦ

loco disiunctus in unum studio tenlit et animo conspirat, hic est ille qui amicitiæ legem novit conservare. Talis tu nobis prodiisti, qua nuuc es virtute priora tua de me merita longe superans. Sed si patrum etiam imagines sunt liberi, merito sane me et fama sublimem fert, dum per filium probum maiorem exiguo patri auctoritatem conciliat et ubique cum, ut aiebas, civitatibus committit. Sed mihi hanc virtutem cole, eandem, quam apud me in dicendo, circa leges quoque præ te ferens diligentiam atque facultatem.

XLII. Cyriaco.

Tua quidem dona eiusmodi, nostra vero et ipse laudes qui tantopere ventri es deditus. Etenim quum sis gulosus et curando ventri operam des, cupediisque metiaris felicitatis magnitudinem, si quid suave odoraris, linguam statim proicis velut Aiax aliquis magnum scutum. Testatur mihi tempus, quo quam placentam aliis surripuisti, totam repente in os tuum immisisti.

XLIII. Pancratio.

Itane amantes aspernaris? Itane linguæ contines scaturiges? At mihi vestrum adspectum adeo adumbrat amor et iam novi vigilante corpore somniare. Sed da te nobis litteris certe tenus: amantibus enim solatium etiam exiguum videre signum amatorum. Ceterum et sermonum illorum recordare, in quibus promissiones inerant, fore ut aut cito ad nos redires aut litterarum frequentia absentiæ tuæ sensum tolleres. Nunc autem parum abest quin in ius te vocem coram Musis, quod sapiens Pancratius confidenter promiserit, quæ non exsequi statutum cum animo haberet.

XLIV. Sozomeno.

Non mediocri voluptate nos affecit sapiens Cæsareus tuum enarrans studium: nam utpote probus vir et litteris educatus citra invidiam nobis atque sinceram laudem tribuebat, subridens simul et communi mecum ob talem prolem elatus gaudio. Ego vero felicem prædicavi te ob laudes, illum ob consilium, me ipsum ob fortunam, quod eis, qui mea disciplina usi sunt, vir bonus dixit testimonium. Sed proffice in virtute modestia ornatus et maiorum laudum argumenta præbe renuntiantibus.

XLV. Eliæ episcopo.

Quum multa dici possint, quibus fortunæ ludibria tragice aliquis decantet, ad arbitrium semper res nostras commutantis, nec quicquam suo habitu consistere pa-

σχήματος, ταῦτα μὲν σιωπήσω πρὸς ἄνδρα πάλαι κατεγνωκότα τῶν ἐπὶ γῆς καὶ τὴν τύχην νικῶντα δι' ὧν ὑπερορᾷ, μηδὲν ἐκείνης θαυμάζειν ἐθέλων· τοσοῦτον δὲ μόνον ὑπομνήσω, ὡς οὐδὲν οὕτως; ἡμέτερον ὡς ἡμεῖς ἑαυτῶν. τί δὲ ἡμεῖς; οὐ σῶμα δήπου τοῦτό γε τὸ ῥευστόν, οὐδὲ χρημάτων ὕθλος, οὐδ' ὅσα τὴν ἰσχὺν παρασκευάζει τῇ τύχῃ, ἀλλὰ ψυχὴ λογικὴ δι' οὕσ-τινας· δὴ λόγους πεπεδημένη τῷ σώματι. ὅθεν οἱ φρονεῖν ἐγνωκότες τὰ δέοντα πᾶν ὁτιοῦν παρὰ ταύτην ἀπεσκευάζοντο ὥσπερ ἄχθος ἀλλότριον, μηδὲν πρὸς ἰδίαν οὐσίαν ταῦτα τείνειν ἡγούμενοι, καὶ οὐδὲν ἐποιοῦντο τῆς γνώμης ἐμπόδιον, οὐ σώματος αἰκι-σμόν, οὐ χρημάτων ἀποβολήν, οὐ καιροῦ δυσκολίαν, ἀλλ' εἰς ἑαυτοὺς ἀνατρέχοντες ἐλεύθεροί τε ἦσαν καὶ μίαν ηὐλαβοῦντο ζημίαν τῆς ἀρετῆς ἐκπεσεῖν καὶ χρημάτων πόθῳ καὶ φειδοῖ τοῦ σώματος ἐν ἀνδραπό-δου λόγῳ τετάχθαι, τὸ κρεῖττον ἀναξίως ὑποβαλόν-τες τῷ χείρονι καὶ θαυμάζοντες ἄνδρας ὑβριστὰς πάντα μᾶλλον πλουτοῦντας ἥπερ αὑτούς. ὅθεν ὁ μὲν ὡς ἀλλοτρίῳ κεχρημένος τῷ σώματι τὴν ἐλευθέραν ἐκείνην φωνὴν « πτίσσε » λέγων «πτίσσε τὸν Ἀνάξάρ-χου θύλακον, αὐτὸν γὰρ Ἀνάξαρχον οὔποτε πτίσσεις », ὁ δὲ τῶν ὑπαρχόντων ἐκβολὴν αὐθαίρετον ποιησάμενος « Κράτης » ἔλεγε « Κράτητα ἐλευθεροῖ. » ταῦτα καὶ τὰ τοιαῦτα γενναίας ὄντως ψυχῆς, ἥτις ἑαυτῆς ἐστι πα-τοῦσα τὰς ἡδονὰς καὶ τοῖς καιροῖς οὐκ οἶδε συμμετατί-θεσθαι. μέμνησο τοίνυν, ὡς Ἐπικτήτῳ δοκεῖ, ὅτι ὑποκριτὴς εἶ δράματος οὗ ἂν ἐθέλῃ ὁ ποιητής· καὶ Πλάτωνι δέ που δοκεῖ, ὡς ὁ σοφὸς εὐδαίμων, κἂν πάντα δὴ τὰ μὴ ἐπὶ τούτῳ πράττῃ κακῶς. ἡνίκα γὰρ τὰ ἐφ' ἡμῖν εὐπραγῇ, τῶν ἔξωθεν δήπουθεν ὀλίγη φρον-τίς· ἑτέρῳ γὰρ ἐκεῖνα φέρεται ῥεύματι.

μς΄. Κληδονίῳ.

Εὖγε τῆς ἐν τοῖς γράμμασι χάριτος καὶ γλώττης ἀκωλύτως ῥεούσης καὶ λέγειν δυναμένης ὅσα καὶ βού-λεται. ὅπου γὰρ ἐμὲ τὸν μικρὸν ἐν λόγοις καὶ τὴν τέχνην μέχρι τοῦ σχήματος περικείμενον τοσοῦτον ἦρας ἄνω, ὡς ἀπορεῖν με λοιπὸν μή ποτε πρὸς ἄλ-λους γράφων εἶτά μου κατὰ λήθην προσηγορίαν ἐπέ-γραψας, τί οὐκ ἂν ῥᾳδίως εἴποις βουλόμενος; καί μοι δοκεῖς τοσοῦτον κεκινηκέναι τὴν γλῶτταν, δηλῶσαι θέλων ὡς ἀπαιτήσεις παρ' ἐμοῦ τὸ παιδίον οὕτω λέ-γειν δυνάμενον. ὅθεν μοι καὶ τοσοῦτον ἀγῶνα πε-ποίηκας, ὥστε μικροῦ δεῖν καὶ τὴν τοῦ διδάξειν αὐ-τὸν ἀνεδυόμην ὑπόσχεσιν, εἰ μή με λογισμὸς εἰσῆλ-θεν, ὡς τὴν τοῦ πατρὸς φύσιν λαχὼν ἐκ τῶν εἰκότων ὁ νέος νικήσει τὴν ἐμὴν διδασκαλίαν, τὸ λεῖπον ἐκ ταύτης οἴκοθεν παρεχόμενος. ὥστε σοι καιρὸς μὴ παρ' ἐμοῦ τὸ πᾶν ζητεῖν, ἵνα μὴ πρὸς τὰς εὐθύνας ἀπο-ρῶν σιωπήσωμαι. τὴν δὲ πρὸς αὐτὸν εὔνοιαν τοσαύ-την κατεπαγγέλλομαι, ὅσην ἂν αὐτὸς παρέσχες, εἰ διδάσκων ἐτύγχανες· προσερέλκεται γάρ με πρὸς ταύ-

 tientis, hæc quidem silentio præteriho apud virum, qui iam pridem terrena condemnavit et fortunam contemptu vincit, nihil quod ab ea proficiscitur volens admirari, sed hoc tantum commemorabo, nihil tam esse nostrum quam nos ipsos. Quid autem nos? Non corpus sane il-lud fluxum, neque pecuniarum sordes, neque quicquid robur comparat fortunæ, verum anima ratione prædita, quibuscunque rationibus ad corpus adstricta. Quare qui sentire quod rectum est decreverunt, quicquid præter hanc est abiciebant quasi onus alienum, nihil ad propriam substantiam pertinere arbitrantes, neque ullum mentis impedimentum admittebant, non corporis supplicium, non pecuniarum amissionem, non temporum difficultatem, sed ad se ipsos recurrentes liberi erant atque unam ca-vebant pœnam, ne virtute exciderent et pecuniarum cu-piditate parcendoque corpori in mancipiorum numerum redigerentur, indigne quod melius est deteriori postpo-nentes et homines admirantes iniustos, qui omnium re-rum facilius quam sui ipsorum sibi comparârent potes-tatem. Hinc alius quasi alieno usus corpore liberam illam vocem emisit, « tunde, tunde Anaxarchi vasculum, ipsum enim nunquam tundes Anaxarchum, » alius sponte divitiis abiectis « Crates » aiebat « Cratetem in liberta-tem vindicat. » Hæc et similia revera generosæ sunt animæ, quæ sui ipsius conculcat voluptates, neque una cum temporis vicibus mutari solet. Memento igitur, ut Epicteto videtur, actorem te esse eius fabulæ, cuius poeta te esse velit, et Platoni quoque videtur, sapientem esse felicem, etiamsi omnia, quæ non sint in eius potestate, male cedant. Quum enim quæ nostra sunt bene cedunt, externa sane parum sunt curanda : diverso enim illa fe-runtur fluxu.

XLVI. Cledonio.

Macte litterarum et linguæ libere fluentis, quæque eloqui potest quicquid in mentem venit. Nam quum me tam exigua dicendi facultate præditum et nil nisi spe-ciem quandam artis præ me ferentem ita extuleris, ut iamiam dubitem an forte ad alios scribens deinde per oblivionem meum nomen inscripseris, quid tu non facile si velis dicas? et mihi videris tantopere movisse linguam, quo filium ita dicendi facultate instructum te a me repetiturum declarares. Hinc mihi tantam anxieta-tem iniecisti, ut parum abesset quin instituendi eius pro-missionem revocarem, nisi cogitatio subiisset, patris in-genium sortitum iuvenem meam disciplinam haud dubie superaturum esse, id quod huic deesset domo secum af-ferentem. Itaque noli a me repetere omnia, ne in ratio-nibus reddendis quomodo me expediam nesciens taceam. Benevolentiam vero erga eum tantam promitto, quantam

την ὁ νέος τῇ φύσει τὴν σπουδὴν ἐφάμιλλον παρεχό-
μενος.

μζ΄. Γεσσίῳ.

Τῆς μέχρι νῦν, ὦ λῷστε, πρὸς τὸ γράφειν ὁρμῆς
σωκρατικῶς εἰπεῖν δαιμόνιόν τι πέφηνεν ἐναντίωμα
νοσήμασιν ἡμᾶς ἐξ ἄλλων ἄλλοις περιβάλλον, οἷα
δὴ συμβαίνει τῆς παρούσης ἡμᾶς ἀπολαύειν ζωῆς.
μυρίων γὰρ ὄχλος κακῶν τὸν τῶν ἀνθρώπων οὐκ οἶδ'
ὅπως ἐκληρώσατο βίον· καὶ τὸν μὲν πενία παρενοχλεῖ,
τὸν δὲ πάθη παρατείνει ψυχῆς, ἄλλῳ διάκειται τὸ
σῶμα κακῶς, ἕτερος παιδίον οὐκ ἔχων θρηνεῖ, ὁ δὲ
τοὺς ὄντας ὀδύρεται. καὶ τί δεῖ λέγειν γυναικῶν καὶ
παίδων ἀποβολήν, ἅπερ ὑμῖν οὐχ ὡς ἔδει γνῶναι τῇ
πείρᾳ παρέσχεν ἡ πεῖρα; καὶ μακρὸν ἂν εἴη τῷ λόγῳ
περινοστεῖν ἃ πρόκειται τῇ θέᾳ καὶ δείκνυσιν ἡμῖν
ἐπὶ τῶν ἔργων ὁ βίος, οὕτως ἄγοντος τοῦ θεοῦ τὰ ἡμέ-
τερα, ἐμοὶ δοκεῖν, ὅπως ἀβουλήτων πλήθει περιπεσόν-
τες τῶν ἐπὶ·γῆς μηδαμῶς ἀντεχώμεθα μηδὲν ἐχόντων
ἑστηκὸς καὶ ἀκίνητον, ἀλλὰ καταλιπόντες τῶν συμ-
φορῶν τὸ χωρίον πρὸς ἑτέραν ζωὴν ἐπειγώμεθα, ἐπ'
αὐτὸν ἀναπτάντες τῇ διανοίᾳ τὸν οὐρανόν, εἰ καὶ μέ-
νειν ἔτι τὸ σῶμα βιάζεται, μηδὲ θρηνῶμεν τὸν ἀπελ-
θόντα τῶν ἐντεῦθεν δεσμῶν φανέντα μόγις ἐλεύθερον.
ἐπαινῶ γὰρ τὸν εἰπόντα, ὅστις ποτὲ ἦν ὁ τοῦ λόγου
τούτου πατήρ, ὡς « ἀρχῆθεν μὴ φῦναι τοῖς ἐπὶ γῆς
ἄριστον, φῦντα δ' ὅττι τάχιστα πύλας Ἀΐδαο περῆσαι.»
ὅπερ ἡ σκηνὴ παρασπάσασα δεῖν ἡμᾶς φησὶν ἐπὶ
σύλλογον ἰόντας « τὸν φύντα θρηνεῖν εἰς ὅσ' ἔρχεται
κακά.» τί οὖν ἔτι θρηνοῦμεν ἐκ τῆς τοῦ βίου ζάλης
ἀσφαλῶς τοὺς φιλτάτους προπέμψαντες, πρίν ἐν πείρᾳ
γενέσθαι τῶν ἐντεῦθεν κακῶν, τί δὲ πρὸς τὸ δοκοῦν
ἡμῖν τὸ θεῖον εἶναι βουλόμεθα, δέον τοῦτο κρίνειν κα-
λόν, ὅπερ ἂν ἐκείνῳ δοκῇ; τοιοῦτος ἦν ὄντως ὁ τὸν πα-
λὺν ἐκεῖνον Πυθαγόραν ἐζηλωκώς, ὅστις γε δὴ πρὸς
τὸν ἐν εὐχῆς εἰπόντα μέρει « δῴη σοι ὁ θεὸς ἅπερ ἂν
τύχῃς βουλόμενος, » « εὐφήμει » φησίν, » ἀλλὰ βου-
λοίμην ἅ γε καὶ δίδωσι. » πολλὰ γὰρ ἡμῖν γενέσθαι
πολλάκις εὐξάμενοι, εἶτα μὴ τυχόντες, ἔγνωμεν ἐκ
τῶν ἔργων ὡς δεόντως οὐ γέγονε, πολλῶν δὲ καὶ κατὰ
γνώμην ὀηθὲν τυχὼν μικρὸν ὕστερον ἐμεμψάμην τὴν
τύχην ὅτι καὶ γέγονεν. οὕτως ἄρα πρὸς μικρὰ βλέ-
ποντες ἄνθρωποι τὴν φύσιν οὐκ ἔχουσι διαρκῆ, καὶ
ἅπερ ἂν μέλλῃ καθάπαξ λυσιτελεῖν ἠγνοήκαμεν. τοι-
γαροῦν παραχωρεῖν ἀνάγκη τῷ κρείττονι σοφῶς ἄγοντι
τὰ ἡμέτερα, κἂν ἡμῖν ἀγνοῆται τὰ δόγματα.

μη΄. Μουσαίῳ.

Ὁ λογιώτατος Παλλάδιος χρυσὸν ὅλον ἧκεν ἄγων
τὴν ὑμετέραν ἐπιστολήν, καὶ εἴγε μοι τὰ Κροίσου κε-
κόμικε τάλαντα, οὐκ ἂν οὕτως εὐμενέσιν εἶδον αὐτὸν
ὀφθαλμοῖς. ἄλλοις μὲν γὰρ ἄλλος μέγα φρονεῖ, ὁ

---

tu ipse præstares, si doceres : impellit enim me ad hanc
iuvenis ingenio par præ se ferens studium.

XLVII. Gessio.

Cupiditati meæ scribendi hactenus, ut Socratice lo-
quar, dæmonium quoddam obstitit, morbis nos aliis post
alios implicans, qualia contingunt, ut præsenti nos frua-
mur vita. Infinita enim malorum turba nescio quo-
modo vitam hominum sortita est. Atque alium quidem
paupertas afficit molestia, alium animæ torquent affec-
tiones, alii corpus male affectum est, alius quod filium
non habet lamentatur, alius quos habet luget. Et quid
opus est enarrare uxorum atque liberorum amissiones,
quas vobis secus atque oportebat usu cognoscendas dedit
experientia? Longum est oratione complecti, quæ sunt
omnium oculis proposita, quæque in ipsis rebus ostendit
nobis vita, sic nos agente deo, ut mihi quidem videtur,
ut in adversarum rerum multitudinem incidentes nequa-
quam rebus terrestribus nos dedamus, quæ nihil habent
constans et immotum, sed relicta calamitatum sede ad
aliam vitam contendamus, in ipsum cœlum cogitatione
evolantes, etiamsi manere adhuc corpus cogitur, neque
lugeamus eum, qui ex his vinculis excessit, ægre vi-
sum liberum. Laudo enim eum, qui dixit, quicunque
tandem huius dicti fuerit auctor, principio non nasci
hominibus optimum, quum vero quis natus sit, quam
celerrime orci intrare portas. Quo assumpto scena opor-
tere nos dicit in conventum prodeuntes natum lugere,
quod in tanta mala ingrediatur. Quid igitur adhuc lu-
gemus ex hac vitæ tempestate in tutum locum carissi-
mos dimissos ante quam usu hæc mala cognoverint?
Quidque nobis morem gerere divinum numen volumus,
quum hoc bonum sit iudicandum, quod illi visum fuerit,
Talis erat revera, qui magnum illum Pythagoram imita-
tus ei, qui voluntatis significandæ caussa ipsi dixerat,
« det tibi deus, quicquid volueris, » « bona verba, » re-
spondit « at velim, quæ dat. » Multa enim sæpenumero
ut nobis contingant optamus, at quum non impetra-
vimus, tum demum ex eventu quam recte non con-
tigerint cognoscimus, multis vero etiam secundum animi
sententiam impetratis brevi quod et contigerint fortunam
reprehendi. Sic igitur exiguis rebus intenti homines
naturam non habent sufficientem, et quæ omnino pro-
futura sint ignoramus. Quamobrem superiori numini
cedendum est sapienter res nostras administranti, etiamsi
rationes nos ignoremus.

XLVIII. Musæo.

Doctissimus Palladius aurum totum vestra attulit
epistola, et si mihi Crœsi talenta apportasset, non tam
benignis eum adspexissem oculis. Aliis enim rebus

Λυδὸς χρυσῷ, ὁ Σπαρτιάτης τῷ δόρατι, χορδαῖς;
Ἀρίων καὶ κρούσμασιν, ἐμοὶ δὲ σεμνολόγημα σή τε
θέα καὶ γράμματα σὰ καὶ πᾶν ὅ τι ἂν ὑμῶν ἀπολαύειν
ἐξῇ, ὥστε τῷ νέῳ καὶ μισθὸν ἡμεῖς ἐκ τῶν δικαίων
ὀφείλομεν, ὃν οὐκ ἀποδιδόντες εἰκότως ἂν αἰσχυνεί-
μεθα. ὁ δὲ μισθὸς οὐ μὰ Δία χρυσὸς οὐδὲ λίθοι τι-
νὲς Ἰνδικαί (οὔτε γὰρ τούτων πλουτῶ, οὔτε τούτων
θηρεύσων ὁ νέος ἀφῖκται), ἀλλ' οὐδὲ λόγων κάλλος
(οὐ γὰρ Μουσῶν εὐφορὸς ἐγώ, οὐδέ γε τοῖς ἐξ Ἀττι-
κῆς ἐναβρύνομαι, ταῦτα γὰρ εὐδαιμόνων εὐτύχησαν
παῖδες), ἀλλ' εἰ τὴν ἐμὴν δόσιν ἥτις ἐστὶν ἐθέλεις
σκοπεῖν, εὔνοιά γε καὶ προθυμία· τούτων γὰρ κύριος
ἐγώ, Δημοσθένης φησίν, τῶν δὲ ἄλλων τύχη καὶ Μοῦ-
σαι πρὸς τὸ δοκοῦν αὐταῖς τὴν δωρεὰν πρυτανεύουσαι.

μθ'. Μεγέθιος Προκοπίῳ.

Ὅτε πρῶτον εἰς μέσους ἡμᾶς τὸν ἐπιτάφιον λόγον
παρῆγες, τοσοῦτον ἥσθην ταῖς Ἀττικαῖς σου μελίτ-
ταις, ὥστε καὶ ἡγούμην τὸν Μουσηγέτην αὐτὸν συνερ-
γάσασθαί σοι μετὰ τῶν Χαρίτων τὸν λόγον. ἐφ' ἑκάστῳ
μὲν οὖν τῶν ὀνομάτων ἐγώ τε καὶ ὅσοι τῶν ἀκροωμένων
ἐνεπλήσαμεν τὸ θέατρον βοῶντες ἑκάστοτε στεν-
τόρειον· ὡς δὲ κατὰ τὴν πόλιν γεγόναμεν, ἐντεῦθεν μᾶλ-
λον ἐπετείνετό σοι τὸ θαῦμα, καὶ ἦν ἐν τοῖς ἁπάντων
στόμασι τὰ χρυσᾶ σου γεννήματα, κρινόντων μὲν ταῦτα
πρὸς ἀλληλα τῷ μή τι παραπλήσιον εἶναι, ἀπορουμέ-
νων δὲ ποῖα δεῖ μᾶλλον τῶν ἄλλων στεφανῶσαι τοῦ
κάλλους· ἴσαι γὰρ προσέβαλλον αἱ χάριτες. ἐπεὶ οὖν
ὅσοις δι' ἀσχολίαν ἀνηκόοις γενέσθαι τοῦ λόγου συμ-
βέβηκεν ἱκέτευον ἀπογεύσασθαι δι' ἐμοῦ τῆς Ἀττικῆς
σου μελίττης, πέμπε τὸν λόγον, εὖ εἰδὼς ὡς μυρίοις
αὖθις αὐτὸν καταστέψαντες τοῖς ἐγκωμίοις εἰσαῦθις
ἀποστελοῦμεν.

ν'. Προκόπιος Ἠλίᾳ.

Τὴν ὑμετέραν ἐπιστολὴν εἰς χεῖρας λαβὼν αὐτόν σε
παρόντα βλέπειν ἐδόκουν (οὕτω σου τὴν χάριν ἐνέ-
θηκας ὅλην τοῖς γράμμασι) καὶ τῇ ἐπιστολῇ προσε-
γέλων πυκνότερον, καὶ ὥσπερ ὅτε σ' ἔβλεπον ἐνεφορού-
μην τῆς ἡδονῆς. εἰ δὲ μέμνησαι τῶν φίλων ἀπόντων,
θαυμαστὸν ἢ παρ' ἐλπίδας οὐδὲν ἀλλὰ τοῦτο γέγονεν,
ὃ καὶ προλαβόντες ἠλπίσαμεν. ἐγὼ δὲ καὶ καθεύδων
προσδιαλέγεσθαί σοι δοκῶ, καὶ πολλάκις ἀναστὰς
ἠνιάθην ὅτιπερ ὄνειρος ἦν. τὸν δὲ ἑταῖρον Μέγαν, εἰ
διδόναι ῥᾳδίως εἶχον ὅσον καὶ βούλομαι, πάντως ἂν
αὐτὸν ἤδη καὶ τέλειον ἀπείληφας καὶ ῥήτορα.

να'. Ζαχαρίᾳ.

Ὁ μὲν χειμὼν ἡμῖν καὶ δὴ πέρας ἔχει καὶ πέπαυ-
ται μεμφομένοις ἀμφότερα, καὶ τὴν σιγὴν καὶ τὴν
ὥραν, τὸ δὲ ἔαρ ἀσμένοις ἀφῖκται καὶ μᾶλλον ἤπερ
εἰώθει γέγονεν ἔαρ· οὐ γὰρ μόνον ᾄδουσιν αἱ χελιδόνες

---

alius gloriatur, Lydus auro, Spartiates hasta, fidibus
Arion nervorumque cantu, mihi vero superbiendi causs-
am præbet adspectus tui et litteræ tuæ et quicquid
a vobis percipere licet. Itaque nos mercedem iuveni
iure debemus, quam non persolvere nos merito pu-
deret. Merces autem non per Iovem aurum est ne-
que gemmæ Indicæ (neque enim his abundo, neque ho-
rum caussa iuvenis advenit), sed neque orationis elegan-
tia (non enim Musarum fertilis ego sum, neque Attici
sermonis suavitatem iacto, quæ divitum tantum filiis
contigere), at si meum donum quale sit considerare vis,
benevolentia atque studio. Horum dominus ego sum,
ait Demosthenes, reliquorum fortuna atque Musæ, ad
suam voluntatem dona dispensantes.

XLIX. Megethius Procopio.

Quum primum coram nobis funebrem orationem reci-
tans prodires, tantum Atticis tuis apibus delectatus sum,
ut ipsum quoque Musarum ducem una cum Gratiis in
elaboranda oratione præsto tibi fuisse arbitrarer. Ad
singula igitur verba quum ego tum quotquot auditorum
aderant theatrum implevimus stentorea voce singuli cla-
mantes : quum autem in urbem venissemus, hinc magis
tui augebatur admiratio, atque in omnium ore aurea tua
erant verba, quum comparantium ista inter se, quoniam
nihil in promptu erat simile, tum dubitantium, quænam
præ ceteris ob elegantiam coronam mererentur, quia pa-
res occurrebant gratiæ. Quoniam igitur, quotquot nego-
tiis distenti orationem non audiverunt, ut per me sibi
Atticam tuam apem degustandi copia fieret petiverunt,
mitte orationem, persuasum habens, nos infinitis iterum
laudibus coronatam remissuros esse.

L. Procopius Eliæ.

Quum vestras litteras in manus cepissem, ipsum te
præsentem spectare arbitrabar (ita tuam gratiam totam
litteris adsperseras), et epistolæ arridebam crebrius, et
quem admodum cum te vidi, percepi voluptatem. Quod
autem amicorum absentium meministi, nihil mirum nec
præter spem accidit, sed accidit quod antea speravimus.
Ego vero dormiens etiam colloqui tecum videor, et sæpe
consurgens dolui, quod fuerat somnium. Amicum Mag-
num, si dare facile tantum possim quantum volo, prorsus
ipsum iam et perfectum accepisses et oratorem.

LI. Zachariæ.

Hiems nobis iam finem habet atque utrumque repre-
hendentibus desiit, et silentium et tempestatis indolem,
ver autem lubentibus advenit ac magis etiam quam con-
suevit ver exstitit. Nimirum non solum hirundines tem-

τὴν ὥραν, ἀλλὰ καὶ τὴν ἐπὶ σοὶ ψῆφον ἢ φήμη βοᾷ, ὡς ἐπὶ μέγα προῆλθες; ὡς εὐδαιμόνων ῥητόρων ἐγκατελέγης χορῷ. εἰ δὲ καὶ ὅσον βουλόμεθα προσετίθη, πάντως ἂν οὐδὲν εἰς εὐτυχίαν ἀπῆν. εἰ μὲν οὖν γέγονε ταῦτα, τὰ μείζω πάντως αἰτήσομαι· εἰ δὲ μέχρι τῶν λόγων ἡδόμεθα, τὴν μὲν φήμην ἐπαινῶ, τὰ δὲ ἔργα διὰ τὴν φήμην μαντεύομαι.

νβ'. Τῷ αὐτῷ.

Νῦν ὄντως ἔγνων, ὡς οὐκ ἦν ἄρα λόγος ἀλλ᾽ ἔργον ἡ φήμη, καὶ θαυμάζω τάχα τὸν νόμον. τὸν Ἀττικόν, ὃς ἐν θεοῖς καὶ ταύτην ἱδρύσατο. οὐ γὰρ δὴ μόνον Ἡσίοδος θεὸν αὐτὴν ἀνυμνεῖ, ἀλλὰ καὶ Ἀθηναῖοι τὴν ἐν Μυκάλῃ μάχην αὐθημερὸν ἐγνωκότες οὐκ ἀνεκτὸν ἔφασαν εἰ μὴ θεὸν ἡγοῖντο τὴν φήμην. εἰ μὲν οὖν πρὸς ἄλλον ὑπῆρχεν ὁ λόγος, εἶπον ἂν εὐθὺς ὡς ἀνασπάσεις ἡμῖν τὴν ὀφρὺν καὶ δεινὰ φήσεις πάσχειν, εἰ μή σέ τις πυκνῶς ἐπάρχων καλέσειε ῥήτορα, καὶ μεῖζον φρονήσεις ἢ Δημοσθένης ἐκεῖνος ἐπὶ βήματος Ἀττικοῦ· ὁ μὲν γὰρ μίαν ἦγε πόλιν δημηγορῶν, σὺ δὲ δικαστηρίου κρατήσεις, ἐξ οὗ προέρχεται τοῖς βασιλέως ὑπηκόοις ἡ δίκη. ταῦτα πρὸς ἄλλον ἂν εἰπὼν ἐπὶ σοῦ σιωπήσαιμι, ὃν ἐν ταῖς εὐτυχίαις μᾶλλον ὁρῶ μετριώτερον. ὅθεν ἀεὶ καὶ τὰ μείζω προσδέχομαι· τοῖς γὰρ τοιούτοις ἐπιμετρεῖται πάντως ἡ τύχη μηδὲν τῶν προλαβόντων βασκαίνουσα.

γγ'. Ἐπιφανίῳ.

Εἰ λαλούντων μὲν ἡμῶν σιωπᾷς, γράφεις δὲ σιωπώντων, δέδοικα γράφων εἴγε δέῃ πάντως ἢ λαλεῖν ἀφώνοις ἢ σιωπῶντας ἀκούειν. καίτοιγε τὸ ἐπιστέλλειν ὡς εἴκὸς ἐμηχανήσαντο ἄνθρωποι, ὅπως ἀπόντι μίμημα σώζοιεν παρόντων καὶ λέγοιέν τι τοῖς γράμμασιν ὥσπερ ἂν εἰ καὶ συνόντες. ἐγὼ δέ σου τὴν ἐπιστολὴν ἀναγνοὺς ὑφ' ἡδονῆς καὶ ἐδάκρυσά, καί σου παρόντος ὥσπερ εἰώθεις ἐδόκουν ἀκούειν, καὶ ἡδύ τι πνεύσας «τοῦτο» εἶπον «ἐκεῖνο, ἡ φιλτάτη φωνή.» ἀλλ' ὦ πρὸς ἔρωτος αὐτοῦ καὶ φιλίας ἐκείνης, εἴ που ταύτην ἔτι οἶσθα καὶ μέμνησαι, μή μοι τοῖς γράμμασιν ἀποδήμει, μηδὲ τὴν μόνην ἀφέλῃ παραμυθίαν, μή ποτε τάχα ζηλώσω τοὺς μηδὲ τὴν ἀρχὴν ἐρῶντας, οὓς μηδὲ συμβαίνει τοιαῦτα παθόντας ὀδύρεσθαι.

νδ'. Τοῖς αὐτοῦ ἀδελφοῖς.

Πάλιν ἥκει καιρὸς γράμματα πρὸς ὑμᾶς ἀπαιτῶν, καὶ πάλιν εὐτυχεῖν νενομίκαμεν. τίς γὰρ ἂν ἡμῖν γένοιτο βίος τοῦ λέγειν τι πρὸς ὑμᾶς καὶ γράφειν ἐστερημένοις; εἰ δὲ καὶ τῶν ὁμοίων τύχοιμεν παρ' ὑμῶν, Ἡράκλεις ὅσον ἡμεῖς εὐτυχήσομεν. οὐκοῦν μὴ μέλλετε πρὸς ἔργον ἄγειν τὸν πόθον, ἵνα μὴ νόμῳ ἔρωτος ἀτιμάσαντες τῶν ἐκείνου βελῶν πειραθῆτε· δεινὸς γὰρ

---

poris suavitatem canunt, verum etiam de te sententiam proclamat fama, quam longe profeceris, quodque in beatorum rhetorum numerum sis redactus. Quod si etiam quantum volumus adiecisset, nihil omnino ad felicitatem deesset. Si igitur hæc sunt facta, maiora omnino petam, sin vero rumore tenus tantum gaudemus, famam quidem laudo, eventum autem ex fama vaticinor.

LII. Eidem.

Nunc revera non rumorem tantum, sed factum etiam esse famam intellexi; et admiror sane legem Atticam, quæ hanc quoque in diis collocavit. Non enim Hesiodum solus divinis eam honoribus celebrat, sed etiam Athenienses quum pugnam ad Mycalen commissam eodem die cognovissent, iniquum iudicarunt famam non esse deam credere. Iam si cum alio mihi esset res, dicerem statim « contrahes nobis supercilium et iniuriam dices pati, si quis non crebro præfectorum oratorem te appellet, maioresque tibi quam in Attico suggestu Demosthenes ille sumes spiritus : hic enim unam concionando regebat civitatem, tu vero iudicio potieris, ex quo ius prodit regis subditis. » Hæc quidem ad alium dicerem, coram te tacebo, quem in rebus secundis video moderatiorem. Unde maiora semper expecto; eiusmodi enim hominibus semper fortuna tribuitur nihil rerum priorum invidiose fascinans.

LIII. Epiphanio.

Si loquentibus nobis taces, scribis tacentibus, nunc, dum scribo, vereor ne oporteat me omnino compellare mutos vel audire tacentes. Atqui epistolas aperte excogitaverunt homines, ut absentibus præsentium exemplum repræsentarent et litteris colloquerentur quasi coram præsentes. Ego vero lecta epistola tua præ gaudio lacrimavi et te præsentem, quemadmodum solebas, audire videbar atque suave quiddam spirans « hoc » aiebam « illud, carissima vox. » Sed per amorem ipsum et illam amicitiam, si quidem hanc adhuc nosti et memoria tenes, noli mihi litteris deesse, neque solam quæ restat auferre consolationem, ne forte æmuler ab amore omnino abstinentes, quibus nec contingit talia passis lamentari.

LIV. Fratribus suis.

Iterum venit tempus litteras ad vos flagitans atque iterum felices nos prædicandos putavimus. Quænam enim agenda nobis esset vita, si colloquendi vobiscum essemus aut scribendi ad vos potestate privati? iam si paria etiam nobis a vobis referantur, dii misi quam præclare nobiscum agetur. Quare ne cunctemini ad effectum perducere desiderium, ne lege amoris spreta tela ipsius experiamini : peritus est enim deus et tela mu-

ὁ θεὸς καὶ βέλη κινεῖν καὶ τόξον αἴρειν, καὶ σκοπὸν ποιεῖται τοὺς ἀτιμάζοντας ἐραστήν.

νε'. Ἰωάννῃ.

Ἐζήλωκά σε τῆς γονῆς, εἰ τοιαῦτα τίκτειν ἐπίστασαι· εὐδαιμόνων γὰρ πατέρων παῖδας ἀποφαίνεις εὐδαίμονας, μουσικῷ τινι νάματι τὰ θεῖα σοφῶς προφερόμενος. τοιοῦτος ἡμῖν ὁ λογιώτατος ἀφίκται Μουσήλιος, ὃν ἐπαινεῖν ἐθέλων καὶ τὰ προσόντα μὴ λέγειν δυνάμενος μόνην τὴν σιωπὴν ἀρκεῖν ἡγοῦμαι πρὸς ἔπαινον. ἀλλ' εἴ μοί τι πίθοιο, τὴν Ἀγαμέμνονος ἐπὶ σοὶ μεθαρμόσω φωνήν, βάλλ' οὕτω, φίλε Τεῦκρε, καὶ μὴ φείσῃ φθεγγόμενος.

νς'. Νεστορίῳ.

Διεψεύσθημεν ἐλπίδος μακρᾶς μὲν καὶ τῷ χρόνῳ λυπούσης, ὅτι μὴ τὸ πέρας ἐδέχετο, ηὔφραινε δὲ ὅμως καὶ μετριωτέρους ἐποίει· τὴν γὰρ σὴν ἐπιστολὴν εἰς μνήμην ἄγουσα παρεῖχεν ἐννοεῖν ὅτι δὴ θᾶττον ἡμῖν ἐπανέλθοις. νυνὶ δὲ καὶ τῆς ἐλπίδος αὐτῆς ἐκπεσόντες πῶς ἂν ἔχοιμεν φέρειν μετρίως; ἀλλ' ὦ τύχη τύχη (τραγῳδήσω γάρ τι μικρὸν εἰς παραμυθίαν τῆς λύπης), τίσε τοσοῦτον εὐφραίνομεν ἀνιώμενοι; ὤφελες γὰρ ἢ μὴ συναγαγεῖν εἰς πόθον ἀνθρώπους ἢ γοῦν ἀπολαύειν ἀλλήλων ἐᾶν καὶ μὴ χωριζομένοις ἐφήδεσθαι. ἀλλὰ γὰρ ξένον οὐδέν, ὦ φίλε Νεστόριε, ἀνθρώπους ὄντας ἡμᾶς τοιούτων πειρᾶσθαι, ἀλλ' ὑποκύπτειν δεῖ τὸν αὐχένα καὶ ζυγὸν ἀνάγκης ὑπομένειν ἑκόντας· οἱ γὰρ ἑκούσιοι πόνοι τοῖς κάμνουσι μετριώτεροι.

νζ'. Ζαχαρίᾳ καὶ Φιλίππῳ.

Ὁ τὴν ἐπιστολὴν ὑμῖν ἐπιδιδοὺς τῶν ἐς ἐμοῦ φοιτησάντων ἐστὶν ἀνήρ, χρόνον μὲν οὐ πολύν, ἀλλ' ὅμως ἱκανὸν ἡγεῖται πρὸς τὴν ἐξ ὑμῶν εὐποιίαν καὶ τὸ ψιλὴν ἐπιγράφεσθαί μου προσηγορίαν. εἰ δὲ δεόντως ἔγνωκε, διδάσκαλον ἀναμένει τὴν πεῖραν. οὐκοῦν ἀγὼν ὑμῖν κἀκεῖνον μὴ ψευσθῆναι τῆς γνώμης, κἀμὲ μὴ καταισχῦναι τοσοῦτον ἔχειν παρ' ὑμῖν νομιζόμενον.

νη'. Ζαχαρίᾳ.

Ὅσης με φιλοτιμίας ἐνέπλησας τὴν σμικρὰν ἐξάρας ἐπιστολὴν καὶ τὴν ὡς ἂν αὐτὸς εἴποις Λακωνικήν. ἰδοὺ δή σοι καὶ σοβαρὸν ὁρῶ καὶ Σπαρτιάτης αὐτόχρημα γεγένημαι, καί μοι πάντα Λυκοῦργος, ὁ δὲ Σόλων οὐδέν. μικροῦ δεῖν καὶ Δωρικὴν ἀφῆκα φωνήν, τῆς Ἀττικῆς ἐκείνης εἰς λήθην ἐλθών. λυπεῖ δέ με καὶ πατρὶς ἐκ μέρους τετειχισμένη, ὅτι δὴ μὴ τῆς ἀτειχίστου Σπάρτης ἐστὶν εἰκών. τοιαῦτα δύναται ῥήτωρ ἀγαθὸς πρὸς πάθος ἕλκων οἷον καὶ βούλεται. εἰ δέ με πάλιν ὡς Ἀττικὸν ἐπαινέσεις, ὅρα μὴ τὴν Σπάρ-

---

vere et arcum intendere, scopumque sibi facit eos, qui amantem aspernantur.

LV. Ioanni.

Admiratus te sum ob prolem tuam, quod talia progenerare nosti : beatorum enim parentum beatos reddis liberos, musico quodam latice sapienter divina proferens. Talis ad nos venit doctissimus Muselius, quem quum laudare cupiam, nec tamen, quæ in ipso insunt, exprimere verbis possim, solum arbitror silentium sufficere ad laudandum. Sed si qua re me audis, Agamemnonis tibi accommodabo vocem : perge sic mittere tela, amice Teucre, neu loqui desine.

LVI. Nestorio.

Falsi sumus spe diuturna quidem et ipsa mora molesta, quod ad finem non perducta est, sed quæ nos exhilararet tamen et moderatiores redderet. Tuam enim epistolam in memoriam vocans occasionem præbebat cogitandi, te mox ad nos esse reversurum : nunc vero postquam ipsa spe excidimus, quomodo hoc moderate possimus ferre? Sed o fortuna fortuna (dicam enim paullo magnificentius ad leniendum dolorem), quid tantum gaudes nostra ægritudine? Debebas enim aut non in amorem homines pellicere, aut mutua certe consuetudine uti eos pati, neque lætari de disiunctis. Quanquam non mirum est, care Nestorie, nos, homines quum simus, talia experiri, verum cervicem deflectere oportet et necessitatis ultro subire iugum : nam voluntarii labores tolerabiliores laborantibus.

LVII. Zachariæ et Philippo.

Qui epistolam vobis tradit, unus est ex meis discipulis, non longo quidem tempore, at satis tamen ad vestrum erga se excitandum studium esse arbitratur, si vel nudum meum nomen inscribatur. An vero recte senserit, magistram exspectat experientiam. Vestrum est igitur dare operam, ut neque illum fallat opinio, neque ego afficiar pudore, qui tantum apud vos valere censear.

LVIII. Zachariæ.

Quanta ambitione implevisti me brevi collaudata epistola et ut tu ipse dixeris Laconica. En tibi iam superbum tuor et revera Spartiata factus sum, atque omnia mihi Lycurgus, Solon vero nihil. Parum abest quin et Doricam emittam vocem, in oblivionem adducta mihi Attica. Male etiam patria me habet ex parte muro circumdata, quod carentis muris Spartæ simulacrum non est. Tantum potest orator bonus, ad quem vult addu-

την αύθις άρνήσωμαι· ούτω τῷ πόθῳ τῶν σῶν γραμ-
μάτων μεθέλκομαι. ἀλλ' ὅπως μὴ παίζειν ἐθέλων
ἐπαινέσῃς τὴν Αἴγυπτον, καὶ τῷ λόγῳ γενοίμην Αἰ-
γύπτιος. οὐκοῦν φεῖσαι πρὸς Διός· οὐ γὰρ ἔχω μὴ
θαυμάζειν ὁπόσα καὶ σύ.

νθ' Νεφαλίῳ

Σὺ μὲν ἐν πλήθει χρημάτων ἀπορίαν θρηνεῖς, ἐγὼ δὲ
τὰ χρήματα καὶ τοὺς πλουτοῦντας περιφρονῶ, καίτοι
πενίᾳ θαυμαστῇ συνεχόμενος   οὕτως ἄρα τὸ πένε-
σθαι καὶ πλουτεῖν ἡ γνώμη ποιεῖ, οὐ χρήματα παρὰ
τῆς τύχης τῇδε κἀκεῖσε πλανώμενα.   τοιγαροῦν παῦ-
σαι μικροψύχως ἡμῖν ὀδυρόμενος, μηδὲν μέγα νομί-
ζων, πλὴν εἰ μή τι φέροι πρὸς ἀρετήν· ὃ τι γὰρ μὴ
τοιοῦτον, ἀλλότριόν τέ ἐστι καὶ πρὸς ἀπάτην ἐφέλκε-
ται.   ὅθεν οἱ φρονεῖν εἰδότες ὥσπερ τινὰ μέθην ταῦτα
καὶ φλυαρίαν ἀποσεισάμενοι, τὴν γῆν καταλιπόντες
τῇ γῇ μεταρσίῳ γνώμῃ περιπολοῦσι τὸν οὐρανόν, τὰς
αἰσθήσεις καὶ τὴν ὕλην καὶ τὸ τῆς πλάνης χωρίον ὥσ-
περ τινὰ χαλεπὴν διανηξάμενοι θάλατταν.

ξ' Μουσα ῳ

Δέδεγμαι τὴν βίβλον ποθεινοτέραν μοι γενομένην,
ὅτι ταῖς ὑμετέραις ἀναληφθεῖσα χερσὶ τάχα τι καὶ
μουσικὸν ἐπεσπάσατο, ὡς τὸν κεχρημένον λοιπὸν ὀξυ-
τέρας οἶμαι τῆς διανοίας αἰσθάνεσθαι, οὐχ ἧττον ἢ
Σωκράτης, ἡνίκα δὴ παρὰ τὸν Ἰλισσὸν ἐκαθέζετο,
ἔνθα καὶ νυμφῶν ἱερὸν καὶ Πανὸς ἐνδιαίτημα.   ἀλλ'
εἴθε μὴν καὶ τὰς ἄλλας βίβλους λαβὼν τοιαύτας ἐρ-
γάσαιο, ὥστε με κατὰ μέρος ἑκάστῃ προσβάλλοντα
θειοτέρας ἀεὶ τῆς ἐπιπνοίας αἰσθάνεσθαι.

ξα Ἐπιφανίῳ

Καλῶς ἄρα ᾔδει τὸ τῶν ἐρώντων πάθος ἡ παροι-
μία   κἂν ἐπιορκεῖν ἐθέλωσι, συγγνώμην αὐτοῖς ἐκ
θεῶν ἐπαγγέλλεται.   ἰδοὺ γάρ σοι γέγραφα, καίτοι
μὴ γράφειν ὑπεσχημένος   οὕτως ἀγόμεθα τῷ πόθῳ
καὶ γίνομαι ψεύστης ἐρωτικός.   ἀλλὰ γράφε πολλάκις
καὶ δίδου τύπον γοῦν εἰκόνος· ἀντὶ θέας τοῖς ἐρασταῖς

ξβ Ἱερωνύμῳ

Ἐγὼ μὲν ᾤμην σε τὸν Νεῖλον πάλαι κατειληφέναι,
καὶ πολλάκις εἰς μνήμην λαμβάνων τοῦτο δὴ τὸ εἰω-
θὸς ἐμοὶ « ὡς εὐδαίμονες » ἔλεγον « τῶν Αἰγυπτίων οἱ
παῖδες, πάλαι μὲν τὸν Νεῖλον ἔχοντες χορηγὸν τῶν
ὅσα φέρειν οἶδεν ἐκεῖνος, νυνὶ δὲ καὶ τὴν σὴν μοῦσαν
προσειληφότες οὐδὲν ἀτιμοτέραν τοῦ Νείλου, παρ'
ἐμοὶ δὲ κριτῇ τάχα καὶ μείζω.   ὁ μὲν γὰρ τὴν χώραν
αὐτῶν ἐπιρρέων πλουτεῖν ἐπιτρέπει, σὺ δὲ ταῖς τῶν
νέων ψυχαῖς τὴν γλῶτταν ἐπαφεὶς ἐπὶ τὸν τῆς ἐπιστή-

cens affectum Quod si me rursus ut Atticum laudaveris,
vide ne continuo Spartam abnegem, adeo tuarum litera-
rum huc illuc trahor desiderio Verum ne ioci caussa Ægy-
ptum laudes et ego Ægyptius sermone fiam Itaque parce,
per Iovem non enim possum non eadem quæ tu mirari

LIX Nephalio.

Tu quidem opibus affluens inopiam tuam lamentaris,
ego vero opes et opulentos homines despicio, etsi miri-
fica premor egestate, adeo paupertatem et abundantiam
mens efficit, non opes arbitrio fortunæ huc illuc vagantes
Itaque desine demisse lamentari, neu quicquam magni
æstimes, nisi quod ad virtutem ducat Quod enim non
eiusmodi est, alienum est ac transversum agit Unde qui
sapere didicere, quasi temulentia quadam excussa mis-
sisque nugis terram terræ reliquerunt, et postquam sen-
sus et materiam atque erroris sedem quasi sævum quod-
dam mare tranarunt, sublimi mente cœlum peragrant

LX Musæo

Accepi librum eo mihi factum cariorem, quod vestris
attrectatus manibus et musicum aliquid nisi fallor con-
traxit, ut qui utatur in posterum acriore opinor intelli-
gentia usurus sit, non minus quam Socrates, quum ad
Ilissum consideret, ubi et nympharum sacrum et Panis
domicilium Sed utinam reliquos quoque libros attin-
gens tales reddas, quo singulos ex ordine volvens divi-
niorem semper sentiam afflatum

LXI Epiphanio

Probe novit proverbium amantium affectum Etiamsi
peierare velint, veniam eis a diis promittit Nam ecce
tibi scripsi, quamvis non scripturum me pollicitus Ita
trahinur amore, et mendax evado amator Sed scribe
sæpius et simulacrum saltem imaginis pro adspectu
amantibus concede

LXII Hieronymo

Ego te iam dudum ad Nilum venisse arbitrabar, eam-
que opinionem, cui iam adsueveram, animo volvens « o
fortunatos Ægyptios » sæpius aiebam, « qui Nilum ha-
beant iam pridem omnium rerum præbitorem, quas is
afferre solet, sed nunc multo beatiores, qui Musa tua
præterea fruantur, nihil inferiori Nilo, vel (ut ego sentio)
fortassis etiam maiori Ille enim terram eorum irrigando
divites eos efficit, tu vero lingua tua mentes adolescen-
tum excitando ad veras opes sapientiæ dirigis, non minus

μης πλοῦτον ἰθύνεις, οὐδὲν ἔλαττον ἢ ὁ πάλαι Πυθαγό-
ρας αὐτοῖς ἐπιδημῶν καὶ μετ' ἐκεῖνον ὁ Πλάτων.» ταῦτα
μὲν ἐλογιζόμην, σὺ δὲ οὐ μακρὰν ἀπέχων ἐλάνθανες. ὡς
δὲ ἧκεν ὅ τὴν ἐπιστολὴν ἐπιδιδούς, τὸ μὲν πρῶτον θαυ-
μάζων ἀπάτην ἡγούμην τὸ πρᾶγμα καὶ οὐκ ἐπειθόμην
τοῖς ὀφθαλμοῖς· ὡς δὲ τοῖς γεγραμμένοις ἐντυχὼν ἐπείσθην,
μὴ ἂν ὑπάρχειν ἄλλου τὰς χάριτας, ἥσθην πῶς δοκεῖς;
ἐγγυτέρας γὰρ αὐτὰς ἐμοὶ τὰς τοῦ σε πάλιν ἰδεῖν ἡγούμην
ἐλπίδας, καὶ συνέχαιρον εἰκότως εἰ τὴν σὴν πατρίδα
ζηλωτὴν μικρὸν γοῦν ἀπέφηνας χρόνον. σὺ δέ μοι δοκεῖς
παίζων αὐτῆς κατηγορεῖν. ὅτι μὲν γὰρ τὸν ὑπὲρ κεφα-
λῆς ἀέρα οἷον ἔφης εἶναι συμβαίνει, καὶ ὡς τὸ ὕδωρ
τοὺς πίνοντας εἰς μνήμην ἄγει θαλάττης, καὶ ἄρτος ἡμῖν
ἐκ κριθῆς ἦσαν εἰκῆ μεμιγμένος, οὐκ ἂν ἀρνηθείην, ἀλλὰ καὶ
ἔλαττον τετραγώδηταί σοι ταῦτα φειδοῖ τῆς πατρίδος·
ἀλλ' ὅμως, ὦ βέλτιστε, χάριν ἐχρῆν εἰδέναι ταύτῃ
πρὸς φιλοσοφίαν ἀσκούσῃ τὴν γνώμην, ὅπως ἂν εἰδείης
ποτὲ τρυφῆς Αἰγυπτίας ὑπερορᾶν. Ὀδυσσέα δὲ τὸν
σοφόν, νῆσον οἰκοῦντα μικρὰν ὁμοῦ καὶ τραχεῖαν καὶ
τί γὰρ ἄλλο ἢ τὴν Ἰθάκην, οὔτε Καλυψὼ πέπεικεν
οὔτε φύσεως ἐπὶ τὸ κρεῖττον μεταβολὴ τὸ μὴ τὴν
Ἰθάκην ἀντὶ τούτων αἱρεῖσθαι. ἀλλ' οὐδὲ Σπαρτιά-
της, οἶμαι τὴν αὐτὸν δίαιταν ἐννοῶν τὴν Σπάρτην ἐμέμ-
ψατο. ἀλλ' οἶδα πόθεν ποτὲ κατηγορεῖν ἐπήχθης.
φιλοχρημάτως ἔχεις, ὦ λῷστε. εἶτα βραχύ τι τοῦ
λήμματος ἀποστὰς ἰοῦ ἰοῦ βοᾷς, καὶ τὸν Νεῖλον πολ-
λάκις καὶ τὸν ἐκεῖθεν πλοῦτον ἀνακαλῇ. τοῦτό σέ που
ξένον, ὡς αὐτὸς ἔφης, ποιεῖ καὶ τὸ σῶμα τοῦ Χαιρεφῶν-
τος οὐδὲν ἀστειότερον ἔχειν. οἶμαι δέ σε καὶ νύμφης ἐρω-
τικῶς περιέχεσθαι καὶ πειρᾶσθαι μόλις ὁπόσα δύναται
πόθος. ἀλλὰ γένοιτο ταῦθ' ὅπως Ἀφροδίτη φίλον
καὶ Ἔρωσιν. ἔρρωσο, καί σε θᾶττον προσείποιμι
καὶ παίδων πατέρα.

ξγ'. Πυθίῳ.

Εἴ μοί τις προσελθὼν οὐ πρότερον τοῦτο ποιήσας
ἠξίου μανθάνειν εἰ λύραν ἔχοιμι, καὶ περὶ ἁρμονίας
λόγον ἐποίει, πάντως ἂν ᾐσθόμην τὸ πρᾶγμα, καὶ
ὅτι μουσικὸς οὗτος εὐθὺς ἠπιστάμην· εἰ δὲ περὶ
ὅπλων ἦσαν οἱ λόγοι, καὶ μάχας ἔλεγε καὶ πολέμου
τύχας ἀεὶ διηγεῖτο, οὐκ ἔδει δήπουθεν Πυθώδε ἰέναι
καὶ ὅτι στρατιώτης οὗτος ἀκούειν. ἀλλὰ τί μοι
βούλεται ταῦτα; πάντως μὲν ἤδη μανθάνεις, οὐδὲν δὲ
ἧττον ὅμως εἰρήσεται. ἐμοὶ δοκεῖς ὡς ἄρα τὴν σὴν ψυ-
χὴν ὄντως οἰκοῦσιν αἱ Μοῦσαι· εἶτα κάτοχος ὢν ταῖς
θεαῖς βίον ἔχεις αὐταῖς ἀνειμένον, καὶ οὐδὲν σοι θαυ-
μαστὸν ὅ τι μὴ βιβλία καὶ λόγοι καὶ ὅσα ψυχὴν ἐπὶ τὸ
κρεῖττον ἀνάγει. ἐντεῦθεν ἡμῖν ἐπεξενώθης ἀρχὴν
φιλίας ποιησάμενος πρέπουσαν οἶμαι σαυτῷ. ἀλλὰ
γὰρ εἴθε μὴ τῆς ἐφ' ἡμῖν ἐλπίδος διήμαρτες, ἀλλ'
ὅπερ αἰτεῖς βιβλίον, τοῦτο δὲ ἦν παρ' ἡμῖν οὕ-
τω γὰρ ἂν σὺ μὲν εἶχες ἀεὶ τὸ ποθούμενον, ἐμοὶ δὲ
μέγιστον ἦν τὸ δοκεῖν ὑμῖν κεχαρίσθαι. νυνὶ δὲ ὅ-

quam olim Pythagoras, cum ad eos se contulit, et post
eum Plato. » Ergo hæc mecum tacitus disserebam, cum
tu interea non longe absens nos lateres. Itaque ut mihi
allatæ sunt litteræ tuæ, primum mirabar, dolumque esse
suspicabar, neque satis meis oculis credebam : postea vero
cum litteras perleg'ssem, tantamque suavitatem orationis
non posse ab alio quam te prodire intelligerem, quanta me
affectum lætitia fuisse putas? Videbam enim spem tui ad-
ventus appropinquare, sæneque pro eo, ac debebam; læta-
bar, quod patriam tuam ad tempus certe aliquod felicem
reddidisti. Quam tu quidem ludens mihi videris accusare.
Quamvis enim negare non possim, cælum tale esse, quale
prædicas, et aquam bibentibus maritimam videri, et
panes fere hordeaceos eo afferri (quæ tu omnia; cari-
tate patriæ impeditus, verbis non exaggerasti), attamen,
heus vir optime, gratia est habenda huic, quæ tuum
animum ad philosophiam excoluit, ut aliquando Ægyp-
tiorum delicias contemnere posses. Sapientem illum
Ulixem, cum parvam et asperam, denique Ithacam in-
sulam, incoleret, tamen neque Calypso, neque naturæ
in deum commutatio inducere potuit, ut Ithacam hisce
omnibus non anteponeret. Sed neque Spartiates, opinor,
cum domesticum victum recordaretur, Spartam accusa-
vit. Verum scio, quæ te res ad accusandum incitet.
Pecuniæ cupidus es, o bone; cumque tantillum a lucro
abes, heu heu exclamas et Nilum opesque illinc manantes
requiris. Hæc res te, sicuti ais, peregrinum facit et ut
corpore sis nihilo elegantiore quam Chærepho. Credo
autem insuper te a nympha quapiam amica detineri tan-
demque ægre quantas vires amor habeat sentire. Sed
hæc ita sint, ut Veneri gratum et Cupidinibus. Interea
vale, atque utinam brevi te prolis quoque parentem salu-
temus.

LXIII. Pythio.

Si quis me primum conveniens a me sciscitaretur num
lyram haberem et de harmonia sermonem faceret, quid
rei esset utique perspexissem eumque esse musicum in-
tellexissem; contra si de armis essent sermones, pug-
nasque enarraret et belli fortunas sine intermissione
memoraret, non opus esset opinor Delphos adire indeque
accipere, militem eum esse. Sed quorsum hæc? Procul
dubio iam intellexisti, nihilominus tamen dicam. Revera
mihi Musæ animam tuam habitare videntur; quarum ex
consortio vitam agis remissam atque illis deditam, nec
quidquam demiraris præter libros et sermones et si quid
mentem meliorem efficit. Hinc hospes meus factus es et
mecum iniisti amicitiam tibi, ut opinor, gratam. Sed utinam
spes illa, quam in nobis posuisti, te non fefellisset! Volu-
men illud, quod a me petis, utinam mihi sub manibus esset!
Habuisses enim tu quidem quod exoptabas, mihi autem
pretiosissimum fuisset grati quid tibi præstitisse. Nunc

μνυμι οὐ τὴν πλάτανον τὴν Σωκράτους ἀλλὰ τοὺς λό-
γους αὐτούς, μήπω γε τετυχηκέναι τοῦ κτήματος,
καίτοι πλεῖστον ἤδη χρόνον ἐρῶντα· μικρὸν δὲ ὕστε-
ρον (ἀλλὰ σὺν Ἑρμῇ καὶ Μούσαις εἰρήσθω) ἐκ τῆς
Ἀλεξάνδρου κομισθήσεται· τοῦτο γὰρ ἐκεῖθεν ἡμῖν οἱ
προσταχθέντες ἐπέστειλαν. ὅπερ εἰ πρὸς ἔργον ἐκ-
βαίη, ὄψει με πάντως αὐτόματον ὑμῖν προσιόντα
περὶ τοῦ μεταδοῦναι ὡς εἰ καὶ αὐτὸς λαβεῖν ἐβουλόμην.

ξδ'. Διοδώρῳ.

Ἡ περὶ τῆς σῆς παιδεύσεως φήμη ὁποίων ηὐγόμεθα
λόγων τὰς ἡμετέρας ἐνέπλησεν ἀκοάς. ὁ μὲν γὰρ
τὴν τῆς συνηγορίας ἀφηγεῖτο σπουδήν, ὁ δὲ τὸ ἐν τοῖς
δικαστηρίοις εὔτονον ἀπεθαύμαζεν, ὁ δὲ τὴν περὶ
τοὺς προσιόντας εὔνοιαν, πλὴν εἰ μή τις ἀδικήσας
ἐτύγχανεν. οἶδα δὲ καὶ τόδε ἀκούσας, ὡς ὁρῶν τινὰς
μέγα μὲν δυναμένους, θαυμάζοντας δὲ τῶν δικαίων
μηδέν, πολὺς ἔπνευσας κατ' αὐτῶν καὶ λοιδορίαν
ἐπαινουμένην κατέχεες. ἐγὼ δὲ τούτων ἀκούων,
ἄλλων ἄλλα διηγουμένων, ὥσπερ ἔνθους ἐγενόμην ὑφ'
ἡδονῆς καὶ μέγα τοῖς λόγοις φρονῶν ἐδόκουν αὐτὸς
ἐπαινεῖσθαι, ἤδη δὲ καὶ χάριν ὡμολόγουν τοῖς· ἀπαγ-
γέλλουσιν, ὥσπερ εἰώθασιν οἱ τῶν αὐτοὺς ἐπαινούν-
των ἀκούοντες. οὕτω δὲ ἔχοντι καὶ λογιζομένῳ προσ-
ελθὼν ὁ καλὸς Ὠρίων τὴν παρ' ὑμῶν αὐτῷ γραφεῖ-
σαν ἐπιστολὴν ἐπεδίδου, καί μοι τῆς φιλίας συνέχαι-
ρεν, ὥσπερ δεινὸν ἡγούμενος εἰ λανθάνεις παρ' ἐμοὶ
τοιοῦτος ὑπάρχων· ἐγὼ δέ σε μετὰ τὴν φήμην τῇ
πείρᾳ μαθὼν καὶ οἷος περὶ τοὺς δεομένους, κἂν μὴ
παρῶσι, καθέστηκας, οὐδ' ἂν εἰπεῖν ἔχοις ὅσον ἐθαύ-
μασα, καὶ αὐτὸν ἀπεκάλουν εὐδαίμονα τὴν σὴν εὐτυ-
χηκότα σπουδήν. ὡς δὲ καὶ γραμμάτων ἠξίου τυχεῖν
παρ' ἐμοῦ τῇ τῆς φιλίας μνήμῃ τὴν σὴν προθυμίαν
ἔτι μᾶλλον ἐγειρούντων, εὐήθη τοῦτον ἐκάλουν· μὴ γὰρ
ἄν σε πρὸς ἀρετὴν πεφυκότα καλῶς γραμμάτων δεῖσθαι
πρὸς ταύτην παρακαλούντων. ἀλλ' ὅμως τοῦτον οὐκ
ἔπειθον· ἐδόκει γάρ τι καὶ δίκαιον λέγειν ὡς « ὁ καθ'
ἑαυτὸν τοιοῦτος τίς ἂν γένοιτο γραμμάτων τυχὼν
παρὰ σοῦ; » οὐκοῦν γένοιο μὲν αὐτὸς ὁποῖος καὶ πρό-
τερον, ἐπαινοίμην δὲ πάλιν τῆς φιλίας ἐγώ, μὴ δια-
μάρτοι δὲ τῆς ἐφ' ἡμῖν ἐλπίδος ὁ νέος, ἀλλὰ γνόντων
οἱ τὰ μεγάλα δύνασθαι δοκοῦντες ὡς ἄρα τῶν δι-
καίων ἐστὶν εἰκότως ἡττᾶσθαι.

ξε'. Ἱερωνύμῳ.

Ἐγὼ μὲν τῆς ἀδελφῆς λανθάνειν ᾤμην τὸν γάμον,
καὶ δὴ τοῖς προσοικοῦσι τὴν οἰκίαν πᾶσιν ἐγνῶσθαι,
μή τι σοί, ὃν ᾤμην ἔτι παρὰ τῷ Νείλῳ καθῆσθαι· σὲ δὲ
λανθάνειν ἔοικε τῶν εἰς τρυφὴν ἡκόντων οὐδέν, ἀλλ'
ἅμα τέ τι δρᾶται καί σε προσβάλλει πόρρωθεν ἡ τῶν
ἐπιτελουμένων ὀσμή, καί που τάχα τὸν Ὁμηρικὸν Δία

---

autem non per Socratis platanum, sed per ipsos sermo-
nes iuro nondum me fuisse fruitum bono illo, quantum-
cunque ex longo inde tempore exoptato. Sed non multo
post Mercurio iuvante et Musis Alexandria afferetur;
hoc enim mihi inde quibus id negotii mandatum est re-
scripserunt. Quod si prospere nobis succedat, me videbis
ad vos quam maxime ultro pergentem, ut munere te do-
nem, quali et ipse affici velim.

LXIV. Diodoro.

Solertiæ tuæ et humanitatis fama sermonibus iis quos
optabamus aures nostras implevit; alius enim tuam in
causis dicendis diligentiam narrabat, alius virium con-
tentionem qua in iudiciis elaborare soles mirabatur, alius
quod homines adeuntes te comiter admittis, nisi forte
quis iniuste egit. Illud quoque auditione percepi, te,
cum homines quosdam magno imperio præditos iura
divina et humana obterere videres, graviter in eos exar-
sisse et maledictis eos collaudatis prosecutum esse. Hæc
cum audirem, alia aliis narrantibus, quasi divino spiritu
tactus sum ac verbis illis superbiens ipse laudari mihi
videbar, iamque nuntiis grates agebam, quemadmodum
qui se laudari audiunt facere consueverunt. Atque ita
cum essem affectus animo omnesque in tui memoriam
conferrem cogitationes, bonus Orio epistolam mihi a te sibi
scriptam reddidit mihique amicitiam tuam gratulatus est,
tanquam miratus, quod, cum talis esses, apud me deli-
tuisses; ego vero, cum re, non fama solum te cognovis-
sem, et cum viderem qua esses mente erga petentes,
etiamsi non adessent, verbis exprimere nequeo quanta
me incesserit admiratio, meque felicem prædicabam,
quod tuum mihi studium paravissem. Et cum literas
quoque a me expeteret, quæ amicitiæ nostræ memoria
benevolentiam tuam magis etiam excitarent, absurdum
eum vocavi; neque enim tibi, tui virtutis gloria præstes
literis opus esse, quibus ad illam impellereris. Nibilo-
minus non persuasi; neque iniuria Orio « qualis ille »
inquit « literis a te acceptis futurus est, cum sponte sua
talem se præstiterit. » Tu igitur liberaliter eum habeto,
ut adhuc fecisti; ego iterum laudes habere velim de
amicitia mea; adolescens autem spe, quam in me col-
locavit, ne excidat; immo sciant homines qui habentur
potentes efficiendi quæ velint, iure se a iustitia superari.

LXV. Hieronymo.

Ego quidem opinabar sororis nuptias in occulto esse
ac sane vicinis nostris omnibus cognitam esse, non
vero tibi, quem adhuc ad Nilum sedere credebam; te
vero nihil latere videtur eorum quæ ad vitam lautiorem
pertinent, sed eodem temporis puncto, quo solemnia
nescio quæ celebrantur, odor eorum e longinquo nasum
tuum ferit, ac fortasse Iovem Homericum exsuperas

νικᾷς λοιβῆς καὶ κνίσσης ἐρῶν ἑλισσομένης περὶ κα-
πνῷ. ταῦτά σε Νεῖλος διέθηκε καὶ οἱ παρ' ἐκεῖνον εὐ-
δαίμονες ἄνθρωποι, μεθ' ὧν τὴν Ἐλοῦσαν οἰκῶν ὀξυ-
τέραν ἔχεις τὴν αἴσθησιν, εἴ που δὴ γῆς καπνὸς ἀνα-
δίδοται. τὸν δὲ σὸν παῖδα μικροῦ δεῖν ὤρυησα διαθεῖναι
κακῶς, ὅτι μὴ γράφειν εἰς πλάτος ἀφῆκέ σε τὴν ἐπι-
στολήν. ἀλλὰ παρὰ σοῦ δῶρα προσάγων μετέβαλέ
τε τῇ θέᾳ καὶ οὐκ οἶδ' ὅπως μοι διέλυσε τὸν θυμόν. οὐκ
εἰς μακρὰν δέ σε τούτων ἀμείψομαι· ἢ γὰρ γέγονέ σοι
θυγάτριον ἢ γενήσεται.

ξϛ'. Ἀλύπῳ καὶ Στέγῳ γραμματικοῖς καὶ Ἱερίῳ Ῥωμαϊκῷ.

Σόλωνι τῷ νομοθέτῃ ἐπειδὴ νόμων ἕνεκα καλῶς
ἔχειν ἡ πόλις ἐδόκει, δεινὸν ἡγούμενος μέχρι τῆς Ἀτ-
τικῆς αὐτῷ τῆς σοφίας ἑστάναι τὸ θαῦμα, ἐφοίτα μὲν
παρ' Αἰγυπτίους καίπερ σοφωτέρους εἶναι τῶν ἄλλων
αὐγοῦντας, ἐφοίτα δὲ καὶ παρὰ Κροῖσον ὡς ἐπ' εὐδαιμο-
νίᾳ τῷ πλούτῳ κομῶντα· μεῖζον γὰρ ἐδόκει τῷ Σόλωνι
σοφία τρυφᾶν ἢ χρυσῷ ῥέων ὁ Πακτωλὸς γῆν τὴν ὅσην
ἐπῆλθεν ἐκεῖνος. καὶ οἱ μὲν ὁρῶντες ἐθαύμαζον, ὡς δὲ
ἀπεροίτα, πάλιν ἐπόθουν τὸν Σόλωνα· Ἀθηναῖοι δὲ παρ'
οἷς τὴν κρηπῖδα τῶν μαθημάτων ἐβάλετο, τάχα καὶ
τὴν Ἀθηνᾶν ηὔχοντο τὸν νομοθέτην αὖθις ἀποδοῦναι
τῇ πόλει. εἰ δὲ καὶ τούτων ἕνεκα τὴν ἀποδημίαν
ἐσοφίζετο, γνῶναι θέλων ὅπως ἔρωτος ἥκουσιν εἰς αὐτὸν
Ἀθηναῖοι, οὐκ ἂν οἶμαι θαυμάσαιμι. πλὴν ἑνὸς ἀνδρὸς
ἀπόντος ἐδάκρυσαν Ἀθηναῖοι, καίτοι σοφοὺς ὡς εἰκὸς
εὐτυχοῦντες ἑτέρους; τίνες δ' ἂν γενοίμεθα τὸ κεφάλαιον
ὅλον ἀφαιρούμενοι; καὶ ἦν ἄν τις ἐδίστασε πρότερον
εἴτε τὴν Ἀττικὴν εἴτε τὴν Ἰταλίαν προσήκειν εἰπεῖν,
αὕτη σιγᾷ νῦν ἐξαίρεσις καὶ τῶν γνωρισμάτων ἀφῄρη-
ται, καὶ ταὐτὰ πάσχειν ἔοικε τῷ Κιθαιρῶνι, ὃς πο-
λὺν δεξάμενος τὸν θεόν, ἀπιόντος πάλιν ἐξαίφνης
ἔρημος ἦν, καὶ ὁ Διόνυσος οὐδαμοῦ. ὅθεν καταβοήσο-
μαι τοῦ Ἀπόλλωνος, ὃς παρ' ἑαυτῷ ἐκάλει τὰ ἡμέ-
τερα παρίδους. καὶ οἶμαι τούτῳ συνδέεσθαι τῆς
εὐτυχίας τὰς Μούσας· ὑμεῖς δέ που καὶ παλαιῶν μυ-
θολογημάτων ἐμπίπλασθε, παρ' αὐτὴν ἤδη τὴν Δά-
φνην λογιζόμενοι τοῦ θεοῦ τὸ πάθος, τῆς Δάφνης τὴν
σωφροσύνην καὶ τὸ φιλάνθρωπον, καὶ φυτοῦ παραμυ-
θούμενον ἐραστήν· καὶ παρ' ὑμῖν μόνοις τῶν ὁρωμέ-
νων ἡ θέα τῷ λόγῳ τὴν μαρτυρίαν χαρίζεται. εἰ δὲ
καὶ κυπάριττοι πυκναὶ πρὸς χάριν ἀνεῖνται τῆς ἐρω-
μένης Ἀπόλλωνος καὶ ὕδωρ ἄφθονον, καὶ τέττιγες
ᾄδουσι καὶ ὁδὸς τῇ πόᾳ μαλακῇ παρακέχυται, καὶ
δένδρα ἀλλ' ἐπ' ἄλλοις καὶ οἰκίαι τῷ τούτων ὕψει κατὰ
μέσον κρυπτόμεναι, αὖρά τε μετρία καὶ ὀσμὴ συμμι-
γὴς καὶ σκιὰ τοῦ ἡλίου τὸ λυπηρὸν ἀποκλείουσα, ὑμέ-
τερον ἢ ὡς τάχος ἀγγέλλειν ἢ διηγεῖσθαι τοῖς γράμ-
μασι. πλὴν βουλοίμην ὡς ὑμᾶς ἐλθὼν ἰδεῖν, ἵνα
πρὸς τοῖς ἄλλοις καὶ μαντευομένων ἀκούσομαι· καὶ
τοῦτο γὰρ ὑμῖν οἶμαι δεδωκέναι τὴν Δάφνην.

amore libationum et nidoris in fumo surgentis. Talem
te effecit Nilus eiusque fortunati accolæ, inter quos Elu-
sam habitans sagaciorem odoratum habes, si alicunde
terrarum fumus evolvitur. Puerum autem tuum pæne
male habui, quia uberiorem epistolam te scribere non
passus est. Sed munera tua afferens gratissimo spec-
taculo totum me commutavit iramque meam nescio quo-
modo solvit. Ceterum brevi pari referam; aut enim iam
nata tibi filia est aut nascetur.

LXVI. Alypo et Stego grammaticis et Hierio Romano.

Solon legislator cum a legibus firma ei videretur esse
respublica, sapientiæ suæ famam Cæeciæ finibus conti-
neri iniquissimum iudicans, ad Ægyptios profectus est
omnibus licet sapientiores se esse gloriantes, itemque ad
Crœsum divitiis quasi dono divino superbientem. Antiquius
autem Soloni esse videbatur sapientiæ aviditatem explere
quam exsatiari auro, quod Pactolus diffundebat. Atque illi
Solonem cum viderunt, admirati sunt; revocare cupiebant,
cum discessisset; Athenienses, apud quos fundamenta
præceptorum iecerat, ipsam Minervam, nisi fallor, precati
sunt, ut redderet urbi legislatorem. Quod si propterea
peregrinationem excogitavit, ut cognosceret quantum
Athenienses in amore ipsius profecissent, non ego qui-
dem miror. Sed absentiam unius hominis Athenienses
deplorabant, etsi præterea alios favente fortuna sapientes
habebant; nos vero quid agamus, quibus ademti sunt
viri omnium gravissimi? Ni mirum illa terra, quæ utrum
Attica an Italia appellanda esset dubitari prius poterat,
nunc derepente tacet insignibus suis privata, idemque el
evenire videtur quod Cithæroni, qui postquam deum exce-
pit tumultuantem, repente post eius discessum solus de-
relictus est ac desertus, neque usquam Bacchus auditur.
Unde graviter accusabo Apollinem, qui nulla nostri ha-
bita ratione ad se vocavit nostra. Ac credo Musas ei
fortunam gratulari, vosque nisi fallor veterum fabularum
memoriam redintegrabitis, iuxta ipsam Daphnen repu-
tantes quo animi motu deus fuerit perturbatus, quanta
fuerit Daphnes sobrietas et humanitas, laurus quomodo
amatorem permulserit. Scilicet apud vos solos rerum
quibus ipsi interestis adspectus fabulari isti historiæ
fidem facit. Num vero terra gratificata Apollinis deliciis
crebras cupressos ediderit aquasque copiosas, canantque
cicadæ et semita pateat mollissimo gramine spissa, sitque
locus ille condensus cuiusvis generis arboribus ædificia
cingentibus ac proceritate sua occultantibus, et auræ
spirent tenues odorumque mistorum affletur quantitas, et
umbra solis iniquitates prohibeat, vestrum est quam ce-
lerrime vel nuntiis ista vel literis significare. Sed velim
vos convenire et videre res illas magnificas ac præterea
vos audire vaticinantes; nam et hoc vobis a Daphne
concessum esse opinor.

ξζ'. Παλλαδίῳ.

Τὴν τῶν μέγα δυναμένων ἀρετὴν μεγίστην οἶμαι τοῖς ἀδικουμένοις παραμυθίαν. δυνάμεως γὰρ εἰς ταὐτὸν ἐλθούσης καὶ γνώμης τιμώσης τὰ δίκαια, τί κωλύει πρὸς πέρας ἰέναι τὰ δοκοῦντα τοῖς νόμοις; ἀλλὰ τί μοι βούλεται τὸ προοίμιον; Ἰσίδωρος ὁ σχολαστικός, ὁ πάλαι μὲν φίλος ἡνίκα ἔζη, νῦν δὲ μέχρι τῆς μνήμης, οἷος μὲν ἦν τὸν βίον καὶ ὡς πανταχόθεν αὑτὸν παρεῖχε θαυμάζειν, κἂν ἑτέροις αὐτὸς διηγήσαιο. νυνὶ δὲ ἀπελθὼν ἐξ ἀνθρώπων ἔρημον συμμαχίας κατέλιπε τὴν οἰκίαν· ἡ μὲν γὰρ πάλαι μήτηρ νῦν ἄπαις ἐπὶ γήραος οὐδῷ καὶ μήτηρ οὐκέτι, ἡ δὲ σύνοικος χηρείας ὑποφέρει ζυγόν. τὰ δὲ παιδία τί δεῖ καὶ λέγειν; κόραι γὰρ αὗται μικρὰν ἄγουσαι τὴν ἡλικίαν καὶ ὀρφανίας τύχης πειρώμεναι. συνελόντι δὲ φάναι, πρόκεινται πᾶσι τοῖς ἀδικεῖν βουλομένοις, εἰ μὴ σὺ κωλύσεις, εἰς ὃν αἱ τούτων ὁρῶσιν ἐλπίδες. ὁ δεῖνα γὰρ φύσει μέν ἐστι πονηρός, ἐπ' ἀδείας δὲ γενόμενος καὶ τὴν ἐρημίαν ἰδὼν πέφηνε πονηρότερος· προσοικῶν γὰρ τὴν τούτων οἰκίαν καὶ τὸν ἐκ τοῦ γειτνιάζειν φθόνον λαβών, μίαν πεποίηται γνώμην ἄχρηστον αὐταῖς ἀποφῆναι τὴν οἴκησιν. ὅθεν οὔτε τῶν οἰκοδομούντων ἐννόμως κωλυομένων ἠνέσχετο, καὶ τὰ πρὸς ἀλλήλους διὰ γραμμάτων συγκείμενα λῆρον ἡγούμενος κυριώτερον αὑτὸν ἀποφαίνει τῶν νόμων καὶ ὧν αὐτὸς ὡμολόγησεν. ἀλλὰ δικαστοῦ καὶ μισοῦντος τὰ φαῦλα γνώμην λαβὼν γενοῦ ταῖς κόραις πατὴρ καὶ τῇ μητρὶ παῖς καὶ τῇ γυναικὶ πάλιν ἴσα καὶ σύνοικος, ἡμῖν δὲ τοιοῦτος οἷον ἡ προλαβοῦσα πεῖρα πολλάκις ἀπέδειξε· καὶ γνώτω σαφῶς ὡς οὐκ ἔστιν ἔρημον εἶναι συμμαχίας, ἕως ἂν οἵ τε νόμοι σώζωνται καὶ ἄνδρες τιμῶντες τὰ δίκαια.

ξη'. Γεσσίῳ ἰατροσοφιστῇ.

Τὴν ὑμετέραν ἐπιστολὴν εἰς χεῖρας λαβὼν αὐτὰς ἔδοξα μόλις ἀπειληφέναι τὰς Μούσας, ἔνθους τε ἦν ὑφ' ἡδονῆς καὶ οὐκ εἶχον ὅ τι καὶ γένωμαι, ὥσπερ οἱ Δελφοὶ ἐπειδὰν ἐξ Ὑπερβορέων ἐλθόντος Ἀπόλλωνος τὸ πρὶν σιγῶντες πλήρεις ἐξαίρνης γένωνται τοῦ θεοῦ. τοιοῦτος ἦν τις ἐγώ, πάντα θαυμάζων, τῶν ὀνομάτων τὴν ὥραν, τὴν πρὸς ἄλληλα τούτων ἁρμονίαν, τὸ διὰ πάντων κάλλος ἐπιφαινόμενον, καὶ τὸ δὴ μέγιστον, τοὺς ὑμετέρους τρόπους, ἐξ ὧν ἡμῖν προῆλθε τὰ γράμματα· καί σοι πολλὰ κἀγαθὰ γένοιτο τοιαύτην ἡμῖν ἀποδεδωκότι τὴν ἑορτήν. ἀλλὰ γὰρ μία χελιδὼν ἔαρ φασὶν οὐ ποιεῖ. οἷον δὲ καὶ ἡ προλαβοῦσα χελιδὼν εἰς ἔαρος ἥρκεσε χρείαν. εἰ δὲ καὶ δευτέραν προσθείης καὶ τρίτην εἶτα πολλάς, οὐδὲν ἂν εἴη παρ' ἡμῖν οὔτε Κροῖσος ἐκεῖνος οὔτε χρυσῷ ῥέων ὁ Πακτωλός. τοῦ δὲ ὑμετέρας παῖδας εἶδον ἡδέως καὶ ὥσπερ δι' εἰκόνος ἀνηγόμην πρὸς σέ. ὅθεν ηὐξάμην καὶ πλείους ἰδεῖν, καὶ εἰ δεῖ μεγάλα λέγειν, τοῦ πατρὸς ἀμείνους. ἀλλ' οὖν εὐχομένῳ ῥᾴδιον λέγειν ὅσα γε

LXVII. Palladio.

Hominum potentium virtutem maximum censeo esse oppressorum solatium. Nam cum potentia et recti voluntas consociantur, quid obstat quin perficiantur quæ legibus constituta sunt? Sed quorsum illud proœmium? Isidorus scholasticus, quem olim, dum vivebat, in amicorum numero habebam, cuiusque nunc amicitiam recolo memoria, quam ab omni parte admirabilem se gesserit, ipse tu facile aliis narraveris. Nunc, cum e vita migravit, destitutam omni adiutorio domum reliquit. Nam eius quondam mater iam orba in ipso senectutis limine, neque amplius mater est, uxor viduitatis iugo premitur. De liberis vero quid dicam? Parvulæ sunt puellæ et orphanorum sortem expertæ, unoque verbo cuivis iniuriam inferre volenti obnoxiæ, tu nisi vetes, in quo spes earum vertitur. (5) Nam iste natura sua perversus est; augetur perversitate, cum in tuto se esse sentiat videatque illarum solitudinem. Nimirum domus eius illarum domum attingit; et in invidiam ille vocatus vicinitate omnes cogitationes in unam rem confert, ut scilicet illis domum suam inutilem reddat. Unde neque ædificationes legitime prohiberi passus est, et pacta mutua pro nihilo ducens legibus et stipulationibus quibus se ipse alligavit superiorem sese ostendit. (6) Iudicis igitur mentem indue et osoris pravitatum, ac puellis esto pater, matri filius, uxori mariti vicem præsta; nobis vero eum te exhibe, qualem superiorum annorum usu sæpe cognovimus. Ac probe sciat ille, non esse auxilii inopiam, donec leges et viri iustitiæ cultores stent incolumes.

LXVIII. Gessio iatrosophistæ.

Literis tuis redditis ipsas pæne Musas mihi visus sum accepisse, ac quasi deo agitante incalui, et vix constabam mente. Ac quemadmodum Delphii, ex Hyperboreis adventante Apolline, primum silent, tum pleni repente deo fiunt, ita ego omnia mirabar, verborum venustatem, concentum, elucentem undique ornatum, et quod maximum erat, indolem tuam, unde literæ nobis fluxerunt. Bene tibi eveniat, qui hæc mihi solemnia feceris. At hirundo una, inquiunt, ver non facit. Et tamen superior quædam hirundo nonne effecit, ut ver inciperet? Quodsi alteram addideris et tertiam et multas præterea, nihil profecto tribuemus Crœso illi vel Pactolo aurum vehenti. Liberos tuos lubenter vidi et quasi per imaginem ad tui memoriam revocatus sum; unde exoptavi et plures videre et, si magna dicere licet, patre meliores. Sed optanti facile est quæcunque velit dicere et

βούλεται, καὶ μιμεῖσθα. τὸν δὲ ἕταιρον
Δωρόθεον αὐτὸν με δοκεῖ παρόντα προσάγειν ὑμῖν· καὶ
λέγειν ἄλλα μὲν οὐδέν, πληρῶσαι δὲ τούτῳ τὰς ἐλπίδας
αὐτὸς παρέσχε τὰ ὑμέτερα διηγούμενος. εἰ δὲ καὶ δι'
ἐμέ τι πλέον ἕξειν ἐλπίζει, ὑμέτερον ἂν εἴη μὴ ψευ-
σθῆναι τοῦτον τῆς γνώμης. συστήσει δὲ τὸν νέον
ὑμῖν καὶ τρόπος ὁμοίως καὶ σπουδή, ἅπερ εἰ ἦν αὐτὸν
ἅμα τῇ θέᾳ παραστῆσαι σαφῆ, οὐδὲν ἂν ἴσως ἔδει
τῶν ἡμετέρων γραμμάτων. νῦν δὲ δι' ἐμὲ τὰ πρῶτα τι-
μήσας, ὕστερον οἶμαι θαυμάσεις καὶ δι' αὐτόν. οἶμαι
δὲ καὶ τὸν ἕταιρον Ἀναστάσιον εὐμενέσιν ὑμᾶς ἰδεῖν
ὀφθαλμοῖς, ὃς τὸ ἡμέτερον ἐπιγράφεται γένος. τί γὰρ
δεῖ πλέον εἰπεῖν πρὸς ἄνδρα πάλαι τε φίλον καὶ νῦν
οὐδὲν ἧττον εὐνοεῖν ᾑρημένον;

ξθ'. Ζαχαρίᾳ ἀδελφῷ.

Ὡς ἔοικεν, ὦ λῷστε, τῶν εἰς ἡμᾶς σκωμμάτων
οὔποτε παύσῃ. μηδέ γε παύσαιο τούτων, ὦ πάντες
θεοί· ὡς ἐγὼ λεγομένων ἀκούων προσγελῶ τε τοῖς γράμ-
μασι, καὶ πρὸς ὑμᾶς ἀφικνοῦμαι τῇ διανοίᾳ, καὶ λέγειν
τι δοκῶ πρὸς ὑμᾶς καὶ λεγόντων ἀκούειν. ὥστ' εἴ σοι
μέλει τῆς ἐν τοῖς γράμμασι χάριτος (μέλει δὲ πάν-
τως), βάλλ' οὕτω καὶ μείζονα χαρίζεσθαι δόξεις, ἢ εἴ
μοι παρεῖχες Κροίσῳ γενέσθαι. κάλει δὲ πάλιν σοφι-
στήν, καὶ λέγε κρότων ἐρᾶν, ὀφρύν τε προστίθει καὶ
τῦφον καὶ πᾶν ὅ τι σοι φίλον. πολλάκις δὲ καὶ σο-
φιστὴν εἰπὼν ἀπηλλάγης, ὡς ταὐτὸν ὂν τοῦτο εἰπεῖν
καὶ ἀλαζόνα καλέσαι. ἐγὼ δὲ τὴν μὲν ἐμὴν τέχνην οὐκ
ἂν ἀρνησαίμην· εἰ δὲ ταύτης ἴδιον τὸ πρὸς ἀλαζονείαν
ἐπαίρειν, καὶ σοί που μέτεστιν ἄγαν τῆς τέχνης,
ὥστε δέδοικα μὴ ὅσον ταύτης μετέχεις, — ἀλλὰ γὰρ
αἰδοῖ τῇ πρὸς σὲ σιωπήσομαι. ἴσως δὲ θαυμάζεις εἰ
σοφιστὴς ὢν καὶ τὸ ἔαρ ἤδη θεώμενος, δέον ἐμπομπεῦ-
σαι τῷ λόγῳ, εἶτα παρῆλθον σιγῇ· καί τοι ζητεῖς ἐν τοῖς
γράμμασιν ἄνθη καὶ χελιδόνας καὶ θαλάττης μετα-
βολὴν ἥμερον, τόν τε Ἄδωνιν τὸν καλὸν καὶ τὴν
Ἀφροδίτην ἐκείνην τὴν παραδόξως ἐρῶσαν, καὶ ὅτι
μὴ τὸ ῥόδον ἀκούεις καὶ τὴν ἐπ' αὐτῷ χάριν πάλιν
θαυμάζεις. ἐγὼ δὲ τοιοῦτον οὐδὲν ἂν εἴποιμι καὶ
μάλιστά γε πρὸς σέ, μήποτε πάλιν γελάσας ἀπειρό-
καλόν με καὶ σοφιστὴν ὀνομάσῃς.

ο'. Ἐπιφανίῳ.

Δεινὸς ἄρα τις ἦσθα κινεῖν ὃν ἂν ἐθέλῃς πρὸς λόγον
καὶ σιωπήν, καί μοι δοκεῖς παραπλήσιόν τι ποιεῖν,
ὥσπερ ἂν εἴ τις λύραν ἔχων, κεχρῆσθαι ταύτῃ μαθών,
νῦν μὲν ὑφαίνοι μέλος, νῦν δὲ τῶν κρουμάτων ἀπό-
σχοιτο· εἰ γάρ τι παρὰ ταῦτα κρεῖττον νομισθείη,
εὐθὺς πρὸς ἐκεῖνο γίνεται, καὶ οὐδὲν ἂν εἴποι μουσικὸν
οὔτε αὐτὸς οὔτε ἡ λύρα. καὶ σοῦ σιωπῶντος ἡμῖν
πρὸς τὰ καινότερα μεταβεβληκένου κατηφεῖς εὐθὺς
καὶ σιωπῶντες οἱ πάλαι μὲν φίλτατοι, νῦν δὲ ἴσως

Hectorem imitari. Dorothæum amicum præsens tibi
commendare constitui, sed humanitatem tuam nar-
rans ipse in causa fuit, ut nihil adderem sed sim-
pliciter spes eius explerem. Quodsi per me commodi
aliquid se habiturum esse sperat, tuum erit efficere,
spe ne excidat. Commendabunt autem iuvenem mo-
res ac studium acre; quæ si fieri posset ut ipso ad-
spectu coarguerentur, meis literis fortasse non opus es-
set; nunc eum primo mea causa cohonestabis, postea,
credo, propter ipsum miraberis. Puto te Anastasium
quoque amicum meum, qui propinquitate mecum con-
iunctus est, benignis oculis adspicere. Quid enim am-
plius dici oportet homini iam pridem sodali et cui nunc
placuit non minus benevolenti esse?

Ut videre est, o bone, cavillari nos non desiisti, neve
pro dii immortales, desistas, quia et risum mihi movent
quæ literis tuis mandata sunt, et cogitatione ad vos de-
feror, et videor mihi vos alloqui et audire loquentes.
Ideo si tibi curæ sunt literarum lepores (sunt vero sine
ulla dubitatione), perge telis petere, ac maiora in me
videberis conferre quam si Crœsum me faceres. Iterum
sophistam voca plausuumque amatorem, et supercilia
tribue fastumque et quicquid tibi placuerit. Sæpe etiam,
cum sophistam vocasses, abiisti, quasi idem esset so-
phistam dici et insolentem appellari. Ego vero artem
meam non eierabo. Quodsi illius proprium est ad inso-
lentiam impellere, ad te quoque, opinor, ars ista nimium
quantum pertinet, ut verear, ne, quantum illam teneas, —
sed honoris tui causa tacebo. Fortasse autem miraris
quod, etiamsi sophista sim iamque ver appetere videam,
cum verborum pompa perfundenda esset oratio, silentium
ego tenuerim, ac quæris in literis meis flores et hirun-
dines et placidas maris mutationes et formosum Adonin
et Venerem illam insolito more amantem, et rursum
miraris quod rosam non audis eiusque venustatem. Ego
autem horum omnium nihil dicam, præsertim tibi, ne
iterum deridens ineptum me et sophistam voces.

Singulari arte ut quilibet loquatur aut sileat efficis,
viderisque mihi perinde facere ac si quis, cum lyra uti
didicerit, modo canat fidibus, modo a pulsandis chordis
abstineat; nam si in gravius quid inciderit, confestim
illud arripit neque amplius canit neque ipse nec lyra.
Tu quotienscunque nobis taces ad res novas conversus,
fracti protinus et demissi conticemus, qui olim tibi gra-
tissimi fuere, quique nunc fortasse grati sunt. Sed

φίλοι. ἀλλ' οἶδα πόθεν τὸ πρᾶγμα. οἱ γόμοι σε παρασκευάζειν ἠνάγκασαν σεμνὸν ταῖς ὀφρύσιν ἀνέλκειν, εἶτα φρόνημα νομοθέτου λαβὼν καὶ δόξας ἤδη τὰ Ῥωμαίων ἄγειν τῇ ψήφῳ, τοσοῦτον ἡμῶν κατεπήρθης. ἀλλ' ἐπειδή σε μόλις ὑπεισῆλθε τῆς παλαιᾶς συνηθείας λόγος καὶ μνήμη (εἴθε μὲν καὶ πάλαι γέγονε τοῦτο), ὅμως δὲ τῆς σῆς γλώττης μετὰ τῶν χελιδόνων ἡδύ τι φθεγγομένης ἀκούσας διανίσταμαι τῇ ψυχῇ καὶ λαμπρότερόν μοι τὸν ἥλιον προσβάλλειν δοκῶ, καὶ νῦν ὄντως ἔαρ ἐμοί. ἀλλὰ γένοιο λοιπὸν ἡμῖν εὐμενής, καὶ μηκέτ' ἔλθῃς παλαιῶν ἐρώτων εἰς λήθην.

οα'. Σοσιανῷ.

Εἴ τις χρημάτων ἐστὶν ἐραστής, οὐδὲν ἂν ἡδέως ἢ ταῦτα λέγοι καὶ λεγόντων ἄλλων ἀκούσειεν· εἰ δὲ καὶ χρυσὸν ἄγων παράσχοις, ἔχεις τὰ πρῶτα τῆς παρ' ἐκείνῳ τιμῆς· ὅτῳ δὲ ἐν ὅπλοις τὰ πράγματα, καλὴν οὗτος ἀσπίδα λαβὼν ἐφρόνησέ τε μέγα καὶ τῇδε κἀκεῖσε περιφέρων τὸ κτῆμα πληροῦται· μᾶλλον τοῦ Ἄρεος. ἀνδρὶ δὲ ἀγαθῷ τί πράττων ἄν τις χαρίσαιτο ἢ παραπλησίους ἄνδρας παρέχων ἰδεῖν; ὅθεν σε τοιοῦτον εἰδὼς καὶ γεγονότα καὶ εἶναι βουλόμενον, τὸν σχολαστικὸν Διόδωρον ἀγνοεῖν οὔ μοι πρέπον ἐφαίνετο, ἀλλ' ἄγω καὶ δίδωμι σοὶ μὲν ἐκεῖνον, ἐκείνῳ δὲ σέ, ἀμφοτέροις ὑμῖν χαρίζεσθαι νομίζω, εἰ ἀλλήλων ἐν πείρᾳ γενήσεσθε. ἐπαινέσει δέ με πάντως ἑκάτερος οἷα τοῖς φίλοις προξενεῖν ἠπιστάμην.

οβ'. Διοδώρῳ.

Τοῦτο ἐκεῖνο ὃ καὶ προσδοκῶντί μοι γέγονεν. ᾤμην γὰρ εὐθὺς ὡς ἐκεῖσε γενόμενος, ἀρχόντων ὁρῶν βῆμα καὶ ῥητόρων χορὸν καὶ προσφύγων ὄχλον ἑπόμενον, πληθήσῃ μὲν αὐτίκα φρονήματος, κἂν λαλεῖν τις ἐθέλῃ, μόνον οὐκ ἀνέξει τοῦ λέγοντος· ἡμῶν δὲ λόγος ἔσται βραχύς, καὶ τί μοι τοῦ ἐν σκότῳ κεκρυμμένου ἐκείνου· λέξεις που πάντως περὶ ἡμῶν. εἰ δὲ καὶ χαμαὶ ἐρχομένους προσείποις, οὐδὲ τοῦτο θαυμάσαιμι. τὸ αὐτὸ καὶ προσεδόκων καὶ γέγονε τοῦτο τῶν καθ' ἡμᾶς ῥητόρων τὸ φρόνημα, οἳ καὶ πρόσφυγας τοὺς ἄλλους καλοῦσι, τὰ καθ' ἑαυτοὺς ἀποσεμνύνοντες πράγματα. καὶ νῦν δοκεῖς φίλους ἡμᾶς ᾑρῆσθαι, τὸ πρότερον οὐκ ἀξίους κρίνας· ὥσπερ εἰκός, ἀλλ' ὅτι κρειττόνων ἀπορίᾳ τοῖς παροῦσιν ἐκέχρησο, καὶ μεταμέλει σοι πάντως τοῦ χρόνου, ὃν παρ' ἡμῖν ἀναξίως διέτριβες. καὶ νῦν δέδοικα γράφων μὴ καὶ πρὸς τὴν παρ' ἡμῶν δυσχεράνῃς ἐπιστολήν. ἐγὼ δέ σε καλῶς πράττειν εὐξαίμην ἄν· κἂν δέῃ πάλιν καταφρονεῖσθαι, λυπηρὸν μέν, οἴσομεν δ' οὖν ὅμως τῇ σῇ τύχῃ παραμυθούμενοι.

ογ'. Ζαχαρίᾳ καὶ Φιλίππῳ.

Τῆς μὲν προλαβούσης σιωπῆς τὴν αἰτίαν ὁ χειμὼν

causam eius rei non ignoro. Leges tibi suaserunt, ut oculi gravitate utereris magnosque legislatoris spiritus sumeres, cumque res Romanorum ad tuum nutum convertisse tibi videreris, elatius te in nos gessisti. Sed cum tandem aliquando veteris familiaritatis rationem ha bueris ciusque memoria te subierit (quod utinam dudum factum esset) ac vocis ego tuæ sonum una cum hirundinum cantu audiverim dulcissimum, iam erigo animum et splendidiore solis candore collustrari mihi videor, iamque reapse ver adesse puto. At tandem nobis propitius esto, neve in posterum veterum amorum te unquam capiat oblivio.

LXXI. Sosiano.

Qui divitiarum est amans, haud scio an de istis potius quam de alia re loqui malit aliosque audire loquentes; adeoque si aurum illi obtuleris, ad celsissimam apud illum honoris sedem adscendes. Haud aliter qui militiam capessit, si in egregii scuti possessionem pervenit, magni id pensat et huc illuc circumagens magis etiam Marte impletur. Viro autem bono quid est quod gratius facere possis quam similium ei virorum adspectum præbere? Itaque cum te sciam talem et natum esse et esse velle, absonum esse arbitratus sum non nosse Diodorum scholasticum. Hunc mitto ad te, et do tibi illum, illi te, utrique vestrum gratum facere existimans, si usu vos cognoveritis invicem; uterque etiam me sine dubio laudabit, ut qui talia amicis meis præbere sciverim.

LXXII. Diodoro.

Ipsum illud mihi quod prævideram accidit. Existimabam enim, te cum illuc devenisses vidissesque principum tribunal ac rhetorum chorum clientiumque turbam sequentem, te statim superbia repletum iri et, si quis loqui voluerit, vix loquentem esse passurum. Nostri autem rationem vix habebis ullam, et sine dubio de nobis dices « quid ad me homines isti in tenebris iacentes? » Neque mirabor, si nos et humi incedentium nomine appellaveris. Id ipsum exspectabam, nec falsus sum. Tantam enim sibi huius ætatis rhetores arrogantiam sumpserunt, ut iam reliquos homines πρόσφυγας vocent resque suas magnifice prædicent. Tu nunc videris nos ad usum tuum adiunxisse, etsi antea, uti par erat, alienos dignitate tua duxisti; sed meliorum inopia præsentibus usus es. Ac pœnitet te præteriti totius temporis, quod nobiscum indigne consumpsisti, et nunc scribens vereor ne nostram epistolam moleste feras. Ego tamen prospera tibi precor, etiamsi oportet iterum me despici; quod etsi amarum est, attamen feremus dolorem, mitigantes felicitatis qua uteris recordatione.

LXXIII. Zachariæ et Philippo.

Superioris silentii crimen ferat hiems, more solito af-

ἀποφερέσθω τὰ εἰωθότα λυπῶν· τῆς δ' ἐντεῦθεν, εἴ τις ἄρα καὶ γένοιτο, ὑμεῖς ἂν εἰκότως ὑπέχοιτε τὰς εὐθύνας. καίτοι γε ἡλίκον τοῖς ποθοῦσι πρᾶγμα τῶν παιδικῶν ἡ σιγή, πῶς ἄν τις παραστήσαι τοῖς μὴ πρὸς πεῖραν ἐλθοῦσι τοῦ πράγματος; ὑμεῖς δ' ἂν εἰδείητε πάντως τοὺς φίλους διατεθέντας ἐρωτικῶς· οὐ γὰρ ἂν τοσοῦτον φρονήσαιμι ὡς καὶ αὐτὸς οἴεσθαι παρ' ὑμῶν ἀντερᾶσθαι. καίτοι εὐξαίμην ἄν μοι τοῦτο γενέσθαι μᾶλλον ἢ πολλῷ κομᾶν τῷ χρυσῷ καὶ ἡστινοσοῦν τύχης εἰς ἄκρον ἀφῖχθαι· οὕτω γὰρ ἂν ἕκαστος ῥαθυμεῖν οὐκ ἔχων διὰ τὸν πόθον ἐμοῦ πάντως ἂν παραμυθείτω τὸν ἔρωτα. εἰ δὲ τοιοῦτο μὲν οὐδέν, ἔτι δὲ σιωπήσεσθε, κατηγορήσω μὲν ἐγὼ τοιαῦτα παθών, κρινεῖ δέ τις ἐρωτικὸς δικαστής, καὶ ψηφιεῖται ὅ τι χρὴ παθεῖν ὑμᾶς καὶ ἀποτῖσαι, μᾶλλον δὲ τὸ μὲν παθεῖν ἀπέσται, ἵνα μὴ τὸν ἐρῶντά με πάλιν λυπήσητε. ψηφιεῖται δὲ ὑμᾶς ἀποτῖσαι τοσαύτας ἐπιστολάς, ὥστε τῷ πλήθει τοῦ προλαβόντος χρόνου παραμυθεῖσθαι τὴν σιωπήν.

οδ'. Βίκτορι ἀδελφῷ.

Δέδεγμαι τὸ βιβλίον τὸ πρὸ τῆς πείρας μᾶλλον ποθούμενον· ἥκει γὰρ τῇ μὲν ἐπιγραφῇ θαυμαστὸν ἡλίκον τῷ δὲ πράγματι ξένον φέρον οὐδὲν ἀλλ' ὃ καὶ πολλοῖς καὶ ποικίλοις ἐσπούδασται. σοῦ δὲ χάριν καὶ ὃ τὸ βέλτιον εἰπεῖν σεσιγήσθω. ἀλλ' ὅμως κείσεταί σοι χάρις εἰς ἐμὴν μνήμην ἀνάγραπτος, πλὴν οὐχ οἵα παρὰ τῷ Πέρσῃ τῷ Παυσανίᾳ τῷ μὴ μέχρι παντὸς σωφρονοῦντι. ὃ μὲν γὰρ οὐδὲ Πλαταιὰς αἰδεσθεὶς οὐδὲ τρόπαια φίλα προεδίδου βαρβάροις τὴν δι' αὐτοῦ σωθεῖσαν Ἑλλάδα, ὥσπερ οὐκ ἀνεχόμενος εἰς τέλος εὐτυχῆ; ἐπιμεῖναι· σὺ δὲ τὰ οἰκεῖα περιέπων οὐδὲν ὅ τι μὴ δράσεις. κείσεταί σοι τοίνυν ἡ χάρις οὐ πρώτη, μὰ Δία, πρὸς πολλαῖς δὲ πρώταις ἑτέρα. μία δὲ χάρις παρὰ τῶν εὖ παθόντων ἀρκέσει τοῖς ἀγαθοῖς μεμνῆσθαι μόνον ὅτι πεπόνθασιν. ἐμοὶ δὲ γένοιτο τὸ μηδὲ τῶν μέχρι βουλῆς εὖ ποιεῖν ἐθελόντων ἀμνημονεῖν, εἰ καὶ μὴ πέρας ἔσται τοῖς δόξασιν.

οε'. Διοδώρῳ.

Ἔτι σιγᾷς; ἔτι περιφρονεῖς τὰ ἡμέτερα; καὶ μὴν ᾤμην σε πρὸς κόρον ἀφῖχθαι φρονήματος, σεμνὸν μὲν ἡγούμενον τὸ σιγᾶν, ἡμῶν δὲ φιλοτιμότερον χρησομένων τῷ πράγματι, ἵνα καὶ νικήσωμεν ὀφρὺν διὰ σιγὴν ἐπηρμένην. τουτὶ γὰρ ἐκεῖνο τὸ σύνηθες. ἅμα τε τὴν Καίσαρος εἶδες καὶ βαίνεις ὑψοῦ καὶ ἀγανακτεῖς ὅτι μὴ Περσέως πτεροῖς αἴρῃ μετέωρος, τὰ δὲ ἡμέτερά σοι λογιζομένῳ σμικρά τε ἔτι δοκεῖ καὶ οὐδέν. ὅθεν σοι νόμος παλαιὸς καὶ πανταχοῦ κρατῶν παρεβαίνετο. χρὴ γὰρ ἐπειδάν τις τοὺς συνήθεις καταλιπὼν ἐπ' ἀλλοδαπῆς ἰθύνῃ τὸν δρόμον, αὐτὸν εἶναι πρῶτον τὸν ἐπιστέλλοντα, ὁποῖον αὐτὸν ἦγεν ἡ θάλαττα, ὅπως ἡ γῆ τοῦτον ὁδοιποροῦντα παρέπεμπεν,

flictans, silentii vero quod, si ita res ferat, ab hoc tempore futurum est, vos rationem reddere consentaneum est. Veruntamen quam male habeat amantes amasiorum silentium quis demonstrabit iis, qui rem experti non sunt? Vos autem scire utique par est amicos vestros vestri amore deperire; neque enim tantum mihi sumam, ut et ipse a vobis redamari putem, id quod tamen mihi magis exoptarem quam multo auro abundare et ad summum nescio cuius honoris fastigium devenire. Nam ita quivis homo, cui propter amorem conquiescere non licet, de suo se consolari posset amore. Quodsi nihil eiusmodi fiet et adhuc silebitis, ego querelam deferam, quod talia passus sim; sententiam autem feret iudex peritus amoris, qui declarabit quid sit vobis perpetiendum aut exsolvendum; vel potius aberit perpessio, ne amantem me rursus affligatis. Is igitur ita pronuntiabit, tantam epistolarum nubem mulctæ loco vobis excutiendam esse, ut superioris temporis silentium compensetur.

LXXIV. Victori fratri.

Accepi librum, quem, priusquam usu cognovissem, magis diligebam; nam sola inscriptione mirabilia præ se fert, reapse nihil habet singulare, nec quidquam in eo inest, quod non multi iam et diversi homines docuerint. Sed tua causa silentio premam vel quæ ut optima inde afferri possunt. Nihilominus gratia tibi referetur ac memoriæ meæ inscripta hærebit, etsi diversa ab illa, quam Persarum rex conservabat Pausaniæ non usquequaque prudenter agenti. Is enim neque Platæas neque trophæa amica reveritus, barbaris Græciam a se servatam tradidit, quasi non sustineret ad finem usque frui felicitate. Longe aliter tu, ut qui, cum res domesticas tractas, nihil curæ prætermittas. Manebit igitur tibi gratia, non hercle prima, sed post multas priores altera. Satis autem habebunt boni viri unum illud ab iis, quos beneficiis auxerunt, in gratiam accipere, quod auctos se esse meminerint. Mihi liceat ne eorum quidem oblivisci, quos, etsi non exsolverint promissum, vel voluisse benefacere constet.

LXXV. Diodoro.

Adhuc taces? adhuc nos aspernaris? et tamen arbitrabar te in satietatem venisse superbiæ, cum etsi rem quidem gravem silentium opinareris, nos tamen videres liberalius eo usuros, ut supercilium vinceremus ob silentium subductum. Accidit vulgare illud. Vix vidisti Cæsaream, ac iam magnifice incedis et quod in sublime Persei alis non levaris irasceris, nostra autem consideranti tibi parva et quasi nihil esse videntur. Itaque legem antiquam et ubique vigentem es transgressus: oportet enim, quando quis relictis necessariis ad litora peregrina cursum direxerit, ipsum primum literis describere quomodo mare eum transvexerit, quomodo terra iter facientem prosecuta fuerit, utrum bene ei succes-

εἰ χρηστῆς ἀπέλαυε τύχης, εἰ τὸ χωρίον αὐτὸν εὐμενῶς ὑπεδέχετο. τούτων οὖν αὐτὸς ἔφης οὐδέν, οὐδ' ἡμεῖς ἔχομεν διηγήσασθαι, ἀλλὰ τοὐμὸν μέρος αὐτῶν ἰχθύων γέγονας ἀφωνότερος. ἀλλ' ἵνα μὴ τὰ τῆς φιλίας τῇ σιγῇ πρὸς λήθην ἐλθόντα κατὰ μικρὸν ὑπορρέῃ, ἀνανεοῦμαι πάλιν τὸ πρᾶγμα καὶ γίνομαί σου φιλανθρωπότερος· καὶ σὺ πρὸς Φιλίου παῖζε πρὸς ἡμᾶς τὰ συνήθη καὶ τῆς σῆς χάριτος ἄξια. εἰ δέ τι γέγονε τῶν ἀνιώντων, αὔραις τοῦτο δεδόσθω καὶ τῇ τύχῃ τῶν ἀνθρωπίνων πραγμάτων, ἥτις ἐντρυφῶσα τοῖς ἡμετέροις ἄνω καὶ κάτω μεταθεῖ καὶ βραχείᾳ ῥοπῇ μεταβάλλεται, μηδὲν ἐθέλουσα βλέπειν ἑστηκὸς καὶ ἀκίνητον. καὶ δεινὸν μὲν οἶμαι τὸ πάθος, δεινότερον δὲ τοῖς ἰδοῦσι· τὸ θέαμα κόρη μηδὲ τοῖς οἰκείοις ἅπασιν ἐγνωσμένη ἐν πάντων ὄψεσιν ἀντὶ παστάδος ἀγομένη πρὸς τάφον. καὶ κεναὶ μὲν ἐντεῦθεν ᾑ στῆρος ἐλπίδες, συγγραφὴ δὲ γαμήλιος ἐπ' αὐτῇ διερρήγνυτο. δεινὰ μὲν οἶμαι ταῦτα, καὶ οὐκ ὤφελε γενέσθαι· πλὴν οὐκ ἐφ' ἡμῶν πρώτων ἡ τύχη στρατεύεται, πολλὰς ἤδη που καὶ ἄλλας ἐκ μέσης ἥρπασε τῆς παστάδος, καὶ νυμφικὸν θάλαμον εἰς θρῆνον μετέβαλεν. ὦ πόσοι ταῖς ἐλπίσι τρυφῶντες μῦθος διὰ ταύτην ἐγένοντο. ἀλλ' ἦγε τῇ ψήφῳ νικᾷ, καὶ ἅμα τι θέλει καὶ γίνεται. νικάσθω φιλοσοφία καὶ γνώμη, καὶ ἔστω τι πλέον τοῖς ἀνακειμένοις ταῖς Μούσαις τὸ φέρειν εἰδέναι τὰς τύχας. θαυμάζω γὰρ ἔγωγε καὶ τὸν εἰρηκότα σοφῶς « ἀλλ' ἐπειδὴ μὴ γίνεται ἃ θέλομεν, θελήσωμεν τὰ γινόμενα. » οἴχεται τὴν γῆν ἀπολιποῦσα καὶ γάμου κακὰ καὶ παίδων ὠδῖνας, εἴποτε καὶ ἐγένοντο· καὶ σιωπῶ τοὺς τῆς παιδοτροφίας κινδύνους καὶ τὸν ἐν εὐτυχίᾳ φόβον μή ποτε γένοιτο τῶν παρόντων διαμαρτεῖν. τῶν δὲ συντρόφων τῷ βίῳ κακῶν γενομένη πάντων ἐλεύθερος οἴχεται λεωφόρον ὄντως ὁδὸν καὶ ἣν ὁδεῦσαι δεῖ πάντας, ἐπειδὴ καὶ γεγόναμεν.

ος'. Τῷ αὐτῷ.

Νῦν ἔγνων ὅσον ἠδίκεις πρότερον σιωπῶν· ἐξ ὧν γὰρ ηὔφρανας γράφων, ἐκ τούτων ὅλως σιγήσας λυπεῖς· τὴν γὰρ σὴν ἐπιστολὴν εἰς χεῖρας λαβὼν παλαιᾶς ἐνεπλήσθην εὐδαιμονίας, σὲ παρεῖναι δοκῶν ἐν τοῖς γράμμασι, καί τι λέγειν ὡς παρόντι προήχθην. καὶ τὰ μὲν εἶπον, τὰ δὲ λέγοντος ἀκούειν ἐδόκουν, καὶ μόλις ἀνενεγκὼν ἔγνων ὡς ὄναρ ἦν ἐκεῖνα καὶ ἠπατήμεθα. οὐκοῦν γράφε πολλάκις, ἵνα τῆς θέας ἀποροῦντες ὀνείρασιν εὐφραινώμεθα, ἐπειδήπερ καὶ δεινός ἐραστὴς τῶν παιδικῶν ἀτυχῶν χρηστὸν ὄναρ εἶδε καὶ μεταβάλλεται. ἀλλὰ γὰρ δέδοικα ταυτὶ λέγων μὴ καὶ κομίσας ἀληθῆ φρονήματος ἐμπλησθῇς καὶ γένηται πάλιν σιγή. νόμιζε τοίνυν εἶναι ψευδῆ, καὶ μόνον λαλοῦντός σου ἀκούσαιμι. τὸν δὲ φέροντα τὴν ἐπιστολὴν ἀνεψιόν ὄντα καὶ κηδεστήν, εἰ γε δεῖ τὸ μέλλον εἰπεῖν, εὐμενέσιν ἰδὼν ὀφθαλμοῖς, κἂν δέῃ, παρασχὼν αὐτῷ συμμαχοῦσαν τὴν γλῶτταν, ἐμοὶ τὸ πᾶν διδόναι δόκει τῆς χάριτος.

serit, utrum sedes benevolenter eum acceperit. Horum nihil tu quidem dixisti, nec nobis quod de te narremus suppetit, sed me iudice piscibus magis fuisti mutus. Ne autem silentio amicitia in oblivionem adducta paulatim effluat, rem renovo et te fio humanior, tu vero, per Iovem amicitiæ præsidem, iocis utere in me solitis et venustate tua ac lepore dignis. Quod si quid accidit molesti, ventis permittatur et humanarum rerum fortunæ, quæ nostra miscere omnia ac perturbare delectatur et rapida volutatione agitur, nihil volens stabile vel immobile videre. At gravem equidem censeo esse casum, multo autem graviorem iis, qui spectaculo adfuerunt, cum puella, ne propinquis quidem omnibus nota, pro thalamo ad sepulcrum ducitur. Hinc sponsi inanes spes; pactio matrimonialis discerpta. Gravia hæc, ut arbitror, et quæ fieri non debuerint. At non in nos primos sævit fortuna; plurimas iam alias ex medio lecto geniali abduxit thalamo in lamentationem funebrem converso. Quot homines spe elati per eam fabula facti sunt! Sed ista arbitrio suo vincit; consiliorum suorum sine mora exsecutrix est. Cedat philosophia et ratio, sitque hoc præcipuum eorum qui Musis se dediderunt, scire ferre vulnera fortunæ. Admiror enim ego illum qui dixit sapienter *cum non eveniant quæ volumus, acquiescendum in iis quæ eveniunt*. Abiit e terra relictis coniugii calamitatibus ac puerperæ doloribus, si partum edidisset. Prætermitto autem nutricia pericula et inter felicitatem timores, ne scilicet præsentium bonorum iactura fiat. Miseriis vitæ affinibus libera abit, viam vere tritam ingressa et quam omnes nos sequi oportet, quandoquidem nati sumus.

LXXVI. Eidem.

Nunc cognovi quanta me iniuria superiore tuo silentio affeceris; nam quibus me scribens exhilarasti, iisdem, cum taces, contristas; tuam namque epistolam cum in manus sumpsissem, pristina replebar felicitate, adesse te in literis tuis ratus, et ad alloquendum te velut præsentem excitabar. Ac modo loquebar, modo audire te mihi videbar, cumque vix me collegissem, somnio me deceptum esse agnovi. Sæpius ergo scribe, ut, conspectu tuo destituti, somniis saltem delectemur, siquidem ardens amator privatus amasio, dulce somnium cum videt, abducitur a tristitia. Sed vereor ne vera hæc verba esse putes et superbia plenus denuo taceas. Puta ergo falsa esse, dummodo loquentem te audiam. Qui autem epistolam meam ad te perfert, quoniam consobrinus est et, si quod futurum est effutire licet, gener meus, benignis eum accipe oculis et, si quis usus venerit, linguæ tuæ operam ei commoda. Ita summam te nobis gratiæ tuæ præstitisse persuasum habe.

οζ'. Τῷ αὐτῷ.

Ὅσης ἀπέλαυσε παρ' ὑμῶν τῆς εὐποιίας ὁ καλὸς
Ζαχαρίας, αὐτός τε διήγηται πολλάκις καὶ ἡμεῖς
ἀκηκόαμεν, ἐδήλου δὲ καὶ τὰ ὑμέτερα γράμματα,
πλὴν ἀλλὰ τῆς ἀληθείας ἐλάττονα, ὅπως ἂν, οἶμαι,
δόξης τὰ χρηστὰ ποιεῖν εἰδέναι μᾶλλον ἢ λέγειν.
ὅπερ οὐκ ἀπορίᾳ τοῦ λέγοντος, ἀλλὰ σώφρων αἰδὼς
τὴν ἑαυτῆς ἀρετὴν ἐπικρύπτουσα. τὴν δὲ σὴν εἰς
ἡμᾶς σπουδὴν καὶ πρὶν γενέσθαι πᾶσι βοῶ, καὶ ξένον
οὐδὲν ἡμῖν ἀπαντᾷ· ἃ γὰρ ἂν ἐλπίσωμεν γίνεται,
καὶ μεγάλης οὔσης ἀεὶ τῆς ἐλπίδος, οὐκ ἐλέγχει ταύτην
ἡ πεῖρα. ἐγὼ μὲν οὖν καὶ πλείω λέγειν ἐθέλω· σὺ δέ
με παίζειν οὐκ οἶδ' ὅπως ἡγῇ, καὶ σιγήσομαι· το-
σοῦτο γάρ μοι τὸ μέτριον, ὡς καὶ τὸν ἀληθῶς ἐπαι-
νοῦντα παίζειν ἡγῇ. ἐγὼ δὲ οὔτε παίζων τῆς ἀληθείας
ἐξίσταμαι, οὔτε ἀληθεύων τοῦ παίζειν, ἡνίκα δή μοι
πρὸς τοὺς φιλοῦντας ὁ λόγος· ὥστε θάρρει τοὺς ἐμοὺς
ἐπαίνους, οὐδὲ γὰρ παντελῶς τῶν ἀπερριμμένων εἶ παρ'
ἐμοί.

ση'. Δωροθέῳ.

Δεινὸς ἄρα τις ἦσθα τὰ σμικρὰ μεγάλα ποιεῖν καὶ
οἷς ἂν ἐθέλῃς καὶ μοῦσαν διδόναι, καὶ τοῖς ἐπαίνοις οὐχ
οἷος ἐγὼ λέγειν, ἀλλ' οἷον προσήκει γενέσθαι. ἀλλὰ καὶ
δι' ὧν μου τοὺς λόγους αἰτῶν Ἀττικόν τι φθέγγῃ καὶ
ταῖς Χάρισιν ἀνειμένον, πείθεις ὡς μήποτ' ἂν ἑκὼν
εἶναι τούτους ἐκπέμψαιμι φόβῳ τοῦ μὴ παρὰ σοὶ κριτῇ
τοὺς ἐμοὺς ἐλέγχεσθαι παῖδας, τὸ γὰρ ἡμέτερον παρ'
εὐνοοῦσι μὲν δικασταῖς τυχὸν ἴσως μέγα δοκεῖ, πα-
ρεξετάζειν δὲ βουλομένοις ἐναντίον δόξει. ἀλλά μοι γέ-
νοιτο μᾶλλον τὸ πρότερον· ὡς τὴν σὴν ἐπιστολὴν δε-
διότες οἱ λόγοι « ἔα λανθάνειν, ὦ πάτερ » πολλάκις
ἐβόων, ἐγὼ δὲ μόλις παρεμυθούμην οἴκοθεν οἴκαδε
φοιτήσειν ἐπαγγελλόμενος· « παρ' αὐτῷ γὰρ ἔχων τὰς
Μούσας οὐκ ἂν » ἔφην « ὑμᾶς ζητοίη μὴ καὶ σεμνύνειν
βουλόμενος. » ἐπάγεται δὲ τοῦτο πολίτης ὑμέτερος, ᾧ
τὰ Μουσῶν μέλει· Δωρόθεος ὄνομα αὐτῇ, καὶ Πελαγίου
τοῦτον ἐπονομάζουσιν.

οθ'. Ζαχαρίᾳ καὶ Φιλίππῳ ἀδελφοῖς.

Εὖγε τῶν ὑμετέρων γραμμάτων, ὡς πρὸς εὐθυμίαν
ὅσην ἡμῶν ἐπαίρειν οἶδε τὴν γνώμην. τί γὰρ
ἥδιον ἢ φθεγγομένων ἀκούειν οὓς παρεῖναί τις αὑτῷ
πολλάκις προσηύξατο; ὡς ἔδει μὲν καὶ πάλαι τοῦτο
τὴν τύχην ἐπινεῦσαι, γένοιτο δ' ἂν ποτε καὶ πρὸς
πέρας ἔλθοι βουλομένων ὑμῶν, ὦ θεοί, ἐν ὅσῳ γε μὴν
μέλλουσιν ἀνθ' ἑαυτῶν ἡμῖν χορηγεῖσθαι τὰ γράμ-
ματα. ἄλλῳ μὲν γὰρ ἐν ἡδονῇ Κροίσῳ τε εἶναι καὶ
τἀκείνου κεκτῆσθαι, τῷ δὲ βασιλεὺς ὁ μέγας ἀκούειν,
ἄλλος τὰς χελιδόνας ἰδὼν τὸ ἔαρ ἔχειν ὁρίζεται, ἐγὼ
δὲ τῆς ὑμετέρας ἀπολαύων φωνῆς μεῖζον ἐφρόνουν ἢ
Κροῖσος ἐπὶ τοῖς ταλάντοις ἐκείνοις καὶ βασιλεὺς ὁ

Quantis a te beneficiis affectus fuerit bonus Zacharias,
et ipse nobis sæpe narravit et nos audivimus; atque id
ipsum literæ quoque tuæ aperiebant, nisi quod inferiores
veritate fuere, ut scilicet, quinor, non tam loquendi
quam faciendi videreris peritus esse, id quod non gravi-
tatem linguæ indicat, sed pudorem verecundum, suam
ipsius virtutem occultantem. Officia autem, quæ nobis
præstas, vel prius quam præstiteris prænuntio omnibus,
nec mirum est; quæcunque enim speramus explentur
omnia, nec spem nostram quantumvis magnam fallit even-
tus. Atque ego quidem plura dicere velim, sed tu me nescio
quomodo iocari putas. Itaque tacebo; tanta enim est tua
modestia, ut veraciter laudantem iocari existimes. At ego
neque ioco a veritate discedo neque vera dicens a ioco,
quandoquidem ad amicos mihi sermo est. Forti igitur
animo laudes meas suscipe; nequaquam enim ego te in
abiectorum numerum adscribo.

Scite admodum pusilla in maius extollis et, prout libet,
poetarum more exaggeras, et non talem me laudibus tuis
monstras qualis sum, sed qualem me fieri decet. Verum
etiam ipsum illud, quod, cum orationes meas a me expetis.
Atticam quandam urbanitatem monstras gratiæque uber-
tatem, persuadet mihi, ut sponte mea filios meas ad te
mittere nolim, veritus, ne te iudice abiectæ et leves appa-
reant. Nam scripta mea clementibus fortasse iudicibus lu-
culenta esse videbuntur, acribus vitiorum animadverso-
ribus levia. Sed utinam prius mihi eveniat; namque
literas tuas orationes meæ extimescentes « fac in occulto
maneamus, pater ». iterum iterumque clamabant; ego
vero ægre mea confirmavi, pollicitus domo domum eas
ituras esse. « Nam » inquam « cum ipse domi suæ Musas
habeat, nullam vestri desiderium habebit, nisi etiam
laudare vos voluerit. » Affert autem hæc civis tuus, cui
Musæ cordi sunt. Dorotheus ei nomen est, et patrem
habet Pelagium.

Euge literæ vestræ ut animum nostrum ad lætitiam exci-
tarunt! Quid enim gratius quam audire eos, quorum præ-
sentiam suppliciter a diis rogavimus? Nempe oportebat iam
dudum fortunam illud concedere; sed nunc tandem fiet ad
finemque perducetur vestra voluntate, o dii, in quantum
pro se ipsis literas sunt missuri. Alii enim Crœsi expetunt
opes, alii Persarum regis nomen affectant; qui hirundi-
nem vidit, is ver adesse pronuntiat; ego vero vestra voce
perfusus elatiorem me gerebam quam Crœsus talentis

μέγας ὑπὸ τῇ πλατάνῳ καθήμενος, καὶ ἀντὶ τῶν χε-
λιδόνων αὐτάς μοι προσᾴδειν ἐδόκουν τὰς Μούσας.
ἀλλὰ γὰρ παύσομαι, μὴ τὴν ἡδονὴν ἄγαν ἐμφαίνειν
ἐθέλων σοφιστὴς οὕτω που τάχα δόξω τοῖς γράμμασι,
καὶ γελῶντες ἀλλήλοις τοῦτο δὴ τὸ σύνηθες ὑμῖν ἐπι-
σκώψητε. πλὴν ὅτι μοι διπλασίαν ἐνεποίει τὴν
ἡδονὴν τὸ κοινῇ προσερεῖν ὑμᾶς, ὥσπερ τοῖς εἰς Δελ-
φοὺς ἀφικομένοις, ἐπειδὰν ὕμνον εἰπόντες Ἀπόλλωνα
σχοῖεν τῷ λόγῳ, καὶ Ἄρτεμις ἄρα μέρος ἦν τῆς
ᾠδῆς. τοῦτο δὲ καὶ τοὺς θεοὺς ηὔφραινε μᾶλλον, ἢ εἰ
καθ' ἑαυτόν τις ἀπολαβὼν ἑκάτερον ὕμνησεν. ἀδελφοὶ
γὰρ ὄντες καὶ ταῖς ᾠδαῖς τοιοῦτοι μένειν ἡδού-
λοντο.

π'. Ζαχαρίᾳ ἀδελφῷ.

Σὺ μὲν ἐγκαλεῖς ὡς παρῴχοντο τοῦ ἔτους αἱ ὧραι,
ἐγὼ δὲ ὡς καὶ πάρεισι πάλιν. τί τοίνυν ἔτι σιγᾷς;
οὐ γὰρ ἱκανὸν εἰς ἀπολογίαν προλαβεῖν τὸ καθ' ἑαυτοῦ
τινὸς ἔγκλημα, ἀλλ' ὅστις ἔνοχος ὢν εἶτα τοῖς ἄλλοις
μέμφεται, ἂν ἀφέλῃς τὸ ὅθεν ἑτέρων κατηγορεῖν,
ἑαυτὸν αἰτιᾶται. καὶ μή μοι πρόφερε τὴν ἐν Βυζαντίῳ
διατριβὴν σιγώντων ἡμῶν· ἐμοὶ γὰρ καὶ Παμφυλία
μάρτυς αὕτη ὡς πολλὰ μὲν ἔλεγεν, ἤκουε δὲ οὐδέν.
ἀλλ' εἴθε μοι πάλιν ἦν βῆμα σεμνὸν καὶ δικαστής
Ἀττικὸς καὶ σχῆμα λαμπρὸν Ἀθηνῶν, ὅτε ῥητορικὴ
μὲν ἐπὶ σεμνῆς ἤκμαζε τύχης, Πλάτων δέ (πῶς ἂν
εἴποιμι μετρίως;) οὐκ ἔτερεν εὐτυχοῦσαν· γραφὴ γὰρ
ἂν εὐθὺς ἀπέκειτο κατὰ σοῦ, ὡς ἀδικεῖς τὴν Ἑλλάδα
ῥητορικήν, ἐφ' ἧς ἑστήκασιν αἱ πόλεις, οὐδὲν εἶναι
τιθείς, καὶ παρελθὼν κατηγόρουν. ἀλλά μοι μικρὸν
δίδου νεανιεύεσθαι· ἤδη γὰρ ὑπ' ὀργῆς καὶ λόγων κα-
τηγορίας ἐμπίπλαμαι, καὶ τὴν ἀρχὴν οὐκ ἂν σιωπή-
σαιμι. « οὐδὲν ἦν ἄρα δεινότερον, ὦ δικασταί, ἢ ὅταν
ἄνθρωπος τοῦτο λέγῃ κακῶς ὅθεν αὐτῷ προσῆλθε τὸ
δύνασθαι. οἷον ἡμῖν ὁ χρηστὸς οὑτοσὶ λέγων περὶ σοῦ
κατὰ ῥητορικῆς τολμᾷ τι καὶ φθέγγεσθαι, ἐξ ἧς αὐτῷ
βίος εὐδαίμων καὶ φήμη, ὥστε κἂν τὴν ψῆφον λάβῃ,
νενίκηται ταύτην κρατῶν ἐξ ἧς αὐτῷ τὸ νικᾶν. καὶ
μάρτυρι χρῆται τῷ Πλάτωνι, ὃς τὴν ῥητορικὴν ἐσχάτη
ὀξδώκε μοίρᾳ, καὶ εἰς ῥητόρων ὕβριν ἐχώρει πολύς. »
ταῦτα ἱμαθόντας τοὺς τῷ λόγῳ δικαστάς, — ἀλλ' οὐκ ἂν
ἔτι προσθείην τὸ τίμημα. Πῶλον δὲ καὶ Καλλικλέα
λέγων προστίθει τοὺς Πλάτωνος· τούτους γὰρ ἑαυτῷ
δημιουργεῖ καθάπερ ἐν δράματι φθεγγομένους ἃ δὴ
συνέθεντο. εἰ δὲ μή, καὶ τὸν ἐν τῇ κωμῳδίᾳ δίδου Σω-
κράτην ἡγεῖσθαι.

πα'. Τῷ αὐτῷ.

Δέχου τὴν παροῦσαν ἐπιστολήν, χρονίαν μέν, ἀλλ'
ὅμως θαρροῦσαν, ὅτι παρὰ φίλου ἀφίκται. οὐκοῦν μὴ
ψεύσῃς αὐτὴν τῆς ἐλπίδος, ἀποστρεφόμενός τε καὶ τὰς
ὀφρῦς συνάγων αὐτῇ, ἐπεὶ καὶ τοὺς ἐρῶντάς φασι χρόνῳ
καὶ μόλις ἐπιτυχόντας ὑπὸ τῆς παρούσης ἡδονῆς

illis suis superbiens et rex Persarum sub platano sedens,
et pro hirundinibus cantu suo Musæ me consalutare vi-
debantur. Sed iam ad finem veniendum, ne forte volu-
ptatem nimis patefaciens literis meis sophista esse videar,
vosque in risum effusi me consueto more exagitetis.
Duplicem tamen inde percepi voluptatem, quod vos una
salutare licuit, quemadmodum qui Delphos veniebant,
ubi hymno Apollinem celebrarant, Dianam quoque ei in
laudibus consociabant. Atque id ipsum etiam diis ma-
iorem lætitiam addebat, quam si seorsum aliquis utrumque
laudasset. Fratres enim cum essent, fratres quoque in
hymno manere volebant.

LXXX. Zachariæ fratri.

Tu anni horas fugisse quereris, ego vero iterum eas
adesse. Quid igitur adhuc taces? neque enim ad tui
defensionem satis est præcipere litem, quam quis tibi
intendat, verum si alios increpitas, cum ipse sceleris
affinis sis, demto periculo quod in alios scilicet facessisti,
ipse te criminis confingis. Neve obice mihi Byzantii te
commoratum esse, dum ego tacerem; mihi enim vel hæc
Pamphylia testis est, multa me locutum esse, sed nihil
quidquam audisse. Sed utinam resurgeret sanctum sug-
gestum iudexque Atticus et splendida Athenarum imago,
ætasque illa, qua rhetorice ad fastigium evecta in summum
honorem escenderat, Plato autem gloriam eius (ut mol-
liore verbo utar) non ferebat; certe statim tibi dicam
scripsissem, et ad dicendum surrexissem teque accusas-
sem, quod rhetoricen Græcam, qua nituntur civitates,
iniuria afficis ac pro nihilo ducis. Sed liceat mihi pau-
lisper efferri iuventiliter, iam enim videor mihi præ ira
ipsa oratione completus esse, qua te petiturus sum; ne-
que a me impetrare possum, ut exordium eius suppri-
mam. « Nihil, iudices, iniquius est, quam si quis ei arti
maledicit unde facultates sibi paravit. Sic bonus iste
in rhetoricen invehi audet, qua vitam copiosam et famæ
celebritatem invenit, ut, etiamsi victoriam consequatur,
victus sit, quippe qui eam artem possideat, unde victo-
riam cepit. Et Platonem testem producit, qui rhetoricen
infimum locum obtinere voluit et satis aspere rhetores
tractavit. » Hæc ubi cognoveritis oratione iudices, — sed
nolim mulctam proponere. Præterea Polum et Calliclea
adde Platonicos; hos enim Plato sibi in rem fingit velut in
dramate loquentes quæ inter se et istos convenit; quos
si nolis adhibere, Socrati, qualem comœdia depingit,
primas partes tribue.

LXXXI. Eidem.

Hanc accipe epistolam, tardam quidem sed tamen
fiduciæ plenam, ut quæ ad amicum veniat. Eam igitur
ne spe defraudes, neve oculos ab illa alio avertas vel su-
percilia in eam intorqueas, siquidem dicuntur amantes,
cum magno temporis spatio intermisso sese repererint,

τῶν προλαβόντων πόνων ἐπιλανθάνεσθαι. εἰ δὲ σκυ-
θρωπὸς πρὸς ταύτην φανείης, λυπηρὸν μὲν εἰπεῖν,
λέξω δ' ὅμως. δέδοικα γὰρ μὴ οὐδὲ ἄλλη πρὸς σὲ
ῥᾳδίως ἀφίξεται, ὑβριστήν τε νομίζουσα καὶ τὴν προ-
λαβοῦσαν οἷα πέπονθε λογιζομένη.

πβ΄. Τῷ αὐτῷ.

Ἔοικα τῶν ὑμετέρων γραμμάτων μετειληφὼς οὐ
μένειν ἐφ' οἷς πού καὶ πρότερον, ἀλλὰ τρυφᾶν τῷ καιρῷ
καὶ ἑρμαῖον ἡγεῖσθαι τὴν ἀφορμήν. ἰδοὺ γάρ σοι
τῶν αἰτούντων ἐξαίφνης ἐγώ, σὺ δὲ τὸ τάχος, οἶμαι,
θαυμάζων, ταχὺ τὸ τῆς κωμῳδίας ἐρεῖς. ἀλλ', ἐγὼ
δεινὸν ἡγούμην εἰ τὸν χρόνον περισκοπῶν οὐκ αἰτήσω
θᾶττον ὃ καὶ σοὶ διδόναι κἀμοῦ λαβεῖν εὐπρεπές.
Αἰνείας γὰρ ὁ τὴν ἐπιστολὴν ὑμῖν ἐπιδιδοὺς πολίτης
ἐστὶν ἡμέτερος, ὃν εὐτυχεῖν βούλομαι δι' ὑμῶν. γένους
τε γὰρ ἔχει καλῶς, καὶ τὸν τρόπον ἐστὶν ἐλεύθερος,
καὶ τέχνην οἶδε τοὺς νόμους. βούλεται δὲ τοσοῦτον
ἀπολαύειν τῆς τέχνης, ὡς ἐξεῖναι καὶ τὴν γνώμην
μένειν ἐλεύθερον· οὐ γὰρ οἶδε κέρδος τοῦτον εὐφραίνειν
μὴ μετὰ δικαίου γενόμενον. πάρεστι δὲ τοῦτο καὶ τῇ
πείρᾳ μαθεῖν· πόλεων γάρ τινων ἐπὶ τοῖς δικαίοις
προβεβλημένος καὶ τὴν ἐκδίκου προσηγορίαν λαβὼν
οὗτος ἐμιμήσατο τοὔνομα, ὥστε καὶ συκοφάντου φύσιν
ἐνίκησεν· οὐδεὶς γὰρ οὐδὲν οὐδὲ ἀδίκως ἐμέμψατο.
ἀλλὰ τοῦτο τάχα καὶ γέλως ἐδόκει τοῖς ἄρχουσι πρὸ
ὑμῶν, μόνου γὰρ ἦσαν τοῦ λαβεῖν· ὃ δὲ τῶν διδόντων
οὐκ ἦν. ὅθεν ὃ μὲν ἐπαύετο, ἕτεροι δὲ ἦσαν ὡς εἰκὸς
ἄξια δρῶντες ὧν ἐδεδώκεσαν. βούλεται δὲ νῦν ἐπὶ
τῆς αὐτῆς τύχης γενέσθαι, δωρεὰν ὑμῖν προσάγων τὸ
δικαίαν ἔχειν τὴν γνώμην. ἆρά σοι τοῦ αἰτεῖν ἐκ
μὴ προσηκόντων κατάρχομαι; οὐκοῦν εἰ θαυμάζεις τὴν
αἴτησιν, τίμα ταύτην τοῖς ἔργοις.

πγ΄. Τῷ αὐτῷ.

Ἐγώ σου τὴν ἐπιστολὴν ἀσμένως ἰδών, ὥσπερ εἰ-
κός, ἐπαινεῖν δὲ πρὸς ἀξίαν οὐκ ἔχων, μικροῦ δεῖν
σοι τὴν αὐτὴν ἀντεπέθηκα, τοὐπίγραμμα μόνον με-
ταβαλών· οἷς γὰρ τἀμὰ θαυμάζων ἐπέστειλας, τῶν
σῶν ἀκούειν ἐπαινουμένων ἐδόκουν, καί μοί τι πα-
ραπλήσιον ἐδόκεις ποιεῖν, ὥσπερ ἂν εἰ καὶ τὸν Θερ-
σίτην ἐθαύμαζεν ὁ Νιρεύς, ὃς κάλλιστος ἀνὴρ ὑπὸ Ἴλιον
ἦλθεν. ὅθεν αἰδώς μοι προσέπιπτε τῶν ἐπαίνων,
πλὴν οὐχ ὥστε μὴ χαίρειν τῷ πράγματι· ἡ γὰρ
ἐπιστολὴ δι' ὧν δῆθεν ἐπῄνει τὰ ἐμά, ὡραΐζετό τε καὶ
τὸ κάλλος ἐδείκνυ καὶ πρὸς μείζω πόθον ἐκίνει τὸν ἐρα-
στήν. ἀλλὰ καὶ τὴν πρεσβείαν οὐ μετρίως ἐπῆρας
τοῖς γράμμασιν. εἰ δὲ πρεσβεύων ἐπαινοῦμαι, τίς ἂν
εἴην αὐτὸς ἐπινεύσας; ὅσον γὰρ μεῖζον τοῦ αἰτεῖν τὸ
διδόναι, τοσοῦτον εἰς ἀρετῆς λόγον ὁ διδόναι μέλλων
τὸν ᾐτηκότα νικᾷ. ὁ δὲ λογιώτατος Αἰνείας ὡς ἤδη
λαβὼν ἀνυμνεῖ· ἤδη γὰρ ὑμῶν εἰς πεῖραν ἐλθὼν ἐν
ἴσῳ τὸ μέλλον τῷ πραχθέντι λογίζεται. εἰ δὲ πρὶν

malorum præ præsenti voluptate oblivisci præteritorum.
Si autem torvis eam oculis adspexeris, dictu quidem
molestum est, non tamen reticebitur, vereri me ut iam
altera ad te facile eat, iniuriosum te numerans et quæ
prior passa fuerit secum reputans.

LXXXII. Eidem.

Acceptis literis tuis non putavi acquiescendum esse in
causa mea, sed quasi heluandum occasione; per oppor-
tune enim mihi hic casus accidit. Ecce igitur subito
ego in numero supplicantium, tu vero celeritatem mira-
tus celeriter comici poetæ illud recitabis. Scilicet per
mihi mire agere videbar, si tempus circumspiciens non
quantocius a te peterem id, quod te dare et me accipere
conveniens est. Æneas enim, qui has literas ad te
perfert, civis meus est, cui felicitatem afferre opera tua
velim; nam honesto loco natus est et educatus ingenue,
et artem novit iuris prudentiam. Vult autem eatenus
lucrum facere ex arte sua, ut liceat ipsi mentem habere
liberam; neque enim quæstus eum delectat nisi iuste et
legitime paratus. Cuius rei documentum edere potest.
Nam cum quibusdam civitatibus defensor iuris ac propug-
nator extitisset et ecdici dignitate ornatus esset, nomine
suo dignum se præstitit, adeo ut vel sycophantæ aggredi
eum detrectarent; nemo enim eum ne iniuste quidem ac-
cusare ausus est. Sed eius ista ratio fortasse ridicula
iis visa est qui ante vos imperium tenebant; nam donorum
erant studiosissimi, ille vero nihil promebat Unde a
munere remotus est, alii vero, ut par erat, facinora pa-
trarunt largitionibus quas fecerant non indigna. Nunc
igitur recuperare vult eandem fortunam, doni loco tibi
afferens mentem iustitia instructam. Numquid tibi videor
petendi initium sumere ab indecoris et non concessis?
Quod si petitionem meam admiraris, re comprobato, te
non contemnere eam.

LXXXIII. Eidem.

Ego epistolam tuam libenter vidi, ut par erat; cum
autem laudare pro merito nesciam, parum abfuit quin
tibi eandem illam remitterem, sola præscriptione mutata.
Nam quæ de rebus meis mirabundus perscripsisti, tuarum
rerum laudes audire mihi videbar; et videbaris mihi fa-
cere non secus ac si Thersitem Nireus miraretur, qui
pulcherrimus vir sub Ilium venit. Ideo pudor me suf-
fundebat illarum laudum, quanquam non ita, ut frau-
darer voluptate; epistola enim ipsis illis luminibus, qui-
bus scilicet me laudabat, elegantior facta est et venusta-
tem suam monstrabat et ad maius desiderium excitabat
amatorem. Verum et legationem meam non mediocriter
literis tuis celebrasti. Iam si administrans legationem
laudor, quis ego essem, si deferre eiusmodi munus mihi
liceret? Nam ut potius est dare quam petere, ita, si vir-
tutem spectas, qui daturus est præstat illo qui petiit.
Æneas facundissimus perinde ac si iam accepisset exul-
tat; cum enim iam te usu cognoverit, eodem loco rem
futuram habet et perfectam. Is si præconio efferet donum

λαβεῖν κηρύττει, τίς ἂν γένοιτο τοῦ ποθουμένου τυχών; καί ποτε τὰ σὰ διηγούμενος προσθήσει πάντως, ὡς καὶ τῷ τάχει διπλασιάζειν ᾔδεις τὰς χάριτας. τὸν δὲ βέλτιστον Μέγαν εἴπερ οἷόν τε ἦν αὐθημερὸν μετασκευάζειν εἰς ῥήτορα, οὐκ ἂν ἡμῖν ἔδει δευτέρας ἡμέρας.

πδ'. Ζαχαρίᾳ καὶ Φιλίππῳ ἀδελφοῖς.

Τὸν θαυμαστὸν Ἰουλιανὸν καὶ ἄλλως μὲν ἠγάπων (ἱκανὸς γὰρ ἐφέλκεσθαι τὸν εὐτυχοῦντα πρὸς πόθον), πολὺ δὲ μᾶλλον ἥσθην ὅτι μοι καὶ πρὸς ὑμᾶς γραμμάτων γέγονε πρόφασις· τούτῳ γὰρ εἴ ποτε λαβοίμην, ὑπὲρ τὸν Κινύραν εἶναι δοκῶ. αἰτεῖ δὲ δυσχερὲς οὐδέν, ἀλλὰ τῷ με παρεῖναι κἀκεῖσε βουλόμενος δι' ὑμῶν ἐλπίζει τοῦτο γενέσθαι, ὅπερ πάντως κἀγώ· ἐγὼ δὲ οὐδὲν ἂν ὅ τι μὴ παρὼν ἐγινόμην. τὸ δὲ κονσιστόριον ὅ τι μέν ἐστιν ἀγνοῶ ('Ρωμαϊκῷ γὰρ κόμπῳ προσβάλλει τὴν ἐμὴν ἀκοήν), δι' ὑμᾶς δὲ καὶ τοὔνομα φιλῶ, καὶ θεῖον ὄντως αὐτὸ βουλοίμην ὑπάρχειν, καὶ τιμῶ προσηγορίαν ᾗς τὸ ἔργον ἡγνόησα. εἰ δὲ καὶ μεταβέβληταί σοι πρὸς τὸ μεῖζον ἡ τύχη, ἀλλὰ μεῖνον ὅσπερ ἦσθα πάλαι τοῖς ἔργοις, ἵνα μή σε ἀλαζόνα κονσιστοριανὸν ὀνομάσω.

πε'. Ζαχαρίᾳ ἀδελφῷ.

Ἡ πατρίς (σὺν θεῷ δὲ εἰρήσθω) εὐμενέσιν εἶδεν ἡμᾶς ὀφθαλμοῖς· τοὺς γὰρ ἐπιτηδείους παρέστησεν ὁποίους ηὐχόμην εὑρεῖν, βραχὺ δὲ διαλιποῦσα θέατρά μοι συνῆγε καὶ κρότους ἐκίνει, καί μέ τις φήμη λαβοῦσα διὰ πάντων ἦγε στομάτων, καί τί που καὶ νεανιεύεσθαι δοκῶ καὶ τὸν νοῦν ἐπῆρθαι τοῖς κρότοις καὶ τὸ σοφιστικὸν ἀτεχνῶς ἔχειν, ὡς ἂν αὐτὸς εἴποις. σὺ μὲν οὖν σκῶπτε τοιαῦτα· ἐγὼ δὲ οὐκ ἀνέξομαι μὴ οὐ λαμπρὸς εἶναι καὶ τὴν ὀφρὺν ἄνω φέρειν καὶ τῷ τῆς ἐμῆς τέχνης ἕπεσθαι νόμῳ. ταῦτα μὲν οὖν μοι πεπαίχθω, ὡς ἄν σοι καὶ τοῦ σκώπτειν συνήθως ὕλην παράσχω· εὐφραίνεις γάρ με σκώπτων, εὖ ἴσθι, ἢ πολλοῖς ἐπαίνοις βάλλοντες ἕτεροι.

πϛ'. Φιλίππῳ ἀδελφῷ.

Ἰδού σοι καὶ πάλιν ἕτερα γράμματα, σὺ δὲ τί παθὼν οὐκ οἶδα πάλιν σιγᾷς. εἰ μὲν γὰρ σχολὴν οὐκ ἄγειν ἐρεῖς, ἀλλά σοι διὰ παντὸς ἡ τέχνη φέρει τι κέρδος, δεινὸν μὲν οἴμοι δεινὸν εἰ μηδὲ βραχὺ τοῦ παντὸς ἔτους ἡμῖν παρέχεις σεαυτόν, ἀλλ' οὖν συνήδομαί γέ σοι τῆς ἀσχολίας· εἰ δὲ πλουτῶν ἄλλως ἀπὸ τῆς τέχνης σιγᾷς, συγχαίρω μὲν σοι καὶ τούτου, οὐ μὴν ἐβουλόμην σε τοσοῦτον πλουτεῖν, ὡς καθ' ἡμῶν ἐπῆραι καὶ μηκέτ' εἰδέναι τοὺς πάλαι φιλτάτους. καίτοι κεχήναμέν γέ σου τοῖς γράμμασι, καὶ πρὸς τὴν θάλατταν ὁρῶμεν οὐχ ἧττον ἢ Φυλλὶς τὸν Δημοφῶντα καλοῦσα τὸν ἄδικον ἐκεῖνον καὶ ἀντερᾶν οὐκ εἰδότα, ὃς ἐπειδὴ

priusquam acceperit, qualis futurus est, ut compos voti factus erit? Et cum olim enarrabit, quæ in ipsum contuleris, illud quoque adiciet, optime te scire celeritate duplicare beneficia tua. Nobis si Magnum, virum optimum, hoc ipso die in rhetorum numerum commutare liceret, altero nobis die non opus esset.

LXXXIV. Zachariæ et Philippo fratribus.

Admirabilem Iulianum iam aliis de causis diligebam (idoneus enim est qui ad se trahat hominem, cui pronum esse ad amorem contigit), at multo magis lætabar quod scribendi ad vos mihi præbebat occasionem; hanc enim quotienscunque nanciscor, Cinyram superare mihi videor. Neque ille rem difficilem poscit, sed cum adiuvantibus vobis in vestra urbe sedem habere velit, illud se consecuturum esse sperat, quod ego vel maxime malim. Ego certe, si vobiscum mihi esse liceret, omnibus lætitiis incederem. Consistorium autem quid sit ignoro (nam Romano strepitu auriculas radit), sed vestra causa vel eius nomen diligo, ac revera divinum esse velim, et honore orno appellationem, cuius actionem nescio. Quod si meliore quam antea conditione uteris, re idem maneto qui semper fuisti, ne te consistorianum vocem fastidiosum.

LXXXV. Zachariæ fratri.

Patria (deûm pace dixerim) benevolis vidit nos oculis, amicos enim obtulit quales optabam reperire; brevi autem temporis spatio interposito turbas audiendi avidas in me compellebat et plausus concitabat, et me quædam fama arreptum per omnia celebrabat ora, ita ut iuveniliter superbire et inflari plausibus et vere sophistam agere videar, ut tu quidem diceres. Sed tu cavillare, ego autem a me impetrare nequeo, quin non sim splendidus et supercilia tollam et legem artis meæ sequar. Atque hæc mihi per iocum dicta sint, ut tibi et cavillandi pro more tuo materiam præbeam; scito enim te cavillationibus tuis plus gaudii mihi afferre quam qui multis laudibus me petunt.

LXXXVI. Philippo fratri.

Ecce aliæ iterum literæ, tu vero nescio quo casu tactus iterum siles. Nam si otio te carere dices et ars tibi tua quovis temporis momento lucrum apportat, male quidem nobiscum agitur, si per totum annum ne tantillum quidem te nobis permittis, sed tamen gratulor tibi quod vacui temporis nihil habes; quod si propterea siles quod nihil nisi homo dives es, cui ab arte opes affluxerunt, hanc quoque vitæ conditionem tibi gratulor, quanquam nolim te tantum facultatibus abundare, ut insolentius te iactes hominumque olim tibi amicissimorum memoriam deponas. Nihilominus inhiamus literis tuis et mare oculis nostris perlustramus, haud aliter ac Phyllis, quæ Demophontem illum ad se vocabat perfidum et amori eius respondere

νυμφίος ἦν ἀρτίως καὶ ηὖξει τῇ Φυλλίδι τὸν ἔρωτα,
ᾤχετο τὴν παστάδα καταλιπών, ἦ μὴν ὡς ἥξει πάλιν
ἐλπίδας διδούς. ὡς δ' οὖν ἀρείθη καὶ ᾤχετο, ὁ μὲν
εὐθὺς μετεβλήθη καὶ τὴν Φυλλίδα πάλιν οὐκ εἶδεν, ἡ
δὲ πρὸς τὴν θάλατταν ἐδάκρυε, καὶ τὰς ὁλκάδας ἡρί-
μει, μή ποτέ τις αὐτῶν τὸν Δημοφῶντα κομίζοιτο.
ἀλλὰ γὰρ τὸ καθ' ἡμᾶς οἶμαι δεινότερον· ὁ μὲν γὰρ
οὐκ ἤθελεν ἔτι παρεῖναι, σὺ δὲ οὐ μακρὰν ἀπιὼν ἐπι-
στέλλειν.

πζ'. Κωνσταντίῳ.

Ἔτι παρὰ τὸν Νεῖλον οἰκῶν τὴν καλὴν ἐκείνην
ἐπιστολὴν ἐδεξάμην. οἶον δὲ περὶ ταύτην συνέξη,
οὐ καλῶς ἂν ἔχοι σιγῇ παρελθεῖν. ὡς γὰρ ἐπέ-
δωκε ταύτην ὁ φέρων, προσετίθει δὲ καὶ πόθεν, πάσχω
τι πάθος ἐρωτικόν· βραχὺ γὰρ ἀποπλανηθεὶς τοῦ εἰκότος
ἤδη σε καὶ παρεῖναί μοι πάντως ἐδόκουν. καὶ τοίνυν
« ὦ φίλτατ' ἀνδρῶν » ἔφην, « ὡς ἀπὼν ἄγαν ἐλύπεις
καὶ νῦν ποθοῦσιν ἀφῖξαι. » ὡς δὲ τοιαῦτα πολλάκις
εἰπὼν τοῖς παροῦσιν ὑποψίαν παρεῖχον τοῦ πράγματος,
« καὶ δὴ τί πάσχεις; » ἔφησαν· « οὐ γὰρ δή σοι καὶ
παρὼν ἐκείνος τυγχάνει. » εἰς δὲ μνήμην ἐλθὼν
ἐμαυτοῦ ἠνιάθην, οἷα δή τις ἁμαρτὼν τῆς τοιαύτης
ἐλπίδος, καὶ βραχὺ δακρύσας ἔγνων ὁπόσον ἔρως
ἰσχύει, καὶ ὅτι πλάνη τις ἦν παραμυθουμένη τὸν λογι-
σμόν. ὡς δὲ τὴν ἐπιστολὴν ἀναλύσας ἐσκόπουν, ἤσθην
τοσοῦτον ὥστε τοῦ παρόντος ἑκὼν ἀφιστάμην, « μὴ
καὶ πάλιν » πολλάκις εἰπών. καὶ ὁ τῶν μελλόντων
με κατήπειγε πόθος.

πη'. Οὐλπίῳ.

Τὸν θαυμαστὸν Στρατήγιον καὶ πρότερον ἤδη φιλῶν,
νῦν ἔτι καὶ μᾶλλον ἠγάπησα, διότι τῶν πρὸς ἀλλή-
λους ἡμῖν γραμμάτων ὑπῆρξεν ὑπόθεσις· τὴν γὰρ
προτέραν σιωπὴν μεταστήσας δέδωκεν ἡμῖν εἰπεῖν τι
πρός σε καὶ φθεγγομένου πάλιν ἀκοῦσαι. εἰ δὲ καὶ
σοὶ καθ' ἡδονὴν τὰ ἡμέτερα γράμματα, τίμα δὴ
τούτων τὸν αἴτιον, ἤδη μὲν ὑμῖν χάριν ὁμολογοῦντα
τῆς προλαβούσης σπουδῆς, μᾶλλον δὲ κηρύξοντα τὴν
εὐεργεσίαν, εἰ πρὸς τέλος ἐνέγκοις τὴν χάριν. ἀλλ'
ἐπίδειξαί τι νεανικὸν κατὰ τῶν ἀδικούντων, ὅπως ἂν
αἴσθοιντο πάντες οἵους ἄρα τοὺς φίλους ἔχων ἐλάνθα-
νον. τὸν δὲ ὑμέτερον ἀδελφὸν καὶ πρὶν ἰδεῖν
ἠπιστάμην, ἐγνώρισε γάρ μοι πολλάκις τοῦτον ἡ φήμη·
νυνὶ δὲ μᾶλλον ἐθαύμασα τῇ πείρᾳ μαθών. καὶ τοῦτον
ἰδὼν σὲ δι' ἑτέρου σώματος ἔχειν ἡγούμην, καὶ μακρὰν
ἀπὼν δι' ἄλλης ἡμῖν εἰκόνος ἐδόκεις παρεῖναι.

πθ'. Σοσιανῷ.

Ἔπρεπεν ἄρα κἀμὲ θαρροῦντα χάριν αἰτεῖν παρὰ σοῦ,
καὶ σὲ προθύμως διδόναι, ἀμφοτέροις ἁρμόττον, ἐμοὶ μὲν
λέγειν ὅτου δέοι, σοὶ δὲ πρὸς ἔργον τὸν λόγον ἐκφέρειν·

nescientem. Is enim cum recens ei desponsus esset
auxissetque Phyllidis in se amorem, relicto toro excessit,
spem ostendens se rediturum esse. Sed cum dimissus
esset et abiiset, confestim mutatus est neque Phyllidem
amplius vidit, illa vero in mare prospiciens lacrimabat
corbitasque numerabat, numquæ earum portaret Demo-
phontem. Sed res nostræ peiore loco sunt; illi enim
erumpere placuit, tu vero, cum proxime absis, literas
ad nos dare detrectas.

LXXXVII. Constantio.

Adhuc Nilum accolens pulchras illas accepi litteras;
quibus quantum fuerim commotus, non recte fecerim,
si silentio præterirem. Ut enim qui ferebat mihi reddidit
illas et addidit unde essent, subiit me quædam amatoria
commotiuncula; subito enim a veritate degressus iam te
et adesse mihi omnino putabam et « o carissime morta-
lium » inquam, « quantam absens intulisti tristitiam et
quam nunc ad te desiderantes venisti. » Hæc et similia cum
sæpe iterarem, præberemque hominibus præsentibus
suspicionem eius quod erat, « quidnam pateris? » dice-
bant; « non enim tibi præsens iste occurrit. » Ubi re-
sipii, dolore afflictus sum utpote qui tanta spe excidissem,
et paulisper lacrimatus agnovi quanta vi polleat amor,
mentisque illam alienationem rationi fuisse solatio. Cum
autem epistolam resignatam oculis obirem, tantopere
lætatus sum, ut sponte mea veritatem dimitterem dice-
remque « id ne sæpius fiat velim. » Et desiderium rerum
futurarum me incitavit.

LXXXVIII. Ulpio.

Strategium admirabilem etsi iam antea amabam, nunc
etiam magis amore eius captus sum, quia materia nobis
extitit epistolarum; nam priore silentio confutato ille in
causa fuit ut ego haberem quod tibi scriberem, tuisque
ut verbis auscul'arem. Quod si nostræ literæ tibi gratæ
fuere, honora eum, qui nobis scribendi occasionem præ-
buit, quique iam tibi pro superiore in se studio tuo gratias
agit, altiorem etiam missurus vocem, ubi quæ tentavisti ad
felicem exitum perlucere tibi contigerit. Itaque egregii
quid in medium profer contra obtrectatores, ut cogno-
scant omnes, quales mihi amici ex latebris subsiliant.
Fratrem tuum noveram vel priusquam videram, fama
enim eum mihi sæpe commendaverat; nunc vero, cum
usu eum cognovi, magis etiam admiratus sum. Hunc
conspicatus alieni corporis beneficio factum est, ut ipsum
te habere mihi viderer, ac te procul a me diiunctum alia
imago nobis speculi instar repræsentavit.

LXXXIX. Sosiano.

Itaque, siquidem me decet dicere quibus indigeam, te
eorum rationem habere, par erat me gratiam a te haud
cunctanter expetere, te libenter eam præstare; Strate-

Στρατήγιος γὰρ ἀπήγγειλέ μοι τοσαύτην ὑμῶν γε γε-
νῆσθαι τὴν εἰς αὐτὸν προθυμίαν, ὥστε τἀπὶ σοὶ καὶ
πέρας ἔσχεν ἡ δίκη καὶ νενικήκαμεν. ἀλλ' ὅπως
καὶ τοῖς ἔργοις γένοιτο ταῦτα τοσοῦτον γὰρ θαρρῶ
διὰ σοῦ τὸ πέρας ἐλπίζων, ὥστε καὶ πρὸ τοῦ τέλους
δὴ λόγους ζητῶ, δι' ὧν ὁμολογήσω τὴν χάριν

ϟ Οὐλπίῳ

Πολλὴν ἡμῖν κατὰ σοῦ μελετωμένην κατηγορίαν
διέφυγες. ὡς γὰρ ἧκεν ὁ Στρατήγιος, γράμματα δὲ
οὐκ εἶχεν, ἠρυθρία μὲν ἐμοὶ προσελθεῖν (πῶς γὰρ
οὐκ ἔμελλε;) πολλάκις δὲ διαφυγὼν μόλις ἑάλω, καὶ
δὴ βδελυρὸν αὐτὸν καὶ τοῖς ἐχθροῖς ἀπεκάλουν, ὅτι
πρὸς ἡμᾶς ἀφιγμένος οὐδὲν περὶ ὑμῶν τῶν φιλτάτων
ἀπήγγειλε, περὶ ὧν πολλάκις ηὐχόμην ἀκούειν. ἀλλ'
ὅμως ἐκεῖνος τὴν ἀπολογίαν ἱκανῶς ἐποιεῖτο· καὶ γὰρ
αἴτιον ἔλεγεν εἶναι τὴν φυγήν· ὅτι γράμματα μὴ κομίζοι.
κἀκείνῳ μὲν συγγνώμην ἐδίδουν ἐπὶ τούτοις ἐρυθριῶντι,
ἔλεγον δὲ πρὸς ἐμαυτὸν « ὅσα δὴ φέρειν καὶ μεταβάλ-
λειν οἶδεν ὁ χρόνος Οὐλπιος γὰρ ὁ καλὸς ἡνίκα μὲν
ἡμῖν τῆς παλαιᾶς ἐκοινώνει τύχης, φίλος τε ἦν καὶ
ἐδόκει, καὶ οὐκ ἄν ποτε ᾤμην ὡς μεταβάλοιτο· ὡς
δὲ λαμπρὸς ἤρθη καὶ γέγονε μέγας, ἀφόρητός ἐστιν
εὐτυχῶν, καὶ τῶν πρώην ἐκείνων ἐπιλανθάνεται εὐτυ-
χοίη δὲ μόνον, καὶ μετρίως οἴσομεν παρορώμενοι. »
ταῦτα καὶ τὰ τοιαῦτα λέγων πολλὴν κατὰ σοῦ κατηγορίαν
συνέλεγον ὡς δέ τις ἐλθὼν τὴν παρ' ὑμῶν ἐπιστολὴν
ἐπεδίδου, πρῶτον μὲν πρὶν λῦσαι πολλάκις τὴν ἐπι-
γραφὴν ἠσπαζόμην, εἶτα τοῖς ἔνδον περιτυχὼν καὶ τὴν
ἀπολογίαν τοῦ βράδους· εὑρὼν ᾔσθην οὐ μετρίως, καὶ
μετέμελέ μοι τῶν πρώην ῥημάτων, ἔλεγον δὲ μᾶλλον
« φεῦ, ὡς πολλὰ μάτην ὑποπτεύουσιν ἄνθρωποι· τὸν
θαυμαστὸν γὰρ ἡμῖν Οὐλπιον οὐ μετέβαλεν οὔτε χρόνος
οὔτε τύχη, ἀλλ' εὐγνώμων τέ ἐστι κἀμὲ τὸν πρὶν
εὐεργέτην ἐπίσταται » ἀλλ' ὅπως μὴ πάλιν σιγῶν
αὖθις ἡμᾶς εἰς κατηγορίας ἐνέγκῃ.

ϟα' Σιλανῷ

Ἐξέκρουσας ἡμᾶς ἐλπίδος οὐκ ἂν εἰπεῖν ἔχοις
ὁπόσης ἐγὼ γάρ σου τὴν προτέραν ἐπιστολὴν εἰς
χεῖρας λαβὼν καὶ γνοὺς ἐξ αὐτῆς ὡς μικρὸν ὕστερον
ἡμῖν ἐπανήξεις, ἥσθην τε καὶ μέγα ὑφ' ἡδονῆς ἀνα-
πνεύσας ἔφην « ἀλλ' ὦ Ζεῦ, γένοιτο ταῦτα » τοιγαρ-
οῦν μετέωρος ἦν ὁ δσημέραι καὶ ἐπὶ χούφης ἔβαινον τῆς
ἐλπίδος, πυκνὰ δὴ λέγων « ἆρά ποτε ὄψομαι καὶ προσ-
είπω χρόνιον » καὶ « γενοίμην αὖθις σὺν ἐκείνῳ » ὡς
δὲ χρόνος ἦν παρ' ἐλπίδας, οὐδὲ γράφειν ἠξίουν, ἐρέ-
θισμά φασιν ἔρωτος τοῦτο ποιῶν, ὅπως ἂν καταρρο-
νεῖσθαι δοκῶν, ἔτι μᾶλλον ἐπείγοιο πρὸς ἡμᾶς, ὀνει-
δίσαι θέλων τὸ μὴ φίλων μεμνῆσθαι. καί μοι δοκεῖς
Στρατοκλῆς ἡμῖν ὁ ῥήτωρ γενέσθαι. ἐκεῖνος γὰρ ἡτ-
τωμένοις τοῖς Ἀθηναίοις καὶ τὴν τύχην ἀγνοοῦσι νίκην
ἀπήγγειλεν. εὐθὺς οὖν ἡ πόλις ὀρθή, καὶ παίζειν

---

gius enim mihi narravit tam propensa in eum te fuisse
voluntate, ut, quantum de te conicere liceat, his iam
finem invenerit nosque vicerimus Verum utinam revera
hæc eveniant, tanta enim fiducia spero fore, tu ut rem
absolvas, ut vel ante finem verba quæram, quibus gratias
tibi persolvam

XC Ulpio

Magnum quod tibi creaveram periculum effugisti.
Nam cum sine literis tuis redisset Strategius, rubore
suffusus, ut consentaneum erat adire me noluit, cumque
sæpius me effugisset, tandem aliquando captus est, et
ego cum impurum disque infestum appellavi, ut qui ad
me reversus nihil de te, deliciis meis, rettulerit, de quo ut
acciperem, sæpe a deo precatus sum Sed ille idonea
excusatione usus est, dicebat enim, fugam in causa
fuisse, cur literas non ferret Itaque accepi satisfactio-
nem hominis propter hæc erubescentis, et hæc fere repu-
tavi mecum « Quasnam res afferre solet dies quasque
commutare? Scilicet bonus Ulpius, cum priorem vitam
una mecum degeret, amicus et erat et videbatur, neque
credebam, alium unquam fore eum ac fuerat semper;
nunc vero cum laude crevit et magnus factus est et pros-
pera fortuna utitur, importunus est et quos modo noverat
non amplius novit Sed patienter neglectum feremus,
dum læta ei eveniant » Hæc et similia locutus haud
pauca collegi quibus periculum tibi facesserem, sed cum
venisset qui redderet mihi literas tuas, primum priusquam
solverem, præscriptionem iterum iterumque osculatus
sum, deinde cum in verba incidissem et purgationem
reperissem cunctationis, non mediocriter gavisus sum,
meque cantilenæ quam proxime cecineram pœnituit, imo
« væ » inquam, « quam facile nobis amicorum tacitur-
tas suspicionem affert! admirabilem enim Ulpium neque
dies neque fortuna mutavit, verum adhuc mihi favet
nec mei oblitus est, qui beneficus olim ornavi » At vide
ne silentio tuo iterum nobis auctor sis, ut crimen in te
fingamus

XCI Silano

Quanta nos spe deturbaveris, haud ita facile dixeris.
Etenim prioribus tuis literis mihi redditis cum ex iis intel-
lexissem te paulo post rediturum lætatus sum et spiritum
ex imo pectore trahens « o Iuppiter » inquiebam, « hæc
utinam fiant » Igitur diem ex die suspensus eram ac
pertenuis in me spes reliqua erat, cum dictitarem « num
aliquando eum etsi sero videbo cum eoque colloquar? »
et « iterum cum isto vivam » Cum autem cessatio spem
exsuperaret, ne literas quidem ad te dare volebam, incita-
mento hoc amoris usus, ut, cum contemni a nobis vide-
reris, contentiore ad nos festinares cursu, exprobraturus
nobis quod amicorum non meminerimus Ac videris
mihi Stratocles rhetor evadere, ille enim victis Athenien-
sibus et sortis ignaris victoriam renuntiavit Statim igitur
urbs exsultabat gaudio et risui iocisque se dabat et lasc-

ἀνεῖτο, καὶ δυστυχοῦντες ηὐφραίνοντο· ὡς δὲ τἀληθὲς
ἠγγέλθη καὶ τὸ δοκεῖν ἦν οὐκέτι, « τί γάρ » φησὶν ὁ
Στρατοκλῆς « ἠδίκουν, εἰ δυοῖν γοῦν ἡμέραιν ἡδίους
γεγόνατε δι' ἐμὲ καὶ κέρδος ἦν τὸ δοκεῖν; » ἀλλ'
ἐπειδὴ μητρὸς πρᾶγμα καὶ ἀσχολίας ὑπέρτερον τῷ
Πινδάρῳ δοκεῖ, ἴδοι σε θᾶττον ἡ πατρὶς καὶ μετ' ἐκείνην
ἡμεῖς.

ϟβ'. Φιλίππῳ ἀδελφῷ.

Ἰδού σοι πάλιν ἐπιστολὴ παρ' ἡμῶν, καὶ πάλιν εὖ
οἶδ' ὅτι σιγήσεις. καὶ εἴ μοι δοίης συγγνώμην ὀχθο-
μένῳ λέγειν, μεταβέβληταί σοι πρὸς ἀλαζονείαν ὁ
τρόπος, καὶ οὐκ ἐθέλεις μένειν οἷος ἦσθα καὶ πρότερον.
ἀλλ' εὖ γε ὅτι μὴ τὴν τοῦ Βοσπόρου διέπλευσα θάλατταν
καὶ βασιλέως πόλιν ἀφῖγμαι· ἴσως γὰρ ἂν κἀγὼ βα-
σιλέα τὸν μέγαν ὁρῶν καὶ τὴν τῶν ὑπάτων στολὴν
καὶ ἀρχήν δή τινα μεγίστην καλουμένην καὶ τὰ σεμνὰ
δὴ ταῦτα παρ' ὑμῖν, εἴτε πράγματα βούλει λέγειν εἴτε
ὀνόματα, ἐπῆρα τὴν ὀφρὺν καὶ νεανικὸν ἐφρόνουν πρὸς
τὴν τῶν ὁρωμένων ἐπαιρόμενος τύχην, καί μοι τὰ
πάλαι φίλα λῆρος ἐδόκει. ὅπου γὰρ σὺ τούτοις ἑάλως,
οὐκ ἂν εἴποιμι ῥᾳδίως ὡς διέφυγον ἂν τὸ μὴ οὐ ταὐτὰ
παθεῖν, εἰ μή μέ τις ἄρα λογισμὸς ὑπεισῆλθεν ὡς
οὐ ταὐτόν, ὦ λῷστε, γνώμη καὶ τύχη, ἀλλ' ἡ μὲν ὡς
ἂν αὐτῇ δοκῇ φέρεται καὶ μεταπίπτει πολλάκις καὶ
γελᾷ τὰ ἡμέτερα, τῆς δὲ κύριον εἶναι προσήκει τὸν
σωφρονοῦντα, καὶ μήτε αἰρομένῃ συναναστῆναι μήτε
πιπτούσῃ συμμεταβαλέσθαι.

ϟγ'. Ζαχαρίᾳ ἀδελφῷ.

Τίς ἂν γενοίμην ἐραστὴν καὶ ἀδελφὸν κατηγοροῦντα
λαβών, καὶ μηδὲν ἔχειν οἰόμενον ὅ τι καὶ λέξωμεν; τί
γὰρ δὴ φής; ῥήτορες ὑμεῖς καὶ θυγατέρων πατέρες
πολλῶν· τὰς γὰρ ἐπιστολὰς οὕτως ὀνομάζειν ἐδόκει.
ἀλλ' ἦν, φής, πάλαι ταῦτα, νῦν γὰρ οὐκέτι, ἀλλ' ὑβρι-
σταί τινες ὑμεῖς καὶ θεσμὸν ἀτιμάζοντες ἔρωτος. ἀλλ'
εἰ μὲν ἦν τις ποιητικός, τὸν Ἀπόλλω δήπου καὶ τὰς
Μούσας ἐκάλουν, « δοίητέ μοι » λέγων « εἰπεῖν καὶ
πεῖσαι καὶ μὴ ἄδικα φανῆναι τὰ παιδικά· νυνὶ δὲ
μιμήσομαι γοῦν τι ποιητικὸν καὶ ἐπὶ μέγαν ὅρκον
ὀμοῦμαι, θεοὶ δ' ἐπιμάρτυρες ἔστων, μὴ οὕτως ἔχειν τὰ
καθ' ἡμᾶς ὡς που καὶ λέγεται, ἀλλὰ γὰρ ἔτι φιλίας
ἡμῶν αἰδώς καὶ μνήμη φιλτάτων. τίς οὖν, φής, ἡ σιγή;
δέδοικα μή τις ἄδικος τύχη ταῖς ἐμαῖς ἐπικωμάζῃ
γναῖς, καὶ πρὸς σὲ τὰς ἐμὰς παῖδας ἐπειγομένας ἄλ-
λην ἄλλοτε φέρῃ· καί που ξένων ταύτας ἠνέγκαντο
χεῖρες, ἀγνοούντων τίνες αὖταὶ καὶ πόθεν. ἀλλὰ γὰρ
ἀτυχῶς ἐπὶ ταύταις καὶ ἀγνώμων ἐδόκουν καὶ κρίνο-
μαι. τὰς μὲν οὖν ἄλλας τί ἄν τις ἴῳτο λέγων·
ἀλλὰ χθές που καὶ πρῴην ἐστάλη τις ὡς σά, τοὺς
ἐμοὺς ἀγῶνας διηγουμένη, καὶ νῦν, ὡς ἔοικε, ξένη
τις πλανᾶται καὶ ἔρημος. ἀλλ' ἥκοι ποτὲ χεῖρας
εἰς σάς, καὶ εὐφραινοίμην ἀκούσας. τὰ δὲ σὰ ῥόδα

viebant homines perditi. Cum autem veritas cognita
esset, et errori iam non esset locus, Stratocles « quænam
vobis » inquit « a me iniuria orta est, cum duos dies
per me lætiores fuistis eratque lucrum in errore? » Sed
quum Pindaro causa matris antiquior videatur negotio,
cito patria velim te conspiciat et nos post illam.

XCII. Philippo fratri.

Ecce iterum literas ad te damus, et iterum te silentio
usurum esse bene scio. Ac si mihi pace tua loqui licet
irato, arrogantiam tibi sumpsisti, neque amplius vis ma-
nere qui fuisti antea. Sed bonum factum quod non Bos-
pori fretum traiecerim regisque urbem salutarim; nam
fortasse et ipse, si regem magnum conspexissem et
optimatium amictum et imperium nescio quod maximum
et vestra illa singularia sive nomina sive res, erexissem
supercilia et intumuissem ad fortunam tam splendidam
veteremque amicitiam nauci fecissem. Nam tu cum
eiusmodi rebus deceptus es, haud facile spoponderim,
me non eadem passurum fuisse, nisi forte, o bone, ani-
mum subiisset cogitatio, non idem esse mentem atque
fortunam. Namque hæc fertur prout ipsi videtur, ac
sæpe inclinatur ridetque nostra; contra hominem con-
stantem ac providum detrectare decet imperium eius
neque surgente illa in maius attolli neque cadente affinem
esse conversioni.

XCIII. Zachariæ fratri.

Quid de me fiet, cum in amatoris et fratris reprehen-
sionem incucurrerim, et qui credat nihil me habere quod
excusem? Quid enim ais? Rhetor es multasque filias pro-
genuisti. Ita enim epistolas appellare libuit. Sed hæc,
inquis, pridem fuerunt, nunc abierunt, immo insolens es
neque amoris legibus honorem habes. Ego si poeta
essem, Apollinem et Musas nescio an vocarem, « effi-
cite » inquiens « ut loquar et persuadeam et fidum me
præstem amasium. » Nunc vero poetarum saltem more
dicam « magna voce verissimum iurabo iusiurandum,
diique testes sunto » res nostras aliter habere quam vulgo
dicitur; nam adhuc verecundiam habemus amicitiæ et
memoriam deliciarum nostrarum. Sed quid hoc silentii
est? ais. Vereor ne perfida fortuna natis meis insultet
et filias meas ad te contendentes aliam alio abripiat, ac
fortasse manibus traditæ sunt hospitum, ignorantium
quæ illæ et unde essent. Sed hoc malum nactus iniquus
visus sum et in iudicium adducor. Nolo autem detri-
mentum resarcire ceteras commemorando; nuper tamen
epistola ad te missa est, in qua certamina mea narrabam;
sed nunc, ut videtur, peregre vagatur et hominum fugit
consuetudinem. Quæ utinam in manus tuas veniat nun-
tiusque mihi eius rei exoptatus afferatur. Rosis tuis

λαβὼν ἥσθην ἐπὶ τούτοις· οὐχ ἧττον ἢ Ὀδυσσεὺς τὴν
Ἀλκίνου φιλοτιμίαν ὁρῶν· ἐκεῖ μὲν γὰρ τὸ λαβεῖν εἶχε
μόνον τὴν ἡδονήν, παρ' ἡμῖν δὲ ἄμφω, ὅτι σὺ μὲν
δίδως, ἐγὼ δὲ λαμβάνω.

ϟδ'. Ἐπιφανίῳ.

Ἔτι σιγᾷς; ἔτι τῶν ἀπερριμμένων ἡμεῖς, οὐδέ σε
παλαιῶν ἐρώτων ὑπεισῆλθεν οὐδέν; νηλεὴς σύ γέ τις
καὶ ἀμείλιχος. ἀνάλαβέ μοι τὴν μνήμην, ὡς οὐκ
ἐπὶ τοιαύταις ἡμῶν ἀπῆρας ἐλπίσιν, ἀλλ' ἐδάκρυες
μὲν οἴμοι καὶ μόλις ἀπήρχου, γράφειν δὲ ὡμολόγεις
μικροῦ δεῖν καὶ πρὶν ἐπιβῆναι τῆς γῆς. νυνὶ δὲ οἴχεται
μὲν ἐκεῖνα, σιωπᾷς δὲ μόνον, ἡμῶν δὲ λόγος οὐδείς.
εἰ δὲ σιωπήσεις ἔτι, ἀναβοήσομαί τι τραγικόν, « ἰὼ
Ζεῦ » λέγων, « καὶ Φιλία καὶ Λόγοι, ἠδίκησθε μὲν
ὑμεῖς, ἠδίκημαι δὲ ἐγώ. ὁ δὲ ἀδικῶν ἦν ὅτε φίλον
ἐκάλει· νῦν γὰρ οὐκέτι. »

ϟε'. Ἰωάννῃ.

Εἰ τὴν φιλίαν ἐψευσμένην δείκνυσι τὸ σιγᾶν, ἀνάγκη
μέχρι λόγων αὐτὴν ἀεὶ συνεστάναι, εἴ γε τούτων
ἀπόντων ἐλέγχεται. οὐκοῦν λείπεται καὶ τὸν δυσμενῆ
φίλον ἡγεῖσθαι, μόνον εἰ φθέγγοιτο. ἀλλὰ μὴ τοιοῦτοι
κριταὶ φιλίας ἡμεῖς· τί γὰρ κωλύει καὶ σιωπῶντα τῇ
μνήμῃ τοὺς φίλους ὁρᾶν; ὅπερ ἡμῖν καὶ νῦν ἐστι καὶ
οὔποτε παύσεται. λογισώμεθα δὲ μᾶλλον ὡς οὐ δέ-
δοται πάντα πράττειν ὡς ἕκαστος βούλεται, αἱ ἔξωθεν δὲ
φροντίδες τοῦ βίου καὶ τὸ τοῦ μέλλοντος ἄδηλον ἐπι-
κρατοῦσιν ἔσθ' ὅτε τοῦ λογισμοῦ, καὶ τὰ μὲν ἄγει, ὁ
δὲ δουλεύει καὶ πείθεται. κἀμοὶ τοίνυν, ἐπειδὴ τοῦ
διδάσκειν ἐπέβην, ἀγῶνές τε συνεχεῖς καὶ αἱ περὶ
τούτων φροντίδες ἐξ ἀρχῆς τε ἐπέθεντο καὶ μέχρι νῦν
οὐκ ἀπέλιπον. ταῦτα μᾶλλον ἐχρῆν ἐνθυμεῖσθαι ἢ ἐπὶ
μικροῖς ὑποπτεύειν ὡς ἡμεν ἀγαθοί ποτε πρὸς φιλίαν
καὶ νῦν ἤδη πεπαύμεθα. ἀλλ', ὦ Ζεῦ καὶ Ἔρωτες
καὶ ὅσοι φιλίας ἐπόπται, πείθοιτε τοὺς ἐμοὺς κατη-
γόρους, ὡς οὔποτε πρὸς λήθην αὐτῶν ἀφικόμην, ἀλλὰ
σύνειμι τῷ λογισμῷ καὶ λέγειν τι δοκῶ καὶ λεγόντων
ἀκούειν, καὶ ὡς εἰ τούτους ἀγνοῶ, καὶ ἐμαυτοῦ ἐπι-
λέλησμαι.

ϟϛ'. Ζαχαρίᾳ καὶ Φιλίππῳ ἀδελφοῖς.

Ὅσῳ τῷ περὶ ὑμᾶς κεκράτημαι πόθῳ, πῶς ἂν δυ-
ναίμην παραστῆσαι τῷ λόγῳ, πλὴν εἰ μή που πα-
ραπλήσια τυγχάνετε πεπονθότες; ὁ γὰρ πεπονθὼς τὰ
περὶ τούτου κρίνειν ἐπίσταται. πέπεισμαι δὲ τοιού-
τους εἶναι, καὶ νόμον διασῴζειν φιλίας ἅμα καὶ φύσεως
ἐξ ὧν καὶ γράφετε καὶ παραμυθεῖσθε τοῖς γράμμασιν.
ἐμοὶ δ' οὖν ὅμως ἠπορημένῳ τῷ πάθει καὶ τοιοῦτό τι
πολλάκις ἐπῆλθεν εἰπεῖν. εἴθε γενοίμην Περσεὺς καὶ
φανείην ὑπόπτερος τὸν ἀέρα τέμνων καὶ ὑπὲρ τῆς
θαλάσσης φερόμενος, ὅπως ἂν ἅμα τε δοκῇ καὶ γί-

summopere delectatus sum, non minus quam Ulixes, cum
Alcinoi largitionem videret. Ille tamen ex sola acceptione
voluptatem cepit; nos bifariam delectati sumus, tu dando,
ego accipiendo.

XCIV. Epiphanio.

Adhuc siles? adhuc abiecti numeramur? non te anti-
quorum amorum subit recordatio? Crudelis tu et impla-
cabilis. Illud memento, te ad alias me, cum abires,
spes erexisse, teque proh dolor lacrimas fudisse et vix a
me discessisse, ac prope fuisse, ut pollicereris te literas
ad me daturum vel prius quam in terram exisses. Nunc
finem illa habuere, ac tu siles nostrique rationem habes
nullam. Quod si perseverabis in silentio, exclamabo
tragice « o Iuppiter et Amicitia et Verba, et vobis iniuria
illata fuit et mihi; ni mirum iniuriam qui fecit, tum fecit,
cum me amicum vocabat; nunc enim vocare desiit. »

XCV. Ioanni.

Si silentium demonstrat vanos esse amicos, tales tibi
para, qui nunquam confabulari desinant, quandoquidem
sermonum intermissione comprobatur vanitas. Relinquitur
autem, ut et inimicum, modo loquatur, amicum putare li-
ceat. Nos ne tales amicitiæ iudices simus cavebimus; quid
enim impedit quominus amicos, dum ipsi taceamus, memo-
ria adiuvante quasi oculis cernamus? quam artem nunc
exercemus neque unquam abiciemus. Reputemus potius,
non omnia nos peragere posse ad arbitrium nostrum, sed
passim externas vitæ curas et res futuras, quippe in certas,
rationi vim adhibere, ut illæ præeant viam, hæc servæ
instar sequatur. Me quoque, ex quo doctoris partes egi,
crebra certamina et curæ inde natæ ab initio presserunt
necdum discesserunt. Hæc potius respicere debebas
neque propter pusillas quasdam causas suspicari me olim
ad amicitiam proclivem fuisse, nunc vero alienum esse
ab illa. O Iuppiter et Cupidines ceterique amicitiæ præ-
sides, persuadete accusatoribus meis, nunquam me
memoriam eorum deposuisse; imo amplector eos cogita-
tione, et mihi videor colloqui cum iis et audire loquentes.
Certe horum si fuerim immemor, ipsum me credam de-
disse oblivioni.

XCVI. Zachariæ et Philippo fratribus.

Quanto vestri desiderio tenear, verbis ostendere vobis
nequeo, nisi forte similia experti estis. Qui enim expertus
est, verissimum de ea re iudicium habet. Tales autem
vos existimo esse et legem amicitiæ et naturæ servare
eo quod scribitis et per literas me consolamini. Sed
tamen vehementiore animi motu perturbatus sæpe dedu-
cor ut in hunc fere modum loquar. « Utinam Perseus
essem liceretque pennato æra scindere et mare supervo-
lare, ut cogitatione citius ad vos pervenirem et amore
vestro fruerer. » . . . .

#ωμαι παρ' ὑμῖν καὶ ἀποναίμην τοῦ ἔρωτος. παρὰ
φύσιν μὲν ἀλλ' οὐ πόρρω ποθούντων ἡ γνώμη πλα-
νᾶσθαί τε ῥαδίως καὶ ὀνειροπολεῖν ἃ πέφυκε γίνεσθαι.
εἰ δέ μου πάλιν μυθολογοῦντος ἀνάσχοιο, ἤδη καὶ τὸν
Ἄβαριν πολλάκις ἐζήλωσα, Σκύθην μὲν ὄντα καὶ
βάρβαρον, σοφὸν δὲ ἄλλως, εἰ δὲ θέλεις, εὐδαίμονα,
ὅτι τὸν ὀϊστὸν ἔχων ὑπηρετοῦντα τῇ γνώμῃ παρ' οὓς
ἤθελεν ἤγετο, καὶ ὁδοῦ μῆκος οὐδὲν παρελύπει τὸν
Ἄβαριν. ἀλλὰ τί μοι τὰ πόρρω παρὰ φύσιν ζητεῖν;
μόνον ἡμῖν λείπεται πρὸς παραμυθίαν τὰ γράμματα,
Περσεὺς δὲ καὶ Ἄβαρις ποιηταῖς δεδόσθων καὶ μύθοις.

ϟζ'. Τοῖς αὐτοῖς.

Τὸν δεῖνα φθάσας ὑμῖν συνέστησα διὰ τῆς προτέρας
ἐπιστολῆς, οὐκ εἰς ἀκριβὲς ἐκεῖνον εἰδώς, ἀλλ' ἐξ ὧν
ἐπλάττετο τοῦτον ἡγούμενος ὅπερ οὐκ ἦν· ἐλάνθανε
γὰρ προσχήματι μὲν καλῷ κεχρημένος, ὧν δὲ τοιοῦτος
οἷον ἐπέδειξε τοῦτον ἡ πεῖρα. ἀπὸ γὰρ τῆς Γαζαίων
ὁρμώμενος καὶ μέλλων ἀνάγεσθαι, κατέλυε μὲν παρά
τινι τῶν ἐπιτηδείων, ὥσπερ εἰκός, μέχρι πλοῦς γένη-
ται· πιστευθεὶς δὲ νόμῳ φιλίας καὶ πρὸς πολλαῖς ἑτέ-
ραις καὶ ταύτην τὴν χάριν λαβών, τοῦ ὑποδεξαμένου
διώρυξε τὴν οἰκίαν, καὶ ὧν εἶχε χρημάτων τοῦτον
ἐγύμνωσε. καὶ ἵνα λάθῃ τὰ τῆς ὑποψίας, κλεὶς μὲν ἦν
αὐτῷ πρὸς τὴν ἐπιβουλὴν εὐτρεπής· ταύτῃ δὲ διανοίξας
καὶ ἅπερ εὗρε λαβών, πάλιν τῷ κιβωτίῳ τὸ παλαιὸν
ἐπέθηκε σχῆμα. ὡς δὲ μόλις αὐτὸς ἀνήχθη, καὶ πρὸς
τὰ δοκοῦντα κεῖσθαι χρεία τὸν κεκτημένον ἐκάλει,
ἦλθε τὸ δρᾶμα πρὸς ἔλεγχον, καὶ τοῖς τεκμηρίοις ἀντι-
λέγειν οὐκ ἦν. τοιούτων καὶ Μενέλαος τῶν ξενίων
ἀπέλαυσεν, ἀντ' ἀμοιβῆς τινος τὴν Ἑλένην ἀφῃρημένος.
τοιαῦτα γράφειν ἐπήρθην, ἵνα μὴ δι' ὑμῶν πιστευθεὶς
ἕτερα τοιαῦτα τὸν πιστεύσαντα δράσῃ, καὶ μέμφηται
μὲν ὑμᾶς ὁ παθών, ἐμὲ δὲ πάντως ὑμεῖς.

ϟη'. Ἀθηνοδώρῳ.

Δεξάμενος τὸ βιβλίον ὑμῖν μὲν χάριν ὡμολόγουν εἰ-
κότως, ἐμαυτῷ δὲ συνηδόμην εἰ τοιούτους ὑμᾶς ὄντας
πρὸς φιλίαν ηὐτύχησα, καὶ μή με βαλέτω λίθῳ τραχεῖ
φθόνος, ὡς τῷ Πινδάρῳ δοκεῖ. ηὐχόμην δὲ καὶ τῇ
τύχῃ δύνασθαί μέ ποτε πρεπούσας ὑμῖν ἀνταποδοῦναι
τὴν χάριν. ἡ δὲ ταχέως δίδωσι τὸν καιρόν, οἷον σύ τε
ἐβούλου κἀγὼ πάλαι ζητῶν νῦν μόλις ἐτύγχανον· τὸν
γὰρ ἔχοντα τὴν καθόλου πέπεικα τοῦτό σοι τὸ μέρος
ἀποδόσθαι, οὗ καὶ τυγχάνεις δεόμενος. εἰ μὲν οὖν ἔλθοις
ὡς ἡμᾶς, θᾶττον ἂν λάβοις τὸ κτῆμα περὶ τῆς τιμῆς
τὰ μὲν πείσας τὰ δὲ πεισθείς, ὡς ὁ τῆς ἐμπορίας
βούλεται νόμος· εἰ δὲ μή, αὐτὸς ἥξει πρὸς σὲ καιροῦ
καλοῦντος, ὡς ἡμῖν ἐπηγγείλατο.

Si per te iterum mihi fabulari licet, iam et Abari sæpe
invidi, Scythæ quidem et barbaro, sed alias sapienti et,
pace quod dixerim tua, felici; quippe vectus sagitta vo-
luntatis ministra adibat quoscunque volebat, neque iti-
neris longitudinem graviter ferebat Abaris. Sed quid ego
quæro quæ multum a natura discrepant? Sola nobis re-
linquitur ex literis consolatio, Perseus autem et Abaris
ad poetas reiciantur et fabulas.

XCVII. Iisdem.

Commendavi vobis istum nuper per superiores literas,
non penitus quidem cognitum et inspectum, sed quem
ex iis quæ simulabat iudicarem. Sed totum contra erat;
speciem enim virtutis commendabilem præ se ferebat,
reapse vero is erat, qualem me usus edocuit. Gaza enim
profectus cum iam in eo esset ut navem conscenderet,
apud quendam ex amicis, ut par erat, diversatus est,
dum idoneum ventum nancisceretur; cumque fides ei
haberetur ex lege amicitiæ et cum præter multas alias hæc
quoque gratificatio in eo posita esset, eius qui eum ad se
receperat perfregit domum, et pecuniis quas habebat
illum spoliavit. Et ne in suspicionem incurreret, clavem
habebat ad furtum accommodatam, cuius ope cum ape-
ruisset repertaque in marsupio condidisset, veterem scrinio
formam reddidit. Vix autem ipse vela fecit, cum ecce re-
rum necessitate possessor ad ea quæ in tuto esse videbantur
adducitur. Unde res patefacta est neque testimonia re-
felli poterant. Huiusmodi xenia Menelaus percepit, cum
in hospitii remunerationem Helenam amitteret. Ad hæc
scribenda commotus sum, ne fidem vestram consecutus
iste similia committat, ac de vobis queratur qui iacturam
fecerit, de me autem vos.

XCVIII. Athenodoro.

Cum literas tuas accepissem vobis quidem gratias per-
solvebam merito, mihi autem gratulabar quod mihi con-
tigerit complecti vos familiaritate cum tales essetis; neve
me feriat aspero lapide invidia, ut Pindaro videtur. Pre-
cabar autem fortunam ut tandem mihi liceret dignas
vobis rependere gratias. Quæ quidem subito præbuit
occasionem qualem et tu volebas et ego iam diu quærens
nunc tandem obviam habui; nam qui universitatem tenet,
hunc ego hortatus sum, ut eam tibi traderet partem qua
indiges. Itaque ad nos si veneris, statim accipies mer-
cem, et de pretio tibi cum illo conveniet, ita ut et per-
suadeas ipse et persuaderi tibi patiaris; sic enim vetere
consuetudine negotia conficiuntur. Si non veneris, ipse
ad te veniet in tempore, ut mihi pollicitus est.

ϟθ'. Σωσιανῷ

Ὁ θαυμαστὸς Ἀλφαῖος ἀπήγγειλέ μοι τοιοῦτόν σε
περὶ αὐτὸν γεγενῆσθαι, οἷον αὐτὸς μὲν ἐβούλετο, ἐγὼ
δὲ προσεδόκων, σὲ δὲ προσῆκεν ὀφθῆναι· ἐγὼ δὲ τού-
των ἀκούσας ἥσθην μέν (πῶς γὰρ οὐκ ἔμελλον,) οὐ μὴν
ἤδη μοι καὶ θαυμαστὸν ἐδόκει τὸ πρᾶγμα· εἰ δ'. βούλει,
καὶ προλαβὼν διηγούμην ὑπογράφων οἷος περὶ τούτων
ἐγένου, ὡς ἐκεῖνον ἀποροῦντα λοιπὸν ὅ τι καὶ λέγοι ἅμα
γέλωτι σιωπᾶν καὶ εὐδαίμονά με τῆς φιλίας ἀπο-
καλεῖν· ἀλλ' ὅπως τὴν ἴσην σπουδὴν εἰσενέγκῃς περὶ
ὧν ὑμῶν ἐδεήθη, παρών, ὅπως αὐτὸς μὲν μοι χάριν
εἰδείη, ἀμφότεροι δὲ πάλιν ὑμῖν.

ρ'. Νηφαλίῳ

Εἰς ὅσον ἥκει τῆς ἀπορίας ὁ Στέφανος, οὐδ' ὑμᾶς
οἶμαι λανθάνειν, καὶ ὅτι μηδ' ἐν ταῖς χερσὶ δύναται
ποιεῖσθαι τὴν ἐλπίδα τοῦ βίου μικροῦ δεῖν καὶ τῶν
ὀφθαλμῶν ὑπὸ τῆς τύχης ἀφῃρημένος· ὅθεν θεραπείαν
τινὰ πρὸς τὴν ἔνδειαν σοφιζόμενος εἰς διακόνων ἐνήλ-
λακται σχῆμα· κινδυνεύει δὲ μηδὲν αὐτὸν ὀνῆσαι τὸ
σόφισμα, πλὴν εἰ μὴ τῆς ἐπικουρίας τύχοι τῆς παρὰ
σοῦ, ἣν καὶ πᾶσι προκεῖσθαι πείθομαι τοῖς βουλομέ-
νοις· τυχεῖν ὑμῖν γὰρ αἰτοῦντος ἐπινεύσει τις οἶμαι
τῶν παρ' ὑμῖν ἐπισκόπων ἢ λειτουργοῦντα τοῦτον
ἕξειν ἢ καὶ μόνον τρεφόμενον· ἴστε δὲ ὡς καὶ μηδὲν
ὠφελούμενος οὐ παύεται φλυαρῶν· εἰ δὲ τύχοι τινὸς
εὐεργεσίας, ποῦ τοῦτον οὐκ εἰκὸς ἀνακηρύξαι τὴν χά-
ριν; ἀναλώσει γὰρ, οἶμαι, τὴν ἔμφυτον φλυαρίαν εἰς
τὸ μεμνῆσθαι τῆς χάριτος·

ρα'. Παλλαδίῳ

Ἡ τῆς ὑμετέρας σοφίας ἐπιστολὴ ὁρωμένη μὲν
πᾶσιν ἐκίνει συνήθως τὴν ἡδονήν· ὡς δὲ καὶ μανθάνειν
ἔδει τὰ γεγραμμένα, μικροῦ δεῖν καὶ δακρύων αὐτὴν
ἐπληρώσαμεν· ὧν γὰρ αἱ εὐπραγίαι κοιναί, τούτοις
καὶ εἴ τι λυπεῖ μετέχειν πάντως ἀνάγκη· ἀλλ' ὅρα
πρὸς θεῶν, ὁπόσον ἡ τύχη νεανιεύεται, μηδὲν ἐθέ-
λουσα διακρίνειν, εἰ βάλλειν ἐπείγεται πονηρούς, εἰ
κατὰ σπουδαίων ἀφίησι τὰ τοξεύματα· εἰ γὰρ ἦν
ἀρετῇ μετρεῖσθαι τὰ πράγματα, οὐκ ἂν εὖ ἴσθι τῆς
ἀδίκου τύχης πεπείρασο· νυνὶ δὲ γυναῖκα θρηνεῖς,
σώφρονα μέν, ὡς εἰκός, καὶ οἵαν ἔπρεπεν ἀνδρὶ σοφῷ
συνοικεῖν, τὸ δὲ χαλεπώτατον, παίδων μητέρα, καὶ τού-
των ἔτι δεομένων μητρός· ταῦτα τίς μὲν ἀκούων
οὐκ ἂν δακρύσειε, τίς δὲ παθὼν καρτεροίη μὴ γνώμην
εὐτυχήσας τὴν σήν; πέπεισμαι γὰρ ὡς Ἰσοκράτει
πειθόμενος, πρίν τι παθεῖν, αὐτὸς ἐνεγυμνάσω τοῖς
πράγμασι, πολλὰ μὲν ὁρῶν τοιαῦτα, πολλὰ δὲ διη-
γουμένων ἀκούων. τί γὰρ τῶν χαλεπῶν ἡμῖν οὐκ ἄγει
τὸν βίον, τί δὲ θαλάττης δείκνυσιν ἡμερώτερον, ὃ μὲν
αἴρεται μέγας, ὃ δὲ πρὸς ὕψος ἐλθὼν προδιδοῦσαν ἔσχε
τὴν τύχην καὶ πέπτωκε· καὶ ὃ μὲν γήρᾳ τὸν θάνατον

Alphæus admirabilis mihi nuntiavit, te talem erga eum
te præstitisse, qualem ipse voluisset, ego speravissem, te
decuisset. Quibus auditis fieri non potuit quin gauderem,
non tamen mihi res admiratione digna videbatur; vel po-
tius præcepi eius narrationem et depinxi ea ipsa, quibus
eum afficisti, ut iam dubius esset quid dicturus esset
ridensque obmutesceret, meque felicem prædicaret,
cui tali amico uti liceret. At vide ne minus acre studium
ad ea conferas, quæ præsens a te petiit, ut ipse gratias
persolvat mihi, tibi uterque nostrum.

C. Nephalio

In quantas angustias devenerit Stephanus, ne vobis
quidem, opinor, incompertum est, neque ignoratis eum ne
in manibus quidem spem quærendi victum ponere posse
eum prope abfuerit, ut et oculis casu privaretur. Unde
ministerium aliquod propter necessitatem ementitus dia-
conorum speciem induit. At periculum est ne nihil
eo nmodi ex hac arte percipiat, nisi tuum ei præsidium
feratur, quod quin omnibus qui uti eo velint præsto
adsit, plane non dubito. Vos enim si pro illo rogaveri-
tis, episcoporum vestrorum fortasse aliquis adducetur,
ut aut ministerii eius uti velit aut certe mensis suis
eum adhibeat. Scitote autem eum vel destitutum auxi-
lio finem nugarum non facere, si beneficio aliquo
auctus fuerit, ecquis est locus, in quo non cumulatissime
gratiam acturus sit? Consumet enim, opinor, nativam
garrulitatem eo, ut memori mente gratias tibi agat im-
mortales.

CI. Palladio

Sapientiæ vestræ epistola, ut in conspectum nostrum
venit, omnibus consueto more movit lætitiam, sed cum
summam eius cognosci oportuit, parum abfuit quin
et lacrimis eam impleremus. Quorum enim gaudia
communia sunt, hos etiam casum luctumque una dolere
necesse est. Sed vide per deos quanta mobilitate se gerat
fortuna, cum promiscue malos feriat et in probos tela
iaculetur. Nam si ex virtute res ponderarentur, non
profecto iniustam fortunam expertus esses, nunc vero
uxorem deploras, prudentem sane, ut par est, et qualem
decebat viro sapienti consociari, sed quod maxime acer-
bum, matrem filiorum, qui adhuc matre indigent. Hæc
qui audit, nonne in lacrimas effundat dolorem? Quis
vero, cuius eadem causa est, de statu suo non deiciatur,
nisi cui animi sedatio obtigerit qualis in te est? Credo
enim te Isocratis præcepta secutum, priusquam aliquid
patereris, sponte tua te rerum humanarum varietatem
ita expertum esse, ut multos eius generis casus videres
multorumque audires narrationes. Quæ enim vexationes
sunt, quibus non agitetur vita nostra? vel quid eam man-
suetiorem esse fluctibus demonstrat? Ille certis pedibus

εἰς παραμυθίαν αἰτῶν, ὃ δὲ πρὸ τῆς ἥβης ἀνήρπα-
σται· γαμεῖ τις ἕτερος, ὃ δὲ τὴν συνοικοῦσαν ὀδύρεται.
ταῦτα τὸν βίον πληροῖ, καὶ τὴν Ὁμήρου βεβαιοῦν
ἐπείγεται γνώμην, ὡς οὐδὲν ἀκιδνότερον γαῖα τρέ-
φει ἀνθρώποιο· πανταχόθεν γὰρ ψηρίζεται τὸ δαι-
μόνιον μηδὲν μένειν οἷον καὶ γέγονεν, ἀλλ' εἴ τι
κατὰ νοῦν ἐστὶν ἀνθρώποις, « μικρόν » φησίν « ἀνά-
μεινον, καὶ πάντως οἰχήσεται. » τὸ μὲν οὖν παθεῖν
θεοῦ προνοίᾳ δεδόσθω καὶ νεύματι πάντως καλῶς
ἄγκντι τὰ ἡμέτερα, τὸ δὲ φέρειν ὅ τι ἂν ὁ θεὸς διδῷ
γενναίως, νικᾷν ἐστιν ἀρετῇ καὶ μὴ πάντα εἰδόναι τῇ
τύχῃ· τοῦτο γὰρ τοῖς ἀγαθοῖς ἐγκαλλώπισμα, τὸ μὴ
τὴν γνώμην συμμεταπίπτειν τοῖς πράγμασιν. οὐκοῦν
ἅλις ἔστω δακρύων, οὐ γάρ μιν ἀναστήσεις, πρὶν καὶ
κακὸν ἄλλο πάθῃσθα· τοῖς δὲ παισὶν αὐτὸς καὶ μήτηρ
γενήσῃ, καὶ θεὸς τὰς ἐπ' αὐτοῖς ἐλπίδας εἰς ἔργον
ἄξει τῷ νεύματι.

ρβ'. Νεστορίῳ.

Ἥσθην σου τῇ καλῇ καὶ λίαν ἐπιστολῇ, τὰ μὲν
ἀπολογουμένῃ περὶ τῆς μακρᾶς σιωπῆς, ἥν, εἰ καὶ
πολλάκις ἐγεγράφεις, ἐμοὶ γοῦν ἐσίγας, μέχρι τὰς ἐπι-
στολὰς ἐδεξάμην, τὰ δὲ καὶ λίαν ἐπιτιμώσῃ, ὅτι σοι
τὴν ἀρχὴν ἐνεκάλουν σιγήν. ἥσθην ἄμφω ταῦτα,
μὰ τοὺς θεούς· τὸ μὲν γὰρ οὐχ ἡμαρτηκότος ἦν περὶ
φίλους, τὸ δὲ μηδὲ βουλομένου τοιοῦτον δοκεῖν. ἥττη-
μαι τοίνυν σιωπὴν ἐγκαλέσας, καὶ βουλοίμην ἂν διὰ
παντὸς ἐν τούτῳ νικᾶσθαι. δέδεγμαι δέ σου τὰς ἐπι-
στολὰς χρόνῳ καὶ μόλις, καὶ ἥγε παρὰ σοῦ πρώτη
πρὸς ἡμᾶς ἀφῖκται δευτέρα. σὸν δ' ἂν εἴη σκοπεῖν
ὡς εἰ δοκῶ ἀδικεῖσθαι τοσοῦτον κατηγορῶ, τίς ἂν
γενοίμην ὄντως παθών.

ργ'. Στεφάνῳ.

Σὺ μὲν ἔτι σιγᾷς, καὶ ταῦτα τὴν Δάφνην οἰκῶν, τὸ
λάλον ὕδωρ ἐκεῖνο καὶ μαντικόν, ἐγὼ δὲ πάλαι περι-
σκοπῶ τὰς ὁλκάδας, μετέωρος ἀεὶ πρὸς τὸ μέλλον γινό-
μενος· αἳ δέ που καταίρουσι καὶ δευτέρα καὶ τρίτη,
καὶ τὰ καθ' ἡμᾶς διελέγχουσιν ὡς μόνον ἦσαν ἐλπίδες.
τὴν δὲ τῆς σιγῆς αἰτίαν σκοπῶ, καὶ πανταχόθεν ἠπό-
ρημαι. εἰ μὲν γάρ τι λελύπηκα καίτοι λυπήσας μηδέν,
ταῦτα μὲν οἰχέσθω καὶ φέροιεν αὖραι, μείζω δ' οὖν
ὅμως τῶν ἐγκλημάτων ὑφίσταμαι δίκην, εἰ μὴ λα-
λοῦντος ἀκούσομαι· εἰ δὲ τὴν ἄλλως ἀκκίζῃ μὴ δύνα-
σθαι λέγων εἰς κάλλος εἰπεῖν, δικασταὶ τούτων ἡμεῖς,
καὶ τὴν αἰτίαν μεμφόμεθα. ἀλλ' ἤδη που τάχα τὸ
πρᾶγμα μαντεύομαι, μηδὲ τῆς ὑμετέρας Δάφνης
πιών. ἐρυθριᾶν φήσεις ὡς παραβὰς τὴν ὑπόσχεσιν
καὶ τὰς συνθήκας ὑπεριδὼν καὶ τὸ βιβλίον ἔχων
τρίτον ἢ τέταρτον ἔτος τουτί, ὃ μηδὲ τρίτον μῆνα κα-
θέξειν ἐπαγγειλάμενος. ταῦτα τοίνυν εἰ μὲν ἀχθόμε-
νος ἐρεῖς, δείξεις μὴ πλείω χρόνον κρατῆσαι, καὶ τὴν
σιωπὴν ἀποδεξάμενος τὸ σύμβολον τῆς αἰδοῦς τῇ ἀνάγ-

---

ad summos dignitatis et fortunæ gradus pervenit, ille ad
summitatem provectus a fortuna proditur ac delicitur;
alius senescit, mortem ut solatium postulans, alius ante
tempus conficitur; uxorem ducit alius, alius consortem
lamentatur. Hæc replent vitam ac propere confirmant
Homeri sententiam, *terram nihil vilius nutrire ho-
mine*; nam quovis temporis momento numen divinum
nihil esse perpetuum declarat nihilque stabile, sed si
quid ex sententia procedit hominibus, « mane paulis-
per » inquit, « et evanescent omnia. » Atque illud qui-
dem concedimus, providentiam divinam ac numen bene
utique nostra moderans calamitates nobis infligere; con-
tra si fortiter feramus quicquid divinitus nobis acciderit,
victoriam virtute nostra reportasse neque omnia fortunæ
permisisse videbimur. Illud enim probos homines iac-
tare fas est, non se exanimari rerum vicissitudinibus. Hinc
satis tibi esto lacrimarum; *neque enim illam surgere
facies; prius enim facile aliam acceperis calamita-
tem*. Filiis autem ipse tu et mater eris, et deus spem,
quam in iis collocas, nutu et arbitrio suo explebit.

CII. Nestorio.

Ex venustissima tua epistola magnum gaudium cepi,
cum et excusationem afferret diuturni silentii (nam etsi
sæpe ad alios scripsisti, ad me certe nihil literarum de-
disti, donec has accepi) et vero vituperaret me, quod
omnino silentii te postulassem. Magnam hercle ex utra-
que re voluptatem cepi; nam apparebat et nihil te
commisisse in amicos, et ne videri quidem velle. Vic-
tus igitur sum, cum silentii te postularem, et velim ita
semper vinci. Accepi autem epistolas tuas sero et tardis-
sime, et quæ prior a te missa fuit, posterior nobis reddita
est. Iam ex eo, quod falso opinatus iniuriam mihi fac-
tam esse reum te fecerim, colligere potes, quam te
severe habiturus fuissem, si literas ad te darem revera
expertus iniuriam.

CIII. Stephano.

Tu quidem adhuc siles, etsi Daphnen accolis, aquam
illam loquacem et fatidicam, ego vero erectus exspecta-
tione celoces circumspicio, quæ nescio quomodo appel-
luntur altera et tertia, nihilque allud ostendunt quam ir-
ritam fuisse spem nostram. Silentii tui causam dum
exquiro, undique premor difficultate. Nam si, etsi va-
cuus a culpa, dolore te affeci, ultra istunc ventisque
trade auferendum; certe nimis magnam pro scelere meo
pœnam subeo, si tuis prohibeor sermonibus. Rursum
si delicatulorum instar ineptiens eleganter te et persub-
tiliter scribere posse negas, penes me eius rei iudicium
esto, neque laudo causam istam. Sed iam nisi fallor
divinatione rem assequor, etsi Daphnen véstram non
præguslavi. *Dices* erubescere te quod promisso non
satisfeceris, et quod neglexeris quod pacto inter nos
convenit, et quod tertius hic sit annus quartusve ex
quo librum habes, quem vel ante tertium mensem re-
dditurum esse pollicitus es. Hæc num te non sine pœ-
nitentia fassurum esse vere coniecerim, eo ostendes, ut
non longius illum retineas, atque ego silentium tuum
pudoris symbolum esse ratus necessitatis rationem
habebo, etsi librum manibus tuis tradidi, cuius præ-

κη τὸ πρᾶγμα λογίζομαι, καίτοι βιβλίον ὑμῖν δεδω-
κώς, οὗ τὴν τιμὴν οὐδέπω καὶ νῦν καταβέβληκα,
ἀλλ' ἄδηλον εἴτε τοῦ πιπράσκοντός ἐστιν εἴτε τοῦ δε-
δωκότος ἐμοῦ· ἀλλ' ὅμως οὐδὲν ἐμποδὼν τῇ σῇ
χρείᾳ πεποίημαι, οὐ τὸ τοῦ κτήματος ἄδηλον, οὐ τὸ
δεῖν ἐξ αὐτοῦ τι μαθεῖν, ἀλλὰ πάντα παριδὼν μετὰ
πολλῶν ἄν σοι παρέσχον, εἰ καὶ τοῦτο ποιεῖν συνεχώ-
ρησας. ὅμως οὐδὲν δεινὸν εἰ μέχρι τοῦ νῦν ὁρίζεις
τὸ βράδος· εἰ δὲ προσθήσεις ἔτι, τοσοῦτον ἀπολαύσω
τοῦ πράγματος ὅτι δὴ πάντας ἀπίστους ἡγήσομαι· τί
γὰρ ἂν ἐλπίσαιμι, παρὰ σοῦ τοιαῦτα παθών, ἀλλ'
οὔ, ὃ γε σοφώτατος Ἰωάννης τοιοῦτος, ὃς ἐν λαβὼν
παρ' ἐμοῦ μετ' οὐ πολὺν χρόνον δεύτερον προσαπέστει-
λεν οὕτως εὐγνώμων δοκεῖ· ἤθελε μᾶλλον ἢ κεκτῆσθαι
βιβλίον. καὶ μή μοι λέγε ὡς « οὐκ ἀποστερεῖν ἐθέ-
λων κα-έσχον » τοῦτο μὲν γὰρ τυγχάνω πεπεισμένος,
καὶ ἐπὶ μέγαν ὅρκον ὁμοῦμαι. ἀλλ' οὐκ ἔδει παρατεί-
ναι τῷ βράδει, ὅπου γε καὶ ἴσον δύναται τῷ ἀποστερεῖν
τὸ χρόνῳ καὶ μόλις ἀποδιδόναι. ἀλλὰ πρὸς Φιλίου μὴ
ἀναμείνῃς ἔτι ἕτερα γράμματα μηδὲ πλοῖον ἕτερον ἢ
τὸ κομίζον σοι τὴν ἐπιστολήν

ρδ´ Διοδώρῳ

Ὁ φέρων σοι τὴν ἐπιστολὴν οὐ νῦν πρῶτον πειραθή-
σεται τῆς εὐνοίας τῆς σῆς, ἀλλ' ἔτι τὴν πρώτην διηγού-
μενος δευτέραν λήψεται πεῖραν, ὡς δὲ δοκῶ, τάχα καὶ
μείζονα ἐκείνης· μὲν γὰρ ἀπέλαυσε κηδεστὴς καλεῖσθαι
μέλλων ἡμέτερος, ταύτην δὲ λήψεται καὶ δὴ πρὸς
ἔργον ἐλθών· ὁ δέ γε μέλλοντα τοῦτον τιμήσας τίς
ἂν εἴης γεγενημένον ἰδών, οἶμαι γὰρ ὡς τῶν νόμων
εὐθὺς τὰ ταμιεῖα κινήσεις, καὶ παραθήξας τὴν γλῶτ-
ταν κατὰ τῶν ἀδικούντων λόγων ἐπαφήσεις πηγάς,
καὶ τί γὰρ θεατὴν ἢ βήματος Ἀττικοῦ πρὸς μνήμην
ἄξεις τὸν θεατήν, ταῦτα λέγειν ἔχω, ταῦτα πάρεστιν
ἐλπίζων ὁ νέος· καὶ οὔτ' ἐγὼ ψευδολογίας ἁλώσομαι,
οὔτε μάτην ἐλπίσας ἐκεῖνος

ρε´ Ζαχαρίᾳ καὶ Φιλίππῳ ἀδελφοῖς

Τὰ ὑμέτερα γράμματα καὶ τὴν εἰς ἡμᾶς εὔνοιαν
ἐδήλου καὶ γνώμης οὐκ ἀπήλλακτο σώφρονος, ἑκάτε-
ρον δὲ τῇ τοῦ ἑτέρου προσθήκῃ καθαρὸν ὑπεφαίνετο·
οὔτε γὰρ ὡς ποθοῦντες ἁπλῶς οὕτως ἔχειν ἡμᾶς ἐβου-
λήθητε, ἀλλ', εἰ μὴ καὶ τὸ συμφέρον προσείη, περιττὴν
ἡγεῖσθε τὴν θέαν, οὔτε τοῦ μέλλοντος ἀδήλῳ πε-
ριδεεῖς γεγονότες τὴν πρὸς ὑμᾶς ἰέναι πάλιν ἀπηγο-
ρεύσατε, ἀλλ' ἣν καινὸς ὁ τρόπος τῆς συμβουλῆς καὶ ῥη-
τορικῇ πρέπων ἐννοίᾳ, οὔτε τὸ καλὸν ἔχων θρασύ, καὶ
-ὴν ἀποτροπὴν ὑφορώμενος· ἐγὼ δὲ τοσοῦτον ἀπέχω τοῦ
κόμπου καὶ πραγμάτων ἐρᾶν καὶ τὴν ἑτέρων εὐδαι-
μονίαν ζηλοῦν, ὥστε καίπερ οὐ κατὰ νοῦν πράξας ἐν-
ταῦθα, τοσοῦτον ὅμως ἐκαρτέρησα χρόνον· καὶ νῦν
ἐπειδήπερ ἐπαγγέλλονταί μοι ποιήσειν τὰ μέτρια, οὐχ

---

tium nondum solveram, ut dubitari possit, sitne ille
eius, qui vendidit, an meus, qui tradidi Nihilominus
impedimento tibi esse nolui, quominus satires de-
siderium, unde neque incertam commemoravi posses-
sionem neque doctrinam inde nihil repetendam, immo,
si per te licuisset, haud cunctanter cum aliis multis
librum tibi istum tradidissem Sed iam non male me-
cum agitur, si cessationem tuam huius temporis finibus
descripseris, si iterum diem distuleris, illud certe docu-
mentum inde cepero, neminem esse, cui fides possit ha-
beri Quid enim spei relictum est, te cum talem exper-
tus sim? Aliter certe doctissimus Ioannes, qui cum unum
librum a me accepisset, non ita multo post alterum in-
super ad me transmisit, adeo ille comis videri quam li-
brum possidere maluit Neve dicas te, cum retineres,
exturbare me possessione noluisse, nam illud quidem
ut credam facile adducor, ac iusiurandum iuro verissimum
pulcherrimumque, sed non debebas tempus ducere ces-
sando, quandoquidem nihil interest surripiasne aliquid an
longo tempore interiecto reddas At per Iovem amicitiæ
præsidem, ne secundas literas exspectes neve aliam na-
vem nisi quæ hanc ad te perfert epistolam

CIV Diodoro

Qui hanc tibi reddit epistolam, non nunc primum bene-
volentiam tuam perspectam habebit, sed alterum eius spe-
cimen, et maius quidem, opinor, capiet, dum prioris memo-
riam repetit, nuper enim ei, cum in eo esset ut gener fieret
meus, officium tuum probasti, nunc probabis, cum iam
perveni eo quo voluit Tu vero, qui honorasti eum quippe
futurum generum meum, quid eo facies, cum factus gener
sit? Credo enim te confestum legum thesauros reclusu-
rum esse et, cum linguam exacueris, argumentorum
tuorum flumina in obtrectatores immissurum Atque
hoc agens nonne Attici suggesti memoriam apud specta-
tores redintegrabis? Hæc habui quæ dicerem, hæc spe-
rans adolescens adest, ac neque ego falsæ convincar
coniecturæ, neque ille futilis exspectationis

CV Zachariæ et Philippo fratribus

Epistolæ vestræ et benevolentiam in nos vestram
monstrabant, et ab animi moderatione non abhorrebant,
utriusque autem epistolæ summam assecutus sum, cum
alteram alteri apposuissem Nam neque, qui mos est
amatorum, habere nos simpliciter gestiebatis, rerum, nisi
simul lucri aliquid inde perciperetur, supervacaneum
adspectum nostrum putabatis, neque futuri temporis ca-
ligine perterriti aditu ad vos patente mihi interdixis-
tis, sed erat novum consilii genus et quod honeste
mentem rhetorica arte excultam, nam disertis verbis vo-
care me non audebatis et repellere metuebatis Ego vero
tantum abest ut laudibus et negotiis inliiem, aliorumque
felicitati invideam, ut, etsi hic loci haud ita præclare me-
cum actum est, tamen tam diu manserim Et nunc, cum
promittant sese liberaliter me habituros esse, parum

ἔρμαιον ἡγοῦμαι κούφαις ἁπλῶς ἐλπίσι βασιλέως πό-
λιν ἰδεῖν, καὶ ταῦτα τῆς ἡσυχίας ἐρῶν καὶ μίαν ταύ-
την εὐδαιμονίαν ἡγούμενος καὶ τοῦ Βυζαντίου πρὸς
ἔννοιαν ὅλως ἐλθών, ὅπως ἐφοδίων εὕροιμι τοῦ ποτὲ
πραγμάτων ἔξω γενέσθαι καὶ θειοτέρας ἀπολαῦσαι
ζωῆς. πλὴν οὐκ ἐρῶν τῶν πραγμάτων τίθεμαι τὸ
δοκοῦν· οὐδὲν γὰρ αἱρετὸν ὃ μὴ θεοῦ δέχεται νεῦμα,
καὶ μὴ γινόμενον ἕκαστον τὸ μὴ θεὸν ἔχειν ἐπαινοῦντα
δηλοῖ, ὥσπερ κἄν τι γένηται μὴ πάθει συνεζευγμέ-
νον, θεῷ πάντως ἐδόκει καὶ γέγονε. καὶ οὔτε τι μὴ
δοκοῦν ἐστι γενέσθαι οὔτε γεγενημένον μὴ δοκεῖν, ὥστε
εἴ τι τῶν ἐπηγγελμένων προβαίη, μένειν ὡς ἔοικε δεῖ,
καὶ ἀντιλέγειν οὐκ ἔχω. εἰ δὲ λόγοι ταῦτα καὶ οἴχε-
ται ἡ τῶν μὴ γενομένων ἀνάγκη, τὴν τοῦ θεοῦ δεί-
κνυσι ψῆφον ὡς ὑμᾶς ἰέναι κελεύουσαν. εἰ γὰρ μή,
ταῦτα πάντως ἂν ὑπῆρξεν ἐφ' οἷς με μένειν ἐχρῆν.

ρϛ'. Διοδώρῳ.

Ὤμην σε τὴν τῶν μαρτύρων παρ' ἡμῖν ἐπιτελέσαι
πανήγυριν καὶ διδόναι μόλις ἡμῖν εὐτυχῆσαι τῇ θέᾳ,
σὺ δὲ κἂν ὄναρ ἴδῃς τὸν Μαϊουμᾶν, ὡς ἔοικε, δυσχε-
ραίνεις καὶ τὸν οἰωνὸν δεδιὼς ἀποφράδα τὴν ἡμέραν
καλεῖς. οὕτω σοι πάλαι καὶ πόρρωθεν τὸ μῖσος ἐνέ-
στακται, ὡς διὰ τοῦτο μηδὲ τοὺς φίλους ἐθέλειν ὁρᾶν,
καὶ διελέγχεις τὸν χρόνον αὔξειν τὸν θυμὸν μᾶλλον ἢ
διελέγχειν εἰδότα. ταῦτα προύλεγον ἀεί, ταῦτα καὶ
γέγονεν· ὁρῶν γάρ σε διὰ τοὺς λυποῦντας καὶ τὸν τό-
πον ἀποστρεφόμενον, « ἰοὺ ἰού » πολλάκις ἔφην, ὡς
« ἅπαξ ἡμῶν ἀπαλλαγεὶς οὐκ ἐθελήσεις αὖθις ὁρᾶν. » ἀλλ'
οὐδ' Ἀχιλλεὺς τοσοῦτον χρόνον ἐθυμοῦτο τοῖς Ἀχαιοῖς,
ἀλλὰ λυπήσας ἀπὼν εἶξεν αὖθις ὡς ἔδει καὶ μετεβά-
λετο. χάριν δ' οὖν ὅμως οἶδα τῇ τύχῃ ὅτι μὴ Θέτιν
ἔχεις μητέρα· πάλαι γὰρ ἂν ηὔξω καὶ ἀπωλώλειμεν.

ρζ'. Εἰρηναίῳ.

Τοῖς περὶ Ζωναῖον τὴν ἐμὴν εὔνοιαν ἐνεποιεῖτε τὸ
μὲν πρῶτον ὑμεῖς, μετὰ δὲ τὴν πεῖραν τῶν νέων ἡ
φύσις· καὶ τῶν πρώτων διὰ σὲ τυχόντες, τὸ τελευ-
ταῖον οὗτοι μοι δι' αὑτοὺς ἐνεποίουν τὸν ἔρωτα· κο-
σμεῖ γὰρ αὐτῶν τὸν μὲν τρόπον σπουδή, τὴν δὲ σπου-
δὴν οὐκ ἐλέγχουσα εἶδεν ἡ φύσις, ὥστε εἰ μὴ προμηνύ-
σας ἔτυχες, ἴσως ἂν ἐμαντευσάμην ὡς πρὸς σὲ τὸ γέ-
νος ἀνάπτουσι, τῷ χαρακτῆρι τῆς φύσεως στοχασάμε-
νος. ἀλλ' εὖ γε τοῦ σοῦ γένους εἰ τὰ τοιαῦτα τίκτειν
ἐπίσταται. τὴν μὲν οὖν ἐμὴν γνώμην ἐπτερωμένην
ἴσθι τοῖς νέοις· εἰ δὲ καὶ δύναμιν ὑπουργοῦσαν ἔχω τῇ
προθυμίᾳ, θεῶν ἐν γούνασι κείσθω.

ρη'. Ζαχαρίᾳ καὶ Φιλίππῳ.

Ὁ καλὸς Ἰωάννης κἀκ τοῦ γένους ὑμᾶς ἀπαιτήσει
τὴν εὔνοιαν, κἀκ τῆς παρ' ἐμοὶ συμφοιτήσεως· ἔστι
γὰρ Λεοντίου παῖς, εἰ Διονύσιον ἴστε τῆς ἡμετέρας

opportunum duco vana spe regalem videre urbem, ut qui
tranquillitatem amem solamque hanc felicitatem esse
existimem, cumque propterea solum Byzantium in men-
tem meam induxerim, ut viam invenirem removendi me
tandem a negotiis fruendique diviniore vita. Ego cum
negotiorum parum amans sim, sequor id, quod deo pla-
cuerit; neque enim quidquam eligendum est quod dei
nutu non adprobatum sit, et singula quæque, quæ non
evenerunt, dei probatione carere apparet, quemadmodum
etiam si quid evenerit ab animi perturbationibus seiunc-
tum deo placuisse et auctore eo evenisse in promtu est.
Neque fieri potest, ut, quod deo non placuerit, eveniat,
neque ut, si quid evenerit, non placeat deo, ita ut si quid
promissorum evenerit, manendum esse putem, neque sit
quod obloquar. Quodsi nihil illa nisi verba fuere, neque
amplius vinculis ac necessitate circumdamur eorum, quæ
non evenerunt, dei sententiam tenemus viam ad vos
monstrantem. Sin minus, ea procul dubio mihi suppe-
terent, quorum causa manendum foret.

CVI. Diodoro.

Opinabar te martyrum festum nobiscum celebraturum
ac tandem nobis ut adspectu tuo frueremur concessurum
esse; sed tu, nisi fallor, si vel in somniis Maiumam con-
spicias, stomacharis omenque reformidans diem vocas
nefastum. Ac tantum odium longo abhinc tempore
suscepisti, ut neque amicos visere velis: ostendis igi-
tur, tempus non tam ad explodendam iram quam ad
augendam valere. Hoc eventurum esse semper præ-
dixi, iamque evenit; nam cum te propter eos, qui iniu-
ria te lacessiverant, vel locum detestari viderem, sæpius
exclamavi: « eheu, semel cum a nobis discesserit, revi-
sere nolet. » At neque Achilles tantum temporis Græcis
irascebatur, verum cum læsisset eos absentia sua, volun-
tati eorum, ut decebat, morem gessit et immutatus est.
Ceterum gratiam refero fortunæ, quod non Thetin ma-
trem habeas; nam dudum eam obtestatus esses et periis-
semus.

CVII. Irenæo.

Zonæo eiusque comitibus ut faverem primum tuæ ef-
fecerunt literæ, deinde, cum in conspectum meum venis-
sent adolescentes, indoles eorum atque natura; et cum
tua causa iis primitias benevolentiæ meæ dedissem, ad
extremum eos simpliciter ipsorum gratia amare cœpi.
Summum enim in iis studium conspicuum est, neque id
dissolvitur eorum indole, ita ut, nisi prænuntiasses, haud
scio an ex tua stirpe oriundos esse divinassem indolis
characterem testificatus. Felicem te, ex cuius genere
talia nascuntur. Ac menti quidem meæ quasi alas addi-
derunt adolescentes; num etiam vires habiturus sim
voluntati opitulantes, in deorum sinu reconditum est.

CVIII. Zachariæ et Philippo.

Bonus Ioannes et propter originem suam benevolen-
tiam vestram consectabitur et quod scholam meam fre-
quentavit; est enim Leontii filius, si Dionysium nostis, ma-

τηθῆς τὸν ἄνδρα. τούτου πέφυκεν ἀδελφὸς ὁ τούτου
πατήρ, ἵνα καίπερ εἰδότας ὑπομνήσω τὸν ἄνθρωπον.
εἰ δὲ καὶ μὴ ταῦτα προσῆν, πάντως ἂν οἰκεῖον ἡγή-
σασθε θιασώτην ἡμέτερον καὶ τὸν παρ' ἐμοὶ χορὸν
ἐκπληρώσαντα. οὐκοῦν μὴ μέλλετε τὸν νέον εὖ ποιεῖν
ἔχοντα πανταχόθεν ὀφειλομένην τὴν εὔνοιαν σιωπῶ
γὰρ λέγειν ὡς καὶ τῷ τρόπῳ τοῦ, ὁρῶντας ἐπάγεται,
ἐρυθριᾷν εἰδὼς πρίν τι καὶ λέγειν, καὶ φθέγγεσθαι
μέτρια, τῷ καιρῷ τοὺς λόγους μετρῶν καὶ τὸν νοῦν
ὑπὲρ τὴν ἡλικίαν κτησάμενος· ὁ δὲ μιαρὸς Θεόδω-
ρος τὸν πλοῦν ἡμῖν ἐπανατείνας πάλιν ἀνέδυ, τάχα
καταγνοὺς ἑαυτοῦ εἴπερ τι προειπὼν ἀληθεύσεις καὶ
πρὸς πέρας ἐνέγκοι τὸν λόγον

ρθ΄ Τοῖς αὐτοῖς

Πάλιν ὑμῖν ἐπιστολὴ καὶ πάλιν ἕτερος ὄχλος ἔοικα
γὰρ που τοῦ αἰτεῖν μὴ τάχα μέτρον εἰδέναι ἀλλὰ φθά-
νειν ἀεὶ τοῖς δευτέροις τὰ προλαβόντα ... γελᾶν τε
ἀλλήλοις καὶ λέγειν ὡς κρείττων ἦν σιωπῶν ἢ πυκνοῖς
βάλλων τοῖς γράμμασιν. ἀλλ' ὅμως κἂν διατριβὴν
ὑμῖν παρέχω καὶ γέλωτα, σιωπᾶν οὐκ ἀνέξομαι, ὡς ἂν
ὑμεῖς εἴποιτε, τέχνης ἀεὶ τὸ λαλεῖν παρὰ τῆς τύχης
λαχών, καὶ ταῦτα τοῦ νυνὶ πράγματος εἰς ἡμετέραν
χρείαν ὁρῶντος· οἱ γὰρ παρ' ἡμῖν λογάδες ψηφίσματι
κοινῷ τὴν μεγίστην ἀξιοῦσιν ἀρχὴν ῥᾴδιον ἐπινεῦσαι
πρᾶγμα, πλοῖον ἀτελὲς σιτηρέσιόν μοι χορηγῆσαι δυ-
νάμενον· αἰτοῦσι δὲ καὶ παλαιὰς συντάξεις βεβαιωθῆ-
ναι τοῖς διαδεξαμένοις καὶ ψιλὴν μεταθεῖναι προσηγο-
ρίαν. ταῦτα τὴν ὑμετέραν ἀναμένει σπουδὴν ταῦτα
πρὸς πέρας ἐνεγκόντες κἀμοὶ χαρίεσθε καὶ τοῖς αἰτή-
σασιν ὑμᾶς δι' ἐμοῦ εἰ δὲ ταῦτα παρίδοιτε, διπλᾶ
μοι συμβαίνει παθεῖν, καὶ τὸ μὴ τυχεῖν τῆς ἐλπίδος
καὶ τὸ δι' ὑμῶν μὴ τυχεῖν, ὧν τὸ μὲν αἰσχύνην τὸ δὲ
ζημίαν ἐργάζεται. ἀλλ' εὐτυχήσομεν πάντως, θεοῦ
μὲν ἄνωθεν ἐπινεύοντος, ὑμῶν δὲ διακονούντων τῇ
χρείᾳ, ψηφιζομένης δὲ τῆς μεγίστης ἀρχῆς

ρι΄ Τοῖς αὐτοῖς

Τοσοῦτον ἡμᾶς τὸ τάχος κατέπληξε τῆς ὑμετέρας
σπουδῆς, ὡς τὰς ἡμέρας ἀριθμεῖν ἐξ οὗ πεπόμφαμεν
τὰ ψηφίσματα, καὶ μικροῦ δεῖν ὑμᾶς νικῶντας τὸν
χρόνον εὑρεῖν. τοσοῦτόν ἐστιν ἀγαθῶν ἀδελφῶν περιέ-
χεσθαι σπουδῇ, χέρδος ἡγουμένων ἅπερ ἂν ἀλλήλοις
πρὸς εὐθυμίαν πορίσωνται. τὸ δὲ καὶ νικῆσαι τῶν
αἰτηθέντων τὴν χρείαν καὶ πλείω παρασχεῖν ἢ ὁ αἰ-
τήσας ἐβούλετο, πόσην οὐκ ἐμφαίνει τὴν εὔνοιαν, μήτ'
οὖν ὑμεῖς παύσησθε ταῦτα ποιοῦντες, μήτε μέγα φρο-
νοῦν ἐπὶ τούτοις ἐγώ

ρια΄ Ἱερωνύμῳ

Σὲ μέν, ὦ βέλτιστε, τὸν ἐξ ἡμῶν ἀπάραντα κα-
τάρχειν ἔδει γραμμάτων καὶ διδάσκειν εἰδέναι πο-

---

ritum aviæ vestræ Huius frater est pater illius, ut rem
vobis non ignotam in memoriam reducam Verum etiam
si aliter esset comparatus, in familiarium numerum uti-
que vobis recipiendus esset, cum disciplinæ nostræ ad-
ductus sit et chorum expleat sectatorum nostrorum Ita-
que ne cunctemini beneficia conferre in adolescentem,
cui non uno nomine licet expetere benevolentiam ves-
tram, omitto enim vel moribus eum suis animos spec-
tantium sibi conciliare, ut qui, priusquam initium faciat
dicendi, erubescere sciat Idem verecundus in dicendo
est, verbaque sua occasione modulatur ac mente ætatem
superat Improbus Theodorus, cum navigationem nobis
pollicitus esset, iam pedem retulit, perinde ac si pœni-
tuisset eum stare promissis datamque fidem exsolvere

CIX Iisdem

Ecce iterum ad te epistola perfertur, atque iterum tibi
oneri sumus, videor enim non nosse petendi modum,
sed semper secundis præverune priora Credo autem
vos risum edere ac dicere, tacentem me præstantiorem
fuisse quam cum crebras epistolas telorum instar in vos
conicerem Verum tamen etsi molestiam vobis facesso
et risum moveo, non eo adducar, ut silentium teneam,
cum (sic vos diceretis) artis garritum a fortuna nactus
sim, præsertim cum nunc agatur de re ad iacum fructum
spectante Nam homines apud nos haud spernendi com-
muni suffragio summum magistratum volunt adnuere rem
facilem, naviculam, quæ alimenta nobis immunia portorii
advehere possit, postulant præterea ut successoribus
veteres pactiones confirmentur utque nudum nomen
transcribatur Hoc vestram exspectat voluntatem, hoc
si ad finem perduxeritis, et mihi gratificabunus et iis
qui per me vos rogaverunt Si neglexeritis, duplicem in
hac re iacturam faciam, nam spe frustrabor, et per vos
frustrabor, quorum hoc mihi ruborem, illud damnum
affert Sed rem bene geremus, deo nobis e cælo ad-
nuente, vobis quæ postulamus concedentibus, summo
magistratu adiuvante nos suffragio suo

CX Iisdem.

Tanta voluntatis incitatione mihi operam vestram
præstitistis, ut admiratione commotus numerarem dies,
ex quo suffragia misi, nec multum abesset, quin vos præ-
venisse tempus illud reperirem Ita animum percutit
bonorum fratrum alacritas, qui in lucro ponunt, si offi-
cus mutuo respondeant At si excedant rogationis ambi-
tum ac plura præbeant quam quæ rogaveris, nonne sum-
mam ostendunt voluntatem? Itaque diligenter videbitis,
ut nec ipsi talia facere cessetis neve ego de iis gloriari

CXI Hieronymo

Tu, carissime, ut quia nobis discesseris, literarum ini-
tium facere debebas nosque docere scire cupientes, nuin-

θαῦντας εἴ σοι γέγονεν εὐμενὴς ὁ Ποσειδῶν καὶ τῇ νηὶ
τὴν θάλατταν ὑπεστόρεσεν, εἰ τὰ κατὰ τὴν Ἀλεξάν-
δρου γέγονεν εὐμενῆ, εἰ τὸν πολὺν Νεῖλον ἀνέπλευσας
εὐτυχῶς, εἰ τὰ τῆς διατριβῆς εὐθαλῆ, καί σοι λοιπὸν
ἐν μυριάσι τὸ νόμισμα, καὶ τὸν οἶκον ἔχεις Αἰγυ-
πτίοις πλήθοντα δώροις. ταῦτα γράφειν ἐχρῆν καὶ τὰς
ὑποσχέσεις πληροῦν, ἐν αἷς πολλαὶ μὲν ἐπιστολαί,
λήθη δὲ τῶν φίλων οὐκ ἦν. σὺ δὲ καὶ ἐπιστέλλοντα
παρορᾶς, οὐκ ἐθέλων ἀμείβεσθαι γράμμασι. τοιγαρ-
οῦν ἤδη καὶ δευτέραν ἐπέστειλα, κἂν ἔτι σιγήσῃς,
τάχα καὶ τρίτην προσθήσομεν, ἕως σέ τις ἐπεισέλθῃ
τῶν δρωμένων αἰδώς, καὶ τὴν σὴν φωνὴν εὐτυχήσω-
μεν.

ριβ'. Ἀγαπήτῳ.

Δεινὸς ἄρα τις ἦσθα κατηγορίαν ὑφαρπάζειν ἐλπιζο-
μένην καὶ ταῦτα προφέρειν τοῖς ἄλλοις οἷς ἂν τις δι-
καίως ἐχρήσατο κατὰ σοῦ. πάλαι μὲν γὰρ εἶχες τὴν
Ἀλεξάνδρου, καὶ ταύτην ἀπολιπὼν ἐσίγας, καὶ τὸ σὸν
μέρος ἐλάνθανες καὶ παρών. ἀλλ' εὖ γε τῆς φήμης, ἣ
τῶν ἀρίστων ἐᾷ λανθάνειν οὐδέν. αὕτη σε παρόντα
μεμήνυκε, καὶ θαυμάζειν εἶχον ἀνθ' ὅτου δὴ καὶ σιγᾷς.
« εἰ μὲν σεμνὸν τοῦτο καὶ Πυθαγόρου νομίζεις, ἀλλ'
οὐ ῥήτορος » ἔλεγον « ἡ σιγή· εἰ δὲ τὴν Ἐλοῦσαν ὡς
θεοῖς ἐχθρὰν καὶ βάραθρον ἐδυσχέραινεν, ἐχρῆν παρὰ
τῶν φίλων παραμυθίαν αἰτεῖν. » ὅθεν τούτων μὲν οὐ-
δέν, ἔλεγον δὲ μᾶλλον ὡς πολὺς ἤρθης καὶ τοὺς πάλαι
φιλτάτους λῆρον εἶναι δοκεῖς, καὶ ταῦτα τὴν Ἐλοῦσαν
οἰκῶν καὶ μικροῦ δεῖν ὑπ' ἀδελφῷ μὴ γελῶντι παιδα-
γωγούμενος. ταῦτα κατ' ἐμαυτὸν ἐννοῶν οὐκ ἂν
ἤλπικά σε κατήγορον ἐξαίφνης ἰδεῖν. ὅθεν προσεγέ-
λων τὰ γράμματα, καὶ τὴν ῥητορικὴν ἐθαύμαζον το-
σαύτην χορηγοῦσαν τὴν ἐξουσίαν, δι' ἣν ἀπολογίαν
ἐξίτουν ὃ πάλαι τῷ λόγῳ κατηγόρουν. ταῦτα τῆς
σοφιστικῆς τὰ σεμνά, καὶ οὐδὲ τῶν ὁμοτέχνων ἐφεί-
σατο, γλαυκάς φασιν Ἀθήναζε παραπέμπουσα. οἱ δὲ
ἐμοὶ παῖδες (οὕτως γὰρ ἐκάλεις τοὺς λόγους) πρός σε
φοιτᾶν ἐρυθριῶσι, διελέγχειν εἰδότα καὶ λανθάνουσαν
ἀμορφίαν.

ριγ'. Δωροθέῳ.

Ἤδη με μέλλοντα πρὸς τὴν προτέραν γράφειν ἐπι-
στολὴν φθάσας αὐτὸς καὶ δευτέραν ἐπέθηκας· οὕτω κἂν
τοῖς γράμμασιν ἐπείγῃ νικᾶν. ἀλλὰ τίς ὁ χρόνος ἐρεῖς
καὶ ἡ τοῦ μὴ γράφειν ἀναβολή; οὐκ ἔστιν ἄνθρωπον
ὄντα πράττειν ὅσα τις βούλεται, ἀλλ' ἀνάγκη παρέ-
πεσθαι καὶ δουλεύειν τῇ χρείᾳ καὶ πείθεσθαι τῷ και-
ρῷ. ὃ δὲ δίδωσιν οὐχ ὅσα τις ἐθέλει, ἀλλ' ὅσα πρὸς
τὴν χρείαν ἀνάγκη μετρεῖ. ταῦτ' ἄρα μέχρι καὶ νῦν
ἄκων μέν, σιωπῶν δ' οὖν ὅμως ἠχθόμην, καίτοι θαυ-
μάζειν ἔχων τὴν ὅτε παρ' ἡμῖν ἦσθα σπουδήν, τὴν
ἐπειδὴ πάλιν ἀνήχθης ἔτι μοι διαμένουσαν εὔνοιαν, τὸν
κατὰ σοῦ συστάντα φθόνον καὶ τὴν πάλαι τῆς τύχης

num prægrandi Nilo feliciter subvectus sis, num vita tua sit
opulenta, num tandem nummorum milia in crumenam
condas, domumque habeas Ægyptiis donis repletam. Hæc
te nobiscum communicare oportebat et exsolvere pro-
missa; nam propositum tibi erat multas scribere epistolas,
neque de obliviscendis amicis cogitabas. At tu adeo eum
negligis, qui literas ad te dederit, neque ei vis rescri-
bere. Hinc iam alteram epistolam ad te misi, eique,
si pergas silentium tenere, facile et tertiam adiungam,
donec te subeat pudor eorum, quæ perpetravisti, nobisque
contingat, ut vocem tuam audiamus.

CXII. Agapeto.

Scienter surripis accusationem quam extimescere de-
bebas, aliisque ea exprobras quæ ipsi tibi crimini dari
poterant. Dudum enim est quod Alexandriam habitasti,
quod hæc relicta tacuisti et quantum in te erat vel præsens
nos latuisti. Sed bene factum, quod fama hominum il-
lustrium neminem latere patitur. Hæc enim præsentiam
tuam prodidit, et erat quod causam silentii tui mirarer.
Non tamen mihi persuadebam, tacuisse te, ut rem miri-
ficam et Pythagora dignam faceres; nam nimium quan-
tum ab arte tua defecisses; vel quia Elusam ut invisam
diis et exitialem indignareris; tum enim solatium ab
amicis repetendum erat. His igitur missis dicebam te
magnos tibi sumpsisse spiritus et nauci facere veteres
amicos, præsertim cum Elusam habites et pæne a fratre
non ridente erudiaris. Hæc mecum reputans non ex-
spectabam te repente accusatoris partes acturum esse.
Unde risi epistolam tuam, et rhetoricen admiratus sum,
quod tantam tibi detulerit potestatem, ut, qui dudum
accusatorie locutus essem, iam quærerem excusationem.
Tam singularis ac pæne divina vis est artis sophisticæ,
neque illa, cum noctuas, ut in proverbio aiunt, Athenas
apportaret, iis pepercit, qui eandem artem profitentur.
Liberi autem mei (ita enim orationes meas vocabas) non
sine pudore a te accedunt, quippe qui scite vel latentem
deformitatem nudare soleas.

CXIII. Dorotheo.

Cum iam in eo essem ut ad priorem tibi epistolam re-
sponderem, missâ alterâ me prævenisti. Ita in literarum
adeo sermone palmam ferre eniteris. Sed « quæ hæc cunc-
tatio est » inquies, « et cur literas iste in longinquum tem-
pus distulit? Hominem ne esse scito neque licere sibi
facere quæ velit, sed aliorum arbitrio se permittere
fas esse et necessitati servire et opportunitati parere.
Ista vero non præbet quæ quis velit, sed omnia necessi-
tate metitur. » Nempe hæc ad hunc usque diem invitum
quidem sed tacentem me pupugerunt, etsi, dum apud
me esses, admirari licebat amabilitatem tuam, etsi bene-
volentiam, quam mihi post discessum semper præstitisti,

ἐπιβουλήν, καὶ ὡς σώφρων ἀνήγου τὸν λόγον γινόμενος καὶ τῇ περὶ ταῦτα φλυαρίᾳ χαίρειν εἰπών, αἱρησάμενος τοῖς πᾶσιν ἐλαττοῦσθαι μᾶλλον, ἵνα κερδάνῃς τὰς μούσας ἀλλ᾽ ὄναιο θᾶττον ἔρωτος μουσικοῦ, καὶ τοσοῦτον λάβοις ὁπόσον ἐθέλεις, καὶ γένοιο τῆς προλαβούσης διαβολῆς, εἰ μὲν ἀληθὴς ἦν, σωφρονέστερος, εἰ δὲ ψευδής, εὐτυχέστερος, ὅπως ὁ μετὰ ταῦτα βίος μηδὲ ψευδῆ διαβολὴν ἔτι δέξηται, ἀλλὰ φανείης πάλιν ἐκεῖνος ὁ πρότερον οὕτω γὰρ ἂν ἐνωθέντων τῶν ἄκρων διόλλυται τὸ μέσον ἑκατέρῳ μέρει βαλλόμενον.

ριδ' Στεφάνω

Ἔτι σιγᾷς; ἔτι τῶν ἠμελημένων ἡμεῖς, καὶ μὴν πάλαι γε πυκνοῖς ἡμᾶς εἷρες τοῖς γράμμασιν, καὶ ἦν ἥδιστόν τι χρῆμα φθεγγομένου πολλάκις ἀκούειν ἀλλὰ νῦν ἐξαίφνης σιγᾷς καὶ τῆς ἡδονῆς ἐστερήμεθα, τοιαῦτα τῶν χρηστῶν βιβλίων ἀπέλαυσα ζητῶν γὰρ ἐκεῖνα καὶ τὸν πάντων μοι φίλτατον προσαπολέσαι δοκῶ σὺ δὲ μάλιστα μὲν καὶ τὸ βιβλίον ἀπόστειλον καὶ τῆς πρὶν εὐνοίας ἀπολίπῃς μηδέν· εἰ δὲ μή, τὸ γοῦν φίλους εἶναι διαμενέτω· δόξω γὰρ οὕτω πεπονθέναι μηδέν. δήλωσον δέ μοι καὶ ὅπως ὑμῖν ἔχει τὸ φροντιστήριον, καὶ εἰ πλῆθος ὁμιλητῶν σοι περιρράττει τὸ θέατρον, καὶ, τὸ δὴ μέγιστον, εἰ πλοῦτ' ᾠκομᾶς καί σοί τις Πακτωλὸς τὴν οἰκίαν ἐπέκλυσε ταῦτά σοι γινέσθω, καὶ τὸ βιβλίον ἐσῆχαμεν καί σοι λοιπὸν εἰς χιλιάδας ἀριθμεῖται τὸ νόμισμα.

ριε' Σαβίνω

Εἰ τοῖς ἐρῶσιν ἡμέρα μία πρὸς γῆρας ἀρκεῖ, οὐκ ἂν φθάνοις ἀριθμῶν ὁπόσα δὴ γεγηράκαμεν πάλαι μὲν γὰρ ἦμεν εὐδαίμονες σέ τε ὁρῶντες καὶ τῶν σῶν ἀντεχόμενοι καὶ ἦν ἡμῖν πάντα χρηστά, ὄψις ἡδίστη, λόγοι κατακηλοῦντες τὴν ἀκοήν, γνώμη χορηγοῦσα τὴν εὔνοιαν καὶ ὅ τι τις ἐπόθει καλόν, ἥκει πρὸς σὲ μόνον ἰδεῖν ἀλλὰ νῦν ἐξαίφνης ἔρημοι πάντων ἡμεῖς, ὅθεν ἠπόρημαι, καὶ τὸν μῦθον ἐρῶ καὶ Περσεύς· ἐκεῖνος εὐξάμενος γενέσθαι τάχα γὰρ ἂν ἐξείη μοι μικρὸν ἀναπτομένῳ παραμυθεῖσθαι τὸν ἔρωτα. ἀλλὰ τίη μοι ταῦτα φίλος διελέξατο θυμός; ἰδοὺ γάρ με καὶ πτεροῖς ὁ πόθος ἀνέπλασε καὶ Περσεὺς καὶ μῦθος γεγένηκαι καὶ ὅσα γε ποθοῦσα διάνοια ῥᾳδίως ἀναπλάττειν ἐθέλει ἤδη δέ σε καὶ ὄναρ ᾔσθην ἰδών, καὶ ἀναστὰς εὐθὺς παρεμυθούμην τῇ θέᾳ εὖ δὲ ποιῶ· τὸν φέροντα τὴν ἐπιστολὴν ἐμοὶ τε χαριῇ καὶ βεβαιώσεις ἣν ἔχων ἐτύγχανε γνώμην, ὡς εἰ δέξαιο γράμματα παρ᾽ ἡμῶν, οὐδὲν ὅ τι μὴ ῥᾳδίως ποιήσεις.

ριϛ' Ἱερωνύμῳ

Ὅσης σου τῆς κατηγορίας ἀπελαύσαμεν οἱ ἀλαζόνες ἡμεῖς καὶ λίαν σοφισταὶ καὶ νοσοῦντες ὑπεροψίαν

CXIV Stephano

etsi invidiam contra te coortam et veteres fortunæ insidias, et quod profectus es moderato usus sermone et nugis vale dixisti, ac maluisti omnium rerum facere iactu ram, ut Musas lucrisfaceres At utinam quantocius bene tibi eveniat Musarum iste tuus amor, et tantum capias quantum voles, reddasque te superiore calumnia, si vera fuit, prudentiorem, sin falsa, feliciorem, ut tua deinceps vita iam falsam non subeat accusationem, sed idem ite rum videaris esse qui fuisti antea Sic enim unitis duobus extremis medium perimitur ab utraque parte percussum

Adhuc taces, adhuc sumus ex neglectis Et tamen olim nos devinciebas crebris epistolis tuis eratque mira quædam tuorum sermonum suavitas Nunc repente taces et gaudio nos deiecisti. Id igitur lucri ex egregio isto libro percepi, poposci eum et insuper hominem mihi amicissimum amisi Tu ante omnia et librum mihi redde et nihil de solita benevolentia remitte, quod si non reddideris, illud saltem maneat, amicos nos esse, ita enim mihi nihil passus esse videbor Præterea narra mihi de statu auditorii tui, num discipulorum multitudo suggestum obsepiat, num quod maximum est, divitiis affluas et Pactolus aliquis domum tuam inundaverit Hæc tibi velim eveniant Tum certe ego librum mihi recuperasse videbor iamque tu, quotienscunque summam feceris mercedum, milenos nummos congesseris

CXV Sabino

Si amantibus vel una dies sufficit ad consenescendum, exputa, si me amas, quantum adhuc senectutis expleve rimus Olim felix eram cum te viderem tibique operam meam præstarem, egregia omnia habebam, adspectum suavissimum, sermones aurium delenimenta, mentem benevolentiæ largitorem, ac si delicias nescio quas desiderabam, abunde mihi erat, ut in te oculos converterem At nunc omnibus destitutus sum, atque inops consilii hæreo Quid si fabularem historiam in auxilium vocem? Perseus utinam fiam, ut mihi vel tantillum in aerem sublato amorem lenire liceat Sed quid hæc cogitatio subiit animum? Ecce et pennas mihi affinxit desiderium Perseus et fabula factus sum et quicquid mens desiderio æstuans procreare solet, iamque in quiete te vidi et gavisus sum, cumque surrexissem, ex visu illo solatium petii Quod si eum qui tibi reddit epistolam beneficio afficeris, et mihi gratificaberis et confirmabis quam de te ille habebat opinionem, scilicet nihil esse quod ubi literas nostras accepisses non prompto animo facturus esses

CXVI Hieronymo

In quantas tuas accusationes incucurri ego, homo fastuosus et nimium quantum sophista et ex superbia labo

ἐν μετρίῳ τῷ σχήματι. καὶ οὐκ ἂν ἔχοιμι λέγειν ὅσα
καθ' ἡμῶν συνεφόρησας, ὥσπερ καιρὸν πάλαι ζητῶν ἐφ'
ἡμῖν ἐγείραι τὴν γλῶτταν. ὅθεν οὐδὲ πρόφασιν δικαίαν
λιβὼν εἰς μέσον ἄγεις ἃ πάλαι κρύπτων ἐλάνθανες. τί
γάρ, εἰπέ μοι, δεινὸν εἰ πρὸς σὲ γράφων Προκόπιος Ἱε-
ρωνύμῳ χαίρειν ἐπέγραφον ; ὡς μὲν γὰρ ἀρχαῖος ὁ νόμος,
ἔχω δήπουθεν ὁμολογοῦντα ἂν καὶ σέ. ἀλλ' οὐδὲν δεῖ, φής,
τὴν νῦν ἐπιπολάζουσαν ἐκβῆναί συνήθειαν. οὐκοῦν κατη-
γόρει, κἂν εἰ τὴν νῦν κρατοῦσαν τρυφὴν εἰς σεμνότητά
τις τὴν ἀρχαίαν ἐπανάγειν ἐθέλῃ, κἂν εἰ τὴν μουσικὴν
ἐκπεσοῦσαν εἰς ὕθλους μελῶν καὶ δημοτικὴν φλυαρίαν εἰς
τὴν Τερπάνδρου μοῦσαν αὖθις ἐνέγκοι. αὐτὸς δὲ πό-
θεν ἡμῖν, πρὸς Φιλίου, σεμνὸς εἶναι δοκεῖς, εἴ τι ῥῆ-
μα φθέγξαιο τῶν Ἀττικῶν, καὶ τύχοις τῶν ἐπαινούν-
των ὡς ἀρχαῖον καθέστηκε, παρὸν ἐμφορεῖσθαι τῶν ἐκ
τριόδου ῥημάτων καὶ ταῦτα φέρειν ἐπὶ τοῦ βήματος ; ἢ
τί δῆτα τῶν μειρακίων προκαθεζόμενος οἴει τι μέγα
φρονεῖν Ἀριστείδου τοῦ πάνυ πρὸς ἔπαινον, εἰ λέγοις
ὡς αὐτός ; ἢ Πολέμων τῆς Ἀσιανῆς τερατείας τὴν ἀρ-
χαίαν ῥητορικὴν ἐκάθηρεν ; εἰ δὲ σοὶ τότε γενέσθαι
παρέαγεν ἡ τύχη, τάχ' ἄν μοι καὶ γραφὴν ἐπενέγκαιθι
κατ' ἐκείνου δοκεῖς, ὅτι τὰ συνήθη παριδὼν ἀλαζὼν
εἶναι βούλεται, πρὸς ἀρχαίαν ἀναγόμενος μοῦσαν.
εἴθε δὲ καὶ τράπεζα νῦν αὖθις ἐκράτει Λακωνική,
καὶ ἦν ἡμῖν ὁ βίος ὡς πάλαι τοῖς Πέρσαις μᾶζα καὶ
ὕδωρ καὶ κάρδαμα. ταῦτα δὲ καὶ νῦν ἐν Ἐλούσῃ
τις ἴδοι κρατοῦντα τῇ σῇ, οὐ διὰ καρτερίας ὑπερβο-
λήν, ἀλλ' ὅτι τοσαῦτα μόλις χορηγεῖ τοῖς ἐνοικοῦσιν
ἡ γῆ. ἀλλ' ὅμως αὐτὸς τρυφὴν Αἰγυπτίων μαθὼν
ἀπεδύσω τὰ πάτρια, ὁ φυλάττειν τὰ συνήθη νομο-
θετῶν, κἂν ἔξω τοῦ πρέποντος ᾖ. τὸ δὲ καὶ ἀλαζόνα
με καλεῖν, ὅτι σε μετὰ τὴν ἐμαυτοῦ προσηγορίαν φέ-
ρων ὑπέταξα, ἔοικεν οὐ λίαν εἰδότος, ὡς οὐ τὸ πρῶτον
τῇ τάξει καὶ τῆς τιμῆς ἔχει πάντως τὰ πρῶτα, οὐδὲ
τὰ Δημοσθένους εἰδέναι ποιουμένου, ἅπερ μελετᾶν
εἴωθε τὰ παιδάρια, ὡς ἄρα τὸ πράττειν, τοῦ λέγειν
καὶ χειρατονεῖν ὕστερον ὂν τῇ τάξει, πρότερον τῇ δυ-
νάμει καὶ κρεῖττόν ἐστιν. εἰ δὲ πάντως ἀλαζονείαν
ταῦτα κατηγορεῖς, καιρὸς καὶ τοὺς πάλαι κεχρημένους
τῷ νόμῳ τῆς τοιαύτης ἐπιγραφῆς ὑπεροψίας σὺν ἐμοὶ
περιβάλλειν νοσήματι, ὧν τοὺς ἄλλους παρεὶς Σωκράτην
λέγω καὶ Πλάτωνα τοὺς ἄνω τὴν φιλοσοφίαν ἐξάραν-
τας. ἀλλὰ περὶ ἀλαζονείας αὐτόθεν κατέλαβες, καὶ
μὴ κίνει κατὰ σαυτοῦ τῆς, παροιμίας τὴν μάχαιραν. ἢ
οὖσα δήπου πάλαι ταῦτα καθέστηκεν, ὡς ἅμα σε τῆς
ὁλκάδος ἐκβάντα προύπεμπον δὴ σὺν βοῇ τινὶ βαρ-
βάρῳ τῶν Αἰγυπτίων οἱ παῖδες, καὶ πανήγυρις ἦν οὐχ
ἥττον ἢ ὅτε πάλαι φορά τις αὐτοῖς εὐμενὴς ἐδίδου τὸν
Ἄπιν, καὶ ὡς ἐπὶ τούτοις ὑψοῦ τῆς διανοίας ἀρθεὶς ἐμὲ
μὲν μικρὰν οἰκοῦντα πόλιν φαῦλον ἐκάλεις, ἀπόρρι-
πτος δὲ παρὰ σοὶ πατρίς τε καὶ γυνὴ καὶ τὸ παιδίον
αὐτό. καί πού με φιλοσοφοῦντα λῆρον ἐδόκεις, ὅτι με
μὴ κρότος εἶχε πολύς, ἐξ ἀσήμου φωνῆς, ὦ Ζεῦ, καὶ
βαρβάρου γλώττης ὤν· καί, τὸ δὴ μέγιστον, εὐδαί-

rans specie verecundiæ! Vix dicere possum, quot crimina
in me congesseris, quasi dudum occasionem exspectasses
linguam contra me vibrandi. Unde neque iusto usus
prætextu in medium profers quæ a longo inde tempore
occultabas. Nam quid tandem est, quod epistolæ ad te
datæ inscripsi *Procopius Hieronymo salutem ?* Nam le-
gem esse antiquam, ne tu quidem inficias ibis. At, in-
quis, non oportet deflectere a consuetudine hodie obti-
nente. I nunc, et querimoniam habe, si quis huius ætatis
luxuriem ad pristinam simplicitatem revocare velit, vel si
quis musicam in modorum loquacitatem et plebeias nugas
delapsam ad Terpandri Musam redire iubeat. Atque ip-
sum te, per Iovem amicitiæ præsidem, num arrogantiæ
incusalimus, si, cum tibi liceat ingurgitari formulis ex
trivio, arreptis easque in suggestum transferre, Attico
usus fueris vocabulo contigeritque tibi laudari propter eius
antiquitatem ? Vel cum discipulorum tuorum studiis præ-
sideas et Aristides tibi laudandus sit vir primarius,
num superbies, si eadem dialecto usus fueris atque ille ?
Polemo nonne portenta verborum Asiaticorum ex vetere
rhetorice exturbavit ? Quod si tibi tum temporis in lucem
edi contigisset, litem, opinor, ei intendisses, quod quo-
tidianis verbis prætermittendis et priscæ musæ memoria
repetenda gloriosus esse volueris. Vellem iterum nunc ob-
tineret mensa Laconica victusque nobis esset maza et aqua
et nasturtia. Quanquam hæc ipsa fortasse in Elusa tua
obtinent, non propter nimiam civium abstinentiam, sed
quia eiusmodi epulas incolentibus terra ægre suppeditat.
Nihilominus ipse tu luxuriæ Ægyptiorum initiatus a vo-
tere tua consuetudine recessisti, etsi legem scripseras
tenendos esse mores patrios, vel si turpes essent. Quod
autem arrogantem me dicis, qui in literarum mearum
præscriptione tuum nomen subiecerim meo, non satis
scire mihi videris, non utique quod ordine prius sit, et
dignitate prius esse ; nec profiteris Demosthenis illud,
quod pueruli recitare solent, actionem, etsi, si ordinem
spectas, posterior sit dictione et suffragiorum latione,
robore priorem esse viribusque pollentiorem. Quod si
omnino hanc rem arrogantiæ nomine nuncupas, tempus
est, ut etiam ceteris, qui dudum eiusmodi usi sunt præ-
scriptione recepto inter veteres more (ex quibus, ut alios
omittam, Socratem commemorabo et Platonem, qui phi-
losophiam ad fastigium erexerunt), una mecum insolen-
tiæ morbum incutias. Sed ad arrogantiam quod attinet, te-
mere me incessivisti, neve gladium, ut in proverbio est,
in te ipsum retorqueas. Nam illud dudum est quod re-
scivimus, e navicula vectoria egressum te ab Ægyptiis bar-
baro quodam clamore domum esse deductum, eiusque
diem inter festos relatum esse, haud aliter ac quo natura
olim benigne luxurians Apin iis præbuit. Neque ignoro, te
gloriatum de ea re humilem me vocasse, quippe qui parvam
habitarem urbem ; estque abiecta te iudice patria et uxor
et ipse puerulus. Ac fortasse me, quem philosophari
scires, nugatorem vocasti, quod mihi non acclamarent

μονα σαυτων ,λάλεις, εἰ σίτου σοι καὶ κρεῶν πλήρη τὴν οἰκίαν ἀπέδειξαν. ὁρᾷς ὅσον ἐπὶ σμικροῖς ἐπήρθης, ὁ νῦν ἀλαζονείας γραφόμενος; καὶ ταῦτά φημι, μὰ τοὺς θεούς, οὐκ ἀμύνασθαί σε τῶν ῥημάτων ἐθέλων (οὐ γὰρ πρὸς τῆς ἐμῆς τοῦτο κρίνω φιλοσοφίας), ἀλλ', εἴ πως δυναίμην, μετριωτέραν σοι τὴν γλῶτταν ἀποδεῖξαι βουλόμενος. ἀλλ' ὅπως μὴ τὴν δύναμιν τῶν ἐμῶν λόγων καταπλαγεὶς πόρρω γένῃ τοῦ τὰ τοιαῦτα γράφειν ἡμῖν· μὰ γὰρ τὸν σὸν Νεῖλον καὶ τὰς παρούσας σοι Χάριτας, θέατρον λογικὸν τὴν σὴν παρέσχον ἐπιστολήν, κἂν τῇ Γάζῃ μέσῃ πρὸς πάντας ἐλέγετο. κἀγὼ μὲν ἀλαζὼν ἡδούμην ὑπὸ τῶν σῶν γραμμάτων καλούμενος, ἐγέλα δὲ τὸ θέατρον ἐπ' ἐμοί· σὺ δὲ τῶν λόγων εὐδαίμων ἐδόκεις.

ριζ'. Ὠρίωνι.

Ἀεί σε φέρων τῇ μνήμῃ μικροῦ μοι καὶ παρεῖναι δοκῶ καὶ τὰ πάντα παρεῖναι σοφίζομαι. καί μοι μεμνημένῳ πάντα πρὸς ἡδονὴν συνεισέρχεται, τὸ τῶν τρόπων εὐσταθές, ἡ περὶ τοὺς λόγους σπουδή, τῆς διανοίας τὸ μέτριον καί, τὸ δὴ μέγιστον, σωφροσύνη νεότητος ἀλόγους ὁρμὰς ἀνακόπτουσα. καὶ πρὸς ἐμαυτὸν ἔσθ' ὅτε λογίζομαι ὡς ὁ πάντων ἡμῶν ὁρώντων τοιοῦτος φανεὶς τίς ἂν γένοιτο καθ' ἑαυτὸν γεγονώς· νικήσει γάρ, οἶμαι, τὰ φθάσαντα πρὸς ἑαυτὸν ἁμιλλώμενος, ὅπως ἂν δείξῃ τοῖς ἀνθρώποις ἡμῖν ὡς ἄρα δι' αὐτὴν ἐτίμα τὴν ἀρετήν, οὐχ ἡμᾶς τοὺς ὁρῶντας αἰδούμενος. εἰ δὲ καὶ πόλιν ἔχει τρυφῶσαν, καὶ πολλὰ τῆς ἀσελγείας τὰ παραδείγματα, τοῦτο φιλοτιμότερον αὐτὸν ἀντιτάξει ταῖς ἡδοναῖς· τίς γὰρ ἀθλητὴς ἐπὶ τῷ νικᾶν σεμνυνόμενος εἰς Ὀλυμπίαν ἐλθὼν τοῦ ἀγῶνος τὸ μέγεθος καιρὸν ῥαστώνης ἡγήσεται, ἀλλ' οὐκ ἐπιτενεῖ μὲν αὐτίκα τὴν ἄσκησιν, βεβαιώσει δὲ τὰς προλαβούσας τῇ μείζονι; καὶ σὺ δὴ μύσας τὰς αἰσθήσεις, ἀκλινὴς πρὸς πᾶσαν ἀκοὴν καὶ θέαν γενόμενος, δείξεις ὡς οὐχ ἡ τῶν κακῶν εὐπορία τὴν σωφροσύνην οἶδε νικᾶν, ἀλλ' ἔνθα τῶν σεμνοτέρων ὁ πόθος, κἂν τὰς Σειρῆνας εἴπῃς, κἂν τὴν πάντα μεταβάλλουσαν Κίρκην, νικήσει πάλιν Ὀδυσσεύς, νῦν μὲν τὸ μῶλυ δεικνὺς λόγος, οἶμαι, τοῦτον ὃν οὗτος ἐδωρήσατο, νυνὶ δὲ περιδήσας ἑαυτὸν ἀρετῇ, καὶ πολλὰ βοώσας οἶμαι παραπλέων τὰς ἡδονάς.

ριη'. Ἀπολλωνίῳ.

Ὁ εὐλαβέστατος Μαρτύριος, πλουτῶν μὲν ἀρετῇ, τῇ δὲ τύχῃ πενόμενος, δεῖται τῆς ὑμετέρας ῥοπῆς, πλείστην ἔχων, ὥς φησιν, ἐκ τῶν φθασάντων τὴν πεῖραν, καί με ῥᾳδίως ἔπειθεν ἐπιστάμενον ὡς πᾶσι χεῖρα προτείνεις τοῖς ὀρθοῦσθαι δεομένοις καὶ πρὸς ἐπικουρίαν καλοῦσι· τοσαῦτα γὰρ ἔχων παρ' ἡμῖν ὅσα μήτ' ἰσχὺν ἐντίθησι μήτ' ἀποθνήσκειν ἐᾷ, εἰς ὑμᾶς ὁρᾷ, λύσιν εἶναι κακῶν τὸ τοιοῦτον ἡγούμενος. ἀλλ' ἀν-

---

linguæ inexplanatæ et barbaræ, et, quod summum erat, felicem te prædicabas, cum cibo et carne domum tuam replevissent. Videsne te, qui nunc me insolentiæ arguis, elatum fuisse rebus minutis? Atque hæc, per deos, non dico, ut pro verbis istis pœnam a te repetam (nam non meæ id esse philosophiæ arbitror), sed ut linguæ tuæ procacitatem, si fieri possit, coerceam. Sed cave desistas verborum meorum robore deterritus talia ad me scribere; nam, proh Nilum tuum Gratiasque tibi faventes, spectaculum edidi verborum, literas tuas in media Gaza coram omnibus recitans. Atque ego quidem, quem literæ insolentem vocabant, pudore suffundebar et risum movebam auditoribus; tu autem beatus iis videbaris, quod talia verba fecisses.

CXVII. Orioni.

Semper in memoria te habens vix me contineo quin credam te præsentem esse, et ab omni parte te præsentem esse imaginer. Et dum memoria te comprehendo, magno cum meo gaudio simul omnia recursant menti, animi firmitas, opera, quam arti rhetoricæ tribuisti, ingenium lene, et, quod maximum est, temperantia iuvenilium cupiditatum insaniam cohibens. Et interdum cum videam te talem factum esse spectantibus nobis omnibus, reputo mecum, qualis remotus ab arbitris evasurus sis. Scilicet priores virtutes superabis concertans cum te ipso, ut absentibus nobis demonstres, per se ipsam te diligere virtutem, non, quod nostræ te puduerit præsentiæ. Quod si diffluunt luxuria quibuscum vivis et exempla produnt vitæ dissolutæ, eo acrius te obicies voluptatibus. Nam quis athleta, Olympiam profectus victoriarum laude florens magnitudine certaminis negligentiæ sibi occasionem dari opinabitur? Immo statim augebit exercitia, ac priores victorias maiore confirmabit. Haud aliter tu obductis sensibus, invictus ab iis omnibus, quæ oculis et auribus percipiuntur, non vinci vitiorum ubertate temperantiam ostendes, sed, ubi sanctitatis studium est, etsi Sirenes obluctantur et Circe omnia transfigurans, iterum Ulixes victor discedet, modo moly monstrans (dicendi artem dico, quam Mercurius tradidit) modo virtute quasi thorace indutus et prætervehens voluptates variis vocibus eum compellantes.

CXVIII. Apollonio

Martyrius reverendissimus, virtute copiosus, sed casu inops, auctoritate tua indiget, quam iam antea non semel se expertum esse dicit, mihique facile eam rem persuasit, quippe qui non ignorem, omnibus te dextram tendere qui allevari velint petantque auxilium; nam cum tantum a me acceperit, ut nec vires reficere nec animam exhalare possit, te oculis prosequitur, quem e miseriis se vindicaturum esse arbitratur. Itaque libenter ei ope-

τέγου προθύμως, ὄμμα διδοὺς εὐμενὲς καὶ διὰ σαυτοῦ καὶ δι' ἐμὲ καὶ διὰ τὸν ἐν χρείᾳ καθεστηκότα· καὶ γὰρ θαρρῶν ἔλεγεν ὡς ἐὰν δέξῃ γράμματα παρ' ἐμοῦ, οὐδὲν ὅ τι μὴ ῥᾳδίως ποιήσεις. ἐμοῦ δὲ μειδιῶντος καὶ ὁπόθεν οἶδεν ἀνερομένου, καὶ κατεγγυᾶσθαι τὸ μέλλον ἕτοιμος ἦν. οὐκοῦν πλήρωσον αὐτῷ τὰς ἐλπίδας, ἵνα μὴ χρείας αὖθις καλούσης κατεγγυᾶται τὸ μέλλον ὡς οὐδὲν ἀνύσαιμι παρ' ὑμῖν.

ριθ'. Νηφαλίῳ.

Τὰ μὲν ἐξ ὑμῶν γράμματα πρὸς τὴν πανήγυριν ἤδη καλεῖ, καὶ τὸν οἶκον ἡμῖν προτιθέναι φησί, κοινά τε τὰ παρόντα ποιεῖ, καὶ τὸ τοῦ λόγου ἡμῖν ἀγαθὸν ἐπαγγέλλεται· ἐγὼ δὲ τῆς μὲν εὐνοίας ὑμᾶς ὑπεράγαμαι, καὶ δή μοι κεκληρῶσθαι δοκῶ τὴν πανήγυριν ἐπιστολῆς ὑμετέρας τυχών. πρὸς δὲ τὴν ἐντεῦθεν ὁδὸν πολλά μοι καθέστηκε τὰ κωλύματα. σὺ δέ μοι καὶ πρᾶττε καλῶς καὶ νίκα τὰ λυποῦντα καὶ μέμνησο μὴ μόνων παρόντων. εἰ δὲ καὶ γράμμασιν ἀθυμοῦντας ἀνάγεις, τοῦτό μοι τῆς Πολυκράτους εὐτυχίας σεμνότερον· πολλὰ γὰρ οἱ χρηστοὶ τὰς ἡμετέρας διέσεισαν ἀκοάς, ὡς πέπραχέ τι δεινόν (σὲ δὴ λέγοντες), ὡς ἥλω πράττων, ὡς γέγονεν ἀφανής. ταῦτα λογοποιοῦντες μάρτυρας παρῆγον, οὓς ἐκεῖθεν ἥκειν διισχυρίζοντο, καὶ ἄλλος ἄλλῳ διηγεῖτο, καὶ διὰ πάντων ἡ φήμη. ὡς δὲ τὴν παρ' ὑμῶν ἐδεξάμην ἐπιστολὴν τοσοῦτον ἀπέχουσαν τῆς ἀδίκου φήμης, ὡς καὶ πρὸς πανήγυριν τοὺς φίλους καλεῖν, εὐθὺς ἐγενόμην περιχαρής, καὶ τοῦ ψεύδους ἔχων τὸν ἔλεγχον πανταχοῦ ταύτην ἐκήρυττον, ὥστε τοὺς πάλαι θρασεῖς μόλις ἐρυθριᾶν καὶ κύπτειν εἰς γῆν καὶ τῆς τύχης οἶμαι καταβοᾶν ὅτι μὴ πλείω χρόνον ἐλάνθανον.

ρκ'. Σιλανῷ.

Ὁ καλὸς Μακάριος σπουδῆς ἕνεκα καὶ τρόπων τῆς ἐμῆς ἀπολαύων εὐνοίας ἐπέδωκέ μοι φέρων τὴν ὑμετέραν ἐπιστολήν, ἐγὼ δὲ τοὺς τύπους ἐπιγνοὺς ἅμα τῇ θέᾳ καὶ τὴν ἐπιγραφὴν ἀσπασάμενος, εὐθὺς μελλήσας οὐδὲν τῶν γεγραμμένων εἴσω γεγένημαι, καὶ ὁ μὲν κύκνος εὐθὺς ἐνήχει ταῖς ἀκοαῖς, καὶ ὥσπερ τῷ ζεφύρῳ τὸ πτερὸν ἀνεὶς ὅλος ἀνέκειτο ταῖς ᾠδαῖς καὶ μουσικώτερος ἦν, τὴν δὲ σὴν ἀηδόνα νῦν ὄντως ἔγνων ὡς οὐ μῦθος ἦν Ἀττικός, ἀλλ' ἐξ Ἀθηνῶν ὑπῆρχεν ἡ κόρη, καὶ γέγονεν ὄρνις, καὶ τὴν Ἀττικὴν φυλάττει τοῖς μέλεσι· τοιοῦτον αὐτῆς τὸ σχῆμα τῆς ἐπιστολῆς δημιουργοῦσιν οἱ λόγοι. ἐγὼ δὲ τούτοις ἡσθεὶς ἀνέπνευσά τε μέγα καὶ παλαιᾶς εὐδαιμονίας ἀνηγόμην εἰς μνήμην, ὡς συνῆμεν ἀλλήλοις παρὰ τὸν Νεῖλον, ὡς ἀδεῶς ἐμφορεῖσθαί σου παρεῖχεν ἡ τύχη, ὡς στερηθεὶς ἠχθόμην, ὡς χαίρω νῦν κομισάμενος· καὶ γὰρ σε διὰ τῆς ἐπιστολῆς ἔχειν ἤδη δοκῶ. καὶ χάριν ὡμολόγουν τῷ ταύτην ἐμοὶ δεδωκότι, καὶ ὡς εὐδαίμων » ἔφην «ὦ παῖ τοῦ γένους ὑπάρχεις, » καὶ ἐμεμψάμην ὅτι

ram praesta, ac frontem remitte propter ipsum te et mea causa et propter illum qui difficultatibus affectus est. Nam confidenter dicebat nihil esse, quod, ubi literas nostras accepisses, non promto animo facturus esses. Et cum subridens ego unde sciret quaererem, exitum ille praestare paratus erat. Itaque spem eius noli infringere, ne iterum urgente necessitate ita exitum praestet, ut nihil me a te impetrare posse contendat.

Iam literae tuae ad solemnia nos vocant, et domum tuam arbitrio nostro permissam esse nuntiant et penum omnem in usum nostrum tradunt, nobisque bonorum quidvis pollicentur; ego vero benevolentiam tuam demiror iamque agitare mihi tua solemnia videor dum literas tuas manibus teneo. Sed quominus iter ingrediar, multa sunt quae obstant. Tu interea vale, sisque vacuus a molestiis neve solummodo hominum praesentium memento; quod si contristatos recreaveris literis, rem feceris Polycratis fortuna praestantiorem; nam crebris sermonibus boni illi viri aures meas verberabant, cum dicerent maleficium eum admisisse (ni mirum de te narrabatur fabula), in proditione deprehensum esse, ex conspectu evolasse. Haec commenti proferebant testes, quos illinc venire contendebant, et alter alteri narrabat, famaque per omnes dilata est. At ubi epistolam tuam accepi ab improbo isto rumore in tantum remotam, ut ad solemnia adeo amicos vocares, confestim exsultavi laetitia et quam iam tenebam epistolam, mendacii documentum, nusquam non divulgavi, ita ut qui impudentem antea monstraverant frontem, tandem erubescerent oculosque in terram deicerent et accusarent fortunam quod non longius sibi latere licuisset.

Bonus Macarius qui propter studium moresque suos benevolentiam sibi protinus meam conciliavit mihi epistolam tuam reddidit; ego agnitis primo obtutu literarum ductibus et praescriptionem exosculatus, statim sine mora in interiorem epistolam me insinuavi, ac confestim cygnus aurem personabat, et, quasi zephyro alas permisisset perstringendas, totus cantui se dabat et vocalior evadebat; lusciniam autem tuam nunc reapse intellexi non fabulam Atticam esse, sed Athenis oriundam virginem, et in avem mutatam esse, et modis suis Atticam custodire; in tantum eius imaginem epistolae verba effingunt. Ego vero his laetatus altum spiritum traxi et in pristinae felicitatis memoriam adductus sum, ut una eramus ad Nili ripas, ut consuetudine tua libere perfrui per fortunam licebat, ut destitutus illa lugebam, ut diffundor, cum te recuperaverim; nam per epistolam te iam manibus tenere mihi videor, et gratias agebam ei, qui attulerat, et generis felicem dicebam, mihique irascebar, quod nescivissem eum propinquitate tecum

σοὶ προσήκων ἐλάνθανε. τίς οὖν γένωμαι, πόθεν ἀν
ἐυναίμην αὐτῷ παρέχειν ὁπόσα καὶ βούλομαι, εἰ δὲ
μετρήσεις τῇ προθυμίᾳ τὴν χάριν, οὐδέν ἐστιν ὅ τι
μὴ λήψεται παρ' ἡμῶν. ἀκούσας δέ σε καὶ γάμου
φέρειν ζυγόν, εὐξαίμην σου καὶ παῖδας ἰδεῖν τοῖς
ὁρῶσι τὸν πατέρα κηρύττοντας

ρκα'. Διοδώρῳ

Τί τοῦτα πέπονθας ὁ πολὺς τὴν γλῶτταν, καὶ μέγα
πνέων κατὰ τῶν σιωπώντων; ἑάλως οἷς ἐνεκάλεις, καὶ
σεαυτοῦ κατηγορήσας ἐλάνθανες, καὶ τοῖς σεαυτοῦ
δικτύοις ἑάλως σαγηνευθείς· ἃ γὰρ ἐμέμψω δράσας
οἴκοθεν ἔχεις τὸν ἔλεγχον καὶ τοῖς σεαυτοῦ πτεροῖς ἑάλως,
τὴν παροιμίαν παθών. ὥστ' εἴ τι τῶν προσηκόντων
ἐγίνετο, τὴν σὴν ἄν σοι πάντως ἐπιστολὴν ἀντεπέ-
θηκα· τάχα γὰρ ἂν ἔγνως ἐπιτιμήσας μὲν ὡς οὐκ ἂν
ἁμαρτών, πλημμελῶν δὲ νῦν ἐς κατηγορήσας οὐδέν.
καὶ τὸ μέγιστον, ὅτι φιλοτιμησάμενος ὑποδήματα
καλά τε λίαν καὶ περὶ πόδα μᾶλλον, ὡς τῇ κωμῳδίᾳ
δοκεῖ, καὶ ταῦτα γραμμάτων ἔρημα πέπομφας, μήτε
τὸ δεῖξαι μήτε τὸ χαίρειν εἰπών. καίτοι μεῖζον, ὡς
εἰκός, ἐπὶ τούτοις ἐφρόνησας ἢ Κροῖσος ἐκεῖνος τὰς
Θυμαστὰς δὴ πλίνθους τῷ Πυθίῳ δωρούμενος. δη-
λοῖ δὲ τὸ πάλαι σε ταῦτα παρὰ ‑οῦ δημιουργοῦ κομι-
σάμενον μέλλειν ἀεὶ καὶ κατστοχάζεσθαι τοῦ καιροῦ,
ὅπως ἂν ἐρχομένης τῆς πανηγύρεως ταῦτα λαβὼν
προέλθω τοῖς ὁρῶσι τὴν φιλοτιμίαν βοῶν. ὅθεν σου τὸ
πάθος μαθὼν προήειν κατὰ τὸν Ὁμηρικὸν Αἴαντα
μακρὰ βιβάς, καὶ κατεχρότουν τὴν γῆν ἐπιστρέφων
πρὸς τοὺς πόδας τὸν θεατήν, καὶ εἴ τις ὁρᾶν οὐκ ἐβού-
λετο, ὑβριστὴν τοῦτον ἐδόκουν καὶ τέλος ὁρᾶν κατη-
νάγκαζον, καὶ μηδενὸς ἐρωτῶντος ὁπόθεν ἔχω λαβ-
βών, ‑ Διόδωρος ὁ δοὺς ‑ ἀνεκήρυττον. καὶ διὰ
πάντων ὑπῆρχεν ἐπ' ἐμοὶ μὲν ἀπειροκαλίας γέλως,
ἐπὶ σοὶ δὲ τῆς εὐνοίας ἡ φήμη. τοιαύτά σοι τῶν καλῶν
ὑποδημάτων ἀπέλαυσα, μικροῦ δεῖν ἐπὶ κεφαλὴν βα-
δίσας, ὅπως ἐν καλῷ τῆς θέας ἔσται τὸ δῶρον

ρκβ'. Ἐπιφανίῳ

Οἶμαί σε ποιεῖσθαι λίαν ἐν θαύματι τί δῆτα νῦν πα-
θὼν ἤδη καὶ γραμμάτων κατάρχομαι. τούτου δὲ τὴν
αἰτίαν εἰ βούλει μαθεῖν, Στρατήγιος τοῖς λόγοις στρα-
τεύεται κατὰ σοῦ, καὶ πολὺς μὲν ταῖς λοιδορίαις χωρεῖ,
μακρὰν δὲ κατατείνει κατηγορίαν, καὶ δικαστήριόν
μοι τὴν οἰκίαν πεποίηται. τὸ δὲ μέγιστον, ὥσπερ γὰρ
οἱ δεινοὶ τῶν ῥητόρων, οὐκ ἀρκεῖται τοῖς παροῦσι μό-
νον ἐγκλήμασιν, ἀλλὰ μίγνυσι παλαιὰ καινοῖς, καὶ
μύθους ἀρχαίους ἀνακινεῖ, καὶ μάρτυρα κατὰ σοῦ
πόλιν ὅλην τὴν Ἀλεξάνδρου παρέχεται, θέας ἱππικὰς
διηγούμενος καὶ κύβων σπουδὴν καὶ διαλόγους περὶ
τῶν ἵππων δημοτικοὺς καὶ ἅττ' ἄν ποτε τούτῳ λέγειν
ἐ‑έλθῃ· ἀλλὰ καὶ νῦν σε τοῖς ἵπποις ἀνακεῖσθαί
φησι καὶ τοῖς τρέφειν δυναμένοις παρεδρεύειν ἀεὶ καὶ

conjunctum esse. Quid faciam? Unde ei p. æbere potero
singula omnia, quæ gestio? Quod si voluntate metieris
gratiam, nihil est quod a nobis non sit accepturus. Cer-
tior factus de matrimonio tuo precor a diis ut et filios e
te videant imaginem tuam oculis spectantium proponentes

XI. Diodoro

Tibine hoc accidisse, qui promtus lingua es et sævis
in homines scribendi negligentes? Deprehensus es in
eadem re, quam nobis exprobrabas, ipsi tibi te pericu-
lum creavisse nesciebas, tuisque ipsius laqueis irretitum
comprehendimus. Nam cum quæ nobis vitio vertisti
ipse perpetraveris, ipse contra te testis exsistis tuisque
ipsius, ut est in proverbio, pennis captus es, ita ut, si
facta essent quæ fieri debuerant, tuam tibi utique epi-
stolam remisissem, nam fortasse intellexisses te objurgasse
me quasi nunquam peccaturus fuisses, deliquisse autem,
quasi nihil mihi objecisses. Et quod maximum est, lar-
gitate tentatus calceos mihi, quales comœdia describit,
pulcherrimos et aptissime ad pedes convenientes, nec
ipsos verbis ornatos misisti, ut qui me nec monstrare
eos nec salvere jussisses. Et tamen ob eos sublatione
eras animi quam Crœsus, cum Pythio mirificos scilicet
lateres illos offerret. Cujus rei documento est quod,
cum dudum eas a sutore asportasses, non sine magna
cunctatione tempori insidiatus es, ut eos appetente die
festo induerem oculisque spectantium proponerem cla-
mans liberalitatem tuam. Itaque cum intellexissem te
ita animo affectum esse, prodibam Ajantis instar Ho-
merici ingenti gradu tendens, terramque pulsavi et
hominum oculos in pedes meos converti, et si quis aver-
teret oculos, injuriam mihi illatam esse putabam, et ad
extremum adduxi, ut aspiceret, et cum nemo ex me
quæreret unde illas haberem, ultro Diodorum muneris
auctorem proclamabam. Ac ridebar ego usque ob in-
sulsitatem, tu autem ad benevolentiæ famam provehe-
baris. Hanc igitur ex bellis tuis calceis cepi volupta-
tem, ac vix me continebam, quin capite graderer, ut
munusculum tuum magis etiam in promtu ponerem.

CXXII. Epiphanio

Credo ego te valde mirari, quæ tandem me ceperit libido,
ut jam literas quoque scribere inchoaverim. Hujus igitur
rei causam accipe. Strategius verbis in te invehitur, vim
conviciorum profundit, longius accusationem producit,
domum meam in judicium commutavit. Et quod maximum
est, rhetorum solertium instar non acquiescit in præsenti-
bus criminationibus, verum veteres recentiaque admiscet,
et priscas fabulas excitat, et testem contra te universam
Alexandri urbem profert, spectacula equestria narrans et
alearum studium et sermones de equis plebeios et quicquid
ei in buccam venit. Verum etiam nunc te equorum studio-
sissimum esse et semper adsidere iis, qui te alere possunt, et
parasitorum artem ascivisse ventri deditum. Non facile
paucis comprehenderim quæ sæpe ille auribus meis in-

τέχνην σε κολάκων ἐπανῃρῆσθαι τῇ γαστρὶ χαριζόμε-
νον. οὐκ ἂν δυναίμην εἰς ἅπαξ εἰπεῖν ὅσα δὴ πολλάκις
ταῖς ἐμαῖς ἀκοαῖς ἐπαντλεῖ. τὸ δὲ αἴτιον, « γυμνός »
φησί « τὸ τούτου μέρος ἐγώ. ἓν μόνον μοι ἱματίων
ὑπελείπετο πρὸς ταφήν, καὶ διὰ τοῦτον ἀνάλωται. λί-
νον γάρ » φησίν « εἰργασμένον λαβών, ὡς δὴ ταῖς χερσὶ
τῶν αὐτοῦ θεραπαινίδων ἀποδείξων ἱμάτιον, Ἴρου με
παρεῖχε γυμνότερον, χρόνος πολύς » φησί, « καὶ
παρατέταμαι ταῖς ἐλπίσιν. » εἰ τοίνυν σοι μέλει τὴν
ἐκείνου γλῶτταν πραοτέραν ἐργάσασθαι καὶ τὰς ἐμὰς
ἐλευθερῶν ἀκοάς, ὡς τάχος πέμπε θοιμάτιον· εἰ δὲ
μή, — ἀλλ' οὐ φέρω λέγειν ὅσα καὶ λέξειεν ὃς καὶ μηδὲν
ἔχων ἐγκαλεῖν φλυαρίαν τὸν βίον πεποίηται· εἰ δὲ καὶ
προσλάβοι τι δίκαιον, εἴποις ἂν αὐτοῦ τῇ γλώττῃ
τὸν θυμὸν ἐνοικεῖν.

ρκγ'. Γεσσίῳ ἰατροσοφιστῇ.

Ἥσθην ὅτι τὸν καλὸν Δωρόθεον, ὃν ὑμῖν διὰ γραμ-
μάτων συνέστησα πρότερον, τοῦτον ἐκ μεταβολῆς
αὐτοί μοι συνιστῶντες ἐγράψατε. τί γὰρ ἂν εἴη μεῖ-
ζον τεκμήριον τοῦ κατ' ἐλπίδας ἡμῖν χωρῆσαι τὰ γράμ-
ματα; ἐλθὼν δὲ πρὸς ἡμᾶς οὐδὲν ἤθελε λέγειν ὅ τι μὴ
σοὶ κἀμοὶ χαριεῖσθαι θέλων καὶ τῇ μνήμῃ τῶν σῶν
εὐφραινόμενος, καί σε πολὺν ἐπὶ στόματος ἦγεν ὡς
εὔνουν ὣς ἀγαθὸν ὣς γλώττῃ καὶ χειρὶ τὸν Ἀσκλη-
πιὸν περικείμενον, καὶ ὅτι δὴ τὸ τῆς ἰατρικῆς αὐ-
στηρὸν αἱ τῆς ὑμετέρας γλώττης παρεμυθήσαντο χά-
ριτες. ταῦτα λέγοντος προυλάμβανον τοὺς ἐπαίνους
ἐγὼ πρὶν ἀκοῦσαι τὰ σὰ διηγούμενος, καί « γλαῦκα
φέρεις Ἀθήναζε » πρὸς τοῦτον ἔλεγον μειδιῶν· ὃ δὲ
φιλονικότερος ἦν, καὶ δοκῶν τι καινὸν ἐπάγειν, πάλαι
κείμενον εὕρισκε παρ' ἐμοί, καὶ μεθ' ἡδονῆς ἐσίγα
λοιπόν, χάριν εἰπὼν ἔχειν τοῖς θεοῖς εἰ τοιοῦτον εὐτύ-
χησε διδάσκαλον, περὶ οὗ καὶ πάντα λέγειν ἐστὶ καὶ
καινὸν ἐπαγγέλλειν οὐδέν. ἀλλὰ σαυτὸν ὅλον φέρων
ἐπίδος τῷ νέῳ, ὅς, εἰ καὶ μηδὲν ἕτερον, μεμνῆσθαι
γοῦν οἶδε τῶν εὖ ποιούντων.

ρκδ'. Ἀντιόχῳ.

Ὅσης ἐπὶ σοὶ τῆς ἐλπίδος διήμαρτον. ᾤμην γάρ
σε μόλις ἰατρικῆς ὕλης ἀπηλλαγμένον πρὸς ἡμᾶς
ἔνται λοιπόν, εἴτε φιλοσοφήσοντα κατὰ τὰς πρὶν ὑπο-
σχέσεις, εἴτε καὶ μόνον ὀψόμενον· σὺ δὲ κατατείνεις
ἡμᾶς τῷ Ἀλεξάνδρου πόθῳ καὶ ὥσπερ Λωτοφάγων
γῆς ἀντεχόμενος. ἀλλ' ἐμοῦ μὲν ἕνεκα νικάτω χάρισι
πολλαῖς τοῦ Μακεδόνος ἡ πόλις, καὶ Νείλου καὶ θα-
λάττης ἐχέτω καλῶς· εἰ δὲ καὶ Μοῦσαι ταύτην οἰκοῦ-
σιν, ἔχεις ἐπαινοῦντα κἀμέ. ἀλλὰ ταῦτα πρὸς τὴν
παρ' ἡμῖν ἡσυχίαν καὶ τὴν σὴν φιλοσοφίαν ἣν πολλά-
κις ἠλπίκαμεν. οὐκοῦν τἄλλα καθάπερ τινὰ φλυαρίαν
ἀποσεισάμενος μιμοῦ τὸν Ὀδυσσέα πρὸς τὴν ὄντως
Ἰθάκην ὁρῶν, καὶ μηδέν σε κωλυέτω, μὴ λωτὸς μὴ

culcavit. Ni mirum in caussa hoc est. « Nudus ego-
sum » inquit, « quantum per hunc stat. Quod enim
solum mihi relictum erat amiculum, tunicæ funebris
vices olim expleturum, propter hunc absumtum est.
Nam cum linum textum, ut scilicet ancillarum suarum
manibus in amiculum converteret, secum abstulisset, diu
est quod neglexit me, qui Irum nuditate exsupera-
bam, at certum nescio. Quod si tua interest illius com-
pescere linguam measque aures restituere in libertatem,
quantocius vestem mitte; si non feceris, mea certe lin-
gua non sufficiet verbis eius recoquendis. Nempe vel si
nullam accusandi causam habet, vitam suam consumit
in rumusculis; si potestatem accusandi adeptus sit, iram
linguæ eius insidere dixeris.

CXXIII. Gessio iatrosophistæ.

Lætatus sum quod bonum Dorotheum, quem vobis per
literas olim commendaveram, e contrario ipsi literis mihi
commendatis. Nonne enim firmissimo hoc argumento
demonstratur, non irritas fuisse literas nostras? Ex quo
nos adiit, nunquam verbum fecit, quod non et mihi et
tibi gratum et acceptum esset; exsultabat memoria tui,
ac semper te in ore habebat, ut qui sis benevolus et bo-
nus, et in cuius lingua et manibus vigeat Æsculapius, at-
que artis medicæ austeritatem linguæ tuæ gratiis de-
lenitam esse. Hæc cum dicebat, ego laudes præcepi
tuas, res tuas narrans priusquam audirem, et « noctuas
Athenas fers » inquiebam subridens; ille vero, cum vic-
tor discedere vellet, novi quid afferre sibi visus est, ve-
rum id ipsum dudum in mea fide depositum esse intelle-
xit, et lætus tandem reticuit, gratiam se diis referre
inquiens, quod talem sibi habere contigisset magistrum,
de quo et omnia loqui et novi nihil quidquam nuntiare li-
ceret. Sed totum te trade iuveni, qui, si non aliud, at
certe novit meminisse eorum qui præclare de se meriti
sunt.

CXXIV. Antiocho.

Quanta tui opinione deiectus sum. Credebam enim tan-
dem te relicta materia medica ad nos venturum esse, sive
ut philosophareris quemadmodum olim pollicitus es, sive
ut solummodo viseres; tu vero cruciaris nos Alexandriæ
amore detentus eique ut Lotophagorum terræ adhærens.
Ac per me licet Macedonis oppidum lenociniis suis vic-
toriam reportet ac bene fecerit quod Nilum sibi prospe-
xit et mare; sin autem et Musæ in eo habitant, et ipse
laudem tribuo. Atque hæc de vita apud nos tranquilla
et de philosophia tua dicta sunto, quam sæpe speravi-
mus. Reliqua nugas puta, hisque excussis Ulixen imi-
tare et in veram Ithacam prospice; neve quidquam te
coerceat, non lotus, non Circe, non Calypso, sed tanto

Κίρκη μὴ Καλυψώ, ἀλλ' ὅσῳ περὶ μειζόνων ἐπείγῃ τῶν ἄθλων, τοσοῦτον τὸν Λαέρτου νικήσομεν

ρκε'. Στεφάνῳ

Οὐδὲν ὡς ἔοικεν ὅ τι μὴ χρυσίον ὁρᾷς, ἄγει δέ σε αὐτὸ καὶ ποιεῖ μετάρσιον, καὶ χρυσῶν εἰδώλων ἀνάπλησέ σου τὸν νοῦν. ἐμοῦ γάρ σοι περὶ σχολῆς γεγραφότος ὡς οὐ πάντα δίδωσιν ἡμῖν ὁ καιρός, ἀλλ' ὅσα πρὸς τὴν χρείαν ἀνάγκη μετρεῖ, καὶ χρείαν εἰπόντος οὐ τὴν τῶν χρημάτων ἔνδειαν, 'ἀλλ' ἐφ' ὃ παρὰ τῆς τύχης ἀγόμεθα, σὺ πρὸς τὸ χρυσίον ὅλως ὥρμησας καὶ συνάχθεσθαί μοι ἐδόκεις ἠπορημένῳ, καὶ παραμυθίαν ζητεῖς, τὴν φιλοσοφίαν ἀντιτάττων τοῖς χρήμασιν, ὡς ἐμοῦ δὴ στένοντος ὅτι μὴ τοῖς Κροίσου ταλάντοις ἁβρύνομαι οὕτω περιβομβεῖ σου τὰ ὦτα, καὶ πάντων δοκεῖς χρυσίον λεγόντων ἀκούειν. τί γάρ σε πρὸς Διὸς ἐπὶ ταύτην ἐπῆγε τὴν εὔνοιαν, ἢ πῶς ἂν ἀπελογούμην περὶ τοῦ μὴ γράφειν ἐπιστολὰς χρημάτων ἔνδειαν προβαλλόμενος, ὡς δέον πολλῷ καταρρεῖσθαι χρυσίῳ τὸν ἐπιστέλλοντα; καὶ μήν, εἴπερ τι καὶ ἄλλο, τὸ γράφειν αὐτόνομόν τέ ἐστι καὶ τῆς ἐκ τοῦ πλούτου δυναστείας ἐλεύθερον οὕτω σοι τὰ τῆς διανοίας ὑπὸ τοῦ πάθους ἐλέγχεται ῥίψασα γὰρ ἐνταῦθα πάντα πρὸς τοῦτο μεταπτνεῖ, καὶ συναπατωμένην ἔχει τὴν ἀκοήν. καὶ δέδοικα μὴ κἂν λύραν εἴπω κἂν ἵππον ὀνομάσω, πάλιν δόξῃς χρυσίον ἀκούειν, καὶ τοὺς ἄλλους παραμυθούμενος αὐτὸς δεηθῇς τοῦ θεραπεύοντος. ταῦτα παίζειν ὑπήχθην πρός σε καὶ τοῖς γράμμασιν ἐνθεῖναι τὸν γέλωτα, ὃν ὑπέστην ἀναγινώσκων σου τὴν ἐπιστολήν σὺ δὲ μικρὸν τοῦ πάθους ἐνδοὺς γράφε λοιπὸν σωφρονοῦσαν ἐπιστολήν.

ρμς'. Διοδώρῳ

Τὸν εὐλαβέστατον Τιμόθεον τὸ μὲν σχῆμα πρὸς ἡσυχίαν καλεῖ, τὰ δὲ τῆς τύχης λυπηρὰ τὴν ἀνάγκην ἐπάγοντα καὶ τὴν πρὸς ὑμᾶς ὁδὸν κελεύει. τούτῳ γάρ ἐστι πατὴρ ἐκ μεταβολῆς ἀπόρων, ἀδελφοὶ δὲ πλήθει καὶ χρόνῳ λυποῦντες πολλοὶ γὰρ ὄντες καὶ τὴν ἡλικίαν βραχεῖς εἰς τὰς τοῦ πατρὸς χεῖρας ὁρῶσιν. ἐντεῦθεν χρῆσται μὲν πολλοί, ἀλλὰ πλὴν ἑνὸς πάντες φιλάνθρωποι οὗτος δὲ τῇ τύχῃ συνεπιτίθεται. ἣν γὰρ μόλις αὐτοῖς οἰκίαν ὁ δαίμων κατέλιπε τοσούτοις χρήσασθαι ὑποκειμένην, ταύτην μόνος λαβεῖν ἀξιοῖ νικήσας τούτου τὸ χρέος, δέον ἢ τὸν ὠνούμενον ἄγειν καὶ τοῦ παντὸς τιμήματος τὸ προσῆκον λαβεῖν, ἢ δέχεσθαι ταύτῃ μέρος ὃ τοῦ χρέους ἀναπληρώσει τὸ μέτρον ὃ δὲ τῇ τῶν ὠνουμένων πρὸς τὸ παρὸν ἀπορίᾳ ἕρμαιον ἡγεῖται καὶ τῆς τύχης ἐστὶ πικρότερος. ἀλλὰ δίδου τῷ δεομένῳ πρὸς συμμαχίαν τὴν γλῶτταν, τὸν δικαστὴν αὐτῷ παρασκευάζων φιλάνθρωπον ὃ δὲ λυπῶν αὐτὸν πειράσθω δικαίας ἀνάγκης καὶ τῆς αὐτοῦ γνώμης ἡμερωτέρας, ἢ περιμένειν τὸν ὠνησόμενον ἢ τῆς οἰκίας μέρος ὅσον ἀται-

---

præsta Laertæ filium virtute, quanto antecedis illum tuorum certaminum gravitate

CXXV Stephano

Nihil nisi aurum tibi ob oculos versari videtur, studio eius traheris et alte assurgis et mentem aureis simulacris repletam habes Ego enim cum de otio scripsissem, non omnia nobis tribuere opportunitatem, sed, quantum usus quotidianus poscat, necessitatem nobis suggerere, cumque usum quotidianum non pecuniarum inopiam dixissem, sed id, ad quod a fortuna ducimur, tu, recto cursu aurum petiisti atque adeo misereri egentem videbaris et solatium quærebas, philosophiam cum opibus committens, quasi conquestus essem quod Crœsi talentis heluari mihi non liceret Ita aures tuas circumstrepuntur auro, omnesque de auro verba facere putas Quid enim te per Iovem ad istam benevolentiam adduxit? aut qui ego, ut epistolarum interm ssionem excusarem, penuriam argentariam caussatus essem, quasi auro affluere oporteat eum, qui literas scribat? immo, si quid aliud, scriptio sui iuris et a divitiarum potestate libera est Ita mens tua cupiditate convincitur, nam cum illuc vergat, omnia ad aurum refert simulque aures decipit, ac vereor ne si lyram vel equum nominem, auri nomen etiam tum audire tibi videaris, et, dum alios consolaris, ipsi medente opus sit Talia ut per iocum tibi dicerem impulsus sum utque in literas meas risum transfunderem, quem epistolam tuam legens edidi Tu vide ut aliquantum ex cupidine remittas, et in posterum literas scribe sanas

CXXVI Diodoro

Reverendissimum Timotheum quiescere vestis iubet, at fortunæ miseriæ necessitatem ei imponit ingrediendi viam quæ ad te ducit Habet enim patrem fortunæ commutatione ad inopiam reiactum et fratres numero et ætate molestos, etenim cum multi sint et parvuli, a patris manibus omnia exspectant Hinc creditores multi, etsi præ er unum humani omnes, is vero eum pariter ac fortunam insequitur Nam quam fatum vix us reliquit domum tot creditoribus oppignoratam, hanc unus ille ac solus occupaturus est, etiamsi eius pretium summam illi debitam superet, cum potius aut emptorem adducere et pretii partem ipsi debitam auferre aut partem domus accipere debuisset quæ debitum adæquaret Ille autem peropportune sibi accidisse censet, quod magna in præsenti emptorum est penuria, et ipso fato atrocior est Itaque petenti linguam tuam præbe adiutricem, et iudicem ad humanitatem commove, malorum autem iste artifex vim experiatur iudicialem et sententiam sua mitiorem, quæ aut emptorem exspectare eum iubeat aut partem domus,

τεῖ τὸ χρέος λαβεῖν, ὅπως θαυμάσωμεν καὶ σὲ τῆς
συμμαχίας καὶ τῆς ψήφου τὸν δικαστήν.

ρκζ'. Νόννῳ.

Σὺ μὲν ἡμῖν τὴν ἐρωμένην ἠρνήσω, τὰ μείζω πο-
θῶν καὶ πρὸς ἱερωσύνην κατεπειγόμενος, ἐγὼ δέ σου
τὴν καλὴν κόμην θαυμάσας ἀεί, νῦν δέδοικα μή σου
παρεμποδὼν γένηται τῇ προθυμίᾳ. ἐπειδὰν γὰρ
ἴδῃς παρόντα τὸν καιρὸν καὶ τὰς ᾀδομένας τρίχας
μελλούσας πεσεῖν, δακρύσας, οἶμαι, τὸ πάθος οἰχήσῃ
φυγών, καὶ ζητήσεις ἀνθ' ἱερέως νυμφίος ὀφθῆναι κα-
λός. καὶ πάλιν, ἂν οὕτω τύχῃ, μνηστεύσεις κόρην,
καὶ τοῦ γάμου παρόντος πρὸς ἱερωσύνην σχήσεις με-
ταπηδῶντα τὸν ἔρωτα. ἀλλὰ παῦσαί ποτε κύκλῳ
φερόμενος, τὴν πεῖραν ἔχων διδάσκαλον, ἵνα μὴ πάλιν
μὴ γνῶν ὑποβόλων καὶ σῶν σπαλίκων ἀκούσω καὶ
ὅσα νῦν ἡμᾶς ἐξεπαίδευσεν.

ρκη'. Ἱερωνύμῳ καὶ Θεοδώρῳ.

Τὴν ὑμετέραν σοφίαν ἔγνων μὲν καὶ πάλαι παντα-
χοῦ τῇ λόγῳ προλάμπουσαν, καὶ ὃν ἡ θέα μὴ παρέ-
σχεν, ἥ γε φήμη χαρίζεται, κοινῇ βοῶσα κηρύγματι
τὸν πάππον ὑφηγήσει νόμων ἐπιγραφόμενον, τὸν πα-
τέρα γλώττης χάριτι πρὸς τὴν τῶν νόμων αὐστηρίαν
τὴν ἀκοὴν ὑποσύροντα, καὶ ἐκ τούτων ὑμᾶς πάντα
φέροντας, ἅπερ ἐκεῖνοι προλαβόντες ἐκ μέρους ἐνεί-
μαντο. ὃν οὖν ἔγνων πρῶτον τῷ λόγῳ, νῦν τῇ πείρᾳ
μαθών « εὐδαίμων » ἔφην « ἡ πόλις, ἐν ᾗ γένος οὕτω
σεμνὸν καὶ παῖς ἐκ πατρὸς τὴν ὁρμὴν διαδέχεται· εὐ-
δαιμόνων δὲ πατέρων παῖδες, ὅσοι τοῦ βίου τὰς ἐλπί-
δας ἐφ' ὑμῖν ἐποιήσαντο. » ἀλλ' εἴθεπερ ἐδυνάμην
συνεῖναι καὶ τῆς σῆς ἐμφορεῖσθαι παιδεύσεως. ἀλλὰ
μέγα τοῖς ἀνθρώποις εἰς πόθον ἐστὶν ἡ πατρίς, καὶ
μάρτυς Ὀδυσσεὺς τὴν Καλυψὼ παριδών, ἵνα τὴν
Ἰθάκην θεάσηται· πρὸς δὲ οὗ θεμιτὸν εἶναί μοι δοκεῖ
τύπον ἀλλότριον παρὰ τὸν τοῦ δικαίου σφετερίσασθαι
λόγον. τοιγαροῦν σώζοισθέ μοι τὰ συνήθη παρ' ἐμοῦ
προσκυνούμενοι.

ρκθ'. Ἑρμείᾳ.

Τὸ ὑμέτερον μέγεθος διὰ τῶν πρὸς ἐμὲ γραμμάτων
ἰδὼν ὑμᾶς μὲν εἰκότως τῆς γνώμης ἐθαύμασα, τῇ δὲ
Βηρυτίων συνήδομαι πόλει εἰ τοιοῦτον ἔχει προσδεβλη-
μένον, ὡς ἀρετῆς καὶ λόγων ποιεῖσθαι φροντίδα, καὶ
ταῦτα τοῦ καιροῦ τὴν ἐναντίαν ἐλαύνοντος. ἀλλ'
ὄναιο καὶ σὺ σαυτοῦ καὶ τῆς σῆς προνοίας ἡ πόλις,
ἐμοὶ δὲ βαρὺ πατρίδος ὑπερορῶν ἐξ ὑμῶν λαβόντι πα-
ράδειγμα. εἰ γὰρ ὑμεῖς πάντα μηχανᾶσθε συμεῖν
τὴν ἐνεγκοῦσαν οἰόμενοι, πῶς ἂν ἔχοι καλῶς ἐμοὶ μὴ
ταῦτα ποιεῖν ἐφ' οἷς ὑμᾶς ἐπήνεσα πράττοντας· ἀλλὰ
καὶ εἰσποιεῖν ἐμαυτὸν εἰς τόπον ὃν εὐτύχησεν ἕτερος,
τῆς λογικῆς καταστάσεως ἀλλότριον εἶναι δοκῶ. ἀλλ'

qua sibi satisfacere possit, accipere, ut et te propter
opem et iudicem propter iudicium admiremur.

CXXVII. Nonno.

Tu dilectam te habere negasti, altiores spiritus gerens
et contento cursu sacerdotis ordinem petens; ego au-
tem, cum semper comam tuam pulchram admiratus
essem, nunc vereor ne desiderio tuo impedimento sit.
Nam cum tempus adesse videbis et instabit comarum
praecisio omnium ore celebratarum, malum, quod per-
pessurus es, lacrimas tibi excutiet et in fugam te dabis,
et conaberis ex sacerdote evadere sponsus formosus. Et
rursus fortasse puellam tibi despondebis, et, cum ad-
fuerint nuptiarum solemnia, amor tuus transfugiet ad
sacerdotium. At desine tandem in orbem circumagi, et
experimentis te erudiri patere. . . . .
. . . .

CXXVIII. Hieronymo et Theodoro.

Elucere sapientiam vestram iam dudum me aliorum
undique sermones docuerant, et qui oculis subiectus non
erat, hunc fama nobis gratificata est, praeconio suo pu-
blicitus declarans avum principem esse eorum, qui legi-
bus interpretandis operam navant, patrem in summa legum
austeritate linguae dulcedine auditores rapere, utrumque
vestrum ab his universitatem legum accipere, cuius illi an-
tea nonnisi partes possederant. Itaque, cum quem fama et
auditione cognoveram, iam usu pernossem, « beata urbs »
inquam, « in qua genus tam venerabile est filiusque a patre
principatum suscipit. Beatorum parentum filii, qui spem
vitae in vobis positam habent.» Utinam tecum esse pos-
sem tuaque institutione heluari. Sed magno homines patriae
desiderio tenemur, eiusque rei testis est Ulixes, qui Ca-
lypso negligebat, ut Ithacam conspiceret. Praeterea ne-
fas esse mihi videtur locum iniuste usurpare. Itaque
valere vos iubeo, solitum vobis cultum tribuens.

CXXIX. Hermeae.

Magnitudinem tuam cum ex literis ad me datis cognovis-
sem, mentem, ut par erat, admiratus sum, Berytiorum
autem urbi congratulor quod talem virum praesidio sibi
esse voluerit ita, ut virtuti et eloquentiae prospicere possit,
etsi nostrae aetatis homines in contrariam partem abire
soleant. Itaque et tu naturae tuae fructum capias et pro-
videntiae tuae civitas; mihi, qui vestram sequor auctóri-
tatem, grave est nihil curare patriam. Nam vos si exis-
timastis omnia tentanda esse ut patria vestra ornaretur,
nonne mihi facere convenit eadem, ob quae vos laudavi?
Sed inferre me in locum, quem forte fortuna occupavit
alius, a sana mente alienum esse puto. Itaque bene tibi

εὐτυχοίης, ὦ ἄριστε, τῆς εἰς ἐμὲ καὶ τὴν πόλιν αὐτὴν προαιρέσεως.

ρλ΄ Ὠρίωνι

Περιττὸν οἶμαι γράφειν πρὸς ἄνδρα τὴν πρὸς ἡμᾶς λοιπὸν ὀνειροπολοῦντα καταγωγήν, ὅπως ᾄσῃ τὸν ὑμέναιον καὶ γένηται νυμφίος παρθένου καλῆς δίκαιον γὰρ ἐρῶντι χαρίσασθαι τῆς ἐρωμένης τὸν ἔπαινον, δι' ἣν ἀπὼν τῷ σώματι ἐρωτικὰ τῇ καρδίᾳ πηδᾷς καὶ πρὸς ἡμᾶς ἀνεπτόησαι, καὶ τὰ παρόντα σοὶ μικρὰ τῆς παρ' ἀνθρώποις εὐδαιμονίας ὄντα γνωρίσματα, μόνη δέ σοι πόλις τῶν σῶν παιδικῶν χωρίον εἶναι δοκεῖ καὶ τοῦ Βυζαντίου τάχα σεμνότερον. καὶ δέδοικα μὴ τοῦ πόθου πολλοῦ ῥεύσαντος μηδὲ τοῖς φίλοις χαίρειν εἰπὼν ἐξαίφνης στέλλῃ πρὸς ἡμᾶς, τοῦ πλοῦ τὸ μῆκος μεμφόμενος. ἀλλὰ ταῦτα μὲν παιζόντων, ἐπανήκοις δέ ποτε σώφρονι λογισμῷ πρὸς παίδων γονὴν ἐπειγόμενος

ρλα΄ Ἀνατολίῳ

Πολλά μοι καὶ λαμπρὰ τὰ συνιστῶντα τὸν νέον πρῶτον καὶ μέγιστον τῆς ὑμετέρας θεοσεβείας τὰ γράμματα, εἶτα πατὴρ ἀγαθός, ἐκ πρώτης πείρας πρὸς εὔνοιαν ἐφελκόμενος· πρὸς δὲ τούτοις τῆς τέχνης ὁ νόμος, εὐθύνας ἀπειλῶν ἀκριβεῖς εἴ τι τῶν προσηκόντων παρίδοιμι· τάχα δὲ καὶ ἡ τοῦ νέου σπουδὴ μοῖράν μοι οὐκ ἐλαχίστην παρέξεται. λοιπὸν ἡμῖν αἰτεῖσθαι τὴν ἐκ τοῦ θείου ῥοπήν, μεθ' ἧς καὶ μόνης ἐστὶ πρὸς πέρας ἐλθεῖν τὴν προαίρεσιν

ρλβ΄ Δωροθέῳ

Δεινὸς ἄρα τις ἦσθα πτερὰ περιβάλλειν ᾧπερ ἂν ἐθέλῃς, καὶ δεικνύναι μετάρσιον· σοῖς γὰρ γράμμασι πτερωθεὶς πανταχοῦ μὲν ἐδόκουν εἶναι, καθάπερ ἑξῆς, τῇ φήμῃ, περιεπόλουν δὲ πόλεις ὁπόσας ἄνθρωποι νέμονται, καὶ μέχρι τῶν βαρβάρων διῄειν κούφῃ διανοίᾳ φερόμενος, καὶ πᾶν ἔθνος ἐπὶ τοῖς λόγοις ἐδόκει με στεφανοῦν, καὶ ἁπλῶς εἰπεῖν διὰ τὴν σὴν ἐπιστολὴν ἠγνόουν ὅ τι καὶ γένωμαι, ἕως μέ τις θεῶν τῶν σῶν ἀνήρπασε πτερῶν. καὶ τῆς πλάνης μόλις παυσάμενος «τί ταῦτα πάσχω», φημὶ «σκόπει τὸν γράψαντα καὶ λογίζου τὴν εὔνοιαν, καὶ θαυμάσεις ὅσα πείθειν οἶδε τῆς φιλίας ὁ πόθος. καὶ τὰ μὴ ὄντα γὰρ ἡγεῖσθαι ποιεῖ καὶ τὰ ψευδῆ τιμᾷν ὡς ἀλήθειαν » ἐντεῦθεν οἶμαι τῶν ἐπαίνων ἀπλήστως ἔχεις, καὶ πάντα λέγων εὐχερῶς αὐτὰ δοκεῖς τῶν ὑπηργόντων ἐλάττονα. μέτρον δέ σοι τῶν ἐπαίνων ἡ γνώμη, μηδὲν ἀρκεῖν ἡγουμένη πρὸς ἔπαινον. ἀλλ' ἐπίσχες πρὸς Φιλίου τοιαῦτα γράφων πρὸς ἄνδρα μικρὸν εἰς ἑαυτὸν ὁρῶντα καὶ τοῖς γράμμασιν αἰσχυνόμενον

eveniat, vir optime, pro tua in me et in ipsam urbem voluntate

CXXX Orioni

Inutile puto literas dare ad virum, qui in somnis sibi iam devertere ad nos videtur, ut hymenæum canat et sponsus fiat virginis pulchræ, decet enim amanti tibi gratificari laudes dilectæ puellæ, ob quam, absens corpore, amatorio pectoris motu trepidas et ad nos traheris, omniaque, quæ circa te sunt, ex tua sententia pusilla felicitatis humanæ insignia, et sola tibi urbs, in qua deliciolæ tuæ habitant, locus esse videtur vel Byzantio nobilior Ac vereor, ne effusissime exsultans amore insalutatos relinquas amicos ac repente ad nos proficiscaris, navigationis diuturnitatem indignatus Sed hæc quidem lusimus, tu tandem redeas velim, temperantius ad liberorum procreationem properans

CXXXI Anatolio.

Multa et præclara sunt quæ adolescentem commendent Ac primum quidem et maximum est epistola pietatis tuæ, alterum pater bonus, ab initio statim ad benevolentiam abripiens, porro artis lex haud levem castigationem minatur si quid eorum quæ me decent neglexerim, fortasse etiam adolescentis alacritas ansam mihi vel maxime præbebit Restat ut numinis divini nutum et auctoritatem imploremus, cuius solius ope consilium licet exsequi

CXXXII Dorotheo

Peritissimus es alas addere cuivis et in altum levare Nam cum literis tuis quasi penniger evasissem, in tanta famæ quam tu mihi movebas celebritate ubique esse opinabar, et peragrabam civitates quascunque homines incolunt et usque ad barbaros deveni animi levitate actus, omnesque nationes me propter eloquentiam coronare videbantur, et, ut verbo dicam, tuarum literarum ergo omnibus exsultabam gaudiis, donec deorum nescio quis pennis tuis spoliavit « Quid hoc rei est? » inquam « Respice eum qui scripsit epistolam eiusque benevolentiam reputa, et miraberis quanta sint quæ persuadere sciat amicitia Nam vel quæ non sunt ut credantur efficit itemque ut pro veris habeantur falsa » Hinc nisi fallor evenit ut laudibus satiari nequeas utque, dum nil reliqueris indictum, vel ita longissime a veritate tibi abesse videaris Voluntate enim laudes metiris, qua in amicos es, neque unquam satis te laudes cumulasse arbitraris Itaque per Iovem amicitiæ præsidem desine literas dare ad virum qui parum sibi tribuit et quem pudet literarum tuarum

ρλγ'. Παγκρατίῳ.

Οὐ γὰρ δοκεῖν ἄριστος ἀλλ' εἶναι θέλε φησὶν Αἰσχύλος, ἐπαινεῖν τινὰ προελόμενος. τοιοῦτος ἡμῖν ἀνεφάνης, οὐ τοῦτο δὴ τὸ κοινὸν μέχρι τοῦ παρεῖναι φιλίαν ἐπιδεικνύς, οὐδὲ μετρῶν τῷ τόπῳ τὴν εὔνοιαν, ἀλλὰ ἢ κρείττων εἶναι καὶ σαυτὸν νικᾶν ἐπειγόμενος. εἰκότως ἄρα σε τῆς ἐμῆς διανοίας οὐκ οἶδεν ὑποκλέπτειν ἡ λήθη, ἀλλ' ἐπεισί τί μοι Σωκρατικὸν ἀεὶ λέγειν, ὡς εἰ ἐγὼ Παγκράτιον ἀγνοῶ, καὶ ἐμαυτοῦ ἐπιλέλησμαι, οὗ χορεύει μὲν ἡ γλῶττα ταῖς Μούσαις, ἀρετὴ δὲ καθάπερ τέμενος ἄβατον κακίᾳ τὴν ἱερὰν ψυχὴν ᾠκειώσατο. τοιγαροῦν εὐδαίμων μὲν αὐτὸς τοιαῦτα φέρων γνωρίσματα, καὶ πόλιν οἰκεῖς τὴν κοινὴν τῶν λόγων μητέρα, ἣν ὧραι ποθοῦσαι κατὰ ταύτην ἀλλήλαις ἐσπείσαντο, ἣν προσκλύζει πρᾴως ἡ θάλασσα, καὶ Νεῖλος ἐναγκαλίζεται καθάπερ ἐρωμένη περιχυθείς, καὶ πανταχόθεν ἄλση καὶ δένδρα καὶ λήια, καὶ τοῖς ὀφθαλμοῖς ποικίλαι προσβάλλουσι χάριτες. ἀλλ' ὑμῖν μὲν τὴν εὐδαιμονίαν θεὸς ἐπαυξήσει, καὶ μισθὸν τῆς ἀρετῆς δωρησάμενος· μετάδος δὲ φίλοισι σοῖσι σῆς εὐπραξίας, τοῖς ἐκ γλώττης ἀγαθοῖς εὐφραίνων ἡμᾶς, καὶ πέμπων οἴκοθεν οἴκαδε πρὸς ἡμᾶς τὰ ποιήματα· οὐ γὰρ δίκαιον λανθάνειν ἃ τοῖς ἄλλοις ἐπιδειχθέντα πλείστην οἴσει τὴν ὄνησιν.

ρλδ'. Γεσσίῳ ἰατροσοφιστῇ.

Ὁ τὴν ἐπιστολὴν ἐπιδιδοὺς ὑπὸ μητρὶ χήρᾳ τραφεὶς καὶ τὴν τῶν ἀναγκαίων ἔνδειαν αἰτιώμενος, ὅμως οὐχ ὑπὸ νεότητος ἐπαρθεὶς οὐδ' ἐν ἐξουσίᾳ τοῦ πράττειν ὅ τι θέλοι γενόμενος πρὸς ῥαθυμίαν ἀπέκλινεν, ἀλλ' ἐπανορθοῦσθαι τὴν τύχην ἐθέλων καὶ λόγων ἐρᾷ καὶ πρὸς τὴν ὑμετέραν γλῶτταν ἐπείγεται, ἀρχοῦσαν ἀφορμὴν πρὸς εὐσχήμονα βίον ἐξ αὐτῆς ἀρυσόμενος καί, ὡς ἀρχοῦν ἐς ὑμᾶς ἰδεῖν καὶ τῶν λυπούντων ἔχειν τὴν λύσιν, τῇ παρ' ὑμῶν διδασκαλίᾳ τὰς πρὸς τὸ μέλλον ἐλπίδας προθούμενος. ὅθεν τὴν ὑμετέραν γνώμην εἰδὼς καὶ ὡς πρόκεισθε τοῖς εὖ παθεῖν δεομένοις, θαρρῶν ὑμῖν προσάγω τὸν νέον, ἀντὶ μεγάλης δωρεᾶς ὕλην ὑμῖν χορηγῶν τοῦ πάλιν δύνασθαι γεωργῆσαι.

ρλε'. Φιλίππῳ ἀδελφῷ.

Μόλις ἡμᾶς ἀμηχανοῦντας μετέβαλες, γράψας ὡς ἄδεις ἐθέλεις ὑμέναιον καὶ παίδων γενέσθαι πατήρ· πολλὴ γὰρ ἐπιδραμοῦσα φήμη ἄλλους ἀλλαχόθεν ἐπήγετο λόγους, καὶ πάντων διηγουμένων σιωπῶντες ἡμεῖς ἠκροώμεθα, τῶν ὑμετέρων ἀγνοοῦντες τὰ μέγιστα καὶ τοῖς πυνθανομένοις παίζειν δοκοῦντες, ὡς ἀγνοεῖν ἐπίτηδες προσποιούμενοι. νυνὶ δὲ τοῖς γραφεῖσιν ἡσθείς, ἡδέως ἂν εὐθὺς Περσεὺς ἐγενόμην ὑπόπτερος, καὶ τοῦ πελάγους ὑπερπτὰς καὶ πρὸς ὑμᾶς ἀφικόμενος πασπάδα κατεῖδον ἱερὰν καὶ τὸ πάντων ἥδιστον θέαμα, νυμφίον ἐκ φιλοσοφίας ἐρωτικὸν κἂν ὑλικόν τις αὐτὸν

CXXXIII. Pancratio.

Non ut specie tantum, sed ut vere optimus sis enitendum esse Æschylus dicit, cum laudes nescio cuius susceperit. Talis tu nobis evasisti, cum non, qui vulgi mos est, præsentia tantum tua amicitiam nobis significares nec eam finibus locorum circumscriberes, sed ut melior fieres teque ipse superare contenderes. Hinc factum est, ut memoriam tui abicere nequeam, verum semper subeat dicere assumtis verbis Socraticis, *ipsum me dedisse me oblivioni, cum* Pancratii *oblitus fuerim*, cuius lingua Musis choreas agit, cuiusque sanctam animam Virtus ut delubrum Pravitati inaccessum suam esse et a se possideri voluit. Itaque beatus es cum talia præ te feras, et urbem habitas communem eloquentiæ parentem, cuius captæ amore Horæ concorditer vivunt, quam placidum mare alluit Nilusque tanquam virginem dilectam artissime amplexatur, et arbores ubique ac sata, oculisque cuiusvis generis amœnitates subiciuntur. Sed prosperam tibi sortem deus in maius augebit, insuper soluto pretio virtutis; velim tamen *amicis tuis felicitatem impertias*, ita ut bonis ex lingua tua redundantibus nos ollectes et domo domum ad nos opera tua mittas; neque enim convenit recondita esse quæ aliis cum monstrentur magnam afferre possint utilitatem.

CXXXIV. Gessio iatrosophistæ.

Qui literas nostras tibi reddit, etiamsi a matre vidua educatus est et a summa mendicitate excusationem habere possit, tamen neque iuventute sua ad temeritatem adductus est nec, cum sui iuris factus esset, ad vanitatem inclinavit, sed fortunæ amplificandæ causa eloquentiæ studet et omni contentione linguam petit tuam, ut idoneam inde vitæ honestæ ansam habeat et a te institutus meliore quam antea conditione utatur, quippe cui satis sit te intueri, ut omni miseria liberetur. Itaque cum non ignorem voluntatem tuam, neque sim nescius ultro te operam tuam inopibus obferre, confidenter tibi adolescentem commendo pro magno munere materiam tibi præbens, in qua iterum possis elaborare.

CXXXV. Philippo fratri.

Tandem nos conturbatos et incertos ad sanitatem reduxisti, cum scriberes velle te hymenæum canere et liberorum patrem fieri; magna enim fama urbem nostram peragrans cuiusvis generis fabulas undique acceptas differebat, et cum narrarent omnes, nos silentium tenentes auscultabamus; ignorabamus enim rerum tuarum longe gravissimam. Unde pro ludibrio videbamur habere homines curiosos, quasi de industria simularemus ignorantiam. Nunc literis tuis exsultans libenter illico Perseus evasissem pennatus et mare transvolassem et ad vos venissem ac vidissem sanctissimum torum et, qui longe iucundissimus aspectus est, sponsum propter philosophiam amori

ὀνομάζῃ, φιλοσόφως ἀποκρινόμενον ὡς κοσμεῖν ἔδει τὴν γένεσιν, ἔρανον ἀνθ' ἑαυτοῦ χορηγοῦντα, καὶ τὰ εἰκότα πρὸς ταύτην ἀφοσιούμενον· ἕάλως δ' οὖν ὅμως, ὦ βέλτιστε, καὶ ὀψέ ποτε τὰ τῶν Ἐρώτων μανθάνεις τοξεύματα, ᾗ τε νύμφη καλή, φασί, νὴ τὰς Χάριτας, καὶ ἱκανὴ φιλοσοφίας παρατρέψαι τὸν ἐραστήν. πατὴρ μόνον γίνου παίδων ἐπ' ἀρότῳ γνησίων, ἡ κωμῳδία φησί, καὶ θᾶττον ἐξ ὑμῶν ἴδοιμι παῖδα διὰ τῆς θέας τὸν πατέρα κηρύττοντα, μᾶλλον δὲ πρᾳότητι καὶ μεγαλοψυχίᾳ καὶ ταῖς ἄλλαις ἀρεταῖς παραπλήσιον.

ρις' Ἱερωνύμῳ

Ὡς μεγάλα τῷ Νείλῳ φρονεῖς, καὶ ἀντεξάγεις ἡμῖν εἰς μέσον ἄγων τὴν Αἴγυπτον, ὥσπερ Ἐλούσης τῆς φιλτάτης εἰς λήθην ἐλθών. ὡς δὲ καὶ σοφιστικά σου τὰ γράμματα, καὶ τὸν Γοργίου τῦφον ἐδόκουν ὁρᾶν· ὕειν γὰρ τὸν Νεῖλον ἔφης ἐκ γῆς, εἴ τί με μὴ τῶν ῥημάτων παρέλαψε, καὶ πλωτὴν ποιεῖν τὴν πάλαι βατήν. τί δέ γε τοῦτο πρὸς σὲ τὴν Ἑρμοῦ κατοικοῦντα, ἣν οὔτε Ζεὺς ὕέτιος ἐρρρᾷ καὶ παρατρέχων ὁ Νεῖλος εἰς ἑτέρους ἐπείγεται, τί δὲ καὶ ψευδῶς ὀπωρίζεσθαι φής, πλὴν εἰ μὴ τοὺς ὄφεις ὀπώραν καλεῖς καὶ σκορπίων θᾶον γε πλῆθος· ὑφ' ὧν τινὸς ὡς ἔοικε πάλαι πληγεὶς καὶ ἰοὺ ἰοῦ φασι κεκραγώς, εἶτα μεταξὺ τράπεζαν τρυφῶσαν ἰδών, ὅλος ἐπ' αὐτὴν ἐφέρου, τῷ σκορπίῳ χαίρειν λέξας, τουτὶ τάχα που τὸ κωμικὸν πρὸς τοῦτον εἰπών « μήτε γὰρ θανών ποτε σοῦ χωρὶς εἴην. » ταῦτα γράφεις ἐρρῆν, οὐκ ἀλλοτρίοις ἀγαθοῖς ὡραΐζεσθαι· ἀλλὰ καὶ σιωπῇς με γράφῃ, μηδὲν ἡμῖν τὸ παράπαν φθεγγόμενος. ἢ γὰρ ἂν πλείω λέγοντας εὗρες, καὶ οὐκ ἂν ἡμῖν τὸν Κοθωκίδην ἔφης τὸ τῶν αὐλῶν πάθος τοῖς σοφισταῖς ἐπισκώπτοντα. ἔρρωσο, καὶ τὸ παιδίον καὶ ἡ γυνή. καὶ τῷ παιδίῳ Ἀλεξάνδρῳ μὴ βαρὺς ἐπίκεισο, νέαν ἡλικίαν ἐπὶ πολὺ βιαζόμενος.

ρλζ' Διοδώρῳ

Τὸ πολυθρύλητον δεξάμενος πρόσταγμα, περὶ οὗ πάλαι πάσας ἀφῆκα φωνάς, σιωπὴν ἦγον, οὐ μετὰ τὸ τυχεῖν ἀμνημονεύσας τῆς χάριτος, οὐδὲ τῆς Γεροντίου μούσης κληρονόμον· μόνοις γὰρ ὑμῖν τὸ πλεονέκτημα παρέσχεν ἡ τύχη. καὶ τίς μὴ ἐκεῖνον ἰδὼν δι' ὑμῶν ἀπεπληρώσει τὸν πόθον; ὥσπερ δι' ἀκριβοῦς εἰκόνος πρὸς τὸ παράδειγμα καλῶς ἀναγόμενος, σιωπῇ τὴν χάριν ἐτίμων, ἵνα μὴ λέγων ἔλαττον οὗ βούλομαι τύχω φθεγξάμενος· καί σοι κείσεται χάρις ἀνάγραπτος παρ' ἐμοὶ μᾶλλον ἢ παρὰ Πέρσαις βασιλεῖ τιμᾶν εἰδότι προδοσίαν καὶ Παυσανίαν μηδίζοντα, εἰ καὶ τὰ μάλιστα τυχεῖν πάντως ἐθέλων, ὦ βέλτιστε, καὶ πρὸς ἔργον ἐνέγκας τὴν γνώμην, ἐλεεινὴν ὑπὲρ ἡμῶν ἀφῆκας φωνὴν καὶ πόρρω λίαν ἡμετέρου φρονήματος· παρὰ γὰρ αὐτῷ τῷ δικαστῇ πτωχοὺς

deditum et si materialem forte eum dicat aliquis, philosophice respondentem generationem ornandam fuisse, se in partem impensæ venire ac debitum illi officium præstare Nihilominus captus es, optime, ac tandem *Cupidinum expertus es sagittas*, et sponsam, per Gratias, pulchram esse clamant et satis aptam quæ a philosophia avertat amantem. Pater dummodo evadas, *ut*, quemadmodum comœdia dicit, *legitimos filios procreces*, et quam maturrime liberos e vobis videre concupisco, qui specie sua patrem repræsentent, vel potius lenitate et magnanimitate ceterisque virtutibus æquiparent

CXXXVI Hieronymo

Quantum te Nilus inflavit, qui proficisceris contra nos educta in expeditionem Ægypto, quasi dilectissimæ Elusæ oblivio te ceperit Et quam sunt sophisticæ literæ tuæ Ipsius Gorgiæ fastum cernere mihi videbar, effundi enim ex terra Nilum aiebas, nisi quid verborum me fugit, et navigabilem reddere in quam olim pedem figere licuerit Sed quid hoc ad te, qui Mercurii urbem habitas, quam neque Iuppiter Pluvius adspicit et Nilus prætercurrit, ut alio contendat? quid porro mendaciter de te prædicas pomi, te vesci? nisi forte poma dicis serpentes et scorpionum multitudinem Ab horum aliquo, ut videtur, dudum ictus et execratus eum, tum mensam opipare instructam conspicatus, totus in eam irruisti, valere iubens scorpioni, ac forlasse Comici illud addidisti *ne post mortem quidem velim a te separari* Hæc te scribere oportebat neque te exornare bonis alienis Verum et silentu me arguis, qui nihil omnino literarum ad nos dederis Profecto plura scribentem reperisses, neque citasses Cothocidam, qui tibiarum naturam sophistis per ludibrium tribuebat Vale, itemque et filius et uxor Alexandro filio ne nimiam severitatem adhibeas, neve eum præter ætatem facere rogas

CXXXVII Diodoro. •

Postquam famosum accepi decretum, quod ad raram usque poposceram, conticui, non quod referendæ post acceptum beneficium gratiæ fuissem immemor, nec quod Gerontii musa mihi obtigerit, solis enim hanc virtutem vobis præbuit sors Et quis illum cum viderit, per vos non satiabit desiderium? Tanquam per imaginem fidelem ad archetypum pulchre deductus tacendo gratiam honestavi, ne forte pauciora verba facerem quam vellem Et manebit tibi gratia in memoriam meam accuratius relata quam quæ referri solebat in acta regis Persarum, qui proditionem honorare sciebat et Pausaniam Medorum partes sequentem, etsi, vir optime, cum victoriam sectareris et ad exitum perduceres quod in animo erat, miserabilem mea causa vocem emisisti et quæ a spiritu

ἡμᾶς ἀπεκάλεις. ἐφ' οἷς ἠγανάκτησα μάλιστα, εἰ το
σοῦτον κέχηνας πρὸς τὴν ὕλην, φιλοσοφίας ὕψους
ἀποπεσών, ὡς χρημάτων χάριν ἀγεννῆ καὶ ταπεινὰ
προσφθέγγεσθαι ῥήματα, καὶ μήτε τὴν ἐμὴν ἀξίαν
σκοπεῖν μήτε τὸν σοφώτατον Διογένην, ὃν ἐν ψιλῇ τῇ
πήρᾳ τὸν μέγιστον πλοῦτον ὡρίζετο. ἀλλὰ γενοῦ μό
λις ἐλεύθερος, σμικρόν τι χρῆμα πρὸς τὴν ἀρετὴν τὴν
οἰκουμένην ἡγούμενος.

ρλη'. Μαρκέλλῳ.

Τῶν παρόντων γραμμάτων οὐ θράσος αἴτιον,
οὐδὲ τὸ μὴ μένειν ἐπὶ τῶν οἰκείων ὅρων εἰδέναι, ἀλλ'
ἀνὴρ θεῷ τε φίλος καὶ πάσης ἀνάπλεως ἀρετῆς, ὃν οὐ
πέπεικε τὰς πρὸς ὑμᾶς ὑποσχέσεις ὑπερορᾶν οὐ τὸ νῦν
ἐξ Αἰγύπτου μόλις ἐλθεῖν, οὗ φροντιστήριον εὐπρεπές,
οὐ χειμὼν ἀπειλούμενος, οὐ πέλαγος ἐμποδών, οὐχ
ὁδοιπορία μακρά, ἀρετὴν δὲ μίαν εἰδὼς τὸ πληροῦν
ἔργῳ τὰς ὑποσχέσεις καὶ πρὸς ἅπαντας ὁμοίως γίνε
σθαι παραπλήσιον, ὅλος ὁρᾷ πρὸς ὑμᾶς. ἀλλὰ καὶ
θᾶττον ἰέναι παρ' ἡμᾶς καταγγέλλεται, καὶ πέπει
σμαι ῥᾳδίως, ἐκ τῶν πρὸς ὑμᾶς ὑποσχέσεων τὴν πεῖραν
λαβών. ὑπόλοιπον τοίνυν ὑμῖν κρατεῖσθαι, καὶ πρέπον
ἂν εἴη μὴ κρατεῖν ἐθέλειν ἀνδρα μηδὲν οὕτω δεινὸν
ἡγούμενον, ὡς τὴν τοῦ παραβαίνειν ἀνάγκην ἅπερ
ἐπήγγελται. πέμπε τοίνυν τάχος τὸν ἄνδρα τὴν ὑμε
τέραν φιλανθρωπίαν πρὸς ἡμᾶς ἀφηγούμενον.

ρλθ'. Σαβίνῳ.

Σὺ μὲν ὡς ἐπ' ὀνείδει πενίαν προφέρεις ἐμοί, καὶ
θηρίον ἐξωλέστατον εἶναί σοι τὸ χρῆμα δοκεῖ, καί, τὸ
δὴ μέγιστον, Ἶρος ἐγὼ παρὰ σοὶ καὶ τῶν καθ' ἡμέραν
ἴσως ἐπιδεής, καὶ τί γὰρ οὐκ ἂν εἴποις ἀρετῆς ὁμοῦ καὶ
φιλοσοφίας ἐκπεπτωκώς, ἐλεῶν μὲν ἄγε θαυμάζεις
ἔχρῆν, μεγάλων δέ τινων ἐστερῆσθαι νομίζων τὸν ὑψη
λόν τε καὶ κοῦφον καὶ μὴ τῷ βάρει τῆς ὕλης πρὸς τὰ
κάτω φερόμενον ; τῇ γαστρὶ γὰρ τὴν εὐδαιμονίαν με
τρῶν καὶ δόξαις ἀνθρώπων προσκείμενος ἐκμιττοῖς μὲν
εἰς ἃ μὴ θέμις τὴν γλῶτταν, κυκᾷς δὲ τὰ δικαστήρια,
πάρεργον δέ σου τῆς ἀπάτης οἱ δῆμοι. πλουσίων δὲ
θύρας ἀράττεις· κἄν τις ἑστιᾷν οἶδε καλῶς, ἀπεῖπει
ὑπὸ σοῦ θαυμαζόμενος. ἑορτὴ δέ σου λαμπρὰ ἐσθὴς
ποικίλη καὶ βάδισμα σοβαρὸν καὶ βλέμμα τῇδε κά
κεῖσε χεόμενον, καὶ πανταχοῦ σοι τὰ ὦτα, καθάπερ ὁ
Μίδας, εἴ πού τι φθέγξαιτο γύναιον τὴν σὴν σκηνὴν
ἐκπληττόμενον. ἀλλὰ μέχρι δὴ τίνος ὕπνῳ μακρῷ
πεδηθεὶς οἷά τις Ἐνδυμίων πρὸς ἀρετὴν οὐκ ἀνθίστα
σαι ; παῦσαι λοιπὸν πρὸς τὸ σωμάτιον κεχηνὼς καὶ
κατὰ σαυτοῦ τρέφων τὸ δεσμωτήριον, παῦσαι χρυσίον
ὀνειροπολῶν καὶ ἀργύρου πλῆθος ἀεὶ φανταζόμενος
καὶ πολλὰς ἀρχὰς τῇ διανοίᾳ περινοστῶν. τὰ ἔνδον
οἷα μηδενὶ τῶν φίλων. ἀλλ' αὐτομόλησον πρὸς ἡμᾶς
εἰ δοκεῖ, καὶ τὴν κοινὴν θεὸν τὴν πενίαν προσκύνει καὶ

meo longe abesset; nam apud ipsum iudicem vocasti me
mendicum. Unde exarsi ira; tu enim ita materiæ inhias,
ut e philosophiæ excelsitate deiectus vilibus humilibusque verbis divitiarum causa me insecteris, et neque
dignitatem meam respicias neque sapientissimum Diogenem, qui nuda pera maximas divitias complexus est. Sed
tandem in libertatem te vindica, ac persuade tibi, orbem
universum cum virtute collatum perparum valere.

CXXXVIII. Marcello.

Nec protervitas in causa est, cur hæ literæ ad te dentur, nec quod nesciam meis me finibus continere, sed vir
deo carus omnique virtute exornatus, qui quominus staret
promissis suis non eo retardari voluit quod vix ex Ægypto
rediit vel quod auditorium decorum habet vel quod hiems
imminet vel quod mare obstat et longum iter, sed unam
illam virtutem se exercere professus, re exsolvere promissa ita, ut omnibus se æquabilem se præbeat, totus in
vos oculos convertit. Sed quam maturrime ad nos quoque
venturum se nuntiavit, et facile ei fidem habeo, quem
ex pollicitationibus, quas tibi fecit, penitus cognoverim. Iam superest ut te ipsum in potestate habeas; convenerit enim non retinere velle virum, qui nihil magis
reformidat quam impedii necessitatem quominus promissis satisfaciat. Itaque quam citissime eum ad nos
mittas velim, ut humanitatem tuam mihi narrare possit.

CXXXIX. Sabino.

Tu mihi paupertatem exprobras et spurcissimum tibi
illa animal esse videtur, et, quod summum est, Irus ego
de tua sententia sum et fortasse a victu quotidiano laboro. Quid enim est quod tu non expromas, qui et
virtute et philosophia excidisti, et commiseraris quæ
admiratione digna sunt, quique virtute sublimem et levem neque materiæ pondere terram versus ruentem
magnam fecisse iacturam arbitraris? Nam ventre felicitatem metiens hominumque opinionibus deditus linguam
ad fraudes locas, iudicia perturbas, simulque una populo
fallacias facis. Exinde portas divitum pulsas, et si quis
convivator largo pastu te sustentarit, despondet animum,
admiratione tua profligatus. Atque est tibi solemnium
instar vestis miris variegata coloribus et incessus fastuosus et oculi huc illuc coruscantes; et ubique aures tuæ,
ut Midæ, an forte muliercula verbum tibi fecerit, habitu
tuo scenico conturbata. Sed quousque tandem pariter
atque Endymion longo somno vinctus iacebis, non exsurgens ad virtutem? Desine tandem inhiare corpusculo
tuo et carcere alendo tibi ipse insidiari, desine somniare
aurum et fingere animo vim argenti multasque mente
peragrare provincias. Mens tua cum amicorum tuorum
mentibus nihil commune habet. Itaque transfugito ad
nos, si tibi videtur, communemque deam paupertatem
adorato et amicam agnosce; tui enim studiosior est quam

φιλοῦσαν ἐπίγνωθι καὶ γὰρ σὲ περιέπει μᾶλλον ἥπερ
ἡμᾶς, καὶ φιλήσειν ἔτι κατεπήγγελται.

ρμ' Δωροθέω

Ὅσον ἐλύπεις ἀπαίρων, οὐκ ἂν ἤλπισα προλαβών,
εἰ μὴ τὴν πεῖραν ἔσχον διδάσκαλον· ἐξ οὗ γὰρ ἡμᾶς
ᾤχου καταλιπών, οὐκ ἐπαυσάμην μετὰ σοῦ τῇ διανοίᾳ
περινοστῶν καὶ λιμένας καὶ θάλατταν διαγράφων ἐν
ἑαυτῷ. καί « κλῦθι, Πόσειδαν γαιήοχε » πολλάκις
εἰπὼν ἠξίουν εὐμενῆ σοι παρέχειν τὴν θάλατταν, καὶ
τοῦ πλοῦ τὰς ἡμέρας ἐπὶ τῶν δακτύλων ἐτίθουν, καὶ
οὕτως ὅλος ἐτύγχανον παρὰ σοί, ὡς καὶ καλέσαι· τινὰ
πειραθεὶς ἔλαθον πολλάκις Δωρόθεον προσειπὼν
καὶ ὃ μὲν ἐγέλα, ἐγὼ δὲ διαμαρτάνων ἠχθόμην. σὺ
δὲ ἴσθι, ἠγνόεις ὁπόσον ἡμῖν ἐναπίθου φίλτρον. πολ-
λάκις προσιόντα τινὰ πόρρωθεν θεασάμενος, σέ, μὰ
τοὺς θεούς, ἐδόχουν ὁρᾶν, πρὸς τὸ τῆς διανοίας βού-
λημα τῶν ὀφθαλμῶν ῥᾳδίως ἀπατωμένων   τῆς δὲ
πλάνης μόλις ἀπήλλαγμαι, γράμματα δεξάμενος παρὰ
σοῦ καὶ θεραπεύσας τὸν ἔρωτα

ρμα' Στεφάνω

Τὴν ὑμετέραν λαμπρότητα κηρύττει μὲν ὅσα τοὺς
ἀγαθοὺς γνωρίζειν ἄνδρας ἐπίσταται ὡς δὲ τῶν πει-
ραθέντων ἡ μαρτυρία, νικᾶται τοῖς ἔργοις ὁ λόγος καὶ
τῶν πραγμάτων κατόπιν εἶναι δοκεῖ   τὴν δὲ περὶ
ἐμὲ σπουδὴν ἀεὶ μεγίστῳ παραδεδωχὼς θαύματι, νῦν
οὐχ ἥκιστα τοῦτο ποιῶ, ὅτεπερ ἄνδρα μοι τοσοῦτον
ἔπεισεν ἐπὶ μικρότατον μῆκος ὁδοῦ θεῖναι, ὡς εἰ καὶ
ψιλοῖς ἐχρήσατο γράμμασι, οὐκ ἂν ἔσχον ἀντιλέγειν
κελεύοντι οὕτω δέ μοι βαρὺ αὐτὸν ἐπέθηκεν αἰδου-
μένῳ τὴν ἄφιξιν καὶ τοῦ παντὸς βίου τὴν ἀρετὴν καὶ
ὅσα προλαβοῦσα κηρύττει φήμη βεβαιωθεῖσα τῇ
πείρᾳ, ὥστε μικροῦ δεῖν ὡς εἶχον σχήματος εἰπόμην,
μηδὲ τοῖς οἰκείοις χαίρειν εἰπών   ἀλλά μέ τις ἔννοια
μόλις ἐπέσχεν ὁρμῶντα, λογιζόμενον τὸ μηδὲν ὑπερο-
ρᾶν πατρίδος ἣ ἣ πρῶτον εἶδον τὸν ἥλιον, καὶ ὡς κα-
λὸν τὰ πρὸς ταύτην δίκαια φυλάττειν ἢ πολὺ κεκτῆ-
σθαι χρυσίον καὶ ξένους τοσούτους δι' ἐμὲ παρόντας
ὑπεριδεῖν.

ρμβ' Πέτρω

Ὁ καλὸς Ἐπιφάνιος τοῖς ὑμετέροις γράμμασι
πλείστην ἐπαγόμενος εὔνοιαν συνέστη μὲν οὕτως
ἐμοί, σπουδὴν δὲ πᾶσαν ἐπεδείξατο λογικήν, μηδὲ τῶν
ὅσα φέρει νεότης ἐπιδεικνύμενος, ἀλλ' ὅλον αὐτὸν τοῖς
λόγοις διδοὺς καὶ τῇ μελέτῃ προσκαρτερῶν ὃ δὴ
καὶ τεκμήριον εἶναι δοκεῖ τοῦ τὴν κατηγορίαν πεπλά-
σθαι καὶ ψευδὲς εἶναί που τὸ πάλαι θρυλούμενον· ἀρ-
γούντων γὰρ ἐκεῖνα καὶ διανοίας ἐξ ἀλόγου σχολῆς ἐφ'
ἃ μὴ δεῖ φερομένης   Ἰσοκράτει δέ τις πειθόμενος καὶ
καταναλίσκων τὴν τοῦ βίου σχολὴν εἰς τὴν

---

nostri, teque in posterum se amaturam esse pollicita
est

CXL. Dorotheo

Nisi usu didicissem, nunquam credidissem, tantam me
ex discessu tuo afflictionem accepturum Ex quo enim
relictis nobis profectus es, non desii mente tecum cir-
cumvolare, et portus et mare animo concipiens Et, ut
propitium tibi redderem æquor, sæpiusculæ « audi » un-
quam « Neptune, qui terras cingis » et digitis computa-
bam dies profectionis, totusque tecum versabar, ita ut
vel cum appellare aliquem tentarem, invitus sæpe Do-
rotheum alloquerer   Ridebat ille, ego vero errorem
dolebam   Tu vero scito ignorasse te quanto nos imbue-
ris amore   Sæpe enim cum aliquem appropinquare vi-
derem, te per deos adspicere opinabar, cum oculi ex
mentis voluntate facile deciperentur   Tandem ego ac-
ceptis literis tuis atque ita persanato amore, oculorum
ludibrio liberatus sum

CXLI Stephano

Splendorem tuum prædicant quæcunque bonos viros
nobilitare solent, sed qui usu te cognovere, verba re
superari et factis cedere testantur   Ac tuum in me stu-
dium cum semper in summa mihi fuisset admiratione,
nunc vel maxime admiror, quod tantum virum moverit,
ut itineris longinquitatem tam nullam esse mihi persua-
deret, ut etiamsi nudis literis usus esset, non habuissem
quod obloquerer iubenti   Verum defugienti mihi pro-
fectionem ut gravissimum onus imposuit virtutem totius
vitæ suæ et omnia illa, quæ prænuntiata rumore re con
firmantur, ut parum abesset, quin sine mora eius aucto-
ritatem sequerer, ne necessarios quidem salutatis   Tan
dem cogitatio quædam impetum meum cohibuit   Repu-
tabam enim, patriam, in qua in lucem editus essem,
haud despiciendam esse, et magis decorum esse, satisfa-
cere meo erga eam officio quam bene nummatum esse et
negligere tot iuvenes, qui mea causa in hac urbe pere-
grinantur

CXLII Petro

Optimus Epiphanius cum magnam mihi tuam literis
tuis benevolentiam attulisset, in contubernium meum
admissus est, et studiosissime literas tractat, nec quid-
piam eorum monstrat quæ adolescentia secum ducere
solet, sed totum se literis dedit in earumque usu et exer-
citatione omnes suas curas defixit   Quæ res testimonio
esse videtur, ficta esse quæ crimini ei dabantur, et
commenticia quæ uno ore olim de eo narrabantur, nam
desidis illa sunt, et animum monstrant socordiæ vitio
ad vetita ruentem   Contra si quis Isocratem ducem se-
quitur et *quicquid otii datur, id in audiendæ doctrinæ*

τῶν λόγων φιληχοῖ αν, οὐ δίδωσι συκοφάντῃ λόγον ὡς εἰκότως ἄρα κατηγορεῖ· κἂν γὰρ αὐτὸς σιγᾷ τὸν βίον ἔχει πρὸς ἀπολογίαν ἀρχοῦντα. γένοιτο δὲ καὶ τὸν νέον μᾶλλον ἐπιδιδόναι πρὸς λόγους, καὶ ἡμᾶς τῆς ἐπὶ τούτῳ μὴ διαμαρτάνειν ἐλπίδος.

ρμγ'. Ζαχαρίᾳ καὶ Φιλίππῳ ἀδελφοῖς.

Ὁ θαυμαστὸς Τιμόθεος ὁ ταύτην φέρων τὴν ἐπι στολὴν τοῦ μὲν ἀλλήλοις γράφειν ἐπὶ τοῦ παρόντος ἐ- στὶν ἀρχή, πατρὸς δὲ τυγχάνων ἐπιεικοῦς καὶ λίαν ἀπράγμονος ἐν ἑαυτῷ περιφέρει τὸν φύσαντα, τὴν τῶν τρόπων εὐσέβειαν ἐπὶ τοῦ προσώπου δεικνύς· ἐρυθριᾷ γοῦν ἑτοίμως, κἄν τις αὐτὸν ἐπαινῇ, ... ἀποβλέπειν μόνον θέλῃ. οὗτος ὅτου δὴ χάριν τὴν βασιλίδα πό- λιν κατείληφε, καὶ δεῖται τῆς ὑμετέρας ῥοπῆς ἐν οἷς ἂν δύνησθε συμμαχίαν ἄλυπον χορηγούσης. τοῦτο δὲ ποιοῦντες ἀνδράσιν ἔσεσθε κεχαρισμένοι χρηστοῖς, οὗ μεῖζον οὐδὲν τοῖς τιμᾶν ἐγνωκόσι τὴν ἀρετήν.

ρμδ'. Τοῖς αὐτοῖς.

Τὸ παρὸν ὡς ἔοικεν ἔτος δεήσεις παρ' ἡμῶν δια- κομίσει πυκνάς, πλὴν οὖν δικαίας καὶ πρόφασιν ἐχού- σας ἐπαινουμένην, ὑπὲρ ὧν τις εὐγνώμων καὶ τὸν τρόπον Ἑλληνικὸς χάριν ἂν ἡσθείη διδοὺς ἢ παρ' ἑτέρων δεχό- μενος· τοιαύτη δέ τις τῶν παρόντων ἡ χρεία. Νεῖλος ὁ λογιώτατος θεῷ τὸν βίον ἀναθεὶς πόλιν μὲν οἰκεῖ μητρὸς ἐπ' αὐτῷ σαλευούσης, γήρας ὁμοῦ θεραπεύων καὶ τὴν ἐντεῦθεν ἀσθένειαν, οὐδὲν δὲ ἧττον πολλῶν ἴσως ἐπ' ἐρημίας οἰκούντων ἐπ' εὐσεβείᾳ γνωρίζεται. οἰκίαν δὲ κεχτημένος τοῖχον ὑψηλὸν ἐχούσης τὸν παρακείμενον, γείτονος ἀπέλαυσε πονηροῦ, ὃς θυρίδας κατὰ τοῦ μὴ προσήκοντος ψιλοῦ νεωτερίσας τινάς, πρὸς μὲν τὸ παρὸν ὡμολόγει μηδὲν ἐμποδὼν ἔσεσθαι ταύτας οἰκοδομεῖν βουλομένῳ· ὡς δὲ νῦν εἰς ἔργον ἦλθεν ὁ λόγος, κώλυμα τὰς θυρίδας προβάλλεται, ὥσ- περ δίκην ἀπαιτῶν ὅτι παρεῖδε καινοτομούμενος. ὁρῶν δὲ τοῖς δικαίοις πανταχόθεν ἑαυτὸν ἐξωθούμενος, παρείσδυ- σιν ἑαυτῷ δυναστείας ἐπινοεῖ καί, τὸ μέγιστον, ἀνδρὸς τοῖς δικαίοις χαίρειν ἐγνωκότος ἀεί· εἰς γὰρ τὸν πολὺν ἐκεῖνον ὠθεῖται Νεστόριον, τῷ μὴ παρεῖναι τὸν ἄν- δρα θαρρῶν. τοῖς γὰρ αὐτῷ προσήκουσιν εἰς συμμα- χίαν χρησάμενος, ὠνὴν εἰς αὐτὸν τινα πρὸς κακουρ- γίαν ἐπλάσατο τὸ δίκαιον ὄνομα, καὶ πρὸς ἀδικίαν ἕλκων λαβὼν καὶ τοὺς κατ' αὐτοῦ πανταχόθεν ἐπαίνους διαβάλλειν πειρώμενος. ἀλλὰ ταῦτα μαθὼν δι' ὑμῶν κωλύσει ταῖς ἀπειλαῖς τὸν ἀδικοῦντα δι' ἀνδρὸς τιμῶν- τος τὰ δίκαια.

ρμε'. Ὠρίωνι.

Ὁ μὲν ὑμέτερος θεῖος οἴεταί τι μέγα χαριεῖσθαι τῇ παιδεύσει τῇ σῇ, εἴ γε δεῖ γράμματα κομίσαι παρ' ἐμοῦ, καὶ ταῦτα δήπου λέγων ἐπὶ τὸ γράφειν ἀνάγεται·

---

studio consumit, iustæ criminationis ansam non præbet sycophantæ; nam etsi ipse tacet, vitam habet causam suam defensitantem. Velim autem adolescens magis etiam in literas incumbat neve ego spe excidam, quam in eo collocavi.

CXLIII. Zachariæ et Philippo fratribus.

Admirabilis Timotheus, qui has vobis reddit literas, causam nobis in præsenti præbet scribendi. Patre leni et placido natus imaginem in se ipso genitoris circumfert, ac pietas prorsus inest in eius vultu. Facile erubescit sive quis eum laudat sive nihil nisi intuetur. Is nescio qua de causa in regiam urbem pervenit, atque exoptat, ut sibi, si ita ferat voluntas vestra, operam molestiarum propul- satricem pro viribus præstetis. Hoc si feceritis, homini- bus frugi operam vestram tribueritis; cui rei plurimum tribuunt qui virtutem colere solent.

CXLIV. Iisdem.

Præsens annus, ut videtur, crebras ad vos petitiones nostras mittet, at iustas et laudabilem habentes causam, pro quibus libentius gratiam referat quam ab aliis capiat homo æquus et Græce moratus. In præsenti vero hoc requirimus. Nilus, vir literatissimus, qui deo vitam dedi- cavit, urbem quidem habitat, præsidio suo matrem fulciens simulque eius senectutem et infirmitatem inde natam curans, sed non minus fortasse quam multi, qui in soli tudinem sese receperunt, ob pietatem celebratur. Qui cum domum possideat, quæ altum parietem habet contiguum, malum vicinum nactus est, qui cum præter ius fenestras quasdam in parte ista non fenestrata aperuisset, tum qui- dem se non impediturum esse declaraverat, quominus ille eas obstrueret; nunc vero, cum verba res secuta erat, fenestras impedimenti loco prætendit, quasi ius suum poscens quod, cum res novas molliebatur, ius vio- laverit. Cumque videret se undique iuris consultorum sententiis profligatum, ad potestatem confugere lubido eum cepit et, quod gravissimum est, viri, qui nunquam aliter nisi iure ac lege egit; Nestorium enim virum pri- marium invadit, firmatus animo, quod illum abesse scit. Nam propinquis eius adiuvantibus venalem illi iustitiæ famam affinxit, et improbitatis materiam sibi comparavit, de eiusque laudibus ubique detrahere conatur. Verum ille hæc per vos postquam didicerit, minis suis prohibebit eum qui per virum iuris observantissimum iniuriam facit.

CXLV. Orioni.

Avunculus tuus studiis tuis haud leviter se consultu- rum esse arbitratur, si adduxerit me, ut literas ad se darem; atque hoc scilicet declarans ipse vela epistola-

ἐγὼ δὲ τῆς μὲν εἰς ὑμᾶς εὐνοίας τὸν ἄνδρα τεθαύ-
μακα μηδὲ τῶν σμικροτάτων φειδόμενον ἐξ ὧν οἶδεν
ὑμῖν χαριούμενος, τὴν δὲ σιωπὴν ἠγάπων ἐμαυτὸν
ἐρυθριῶν καὶ σοφὸν ἔχων ἐπιστεῖλαι μηδέν. ὡς γὰρ
τῷ Πλάτωνι τῷ σοφωτάτῳ δοκεῖ, οὐκ ἔστιν ἀρε-
τὴν εἰδέναι μὴ τοῖς ἔργοις πρὸς ἀρετὴν ἐπειγόμενον ὁ
δὲ μὴ ἔστιν εἰδέναι, κἂν ἐρυθριάσαιμι περὶ τού-ου
φθεγγόμενος καὶ ταῦτα ποιῶν, ὥσπερ ἂν εἴ τις μουσι-
κὴν μηδ' ὄναρ εἰδὼς εἶτά τις Ὀρφεὺς εἶναι λέγοι τὰ
θηρία τῇ λύρᾳ χειρούμενος· ἀλλ' εἰ δέοι τῶν κρουμά-
των ἐφάψασθαι, γέλως εὐθὺς ὁ κόμπος, καὶ πάντα
δὴ ῥᾳδίως ἐλέγχεται   πόθεν οὖν ὁ μὴ πέφυκα παρὰ
τῷ σῷ θείῳ νομίζομαι, ἔφης τι πρὸς αὐτὸν πολλάκις
νόμῳ δὴ φιλίας ἀποσεμνύνων ἐμέ, ὁ δὲ τὸν πόθον οὐ
σκοπῶν, ἀλλ' ἐκ τῶν ἔργων εἶναι τοὺς λόγους οἰόμε-
νος, ἀπαιτεῖ γενέσθαι με τοιοῦτον οἷόν με τοῖς λόγοις
ἀνέπλασας. καὶ τοῦ σοῦ ψεύδους νῦν εὐθύνας εἰσπράτ-
τω καὶ διελέγχω σου τοὺς λόγους, οὐκ ἔχων ἀρετῆς
γενέσθαι διδάσκαλος πλὴν ἐπειδὴ πρὸς σέ μοι -ὰ
γράμματα, δοκεῖ δὴ πάλιν θαυμάζειν, ἵνα μὴ σαυτὸν
ἐλέγχῃς ψευδόμενον.

ρμς΄ Διοδώρῳ

Ὀβολοῖν τοῦ Εὐριπίδου ῥακίων τὴν ἐμὴν οἰκίαν
ἀνέπλησας, ἀδωνάρια πέμψας ἄρρυθμα, καθά σοι
φίλον καλεῖν, καὶ βλαύτας ἀμούσους καὶ ἰφικρατίδας,
ἐφ' αἷς ἦ κε μέγ' οἰμώξειεν ὁ στρατηγὸς Ἰφικράτης οὐ-
δὲν τῆς Ἀττικῆς φερούσαις τεκμήριον.   οὐδὲ γὰρ
χάριν τινὰ καὶ πεῖναν μελίττης Ὑμηττίου παρέχον-
ται, οὐδὲ βοῶσι τῇ θέᾳ τὴν Ἀττικὴν, ἐν ᾗ Μαραθὼν
καὶ Σαλαμὶς καὶ ἄνδρες ἐλευθερίας καὶ φρονήματος
ἐρασταὶ οὐ μὰ Δία τῆ παρ' ὑμῖν μούσῃ τετελεσμένοι·
τὰ γὰρ ὑμέτερα — ἀλλ' εὔστομα κείσθω, μή τι
χαὶ λάθω φθεγξάμενο. τὰ μὲν σὰ δῶρα τοιαῦτα, τὰ
δὲ ὑμέτερα κἂν αὐτὸς ἐπαινέσειας οὕτω τῇ γαστρὶ
χαριζόμενος· λίχνος γάρ τις ὢν καὶ τὸ γαστρίζεσθαι
μελέτην πεποιημένος καὶ βρώμασι τὴν εὐδαιμονίαν
μετρῶν, εἴ τί που θηράσαις ἡδύ, προτείνεις εὐθέως
τὴν γλῶτταν, καθάπερ τις Αἴας τὴν μεγάλην ἀσπίδα
καὶ μάρτυς ὁ καιρός, ἐν ᾧ τὸν πλακοῦντα παρ' ἑτέρων
ἀφήρπασας, ὅλον εὐθὺς παραπέμψας τῷ στόματι

ρμζ΄ Κυριακῷ

Ὅσον οἱ παῖδες τοῖς πατράσιν ὀφείλουσι χάριτας,
οὐκ ἔστιν εἰδέναι πρὸς ἀξίαν, εἰ μή τις καὶ αὐτὸς
παίδων ὑπάρχει πατὴρ τότε γὰρ ἐξ ἧς ἔχει πρὸς τοὺς
παῖδας στοργῆς εἴσεται πάντως ὁποῖοι πρὸς αὐτὸν
ὑπῆρξαν οἱ φύσαντες   πλὴν ὅσοι ταῖς Μούσαις ἀνά-
κεινται, καὶ πρὸ τῆς πείρας λόγῳ τἀληθῆ διακρίνου-
σιν. ὅθεν σε τοιοῦτον περὶ τοὺς τεκόντας προσήκει
γενέσθαι, οἳ τάχα τῶν ἄλλων πλέον εἰς εὔνοιαν συνεις-
φέρουσι   διό με καὶ πρὸς τὴν παροῦσαν ἐπιστολὴν
κεκινήκασι, μισθὸν αἰτοῦντές σε πατρικὸν τὸ μὴ κα-

rum pandit, ego vero virum propter benevolentiam,
qua te prosequitur, admiror, quippe qui neque pusilla
prætermittat, ex quibus voluptatem te capturum esse
persuasum habeat Malui tamen silentium tenere, de
me ipso erubescens nihilque habens quod scite scri-
berem. Nam, ut Platoni quidem sapientissimo vide-
tur, haud facile virtutem aliquis perdiscat, nisi si re
quoque ad virtutem contendat, erubescerem autem, si
de iis loquerer, quæ sciri a me nequeunt, atque haud
aliter agere mihi viderer, ac si quis, cum ne in somnis
quidem musicam didicisset, Orpheum se esse prædicaret
lyra bestias trahentem Ni mirum si soni efficiendi sint,
statim risum movet iactatio, omniaque fiunt manifesta
Qui igitur fit ut avunculus tuus me talem putet esse,
qua'em non effinxit natura ? Scilicet verba nescio quæ de
me fecisti, ex amicitiæ lege laudibus me tollens, ille
vero, nulla amoris tui habita ratione, re verba tua sit
opinatus, talem iam me esse vult, qualem verbis depin-
xisti Nunc te voco ad rationem mendacii reddendam,
et verba tua redarguo, quippe cui non sit concessum
virtutis fieri magistrum   Sed tamen, cum ad te datæ
sint literæ, iterum scilicet mirari iuvat, ne ipsum te
mendacii convincas

CXLVI Diodoro

Panniculis Euripidis obolaribus domum meam reple
visti, adonaria enim misisti numeris carentia, ut tuis
verbis utar, et calceolos rusticos et iphicratides, de qui-
bus alta voce questurus esset Iphicrates imperator, ut
quæ nullam Atticæ testimonium darent Neque enim gra-
tiam et famem apis Hymettiæ ostendunt, neque specie sua
Atticam clamant, in qua Marathon est et Salamis et viri
libertatis et elatæ mentis amantissimi, non mehercle a
vestra Musa initiati, nos enim vestra — at compescam
linguam ne quid ex ore me invito excidat Atque hæc
quidem munera tua, nostra autem ipse laudabis, cum
ita ventri deditus sis Nam cum cuppes sis et ad ven-
tris saburram aspires et cibis metiaris felicitatem, sta-
tim, sicubi ceperis irritamentum gulæ, linguam proicis
ut Aias magnum clipeum   Id quod confirmatur tempo-
ris puncto, quo placentam aliis subreptam totam ori
tradidisti

CXLVII Cyriaco

Quantam liberi parentibus gratiam debeant, non recte
intelligi potest, nisi si quis ipse sit pater liberorum,
tum enim ex suo in liberos amore omnino cognoscet,
quo animo in ipsum parentes fuerint Sciunt tamen qui
Musis sese dediderunt vel ratione dignoscere vera, prius
quam usu cognoverint   Unde talem te in parentes ge
rere te oportet, qui fortasse plus benevolentiæ in te
congerunt quam ceteri   Quapropter me ad hanc episto
lam excitarunt, hanc a te mercedem utpote parentes re

τχισχῦναί σε τοιοῦτον οἷον αὐτοί τε βούλονται καὶ
θεὸς εἰς πέρας ἐνέγκοι· τότε γὰρ αὐτοῖς καὶ θάνατος
ῥᾴων, ἐπισταμένοις οἷον διάδοχον τοῦ γένους κατέ-
λιπον.

ρμη΄. Ζαχαρίᾳ καὶ Φιλίππῳ ἀδελφοῖς.

Ὁ ταύτην πρὸς ὑμᾶς λαβὼν τὴν ἐπιστολὴν πατρὸς
ἀγαθοῦ πέφυκε τοῦ τὰ χρηστὰ τιμῶντος καὶ ἐν πᾶσι
δικαίοις γνωριζομένου· εἰς ἐμοῦ δὲ φοιτήσας ὁ νέος
φύσεώς τε ῥώμην ἐπεδείξατο καὶ προθυμίαν ἀοκνοτά-
την. καὶ νῦν πρὸς βασιλέως ἀνήχθη προσλαβεῖν
τοὺς νόμους βουλόμενος, ὅπως προέλθῃ ῥήτωρ τὴν
πολιτείαν φέρων τῷ σώματι καὶ τῇ γλώττῃ τοὺς λό-
γους προβεβλημένος. οὗ δὴ δίκαιον τὴν τούτου πρὸς
ὑμᾶς ἄφιξιν παραδοῦναι σιγῇ, οἳ τοὺς παρ' ἐμοῦ
τετελεσμένους ἴσα που καὶ παῖδας νομίζοντες καὶ εἰς
τοῦτον εὔνοιαν οὐ τὴν τυχοῦσαν ἐνδείξεσθε.

ρμθ΄. Εὐδαίμο.ι.

Τὸν λογιώτατον Ἱέριον τὸν τῆς Ἰταλῶν παρ' ἡμῖν
προβεβλημένον φωνῆς καὶ τρόποις ἀγαθοῖς μᾶλλον ἢ
παιδείᾳ κοσμούμενον οὐκ ᾠήθην δεῖν τὴν πρὸς ὑμᾶς
ἰόντα παραπέμψαι σιγῇ· καλὸν μὲν γὰρ ὡς παρόντων
ὑμῶν ἀπολαύειν ἀεί, δεύτερος δέ φασι πλοῦς τοῖς
ἀποῦσι διὰ γραμμάτων προσομιλεῖν. πλὴν εὐδαίμο-
νες ὄντως οἷς διέπεις τὰ δίκαια, καθάπερ τινὸς τρί-
ποδος τῆς σῆς ἐξηρτημένοι φωνῆς καὶ καινὸν ὄντως
θέαμα τὴν Δίκην αὐτοῖς ἐπανελθοῦσαν ὁρῶντες, ἣν
προλαβὼν ὁ χρόνος ἠμαύρωσε. περιττὸν δὲ λέγειν
ὡς εὖ ποιήσεις ἐν οἷς ὑμῶν δεῖται καὶ τὸν τὴν ἐπιστο-
λὴν ὑμῖν κομισάμενον· ᾧ γὰρ βίος οἱ λόγοι, πῶς οὐ
τιμήσει τοὺς τῶν λόγων πατέρας ἰδών; ἥκέτω τοίνυν
ἀγγέλλων ἅπερ ἀκούειν εὐχόμεθα, ὡς νικᾷ τῇ πείρᾳ
τὴν φήμην, καὶ μείζω δίδως ἥπερ οἱ λαμβάνοντες
βούλονται.

ρν΄. Νεστορίῳ.

Ἔτι σιγᾷς; ἔτι τῆς τύχης γίνῃ βαρύτερος· ἡ μὲν
γὰρ εἰσέτι νῦν ἀπεστέρησε, σὺ δὲ καὶ μικρῶν ἡμῖν
ἐφθόνησας συλλαβῶν, μηδὲ τὸ κοινὸν δὴ τοῦτο τὰ τῶν
φίλων μιμούμενος. ἀλλ' ἐγὼ μέν σε καὶ μὴ παρόντα
ποθῶ, καὶ μεμνημένος εὐφραίνομαι, καὶ νῦν καιρὸν
εὑρὼν οὐκ οἶδα τιμῆσαι σιγήν, ἡνίκα δή σε προσε-
ρεῖν ἐπιτήδειον· σὺ δὲ εἴ τι μὴ καὶ τοῦτο τῆς πατρί-
δος ἀπέλασας, τὸ μὴ μένειν ἐφ' οἷς δή σε πρῴην
ἐπαίδευσα, μάλιστα μὲν ποθοῦσιν ἐφίστασο· εἰ δὲ
μή, μιμοῦ τὴν θέαν τοῖς γράμμασι, καὶ πίσεις ὡς
τὴν ἐμὴν διδασκαλίαν τὸ τῆς χώρας οὐδαμῶς ἐνίκησε
βάραθρον. οὕτως ἐπαίρομαι πρὸς ἄνδρα διδασκάλου
φρονήματος ἀντεχόμενος.

petentes, ut ne turpiter aberres a via quam tibi monstra-
runt, neve dii te ad rectum finem deducere dedignentur.
Tum enim iis mors levis futura est, ubi cognoverint
qualem generis successorem reliquerint.

CXLVIII. Zachariæ et Philippo fratribus.

Qui hanc ad vos perfert epistolam, patrem habet pro-
bum et honesta colentem et iustitiæ fama florentem;
cum meæ disciplinæ se tradidisset adolescens, inge-
nii robur in eo conspicuum fuit et studium impigerri-
mum. Et nunc ad regem profectus est, legum cogni-
tionem insuper sibi comparaturus, ut in medium prodeat
orator, civitatem corpore sustentans et orationes lingua
prætendens. Non igitur decet silentio prætermittere
huius ad vos profectionem, neque dubito quin, cum ad-
huc iuvenes a me initiatos in filiorum numero habueritis,
etiam hunc non vulgari amplexuri sitis benevolentia.

CXLIX. Eudæmoni.

Disertissimus Hierius, cui docendæ apud nos latinæ
linguæ munus mandatum est, quique bonitate magis quam
eruditione præstat, iter facturus est per urbem vestram.
Hunc non putavi tacitum transmittendum esse: pulchrum
enim est familiaritate vestra uti, quasi adhuc adessetis,
etiamsi sit secunda quod aiunt navigatio per literas con-
fabulari cum absentibus. Profecto felices sunt pro quo-
rum iure propugnas; toti ex voce tua velut ex tripode
pendent, et memorabile sane spectaculum oculis capes-
sunt, cum redire ad se videant Iustitiam, cui tenebras
superiora tempora offuderant. Unde neque addere at-
tinet, te causam eius, qui has literas ad te perfert, de-
fensurum esse. Nam qui totus in dicendo est, quidni in
honore habeat eos, qui dicendi parentes sunt? Itaque
redeat ille ac nuntiet quæ audire gestimus, te scilicet re
vincere famam et maiora præbere quam quæ poscunt qui
accepturi sint.

CL. Nestorio.

Adhuc siles? adhuc mentem habes iniquiorem fortuna?
illa enim nos ad hunc usque diem te privavit, tu vero et
paucas nobis invides syllabas, ne pervulgatum quidem
illud imitatus, amicorum res communes esse. At ego
te vel non præsentem desidero, et recordatus tui de-
lector, et nunc oblata occasione silentium tenere ne-
scio, cum scilicet te alloqui commodum est; tu, nisi eum
quoque fructum ex patria percepisti ut decederes de via,
in quam te institutione mea deduxi, redi ad homines
summo tui desiderio affectos; sin minus, literis vultum
imitare, et demonstrabis, patriæ voragine disciplinam
meam minime haustam esse. Ita in virum invehor,
mordicus tenens magistri insolentiam.

ρνα'. Ζωσίμῳ καὶ Μακαρίῳ.

Οἱ περὶ τὸν σοφώτατον Βαβύλαν ἀφικόμενοι διη-
ήσαντό μοι προθύμως ἅπερ ἀκούειν μὲν ηὐχόμην,
:ρὶν δὲ λέγειν αὐτοὺς ἠπιστάμην· ἐξ ὧν γὰρ παρ' ἐμὲ
·οιτῶντες τὴν περὶ λόγους σπουδὴν σωφροσύνη τρόπων
.αὶ ταῖς λοιπαῖς ἀρεταῖς ἐκοσμήσατε, δῆλον ἦν δή-
:ουθεν, ὡς καὶ πρὸς νόμων χάριν ἀπαίροντες μενεῖτε
:άλιν αὐτοί, καὶ πρὸς.τὸ κρεῖττον ἀναδραμεῖν γένοισθέ
:ου φιλονικότεροι. εἰ δὲ ταῦτά μοι παρασκευάζει τὴν
ίδονήν, τί χρὴ λέγειν (σὺν θεῷ δ' εἰρήσθω) ὅτε δικα-
·τηρίων προβεβλημένων καὶ σώφρονι γλώττῃ τὴν εὐ-
ομίαν προχέοντες τοὺς μὲν παρόντας χειροῦσθε τῇ
:είρᾳ, τοὺς δὲ μακρὰν ἀπόντας τῇ φήμῃ; τούτων γὰρ
ρυλουμένων, μικρὸν μὲν Πολυκράτης εἰς εὐτυχίαν
μοί, οὐδὲν δέ μοι δόξει μετὰ τῶν πολλῶν ταλάντων
Κροῖσος.

ρνβ'. Ζαχαρίᾳ ἀδελφῷ.

Τοὺς ἄγοντας τὴν ἐπιστολὴν οἵτινες μέν εἰσιν ἀγνοῶ,
τι δὲ σὲ θαυμάζουσιν, οἰκείους ἄγαν ὁρίζομαι. οὗτοι
ἀρ ἰδόντες ἐμὲ καὶ συγγενοῦς χαρακτῆρος ἐλθόντες
ἰς ἔννοιαν τοῦθ' ὅπερ ἦν ἐμαντεύοντο, καί τι πρὸς
αυτοὺς εἰπόντες καὶ κριτὰς ἀλλήλους πεποιημένοι τοῦ
ράγματος ὡς ἀδελφὸς τοῦ φιλτάτου καθέστηκα. ἐπεὶ
ἰ πρὸς μίαν γνώμην ἐφέροντο, προσδραμόντες ὁμοῦ
ροσεῖπόν τε ἅμα καὶ εὐμενέσιν ὀφθαλμοῖς ὑπεβλέ-
τοντο, καί σε διὰ παντὸς ἐποιήσαντο θαύματος, δικα-
ιτὴν ὀρθὸν καὶ ἄρχοντα δίκαιον καὶ ὅ τι σεμνὸν ὀνο-
ιάζοντες, τῆς μὲν ἀξίας ἴσως ἐλάττονα, δῆλοι δ' οὖν
ἦσαν πλείω λέγειν ἐθέλοντες ὧν ἀπαγγέλλειν ἠδύναντο,
·ὴν περὶ σὲ γνώμην τῆς γλώττης ἀποφαίνοντες κρεῖτ-
:ονα. ἐγὼ δὲ πολλοῖς ἐπαίνοις ἐξ αὐτῶν στεφανούμε-
·ος (οἰκεῖα γὰρ τὰ καθ' ὑμῶν ἐποιούμην ἐγκώμια) καὶ
μισθὸν αἰτοῦσιν ἐδίδουν τὴν παροῦσαν ἐπιστολήν.

ρνγ'. Ὠρίωνι.

Οὐκ ἂν ᾤμην παρ' ὑμῶν τοιαύτην ὑποστῆναι γραφὴν
ούδὲ σιωπῆς·ὑπάρχειν ὑπεύθυνος ἀγνοουμένοις ὅποι
δὴ γῆς ἢ θαλάττης ἀφίκοντο· ἀλλ' ὡς ἔοικε τὸ μέλλον
ἔγκλημα φεύγων εἴλου κατηγορεῖν μᾶλλον ἤπερ εὐθύνας
ὑπέχειν ἐμοί. σὲ γὰρ ἔδει πρῶτον μηνύειν ὡς τὴν
Βηρυτίων ἀπέλιπον, ὡς πολὺ διεμέτρησα πέλαγος,
ὡς τὰς νήσους παραπλεύσας τὸν Ἑλλήσποντον εἶδον
τοῖς ἐξ ἑκατέρας ἠπείρου δορυφορούμενον θαύμασι,
καὶ παρελθὼν τὴν Προποντίδα πρὸς αὐτὸν ἀφῖγμαι τὸν
Βόσπορον. ἔνθα πόλιν εἶδον παραδόξῳ θέᾳ προαπαν-
τῶσαν τοῖς καταπλέουσιν· αὐγέννι γὰρ κειμένη τῆς
γῆς τὴν Ἀσίαν ἐφορᾷ τῆς Εὐρώπης προβεβλημένη,
καὶ τὸν Πόντον ὁρίζουσα τῇ λοιπῇ θαλάττῃ παρα-
πέμπει τὰ θαύματα καὶ ὅσα φλυαρεῖν ἀπειροκάλως
εἰώθασιν οἱ τἀκεῖ θεασάμενοι, τὴν ἡμετέραν ἀκοὴν
καταπλήττοντες. εἰ τὰ τοιαῦτα γράψαντος ἐσιγήσαμεν,

Doctissimus Babylas cum huc venisset, libenter mihi
narravit quæ scire cupiebam, sed quæ noveram prius-
quam referret; nam cum scholam meam frequentabatis,
eloquentiæ studium constantia ceterisque virtutibus ita
exornastis, ut non dubitarem, quin futurum esset, ut
iurisprudentiæ causa hinc profecti, iidem semper mane-
retis et contento cursu ad altiora evolaretis. Quod si
hæc nos gaudio implent, quæ tandem iactabimus (pace
deum dixerim), cum iudiciali causa proposita prudenter
iustitiam profundatis verbisque vestris trahatis homines
præsentes, fama absentes eosque remotissimos? Hæc
cum omnium ore celebrentur, Polycratem, hominem fe-
licissimum, indignum esse arbitror qui mecum compare-
tur, et nauci facio thesauros Crœsi.

CLII. Zachariæ fratri.

Qui hanc epistolam ferunt, qui sint nescio; quia vero
te admirantur, necessarios declaro. Hi enim ubi me vi-
derunt et in congeneris characteris suspicionem venerunt,
id quod erat coniecerunt, et cum nonnulla inter se verba
fecissent secum invicem iudices de ea re constituissent,
frater hominis omnium mihi carissimi evasi. Et cum ad
unum omnes consentirent, accurrentes me allocuti sunt
simulque benevolis oculis adspexerunt, te vero omnimoda
admiratione affecerunt, rigidum iudicem et iustum du-
cem vocantes et quavis honorifica appellatione ornantes.
Atque hi quidem aridiores fortasse pro meritis tuis erant;
patebat autem eos plura dicere velle quam efferre pote-
rant, suam de te opinionem verbis superiorem esse indi-
cantes. Ego vero eximia laudum quasi corolla redimi-
tus (mihi enim sumsi encomia, quibus te celebrabant)
mercedem insuper dedi petentibus præsentem epistolam.

CLIII. Orioni.

Non putaram te de tali re mecum expostulaturum meque
silentii reum citaturum esse, cum prorsus ignoretur, in
quem angulum terræ vel maris abieris; sed, ut videtur,
futuram criminationem extimescens accusare quam tuam
defendere causam præoptasti. Te enim primum nun-
tiare oportebat, Berytiorum urbem te reliquisse, mare
magnum emensum esse, præternavigasse insulas et Hel-
lespontum vidisse utriusque continentis miraculis stipa-
tum, denique relicta Propontide in ipsum Bosporum de-
venisse. Ibi urbem vidisti insolitum navigantibus ad-
spectum præbentem; etenim in peninsula sita imminet
Asiæ exadversum iacente, terminansque Pontum reliquis
maribus transmittit illarum regionum miracula et quic-
quid alucinari solent qui ista loca oculis usurparunt, aures
nostras sermunculis suis verberantes. Quod si his a te

38

τότ' ἂν εἰκότως ὑπεχείμεθα τοῖς ἐγκλήμασι· νυνὶ δὲ
σιωπήσας καὶ τὸν τῶν πλεόντων νόμον ὑπεριδών, ἐξ
ἐμοῦ τῆς τέχνης ἄρχῃ, δικανικῶς τὴν γλῶτταν κινῶν.
πλὴν ἐπίστελλε μόνον, κἂν ἐγκλήματα γραφῆς ὑποί-
σωμεν.

ρνδ'. Ἰωάννῃ.

Σοφὸς ἦν ὄντως ὁ ταῦτα δήπου φθεγξάμενος, ὡς
ἄρα τὸν σοφόν, κἂν ἑκὰς ναίῃ χθονός, κἂν μή-
ποτ' ὄσσοις εἰσίδω, κρίνω φίλον. τοιοῦτόν τί
με πάθος, ὦ λῷστε, κατείληφε τὴν μὲν θέαν ἀγνοοῦντα
τὴν σήν, τῷ δὲ πόθῳ δεινῶς κατεχόμενον. ἀλλ' εὖγε
τῆς φήμης, δι' ἣν καὶ τὰ διεστῶτα συνάπτεται καὶ
τὰ πόρρω που παρεῖναι δοκεῖ. ταύτῃ γὰρ ὑμᾶς
πολλάκις ἰδὼν καὶ τῆς περὶ τὰ κρείττω μακαρίας
σπουδῆς γυμνῇ τῇ διανοίᾳ περιχυθεὶς καὶ ἀσωμάτῳ
συναπτόμενος ἔρωτι, οὐδέν τι λίαν σωματικῶν προσ-
δέομαι γνωρισμάτων, ἀλλὰ καὶ τὴν ὑμετέραν ἐπιστο-
λὴν ἐκ τῆς Ἀλεξάνδρου πεμφθεῖσαν λαβὼν αὐτοὺς
ὑμᾶς ἔχειν ἐδόκουν· τὸ γὰρ τῶν λόγων ἦθος καὶ τὸ
δεινὸν κρίνειν τὸ μὴ τὰ θεῖα ποιεῖσθαι τῆς πρὸς ἐμὲ
φιλίας τεκμήριον τὴν προλαβοῦσαν οὐκ ἤλεγξε φήμην,
ἀλλ' ἔδειξε τοιοῦτον ὁποῖον ἰδεῖν προσεδόκησα, καὶ
ταῦτα δικαστηρίοις ὁμιλοῦντα νόμῳ τῆς τέχνης, κἂν
τῇ μέθῃ τῶν πραγμάτων ἀνανήφειν οὕτω δυνάμενον.
ἀλλὰ καὶ πρὸς πέρας ἔλθοις ὧν τυχεῖν προσεδόκησας.
τοῦτο γὰρ τοῖς εὖ φρονοῦσι τέλος, ἡ πρὸς τὴν οἰκείαν
ἀρχὴν ἀναχώρησις· δεινὸν γὰρ τὸν ἐν ἡμῖν δῆμον
ἀφέντας πρὸς τὸ ἐπανελθεῖν καλῶς ἐξ οὗ κακῶς ἀπερ-
ρεύσαμεν.

ρνε'. Σοσιανῷ.

Ὁ θεοσεβέστατος ὁ δεῖνα ἀφίκετο πρὸς ἡμᾶς πλεῖ-
στα μὲν ἐξ ἀδελφοῦ πονηροτάτου παθών, δίκην δὲ
μετρίαν ἡγούμενος εἰ τυχεῖν δυνηθείη μόλις ὧν ἀπε-
στέρηται. ὅθεν δι' ἐμοῦ πρὸς τὴν ὑμετέραν καταφεύγει
ῥοπὴν καὶ συστῆσαι δυναμένην τῷ δικαστῇ καὶ τοὺς
μέγα δυναμένους πρὸς συμμαχίαν αὐτῷ παρασχεῖν
καὶ τὰς ἐκ τοῦ δικαστηρίου περικόψαι δαπάνας· μόλις
γὰρ ἐξ ἐράνων ἀρκεῖ πρὸς τὴν ἰδίαν τροφήν. ἀλλὰ
καὶ σύντομον αὐτῷ τὴν ψῆφον ἐνεχθῆναι παρασκευά-
σατε· ἁπλᾶ γὰρ αἰτεῖ, τὸν ἀντίδικον ὅρκῳ διαλῦσαι
τὰ περὶ τῶν ἐπαγομένων ἐγκλήματα. πρὸς ταύτην
τὴν πολλὴν ἡμῶν σπουδὴν καὶ χαριεστάτην γλῶσσαν
καὶ ῥέουσαν ἐπὶ δικαίοις ἀκωλύτως φορᾷ πρὸς συμμα-
χίαν ἱκανὴν ἀντ' ἐράνου τινὸς εἰσενέγκατε, θεῷ τε
φίλην καὶ τοῖς αἰτοῦσι κεχαρισμένην καὶ τοῖς δεομένοις
ἀρκοῦσαν.

ρνϛ'. Ἰωάννῃ.

Ὁ τὴν παροῦσαν ἐπιστολὴν ἐπαγόμενος, ἀνὴρ ὢν
ἀγαθός, ἐξ ἀδικίας ἀδελφοῦ τὴν ἀπορίαν ὀδύρεται.
ὅθεν καταλαμβάνει τὴν Καίσαρος, ἄνπερ οἷός τε ᾖ, τὰ

---

acceptis silentium tenuissemus, iure reprehensione digni
fuissemus; nunc vero silentio tuo cum navigantium le-
gem violasses, a me artis initium sumis et linguam mo-
ves causidicorum usus fallaciis. Quanquam scribe modo,
etiamsi literarum me reum facias.

CLIV. Ioanni.

Sapiens certe erat qui hæc dixit, Sapientem ego,
*etiamsi procul habitet neque unquam in conspectum
meum veniat, amicum iudico.* Eiusmodi quid sensi
cum vultum tuum ignorarem, sed desiderio tui tener.
Bene factum, quod fama intercedente distantia copulan-
tur et remotissima quæque proxime abesse videntur. Hac
igitur ratione cum sæpius te vidissem teque nuda mente
essem amplexus propter felicem industriam, quam opti-
mis disciplinis impendis, eumque incorporeo tecum amore
iunctus essem, haud ita multum corporeis notis indigeo,
sed cum epistolam tuam Alexandria tramissam accepis-
sem, ipsum te tenere mihi videbar; nam nec verborum
tuorum natura neque illud, quod deum in testimonium
tui in me amoris citare non prætermisisti, priorem fa-
mam confutavit, immo vero te talem monstrabat, qualem
exspectabam. At mirabar, quod, etsi ex artis lege nego-
tiis forensibus implicareris multisque occupationibus quasi
temulentus esses, literas tam sobrias ad nos dedisses. Sed
velim ad finem perducantur quæ expetis. Nam is vi-
ris probis propositus est exitus, ut ad principium pro-
prium ac suum redeant, utque expulsa turba, quæ ho-
minum mentem incolit, pulchre revertantur unde male
effluxerunt.

CLV. Sosiano.

Religiosissimus iste adiit nos, qui ex iniquissimo fra-
tre plurima perpessus est et idoneam se satisfactionem
accepturum putat, ubi tandem recipere potuerit bona, qui-
bus spoliatus fuit. Unde meo beneficio ad auctoritatem tuam
confugit, ut quæ et commendare eum iudici et viros po-
tentes subsidio mittere et impensas in litem faciendas
minuere possit; vix enim stipe precaria vitam susten-
tat. Verum etiam ut sine mora sententia dicatur curate,
nam unum illud poscit, ut adversarius iureiurando dato
criminationes quæ allatæ sunt singulas repellat. Tu si
hunc nostrum fervorem respicias, linguam et suavissi-
mam et, ubi iustitia agitur, libero impetu fluentem et
suppetias ferentem stipis instar conferes, quippe deo ca-
ram et petentibus acceptam et indigentibus sufficientem.

CLVI. Ioanni.

Qui hanc tibi reddit epistolam, vir probus, pauperiem
lamentatur, in quam fratris iniuria coniectus est. Unde
Cæsaream profectus est, ut, si posset, ius suum adipisce-

προσήκοντα κομιούμενος ἀλλὰ συλλαβεῖν καταξίωσον, τοὺς παρ' ὑμῖν δυνατοὺς εἰς συμμαχίαν αὐτῷ παρασκευάζων ἀργοῦσαν μίαν γὰρ ἔχει παραμυθίας ἐλπίδα, ἧς ἐκ τῶν νόμων ἐπικουρίας τυχεῖν, ἧς πλεῖστον ἄγαν ἐστέρηται χρόνον, πονηρότατον ἔχων τὸν ἀδελφὸν καὶ καινοτέρας διαλύσεις ἀεὶ μηχανώμενον. ὅθεν αὐτῷ τὴν ἀπορίαν παραμυθήσασθε, τὰς τῶν δικαστηρίων δαπάνας ὡς δυνατὸν περικόπτοντες.

ρνζ' Φιλίππῳ ἀδελφῷ

Τὸν ταύτην ὑμῖν κομίζοντα τὴν ἐπιστολὴν καὶ ἄλλως μὲν ἐπόθουν, οὐχ ἥκιστα δὲ ὅτιπερ ὑμῶν ἐπ' ἀγαθοῖς ἀεὶ μεμνημένος τέλος καὶ τῆς πρὸς ὑμᾶς ἐπιστολῆς μοὶ γέγονεν αἴτιος, δεινὸς εἶναι φάσκων εἰ τῶν ἐξ ἐμοῦ γραμμάτων ἔρημος ὑμῖν ἐπιφαίνοιτο. σὺ δὲ γοῦν εἰἀν ἡμῖν ἀντεπίθες ἐπιστολήν, καὶ λῦσον ἔτει πέμπτῳ μετὰ τῶν Πυθαγορείων τὴν σιωπήν. ὡς ἡμεῖς καὶ Δωδώνης χαλκεῖον γεγόναμεν, κινῆσαί σε πρὸς λόγους βουλόμενοι.

ρνή' Εὐαγρίῳ

Ὡς πολλοῦντος ἄγαν οἱ λόγοι καὶ τῇ κατὰ πάντων ἰὰν στεφάνους ἐγνωκότος τὰ παιδικά. ὡς γὰρ ἐν τοῖς οἷς γράμμασιν οὐ τοὺς νῦν μόνον ἐνίκων, ἀλλὰ καί, μὴ θέμις εἰπεῖν, καὶ Δημοσθένης ἥττητο, καὶ Θουκυδίδης εἶχε τὰ δεύτερα, καὶ ὁ γλυκὺς Ἡρόδοτος μετὰ τούτων ἐτάττετο, ὡς τοιοῦτος ἦν ἐν τοῖς λόγοις, εἰδιάσας πρὸς ἐμαυτὸν « οὐδέν » ἔφην « τῆς Ἔρωτος δυναστείας σφοδρότερον » τῆς γὰρ περὶ ἡμᾶς εὐνοίας ἄτοχος ὁ φίλτατος γεγονὼς ἠγνόησέ μου τὰ πράγματα, αἱ πάσχει τι παραπλήσιον ὥσπερ ἂν εἴ τις τὸν φοξὸν ἄρ' Ὁμήρῳ καὶ τί γὰρ ἕτερον ἢ Θερσίτην περιιδὼν Ἑλλήνων εἰς θέαν ἀπέφηνε κρείττονα καὶ αὐτοῦ ἅμα τοῦ Νιρέως, ὃς κάλλιστος ἀνὴρ ὑπὸ Ἴλιον ἦλθεν καὶ δὲ μέγιστος ἔπαινος εἰ τούτους μὴ ἠγνοηκέναι σκοίην, οὓς παρὰ σοὶ κριτῇ νενικήκαμεν. » ὅθεν σου θυμάσας τὴν εὔνοιαν τοὺς λόγους ἀνετίθην τοῖς Ἔρωσι, τοὺς ἀμφὶ τὸν Παιανιέα παραιτησάμενος εἰ ἄθος ἀνθρώπους ἀναπείθειν λέγειν ὁπόσα καὶ λέγειν ἐθέλουσι, καὶ μάλιστα δὴ τούτους ὁπόσοι λόγων ἐναρύνονται ῥώμῃ ἀλλὰ πρὸς εὐχὴν καὶ ταύτην ἑτρίαν τραπήσομαι, « εὐτυχοίης » λέγων « ὦ φίλτατε, καὶ νικῴης τοῖς νόμοις ὁπόσα τοῖς λόγοις νενίκηκας.

ρνθ'. Νείλῳ

Δεινὸς ἄρα τις ἦσθα τὰ σμικρὰ μεγάλα ποιεῖν καὶ γλῶτταν ἄμαχον ἐν οἷς ἐθέλεις ἐνδείκνυσθαι· τοτούτους ἀρ' ἐπαίνους ἀνέπλασας κατ' ἐμοῦ, καὶ οὕτως εὐκόλως πήγγειλας ὡς οὐκ ἄν τις εἶπε ῥᾳδίως ἐξ ἀληθείας ῥωμαζόμενος. καί μοι δοκεῖς τοσαύτῃ χυθῆναι τῇ γλώττῃ, δεῖξαι τάχα βουληθεὶς οἷος ὑπάρχων ἐλάνθανες·

---

retur Itaque opitulari ei ne dedigneris, homines apud vos potentes ad idoneum auxilium evocans, nam hanc unam spem solatii habet, ut ex lege auxilium inveniat, quo diu privatus est, cum pravissimum habeat fratrem, deverticula nova quovis tempore invenientem Itaque sublevate eius statum, impensas in litem faciendas quantum in vobis est minuentes

CLVII Philippo fratri

Qui hanc ad vos perfert epistolam vel aliis de caussis mihi carus est, maxime autem, quod cum semper vestri meminisset ob beneficia in se collata, tandem auctor mihi extitit, ut literas ad te darem, dicebat enim, male secum agi, si sibi vacuo literarum mearum in conspectum tuum veniendum esset Tu unam saltem nobis rescribe epistolam, et quinto anno silentium tuum solve una cum Pythagoreis Nos enim Dodonæ adeo ahenum facti sumus, ut linguæ tuæ torporem solveremus

CLVIII Euagrio

Nimium quantum verba tua amatorem spirarit, qui amasium victoria de terrarum orbe reportata redimire constituerit, nam si literis tuis fides est, non huius solum ætatis homines superavi, sed etiam (sit venia verbo) Demosthenem et Thucydidem, horumque numero et dulcissimus Herodotus adscriptus est Et cum talem me literæ tuæ effinxissent, subridens ita mecum locutus sum « nihil fortius Cupidine, nam amore nostri correptus homo amicissimus res meas ignoravit, et simile quid passus est, ac si quis turbinatum istum Homericum, Thersiten dico, specie sua Græcos ipsumque fortasse Nireum, qui omnium pulcherrimus Troiam venit, superasse diceret Ego eximia me laude ornari putem, si hos dori ignorare viderer, quos te iudice vicimus » Unde ego benevolentiam in me tuam admiratus literas tuas ad Cupidines retuli, simulque a Pæaniensi veniam petii excusationis, quod amore homines ad quidvis effutiendum commoveantur, maximeque ii, qui orationis robore superbiunt Sed ad precationem me convertam et ipsam modestam, « bene tibi eveniat » inquiens « carissime, et legibus superes, quemadmodum oratione vicisti

CLIX Nilo

Admirabili arte res minutas scis magnas facere et linguam, si tibi lubeat, invictam monstrare; eximias enim laudes meas excogitasti tantaque eas levitate in vulgus extulisti, quanta vix quisquam a veritate profectus Ac videris mihi hæc fudisse eo nisi fallor consilio, ut demonstrares te latuisse nos qualis esses; fortasse enim

38.

οἴει γὰρ ἴσως ἠγνοῆσθαι παρὼν ὁπόσην ἀνεθρέψω
μοῦσαν ἐκ ῥητορίων ὁρμώμενος. ἐγὼ δέ σε καὶ πα-
ρόντα καλῶς ἠπιστάμην, ἀλλ᾽ οὐχ ὅσον ἐχρῆν ἐπῄνουν
παρ᾽ ἐμοὶ γυμναζόμενον, τοῦ μὴ τοὺς ἐπαίνους τὴν
προθυμίαν ἐκλύσαντας ἀνακόψαι δρόμον ἐπὶ μεῖζον
ἀεὶ χωροῦντα καὶ πρὸς ἀκμὴν ἐπειγόμενον. νυνὶ δέ
σου καὶ λίαν ἥσθην τοῖς γράμμασιν, οὐ τοὺς ἐπαίνους
σκοπῶν (ἦ γὰρ ἀνέπτην μετέωρος τοῖς σοῖς λόγοις
πανταχοῦ μεθιπτάμενος), ἀλλ᾽ ὅτι παῖδα καλεῖν ἐκ τῶν
Μουσῶν εὐτυχήκαμεν. καὶ γὰρ οὕτως ἐπὶ ψευδῆ τὴν
γλῶτταν κινῶν τίς ἂν γένοιο τῆς ἀληθείας ἐπειλημμένος;
ἥσθην δέ σοι καὶ σαυτὸν ἐπισκώπτοντι διότι χρημάτων
ἀπλήστως ἐρῶν καὶ μέχρι τῶν ἐμῶν λόγων τὴν ἐμπο-
ρίαν ἐξέτεινας. ἀλλὰ πλήρου τὴν δεξιάν, εὐτυχέστατε,
καὶ μετρίως οἴσω τοὺς λόγους ὠνίους θεώμενος. πλὴν
ὅρα μὴ καὶ δίκην ὑπόσχῃς, προσαπαιτηθεὶς οἴκοθεν,
ὅτι μου παῖδας ἀπρεπεῖς δημοσιεύειν ἐτόλμησας.

ρξ΄. Κληδονίῳ.

. . . .

ρξα΄. Ζαχαρίᾳ ἀδελφῷ.

Τὰ κατὰ τὸν ἄριστον τόνδε βουλόμενος ὑμῖν διηγή-
σασθαι δέδοικα μὴ μάτην ἐνοχλεῖν δόξω, παρ᾽ εἰδόσι
τοὺς λόγους ποιούμενος. ἴστε γὰρ οἷος αὐτὸς καθέ-
στηκεν, ὃς τὸν ὅλον βίον ἀναθεὶς τῷ θεῷ, πᾶσιν ἀπε-
χθάνεται τοῖς ἀνθρωπίνοις, ἔχεται δὲ τῆς ἄνωθεν ἐλπί-
δος, καὶ διὰ τοῦτο πρόκειται τοῖς ἀδικεῖν βουλομένοις,
καὶ πρὸς τὸ παθεῖν ἐστιν ἐπιτήδειος. ἴστε δὲ καὶ
τόνδε (ἀδελφὸν γὰρ τοῦτον προσαγορεύειν αἰσχύνομαι)
ὡς μίαν ἀρετὴν ἡγεῖται τὸ πᾶσαν ἐκπληρῶσαι κακίαν,
παριδὼν ἀδελφὸν τοσοῦτον χρόνον οὕτως τῷ λιμῷ πιε-
ζόμενον, οὐκ οἴκοθεν χορηγήσειν μέλλων ὃ παρ᾽ ἀνδρὸς
εὖ φρονοῦντος ἔδει γενέσθαι, εἰ καὶ πρὸς τοῦτο καιρὸς
ἐκάλει. νῦν δὲ οὐ τόδ᾽ ἐστὶν ἔγκλημα, διότι τὸ πρέπον
τοῖς ἄγαν σωφρονοῦσι παρέλιπεν, ἀλλ᾽ ὅτι καὶ τῶν μὴ
προσηκόντων γενόμενος ἐραστὴς ἀφῄρηται ταῦτα,
καὶ λοιδορεῖται τούτῳ πυκνῶς, πληγάς τε πολλάκις
ἐπέτεινε. καὶ νόμον τὴν αὐτοῦ γνώμην ἡγούμενος,
ἴσως τὴν φύσιν ἐμέμψατο, ὅτι πλέον οὐδὲν εἰς πονη-
ρίαν ἐξεῦρεν. ὅθεν οὖν μέχρι τούτων ἔστησε τὴν κακίαν,
μᾶλλον δὲ προοίμια ταῦτα τῶν μελλόντων κακῶν. τὴν
γὰρ ἑαυτοῦ μητέρα γραῦν ἤδη τυγχάνουσαν, ὅτε τῆς
παιδοτροφίας ἤλπισε κομίσασθαι τοὺς καρποὺς γυνὴ
καὶ διὰ τὴν ἡλικίαν καὶ διὰ τὸ γένος καὶ παρὰ τοῖς
μηδὲν προσήκουσιν αἰδοῦς ἀπολαύουσα, ταύτην πολ-
λάκις μὲν εἶπε κακῶς, πολλάκις δὲ καὶ χεῖρας ἀνέτεινε
κατὰ τῆς τεκούσης, ὦ Ζεῦ, οὐ φύσιν οὐ χρόνον οὐ
πολιὰν ἐλεεινὴν οὐ τὸ τῆς μητρὸς αἰδεσθεὶς φιλάν-
θρωπον ὄνομα, ἀλλ᾽ ἤδη καὶ βιαίως ἀνατρέψας εἰς γῆν
κατέβαλε, καὶ λὰξ κατ᾽ αὐτῆς ἐνήλατο, βοώσης οἷον
εἰκὸς καὶ παῖδα καλούσης καὶ τί γὰρ οὐκ ἂν εἴποι
μήτηρ, μετ᾽ ὠδῖνας καὶ τροφὰς καὶ τὰς κλλὰς ἐκείνας

putas ignorasse nos, quantam, cum nobiscum esses, exco-
leres musam rhetoricam. Ego vero vel præsentem te
qualis esses probe noveram, sed tamen, dum domi meæ
linguam exercebas, minus quam oportebat laudabam, ne
laudes restincto ardore retunderent impetum ad altiora
semper surgentem et ad fastigium eloquentiæ contenden-
tem. Nunc vel maxime literis tuis lætatus sum, non
quod laudes respicerem (certe vi verborum tuorum actus
sublime evolavi omnesque plagas ætherias emensus sum)
sed quod de filio ex Musis procreato prædicare licebat.
Nam si ita mendacem linguam agitas, qualis evasurus
es si ad veritatem te totum applicueris? Libenter etiam
ex literis tuis cognovi, te ipsum te exagitare, quod im-
pensa pecuniæ cupiditate incensus orationes adeo meas
quæstui tibi esse velis. Quod si dextram tuam, fortu-
natissime homo, impleveris, modice feram orationes meas
venales habitas. Vide tamen, ne pœnas subeas tibique
ipsi cet: ahantur facultates, quod filias meas deformitate
insignes prostare iusseris.

CLX. Cledonio.

. . . .

CLXI. Zachariæ fratri.

Narraturus tibi de viro optimo vereor ne frustra aures
tuas onerem, cum perscribam ad hominem eius rei non
ignarum; scis enim qualis ille sit, qui, cum totam vitam
deo dicavisset, inimicitias cum rebus humanis suscepit,
spem suam in deo defixit, ac propterea proximi cuius-
que iniuriis expositus et ad mala perpetienda quasi fa-
ctus est. Verum nec illud ignoras, istum (nam fratrem
vocare pudet) non aliam nosse virtutem nisi ut pravam
ipsius expleat cupidinem, quippe qui per tantum tem-
poris spatium fratrem fame premi siverit, nec de sua
penu ei victum necessarium concedere voluerit, id quod
ab homine honesto, si occasio tulisset, fieri debebat.
Quanquam nunc non de hac criminatione agitur, negle-
xisse istum quæ honestos homines deceant, sed de eo,
quod alienarum rerum cupidine incensus, has ei eripuit
et continuis eum conviciis vexavit adeoque crebris verbe-
ribus insectatus est. Et cum arbitrium suum legem esse vo-
luerit, fortasse naturam suam vituperavit, quod non alias
contumelias invenisset. Unde non in his acquievit homo
malitiosus, verum futuris flagitiis nonnisi prælusit. Nam
matrem vetulam, quæ se educationis mercedem perceptu-
ram esse sperabat, mulier quam et propter ætatem et genus
veneratione prosequuntur vel qui nullum cum ea commer-
cium habent, hanc igitur sæpe conviciatus est, sæpe
etiam, proh Iuppiter, genetrici manus iutulit, nihil na-
turam, nihil senectutem, nihil canos miserandos, nihil
maternum nomen, quod humanitatis quasi signum est,
reveritus, verum vi eversam humi prostravit et pede
percussit clamantem et filium appellantem. Vel quas
non fuderit voces mater, post puerperæ dolores et edu-
cationem et pulchram illam spem tales iniurias a filio

ἐλπίδας τοιαῦτα παρὰ τοῦ παιδὸς ἀνεχομένη κακά;
τελευταῖον δὲ καὶ τῆς οἰκίας ταύτην ἀπήλασεν ἄπορον
γυμνὴν τῶν ἀναγκαίων ἐστερημένην, ἐν ἴσως τοῦτο
χαρισάμενος, ὅτι τοῦ συνεῖναι ταύτην ἀπήλλαξε. καὶ
νῦν οὗτος μὲν ἐντρυφᾷ τοῖς τούτων κακοῖς, γυνὴ δὲ
γραῦς καὶ τὰ πρῶτα φέρουσα τῆς παρ' ἡμῖν εὐγενείας,
ἐν ταῖς χερσὶ τὰς ἐλπίδας ἔχει τοῦ βίου. τῷ δὲ χρηστῷ
τῷδε καὶ τὸ ταύτης πάθος ἄλλη παρέστη συμφορά, καὶ
πρὸς τὴν οἰκείαν τροφὴν ἀπορούμενος ὑπεδέξατο ταύ-
την, ἐπιτείνουσαν μὲν αὐτῷ τὴν ἔνδειαν, ὅμως δ'
ἀναγκαῖον χρέος ἐκτίνει τῇ φύσει. καὶ νῦν σύνεισιν
ἀλλήλοις μίαν ἔχοντες παραμυθίαν ὅ-ι μὴ πλείω πε-
πόνθασιν, ἡ δὲ μήτηρ οἷα δὴ γυνὴ καὶ τοιαῦτα πα-
θοῦσα, ἕνα βίον ἔχει τὸ μεμνῆσθαι τῶν ἑαυτῆς κακῶν
καὶ δακρύειν ἐπὶ τῇ μνήμῃ καὶ τὴν θηλὴν ὑποδεικνύειν
τῇ Δίκῃ, οἷα πέπονθε διηγουμένη. ταῦτα τοίνυν εἰς
νοῦν λαβὼν καὶ μηδὲν ἡμᾶς προστιθέναι ταῖς ἀληθείαις
νομίσας ἀλλὰ τὸ κεφάλαιον μόνον δεικνύναι τῆς αὐτοῦ
πονηρίας διὰ τὸν τῆς ἐπιστολῆς καιρόν, μέτρησόν σου
τὴν σπουδὴν πρὸς τὴν ἐκείνου κακίαν, καὶ γενοῦ
τοιοῦτος οἷόν σε θεὸς ἀπαιτεῖ καὶ φιλίας νόμος καὶ ἡ
τῶν ἀδικουμένων ἐλπίς.

ρἴβ Δωροθέῳ

· Πάλιν εὐσεβείας καιρὸς καὶ πάλιν πρὸς τὴν ὑμετέ-
ραν σοφίαν ὁ δρόμος. ἀνὴρ γάρ τις τῶν ἑαυτοῦ;
ἀναθέντων θεῷ καὶ ἐκ φιλοσοφίας γνωριζομένων ἐξ
ἀδίκου συκοφαντίας ὡς ἔοικε τῷ τοῦ δικαστοῦ θυμῷ
περιπέπτωκεν ὡς δεξιὰν ἀντάρας πολεμίως κατὰ τῶν
ἐξυπηρετουμένων τοῖς νόμοις οἱ δὲ ταῦτα μηνύσαντες
τὰ παρὰ τῶν ἄλλων ὥς φασιν ἀδικήματα κατὰ τούτου
μετέστησαν. καὶ πλήρης ὁ δικάζων θυμοῦ, καὶ πρὸς
ἑαυτὸν καλεῖ, καὶ πρὸς τιμωρίαν ἐπείγεται, καὶ πά-
ρεστι καιρὸς εἴπερ ποτὲ καὶ νῦν φιλανθρωπίαν ζητῶν
φάνηθι δὴ καὶ φθέγξαι τι τῶν σῶν, καὶ τῆς ὀργῆς
παραλύσεις τὸν δικαστήν εἰ γάρ τι καὶ πέπρακται
δεινόν, ὅπερ οὐδὲ γέγονεν, εἰς συγγνώμην τρέψον τὸν
ψηφιζόμενον, εἰ μηδὲν ἄλλο, τὸ περικείμενον αὐτῷ
σχῆμα τιμήσαντα φάνηθι μετὰ πολλῶν, οἳ πρὸς
αἴτησιν τυγχάνουσιν εὐπρεπεῖς, μᾶλλον δὲ καὶ πρὸ
τῶν ἄλλων, ὅπως οἰκεῖόν τι δόξης συνεισφέρειν ἀλλ'
οὖν αὐτὸς πάντων ἀναδέξῃ τὸν ἔπαινον ὡς καὶ πρῶτος
καὶ λίαν αἰτήσας καὶ τῆς καλῆς φιλανθρωπίας γεγονώς
τοῖς ἄλλοις παράδειγμα

ρἴγ Σιλανῷ

. . . . . παρῆν ἀντὶ σωφροσύνης ἀσέλγεια, ἀντὶ
παστάδος θρῆνοι, ἀντὶ νομίμου πειθοῦς βία καὶ ξίφος
αἰρόμενον. εἰ μὲν οὖν τῶν ἐπὶ πλούτῳ τις ἢ καὶ δυ-
ναστείᾳ ** ἐτύγχανεν ὁ ταῦτα τολμῶν, δεινὸν μὲν καὶ
τότε (πῶς γὰρ οὐ δεινὸν ἐν πολιτείᾳ καὶ νόμοις αἰχμα-
λωσίας ἡμῶν ἀρχόντων, ὦ Ζεῦ), ἦν δ' ἄν τις ὅμως πα-
ραμυθία τῷ πράγματι. νυνὶ δὲ τῶν συμφορῶν ἐστι τὸ

---

perpessa? Ad extremum eam etiam domo eiecit autihi
inopem, nudam, necessario vitæ usu privatam, etsi il-
lud unum fortasse ei gratificatus est, quod iam parietis
communionem dissolverat Ac nunc iste quasi heluatur
utriusque infortunio, mulier autem vetula, cui, si genus
nobile respicias, primas fortasse inter nostrates deteras,
spem victus quærendi in manibus repositam habet, alter
autem illi, homini probo, matris calamitas malam fortunau
adauxit, nam recepit ille eam, etiamsi ipse de sua sus
tentatione sollicitus esset illiusque consortio altius etiam
in pauperiem inferretur, atque ita debitum naturæ red-
didit Iamque illi una vivunt hoc uno solatio usi, quod
non plus iniuriarum passi sint, mater autem, utpote mu-
lier taliaque perpessa, die noctuque malorum suorum
memoriam servat usque illacrimat, et mammas ostendit
Iustitiæ, qualia passa sit enarrans Quod si hæc mente
agitaveris et nihil nos veritati adiecisse sed summam
tantum eius malitiæ monstrasse per epistolæ occasio-
nem tibi persuaseris, ardorem tuum illius pravitate me-
tieris et talem te præstabis, qualem te vult esse deus
et lex amicitiæ et spes afflictorum

CLVII Dorotheo.

Iterum pietatis tempus est iterumque cursim sapien-
tiam tuam petimus Nı mirum vir ex eorum numero, qui
deo se dicaverunt quosque philosophia commendat, in-
iusta, opinor, criminatione iræ iudicis traditus est,
quippe qui vim et manus intulerit ministris legum, qui vero
ista detulerunt, iniurias, ut audio, ab aliis factas in hunc,
ut pessum darent, transtulerunt Ardet ira iudex, evocat
illum, properat pœnam, adest nunc, si unquam, temporis
opportunitas humanitatem expetens Adesto igitur et
ac verba fac nonnulla propria tibi ac domestica, et ab
ira iudicem revocabis Nam ut revera a recto ille decli-
naverit, id quod non fecit, fac iudicem a sententia sua
discedere et pœnæ pronuntiare remissionem, si non
aliud, at vestem rei reveritum Adesto cum multis, qui
scienter precibus utuntur, immo vero vel ante ceteros,
ut de penu tua aliquid in medium afferre videaris Solus
tu laudibus omnium fruere, ut qui primus et omnibus
precibus oraveris ac pulchræ humanitatis ceteris fueris
exemplar

CLXIII Silano

extitit pro temperantia libido, ploratus pro toro
nuptiali, pro legitima persuasione vis gladioque vibrato
Iam si qui hæc perpetravit ex divitum numero fuisset
vel potentium, pessime vel sic actum esset (quidni enim
pessime, cum in civitate institutis temperata vivamus
legibusque prædationis, Iuppiter, utamur), esset tamen
quædam mali consolatio, at, quæ longe gravissima cala

κεφάλαιον, ὃ γὰρ ταῦτα τολμήσας οὐδ᾽ ὅθεν ἐστὶ ῥᾳ-
δίως γινώσκεται, ἡμῖν δὲ τὸ πάθος καὶ μάλα κατέ-
στησε γνώριμον. ἀλλὰ στῆσον, ὦ σοφώτατε, τοῖς
πεπονθόσι τὸν θρῆνον, ἀπόδος κόλποις μητρὸς θυγα-
τέρα, ἵνα γνῶσιν οἱ παρανομοῦντες ὡς ἔστι Δίκη καὶ
πλημμελοῦντας μετέρχεται. δεῖξον τοῖς σωφροσύνην
τιμῶσιν ὡς ἔστι νόμων ὄφελος ἄνδρες ἐν ἀρχῇ κακίας
στρατηγεῖν ἐπιστάμενοι.

mitas est, ne originem quidem nefarii istius facile eruere
licet, quem ipsum scelus nobis reddiderit vel maxime
familiarem. Siste, vir sapientissime, fletum lacriman-
tium, filiam in matris sinum reverti iube. Sciant legum
osores vigere Iustitiam et persequi eos qui facinora
committant; demonstra hominibus modestis legum 'salu-
tem esse positam in viris, qui pravitate regnante domi-
natum occupare sciant.

ΠΤΟΛΕΜΑΙΟΥ ΦΙΛΑΔΕΛΦΟΥ
ΕΠΙΣΤΟΛΗ.
PTOLEMÆI PHILADELPHI
EPISTOLA.

α′. Βασιλεὺς Πτολεμαῖος Ἐλεαζάρῳ τῷ ἀρχιερεῖ χαίρειν. Πολλῶν ἐν τῇ ἐμῇ βασιλείᾳ κατῳκισμένων Ἰουδαίων, οὓς αἰχμαλωτισθέντας ὑπὸ Περσῶν, ὅτ' ἐκράτουν, ὁ ἐμὸς πατὴρ ἐτίμησε, καὶ τοὺς μὲν εἰς τὰ στρατιωτικὰ κατέταξεν ἐπὶ μείζοσι μισθοφορίαις, τισὶ δὲ γενομένοις ἐν Αἰγύπτῳ σὺν αὐτῷ τὰ φρούρια καὶ τὴν τούτων φυλακὴν παρέθετο, ἵνα τοῖς Αἰγυπτίοις ὦσι φοβεροί, τὴν ἀρχὴν ἐγὼ παραλαβὼν πᾶσι μὲν φιλανθρώπως ἐχρησάμην, μάλιστα δὲ τοῖς σοῖς πολίταις, ὧν ὑπὲρ δέκα μὲν μυριάδας αἰχμαλώτων δουλευόντων ἀπέλυσα, τοῖς δεσπόταις αὐτῶν ἐκ τῶν ἐμῶν λύτρα καταβαλών, τοὺς δὲ ἀκμάζοντας ταῖς ἡλικίαις εἰς τὸν στρατιωτικὸν κατάλογον κατέταξα, τινὰς δὲ τῶν περὶ ἡμᾶς εἶναι δυναμένων καὶ ἐπὶ τὴν τῆς αὐλῆς πίστιν ἱκανῶν ταύτης ἠξίωκα, νομίζων ἡδὺ τῷ θεῷ τῆς ὑπὲρ ἐμοῦ προνοίας ἀνάθημα τοῦτο καὶ μέγιστον ἀναθήσειν. βουλόμενος δὲ καὶ τούτοις χαρίζεσθαι καὶ πᾶσι τοῖς κατὰ τὴν οἰκουμένην Ἰουδαίοις, τὸν νόμον ὑμῶν ἔγνων μεθερμηνεῦσαι καὶ γράμμασιν Ἑλληνικοῖς ἐκ τῶν Ἑβραϊκῶν μεταγραφέντα κεῖσθαι ἐν τῇ ἐμῇ βιβλιοθήκῃ. καλῶς οὖν ποιήσεις ἐπιλεξάμενος ἄνδρας ἀγαθοὺς ἐξ ἀφ' ἑκάστης φυλῆς, ἤδη πρεσβυτέρους, οἳ καὶ διὰ τὸν χρόνον ἐμπείρως ἔχουσι τῶν νόμων καὶ δυνήσονται τὴν ἑρμηνείαν αὐτῶν ἀκριβῆ ποιήσασθαι· νομίζω γὰρ τούτων ἐπιτελεσθέντων μεγίστην δόξαν ἡμῖν περιγενήσεσθαι. ἀπέσταλκα δέ σοι περὶ τούτων διαλεξομένους Ἀνδρέαν τὸν ἀρχισωματοφύλακα καὶ Ἀρισταῖον, ἐμοὶ τιμιωτάτους· δι' ὧν καὶ ἀπαρχὰς ἀναθημάτων εἰς τὸ ἱερὸν καὶ θυσιῶν καὶ τῶν ἄλλων ἀπέσταλκα, τάλαντα ἀργυρίου ἑκατόν. καὶ σὺ δ' ἡμῖν ἐπιστέλλων περὶ ὧν ἂν ἐθέλῃς ποιήσεις κεχαρισμένα.

β′. Ἀρχιερεὺς Ἐλεάζαρος βασιλεῖ Πτολεμαίῳ χαίρειν. Ἐρρωμένων σοῦ τε καὶ τῆς βασιλίσσης Ἀρσινόης καὶ τῶν τέκνων καλῶς ἡμῖν ἔχει πάντα. τὴν δ' ἐπιστολὴν λαβόντες μεγάλως ἥσθημεν ἐπὶ τῇ προαι-

Rex Ptolemæus Eleazaro pontifici salutem. Cum multi in regno meo habitarent Iudæi, quos a Persis, dum imperium tenebant, captos meus pater honoravit et partim ad militiam maioribus stipendiis destinavit, partim videlicet iis, qui cum eo venerant in Ægyptum, castella eorumque custodiam assignavit, ut essent Ægyptiis terrori, ego principatum adeptus, cum omnes humane tractavi, tum maxime cives tuos, quorum supra centum milia captivorum in libertatem vindicavi, soluto de meis facultatibus pretio dominis eorum : ex his vero quotquot per ætatem arma ferre possent in militiam allegi, nonnullos etiam eorum qui circa nos erant, quorum et fides id mereri videbatur, in aulicos meos cooptavi, cogitans gratum deo pro eius de me cura donarium hoc et maximum a me oblatum iri. Atque ut tum his tum omnibus toto orbe Iudæis gratum faciam, statui legem vestram interpretatione donare et ex Hebræo in Græcum traductam in mea bibliotheca reponere. Quare recte facies, si delectos viros, ex unaquaque tribu sex, iam ætate provectos, ad me miseris, qui et per ætatem legum sint periti et eas accurate possint interpretari : sic enim existimo, his perfectis maxime nos gloria affectum iri. Misi autem collocuturos bisce de rebus tecum Andream satellitum præfectum et Aristæum, homines magnæ apud nos existimationis; per quos etiam donariorum primitias ad templum et sacrificiorum reliquorumque misi, argenti talenta centum. Et tu, si nobis quæ voles scripseris, rem gratam feceris.

II. Eleazarus pontifex Ptolemæo regi salutem. Si et tu vales reginaque Arsinoe et liberi, nobis omnia bene se habent. Acceptis litteris tuis magnam ex tua voluntate lætitiam cepimus, convocataque multitudine illas reci-

ρέσει σου, καὶ συναθροίσαντες τὸ πλῆθος ἀνέγνωμεν
αὐτήν, ἐμφανίζοντες αὐτῷ ἣν ἔχεις πρὸς τὸν θεὸν εὐ-
σέβειαν. ἐπεδείξαμεν δ' αὐτῷ καὶ τὰς φιάλας ἃς
ἔπεμψας χρυσᾶς εἴκοσι καὶ ἀργυρᾶς τριάκοντα καὶ
κρατῆρας πέντε καὶ τράπεζαν εἰς ἀνάθεσιν, ἅ τε εἰς
θυσίαν καὶ εἰς ἐπισκευὴν ὧν ἂν δέηται τὸ ἱερόν, τά-
λαντα ἑκατόν, ἅπερ ἐκόμισαν Ἀνδρέας καὶ Ἀρισταῖος
οἱ τιμιώτατοί σου τῶν φίλων, ἄνδρες ἀγαθοὶ καὶ παι-
δείᾳ διαφέροντες καὶ τῆς σῆς ἀρετῆς ἄξιοι. ἴσθι δ'
ἡμᾶς τό σοι συμφέρον, κἂν ᾖ τι παρὰ φύσιν, ὑπομε-
νοῦντας· ἀμείβεσθαι γὰρ ἡμᾶς δεῖ τὰς σὰς εὐεργεσίας,
πολυμερῶς εἰς τοὺς ἡμετέρους πολίτας κατατεθείσας.
εὐθὺς οὖν ὑπὲρ σοῦ καὶ τῆς ἀδελφῆς σου καὶ τῶν τέκνων
καὶ φίλων προσηγάγομεν θυσίας, καὶ τὸ πλῆθος εὐχὰς
ἐποιήσατο γενέσθαι σοι τὰ κατὰ νοῦν καὶ φυλαχθῆναί
σου τὴν βασιλείαν ἐν εἰρήνῃ, τήν τε τοῦ νόμου μετα-
γραφὴν ἐπὶ συμφέροντι τῷ σῷ λαβεῖν ὁ προαιρῇ τέλος.
ἐπελεξάμην δὲ καὶ πρεσβυτέρους ἄνδρας ἓξ ἀπὸ φυλῆς
ἑκάστης, οὓς πεπόμφαμεν ἔχοντας τὸν νόμον. ἔσται
δὲ τῆς σῆς εὐσεβείας καὶ δικαιοσύνης τὸ μεταγραφέντα
τὸν νόμον εἰς ἡμᾶς ἀποπέμψαι μετὰ ἀσφαλείας τῶν
κομιζόντων. ἔρρωσο.

tavimus, palam eis facientes tuam erga deum pietatem.
Phialas etiam abs te missas protulimus, aureas viginti
ac triginta argenteas, crateras item quinque, et mensam
consecratis muneribus excipiendis addictam, ut et sacri-
ficiis faciendis ac ceteris omnibus, quibus opus templo
fuerit, comparandis, centum talenta, quæ Andreas et
Aristæus, ex amicis tuis honoratissimi, viri honesti bo-
nique ac doctrina præstantes, tuaque virtute digni,
attulerunt. Scire autem te velimus nos tibi in commodum
tuum gratificaturos, etiamsi quid præter ingenium no-
strum facere oporteat : nam tuis beneficiis in cives nostros
multifariam collatis paria referre debemus. Quare hos-
tias confestim et tua et sororis et liberorum amicorumque
causa immolavimus, et votis deo nuncupatis ab eo po-
pulus flagitavit ut omnia tibi ex animo cedant, regnum-
que tuum in pacis tranquillitate conservetur, tibique
bene vortat legis interpretatio, et felicem quem optas
sortiatur exitum. Delegi etiam seniores ex unaquaque
tribu sex, quos ad te una cum lege misimus. Tuæ au-
tem erit pietatis ac Iustitiæ curare ut lex, absoluta eius
interpretatione, ad nos remittatur, salvis etiam istis qui
eam ad te apportarunt. Vale.

ΠΥΘΑΓΟΡΟΥ ΚΑΙ ΠΥΘΑΓΟΡΕΙΩΝ

ΕΠΙΣΤΟΛΑΙ.

PYTHAGORÆ ET PYTHAGOREORUM

EPISTOLÆ.

α΄. Πυθαγόρας Ἀναξιμένει.

Καὶ σύ, ὦ λῷστε, εἰ μηδὲν ἀμείνων ἦς Πυθαγόρεω γενεήν τε καὶ κλέος, μετανάστας ἂν οἴχεο ἐκ Μιλήτου· νῦν δὲ κατερύχει σε ἡ πατρόθεν εὔκλεια, καὶ ἐμὲ δὲ ἂν κατερύχεν Ἀναξιμένει ἐοικότα. εἰ δὲ ὑμεῖς οἱ ὀνήιστοι τὰς πόλιας ἐκλείψετε, ἀπὸ μὲν αὐτέων ὁ κόσμος αἱρεθήσεται, ἐπικινδυνότερα δ᾽ αὐτῇσι τὰ ἐκ Μήδων. οὔτε δὲ αἰεὶ καλὸν αἰθερολογεῖν, μελεδωνόν τε εἶναι τῇ πατρίδι κάλλιον. καὶ ἐγὼ δὲ οὐ πάντα περὶ τοὺς ἐμεωυτοῦ μύθους, ἀλλὰ καὶ ἐν πολέμοις, οὓς διαφέρουσι εἰς ἀλλήλους Ἰταλιῶται.

β΄. Πυθαγόρας Ἱέρωνι.

Ἀσφαλὴς ὁ ἐμὸς βίος καὶ ἡσύχιος, ὁ δὲ σὸς κατ᾽ οὐδὲν ἐμοὶ προσπελάζει. μέτριος ἀνὴρ καὶ λιποδεὴς Σικελικῆς τραπέζης οὐδὲν προσδεῖται. πάντ᾽ ἔχει Πυθαγόρας ἱκανὰ τὰ καθ᾽ ἡμέραν, οἶ ἂν ἔλθῃ· θεραπεία δὲ δυνάστου βαρὺ καὶ ἐπαχθὲς τῷ μὴ εἰθισμένῳ. μέγα καὶ ἀσφαλὲς αὐτάρκεια· οὔτε γὰρ ἔχει τὸν φθονήσοντα οὔτε τὸν ἐπιβουλεύσοντα. διὸ καὶ δοκεῖ εἶναι ἐγγυτάτω θεοῦ ἡ διαγωγή. διαθέσεις ἀγαθαὶ οὐ γεννῶνται ὑπὸ ἀφροδισίων οὐδὲ ὑπὸ ἐδεσμάτων, ἀλλ᾽ ὑπὸ ἐνδείας ἀγούσης πρὸς ἀνδρὸς ἀρετήν· ἡδοναὶ δὲ ποικίλαι καὶ ἀκρατεῖς δουλοῦνται ψυχὰς ἀσθενῶν ἀνθρώπων, πολὺ δὲ μάλιστα ὧν σὺ ἀπολαύσεις. διὸ καὶ ἐπιδοὺς σεαυτὸν εἰς τὰ τοιαῦτα αἰωρῇ καὶ οὐ δύνασαι σώζεσθαι· λόγος γὰρ ὁ παρὰ σοῦ οὐκ ἐναντιοῦται τοῖς ἀσυμφόροις. μὴ οὖν κάλει Πυθαγόραν συμβιώσοντά σοι· οὐδὲ γὰρ ἰατροὶ αἱροῦνται τοῖς νοσοῦσι συγκάμνειν.

γ΄. Λῦσις Ἱππάρχῳ.

Μετὰ τὸ Πυθαγόραν ἐξ ἀνθρώπων γενέσθαι οὐδέποκα διασκεδασθήσεσθαι τὸ τῶν ὁμιλητᾶν ἄθροισμα ἐς τὸν ἐμαυτοῦ θυμὸν ἐβαλόμαν· ἐπεὶ δὲ παρ᾽ ἐλπίδας ὥσπερ ἀπὸ ναὸς φορτίδος ἐν ἐρήμῳ πελάγει λυθείσας

Tu quoque, vir optime, si genere et gloria Pythagora nihil præstantior esses, Mileto relicta alio migrasses, nunc vero detinet te paterna gloria, quæ et me detineret, si similis essem Anaximeni. Quod si vos viri virtute excellentissimi civitates deseretis, suo illæ quidem ornatu privabuntur, Medique eis infestius instabunt. Nec vero semper convenit cœlestia rimari, præstat etiàm ad patriam convertere cogitationes. Neque ego semper disputationibus meis vacuo, verum bellis etiam componendis quibus inter se conflictantur Itali.

II. Pythagoras Hieroni.

Vita mea tuta et quieta est, tua vero nulla in parte mihi convenit. Modestus vir et pauper Sicula mensa nihil indiget. Pythagoras, quocunque venerit, omnia habet ad vitam quotidie necessaria. Principem vero colere ei, qui non adsuerit, grave et molestum est. Magnum quid atque tutum animus sibi sufficiens : neque enim qui invideat habet, neque qui struat insidias, quare hæc vita videtur a deo proxime abesse. Bona animi affectio neque venereis ex rebus, neque ciborum ex lautitiis nascitur, verum ex indigentia, quæ ad viri virtutem ducit, variæ autem intemperantesque voluptates infirmorum hominum animos et servitutem redigunt, atque multo maxime eæ, quibus tui frueris. Quare quum te eiusmodi rebus dederis, præceps volveris, nec potes servari : namque oratio tua eis, quæ damnosa sunt, ipsa non adversatur. Atque noli Pythagoram vocare vitæ tibi socium : nam neque medici decumbere volunt una cum ægrotantibus.

III. Lysis Hipparcho.

Post Pythagoræ ex hominibus discessum fore ut auditorum cœtus dispergeretur nunquam in animum induxeram. Sed quoniam præter spem, quasi e magna navi oneraria in deserto mari soluta alius alio delati discessi-

ἄλλος ἄλλοσε φορεύμενοι διεσπάρημες, ὅσιον κἀμὲ
μεμνᾶσθαι τῶν τήνω θείων καὶ σεπτῶν παραγγελμά-
των, μηδὲ κοινὰ ποιῆσθαι τὰ σοφίας ἀγαθὰ τοῖς μηδ'
ὄναρ τὰν ψυχὰν κεκαθαρμένοις. οὐ γὰρ θέμις ὀρέγεν
τοῖς ἀπαντῶσι τὰ μετὰ τοσούτων ἀγώνων πορυχθέντα,
οὐδὲ μὰν βεβάλοις τὰ ταῖν Ἐλευσινίαιν θεαῖν μυστή-
ρια διαγέεσθαι· κατ' ἰσότατα γὰρ ἄδικοι καὶ ἀσεβέες
ἑκάτεροι τοὶ ταῦτα πράττοντες. (2) καλὸν δὲ ἀναλογίζε-
σθαι, ὅσον χρόνω μᾶκος διαγάγομες ἐκμετρήσαντες,
ἀπορρυπτόμενοι σπίλως τὼς ἐν τοῖς στάθεσιν ἁμῶν
ἐγκεκολαμμένως, ἕως ποκὰ διελθόντων ἐτέων ἐγενόμεθα
δεκτικοὶ τῶν τήνω λόγων. καθάπερ γὰρ οἱ βαφεῖς
προεκκαθάραντες ἔστυψαν τὰ βάψιμα τῶν ἱματίων,
ὅπως ἀνέκπλυτον τὰν βαφὰν ἀναπίωντι καὶ μηδέποκα
γενησουμέναν ἐξίταλον, τὸν αὐτὸν τρόπον ὁ δαιμόνιος
ἀνὴρ παρεσκεύαζε τὼς φιλοσοφίας ἐρασθέντας, ὅπως
μὴ διαψευσθῇ περί τινα τῶν ἐλπιζομένων ἐσεῖσθαι
καλῶν τε κἀγαθῶν. (3) οὐ γὰρ κιβδήλως ἐνεπο-
ρεύατο λόγως, οὐδὲ πάγας ταῖς τοὶ πολλοὶ τῶν σοφι-
στᾶν τὼς νέως ἐμπλέκοντι ποτ' οὐδὲν κράγυον σχολά-
ζοντες, ἀλλὰ θείων τε καὶ ἀνθρωπίνων πραγμάτων
ἦς ἐπιστάμων. τοὶ δὲ πρόσχημα ποιησάμενοι τὰν
τήνω διδασκαλίαν πολλὰ καὶ δεινὰ δρῶντι, σαγα-
νεύοντες οὐ κατὰ κόσμον τὼς νέως. τοιγαροῦν χαλε-
πώς τε καὶ προκλεῖς ἀπεργάζονται τὼς ἀκούοντας·
ἐγκίρναντι γὰρ ἤθεσι τεταραγμένοις τε καὶ θολεροῖς
θεωρήματα καὶ λόγως ἐλευθέρως, καθάπερ εἴ τις εἰς
φρέαρ βαθὺ βορβόρου πλῆρες ἐγχέας καθαρὸν καὶ
διειδὲς ὕδωρ τόν τε βόρβορον ἀνετάραξε καὶ τὸ ὕδωρ
ἀφάνιξεν. ὁ αὐτὸς δὴ τρόπος τῶν οὕτω διδασκόντων τε
καὶ διδασκομένων· (4) πυκναὶ γὰρ καὶ δασεῖαι λόχ-
μαι περὶ τὰς φρένας καὶ τὰν καρδίαν πεφύκαντι τῶν
μὴ καθαρῶς ὀργιασθέντων, πᾶν τὸ ἄμερον καὶ πρᾶον
καὶ λογιστικὸν ἐπισκιάζουσαι καὶ κωλύουσαι προφαν-
νῆμεν αὐξηθέν. ἐγκαταδεδύκαντι δὲ τῷ δάσει τούτῳ
παντοῖαι κακότατες ἐκβοσκόμεναι καὶ μηδαμῶς ἐώσαι
προκύψαι τὸν λόγον. ὀνομάξαιμι δ' ἂν αὐτῶν πρᾶτον
ἐπελθὼν τὰς ματέρας, ἀκρασίαν τε καὶ πλεονεξίαν· ἄμφω
δὲ πολύγονοι πεφύκαντι. (5) τὰς μὲν ὦν ἀκρασίας ἐξε-
βλάστασαν ἄθεσμοι γάμοι καὶ μέθαι καὶ φθοραὶ καὶ παρὰ
φύσιν ἀδοναὶ καὶ σφοδραί τινες ὁρμαὶ μέχρι βαράθρων
καὶ κρημνῶν ἐκδιώκουσαι· ἤδη γάρ τινας ἀνήγκαξαν
ἐπιθυμίαι μήτε ματέρων μήτε θυγατέρων ἀποσχέσθαι,
καὶ δὴ παρωσάμεναι πόλιν καὶ νόμως κατὰ τύραννον
περιαγαγῶσαι τὼς ἀγκῶνας, ὡς αἰχμαλώτως· ἐπὶ τὸν ἔ-
σχατον ὄλεθρον μετὰ βίας ἄγουσαι κατέστασαν. τὰς δὲ
πλεονεξίας ἐκπεφύκαντι ἁρπαγαί τε καὶ λαστεῖαι, πα-
τροκτονίαι ἱεροσυλίαι φαρμακεῖαι, καὶ ὅσα τούτων ἀδελ-
φά. (6) δεῖ ὦν τόγε πρᾶτον τὰς ὕλας, ταῖς ἐνδιαιτῆται
ταῦτα τὰ πάθεα, πυρὶ καὶ σιδάρῳ καὶ πάσαις μαχαναῖς
ἐκκαθάραντα καὶ ρυσάμενον τὸν λογισμὸν ἐλεύθερον τῶν
τοσούτ᾽ ων παθέων τὸ τηνικάδε ἐμφυτεύοντά τι χρη-
στὸν αὐτῷ παραδιδόμιν. τάπερ ἔμαθες μέν, Ἵππαρχε,
μετὰ σπουδᾶς, οὐκ ἐτήρησας δ', ὦ γενναῖε, γευσάμε-

mus, par est me quoque divinorum illius graviumque
præceptorum meminisse, neque sapientiæ bonis imper-
tire eos, qui ne per somnium quidem purgationem
animæ subiere. Nefas est enim obvio vulgo porrigere
quæ tantis laboribus parata sunt, nec vero profanis dea-
rum Eleusiniarum mysteria evulgare : æque enim in-
iusti atque impii, qui talia fecerint. (2) Decet autem re-
putare, quantum temporis spatium emensi simus in eluen-
dis maculis, quæ pectoribus nostris inhæsere, donec pera-
ctis demum annis tales evasimus, qui præcepta illius perci-
pere possemus. Quemadmodum enim tinctores vestimenta
coloribus imbuenda prius purgata alumine inficiunt, quo
tincturam non facile eluendam nec evanidam imbibant,
eodem modo divinus ille vir præparabat philosophiæ stu-
diosos, ne in eorum quoquam, quos bonos atque probos
sperabat futuros esse, falleretur. (3) Neque enim adul-
terinam doctrinam venditabat, neque laqueos, quibus
plurimi sophistarum, in nugas otio frustra insumpto,
irretire solent iuvenes, sed rerum divinarum humana-
rumque gnarus erat. Hi vero sub eius disciplinæ præ-
textu gravia multa perpetrant facinora, præter fas idque
data opera in retia quasi iuvenes compellentes. Hinc
auditores suos feroces reddunt et procaces, dum mori-
bus incompositis atque turbulentis liberalia placita præ-
ceptaque instillant, ut si quis in puteum profundum
lutoque repletum pura infusa aqua atque limpida lutum
conturbet perdatque aquam. Eadem ratio eorum est, qui
hoc modo docent ac docentur. (4) Ipsum enim pectus
et cor eorum, qui non pure initiati sunt, profunda quæ-
dam et densa dumeta obsident, quæ omnem mansuetu-
dinem et tranquillitatem et rationem obfuscant, prohi-
bentque auctas se exserere. Subeunt autem hoc dume-
tum omnis generis malitiæ, quæ mentis vim depascunt et
quo minus emergat impediunt. Ac primum matres earum
intemperantiam et avaritiam dixerim, quarum ambarum
uberrima est progenies. (5) Ex intemperantia natæ sunt
nefariæ nuptiæ, ebrietates et stupra et præter naturam
conceptæ voluptates et vehementes quædam cupiditates
ad voragines et præcipitia propellentes. Iam enim quos-
dam cupiditates eo adduxere, ut nec a matribus nec a
filiabus abstinerent, adeoque nonnullos lege et civitate
contemptis tanquam tyranni revinctis a tergo manibus
quasi captivos in extremam perniciem per vim propu-
lerunt. Ex avaritia vero provenere rapinæ atque
parricidia, sacrilegia, veneficia, quæque his sunt ge-
mina. (6) Primum igitur silvas illas, in quibus hi affec-
tus deversantur, igne et ferro et omnibus instrumentis
oportet expurgare et ratione a tantis malis liberata denum
boni aliquid inserere atque immiscere. Hæc didicisti
quidem, Hipparche, sedulo, at vero non custodivisti,

νος Σικελικᾶς πολυτελείας, ἃς οὐκ ἐχρῆν τι γενέ-
σθαι δεύτερον   (7) λέγοντι δὲ πολλοί ·υ καὶ δαμοσία
φιλοσοφέν, τόπερ ἀπαξίωσε Πυθαγόρας, ὅς γε Δαμοῖ
τᾷ ἑαυτοῦ θυγατρὶ τὰ ὑπομνάματα παρακαταθέμενος
ἐπέσκαψε μηδενὶ τῶν ἐκτὸς τᾶς οἰκίας παραδιδόμεν ἁ
δὲ δυναμένα πολλῶν ῤρημάτων ἀποδόσθαι τὼς λόγως
οὐκ ἐθουλάθη, πενίαν δὲ καὶ τὰς τῶ πατρὸς ἐπισκάψιας
ἐνόμιξε χρυσῶ τιμιωτέρας ἦμεν.   φαντὶ δὲ ὅτι καὶ
Δαμὼ θνάσκοισα Βιστάλᾳ τᾷ ἑαυτᾶς θυγατρὶ τὰν
αὐτὰν ἐπιστολὰν ἐπέστειλεν.   ἁμὲς δὲ ἄνδρες ἐόντες
οὐ γνασίως αὐτῷ ποτιφερόμεθα, ἀλλὰ παραβάται τᾶν
ὁμολογιᾶν γινόμεθα   εἰ μὲν ὦν μεταβάλοιο, ῤαρη-
σοῦμαι, εἰ δὲ μή, τέθναχάς μοι

δ' Οεανὼ Ευθουλη χαιρειν

Ἀκούω σε τὰ παιδία τρυφερῶς ἄγειν   ἔστι δὲ ἀγα-
θῆς μητρὸς οὐχ ἡ πρὸς ἡδονὴν ἐπιμέλεια τῶν παίδων,
ἀλλ' ἡ πρὸς τὸ σῶφρον ἀγωγή.   βλέπε οὖν μὴ οὐ
φιλούσης ἀλλὰ κολακευούσης ἔργον ποιήσῃς συντρε-
φομένη γὰρ ἡδονὴ παισὶν ἀκολάστους ποι.ῖ   τί γὰρ
ἥδιον νέοις συνήθους ἡδονῆς, χρὴ οὖν, ὦ φίλη τὴν
τροφὴν τῶν παίδων μὴ διαστροφὴν ἔχειν   ἡ δὲ τροφὴ
διαστροφὴ τῆς φύσεώς ἐστιν ὅταν φιλήδονοι μὲν ταῖς
ψυχαῖς, ἡδυπαθεῖς δὲ τοῖς σώμασι γένωνται, καὶ ταῖς
μὲν φυγοπόνοι, τοῖς δὲ μαλακώτεροι   (2) δεῖ δὲ καὶ
πρὸς τὰ φοβερὰ γυμνάζειν τὰ τρεφόμενα, κἂν λυπη-
θῆναι κἂν πονῆσαι δέῃ, ἵνα μὴ τῶν παθῶν ᾖ δοῦλα
τούτων καὶ περὶ τὰς ἡδονὰς λίχνα καὶ περὶ τοὺς πό-
νους ὀκνηρά, ἀλλ' ἵνα τὰ καλὰ πρὸ πάντων τιμῶσιν,
ὧν μὲν ἀπεχόμενοι, τοῖς δὲ ἐμμένοντες   οὐδὲ πλη-
σμονικὰ μὲν ταῖς τροφαῖς, πολυτελῆ δὲ ταῖς ἡδοναῖς,
ἀκόλαστα δὲ ταῖς ἀνέδην παιδιαῖς αὐτὰ ποιεῖν, καὶ πᾶν
μὲν λέγειν πᾶν δ' ἐπιτηδεύειν ἐᾶσαι, ἔτι δὲ φοβου-
μένων μέν, ἢν κλάῃ, φιλοτιμουμένην δέ, ἢν γελᾷ,
κἂν τὴν τροφὸν παίῃ κἂν σε κακῶς εἴπῃ γελῶσαν, καὶ
τοῦ μὲν θέρους ψῦχος, τοῦ δὲ χειμῶνος καῦμα παρέ-
χουσαν καὶ πολλὴν χλιδήν   ὧν οἱ πενιχροί γε παῖδες
οὐδενὸς πειρῶνται, καὶ τρέφονται μὲν ῥᾷον, αὔξονται
δὲ οὐχ ἧσσον, διάκεινται δὲ παρὰ πολὺ κρεῖσσον (3)
σὺ δ' οἷον Σαρδαναπάλλου γονὴν τιθηνῇ τὰ τέκνα, τὴν
τῶν ἀρρένων φύσιν θρύπτουσα ταῖς ἡδοναῖς   τί γὰρ
ἂν ποιήσειέ τις παιδίον, ὃ ἂν μὴ τάχιον φάγῃ κλάει,
κἂν ἐσθίῃ, τὰ τερπνὰ τῶν ὄψων ζητεῖ, κἂν καῦμα ᾖ,
παρίεται, κἂν ψῦχος πτωματίζει, κἂν ἐπιτιμᾷ τις,
ἀντιμάχεται, κἂν μὴ πρὸς ἡδονὴν ὑπηρετῇ, λυπεῖται,
κἂν μὴ μασᾶται δυσκολαίνει, καὶ κακοσχολεῖ πρὸς
ἡδονὴν καὶ βοτταλίζεται ὀριγνώμενον, (4) ἐπιμελῶς
δή, ὦ φίλη, εἰδυῖα ὅτι τὰ σπαταλῶντα τῶν παιδίων,
ὅταν ἀκμάσῃ πρὸς ἄνδρας, ἀνδράποδα γίνεται, τὰς
τοιαύτας ἡδονὰς ἀφαίρει, καὶ τὴν τροφὴν αὐστηράν,
μὴ τρυφερὰν οὕτω ποιοῦσα καὶ ἕωσα καὶ λιμὸν καὶ
δίψος ἐνεγκεῖν, ἔτι δὲ καὶ ψῦχος καὶ θάλπος καὶ αἰδῶ
τὴν ἀπὸ τῶν συνηλίκων ἢ τῶν ἐπιστατῶν· οὕτω γὰρ

postquam, o bone, Siculas lautitias degustavisti, quibus
te inferiorem esse non oportebat   (7) Multi vero te
publice etiam philosophari aiunt, id quod Pythagoras
recusavit, qui Damo filiæ suæ commentarios tanquam
deposito relictos cuiquam extra familiam tradere vetuit.
Illa vero quamvis multis pecuniis hos sermones posset
vendere, tamen noluit, sed egestatem patrisque man-
data auro pretiosiora esse iudicavit. Aiunt etiam, Damo
morientem Bistalæ filiæ suæ idem præcepisse   At nos,
viri cum simus, non recte nos erga illum gerimus,
verum conventa violamus   Si igitur resipieris, lætabor,
sin minus, obiisti mihi

IV Theano Eubulæ salutem

Audio te liberos tuos molliter educare, est autem bonæ
matris, liberos suos non ad voluptatem assuefacere, sed
ad modestiam instituere   Vide igitur, ne non amantis,
sed adulatricis partes agas   nam educata simul cum libe-
ris voluptas intemperantes reddit   Quid enim dulcius
iuvenibus consueta voluptate? Necesse est igitur, amica,
a depravatione absit liberorum educatio   Est autem edu-
catio naturæ depravatio, quum ad voluptatis amorem
corpora ad libidinem adigantur, illi laborem fugiant,
animi, hæc delicias appellent   (2) Sunt ad metuenda quo-
que liberi exercendi, etsi contristari eos et dolore affici
opus sit, ne his affectibus serviant et ad voluptates pro-
penso, a laboribus averso animo evadant, sed ut virtu-
tem omnibus anteponant, ab illis abstinentes, in hac
perseverantes, nec convenit, ut eos nutrimentis gulosos,
voluptatibus sumptuosos, lususque continuo dissolutos
facias et quidlibet aut dicere aut facere permittas, neque
ut si fleant metuas, si rideant tibi placeas, si nutricem
suam feriant aut tibi maledicant rideas, neque ut æstate
eos refrigeres, hieme calefacias multisque fomentis refo-
veas, quorum etsi nihil pauperum filii experiuntur, faci-
lius tamen aluntur et nihilo minus crescunt, valentque
longe melius   (3) Tuo vero quasi Sardanapali progeniem
liberos tuos nutris, puerorum naturam voluptatibus effe-
minans   Quid enim faciat aliquis puero, qui si non sta-
tim paratus cibus sit plorat, si edat, cupedia tantum quæ-
rit, si æstas sit liquescit, si frigus, contremiscit, si quis
obiurget repugnat, si quis non ad suum arbitrium ipsi
famuletur indignatur, si non habeat quod manducet in
iram concitatur, et quocunque versetur voluptati turpiter
indulget et mollitiei? (4) Itaque quum probe scias, amica,
effeminatos pueros, quum ad virilem pervenerint ætatem,
mancipia solere fieri, eiusmodi voluptatibus remotis non
molliter ita, verum severe liberos tuos educa, et ut fa-
mem sitimque ferant et frigus et calorem suumque tam ab
æqualibus quam a superioribus contemptionem patere.

καὶ γεννικὰ εἶναι συμβαίνει αὐτὰ ψυχὴν ἀνατει-
νόμενα ἢ ἐπιτεινόμενα. οἱ γὰρ πόνοι, φίλη, προϋ-
ποστυφαί τινες τοῖς παισίν εἰσι τελειωθησομένης ἀρε-
τῆς, αἷς ἐμβαρέντες ἀποχρώντως τὴν τῆς ἀρετῆς βα-
φὴν οἰκειότερον φέρουσι. βλέπε οὖν, φίλη, μή,
καθάπερ τῶν ἀμπέλων αἱ κακοτροφούμεναι τὸν καρ-
πὸν ἐλλείπουσι, καὶ ὑπὸ τῆς τρυφῆς οἱ παῖδες ὕβρεως
καὶ πολλῆς ἀχρειότητος κακίαν γεννήσωσιν. ἔρρωσο.

ε'. Θεανὼ Νικοστράτῃ χαίρειν.

Ἤκουον τὴν τοῦ ἀνδρός σου παράνοιαν, ὅτι ἑταίραν
ἔχει, σὺ δὲ ὅτι ζηλοτυπεῖς αὐτόν. ἐγὼ δέ, ὦ φίλη, πολ-
λοὺς ἔγνωκα τῆς αὐτῆς νόσου· θηρεύονται γὰρ ὡς ἔοικεν
ὑπὸ τῶν γυναικῶν τούτων καὶ κατέχονται καὶ οὐκ
ἔχουσι νοῦν. σὺ δὲ ἄθυμος εἶ καὶ νύκτα καὶ μεθ'
ἡμέραν καὶ ἀδημονεῖς καὶ μηχανᾷ τι κατ' αὐτοῦ. μὴ
σύ γε, ὦ φίλη· γαμετῆς γὰρ ἀρετή ἐστιν οὐχ ἡ πα-
ρατήρησις τἀνδρός, ἀλλ' ἡ συμπεριφορά· συμπερι-
φορὰ δέ ἐστι τὸ φέρειν ἄνοιαν. εἶθ' ἑταίρᾳ μὲν πρὸς
ἡδονὴν ὁμιλεῖ, γαμετῇ δὲ πρὸς τὸ συμφέρον· συμφέρον
δὲ κακοῖς κακὰ μὴ μίσγειν, μηδὲ παρανοίᾳ παράνοιαν
ἐπάγειν. (2) ἔνια δὲ ἁμαρτήματα, φίλη, ἐλεγχόμενα
μὲν ἐπὶ πλέον ἀνερεθίζεται, σιωπώμενα δὲ παύεται
μᾶλλον, ὡς τὸ πῦρ ἡσυχίᾳ φασὶ σβέννυσθαι. καὶ γὰρ
βουλόμενόν σε λεληθέναι δοκεῖν ἐλέγχουσα ἀφαιρήσεις
τὸ παρακάλυμμα τοῦ πάθους, καὶ φανερῶς ἁμαρτή-
σεται. σὺ δὲ τὴν φιλίαν ᾔ τοῦ ἀνδρὸς οὐκ ἐν τῇ
καλοκαγαθίᾳ· τοῦτο γὰρ ἡ χάρις τῆς κοινωνίας. νόμιζε
οὖν πρὸς μὲν τὴν ἑταίραν ῥᾳθυμήσοντα πορεύεσθαι
ἐκεῖνον, σοὶ δὲ συμβιώσοντα παρεῖναι, καὶ σὲ μὲν φι-
λεῖν κατὰ γνώμην, ἐκείνην δὲ τῷ πάθει. (3) βραχὺς
δὲ ὁ τούτου καιρός· ἅμα γὰρ ἀκμὴν ἔχει καὶ κόρον, καὶ
παρίσταται ταχὺ καὶ παύεται. ὀλιγοχρόνιος γὰρ ὁ
ἔρως ἐστὶ πρὸς ἑταίραν ἀνδρὶ μὴ σφόδρα κακῷ· τί
γάρ ἐστι ματαιότερον ἐπιθυμίας ἀπολαυούσης ἀδίκων;
διὸ καὶ μεθ' ὧν τὸν βίον καὶ διαβάλλων τὸ εὔσχημον
αἰσθήσεταί ποτε· οὐδεὶς γὰρ ἐπιμένει φρονῶν αὐθαι-
ρέτῳ βλάβῃ. καλούμενος οὖν ὑπὸ τῶν πρὸς σε δι-
καίων καὶ τὰς περὶ τὸν βίον ἐλαττώσεις ὁρῶν καὶ τὴν
ἀπὸ τῆς καταγνώσεως ὕβριν οὐ φέρων ταχὺ μετα-
γνώσεται. (4) σὺ δέ, φίλη, ζῆθι οὐχ ἑταίραις
συγκρινομένη, τῇ μὲν εὐταξίᾳ πρὸς τὸν ἄνδρα
διαφέρουσα, τῇ δὲ ἐπιμελείᾳ πρὸς τὸν οἶκον, τῇ δὲ
συναλλαγῇ περὶ τὰς χρωμένας, τῇ δὲ φιλοστοργίᾳ περὶ
τὰ τέκνα. οὐ ζηλοτυπητέον οὖν σοι πρὸς ἐκείνην
(πρὸς γὰρ τὰς ἐναρέτους ἐκτείνειν τὸν ζῆλον καλόν),
ἑαυτὴν δὲ παρεκτέον ἐπιτηδείαν ταῖς διαλλαγαῖς· τὰ
γὰρ καλὰ ἤθη καὶ παρ' ἐχθροῖς εὔνοιαν φέρει,
φίλη, καὶ μόνης καλοκαγαθίας ἔργον ἐστὶν ἡ τιμή,
ταύτῃ δὲ καὶ δυνατὸν ἀνδρὸς ἐξουσίαν καθυπερέχειν
γυναικί, καὶ τιμᾶσθαι πλέον ἢ θεραπεύειν τὸν
ἐχθρόν. (5) κατηρτυμένος οὖν ὑπὸ σοῦ μᾶλλον αἰ-
σχυνεῖται, τάχιον δὲ διαλλαγῆναι θελήσει, προσπα-

Sic enim ingenuitatem quandam in animi seu remissione
seu contractione assequentur : labores enim, amica, sunt
quasi adstringentes quædam præparationes pueris ad
virtutem perficiendam, quibus imbuti quantum satis est
virtutis tincturam tenent firmius. Quare vide, amica,
ne, quemadmodum vites male nutritæ bono carent fructu,
sic etiam liberi ex mollitie superbiæ omnisque vilitatis
copiam proferant. Vale.

V. Theano Nicostratæ salutem.

Audiebam maritum tuum, qua est amentia, cum me-
retrice rem habere, te vero moleste illud ferre. At multos
ego, amica, hoc morbo novi ægrotantes : capiuntur enim,
ut apparet, ab hisce mulieribus et habentur, nec habent
ipsas. Tu vero demisso es animo noctes diesque et
mœstitia conficeris et contra ipsum aliquid machinaris.
Cave hoc facias, amica : uxoris enim virtus est non viri
custodia, sed obsequium, obsequium est autem insa-
niam perferre. Deinde cum meretrice consuetudinem
voluptatis caussa habet, cum uxore utilitatis, utile est
autem malis mala non admiscere, neque amentiæ adiun-
gere amentiam. (2) Quædam vero vitia sunt, amica,
quæ indagata magis irritantur, silentio autem tecta magis
cessant, quemadmodum ignem exstingui aiunt non suffla-
tum. Nam si, dum latere te videtur velle, coarguens
ipsum velum crimini detraxeris, tum palam delinquet. Tu
vero mariti amicitiam non pone in morum severitate : in
hoc enim sita est consortii gratia. Existima igitur, mere-
tricem eum, ut voluptatem sibi paret, convenire, tibi autem
adesse, ut vitam tecum agat, atque te rationabiliter amare,
illam per libidinem. (3) Celeriter autem ista præterit : si-
mul enim ex copia satietatem affert, et vixdum commota
ianiam diffluit. Nimirum non multum temporis cum scorto
consumit vir non prorsus malus : quid enim vanius est
cupiditate, qua fruitur suo damno? quare se facultates
suas exhaurire et famam procere ullam sentiet :
nemo enim, qui sapit, in voluntario damno permanet. Re-
vocatus igitur per officia, quæ habet erga te, reique fami-
liaris animadvertens detrimentum aliquando te reverebi-
tur, neque amplius ferens contumeliam, quæ ipsi ex
hominum contigit contemptu, mox animum mutabit. (4)
Verum tu, amica, vitam age nequaquam cum meretricibus
te comparans, sed modestia erga virum, cura erga fami-
liam, commodis moribus erga amicas, amore erga liberos
præsta. Non debes itaque zelotypia in illam commoveri
(nam honestas æmulari pulchrum est), sed temet ipsam
ad gratiam reconciliandam præbere facilem. Scilicet ho-
nesti mores etiam inimicorum benevolentiam comparant
ac solius probitatis præmium honor est, hac autem fieri
etiam potest ut uxor dominium in maritum obtineat, et
satius est ipsi a viro honorari quam eius nutum tanquam
inimici observare. (5) In viam a te revocatus magis
erubescet, ac citius in gratiam redire volet, vehementius

θέστερον δὲ φιλοστοργήσει συνεγνωκὼς τὴν ἀδικίαν τὴν εἰς σέ, κατανοῶν τε τὴν προσοχὴν ἐπὶ τοῦ βίου καὶ πεῖραν τῆς στοργῆς λαμβάνων τῆς πρὸς αὐτόν. ὥσπερ δὲ αἱ κακοπάθειαι τοῦ σώματος ἡδίους τὰς ἀναπαύσεις ποιοῦσιν, οὕτως αἱ διαφοραὶ τῶν φίλων οἰκειοτέρας τὰς διαλλαγὰς φέρουσι. (6) σὺ δὲ καὶ τὰ βουλεύματα τοῦ πάθους ἀντίθες. νοσοῦντος γὰρ ἐκείνου καὶ σὲ παρακαλεῖ νοσεῖν ταῖς λύπαις, καὶ ἁμαρτάνοντος περὶ τὸ εὔσχημον καὶ σὲ περὶ τὸν κόσμον ἁμαρτάνειν, καὶ καταβλάπτοντος τὸν βίον καὶ σὲ καταβλάπτειν τὸ συμφέρον. ἀφ' ὧν ἐπ' αὐτὸν συντετάχθαι δόξεις καὶ κολαζομένη ἐκεῖνον καὶ σεαυτὴν κολάζειν. εἰ γὰρ καὶ ἀφεμένη πορεύσῃ, ἑτέρου ἄρα πειραθήσῃ ἀνδρὸς τοῦ προτέρου ἀπαλλαγεῖσα, κἂν ἐκεῖνος ἁμάρτῃ τὰ ὅμοια, πάλιν ἄλλου (οὐ φορητὴ γὰρ νέαις χηρεία), ἢ μόνη μενεῖς ἀπ' ἀνδρὸς οἷόν περ ἄζυξ. (7) ἀλλ' ἀμελήσεις τοῦ οἴκου καὶ καταφθερεῖς τὸν ἄνδρα; ἐπωδύνου ἄρα βίου συνδιαιρήσῃ τὴν βλάβην. ἀλλ' ἀμυνεῖ τὴν ἑταίραν; περιστήσεταί σε φυλαττομένη, κἂν ἀμύνῃ, μάχιμός ἐστιν οὐκ ἐρυθριῶσα γυνή. ἀλλὰ καλὸν ὁσημέραι μάχεσθαι πρὸς τὸν ἄνδρα. καὶ τί πλέον; αἱ γὰρ μάχαι καὶ αἱ λοιδορίαι τὴν μὲν ἀκολασίαν οὐ παύουσι, τὴν δὲ διαφορὰν ταῖς προκοπαῖς αὔξουσι. τί δέ, βουλεύσῃ τι κατ' ἐκείνου; μή, φίλη. ζηλοτυπίας κρατεῖν ἡ τραγῳδία ἐδίδαξε, δραμάτων ἔχουσα σύνταξιν, ἐν οἷς παρηνόμησε Μήδεια. ἀλλ' ὥσπερ τῆς νόσου τῶν ὀφθαλμῶν ἀπέχειν δεῖ τὰς χεῖρας, οὕτως καὶ σὺ τοῦ πάθους χώριζε τὴν προσποίησιν· διακαρτεροῦσα γὰρ θᾶττον τὸ πάθος σβέσεις.

ς'. Θεανὼ Καλλιστοῖ.

Ταῖς νεωτέραις ὑμῖν ἡ μὲν ἐξουσία παρὰ τοῦ νόμου δέδοται τῶν οἰκετῶν ἄρχειν ἅμα τῷ γήμασθαι, ἡ δὲ διδασκαλία παρὰ τῶν πρεσβυτέρων ἀπαντᾶν ὀφείλει περὶ τῆς οἰκονομίας ἀεὶ παραινούντων. καλῶς γὰρ ἔχει αἱ πρότερον μανθάνειν ἃ μὴ γιγνώσκετε, καὶ τὴν συμβουλὴν οἰκειοτάτην τῶν πρεσβυτέρων ἡγεῖσθαι· ἐν τούτοις γὰρ παρθενοτροφεῖσθαι δεῖ νέαν ψυχήν. ἀρχὴ δὲ ἐστιν οἴκου πρώτη γυναιξὶν ἀρχὴ θεραπαινῶν. ἔστι δέ, ὦ φίλη, μέγιστον ἐπὶ δουλείᾳ εὔνοια· αὕτη γὰρ οὐ συναγοράζεται τοῖς σώμασιν ἡ κτῆσις, ἀλλ' ἐξ ὑστέρου γεννῶσιν αὐτὴν οἱ συνετοὶ δεσπόται. (2) δικαία δὲ χρῆσις αἰτία τούτου, ἵνα μήτε διὰ τὸν κόπον κάμνωσι, μήτε ἀδυνατῶσι διὰ τὴν ἔνδειαν· εἰσὶ γὰρ ἄνθρωποι τῇ φύσει. ἔνιαι δὲ κέρδος ἀκερδέστατον ἡγοῦνται τὴν τῶν θεραπαινῶν κακουχίαν, βαρύνουσαι μὲν τοῖς ἔργοις, ὑποστελλόμεναι δὲ τῶν ἐπιτηδείων· εἶτα ὀβολιαῖα κέρδη περιποιούμεναι μεγάλοις ζημιοῦνται τιμήμασι, δυσνοίαις καὶ ἐπιβουλαῖς κακίσταις. σοὶ δὲ πρόχειρον ἔστω τὸ μέτρημα τῶν σιτίων πρὸς τὸν ἀριθμὸν τῆς ἐριουργίας τοῖς ἐφ' ἡμέραν πόνοις. (3) καὶ πρὸς μὲν τὴν δίαιταν οὕτως· πρὸς δὲ τὰς ἀταξίας

---

etiam amabit, quum suam in te iniuriam cognoverit et quam diligenter rei familiari prospexeris reputarit, periculumque tui in se amoris fecerit. Quemadmodum autem corporis ægrotatio suavem reddit eiusdem recreationem, sic amantium iræ sinceriorem reconciliationem afferunt. (6) Iam vero oppone, quæ contra molitur male affectus tuus animus. Suadet ille, ut laborante illo tu quoque mærore labores et illo decoris obliviscente tu quoque te parum honeste geras et illo rem familiarem diminuente tu quoque vitæ commoda diminuas: quibus adversus ipsum in aciem prodire videberis et læsa non tantum illum, verum et te ipsam lædere. Nam si divortio facto discesseris, priore relicto viro ad alterum te applicabis, qui si similiter deliquerit, rursus ad alium (non est enim viduitas adolescentibus feminis tolerabilis), aut sola manebis absque viro tanquam cælebs. (7) An domum negligere vis et virum perdere? At miseræ vitæ cum illo damnum feres. An ulcisci scortum? At cauta te vitabit, et ubi ad vim ventum fuerit, pugnax est mulier, quæ pudore caret. An pulchrum videtur, quotidie cum viro prœlia committere? Et quid hinc proficitur? Iurgia enim et convicia non finem imponunt intemperantiæ, sed non intermissa augent inimicitias. Quid igitur, an contra ipsum aliquid molieris? Absit hoc, amica. Zelotypiam vincere tragœdia docuit, impie Medeæ factorum summam nobis ponens ante oculos. Sed quemadmodum ab oculorum morbo manus abstinendæ sunt, ita tu quoque ab animi tui dolore simulationem abstine: patientia enim dolorem citius exstingues

VI. Theano Callisto.

Vobis quidem iunioribus a lege potestas data est imperandi famulis, simul atque nubitis, disciplina vero a senioribus proficisci debet de rebus domesticis præcepta dantibus. Bonum est enim, prius discere quæ non noveritis, atque seniorum consilium convenientissimum iudicare; his enim institui adolescentem virginis animum oportet. Ac primum domi mulieribus imperium est imperium in famulas. Plurimum vero ad serviendum valet benevolentia: hæc enim non una cum corporibus emitur, verum postea pariunt eam prudentes domini. (2) Acquiritur autem iusto usu, ut neque ob laborem defatigentur, neque ob penuriam deficiant: sunt enim natura homines. Sunt qui vanissimum quærant in famulis male habendis lucrum, laboribus eas onerantes et rebus ad vitam necessariis privantes, tum oboli lucellum facientes maximis mulctis afficiuntur, odiis atque insidiis perniciosissimis. Tu vero in promptu habeas mensuram ciborum ad numerum lanificii pro laboribus quoque die tribuendorum. (3) Et quod ad victum pertinet, hactenus; quod autem ad de-

τὸ σοὶ πρέπον, οὐ τὸ ἐκείναις συμφέρον ἐξυπηρετητέον. τιμᾶν μὲν γὰρ δεῖ θεραπαίνας τὸ κατ' ἀξίαν· τὸ μὲν γὰρ ὠμὸν οὐκ αἴσει τῷ θυμῷ χάριν, τὸ δὲ μισοπόνηρον οὐχ ἧττον ὁ λογισμὸς βραβεύει. ἐὰν δὲ ἡ ὑπερβολὴ τῆς κακίας τῶν θεραπαινῶν ἀνίκητος ᾖ, ἐξοριστέον μετὰ πράσεως· τὸ γὰρ ἀλλότριον τῆς χρείας ἀλλοτριούσθω καὶ τῆς κυρίας. ἔστω δέ σοι γνώμη τοῦδε πρόεδρος, καθ' ἣν γνώσῃ τὸ μὲν ἀληθὲς τῆς ἁμαρτίας πρὸς τὸ τῆς καταγνώσεως δίκαιον, τὸ δὲ τῶν ἡμαρτημένων μέγεθος πρὸς τὸ κατ' ἀξίαν τῆς κολάσεως. (4) δεσποτικὰ δὲ καὶ συγγνώμη καὶ χάρις ἐφ' ἡμαρτημένοις ζημίας ἀπαλλάττουσαι, οὕτω δὲ καὶ τὸ πρέπον καὶ τὸ οἰκεῖον τοῦ τρόπου διαφυλάξεις. ἔνιαι γάρ, ὦ φίλη, ὑπ' ὠμότητος καὶ μαστίζουσι τὰ τῶν θεραπαινῶν σώματα, θηριούμεναι διὰ ζῆλον ἢ θυμόν, οἷον ὑπομνηματογραφούμεναι τὴν ὑπερβολὴν τῆς πικρίας· αἱ μὲν γὰρ ἀνηλώθησαν χρόνῳ διαπονούμεναι, αἱ δὲ φυγῇ τὴν σωτηρίαν ἐπορίσαντο, τινὲς δὲ ἐπαύσαντο τοῦ ζῆν αὐτόχειρι θανάτῳ μεταστᾶσαι, καὶ λοιπὸν ἡ τῆς δεσποίνης μόνωσις ὀδυρομένης τὴν οἰκείαν ἀβουλίαν ἔρημον μετάνοιαν ἔχει. (5) ἀλλ', ὦ φίλη, ἴσθι μιμουμένη τὰ ὄργανα, ἃ διαφωνεῖ μᾶλλον ἀνειμένα, ἐκρήττεται δὲ μᾶλλον ἐπιτεινόμενα. καὶ γὰρ ἐπὶ τῶν θεραπαινῶν ταὐτόν· ἡ μὲν ἄγαν ἄνεσις διαφωνίαν ἐμποιεῖ τῆς πειθαρχίας, ἡ δὲ ἐπίτασις τῆς ἀνάγκης διάλυσιν τῆς φύσεως. καὶ ἐπὶ τούτου δεῖ νοεῖν, μέτρον δ' ἐπὶ πᾶσιν ἄριστον. ἔρρωσο.

ζ'. Θεανὼ Εὐρυδίκῃ τῇ θαυμασίᾳ.

Τίς λύπη κατέχει τὴν σὴν ψυχήν; ἀθυμεῖς δὲ δι' οὐδὲν ἄλλο ἢ ὅτι ᾧ συνοικεῖς ἐπὶ ἑταίρων ἥκει καὶ ταύτῃ τὴν ἡδονὴν λαμβάνει τοῦ σώματος. ἀλλ' οὐχ οὕτω σε δεῖ ἔχειν, ὦ θαυμασία τῶν γυναικῶν [ἤδη θαῦμα μᾶλλον καὶ μάλα]. οὐχ ὁρᾷς γὰρ ὅτι καὶ ἀκοὴ ὁτὲ μὲν ἡδονῆς ὀργάνου καὶ μουσικῆς μελῳδίας πληροῦται, ὁτὲ δέ, ἐὰν χόρος γένηται ταύτης, "λοῦ ἔρᾷ καὶ ὀάνακος ἀκροᾶται ἡδέως; καίτοι ποία κοινωνία αὐλῷ καὶ χορδαῖς μουσικαῖς καὶ ἠχοῖ θαυμασίᾳ τῆς τοῦ ὀργάνου μελιχροτάτης ποιότητος; οὕτω δὲ κἀπὶ σοῦ οἴου κἀπὶ τῆς ἑταίρας, ἢ συνοικεῖ ὁ σὸς ἀνήρ. σοῦ μὲν γὰρ σχέσει καὶ φύσει καὶ λόγῳ φροντιεῖ ὁ ἀνήρ, ὅτε δέ ποτε κόρον λήψεται, κατὰ πάροδον τῇ ἑταίρᾳ συνοικήσει. ἐπεὶ καὶ οἷς χυμὸς φθοροποιὸς ἐναπόκειται, τῶν τροφῶν ἔρως ἐστί τις τῶν οὐκ ἀγαθῶν. ἐρρωμένως διαβιῴης.

η'. Θεανὼ Τιμωνίδῃ.

Καὶ τίς ἐμοὶ κοινωνία καὶ σοί; διὰ τί δὲ ἡμᾶς διαβάλλεις ἀεί; ἢ οὐκ οἶσθα ὅτι ἐπὶ πάντων ἡμεῖς ἐπαινοῦμέν σε, εἰ καὶ σὺ τοὐναντίον ποιεῖς; ἀλλὰ γίνωσκε πάλιν ὅτι, κἂν ἡμεῖς ἐπαινῶμεν, οὐδείς ἐστιν ὁ πιστεύων, κἂν σὺ διαβάλλῃς, οὐδείς ἐστιν ὁ ἀκούων, καὶ

licta, quod te deceat, non quod illis utile sit, in hæc adhibendum. Taxare enim famulas oportet secundum dignitatem : crudelitas enim non afferet animo gratiam, aversationem autem mali non minus ratio dispensat. Sin vero extrema famularum malitia superari nequeat, per venditionem exterminanda est : nam quod alienum est usu, allenetur etiam dominio. Sit tibi autem hæc in re dux ratio, qua peccati veritatem ad condemnationis æquitatem exigas, delictorum vero magnitudinem ad pœnæ dignitatem. (4) Decet etiam dominam clementia ob delicta commissa remittens pœnam, atque hoc modo decus, quo ipsa indiges, conservabis. Quædam enim, amica, dominæ ea sunt crudelitate, ut vel verberibus famularum corpora afficiant, vel invidia vel iracundia exasperatæ ferarum instar, quasi perpetuæ memoriæ tradenda sit ipsarum nimia acerbitas : aliæ enim laboribus subinde confectæ sunt, aliæ fuga salutem quæsiverunt, nonnullæ e vita discesserunt propria manu mortem sibi inferentes. Tum dominam in solitudine suam lugentem consilii inopiam frustra subit pœnitentia. (5) Tu vero, amica, fac ut imiteris instrumenta, quæ nimium remissa dissonant, intenta vero magis quam par est disrumpuntur. Namque eodem modo se res habet cum ancillis : nimia remissio obedientiæ efficit dissonantiam, necessitatis intentio autem naturæ dissolutionem. Hic quoque oportet esse memorem, modum in omnibus rebus esse adhibendum.

VII. Theano Eurydicæ admirabili.

Quis dolor invasit animum tuum? Non discruciatis alia de causa, quam quod maritus tuus ad meretricem accedit atque hoc modo corporis explet voluptatem. Sed nequaquam ita te affectam esse decet, o mulierum decus . . . . Nonne enim vides, aures quoque modo organi iucunditate et musico concentu impleri, modo, his ubi exsatiatæ sunt, tibiam amare atque fis-.ulam libenter audire? Atqui tibia quid commune habet cum fidibus musicis et admirando suavissimi instrumenti sono? Idem de te existima atque meretrice, qua maritus tuus fruitur. Nam te et officii maritalis et naturæ et rationis instinctu curabit vir tuus, sed si quando satietas eam ceperit, velut in transcursu conveniet meretricem, quoniam nec quibus corruptus gustus est, optima quæque appetere solent. Fortiter vitam transige.

VIII. Timonidæ

Et quid mecum tibi negotii est? Quid nos perpetuo calumniaris? An nescis nos ubique te laudare, etiamsi tu contra facias? Sed et hoc scias, licet nos te laudemus, neminem esse qui fidem habeat; ac licet calumnieris,

χαίρω διὰ τοῦτο, ὅτι οὕτω θεὸς ὁρᾷ καὶ δικάζει μά-
λιστα ἡ ἀλήθεια.

θ' Θεανὼ Εὐβλείδη ἰατρῷ

Τὸ σκέλος τις ἐπεπήρωτο χθὲς καὶ ὁ καλέσων ἦλθε
πρός σε (παρῆν δὲ καὶ αὐτή, τῶν συνήθων γὰρ ἦν ὁ
τρωθείς), ἅμα δὲ τάχει ἀπήντησε λέγων ὡς καὶ ὁ
ἰατρὸς πονήρως ἔχει καὶ ἀλγεῖ τὸ σῶμα. καὶ τὴν
λύπην ἐγὼ (ὄμνυμι τοὺς θεοὺς) ἀφεῖσα τοῦ συνή-
θους ἐκείνου τὸν ἰατρὸν κατὰ νοῦν εἶχον καὶ ἠντιβόλουν
τὴν Πανάκειαν καὶ τὸν ἑλυτότοξον Ἀπόλλω, μή τι
συμβαίη τῷ ἰατρῷ ἀνιαρόν. καὶ ὅμως ἀθυμοῦσα
πέμπω σοι συλλαβάς, μαθεῖν ἐθέλουσα ὅπως ἔχεις, εἰ
μή τι κεκάκωταί σοι τὸ στόμιον τῆς γαστρός, εἰ μή τι
τὸ ἧπαρ ὑπὸ τῆς θέρμης ἠλάττωται, εἰ μή τι ὀργανικὴ
σοι γέγονε βλάβη. ὡς ἐγὼ πολλῶν σκελῶν καταφρο-
νήσασα τῶν συνήθων ἀσπάσομαί σου τὴν φίλην ὑγίειαν,
ὦ ἀγαθὲ ἰατρέ.

ι' Θεανὼ Ῥοδόπη φιλοσόφῳ

Ἀθυμεῖς σύ, ἀλλὰ καὶ αὐτὴ ἀθυμῶ. δυσφορεῖς
ὅτι μήπω σοι ** τὸ Πλάτωνος βιβλίον, ὃ οὕτως ἐπι-
γέγραπται «ἰδέαι ἢ Παρμενίδης», ἀλλὰ καὶ αὐτὴ
μάλιστα ἀνιῶμαι, ὅτι μήπω τις ἀπήντησε περὶ Κλέων-
νος ἡμῖν διαλεξάμενος οὐ πρότερον γὰρ ἂν ἀποστεί-
λαιμι τὸ βιβλίον, πρὶν ἂν ἀφίκηταί τις περὶ τοῦ
τοιοῦδε σαφηνίσων ἀνδρός ὡς λίαν γὰρ ἐρῶ τῆς ἐκεί-
νου ψυχῆς, τοῦτο μὲν ὡς φιλοσόφου, τοῦτο δὲ ὡς συν-
τόνου περὶ τὸ ἀγαθοεργεῖν, τοῦτο δὲ ὡς φοβουμένου τοὺς
καταχθονίους θεούς καὶ μὴ ἄλλως λόγον οἴηθῇς τὸ
λεγόμενον ἡμίθνητος γάρ εἰμι καὶ τὸ ἡμερορφὲς ἄ-
στρον τοῦτο οὐ φέρω βλέπειν.

ια' Μέλισσα Κλεαρέτᾳ χαίρειν

Αὐτομάτως ἐμὶν φαίνῃ πλέονα τῶν καλῶν ἔχειν τὸ
γὰρ ἐσπουδασμένως ἐθέλειν τι ἀκοῦσαι περὶ γυναικὸς
εὐκοσμίας καλὰν ἐλπίδα δίδου ὅτι μέλλεις πολιοῦσθαι
κατ' ἀρετάν. χρὴ ὦν τὰν σώφρονα καὶ ἐλευθέραν τῷ
κατὰ νόμον ἀνδρὶ ποτῆμεν ἀσυχᾷ κεκαλλωπισμέναν
ἀλλὰ μὴ πολυτελῶς, ἤμεν δὲ τᾷ ἐσθᾶτι λευκοείμονα
καὶ καθάριον καὶ ἀφελῆ, ἀλλὰ μὴ πολυτελῆ καὶ πε-
ρισσάν· παραιτητέον γὰρ αὐτᾷ τὰν διαυγῆ καὶ δια-
πόρφυρον καὶ τὰ χρυσόπαστα τῶν ἐνδυμάτων ταῖς
ἑταίραις γὰρ τάδε χρήσιμα ποττὰν τῶν πλεόνων θήραν,
τᾶς δὲ ποθ' ἕνα τὸν ἴδιον εὐαρεστούσας γυναικὸς κό-
σμος ὁ τρόπος πέλει καὶ οὐχ αἱ στολαί εὔμορφον
γὰρ τὰν ἐλευθέραν γίνεσθαι τῷ αὐτᾶς ἀνδρί, ἀλλ' οὐ
τοῖς πλέοσιν. (2) ἔχοις δ' ἂν ἐπὶ τᾶς ὄψιος ἐρύθαμα
μὲν σαμεῖον αἰδοῦς ἀντὶ φύκεος, καλοκαγαθίαν δὲ καὶ
κοσμιότατα καὶ σωφροσύναν ἀντὶ χρυσοῦ καὶ σμαράγ-
δω. οὐ γὰρ ἐς τὰν τᾶς ἐσθᾶτος πολυτέλειαν φιλοκα-
λὰν δεῖ τὰν γλιχομέναν τᾶς σωφροσύνας, ἀλλ' ἐς τὰν

---

neminem esse qui aurem præbeat. Ideoque gaudeo,
quod sic deus videt et veritas potissimum diiudicat.

IX. Theano Euclidi medico

Heri quum quis crus fregisset, ad te accessit qui te advo-
caret (aderam et ipsa nam ex amicis erat, qui vulnus acce-
perat), sed ille mox reversus ipsum quoque medicum male
habere et corporis ægritudine laborare nuntiavit Ibi ego,
deos testor, amici illius dolorem oblita de medico sollicita
esse cœpi et Panaceam pharetraque illustrem Apollinem
obtestabar, ne quid mali medico eveniret Qua re licet
afflicta has ad te scribo literas, certior fieri desiderans,
quomodo valeas, numquid ventriculi orificium male af-
fectum sit, numquid iecur calore imminutum, numquid
aliquo naturæ vitio labores Nimirum ego contemptis
multis amicorum cruribus tuam, optime medicorum, ca-
ram sanitatem præferam

X. Theano Rhodopæ philosophiæ

Demisso es animo ? At et ipsa animum abieci Ægre
fers, quod nondum tibi miserim Platonis librum sic in-
scriptum « de ideis sive Parmenides »? At ipsa ægerrime
fero, quod nemo adhuc venerit, qui de Cleone nobiscum
colloqueretur Non enim ante hunc librum tibi mittam,
quam venerit qui de huius viri rebus certiorem me fa-
ciat vehementer enim illius amo animam, partim ut
philosophi, partim ut proni ad beneficentiam, partim
quod metuit deos subterraneos Nec mera verba exis-
times id quod dico nam semimortua sum, nec diurni
huius sideris adspectum fero

XI. Melissa Clearetæ salutem

Tua sponte mihi videris virtutis copia abundare nam
quod summopere cupis aliquid de mulieris officiis au-
dire, id vero bonam spem facit, te velle in virtute se-
nescere Oportet igitur modestam atque liberam cum viro
legitimo versari paullulum ornatam, sed non magnifice,
vestitumque gestare candidum et mundum et simplicem,
non autem splendidum et superfluum Abstinendum ei
a pellucidis et purpureis et auro intertextis vestibus
meretricibus enim hæ ad vulgus alliciendum prosunt,
mulieris autem, quæ uni marito placere vult, ornatus in
moribus est positus, non in vestitu Decorum est enim
suo marito placere, non aliis liberam (2) Præterea in
vultu ruborem pro fuco habeas signum verecundiæ, pro-
bitatem vero et decentiam et modestiam pro auro et
smaragdo Non enim in vestium magnificentia oportet

οἰκονομίαν τῶ οἴκω, ἀρέσκεν δὲ αὐτὰν τῶ αὐτᾶς ἀν-
δρὶ ἐπιτελέας ποιεῦσαν τὰς ἐκείνω θελήσιας· αἱ γὰρ
τῶ ἀνδρὸς θελήσιες νόμος ὀφείλει ἄγραφος ἦμεν κο-
σμίᾳ γυναικί, ποθ' ὃν χρὴ βιῶν αὐτάν· νομίζεν δὲ
προῖκα ποτενηνέχθαι ἅμα αὐτᾷ καλλίσταν καὶ μεγί-
σταν τὰν εὐταξίαν. πιστεύεν γὰρ χρὴ τῷ τᾶς ψυχᾶς
κάλλει τε καὶ πλούτῳ μᾶλλον ἢ τῷ τᾶς ὄψιος καὶ τῶν
χρημάτων· τὰ μὲν γὰρ φθόνος καὶ νοῦσος παραιρ-
ρέεται, τὰ δὲ μέχρι θανάτω πάρεντι ἐντεταμένα.

ιβ'. Μυῖα Φύλλιδι χαίρειν.

Γενομένα τοι ματρὶ παίδων τάδε παραινέω. τίτθαν
μὲν ἐκλέξασθαι τὰν ἐπιταδειοτάταν καὶ καθάριον, ἔτι
δὲ καὶ αἰδήμονα καὶ μὴ ὕπνῳ προσοικειουμέναν μηδὲ
μὰν μέθᾳ· ἃ τοιάδε γὰρ ἂν κρίνοιτο κρατίστα ποττὸ
ἐκτρέφειν ἐλευθέρως παῖδας, ἐάν γε δὴ γάλα τρόφιμον
ἔχῃ καὶ μὴ ταῖς πρὸς ἄνδρα κοίταις· εὐνίκατος πέλῃ.
μεγάλα γὰρ μερὶς ἐν τῷδε καὶ πρῶτα καὶ προκαταρκτι-
κωτέρα ἐς ὅλαν τὰν βιοτὰν πέλει ἐν τᾷ τρεφοίσᾳ ποττὸ
καλῶς τραφῆμεν· ποιήσει γὰρ πάντα καλὰ ἐν τῷ πο-
τεοικότι καιρῷ. (2) τὸν τιτθόν τε καὶ μαζὸν καὶ τρο-
φὰν δόμεν μὴ καττὸ ἐπενθόν, ἀλλὰ μετά τινος προ-
νοίας· οὕτω γὰρ ἐς ὑγίειαν ἄξει τὸ βρέφος. μὴ ὅτε
αὐτὰ θέλει καθεῦδεν νικῆται, ἀλλ' ὁπόταν τὸ νεο-
γνὸν ἀναπαύσιος ἔρον ἔχῃ· οὐ μικκὸν γὰρ ἄκος τῷ παιδὶ
προσοίσει. ἔστω δὲ μήτ' ὀργίλα τιθάνα μήτε πρό-
γλωσσος μήτε ἐν ταῖς τῶν σιτίων λήψεσιν ἀδιάφορος,
ἀλλὰ τεταγμένα καὶ σώφρων, δυνατὸν δὲ ὂν μὴ
βάρβαρος ἀλλὰ Ἑλληνίς. (3) ἄριστον, ἐὰν καὶ τοῦ
γάλακτος χρηστῶς πιμπλάμενον τὸ νεογνὸν οὕτως ἐς
ὕπνον τρέπηται, ἀδεῖα γὰρ νέοις ἂν εἴη καὶ εὐκατέρ-
γαστος ἁ τοιάδε σίτασις· αἱ δέ κα ἀτέραν, δόμεν χρὴ
ἁπλουστάταν. οἴνω δὲ τὸ παράπαν ἀπέχεσθαι τῶ
δύναμιν ἰσχυρὰν ἔχεν, ἢ καττὸ σπάνιον μεταδιδόμεν
τᾷ κράσει δείκελον γαλακτῶδες. τὰ δὲ λουτρὰ μὴ
ποιὲν συνεχῆ· ἁ γὰρ τῶν σπανίων καὶ εὐκράτων χρᾶ-
σις ἀμείνων. (4) κατταυτὰ δὲ καὶ ἀὴρ ἐπιτάδειος
θάλπους καὶ ῥίγους ἔχων τὰν συμμετρίαν, καὶ οἴκησις
δὲ μήτε ἄγαν περιπνεομένα μήτε ἄγαν κατάστεγνος. οὐ
μὰν ἀλλὰ καὶ ὕδωρ μήτε ἀπόσκληρον μήτε εὐπαρά-
γωγον, καὶ στρωμνὰ δὲ οὐ τραχεῖα, ἀλλὰ προσπί-
πτουσα τῷ χρωτὶ εὐαρμόστως· ἐν πᾶσι γὰρ τούτοις τὸ
οἰκεῖον ἁ φύσις ἐπιποθεῖ, ἀλλ' οὐ τὸ πολυτελές. ταύτας
μὲν ὧν ἐπὶ τῶ παρόντος οὐκ ἀχρεῖον ὑπογράψαι τοι
τὰς ἐλπίδας ἐκ τροφᾶς καττὸ ὑφαγεόμενον γινομένας,
θεῶ δὲ συλλαμβάνοντος ὑπὲρ τᾶς ἀγωγᾶς τῶ παιδὸς
αὖθις τὰς ἐνδεχομένας καὶ ποτεοικυίας κομιοῦμες
ὑπομνάσεις.

---

pulchri amantem esse quæ studet modestiæ, sed in ad-
ministrandis rebus familiaribus, maritoque placere eo,
quod eius voluntatem exsequatur (mariti voluntas enim
pro lege non scripta debet esse honestæ mulieri, ad quam
ei vita dirigenda est), atque secum putare dotem pul-
cherrimam amplissimamque frugalitatem attulisse Magis
enim animi quam formæ ac pecuniarum fidendum est
pulchritudini atque opibus : hæc enim invidia atque
morbo diffluunt, illa vero ad mortem usque firma per-
manent.

XII. Myia Phyllidi salutem.

Quum mater liberorum facta sis, hæc tibi suadeo.
Nutricem elige aptissimam atque mundam, præterea-
que et verecundam et somno non dedilam neque temulentiæ.
Talis enim præstantissima iudicetur ad pueros liberaliter
educandos, si lac ad alendum idoneum habeat, neque ad
consuetudinem cum viris habendam inclinet. Magnum
enim momentum et primum et in totam vitam efficacis-
simum positum est in nutrice ad rectam educationem :
faciet enim omnia, quæ recta sunt, opportuno tempore.
(2) Mammam et nutrimentum præbebit non temere et
inconsiderate, sed cum quadam prudentia : sic enim ef-
ficiet, ut infans valeat. Neu, quum ipsi placet, somno
opprimatur, sed quum infantem quiescendi incessit de-
siderium : non parum enim hoc valebit ad eius valetudi-
nem sustentandam. Neque vero iracunda sit nutrix,
neque garrula, neque in sumendis cibis nullum delectum
adhibens, verum composita atque moderata, item, si
fieri possit, non barbara, sed græca. (3) Optimum vero,
si probe lacte impletus infans in somnum convertatur :
iucundus enim pueris fuerit eiusmodi cibus est ad dige-
rendum facilis : quod si alius etiam dandus est, is sit
simplicissimus. Vino omnino abstinendum est, quoniam
eius vis est fortior, aut parce admodum concedendum vini
quoddam simulacrum iusta temperatione lacti non dissi-
mile. Balnea non continuo adhibenda : eorum enim rarus et
temperatus usus melior. (4) Item aer sit idoneus, ex iusta
caloris frigorisque temperie constans, domus porro non
nimis ventis patens, neque undique tectis cooperta, ve-
rum et aqua neque aspera neque mollis, lectus etiam non
durus, sed ipsi corpori congruentia accidens. Nimirum in
his omnibus natura quod sibi convenit requirit, non ma-
gnificentiam. Hæc igitur impræsentiarum non inutile
fuit ad te perscribere, quum in nutricatione secundum
consilium nostrum instituenda spes tua sit posita, deo
vero iuvante rursus de educando puero quas poterimus
reique convenientes afferemus admonitiones.

ΣΩΚΡΑΤΟΥΣ ΚΑΙ ΣΩΚΡΑΤΙΚΩΝ ΕΠΙΣΤΟΛΑΙ.

SOCRATIS ET SOCRATICORUM EPISTOLÆ.

α'. Σωκράτους.

Οὔ μοι δοκεῖς καλῶς τὴν ἐμὴν συνιέναι γνώμην (οὐ γὰρ ἂν τὸ δεύτερον ἐπέστελλες καὶ πλείονα δώσειν ὑπισχνοῦ) ἀλλ', ὥσπερ τοὺς σοφιστάς, καὶ Σωκράτην φαίνῃ ὑπονοεῖν παλιμπράτην τινὰ εἶναι παιδείας καὶ τὰ πρότερον γράψαι οὐχ ἁπλῶς ἀρνούμενον, ἀλλ' ἐπὶ πλείοσι τῶν τότε διδομένων ὑπὸ σοῦ. νῦν δ' οὖν ὑπερ-βολὰς ὑπισχνῇ καὶ τῷ πλήθει τῶν διδομένων οἴει με παραστήσεσθαι, καταλιπόντα τε τὴν Ἀθήνησι δια-τριβὴν παρὰ σὲ ἥξειν τὸν οὔθ' ὅλως καλὸν νομίζοντα τοὺς ἐν φιλοσοφίᾳ πιπράσκειν λόγους, ἐμοί τε καὶ σφό-δρα ἀηδές. (2) ἀφ' οὗ γὰρ προσῆλθον αὐτῇ τοῦ θεοῦ κελεύσαντος φιλοσοφεῖν, παρ' οὐδενὸς οὐδὲν εἰληφὼς εὑρεθήσομαι, ἀλλὰ τὰς διατριβὰς ἐν κοινῷ ποιούμεθα, ἐπίσης ὁμοίως ἀκούειν τε ἀεὶ ὄντι τε καὶ μή, καὶ οὔτε ἐγκλεισάμενος φιλοσοφῶ, καθάπερ Πυθαγόρας ἱστορεῖται, οὔτε εἰς τὰ πλήθη παριὼν τοὺς βουλομέ-νους ἀκούειν ἀργύριον εἰσπράττω, ὅπερ ἄλλοι τέ τινες πρότερον ἐποίησαν καὶ τῶν καθ' ἡμᾶς ἔνιοι ποιοῦσιν. ὁρῶ γὰρ ὅτι τὰ μὲν ἀρκοῦντα καὶ παρ' ἐμαυτοῦ ἔχω, τὰ δ' εἰς περιουσίαν πραττόμενα οἷς ἂν λαβὼν παρακα-τάθωμαι οὐχ εὑρίσκω οὐδένα τῶν δωσόντων μοι πι-στότερον. (3) οὓς δὲ εἰ μὲν φαύλους ὑπολήψομαι, οὐδὲ παρακατατιθέμενος αὐτοῖς ὀρθῶς δόξω φρονεῖν, παρὰ χρηστῶν δέ μοι ἔξεστι καὶ μηδὲν δόντι λαμβάνειν· οὐ γὰρ ἀργυρίου μὲν φύλακες πιστοὶ ὑπάρξουσι, χάριτος δὲ ἄπιστοι, οὐδὲ τὸ μὲν δοθὲν οὐκ ἂν ἀξιώσειαν ἀποστε-ρεῖν, ἐφ' οἷς δὲ κἂν τὰ ἀργύριον ἐδίδοσαν, πρότερον προῖκα εἰληφότες παρ' ἡμῶν, περιόψονται ἡμᾶς ἀπο-ρουμένους. ἑνὶ δὲ κεφαλαίῳ εἰκὸς φίλους μὲν ὄντας πολλὰ καὶ τῶν ἰδίων ἡμῖν προήσεσθαι, φίλους δὲ μὴ ὑπάρχοντας ἔνια καὶ τῶν ἡμετέρων προσαποστερεῖν ζητήσειν. αὐτὸς δὲ ὥστε τηρεῖν ἀργύριον οὐκ ἄγω σχολήν. (4) θαυμάζω δὲ καὶ τῶν λοιπῶν οἵ παρα-σκευάζεσθαι μέν φασιν αὑτῶν χάριν, φαίνονται δὲ καὶ αὑτοὺς διὰ τὰ κέρδη ἀποδόμενοι, καὶ παιδείας ὀλιγω-

---

I. Socratis.

Propositum meum, ut mihi videtur, minime asseque-ris : non enim iterum scriberes uberioraque mihi offerres dona. Verum ut sophistas, ita et Socratem aperte existi-mas venalem doctrinarum mercaturam facere, ideoque priora scripsisse non omnino recusantem, sed quo maiora quam quæ tunc offerebas munera elicerem. Nunc autem nimium quantum polliceris, et promissorum ma-gnitudine te adducere me posse putas, ut relictis Athenis ad te veniam, qui philosophicas vendere scholas neque omnino decorum iudico et a me ipso alienum esse cen-seo. (2) Nam ex quo dei iussu ad philosophiam accessi, quippiam a quoquam accepisse non reperiar, sed palam scholas habeo, cuicunque pariter, sive dives sit sive non, audiendi facta potestate, neque foribus obseratis philo-sophor, quod de Pythagora traditur, neque in publicum egressus ab eis, qui me audire volunt, argentum exigo, id quod nonnulli antea fecere et etiamnum quidam faciunt. Nam quæ ad usum vitæ pertinent, mihi ipse comparo; quæ vero ad opum abundantiam exiguntur, non habeo omnino apud quem deponam fide quenquam digniorem quam daturos ipsos. (3) Quos si improbos habuerim, etiam depositum confidens eis parum prudens iudicabor, a probis autem licebit mihi, etsi nihil dederim, accipere. Non enim pecuniarum fidi, gratiarum infidi custodes fuerint, nec qui deposito nos privare nolint, ubi gratis a nobis acceperint, propter quæ et pecunias nobis offerebant, nos indigentes negligent. Ut verbo dicam, si amici fue-rint, multa etiam de suis erogabunt, si non fuerint, nonnulla ex nostris quoque arrogare sibi conabuntur. Mihi vero ad conservandas pecunias tempus non suppetit. (4) Sed ceteros miror, qui ipsorum caussa opes se com-parare aiunt, revera autem lucri caussa se ipsi vendunt neglectaque disciplina quæstui soli faciendo operam dant.

ροῦντες χρηματισμοῦ ἐπιμελοῦνται. τοιγαροῦν τῆς μὲν κτήσεως θαυμάζονται, τῆς δὲ ἀπαιδευσίας καταγελῶνται, καὶ τῶν ἄλλων πάντων μακαρίζονται πλὴν ἑαυτῶν. καίτοι πῶς οὐ δεινὸν ἐπὶ μὲν φίλῳ δοκεῖν εἶναι αἰσχρὸν ἡγεῖσθαι καὶ μηδ' ἂν βιῶναι βούλεσθαι ἑτέροις ὄντα πρόσθεμα καὶ ἀλλοτρίων παράσιτον ὄντα ἀγαθῶν, ταὐτὸ δὲ τοῦτο πρὸς τὰ χρήματα πεπονθότα μὴ αἰδεῖσθαι; ἢ οὐκ ἴσμεν ὅτι καὶ τιμῶνται οὗτοι διὰ τὸν πλοῦτον καὶ μεταπεσούσης τῆς τύχης ἐν ἀτιμίᾳ διάγουσι τῇ πάσῃ; (5) ὥστε μήτε τιμωμένους αὐτοὺς χαίρειν (οὐ γὰρ ἐφ' ἑαυτοῖς τιμῶνται), ἀτιμαζομένους τε πολὺ μᾶλλον ἄχθεσθαι, τὸ γὰρ ἀτιμαζόμενον καὶ δι' ὃ παρορῶνται αὐτοί εἰσι. πρῶτον μὲν οὖν οὐκ ὀρθῶς ὑπέλαβες, εἰ Σωκράτην οἴει τι ἀργυρίου ποιήσειν, ὃ μὴ καὶ προῖκα αὐτῷ καλῶς εἶχε πρᾶξαι· καὶ πρὸς τούτῳ ἐκεῖνο οὐκ ἐλογίσω, ὅτι ἐνταῦθά με πολλὰ κατέχει, καὶ τὸ μέγιστον αἱ τῆς πατρίδος χρεῖαι. καὶ μὴ θαυμάσῃς, εἰ καὶ τῇ πατρίδι χρείας τινὰς φαμεν ἐκτελεῖν, ὅτι οὔτε ἐν στρατηγίαις οὔτε ἐπὶ τοῦ βήματος ἐξετάζομαι. (6) πρῶτον μὲν γὰρ οἶμαι καθ' ὃ δύναται ἕκαστος ὠφελεῖν ἐξετάζεσθαι· τὸ δὲ μεῖζω ἢ ἐλάττω πράττειν οὐκ ἐπ' αὐτῷ ἐστίν, ἀλλὰ τοῦ μὲν ἕτερα ἔχει τὴν αἰτίαν, τοῦ δὲ καθάπαξ αὐτός. ἔπειτα οὐ τῶν τοσαύτη πόλει συμβουλευσόντων δεῖ μόνον, οὐδὲ τῶν ἡγησομένων κατὰ γῆν ἢ κατὰ θάλατταν, ἀλλὰ καὶ τῶν ἐπιστησόντων τοὺς ἐπὶ τὰ τῇ πόλει συμφέροντα ἰόντας· οὐδὲν γὰρ θαυμαστὸν ὑπὸ μεγέθους τῶν ἐπικειμένων οἷον ἀποκοιμίζεσθαι ἐνίους αὐτῶν, οἷς τοῦ ἐπεγείροντος ὥσπερ μύωπος δεήσει. (7) πρὸς ἃ δὴ καὶ ἐμὲ ἔταξεν ὁ θεός. ἐπιεικῶς μὲν οὖν ἀπεχθάνεσθαί μοι συμβαίνει ἀπ' αὐτοῦ, ἀλλ' ἐκεῖνος ἀφίστασθαι οὐκ ἐᾷ. ᾧ πειστέον μᾶλλον· εἰκὸς γὰρ τόγε ὑγιὲς ἐμοῦ κρεῖττον αὐτὸν εἰδέναι. ἐπεὶ καὶ πρὸς σὲ βουλομένῳ ἀπεῖπε μὴ ἰέναι καὶ τὸ δεύτερον πέμψαντός σου ἀπηγόρευσεν. ἀπειθεῖν δὲ αὐτῷ ὀκνῶ, καὶ τὸν Πίνδαρον ἡγούμενος εἰς τοῦτο εἶναι σοφόν, ὅς φησι θεοῦ δὲ δείξαντος ἀρχὰν ἕκαστον ἐν πράγος εὐθεῖα δὴ κέλευθος ἀρετὰν ἑλεῖν, τελευταί τε καλλίονες· σχεδὸν τῶν αὐτῷ ἔχει τὸ ὑπόρχημα. (8) πολλὰ δὲ πολλοῖς καὶ τῶν ἄλλων εἴρηται ποιητῶν περὶ θεῶν, καὶ ὅτι τὰ μὲν κατὰ τὴν τούτων βούλησιν πραττόμενα ἐπὶ τὸ λῷον ἐκβαίνει, τὰ δὲ παρὰ θεὸν ἀλυσιτελῆ ὑπάρχει τοῖς πράξασιν. ὁρῶ δὲ καὶ τῶν πόλεων τῶν Ἑλληνίδων τὰς φρονιμωτάτας συμβούλῳ χρωμένας τῷ ἐν Δελφοῖς θεῷ, καὶ ὅσαι μὲν ἂν τούτῳ πειθόμεναι πράττωσι, πρὸς ὠφέλειαν αὐταῖς γιγνομένας, ὅσαι δ' ἂν ἀπειθήσωσιν, ὡς τὸ πολὺ βλαπτομένας. οὐ θαυμάσαιμι δ' ἄν, εἴ μοι περὶ τοῦ δαιμονίου ἀπιστήσειας λέγοντι· ἤδη γὰρ πρός με καὶ ἄλλοι οὕτω διετέθησαν οὐκ ὀλίγοι. (9) πλεῖστοι δέ μοι ἠπίστησαν ἐν τῇ ἐπὶ Δηλίῳ μάχῃ· παρῆν γὰρ τότε τῇ στρατείᾳ καὶ συνεμαχόμην πανδημεὶ τῆς πόλεως ἐξεληλυθυίας. ἐν δὲ τῇ φυγῇ ἅμα πολλοὶ ὑπαπήειμεν, καὶ ὡς ἐπὶ διαβάσεώς τινος ἐγενόμεθα,

Itaque ob opes admirationi, ob inscitiam risui sunt, atque ob alia omnia quam ob semetipsos felices prædicantur. At quum iam inhonestum ducamus, in amicorum esse potestate, nec vivere velinus ex aliis suspensi et ex alienis bonis fructum capientes, nonne turpe est, pecuniæ fieri sine pudore obnoxios? hum propter opes in pretio istos haberi et mutata fortuna in omni ignominia vitam degere nescimus? (5) Quare neque honoribus lætantur, non enim sua caussa honorantur, et ignominiam multo gravius ferunt, ignominiæ enim et quod despectui habentur caussa ipsi sunt. Primum igitur non recte iudicasti, si Socratem, quod nec gratis agere honestum ei visum fuerit, id pecuniæ caussa facturum opinaris, prætereaque et hoc non considerasti, multa hic me, maximeque patriæ necessitates detinere. Neque mireris, si patriæ quoque officia quædam me dicam præstare, quamvis nec in castris nec in suggestu exercear. (6) Primum enim puto, in eo suas quemque vires debere experiri, quo maxime se possit utilem præbere, plus autem vel minus præstare non in ipsius potestate est, sed huius rei caussa plerumque in aliis rebus sita, illius vero in ipso uno soloque. Deinde in tanta civitate non iis solum, qui vel consiliis adiuvent vel terra marique copias ducant, sed iis etiam opus est, qui ad ea quæ civitati prosint se applicantes instruant. Nihil mirum enim, nonnullos eorum rerum magnitudine oppressos veluti somno confectos obtorpescere, quibus excitandis stimulo opus est. (7) Hoc igitur deus imposuit mihi officium, nec mirum hinc in odio me haberi, verum ille ut desistam non permittit, cui magis obsequendum. Consentaneum est ehim, illum quod utile est melius me cognoscere, quoniam et ab itinere ad te faciendo revocavit, et quum secundo mitteres interdixit. Huic resistere non audeo, Pindarum quoque autumans quod res est perspexisse, quum dicit « deo monstrante ad opus quodlibet principium recta est via ad virtutem assequendam, finesque pulchriores ». Sic enim fere eius habet hyporchema. (8) Atque ita reliquorum quoque poetarum de diis multa dixerunt multi, scilicet, quæ ipsorum consilio fiant, feliciore exitu terminari, quæ præter dei voluntatem, auctoribus fore inutilia. Præterea Græcarum civitatum prudentissimas quasque Delphico deo auctore consilii uti video, et quæ huic obedientes faciant, in ipsarum utilitatem cedere, quæ vero dicto audientes non sint, in gravissima incurrere damna. Non admirarer autem, si de dæmonio verba mihi facienti fidem denegares; namque et alii haud pauci ita erga me affecti erant, (9) plurimi autem in Deliensi prælio fidem mihi negavere. Aderam tunc in exercitu et una cum populo pugnavi egresso universo, in fugam autem versi confertim recessimus, quumque ad trivium quoddam pervenimus, consuetum mihi contigit signum

συνέβη μοι τὸ εἰωθὸς σημεῖον. ἐνέστην οὖν καὶ εἶπον
« ἄνδρες, οὕ μοι δοκεῖ ταύτην πορεύεσθαι τοῦ γὰρ δαι-
μονίου μοι ἡ φωνὴ γέγονεν » οἱ μὲν οὖν πλείους πρὸς
ὀργὴν ὥσπερεὶ παίζοντος ἐμοῦ ἐν οὐκ ἐπιτηδείῳ
καιρῷ ὁρμήσαντες εὐθεῖαν ἐβάδιζον, ὀλίγοι δέ τινες
ἐπείσθησαν καὶ τὴν ἐναντίαν ἐμοὶ συναπετράποντο
καὶ οἴκαδε πορευόμενοι διεσώθημεν, τοὺς δ' ἄλλους
ἥκων τις ἐξ αὐτῶν πάντας ἔφη ἀπολωλέναι εἰς γὰρ
τοὺς ἱππέας ἐμπεσεῖν τῶν πολεμίων ἐπανιόντας ἀπὸ
τῆς διώξεως. πρὸς οὓς τὸ μὲν πρῶτον μάχεσθαι,
ὕστερον δὲ περικλειομένους ὑπ' αὐτῶν πλειόνων ὄντων
ἐγκλίναντας καὶ περικαταλήπτους γενομένους πάντας
ἀπολέσθαι. αὐτὸς δὲ ὁ ταῦτα ἀπαγγέλλων τραυμα-
τίας ἀφῖκτο, μόνην τὴν ἀσπίδα σώζων (10) πολλὰ
δὲ καὶ ἰδίᾳ προηγόρευσα ἐνίοις τῶν ἀποβησομένων
διδάσκοντος τοῦ θεοῦ σὺ δὲ καὶ τῆς βασιλείας ἔφησας
μέρος διδόναι καὶ παρακαλεῖς μὴ ὡς ἀρξόμενον βαδί-
ζειν, ἀλλ' ὡς τοὐναντίον ἄρξοντα καὶ τῶν ἄλλων καὶ
σοῦ αὐτοῦ. ἐγὼ δὲ μεμαθηκέναι ἄρχειν οὔ φημι,
μὴ εἰδὼς δὲ οὐκ ἂν δεξαίμην μᾶλλον βασιλεύειν ἢ
κυβερνᾶν μὴ ἐπιστάμενος οἶδα δὲ ὅτι, εἰ καὶ οἱ
ἄλλοι ἄνθρωποι ὁμοίως διέκειντο, ἥττονα ἂν ἦν κακὰ
ἐν τῷ βίῳ. νῦν δ' ἡ τῶν μὴ ἐπισταμένων τόλμα ἐπιχει-
ροῦσα οἷς μὴ ἴσασιν εἰς τοῦτο ταραχῆς αὐτοὺς προάγει
ὅθεν καὶ τὴν τύχην ἔτι μείζω πεποίηκε, τῇ ἐκείνων
ἀνοίᾳ τὴν ταύτης ἐξουσίαν αὐξάνουσα (11) καὶ μέντοι
οὐδὲ ἐκεῖνο ἀγνοῶ, ὅτι ἐνδοξότερον εἶναι καὶ περιβλέ-
πεσθαι μᾶλλον εἰκὸς ἰδιώτου βασιλέα ὄντα ἀλλ'
ὥσπερ οὐδὲ ἐφ' ἵππον ἂν εἱλόμην καθίζεσθαι ἄπειρος
ὢν ἱππικῆς, ἀλλ' ἐλυσιτέλει μοι πεζῷ εἶναι, κἂν εἰ
ταπεινότερος πολὺ τοῦ ἱππέως ἦν, οὕτω καὶ περὶ βα-
σιλείας καὶ ἰδιωτείας φρονῶ, καὶ οὐκ ἂν ὑπὸ ἐπιθυμίας
τῶν μειζόνων ἐξαρθεὶς ἐπιφανεστέρων ὀρεχθείην συμ-
φορῶν ἔοικασι δὲ καὶ οἱ πρῶτοι μυθολογήσαντες τὰ
περὶ τὸν Βελλεροφόντην τούτῳ τι παραπλήσιον αἰνί-
ξασθαι. (12) οὐ γὰρ ὅτι, οἶμαι, τόπου ὑψηλοτέρου
ἐπεθύμησεν, ἀλλ' ὅτι πραγμάτων μειζόνων ἢ καθ'
ἑαυτὸν ὠρέχθη, μετὰ ταῦτα αὐτῷ συμφοραὶ ἐγένοντο
καταπεσὼν γὰρ ἀπὸ τῆς ἐλπίδος αἰσχρῶς καὶ ἐπονεί-
δίστως τὸν λοιπὸν ἔζη βίον, διὰ τοὺς ἐφυβρίζοντας ἐν
τοῖς ἄστεσιν ἐπὶ τὴν ἐρημίαν ἐξεληλυθὼς καὶ τὰς
βάσεις ἀπολωλεκώς, οὐχ ὥσπερ ἡμεῖς εἰθίσμεθα λέγειν,
ἀλλὰ τὴν παρρησίαν, ἐφ' ἧς ὀρθοῦται ὁ ἑκάστου βίος·
ταῦτα μὲν οὖν ὅπη τοῖς ποιηταῖς φίλα, ταύτην ὑπο-
νοείσθω τὸ δ' ἐμὸν δεύτερον ἤδη ἀκούεις, ὅτι οὐκ
ἀλλάττομαι τῶν ἐκεῖ τἀνθάδε, ἀμείνω δοκῶν ἀλλ'
οὐδὲ τῷ θεῷ συναρέσκει, ᾧ μέχρι νῦν συμβούλῳ -ε
καὶ ἐπιτρόπῳ ἐμαυτοῦ χρῶμαι.

β'. Σωκράτης Ξενοφῶντι

Χαιρεφῶν ὃν τρόπον ὑφ' ἡμῶν σπουδάζεται οὐκ
ἀγνοεῖς, ἡρημένος δὲ ὑπὸ τῆς πόλεως πρεσβευτὴς εἰς
Πελοπόννησον τάχ' ἂν καὶ πρὸς ὑμᾶς ἀφίκοιτο τὰ

Obstiti itaque atque dixi « non hac via, viri, eundum
mihi videtur dæmonii enim vox oborta mihi est »
Plurimi igitur quasi intempestive luderem irati recta
pergebant, pauci obsequuti uno mecum adverso itinere
incolumes domum rediere, reliquos unius eorum redux
factus omnes nuntiavit interiisse nam in hostis equita-
tum incidisse a persequendo redeuntem, quo cum primum
quidem dimicasse, deinde vero a maiore hostium numero
circumclusos pedem retulisse et interceptos omnes pe-
riisse Et ipse, qui hæc nuntiavit, vulnere accepto cum
solo scuto evaserat (10) Multa privatim quoque non-
nullis de futuro rerum eventu præcipiente deo prædixi
Tu vero et regni partem offers et ad iter faciendum me
excitas, non tanquam sub imperio futurum, sed ex con-
trario et aliis et tibi ipsi imperaturum At ego imperare
me non didicisse fateor, nescius autem regis officio
fungi non magis vellem quam, quum non didicerim,
navis gubernaculum regere Prætereaque persuasum
habeo, si et reliqui homines similiter affecti essent, mi-
nora hac in vita futura fuisse mala Nunc vero impru-
dentium hominum audacia eas res quas ipsi ignorant
aggressa eo turbarum eos provehit Hinc et fortunam in
maius auxit, illorum imprudentia huius potentiam am-
plificans (11) Ceterum neque hoc ignoro, illustriorem
videri ac magis circumspici privato homine regem sed
uti equo insidere nollem equitandi artis ignarus, verum
satis haberem equite licet multo inferiorem esse peditem,
sic et de rege et de privato iudico, neque maiora ha-
bendi cupiditate elatus illustriores expetiverim calami-
tates Videntur etiam qui Bellerophontis res in fabulam
primi retulere simile quid significasse (12) Non enim
opinor, quod editiorem locum concupiverit, sed quod res
affectaverit suis viribus maiores, in calamitates posthac
incidit nam spe deiectus turpiter quod reliquum erat
vitæ agebat et ignominiose, propter civium contumeliam
in solitudinem digressus, tramitibus perditis, non quos
nos ita vocare consuevimus, sed libera agendi ratione,
qua uniuscuiusque vita nititur Et hæc quidem qua
poetis placet ratione percipiantur, quod autem ad me
attinet, iam iterum audis, tuis mea, quæ potiora duco,
me non permutaturum, sed neque deo placet, quo con
silio auctore rerumque mearum tutore etiamnum utor

II Socrates Xenophonti

Chærephontem quo modo colam non ignoras Legatus
in Peloponnesum a civitate missus fortasse et ad vos
perveniet Hospitalia itaque facile suppeditabunt viro

μὲν οὖν τῶν ξενίων εὐπόριστα ἀνδρὶ φιλοσόφῳ, τὰ δὲ τῆς πορείας ἐπισφαλῆ καὶ μάλιστα διὰ τὰς αὐτόθι νῦν παραχὰς ὑπαρχούσας. ὧν ἐπιμεληθεὶς ἐκεῖνόν τε σώσεις ἄνδρα φίλον καὶ ἡμῖν τὰ μάλιστα χαριῇ.

γ'. Σωκράτους.

Μνήσων ὁ Ἀμφιπολίτης ἐν Ποτιδαίᾳ μοι συνεστάθη. οὗτος νῦν Ἀθήναζε ἔρχεται πρὸς τὸν δῆμον, ἐκπεσὼν ὑπὸ τῶν οἴκοι· τὰ γὰρ ἐκεῖ κεκίνηται μὲν ἤδη, οὔπω δ' ἐστὶ φανερά, οἶμαι μέντοι οὐ πολλοῦ αὐτὰ δεήσειν χρόνου. τούτῳ συλλαβόμενος αὐτόν τε ἄξιον ὄντα ποιήσεις εὖ καὶ τὰς πόλεις ἀμφοτέρας ὠφελήσεις, τὴν μὲν τῶν Ἀμφιπολιτῶν, ἵνα μὴ ἀποστᾶσα ἀνήκεστόν τι κινδυνεύσῃ παθεῖν, τὴν δ' ἡμετέραν, ὅπως μὴ καὶ περὶ ἐκείνης πράγματα ἔχῃ, ὡς νῦν γε περὶ Ποτιδαίας μικροῦ δέομεν ἀπειρηκέναι.

δ'. Σωκράτους.

Κριτοβούλῳ μὲν ἐντυχὼν παρεκάλουν πρὸς φιλοσοφίαν αὐτόν, ὃ δέ μοι δοκεῖ διανενοῆσθαι μᾶλλον ἐξορμήσεσθαι πρὸς τὰ πολιτικά. αἱρήσεται οὖν τὴν πρὸς ἐκεῖνα ἁρμόττουσαν παιδείαν καὶ τὸν ὑφηγησόμενον ἐκλέξεται τῶν ὄντων τὸν κράτιστον. σχεδὸν δὲ νῦν ἐπιδημοῦσιν οἱ δοκιμώτατοι Ἀθήνησι, καὶ πολλοὶ αὐτῶν καὶ πρὸς ἡμᾶς ἔχουσιν οἰκείως. τὰ μὲν οὖν ἐκείνου ταῦτα, τῶν δ' ἐμῶν Ξανθίππη μὲν καὶ τὰ παιδάρια ἔρρωται, αὐτὸς δὲ ὥσπερ καὶ παρόντος σου πράττω.

ε'. Σωκράτης Ξενοφῶντι.

Σὲ μὲν ἐν Θήβαις ἡμῖν γενέσθαι ἀπηγγέλλετο, Πρόξενον δὲ καταλαβεῖν εἰς τὴν Ἀσίαν ὡς Κῦρον ὡρμηκότα. εἰ μὲν οὖν εὐτυχῶν ἐφίεσαι πραγμάτων, θεὸς οἶδεν, ὡς ἤδη γέ τινες τῶν ἐνταῦθα καταμέμφεσθαι αὐτὰ ἐπιχειροῦσιν· οὐ γὰρ ἄξιόν φασιν εἶναι Κύρῳ βοηθεῖν Ἀθηναίους, δι' ὃν τὴν ἀρχὴν ὑπὸ Λακεδαιμονίων ἀφῃρέθησαν, οὐδ' αὐτοὺς ὑπὲρ ἐκείνου πολεμεῖν καταπολεμηθέντας δι' ἐκεῖνον. οὐκ ἂν οὖν θαυμάσαιμι εἰ μεταπεσούσης τῆς πολιτείας συκοφαντεῖν σέ τινες ἀφ' ἑαυτῶν ἐπιχειρήσουσιν, ἀλλ' ὅσῳ λαμπρότερον τἀκεῖ χωρήσειν ὑπολαμβάνω, τοσούτῳ σφοδρότερον ἐπικεῖσθαι τούτους ἡγοῦμαι· τὰς γὰρ ἐνίων φύσεις οὐκ ἀγνοῶ. (2) ἡμεῖς δ' ἐπείπερ ἅπαξ εἰς τοῦτο ἑαυτοὺς ἔδομεν, ἄνδρες ἀγαθοὶ γενώμεθα, τῶν τε ἄλλων ἃ περὶ ἀρετῆς εἰώθειμεν λέγειν ἀναμιμνησκόμενοι καὶ τὸ μηδὲ γένος πατέρων αἰσχυνέμεν ἐν τοῖς ἄριστα τῷ ποιητῇ εἰρῆσθαι τιθέντες. ἴσθι δὲ ὡς δυοῖν τούτοιν μάλιστα προσδεῖται πόλεμος, καρτερίας τε καὶ ἀφιλοχρηματίας· διὰ ταύτην μὲν γὰρ τοῖς οἰκείοις φίλοι, διὰ καρτερίαν δὲ φοβεροὶ τοῖς ἀντιπάλοις γινόμεθα. ὧν ἀμφοτέρων οἰκεῖα ἔχεις τὰ παραδείγματα.

---

philosopho, periculosum vero iter est, ob turbas maxime illic motas. His si provideris, virum amicum conservabis nobisque feceris gratissimum.

III. Socratis.

Mneso Amphipolita Potidææ mihi commendatus Athenas nunc venit populi auxilium imploraturus, a civibus suis patria expulsus. Res enim ibi turbatæ adhuc latent quidem, sed brevi opinor erupturas esse. Hinc si opem tuleris, in haud indignum conferes beneficium et de ambabus bene mereberis civitatibus, de Amphipolitana, ne facta defectione in summum discrimen veniat, de nostra, ne ob illam molestias subeat, quemadmodum de Potidæa parum iam abest quin desperemus.

IV. Socratis.

Critobulum obviam mihi factum ad philosophiam revocavi, is vero videtur mihi consilium cepisse ad rempublicam potius accedendi. Eliget igitur rebus illis convenientem disciplinam, ducemque ad illam sibi comparabit omnium optimum. Nunc enim fere clarissimi quique Athenis versantur et multi eorum nobiscum quoque necessitate iuncti sunt. Atque hæc quidem de illo; ad meas res quod attinet, Xanthippe et pueruli valent, ego vero quemadmodum quum præsens eras ago.

V. Socrates Xenophonti.

Thebis te esse nobis nuntiabatur et Proxenum Asiam petiisse, ut ad Cyrum proficisceretur. Res, quas agis, an sint tibi successuræ deus scit; iam enim apud nonnullos ex nostris in reprehensionem incurristi : indignum enim esse, auxilium ferre Cyro Athenienses, ob quem imperio ipsi a Lacedæmoniis privati, ipsosque pro eo suscipere bellum, ob quem debellati sint. Non igitur mirabor, si in deterius conversa republica, sponte nonnulli te calumniari conabuntur, certe quo splendidius tibi res illic puto successuras, eo magis opinor te premunt calumniis : scio enim, quæ sit quorundam indoles. (2) Nos vero postquam semel hanc provinciam suscepimus, viri fortes simus, et quæ ceteroqui de virtute disserere suevimus memoria recolentes, et illud « paternum genus non esse dedecorandum » in optime a poeta dictis recensentes. Scias autem, his duobus maxime bellum indigere, tolerantia et pecuniarum contemptu : hoc enim familiaribus cari, illa terribiles sumus adversariis. Utriusque domestica præsto tibi sunt exempla.

ς'. Σωκράτους.

Τοῖν μὲν ξένοιν ἐπεμελήθην ὡς παρεκάλεις, καὶ τὸν ἐν τῷ δήμῳ συναγορεύσοντα αὐτοῖν ἐσκεψάμην τῶν ἡμετέρων τινὰ ἑταίρων, ὃς ὑπηρετήσειν ἔφη προθυμότερον διὰ τὸ καὶ σοὶ χαρίζεσθαι ἐθέλειν· περὶ δὲ τοῦ χρηματισμοῦ καὶ περὶ ὧν προσπαίζων ἔγραψες τὸ μὲν ἐπιπλήττειν ἐνίους οὐδὲν ἴσως ἄτοπον, εἰ πρῶτον μὲν ἐσπουδακότων τῶν ἄλλων περὶ πλοῦτον ἐγὼ πένης αἱροῦμαι βιοῦν, ἔπειτα ἐξόν μοι παρὰ πολλῶν πολλὰ λαμβάνειν οὐ τὰς παρὰ ζώντων μόνον δωρεὰς ‑ὧν φίλων ἀλλὰ καὶ ὅσα ἂν τελευτῶντές μοι ἀφῶσιν ἑκὼν παραιτοῦμαι· τὸν δ' οὕτω διακείμενον οὐδὲν θαυμα-στὸν μαινόμενον παρὰ τοῖς ἄλλοις νομίζεσθαι (2) χρὴ δὲ μὴ τοῦτο μόνον ἀλλὰ καὶ τὸν ἄλλον ἡμῶν προσε-πιθεωρεῖν βίον, καὶ εἰ περὶ τὴν χρῆσιν τῶν χρημά-ων διαφέροντες φανούμεθα, μὴ θαυμάζειν ὅτι καὶ περὶ τὸν πορισμὸν διεστήκαμεν· ἐμοὶ μὲν τοίνυν ἀπαρκεῖ τροφῇ τε χρῆσθαι τῇ λιτοτάτῃ καὶ ἐσθῆτι θέρους ‑ε καὶ χειμῶνος τῇ αὐτῇ, ὑποδήμασι δὲ πάμπαν οὐ χρῶμαι, οὐδὲ πολιτικῆς ἐφίεμαι δόξης πλὴν ὅσον ἐκ τοῦ σώφρονα εἶναι καὶ δίκαιος· οἳ δὲ πολυτελείας μὲν τῆς περὶ τὴν δίαιταν οὐδὲν ἀπολείπουσιν, ἐσθῆτας δὲ διαφόρους οὐχ ὅτι γε ἔτους τοῦ αὐτοῦ ἀλλὰ καὶ ἡμέρας τῆς αὐτῆς ἀμφιέννυσθαι ζητοῦσι, πολλὰ δὲ χαρίζονται καὶ ταῖς ἀπορρήτοις ἡδοναῖς (3) καὶ ὃν τρόπον οἱ τὴν κατὰ φύσιν χρόαν διαφθορεῖς ἐπακτοῖς χρώμασι κοσμοῦνται, κἀκεῖνοι τὴν ἐξ ἀρετῆς ἀληθινὴν δόξαν ἀπολωλεκότες, ἣν εἰκὸς περιγίνεσθαι ἑκάστῳ, εἰς τὴν ἐκ τῆς ἀρεσκείας καταφεύγουσι, διανομαῖς καὶ ἑστιά-σεσι πανδήμοις τὴν παρὰ τῶν πληθῶν εὐφημίαν πα-ρακαλούμενοι. ὅθεν εἰκότως οἶμαι πολλῶν αὐτοῖς δεῖσθαι συμβαίνει· οὔτε γὰρ αὐτοὶ ζῆν δύνανται ἀπ' ὀλίγων, οἵ τε πλησίον ἀποδέξεσθαι αὐτοὺς οὐκ ἐθέ-λουσι, μὴ μισθὸν τῆς εὐλογίας φερόμενοι· ἐμοὶ μὲν πρὸς ἄμφω ταῦτα καλῶς ἔχει ὁ βίος. καὶ εἰ μέν τί με τῶν ἀληθῶν ἐκφεύγει, οὐκ ἂν ἰσχυρισαίμην· ὅτι μέντοι ταῦτα μὲν οἱ κρείττους φασὶν εἶναι βελτίω, ἐκεῖνα δὲ οἱ πολλοί, σαφῶς οἶδα. (4) πολλάκις δὲ καὶ περὶ τοῦ θεοῦ κατ' ἐμαυτὸν ἐννοούμενος καὶ ὅ τι εὐδαίμων εἴη καὶ μακάριος, ὁρῶ τῷ μηδενὸς δεῖσθαι αὐτὸν ὑπερβάλλοντα ἡμᾶς· φύσεως γὰρ λαμπροτάτης ἐκείνο ἦν, οὗ τὸ πολλῶν δεόμενον ἑτοίμως ἔχειν ἀπολαύειν· καίτοι σοφώτερον τε εἶναι εἰκὸς ὅστις ἑαυτὸν ἀπει-κάζει τῷ σοφωτάτῳ, καὶ μακαριώτερον ὑπάρχειν ὃς ἂν ὅτι μάλιστα ἐξομοιωθῇ τῷ μακαριωτάτῳ· τοῦτο δὲ εἰ μὲν πλοῦτος ποιεῖν ἐδύνατο, πλοῦτόν γ' ἂν ἐχρῆν αἱρεῖσθαι· ἐπεὶ δὲ ἀρετὴ μόνη φαίνεται παρασκευάζειν, εὐήθες ἀφέντας τὸ ὃν ἀγαθὸν τὸ δοκοῦν μεταδιώκειν (5) ὡς μὲν οὖν τἀμὰ οὐχ οὕτω βέλτιον ἔχει, οὐκ ἄν μέ τις ῥᾳδίως μεταπείσειε· περὶ δὲ τῶν παίδων ὑπὲρ ἔφη-σθα δεῖν προνοεῖσθαι, ἢ διανοοῦμαι περὶ αὐτῶν, μαθεῖν ἔξεστι πᾶσιν ἀνθρώποις· μίαν ἀρχὴν εὐδαιμονίας ἐγὼ νομίζω φρονεῖν εὖ, τὸν δὲ νοῦ μὲν μὴ μετειλη-

VI Socrat.s

Quæ de amicis mihi commendabas, procuravi et ex sodalibus nostris unum, qui apud populum caussam eorum diceret, conquisivi qui, quod et tibi gratum facere vellet, promptius hoc se officium promisit esse præstiturum Sed quod ad quæstum atque ad ea attinet, quæ ludens scribebas, nonnullos reprehendere me fortasse mirum non est, quod primum, anxie reliquis divitias persequentibus, ego pauper velim vivere, deinde quod, multa licet a multis acquirere possim, non solum a viventibus oblata mu-nera, verum etiam a morientibus legata ultro repudiem, nec mirum sic affectum a reliquis mente captum iudicari (2) Verum non hoc solum, sed et reliqua nostra vita exploranda est, et si in consumendis civitiis ab aliis re-cedimus, nec quod in acquirendis differimus mirandum. Sufficit mihi cibus frugalissimus et idem vestitus æstate atque hieme, calceis autem prorsus non utor, nec gloriam affecto ex rebus publicis comparandam, præterquam quod temperans et iuxtus esse cupio Qui vero in sum-ptuosam vivendi rationem se iniciunt, variusque vestibus non quoque anno tantum, sed et quotidie ornari gestiunt atque nefandis indulgent voluptatibus, (3) ii, quemad-modum qui naturali colore corrupto extrinsecus accitis coloribus ornantur, sic et ipsi vera virtutis gloria, quæ unum quemque decet, amissa ad eam, quæ pendet ex adulatione, confugiunt, largitionibus publicisque epulis plebis captantes plausum Hinc fieri nequit, opinor. quin multis indigeant neque ipsi enim paucis vivere possunt, neque ceteri plaudere ipsis volunt, nisi plausus mercede ante numerata Mihi vero ad hæc ambo recte vita habet, et si qua re a vero aberraverim, non persti-terim, sed ista a melioribus ut potiora probari, illa a pluribus sat scio (4) Sæpe numero etiam de deo mecum considerans, qua re felix ille et beatus esset, eo quod nulla re indigeret nos ipsum superare intellexi Naturæ enim excellentissimæ hoc est, non plurimis indigentem ad quasvis voluptates paratum esse Atqui sapientiorem esse consentaneum est eum, qui ad sapientissimum se informet, et beatissimum, qui ad Beatum quam proxime accedat Hoc si divitiæ efficere possunt, divitiæ sane ap-petendæ essent, sed quoniam aperte sola virtus hoc parare potest, ineptum est, vero bono repudiato com-menticium aucupari (5) Res igitur meas sic non melius habere non facile quisquam mihi persuadebit Sed de-filiis et quod eorum curam habendam esse dixisti, quomodo existimem cognoscere licet omnibus Unum beate vivendi principium ego censeo, bene sapere, qui vero mentis compos non sit, sed auro confidat et argento primum illud quod sibi videatur possidere bonum non ha-

φῶτα, χρυσίῳ δὲ πιστεύοντα καὶ ἀργυρίῳ πρῶτον
μὲν ὅπερ οἴεται κεκτῆσθαι ἀγαθὸν οὐκ ἔχειν, ἔπειτα
τοσοῦτον ὑπάρχειν ἀθλιώτερον τῶν ἄλλων, ὅσον ὁ μὲν
ἀναγκασθεὶς ὑπὸ πενίας, εἰ καὶ μὴ νῦν, αὖθίς ποτε
φρονήσει, ὁ δὲ τὰ μὲν ὑπ' οἰήσεως τοῦ εἶναι μακάριος
τῆς ἀληθινῆς ὠφελείας ἀμελῶν, τὰ δὲ ὑπὸ χορηγίας δια-
φθειρόμενος, πρὸς οἷς ἠτύχει ἤδη καὶ τῶν ὄντως ἀνθρω-/
πίνων ἀγαθῶν προσαπεστέρηται τὴν ὑπὲρ τῶν μελλόντων
χρηστὴν ἐλπίδα. (6) οὐδὲ γὰρ σωθῆναι οἷόν τέ ἐστι
τῷ τοιούτῳ πρὸς ἀρετήν, κατεχομένῳ μὲν ὑπὸ κολα-
κείας ἀνθρώπων ὁμιλῆσαι δεινῶν, κατεχομένῳ δὲ ὑπὸ
γοητείας ἡδονῶν, αἳ κατὰ πᾶν αἰσθητήριον προσβάλ-
λουσαι τῇ ψυχῇ πᾶν ὅ τι καλὸν ἢ σωφρονικὸν ἐν
αὐτῇ ἠρέμα ἐξελαύνουσι. τίς οὖν ἀνάγκη παισὶν αἰ-
τίαν καταλιπεῖν ἀφροσύνης μᾶλλον ἢ παιδεύσεως,
οὐ λόγοις μόνον ἀλλὰ καὶ ἔργοις δηλώσαντας ὅτι ἐν
σφίσιν αὐτοῖς τὰς ἀπ' αὐτῶν ἔχουσιν ἐλπίδας καὶ μὴ
γενομένοις ἀγαθοῖς οὐδὲ ζῆν καταλείπεται, ἀλλὰ λιμῷ
φθαρέντες οἰκτρῶς τελευτήσουσι, πρέπουσαν ἀργίᾳ
δίκην ἐκτίνοντες; (7) καίτοιγε ὁ νόμος μέχρι ἥβης κε-
λεύει παῖδα ἐκτρέφεσθαι ὑπὸ γονέων. ὑμεῖς δ', ἴσως
εἴποι τις ἂν ἀνὴρ πολιτικὸς ἀγανακτῶν πρὸς τοὺς
ἑαυτοῦ υἱεῖς κληρονομεῖν ἐπιθυμοῦντας, οὐδὲ τελευ-
τῶντος ἀφέξεσθαί μου διανοεῖσθε, ἀλλὰ καὶ τελευτῶντα
τροφᾶς οἱ ζῶντες αἰτήσετε καὶ οὐκ αἰσχυνεῖσθε θανάτου
ζωὴν ἀπρακτοτέραν βιοῦντες; ἀλλὰ τὰ μὲν ἐμὰ πε-
ριττεύειν καὶ μετὰ θάνατον ἀξιοῦτε ἑτέροις, τὰ δ'
ὑμέτερα ὑμῖν οὐδ' εἰς τὸ ζῆν ἐξαρκέσει. (8) ἐκεῖνος
μὲν οὖν σκαιὸς ἴσως πρὸς τοὺς ἑαυτοῦ παῖδας χρή-
σεται τοῖς λόγοις, πατρικὴν ἅμα πολιτικῇ παρρησίαν
ἄγων, τὰ δ' ἐμὰ λόγου μὲν ἕνεκα ἐπιεικέστερα ὄντα
τυγχάνει, ἔργῳ δὲ οὐ πόρρω φαίνεται πλουτοῦντων
ἀποστατεῖν. ὅθεν ἐγὼ χρυσίον μὲν οὐ καταλείψω τοῖς
ἐμαυτοῦ παισί, τοῦ δὲ χρυσοῦ κτῆμα τιμιώτερον
φίλους ἐπιεικεῖς, οὓς φυλάττοντες μὲν οὐδενὸς ἐλλει-
φθήσονται τῶν ἀναγκαίων, κακῶς δὲ τὰ περὶ τοὺς φί-
λους μεταχειρίσαντες εὔδηλον ὡς τά γε χρήματα πολὺ
κάκιον διοικήσουσιν. (9) εἰ δέ σοι τὰς ἐνίων ὀλιγω-
ρίας ὁρῶντι φαύλως δόξω βεβουλεῦσθαι, πρῶτον μὲν
ἐκεῖνο ἐρῶ, ὅτι, οὐ πάντες ἄνθρωποι ὁμοίως ἔχουσι
πρὸς τοὺς φίλους (εἰσὶ δὲ οἳ καὶ τετελευτηκότων αὐτῶν
προνοοῦσιν), ἔπειθ' ὅτι τοὺς ἡμετέρους τοιούτους εἰκὸς
εἶναι, οὐ φορτικῶς ἡμῖν συνεληλυθότας, οὐδὲ νῦν
μόνον ἀλλὰ καὶ τότε τῆς παρ' ἡμῶν οὐχ ἧττον ὠφε-
λείας ἀπολαύοντας. τῆς μὲν οὖν ὀλιγοχρονίου χάριτος
εἰκὸς καὶ τὰς ἀμοιβὰς εἶναι βραχείας, αἱ πολυχρόνιοι
δὲ τῶν εὐεργεσιῶν ἴσην τῇ ὠφελείᾳ τίκτουσι τὴν ἀμοι-
βήν. (10) τὰ δ' ἐμὰ μαντεύομαι προκόπτουσι τοῖς
ἑταίροις κάλλίω φανεῖσθαι. διόπερ οὐδὲ μισθοῦς αὐτοὺς
εἰσπράττομαι, ὅτι οὐδὲ ἔχω πρέπον ἀντικατάλλαγμα
φιλοσοφίας ἄλλο πλὴν φιλίαν, καὶ ὅτι οὐχ ὥσπερ οἱ
σοφισταὶ κἀγὼ δέδοικα περὶ τῶν ἰδίων· παλαιούμενα
γὰρ νέα γίνεται καὶ πρὸς τὸ γῆρας μᾶλλον ἀναζωπυρεῖ-
σθαι φιλεῖ, ὅθεν αὐτά τε μάλιστα ὑπὸ τῶν μαθόντων

bere, deinde tanto aliis miseriorem esse, quod qui pauperie
premitur, licet nunc desipiat, aliquando tamen resipi-
scere possit; qui vero falsa beatitudinis opinione deceptus
veram utilitatem negligit rerumque affluentia corrumpi
sese patitur, præter vera illa humani generis quæ iam
amisit bona spem quoque futuræ felicitatis perdidit.
(6) Non potest enim fieri, ut ad virtutem incolumis per-
veniat, qui hominum in familiaribus colloquiis callidorum
adulatione voluptatumque illecebris captus teneatur, quæ
per omnes sensus in animum se insinuant sensimque
quicquid honestum ac prudens in eo est exterminant.
Quid est igitur quod cogat nos imprudentiæ potius quam
humanitatis relinquere exemplum filiis, præsertim quum
ipsi non verbis modo, sed etiam factis declaraverimus,
spes eorum in ipsis esse positas, nec si non boni fuerint
ut vivant fieri posse, sed fame oppressos misere esse
perituros condignis inertiæ pœnis persolutis? (7) Lex
quidem ad pubertatem usque filium a parentibus ali iubet.
Vos vero, dixerit aliquis homo civilis filiis suis he-
reditati inhiantibus indignabundus, neque a mortuo
manus abstinebitis, sed et alimenta vivi poscetis a de-
functo, nec vitam agere verebimini morte inertiorem?
Vos res meas etiam post mortem aliis suppetere vultis,
vestræ autem vobis ne ad vitam sustentandam quidem
sufficient. (8) Sic ille rustice fortasse filios suos com-
pellabit, dicendi libertate usus tum parenti quam viro
civili digna; res vero meæ, si hominum sermones audias,
modicæ admodum sunt, re ipsa non longe videntur di-
stare ab opulentis. Quare ego aurum filiis meis non
relinquam, sed auro pretiosius patrimonium amicos so-
brios; quos si servaverint, necessariarum rerum nulla
destituentur, si vero male tractaverint amicos, non du-
bium est quin multo peius et pecuniis usuri sint. (9) Iam
vero si tibi incuriam quorundam contemplanti non recte
hæc statuisse videar, hoc primum dicam, non omnes si-
militer homines erga amicos affectos esse; sunt enim
qui et mortuorum eorum curam habeant, deinde nostros
certe ex horum esse numero, ut qui non importune
nobiscum versati sint, neque nunc tantum, sed iam
pridem a nobis capiendo fructu perfruentur. Brevis
itaque beneficii præmia quoque decet esse brevia, at
diuturna beneficia utilitati æquale pariunt præmium.
(10) Meas autem res sodalibus, dum proficiunt, meliores
visuras præsagio; quare nec mercedem ab eis exigo,
quod nullum philosophiæ conveniens nisi amicitiam habes
pretium, quodque non ut sophistæ et ego de meis rebus
timeo. Enim revirescunt et appropinquante senectute
resuscitantur: quare ipsa tunc maxime a discipulis dili-
guntur, quique ea progenuit pater desideratur. Superstes

στεργεται τότε, καὶ ὁ γεννήσας αὐτὰ πατὴρ ἐπιποθεῖ-
ται. περιὼν μὲν οὖν τιμῆς τυγχάνει, τελευτήσας δὲ
μνήμης ἀξιοῦται· κἂν τῶν οἰκείων τινὰ καταλελοιπὼς
ᾖ, τοῦδε ὡς υἱέος ἢ ἀδελφοῦ κήδονται, πᾶσαν εὔνοιαν
εἰς αὐτὸν ἐνδεικνύμενοι, τρόπον τινὰ ἕτερον συγγενείας
τῆς κατὰ φύσιν συνανηρτημένοι αὐτῷ. (11) οὔκουν
δύνανται, οὐδ᾽ εἰ βούλοιντο, κακῶς πράττοντα αὐτὸν
παρεξιέναι, ὥσπερ οὐδὲ τοὺς κατὰ γένος προσήκοντας
ὑπερορᾶν οἷοί τέ ἐσμεν. τὸ γὰρ ἐν τῇ ψυχῇ συγγενὲς
ἅτε ἐκ τοῦ αὐτοῦ πατρὸς ἀδελφὸν γεγενημένον ἀναγ-
κάζει σφᾶς βοηθεῖν τῷ τοῦ τετελευτηκότος υἱεῖ, ὑπο-
μιμνῆσκον τοῦ πατρὸς καὶ τὴν ἐκείνου ὀλιγωρίαν σφε-
τέραν ἀτιμίαν τιθέμενον. ὅρα οὖν, εἴ σοι δόξω ἔτι
ἢ τἀμαυτοῦ κακῶς οἰκονομεῖν ἢ τῶν παιδίων ὅπως
μηδὲν ὑστερήσωσι τῶν ἀναγκαίων ἐμοῦ τελευτήσαντος
ὀλιγωρεῖν, ὃς οὐδὲ χρήματα αὐτοῖς ἀλλὰ τοὺς τῶν
χρημάτων καὶ αὐτῶν ἐκείνων ἐπιμελησομένους κατα-
λείπω. (12) καίτοι ὑπὸ μὲν ἀργυρίου οὐδεὶς βελτίων
εἰς τὴν ἡμέραν ταύτην ἱστορεῖται γενόμενος, ὁ δὲ δό-
κιμος φίλος καὶ ταύτῃ αἱρετώτερος τυγχάνει τοῦ δοκί-
μου χρυσίου, ὅτι οὐ πᾶσι τοῖς ὀρεγομένοις ἀλλὰ τοῖς
βελτίοσι τῶν φίλων ὑπηρετεῖ, οὐδὲ τὰς τοῦ βίου χρείας
μόνον ἀλλὰ καὶ τὴν αὐτοῦ τοῦ κεκτημένου ψυχὴν
θεραπεύει καὶ εἰς ἀρετῆς λόγον, ἧς χωρὶς οὐδὲν τῶν
ἀνθρωπίνων ὀνίνησι, πλεῖστα συμβάλλεται. τὸ μὲν
οὖν ἀκριβὲς τούτων πέρι καὶ κατ᾽ ὄψιν ἐντυχόντες
ἀλλήλοις ἐπισκεψόμεθα· πρὸς ἃ δὲ ἐπιζητεῖς νῦν,
ἀρκεῖ καὶ διὰ τῶν εἰρημένων ἀποκεχρίσθαι μετρίως

ζ΄ Σωκράτους·

Σὲ μὲν οὐ θαυμαστὸν ἐπιστέλλειν ὑπὲρ ὧν γράφεις,
τὴν γὰρ αὐτὴν ὑπολαμβάνεις γνώμην ἣν παρόντος
σου πρὸς ἡμᾶς εἶχον καὶ νῦν ἀπόντος φυλάττειν ἔτι
τοὺς τριάκοντα· ἐμοὶ δὲ συνέβη μετὰ τὴν σὴν ἀπο-
χώρησιν εὐθέως ὑποπτευθῆναι, καί τις λόγος ἐν αὐτοῖς
διῆλθεν ὡς οὐ χωρὶς Σωκράτους ταῦτ᾽ εἴη πεπραγμένα
ἡμέρας δ᾽ οὐ πολλαῖς ὕστερον ἀνακαλεσάμενοί με εἰς
τὴν θόλον ἦγον καὶ περὶ τούτων ἐμέμφοντο, καὶ ἐμοῦ
ἀπολογουμένου ἰέναι με ἐκέλευον εἰς Πειραιᾶ καὶ
Λέοντα συλλαμβάνειν. ἦν δὲ ἡ γνώμη αὐτῶν
ἐκεῖνον μὲν ἀποκτιννύναι καὶ τὰ χρήματα αὐτοὺς
ἔχειν, ἐμὲ δὲ κοινωνὸν ποιεῖσθαι τοῦ ἀδικήματος.
(2) παραιτουμένου δέ μου καί τι τοιοῦτον εἰπόντος, ὡς
οὐκ ἂν ἑκών ποτε ἔργῳ ἐπιγραφείην ἀδίκῳ, παρὼν ὁ
Χαρικλῆς καὶ ἰδίᾳ ἀγανακτήσας « ἤπου οὐδέν, ὦ Σώ-
κρατες, » ἔφη « ἡγῇ κακὸν δύνασθαι παθεῖν οὕτως
αὐθαδῶς διαλεγόμενος, » κἀγὼ « μυρία μὲν οὖν, νὴ
Δί᾽ » εἶπον, « ὦ Χαρίκλεις, οὐ μέντοι τοσοῦτόν γε
οὐδέν, ὁπηλίκον εἰ᾽ ἀδικήσω. » ἀπεκρίνατο μὲν οὖν
οὐκέτι οὐδ᾽ εἷς αὐτῶν, δοκοῦσι δέ μοι οὐχ ὁμοίως ἐξ
ἐκείνου τοῦ χρόνου διακεῖσθαι (3) περὶ δὲ ὑμῶν οἱ
παρόντες διήγγελλον κατὰ γνώμην ἄχρι νῦν χωρεῖν τὰ
πράγματα ἔλεγον γὰρ ὅτι οἱ Θηβαῖοι καταφυγόντας
ὑμᾶς ἀσμένως ἀπεδέξαντο καὶ κατιοῦσι πάσῃ προθυμίᾳ

---

itaque consequitur honorem, mortuus autem memoria
colitur, et si quem ex necessariis reliquerit, hunc velut
filium curant atque fratrem, omnem illi benevolentiam
præstantes, alio necessitatis cum illo quam naturali con-
iuncti vinculo (11) Non igitur possunt, etiamsi velint,
malo eum laborantem negligere, sicut nec genere coniun-
ctis deesse possumus Nam animi cognatio, quasi ex
eodem essent patre orti, ad mortui filio opem ferendam
eos compellit, dum patris memoriam refricat, illiusque
despectum propriam infamiam ducit Vide igitur, an
adhuc tibi videar vel res meas male administrare vel
filios negligere, ut me defuncto nulla qua opus est re
indigeant, qui non pecunias relinquo ipsis, sed eos qui
pecuniarum et ipsorum illorum curam gerent (12) Iam
pecunia ad hunc usque diem saniore nemo quisquam factus
traditur, probatus autem amicus propterea quoque pro-
bato auro magis eligendus est, quod non omnibus appe-
tentibus, sed probioribus ex amicis præsto est, nec vitæ
usus tantum necessarios, verum et ipsius possessoris
curat animum, et ad virtutem, sine qua nihil in rebus
humanis utilitatem affert, assequendam confert plurimum
Sed accuratius hæc, cum una erimus, considerabimus,
ad ea tamen, quæ nunc in quæstionem vocavisti, satis
est per hæc modice respondisse

VII Socratis

Non miror epistolæ tuæ argumentum eodem enim,
quo te præsente erga nos fuerunt, absente quoque etiam-
num triginta viros putas esse animo Ego vero statim
post discessum tuum in suspicionem veni, et inter se
ipsos hæc non sine Socratis ope patrata esse dictitabant
Paucis post diebus vocatum me in tholum ducebant
deque hisce criminabantur, et quum me excusarem, in
Piræum me pergere Leonemque comprehendere iube-
bant Propositum eis erat, illum quidem interficere
eiusque potiri bonis, me vero nefarii istius facinoris sibi
socium adiungere (2) Quod quum recusarem ac nunquam
me volentem iniusto operi subscripturum declararem,
præsens Charicles, privatim mihi infestus « anne, So-
crates, » inquit « ita omni malo superiorem te existimas,
qui petulanter adeo loquaris? » Tum ego « infinitis, per
Iovem, » inquam « obnoxius sum malis, at nullum tau
tum est, quam si iniuste fecerim » Obmutuere ad hæc
omnes et non eodem dehinc erga me videntur esse animo
(3) Res autem vestræ, ut quidam hic præsentes nuntia-
bant, ex sententia procedunt, dicebant enim, Thebanos
vos profugos libenter excepisse, vobisque domum re
deuntibus promptissime laturos esse opem Conturba-

συλλαμβάνειν οἷοί τέ εἰσιν. ἐταράττοντο δὲ καὶ τῶν
ἐνθάδε τινὲς τοῖς λόγοις τούτοις καὶ ὅτι καὶ τὰ ἐκ τῆς
Λακεδαίμονος δυσελπιστότερα ἠγγέλλετο. ἔλεγον γὰρ
οἱ μετὰ τῶν πρέσβεων ἐκεῖθεν ἥκοντες πολέμους τε
καταλαβεῖν τοὺς Λακεδαιμονίους συνεστηκότας μεγά-
λους, καὶ τοὺς ἐφόρους περὶ τῆς ἐνθάδε ταραχῆς
ἀκούοντας ἀγανακτεῖν, οὐκ ἐπ' ὀλέθρῳ λέγοντας αὐτοῖς
παραδεδωκέναι τὴν πόλιν τοὺς Λακεδαιμονίους (τοῦτο
μὲν γὰρ ἐξεῖναι σφίσι κρατήσασι πεποιηκέναι, εἰ
ἐβούλοντο, τῶν συμμάχων Κορινθίων καὶ Θηβαίων
τότε ἐναγόντων), ἀλλ' ὅπως αὐτοὶ πολιτεύσωνται
ἐπιτηδείως ὀλιγαρχούμενοι καὶ τὰ κοινὰ διοικοῦντες
βέλτιον ἢ ἐπὶ τῆς δημοκρατίας. (4) εἰ οὖν οὗτοι ἀληθῆ
ταῦτα ἀπαγγέλλουσι καὶ τὰ ὑμέτερα οὕτως ὥς φασιν
ἔχει, πολλὴ ἐλπὶς ὑμῶν μετὰ Θηβαίων ἀφικομένων,
ἐκείνοις δὲ μὴ βοηθησάντων Λακεδαιμονίων ῥᾳδίως
καταστήσεσθαι τὰ ἐνθάδε. ὁμοῦ δὲ καὶ τῶν ἐπιχω-
ρίων πολλοὶ νῦν μὲν διὰ τὸ δεδοικέναι ἄγουσιν ἡσυ-
χίαν· εἰ δὲ τῶν ὑμετέρων τι ἀλλαχόθεν παραφαίνεται
βέβαιον, ἄσμενοι καταλείψουσι τὰ ἐνθάδε. ὅλως γὰρ
οὐδὲν ὑγιὲς τῆς πολιτείας αὐτοῖς καταλείπεται, ἀλλ'
ὑπὸ πολλῶν καὶ συνεχῶν ἀδικημάτων πάντα διέφθαρ-
ται. καὶ τὸ μὲν ἤδη παράπαν τὸ καθ' ὑμᾶς μέρος
ἀπέρρηκται, τὸ δέ, εἰ μικρᾶς ἔξωθεν ἀφορμῆς ἐπιλά-
βοιτο, ταὐτὸ πείσεται τῷ ὑμετέρῳ, ὥστε, εἴπερ σοί
ποτε ἄλλοτε, καὶ νῦν γέγονε δῆλον, ὅτι πάντων μέγι-
στον κακὸν ταῖς πόλεσίν ἐστιν ἡ τῶν ἀρχόντων πο-
νηρία. (5) οὗτοι γοῦν οὕτως ἐοίκασιν ἐξηπατῆσθαι
περὶ τὸ συμφέρον, ὥστε οὐδὲ διαφθειρόμενα ὁρῶντες
τὰ πράγματα παύσασθαι ἐθέλειν, ἀλλ' οἷς ἐταράχθη
πρότερον, τοῖς αὐτοῖς οἴονται καταστήσειν αὐτά, φυγὰς
καὶ δημεύσεις οὐσιῶν καὶ θανάτους ἀκρίτους ποιούμε-
νοι. καὶ οὐχ ὁρῶσιν ὅτι νοσημάτων πονηρὸς ἂν εἴη
ἰατρὸς ὁ τὴν αὐτὴν τῷ συνεστηκότι αἰτίῳ ποιούμενος
θεραπείαν. ἀλλὰ τὰ μὲν τούτων ἀνιάτως ἔχει, σὺ δὲ
τῶν σαυτοῦ ἐπιμελόμενος ὀρθῶς ποιήσεις· μία γὰρ
καὶ τοῖς ἐνθάδε ἐλπὶς ἦν, ἂν ὑμεῖς πράξητε κατὰ νοῦν,
βαρείας πάνυ καὶ χαλεπῆς ἀπηλλάχθαι δεσποτείας.

ζ'*. Σωκράτης Πλάτωνι.

Πολύς ἐστι Κρίτων παραινῶν ἡμῖν φυγῇ τὴν σωτη-
ρίαν πορίσασθαι· οὕτως πολλοῦ ἄξιον τὸ ζῆν ὑπείληφεν
εἶναι, ὃς ἕνεκα τοῦ ζῆν ἡμᾶς ἀξιοῖ κακῶς ζῆν, εἶτα
δεδεμένον ὁρῶν με σχετλιάζει, ὡς τὸ δεδέσθαι ἡμᾶς
ἡμῶν ἔργον ὄν, καὶ οὐκ ἐκείνων ἀδίκημα τῶν δεδε-
κότων. ἄμεινον μέντοι τοῖς ἀλλοτρίοις ἁμαρτήμασιν
ἀποθανεῖν ἢ τοῖς ἰδίοις σωθῆναι.

η'. Ἀντισθένης Ἀριστίππῳ.

Οὐκ ἔστι τοῦτο φιλοσοφεῖν τὸ παρὰ τυράννοις ἀν-
δράσιν εἶναι καὶ Σικελικαῖς προσανέχειν τραπέζαις,
ἀλλὰ μᾶλλον τὸ ἐν τῇ ἰδίᾳ τῶν αὐτάρκων ἐφίε-
σθαι. σὺ δ' οἴει ταύτην εἶναι πλεονεξίαν τοῦ σπου-

bantur et ex civibus nonnulli hoc nuntio, prætereaque
quod magis etiam spem infringeret ex Lacedæmone allatus
nuntius. Dicebant enim, qui cum legatis hinc redierant,
magnis periculis se deprehendisse Lacedæmonios impli-
catos, ephorosque accepto de nostris turbis nuntió ægre
ferre, non evertendam dicentes urbem eis Lacedæmonios
commisisse (hoc enim et sibi, si voluissent, reportata
victoria licuisse, præsertim Corinthiis et Thebanis tunc
urgentibus), sed ut et ipsi accommodate paucorum sub
dominatu rempublicam gererent et melius quam sub
plebis dominatione administraretur civitas. ,4) Quare si
vera hi nuntiant, resque vestræ ita habent, ut illi tra-
dunt, magna spes est fore ut, si vos una cum Thebanis
accesseritis, illis autem auxilium non tulerint Lacedæ-
monii, facili negotio res nostræ meliorem in statum re-
deant. Simul etiam multi civium nunc quidem præ ti-
more quietem agunt, sin autem certa quædam ex vestris
rebus spes affulserit, lubenter illorum partes deserent.
Omnino enim sanum eis nihil in republica relictum est,
sed crebris continuisque maleficiis infecta sunt omnia,
atque altera quidem pars iam tota ad vos defecit, altera,
si vel minimam nacta fuerit aliunde occasionem, idem
faciet, ita ut, si unquam tibi, nunc certe manifestum sit,
omnium maximum civitati malum esse principum pra-
vitatem. (5) Hi ergo adeo videntur lucro faciendo oc-
cæcati, ut ne pessumdatam quidem ante oculos habentes
civitatem scelerum velint finem facere, sed quibus modo
perturbata est, eisdem artibus eam sustinendam existi-
mant, exilia et bonorum publicationes mortisque supplicia
contra ius fasque irrogantes. Nec animadvertunt, malum
esse medicum, qui idem cum morbo grassante remedium
usurpet. Sed horum res conclamatæ sunt, tu vero tuis
incumbens recte feceris : nostris enim civibus hæc una
reliqua facta est spes, si res ex sententia cesserit, se
gravi admodum atrocique imperio esse liberandos.

VII b. Socrates Platoni.

Multus est Crito hortando nos, ut fuga salutem ca-
pessamus : tanti vitam æstimandam esse censet, ut,
dum vivamus, male nos velit vivere, tum vinctum me
videns lamentetur, quasi nostra culpa in vinculis simus,
nec vero eorum crimine, qui nos vincierunt. Præstat
autem alienis vitiis perire quam servari suis.

VIII. Antisthenes Aristippo.

Non est philosophi apud tyrannos commorari et Si-
culis inhiare epulis, sed potius paucis in patria vivere
contentum. Tu vero hoc putas virtutis esse commodum,
ut multas quis opes acquirere possit, amicosque habeat

δαίου, τὸ δύνασθαι κτᾶσθαι χρήματα μὲν πολλά, τοὺς δὲ δυνατωτάτους ἔχειν φίλους. οὔτε γὰρ τὰ χρήματα ἀναγκαῖά ἐστιν, οὔτ', εἰ ἀναγκαῖα ἦν, οὕτω ποριζόμενα καλά· οὔτε φίλοι γένοιντο ἂν οἱ πολλοὶ ἀμαθεῖς ὄντες, καὶ ταῦτα τύραννοι. ὥστε σοι συμβουλεύσαιμ' ἂν ἀπιέναι Συρακουσῶν τε καὶ Σικελίας. εἰ δ', ὡς φασί τινες, ἡδονὴν θαυμάζεις καὶ τούτων ἀντέχῃ ὧν μὴ προσήκει τοὺς φρονίμους ἀνθρώπους, ἄπιθι εἰς Ἀντίκυραν καὶ ὠφελήσει σε ὁ ἐλλέβορος ποθεὶς πολύς· κρείττων γάρ ἐστιν οὗτος τοῦ παρὰ Διονυσίου οἴνου ἐκεῖνος μὲν γὰρ μανίαν ποιεῖ πολλήν, οὗτος δὲ ἀποπαύει ὁπόσον οὖν ὑγίειά τε καὶ φρόνησις νόσου τε καὶ ἀφροσύνης διαφέρει, τοσοῦτον ἂν καὶ σὺ διενέγκαις πρὸς τὰ νῦν σοὶ ὄντα   ἔρρωσο.

ϛ' Ἀρίστιππος Ἀντισθένει

Κακοδαιμονοῦμεν, ὦ Ἀντίσθενες, οὐ μετρίως πῶς γὰρ οὐ μέλλομεν κακοδαιμονεῖν, ὄντες παρὰ τυράννῳ καὶ δσημέραι ἐσθίοντες καὶ πίνοντες πολυτελέα καὶ ἀλειφόμενοί τιν· τῶν εὐωδεστάτων μύρων καὶ σύροντες ἐσθῆτας μαλακὰς ἐκ Τάραντος; καὶ οὐδείς με ἐξαιρήσεται τῆς Διονυσίου ὡμότητος, ὅς μ' ὥς τινα ἐνεχύριον οὐκ ἀγνῶτα, ἀλλὰ καὶ λόγων ἐπιμελητὰν τῶν Σωκρατικῶν κατέχει, οἷάπερ ἔφην σιτίζων καὶ ἀλείφων καὶ ἀμφιεννύς, καὶ οὔτε δίκαν φοβεῖται τὰν θεῶν, οὔτ' ἄνθρωπον αἰδεῖται ὅστις με τοιαῦτα διατίθεται. νῦν δ' αὖ καὶ τὸ κακὸν εἰς τὸ δεινότερον οἴχεται, ὅπου δεδώρηται γυναῖκας Σικελικὰς τρεῖς ἀναλέκτους τὸ κάλλος καὶ ἀργύρια πάμπολλα. (2) καὶ ἱπότε παύσεται ἄνθρωπος οὗτος τοιαῦτα ποιέων οὐκ οἶδα. εὖ οὖν ποιεῖς ἀχθόμενος ἐπὶ τᾷ κακοδαιμονίᾳ τῶν ἄλλων, κἀγὼ δὲ ἐπὶ τᾷ σᾷ εὐδαιμονίᾳ ἅδομαι, ἵνα σοι δὲ αὐτὰ δόξω ποιεῖν τε καὶ ἀποτίνειν τὰς χάριτας. ἔρρωσο. τῶν τε ἰσχάδων ἀπο-ίθεσο ἵν' ἔχῃς εἰς τὸ χεῖμα, καὶ τῶν ἀλφίτων τῶν ἔχεις Κρητικῶν (ταῦτα γὰρ δοκέει ἀμείνω τοῦ χράματος εἶναι), καὶ ἀπὸ τᾶς Ἐννεακρούνω λούου τε καὶ πίνε καὶ τὸν αὐτὸν τρίβωνα θέρους τε καὶ χειμῶνος ἔχε ῥυπόωντα, ὡς πρέπει ἐλεύθερον καὶ ζῶντα ἐν Ἀθήναις δαμοκρατικῶς (3) ἐγὼ μὲν γὰρ ἐξ οὗ εἰς τυραννουμένην ἧκον πόλιν τε καὶ νᾶσον, ᾔδειν ὅτι κακοδαιμονήσω ταῦτα πάσχων, καθάπερ σύ μοι γράφεις. νῦν δὲ ἐλεοῦντές με περιβλέπονται Συρακούσιοι καὶ Ἀκραγαντίνων οἱ ἐπιδημοῦντες καὶ Γελῶων καὶ οἱ ἄλλοι Σικελιῶται   τὰς δὲ μανίας ἃς ἐμάνην εἰς ταῦτα ἐλθὼν ἀβούλως τὰ ἀτοπήματα, ἐπαρῶμαι ἀρὰν κατ' ἐμαυτοῦ, ἃς ἄξιός εἰμι, μὴ ἐκλιπεῖν με τὰ κακὰ ταῦτα, ὁπότε ἐγὼ γεγονὼς ἔτη τοσαῦτα καὶ φρονεῖν δοκέων πεινῆν καὶ ῥιγοῦν καὶ ἀδοξεῖν οὐκ ἠθέλησα, οὐδὲ πώγωνα τρέφων καθάπερ σύ (4) πέμψω δέ σοι τῶν θέρμων τὼς μεγάλως τε καὶ λευκώς, ἵν' ἔχῃς μετὰ τὸ ἐπιδείξασθαι τὸν Ἡρακλέα τοῖς νέοις ὑποτραγεῖν· αἰσχρὸν γὰρ οὐ φαντί σοι περὶ τοιούτων λέγειν ἢ γράφειν. Διονυσίῳ γὰρ ἐάν τις λέγῃ περὶ

potentissimos. Neque enim bona sunt necessaria, neque, si essent, ita comparata honesta, neque amici fuerint vulgus profanum, idque tyranni Quamobrem hortor ut Syracusis decedas et Sicilia Si tamen, quod nonnulli aiunt, voluptatem sectaris, usque animum intendis, quæ haudquaquam decent prudentes homines, Anticyram abi, medebiturque tibi ellebori larga potio multo enim hoc est Dionysii vino præstantius Hoc enim insaniam accendit multam, illud exstinguit. Quanto igitur sanitas et prudentia morbo præstat atque insania, tanto qua nunc es conditione præstabis qua futurus es Vale

IX Aristippus Antistheni

Mirum quantum miseri sumus, Antisthenes Qui enim miseri non sumus, qui apud tyrannum commoramur et cibi potusque quotidie lautitiis implemur et unguentis diffluimus odoratissimis et Tarento advectas molles vestes trahimus? nec Dionysii crudelitati quisquam me eripiet, qui me non rudem, verum Socratis sapientia tinctum quasi pignoris loco datum detinet, ut dixi, cibos, unguenta, vestes subministrans, nec deorum timet iudicium, nec hominem veretur, qui tali me esse statu voluit Nunc vero miserus meis et cumulus accessit, quum Siculas tres mihi donaverit puellas formæ spectatissimæ et vasa argentea plurima (2) Nec novi quando his rebus iste finem sit facturus Recte igitur facis, quod aliorum miseria doleas, ego vero felicitate tua gaudeo, quo eadem tecum faciens iustas tibi rependere videar gratias Vale De ficubus repone, ut habeas quo hieme fruare, farinamque compara Cretensem (omnibus enim ista opibus præstant), et Enneacruno lavare atque bibe, idemque æstate et hieme pallium gesta sordidum, ut decet ingenuum hominem in libera civitate viventem (3) Ego enim ex quo in urbem insulamque tyranno obnoxiam delatus sum, ea, de quibus tu scribis, mala me perpessurum noveram, iamque me Syracusani et Agrigentinorum qui adsunt Geloorumque et quicquid est Siculorum miserantes contemplantur Sed ad furorem coercendum, quo correptus in hæce improvidus me immisi scelera, ipse mihi, ut par est, ne unquam his ex malis evadam, imprecor, quandoquidem ego ad id ætatis provectus ac sapere visus famem tamen atque frigus subire, barbamque promittere nolui (4) Ceterum mittam tibi grandes candidosque lupinos, quo Herculem repræsentans adolescentibus habeas quo vescaris iam enim, ut aiunt, nequaquam dedecus putas, si quis de talibus rebus ore vel scripto agat tecum Dionysio vero si quis loquatur de lu-

θέρμων, αἰσχρόν γε οἶμαι διὰ τὼς τῶν τυράννων νό-
μως. τὰ λοιπὰ δὲ παρὰ Σίμωνα τὸν σκυτοτόμον βά-
διζε διαλεγόμενος, οὗ μεῖζον ἐν σοφίᾳ οὐδ' ἔστιν οὐδ'
ἂν γένοιτο. ἐμοὶ μὲν γὰρ ἀπηγόρευται τοῖς χειροτέ-
χναις προσιέναι, ἐπειδὴ ὑφ' ἑτέρων ἐξουσίᾳ εἰμί.

ί. Αἰσχίνης Ἀριστίππῳ.

Ἔγραψα μὲν καὶ Πλάτωνι παρακαλῶν ὅπως δια-
πράξησθε σωθῆναι τοὺς Λοκροὺς νεανίσκους, καὶ σοὶ
δὲ τὰ αὐτὰ ἐπιστέλλων οὐχ ἁμαρτάνειν οἶμαι· ποιή-
σεις γὰρ ἄσμενος. οἶσθα δὲ τὴν πρὸς αὐτούς μοι
ἑταιρείαν, καὶ ὅτι Διονύσιος ἐξηπάτηται, ὡς ἀδικούντων
αὐτῶν ἔχων δόξαν. ἤδη πειρῶ τοῦτο ποιῆσαι θᾶττον.
ἔρρωσο.

ια'. Ἀρίστιππος Αἰσχίνη.

Λυθήσονται τᾶς φυλακᾶς οἱ νεανίσκοι περὶ ὧν μοι
γράφεις οἱ Λοκροί, καὶ οὐ τεθνάξονται οὐδὲ ἀπο-
λοῦντί τι τῶν χρημάτων, ἤκοντές γε παρωτὰ τοῦ
θανεῖν. ταῦτα δὲ Ἀντισθένει μὴ λέξῃς, εἰ σέσωκα
τοὺς φίλους· οὐ γὰρ αὐτῷ ἀρέσκει τυράννοις φίλοις
χρῆσθαι, ἀλλὰ τὼς ἀλφιτοπώλας καὶ τὼς καπήλως
ἀναζητεῖν, οἵτινες δικαίως τὰ ἄλφιτα καὶ τὸν οἶνον
πωλοῦσιν ἐν Ἀθήναις καὶ τὰς ἐξωμίδας μισθοῦσι τὰς
παχείας, ὁπόταν οἱ σκίρωνες πνέωντι, καὶ τὸν Σίμωνα
θεραπεύειν. τοῦτο γὰρ οὐκ ἔστι χρᾶμα.

ιθ'. Σίμων Ἀριστίππῳ.

Ἀκούω σε τωθάζειν ἡμᾶς τῆς σοφίας παρὰ Διονυ-
σίῳ. ἐγὼ δὲ ὁμολογῶ εἶναι σκυτοτόμος καὶ ἐργάζε-
σθαι τοιαῦτα, καὶ ἕτοιμος, εἰ δέοι, σκύτη τέμνειν αὖ
πάλιν εἰς νουθεσίαν ἀνθρώπων ἀφρόνων καὶ οὕτω μετὰ
πολλῆς χλιδῆς οἰομένων ζῆν παρὰ τὴν Σωκράτους
βουλήν. ἔσεαι δὲ ὁ σωφρονιστὴς τῶν ἀφρόνων ὑμῶν
παιδιῶν Ἀντισθένης· γράφεις γὰρ αὐτῷ κωμῳδῶν
ἡμῶν τὰς διατριβάς. ἀλλὰ τούτων μέν, ὦ θεία φρήν,
ἅλις πεπαίχθω πρὸς σέ μοι. μέμνησο μέντοι λιμοῦ
καὶ δίψης· ταῦτα γὰρ δύναται μεγάλα τοῖς σωφροσύ-
νην διώκουσιν.

ιγ'. Ἀρίστιππος Σίμωνι.

Οὐκ ἐγώ σε κωμῳδῶ, ἀλλὰ Φαίδων, λέγων γεγο-
νέναι σε κρείσσω καὶ σοφώτερον Προδίκω τῶ Κείω, ὃς
ἔφα ἀπελέγξαι σε αὐτὸν περὶ τὸ ἐγκώμιον τὸ εἰς τὸν
Ἡρακλέα γενόμενον αὐτῷ. θαυμάζω μέντοι σε καὶ
ἐπαινῶ, εἰ σκυτικὸς ὢν σοφίας ἐμπλησθεὶς καὶ πάλαι
μὲν Σωκράταν ἔπειθες καὶ τὸς καλλίστως τῶν νέων καὶ
εὐγενεστάτως παρὰ σὲ καθέζεσθαι, οἷον Ἀλκιβιάδαν
τε τὸν Κλεινίου καὶ Φαίδρον τὸν Μυρρινούσιον καὶ
Εὐθύδαμον τὸν Γλαύκωνος καὶ τῶν τὰ κοινὰ πραττόντων
Ἐπικράτεα τὸν Σακεσφόρον καὶ Εὐρυπτόλεμον καὶ
τὼς ἄλλως, ὡς εἰ καὶ Περικλεῖ γε τῷ Ξανθίππῳ μὴ

pinis, dedecori habitum iri puto propter leges tyrannorum.
Quod reliquum est, Simonem sutorem adi, quocum ser-
mones conferas, quo grandius in sapientia nihil quicquam
est nec erit unquam : mihi enim, quoniam aliorum in
potestate sum, non licet convenire operarios.

X. Æschines Aristippo.

Litteras et ad Platonem dedi vestram implorans opem,
ut ad servandos Locros iuvenes omni opera enitamini, et
eadem tibi scribens culpam, opinor, non commisi : lubens
enim facies. Nosti autem, quæ mihi cum eis intercedat
familiaritas, falsumque esse Dionysium, quod ita de eis
censcat, quasi scelera perpetraverint. Iam cito hoc ad
effectum adducere conare. Vale.

XI. Aristippus Æschini.

Custodia exsolventur quos mihi commendasti Locri
iuvenes, nec capitis supplicium nec mulctam subituri,
licet ad mortem iam proxime accesserint. Noli tamen
Antistheni hoc dicere, mea cura servatos amicos esse :
non enim tyrannis uti vult amicis, verum pistores sectari
cauponesque, qui farinam Athenis et vinum sine fraude
vendunt, tunicasque densas hieme locant flantibus sciro-
nibus, et Simonem suum colere Hic enim opes nullæ.

XII. Simon Aristippo.

Nostram te apud Dionysium philosophiam audio deri-
dere. Ego autem sutorem me esse fateor et philosophiæ
dare operam, pariterque, si opus fuerit, coria cædere ad
castigandos insanos homines, quique præter Socratis
exemplum sic putant mollitie diffluentem agendam sibi
esse vitam. Erit autem ineptorum vestrorum iocorum
castigator Antisthenes : huic enim res meas proscindens
scribis. Verum de his, divina anima, satis et ioco mihi
ad te dictum sit : sis tamen famis atque sitis memor,
plurimum enim hæc prosunt iis, qui sanæ mentis esse
cupiunt.

XIII. Aristippus Simoni.

Non ego te perstringo, sed Phædo, superiorem te di-
cens sapientioremque esse Prodico Ceo, qui a se compo-
sitam Herculis laudationem a te confutatam esse ait.
Sed admiror te et laudo, quod, sutor licet sis, qua polles
sapientia iam dudum Socratem pulcherrimosque iuvenes
et nobilissimos ut te auditori considerent adduxisti, ut
Alcibiadem, Cliniæ filium, et Phædrum Myrrhinusium et
Euthydemum Glyconis, et ex eis qui rempublicam ge-
runt Epicratem Sacesphorum et Euryptolemum atque
ceteros, quin et Pericles Xanthippi, nisi bellis gerendis

αἱ στρατηγίαι ἦσαν καὶ ὁ πόλεμος τότε, κἂν οὗτος
οἶμαι ἦν παρὰ σέ. καὶ νῦν ἴσμεν ὁποῖος εἶ Ἀντι-
σθένας γὰρ παρὰ σὲ φοιτᾷ δύνη δὲ καὶ ἐν Συρακού-
σαις φιλοσοφεῖν· οἱ γὰρ ἱμάντες τίμιοί εἰσι καὶ τὰ
σκύτη. (2) καὶ οὐκ οἶσθα, ὡς ἐγὼ μὲν τῶν ὑποδη-
μάτων χρώμενος παρ' ἕκαστα τὰν τέχναν σου θαυμα-
σίαν τινὰ ποιῶ, Ἀντισθέναν δὲ γυμνοποδῶν τί γὰρ
ἄλλο πράττει ἢ σοὶ ἀργίαν καὶ ἀμισθίαν εἰσάγει,
πείθων τοὺς νέους καὶ ἅπαντας Ἀθηναίους γυμνοποδεῖν,
σκόπει οὖν ὁπόσον σοι ἐγὼ φίλος ὁ ῥαστώναν καὶ τὰν
ἀδονὰν ἀποδεχόμενος σὺ δὲ ὁμολογῶν εὐλόγως ἐρωτᾶν
Πρόδικον, τὸ ἀκόλουθον οὐκ ἔγνως ἐπὶ σαυτοῦ οὕτω
γὰρ ἂν ἐμὲ μὲν ἐθαύμαζες, τοὺς δὲ ἔχοντας βαθεῖς τοὺς
πώγωνας καὶ τὰς σκίπωνας ἐγέλασας τᾶς ἀλαζονείας,
ῥυπῶντάς τε καὶ φθειριῶντας καὶ ὄνυχας ὥσπερ τὰ
θηρία μακροὺς περικειμένους καὶ ἐναντίας σου τᾶς τέχνας
ὑποτιθεμένους ὑποθήκας.

ιδ΄ Αἰσχίνης Ξενοφῶντι.

Ἤδη μὲν οἱ περὶ Γρύλλον τὸν παῖδά σου τὸν Γέταν
παρὰ σὲ ἐπεπόμφεσαν ἅπαντα ἀπαγγελοῦντα τὰ περὶ
Σωκράτην, ἃ ἐγένετο ἔν τε τῇ δίκῃ καὶ τῷ θανάτῳ
αὐτοῦ. ἔδει μέντοι καὶ ὧδε τὴν τύχην κωλύμην τινὰ
ποιήσασθαι, ὥστε μηδὲ σὲ τυχεῖν Ἀθήνησιν, εἶναι δὲ
περὶ Λακεδαίμονα πῶς ἂν οὖν, ὦ Ξενοφῶν, τὴν
μιαρίαν τοῦ βυρσοδέψου Ἀνύτου γράψαιμι, τήν τε
Μελήτου τόλμαν καὶ τὸ θράσος αὐτῶν; τούτω γὰρ τὼ
μιαρωτάτω ἄνδρε μέχρι τῆς τελευτῆς τῶν πραγμάτων
παρεμεινάτην πονηρῷ, καὶ ἡμῶν οἰομένων αὐτοὺς τὰς
τέχνας αὐτοῖν αἰσχυνθέντας κατατθέσθαι ἔτι μᾶλλον
ἐχώρησαν τοῦ κακὰ ἡμῖν παρέχειν (2) καὶ εἴπερ
Μέλητος ἐν τῷ δικαστηρίῳ οὐδὲν ἴδιον εἶχε**, κακο-
δαίμων ἦν ἄνθρωπος ἦν μὲν γὰρ ἡ ῥίζα τῆς γραφῆς
Ἄνυτος δι' ὧν Σωκράτης ἔλεγεν αὐτὸς ἐν τοῖς νέοις
ἄρρητα εἶναι τὰ περὶ βύρσας, ὁπότε διαλέγοιτο καὶ
κατασκευάζοι περὶ τοῦ ἐπιστήμην ἔχοντας προσιέναι
τούτοις τοῖς πράγμασιν οἷς προσίασιν οὕτως οἱ
ἐπαγγελλόμενοι ὁτιοῦν πράττειν * * ἀκούομεν τὸν
μαθόντα τὰ ἰατρικὰ καὶ τὰ μουσικὰ Δάμωνά τε καὶ
Κόννον τὸν Μητροβίου. οὐ γὰρ ᾔδετο, οἶμαι, ὡς μὴ
ἐργασάμενος αὐτά, ὁπόταν οἱ υἱεῖς αὐτοῦ ἀκροασά-
μενοι Σωκράτους * * ἄχρι νῦν οὔτε τὸ βῆμα αὐτὸν
τρέφειν * * οὐ κατατετόλμηται * * καὶ δὴ ἐξηρτή-
σατο ἑαυτοῦ ἄλλην τέχνην * * κἂν πολλάκις περικρύ-
πτηται περιθέμενος τὴν Ἄδου κυνῆν ἢ τὸν Γύγου δα-
κτύλιον καὶ δίκας γράφηται τοῖς ἐν τῇ πόλει ζῇ γὰρ
ἀπὸ βυρσοδεψῆς (3) τὸ μὲν οὖν ὄνομα, ὥσπερ
ἔφην, ἦν Μελήτου τοῦ μαθητοῦ αὐτοῦ καὶ διακόνου
ἅμα· οὗτος γὰρ ὥσπερ ἐν τραγῳδίᾳ ὑπεκρίνατο Με-
νοικέα τὸν φιλόσοφον, ἀφ' οὗ ἠγανάκτει, ὡς ἡ πόλις
ἀδικοῖτο ὑπὸ τούτων αὐτή ὁ δὲ λόγος ὁ ἄθλιος ἠθέλε
σε εἶναι ἐνθάδε, καὶ ἐγέλασας ἂν ἐν ταῖς συμφοραῖς.
ἦν δὲ Πολυκράτους τοῦ λογογράφου, ὃν ἐκεῖνος, ὥσπερ

---

exercitibusque ducendis distentus tum fuisset, ad te opi-
nor advolasset Nunc quis sis novimus Antisthenes
enim te frequentat Poteris tamen et Syracusis philoso-
phari coria enim atque pelles magno ibi veneunt
(2) Nec nosti me, qui calceis utor, quotidie efficere, ut
ars tua admiranda esse videatur, Antisthenes vero dis-
calceatus quid tandem aliud facit, quam quod otium tibi
suggerit et mercede te fraudat, dum adolescentibus
atque universis Atheniensibus ut suae calceis incedant
persuadet? Vide igitur, quanto ego tibi præstem amicus,
qui vitam tranquillam amplector atque voluptatem Tu
vero, qui callidis interrogatiunculis Prodicum te pungere
ais, quæ hinc in te redundent non nosti tunc enim me
laudares et hos tuos promissarum barbarum cultores
baculorumque gestatores ob fastum rideres, sordidos
homines et pediculosos, unguibusque velut beluæ præ-
grandibus armatos, et adversa tuæ arti præcepta propo-
nentes

XIV Æschines Xenophonti

Gryllus tuus puerum Getam ad te iam miserat, quæ
Socrati et in iudicio et morienti contigere nuntiaturum.
Sed quoniam fortunæ impedimento esse placuit, ut
Athenis non esses, sed Lacedæmone, quomodo tandem
Xenophon, scelestum tibi describam Anyti coriarii faci-
nus et impudentiam Meleti et utriusque viri contuma-
ciam? profligatissimi enim isti homines ad finem usque
rei in scelere perstiterunt, et quum nos pudore perfusos
eos malignas suas artes deposuisse putabamus, maiore
adhuc impetu sævire in nos cœperunt (2) Et Meletus si in
iudicio proprii nihil protulit, * misellus homuncio fuit
Erat enim radix accusationis Anytus, propterea quod in-
decoram esse artem coriariam coram iuvenibus dixerat
Socrates, quotienscunque disserebat et ut earum rerum,
quas aggredi vellent, magistros peritissimos adirent auc-
tor erat Ita qui profitentur aliquid facere .

Acumenum magistrum in rebus medicis et in
musicis Damonem atque Connum, Metrobii filium

. .   . . .

licet sæpenumero abscondat se Orci galeam induens vel
Gygis anulum et lites intentat civibus vivit enim arte
coriaria (3) Nomen igitur, uti dixi, Meleti erat discipuli
eius et ministri simul hic enim velut in tragœdia Me-
nœceum agebat philosophum, cuius ad exemplum uni-
versam urbem male ab istis haberi dolebat Misera vero
oratio ut hic adesses postulabat, et in ipsis calamitatibus
risum tenere non potuisses Erat autem Polycrates, qui
alias orationes scribere solet Hunc ille, velut in schola

ἐν διδασκάλου παῖδες τὰς ἥρσεις λέγοντες, ἀναϐὰς
ὁπότε κατηγόρει, ἐδεδίει τε καὶ ἀπεστρέφετο καὶ ἐπε-
λανθάνετο, καὶ ἄλλοι αὐτῷ ὑπέϐαλλον, καθότι καὶ
Καλλιππίδῃ τῷ ὑποκριτῇ, καὶ κακὸν κακῶς ἄνω τε
καὶ κάτω αὐτόν τε καὶ τὸ σύγγραμμα ἐπιτρίψας κα-
τέϐη. (4) Σωκράτης δὲ πάντα μᾶλλον ἐνενοήθη τότε
ἢ ἀγῶνα ὅτι ἀγωνίζοιτο τοσοῦτον, καί, ὁποῖον γὰρ
αὐτὸς οἶδας, μειδιάσας βλοσυρόν τε καὶ μεμιγμένον
γέλωτι ἐκεῖνα εἶπεν, ἅ σοι οἱ υἱεῖς γράψαντες ἐπεμ-
ψαν· οἵ τε δικασταὶ τότε μὲν κρατούμενοι ὑπὸ τοῦ
ἐργαστηρίου παντὸς τοῦ ἔξωθεν περιεστῶτος ὅμως
ὑποτιμήσασθαι ἔλεγον, ὃ δὲ μάλα θαρραλέως « τῆς ἐν
πρυτανείῳ σιτήσεως ὑποτιμῶμαι ταύτην τὴν δίκην »
φησίν. οἱ δὲ ἐπέφυσαν τότε δὴ μᾶλλον· καὶ γὰρ
ἀπολογουμένου δέος ἐποιοῦντο μὴ ἀποφύγοι. κἂν
ἀπέφυγε Σωκράτης. νῦν δὲ οὔτε κολακείαν οὔτε δέησιν
ᾤετο δεῖν προσάγειν τινὰ αὐτοῖς, ἀλλὰ τἀληθῆ καὶ δί-
καια λέγειν· οὕτω γὰρ ἀπολογούμενος εἰ ἑάλω, μὴ
αὐτὸς ᾤετο ἀδικήσειν, τοὺς μέντοι καταψηφισαμένους
αὐτοῦ. (5) εἰ μέντοιγε ποιήσας καὶ εἰπὼν ἀνάξια
ἑαυτοῦ καὶ φιλοσοφίας ἀπολυθείη, ἀνδραπόδου βίον
ἔφη βιώσειν ἐπαράτου, ἄλλως τε καὶ γήρας αὐτῷ ἔφη
ὑποκεῖσθαι καὶ τὸ ζῆν μὴ κρεῖττον αὐτῷ ἔσεσθαι τὸ
ἔπειτα, ἀλλὰ κάκιον. κἂν εἰ ἀπολυθείη, οὔτε κρεῖττον
ἰδεῖν ἢ ἀκοῦσαι ἔτι δύναιτο, ὥστε κατὰ θεὸν αὐτῷ
ἐδόκει ἤδη παρεῖναι ὁ θάνατος. καὶ καταψηφισθεὶς
γελῶν ἐξῄει καὶ τὸν χρόνον τὸν ἐν τῷ δεσμωτηρίῳ
μᾶλλον ἥδετο ἡμῖν διαλεγόμενος ἢ ὁπότε οὐδέπω αὐτὸν
ἐγέγραπτο Μέλητος, οὐδὲ ἐνεπεπτώκει εἰς τὸ δεσμω-
τήριον. ἔλεγε δὲ διότι τὸ οἴκημα, ἔνθα ἦν, καὶ τοὺς
δεσμοὺς ἀναγκάζειν αὐτὸν φιλοσοφεῖν· « ἀεὶ μὲν γὰρ
τοι πρός τινων » ἔφασκεν « ἐν ἀγορᾷ περιειλκόμην. »
(6) καὶ τοιαῦτα καὶ τοσαῦτα καὶ οὕτως ἡμῖν διελέγετο,
ὥστε ἐπιλανθάνεσθαι πολλάκις ὅτι ἐνεπεπτώκει, καὶ
προσπίπτειν λόγοις καὶ φωναῖς τοιαύταις, αἳ οὐκ ἂν
λεχθεῖεν ἐν συμφοραῖς, εἶτα ἀναμιμνησκομένους εἰς
αὐτοὺς ἐπιτιμᾶν ἡμῖν αὐτοῖς τῆς ἀμνημοσύνης ἕκαστον
ἑκάστῳ τῶν παρόντων, τὸν δὲ ὑποτοπάζοντα τὸ γινό-
μενον ἡμῖν πάθος διασκοπεῖν καὶ λέγειν, ὡς οὐ μέλει
ἡμῖν εἰ αὐτίκα τεθνήξοιτο, ὅτι οὕτως γελῷμεν. καὶ
ἐπιλαβόμενος αὖ Κρίτωνος « ὦ μῶρε » ἔφη, « νῦν γὰρ
θάνε Ὀλύμπια καὶ πᾶσα πανήγυρις, ἐπειδὴ ἀποδη-
μεῖν μέλλομεν εἰς τὸ χωρίον κρεῖττον καὶ τούτου τεθα-
νατωμένοι ὡς πρὸς τὴν ἀλήθειαν. » (7) ἑτέρους τε λό-
γους καὶ πολλοὺς καὶ καλοὺς πρὸς Κέϐητα καὶ Σιμμίαν
τὸ Θηϐαίῳ διελέχθη, ὅτι εἴη ἡ ψυχὴ ἀθάνατος καὶ
ὅτι οἱ τῆς φρονήσεως ἐπιμεληθέντες εἰς χῶρον τῶν
θεῶν ἅπασι καὶ οὐδὲν δεινὸν ἐν τῷ λεγομένῳ θα-
νάτῳ πάσχουσιν, ὥσθ' ἡμᾶς μὴ οἷον κλαίειν Σω-
κράτην ὅτι μέλλει ἀποθνήσκειν ἀλλὰ φθονεῖν αὐτῷ,
ἡμᾶς δὲ αὐτοὺς κλαίειν ὅτι ζῶμεν τετηωμένοι τοσούτου
ἀγαθοῦ τῇ ἀληθείᾳ. ἀποδημίαν γὰρ ἔλεγε τὸ χρῆμα
τοῦτο, καὶ Εὔηνον τὸν ποιητὴν παρεκάλει δι' ἡμῶν,
εἰ εὖ γινώσκοι, ἰέναι θᾶττον παρ' αὐτόν, ἐπειδὴ φιλό-

pueri sententiunculas recitantes, timens, quum in sug-
gestu litem orabat, hæsitabat et memoria labebatur,
aliique ei, ut et Callippidi histrioni, verba suggerebant,
tandem improbus semetipso et declamatiuncula sua
susque deque male habita descendit. (4) Socrates autem
omnia alia tunc animo fingebat quam tantum certamen
sibi esse ineundum, itaque acriter, nosti ipse quomodo,
subridens, nec sine hilaritate tamen, ea loquutus est,
quæ scripta tibi misit filius. Ac iudices quidem, time-
facti licet opificum turba extrinsecus circumstantium,
tamen ut ipse pœnam, quam meruisset, æstimaret po-
stulabant, ille vero confidenter admodum ut victus sibi
publice in prytaneo præberetur respondit meruisse. Hinc
illi magis in eum invecti sunt : nam si defenderet se, ne
litem effugeret metuebant. Et effugisset sane Socrates,
nunc vero nec blanditiis nec precibus illos existimavit
adeundos, sed vera et iusta in medium proferenda : sic
enim se defendens si caussa cecidisset, non se, sed eos,
qui ipsum damnavissent, iniuriam facere censuit. (5) Sin
autem qua re se ipso atque philosophia indigna commissa
sive dicta absolveretur, miserrimam servitutem se aiebat
servaturum, prætereaque iam senectam' sibi imminere,
nec vitæ quod restaret præstantius esse, sed deterius,
quin etiam, si absolutus esset, nec acutius visurum se
vel auditurum esse, ut iam deo auspice instare sibi vi-
deretur mors. Tum contemnatus ridens exiit, et quo
tempore in vinculis erat nobiscum colloquens multo læ-
tior apparuit quam quo nondum a Meleto accusatus in
vincula coniectus erat. Scilicet aiebat eam, in qua erat,
custodiam et vincula ad philosophandum ipsum compel-
lere : « semper enim » inquit « in foro huc illuc distra-
hebar. » (6) Hæc et similia loquebatur, adeo ut in vin-
culis eum esse interdum oblivisceremus, atque in eius-
modi sermones incideremus, qui tantis non convenirent
calamitatibus, deinde ad nos reversi ob oblivionem
obiurgaremus alter alterum, ille vero quid rei esset su-
spicans animi nostri affectu perspecto diceret, nihil nos
curare, si brevi sibi esset moriendum, quod ita ridere-
mus. Tum Critonem apprehendens « o miser » inquit
« valeant nunc Olympia et quivis sollemnis conventus,
quoniam ad loca iam hisce multo altiora profecturi sumus
mortem passi, ad ipsam veritatem dico. (7) Multa etiam
egregie cum Cebete et Simmia Thebanis confabulatus
est, animum scilicet esse immortalem, eosque, qui sa-
pientiæ operam dederint, ad sedem deorum proficisci,
nec quiequam mali in morte, quæ dicatur, perpeti, ut
Socratem nos moriturum non modo non deploraremus,
sed ipsi invideremus, nos vero, ut quibus a tam vero
bono procul vivendum esset, ipsos lugeremus. Peregri-
nationem enim hanc rem dicebat esse, iubebatque Eue-
num nos poetam invitare, ut, si saperet, quam primum
ad ipsum properaret : est enim propter poesin philoso-

σοφός ἐστι διὰ τὴν ποίησιν. (8) τὸν γὰρ φιλόσοφον
μηδὲν ἄλλο ποιεῖν ἢ θανατᾶν, ἐπειδὴ τῶν τοῦ σώματος
αἰτημάτων καταφρονεῖ, μὴ δουλούμενος ταῖς τοῦ σώ-
ματος ἡδοναῖς, τοῦτο δὲ μηδὲν ἕτερον εἶναι ἢ ψυχῆς
ἀπόστασιν ἀπὸ σώματος, τὸν δὲ θάνατον μηδὲν ἕτερον
εἶναι ἢ ψυχῆς αὖ πάλιν ἀπὸ σώματος ἀπόστασιν.
τούτῳ γὰρ δὴ καὶ μάλα τις πειθήνιος ἐγίνετο· ἐξηπάτα
γὰρ ἡμᾶς τούτοις τοῖς λόγοις, οἶμαι, ἵνα μὴ κλαίωμεν
ὡς ἐν κακῷ ἐσομένου αὐτοῦ, σχεδὸν δέ τι καὶ ἀληθεῖς
ἦσαν οἱ λόγοι. εἶτα δὴ ἐτελεύτα ποιήσας ἡμέρας
τριάκοντα διὰ τὸ πλοῖον τὸ εἰς Δῆλον πεμπόμενον κατ'
ἔτος οὗ γὰρ ἀφῖκτο ἐπὶ πολλὰς ἡμέρας καὶ οὐκ ἦν
τινὰ τελευτᾶν δημοσίᾳ, ὥσπερ οἶσθα· ἱεραὶ γὰρ ἦσαν.
(9) τῶν δὲ φίλων παρῆμεν αὐτῷ τελευτῶντι ἐγὼ καὶ
Τερψίων καὶ Ἀπολλόδωρος καὶ Φαίδων καὶ Ἀντισθένης
καὶ Ἑρμογένης καὶ Κτήσιππος, Πλάτων δὲ καὶ Κλεόμ-
βροτος καὶ Ἀρίστιππος ὑστέρουν ὁ μὲν γὰρ Πλάτων
ἐνόσει, τὼ ἑτέρω δὲ περὶ Αἴγιναν ἤστην ὡς δ' ἔπιε
τὸ φάρμακον, ἐπέστελλεν ἡμῖν τῷ Ἀσκληπιῷ θῦσαι
ἀλεκτρυόνα ὀφείλειν γὰρ αὐτῷ κατ' εὐχήν τινα,
ὁπότε ἠσθένει ἀφικόμενος ἀπὸ τῆς ἐπὶ Δηλίῳ μάχης
δακρύσαντες οὖν μετά τινος θαυμασμοῦ ἐκκομίζοντες
αὐτὸν κατεθάπτομεν, ὡς τότε ὁ καιρὸς ἐδίδου καὶ
αὐτὸς ἐβούλετο (10) οὐδὲ γὰρ πρόνοιάν τινα ἡμῖν
ἐπέστειλε ποιήσασθαι τοῦ σώματος, εἶναι γὰρ αὐτὸ
ἄτιμον καὶ μηκέτι χρήσιμον τῆς ψυχῆς αὐτὸ ἐγκατα-
λιπούσης. ὅμως δ' οὖν ἡμεῖς εἰς τὸ δυνατὸν καὶ τῆς
συμφορᾶς ὑπερείδομεν καὶ τῶν λόγων παρηχούσαμεν
καὶ ὡς οἷόν τ' ἦν ἐκαλλωπίσαμεν αὐτὸν λούσαντες καὶ
τοῖς τριβωνίοις ἀμπίσχοντες καὶ πρεπόντως θάψαντες
ἀπῆμεν. ταῦτ' ἦν τὰ περὶ Σωκράτην καὶ ἡμᾶς, ὦ
Ξενοφῶν. καὶ σοὶ δὲ ἡ στρατεία ἦν μέγα ἐμπό-
διον, ἐπεὶ ᾔσθα ἂν σὺν ἡμῖν θεραπεύων Σωκράτην
ζῶντά τε καὶ τελευτῶντα

ιε' Ξενοφῶν τοῖς Σωκράτους ἑταίροις

Καὶ οἱ περὶ Γρύλλον τὸν υἱέα μου ἐποίουν ὅπερ ἦν
εἰκὸς αὐτοὺς ποιεῖν, καὶ ὑμεῖς δὲ εὖ πράττετε γρά-
ψαντες ἡμῖν τὰ περὶ Σωκράτους δεῖ μέντοι γε ἡμᾶς
ἄνδρας ἀγαθοὺς γίνεσθαι ἐκεῖνον μὲν ἐπαινεῖν ὧν
ἐβίωσε σωφρόνως καὶ ὁσίως καὶ εὐσεβῶς, αἰτιᾶσθαι δὲ
καὶ ψέγειν τὴν τύχην γαὶ τοὺς ἐπισυστάντας αὐτῷ,
οἳ οὐκ εἰς μακρὰν τίσουσι δίκην. δεινὸν δὲ ποιοῦνται
καὶ Λακεδαιμόνιοι (τὸ γὰρ πάθος ἤδη ἄχρι καὶ δεῦρο
διῖκται) καὶ κακίζουσι τὸν δῆμον ἡμῶν, λέγοντες ὡς
πάλιν ἀφραίνει, ἐπεὶ τὸν σοφώτατον καὶ παρὰ τῆς Πυ-
θίας μαρτυρηθέντα σωφρονέστατον ἐπείσθησαν ἀπο-
κτιννύναι (2) εἴ του δέοιντο οἱ Σωκράτους ἑταῖροι
ὧν ἐπέμψαμεν, σημαινέτω μοι ἐπικουρήσοιεν γάρ,
ἐπειδὴ τοῦτο καλόν καὶ ἀναγκαῖόν ἐστιν. εὖ ποιεῖτε
τὸν Αἰσχίνην ἔχοντες ἐν αὑτοῖς, ὥστε γράφειν μοι
δοκεῖ· μέντοι χρῆναι ἡμᾶς συγγράφειν ἅ ποτε εἶπεν
ἀνὴρ καὶ ἔπραξε, καὶ αὕτη ἀπολογία γένοιτ' ἂν

---

phus (8) Nam aliud nihil philosophum expetere quam
mortem, quoniam corporis voluptatibus minime obnoxius
eiusdem aversetur appetitus, idque nihil aliud esse
quam animæ a corpore separationem, neque aliud quam
animæ a corpore separationem mortem quoque esse
His non paucos ad suam adduxit sententiam his nempe
sermonibus fefellit nos, opinor, ne, quasi ipsi malum
immineret, in lacrimas effunderemur sed fortasse et ex
animi sententia hæc proferebat Animam demum post
triginta dies exhalabat, quod navis, quæ Delum mittitur
quotannis, non ante rediit, nec licet, ut nosti, his diebus
publice quenquam capite mulctari, sacræ sunt enim
(9) Ex familiaribus ipsi morienti aderamus ego et Terpsio
et Apollodorus et Phædo et Antisthenes et Hermogenes
et Ctesippus, Plato vero et Cleombrotus et Aristippus non
veniebant Plato enim ægrotabat, reliqui duo Æginæ
erant Postquam venenum hausit, ut Æsculapio gallum
sacrificaremus nobis demandabat, quippe voto debitum,
quod ex Delia pugna redux quum ægrotaret nuncupave-
rat Illacrimati itaque non sine admiratione elatum pro
tempore et ut ipse iusserat sepelivimus (10) Iusserat
enim nullam corpori curam adhibendam, quod anima
destitutum iam nihili esset et prorsus inutile Nos nihilo-
minus, quantum fieri potuit, et calamitatem contempsi-
mus, nec obedivimus mandatis, sed totum quam maxime
ornavimus et palliolis coopertum decore sepelivimus.
Hæc sunt Socratis et res nostræ, Xenophon Ac tibi
magnum expeditio illa fuit impedimentum, nam una
nobiscum viventem Socratem ac morientem coluisses

XV Xenophon amicis Socratis

Et filius meus Gryllus fecit quod par erat eum facere,
et vos bene facitis, quod quæ Socrati evenere ad me
scripsistis Oportet autem nos probos esse viros et illum
ob caste et pie et sancte actam vitam admirari, fortunam
autem incusare et reprehendere eosque, qui una eum
aggressi sunt, pœnam brevi daturos Lacedæmonii
quoque indignantur (iam enim et eo usque perlata fama
est), populumque nostrum maledictis incessunt, ut qui
insaniat prorsus, quod, quem sapientissimum Pythia ac
moderatissimum testimonio suo iudicaverit, interfecerit
(2) Si quis ex Socratis familiaribus opus habeat eis, quæ
misi, indicate mihi opem feremus enim, quoniam hoc
est bonum et necessarium Opportune cecidit, quod
Æschinem vobiscum habetis, qui scribere mihi possit,
sed me quoque impellit animus ut viri illius dicta atque

αὐτοῦ βελτίστη εἰς τὸ νῦν τε καὶ εἰς τὸ ἔπειτα, οὐκ
ἐν δικαστηρίῳ ἀγωνιζομένων ἡμῶν, ἀλλ' εἰς ἅπαντα
τὸν βίον παρατιθέντων τὴν ἀρετὴν τἀνδρός. καὶ φημι
δὴ ἀδικήσειν τὴν κοινὴν ἑταιρείαν καὶ, ὡς ἐκεῖνος
ἔλεγε, τὴν ἀλήθειαν, εἰ μὴ ἅσμενοι γράψαιμεν.
(3) ἤδη δέ μοι καὶ Πλάτωνος περιέπεσε σύγγραμμα
τοιοῦτον, ὅπου τοὔνομα ἦν τὸ Σωκράτους καὶ διάλεξίς
τις οὐ φαύλη πρός τινας. οἶμαι τοίνυν περὶ Μέγαρα
ἀνέγνων * * ὡς λέγεταί τινα τῶν Μεγαρέων τῶν
τοιούτων. ἡμεῖς μέντοι φαμέν, οὐχ ὅτι τοιαῦτα οὐκ ἀκη-
κόαμεν, ἀλλ' ὅτι τοιαῦτα οὐ δυνάμεθα ἀπομνημονεύειν·
οὐδὲ γὰρ ἐσμὲν ποιηταί, ὥσπερ καὶ αὐτός, κἂν πάνυ
ἀπαρνῆται ποιητικήν. θρυπτόμενος γὰρ πρὸς τοὺς
καλοὺς φησι μηδὲν εἶναι ποίημα αὐτοῦ, Σωκράτους
μέντοι νέου καὶ καλοῦ ὄντος. ἔρρωσθόν μοι ὡς ἁρ-
μονιωδεστάτω ἄνδρε.

ις'. Ἀριστίππου.

Τὰ περὶ τᾶς τελευτᾶς Σωκράτους ἐμάθομεν ἐγώ
τε καὶ Κλεόμβροτος, καὶ ὅτι οὐδὲ παρέμενος ὑπὸ
τῶν ἕνδεκα διαδρᾶναι ὑπέμεινε, λέγων ὅτι οὐδὲ νῦν
μέλλει διαδράκειν, εἰ μὴ καὶ πρότερον παρὰ τὼς
νόμως ἐσώθη· οὕτω γὰρ ἂν ἃ πατρὶς αὐτῶ ὅσον ἐφ'
ἑαυτῷ καταπροδοθείη. ἐμοὶ δὲ ἐδόκει ἀδίκως αὐτὸν
ἐμπεσόντα ὁτῳδήποτε τρόπῳ σώζεσθαι. δοκῶ μέντοι
πάντα τὰ ἐκείνῳ πρασσόμενα καὶ κακὰ καὶ ἄφρονα
δίκαια εἶναι, ὥστε ταῦτα πάλιν μὴ ἐπιμέμφεσθαι
ἀμέτρως γεγονέναι. ἐπέστειλας δέ μοι πῶς ἀνεχω-
ρήσατε πάντες ἀπ' Ἀθηνῶν οἱ Σωκράτους ἐρασταί τε
καὶ φιλόσοφοι, δεδιότες μή τι καὶ ἐφ' ὑμᾶς ἔλθοι τῶν
αὐτῶν, καὶ οὐκ ἐποιεῖτε φλαύρως. καὶ ἁμὲς οὖν,
ὡς ἔχομεν, ἐν Αἰγίνᾳ διατελέομες ἐπὶ τοῦ παρόντος,
εἶτα δὲ παρ' ὑμᾶς ἀφιξόμεθα καὶ εἴ τι ἔχομες βέλτιον
ποιέειν ποιήσομες.

ιζ'.

Εἰδὼς ὅπως εἶχες πρὸς Σωκράτην ζῶντα καὶ πρὸς
ἡμᾶς τοὺς ἐκείνου φίλους, καὶ ὅτι κατὰ τὸ εἰκὸς ἐθαύ-
μασάς τε καὶ ἐσχετλίασας εἰ ὁ πρὸς σέ τε καὶ τὸν
Κεῖον Πρόδικον καὶ Πρωταγόραν τὸν Ἀβδηρίτην δια-
μαχόμενος περὶ ἀρετῆς, ᾗ ἂν γένοιτο καὶ ὅπως ἂν
γένοιτο καὶ ὅτι χρὴ ταύτης πάντας ἐφίεσθαι, οὗτος
ὡς πονηρότατος καὶ ἀμαθέστατος τοῦ καλοῦ καὶ τοῦ
δικαίου πρός τε θεοὺς καὶ πρὸς ἀνθρώπους τοῖς ἕνδεκα
δόξαν ἀνῃρέθη, ἐγραψά σοι πυθόμενος ὅτι οἶκοι εἴης
ἐν Χίῳ, περὶ τῶν ἔπειτα, ἵνα ἡσθείης. (2) Ἀθηναῖοι
γὰρ ἤδη ποτὲ ἀφυπνώσαντες Ἄνυτόν τε καὶ Μέλητον
ὡς ἀνοσιουργοὺς προσκαλεσάμενοι ἀπέκτειναν ὅτι αἴ-
τιοι τῇ πόλει ἐγένοντο τοσούτου κακοῦ. προφάσεις δὲ
αὗται κατ' αὐτοῖν εὑρέθησαν· κατηρεῖς μὲν γὰρ Ἀθη-
ναῖοι περιῄεσαν μετὰ τὸν θάνατον παρὰ πάντας
εὐθυνόμενοι τῶν γενομένων, ὅτι ἄρα οὐκ ἐχρῆν οὐκ
ἀδικοῦντα αὐτὸν κατηγορηθῆναι, μὴ ὅτι ἀποκτιννύ-

---

gesta litteris consignem, quæ optima fuerit et impræsen-
tiarum et in futurum tempus non coram iudicibus con-
certantium, sed in omnium memoriam virtutem viri
proponentium defensio. Ac sane communem nostram
familiaritatem ipsamque, ut aiebat ille, veritatem, si non
lubentes scriberemus, iniuria afficeremus. (3) Iam mihi
Platonis etiam in manus venit eïusmodi commentarius,
in quo nomen erat Socratis colloquiumque non ingratum
cum quibusdam . . . . . .
nos tamen nec tale quid nos audivisse nec litteris man-
dare posse affirmamus: neque enim poetæ sumus, sicut
ille, etiamsi procul poeticam se habere dicat: superbiens
enim in pulchros aliquod suum exstare poema negat,
sed Socratis esse ait iuvenis adhuc atque pulchri. Valete
mihi viri longe carissimi.

XVI. Aristippi.

De Socratis morte certiores facti sumus ego et Cleom-
brotus, accepimusque nec profugiendi ab undecimviris
oblata occasione ut uteretur impetrare a se potuisse, di-
centem nolle fugere, nisi prius absolutus fuerit legitime:
alioquin enim patriam suam, quantum in ipso esset,
prodi. Mihi vero videbatur, quum præter ius in custodiam
incidisset, quovis modo servandus, atque omnia, quæ
eius in salutem fierent, quantumvis mala et insana licet
sint, habenda esse iusta, ut vituperandum non esset, si
quis modum hac in re excederet. Scripsisti mihi, So-
cratis omnes amatores et philosophos Athenis excessisse,
timentes quippe ne tale quid vobis etiam contingeret, et
recte hoc fecistis. Nos vero, ut nunc sumus, Æginæ
commoramur, mox veniemus ad vos, et si quid poteri-
mus in rem vestram conferre, conferemus.

XVII.

Quo fueris erga Socratem vivum animo et erga nos
illius amicos probe sciens, atque admiratum te esse in-
dignatumque, quod is, qui tecum et cum Prodico Ceo et
Protagora Abderita de virtute, qualis sit et quomodo
acquiri possit et ut omnibus expetenda sit, concertavit,
quasi improbissimus omnisque honestatis ac iuris inter
deos ac homines imperitissimus undecim virorum decreto
interfectus sit, litteras ad te dedi Chium, ut audivi, re-
ducem, quo oblectarere, de rebus quæ insequutæ sunt.
(2) Iam enim Athenienses ex somno, quo oppressi iace-
bant, tandem excitati sunt. (2) Anytum atque Meletum
in iudicium vocatos tanquam impios occiderunt, quod
tanti mali auctores civitati exstitere. Et hæ quidem
fictæ in eos caussæ sunt, veræ erant . . . . quod
Athenienses post illius necem apud omnes ob ea, quæ
gesserant, reprehensionem incurrebant: nihil iniusti

ιαι. τί γὰρ εἰ τὴν πλάτανον ἢ τὸν κύνα ὤμνυε;
:ὶ δὲ εἰ ἀνηρῶτα ἰδίᾳ καὶ κοινῇ πάντας ἀνθρώπους,
ὅτι οὐδὲν εἰδεῖεν οὔτε δίκαιον οὔτε καλόν, εἶτα δὲ οἱ
νέοι πάντες εἰς ἀκρασίαν καὶ ἀκοσμίαν ἐτρέποντο ἐν
τῇ πόλει· ἀεὶ γὰρ τοῦτον καθοσονοῦν ᾐσχύνοντο
(3) ἐκίνησε δὲ αὐτοὺς μάλιστα καὶ τὸ τοῦ νεανίσκου
τοῦ Λακεδαιμονίου πάθος. ἦκε γάρ τις κατ' ἔρωτα
Σωκράτους συγγενέσθαι αὐτῷ, μὴ προειδὼς Σωκρά-ην,
ἀλλ' ἀκούων περὶ αὐτοῦ· ὡς δὲ ἡδομένῳ αὐτῷ τῆς
ἐμίξεως ὄντι ἤδη περὶ τὰς πύλας τοῦ ἄστεος προσηγ-
γέλθη ὅτι Σωκράτης, πρὸς ὃν ἐληλύθοι, τεθνήκοι,
'ς μὲν τὴν πύλην οὐκέτι εἰσῆλθε, διαπυθόμενος δὲ
ὅπου εἴη ὁ τάφος, προσελθὼν διελέγετο τῇ στήλῃ
καὶ ἐδάκρυε, καὶ ἐπειδὴ νὺξ κατέλαβεν αὐτόν, κοιμη-
δεὶς ἐπὶ τοῦ τάφου, ὄρθρου πολλοῦ φιλήσας τὴν ἐπι-
κειμένην αὐτῷ κόνιν, πολλὰ δὲ περιασπασάμενος πάσῃ
φιλότητι ᾤχετο ἀπιὼν Μέγαράδε. (4) ᾐσθοντο οὖν
καὶ τοῦτο Ἀθηναῖοι καὶ ὅτι μέλλοιεν Λακεδαιμονίοις
διαβάλλεσθαι ἐπὶ τοῖς δεινοτάτοις, εἰ ἐκείνων μὲν οἱ
υἱεῖς τοὺς παρ' αὐτοῖς σοφοὺς δι' ἔρωτος ποιοῦνται,
αὐτοὶ δὲ ἀποκτιννύασι, καὶ οἱ μὲν τοσοῦτον διάστημα
ἐφιχνοῦνται ἰδεῖν Σωκράτην, οἱ δὲ οὐχ ὑπομένουσι
παρ' αὐτοῖς ἔχοντες αὐτὸν φυλάξαι· χαλεπηνάμενοι
οὖν μόνον οὐ διέφραγον τὼ πονηρὼ ἄνδρε ἐκείνω, ὥστε
τὴν μὲν πόλιν ἀπολελογῆσθαι ὅτι αὐτὴ τούτων οὐδὲν
δρᾷ, τοὺς δ' αἰτίους τεθνάναι. ἐκριφέντες οὖν οἷόν
τι κοινὸν ἄγος τῶν Ἑλλήνων, μᾶλλον δὲ πάντων
ἀνθρώπων, ὤνησαν μὲν ἡμᾶς, ὤνησαν δὲ καὶ τοὺς
ἄλλους ταῦτα παθόντες. πάλιν οὖν συνελευσόμεθα
Ἀθήναζε οἱ ἀναξίως ἀνασεσοβημένοι ὡς τὸ πρόσθεν.

ιη' Ξενοφῶν τοῖς Σωκράτους ἑταίροις

Ἄγοντες τὴν ἔτειον ἑορτὴν τῇ Ἀρτέμιδι τῇ ὑφ'
ἡμῶν καθιδρυμένῃ περὶ τὴν Λακωνικὴν ἐπέμψαμεν παρ'
ὑμᾶς ἵνα ἵκοισθε, καλὸν μέν, εἰ πάντες, εἰ δὲ μὴ οἷόν
τε, συνθύτας τινὰς ἐξ ὑμῶν πέμψαιτε· τοῦτο γὰρ κεχα-
ρισμένον ἡμῖν ἐστιν. ἐγένετο δὲ Ἀρίστιππος ἐνθάδε
καὶ ἔτι πρότερον Φαίδων, καὶ ἐγανύσκοντο τοῦ τόπου
καὶ τῆς ἄλλης δημιουργίας τῶν οἰκοδομιῶν καὶ τῶν
φυτῶν, ἅτινα αὐτὸς ταῖς ἐμαυτοῦ χερσὶν ἐφυτευσάμην.
ἔχει γὰρ ὁ τόπος καὶ θήραν, ὥστε ἔνι ἡμῖν καὶ κυνη-
γετεῖν, ἵνα μετ' ἀνδρείας, ὅπερ καὶ φίλον τῇ θεῷ, θη-
ρίας ἄγωμεν καὶ χάριν εἰδῶμεν αὐτῇ, ὅτι με ἀνεσώ-
σατο ἄρα ἀπὸ βασιλέως τοῦ βαρβάρου καὶ τῶν ἔπειτα
περί τε τὸν Πόντον καὶ τὴν Θράκην κακῶν σχεδόν τι
μειζόνων, ὅτε δὴ ἐδοκοῦμεν ἤδη σεσῶσθαι ἀπὸ τῆς
τοσαύτης πολεμίας γῆς. (2) εἰ δὲ μὴ ἴητε, ἡμῖν μὲν
ἦν ἀναγκαῖον γράφειν ὑμῖν πεποίημαι δέ τινα ἀπομνη-
μονεύματα Σωκράτους· ὅταν οὖν μοι δόξῃ εὖ ἔχειν
παντελῶς, διαπέμψομαι αὐτὰ καὶ ὑμῖν Ἀριστίππῳ
μὲν γὰρ καὶ Φαίδωνι ἐδόκει ἁρμόδιά τινα εἶναι. προσ-
αγορεύσατε Σίμωνα τὸν σκυτοτόμον καὶ ἐπαινέσατε
αὐτόν, ὅτι διατελεῖ προσέχων τοῖς Σωκράτους λόγοις

enim committentem ne accusandum quidem fuisse, ne-
dum interficiendum Quid enim, si per platanum iu-
rabat sive canem? quid si interrogando privatim atque
publice convicit omnes, quod nihil neque iusti nossent
neque honesti? prætereaque iuvenes intemperantiæ ac
vitæ dissolutæ in civitate omnes se dederunt, semper enim
hunc reveriti erant aliquatenus (3) Maxime vero ado-
lescentis Lacedæmonii eos commovit casus. Hic enim
venit amore tractus Socratis, quem nunquam antea vi-
derat, sed auditione tantum cognoverat, ut eius fami-
liaritate uteretur Cui quum ob adventum læto ad urbis
portas Socratem, ad quem venisset, obiisse nuntiatum
esset, ipsam portam non intravit, verum sepulcrum ubi
esset sciscitatus huc accedens cum cippo sermones con
ferebat et lacrimas fundebat, quumque nox intervenisset
somno penes sepulcrum capto summo mane adiacentem
illi pulverem osculatus, locoque cum omni pietate con-
salutato Megaram pedem referebat (4) Hoc igitur Athe-
nienses persensere et quod gravissima sibi a Lacedæmo-
niis criminatio imminebat, si filii illorum qui Athenis
essent sapientes amore amplecterentur, utque Socratis
videndi caussa tantum emetirentur intervallum, ipsi vero
quem apud se haberent non possent conservare Itaque
indignati tantum non devorarunt improbos illos viros,
atque hac civitas defensione declaravit, nihil eorum se
ipsam commisisse, et criminis auctores morte mulcta-
visse Proiecti igitur velut commune Græcorum, immo
omnium hominum piaculum aliquod et nobis et reliquis
hoc supplicio commodum attulere Rursus itaque nos,
qui præter dignitatem exules oberravimus, Athenas con
veniemus

XVIII Xenophon amicis Socratis

Festum Dianæ, cuius nos sacrum in Laconica exstru-
ximus, annuum agentes litteris vos invitavimus, ut ve-
niretis si fieri possit omnes, sin minus, ut quosdam certe
consortes mitteretis sacrificii. Hoc enim gratum nobis
fuerit Aristippus hic fuit eoque prior Phædo, qui na-
tura loci et ædificiorum arte et plantis, quas ego hisce
meis plantavi manibus, gaudebant Etenim feras quoque
locus alit, quare et venatum ire licet, quo forti animo, id
quod gratum deæ est, festum concelebremus, eique gra-
tias referamus, quod me a barbari regis manibus, malis-
que circa Pontum atque Thraciam fere maioribus, quum
iam ex tam vasta et hostili terra erepti videbamur, inco-
lumem servavit (2) Quod si non veneritis, scribatis opor-tet
nobis Ego vero quosdam Socratis commentarios litteris
mandavi, quos, ubi omni numero absoluti mihi videbun-
tur, vobis quoque mittam Aristippo enim et Phædoni
haud inepti illi quidem videbantur Salutate Simonem
sutorem meo nomine, eumque laudate, quod Socratis
præcepta non desinit tueri, quodque nec paupertatis nec

καὶ οὔτε πενίαν οὔτε τὴν τέχνην πρόφασιν ποιεῖται
τοῦ μὴ φιλοσοφεῖν, καθάπερ τινὲς τῶν ἄλλων μὴ βου-
λόμενοι λόγους καὶ τὰ ἐν λόγοις ἐξειδέναι τε καὶ θαυ-
μάζειν.

ιθ'. Τοῦ αὐτοῦ.

Ἧκε, θαυμασιώτατε, παρ' ἡμᾶς· πεποίηται γὰρ
ἡμῖν ἱερὸν τῆς Ἀρτέμιδος μάλα ἀριπρεπές, καὶ πε-
ρίφυτος ὁ χῶρος καὶ ἀνεῖται ἱερὸς εἶναι. καὶ τὰ ὄντα
ἡμᾶς διαβοσκήσει· ὡς γὰρ Σωκράτης ἔλεγεν, εἰ μὴ
ἀρκέσει ἡμῖν ταῦτα, ἡμεῖς αὐτοῖς ἀρκέσομεν. ἔγραψα
δὲ καὶ Γρύλλῳ τῷ υἱῷ καὶ τῷ ἑταίρῳ, εἴ του δέοιο,
παρέχειν σοι. Γρύλλῳ δ' ἔγραψα, ἐπειδὴ ἀπὸ νέου
ἔτι κομιδῇ εἰς αὐτὸν ἐβάλλου καὶ φιλεῖν ἔλεγες. ἔρ-
ρωσο.

κ'.

Τὴν μὲν σὴν καρτερίαν καὶ πάλαι ᾔδειν καὶ σφόδρα
θαυμάζω, διότι διατελεῖς παντὸς ὢν ἐπάνω πλούτου
καὶ δόξης καὶ ἐξ ὧν βίοις οἷον ἀπεικόνισμά τι Σωκρά-
τους περίει Ἀθήνησιν. ἡμεῖς δὲ καὶ αὐτοὶ ἐπιμελού-
μεθα νέων ἐν Θήβαις, παραδιδόντες αὐτοῖς οὓς ἠκού-
σαμεν λόγους παρὰ Σωκράτους. ἔστι τε τοῦτο καὶ
ἡμῖν καὶ τοῖς συνοῦσι κεχαρισμένον.

κα. Ξενοφῶν Ξανθίππῃ.

Εὔφρονι τῷ Μεγαρεῖ ἔδωκα ἀλφίτων χοίνικας ἓξ
καὶ δραχμὰς ὀκτὼ καὶ ἐξωμίδα καινήν, τὸ χεῖμά σοι
διαγαγεῖν. ταῦτα οὖν λάβε καὶ ἴσθι Εὐκλείδην καὶ
Τερψίωνα πάνυ καλώ τε κἀγαθὼ ἄνδρε καὶ σοί τε καὶ
Σωκράτει εὔνω. ἡνίκα δ' ἂν οἱ παῖδες ἐθέλοιεν παρ'
ἡμᾶς ἱέναι, μὴ κώλυε· οὐ γὰρ πόρρω ἐστὶν ἱέναι εἰς
Μέγαρα. τῶν δὲ πολλῶν σοι δακρύων, ὦ 'γαθή,
ἅλις· ὀνήσει γὰρ οὐδέν, σχεδὸν δέ τι καὶ βλάψει. ἀνα-
μιμνήσκου γὰρ ὧν ἔλεγε Σωκράτης, καὶ τοῖς ἤθεσιν
αὐτοῦ καὶ τοῖς λόγοις πειρῶ ἀκολουθεῖν, ἐπεὶ λυπου-
μένη παρ' ἕκαστα καὶ σεαυτὴν ἀδικήσεις ὅτι μάλιστα
καὶ τοὺς παῖδας. (2) οὗτοι γὰρ οἱονεὶ νεοττοί εἰσι
Σωκράτους, οὓς δεῖ οὐ μόνον τρέφειν ἡμᾶς, ἀλλὰ καὶ
ἡμᾶς αὐτοὺς αὐτοῖς πειρᾶσθαι παραμένειν. ὡς εἰ
σὺ ἢ ἐγὼ ἢ ἄλλος τις, ὅτῳ μέλει τελευτήσαντος
Σωκράτους τῶν παίδων, ἀποθάνοι, ἀδικήσονται οὗτοι
ἔρημοι γενόμενοι τοῦ βοηθήσοντος καὶ θρέψοντος ὁμολο-
γουμένως. ὅθεν πειρῶ ζῆν αὐτοῖς. τοῦτο δὲ οὐκ ἂν ἄλλως
γένοιτο, εἰ μὴ τὰ πρὸς τὸ ζῆν αὐτῇ παρέχοις. λύπη δὲ
δοκεῖ τῶν ἐναντίων ζωῇ εἶναι, ὅπου βλάπτονται ὑπ' αὐ-
τῆς οἱ ζῶντες. (3) Ἀπολλόδωρος ὁ μαλακὸς ἐπικαλού-
μενος καὶ Δίων ἐπαινοῦσί σε, διότι παρ' οὐδενὸς οὐδὲν
λαμβάνεις, φῂς δὲ πλουτεῖν. καὶ εὖ ποιεῖς· ἐπεὶ ὅσον
γὰρ ἐγώ τε καὶ οἱ ἄλλοι φίλοι ἰσχύομεν ἐπικουρεῖν
σοι, δεήσει οὐδενός. θάρρει οὖν, ὦ Ξανθίππη, καὶ
μηδὲν καταβάλῃς τῶν Σωκράτους καλῶν, εἰδυῖα ὡς

---

artis suæ prætextu a philosophando se detineri patitur,
id quod de ceteris nonnullis contigit, qui sapientiam
quæque in ipsa continentur neque cognoscere volunt ne-
que admirari.

XIX. Eiusdem.

Veni ad nos, vir dilectissime : iam enim fanum Dianæ
ereximus admodum spectabile. Arboribus consitus est
locus et sacris publicis dicatus. Quæ præsto nobis sunt,
abunde nos pascent : namque ut Socrates aiebat, si illa
nobis satis non fuerint, nos erimus illis satis. Scripsi et
Gryllo filio et familiari, ut tibi, si quid opus est, exhi-
beant. Gryllo autem scripsi, quoniam a tenera admodum
ætate propenso in eum eras animo eumque amare te di-
cebas. Vale.

XX.

Tolerantiam tuam iam pridem novi, nec admirari de-
sino, quod divitiis omnibus omnique gloria maior vitam
agis et hac tua vitæ ratione Socratis veluti simulacrum
aliquod superstes es Athenis. Nos vero et ipsi Thebis
iuvenes instituimus tradendis ipsis quos a Socrate acce-
pimus sermonibus, id quod et nobis et familiaribus gra-
tum est.

XXI. Xenophon Xanthippæ.

Euphroni Megarensi farinæ chœnices sex et drachmas
octo et tunicam novam tradidi, ut hiemem transigeres.
Hæc igitur accipe, scitoque Euclidem et Terpsionem o-
ptimos esse viros et tibi atque Socrati deditos. Filios
vero, si ad nos accedere velint, noli impedire : non enim
longum est Megara usque iter. Lacrimarum autem, o
bona, fudisti quantum satis est : Proderunt enim nihil,
immo parum abest quin detrimentum afferant. In men-
tem revoca, quæ Socrates disserebat, eiusque moribus et
sermonibus fac ut te accommodes : ægro enim omnia
ferens animo et te ipsam maxime et filios iniuria affi-
cies. (2) Scilicet non tantum hos tanquam pullos Socra-
tis alere debemus, sed etiam nos ipsos pro viribus illis
conservare ; nam si tu vel ego vel quivis alius , qui So-
crate exstincto Socrati filiorum curam gerit, vita deces-
serit, iniuria illi patientur, quum qui ipsos iuvet ac
sustentet non sint habituri. Quare fac ut ipsis vivas, id
quod fieri nequit, nisi quæ vitam conservant tibi ipsi
exhibeas. Mœrór vero, ut videtur, ex eis est quæ vitæ
adversantur, quum damnum ab eo viventibus inferatur.
(3) Apollodorus, quem mollem cognominant, et Dio lau-
dant te, quod nihil a quoquam accipis , dicisque divitiis
te abundare. Optimum factum. Dum enim ego et reli-
qui amici opem ferre tibi possumus, nulla re indigebis.
Bono itaque esto animo, Xanthippe, neve ex Socratis

μέγα τι ἡμῖν ἐγένετο οὗτος ὁ ἄνθρωπος, καὶ ἐπινόει αὐτὸν ὁποῖα ἔζησε καὶ ὁποῖα ἐτελεύτησεν. ἐγὼ μὲν γὰρ οἶμαι καὶ τὸν θάνατον αὐτοῦ μέγαν τε καὶ καλὸν γεγονέναι, εἰ δή τις, καθὸ χρὴ σκοπεῖν, σκοποίη ἔρρωσο.

κβ´ Ξενοφῶν Κέβητι καὶ Σιμμίᾳ

Ἦν λόγος ὅτι πένητος πλουσιώτερον οὐδὲν εἴη κινδυνεύω γάρ, ὡς ὁρῶ, μὴ πολλὰ ἔχων πολλὰ κεκτῆσθαι δι᾽ ὑμᾶς τοὺς φίλους, οἵτινες ἐπιμελεῖσθε ἡμῶν. ποιοῖτε δ᾽ ἂν εὖ, εἰ, ὅταν ὑμῖν περί του γράψω, πέμποιτέ μοι. τῶν δὲ συγγραμμάτων οὔπω τι εἶχον τοιοῦτον, ὥσ-ε καὶ ἄλλοις θαρρεῖν δεικνύναι δίχα ἐμοῦ, ὡς παροῦσιν ὑμῖν ἔνδον ἐν τῷ οἴκῳ, ἔνθα Εὐκλείδης κατέκειτο, ἀσμένως ἐλέσχινον οἰόχυτον δὲ δή, ὦ φίλοι, ὡς οὐχ οἷόν τε ἀναλαβεῖν ἐστι τὸ ἅπαξ ἐλθὸν εἰς τοὺς πολλοὺς γράμμα. (2) Πλάτων μὲν γὰρ δύναταί τι μέγα καὶ ἀπὼν τοῖς λόγοις, ὅθεν ἤδη καὶ περὶ Ἰταλίαν θαυμάζεται καὶ περὶ Σικελίαν πᾶσαν, ἡμεῖς δὲ μόλις οἶμαι ἑαυτοὺς πείθομεν ὡς ἄξια ταῦτα σπουδῆς τινος. καὶ οὐχ ὅτι ἐμοὶ μέλει μὴ διαπίπτειν περὶ τῆς δόξης τῆς περὶ τὴν σοφίαν, ἀλλὰ περὶ Σωκράτους φροντιστέον μὴ ἐν ἐμοὶ κινδυνεύθῃ τὴν ἐκείνου ἀρετὴν κακῶς εἰπόντι ἐν τοῖς ἀπομνημονεύμασιν. οὐδέν τε οἶμαι διαφέρειν ἢ βλασφημεῖν τινα ἢ μὴ ἄξια δοκεῖν συγγράφειν τῆς ἀρετῆς, περὶ ὅτου συγγράφει τις. τὸ δέος οὖν τοῦτό ἐστιν, ὅγε νῦν ἡμᾶς ἔχει, ὦ Κέβης τε καὶ Σιμμία, εἰ μή τι ἕτερον δόξει ὑμῖν αὖ πάλιν περὶ τούτων ἔρρωσθον.

κγ´ Αἰσχίνης Φαίδωνι

Ὁπότε ἐγενόμην ἐν Συρακούσαις, εὐθέως κατὰ τὴν ἀγορὰν Ἀριστίππῳ ἐνέτυχον, ὁ δὲ λαβόμενός μου τῆς δεξιᾶς παραχρῆμα μηδὲν μελλήσας εἰσάγει πρὸς Διονύσιον, καί φησιν αὐτῷ « ὦ Διονύσιε, εἴ τις ἀφίκοιτο παρὰ σέ, ἵνα σε ἄφρονα ποιήσειεν, ἆρ᾽ οὗτος οὐχὶ κακά σε ἐργάζεται, » εὐθέως ὡμολόγει ὁ Διονύσιος « τί οὖν ἔφη ὁ Ἀρίστιππος « σὺ τοῦτον ἂν ἐργάσαιο, » « τὰ κάκιστά γε » ἔφη « τί δ᾽ εἴ τις » ἔφη « ἀφίκοιτο φρόνιμόν σε ποιήσαι, ἆρά γε οὐχὶ οὗτος ἂν ἀγαθά σε ἐργάζοιτο, » πάλιν ὁμολογήσαντος τοῦ Διονυσίου « καὶ μὴν » ἔφη « οὗτος Αἰσχίνης τῶν Σωκράτους γνωρίμων ἥκει φρόνιμόν σε ποιῆσαι, ὥστε καὶ ἀγαθά σε ἐργάζοιτο ἂν εἰ δὲ ταῦτα δικαίοις, ἅτινα ὡμολόγησάς μοι ἐν τῷ λόγῳ, Αἰσχίνην εὖ ποιήσεις » (2) κἀγὼ ὑπολαβὼν ἔφην « ὦ Διονύσιε, ἑταιρικόν τι καὶ θαυμαστὸν ποιεῖ Ἀρίστιππος οὗτος συλλαμβάνων μοι ἡμῖν δὲ οὐ τοσαύτη ἐστὶ σοφία, ἀλλ᾽ ὁπόση μὴ ἀδικῆσαί τινα ἐν τῇ συνουσίᾳ » ἀγάμενος δέ με τοῦ εἰρημένου ἔφη ὁ Διονύσιος καὶ Ἀρίστιππον ἐπαινεῖν [τῶν εἰρημένων] καὶ ἐμὲ εὖ ποιήσειν ἅτινα ὡμολόγησεν ἐν τῷ πρὸς Ἀρίστιππον λόγῳ οὗτος οὖν ἤκουσεν ἡμῶν τοῦ Ἀλ-

bonis quicquam dimittas, quanti nobis vir iste fuerit prohe sciens, qui qualis et in vita et in morte fuerit considera Ego enim censeo et mortem eius, siquidem recte quis consideraverit, præclaram atque pulchram accidisse Vale

Sermone hominum tritum est, paupere nihil esse opulentius Video enim hoc mihi imminere periculum, ut, qui pauca habeam, per vos amicos, qui mei curam geritis, multa possideam Sed recte feceritis, si miseritis mihi demum per litteras petenti Commentariorum autem nondum quenquam habebam talem, quem et aliis me absente confidenter traderem, ut præsentibus vobis in ipsis ædibus, ubi Euclides nobiscum accumbebat, ingenue profitebar Scitote autem, amici, semel in vulgus elapsam scriptionem non posse retrahi (2) Platonis quidem etiam absentis magna ob scripta est auctoritas, quare circa Italiam et Siciliam universam sui movit admirationem, nos vero vix nobis persuademus ea tanti esse, ut studio aliquo digna habeantur. Neque solum id ago, ne sapientiæ opinione excidam, verum hoc curandum mihi est, ne mea culpa, si parum recte in commentariis scribendis versatus sim, Socratis virtus in periculum adducatur Nec quicquam differt, opinor, calumnieris aliquem an haud digna virtute eius, de quo scribis, scribere videaris Hic igitur timor nunc quidem nos occupat, Cebes et Simmia, nisi aliter de his vobis videbitur esse statuendum Valete.

Quum primum Syracusas delatus sum, in foro obviam mihi factus Aristippus manu prehensum statim ad Dionysium me adduxit In hunc conversus « o Dionysi » inquit « si quis ad te veniret, ut insanum te redderet, hic nonne malo te afficit ? » Statim concedebat Dionysius. « Quid igitur » inquit Aristippus « huic tu faceres ? » « Pessima sane » respondit « Quid autem » inquit « si quis veniret prudentem te redditurus, hic ronne beneficio omnino te afficeret ? » Quodque concedente Dionysio « atqui » inquit « hic Æschines ex Socratis disc pulis venit prudentem te redditurus Multum igitu r tihi proderit Tu vero si æqua censes quæ mihi roganti concessisti, in Æschinem beneficia conferas » (2) Tum ego « multum, » inquam « Dionysi, amoris hac commendatione testatus est Aristippus At nobis non tanta est sapientiæ copia, verum quanta satis sit, ut ne temere ad alios disseramus » Hæc admiratus Dionysius et Aristippi verba se probare et quæ illi concessisset beneficia in me esse collaturum affirmavit. Hic igitur quum Alcibiadem me recitantem audivissem delectatus, ut vi-

κιβιάδου καὶ ἡσθείς, ὡς ἐφαίνετο, παρεκάλει καὶ εἴ
τινες ἄλλοι εἰσὶν ἡμῖν τῶν διαλόγων ἀναπέμψαι,
ὑπισχνούμεθα οὖν ταῦτα ἡμεῖς, ὦ ἄνδρε φίλω τε καὶ
ἑταίρω, ἀφιξόμεθά τε διὰ ταχέων. ἀναγινώσκοντος
δέ μου παρῆν Πλάτων (ὀλίγου δεῖν ἔλαθον γράψαι
ὑμῖν), καὶ ἐδόκει αὐτῷ ἰδίᾳ περὶ ἐμοῦ διαλέγεσθαι διὰ
τὸν Ἀρίστιππον. (3) ἔφη γάρ μοι, ὡς τοῦ Διονυσίου
ἀπηλλάγη, « ὦ Αἰσχίνη, τούτου παρόντος τοῦ ἀν-
θρώπου »(ἔλεγε τὸν Ἀρίστιππον) « οὐδὲν οὐδαμῇ ἔγωγε
ῥᾳδίως ἐθέλω λαλεῖν, Διονύσιος μέντοι μαρτυρήσει
μοι ἅτινα ἐγὼ εἶπον περὶ σοῦ. » καὶ ὁ Διονύσιος τῇ
ὑστεραίᾳ ἐν τῷ κήπῳ πολλ' ἄττα ἐμαρτύρει τῷ Πλά-
τωνι ὡς εἰρηκότι περὶ ἐμοῦ. τῆς μέντοι παιδιᾶς τῆς
πρὸς ἀλλήλους (παιδιὰν γὰρ αὐτὸ χρὴ λέγειν) παρε-
κάλουν αὐτοὺς παύσασθαι, τόν τε Ἀρίστιππον καὶ
τὸν Πλάτωνα, διὰ τὴν πρὸς τοὺς πολλοὺς δόξαν· οὐ
γὰρ καταγελαστότερον ἔτι ἔχοιμεν ἂν ἀλλ' ἄττα
πράττοντες ἢ τοιαῦτα ἐπιδεικνύμενοι.

κδ'. Πλάτωνος.

Οὔπω μὲν εἶχον τούτων τι πέμπειν εἰς Συρακού-
σας, ὧν ἔφης Ἀρχύταν δεηθῆναι λαβεῖν παρὰ σοῦ,
θᾶττον δὲ καὶ οὐ διὰ μακροῦ πέμψομέν σοι. ἐμοὶ δὲ
φιλοσοφία οὐκ οἶδ' ὅ τι ποτὲ χρῆμα γέγονεν, ἆρά γε
φλαῦρον ἢ καλόν, ὁπότε ἐγὼ μισῶ νῦν συνεῖναι τοῖς
πολλοῖς. οἶμαι μὲν οὖν ὡς δικαίως διάκειμαι, ἀμα-
θαίνουσι δὲ κατ' ἰδέαν πᾶσαν ἀφροσύνης οἵ τε ἰδίᾳ τι
πονοῦντες καὶ οἱ τὰ κοινὰ πράττοντες. εἰ δὲ ἀλόγως
τοῦτο πάσχω, οὕτω γε ἴσθι, ὅτι μόλις ἂν οὕτως·
ἐγένετό μοι ζῆν, ἄλλως δὲ οὐκ ἔνι μοι ψυχῆς
λαμβάνειν. (2) διὸ δὴ ἐκ τοῦ ἄστεος ἀπηλλάγην
ὥσπερ εἰρκτῆς θηρίων, διατρίβω μέντοι οὐ μακρὰν
Ἰφιστιαδῶν· κἀκ τούτων τῶν χωρίων συνέγνων ὅτι
Τίμων οὐκ ἦν ἄρα μισάνθρωπος, μὴ εὑρίσκων μέντοι
ἀνθρώπους οὐκ ἠδύνατο θηρία φιλεῖν, ὅθεν καθ' ἑαυ-
τὸν καὶ μόνος διεβίου. κινδυνεύω δὲ τοιγὼ ἴσως μηδὲ
ἐκείνως οἱ λογίζεσθαι. σὺ δὲ ἐκδέχου ὅπως βούλει·
ἐμοὶ γὰρ ὧδε τὰ τῆς γνώμης ἔχει, ἄποθεν εἶναι τοῦ
ἄστεος εἴς τε νῦν καὶ τὸν ἄλλον ἅπαντα χρόνον, ὅντινα
ἂν ζῆν ὁ θεὸς ἡμῖν διδῷ.

κε'. Τοῦ αὐτοῦ.

Κρῖνις, ᾧ δέδωκα τὴν ἐπιστολήν, ἔστι μὲν πάλαι
καὶ σοὶ φίλος, ἐπεὶ δὲ ἡ ἀρχὴ τῆς γνώσεως ἀφ'
ἡμῶν γέγονε, καλῶς ἔχειν ἅμαι καὶ νῦν, ὥσπερ ἑτέ-
ραν ἀρχὴν ποιούμενος συστάσεως, παρακαλέσαι σε
πρὸς τὴν ἐπιμέλειαν αὐτοῦ. τυγχάνει γὰρ βουλόμε-
νος στρατεύεσθαι καὶ πράττειν τι τῶν κατ' ἀξίαν
αὐτοῦ. σχεδὸν δὲ βραχὺς ὁ μετὰ ταῦτα λόγος· οὔτε
γὰρ ἡμᾶς ἀγνοεῖς πῶς ἔχομεν πρὸς Παράμονον καὶ
Κρῖνιν, οὔτε τὸν νεανίσκον ὅτι σώφρων καὶ μέτριος
καὶ εἰς πᾶσαν ὁμιλίαν ὡς εἰπεῖν καὶ χρείαν ἀσφαλής.

debatur, si quos alios dialogos haberem, hos ad se mittere
iubebat. Nos promisimus, o viri amici atque socii,
ideoque brevi sumus redituri. Recitanti mihi adstabat
Plato (parum abfuit quin hoc silentio transirem) ac de
me privatim cum illo colloqui videbatur propter Aristip-
pum. (3) Nam quum a Dionysio secessisset, « nunquam
ego, » inquit, o Æschines, hoc præsente homine » (dice-
bat Aristippum) « libere loqui soleo : verum de te quid
dixerim, testabitur ipse Dionysius. » Ac postero die in
horto Dionysio Platonis de me dicta testimonio suo
abunde confirmabat. Iocis tamen mutuis (iocus enim res
dicenda est) ut finem facerent, Aristippum et Platonem
adhortabar propter ipsorum in vulgus diffusam gloriam :
non enim ulla in re magis risum moveamus quam si talia
præ nobis feramus.

XXIV. Platonis.

Nihil eorum, ut Syracusas mitterem, ad manus fuit,
quæ per te Archytam sibi curari velle dicis, mittam ta-
men, quam primum id fieri poterit. Mihi vero ex philo-
sophia nescio quid acciderit, pravum an bonum, quum
ego consuetudinem cum vulgo hominum nunc abhor-
ream. Ac merito quidem ita animatus esse mihi videor
quoniam omni stultitiæ genere ineptiunt et qui privata et
qui publica obeunt negotia. Sin vero temere hoc patior,
hoc scias, vix me ita vivere, alia tamen conditione ducere
non posse animam vitalem. (2) Quare ex urbe tanquam
bestiarum carcere secessi, domicilio non longe ab Iphi-
stiadis et vicinis locis posito, Timonemque intellexi non
homines odisse, sed quum homines non invenisset, be-
stias amare non potuisse : quapropter secum atque solus
vitam degit. Quanquam ne sic quidem fortasse periculum
evitavi, ne rebus meis male consulerem. Tu vero, ut
visum fuerit, accipies : mihi enim præpositum est vivere
longe ab urbe remotum et nunc et per omne tempus,
quod ad vivendum mihi deus concesserit.

XXV. Eiusdem.

Crinis, cui litteras tradidi, aperte tibi quoque amicus
est, sed quoniam familiaritatis initium a me profectum
est, æquum esse existimavi, ut alterum quasi commen-
dationis exordium faciens te ad eum curandum provoca-
rem. Militiam enim sequi cupit, ac rem agere se ipso mi-
nime indignam. Reliqua paucis transigere licet : neque enim
ignoras, quo simus erga Paramonum et Crinim animo,
neque qua adolescens iste prudentia et modestia, quaque
in omni conversatione et rebus agendis fide. Aiunt enim de

ν γάρ φασι τεκμαίρεσθαι τὰ μέλλοντα τοῖς γεγονόσι,
ὶ μάλιστα τῇ ἰδίᾳ φύσει καὶ προαιρέσει τοῦτον δὲ
ντες ὁμολογουμένως ἐπαινοῦσιν ὡς οὖν ὄντος καὶ
οὕτου καὶ ἡμετέρου καὶ σοῦ φίλου πειρῶ τὴν ἐνδε-
μένην περὶ αὐτοῦ ποιεῖσθαι σπουδήν ἄξιοι γὰρ οἱ
οὗτοι χάριτος.

ϛ' Τοῦ αὐτοῦ

Πολλάκις ἀναγγέλλοντος τοῦ Ἀθηνοδώρου τὴν ὑμετέ-
ν προαίρεσιν, ἐδοκίμαζον γράψας πρὸς ὑμᾶς ἀσπά-
σθαί τε καὶ προσαγορεῦσαι καὶ διὰ τὴν πρὸς ἐμὲ
ἤθειαν ἧς φαίνεσθε μνημονεύειν, καὶ διότι περὶ
ωνύσιον ὅμοιοι διαμένετε ταῖς εὐνοίαις ἤθους γὰρ
σιν οὐδεμίαν ἀκριβεστέραν ἡγοῦμαι τῆς ἐν φιλίᾳ
βαιότητος, ἧς ὑμᾶς αἰσθάνομαι καὶ παρὰ τὴν ἡλι-
ν ἐπιμελουμένους. ὡς οὖν καὶ διὰ ταῦτα καὶ διὰ
ι ἄλλην ἐπιείκειαν ὑμῶν, ἣν πυνθάνομαι πολὺ μᾶλ-
ι νῦν ἢ πρώην, ἀπερχομένου μου πειρᾶσθε καὶ τὸν
ὅλοιπον χρόνον εἶναι τοιούτοι, νομίζοντες ἐλευθεριω-
την ἐπιχαρπίαν εἶναι τῆς τοιαύτης διαθέσεως τὴν
ρὰ τῶν εὖ ζώντων εὐφημίαν

ϛ' Φαῖδρος Πλάτωνι

Γράφεις μοι ὡς λυπεῖν με μὴ θέλων ἀπεκρύψω
μέλλεις ἄρα πορρωτέρω ἀποδημεῖν, καὶ αὐτὸς δὲ
ρομαι ποθεῖν σε νὴ τὸν Δία τὸν Ὀλύμπιον ἀλλὰ
ὸς Διὸς φιλίου τε καὶ ἑταιρείου, ὦ Πλάτων, καὶ τοῦ
ε κατὰ γῆν ἐν εὐσεβῶν γώρῳ ὄντος εἴτε κατ' ἄ-
ρα (ὅπερ καὶ μάλα πείθομαι) Σωκράτους, μὴ πε-
δης ἡμᾶς ἀπαιδεύτους εἰς τέλεον γενομένους, ἀλλ'
ἥντινα προκοπὴν ἔσχομεν ἐπ' ἐκείνου τοῦ δαι-
νίου ἀνθρώπου, ταύτην σὺ σώσας ἐπί τι ἀγάγῃς
ιος (2) ἐμοὶ γὰρ ἥδιον φιλοσοφίας οὐδὲν καὶ τῶν
φιλοσοφίᾳ λόγων ἐτιθηνήθην γὰρ ἐκ νέου ἔτι παιδὸς
ικρατικοῖς ὡς ἄν τις εἴποι βαυκαλήμασιν ἐν παντὶ
μοδίῳ καὶ ἱερῷ τόπῳ, τοῦτο μὲν ἐν τῇ ἀκαδημείᾳ,
ῖτο δὲ ἐν Λυκείῳ τε καὶ Ἰλισσῷ ὑπὸ τῇ θείᾳ πλα-
νῳ ἱσταμένης μεσημβρίας, ἵνα Λυσίας ὁ Κεφάλου
περὶ ἔρωτος διωρθοῦτο ἐν οὖν τοῖς τοιούτοις χω-
ις περιάγεσιν τε καὶ περιαγόμενος ἀρετῆς τῆς ἀρ'
ῶν ἐπιμπλάμην καὶ ἣν ἐπίφθονος Ἀλκιβιάδῃ τε τῷ
ιεινίου καί τισιν ἄλλοις τῶν νέων, οἳ μᾶλλον ἐβού-
ντο ἐμοῦ προεδρίας ἀξιοῦσθαι παρ' ὑμῖν τοῖς σοφοῖς,
ὶ οὐδέποτέ με καταπροέδοτε, τῷ ὄντι ἐνθεάσαντες
λοσοφίᾳ, ἧς ἐδίψων εἰς τὸ πάμπαν

χη' Πλάτωνι

Οἱ ἀπ' Αἰγύπτου ἀφικόμενοι ἀγαθοὶ ἄνδρες ἀπήγ-
λλον ἡμῖν ὅτι τὴν πᾶσαν Αἴγυπτον περισκεψάμενος
ν διατρίβεις περὶ τὸν Σαϊτικὸν νομὸν λεγόμενον, ἐν-
νθανόμενος τῶν κεῖθι σοφῶν ὅ τι αὐτοῖς φαίνεται
ρὶ τοῦ σύμπαντος, ὅπως ἐγένετο καὶ ᾧ λόγῳ νῦν

---

futuris ex præteritis fieri oportere coniecturam, maxim°
vero ex propria cuique indole et consilio Hunc vero
omnes uno ore laudant Quum itaque et talis sit et no-
ster amicus tuusque, fac ut quantum poteris curæ in eum
impendas digni enim tales sunt favore

XXVI Eiusdem

Quum sæpe numero de animi vestri sententia certiorem
me fecisset Athenodorus, visum est litteris vos salutare
atque compellare quum propter consuetudinem mecum
habitam, cuius memores etiamnum videmini, tum quod
eandem semper Dionysio benevolentiam servatis Vir
enim accuratius mores cuiusquam diiudicari posse exi-
stimo, quam ex amicitiæ constantia, in qua tuenda vel
ætatem vos superare sentio Ob hæc igitur et ob reli-
quam vestram animi moderationem, de qua audio, nunc
magis etiam quam antea, quum a vobis discederem, eo
enitamini, ut in posterum quoque tales vos præstetis,
honestissimum scilicet huius studii præmium existimantes
bonam apud bene viventes famam.

XXVII Phædrus Platoni

Scribis mihi, quod me nolens mœrore afficere iter a
te in remotiora loca suscipiendum reticueris, et ipse
quoque per Iovem Olympium tui desiderio iamiam te-
neor Sed per Iovem amicalem et socialem, Plato, per-
que Socratem, sive ille sub terris in piorum agris sit sive,
quod maxime mihi persuadeo, inter sidera versetur, noli
committere ut institutionis beneficio prorsus careamus,
sed fac ut, si quid per divinum illum virum profecimus,
hoc conserves et ad finem aliquem perducas (2) Mihi
sane dulcius nihil philosophia et in ea versantibus ser-
monibus nam a prima iuventa iam pridem Socraticis
lenimentis, quasi nutricum cantiunculis, in omni apto
sacroque loco, partim Academia, partim in Lyceo et ad
Ilissum sub divina illa platano urgente meridie, ubi Ly-
sias Cephali filius suos de amore commentarios corrige-
bat, enutritus sum In eiusmodi igitur locis me circum
agens et circumlatus virtute a vobis promanante adim-
plebar, invidiamque movebam Alcibiadi Cliniæ filio
aliisque nonnullis iuvenum, qui apud vos sapientes me
cupidius primam sedem affectabant, nec tamen vos me
prodidistis, reapse me initiantes philosophiæ, cuius ego
ardebam siti flagrantissima

XXVIII Platoni

Qui venerunt ex Ægypto, probi viri, nuntiaverunt no-
bis, te Ægypto universa perlustrata nunc in Saitica
præfectura commorari, ex sapientibus qui illic sunt
sciscitantem, quid ipsis videretur de rerum universitate,

τὴν πᾶσαν κίνησιν ἔχει κατά μέρος καὶ κατὰ τὸ ὅλον.
δυσκόλως δέ φασιν αὐτοὺς τοῖς Ἕλλησι διαλέγεσθαι,
ὅτῳ δήποτε οὖν παθήματι χρωμένους, εἰ μὴ ὅσον
Πυθαγόρᾳ ἐκοινώνησαν τοὺς λόγους τοὺς περὶ φύσεως
καὶ γεωμετρίας καὶ τοῦ ἀριθμοῦ οἱ περὶ Ἡλιούπολιν.
καὶ τούτῳ γε οἶμαι τερατευσαμένῳ αὐτούς, ὡς
ινες ἱστοροῦσι (ἐμέμνηντο γὰρ τῶν μύθων τῶν περὶ
Πυθαγόραν, ἡνίκα τὰ περὶ Αἴγυπτον διηγοῦντο ἡμῖν,
Τίμαιός τε καὶ Θεόδωρος ὁ Κυρηναῖος), ἢ καὶ ἄλ-
λως ἐπελθὼν αὐτοῖς οἰκειωθῆναι. (2) εἰ δὲ καὶ σοὶ
νῦν, καὶ τὰ οἴκοι Ἀθήνησι πάντα κατὰ θεὸν ἔχει.
ἐπίστελλε δὲ ἡμῖν καὶ πάλιν σὺ ὅπως διάκεισαι τοῦ
σώματος, ὡς τά γε τῆς ψυχῆς ἑκάστοτε ἴσμεν ὑγιᾶ διά
τε φρόνησιν καὶ ἀρετήν. καὶ εἴ του δέοιο τῶν σῶν,
γράφε ἡμῖν· τὰ γὰρ ἐμά, ὦ Πλάτων, σά φημι εἶναι
δίκῃ ἁπάσῃ, ὥσπερ καὶ Σωκράτους ἦν. σημανεῖς δ'
ἡμῖν περὶ τῶν ἐγχωρίων θεαμάτων καὶ τῆς περὶ
ταῦτα μεγαλουργίας, τομάς τε λίθων εἰς ἄπλετόν
τι μέγεθος ἐγηγερμένας καὶ ἐργασίας αὐτῶν ἀνδρει-
κέλους τε καὶ εἰς τὰ ἄλλα ζῷα ἀπεσχηματισμένας
τέχνῃ τε παλαιᾷ καὶ οὐκ εἰς τὸν τρόπον τὸν Ἑλληνικόν,
καὶ ἃ τῶν ἄλλων πάλιν τεχνημάτων πολυμόρφων ζῳω-
δίων ἐπιδείκνυται τὴν ἰδίαν φύσιν, καὶ ἄσκησιν ἀκεκ-
τονοίαν τῆς ἐπινοίας τῆς ἐν τοῖς γενομένοις. (3) ἄσμε-
νος δ' ἂν καὶ αὐτὸς τῶν πυραμίδων κατεῖδον τὸ μέγε-
θος καὶ τὴν Μέμφιν, καὶ αὐτήκοος ἐγενόμην τοῦ ἱεροῦ
λόγου καὶ τῆς παγκάλης τοῦ Νείλου θέας αἱ διερχο-
μένου δὲ τὴν Αἴγυπτον καὶ ἐπισχόμενα τῇ πλημμυ-
ρίδι κατὰ τὴν ἑτέραν ὥραν καὶ τὴν εἰς τοὔμπαλιν
ἀπόρροιαν αὐτοῦ. ταῦτα γὰρ πάντα εἰς τὸ ἄπιστον
λεχθῆναι νομίζω, ἃ παρὰ τοῖς πολλοῖς οὕτω μεγάλα
ἐστὶ καὶ ἀξιέραστα τῆς ὄψεως.

κθ'. Ἀρίστιππος; τῇ * *.

Ἐκομισάμην παρά σοῦ γράμματά μοι πεμφθέντα
διὰ τέλους, ἐν οἷς ἐδέου με παραγενέσθαι ὡς τάχιστα
εἰς Κυρήνην, λέγουσα οὐκ εὖ σοι ἀπανταστῆαι οὔτε παρὰ
τῶν ἐπισκόπων, οὔτε ἱκανὸν εἶναι οἰκονομῆσαι τὸν
ἄνδρα αἰδῶ τε ἔχοντα καὶ θορύβων πολιτικῶν ζῆν
μακρὰν εἰθισμένον. ἐγὼ δὲ πειρώμενος ὡς ἂν ἀφε-
θείην ὑπὸ τοῦ Διονυσίου πλεῦσαι πρὸς σέ, ἐμποδὼν
μοι τοῦ χρεὼν στάντος ἐν Λιπάραις μαλακῶς ἔσχον,
ὅτε δὴ καὶ τοὺς περὶ Σώνικον ἀριστά μοι προσφερομέ-
νους ἐνόησα τημελοῦντάς με γνησίως καὶ ὡς ἂν εἴ.....
ἀρκεῖταί τις ζῆν τῶν· διάθεσιν φιλικήν. (2) περὶ
ὧν δὲ ἔκρινας τίνα ἕξεις τιμὴν ὑπ' ἐμοῦ ἠλευθερωμέ-
νοις, οἳ καὶ ἔλεγον Ἀριστίππου μὴ ἀποχωρῆσαι, ἕως
ἂν αὐτοῖς ᾗ δύναμις ἀρέσκειν ἐκείνῳ τε καὶ σοί, πάντ'
οὖν αὐτοῖς πίστευε· περιέσται γὰρ αὐτοῖς ἐκ τῆς ἐμῆς
βιοτῆς μὴ εἶναι κακοῖς. ὑποτίθεμαι δέ σοι τὰ πρὸς
ἄρχοντας οἰκονομεῖν, ὥστε τὸ ἐμὸν συμβούλευμα
τοῦτο συμφέρον. τοῦτο δὲ ἦν μὴ τοῦ πλείονος ὀρι-
γνᾶσθαι· ῥᾷστα γὰρ ἂν οὕτως ἐξάγοις τὰ κατὰ τὸν βίον,

---

quemadmodum fuerit creata et qui fiat ut una sui parte
itemque tota motum habeat omnem ratione constitu-
tum. Tradunt autem, non facile illos cum Græcis in
sermonem venire, nescio qua ratione adductos, nisi quod
sermones de natura et geometria et numero Heliopoli Py-
thagoræ tradiderunt. Et hunc illi, opinor, monstrosis eius
figmentis perculsi, ut nonnulli referunt (fabularum enim
quæ de Pythagora traduntur, mentionem fecerunt Ægyp-
tias res nobis exponentes Timæus atque Theodorus Cyre-
næus), vel quod forte iis placuerit ita in suam amicitiam
admiserunt. (2) Bene autem et tuæ nunc et Atheniensium
res omnes domi iuvante deo succedunt. Tu vero rursum
quomodo corpore valeas certiores nos fac litteris : nam
animo te propter prudentiam et virtutem bene valere
probe scimus. Et si qua rerum tuarum indiges, scribe
nobis : mea enim, Plato, omni iure tua esse fateor,
quemadmodum et erant Socratis. Scribas nobis et de
locorum, in quibus commoraris, spectaculis, horumque
exponas magnificentiam, saxorum glebas et in immensam
molem coniunctas, eorumque formas, sive homines sive
alia animalia vetusta arte, nec tamen Græcorum modo
referentes, quæque præterea artificia multiformium
animalium propriam naturam produnt et exercitium ....
.. in repræsentandis rebus inventionis. (3) Libenter et
ipse pyramidum adspicerem magnitudinem atque Mem-
phim, et sacrum sermonem auribus perciperem, oculis-
que perpulchrum Nili spectaculum, qui Ægyptum per-
meat et æstu suo altera anni tempestate inundat, eius-
que fluctus rursum recedentes. Hæc enim omnia supra
omnem fidem dicta existimo, quæ multorum iudicio tam
magna sunt et adspectu desiderabilia.

XXIX. Aristippus ..... filiæ.

Litteras tuas recepi continuo transmissas, quibus me
rogasti, ut quam citissime Cyrenen pervenirem, quia nec
præfecti bene te haberent, neque maritus præ verecundia
sua, quodque longe a civilibus turbis vitam agere con-
suevisset, idoneus esset ad res domesticas administran-
das. Ego vero quum venia a Dionysio impetrata ad te
navigare instituissem, naturæ necessitate impeditus in
Lipara insula morbo afflictatus sum. Tum etiam sensi
Sonicum et familiares mihi deditissimos, qui ingenue
me curarunt, ... (2) Iam quod quæris,
quem honorem habeas eis, qui a me liberi facti sunt,
quique aiebant Aristippum se nunquam desertuaros, donec
probari possent et illi et tibi, his igitur in rebus omnibus
fidem habe : hoc enim habebunt ex mea vivendi ratione,
ut nunquam evadant mali. Hortor autem ut cum præ-
fectis quæ agenda sunt sic agas, uti meo quidem consi-
lio profuturum est. Id quod hoc sibi vult, ut ne nimium

ὑπεροπτικὴ παντὸς οὖσα τοῦ πλέονος   οὐ γὰρ δὴ
ἐκεῖνοι τοσοῦτόν σε ἀδικήσαιεν ἄν, ὥστε σε ἐνδεᾶ γε-
νέσθαι. οἱ δύο μὲν γάρ σοι κῆποι μένουσιν ἱκανοὶ
ὄντες καὶ πολυτελεῖ βίῳ, τὸ δ' ἐν τῇ Βερενίκη κτῆμα
καὶ μόνον καταλειφθὲν πρὸς ἀρίστην διαγωγὴν οὐχ
ὑπολείψει. (3) τῶν μικρῶν ὑμᾶς οὐ παρακελεύομαι
καταφρονεῖν, ἀλλὰ μὴ ἐπὶ μικροῖς ταράττεσθαι ἔνθα
οὐδὲ ἐπὶ μεγάλοις καλὸν ἡ ὀργή. εἰ δέ μου διαλυ-
θέντος ὑπὸ τῆς φύσεως ποιῆσαι ἐμὸν βούλημα ζητεῖς,
ὡς ὅτι κράτιστα παιδεύσασα τὸν Ἀρίστιππον Ἀθήναζε
χώρει, Ξανθίππην τε καὶ Μυρτὼ πρὸ παντὸς ποιουμένη,
αἵ με πολλάκις ἐλιπάρουν ἐπὶ μυστήριά σε ἄγειν. τὸ
οὖν ἡδὺ βίοτευμα μετὰ τούτων ἔχουσα κατάλιπε τοῖς
ἐν Κυρήνη ἐπισκόποις ὅ τι ποτ' ἂν ἐθέλωσιν ἀδικεῖν
(σὲ γὰρ οὐκ εἰς τὸ φυσικὸν τέλος ἀδικήσουσι), πειρῶ
δὲ μετὰ Ξανθίππης καὶ Μυρτοῦς ζῆν, ὡς ἐμοὶ φίλον
μετὰ Σωκράτους, πλέον διὰ τὴν ἐκείνων φιλίαν σεαυ-
τὴν στέλλουσα κεῖθι γὰρ τὸ σοβαρὸν οὐκ ἐπιχώριον
(4) εἰ δ' ἔλθοι θᾶττον ἅμα Λαμπροκλῆς εἰς Κυρήνην ὁ
Σωκράτους, ὃς ἐν Μεγάροις ὡμίλει μοι, ποιήσεις
ἄριστα κοινουμένη τὸν βίον αὐτῷ καὶ μηδὲν διαφορώ-
τερον τοῦ τέκνου τιμῶσα. Θῆλυ δὲ τέκνον εἰ μηκέτι
τρέφειν βούλει διὰ τὸ πολλάκις ἀνιᾶσθαι ἐπὶ παιδοτρο-
φίᾳ τὸ τῆς Εὐβοΐδος θυγάτριον * *, ὃ δὴ ἐλευθέρως
ἦγες, ἐμοί τε χαρίζεσθαι βουλομένης ἐπὶ τῷ τῆς
ἐμῆς μητρὸς ὀνόματι καὶ γὰρ ἐγὼ πολλάκις Μίχαν
αὐτῷ προσηγόρευσα. πρὸ παντὸς δὲ ἐπισκήπ.ω σοι
τοῦ μικροῦ Ἀριστίππου ἐπιμελεῖσθαι, ὅπως ἄξιος
ἡμῶν καὶ φιλοσοφίας ταύτην γὰρ αὐτῷ καταλείπω
τὴν ὄντως κληρονομίαν· τἆλλα μὲν γὰρ τοῦ βίου
καὶ τοὺς ἐν Κυρήνη ἄρχοντας ἔχει πολεμίους. (5)
περὶ φιλοσοφίας δὲ οὐδὲ ἕν μοι γέγραφας, ὅτι ταύτην
σού τις ἀφήρηται. μέγα οὖν, ὦ ἀγαθὴ γύναι, χαῖρε
ἐπὶ τῷ πλουτεῖν πλοῦτον τὸν ὑπὸ σοὶ κείμενον καὶ
κτηματίτην ποίει τούτου τὸν υἱόν, ὃν ἐβουλόμην μὲν
αὐτὸς ἤδη ἐμὸν υἱὸν εἶναι ἐπειδὴ δὲ ἀναλύω μὴ ἐμ-
πλησθεὶς αὐτοῦ, πέποιθα καὶ σοί, διότι τὴν αὐτὴν
ἄξεις πορείαν τὴν συνήθη ἀγαθοῖς ἀνδράσιν ἔρρωσο
καὶ περὶ ἡμῶν μὴ ἀγανάκτει

λ' Φιλίππῳ

Ἀντίπατρος ὁ φέρων τὴν ἐπιστολὴν τὸ μὲν γένος
ἐστὶ Μάγνης, γράφει δὲ Ἀθήνησι πάλαι τὰς Ἑλληνι-
κὰς πράξεις, ἀδικεῖσθαι δέ φησιν ὑπό τινος ἐν Μα-
γνησίᾳ. διάκουσον οὖν αὐτῷ τὸ πρᾶγμα καὶ βοήθη-
σον ὡς ἂν δύνῃ προθυμότατα   δικαίως δ' ἂν αὐτῷ
βοηθοίης διὰ πολλὰ καὶ διότι παρ' ἡμῖν ἀνάγνω
σθέντος ἐν διατριβῇ τοῦ σοὶ πεμφθέντος ὑπὸ Ἰσοκρά-
τους λόγου τότε τὴν μὲν ὑπόθεσιν ἐπήνεσε, τὸ δὲ πα-
ραλιπεῖν τὰς εἰς τὴν Ἑλλάδα γενομένας εὐεργεσίας
ὑμῶν ἐνεκάλεσε. πειράσομαι δ' αὐτῶν εἰπεῖν ὀλίγας.
(2) Ἰσοκράτης μὲν γὰρ οὔτε τὰς εἰς τὴν Ἑλλάδα γε-
νομένας εὐεργεσίας ὑπὸ σοῦ καὶ τῶν σῶν προγόνων

cupias sic enim vitam commodissime transiges, si omne
supervacaneum contemnas Neque enim adeo in te in-
iusti erunt, ut penitus labores egestate Duo certe ma-
nebunt tibi viridaria, ad vitam vel splendidam agendam
sufficientes Qui autem Berenicæ est fundus vel solus
relictus abunde vitæ commoda subministrabit   (3) Non
iubeo exiguas res despicere, sed ob exiguas non turbari,
ubi ne ob magnas quidem irasci decet Iam si voles, ubi
naturæ cessero, consilium meum exsequi, filio Aristippo
quam fieri potest optime instructo Athenas pete, ibique
præ omnibus Xanthippen cole atque Myrto, quæ sæpe
numero me, ut ad mysteria te adducerent, rogabant
Hoc itaque dulci vitæ modo cum iis utens, præfectis Cy-
renæis concede, ut quantum volent iniuste agant non
enim in fine bonorum naturali iniuria te afficient Co-
nare autem cum Xanthippe atque Myrto ea ratione vi-
vere, qua mihi cum Socrate vivere moris erat, de fastu
tuo earum gratia remittens procul enim hic abest fastus
(4) Simul atque vero Lamprocles, Socratis filius, Cyrenen
venerit, qui mecum Megaris vivebat, optime feceris, si
victus consortem habueris eumque æque atque filium
tuum colueris Filiolam autem si non amplius vis alere
ob molestias, quas ex educandis liberis percepisti, filiam
Euboidis, quam liberaliter tractasti et meam in gratiam
matris meæ nomine appellavisti, nam et ipse sæpius
Micam eam nominavi, huic officio adhibe Ante omnia
parvulum Aristippum velim cures, quo nobis dignus eva-
dat et philosophia hoc enim verum ei relinquo patri-
monium   Namque reliquam vitam et præfectos Cyre-
næos habet adversarios   (5) De philosophia vero ne
verbum quidem scripsisti, quod eam aliquis tibi eripue
rit Summopere igitur, o bona, gaude quas possides
divitus tuis, earumque filium tuum fac participem,
quem vellem ipse iam meum esse filium sed quoniam,
antequam eo uti possim, decedendum mihi est, confido
te quoque illum ducturam esse ea via, quam boni viri
solent ingredi Vale ac de nobis sollicita esse noli

XXX Philippo

Antipater, qui hanc fert epistolam, genere Magnes,
Athenis iam diu res Græcorum gestas scribit, ait autem
iniuria se affici ab aliquo Magnesiæ Huic igitur benig-
nam præbe aurem et opem fer pro viribus et promptis-
sime Multis enim nominibus merito ei opem feras,
maxime vero quod, quum in familiarium cœtu nostro
oratio ad te ab Isocrate missa perlustrata esset, argu-
mentum quidem eius laudavit, sed in Græcia a vobis
collata beneficia prætermissa esse reprehendit Quorum
quædam iam, ut potero, in medium proferam (2) Sci-
licet Isocrates neque in Græcos a te atque maioribus tuis

δεδήλωχεν, οὔτε τὰς ὑπό τινων κατὰ σοῦ γεγενημένας διαβολὰς λέλυκεν, οὔτε. Πλάτωνος ἐν τοῖς πρός σε πεμφθεῖσι λόγοις ἀπέσχηται. καίτοι χρῆν πρῶτον μὲν τὴν ὑπάρχουσαν οἰκειότητα πρὸς τὴν ἡμετέραν πόλιν αὐτὸν μὴ λαθεῖν, ἀλλὰ ποιῆσαι καὶ τοῖς ἀπὸ σοῦ γενομένοις φανεράν· Ἡρακλῆς γάρ, ὄντος νόμου τὸ παλαιὸν ἡμῖν μηδένα ξένον μυεῖσθαι, βουληθεὶς μυεῖσθαι γίνεται Πυλίου θετὸς υἱός. (3) τούτου δὲ ὄντος τοιούτου τοὺς λόγους ἐξῆν Ἰσοκράτει λέγειν ὡς πρὸς πολίτην, ἐπειδὴ τὸ γένος ὑμῶν ἐστὶν ἀφ' Ἡρακλέους, μετὰ δὲ ταῦτα τὰς Ἀλεξάνδρου τοῦ σοῦ προγόνου καὶ τῶν ἄλλων τὰς εἰς τὴν Ἑλλάδα γενομένας εὐεργεσίας ἐξαγγέλλειν. νυνὶ δὲ ὥσπερ ἀπορρήτους συμφορὰς κατασεσιώπηκεν· Ξέρξου γὰρ πρέσβεις ἐπὶ τὴν Ἑλλάδα πέμψαντος γῆν καὶ ὕδωρ αἰτήσαντας Ἀλέξανδρος τοὺς μὲν πρέσβεις ἀπέκτεινεν, ὕστερον δὲ στασιαζόντων τῶν βαρβάρων οἱ Ἕλληνες ἐπὶ τὸ ἡμέτερον Ἡράκλειον ἀπήντησαν, Ἀλεξάνδρου δὲ τὴν Ἀλεύου καὶ Θετταλῶν προδοσίαν τοῖς Ἕλλησι μηνύσαντος ἀναζεύξαντες οἱ Ἕλληνες δι' Ἀλέξανδρον ἐσώθησαν. (4) καίτοι τούτων χρὴ μὴ μόνον Ἡρόδοτον καὶ Δαμάστην μεμνῆσθαι τῶν εὐεργεσιῶν, ἀλλὰ καὶ τὸν ἐν ταῖς τέχναις ἀποφαινόμενον ἐκ τοῦ τῶν προγόνων ἐπαίνων εὔνους δεῖν ποιῆσαι τοὺς ἀκροατάς. προσῆκε δὲ καὶ τὴν Πλαταιᾶσιν ἐπὶ Μαρδονίου γενομένην δηλῶσαι καὶ τὰς ἑξῆς τοσαύτας τῶν σῶν προγόνων εὐεργεσίας· οὕτω γὰρ ἂν ὁ περὶ σοῦ γραφεὶς λόγος τῆς παρὰ τῶν Ἑλλήνων εὐνοίας ἔτυχε μᾶλλον ἢ μηδὲν ἀγαθὸν περὶ τῆς ὑμετέρας βασιλείας εἰπόντος. ἦν δὲ καὶ τὰ παλαιὰ διαλεχθῆναι τῆς Ἰσοκράτους ἡλικίας, τὸ δὲ εὐθαλῶς, ὥς φησιν αὐτός, ἀνθούσης τῆς διανοίας. ἀλλὰ μὴν καὶ τὰς διαβολὰς ἐνῆν λῦσαι τὰς τὸ πλεῖστον ὑπ' Ὀλυνθίων γινομένας. (5) τίς γὰρ ἂν οὕτως εὐήθη σε νομίσειεν, ὥστε σοι πολεμούντων Ἰλλυριῶν καὶ Θρακῶν, ἔτι δὲ Ἀθηναίων καὶ Λακεδαιμονίων καὶ ἄλλων Ἑλλήνων καὶ βαρβάρων, πόλεμον πρὸς Ὀλυνθίους ἐξενεγκεῖν; ἀλλὰ περὶ μὲν τούτων οὐκ ἐν ἐπιστολῇ πρὸς σὲ μηκυντέον, ἃ δέ ἐστιν οὐχ ἐμποδὼν τοῖς τυχοῦσιν εἰπεῖν, ἐκ πολλοῦ τε χρόνου τοῖς πᾶσι κατασεσιώπηται, συμφέρει δέ σοι πυθέσθαι, ταῦτά μοι δοκεῖ φράσειν καὶ τούτων ἀξιώσειν εὐαγγελίᾳ δικαίαν χάριν Ἀντιπάτρῳ παρὰ σοῦ δοθῆναι. περὶ γὰρ τῆς γινομένης Ὀλυνθίοις χώρας, ὡς ἔστι τὸ παλαιὸν Ἡρακλειδῶν ἀλλ' οὐ Χαλκιδέων, ὁ φέρων τὴν ἐπιστολὴν μόνος καὶ πρῶτος ἀξιοπίστους μύθους εἴρηκε. (6) τὸν αὐτὸν γάρ φησι τρόπον Νηλέα μὲν ἐν Μεσσήνῃ, Συλέα δὲ περὶ τὸν Ἀμφιπολιτικὸν τόπον ὑφ' Ἡρακλέους ὑβριστὰς ὄντας πολέσθαι, καὶ δοθῆναι παρακαταθήκην φυλάττειν Νέστορι μὲν τῷ Νηλέως Μεσσήνην, Δικαίῳ δὲ τῷ Νηλέως ἀδελφῷ τὴν Φυλλίδα χώραν, καὶ Μεσσήνην μὲν ὕστερον πολλαῖς γενεαῖς Κρεσφόντην κομίσασθαι, τὴν ἐξ Ἀμφιπολῖτιν Ἡρακλειδῶν οὖσαν Ἀθηναίους καὶ Χαλκιδεῖς λαβεῖν. ὡς δ' αὕτως ὑφ' Ἡρακλέους ἀναιρε-

collata beneficia exposuit, neque probra a nonnullis in te coniecta diluit, neque a Platone in scriptione ad te data criminando se continuit. Atqui primum, quæ tibi cum nostra civitate intercedit necessitudo non celanda erat, sed posteris etiam tuis aperta facienda. Hercules enim, quum lege pridem prohibitum esset peregrinum quenquam initiari, initiari cupiens adoptatus est a Pylio. (3) Quod quum ita sit, ad te velut civem orationem convertere poterat Isocrates, quoniam ab Hercule deducis genus, deinde Alexandri, proavi tui, et reliquorum in Græciam collata beneficia enarrare : nihilominus vero tanquam infanda mala silentio transiit. Xerxis enim legatos in Græciam missos, qui terram et aquam poscerent, Alexander interfecit, deinde vero tumultuantibus barbaris Græci ad nostrum Heracleum convenere, quumque Alexander Aleuadarum Thessalorumque proditionem Græcis indicasset, per ipsum Græci redeuntes conservati sunt. (4) Quorum beneficiorum non solum Herodotum et Damasten memores esse oportebat, sed eum etiam, qui in arte sua rhetorica e maiorum laude auditorum benevolentiam oratori esse conciliandam præcipit. Verum et quod præsente Mardonio Platæis factum est et reliqua præterea maiorum tuorum beneficia enarranda erant. Sic enim scripta de te oratio Græcorum animos ad benevolentiam allexisset magis quam si nihil boni de vestro regno proferat. Ad hoc antiquarum quoque rerum enarratio ab Isocratis ætate haud aliena erat, præsertim quum, ut ait ipse, animo vigeret. At et criminationes refellere poterat, quæ ab Olynthiis maxime inferuntur. (5) Quis enim tam stultum te existimet, ut, dum Illyrii atque Thraces, præstereaque Athenienses et Lacedæmonii aliique Græci atque barbari tecum pugnent, Olynthiis te bellum inferre credat? sed de his pluribus in epistola ad te data agere non decet. Quæ vero in promptu non solent esse oratoribus, ac diu iam ab omnibus silentio occultantur, tua autem scire interest, hæc iam exponam et hoc pro bono nuntio ut meritam Antipatro gratiam referas rogo. Scilicet terram, quam tenent Olynthii, antiquis temporibus Heraclidarum, nec vero Chalcidensium fuisse, ipse, qui fert epistolam, solus atque primus fabulis fide dignis comprobavit. (6) Eadem enim ratione tradit Neleum apud Messenios, Syleum in regione Amphipolitana ab Hercule ut iniurios esse trucidatos ac loco deposti datam ad conservandum Nestori, Nelei filio, Messenen, Dicæo, Sylei fratri, Phyllidem regionem, et Messenen quidem multis ætatibus post ad Cresphontem pervenisse, Amphipolitidem autem, quæ Heraclidarum esset, Athenienses atque Chalcidenses occupasse. Eodem modo ab

Ἤναι κακούργους καὶ παρανόμους, Ἱππακόωντα μὲν
ἐν Σπάρτῃ τύραννον, Ἀλκυονέα δὲ ἐν Παλλήνῃ. καὶ
Σπάρτην μὲν Τυνδάρεῳ, Ποτίδαιαν δὲ καὶ τὴν ἄλλην
Παλλήνην Σιθῶνι τῷ Ποσειδῶνος παρακαταθέσθαι, καὶ
τὴν μὲν Λακωνικὴν τοὺς Ἀριστοδήμου παῖδας ἐν ταῖς
Ἡρακλειδῶν καθόδοις ἀπολαβεῖν, Παλλήνην δὲ Ἐρε-
τριεῖς καὶ Κορινθίους καὶ τοὺς ἀπὸ Τροίας Ἀχαιοὺς
Ἡρακλειδῶν οὖσαν κατασχεῖν. (7) τὸν αὐτὸν δὲ τρό-
πον ἐξαγγέλλει περὶ τὴν Τορωναίαν τοὺς Πρωτίδας
τυράννους Τμῶλον καὶ Τηλέγονον ὡς Ἡρακλῆς ἀνέλοι
καὶ περὶ Ἀμβρακίαν Κλείδην καὶ τοὺς Κλείδου παῖδας
ἀποκτείνας Ἀριστομάχῳ μὲν τῷ Σιθῶνος τὴν Τορω-
ναίαν τηρεῖν προστάξειε, ἣν Χαλκιδεῖς ὑμετέραν
οὖσαν κατῴκισαν, Λαδίκῃ δὲ καὶ Χαράττῃ τῇ Ἀμ-
βρακικὴν χώραν ἐγχειρίσαιεν, ἀξιῶν ἀποδοῦναι τὰς
παρακαταθήκας τοῖς ἐπ' αὐτοῦ γινομένοις. ἀλλὰ μὴν
καὶ τὰς ὑπορρύους Ἀλεξάνδρου τῆς Ἠδωνῶν χώρας
κτήσεις Μακεδόνες πάντες ἴσασι. (8) καὶ ταῦτά ἐ-
στιν οὐ πρόφασις Ἰσοκράτους, οὐδὲ ὀνομάτων ψόφος,
ἀλλὰ λόγοι δυνάμενοι τὴν σὴν ἀρχὴν ὠφελεῖν. ἐπειδὴ
δὲ καὶ περὶ τῶν Ἀμφικτυονικῶν πραγμάτων δῆλος εἶ
σπουδάζων, ἐβουλήθην σοι φράσαι μῦθον παρὰ Ἀντι-
πάτρου, τίνα τρόπον πρῶτον οἱ Ἀμφικτύονες συν-
έστησαν καὶ πῶς ὄντες Ἀμφικτύονες Φλεγύαι μὲν
ὑπὸ Ἀπόλλωνος, Δρύοπες δὲ ὑπὸ Ἡρακλέους, Κρι-
σαῖοι δὲ ὑπὸ τῶν Ἀμφικτυόνων ἀνῃρέθησαν· οὗτοι γὰρ
πάντες Ἀμφικτύονες γενόμενοι τῶν ψήφων ἀφῃρέθη-
σαν, ἕτεροι δὲ τὰς τούτων ψήφους λαβόντες τῆς τῶν
Ἀμφικτυόνων συντελείας μετέσχον, ὧν ἐνίους σέ φησι
μεμιμῆσθαι καὶ λαβεῖν ἄθλον Πυθίοις τῆς εἰς Δελφοὺς
στρατείας παρὰ τῶν Ἀμφικτυόνων τὰς δύο Φωκέων
ψήφους. (9) ὧν ὁ τὰ παλαιὰ καινῶς καὶ τὰ καινὰ
παλαιῶς ἐπαγγελλόμενος διδάσκειν λέγει νῦν οὔτε τὰς
ἀρχαίας πράξεις οὔτε τὰς ὑπὸ σοῦ νεωστὶ διαπονη-
θείσας, οὔτε τὰς τοῖς χρόνοις μεταξὺ γενομένας μεμύ-
θευκε. καίτοι δοκεῖ τὰς μὲν οὐκ ἀκηκοέναι, τὰς δὲ
οὐκ εἰδέναι, τῶν δὲ ἐπιλελῆσθαι· πρὸς δὲ τούτοις
ἐπὶ πράξεις σε δικαίας προκαλῶν ὁ σοφιστὴς -ἣν μὲν
Ἀλκιβιάδου φυγὴν καὶ κάθοδον ἐπαινῶν ἐν παραδείγ-
ματι δεδήλωκε, τὰ δὲ μείζω καὶ καλλίω πράγματα -ῷ
πατρί σου πραχθέντα παρέλιπεν (10) Ἀλκιβιάδης
μὲν γὰρ ἐπ' ἀσεβείᾳ φυγὼν καὶ πλεῖστα τὴν πατρίδα
τὴν αὑτοῦ κακῶς ποιήσας εἰς αὐτὴν κατῆλθεν, Ἀμύν-
τας δὲ ὑπὲρ βασιλείας στάσει νικηθεὶς βραχὺν χρόνον
ὑποχωρήσας μετὰ ταῦτα πάλιν Μακεδονίας ἦρξεν,
εἶθ' ὁ μὲν πάλιν φυγὼν αἰσχρῶς τὸν βίον ἐτελεύτησεν,
ὁ δὲ σὸς πατὴρ βασιλεύων κατεγήρασεν παρήνεγκε δέ
σοι καὶ τὴν Διονυσίου μοναρχίαν, ὥσπερ προσῆκον σοι
τοὺς ἀσεβεστάτους ἀλλ' οὐ τοὺς σπουδαιοτάτους μι-
μήσασθαι, καὶ ζηλωτὴν τῶν κακίστων ἀλλ' οὐ τῶν
δικαιοτάτων γενέσθαι καί φησι μὲν ἐν ταῖς τέχναις
προσήκειν οἰκεῖα καὶ γνώριμα τὰ παραδείγματα φέ-
ρειν, ὀλιγωρήσας δὲ τῆς τέχνης ἀλλοτρίοις καὶ τοῖς
αἰσχίστοις καὶ τοῖς πρὸς τὸν λόγον ὡς ἐναντιωτάτοις

Hercule Hippocoontem Spartæ tyrannum, Alcyoneum Pal-
lenæ sceleratos ac nefarios interfectos, et Spartam Tyndareo,
Potidæam reliquamque Pallenen Sithoni, Neptuni
filio, concreditas, et Laeonicam quidem Aristodemi filios
in Heraclidarum reditu recepisse, Pallenen autem Eretrienses
et Corinthios et qui Troia venissent Achæos, Heraclidarum
quum esset, occupasse (7) Similiter Herculem
Protidas tyrannos, Tmolum et Telegonum, circa
Toronæam narrat occidisse, et circa Ambraciam Clide
Clidisque filiis interemptis Aristomacho, Sithonis filio,
Toronæam servandam commisisse, quo Chalcidenses,
vestra quum esset, coloniam deduxere, Ladicæ autem et
Charattæ Ambraciam regionem tradidisse, ea conditione
ut suis posteris deposita restituerent Quin etiam recen-
tem Alexandri Edonorum terræ occupationem Macedo-
nes omnes norunt (8) Et hæc non sunt captiunculæ
Isocratis nec verborum strepitus, sed argumenta domi-
na'ui tuo profutura Sed quoniam in Amphictyonicis
rebus agendis operam aperte collocas, ex fabula ab An-
tipatro tradita narrare tibi volui, qua ratione primum
Amphictyones constituti sint et quomodo, licet essent Am-
phictyones, Phlegyæ ab Apolline, Dryopes ab Hercule,
Crissæi ab Amphictyonibus sublati sint Iii enim omnes
Amphictyones iure suffragii privati, aliique in horum
locum succedentes in Amphictyonum ordinem recepti
sunt, quorum nonnullos te ait imitatum Pythiis præ-
mium Delphici belli duo Phocensium suffragia ab Am-
phictyonibus tulisse (9) Quarum rerum omnium ille,
qui antiqua novo et nova antiquo modo se docere profi-
tetur, nunc neque antiquas, neque novissime a te gestas
neque quæ medio tempore acciderunt enarravit, ut eas
partim non audivisse, partim nescire, partim oblitus
esse videatur Præterea sophista ad facinora hores'u
te excitans Alcibiadis exilium atque reditum laudatum
velut exemplum tibi proposuit, maiora vero clarioraque
patris tui facta præterit (10) Alcibiades enim impieta-
tis caussa exul factus in patriam incommodis plurimis
affectam redit, Amyntas vero, postquam in regno occu-
pando seditione superatus paullum cessit, Macedoniæ
deinde imperium obtinuit, tum ille iterum expulsus vi-
tam turpiter amisit, tuus vero pater ad senectutem
usque regnum tenuit Dionysii item tibi tyrannide n
proposuit, quasi conveniret tibi sceleratissimos, nec
vero probatissimos imitari, et pessimorum esse, nec
iustissimorum æmulatorem Et ipse quidem in arte
rhetorica domestica esse ait et nota exempla afferenda,
sed sui præcepti oblitus alienis et turpissimis reique

παραδείγμασι χρῆται. (11) καίτοι πάντων καταγε-
λαστότατα τοιαῦτα γράφων χαριέντως ἀμύνασθαί φησι
τῶν μαθητῶν τῶν αὐτῷ πλησιαζόντων τοὺς ἐπιτιμῶν-
τας· οἳ δὲ χειρωθέντες τῆς ῥητορικῆς τῇ δυνάμει καὶ
παρὰ ταῦτα οὐδὲν ἔχοντες εἰπεῖν οὕτως ἐπήνεσαν
τὸν λόγον, ὥστε τὸ πρωτεῖον τῶν λόγων τῷ λόγῳ τούτῳ
δεδώκασι. καταμάθοις δ' ἂν ἐν βραχεῖ τὴν Ἰσοκράτους
ἱστορίαν καὶ τὴν παιδείαν ἐξ ὧν Κυρηναίους μὲν ποιεῖ
τοῦ Βάττου ὄντας ἀποίκους Λακεδαιμονίων, τὸν δὲ
Ποντικὸν μαθητὴν ἀπέδειξε τῆς αὐτοῦ σοφίας διάδο-
χον, οὗ σὺ πολλοὺς τεθεαμένος σοφιστὰς βδελυρώτε-
ρον οὐχ ἑώρακας. (12) πυνθάνομαι δὲ καὶ Θεόπομπον
παρ' ὑμῖν μὲν εἶναι πάνυ ψυχρόν, περὶ δὲ Πλάτω-
νος βλασφημεῖν, καὶ ταῦτα ὥσπερ οὐ Πλάτωνος
τὴν ἀρχὴν τῆς ἀρχῆς ἐπὶ Περδίκκα κατασκευάσαντος
καὶ διὰ τέλους χαλεπῶς φέροντος, εἴ τι γίνοιτο παρ'
ὑμῖν ἀνήμερον ἢ μὴ φιλάδελφον. ἵνα οὖν Θεόπομπος
παύσηται τραχὺς ὤν, κέλευσον Ἀντίπατρον παρανα-
γνῶναι τῶν Ἑλληνικῶν πράξεων αὐτῷ, καὶ γνώσεται
Θεόπομπος δικαίως μὲν ὑπὸ πάντων ἐξαλειφόμενος,
ἀδίκως δὲ τῆς παρὰ σοῦ χορηγίας τυγχάνων. (3) ὁμοίως
δὲ καὶ Ἰσοκράτης, ἐπειδὴ νέος μὲν ὢν εἰς τὸν δῆμον
μετὰ Τιμοθέου καθ' ὑμῶν ἐπιστολὰς αἰσχρὰς ἔγραφε,
νυνὶ δὲ πρεσβύτης ὢν ὥσπερ ἑκὼν ἢ φθονῶν τὰ πλεῖστα
τῶν ὑμῖν ὑπαρχόντων ἀγαθῶν παραλελοίπεν, ἀπέ-
σταλκε δέ σοι λόγον, ὃν τὸ μὲν πρῶτον ἔγραψεν Ἀγη-
σιλάῳ, μικρὰ δὲ διασκευάσας ὕστερον ἐπώλει τῷ Σικε-
λίας τυράννῳ Διονυσίῳ, τὸ δὲ τρίτον τὰ μὲν ἀφελὼν τὰ
δὲ προσθεὶς ἐμνήστευσεν Ἀλεξάνδρῳ τῷ Θετταλῷ, τὸ
δὲ τελευταῖον νῦν πρὸς σὲ γλίσχρως αὐτὸν ἀπηκόντι-
σεν. βουλοίμην δ' ἂν χωρῆσαι τὸ βιβλίον ἀναμνῆσαι
τὰς ἐν τῷ λόγῳ πρὸς σὲ πεμφθείσας ὑπ' αὐτοῦ προ-
φάσεις. (14) ἐπὶ μὲν γὰρ Ἀμφιπολέως φησὶ κωλῦσαι
τὴν γενομένην εἰρήνην γράψαι λόγον ὑπὲρ τῆς Ἡρα-
κλέους ἀθανασίας, ὕστερον δὲ αὐτῷ σοι φράσειν, ὑπὲρ
ἐνίων δὲ διὰ τὴν ἡλικίαν ὁμολογῶν μαλακώτερον γρά-
φειν συγγνώμης ἀξιοῖ τυχεῖν, μὴ θαυμάζειν δέ, εἰ καί
πως ἀναγκαῖο ὁ Ποντικὸς μωλύτερον καὶ φαυλότερον
ποιεῖ φαίνεσθαι τὸν λόγον, τὸν Πέρσην δὲ ὡς κατα-
στρατηγήσας αὐτὸν εἰδέναι σέ φησιν. ἀλλὰ γὰρ τὰς
λοιπὰς σκήψεις γράφοντα ἐπιλείπει με τὸ βυβλίον,
τοσαύτην ἡμῖν σπάνιν βυβλίων βασιλεὺς Αἰγύπτων
λαβὼν πεποίηκεν. ἔρρωσο καὶ Ἀντιπάτρου διὰ τα-
χέων ἐπιμεληθεὶς πρὸς ἡμᾶς αὐτὸν ἀπόστειλον.

λα'. Φιλίππῳ.

Περδίκκας μὲν ἐνδεδεῖχθαί μοι δοκεῖ περὶ πολλοῦ
ποιούμενος κατὰ τὸν Ἡσίοδον τὰ ἡμίσεα πάντων κε-
κτῆσθαι, νομίζων τὰ μὲν χρήματα καὶ διὰ τύχην ἄν
τινα πολλὰ κτήσασθαι, * * * * τῶν βελτίστων εἶναι.
σοὶ δὲ ὅσιόν ἐστιν ἀδελφὰ τοῖς παρ' ἐκείνου ὑπηγημέ-
νοις; πράττειν, ὅπως ἂν δοκῇς καὶ τὸ ἦθος ἀδελφὸς εἶ-
ναι τοῦ περὶ σοῦ διανοηθέντος τοιαῦτα. νόμιζε δὲ
πάντας προσέχειν σοι τὸν νοῦν καὶ σκοπεῖν ποῖός τις

quam maxime contrariis exemplis utitur. (11) Ac talia
scribens, id quod ridendum omnium maxime, discipulos
ipsi illudentes haud illepide se ait·confutasse, illi vero
eloquentiæ vi domati nec præter hæc quicquam di-
cere habentes tanta oratione laude extulere, ut oratio-
num omnium primas huic deferrent. Intelligas autem,
qua sit sollertia Isocrates, ne multus sim, ex eo, quod
Cyrenæos a Batto colonos deductos Lacedæmoniorum
facit coloniam, quotque Ponticum discipulum suæ sa-
pientiæ constituit successorem, quo tu, quantumvis
multos sophistas videris, imprudentiorem nosti neminem.
(12) Audio etiam Theopompum apud vos esse, hominem
valde frigidum, et conviciis Platonem persequi, idque
quasi non Plato regni tui initia Perdiccæ tempore posue-
rit, et si quid apud vos minus humanum accidat aut a
fraterno amore alienum, id ægre ferat continenter Quo
igitur Theopompi asperitas reprimatur, Antipatrum ex
rerum Græcarum volumine recitare aliquid iube, intelli-
getque Theopompus, merito se ab omnibus reici, imme-
rito autem a te bonis omnibus ornari. (13) Neque aliter
Isocrates, qui iuvenis adhuc una cum Timotheo episto-
las in vos scripsit ad populum probris plenas, nunc vero
senex quasi data opera aut invidia ductus præclare ve-
stra facta tantum non omnia transiit silentio, tibique mi-
sit orationem, quam primum Agesilao inscripserat, deinde
paullum immutatam Siciliæ tyranno Dionysio vendide
rat, tertium aliis detractis aliis additis Alexandro Thessalo
accommodaverat, nunc tandem in te eiaculatus est illibe-
raliter. Vellem charta satis capax esset, ut enumerare
possim ad te ab eo missas in oratione simulationes. (14)
Ait enim, de Amphipoli factam pacem obstitisse, quo-
minus de Herculis immortalitate sermonem faceret, sed
posthac de ea re tibi se esse expositurum, de nonnullis
autem quod præ senectute languidius, ut ipse fatetur,
scripserit, veniam impetrare vult, nec tamen se mirari,
si quis inepte recitans effecerit, ut hebetior atque vilior
esse oratio videatur, Persam vero te profligaturam certo
esse scire. Verum reliquos obtentus scribere me volen-
tem charta deficit, in tantam nos chartæ inopiam Ægypto
occupata rex redegit. Vale et Antipatrum quam citis-
sime opera collata ad nos remitte.

XXXI. Philippo.

Perdiccas manifesto videtur mihi plurimi facere quod
Hesiodus præcepit, dimidiam omnium partem possidere,
existimans opes et forte fortuna aliquem acquirere posse
multas, ... esse præstantissimorum. Tibi vero
convenit gemina eius factis agere, ut videare moribus
etiam illius frater esse, qui ita erga te animatus est.
Cogita autem, omnes in te animum convertere et qualem

ἔτη, πρὸς τὸν ἀδελφόν, καὶ τοὺς μὲν βελτίστους ἀγω-
νιᾶν βουλομένους καὶ ἐξισοῦσθαί σε τῇ τοῦ ἀδελφοῦ
ἐπιεικείᾳ καὶ ὑπερβάλλειν, τοὺς δὲ φαύλους φθονοῦν-
τας ἡδέως ἄν τι ἰδεῖν περὶ ὑμᾶς γινόμενον πλημμελές.
(2) οὓς δεῖ νομίσαντα πολεμίους εἶναι μετὰ τῶν βελ-
τίστων ἀγωνίζεσθαι ὡς αὐτὸν ὄντα ἕνα τούτων δοκεῖ
γάρ μοι οὐ μόνον ἁμιλλητέον εἶναι πρὸς τὰ τοῦ ἀδελ-
φοῦ ἔργα, ἃ ἐκείνῳ ὑπὲρ τοῦ κοινοῦ πέπρακται, ἀλλὰ
καὶ πρὸς τὰς εὐεργεσίας, ὅπως μὴ καταδεέστεραι
αἱ παρὰ σοῦ πρὸς ἐκεῖνον γίνωνται   περὶ πλείστου
δὲ δεῖ σε ποιεῖσθαι σώφρονά τε εἶναι καὶ κατήκοον τοῦ
ἀδελφοῦ, ὄντος περὶ σὲ οἷόσπερ νῦν ἐστίν. ἔρρωσο.

λδ'

'Ενόμιζον ἐπιτήδειον εἶναί μοι μηδὲν τῶν καλῶς
ἐχόντων παραλιπεῖν καὶ διὰ τὴν Πλάτωνος ἐντολὴν
καὶ διὰ τὴν ὑπάρχουσαν ἐμοὶ καὶ σοὶ φιλίαν   καὶ
ᾤμην δεῖν γράψαι πρὸς σέ, πῶς διακείμενος τυγχάνω τὸ
σωμάτιον καὶ διότι νομίζων παραγενόμενόν σε εἰς ἀκα-
δήμειαν συνέχειν τὸν περίπατον. ταῦτα δὲ ὡς δίκαιά
ἐστι καὶ καλῶς ἔχοντα πειράσομαί σοι φράζειν. Πλά-
των, καθάπερ καὶ σὺ οἶσθα, οὐκ ἐν τῇ τυχούσῃ τιμῇ
τὴν ἐν τῇ ἀκαδημείᾳ διατριβὴν ἦγε, νομίζων εἶναί τι
καὶ πρὸς δόξαν ὀρθὴν καὶ πρὸς τὸν αὐτοῦ βίον καὶ τὴν
ὕστερον παρ' ἀνθρώποις μνείαν ἐσομένην (2) καὶ
τούτων οὕτως ἐχόντων, διότι σε περὶ πλείονος ποιού-
μενος ἐτύγχανε, τελευτῶν τὸν βίον ἐμαρτύρησεν ἐπέ-
σκηψε γὰρ πᾶσιν ἡμῖν τοῖς οἰκείοις ἄν τι πάθῃ πρὸς
ἑαυτὸν θεῖναί σε, νομίσας οὐκ ἀπαλλαγήσεσθαί σε τὸ
παράπαν τῆς ἀκαδημείας τὸ δὴ καὶ μάλιστά μοι
φαίνεταί σοι προσῆκον εἶναι καὶ ζῶντα καὶ τεθνηκότα
Πλάτωνα τιμᾶν θεῶν γὰρ δὴ καὶ γονέων καὶ εὐεργε-
τῶν ποιητέον ἐπιμέλειαν τὸν χαρίεντα οἰκειοτάτη δὲ
τοῖς εἰρημένοις εὑρίσκοιτ' ἂν οὖσα ἡ Πλάτωνος συνου-
σία πρὸς τοὺς συνόντας τῶν μὲν γὰρ ὡς γεννήσας, τῶν
δὲ ὡς εὐεργέτης ἐπεμελεῖτο, κοινῇ δὲ πρὸς ἅπαντας
θεοῦ τάξιν εἶχεν (3) συμβουλεύω δὲ καλὸν ἡγούμενος
καὶ δίκαιον εἶναι χάριν ἀποδιδόναι σε Πλάτωνι πασῶν
μεγίστην κἀκείνῳ μάλιστα ἁρμόζουσαν, ἀποδοχῆς δ'
ἂν εἰ παραγενόμενος τὴν ἀκαδήμειαν καθημεριπε
****. σοφία γὰρ ἀληθὴς λέγοιτ' ἂν ἐνδίκως βεβαιό-
της καὶ πίστις προσήκει δὲ ἡμᾶς ἐν τούτοις πολὺ
τῶν ἀνθρώπων διαφέρειν, σὺ δὲ καὶ δοκεῖς μείον τοῦ
προσήκοντος ἐπιμελὴς εἶναι

λγ'

'Εδοξέ μοι γράψαι πρὸς σὲ ἐπιστολὴν περὶ τῶν συμ-
βεβηκότων μοι κατὰ τὸ σωμάτιον οὐ γὰρ μετρίως
ἐκλελοίπασιν αἱ δυνάμεις τῶν μερῶν ἁπάντων, ὥστε
μηδὲν ἔτι ἐνεργεῖν δύνασθαι. κατὰ τύχην δέ τινα
ἡ γλῶττα καὶ τὰ περὶ τὴν κεφαλὴν μεμήνκεν, εἰ μὴ
καὶ διὰ τὸ κεχωρισμένον καὶ διὰ τὰ θειότατα εἶναι.
πάλαι μὲν οὖν ἐβουλόμην παρεῖναί σε, εἰ δὲ ποιήσεις

te erga fratrem gesseris observare, et optimos quidem
trepidare, fraternam clementiam te et exæquare volentes
et superare, improbos vero, si quid a vobis delinquatur.
qua sunt invidia gaudio exsultaturos (2) Quibus pro
inimicis habitis cum optimis tanquam horum uni ipsi
certamen tibi subeundum est Videntur mihi enim non
modo ea, quæ pro republica sustinuit, fratris facta
æmulanda, sed etiam beneficia, ne ab illo collati tua
inferiora sint Sed hoc præ ceteris cura, ut prudens sis
et fratris, dum erit qualis nunc est erga te, dicto au-
diens Vale

XXXII

Officium meum putabam nihil ex eis, quæ bona essent,
missum facere, quum propter Platonis iussa, tum propter
amicitiam, quæ mihi tecum intercedit Iam litteris si-
gnificandum tibi duxi, quomodo valerem corpore et quod,
si in academiam accesseris, te peripateticorum fastum
crediderim compressurum Hæc iusta rectaque esse co-
nabor demonstrare Plato, ut tu quoque nosti, haud
parum honorifice de commercio in academia habendo
iudicabat, censens eo et ad veram gloriam et ad propriam
vivendi rationem et ad futuram apud homines memoriam
plurimum conferri (2) Quæ quum ita sint, te maximi se
fecisse vita excedens testimonio comprobavit imperavit
enim familiaribus nobis omnibus, ut, si quid tibi accidis-
set, te penes ipsum deponeremus, quia crederet ab acade-
mia te nunquam seiunctum iri Quamobrem convenire tibi
vel maxime confido, ut et viventi et mortuo honorem ha-
beas Platoni scilicet deorum et parentum et benefac-
torum curam habere par est hominum honestum Pror-
sus autem Platonis cum familiaribus consuetudo con-
veniens cum iussis deprehenditur namque aliorum
tanquam genitor, aliorum tanquam beneficiorum auctor
curam habebat, et omnino erga omnes numinis loco erat
(3) Itaque pulcrum existimans et iustum hortor, ut
maximam quæque talem virum deceat gratiam referas
Platoni, refers vero, si in academiam accedens   .
sapientia enim merito vera firmitas et fides est di-
cenda Nos autem in his ab hominum vulgo multum
differre convenit, tuque videris minus quam par est dili-
gens

XXXIII

Visum est mihi de eis, quæ corpori meo contigere,
litteris te certiorem facere non modice enim membro-
rum omnium vires defecere, ita ut nullus iam eorum
mihi usus sit Sed forte fortuna lingua atque caput ad-
huc sana sunt, puto quod hæ seiunctissimæ sunt corporis
partes ac maxime divinæ Iam pridem volueram ut
adesses, sed bene feceris, si etiamnum veneris rebus

καὶ νῦν παραγινόμενος· καὶ γὰρ τῶν περὶ ἐμὲ προ-
στήσῃ κατὰ τρόπον, ὡς ἐγὼ εὖ οἶδα, καὶ τῶν ἐν τῷ
περιπάτῳ ἐπιμελήσῃ προσηκόντως.

λδ´.

Οἶμαι φανερὰν εἶναι διὰ παντὸς τοῦ χρόνου τὴν
ἐμὴν προθυμίαν καὶ ὅτι πολλὴν πρόνοιαν εἶχον περὶ
ὑμῶν οὐκ ἄλλου τινὸς ἕνεκα μᾶλλον ἢ τῆς ἐπὶ τοῖς
καλοῖς φιλοτιμίας· νομίζω γὰρ δίκαιον εἶναι τοὺς ὄντας
τῇ ἀληθείᾳ ἐπιεικεῖς καὶ πράττοντας τοιαῦτα τυγχά-
νειν δόξης τῆς προσηκούσης· ὅτι δὲ τὰ καιριώτατα
τοῦ σώματος κάμνοντι, ἡ κεφαλὴ καὶ τὰ ἐν αὐτῇ
περίεστιν, εὖ ἔχει, τῶν δὲ λοιπῶν τὴν προσήκουσαν
ἐπιμέλειαν ποιοῦ μετὰ τῶν ἰατρῶν καὶ αὐτὸς ἐπιβλέ-
πων τὸ χρήσιμον· ἀνδρείᾳ γὰρ καὶ ῥώμῃ καὶ τάχει
διενεγκεῖν δόξειεν ἂν χαρίεντος εἶναι. (2) ἐγὼ δέ,
καθάπερ καὶ σὺ οἶσθα, Πλάτωνα θαυμάσας, δι' ἐκεῖ-
νον καὶ τὴν πόλιν ὑμῶν καὶ τὴν ἐν ἀκαδημείᾳ διατρι-
βὴν ᾑρούμην, καὶ διέμεινα πάντα τὸν χρόνον ἀνέγκλη-
τον ἐμαυτόν, ἐφ' ὅσον ἠδυνήθην, πρὸς τὸ ἐκείνου ἦθος
διατηρήσας. ἐπεὶ δὲ κατὰ τὰ συμβαίνοντα ἐκεῖνος
μὲν ἐχωρίσθη τῆς ἐν ταὐτῷ ἡμῖν συνουσίας, τὰ δὲ νο-
μιζόμενα συνετελέσαμεν καὶ κοινῇ καὶ ἰδίᾳ τιμῶντες
ἐκεῖνον, ἐχωριζόμεθα κατὰ τὰς αἱρέσεις, ἃς ἕκαστος
ἡμῶν ἐδοκίμαζεν. (3) ἐγὼ μὲν οὖν ἀεί ποτε καὶ τῇ
φύσει παντελῶς οἰκεῖος ἡσυχίας καὶ σχολῆς ὑπῆρχον,
ἀνυπεύθυνός τε ἀνθρώποις εἰς τὸ δυνατὸν ᾑρούμην
διαγενέσθαι· καὶ γὰρ ἐφιλοσόφουν, ὅπως ἐμαυτοῦ τε,
ὡς οἷόν τε ἦν, καὶ τῶν ἄλλων ἀνθρώπων διάφορος γέ-
νωμαι. δεῖ οὖν φανερὸν γενέσθαι διότι εἰμὶ οἷόσπερ
φημί, ἄλλως τε καὶ ἐπεί γε, σὺν θεῷ εἰπεῖν, ῥᾴδιόν ἐ-
στιν. ἔρρωσο.

λε´.

Ἔδοξέ μοι γράψαι ἐπιστολάς, τὴν μὲν ἑτέραν μᾶλλόν
τι σεμνυνομένην, τὴν δὲ τῶν κατ' οἶκον εἰθισμένων λέ-
γεσθαι τρόπον· καὶ γὰρ ἐνεθυμήθην ὅτι δοκοῦσιν ἐνίοτε
συμβαίνειν ἀκαιρίαι τοῦ λαμβάνειν τὰ ἐπεσταλμένα.
ὁτὲ μὲν γὰρ τυγχάνει ἕτερος ἡμῶν σπουδάζων, ἔστι δ'
ὅτε πρὸς παιδιὰν ἀνειμένος καὶ ἱλαρώτερον ἔχων, τῷ
τε παρρησίαν ἄγειν ἁπλῶς ἡδόμενος. πρῶτον μὲν
οὖν συγχαίρω Συρακουσίοις ὅτι πέπαυνται τὸν χοῖρον
ἴσχυα καλοῦντες καὶ τὸν βοῦν γαρόταν καὶ βαλλάντια
τὰ ἀκόντια, καρποτόκον τε μῆνα, ὅτι καρπὸς ἐν αὐτῷ
γίνεται, καὶ τὰ εἰς Δελφοὺς πεμφθέντα ἀναγράψαι τὰ
σοφά, ἐφ' οἷς ἔοικεν ὁ Ἀπόλλων οὐχ ὡς πατὴρ διατε-
θῆναι ἀκούσας καὶ τὸ ἀμάξιον ἰδὼν τὸ ἐν τῷ ἱπποδρόμῳ
περιτρέχον αὐτόματον, ἀλλά μοι δοκεῖ βουληθῆναι παῦ-
σαι ἀφικνούμενον αὐτὸν τοιαῦτα θεωρήματα. ὀρθῶς οὖν
ἔχει ἴσως τῶν καλῶν γενομένους θεοφιλεῖς νομίζειν.
ἐγὼ δὲ οὔπω σε μεμνήσκω τῆς ἐπιστολῆς ἣν ἔγραψα
πρὸς ἐμέ, ὅτι αἴτιος εἴην ἐγὼ τοῦ ἐπιμεληθῆναι τὴν
πρᾶξιν ταύτην καὶ μὴ ἀνεθῆναι, καὶ ἔφης καλῶς

---

enim meis, ut bene novi, eo quo par est modo præcris,
cavebisque ne quid a peripato detrimento capiat acade-
mia.

XXXIV.

Desiderium meum atque cura, qua vos omni tempore
diligenter neque ullam aliam ob caussam quam honesta-
tis studio prosequutus sum, manifesta est, opinor:
iustum enim esse censeo, eos, qui revera moderati sunt
taliaque faciunt, debitam gloriam consequi. Quod corporis
partes principes et ante omnia caput quæque in eo sunt
integra servantur, bene est, reliquas ut par est una cum
medicis cura et ipse quod utile est respiciens: fortitudine
enim et robore ac celeritate præstare hominis esse videa-
tur liberaliter educati. (2) Ego vero, ut tu quoque
nosti, Platonem admiratus illius caussa et urbem ve-
stram et academiæ commercia magni feci, et omni tem-
pore hoc egi, ut ad eius mores me accommodans pro
viribus irreprehensum me servarem. Posteaquam vero
fato ille a nostra consuetudine seiunctus est, nosque iusta
ei et publice et privatim honorifice fecimus, quilibet
nostrum quam probaret sectam sequutus in diversas
discedebamus partes. (3) Ego igitur, quam quovis tem-
pore et natura quietem atque otium amassem, nulli ho-
minum quantum fieri posset obnoxius esse volebam:
id enim speculabar, qua ratione et me ipso, quantum
possem, et reliquis hominibus præstantior evaderem.
Declarandum est igitur, me talem esse qualem me pro-
fiteor, præsertim quum dei beneficio facile sit dicere.
Vale.

ποιεῖν, εἰ καὶ αὐτὸς ἀνεχοίμην ἀπορίας καὶ πραγμα-
τείας. ἕτερος μὲν οὖν ἄν τις εὐθέως μεμνημένος ἐπι-
στολὰς ἔπεμπε πρὸς σὲ νῦν, κελεύων ἐκείνων μεμνῆ-
σθαι, ἐγὼ δὲ καιρὸν τηρήσας τότε ἐπιστελῶ. πάνυ δὲ
πολλοῦ ἐτιμησάμην ἂν ἀπὸ μηχανῆς θεωρεῖν πότερον
ἐκεῖνο τὸ σχῆμα διατελεῖς ἔχων ἢ γέγονας ἡμῖν σε-
μνότερος καὶ αὐθάδης, ὅτι διαλέγεται περὶ σοῦ τὰ παιδία
ἐν ταῖς ὁδοῖς καὶ Πολύξενος ἐν τοῖς πορθμείοις καθή-
μενος καὶ οἱ ποιμένες ἐν τοῖς ὄρεσι. τουτὶ τὸ νεανι-
κόν ἐστι καὶ ἀγητόν; οὐ δήπου. ἀλλὰ νῦν δείξεις
οἵ οἱ καὶ Δαναοῖσιν ἀριστῆες μετέασιν ἀδικίας
ἀνέχοντες, ὅθεν δὴ γίνεται πάντα τὰ καλά. καὶ τὴν
ἀκαδήμειαν κοσμήσεις, ὥστε κλέος αὐτῆς εἶναι ὅσον τ'
ἐπὶ χθόνα τε ἵησι ἠώς. ἐμοὶ δὲ χεῖρες μὲν καὶ πόδες φύ-
σονται πλείονες ἢ τῷ Γηρυόνῃ· τόν τε γὰρ Φιλιστίωνα
ἀποπέμψετε καὶ ἄλλον ὅντινα τρόπον δυνατόν ἐστι τὴν
δύναμίν μου αὐξήσετε. ἀπόπεμψον δέ μοι μίαν
Μοίριδος καὶ Ἐχεκράτους πυθόμενος τὰς παρὰ Διο-
νυσίῳ συνουσίας· πάνυ γὰρ ἀξιηκόους αὐτὰς οἶμαι

εἶναι ἀνδρὸς Φοίβου κοινώμασι βλαστόντος ἐπιστελίε
ἐξ καὶ εἴ που δεῖ ἐπιμελεῖσθαι τῶν ἐνθάδε ἢ ἰδίᾳ πρὸς
τὴν πόλιν ἢ καὶ εἴ ποθεν ἄλλοθεν συμπαρασκευασάμε-
νος, ὡς ἕτοιμοί εἰσιν οἵπερ συναπέστελλον ὑμᾶς γί-
νωσκε δὲ ὅτι πολλοὺς οἶμαι φανεῖσθαι τοὺς ἑτοίμους
ὄντας συνεπιμελεῖσθαι τῶν ὑπαρχόντων, ἐάν σοι φαί-
νηται τὰ παρ' ἡμῶν κατὰ τὸ προσῆκον ὀρηγούμενα.
τὰ δὲ παρ' ἡμῖν ἔχει παραπλησίως ὥσπερ καὶ ὑμῶν
ἐπιδημούντων ἔρρωσο

λϛ

Βούλομαί σοι μετὰ παιδιᾶς παρρησιάσασθαι, ἐπειδὴ
καὶ σὺ περὶ ἐμοῦ προεισβέβληκας τῷ τρόπῳ τούτῳ.
λέγω δή σοι εὖ πράττειν, εἰ ἄρα τοῦτό ἐστι τοῦ χαί-
ρειν ἄμεινον, ὡς οὐκ ἔστιν. ἀλλὰ τῷ μὲν ἥδεσθαι
ὦ Λασθένεια καὶ Σπεύσιππος χρῆται, αἴτιος τοῦ ἐς
Σικελίαν στόλου ὁμολογῶν εἶναι, καὶ πλείονας τοῦ
Ἱηρυόνου χεῖρας καὶ πόδας ἔξων, μᾶλλον δὲ τοῦ Βριά-
ρεω, ἐάν σοι Φιλιστίων ὁ ἰατρὸς ἀφίκηται. καὶ τἄλλα,
ὅσα ἐπὶ τῷ Γαρότᾳ, περὶ οὗ σὺ εὐμαρῶς ἅτε σοφὸς
ὢν ἐξηπατήθης ὡς ἔγωγε ὠνόμασα ἅτε γὰρ οἶμαι ἐν
τῷ ἥπατι τῆς Ἑλλάδος κατοικοῦντά σε οὐδὲν λίηῃε
συνήδομαι δὲ τοῖς Ἀθηναίοις, εἰ μὴ ἀνάγκη αὐτοῖς
ἔσται τὸν σοφιστὴν σοφὸν καλεῖν, μηδὲ τοὺς θεοῖσιν
ἐχθροὺς, νεκροῖσι δὲ φίλους τιμᾶν, μηδὲ τὰ περὶ τοῦ
ἀγαθοῦ φενακίσματα θαυμάζειν, μηδὲ τὸ ἀμάξιον
θεωρεῖν, ἐφ' ᾧ σὺ ἐκπορεύῃ καὶ εἰ μὴ ἀποπορεύῃ
ὅπως μὴ τὰς θύρας ἐμπίπρης τῶν γειτόνων, μηδὲ κατα-
δείξῃς τὴν τῶν σατύρων σοφίαν, ἣν πρὸς ἐμέ ποτε
συμπίνων ἐν Ἰταλίᾳ ἐπηγγέλλου, μηδὲ ὅτι δένδρα μὲν
ἅπαντά ἐστιν, ἕτερον δὲ συκῆ καὶ μυρρίνη καὶ δάφνη,
ἐφ' οἷς μέγα φρονοῦσιν οἱ τρισάθλιοι ἤδη γὰρ ἐν-
θουσιάζω τε καὶ ἐπισκοπῶ τὸ θεῖον ὡς δίκαιον κα-
νὸν ἐπράξατο. κέλευσον δέ μοι Πολύξενόν τε καὶ
τοὺς ἑταίρους καὶ τὰ γραΐδια καὶ τοὺς ἰομεῖς γρα-

ψαι τὰς παρ' ὑμῖν συνουσίας πάνυ γὰρ οἶμαι αὐτὰς
ἀξιηκόους εἶναι ἀνδρὸς Κέκροπος κοινώμασι βλαστόν-
τος, ᾧ σὺ οὐχ ὡς πάτριον ἐχαρίσω, ἀλλ' ὡς μὴ χραί-
νοις τὰ ἱερεῖα, παναπόπληκτος ἐγένου, νόσων τε . .
. . ἵνα δὲ ἐπίσχῃς τὰ κατ' οἶκον ἐπιστόλια
εὐτραπέλως γράφων οὕνεκεν τοῦ εὐκαταρρονήτου ἀργυ-
ριδίου δι' ὅπερ καὶ ὑμεῖς Ἑρμείαν κολακεύοντες τολ-
μᾶτε θεραπεύειν. ἐπὶ δὲ ταῖς παροιμίαις τε καὶ πα-
ραβολαῖς, αἷς χαίρετε, τοιοῦτόν τι βούλομαι εἰπεῖν
φασὶ γὰρ Ἴωνάς τινας εἰς Λακεδαίμονα ἀφικομένους
ἀσχημονῆσαί τι τῶν οὐκ ἐννόμων, τοὺς ἐφόρους δὲ καὶ
γέροντας δεινῶς φιλοτιμηθῆναι καὶ ἐξευρεῖν αὐτούς.
φοβεῖσθαι οὖν σφόδρα τοὺς ἁλόντας, ἐπεὶ ἤγοντο εἰς
τὴν ἀγοράν, τοὺς δὲ Λακεδαιμονίους ἀνακηρῦξαι ὡδί
πως αὐτοῦ κέλονται τοὶ ἔφοροι καὶ τοὺς μὲν ἰατροὺς
ἔτι πονηροτέρους ἤμεν καὶ μέχρι μὲν τούτων ἴσασι τί
ἴσον ἐχοίμεν ἐὰν δὲ τὰ ἄλλα σωφρονήσῃς, κἀγὼ
σοι συσσωφρονήσω

λζ

Ταῦτά ἐστιν ἃ Ἄδραστος παρὰ Κλεινίᾳ ἔλαβεν, ὡς
ἐμὶν δὲ δοκεῖ, ταῦτα οὐκ ἄξια εἰ μὲν ὑραμεωνόντος
κατυχὸν ῥιπτεῖσθαι τοσοῦτον χρόνον φυλαχθέντα οὕ-
τως ἐμοῦ ἕνεκα οὐδὲ τῷ ἀλαζόνι εἴκω, ἀλλ' ἐμὶ
δοκέει ἐν δέοντι τυχόντα μὲν ἀνδρὸς νέῳ καὶ φυλακτικῷ
ὑπεροφθέντα κακὸν ῥάψαι ἐς τὸν ὑπεροπτεύσαντα,
ὃς διὰ τὴν δύναμιν μὲν φιλοσοφοῦντα τῷ πάθει ἐ
μηδὲ τῷ ἤθει καὶ ὅστις ἄγαν φαμὲν καὶ ὀργανιχῶ
καὶ ἐνυπνίων τῶν πάντα πέπτῃ ἐν μεστὸς εἴη καὶ οὗ-
τος πραγματωδιέστερος καὶ γένοιτο αὐτῷ αὐτῶν ὅστις
δὲ ποτὶ παντα φέρεται κοσμηθεὶς ὑποτάξιός τινος τῶν
τοιούτων, ἐννοούτερος καὶ εἴη τῇ θείῳ συνοπαδὸς δέ
μοι ἐσσὶ κατὰ φιλοσοφίαν, ὡς οὐκ ἄλλο τι οὐδὲν δεῖ
λέγειν, ὅτι ἀσπάζομαί τι. ἀλλ' ἔρρωσο

ΣΟΛΩΝΟΣ ΕΠΙΣΤΟΛΑΙ.

SOLONIS EPISTOLÆ.

α . Περιάνδρῳ.

Ἀπαγγέλλεις μοι πολλούς τοι ἐπιβουλεύειν. σὺ δὲ
εἰ μὲν μέλλεις ἐκποδὼν ἅπαντας ποιήσεσθαι, οὐκ ἂν
φθάνοις. ἐπιβουλεύσειε δ' ἄν τις καὶ τῶν ἀνυπόπτων,
ὁ μὲν δεδιὼς περὶ αὑτῷ, ὁ δὲ σοῦ καταγνοὺς οὐκ ἔσθ'
ὅ τι οὐκ ὀρρωδοῦντος. κἂν τῇ πόλει χάριν κατάθοιτο
ἐξευρών, ἢν μὴ ὕποπτος εἴης. ἄριστον μὲν οὖν ἀπέ-
χεσθαι, ἵνα τῆς αἰτίας ἀπαλλαγῇς. εἰ δὲ πάντως
τυραννητέον, φροντίζειν ὅπως τὴν ἀλλοδαπὴν δύναμιν
μείζονα ἕξεις τῶν ἐν τῇ πόλει, καὶ οὐδεὶς ἔτι τοι δει-
νός, μηδὲ σὺ ἐκποδών τινα ποιοῦ.

β'. Ἐπιμενίδῃ.

Οὔτε οἱ ἐμοὶ θεσμοὶ ἄρα Ἀθηναίους ἐπιπολὺ ὀνή-
σειν ἔμελλον, οὔτε σὺ καθήρας τὴν πόλιν ὤνησας. τό
τε γὰρ θεῖον καὶ οἱ νομοθέται οὐ καθ' ἑαυτὰ δύνανται
ὀνῆσαι τὰς πόλεις, οἱ δὲ ἀεὶ τὸ πλῆθος ἄγοντες ὅπως ἂν
γνώμης ἔχωσι. οὕτω δὲ καὶ τὸ θεῖον καὶ οἱ νόμοι
εὖ μὲν ἀγόντων εἰσὶν ὠφέλιμοι, κακῶς δὲ ἀγόντων
οὐδὲν ὠφελοῦσιν. οὐδ' οἱ ἐμοὶ ἀμείνους εἰσὶ καὶ ὅσα
ἐγὼ ἐνομοθέτησα, οἱ δ' ἐπιτρέποντες τὰ ξυνὸν ἔβλα-
πτον, οἱ οὐκ ἐγένοντο ἐμποδὼν Πεισιστράτῳ ἐπιθέσθαι
τυραννίδι. οὐδ' ἐγὼ προλέγων πιστὸς ἦν, ἐκεῖνος δὲ
πιστότερος κολακεύων Ἀθηναίους ἐμοῦ ἀληθεύοντος.
ἐγὼ δὴ θέμενος πρὸ τοῦ στρατηγείου τὰ ὅπλα εἶπον
τῶν μὲν μὴ αἰσθανομένων Πεισίστρατον τυραννη-
σείοντα εἶναι ξυνετώτερος, τῶν δὲ ὀκνούντων ἀμύ-
νεσθαι ἀλκιμώτερος. οἱ δὲ μανίαν Σόλωνος κατεγί-
νωσκον. τελευτῶν δὲ ἐμαρτυράμην « ὦ πατρίς, οὗτος
μὲν Σόλων ἕτοιμός τοι καὶ λόγῳ καὶ ἔργῳ ἀμύνειν,
τοῖς δ' αὖ καὶ μαίνεσθαι δοκῶ, ὥστε ἄπειμί τοι ἐκ
μέσου ὁ μόνος ἐχθρὸς Πεισιστράτου. οἱ δὲ καὶ δορυ-
φορούντων αὐτόν, εἴ τι βούλονται. » ἴσθι γὰρ τὸν ἄν-
δρα, ὦ ἑταῖρε, δεινότατα ἁψάμενον τῆς τυραννίδος.
ἤρξατο μὲν δημαγωγεῖν, εἶτα δὲ ἑαυτῷ τραύματα
ποιήσας, παρελθὼν ἐφ' ἡλιαίαν ἐβόα φάμενος πεπον-
θέναι ταῦτα ὑπὸ τῶν ἐχθρῶν, καὶ φύλακας ἠξίου πα-
ρασχεῖν οἱ τετρακοσίου; τοὺς νεωτάτους. οἱ δὲ ἀνη-
κουστήσαντές μου παρέσχον τοὺς ἄνδρας. οὗτοι δὲ
ἦσαν κορυνηφόροι. καὶ μετὰ τοῦτο τὸν δῆμον κατέλυ-
σεν. ἦ μάτην ἔσπευδον ἀπαλλάξαι τοὺς πένητας
αὐτῶν τῆς θητείας, οἵ γε δὴ νῦν ξύμπαντες ἑνὶ δου-
λεύουσι Πεισιστράτῳ.

I. Periandro.

Scribis tibi plurimos insidiari. Tu vero siquidem
omnes e medio tollere volueris, ne sic quidem proficies.
Insidietur enim et eorum aliquis, qui non suspecti sunt,
alius sibi metuens, alius te reprehendens, quod nihil non
metuas, quin gratum civitati fecerit, qui invenerit
quando sis minime suspectus. Optimum igitur abstinere,
ut metus caussa exsolvaris. Sin autem omnino tyrannidi
insistendum censes, cura ut externa auxilia urbanis ha-
beas maiora, tum nemo infestus tibi erit nec tu de medio
quenquam tolles.

II. Epimenidi.

Neque leges igitur meæ Atheniensibus profuturæ mul-
tum erant, neque tu lustrando civitatem adiuvisti. Nam
religio et legumlatores non soli iuvare civitates possunt,
sed qui multitudinem agunt in quamcunque sententiam
volunt. Sic et religio et leges, dum recte homines fa-
ciant, utiles sunt, sin male , nihil prosunt. Neque meæ
præstant leges quæque ego institui, sed qui earum habe-
nas laxarunt, rempublicam detrimento affecerunt, dum
Pisistrato quin tyrannidem capesseret non obstiterunt.
Neque mihi futura prædicenti fides habebatur, illi autem
maior erat fides Atheniensibus blandienti quam mihi ve-
rum dicenti. Ego igitur armis ante curiam positis non
animadvertentibus tyrannidem captare Pisistratum pru-
dentiorem , metuentibus autem se defendere fortiorem
me esse dixi, illi vero insaniæ Solonem incusabant.
Postremo ita patriam contestatus sum : « o patria, en
tibi Solon paratus et verbo et re ad te defendendam, illis
vero iam insanire videor : itaque abeo solus Pisistrati
inimicus, illi autem, si placet, ei serviant. » Scias enim
hominem, amice, callidissime tyrannidem invasisse.
Nam primum auram cœpit captare popularem , deinde
inflictis sibi vulneribus in concionem progressus, eaque
se ab hostibus accepisse clamans rogabat ut quadringentos
iuvenes custodes sibi darent. Atque illi spreto consilio
meo præbuerunt Erant hi clavigeri. Tum populi im-
perium sustulit. Nequicquam sane laboravi, ut pau-
peres eriperem e servitute, qui nunc universi uni serviunt
Pisistrato.

γ' Πεισιστρατ-ω

Πιστεύω μηδὲν κακὸν ἐκ σοῦ πείσεσθαι· καὶ γὸρ πρὸ τῆς τυραννίδος φίλος σοι ἦν, καὶ νῦν οὐ μᾶλλον διάφορος ἢ τῶν ἄλλων τις Ἀθηναίων ὅτῳ μὴ ἀρέσκει τυραννίς. εἴτε δὲ ὑφ' ἑνὸς ἄρχεσθαι ἄμεινον αὐτοῖς εἴτε δημοκρατεῖσθαι, πεπείσθω ἢ ἑκάτερος γιγνώσκει. καί σέ φημι πάντων τυράννων εἶναι βέλτιστον. ἐπανήκειν δέ μοι Ἀθήναζε οὐ καλῶς ἔχον ὁρῶ, μή μέ τις μέμψηται, εἰ διαθεὶς Ἀθηναίοις ἰσοπολιτείαν καὶ παρὸν τυραννεῖν αὐτὸς οὐκ ἀξιώσας νῦν ἐπανελθὼν ἀρεσκοίμην οἷς σὺ πράσσεις.

δ' Κροισῳ

Ἀγαμαί σε τῆς περὶ ἡμᾶς φιλοφροσύνης, καὶ νὴ τὴν Ἀθηνᾶν, εἰ μὴ περὶ παντός μοι ἦν οἰκεῖν ἐν δημοκρατίᾳ, ἐδεξάμην ἂν μᾶλλον τὴν δίαιταν ἔχειν ἐν τῆ παρὰ σοὶ βασιλείᾳ ἢ Ἀθήνησι τυραννοῦντος βιαίως Πεισιστράτου. ἀλλὰ καὶ ἡδίων ἡμῖν ἡ βιοτή, ἔνθα πᾶσι τὰ δίκαια καὶ ἴσα. ἀφίξομαι δ' οὖν παρὰ σὲ σπεύδων τοι ξένος γενέσθαι.

III Pisistrato

Credo me nihil a te passurum mali nam ante tyrannidem amicus tibi eram et nunc non magis infensus sum quam quivis Atheniensium, cui tyrannis displicet Sive autem unius imperio regi sive sui esse iuris præstet, ex sua quisque sententia statuat Ac te quidem fateor tyrannorum omnium esse præstantissimum Athenas autem redire mihi indecorum esse intelligo, ne quis me reprehendat, qui postquam æqua Atheniensibus in republica regenda iura tradidissem, tyrannidemque oblatam repudiassem, nunc redux factus tuas res probare videar

IV Crœso

Admiror tuam in nos benevolentiam, et per Minervam, nisi in libera civitate vivere plurimi facerem, mallem in tuo regno vitam quam Athenis agere, violenter tyrannidem Pisistrato exercente Nihilo minus suavior nobis est vita, ubi æqua sunt omnibus et communia iura Veniam tamen ad te, hospitio tuo excipi cupiens

ΣΥΝΕΣΙΟΥ ΕΠΙΣΤΟΛΑΙ.

SYNESII EPISTOLÆ.

ε'. Νικάνδρῳ.

(157) Παῖδας ἐγὼ λόγους ἐγεννησάμην, τοὺς μὲν ἀπὸ τῆς σεμνοτάτης φιλοσοφίας καὶ τῆς συννάου ταύτῃ ποιητικῆς, τοὺς δὲ ἀπὸ τῆς πανδήμου ῥητορικῆς. ἀλλ' ἐπιγνοίη τις ἂν ὅτι πατρός εἰσιν ἑνὸς ἅπαντες, νῦν μὲν εἰς σπουδὴν νῦν δὲ εἰς ἡδονὴν ἀποκλίναντος. ὁ δὴ παρὼν οὗτος λόγος ἧστινος μέν ἐστι μερίδος, ἀπὸ τῆς ὑποσχέσεως αὐτοῦ κατερεῖ· παρ' ἐμοῦ δὲ οὕτως ἠγαπήθη διαφερόντως, ὡς ἥδιστ' ἂν αὐτὸν εἰσποιήσαιμι φιλοσοφίᾳ καὶ τοῖς γνησίοις ἐγκρίναιμι. ἀλλὰ τοῦτο μὲν οὔ φασιν ἐπιτρέψειν οὐδὲ οἱ νόμοι τῆς πολιτείας, δεινοὶ γάρ εἰσιν εὐγενείας προστάται· ἔχει δὲ κέρδος ὅ τι ἂν αὐτῷ λάθρα χαρίσωμαι, καὶ πολλὰ τῆς σπουδαίας μερίδος εἰς αὐτὸν εἰσήνεγκα. ἂν μὲν οὖν καὶ σοὶ δοκῇ, κοίνωσαι τὸν λόγον τοῖς Ἕλλησιν, ἀποψηφισθεὶς δὲ ἐπανήτω παρὰ τὸν πέμψαντα· τὰς πιθήκους γάρ φασιν, ἐπειδὰν τέκωσιν, ὥσπερ ἀγάλμασιν ἐνατενίζειν τοῖς βρέφεσιν, ἀγαμένας τοῦ κάλλους (οὕτως ἐστὶν ἡ φύσις φιλότεκνον), τὰ δὲ ἀλλήλων ὁρῶσιν ἅπερ ἐστί, πιθήκων παιδία. ἑτέροις οὖν ἐπιτρεπτέον ἐξετάζειν τὰ ἔκγονα· (158) αἱ γὰρ εὔνοιαι δειναὶ δεκάσαι τὰς κρίσεις. διὰ τοῦτο Λύσιππος Ἀπελλῆν εἰς τὰς γραφὰς εἰσῆγε, καὶ Λύσιππον Ἀπελλῆς.

β'. Ἰωάννῃ.

Ἀφοβία μεγίστη τὸ φοβεῖσθαι τοὺς νόμους· σὺ δὲ αὐτοὺς ᾐσχύνθης ἀεὶ φανῆναι φοβούμενος. τοιγαροῦν δέδιθι τοὺς ἐχθρούς, καὶ μετὰ τούτων τοὺς δικαστάς, ἂν μὴ κλέπτωσι. κἂν κλέπτωσι μέν, μὴ σὺ δὲ ᾖς ὁ τὰ πλείω διδούς, οὐδὲν ἧττον εὐλαβητέον· ὀργίζονται γὰρ ὑπὲρ τῶν νόμων, ὅταν καὶ μισθοδότην προσλάβωσιν.

γ'. Τῷ ἀδελφῷ Εὐοπτίῳ.

Τρίτη μὲν ἦν Αἰσχίνη κειμένῳ, ἡ δὲ ἀδελφιδῆ τότε πρῶτον ἧκεν ἐπὶ τὸν τάφον· οὐ γὰρ οἶμαι νομίζεται νυμφευτρίαις βαδίζειν ἐπ' ἐκφοράν. ἀλλ' ἐν φοινικίδι καὶ τότε, καὶ διαφανὴς ὁ κεκρύφαλος, καὶ χρυσία καὶ λίθους ἐξήρτητό τε καὶ περιέκειτο, ἵνα μὴ τῷ νυμφίῳ σύμβολος ἀπαίσιος γένηται. καθεζομένη οὖν ἐπ' ἀμφικνεφάλου καθέδρας φασὶν ἀργυρόποδος πολλὰ

I. Nicandro.

(157) Filios ego libros genui, alios quidem ex augustiore philosophia atque eius contuberñali poetica, alios vero ex publice prostituta rhetorica. Verum quivis hoc facile discernet, uno omnes ex patre editos esse, qui nunc ad seria, nunc ad voluptatem inclinaret. Hoc vero præsens opus cuius sit partis, ipso suo argumento declarabit. A me vero sic adamatum est, ut libentissime ipsum in philosophiam asciturus atque inter legitimos adscripturus fuerim. Sed hoc concessuras se negant vel reipublicæ leges : « sunt enim nobilitatis propugnatrices acerrimæ. » Id vero lucro deputo quidquid illi clam indulsero. Quare plurimum seriæ in illud partis contuli. Itaque, si tibi ita videbitur, Græcis librum hunc communicato; sin abiudicatus fuerit, ad eum qui misit redeat. Simias enim ferunt, postquam pepererint, in fetibus suis tanquam simulacris oblutus defigere præ admiratione pulchritudinis ; adeo natura eius amans est quod pepererit. Aliorum vero invicem vident id quod sunt, simiarum esse partus. Quamobrem aliis permittenda est in sobolem inquisitio. (158) Favor enim corrumpendis suffragiis efficacissimus est. Ob id Lysippus Apellem ad tabellas admittebat et Apelles Lysippum.

II. Ioanni.

Timoris vacuitas maxima est legum timor. Te vero puduit videri eas semper metuere. Quamobrem inimicos metue, et cum iis etiam iudices, si non furentur. Quod si furentur quidem, tu vero non plus aliis dederis, nihilominus cavendum; pro legibus enim irascuntur, cum largitorem insuper nacti fuerint.

III. Euoptio fratri.

Tertia die, quam obierat Æschines, sororis filia tum primum ad sepulcrum venit. Neque enim mos est, opinor, sponsis ad funus progredi. Sed et tunc in purpura erat, et pellucidum ferebat reticulum, et aurum ac lapillos suspenderat atque induerat, ne sponso malum omen afferret. Itaque in cathedra utrimque pulvinar habenti sedens, ar genteis, ut aiunt, ornata fulcris, multum de huius impor-

638

κατεμέμφετο τὴν ἀκαιρίαν τῆς συμφορᾶς, ὡς ἢ πρότερον ἐχρῆν ἢ μετὰ τοὺς γάμους ἀποθανεῖν, καὶ πρὸς ἡμᾶς ἐφ' οἷς ἐδυστυχοῦμεν ἐμήνιε· μόλις δ' οὖν περιμείνασα τὴν ἑβδόμην, καθ' ἣν ἡμεῖς εἰστιάκειμεν τὸ δεῖπνον τὸ ἐπιτάφιον, ἑαυτῇ τε καὶ τὴν φλήναφον γραῦν τὴν τιτθίδα ἐπὶ τὸ ζεῦγος ἀναβιβασαμένη τὸ ὀρικόν, πληθούσης ἀγορᾶς, ἅπασι τοῖς παρασήμοις ἐπόμπευσεν εὐθὺ Τευχείρων ἐλαύνουσα· μέλλει γὰρ εἰς τὴν ἐπιοῦσαν ἑβδόμην ταινιώσεσθαί τε καὶ πυργοφόρος καθάπερ ἡ Κυβέλη περιελεύσεσθαι. τούτοις ἡμεῖς μὲν οὐδὲν ἀδικούμεθα, πλὴν τοῦ καταφανεῖς γεγονέναι λίαν ἀναισθήτους ἔχοντες συγγενεῖς· ὁ δὲ ἀδικούμενος Ἁρμόνιός ἐστιν ὁ τοῦ θυρωροῦ πατήρ, ὡς ἂν εἴποι Σαπφώ, τὰ μὲν ἄλλα σώφρων καὶ μέτριος (159) ἐν τῷ καθ' ἑαυτὸν βίῳ γενόμενος, ἀλλ' ὑπὲρ εὐγενείας ἀμφισβητῶν τῷ Κέκροπι διετέλεσε. τούτου τοῦ πλέον ἡ Κέκροπος τὴν θυγατριδῆν ὁ θεῖος Ἡρώδης καὶ θυρωρὸς εἰς Σωσίας τε καὶ Ἰσθίους ἀπέδοτο, πλὴν εἰ μή τι λέγουσιν ὅσοι καὶ τὸν νυμφίον ἡμῖν μητρόθεν ἀποσεμνύνουσι, γενεαλογοῦντες αὐτὸν ἀπὸ τῆς ἐν φήμῃ Λαΐδος. ἡ γὰρ Λαΐς, ἔφη τις ἤδη λογογράφος, ἀνδράποδον ἦν Ὑκκαρικὸν ἐκ Σικελίας ἐωνημένον, ὅθεν ἡ καλλίπαις ἡ τελοῦσα ὃν περιβόητον καὶ αὐτὴ πάλαι μὲν ἐπαλλακεύετο ναυκλήρῳ δεσπότῃ, ἔπειτα μέντοι ῥήτορι, καὶ τούτῳ δεσπότῃ· τρίτῳ μετ' ἐκείνους ὁμοδούλῳ, καὶ λάθρᾳ τῇ πόλει, ἔπειτα λαμπρῶς τῇ πόλει, καὶ προὔστη τῆς τέχνης· ἧς ἐπειδὴ τὴν ἐργασίαν ὑπὸ χαλαρᾷ ῥυτίδι κατέλυσε, τὰς ἐν ἡλικίᾳ παιδοτριβεῖ καὶ τοῖς ξένοις ἀντικαθίστησιν· ὁ γὰρ υἱὸς ὁ ῥήτωρ ἀφεῖσθαί φησι τῆς ἀνάγκης τοῦ νόμου μητέρα τρέφειν ἑταίραν· ἄταγε τοῦ νόμου· τοῖς γὰρ οὕτω γεγονόσιν ἀποδέδεικται μὲν ἡ μήτηρ, ὁ δὲ λοιπὸς τῶν γονέων ἀμφισβητήσιμος· ὅσον οὖν ἀμφοτέροις παρὰ τῶν εὖ γεγονότων ὀφείλεται, τοῦτο πᾶν ἥκειν ἔδει παρὰ τῶν ἀπατόρων εἰς τὰς μητέρας c

tunitate infortunii querebatur, qua-i aut ante aut secundum nuptias mori illum oportuerit, nobis vero succensebat, quod in ea calamitate versaremur Vix igitur exspectato die septimo, quo die funebre convivium dederamus, mulares bigas, nutrice sua anu illa nugace comitante, conscendens cum insignibus omnibus ornamentis recta Teucheira solemni pompa profecta est Quippe septimo abhinc die tænia redimiri ac turrita more Cybeles circumire debet. Ac nobis quidem nulla ea re fit inuuria, nisi quod palam omnibus eo exemplo fit, cognatos habere nos admodum communis sensus expertes Cui autem iniuria fit, Harmonius est, ianitoris pater, ut diceret Sappho, cætera quidem frugi homo ac moderatus, sed (159) qui de nobilitate cum Cecrope perpetuo contenderit Huius plus quam Cecropis neptem patruus Herodes et ianitor in Sosias et Tibios distraxit Nisi forte aliquid dicunt qui sponsum nobis materno ex genere celebrant et huius originem ad famosam illam Laidem referunt Lais enim, ait quidam scriptor, Hyccaricum erat mancipium emptum e Sicilia, ab illa vero egregia felix prole mater ortum accepit, quæ præclarum nobis sponsum peperit Ea porro nauclerii quidem heri pellex olim fuerat, tum oratoris alterius heri, ac tertii secundum hos conservi ad hæc clam interim in urbe prostabat, demum palam in urbe, adeo ut magistra esset artis illius, quam simul præ laxæ cutis rugis exercere desiit, ætate maturas edocet, ac pro se peregrinis substituit Nam eius filius orator necessitate ait se legis exsolvi, quoniam meretricem alat matrem Apage hanc legem Nam qui ita in lucem editi sunt, his pro certo comperta mater est parentum alter ambiguus Itaque quantum utrisque ab legitimis filiis debetur, tantumdem ab incerto patre genitis in matres par erat conferri

δ' Τῷ αὐτῷ

Λύσαντες ἐν Βενδιδείου πρὸ δείλης ἑώας, μόλις ὑπὲρ μεσούσαν ἡμέραν τὸν Φάριον Μύρμηκα παρηλλάξαμεν, δίς που καὶ τρὶς ἐνσχεθείσης τῆς νεὼς τῷ τοῦ λιμένος ἐδάφει εὐθὺς μὲν οὖν καὶ τοῦτο πονηρὸς οἰωνὸς ἐδόκει, καὶ σαφὲς ἦν ἀποβῆναι νεὼς ἐκ πρώτης ἀφετηρίας οὐκ εὐτυχῶς· ἀλλὰ φυγεῖν πὼρ' ὑμῖν ἐγκλημα δειλίας ᾐσχύνθημεν, καὶ διὰ τοῦτο οὔπως δ ἔτι ἔσχεν ὑποτρέσαι οὐδ' ἀναδῦναι. ὥστε κἂν εἴ τι συμβαίη, δι' ὑμᾶς ἀπολούμεθα. καίτοι τί δεινὸν ἦν ὑμᾶς τε γελᾶν καὶ ἡμᾶς ἔξω κινδύνων ἑστάναι, ἀλλὰ τῷ Ἐπιμηθεῖ, φασί,

τὸ μὲν μέλειν οὐκ ἦν, τὸ μεταμέλειν δ' ἐνῆν,

ὥσπερ ἡμῖν τότε γὰρ ἐξὸν σώζεσθαι, νῦν πρὸς ἐρήμως ἀκταῖς συναυλίαν ὀλοφυρόμεθα, (160) καὶ πρὸς a Ἀλεξάνδρειαν ὁρῶντες ὡς οἷόν τε, καὶ πρὸς τὴν μη-

Cum e Bendidio solvissemus ante matutinum crepusculum, vix post meridiem Pharium Myrmecem prætervecti sumus, cum bis terve circiter navis in portus fundum esset impacta Statim igitur malum hoc videbatur auspicium, ac consultum sane fuisset nave tunc excendere, quæ sub primis veluti carceribus inauspicato sese commoveret Sed pudebat nos timiditatis a vobis argui, ac propterea non tam fugere aut trepidare licebat Proinde mali si quid evenerit, vestri causa peribimus Tametsi quid illud tantum erat incommodi, ridere vos, dum nos extra periculum essemus[2] sed Epimetheo, ut aiunt,

curare deerat, pœnitere haud defuit,

perinde ac nobis metipsis Nam cum servari tum liceret, nunc ad deserta littora concentu quodam plangimus, Alexandriam, quoad licet, intuentes (160) et matrem Cy-

τέρα Κυρήνην, ὧν τὴν μὲν ἔχοντες ἀπελίπομεν, τὴν
δὲ εὑρεῖν οὗ δυνάμεθα, ἰδόντες τε καὶ παθόντες ἃ μηδὲ
ὄναρ ἠλπίσαμεν. ἄκουε γάρ, ἵνα μηδὲ σὺ πάνυ χαί-
ρειν σχολάζῃς· καὶ πρῶτόν γ᾽ ὅπως ἡμῖν εἶχε τὰ τοῦ
πληρώματος. ὁ μὲν ναύκληρος ἐθανάτα κατάχρεως
ὤν· ναυτῶν δὲ ὄντων δυοκαίδεκα τῶν πάντων (τρισ-
καιδέκατος γὰρ ὁ κυβερνήτης ἦν) ὑπὲρ ἥμισυ μὲν καὶ
ὁ κυβερνήτης ἦσαν Ἰουδαῖοι, γένος ἔκσπονδον καὶ εὐ-
σεβεῖν ἀναπεπεισμένον ἢν ὅτι πλείστους ἄνδρας Ἕλ-
ληνας ἀποθανεῖν αἴτιοι γένωνται· τὸ δὲ λοιπὸν ἀγε-
λαῖοι γεωργοί, πέρυσιν οὔπω κώπης ἡμμένοι. κοινὴ δὲ
οὗτοί τε κἀκεῖνοι πεπηρωμένοι πάντως ἕν γέ τι μέρος
τοῦ σώματος. τοιγαροῦν ἕως οὐδὲν ἡμῖν δεινὸν ἦν,
ἐκωμῳδοῦντο καὶ ἐκάλουν ἀλλήλους οὐκ ἀπὸ τῶν ὀνο-
μάτων ἀλλ᾽ ἀπὸ τῶν ἀτυχημάτων, ὁ χωλός, ὁ κηλί-
της, ὁ ἀριστερόχειρ, ὁ παραβλώψ. ἕκαστος ἕν γέ τι
εἶχε τοὐπίσημον. καὶ ἡμῖν τὸ τοιοῦτον οὐ μετρίαν πα-
ρεῖχε τὴν διατριβήν· ἐν τῇ χρείᾳ δὲ οὐκέτι γέλως ἦν,
ἀλλ᾽ ἐπὶ τούτοι, αὑτοῖς ἀποιμώζομεν, ὄντες ἐπιβάται
πλεῖν ἢ πεντήκοντα, τριτημόριόν που μάλιστα γυναῖ-
κες, αἱ πλείους νέαι καὶ ἀγαθαὶ τὰς ὄψεις. ἀλλὰ μὴ
φθόνει, παραπέτασμα γὰρ ἡμᾶς ἀπετείχιζε, καὶ τοῦτο
ἐρρωμενέστατον, οὐ πάλαι διερρωγότος ἱστίου τεμά-
χιον, σωφρονοῦσιν ἀνθρώποις τὸ τεῖχος τὸ Σεμιρά-
μιδος. Ἴσως δὲ κἂν ὁ Πρίαπος ἐσωφρόνησεν Ἀμα-
ράντῳ συμπλέων· ὡς οὐκ ἔστιν ὁπότε ἡμᾶς σχολάζειν
εἴασεν ἀπὸ τοῦ δεδιέναι τὸν ἔσχατον κίνδυνον, ὅστις
πρῶτον μὲν ἐπειδὴ τὸν παρ᾽ ὑμῖν τοῦ Ποσειδῶνος νεὼν
περιεκάμψαμεν, ἄρας ὅλοις ἱστίοις ἠξίου πλεῖν εὐθὺ
Ταφοσίριδος, καὶ ἀπεπειρᾶτο τῆς Σκύλλης, ἣν ἐν τοῖς
γραμματείοις ἀποτροπιαζόμεθα. συννενοηκότων δὲ
ἡμῶν καὶ ἀνακεκραγότων οὐ πρὶν ἢ ἐν χρῷ γενέσθαι
τοῦ κινδύνου, μόλις ἐκβιασθεὶς ἀπέστη τοῦ διανακυμα-
χῆσαι πρὸς τὰς σπιλάδας. ἐντεῦθεν ἀποστρέψας τὴν
ναῦν ὥσπερ ἐκ μετανοίας ἐπαφίησι τῷ πελάγει, τέως
μὲν ὡς ἐδύνατο καὶ πρὸς κῦμα παραβαλλόμενος, ἔπειτα
δὲ καὶ νότος συνεπιλαμβάνει λαμπρός, ὑφ᾽ οὗ ταχὺ
μὲν τὴν γῆν ἀπεκρύπτομεν, ταχὺ δὲ μετὰ (161) τῶν
ὁλκάδων μέγαν τῶν διαρμένων, αἷς οὐδὲν ἔδει Λιβύης
τῆς καθ᾽ ἡμᾶς, ἀλλὰ πλοῦν ἕτερον ἔπλεον. σχετλια-
ζόντων δὲ ἡμῶν καὶ ἐν δεινῷ ποιουμένων τὸ ἀπηρτῆ-
σθαι τοσοῦτον τῆς γῆς, ὁ Ἰαπετὸς Ἀμάραντος ἐπὶ τῶν
ἰκρίων ἑστὼς ἐτραγῴδει τὰς παλαμναιοτάτας ἀράς·
« οὐ γὰρ δὴ πτησόμεθα » ἔφη· « ὑμῖν δὲ πῶς ἄν τις
καὶ χρήσαιτο, οἳ καὶ τὴν γῆν καὶ τὴν θάλατταν
ὑποπτεύετε ; » « οὐκ, ἤν γέ τις αὐταῖς χρῆται καλῶς,
ὦ λῷσκε Ἀμάραντε » πρὸς αὐτὸν ἔφην. « ἡμῖν δὲ οὐδὲ
Ταφοσίριδος ἔδει· ζῆν γὰρ ἔδει. καὶ νῦν τοῦ πελά-
γους τί δεῖ· ἀλλὰ πλέωμεν » ἔφην « εὐθὺ Πεντάπό-
λεως, ἀπέχοντες τῆς γῆς ὅσον μέτριον, ἵν᾽ εἴ τι καὶ
χαλεπόν, οἷα δὴ τὰ τῆς θαλάττης (ἄδηλον δὲ δήπου καὶ
ἔστι καὶ παρ᾽ ὑμῖν λέγεται), λιμήν τις ἡμᾶς ἐκ τοῦ
σχεδὸν ὑποδέξηται ». οὔκουν ἔπειθον λέγων, ἀλλ᾽ ἐξε-
κεκώφητο τὸ κάθαρμα, ἕως ἄνεμος ἀπαρκτίας ἐπα-

renem, quarum alteram cum haberemus reliquimus, al-
teram invenire non possumus, postquam ea vidimus et
experti sumus, quæ ne per somnium quidem eventura
putavimus. Audi enim , ne tibi omnino gaudere vacet :
ac primum quemadmodum sese nobis nauticum supple-
méntum habuerit. Gubernator imprimis ex desperatione
mortem optabat ære oppressus alieno; et cum nautæ
duodecim omnes essent (tertius enim et decimus guber-
nator erat), supra dimidiam quidem partem cum ipso
gubernatore Iudæi omnes erant, infidum genus et quod
pie se facere persuasum habeat, si quamplurimis Græcis
hominibus causam necis attulerit. Cæteri gregarii erant
agricolæ, qui anno superiori nondum remum attigerant ;
ac tam isti quam illi prorsus aliqua corporis parte muti-
lati. Quamobrèm quamdiu nihil erat periculi, iocari in-
ter se, seque invicem appellare non nominibus suis sed
ex infortuniis, claudus, herniosus, scævola, strabus.
Singuli unum aliquod insigne habebant, nobisque id ipsum
non mediocri erat oblectamento. In ipso vero discrimine
nullus iam risui locus erat, sed ob illa ipsa nunc inge-
miscimus qui vectores sumus supra quinquaginta, quo-
rum tertia fere pars feminæ sunt, plerœque iuvenes et
formosæ. Verum non est quod invideas, nam cortina
nos suspensa separabat eademque firmassima, non ita
pridem conscissi veli segmentum, temperantibus homini-
bus par Semiramidis muro. Ac nescio annon vel Priapus
ipse temperatior fuisset, cum Amaranto navigans ;
qui nullo nos unquam vacare tempore siverit ab extremi
discriminis metu. Primum enim posteaquam Neptuni
templum quod apud vos est, sumus prætergressi, totis
velis navigans recta Taphosiridem petere constituerat,
Scyllamque tentabat, quam in ludis literariis auditu ex-
horrescere consuevimus. Quod ubi consideravimus et voci-
ferati sumus non ante quam proxime in periculum ipsum
venimus, vix coactus scopulis conflictari destitit. Inde ab-
ductum navigium, quasi resipiscens, in altum immittit,
primum contra fluctum aliquamdiu quantum poterat oblu-
ctans, deinde vehementiore austro secundante statim a
terræ conspectu sumus ablati ac statim ad onerarias binis
(161) velis instructas accessimus, quibus nihil erat in Libya
nostra negotii, sed cursum alium insistebant. Hic vero
conquerentibus nobis ac moleste ferentibus quod a terra
tam longe provecti essemus, Iapetus ille Amarantus in
tabulatis stans diras ultimique exempli imprecationes
canebat. « Nimirum non volabimus » inquit ; « vobis au-
tem quid faciat quisquam, qui et terram et mare metui-
tis. » « Minime hoc quidem, si quis bene iis utatur, o-
ptime Amarante » inquam ad illum. « Nobis vero nihil
Taphosiride opus fuit ; vita enim opus fuit. Et nunc
quid alto nobis opus est? Sed tendamus » inquam « Pen-
tapolim, quantum satis est a terra dissiti, ut si quid dif-
ficile accidat, cuiusmodi in mari multa sunt (hoc autem
incertum utique et est et a nobis diritur) e proximo nos
portus aliquis excipiat. » Sed nihil dicendo persuadere
potui, obsurduerat enim scelus, donec acrior a septen-
trione ventus incumbens tumentes et asperos fluctus

ιάσσει πολύς, κῦμα ἐλαύνων ὑψηλὸν καὶ τραχύ. οὗτος
ἔφνω προσπεσὼν τὸ ἱστίον ἔμπαλιν ὤθησε καὶ τὰ
κυρτὰ κοῖλα πεποίηκεν, ἡ δὲ ναῦς ἐγγὺς ἦλθεν ἐπὶ
τρύμναν ἀνατετράφθαι. μόλις δ' οὖν αὐτὴν κα-ε-
ιτήσαμεν, καὶ ὁ βαρύστονος Ἀμάραντος « τοιοῦτον » c
ἔρη « τὸ ναυτίλλεσθαι τέχνη », προσδέ ξεσθαι γὰρ αὐ-
τὸς πάλαι τὸν ἐκ πελάγους ἄνεμον, καὶ διὰ τοῦτο με-
τέωρος πλεῖν. κατιέναι γὰρ νῦν ἐγχάρσιος, ἐνδιδόν-
τος τοῦ διαστήματος προστιθέναι τῷ μήκει τοιοῦτον
δὲ εἶναι τὸν πλοῦν τὸν ἡμέτερον οὐκ ἂν εἴ γε παρὰ τὰς
ἰκτὰς ἐπλέομεν· προσαναπεπλάσθαι γὰρ ἂν τῇ γῇ.
καὶ ἡμεῖς ἀπεδεχόμεθα λέγοντος ἕως ἡμέρα τε ἦν καὶ
τὰ δεινὰ οὔπω παρῆν· ἤρξατο γὰρ δὴ μετὰ τῆς νυ-
κτός, ἀεὶ προιόντος ἐπὶ μεῖζον τοῦ κλύδωνος.

Ἡμέρα μὲν ἦν ἥντινα ἄγουσιν οἱ Ἰουδαῖοι πα- d
ρασκευήν· τὴν δὲ νύκτα τῇ μετ' αὐτὴν ἡμέρᾳ λογίζον-
ται, καθ' ἣν οὐδενὶ θέμις ἐστὶν ἐνεργὸν ἔχειν τὴν
ξεῖρα, ἀλλὰ τιμῶν τες διαφερόντως αὐτὴν ἄγουσι
ἀπραξίαν. μεθῆκεν οὖν ἐκ τῶν χειροῖν ὁ κυβερνήτης
τὸ πηδάλιον, ἐπειδὴ τὸν ἥλιον εἴκασεν ἀπολελοιπέναι
τὴν γῆν, καὶ καταβαλὼν ἑαυτὸν

πατεῖν παρεῖχε τῷ θελοντι ναυτίλων.

ἡμεῖς δὲ τὴν μὲν οὖσαν αἰτίαν οὐκ εὐθὺς ἐπὶ νοῦν
ἐβαλλόμεθα, ἀπόγνωσιν δὲ τὸ πρᾶγμα οἰόμενοι, προσ-
ήειμεν ἐλιπαροῦμεν μὴ καταπροέσθαι (162) μηδέπω a
τὰς ἐσχάτας ἐλπίδας καὶ γὰρ δὴ καὶ ἐπεῖχεν αἱ τρι-
κυμίαι, τοῦ πελάγους καὶ πρὸς ἑαυτὸ στασιάσαντος.
γίνεται δὲ τὸ τοιοῦτον ὅταν μὴ τῷ λήξαντι πνεύματι
καὶ τὰ παρ' αὐτοῦ συναναπαύσηται κύματα, ἀλλ' ἰ-
σχύον ἔχοντα τὸ ἐνδόσιμον τῆς κινήσεως ὑπαντιάζῃ τῇ
τοῦ πνεύματος ἐπικρατείᾳ, καὶ ἀντεμβάλλῃ ταῖς
ἐμβολαῖς. ἔδει γὰρ καὶ φλεγμαινόντων ὀνομά-
των, ἵνα μὴ τὰ μεγάλα κακὰ σμικροπρεπέστερον διη-
γήσωμαι. τοῖς οὖν ἐν ᾧ τοιῷδε πλέουσιν ἀπὸ λε-
πτοῦ φασὶ μίτου τὸ ζῆν ἠρτῆσθαι. εἰ δὲ καὶ ὁ κυβερ-
νήτης νομοδιδάσκαλος εἴη, τίνα δεῖ ψυχὴν ἔχειν, b
ἐπεὶ δ' οὖν ἀνακτίχαμεν τὸν νοῦν τῆς ἀπολείψεως τῶν
πηδαλίων (δεομένων γὰρ ἡμῶν σώζειν τὴν ναῦν ἐκ
τῶν ἐνόντων τὸ βιβλίον ἐπανεγίνωσκε), πειθοῦς ἀπο-
νόντες ἀνάγκην ἤδη προσήγομεν. καί τις στρατιώτης
γενναδας (συμπλέουσι δὲ ἡμῖν Ἀράβιοι συχνοὶ τῶν
ἀπὸ τοῦ τάγματος τῶν ἱππέων) τὸ ξίφος σπασάμενος
ἠπείλησε τἀνθρώπῳ τὴν κεφαλὴν ἀποκόψειν, εἰ μὴ
ἀντιλήψεται τοῦ σκάφους, ὁ δὲ αὐτόχρημα Μαχρα-
βαῖος οἷος ἦν ἐγκαρτερῆσαι τῷ δόγματι. μεσούσης δὲ
ἤδη τῆς νυκτὸς ἀναπείθεται παρ' ἑαυτοῦ πρὸς τῇ c
κ αθέδρᾳ γενέσθαι « νῦν γάρ » φησὶν « ὁ νόμος ἐφίεσιν,
ἐπειδὴ νῦν σαφῶς τὸν ὑπὲρ τῆς ψυχῆς θέομεν » πρὸς
τοῦτο αἴρεται θόρυβος ἐξ ἀρχῆς, ἀνδρῶν οἰμωγή,
γυναικῶν ὀλολυγή ἅπαντες ἐθεοκλύτουν ἀποτνιῶντο,
τῶν φιλτάτων ὑπεμιμνήσκοντο μόνος Ἀμάραντος εὔθυ-
μος ἦν, ὡς αὐτίκα περιγράψων τοὺς δανειστάς ἐμὲ
δὲ ἐν τοῖς δεινοῖς (ὄμνυμί σοι θεὸν ὃν φιλοσοφία πρε-

agitare cœpit Ilic subito ingruens velum in universum
compulit, et quæ curva erant cava reddidit Navis ipsa
porro parum abfuit quin in puppem everteretur, quam
nos ægre tandem aliquando composuimus Tum grandi
loquus Amarantus « Istud quidem » est inquit « ex arte
navem regere ; » ventum enim e mari sese pridem su-
spicatum fuisse, ob idque in alto navigare Nunc enim
obliquum se cursum tenere, quod longitudini addere ali-
quid de intervallo liceret Talem non futuram fuisse
navigationem nostram, si littus legissemus immo futurum
fuisse ut navis nostra ad terram allideretur Quæ cum
diceret, tamdiu nos assentiebamur, quoad supererat dies,
needum periculum appetebat Cœpit enim unâ cum
nocte, magis ac magis attollente sese fluctu

Erat tum dies, quam Iudæi Parasceuen vocant, cuius
noctem cum sequenti die computant, qua die nulli ma-
num licet operi admovere, sed eam sanctissime vene-
rantes ab omni labore feriantur Clavum itaque guber-
nator e manibus abiecit, statim atque solem occidisse
coniectatus est, ac prostratus

cuius se nautarum calcandum præbebat

Nos veram rei causam non statim intelligentes, sed de-
sperationem hoc ipsum esse rati, ad eum accurre e, ob-
testari, ne ultimam (162) spem proderet Nam et de-
cumani fluctus instabant, tumultuante secum ipso mari
Hoc autem accidit, cum cessante vento nondum ab eo
concitati fluctus resident, sed valida semel agitatione
concepta dominanti se adhuc obiciunt, et impetum illius
contrario impetu repellunt Opus enim mihi fuit turgi-
dis et grandibus verbis, ne mala ingentia infra dignita-
tem explicarem Eiusmodi porro navigatione utentibus
tenui, ut aiunt, e funiculo vita suspensa est. Quod si
legis doctor idem et gubernator fuerit, quo esse animo
nos oportet ? Postquam igitur quid sibi clavi abiectio vellet
intelleximus (rogantibus enim nobis navem ut quoad
posset periculis eriperet, librum divinum legebat), per-
suaderi posse desperantes, adhibere vim cœpimus. Ac
generosus quidam miles (navigant autem nobiscum Ara-
bici plerique ex equitum ordine) educto gladio caput
homini sese amputaturum minatus est, nisi navem gu-
bernaret At ille germanus Maccabæus in dogmate suo
nihilominus perstiturus videbatur Media tandem nocte
suapte sponte ad gubernacula sedere cœpit « Nunc
enim » ait « lex facere istud permittit, quoniam plane
de vita periclitamur » Ad hoc sublatus de integro tu-
multus, virorum gemitus, mulierum ululatus quiritari
omnes ac divinum numen obtestari, carissimos quosque
recordari Unus hilaris erat Amarantus, ut qui credi-
tores suos subinde fraudaturus esset. Me vero in tantis
malis, per numen illud iuro quod philosophia veneratur

σεύει) τὸ Ὁμηρικὸν ἔθραττεν ἐκεῖνο, μὴ ἄρα ἀληθὲς
εἴη τὸν καθ' ὕδατος θάνατον ὄλεθρον εἶναι καὶ αὐτῆς
τῆς ψυχῆς. λέγει γὰρ ἔστιν ὅπου τῶν ἐπῶν

Αἴας δ' ἐξαπόλωλεν, ἐπεὶ πίεν ἁλμυρὸν ὕδωρ,

τὸν ἐν θαλάττῃ θάνατον ἀκριβεστάτην ἀπώλειαν εἶναι
τιθέμενος. οὐδένα γοῦν ἄλλον ἐξαπολωλέναι φησίν,
ἀλλ' ἕκαστος ἀποθνήσκων ἄϊδόσδε βεβήκει.
ταῦτ' ἄρα καὶ ἐν δυοῖν νεκύαιν ὁ μικρὸς Αἴας οὐδα-
μοῦ τοῦ δράματος εἰσενήνεκται, ὡς τῆς ψυχῆς οὐκ
οὔσης ἐν ἅδου· καὶ Ἀχιλλεύς, ἀνὴρ (163) εὐψυχότατός
τε καὶ φιλοκινδυνότατος, ἀποδειλιᾷ πρὸς τὸν ἐν ὕδατι
θάνατον, ὅν γε καὶ λευγαλέον καλεῖ.

Τούτους ἑλίττων τοὺς λογισμοὺς ὁρῶ τοὺς στρα-
τιώτας ἅπαντας ἐσπασμένους τὰς μαχαίρας, καὶ πυ-
θόμενος ἐμάνθανον παρ' αὐτῶν ὡς καλὸν ἐπὶ τοῦ κα-
ταστρώματος ὄντας ἔτι πρὸς τὸν ἀέρα τὴν ψυχὴν
ἐρυγεῖν, ἀλλὰ μὴ πρὸς κῦμα χανόντας. τούτους αὐ-
τοφυεῖς Ὁμηρίδας ἐνόμισα καὶ ἐθέμην τῷ δόγματι.
εἶτα κηρύττει τις ἐξαρτᾶσθαι χρυσίον οἷς ἐστί· καὶ
οἷς ἦν ἐξήρτητο, καὶ χρυσίον καὶ ὅ τι ἄξιον χρυσίου.
καὶ αἱ γυναῖκες αὐταί τε ἐσκευάζοντο καὶ τοῖς δεο-
μένοις ἀρπεδόνας διένεμον, πάλαι κατα δεδειγμένον τοῦτο
ποιεῖν, νοῦν δὲ ἔχει τοιοῦτον. φέρειν δεῖ τιμὴν ἐντά-
φιον τὸν ἐκ ναυαγίου νεκρόν. ὁ γὰρ προστυχὼν καὶ
κερδάνας νόμους Ἀδραστείας αἰδέσεται, μὴ οὐχὶ μι-
κρόν τι μέρος ἀποδάσασθαι τῷ χαρισαμένῳ τὸ πολ-
λαπλάσιον. καὶ οἱ μὲν ἦσαν πρὸς τούτοις, ἐγὼ δὲ
παρακαθήμενος τὸ παλαμναῖον βαλάντιον, τὴν παρα-
καταθήκην τοῦ ξένου, ἔκλαον, ὡς οἶδεν ὁ Ξένιος, οὐκ
εἰ τεθνήξοίμην, ἀλλ' εἰ ὁ Θρᾷξ ἀποστερήσοιτο τῶν
χρημάτων, ὅν καὶ ἀποθανὼν ἂν ἠσχυνόμην. ἐνταῦθα
μέν γε τὸ ἐξαπολωλέναι κέρδος ἦν καὶ συναπολωλέναι
καὶ ἀποδρᾶναι τὴν αἴσθησιν. ὃ δὲ ἐποίει παρὰ πό-
δας τὸν κίνδυνον, οὐχ ἕτερον ἦν ἀλλ' ὅτι πᾶσιν ἱστίοις
ἡ ναῦς ἐφέρετο, ὑποτεμέσθαι δὲ οὐκ ἦν, ἀλλὰ πολλά-
κις ἐπιχειρήσαντες τοῖς καλωδίοις ἀπηγορεύκειμεν,
τῶν τροχῶν ἐνδακόντων, καὶ ὀφώρμει δέος οὐκ ἔλατ-
τον, εἰ καὶ διαγενοίμεθα ἐκ τοῦ κλύδωνος, οὕτως ἔχον-
τας ἐν νυκτὶ πελάζειν τῇ γῇ. ἔφθανεν δὲ ἡμέρα, καὶ
ὁρῶμεν τὸν ἥλιον ὡς οὐκ οἶδ' εἴ ποτε ἥδιον. τὸ δὲ
πνεῦμα ῥᾷον ἐγίνετο τῆς ἀλέας ἐπιδιδούσης, καὶ ἡ
δρόσος ἐξιστάμενη παρεῖχεν ἡμῖν κεχρῆσθαι τοῖς καλω-
δίοις καὶ τὸ ἱστίον μεταχειρίζεσθαι. ὑπαλλάττειν μὲν
οὖν ἱστίον ἕτερον νόθον οὐκ εἴχομεν, ἠνεχυρίαστο γάρ·
ἀνελαμβάνομεν δὲ αὐτὸ καθάπερ τῶν χιτώνων τοὺς
κόλπους, καὶ πρὶν ὥρας εἶναι τέτταρας, ἀποφαίνομεν
οἱ τὸ τεθνάναι προσδοκήσαντες ἐν ἐσχατιᾷ τινι πανε-
ρήμῳ καὶ οὔτε πόλιν οὔτε ἀγρὸν ἐχούσῃ γείτονα,
σταδίους ἑκατόν που πρὸς τοῖς τριάκοντα κατόπιν
ἀγροῦ. ἡ μὲν οὖν ναῦς ἐσάλευεν ἐπὶ μετεώρου (λι-
μὴν γὰρ ὁ τόπος οὐκ (164) ἦν) καὶ ἐσάλευεν ἐπ' ἀγ-
κύρας μιᾶς· ἡ ἑτέρα γὰρ ἀπημπόλητο, τρίτην δὲ ἄγ-
κυραν Ἀμάραντος οὐκ ἐκτήσατο. ἡμεῖς δὲ ἐπειδὴ

---

illud Homericum torrebat, ne forte verum esset, mortem
in aquis præfocatorum etiam animæ esse ipsius interi-
tum. Ait enim alicubi,

interiit salsis epotis fluctibus Aiax,

ut letum, quod in mari accidit, summum omnium exi-
tium esse significet. Idcirco neminem interiisse ait, sed
unusquisque *moriens delapsus ad Orcum est.* Ac
propterea in duabus inferiis minor Aiax nusquam toto
dramate inducitur, quasi apud inferos eius anima non
esset. Quin etiam Achilles ille fortissimus et in (163)
periculis subeundis audacissimus, mortem nihilominus in
aquis perhorrescit, quam exitialem etiam nuncupat.

Hæc cum animo meo revolvens, ecce tibi milites omnes
strictis gladiis astare video, ac sciscitatus ab illis audio,
optimum esse, quamdiu in foris adhuc stant, animam in
aerem profundere, non in fluctus, oscitantes. Hos ego
sponte factos ac nativos Homeri sectatores arbitrabar,
eique sententiæ favebam. Tum proclamatum est a quo-
piam, suspenderent e collo, quibuscunque auri aliquid
esset. Quibus erat, suspensum est, non aurum modo,
sed quidquid auro æstimari poterat. Mulieres cum ipsæ
adornabant sese, tum funiculos iis quibus opus erat distri-
buebant, pridem ad id faciendum edoctis omnibus. Huius
autem rei gratia sit : sepulturæ pretium conferri e nau-
fragis convenit. Qui enim in eos inciderit et id lucri fe-
cerit, Adrasliæ leges verebitur, ne non exiguam ei partem
aspergat, qui tanto plura largitus fuerit. Atque illi qui-
dem iis rebus occupabantur, at ego sedens infelix illud
marsupium, depositum hospitis, deflebam. Novit hospi-
tum præses deus, non quod moriendum mihi esset, sed
quod concreditis pecuniis Thrax ille defraudandus, quem
vel mortuus erubescerem. Hic igitur et emori lucrum
erat et simul emori et moriendi sensum effugere. Quod
vero discrimen adeo in proximo faciebat, nihil erat aliud
quam quod passis velis navigium ferebatur. Contrahere
autem non licebat: Nam cum sæpius rudentes aggrede
remur, fatigati eramus, mordacibus retinentibus trochleis;
nec levior angebat metus, ne vel e tempestate emersi ita
comparatis omnibus per noctem ad litus appelleremus
Commodum interea dies exoritur, solemque conspicimus
haud scio an unquam in vita iucundius. Remittere dein-
ceps tepore crescente ventus incepit, atque ita siccato
rore paulatim moliri rudentes ac vela tractare permis-
sum est. Cæterum subdititium alterius loco velum suppo-
nere minime potuimus; nam oppigneratum erat. Refeci-
mus ergo istud ipsum, perinde ac tunicarum sinus : ac
citra horas quatuor qui morituros esse nos hactenus pu-
tabamus ad desertam quamdam solitudinem appellimus,
cui neque ager in propinquo neque oppidum fuit, centum
enim fere et triginta ab agro stadiis erat dissita. Ac na-
vis quidem in alto fluctuabat (nam locus ille importuosus,
erat), et una (164) in ancora fluctuabat : altera enim erat
distracta : tertiam porro anchoram Amarantus non habuit.

τῆς φιλτάτης ἡψάμεθα γῆς, περιεϐάλομεν ὥσπερ
ἔμψυχον οὖσαν μητέρα, καὶ ἀποθύσαντες ὕμνους τῷ
θεῷ χαριστηρίους ὥσπερ εἰώθειμεν, προσεθή/καμεν
αὐτοῖς καὶ τὴν ἔναγχος τύχην ὑφ᾽ ἧς παρὰ δόξαν
ἐσώθημεν, δύο ἑξῆς ἐπιμείναντες ἡμέρας, ἕως ἂν ἀφυ-
ϐρίσῃ τὸ πέλαγος. ἐπεὶ δὲ ἄπορον ἦν ὁδῷ χρήσασθαι,
μηδενὸς ἀνθρώπων ὁρωμένου, πάλιν ἐπετολμήσαμεν
τῇ θαλάσσῃ καὶ ἄραντες εὐθὺς ἀρχομένης ἡμέρας
ἐπλέομεν ἐκ πρύμνης ἀνέμῳ πᾶσαν αὐτὴν καὶ τὴ
ἐπιγενομένην ἡμέραν, ἧς ἤδη ληγούσης τὸ πνεῦμα
ἀπέλιπεν ἡμᾶς, καὶ ἡμεῖς ἠνιάθημεν. ἐμέλλομεν δὲ
ἄρα ποθήσειν γαλήνην. ἦν μὲν οὖν τρισκαιδεκάτη
φθίνοντος, ἐπηωρημένου δὲ τοσούτου κινδύνου, μελ-
λούσης εἰς ταὐτὸ συνδραμεῖσθαι τῆς τε συνόδου τῶν
ἄστρων καὶ τῶν πολυθρυλήτων τυχαίων, ἃ μηδείς
ποτέ φασι πλέων ἐθάρσησε, καὶ δέον ἡμᾶς ἐλλιμενί-
ζειν, οἳ δ᾽ ἐλελήθειμεν αὖθις ἀναδεδραμηκότες ἐπὶ τὸ
πέλαγος· ἡ δὲ στάσις ἤρξατο μὲν ἀπὸ τῶν ἀρκτικῶν
πνευμάτων, καὶ ὕσι γε πολλὰ κατὰ τὴν συνοδικὴν
νύκτα. ἔπειτα ἠκόσμει τὰ πνεύματα, καὶ ἡ θάλαττα
: υκέων ἐγεγόνει. τὰ δὲ περὶ ἡμᾶς, οἷα εἰκὸς ἐν τοῖς
τοιούτοις, ἵνα μὴ πάθῃ παραπλήσια εἰς ἀφηγώ-
μεθα, ὤνησέ τι τὸ μέγεθος τοῦ χειμῶνος. τὸ κέρας
ἐτετρίγει, καὶ ἡμεῖς ᾠόμεθα προτονίζειν τὴν ναῦν.
εἶτα κατεαγὸς μέσον ἐγγὺς μὲν ἦλθεν ἀπολέσαι πάν-
τας ἡμᾶς· ἐπεὶ δὲ οὐκ ἀπώλεσεν, αὐτὸ δὴ τοῦτο
καὶ περιέσωσεν· οὐ γὰρ ἦν ἄλλως ἐνέγκαι τὴν βίαν
τοῦ πνεύματος, πάλιν δὲ δυσπειθὲς· ἦν τὸ ἱστίον καὶ
οὐκ εὔτρυχον εἰς καθαίρεσιν. οὕτως οὖν παρὰ δόξαν
ἀποφορτισάμενοι τὴν ἀπληστίαν τῆς βιαίας φορᾶς,
ἡμέραν ἑξῆς καὶ νύκτα ἠνέχθημεν, ἧς ἤδη περὶ δευ-
τέραν οὔσης ὀρνίθων ᾠδήν, ἐλάθομεν ἐγχρίμψαντες
σκαρῇ πέτρᾳ προσεθλιμμένῃ τῆς γῆς ὅσον εἶναι βρα-
χεῖαν χερρόνησον. βοῆς δὲ γενομένης ἐπειδή τις
παρηγγύησεν αὐτῇ γῇ πελάσαι, θροῦς ἤρθη πολὺς καὶ
ἥκιστα ξύμφωνος, τῶν μὲν ναυτῶν περιχρικότων, ἡμῶν
δὲ ἐξ ἀπειρίας τὼ χεῖρ᾽ ἐπικροτούντων, καὶ περιϐαλ-
λόντων ἀλλήλους καὶ οὐκ ἐχόντων ὅπως χρησόμεθα τῇ
πλήθει τῆς χαρᾶς. ἐλέγετο δὲ ὁ μέγιστος (165) αὐτὸς
εἶναι τῶν περιστάντων ἡμᾶς κινδύνων. ἤδη δὲ ὑπο-
φαινομένης ἡμέρας κατασείει τις ἄνθρωπος χωριτικῶς
ἐσταλμένος, καὶ δείκνυσι τῇ χειρὶ τόπους ὑπόπτους
καὶ ἑτέρους οὓς ἔδει θαρρῆσαι. καὶ τέλος ἧκεν ἐπὶ
κελητίου δισκάλμου, ὅπερ ἐξάψας τοῦ πλοίου μεταχει-
ρίζεται τὸ πηδάλιον, ὁ δὲ Σύρος ἄσμενος ἐξέστη τῆς
προεδρίας. ἀναλύσας δὲ σταδίους οὐ πλεῖν ἢ πεντή-
κοντα τήν τε ναῦν ἐνορμίζει λιμενισκίῳ χαρίεν τι
(Ἀζάριον οἶμαι καλοῦσιν αὐτό), καὶ ἡμᾶς ἐπὶ τῆς
ἠόνος ἀπεβίβασε, σωτῆρα καὶ δαίμων ἀγαθὸς ἀποκα-
λούμενος. καὶ μετὰ μικρὸν ἑτέραν ὁλκάδα εἰσήλασε
καὶ πάλιν ἄλλην, καὶ πρὶν ἑσπέραν εἶναι, πέντε γε-
γόναμεν ὑπὸ τοῦ θεσπεσίου πρεσϐύτου περισωθεῖ-
σαι φορτίδες, πρᾶγμα ἐναντιώτατον τῷ Ναυπλίῳ
ποιοῦντος· καὶ γὰρ οὐχ ὡς ἐκεῖνος τοὺς ἀπὸ χειμῶ-

Itaque simul optatissimam telluerem attigimus, amplecti
veluti spirantem matrem cœpimus, hymnosque deo grati-
latorios de more concinentes adiecimus et recentem illum
casum, e quo præter opinionem servati fuimus, biduum in
eo loco commorati, dum mare desæviret. Sed cum iter
facere nusquam possemus, nemine comparente morta-
lium, rursum mari nos commisimus, statimque prima luce
solventes, secundo vento tota illa et insequenti die navi-
gavimus, qua inclinante, una et flatus defecit, magnoque
in mœrore fuimus. Optari vero a nobis denuo tranquil-
litatem oportebat. Erat tunc exeuntis mensis tertius
decimus dies. Tanto autem impendente discrimine, cum
in idem siderum coitus et famosa illa concursura es-
sent, quibus, ut aiunt, nemo securus unquam se mari
commisit, cumque in portu consistere oporteret, impru-
dentes rursum in altum evecti sumus. Ipsa porro tem-
pestas a septentrionalibus ventis initium habuit, pluri-
mumque ea interlunii nocte pluit, tum venti perbacchari
ac misceri ex imo mare cœpit. Quod ad nos attinet, uti
nos habebamus, ut in talibus usu venire solet, ne bis
eosdem casus recenseam. Ac tum ipsa nonnihil tempe-
statis magnitudo profuit. Itaque primum ex antenna fra-
gor auditus est. Cumque intentis rudentibus firmare
navem instituissemus, subinde media illa confracta prope
nobis omnibus exitio fuit. Sed cum exitio non fuisset,
hoc ipsum nobis salutem attulit. Neque enim alio modo
ventorum vis sustineri poterat. Rursum autem tractatu
difficile velum erat, nec ad contrahendum volubile.
Hunc fere in modum, imminuto præter opinionem violen-
tioris cursus impetu, diem noctemque continuo ferebamur
Eadem nocte, secundo circiter gallicinio, subinde
ad prominentem quamdam e terra rupem, quæ brevem
cherronesum faciebat, nec opinato navem appulimus. Ad
hoc clamore sublato, cum propius terram subire nos
quidam admoneret, ingens coorta vociferatio est minimeque
consentiens, nautis quidem horrescentibus, nobis vero
præ inscitia manus applaudentibus et invicem complexis,
neque gaudii magnitudinem animo capientibus. Liebant
summum (165) hoc omnium quæ hactenus contigerant
fuisse discrimen. Cum iam diluxisset, homo quidam
rustico habitu nobis innuit, manuque insida loca de-
monstrat et alia quibus nos tuto committere possemus.
Tandem et ipse binorum scalmorum celoce est advectus,
qua ad navem alligata gubernaculum accipit, nec ægre
Syrus hoc illi honore cessit. Qui cum non plura quinqua-
ginta stadia relegisset, navem vix ad exiguum quemdam,
sed amœnum portum appellit (Azarium opinor vocant),
et nos ad littus exponit, servator ac genius bonus ore
omnium acclamatus. Brevique postea codem actuarium
subduxit ac rursus aliam. Ita ante vesperam quinque
fuimus ab divino illo sene servatæ onerariæ naves, contra
quam Nauplius quondam ille fecit, neque enim similiter
ab tempestate ille iactatos excepit. Postridie alii delati
sunt, inter quos nonnulli uno ante nos die Alexandria

11.

νος ἐδέξατο. ἐς δὲ τὴν ὑστεραίαν ἄλλοι κατῆραν, ὧν ἔνιοι τῶν προλαβόντων ἡμᾶς ἦσαν ἀπὸ Ἀλεξανδρείας ἡμέραν. καὶ νῦν ὁλόκληρός ἐσμεν στόλος ἐν νεωρίῳ μιχρῷ. ἐπεὶ δὲ ἡμῖν ἤδη καὶ τὰ ἐφόδια κατεδήδοτο (οὐ γὰρ ὄντες ἐθάδες ἀτυχεῖν οὐδ᾽ ἐλπίσαντες ἂν ὑπερήμεροι γενέσθαι μέτρια γε ἐνετιθέμεθα, καὶ οὐδὲ τούτοις μετρίως ἐχρώμεθα), ὁ πρεσβύτης καὶ τοῦτο ἡκέσατο, δοὺς μὲν οὐδέν (οὐδὲ γὰρ οὐδ᾽ ὅμοιος ἦν ἔχοντι), δείξας δὲ πέτρας, ἐν αἷς ἄριστον ἔφη καὶ δεῖπνον ἑκάστης ἡμέρας κεκρύφθαι τοῖς βουλομένοις πονεῖν. ἐντεῦθεν ἰχθυώμενοι ζῶμεν ἡμέραν ἑβδόμην ἤδη, οἱ μὲν ἐντελεῖς μυραίνας τε καὶ χαράδους εὐμεγέθεις αἱροῦντες, τὰ δὲ μειράχια κωβιοὺς εὐτυχεῖ καὶ ἰούλους. ἐγὼ δὲ καὶ ὁ θρησκευτὴς ὁ Ῥωμαῖος ἐπὶ ταῖς λεπάσι ῥωννύμεθα. ἡ δὲ λεπὰς ὀστρειόν ἐστι κοῖλον, ὅπερ ἐπειδὰν ἐπιλάβηται πέτρας, ἀπισχυρίζεται. τὰ μὲν οὖν πρῶτα γλίσχρως ἐζῶμεν ἀπὸ τῆς θήρας, περιεχόμενος ἕκαστος ὅτου καὶ λάβοιτο, ἐδίδου δὲ δῶρα οὐδεὶς οὐδενί· νυνὶ δὲ ἐν ἀφθονωτέροις ἅπαντες ἀπὸ τοιᾶσδε αἰτίας. αἱ γυναῖκες ταῖς γυναιξίν, αἱ Λίβυσσαι ταῖς πλεούσαις, βούλοιντο μεντἂν καὶ τὸ ὀρνίθων γάλα παρασχεῖν. παρέχουσι γοῦν ὅσα αὐταῖς ἀήρ τε φέρει καὶ γῆ, τυρούς, ἄλευρα, πέμματα ἐκ κριθῶν, κρέα ἄρνεια, ἀλεκτορίδας, ᾠὰ ἀλεκτόρεια. ἤδη δέ τις καὶ ὠτίδα ἔδωκεν, ὄρνεον ἐκτόπως ἡδύ· ἰδὼν δὲ ἄγροικος ἐπείπει ταῶν. (166) αὗται δὴ κατακομίζουσιν ἐπὶ τὴν ναῦν τὰ δῶρα, αἱ δὲ δεχόμεναι κοινοῦνται τοῖς βουλομένοις. οἳ δὲ ἡμῖν ἤδη τὰ ἀπὸ τῆς θήρας δωροῦνται, καὶ ἥκει τις ἄλλος ἐπ᾽ ἄλλῳ, ἥκει ἐπ᾽ ἀνδρὶ καὶ ἀνὴρ ἐπὶ παιδί, φέρων ἀεί τί μοι ξένιον, ὁ μὲν ἠγκιστρωμένον ἰχθύδιον, ὁ δὲ ἄλλος ἄλλο τι, πάντως ἕν γέ τι ἀγαθὸν ὧν φέρουσι πέτραι. ἐμοὶ γὰρ οὐκ ἔστι βουλομένῳ τὰ παρὰ τῶν γυναικῶν δέχεσθαι, σὴν χάριν καὶ τοῦτο, ἵνα μή τις ἐκεχειρία μοι πρὸς αὐτὰς γένηται, κᾆτα ἐπειδὰν ἐξοἰνωσθαι δέῃ, διαποροίην ἀρνούμενος. ἐπεὶ τί ἐκώλυε τό γε ἐπὶ τοῖς ἐπιτηδείοις τρυφᾶν; οὕτω πολλὰ πολλαχόθεν συρρεῖ. σὺ μὲν οὖν ἀρετὴν λογίῃ τὴν φιλοφροσύνην τῶν ἐγχωρίων ἣν εἰς τὰς ἐπιξενουμένας ἐνδείκνυνται· τὸ δὲ τοιοῦτόν ἐστιν, οἷον ἄξιον εἶναι καὶ διηγήσασθαι, καὶ ταῦτα ἐπὶ τῆς νῦν ἐμοὶ παρούσης σχολῆς. μήνιμα Ἀφροδίτης, ὡς εἰκάσαι, κατέχει τὴν χώραν· δυστυχοῦσι γὰρ ὅπερ αἱ Λήμνιαι. καὶ γὰρ ὑπερμαζῶσι καὶ ἀσυμμέτρως ἔχουσι τῶν στέρνων, ὥστε τὰ βρέφη μὴ διὰ μάλης ἀλλὰ διὰ τῶν ὤμων σπᾶν τῆς θηλῆς ἀνακεκλιμένης. εἰ μή τις εἴποι τὴν Ἄμμωνα καὶ τὴν Ἄμμωνος γῆν οὐ μᾶλλον εἶναι μηλοτρόφον ἢ κουροτρόφον ἀγαθήν, ἀνεῖναι δὲ τὴν φύσιν ἀνθρώποις ὁμοίως καὶ κτήνεσι δαψιλεστέρας καὶ ἀδροτέρας τὰς τοῦ γάλακτος πίδακας, καὶ εἰς τοῦτο δεῖν ἀδροτέρων οὐθάτων τε καὶ θυλάκων. μανθάνουσαι δὴ παρὰ τῶν ἀνδρῶν, οἷστισι συμβόλαιον γέγονε πρὸς ἄνθρωπον ὑπερόριον, ὅτι μὴ πᾶν τὸ θῆλυ τοιοῦτόν ἐστιν, ἀπιστοῦσι· καὶ ἐπειδὰν λάβωνται γυναικὸς ξένης, φιλοφρονοῦνται καὶ

solverant. Nunc iusta classis sumus in angusta admodum statione. Sed cum iam cibaria defecissent (quippe nondum eiusmodi casibus assueti, nec nos præstitutum tempus excessuros rati, modicos commeatus imposueramus, nec iis modice tamen utebamur), huic malo remedium idem ille senex adhibuit, non ut erogaret aliquid (nam nec alioquin habenti similis erat) sed scopulos indicans, inter quos latitare prandium iis cœnamque dixit qui laborare vellent. Inde nos piscatu septimum iam diem vitam toleramus; robustiores murœnas et locustas ingentes capiunt, adolescentes gobiorum et iulorum copia beatos se putant, ego vero et Romanus ille monachus conchis, quas lepadas vocant, corpus firmamus. Est autem lepas ostreum concavum, quod ubi saxum apprehenderit, adhærescit. Atque initio sane eo venatu parce admodum vivebamus, cum quod quisque cepisset, id sibi cupide retineret, nec alteri quidquam alter impertiretur. Nunc maiori omnes in copia versamur, quod ea de causa contigit. Mulieres Libycæ mulieribus quæ nobiscum navigant vel gallinarum lac libenter præbuerint. Præbent vero quidquid cœlo illo terraque gignitur, caseum, farinam, liba hordeacea, vervecinas carnes, gallinas, ova gallinacea. Iam et otidem nonnulla obtulit, avem suavitate imprimis exquisitam : quam si quis rusticus videat, pavonem esse dixerit. (166) Illæ igitur id genus munuscula ad naves deferunt, eæ vero quæ acceperint cum omnibus communicant. Quin etiam de venatu suo iam nobis offerunt aliusque super alium venit, super virum puer, super puerum vir, munus ad me identidem aliquod ferens : hic hamo captum pisciculum, alius aliud : omnino boni saltem aliquid ex iis quæ in saxis inveniuntur. Neque enim libet mihi a mulieribus quidquam accipere, tuaque hoc ipsum causa, ne cum iis fœdus ullum habeam, ut postea, cum id iureiurando inficiandum erit, in negando hæream. Alioqui quid præsentibus uti deliciis prohibet? adeo multæ undique circumfluunt. Ac tu quidem virtuti hanc incolarum liberalitatem tribues, quam in hospites præ se ferunt; hoc autem longe aliud est, quod nec memoratu indignum fuerit, in tanta præsertim otii copia. Veneris ira, quantum conici potest, in ea regione versatur. Parem certe cum Lemniadibus calamitatem experiuntur. Mammæ feminis supra modum assurgunt, nec earum proportione sunt pectora, adeo ut infantes non per axillam, sed ex humeris sublatam papillam exsugant. Nisi forte dixerit quispiam Hammonem et Hammonis terram non magis ovium quam puerorum nutricem esse; commodam proinde hominibus iuxta ac pecudibus largiores et ampliores lactis fontes a natura esse datos, ad idque capaciora ubera seu vasa necessaria fuisse. Itaque quando de viris audiunt, quibus aliquod cum externis commercium fuit, non eam esse universi sexus conditionem, haud temere fidem adhibent; simul vero ac peregrinam in mulierem inciderint, humaniter excipiunt, nihilque non faciunt. donec sinum perscru-

πάντα δρῶσιν, ἔστ' ἂν τὰς ἀγκάλας διερευνήσωνται.
ἡ δὲ ἰδοῦσα λέγει πρὸς ἄλλην, καὶ καλοῦσιν ἀλλήλας d
ὥσπερ οἱ Κίκονες· αἱ δὲ συμφοιτῶσιν ἐπὶ τὴν θέαν,·
κἀπὶ τούτῳ δωροφοροῦσιν ἡμῖν· δὲ ἦν τι καὶ τῶν ἐκ τοῦ
Πόντου θεραπαινίδιον, ὃ συνελθοῦσαι τέχνη καὶ φύσις
ὑπὲρ τοὺς μύρμηκας ἔντομον ἔδειξαν. ἀμφὶ τοῦτο ἦν
ἅπασα σπουδή, καὶ τοῦτο παρὰ τῶν γυναικῶν ἐνεπο-
ρεύετο, καὶ μετεπέμποντο αὐτὸ πρότριτα ἄλλη παρ'
ἄλλης γυναῖκες τῶν ἀγρογειτόνων εὐδαίμονες· -ὃ δὲ
οὕτω τι σφόδρα ἰταμὸν ἦν ὥστε καὶ ἀποδύσασθαι. τοῦτό
σο· δρᾶμα ἐκ τραγικοῦ κωμικὸν ὅ τε δαίμων ἡμῖν
ἐνήρμοσε (167) κἀγὼ τοῖς πρὸς σὲ γράμμασι καὶ οἶδα a
μὲν ἐκτείνας τὴν ἐπιστολὴν εἰς μῆκος τοῦ μετρίου
μεῖζον, ἀλλ' ὥσπερ τοῦ συνεῖναί σοι κατὰ πρόσωπον,
οὕτω καὶ τοῦ γράφειν ἀπλήστως ἔχω· ἅμα δὲ οὐδὲ
ἐλπίσας ἔτι σοι διαλέξεσθαι, νῦν ἐπειδὴ ἔξον, ἐμφο-
ροῦμαι. ἀλλὰ κἂν ταῖς ἐφημερίσι, περὶ ἃς ἐσπού-
δακα, τὴν ἐπιστολὴν ἐνεργμόσας ὡς συχνῶν ἡμερῶν
ἔχοιμ' ἂν ὑπομνήματα· ἔρρωσο, καὶ τὸν υἱὸν Διόσ-
κορον κέλευε μετὰ τῆς μητρὸς καὶ τῆς τήθης, ἃς ἐγὼ
καὶ φιλῶ καὶ ἐν ἀδελφαῖς ἄγω. ἄσπασαι τὴν θεοφι-
λεστάτην καὶ σεβασμιωτάτην φιλόσοφον, καὶ τὸν εὐ- b
δαίμονα χορὸν τὸν ἀπολαύοντα τῆς θεσπεσίας αὐδῆς,
ἐκ πάντων δὲ μάλιστα τὸν ἱερώτατον πατέρα Θεότε-
κνον καὶ τὸν ἑταῖρον ἡμῶν Ἀθανάσιον. τὸν δὲ ὁμολυ-
χότατον ἡμῖν Γάιον εὖ οἶδ' ὅτι φρονῶν ὅσα ἐγὼ μετὰ
τῶν συγγενῶν τάττεις. μετ' ἐκείνων οὖν προσειρήσθω
καὶ ὁ θαυμάσιος γραμματικὸς Θεοδόσιος, ὃς εἰ καὶ
μάντις ὢν ἔκρυπτεν ἡμᾶς (προγνοὺς γὰρ ἐν οἷς ἔσο-
μαι, κατέβαλε τὴν προθυμίαν τῆς σὺν ἡμῖν ἀποδη-
μίας), ἀλλ' οὖν ἔγωγε αὐτὸν καὶ φιλῶ καὶ ἀσπάζομαι. c
σὺ δὲ μηδέποτε πλεύσειας. εἰ δέ ποτε παντῶς δεήσει,
ἀλλὰ μή τι φθίνοντός γε μηνός

ε'. Τοῖς πρεσβυτέροις·

Ἀγαθὸν πεποιθέναι ἐπὶ κύριον ἢ πεποι-
θέναι ἐπ' ἄνθρωπον· ἀλλὰ τοὺς ἐκ τῆς ἀθεω-
τάτης αἱρέσεως Εὐνομίου πυνθάνομαι, Κυντιανὸν ὄνομα
καὶ τὴν ἐπὶ στρατοπέδου θρυλουμένην ὑπ' αὐτῶν δυ-
ναστείαν προστησαμένους, μοιχᾶν πάλιν τὴν ἐκκλη-
σίαν καὶ ψευδοδιδασκάλους τινὰς ἐριστάναι παγίδα
ταῖς τῶν ἀκεραιοτέρων ψυχαῖς, οὓς ἐναγχος οἱ παρὰ d
Κυντιανοῦ σταλέντες ἐπ' αὐτὸ τοῦτο καταπεπλεύκασιν
ἄγοντες. ἡ γὰρ δίκη πρόσχημα τῆς ἀσεβείας ἐστί,
μᾶλλον δὲ ἀγὼν ὑπὲρ ἀσεβείας. οὗτοι τοίνυν οἱ νόθοι
πρεσβύτεροι, οἱ νεήλυδες ἀπόστολοι τοῦ διαβόλου τε
καὶ Κυντιανοῦ, μὴ λάθωσιν ὑμᾶς ἐμπηδήσαντες ᾧ
ποιμαίνετε ποιμνίῳ, μὴ λάθωσιν ὑμᾶς τῷ σίτῳ τὸ
ζιζάνιον παρασπείροντες. κατάδηλοι πᾶσίν εἰσιν αἱ
τούτων καταφυγαί· ἴστε τίνες ἀγροὶ δέξαιντ' ἂν αὐ-
τούς, ἴστε τίνες οἰκίαι τοῖς λησταῖς ἀνεῴγασι. (168) a
μετέλθετε τοὺς φῶρας ῥινηλατοῦντες, ζηλωταὶ γενέσθε
τῆς εὐλογίας τῆς Μωσαϊκῆς, ἣν εὐλόγησε τοὺς ἄνδρας,

tentur Quæ porro cognoverit, alteri statim dicit, se-
que invicem advocant, quemadmodum Cicones fecerunt.
Illæ ad spectaculum frequentes concurrunt, ob idque
munera secum afferunt Commodum vero nobis ancil-
lula ex Ponto quædam erat, quam natura cum arte
consentiens supra formicas uberibus incisam et contra-
ctam effinxerat Circa illam studium omne mulierum
erat, plurimumque ab his compendium faciebat, adeo ut
triduo ante finitimæ opulentioresque feminæ illam ad
sese ex alterius domo vicissim accerserent. Illa usque
eo procax erat, ut etiam corpus nudaret Hoc tibi drama
comicum ex tragico cum nobis deus ipse temperavit, (167)
tum idem meis ad te litteris facio Scio me longius
quam par est epistolam produxisse, sed quemadmodum
coram tecum agendo, sic et scribendo expleri nequeo
Præterea cum tecum amplius collocuturum me esse diffi-
dam, nunc, quatenus licet, desiderio meo facio satis
Quanquam si epistolam hanc ad ephemeridas meas ac-
commodare vellem, quas cum studio confeci, plurima-
rum dierum commentarios haberem Vale, et filium
Dioscorum cum matre et avia, quas ego amo et sororum
loco habeo, valere a me jubeto, necnon reverendæ ac deo
carissimæ philosophiæ magistræ feliceque illi choro, qui
divina voce fruitur, salutem plurimam dicito, cæ-
teros vero sanctissimo imprimis patri Theotecno et sodali
Athanasio. Caium vero animo nobis conjunctissimum
non dubito te idem quod ego sentientem inter cognatos
nostros ascribere Hunc tu ergo cum illis salvere jubeas,
necnon egregium illum grammaticum Theodosium, qui
quidem vates cum esset, celare de eo nos voluit Cum
enim quæ nobis eventura essent prævideret, nobiscum
proficiscendi consilium abjecit Nihilominus illum ego et
amo, et saluto Tu vero cave unquam mari tete com-
miseris, tam omnino necesse aliquando fuerit, at non
exeunte saltem mense istud feceris

V. Sacerdotibus

Melius est confidere in domino quam confidere in
homine Sed eos audio, qui ex impia Eunomii secta
sunt, Quintianum nescio quem illamque in comitatu
potentiam, quam identidem jactant, præ se ferentes,
rursum adulterare ecclesiam et falsos doctores simplicio-
rum animis laqueos prætendere, quos qui ab Quintiano
nuper ad hoc destinati sunt, secum advexerunt Nam
lis illa, quam prætexunt, impietatis color est sive potius
pro impietate certamen Quamobrem videte ne adulte-
rini isti presbyteri novique apostoli diaboli et Quintiani
clam vobis in eum cui præestis gregem insiliant, neve
clam cum tritico lolium serant Nota omnibus sunt il-
lorum perfugia Scitis quinam illos agri suscipiant;
scitis quænam ædes latronibus pateant (168), sagaci fu-
res odoratu perscrutamini. Mosaicam illam benedictio-
nem consectamini, qua eos benedixit qui adversus scele-
ris reos in castris animum manusque moverunt Illud
vero par est ad vos usurpare, fratres. Honesta fiant

οἳ κατὰ τῶν ἠσεβηκότων ἐν τῇ παρεμβολῇ καὶ γνώμην καὶ χεῖρας ἐκίνησαν. ἐκεῖνο δὲ εἰπεῖν ἄξιον πρὸς ὑμᾶς, ἀδελφοί. τὰ καλὰ καλῶς γινέσθω, ἡ ὑπὲρ κέρδους ἔρις ἀνῃρήσθω, ἅπαντα διὰ τὸν θεὸν ἐγγειρεῖσθω. οὐ δεῖ τὴν αὐτὴν ἀρετῆς εἶναι καὶ πονηρίας ὑπόθεσιν. ὑπὲρ εὐσεβείας ὁ δρόμος, ὑπὲρ ψυχῶν ἀγωνιστέον, μή τινας ἀπὸ τῆς ἐκκλησίας συλήσωσιν, ὅπερ ἔϊο, ἤδη πεποίηνται. ὃς δ᾽ ἂν τὴν ἐκκλησίαν προστησάμενος αὔξῃ βαλάντιον, καὶ διὰ τοῦ δοκεῖν εἶναι χρήσιμος ἐν καιροῖς ἀπαιτοῦσι δριμύτητα δυναστείαν ἑαυτῷ κατεργάζηται, οὗτός ἐστιν ὃν ἡμεῖς συνόδου Χριστιανῶν ἐκκηρύττομεν οὐκ ἐποίησεν ὁ θεὸς ἀτελῆ τὴν ἀρετήν, οὐ δεῖται πονηρίας συμμάχου, οὐκ ἐπιλείψουσι στρατιῶται τῷ θεῷ πρέποντες ἐκκλησίαις· εὑρήσει συμμάχους ἐνταῦθα μὲν ἀμίσθους, ἐν οὐραν.ῷ δὲ ἐντελομίσθους. ὑμεῖς οὗτοι γίνεσθε καλὸν μὲν γὰρ καὶ κατορθοῦσι συνεύχασθαι, καλὸν δὲ καὶ παραβαίνουσιν ἐπαράσασθαι ὅστις ἂν οὖν μαλακίσηται καὶ προδῷ, καὶ ὅστις ἂν ἐπεξέλθῃ μὲν ἁρπάσῃ δέ τι τῶν ἀλλοτρίων, μὴ ἀναίτιος γένοιτο τῷ θεῷ. ἐν τοῦτο μόνον εἰς μέσον ἑλκύσατε, καὶ τοὺς τραπεζίτας τοὺς πονηροὺς τοὺς καθάπερ νόμισμα τὸ δόγμα τὸ θεῖον παραχαράττοντας περινέγκατε πᾶσι ποιήσατε καταφανεῖς οἵτινές εἰσι κᾆθ᾽ οὕτως ἄτιμοι τῶν Πτολεμαΐδος ὅρων ἀπεληλάθωσαν, ὅ τι σὺν αὐτοῖς ἥκει χρῆμα πᾶν ἀμειχγώγητον ἀποφέροντες. ὁ δὲ παρὰ ταῦτα ποιῶν ἐπάρατος τῷ θεῷ ὅστις ἀσεβῆ σύνοδον ἰδὼν παρεῖδεν ἢ ἀκούσας παρήκουσεν ἢ κέρδει παρ᾽ αὐτῶν ἐμολύνατο, τούτους ἡμεῖς Ἀμαληκί-ας εἶναι διατατττόμεθα, παρ᾽ ὧν οὐκ ἔξεστι κομίσασθαι λάφυρον. περὶ δὲ τοῦ λαβόντος φησὶν ὁ θεὸς μεταμεμέλημαι ὅτι ἐβασίλευσα τὸν Σαοὺλ ἀλλ᾽ ὑμῶν ἐπὶ μηδενὶ μεταμέλοιτο, ἀλλὰ μέλοι μὲν ὑμῶν τῷ θεῷ, μέλοι δὲ ὑμῖν τοῦ θεοῦ

ς᾽ Ἀνυσίῳ

Ὁ δὲ Καρνᾶς ἔτι μέλλει, καὶ οὔθ᾽ ἑκὼν οὔθ᾽ ὑπ᾽ ἀνάγκης γίνεται δίκαιος (169) χρὴ δὲ ἥκειν αὐτὸν ὡς ἡμᾶς ἵν᾽ εἰδῶμεν ὅ τι καὶ λέγει, καὶ οἷστισιν ὀφθαλμοῖς ἡμᾶς ἀντιβλέψεται, παρ᾽ ὧν ἠξίωσε καὶ ἀκόντων ὃν κέκλοφεν ἵππον ὠνήσασθαι, ἵνα μὴ στρατιώτης, φησίν, ἄνιππος ᾖ προτείνει δὲ κομιδῇ σμικρὸν ἀργυρίδιον καὶ μὴ ἀποδομένοις οὐκ ἀποδίδωσιν, ἀλλ᾽ οἴεται σὺν δίκῃ τὸν ἵππον ἔχειν, καὶ ταῦτα σὺν ὢν Ἀγαθοκλῆς ἢ Διονύσιος, οἷς αἱ τυραννίδες ἐπέτρεπον οὕτω πάνυ πονηροῖς εἶναι, ἀλλὰ Καρνᾶς ὁ Καππαροδίτης, ὃν οὐ χαλεπὸν ἐπαναγαγεῖν εἰς τοὺς νόμους. ἂν οὖν διαγάγῃ τις αὐτὸν ὡς σέ, μηδὲ ἡμεῖς ἀγνοήσωμεν, ἵνα τοὺς κατὰ πρόσωπον ἐξελέγχοντας αὐτὸν ἀπὸ Κυρήνης καλέσωμεν.

ζ᾽ Θεοδώρῳ καὶ τῇ ἀδελφῇ

Πῶς δοκεῖτε δέδηγμαι τὴν καρδίαν ἐνδεδομένου λό-

honeste, amputetur omnis de lucro contentio, omnia dei causa suscipiantur Non eamdem esse virtutis atque nequitiæ materiem oportet Cursus ille pro pietate est · pro animabus certandum, ne quas ab ecclesia prædentur, quod iam in consuetudinem illis abiit Quisquis autem per ecclesiæ tuendæ speciem marsupium auget, atque hoc ipso, quod iis temporibus utilis esse videatur quæ animi vim efflagitant, sibi potestatem conciliat, is est quem nos extra Christianum consortium amandatum volumus Non mancam virtutem fecit deus, non illa societate nequitiæ indiget, non deo milites deerunt ecclesiis idonei commilitones inveniet, hic quidem mercedis expertes, sed in cœlo plena mercede donandos Eiusmodi vos sitis honestum est enim et iis bene precari, qui strenue sese gerunt, et iis qui secus, imprecari. Quicunque igitur mollius egerit ac rem prodiderit, aut qui persecutus quidem fuerit, sed alienorum aliquid rapuerit, is apud deum minime sit innoxius Hoc ipsum duntaxat in medium adducite, ac pravos illos argentarios qui divinum dogma nummi instar adulterant circumducite · date operam, ut cuiusmodi isti sint, omnes intelligant Ad hunc modum infames illi Ptolemaidis finibus expellantur, ac quidquid rei cum iis importatum est, secum non appensum auferant Qui secus faxit, apud deum exsecratus esto Quisquis nefarium conventum videns negligit aut audiens audire dissimulat aut lucri ab iis contagione infectus est, hos pro Amalecitis haberi præcipimus, a quibus nihil auferri manubiarum licet De eo qui acceperit, illa dei vox est *Pœnitet me quod regem constituerim Saul* Sed vestri nulla illum in re pœniteat, verum et curæ vos deo sitis et vobis vicissim deus.

VI Anysio

At Carnas etiamnum cunctatur, nec vel sponte vel necessitate fit iustus (169) Porro venire illum oportet, ut sciamus quid tandem allegare possit, quibusque nos oculis aspiciet, a quibus vel invitis quem erat equum furatus emere voluit, ne, ut aiebat, absque equo miles esset Offert vero pretium sane quam exiguum, neque vendere detrectantibus reddit, sed iure habere se equum illum arbitratur præsertim cum nec Agathocles aliquis nec Dionysius sit, quibus tyrannica imperia tam extremæ improbitatis impunitatem fecerant, sed Carnas Cappharodita, quem revocare ad leges non sit difficile Quare si quis eum ad te deducat, fac istud intelligamus, ut e Cyrene qui coram illum convincant evocare possimus

VII Theodoro et sorori

Quantum me animo dolorem cepisse creditis, cum per

γου κατὰ τὴν πόλιν ὅτι δεινῇ τινὶ καὶ πέρα δεινῆς ὀ-
φθαλμίᾳ παλαίεις, ἀπειλούσῃ ταῖς ὄψεσι κίνδυνον,
ἔπειτα πέφηνεν ὁ λόγος ψευδής, καὶ οἶμαί τις παμπόνη-
ρος ἄνθρωπος προφάσεως εἰλημμένος τοῦ τῆς ὀφθαλμίας
ὀνόματος ἔρεν ἐπὶ μέγα τὴν φήμην, καὶ ἐτραγῴδησε
τράποιτο μὲν οὖν εἰς ἐκεῖνον αὐτὸν ἅττα ὑμῶν κατε-
ψεύσατο, τῷ δὲ θεῷ χάρις ὅτι παρέσχεν ἡμῖν ἀκοῦ- c
σαι καλλίονα· χρῆν δὲ μή, τὸ λεγόμενον, ἄστροις τὰ
καθ᾿ ὑμᾶς σημαίνεσθαι μηδὲ τί λέγει φήμη πυνθά-
νεσθαι, ἀλλὰ μάλιστα μὲν ἔχειν συνόντας εἰ δὲ μή,
γράμμασιν ὑμετέροις· ἐντυγχάνειν καὶ παρ᾿ ὑμῶν τὰ
περὶ ὑμῶν εἰδέναι. ἀλλ᾿ ὑμεῖς ἡμῶν λίαν ἀμελεῖτε,
ὥσπερ ἴσως ὁ θεὸς βούλεται.

urbem fama nuntiasset, te gravi et plus quam gravi ocu-
lorum ægritudine affici, quæ visui periculum intentaret?
Postea vanus ille rumor apparuit, ac pessimus, opinor,
aliquis occasionem de ocularis morbi vocabulo nactus
adiecit famæ plurimum, et cum ingenti commiseratione
narravit Sed vertant in eius caput omnia, quæ de vo-
bis mentitus est deo autem gratiæ sint, quoniam de
vobis audire meliora concessit Non oportebat vero res
vestras astris, quod aiunt, metiri, neque sciscitari quid
fama ferret, sed maxime quidem præsentibus vobis frui,
sin minus, vestras certe litteras accipere, et de rebus
vestris certiores a vobis ipsis fieri Sed vos nimium
profecto nos negligitis, quod ita fortasse deo visum fue-
rit

η´ Τῷ ἀδελφῷ

VIII Fratri

Οὐ μὴ ἐρεῖς ὡς ἔλαθεν ὑμᾶς ὁ διακομιστὴς τῶν d
πανηγυρικῶν γραμμάτων, ἀλλ᾿ ἰδόντες παρεοράκατε,
καὶ οὐκ ἔδοξεν ὑμῖν ἄξιον εἶναι τὸν ἀδελφὸν ἐν μνήμῃ
ποιήσασθαι, καὶ ἐπιθεῖναι πρὸς αὐτὸν γράμμα μηνῦον
ὅπως ἔχετε καὶ ἐν τίσιν ἐστέ· ἐμοὶ γὰρ οὐκ ἀμελές
ἐστιν εἰδέναι τὰ περὶ ὑμῶν, ἀλλ᾿ ἐπείπερ ἐν ἅπασι
λυποῦμαι τοῖς ἐμαυτοῦ, βουλοίμην ἂν ἐν τοῖς ὑμετέ-
ροις εὐφραίνεσθαι ὑμεῖς δὲ καὶ ταύτης με τῆς παρα-
μυθίας ἀφῄρησθε. χρῆν δὲ οὐχί· καὶ γὰρ εἰ μὴ γεγόνα-
μεν ἀπὸ τῶν αὐτῶν, ἀλλὰ τροφαὶ κοιναὶ καὶ παιδεῖαι
κοιναὶ (170) καὶ τί γὰρ οὐχὶ κοινόν, πάντα διὰ πάν-
των ἡμᾶς ἀλλήλοις ᾠκείωσεν ἀλλὰ γάρ ἐστιν, ὥσπερ
λέγεται, δυσημερία πρᾶγμα δεινὸν καὶ ὅταν ἥκῃ τινὶ
χρόνος ἀντίξους, ἐνταῦθα τά τε ἄλλα πάντα καὶ ἀδελ-
φῶν γνῶμαι καὶ φίλων ἐλέγχονται· ἐμοὶ δὲ ἀπορρή-
σει καὶ παρ᾿ ἑτέρων πυνθάνεσθαι τὰ περὶ ὑμῶν μόνον
ὁ θεὸς ἀγαθῶν εἴη νομεύς· τοιούτου γὰρ ἐρῶμεν ὑπὲρ
ὑμῶν ἀκροάσματος.

Non tu istud causaberis, latuisse vos eum qui Paschal-
les litteras portabat Quin vos potius cum eum vidis-
setis, negl>gendum putastis , neque vobis satis digna visa
res est , fratris recordari et ad eum litteras dare, qui-
bus valetudinis ac rerum vestrarum statum exponeretis
Non enim quæ ad vos pertinent parvi facio cognoscere,
sed quoniam ex omnibus meis rebus mœrorem capio, de
vestris gaudere plurimum vellem At vos eo me solatio
privastis quod nihil attinebat facere Nam etsi non
iisdem parentibus nati sumus, at communis tamen edu-
catio, disciplinæ communes, (170) et quid tandem non
commune cæterorum? omnia nos omnino conciliarunt
invicem Verum enim vero grave est, ut aiunt , adver-
sis rebus uti cumque difficile alicui tempus acciderit,
ibi cum alia omnia, tum et fratrum et amicorum perspi-
ciuntur animi Mihi vero satis erit vel ab aliis aliquid
de vobis accipere Sit modo bonorum largitor deus
Eiusmodi enim de vobis nuntium audire cupio

θ´ Θεοφίλῳ ἀρχιεπισκόπῳ

IX. Theophilo archiepiscopo

Βαθύ σε γήρας καὶ λιπαρὸν περιμείνειεν, ἁγιώτατε b
καὶ σοφώτατε· τά τε γὰρ ἄλλα τῷ βίῳ κέρδος ἂν
εἴης σωζόμενος, καὶ μεγίστη προσθήκη τῷ διδασκα-
λείῳ τοῦ Χριστοῦ γίνεται ὁ τῶν πανηγυρικῶν βιβλίων
ἀριθμὸς τοῖς ἐνιαυτοῖς συναυξανόμενος. ὡς ὅ γε τῆτες
καταπεμφθεὶς λόγος καὶ ᾖσε τὰς πόλεις καὶ ὤνησε, τὸ
μὲν τῷ μεγέθει τῶν νοημάτων, τὸ δὲ τῶν ὀνομάτων
τῇ χάριτι.

Longa te ac felix senectus maneat, sanctissime ac sa-
pientissime vir Nam et alioqui ingens vitæ superstes
commodum eris, et summam Christi ad scholam acces-
sionem facit Paschalium libellorum numerus una cum
annis excrescens Nam qui hoc anno missus est, et vo-
luptatem pariter et utilitatem civitatibus attulit partim
sententiarum gravitate partim suavitate verborum

ι´ Τῇ φιλοσόφῳ Ὑπατίᾳ

X Philosophiæ magistræ Hypatiæ

Αὐτήν τέ σε καὶ διὰ σοῦ τοὺς μακαριωτάτους ἑταί-
ρους ἀσπάζομαι, δέσποινα σεβασμία, πάλαι μὲν ἂν
ἐγκαλέσας ἐφ᾿ οἷς οὐκ ἀξιοῦμαι γραμμάτων, νῦν δὲ
οἶδα παρεορασμένος ὑφ᾿ ἁπάντων ὑμῶν ἐφ᾿ οἷς ἀδικῶ
μὲν οὐδέν ἀτυχῶ δὲ πολλὰ καὶ ὅσα ἄνθρωπος ἀτυχῆ-
σαι δύναται· ἀλλ᾿ εἴπερ εἶχον ἐντυγχάνειν ὑμετέραις c
ἐπιστολαῖς καὶ μανθάνειν ἐν οἷς διατρίβετε (πάντως δὲ

Tibi ipsi ac per te beatissimis sodalibus salutem dico,
veneranda domina , iamdudum quidem accusare gestiens ,
quod nullas litteras acceperim, nunc autem video me a
vobis omnibus contemni pro eo quod nihil quidem mali
facio, in plerisque vero infortunatus sum et quantum infor-
tunatus quisquam esse potest Verum si vestras litteras
licuisset accipere et quo sint in statu res vestræ cogno-

ἐν ἀμείνοσίν ἐστε καὶ καλλίονος πειρᾶσθε τοῦ δαί-
μονος), ἐξ ἡμισείας ἂν ἔπραττον πονήρως ἐν ὑμῖν
ἐυτυχῶν· νυνὶ δὲ ἕν τι καὶ τοῦτο τῶν χαλεπῶν ἐστιν
ἅ με κατείληφεν. ἀπεστέρημαι μετὰ τῶν παιδίων
καὶ τῶν φίλων καὶ τῆς παρὰ πάντων εὐνοίας, καὶ τὸ
μέγιστον· τῆς θειοτάτης σου ψυχῆς, ἣν ἐγὼ μόνην d
ἐμαυτῷ ἐμμενεῖν ἤλπισα κρείττω καὶ δαιμονίας ἐπη-
ρείας καὶ τῶν ἐξ εἱμαρμένης ῥευμάτων.

ια΄. Τοῖς πρεσβυτέροις.

Οὔτε πρότερον ὑμῶν ἐγὼ περιῆν, ἁπάσῃ ῥώμῃ
καὶ μηχαναῖς ἐκκλίνας ἱερωσύνην, οὔτε νῦν ὑμεῖς
ἐμοῦ κεκρατήκατε, ἀλλὰ θεῖον ἄρα ἦν καὶ τὸ μήπω
τότε καὶ τὸ νῦν ἤδη. ἐγὼ δὲ πολλοὺς ἂν θανάτους
ἀντὶ τῆσδε τῆς λειτουργίας εἱλόμην· (171) οὐ γὰρ κατ᾽ a
ἐμαυτὸν εἶναι τὸν ὄγκον ἐλογιζόμην τοῦ πράγματος.
τοῦ θεοῦ δὲ ἐπενεγκόντος οὐχ ὅπερ ᾔτουν ἀλλ᾽ ὅπερ
ἐβούλετο, εὔχομαι τὸν γενόμενον νομέα τοῦ βίου γενέ-
σθαι καὶ τοῦ νεμηθέντος προστάτην. ὁ γὰρ ἐννεάσας
τῇ κατὰ φιλοσοφίαν σχολῇ καὶ θεωρίᾳ τῶν ὄντων
ἀπράγμων, καὶ τοσοῦτον ὁμιλήσας φροντίσιν ὅσον
ἀφοσιώσασθαι τῷ μετὰ σώματος βίῳ καὶ τῷ πολίτης
γεγονέναι πόλεως, πῶς ἀρκέσω μερίμναις ἐχούσαις
συνέχειαν; ἢ πῶς ἐμαυτὸν ἐπιδοὺς ὄχλῳ πραγμάτων b
ἔτι προσβαλῶ τοῖς ναῦ κάλλεσιν, ἃ μόνης ἐστὶ καρ-
ποῦσθαι τῆς μακαρίας σχολῆς; ἧς χωρὶς ἐμοὶ καὶ τοῖς
ὁμοίοις ἐμοὶ πᾶς ὁ βίος ἀβίωτος; ἐγὼ μὲν οὐκ ἂν εἰ-
δείην. τῷ θεῷ δέ, φασί, πάντα δυνατά, καὶ τὰ
ἀδύνατα. αὐτοί τε οὖν ὑπὲρ ἐμοῦ χεῖρας ἱκετίδας
ἄρατε πρὸς θεόν, καὶ τῷ τε ἐν ἄστει δήμῳ καὶ ὅσοι
κατ᾽ ἀγροὺς ἢ κωμητικὰς ἐκκλησίας αὐλίζονται τὰς ὑπὲρ
ἡμῶν εὔχὰς καὶ κοινῇ καὶ καθ᾽ ἕνα πᾶσι παρεγγυή-
σατε. εἰ γὰρ μὴ ἔρημος ἀπολειφθείην θεοῦ, τότε
γνώσομαι τὴν ἱερωσύνην οὐκ ἀπόβασιν οὖσαν φιλοσο-
φίας ἀλλ᾽ εἰς αὐτὴν ἐπανάβασιν.

ιβ΄. Κυρίλλῳ.

Ἴθι παρὰ τὴν μητέρα τὴν ἐκκλησίαν, ἀδελφὲ Κύ- c
ριλλε, ἧς οὐκ ἀπεκόπης ἀλλ᾽ εἰς καιρὸν ἐχωρίσθης,
ὃς ταῖς τῶν ἁμαρτημάτων ἀξίαις διώρισται. δοκῶ γὰρ
εἰδέναι σαφῶς ὅτι τοῦτ᾽ ἂν πάλαι καὶ ὁ κοινὸς ἡμῶν
πατὴρ ὁ τῆς ὁσίας μνήμης ἐποίησεν, εἰ μὴ τὸ χρεὼν
ἔφθασε· τὸ γὰρ ἐν μέτρῳ τάξαι τὴν τιμωρίαν γνώ-
μης ἦν εὐθὺς ὑπισχνουμένης συγγνώμην. αὐτὸν οὖν
ἐκεῖνον τὸν ὅσιον ἱερέα νόμιζέ σοι δεδωκέναι τὴν κά- d
θοδον, καὶ πρόσελθε τῷ θεῷ καθαρευούσῃ πάθους ψυχῇ
καὶ ἀμνηστίαν ἐχούσῃ κακῶν. ἀλλὰ καὶ διὰ πάσης
εὐφήμου μνήμης ἄγε τὸν ἱερὸν ἐκεῖνον καὶ θεοφιλῆ
πρεσβύτην, τὸν ἀποδείξαντά σε πρόεδρον δήμου. πάν-
τως σοι τοῦτο οὐκ ἀποθύμιον.

ιγ΄. Πέτρῳ πρεσβυτέρῳ.

Θεὸς ἡγείσθω παντὸς ἔργου καὶ λόγου. τὸν δὲ δια-

scere (omnino autem propitiore fortuna et commodiore
genio uti vos arbitror), dimidia ex parte duntaxat ad-
versis premerer, si in vobis essem beatus. Nunc unum
illud in malis meis numero. Non enim solum liberis
meis, sed etiam amicis et omnium benevolentia sum or-
batus, et, quod caput est, divinissimæ animæ tuæ, quam
ego mihi solam permansuram speraveram cum hac for-
tunæ iniuria tum istis fatorum fluctibus superiorem.

XI. Presbyteris.

Neque vobis antea superior esse potui, cum totis vi-
ribus et adhibitis machinis omnibus sacerdotium detre-
ctarem, neque me vos modo superastis, sed divinitus
profecto contigit, ut et nondum tunc et nunc primum
ita sit factum. Equidem non unam mortem eius vitandæ
functionis causa subissem. (171) Neque enim satis ido-
neum me putabam, qui negotii molem sustinerem. Sed
quoniam mihi deus non quod cuperem sed quod ipse vel-
let imposuit, eumdem illum precor, qui vitæ guberna-
tor exstitit, eius, quod in gubernando contulit, esse mo-
deratorem. Qui enim in philosophiæ otio ac minime
negotiosa rerum contemplatione ætatem contrivi, tan-
tumque vitæ curis ac molestiis tribui, quantum ad eam
quæ in hoc corpore degitur vitam ac civile in rebus pu-
blicis officium satis esset, qui continuis illis curis possum
sufficere? Aut qui meipsum negotiorum turbis implicans
in eas mentis pulchritudines animum possum intendere,
quibus frui beati cuiusdam est otii? Sine quibus mihi ac
mei similibus vita universa vitalis esse non potest. Equi-
dem assequi minime possum. Deo vero omnia, ut
aiunt, possibilia, etiam quæ fieri non possunt. Vos igitur
ipsi supplices pro me ad deum manus tendite, atque et
urbanæ multitudini et quæcunque in agris aut in paganis
ecclesiis degit, meo nomine preces publice privatimque
universis indicite. Nam si a deo derelictus non fuero,
tum agnoscam sacerdotium non descensum esse a philo-
sophia, sed ascensum.

XII. Cyrillo.

Vade ad matrem ecclesiam, Cyrille frater, a qua mi-
nime abscissus sed ad tempus separatus es, quod pro
criminum merito definiri solet. Hoc enim certo scire
videor, id ipsum olim communem quoque nostrum ac
sanctæ memoriæ patrem fuisse facturum, nisi eum fa-
talis hora prævenisset. Nam quod pœnæ modum ali-
quem constituit, hoc ipso animi indicium dedit statim
veniam repræsentare cupientis. Itaque sanctum illum
sacerdotem tibi reditum concessisse puta, et ad deum
accede vacuo pravis affectibus animo et malorum prio-
rum oblito. Sed et plena prædicationis memoria prose-
quere sacrum illum et deo carum senem, qui te populo
præfecit. Prorsus hoc ab illo tibi non iniucundum acci-
dit.

XIII. Petro presbytero.

Initium operis omnis ac sermonis deus esto. Solemnium

κομιστὴν τῶν πανηγυρικῶν γραμμάτων, ᾧ καταγγέλλει τὴν κυρίαν τῆς ἑορτῆς ἡμέραν ἐννεακαιδεκάτην τοῦ Φαρμουθὶ μηνός, ὡς τῆς (172) ἐπὶ ταύτην ἀγούσης νυκτὸς τὸ ἀναστάσιμον ἐχούσης μυστήριον, τοῦτον καὶ προσιόντα καὶ ἐπανιόντα φιλανθρωπίας ἁπάσης ἀξιώσατε καὶ ἀμοιβῇ ζῴων ἐφ᾽ ἑκάτερα πέμψατε, ὅστις ὑπὲρ τοῦ μὴ γενέσθαι ταῖς ἐκκλησίαις ἐκλιπὲς ἔθος ἀρχαῖον καὶ πάτριον μέσοις ἑαυτὸν τοῖς τῶν πολεμίων ὅπλοις ἐπέδωκεν, ὑποστὰς ὁδοιπορῆσαι δι᾽ ὑπόπτου τῆς χώρας ταῦτα καὶ πείθει τὴν πόλιν ὑπὲρ ἡμῶν εὔχεσθαι· δεῖ γὰρ αὐτὴν ἐντεῦθεν ἤδη τὴν τῆς ἐφ᾽ ἡμῖν ἀβουλίας αἴσθησιν δέξασθαι, ἥτις ἐκάλεσεν εἰς ἱερωσύνην οὐχ ᾧ παρρησία τίς ἐστι πρὸς θεὸν ὅλου δήμου διαβάντι προευξασθαι, ἀλλ᾽ ὅστις αὐτὸς ὑπὲρ τοῦ σωθῆναι δεῖται γενέσθαι δημαίτητος. ἐπεὶ καὶ τῆς ἐνθάδε συνόδου (πλῆθος δὲ συγνῶν ἱερέων) συντυχία τις ἦν, ἣν ὁ νῦν καιρὸς ἤθροισεν, ἐπιδεμένῳ μοι γράψαι πρὸς ὑμᾶς. εἰ δὲ μηδὲν ἔσχον εἰπεῖν οἷον ἀκούειν εἰώθατε, συγγνώμη μὲν ἐμοὶ τοῦτο, ἔγκλημα δὲ ὑμῖν, ὅτι τὸν οὐκ εἰδότα τὰ λόγια τοῦ θεοῦ τῶν εἰδότων ἀνθείλεσθε

ιδ' Ἀνυσίω

Οὕτως ἀμύνουσι γονεῦσι παῖδες ἀπέχω τὴν χάριν Καρνᾶς ἱκέτης μου γέγονεν, οὗ τὴν ἱκεσίαν ὁ θεὸς αἰδεσιμωτέραν ἐποίησε ποῦ γὰρ ἱερέως εἰς ἰδίαν ὑπόθεσιν περιιδεῖν ἀγώγιμον ἄνθρωπον ἐν νηστίμοις ἡμέραις· ὅστις οὖν ἦγεν αὐτόν, οὐκ ἀφῆκεν ἀλλ᾽ ἀφῃρέθη τὸν ἄνθρωπον. ἂν οὖν ὑπὲρ τοῦ βεβαίάσθαι σοι δῶ δίκην, περιέστημεν ἡμεῖς εἰς τὸ τοῖς μὲν ἠδικηκόσι γενέσθαι φιλάνθρωποι, αὐτοὺς δὲ τοὺς μηδὲν ἀδικοῦντας ἠδικηκέναι.

ιε' Τῇ φιλοσόφῳ

Οὕτω πάνυ πέπραγα πονήρως, ὥστε ὑδροσκοπείου μοι δεῖ ἐπίταξον αὐτὸ χαλκευθῆναί τε καὶ συνενωθῆναι. σωλήν ἐστι κυλινδρικός, αὐλοῦ καὶ σχῆμα καὶ μέγεθος ἔχων. οὗτος ἐπί τινος εὐθείας δέχεται τὰς κατατομάς, αἷς τῶν ὑδάτων τὴν ῥοπὴν ἐξετάζομεν ἐπιπωματίζει γὰρ αὐτὸν ἐκ θατέρου κῶνος κατὰ θέσιν ἴσην ἐγκείμενος, ὡς εἶναι κοινὴν βάσιν ἀμφοῖν, τοῦ τε κώνου καὶ (173) τοῦ σωλῆνος. αὐτὸ δὴ τοῦτό ἐστι τὸ βαρύλλιον ὅταν οὖν εἰς ὕδωρ καθῇς τὸν αὐλόν, ὀρθὸς ἑστήξει καὶ παρέξει σοι τὰς κατατομὰς ἀριθμεῖν· αἱ δὲ τῆς ῥοπῆς εἰσι γνωρίσματα.

ις' Τῇ αὐτῇ

Κλινοπετὴς ὑπηγόρευσα τὴν ἐπιστολήν, ἣν ὑγιαίνουσα κομίσαιο, μῆτερ καὶ ἀδελφὴ καὶ διδάσκαλε καὶ διὰ πάντων τούτων εὐεργετικὴ καὶ πᾶν ὅ τι τίμιον καὶ πρᾶγμα καὶ ὄνομα ἐμοὶ δὲ τὰ τῆς σωματικῆς ἀσθενείας ψυχικῆς αἰτίας ἐξῆπται. κατὰ μικρόν με

---

litterarum latorem, quibus constituta festivæ celebritati dies indicitur ad diem decimum nonum mensis Pharmuthi, ita ut (172) quæ proxime illam antecedit nox, resurrectionis mysterio consecrata sit, hunc et adeuntem et redeuntem omni cum humanitate prosequimini, ac iumentorum mutatione in utramque partem dimittite, qui ut ne ecclesiis vetus et patria consuetudo intercideret, in media sese hostium arma commisit, per suspectam regionem iter suscipiens Eædem litteræ civitati suadent ut pro nobis deum precetur Iam enim inde eam oportet suæ erga me imprudentiæ sensum capere, quæ quidem ac sacerdotium evexit non eum cui ad deum adeundi ac pro universo populo supplicandi esset fiducia, sed qui ut servari ipse posset, populo deprecatore opus haberet Præsertim cum in idem tempus inciderit coacta huc synodus, plurimorum scilicet sacerdotum concursus, quem præsentis status temporis convocavit, tum cum ad vos scribere sum aggressus Quod si nihil eorum dicere potui, cuiusmodi audire soletis, mihi quidem ipsi condonandum erit, vobis autem culpæ tribuendum, quoniam divinarum scripturarum ignarum earumdem peritis anteposuistis

XIV Anysio

Sic parentes ulciscuntur filii Acceptum habeo beneficium Carnas supplex mihi fuit, cuius supplicationem sanctiorem deus ipse reddidit Qui enim sacerdotis est, iudicatum ac prehensum hominem sua præsertim causa pati ieiunii tempore ? Quamobrem qui illum adduxit, non dimisit, sed ereptus illi homo est Quod si propter vim istam pœnas ab eo repetas, eo demum eiimus adducti, ut iis humanitatem adhiberemus, qui nobis iniuriam fecissent, iis vero faceremus, qui nullam nobis intulissent

XV Philosophiæ magistræ

Eo sum infortunii redactus, ut hydroscopio opus habeam Iube hoc mihi fabricari ac componi Tubulus est cylindri figuram habens, tibiæ magnitudine atque forma Hic in una recta linea incisiones habet, quibus aquarum libramentum cognoscimus Obturat enim illum altera ex parte conus, æquabili positura insertus, ita ut communis sit amborum basis, coni videlicet atque (173) tubuli Hoc ipsum est, quod baryllium appellant Iam cum tubulum in aquam deposueris, erectus stabit, ut in eo incisiones facile numerare possis, ex quibus libramentum cognoscitur

XVI Eidem

Decumbens in lecto hanc epistolam dictavi, quam utinam incolumis accipias, mater ac soror et magistra beneque per hæc omnia de me merita et si qua est alia res appellatione honorifica ! Mihi vero corporis imbecillitas ex ægritudine animi dependet Paulatim me mortuorum

δαπανᾷ τῶν παιδίων τῶν ἀπελθόντων ἡ μνήμη. μέχρις ἐκείνου ζῆν ἄξιον ἦν Συνέσιον, μέχρις ἦν ἄπειρος τῶν τοῦ βίου κακῶν. εἶτα ὥσπερ ῥεῦμα ἐπισχεθὲν ἄθρουν ἐρρύη, καὶ μετέβαλεν ἡ γλυκύτης τοῦ βίου. παυσαίμην ἢ ζῶν ἢ μεμνημένος τῶν υἱέων τοῦ τάφου. σὺ δὲ αὐτή τε ὑγιαίνοις καὶ ἄσπασαι τοὺς μακαρίους ἑταίρους, ἀπὸ τοῦ πατρὸς Θεοτέκνου καὶ ἀπὸ τοῦ ἀδελφοῦ Ἀθανασίου ἀρξαμένη, πάντας ἑξῆς· καὶ εἴ τις αὐτοῖς προσγέγονεν, ὡς εἶναί σοι καταθύμιος, ἐμὲ δὲ δεῖ χάριν ὀφείλειν αὐτῷ διότι σοι καταθύμιός ἐστι, κἀκεῖνον ὡς φίλον φίλτατον ἄσπασαι παρ' ἐμοῦ. τῶν ἐμῶν εἴ τί σοι μέλει, καλῶς ποιεῖς· καὶ εἰ μὴ μέλει, οὐδὲ ἐμοὶ τούτου μέλει.

ιζ'. Ἡλιοδώρῳ.

Πολλὰ κἀγαθὰ γένοιτο τῷ δεῖνι, δι' εὐφήμου μνήμης τὴν σὴν ἄγοντι σεμνοπρέπειαν καὶ τὰς ἀπάντων ἀκοὰς ἐμπεπληκότι τῶν ἐπαίνων τῶν κατὰ σοῦ, ὀφειλομένων τῇ χρυσῇ σου ψυχῇ τε καὶ γλώττῃ. πλὴν ἀλλὰ παρὰ πόδας ἀποδίδως τὴν χάριν τῆς εὐλογίας. ἀντευφημεῖται γὰρ ὑπὸ μυρίων ὅσων τῶν σῶν ἐραστῶν, οἷς ἅπασιν ἐγὼ τῶν πρωτείων ἀμφισβητῶ, μᾶλλον δὲ οὐκ ἀμφισβητῶ· συγχωροῦσι γὰρ ἅπαντες.

.η'. Τῷ ἀδελφῷ.

Ὁ δεῖνα βουλευτὴς μέν ἐστι πόλεως, ἐν ᾗ τοὺς παῖδας ἐγεννησάμην (τρόπον οὖν τινὰ πάντας Ἀλεξανδρέας ὡς πολίτας ὑφ' ἡμῶν τιμᾶσθαι (174) καὶ ὁρᾶσθαι προσήκει, τῷ δὲ ὑπάρχει συγγενεῖ τε εἶναι τοῦ μακαρίτου Θεοδώρου σφόδρα διὰ μνήμης ἡμῖν ἀνδρὸς γενομένου καὶ μηδὲν ἀμελεῖσθαι ἀξίῳ παρὰ τῶν τῇδε τὰ πρῶτα ἐχόντων ἐν τῷ πολιτεύεσθαι. οὗτοί μοι προσήγαγόν τε αὐτόν, χρυσίον ὡς ὑμᾶς νομῇ στρατιώταις κομίζοντα, καὶ ἐδεήθησαν ἐμοῖς ἐφοδίοις γράμμασι πρὸς ὑμᾶς παραπέμψαι, ἡγούμενοι πάντα καλῶς ἕξειν αὐτῷ, τυχόντι τοῦ παρ' ἐμοῦ σοί τε καὶ τῷ δεῖνι συστῆναι. ἐγὼ μὲν οὖν ὅπερ ᾔτησαν ἔδωκα· εἰ δὲ μὴ μάτην, ὑμεῖς δείξετε.

ιθ'. Ἡρώδῃ καὶ Μαρτυρίῳ.

Οὐκ ἐν αἰτίᾳ μοι δοκῶ πεποιῆσθαι τὴν κοινωνίαν τῆς ἐπιστολῆς, ἀλλ' εἰ διῴκισα γράμμασι τοὺς συνημμένους τῇ γνώμῃ, τοῦτ' ἂν ἦν τὸ ὑπαίτιον. προσείρησθε δή, θαυμάσιοι, καὶ τὸν ἐπιλιδόντα τὴν ἐπιστολήν, ὃς ἐπὶ χρυσίου διακομιδῇ παρ' ὑμᾶς ἐστάλη δημοσίαν ὁδόν, θάλψατε τὸν ἐνόντα τρόπον, ἐπειδή μοι παρὰ παντὸς συνέστη τοῦ βουλευτηρίου. καὶ βουλοίμην μὲν ἀγαθοῦ τινος αἴτιος αὐτῷ γενέσθαι, οὐ μὴν οἶδα ὅτι μᾶλλον ἡμῶν ἑτέροις μέλειν ἄξιον ἡμῶν τε καὶ ὧν ἂν ἡμεῖς ἐπιβάλλωμεν.

liberorum recordatio conficit. Tamdiu vivere Synesium oportebat, quoad vitæ malorum expers erat. At velut cohibitus torrens uno impetu profluxit, mutataquæ vitæ omnis est iucunditas. Utinam aut vivere aut sepulcri liberorum meminisse desinam! Tu vero et ipsa valeas, et beatis sodalibus salutem a me dicito, initio a Theotecno patre et fatre Athanasio facto, deinceps universis, tum si quis ad eos accesserit, qui tibi ex animo sit cui gratiam debere me oportet hoc ipso quod tibi ex animo sit; hunc tu quoque velut carissimum amicum, meo nomine salutes velim. Mearum rerum si quid tibi curæ est, recte facis : sin nihil curæ est, neque istud admodum curo.

XVII. Heliodoro.

Plurima illi bona contingant qui magnificentiam tuam sanctissima recordatione prosequitur, auresque omnium tuis laudibus implevit, quæ cum animæ tum linguæ aureæ tuæ merito debentur. Verumtamen subinde illi collaudationis istius gratiam refers : vicissim enim innumerabilium tui amatorum prædicatione fertur, quibuscum omnibus de principatu contendo, vel non contendo potius, ultro enim mihi ab omnibus conceditur.

XVIII. Fratri.

Hic senator quidam urbis est, in qua liberos eius sustuli. Quare omnes quodammodo Alexandrinos tanquam populares coli a nobis et (174) aspici convenit. Huic vero contingit cum beato Theodoro propinquitas, cuius apud nos imprimis viget memoria, tum ut aliquo in loco apud illos esset, qui hic sunt relpublicæ principes. Hi ad me illum deduxerunt, cum pecuniam ad vos in militum stipendia deferret, ac meis ad vos commendatitiis litteris ut eum prosequerer a me postularunt; prospere illi cessura omnia rati, si tibi et illi commendatus foret. Itaque quod a me illi flagitabant concessi : utrum frustra non fecerim, vestrum erit ostendere.

XIX. Herodi et Martyrio.

Non accusandus ob id mihi videor, quod epistolæ vos communione sociaverim, sed si animo coniunctos litteris disiunxissem, hoc ipsum mihi vitio vertendum fuisset. Salutem igitur a me habetote, præstantes viri, et eum qui epistolam hanc vobis dederit, quique auri portandi gratia publica ad vos via profectus est, quibus potestis obsequiis fovete. Hic enim ab universo mihi senatu commendatus est; ac velim equidem causa illi boni alicuius esse. Neque porro scio quibusnam aliis potius quam vobis et curæ esse nos et quæ a nobis suscepta fuerint oporteat.

κ . Διογενει

Ἕως ἔτι περιῆν ὁ μακαρίτης Θεόδωρος, κοινὸς μὲν c
ἦν ἁπάντων Πενταπολιτῶν πρόξενος, διαφερόντως δὲ
τοὺς ἡμετέρους γονέας ἐξήρτητο τῇ τε εἰς ἅπαντα
σπουδῇ καὶ τῇ τῆς γλώττης εὐστομία καὶ χάριτι τῶν
οὖν παρ' ἐκείνῳ πολλῶν καὶ ἡδίστων εἰς Ἀμμώνιον
τὸν ἀνεψιὸν τὴν χάριν ἀπομνημονεύσωμεν   ἐγὼ μὲν
οὖν τοὐμὸν μέρος ἀπέτισα.   τί δὲ ἦν ἀπόντος ἔργον d
ἢ τοῖς παροῦσι τὸν ἄνδρα συστῆσαι ; τὸ δὲ μὴ βαρεῖαν
αὐτῷ τὴν αὐτόθι γενέσθαι διατριβὴν ὑμέτερον ἔργον

Λλ Ιιιogeni.

Quamdiu beatæ memoriæ Theodorus vixit, fuit ille
quidem communis Pentapolitarum hospes omnium, præ
cæteris vero parentes sibi nostros devinxerat, cum sin-
gulari in omnibus studio, tum copia et suavitate dicendi
Quamobrem multorum illius iucundissimorum meritorum
gratiam in consobrinum eius Ammonium conferre debe-
mus   Ego vero quod mearum erat partium præstiti
Quod enim aliud absentis erat officium, quam præsenti-
bus hominem commendare ?   Ut autem non sit illi gravis
apud vos et molesta commoratio, vestrum est provi-
dere

κα'. Τῷ ἡγεμόνι

Εἰ τοῦ Θεοδώρου μνήμη παρὰ τῇ σεμνοπρεπεία
τῇ σῇ (πῶς δὲ οὐ μέλλει,), χάρισαι τοῖς εἰς τὸν ἀπελ-
θόντα καθήκουσι τὴν εἰς τὸν ἀνεψιὸν τὸν ἐκείνου τι-
μήν.   καὶ γὰρ ἄνδρα ἀγαθὸν (175) εὖ πεποιηκὼς ἔσῃ a
καὶ τῷ τῆς μεγάλης Ἀλεξανδρείας βουλευτηρίῳ κεχα-
ρισμένος   ὡς ἀθρόοι γενόμενοι προσαγηγόρασιν ἐμοὶ
τὸν ἄνδρα, καὶ ἐδεήθησαν δύνασθαί τι τῶν ἡμετέρων
γραμμάτων   τὸ μὲν οὖν δοῦναι τὰς ἐπιστολὰς ἡμέ-
τερον ἦν, τὸ δὲ εἰς ὄνησιν αὐτῷ γενέσθαι παρ' ὑμῶν
ἐπιζητεῖται

XXI Duci

Si apud magnificentiam vestram etiamnum manet Theo-
dori memoria (qui autem non maneat?) in officiorum quæ
illi debentur gratiam eiusdem consobrino honoris aliquid
adhibeto Nam et de optimo viro (175) bene eris meritus,
et magnæ Alexandriæ senatum tibi hoc beneficio devin-
xeris, nam frequentes hominem ad me deduxerunt,
meisque ut eum litteris iuvarem postularunt   Ut igitur
litteras darem, fuit officii mei, ut autem non inutiles eæ
sint, hoc a vobis requiritur

β' Ἀναστασίῳ

Ἥσθην ἀλλὰ πῶς οἴει, πάνυ μὲν οὖν ἀπὸ βαθείας
τῆς γνώμης ἥσθην μαθὼν τὰ χρυσᾶ παιδία τῇ τοῦ b
βασιλέως φωνῇ νόμῳ σοι παιδία γενόμινα, μάλιστα
μὲν ὅτι σε φιλῶ τίνα γὰρ ἂν δικαιότερον ; εἶθ' ὅτι πο-
νηροὺς ἀνθρώπους μισῶ, ὧν τὰς ἐν σκότῳ καὶ γωνίαις
ἐλπίδας ἡ χρηστὴ τύχη τῶν παιδίων ὑπετέμετο.

XXII Anastasio

Gavisus sum   Verum quantum putas? Plane vero
intimo corde gavisus sum, posteaquam renuntiatum est
aureos illos imperatoris appellatione liberos lege tuos esse
liberos factos, imprimis quidem quod te amo, quem enim
iustius? deinde quia pessimos homines odi, quorum te-
nebricosas et obscuras spes splendida puerorum fortuna
succidit

κγ' Δ ογενει

Τοιοῦτόν ἐστιν ἡ Σύρων τρυφή καὶ συγγενῶν καὶ
φίλων ἐπιλήσμονας ἀποδείκνυσι   μὴν γὰρ οὑτοσὶ
πέμπτος, ἀφ' οὗ γράμμασιν ἡμᾶς οὐκ ἠσπάσω, καὶ
ταῦτα δούσης σοι τῆς φύσεως οὐ μόνον πρὸς χρείαν c
ἀλλὰ καὶ πρὸς ἔνδειξιν καὶ φιλοτιμίαν ὑπαγορεύειν
ἐπιστολάς   ἀλλ' ἂν αὐτὸς ὑγιαίνῃς καὶ τὰ χρυσᾶ
παιδία καὶ ἡ καλλίπαις μήτηρ αὐτῶν, ἡμῖν καὶ τοῦτο
ἅλις ἔχει.

XXIII Diogeni.

Eiusmodi Syrorum luxus est   et cognatorum et ami-
corum obliviosos facit Quintus enim hic mensis agitur,
ex quo nullus nos litteris salutasti, præsertim cum natura
tibi non ad necessitatem tantum sed etiam ad ostenta-
tionem atque gloriam epistolas ut dictare posses tribuerit
Sed si et ipse vales et aurei pueri et felix ea prole mater
illorum, vel istud nobis sufficit

δ' Σιμπλικίῳ

Ἔδει μέντοι ταῖς τύχαις γνώμας μὴ συνεξαίρεσθαι,
μηδὲ τὸ μεμνῆσθαι τῶν πάλαι φίλων ἔλαττον ἡγεῖσθαι
τῆς παρούσης ἀξίας   σὺ δὲ ἡμῶν ἐπιλήσμων ἐγένου
χρόνου συχνοῦ   χρῆν δὲ οὐχί, καίτοι σφόδρα; διαθέ- d
σεως συναψάσης ἡμᾶς ἀλλήλοις ·

XXIV Simplicio

Atqui cum fortuna nequaquam extolli animos oporte-
bat, nec veterum amicorum meminisse infra præsentem
dignitatem credere Tu vero longo iam tempore nostri es
oblitus, quod minime utique decebat, cum summa nos
mutuo benevolentia coniunxerit

κε'. Ἡλιοδώρῳ

Ἐμοὶ μὲν συμπρόεισι ταῖς ἐνιαυτοῖς καὶ ἡ τοῦ φιλ-

XXV Heliodoro

Mihi quidem simul cum annorum cursu fit amoris ac-

ϳρου προσθήκη· σὺ δὲ εἰ μὲν ὁμοίως ἔχων οὐκ ἄγεις σχολὴν ὑπὸ τοῦ τῶν πραγμάτων ὄχλου γράμμασι τιμᾶν, ὡς εἰκός, ἅπαξ ποτὲ καὶ οὓς εἰκός, κλέψας σαυτὸν ἀπὸ τῶν δημοσίων χρόνον ὅσον ἀρκέσαι πρὸς μέτρον ἐπιστολῆς, (176) αὐτὸ τοῦτο μήνυσον. εἰ δὲ ἐπιγινώσκεις ἀληθευομένην κατὰ σοῦ τὴν ὑποψίαν τῆς λήθης, διόρθωσαι μετανοίᾳ καὶ σαυτὸν ἡμῖν ἐπανάγαγε.

cessio. Tu vero si eodem affectus modo ob ‚negotiorum magnitudinem ne tantillum quidem vacas, ut, quemadmodum par est, saltem semel et quos par est litteris honores tuis, sic ut publicis te rebus tanto tempore subtrahas, quantum ad scribendam epistolam sufficit, (176) hoc si, inquam, non potes, mihi significato; sin veram de te suspicionem hanc oblivionis agnoscis, pœnitendo corrige, ac teipsum nobis restitue.

κϛ'. Τρωΐλῳ.

XXVI. Troilo.

Ἀλλ' εἰ μήτε Κυρηναῖοι μήτε πόλεις ἀστυγειτόνων ἀποτίσουσί σοι χάριν ἀξίαν ἀνθ' ὧν ὁ θαυμάσιος Ἀναστάσιος αὐταῖς γράφει, πάντως γε ἡ τοῦ θεοῦ σοι προσέσται χάρις, ᾧ σαυτὸν οἰκειοῖς τῇ κοινωνίᾳ τῆς εὐεργετικῆς προαιρέσεως. εὐδαιμονοίης, ἄριστε φιλοσόφων· οὕτω γὰρ ἐμοί σε φίλον καλεῖν, ὥσπερ ὑπαγορεύει τὰ πράγματα.

At si neque Cyrenenses neque vicinæ civitates dignam tibi gratiam referunt pro eo quod eximius Anastasius ad eas scribit, omnino divina tibi non deerit gratia, cui tete bene merendi voluntate concilias. Feliciter degas, philosophorum optime. Libet enim eo te compellare nomine, quod res ipsæ suggerunt.

κζ'. Κώνσταντι.

XXVII. Constanti.

Εἰ δὲ φιλοσοφίας τιμᾷς ἀρετήν, οὐ μόνον ἐν παροῦσι τοῖς μετασχοῦσιν αὐτῆς, ἀλλὰ καὶ ἐν ἀποῦσι τιμήσεις. ὁ δὲ θεσπέσιος Ἀμυντιανὸς ὁ παρ' ἡμῖν ποτε τυχὼν ἀμείνονος λήξεως, ἐμοὶ δοκεῖ, πάρεστι καὶ ἀπεῖναι δοκῶν. τούτου συγγενῆ σφόδρα αὐτανέψιον ὁ παρ' ὑμῖν Σωτήριχος ἀδικεῖ. δεῖξον οὖν ὅτι κήδῃ Διονυσίου, καὶ πέπαυται Σωτήριχος ἀδικῶν.

Tu vero si in honore philosophiæ virtutem habes, non in præsentibus solum eaque præditis, sed in absentibus etiam honorabis. Divinus Amyntianus qui olim apud nos feliciorem ad sortem migravit, adest, ut mihi quidem videtur, etiamsi abesse videatur. Huius maxime propinquo consobrino Soterichus vester iniuriam facit. Ostende tibi curæ esse Dionysium, statimque ab iniuria Soterichus desistet.

κη'. Σιμπλικίῳ.

XXVIII. Simplicio.

Ἀφιέναι φησὶ δεῖν ὁ θεὸς τὰ ὀφειλήματα. ὀφείλει δὲ ὁ μέν τις δάνεισμα χρυσίου, ὁ δὲ τὸ δοῦναι δίκην. ὁ τοῦ λαβεῖν οὖν δίκην ὑπεριδὼν ὑπήκουσε τοῦ θεοῦ.

Dimittenda deus esse debita dicit. Porro hic quidem pecuniam mutuam, ille vero pœnas dependere debet. Igitur qui repetere ab eo pœnas contempserit, deo fuerit obsecutus.

κθ'. Πενταδίῳ αὐγουσταλίῳ.

XXIX. Pentadio augustali.

Τοῦ παρ' ἡμῶν ὄχλου καὶ τῶν πραγμάτων αὐτὸς σὺ σαυτὸν αἰτιῶ· φιλοτιμηθεὶς γὰρ πᾶσι γενέσθαι καταφανὴς ὅτι με διὰ πάσης ἄγεις τιμῆς, ἅπασι τοῖς καταπονουμένοις ἐπ' ἐμὲ τὸν δρόμον ἀνέῳξας. οἶσθ' οὖν ὅπως ποιήσεις, εἰ δεῖ ποτε πεπαῦσθαι κἀμὲ κοπτόμενον ὑπὸ πολλῶν καὶ σὲ περὶ πολλῶν ὑπ' ἐμοῦ; εἰ καὶ πάνυ δεῖται μετρίων καὶ φιλανθρώπων ὑπὲρ οὗ γράφω, καὶ τυχεῖν ἐστιν ἀξιώτατος, ὡς ἅπαντες ἴσασιν, ἀποτυγχανέτω σου μηδὲν ἧττον ἢ εἰ παμπόνηρός τε ἦν καὶ παμπονήροιϛ ἐδεῖτο πραγμάτων. τότε οὖν καὶ ὅταν ἀφίκωμαι παρὰ σὲ δῆθεν αἰτιασόμενος, πρόσταττε τοῖς ὑπηρέταις ἐπιζυγῶσαί μοι κατὰ τοῦ (177) προσώπου τὰς θύρας. ἂν τοῦτο γενόμενον οἱ μὲν ἴδωσιν, οἱ δὲ τῶν ἰδόντων ἀκούσωσι, τοὐντεῦθεν ἐγώ τε καὶ σὺ βαθεῖαν εἰρήνην ἄξομεν, ὡς οὐδεὶς ἔτι τοῦ λοιποῦ προσδραμεῖταί μοι καὶ προσανακλαύσεται. εἰ δὲ ἀποδειλιάσεις καὶ οὐκ ἐθελήσεις ταῦτά σοι τοὺς ἀνθρώπους συγγνῶναι, ἀνέχου πολλάκις τῆς ἡμέρας

Quod in interpellando te sum assiduus, tu tibi imputare debes. Cum enim manifestum omnibus esse voluisses, omni me apud te in honore ac pretio esse, cunctis ad me, qui in aliqua calamitate sunt, cursum patefecisti. Nosti igitur quemadmodum facturus sis, ut et ego a multis et de multis tu a me ne amplius solliciteris. Quanquam moderata omnia cum primis et æqua postulat is pro quo scribimus, estque, ut omnes norunt, qui ea impetret dignissimus, abs te reiciatur ille perinde ac si et ipse pessimus esset et pessimis tecum de rebus ageret. Quin etiam cum ad te expostulaturus scilicet adiero, famulis tuis præcipe, mihi ut ob os (177) ianuam occludant. Postquam istud a te factum alii viderint, alii ab iis audierint, deinceps ego et tu magna in pace versabimur, quoniam nemo de cætero ad me confugiet, nec ærumnas suas apud me deplorabit. Quod si istud facere reformidaris, nec eiusmodi quicquam in te homines velis animadvertere, fac ut quotidie sæpius de hominibus bene

γαθόν τι ποιεῖν ἀνθρώπους ἱκέτας σου γινομένους δι'
λοῦ τε καὶ τοῦ θεοῦ. ἀλλ' εὖ οἶδ' ὅτι οὐκ ἀπαγορεύ-
εις εὖ ποιῶν. οὔκουν οὐδὲ ἐγώ, πρεπούσας ὑποθέ-
εις τῇ φύσει σου ποριζόμενος.

λ'. Τῷ αὐτῷ

Ἐγὼ καὶ σοῦ κήδομαι καὶ τοῦδε· σοῦ μέν, ὡς μὴ b
διχοίης, τοῦδε δέ, ὡς μὴ ἀδικοῖτο εἰ δὲ καὶ σοὶ
χεῖ μετὰ τοῦ Πλάτωνος τὸ ἀδικεῖν τοῦ ἀδικεῖσθαι
εἶζον εἶναι κακόν, ἔοικά σοι μᾶλλον ἢ τῷδε χαρίζε-
θαι, δεόμενος ὑπὲρ αὐτοῦ πραττομένου δίκας ὑπὲρ ὧν
ἐκ ἐξήμαρτεν

λα' Αὐρηλιανῷ

Εἴ τινές εἰσι ψυχαὶ τῶν πόλεων, ὥσπερ οὖν εἰσίν, c
ρόροι θεῖαί τε καὶ δαιμόνιοι, πάσας ἡγοῦ σοι χάριν
δέναι καὶ ἀπομεμνῆσθαι τῶν ἀγαθῶν, ὧν ἐπὶ τῆς με-
άλης ἀρχῆς, ἅπασιν ἔθνεσιν αἴτιος γέγονας αὐτάς τε
ἐν ταύτας παρὰ τοὺς καιροὺς ἑκάστους οἵου σοι πα-
ιστάναι συνηγόρους τε καὶ συμμάχους, καὶ τοῦ κοι-
ῦ δεῖσθαι θεοῦ γενέσθαι σοι πρεπούσας ἀμοιβὰς τῆς
δεχομένης ἐκείνου μιμήσεως τὸ γὰρ εὖ ποιεῖν ἐν
οὗτο μόνον ἔχουσι κοινὸν ἔργον ἄνθρωπος καὶ θεός,
δὲ μίμησις.οἰκείωσίς ἐστι, καὶ συνάπτει πρὸς ὃ μι-
εῖται τὸ μιμούμενον. διάκεισο τοίνυν ὡς ἀπειργα- d
μένος οἰκείως τῷ θεῷ τῇ κοινωνίᾳ τῆς εὐεργετικῆς
ροαιρέσεως, καὶ σύνεσο γλυκείαις ἐλπίσιν, ὁποῖαι τῇ
ιαύτῃ τῆς ψυχῆς διαθέσει προσήκουσιν, ὧ μεγαλοπρε-
έστατε μόνος ἢ μετ' ὀλίγων σὺ μόνος δικαίως καλού-
ενε ἀσπάζομαι διὰ τῆς σεμνοτάτης φωνῆς τοῦ πα-
ρὸς τὸν νέον Ταῦρον τὰς ἀγαθὰς Ῥωμαίων ἐλπίδας.

ϐ Τῷ ἀδελφῷ

Ὁ καὶ τοὔνομα δοῦλος καὶ τὴν προαίρεσιν, ὃν ἀ-
νοήσας ὡς παιδοτρίβην παρὰ (178) τῶν Θεοδώρου κλη- a
ονόμων ἐώνημαι, πάλαι μέν ἐστι πονηρός (καὶ γὰρ
ρυ καὶ τέθραπται κακῶς, καὶ ἀγωγῆς οὐκ ἀπέτυχεν
ξίας τῆς φύσεως, ἐκ παιδὸς ἐν τηλίᾳ καὶ κύβοις
αὶ καπηλείαις χαλινωθείς), ἀλλὰ νῦν, Λυσίας ἂν εἶπεν,
ξείργασται καὶ τέλος ἔχει, καὶ πέρας ἀηδίας ἐστίν.
Ἑρμῇ μὲν γὰρ καὶ Ἡρακλεῖ τοῖς παλαίστρας ἐφόροις
ὐδὲ κατὰ μικρὸν πρέπει, Κότυϊ δὲ καὶ τοῖς ἄλλοις
Ἀττικοῖς κονισάλοις νεωχορεῖ, καὶ εἰ δή τινές εἰσι τού-
ου τοῦ κόμματος ἕτεροι δαίμονες, ἅπασιν αὐτῷ μέλει
τὶ πάντων αὐτῷ δίκην μὲν οὖν ἑτέραν οὐκ ἂν λά- b
οιμι παρ' αὐτοῦ, ἀποχρῶσα γὰρ ἡ πονηρία δίκη τῷ
ονηρῷ δοκιμασθεὶς δ' ἀνεπιτήδειος εἶναι συμβιο-
εύειν φιλοσόφοις δεσπόταις, ὧν οἰκουρούντων αἰσχύνη
τρινοστεῖ, φευγέτω τὴν ἔχουσαν ἡμᾶς πόλιν. ὁ γὰρ
δὼν τὸν πορνότριβα σοβοῦντα διὰ τῆς ἀγορᾶς, ἐν
τεφάνῳ καὶ μύροις μεθύοντα καὶ κωμάζοντα καὶ πά-
ης ἀκολασίας καταπιμπλάμενον καὶ ᾠδὰς ᾄδοντα πρε-

---

mereri sustineas tuis per me ac deum supplicibus Ve-
rum, quod probe equidem scio, nequaquam tu bene me-
rendo ac proinde nec ego consentaneas naturæ tuæ oc-
casiones procurando fatigabimur

XXX Eidem

Ego et tui curam et illius habeo tui, ne iniuriam fa-
cias, ne accipiat, illius Iam si cum Platone sentis, in-
iuriam inferre quam accipere multo esse deterius, melius
de te quam de illo mereri videor, cum pro illo deprecor, a
quo pœnæ eius quod non commisit criminis repetuntur.

XXXI Aurelian

Si ullæ sunt civitatum animæ, ut revera sunt, præsi-
des, divinæ et e geniorum numero, universas puta gra-
tiam habere tibi, bonorumque esse omnium memores.
quæ, cum summum magistratum gereres, in omnes gentes
contulisti Proinde illas ipsas singulis temporibus adesse
tibi credito advocatas et socias, communemque pro te
deum precari, uti meritis te præmiis compenset pro eo
quod illum, quoad fieri potest, perfecte sis imitatus
Bene enim aliis facere hoc solum habent homines cum
deo commune Imitatio porro conciliatio quædam est,
idque quod imitatur cum eo coniungit, quod imitandum
proponitur Quamobrem sic habeto, affinem te deo esse
factum eiusdem beneficæ communione voluntatis, dul-
cissimaque te ipsum spe fove, cuiusmodi ei animi pro-
posito consentanea est, o magnificentissime solus aut
cum paucis merito solus appellande Iuvenem Taurum,
præclaras Romanorum spes, per gravissimam parentis
vocem saluto

XXII Fratri

Qui et nomine et animo servus est, quem ignorans
tanquam pædotribam (178) de Theodori hæredibus eme-
ram, iam dudum est nequam (nam et male natus est et
educatus, nec abhorrentem ab indole naturaque institu-
tionem nactus est, iam tum a puero in coturnicum lusu
et alea ac popinis volutatus), verum nunc, ut Lysias
dixerit, actum de eo, finem habet molestiæque terminus
est Siquidem cum Mercurio et Hercule palæstræ præ-
sidibus ne minimum quidem habet commercii, Cotyis
vero aliorumque Atticorum Priapeorum ædituus est, ac
si qui alii sunt huiusce notæ dæmones, omnibus curæ
ipse est, ipsique omnes Cæterum pœnas quidem ex
ipso nullas alias sumpserim, sua enim cuique nequitia
sufficiens est pœna Sed cum experientia minime ido-
neus probatus sit qui cum heris philosophis vivat quo-
rum domi manentium infamia vagatur, exeat ex urbe
nostra Nam qui scortatorem hunc superbe toto foro
volitantem conspexerit, cum corona et unguentis ebrium
atque comissantem nulloque non libidinis genere refertum

πούσας τῷ βίῳ, ἐπὶ τοὺς ἔχοντας αὐτὸν τὴν αἰτίαν
ἀνήγαγεν. ὅπως οὖν αὐτὸν παραδοὺς τῷ ναυκλήρῳ
πλεῖν ἀναγκάσεις εὐθὺ τῆς ἐνεγκούσης αὐτόν· ἐκείνη C
γὰρ ἂν αὐτοῦ καὶ ἀνάσχοιτο δικαιότερον. πλείτω δὲ
δεδεμένος ἐπὶ τοῦ καταστρώματος· μὴ γὰρ εἰς κοίλην
ναῦν καταβαίη, ἐπεὶ μὴ θαυμάσης εἰ συχνὰ τῶν
κεραμίων ἡμιδεῆ σοι ποιήσει. εἰ δὲ ὁ πλοῦς παρα-
τείνοιτο, καὶ μέχρι τρυγὸς ἂν ἐκροφοίη τὸν ἀνθοσμίαν,
καὶ τοὺς ναύτας δ' ἂν αὐτὰ ταῦτα ποιεῖν ἀναπείσειε·
πρὸς γὰρ τοῖς ἄλλοις καὶ πιθανώτατον τὸ κακὸν εἰς
ἀπολαύσεις ἡγήσασθαι. καὶ τίς οὕτως ἐμβριθής ἐστι
τῶν μισθοῦ πλεόντων τὴν θάλατταν, ὡς μὴ διαχυθῆ-
ναι τοῦ καθάρματος κορδακίσαντος ἐν τῇ τοῦ ποτηρίου d
περιφορᾷ; καὶ ἄλλα πολλὰ βωμολοχεύεται, πρὸς ἃ
δεῖ πεφράχθαι τὸν ναύκληρον. ὁ μὲν οὖν Ὀδυσσεύς,
ἵνα μὴ ὑφ' ἡδονῆς διαφθαρείη, τὴν Σειρήνων ἀκτὴν
δεδεμένος παρήμειβεν· οὑτοσὶ δέ, ἵνα μὴ τοὺς πλέον-
τας ἡδονῇ διαφθείρῃ, ἂν ἐκεῖνοι σωφρονῶσι, δεδήσεται.

λγ΄. Τῇ φιλοσόφῳ

Ἠχοῦς ἔοικα πρᾶγμα ποιεῖν. ἃς παρείληφα (179)
φωνὰς ἀντιδίδωμι, τὸν θαυμαστὸν Ἀλέξανδρον ἐπαι- a
νῶν παρὰ σοί.

λδ΄. Αὐρηλιανῷ.

Οὔπω τῇ προνοίᾳ μέλει Ῥωμαίων ἀλλὰ μελήσει
ποτέ, καὶ οὐκ εἰς ἅπαν οἰκουρήσουσιν οἱ τὰ κοινὰ
σώζειν δυνάμενοι. ἀλλὰ τῷ γε ῥήτορι τῷ συντρόφῳ
καὶ ἡ παροῦσά σοι δύναμις ἀρκεῖ πρὸς ὅ τι τυγχάνει
δεόμενος. ἀπολαυέτω δὴ νῦν μὲν αὐτὸς μόνος ταύτης,
ἔπειτα μετὰ τῶν ἐθνῶν ἁπάντων κἀκείνης.

ε΄. Τῷ ἀδελφῷ.

Ἐπιτομωτάτην ὁδὸν ἐπὶ τὸ πλουτεῖν ἐβάδισεν
Ἀθανάσιος. ἔγνωκεν ὁμόσε ἰτέον εἶναι τοῖς ἀποθνή-
σκουσι, καὶ πρακτέον αὐτοὺς πειθοῖ καὶ βίᾳ πᾶν ὅ τι
ἂν δύναιτο. οὐκ ἂν οὖν αὐτὸν λάθοι δημόσιος ἐπὶ
διαθήκῃ καλούμενος, ἀλλὰ συνεισάλλεται.

λς΄. Τῷ αὐτῷ.

Ἐκκαιδεκάτη μηνὸς Ἀθὺρ ὁ μακαρίτης Καστρί- c
κιος αὐτὸ τοῦτο ἐγένετο, φάσμα χαλεπὸν ἰδών τε καὶ
διηγησάμενος.

λζ΄. Ἀνυσίῳ.

Ἰωάννης, ὃν ὅτι σε φιλεῖ δι' αὐτὸ τοῦτο φιλῶ, νόσῳ
χαλεπῇ προσεπάλαισεν. ἦν δὲ αὐτῷ δεινὸν οὐχ ἡ
νόσος ἀλλὰ τό σου τῆς ἱερᾶς ἀπεῖναι κεφαλῆς, ἐπεὶ
καὶ νῦν ἐν τοῖς ὁμοίοις ἐστί. τούτῳ δέ τι καὶ τρίτον
προσὸν χαλεπωτέραν τὴν νόσον ποιεῖ. ἐρᾷ τοῦ τι d
ποιεῖν στρατιώτῃ πρέπον, καὶ δυσκόλως ἔχει πρὸς τὴν
ἐξ ἀνάγκης ἀργίαν.

---

atque cantilenas vitæ consentaneas canentem, crimen
omne in illius heros transtulerit. Quamobrem vide,
quæso, uti illum nauclero committens recta in patriam
navigare compellas; hæc enim iustius illum toleraverit.
Sed vinctus in transtris naviget, minime vero in interiorem
navem descendat. Alioqui noli mirari si plures amphoras
dimidia ex parte inanes reliquerit. Quod si longior sit
navigatio, vel ad fœcem usque odoratum vinum exsor-
beat, necnon ad idem faciendum navales socios inducat.
Nam præter cætera cumprimis blandum scelus est, ut ad
voluptates aliis præeat. Ecquis vero adeo truculentus est
ex mercenariis vectoribus, qui non hilaritate gestiat, cum
perditum illum in circumlatione poculi restim agentem
ac subsultantem viderit? Multa et alia scurriliter facit,
ad quæ munitum esse nauclerum oporteat. Atque Ulixes
quidem, ne voluptatis illecebris periret, vinctus Sirenum
littora prætergressus est; at is, ne vectores voluptatis
lenocinio corrumpat, si sapiant illi, vincietur

XXXIII. Philosophæ.

Videor iam facere quod echo solet. (179) Quas voces
accepi, refero, dum egregium illum Alexandrum apud te
prædico.

XXXIV. Aureliano.

Nondum divina providentia curam Romanorum gerit.
Sed geret aliquando, nec perpetuo domi otiosi manebunt
qui rempublicam servare possunt. Sed contubernali
oratori vel ea auctoritas, quæ penes te nunc est, ad id sa-
tis est, quo ille opus habet. Nunc igitur hac quidem solus
perfruatur, postea vero altera etiam illa, una cum natio-
bnibus universis.

XXXV. Fratri.

Compendiosissimam ditandi sui viam iniit Athanasius.
Confligendum enim esse decrevit sibi cum moribundis,
illisque quidquid posset quo iure qua iniuria faciendum.
Itaque nemo illum latet publicus scriba ad testamentum
accersitus, sed simul irrumpit.

XXXVI. Eidem.

Sexta decima mensis Athyr beatus Castricius hoc i-
psum, beatus scilicet, factus est, cum horribile prius vi-
sum intuitus esset ac narrasset.

XXXVII. Anysio.

Ioannes, quem quidem ideo quod te amat diligo, diffi-
cili morbo conflictatus est. Ac non tam molestus ei
morbus erat, quam quod sacro abs tuo capite remotus
esset; nam et nunc eodem hæret in statu. Iam tertium
dillud molestiorem et ægritudinem facit. Etenim milite
dignum aliquod facinus gestit edere. Quare necessariam
istam cessationem iniquo animo patitur.

Οἶμαί σου τὴν θεσπεσίαν ψυχὴν ἐπ' αὐτὸ τοῦτο κατεπεμφθεῖσαν, ἐφ' ᾧ κοινὸν ἀγαθὸν ἀνθρώπων εἶναι, καὶ χάριν εἰδέναι τοῖς συνιστᾶσι τοὺς δεομένους δικαίων, ὅτι σου πρεπούσας ὑποθέσεις τῇ φύσει πορίζονται· οὐ γὰρ a (180) ὅτι συγγενής ἐστιν Ἡρώδης ἐμός, ἀλλ' ὅτι δεῖτα· δικαίων, διὰ τοῦτό σοι τὸν νεανίσκον συνίστημι, ὅστις ἐκ προγόνων λαμπρότατος ὢν καὶ τὴν πατρώαν βῶλον ὑποτελῆ τῇ συγκλήτῳ διαδεξάμενος, ἐπειδὴ γέγονεν ἡγεμών, ἀξιοῦται συντελεῖν ὥσπερ οἱ νεόβουλοι καὶ γενέσθαι διπλοῦς λειτουργός, τὸ μέν τι διὰ τὴν οὐσίαν, τὸ δὲ δι' ἣν ἦρξεν ἀρχήν.

Divinam tuam animam arbitror ad nos ideo esse demissam, ut commune esset hominum bonum, et illis gratiam haberet, qui eos commendarent qui iusta peterent, quod consentaneam naturæ tuæ materiam suppeditent Non enim (180) propterea quod cognatus meus est Herodes, sed quia ius postulat, idcirco tibi adolescentem commendo, qui cum clarissimis maioribus natus sit, agrosque paternos senatui vectigales iure hæreditario acceperit, posteaquam dux factus est, eadem tamen ab illo quæ ab recens in senatum ascriptis tributa petuntur, duplicem ut functionem obeat, alteram fortunarum suarum, alteram eius, quem gessit, magistratus nomine

*Ἕλκει με παρὰ σὲ πόθος καὶ χρεία πυνθάνομαι b τοίνυν εἰ περιμένεις ἥξοντα

Trahit me ad te desiderium non minus quam necessitas Quæro igitur ecquid venientem me sis expectaturus

Ἔπεμψά σοι δῶρον ἵππον ἀκροφυέστατον εἰς ἅπασαν ἀρετὴν ἵππῳ προσήκουσαν, ᾧ χρήσῃ μὲν ἐν ἁμίλλαις δρόμων, χρήσῃ δὲ ὅταν ἐπὶ θήραν ἐξάγῃς, καὶ ἐν ἀγῶσι πολεμικοῖς καὶ ὅταν κατάγῃς ἐπὶ τῷ c Λιβυκῷ τροπαίῳ πομπὴν ἐπινίκιον· οὐ γὰρ οἶδα ὅ τι μᾶλλόν ἐστι, κυνηγέτης ἢ κέλης ἐναγώνιος ἢ πομπεὺς ἢ πολεμιστήριος. εἰ δὲ Νισαίων ἵππων ἰδεῖν ἐστιν ἀειδέστερος, ὀρθώδης τε ὢν τὸ κρανίον καὶ λιπόσαρκος τὴν ὑαφῦν, τάχα μὲν οὐδὲ τοῖς ἵπποις, ὥσπερ οὐδὲ τοῖς ἀνθρώποις, ἅμα πάντα δίδωσιν ὁ θεός. μήποτε δὲ τοῦτο καὶ πρὸς ἐκείνας αὐτῷ τὰς ἀρετὰς συντελεῖ, εἰ τὰ μαλακὰ τῶν σκληρῶν ἐλάττω παρὰ τῆς φύσεως ἐκληρώσατο. πρός γέ τοι τοὺς πόνους ὀστᾶ σαρκῶν οἶδα διαρκέστερα οἱ μὲν οὖν παρ' ὑμῖν ἵπποι ταῖς σαρξὶ πλείους εἰσίν, οἱ δὲ ἡμέτεροι τοῖς ὀστοῖς d

Equum ad te dono misi ad omnem equi virtutem in primis a natura factum, quo uteris tu quidem in curulibus certaminibus, uteris et cum venatum proficisceris atque in bellicis conflictibus, sed et cum Libycam ob victoriam triumphabis, neque enim scio utrum potius sit venator an in ludis desultorius, pompæ magis, an bellis idoneus Quod si Nisæis equis deformior est, quod tumenti cranio modicaque cir illa carne sit, non omnia simul equis fortasse deus uti neque hominibus, concedit. Tum haud scio an istud ipsum ad eas quas recensui, il i conferat, quod duris mollia minora sit a natura sortitus. Equidem ossa carnibus ad labores scio durabiliora Quare vestrates sane equi carne superant, nostrates ossibus

Ἐμισθωσάμην σοι ναῦν ἀνθρώπων εὐγενῶν καὶ πλεόντων τὴν θάλατταν μετὰ πλείονος τέχνης ἢ τύχης· ὡς αἵ γε Καρπαθίων ὁλκάδες φήμην ἔχουσι διανοίᾳ κεχρῆσθαι, καθάπερ αἱ Φαιάκων τῶν πάλαι, πρὶν ἐπὶ τὴν νῆσον γενέσθαι τὸ δαιμόνιον μήνιμα.

Navem tibi conduxi hominum nobilium ac maiori arte quam natura navigantium Nam Carpathiorum onerarias ratione uti ferunt, ut illas Phæacum antiquorum, priusquam ad insulam deorum iracundia pervenerat

Συγγενὴς ἐμὸς ἀδικεῖται· σὺ δὲ καὶ (181) φίλος εἶ a καὶ δικάζειν ἔλαχες. ἐκ μιᾶς οὖν προσοχῆς ὑπάρξει σοὶ κἀμοὶ καὶ τοῖς νόμοις χαρίσασθαι. ἐπανίτω τοίνυν Ἀσφάλιος εἰς τὸ δεσπότην εἶναι τῶν χειραμίων τῇ τοῦ πατρὸς διαθήκῃ προσλαβὼν τὴν ἀπόφασιν, τῆς κατηγορίας οὐκ ἐσομένης ἐμποδὼν τῷ παραυτίκα τῆς ἀκροάσεως. πότε γὰρ δεῖ δικαιοδοτεῖν ἢ τὸν χρόνον ἐν ᾧ μάλιστα τυγχάνομεν δεόμενοι τοῦ θεοῦ;

Cognatus meus iniuriam patitur, tu vero (181) et amicus es et iudicia sortitus · eadem animi attentione mihi pariter ac legibus gratificari poteris Redeat itaque Asphalius noster ad ius mancipiumque figlinorum, quod ei super patris testamentum tua sententia confirmet, nec impediat accusatio quominus ei statim audientiam tribuas Quo enim potius tempore ius reddere oportet, quam quo deo maxime supplicamus ?

μγ'. Ἀναστασίῳ.

Σωσηνᾶν τις ἔπεισεν ἢ θεὸς ἢ λογος ἢ δαίμων ὅτι b
καὶ παρὰ τὰ χωρία τι γίνεται τοῖς ἀνθρώποις εἰς τὸ
τυγχάνειν τε καὶ ἀποτυγχάνειν εὐμενοῦς τοῦ θεοῦ.
πράττων οὖν πονήρως παρ' ἡμῖν καὶ τῶν πατρῴων
ἀκριβῶς ἐκκοπεὶς

ἔγνωκε πλεῖν εἰς τἀπὶ Θρᾴκης χωρία,
ἐκεῖ διαλλαγησόμενος πρὸς τὴν τύχην.

εἰ δή σοι φίλα πρὸς τὴν δαίμονα, σύστησον αὐτῇ τὸν
νεανίσκον, καὶ ἐξευρέτω τινὰ πόρον αὐτῷ χρημάτων.
ῥάδιον δὲ βουλομένῃ· καὶ γὰρ τὰ Νόννου τοῦ Σωση-
νᾶν φύσαντος οὐ χαλεπῶς εἰς ἑτέρους μετέθηκεν.
ἀποφηνάτω δὴ καὶ Σωσηνᾶν κληρονόμον ἀλλοτρίου
πατρός· γένοιτο γὰρ ἂν οὕτως ἐξ ἀδικίας τὸ δίκαιον. c

μδ'. Ἰωάννῃ.

Ὥσπερ ἄλλοτε πολλάκις ἐπὶ τῶν καιρῶν ἐγενόμην
σοι χρήσιμος, καὶ παρεμυθησάμην δυσχέρειαν τύχης
τὰ μὲν λέγων τὰ δὲ ποιῶν, ὡς ἑκάστοτε ἡ δύναμις
ὑπηγόρευσε, καὶ νῦν περὶ τῶν καταλαβόντων σε
πραγμάτων δοκεῖ μοι συνεισενέγκαι τινὰ γνώμην,
ἐπειδὴ μὴ ἔργου δύναμαι· Συνέσιον γὰρ οὐ θέμις,
ἕως ἐμπνεῖ τε καὶ δύναται, μὴ οὐχὶ παντὶ τρόπῳ d
πρόθυμον εἶναι τοὺς φίλους ἀγαθόν τι ποιεῖν. ἄκουε
τοίνυν ἅ μοι καλῶς ἔχει διαλεχθῆναι πρὸς σέ. εἰ μὲν
θεός ἐστιν ἡ φήμη κατά τινα τῶν παρ' ἡμῖν ποιητῶν,
σὺ διεχρήσω τὸν μακαρίτην Αἰμίλιον, οὐ πράξας ἀλλὰ
βουλεύσας τὸν φόνον, καὶ βαρβαρικὸν μὲν δρᾶμα συν-
θείς, τὸν σφαγέα δὲ καθεὶς ἐκ τῶν σαυτοῦ λοχιτῶν τὸν
ὠμότατον. λέγει μὲν γὰρ ἡ φήμη ταῦτα, ψεύδεσθαι δὲ οὐ
θέμις, οὖσαν θεόν. εἰ δὲ Ἡσίοδος μὲν οὐδὲν λέγει, πολλὰ
δὲ λέγεται μάτην, καὶ τοῦτο περὶ σοῦ τῶν (182) πολλῶν a
ἐστιν ἕν (ὡς ἔγωγε βουλοίμην ἄν· περὶ πράξεως γὰρ
ποιοῦμαι τὴν ἐν ἀργυρίῳ ζημίαν ἢ τὴν ἐν φίλῳ), καὶ
νῦν ἂν οὐχ ὑπαίτιος ὢν ἀκούῃς κακῶς, ἀτυχεῖς μὲν
ἄρα, ἀλλ' οὐκ ἀδικεῖς. ὡς ὤφελες μηδὲ ἀτυχεῖς. ἀλλ'
ἐκείνῳ μὲν ἂν σοι μῖσος ὠφείλετο δίκαιον, οὕτω δὲ
καὶ ἔλεος. ἐγὼ δέ μοι δοκῶ λίαν ὑπὸ συνηθείας ἁλώ-
σιμος ὢν κἀκείνως ἂν τὴν μὲν πρᾶξιν μισεῖν, σὲ δὲ
ὅμως ἐλεεῖν. τοῦ δὲ ἐλεοῦντός ἐστι βοηθεῖν ὅση δύνα-
μις, καὶ ἐξευρίσκειν ὅθεν ἂν οἴηται ὀνῆσαί τι. οὐκοῦν
καθ' ἑκάτερόν μοι προσήκει συμβουλεῦσαί σοι τὸ φαι- b
νόμενον βέλτιον. ἔοικε δὲ ταὐτὸν εἶναι συμφέρον
αἰτίῳ τε ὄντι καὶ ἀναιτίῳ. ἴθι παρὰ τοὺς νόμους, καὶ
σαυτὸν ἐπίδος τῷ δικαστῇ μετὰ ἀθρόων τῶν λογιτῶν,
εἴ τι κἤδη κἀκείνων. καὶ εἰ μὲν ἐπράχθη τὸ δεινόν,
δεήθητι καθικέτευσον ἀντιβόλησον, μὴ ἀνῇς προκαλιν-
δούμενος, πρὶν ἂν διαπράξῃ τὸ παρὰ τῆς ψήφου συστῆ-
ναι τῷ δημίῳ καὶ δοῦναι τὴν δίκην. ἐν καλῷ σοι κείσε-
ται παρὰ τοῖς κάτω δικαστηρίοις τὸ προκαθῃράμενον
ἀπελθεῖν, ἑταῖρε Ἰωάννη. μὴ λόγον ἄλλως οἰηθῇς τὴν
καραίνεσιν, μηδὲ προσπαίζειν με νομίσῃς σαυτῷ· c

XLIII. Anastasio.

Sosenæ persuasit aliquis, sive deus sive ratio sive ge-
nius pro conditione locorum aliquid homini suppetere,
quo favorem numinis aut acquirat aut ab eo excidat.
Quare cum infeliciter apud nos ageret, patrimonioque
prorsus exclusus esset,

statuit sibi in Thraciam navigandum,
quo illic cum fortuna reconcilietur.

Iam si tibi cum dea ulla necessitudo est, iuvenem ei
commenda, uti pecuniarum conficiendarum rationem
aliquam inveniat. Id vero volenti erit facile; nam et fa-
cile Nonni Sosenæ patris fortunas ad alios transtulit.
Faciat igitur et Sosenam alieni patris hæredem. Ita enim
ius ex iniuria fiet.

XLIV. Ioanni.

Cum et antea sæpe tuis me temporibus utilem tibi præ-
bui, ac fortunæ difficultatem qua dicendo qua elabo-
rando subinde pro mea virili parte sublevavi, tum in
præsentia de iis quæ tibi evenerunt videor sententiam
meam ac iudicium præstare debere, quoniam opus ipsum
nequeo. Synesium enim nequaquam fas est, quamdiu
spirat et potest, non omni ratione paratum esse, quo de
amicis bene mereatur. Audi igitur quæ recte apud te
disputanda mihi videntur. Si dea est fama, uti quidam
ex nostris poetis asserit, tu beatum Æmilium interfecisti,
non ut re ipsa parricidium sed ut consilio patraveris, ac
barbarum quidem actum institueris, sicarium vero subor-
naris ex tuis manipularibus longe crudelissimum. Hæc
enim fama testatur; mentiri vero ipsam nefas est, ulpote
deam. Sin est, ut nihil dicat Hesiodus ac multa temere
proferantur, et hoc de te unum (182) est e multis: quod
utinam ita sese habeat. Minoris enim pecuniæ iacturam
quam amici facio. Igitur si huius innocens criminis male
nihilominus audis, infelix tu quidem es, minime tamen
iniustus; atque utinam ne infelix quidem esses. At in
illo iustissimum mereris odium, in hoc vero misericor-
diam. Quanquam ego ita mihi necessitudine ac familiari-
tate capi posse videor, ut vel illo quidem modo factum
utique sim detestaturus, tui vero nihilominus miserta-
rus. Est autem eius qui misereatur, opem ferre, quoad
potest, atque id excogitare, quanam ratione prodesse
posse arbitretur. Quamobrem utramque in partem tibi id
me par est consilii dare, quod optimum iudico. At idem
omnino sive criminis conscio sive innocenti conducere
videtur. Itaque fac legibus te subicias, iudicique com-
mittas una cum manipularibus omnibus, si et horum cu-
ram geris aliquam. Quod si commissum abs te facinus
est, ora supplica contende, nullum procumbendi finem
facito, donec iudicis sententia tortori traditus fueris pœ-
nasque persolveris. Percommode hoc tibi apud infero-
rum iudicia cesserit, amice Ioannes, si prius expiatus

ἴτω τῆς ἱερᾶς φιλοσοφίας ὀναίμην καὶ προσέτι τῶν
εἰδίων τῶν ἐμαυτοῦ.   οὐκ ἂν μὴ φιλτάτῳ σοι
ἐγχάνοντι συνεβούλευσά τι τοιοῦτον, ὅ γε ἀπεύχομαι
ἐς ἐχθροῖς τοῖς ἐμοῖς· καὶ μήποτε αὐτῶν ἐπὶ νοῦν
ἀναβαίη τὸ κάλλιον εἶναι τὸν ἀδικοῦντα δοῦναι τιμω-
αν αὐθαίρετον, ἀλλὰ μηδὲ παύσαιντο εὐτυχοῦντες ἐν
; ἀδικοῦσιν, ἵνα πλείω τε χρόνον εἶεν κακοὶ καὶ πάσας
εἰ τὰς δίκας ὀφείλοιεν.   πρὸς σὲ δὲ διὰ φιλίαν κιν-
νεύω τι καὶ τῶν ἀπορρήτων εἰπεῖν, ὡς ἀνόμοιόν
τιν ἐν παχεῖ σώματι καὶ ἐν εἰδώλῳ δοῦναι τὴν δί- d
ιν.   ἰσχυρότερον μὲν γὰρ ἀνθρώπου θεός, τοῦ δὲ
ίου παντὸς διακόσμου σκιὰ τὸ ἀνθρώπινον   ἀλλ'
ερ εἰσὶν ἐν ταῖς πολιτείαις οἱ δήμιοι, χεῖρες τῶν
μων, τὴν αὐτὴν αἱ ποιναὶ χρείαν τῇ φύσει τοῦ κό-
ιου παρέχονται.   δαίμονές εἰσι καθαρτήριοι, τέχνην
οντες ἐπὶ ταῖς ψυχαῖς ἣν οἱ κναφεῖς ἐπὶ τοῖς ἱμα-
οις τοῖς πιναροῖς.   ἀλλ' εἴ τις ἱματίοις αἴσθησις ἦν,
ἂν οἴει πάσχειν αὐτὰ λακτιζόμενα καὶ νιτρούμενα
ὶ πάντα τρόπον κναπτόμενα, διὰ πόσων δ' ἂν ὀδυ-
ὶν ἐκπεπλύσθαι κηλῖδας ἀρχαίας καὶ προστετηκότα
ιόργματα; (183) ἐῶ γὰρ λέγειν ὅτι πολλοῖς ὁ ῥύπος a
ἵτως ἐνέφυ σφόδρα διὰ τοῦ βάθους, ὡς ἀναπάλλα-
ος εἶναι, καὶ φθάνει διαφθαρέντα πρὶν εἰς τὴν φύσιν
ανελθεῖν, ὅτι τὸ πάθος αὐτοῖς γέγονε φύσις ἢ διὰ
ιόνου πλῆθος ἢ διὰ μέγεθος.   οὕτω δὲ ἐχούσῃ ψυχῇ
ἰλῶς ἂν εἴχεν εἶναι φθαρτῇ.   νῦν δὲ τὰ μὲν ἁμαρ-
ιμαντα λόγου ἔχει πρὸς τὰς ἀνεκπλύτους κηλῖδας, ἡ
ιχὴ δὲ οὐκέτι πρὸς θοιμάτιον ἐκεῖνο τὸ πιναρόν τε
ὶ οὐκ ἀντέχον, ἀλλ' ἀθάνατος οὖσα τίνει δίκην b
ιάνατον, ὅταν ἁμάρτῃ ζευσσοποιά τε καὶ ἀναπόνιπτα
λ' ἐν ᾧ γάρ τις ἥμαρτε βίῳ δίκας διδούς, οὔπω πάνυ b
οοστετηκὸς ἔχει καὶ προσίζησαι τὸ πάθος, ἀλλ', ὡς
ι εἴποι τις, ἀρτιβαφὴς οὖσα ψυχὴ τάχιστα πλύνεται
ὁ δοτέον ἐστὶν ὡς ἔνι διὰ τάχους τὴν δίκην, καὶ τι-
ιροῖς ἀνθρώποις, ἀλλὰ μὴ δαίμοσι.   λέγεται δέ τις
ίγος, ὅς με πείθει τοὺς ἠδικημένους κυρίους εἶναι
ικροτέρας τε ποιεῖν καὶ ἐπιτέμνειν τὰς τιμωρίας.
ὁ παραπλήσιόν ἐστιν ἕνα κακόν τι μέγα ἐργάσασθαι·
ιὶ πολλοὺς κατὰ μικρὸν ἀδικῆσαι· ἐπέξεισι γὰρ
ιαστος ἐν τῷ μέρει, καὶ δεῖ πᾶσιν ὑπηρετῆσαι τὴν
κην.   ὅταν δέ τις ἰάσιμος ᾖ, μέγα παρὰ τῷ δικα- c
ιτῇ δύναται τὸ τοσαῦτα προπεπονθέναι τὴν ψυχήν, ὡς
ιη παρ' αὐτῶν τῶν ἠδικημένων ἔλεον εὑρέσθαι.   πότε
ιίνουν εἰκός ἐστι τῆς μακαρίτιδος Αἰμιλίου ψυχῆς
ιγγνωμονεστέρας τυχεῖν, ἐγὼ μὲν οὖν οἶμαι, μᾶλλον
' οἶδα σαφῶς, ὡς ἅπαξ ἱκέτης αἰδέσιμος, ὅστις
ιυτὸν τετιμώρηται.   καί τις ἤδη παρ' ἡμῖν εἰς ἀπο-
ογίαν ὑπὲρ ἁμαρτήματος κατέστη αὑτῷ τῷ φθάσαι
ὴν αἰτίαν ὁμολογῆσαι καὶ φῆσαι κολάσεως ἄξιος εἶ-
ιι, τὴν κόλασιν ἐξεωνήσατο.   τὸ δὲ ἐνευωχηθῆναι τοῖς d
ι' ἅ τις ἠδίκησεν, εἴτε χρήμασιν εἴτε σώμασι, βαρυ-
ιμότερον τὸν ἠδικημένον καθίστησι.   καὶ τίς ἂν γέ-
ιιο τοῦ σώματος ἐξελθών, εἶθ' ὑπὸ βιαίας δίκης εἴτε
ιερον τρόπον, κἄπειτα αὐτὴν τὴν ψυχὴν αὐτῇ τῇ

decesseris   Neu tu nihil præter verba hanc esse adhor-
tationem duxeris, neve me tibi illudere putaveris   Ita
me sacra philosophia juvet liberique insuper mei, ut, nisi
tu mihi amicissimus fores, nihil eiusmodi suasurus fuerim,
quod inimicis meis deprecor   Atque utinam nunquam
istud illis in animum veniat, melius esse ei, qui iniuriam
fecerit, voluntarias pœnas dependere, sed in us quæ
iniuste perpetrant, perpetuam quamdam felicitatem ha-
beant, ut et longiori tempore scelerati sint et omnibus
illic suppliciis obnoxii   Tibi vero ob singularem amici-
tiam ausim arcana quædam patefacere   non idem scilicet
esse in crasso corpore atque in simulacro idoloque pœnas
luere   Homine quippe fortior deus est, ac divinæ omnis
administrationis velut umbra sunt humanæ res   Et quem
in rebuspublicis usum habent carnifices, ut legum veluti
manus sint, idem universæ naturæ officium præstant
vindices diræ   Dæmones quidam expiandis sceleribus
præsunt, eamdem in animis hominum artem exercentes,
quam in sordidis vestibus fullones instituunt   Quod si
quis vestibus sensus inesset, quid eas demum facturas
arbitraris, cum et calcibus subiguntur et nitro perfrican-
tur et omni ratione depectuntur?   Quantis vero cum cru-
ciatibus veteres sordes et insitas penitus maculas elutum
iri? (183) Nondum hoc dico, plerisque sordes illas tam
penitus adhærescere, difficile ut exui possint ac prius
corrupte laceratæque diffluant quam ad nativum statum
revocari potuerint, propterea quod vitium in naturam
transit, sive id temporis longinquitas sive vitii magnitude
fecerit   Hoc vero modo affectæ animæ corruptionis ca-
paci esse conduceret   Iam vero ut peccata maculis eius-
modi, quæ elui nequeant, proportione respondeant, a
anima tamen obsoletæ illi vesti nec lotionem sustinenti
non perinde similis est, sed cum immortalis sit, pœnas
immortales luit, quoties hærente penitus et illubili noxa
semet obstringit   At enim is in qua puis deliquerit vita
in ea puniatur, non plane insitum et inolitum hunc affec-
tum gerit, sed recens infectus, ut ita dicam, animus cito
abluitur   Ideo celerrime, quoad possumus, pœna sub-
eunda est, sic ut homines, non dæmones carnifices ex-
periamur   Præterea quorundam sermone celebratum est,
facileque persuadeor, eos qui iniuriam acceperint pœna-
rum arbitros esse et eas vel productiores vel breviores
facere   Idcirco perinde est uni ingens aliquod malum
inferre ac pluribus mediocrem iniuriam facere   Ulciscitur
enim invicem unusquisque, et universis in pœnam erogari
necesse est   Verum quando aliquis eiusmodi est ut sa-
nari possit, multum apud iudicem valet, tanta iam ani-
mum antea perpessum esse ut vel apud affectos iniuria
misericordiam obtineat   Quandonam igitur verisimile
est beatos Æmilii manes placaturos futuros?   Equidem
sic existimo, vel certo potius mihi persuadeo, supplici
omni reverentiam haberi, qui in se ipsum animadverte-
rit   Et apud nos interdum qui ad purgandum crimen
procedebatur, hoc ipso quod noxam fateretur seque sup-
plicio dignum diceret, supplicio est exemptus   At in iis
etiam gloriari ac velut epulari, ob quæ iniuste fecerit,

42

ψυχῇ θεασάμενος, οὐκ οὔσης ἀρνεῖσθαί σοι γλώττης
ἀλλ᾽ ἐγκεκολαμμένον ἔχων τοὐπίσημον τὸ τῆς πρά-
ξεως; οὐκ ἰλιγγιάσεις; οὐκ ἀπορήσεις; Ἑλξῃ σιγῶν
καὶ ἐκκείσῃ τῇ δίκῃ, καὶ σὺ κἀγὼ καὶ πᾶς ὃν οὐ
προκαθαίρει· δημοσιευθεῖσα μετάνοια. ἀλλ᾽ ἀνδριστέον,
ὦ γενναῖε, γενναῖος γὰρ εἴης, καὶ τῶν μὲν ἡδονῶν
ὑπεροπτέον (184) ἃς ἀδικοῦντες ἐπορισάμεθα· τοὺς δὲ a
ἀνθρώπους οὐκ αἰσχυντέον, ἀλλὰ τῷ δικαστῇ μὲν ὁμο-
λογητέον τὴν πρᾶξιν, ἐξιλαστέον δὲ τῇ παραυτίκα τί-
σει τὰς κάτω ποινάς. μεγίστου γὰρ ὄντος ἀγαθοῦ τοῦ
μὴ ἁμαρτεῖν, δεύτερον ἀγαθὸν τὸ δικαιωθῆναι. ὅστις
δὲ χρόνον πολὺν ἀδικῶν ἀκόλαστος μένει, τοῦτον δεῖ
νομίζειν τὸν ἀτυχέστατον, οὗ μήτε θεὸς μήτ᾽ ἄνθρω-
πος κήδεται. σκόπει γὰρ καὶ ταύτῃ. τὸ ἀκόλαστον
εἶναι πρὸς κακοῦ καὶ λέγεταί καὶ ἀκούεται. οὐκοῦν τὸ
κεκολάσθαι πρὸς ἀγαθοῦ· τῷ γὰρ ἐναντίῳ τὸ ἐναν- b
τίον ὁ λόγος νέμει. εἰ μὲν οὖν ἐγὼ παρὼν ἐτύγχανον,
οὐδὲν ἂν ἔδει σε πρᾶγμα σχεῖν ἀπερυθριῶντα καὶ σαυ-
τὸν καταγγέλλοντα, ἀλλ᾽ ἐμαυτὸν ἂν ἔταξα συ.ηγο-
ρήσοντά σοι, καὶ προσήγαγον ἄν σε καθάπερ ἰατροῖς
τοῖς νόμοις. ἀνόητος μὲν γὰρ ἄν τις εἴπεν ὡς Συνέ-
σιος Ἰωάννου κατηγορεῖ, σὺ δ᾽ ἂν ἠπίστασο τἀληθὲς
ὅτι φειδοῖ καὶ κηδεμονίᾳ τῇ σῇ τὴν κατηγορίαν εἱλό-
μην, ἵν᾽ ὡς ἐν κακοῖς ἄμεινον πράξειας. ἀλλὰ ταῦτα
μέν, εἰ τἀδίκημα γέγονεν, ὃ μὴ γένοιτο σοῦ τε ἕνεκα c
καὶ τῆς πόλεως· ἅπασα γὰρ ἂν εἴη μιαρὰ τῷ φόνῳ,
τολμηθέντος αἵματος ὁμογνίου, εἰ δὲ σὺ καθαρὸς καὶ
χεῖρα καὶ γνώμην (εἴη δὲ οὕτως), ἐπάρατοι μὲν οἱ
ταῦτα συνθέντες ἐπὶ σοί, κἀκείνους δὲ περιμένει τὰ
κατὰ γῆς κολαστήρια, ὡς οὐχ ἕτερος οὕτω τρόπος θεο-
μισῆς ὡς ὁ λογοποιὸς ὁ τιτρώσκων ἐξ ἀφανοῦς· ἀγεν-
νέστατος γὰρ ὢν μέγιστα κακὰ διαπράττεται, καὶ d
λέγεταί τις αὐτοῖς μοῖρα κιναίδων προσκεῖσθαι, καὶ
τῶν ἐν τῇ τέχνῃ τοῦτ᾽ εἶναι τὸ κράτιστον, ἐπεὶ καὶ
πρὸς ἄλλα πολλὰ σοφισταὶ γίνονται καὶ εὐμήχανοι.
ὥστε ἄν τις ἁλῷ φήμας ἐπὶ τοῖς οὐκ οὖσι ποιῶν, τοῦτο
ἐκεῖνο, μὴ ἐπανέρῃ μηδὲ διστάσῃς, ἀλλὰ κἂν στε-
ρεώτατος εἶναι δοκῇ, θαρρῶν ἀποφαίνου τὸν ἄνδρα
ἡμίγυνον, αὐτόχρημα θιασώτην τῆς Κότυος. σοὶ δὲ
ἐξέσται ἀπὸ τῶν λόγων τούτων ἀποφῆναι συκοφαντοῦ-
σαν τὴν δόξαν, εἰ σαυτόν τε καὶ τοὺς τούτου ἐπιδοίης
τῇ δίκῃ. εἰπὲ γὰρ εἰσελθὼν ὡς Ἐμοῦ κατήγοροί τινες
εἰσιν ἀφανεῖς, οἳ προκατεγνωκότες αὐτῶν ἀξιοῦσι
λανθάνειν, (185) κατηγοροῦσι δὲ ὅμως πολλὰ καὶ χα- a
λεπά, καὶ κινδυνεύουσί πείθειν ἐνίους· οὕτως εἰσὶν
ἐπίβουλοι· καὶ δεινοὶ παραδοῦναι λόγον τῇ φήμῃ. κᾆτα
διεξελθὼν τὰς αἰτίας ἐφ᾽ αἷς ἀκούεις κακῶς, γάμον καὶ
φόνον ἀνόσιον, ἐπειδὴ σπάταλον οἶμαί τινά φασι
ὑπὸ σοῦ κάθετον ἐξειργάσθαι τὸν φόνον, τοῦτόν ἅμα
προσάγων δεήθητι τοῦ δικαστηρίου λιπαρῶν καὶ προσ-
πίπτων μὴ ἀνεξέταστος ἀπελθεῖν μηδὲ ἐρήμην ἁλῶ-
ναι. οὐ γὰρ δή, κράτιστε τῶν ἡγεμόνων, ἐρεῖς, διότι
γραφὴν εἰς τοὐμφανὲς οὐδεὶς ἀπηνέγκατο, παρὰ τοῦτό
σε δεῖ ποιήσασθαι τὸ μὴ διὰ πάσης ἐλθεῖν βασάνου, b

sive eæ opes sint, sive corpora, offensiorem eum reddit,
qui iniuria sit affectus. Quonam vero tete vertes, post-
eaquam corpore excesseris, sive violenta aliqua pœna
sive alia quavis ratione, cum tu animam ipsam anima ipsa
coram intueberis, neque ad inficiandum futura lingua
sit, sed recens adhuc sceleris vestigium expressum atque
insculptum præ se ferens? Non vertigine tum corripieris?
non hærebis? Tacens scilicet attraheris, ac iudicio siste-
ris.tu et ego pariter et quemcunque publica pœnitentia
non prius expiarit. Sed constantem esse oportet, fortis
ac generose vir (talem enim te esse cupis), ac voluptates
negligendæ (184), quas per facinus quæsivimus; neque
hominem pudere nos debet, sed iudici confitendum cri-
men est et subita pœna vindices leniendæ furiæ. Nam
cum nihil omnino peccare maximum omnium bonorum
est, tum ad iustitiam revocari secundum in bonis locum
obtinet. Quisquis autem longo tempore iniuriam fa-
ciens pœnæ expers manet, eum par est infelicissimum
haberi, qui neque deo neque homini curæ sit. Ita enim
considerare debes. Impunitum esse tam dictu quam au-
ditu ipso malum quidpiam est. Igitur punitum esse in
bonis censebitur. Nam contraria contrariis esse tribuenda,
persuadet ratio. Equidem si tibi præsens adessem, nihil
te necesse foret molestiam hanc capere, ut pudore omni
deposito te ipsum deferres; me enim ultro tibi advocatum
præberem, teque ad leges tanquam ad medicos adduce-
rem. Nam etsi forte stultus aliquis diceret, Ioannem a
Synesio accusari, tu tamen rei utilitatem intelligeres, a
me, ut tibi parcerem tuique curam gererem, hanc esse
accusandi provinciam susceptam, ut, quantum in malis
beatiori esses in statu. Atque hæc quidem ita demum
facienda censeo, si admissum facinus est; quod et tui
ipsius et urbis gratia factum esse minime velim. Hæc
enim, cognata cæde perpetrata, tota illius parricidii pia-
culo contaminata videbitur. Sin tu et manu et animo
innocens es (quod utinam ita sit), detestandi quidem ii
sunt qui ea adversus te comminiscuntur, et illos quoque
inferorum illa manent supplicia, quoniam nullius perinde
mores deo execrabiles sunt ac famigeratoris qui ex ob-
scuro vulnus inscit. Nam cum sit ignavissimus, ingen-
tia mala consciscit, ac nescio quod iis inesse fatum di-
citur, ut cinædi fiant, atque hoc ipsum genus hominum
in illa arte principatum tenere. Sunt enim aliis in multis
callidi ac solertes. Quare si quis rumores falsis de re-
bus spargere deprehendatur, de hoc homine neque tu
amplius interrogaveris, nec omnino dubitaveris, sed
quamlibet firmus et constans esse videatur, audacter
hominem pronuntia semimarem esse ac purum putum
Cotyis asseclam. Tibi vero summa facultas ex iis
rumoribus datur convincendæ calumniæ, si te tuosque
iudicio permiseris. Ita enim omnium in conspectu pro-
diens loqueris: nonnulli sunt occulti mei calumniatores,
qui cum sua iam opinione damnati sint, latere nihilominus
(185) volunt. Sed multa tamen eaque peracerba nobis
obiiciunt, quæ aliquibus etiam probaturi videntur: adeo
versuti sunt ac ad disseminandos rumores instructi. Tum
crimina percensens, ob quæ male audieris, nuptias scili-
cet et exsecrandum parricidium, quoniam spatalum
quemdam apud te esse dicunt, qui abs te sammartim
cam cædem fecerit. Eumdem ipsum sistens ab iudicibus
supplex omnique ope contendito, ne sine quæstione di-

ιετιόντα καὶ θηρώμενον τὴν ἀλήθειαν. ὁ βεβοημέ-
ος σπάταλός ἐστιν οὗτος. ἕξεις τὸν ἄνδρα χρῶ
ᾧ σώματι. τοῦτον, εἴ τι γέγονε, τήμερον ἀναφανῆ-
αί γε δεῖ κατήγορον αὐτοῦ τε κἀμοῦ. κἂν μὲν οὕτω
οὗ λέγοντος μὴ πείθηταί σοι, καὶ τοῦθ' ἅλις ἔχει πρός
ε ἡμᾶς τοὺς ἀνθρώπους· εἰ δὲ φιλάνθρωπός τε εἴη καὶ
ἀρίσαιτό σοι τὴν περὶ τούτων ἀκρόασιν, ἅπαν ἐνταῦθά
στι τὸ λαμπρῶς ἀπολογήσασθαι καὶ τοὺς λογοποιοὺς
αταισχῦναί τε καὶ κατασιγάσαι. τὸν γὰρ δὴ σπάταλον
οὗτον οὐ δεήσει τρυφᾶν, ἀλλὰ καὶ δεδήσεται καὶ
ρεμήσεται καὶ τὼ πλευρὼ διορυγήσεται· δεινοὶ γὰρ ἐξε-
ίγξαι προσποίησίν οἱ βασανισταί, καί τινες αὐτοῖς ὄνυχές
ῖσιν ἐξηυρημένοι, συλλογισμῶν ἐπιστημονικῶν ἔχον-
ες δύναμιν, ὅσθ' ὅ τι ἂν ἐκείνων κρατούντων ἀναφανῇ,
οὔτ' ἔστιν αὐτὸ τἀληθές. ἂν οὕτως ἀπολυθῇς μηδὲν
δικῶν, ἄπει τοῦ δικαστηρίου νενικηκὼς καὶ γαῦρος,
ὑαγχς ὦν τε καὶ δοκῶν· εἰ δὲ ἐγὼ μὲν εἰσηγησάμην
ιττα σοι λυσιτελεῖν οἶμαι, σὺ δὲ οὐ ποιήσεις οὐδὲ
ρὸς τὸν δικαστὴν πρόσει, τὸ μὲν ἀληθὲς εἶδέ τε καὶ
ἴδεν ἡ Δίκη. πάντως ὁ διὰ πάντων ἥκων ὀφθαλμὸς
ἧς θεᾶς καὶ Λιβύην ἑώρα καὶ φάραγγα ἐκείνην καὶ
ροῦν ἐκεῖνον, εἴτε τὸν ὄντα εἴτε τὸν ἐπιποίητον, καὶ
ὃν Αἰμιλίου δρόμον καὶ ὅ τι πέπονθε καὶ ὑφ' οὗ
αἱ ὅ τι εἶπε καὶ ὅ τι ἤκουσεν, εἰ δή τι καὶ εἶπε καὶ
κουσε. καὶ οἶδεν ὅτι εἰ καὶ τύχοις μὲν ἀναίτιος σὺ κα'
ιθαρὸς τῷ θεῷ, μήτε πράξας μήτε βουλεύσας ἔργον
,άγιστον, ἀλλ' ἡμῖν γε τοῖς ἀνθρώποις οὔπω καθαρός,
ὡς ἂν (186) ἀναπολόγητος ᾗς· οὐδὲ ἐμβαλοῦμέν σοι δε-
ιάν, οὐδὲ ἀπὸ τῆς αὐτῆς σιτησόμεθα τοὺς Αἰμιλίου γὰρ
λάστορας δέδιμεν, εἰ θιγγάνων ἡμῶν ἐναπομόρξῃ τὴν
ροστροπήν. εἰσὶ καὶ ἡμῖν οἰκεῖαι κηλῖδες· οὐ δεῖ
αἱ προσερανίζεσθαι.

μς' Ὀλυμπίῳ

Λυποῦσι τὴν ἐκκλησίαν ἀλλότριοι πονηροί. διάθηθι
ατ' αὐτῶν· οἱ πάτταλοι γὰρ παττάλοις ἐκκρούονται

μς' Ἀναστασίῳ

Οὐδὲ Ἄμασις μὲν καλός, φυλαξάμενος ἐπιδακρῦσαι
οὗ Πολυκράτους ταῖς συμφοραῖς, ἃς ἐσομένας προεί-
ετο, ἀλλ' οἷς εὐτυχοῦντι κήρυκα πέμψας τὴν φιλίαν
πείπατο, δῆλον ἐποίησεν ὅτι κἂν ἐδάκρυσεν, εἰ πρού-
αβεν ἡ συμφορὰ τὴν ἀπόρρησιν. σὺ δὲ ἡμῖν ἕως
ιὲν οὐ προσεκόπτομεν τῇ τύχῃ συνέμεινας, ἔπειτα
υιαπήρας αὐτῇ· λέγει γὰρ ἡ φήμη διὰ τῶν ἀπὸ
Θράκης ἡκόντων οὔτε φρονεῖν σε περὶ ἡμῶν
ὕτε λέγειν ἐπιεικές. τοῦτο μὲν οὖν οὐκ ἔστιν ὅλως
ιλίαν ἀπειπεῖν ἀλλ' ἔχθραν ἀνειπεῖν, ἥρκει δέ, εἴ-
ερ ἄρα, τὸ μὴ συνανιᾶσθαι· τὸ δὲ καὶ προσανιᾶσαι
ρρω δεινῶν καὶ οὔτε Ἀμάσιδος οὔτε ὅλως ἀνθρώπι-
ον. ἀλλὰ σοὶ γὰρ ἴσως ὑπὲρ τῶν σεαυτοῦ πραγμάτων
σκέπται κάλλιον. ποιεῖ τὸ ποιητέον, μόνον εἰ χαίρων
οιεῖς· ἥμισυ γὰρ ἂν εἴη κακόν, εἰ καὶ ὃς πάσχω κα-
ῶς ἡδὺς εἴην τοῖς φίλοις.

mittatur, neve indicta causa damnetur. Neque enim, ducum optime (dices eum alloquens), tametsi nemo aperte accusationem hanc intenderit, ideo tibi committendum omne est, ut non quæstionum genus adhibeas ad vestigandam explorandæmque rei veritatem. En ille ipse spatalus est, de quo omnes loquuntur. Hominem tenes, utere eius corpore. hunc, si quid sceleris admissum est, hodie sui pariter ac mei accusatorem oportet fieri. Quod si iudex ita te obtestantem non audiat, hoc ipsum satis superque erit nobis hominibus. Sin et humanum se præbeat et tui gratia causam illam velit cognoscere, tum vero operæ pretium erit egregie crimen diluere et famigeratores illos pudore afficere ac compescere. Nam s, atalum istum nequaquam agere delicias oportebit, sed et vincietur et suspendetur et latera fodietur. Mirifici enim ad convincendam simulationem sunt carnifices et ungues quidam ab illis excogitati sunt, eadem vi præditi, quam habent scientiæ proprii syllogismi. Unde quicquid iis vincentibus expressum fuerit, ea certissima veritas est habenda. Hunc in modum si absolutus eris, recipies e iudicio te victor ac triumphans et tam re ipsa quam opinione hominum purus et innocens. Verum si et ego illa suggessi quæ in rem tuam esse videntur, et tu nihil horum facies neque te sistes iudici, rei quidem veritatem vidit novitque Iustitia. Prorsus ille cuncta penetrans oculus et tunc Libyam aspexit et convallem illam et rumorem illum seu verum sive confictum, et Æmilii cursum quæque is et a quo perpessus est, quid dixerit ipse, quidve audierit, si quid aut dixerit aut audierit. Et hoc insuper novit, quamlibet apud deum innocens sis et sceleris expers, ut exsecrandum hoc facinus neque factis neque consiliis admiseris, nondum te tamen apud nos homines innocentem (186) videri, quamdiu purgatus non eris. Itaque nec dextram tecum iungemus, nec ex eadem mensa vescemur. nam Æmilii ultrices furias exhorrescimus, ne contagione tua idem in nobis piaculum exprimas. Non desunt nobis domesticæ labes, ut alienas conciliare nihil necesse sit.

XLV. Olympio

Molesti ecclesiæ sunt alieni quidam homines nequam. Fac illis obsistas. clavus enim clavo pellitur.

XLVI. Anastasio

Nec Amasis quidem probandus, qui ne Polycratis calamitatibus, quas futuras providebat, illacrimaretur cavendum sibi putavit. Verumtamen quod ei adhuc integra felicitate per præconem renuntiavit amicitiam, non obscure declaravit lacrimaturum fuisse se, si renuntiationem illam calamitas antecessisset. Tu vero, quamdiu adversa fortuna non fuit, nobiscum perseverasti, inde una cum illa recessisti. Sic enim ab iis qui e Thracia venere nuntiatum est, nihil te de nobis sentire aut loqui moderate. Atqui hoc ipsum non plane renuntiare amicitiam est, sed inimicitiam denuntiare. Satis fuerat (si quidem id erat committendum), non mecum dolere, at dolorem afferre insuper acerbitatem omnem superat, neque vel Amasidis est vel hominis omnino. Verum tu forsitan rebus tuis melius consulueris. Fac igitur quod faciendum est. Tantum ut fortunatus lætusque facias, dimidium enim mali mihi contigerit, si vel his ipsis ærumnis quas patior amicis voluptatem conciliem.

42

μ΄. Θεοτίμῳ.

Ἀρίθμει καὶ Πέτρον ὀργὴν Πενταπόλεως ἄνθρωπον d
οὗ τέχνη μετιόντα τὸ λύειν τοὺς νόμους. καίτοι καὶ
τὸν οὕτω μετιόντα μισῶ, καὶ ὁ θεὸς σύνοιδε καὶ ὁ
Διοσκορίδης. ἀλλ' οὗτός ἐστι νεανικώτερος ἐκείνου
τἀνδρός· ὅτου γὰρ ἐπιθυμήσει χρήματος, πρῶτον ἁρ-
πάσας καὶ ὑφ' ἑαυτὸν ποιησάμενος, ἔπειτα πράττει
τὴν δίκην κἂν ἅλῳ τῇ ψήφῳ, κρατεῖ τῇ χειρί. οὕτως
ἐποίησε. πρῶτον ἥρπασε κεράμιον. ἐγράψατό τις αὐ-
τόν. ὁ μὲν ἤλεγξεν, ὁ δὲ οὐκ ἀπέδωκεν, ἀλλὰ καὶ προσ-
ηπείλησε τοῖς δημίοις πληγάς. (187) πρὸς ὃ νεμεσή- a
σας ἐγὼ καὶ νομίσας οὐκ εἶναι βιώσιμον ὅπου τινὲς
ἰδιῶται χεῖρας ἔχουσι μείζους τῶν νόμων, παρεσκεύασα
λαμπροτάτους ἄνδρας εἴξαντας ἀποφάσει βοηθῆσαι τῇ
καταστάσει τῆς πολιτείας· εἰ γὰρ προυχώρησεν αὐτῷ,
πολλοὺς ἂν ἐντὸς ὀλίγου Πέτρους ἐθεασάμεθα. ἐν ᾧ
χάριν ἔχω τῷ θαυμαστῷ Μαρτυρίῳ, καὶ συνηγανα-
κτηκότι μάλιστα καὶ προθυμότατα πάντων ὑπηρετή-
σαντι. ἀνθ' ὧν ἀγαθὸν αὐτῷ τι γένοιτο παρὰ τοῦ
θεοῦ. παρὰ δὲ Ἀνθεμίου καλῶς ἂν ἔχοι τὸ μὴ κακόν τι
λαβεῖν, εἰ Πέτρος αὐτόν, ὥσπερ ἠπείλησεν, ἀπαιτή-
σειεν. ἀλλ' ἵνα μὴ γένηται τοῦτο, δέομαι σοῦ τε b
αὐτοῦ καὶ διὰ σοῦ τοῦ θαυμασίου ἀνδρὸς καὶ φιλοσό-
φου Τρωΐλου, κωλύσατε τὸν ἀλιτήριον ἄνθρωπον τὴν
διὰ τῶν νόμων ἐπὶ τοὺς νόμους ἐλθεῖν. ἐμοὶ καὶ Πεν-
ταπόλεως μέλει καὶ τοῦ μὴ γεγονέναι φίλῳ συμφο-
ρᾶς αἴτιον· τὸ δὲ πῶς ἂν συκοφάντης ἀνακοπείη,
οὐκ ἐμὸν εὑρεῖν, ἀλλὰ σόν, ὦ πρὸς τὰ καλὰ πάντων
σὺ ποριμώτατε.

μη΄. Πυλαιμένει.

Καλῶς ποιεῖς εἰς τὴν ἔχουσαν τὸν βασιλέα πόλιν c
ἐπανελθών· εἰ γὰρ κἂν τοῖς Ἰσαύρων ὄρεσιν ἡ ἀγαθή
σοι τύχη συνῆν, ἀλλ' ἔστιν εὐτυχία παρὰ τὸν τόπον
ἀτυχεστέρα. ἐμοὶ δέ τι καὶ ἰδίᾳ διαφέρει τὸ παρ'
αὐτά σε πράττειν εὖ τὰ βασίλεια, οὗ διατρίβων καὶ
λήψῃ καὶ πέμψεις ἐπιστολάς, τὸ τιμαλφέστατον ἐμοὶ
τῶν ἀπὸ Θράκης ἀγωγίμων.

μθ΄. Θεοτίμῳ.

Πλείω καλὰ τῆς Σιμωνίδου συνουσίας Ἱέρων ἀπέ- d
λαυσεν ἢ Σιμωνίδης Ἱέρωνος. καὶ ναὶ μὰ τὸν φίλον
τὸν ἄρχειν τε καὶ σόν, οὗ σε πλέον ἐμακάρισα τῆς
Ἀνθεμίου τοῦ μεγάλου φιλίας ἢ τῆς σῆς αὐτὸν ἐκεῖ-
νον τὸν μέγαν Ἀνθέμιον· ἀνδρὶ γὰρ ἔχοντι δύναμιν
τί κτῆμα κάλλιον ἢ φίλος ἦθος ἀκαπήλευτον παρεχό-
μενος; οἷον ἐγὼ Θεότιμον οἶδα, τὴν πραοτάτην καὶ θεο-
φιλῆ κεφαλήν. ἀλλὰ τοῦτο μὲν σὺ Σιμωνίδου πλέον
ποιεῖς (Σιμωνίδης γὰρ (189) αὐτὸς ὡμολόγει πρὸς ἀργύ-
ριον διαλέγεσθαι), ἐκεῖνο δὲ κοινόν, ὅτι καὶ Σιμωνίδης
Ἱέρωνα τῇ διαδοχῇ τοῦ χρόνου συνέστησε, καὶ διὰ
τὰς Θεοτίμου ποιήσεις ἔστ' ἂν Ἕλληνες ὦσι πολὺς

Ad eorum numerum quibus irata Pentapolis est, Pe-
trum ascribito, hominem ad leges corrumpendas sine fuco
fallaciaque grassantem. Tametsi et eum oderim, qui sic
ambiat : testis huius rei deus est et Dioscorides. Sed is
homine isto longe impudentior est. Quidquid enim concu-
piverit, ubi primum rapuerit et in suam potestatem aver-
terit, postmodum iudicio permittit. Si sententia iudicis
vincatur, manu superior est. Sic igitur fecit : primum
amphoram rapuit : idcirco dies illi a quodam dicitur. Hic
cum eum convicisset, neque reddidit ille, et apparitori-
bus insuper (187) verbera comminatus est. Contra quem
indignatione commotus, nec ibi vitalem mihi esse vitam
ratus, ubi privati quidam manus haberent legibus poten-
tiores, feci ut splendidissimi homines decreti auctoritate
adducti reipublicæ statui opitularentur. Si enim hoc ei
processisset, multos brevi Petros vidissemus. In quo
clarissimo viro Martyrio magnam habeo gratiam, qui cum
maxime hoc nostro casu doluit, tum omnium fuit in ope
ferenda promptissimus. Propter quæ boni aliquid a deo
consequatur. Sed optimum tamen erit apud Anthemium
rem illam fraudi ei non esse, si ab illo Petrus, quemad-
modum minatus est, repetierit. Sed ne hoc contingat, te
etiam atque etiam obtestor, ac per te admirabilem illum
ac sapientem Troilum : prohibete importunam illam pe-
stem, ac legum adversus leges præsidio se confirmet.
Ego vero et Pentapolis curam gero et huius præterea, ne
amico homini calamitatem attulerim. Quemadmodum
autem sycophanta coerceatur, non meum est invenire,
sed tuum potius, o vir ad honesta omnia excogitanda so-
lertissime.

XLVIII. Pylæmeni.

Quod ad regiam te civitatem confers, bene facis. Ta-
metsi enim vel inter Isaurorum montes prospera fortuna
utereris, nihilominus felicitas ipsa propter locum infeli-
cior est. Mea autem non nihil privatim interest, in ipsa te
regia commode haberi, ubi commorans accipies et dabis
litteras, quæ mihi sunt omnium, quæ e Thracia expor-
tantur, merces pretiosissimæ.

XLIX. Theotimo.

Plura ex Simonidis familiaritate commoda Hiero con-
secutus est, quam ex Hieronis Simonides. Ac deum testor
amicitiæ nostræ præsidem, non te beatiorem de magni
illius Anthemii familiaritate prædicavi, quam de tua
magnum eumdem Anthemium. Homini enim potestate
prædito quæ melior est possessio quam amicus, qui sin-
ceris sit minimeque fucatis moribus? qualem ego Theo-
timum novi, mitissimum ac deo carissimum caput. At
hoc Simonide amplius facis. Nam Simonides (188) ipse
pretio adduci se ad disserendum fatebatur. Hoc ambo-
bus commune est, et Simonides Hieronem posteris
temporibus commendavit, et Theotimi poetico beneficio,
quamdiu Græci durabunt, Anthemius erit omnium litte-
rarum monimentis celeberrimus. Verum res ille quidem

Ἀνθέμιος ἐν ταῖς τῶν λόγων διατριβαῖς. ἀλλὰ τὰ μὲν Ῥωμαίων ἐκεῖνος αὔξοι, σὺ δὲ ἐκείνου τὸ ὄνομα· ποιητικὴ γὰρ ἔδωκεν ὁ θεὸς ταμιεύειν τὴν εὔκλειαν, ἧς τὸ καλὸν εἰς σὲ περιήκει.

Romanas amplificet, tu illius nomen atque memoriam Hoc enim poeticæ a deo concessum est, ut gloriam hominum famamque dispenset, cuius in te splendor omnis b ac decus redundat

ν΄ Τῷ ἀδελφῷ

L. F.

Ἀπέκτονε, ωησί τις,, Ἰωάννης Αἰμίλιον, ἕτερος δέ τις τοὺς πολιτευομένους ἐχθροὺς ἐπ' αὐτῷ ταῦτα συμπλάσαι. τὸ μὲν οὖν ἀληθὲς. οἶδεν ἡ Δίκη, καὶ ὁ χρόνος εὑρήσει, ἐγὼ δὲ καίπερ ἀδήλου τοῦ πράγματος ὄντος οἶμαι δεῖν ἅπαντας ἑξῆς ἀποτροπιάζεσθαι, τὸν μέν, ὅτι τοιοῦτός ἐστιν, ὥστ' εἰ καὶ μὴ πεποίηκεν, ἀλλ' ἐποίησεν ἂν καὶ τοῖς ἑαυτοῦ τρόποις πρέπουσαν αἰτίαν ἐδέξατο· τοὺς δὲ καὶ μὴ πλάσαντας, ὅτι συνέπλασαν ἄν, καὶ πρὸς αὐτῶν τὸ ἐγχείρημα. ὡς ἔστιν ἦθος ἀνοίχειον ὑποφίας τινί, κἂν εἰ συνωμόται πολλοὶ c μαρτυροῖεν, οὐδὲν αὐτοῖς ἔσται πλέον εἰς πίστιν οἷον εἴ τις ἑταιρήσεως διώκοι τὸν Αἴαντα, γέλως ἂν εἴη πλατύς ὁ δὲ Ἀλέξανδρος, εἰ μὴ θῆλυς, ἀλλὰ θηλυδρίας γε ἦν καὶ τὴν αἰτίαν ἐχώρει· τὸν Σίσυφον δὲ καὶ τὸν Ὀδυσσέα μισῶ. καὶ γὰρ εἴ τι καὶ λέγοιεν ἀληθές, ἀλλὰ τοιοῦτοί γε ἦσαν οἷοι τὰ πλεῖστα ψεύδεσθαι. ἐγὼ δὲ οἷς ἀτυχῶ, λίαν εὐτυχῶ, πολιτῶν τοιούτων ἐχθρῶν καὶ φίλων στερόμενος διατετειχίσθω μοι τὰ πρὸς ἅπαντας, οὐδὲν ἐμοὶ πρὸς ἐκείνων οὐ- d δένα. ξένος ἐν ξένοις βιώην. ὁ τρόπος ἡμᾶς πρὸ τοῦ τόπου διώχισεν ὀδύρομαι δὲ τὸ κλεινὸν ἔδαφος τῆς Κυρήνης, ὁ πάλαι μὲν εἶχον Καρνεάδαι τε καὶ Ἀρίστιπποι, νυνὶ δὲ Ἰωάνναι τε καὶ Ἰούλιοι, μεθ' ὧν οὐκ εὐκαίρως γενόμενος εὐκαίρως ἀποδημῶ σὺ δὲ ἀλλὰ μηδὲ γράφειν ἔτι μοι περὶ τῶν ἐκεῖθεν πραγμάτων τινὸς μηδὲ συνιστάναι τοὺς ἔχοντας δίκας οὐ γὰρ ἂν ἐπιδοίην ἐμαυτὸν ἔτι τούτων τινί ἀτυχέστατος μένταν εἴην, εἰ τῶν μὲν ἀγαθῶν τῆς φιλτάτης πατρίδος (189) στεροίμην, μετέχοιμι δὲ ἀντιλογιῶν καὶ α πραγμάτων ἀφελκόντων με τῆς ἐν φιλοσοφίᾳ ῥᾳστώνης, καὶ πενίαν ἐξ ἀπραξίας ὡς κέρδος ἑλόμενος, τἀλλότρια κακὰ προῖκα περιεργάσομαι

Ioannes, ait iste, Æmilium occidit, alius vero hæc ab inimicis eius, qui rempublicam gerunt, conficta esse dicit Quamobrem rei quidem veritatem novit Iustitia, tempusque deprehendet Ego vero, quamvis adhuc in certa re, omnes ad unum detestandos puto illum quidem, quoniam eiusmodi est, ut, licet hoc non commiserit, at commissurus certe fuisset, nec abhorrentem a suis moribus criminationem sustineat hos autem, vel si minime confinxerint, quoniam erant conficturi, atque illorum ingenio consentaneum hoc facinus est Nam cum cuiuspiam vitæ ratio abhorret ab aliqua suspicione, quamlibet multi coniurati testimonium dicant, nihilo magis probaverint Veluti si quis tanquam cinædum accuset Aiacem, risu omnium obruetur Alexander vero, ut cinædus non esset, at effeminatus erat et ad hanc criminationem idoneus Sisyphum porro et Ulixem odi, quod, etsi aliquid veri dicerent, eiusmodi tamen essent, ut sæpius mentirentur Ego vero in hac ipsa mea calamitate sum fortunatissimus, dum id genus inimicis atque amicis careo Interclusum mihi sit cum omnibus commercium, nec sit cum istorum ullo commune quidquam Peregrinus inter peregrinos degam Mores ipsi nos ante, quam locus, separarunt Equidem Cyrenes illustre solum deploro, quod Carneadæ olim habebant et Aristippi, nunc Ioannes et Iulii, quibuscum opportune non vivens opportune peregrinor At tu ne scribito quidem ad me ulla de re quæ illic geritur, nec eos qui litem habent commendato, non enim amplius me cuiquam eorum tradiderim Profecto enim infelicissimus forem, si carissimæ patriæ bonis carerem (189), controversiarum vero ac negotiorum particeps essem, quæ me ab otio revocarent philosophiæ, et cum paupertatem ex cessatione tanquam ingens lucrum adamarim, gratis alienis commodis servirem

να΄ Τῷ αὐτῷ.

LI Fidem.

Ἄραντες ἐκ Φυκοῦντος ἀρχομένης ἕῳας, δείλης ὀψίας τῷ κατ' Ἐρυθρὰν κόλπῳ προσέσχομεν· ἐνδιατρίψαντες δὲ ὅσον ὕδωρ πιεῖν καὶ ὑδρεύσασθαι (πηγαὶ δὲ ἐπ' αὐτὴν ἐκδιδόασι τὴν ἠόνα καθαροῦ καὶ b ἡδίστου νάματος), ἐπισπευδόντων τῶν Καρπαθίων αὖθις ἀνήχθημεν πνεύματι δὲ χρησάμενοι μετρίῳ μὲν ἀλλ' ἐκ πρύμνης ἀεί, καὶ μέγα οὐδὲν ἐφ' ἑκάστης ἡμέρας ἀνύειν ἐλπίσαντες, ἐλάθομεν ἐξηνυκότες ὅσον ἔδει. καὶ πεμπταῖοι τὸν φρυκτὸν ἰδόντες, ὃν αἴρουσιν ἀπὸ πύργου τοῖς καταγομένοις σύνθημα, θᾶττον ἢ λόγος ἀποδιχασθέντες ἦμεν ἐν τῇ νήσῳ τῇ Φάρῳ. λυπρὰ δὲ ἡ νῆσος, ἐν ᾗ μήτε δάσος ἐστὶν αὐτοφυές c μήτε καρπός, ἀλλ' ἅλες τινές.

E Phycunte diluculo solventes sub vesperam ad Erythræ sinum appulimus, ubi tantulum moræ facientes, quantum ad bibendum et aquandum necesse fuit (fontes enim puri et suavissimi laticis in ipsum littus erumpunt) Carpathiis profectionem urgentibus rursus in altum evecti sumus Cum autem vento uteremur moderato aliquoi, sed ex puppim perpetuo spirante, nec multum quolibet die spatio confecturos nos esse putaremus, quantum satis esset, imprudentes confecimus Quinto inde die facem eminus conspicati, quam e turri appellentibus nautis in signum erigunt, dicto citius excscendentes in insula Pharo fuimus Insula ipsa sterilis est, in qua neque nativæ silvæ quidquam neque frugis est, sed salis duntaxat aliquantulum

νβ'. Τῷ αὐτῷ.

Ἥκειν τις Ἀθήνηθεν λέγεται κρηπιδοπώλης ἄν-
θρωπος, παρ' οὗ μοι δοκεῖς καὶ πέρυσιν ἐωνῆσθαι τὰς
ἀνατρήτους ἐμβάδας. νῦν δέ φασιν αὐτὸν ἐπὶ μεῖ-
ζον ἐμπορεύεσθαι, κομίζοντα στολὰς ἀττικουργεῖς, σοί
τε θερίστρια πρέποντα καὶ ἡμῖν ἀναβολὰς εἰς τὴν
ὥραν τοῦ ἔτους. πρὶν ἂν οὖν ἁπάσας φθάσειεν ἀπο-
δόμενος ἢ τὰς τῆς καλλίονος ἐργασίας (οἱ γὰρ προεν-
τυγχάνοντες οὐχ ὑπὲρ τῶν κατόπιν ἀλλ' ὑπὲρ ἑαυτῶν
δήπουθεν ἀξιοῦσι βουλεύεσθαι), εἰσκάλει τὸν ξένον
καὶ πρίω μοι τρεῖς ἢ τέτταρας τῶν ἀναβολῶν. πάντως
δ' τι ἂν ὑπὲρ τῆς τιμῆς κατάθῃ, παρ' ἐμοί σοι πολλα-
πλάσιον κείσεται.

νγ'. Τῷ αὐτῷ.

Μῆκος ἐπιστολῆς ἀνοικειότητα κατηγορεῖ τοῦ δια-
κομίζοντος. ἀλλ' ὁ θαυμαστὸς Ἀκάκιος οἶδε μὲν
ὅσα κἀγώ, ἐρεῖ δὲ καὶ ὧν οἶδε πλείονα τῷ τε σὸς ἐρα-
στὴς εἶναι καὶ τὴν γλῶτταν ἔχειν (100) νικῶσαν τὰ
πράγματα, ὥστε τὴν ἐπιστολὴν τῷ νόμῳ τοῦ προσει-
πεῖν σε πλέον ἢ τῇ χρείᾳ χαρίζομαι. τὸ δὲ ἀπαγγεῖ-
λαί σοι περὶ τοῦ υἱοῦ Διοσκορίου τοῦτο μὲν ὡς ὑγιαί-
νει τοῦτο δ' ὡς ἀναγινώσκει καὶ πρόσκειται τοῖς βι-
βλίοις, τοῦτο τῆς ἐπιστολῆς αὐτῆς ὑπαρχέτω τιμή.
ἡμεῖς δὲ αὐτῷ συμμορίαν ἀδελφῶν παρεσχόμεθα προσθέντες
Ἡσυχίῳ ζεῦγος ἀδελφῶν ἀρρένων, οὓς εὐτυχεῖς
ποιήσειεν ὁ θεὸς αὐτοῖς τε καὶ ἀδελφοῖς καὶ γονέων
οἴκῳ καὶ τῷ λοιπῷ γένει καὶ ταῖς πατρίοις πόλεσιν.

νδ'. Τῷ αὐτῷ.

Συχνοὶ παρ' ἡμῖν καὶ ἰδιῶται καὶ ἱερεῖς, πλαττό-
μενοί τινας ὀνείρους οὓς αὐτοὶ καλοῦσιν ἀποκαλύψεις,
ἐοίκασιν ὑπὲρ μοι δώσειν κακόν, ἂν μὴ τάχιστα τὰς
ἱερὰς Ἀθήνας καταλαβεῖν μοι γένηται. ὁσάκις ἂν οὖν
ἐντυχεῖν σοι γένηται ναυκλήρῳ Πειραϊκῷ, γράφε πρὸς
ἡμᾶς· ἐκεῖ γὰρ ἐντευξόμεθα ταῖς ἐπιστολαῖς. ὀνήσο-
μαι δὲ οὐ μόνον τοῦτο τῆς ἐπὶ τὰς Ἀθήνας ὁδοῦ, τὸ
τῶν παρόντων ἀπηλλάχθαι δεινῶν, ἀλλὰ καὶ τὸ μη-
κέτι τοὺς ἐκεῖθεν ἥκοντας ἐπὶ λόγοις προσκυνεῖν, οἳ
μηδὲν μὲν ἡμῶν τῶν θνητῶν διαφέρουσιν (οὔκουν εἰς
σύνεσίν γε τῶν Ἀριστοτέλους καὶ Πλάτωνος), ἀνα-
στρέφονται δὲ ἐν ἡμῖν ὥσπερ ἐν ἡμιόνοις ἡμίθεοι, διότι
τεθέανται τὴν ἀκαδήμειάν τε καὶ τὸ Λύκειον καὶ τὴν
ἐν ᾗ Ζήνων ἐφιλοσόφει Ποικίλην, νῦν οὐκέτ' οὖσαν
ποικίλην· ὁ γὰρ ἀνθύπατος τὰς σανίδας ἀφείλετο,
ἔπειτα ἐκώλυσεν αὐτοὺς ἐπὶ σοφίᾳ μεῖζον φρονεῖν.

νε'. Τῷ αὐτῷ.

Ἔλυσας τὸ πρυμνήσιον, κἀγὼ τὰς ἡμιόνους ἔστησα
παρὰ τὴν ζεφυρῖτιν ᾐόνα· τῆς ἀπήνης δὲ ἀποβαίνοντος
ἤδη σοι τὸ ἱστίον ἦρτο, καὶ κατὰ πρύμναν ὁ ἄνεμος.
ἀλλὰ τοῖς τε ὀφθαλμοῖς ὑμᾶς ἐφ' ὅσον ἐξικνοῦντο πρού-

Venire nescio quis Athenis dicitur crepidarum institor,
de quo mihi videris anno superiore pertusa illa calcea-
menta coëmisse. Nunc vero aiunt illum ampliorem in-
stituram aggredi, Atticas stolas comportantem et theris-
tra tibi et mihi ad æstivum anni tempus accommodata.
Quare priusquam omnia vendiderit, aut quæ exquisitioris
erunt operis (qui enim primi incidunt, non posterioribus,
sed sibi utique consulere volunt), hospitem ad te vocato,
d mihique tres aut quatuor vestes emito. Omnino quid-
quid in pretium persolveris, cum fenore tibi a me repen-
detur.

Epistolarum prolixitas argumento est eum a quo per-
feruntur alienum esse. Cæterum præclarus Acacius
eadem quidem novit quæ ego, plura autem quam quæ
a noverit, dicet, partim quia summo te amore prosequi-
tur, partim (190) quia linguam habet res ipsas superan-
tem. Ideo hanc epistolam magis salutandi tui officio ac
legi quam necessitati tribui. Hoc vero habeat honoris
epistola, ut de filio Dioscurio quemadmodum recte se
habeat ac quemadmodum legat et libris sit deditus re-
nuntiet. Nos autem fratrum illi turbam dedimus, He-
sychio masculorum fratrum par adiungentes. Quos
utinam beatos esse velit deus, tum sui ipsorum gratia,
b tum fratrum et parentum familiæ et reliqui generis ac
civitatum patriarum.

Plerique apud nos tam privati quam sacerdotes, som-
nia quædam comminiscentes quas ipsi revelationes ap-
pellant, vigilanti mihi malum allaturi videntur, nisi pro-
pediem sacras Athenas pervenire contigerit. Quotiens
igitur in Piræicum nauarcham incideris, ad nos scribito;
illic enim tuas litteras accipiemus. Non solum autem
ex ea profectione id utilitatis consequar, quod præsenti-
bus me malis exsolvam, sed quod deinceps non amplius
illinc venientes eruditionis nomine venerabor, qui cum
nihil a mortalibus nobis discrepent (haud sane quantum ad
c Aristotelis Platonisve intellegentiam attinet), nihilominus
inter nos, perinde atque inter mulos semidei versantur,
quod academiam et Lycæum viderunt et variam illam
Porticum, ubi Zeno philosophabatur : quæ nunc varia
esse destitit. Proconsul enim asseres ademit. Inde ob
sapientiam arrogantiores eos esse prohibuit.

Commodum rudentem solveras cum ego mulas ad Ze-
phyrium littus admovi; cumque e vehiculo descende-
rem, velum iam tibi sublatum erat, et ad puppim ventus
d spirabat. Verum oculis, quoad pertingere poteram, sum

τέμψα, καὶ πολλὰ τοῖς ἀνέμοις ὑπὲρ τῆς ἐρωμένης
ψυχῆς διελεγμαι, συνιστὰς αὐτοῖς τὸ σκάφος, ὅτι
μοι τὸ τιμαλφέστατον φορτίον ἐπεπίστευτο ᾿ὃ δέ (οὐ
γὰρ εἰσιν ἀνέρχστοι τῶν χαλῶν) ὑπέσχον-ό μοι τὴν
σὴν χομιδήν τε καὶ ἀνακομιδήν οὗτοι μὲν οὖν ἀγαθοὶ
δαίμονες ὄντες οὐκ ἄν ποτε ψεύσαιντο, σὺ δὲ ὥσπερ
αὐτῶν ἐδεήθης, (191) ἐντεῦθεν ἐκεῖσε πορθμεύων δεή-
θητι, χἀκεῖθεν ἐνθάδε· πολὺ γὰρ ἂν ἡδίους τότε σοι
παραγίνοιντο.

ις´ Τῷ αὐτῷ

Ἀδικεῖς με, ὦ θεία καὶ ἱερὰ κεφαλή, ψυχὴν
ἀπλῆν καὶ ὑπὸ συνηθείας ἀλάσιμον ἐνσείσας μὲν εἰς
τὸ διαφερόντως ἀγαπᾶν σέ τε καὶ τὴν ἀδελφιδῆν, ἀφ:-
λόμενος δὲ σαυτοῦ τε καὶ τῆς ἀδελφιδῆς ἐκείνην μὲν
οὖν ἔχων εἰπιλζην ἐθεώμην εἰκόνα, καὶ παρῆν μοι
διὰ τῆς νεάνιδος ὁ θεῖος αὐτῆς νῦν δὲ ἅπαντα τὰ b
φίλα φροῦδα, καὶ μέμφομαι τῇ φύσει διὰ τὴν ἀμε-
τρίαν τῆς εἰς τὸ ἀδικεῖσθαι ῥοπῆς καὶ εἴ τι φιλοσο-
φίας ὄφελος, εἰς τὸ ἀρρενωτότερον ἀναχθήσομαι, καὶ
τοῦ λοιποῦ σφενδαμνίνῳ μοι καὶ ἀκλινεστέρῳ συνέ-
σεσθε.

ιζ´. Κατὰ Ἀνδρονίκου

Αἱ κακοποιοὶ δυνάμεις ἐν κόσμῳ συντελοῦσι μὲν
τῇ χρείᾳ τῆς προνοίας (κολάζουσι γὰρ τοὺς ἀξίους κο-
λάζεσθαι), εἰσὶ δὲ ὅμως θεομισεῖς τε καὶ ἀποτρόπαιοι
ἐγερῶ γάρ φησιν ἔθνος ἐφ᾿ ὑμᾶς, ὑφ᾿ οὗ πείσεσθε c
τόσα καὶ τόσα. καὶ τελευτῶν αὐτοῖς ἐκείνοις οἷς ἐπιστρα-
τεύει φησιν ἐπεξελεύσεσθαι, ὅτι παραλαβόντες ὑμᾶς οὐκ
ἠλέησαν οὐδὲ ἀνθρωπίνως ἐχρήσαντο αὐτὰς μὲν οὖν
οὐκ ἐξεμελέτησα τὰς ἱερὰς συλλαβάς, ἰσχυρίζομαι δὲ
ὡς ἔστιν οὗ τῶν βιβλίων ὁ θεὸς ταῦτα λέγων πεποίη-
ται. καὶ οὐκ εἶπε μὲν οὕτως, οὐκ ἐποίησε δέ, ἀλλ᾿ ὁ
Βαβυλώνιος βασιλεὺς Ἱερουσαλημ μὲν τὴν πόλιν κα-
τέσκαψε, τὸ δὲ ἔθνος ἠ᾿δραποδίσατο ὁ δὲ αὐτὸς οὗτος
οὐκ εἰς μακρὰν ἐμεμήνει, καὶ γέγονε δίκῃ θεοῦ ἐξερη- d
μωθῆναι τὴν πόλιν, ὡς εἰ καὶ γέγονεν ἐν τῷ τόπῳ
πόλις ἀπιστηθῆναι ἄρα τολμήσει τις ἐρέσθαι θεὸν διὰ
τί οὐ μὲν ἀνίστης ἄνδρας ἐπὶ τοὺς ἡμαρτηκότας σοι
τιμωρούς, ὅταν δὲ ὑπηρετήσωσι τῷ θείῳ βουλήματι,
καὶ γένωνται δήμιοι τούτοις ἐφ᾿ οὓς καταπέμπονται,
δέον ἐκτῖσαι χάριν τῆς ὑπουργίας, τότε δὴ μάλιστα
καὶ κολάζονται; ἀλλ᾿ ἢ κεκίνηκεν ἡμᾶς εἰς ἀπόκρισιν
ὧν αὐτοῦ πυνθανόμεθα; ἐπειδὴ γὰρ βεβλαμμένου
τῇδε τοῦ θείου νόμου (192) παρῆλθεν εἰς ἀνθρώπους a
τὰ κακά (τὰ δὲ κακοποιὰ διαφερόντως κακά περιουσίᾳ
γὰρ φύσεως καὶ δραστηρια γίνεται), ἐπειδὴ δ᾿ οὖν ἅπαξ
γέγονε τὰ κακά (τῆς γὰρ θείας σοφίας καὶ ἀρετῆς γαὶ
δυνάμεως ἔργον ἐστὶν οὐ μόνον τὸ ἀγαθοποιεῖν (φύσις γάρ,
ὡς εἰπεῖν, ὁ θεοῦ, ὡς τοῦ πυρὸς τὸ θερμαίνειν καὶ
τοῦ φωτὸς τὸ φωτίζειν), ἀλλὰ κἀκεῖνο μάλιστα, τὸ διὰ
κακῶν ἐπινοηθέντων πρός τινων ἀγαθόν τι καὶ χρηστὸν

---

vos consecutus, multaque pro carissima mihi anima cum
ventis collocutus sum, navem illis eam commendans, cui
pretiosissimam mihi onus concreditum erat. At illi
(neque enim pulchrorum amoris expertes sunt) vectio-
nem ac revectionem tuam mihi sunt polliciti Et ii
quidem boni cum sint dæmones, nunquam fidem suam
fefellerint, tu vero quemadmodum (191) hinc illuc tra-
iciens illos precatus es, ita, huc illinc rediturus precare.
Tunc enim multo tibi libentius aderunt.

LVI. Eidem

Iniuriam facis, o divinum sacrumque caput, qui cum
simplicem animum et consuetudine ipsa captu facilem in
iuirificum tui ac fratris filiæ amorem impuleris, eum ta-
men abs te et fratris filia seiunxeris Atqui cum eam
intuerer, duplex ob oculos imago versabatur, mihique
in puella patruus illius adesse videbatur. Nunc autem
quidquid amicum erat, abiit penitus, atque ego naturam
interdum meam accuso, quod ad iniuriam accipiendam
immoderate proclivis esse videatur Quod si qua philoso-
phiæ utilitas est, in virilem me statum confirmabo, rigi-
dioremque me de cætero ac contumaciorem experie-
mini

LVII Adversus Andronicum.

Quæ in mundo sunt maleficæ virtutes, etiamsi ex usu
divinæ providentiæ sint, cum ab illis pœnas repetant qui
eas commiserant, sunt illæ tamen et invisæ deo et exse-
crabiles Suscitabo inquit gentem adversum vos, a qua
hæc et illa patiemini, ac tandem illos ipsos, quos tan-
quam milites armat, puniturum se esse dicit, quoniam
cum in suam vos potestatem accepissent, non sunt mi-
serti, neque humaniter tractarunt Etenim sacra ipsa
verba memoria non teneo, certo autem asseveraverim ali-
cubi in sacris voluminibus deum hæc loquentem induci.
Neque vero ita cum dixisset, aliter re ipsa gessit Quippe
Babylonius rex Ierosolymorum evertit urbem, ac gentem
ipsam in servitutem redegit At is ipse non multo post
furore correptus est, divinaque animadversione factum ut
illius urbs vastitate ac solitudine damnaretur, adeo ut ur-
bem unquam in eo fuisse loco incredibile videretur Ecquid
ergo sciscitari de deo hunc in modum nos audebimus? Quid
tu homines adversus delinquentes tui ultores excitas qui
postquam divinæ voluntati tuæ operam navaverint, iisque
se carnifices præbuerint ad quos mittuntur, cum iis operæ
suæ mercedem rependere oporteret, tunc vel
maxime puniuntur? An et ille nobis ad respondendum
huic interrogationi ista suggessit? Cum hic violata di-
vina (192) lege in homines mala pervenissent (in malo-
rum vero genere principatum tenent quæ malefica sunt,
hæc enim naturæ quadam abundantia efficiendi vim ha-
bent) postquam igitur mala semel exstiterunt (divinæ
enim sapientiæ et virtutis et facultatis est non modo bo-
num facere (natura enim, ut ita loquar, hæc dei est, vel-

τέλος ἀποτελεῖν καὶ ὠφελίμως τοῖς δοκοῦσι φαύλοις χρῆσθαι), σοφίας ἐστὶν εὐμηχάνου καὶ τοῖς κακοῖς ἐν δέοντι χρήσασθαι. ὅταν οὖν δέηται κολαστῶν, χρῆ- b ται νῦν μὲν ἀγελάρχαις ἀκρίδων δαίμοσι, νῦν δὲ ὧν ἔργα λοιμοί· καὶ νῦν μὲν ἔθνει βαρβάρῳ, νῦν δὲ ἄρχοντι πονηρῷ· καὶ καθάπαξ εἰπεῖν, ταῖς ἐπιτηδείοις εἰς τὸ ποιῆσαι κακὰ δημόσια φύσεσι. μισεῖ δ' ὅμως αὐτάς, ὅτι πρὸς τοῦτο γεγόνασιν ἐπιτήδειοι· οὐ γὰρ ἐποίη- σεν ὁ θεὸς ὄργανα συμφορῶν, ἀλλ' ὑφ' ἑαυτῶν εἰς τοῦτο ταχθεῖσιν ἑτοίμως ἐχρήσατο. καὶ διότι πρὸς τοῦτο σὺ γέγονας χρήσιμος, αὐτὸ τοῦτ' ἐστὶν ὅ σε παντάπασιν ἀποκόπτει θεοῦ. οὕτω καὶ σκεῦος τὸ μὲν ἄτιμον, τὸ δὲ τίμιόν ἐστί τε καὶ νομίζεται· κρίνεται c γὰρ ἑκάτερον πρὸς ἥντινα τὴν χρείαν παρέχεται. τράπεζα μὲν ἱερὸν χρῆμα, δι' ἧς ὁ θεὸς τιμᾶται φί- λιός τε καὶ ξένιος, καὶ τὸν Ἀβραὰμ ἡ φιλοξενία θεοῦ πεποίηκεν ἑστιάτορα· μάστιξ δὲ ἀποτρόπαιον, θυμῷ γὰρ ὑπηρετεῖται, καί τις ἤδη χρησάμενος αὐτῇ μετε- νόησε. τῶν μέντοι κολαζομένων θεὸς κήδεται· οὐδὲ γὰρ οὐδὲ τοῦτο μικρόν, ἐπισκοπῆς ἀξιωθῆναι θεοῦ καὶ καθήρασθαι διὰ δίκης τὰ ἁμαρτήματα. αἱ δὲ τιμω- d ροὶ φύσεις εἰσὶ παντάπασιν ἀπόστροφοι τοῦ θεοῦ· τὸ γὰρ ἀφανιστικὸν τῷ δημιουργικῷ δήπου πολέμιον. οὐδὲ γὰρ οὐδὲ διάκειται τὴν γνώμην ὁ τιμωρὸς ἢ δαί- μων ἢ ἄνθρωπος ὡς λειτουργίαν τινὰ ταύτην εἰσφέρων θεῷ, ἀλλὰ τῇ μοχθηρίᾳ τῆς φύσεως χαριζόμενος ταῖς κοιναῖς συμφοραῖς ἐπεξέρχεται. οὐ τοίνυν ἐπειδὴ δυστυχεῖν ἔδει τὴν πόλιν, σὺ δὲ τοῦτ' εἰργάσω, παρὰ τοῦτό σε δεῖ διαδρᾶναι τὴν δίκην· ταύτῃ γὰρ ἂν τὴν ἀπολογίαν καὶ Ἰούδας ἀπελογήσατο, ἔδει γὰρ ὑπὲρ τῆς ἁπάντων ἁμαρτίας σταυρωθῆναι Χριστόν. ἀλλ' ἔδει μέν, φησίν, (193) οὐαὶ δὲ δι' οὗ γέγονε, καὶ καλὸν a ἦν τῷ ἀνθρώπῳ ἐκείνῳ εἰ μὴ ἐγένετο. οὐκοῦν τὸ μὲν δρώμενον ἀγχόνη τὴν προδοσίαν αὐτοῦ διεδέ- ξατο, τὸ δὲ οὐχ ὁρώμενον οὐδ' ἂν ἐπινοήσειέ τις. οὐ γάρ ἐστιν ἐπίνοιαν ἀνθρώπου χωρῆσαι τίνα γένοιτ' ἂν τῷ Χριστοῦ προδότῃ τὰ κολαστήρια· τὸ γὰρ ἢ δεῖ γενέσθαι ὑπηρετῆσαι τῷ χρεὼν οὐκ ἀστείας ἀπο- λογίας ἐστί. δεῖ τοίνυν ὅσον οὐδέπω καὶ Αὐσουρια- νοὺς καὶ Ἀνδρόνικον ὑπὲρ ὧν εἰς ἡμᾶς εἰργάσαντο δίκην ἀξίαν κομίσασθαι· καὶ γὰρ τὴν ἀκρίδα τὴν λυμη- b ναμένην ἡμῶν τοὺς καρποὺς καὶ μέχρι μὲν καλάμης τὸ λήιον μέχρι δὲ φλοιοῦ τὰ φυτὰ δαπανήσαραν κατα- ποντιστὴς ἄνεμος ἄρας ὧσεν εἰς μέσον τὸ πέλαγος. ταύτῃ δὴ οὖν τῇ πληγῇ τὸν νότον ἀντέταξεν ὁ θεός, καὶ ἐπ' Αὐσουριανοὺς ἤδη τις ἤρηται παρ' αὐτοῦ στρα- τηγός. ὡς εἴη γε τοῦτον ἡμῖν εἶναι τῶν παρ' αὐτοῦ πώποτε στρατηγῶν εὐσεβέστατόν τε καὶ δικαιότατον. τοῦτον ἐπὶ τῷ κατ' αὐτῶν τροπαίῳ μακαρίσαί μοι γέ- νοιτο. μακάριός φησιν ὃς ἀνταποδώσει τὸ ἀνταπόδομα αὐτοῖς, μακάριος ὃς ἐδαφιεῖ τὰ νήπια αὐτῶν πρὸς τὴν πέτραν. τίς δὲ c ἄρα, τίς ὄλεθρος περιμενεῖ τὸν παλαμναῖον τῆς χώρας Ἀνδρόνικον; τίς ἀξία γένοιτ' ἂν δίκη ψυχῆς κακεργέ-

ut ignis calefacere vel lucere locis), sed illud imprimis, per mala ipsa, quæ a nonnullis excogitata fuerint, bonum aliquem et commodum finem efficere et utiliter his uti quæ mala videantur) solertis hoc est sapientiæ, vel malis ipsis opportune uti posse. Quoties itaque pœnarum exactoribus indiget, interdum locustarum agmini præfec- tis dæmonibus utetur, nonnunquam iis, quorum munus est pestilentia; alias barbara aliqua natione, alias nefario principe, et, ut uno verbo dicam, publicis velut admi- nistris naturis quæ ad malefaciendum idoneæ sunt. Nihilominus tamen eas odio prosequitur, quod ad id idoneæ reperiantur. Non enim calamitatum instrumenta molitur deus, sed suapte sponte ad hoc officium accom- modata in promptu habet. Et quoniam tu ad id idoneus redditus es, hoc ipsum est, quod te a deo penitus ab- scindit. Ita vas aliud inhonoratum, aliud pretiosum et est, et esse creditur. Unumquodque enim ex eo usu, quem præstat, diiudicatur. Exempli gratia mensa sa- crum est aliquid, per quam deus honoratur amicorum hospitumve præses. Hinc Abrahamum illa in hospites humanitas dei convivatorem reddidit. At flagellum e contrario detestandum est; nam iræ ministrat, et non- nunquam qui eo usus est pœnitentia ducitur. Sed eo- rum, qui pœnæ subiciuntur, curam habet deus. Non enim profecto, non illud exiguum est, divina providentia dignum haberi et perpessione pœnæ ab sceleribus repur- gari. Verum pœnarum administræ naturæ a deo sunt prorsus aversæ. Etenim quod destruendi vim habet, conditori haud dubie repugnat. Sed nec ita est affectus animo vindex, sive dæmon sive homo, quasi munus hoc deo præstet, sed naturæ improbitati serviens communes calamitates persequitur. Non igitur, quoniam verbi causa ærumnis conflictari civitatem oportebat, tuâ est vero id operâ perfectum, ideo meritas pœnas effugies. Alioqui eadem defensione et Iudas uti poterat. Oportebat enim pro peccatis omnium in crucem tolli Christum dominum. Sed oportebat quidem, inquit (193), Væ autem ei, per quem istud sit, et Bonum esset huic homini, si non esse natus. Quamobrem, quod quidem videri poterat, prodi- tionem illius suspendium est consecutum; quod autem videri non potest, nemo cogitatione comprehendere possit. Neque enim id animus hominum capere potest, proditori Christi quanta sint supplicia constituta. Hoc enim, quod fato ac necessitati, quatenus accidere opor- tebat, ministratum sit, non habet probabilem excusa- tionem. Quamobrem tam Ausurianos quam Androni- cum pro eo quo in nos commiserunt par est dignas pœnas exsolvere. Nam et locustam, quæ fruges nostras vasta- verat, quæque ad culmen usque segetes, stirpes ad cor- ticem adederat, depressor ventus attollens medium in mare præcipitavit. Atque ut ei plagæ austrum dens opposuit, sic adversus Ausurianos aliquis iam ab eo dux electus est; qui utinam nobis omnium, qui unquam ab eo submissi sunt, ducum religiosissimus sic ac iustissi- mus! Utinam hunc mihi aliquando fas sit, ob reporta- tum de illis triumphum, prædicare beatum! Beatus enim ait qui retribuet retributionem ipsi. Beatus qui allidet infantes eorum ad petram. Quænam ergo tandem pernicies Andronicum provinciæ pestem atque exitium exspectat? Quænam digna malefica anima pœna esse po-

τιδος; ὡς ἐμοὶ τῶν πληγῶν ἁπασῶν, αἷς μετῆλθεν ἡμῶν τὰς ἁμαρτίας ὁ θεός, Ἀνδρόνικός ἐστι μακρῷ πάντων βαρύτερος· πρὸς γὰρ ταῖς κοιναῖς συμφοραῖς ἰδ-ος ἐμόν ἐστι κακὸν ἴδιον. διὰ τούτου μέτεισιν ὁ πειράζων, ἵνα δραπετεύσω τοῦ θυσιαστηρίου τὴν λειτουργίαν. ἐπανακτέον δέ μοι μικρὸν ἄνω τὸν λόγον, ἵν' οἷς ἴστε προσθεὶς ἃ μὴ πάντες γινώσκετε, ἀκόλουθον ὑμῖν τὴν διδασκαλίαν τῶν περὶ ἐμὲ πραγμάτων d ποιήσωμαι· καὶ γὰρ πρὸς τὰ μετὰ ταῦτά μοι καλῶς ἕξει τούτων ὑμᾶς ἀκροατάς μοι γενέσθαι.

Ἐμοὶ παιδόθεν παρέστη θεῖον ἀγαθὸν εἶναι σχολὴ καὶ τοῦ ζῆν εὐμάρεια, τοῦθ' ὃ ταῖς θείαις φύσεσι προσήκειν τις ἔφη· αὐτὸ τοῦτ' εἶναι τὸ τὸν νοῦν ἐκτρέφειν καὶ συνιστᾶν τῷ θεῷ τὸν ἔχοντά τε αὐτὴν καὶ καρπούμενον. ὅσα δὴ παισίν ἐστιν ἢ γίνεται πράγματα, τούτων ὡς ἐλαχίστων ἐγὼ μετέσχον, καὶ ὅσα μειρακίοις καὶ ὅσα νέοις. καὶ εἰς ἄνδρα παραγγείλας (191) οὐδέν τι a παιδαρίου πρὸς ἀπραγμοσύνην παρήλλαξα, ἀλλ' ὥσπερ ἐν πανηγύρει σεμνῇ διεξάγων τὸν βίον διὰ πάσης ἡλικίας ἵλεων καὶ ἀκύμαντον τῆς ψυχῆς ἐτήρησα τὴν διάθεσιν. οὐ μὴν διὰ τοῦτο ἀνθρώποις ἀσυντελῆ με πεποίηκεν ὁ θεός, ἀλλὰ πολλάκις ἡμῖν καὶ ἰδιῶται καὶ πόλεις εἰς δέον ἐχρήσαντο· ἐδίδου γὰρ ὁ θεὸς δύνασθαί τε τὰ μέγιστα καὶ τὰ κάλλιστα βούλεσθαι. τούτων οὐδὲν ἐμὲ φιλοσοφίας ἀφείλκεν, οὐδὲ τὴν εὐδαίμονά μοι σχολὴν ὑπετέμνετο· τὸ γὰρ ὠθισμῷ καὶ μόχθῳ καὶ μόλις ποιεῖν, τοῦτ' ἐστὶν ὁ δαπανᾷ τὸν b χρόνον, καὶ τὴν ψυχὴν ἐμβαπτίζει μερίμναις πραγμάτων. ὅτῳ δὲ εἰπεῖν μόνον καθήκει, ἡ πειθὼ δὲ ἕπεται, καὶ ὁ λόγος ἀνυσιμώτατός ἐστι παρὰ τοῖς ἀκούουσι, τίς φειδὼ ῥημάτων, ἵνα δυστυχίας τις ἐλευθερωθῇ, τίμιον ζῶον ὁ ἄνθρωπος τίμιον γάρ, εἰ δι' αὐτὸν ἐσταυρώθη Χριστός· ἐμοὶ δὴ τὸ πείθειν ἀνθρώπους εἰς τὸν μέχρι τοῦ παρόντος ἐνιαυτὸν τάχα μὲν θεῖος κλῆρος ἐγένετο, τάχα δὲ μόλις πραγμάτων ἁπτόμενος ἐπετύγχανον. νῦν γὰρ δὴ τὸ πρᾶγμα ἔοικεν ἐξελέγχεσθαι μετὰ πολλῶν ἅτινα σαφῶς ἦν c τοῦ θεοῦ, καὶ τοῦτ' ἀνετίθην αὐτῷ, καὶ ἔζων μετ' ἀγαθῶν τῶν ἐλπίδων, ὥσπερ ἐν ἱερῷ περιβόλῳ τῷ κόσμῳ, ζῶον ἄφετον ἀνειμένον, εὐχῇ καὶ βιβλίῳ καὶ θήρᾳ μερίζων τὸν βίον· ἵνα γὰρ ὑγιαίνῃ ψυχή τε καὶ σῶμα, τὸ μέν τι δεῖ πονεῖν, τὸ δὲ αἰτεῖν τὸν θεόν. μετὰ τοιαύτης εὐμαρείας εἵλκυσα τοὺς ἐνιαυτοὺς τοὺς μέχρι τῆς ἱερωσύνης αἱρέσεως, πρὸς ἣν ἐγὼ παρὰ τοὺς πώποτε δειλότατος γέγονα. μαρτύρομαι τὸν ἐπὶ d πᾶσι θεόν, οὗ δι' ὑμᾶς ἐγὼ τὰς ἀπορρήτους ἐβάστασα τελετάς, δίχα τῶν ἀνθρωπίνων περιόδων τε καὶ σπουδῶν αὐτῷ κατὰ μόνας ἐν πολλοῖς καιροῖς τε καὶ τόποις προσῆλθον θεῷ, καὶ πρηνὴς καὶ γονυπετὴς ἱκέτης γενόμενος θάνατον ἀνθ' ἱερωσύνης ᾐρούμην. ἀιδὼς γάρ τίς με καὶ φιλία κατεῖχε τῆς ἐν φιλοσοφίᾳ σχολῆς, ὑπὲρ ἧς ἅπαντα δεῖν ᾤμην ποιεῖν τε καὶ λέγειν. ἀλλ' ἐπειδὴ τῶν μὲν ἀνθρώπων ἐκράτουν, τοῦ θεοῦ δὲ ἡττώμην, ὡς κοινὴ φήμη τὸν ἀξιούμενον εἶναι γνώρι-

terit? Mihi enim plagis omnibus, quibus vindex deus peccata nostra persecutus est, longe atrocior esse videtur Andronicus. Nam præter communes acerbitates, is præcipuum mihi est ac peculiare malum Per eum tentator id molitur, ut altaris munus defugiam Sed mihi altius paulo repetenda oratio est, ut iis, quæ comperta vobis sunt, addens ea, quæ non omnibus sunt cognita, ea ordine vobis exponam quæ mihi contigerunt Etenim ad illa, quæ postea dicturus sum intelligenda optimum erit vos ita a me prius accepisse

Mihi iam inde ab ineunte ætate statui divinum quoddam esse bonum otium vivendique facilitatem, id quod divinis ingeniis convenire quidam dixit idque esse, mentem alere ac deo conciliare illum, qui eam possideat et ea perfruatur Quæcunque ergo pueris inesse aut usu venire solent, minimum ego eorum particeps fui, ut et eorum quæ in adolescentulis et quæ in iuvenibus cernuntur Cumque iam virilem ætatem attigissem (194), nihil a puerulo, quantum spectat ad quietem et vitæ tranquillitatem, discrepavi, sed perinde ut in festiva aliqua celebritate ætatem exigens, pacatum ac nulis perturbatum fluctibus statum animi mei servare studui Neque tamen ideo me deus hominibus inutilem fecit, sed plerumque tam privati quam civitates opera mea ad summas opportunitates usi sunt Hoc enim mihi divinitus tributum fuerat, ut cum ego auctoritate plurimum possem, tum optima quæque vellem Nihil me istarum occupationum a philosophia seiunxit, neque felici exemit otio Tum demum enim, cum violenter atque ægre nec sine labore aliquid facias, tempus consumitur, atque infinitis negotiorum molestiis animus immergitur Quicunque vero verbo solo fungitur, quo et dicente statim persuasio sequitur, et est maxima apud audientes sermonis illius efficacitas, quis est quod sermoni suo parcat, uti quispiam a calamitate revocetur? Magni est homo pretii animal magni, inquam, pretii, cum pro eo sit Christus in cruce suspensus Mihi vero ut persuadere possem hominibus, ad hunc usque annum fortasse divina quadam sorte concessum est · fortassis etiam, quod ægre me negotiis implicarem, quæ vellem ad exitum perducebam Iam vero res tota in irritum cessisse deprehenditur cum aliis plerisque, quæ haud obscura erant in me dei beneficia, quæ a deo manifesto erant attributa, inter quæ illud ei tribuebam, vivebamque optima cum spe in mundo, velut in religioso quodam septo solutum animal, libere degens, oratione et libris et venatione vitam distinguens Etenim ut et animo et corpori sua sanitas constet, partim id laborandum, partim a deo postulandum est In hac vivendi facilitate annos meos usque ad sacerdotii onus exegi, ad quod subeundum præ cæteris, qui hactenus fuerunt, timidissimus exstiti Testor præsidem omnium deum cuius arcana mysteria vestri causa suscepi, citra humanas prensationes et studia ego ad ipsummet deum multis temporibus ac locis privatim adii, cum pronus flexisque genibus mortem præ sacerdotio supplex peterem Tenebat enim me adversus philosophiæ tranquillitatem reverentia quædam atque amor, pro qua nihil non et agendum mihi et dicendum putabam Sed postquam superatis hominibus a deo sum victus, ut communis fama fert eum qui honore illo dig-

μον θεοῦ, (195) ἔφερον, ἀλλὰ δυσηνιάστως τὴν καινο- a
τομίαν τοῦ βίου· δρατμῷ γὰρ ἐπιθέμενον ἐλπὶς ἀγα-
θῶν καὶ φόβος χειρόνων ἀνέκοψε. καὶ λεγόντων
ἤκουσα γερόντων ἱερῶν ὅτι με θεὸς ποιμαίνει· καί τις
ἐπὶ λέξεως εἶπεν ὡς ἱλαρόν ἐστι τὸ πνεῦμα τὸ ἅγιον,
καὶ ἱλαρύνει τοὺς μετόχους αὐτοῦ. καὶ προσέθηκεν
ὡς ἠμφισβήτησαν ἡμῶν πρὸς θεὸν δαίμονες, οὓς λυπῶ
προσχωρήσας τῇ μερίδι τῇ κρείττονι. ἀλλὰ κἄν τι
προσβάλωσι χαλεπόν, οὐκ ἀμελεῖται, φησί, φιλόσο-
φος ἱερωμένος. ἐγὼ μὲν οὖν (οὐ γὰρ ῥᾴδιός εἰμι
χαυνωθῆναι καὶ λαμπρόν τι λογίσασθαι περὶ ἐμαυτοῦ) b
τὴν ἀτυχίαν ᾐτιασάμην, ἀλλ' οὐχ ὑπὸ φθόνου δαίμο-
νος (οὐ γὰρ οἷμαί μοι προσήκειν ἀρετήν, ἥτις ἂν
τοὺς βασκάνους ἐκίνησεν), ἀλλ' ἐφόβει με μᾶλλον
δίκας ὀφλόντα παρ' ἀξίαν ἅψασθαι μυστηρίων θεοῦ.
καὶ ταύτην τὴν ἀτυχίαν ἐμαντευόμην, εἰς ἣν οὐ
κατὰ μικρὸν ὠλίσθον· ἀλλ' ἅμα τε παρῆν ἐνθάδε καὶ
τὰ δεινὰ πάντα παρῆν, καὶ χορηγὸς πάντων Ἀνδρόνι-
κος, δαίμων ἀρήιος, ἄπληστος συμφορῶν, τῆς πό-
λεως τοῖς λειψάνοις ἐγκείμενος. ἔα, πανταχοῦ τῆς c
ἀγορᾶς ἀνδρῶν οἰμωγαί, γυναικῶν ὀλολυγαί, παίδων
ὀλοφυρμοί. σχῆμα πόλεως ἑαλωκυίας αὐτῇ περιτέθει-
κεν, ἧς τὸ κάλλιστον μέρος ἀποτεμόμενος τίσεως χω-
ρίον ὀνομασθῆναι γέγονεν αἴτιος, τὴν στολὴν τὴν βα-
σίλειον, τὸ πάλαι κριτήριον, ἀποδείξας βασανιστήριον.
ταύτην δαίμοσι ποιήμοις, οἷς ἑαυτὸν ἄρα προσένειμε,
βωμὸν καὶ τράπεζαν παρέθηκεν. ὢ πόσοις αὐτοὺς
πολιτῶν εἱστίασε δάκρυσι. ποῖοι Ταυροσκύθαι, τίνες
Λακεδαιμόνιοι τοσοῦτο τῷ διὰ τῶν μαστίγων αἵματι
τὴν παρ' αὑτοῖς ἐτίμησαν Ἄρτεμιν; δρόμος ἁπάντων d
εὐθὺς ἐπ' ἐμέ, καὶ πανταχόθεν εὐθὺς ἐβαλλόμην
ἀκοῇ καὶ θέᾳ κακῶν. νουθετήσας οὐκ ἔπεισα, ἐπι-
τιμήσας ἠρέθισα. ὁ παρὼν καιρὸς ἤλεγχεν ἡμῶν
τὴν ἀσθένειαν, ἣν μέχρι νῦν ἔκρυψεν ἀπὸ τῶν ἀν-
θρώπων θεός· συγχωρουμένων γὰρ ἀεὶ τιμὴν καρπω-
σάμενος παρέσχον ὑποψίαν τῇ πατρίδι δυνάμεως. καὶ
τοῦτο τὸ χαλεπώτατον τῶν συμβεβηκότων ἐστί μοι· πρὸς
γὰρ τὴν ἐλπίδα τῶν ἠγνοηκότων με κρίνομαι. οὐδὲ γὰρ
πείθω λέγων αὐτοῖς ὡς οὐ δύναμαι, ἀλλ' (196) ἀξιοῦμαι a
πάντα τὰ δίκαια δύνασθαι. περίεστιν οὖν αἰσχύνε-
σθαι καὶ λυπεῖσθαι. πάθος εὐθὺς ἐν ψυχῇ, καὶ ποικι-
λία φροντίδων καὶ εἰδωλοποιία πραγμάτων καὶ μακρὰν
ὁ θεός. εἰ δαιμόνων εἰσὶ προσβολαὶ τὰ γινόμενα δι'
Ἀνδρονίκου, πᾶν ἐποίησαν ὅσον ἐβούλοντο. οὐκέτι τῆς
συνήθους ἐν εὐχαῖς γλυκυθυμίας ᾐσθόμην, ἀλλὰ τὸ
μὲν σχῆμα εὐχῆς, ἐγὼ δὲ περιηνέχθην ἀπανταχοῦ
τῶν πραγμάτων ὀργῇ καὶ λύπῃ καὶ πᾶσι πάθεσι μερι-
ζόμενος. καίτοι διὰ νοῦ τῷ θεῷ συγγινόμεθα, γλῶττα b
δὲ ἀνθρώποις τὰ πρὸς ἀνθρώπους ὑπηρετεῖ. εἰ τοίνυν
ἐν εὐχαῖς ἀπροσεξίαν ἠτύχηκα καὶ παρὰ πόδας ἡ
πεῖρα, τῆς γέ τοι τοῦ βίου μεταβολῆς οὐ ταύτῃ μόνον
εἰς κακὸν ἀπολέλαυχα, ἐξ ἀπροσεξίας εὑρόμενος πράγ-
ματα, ἀλλ' ἀπενθὴς τὸ μέχρι πρῴην διαγενόμενος,
νεκρὸν ἐπεῖδον οὗ προαποθανεῖν ηὐχόμην· οὕτω πικροῖς

---

natus sit familiarem dei fieri (195), ferebam equidem ,
ed invitus ac repugnans novum hoc et insolens vitæ
genus, ac iam iamque fugam meditantem bonorum spes
ac deteriorum metus a proposito revocavit. Quin istud
de sacris senibus audivi, me a deo gubernari. Et alius
quidam his verbis usus est : hilarem esse spiritum sanc-
tum et sui participes exhilarare, addiditque de me cum
deo contendisse dæmonas, quibus meliorem in partem
transiens mœrorem afferam. Ac tametsi molestiæ ali-
quid infligant, nunquam tamen, aiebat, philosophus deo
consecratus negligitur. Ego vero, cum non facile inso-
lescere ac de me magnifice aliquid cogitare soleam, in-
felicitatem accusavi meam, non tamen id invidia ulla
dæmonis accidisse mihi statui. Non enim tantum mihi
sumo virtutis, ut hæc invidiam movere possit. Sed hoc
unum magis terrebat, ne cum pœnis ipse obnoxius es-
sem, divina mysteria indigne tractarem. Eamque animo
calamitatem præsagiebam, in quam haud paulatim ego
sum delapsus, sed statim atque huc adfui , omnia mihi
præsto fuere malorum genera, quorum præbitor est An-
dronicus, Martius dæmon, calamitatum insatiabilis , pa-
triæ reliquias insectans. Heu heu, toto foro exaudieba-
tur. Virorum, inquam, gemitus, mulierum ululatus,
puerorum planctus; patriæ denique speciem captæ urbis
affinxit : cuius pulcherrimam partem eximens supplicii
locum appellari fecit ac regiam porticum, ubi olim ius
dicebatur, in carnificinam convertit. Hanc ille vindici-
bus dæmonibus , quorum se numero aggregavit, aram ac
mensam apposuit. O quam multis ille eos civium lacrimis
tanquam convivio excepit! Quinam Tauroscythæ aut qui
Lacedæmonii tanto per verbera sanguine unquam suam
Dianam coluerunt? Fit omnium illico concursus ad me,
et undique statim impetebar auditu malorum ac specta-
culo. Cum illum admonerem, persuadere non potui ;
cum increparem, irritavi. Præsens tempus imbecilli-
tatem nostram coarguit, quam deus homines hucusque
celaverat. Nam cum eorum, quæ mea opera obtineban-
tur, honor ad me perveniret , auctoritatis ac potentiæ de
me opinionem patriæ præbui. Quod quidem mihi
omnium , quæ acciderunt , longe est molestissimum. De
me enim ex eorum qui me ignorant spe iudicium fertur.
Neque quantumvis nihil posse me dicam, illis persua-
deo (196); quin iusta omnia facere posse existimor. Su-
perest itaque ut pudore ac mœrore suffundar. Illinc re-
pentina in animo commotio, curarum et sollicitudinum
varietas , negotiorum imagines ac species, et longe deus
abscedit. Quare si dæmonum incursiones sunt , quæ
Andronicus molitur, quantum libuit illi perfecerunt. Nihil
iam de solita in orando suavitate percepi, sed species
ipsa quidem orationis est. Ego vero per omnes negotio-
rum partes cogitatione circumferor, ira, dolore omnique
affectuum genere distractus. Atqui mente ipsa cum deo
versamur. Lingua hominibus eorum, quæ ad homines
pertinent, ministerio fungitur. Si igitur id mihi calami-
tatis accidit, ut inter orandum attentus esse nequeam,
in promptu est rei huius experientia. Verum enim vero
ex ea vitæ mutatione non id tantum mali cepi, ut ex
mentis evagatione negotiis implicarer, sed, cum luctus
funebris expers hactenus fuissem, mortuum vidi, quem
morte prævenire cupiebam. Adeo asperis nos et moles-
tis honorum initiis civitas excepit. Quandoquidem una

ἡμᾶς ἡ πόλις ἐπιβατηρίοις ἐξένισεν. ὡς ἅμα τοῖς ἀ-
θρώποις τὰ πράγματα νῦν μὲν ἄνω νῦν δὲ κάτω
χωρεῖ, καὶ ῥοῦς ἥκει φέρων ἀθρόα πολλά, νῦν μὲν αἴσια
νῦν δὲ ἀπαίσια. ἀλλ' ἐπειδή μοι συνέπεσεν ἀποβαλεῖν
τῶν παιδίων τὸ φίλτατον, κἂν εἰργασάμην τι δεινὸν αὐ-
τὸς ἐμαυτόν· οὕτως ἑαλώκειν τοῦ πάθους. ἔγωγέ τοι τὰ
μὲν ἄλλα ἄρρην εἰμί (λέγω δὲ ἐν εἰδόσι), καὶ τὰ πολλὰ
δουλεύω τῷ λόγῳ, συνηθείας δὲ οὕτω τι ἥττων ὡς
ταύτῃ κρατεῖν τὴν ἀλογίαν τοῦ λόγου. οὔκουν οὐδὲ
τοῖς ἐκ φιλοσοφίας δόγμασι τοῦ παρόντος πάθους ἐ-
κράτησα, ἀλλὰ Ἀνδρόνικος ἀντιπεριήγαγε, καὶ πρὸς
ταῖς κοιναῖς συμφοραῖς τὸν νοῦν ἔχειν ἐποίησε. καὶ
γεγόνασί μοι συμφοραὶ παραμυθίαι τῶν συμφορῶν,
πρὸς ἑαυτὰς ἀνθέλκουσαι καὶ πάθει πάθος ἐκκρούουσαι.
συνεπιτίθεται δή μοι τῇ πικρᾷ τῶν προόντων αἰσθή-
σει μνήμη τῶν παρελθόντων ἀγαθῶν, ἐξ οἵων ἄρα ἐν
οἵοις γεγόναμεν, καὶ ζῶ πονήρως, ἅμα πάντων ἀφηρη-
μένος. τὸ μὲν οὖν μέγιστον τῶν κακῶν, ὅ μοι καὶ
δύσελπιν εἶναι τὸν βίον ποιεῖ, οὐκ εἰωθὸς ἀποτυγχά-
νειν ἐν ἱκετείαις θεοῦ, νῦν (197) πρῶτον οἶδα μάτην
εὐξάμενος· ὃς τὴν μὲν οἰκίαν κακῶς πράττουσαν
ὁρῶ, τὴν δὲ πατρίδα δυστυχοῦσαν οἰκεῖν ἀναγκάζο-
μαι. πᾶσι δὲ ἐκκείμενος ἐφ' ᾧ προσανακλάεσθαι
καὶ τὰ καθ' αὐτὸν ἕκαστα ὀλοφύρεσθαι, ἔλεον αὐτοὺς
ἀνόνητον ἐλεῶ. καὶ πρόσεστι τὸ αἰσχύνεσθαι ὅτι
πολίτην ἄνδρα χρησάμενον συμφοραῖς καὶ κλαπέντα
χρυσίον δημόσιον, ἀπαιτήσας στατῆρας ὑπὲρ μυρίους,
ἔγνωκεν ἀναβολὴν μὴ διδοὺς ἀποτεῖναι διὰ χιλίους,
μᾶλλον δὲ δι' ἐμέ· δι' ἐμὲ γὰρ αὐτὸν ἔχει καθείρξας
εἰς ἀνεπιχείρητον φρούριον, ἐν οἵῳ τοὺς Τιτᾶνας δε-
δέσθαι ποιητῶν παῖδες φαντάζονται. καὶ ἵνα μὴ
ἀφαιρεθῇ, φησί, παρ' ἐμοῦ, δεῖ πέμπτην ταύτην ἡμί-
ραν ἄπόσιτον εἶναι τὸν ἄνθρωπον, εἰσαγωγῆς ἄρτων
ἀπηγορευμένης τοῖς δεσμοφύλαξιν. ἀλλὰ πρώην αὐ-
τοῦ κεκραγότος ἅπαντες ἤκουσαν ὡς ὠφελιμώτερος
ἔσται τῶν χιλίων στατήρων ἀποθανὼν ἢ πολιτευόμε-
νος. διὸ καὶ τοὺς προσιόντας αὐτῷ ἐπὶ τῇ τῶν χω-
ρίων ὠνῇ φοβεῖ καὶ ταράττει καὶ πάντα τρόπον ἀφί-
στησιν· οὐ γάρ, οἶμαι, δεῖ τοῦ χρυσίου, τοῦ δὲ τε-
θνάναι τὸν ἄνθρωπον δεῖ. ἐγὼ δὲ οὔτε ἰσχυρός εἰμι
πρὸς τὸ τείχεσιν ἐρυμνοῖς προσβαλεῖν, οὔτ' εὐμή-
χανος εἰσερπῦσαι καὶ τῆς συμφορᾶς ἐξελέσθαι τὸν
ἄνθρωπον παρίησι δέ, φασί τινες, οὐδεὶς οὐδένα· οἱ γὰρ
ὑπηρέται φύσει μέν εἰσιν οἵτινές εἰσι, νῦν δὲ καὶ πρὸς
παράδειγμα ζῶσιν Ἀνδρόνικον, ὃς ἐπὶ τῷ τὴν ἐκκλη-
σίαν ἀτιμοῦν προκαθέζεται. τῶν μὲν οὖν εἰς ἡμᾶς
αὐτοῦ λόγος οὐδεί,· ὡς ἐγὼ κἂν χάριν εἰδείην αὐτῷ τὴν
διὰ τὸν θεὸν ἀτιμίαν δεχόμενος ὡς μαρτύριον. ἀναμνή-
σθητε γὰρ ὑμεῖς τίς ἦν πρὸς ἐμὲ τὸ ἦν μηδὲν ἄλλο, ἐξ
ἐκείνων γενόμενον, ὃν ἀπ' Εὐρυσθένους τοῦ καταγαγόν-
τος Δωριέας εἰς Σπάρτην μέχρι τοὐμοῦ πατρὸς αἱ δια-
δοχαὶ ταῖς δημοσίαις ἐνεκολάφθησαν κύρβεσιν, ἄνθρω-
πος οὐκ ἔχων εἰπεῖν ὄνομα πάππου, ἀλλ' οὐδὲ πατρός,
φασί, πλὴν ὅσον εἰκάσαι, ἀπὸ θυννοσκοπείου δὲ ἐπὶ τὴν

cum ipsis hominibus humanæ res susque deque versan-
tur, ac multa confertim modo prospera modo adversa
velut quidam affert aquarum fluor Sed posteaquam
contigit, ut liberorum mihi carissimum amitterem, pa-
rum abfuit quin mihi malum aliquod consciscerem · us-
que eo sum dolore superatus Etenim cum cæteris in
rebus virili animo esse soleam (quod apud conscios au-
dacter profiteor), et in plerisque rationi obtemperem, ita
tamen consuetudine vincor, ut ex hac parte ratio per-
turbatione superetur Proinde nullis philosophiæ præceptis
præsentem mœrorem expugnare potui Sed contrariam me
in partem Andronicus impulit, et ut communibus in ærum-
nis mentem occuparem coegit. Ita mihi calamitates factæ
sunt calamitatum remedia, dum me ad sese ex adverso
protrahunt, ac dolore dolorem repellunt Igitur una cum
molesto præsentium malorum sensu, præteritorum subit
bonorum recordatio, reputantem ex quibus in quæ simus
prolapsi Sic insuavem vitam duco, omnibus eodem
tempore spoliatus Iam quod malorum omnium summum
est, quodque desperatam mihi penitus vitam facit, cum
hactenus precibus ad deum fusis repulsam minime pati
solerem (197), nunc primum frustra orasse me sentio
Deinde infelicem domum video, patriam miseriis oppres-
sam habitare compellor Tum omnibus expositus, ut in
sinum meum ærumnas suas deponant, et apud me sin-
guli privata deplorent incommoda, inutili eos commise-
ratione prosequor Quin illud me pudore afficit, quod
civem quemdam calamitatibus oppressum, cui publicæ
pecuniæ furto ereptæ sunt, postquam supra decem soli-
dorum millia ab eo iam repetit, absque dilatione, ob
mille reliquos interficere constituit, vel propter me po-
tius, nam propter me illum in castellum inexpugnabile
conclusit, cuiusmodi illud fuit in quo vinctos esse Tita-
nas poetæ fabulantur Ac ne mea, inquit, opera extra-
hatur, quintum hunc diem homini cibo interdici oportet,
prohibitis custodibus ne panem inferri sinant Sed et
nuper vociferantem illum omnes audierunt, utiliorem
sibi mille solidis mortem futuram hominis publicam func-
tionem obeuntis Propterea iis qui se pro prædiorum
licitatione adeunt, metum inicit, perterret omnique ra-
tione revocat Neque enim, opinor, auro opus est, sed
hominis nece opus est Ego vero neque adeo fortis sum,
ut firmissimos in muros impetum faciam, neque ad ir-
rependum hominemque ex ea calamitate detrahendum
solers et industrius Nullus autem, ut aiunt, a quoquam
introducitur Nam satellites natura quidem sunt, qua-
lescunque tandem sunt, nunc vero ad Andronicum tan-
quam exemplum vitam suam accommodant, qui ad id
præesse videtur, ut ecclesiæ ignominiam imponat Ve-
rum quæ ille adversus me molitur facile contemno Imo
et gratiam ei insuper habeam, si propter deum illatam
mihi infamiam tanquam martyrium, accipiam. Mementote
enim cuiusmodi erga me exstiterit, qui, ut nihil aliud,
certe ab illis maioribus ortum duxeram, quorum ab Eury-
sthene, qui Dorienses in Spartam deduxit, ad meum
usque patrem generis successiones publicis tabulis in-
scriptæ sunt, is qui ne avi quidem nomen edere possit,
imo neque parentis, ut aiunt, nisi quantum coniectura
assequi potest, porro a piscatu ad præfecti currum sit
erectus Quare pudeat eum, qui splendorem illum in

ἡγεμονικὴν ἀπήνην ἀλάμενος. οὗτος οὖν τὴν ἐν τῇ πόλει
λαμπρότητα τεθαυμακὼς αἰσχυνέσθω τοῖς ἐλλείμμα-
σιν· ἀλλ' ἐγὼ τὸ μέχρι τῆς ἱερωσύνης καὶ τιμῆς
ἐνεφορήθην καὶ ἀτιμίας (198) οὐκ ἀπεγευσάμην. νυνὶ δὲ
οὔτ' ἂν ἡσθείην τιμώμενος, οὔτε καταφρονούμενος
ἄχθομαι· οὐδέτερον γὰρ αὐτῶν ἔτι παρὰ τοῦ ποιοῦν-
τος εἰς ἐμὲ δοκεῖ γίνεσθαι, ἀλλ' ἑκάτερον εἰς ἀναφορὰν
τοῦ θεοῦ. διόπερ ὁ πάντα τολμῶν οὗτος ἄνθρωπος,
ὡς οὐδὲν οὔτε λέγων οὔτε ποιῶν παρεκίνησεν, ἀρθεὶς
ἀφ' ἡμῶν αὐτῷ διακυρίττεται τῷ θεῷ, καὶ φωνὰς
ἀφῆκεν ἐπὶ συνεστώτων καὶ περιεστώτων ἀνθρώπων,
ἃς αὐτίκα τῆς πρὸς τὰς ἀπανταχοῦ γῆς ἐκκλησίας
ἐπιστολῆς ἀναγινωσκομένης ἀκούσεσθε. τοιοῦτόν ἐστι
φύσις ἀπαίδευτος ἐπειλημμένη δυνάμεως· τῇ κεφαλῇ
τὸν οὐρανὸν ἐξαράσσειν ἐπιχειρεῖ. ἔστω, δυνάσθω,
κεχρήσθω τῇ φύσει τῷ καιρῷ, ἀποκτιννύτω καὶ δείτω
τῶν πολιτῶν ὅντινα βούλεται· ἡμῖν δὲ ἀπόχρη μένου-
σιν ἐπὶ τῆς τάξεως ἐφ' ἧς ἡμᾶς ἔταξεν ὁ θεός, ἀπηλ-
λάχθαι μὲν τῆς κοινωνίας τῶν πονηρῶν,

ἀγνεῦσαι δ' ἀκοὰς βλασφημοσύνης ἀλεγεινῆς·

ἀπογνῶναι δὲ προστασίας ἀδικουμένων, ἀπολελογημέ-
νοις ὑμῖν καὶ τῷ δήμῳ διὰ τῆς μάτην ἐπιχειρήσεως. ὃ
νοῦ μέγεθος ἔχοντος ἦν καὶ πρὸ πείρας ποιῆσαι· νυνὶ
δὲ περιεμείναμεν ὑμᾶς δι' ἐκ τῶν πραγμάτων συμψήφους
ποιήσασθαι, ὅτι πολιτικὴν ἀρετὴν ἱερωσύνῃ συνά-
πτειν συγκλώθειν ἐστὶ τὰ ἀσύγκλωστα.

Ὁ πάλαι χρόνος ἤνεγκε τοὺς αὐτοὺς ἱερέας τε καὶ
κριτάς· καὶ γὰρ Αἰγύπτιοι καὶ τὸ Ἑβραίων ἔθνος χρό-
νον συχνὸν ὑπὸ τῶν ἱερέων ἐβασιλεύθησαν. εἶτ' ἐπειδή
μοι δοκεῖ τὸ θεῖον ἔργον ἀνθρωπίνως ἐπράττετο, διώ-
κισεν ὁ θεὸς τοὺς βίους, καὶ ὃ μὲν ἱερὸς ὃ δὲ ἡγεμονικὸς
ἀπεδείχθη· τοὺς μὲν γὰρ εἰς ὕλην ἐπέστρεψε, τοὺς δὲ
συνέταξεν ἑαυτῷ. τετάχαται δὲ οἳ μὲν πρὸς τοῖς πρά-
γμασιν ἡμεῖς δὲ ἐν ταῖς εὐχαῖς εἶναι, τὸ δὲ καλὸν ἀπαιτεῖ
παρ' ἀμφοῖν ὁ θεός. τί οὖν ἐπανάγεις; τί δὲ συνά-
πτειν πειρᾷ τὰ κεχωρισμένα παρὰ θεοῦ, ὃς οὐδὲ
διοικεῖν ἡμᾶς ἀλλὰ παραδιοικεῖν ἀξιοῖς, οὗ τί γένοιτ'
ἂν ἀθλιώτερον; προστάτου σοι δεῖ; βάδιζε παρὰ τὸν
ἐπιτροπεύοντα τῶν νόμων τῆς πολιτείας. τοῦ θεοῦ
σοί τι δεῖ; ἴθι παρὰ τὸν ἱερέα τῆς πόλεως, οὐχ ὡς ἐν-
ταῦθ' ἑνὸν τὸ πάντως ἐπιτυχεῖν, ἀλλ' (199) ὡς ἐγὼ
προθυμήσομαι. ἂν δ' ἐπιτρέπῃ τις ἠρεμεῖν, τάχα ποτὲ
καὶ δυνήσομαι· ἅμα γάρ τις ἀποστρέφεται τὴν ὕλην καὶ
πρὸς θεὸν ἐπιστρέφεται. θεωρία τέλος ἐστὶν ἱερωσύ-
νης μὴ ψευδομένης τὸ ὄνομα, θεωρία δὲ καὶ πρᾶξις οὐκ
ἀξιοῦσι συγγίνεσθαι. ὁρμὴ μὲν γὰρ ἀρχὴ πράξεως, οὐ-
δεμία δὲ ἀπαθής. ἀλλὰ δεῖ κενὴν εἶναι παθῶν τὴν ψυχὴν
τὴν μέλλουσαν ἔσεσθαι δοχεῖον θεοῦ· μὴ καθαρῷ
γάρ φησι καθαροῦ ἐφάπτεσθαι μὴ οὐ θεμιτὸν ᾖ. σχο-
λάσατε καὶ γνῶτε ὅτι ἐγώ εἰμι ὁ θεός. σχολῆς
δεῖ τῷ μετὰ φιλοσοφίας ἱερατεύοντι. οὐ καταδικάζω
τῶν ἐπισκόπων τοὺς ἐν τοῖς πράγμασιν, ἀλλ' ἐμαυτὸν
εἰδὼς μόλις εἰς θάτερον ἐξικνούμενον ἄγαμαι τῶν δυ-

civitate suspiciat, obscuritatis illius atque defectus. Ego
vero usque ad sacerdotium honore satiatus sum, neque
quidquam infamiæ (198) degustavi. Nunc autem neque
honore affectus gaudeo, neque contemptus moleste fero.
Neutrum enim iam eorum ab eo, qui intulerit, in me
committi videtur, sed utrumque ad deum pertinet. Id-
circo homo iste proiectæ ad omne facinus audaciæ, cum
neque dicendo neque faciendo me commoveret, altius se
a nobis efferens, cum ipso deo congreditur, ac voces
nonnullas edidit coram coactis et circumstantibus popu-
lis, quas lectis iis litteris audietis, quæ ad universam
orbis terrarum ecclesiam sunt scriptæ. Tale quiddam
est rude ac disciplinæ expers ingenium, cum potestatem
adeptum est; cœlum ipsum, quod dicitur, capite tundere
conatur. Esto, sit in potestate, utatur natura sua,
tempore : occidat et vinciat quemcunque civium libuerit.
Nobis quidem sufficit in eo ordine perseverantibus, in
quo sumus a deo collocati, segregari a nefariorum ho-
minum consortio,

et vacuas aures probris servare nefandis;

necnon de oppressorum patrocinio desperare, iustam ex
irrito conatu apud populum excusationem nactos. Quod
ante experimentum facere hominis erat excellenti qua-
dam sapientia præditi; sed ex ipsis rebus sententiæ meæ
suffragatores habere vos destinabam mecum ut agnosce-
retis, reipublicæ administrandæ vim cum sacerdotio
coniungere perinde esse atque ea nere quæ nendo con-
necti nequeant.

Prisca tempora eosdem sacerdotes ac iudices tulerunt.
Nam Ægyptii et Hebræi longo tempore sacerdotum im-
perio usi sunt. Deinde posteaquam, ut mihi videtur,
divinum opus humano more fieri cœptum est, deus ambo
vitæ genera separavit ; unumque horum sacrum, alterum
ad regimen atque imperium constitutum est. Alios enim
ad infirmarum rerum fæcem convertit, alios sibi socia-
vit : illi in negotiis, nos in oratione collocati. Ab utrisque
vero quod honestum et consentaneum est requirit deus.
Quid tu igitur antiquum illud revocas? quid ea coniungere
vis, quæ deus seiunxit? qui nos non administrare, sed
administrando depravare postulas ; quo quid infelicius esse
potest? Patrono opus habes? Vade ad eum qui reipu-
blicæ legibus præest. Deo quapiam in re indiges? Vade
ad urbis antistitem ; non quod istic penitus voti compo-
tem fieri necesse sit, sed quod omnem ad id (199) ope-
ram sim adhibiturus. Sin quiescere uti possim mihi
aliquis concesserit, forsitan aliquando sium potero : si-
mul enim a rerum terrenarum fæce sacerdos avertitur et
ad deum convertitur. Contemplatio sacerdoti finis est, si
non falso id sibi nomen usurpet ; contemplatio vero et
actio nequaquam in unum conveniunt. Voluntatis enim
impetus motus est in actionem : nullus autem sine af-
fectu aliquo esse potest. At omnium expertem affectuum
animam illam esse oportet, quæ dei receptaculum futura
sit. Nam ei qui impurus sit, ait ille, quod purum est attin-
gere nefas est. *Vacate enim et cognoscite quoniam ego
sum deus.* Vacatione opus est ei, qui cum philosophiæ
studio sacris operatur. Nec episcopos damno, qui nego-

ναμένων ἑκάτερα ἐμοὶ δύναμις οὐκ ἔστι δυσὶ κυρίοις
δουλεύειν. εἰ δ' εἰσί τινες οἳ μηδ' ἀπὸ τῆς συγκατα-
βάσεως βλάπτονται, δύναιντ' ἂν καὶ ἱερᾶσθαι καὶ πό-
λεων προστατεῖν. ἀκτὶς ἡλίου κἂν ὁμιλήσῃ βορβόρῳ,
μένει καθαρὰ καὶ ἀμόλυντος ἐγὼ δὲ ταὐτὸ τοῦτο πα-
θὼν πηγῶν καὶ θαλάττης δεήσομαι, καὶ εἰ δυνατὸν
ἦν ἀγγέλῳ πλεῖν ἢ τριάκοντα ἐνιαυτοὺς ἐνανθρωπή- c
σαντι μηδὲν ἀπολαῦσαι τῆς ὕλης κακὸν εἰς προσπά-
θειαν, τί ἔδει καταβῆναι τὸν υἱὸν τοῦ θεοῦ; ἀλλ' ἔστι
περιουσία δυνάμεως ὁμιλοῦντα τοῖς χείροσι μένειν ἐπὶ
τῆς φύσεως καὶ μηδένα τρόπον παθαίνεσθαι. τοῦτο
θεοῦ μὲν ὕμνος ἐστίν, ἀνθρώπῳ δὲ παραίτησις γίνεται
διευλαβουμένῳ τῆς φύσεως αὐτοῦ τὴν ἀσθένειαν κατὰ
τούτους ὑμῖν ἐγὼ τοὺς ὅρους συνέσομαι. οὐ μὴν τό γε
κρίνειν καιροὺς ἐμαυτῶν ἀφαιρήσομαι, ὡς ὅταν ἐξῇ d
κατιόντα κατιέναι, τοῦτ' ἔστι διὰ τῆς τυχούσης
ἐπιστροφῆς ἀγαθόν τι μέγα ποιεῖν. οὕτω καὶ ὁ θεὸς
πολιτεύεται τὸ προστετηχέναι δέ ἐστι τὸ δεινόν, οὗ
μήτε θεοῦ φύσις ἀνέχεται, μήτε ὅστις ἑαυτὸν ἀπευθύ-
νει πρὸς θεόν. εἰ γέγονα χρημάτων ἢ κτημάτων
ἐπιμελητής, εἰ σύνιστέ μοι λογισμοὺς δεχομένῳ τῆς καθ'
ἡμέραν ἢ τῆς κατ' ἔτος δαπάνης, εἶτα ἐν τοῖς ὑμετέροις
τοῦ χρόνου φείδομαι, ἀλαζών εἰμι, καὶ (200) οὐκ ἀξιῶ a
συγγινώσκεσθαι· εἰ δὲ ἀμελήσας τῶν οἴκοι πρότερον
τῇ κατὰ νοῦν ἐνεργείᾳ συνέταξα τὴν ζωήν, τί δεινὸν εἰ
τῶν ἴσων ὑμᾶς ἀξιῶ; ἀλλ' ἐπεὶ τούτοις ὑμᾶς οὐκ ἀρέ-
· σχομεν, ὡς ὄντων ἑτέρων οἳ δύνανται κατὰ ταὐτὸν ἐν
ἀμφοῖν εὖ διαγίνεσθαι, ἔξεστι βουλεύσασθαι τὸ λῷον τῇ
τε πόλει καὶ ταῖς ἐκκλησίαις κἀμοί. οὐκ ἐξομούμαι τὴν
ἱερωσύνην μήποτε δυνηθείη τοσοῦτον Ἀνδρόνικος
ἀλλ' ὥσπερ οὐδὲ φιλόσοφος ἐγενόμην δημόσιος, οὐδὲ b
θεατροκοπίαις ἐπεθέμην, οὐδὲ διδασκαλεῖον ἤνοιξα
(καὶ οὐδὲν ἧττον ἦν τε καὶ εἴη φιλόσοφος), οὕτως
οὐδ' ἱερεὺς δημόσιος εἶναι βούλομαι οὐχ ἅπας ἅπαντα
δύναται. ἐγὼ συγγινόμενος ἐμαυτῷ καὶ διὰ νοῦ τῷ
θεῷ, καταβὰς ἀπὸ θεωρίας δύναμαι συνουσίας ποιεῖ-
σθαι οὐκ ἀχρήστους πρὸς ἕνα καὶ δύο καὶ οὐδὲ τού-
τους ἀγελαίους, ἀλλ' οἵτινες εἶεν ἢ φύσεως λαχόντες
ἢ ἀγωγῆς εὐτυχήσαντες, ὥστε νοῦν τεθαυμακέναι πρὸ
σώματος ἀλλὰ καὶ διὰ πολλοῦ πραγμάτων ἁπτόμενος
μετὰ τῆς ἐμαυτοῦ ῥαστώνης, γενοίμην ἂν τῷ καιρῷ c
χρήσιμος· καταχωννύμενος δὲ ὑπ' αὐτῶν ἐμαυτοῦ τε
ἐπιλήσμων εἰμὶ καὶ τῶν πραγμάτων ζημίαν ποιῶ οὐ
γάρ ἐστι μισοῦντα καλῶς τι ποιεῖν ἀλλ' ὁ μὴ πάσῃ
τῇ γνώμῃ δεδογμένα ποιῶν ἄθυμος ἔρχεται πρὸς τὴν
πρᾶξιν ἧς προσθῆναι δεῖ· ὅστις δὲ πρὸς μὲν σχολὴν
ἀνοικείως ἔχει, καὶ οὐκ ἔστιν ὅπως ἂν τῷ σχολάζοντι
χρήσαιτο, αὐτὸ δὲ τὸ πᾶν ὅπερ ἐστὶ δημωφελέστατος
ἄνθρωπος πολυχωροτάτη ψυχῇ ταῖς ἁπάντων ἀρκοῦσα
φροντίσιν, ὅστις δὴ πέφυκεν οὕτω καὶ βούλεται, ὁ
τοιοῦτος κἂν χάριν εἰδείη ταῖς ἑλκούσαις αὐτὸν ἐφ' d
ἑαυτὰς περιστάσεσιν ὑποθέσεις γὰρ αὐτοῦ τῇ φύσει
πορίζονται, καὶ μέγιστον εἰς τὸ κατορθοῦν ἐφόδιον ἡ
φιλία τοῦ πράγματος. αἱρετέος οὖν ἅπασιν ἡμῖν ὁ

tus detinentur, sed cum noverim vix me horum alteru-
trum assequi posse, qui utrumque præstare possint, eos
admirari soleo Non est id mearum virium, duobus ut
dominis serviam Sin aliqui reperiantur, quibus ne men-
tis quidem ad inferiora descensus detrimentum afferat,
merito illi possunt sacerdotes fieri et præesse civitatibus
Solaris radius, quamvis cœnum contingat purus nec in-
quinatus manet, ego si idem fecero, fontibus ac mari
opus habebo Ac si angelus posset supra triginta annos
cum hominibus ita consuescere, nulla ut ex materia
contagio malorum in eum redundaret, quid necesse est
descendere filium dei? Sed abundantia quædam virium
est ita inter deteriora versari, ut in naturæ statu consis-
tat nec ullo modo ab illis inficiatur Dei ista laus ac
prædicatio est Homini vero deprecandum illud est, na-
turæ suæ imbecillitatem metuenti His ego vobiscum
legibus versabor Non tamen temporum atque opportu-
nitatum iudicium mihi adimam, ut, cum licebit, me ad
inferiora demittam hoc est levi cura et animadver-
sione ingens aliquod bonum efficiam, quemadmodum
deus se ipse gerere consuevit Affici autem et adhære-
scere penitus, hoc demum malum est, quod neque na-
tura dei sustinet, neque quisquam se ad dei exemplar
exigit Si pecuniarum ac possessionum curam et sollici-
tudinem admisi, si diurnorum et annuorum expensorum
rationes accipere me cognoritis, postea in iis quæ ad vos
pertinent tempori parco, vanus et arrogans sum (200),
nec ignosci mihi postulo Sin rei domesticæ prius ipse
cura deposita in mentis actione vitam meam collocatam
habeo, quid mirum est si et idem a vobis requiro? Quo-
niam autem ob hæc minus vobis placemus, quasi alii
sint, qui eodem modo recte in utrisque versari possint,
consilium vobis capere licet, quid et civitati et ecclesiis
et mihi magis expediat Non ego sacerdotium eiurabo
Nolo tantum habere potestatis Andronicum Sed quem-
admodum neque philosophus popularis fui, nec theatro-
rum plausum captavi, nec ludum aperui (nihilominus
tamen eram tum et utinam sim philosophus[1]), ita neque
popularis antistes esse volo Non omnia omnes possunt
Ego mecum et mente cum deo versatus a contempla-
tione descendens non absurda colloquia miscere possum
cum uno vel altero, iisque non vulgaribus, sed si qui
sint vel indolem nacti vel feliciter instituti, adeo ut cor-
pori mentem præferant Præterea longo intervallo ad
negotia tractanda me conferens, quod commodo meo
faciam, utilis in tempore esse possum Sin iis opprimor,
non modo mei obliviosus reddor, sed et negotiis ipsis de-
trimentum facio Fieri enim non potest, ut quod quis
oderit, recte et ex ordine conficiat Sed qui non ex
totius animi sui sententia aliquid facit, languidus ac tris-
tis ad opus accedit, cui præesse illum convenit Contra
qui ab otio alienus est, nec ulla ratione vacuus esse et a
negotiis feriari potest, sed quantus quantus est, populo
utilissimus est, plurimarum rerum capax animus, omnium
curæ sustinendæ sufficiens qui quoniam ita a natura
comparatus est, eiusmodi præstare sese studet qui sic
affectus est, etiam occupationibus ac negotiis gratiam
habeat, quæ ipsum ad se pertrahant Materiam enim
naturæ suæ suppeditant, estque hoc maximum ad rem
conficiendam adiumentum, amare id ipsum quod agitur
Quare seligendus nobis aliquis est, qui sit omnium utilis-
simus, nostroque in loco eligendus. qui ægre admodum

λυσιτελέστερος ἄνθρωπος, καὶ ἀνθαιρετέος ἡμῶν οἱ
μόλις μόνοι σωζόμεθα. τί κεκράγατε; οὐ διότι μήπω
γέγονεν, ἄξιόν ἐστι μηδὲ νῦν γενέσθαι; πολλὰ τῶν
δεόντων ὁ χρόνος ἐξεῦρε καὶ κατωρθώσατο. οὐχ ἅπαντα
πρὸς παράδειγμα γίνεται. καὶ τῶν γενομένων ἕκα-
στον ἀρχὴν ἔσχε, καὶ πρὶν (201) γενέσθαι μήπω γενό-
μενον ἦν. ἀξιώτερόν ἐστι προτιμηθῆναι τῆς συνη-
θείας τὸ χρήσιμον. ἡμεῖς ἀρχὴν δῶμεν ἔθει βελ-
τίονι. ἀνθαιρετέος οὖν ἡμῶν ἢ μεθ' ἡμῶν αἱρετέος,
πάντως δὲ αἱρετέος ὁ ἄνθρωπος. ὅστις ἂν ᾖ, πάντως
ἐμοῦ τὰ πολιτικὰ μακρῷ φανεῖται σοφώτερος, καὶ δυ-
νήσεται τὰ δύστηνα ταῦτ' ἀνθρώπια ὑπὲρ ὑμῶν ἐξο-
μιλεῖν καὶ μεταχειρίζεσθαι. οὐκοῦν εἰ μήπω δοκεῖ,
τοῦτο μὲν ἐσαῦθις ἀναθώμεθα· ἔξεστι γὰρ ὑπὲρ αὐτοῦ
κατὰ μόνας καὶ μετ' ἀλλήλων βουλεύσασθαι. νυνὶ
δὲ οἷς τὸ συνέδριον μετῆλθε τὴν Ἀνδρονίκου μανίαν
ἀκούσατε.

νη'. Τοῖς ἐπισκόποις.

Ἀνδρόνικον τὸν Βερονικέα, τὸν κακῇ Πενταπόλεως
μοίρᾳ καὶ φύντα καὶ τραφέντα καὶ αὐξηθέντα καὶ τὴν
ἀρχὴν τῆς ἐνεγκούσης αὐτὸν ὠνησάμενον μήτε ἡγείσθω
τις μήτε καλείτω Χριστιανόν, ἀλλ' ὡς ἀλιτήριος ὢν
τοῦ θεοῦ πάσης ἐκκλησίας ἀπεληλάσθω πανέστιος,
οὐ διότι γέγονε Πενταπόλεως ἐσχάτη πληγή, μετὰ
σεισμὸν μετὰ ἀκρίδα μετὰ λοιμὸν μετὰ πῦρ μετὰ πό-
λεμον ἀκριβῶς ἐπεξελθὼν τοῖς ἐκείνων ἐγκαταλείμμα-
σιν, ἄτοπα κολαστηρίων γένη καὶ σχήματα πρῶτος
εἰς τὴν χώραν εἰσενεγκών (εἴη δὲ εἰπεῖν ὅτι καὶ
μόνος χρησάμενος), δακτυλήθραν καὶ ποδοστράβην
καὶ πιεστήριον καὶ ῥινολαβίδα καὶ ὠτάγραν καὶ χει-
λοστρόφιον, ὧν οἱ προλαβόντες τὴν πεῖράν τε καὶ
θέαν καὶ τῷ πολέμῳ προαπολόμενοι παρὰ τῶν κακῶς
περισωθέντων ἐμακαρίσθησαν, ἀλλ' ὅτι πρῶτος παρ'
ἡμῖν καὶ μόνος ἔργῳ καὶ λόγῳ τὸν Χριστὸν ἐβλασφή-
μησεν· ἔργῳ μέν, ἀφ' οὗ τῇ θύρᾳ τῆς ἐκκλησίας προσ-
επαττάλευσεν ἑαυτοῦ διατάγματα, τοῖς μὲν ὑπ' αὐτοῦ
παρανομουμένοις τῆς ἀσύλου τραπέζης ἀποκλείων τὴν
ἱκετείαν, ἀνατεινόμενος δὲ τοῖς ἱερεῦσι τοῦ θεοῦ ταῦτα
ἃ κἂν Φάλαρις ὁ Ἀκραγαντῖνος κἂν Κεφρὴν ὁ Αἰ-
γύπτιος κἂν Σεναχηρεὶμ ὁ Βαβυλώνιος ὤκνησεν, ὁ
πέμψας εἰς Ἱερουσαλὴμ τοὺς ὀνειδίζοντας Ἐζεκίᾳ καὶ
τῷ θεῷ. ἐκείνην ἐγὼ τὴν ἡμέραν ἐννοηχέναι φημὶ τὸν
δεύτερον. σταυρὸν τοῦ θεοῦ· ἐπὶ γὰρ ὀνειδισμῷ τοῦ
Χριστοῦ τὸ λοίδορον ἐκεῖνο βιβλίον ἀπὸ τῆς ἱερᾶς θύ-
ρας ἐκρέματο. καὶ ταῦτα ἐπειδὴ ἥλιος, καὶ ἀνέ-
γνωσαν ἄνθρωποι, (202) οὐ Τιβερίου Κλαυδίου τῆς πο-
λιτείας ἐπιτροπεύοντος, ὑφ' οὗ Πιλάτος ἐπὶ τὴν Ἰου-
δαίων ἡγεμονίαν ἐστάλη, ἀλλὰ τῆς εὐσεβοῦς Θεοδο-
σίου γενεᾶς τὰ σκῆπτρα Ῥωμαίων ἐχούσης, ἀφ' ἧς
ἔλαθεν Ἀνδρόνικος ἑαυτῷ μνηστεύσας ἀρχὴν ὑπὸ τῷ
Πιλάτου φρονήματι. γέλως ἦν τοῖς παριοῦσι τῶν
ἑτεροδόξων τὰ γράμματα, καθάπερ Ἰουδαίοις τὰ

servari soli possumus. Quid exclamastis? Non quia non-
dum factum illud est, fieri idcircone nunc quidem conve-
nit? Multa quæ necessaria erant, invenit tempus et
emendavit. Non ad exemplum fiunt omnia : et unum-
quodque eorum, quæ facta sunt, initium habuit, et an-
tequam (201) fieret, nondum erat factum. Consuetudini
utilitatem anteferre præstat. Demus et nos initium
meliori consuetudini. Pro nobis igitur eligendus : vel no-
biscum eligendus omnino eligendus homo est. Quisquis
ille fuerit, prorsus in civilibus rebus longe me ipso pe-
ritior videbitur, ac misellos istos homunciones vestri causa
conciliare tractareque poterit. Itaque si nondum id vobis
probatur, hoc in posterum differamus. Licebit enim
ea de re privatim atque in commune consulere. Iam
vero quibusnam poenis de consilii sententia in Andronici
furorem sit animadversum attendite.

LVIII. Ad episcopos.

Andronicum Beronicensem, infelici Pentapolis fato
editum et educatum et adultum, quique patriæ præfectu-
ram pecunia redemit, nemo aut existimet aut appellet
Christianum, sed tanquam a deo exsecratus cum uni-
versa sua familia ab omni sit eiectus ecclesia, non quia
Pentapoleos extrema plaga fuit, post terræ motum post
locustam post pestilentiam post incendium post bellum
illorum omnium reliquias diligenter persequens, hor-
renda ad carnificinam instrumentorum genera ac formas
primus in provinciam inferens (utinam dicere liceat, et
his solus utens) digitale, pedum distortorium, prelum
et nasipressorium et auribus ac labris distrahendis forci-
pes, quorum qui experimentum ac spectaculum morte
prævenerunt, quique ante bello sublati sunt, ab iis qui
male servati fuerant felices appellati sunt; sed quoniam
primus apud nos et solus factis verbisque Christo male-
dixit : factis quidem, ex quo edicta sua ad ecclesiæ
valvas affixit, quibus contra leges a se vexatis aditum ac
supplicationem ad sacrum altare tanquam asylum inter-
cludebat, dei vero sacerdotibus ea minabatur, quæ vel
Phalaris Agrigentinus vel Cephren Ægyptius vel Senache-
rib Babylonius timuisset, is, qui Hierosolymam nuntios
misit, qui deo et Ezechiæ convicia dicerent. Illum dico
diem alteram deo crucem attulisse. Nam ad Christi
contumeliam infamis iste libellus e sacris foribus pende-
bat. Et hæc sol vidit, et homines legerunt, non Tiberio
(202) Claudio rempublicam administrante, a quo Pilatus
ad Iudæorum præfecturam missus est, sed pia Theodosii
stirpe Romanorum sceptra moderante, a qua furtim An-
dronicus sibi præfecturam exambit, eadem qua Pilatus
mente præditus. Risui prætereuntibus erant infidelibus
illæ tabulæ, quemadmodum Iudæis quæ ad crucem
Christi ascripta legebantur. Quanquam, ipsa crucis in-

ταραγεγραμμένα τῷ σταυρῷ τοῦ Χριστοῦ καίτοι τὸ
πίγραμμα τοῦ σταυροῦ, γεγονὸς ἀπὸ γνώμης οὐκ
ὑσεβοῦς, σεμνὸν ἦν ἐπὶ λέξεως, δι' οὗ οὖ βασιλεὺς· ὁ
ᾑριστὸς ἐκηρύττετο· ἐνταῦθα δὲ ἡ γλῶττα τῇ γνώ- b
ᾑ συνέβαινε. τὰ δὲ δὴ μετὰ ταῦτα τῶν πρώην
στηλιτευομένων βαρύτερα· ἐπειδὴ γὰρ ἦν τινὰ κατ'
χθροῦ πρόφασιν εὑρόμενος (ἔχθρα δὲ ἦν αὐτοῖς, ὅτι
·ἄμους δ μὲν ἐσπούδαζεν ὁ δὲ ἐκώλυεν), ἐκείνοις αὐ-
ὸν τοῖς ἀποτροπαίοις κολαστηρίοις ἠκίζετο, ἃ μὴ
ταραδοθείη τῇ διαδοχῇ τοῦ χρόνου, μετ' αὐτοῦ δὲ
ὥσπερ ἤρξατο παύσαιτο, καὶ γένοιτο τοῖς μεθ' ἡμᾶς
ᾑκοὴ ταῦτα τῆς ἡγεμονίας Ἀνδρονίκου συνθήματα.
πειδὴ οὖν ἀνὴρ εὐγενής, οὐκ ἀδικῶν ἀλλ' ἀτυχῶν,
π' αὐτοῖς κατετείνετο, καὶ ταῦτα τῷ τῆς μεσημβρίας
δρᾶτο σταθερωτάτῳ, ἵν' ὑπὸ μόνοις μάρτυσι τοῖς
ἡμίοις ἀπόλοιτο, καὶ τὴν ἐκκλησίαν ἔγνω γινομένην
·ὑτῶς συμπαθῇ, κατ' ἄλλο μὲν οὐδέν, ὅτι δὲ μαθόντες
ὐθὺς ὡς εἴχομεν ἐξεδράμομεν ἐφ' ᾧ παρακαθίζησαι
·αὶ συνδιενέγκαι τὴν συμφοράν, λυττᾷ πρὸς τὴν
ᾑκοὴν εἴ τις ἐπίσκοπος ὢν ἐλεῆσαι τετόλμηκεν ἄνθρω-
τον ἀπηχθημένον αὐτῷ· καὶ πολλὰ καὶ παράνομα
·εανιευσάμενος, τοῦ θρασυτάτου τῶν ὑπηρετῶν Θόαν-
ος αὐτὸν ἐρεθίζοντος, ᾧ χρῆται πρὸς τὰς δημοσίας
υμφορὰς ὀργάνῳ, πέρας ἐπέθηκε τῇ μανίᾳ τὴν ἀθωω-
άτην φωνήν, εἰπὼν ὅτι μάτην ἐπὶ τὴν ἐκκλησίαν ἤλ-
·ισε, καὶ οὐδεὶς ἂν ἐξαιρεθείη τῶν Ἀνδρονίκου χει-
ῶν, οὐδ' ἂν εἴ τις τὸν πόδα κρατήσειεν αὐτοῦ τοῦ
ᾑριστοῦ. ταύτην ἀπαιδεύτως γνώμην καὶ γλώττᾳ
ρὶς ἀνεφθέγξατο τὴν φωνήν, μεθ' ἣν οὐκέτι νουθετη-
έος ὁ ἄνθρωπος, ἀλλ' ὥσπερ μέλος ἀνίατως ἔχον ἀπο-
οπτέος ἡμῶν, ἵνα μὴ τῇ κοινωνίᾳ καὶ τὸ ὑγιαῖνον
υμφθείρηται. ὁ γὰρ μολυσμὸς διαδόσιμος γίνεται,
αὶ ὁ θἰγὼν ἐναγοῦς ἀπολαύει τῆς προστροπῆς (203).
εἰ δὲ εἶναι καὶ γνώμῃ καὶ σώματι καθαροὺς τῷ θεῷ
πὶ τούτοις ἡ Πτολεμαΐδος ἐκκλησία τάδε πρὸς τὰς
πανταχοῦ γῆς ἑαυτῆς ἀδελφὰς διατάττεται

Ἀνδρονίκῳ καὶ τοῖς αὐτοῦ καὶ Θόαντι καὶ τοῖς αὐ-
οῦ μηδὲν ἀνοιγνύσθω τέμενος τοῦ θεοῦ· ἅπας αὐτοῖς
·ρὸς ἀποκεκλείσθω καὶ σηκὸς καὶ περίβολος. οὐκ ἔστι
ᾧ διαβόλῳ μέρος ἐν παραδείσῳ, ὃς κἂν λάθῃ διαδύς,
ξελαύνεται. παραινῶ μὲν οὖν καὶ ἰδιώτῃ παντὶ καὶ
ρχοντι μήτε ὁμωρόφιον αὐτῷ μήτε ὁμοτράπεζον γί-
εσθαι, ἱερεῦσι δὲ διαφερόντως, οἳ μήτε ζῶντας αὐτοὺς b
ροσεροῦσι μήτε τελευτήσαντας συμπροπέμψωσιν εἰ
έ τις ὡς μικροπολίτιν τὴν ἐκκλησίαν ἀποσκυβαλίσει
αὶ δέξεται τοὺς ἀποκηρύκτους αὐτῆς, ὡς οὐκ ἀνάγκη
ῇ πένητι πείθεσθαι, ἴστω σχίσας τὴν ἐκκλησίαν,
ἴν μίαν ὁ Χριστὸς εἶναι βούλεται. ὁ δὲ τοιοῦτος,
ἴτε λευΐτης ἐστὶν εἴτε πρεσβύτερος εἴτε ἐπίσκοπος,
αρ' ἡμῖν ἐν Ἀνδρονίκου μοίρᾳ τετάξεται, καὶ οὔτε
μβαλοῦμεν αὐτῷ δεξιάν, οὔτε ἀπὸ τῆς αὐτῆς ποτὲ
ιτησόμεθα, πολλοῦ δὲ δεήσομεν κοινωνῆσαι τῆς
πορρήτου τελετῆς τοῖς ἐθελήσασιν ἔχειν μερίδα μετὰ C
Ἀνδρονίκου καὶ Θόαντος.

scriptio, ut non religioso ab animo profecta, at verbis ipsis
perhonorifica fuit, quibus rex Christus prædicabatur.
hic autem lingua cum animo congruebat Quæ vero
deinceps acciderunt, longe iis quæ affixa sunt acerbiora
fuerunt. Cum enim nonnihil adversus inimicum occasio-
nis nactus esset (inimicitiæ autem inde inter eos ortæ
fuerant, quod nuptias hic affectabat, ille prohibebat), iis
illum furialibus suppliciis torquere instituit, quæ minime
posteritatis memoriæ prodantur, sed cum ipso, uti cœ-
pere, desinant, sintque hæc ad posteros Andronici ma-
gistratus signa auditione tenus propagata Sed cum
nobilis vir, nihil iniuste melitus sed calaminosus, ob hæc
excarnificaretur, et ista sub meridianum ipsum diei ardo-
rem agerentur, ut solis carnificibus testibus periret,
postquam condolere illi ecclesiam sensit, nullo quidem
alio ex indicio, sed quod statim, ut audivimus, e vesti-
gio accurrimus, ut et assideremus, et miseriæ participes
essemus, iis ille auditis furore præceps agitur, quod
episcopus ullus misereri illius auderet hominis, cui ipse
esset inimicus, ac plurima impiaque insolenter iactitans.
audacissimo satellitum Thoante ad id eum incitante, quo
ad publicas calamitates administro utitur, tandem sce-
lestissima in voce furorem terminavit suum, frustra illum
dicens spera aliquam in ecclesia collocasse, neque quem-
quam ex Andronici manibus ereptum iri, non si pedem
Christi manibus amplectatur In hanc ille vocem impe-
rita mente ac lingua ter erupit, secundum quam nihil est
quod amplius moneamus hominem, sed velut membrum
insanabile a nobis est segregandus, ne illius contagione
quod sincerum est corrumpatur Labes enim facile com-
municatur, et qui impurum tetigerit, piaculum noxam-
que contrahit (203) Esse autem coram deo et mente
et corpore puros convenit Ob hæc Ptolemaidis ecclesia
ad omnes ubique terrarum sorores suas ecclesias hæc
decernenda censuit

Andronico eiusque sociis, Thoanti et eius sociis nul-
lum dei templum aperiatur Omnis illis religiosa ædes
ac septa claudantur Nulla diabolo in paradiso pars est
Qui si clam irrepserit, expellitur Ac cum privatos
omnes et magistratus hortor, ut nec eiusdem cum illo
tecti neque mensæ participes esse velint, tum sacerdotes
imprimis, qui nec viventes salutabunt, nec mortuos fu-
nebri pompa deducent Sin quisquam velut exiguæ urbis
ecclesiam nostram contempserit et ab ea damnatos rece-
perit, quasi pauperi parere nihil necesse sit, noverit scis-
sam a se ecclesiam esse, quam unam esse vult Christus
Atque hic, sive levita sive sacerdos sit sive episcopus,
apud nos eodem atque Andronicus loco censebitur. ne-
que cum eo dextram iungemus, nec ab eadem mensa
vescemur unquam Tantum abest ut cum iis arcana my-
steria communicemus, qui cum Andronico et Thoante
partem aliquam habere voluerint

νθ'. Ἀνυσίῳ.

Ὦ δέδωκα τὴν ἐπιστολήν, εἰ καὶ φιλόσοφός ἐστι τὴν ψυχήν, ἀλλὰ ῥήτωρ τὴν τέχνην. ἕως μὲν οὖν Ἀνύσιός τε παρῆν καὶ Πεντάπολις ἦν, ἔτι παρ' ἡμῖν ταύτην εἰργάζετο· ἐπεὶ δὲ ὁ μετὰ σὲ χρόνος τοῖς πολεμίοις ἡμᾶς ἀποδόμενος δίκων εἰρήνην ἐποίησεν, ἔγνωκε πλεῖν εἰς ἑτέραν ἀγοράν, ὅπου γλῶττα ὤνιος, τὸ ῥητόρων ἀγώγιμον, τὸν ῥήτορα γνώριμον ποιεῖ. μνήστευσον αὐτῷ φιλίαν ἀνδρὸς λαχόντος ἄρχειν ἐθνῶν, καὶ ναὶ μὰ τὸν φίλιον τὸν ἐμόν τε καὶ σόν, ὃν αἰτήσεις τὴν χάριν, εἴσεταί σοι χάριν, ὅταν ἐπανήκῃ μετὰ τὴν πεῖραν.

ξ'. Αὐξεντίῳ.

Ἂν γράψωμαί σε φιλίας ἀδικουμένης, καὶ θεοῦ καὶ θείων ἀνδρῶν δικαζόντων, ἁπάσαις αἱρήσω· τίς γὰρ παρενθήκη σοι γέγονα τῆς πρὸς τὸν ἀδελφὸν δυσμενείας; ἐπειδὴ γὰρ ἐκεῖνος οὐδ' ἐμοὶ δοκοῦν (204) ἐπολιτεύετο κατὰ Σαββατίου τῷ μακαρίτῃ Φάῳ, σὺ δὲ αὐτὸν λέγων οὐκ ἔπειθες, ἔτρεψας ἐπ' ἐμὲ τὴν ὀργήν, καὶ ἐποίεις κακὸν ὅσον ἐδύνω· κἀγὼ (τότε γὰρ ἐξῆν) ἐδεξάμην τὴν πρόκλησιν τῆς διαφορᾶς. νυνὶ δὲ οὔτε ἔξεστιν οὔτε βούλομαι· ἥ τε γὰρ ἡλικία καλῶς ποιοῦσα μαραίνει μοι τὸ φιλότιμον καὶ ἱεροί, φασί, νόμοι κωλύουσιν, ἅμα δὲ ὑπομιμνήσκομαι καὶ κοινῶν τροφῶν καὶ παιδείας καὶ τῆς ἐν Κυρήνῃ διατριβῆς, ἃ χρὴ νομίσαι τῆν Σαββατίου δικῶν ἰσχυρότερα. ἄρχου δὴ φιλίας ἀγαθοῦ πράγματος, καὶ χαῖρε παρ' ἐμοῦ, ζημίαν ἡγουμένου τὸν χρόνον ὃν ἐσιώπησα, πῶς οἴει καὶ τότε δακνόμενος; ἀλλ' ἐνεκαρτέρουν ὡς οἷόν τε· τοιοῦτόν ἐστι τὸ διαφιλοτιμεῖσθαι κακόν.

ξα'. Πυλαιμένει.

Δάπιδα μεγάλην τῶν Αἰγυπτίων, οὐχ οἵαν ὑποβεβλῆσθαι στρωμνῇ, ἀλλ' οἵαν αὐτὴν εἶναι καὶ μόνην στρωμνήν, Ἀστέριος ὁ ταχυγράφος ἰδὼν ᾔτησε παρ' ἡμῶν, ὁπηνίκα με πρὸ τῶν μεγάλων ἀρχείων ἔδει καθεύδειν. ταύτην ὑπεσχόμην ἐξιὼν ἀπολείψειν αὐτῷ δῶρον· οὐ γὰρ ἦν πρὸς τὴν Θρᾳκῶν χιόνα παραβαλλόμενον τοιαῦτα χαρίζεσθαι. νῦν οὖν ἐκπέμπω, τότε γὰρ οὐ κατέλιπον· σὺ δὲ δώσεις αὐτῷ μετὰ τῆς ἀπολογίας ἧς αὐτὸς ἔσῃ μάρτυς, ἣν ὑπομνησθῇς τοῦ καιροῦ, καθ' ὃν ἀνεχώρουν τοῦ ἄστεος. ἔσειεν ὁ θεὸς τῆς ἡμέρας πολλάκις, καὶ πρὸς ἱκετηρίας ᾖσαν οἱ ἄνθρωποι πρηνεῖς οἱ πλείους· τὸ γὰρ ἔδαφος ἐκραδαίνετο. ἐν ᾧ νομίσας ἐγὼ τὴν θάλατταν τῆς γῆς ἀσφαλέστερον, κατατείνω δρόμου ἐπὶ τὸν λιμένα, μηδενὶ λέγων δοὺς ὅτι μὴ τῷ μακαρίτῃ Φωτίῳ, καὶ τοῦτον πόρρωθεν ἐγκραγών, καὶ τῇ χειρὶ σημήνας ὅτι οἰχήσομαι. ὁ δὲ Αὐρηλιανὸν φίλον ἄνδρα καὶ ὕπατον ἀφεὶς ἀπροσαύδητον ἀπολέλυγηται περὶ τῶν αὐτῶν πρὸς τὸν ὑπηρέτην Ἀστέριον. τότε

LIX. Anysio.

Cui ego litteras commisi, etsi is animo philosophus, arte tamen ac professione orator est.· Itaque quamdiu Anysius aderat et Pentapolis supererat, apud nos eam adhuc artem exercebat; cum autem post discessum tuum insequens tempus nos hostibus vendidisset et quoddam nobis iustitium indixisset, ad aliud forum navigare constituit, ubi venalis lingua, quod mercimonium est oratorum, illustrem reddit oratorem. Fac ut illi cuiuspiam viri familiaritatem concilies, cui gentium præfectura contigerit. Ac deum testor tuæ meæque amicitiæ præsidem, is ipse, a quo tu gratiam postulaveris, gratias tibi aget, cum post factum periculum revertetur.

LX. Auxentio.

Si te ob illatam amicitiæ nostræ iniuriam accusavero, et deo et divinis viris iudicantibus, omnium te sententia convincam. Nam quæ tibi fui inimicitiarum, quas cum meo fratre capiebas, accessio? Nam cum ille contra quam vellem (204) adversus Sabbatium beatæ memoriæ Phai partes in republica sequeretur, nec tu eum oratione tua posses inflectere, iram in me omnem vertisti, et quidquid mali poteras intulisti. Ego vero tum, cum licebat, inimicitiarum denuntiationem accepi. Nunc autem nec licet nec volo. Nam et ætas ipsa præclare faciens ambitionem omnem restinguit, et sacræ, ut aiunt, leges istud prohibent. Præterea venit mihi in memoriam communis educationis et institutionis commorationisque Cyrenis nostræ, quæ omnia Sabbatii litibus fortiora putanda sunt. Age igitur, amicitiam colere incipe, rem præstantissimam, et a me plurimum salveto, qui tempus illud omne, quo silui, detrimentum arbitror, quanto putas vel tum mœrore affectus? Sed utcunque tolerabam. Tantum est contentionis ambitiosæ malum.

LXI. Pylæmeni.

Tapetem magnum Ægyptiacum, non qui stragulo supponatur, sed qui vel solus straguli vice esse possit, Asterius notarius cum vidisset, a me postulavit quo tempore mihi ante palatium dormiendum erat. Illum ego discedens muneris ipsi loco relicturum me esse promisi; non enim licebat mihi Thracum nivibus confligenti quidquam eiusmodi largiri. Nunc ad eum mitto; tum enim non reliqueram : tu vero dabis ei cum excusatione, cuius tu ipse testis eris, si tempestatum recorderis quibus ab urbe sum digressus. Tum enim de die sæpius terra quatiebatur, passimque homines pronos se in preces abiiciebant : nam solum succussabatur. In quo cum mare terra tutius et altum crederem, cursu ad portum contendo, nemini loquens, præterquam beato Photio, et hunc eminus clamore compellans ac manu discessurum me significans. Iam qui Aurelianum amicum virum et consulem insalutatum reliquit, super eadem re apud officialem Asterium excusationem habet. Ac tum qui-

μεν οὖν οὕτως ἐγένετο· εἰ δὲ μετὰ τὴν ἐμὴν ἐνεῖθεν
ἀποδημίαν τρίτον τουτονὶ στόλον ἡ ναῦς εἴ; τἀπὶ Θρά-
κης χωρία στέλλεται, ἀλλὰ νῦν πρῶτον ὑπ' ἐμοῦ
στέλλεται. νῦν οὖν, ὅτε πρῶτον ἔξεστιν, ἀποδί'ωμι διὰ
σοῦ τὸ χρέος. χάρισαί μοι τὸν ἄνθρωπον ἐξευρών.
(203) τοὔνομα μὲν δὴ καὶ τὸ ἐπιτήδευμα φθάνω ἐηλώσας,
ἀλλὰ δεῖ πλείω προσθεῖναι γνωρίσματα γένοιτο γὰρ
ἄν τις ὁμώνυμος καὶ ὁμότεχνος. χαλεπῶς δὲ ἅπαντα
τχύτῇ συγκυρεῖ, οὐδὲ γένοιτο ἂν ἐν τῷ χρόνῳ Σύ-
ρος τὸ γένος, μέλας τὸ χρῶμα, τὸ πρόσωπον ἰσ-
χνός, τὸ μέγεθος μέτριος· οἰκεῖ παρὰ τὴν βασιλικὴν
οἰκίαν, οὐ τὴν δημοσίαν ἀλλὰ τὴν κατόπιν αὐτῆς,
ἥτις Ἀβλαβίου μὲν πρότερον ἦν, νυνὶ δὲ Πλακιδίας
ἐστὶ τῆς τῶν βασιλέων ἀδελφῆς· εἰ δὲ μετέχῃσε
(γινόμενον γάρ), σὺ δὲ ἀλλὰ Μάρκον ζητήσεις, φανε-
ρώτατον ἄνδρα, τὸν ἐκ τῆς ὑπάρχου τάξεως· οὗτος ἦν
ὁ τότε τῆς συμμορίας ἄρχων τῶν ταχυγράφων τῆς τὸν
Ἀστέριον ἐχούσης· εὑρήσεις οὖν διὰ Μάρκου τὴν
συμμορίαν, ἧς οὐκ ἦν Ἀστέριος ἔσχατος ἀλλ' ἐν τοῖς πρώ-
τοις τρίτος ἢ τέταρτος· νυνὶ δὲ κἂν πρῶτος εἴη τούτῳ
δώσεις τὴν παχεῖαν ταύτην δάπιδα, καὶ πρὸς αὐτὸν
ἐρεῖς ἄττα ἡμεῖς περὶ τοῦ χρόνου πρὸς σέ. εἰ δὲ
βούλει, καὶ τὴν ἐπιστολὴν αὐτὴν ἀναγνώσῃ σχολὴν
γὰρ ἡμῖν ὁ πόλεμος οὐ δίδωσι τοῦ καὶ πρὸς ἐκεῖνον
ἐπιστεῖλαι, εἶναι δὲ δικαίους οὐδὲν ἴσως κωλύει
ποτε τοσοῦτο δυνηθείη τὰ ὅπλα.

ξδ'. Τῷ ἡγεμόνι·

Μισθὸς ἀρετῆς ἔπαινος, ὃν εἰσφέρομεν Μαρκελλίνῳ
τῷ λαμπροτάτῳ, νῦν ὅτε πέπαυται τῆς ἀρχῆς, νῦν
ὅτε σχολάζει κολακείας ἁπάσης ὑπόνοια· ὅστις παρα-
λαβὼν πολεμουμένας τὰς πόλεις ἔξωθεν μὲν ὑπὸ πλή-
θους καὶ μανίας βαρβαρικῆς, ἔνδοθεν δὲ ὑπὸ στρατιω-
τικῆς ἀταξίας καὶ τῆς τῶν ταξιάρχων πλεονεξίας, ὥσ-
περ θεὸς ἐπιφανείς, μάχῃ μὲν μιᾷ τοὺς πολεμίους,
ἐπιμελείᾳ δὲ καθημερινῇ τοὺς ὑπηκόους σωφρονεστέ-
ρους ἐποίησε, καὶ παρεσκεύασεν ἀπ' ἀμφοῖν τῶν δει-
νῶν εἰρήνην ταῖς πόλεσιν ὑπεραῖδε κερδῶν, ἃ δοκεῖν
εἶναι νόμιμα πεποίηκεν ἡ συνήθεια· οὐκ ἐπεβούλευσε
πλούτῳ, πενίαν οὐχ ὕβρισε, τὰ πρὸς θεὸν εὐσεβής,
τὰ πρὸς πολιτευομένους δίκαιος, τὰ πρὸς δεομένους
φιλάνθρωπος· διὰ τοῦτο φιλόσοφος ἱερεὺς ἐπαινῶν
αὐτὸν οὐκ αἰσχύνεται, παρ' ᾧ μηδεὶς εὕρετο μαρτυ-
ρίαν χάριτι δεδεκασμένην (παρεῖναι μὲν οὖν ἡμῖν καὶ
τὸ δικαστήριον ἐβουλόμεθα (θεὸς) καὶ κοινῇ καὶ καθ'
ἕνα Πτολεμαίων ἕκαστος ἀντεισηνέγκαμεν ἂν αὐτῷ
τὸν δυνατόν, εἰ μὴ τὸν δίκαιον ἔρανον, ὅτι λόγος ἔργου
παρὰ πολύ πως ἥττων ἐστί. πάντως ἂν ἐγὼ καὶ τότε
τοῦ κοινοῦ προηγόρευσα. ἐπεὶ δὲ τυγχάνει ὧν ὑπερ-
όριος, ἐν γράμμασιν αὐτῷ τὴν μαρτυρίαν κατα-τίθε-
μεθα, οὐκ ἐνοχληθέντες ἀλλ' ἐνοχλήσαντες.

---

dem ita res accidit Quamvis autem post meam inde
profectionem tertio iam navis in Thraciam mittatur,
nunc tamen primum a me mittitur Quare nunc cum
primum licet, per te debitum reddo Gratificare mihi
quæso, et hominem investiga (205), cuius quidem no-
men et artem antea significavi Verum plura his indicia
subiungenda sunt Etenim fieri potest, ut eiusdem cum
illo et nominis quispiam et artis inveniatur In eumdem
autem omnia convenire difficile est, neque facile con-
tigerit, ut idem ille paullatim genere evadat Syrus, colore
niger, facie macilenta, statura mediocri Prope regias
ædes habitat, non publicas, sed quæ pone illas sunt,
quæ ad Ablavium quondam, nunc ad Placidiam impera-
torum sororem pertinent Sin, alio commigraverit (fieri
enim nonnunquam solet), tu vero Marcum quærito, no-
tissimum hominem ex præfecti cohorte Hic tum scholæ
notariorum præerat, in qua numerabatur Asterius Ita
que per Marcum ordinem ipsum reperies, in quo non
postremus erat Asterius, sed tertius fere vel quartus
nunc fortasse primus Huic pinguem illum tapetem da-
bis, eique quæ de tempore ad te scribimus expones, aut
etiam, si ita placet, hanc illi epistolam leges Neque enim
per bellum satis otii nobis conceditur, ut ad illum scriba-
mus quin autem iusti simus, fortasse nihil prohibet
Absit ut tantum armis unquam liceat

LXII Duci

Virtutis in laude præmium est quam in clarissimum
Marcellinum conferimus nunc cum magistratu exiit,
nunc cum vacat omnis adulationis suspicio . qui cum
bello vexatas urbes accepisset foris quidem a multitu-
dine et furore barbarico, intus vero a militari insolentia
et militarium præfectorum avaritia, tanquam deus ali-
quis offerens sese, et hostes unico prælio et sibi subie-
ctos quotidiana diligentia moderatiores effecit, et ab am-
bobus incommodis pacem civitatibus dedit Lucra con-
tempsit, quæ prope iam legitima diuturna consuetudo
fecerat Non opibus insidiatus est, non in paupertatem
contumeliose se gessit, pietatem erga deum, iustitiam in
cives, in supplices humanitatem coluit Ob id philosophus
sacerdos in eo prædicando non erubescit, a quo nullus
corruptum gratia testimonium extorsit Et præsentem
adesse quidem nobis vellemus ipsum consessum iudicum
(206), quo publice privatimque Ptolemæenses omnes, si
non meritis parem, certe qualem possumus symbolam
contribueremus, quoniam oratio factis nequaquam par
esse potest Plane ego tum communi nomine orationem
instituerem Sed quoniam longinquo is a nobis spatio
remotus est, litteris testimonium de eo nostrum non in-
terpellati sed interpellantes ultro mandavimus

ξγ'. Ἰωάννῃ.

Χρῆσθαι δεῖ ταῖς τῶν δυνατῶν φιλίαις, οὐ καταχρῆ- b
σθαι.

ξδ'. Τῷ αὐτῷ.

Μὴ αἴτει μεγάλα, ἵνα μὴ δυοῖν θάτερον ἢ τυγχά-
νων λυπῇς ἢ μὴ τυγχάνων λυπῇ.

ξε'. Τῷ ἀδελφῷ.

Ἄμφω τοὺς Διονυσίους ἀπέστειλα, ἵνα τῶν βιβλίων
τὸ μὲν ἧς εἰληφὼς τὸ δ' ἀπειληφώς.

ξϛ'. Θεοφίλῳ.   c

Πεῦσίν τινα πυθέσθαι σου προελόμενος, ὑπὲρ οὗ
πεύσομαι προαφηγήσασθαι βούλομαι. Ἀλέξανδρος
ἀπὸ βουλῆς Κυρηναῖος ἔτι μειράκιον ὢν εἰς μονα-
δικὸν βίον ἐτέλεσε. τῇ δὲ ἡλικίᾳ συμπροϊούσης τῆς
κατὰ τὸν βίον ἐνστάσεως, ἠξιώθη μὲν ἐκκλησια-
στικῆς διακονίας, ἠξιώθη δὲ τοῦ πρεσβύτερος εἶ-
ναι. κατὰ δέ τινα χρείαν ἐπὶ στρατοπέδου γενόμε-
νος καὶ Ἰωάννῃ τῷ μακαρίτῃ συστὰς (τιμάσθω γὰρ
παρ' ἡμῶν ἡ μνήμη τοῦ τελευτήσαντος, ὅτι καὶ πᾶσα
δυσμένεια τῷ βίῳ τούτῳ συναποτίθεται), τούτῳ συ-
στάς, πρὶν μὲν στασιασθῆναι τὰς ἐκκλησίας, ὑπὸ τῶν d
ἐκείνου χειρῶν ἐπίσκοπος ἀπεδείχθη τῆς Βιθυνῶν Βα-
σινουπόλεως. συμβάσης δὲ τῆς διαφορᾶς, διέμεινε
τῷ χειροτονήσαντι φίλος, καὶ γέγονε τῶν ἐκείνου στα-
σιωτῶν. ἐπεὶ δὲ ἡ συνοδικὴ γνώμη κατίσχυσε,
χρόνον μέν τινα συνέμεινεν ἡ στάσις. τί δ' ἂν διη-
γοίμην εἰδότι, μᾶλλον δὲ αὐτῷ διφηκχότι τὰ περὶ τὰς
γενομένας διαλλαγάς; ἐπεί τοι καὶ βιβλίον ἀνέγνων
σοφόν, ὃ πρὸς τὸν μακάριον ἐμοὶ δοκεῖν Ἀττικὸν ἔγρα-
φες, ἐνάγων αὐτὸν τῇ καταδοχῇ τῶν ἀνδρῶν (207). τὰ a
μὲν δὴ μέχρι τούτων Ἀλεξάνδρῳ πρὸς τοὺς συναπο-
στάτας κοινά· ἴδιον δὲ ἢ μετ' ὀλίγων ὅτι τουτὶ μὲν ἔτος
ἤδη τρίτον ἐξήκει μετὰ τὴν ἀμνηστίαν καὶ τὰς διαλ-
λαγάς, ὃ δὲ οὐκ ἐβάδισε τὴν εὐθὺ Βιθυνίας, οὐδὲ τῆς
συλλαχούσης αὐτῷ καθέδρας ἐλάβετο· μένει δὲ παρ'
ἡμῖν ὥσπερ μηδὲν αὐτῷ διαφέρον ἂν καί τις ὡς ἰδιώτη
προσφέρηται. ἐγὼ μὲν οὖν οὔτε πόρρωθεν ἐνετρά-
φην τοῖς νόμοις· τοῖς ἱεροῖς, οὔτε ἤδη μοι καθήκει πολλὰ
μεμαθηκέναι βέρυσιν οὔπω γεγονότι τοῦ καταλόγου·
αἰσθόμενος δὲ γέροντας ἐνίους οὐδ' αὐτοὺς μὲν τι σα-
φὲς εἰδέναι προσποιουμένους, ἀποδεδειλιακότας δὲ μὴ b
λάθωσι πρός τινα κανόνα τῆς ἐκκλησίας προσκόψαν-
τες, καὶ διὰ τοῦτο παντάπασιν ἀπηνέστερον αὐτῷ
προσενηνεγμένους καὶ ὑπὲρ ἀσαφοῦς ὑπονοίας ἀτιμίαν
σαφῆ τοῦ ξένου κατασκεδάσαντας, οἳ μηδὲ κοινῆς
στέγης ἠνέσχοντο, οὔτε ἐμεμψάμην οὔτε ἐμιμησάμην
αὐτούς. οἶσθ' οὖν ὅπως ἐποίησα, πάτερ σεβασμιώ-
τατε; ἐκκλησίᾳ μὲν οὐκ ἐδεξάμην αὐτόν, οὐδὲ τραπέ-
ζης ἱερᾶς ἐκοινώνησα, οἴκοι δὲ ἴσα καὶ τοῖς ἀναιτίοις

Uti potentum amicitiis, non abuti convenit.

Noli ingentia postulare, ne duorum alterum contingat,
ut, sive obtinueris, molestiam facias, sive non obtinue-
ris, molestiam capias.

Ambos ad te Dionysios misi, ut librorum alterum ac-
cipias, alterum recipias.

Quoniam nonnihil sciscitaturus abs te sum, qua de re
sciscitaturus sim, ante omnia libet exponere. Alexander
e senatorio ordine, Cyrenensis, adhuc adolescens mo-
nasticam vitam professus est, ac cum una cum ætate mo-
nasticum illud vitæ institutum procederet, primum ad dia-
coni, inde ad sacerdotis in ecclesia dignitatem provectus
est.   Post hæc occasione negotii cuiusdam cum ad
comitatum venisset et beatæ memoriæ Ioanni commen-
datus (honoretur enim a nobis mortui memoria, quoniam
omnis cum vita simultas exuitur), huic igitur conciliatus,
ante motus illos ac tumultus ecclesiarum, Basinopolitanus
in Bithynia episcopus illius manibus est consecratus.
Post exorta contentione, in eius, a quo electus erat, ami-
citia perseveravit, et illius partes secutus est. Postquam
autem synodale decretum obtinuit, aliquanto tempore
dissensio ista permansit. Quid hoc vero scienti narrem,
vel ei ipsi potius, cuius opera omnis illa compositio re-
conciliatioque perfecta est? Cum præsertim libellum
quemdam scitum et eruditum perlegerim, quem ad bea-
tum, nisi fallor, Atticum scripseras, quo tu illum ad
recipiendos homines adducebas. (207) Et hactenus qui-
dem communis Alexandro causa fuit cum cæteris, qui
defectionem fecerant. Præcipuum hoc vel commune
cum paucis, quod tertius ferme abhinc annus est ab
sopitis dissensionibus reconciliataque pace; necdum ta-
men ille recta in Bithyniam profectus est, nec quam
sortitus erat sedem repetit; manet autem apud nos,
quasi nihil sua intersit, si quis eum privati loco habeat,
Ego vero neque diu sacris hucusque legibus institutus sum,
nec multa admodum didicissem par est qui superiore non-
dum anno in episcoporum essem numerum ascriptus. Sed
cum senes quosdam animadverterim, qui se certum
quidem nescire non dissimularent, magno autem in metu
versarentur, ne quem in ecclesiæ canonem imprudentes
offenderent, ideoque cum eo se atrocius gererent et pro
incerta suspicione certam hospiti infamiam aspergerent,
qui neque communi tecto cum excipere vellent, ego illos
nec reprehendi nec imitari volui. Scis igitur quemad-
modum egi, pater omni veneratione dignissime? In ec-

ἐτίμησα, ὅστις ὁ τρόπος καὶ ἐπὶ τῶν ἐπιχωρίων οὐ- c
μός. ὅταν τις αὐτῶν ἐφέστιος ἡμῖν γένηται, παντὶ
παντὸς ἔργου καὶ λόγου τιμὴν ἔχοντος ἐξιστάμεθα,
φλυαρεῖν ἡγούμενοι τοὺς δυσχεραίνοντας ὅτι τὰ μη-
τρῷα τῆς πόλεως καταβάλλομεν δίκαια   καίτοι διὰ
τοῦτο τὰς ἁπάντων φροντίδας κατωμαδὸν ἀράμενος
φέρω, καὶ μόνος ὑπὲρ τῆς ἁπάντων ἀσχολοῦμαι σχο-
λῆς. ἀλλ' ἐν καλῷ μοι κείσεται παρὰ τῷ θεῷ πλεον-
εκτεῖν μὲν πόνοις μειονεκτεῖν δὲ τιμῶν.   καὶ τὸν
Ἀλέξανδρον δὲ τοῦτον, ὅταν μὲν εἰς ἐκκλησίαν προΐω,
βουλοίμην μὲν ἂν μηδαμόθι τῆς ἀγορᾶς ἰδεῖν, συμ-
βὰν δὲ ἰδεῖν ἑτέρωσέ ποι τρέπω τοὺς ὀφθαλμούς, καὶ d
εὐθὺς ἐπανθεῖ μοι κατὰ τῆς παρειᾶς ἐρύθημα   ὑπερ-
βάντα δὲ τὴν οἰκείαν αὐλὴν καὶ γενόμενον ὁμωρόφιον
ἅπασι τοῖς εἰκόσι τιμῶ   τί δήποτ' οὖν ἀσύμφωνός
εἰμι πρὸς ἐμαυτὸν ἰδίᾳ καὶ δημοσίᾳ, ἐν οὐδετέρῳ τῶν
καιρῶν δεδογμένα ποιῶν, ἀλλὰ τὸ μὲν εἴτω τῷ νόμῳ,
τὸ δὲ τῇ φύσει χαρίζομαι, ῥεπούσῃ πρὸς τὸ φιλάνθρω-
πον. καίτοι κἂν ἀπεδιχασάμην τὴν φύσιν, εἴ τι σαφὲς
ἠπιστάμην ὑπὲρ τοῦ νόμου.   αὐτὸ δὴ τοῦτό ἐστι τὸ
ἐρώτημα, πρὸς ὃ δεῖ τὴν αὐθεντίαν τῆς εὐαγγελικῆς
διαδοχῆς ἀποκρίνασθαι ἁπλῶς καὶ σαφῶς (208) καὶ a
ὥσπερ πυνθάνομαι, Ἀλέξανδρον ἐπίσκοπον χρὴ νομί-
ζειν ἢ μή;

ξζ' Τῷ αυτῷ

Ἐγὼ καὶ βούλομαι καὶ ἀνάγκη μοι θεία νόμον
ἡγεῖσθαι πᾶν ὅ τι ἂν ἐκεῖνος ὁ θρόνος θεσπίσῃ. διὰ
τοῦτο καὶ πένθιμον ἀσχολίαν παραιτησάμενος καὶ νο-
σοκομούμενον ἔτι τὸ σῶμα πρὸς τοὺς πόνους ἐνδια-
σάμενος καὶ διοδεύσας τὴν ὕποπτον ὡς ἀνύποπτον, ἣν
διετείχισεν ὅπλα πολέμια, γέγονα κατὰ Παλαίβισχάν b
τε καὶ Ὑδραχα· κῶμαι δὲ αὗται Πενταπόλεως,
καὶ τῆς διψηρᾶς Λιβύης αὐτὰ τὰ μεθόρια.   ἐν αἷς τόν
τε δῆμον ἐκκλησιάσας, καὶ γράμματα τὰ μὲν ἀνα-
γνούς τὰ δὲ ἀποδούς (τὰ μὲν γὰρ ἦν πρὸς αὐτούς, τὰ
δὲ περὶ αὐτῶν πρὸς ἐμέ), καὶ λόγους διεξελθὼν ἐπι-
τηδείους εἰς ἀρχαιρεσίαν εἰς τὸ καὶ πεῖσαι καί, εἰ
προχωροίη, βιάσασθαι προθέσθαι τὴν περὶ ἐπισκόπου
σκέψιν, οὐκ ἐξενίκησα τοῦ δήμου τὴν περὶ τὸν εὐλα-
βέστατον Παῦλον σπουδήν   ἀξιῶ πιστεύεσθαι παρὰ
πατρός· οὐκ ἦν μοι βουλομένῳ μάτην δεδραμηκέναι c
πολλὰ τιμώντί με τῇ δήμῳ προσέκοψα τοὺς φανερω-
τάτους αὐτῶν, εἴ τις ἀνέκραγε μεῖζον, εἴ τις εὑρόμε-
νος κρηπῖδα καὶ ἐπαναβὰς αὐτῇ προήγορος ἠξίωσεν
εἶναι καὶ λόγον ἀπέτεινεν, ὡς ὠνίους ὡς συνωμότας
ὑπηρετῶν χερσὶ παραδοὺς ἐκκυλισθῆναι τῆς ἐκκλη-
σίας ὠθουμένους προσέταξα.   συγχυθέντα δὲ αὖθις
καὶ πολλάκις ἀναληφθῶ τε καὶ κατακτήσας τὸν δῆμον,
διὰ πάσης ἦλθον ἐν λόγοις ὁδοῦ, τὸν ἀρχιερατικὸν
ἐκεῖνον θρόνον ἀποσεμνύνων, καὶ πείθων ὅτι διὰ τῆς
εἰς ὑμᾶς ἀθετήσεως καὶ τιμῆς ὁ θεὸς ἀθετεῖταί τε καὶ d
τιμᾶται.   οἱ δὲ εὐφήμῳ τε φωνῇ τὸ μακάριον ὄνομα

---

clesiam quidem admittere illum nolui, nec sacram cum
eo mensam communem habui, domi vero iuxta atque inno-
centes honoravi qu̇e inea agendi cum indigenis ratio est
Nam cum eorum aliquis domum nostram venerit, in omni
facto ac sermone, in omni quo honoris inest aliquid, pri-
mas illi deferimus, nugari eos existimantes qui ideo suc-
censent, quod materna civitatis iura minuamus Quanquam
ob id omnium ego curas humeris sustineo, solusque pro
omnium otio otii sum expers   Sed magno id mihi apud
deum æstimabitur ut laboris amplius, sic minus hono-
ris ac dignitatis capere   Hunc autem ipsum Alexandrum,
quoties ad ecclesiam vado, vellem quidem nusquam in
foro videre   Sed cum videre contigerit, alio quopiam
oculos converto, statimque per genas rubor suffunditur,
at simul domesticum atrium præterit et sub eodem
mecum tecto versatur, consentaneo omni honore prose-
quor   Quid igitur tandem a me ipso privatim publice-
que dissentio, neutro in tempore ex animi mei sententia
faciens? Sed partim legi obtempero, partim naturæ ob-
sequor, quæ ad humanitatem proclivior est   Quanquam
etiam vim naturæ facerem, si quid de lege certo mihi
constaret   Hæc igitur summa percontationis est nostræ,
ad quam evangelicæ successionis auctoritatem aperte ac
simpliciter respondere convenit (208) ac prout concepta
quæstio est, Alexandrum habere episcopum oporteat
necne

Mihi quidem et libet et divina prope imposita necessi-
tas est pro lege id habendi quidquid thronus ille statue-
rit   Propterea funebrem occupationem abiciens, et af-
fectum etiamnum corpusculum ad labores compellens et
suspecta loca perinde ac si tuta essent obiens, quæ hos-
tilibus armis interclusa erant, Palæbiscam et Hydracem
perveni Vici sunt Pentapolis, iidemque siticulosæ Libyæ
vicina   Ubi conventu populi habito et litterarum aliis
lectis aliis redditis (quædam enim ad eos, nonnullæ
de iis ad me scriptæ fuerant) et accommodata ad suf-
fragia habenda oratione instituta, ut vel persuaderem
vel, si fieri posset, invitos adducerem ut de episcopo
eligendo deliberarent, populi in religiosissimum Pau-
lum studium evincere minime potui   Velim mihi a
parente fidem adhiberi   Nolebam frustra eo conten-
disse cursum   In populi offensionem incidi, qui nae
præcipuo honore prosequebatur   Ex iis manifestissimos
quosque, sive quis altius vociferaretur, sive crepidinem
nactus et eam conscendens patronum agere vellet et ser-
monem extenderet, tanquam pretio comparatos ac coni-
uratos lictorum manibus traditos et ex conventu pulsos
exturbari iussi, ac subinde et sæpius perturbatum po-
pulum componens et comprimens, vias omnes sum ora-
tionis ingressus, cum et pontificium illum thronum ma-
gnifice prædicarem, et cum contemptu vel honore vestro
contemptu dei vel honorem assererem esse coniunctum

43

τῆς σῆς θεοσεβείας ἐπεκαλέσαντο καὶ πεσόντες ἱκέτευον, ὡς πρὸς παρόντα τὰς ἐκβοήσεις καὶ τὰς ὀλοφύρσεις ποιούμενοι. τὸ μὲν οὖν. τῶν ἀνδρῶν εἰ καὶ πέρα προσδοκίας, ἀλλ' ἔλαττον ἦν· αἱ δὲ γυναῖκες, πρᾶγμα δυσμεταχείριστον, χεῖρας αἴρουσαι, βρέφη προτείνουσαι, καὶ μύουσαι τοὺς ὀφθαλμούς, ἵνα μὴ εἰς ἔρημον τοῦ συνήθους προστάτου τὸν θρόνον ἐνατενίζοιεν, μικρὸν ἐδέησαν τοὺς τἀναντία πολιτευομένους ἡμᾶς εἰς πάθος παραπλήσιον ἐκκαλέσασθαι. (2-υ) ὅπερ ἵνα μὴ a πάθω, φοβηθεὶς (ᾐσθανόμην γὰρ ἀγόμενος) ἔλυσα τὴν ἐκκλησίαν, καὶ εἰς τετάρτην ἥκειν ἀπήγγειλα, ἐπαρασάμενος τὰς παλαμναιοτάτας ἀράς, εἴ τις ἐμμίσθους, εἴ τις κατὰ χρείαν ἢ χάριν ἢ ὅλως ἰδίᾳ τι διαφέρον αὐτῷ φθέγξαιτό τι τῶν ἡκόντων εἰς τὴν τῆς ἐκκλησίας παρακοήν. ἧκεν ἡ κυρία, καὶ ὁ δῆμος παρῆν πάλιν ἐνστάτης καὶ ἐναγώνιος. ὃς οὐδὲ περιέμεινε πεῦσιν, ἀλλ' εὐθὺς ἦν ἅπαντα κυκεών, φωνὴ παμμιγὴς ἀδιάκριτος. κατασιγαζόντων δὲ τῶν ἱεροκηρύκων, εἰς θρῆνον αὐτοῖς b ἀπετελεύτησεν ἡ βοή, καὶ ἦν ἄκουσμα σκυθρωπόν, ἀνδρῶν οἰμωγαί, γυναικῶν ὀλολυγαί, παίδων ὀλοφυρμοί. ὁ μὲν ἔφη πατέρα ποθεῖν, ὁ δὲ υἱόν, ὁ δὲ ἀδελφόν· οὕτως ἐμερίζετο ταῖς ἡλικίαις τὰ τῆς συγγενείας ὀνόματα. ἐμοῦ δέ τι μεταξὺ λέγειν ἐπιχειροῦντος ἀναδείκνυται γραμμάτιον ἐκ μέσου τοῦ πλήθους, καὶ ἐνεύχεταί τις εἰς κοινὸν αὐτὸ πᾶσιν ἀναγνωσθῆναι· τὸ δὲ ἦν ἐνορκισμὸς πρὸς ἐμὲ παύσασθαι σὺν βίᾳ τοῦ πλήθους ἀποπειρώμενοι, καὶ ἀναθέσθαι τὸ σκέμμα μέχρι ἂν αὐτοῖς δὴ γένηται πρὸς τὴν μακαριωτάτην σου κεφαλὴν c ὑπὲρ τούτου ψήφισμα πέμψαι καὶ πρεσβευτήν, μᾶλλον δὲ ἐμοῦ κατεδέοντο ποιήσασθαι συνηγορίαν ἐν γράμμασιν, ἅπερ ἐδιδάχθην διδάσκοντα. ἐλέγετο τοίνυν καὶ ἐν συνεδρίῳ παρὰ τῶν πρεσβυτέρων καὶ δημοσίᾳ παρὰ τοῦ πλήθους, καὶ τὸ γραμμάτιον αὐτὰ ταῦτα καθ' ἕκαστον διεξῄει, πάτριον εἶναι καὶ ἀποστολικὸν Ἐρυθρίτιδας εἶναι ταύτας τὰς ἐκκλησίας, ἀποστασιάσαι δὲ αὐτὰς πρὸς Ὠρίωνα τὸν μακάριον, πορρωτέρω τὲ ὄντα πρεσβύτην καὶ αἰτίαν ἔχοντα πρᾶότατον εἶναι· τοῦτο γὰρ ἤδη καὶ λοιδόρημα γέγονεν ὑπὸ τῶν ἀξιούντων ἱερωσύνην προστάτιν εἶναι τὰ εἰς d ἀνθρώπους καὶ πολυπράγμονα. καὶ ἐπειδὴ παρέτεινε ζῶν, οὐκ ἀνασχέσθαι περιμεῖναι τοῦ δικαίου τὴν τελευτήν, ἀλλὰ προβαλέσθαι τὸν μακαρίτην Σιδήριον· ἐδόκει γὰρ οὗτος νέος τε εἶναι καὶ ῥέκτης ἀνήρ, ἀπὸ τῆς παρὰ βασιλεῖ Βάλεντι στρατείας ἥκων κατὰ χρείαν ἀγρῶν αἰτηθέντων ἐπιμελείας, οἷος ἐχθρούς τε κακῶσαι καὶ φίλους ὀνῆσαι. τότε δὲ καὶ ἐκράτει τὰ τῶν αἱρέσεων· πλήθει γὰρ περιῆσαν, καὶ καιρὸν εἶχεν ἡ δεινότης, ὄργανον οὖσα (210) φρονήσεως. τούτου οὖν ἕνα καὶ μόνον ἀποδεῖχθαι Παλαβίσκης ἐπίσκοπον. ἀλλ' οὐδὲ τοῦτον ἐνθέσμως· ἐκθέσμως μὲν οὖν, ὅσα γε τῶν γερόντων ἠκούσαμεν, εἰ μήτε ἐν Ἀλεξανδρείᾳ κατέστη μήτε παρὰ τριῶν ἐνθάδε, καὶ εἰ τὸ σύνθημα τῆς χειροτονίας ἐκεῖθεν ἐδέδοτο. μόνον γὰρ δή φασι τὸν μακάριον Φίλωνα θαρρῆσαι τὴν τοῦ συνιερέως

At illi honorificentissima voce felix pietatis tuæ nomen appellabant, ac proni supplicabant, velut coram præsente clamores lamentationesque tollerent. Sed virorum contentio etsi exspectationem superabat, erat tamen remissior; at mulieres, genus tractatu difficile, manus attollentes, infantes porrigentes, et oculos claudentes. ne solito præsule orbatam sedem intuerentur, contraria instituere molientem eumdem in affectum impulerunt. Quod (209) ne mihi accideret formidans (paulatim enim adduci me sentiebam), conventum dimisi et ante diem quartum adesse iussi, ultimi exempli diras imprecatus, si quis mercede conductus aut privatæ utilitatis gratia aut favore aut denique ulla alia re ductus, quæ privatim interesset, quidquam contra debitum ecclesiæ obsequium auderet dicere. Commodum dicta dies advenerat, et iam populus aderat ad reclamandum et certandum compositus qui ne interrogationem quidem exspectavit. Sed repente perturbata ac permista omnia, confusa vox, quæque discerni non poterat. Indicto a sacris præconibus silentio, vox illis in planctum desiit. Ibi auditu tristes erant virorum luctus, mulierum ululatus, puerorum ploratus. Hic parentem desiderare, hic filium, fratrem alius dicebat : ita pro ætatum gradibus cognationis nomina dividebant. Inter hæc cum dicere nonnihil aggrederer, media de turba libellus profertur. Rogat aliquis ut in publicum omnibus legeretur. Nihil hic præter obtestationem continebat; desinerem violenter tentare plebis animos, deliberationemque tantisper differrem, dum liceat sibi ad beatitudinem tuam decretum de ea re ac legatum mittere. Ac me potius orabant, ut sibi per litteras advocatus essem, quæ didiceram edocens. Igitur et in consessu presbyteri et vulgo plebs perhibebant, et eadem ipsa sigillatim libellus complectebatur, ex patria et apostolica ordinatione Erythro contributas esse has ecclesias, sed a beato Orione defecisse, longius tum ætate progresso, et cui summa facilitas vitio tribuebatur. Iam enim convicii id esse loco cœpit apud eos, qui sacerdotium humanis etiam in rebus præsidio ac patrocinio esse et in actu rerum versari putant oportere. Qui cum diutius vitam produceret, non fecisse illos, ut iusti hominis exitum præstolarentur, sed beatæ memoriæ Siderium elegisse. Iuvenis enim hic esse videbatur et in agendo strenuus, qui ab Valentis imperatoris exercitu veniebat, ut agros postulatos administraret, eiusmodi vir, qui et inimicis nocere et amicis prodesse posset. Per id tempus hæresis dominabatur. Nam multitudine superabat, et opportuna admodum erat agendarum rerum calliditas, quæ (210) est administra prudentiæ. Quamobrem unum illum ac solum esse Palæbiscæ creatum episcopum. Sed nec ipsum legitime, imo contra iura omnia, quantum de senioribus accepi, cum neque Alexandriæ sit nec a tribus hic constitutus, quamvis illinc ordinandi esset facta potestas. Etenim solum beatæ memoriæ Philonem ausum esse collegam

ἀνάρρησιν. Φίλων ἐγένετο Κυρηναῖος ἔτι παλαίτερος, ὁ τοῦ νεωτέρου θεῖός τε καὶ ὁμώνυμος τὰ μὲν ἄλλα ἐπαῖον ἂν γένοιτο παίδευμα τοῦ Χριστοῦ, τὰ δὲ εἰς τὸ ἄρχειν καὶ ἄρχεσθαι θαρραλεώτερος μᾶλλον ἢ νομιμώτερος ἀλλὰ γὰρ αἰτοῦμαι συγγνώμην ἐπὶ τῷ λόγῳ τὴν ἱερὰν τοῦ πρεσβύτου ψυχήν. τοῦτον ἥκοντα μόνον ἀπολεῖξαί τε καὶ ἐπὶ τοῦ θρόνου καθίσαι τὸν μακαρίτην Σιδήριον. ἀλλ' ἀνάγκη γὰρ ἐν καιροῖς ἀπορρησιάστοις -ην ἀκρίβειαν παραβαίνεσθαι. διὰ τοῦτο τὸν πάμμεγαν Ἀθανάσιον συγχωρῆσαί τε τῷ καιρῷ, καὶ μετ' οὐ πολὺ δεῆσαν ἐν Πτολεμαΐδι τὸν ἐνόντα σμικρὸν ἔτι τῆς ὀρθοδοξίας σπινθῆρα θάλψαι τε καὶ ἐπὶ πλέον ἐξάψαι, τὸν ἄνδρα τοῦτον ὡς μείζοσι πράγμασιν ἐπιτήδειον ἐκεῖ διαβῆναι κελεῦσαι, τὴν μητροπολῖτιν ἐκκλησίαν ἐπιτροπεύσοντα γῆρας δ' αὐτὸν εἰς τὰς κωμήτιδας ἐπανήγαγεν οὗ καταλύσας οὐκ ἔσχε διάδοχον, ὃς οὐδὲ αὐτὸς ὑπῆλθεν ἑτέρου διαδοχήν Παλαίβισκα δὲ καὶ Ὕδραξ εἰς τὴν ἀρχαίαν τάξιν ἐτάχθησαν, καὶ πρὸς τὸ Ἐρυθρὸν ἀνελήφθησαν, δόγματι, φασί, τῆς σεβασμίας σου κεφαλῆς καὶ τούτῳ, δὴ μάλιστα πάντων ἐνέκειντο, τῷ μὴ δεῖν ἀθετεῖσθαι τὸν παρὰ σοῦ θρονισμόν γράμματα μὲν οὖν, ᾔτησα γάρ, οὐκ εἶχον ἐπιδεικνύναι, ἐπισκόπους δὲ τῶν συνέδρων ἀνίστασαν μάρτυρας οὗτοι δὲ ἔφασαν, ἐπιστολῇ πειθαρχοῦντες ἐκεῖθεν ἠκούσῃ, πεῦσιν περὶ Παύλου προθεῖναι τῷ δήμῳ· καὶ δόξαν ἅπασιν ἐπίσκοπον ἔχειν, ἀνενέγκαι περὶ αὐτοῦ, τοὺς δὲ θρονιστὰς ἑτέρους γενέσθαι. καὶ εἴ μοι δίδως εἰπεῖν, πάτερ σεβασμιώτατε, ἐκεῖνος ἦν ὄντως ὁ καιρὸς ὁ τῆς σκέψεως τὸ γὰρ ἀφελέσθαι τοῦ μὴ χαρίσασθαι λυπηρότερον. ἀλλὰ κρατείτω καὶ νῦν ὅ τι ἂν δόξῃ τῇ πατρικῇ σου κεφαλῇ. εἰ γὰρ τὸ δόξαι τότε δίκαιον αὐτοῖς γέγονε καὶ τοῦτο προίσχονται, οἱ μηκέτι δοκεῖν τὸ δίκαιον μετατίθησιν ὥσθ' ὅ τι ἂν γνῷς, τοῦτο τῷ πλήθει (211) δίκαιον γίνεται. ἀκοὴ γὰρ ζωή, καὶ θάνατος ἡ παρακοή. διόπερ οὐκ ἀνταίρουσι γείρας, ἀλλ' ἱκετεύουσι μὴ γενέσθαι, ζῶντος αὐτοῖς ἔτι τοῦ πατρός, ὀρφανοί· οὕτω γὰρ ἐπὶ λέξεως λέγουσι. κἀγὼ τὸν νεανίσκον οὐκ οἶδα πότερον ἐπαινέσαιμ' ἂν τῆς παρὰ πάντων εὐνοίας ἢ μακαρίσαιμι ἢ γὰρ τέχνης ἐστὶ καὶ δυνάμεως ἢ χάριτος θείας οὕτω τοὺς ἀνθρώπους ἐξομιλῆσαι καὶ καταδημαγωγῆσαι τὸ πλῆθος ὥστε τὸν χωρὶς αὐτοῦ βίον ἀβίωτον ἅπασιν εἶναι διὸ δόξει μὲν περὶ αὐτῶν τῇ φιλανθρώπῳ σου φύσει φιλανθρωπότερα, ἐμοὶ δὲ ἐπαινεῖται εἰς ἄστυ, κἀκεῖ περιμενῶ τοῦ ποιητέου τὸ σύνθημα. ἃ δ' οὖν ἐν ταῖς -έτρασιν ἡμέραις διῳκησάμην ἃς ἐν τοῖς τῇδε τόποις διέτριψα, τούτων οὐκ ἀγνοήσεις ὅντινα τύπον ἕκαστον εὕρετο· καὶ μὴ θαυμάσῃς εἰ ποτε τὸν αὐτὸν εὖ τε καὶ κακῶς εἰπεῖν μοι συμβαίη οὐ γὰρ ἐπὶ τοῖς αὐτοῖς ἑκάτερα τὰ πράγματα δὲ ἐπαινεῖται καὶ ψέγεται.

Στάσις ἐν τοῖς κατὰ Χριστὸν ἀδελφοῖς καλὸν μὲν εἰ μηδέποτε φύοιτο φυεῖσα δὲ καλὸν εἰ μετὰ μικρὸν παύοιτο. δι' αὐτὸ δὴ τοῦτο καὶ γράμματι καταπεμ-

suum episcopum renuntiare Cyrenensis hic fuit anti quior, junioris patruus et ejusdem cum eo nominis cæteris quidem in rebus ex præscripto Christianæ disciplinæ vivens, quod autem ad regendum et parendum attinet, audacior quam legum observantior Verum enim vero sermonis istius veniam a sacra seuis anima postulo Hunc solum venientem ferunt beatum Siderium creasse et in throno collocasse Sed formidolosis temporibus summum jus prætermitti necesse est Ideo magnum illum Athanasium id tempori dedisse ac non multo post, cum exiguam adhuc orthodoxæ fidei scintillam, quæ in Ptolemaide erat, fovere et magis magisque oporteret accendere, hominem illum maioribus rebus gerendis idoneum eo commigrare iussisse, ut metropolitanam ecclesiam gubernaret Sed illum senectus ad paganas ecclesias reduxit, ubi e vita discedens successorem non habuit, qui ne ipse quidem alterius in locum successerat. Palæbisca porro et Hydrax in antiquam formam redactæ sunt et Erythro contributæ, tuo, ut asseris, decreto Et in hoc potissimum insistebant, non esse tuam illam creationem antiquandam Ac litteras quidem cum peterem, repræsentare minime potuerunt, episcopos vero ex concilio aliquot testes produxerunt Atque ii dixerunt se iussis illinc litteris morem gerentes, rogationem ad populum de Paulo tulisse, quem cum omnibus placuisset episcopum habere, de eo retulisse, alios porro eadem in sede collocasse Ac si mihi dicere per te, pater venerande, liceat, illud vere deliberationis tempus fuit Nam auferre multo erat quam non concedere molestius Nihilominus vincat etiamnum quidquid paternitati tuæ visum fuerit Nam si quod tum visum erat pro iusto ab illis habitum est, et hoc ipsum allegant, non amplius videri iusti rationem commutat Quare quodcunque statueris, hoc plebi (211) iustum erit Auditio enim vita, et contumacia mors est Idcirco non contra manus attollunt, sed orant dumtaxat et obtestantur ne parente vivo orphani esse cogantur, ita enim conceptis verbis loquuntur Equidem iuvenem illum de tanta omnium benevolentia ac studio laudemne an beatum prædicem nescio Aut enim industriæ est aut facultatis aut gratiæ divinæ, usque eo demereri sibi ac conciliare homines, ut sine ipso vitam sibi minime vitalem existiment Quamobrem pro tua humanitate tu quidem humaniora de illo statues, mihi vero in urbem reduendum est ibi eius, quod mihi faciendum sit, tesseram ac signum præstolabor Iam vero quæ totis quatuor diebus gessi, quibus sum in his locis versatus, nec eorum quidquam ignorabis qua sit a me ratione dispositum Neque vero mirum tibi videri debet, si cumdem aliquando laudare ac vituperare mihi contingat Nam non iisdem de causis utrumque instituitur res ipsæ porro laudantur ac vituperantur

Animorum Christianos inter fratres dissensionem nullo quidem oriri tempore bonum est, nec minus bonum, postea quam exorta fuerit, paulo post restingui Prop-

φθεντι πειθόμενος διαιτᾶν ἠνεσχόμην, καὶ δέδωκα τὰς c
ἀκοὰς ἀμφισβητήσει τοιᾷδε. ἐν Ὕδρακι τῇ κώμῃ
χωρίον ἐστὶ τῆς κώμης αὐτὸ τὸ μετεωρότατον, ὃ πά-
λαι μὲν ἦν φρούριον ἐρυμνότατον, κατασείσαντος δὲ
τοῦ θεοῦ γέγονεν ἐκλελειμμένον ἐρείπιον. τέως μὲν
οὖν ὀλίγοις τισὶ τῶν ἑαυτοῦ μερῶν εἰς ἑτέρας χρείας
διεσχημάτιστο· οἱ δὲ παρόντες οὗτοι τῶν πολέμων
καιροί, διότι δύναιτ' ἂν ἐκτειχισθῆναι καὶ εἰς τὴν ἀρ-
χαίαν χρείαν ἐπανελθεῖν, τοῦ παντὸς ἄξιον αὐτὸ τοῖς
κεκτημένοις παρέχονται. τοῦτο τοῖς ἀδελφοῖς ἡμῶν,
ἤδη δὲ καὶ ἄλλοις, τοῖς εὐλαβεστάτοις ἐπισκόποις d
Διοσκόρῳ καὶ Παύλῳ, περιμάχητον ἦν. ἐν αἰτίᾳ
γὰρ ἐπεποίητο τὸν Ἐρυθρίτην ὁ Δαρδανίτης ἐπιβου-
λότατα σκέψασθαι ὅπως ἂν τὸ μὴ προσῆκον περι-
ποιήσαιτο, καθοσιώσαντα μὲν τῷ θεῷ τόπον ἀλλό-
τριον, ἁρπάσαντα δὲ οὕτω τὴν τῆς εὐσεβείας ὑπόθεσιν
ἤδη χειρὶ βιαίᾳ προστῆναι τοῦ πανουργήματος. πρὸς
ταῦτα ὁ εὐλαβέστατος Παῦλος ἐπεχείρησε μὲν ἀντιλο-
γίας κομίσαι τινάς, ὅτι τε προκατεσχήκει τὸν λόφον
καὶ ἐκκλησίᾳ παλαίτερον ἀπεδέδεικτο (212) πρὶν τὸν a
εὐλαβέστατον Διόσκορον ἀποδειχθῆναι τοῦ χωρίου
δεσπότην. ἀλλ' ἂν μὴ μαλακώτερόν τις ἅπτηται
τῆς ζητήσεως, ταχὺ τἀληθὲς εὔδηλον γίνεται. ὥσπερ
οὖν ἅπαν τοῦτο πέφηνεν ἕωλον. τὸ γὰρ ἐν διαδρομῇ
ποτὲ πολεμίων ἐκεῖσε συμφυγόντας ἀνθρώπους εὔξασθαι
τἀναγκαῖα, τοῦτο τὸν τόπον οὗ καθιεροῖ· ἢ πάντα
μὲν ὄρη πᾶσαι δὲ φάραγγες ἐκκλησίαι, καὶ οὐδὲν ὅ
τι φρούριον ἐκφεύγει τὸ δημόσιον εἶναι, ἐν οἷς ἅπα-
σιν, ὅταν οἱ πολέμιοι προνομεύσωσιν, εὐχαὶ καὶ μυ-
στήρια γίνονται. οἰκίαι δὲ ὅσαι κατὰ τοὺς ἀθέους
τῶν ἐξ Ἀρείου καιροὺς εὐχὰς ἐδέξαντο καὶ μυστήρια, b
ἀλλ' οὐδὲν ἧττόν εἰσιν ἰδιωτίδες· φυγῇ γὰρ κἀκεῖνο,
καὶ γὰρ ἐκεῖνοι πολέμιοι. ἀλλ' ἐγὼ τὸν καιρὸν ἐξή-
τουν τῆς καθιδρύσεως, εἰ παρὰ διδόντων, εἰ παρὰ
συγχωρούντων τῶν κυρίων ἐγένετο. ἀπεδείχθη λαμ-
πρῶς ἅπαντα τἀναντία. τῶν ἐπισκόπων ὃ μὲν ᾔτει
λαβεῖν, ὃ δὲ οὐκ ἐδίδου κύριος ὤν. τέλος ὃ μὲν· ᾤχετο
τὰς κλεῖς ἔχων, ὃ δὲ ἀνοίγνυσι καὶ τράπεζαν εἰσφορή-
σας καθιεροῖ σμικρὸν οἰκίσκον ἐν λόφῳ πλατεῖ. ἀλλ'
οὐ γάρ ἐστι περιτὸν ἐπὶ τὸν οἰκίσκον, εἰ μὴ δι' ὁλο-
κλήρου τοῦ πλάτους, ὥστε τέχνῃ τις ἣν ἐφ' ᾧ τὸν
λόφον περιποιήσασθαι. ἐδόκει δή μοι τὸ πρᾶγμα
δεινὸν εἶναι καὶ πέρα δεινοῦ, καὶ ἀγανακτητέον ὁμοῦ
μὲν ὑπὲρ τῶν νόμων τῶν ἱερῶν, ὁμοῦ δὲ καὶ ὑπὲρ τῶν
δικαίων τῆς πολιτείας· συγχυθῆναι γὰρ ἅμα πάντα,
τοῦτο μὲν, εἰ τρόπος καινὸς ἐπινοηθείη δημεύσεως·
τοῦτο δὲ εἰ διὰ τῶν παναγεστάτων τὰ ἐναγέστατα κρί-
νοιτο, εὐχὴ καὶ τράπεζα καὶ καταπέτασμα μυστικόν,
ἐρόδου βιαίας ὄργανα· καὶ περὶ τούτων ἤδη καὶ ἐν ἄ-
στει διέγνωστο. καὶ συνέτυχε γὰρ οὕτως, ὥστε παρ'
ὀλίγους ἅπαντας ἐπισκόπους ἐν τῇ Πτολεμαΐδι τότε d
συνδεδραμηκέναι κατά τινα σκέψιν πολιτικήν. ἀκρού0-
μενοι δὲ τὴν μὲν πρᾶξιν ἐμίσουν, τὴν δὲ μετάθεσιν
ὤκνουν. ἐγὼ δὲ τὴν δεισιδαιμονίαν ἀξιῶ διαστέλλειν

terea literis tuis morem gerens, causam disceptandam
suscepi et eiusmodi controversiæ aures adhibui. In
Hydrace vico locus quidem est editissima in parte, quod
olim castellum erat munitissimum. Quo terræ motu
disiecto, nihil præter desertas parietinas superfuit. Et
hactenus quidem aliquot sui partibus ad alios usus ac-
commodatum fuerat; sed ingruentia belli tempora, quan-
doquidem muro cingi et ad priscum usum revocari po-
test, faciunt ut possessoribus suis ingentis admodum
pretii esse videatur. De hoc inter fratres nostros (ut et
alios antea), religiosissimos episcopos Dioscorum et Pau-
lum, summa erat contentio., Erythritem Dardanites in-
simulabat, quod fraudulentissimum consilium inisset,
quemadmodum quod ad se non pertineret vindicare sibi
posset, dum alienum locum deo consecravit, et post
usurpatam illam religionis speciem deinceps vi ac manu
facinus suum tutatus est. Ad hæc religiosissimus Paulus
nonnihil quidem allegare conatus est, se clivum· prius
occupasse, fuisse iam olim ecclesiam, antequam (212)
religiosissimus Discorus locum illum possideret. Verum
cum haud segniter in causæ inquisitionem incumbitur,
cito rei veritas investigatur. Uti tunc vanum illud omne
ac futile deprehensum est. Quod enim aliquando hostili
excursione compulsi homines necessario ibi precati sunt,
non ea res locum illum consecrat. Alioqui montes omnes,
omnesque convalles ecclesiæ sint; nec ullum erit castel-
lum, quod non ea ratione publicum esse possit. In qui-
bus omnibus, cum populabundi hostes excurrunt, preces
et sacra mysteria fieri solent. Idem de ædibus omnibus
erit iudicium, quæ impiis Arianorum temporibus preces
ac sacra mysteria receperunt. Quæ privati iuris nihilo-
minus habentur: fugæ enim et illud instar habet, quo-
niam hostes sunt et illi. At ego tempus consecratæ ec-
clesiæ quærebam, si ultro condonantibus, si permitten-
tibus iis, ad quos pertineret, factum istud esset. His
contraria omnia perspicue demonstrata sunt. Episco-
porum petebat alter; alter, cuius erat illa possessio,
negabat. Tandem abeunte illo et claves secum defe-
rente aperit iste, et mensam importans ædiculam parvam
vasto in colle consecrat. Verum nusquam nisi per
transversum totum collem ad ædiculam patet aditus,
callideque istud excogitatum erat, quo sibi clivum usur-
paret. Mihi vero acerba res illa cum primis vidēbatur
et omni acerbitate maior, nec æquo id animo ferendum,
cum sacrarum legum gratia tum propter reipublicæ iura.
Permisceri enim simul omnia, sive nova publicandi ra-
tio institueretur, sive sanctissimis ex rebus de exse-
crandis naxime iudicium ferretur, ut oratio, sacra
mensa et mysticum velum violentæ impressionis instru-
menta reddantur; ac de istis iam in urbe decretum fuerat.
Sic enim evenerat, paucis ut exceptis Ptolemaidem epi-
scopi omnes convenirent, ut de civili quodam negotio
deliberarent. Qui cum istud audivissent, factum ipsum
detestabantur, mutare tamen non audebant. Ego vero su-

ἀπὸ τῆς εὐσεβείας· κακία γάρ ἐστιν ἀρετῆς προσω-
πεῖον περικειμένη, ἣν φιλοσοφία τὸ τρίτον οὖσαν τῆς
ἀθείας εἶδος ἐφώρασεν. οὐδὲν οὖν ἱερὸν οὐδὲ ὅσιον ἥγημαι
τὸ μὴ δικαίως τε καὶ ὁσίως γενόμενον· οὔκουν ἐπῄει
μοι περριχέναι τὴν λεγομένην καθίδρυσιν. οὐδὲ γάρ
ἐστι τὰ Χριστιανῶν (213) ὡς ἐπάναγκες εἶναι ταῖσδε ταῖς
τελεστικαῖς ὕλαις τε καὶ φωναῖς ὥσπερ ὁλκαῖς τισὶ φυ-
σικαῖς ἀκολουθῆσαι τὸ θεῖον (ὅπερ ἂν πάθοι πνεῦμα
ἐγκόσμιον), ἀλλ' ὥστε παρεῖναι ταῖς ἀπαθέσι καὶ
ταῖς οἰκείαις τῷ θεῷ διαθέσεσιν· ὅπου δὲ ὀργὴ καὶ
θυμὸς ἀγνώμων καὶ δύσερι πάθος ἡγεῖται τῆς πρά-
ξεως, πῶς ἐκεῖ τὸ πνεῦμα τὸ ἅγιον παραγίνεται, ὧν
ἐπεισελθόντων, κἂν συμβῇ προενῳχηκός, ἐξοικίζεται,
ἐγὼ μὲν οὖν εἶχον ὡς ἀποφανούμενος τὴν μετάθεσιν ὃ
δὲ καὶ ἐξηλέγχετο καὶ πρότερον ὑποσχόμενος, αὐτὴν
ὅρκου τὴν ὑπόσχεσιν βεβαιώσαντος· τούτου λαβόμε-
νος ἀσμένως ἤδη τὴν ἀπόφασιν ἀπεδίδρασκον, ἀλλ'
ἐκεῖνον αὐτὸν ἀπέφαινον ἑαυτῷ δικαστήν, καὶ τὸν
οἰκεῖον ὅρκον ἐκδιδάζειν ἠνάγκαζον. ἀνατιθεμένου
δὲ καὶ διατρίβοντος ἐπειδὴ τῆς ἐκκλησιαστικῆς ἕνεκα
σκέψεως αὐτόθι παρεγενόμην, ἐδ'ησεν ἐπιβαλεῖν τὰς
ὄψεις τῷ τόπῳ καὶ ἐπιδιαγνῶναι τὰ τῆς ὑποθέ-
σεως· καὶ πάλιν παρ'ην ὅμιλος ἐπισκόπων ἐκ τῆς
περιοικίδος, ἄλλου κατ' ἄλλην χρείαν συνειλεγμέ-
νου ἐφ' ὧν ἁπάντων κἀμοῦ οἵ τε ὅροι διεδείκνυντο
τὴν τοῦ Δαρδανίτου μερίδα σαφῶς ἀποτεμνόμενοι καὶ
μαρτυρία γερόντων, καὶ συγκαταθέσει· τῶν τέως ἀν-
τιλεγόντων τὸν εὐλαβέστατον Διόσχορον τοῦ χωρίου
δεσπότην ἀπέφηναν. ἐγκειμένου δὲ τἀδελφοῦ Διοσ-
κόρου, γέγονεν ἀνάγκη καὶ τὸ γραμμάτιον τὸ λοί-
δορον εἰς κοινὸν ἅπασιν ἀναγνωσθῆναι, ὃ πρὸς τὴν
ἁγιότητα τὴν σὴν ὁ εὐλαβέστατος Παῦλος ἐπεποίητο
ἐν ἐπιστολῆς εἴδει κωμῳδίαν ἐπὶ τὸν ἀδελφὸν ἀνασε-
συρμένην καὶ πλημμελῆ, ἀφ' ἧς αἰσχύνεσθαι περιῆν
οὐ τῷ κακῶς ἀκούσαντι, τῷ δὲ κακῶς ἀγορεύσαντι·
ἀλλ' ἔστι, ἄρα καὶ τοῦτο δεύτερον ἀγαθὸν τὸ αἰσχύνε-
σθαι τὸ μὲν γὰρ ἀναμάρτητον θείας ἀντικρύς ἐστι
καὶ μοίρας καὶ φύσεως, τὸ δὲ ἐπὶ τοῖς οὐκ εὖ γενομένοις
ἐρύθημα σωφροσύνης τις ἂν ἀπορλήναιτο. ἅπερ ὑποστὰς
ἐπὶ τοῦ παρόντος πράγματος ὁ εὐλαβέστατος Παῦλος
ἁπάσης ῥητορείας ἰσχυροτέραν ἀπέφηνε τὴν ἐξ οἰκείας
γνώμης μετάνοιαν· τὸ γὰρ ὁμολογῆσαί τε ἁμαρτεῖν
καὶ φανῆναι τὴν αἰσχρὰν λύπην τὴν ὡς ἐπὶ κακοῖς
αὐθαιρέτοις λυπούμενον, πάντας ἡμᾶς εὔνους αὐτῷ
καὶ συνδιατιθεμένους παρέσετο· καὶ τὸ μὲν ἡμέτε-
ρον οὐ θαυμαστόν, ἀλλ' ὁ εὐλαβέστατος (214) ἐπίσκο-
πος Διόσκορος ἐπειδὴ τὸν τέως διαφιλοτιμούμενον τα-
πεινότερον ἐθεάσατο, τῇ ψήφῳ κρατῶν ἡττήθη τῇ
γνώμῃ, καὶ γέγονεν ἐπὶ τῷ εὐλαβεστάτῳ Παύλῳ
ποιεῖν ὁπότερα βούλοιτο, καταχεῖν ἢ παραδοῦναι τὸν
λόφον, τοῦ θαυμαστοῦ Διοσκόρου πολλαῖς ἐνδόντος αἱ-
ρέσεσιν, ὧν οὐδεμιᾶς δι' ἀκοὴν πρὸ τῆς ἐκείνου μετα-
νοίας ἠνέσετο· καὶ γὰρ ἀποδόσθαι μόνον τὸν λόφον
καὶ ἀμοιβὴν δοῦναι πᾶν ἅμα τὸ κτῆμα καὶ ἄλλα

perstitionem a pietate separari volo Est enim illa vitium
virtus larva circumdatum, quod philosophia tertium
genus impietatis esse deprehendit Nihil ergo sacrum, nihil
sanctum arbitror, quod neque iuste neque legitime sit
susceptum Neque id mihi occurrebat, ut illam quæ
iactabatur dedicationem perborrescerem Non enim
Christianorum res eiusmodi sunt, (213) ut sacris illis cære-
moniarum elementis aut vocibus tanquam naturali qua-
dam attrahendi vi necessario adductum numen sequatur,
quod mundano spiritui contingeret sed ita ut ad pertur-
bationibus vacuam et deo quam coniunctissimam affec-
tionem mentis accedat Ubi autem furor inconsultus ac
pervicax animi motus ad agendum præit, qui fieri potest
ut ei rei spiritus sanctus intersit, cum , iis morbis sub-
euntibus, tametsi prius habitare cœperit, abscedat?
Quamobrem sic eram paratus , ut mutandum illud omne
pronunciarem, ille autem et antea mutationem illam re-
cepisse et iureiurando confirmasse manifeste convince-
batur Quod cum libenter arripuissem , iam latronem
sententiæ declinabam, atque illum sibi iudicem statue-
bam , suumque ipsum iusiurandum exsequi compellebam
Tergiversante autem illo ac protrahente , cum ecclesias-
tici negotii causa eo me contulissem , necesse habui in
rem præsentem venire ibique controversiam disceptare
Eodem rursus finitimis ex locis episcoporum turba con-
currit, cum alius aliis de causis eo venisset. Quibus
omnibus præsentibus meque ipso limites ostendebantur,
qui Dardanitæ partem manifeste separabant Ad hæc
seniorum testimonia et consensus eorum, qui hactenus
repugnabant, religiosissimum Dioscorum loci illius do-
minum approbarunt Instante vero Dioscoro fratre ne-
cesse fuit libellum infamem omnibus in commune legi,
quem ad sanctitatem tuam religiosissimus Paulus epi-
stolæ nomine conscripserat, fœdam ac petulantem adver-
sus fratrem comœdiam, et qua non in eum, qui male
audiret, sed qui male diceret, pudor redundaret Sed
est sane secundum in bonis pudore affici Vacare enim
peccato divinæ prorsus et conditionis est et naturæ ru-
borem autem illum, qui ob malefacta subrepit , modes-
tiæ esse merito quispiam dixerit Quod cum religiosis-
simus Paulus in præsenti re præ se tulisset, oratorio
omni potentiorem artificio illam ex animo susceptam pœ-
nitentiam ostendit Quod enim peccasse fatebatur, quod-
que turpem dolorem tanquam de voluntaria noxa con-
ceperat, nos in omnes benevolos et eodem fere modo
affectos reddidit Ac nostrum quidem hac in re factum
minus admirandum est , verum religiosissimus (214) epi-
scopus Dioscorus , postquam eum, qui pervicacius hac-
tenus contenderat, moderatiorem vidit, sententiis iudicum
superior, voluntate superatus est, ut in religiosissimi
Pauli arbitrio positum fuerit utrum vellet, collem retine-
ret an redderet cum egregius Dioscorus multas condi-
tiones admitteret , quarum ne unam quidem ante huius
pœnitentiam audire sustinuisset Nam et solum clivum

πολλὰ προσεξεῦρεν, ἐπιδαψιλευόμενος αὐτῷ πόρους, b
ἀφ' ὧν ἄν τις προλήψει χαρίσαιτο. ὁ δὲ ταῦτα μὲν
ὤκνει, ἠξίου δὲ ὑπεισελθεῖν αὐτὸς τὴν εἰς τὸν ἀδελφὸν
Διόσκορον γενομένην ὠνήν, καὶ ἐπὶ τοῖς αὐτοῖς ἀντι-
καταστῆναι δεσπότης τοῦ κτήματος. ἐγένετο πρὸς
τῷ λόφῳ καὶ τῶν ἀμπελώνων καὶ τῶν ἐλαιώνων ἐγ-
κρατής. τῷ δὲ ἡ μεγαλοφροσύνη κτῆμα ἀντὶ κτήμα-
τος, μεῖζον ἀντ' ἐλάττονος περιγέγονε, καὶ τὸ εἴσω
γενέσθαι τῶν νόμων τῶν εὐαγγελικῶν, οἳ συνεκτικω-
τάτην τῶν ἐντολῶν τὴν ἀγαπητικὴν διάθεσιν ἀπεφή-
ναντο. ἐν τοῦτο μόνον ἔδει μνήμης ἀξιῶσαι μηνύ- c
σαντα τῶν ἀδελφῶν τὰς συμβάσεις καὶ τὴν ὁμόνοιαν,
τὰν μέσῳ δὲ παραλιπεῖν, εἴ τις ἐπίσκοπος ὢν ἤλω
τι πταίσας. ἃ γὰρ οὐκ ἔδει πεπρᾶχθαι, ταῦτα κα-
λῶς ἔχει διδόναι τῇ λήθῃ. ἀλλ' ἵνα μὴ πάντα ἐκ
πάντων ὁ ἀδελφὸς Διόσκορος ἀποτυγχάνῃ, ταῖς αἰτή-
σεσιν αὐτοῦ δέδωκα τὸ πᾶσιν ἀκριβῶς ἐπεξελθεῖν,
ἵνα μηδὲν ἀγνοήσειεν ἡ σὴ θεοσέβεια, ἣν οὐ παρὰ
φαῦλον ἀλλ' ἀντὶ παντὸς ἐποιεῖτο πεισθῆναι διὰ τῶν
ἀποβάντων ὅτι μὴ ἐπ' ἀδίκοις ἐφιλονείκησε. κἀγὼ d
τὸν ἄνδρα τά τε ἄλλα ἐπαινῶ (πάνυ γάρ μοι πρὸς
τρόπου) καὶ τῆς εἰς ·τὸν θρόνον ἐκεῖνον αἰδοῦς ὑπερά-
γαμαι. καὶ καὶ μὰ τὴν φίλην σου καὶ σεβασμίαν
κεφαλήν, πολλὴν οἶμαι χάριν ὀφείλειν αὐτῷ τοὺς ἐν
Ἀλεξανδρείᾳ συμπτώχους, ὧν τοὺς ἀγροὺς ἐκπονεῖ,
ταχὺ πανταχοῦ γινόμενος, καὶ ἐξ ἀπόρων φόρους ἐκ-
λέγων καὶ τοῖς καιροῖς παριστάμενος.

Τὰ μὲν οὖν περὶ τὴν τῶν ἐπισκόπων στάσιν οὕτως
ἐχώρησεν· ἐπίταγμα δὲ ἦν ὅπως ἀκούσομαι καὶ Ἰάσο- a
νος, ὃς ἔφη πολλὰ καὶ ἄδικα (215) παρὰ συμπρεσβυτέρου
παθεῖν. οὕτως οὖν ἔχει κἀκεῖνα. Λαμπωνιανὸν Ἰάσων
εἷλεν ἀδικίας, ὁ δὲ φθάσας ὁμολογίᾳ τὸν ἔλεγχον ἔχει
τὴν δίκην, ἐκκλησιαστικῶν συνόδων εἰργόμενος. καίτοι
καὶ δάκρυον ἐκ μετανοίας ἀφῆκε, καὶ ὁ ἧμος ἱκέτης αὐτὸν
ἐξῃτήσατο. ἀλλ' ἐγὼ τοῖς δεδογμένοις ἐνεκαρτέρησα,
τοῦ δὲ λῦσαι τὴν αὐθεντίαν εἰς τὴν ἱερατικὴν καθέδραν
ἀνέπεμψα. τοσοῦτον οὖν ἐμαυτῷ συνεχώρησα. εἰ
προσπελάσει Λαμπωνιανῷ τὸ χρεὼν καὶ ἡ κυρία πα-
ρεῖναι δόξει, πᾶσιν ἐφῆκα τοῖς τότε παρεσομένοις
πρεσβυτέροις κοινωνίας αὐτῷ μεταδοῦναι (μηδεὶς γὰρ b
ἀποθάνοι δεδεμένος ἐμοί)· ἀναρρωσθεὶς δὲ πάλιν ἐπὶ
τοῖς αὐτοῖς ὑπόδικος ἔστω, καὶ παρὰ τῆς θεσπεσίας
σου καὶ φιλανθρώπου ψυχῆς περιμενέτω τῆς συγγνώ-
μης τὸ σύνθημα. οὐδὲ γὰρ οὐδ' Ἰάσων πάντα ἀναίτιος
ἑαυτῷ. προπετὴς ἄνθρωπος γλῶτταν ἐνέτυχεν ἀνδρὶ
προπετεστέρῳ τὴν χεῖρα, καὶ τοῦτο δὴ τὸ λεγόμενον,
κουφοτάτου πράγματος λόγῳ βαρυτάτῃ τιμωρίᾳ
ἐξέτισε.

Καὶ περὶ τῶν χρημάτων ἃ διείληφα, ταῦτα Λαμ-
πωνιανὸς ἔχειν ὁμολογεῖ, καὶ οὐδὲν ἀξιοῖ παρὰ τῆς
ναυαγίας ὠφελεῖσθαι τῆς ποιησάσης ἀφανὲς τὸ συμβό- c
λαιον, ἀλλὰ καιρὸν αἰτεῖ τοὺς καρποὺς ὠνίους γενέ-
σθαι· καὶ ἔφη πάντων ἀμελήσας ἑνὶ τούτῳ προσέχειν
τὸν νοῦν, ὡς ἂν τὰ πτωχικὰ καταθεῖτο χρήματα. να-

venditurum se dixit, et totam simul hanc possessionem
cum alia re commutaturum, et alia excogitabat quam
plurima, vias illi ac rationes abunde suppeditans, quibus
qui eas proponere occuparet, alterum sibi demeretur. At
is cæteras conditiones. aspernabatur, cupiebat vero in
eamdem emptionem ipse succedere, qua Dioscorus locum
illum possederat, eiusque loco totius fundi dominus pari
omnino iure constitui. Factus itaque est præter collem
etiam vinearum et olivetorum dominus. At ille pro mi-
nori ista maiorem quamdam magnificentiæ possessionem
adiit, nec non eius, ut intra evangelicas leges maneret,
quæ præcepta omnia caritatis potissimum affectu conti-
neri pronuntiant. Unum illud commemorare ac signifi-
care par erat, fratrum reconciliationem et concordiam :
quæ autem interim accidissent, omittere, si in re qua-
piam offenderet convictusque esset episcopus. Nam quæ
fieri minime decebat, ea oblivione deleri consultum vi-
detur. Verum ne in omnibus inferiores partes haberet
Dioscorus, dedi hoc eius postulationi, omnia ut accura-
tius exponerem, ne quid religionem tuam lateret : quam
non parvi interesse, sed maximi momenti esse arbitra-
batur, ex eventu ipso persuasum habere, non iniustis de
causis hanc a se contentionem esse susceptam. Ego vero
cum cæteris in rebus hominem laudo (nam valde cum
meis moribus consentit), tum præsertim ob singularem
erga sedem illam reverentiam complector. Testor tuum
illud mihi carissimum et venerandum caput, plurimum
illi debere mea quidem sententia Alexandrinos pauperes,
quorum agros procurat : dum repente adest ubique, et
ex rebus desperatis proventus colligit, neque tempo-
rum opportunitatibus deest. Quæ igitur ad episcopo-
rum dissensiones attinebant, hunc exitum habuerunt.

Præterea mandatum a te mihi fuerat, ut Iasonem
audirem, qui multa et indigna (215) a presbytero col-
lega passum se esse dicebat. Ad hunc ergo modum ista
se habent. Lamponianum Iason iniuriarum convicit;
ille convictionem confessione criminis antevertens pœnas
luit, ab ecclesiastica communione separatus. Quanquam
ex animi pœnitentia lacrimas fudit, et supplex eum po-
pulus condonari tibi petiit. Sed ego in iis perseveravi,
quæ semel decreveram, solvendi porro ius et auctorita-
tem ad pontificiam sedem reieci. Unum hoc ergo mihi
sumpsi, si Lamponiano fatalis necessitas immineret et
præstituta mortis dies adesse videretur, tum omnibus,
qui eo tempore adessent, presbyteris concessi, ut eum
communioni restituerent (nemo enim, quantum in me
erit, ecclesiasticis vinculis obstrictus moriatur); sin con-
valuerit, rursus iisdem pœnis teneatur, atque a divina
humanissimaque anima tua indulgentiæ tesseram exspec-
tet. Nam nec Iason culpa vacat omnino. Homo lingua
promptus in hominem incidit manu promptiorem, et,
quod dici solet, levissimæ rei, sermonis gravissimas pœ-
nas exsolvit.

Quod vero ad pecunias attinet, de quibus egi antea,
Lamponianus eas habere se fatetur, nec quidquam se
naufragio sublevari cupit, quo contractus periit; ac
tempus duntaxat postulat distrahendis fructibus oppor-
tunum; seseque posthabitis omnibus id unum laboratu-

μίσματα δὲ ἦν ἑπτὰ καὶ πεντήκοντα πρὸς τοῖς ἑκατόν

Ἀνοιστέον ἐστὶ καὶ περὶ τῶνδε τῶν γινομένων παρ' ἡμῖν, ἵνα γινόμενα παύσηται ἱερεῖς ἱερέας παρανόμων διώκουσιν. εἰ μὲν ἐπὶ ψεύδεσιν, οὔπω λέγω πάντως δὲ μετ' ἐπιβούλου τῆς προαιρέσεως οὐ γὰρ ἵνα λάβωσι δίκας, ἀλλ' ἵνα τοῖς ἄρχουσι τῶν στρατευμάτων ἄδικα κέρδη μνηστεύσωσιν ἐπὶ δὲ τοὺς ἐμοὺς ὤμους ἀναβαίνειν ἀνάγκη τὰ πάντων φορτία διὸ, δέομαι, γράφε καὶ διατάττου μηδενὶ μηδὲν ἐξεῖναι τοιοῦτο ποιεῖν καὶ γὰρ ἐμοὶ χαριῇ καὶ τοῖς ἀπραγμονεστέροις καὶ κακῶς πάσχουσιν ἀμυνεῖς, καὶ πολὺ πλέον εὖ πεποιηκὼς ἔσῃ τοὺς ἀδικοῦντας αὐτούς, εἴπερ μεῖζον ἀγαθὸν τὸ μείζονος ἀπηλλάχθαι κακοῦ, κακὸν δὲ μεῖζον τοῦ ἀδικεῖσθαι τὸ ἀδικεῖν. τὸ μὲν γὰρ ἴδιόν ἐστι κακόν, τὸ δὲ ἀλλότριον ἀλλ' οὔτ' ἐγὼ κατεμήνυσα τίνες εἰσί, (216) μήτ' αὐτὸς εἰ καὶ μάθοις, ἐπ' ὀνόματος ἐξελίγξῃς τινά, ἵνα μὴ ἀπεχθοίμην ἀδελφοῖς, οἷς ὅτι καὶ κατὰ πρόσωπον καὶ ἰδίᾳ λίαν ἐπιτετίμηκα συγχωρήσει θεός. ἀλλὰ φάνηθι τὸ πρᾶγμα μόνον μισῶν ἐν τοῖς πρὸς ἐμὲ γράμμασιν· εἴσομαι γὰρ σὺν θεῷ μετὰ τοῦ πᾶσιν ἀλύπου τὸ μηκέτι προελθεῖν περαιτέρω τὴν ἀσχημοσύνην ἡμῶν, μὴ γὰρ εἴποιμι τῆς ἐκκλησίας.

Οἰκονομῆσθαι δὲ ἓν ἔτι λοιπόν, καὶ λόγου πεπαύσομαι. περινοστοῦσί τινες βαυάντιβοι παρ' ἡμῖν· ἀνέξῃ γάρ μου μικρὸν ὑποβαρβαρίσαντος, ἵνα διὰ τῆς συνηθεστέρας τῇ πολιτείᾳ φωνῆς τὴν ἐνίων κακίαν ἐμφαντικώτερον παραστήσαιμι· οὗτοι καθέδραν μὲν ἀποδεδειγμένην ἔχειν οὐ βούλονται, οἵ γε τὴν οὖσαν ἀπολελοίπασιν, οὐ κατὰ συμφορὰς ἀλλ' αὐθαίρετοι μετανάσται γινόμενοι καρποῦνται δὲ τὰς τιμάς, ἐκεῖ περινοστοῦντες ὅπου κερδαλεώτερον. ἐμοὶ δὲ δοκεῖ, πάτερ σεβασμιώτατε, χρῆναι τούτοις, ὅσοι τὰς οἰκείας ἐκκλησίας ἀπείπαντο, πᾶσαν ἐκκλησίαν ἀπείπασθαι· καὶ πρὶν ἂν ἀπελθόντες ἐκεῖ καταστήσωνται, μηδένα δέχεσθαι θυσιαστηρίῳ μηδὲ εἰς προεδρίαν καλεῖν, ἀλλὰ περιορᾶν ἀγελαίους ἐν ταῖς δημοτικαῖς καθέδραις, ὅταν εἰς ἐκκλησίαν ἐμβάλωσι. ταχὺ γὰρ ἂν ἐπανέλθοιεν, εἰ περὶ τῆς τιμῆς κινδυνεύοιεν, ἧς ἀξιοῦσιν ἀπολαύειν ἁπανταχοῦ μᾶλλον ἢ οὗ προσήκει δέξαιτο γὰρ ἂν ἐκεῖ μᾶλλον ἢ μηδαμοῦ καὶ δημοσίᾳ μὲν οὕτω προσοιστέον αὐτοῖς ὡς ἄντικρυς ἰδιώταις, ἂν καὶ τῷ σεμνοτάτῳ σου θρόνῳ συνδοκῇ ἰδίᾳ δὲ καὶ κατ' οἶκον εἴθισθά πως, ὅταν ἥκῃ παρὰ τῆς σῆς θεοσεβείας ἀπόκρισις ἐκείνης τῆς πεύσεως, ἣν πρώην ἠρώτησα περὶ Ἀλεξάνδρου Κυρηναίου μὲν τὸ γένος ἱερασαμένου δὲ ἔν τινι πόλει τῶν Βιθυνῶν, ἧς ἐκπεσὼν κατὰ δή τινα στάσιν, ἐξὸν ἐπανελθεῖν, οὐκ ἐπάνεισιν ἀλλ' ἡμῖν ἐπιχωριάζει. περὶ τούτου γέγραφα πρὸς τὴν σὴν ἁγιότητα, πᾶσιν ἀκριβῶς ἐπεξελθὼν τοῖς περὶ αὐτὸν γενομένοις, καὶ γνώμην αἰτῶν οἷ τακτέον τὸν ἄνδρα ἐπεὶ δὲ οὐδὲν ἥκει μοι περὶ τούτων ἀντίγραφον, ἀμφίβολος ὢν πότερον διαπέπτωκεν

rum recipiat, ut pauperum pecunias persolvat Nummi erant septem et quinquaginta supra centenos

Operæ pretium est de his etiam referre, quæ apud nos geruntur, ut fieri deinceps desinant Sacerdotes a sacerdotibus variorum criminum accusantur, utrum falso, nondum dico prorsus tamen malo et fraudulento animo Non enim persequendarum pœnarum gratia, sed ut exercituum præfectis iniusta lucra concilient Necesse est autem omnium onera humeris meis imponi Quamobrem scribe, obsecro, et decreto tuo præcipe, ne cui tale quidquam facere liceat Nam et magno me beneficio devinxeris et eos mecum, qui tranquilliori animo sunt, et oppressis subvenies, et multo ampliori beneficio eos ipsos affeceris, qui iniuriam faciunt, cum maius bonum sit maiore a malo liberari, maius autem malum est iniuriam inferre quam perpeti Illud enim proprium malum est, hoc alienum Verum ego quinam ii sint significare nolui, (216) neque tu, si noris, nominatim quemquam redargue, ne in fratrum offensionem incidam, quos quod coram privatim vehementer increpavi, deus ignoscet, sed rem ipsam duntaxat in iis quas ad me dabis litteris odisse videare Inveniam enim, adsit modo deus, quemadmodum sine cuiusquam offensione non ultra se turpitudo atque infamia nostra proferat Non enim ecclesiæ infamiam dixerim

Unum adhuc constituendum superest, statimque scribendi finem faciam Vagantur quidam apud nos vacantivi Patieris enim me paululum barbare loquentem, ut usitata in republica voce nonnullorum nequitiam expressius declarem Ii certam quidem nullam sedem habere volunt, qui quam habebant antea reliquerunt, non ulla calamitate pulsi, sed sponte locum mutantes Honoribus porro fruuntur, eo vagantes, ubi maius compendium est Mihi vero, reverendissime pater, ita videtur oportere iis, qui suas ecclesias reliquerunt, omni ecclesia interdici, et priusquam illuc redeuntes se receperunt, neminem ad altare eos admittere, neque ad primas sedes invitare, sed inter gregarios in plebeis subselliis relinquere, cum ecclesiam adibunt Nam citius ad sua loca revertentur, si honoris sui iacturam metuant, quem capere ubivis malunt, quam ibi ubi convenit malent autem illic saltem quam nusquam omnino percipere Ac publice quidem ita cum iis agendum erit, tanquam cum privatis, si augustissimæ tuæ sedi ita visum fuerit, privatim vero ac domi quemadmodum uti iis oportebit, tunc sciemus, cum a pietate tua responsum allatum erit de ea quæstione, quam nuper de Alexandro proposui, qui genere Cyrenensis est, ecclesiæ autem cuiusdam Bithynorum episcopus fuit qua per seditionem pulsus, cum redire modo liberum ei sit, nequaquam revertitur, sed apud nos commoratur De ea re ad sanctitatem tuam scripsi, omnia diligenter exponens qua illi acciderunt tuamque sententiam requirens, quo in numero haberi hominem oporteret Sed quoniam rescriptum ad me nullam affertur, exciderintne, an ad tuam usque

ἢ διεκομίσθη τὸ γράμμα μέχρι τῆς μακαρίας σου κεφαλῆς, διείλεγμαι περὶ τούτου πρὸς τὸν θαυμαστὸν Διόσκορον τὸν ἐπίσκοπον, (217) καὶ τοῖς ταχυγράφοις a τὰ ἀντίτυπα δοῦναι τῶν τότε γραφέντων ἐπέταξεν, ἵνα εἰ μὴ τυγχάνεις δεξάμενος τὴν ἐπιστολήν, ἔχοις παραναγνοὺς διαιτῆσαί τε καὶ πρὸς ἐμὲ διαπέμψασθαι τἀμοιβαῖα. ἐπὶ πᾶσιν εὔχου περὶ ἐμοῦ· περὶ καταλελειμμένου γὰρ εὖξη καὶ τοῖς πᾶσιν ἐρήμου καὶ δεομένου συνεργίας τοιαύτης. ὡς αὐτὸς ὀκνῶ· περὶ ἐμαυτοῦ τι φθέγξασθαι πρὸς θεόν· ἅπαντα γὰρ εἰς τοὐναντίον μοι περίσταται διὰ τὴν ῥιψοκίνδυνον τόλμαν, ὅτι ἄνθρωπος ἐν ἁμαρτίαις, ἀπότροφος ἐκκλησίας, ἀγωγὴν ἑτέραν ἠγμένος θυσιαστηρίων ἡψάμην θεοῦ.

ξη΄. Τῷ αὐτῷ.

Ὧ δέδωκα τὴν ἐπιστολήν, στέλλεται μὲν ἐπὶ πρᾶξιν ἣν οὐχ ὅσιον ἐμοὶ διηγήσασθαι· ὅτι δὲ ἀρετὴν ἐκ νέας ἀσκεῖ, τοῦτο καὶ θέμις εἰπεῖν καὶ παντάπασιν ἀληθές. ὡς μὲν οὖν ἀγαθὸν ἄνδρα τιμήσεις· ἣν δὲ ἐγράψατο γραφήν, οἰκείαν εἱμαρμένην πληρούτω. μηδὲ γὰρ δικαίου ποτὲ φόνου προσάψοιο.

ξθ΄. Τῷ αὐτῷ.

Μέλει γάρ σοι, μέλει καὶ Πενταπόλεως. οὐκοῦν ἐντεύξῃ μὲν ταῖς δημοσίαις ἐπιστολαῖς· ὅτι δὲ κακὰ πλείω καὶ μείζω γέγονεν ἢ φοβεῖ τὰ γράμματα, λέγοντος ἀκούσῃ τοῦ διακομιστοῦ. στέλλεται μὲν γὰρ ἐπὶ συμμαχίαν, ὡς ἐκεῖθεν αἰτήσων· τὰ δὲ τῶν πολεμίων οὐδὲ τὴν ἔξοδον αὐτοῦ περιέμεινεν, ἀλλ᾽ ἔφθασαν ἐκχυθέντες ἀθρόοι κατὰ τῆς χώρας. πάντα οἴχεται, πάντα ἀνήρηται· αἱ πόλεις ἔτι λοιπαί, τὸ d μέχρι οὗ γράφω, λοιπαί, τὸ δὲ εἰς τὴν ἐπιοῦσαν, θεὸς οἶδε. πρὸς ταῦτα εὐχῶν δεῖται τῶν σῶν, εὐχῶν λέγω τῶν ἐθάδων τοῦ δυσωπεῖν τὸν θεόν. ὡς ἐγὼ πολλάκις ἤδη καὶ τὰ ἴδια καὶ τὰ κοινὰ μάτην ηὐξάμην. τί λέγω μάτην; εἰς τοὐναντίον μοι περιίσταται. τοιοῦτόν εἰσιν αἱ ἁμαρτίαι βαρεῖαί τε καὶ πολλαί.

ο΄. Πρόκλῳ.

Πέρυσιν οὐχ ἧκέ μοι γράμματα παρὰ τῆς (218) a ἱερᾶς σου χειρός. ἠριθμησα καὶ τοῦτο μετὰ τῶν συντυχόντων μοι κατ᾽ ἐκεῖνο καιροῦ δυσχερῶν, πολλὰ γὰρ ἐπὶ πολλοῖς ἐγὼ πέρυσιν ἠνιάθην· ἀλλὰ καὶ ὁ τῆτες χειμὼν ὅ τι μοι λοιπὸν ἦν τῶν εἰς ψυχαγωγίαν ἀφείλετο τὸ παιδίον. εἵμαρτο γὰρ ἄρα συνόντι μὲν ὑμῖν εὐτυχεῖν, ἀπόντι δὲ χαλεποῦ πειρᾶσθαι τοῦ δαίμονος. γενέσθω δή τις παραμυθία τὸ δέξασθαι τῆς πατρικῆς σου κεφαλῆς γράμματα, τὸ τιμαλφέστατον τῶν ἀπὸ Θράκης ἀγώγιμον.

οα΄. Πυλαιμένει.

Διττοὶ δή λόγοι λέγονται περὶ σοῦ. τοιγαροῦν

beatitudinem pervenerint litteræ dubitans, de ea re cum clarissimo viro Dioscoro episcopo sum collocutus, et (217) amanuensibus earum, quas tum scripsi, exemplum dare iussit, ut si forte nondum epistolam acceperis, eo perlecto arbitri partes suscipere et mutuas ad me reddere possis. Postremo deum pro me deprecare. Nam pro destituto precaberis atque ab omnibus deserto, cui tali præsidio est opus, quoniam pro me ipse deum interpellare vereor. Etenim in contrarium mihi omnia recidunt ob proiectam temeritatem meam, quod homo peccatis irretitus, extra ecclesiam educatus, alio disciplinæ genere institutus ad altare dei accedere non dubitaverim.

LXVIII. Eidem.

Cui hanc epistolam commisi, negotii gerendi causa proficiscitur, quod mihi nefas est exponere. Quemadmodum vero virtutem iam a prima ætate coluerit, et dictu fas est et verissimum. Igitur tu eum perinde ac virum probum honorabis; quam vero accusationem suscepit, ea fatum suum expleat. Nunquam enim quantumvis iustam necem attigeris.

LXIX. Eidem.

Est vero tibi curæ Pentapolis, est profecto. Quocirca publicas litteras leges. Sed plura et graviora incidisse mala, quam quorum metum litteræ denuntiant, de eo cognosces qui illas detulit. Hic enim auxilii inde postulandi gratia profectus est. At hostes ne digressum quidem illius exspectarunt, sed prius repente tota regione diffusi sunt. Actum de omnibus est, periere funditus omnia: solæ urbes adhuc reliquæ, atque ad hoc usque tempus, quo scribimus, reliquæ; quid sequenti die eventurum sit, novit deus. Ad hæc precibus tuis opus est, iis, inquam, precibus, quæ deum flectere ac mitigare solent. Equidem sæpius et privatim et publice frustra sum deprecatus. Quid frustra dico? In contrarium mihi vertuntur omnia. Ea demum peccatorum et gravium et multorum conditio est.

LXX. Proclo.

Nullæ mihi superiore anno a sacra (218) manu tua allatæ sunt litteræ. Et hoc inter alias quæ illo mihi tempore accidere difficultates a me est numeratum. Plurimum enim quam plurimis in rebus ego superiore anno mœrorem accepi, sed et hieme proxima qui unus ad solatium restabat filius ereptus est. Hoc enim erat in fatis, ut quamdiu vobiscum versarer, felici in statu essem, absens vero adversam fortunam experirer. Detur mihi, quæso, solatium aliquod paterni ut capitis tui litteras accipiam, mercem omnium quæ advehuntur e Thracia longe pretiosissimam.

LXXI. Pylæmeni.

Duplex de te nuntius affertur. Idcirco eodem tempore

οὗ μὲν ἐπὶ Θρᾴκης ὁμοῦ δὲ εἰς Ἰσαύρους γράφω τοῦ
ριτυζεῖν σε πάντως μιᾷ γέ τινι τῶν ἐπιστολῶν.
οθεσις δὲ ἀμφοῖν ἀσπάσασθαι τὴν φιλτάτην ͵εφαλήν,
υλαιμένη τὸν φιλόσοφον τοῦτο γάρ ἐστι κἂν βούληται
ν μὴ βούληται οὐ γὰρ μήποτε κατιοͅύσῃ τοῦ
ψυχότος, οὐδ' οὐ μὴ σβέσῃ τὸν σπινθῆρα τοῦ θείου
ρός, ἀλλ' ἀναλάμψει ποτί, τῆς μοχθηρᾶς ἀγωγῆς c
εράνω γενόμενος

οβ' Τοῖς ἐπισκόποις

Ἀνδρόνικος τὴν ἐγκλησίαν ψευσάμενος ἀληθευούσης
τῆς πειραθήτω πρώην, οὔπω πάνυ πρώην ἥμαρτεν
θεόν, ἐξύβρισεν εἰς ἀνθρώπους. ἐφ' οἷς ἀποκλεί-
ντες αὐτῷ τὴν παρ' ἡμῖν ἐγκλησίαν ὑπηγορεύσαμεν
ὃς τὴν ὑμετέραν ἀδελφότητα γράμματα τὴν ἐπ'
τῷ γνώμην μηνύοντα. τούτων ἔφθασε τὴν ἀπο-
ολὴν ἱκετείαν προσποιησάμενος καὶ μετάνοιαν ὑπο- d
όμενος, ἣν ἅπαντες ἠξίουν με δέξεσθαι πλὴν ἐμοῦ
ὰ γὰρ ἐδόκουν σαφῶς κατανενοηκέναι τὸν ἄνθρωπον
ντα ῥᾴδιον εἰπεῖν καὶ ποιῆσαι, καὶ προσεδεχόμην
καὶ προύλεγον ὡς ἐκ τῆς τυχούσης αἰτίας εἰς τὴν
σιν ἐπανελεύσεται, ὅν γε εἰκὸς ἀτολμότερον ἔσεσθαι
οσκεκυφότα ταῖς ἐκκλησίαις πολὺ μᾶλλον ἢ εἰ μη-
͵ ὕποπτον αὐτῷ κατελείπετο. διὰ ταῦτα μὲν οἷος
ἐγκαρτερῆσαι τῷ δόγματι, ὡς ἅμα τά τε πρὸς
ον εὐσεβέστερον βουλευσάμενος καὶ τὰ πρὸς τοὺς
λίτας ὠφελιμώτερον. (219) ἀλλ' ἰτμὲν γὰρ ἀντι- a
εῖν ἕνα πολλοῖς, παλαιτέροις νεώτερον, προσδεδα-
νηκόσι τὸν βίον ἱερωσύνη τὸν οὕπω πέρυσιν ͵μμένον
ὶ πράγματος εἶζα δεομένοις μήπω περιπέμψαι
γράμματα, δέξασθαι δὲ ἐπὶ ῥητοῖς, ἐφ' ᾧ μηλέτι
ινεῖται κατὰ τῶν ὁμοτίμων, ἐφ' ᾧ νοῦν ἀντὶ πάθους
ῦ βίου προστήσεται. κἂν μέν, ἔφην, εἴσω μένης
ν ὅρων οὓς ἔθου, νῦν τε ὑπερευξόμεθά σου τῆς
αρτίας καὶ τοῦ λοιποῦ συνευξόμεθα ἀναλυσαμένῳ
τα τῆς ὁμολογίας ἡ δίκη μένει καὶ εἰς ἅπαντα δη-
cιευθήσεται, τοσοῦτον ἀνατεθεῖσα χρόνον, ὅσον b
έγξαι σου τὸν τρόπον ἀνεπανόρθωτον. ἔδοξε ταῦτα,
ὶ πείρανι αὐτός τε ἔφη δώσειν καὶ ἡμᾶς λήψεσθαι.
ἔωκα καὶ εἰλήφαμεν. ἐπεδαψιλεύσατο ταῖς ὑποθέ-
σι τῆς ἀποκηρύξεως οὔπω τότε δήμευσις ἐτετόλ-
͵το, οὔπω τότε φόνος ἐνεχείρητο. πόσοι διὰ τοῦτον
͵ῶνται, πόσοι τῶν πρώην ἔτι κτηματικῶν διὰ τοῦτον
ͅωχεύουσιν, ἀλλὰ μικρὰ ταῦτα πρὸς τὸν εὖ μὲν γε-
νότα Μάγνον, χαχῶς δὲ ἀπολόμενον κεῖται παῖς c
ͅδρὸς λαμπροτάτου, ἅπασι τοῖς οὖσι λελειτουργηχὼς
ὶ πόλει, τοῦ πρὸς ἕτερον φθόνου γεγονὸς παρανάλωμα.
εἶτο χρυσίον, ὃ μὴ διδοὺς ἐτύπτετο· καὶ διδούς, ὅτι
ῶρον ἐξέτρεφεν ἐτύπτετο· τί γάρ, οὐ τοῖς αὐτοῦ φίλοις
͵λὰ τῷ στρατηγῷ τὸν ἀγρὸν ἀπέδοτο δακρύω μὲν
ὼ καὶ τὴν παρανομ͵,θεῖσαν νεότητα καὶ τὰς ἐπ' αὐτῇ
χταίας ἐλπίδας τῆς πόλεως ἀλλὰ τῆς ἐκείνου
ότητος τὸ τῆς μητρὸς γῆρας ἐλεεινότερον, ὅτι δυοῖν
ͅρένων ὃ μὲν οἴεται φυγὰς δι' Ἀνδρόνικον, καὶ οὐδὲ

in Thraciam et in Isauros scribo, ut in unas saltem lit-
terarum incidas Ambarum vero argumentum est, ca-
rissimo mihi capiti Pylæmeni philosopho salutem pluri-
mam dicere. Id ipsum enim est, velit, nolit Nam
nunquam is quod a natura insitum est perfuncet, nec divini
scintillam ignis exstinguet, sed aliquando prava institu-
tione superior illum excitabit

LXXII Episcopis

Andronicus, qui ecclesiam fefellit, veram illam expe-
riatur Haud nuper admodum in deum deliquit, con-
tumeliosus in homines fuit Quas ob res nostram illi
ecclesiam intercludentes, litteras ad fraternitatem vestram
dictavimus, quibus nostram de illo sententiam significa-
bamus Harum missionem antevertit, supplicem se esse
fingens et pœnitentiam promittens, quam omnes admit-
tendam uno excepto me censuerunt Ego enim homi-
nitus hominem videbar, qui quidvis facile diceret ac fa-
ceret idque exspectabam adeo ac prædicebam, qualibet
illum de causa ad ingenium esse rediturum quem minus
audacem futurum verisimile foret, quamdiu ecclesiis te-
neretur obnoxius, multo magis, quam si nihil ei suspec-
tum relinqueretur Propterea volebam in decreto per-
sistere, quippe et quod ad deum attinet religiosius et
quod ad cives spectat utilius ea re consulens (219) Ve-
rum pluribus unum obsistere pervicacis animi est, senio-
ribus maxime iuniorem, iisque qui ætatem suam in sa-
cerdotio contriverant, eum qui nondum ante hunc annum
eam rem attigisset Cessi itaque deprecantibus, ut nondum
dum litteras mitterem, sed ea lege reciperem, ut in
eiusdem secum conditionis homines non amplius sævi
ret, ut vitæ suæ rationem perturbationis loco ducem
præficeret Ac si quidem, aiebam, intra eos limites
maneas, quos tibi ipse posuisti, non solum nunc pro
peccato tuo deprecabimur, sed de cætero tecum una pre-
cabimur Sin sponsionem illam defugeris, pœna consti-
tuta remanet et ubique publicabitur, tantum dilata tem-
poris quantum ad hoc sufficiat, ut ingenium tuum emen-
dationem nullam admittere omnes intelligant Ita fieri
placuit, eiusque rei experimentum et daturum se ipse et
capturos nos esse dixit Dedit ille vero, et nos cepimus
Magnam ad excommunicationis causas accessionem fecit
Nondum tentata erat bonorum proscriptio, nondum
cædes perpetrata Quam multi per eum extorres facti'
quam multi antea locupletes per illum ad mendicitatem
redacti' Sed levia hæc, si cum nobilissimo Magni, sed
per summam crudelitatem sublati exitu comparentur
Iacet clarissimi viri filius bonis omnibus suis in functiones
reipublicæ collatis, per occasionem susceptæ in aliud
invidiæ miserabiliter exstinctus Aurum poscebatur
Quod cum minime daret, vapulabat, cum dedisset ni-
hilominus, quod conficiendæ pecuniæ rationem invenis-
set, vapulabat Quid enim? non amicis eius sed duci
agrum vendidit Ego quidem et iuventutem deploro tam
indigne habitam et inanes de ea spes Sed illius iuven-
tute matris est senectus miseratione dignior, cui de duo-
bus maribus alter propter Andronicum exsulat, nec ubinam
terrarum versetur illa novit alterum scit ubi terrarum

οἶδεν οἱ γῆς, τὸν δὲ οἶδεν οἱ γῆς κατορώρυχε. φεῦ d
τῶν νόμων τῶν συναδικουμένων, παρ᾽ οὓς ἄρχουσι
τῆς ἑαυτῶν, παρ᾽ οὓς ἐπ᾽ ἀρχῇ δανείζονται χρήματα,
τούτων μὲν οὖν ἑτέρους ἐπιμελητὰς ὁ θεὸς εἶναι βού-
λεται· ἡμῖν δὲ ἀπόχρη καθαρεύειν ἐν καθαροῖς, ἐὰν
ἄρα δυνώμεθα μένειν εἴσω τῶν περιβόλων τῶν ἱερῶν,
ἀποκλείειν τε τοῖς ἐναγέσι τὰ παναγέστατα.

ογ´. Τρωΐλῳ.

Σὺ γὰρ δὴ καὶ φιλόσοφος εἶ καὶ φιλάνθρωπος, σοί με
δεῖ προσανακλάεσθαι τὰς (220) τῆς ἐνεγκούσης με συμ- a
φοράς, ἣν τιμήσεις μὲν διὰ πολίτην φιλόσοφον, ἐλεήσεις
δὲ διὰ τὸ τῆς σαυτοῦ φύσεως ἥμερον, δι᾽ ἀμφότερα
δὲ πεσοῦσαν ἀνορθῶσαι πειράσῃ. δύνασαι δέ, ἐπειδὴ
σώζειν τὰς πόλεις Ἀνθέμιος.καὶ φύσιν ἔχει καὶ τύχην
καὶ τέχνην. ᾧ πολλῶν ὑπαρξάντων εἰς τοῦτο παρὰ
θεοῦ τὸ μέγιστον ἀγαθὸν οἱ φίλοι, καὶ τούτων Τρωΐλος
τὸ μέγιστον. ὅπως οὖν μὴ μόνον τὰς ὄψεις ἐπιβαλεῖς,
ἀλλὰ καὶ τὸν νοῦν πάνυ σφόδρα προσέξεις τοῖς γράμ-
μασιν, ὧν ἐγὼ πολλὰ κατέσπεισα δάκρυα. τί γὰρ
δὴ Φοινίκων μὲν οὐκ ἄρχουσι Φοίνικες, οὐδὲ Κοιλο- b
σύρων Κοιλόσυροι, Αἰγύπτιοι δὲ πάσης μᾶλλον ἢ τῆς
ἑαυτῶν, Λίβυες δὲ μόνοι τῆς ἑαυτῶν; ἢ μόνοι Λίβυές
εἰσιν ἀνδρειότατοι, καὶ χωρεῖν ὁμόσε τοῖς νόμοις
ἐγνώκασιν; ὧν ὅτε πλείω καὶ φοβερώτερα τοῖς παρα-
βαίνουσι γέγονε τἀπιτίμια, τότε μᾶλλον αὐτοῖς αἱ
πονηραὶ φύσεις ἐνεκυβίστησαν. ἔδει μὲν ἄρδην ἀνῃ-
ρῆσθαι τὴν πρὸς Κυρήνη Πεντάπολιν· ὁ δὲ λιμὸς καὶ
ὁ πόλεμος οὔπω κατὰ πᾶν ὅσον ἔδει κατήνυσαν, ἀλλὰ δια-
τρίβουσι καὶ κατὰ μικρὸν ἀπολλύουσιν. οὐκοῦν τὸ
λεῖπον εἰς τὸ ταχὺ κατειργάσθαι προσεξευρήκαμεν.
καίτοι τοῦτ᾽ ἐστὶν ὃ τὸ παλαίφατον λόγιον ἐπεχρη- c
σμῴδησε τῇ τελευτῇ Πενταπόλεως. πατέρων αὐτὸ
καὶ πάππων ἠκούσαμεν ὅτι φθερεῖ τὰ Λιβύων
ἡγεμόνων κακότης· αὐτὸ γὰρ τοῦτό ἐστι τοῦ
χρησμοῦ τὸ τεμάχιον. ἀλλ᾽ εἰ καὶ πέπρωται τοῦτο,
ἀναβολήν τινα τοῦ κακοῦ μηχανήσασθε. καὶ γὰρ ἡ
τῶν ἰατρῶν τέχνη τὸ μὲν ἀποθανεῖν ἄνθρωπον, ἐπειδὴ
φύσις ἐστίν, οὐ καθάπαξ κωλύει, ἐμποιεῖ δέ τινα
διατριβὴν τῷ χρεών. ὅμοιόν τι αἰτοῦμεν καὶ παρὰ
τῆς τέχνης τῆς ἀρχικῆς· βοηθησάτω τῇ φύσει κατὰ
τῆς νόσου, μὴ μέντοι κατασπευδέτω τὸν ὄλεθρον. μή, d
δέομαι, μὴ γένοιτο τὰς Ἀνθεμίου τοῦ μεγάλου καιρῶν
ἐπαρχίαν Ῥωμαϊκὴν ἐκ μέσης ἀνῃρῆσθαι τῆς διοική-
σεως. εἰπὲ πρὸς αὐτόν, εἰπὲ πρὸς τῶν λόγων, οὐ σὺ
καταπεμφθῆναι τὸν νόμον γέγονας αἴτιος, ἐπὶ τοῖς
πάλαι τὸν πρόσφατον, ὃς ἀνατείνεται πολλὰ καὶ χα-
λεπὰ τοῖς μνηστεύουσι τὴν τῆς ἐνεγκούσης ἀρχήν; πῶς
οὖν οὐ νεμεσᾷς τοῖς φιλοτιμουμένοις ἐπὶ σοῦ διαρρή-
γνύναι τὰ σὰ πολιτεύματα; εἰ μὲν οὖν οὐ λανθάνουσιν,
ἀδικεῖς· εἰ (221) δὲ λανθάνουσιν, ἀμελεῖς. χρῆν δὲ a
οὐχὶ τὸν ἄνδρα τὸν ἡγεμονικώτατον ἀλλ᾽ ἑνὶ τούτῳ
μάλιστα προσέχειν τὸν νοῦν, τοὺς ὑπάρχοντας ὡς
βελτίστους αἱρεῖσθαι. θεία γὰρ αὕτη καὶ μεγαλο-

defoderit. Heu! leges eadem iniuria pulsatas, contra
quas patriæ suæ imperant, contra quas pecunias ad
emenda imperia fenerantur. Sed harum custodes esse
vult alios deus; nobis inter puros puris esse sufficit, si
quidem intra sacra septa permanere possimus et exsé-
crandis hominibus sanctissimis ac religiosissimis rebus
interdicere.

LXXIII. Troilo.

Cum et tu philosophus sis et humanitate præditus,
deplorandæ mihi (220) apud te sunt patriæ calamitates,
cui tu honorem quidem habebis civis philosophi gratia,
misericordiam vero tribues ob insitam animi lenitatem,
et utriusque demum causa iacentem erigere conaberis.
Hoc enim est in tua potestate situm, quoniam ad civitates
servandas Anthemius et natura et fortuna et industria
comparatus est. Cui cum multa divinitus ad id bona
concessa sunt, tum summum est amicorum copia, et inter
eos Troilus longe potissimum. Quamobrem vide, quæso,
ne oculos duntaxat adicias, sed et mentem etiam litteris
advertas, quas ego ubertim stillantibus lacrimis respersi.
Qui fit enim ut Phœnicibus quidem Phœnices non impe-
rent, nec Cœlosyri Cœlosyris, Ægyptii itidem omnibus
potius provinciis quam patriæ, Libyes soli patriæ præ-
ficiantur? Soline Libyes fortissimi sunt, ac legibus op-
ponere sese constitutum habent? Quibus cum plura ad-
versus violatores supplicia apposita fuerint, tum perdita
ingenia impetu in eas graviore præcipitant. Necesse
erat perire funditus Cyrenensem Pentapolin. Verum
fames et bellum nondum quantum satis erat consum-
pserunt, sed moram faciunt et paulatim disperdunt.
Igitur quod ad interitum celeritatem restabat excogitavi-
mus. Quanquam hoc ipsum est, quod vetus admodum
oraculum de Pentapolis exitu vaticinatum est. De paren-
tibus hoc et avis accepimus: Res Libyæ ducum pravi-
tate perditum iri. Hoc enim oraculi fragmentum est.
Sed etsi in fatis hoc positum sit, aliquam tamen mali
dilationem invenite. Etenim medicorum ars ipsa mortem
quidem ab hominibus, quoniam hæc eorum est natura,
non penitus propulsat, sed moram tamen aliquam fatali
necessitati inicit. Eiusmodi aliquid ab imperandi scientia
petimus, naturæ ut contra morbi vim opituletur, non
interitum maturet. Ne, quæso, ne hoc magni Anthemii
temporibus eveniat, ut Romana provincia media ex diœ-
cesi,funditus pereat. Dic illi, dic, per scientias obtestor :
non tu novæ supra veterem mittendæ legis auctor exsti-
tisti, quæ lex multa et acerba minitatur iis qui patriæ
suæ imperium ambiant? Cur non igitur iis succenses, qui
apta tua rescindere omni ope contendunt? ac si non ignoti
tibi illi sunt, iniuriam facis; sin (221) ignoti, negligis.
Minime autem facere ita decebat hominem imperandi
peritissimum, sed huic uni maxime animum adiungere,
ut qui sub te præfecturas obituri sunt quam optimi de-
ligantur. Divina quippe ac magnifica illa providentia

πρεπὴς ἡ πρόνοια, πρὸς ᾗ δαπανᾶται φροντὶς εἰς ἐκ-
λογὴν ἀνδρὸς ἀγαθοῦ. ἀλλ' ἐν τούτῳ γάρ ἐστιν ἔθνους
ὁλοκλήρου πεποιῆσθαι φροντίδα. τούτων οὖν εὐθὺς
ἀπεγνωκέναι προσήκει τῶν ἐναλλομένων τοῖς νόμοις,
παρ' οὓς ἄρχουσι τῆς ἑαυτῶν, πηρ' οὓς ἐφ' ἡμῖν
ὥσπερ ἐπὶ κτήμασι δανείζονται χρήματα   στήσατε b
τὸ κακόν.   ἄρχοντας ἡμῖν νομιμωτέρους ἐκπέμψατε,
ἀγνοοῦντας ἀγνοουμένους, ταῖς φύσεσιν, οὐ τοῖς περὶ
ἕκαστον πάθεσι τὰ πράγματα κρίνοντας   ὡς τὰ νῦν
ταῦτα καταπλεῖ δεσπότης ὁ πρῶιν ἀντιπολιτευόμενος,
καὶ τὴν ἐν πολιτείᾳ διαφορὰν ἀπὸ τοῦ βήματος ἀγω-
νίζεται.   ὅσα δὲ ἄλλα παραβλαστάνει κακά   συκο-
φαντεῖται συμπόσια, καὶ γυναικὶ δίδοται χάρις ἡ
τοῦ πολίτου συμφορά, καὶ κατήγορος ἐκκέλευστος   ὃς
δ' ἂν μὴ γράψηται παρανόμων, ἑάλωκεν, εἰ μὴ καὶ
πρὶν ἁλῶναι τὰ τῶν ἑαλωκότων ὑπέμεινεν   ἐθεασά- c
μεθα δεσμώτην ἀπὸ τούτου γενόμενον, ὅτι μὴ τὸν
ἄρτι παυσάμενον τῆς ἀρίστης ἀρχῆς ἐπὶ κλοπῇ δη-
μοσίων ἐδίωκε   μᾶλλον δὲ τοῦτον οὐδὲ τεθεάμεθα,
ἀλλ' ἀπείρητο προσιέναι καθάπερ τοῖς ἐναγέσιν ἢ τοῖς
βασιλέως ἐχθροῖς, ἕως διεπράξαντο πᾶν ὅσον ἐβού-
λοντο, καὶ τὸν ἥλιον εἶδεν ἐπὶ ῥητοῖς ἄνθρωπος, ἐφ'
ᾧ Γεννάδιον ἐγράψατο   ἀλλ' ἦγε ἡμετέρα Πεντάπολις
Γενναδίου μὲν τοῦ Σύρου πολλὰ ἐπὶ πολλῶν ὤνατο·
καὶ τὸ μέγιστον, ὅ-τι καὶ λόγῳ καὶ πειθοῖ τὴν ἀρχὴν d
ἐπιτρέψας ἔλαθεν ἡμᾶς τῶν ἀπηνεστάτων τε καὶ ὀνο-
μαστοτάτων ἐν σκληρότητι πλείονα χρήματα ταῖς
δημοσίαις ψήφοις εἰσενεγκὼν   ἐφ' οἷς οὐδεὶς ἐδάκρυ-
σεν, ἐφ' οἷς οὐδεὶς ἀπέδοτο τὸν ἀγρόν   ἐκείνην ἄν τις
εἰσφορὰν εὐσεβῆ δικαίως ἐκάλεσεν, ἣν οὐχ ὕβρις οὐ
μάστιξ ἠνάγκασε   τὰ δὲ περὶ τῶν πολιτῶν, φεῦ τῆς
μνήμης τῶν πευσαμένων, φεῦ τῆς πείρας τῶν ὁρωμέ-
νων.   οὐ δὲ οὖν ἀξιοῦμεν καινῶν, ἀλλ' ὑπὲρ τῶν νόμων
Ἀνθέμιον ἱκετεύομεν, ὑπὲρ τῶν νόμων τὸν τούτων
φύλακα, ὧν ἄξιον μὲν αἰδεῖσθαι (222) τὴν ἀρχαιότητα a
(νόμου γὰρ δὴ καὶ τοῦτο σεμνότης), εἰ δέ τῳ δοκεῖ,
τῶν διαταγμάτων τὰ νεώτερα, τὴν ὡς ἂν εἴποι τις
ἔμψυχον ἔτι βασιλείαν ἐπιγραφόμενα.

οδ'. Πυλαιμένει

Ἔπεμψά σοι τὸν λόγον ἀττικουργῆ, τῆς ἀκριβοῦς
ἐργασίας, ὃν ἂν μὲν ἐπαινέσῃ Πυλαιμένης ἡ κριτι-
κωτάτη τῶν ἀκοῶν, αὐτὸ τοῦτο τῇ διαδοχῇ τοῦ γόνου
συνέστησεν   εἰ δὲ μηδὲν φανεῖται σπουδαῖον, ἔξεστι b
δήπου παίζειν τὰ παίγνια.

οε' Νικάνδρῳ

Τοὐπίγραμμά μου τὸ κλεινὸν (πῶς γὰρ οὐ κλεινὸν
ὅπερ ὁ μέγας ἐπῄνεσε Νίκανδρος,)

τῆς χρυσῆς εἰκὼν ἢ Κύπριδος ἢ Στρατονίκης,

ἐπίστασαι πάντως ὅτι καὶ εἰς ἐμὴν ἀδελφὴν ἐποιήθη
παρ' ἐμοῦ τότε, παρὰ τοῦ στίχου μαθών.   ταύτῃ τῇ

---

est, in qua sedulo cura in boni viri delectum impenditur
In hoc enim gentis universæ cura suscipitur.   Imprimis
igitur ab administratione reiciendi illi sunt, qui leges
quasi infestis calcibus petunt, contra quas patriæ suæ
obtinent, contra quas, nobis velut prædus oppignerates,
mutuam pecuniam accipiunt   Modum huic malo facite
Mittite ad nos magis legitimos magistratus, qui neque
noverint nos, neque nobis cogniti sint, atque ex natura
ipsa, non privato animi affectu, de rebus iudicium fe
rant   Nunc enim ita se res habet   Navigat huc dominus,
qui antea in republica dissidebat, suamque illam civilem
dissensionem e tribunali persequitur.   Pleraque vero et
alia inde mala nascuntur   Versantur in conviviis ca-
lumniæ   Mulieris donum fit civis alicuius calamitas
Inde excitatus accusator, quicunque vero legum violata-
rum actionem intendere nolit, condemnatur ipse, nisi
antequam damnetur, eadem cum damnatis perpessus
fuerit   Vidimus qui ob hæc in vincula coniceretur, quod
eum, qui nuper optime magistratu functus esset, pecu-
latus accusare nollet   Imo ne illum qui lem vidimus ipsi
quin accedere propius interdictum erat, velut sceleratis
aut maiestatis reis, donec quidquid libitum est perfece-
runt, et eam ob causam solem homo vidit, quod Gen-
nadium accusasset   Sed Pentapolis nostra in multis est
a Gennadio Syro sublevata   quorum illud maximum est,
quod sermone ac persuasione imperium exercens, nemine
nostrum advertente, plus pecuniæ in publicas rationes
intulit, quam crudelissimi quique et atrocitatis nomine
celeberrimi   propter quam pecuniam nemo lacrumatus
est, propter quam nemo agrum vendidit   Contributionem
illam piam merito aliquis appellaverit, quam non iniuria
aut verbera extorserunt   Quod vero ad cives attinet
heu præteritorum memoriam, heu experimentum præ-
sentium!   Nihil ergo novum postulamus, sed pro le-
gibus Anthemium deprecamur, pro legibus, inquam,
earum custodem, quarum vetustatem quidem revereri
convenit (222) (legis enim est illa quoque dignitas), aut
si ita cuiquam videatur, decretorum etiam recentiora
quæque, quæ vivum adhuc et ut ita dicam animatum
regnum præ se ferre videntur

LXXIV. Pylæmeni.

Opus ad te misi Attico imprimis lepore ac diligenter
elucubratum   Quod si teretes et acerrimi iudicii Pylæ-
menis aures probaverint, hoc ipsum temporum illud
memoriæ commendabit, sin nihil in eo studio dignum
videtur, licet profecto in ludicris ludere

LXXV   Nicandro.

Insigne illud meum epigramma (qui enim non insigne
dicatur quod magnus Nicander laudaverit?)

aut pulchræ efigies hæc Cypridis aut Stratonices,

nosti omnino fuisse a me tunc in sororem scriptum, idque
vel ex versiculo intelligere potuisti.   Huius mihi sororum

φιλτάτη μοι τῶν ἀδελφῶν, ἣν καὶ τῆς εἰκόνος ἠξίωσα καὶ τοῦ στίχου, Θεοδόσιος ὁ βασιλέως ὑπασπιστὴς c σύνοικος, ἕνεκα μὲν τοῦ χρόνου καὶ τῆς ἐν τῇ στρατείᾳ προσεδρείας κᾶν προυστάτησε πάλαι· αἱ δὲ σπουδαὶ πλέον δύνανται τῶν ἐνιαυτῶν. ταύτῃ τε οὖν ὄφελος αὐτῷ γενοῦ κᾶν ταῖς δίκαις, εἴ τινες εἶεν αὐτῷ πρὸς Ἀνθέμιον· ὀνάσθω δέ τι τοῦ μεγάλου Νικάνδρου.

cariissimæ, quam et statua et carmine dignatus sum, coniux est Theodosius imperatoris protector, qui, si diuturnitatem temporis et assiduitatem militiæ spectes; iamdudum principem habere locum debuerat, sed favor et gratia plus quam annorum ratio valet. Hac tu igitur illum parte sublevabis; necnon in causis, si quæ illi fuerint apud Anthemium, omnino magnus ei Nicander aliqua in re adiumento sit.

ος'. Θεοφίλῳ.

Ὀλβιάταις (οὗτοι δὲ δῆμός.εἰσι κωμήτης) ἐδέησεν αἱρέσεως ἐπισκόπου, τοῦ μακαριωτάτου πατρὸς Ἀθάμαντος τῷ μακρῷ βίῳ τὴν ἱερωσύνην συγκαταλύ- d σαντος. ἐπεκαλέσαντο δὴ κᾶμὲ κοινωνὸν αὐτοῖς γενέσθαι τοῦ σκέμματος. καὶ συνήσθην μὲν ἀνδράσιν ἐκ πολλῶν καὶ πάντ' ἀγαθῶν ποιουμένοις τὴν αἵρεσιν, πολὺ δὲ πλέον Ἀντωνίῳ συνήσθην τῆς καλοκαγαθίας, ὅτι καὶ καλῶν ἔδοξεν εἶναι καλλίων· ἐπὶ γὰρ τοῦτον ἡ πάνδημος ψῆφος ἠνέχθη. προστεθέντων δὲ καὶ δυοῖν εὐλαβεστάτων ἐπισκόπων γνώμῃ τῇ τοῦ πλήθους, οἷς συνετέθραπτο καὶ ὧν θατέρου τῇ χειρὶ πρεσβύτερος ἀπεδέδειχτο, ἐτύγχανον μὲν οὐδ' αὐτὸν ἀγνοῶν πάνυ τὸν Ἀντώνιον, ἀλλὰ δι' ὅσων αὐτὸν ἔγνων (223) λόγων καὶ πράξεων, διὰ τοσούτων ἐπῄνεσα· a προσθεὶς δὲ εἷς ἠπιστάμην καλοῖς ἅπερ ἤκουσα, φέρω κᾀγὼ τὴν ἐμαυτοῦ ψῆφον ἐπὶ τὸν ἄνδρα. καὶ γένοιτ' ἄν μοι βουλομένῳ κοινωνὸν αὐτὸν εἰς τὴν ὁμότιμον ἱερωσύνην προσδέξασθαι. ἑνὸς οὖν ἔτι δεῖ, τοῦ κυριωτάτου μέντοι, τῆς ἱερᾶς σου χειρός. τούτου μὲν Ὀλβιάταις δεῖ, ἐμοὶ δὲ εὐχῶν.

Olbiatis (vici cuiusdam hic populus est) episcopi creatione opus fuit, cum beatissimus pater Athamas longiore vita pariter et sacerdotio functus esset. Me igitur in huius deliberationis communionem advocarunt. Ego vero gratulatus sum hominibus, quod e multis iisque utique bonis delectum instituerent, sed multo magis Antonio de sua probitate sum gratulatus, quod bonis melior iudicatus esset. Nam in eum commune omnium suffragium collatum est, cumque se multitudinis sententiæ duo religiosissimi episcopi adiunxissent, quibuscum educatus et quorum alterius manu sacerdos consecratus fuerat, ne ipse quidem omnino Antonium ignorabam, sed illum de quibuscunque (223) noram dictis aut factis, de omnibus collaudavi. Tum ad ea, quæ sciebam, præconia, ea quæ audieram adiungens, meo quoque illum suffragio renuntio. Ac pergratum mihi quidem erit, si illum in episcopatu collegam ac socium habuerim. Unum igitur id opus est, sacra tua scilicet manus. Hoc unum Olbiatis, mihi vero preces necessariæ sunt.

cζ'. Ἀνυσίῳ.

Οὐκ ἐθέλει περιμένειν ἄλληλα τὸ φῶς καὶ τὸ b σκότος, ἀλλὰ νόμῳ φύσεως περιίσταται. ἐπανελθόντες ἀπὸ τῆς σῆς πομπῆς Ἀνδρόνικον κατελάβομεν.

Non sese invicem opperiuntur lux et tenebræ, sed naturæ se lege fugiunt. Cum a tui deductione reverteremur, Andronicum offendimus.

οη'. Τῷ αὐτῷ.

Οὐδὲν ἂν γένοιτο Πενταπόλει λυσιτελέστερον τοῦ τοὺς ἀγαθοὺς καὶ ἄνδρας καὶ στρατιώτας Οὐννιγάρδας προτετιμῆσθαι πάντων στρατιωτῶν, οὐ τῶν ἐγχωρίων λεγομένων μόνον, ἀλλὰ καὶ ὅσοι πώποτε κατὰ συμμαχίαν εἰς τούσδε τοὺς τόπους ἀφίκοντο· ἐκεῖνοι μὲν γὰρ οὐδεπώποτε πολλαπλασίους ἐλάττοσι τοῖς πολεμίοις μετὰ τοῦ θαρρεῖν συνηνέχθησαν, οὗτοι δὲ δὶς ἤδη καὶ c τρὶς πρὸς ἄνδρας ὑπὲρ χιλίους τὸν ἀριθμὸν μόνοι τετταράκοντα μετὰ θεοῦ καὶ σοῦ στρατηγοῦ παρετάξαντα, καὶ νίκας τὰς μεγίστας καὶ καλλίστας ἀνείλοντο. τῶν δὲ εἰς ὄψιν αὐτοῖς ἐλθόντων βαρβάρων τοὺς μὲν ἀπολωλεκότες τοὺς δὲ ἀπεληλακότες, τά τε μετέωρα τῆς χώρας ἔτι περινοστοῦσι, καὶ τὰς εἰσβολὰς τῶν πολεμίων φυλάττουσιν, ὥσπερ σκύλακες αὐλῆς d προπηδήσαντες, ἐφ' ᾧ θηρίον οὐκ ἐναλεῖται τῇ ποίμνῃ.

Nihil Pentapoli utilius esse potest, quam ut boni viri iuxta et milites Unnigardæ cæteris militibus anteponantur, non indigenis modo, sed quotquot unquam auxiliares ad ea loca profecti sunt. Nam isti multo plures cum paucioribus hostibus nunquam audacter manum conseruerunt; illi vero in totum quadraginta his iam terve cum hominibus amplius mille, deo ac te freti, imperatore, dimicarunt maximasque et insignes victorias reportarunt. Ex barbaris vero quicunque comparuerunt, aliis cæsis, pulsis aliis in editis provinciæ locis oberrant et irruptiones observant, canum in morem e caulis prosilientes, ne fera in gregem impetum faciat. Sed pudet nos egregiorum militum, qui in laboribus nostra causa toleratis lacrimare coguntur. Quæ enim ad nos scripserunt, equidem non sine gravi mœrore cun. lego-

ἀλλ' ἡμεῖς αἰσχυνόμεθα τοὺς ἀριστέας ἐν αὐτοῖς τοῖς
ὑπὲρ ἡμῶν ἱδρῶσι δακρύοντας· οἷα γὰρ καὶ γεγρά-
φασι πρὸς ἡμᾶς, ἐγὼ μὲν οὐκ ἀπαθῶς ἀναγινωσκομένων
ἀκήκοα, ἀξιῶ δὲ μηδὲ σὲ τὴν ἱκετείαν αὐτῶν παριδεῖν·
δέονται γὰρ δὴ σοῦ μὲν δι' ἡμῶν, βασιλέως δὲ διὰ
σοῦ δέησιν ἣν εἰκὸς ἦν ἡμᾶς ἐκείνων σιωπώντων
ποιήσασθαι, μὴ καταλεγῆναι τοὺς ἄνδρας ἀριθμοῖς
ἐγχωρίοις. ἀχρεῖοι γὰρ ἂν ἑαυτοῖς τε καὶ ἡμῖν γέ-
νοιντο, τῶν βασιλικῶν δωρεῶν ἀφῃρημένοι, εἰ μήτε
ἵππων (224) ἕξουσι διαδοχὴν μήτε ὅπλων παρασκευήν α
μήτε δαπάνην ἀγωνισταῖς ἀνδράσιν ἀρκοῦσαν· μὴ σύ
γε, ὦ μετ' αὐτῶν ἀριστεῦ, μὴ περιίδῃς τοὺς εὐ-τρα-
τιώτας εἰς ἀτιμοτέραν τάξιν χωροῦντας, ἀλλ' οὗτοί
γε μενόντων ἄσυλοι τῶν γερῶν ἐν βεβαίῳ τῆς πρό-
τερον ἀξίας. ὃ γένοιτ' ἄν, εἰ διὰ τῆς σῆς ἀναφορᾶς
ὁ φιλανθρωπότατος ἡμῶν βασιλεὺς μάθοι πόσον ὄφελος
ἐγένοντο Πενταπόλει. καὶ δεήθητι βασιλέως ὑπὲρ
ἡμῶν ἐν τοῖς σαυτοῦ γράμμασι δέησιν ἑτέραν, ἄν-
δρας ἑκατὸν ἑξήκοντα τοῖς τετταράκοντα τούτοις προσ-
τεθῆναι. μετὰ θεοῦ τίς οὐκ ἂν ἀποφήναιτο διακο-
σίους Οὐννιγάρδας καὶ γνώμην καὶ χεῖρα τούτοις πα-
ραπλησίους, ὧν οὐχ ἥκιστα ἐπαινοῦμεν τὸ πρᾷον τῆς
γνώμης, σοῦ στρατηγοῦντος ἀρκέσειν εἰς τὸ διαπολε-
μηθῆναι βασιλεῖ τὸν Αὐσουριανὸν πόλεμον· καὶ τί b
δεῖ καταλόγων πολλῶν καὶ τῆς φοιτώσης κατ' ἐνιαυτὸν
δαπάνης τοῖς ἐνθάδε στρατεύμασι, χειρῶν δεῖ τῷ πο-
λέμῳ, καὶ οὐκ ὀνομάτων πολλῶν

rentur audire potui, æquum autem arbitror neque illo
rum a te preces negligi A te enim per nos ac per te ab
imperatore hoc postulant, quod vel ipsis tacentibus effi-
cere nos oportuit, ut ne ad indigenarum numeros ascri-
bantur Tam enim sibi quam nobis inutiles erunt, si
imperatoris donatione spolientur, (224) si neque equorum
supplementum habeant, nec armorum apparatus nec
sumptum militaribus hominibus competentem Ne, quæso,
tu, qui cum iis omnium fortissime te gessisti, ne milites
patiare inferiorem in ordinem regradari, sed illi præmiis
nequaquam fraudati integra ac stabili dignitate persistant
Quod quidem fiet, si ex tua relatione clementissimus
imperator didicerit quam ii Pentapoli utiles exstiterint
Quin aliud nobis tuis litteris ab imperatore postulato
uti c et lx ad quadraginta illos adiciantur Quis enim
non opitulante deo certissime dixerit ducentos Unnigardas
animo iis ac manu similes, quorum imprimis humanita-
tem collaudamus, duce te imperatori ad debellandum
cum Ausurianis hostibus idoneos futuros ? Nam quid de-
lectibus multis opus est et annuis sumptibus in huius
loci exercitus ? Manibus ad bellum opus est, non multis
nominibus

cθ' Ἀναστασίῳ

Οὐδὲν ἐγὼ γέγονα χρήσιμος Εὐαγρίῳ τῷ πρεσβυ- c
τέρῳ· οὐδὲ γὰρ οὐδ' ἑτέρῳ τινὶ τῶν ἀδικουμένων
ἄρχει γὰρ παρ' ἡμῖν ὁ Βερονικεὺς Ἀνδρόνικος, ἀπο-
φρὰς ἄνθρωπος, παλαμναῖον ἔχων καὶ γνώμην καὶ
γλῶτταν. ὃς εἰ μὲν ἐμοῦ καταφρονεῖ, πρᾶγμα οὐδέν·
ἀλλ' αἰσχύνεσθαί μοι δοκεῖ καὶ τὰ θεῖα τιμῆσαι·
οὕτως ἀράσσει τῇ κεφαλῇ τὸν οὐρανὸν· νὴ τὴν ἱερὰν
σου καὶ τριπόθητον κεφαλήν, σχῆμα Πενταπόλει πέν-
θιμον περιτέθεικε, δακτυλήθρας· καὶ ποδοστράβας
ἐξεῦρον, καὶ ξένα ἄττα κολαστήρια κατ' οὐδενὸς τῶν
ἀδικούντων (πάνυ γὰρ τὰ νῦν ἔξεστιν ἀδικεῖν τῷ βου-
λομένῳ), κατὰ δὲ τῶν συντελούντων ὑπὲρ τῶν οὐσιῶν
καὶ τῶν ἄλλο ὁτιοῦν ὀφειλόντων. δεινὸς γὰρ ἀνὴρ
ὑποθέσεις ἐξευρίσκειν τῇ τε ἑαυτοῦ καὶ τῇ Θόαντος
φύσει πρεπούσας, ὃν ἐπὶ τῶν δεσμῶν ὄντα ἔταξεν
ἐπὶ ταῖς ἀπαιτήσεσιν τοῦ στρατιωτικοῦ χρυσίου τοῦ
καλουμένου τιρωνικοῦ, καὶ συνῆψε τὰ αὐλναῖα καὶ
ἀεί τι καινὸν ἐπὶ παλαιῷ κακόν, ἐφ' ᾧ κατὰ φῦλα καὶ
δήμους αἰκίζεσθαι· οὐδὲ γὰρ ἔξεστιν οὐδὲ τοῖς ἔχουσι καὶ
πλουσίοις ἀμαστιγώτοις ἀναχωρῆσαι, ἀλλ' ἕως ὁ παῖς
οἴκαδε βαδίζει τὸ χρυσίον οἴσων, ὁ δεσπότης ἠλόηται,
καὶ παρ' (225) ἐνίους τῶν δακτύλων ἐγένετο Ὅταν δὲ a
προφάσεως ἀπορῇ δυναμένης αὐτὸν ἑστιᾶσαι, Μαξι-
μῖνος καὶ Κλεινίας ἔφεδροι. ἐν ἐκείνοις χαρίζεται τῷ

Ego nihil Evagrio presbytero prodesse potui nam nec
inique oppressorum alteri cuiquam Litenim dominatur
apud nos Beronicensis Andronicus, exsecrandus homo et
animum et linguam conscleratam gerens Qui quod me
ipsum nihil facit, leve et contemnendum est, sed pudere
eum videtur etiam divina revereri Ita cœlum capite
tundit Testor sacrum tuum ac ter optatum caput, lu-
gubrem ille Pentapoli cultum atque habitum induxit, di-
gitorum pressoria ac pedum tortoria, aliaque quamplu-
rima quæstionum argumenta commentus, non ad quem-
quam maleficorum premendum (nunc enim magna cuilibet
maleficiorum licentia est), sed adversus eos qui vectigalia
pro bonis suis pensitant, aut qui alio quovis nomine ali-
quid debent Est enim ad investigandas rationes suo et
Thoantis ingenio dignas solertissimo, quem ex com-
mentariensi coactorem fecit militaris auri, quod tironicum
vocant; et aulanæa addidit ac semper novum aliquod ex
vetere malum, cuius gratia per nationes populosque
crucientur Neque enim iis etiam qui unde solvant ha-
bent et locupletibus a flagris tergum suum licet defen-
dere, sed interim cum servus domum ad aurum depor-
tandum vadit, (225), herus cæditur et parum abfuit quin
digitis aliquibus truncaretur Cumque occasione crude-
litatis explendæ quasi epulandi caret, Maximinus et Cl:

πάθει. ἀλλά μοι δοκεῖ τοιοῦτος ὢν πονηρῶν δαιμόνων προνοίας τυγχάνειν, οἳ βούλονται μὲν ἐπαινεῖσθαι καὶ εὐτυχεῖν τὰς παλαμναιοτάτας ταύτας ψυχάς, αἷς ὀργάνοις δύνανται χρῆσθαι πρὸς τὰς κοινὰς συμφοράς. ἀπὸ τούτων οὖν παρασκευάζουσιν αὐτῷ δόξαν ὡς ἀνδρὶ γενναίῳ. καίτοι πῶς εὔλογον, ὅστις ὑπερύψωσε τὸν ὑψηλὸν καὶ τὸν ταπεινὸν ἐταπείνωσεν; ἐφ᾽ οὗ πᾶς μὲν μέτριος καὶ πρᾶος τὸν τρόπον ἐν Καρὸς μοίρᾳ καὶ ἄτιμος, δύνανται δὲ μόνοι Ζηνᾶς καὶ Ἰούλιος· Ζηνᾶς ὁ πράξας πέρυσι τοὺς διπλοῦς φόρους, ὃς ἀπειλεῖ τὸν ἐμὸν ἀδελφὸν Ἀναστάσιον παραπρεσβείας καὶ διώξεσθαι καὶ αἱρήσειν. οὗτος μέντοι ἑκόντος αὐτοῦ δύναται, Ἰούλιος δὲ ἄκοντός τε καὶ κλάοντος, καὶ κατ᾽ οὐδενὸς οὕτω· ὡς κατ᾽ Ἀνδρονίκου γέγονεν ἰσχυρότερος. ἐγκραγὼν γὰρ αὐτῷ δίς που καὶ τρίς, καὶ τοῖς ἐξ ἁμάξης λοιδορησάμενος καὶ πάντα ἐπανατεινάμενος ἅπερ εἰρῆσθαι καὶ παρ᾽ ἐμοῦ τοῦ παντὸς ἂν ἐτιμησάμην, ἀπέδειξε τὸ κάθαρμα μῦν ἀντὶ λέοντος καὶ ἐξ ἐκείνου γε χρῆται καθάπερ ἀνδραπόδῳ παρόσον οὐδὲ ἐν ταῖς γωνίαις ὑποψιθυρίζειν κατὰ τοῦ δεσπότου τολμᾷ· τοῦτο δὲ δήπουθεν ἔξεστι ταῖς οἰκέταις ποιεῖν. Ἀνδρόνικος δὲ οὐδὲ τοῦτο· τὸ γὰρ ἀλόγιστον ἀνδρεῖον μὲν οὐδαμοῦ, παρὰ δὲ τοὺς καιροὺς δειλόν τε καὶ θρασὺ γίνεται, τοῦτ᾽ ἔστιν ἀπανταχοῦ πονηρόν. ὁ θαυμάσιος Ἥρων ἀξίως αὐτοῦ πρὸς ὑμᾶς ἐρεῖ τὰ περὶ αὐτοῦ, ἂν γε δὴ διαγένηται. διετέθη γὰρ οὕτως ὑπ᾽ αὐτοῦ τοῦ συνειῖναι τῇ μοχθηρίᾳ τἀνθρώπου καὶ καθ᾽ ἡμέραν ἀπορρήγνυσθαι, καὶ οἷς ἤκουε δεινοῖς καὶ οἷς ἔπασχεν, ὡς καὶ μόλις ἐλευθερωθεὶς τῆς θανατηφόρου συνουσίας, δύσελπις εἶναι τὴν ἑαυτοῦ ζωὴν ἀπολήψεσθαι, φησὶ, καὶ οὔπω τότε Θόας ἀπὸ τῆς ἐνδοξοτάτης ἀποδημίας παρῆν· νυνὶ γὰρ οὗτός ἐστιν ὁ πᾶσιν αὐτὸν τοῖς εὐγενέσιν ἐπιτειχίσας Δεκέλειαν, τὸ ἀπόρρητον τῶν ὑπάρχων διακομίσας ἐνύπνιον, ὃ βούλεται μὲν τῶν ἐνθάδε τεθνάναι τινάς, βούλεται δὲ δεδέσθαι τινάς. καὶ δέδενται παρ᾽ ἡμῖν ἄνθρωποι διὰ τὸ ἐνύπνιον τὸ ἀπόρρητον, (226) οἱ δὲ ἀπ᾽ οὐδεμιᾶς φαινομένης αἰτίας ἀποθνήσκουσι. καὶ γὰρ εἰ μηδέπω τεθνήκασιν, ἀλλ᾽ αὐτίκα τεθνήξονται. τὸ μὲν γὰρ ἐπὶ ταῖς μάστιξιν ἀπολώλασι, τὸ δὲ ἐπὶ τῇ τῶν σωμάτων ἰσχύι ζῶσιν ἔτι μέχρι ταύτης τῆς ἡμέρας, ἐν ᾗ πέμπω τὰ γράμματα. ἀλλ᾽ οὐχ ὑγιανεῖ, φησίν, ὁ μέγας Ἀνθέμιος, οὐδὲ παύσεται πυρέττων ὁ Ῥωμαίων ὕπαρχος, ἂν μὴ Μαξιμῖνος καὶ Κλεινίας ἀπόλωνται. ταῦτα Θόας ἡσυχῇ θρυλεῖ. διὰ τοῦτο οὐδὲ εἰσφέροντος ἀνέχεται Μαξιμίνου ἀλλ᾽ ἀνασοβεῖ πάντας Ἀνδρόνικος τοὺς ὠνουμένους τὰ Λευκίππου· πρόκειται γὰρ οὐ τὸ πληρωθῆναι τὰ δημόσια ἀλλὰ τοὺς ὑπάρχους ὑγιαίνειν, οἵτινες εἰσκληθέντος οἴκαδε Θόαντος μόνου, τοῦ σοφιστοῦ, φησὶ, μόνου παρόντος ἐξενηνόχασι πρὸς αὐτὸν τὸ ἐνύπνιον. καὶ οἱ λιμένες ἐκλείσθησαν, ὅσα γε δὴ Θόας ὄμνυσιν, ἕως ἂν αὐτὸς ἐκπλεύσας φθάσῃ καὶ πρὸς Ἀνδρόνικον ἐξενέγκῃ τὸ ἀπόρρητον, ἵνα μὴ λάθῃ τις διαδρὰς τῶν ἀξίων ἀντὶ τῆς Ἀνθεμίου τεθνάναι ψυχῆς.

nias subsidiarii præsto sunt. In iis furori obsequitur suo. Sed mihi videtur ille, cum eiusmodi sit, malorum dæmonum providentia ac præsidio fulciri, qui laude hominum ac secundis rebus affluere diras illas ac detestabiles animas volunt, quibus ad publicas calamitates administris utiqueant. Quare ex iis gloriam illi quasi forti viro ac strenuo comparant. Quanquam qui istud convenit, cum excelsum ac sublimem extulerit, et humilem ac deiectum depresserit? sub quo quisquis moderatus ac placidis moribus est, Caris loco atque infamis ducitur, soli vero apud eum possunt Zenas et Iulius? quorum Zenas ille est, qui duplex hoc anno vectigal extorsit, qui fratrem meum Anastasium minatur se falsæ legationis accusaturum ac damnaturum esse. Atque ille volente Andronico plurimum potest. Iulius vero invito ac plorante, nec in quemquam fortior quam in Andronicum exstitit. Bis enim iam ac ter in illum vociferans et conviciis de plaustro ut aiunt proscindens, et intentans omnia quæ dicta a me esse plurimi facerem, scelus illud murem ex leone reddidit. Atque exinde illo tanquam mancipio utitur, quando ne secure quidem in angulis murmurare contra dominum audet, quod tamen etiam servis licet. At Andronico ne hoc quidem conceditur. Nam vecordia fortis quidem nusquam est, pro temporum tamen ratione formidolosa et temeraria est, hoc est, ubique pessima. Egregius Hero, ut eo dignum est, quæ ad ipsum pertinent explicabit, si tamen superstes esse queat. Sic enim affectus est ex eo solum, quod cum hominis improbitate consuetudinem habuit et quotidie disruptus est tam iis quæ audivit quam quæ passus est malis, vix ut pestifera extricatus consuetudine vitam se recuperaturum esse prope modum desperet. Necdum Thoas ab celeberrima illa profectione reverterat. Nunc enim is est, qui contra nobiles omnes Deceliam, ipsum inquam, opposuit, arcanum præfectorum insomnium portans, quod nonnullos qui hic sunt morte affici, vinciri alios iubet. Ergo apud nos iniecta quibusdam vincula propter secretum (226) insomnium. Alii nulla certa de causa moriuntur. Etsi enim nondum mortui sint, at statim morientur. Quantum enim in verberibus fuit, perierunt; quantum in corporum robore ac firmitate est, ad hanc usque diem vivunt qua hasce tibi litteras mitto. Sed magnus, ait, Anthemius non convalescet, nec a febri Romanorum præfectus liberabitur, nisi Maximinus et Clinias pereant. Hos rumores Thoas clanculum serit. Propterea neque contribuere Maximinum patitur, sed eos omnes Andronicus reicit, qui Leucippi bona emere volunt. Proposita enim est non ærarii locupletatio, sed præfectorum valetudo. Qui quidem solo Thoante domum introducto, solo, ait, præsente sophista, somnium ei exposuerunt, clausique sunt portus omnes, ut quidem Thoas deierat, donec ipse navigasset et ad Andronicum arcana periclisset, ne dignus quispiam, qui pro Anthemii animæ

εἶτα ἀφ' ὧν ἕτερος ὄναρ ὁρᾷ, μᾶλλον δὲ ἰδεῖν λέγεται, Πεντάπολις ὕπαρ πέπραγε πονήρως. Ἀνδρόνικος γὰρ ὁ τὰ τοιαῦτα πιστευθεὶς καὶ εὐεργέτης τῆς εὐτυχοῦς τῶν ὑπάρχων οἰκίας ἐσόμενος, μαίνεται ἐκπάγλως πίσυνος Θόαντι οὐδέ τι οἶδε τίνειν

άνέσας οὐδὲ θεούς· κρατερῆ δὲ ἑ λύσσα ἐδάμνεν

Ἐν τούτοις τῇ πατρίδι τῶν πραγμάτων ὄντων οὐκ ἐδέησεν Εὐαγρίῳ μάντεως εἰς προαγόρευσιν τοῦ πονήρως ἀπαλλάξειν εἰς τὸ δικαστήριον ἀπελθόντι· ἀλλ' αὐτὸς Ἀνδρόνικος ἄντικρυς, οὐ πρὸς τοῦτον οὐδὲ πρὸς ἐκεῖνον, ἀλλὰ πρὸς αὐτὸν Εὐάγριον ἐξήγγειλε τὴν γνώμην τὴν ἑαυτοῦ, καὶ ἔχεσθαι τῆς λειτουργίας ἐθελοντὴν ἐκέλευσεν, ἐὰν σωφρονῇ· πάντως γὰρ ἀπομανεῖσθαι τὴν καταδικάζουσαν ἀπολελόγημαι δὴ καὶ θεῷ καὶ τῷ θείῳ Διοσκορίδῃ καὶ πᾶσιν ἀνθρώποις, ὡς ἔγωγε ἀτιμότερος ἐξ ἐντιμοτέρου γέγονα, τά γε ἀνθρώπινα, ἀσθενέστερος δὲ ἐξ ἰσχυροτέρου· καὶ Ἀνδρόνικος ἀπόντων μὲν ἡμῶν τὴν δύναμιν ἐθεράπευσε, δι' ἣν οὗ γέγονε δὶς ἐπ' Ἀλεξανδρείας ἀγώγιμος· παρόντι δὲ οὕτω χρῆται, νὴ τὴν ἱερὰν ὑμῶν κεφαλήν, ὡς ἐπειδή μοι συνέπεσεν ἀποβαλεῖν τῶν παιδίων τὸ φίλτατον, κἂν ἐξήγαγον ἐμαυτὸν κατακρατηθεὶς ὑπὸ τοῦ πάθους (οἶσθα γὰρ ὅτι θῆλύς εἰμι περὶ τοῦτο πέρα τοῦ (227) δέον-ος), νῦν δὲ οὐ λογισμῷ τοῦ πάθους ἐκράτησα, ἀλλ' Ἀνδρόνικος ἀντιπεριήγαγε καὶ πρὸς ταῖς κοιναῖς συμφοραῖς τὸν νοῦν ἔχειν ἐποίησε καὶ γεγόνασί μοι συμφοραὶ παραμυθίαι τῶν συμφορῶν, πρὸς ἑαυτὰς ἀνθέλκουσαι καὶ πάθει πάθος ἐκκρούουσαι, ὀργὴ συμμιγὴς λύπη τὴν ἐπὶ τῷ παιδίῳ λύπην. οἶσθα ὅτι μοι μαντευτὸς ἦν θάνατος εἰς κυρίαν τοῦ ἔτους ἡμέραν. καὶ γέγονεν ἐκείνη, καθ' ἣν ἱερασάμην ᾐσθόμην μεταβολῆς βίου, ὃς ἄχρι νῦν ἐμπανηγυρίσας αὐτῷ καὶ τιμῆς ἀνθρωπίνης καὶ πάσης γλυκυθυμίας παρ' ὁντινοῦν τῶν πώποτε πεφιλοσοφηκότων ἀπολελαυκώς, οὐχ ἧττον διὰ τὰ θύραθεν ἢ διὰ τὴν παρασκευὴν τῆς ψυχῆς, ἅμα πάντων ἀφῃρημένος αἰσθάνομαι· τὸ μὲν οὖν μέγιστον τῶν κακῶν, ὅ μοι καὶ δύσελπιν εἶναι τὸν βίον ποιεῖ, οὐκ εἰωθὼς ἀπουρχάνειν ἐν ἱκετείαις θεοῦ, νῦν πρῶτον οἶδα μάτην εὐξάμενος· ὃς τὴν μὲν οἰκίαν κακῶς πράττουσαν ὁρῶ, τὴν δὲ πατρίδα δυστυχοῦσαν οἰκεῖν ἀναγκάζομαι καὶ πᾶσιν ἐκκείμενος ἐφ' ᾧ προσανακλαίεσθαι· καὶ τὰ καθ' ἑαυτὸν ἕκαστον ὀλοφύρεσθαι, προσθήκην ἔσχον Ἀνδρόνικον τὸν κολοφῶνα τῶν κακῶν, δι' ὃν οὐδὲ ἀκαρὴ καρποῦμαι τὴν σύντροφόν μοι σχολήν· ἀλλ' ἐμὲ δεῖ μηδὲν ὄφελος ὄντα μηδενί, πάντων προσιόντων καὶ τὴν ἀσθένειαν ἡμῶν διελεγχόντων ἀνέχεσθαι. πρὸς ταῦτα δέομαι, πάνυ σφόδρα δέομαι ἀμφοῖν μὲν ὑμῶν, διαφερόντως δὲ σοῦ τῆς φίλης μοι κεφαλῆς, ἀδελφὲ Ἀναστάσιε (σὺ γὰρ δὴ φήμην ἔχεις προστατεῖν ἀνδρὸς λυσσῶντος), εἴ τίς σοι δύναμις πάρεστιν (ὑπὲρ Συνεσίου γὰρ μᾶλλον ἢ ὑπὲρ Ἀνδρονίκου δικαιότερος ἂν εἴης αὐτὴ χρώμενος),

morti obiciatur effugiat Ergo ex iis, quæ in somnis quispiam viderit vel vidisse potius dicitur, Pentapolis vere nec per somnium ærumnis afficitur Andronicus enim, cui ea commissa sunt, bene de fortunata præfectorum domo meriturus perfurit horrendum Thoante fretus, neque novit honorare

mortalesque deosque, furorque hunc corripit ingens

Cum eo patriæ res devenissent, nihil Evagrius vate opus habuit qui infolicem causæ suæ exitum prædiceret, si in iudicium veniret Sed Andronicus ipse palam non hunc aut illi sed Evagrio ipsi suam sententiam denuntiavit, ac sponte publicæ functioni iussit insistere si saperet prorsus enim se in illum condemnationis sententiam esse dicturum Quare satisfactum a me est tam deo quam divino Dioscoridi et universis mortalibus, quod ex honoratiori redditus sum inhonoratior, quantum ad humana pertinet, et ex potentiori imbecillior Andronicus vero absente me potentiam et auctoritatem observabat meam, per quam bis in nexum Alexandriæ non est adductus In præsentem autem ita, per sacrum caput vestrum, sese gerit, ut cum mihi liberorum meorum carissimum amittere contigisset, pæne ut ex hac me vita liberet educere, luctu ac mœrore superato (scis enim quam in iis sim ultra quam deceat muliebri animo et infracto), cum (227) hæc, inquam, ita se haberent, non ratione tamen dolorem vicerim, sed animum meum ad sese revocarit Andronicus, ac communibus miseriis mentem advertere coegerit Ac mihi ærumnæ fuerunt ærumnarum remedia, quæ me ex adverso traxerunt et commotionem animi commotione alia repulerunt, ira nempe dolori mista dolorem quem ex filio morte ceperam Nosti ad certum anni diem mortem mihi prædictam fuisse Fuit ille ipse, quo sum episcopus factus Sensi ego mutationem vitæ, quam cum hactenus perpetua quadam hilaritate ac velut festiva celebritate traduxissem, cum humanos honores ac nullam non animi voluptatem supra omnes qui se unquam philosophiæ dediderunt expertus essem, non minus ob externa illa bona quam ob animi comparationem ac statum, video me eodem tempore omnibus orbatum ac despoliatum esse Sed quod malorum est longe maximum, quodque mihi desperatam vitam facit, nunquam antea in precibus ad deum fundendis frustrari voto solitus, nunc primum frustra me precatum sentio qui ærumnis oppressam familiam video et in afflicta patria versari cogor et omnibus expositus propositus, suas ut apud me calamitates deplorent ac lugeant, Andronicum malorum omnium colophonem ad ea accessionis habui loco, propter quem ne momento quidem familiari mihi otio perfrui licet Necesse autem est me, cum nulli ulla in re prodesse possim, adeuntibus omnibus et imbecillitatem nostram arguentibus, æquo animo tolerare Ob hæc supplex rogo, magnopere rogo, ambos vos, suas utrumque vestrum, tum carum te imprimis mihi caput, frater Anastasi (te enim fama est in furiosum ac rabidum hominem iuris nonnihil habere), si quid in te auctoritatis est (iustius enim est te ea in Synesu quam in Andronici gratiam uti),

44

ἀπάλλαξον κατηφείας Πτολεμαΐδα τὴν λαχοῦσάν με πόλιν, οὐκ ἐμοῦ γ' ἐθέλοντος· οἶδεν ὁ πάντα ὁρῶν ὀφθαλμὸς τοῦ θεοῦ. οὐκ οἶδα ὑπὲρ ὧντινων τοσαύτας ἐκτίνω δίκας· καὶ εἴ τῳ, φησί, θεῶν ἐπίφθονοι πρότερον ἦμεν, ἀποχρώντως τετιμωρήμεθα. ἀλλὰ ταύτην γε τὴν φωνὴν ἄξιον εἰπεῖν καὶ ὑπὲρ Μαξιμίνου καὶ ὑπὲρ Κλεινίου, οὓς ἐμοὶ δοκεῖν ἂν καὶ ὅστις ὠμότατος δαιμόνων ἠλέησεν. ἐξηρήσθων τοῦ λόγου Θόας τε καὶ Ἀνδρόνικος, οἱ μόνοι δαιμόνων ἀμείλικτοι.

π'. Θεοφίλῳ (228).

Ἐγὼ μὲν οἷος ἦν τῷ πατρικῷ προστάγματι καὶ χεῖρα καὶ γνώμην ὑπηρέτιν εἰσενεγκεῖν· ἀλλ' οὐκ ἂν οἶμαι κάλλιον Ἀμπέλιος ἐσκέψατο περὶ τῶν ἑαυτῷ λυσιτελούντων ἢ Νίκαιος ὑπὲρ τοῦ πῶς ἀλλοτριωθείη τῶν ἑαυτοῦ· οὔτε γὰρ ἐφ' οἷς πρότερον ἀπῆρεν οἶδα καλῶς, οὔτ' ἐπὶ τίσιν ἐπανῆλθεν, οὔτ' ἐπὶ τίσιν αὖθις ἀποδημεῖ. πῶς γὰρ ὂν οὔτ'. εἶδον οὔτε περὶ αὐτοῦ τι σαφὲς ἀπηγγέλλετο; ἀλλὰ τὴν ἐπιστολὴν τῆς ἱερᾶς σου χειρὸς ἕτερός τις ἐκόμισε καὶ ταύτην ἀντήτησεν, ὡς ἤδη Νικαίου λύσαντος τὸ πρυμνήσιον. καὶ οὐκ ἐγὼ μὲν οὐκ εἶδον αὐτόν, ὁ δ' ἡγεμὼν εἶδεν ἢ ἤκουσεν, ἀλλὰ κἀκεῖνος οὔτ' εἶδεν οὔτ' ἤκουσε. πῶς οὖν ἐστι Νίκαιον νικᾶν ὑπερόριον ἐν ἀγρῷ διαιτώμενον, ἀλλ' ἀντὶ τούτου πολλὰ κἀγαθὰ καὶ ὅσα φέρουσιν ὧραι τοῖς γεωργοῖς ἔχοντα; πλείω δ' ἂν ἦν, εἰ καὶ τῶν μητρῴων ἐκράτησεν.

πα'. Τῇ φιλοσόφῳ.

Εἰ καὶ μὴ πάντα ὁ δαίμων ἀφελέσθαι με δύναται, ἀλλὰ βούλεται ὅσα γε δύναται,

ὅς μ' υἱῶν πολλῶν τε καὶ ἐσθλῶν εὖνιν ἔθηκεν,

ἀλλὰ τό γε προαιρεῖσθαι τὰ βέλτιστα καὶ τίθεσθαι τοῖς ἀδικουμένοις οὐκ ἀφαιρήσεται: μὴ γὰρ δὴ καὶ τῆς γνώμης ἡμῶν κατισχύσειε. μισῶ μὲν οὖν ἀδικίαν, ἔξεστι γάρ· κωλύειν δὲ βουλοίμην μέν, ἀλλὰ καὶ τοῦτο τῶν ἀφαιρεθέντων ἐστί, καὶ οἴχεται καὶ τοῦτο πρὸ τῶν παιδίων.

πάλαι ποτ' ἦσαν ἄλκιμοι Μιλήσιοι.

ἦν ὅτε κἀγὼ φίλοις ὄφελος ἦν, καὶ σύ με ἐκάλεις ἀλλότριον ἀγαθὸν εἰς ἑτέρους δαπανῶντα τὴν παρὰ τῶν μέγα δυναμένων αἰδῶ, καὶ ἦσαν ἐκεῖνοί χεῖρες ἐμαί. νυνὶ δὲ ἀπάντων ἔρημος ὑπολείπομαι, πλὴν εἴ τι σὺ δύνῃ· καὶ γὰρ δὴ καὶ σὲ μετὰ τῆς ἀρετῆς ἀγαθὸν ἄσυλον ἀριθμῶ. σὺ μὲν οὖν ἀεὶ καὶ δύνῃ καὶ δύναιο κάλλιστα χρωμένη τῷ δύνασθαι, Νίκαιος δὲ καὶ Φιλόλαος οἱ καλοὶ κἀγαθοὶ νεανίαι καὶ συγγενεῖς, ὅπως ἐπανέλθοιεν τῶν ἰδίων γενόμενοι κύριοι, πᾶσι μελέτω τοῖς τὰ σὰ τιμῶσι καὶ ἰδιώταις καὶ ἄρχουσι.

Equidem paternis mandatis et manum et voluntatem ministram eram adhibiturus; sed ne Ampelium quidem diligentius arbitror suis commodis prospexisse quam Nicæum, ut suis ipse bonis excideret. Nam neque quid causæ antea ad proficiscendum habuerit satis scio, neque cur redierit; neque cur iterum peregre sit profectus Qui enim nossem, cum nec eum viderim, nec certi de eo quidquam renuntiaretur? Quin sacra tua manu scriptas litteras alius quidam attulit, et has vicissim petiit, quoniam iam Nicæus e portu solvisset. Neque vero mihi quidem ille visus non est, dux autem aut vidit aut de eo aliquid audiit, sed ne ille quidem vidit aut audiit. Quomodo igitur Nicæus vincat, qui in agro procul degit, et pro eo commoditates plurimas, quascunque agricolis tempestates ferunt, percipit? Plures autem forent, si materna quoque bona retinuisset.

Tametsi non omnia mihi eripere fortuna potest, vult tamen quæcunque potest,

quæ natis meme orbavit multisque bon'sque.

Sed optima quæque velle et iniuria oppressis adesse mihi nunquam eripiet. Absit enim ut animum quoque meum expugnet! Odi igitur iniustitiam, hoc enim licet; prohibere autem vellem equidem. Verum et hoc ex eorum genere est quæ mihi erepta sunt, et ante liberos ea re sum privatus.

Fortes fuerunt primitus Milesii.

Fuit tempus illud, cum ego amicis meis essem utilis et tu me alienum bonum appellares, potentiorum scilicet in me observantia ad aliorum commodum abutentem, quos ego sic tanquam manus habebam. Nunc omnibus destitutus relinquor, nisi si tu quidpiam potes. Nam et te cum virtute in bonis deputo, quæ au'erri nequeunt. Ac tu sane semper et potes plurimum et possis, potestate optime utens tua. Nicæus autem et Philolaus, præstantissimi iuvenes et cognati, quemadmodum rerum suarum domini revertantur, curæ sit omnibus, qui te observant, et privatis et magistratibus.

πβ' Τῷ ἀδελφῷ

Τίνα μέντοι τίνα παρὰ τῶν οἷος αὐτὸς εἶ (229) a
προσήκει θαυμάζεσθαι, τὸν σώφρονα, τὸν ἐμμελῆ,
τὸν παιδείας ἑταῖρον, τὸν προσανέχοντα τῷ θεῷ κα-
θάπαξ, τὸν οἷός ἐστι Γερόντιος· ἕξεις οὖν τὸν ἄνδρα
μετὰ τῆς ἐπιστολῆς, ᾧ χρησάμενος ἐρεῖς οὐ φαῦλον
ἐπαινέτην ἐμέ

Ecquem vero, ecquem admirationi esse (229) par est
apud tui similes? Eum nempe, qui et frugi homo sit et
elegans et disciplinæ socius et divino cultu deditus et,
ut uno verbo dicam, qui Gerontii sit similis Habes
igitur cum litteris hominem, quo cum usus fueris, non
malum me laudatorem dixeris

πγ' Χρύσῃ

Οὐχ ὅτι μοι τῶν παιδίων συγγενής ἐστιν ὁ θαυμα-
στὸς Γερόντιος, συνίστημι τὸν νεανίσκον τῇ φιλίᾳ τῇ
σῇ (καὶ τοῦτο μὲν γάρ), ἀλλ' ὅτι πρέπων ἐστὶ τοῦ
χρυσοῦ Χρύσου τοῖς τρόποις, εἰ δεῖ μέ τι καὶ ψυχρὸν b
εἰπεῖν καὶ Γοργίειον. παντὸς μέντοι μᾶλλόν ἐστιν
ἀληθὲς εἰπεῖν σὲ εἶναι πάσης ἀρετῆς εἴσω, καὶ τὸν
δ·δόντα σοι τὴν ἐπιστολὴν ἀξιώτατον ἀπολαύειν σου τῆς
συνουσίας

Non quod liberorum meorum cognatus est præclarus
Gerontius, idcirco adolescentem tuæ amicitiæ commen-
datum volo (tametsi id quoque verum est), sed quod
aurei Chrysæ moribus congruit, si quid frigidum dicere
me et Gorgiæ non dissimile oportet Verum cæteris
istud omnibus longe verius dixerim, te intra genus
omne virtutis esse constitutum, eumque, qui ad te hasce
litteras defert, tua esse familiaritate dignissimum

πδ' Τῷ ἀδελφῷ

Μῆκος ἐπιστολῆς ἀνοικειότητα κατηγορεῖ τοῦ δια-
κομίζοντος· ἀλλ' ὁ θαυμαστὸς Γερόντιος οἶδε μὲν
ὅσα κἀγώ· εἰ δὲ μὴ πρὸς ψεῦδος ἀνοικείως εἶχε, διη-
γήσατο ἂν ὧν ὧν ἠπίστατο πλείονα τῷ φιλεῖν ἐμὲ c
καὶ τῷ τὴν γλῶτταν ἔχειν ἀρκοῦσαν τῇ γνώμῃ, ὃν ἂν
ἴδῃς ἡδέως, εἴδες ὡς ἐγὼ βούλομαι

Epistolæ longitudo alienum esse eum, a quo perfera-
tur, arguit Præclarus autem Gerontius novit quidem
eadem quæ ego omnia, sed nisi ab omni mendacio es-
set alienus, etiam iis quæ novit plura diceret pro eo
quod me amat et linguam habet ad intimos animi sensus
aperiendos idoneam Quem si tu libenter videbis, vide-
bis sane quemadmodum videri abs te cupio

πε' Τῷ αὐτῷ

Δέδεξο μετὰ τῆς ἐμψύχου καὶ τὴν ἄψυχον ἐπιστο-
λήν, μετὰ τοῦ θαυμαστοῦ Γεροντίου ταῦτα τὰ γράμ-
ματα, νόμῳ τὸ πλέον ἢ τῇ χρείᾳ τοῦ προσειπεῖν σε
γενόμενα. ὅτι γὰρ ἡμεῖς συζῶμεν τῇ περὶ σοῦ μνή-
μῃ, μυρίων ἐπιστολῶν μακρῷ μεγαλοφωνότερον ὁ
νεανίσκος ἂν διηγήσαιτο
d

Accipe cum animata etiam animæ expertem epistolam,
cum egregio Gerontio quas ad te scripsi litteras, quas
legi cuidam potius quam salutandi tui necessitati tribui
Nam nos cum assidua tui recordatione vivere multo infi-
nitis litteris evidentius adolescens iste narraverit

πς'. Τῷ αὐτῷ

Ἐπιστολὴν ἐπέθηκα τῷ θαυμαστῷ Γεροντίῳ πρὸς
τὴν ἱεράν σου καὶ τριπόθητον κεφαλήν, τῆς πρώτης
ἐντεύξεως παρέξουσαν πρόφασιν· τότε μὲν γὰρ αὐ-ὸν
ἴσως δι' ἐμὲ τιμήσεις, μετὰ δὲ τὴν πεῖραν ἕτερόν τινα
δι' αὐτόν.

Litteras ad sacrum tuum mihique imprimis optatum
caput præclaro Gerontio commisi, quibus primi illi ad
te aditus occasio præbeatur Tunc enim illum mea
causa forsitan honorabis, postquam vero periculum eius
feceris, ipsius etiam causa alterum quempiam

πζ' Τῷ αὐτῷ

(230) Ὧι δέδωκα τὴν ἐπιστολήν, ταμίας ἐστὶ καὶ a
σιτοδότης τοῦ Δαλματῶν τάγματος· πάντας δ' ἐγὼ
τοὺς Δαλμάτας ἴσα καὶ τοὺς υἱέας φιλῶ· δῆμος γάρ
εἰσι τῆς λαχούσης με πόλεως. μόνα ἦν ταῦτα πρὸς
σὲ μηνῦσαι, σὸν δὲ τοῖς ἐμοῖς ὡς σαυτοῦ χρήσασθαι.

(230) Cui hanc epistolam commisi, Dalmatarum ordi-
nis quæstor est et annonæ præfectus Ego vero Dalma-
tas omnes perinde ac filios meos amplector Populus
enim urbis eius sunt, quæ me sortita est Hoc unum
significare tibi debui Tuum erit talem te erga meos,
qualem erga tuos, præbere

πη' Πυλαιμένει.

Ἡνίκας ἀπὸ Θρᾴκης ἐπιστολὰς κομισάμενος ἠνώ- b

Cum ego vernas ex Thracia litteras accepissem epi-

χλησα τῷ φακέλῳ τῶν γραμμάτων, εἴπου τις εἴη τὸ
κλεινὸν ἐπιγεγραμμένη Πυλαιμένους ὄνομα, ὡς οὐκ
ἄξιον ὂν ἑτέρῳ βιβλίῳ προεντυχεῖν ἐμέ· ἀλλ' ἦν οὐ-
δὲν οὐδαμοῦ. εἰ μὲν οὖν τυγχάνεις ἀποδημῶν, ἀλλ'
ἐπανέλθοις ταχέως τε καὶ καλῶς· εἰ δ' ἐπεδήμεις, ἡνίκα
πάντες οἱ γνώριμοι Ζωσίμῳ τὰς ἐπιστολὰς ἐπεδίδο-
σαν, τοῦτ' ἂν εἴη τὸ παράδοξον, εἴ τις ἐγένετο περὶ c
ἐμὲ Πυλαιμένους μνημονικώτερος.

πθ'. Τῷ ἀδελφῷ.

Τέως μὲν ἐπράττομεν εὖ. εἶθ' ὥσπερ ῥεύματος
ἀνθυπενεχθέντος καὶ τὰ κοινὰ λυπεῖ καὶ τὰ ἴδια. ζῶ
τε γὰρ οὐκ ἰδιώτης ἐν χώρᾳ πολεμουμένῃ, κἀμὲ δεῖ
κλάειν ἀεὶ τὴν ἑκάστου συμφορὰν καὶ τοῦ μηνὸς πολ-
λάκις ἐπὶ τὰς ἐπάλξεις πηδᾶν, ὡς ἐφ' ᾧ συστρατεύ-
σομαι μεμισθωμένον, οὐκ ἐφ' ᾧ προσευξόμαι. τριῶν
ἀρρένων ἐν ἔτι μοι λείπεται. σὺ δὲ ἂν ἐξ οὐρίας
πλέῃς καὶ ζῇς ἡδέως, οὐ πάντα ἡμᾶς ὁ δαίμων λυπεῖ. d

ζ'. Θεοφίλῳ.

Οἴχεται τὸ δίκαιον ἐξ ἀνθρώπων. Ἀνδρόνικος καὶ
πρότερον ἠδίκει, καὶ νῦν ἀδικεῖται. τὸ δὲ τῆς ἐκ-
κλησίας ἦθος οἷον ὑψῶσαι μὲν ταπεινὸν, ταπεινῶσαι
δὲ ὑψηλόν. τοῦτον δὴ τὸν Ἀνδρόνικον ἐμίσει μὲν ἐφ'
οἷς ἐποίει (διὸ καὶ προήκατο μέχρι τούτων ἐλθεῖν)
ἐλέει δὲ νῦν ἐφ' οἷς ἤδη τοῖς ὑπὲρ κατάραν ὡμίλησεν,
ὅτε καὶ τοὺς νῦν ἐν δυνάμει δι' αὐτὸν ἐλυπήσαμεν.
(231) ἀλλὰ δεινὸν εἰ μηδέποτε μετὰ τῶν εὐημερούντων a
στησόμεθα, τοῖς δὲ κλάουσιν ἀεὶ συνδακρύσομεν.
ἡμεῖς τε οὖν ἐνταῦθα στυγνοῦ βήματος αὐτὸν ἐξει-
λόμεθα, καὶ τἄλλα ἐλάττους αὐτῷ παρὰ πολὺ τὰς
συμφορὰς ἐποιήσαμεν. κἂν ἡ σὴ θεοσέβεια φροντίδος
αὐτὸν ἀξιώσῃ, τοῦτο μέγιστον ἐγὼ τεκμήριον δέξο-
μαι τοῦ μὴ παντάπασι τὸν ἄνθρωπον ἀπογνωσθῆναι
παρὰ θεοῦ.

ζα'. Τρωΐλῳ.

Πάλαι μὲν ἀπραγμονεστέρας ἐποιούμην τὰς πρὸς b
τοὺς ἑταίρους ἐντεύξεις καὶ παρὼν καὶ γράφων, ἔζων
γὰρ ἐπὶ τῶν βιβλίων τρόπον τινὰ ἀσύντακτος πάσῃ
πόλει καὶ πολιτείᾳ· νυνὶ δὲ (ἐπέταξε γὰρ ὁ θεὸς εἰς
ἀποδεδειγμένον χωρίον οἰκεῖν, καὶ αὐτὸν ἔχειν τινὰ
τάξιν ἐν τῇ πόλει καὶ ζῆν ἐν διηριθμημένοις ἀνθρώ-
ποις) βουλοίμην ἂν ὄφελος γενέσθαι τοῖς συλλαχοῦσι,
καὶ ποιεῖν ἀγαθὸν ὅ τι δυναίμην, καὶ ἕκαστον ἰδίᾳ
καὶ τὴν πόλιν κοινῇ, ἵν' ὁρῶ τε καὶ ὁρώμην ἡδέως
παρὰ τῶν ὡς ἂν εἴποι τις σύμπλων τοῦ βίου. αἴ τε
τοίνυν Μαρτυρίος ὄναιτο τῆς δι' αὐτὸν γενομένης ἐπι-
στολῆς, ἴσθι μοι χαρισάμενος ἐν ἀνδρὶ συνδιημερεύοντι,
καὶ ναὶ μὰ τοὺς λόγους τἀμὰ καὶ σὰ παιδικά, πολλά- c
κις εἰς τὸ συνεῖναί μοι πολὺ καὶ τῆς νυκτὸς μέρος ἐπι-
λαμβάνοντι.

---

stolarum fasciculum diu multumque versavi, si cui forte
præclarum Pylæmenis nomen esset inscriptum, quod
nefas ducerem aliquid prius scriptum attingere. Sed
nihil usquam visum est. Itaque siquidem absens es,
propediem feliciterque revertere. Sin tum præsens ade-
ras, cum noti omnes Zosimo litteras ad me dabant,
sane mirum fuerit quemquam me magis esse recordatum
quam Pylæmenem.

LXXXIX. Fratri.

Hactenus res nostræ felici in statu fuerant. Inde,
velut reciproco quodam fluctuum impetu et publica mihi
et privata mœrorem afferunt. Vivo enim in infesta ho-
stibus regione minime privatus, mihique singulorum
calamitates deplorandæ sunt, et in mense sæpius ad
propugnacula prosiliendum, quasi ad militiæ societatem,
non ad fundendas preces conductus fuerim. Tribus ex
maribus filiis unus adhuc mihi superest. Tu vero si se-
cundo vento naviges feliciterque vivas, non penitus adversa
fortuna conflictamur.

XC. Theophilo.

Sublata ex hominibus iustitia est. Andronicus et antea
faciebat et modo patitur iniuriam. Sunt autem ecclesiæ
mores eiusmodi, ut depressos extollat, elatos deprimat.
Hunc igitur Andronicum oderat quidem antea ob illa quæ
perpetrabat, et idcirco illum eousque passa est recidere;
nunc eiusdem miseretur, quod illum imprecatione gra-
viora quædam expertum sentiat, siquidem potentibus
etiam viris eius gratia molestiam fecimus. (231) Enim-
vero acerbum illud est, si nunquam nos cum felicibus ac
florentibus stabimus, sed cum flentibus perpetuo flebi-
mus. Quare nos hic eum e funesto tribunali detreximus,
ac cæteris in rebus leviores illi multo calamitates reddi-
dimus. Quod si qua tua illum pietas cura ac sollicitu-
dine dignabitur, magno hoc mihi argumento fuerit, ho-
minem a deo non omnino esse derelictum.

XCI. Troilo.

Olim quidem securiori ac faciliori amicorum consuetu-
dine perfruebar, cum præsens ipse, tum per litteras.
Ætatem enim in libris consumebam, ab omni quodam-
modo et civitate abhorrens et administratione reipu-
blicæ. Iam vero (præcepit quippe mihi deus, ut in loco
constituto degerem, certumque in civitate ordinem tene-
rem, et cum definitis hominibus ætatem agerem) vellem
equidem iis, quibuscum mihi vivendum est, aliqua in
re commodare, beneque de iis quacunque possem ra-
tione mereri, cum unoquoque privatim, tum publice
universa civitate, ut et videre et videri ab iis libenter
possem eiusdem ut ita dicam vitæ navigationis sociis.
Quare si qua in re Martyrio quam pro illo scripsi epistola
adiumento fuerit, scito te mihi in eo viro gratificaturum,
qui mecum assidue versetur, quique, testor disciplinas
omnes, meas tuasque delicias, sæpe dum nostra consue-
tudine fruitur, bonam partem noctis insumit.

ϟβ′ Τῷ ἀδελφῷ

Κακὸν οὐ μικρὸν ἀπολαύσω τῆς ἀγροικίας τῶν τρό-
πων, λίαν ἀληθεύων τὴν διάθεσιν εὖ ἴσθι ὅτι καὶ ἐπὶ
τῆς Λιβύων ἐσχατιᾶς

ϟγ′ Ἡσυχίῳ

Ἀθηναῖοι Θεμιστοκλέα -ὸν Νεοκλέους ἐπήνεσαν
ὅτι καίτοι πολιτικῆς δυνάμεως ἐραστὴς παρ' ὁντινοῦν
τῶν ἐφ' ἑαυτοῦ γενόμενος, ἀπηύξατο πᾶσαν ἀρχήν ἐν
ᾗ τῶν ξένων οὐδὲν ἔμελλον πλέον ἕξειν οἱ γνώριμοι
σοῦ δὲ ὅτι μὲν ἐπέγνωσαν τὴν ἀρετὴν οἱ καιροί, καὶ
διὰ σὲ παρῆλθεν εἰς τὴν πολιτείαν ἀρχῆς ὄνομα καὶ
πρᾶγμα καινόν, ἥσθην μὲν ὥσπερ εἰκὸς ἑταίρους ἐκ
παλαιοῦ γεγονότας, τῆς ἱερᾶς γεωμετρίας ἀλλήλοις
ἡμᾶς μνηστευσάσης (232) ὅτι δὲ ἐν τοῖς βουλευταῖς
καὶ τὸν ἐμὸν ἀδελφὸν ἀξιοῖς ἀριθμεῖν, ἀλλ' οὐκ ἀπα-
λείψεις τὴν οἰκίαν ἀπὸ τοῦ πονηροῦ βιβλίου, κἂν εἴ τι
κατὰ συμφορὰν ἀρχαίαν προσείληφοι γενόμενον, τοῦτο
δὲ οὐ κατὰ Θεμιστοκλέα σέ φημι ποιεῖν οὔτε δοκοῦντα
τῇ θείᾳ γεωμετρίᾳ. Εὐόπτιον γὰρ ἐν ἀδελφοῖς ἔδει
τετάχθαι τοῖς σοῖς, εἰ τὰ τῷ αὐτῷ τὰ αὐτὰ καὶ ἀλ-
λήλοις εἶναι δεῖ τὰ αὐτά εἰ δὲ διὰ τὸν τῶν περικε-
χυμένων πραγμάτων ὄχλον τὸ χρεὼν ἠμέληται μέχρι
νῦν, δεῖξον, ὦ θαυμάσιε, καὶ λαβὼν τὴν ἐπιστο-
λὴν ἄνες τὴν πενθερὰν αὐτῷ τῆς ἀτόπου ζημίας, καὶ
τὰ μετὰ ταῦτα καὶ τὰ πρὸ τοῦ καὶ ἀπόδος μοι τὸν
ἀδελφόν ὃς εἰ μὲν δι' αὐτὸ τοῦτο ἀποδημεῖ, θεὸς οἶδε.
πρὸς ἐμὲ δὲ πάνυ παραμυθίας δεόμενον ἐπὶ πολλαῖς
ὧν οὐκ ἀνήκοος εἶ συμφοραῖς οὐδὲν ἕτερον προφα-
σίζεται.

ϟδ′ Ἀνυσίῳ

Πρώην οὐκ ἔφθασα τὴν βαρεῖαν ἀκοὴν ἀπὸ τῆς Κυ-
ρήνης πυθόμενος, κἀγὼ μὲν διενοούμην ᾗ τάχος ἐπὶ
τὰ Τεύχειρα παραπέμψαι τὴν φήμην, ἧκε δέ τις
ἀγγέλλων ὡς ὁ στρατηγὸς ἤδη τὰ μετέωρα τῆς χώρας
κατείληφεν. ἐφθάκεις γὰρ ἄρα πυθόμενος. εὕροιο
τῆς προθυμίας ἀμοιβὴν παρὰ τοῦ θεοῦ, καὶ νῦν καὶ
εἰς ἔπειτα. ἐγὼ δὲ αὐτὰ ταῦτα νῦν καὶ ἐπαινεσόμε-
νος ἔπεμψα καὶ πευσόμενος ἐν οἷς εἴης εἴης δὲ ἐν
ἅπασιν ἀγαθοῖς μέλει μὲν γάρ μοι, μέλει καὶ Πεν-
ταπόλεως (πῶς γὰρ οὔ,) τῆς γε μητρίδος, ὡς Δᾶ
Κρῆτες εἴποιεν, οὐχ ἥκιστα δὲ σοῦ καὶ τῆς δόξης τῆς
σῆς· ἐφ' ἑκάστῳ γὰρ δὴ τῶν σῶν ἀγαθῶν ἐμοὶ πάντες
ἀξιοῦσι συνήδεσθαι ὡς οὖν ἐν σοὶ κρινόμενος, ἄριστε
ἀνδρῶν τε καὶ στρατηγῶν, δίκαιός εἰμι καὶ εἰδέναι τὰ
σά Ἰωάννην προσετρεψάμην ὡς ἐνῆν ἀγαθὸν εἶναι, καὶ
ἄλλως οὐκ ἄθυμον στρατιώτην, ἐὰν ὁ θεὸς αὐτῷ τιθῆ-
ται δὸς αὐτῷ χεῖρα διὰ τὸν ἀδελφόν, ὃς ἀντὶ πολ-
λῶν ὑπουργήσει. τοῦτο ἐμοὶ μὲν ἄριστον δοκεῖ βού-
λευμα τῷ τὰς φύσεις εἰδότι τῶν νεανίσκων καὶ ὡς
ἔχουσι πρὸς ἀλλήλους αἰδοῦς· εἰ δὲ καὶ σοὶ φανεῖται,

XCII Fratri

Non mediocre mihi damnum mea illa morum rustici-
tate consciscam, cum valde veritati studeam etiam in ex-
tremis illis Libyæ finibus

XCIII Hesychio

Athenienses Themistoclem Neoclis filium laudarunt,
quod, tametsi præ cæteris qui iisdem temporibus vixe
runt civilis potentiæ appetens foret, imperium tamen
omne detrectabat, in quo nihilo plus noti peregrini
consequerentur Tua vero virtus, quoniam hisce tem-
poribus experta est, ac propter te novum in rempublicam
nomen novaque res est introducta, gavisus equidem
sum, quod facere par erat eos quos vetus necessitudo
coniunxerat, cum nimirum sacra nos invicem geometria
conciliasset (232) Quod autem in senatorum numerum
etiam fratrem meum ascribas, nec eius familiam ex infe-
licibus tabulis eximis, etiamsi pro veteri calamitate an-
teliac aliquid eiusmodi contigisset, istud vero non iam
Themistoclis simile fieri abs te dico nec divinæ geometriæ
consentaneum Euoptium enim tibi fratrum tuorum loco
esse oportebat, si quæ eadem uni sunt, eadem et esse
inter se necesse est Quod si affluentium negotiorum
multitudine districtus officii tui rationem nullam bacte-
nus habuisti, fac istud comprobes, o præclare vir, sta-
timque ut has litteras acceperis, socrum eius ab iniqua
multa exime, tam futuri quam præteriti temporis Ac
fratrem meum mihi reddito, qui utrum eius rei gratia
peregre sit profectus, novit deus apud me quidem, qui
ob plerasque quæ audiræ tibi sunt calamitates consola-
tione egeo, nullam aliam absentiæ suæ excusationem
prætexit

XCIV Anysio

Nuper ego, simul atque molestum e Cyrene nuntium
accepissem, statueram quam possem celerrime eius rei
famam ad Teuchira transmittere, cum ad me perlatum
est ducem extremos provinciæ fines insedisse Prius
enim istud ipsum audieras Utinam tantæ diligentiæ
præmium a deo et in posterum consequaris' Ego vero
et qui ea ipsa collaudarent et in quo nunc esses statu
quærerent misi Esse vero te in omnium bonorum
abundantia cupio Curam enim, curam, inquam, Pen-
tapolis habeo Qui enim non habeam, quæ mihi, ut
Cretes dixerunt, materna civitas exstitit? maxime vero
tui gloriæque ac dignitatis tuæ curam gero Nam in
unoquoque successu tuo mihi omnes gratulari censent
oportere Igitur velut in te periclitans, virorum ac du-
cum optime, merito tuarum rerum statum nosse debeo
Ioannem adhortatus sum, quam fortissime ut se gereret,
nec alioqui instrenuum militem, modo illum deus adiu-
vet Præbe illi dextram, fratris causa, qui tibi multo-
rum vice ministrabit Hoc mihi optimum consilium
visum est, qui iuvenum indoles perspectas habeam quo-
que sint erga se invicem pudore ac verecundia, quod si

κύριον ἔστω   τῶν ἑταίρων τοὺς στρατευομένους
ἄσπασαι ὁ σύντροφος (233) μου ταξέως ἐπανηχέτω,
καλόν τι φέρων περὶ πολέμου διήγημα ὃς καίτοι δει-
λότατος ὢν ἐθάρρησε τὴν ὁδόν, τῶν σῶν ὅπλων ἔμ-
προσθεν ὄντων. δὸς τῇ Κυρήνῃ τὴν συνωρίδα τῶν
ἀδελφῶν μαχοῦνται γὰρ ὑπὲρ τῆς ἐνεγκούσης τε καὶ
τρεφούσης αὐτούς

ζ' Τῷ ἀδελφῷ

Ὅτι μὲν ἡμᾶς εἴκειν ἡγῇ τοῖς σαυτοῦ προστάγμα-
σιν (οὕ-ω γὰρ γέγραφας), καλῶς γε ποιεῖς καὶ δίκαια
περὶ ἡμῶν φρονεῖς, καὶ πολλὰ κἀγαθά σοι γένοιτο
διὰ τοῦτο, ὡς ἀπέχομέν γε τὴν χάριν, εἰ δή τις ὀφεί-
λεται καὶ νεωτέρῳ παρ' ἀδελφοῦ πρεσβυτέρου τοῦ
πείθεσθαι χάρις, ὡς οὐκ ἔγωγε οἶμαι. ἀλλ' ἡμῖν εἰς
ἀν-ίδοσιν ἀρκεῖ τὸ μὴ ἀγνοεῖσθαι παρὰ σοῦ τὴν ἔνστα-
σιν ἡμῶν, ὅτι μόνῳ σοὶ τῶν ζώντων ἐκκείμεθα. ὅτι
δὲ φῂς εἰδέναι σαφῶς ὡς δι' εὐχῆς ἄρει τὰ τῆς φιλίας
ἡμῶν Ἰούλιος, τοῦτο δὲ οὐκέτ' ἄξιον ἀποδέχεσθαι·
λίαν γάρ ἐστιν ἀνδρὸς ἀπατωμένου, μὴ ἀπατῶντός γε
εἴποιμι ὁμοῦ γὰρ ἐγώ τε τὰ παρὰ σοῦ γράμματα ἀνε-
γίνωσκον, καὶ ἕτερός τις τὰ παρ' αὐτοῦ καὶ σὺ μὲν
ταῦτα φῂς, ἐκεῖνος δὲ τἀναντία καὶ ἀνεγνωκέναι καὶ
ἀκηκοέναι λεγόντων ὅτι διαλέγοιτο περὶ ἡμῶν ἀνεπι-
τηδείους λόγους οὔτ' οὖν ἀπιστεῖν εἶχον ἀνδρὶ καλῷ
κἀγαθῷ, καὶ πιστεύων οὐ μὰ τὸν ἐμόγνιον τὸν ἐμόν
τε καὶ σὸν οὐ μετενόουν ἐφ' οἷς εὖ πεποιήκειν τὸν
ἄνθρωπον, αὐτῇ τῇ προτεραίᾳ σὺν βίᾳ τὸν κατήγορον
ἀποσκευάσας, ὃς ἐδίωκεν αὐτὸν ἀσεβείας ὡς ἀδικοῦντα
τὴν βασιλέως ἑστίαν νὴ γὰρ τὴν ἱερὰν σου κεφα-
λήν, εἰ μὴ ταῖς συχναῖς πείραις ἀντέσχον, τοῦτο μὲν
τῇ τοῦ δικαστοῦ δειλίᾳ μετάνοιαν ἐπὶ τοιαύτης ὑποθέ-
σεως οὐ προσιεμένου, τοῦτο δὲ τῇ τοῦ κατηγοροῦντος
ἀπονοίᾳ, προσποιουμένου μὲν τὴν ἀνάγκην, προθυμουμέ-
νου δὲ δρᾶσαί κακόν τι καὶ παθεῖν, καὶ γαμετῆς ἂν
αὐτοῦ καὶ παίδων ἥρατο τὸ δεινότατον, καὶ συγγενῶν
συχνῶν πάνυ καὶ φίλων, πλουσίων τε καὶ πενήτων,
καὶ ὅλως κακῶν ἂν Ἰλιὰς περιεστὴ τὴν πόλιν ἡμῶν
ὑπ' ἀνδρὸς ἀπογόνος τὴν σωτηρίαν καὶ θανατῶντος
ἐνίκησε δ' ἂν Ἰούλιος νίκην, ἐφ' ᾗ ζῆν οὐκ ἂν ηὔξατο.
ὑπὲρ ὧν ἁπάντων ᾤμην ποιητέα μοι (234) ταῦτα
εἶναι τὰ γεγενημένα τῆς δὲ ἐμῆς φύσεώς τε καὶ
προαιρέσεως παραπολαυέτω καὶ ὅστις ἔχθιστος πολλῷ
γὰρ ἐμοὶ κάλλιον ἔχει τὸ ἀναξίως τινὰ πεποιηκέναι
καλῶς ἢ περιιδεῖν πολλούς, ἐξὸν κωλῦσαι, παρὰ τὴν
ἀξίαν πεισομένους κακῶς. οὐ γὰρ δὴ καὶ τὴν εὐγενῆ
γυναῖκα καὶ τὰ παιδία τἀνθρώπου μισῶ καίτοιγε
οὐδ' αὐτὸς ἄξιός ἐστιν ἐπὶ ταῖς κατ' ἐμὲ λοιδορίαις
παθεῖν τι κακὸν ὑπ' ἐμοῦ, πολλοῦ γε καὶ δεῖ· μισεῖ-
σθαι μὲν γὰρ καὶ πάνυ λυπεῖν γὰρ οἰόμενος λέγει,
καὶ ὡς δηξόμενός γε φθέγγεται ἡ προαίρεσις οὖν οὐκ
ἀνεύθυνος ἀλλ' ὑπαίτιος ἴστω μέντοι, μᾶλλον δὲ μὴ
ἴστω παύσαιτο γὰρ ἂν εὖ ποιῶν ἡμᾶς σὺ μέντοι

tibi etiam videbitur, ratum esto Sodales eos, qui mili-
tant, meo nomine salutato Contubernalis (233) meus
cito ad me redeat, præclarum aliquem belli nuntium
reportans · qui etsi formidolosissimus est, viæ tamen
committere se ausus est, tuis armis protegentibus Da
Cyrenæ pai illud fratrum   pro ea enim urbe, quæ illos
sustulit et aluit, depugnabunt

XCV Fratri

Quod tu mandatis tuis obtemperare nos arbitraris, ita
enim scripsisti, recte facis et ut æquum est de nobis
existimas, atque eius rei gratia plurima tibi bona con-
tingant, quoniam hoc pacto etiam me abs te gratiam acce-
pisse puto, si qua iuniori maiore ab fratre gratia debetur,
quod equidem non arbitror Nobis vero satis est id tibi
mercedis loco rependere, ut propositum nostrum intelle-
gas, nimirum nos ex te uno pendere mortalium Quod
vero certo comperisse te dicis, Iulium amicitiæ nostræ
desiderio teneri, non hoc item probari convenit Valde
enim hoc decepti et illusi hominis est, non enim illuden-
tis dixerim Nam eodem tempore et tuas ego litteras
legebam et ab illo scriptas alius, et tu quidem istud
ais, ille vero contraria omnia, tam legisse quam au-
disse qui dicerent, nequaquam illum congruos de nobis
sermones serere Quare neque ego honestissimo viro
fidem derogare poteram, et cum eam adhiberem, non
me, per fraternæ tuæ meæque necessitudinis præsidem,
beneficiorum pœnitebat, quæ in hominem contuleram,
cum pridie accusatorem per vim amolitus essem, qui
maiestatis illum arcessebat, tanquam qui imperatoris
domui imunium faceret Etenim, per sacrum caput
tuum iuro, nisi infinitis conatibus restitissem, partim
timori iudicis, qui in eiusmodi causa consilii mutationem
nullam admittebat, partim desperatæ accusatoris auda-
ciæ, qui per necessitatis speciem mali aliquid facere et
pati cupiebat, non modo illius uxorem ac liberos pesti-
fera illa labes invasisset, sed etiam cognatos et amicos
quam plurimos, divites æque ac pauperes Ac prorsus
malorum quædam Ilias urbem nostram corripuisset,
unius hominis causa, qui salute desperata in exitium
sponte præcipitaret, Iulius porro victoriam obtinuisset,
secundum quam vivere nequaquam voluisset Quas ob
res facienda (234) mihi ea omnia putavi, quæcunque
facta sunt Caput ex natura animoque meo utilitatis
aliquid etiam inimicissimus quisque Mihi enim multo
præstabilius est aliquem a me præter meritum beneficio
esse devinctum, quam multos pati, cum prohibere liceat,
indigne malis quam plurimis affici Non enim vel nobi-
lem eius uxorem vel filios odio habeo Quanquam ne
ipse quidem ob convicia, quæ identidem in me iactat,
dignus est qui mali aliquid a me patiatur, tantum abest
Odio sane quidem prorsus est dignus Hæc enim iactat,
molestiam se mihi facere arbitrans, ac velut mœro-
rem daturus loquitur Quare voluntas ipsa reprehen-
sione non caret, sed est in culpa Sciat hoc ille tamen,

σαφῶς ἴσθι τὸ πάλαι λεγόμενον ὑπ' ἐχθρῶν ὡς
ἔστιν ὠφελεῖσθαι νῦν ἔργῳ φαινόμενον. τί γὰρ
εἰς εὔκλειαν ἡμῖν ὁ ἀνὴρ ἡμῖν οὐ συντελεῖ; πᾶς ὅστις
ἡμᾶς ἐπαινεῖν βούλεται, μηδὲν ἕτερον ἐξευρίσκων εἰ-
πεῖν, λέγει τοῦτο πρῶτον καὶ μόνον καὶ μέγιστον, ὡς
Ἰούλιος αὐτὸν ἀγορεύει κακῶς. ἔνι δὲ τούτῳ τῷ λόγῳ
ποῖος οὐκ ἐσμὸς ἀγαθῶν, τὸ γὰρ ἀντικειμένως ἔχειν c
πρὸς παντοδαπὴν πονηρίαν οἰκείως ἐστὶν ἔχειν πρὸς
παντοδαπὴν ἀρετήν. ἐγὼ μὲν οὖν οὐδὲν ἂν ἐμαυτῷ
συνειδείην τοιοῦτον, ἐκεῖνος δέ φησιν· οἷς γὰρ τἀναν-
τία φησί, τοῦτο πιστοῦται. ὥστε καὶ χάριν ἂν εἰ-
δείην αὐτῷ· νὴ τὴν ἱεράν σου κεφαλὴν καὶ τὴν τῶν
παιδίων μου σωτηρίαν, οὐκ ἔστιν ὅ τι ἂν μοι τοῦ λοι-
δορεῖσθαι μεῖζον χαρίσαιτο· καὶ γὰρ καὶ πρὸς θεοῦ
καὶ πρὸς ἀνθρώπων ἐν τῷ καλλίστῳ μοι κείσεται
τοῦτο· ἀλλὰ καὶ τῆς προαιρέσεως δώσει δίκας ἐμοὶ d
μὲν οὔ· τυχὸν μὲν γὰρ οὐδ' ἂν εἰ δυναίμην βουλοίμην,
πάντως δὲ οὐδ' ἂν εἰ βουλοίμην δυναίμην· τί γὰρ
παρὰ τὸν ἐπὶ καιροῦ δυνάστην ἄνθρωπος οὕτως ἀτυχής,
ὡς ἀλᾶσθαι φεύγων τὴν ἑαυτοῦ καὶ μηδ' ἐλπίδας ἔχειν
καθόδου, τῶν πολεμίων ἐστρατοπεδευκότων ἐν τοῖς
ἐμοῖς κἀκείνοις ὁρμητηρίοις κατὰ Κυρήνης χρωμέ-
νων, τίνι μέντοι, τίνι δώσει δίκας, αὐτῇ τῇ Δίκῃ,
ἐγγυῶμαι γὰρ ἐγὼ τοῦτο, σαφῶς εἰδέναι δοκῶν. με-
τελεύσεται γὰρ αὐτὸν ὑπὲρ ἐμοῦ καὶ τῆς κοινῆς (235) a
πατρίδος, ὑπὲρ ἧς τἀναντία πεπολιτεύμεθα καὶ δι'
ἣν ἀλλήλοις ἀπηχθήμεθα. οὐ γὰρ ὑπὲρ τῶν ἐμαυτοῦ
τινὸς οὐδ' ἂν αὐτὸς εἰπεῖν ἔχοι, ἀλλὰ τὰ πρῶτα μὲν
ὅτι τὸ στρατιωτικόν τε καὶ τὸ βουλευτικὸν ἑώρων εἰς
θητικὸν καὶ ἐπειρώμην ἀντέχειν, ἔπειτα μέντοι τὰ
περὶ τὴν πρεσβείαν καὶ πάνυ λαμπρῶς διεστασίασεν
ἐμᾶς ἕω τὰ κατὰ τὸν ἑταῖρον Διοσκορίδην ὅτι με-
τρίως ἐπράχθη καὶ οὐχ ὡς ἂν κινῆσαι θεοῦ τε καὶ
ἀνθρώπων νέμεσιν. αὕτη μέντοι σαφῶς ἐστι περὶ ἧς
πρὸς λύραν ᾄδομεν

 λήθουσα δὲ παρὰ πόδα βαίνεις,
 γαυρούμενον αὐχένα κλίνεις,
 ὑπὸ πῆχυν ἀεὶ βιοτὰν κρατεῖς;

ἀλλὰ ψηφίζεσθαι δέον ἐγὼ μὲν ἔγραφον ὑπὲρ τῆς
πατρίδος ἀστρατείαν εἶναι τοῖς ξένοις, ὁ δὲ ἀντέλεγεν
ὑπὲρ Ἑλλαδίου καὶ Θεοδώρου· καίτοι τίς οὐκ οἶδεν
ὅτι καὶ τοὺς φύσει στρατιωτικῶς ἔχοντας τῶν ἀρχόν-
των οἱ ξένοι μεταδιδάσκουσι καὶ μετασκευάζουσιν εἰς
ἐμπόρους, πάλιν ἔγραφον ὑπὲρ τοῦ λελύσθαι τὴν παρ'
ἡμῖν στρατηγίαν (ὅπερ ἅπαντες ὁμοφώνως οἱ τῇδε
ἄνθρωποι μόνον ἡγεῖσθαι εἶναι λυτήριον τῶν δεινῶν, ἐπὰ c
νελθεῖν εἰς τὴν ἀρχαίαν ἡγεμονίαν τὰς πόλεις, τοῦτ'
ἔστιν ὑπὸ τὸν Αἰγυπτίων ἄρχοντα καὶ τὰς Λιβύων τε-
τάχθαι), ὁ δὲ ἀντέλεγεν ὑπὲρ τῶν κερδῶν καὶ ἀντι-
κρυς ἀπετόλμα λέγειν ὅτι λυσιτελεῖ ταπεινοὺς εἶναι
στρατιώτας. ἀλλ' ὦ τᾶν (ἄξιον γὰρ διὰ σοῦ πρὸς
αὐτὸν εἰρῆσθαι) διὰ ταῦτα νῦν μὲν ἐπάρατος εἶ, τῆς
κοινῆς τύχης ἐπὶ τἀναντία πειρώμενος· εὐτυχεῖς γὰρ

---

vel potius nesciat: desineret enim hanc mecum gratiam
inire, tu vero scias omnino, quod veteri proverbio tri-
tum est, *utilitatem capi ex inimicis posse nunc re*
ipsa esse comprobatum. Quid enim non ad gloriam no-
bis atque existimationem homo iste confert? Quicunque
laudare nos nititur, cum invenire quid dicat aliud nihil
potest, hoc primum et unum et maximum profert
Iulium de illo detrahere. Hoc autem uno verbo quæ non
bonorum copia continetur? siquidem nequitiæ generi
omni adversari nihil aliud est quam esse generi omni
virtutis affinem. Atque ego sane nihil eiusmodi in me
esse intelligo, sed hoc ille ipse dicit. Nam dum contra-
ria omnia dicit, fidem illius astruit, adeo ut vel ei gra-
tiam habeam. Per sacrum tuum caput et liberorum
salutem iuro, nihil esse, in quo melius de me quam con-
viciis ac probris lacessendo mereatur. Nam et apud
deum et apud homines præclarum hoc mihi erit atque
amplissimum. Quin etiam mali animi pœnas dabit, mihi
quidem nequaquam, fortassis enim non ut maxime pos-
sem vellem, omnino vero non si vellem possem. Quid
enim apud eum posset qui modo præest provinciæ tam
infelici homo conditione, patriis ut ab sedibus vagus ac
profugus erret nec reditus spem ullam habeat, cum meis
in prædiis hostes castra sua collocaverint eaque tanquam
arce ac præsidio contra Cyrenen utantur? Cuinam igitur,
cuinam pœnas dabit? Iustitiæ ipsi. Ita enim procul
dubio fore polliceor, quod præclare scire videor. Nam
illum meo et communis patriæ (235) nomine ulciscetur,
pro qua diversas in administrando partes tenuimus, et
propter quam mutuas offensiones atque inimicitias sus-
cepimus. Non enim ullius mearum rerum causa susce-
pimus, neque id dicere ille potest. Sed primum omnium,
quod rem militarem et civitatis consilium ad operas
atque mercenarios devenisse animadverteram, eique re-
sistere conabar. Postea vero legatio ipsa nos maxime
invicem abalienavit. Mitto quæ in sodalis Dioscoridis
causa contigerunt quam a me cum omni moderatione
facta nec ut dei aut hominum indignationem provoca-
rem. Hæc tamen ipsa Nemesis est, de qua ad lyram
canimus

 clam vestigia gradiens prem.s,
 ela'aque colla reprimis,
 sub norma vitam hominum tenes

Verum cum decretum faciendum esset, ego quidem
pro patria auctor eram, ut peregrini a militia immunes
essent, at ille pro Helladio et Theodoro repugnabat.
Quanquam quis est quin intelligat magistratus omnes,
etiam eos qui natura maxime militares sunt, a peregrinis
dedoceri et in mercatores transformari? Rursus alterius
decreti auctor eram de abolendo apud nos ducatu. Id
quod omnes, qui hic sunt, uno consensu asserunt unicum
esse malorum remedium, ut antiquæ præfecturæ civitates
contribuantur, hoc est ut ab Ægypti præfecto Libyæ quo-
que urbes administrentur. At ille lucri causa refragatus
est, palamque dicere ausus est expedire humiles atque
abiectos esse milites. Sed heus tu (operæ pretium enim
est hoc illi abs te dici) propter ista nunc quidem exse-
crabilis es, qui communis fortunæ contra quam cæteri
sis particeps. Nam beatus inter miseros degis, at ego

ἐν ἀτυχοῦσιν, ἐγὼ δὲ τῇ πόλει συνατυχῶ. ἴσθι μέντοι
σαφῶς ὅτι φύσεώς ἐστι νόμος ἐμπεριέχεσθαι τῷ καθό- d
λου τὰ μέρη.   καὶ ὅταν πάνυ πολὺς ἀπὸ τῆς τοῦ σώ-
ματος συμφορᾶς ὁ σπλὴν αὐξηθῇ, ἕως μὲν ἀντέχει τὸ
ὅλον, εὐσθενεῖ τε καὶ πιαίνεται, ἀπολλυμένῳ δὲ συνα-
πόλλυται.   καὶ σὺ τὸ παρὸν εὖ τιθέμενος, λήσεις
τοῖς σαυτοῦ πολιτεύμασιν εἱμαρμένη τῆς πατρίδος τε
ὢν καὶ σαυτοῦ.   μέχρι τούτου Λασθένης φίλος ὠνο-
μάζετο Φιλίππου, μέχρι προύδωκεν Ὄλυνθον.   τὸν δὲ
ἄπολιν πῶς εἰκός ἐστι εὐτυχεῖν;

ϛʹ. Ὀλυμπίῳ (236).   a

Ἐγὼ μάρτυρα ποιοῦμαι θεὸν ὃν καὶ φιλοσοφία καὶ
φιλία πρεσβεύει, πολλοὺς ἂν θανάτους ἀνθ᾽ ἱερωσύνης
εἱλόμην.   τοῦ θεοῦ δὲ ἐπενεγκόντος οὐχ ὅπερ ᾔτουν
ἀλλ᾽ ὅπερ ἐβούλετο, εὔχομαι τὸν γενόμενον νομέα τοῦ
βίου γενέσθαι καὶ τοῦ νεμηθέντος προστάτην, ὡς μὴ
φανῆναί μοι τὸ πρᾶγμα φιλοσοφίας ἀπόβασιν ἀλλ᾽ εἰς
αὐτὴν ἐπανάβασιν.   τέως δέ, ὥσπερ εἴ τί μοι τῶν
ἡδέων συνεπεπτώκει, ἐκοινωσάμην ἂν σοι τῇ πάντων b
φιλτάτῃ μοι κεφαλῇ, οὕτω καὶ τῶν δυσχερῶν εἰς σὲ
παραπέμπω τὴν ἀκοήν, ἵνα συνάχθοιό τε καὶ εἴ τι
δύναιο πρὸς τὴν ἐμὴν φύσιν ἐξετάσας τὸ πρᾶγμα, εἰσ-
ηγήσαιο γνώμην ὅ τι με δεήσει ποιεῖν.   νῦν γὰρ ἐγὼ
πόρρωθεν οὕτω διαπειρῶμαι τοῦ πράγματος, ὡς ἕβδο-
μον ἤδη μῆνα γενόμενος ἐν τῷ δεινῷ, μακρὰν ἀπο-
δημῶ τῶν ἀνθρώπων παρ᾽ οἷς ἱεράσομαι, ἕως ἂν
ἀκριβῶς ὁποῖόν ποτέ ἐστι τὴν φύσιν κατανοήσω.   κἂν
μὲν ἐγχωρῇ, μετὰ φιλοσοφίας τὸ πρᾶγμα ἐργάσομαι· εἰ c
δὲ ἀλλοῖόν ἐστιν ἢ κατὰ τὴν ἐμὴν ἀγωγήν τε καὶ προ-
αίρεσιν, τί ἄλλο ἢ τὴν εὐθὺ τῆς κλεινῆς Ἑλλάδος
ἀποπλέων οἰχήσομαι; ἀπειπαμένῳ γὰρ τὴν ἱερωσύνην
ἀπογνωστόν ἐστι καὶ τῆς πατρίδος, εἰ μή με δεῖ
πάντων ἀτιμότατον εἶναι καὶ ἐπαρατότατον, ἐν ὄχλῳ
μισούντων ἀναστρεφόμενον.

ζʹ. Τῷ αὐτῷ.

Τὴν ἐπιστολὴν ἀναγινώσκων, ἐν ᾗ διηγήσω περὶ d
τῆς ἀρρωστίας, καὶ ἐφοβήθην ἀρχόμενος καὶ παυόμε-
νος ἀνεθάρρησα.   ἀπειλήσας γὰρ κίνδυνον εὐηγγελίσω
τὰ λώονα· περὶ δὲ ὧν ᾔτησας πεμφθῆναι παρ᾽ ἡμῶν ἢ
κομισθῆναι, τὰ δυνατὰ πάντα πάντως ἢ πεμφθήσεται
ἢ κομισθήσεται.   τίνα δὲ αὐτῶν τὰ δυνατὰ καὶ τὰ μὴ
δυνατά, περιττὸν γράφειν· αὐτὴ γὰρ ἡ δόσις ἐπιδείξει.
ἐρρωμένως καὶ εὐδαιμόνως διαβιῴης καὶ θεῷ κεχα-
ρισμένος, ἑταῖρε τριπόθητε.   γένοιτο ἡμᾶς καὶ συμμί-
ξαντας ἀλλήλοις αὖθις ἀπολαῦσαι, καὶ μὴ προεξέλθοις
πρὶν ἂν ἀλλήλοις ἐντύχωμεν.   εἰ δὲ θεὸς ἄλλῃ πη
βεβούλευται, σὺ δὲ καὶ ἀπόντων ἡμῶν μέμνησο. βελ-
τίοσι μὲν γὰρ Συνεσίου ἐντεύξῃ πολλοῖς, φιλοῦσι δὲ
μᾶλλον οὐκ ἂν ἄλλοις (237) ἐντύχοις.   a

---

communem cum civitate infelicitatem sustineo. Scito
tamen naturæ hanc esse legem ut partes in toto compre-
hendantur. Ac quando ex corporis detrimento splen
supra modum excreverit, donec universum corpus stete-
rit, gliscit quidem et distenditur, eo vero pereunte
simul etiam perit. Sic tu præsenti successu fruens pau-
latim consiliis tuis fatalis et patriæ et tui pestis atque
exitium eris. Eo usque Lasthenes Philippi amicus ap-
pellabatur, donec Olynthum prodidit. Qui vero patria
caret, beatus esse qui potest?

XCVI. Olympio (256).

Ego deum testem voco, quem et philosophia et amici-
tia veneratur, præ episcopatu me non unam mortem
libenter esse toleraturam. Sed quoniam mihi deus non
quæ peterem sed quæ vellet imposuit, illum ipsum pre-
cor, qui mihi eiusmodi vitæ attributor exstitit, esse et
eius quod attribuit moderatorem ac patronum, ne mihi
res ista descensus a philosophia sed ad illam ascensus
esse videatur. Interim vero, quemadmodum si quid
mihi ex animi sententia contigisset, tibi omnium amicis-
simo mihi communicassem, sic et molestorum ad te
narrationem transmitto, uti et condolescas mihi et si quid
possis, re ad ingenium meum expensa, sententiam tuam
de eo proferas quid me facere oporteat. Ego enim adeo
nunc e longinquo rei periculum facio, ut cum septimum
iam mensem molestum et invisum munus ingressus sim,
procul degam ab iis apud quos episcopus esse debeo,
donec quæ eius rei natura sit, accurate penitusque didi-
cerim. Quod si una cum philosophia facere istud liceat,
eam obibo functionem. Sin est ut abhorreat ab institu-
tione animoque nostro, quid aliud quam recta in celeber-
rimam Græciam navigans demigrabo? Etenim simul
episcopatum eiuraverо, desperandus mihi patriæ con-
spectus est, nisi me omnium inhonoratissimum et exse-
cratissimum esse oporteat, in eorum turba, quibus sum
exosus, assidue versantem.

XCVII. Eidem.

Cum epistolam legerem, in qua ægritudinem expone-
bas tuam, et initio veritus sum et postremo animum
resumpsi. Postquam enim periculum minatus es, me-
liora postea significasti. De quibus vero postulas, ut a
nobis aut mittantur aut perferantur, quæcunque in nostra
erunt potestate, omnia utique mittentur aut perferen
tur. Porro quæ in nostra sint potestate quæve non sint,
scribere supervacaneum est; id enim donatio ipsa mon-
strabit. Sanus felixque perpetuo vivas deoque acce-
ptus, o sodalis optatissime! Et utinam aliquando mutua
consuetudine gaudentes invicem frui liceat, nec tu ante
discedas quam (237) nos inter nos viderimus! Sin aliud
deo visum fuerit, tu vero etiam absentis nostri recor-
dare. Etenim meliores Synesio multos invenies; qui
vero impensius diligant, non facile multos invenies.

ζη'. Τῷ αυτῷ.

Πῶς οἴει με διψῶντα ταῖς ἡδίσταις ἐπιστολαῖς ἐντετυχηκέναι, περὶ ποῖα δὲ μέρη τῶν ἐπιστο(λ)ῶν οὐχὶ πάσῃ διαχυθῆναι τῇ ψυχῇ; ἆρ' ὧν ἦλθον εἰς πολλαπλασίονα διάθεσιν, καὶ οὐκ εἰς μακρὰν προσδοκῶ τὴν Ἀλεξάνδρειαν ἔχουσαν ἔτι τὴν φίλην κεφαλὴν ὄψεσθαι. καὶ ἐφ' οἷς γὰρ Σεκοῦνδον εὖ ἐποίησας, ἡμᾶς ἐτίμησας, καὶ ἐφ' οἷς οὕτω γράφων τιμᾷς, ἐξηρτήσω σεαυτοῦ καὶ ἐποίησας εἶναι σούς, παρ' ὅσον τῶν χαμαὶ ἑρχομένων ὄντες οὐκ ἐπιγινώσκομεν τὴν ἀξίαν, διπλῇ τιμώμενοι, καὶ τῷ μεγέθει τῶν γραφομένων καὶ τῇ σπουδῇ τῶν γενομένων τῷ δεσπότῃ μου τῷ κόμητι γέγραφα μὲν ἤδη πολλάκις· ἐπεὶ δὲ ἐν ταῖς διὰ τοῦ παιδὸς ἐπιστολαῖς αἰτίᾳ μὴ γεγραφότα πρὸς αὐτόν, ἐπέθηκα τῷ ἀδελφῷ πρὸς αὐτὸν γράμματα ἐρρωμένως καὶ εὐδαιμόνως διατελοίης, φιλοσοφίας ἔχων φροντίδα, ὅσῃ προσήκει τῷ μετὰ θείων ἐρώτων ἡμμένῳ ταύτης· ἀπὸ τῆς κλίνης σοι γέγραφα, μόλις ἀνεχόμενος εἰς διασκευὴν τῶν γραμμάτων. εὔξαι τὰ ἄριστα ἡμῖν, ἅπερ ἂν ὁ θεὸς ἄριστα δοκιμάσῃ ἐὰν ἀνασφήλω, ἐπὶ τὴν Ἀλεξάνδρειαν εὐθὺς ἵεμαι

ζθ'. Τῷ αὐτῷ

Καινὸς οὗτος τρόπος ἐπιτηδεύεται παρ' ἐμοῦ χρείας ἐπιστολῶν. οὐ γὰρ ἵνα συστήσω τῇ φιλίᾳ τῇ σῇ τὸν ἐπιδιδόντα τὴν ἐπιστολὴν γέγραφα, ἵνα δέ σοι τὸν ἄνδρα χαρίσωμαι, κέρδος οὐ μικρὸν ἐσόμενον σοί τε καὶ τῷ μεγάλῳ Διογένει τοῖς σοῖς παιδινοῖς καὶ μὴ χαλεπήνῃς εἰ κέρδος οὐχ ὑμᾶς Θεοτίμῳ, Θεότιμον δὲ ὑμῖν εἶναι δοκιμάζω καὶ λέγω. ἀλλὰ τοῦτο, εἴ γε ποιητὴς ἀνὴρ τῶν νῦν ἐνθεώτατος, δυνάμεως δὲ δεῖταί τις ποιητικῆς, ἵνα καὶ τοῖς μετέπειτα δόξῃ καὶ μηδὲ λόγον ἀπόντας λάθῃ. τὰ γὰρ μεγάλα τῶν ἔργων (238) ἂν μὴ τύχῃ λόγων κηρύκων, ἀπορρεῖ τῆς ἀ μνήμης καὶ λήθην ἀμπίσχεται, παρ' αὐτὸν μόνον τὸν τοῦ πράττεσθαι καιρὸν ἐν τοῖς ὁρῶσιν ἀνθήσαντα. ταύτῃ τε οὖν τιμητέον ὑμῖν τὸ ἕρμαιον καὶ ἀντὶ παντὸς σπουδαστέον, καὶ δίχα τῆς χρείας αἰδοῖ γὰρ Μουσῶν τοὺς ἱερεῖς αὐτῶν ἄξιον περιέπειν καὶ μὴ δευτέρους· τίθεσθαι τῶν κολακεύειν τὰς θύρας εἰδότων προσσείσθω καὶ τρίτη τις αἰτία τῆς παρ' ὑμῶν εἰς τὸν ἄνδρα τιμῆς, Συνέσιος ἀγασθεὶς αὐτοῦ πάντα, ἐφ' οἷς ἀνθρώπους ἄνθρωποι καὶ ἐπαινοῦσι καὶ μακαρίζουσιν. ἐρρωμένως διαβιῴης, πάντων ἕνεκα ἐμοὶ τίμιε. προσαγορεύουσι τὴν ἱεράν σου διάθεσιν πάντες οἱ τὴν αὐτὴν ἡμῖν οἰκίαν οἰκοῦντες, ἐξ ἁπάντων δὲ μάλιστα ὁ σὸς Ἰσίων καὶ ἡμεῖς τοὺς ἅμα σοί, μάλιστα δὲ τὸν ἐμὸν Ἀβράμιον τῷ κόμητί γε δοῦναι ἃ γέγραφα αὐτὸς δοκιμάσεις εἴτε καὶ μή

ρ'. Πυλαιμένει

Οὗτος ἐκεῖνος ὁ πολὺς ἐν τοῖς λόγοις ἡμῶν Ἀναστά-

XCVIII Eidem

Quam me putas silentem suavissimas legisse litteras tuas? Quam porro in earum partem non animum omnem effudisse? Ex quibus variis sum modis affectus, nec longo post tempore spero me Alexandriam amicum adhuc mihi habentem caput esse visurum Nam quod tu de Secundo bene es meritus, ea re mihi honorem tribuisti, et quod adeo honorifice scribis, me tibi penitus devinctum ac tuum reddidisti, quandoquidem humi nos repeutes tantae rei meritum non agnoscimus, cum dupliciter honoramur, et eorum quæ scribuntur magnitudine et eorum quæ facta sunt studio ac diligentia Domino meo Comiti scripsi quidem et alias sæpe, sed quoniam in litteris quas per puerum misisti, accusas me quod nihil ad eum scripserim, meo fratri litteras ad eum dedi In columis beatusque perseveres, philosophiæ tanto addictus studio, quantum par est eum habere, qui divini amoris impulsu illam attigerit E lectulo ad te scripsi, ad litteras conficiendas ægre sustentatus Tu nobis precare quam optima, quæ scilicet deus optima esse iudicaverit Si convaluero, statim Alexandriam aspirabo

XCIX Eidem

Epistolarum nova hæc a nobis inita ratio est Non enim eo scripsi ut illum amicitiæ tuæ conciliarem, a quo has litteras accipies, sed ut eum tibi beneficii nomine ac gratiæ loco darem, qui non mediocri tibi ac magno Diogeni deliciis tuis sit lucro futurus Neque vero succensere te mihi par est, si non vos Theotimo, sed Theotimum vobis lucro futurum sentio atque dico Sed hoc nimirum ita se habet, siquidem vir ille est omnium qui vivunt hodie poetarum divinissimus et poetica vi opus quispiam habet, ut et posteris illustris videatur, et ne absentibus quidem sit ignotus Etenim præclara quæque facinora si orationis (238) careant præconio, e memoria excidunt et oblivione sepeliuntur, per id solum, quo geruntur, tempus apud eos celebrata, qui coram intuentur Quamobrem præter spem oblatum vobis hoc commodum magni faciendum est, ac vel citra necessitatem summo studio complectendum Nam ob Musarum reverentiam earum etiam sacerdotibus omnem adhibere humanitatem convenit, nec inferiores iis ducere qui ad limina principum adulandi periti veniunt Accedat et tertia quædam honoris erga eum vestri ratio, Synesius illum per omnia probans et admirans, ob quæ homines ab hominibus collaudari ac prædicari solent Perpetuo sanus et incolumis degas, vir omnibus de causis mihi imprimis observande Sacram animi tui affectionem salutant omnes, qui in eadem mecum domo sunt, præ cæteris vero tuus Isio, vicissim autem et nos iis qui tecum sunt salutem omnibus dicimus, præsertim autem Abramio meo Comiti quæ scripsi dandane sint necne, iudicabis

C. Pylæmeni

Hic ille est sæpius a me memoratus Anastasius Sed

σιος. καὶ σὲ δ' ἂν αὐτῷ δείξας τὸν αὐτὸν ἔπαινον εἶπον ἂν περὶ σοῦ. ὥσπερ οὖν ἐν ἐμοὶ συνελθόντες πάλαι καὶ τὴν συντυχίαν ἀναγνωρισμὸν ποιησάμενοι φιλοφρονήσασθέ τε ἀλλήλους, καὶ κοινῇ σκοπεῖτε πῶς ἂν ἀγαθόν τί με ποιήσαιτε. σχολὴ δὲ μέγιστον ἀγαθόν, ἣν εἴποι τις ἂν ὥσπερ χώραν πάμφορον ἅπαντα καλὰ φέρειν τῇ τοῦ φιλοσόφου ψυχῇ. καρπώσομαι δὲ σχολήν, ἂν τοῦ συντετάχθαι τῇ πολιτείᾳ Ῥωμαίων ἀπαλλαγῆναί μοι γένηται. τοῦτο δὲ παρέσται τῆς λειτουργίας ἀνειμένῳ τῆς καταράτου, ἧς τὸ μὲν ἐπὶ βασιλεῖ γέγονα ἐκτός, ἐμαυτὸν δ' ἂν αἰτιασαίμην δικαίως, αἰσχυνθεὶς δύνασθαι σπουδῆς οἰκείας. ἀπολογήσομαι τοίνυν αὐτὸς ἐμαυτῷ. δόξω γὰρ αὐτουργεῖν πάλιν τὴν πρεσβείαν· πάλιν γὰρ ἐμὴ γλῶττα πρεσβεύει. καὶ οὐδεὶς ἀντερεῖ τῶν Πυθαγόραν ἐπαινεσάντων, ὃς τὸν φίλον ἄλλον ἑαυτὸν ὡρίσατο.

ρα'. Τῷ αὐτῷ.

Ψυκοῦντιος ἄνθρωπος (Κυρηναίων δ' ἐπίνειον ὁ α Φυκοῦς) ἐπέδωκέ μοι φέρων ἐπιστολὴν (239) τὸ σὸν ἐπιγεγραμμένην ὄνομα. ταύτην ἀνέγνων ἡδέως τε ἅμα καὶ ἀγαμένως· ὠφείλετο γὰρ τὸ μὲν τῇ διαθέσει τῆς ψυχῆς, τὸ δὲ τῷ κάλλει τῆς γλώττης. καὶ δῆτα παρεσκεύασά σοι θέατρον ἐπὶ Λιβύης Ἑλληνικόν, ἀπαγγείλας ἥκειν ἀκροασομένους ἐλλογίμων γραμμάτων. καὶ νῦν ἐν ταῖς παρ' ἡμῖν πόλεσιν ὁ Πυλαιμένης πολύς, ὁ δημιουργὸς τῆς θεσπεσίας ἐπιστολῆς. ἐν τοῦτο ἄτοπον ἐφάνη καὶ παρὰ δόξαν ἀπήντησε τῷ θεάτρῳ· τὰς Κυνηγετικὰς ᾔτεις τὰς ἐμάς, ὡς δή τι σπουδαῖον αὐταῖς ἐνόν. ἔδοξας οὖν σεσηρὸς ἦθος πα- b ρέχεσθαι καὶ εἰρωνείας ἀνάπλεων· οὐ γὰρ ἠξίουν τῶν παρὰ σφίσι τὸν φαυλότατον εἰπεῖν ἐξενέγκαι τι παίγνιον τῆς παρὰ σοὶ σπουδῆς ἄξιον. ἐγὼ δὲ τούτου μέν σε παρηγούμην, τῆς εἰρωνείας· ἐδίδασκον δὲ ὅτι πρὸς τοῖς ἄλλοις ἅ σοι πάρεστιν ἀγαθὰ φιλανθρωπότατός τε εἴης καὶ ἐγκωμίων φιλοδωρότατος. οὔκουν ἐπὶ καταγέλωτι πεποιῆσθαι τὴν αἴτησιν, ἀλλ' ἵνα ἡδοίμην τῇ παρὰ τοῦ τοιοῦδε μαρτυρίᾳ τιμώμενος. γράφε οὖν ὁσάκις ἂν ἐγγωρῇ, καὶ ἑστία Κυρηναίους τῷ λόγῳ· c ὡς οὐδὲν ἂν αὐτοῖς ἥδιον ἀνάγνωσμα γένοιτο τῶν Πυλαιμένους γραμμάτων, ἤδη κατεσχημένοις ὑπὸ τοῦ δείγματος. πάντως δὲ συχνοῖς ἐντεύξῃ τοῖς δεῦρο ἀφικνουμένοις, καὶ εἰ μηδέσιν ἄλλοις, ἀλλὰ τοῖς ἄρξουσιν ἡμῶν καὶ τὴν ἐλάττω καὶ τὴν μείζω καὶ τὴν Αἰγυπτίων ἀρχήν, οὓς οὐκ εἰκὸς ἀγνοεῖσθαι διὰ τὴν ἀκολουθίαν τῶν δανειστῶν. ἐπεὶ δὲ διαφέρει σοι τἀμὰ εἰδέναι, φιλοσοφοῦμεν, ὦ 'γαθέ, τὴν ἐρημίαν ἀγαθὴν ἔχοντες συνεργόν, ἀνθρώπων δὲ οὐδένα. οὐδ' ἔστιν d ὅτου ποτὲ ἐπὶ Λιβύης ἀκήκοα φωνὴν ἀφιέντος φιλοσόφου, ὅτι μὴ τῆς ἠχοῦς ἀντιφθεγγομένης ἡμῖν. ἀλλὰ κόσμει φασὶν ἂν ἔλαχες Σπάρταν. κἀγώ μοι δοκῶ τὴν εἰμαρμένην ἀγαπήσειν τε καὶ κοσμήσειν τὴν αὐτὸς ἐμαυτοῦ, ἡγούμενος ἀγώνισμα τοῦτο προ-

et si te ipsum illi significarem, eadem tui prædicatione uterer. Igitur tanquam apud me pridem consociati, coniunctionem illam mutuæ agnitionis instar habentes, mutua vos humanitate complectimini, atque hoc in communi videte, quemadmodum boni mihi aliquid conciliare possitis. Otium porro maximum bonum est, quod opimi instar et uberis soli bonorum genera omnia philosophi animo conferre dici non immerito potest. Otio vero tum fruar, cum ab Romana republica extricari potuero : quod ita demum eveniet, si ab exsecrando illo publicæ fun- d ctionis onere vacationem obtineam, a qua, quantum in imperatore fuit, immunitatem sum adeptus. Sed merito me ipsum accusaverim, qui ex proprio studio capere commodi aliquid erubuerim. Itaque mihi ipse patrocinabor. Videbor enim rursus per me legationem obire. Nam rursus lingua mea legatione fungitur. Nec quisquam eorum contradicet, qui Pythagoram laudant, qui amicum alium esse semet ipsum asseruit.

CI. Eidem.

Phycuntius homo (est autem Cyrenæorum navale Phycus) litteras (239) ad me tuo nomine inscriptas detulit : quas tum iucunde, tum non sine stupore perlegi. Illud enim amor erga te meus, hoc sermonis elegantia merebatur. Statimque Græcum tibi in Libya spectaculum constitui, denuntians omnibus ut ad eruditas litteras audiendas convenirent. Et nunc per urbes nostras in ore omnium frequens est Pylæmenes, divinæ illius auctor epistolæ. Unum hoc absurdum ac præter conventus exspectationem accidit, quod Cynegeticas meas peteres, tanquam studio dignum aliquid iis inesset. Videbaris ergo ingenium præ te ferre cavillatione ac simulatione plenum. Non enim fieri posse arbitrabantur, ut qui apud se omnium esset ad dicendum ineptissimus, ludicrum aliquid ederet, quod studio tuo dignum videretur. At ego hac quidem te simulationis suspicione liberabam : docebam vero te præter cæteras animi dotes longe humanissimum esse et in laudando apprime liberalem. Quare non ad irrisionem hanc esse petitionem comparatam, sed ut mihi ipse gratularer, tanti viri testimonio collaudatus. Itaque scribe quotiens licuerit, et orationis tuæ quasi epulas quasdam Cyrenensibus præbe, quoniam nulla iis lectio iucundior accidere potest Pylæmenis litteris, qui quidem huius speciminis admiratione detinentur. Prorsus vero multos reperies, qui huc proficiscantur; et si nullos alios, at eos saltem, qui minorem aut maiorem apud nos vel Ægypti præfecturam obibunt, quos ex creditorum comitatu nemo non facile cognoverit. Et quia rerum mearum statum nosse tua interesse putas, philosophamur, o bone vir, optimam ad id adiutricem solitudinem nacti. Hominum vero neminem, nec ullum in Libya unquam audivi, qui philosophiam redolentem vocem emitteret, præterquam fortassis echo, quæ nostram remittit. Verum orna, ut est in proverbio, quam sortitus es Spartam. Ac mihi videor hoc meo fato fore contentus, meamque patriam ornaturus, qui certamen hoc vitæ propositum et experimentum arbitror, utrumne

κεῖσθαι τῷ βίῳ καὶ βάσανον, εἰ μηδὲ ἀτυ/οῦσαν ἀπο-
λιμπάνω φιλοσοφίαν ἐμοὶ γὰρ εἰ μηδεὶς ἄλλος μαρ-
τυρεῖ, ἀλλ' αὐτός γε πάντως ὁ θεός, οὗ σπέρμα ὁ νοῦς
εἰς ἀνθρώπους ἥκει (240). δοχῶ δέ μοι καὶ τοὺς ἀστέ-a
ρας εὐμενῶς ἐνατενίζειν ἑκάστοτε, ὃν ἐν ἠπείρῳ πολλῇ
μόνον ὁρῶσι θεωρὸν αὐτῶν σὺν ἐπιστήμη γινόμενον.
σύνευξαι τοίνυν ἡμῖν μὲν ἐν οἷς ἐσμὲν εἶναι, σαυτῷ δὲ
ἀπολιπεῖν τὴν κακοδαίμονα ἀγοράν, ὦ κακῶς σὺ τῇ
φύσει χρώμενε μάλιστα μὲν οὖν ἀξιῶ σε καὶ εὐπο-
ρούντων τῶν ἔξωθεν ἰδεῖν εἰς τὰ ἔσω τὸ γὰρ εὐτυχίας
εὐδαιμονίαν ἀλλάξασθαι χρύσεα χαλκείων ἐστί. κἀγὼ
χαίρω καταγελώμενος ὅτι τῶν συγγενῶν σπουδαρχοῦν-
των μόνος ἐν πολλοῖς ἰδιώτης εἰμί· τὴν γὰρ ψυχὴν b
ἀρεταῖς δορυφορεῖσθαι προτιμῶ μᾶλλον ἢ στρατιώταις
τὸ σῶμα, οὐκέτι τῶν πραγμά-των χωρούντων ἐπιμελη-
τὴν πολιτείας φιλόσοφον εἰ δὲ μηδ' ἐν τοῖς κατ'
ἀγορὰν βέλτιον πέπραγας (ὥσπερ οὐδὲ οἶμαι, οὐδ'
ἔστιν ὅτε περὶ σοῦ πονηρὰς ἔσχον ἐλπίδας ὡς ἄρα
ἑκατέρῃ σαυτοῦ καὶ ὁμότροπος ἔσῃ τοῖς εὐδοκιμοῦσιν
τῶν γραμματέων, οὐ γὰρ ἂν εἴποιμι τῶν ῥητόρων-
ἑτέρως δὲ οὐκ ἔστι πλουτεῖν ἐν ταῖς καθ' ὑμᾶς ἀγοραῖς, c
μὴ πάντα μιγνύντα καὶ θεῖα κἀνθρώπινα δίκαια, καὶ
Κέρκωπα ἀντ' ἐλευθέρου γινόμενον), εἰ τοίνυν οὐδὲ
πλουτεῖς, ἔτι μᾶλλον εἰς φιλοσοφίαν ἴδ' κἂν μὲν
ἐντύχης ἀνδρὶ συντόνως ἐργαζομένῳ φιλοσοφίαν (ἀνε-
μέσητον δὲ ἐκπερινοστεῖν καὶ τὴν Ἑλλάδα καὶ τὴν
βάρβαρον ἐπὶ θήρα -οιᾷδε), καὶ ἡμῖν τὸ ἕρμαιον κοί-
νωσαι εἰ δὲ ὡς ἐν αὐχμώσῃ τῇ φορᾷ, καὶ ἡμεῖς
ἀρκεῖν σοι δοκοῦμεν, ἧκε μεθέξων καὶ ἡμῶν καὶ τῶν
ἡμετέρων ἐπὶ τῇ ἴσᾳ καὶ τῇ ὁμοίᾳ, φησὶ τὸ γράμμα d
τὸ Λακωνικόν. πρόσειπε παρ' ἐμοῦ πάνυ πολλὰ τὸν
σεβασμιώτατον Μαρκιανὸν ὃν εἰ προλαβὼν Ἀριστεί-
δην Ἑρμοῦ λογίου τύπον εἰς ἀνθρώπους ἔφην ἐληλυ-
θέναι, μόλις ἂν ἔτυχον τῆς ἀξίας, ὅτι τ)έον ἐστὶν ἢ
τύπος ἐπιστολὴν δὲ εἰ εὐθείας πρὸς αὐτὸν ἐπιθεῖναι
καίτοι προθυμηθεὶς ἐνάρκησα, ἵνα μὴ ἐσθύνας ὑπόσχω
τοῖς πανδέκταις τοῖς ἀποσμιλεύουσι τὰ ὀνόματα εἰ
γὰρ μικρὸς ὁ κίνδυνος ἐν τῷ Πανελληνίῳ τὴν ἐπιστο-
λὴν ἀναγνωσθῆναι κακῶ (241) γὰρ οὕτω τὸν τόπον, a
ἐν ᾧ πολλάκις ἐφρόντιζα τὰς βαρείας φροντίδας, τῶν
ἁπανταχόθεν ἐλλογίμων συνιόντων ἐφ' ᾧ τῆς ἱερᾶς
ἀκοῦσαι τοῦ πρεσβύτου φωνῆς, παλαιὰ καὶ νέα κατα-
μαστευούσης διηγήματα. ἀλλὰ καὶ τὸν ἑταῖρον Εὐ-
χάριστον χαίρειν κέλευσον παρ' ἐμοῦ, καὶ πάντας
ὅσους ἄξιον.

ρβ' Τῷ αὐτῷ

Συνίστημι τῇ φιλίᾳ καὶ τῇ προστασίᾳ τῇ σῇ τὸν
θαυμάσιον Σωσηνᾶ, ᾧ τὴν διὰ λόγων τραφέντι καὶ b
αὐξηθέντι τὰ παρὰ τῆς τύχης οὐκ ἀπαντᾷ κατὰ λόγον.
αἰτιᾶται δὴ τὴν τῆς πατρίδος ἀκληρίαν, καὶ πείθει
τις αὐτὸν λόγος ὡς ἔστι συμμεταβαλεῖν τῷ χωρίῳ τὴν
τύχην. ἀφίξεται δὲ παρὰ τὴν ἔχουσαν τὸν βασιλέα

infelicem quidem philosophiam deseram Mihi enim, ut
omni alio teste caream, deus ipse tamen testis erit,
cuius semen quoddam mens est hominibus (240) insita
Ac me stellæ etiam ipsæ benigne identidem despectare
videntur, quem in vastissima regione solum cum scientia
sui contemplatorem vident Igitur nobis istud precare,
ut eodem in statu perseveremus, tibi vero ut infelix fo-
rum relinquas, o tua abutens indole! Equidem magno-
pere te velim adhuc externis affluentem commo.l.s ad
interiora converti Nam secundis rebus commutare fe-
licitatem aurea est pro æreis rependere Ego vero ob
hoc irridei me gaudeo, quod cognatis meis magistratus
ambientibus solus inter multos privatus exsistam Ani-
mum enim virtutum velut stipatu cingi quam corpus
militibus malo, cum præsens rerum status reipublicæ
administratorem philosophum non amplius capiat Sin
nihilo in forensibus negotiis commodius versaris (quem-
admodum neque opinor, nec male de te unquam speravi,
fore ut a te ipso dissentires et notariorum istorum simi-
lis esses qui hominum sermone celebrantur, neque enim
oratorum dixerim Verum enim vero nulla alia in vestro
foro ditandi sui ratio est, quam si divina omnia et humana
iuria misceantur, et pro libero atque ingenuo veterator
aliquis efficiatur), si igitur ne ditaris quidem, multo
magis philosophiam respice Quod si hominem nactus
fueris, qui strenue fortiterque philosophetur (ad eum
vero investigandum et Græciam et barbarorum oras per-
agrare minime reprehendendum fuerit), fac ita nobis
oblatum istud lucrum impertias Sin, velut in annonæ
sterilitate, nos tibi satisfacere posse videamur, veni et
nostri et nostrorum omnium particeps futurus, dum
æquo atque eodem iure istud facias, ut in Lacedæmo-
niorum scripto continetur Salutem meo nomine etiam
atque etiam impertias venerabili imprimis Marciano,
quem si ante Aristidem Mercurii doctrinarum præsidis
typum ad homines pervenisse dixissem, non essem eius
meritum assecutus Plus enim aliquid est, quam typus
Epistolam ad ipsum recta mittere etsi maxime vellem,
non sum ausus, ne varia eruditione refertis illis ratio mihi
reddenda esset, qui voculas omnes ad vivum resecant
Non parum enim periculi est, ne in totius Græciæ con-
ventu epistola legatur Ita (241) enim locum eum ap-
pello, ubi sæpe graves curas suscepi, undique doctorum
hominum affluente copia, ad sacram senis vocem audien-
dam, quæ vetera ac recentia omnia perscrutatur Sed
et sodalem meum Eucharistum salvere a me iubeas,
omnesque quos æquum esse iudicaveris

CII Eidem

Commendo amicitiæ patrocinioque tuo egregium Sose-
nam, cui quidem inter disciplinas educato et adulto
fortuna nequaquam pro meritis respondet Ac patriæ
ille quidem infelicitatem incusat, et nonnulla huic opinio
persuadet posse fortunam una cum loco mutari Iturus
est ergo regiam in civitatem, quasi ibi, ubi est impera-

πόλιν, ὡς ὅπου βασιλεύς, ἐκεῖ καὶ πάνυ τῆς τύχης οὔσης καὶ τυχὸν ἐπιγνωσομένης αὐτόν. εἰ δή τίς σοι δύναμις, συντέλεσον αὐτῷ πρὸς ὅ τι βούλεται· σοῦ γὰρ ἄξιον τὸ καὶ δύνασθαι καὶ τοὺς δεομένους συνιστάναι τῇ ἀγαθῇ τύχῃ. κἂν δέηται τῶν σοὶ φίλων, αὐτὸς προσοίσεις αὐτόν.

ργ΄. Τῷ αὐτῷ.　　　　　　c

Οὐ μὰ τὸν φίλιον τὸν ἐμόν τε καὶ σόν, οὐκ ἔγωγε, ὦ Πυλαίμενες, ἀπέσκωψά σου τὴν εἰς τὴν ἐνεγκοῦσαν εὔνοιαν· οὐχ οὕτως ἄπολίς εἰμί τις οὐδὲ ἀνέστιος. ἀλλὰ σὺ κακῶς ἐξεδέξω τὸν νοῦν τῆς ἐπιστολῆς καὶ κατηγόρηκας ἡμῶν ἄττα οὐκ ἄξιον· ἐγὼ γὰρ ὅτι μὲν Ἡρακλείας ἐρᾷς καὶ πρόθυμος εἶ ποιῆσαί τι τὴν πόλιν ἀγαθὸν ἐπαινῶ. τοὺς λόγους δ᾽ ἐποιούμην ὑπὲρ τοῦ δεῖν ἀνθελέσθαι φιλοσοφίαν τῆς ἀγοραίου ταύτης διατριβῆς. εἶτα σύ μοι δοκεῖς δίκας ἀγορεύων οἴεσθαι d μᾶλλον ἢ φιλοσοφῶν ὠφελιμώτερος ἔσεσθαι τῇ πατρίδι. πῶς τοῦτο; ὅτι τοῦ μὴ μετατεθεῖσθαί σου τὴν προαίρεσιν ᾐτιάσω τὸ τῆς γνώμης φιλόπατρι. τοῦτ᾽ οὖν ἀπέσκωψα, καὶ οὐχὶ τὴν εὔνοιαν, ὅτι κακῶς οἴει προὔργου σοί τι ποιήσειν εἰς τὸν καλὸν τοῦτον ἔρωτα τὸ προσεδρεύειν ταῖς δίκαις. καὶ γὰρ εἰ λέγοιμι φιλοσοφίαν ἱκανὴν εἶναι τὰς πόλεις ὀρθοῦν, ἐλέγξει με Κυρήνη, κειμένη πολὺ δήπου τῶν ἐν τῷ Πόντῳ πόλεων ἀκριβέστερον. ἀλλ᾽ εἴποιμι μὲν ἂν (242) ὅτι φι- a λοσοφία καὶ ῥητορικῆς καὶ ἥστινος βούλει καὶ τέχνης καὶ ἐπιστήμης, ἅτ᾽ ἐπὶ πάσαις οὖσα, παρέχεται τὸν ἔχοντα καὶ ἰδιώτῃ καὶ οἴκῳ καὶ πόλεσιν ὠφελιμώτερον. οὐ μὴν ἀρκεῖ τὸ καθ᾽ ἑαυτὴν ἀγαθόν τι ποιεῖν τοὺς ἀνθρώπους· ἔχει γὰρ οὕτως, ὦ λῷστε Πυλαίμενες. τὰ καλὰ τῶν ἐπιτηδευμάτων δυνάμεις τινές εἰσι καὶ παρασκευαὶ ψυχῆς καὶ οἷον αὐτὸ μόνον τὸ χρώμενον, καιροὶ δὲ καὶ τύχαι φέρουσιν ἄνω καὶ κάτω τὰ τῶν πόλεων πράγματα, καὶ νῦν μὲν οὕτως ἔχει νῦν δ᾽ b ἑτέρως, ἀνάγκη φύσεως ἧς μετείληχε. φιλόπολις μὲν οὖν εἶ σύ, τυγχάνω δὲ ὢν καὶ αὐτός. καὶ σὺ μὲν ἐργάζῃ ῥητορικήν, καὶ συγχωρῶ σοι μὴ ταύτην ἐπιτηδεύειν ἀλλὰ τὴν ὀρθὴν καὶ γενναίαν, ἣν οὐδὲ Πλάτων οἶμαι διαγράφειν πειρᾶται· ἐγὼ δὲ φιλοσοφίαν τιμῶ τε καὶ τῶν ὅσα ἀνθρώπινα ἀγαθὰ προτιμῶ. τί οὖν ταύτῃ παρ᾽ ἡμῶν πλέον ταῖς πόλεσιν, εἰ μὴ καὶ βίοι τινὲς ὑποβληθεῖεν ἀρχόντες ταῖς προαιρέσεσι; δεῖ μὲν γὰρ ὕλης ἐπιτηδείας, δεῖ δὲ ὀργάνων τὸ χρῆσθαι δυναμένῳ· τὸ δὲ ταῦτα παρασκευάζον ἡ τύχη. εἰ μὲν οὖν ἐκείνως μόνον, τοῦτ᾽ ἐστὶ διὰ τῆς ῥητορικῆς οἴει σοι παρέσεσθαι τὴν τύχην, ὥστε ἄρξῃ ποτὲ παρασχεῖν ἢ ὑπάρξαι τὴν μεγίστην ἀρχήν, τί κατέγνωκας ἀτυχίαν φιλοσοφίας; εἰ δ᾽ ἐπίσης ἀμφοῖν ἐνδέχεται καὶ παραγενέσθαι καὶ ἀπεῖναι, τί μὴ τέως αἱρῇ τῶν φαινομένων τὸ ἄριστον; αὐτὸ μὲν γὰρ καθ᾽ αὑτὸ φιλοσοφίαν καὶ σὺ φῂς εἶναι καλλίω ῥητορικῆς· τὸ δὲ δεῖν ὄνασθαί σου τὴν πόλιν ἀναγκαιότερόν σοι τὸ χεῖρον d

---

tor, etiam fortuna ipsa resideat et fortassis eum agnitura sit. Si quid igitur in te potestatis est, adiumento sis ei ad id omne quod volueris. Te enim dignum est et posse plurimum, et qui istud desiderent, meliori fortunæ commendare. Quod si ei amicis tuis opus est, tute illis ipsum offeres.

CIII. Eidem.

Non per amicitiæ tuæ meæque præsidem, non ego, o Pylæmenes, tuam in patriam caritatem sum cavillatus. Non ita sum inops urbis ac lare destitutus. Sed tu male epistolæ sensum interpretatus es, meque de quibus minime oportebat accusasti. Nam quod Heracleam amas et quoquo modo bene de ea civitate mereri studes, laudo equidem. At id ego verbis meis significabam, esse forensi huic occupationi philosophiam anteponendam. Tu vero mihi in animum induxisse videris, plus te causarum ex actione patriæ quam ex philosophiæ studio utilitatis allaturum. Quinam istud? Quoniam tibi, quod sententiam non mutasses, tuum in patriam amorem causam esse dixisti. Hoc igitur, non patriæ caritatem irrisi, quod operæ pretium futurum tibi ad egregium illum amorem patriæ censes, si assidue in causis voluteris. Nam si philosophiam idoneam esse dicam ad civitates erigendas, ipsa me Cyrene arguet, quæ magis quam ulla Ponti civitas iacet. Verum hoc ego (242) dixerim, philosophiam non modo oratoria sed et alia omni arte scientiave, utpote quæ præsit omnibus, utiliorem eum qui possideat et privatis et familiis et civitatibus præstare. Non tamen per sese sufficiens est, ut boni aliquid afferre possit hominibus. Sic enim se res habet, optime Pylæmenes. Præstantissimæ quæque disciplinæ facultates quædam sunt et animi comparationes, ac tanquam utendi sola vis et habilitas. Temporum autem ac fortunæ vicissitudines susque deque res civitatum impellunt, et modo ita sese modo aliter habent, pro naturæ quam sortitæ sunt necessitate. Tu igitur patriæ quidem amans es, ego vero non minus hoc idem ipse sum. Tu oratoriam profiteris, ego te in ea occupari non sino, sed in præclara illa et egregia disciplina, quam nec ipse, ut opinor, Plato reicere conatus est. Ego philosophiam colo, cæterisque quæ in vita sunt humana bonis antepono. Quid igitur tandem hac ratione boni procurare civitatibus possumus, nisi vitæ quædam genera subiciantur, quæ ad voluntatem ac propositum exsequendum sufficiant? Materia quippe idonea opus est; opus itidem instrumentis ei, qui uti possit, atque hæc omnia comparare fortunæ proprium est. Iam si illo duntaxat modo, hoc est unico rhetoricæ præsidio fortunam tibi adfuturam confidis, ut aut aliquando præfecturam aliquam capere aut summum aliquem magistratum assequi eius beneficio possis : quid philosophiam infelicitatis accusas? Sin ex æquo ab utraque abesse aut adesse ista contingat, quid tu hactenus non ex apparentibus et in-

ποιεῖ. ὡς δὴ νῦν μὲν ἔξεστιν ἐλπίζειν τὰ ἀμείνω, φι-
λοσοφήσαντι δὲ οἱ θεοὶ πάντες ἐχθροί, καὶ τὴν τύχην
ἐξοχετεύουσιν, ὡς μηδ' ἐν ταῖς ἐλπίσιν ἀπολελεῖφθαι
ἐγὼ δ' οὔπω καὶ τήμερον τοῦτον ἀκηκοὼς οἶδα τὸν
λόγον, ὅτι τῇ σεμνῇ φιλοσοφίᾳ θεῖός ἐστι κλῆρος
ἀτυχεῖν ἀλλὰ μόλις μὲν ἂν ἐν τῇ θνητῇ φύσει συν-
έλθοιεν ἰσχύς τε καὶ φρόνησις, ἔστι μὲν ὅτε συνή-
γαγεν αὐτὰς ὁ θεός ἔξεστιν οὖν ἐκ τοῦ λόγου, (245) a
μᾶλλον δὲ πᾶσα ἀνάγκη, τὸν αὐτὸν εἶναι καὶ φιλόσο-
φον καὶ φιλόπολιν, καὶ μηδ' ἀπογινώσκειν τῆς τύχης
ἀλλὰ καὶ προσδοκᾶν τὰ ἀμείνω διὰ τὴν οἰκείαν ἀξίαν.
οὐχ ἥκιστα γὰρ μόνῳ πλεονεκτοῦσιν, ὡς παλαιὸς
λόγος, οἱ χρηστοὶ τῶν πονηρῶν, ταῖς ἀγαθαῖς ἐλπίσι
πῶς οὖν ἔλαττον ἔχειν αὐτοὺς συγχωρήσομεν; ἀνάγκη
δ', εἰ πρὸς τὸν παρὰ σοῦ λόγον ἐνδοίημεν, ὃς εἰς τοῦτό
σε προήγαγεν ἁμαρτίας, τὸ φάναι τῆς πόλεως ἕνεκα
δεῖν μένειν ἐπὶ τῆς τέχνης. ἀνάσχου γάρ μου μετα-
τιθέντος εἰς κατηγορίαν τὴν περὶ τοῦ σκώμματος ἀπο- b
λογίαν, ὃ δὴ μὴ ὂν ἔδοξεν σοι πρότερον οὐ γάρ,
οἶμαι, νῦν ἔτι δοκεῖ. ἐπεί τοι κινδυνεύω καὶ διαβε-
βλῆσθαι πρὸς τὴν ἱερὰν Κυρήνην ὑπὸ σοῦ, καὶ ταῦτα
τῆς φιλτάτης μοι κεφαλῆς. εἰ γὰρ δὴ πεισθεῖεν αἱ πό-
λεις ὅτι ῥητορικὴ μόνη δύναται μεταθεῖναι τὰς παρού-
σας αὐταῖς συμφοράς, καὶ μόνον ἐστὶ τοῦτο γέρας τῶν
βοηθούντων τοῖς ἔχουσι περὶ συμβολαίων τὰς δίκας,
χαλεπανοῦσιν ἡμῖν τοῖς ἄλλο τι θεραπεύουσιν ἀντὶ
τοῦ βήματος. εἷς οὖν ἐμοὶ πρὸς σέ τε καὶ τὰς πόλεις
ἁπάσας ὑπὲρ φιλοσοφίας λόγος, ὅτι παρούσης μὲν c
τύχης καὶ καλεσάντων αὐτὴν ἐπὶ τὰ πράγματα τῶν
καιρῶν, οὐδεμιᾶς ἐστι τέχνης ἀλλ' οὐδ' ἅμα πασῶν
ἐρίσαι φιλοσοφίᾳ περὶ τοῦ τὴν συν-ονωτέραν ἁρμόσαι
καὶ μετατάξαι καὶ βελτίω τοῖς ἀνθρώποις ποιῆσαι τὰ
πράγματα τῆς εἱμαρμένης δὲ οὔπω ταύτῃ ῥυείσης,
νοῦν ἔχει πολὺν οἰκειοπραγεῖν ἀλλὰ μὴ παραδιοικεῖν,
μηδ' ἀσχημονεῖν ἀξιοῦντας ὠστίζεσθαι παρὰ τὸ τοῦ
δεῖνος ἀρχεῖον οἷς μὴ πᾶσα ἀνάγκη Ἀνάγκᾳ δὲ
οὐδὲ θεοί φασι μάχονται ἡμῖν δ' ἐστιν ἄλλα
σεμνότερα καὶ ὅταν ὁ νοῦς ἀνενέργητος ᾖ περὶ τὰ d
ἐνθάδε, περὶ τὸν θεὸν ἐνεργεῖ δύο γὰρ αὗται μερίδες
φιλοσοφίας, θεωρία καὶ πρᾶξις· καὶ δῆτα δύο δυνάμεις
ἑκατέρα παρ' ἑκατέραν μερίδα, σοφία καὶ φρόνησις
αὕτη μὲν δεομένη τύχης, σοφία δὲ αὐτάρκης, καὶ
ἀκώλυτος ἡ κατ' ἐκείνην ἐνέργεια

ρ' Τῷ ἀδελφῷ

Τοὺς αὐτοὺς ἂν ἴδοις ἐν μὲν εἰρήνῃ θρασεῖς, ἐν δὲ
πολέμῳ δειλούς, τοῦτ' ἔστιν ἅπανταχοῦ πονηρούς, (214) a
ὥστε μοι δοκεῖ ταύτῃ τις δικαίως εἰδέναι τῷ πολέμῳ
χάριν, ὅτι βάσανός ἐστι τοῦ περὶ τὴν καρδίαν αἵματος
ἀκριβής, καὶ συχνοὺς ἀλαζόνας παραλαβὼν μετριωτέ-
ρους ἡμῖν ἀποδίδωσιν. οὐ γὰρ οἶμαι τὸ ἀπὸ τοῦδε
σοβήσειν διὰ τῆς ἀγορᾶς Ἰωάννην τὸν ἀλιτήριον, οὐδὲ
πὺξ ἐντενεῖν οὐδὲ λὰξ ἐναλεῖσθαι τῶν ἐπιεικεστέρων
τινί. ῥθές τοι πάνυ λαμπρῶς συνηγόρει τῇ παροι-

certis quod præstantissimum sit eligis ? Nam ipsam per
sese philosophiam rhetoricæ antecellere tute ipse fateris,
quod vero prodesse patriæ debeas, id tibi quod deterius
est magis necessarium red ht Quasi nunc quidem me-
liora sperare liceat simul vero philosophari coeperis,
du tibi omnes inimici sint, fortunamque omnem alio
derivent, ut ne in spe quidem relinquatur Ego vero
nondum in hanc usque diem audire memini, hanc esse
a sanctæ philosophiæ sortem divinitus attributam, ut infe-
lix esset Verumtamen ægre quidem in communi mor-
talium natura vis et prudentia simul convenerint, non-
nunquam tamen ambas deus coniunxerit Quamobrem
licebit ex mea oratione, vel necesse erit (243) potius
eumdem et philosophum esse et amantem patriæ nec
fortunam desperare, sed pro suis etiam mentis sperare
meliora Etenim hoc uno præsertim, ut veteri prover-
bio dicitur, probi malos superant, bona spe Quomodo
igitur inferiori illos esse conditione fatebimur ? Necessa-
rium autem id erit, si quid opinioni tuæ tribuimus,
quæ te eo erroris adduxit, ut diceres tibi reipublicæ
causa in tua arte esse perseverandum Patere enim me
in accusationem convertere illius cavilli purgationem,
qui cum nullus esset omnino, tibi esse visus est aliquis
Neque enim amplius, opinor, videbitur Alioqui peri
culum est, ne apud sacram Cyrenen tu me præsertim
amicissimum caput in crimen adducas Nam si hoc
civitatibus persuasum erit solam oratoriam artem præ-
sentia incommoda mutare posse, idque unicum eorum
esse decus, qui iis opitulentur, qui de contractibus lites
habeant, nobis illæ succensebunt, quod alus o mnibus
c quam tribunali sumus addicti Una igitur mihi ad te et
civitates omnes pro philosophia responsio est l'ortuna
cum adfuerit, et illam ad negotia capessenda temporum
ratio revocaverit, nullam artem, ac ne omnes quidem
simul, de ordinando citius aut immutando reipublicæ
statu aut omnino in melius constituendis hominum rebus
cum philosophia posse contendere Sed cum nondum
eo fatalis necessitas pervenerit, sapientis est suarum
rerum satagere, non perperam actui rerum immiscere
se, nec præter decorum ad huius prætorium perrumpere,
nisi extrema necessitas impulerit Necessitati vero ne
d dii quidem, ut aiunt, repugnant Nobis autem alia
sanctiora sunt, et cum a rebus inferioribus vacat animus,
circa deum occupatur Duæ quippe sunt hæ philoso-
phiæ partes, contemplatio et actio ac totidem idcirco
facultates singulæ singulis attributæ partium, sapientia
et prudentia, hæc fortunæ indigens, illa sibi sufficiens,
cuius nec impediri functio potest

CIV Fratri

Homines eosdem videas tempore pacis audaces militiæ
a ignavos, hoc est ubique improbos (244) Unde huius
rei causa habenda bello gratia merito mihi videtur,
quod qualis circa cor cuique sanguis sit, optima sit
probandi ratio, compluresque, quos arrogantes accepimus,
moderatiores nobis efficiat Non enim deinceps, opinor,
superbe volitabit in foro dirus ille Ioannes, nec pugno
impetet nec calcibus in quemquam modestiorem insiliet,
Heri q idem manifeste proverbium illud approbavit, vel

μία, μᾶλλον δὲ τῷ χρησμῷ· χρησμὸς γὰρ ἀντικρυς.
τοῦτό γε πάντως οἶσθα τὸ οὐδεὶς κομήτης ὅστις
οὐ ψηνίζεται. ἡμέρας μὲν γάρ τινας ἑξῆς οἱ πολέ-
μιοι προσηγγέλλοντο, κἀμοί τε ἀπαντητέον ἐδόκει, καὶ
Βαλαγρίτας συντεταγμένους ἐξῆγεν ὁ φύλαρχος. εἶτα
φθάσαντες εἰς τὴν πεδινὴν περιεμένομεν. οὐδαμοῦ δὲ
φαινομένων περὶ βουλυτὸν ἀπεχωροῦμεν ἕκαστος οἴ-
καδε, συνθέμενοι πάλιν ἥξειν εἰς τὴν ὑστεραίαν· ὁ δὲ
Φρὺξ Ἰωάννης τέως μὲν ἦν οὐδαμοῦ (οὔκουν ὥστε καὶ
φανερὸς εἶναι), φήμας δὲ ὑπέπεμπε νῦν μὲν ὡς κα-
τεαγὼς εἴη καὶ διαπρίεται τὸ σκέλος, νῦν δὲ ὡς τὸ
ἄσθμα νοσεῖ, νῦν δὲ ὡς ἄλλο τι κακὸν ἐξαίσιον ἔχει.
τοιοῦτοί τινες ἐφοίτων λογοποιοί, ἄλλος ἄλλοθεν ἥκειν
φάμενοι, τοῦ μηδὲ σαφὲς εἶναι ποῖ γῆς καταδέδυκεν
ἢ κρύπτεται. μεταξὺ δὲ διηγούμενοι πρὸς τὴν
ἀκαιρίαν τῆς συμφορᾶς ἐσχετλίαζον ὑπεδάκρυον. νῦν
ἔδει τοῦ γενναίου λήματος, νῦν τῶν ἐκείνου χειρῶν.
τί ἂν ἐποίησε; τί ἂν ἐγένετο; καὶ ἐπὶ πᾶσιν ὦ τοῦ
δαίμονος εἰπὼν ἕκαστος καὶ τὼ χεῖρε πατάξας ἀπηλ-
λάττετο. ἦσαν δὲ οὗτοι τῶν ἐπ' οὐδενὶ χρηστῷ πάλαι
παρατρεφομένων αὐτῷ, κομῆται καὶ οὗτοι καὶ οὐδὲν
ὑγιές,

ἀρνῶν ἠδ' ἐρίφων ἐπιδήμιοι ἁρπακτῆρες

καὶ νὴ τοὺς θεοὺς ἔστιν ὅπη καὶ γυναικῶν. τοιούτους
λογίτας ἐκ πολλοῦ παρεσκεύασται. μεθ' ὧν εἶναι μὲν
ἀνὴρ οὐδ' αὐτὸ ἐπιχειρεῖ, χαλεπὸν γάρ· σοφώτερος δ' ἐστί,
καὶ ὡς ἂν δείξειεν ἀνὴρ εἶναι παρὰ τοὺς ὄντας ἄν-
δρας, ἄριστα σκέπτεται. ἀλλά μοι δοκεῖ καλῶς αὐτῷ
τὸ δαιμόνιον ἀντιπολιτεύσασθαι· πέμπτην μὲν γὰρ
ἤδη μάτην ἐν τοῖς ὅπλοις προεληλύθειμεν, ἔτι τὰ με-
τεωρότερα κακουργούντων τῶν πολεμίων, ὃ δὲ καὶ
παντάπασιν ἀπόγνους ἥξειν αὐτούς, ὡς οὐκ ἂν τὸ βάθος
τῆς χώρας θαρρήσαντας, παρῆν (245) καὶ πάντα εὐθὺς
ἀκοσμίας ἐμπίπλησι. καὶ ἀσθενείας μὲν οὐκ ἐμέ-
μνητο (κατεγέλα γέ το· καὶ ἀνασχομένων ἀκούσαι)
αὐτὸς δὲ ἥκειν ἔφη πόρρωθεν, οὐκ ἐσθ' ὁπόθεν· ἐκεῖσε
γὰρ εἰς συμμαχίαν παρακεκλῆσθαι. παρ' ὃ καὶ σε-
σῶσθαι τοὺς ἐπικαλεσαμένους ἀγρούς· οὐδὲ γὰρ ἐμβε-
βληκέναι τοὺς πολεμίους, πρὸς τὴν φήμην τῆς Ἰωάννου
παρουσίας καταπλαγέντας. ἀσφαλῶς δὲ τάκει κατα-
στησάμενος, πρὸς τὸ πονοῦν ἔφη δεδραμηκέναι· προσ-
δέχεσθαι γὰρ ὅσον οὔπω τοὺς ἄνδρας, ἢν λάθῃ παρὼν
καὶ μὴ διαδοθῇ τοὔνομα. εὐθὺς οὖν ἅπαντα ἀκοσμίας
ἐμπίπλησι παραστρατηγεῖν ἀξιῶν, καὶ ἐν βραχεῖ
τέχνην τοῦ νικᾶν παραδώσειν ὑπισχνούμενος, βοῶν
ἐπὶ μέτωπον ἐπὶ φάλαγγα, καὶ κατὰ τὸ κέρας πολὺ
τὸ πλαίσιον, ποιῶν ὀνόματα τάξεων ὧν ἠγνόει τὴν
χρείαν. καί τισιν ἀπὸ τούτου ἔδοξέ τις εἶναι, καὶ τήν
γε φύσιν ἐμακάριζον, καὶ ἐμαθητίων πολλοί. ἤδη δὲ
δείλη τε ἦν ὀψία, καὶ καιρὸς ἐφόδου, καὶ δὴ πρόσω
τῆς ὀρεινῆς καταβαίνοντες ἐγενόμεθα. κἀνταῦθα νεα-
νίαι τέτταρες, ἐσταλμένοι χωριτικῶς καὶ κεκραγότες
ὅσον ἐχώρουν αἱ κεφαλαί, δρόμῳ πρὸς ἡμᾶς ἔθεον,

---

oraculum potius; oraculum enim · est profecto, quod
omnino tu nosse debes : nullus capillum quin cinædus
sit fovet. Aliquos enim dies continuo hostium excursio
nuntiabatur, ac mihi placebat occurri, et Balagritas in-
structos tribunus eduxerat. Post hæc in apertum cam-
pum prodeuntes opperiebamur. Sed cum nusquam
comparerent, ad vesperam domum quisque rediimus,
cum ita convenisset ut pos'ridie iterum adessemus.
Interea Phryx Ioannes nusquam erat, ut se in conspe-
ctum daret hominum, sed rumores spargebat interdum
fregisse crus atque ideo præcidi, interdum suspiriosum
se esse, alias grande aliquod sibi malum accidisse.
Eiusmodi quidam famigeratores volitabant, alius aliunde
venire se nuntiantes, ut ne certo constaret quonam ter-
rarum subiisset, atque ubi lateret Ioannes. Inter nar-
randum importunitatem calamitatis huius lacrimabundi
querebantur. Nunc audaci illo pectore opus foret nunc
illius manibus. Quid fecisset? cuiusmodi fuisset? Ac
demum, o infelix fatum! cum singuli dixissent manus-
que complossissent, abibant e medio, et erant illi ex
eorum numero qui nulli bono apud eum alebantur, ca-
pillati et ipsi frugisque nullius,

quique agnos hædosque palam raptare solebant,

ac per deos nonnumquam etiam mulieres. Eiusmodi
manipulos iamdudum comparavit; quibuscum virum se
præbere ne conatur quidem : difficile est enim. Calli-
dus autem est, et quemadmodum præ cæteris, qui tales
re ipsa sunt, virili esse animo putetur optime consuluit.
Sed mihi fortuna præclare illius consiliis obstitisse vide-
tur. Quintum enim iam diem cum armis progressi fue-
ramus, cum adhuc hostes extremos provinciæ fines po-
pularentur, tum is de illorum adventu desperans penitus,
quod nequaquam in interiora penetrare ausuri essent,
advolat (245) et omnia subito perturbatione complet.
Tum autem ægritudinis mentio nulla, quin eos irride-
bat qui id audire sustinuissent; se vero e longinqua
regione nescio qua revertere aiebat. Illuc quippe auxilii
ferendi gratia excitum se esse, et hac una re eorum
qui vocaverant agros esse servatos; neque enim irru-
pisse hostes, sola adventus Ioannis fama perculsos.
Rebus igitur ibi constitutis, statim ad cam provinciæ
partem quæ laborasset accurrisse dicebat : propediem
enim exspectare se venturos, si eius præsentia celaretur
nec nomen efferretur. Repente igitur perturbatur cœpit
omnia, cum se perperam officio ducis immisceret, ac
brevi vincendi artem traditurum pollicetur, hæc identi-
dem succlamans, in frontem in phalangem, et ad cornu
sæpius et quadratum oblongum ingeminans, ordinumque
appellans nomina, quorum ignorabat usum. Sane qui-
busdam ob id aliquis esse visus est, qui eius prædica-
bant indolem, ac discipuli esse cupiebant. Et iam ad-
vesperascebat, tempusque irruptionis appetebat : itaque
brevi montibus digressi longe processimus. Hic adole-

ὡς μηδενὶ μάντεως δεῖν ὅτι πολεμίους πεφόβηνται καὶ
σπεύδουσιν εἴσω τῶν ὅπλων γενέσθαι πρὶν δὲ καὶ
καλῶς αὐτῶν ἐκείνων ἀκοῦσαι, λεγόντων ὅτι καὶ δὴ
πάρεισιν, ὁρῶμεν ἐφ' ἵππων ἀνδράρια πονηρὰ καὶ ὡς
ἐμοὶ δοκεῖν ὑπὸ λιμοῦ στρατηγούμενα, προχειρότατα
δ' οὖν ὑπὲρ τῶν ἡμετέρων ἀγαθῶν ἀποθνήσκειν ἐθέ-
λοντα. ἐπειδὴ δ' εἶδον καὶ ὥρμησαν, πρὶν εἴσω
βέλους ἐλθεῖν, οἱ μὲν ἀποβάντες ὥσπερ εἰώθεσαν τῶν
ἵππων, ὡς εἰς μάχην διεσκευάζοντο, καί μοι καλῶς
ἔχειν ἐδόκει μιμεῖσθαι τοὺς ἄνδρας, καὶ γὰρ ἄφιππα
ἦν ὁ δὲ γεννάδας· οὐκ ἔφη παρανομήσειν εἰς τὴν ἱππι-
κήν, ἀλλὰ τὸν ἀγῶνα τῶν ἵππων ποιήσειν. τί οὖν,
παρενεγκὼν βίᾳ τὸ ψάλιον καὶ μεταστραφεὶς ἔφευγεν
ἀνὰ κράτος ἐξελαύνων, ἐξαιμωτῶν τὸν ἵππον, ἅπασαν
ἡνίαν ἀφιείς, κέντρῳ παντὶ χρώμενος, καὶ ἡ μάστιξ
πυκνὴ καὶ ἡ βοὴ τὸ κελευστικὸν ᾔει. ἐν τούτῳ δὲ οὐκ
ἔστι ῥᾴδιον εἰπεῖν ὅντινά τις ἂν μᾶλλον (216) ἐπήνεσε,
πότερον τὸν ἵππον ἢ τὸν ἱππέα ὁ μὲν γὰρ ὁμοίως κατὰ
πρανῶν ὁμοίως κατ' ὀρθίων ἐφέρετο, καὶ διὰ τῶν δα-
σέων καὶ διὰ τῶν ψιλῶν ῥύμῃ μιᾷ διεπήδα τάφρους,
ὑπὲρ τοὺς ὄχθους ᾔρετο ὁ δὲ δι'ὰ πάντων τῶν χωρίων
ἔποχος ἦν, καὶ ἐν οὐδενὶ τῆς καθέδρας ὤλισθε·
δοκεῖ γάρ μοι καὶ τοῖς πολεμίοις καλὴ θέα γενέσθαι,
καὶ ὡς πολλὰ ἂν εὔξαιντο τοιαῦτα θεάσασθαι οὐ μὴν
τό γ' ἐφ' ἡμῖν εἶδον, ἀλλ' ἀθυμότεροι μὲν ὡς τὸ εἰκὸς
ἐγενόμεθα, ψευσθέντες παρὰ πολὺ τῶν εἰς τὸν κομή-
την ἐλπίδων ἐταξάμεθα δ' οὖν, ὡς εἴ τις ἐπὶοι δεξό-
μενοι, αὐτοὶ δὲ μάχης ἄρχειν οὐ διενοούμεθα καὶ
γὰρ ὅστις αὐτὸς εὔψυχος ἦν, ἠπίστει τῷ πέλας, πρὸς
παράδειγμα τὸ γεγονὸς ὁρῶν ἔνθα οὐδὲν ἦν αἴσχιον
κόμης ὅτῳ γὰρ ἦν, οὗτος ἐπιδοξότατος πρὸς τὸ προ-
δώσειν ἡμᾶς οὐ μὴν ἀλλὰ καὶ τοῖς πολεμίοις ταὐτὸν
ἴσως τοῦτο παρέστη παρ' ἡμῖν γὰρ ταξάμενοι περιέμενοι
ἡμᾶς, ὡς ἢν ἐμβάλωμεν ἀμυνούμενοι. ἐπεὶ δὲ παρ'
οὐδετέρων ἐπεχειρεῖτο, πρῶτον μὲν αὐτοὶ τὴν ἐπὶ τὰ
λαιὰ φέρουσαν καὶ μετ' ἐκείνους ἡμεῖς τὴν ἐπὶ θάτερα
ἐτραπόμεθα, οὐδέτεροι θᾶττον ἢ βάδην ἀλλὰ σχολαίῳ
βαδίσματι, τοῦ μὴ δοκεῖν εἶναι φυγὴν τὴν ἀναχώρη-
σιν· εἶτα μέντοι χαίρειν ἐν τούτοις ὄντες, ἐπυνθανό-
μεθα ποῖ γῆς Ἰωάννης ὁ δ' ἐνὶ πνεύματι καταλαβὼν
ἄρτι τὴν Βομβαίαν, δίκην ἀρουραίου μυὸς ἐνεδεδύκει
τῇ πέτρᾳ ὄρος ἐστὶν ἡ Βομβαία κοῖλον, ὃ συνελθοῦ-
σαι τέχνη καὶ φύσις εἰργάσαντο φρούριον ἐρυμνότατον.
τοῦτο καὶ πάλαι μὲν εὐδοκίμει δικαίως, καί τινες
αὐτὸ παρὰ τὰς Αἰγυπτίας ἐξήταζον σύριγγας, νυνὶ δὲ
κέκριται τὰ πανταχοῦ τείχη νικᾶν οἷς ὁ παρὰ πάντας
ἑαυτοῦ προμηθέστατος, ἵνα μὴ λίαν ἀγροίκως εἴπω
δειλότατος, αὐτὸ τὸ τοῦ πράγματος ὄνομα, τούτῳ πα-
ρακάθηται καὶ πρὸς σωτηρίαν προυτίμησε καὶ γὰρ
εἰσελθόντι λαβυρινθῶδές ἐστι καὶ δυσδιεξίτητον, ὡς
μόνον ἂν χωρῆσαι τοὺς Ἰωάννου δρασμούς.

ρε΄ Τῷ αὐτῷ

Ἀνόητος ἂν εἴην, εἰ μὴ πολλὴν χάριν εἰδείην Πτο-

scentes quatuor rustico habitu, vociferantes quantum
capita ferebant, cursu ad nos contendebant, ut nemini
vate opus esset ad divinandum hostes ab iis metui,
festinatioque eos ad arma nostra receptum habere velle
Ac priusquam penitus illos adesse hostem nuntiantes
exaudiremus, miseros homunciones in equis conspici
inus, qui nihil famis ductu regi videbantur, et ad mor-
tem pro invadendis bonis nostris obeundam esse para-
tissimi Qui cum nos conspexissent conspectique essent,
antequam intra teli iactum veniretur, illi, ut solebant,
equis delapsi se ad certamen accingebant, mihique ho-
mines imitari factu optimum esse videbatur nam regio
ipsa equitatui opportuna non erat Verum generosus ille
nequaquam se in equilum iura peccaturum esse dixit,
sed equestre certamen initurum Quid tum igitur ? fre-
nis violenter detortis, aversus ipse quanto poterat im-
petu fugiebat, equum cruore spargens, effusis habenis
omnibus, stimulisque omnibus admotis tum crebra
verbera, et vox ad incitandum acrius insonabat In
quo difficile est dictu (216) utrum potius laudasset quis-
piam, equumne an equitem Nam ille per declivia
perinde ac per acclivia perque consita non minus quam
nuda ferebatur, uno fossas impetu transmittebat, supra
tumulos attollebatur hic ubique insidebat equo, nec
usquam de sessione prolapsus est Mihi enim et hosti-
bus iucundum hoc spectaculum accidisse videtur cu-
iusmodi intueri quam plurima cupiant, quæ tamen,
quantum in nobis fuit, minime viderunt Sed animo,
ut par erat, contractiores fuimus, plurimum spe falsi,
quam in cincinnato isto habuimus Itaque aciem in-
struximus, tanquam hostem, si prior aggrederetur,
excepturi, ipsi autem prælium invadere minime statui-
mus Etenim qui strenuus ipse ac fortis esset, socio
tamen diffidebat, cum ad recens exemplum respiceret
Tum nihil vero coma turpius videbatur, quam ut habe-
bat quisque, ita primus nos maxime proditurus existima-
batur Verum nescio an idem quoque hostibus in animo
erat nam et instructi opperiebantur nos, velut repul-
suri si eos aggrederemur Posteaquam vero neutra ex
parte tentatum prælium est, primum illi ad lævam, inde
nos alteram ad partem aciem convertimus, neutri acce
lerato gradu, sed lentiore progressu, ne receptus iste
fuga videretur Postea tamen, quamvis in hisce rebus
versaremur, sciscitati sumus ubinam terrarum esset
Ioannes At ille uno spiritu Bombæam usque perve-
niens, agrestis muris instar sese in rupem abdiderat
Est Bombæa mons concavus, quem ars et natura con-
sentientes munitissimum castellum reddiderunt Hoc
etiam olim merito celeberrimum erat, nonnullique cum
Ægypti cuniculis comparabant Sed nunc muros omnes
ac propugnacula omnium iudicio superat, quandoquidem
ille præ cæteris sui providentissimus, ne nimium inepte
dixerim formidolosissimus, quæ propria rei appellatio
est, in eo delitescit et hoc ad salutem suam cæteris
prætulit Est enim ingredienti statim in flexus et am-
bages sinuatus et explicatu difficilis, ut solus Ioannis
fugam capere possit

CV Eidem

Ineptus profecto forem, si non Ptolemæis ingentes

λεμαίοις ὅτι με τοσούτων ἀξιοῦσιν (247) ὅσων οὐδ' ἀν a
αὐτὸς ἐμαυτόν. ἀλλ' οὐκ εἰ μεγάλα χαρίζονται, τοῦτο
προσήκει σκοπεῖν, ἀλλ' εἰ λαβεῖν ἐμοὶ δυνατά· τὸ
γὰρ ἄνθρωπον ὄντα μικροῦ θείας καρποῦσθαι τιμάς,
δικαίῳ μὲν ὄντι τυγχάνειν, ἥδιστον εἰς ἀπόλαυσιν ἔρ-
χεται· λειπομένῳ δὲ παρὰ πολὺ τῆς ἀξίας, ἐλπίδα
πικρὰν ὑποτείνει τοῦ μέλλοντος. οὐ γὰρ νεώτερόν ἐστι
τὸ δέος ἀλλὰ λίαν ἀρχαῖον τὸ μή τι παρὰ θεὸν
ἀμπλακὼν τιμᾶν πρὸς ἀνθρώπων ἐφεύρω.
ἐγὼ δὲ καταμανθάνων ἐμαυτὸν εὑρίσκω πανταπασιν
ἐνδεέστερον ἢ ὡς ἁρμόσαι τῇ τῆς ἱερωσύνης σεμνότητι. b
καὶ δῆτα διαλέξομαι πρὸς σὲ περὶ τῶν τῆς ἐμαυτοῦ
ψυχῆς κινημάτων· οὐ γὰρ ἔχω πρὸς ὄντινα ἄλλον ἀντὶ
τῆς σῆς φίλης καὶ συντρόφου μοι κεφαλῆς. σὲ γὰρ
εἰκὸς καὶ μετέχειν μοι τῶν ἴσων φροντίδων, καὶ νύκτωρ
ἀγρυπνεῖν καὶ μεθ' ἡμέραν σκοπεῖν ὅπως ἂν ἀγαθόν τι
μοι γένοιτο καὶ ὅπως ἂν κακόν τι διαφύγοιμι. ἄκουε
τοίνυν ὡς ἔχει τἀμά, τὰ πλείω δ' ἂν αὐτῶν καὶ εἰδείης.
μικρὸν ἀράμενος φορτίον καλῶς ἐνεγκεῖν μοι δοκῶ τὸ
μέχρι τοῦδε φιλοσοφίαν· διὰ δὲ τὸ δόξαι μὴ πανταπα- c
σιν ἁμαρτάνειν αὐτῆς, ἐπαινεθεὶς ὑπ' ἐνίων, ἀξιοῦμαι
μειζόνων παρὰ τῶν οὐκ εἰδότων κρῖναι ψυχῆς ἐπιτη-
δειότητα. φοβοῦμαι δὲ μὴ χαῦνος γενόμενος καὶ
προσέμενος τὴν τιμὴν ἀμφοῖν διαμάρτω, τοῦ μὲν
ὑπεριδὼν τοῦ δὲ τῆς ἀξίας οὐκ ἐφικόμενος. σκόπει
γὰρ οὕτω. δύο τούτοις ἑκάστοτε μερίζω τὸν χρόνον,
παιδιᾷ καὶ σπουδῇ. καὶ σπουδάζων ἴδιός εἰμι, μά-
λιστά γε τὰ θεῖα, καὶ παίζων κοινότατος· οἶσθα γὰρ d
ὡς ὅταν ἀνακύψω τῶν βιβλίων, ἐπιρρεπὴς εἰμι πρὸς
ἅπασαν παιδιάν. πολιτικῆς δὲ φροντίδος ἀμοιρῶ καὶ
φύσει καὶ μελέτῃ. τὸν ἱερέα δὲ ἄνδρα δεῖ θεσπέσιον
εἶναι, ὅ γε πρὸς μὲν παιδιὰν ἅπασαν ἴσα καὶ θεὸν
ἀμείλικτον εἶναι χρή, ὅς ἵνα τηρῇ τὴν ὑπόθεσιν, ὑπὸ
μυρίων ὀμμάτων φρουρεῖται, ὧν οὐδὲν ἢ μικρὸν ὄφελος·
εἰ μή τις εἴη κατεσκευασμένος σύννους τε καὶ πρὸς
ἅπασαν γλυκυθυμίαν ἀνένδοτος. τὰ δέ γε πρὸς τὸν
θεὸν οὐκ (248) ἂν ἴδιος ἀλλὰ κοινότατος εἴη, νομοδιδά- a
σκαλος ὢν καὶ νενομισμένα φθεγγόμενος. χρὴ δὲ
αὐτὸν καὶ πράγματα πράττειν ὅσα πάντες ἅμα· τὰ
γὰρ ἁπάντων μόνον δεῖ πράττειν ἢ πάσκις αἰτίαις ἐνέ-
χεσθαι. πῶς οὖν οὐκ εὐμεγέθους ψυχῆς καὶ κρα-
τίστης ἐνέγκαι τοσοῦτον ὄγκον φροντίδων, καὶ μὴ
καταχλύσαι τὸν νοῦν μηδὲ κατασθεσθεῖσαν ἐν τῇ
ψυχῇ περιιδεῖν τὴν μοῖραν τὴν θείαν, οὕτω παντοδα-
πῶν ἐπιτηδευμάτων ἀπαγόντων αὐτόν; εὖ οἶδ' ὅτι
δυνατὸν ἐνίοις τοῦτο, καὶ μακαρίζω τὰς φύσεις αὐ- b
τῶν, κἀκείνους ἀληθῶς ἡγοῦμαι τοὺς θείους ἄνδρας,
οὓς τὸ ὁμιλεῖν πάνυ πράγμασιν ἀνθρωπίνοις μὴ ἀπο-
κόπτει τοῦ θείου. ἀλλὰ καὶ ἐμαυτὸν οἶδα εἰς ἄστυ τε
κατιόντα καὶ ἀπ' ἄστεος ἀνιόντα, καὶ ἐνειλούμενον
τοῖς πρὸς τὰ γεώδη μεθέλκουσι, καὶ κηλίδος ἐμπιπλά-
μενον οὐκ ἂν εἴποι τις ὅσης· τῷ γὰρ οἰκείως εἶναί
μοι καὶ πάλαι μολυσμοὺς καὶ τὸ τυχὸν μέρος ἐπιγι-
νόμενον εἰς προσθήκην μέγα συμβάλλεται. ῥώμη δ'

---

gratias haberem (247) quod me tantis rebus dignantur,
quantis ne ego quidem me dignum iudico. Verum non
istud demum, quam magna deferant, spectare convenit,
sed quam sint eiusmodi, a me ut accipi possint. Etenim
hominem prope divinos honores capere, si quidem dignus
sit qui assequatur, ad animi fructum accidit suavissimum;
sin multum rei dignitate sit inferior, id acerbam illi futuri
spem obicit. Neque enim recens ille mihi metus est sed
tibi animi motus exponere. Non enim apud alium quam
amicissimum tuum unaque mecum educatum caput com-
modius hoc possum facere. Nam te est æquum et ea-
rumdem mecum curarum participem esse, et cum noctu
vigilare tum interdiu cogitare quemadmodum aut boni
mihi contingat aliquid aut mali quidpiam evitare possim.
Audi igitur qui sit mearum rerum status, quarum ple-
raque iam te arbitror cognoscere. Cum exiguum onus
suscepissem, hoc mihi hactenus commode sustinuisse
videor, philosophiam nimirum. Pro eo vero quod non
penitus ab ea aberrare videor, a nonnullis laudatus, ma-
ioribus dignus ab iis existimor, qui animi facultatem ha-
bilitatemque discernere nequeant. Vereor autem ne ar-
rogantior factus et eum honorem admittens ab utroque
excidam, cum alterum quidem contempsero, alterius
vero non fuero dignitatem assecutus. Sic enim habeto.
Duobus hisce tempus identidem distinguo, ludo atque
studiis. Ac cum in studiis occupor, tum mihi uni de-
ditus sum, in divinis præsertim; in ludendo vero maxime
sum omnibus expositus. Scis enim me, cum a libris
oculos avocavi, ad omne ludorum genus esse propensum.
Civilis porro curæ ac sollicitudinis et natura et studio
sum prorsus expers. At episcopum divinum esse homi-
nem oportet, utpote qui ab omni ludo peræque ac deus
ipse alienus et inexorabilis esse debeat: qui quo vitæ suæ
proposito teneat, ab innumerabilibus oculis custoditur,
quorum aut nulla aut perexigua utilitas est, nisi ita sit
factus quispiam, ut ad mœstitiam sit compositus et ad
nullam voluptatem infringi atque emolliri possit. In iis
autem quæ ad deum pertinent, non (248) ille sibi uni
vacans sed communissimus omnium esse debet, ut qui
legum doctor sit et quæ legibus consentanea sunt loqua-
tur. Necesse vero est ipsum tam multa unum negotia
sustinere, quam multa cæteri simul omnes. Unus enim
quæ omnium sunt efficere debet, aut criminationibus
omnibus obnoxius sit oportet. Quomodo igitur non in-
gentis cuiusdam et præstantissimi erit animi tantam
curarum molem pondusque sustinere, nec iis mentem
obruere, nec in animo restinctam divinam particulam
negligere, cum ipsum tanta studiorum varietas distrase-
rit? Nec me præterit, fieri istud ab aliquibus posse, et
istiusmodi felicem indolem prædico, ac re ipsa divinos
illos esse viros censeo, quos assidua humanarum rerum
tractatio a divina consuetudine non avocet. Sed ego me
ipsum intelligo et ad urbem descendere et ab urbe ascen-
dere solere, iisque rebus implicari quæ ad terrena et in-
fima detrahant, et quantis nemo dixerit sordibus inqui-
nari. Nam ad ipsum, quod privatæ mihi et inveteratæ

οὐκ ἔστι μοι καὶ τἄνδον οὐχ ὑγιᾶ, καὶ πρὸς τὰ ἐκτὸς ἀρκεῖν οὐχ οἷός τ᾽ εἰμι, καὶ πολλοῦ δέω τὴν ἐκ τοῦ C συνειδότος φέρειν ἀνίαν. καὶ ὁσάκις ἄν μέ τις ἔρη- ται, λέγειν διαρρήδην οὐκ ἀναδύομαι ὡς τὸν ἱερέα διὰ πάντων ἀκηλίδωτον εἶναι προσήκει πολλῷ τῷ περιόντι, ὡς καὶ ἑτέρους τῶν μιασμάτων ἐκπλυνοῦντα· κἀκεῖνο δεῖ προσεῖναι τοῖς πρὸς τὸν ἀδελφὸν γράμμασι· πάντως δὲ ἀναγνώσονται συχνοὶ τὴν ἐπιστολήν· καὶ γὰρ οὐχ ἥκιστα τούτου χάριν αὐτὴν ὑπηγόρευσα, τοῦ πᾶσι καταφανὲς εἶναι τὸ πρᾶγμα, ἵν᾽ ὅ τ᾽ ἂν ἀποβῇ, καὶ d πρὸς θεοῦ καὶ πρὸς ἀνθρώπων ἀναίτιος ὦ, καὶ οὐχ ἥκιστα πρὸς τοῦ πατρὸς Θεοφίλου· τιθεὶς γὰρ ἐν μέσῳ τἀμὰ καὶ διδοὺς ἐξ ἁπάντων αὐτῷ βουλεύσασθαι περὶ ἡμῶν, πῶς ἂν ὑπαίτιος εἴην; ἐμοὶ τοιγαροῦν ὅ τε θεὸς ὅ τε νόμος ἥ τε ἱερὰ Θεοφίλου χεὶρ γυναῖκα ἐπιδέδωκε. προαγορεύω τοίνυν ἅπασι καὶ μαρτύρομαι ὡς ἔγωγε ταύτης οὔτε ἀλλοτριώσομαι καθάπαξ, οὐδ᾽ ὡς μοιχὸς αὐτῇ λάθρα συνέσομαι (τὸ μὲν γὰρ ἥκιστα εὐσεβές, τὸ (249) δὲ ἥκιστα νόμιμον), ἀλλὰ βουλή- a σομαί τε καὶ εὔξομαι συχνά μοι πάνυ καὶ χρηστὰ γε- νέσθαι παιδία· ἐν τούτῳ δεῖ τὸν κύριον τῆς χειρο- τονίας μὴ ἀγνοῆσαι, μαθέτω δὲ αὐτὸ παρὰ τῶν ἀμφὶ τὸν ἑταῖρον Παῦλον καὶ Διονύσιον, οὓς πρεσβευτὰς ᾑρῆσθαι παρὰ τοῦ δήμου πυνθάνομαι. ἐκεῖνο δὲ οὐδὲν δεῖ μαθεῖν αὐτὸν ἀλλ᾽ ὑπομνησθῆναι, διαλέξομαι δὲ πλείω περὶ αὐτοῦ· καὶ γὰρ ἂν ἅπαντα τἆλλα μικρὰ πρὸς ἕν τις ἂν τοῦτο θεῖτο. χαλεπόν ἐστιν, εἰ μὴ καὶ λίαν ἀδύνατον, εἰς ψυχὴν τὴ δι᾽ ἐπιστήμης εἰς ἀπόδειξιν ἐλθόντα δόγματα σαλευθῆναι. οἶσθα δ᾽ ὅτι b πολλὰ φιλοσοφία τοῖς θρυλουμένοις τούτοις ἀντιδια- τάττεται δόγμασιν. ἀμέλει τὴν ψυχὴν οὐκ ἀξιώσω ποτὲ σώματος ὑστερογενῆ νομίζειν. τὸν κόσμον οὐ φήσω καὶ τἆλλα μέρη διαφθείρεσθαι· τὴν καθωμι- λημένην ἀνάστασιν ἱερόν τι καὶ ἀπόρρητον ἥγημαι, καὶ πολλοῦ δέω ταῖς τοῦ πλήθους ὑπολήψεσιν ὁμολο- γῆσαι. νοῦς μὲν οὖν φιλόσοφος ἐπόπτης ὢν τἀληθοῦς συγχωρεῖ τῇ χρείᾳ τοῦ ψεύδους· ἀνάλογον γάρ ἐστι φῶς πρὸς ἀλήθειαν καὶ ὄμμα πρὸς νοῦν. ᾗ οὖν ὀφθαλμὸς εἰς κακὸν ἂν ἀπολαύσειεν ἀπλήστου φωτός, c καὶ ᾗ τοῖς ὀφθαλμιῶσι τὸ σκότος ὠφελιμώτερον, ταύτῃ καὶ τὸ ψεῦδος ὄφελος εἶναι τίθεμαι δήμῳ καὶ βλαβερὸν τὴν ἀλήθειαν τοῖς οὐκ ἰσχύουσιν ἐνατενίσαι πρὸς τὴν τῶν ὄντων ἐνάργειαν· εἰ ταῦτα καὶ οἱ τῆς καθ᾽ ἡμᾶς ἱερωσύνης συγχωροῦσιν ἐμοὶ νόμοι, δυναίμην ἂν ἱε- ρᾶσθαι τὰ μὲν οἴκοι φιλοσοφῶν τὰ δ᾽ ἔξω φιλομυθῶν εἰ μὴ διδάσκων, ἀλλ᾽ οὐδὲ μέντοι μεταδιδάσκων, μένειν δ᾽ ἐῶν ἐπὶ τῆς προλήψεως. εἰ δέ φασιν οὕτω d δεῖν καὶ κινεῖσθαι, καὶ δῆμον εἶναι τὸν ἱερέα ταῖς δό- ξαις, οὐκ ἂν φθάνοιμι φανερὸν ἐμαυτὸν ἅπασι καθι- στάς. δήμῳ γὰρ δὴ καὶ φιλοσοφίᾳ τί πρὸς ἄλληλα; τὴν μὲν ἀλήθειαν τῶν θείων ἀπόρρητον εἶναι δεῖ, τὸ δὲ πλῆθος ἑτέρας ἕξεως δεῖται. αὖθις δὲ καὶ πολλάκις ἐρῶ, μηδεμιᾶς ἀνάγκης παρούσης οὔτ᾽ ἐλέγχειν σοφὸν οὔτ᾽ ἐλέγχεσθαι. καλούμενος δ᾽ εἰς ἱερωσύνην οὐκ

labes inoleverint, quidquid vel minimum adiectum fuerit, cumulatissimam accessionem facit. Robur autem nullum mihi est, nec quæ intus sunt firma sunt satis, et ad externa sufficere nequeo, longeque absum a conscientiæ ferendis angoribus. Ac quotiens a me aliquis sciscitatur, palam sine ulla cunctatione dico, episcopum nulla omnino labe pollui debere, multum ut ei supersit, tanquam qui aliorum quoque piacula ac sordes abstergat. Quin etiam in iis, quas fratri scribo, litteris, hoc apponi insuper necesse est. Omnino enim complures hanc epistolam legent. Nam huius potissimum eam gratia dictavi, quo manifeste omnibus constaret me onus istud reformidare, ut, quidquid acciderit, et apud deum, et apud homines culpa omni caream: imprimis vero apud patrem Theo philum. Cum enim mea omnia palam in medium profe- ram, atque ex omnibus de me illi deliberandi potestatem faciam, quid est quod ego accusari merito possim? Mihi igitur et deus ipse et lex et sacra Theophili manus uxo- rem dedit. Quare hoc omnibus prædico testorque, neque me ab ea omnino velle separari, neque adulteri more cum ea clanculum consuescere. Alterum enim ne- quaquam pium est, (249) alterum illicitum. Sed hoc utique cupiam ac precabor, plurimos mihi et quam optimos esse liberos. Hoc unum ab eo ignorari non oportet, penes quem creandi potestas est. Quod de sodali Paulo ac Dionysio intellegere potest, quos quidem legatos a populo decretos audio. Illud vero docendus non est, sed in memoriam duntaxat ei revocandum, ac piura sane ea de re disputabo. Nam cætera omnia si quis cum hoc uno contulerit, parva ac contemnenda censeantur. Difficile est, vel fieri potius nullo pacto potest, ut quæ scientiæ beneficio ad demonstrationem deducta in animum pervenerint dogmata convellantur. Scis autem philoso- phiam cum plerisque ex pervulgatis istis pugnare de- cretis. Etenim nunquam profecto mihi persuasero, animum origine esse posteriorem corpore. Mundum ac cæteras eius partes una interire nunquam dixero. Tritam illam ac decantatam resurrectionem sacrum quidpiam atque arcanum arbitror, longeque absum ab vulgi com- probandis opinionibus. Animus certe quidem philosophia imbutus ac veritatis inspector mentiendi necessitati non- nihil remittit, lux enim veritati, oculo menti propor- tione quadam respondent. Et ut oculus ipse non sine damno suo immodica luce perfruatur, atque ut ophthal- micis caligo magis expedit, sic mendacium vulgo prodesse arbitror, e contrario nocere veritatem iis qui in rerum perspicuitatem intendere mentis aciem nequeunt. Hæc si mihi episcopatus nostri iura permittant, possum hanc dignitatem admittere, ita ut domi quidem philosol her, foris vero fabulas seram, ut nihil penitus docens, sic nihil etiam dedocens atque in præsumpta opinione animi permanere sinens. Sin ita etiam moveri diverint oportere et episcopum opinionibus esse populariter, ego me illico manifestum omnibus præbebo. Vulgo enim cum phi'o- sophia quid esse commune potest? Divinarum quidem rerum veritatem occultam esse convenit: vulgus alio modo affectus esse debet. Rursus hoc ego dicam ac sæ pius, si nulla cogat necessitas, neque convince e neque convinci duco esse sapientis. Sed si ad episcopale mimus

45

ἀξιῶ προσποιεῖσθαι δόγματα. ταῦτα θεόν, ταῦτα ἀνθρώπους μαρτύρομαι. οἰκεῖον ἀλήθεια θεῷ, (2υυ) ᾧ διὰ πάντων ἀναίτιος εἶναι βούλομαι. ἐν τοῦτο μόνον οὐχ ὑποκρίνομαι. ἐπεὶ καὶ φιλοπαίγμων ὢν (ὅς γε παιδόθεν αἰτίαν ἔσχον ὁπλομανεῖν τε καὶ ἱππομανεῖν πέρα τοῦ δέοντος) ἀνιάσομαι μέν (τί γὰρ καὶ πάθω τὰς φιλτάτας κύνας ἀθήρους ὁρῶν καὶ τὰ τόξα θριπήδεστα;) καρτερήσω δέ, ἂν ἐπιτάττῃ θεός, καὶ μισόφροντις ὢν ὀδυνήσομαι μὲν ἀνέξομαι δ᾽ οἰκιδίων καὶ πραγμάτων, λειτουργίαν τινὰ ταύτην, εἰ καὶ βαρεῖαν, ἐκπιμπλὰς τῷ θεῷ δόγματα δὲ οὐκ ἐπηλυγάσομαι, οὐδὲ στασιάσει μοῦ πρὸς τὴν γλῶτταν ἡ γνώμη οὕτω φρονῶν, οὕτω λέγων ἀρέσκειν οἶμαι θεῷ οὐ βούλομαι δὲ καταλελεῖφθαί τινι περὶ ἐμοῦ λόγον, ὡς ἀγνοηθεὶς ἥρπασα τὴν χειροτονίαν· ἀλλ᾽ εἴδως ὁ θεοφιλέστατος πατὴρ Θεόφιλος καὶ ὡς ἐπίσταται σαφές μοι ποιήσας, οὕτω βουλευσάσθω περὶ ἐμοῦ ἢ γὰρ κατὰ χώραν ἐάσει μένειν ἐπ᾽ ἐμαυτοῦ φιλοσοφοῦντα, ἢ τοῦ μετὰ ταῦτα κρίνειν καὶ διαγράφειν ἡμᾶς τοῦ χοροῦ τῶν ἱερέων ἑαυτῷ χώραν οὐχ ὑπολείψει. πρὸς ταῦτα λῆρός ἐστιν ἅπασα γνώμη τὸ γὰρ ἀληθὲς εὖ οἶδ᾽ ὅτι τῷ θεῷ προσφιλέστατον. καὶ νὴ τὴν ἱεράν σου κεφαλήν, καὶ ἔτι πρὸ ταύτης νὴ τὸν ἔφορον ἀληθείας θεόν, ἄχθομαι μὲν (πῶς γὰρ οὐ μέλλω, δεήσοι ὥσπερ εἰς βίον ἀπὸ βίου μετασκευάζεσθαι,) εἰ δὲ τούτων φανερῶν γενομένων ἅπερ οὐκ ἀξιῶ λανθάνειν ἐγκρίνειν ἡμᾶς ἱερεῦσιν ᾧ τοῦτο δέδωκεν ὁ θεος, ὑποδύσομαι τὴν ἀνάγκην καὶ ὡς θεῖον σύνθημα καταδέξομαι· λογίζομαι γὰρ ὅτι καὶ βασιλέως ἂν ἐπιτάξαντος καὶ κακοδαίμονός τινος Αὐγουσταλίου δίκην ἂν ἔδωκα μὴ πειθόμενος. τῷ θεῷ δ᾽ ἐθελοντὴν δεῖ πείθεσθαι εἰ δὲ μὴ προσίεταί με λειτουργὸν ὁ θεός, καὶ ἐν προοιμίοις δεῖ τὸ θειότατον ἀγαπᾶν τὴν ἀλήθειαν, ἀλλὰ μὴ διὰ τῶν ἐναντιωτάτων, ὁποῖόν ἐστι τὸ ψεῦδος, εἰς τὴν ὑπηρεσίαν αὐτοῦ παραδύεσθαι γενοῦ δὴ τοῦ τοὺς σχολαστικοὺς εἰδέναι τε ταῦτα καὶ πρὸς ἐκεῖνον ἐξαγγεῖλαι

ρς Τῷ αὐτῷ

Ἠρόμην τὸ μειράκιον ὑπὲρ τοῦ σιλφίου (251) πότερον ἀπὸ γεωργίας σοι γέγονεν, ἢ δῶρόν λαβὼν ἔδου μερίδα κἀμοί. καὶ δῆτα μαθὼν ὡς τὸ σπουδαζόμενον ὑπὸ σοῦ κηπίον πρὸς ἅπασι καὶ τοῦ-τον ἐκόμισε τὸν καρπόν, ἥσθην διπλῇ, τῷ τε κάλλει τοῦ λαχάνου καὶ τῇ φημῃ τοῦ τόπου ὄναιο τοῦ παμφόρου χωρίου, καὶ μήτε σὺ κάμοις ἐπαντλῶν ταῖς φιλτάταις προσοιαῖς, μήτ᾽ ἐκεῖναί ποτε πρὸς τὰς ὠδῖνας ἀπαγορεύσειαν, ἵν᾽ ἔχοις αὐτός τε χρῆσθαι καὶ ἡμῖν διαπέμπειν ὅσα φέρουσιν ὧραι.

ρζ᾽ Τῷ αυτῷ

Ἡδὺς εἰ κωλύων ἡμᾶς ὅπλα κατασκευάζεσθαι, τῶν πολεμίων μὲν ἐπιόντων καὶ λείαν ἅπαντα ποιου-

---

vocer, nolo ementiri dogmata Horum deum, horum homines testes facio Affinis est deo veritas, apud (250) quem criminis expers omnis esse cupio Hoc unum ego dissimulare nequeo Nam cum ludendi appetens sim (ut cui iam inde a pueritia armorum et equorum immoderatum studium probro datum fuerit), mœrore quidem afficiar; quomodo enim carissimos mihi canes venatiunis expertes intueri potero vel arcus a teredinibus exesos? feram tamen utcunque, si ita deus iubeat Et quamvis a curis alienus sim, non sine molestia quidem, sed liticulas tamen ac negotia sustinebo, munus istud, utcunque grave, deo præstans Dogmata porro mea nequaquam obtegam, neque mihi ab animo lingua dissidebit Ita sentiens itaque dicens placere me deo arbitror Nolo autem sermonem de me cuiquam præbere, quasi ignotus electionem illam raptim occupaverim Sed ut rei totius gnarus deo carissimus pater Theophilus ac quemadmodum probe omnia norit perspicue mihi significans, ita de me ipso statuat Aut enim meo me in vitæ statu persistere et mecum philosophari permittet, aut iudicii de me postea ferendi meique ab episcopali ordine deponendi locum sibi nullum relinquet Cum his alia omnia consilia si comparentur, nugæ sunt meræ Veritatem enim scio deo imprimis acceptam esse Ac per sacrum caput tuum iuro et, quod eo mihi antiquius est, per veritatis præsidem deum, moleste id quidem fero. Qui enim non debeam, cum me ab uno ad aliud vitæ genus denugrare necesse sit? Sed si posteaquam ista manifesta fuerint quæ celari minime volo in episcoporum numerum nos ascribat cui eius rei potestas a deo commissa est, cedam necessitati ac tanquam divinitus oblatam tesseram accipiam Ita enim apud me existimo, si quid mihi aut imperator præcipiat aut infelix nescio quis Augustalis, pœnas utique dem, nisi mandatis obtemperem Deo autem sponte obtemperandum est Quod si administro me uti noluerit deus, vel ipso statim initio bonorum omnium longe divinissimum adamanda veritas est potius, quam ut contraria maxime ratione, cuiusmodi mendacium est, in famulatum illius irrepam Quamobrem cura ut hæc a scholasticis intellegantur et ad illum perferantur

CVI Eidem.

De laserpitio ex adolescente quæsivi (251) utrum ex cultura tibi provenisset, an eo tibi munere dato partem mihi seposuisses Statimque ut intellexi, hortulum illum tuum, cuius tantopere studiosus es, præter alia omnia hunc etiam fructum attulisse, dupliciter gavisus sum, cum oleris pulchritudine tum loci illius fama Macte esto tam fertili atque uberi prædio nec tu unquam carissimas areolas irrigans fatigeris, nec illæ ad eiusmodi partus lassæ unquam effetæque sint, ut et utaris ipse et ad nos mittere possis quæcunque tempestates ferunt

CVII Eidem

Iucundus es, cum nos arma comparare prohibes, hostibus late omnia tenentibus omniaque deprædantibus

μένων καὶ ἀποσφαττόντων ὁσημέραι δήμους ἀθρόους, στρατιωτῶν δὲ οὐκ ὄντων, ὥστε καὶ φαίνεσθαι. εἶτα λέξεις ὡς οὐκ ἐξὸν ἰδιώταις ἀνθρώποις ὁπλοφορεῖν, ἀποθνήσκειν δ' ἐξόν, εἴπερ καὶ ἡ πολιτεία χαλεπαίνει τῷ πειρωμένῳ σώζεσθαι, ἀλλ' εἰ μηδὲν ἄλλο κερδανῶ, τὸ γοῦν τοὺς νόμους γενέσθαι κυρίους ἀντὶ τούτων τῶν ἀλαστόρων. καὶ πόσου δοκεῖς τοῦτο τιμῶμαι, πάλιν εἰρήνην ἰδεῖν καὶ βῆμα κείμενον καὶ κήρυκα σιγὴν ἐπιτάττοντα. αὐτίκα τεθναίην τὸ πρῶτον σχῆμα τῆς πατρίδος ἀπολαβούσης

ρη' Τῷ αὐτῷ

Ἐμοὶ λόγχαι μὲν ἤδη γεγόνασι τριακόσιαι καὶ κοπίδες τοσαῦται, ξίφη δὲ ἀμφήκη καὶ πρότερον ἦν οὐ πλείω τῶν δέκα παρ' ἡμῖν δὲ οὐ χαλκεύεται τὰ πάνυ προμήκη ταῦτα σιδήρια. ἀλλ' οἶμαι τὰς κοπίδας ἐρρωμενέστερον ἐμβάλλειν τοῖς τῶν ἀντιτεταγμένων σώμασι. τούτοις οὖν χρησόμεθα. εἰ χρηστέον δέ, καὶ κορύνας ἕξομεν· ἀγαθοὶ δὲ οἱ κότινοι παρ' ἡμῖν ἐνίοις δὲ ἡμῶν εἰσὶ καὶ πελέκεις ἑτερόστομοι παρὰ τὴν ζώνην ἑκάστῳ, οἷς τὰς ἀσπίδας αὐτῶν ἀλοήσαντες ἐν ἴσῳ στήσομεν αὐτοὺς οἱ μηδὲν ἔχοντες ὅπλων πρόβλημα. ὁ δὲ ἀγών, ὡς εἰκάσαι, τῆς ὑστεραίας· τοῖς γὰρ σκοποῖς ἡμῶν προεντυχόντες ἔνιοι τῶν πολεμίων καὶ διώξαντες ἀνὰ κράτος, ὡς ἔγνωσαν κρείττους ὄντας ἢ ἁλῶναι, ἐκέλευσαν ἀγγέλλειν ἡμῖν ἄττα (252) ἥδιστα ἡμῖν, εἰ μηκέτι δεήσει πλανᾶσθαι ζητοῦντας ἀνθρώπους ἐνδυομένους ἠπείρου πλάτη. μένειν γὰρ ἔφασαν, καὶ ἐθέλειν μαθεῖν οἵτινες ὄντες ἡμερῶν τοσούτων ὁδὸν ἀποσπάσαι τῆς χώρας ἐτολμήσαμεν, ἐφ' ᾧ συμμῖξαι πολεμισταῖς ἀνθρώποις βίον ζῶσι νομαδικὸν καὶ τὰ εἰς πολιτείαν οὕτω κατεστησαμένοις, ὥσπερ ἡμεῖς τὰ ἐπὶ τῆς στρατιᾶς. ὡς οὖν αὔριον σὺν τῷ θεῷ τοὺς πολεμίους νικήσων, ἂν μέντοι δέῃ, πάλιν νικήσων (μηδὲν γὰρ ἀπαίσιον φθεγξαίμην), ἐπισκήπτω σοι τῶν παιδίων ἐπιμεληθῆναι προσήκει δὲ ὄντι θείῳ εἰς αὐτὰ ἀπομνημονεῦσαι τὴν χάριν

ρθ' Τῷ αὐτῷ

Οὐκ ὄνος οὐχ ἡμίονος οὐχ ἵππος ἔστι μοι, ἁπάντων ἀνειμένων εἰς πόαν, οἷς χρησάμενος ἂν ἦλθον ὡς σὲ τὴν φιλτάτην μοι κεφαλήν. βαδίζειν δὲ πάνυ μὲν ἐβουλόμην, καὶ τυχὸν ἐδυνάμην, οὐ μὴν εἴασαν οἱ προσήκοντες δεῖν, ἵνα μὴ διατριβὴ τοῖς ἀπαντῶσι γενοίμεθα τούτους γάρ, οἵτινες ἂν ὦσιν, οὕτω πάνυ σοφοὺς ἥγηνται καὶ τοσοῦτον νοῦν ἔχειν, ὡς ἕκαστον αὐτῶν ἄμεινον ἂν ἐμοῦ σκέψασθαι περὶ τῶν πρεπόντων ἐμοί τοσούτων ἡμᾶς ἐξαρτῶσι κριτῶν οἱ πρὸς ἰσχὺν τὴν ἔξω ζῆν ἀναγκάζοντες περιεγένοντο δὲ οὐ νουθετοῦντες ἀλλὰ τὸν βιαιότερον τρόπον, ἐπειδὴ προήειν, οὐκ ἐπιτρέποντες, ἀλλ' ἀντιλαμβανόμενοι τοῦ τριβωνίου. τί οὖν ὑπόλοιπον ἢ τὴν ἐπιστολὴν ἀντ' ἐμοῦ στεῖλαι πρὸς σέ, δι' ἧς ἀσπάζομαί τέ σε, καὶ πυνθάνομαι τίνα τὰ ἀπὸ

atque in dies integros populos iugulantibus, cum neque miles ullus adsit, qui quidem compareat Quæ cum ita sint, tamenne licere negabis privatis hominibus arma ferre? Mori autem licere dices, si iis, qui saluti suæ consulant, res publica succenseat? Verum si nihil aliud, hoc saltem lucrifaciam, ut pro exsecrandis illis pestibus leges ac iura dominentur Quanti vero istud a me fieri putas, pacem ut rursum videam, tribunal ornatum et præconem silentium indicentem? Exemplo moriar, ubi primum pristinam formam patria recuperarit

Mihi iam trecentæ lanceæ fabricatæ sunt et machæræ totidem, ancipites vero gladii iam antea non plures decem fuere Apud nos autem oblonga ista ferramenta non cuduntur Sed machæras opinor validius in corpora nostrum incumbere Quare iis utemur Atque etiam si iis opus sit, clavas habebimus, optimi enim sunt apud nos oleastri Quidam nostrum secures habent in zona singuli altera tantum acutas parte, quibus eorum scuta tundentes æquo nobiscum Marte decertare cogemus, qui nullum armorum munimentum habemus Prælium autem, quantum conicio, postridie committetur Nam cum hostium quidam in speculatores nostros incidissent, totisque viribus insecuti essent, ubi velociores eos esse quam ut capi possent agnoverunt, renuntiare nobis iusserunt quæ iucundissima (252) sunt, si nimirum non amplius oberrandum nobis erit ad eos homines vestigandos, qui in vastas continentis regiones subeunt Manere enim sese dixerunt, velleque cognoscere, cuiusmodi tandem homines simus, qui tot dierum itinere ab nostris sedibus abstrahi non dubitaverimus, ut cum bellicosis hominibus manus consereremus, qui palantes ac segregati vivunt, eademque reipublicæ forma, qua nos expeditionis atque exercitus, utuntur Igitur tanquam crastina die favente deo hostes superaturus, aut, si ita tamen necesse sit, rursum superaturus (nihil enim male ominari velim), liberorum meorum curam tuæ fidei commendo Te enim, qui patruus sis, meæ apud te gratiæ memoriam in eos transferre convenit

Neque asini mihi neque muli aut equi copia est, omnibus ad pabula dimissis, quibus ad te amicissimum mihi caput possem contendere Pedibus porro iter facere plane quidem volebam, ac fortassis etiam poteram, sed propinqui committendum istud negarunt, ne iis qui occurrerent risum de nobis præberemus Hos enim, qualescunque demum sint, usque adeo sapientes esse putant tantæque mentis solertia, ut unusquisque melius quid me deceat, quam ego ipse, pervideat Ita multis nos arbitris devincunt qui nos hominum famæ existimationique servire cogunt Pervicere autem non admonendo duntaxat, sed maiore quadam adhibita vi Quippe cum ego proficiscerer, permittere noluerunt, sed me pallio retraxerunt Quid igitur reliquum erit, nisi ut vicariam mei hanc ad te epistolam mitterem, qua tibi salutem

45

Πτολεμαΐδος ἀγώγιμα (λόγους καινούς, οὓς εἰκός σε
κομίζειν ἀπὸ τοῦ στρατηγίου), καὶ μάλιστα τίνα τὰ
κατὰ τὸ Ὀρυλούμενον ἀπόρρητον ἀπὸ τῆς ἑσπέρας·
οἶσθα γὰρ ὅτι πάνυ μοι διαφέρει γενόμενον οὕτω καὶ
μὴ γενόμενον. εἰ μὲν οὖν ἕκαστα σαφῶς ἔχουσαν ἐπι-
στολὴν ἐκπέμψεις, ἔξω κατὰ χώραν· εἰ δὲ μή, καὶ σύ
με μέμψη περὶ τοῦ δρόμου.

ιμπερτιο : tum illud abs te quæro, quidnam e Ptolemaide
allatum sit (recentes nescio quos sermones intellego, quos
e prætorio reportare te verisimile est), præsertim quid
sit illud pervulgatum arcanum ex occidente. Scis enim
mea interesse, ita factum an secus fuerit. Itaque si
quidem litteras ad me perspicua omnia significantes mi-
seris, manebo ; sin minus, tu me ipse quoque de suscepto
ad te cursu reprehendes.

ρι'. Τῷ αὐτῷ.

Χιλᾶς ὁ πορνοβοσκός, ὃν οὐκ εἰκὸς ὑπὸ πολλῶν
ἀγνοεῖσθαι διὰ τὴν ἐκ τῆς τέχνης λαμπρότητα (253)
(καὶ γὰρ ἡ μῖμος Ἀνδρομάχη τῆς τούτου γέγονε φά-
λαγγος, ἢ τὸ κάλλιστον γυναικῶν ἐν τοῖς καθ' ἡμᾶς
χρόνοις ἀνθήσασα), οὗτος ἐννεάσας τοῖς οὕτω καλοῖς
ἐπιτηδεύμασι πρέπον ᾠήθη τοῖς προβεβιωμένοις αὐτῷ
ἐν γήρᾳ στρατιωτικαῖς ἐλλαμπρύνεσθαι πράξεσιν.
ἔναγχος οὖν ἥκει παρὰ βασιλέως στρατηγεῖν εὑρόμενος
τῶν γενναιοτάτων Μαρκομάννων, οὓς εἰκὸς ἡμῖν ἐστι
καὶ πρότερον ἀγαθοὺς στρατιώτας ὄντας, νῦν ἐπιτυ-
χόντας καὶ πρέποντος στρατηγοῦ, μέγα τι καὶ γενναῖον
ἔργον ἐπιδείξασθαι. ἔλεγε γοῦν Συριανῷ συγγενόμε-
νος (οἶσθα τὸν ἐκ γειτόνων ἰατρόν), ὁ δὲ Συριανὸς
ἀπήγγειλε πρὸς ἡμᾶς ἐν οἷς ἀπολείπει τὸ θεῖον στρα-
τόπεδον. τὰ μὲν οὖν ἄλλα τί ἂν δέοι πρὸς σὲ γρά-
φειν, ὧν κἀγὼ παρέργως ἠκροασάμην· ἐφ' οἷς δὲ
αὐτὸς ἀκούσας ἥσθην ὑπερφυῶς, σέ τε δι' αὐτῶν εὐ-
φρᾶναι βούλομαι, τάδε ἐστίν. ὁ θαυμάσιος Ἰωάννης
μικρὸν εἰπεῖν ἐν τοῖς αὐτοῖς ἐστίν, ἐπιδούσης τῆς
τύχης ἐν τοῖς ἐκείνου πράγμασιν ὅσον ἐπιδόσεις χωρεῖ,
καί τινα καθ' ἑαυτὴν ὑπερβολὴν ἐξευρούσης. αὐτῷ τε
γὰρ ἀνεῖται τὰ βασιλέως ὦτα, καὶ πρὸ τούτων ἡ γνώμη
χρῆσθαι πρὸς ὅ τι δέοιτο. καὶ ὅσα Ἀντίοχος δύναται,
τούτῳ δύναται· δύναται δὲ Ἀντίοχος ὅσα βούλεται.
Ἀντίοχον ἡγοῦ μὴ τὸν ἀπὸ Γρατιανοῦ, τὸ ἱερὸν ἀν-
θρώπιον, τὸ βέλτιστον μὲν τοὺς τρόπους, εἰδεχθέστατον
δὲ τὴν ὄψιν, ἀλλ' ἕτερός ἐστιν ὁ νεανίσκος ὁ προχοέλιος,
ὁ Ναρσῇ τῷ Πέρσῃ παραδυναστεύσας τε καὶ ἐπιδυνα-
στεύσας. τοῦτον ἐξ ἐκείνου μέχρι νῦν ἡ τύχη μέγαν
ποιεῖ. τούτων οὕτως ἐχόντων εἰκός ἐστι κορώνης
ἐνιαυτοὺς ἄρξαι παρ' ἡμῖν τὸν δικαιότατον ἄρχοντα,
τοῦ μὲν ὄντα συγγενῆ, τοῦ δὲ οἰκεῖον γενόμενον.

Chilas leno, quem a paucis ignorari præ artis claritate
verisimile est (253) (etenim Andromacha mima, quæ pul-
chritudinis laude præ omnibus ætatis nostræ mulieribus
floruit, de eius cohorte fuit), hic igitur cum tam præ-
claris studiis iuventutem trivisset, anteactæ vitæ conve-
nire arbitratus est, ut in senectute militaribus gradibus
nomen suum illustraret. Nuper igitur venit fortissimo-
rum Marcomannorum præfecturam ab imperatore sorti-
tus, quos credibile est nobis, cum antea milites optimi
fuerint, si iam idoneum ducem obtinuerint, memorabile
aliquod atque egregium facinus edituros. Hic inter col-
loquendum Syriano dixit (nosti illum de vicinia medi-
cum), Syrianus autem ad nos detulit, quonam in statu
divina illa castra reliquisset. Cætera porro quid attinet
scribere, quæ ego etiam obiter accepi ? Sed quibus au-
ditis mirifice sum delectatus, quorumque lætitiam im-
pertiri volo, ea sunt eiusmodi. Egregius noster Ioannes,
parvum hoc dictu est, in iisdem semper versatur, cum
illius in rebus fortuna se in dies efferat quantum efferri
potest, imo vero incrementum etiam sui aliquod exco-
gitaverit. Nam illi patent imperatoris aures et, quod
caput est, animus ipse, quod ad ea omnia quæ velit
utatur. Et quidquid Antiochus potestatis habet, in illius
commodum habet ; potest autem Antiochus quæcunque
libet. Antiochum dico, non eum qui cum Gratiano fuit,
sanctum homuncionem, moribus spectatissimis, sed op-
pido deformem. Verum alius quidam est iuvenis ven-
trosus, qui apud Narsen Persam præcipua in auctoritate
fuit, eamdemque post eum retinuit. Ab eo tempore
magnum illum hucusque fortuna reddit. Quæ cum ita
sint, consentaneum est cornicis annos præfuturum nobis
æquissimum magistratum, qui cum altero cognatione,
cum altero necessitudine sit coniunctus.

ρια'. Τρωΐλῳ.

Πυνθάνῃ περὶ Διοσκόρου πόσους ἀπαγγέλλει στίχους
ἑκάστης ἡμέρας; πεντήκοντα. τούτους ἀποδίδωσιν
οὐ προσπταίων, οὐ διλογῶν, οὐκ ἐφιστάμενος ἐφ' ᾧ τὴν
ἀνάμνησιν ἀθροῖσαι σὺν χρόνῳ, ἀλλ' ἐπειδὰν ἄρξηται
λέγειν, κατατείνει συνεχῶς· καὶ ἡ σιωπὴ τέλος ἐστὶ
τῆς ἀπαγγελίας.

Quæris de Dioscoro, quot versus quotidie pronuntiet?
quinquaginta. Hos quidem reddit, nihil hæsitans, nihil
iterato repetens, neque identidem insistens ad colligen-
dam cum tempore memoriam, sed postquam cœperit,
continuo percurrit, pronuntiandique finis est silen-
tium.

ριβ'. Τῷ αὐτῷ (254).

Οὔτε ἐπὶ τοῖς αὐτοῖς ἄνθρωποι φιλοῦσι καὶ ἐπαι-

Neque easdem ob causas diligunt ac laudant homines-

νοῦσιν, οὔτε μία δύναμις τῆς ψυχῆς ἐπ᾽ ἄμφω τέτακται ταῦτα, ἀλλὰ τῷ παθητικῷ μὲν οἰκειούμεθα καὶ ἀλλοτριούμεθα, τῷ δὲ κρίνειν δυναμένῳ καὶ λόγον ἔχοντι τῆς ψυχῆς ἐπαινοῦμέν τε καὶ μεμφόμεθα

nec eadem animæ facultas utrisque illis præstandis attributa est, sed ea quidem parte, qua affectibus movemur, conciliamur aut alienamur invicem quæ vero judicandi vi prædita est et rationem continet, ea laudamus aut reprehendimus

ριγ´. Τῷ ἀδελφῷ

CXIII Fratri

Εἶτα τοὺς μὲν κακοδαίμονας τούτους ὁρῶμεν ἀπο- b θνήσκειν ἐθέλοντας ὑπὲρ τῶν ἀλλοτρίων, ἅττ᾽ ἂν λείαν περιποιήσωνται, τοῦ μηκέτι προέσθαι τοῖς κυρίοις αὐτά· ἡμεῖς δὲ ὑπὲρ χώρας ὑπὲρ ἱερῶν ὑπὲρ νόμων ὑπὲρ κτημάτων, οἷς ἡμᾶς ὁ χρόνος συνηθεστέρους ἐποίησεν, οὐκ ἀφειδήσομεν ἑαυτῶν, ἀλλὰ περιεξόμεθα τῶν ψυχῶν, οὐκ ἄρα δόξομεν ἄνδρες εἶναι· ἐμοὶ μὲν οὖν ἰτέον ἐστὶν ἐπ᾽ αὐτοὺς ὡς ἔχω, καὶ πεῖραν ληπτέον τῶν πάντα τολμώντων τούτων, οἵτινες ὄντες ἀξιοῦσι Ῥωμαίων καταγελᾶν, ἐχόντων ὅπως ποτὲ ἔχουσιν. ἀλλ᾽ ἡ κάμηλος γάρ τοι, φασί, καὶ ψωριῶσα πολλῶν ὄνων ἀνατίθεται φορτία. ἀλλὰ μὴν καὶ c ἀποθνήσκοντας ὡς ἐπίπαν ἐν τοῖς τοιούτοις ὁρῶ τοὺς περὶ πλείστου ποιουμένους τὸ ζῆν, καὶ ζῶντας ὅσοι τοῦ ζῆν ἀπεγνώκεσαν· τούτων ἔσομαι· μαχοῦμαι γὰρ ὡς ἀποθανούμενος, καὶ εὖ οἶδ᾽ ὅτι περιέσομαι Λάκων γὰρ ἄνωθέν εἰμι, καὶ οἶδα τὴν πρὸς Λεωνίδαν ἐπιστολὴν τῶν τελῶν μαχέσθων ὡς τεθναξόμενοι, καὶ οὐ d τεθναξόνται.

Itane vero? vero miseros illos videamus sponte mortem cupere pro alienis rebus oppetere, quascunque deprædati fuerint, ne rursum iis, quorum illæ sunt, reddere cogantur? nos pro sedibus nostris, pro sacris, pro legibus, pro fortunis, quibus nos magis temporis diuturnitas assuefecit, non periculis omnibus vitam exponemus, sed animæ nostræ consulemus? Haud sane viri esse videbimur Mihi quidem, utut habeo, recta in illos eundum est, experimentumque de tam audacibus hominibus capiendum, quales tandem cum sint, insultare Romanis non dubitent, quocunque ii modo sese habeant Camelus enim, aiunt, etiam scabiosus multorum asinorum onera sustinet Enimvero et mori ferme in eiusmodi casibus eos video, qui vitæ suæ conservandæ plurimum student, et vivere quicunque vitam desperaverint Horum ego unus ero Pugnabo enim tanquam moriturus nec dubito quin superstes sim futurus A Lacedæmoniis enim ortum duco, et magistratum ad Leonidam litteras prohe teneo *Tanquam illico morituri dimicent, et non morientur*

ριδ´ Τῷ αὐτῷ

CXIV Eidem

Εἶτα θαυμάζεις τοὺς αὐχμώδεις ψυχοῦντας οἰκῶν εἰ ῥιγοῖς καὶ τὸ αἷμα ἐξεπονήρευσας, τοὐναντίον μέντοι θαυμάζειν ἐχρῆν, εἰ ἔτι τὸ σῶμα κρεῖττόν ἐστι τῆς αὐτόθι φλογός. ἀλλ᾽ ἔστι σοι παρ᾽ ἡμᾶς ἐλθόντι σὺν τῷ θεῷ ῥᾷον γενέσθαι, ἀπαλλαγέντι μὲν ἀέρος διεφθορότος ἐκ τῆς ἑλώδους ἀτμίδος, ἀπαλλαγέντι δὲ ὕδατος ἁλυκοῦ καὶ χλιαροῦ καὶ τὸ ὅλον ἑστῶτος, ὃ ταυτόν ἐστιν εἰπεῖν καὶ νεκρόν. τί δὲ καὶ καλόν ἐστιν ἐπὶ τὴν ψάμμον τὴν αἰγιαλῖτιν ἀναπεσεῖν, ἣν μόνην ἔχετε διατριβήν; (255) ποῖ γὰρ δὴ καὶ τραπήσεσθε, εὐαδεῖ δέ, οἷον μὲν a ἐστιν ὑπελθεῖν δένδρου σκιὰν (κἂν δυσαρεστήσῃς, ἔστιν ἀμεῖψαι δένδρον ἐκ δένδρου καὶ ὅλον ἄλσος ἐξ ἄλσους), οἷον δὲ τὸ διαβῆναι παραρρέον ὑδάτιον, ὡς ἡδὺ δὲ καὶ ὁ ζέφυρος ὑποκινῶν ἠρέμα τοὺς κλάδους, ποικίλαι δὲ καὶ ὀρνίθων ᾠδαὶ καὶ ἀνθέων χρόαι καὶ λειμῶνος θάμνοι, τὰ μὲν γεωργίας ἔργα, τὰ δὲ φύσεως δῶρα, πάντα εὐώδη, γῆς ὑγιαινούσης χυμοί. τὸ δὲ τῶν Νυμφῶν ἄντρον οὐκ ἐπαινέσομαι Θεοκρίτου γὰρ δεῖ ἔστι δέ τι καὶ παρὰ ταῦτα

Et miraris, cum apud æstuosos Phycuntas habites, si rigeas et sanguinem corruperis? At contra mirandum hoc sane foret, si corpus tuum ardorem illum posset pervincere Verum potes tu, favente deo, si ad nos migraveris, valetudinem recuperare, postquam aere ex palustri vapore infecto liberatus fueris, liberatus itera aquis salsis ac tepidis penitusque stantibus, quod idem et mortuum dicere licet Quæ vero tandem voluptas est in littoris arena recumbere, qui unicus vobis est secessus? (255) Nam quo demum vos vertetis? Apud nos vero licet sub arboris umbra considere (sin te fastidium capiat, ab una ad aliam arborem aut ah nemore transire ad nemus aliud licet), quale est autem præterfluentem aquulam transmittere? Quam est iucundus favonius qui ramos leniter impellit? Sed neque varii concentus volucrum desunt neque florum picturæ, aut in pratis frutices, partim agriculturæ opera, partim naturæ munera, fragrantia omnia ac telluris bene habitæ succi Nympharum porro speluncam luc ego minime prædicabo Theocrito enim opus est Ac præter hæc etiam aliud est quiddam

ριε´ Θεοδώρῳ ἰατρῷ

CXV Theodoro medico

Ἀγαθὸν ἀναγκαῖον ἡ ὀλιγοσιτία. ἣν ἕτερος μὲν ἄν b τις καὶ σκώψειε, σοὶ δὲ οὐ θέμις Ἱπποκράτην αὐλοῦντι, ὃς ἀφορίζων ἔφη τὴν ἔνδειαν ὑγιείας εἶναι μητέρα.

Necessarium bonum est cibi parcimonia Quam ut alius quispiam irriserit, tibi certe nefas est, qui Hippocratem iactes, qui in brevibus sententiis mediam dixit sanitatis esse matrem

ριϛ'. Αὐξεντίῳ.

Εἰς ὄρος ἢ εἰς κῦμα πολυφλοίσβοιο θαλάσσης

῞Ομηρος ἀποδιοπομπεῖται τὰ ἐκ φιλονεικίας κακά, c
φιλοσοφία δὲ οὐδὲ τὴν ἀρχὴν αὐτοῖς πάροδον δίδωσιν
εἰς ψυχήν. ἀλλ' ἡμεῖς ἀσθενέστεροι μὲν ἢ ὥστε φι-
λοσοφεῖν τό γε ἐμὸν μέρος, οὐ μὴν ἀξιοῦμεν παντά-
πασι φαυλότερον ἔχειν ἀνθρώπων στρατιωτῶν, ἐφ'
οἷς ἡ ποίησις γέγονε. πάλιν οὖν ῾Ομήρῳ χρηστέον,
ὃς πού φησιν ἄρχε, σὺ γὰρ γενεῇφι νεώτερος. d
μάχη γὰρ μὴ γένοιτο μέν· εἰ δὲ γένοιτο, ὁ νεώτερος
αὐτῆς ἀρχέτω, τοιοῦτο γάρ τι νοεῖται τῷ Ποσειδῶνι
τὸ παραχωρεῖν τοῦ προκατάρξασθαι τῷ νεωτέρῳ θεῷ.
τὸν δὲ πρεσβύτερον ἡγεμόνα δεῖ τῶν καλλίστων εἶναι·
κάλλιστον δὲ ὁμόνοια. ἐγὼ δὲ ὡς οὐ σοῦ πρεσβύτερος
μόνον ἀλλὰ καὶ ἤδη πρεσβύτης χροΐ δῆλον, ὁ Φερε-
κύδης φησίν. οὐκοῦν τὰ τῆς ἀπολογίας εἰς ἐμὲ πε-
ρίίσταται. εἰ δὲ καὶ τὸν πρότερον ἁμαρτάνοντα δεῖ
πρότερον ἐνδοῦναι, σὺ δέ με βούλει τοῦτον εἶναι,
συγχωρῶ σὴν χάριν καὶ τοῦτο· δεῖ γὰρ ἀντιποιηθέντα
σοῦ πρότερον εὐθὺς ἐθελήσαντί σοι χαρίσασθαι.

ριζ'. ῾Ηλιοδώρῳ (256). a

῾Η φήμη λέγει δύνασθαί σε πολλὰ παρὰ τῷ νῦν
ἔχοντι τὴν Αἰγυπτίων ἀρχήν, καὶ ἀληθῆ γε λέγει· δι-
καιότατος γὰρ εἶ, καλῶς τῷ δύνασθαι χρώμενος.
ὅπως οὖν ὄναιο τῆς σῆς φύσεως καὶ δυνάμεως, ὑπὲρ ὧν
ὁ ἐμὸς Εὐσέβιος δεῖται, λέγοντος ἄκουσον, ἵν' εἰδῇς ὅτι
σοι καὶ ῥήτορα συνεστήσαμεν.

ριη'. Τρωΐλῳ. b

Εἰ τὸν ἥρωα Μαξιμινιανὸν οἶσθα (διέτριψε δὲ χρό-
νον ὑπόσυχνον ἐπὶ στρατοπέδου), πάντως καὶ ὅτι χρη-
στὸς ἦν οἶσθα. τούτου παῖς ἐμὸς ἐξανέψιος, ὃς καὶ
ἐπιδώσει σοι τὴν ἐπιστολήν. ὃν ἕτερος μέν τις ἴσως
καὶ διὰ τὴν τύχην τιμήσει, τῶν γὰρ ἀρξάντων ἐστὶν
οὐκ ἀφιλότιμον ἀρχήν· ὁ δὲ φιλόσοφος Τρωΐλος τἄνδον
ὄψεται τοῦ νεανίου, κἀκεῖθεν αὐτὸν ἐπαινέσει. δῆλον
δὲ ὅτι καὶ συνδιοίσεις τὰ παρόντα αὐτῷ· σπαράττε-
ται γὰρ ὑπὸ ἐνδεικτῶν κακῶς ἐπιφύντων τῇ Κυρήνῃ,
εἰ μὴ σύγε δύσεαι ἀλκήν. ὅ τι γὰρ Ἀνθέμιον ἤ
τινα τῶν ὁμοτίμων αὐτῷ πείσεις ὑπὲρ ἡμῶν τε καὶ τἀ- c
ληθοῦς φθέγξασθαι, τοῦτο σὸν ἔσται πάντως, καὶ σὺ
τὴν αἰτίαν ἕξεις τοῦ γενομένου. δι' ἑνὸς οὖν ἀνδρός
τε καὶ πράγματος, δέομαι, προθυμήθητι τῶν παμπο-
νήρων τούτων ἡμᾶς ἀπαλλάξαι θηρίων. τὸ γὰρ εὐ-
τυχηθῆναι τὴν πεῖραν τοῖς φθάσασι πολλοὺς ὁμοίους d
αὐτοῖς γενέσθαι προτρέψεται.

ριθ'. Τρωΐλῳ.

Εἰς Διογένην ὅ τι ἂν ποιήσῃς ὧν σοι φύσις ἐστὶν
ἐργάζεσθαι, οὐδὲν καινὸν ἔσῃ πεποιηκὼς ἀλλ' ἐποικο-

In montem aut pelagi undantes cum murmure fluctus.

Homerus contentionis mala procul amandari desiderat.
Philosophia vero ne initio quidem aditum illis ad animum
præbet. Verum imbecilliores nos sumus, quam ut
philosophemur, quod ad me quidem attinet; nolumus
tamen militibus esse deteriores, quos versibus suis ille
descripsit. Ergo iterum Homerus adhibendus erit, qui
alicubi dixit *incipe, nam natu minor es.* Pugna enim
atque contentio absit quidem omnino; sin aliqua inter-
venerit, eam iunior incipiat. Nam eiusmodi quidpiam
Neptuno in animum venit, ut auspicandi prœlii iuniori
deo potestatem faceret. Grandiorem vero natu præire
ad honestissima quæque consentaneum est : honestissima
porro concordia est. Ego autem quam te non modo se-
nior sim, verum etiam senex, de cute manifestum est,
aiebat Pherecydes. Quare meæ sunt excusandi partes.
Quod si insuper eum, qui primus peccarit, primum ce-
dere et animum remittere oportet, ac tu me eum esse
vis, hoc etiam tua causa concedo. Hunc enim par est,
qui te prior conciliare sibi studuerit, subinde tibi con-
donare quæ volueris.

CXVII. Heliodoro.

Fama est plurimum te apud Ægypti præfectum gratia
et auctoritate valere, vereque illa de te prædicat : dig-
nissimus enim es quippe qui potestate tua honeste uta-
ris. Ut igitur aliquem ex indole potestateque tua
fructum capias, quæ meus Eusebius abs te desideret,
ea exponentem illum audias, ut etiam oratorem intelle-
gas a me esse commendatum.

CXVIII. Troilo.

Si Maximinum heroem cognoscis (diu enim in comi-
tatu versatus est), prorsus et eumdem bonum virum
esse cognoscis. Huius filius consobrinus ex patre meus
est, qui tibi hasce litteras dabit; cui alius fortasse quis-
piam vel ob fortunam honorem tribuet : ex iis enim est
qui non obscurum magistratum gesserunt. At philoso-
phus Troilus intimos adolescentis recessus penetrabit, et
eum inde laudabit. Perspicuum autem est te illi in
præsenti necessitate auxilio futurum. Laceratur enim a
delatoribus in Cyrenen grassantibus, *nisi vires induis
ipse.* Quidquid enim Anthemio vel alteri cuilibet pari
auctoritate pro nobis ac veritate loqui persuaseris, tuum
hoc utique erit, eiusque, quidquid factum erit, causa
esse putabere. Per unum itaque hominem unumque
negotium, quæso te, da operam ut a nequissimis istis
belluis liberemur. Hoc enim ipsum, quod iis, qui peri-
culum primi fecerint, prospere successerit, plerosque ut
similes esse velint hortabitur.

CXIX. Troilo.

Quidquid in Diogenem contuleris eorum ad quæ præ-
standa natura comparatus es, nihil novi feceris, sed

δομῶν τοῖς σαυτοῦ Κυρηναῖος γάρ ἐστι, τῆς δι' ὑμᾶς
ἔτι πόλεως. δεῖ δὲ οὐ μόνον ἀθρόους ἀλλὰ καὶ καθ'
ἕνα εὐεργετεῖν. τίνα δέ ἐστιν ἐν οἷς δεῖται φίλων Διο-
γένης, οὐκ ἐμοῦ γράφοντος ἀναγινώσκειν ἀλλ' αὐτοῦ λέ-
γοντος ἀκούειν σε δεῖ· οὐδὲν γὰρ ἂν γένοιτο τοῦ παθόν-ος
ῥητορικώτερον. Μαρκιανὸν ·ὸν φιλόσοφον τὸν ἄρξαντα
Παφλαγόνων πρόσειπε παρ' ἐμοῦ · κᾂν τι δύνηται
(στο/άζομαι (2ο7) δὲ ὅτι δύναται), κωλυσάτω συγγενῆ a
μου σφόδρα αὐτανέψιον ἔρ/ον γενέσθαι συκοφαντῶν
ἐνδεικτῶν, κοινῶν ἀλαστόρων τῆς /ώρας ὅν σοι
μετὰ τῆς ἐπιστολῆς υἱὸν ἐγχειρίζω, δι' ὃν ὄν-ες ἀδελ-
φοὶ δύο τρεῖς ἀριθμούμεθα

ρκ' Τῷ ἀδελτῷ

Οἱ Ἀσκληπιάδαι ·τοῖς δυσεμέτοις ὕδατος χλιαροῦ
διδόασιν ἀπορροφεῖν, ἵνα τούτῳ συνεπισπάσωνται καὶ
τὸ προαποκείμενον. βούλομαι δή σοι κἀγὼ φήμας b
καινὰς ἐναγχος ἐκ τῆς ἑ-έρας ἠπείρου διακομισθείσας
ἀπαγγεῖλαι, ἵνα μοι πολλαπλασίους αὐτὰς ἀποδῷς,
προσθεὶς εἴ τι πλέον εἰδὼς τυγ/άνεις

ρκα'. Ἀθανασιω ὑδρομιχτη

Ὀδυσσεὺς ἔ·ειθε τὸν Πολύφημον διαρεῖναι αὐτὸν
ἐκ τοῦ σπηλαίου « γόης γάρ εἰμι, καὶ εἰς καιρὸν ἄν
σοι παρείην οὐκ εὐτυχοῦντι τὰ εἰς τὸν θαλάττιον ἔρωτα.
ἀλλ' ἐγώ τοι καὶ ἐπῳδὰς οἶδα καὶ καταδέσμους καὶ c
ἐρωτικὰς κατανάγκας, αἷς οὐκ εἰκὸς ἀντισχεῖν οὐδὲ
πρὸς βρα/ὺ τὴν Γαλάτειαν. μόνον ὑπόστηθι σὺ τὴν
θύραν ἀποκινῆσαι, μᾶλλον δὲ τὸν θυρεὸν τοῦτον· ἐμοὶ
μὲν γὰρ καὶ ἀκρωτήριον εἶναι φαίνεται. ἐγὼ δὲ ἐπα-
νήξω σοι θᾶττον ἢ λόγος, τὴν παῖδα κατεργασάμενος.
τί λέγω κατεργασάμενος, αὐτὴν ἐκείνην ἀποφανῶ σοι
δεῦρο πολλαῖς ἴυγξι γενομένην ἀγώγιμον, καὶ δεήσε-αί
σου καὶ ἀντιβολήσει, σὺ δὲ ἀκκιῇ καὶ κατειρωνεύσῃ
ἀτὰρ μεταξύ μέ τι καὶ τοιοῦτον ἔδραξε, μὴ τῶν κω-
δίων ὁ γράσος ἀηδὴς γένηται κόρη τρυφώσῃ καὶ λου- d
μένῃ τῆς ἡμέρας πολλάκις. καλὸν οὖν εἰ πάντα εὐ-
θετήσας ἐκκορήσειάς τε καὶ ἐκπλυνεῖς καὶ ἐνθυμιά-
σειας τὸ δωμάτιον ἔτι δὲ κάλλιον, εἰ καὶ στεφάνους
παρασκευάσαιο κιττοῦ τε καὶ σμίλακος, οἷς σαυτόν
τε καὶ τὰ παιδικὰ ἀναδήσαιο ἀλλὰ τί διατρίβεις
καὶ οὐκ ἐγείρεις ἤδη τῇ θύρᾳ, » πρὸς οὖν ταῦτα ὁ
Πολύφημος ἐξεκάγχασέ τε ὅσον ἐδύνατο μέγιστον καὶ
τὼ χεῖρε ἐκρότησε. καὶ ὁ μὲν Ὀδυσσεὺς ᾤετο αὐτὸν
ὑπὸ χαρμονῆς οὐκ ἔχειν ὅ τι ἑαυτῷ χρήσαιτο, κατελ-
πίσαντα τῶν παιδικῶν περιέσεσθαι ὁ δὲ ὑπογενειάσας
αὐτὸν (258) « ὦ Οὖτι » ἔφη, « δριμύτατον μὲν ἀνθρώ- a
πιον ἔοικας εἶναι καὶ ἐγκατατετριμμένον ἐν πράγμα-
σιν. ἀλλὰ μέντοι τι ποίκιλλε ἐνθένδε γὰρ οὐκ ἀπο-
δράσεις · ὁ μὲν οὖν Ὀδυσσεὺς (ἠδικεῖτο γὰρ ὄντως)
ἔμελλεν ἄρα τῆς πανουργίας ὀνήσεσθαι, σὲ δὲ Κύ-
κλωπα μὲν ὄντα τῇ τόλμῃ Σίσυφον δὲ τοῖς ἐγχειρή-
μασι δίκη μετῆλθε καὶ νόμος καθεῖρξεν, ὃν μή ποτε

---

tuis aliquid meritis astruxeris. Cyrenæus enim est, ex
ea, quæ vestra opera etiamnum urbs est Non solum
autem de universis, verum etiam de singulis bene mereri
convenit Quæ sint ea porro, propter quæ amicis opus
habeat Diogenes, non scribente me legere sed eo dicente
audire te oportet Nihil enim possit eo esse, qui per-
pessus sit, disertius Marcianum philosophum, qui Pa-
phlagoniæ præfuit, meo nomine salutes velim Et si
quidpiam potest (257), posse autem conicio, istud pro-
hibere contendat, ne is qui mecum admodum cognatione
coniunctus et consobrinus est, a delatoribus calumnian
tibus, certissimis patriæ nostræ pestibus, misere confi-
ciatur Hunc tibi cum hac epistola filii loco committo,
propter quem, cum duo duntaxat fratres simus, tres nu
meramur

CXX Fratri.

Medici solent iis qui ægre evomunt tepidæ aquæ sorbi-
tionem præscribere, ut quod intus est cum ea simul
extrahant Volo igitur novos tibi rumores nuntiare, qui
ad me nuper ex altero continenti sunt allati, ut illos
cum fenore mihi reddas, si quid nosti amplius, adi-
ciens

CXXI Athanasio hydromictæ.

Ulixes Polyphemo suadebat ut e spelunca se dimitte-
ret Veterator enim, aiebat, ego sum, opportuneque
tibi admodum subsidio fuerim, cui marini amores illi
non satis ex voto respondent Etenim ego cantiones
quasdam scio et nexus et amatorias illecebras, quibus
vel tantulum Galatea resistere non potest Hoc tu solum
ostium amoveto, vel saxum istud ingens potius mihi
enim vel promontorium esse videtur Ego vero ad te
revertar, cum dicto citius puellam adegero Quid dixi,
adegero ? Ipsam illam multis præstigiis adducta facilem
præhebo Orabit te et obsecrabit, tu vero delicias
ages et illudes Verumtamen nescio quid interim eius
modi scrupulum inicit, ne vellerum succidorum fetor
delicatæ puellæ sæpiusque de die lavanti ingratus acci-
dat Consulto itaque feceris, si omnia componens evei-
ras et eluas ac suffias cubiculum multoque adhuc
consultius, si et coronas paraveris ex hedera et smilace
quas tibi tuisque deliciis imponas Sed quid etiam re
stitas ? Non iam fores emoliris ? Ad hæc igitur Poly-
phemus cachinnum extulit quantum potuit maximum,
manusque complosit Et Ulixes quidem præ gaudio
illum sui competem non esse arbitrabatur, quod se suis
deliciis potiturum speraret, at ille mentum eius leniter
demulcens (258) O Nemo ! dixit, vaferrimus homuncio
mihi videris et rerum usu detritus Verum aliud quid-
dam molire nec enim ipse fugam inde capesses Atque
Ulixi quidem (nam iniuriam sane patiebatur) sua pror-
sus erat profutura calliditas De te vero, qui audacia
Cyclopem, factis Sisyphum referres, iustitia pœnas
sumpsit, lexque constrinxit, quibus nunquam utinam
illudas Quod si omnino legibus superiorem te esse ne-

σύγε καταγελάσειας. εἰ δὲ δεῖ πάντως ὑπερσχεῖν σε τῶν νόμων, ἀλλὰ μὴ ἔγωγε εἴην ὁ παραλύων αὐτοὺς καὶ τὰς θύρας καταρρηγνὺς τοῦ ἐπὶ τοῖς δεσμώταις οἰκήματος. καὶ γὰρ εἰ μὲν ἦν ἐπὶ τοῖς ἱερεῦσιν ἡ πολιτεία, τούτους αὐτοὺς ἔδει τῆς πονηρίας κολαστὰς εἶναι. ὡς ἔστι γε τὸ δημόσιον ξίφος οὐχ ἧττον ἢ τὰ ἐν τοῖς προτεμενίσμασι χέρνιβα πόλεως καθαρτήριον.

οὕτω καὶ τῶν πρόσθεν ἐπευθόμεθα κλέα ἀνδρῶν.

οὕτως ἐποίουν, ἕως· ἐδόκει καλὸν εἶναι τὸν αὐτὸν εὔχεσθαί τε ὑπὲρ τῶν κοινῶν ἀγαθῶν καὶ πράττειν ὅπως ἂν παραγένοιτο. καὶ γὰρ Αἰγύπτιοι καὶ τὸ Ἑβραίων γένος χρόνον συχνὸν ὑπὸ τῶν ἱερέων ἐβασιλεύθησαν· ἐπεὶ δὲ διωχίσθησαν οἱ βίοι, καὶ δ̲. μὲν ἱερὸς ὃ δὲ ἡγεμονικὸς ἀπεδείχθη, τετάχαται δὲ ἕτεροι μὲν ἐν τοῖς πράγμασιν ἡμεῖς δὲ ἐν ταῖς εὐχαῖς εἶναι, οἷς ὁ νόμος ἀπαγορεύει χεῖρα ὀρέγειν τῇ δίκῃ καὶ ἀποκτιννύναι τὸν πονηρότατον, πῶς ἄν τις αὐτοῖς ἐπιτρέψειεν ἀνδρὶ πανούργῳ χεῖρα ὀρέξαι κατὰ τῆς δίκης; ἀλλ᾽ ἐγὼ τό γε εἰς ἐμὲ ἧκον ποιῶ· εὔχομαι καὶ οἴκοι καὶ ἐπὶ τῶν κοινῶν ἱερῶν ὑπερσχεῖν τῆς ἀδικίας τὴν δίκην καὶ πονηρίας ἐκκαθαρθῆναι τὴν πόλιν. τοῦτο δὲ ταὐτόν ἐστι τῷ κακὸν κακῶς ἀπολωλέναι καὶ σὲ καὶ ἄλλον ὅστις σοι παραπλήσιος. ἔστω δή σοι τοῦτο τεκμήριον τίς ἂν ἐγενόμην ἐξόν τι ποιεῖν, ὃς ἐπειδὴ οὐκ ἔξεστι κατασώμαι.

ρκβ´. Τῷ ἀδελφῷ.

Πολλὰ κἀγαθὰ γένοιτο τοῖς ἱερεῦσιν Ἀξωμιτῶν, οἳ τῶν στρατιωτῶν καταδεδυκότων ἐν χηραμοῖς ὁρῶν καὶ ἀξιούντων τὸ αἷμα φρουρεῖν, οἱ δὲ τὸν ἀγροῖκον λεὼν παρακαλέσαντες ἀπὸ τῶν ἱερῶν αὐτῶν τὴν εὐθὺ τῶν πολεμίων ἡγήσαντο, καὶ προσευξάμενοι τρόπαιον ἔστησαν ἐν τῇ Μυρσινίτιδι· φάραγξ δὲ αὕτη (259) προμήκης τε καὶ βαθεῖα καὶ ὕλῃ συνηρεφής. ἀλλ᾽ ὑπὸ τοῦ μηδὲν τοῖς βαρβάροις ὅπλον πολέμιον ἀπηντηκέναι καὶ τὰς δυσχωρίας ἐθάρρησαν· ἔμελλον δέ που καὶ μελαμπύγου τεύξεσθαι Φαύστου τοῦ διακόνου τῶν ἱερῶν. οὗτός ἐστιν ὁ πρῶτος ὑποστὰς ὁπλίτην γυμνός, καὶ παίσας ἐκ χειρὸς λίθῳ κροταφιαίαν πληγήν, οὐ βαλών, ἀλλ᾽ ὥσπερ πὺξ ἐνθορών. πεσόντα δὲ ἤδη περιδύσας τὰ ὅπλα συχνοὺς ἐπ᾽ αὐτῷ κατείργασται. καὶ ὅστις δὲ ἕτερος ἀνὴρ ἀγαθὸς ἔδοξεν ἐν τῷ τότε, Φαῦστον αἰτιατέον τῶν γενομένων καὶ οἷς ἐποίει καὶ οἷς παρὰ τὸν καιρὸν ἐφθέγγετο. ἐγὼ δὲ ἅπαντας τοὺς παραγενομένους τῷ ἔργῳ ἥδιστ᾽ ἂν στεφανώσαιμι καὶ ἀνακηρύξαιμι· πρῶτοι γὰρ ἥψαντο καλῶν ἔργων, δεῖξαι τοῖς καταπεπληγμένοις ὅτι μὴ χορύβαντές εἰσι μηδὲ τῶν περὶ τὴν Ῥέαν δαιμόνων, ἀλλ᾽ ἄνθρωποι καὶ τρωτοὶ καὶ θνητοί, καθάπερ ἡμεῖς. εἰ δὲ καὶ ἡμεῖς ἄνδρες γενοίμεθα ἐν τοῖς τοιούτοις, οὐδὲ τὰ δευτερεῖα γένοιτ᾽ ἂν ἀφιλότιμα. τυχὸν δ᾽ ἂν καὶ πρωτεῖα συγχωρηθείημεν, εἰ μὴ λοχήσαντες ἐν φάραγγι πεντεκαίδεκα προνομεύοντες εὐτυχήσαιμεν, ἀλλὰ νο-

---

cesse est, at ego non is sim qui eas solvam aut carceris fores effringam. Etenim si reipublicæ penes episcopos esset administratio, eosdem ipsos oporteret nequitiæ esse vindices, quandoquidem publicus gladius non minus quam lustralis aqua, quæ in templorum vestibulis collocatur, civitatis est piaculum.

S'c veterum de:us audimus famamque virorum.

Hunc in modum factitabant, quoad optimum videbatur, eumdem pro communi bono vota facere, idque ipsum uti contingeret operam dare. Nam et Ægyptii et Hebræorum genus longo tempore sacerdotum imperio usi sunt. Sed posteaquam utriusque vitæ factum est divortium, et alia sacris alia principatui est attributa, aliique negotiis gerendis, nos fundendis precibus præpositi sumus, quibus lex vetat manum præstare legibus et vel sceleratissimum interficere, quonam modo quisquam iis concesserit manum homini veteratori contra iura porrigere? At ego quantum in me est, omnem lapidem moveo, idque et privatim et communibus in sacris oro, ut in iustitia superior iustitia sit, et civitas ab omni nequitia repurgetur. Hoc autem idem est, ac male malum perire et te et alium quemlibet tui similem. Et hoc argumentum tibi sit, qualisnam futurus fuerim, si quid mihi facere licuisset, qui, cum nihil liceat, diris te devoveo.

CXXII. Fratri.

Plurima Axomitarum sacerdotibus bona contingant, qui, cum milites in montium se latebras abdidissent suumque ipsi sanguinem custodire vellent, rusticam plebem convocantes, statim ab sacris ipsis recta ad hostes duxerunt, fusisque ad deum precibus, tropæum erexerunt in Myrsinitide. Vallis hæc in (259) longum directa et profunda ac silvis condensa; barbari autem, quod nihil sibi hostilium occurrisset armorum, etiam audacter erant ingressi. Sed offensuri utique erant animosum ac strenuum Faustum, qui in sacris diaconi munere fungitur. Hic ille est qui princeps armatum militem inermis excepit, quem cominus lapide tempori illiso feriit, non ut eum iaceret, sed ut quasi pugnis infestis insiliret. Quo, cum cecidisset, armis spoliato, plurimos super illum prostravit. Ac si quis alius id temporis fortis vir esse visus est, uni Fausto rei totius gloria tribuenda est, cum ob ea quæ gessit, tum ob ea quæ per tempus illud dixit. Ego vero omnes illos qui rei interfuerunt, libentissime coronarem ac præconis voce prædicarem; primi enim egregiorum facinorum auctores se præbuerunt, ut hoc attonitis ac lymphatis istis ostenderent, non eos esse Corybantas neque ex Rheæ matris assecliis dæmonibus, sed homines æque ac nos vulneribus ac morti obnoxios. Quod si etiam nos viri essemus, eiusmodi in rebus ne secundæ quidem partes honore carerent. Et forsitan vel primæ tribuerentur, si non insidiis in convalle dispositis quindecim tantum prædabundi

μ μῳ πολέμῳ καὶ φαινομέναις ταῖς παρασκευαῖς πλήθη
πρὸς πλῆθος ἀγωνισαίμεθα.

felici successu pugnaremus, sed justo certamine ac ma-
nifesto apparatu collatis copiis decerneremus

ρκγʹ Τρωίλῳ

CXXIII. Troilo

Εἰ δὲ θανόντων περ καταλήθοντ᾽ εἰν ἀΐδαο,
αὐτὰρ ἐγὼ καὶ κεῖθι φίλου μεμνήσομ᾽ ἑταίρου

Quod si Erebo vita functorum oblivia tangant,
illic vel cari potero meminisse sodalis

Ὁμήρῳ μὲν ἐποιήθησαν οἱ στίχοι, ὁ δὲ νοῦς αὐτῶν
οὐκ οἶδα εἰ Ἀχιλλεῖ περὶ Πατρόκλου μᾶλλον ἄξιος d
εἰρῆσθαι ἢ ἐμοὶ περὶ σοῦ τῆς φιλτάτης τε καὶ εὐεργέ-
τιδος κεφαλῆς. ὡς ἐγώ (μάρτυρα ποιοῦμαι Θεὸν ὃν
φιλοσοφία πρεσβεύει) τῆς ἱερᾶς σου καὶ γλυκείας ψυ-
χῆς ἐπὶ μέσης καρδίας ἄγαλμα περιφέρω, καὶ ἐμβομ-
βεῖ μου ταῖς ἀκοαῖς ἡ θαυμαστή σου τῶν σοφῶν λόγων
ἠχώ. τῇ πατρίδι δὲ ἐπιδημήσας ἀπὸ τῆς Αἰγύπτου,
καὶ δυοῖν ἐνιαυτῶν ἐπιστολὰς ἅμα ἀνεγνωκώς, πλῆθος
ὅσον δακρύων κατέσπεισα τῶν γραμμάτων· οὐ γὰρ οἷς
ἀπέλαυόν σου διὰ τῶν γεγραμμένων ἡδόμην, ἀλλ᾽
ἠνιώμην ἀναφέρων ἀπὸ τῶν γεγραμμένων (260) τὴν a
ἔμψυχόν σου συνουσίαν, οἷου φίλου τε ἅμα καὶ πατρὸς
ὄντως ζῶντος στεροίμην. δεξαίμην ἂν οὖν βαρυτέ-
ρους ἀγῶνας ὑπὲρ τῆς πατρίδος ἐθελοντής, ἵνα μοι γέ-
νοιτο πάλιν πρόφασις ἀποδημίας· ἆρά σέ ποτε ὄψο-
μαι, πάτερ ἀληθῶς γνησιώτατε, ἆρά ποτε τὴν ἱερὰν
σου κεφαλὴν περιπτύξομαι, ἆρα μεθέξω τοῦ συνεδρίου
τοῦ διὰ σὲ μακαρίου, εἰ γὰρ γένοιτό μοι τούτων τυχεῖν,
ἀποδείξω μηκέτι μῦθον ὄντα τὸν ἐπὶ Αἴσονι τῷ Θετ-
ταλῷ λόγον, ὅν φασιν αἱ ποιήσεις δὶς ἀνηβῆσαι, νέον
ἐκ πρεσβύτου γενόμενον   b

Sunt illi quidem ab Homero versus scripti, sed eorum
sensus nescio an ab Achille potius de Patroclo quam a
me de te amicissimo ac benefico capite usurpari merito
possit Quandoquidem, ut testis est mihi deus quem
philosophia colit, sacri tui ac suavissimi animi infixam
imaginem medio in corde circumfero, et auribus etiam-
num illa sapientissimorum tuorum sermonum vox inso-
nat Cum autem ex Ægypto in patriam rediissem, ac
duorum annorum simul epistolas legissem, magnam equi-
dem in litteras vim lacrimarum profudi Non tam enim,
quod te per litteras quodammodo fruerer, mihi volupta-
tem afferebat, quam illud dolore afficiebat (260), cum ex
scriptis tuis litteris præsentem ac vivam in animum con-
suetudinem revocarem, cuiusmodi scilicet et amico simul
et vere parente vivo essem orbatus Libenter igitur gra-
viora pro patria certamina subeam, mihi ut iterum pro-
fectionis occasio præbeatur Num quando conspectu tuo
perfruar, pater vere germanissime? num quando sacrum
tuum caput amplectar? num concilii propter te beati
particeps ero? Si enim ea mihi obtinere contigerit, effi-
ciam profecto, ut iam fabula non sit quod de Æsone
Thessalo dicitur, quem bis puberem fuisse poetarum
carmina prædicant, cum ex sene repente esset iuvenis
factus

ρκδʹ Τῇ φιλοσόφῳ

CXXIV. Philosophiæ Magistræ

Εἰ δὲ θανόντων περ καταλήθοντ᾽ εἰν ἀΐδαο,

Quod si Erebo vita functorum oblivia tangant,

αὐτὰρ ἐγὼ καὶ κεῖθι τῆς φίλης Ὑπατίας μεμνή-
σομαι. ἔγωγέ τοι τοῖς πάθεσι τῆς πατρίδος περιε-
χόμενος καὶ δυσχεραίνων αὐτὴν ἐφ᾽ οἷς ὁρῶ καθ᾽ ἡμέραν
ὅπλα πολέμια καὶ ἀποσφαττομένους ἀνθρώπους ὥσπερ
ἱερεῖα, κατὰ τὸν ἀέρα διεφθαρμένον ἕλκων ἀπὸ τῆς σή-   c
ψεως τῶν σωμάτων, καὶ αὐτὸς ἕτερα τοιαῦτα παθεῖν
προσδοκῶν (τίς γὰρ εὐέλπις, ἐν ᾧ καὶ τὸ περιέχον
ἐστὶ κατηφέστατον, κατειλημμένον τῇ σκιᾷ τῶν σαρ-
κοφάγων ὀρνέων,) ἀλλὰ καὶ ἐπὶ τούτοις φιλοχωρῶν.
τί γὰρ καὶ πάθω, Λίβυς ὢν καὶ ἐνταῦθα γενόμενος
καὶ τῶν πάππων τοὺς τάφους οὐκ ἀτίμους ὁρῶν, διὰ
σέ μοι δοκῶ μόνην ὑπερόψεσθαι τῆς πατρίδος κἂν λά-
θωμαι σχολῆς μεταναστεύσειν

at ego illic vel caræ potero meminisse Hypatiæ Ego,
inquam, patriæ malis circumfusus eiusque pertæsus,
cum hostilia in dies arma videam et homines pecudum
instar iugulatos, aeremque trabam ex tabe corporum
infectum, atque ipse consimilia quædam propediem ex-
spectem (quis enim bene sperare potest, cum et aeris
ipsius tristissima sit facies, qui carnivorarum avium um-
bra subtexitur?), et nihilominus in er hæc ei loco sim
affixus Quid enim possum, cum Libycus sim, illic
editus, et avorum non ignobilia sepulcra ibidem aspi-
ciens? Propter te unam patriam mihi aspernaturus vi-
deor et quam primum otium suppetet demigraturus

ρκεʹ Τῷ ἀδελφῷ

CXXV Fratri

Δυστυχοῦμεν οἷς εὐποροῦμεν πονηραῖς ἀλλήλους
ἀγγελίαις ἀμείβεσθαι ἰδοὺ γὰρ καὶ Βαττίαν ἐπινεί- d
μαντο καὶ Ἀπροσυλέως ἥψαντο, καὶ ἄλως ἐνέπρησαν
καὶ γῆν ἐδηώσαντο καὶ γυναῖκας ἠνδραποδίσαντο.
ἀρρένων δὲ οὐδεμία φειδώ καίτοι πρότερον εἰώθε-
σαν ζωγρεῖν τὰ παιδάρια ἀλλὰ νῦν, οἶμαι, τὸν

Misere hoc ipso nobiscum agitur, quod infelicibus
nuntiis abundamus, quos invicem transmittamus Ecce
enim iam Battiam depopulati sunt et in Aprosylim ex-
currerunt, areas incenderunt, agros vastarunt, mulieres
in servitutem abegerunt Maribus enim nequaquam par-
citur, tametsi antea vivos capere puerulos solerent

ἀριθμὸν ἐλάττους ἴσασιν ὄντες ἢ ὥστε νέμειν τῇ λείᾳ
φύλακας συχνοὺς καὶ ἀρκεῖν τοῖς λειπομένοις ὡς ἐπὶ
πόλεμον εἴ τις ἐπεξίοι. ἡμῶν δὲ οὐδεὶς ἀγανακτεῖ,
ἀλλ' οἴκοι καθήμεθα τὴν (261) συκίνην ἐπικουρίαν τοὺς α
στρατιώτας προσδεχόμενοι, καὶ τὸ σιτηρέσιον καὶ τὰς
ἐν εἰρήνῃ πλεονεξίας διὰ στόματος ἔχομεν, ὥσπερ
τούτοις δικάζεσθαι δέον, ἀλλ' οὐκ ἐκείνοις ἀμύνεσθαι.
οὐ παυσόμεθα φλυαροῦντες; οὐ σωφρονήσομέν ποτε,
καὶ γεωργοὺς βωλοκόπους ἀθροίσαντες ὁμόσε χωρήσο-
μεν τοῖς ἐχθροῖς ὑπὲρ παίδων ὑπὲρ γυναικῶν ὑπὲρ
χώρας, εἰ δὲ βούλει, καὶ ὑπὲρ αὐτῶν τῶν στρατιωτῶν;
καλὸν γὰρ ἐν εἰρήνῃ λαλεῖσθαι ταῦτα, ὡς ἡμεῖς αὐτοὺς
τρέφομέν τε καὶ σώζομεν. ἐγὼ μὲν οὖν μόνον οὐκ
ἔποχος ὢν ἵππῳ τὴν ἐπιστολὴν ὑπηγόρευσα· καὶ γὰρ b
λόχους καὶ λοχαγοὺς ἐκ τῶν παρόντων ἐποίησα.
ἀθροίζεται δέ μοι καὶ ἐν Ἀσουσάμαντι πλῆθος συχνόν·
καὶ γὰρ Διωέσταις ἀπαντᾶν ἐπὶ τὴν Κλεοπάτραν ἀπήγ-
γειλα. ἐλπίζω δὲ ἐπειδὰν πρὸ ὁδοῦ γενώμεθα καὶ
περιαγγελθῇ νεανική τις συστᾶσα περὶ ἐμὲ δύναμις,
πολὺ πλείους ἔσεσθαι τοὺς ἀκλήτους· ἥξουσι γὰρ
ἁπανταχόθεν, οἱ βέλτιστοι μὲν ἐφ' ᾧ μετασχεῖν ἔργου
καλοῦ, οἱ πονηρότατοι δὲ καὶ ἐπὶ διαρπαγῇ λαφύρων. c

Sed nunc, opinor, minores se esse numero intelligunt,
quam ut prædæ plurimos custodes imponere et iis, quæ
relicta fuerint, a bello vindicandis, si quis irrumpat,
sufficere possint. Nostrum autem neminem subit indi-
gnatio, sed domi sedemus (261) ficulneum auxilium,
militem scilicet, præstolantes et stipendium, illorum-
que per pacis tempus commoda in ore habemus, quas,
cum iis iudicio experiri, non illos propulsare oporteat.
Non tandem aliquando nugari desistemus? non sapere
incipiemus et agricolarum glebas exercentium manu
contracta hostibus nos opponemus pro liberis, pro uxo-
ribus, pro sedibus nostris, imo etiam pro militibus
ipsis? Præclara enim dictu in pace ista sunt, nos alere
illos ac tueri. Atqui ego tantum non equo insidens
hasce litteras dictavi. Nam et cohortes et centuriones,
prout in præsentia suppetebat, constitui. Mihi autem
nec pœnitendus militum numerus in Asusamante cogitur.
siquidem Dioestis diem indixi, quo ad Cleopatram ades-
sent. Spero autem, simul nos progredi cœperimus,
idque dissipatum erit, egregiam circa nos manum esse
collectam, multo plures non vocatos adfuturos. Undi-
que enim confluent, optimi quidem, quo præclari faci-
noris partem aliquam decerpant, pessimi vero ad diri-
pienda spolia.

ρκϛ'. Ἀσκληπιοδότῳ.

Οἴμοι. τί δ' οἴμοι; θνητά τοι πεπόνθαμεν.

ὁ τρίτος γε καὶ λοιπὸς οἴχεται τῶν υἱέων. ἀλλὰ τό
γε δόγμα τὸ περὶ τοῦ μηδὲν εἶναι τῶν οὐκ ἐφ' ἡμῖν
ἀγαθὸν ἢ κακὸν ἔτι παρ' ἐμοὶ σώζεται, μᾶλλον δὲ
πάλαι μὲν ἦν μάθημα, νυνὶ δὲ γέγονε δόγμα ψυχῆς
ἐγγεγυμνασμένης ταῖς περιστάσεσιν. ἔδει δὲ ἄρα
χαλεπωτέραν μοι γενέσθαι τοῦ πάθους τὴν προσβολήν,
καὶ διὰ τοῦθ' ὁ δαίμων, ᾧ μέλει βλάπτειν τἀμά,
προφκονομήσατο μηδὲ σὲ τὴν φίλην μοι παρεῖναι d
κεφαλήν. ἀλλ' ἔλθοις ποτέ, θαυμάσιε καὶ τριπόθητε
καὶ φίλων ἀδολώτατε. μάρτυς εἰμὶ τῷ θαυμαστῷ
Μενελάῳ τῆς περὶ σὲ διαθέσεως. διὰ τοῦτο πολλά-
κις συνδιημέρευσα, ὅτι σε δι' εὐφήμου μνήμης ἐτί-
θετο, καὶ πολλὰ τῇ ψυχῇ προσκεχυφὼς καὶ τοῖς
ἐπιτρόποις ἀπάγουσιν αὐτὸν εὐθὺ Τευχείρων περὶ
τὸν μέγαν Ἀσκληπιοδότου εὐγνώμων τε καὶ εὐχαρι-
στῶν ὡς ἐπὶ μεγίστοις εὐεργέτῃ διατετέλεχεν. ἵν'
ἔχωμεν ὕδωρ ψυχρόν, ὑδρίαν ἢ πίθον ἐκ μαρμάρου
ζητῶ. ὅσῳ μείζων, τοσούτῳ κάλλιον. κείσεται δὲ ἐν
Ἀσκληπιῷ (262) τῷ ποταμῷ· παρ' αὐτῷ γὰρ κτίζω τὸ α
ἀσκητήριον, καὶ ἁγνὰ σκεύη προευτρεπίζομαι. σὺν
θεῷ δὲ εἴην ἐπιβαλλόμενος.

CXXVI. Asclepiodoto.

Heu me! quid heu me? digna mortali fero.

Tertius ac postremus liberorum excessit. Sed illud
decretum, nihil eorum, quæ in potestate nostra sita non
sint, bonum esse vel malum, adhuc in animo meo per-
severat, aut potius olim quidem doctrina a me erat
comprehensum, nunc dogma animi factum est, multis
casibus exercitati. Necesse autem erat vehementiorem
esse mali huius impetum, atque ob id dæmon ille, cui
curæ est meis ut rebus noceat, ante hoc providit, ut ne
tu quidem, amicissimum mihi caput, adesses. Sed ad-
sis tandem, o præclare et ter optate mihi atque amico-
rum omnium sincerissime. Testis sum egregio Menelao
tui erga illum affectus. Ob id sæpius iucunde sum cum
eo versatus, quod te honorificentissima recordatione
prosequatur, quodque, tametsi totus animi curæ sit
affixus ac moderatoribus, qui ad Teuchira recta illum
abducunt, gratum se tamen in magnum Asclepiodotum
præbeat, eique tanquam de se optime merito gratias
agere insistat. Ut nobis aquæ frigidæ copia sit, hydriam
aut dolium marmoreum require : quanto maius erit,
tanto erit melius. Nam ad Asclepium (262) flumen col-
locabitur. Iuxta enim cœnobium instituo, ad idque
vasa pura ac sancta præparo. Atque utinam cum deo
opus aggrediar !

ρκζ'. Τῷ ἀδελφῷ.

Ἀσπίδα φεύγων ὄφιν καὶ Λαδικέας περίφευγε,
καὶ κύνα λυσσητήν, καὶ πάλι Λαδικέας.

ἀλλὰ μετὰ τὸν ἡμερώτατον καὶ φιλοσοφώτατον
Πεντάδιον τὰς πινακίδας, ἃς ἡ πολιτεία σύνθημα

CXXVII. Fratri.

Aspide abi procul, angue, rubeta et Laodicensi,
Iunge canem rabidum, Ladicensque iterum.

Verum post humanissimum ac philosophum apprime
Pentadium codicillos, quos Ægyptiacæ præfecturæ sig-

ποιεῖται τῆς Αἰγυπτίας ἀρχῆς, Εὐθάλιος ὁ Λαοδιχεὺς ἔχει λαβών. οἶσθα τὸν νεανίσκον, ὡς εἰκάζειν ἔξε- b στιν, ὑπὸ τοὺς αὐτοὺς ἡμῖν χρόνους ἐπὶ στρατοπέδου διαγαγόντα· καὶ γὰρ οὐκ εἶα λανθάνειν αὐτὸν οὔθ᾽ ὁ τρόπος οὔτε τὸ ἐπώνυμον. Βαλαντᾶν τινὰ ἤκουες, οὐ πατρόθεν τῆς σεμνῆς ταύτης προσηγορίας κληρονομή- σαντα, ἀλλ᾽ αὐτὸν περιποιησάμενον. ἐπειδὴ γάρ, οἶμαι, Λυδίας ἄρχων ἀποδειχθεὶς ὑπὸ τοὺς Ῥουφίνου καιροὺς ἦγε καὶ ἔφερε τὰ Λυδῶν, νεμεσᾷ Ῥουφίνος καὶ μέτεισι ζημίᾳ χρυσοῦ λιτρῶν πεντεκαίδεκα, τάττει δὲ στρατιώτας ἐκ τῶν ὑπηρετῶν, ὡς ᾤετο, τοὺς ἀν- δρειοτάτους καὶ εὐνουστάτους, ἐφ᾽ ᾧ σὺν βίᾳ πράξαν- c τας τὸ χρυσίον ἀνακομίσαι πιστῶς εἰς τὴν τράπεζαν τὴν αὐτοῦ. τί οὖν πρὸς ταῦτα ὁ Σίσυρος, ἀλλὰ μὴ λίαν ἀπειρόκαλος ὢ βεβοσμένα ἐπιδιηγούμενος, πέ- πυσαι πάντως τὴν συνωρίδα τῶν βαλαντίων, ἃ τῶν ἵππων Εὐμήλου πολὺ μᾶλλον ἀλλήλοις ἐοικότα κατα- σκευάσας τῷ μὲν ἐνέθηκεν ὀβολοὺς ἐκ χαλκοῦ τῷ δὲ στατῆρας χρυσίου· καὶ τοῦτο μὲν δείξας ἐκεῖνο δὲ κρύψας, ὡς ἀπηρίθμησαν, ὡς ἐζυγοστάτησαν, ὡς κα- τεσημήναντο τῇ δημοσίᾳ σφραγῖδι τὸ χρυσίον, λαν- θάνει θάτερον ἀντιθεὶς καὶ πέμψας ἀντὶ τῶν στατήρων d τοὺς ὀβολούς. οἱ δὲ ὡμολόγηκεσαν ἐν δημοσίοις γράμ- μασιν ἔχειν καὶ διαχομιεῖν τὸ χρυσίον.

num respublica constituit, accepit Euthalius Laodicenus Adolescentem nosti, qui, quantum coniicere licet, sub idem nobiscum tempus in castris versatus est, neque enim latere illum aut mores aut cognomen ipsum sinebant Marsupium quemdam audisti, qui non a patre egregii istius nominis hæreditatem acceperit, sed illud sibi ipse pepererit Cum enim, opinor, Lydiæ præposi- tus circa Rufini tempora Lydos vexaret ac diriperet, indignatus Rufinus auri libris xv multavit Ad id milites ex cohorte sua, ut putabat, fortissimos ac fidelissimos apposuit, qui aurum illud violenter extortum bona fide ad mensam suam deferrent Quid ad hæc Sisyphus iste? Sed ne admodum ineptus sim adeo vulgata sub- texens Auditum omnino tibi est par illud marsupio- rum, quæ multo Eumeli equis similiora faciens, in uno quidem æreos obolos, in altero aureos nummos condidit Inde alterum horum ostendens, alterum occultans, ubi enumeraverunt, ubi appenderunt, ubi denique publico sigillo aurum obsignarunt, clam alterum loco illius subie- cit, et pro aureis obolos misit At illi in publicis tabulis confessi erant penes se aurum esse idque quamprimum perlaturos

κἀκ τούτου Δάρνις παρὰ ποιμέσι πρῶτος ἔγειτο

Ex illo Daphnis pastorum primus habetur

τοῦτο τὸν Εὐθάλιον ἐπὶ μέγα τύχης ἐξῆρεν Οὐδενὶ γὰρ ἐπέτρεψεν ὁ γέλως ὑπὲρ τῆς πολιτείας ἀγανακτῆ- σαι, ἀλλ᾽ ὡς ἄνδρα παρὰ τοὺς πώποτε θαυματοποιῶν ἰδεῖν ἐπεθύμησαν καὶ ἦκε μετάπεμπτος ὥσπερ εὐερ- γέτης Ῥωμαίων, ὀχήματι δημοσίῳ πομπεύων διὰ τῶν πόλεων. κἀγὼ τὸν ἄνθρωπον (263) οἶδα τῶν συνεδρευόν- των ἐν τῷ προτεμενίσματι τοῦ βουλευτηρίου λαλίστε- a ρον. οὗτος ὅσον οὔπω παραλύσει τῆς ἀρχῆς τὸν ἕτε- ρον Πεντάδιον.

Hæc una res Euthalium in amplam fortunam provexit; nulli enim risus pro republica dolere permittebat Sed ut virum præ omnibus, qui unquam exstiterant, præsti- giarum callidum videre gestiebant Venit igitur accer- situs, tanquam de Romanis bene meritus, publico vehi- culo solemni pompa per urbes invectus Ego vero hominem novi (263) subbasilicanis omnibus loquaciorem Atque ille mox sodali Pentadio in magistratu succedet

ρκη Πρὸς ἐπίσκοπον

CXXVIII Ad episcopum

Ἀπέλαβες ὅπερ ἦς, οὐκ ἀπέβαλες οὐ γὰρ ὅταν τις τοῦ τῆς ἀσεβείας χωρισθῇ καταλόγου, τότε καὶ τῶν τῆς εὐσεβείας ἀπιστέρηται θρόνων Αἰγύπτου δὲ περιπτύσσου τὴν ἀλλοτρίωσιν, καὶ νόμιζε καὶ πρὸς σὲ b τὸν προφήτην μεγαλοφώνως κεκραγέναι Τί σοὶ καὶ τῇ γῇ Αἰγύπτου τοῦ πιεῖν ὕδωρ Γεών, τὸ γὰρ ἔθνος θεο- μάχον ἀρχαῖον καὶ πατράσιν ἁγίοις πολέμιον

Quod eras, receptum a te, non amissum est Non enim quando quis ab impietatis cœtu seiungitur, tunc et pietatis throno spoliatur Hanc autem ab Ægypto avulsionem complectere, idque tibi etiam magna voce clamasse prophetam existima Quid tibi et terræ Ægypti, ut bibas aquam Geon? Gens enim ista deo iam- pridem rebellis est ac sanctis patribus inimica

ρκθ´ Πυλαιμένει

CXXIX Pylæmeni

Πλάτωνι Σωκράτης πεποίηται προσιὼν μὲν ὀψέ ποτε πρὸς τὰ παιδικά, ἀξιῶν δὲ αὐτὰ μὴ θαυμάζειν εἰ ὥσπερ, φησί, μόλις ἠρξάμην, οὕτω καὶ μόλις παυ- σαίμην. ἐγὼ δέ μοι δοκῶ ταὐτὸ πεπονθέναι πάθος c πρὸς σὲ καὶ τὴν αὐτὴν δίκαιος εἶναι παραιτεῖσθαι συγ- γνώμην, ἐνιαυτὸν ὅλον, οὐκ ἄξιον οὐδ᾽ ἀληθὲς εἰπεῖν ἐπισχών, ἀλλὰ μάτην στείλας τὰς ἐπιστολὰς τῷ πάλιν

Socrates apud Platonem inducitur sero ad amasios suos accedens atque idcirco postulans, minime ut miren- tur si, uti, inquit, ægre cœperim, ita ægre desinam Ego vero eumdem erga te affectum animi suscepisse videor, eamdemque abs te veniam merito posse depre- cari, qui toto anno, non dicam (neque enim id vere possum) omiserim, sed frustra dederim litteras, quoniam

αὐτὰς εἰς τὰς ἐμὰς χεῖρας ἀνακομισθῆναι. νῦν οὖν ἀθρόας ἐκπέμπω. ἃς οὐ μόνον ὥσπερ φόρων ἐλλείμματα ἀποδιδοὺς μακρηγορῶ, ἀλλὰ καὶ προσεισενεγκεῖν σοι βούλομαι. καίτοι, νὴ τὸν φίλιον τὸν ἐμόν τε καὶ σόν, ἐπ᾽ αὐτῷ τούτῳ κατέβην ἐπὶ θάλατταν, καὶ τοῖς Φυκουντίων κωπεῦσι διείλεγμαι, σχασάμενος ἱππικήν, ἵνα στείλω πρὸς ὑμᾶς τοῦτο μὲν γράμματα, τοῦτο δέ d — ἀλλ᾽ οὐκ ἄξιον ποιεῖσθαι κατάλογον τῶν πεμφθέντων μέν, ὥστε Πυλαιμένη λαβεῖν, ἐν Ἀλεξανδρείᾳ δὲ ἐκτεθέντων διὰ τὸν δυστυχέστατον ἀπόπλουν. καὶ σοῦ μὲν ἕνεκα (καίτοι τῶν ἐκεῖ φίλων ὁ φιλικώτατός μοι Πυλαιμένης ἐστίν) ἀλλὰ νὴ τὴν τιμίαν σου διάθεσιν ῥᾷον ἂν ἤνεγκα ἢ δι᾽ ἑτέρους συχνούς, καὶ μάλιστα διὰ τὸν θαυμάσιον Πρόκλον καὶ Τρύφωνα, περὶ ὧν καὶ μόνων ὡς προσαγορευόντων με γέγραφας. ἀπέστειλα οὖν τῇ μὲν τιμίᾳ σου διαθέσει χρυσοῦ νομίσματα δέκα, (264) τῷ δ᾽ ἑταίρῳ Πρόκλῳ κατὰ τὸν θεσπέσιον a Ἡσίοδον τριτημόρια πλείω τῶν παρ᾽ αὐτοῦ. ἔχει γὰρ οὕτως. ἀποδημῶν ἐδεξάμην εἰς τὸν ἀπόπλουν δεῆσαν παρ᾽ αὐτοῦ χρυσίνους ἑξήκοντα. τούτους ἐγεγραφήκει μὲν ἑβδομήκοντα, ἀπέστειλα δὲ ὀγδοήκοντα. ἐγένοντο δ᾽ ἂν ἔτι πολλῷ πλείους, εἰ τὰ πρῶτα παρ᾽ ὑμᾶς ἐκεκόμιστο γράμματα καὶ ἡ ναῦς ἐπ᾽ ἐκείνοις τοῖς τότε φορτίοις. νῦν δ᾽ ἐγὼ μὲν τύχῃ τινὶ χρησάμενος ἐπὶ τὴν Ἀλεξάνδρειαν ἀπεδήμησα, καὶ τοῖς ὑμετέροις λιμέσι προσορμιεῖν ᾤμην τὸ σκάφος· τὸ δ᾽ b ἐλάνθανεν ἐξώσταις ἀνέμοις ἀπὸ Κρήτης μόλις εἰς τὴν Αἰγυπτίαν ἀποσωθὲν θάλατταν. ἢ τί ἐκώλυεν ὑμᾶς, ὥσπερ τὰς ἀλεκτορίδας, οὕτω τὰς χερσαίας τρέφειν στρουθούς; ἀποδοθῆναι τοῖς ἐμοῖς τὸ γραμμάτιον παρὰ τοῦ θαυμασιωτάτου πατρὸς Πρόκλου δίκαιον, τοὺς ὀγδοήκοντα χρυσίνους κομισαμένου· καὶ τὸν ἑταῖρον Τρωίλον παρασκεύασον ἀποστεῖλαί μοι τάχιστα τὰ βιβλία ἅπερ ἀποδέδωκας αὐτῷ, τὸ Νικοστράτειον δὴ λέγω καὶ τὸ τοῦ Ἀφροδισιέως Ἀλεξάνδρου. εἰ διὰ τὴν ἱεράν σου διάθεσιν φίλοι ἡμῖν οἱ ἄρξοντες ἡμῶν ἐπιδημοῖεν, πρὸς φιλοσοφίαν ἡμῖν συντελέσεις τὸ μέ- c ρος τὸ σόν, ὅσον Πλάτων ἡγεῖται παρὰ τῆς ἀτιμίας κωλύεσθαι.

ρλ΄. Σιμπλικίῳ.

Ἐχαρίσω Κερεαλίῳ, δι᾽ αὐτοῦ προσειπὼν ἡμᾶς, τὸ λαθεῖν ἡμέρας πέντε πονηρὸν ὄντα· ἤλπισαν γάρ τι χρηστὸν αἱ πόλεις παρ᾽ ἀνδρός, ὃν οὐκ ἀπηξίωσεν εἰδέναι Σιμπλίκιος. ὁ δὲ ταχὺ μάλα ᾔσχυνε σὲ μὲν οὔ (μὴ γάρ ποτε ἐπ᾽ ἄλλῳ τὰ σὰ γένοιτο), ἑαυτὸν δὲ d καὶ τὴν ἀρχήν, καὶ ἵνα μὴ διατρίβω, τὰ Ῥωμαίων πράγματα, ὥνιος ἄνθρωπος ἐλαχίστου, δόξης ἀμελής, ἀπόλεμος, ἐν εἰρήνῃ βαρύς, ἧς πρὸς βραχύτατον ἀπολέλαυκεν· οὐδὲ γὰρ ἐδεήθη χρόνου πρὸς τὸ πάντα ἀνατρέψαι τε καὶ συγχέαι. ὥσπερ γὰρ ὄντος νόμου τὰ τῶν στρατιωτῶν εἶναι τῶν στρατηγῶν, ἃ πάντες εἶχον λαβὼν ἀντέδωκεν αὐτοῖς ἀστρατείαν καὶ τὸ μὴ συντε-

rursus ad meas manus reversæ sunt. Nunc itaque simul omnes ad te remitto; quas non modo velut residuum pensitationis exsolvens ago verbosius, sed et aliquid offerre insuper volo. Quanquam tuum meumque præsidem amicitiæ testor, ob id unum ad mare descenderam, et cum Phycontiis remigibus egeram, equestrem omittens, ut ad vos partim litteras mitterem, partim — sed minime percensenda sunt quæ, cum eo animo misissem, ut ad Pylæmenem pervenirent, Alexandriæ exposita sunt propter incommodam navigationem. Ac quantum sane ad te pertinet, etsi omnium quos illic habeo amicorum amicissimus mihi est Pylæmenes, nihilominus tamen, per egregium animi tui affectum iuro, minùs id moleste tulissem, quam aliorum multorum causa, præsertim clarissimorum virorum Procli ac Tryphonis, de quibus solis, ut qui me salutarent, mentionem fecisti. Quamobrem egregio tuo animo decem nummos aureos misi (264); sodali autem Proclo, quemadmodum divinus Hesiodus iubet, triente plus quam ab eo mihi erogatum erat, rependi. Sic enim sese res habet. Cum peregre essem, itaque necesse habuissem, aureos ab illo sexagenos in commeatum accepi, pro quibus ille septuagenos scripserat. At ego octogenos misi, multoque plures fuissent, si priores ad eos litteræ pervenissent, unaque navis illa cum iis quas tum vehebat mercibus. Iam vero casu aliquo coactus Alexandriam profectus sum : cumque ad portus vestros navigium appulsurum crederem, nullo animadvertente, contrariorum impetu ventorum ægre a Creta repulsum, in mare Ægyptium evasit. Alioqui quid prohiberet modo vos, quemadmodum gallinas, ita et terrestres struthiocamelos alere? Syngrapham nostram meis æquum est a clarissimo Patre Proclo reddi, postquam octogenos illos aureos acceperit. Da etiam operam ut sodalis meus Troilus, quos tu ei reddideras libros, quam citissime ad me mittat; Nicostrateum dico et Aphrodisiensis Alexandri. Si per sacrum et eximium animi tui affectum conciliati nobis hic versentur qui provinciæ nostræ præfuturi sunt, multum nobis ad philosophiam pro virili tua parte contuleris; quantum scilicet ignominia et contemptu impediri existimat Plato.

CXXX. Simplicio.

Cum nos per Cerealium salutasti, hoc ei contulisti, uti quinque dies illius nequitia celaretur. Boni enim aliquid civitates ab eo homine sperarunt, quem Simplicius nosse non gravaretur. At ille cito admodum pudore affecit non te quidem (absit enim, ut tuæ res sint ex altero suspensæ), sed se ipsum potius ac suum magistratum, et, ne longius faciam, Romanam rempublicam; homo exiguo pretio venalis, famæ atque existimationis contemptor; bellicæ rei imperitus, in pace importunus, qua per brevissimum tempus fruitus est. Non enim longo tempore opus habuit ad evertenda perturbandaque omnia. Nam perinde ac si lege aliqua militum fortunæ ad ducem

τάχθαι, βαδίζειν ἐπιτρέψας ἤ τις ᾤετο θρέψεσθαι. ταῦτα τοὺς ἐπιχωρίους ποιήσας, ἐπεὶ τοὺς ξένους (265) εὐκ ἦν ἀργυρολογεῖν, ἠργυρολόγησεν αὐτῶν τὰς πόλεις, ἄγων καὶ μεθιστὰς οὐχ ᾗ λυσιτελέστερον ἦν ἀλλ' ᾗ κερδαλεώτερον· βαρυνόμεναι γὰρ αὐτῶν τὴν καθέδραν αἱ πόλεις χρυσίον εἰσέφερον. τούτων ὀξέως ᾔσθοντο Μακέται, καὶ γέγονε διαδόσιμος ἀπὸ τῶν μιξοβαρβάρων εἰς τοὺς βαρβάρους ἡ φήμη

ἦλθον ἔπειθ' ὅσα φύλλα καὶ ἄνθεα γίνεται ὥρᾳ

φεῦ τῆς νεότητος ἥν ἀπολωλέκαμεν, φεῦ τῶν καρπῶν, οὓς μάτην ἠλπίσαμεν. ἐσπείραμεν τῷ πολεμίῳ πυρί. τοῖς πλείοσιν ἡμῶν τὸ πλουτεῖν ἐν βοσκήμασιν ἦν, ἐν ἀγελαίαις καμήλοις, ἐν ἵπποις φορβάσι. πάντα οἴχεται, πάντα ἐλήλαται. αἰσθάνομαι γιγνόμενος ὑπὸ τοῦ πάθους ἔκφορος. ἀλλὰ σύγγνωθι, τειχήρης γάρ εἰμι καὶ πολιορκούμενος γράφω, τῆς ὥρας πολλάκις φρυκτοὺς ὁρῶν, καὶ αὐτοὺς ἀνάπτων καὶ αὐτὸς καὶ αἴρων τοῖς ἄλλοις σημεῖα· κυνηγέσια δὲ ἐκεῖνα τὰ πρόσω, οἷς ἐπ' ἐξουσίας ἐχρώμεθα πρότερον οὐχ ἥκιστα διὰ σέ, πάντα ἔρρει. καὶ στένομεν μεμνημένοι ἥβης τ' ἐκείνης, νοῦ τ' ἐκείνου καὶ φρενῶν. ἀλλ' ἱπποκρατεῖται μὲν ἅπαντα καὶ τὴν χώραν ἔχουσιν οἱ πολέμιοι, ἐγὼ δὲ ὑπὸ μεσοπυργίῳ τεταγμένος ὑπνομαχῶ.

ἐν δορὶ μέν μοι μᾶζα μεμαγμένη, ἐν δορὶ δ' οἶνος
Ἰσμαρικός, πίνω δ' ἐν δορὶ κεκλιμένος.

οὐκ οἶδ' εἰ μᾶλλον Ἀρχιλόχῳ προσήκοντα ἦν ταῦτα εἰπεῖν. κακῷ κακῶς ἀπόλοιτο Κερεάλιος, εἰ μὴ καὶ προαπόλωλε τῆς ἀρᾶς, ὡς ἄξιός γε ἦν ἔργου γενέσθαι τοῦ πρώτην χειμῶνος, ὃς ἐπειδὴ τὴν χώραν εἶδεν ἐν ᾧ κινδύνου κατέστησεν, ἠπίστησε καθάπαξ τῇ γῇ, καὶ τὸ χρυσίον ἐνθεὶς διαρμένοις ὁλκάσιν ἐπὶ μετεώρου σαλεύει. τὰς δὲ ἐπιστολὰς αὐτοῦ παραφέρει κελήτιον ταῦτα ἃ δὴ καὶ ποιοῦμεν ἐπιταττούσας, εἴσω τειχῶν εἶναι μηδὲ προπηδᾶν τῶν τάφρων μηδ' ὁμόσε χωρεῖν ἀμάχοις ἀνθρώποις, ἢ διαμαρτύρεται καθαρὸς αἰτίας εἶναι. φυλακὰς δὲ καθιστάναι διδάσκει τῆς νυκτὸς τέτταρας, ὡς ἐν τῷ μὴ καθεύδειν οὐσῶν τῶν ἐλπίδων. ἔοικε γὰρ εἶναι τὰ τοιαῦτα σοφός, ἅτε ἐπιτήδειος ἀτυμεῖν ἄνθρωπος. καίτοιγε ἡμῖν οὐδὲ μετέχειν ἐβουλήθη τῶν συμφορῶν· οὐ γὰρ παρ' ἔπαλξιν (266) ὥσπερ ἐγὼ ἃ Συνέσιος ὁ φιλόσοφος, ἀλλὰ παρὰ κώπην ὁ στρατηγὸς ἵσταται. εἰ δὴ τῶν ποιημάτων ἐρᾷς ἅπερ ᾔτησας (καίτοιγε ἡμεῖς οὐδὲν αὐτοῖς σύνισμεν ἀγαθὸν, ὅτι μὴ τὴν ὑπόθεσιν), σύνευξαι Κυρηναίοις μικρὸν ἀπὸ τῶν ὅπλων γενέσθαι. ὡς γὰρ νῦν ἔχομεν, οὐκ ἔστιν ἀπὸ κιβωτίων ἐξερᾶσαι βιβλία.

ρλα' Πυλαιμένει

. Τοὺς γεωμετρικοὺς ὅρους ἀληθεστάτους ἡγοῦ, ὅτε γε καὶ ταῖς ἄλλαις ἐπιστήμαις ὑπάρχει σεμνύνεσθαι, κἂν κατὰ μικρὸν εἰς τὰς ἀποδείξεις αὐτῶν ἐκ γεωμε-

pertinerent, quæ quisque possideret accipiens, vicissim illis vacationem et ordinis servandi immunitatem largiebatur, copiam omnibus faciens eo se conferendi, ubi ali se posse sperarent. Hæc cum indigenis fecisset, quoniam a peregrinis argentum exprimere (265) non poterat, expressit ab illorum civitatibus, copias suas eo deducens commigransque, non ubi maior opportunitas, sed ubi compendii uberioris spes erat. Cum enim eius commoratione civitates opprimerentur, aurum contribuebant. Hæc cito Macetæ sensere, moxque a semibarbaris ad barbaros eius rei fama propagata est.

Hinc, quot vere novo frondes floresque, ruebant.

Heu iuventutem male a nobis amissam! Heu frugum a nobis frustra speratos proventus! Hostilibus flammis agros conserimus. Plerisque nostrum opes erant in pecore, in armentis camelorum, in gregalibus equabus, periere omnia, omnia sunt abacta. Sentio me præ dolore non esse mei compotem. Verum ignosce, quæso. Mœnibus enim septus sum, et obsessus hæc scribo, per horam sæpius faces aspiciens, easque accendens et ipse, et in signum aliis extollens. Porro venationes illæ longinquæ, quibus securi antea tuo maxime beneficio fruebamur, penitus abierunt. Itaque identidem ingemiscimus, cum iuventutis illius reminiscimur illiusque mentis ac prudentiæ. At nunc equorum ungulis pulsantur omnia, omnemque late regionem hostes obtinent. Ego pro mœnibus inter turres collocatus somno conflictor.

Maza mihi hastato præbetur, Bacchus in hasta
Ismaricus dum me sustinet hasta, bibo.

Nescio an Archilochum magis hæc usurpare conveniret. Male malus pereat Cerealius, nisi ante imprecationem perierit, adeo dignus erat quem proxima tempestas e medio tolleret. Qui postquam animadvertit quænam in pericula provinciam coniecisset, terræ penitus diffidit. Itaque auro omni in actuarias binis velis instructas imposito, in salo et anchoris fluctuat. Litteræ vero illius parvula celoce deferuntur, quæ idem, quod nos facimus, præcipiunt, ut intra muros contineamur ne quisquam extra fossas exsiliat, neve cum invictis viris manum conseramus, alioqui deos hominesque testatur, omni se culpa vacaturum. Ad hæc quaternas per noctem vigilias constitui iubet, quasi in insomnia spes sit omnis nostra posita. Videtur enim hisce in rebus expertus, utpote ærumnis ac miseriis assuefactus. Etsi ne nobiscum quidem ærumnarum esse voluit particeps. Non enim ad propugnacula, (266) ut ego Synesius philosophus, sed ad remum dux consistit. Quare si poemata desideras, quæ a me postulasti, tametsi in iis nihil præter argumentum laude dignum agnoscimus, cum Cyrenæis precare, ut ab armis respirare liceat. Nam ut nunc se nostræ res habent, libros e loculis egerere otium est nullum.

CXXXI Pylæmeni

Geometricas definitiones verissimas esse puta, cum cæteræ etiam disciplinæ glorientur, quoties exiguum aliquid ad suas demonstrationes ex geometria corrogave-

τρίας τι συμπορίσωνται. ἔστι δήπου τις ἐν αὐτοῖς
λόγος ἀξιῶν τὰ τῷ αὐτῷ τὰ αὐτὰ καὶ ἀλλήλοις εἶναι
δεῖν τὰ αὐτά. ἐμοὶ δὲ σὲ μὲν ὁ τρόπος ἐποίησε φί-
λον, τὸν δὲ θαυμάσιον Διογένη καὶ ἡ φύσις· ἄμφω δὲ
ἑνός ἐστε φίλοι. δεῖ δὴ καὶ ἀλλήλων ὑμᾶς ἐξηρτῆ-
σθαι, καθάπερ ἐμοῦ τοῦ μέσου. συνάπτω τοιγαροῦν
ὑμᾶς ἀλλήλοις διὰ τῆς ἐπιστολῆς, μεθ' ἧς ἑαυτὸν μὲν
ἐπιδώσει τῇ φιλίᾳ τῆς σῆς σεμνοπρεπείας ὁ θαυμάσιος
Διογένης, ἀντιλήψεται δὲ εὖ οἶδ' ὅτι τὸν ἐμὸν Πυλαι- C
μένη. καλῶν γὰρ ἐμὸν οὔτ' αἰσχύνειν οὔτ' αἰσχύ-
νεσθαι φήσαιμ' ἂν ἔγωγε. ὅτι δὲ διὰ σοῦ καὶ τοὺς
ἄλλους ἕξει τοὺς ἐμὲ ἀγαπῶντας φίλους, ὅσοις δὲ δύ-
ναμίς ἐστι, καὶ χρησίμους, οὐκ ἂν δίκαιος εἴην εἰ
ἀμφιϐάλλοιμι. δεῖ δὲ αὐτῷ φίλων χρησίμων, εἴπερ
τῳ πώποτε· τὰ γὰρ κατ' αὐτὸν ὡς ἐν βραχυτάτοις
οὕτως ἔχει. νέος ἐστὶν ἁπλοῦς καὶ γενναῖος, θυμοει-
δὴς καὶ πρᾶος, οἵους ὁ Πλάτων ἀξιοῖ τῆς ἑαυτοῦ
πόλεως τοὺς φύλακας εἶναι. ἐστράτευταί γέ τοι καὶ
οὗτος κομιδῇ μειράκιον ὤν. ἄρτι δὲ ἐξ ἐφήβων ἦρξε d
παρ' ἡμῖν τὴν τῶν στρατευμάτων ἀρχήν, παραϐαλλό-
μενος ἐπὶ βασκάνων μαρτύρων· τοιοῦτος γὰρ οἱ πολῖ-
ται πρὸς ἅπαν τὸ εὐτυχοῦν. ἀλλ' οὗτος ἑαυτὸν παρέσχε
καὶ φθόνου κρείττω. περὶ οὗ πολλὰ μὲν ἂν ἕτερος
εἴπεν (ἀλλ' ἐοίκαμεν γὰρ ὁμοίως ἔχειν, ἐγώ τε πρὸς
τὸ ἐπαινεῖν καὶ οὗτος πρὸς τὸ ἐπαινεῖσθαι), συνελόντι
δὲ ἐνίκησεν ὅπλοις μὲν τοὺς τῆς πατρίδος ἐχθρούς,
ἀρετῇ δὲ τοὺς ἐν αὐτῇ πονηρούς. νέος ἐν ἐξουσίᾳ γενό-
μενος οὐκ ᾔσχυνε φιλοσόφου συγγένειαν (207). τοιοῦτος a
ὢν πράγμασιν ὁμιλεῖ δυσκόλοις, οὐχ ἥκιστα δι' αὐτὸ
τὸ καλὸς κἀγαθὸς εἶναι· ἕρμαιον γάρ ἐστι τῶν κα-
κοήθων ἅπας ἐπιεικής, καὶ ἡ πρόσοδος τοῖς πονηροῖς
ἐκ τῆς ἑτέρας μερίδος παραγίνεται. ἐνδείκτης οὖν τις
ἀξιῶν μισθοδοτεῖσθαι παρ' αὐτοῦ καὶ μὴ τυγχάνων
δίκην πρὸς αὐτὸν ἔλαχεν. ὡς δὲ οὐ προυχώρει ταύτῃ
τὸ σπάσαι τι τῶν οὐ προσηκόντων, ἀλλ' ἦσαν οἱ νόμοι
μεθ' ἡμῶν, ἑτέραν ἐτράπετο. καὶ ποιεῖται τὴν δίκην
γραφήν, ἀνατεινόμενος ἔγκλημα τοῦ κατηγορουμένου
πρεσβύτερον. ἥκει δὴ τὸ κληθῆναι φθάσας· οὐ γὰρ
ἀξιῶν ἐνδοῦναι θανατῶντί γε συκοφάντῃ, καὶ προέ- b
σθαι τὰ πατρῷά τε καὶ παππῷα μετὰ δόξης αἰσχρᾶς.
πρὸς ταῦτα δεῖται φίλων ἀδόλων, ἀκαπηλεύτων, νοῦν
ἐχόντων, οἷος εἶ σύ. ἕξει δὲ (σὺν θεῷ δὲ εἰρήσθω) σὲ
μὲν δι' ἐμοῦ, διὰ σοῦ δὲ τοὺς φίλους τοὺς ἐμούς τε καὶ
σούς. ὧν δ' ὅ τι ἂν τις αὐτὸν ἀγαθὸν ἐργάσηται, τούτου
τὴν χάριν ὀφείλειν ἐγὼ δίκαιός εἰμι.

ρλβʹ. Τῷ ἀδελφῷ.   C

Τὸ μὲν τὰς γυναῖκας βοᾶν καὶ στερνοτυπεῖσθαι καὶ
σπαράττειν τὰς κόμας ἐπιφανέντων ἢ προαγγελθέντων
πολεμίων, ἧττον ἂν δόξειεν εἶναι δεινόν· καίτοι καὶ
τοῦτο δεινὸν ὁ Πλάτων οἴεται, τὸ μηδὲ ὥσπερ τὰς
ὄρνεις ἐθέλειν ἀμυνομένας ὑπὲρ τῶν νεοττῶν πρὸς
ὁτιοῦν τῶν ἀλκιμωτάτων ἀνθίστασθαι, ἀλλὰ δόξαν

rint. Est autem nimirum ratio quaedam inter illas, quae
ratio eadem inter se definit esse oportere, quae eadem
cum uno eodemque fuerint. Iam cum te mihi animus,
moresque conciliarint, egregiam vero Diogenem natura
etiam ipsa, ambo autem eiusdem amici sitis, necesse
est profecto invicem vos esse devinctos, quemadmodum
mecum estis tanquam cum medio colligati. Quamobrem
vos ego invicem hac epistola coniungo, quacum se ipsum
magnificentiae tuae amicitiae praeclarus Diogenes commit-
tet ac deferet, vicissim autem, ut confido, Pylaemenem
meum accipiet. Quem cum appello meum, neque illi
pudorem facere neque affici me audacter dixerim. Sed
reliquos insuper, qui me ament, amicos, eos etiam uti-
les, quibus facultas suppetet, per te illum habiturum,
iniquus sim si dubitem. Est autem ipsi, si cui unquam
alteri, amicis opus utilibus. Is enim est, ut paucis ex-
pediam, rerum illius status : adolescens simplex est ac
generosus, animi plenus atque mitis, cuiusmodi Plato
reipublicae suae custodes esse desiderat. Militavit porro
et is admodum puer. Statim autem, postquam excessit
ex ephebis, apud nos cum imperio copiis praefuit, sub
iniquis testibus pericula suscipiens. Tales enim adver-
sus secunda omnia cives esse solent. Verum ille omni
se invidia superiorem praestitit; de quo plura quidem alius
quispiam dixerit. Sed nos eodem affecti modo videmur
ambo, ego ad praedicandas laudes, ille ad audiendas.
Sed ut uno verbo dicam, ille armis hostes patriae, vir-
tute, qui in ea erant perditi, superavit. Adulta iam
aetate potentiam nactus, philosophi necessitudine nihil
indignum admisit. (207) Atque eiusmodi cum sit, diffic-
limis negotiis implicatur, ob id maxime quod probus et
honestus est. Nam ut quisque candidus ac bene mora
tus est, ita a malignis et perditis in lucro deputatur :
atque ex altera parte ingens malis proventus atque
compendium oritur. Igitur delator nescio quis merce-
dem ab ipso exprimere volens, ubi nihil promovet, litem
illi intendit; sed cum nihilo magis hac ratione quidquam
posset alienae rei pellicere, cum a nobis iura ac leges
essent, alio se convertit, et litem in accusationem com-
mutat, crimen reo ipso antiquius intentans. Ergo ante-
vadimonium sese sistit. Neque enim desperato calum-
niatori ullo modo credendum est; neque paterna et avita
bona turpi cum dedecore perdenda sunt. Ad hoc amicis
opus habet sinceris, minime fucatis, prudentibus, cu-
iusmodi es tu ; habebit vero (quod deo probante dictum
a me sit) te primum opera mea, tua vero amicos meos
tuosque : quorum quidquid ullus beneficii in illum con-
tulerit, huius me gratiae par est debitorem agnoscere.

CXXXII. Fratri.

Mulieres quidem vociferari ac pectus plangere et co-
mam vellere visis aut nuntiatis hostibus tolerabilius
videri potest : quanquam ne tolerandum quidem existi-
mat Plato, quod instar gallinarum ad pullos tegendos
cuicunque etiam validissimo sese nolint opponere, sed
pessimam humano generi famam aspergant, prae omni-

καταχεῖν τοῦ τῶν ἀνθρώπων γένους ὅτι πάν-
των θηρίων ἀτολμότατον γέγονε. τὸ δὲ καὶ σὲ
ταὐτὸν ἐκείναις πλημμελεῖν, καὶ νύκτωρ ἐλδειμκτοῦ-
σθαι καὶ διανίστασθαι, καὶ βοᾶν παρ' αὐτὴν τοῦ φρου-
ρίου τὴν θύραν ἑστάναι τὸν βάρβαρον (τοιαῦτα γάρ
τις ἀπήγγειλε περὶ σοῦ) πῶς ἔτι ταῦτα οἰστά, κἂν
ἀλλοίως ἔοικεν εἶναι, ἐμὸν ἀδελφὸν ὄντα ἔπειτα δειλὸν
εἶναι; ἔγωγέ τοι παρανατειλάσης εὐθὺς ἡμέρας ἐξιπ-
πασάμενος ὡς ἀνυστὸν πορρωτάτω, καὶ ὠσὶ καὶ ὀ-
φθαλμοῖς τὰ κατὰ τοὺς ἀπελάτας τούτους ἅπαντα πολυ-
πραγμονῶ· οὐδὲ γὰρ ἄξιον καλεῖν αὐτοὺς πολεμίους,
ἀλλὰ λῃστὰς ἢ λωποδύτας ἤ τι τοιοῦτον ὄνομα μικρο-
πρεπέστατον, οἳ μηδένα τῶν ἐρρωμένως ἐπιφερομένων
ὑφίστανται, ἀλλὰ μόνους τοὺς καταπλῆγας ἀποσφάτ-
τουσιν (268) ὥσπερ ἱερεῖα καὶ περιδύουσι. νύκτωρ δὲ
μετὰ τῶν ἐφήβων περιπολῶ τὸν λόφον, καὶ παρέχω
ταῖς γυναιξὶ τοῦ καθεύδειν ἄδειαν, ἐπισταμέναις ὅτι
πρὸ αὐτῶν τινὲς ἐγρηγόρασι. πάρεισι δέ μοι καὶ
στρατιῶται τοῦ τῶν Βαλαγριτῶν τάγματος. οὗτοι
πρότερον μὲν ἢ Κερεάλιον ἄρχειν ἦσαν ἱπποτοξόται·
τούτου δὲ καταστάντος εἰς τὴν ἀρχήν, ἀπημπολημένων
αὐτοῖς τῶν ἵππων, ἐγένοντο μόνον τοξόται. ἐιοὶ δ' οὖν
ἀποχρῶσι καὶ ἄνιπποι· δεῖ δὲ τοξείας ἡμῖν ὑπὲρ
φρεάτων, ὑπὲρ τοῦ ποταμοῦ· ὕδωρ γὰρ οὐκ ἔχομεν
εἴσω τοῦ περιβόλου. ἐπεὶ τί ἐκώλυε διαφέρειν τὴν
πολιορκίαν αὐλουμένους τε καὶ κωμάζοντας, νῦν δὲ ἢ
κρατεῖν δεῖ μαχομένους ἢ ἀποθνήσκειν εἰς χεῖρας
ἰόντας τοῖς πολεμίοις ἀντὶ τοῦ διψῆν· οὗ τί ἂν ἐλεει-
νότερον γένοιτο, ὥστε κἂν ὑπ' ἀνάγκης ἄνδρες εἴημεν
ἀγαθοί. καὶ σὺ δὴ προθυμοῦ καὶ ἑτέρους παρακάλει,
καὶ τὸ ζεῦγος τῶν ἵππων τῶν ἀδηφάγων τῶν ἐπὶ τῷ
φόρῳ τρεφομένων ἄγεσθαι κέλευε παρὰ σέ. παντὸς
μᾶλλον ἐν τοῖς τοιούτοις καιροῖς ἵππος οὐκ ἀχρεῖον
κτῆμα. καὶ γὰρ προδραμεῖν τε καὶ κατασκέψασθαι
καὶ ἀπαγγεῖλαι δι' ἐλαχίστου, πάντα ταῦτα ἵππος
δύναται ῥᾳδίως ποιεῖν. κἂν δέῃ σοι τοξοτῶν, μετα-
πέμπου καὶ ἥξουσι· τοὺς γὰρ κωπέας τοὺς Φυκουν-
τίους οὐδ' ἐγὼ θαρρῶ συμμάχους, ὥσπερ οὐδὲ τοὺς
παρ' ἐμοὶ κηπωρούς· ζητῶ δὲ ἄνδρας ὀλίγους οὐ
ψευδολόγους τὸν ἀνδρα. κἂν ἐπιτύχω τοιούτων (σὺν
θεῷ δὲ εἰρήσθω), θαρρῶ. δεῖ ᾐσαν δὲ ἀποθνήσκειν,
ἐνταῦθα τὸ φιλοσοφίας ὄφελος, τὸ μηδὲν ἡγεῖσθαι δει-
νὸν ἀναχωρῆσαι τοῦ θυλακίου τῶν κρευλλίων. εἰ δὲ
πρὸς τὴν γυναῖκα καὶ τὸ παιδίον ἄτεγκτος ἔσομαι,
τοῦτο δὲ οὐ σφόδρα διεγγυῶμαι· ὡς ἔγωγε βουλοίμην
ἂν τοσαῦτα φιλοσοφίαν δύνασθαι. ἀλλὰ μή τί ποτε
διάπειραν λάβοιμι, μή, ὦ σῶτερ, μή, ὦ ἐλευθέριε.

ρλγ' Ὀλυμπίῳ

Χθὲς καὶ πρώην ἐπὶ τῶν ἐναγχος ὑπάτων, ὧν ἄτε-
ρός ἐστιν Ἀρισταίνετος (τὸν γὰρ συνάρχοντα ἀγνοῶ),
κατασεσημασμένην ἐκομισάμην ἐπιστολὴν τὸ σὸν τῆς
ἱερᾶς κεφαλῆς ἐπιγεγραμμένην ὄνομα τεκμαίρομαι

---

lius id esse bestiis ignavissimum Te vero eadem illa
committere, noctuque intemperiis ac terroribus agitari
et exsilire et identidem vociferari sub ipsis præsidii por-
tis astare Barbarum (eiusmodi enim de te quædam ad
me perlata sunt), etiamne ferri istud potest, cum id
absonum utique videatur, eum qui frater meus sit esse
formidolosum? Atqui ego primo statim diluculo quam
fieri longissime potest obequitans, auribus atque oculis
de abactoribus iis quæ possum inquiro Neque enim
hostes appellaverim, sed latrones ac grassatores, aut si
quod aliud abiectius nomen est, qui neminem fortius
invadentem sustineant, sed timidos ac attonitos duntaxat
(268) iugulant, tanquam pecudes, ac despoliant Noctu
vero cum iuvenum manu collem obeo, et mulieribus
dormiendi securitatem præbeo, dum aliquos pro sua sa-
lute excubare intellegunt Adsunt et mihi ex Balagrita-
rum ordine milites aliquot Hi antequam Cerealius pro-
vinciæ præfuisset, equites erant sagittarii Posteaquam
is imperium est adeptus, distractis sibi equis, ad sagit-
tarios rescripti sunt mihi vero vel sine equis sufficiunt.
Sagittatione autem opus est nobis ad puteorum, ad flu-
minis copiam habendam Aquæ enim intra muros nihil
habemus Alioqui quid eam obsidionem tolerare tibiis
ac comessationibus indulgentes prohibeat? Iam vero
vel pugnando vincere necesse est, vel manu conserta
cum hostibus oppetere potius, quam siti conficiamur
Quo quid miserius posset accidere? Ita vel necessitate
coactos nos præbere convenit Ac tu etiam cura
ut is sis, aliosque cohortare, et par illud voracium
equorum, qui ad tributum aluntur, adduci ad te impera
Nulla iis temporibus possessio equo utilior atque oppor-
tunior esse potest Nam et procurrere et speculari et
brevissimo tempore renuntiare, omnia hæc facile præ-
stabit equus Quod si tibi sagittarius opus est, eos
arcesse et confestim aderunt Phycuntiorum enim remi-
gum auxiliis nihilo magis confido, quam meis olitoribus
Paucos autem viros desidero, qui viros non mentiantur
Ac si aliquos eiusmodi nactus ero, quod cum deo a me
dictum sit, bono animo sum Sin obeunda mors est
tum vero utilis atque opportuna philosophia est, minime
ut acerbum videatur ex hoc caruncularum sacculo disce-
dere Quod autem adversus uxorem ac filiolum siccis
oculis esse possim, nequaquam id valde asseverare au-
deam Quod utinam philosophia posset! Sed nunquam
eius rei periculum fieri a me contingat, te, o salutis, o
libertatis præses obtestor

CXXXIII Olympio

Heri et nudius tertius, proximis coss., quorum alter
Aristænetus est, nam collegam eius ignoro, obsignatas
accepi litteras, quibus religiosi tui capitis nomen erat
inscriptum Esse autem vetustissimas (269) ex eo coni-

δὲ (289) αὐτὴν εἶναι παμπάλαιον, τῷ τε θριπήδε- a
στον γεγονέναι καὶ τῷ συγκεχύσθαι τὰ πλείονα τῶν
γραμμάτων. ἐγὼ δὲ ἠξίουν μὴ καθάπερ δασμόν
τινα ἐτήσιον τὴν ἐπιστολὴν πέμπεσθαι, μηδ' ἕνα
ποιεῖσθαι διακομιστὴν μόνον τὸν φίλτατον Σύρον·
οὕτω γὰρ συμβαίνει τὸ μηδὲ νεκροῖς ἀλλ' ἑώλοις αὐ-
τοῖς περιτυγχάνειν. ὥσπερ οὖν ἐγώ, καὶ αὐτὸς οὕτω
ποίει. οὐδεὶς βασιλέως ἀγγελιαφόρος δημοσίαν ἵππον
ἀμείβων ἔξεισι τῆς πόλεως, ᾧ μὴ τὰ πρὸς τὴν σὴν
λογιότητα μέρος γίνεται τοῦ κατόπιν φορτίου. εἰ μὲν
οὖν ἀποδιδόασιν ἢ πάντες ἤ τινες αὐτῶν, πολλὰ κά- b
γαθὰ τοῖς ἀποδιδοῦσι γένοιτο, χρηστοῖς οὖσιν· εἰ δὲ
μή, καὶ ταύτῃ σὺ σοφώτερος, ἀπιστῶν οἷς ἄξιον.
ἀλλ' ἵνα μηδὲ ἡμεῖς μάτην κόπτωμεν τὸν ὑπογραφέα
τὰς οὐκ ἀποδοθησομένας ἐπιστολὰς ὑπαγορεύοντες,
μαθεῖν ἀξιῶ· μεθαρμόσομαι γὰρ τοῦ λοιποῦ καὶ μόνῳ
πιστεύσω τῷ Πέτρῳ. ταύτην γέ τοι τὴν ἐπιστολὴν
Πέτρον οἶμαι διακομιεῖν, παρὰ μέσης λαβόντα τῆς
ἱερᾶς χειρός· στέλλω γὰρ αὐτὴν ἀπὸ Πενταπόλεως
ἐγὼ πρὸς τὴν διδάσκαλον τὴν κοινήν. αὕτη δὲ ὅτῳ
βούλεται δώσει· βουλήσεται δ' εὖ οἶδ' ὅτι τῷ γνωριμω- c
τάτῳ παρασχεῖν. καὶ γὰρ οὐδ'ἴσμεν, ὦ φίλτατε καὶ
θαυμασιώτατε, εἰ καὶ πάλιν ἔξεστι προσειπεῖν ἡμᾶς
ἀλλήλους. κακίᾳ γὰρ στρατηγῶν ἀμαχεὶ γέγονε τῶν
πολεμίων ἡ χώρα, καὶ μόνοι ζῶμεν ὅσοι τὰ ἐρυμνὰ
κατειλήφαμεν, τῶν ἐν τοῖς πεδίοις κατειλημμένων
ὥσπερ ἱερείων ἀπεσφαγμένων. δέδιμεν δὲ τὴν προσ-
εδρείαν αὐτῶν μὴ χρονία γενομένη δίψει παραστή-
σηται τὰ πολλὰ τῶν φρουρίων. ταύτῃ καὶ τοῖς ἀντεγ- d
κλήμασι τοῖς περὶ τῶν δώρων οὐκ ἀπεκρινάμην· οὐ
γάρ μοι σχολὴ πρός τινι μηχανῇ τὴν νοῦν ἔχοντι.
κατασκευάζομαι γὰρ ὡς ἂν ἀπὸ τῶν πύργων ἐκηβολώ-
τατα πέμποιμεν ἀξιόλογα λίθων βάρη. ἅμα δὲ καὶ
ἐνδίδωμί σοι πρὸς τὸ πέμπειν μοι δῶρα· δεῖ γὰρ εἴκειν
Ὀλυμπίῳ Συνέσιον, μὴ μέντοι τρυφῶντα δῶρα (καὶ γὰρ
καὶ τότε τὴν τρυφὴν ἐμεμψάμην τῶν καταλυμάτων
τοῦ συσσιτίου), ἀλλ' ἔστω στρατιωτικά, τόξα καὶ
βέλη, μετὰ τῶν στυρακίων μέντοι τὰ βέλη. τόξα
μὲν οὖν κἂν ἑτέρωθεν ὠνησαίμην καὶ τὰ ὄντα (270) a
ἀνακτησαίμην, βέλη δὲ οὐ ῥᾴδιόν ἐστι πορίσασθαι,
οὔκουν ὥστε καὶ ἐπιτήδεια. τὰ γὰρ Αἰγύπτια ταῦτα
τοῖς γόνασιν οἰδοῦντα τοῖς παραγονατίοις συνιζάνει·
ταύτῃ καὶ σφάλλεται παρ' ἑαυτῶν. ἔοικε γὰρ τοῖς ἐκ
πρώτης ἀφετηρίας ἐμποδιζομένοις τε καὶ προσκό-
πτουσι. τὰ παρ' ὑμῖν δὲ εὐμήκη τέ ἐστι καὶ ἀκριβῶς
εἰς ἑνὸς κυλίνδρου σχῆμα στρογγύλλεται, ὅπερ τὸ πᾶν
ἐστιν εἰς εὐθυπορίαν τῆς πτήσεως. ταῦτά μοι πέμ-
πειν, καὶ χαλινοὺς ἵππων ἀγαθοὺς εἰς χρῆσιν. ἐπεὶ
καὶ τὸν ἵππον τὸν Ἰταλόν, ὃν ἐπήνεσας τῇ γλώττῃ b
τῇ καλῇ, σφόδρα ἂν εἶδον ἡδέως· ἐπειδὴ καὶ πατέρα
πώλων ἀγαθῶν ἡμῖν αὐτὸν ὑπισχνοῦ. οὐ μὴν ἀλλὰ
καὶ κάτω που τῆς ἐπιστολῆς μετὰ τὴν ὑπογραφὴν εὗ-
ρον ὅτι μένειν ἐδέησε τὸν ἵππον ἐν τῇ Σελευκείᾳ, τοῦ
ναυκλήρου διὰ τὸν καιρὸν παραιτησαμένου τοιοῦτο

cio, quod et a tineis corrosæ essent, et litterarum pars a
maior exolevisset. At ego vellem non tanquam annuum
vectigal epistolam ad me mitteres, nec uni duntaxat
amicissimo Syro perferendas traderes. Ita enim fit, ut
nunquam recentes sed vetustate consumptæ ad me per-
veniant. Fac igitur quod me facere vides. Nullus im-
peratoris veredarius equum publicum mutans urbe pro-
ficiscitur, cui non humeralis sarcinæ pars aliqua sit
quod ad eruditionem tuam mittitur. Quare si tibi fide-
liter reddant, sive omnes sive eorum aliqui, multa iis b
prospera contingant, boni enim viri sunt; sin minus,
hac tu in parte prudentior es, qui iis fidem non adhi-
beas, quibus haberi nullam oportet. Sed ne librarium
et nos frustra fatigemus, cum minime perferendas ad te
litteras dictamus, certior reddi cupio; mutabimus enim
deinceps sententiam, solique Petro committam. Has
porro litteras a Petro perlatum iri arbitror, quas de sa-
cra manu acceperit. Mitto enim has e Pentapoli ad
communem magistram, hæc autem cuicunque libuerit
committet : libebit autem, optime scio, ei tradere, qui c
sit notissimus. Neque enim scimus, o carissime ac
præclare vir, an postea salutandi invicem facultas sit
affutura, propterea quod ignavia ducum sine certamine
regionis hostes potiuntur, solique nos superstites sumus,
qui ad munita loca confugimus, omnibus, quotquot in
campestribus deprehensi sunt, pecudum more iugulatis.
Veremur autem ne diuturna in iis locis illorum commo-
ratio quam plurima castella siti ad deditionem compel- d
lat. Quæ causa est, cur recriminationi illi tuæ, quæ de
muneribus erat, non responderim. Neque enim otium
fuit, eo quod in machinæ cuiusdam fabricatione occupa-
bar. Hoc enim molior, quemadmodum e turribus non
contemnendi ponderis lapides quam longissime iacule-
mur. Simul autem et mittendi ad me munera potesta-
tem facio. Synesium quippe Olympio cedere necesse
est : verum ea lege, ne lautiora munera sint. Nam et
tunc luxum, quo in contubernii diversoriis usus es, mi-
nime probavi : sed militaria ea dona sint, arcus scilicet
ac spicula, hæc autem una cum cuspidibus. Arcus qui- a
dem vel aliunde coemere possum; aut quos ipse iam
habeo (270) reficere : spicula vero ægre comparantur,
quæ quidem usui esse possint. Ægyptia enim ista geni-
culis protuberantia substrictiore internodio sunt. Idcirco
per se ipsa frustrantur. Similia enim iis sunt, qui sta-
tim a primis carceribus impediuntur et offendunt. Ve-
stra autem oblonga sunt, et in unius cylindri figuram
rotundantur : quod ad volatus rectitudinem unice con-
fert. Hæc tu ad me mittes; necnon equorum frena ad b
usum accommoda : nam et equum illum Italicum,
quem tu venusta illa tua lingua prædicasti, videre admo-
dum desiderassem : eoque magis quod tu egregiorum
pullorum patrem illum spoponderas. Verum in calce
litterarum infra subscriptionem scriptum reperi equum
istum Seleuciæ relinqui oportuisse, quod nauarchus ob

φορτίον. ἐπειδὴ δὲ μήτε τὴν λέξιν ἐπέγνων ἀδελφὴν οὖσαν τῆς σῆς μήτε τὴν χεῖρα μήτε τὴν ἀκρίβειαν τῆς γραφῆς, ἐδικαίωσα μὴ ἀγνοεῖσθαί σοι τοῦτο ἄτοπον γὰρ εἰ τοιοῦτος ὢν ὁ ἵππος μήτε ἐμοὶ μήτε σοὶ σώζοιτο.

temporis incommoda id oneris recusasset Sed quoniam neque dictionem ipsam neque manum neque exactam scripturæ rationem tuæ germanam agnovi ac similem, æquum putavi te ea de re non celari Absurdum enim est talem equum mihi iuxta ac tibi perire

ρλδ'. Πυλαιμενει

Ἐδεξάμην τὴν ἐπιστολήν, ἐν ᾗ πάλιν ἐμέμψω τὴν τύχην ὡς οὐδὲν περὶ σοῦ βεβουλευμένην φιλανθρωπότερον. μὴ σύ γε, ὦ φίλτατε ἑταίρων οὐ γὰρ ἄξιον ἐγκαλεῖν ἀλλὰ παραμυθεῖσθαι. ἔξεστι δὲ ὄντι τοιούτῳ ἥκειν πρὸς ἡμᾶς ἀδελφὸν εὑρήσεις οἶκον. οὐ πλουτοῦμεν, ὦ ᾽γαθέ, ἀλλὰ τὰ παρόντα ἀρκεῖ καὶ Πυλαιμένει κἀμοί· εἰ δὲ σὺ παρέσῃ, τυχὸν καὶ πλουτήσομεν. ἀπὸ τῶν ἴσων ἀφορμῶν ἕτεροι πλείω τῶν μετρίων ἔχουσιν, ἐγὼ δὲ κακὸς οἰκονόμος. ἀλλὰ τέως ἀντέχει καὶ πρὸς τὴν ἀκριβεστάτην ἀμέλειαν τὰ πατρῷα, ἃ δὴ δύναται βόσκειν φιλόσοφον. μὴ τὰ τυχόντα ἡγοῦ προσλαβόντα καὶ πρόνοιαν. ταῦτα περὶ τούτων, καὶ μὴ ἄλλως ποίει, εἰ μή τι μεταξὺ βέλτιον πέπραγας, καὶ πάλιν διανοῇ τὴν Ἡράκλειαν ἀνιστάναι κειμένην. ἐπιστολὰς οὐ γέγραφα πρὸς οὓς εἴωθα, διὰ τὸν καιρόν· ἀλλὰ πρώην ἅπασι γέγραφα, φάκελον ἐπιστολῶν Διογένει δούς. ἀνεψιός ἐστιν ὁ Διογένης ἐμός, ὃν εἰ μὲν οὖν ἐπέτυχέ σου ζητῶν (ἐζήτησε γὰρ (271) εὖ οἶδ' ὅτι), καὶ δὴ τὸν φάκελον ἐπιδέδωκεν, σοὶ γὰρ ἐπεγέγραπτο εἰ δὲ μή, τὸν ναύκληρον αἴτει δεῖξαί σοι τὸν νεανίσκον, καὶ κομισάμενος τὰς ἐπιστολάς, αὐτὸς ἅπασι δίδου εἰσὶ δὲ οὓς περὶ πλείστου ποιοῦμαι παρ' ἐμοῦ προσειρῆσθαι, ὁ πατὴρ Πρόκλος, Τρύφων ὁ παρ' ἡμῖν ἄρξας, Σιμπλίκιος ὁ ἀνὴρ καὶ ἄρχων ἀγαθὸς καὶ φίλος ἐμός. ἐπιδοὺς αὐτῷ τὴν ἐπιστολήν, ἐν ᾧ πάρεστι χρόνῳ χρῆσαι τἀνδρί καλὸν γὰρ καὶ συσχολάσαι στρατιώτῃ ποιητικῷ στρουθοὺς μεγάλας ἀπὸ τῶν ἐν εἰρήνῃ κυνηγεσίων εἴχομεν, ἀλλ' οὐκ ἦν αὐτὰς στέλλειν ἐπὶ θάλατταν διὰ τῶν ὅπλων τῶν πολεμίων, οὐδὲ ἄλλο τι τῶν παρὰ τὰς ἀκτὰς ὄντων ἐξῆν ἐνθεῖναι τοῖς πλοίοις οἶνος οὖν μόνος ἐστὶ τὸ φορτίον, ἐλαίου δὲ οὐ μὰ τὴν τιμίαν σου κεφαλὴν οὐδὲ κύαθον ἀγώγιμον ἔχουσιν, οὔκουν ὅσα γε ἐμὲ εἰδέναι. τοσάδε οὖν οἴνου ξεστία λαβέ. λήψῃ δὲ ἐπιδοὺς τὸ πρὸς Ἰούλιον πρόσταγμα πρόσκειται δὲ τῇ ἐπιστολῇ τοῦ μὴ διαπεσεῖν ἕνεκα. καὶ τῷ πατρὶ Πρόκλῳ γεγράφηκα, καὶ ταῦτα πέπομφα. δεξάσθω καὶ τὴν ἐπιστολὴν παρὰ σοῦ καὶ τὸν οἶνον παρὰ Ἰουλίου. Τρύφωνι τῷ χρυσῷ (δεῖ γάρ τι καὶ ἐν τούτοις ψυχρὸν εἰπεῖν καὶ Γοργίειον) τρυφῶντα δῶρα παρεσκευάσαμεν ὀπὸν σιλφίου πολύν (Βάττου γὰρ ἀκούεις αὐτὸ δήπου καὶ σύ) καὶ κρόκον ἄριστον, ἀγαθὸν γὰρ ἡ Κυρήνη καὶ τοῦτον ἐκτρέφει· οὐ μὴν ἐξεγένετο πέμπειν τό γε νῦν ἔχον. ἀλλ' ἐκπέμψαιμεν ἂν εἰς ἑτέραν ναῦν, ὅταν καὶ ὑμῖν μετ' αὐτοῦ μὲν τὰς στρουθούς, κατὰ μόνας δὲ τοὔλαιον.

Accepi tuas litteras, quibus iterum fortunam incusas, quod nihilo tibi humanius adhuc consuluerit Nequaquam, o sodalium amicissime Neque enim criminari illam attinet sed consolationem capere Licet autem eiusmodi cum sis, tibi ad me venire, fraternam domum invenies. Non locupletes sumus, o bone vir, sed vel præsentia mihi ac Pylæmeni sufficiunt Quod si tu una mecum aderis, fortasse ditiores erimus Ab iisdem rei familiaris subsidiis alii supra mediocres opes adepti sunt ego vero malus sum dispensator Nihilominus tamen hactenus vel contra maximam incuriam patrimonium durat, quod philosophum alere possit Neque tu aspernandum hoc existimes, si cura ac diligentia accesserit Hoc modo te in iis neque aliter gere, nisi quid forte interim melius acciderit, ac rursum iacentem Heracleam instaurare cogites Epistolas quibus soleo nullas scripsi ob temporis difficultatem, sed nuper omnibus scripsi ac litterarum fasciculum Diogeni commisi Patruelis meus Diogenes iste est, qui si te quærens invenerit (non enim (271) dubito quin quæsierit), simul et fasciculum dedit Tibi enim erat inscriptus Sin minus, nauclerum roga ut tibi adolescentem indicet cumque ab eo litteras acceperis, ipse omnibus reddas velim Nonnulli sunt quos meo nomine compellari summopere cupiam pater Proclus, Trypho, qui provinciæ nostræ præfuit, Simplicius non minus vir quam magistratus optimus et amicus meus, cui postquam litteras obtuleris, quamdiu præsentis copiam habes, homine utere Præclarum enim est cum milite versari poeticæ studioso Struthiocamelos magnos habebamus ex venationibus, quas tempore pacis exercuimus Verum mittere eos ad mare per infesta hostium arma non potuimus, neque aliud quidquam eorum quæ in littore erant navigiis imponere licuit Vino igitur duntaxat oneravimus Olei vero, per carissimum caput tuum, ne cyathum quidem importarunt, quantum scire potuerim Accipe igitur vini totidem sextarios Accipies vero, postquam mandatum quod ad Iulium scriptum est dederis, quod epistolæ adiunctum est, ne excidere posset Scripsi et patri Proclo, eademque misi Accipiat a te litteras, vinumque ab Iulio Tryphoni aureo (oportet enim in iis frigidum aliquid et Gorgiæ simile dicere), Tryphoni, inquam, dona paravimus laseris magnam copiam (hoc enim de Batto scilicet accepisti), ad hæc crocum optimum Nam et hoc probum Cyrenis provenit Hoc tamen mittere in præsentia non potui sed in alteram postea navem imponetur, tum cum ad vos mittemus cum illo quidem struthiocamelos, privatim autem oleum

ρλε'. Τῷ ἀδελφῷ.

CXXXV. Fratri.

Ποιμένιος οὗτος ὁ τὴν ἐπιστολήν σοι διδοὺς ἐστάλη πρὸς ἡμᾶς ὑπὸ τοῦ μικρῷ πρότερον δυναστεύσαντος Ἀρταβαζάκου ἐπὶ ταῖς οὐσίαις ἁπάσαις, ὧν ἐν τοῖς τῇδε τόποις ἐγεγόνει κύριος. ἀλλ' ἐν ὑποθέσει τοιαύτῃ πρᾶον ἑαυτὸν παρέσχε καὶ μετριώτατον. καίτοι τίς ἕτερος οὕτως ἐχρήσατο τῷ καιρῷ; Ποιμενίου δὲ οὐ- δεὶς Λιβύων τὴν τότε δύναμιν ἐβαρύνετο. μέγα τεκ- μήριον, λυπεῖ τὰς πόλεις ἀναχωρῶν. σὺ δέ μοι τὸν ἄνδρα φιλίως καὶ ὥσπερ εἰκὸς ἐπαίνεσον ἐπὶ καλοκα- γαθίᾳ.

Pœmenius hic, a quo has litteras accipies, missus est ad nos ab Artabazaco, qui paulo ante principatum tenuit, bonorum omnium curator, quæ in his locis possideret. Sed in eo munere obeundo perhumanum se ac facilem præbuit. Quanquam quis allus ita occasione hac utere- tur? At Pœmenii potestas nemini Libyum gravis et one- rosa fuit. Cuius rei non leve hoc argumentum est, quod magno civitatum omnium mœrore discedit: At tu hominem amice atque uti par est probitatis nomine col- laudato.

ρλϛ'. Τῷ αὐτῷ (272).

CXXXVI. Eidem (272).

Ὀναίμην τῶν Ἀθηνῶν ὁπόσα βούλει, ὥστε μοι δοκῶ πλεῖν ἢ παλαιστῇ καὶ δακτύλῳ γεγονέναι σο- φώτερος. ἔξεστι δὲ καὶ αὐτόθεν τῆς νέας σοφίας πεῖράν σοί τινα παρασχεῖν. ἀμέλει γὰρ Ἀναγυρουν- τόθεν σοι γράφω, καὶ Σφηττοῖ γέγονα καὶ Θριῶζε καὶ Κηφισιᾶσι καὶ Φαληροῖ. καὶ κακὸς κακῶς δεῦρό με κομίσας ἀπόλοιτο ναύκληρος· ὡς οὐδὲν ἔχουσιν αἱ νῦν Ἀθῆναι· σεμνὸν ἀλλ' ἢ τὰ κλεινὰ τῶν χωρίων ὀνόματα. καὶ καθάπερ ἱερείου διαπεπραγμένου τὸ δέρμα λείπεται γνώρισμα τοῦ πάλαι ποτὲ ζῴου, οὕτως ἐνθένδε φιλοσοφίας ἐξῳκισμένης λείπεται περινοστοῦντα θαυ- μάζειν τὴν ἀκαδήμειάν τε καὶ τὸ Λύκειον καὶ νὴ Δία τὴν ποικίλην στοάν, τὴν ἐπώνυμον τῆς Χρυσίππου φιλοσοφίας, νῦν οὐκέτ' οὖσαν ποικίλην. ὁ γὰρ ἀνθύ- πατος τὰς σανίδας ἀφείλετο, αἷς ἐγκατέθετο τὴν τέχνην ὁ ἐκ Θάσου Πολύγνωτος. νῦν μὲν οὖν ἐν τοῖς καθ' ἡμᾶς χρόνοις Αἴγυπτος τρέφει τὰς Ὑπατίας δεξαμένη γονάς, αἱ δὲ Ἀθῆναι, πάλαι μὲν ἦν ἡ πόλις ἑστία σοφῶν, τὸ δὲ νῦν ἔχον σεμνύνουσιν αὐτὰς οἱ μελιτ- τουργοί. ταῦτ' ἄρα καὶ ἡ ξυνωρὶς τῶν σοφιστῶν τῶν Πλουταρχείων, οἵτινες οὐ τῇ φήμῃ τῶν λόγων ἀγεί- ρουσιν ἐν τοῖς θεάτροις τοὺς νέους, ἀλλὰ τοῖς ἐξ Ὑμηττοῦ σταμνίοις.

Fructum ex Athenis quantumcunque velis capiam: adeo mihi videor palmo uno ac digito factus doctior. Licet autem inde quoque tibi divinæ illius sapientiæ pe- riculum facere. Ecce enim ex Anagyrunte ad te scribo, et Spheltum obii atque Thrium et Cephisiadem ac Phale- rum, ut ille male pereat infelix nauclerus, qui me huc advexit: nihil enim iam Athenæ splendidum habent præter celeberrima locorum nomina. Ac velut ex hostia consumpta sola pellis superest, animalis quod olim ali- quando fuerat indicium, sic inde translatâ philosophiâ restat ut oberrando Academiam ac Lyceum mireris: atque etiam variam illam porticum; a qua Chrysippi secta no- men accepit, quæ quidem minime nunc varia est. Nam proconsul tabulata sustulit, in quæ artem omnem suam Polygnotus Thasius contulerat. Nunc itaque nostra ætate alit Ægyptus quæ ab Hypatia sapientiæ semina suscepit; Athenæ vero quondam civitas fuit, sapientum domicilium: nunc eam mellatores celebrant. Quibus par illud sapien- tum Plutarcheorum adice, qui non orationum suarum fama iuvenes in theatris congregant, sed mellis ex Hy- metto amphoris.

ρλζ'. Ἐρκουλιανῷ.

CXXXVII. Herculiano.

Εἰ τῆς Ὀδυσσέως πλάνης κέρδος ἔφησεν Ὅμηρος πολλῶν ἀνθρώπων ἰδεῖν τε ἄστεα καὶ νόον γνῶναι, καὶ ταῦτα τῆς προσορμίσεως αὐτῷ γενομένης οὐ πρὸς ἄνδρας χαρίεντας ἀλλὰ πρὸς Λαιστρυγόνας καὶ Κύ- κλωπας, ἦπου θαυμαστῶς ἂν ᾖσεν ἡ ποίησις τὴν ἐμήν τε καὶ σὴν ἀποδημίαν, παρασχοῦσαν ἡμῖν εἰς πεῖραν ἐλθεῖν τῶν καὶ διὰ φήμης ἀπιστουμένων. αὐ- τόπται γάρ τοι καὶ αὐτήκοοι γεγόναμεν τῆς γνησίας καθηγεμόνος τῶν φιλοσοφίας ὀργίων. εἰ δὲ καὶ ἀνθρω- πικαὶ χρεῖαι τοὺς κοινωνήσαντας διαθέσει συνδέουσιν, ἡμᾶς κατὰ τὸν νοῦν τῶν ἐν ἡμῖν τὸ ἄριστον συγγενο- μένους θεῖος ἀπαιτεῖ νόμος τἀλλήλων τιμᾶν. ἐγὼ (273) μὲν οὖν καὶ τῆς σωματικῆς συνηθείας ἀπολελαυκὼς ὁρᾶν τε ἀπόντα δοκῶ, τὸ ἐναποτεθὲν ἀπὸ τῆς διαθέ-

Si ex Ulixis erroribus lucrum hoc exstitisse Homerus cecinit, multorum hominum urbes intueri moresque cognoscere, præsertim cum non ad politos homines ap- pelleret, sed ad Læstrygonas et Cyclopas, procul dubio maiorem in modum tuam meamque peregrinationem poesis celebrasset, qua nobis periculum eorum facere concessum est, quæ fama audita incredibilia videbantur. Ipsi enim spectatores atque auditores germanæ philoso- phiæ sacrorum ducis ac magistræ fuimus. Quod si hu- mana negotia eorum communione coniunctos affectu inter se colligant ac devinciunt, nos utique mente con- sociatos, quæ pars est nostri præcipua, nostris invicem rebus studere divina lex efflagitat. Equidem (273) cum præsentis corpore tui consuetudine sum usus aliquando,

σεως εἶδος προχειριζομένης τῆς μνήμης, καὶ ἐμβομβεῖ
μου ταῖς ἀκοαῖς ἡ θαυμαστῶς γλυκεῖα τῶν ἱερῶν σου
λόγων ἠχώ. σὺ δὲ ἡμῖν εἴπερ οὐχ οὕτως ἔχεις, ἀδι-
κεῖς· εἰ δ' ἔχεις, οὐ μέγα ποιεῖς, ἀποδίδως γὰρ δια-
θέσεως ὄφλημα. ὅταν δὲ πρὸς τὴν ἐν φιλοσοφίᾳ
κοινωνίαν ἀπίδω καὶ φιλοσοφίαν ἐκείνην περὶ ἧς
πολλὰ συγκεκύφαμεν, ἐνταῦθα ἤδη τοῦ λογισμοῦ
γενόμενος θεῷ βραβευτῇ τὴν συντυχίαν ἡμῶν
ἀνατίθημι. οὐ γὰρ ἂν ἀπ' ἐλάττονος ἢ θείας αἰ-
τίας Συνέσιος, ὁ τὸ πρᾶγμα ἥκιστα δημοσιεύων
καὶ πλείστοις μὲν συνὼν ἐπ' ἀνθρωπικαῖς δὲ κοινω-
νίαις τὰς συνουσίας ποιούμενος, φιλοσοφίαν δ' ἐν ἀρ-
ρήτων ἀρρητοτάτοις ἔχων, οὕτω προχείρως ἐμαυτόν
τε καὶ τὰ ἐμαυτοῦ κτήματα ἀνεκάλυψα ἀνδρὶ κατὰ
βραχὺ δόντι μοι καὶ λαβόντι τὸν λόγον. ἐπεὶ δ' οὖν
γέγονέ τις οὗτος πρὸς ὃν ἐξωρχησάμην τὰ τέως ἀνεκ-
πυστα, καὶ τῆς σοφῆς τοῦ Πρωτέως ἐπελαθόμην τέχνης c
(οὐ γὰρ ἄλλη τις ἦν ἢ συνεῖναι τοῖς ἀνθρώποις οὐ
θείως ἀλλὰ πολιτικῶς), ἐπεὶ γέγονε τοῦτο, οὐ προθε-
μένης μοι τῆς γνώμης ἀλλ' ἀκατασκεύαστον οὕ-
τω παρελθόν, ἐγὼ θεὸν ἡγεμόνα τοῦ παραδόξου λογίζομαι,
παρ' οὗ τέλος αἰτήσομεν τῶν δι' αὐτὸν ἡρμένων καὶ
δοίη μετ' ἀλλήλων φιλοσοφεῖν· εἰ δὲ μὴ τοῦτο, πάντως
φιλοσοφεῖν. ὡς ἔγωγε ἐνόντας μοί τινας τῇ ψυχῇ
λόγους περὶ τῆς ὑποθέσεως ἣν ἐπραγματευόμεθα κα-
τάχεαι μὲν ὠδῖνος τῆς ἐπιστολῆς, οὐ μὴν τοῦτο ποιήσω d
σοὶ μὲν γὰρ ἂν κατὰ θεὸν γένοιτο συγγενέσθαι καὶ ἡμῖν
περὶ τούτων καὶ πολλοῖς ἄμεινον εἰδόσιν, ἐμοὶ δὲ οὐ
καλῶς ἔχει γραμματείῳ πιστεύειν τὰ τοιάδε. τὸ γὰρ
τῆς ἐπιστολῆς πρᾶγμα οὐκ ἐχέμυθον, ἀλλὰ φύσιν ἔχει
τῷ περιτυχόντι προσδιαλέγεσθαι. ἔρρωσο, καὶ φιλο-
σόφει καὶ διατέλει τὸ ἐν ἡμῖν ἀνακεχωσμένον ὄμμα
ἀνορύττων. τὸ γάρ τοι βιοῦν ὀρθῶς, ἅτε ὃν οἶμαι
προοίμιον τοῦ φρονεῖν, ὑπὸ τῶν ἀρχαίων καὶ φρονίμων
ἀνδρῶν σπουδάζεσθαι κατεδείχθη (274) μὴ καθαρῷ a
γὰρ καθαροῦ ἐφάπτεσθαί φησιν οὐ θεμιτὸν ἢ θεσπεσία
φωνή. οἱ πολλοὶ δὲ οὐ διὰ τὸ φρονεῖν ἀλλ' αὐτὸ δι'
αὑτό, καὶ τελειότητα ἀνθρωπίνην ἥγηνται τὸ βιοῦν
ὀρθῶς, τὴν ὁδὸν οὐχ ὁδὸν ἀλλ' ἐφ' ὃ δεῖ δι' αὐτῆς
φθάσαι νομίζοντες, κακῶς φρονοῦντες σωφροσύνη γὰρ
ἄλογος καὶ ἀποχὴ κρεωδαισίας πολλὴ παρὰ πολλοῖς
ἀλόγοις εἴδεσιν ἐνδέδοται παρὰ τῆς φύσεως. ἀλλ' οὐκ
ἐπαινοῦμεν οὔτε κορώνην οὔτ' ἄλλο τι τῶν εὑρισκομένων
φυσικὴν ἀρετήν, ὅτι φρονήσεως ἔρημα. ἡ δὲ κατὰ b
νοῦν ζωὴ τέλος ἀνθρώπου ταύτην μετίωμεν, θεόθεν
τε αἰτοῦντες θεῖα φρονεῖν, καὶ αὐτοὶ τὸν δυνατὸν τρόπον
τὸ φρονεῖν ἀπανταχόθεν συλλέγοντες.

ρλη' Τῷ αὐτῷ

Ἤκουσά του τῶν δεινῶν λέγειν ἀνδρὸς ἐπαινοῦντος
χρείαν ἐπιστολῆς, καὶ τοῦτ' αὐτὸ τῶν πολλῶν καὶ
θαυμαστῶν λόγων ὁ σοφιστὴς ὑπόθεσιν ἐπεποίητο ἐχο-
ρηγεῖτο δὲ αὐτῇ τὸ ἐγκώμιον πολλαχῇ μὲν καὶ ἄλλῃ,
μάλιστα δὲ ἀπὸ τοῦ δύνασθαι τὴν ἐπιστολὴν ἐρώτων c

absentem intueri modo videor, speciem et imaginem ex
affectu expressam repræsentante memoria, ac meis au
ribus etiamnum mirum in modum suavis illa sacrorum
tuorum sermonum vox insonat Tu vero nisi ita es affe-
ctus, iniuriam facis, sin et affectus, non multum facis
Amoris enim debitum rependis Sed cum ad illam in
philosophiæ studiis communionem respicio, illamque
ipsam philosophiam, in quam diu ac mul.um incubui-
mus ubi eo, inquam, ratiocinando perveni, rectori
moderatorique deo occursum hunc nostrum tribuere
soleo Haud enim leviore aliqua quam divina moliente
ac destinante causa Synesius, qui rem eiusmodi minime
in vulgus enuntiare soleam, quique etsi cum plerisque
familiariter vivam, eam tamen familiaritatem ob humanam
aliquam communionem suscipiam, philosophiam vero in
arcanis ac secretis rebus secretissimam habeam, tam fa-
cile me ipsum, meaque omnia homini detexi, quocum
paululum ultro citroque sermonem contuli Sed quoniam
aliquis demum inventus est, apud quem inaudita efferrem,
et prudentis illius Protei artificii sum oblitus, quod nihil
aliud fuit quam cum hominibus non divina sed civili ra-
tione versari Quoniam igitur ita contigit, non quod
ante constituissem animo, sed quod citra studium e re
nata succurrit, ego tam inopinati eventus ducem et au-
ctorem deum apud me reputo, a quo felicem exitum
precabimur eorum quæ per ipsum inchoata sunt Atque
utinam nobiscum invicem philosophari concedat! Sin
minus, at omnino saltem philosophari Nam ego non-
nullos sermones de eo argumento, quod tractabamus,
occurrentes animo meo, tametsi epistolæ committere
gestiam, non id tamen faciam Dabitur enim aliquando
tibi, favente deo, mecum hisce de rebus colloqui et cum
aliis, qui melius ista noverint Mihi vero nequaquam
consilii esse videtur tantas res epistolæ concredere
Totum enim hoc epistolarum negotium minime est silentii
tenax, sed ita comparatum, ut cum quolibet sermocine-
tur Vale, et philosophiæ operam adhibe, iugique stud o
defossum in nobis oculum extrahe Quippe recte ut
vitam instituamus, perinde, arbitror, ut initium sapien-
tiæ, veteres ac sapientes viri summopere procurandum
(274) esse docuerunt Nam ei qui impurus sit non pu-
ram attingere nefas esse, divina vox testatur Sed vulgus
istud ipsum recte vivere non ad sapientiam referri, sed
ipsum per sese consistere atque humanæ vitæ perfectio-
nem continere putat, hoc est, iter non iter, sed id ad
quod per illud contendere oportet, esse statuit, ac per-
peram de rebus existimat Etenim rationis quædam
expers temperantia et a carnium esu abstinentia plerisque
est admodum ratione carentibus a natura indita Sed
neque cornicem laudamus, nec aliud quidpiam eorum
quæ nativam hanc virtutem adepta fuerint, quod pru-
dentia careant Vita autem, quæ secundum mentem
est, finis est hominis Hanc non omni studio quæramus
et cum a deo divina sapere postulemus, tum ipsi qua-
cunque ratione possumus undequaque sapientiam com-
paremus

CXXXVIII Eidem

Audivi aliquando quempiam disertum ac copiosum
hominem, qui epistolarum usum utilitatemque com-
mendaret, quod ipsum multorum et admirabilium ser-
monum argumentum sophista ille instituerat Cæterum
eius rei præconium cum ex aliis multis capitibus, tum

46

οὐκ εὐτυχούντων εἶναι παραμυθίαν, παρεχομένην ἐν ἀπουσίᾳ σωμάτων φαντασίαν τῆς παρουσίας, καὶ τῷ δοκεῖν προσδιαλέγεσθαι ψυχῆς ἐκπιμπλᾶσαν τὸ ἐφιέμενον. ταῦτ' οὖν ἀνύμνει τὸν εὑρετὴν τῶν γραμμάτων, καὶ ἀνθρώπων μὲν οὐδενὸς ἠξίου θεοῦ δὲ εἰς ἀνθρώπους εἶναι τὴν δόσιν. ἐγὼ μὲν οὖν ἀπολαύω τῆς ἱερᾶς τῆσδε τοῦ θεοῦ χάριτος, καὶ πρὸς ὃν ἔδει λαλεῖν, d εἰ μὴ δύναμαι λαλεῖν, ἀλλ' ἐπειδὴ γράφειν δύναμαι, θαμὰ τοῦτο ποιῶ, καὶ κατὰ τὸ ἐνδεχόμενον σύνειμι, καὶ ἀπολαύω τῶν ἐμῶν παιδικῶν. αὐτὸς δέ, εἰ μὴ πικρὸν εἰπεῖν, συνδιέστησας τῷ τόπῳ τὴν γνώμην. κἂν μὴ παύσῃ σαυτὸν ἀφέλκων τῶν ἀδολώτατα καὶ ἀσκήνως ἠγαπηκότων, ἐμιμήσω τὰς χελιδόνας, αἳ ταῖς τῶν ἀνθρώπων οἷον φιλίαις ἐνοικίζονται μὲν μετὰ τοῦ φθέγγεσθαι, σιωπῶσαι δὲ ἐξοικίζονται· ταῦτα πρὸς ἄνθρωπον ἔτι, καὶ ἀνθρωπικὰ τὰ ἐγκλήματα· εἰ δὲ ἤνωσας διὰ φιλοσοφίας τὰ δεῦρο διεστῶτα, καὶ φίλον μὲν τὸ καλόν, καλὸν (275) δὲ τὸ αὐτό, τοῦτο δὲ ἓν ὂν a τοῦ νοῦ λέγοντος ἤκουσας, οὐκέτι κρίνομεν ὑπεροψίαν τὴν πρὸς ἡμᾶς σιωπήν, ἀλλὰ συνηδόμεθα φιλοσοφοῦντι καὶ παραιτουμένῳ μὲν τὸ σμικροπρεπεύεσθαι, συνόντι δὲ τῷ παρὰ σοὶ κρείττονι τοῖς ἐν ἡμῖν κρείττοσιν. εἴης τοιοῦτος, ἀνδρῶν ἄριστε καὶ ἐμοὶ τριπόθητε ὄντως ἀδελφέ.

ρλθʹ. Τῷ αὐτῷ.

Εἰ τοσοῦτόν ἐστι κέντρον πειθοῦς ἐν τοῖς γράμμασιν, εἰ τοσοῦτον αἱ τῶν ἠθῶν εἰκόνες τῆς ζώσης χηρεύουσαι συμπαθείας καὶ χάριτος θέλκτρον ἐνιᾶσι τοῖς ἀναγνώσκουσιν, ἦπου πρᾶγμα ἄμαχον ἂν εἴη τὸ αὐτοπροσώ- b πως αὐτῶν ἐπαφήσεσθαι. ἐμέ γέ τοι καὶ παρὼν μὲν ᾕρεις τῇ γλυκείᾳ Σειρῆνι τῶν λόγων· οὐ μὴν αἰσχυνθείην ἂν ἀληθῆ λέγων, ὡς ἡδίων ἂν ἡ δευτέρα μοι πεῖρα γένοιτο. οὐ γὰρ ἂν γένοιτο ἀγαθοῦ παρόντος ὥσπερ ἀπόντος τῷ πεπειραμένῳ συναίσθησις. τοῦ μὲν γὰρ ἡ συνέχεια τῆς ἀπολαύσεως κλέπτει τῆς εὐφροσύνης τὴν αἴσθησιν, ὁ δὲ κατὰ μικρὸν χωρισθεὶς τῶν ἡδέων εὐθὺς ἔχει κεντοῦσαν ἐκ παραλλήλου τὴν μνήμην οἵων ἄρα ἀγαθῶν στερίσκεται. ἔλθοις οὖν, φιλτάτη κεφαλή, καὶ ἀλλήλοις ἐπὶ φιλοσοφίᾳ συγγενοίμεθα, τοῖς ἐνηργε- c μένοις πρέποντα ἐποικοδομοῦντες, ἵν' ἐκ τελέων τέλεον ἐκφανῇ κάλλος ἀλλὰ μὴ κολοβόν. εἰ δέ, ὅπερ ἀπεύχεσθαι δίκαιον, ἀλλήλων διαμάρτοιμεν, δῆλον ὡς τοὐμόν ἐστι τὸ βλαπτόμενον. σοὶ μὲν γὰρ εὐτυχούσης ἐνθάδε πολυανδρίαν παιδείας συνέσονται πολλοὶ Συνεσίου καὶ βελτίους καὶ ὅμοιοι· ἡ δὲ πατρὶς ὅτι μὲν πατρὶς ἐμοὶ τίμιον, πρὸς δὲ φιλοσοφίαν οὐκ οἶδ' ὅντινα τρόπον ἀπεσκληκότος ἔχει. ἔστιν οὖν οὐκ ἀδεὲς ἀδοη- d θήτῳ μένειν, οὐκ ὄντος τοῦ συγκορυβαντιῶντος. εἰ δὲ δὴ καὶ δοίημεν εἶναί τινας,

πῶς ἂν ἔπειτ' Ὀδυσῆος ἐγὼ θείοιο λαθοίμην;

πρὸς ποῖον ἄλλο πυρεῖον παρατριβεὶς μετὰ τὴν ἱερὰν σου ψυχὴν ἀποτέκοιμι τοῦ νοῦ φωτοειδὲς ἔκγονον; τίς

---

ex hoc uno potissimum arcessebat, quod epistolam posse diceret infelicium amorum esse solatium, ut quæ per absentiam corporum imaginem quamdam præsentiæ referret, eoque ipso, quod colloqui videretur, animorum desiderium expleret. Ob hæc igitur epistolarum inventorem laudabat, atque hoc munus non ab ullo homine profectum sed a deo in homines esse derivatum existimabat. Ego itaque divino illo beneficio fruor, et ad eum ipsum, quocum colloqui oporteret, si minus colloqui possum, quoniam scribere possum, sæpius hoc facio, et, quoad fieri a me potest, cum eo versor, meisque deliciis perfruor. Tu vero, nisi id dictu acerbum est, animum una cum loco disiunxisti. Quod si te ab iis abstrahere qui sincerissime ac sine fuco amarunt non desieris, hirundines imitaris, quæ in hominum velut amicitiam cum voce ac clamore sese conferunt, silentio vero demigrant. Atque hoc ad hominem adhuc pertinet hominisque querimonias. Quod si per philosophiam quæ hic seiuncta sunt consociasti, et amicum id esse omne quod honestum est (275) et honestum idem esse, atque utrumque unum esse de dicente istud mente percepisti, tuum illud ad nos silentium non amplius superbiæ tribuo, sed philosophanti tibi gratulor et abiectis in rebus hærere detrectanti idque, quod in te præstantissimum est, in iis, quæ apud nos præstantissima sunt, occupanti. Eiusmodi utinam sis, hominum optime plurimumque mihi expetite frater.

CXXXIX. Eidem.

Si tantus inest suadæ in litteris aculeus, si expressæ animi ac morum imagines vivi ac spirantis affectus inanes et gratiæ tantas legentibus illecebras immittunt, profecto rapi ad eos eum necesse est, qui coram eos ac præsens attingat. Me quidem, fateor, antea suavissima sermonis tui Sirene præsens capiebas. Nihilominus vero hoc prædicare non verebor, alterum mihi experimentum multo iucundius futurum. Non enim præsentis boni perinde ut absentis is qui iam periclitatus est sensum percipit. Nam illi fruendi ipsa perpetuitas voluptatis sensum adimit, hic paulatim ab iucundis rebus abductus, statim altera ex parte recordatione ista stimulatur ac pungitur, quibus demum bonis fraudetur. Utinam ergo ad nos venias, amicissimum caput, mutuosque de philosophia congressus ac colloquia celebremus, consentanea iis quæ iam inchoata sunt astruentes, ut ex perfectis non manca sed perfecta absolutaque pulchritudo consurgat. Sed si, quod deprecari merito convenit, mutuo consortio privemur, haud dubium quin in meipsum detrimentum omne recidat. Nam tibi, si illic disciplinæ multitudine hominum effloruerint, multorum Synesio et meliorum et similium erit copia quibuscum consuescas. Mihi vero patria, quatenus quidem patria est, longe est carissima. Cæterum nescio quo pacto ad philosophiam obduruit. Quare minime tutum est sine alicuius auxilio permanere, si non sit qui iisdem veluti Corybantum sacris insaniat. Atque ut esse aliquos demus,

qui tandem esse queam divini oblitus Ulixis?

cuinam alteri igniario affricatus, cum ab sacro tuo animo discessero, lucidum ac splendidum mentis fœtum pare-

οὕτως οἷος σφοδρῶς σπινθῆρα κεκρυμμένον καὶ ἀγα-
πῶντα λανθάνειν μηχαναῖς ἁπάσαις ἐκκαλέσασθαι καὶ
ἐξάψαι καὶ πῦρ λαμπρὸν ἀναδεῖξαι, θεὸς οὖν ἀμφοῖν
ἀποῦσί τε καὶ συνοῦσι παρείη· θεοῦ δὲ παρόντος ἅπαν
ἄπορεν πόριμον.   ἔρρωσο καὶ φιλοσόφει, (276) καὶ τὸ a
ἐν σαυτῷ θεῖον ἄναγε ἐπὶ τὸ πρωτόγονον θεῖον   κα-
λὸν γὰρ ἅπασαν ἐμὴν ἐπιστολὴν τοῦτο παρ' ἐμοῦ τῇ
τιμίᾳ σου διαθέσει λέγειν, ὅ φασι τὸν Πλωτῖνον εἰπεῖν
τοῖς παραγενομένοις ἀναλύοντα τὴν ψυχὴν ἀπὸ τοῦ
σώματος.

ρμʹ Τῷ αὐτῷ

Τῶν ἐρώτων οἱ μὲν χαμαὶ ἐργομένας καὶ ἀνθρω-
πικὰς τὰς ἀρχὰς ἔχοντες ἀπεχθεῖς τέ εἰσι καὶ ἐξίτηλοι,
τῇ παρουσίᾳ μόνῃ καὶ μόλις μετρούμενοι οἷς δὲ ὁ b
ἐφεστὼς βραβεύει θεός, κατὰ τὴν θεσπεσίαν Πλάτωνος
φωνὴν συντήξας τῇ τέχνῃ καὶ ἕνα ἄμφω ποιήσας -οὺς
ἀντερῶντας, οὗτοι καὶ χρόνου καὶ τόπου φύσιν ἐλέγ-
χουσιν.   οὐδὲν γὰρ ἐμποδὼν ψυχαῖς ἐφιεμέναις ἀλλή-
λων ἀρρήτοις συνόδοις ὁμόσε χωρεῖν καὶ συμπλέκεσθαι.
ἐκεῖθέν ποθεν ἠρτῆσθαι δεῖ τὸ ἡμέτερον, εἰ μὴ τὰ φι-
λοσοφίας τροφεῖα μέλλοιμεν αἰσχύνειν, αἴσθησιν ἀγα-
πῶντες καὶ ὅταν αὕτη μὴ ὑπὸ σωμάτων θυροκοπῆται,
ψυχῆς παρουσίαν οὐ προσιέμενοι   τί οὖν ποτνιᾷ c
καὶ ταῖς ἐπιστολαῖς τῶν δακρύων ἐγχεῖς, εἰ μὲν γὰρ
ἡμᾶς ἐλεῶν ὅτι μήπω φιλοσοφοῦμεν, καὶ ταῦτα δο-
κοῦντες καὶ λέγοντες, ἐπιγνώσκω τοῦ θρήνου τὴν
ἀλήθειαν   εἰ δʹ ὅτι τὴν συνουσίαν ἡμῶν ἠδίκησεν
ἀγνώμων τύχη (τοῦτο γάρ σοι τῶν ἐπιστολῶν τὸ
βούλημα), θῆλυ καὶ παιδαριωδῶς τὸ ταῦτα ἀγαπᾶν
ἐφʹ ὧν δύναται βλάπτειν ὁ δαίμων τὰ τέλη τῶν προαι-
ρέσεων   ἐγὼ δὲ τὴν ἱερὰν κεφαλὴν τὸν Ἑρκουλιανὸν
ἠξίουν ἄνω βλέπειν καὶ ὅλον εἶναι θεωρὸν τῶν ὄντων d
καὶ τῆς τῶν θνητῶν ἀρχῆς, τὰς ἀρετὰς διαβάντα καὶ
πάλαι τὰς ἀπεστραμμένας καὶ ασκομύσας τὰ δεῦρο.
καὶ ὡς πρὸς τοιοῦτόν μοι τῆς ἐπιστολῆς τὸ πρόσρημα
πολλὰ φρονεῖν, οὐ χαίρειν οὐδʹ εὖ πράττειν, τὸ
μετριώτερον   ἐπιστατεῖ γὰρ ταῖς πράξεσι νοῦς ἐλάττων,
οὐχ ἃν ἠξίουν ἀνακεχῶσθαι παρὰ σοί.   περὶ οὗ σοι καὶ
πάμπολλα διὰ δύο τῶν πρώτων ἐπιστολῶν διελέχθην,
ὧν οὐδεμίαν οἱ λαβόντες ἐπιδεδώκασιν   ἐπεί τοι
πέμπτην ταύτην ἐκπέμπω τὴν ἐπιστολήν.   ἀλλʹ εἴθε
μὴ καὶ ταύτην μάτην   γένοιτο δʹ ἃν οὐ μάτην, (277) a
εἰ πρῶτον μὲν ἐπιποθείη, τὸ δʹ ἐπὶ τούτῳ καὶ τούτου
σεμνότερον, κατανουθετήσει σε καὶ παιδαγωγήσει καὶ
πείσει μεταθεῖναι τὴν ψυχὴν τοῦ σώματος ἰσχὺν ἐπὶ τὴν τῆς
ψυχῆς ἀνδρείαν, οὐ τὴν ἐκ τῆς πρώτης καὶ περιγείου
τετρακτύος τῶν ἀρετῶν, ἀλλʹ ἐπὶ τὴν ἀνάλογον ἐν
τρίταις καὶ τετάρταις. ἅψαιο δʹ ἃν αὐτῆς, ὅταν
μηδὲν τῶν ἀνθρωπίνων θαυμάζῃς. κἂν μήπω σοι
σαφὲς ἢ διαίρεσις ἢ τοῦ λεγομένου, τίνες ἀρχεγονώ-
τεραι καὶ τίνες αἱ πολλοσταὶ τῶν ἀρετῶν, τὸ ἐπὶ μη-
δενὶ κλαίειν ἀλλὰ πάντων τῶν τῇδε ἐν δίκῃ καταφρο-
νεῖν ὅταν σοι παραγένηται, τοῦτο ἔστω σοι κανὼν καὶ b

---

rem? Quis tam vehementer abditam ac latebris gauden-
tem scintillam machinis omnibus possit elicere? quis suc-
cendere? luculentum ac copiosum igneni efficere? Itaque
sive absentibus sive una degentibus nobis deus semper
adsit, præsente vero deo, etiam quod inextricabile est,
explicari facile potest   Vale et philosophare (276) ac quod
divinum in te est ad divinum illud effer primigenium et
antiquissimum   Optimum est omnibus meis in litteris
egregiam animi tui affectioni istud a me dici, quod ad eos
qui aderant Plotinum usurpasse ferunt, cum a corpore
animum avocaret

In amorum genere qui ex humilibus humanisque causis
excitantur, odiosi sunt et exolescentes quos solâ præsen-
tiâ nec nisi difficulter metiuntur, quos autem assistens
numen moderatur ac regit, iuxta divinum Platonis ora-
culum miro quodam artificio colliquans unumque e duobus
mutuo sese amantes efficiens istiusmodi et temporis et
loci naturam imbecillam comprobant   Nihil enim obstare
potest animis sui invicem desiderio flagrantibus, quomi-
nus secretis quibusdam congressionibus una conveniant
mutuoque iungantur   Inde nimirum alicunde devinctam
esse necessitudinem nostram oportet, si nihil philosophica
educationi indignum velimus admittere, sensibus affixi,
ut cum ipsi ab subiectis corporibus non pulsantur, ani-
morum respuamus præsentiam   Ecquid igitur quiritaris?
quid litteras tuas lacrimis respergis?   Si enim nostri
commiseratione adductus id facis, quod nondum philo-
sophamur, præsertim cum id agere videamur et profitea-
mur, vere a te deplorari istud agnosco   Sin ideo con-
quereris, quod familiaritati nostræ parum æqua sors
iniuriam fecerit (id enim litteris tuis velle tibi visus es),
muliebre sane ac puerile istud est amare ista, in quibus con-
siliorum nostrorum finibus obstare casus aliquis ac dis-
turbare possit   Ego vero sacrum illud caput Herculianum
sursum aspicere vellem, totumque in rerum contempla-
tione ac mortalium omnium atque caducorum principii,
considerandis esse defixum, virtutes eas iamdiu super-
gressum, quæ ad infima conversæ res nostras gubernant
Ac tanquam is eiusmodi sit, ita, cum ad eum scribo,
salutationis hac utor formula, sapere multum, non sal-
vere aut feliciter agere, quod videtur moderatius   Si
quidem actionibus nostris inferior mens præsidet, quam
minime apud te obrutam ac defossam esse cupiebam
Qua de re quam plurima apud te duabus prioribus epis-
tolis disserui, quarum neutram ii quibus dederam tibi
reddiderunt   Itaque quintam hanc ad te mitto, et utinam
ne eam quidem frustra! frustra autem missa non fuerit
(277) primum si erit reddita, deinde, quod multo
gravius atque antiquius est, si te monitis institutum
atque edoctum dimiserit persuaseritque corporis robur
ad animi fortitudinem transferre, non illam dico, quæ
in primo et infimo virtutum quaternario censetur, sed
eam potius, quæ proportione quadam in ternis quater-
nisque respondet   Quam tum demum attigeris, cum
nihil humanarum rerum admiraberis   Quod si nondum
illam eius quod modo dixi divisionem intelligas, quæ vi-
delicet antiquiores ac primariæ virtutes sint, quæve in
inferiori ordine sitæ, cum id adeptus fueris, nullam ut
ob rem lugeas, sed infima omnia et humana merito
contemnas, hæc tibi regula sit ac veluti Lydius lapis quo

κριτήριον τῶν πρώτων τῆς τεύξεως, ἵνα σοι καὶ παρ'
ἡμῶν τὸ πολλὰ φρονεῖν ἐν ταῖς ἐπιστολαῖς ἐπα-
νέλθῃ.   ἐρρωμένος διαβιῴης, φιλοσοφίας εὐθυμίαν
πρυτανευούσης ἀκύμονα, δέσποτα ἀξιάγαστε. εἰ φι-
λοσοφία πρεσβεύειν οἶδεν ἀπάθειαν αὐτήν, αἱ μέσαι
δὲ ἕξεις εἰς μετριοπάθειαν ἵστανται, τὴν ἀπειροπά-
θειαν καὶ τὸ εὐταπείνωτον ποῦ χώρας τάξομεν; ἆρ'
οὐχὶ πόρρω φιλοσοφίας, ἧς μύστην γενέσθαι σε κα- c
τηυξάμεθα; μὴ δῆτα, ὦ πάντων ἐμοὶ προσφιλέστατε,
ἀλλ' ἀρρενωπότερον ἡμῖν τὸν φίλον ὑποδείκνυε. ἅπασά
μου ἡ οἰκία κατεδεήθη προσειπεῖν σε ὑπὲρ αὐτῆς.
προσείρησο οὖν παρὰ πάντων, ἑκάστου μόνον οὐκ ἐγ-
χέαντος τὴν ψυχὴν τῇ προσρήσει. καὶ αὐτὸς ὑπὲρ
ἡμῶν τὸν ἱπποτοξότην πρόσειπε, παρακαλῶ. d

ρμα΄. Τῷ αὐτῷ.

Μὴ θαυμάσῃς εἰ διαχομιστῇ δυοῖν ἐπιστολῶν ἑνὶ
χρῶμαι, ἀλλὰ πρῶτον μὲν αἰσθάνου δίκας ὑπέχων
ἐγκλήματος ἀκαίρου καὶ ἐμφοροῦ τῆς ἀδολεσχίας
ἡμῶν, εἶτα καὶ χρείαν ἑτέραν ἐθέλω μοι πληρῶσαι
τὰ δεύτερα γράμματα. αἰτῶ γὰρ τὸ ἐν ἰάμβοις
ἐκεῖνο συνταγμάτιον, δι' οὗ πρὸς τὴν ψυχὴν ὁ γεγρα-
φὼς διαλέγεται. ἐπεὶ τότε μὲν ᾤμην ἀπὸ τῆς μνήμης
αὐτὸ συναθροίσειν, νῦν δὲ κινδυνεύει τὸ ἀντ' ἐκείνου
μηδὲν εἶναι πρὸς ἐκεῖνο, ἀλλ' ἂν ἐπιτρέψω τῷ γράφειν,
γνώμῃ μᾶλλον ἢ μνήμῃ χρήσομαι. (278) καὶ ἴσως a
μὲν χεῖρον, ἴσως δὲ καὶ βέλτιον. οὐ μὴν δεῖ τίκτειν
δὶς τὸν αὐτὸν τόκον, ἑξὸν ἔχειν τὸ τετεγμένον. ἀντί-
γραφον οὖν τῆς τετράδος ἀπόστειλον, πρὸς αὐτῆς τῆς
ψυχῆς, ἣν κοσμεῖν βούλεται τὸ βιβλίον. ἀλλ' ὅπως
τάχιστά τε καὶ ἀσφαλῶς, τοῦτ' ἔστιν, εἰ διὰ τῶν
πάντως ἀποδωσόντων ποιήσεις· τῷ γὰρ παρὰ θάτερον
διαμαρτεῖν πάντως οὐ ποιήσεις· κἂν σχολαίτερον
ἀποστείλῃς (ὑστερήσει γάρ μου τῆς παρουσίας), κἂν
δῷς τῷ μὴ πάντως δώσοντι. b

ρμβ΄. Τῷ αὐτῷ.

Τὸν μὲν Ὀδυσσέα διὰ τῆς ἐπιστολῆς ἐπέγνων,
πολλῶν ἐπαναγόντων ἐπὶ τὴν μνήμην τοῦ ἥρωος·
τὸν δὲ Πρωτέα ἠγνόησα. σὲ μὲν γὰρ ὄντα τοιόνδε
καὶ ἡμιθέων ψαύειν οὐκ ἀπεικός, ἐγὼ δὲ ἄλλο μέν τι
σοφός, κατὰ δὲ τὸ Δελφικὸν γράμμα ἐμαυτὸν ἐγνωκὼς
καταδικάζω πενίαν τῆς φύσεως, καὶ ἀπογινώσκω τὴν
εἰς ἥρωας οἰκειότητα, πλὴν ὅσον μιμητὴς εἶναι τῆς
ἐχεμυθίας ἠδέαμην, ἣν καὶ αὐτὴν σύ μοι συνέχεας
κατὰ τὸν ἐκ Σπάρτης Μενέλαον. ὥστε κινδυνεύεις
συνωρίδα προσήκειν ἡρώων, οὐκ Ὀδυσσεῖ μόνῳ. ταῦτα
μὲν ταύτῃ. τὴν δὲ ἀνεπιτηδειότητα τοῦ γράφειν c
μεμψάμενος οὐκ εἶ δίκαιος ἀπαιτεῖν πλῆθος ἀνισούντων
γραμμάτων· διὸ συνέστειλα τῆς ἐπιστολῆς τὸ μῆκος,
ἵνα μὴ πόνος ᾖ πλείων ἀναγινώσκοντι πλέονα. ἐρ-
ρωμένος εὔθυμος διαβιῴης, φιλοσοφίᾳ χρώμενος εἰς τὸ

te ad prima pervenisse cognoscas : ut tibi a me istud
Sapere plurimum in l.tteris redeat. Incolumis sanusque
vitam traducas, nullis fluctibus agitatam animi hilaritatem
conciliante philosophia, domine mihi imprimis amande.
Si philosophia motuum omnium vacuitate potius nihil aut
antiquius habet, medii vero habitus in motuum medio-
critate consistunt, quanam in sede affectum animi collo-
cabimus infinitis perturbationibus agitatum, quique deici
facile ac contrahi possit? Non procul a philosophia eum
amandabimus, cuius te mystam esse omnibus votis expe-
timus?Absit hoc a te, quæso, omnium mihi carissime. Quin
mihi potius constantiorem ac fortiorem amicum exhibe.
Mea omnis familia uti suo nomine salutem tibi dicerem a
me flagitavit. Omnium igitur nomine salutem tibi dico,
in qua precanda singuli tantum non animam effundebant.
Tu vero vicissim equitem sagittarium nostro nomine sa-
lutes.

CXLI. Eidem.

Noli mirari quod duas epistolas uni homini perferendas
dederim. Sed primum quidem scito pœnas te intem-
pestivæ criminationis dependere, atque etiam nostra lo-
quacitate satiare; deinde vero aliud mihi negotium con-
ficere posteriores litteras volo. Opusculum enim illud
peto iambicis versibus scriptum, in quo auctor animam
suam alloquitur, quoniam cum illud tunc e memoria col-
ligere me posse confiderem, nunc vereor ne quod pro
illo substituatur, nihil comparatione alterius sit. Sed si
scriptioni rem commisero, iudicio magis utar quam me-
moria (278), et fortasse quidem deterius, fortasse melius.
Non est tamen quod bis eumdem fetum pariam; cum
præsertim eius, quod iam editum est, copia esse possit.
Mitte igitur ad me quaternarii exemplar, per animam
ipsam rogo, quam ornare libellus iste conatur; sed ut
quam celerrime et tutissime. Hoc autem erit, si per
eos mittas, qui omnino sint reddituri. Si enim in alter-
utro pecces, prorsus id non perficies, sive tardius mi-
seris (me enim præsente non pervenient), sive ci des qui
utique non reddat.

CXLII. Eidem.

Ulixem quidem ex epistola cognovi, multis ex rebus
ad herois memoriam reductus : verum Proteum ignoravi.
Te enim, qui eiusmodi sis, etiam ad semideos accedere
nequaquam dissentaneum est. Ego vero aliarum quidem
fortasse rerum non imperitus, sed iuxta Delphicam sen-
tentiam meipsum noscens, naturam inopiæ ac pauper-
tatis condemno, omnemque a me cum heroibus affinita-
tem abiudico, nisi quod illorum taciturnitatem imitari
voluissem, quam ipsam tamen Spartani illius Menelai
instar mihi conturbasti; adeoque videris non ad Ulixem
unum, sed ad heroum par illud pertinere. Sed de his
hactenus. Cum autem minime te ad scribendum ido-
neum esse dicas, immerito a me litterarum copiam, quæ
tibi molestiam allaturæ sunt, efflagitas. Idcirco epistolæ
longitudinem contraxi, ne plura legendo plus laboris ca-
pias. Incolumis hilarisque persistas, philosophiam adhi-

θεῖον ποδηγετούσῃ, ἀξιάγαστε τὸν θαυμάσιον κό-
μητα πρόσειπε, πρὸς ὃν αὐτοπροσώπως ποιεῖσθαι
προσρήσεις ἑαυτοῖς οὐκ ἐπετρέψαμεν. τὸ γὰρ ἐκ τῆς
ποιήσεως ἄρ χε, σὺ γὰρ γενεῇφι νεώτερος· πο-
λέμου μὲν γὰρ καὶ στάσεως ἄρχεσθαι δικαιοῖ τὸν νέον,
φιλοφροσύνης δὲ τὸν πρεσβύτερον. καίτοι παρ' ἐμοὶ
τίμιος ὁ ἀνὴρ καὶ παντὸς ἄξιος, ὃς παιδείαν καὶ στρα-
τείαν διατετειχισμένας θριγκοῖς μεγάλοις τῶν ἐφ' ἡμῖν
μόνος εἰς ταὐτὸν ἤγαγε, παλαιάν τινα ἐξευρὼν ἐν τοῖς
ἐπιτηδεύμασι τούτοις συγγένειαν   μεγαλόφρων δὲ
ὢν ὡς οὐδείς πω στρατιώτης, ἐκ γειτόνων τῆς μεγα-
λοφροσύνης παροικοῦσαν τὴν ἀλαζονείαν ἐκφεύγει·
τὸν οὖν τοιοῦτον, κἂν μὴ γράφω, φιλῶ, κἂν μὴ θερα-
πεύω, τιμῶ.

ρμγ' τῷ αὐτῷ 279

CXLIII Eidem (279)

Οὐκ ἐμπεδοῖς τὰ ὡμολογημένα πρὸς ἡμᾶς, ὦ φι- a
λότης, μὴ ἔκπυστα ποιεῖν τὰ ἄξια κρύπτεσθαι ὡς
ἐγώ τινων ἤκουσα τῶν ἀφικομένων παρὰ σοῦ, οἳ καὶ
λέξεων ἐνίων μεμνημένοι τὴν διάνοιαν ᾔτουν αὐτοῖς
παρ' ἡμῶν ἀνακαλύπτεσθαι. ἀλλ' ἡμεῖς τὸν ἡμέτερον
τρόπον καὶ πρὸς αὐτοὺς οὔτε μετεποιήθημεν τῶν
συγγραμμάτων, οὔτ' ἐπιγινώσκειν αὐτὰ ἔφαμεν δεῖ
δή σοι νουθεσίας οὐκέθ' ἡμετέρας, ὦ φίλη κεφαλή b
(μικρὰ γὰρ ἢ ὥστε σε πείθειν) τὴν δὲ Λύσιδος τοῦ
Πυθαγορείου πρὸς Ἵππαρχον ἐπιστολὴν ἐπιζήτησον,
κἄν που περιτύχῃς, ἐμοὶ χάρισαι τὸ πολλάκις ἐπελ-
θεῖν   τάχ' ἂν ἰσχυρά σοι γένοιτο μετάνοια τῆς οὐ
δεούσης ἐκφάνσεως   τὸ γὰρ δημοσίᾳ φιλοσοφεῖν
(οὕτω γάρ πως ὁ Λῦσις ὑποδωρίσας λέγει) μεγάλης
εἰς ἀνθρώπους ἦρξε τῶν θείων καταφρονήσεως
ἐπεί τοι συγγεγονὼς ἐγώ τισιν οἶδα καὶ πάλαι μὲν
ἀτὰρ τοι καὶ ἔναγχος ἀνθρώποις, οἳ διὰ τὸ προαλῶς
ἀκηκοέναι ῥηματίων σεμνοτέρων, ἠπίστησαν ἑαυτοῖς
ὅπερ ἦσαν ἰδιώταις εἶναι, καὶ φύσης ἐμπλησθέντες c
ἐμόλυναν θεσπέσια δόγματα μεταποιήσει διδασκαλίας,
ὧν οὐκ εὐτύχησαν μάθησιν   καὶ μέντοι καὶ τοὺς
θαυμασομένους τρεῖς τινας ἢ ᾽ττάρας οὐδὲν ἀποδόντας
βαναύσους εἶναι τό γε κατὰ ψυχὰς ἀνηρτήσαντο, μηδὲ
διὰ τῶν προπαιδευμάτων ἐνίους ἡγμένους δεινὸν γὰρ
ἡ δοξοσοφία καὶ ἀπατηλόν, ἐν οὐκ εἰδόσιν οὐδὲν ἀνα-
δυομένη καὶ πάντα ἀπερισκέπτως τολμῶσα τί γὰρ
ἂν ἀμαθίας γένοιτο θαρραλεώτερον; τοιούτοις ἀνθρώ- d
ποις ἀλαζόσι περιτυχὼν χρήσιν οὔτ' ἐπαίουσι λόγων
οὔτ' ἐφιεμένοις· μισήσας τὸ φῦλον οὐχ ἑτέραν αἰτίαν
εὑρίσκω τῆς τροφῆς αὐτῶν ἢ τὸ ἀναγώγως καὶ πρὸ
ὥρας ἠξιῶσθαι τὴν ἀρχὴν ἴσως ὑφ' ἑτέρων ὁμοίων
ὡς· οἷόν τε πολυτελῶν ἀκροάσεων. ταῦτά τοι καὶ
προμηθέστερος φύλαξ αὐτός τέ εἰμι καί σε παρακαλῶ
τῶν φιλοσοφίας ὀργίων εἶναι ὅτι μὲν γὰρ Ἑρκου-
λιανῷ πρέποντα ταῦτα, ἐγὼ γινώσκω δεῖ δέ σε, εἴπερ
αὐτῇ φιλοσοφίᾳ γνησίως προσελήλυθας, ἀφίστασθαι
κοινωνίας τῆς πρὸς τοὺς ἀποστρόφους αὐτῆς καὶ (280) a

bens, quæ te ad divina perducat, amice imprimis am-
plectende Egregium comitem saluta, quem ex persona
propria salutare nobis ipsis permittere noluimus Hoc
enim ex poesi ductum *incipe natu etenim tu iunior*,
ad bellum quidem ac seditionem præire iunioris esse
dicit, ad humanitatis autem officia senioris Etsi apud
me sane in honore ille est, eumque permagni facio, qui
doctrinam atque militiam a ingentibus septisse invicem
disclusas primus in unum adduxit, antiquam in utrisque
studiis quamdam necessitudinem inveniens cumque
magnificentia tanta præditus sit, quanta nemo unquam
militaris homo in magnificentiæ confinio positam arro-
gantiam devitat Talem igitur virum, etsi nihil scribam,
diligo, etsi obsequium nullum impendam, honore pro-
sequor

CXLIII Eidem (279)

Minime vero tu, carissime, promissam mihi fidem
exhibes, te quæ occultanda essent nemini unquam esse
communicaturum Nam ego nonnullos abs te profectos
audivi, qui aliquot verba commemorantes sensum eorum
sibi a me patefieri postulabant Nos autem more nostro
neque monimenta nobis ista vindicavimus, neque ea co
gnoscere nos diximus Opus itaque ibi iam non nostra
commonitione est, minor est enim, quam ut persuadere
tibi possit, sed Lysidis Pythagorei ad Hipparchum epi-
stolam quære, quam sicubi inveneris, hoc mihi gratificare,
ut eam sæpius relegas Fortasse non leviter te perperam
ista evulgasse pæniteat *Etenim in vulgus philoso-
phari* (ita ille Dorice loquens ait) magnum in hominum
genus contemptum divinarum rerum invexit Nam
ego cum plerisque versari memini non modo pridem sed
et nuper hominibus, qui quod temere augustiores aliquot
voculas audiverant, sibi ipsis non crederent se uti re
ipsa erant plebeios et imperitos esse ac superbia inflati
divina dogmata corrumperent, eius rei magisterium
usurpando, cuius nunquam erant rudimenta consecuti
Atque iidem tamen tres quatuorve auditores sibi conci-
liaverant, qui, quod ad animum attinet, nulla in re ab
operariis differrent, nec eorum aliqui liberalibus erant
unquam disciplinis exculti Mira enim ac sublola quæ-
dam res est vana de sua sapientia persuasio, quæ inter
imperitos nihil recusat, nihil non inconsiderate suscipit
Quid enim inscitia esse possit audacius ? In id ego genus
arrogantium hominum tanquam fucos quosdam incidens,
qui neque doctrinas calleant neque concupiscant, nationem
istam perosus, non aliam educationis illorum causam
invenio, quam quod inepte atque ante tempus initio for-
tasse sunt ab sui similibus ad exquisitissimarum rerum
auditionem admissi Ob hæc philosophiæ sacrorum custos
et ipse diligentior sum, et uti esse velis, etiam atque
etiam rogo Quod enim Herculiano ista congrua sint,
probe scio Te autem oportet, si ad philosophiam sin-
cere accesseris, eorum consortia devitare, qui ab ea sunt
alieni (280), quique falsa usurpatione summam illius di-
gnitatem adulterando corrumpunt Per amicitiæ præsidem
deum obtestor, ne in illos hanc epistolam efferas Si

νοθεύοντας τῇ μεταποιήσει τὸ ὑπέρσεμνον αὐτῆς. τὸν ἔφορόν σοι φιλίας θεόν, μὴ ἐξενέγκῃς πρός τινας τὴν ἐπιστολήν. εἰ γὰρ ποιήσαις, οἱ τῆς κακίας χαρακτῆρες ἕξουσι λυπουμένους τοὺς ἐπιγιγνώσκοντας παρ' ἑαυτοῖς, ἢ τοῖς ἑαυτῶν φίλοις τὰ εἰρημένα σύμβολα. τὸ δὲ λυπεῖν ἔστι μὲν ὅτε ἄρρεν, καὶ πρὸς τρόπου φιλοσοφίας, ὅταν πρὸς παρόντας· τὸ δὲ καὶ γράφειν περὶ τούτων σμικροπρεπὲς δοκεῖ. ἀλλ' ἅπερ ἂν Συνέσιος πρὸς ἑαυτὸν διαλεχθῇ, ταῦτα καὶ πρὸς τὴν τιμίαν σου ψυ- b χὴν διαλέγεται, τοῦ μόνου φίλου ἢ μετὰ δυοῖν μάλιστα φίλου· ὡς ἐμοί γε ἐκτὸς τῆς τριττύος ὑμῶν οὐδέν ἐστιν ἀνθρώπινον τίμιον. προσκείμενος δὲ καὶ αὐτὸς τάχα συμπληρῶ τετρακτὺν ἱερᾶς φιλίας. ἀλλ' εὐφημείσθω τῆς ἐν ἀρχαῖς ὁμωνύμου τετρακτύος ἡ φύσις. ἐν τῷ τετραδίῳ τῶν ἰαμβείων εὗρον ἐπὶ τέλους τοὺς δώδεκα στίχους γραφέντας ἅμα, ὡς ἓν ὂν ἐπίγραμμα. ἐπεὶ οὖν σε εἰκὸς ἔχειν αὐτούς, ἴσθι ὡς οὔτε ἓν εἰσιν οὔτε ἑνός, ἀλλ' οἱ μὲν ὀκτὼ πρῶτοι μετ' ἐπιστήμης γραφέντες ποιητικῆς, μιγείσης ἕξεως ἀστρο- c νομικῆς, εἰσὶ τοῦ σοῦ φίλου, οἱ δὲ τελευταῖοι τέτταρες ποιητικῆς εἰσὶ τρυφώσης μόνον. καὶ ἔστιν ἀρχαῖον· ἡγοῦμαι δὲ ἀσεβέστερον ἀποθανόντων λόγους κλέπτειν ἢ θοιμάτια, ὃ καλεῖται τυμβωρυχεῖν. ἐρρωμένος διαβιῴης, εὐαγῶς καὶ εὐλαβῶς φιλοσοφίας ἀντιποιούμενος. εἰκοὰς τοῦ Μεσωρὶ ἡμέρας συντίθεμαί σοι περιμένειν σε, μεθ' ἃς σὺν θεῷ τῆς ὁδοῦ ἔξομαι. τὸν ἀγαθώτατον ἑταῖρον πλεῖστά μοι πρόσειπε· φιλῶ γὰρ αὐτὸν διότι σε πάνυ φιλεῖ.

ρμδ'. τῷ αὐτῷ.

Φοιβάμμων ὁ τὴν ἐπιστολὴν ἐπιδιδοὺς καὶ ἀνήρ ἐστιν ἀγαθὸς καὶ φίλος, καὶ ἀδικεῖται. διὰ πάντα οὖν αὐτῷ συλλαβέσθαι δίκαιος εἶ, καὶ δι' ἡμᾶς καὶ διὰ τὸν τρόπον καὶ διὰ τὴν περίστασιν. τοῦτο μὲν οὕτω γενέσθω· καὶ γὰρ ἔοικε σφόδρα πιστεῦσαι τῇ πρὸς ἀλλήλους ἡμῶν εὐνοίᾳ. σοῦ γὰρ δεόμενος ἐπ' ἐμὲ κατέφυγε, τεθαρρηκὼς ὅτι δι' ἐμοῦ σοῦ τεύξεται. καὶ ὑπεσχόμην αὐτῷ τὸν μὲν Ἑρκουλιανὸν (281) διὰ Συνεσίου, a τὸ δὲ νικᾷν τοὺς λυποῦντας δι' Ἑρκουλιανοῦ τῆς ἱερᾶς καὶ τιμίας κεφαλῆς. περὶ τοῦ κόμητος ἐγεγράφεις δι' Οὐρσικίνου (λέγω δὲ τοῦ τυχόντος ἀρχῆς τῶν ἐν τῇ πατρίδι στρατιωτῶν) καὶ ᾔτεις συνθήματα παρ' ἡμῶν τοῦ γενέσθαι παρὰ τῶν δυναμένων τοῦτο ποιεῖν σῶν φίλων γράμματα πρός τε αὐτὸν καὶ πρὸς τὸν ὀρδινάριον ἄρχοντα. τὴν μὲν οὖν προαίρεσιν ἀπεδεχόμην καὶ τότε· τὸ δὲ ἔργον ὡς παρέλκον ἠρνούμην, γυμνὸν ἐμαυτὸν εἰς φιλοσοφίαν ἱστάς. νυνὶ δὲ ἀδικούμενοι φίλοι, καὶ ἰδιῶται καὶ στρατιῶται, βιάζονταί με βού- b λεσθαι μεταποιεῖσθαι τῆς πολιτικῆς δυνάμεως, πρὸς ἣν ἀποπεφυκὼς οἶδα, καὶ αὐτοί μοι τοῦτο συνίσασιν· ἀλλὰ βιάζονται σφῶν αὐτῶν ἕνεκα ποιεῖν τι καὶ ἀκούσιον. νῦν οὖν εἰ δοκοίη σοι τοῦτο ποιεῖν, ἐπιτρέπω. πρόσειπέ μοι τὸν ἱερὸν ἑταῖρον τὸν διάκονον, καὶ γυμνα-

enim istud feceris, expressæ istæ nequitiæ descriptiones mœrore illos afficient, qui apud se aut amicos suos commemorata a me indicia deprehenderint. Dolore autem afficere interdum virilis animi est, philosophiæque moribus consentaneum, quando illud coram et apud præsentes agitur, sed eiusmodi de rebus scribere angustum ac sordidum videtur. Sed quæ Synesius secum ipse disputaverit, ea apud te longe carissimum sibi caput disputat, unicum, inquam, aut cum duobus maxime amicum, quoniam extra ternionem vestrum nihil humanarum rerum magni admodum facio : quibus adiunctus ego sacræ amicitiæ quaternionem fortassis expleo. Verum quaternionis illius naturæ, qui eadem appellatione inest rerum omnium principiis, lingua favendum est. Cæterum in quaternario illo iambicorum, in fine duodecim versus simul perscriptos reperi, perinde ac si unum esset epigramma. Quoniam ergo verisimile est penes te illos esse, scito neque unum quid neque unius esse, sed octo quidem primi cum poetica scientia scripti admista astronomica facultate amici tui sunt; postremi vero quatuor poetices solius lascivientis. Estque id ipsum antiquum. Magis autem impium esse arbitror mortuorum lucubrationes quam vestes furari, quod sepulcra perfodere dicitur. Vale perpetuo, et religiose atque circumspecte philosophiam tracta. Viginti totos Mesori dies me tibi præstolaturum paciscor : quibus exactis favente deo iter aggrediar. Optimo sodali plurimam meo nomine salutem dicito; diligo enim ipsum propterea quod etiam atque d etiam te diligit.

Phœbammon, qui tibi hasce litteras offert, et vir bonus est et amicus et amicum iniuriam patitur. Quibus omnibus de causis æquum est illum abs te sublevari, sive nostri causa, sive ob mores ipsos, sive propter calamitatem. Hoc igitur ita a te fieri volo : nam in nostra amicitia fiduciæ plurimum collocasse videtur; qui cum de te impetrare aliquid vellet ad me confugit, certo confidens per me tuam se esse gratiam assecuturum. Atque ego Herculianum illi (281) per Synesium promisi; de iis porro, qui sibi molesti sunt, victoriam per Herculianum, carum illud ac religiosum caput. De comite per Ursicinum scripseras (eum autem intelligo, qui militum in patria præfecturam est sortitus), ac velut conficiendæ rei tesseram a nobis petebas, litteras nimirum ab amicis tuis, qui id facere possent, tam ad ipsum quam ad ordinarium magistratum. Atque ego quidem tum consilium probavi; rem autem ipsam tanquam supervacaneam repudiavi, quod nudum me ad philosophiam contulissem. Nunc autem affecti iniuria amici, et privati et milites cogunt b me ut civilem mihi potentiam assumam, ad quam minime a natura comparatum me esse scio : atque hoc mecum illi satis intelligunt, sed suapte causa vel invitum quidpiam agere compellunt. Quamobrem si ta tibi faciendum videtur, facio potestatem. Salutem meo nomine dicito

ζέσθω πρὸς ἀνταγωνιστὴν ἱππέα. προσαγορεύει σε πᾶς μου ὁ οἶκος, προσγενομένου αὐτῷ νῦν καὶ Ἰσίωνος, ὃν ἐπόθεις ἀπὸ διηγημάτων. ὃς αἴτιός μοι γέγονε τῆς ἀγεννοῦς καὶ ἀφιλοσόφου τῶν γραμμάτων αἰτήσεως πρὸς τοὺς ἄρχοντας, καταδεηθεὶς τὰ μὲν αὐτοπροσώπως ὑπὲρ πολλῶν, τὰ δὲ δι' ὧν ἐκόμισεν ἐπιστολῶν. καὶ οὗτος οὖν σε μέχρι τῆς διηγορευμένης εἰκάδος περιμένει.

ρμε΄ Τῷ αὐτῷ

Οἰκέτης ἐμὸς ἐδραπέτευσεν, οὐ τῶν πατρώων τῶν ἐμῶν οὐδὲ τῶν ἄλλως συντραφέντων ἐμοί (ἀγωγῆς γὰρ ἐλευθερίου μετασχόντες καὶ μικροῦ δέω λέγειν ἐν ὁμοτίμοις ἀγόμενοι φιλοῦσιν ὡς αἱρετὸν ἄρχοντα μᾶλλον ἢ δεδίασιν ὡς νόμῳ δεσπότην), ἀλλ' ὁ Φιλόρωμος (τοῦτο γὰρ ὄνομα τῷ δραπέτῃ) τῆς ἀδελφιδῆς μου τῆς Ἀμελίου θυγατρὸς οἰκέτης ὢν ἐμὸς γίνεται δι' ἐκείνης. τραφεὶς δὲ ἐκμελὴς καὶ ἀνάγωγος φιλόσοφον καὶ Λακωνικὴν ἐπιστασίαν οὐκ ἤνεγκε, καὶ νῦν ἀντ' ἐμοῦ δεσπότην εὑρόμενος Ἀλεξανδρέα, περινοστεῖ μετ' ἐκείνου τὴν Αἴγυπτον. Ἀρποκρατίων τίς ἐστι τῶν Ἡρακλειανοῦ δορυφόρων, τάξιν ἔχων τῷ βοηθῷ βοηθεῖν (ἡ γὰρ σουβαδίουβα λέξις τοῦθ' ἑρμηνεύειν πιστεύεται)· τούτῳ σύνεστιν ὁ Φιλόρωμος· κἀγὼ τό γ' ἐμὸν εἴασα ἂν χαίρειν αὐτόν· ποῦ γὰρ εὔλογον τὸν μὲν χείρω τῶν βελτιόνων μὴ δεῖσθαι, (282) τοὺς δὲ βελτίονας ὁμολογοῦντας εἶναι δεῖσθαι τοῦ χείρονος, ἀλλ' ἡ δέσποινα τοῦ κακοδαίμονος οὔπω πείθεται πάνυ φιλοσοφεῖν, ὥστε καταφρονεῖν τῶν οὐκ ἀντεχομένων, καὶ κατεδεήθη πολλὰ σταλῆναι τοὺς ἐπανάξοντας αὐτόν. ὑπέστη δὲ τὴν ὑπηρεσίαν ταύτην αὐθαίρετος ὁ σύσκηνος ἡμῶν Ἀειθαλής, ὃν ἐγὼ θεῷ τε ἡγεμόνι θαρρῶν ἔστειλα καὶ ἀνθρωπίνην ἐπικουρίαν ὑποσχόμενος τὴν παρὰ σοῦ· εἴη σοι τὴν ἐπιστολὴν ἐπιδοθῆναι τὰ δ' ἐντεῦθεν, ἐπειδὴ παρείληφας τὴν ὑπόθεσιν, θεῷ καὶ αὐτῷ σοι καὶ Ἀειθαλεῖ μελήσει.

ρμς΄ Τῷ αὐτῷ

Ἐπιθυμήσας ἀρρενῶσαι τὴν ἱεράν σου ψυχὴν τῷ δι' ἐπιστολῶν ἐπιπλῆξαι τῷ σφοδρῷ τῆς εἰς τὴν συντυχίαν ἡμῶν ἐνστάσεως, πολλῷ πρότερον ὑπὸ τοῦ κατακλυσμοῦ τῶν ἐν ταῖς ἐπιστολαῖς ἰύγγων αὐ-ὸς ἐθηλύνθην, καὶ εἰμὶ νῦν τοιοῦτος οἶψ σοι τυγχάνοντι πρότερον ἐνεκάλουν. ἆρ' οὖν ἀγαθῶν μοι μεγάλων αἴτιος ὁ θαυμάσιος Ἑρκουλιανός, οὕτω τὴν ἐμὴν ψυχὴν ἀναρτήσας ἑαυτοῦ καὶ καταβιβάσας τοῦ φιλοσοφίας ἀξιώματος; ἐγὼ μὲν οὖν οὐ δι' ἄλλο τι τὰς Σειρῆνας ὑπὸ τῶν ποιητῶν ἡγοῦμαι βλασφημεῖσθαι, ἢ ὅτι τῷ μελιχρῷ τῆς φωνῆς ἀπώλλυον, προσαγόμεναι τὸν πιστεύσαντα· ἤκουσα δέ του τῶν σοφῶν καὶ ἀλληγοροῦντος τὸν μῦθον. Σειρῆνας γὰρ αὐτοῖς αἰνίττεσθαι τὰς ἀπολαυστικὰς ἡδονάς, αἳ τοὺς εἴξαντας

---

religioso sodali, diacono, qui quidem contra adversarium equitem strenue sese exerceat Salutat te universa nostra familia, ad quam Isionis accessio facta est, quem tu ab actis desiderabas qui mihi ignavæ et indignæ philosopho litterarum ad magistratus postulationis causam præbuit, c cum me partim coram pro multis interpellaret, partim per litteras, quas ipse deferebat Et is quoque te usque ad condictum diem vicesimum exspectat

CXLV Eidem

Servus quidam meus aufugit, non ex paternis meis aut qui alia ratione mecum una sunt educati (ii enim liberaliter instituti ac prope æquali mecum honore habiti tanquam ex electione imperantem amant potius, quam velut ex lege dominum reformidant), sed Philoromus (hoc enim fugitivo nomen est) consobrinæ meæ Ameliæ d filiæ servus, qui meus quidem propter illam factus est Sed cum dissolute et citra disciplinam esset educatus, philosopho dignum et Laconicum regimen non tulit, et nunc Alexandrinum pro me dominum nactus cum eo Ægyptum peragrat Harpocratio quidam est Heracliani satellitum, ex eorum ordine, qui adiutores adiuvant, vox enim subadiuva id significare creditur Apud hunc Philoromus est Ego vero, quod ad me attinet, valere illum iuberem, qui enim convenit, deteriorem nihil opus habere melioribus (282), eos vero, qui se meliores esse profitentur, opus habere deterioribus? Sed infelicis illius hera nondum omnino adduci potest ut philosophetur, ita ut ea contemnat, quæ minime ad nos adhærescunt b summoque a me opere contendit, ut aliquos mitterem, qui illum a fuga retraherent Quam quidem provinciam in se recipit contubernalis meus Aithales, quem ego et duce deo fretus dimisi, et humanum ei sum a te subsidium pollicitus Tantum igitur hæ tibi in manus litteræ dentur cætera, postquam argumentum omne percepisti, deo ac tibi ipsi et Aithalis curæ permitto

CXLVI Eidem

Cum ego multo ante sanctum animum tuum corroborare cuperem, vehemens illud tuum consuetudinis nostræ desiderium per litteras redarguens, nunc illecebrarum, quæ in tuis litteris insunt, redundante copia fractus ipse et emollitus sum et modo talem me invenio, qualis antea cum esses tete reprehenderam Num igitur ingentium mihi bonorum causa egregius Herculianus exstitit, qui animum meum adeo sibi devinxert atque a philosophiæ dignitate deiecert? Equidem non aliam ob causam c arbitror Sirenas poetarum probris ac maledictis exagitari, quam quod mellita vocis suavitate interitum afferebant, cum eum illexissent qui iis fidem habuisset Memini vero me nescio quem olim audire sapientem, qui sic fabulæ istius allegoriam enarraret Etenim Sirenas aiebat voluptates illas significare quibus fruuntur, quæ

καὶ καταγοητευθέντας αὐτῶν τῷ προσηνεῖ μετὰ μικρὸν
ἀπολλύουσι. τί οὖν ἀποδέουσιν εἶναι Σειρῆνες αἱ τῶν
σῶν ἐπιστολῶν ἡδοναί, ὑφ' ὧν ἐγὼ τὸ ἐμβριθὲς ἀφεὶς d
φίλος Ἑρχουλιανοῦ γέγονα; μάρτυς θεός, οὗ νόμῳ τοῦ
γράφειν ἀντ' ἄλλου τοὺς περὶ τούτου πεποίημαι λό-
γους, ἵν' ὑπόθεσιν ἔχω γραμμάτων, ἀλλὰ τῶν παρ'
Οὐρσικίνου δοθεισῶν ἐπιστολῶν (ἦσαν δὲ τρεῖς) ἡ μέση
κατὰ τὸ μέγεθος ἔμβιόν τι ψυχῆς πάθος ἐνέσταξέ μοι
κομίσασα, καὶ γέγονα τῆς ἐν τοῖς γράμμασι κολακείας
ἥττων τοσοῦτον ὅσον αἰσχύνεσθαι. τὸν ἀδελφὸν
Κῦρον ἔδει κομίσασθαι παρὰ σοῦ γράμματα περὶ ὧν
ἐδήλωσας διὰ τὸν ἐκ Πενταπόλεως κόμητα. καὶ χάριν
μὲν ἔσχον τῇ προαιρέσει τοῦ (283) συστήσαντος, ἐπε- a
λάθου δὲ ὅτι φιλοσοφεῖν πειρῶμαι· καὶ μικρὸν ἡγοῦμαι
τιμὴν ἅπασαν, εἰ μὴ ἐπὶ φιλοσοφίᾳ γένοιτο. δέομαι
οὖν διὰ τὸν θεὸν οὐδέν· οὔτε γὰρ ἀδικοῦμεν οὔτ' ἀδι-
κούμεθα. τὸ δὴ τοιοῦτον ἐκείνῳ μὲν ὑπὲρ ἡμῶν
ἔπρεπε ποιεῖν, ἡμῖν δὲ αἰτεῖν οὐ πρέπον. εἰ γὰρ
ἔδει ζητεῖν ἐπιστολάς, αἰτεῖν ἔδει πρὸς ἐμὲ γενέσθαι
(οὕτω γὰρ ἂν ἐτιμήθην), οὐχ ὑπὲρ ἡμῶν πρὸς ἕτερον.
ἐρρωμένος εὐθύμως διαβιῴης, φιλοσοφίᾳ ἀδολώτατα
μετιών. πᾶσα ὁμοῦ σε ἡ οἰκία, μάρτυς θεός, καὶ
παῖδες καὶ γέροντες καὶ γυναῖκες προσαγορεύουσιν. b
ἴσως δ' ἂν αὐτὸς καὶ φιλοφρονουμένας τὰς γυναῖκας
μισοίης. ἰδοὺ τί πεποίηκας· ἐν ὁδῷ με ὄντα ἀπρὶξ
λαβόμενος κατέχεις. ἦσαν ἄρα Αἰγύπτιοι φαρμακεῖς,
καὶ οὐ πάντα Ὅμηρος ψεύδεται, ὅτε καὶ αὐτὸς ἴυγγων
πλήρεις ἐπιστολὰς ἐκπέμπεις ἀπ' Αἰγύπτου. Ἑλένη
μὲν οὖν τὸ λαθικηδὲς φάρμακον Πολύδαμνα πόρεν
Θῶνος παράκοιτις· σοὶ δὲ τίς τὸ ἀνιαρὸν δέδωκεν,
ᾧ χρίσας ἔπεμψας τὴν ἐπιστολήν; c

ρμζ'. Ἰωάννῃ.

Οἶμαί σε καὶ πρὸ εὐχῆς εὖ πράττειν, ὅς γε ἀφεὶς
τοὺς ἀνθρώπους ἡμᾶς

Ἄτης ἐν λειμῶνι κατὰ σκότον ἠλάσκοντας

καὶ ταῖς χθονίαις ἐγκαλινδουμένους φροντίσιν, αὐτὸς
ὑπὲρ ταύτας στήσας σαυτὸν ἀνεχώρησας ἔτι δεῦρο ὢν
καὶ μακαρίας ἥψω ζωῆς, εἰ μὴ φίλος ὢν Γάνος ἐν τῷ
λέγειν καὶ διαγγέλλειν τὰ σὰ πρὸς ἡμᾶς οἴεται δεῖν τι
καὶ ψεύδεσθαι· δεινὸν γὰρ ἡ εὔνοια κλέψαι τὴν ἀλή- d
θειαν. οὗτος οὖν ὁ Γάνος ἐπεφήμισέ σοι τὸν μονήρη
βίον, καὶ πρόφασιν τῆς εἰς τὴν πόλιν εἰσόδου βιβλία
καὶ τὸν νοῦν αὐτῶν ὅσος εἰς θεολογίαν συντείνει, καὶ
φαίον τριβώνιον ἀμπέχεσθαί σέ φησιν. οὐδὲν μὲν ἦν
μεῖον, εἰ καὶ λευκὸν ἦν· τῇ γὰρ φανοτάτῃ φύσει μᾶλλον
ἂν ἀνακείμενον εἴη τὸ ἐν τοῖς αἰσθητοῖς καθαρὸν καὶ
φωτοειδέστερον· εἰ δὲ καὶ τὸ μέλαν ἐπῄνεσας, ἐπειδὴ
ζῆλόν τινῶν προλαβόντων ἐποίησας, ἐπαινῶ πᾶν τὸ
ἐπὶ τῷ θείῳ γινόμενον. τὸ γὰρ (284) οὗ χάριν γίνε- a
ται, δίδωσι κατορθοῦν τῷ ποιοῦντι, καὶ ἡ προαίρεσις
ἔχει τὴν ἀρετήν. ἡμεῖς μὲν οὖν σοι συνηδόμεθα σχε-

succumbentes atque earum blanditiis delinitos paulatim
perderent. Quidnam igitur abest, quominus Sirenes sint
quædam litterarum tuarum illecebræ, quibus ego gravi-
tate constantiaque illa posita totus Herculiani sum
factus? Testis est deus me non scribendi more alterius
cuiuspiam loco de ea re verba facere, quo litterarum ar-
gumentum aliquod haberem, verum ex iis epistolis, quas
ab Ursicino tres accepi, quæ amplitudine media erat,
vivum mihi quemdam instillavit affectum animi, adeoque
sum litterarum adulatione superatus, ut me ipsum pu-
deret. Oportebat te ad fratrem Cyrum de eo, quod
significasti, litteras dedisse, propter Pentapolitanum
comitem, Ac voluntati quidem commendantis (283)
gratias egi; videris mihi tamen istud oblitus esse, me
philosophari instituisse, atque omnem honorem parvi
pendere, qui non a philosophia proficiscatur. Itaque
nihil propter deum ea commendatione opus habeo. Neque
enim aut facio cuiquam iniuriam aut accipio. Quare
istud ipsum in illum nostri causa conferre oportebat.
nobis autem postulare nequaquam congruit. Nam ut
maxime litteræ petendæ essent, ad me potius ut scri-
berentur, peti deberet (ita enim mihi honos haberetur),
non pro nobis ad alterum. Incolumis perpetuo hilarisque
degas, philosophiam sincerissime ambiens. Universa et
simul familia, testis est deus, tam pueri quam senes
et mulieres salutant. Quanquam fortassis etiam blan-
dientes atque humanitate prosequentes mulieres oderis.
Vide quid feceris : me, cum in via essem, mordicus ap-
prehensum detines. Profecto Ægyptii incantatores sunt,
nec omnia falso ab Homero sunt prodita, cum tu ipse
incantationum plenas litteras ab Ægypto mittas. Atque
Helenæ quidem obliviosum mœroris poculum dedit
Thonis coniux Polydamna; tibi vero quis mœroris effi-
ciens illud dedit, quo delibatam ad me epistolam misisti?

CXLVII. Ioanni.

Ego te supra votum felicem esse arbitror, qui nos ho-
mines derelinquens

Ates in pratis, tenebrosa in nocte vagantes

et in terrenis curis volutatos te supra illas erigens, cum
hic adhuc esses, recessisti, ac beatum instituisti vitæ
genus, nisi amicus tuus Ganus in rebus tuis ad nos per-
ferendis ac narrandis mentiendum nonnihil arbitretur.
Solet enim veritatem imprimis occultare benevolentia.
Ganus igitur iste monachicum tibi vitæ institutum tri-
buit, ac tibi libros eorumque sensum, qui quidem ad
theologiam pertinet, adeundæ urbis occasionem dedisse
confirmat. Pullo te insuper amictum esse pallio dicit.
Atqui nihilo deterius erat, eandidum si esset. Splendi-
dissimæ quippe naturæ dicatum magis et consecratum id
fuerit, quod in his, quæ percipiuntur sensibus, purum
est magisque lucidum. Sed si pullum ideo colorem pro-
basti, quod id aliorum, qui ante te usurparunt, imita-
tione feceris, laudo quidquid dei causa suscipiatur (284).
Nam illud ipsum, cuius gratia fit, facienti tribuit, ut
præclare sit hoc ab eo factum; inestque in voluntate
ipsa virtus. Quamobrem nos tibi gratulamur, qui ad

διάσαντι τὸ τέλος ὅπερ ἡμεῖς πάλαι σὺν πόνῳ μόλις θυροκοποῦμεν· σὺ δὲ ἡμῖν σύνευξαι φθάσαι ποτὲ καὶ αὐτοῖς, καὶ εὑρέσθαι τι κέρδος ἀπὸ τῆς ἐν φιλοσοφίᾳ μερίμνης, ἵνα μὴ τὴν ἄλλως ὦμεν κατατετριφότες πρὸς τοῖς βιβλίοις τὸν βίον. ἐρρωμένος εὐδαιμονῶν διαβιῴης, θαυμάσιε.

ρμη' Ὀλυμπίῳ

Ἀπέλιπον τὴν τάξιν τῶν φόρων· τί γὰρ ἦν ποιεῖν, οὐδενὸς Ἑλλήνων τῶν τὴν Λιβύην ἐπῳκηκότων θέλοντος εἰς τὴν παρ' ἡμῖν θάλατταν ἐκπέμπειν ὁλκάδας, καὶ σὲ δὲ ἀφίημι τῆς συντάξεως οὐδὲ γὰρ Σύροις ἐπιμελὲς καταίρειν εἰς τὰ Κυρηναίων ἐπίνεια λάθοι δ' ἄν με τοῦτό ποτε καὶ γενόμενον· οὐ γάρ εἰμι γείτων θαλάττης οὐδ' ἐλλιμενίζω συχνά, ἀλλ' ἀνῴκισμαι πρὸς νότον ἄνεμον Κυρηναίων ἔσχατος, καὶ γείτονες ἡμῖν εἰσὶν οἵους Ὀδυσσεὺς μετὰ τὴν Ἰθάκην τὸ πηδάλιον ἔχων ἐζήτει, μῆνιν Ποσειδῶνος ἐκ τοῦ χρησμοῦ παραιτούμενος,

οἳ οὐκ ἴσασι θάλασσαν
ἀνέρες, οὐδέ θ' ἅλεσσι μεμιγμένον εἶδαρ ἔδουσιν

ἀλλὰ μὴ λόγον ἄλλως οἰηθῇς τὸ μηδὲ μέχρις ἁλῶν τοὺς δεῦρο κεχρῆσθαι θαλάττῃ, μηδὲ μὴν ἄναλα διὰ τοῦτο κατεσθίειν ἡγοῦ τὰ κρέα τε καὶ τὰ πέμματα εἰσὶ νὴ τὴν ἱερὰν Ἑστίαν, εἰσὶν ἠπειρῶται παρ' ἡμῖν ἅλες, ἀπέχοντες πρὸς νότον ἔλαττον ἢ πρὸς ἀπαρκτίαν ἢ θάλαττα. τούτους Ἄμμωνος καλοῦμεν τοὺς ἅλας πέτρα δὲ αὐτοὺς ψαφαρὰ καὶ τρέφει καὶ κρύπτει, ἣν ὅταν ἀφελὴς ἐπιδεδλημένην ὥσπερ ἐφελκίδα, ῥαστώνη πολλὴ καὶ χερσὶ καὶ σκαλίσιν ἀροῦν τὸ βάθος τὸ δὲ ἀναζωννύμενον ἅλες εἰσίν, ἰδεῖν τε ἡδεῖς καὶ γεύσασθαι. ἀλλ' ὅπως μὴ σοφιστικὴν ἀπειροκαλίαν οἰηθῇς τὸ ἐπεξελθεῖν τῶν ἐπιχωρίων ἁλῶν τῷ διηγήματι ἥκιστα γὰρ τοῖς ἀγροδιαίτοις ἡμῖν προσιζάνει τὸ φιλότιμον πάθος ἀλλὰ σὺ γὰρ ἀπαιτεῖς ἕκαστα παρ' ἡμῶν τὰ περὶ ἡμῶν εἰδέναι ἀνέχου τοίνυν ἀδολεσχούσης ἐπιστολῆς, ἵνα καὶ τῆς (285) ἀκαίρου πολυπραγμοσύνης δῷς δίκην ἅμα δὲ καὶ χαλεπὸν εἰς πίστιν τὸ ἑκάστοις ἀπότροφον ἢ φαῦλον οὖν ἔργον Σύρον ἀναπεῖσαι περὶ χερσαίων ἁλῶν, ἐπεὶ καὶ δεῦρο πράγματα ἔχω περὶ νεῶν καὶ ἱστίων καὶ θαλάττης ἀνακρινόμενος. οἶσθα γὰρ ὡς ἐγὼ καὶ φιλοσοφῶν ποτὲ ἅμα ὑμῖν ἐθεασάμην τὸ χρῆμα τοῦτο τὴν θάλατταν, καὶ πρὸς Φάρῳ καὶ πρὸς Κανώβῳ τὴν μεγάλην λίμνην τὴν λαμυράν καὶ εἵλκετο ναῦς, καὶ ἀνήγετο πρὸς οὖρον αὕτη, κώπαις ἐκείνη. ἐγελᾶτε γοῦν εἰκάσαντος αὐτὴν ἐμοῦ ζῴῳ πολύποδι. οἳ δὲ διάκεινται τὰς γνώμας ὥσπερ ἡμεῖς, ὅταν ὑπὲρ τῶν ἐπέκεινα Θούλης ἀκούωμεν, ἥτις ποτέ ἐστιν ἢ Θούλη, διδοῦσα τοῖς διαβᾶσιν αὐτὴν ἀνεύθυνα καὶ ἀνεξέλεγκτα ψεύδεσθαι ἀλλ' οὗτοί γε κᾶν πρόσωνταί ποτε τὰ περὶ τῶν νεῶν ἢ δόξωσιν ἐκεῖνο γελᾶν, ἀνὰ κράτος ἀπιστοῦσιν ὅτι δύναται τρέφειν ἀνθρώπους καὶ θάλαττα τοῦτο

cum finem subito perveneris, cuius nos pridem fores ægre et cum labore pulsamus. Tu vero nobiscum precare, ut et ipsi olim assequamur lucrique nonnihil ex philosophiæ curis ac vigiliis obtineamus, ne frustra in libris ætatem attriverimus. Incolumem felicemque vitam b traducas, vir egregie.

Tributi pendendi partes meas ac munus prætermisi. Quid enim facerem, cum nullus e Græcis, qui Libyam incolunt, onerarias ad mare nostrum mittere velit? Ac te etiam omni pensitatione libero. Non enim Syris curæ est navalia Cyrenensium appellere. Quod si quando contingeret, me tamen insciente fieret. Quippe neque mari proximus nec in portu frequens, sed in alto habito ad austrum in extremis Cyrenensium finibus. Atque e vicino nobis habitant, quales Ulixes post Ithacam clavum c tenens quæritabat, iram Neptuni ex præscripto oraculi procurans,

qui nec freta norunt
mortales, sale nec condita cibaria rodunt

Sed ne temere istud a me dictum arbitreris, ne ad salem quidem usque nostros maris uti commercio neque tamen insulsis ob id carnibus aut libis vesci puta. Est enim, per sacram Vestam iuro, est apud nos terrestre sal, quod minore intervallo ab austro distat, quam ab d aquilone mare. Hoc Ammonis sal a nobis appellatur. Lapide hoc fridbili alitur atque tegitur, quem crustæ in modum insidentem cum detraxeris, facili negotio manibus ac sarculis altius proscindi subiecta tellus potest. Id porro quod effoditur, sal est, cum visu ipso tum gustandi voluptate iucundissimum. Verum et tu sophisticæ hoc insolentiæ putes esse de vernaculo sale narrationem insti tuere, minime enim rusticanis nobis hæret ambitiosa gloriæ contento. Sed enim sigillatim quæ sunt apud nos scire a nobis postulas. Quare loquacem epistolam sustine, ut importunæ curiositatis (285) pœnas persolvas. Quin et hoc persuasu difficile est, quod ab uniuscuiusque educatione usuque alienum est. Quamobrem non parum negotii sit Syro posse de terreno sale persuadere, cum ego molestiam hic habeam de navibus ac velis atque mari sæpius interrogatus. Meministi enim me, cum aliquando vobiscum philosopharer, rem illam, mare scilicet, aspexisse, et ad Pharum, ad Canobum vastum illum larum ac salsum vidisse. Ac tum forte navis trahebatur, aliaque velis in altum, altera remis agebatur. Ridebatis igitur me, quod eam animali multipedi similem esse dicerem. At i'li eodem modo afficiuntur animo, quomodo nos, cum de iis quæ ultra Thulen sunt audimus, quæcunque denum Thule est, quæ iis, qui eo penetraverint, impune ac citra reprehensionem mentiendi potestatem facit. Verum ii, utcunque tandem ea quæ de navibus dicuntur admittant aut ridere id ipsum videantur, pertinacissime tamen credere istud nolunt, posse ex mari hominibus alimenta suppeditari. Hoc enim velut

γὰρ μόνην ἔχειν ἀξιοῦσι τὴν μητέρα γῆν τὸ πρεσβεῖον. ἐγὼ δέ ποτε αὐτοῖς ἀνανεύουσι πρὸς τὰ περὶ τῶν ἰχθύων, ἀναλαβὼν τινὰ κέραμον καὶ προσαράξας πέτρᾳ ἔδειξα τῶν ἀπ' Αἰγύπτου ταρίχη συχνά· οἱ δὲ ὀφεων c πονηρῶν ἔφασαν εἶναι σώματα, καὶ ἀναθορόντες ἔφευγον, τὰς ἀκάνθας ὑποπτεύοντες ὡς οὐδὲν ἠπιωτέρας τοῦ διὰ τῶν ὀδόντων φαρμάκου. καὶ ἔφη τις ὁ γεραίτατος καὶ τῇ δόξῃ φρενῶν ἐπηβολώτατος, σχολῇ γοῦν περὶ ὕδατος ἁλυκοῦ πιστεῦσαι καλόν τι αὐτόθι τρέφεσθαι καὶ ἐδώδιμον, τῶν πηγαίων τῶν ἀγαθῶν καὶ ποτίμων ναμάτων βατράχους καὶ βδέλλας γεννώντων, ὧν οὐδ' ἂν ὁ μαινόμενος γεύσαιτο. καὶ εἰκότα d γε ἀγνοοῦσιν·

οὐ γὰρ στᾶς ἐκ νυκτὸς ἐγείρει κῦμ' ἐπιθρῶσκον

πελάγους, ἀλλ' ἵππων χρεμετισμοὶ καὶ μηκάζον αἰπόλιον, καὶ προβατίων βληχὴ καὶ ταύρου μύκημα, πρώτης δὲ ἀκτῖνος ἐπιβαλούσης τῶν μελιττῶν ὁ βόμβος, εἰς ἡδονῆς λόγον οὐδεμιᾷ παραχωρῶν μουσικῇ. μήτι σοι δοκοῦμεν ἐκδικηεῖσθαι τὰς Ἀγχεμάχου, τοιοῦτον οἰκοῦντες ἀγρὸν πόρρω πόλεως καὶ ὁδῶν καὶ ἐμπορίας καὶ τρόπων ποικίλων; ἡμῖν γάρ ἐστι (256) σχολὴ a μὲν φιλοσοφεῖν, ἀσχολία δὲ κακουργεῖν. σύνοδοι δὲ πᾶσαι πᾶσιν ἑταιρικαί, χρωμένων ἀλλήλοις ἐπὶ γεωργίαν, ἐπὶ ποιμένας ἐπὶ ποίμνας, ἐπὶ θήραν ὧν ἡ γῆ φέρει παντοδαπήν· οὐδὲ γὰρ νόμος ἡμῖν, οὔτ' αὐτοῖς οὔθ' ἵπποις, ἀνιδρωτὶ σῖτον αἱρεῖσθαι. ἀριστῶμεν δὲ ἐπ' ἀλφίτοις, ἡδίστοις μὲν ἐμφαγεῖν ἡδίστοις δὲ ἐμπιεῖν, ἃ καὶ τῷ Νέστορι κίρνησιν Ἑκαμήδη. μετὰ κόπον ἰσχυρὸν ὁ κυκεὼν τῆς θερινῆς ὥρας ἀλέξημα. καὶ μήν ἐστιν ἡμῖν καὶ πύρινα πέμματα καὶ τρωκτὰ τὰ μὲν ἥμερα τὰ δὲ ἄγρια, πάντα ἐγχώρια, γῆς b ἀρίστης χυμοί, καὶ κηρία μελιττῶν καὶ γάλα ἐξ αἰγῶν· οὐ γὰρ νομίζομεν βοῦς ἀμέλγειν. ποιεῖ δὲ οὐκ ἐλάττω τὴν ἀφθονίαν ἐν ταῖς τραπέζαις ἡ διὰ τῶν κυνῶν καὶ τῶν ἵππων θήρα, ἣν οὐκ οἶδα πῶς οὐ προσεῖπεν Ὅμηρος χυδιάνειρα, οὐδὲ ἀριπρεπέας ἔφη τοὺς ἄνδρας ἐν αὐτῇ γίγνεσθαι· τὴν δὲ ἀγορὰν ἐγκωμίῳ τοιούτῳ τετίμηκεν, ἀνθρώπια παρεχομένην ἀναιδῆ καὶ παμπόνηρα καὶ οὐδὲν ὑγιές, ἀλλὰ λοίδορα καὶ κακορράφεια εἰδότα. ἐφ' οἷς καὶ γελῶμεν ἡμεῖς, ὅταν ποτὲ ἡμῖν ὁμώροφα γένηται· φρίττουσι γάρ τοι πρὸς c τὰ ἐκ τῶν καμίνων κρέα τὰ θήρεια. καὶ τί λέγω τὰ θήρεια; φαρμάκου γ' ἂν θᾶττον ἢ ὁτουοῦν τῶν παρ' ἡμῖν γεύσαιντο. ζητοῦσι δὲ οἶνον μὲν τὸν λεπτότατον, μέλι δὲ τὸ παχύτατον, ἔλαιον μὲν τὸ κουφότατον, πυρὸν δὲ τὸν βαρύτατον· καὶ πατρίδας αὐτῶν ὀμνύουσι Κύπρον καὶ Ὑμηττόν τινα καὶ Φοινίκην καὶ Βάραθρα. ἡμῖν δὲ ἡ χώρα καὶ εἰ καθ' ἓν ἑκάστης ἡττᾶται τῆς τὸ ἄκρον φερούσης, τοῖς λοιποῖς ἑκάστην νικᾷ. καὶ τοῦτ' ἐστὶ τὸ ἐκ δευτέρου πρω- d τεῖον, ὃ καὶ Πηλεὺς καὶ Θεμιστοκλῆς εὑρόμενοι πάντα πάντων ἄριστοι τοῖς Ἕλλησιν ἐκηρύχθησαν. εἰ δὲ δὴ καὶ δοίημεν τὸ δεῦρο μέλι χεῖρον εἶναι πρὸς τὸ Ὑμήτ-

---

honorarium parenti terrae praecipuum ac peculiare esse censent oportere. Ego vero cum ipsi aliquando quae de piscibus narrantur abnuerent, fictile quoddam apprehendens et ad saxum allidens allatam ex Ægypto salsamentorum copiam iis ostendi; quae illi malorum serpentum corpora esse dicebant, statimque in fugam prosiliebant, spinas reformidantes, tanquam nihilo dentium veneno mitiores. Inter quos unus aetate omnium provectissimus atque in opinando sagacissimus aegre sibi de aqua salsa persuasum esse dixit, nutriri in ea quod bonum sit esuique idoneum, cum in fontanis aquis optimis et potum idoneis nihil praeter ranas et hirudines gignatur, quas nemo adeo insanus est ut gustare velit. Nec immerito istud ignorant.

Non etenim de nocte tumens hos excitat unda

pelagi, sed equorum hinnitus et caprarum vociferantes greges et ovium balatus et tauri mugitus. Inde ad primos solis radios apium sonitus, nihil quod ad voluptatem attinet musico concentui deterior. An non tibi eas quae Anchemachi fuerunt narrare videmur, qui talem agrum incolamus ab urbe dissitum et viis et mercatu et versutis moribus? Nobis (286) enim philosophandi otium est, malefaciendi nullum. Iam conventus omnes omnibus sociales sunt sibi invicem ad agriculturam opitulantibus, ad pastores ad greges ad venatum eorum quae terra fert multiplicem. Nefas enim sive ipsis nobis sive equis nostris est, sine sudore cibum capere. Polenta autem vescimur cum in cibo tum in potu suavissima; cuiusmodi Nestori apud Homerum miscet Hecamede. Post fatigationem ista sorbitio aestivi caloris praesens remedium est. Sunt et nobis insuper liba triticea et edules arborum fructus, partim domestici, partim agrestes, vernaculi omnes, telluris optimae succi: nec apum favi desunt aut caprinum lac. Non enim mulgere boves apud nos receptum est. Nec minorem mensis nostris copiam frequens canum equorumque ope venatus suppeditat, quem nescio cur Homerus viris gloriosum non appellet, nec illustres in ea homines fieri dixerit, cum eo praeconio forum affecerit, ex quo perfrictae frontis homunciones ac nequissimi prodeunt, nec sani quidquam sed contumeliosi et dolorum machinatori callidi; quos irridere passim solemus, quotiens nobiscum iisdem in aedibus versantur; horrent enim, cum ex camino promptas ferinas carnes vident. Quid ferinas dico? Venenum sane citius quam ullum apud nos cibum degustaverint. Vinum porro quaerunt tenuissimum, mel crassissimum et oleum levissimum, frumentum vero ponderosissimum. Quin patrias illorum celebrant Cyprum et Hymettum nescio quem ac Phoenicem et Barathra. Ager vero noster, etsi singulis rebus ab eorum unoquoque vincitur, qui summum earum frugum fastigium obtinent, caeteris tamen unumquemque superat. Atque hic ex secundis principatus est, quem Peleus et Themistocles nacti in omnibus optimi omnium inter Graecos celebrati sunt. Quamvis autem istud demus, mel nostrum Hymettio deterius esse, at eiusmodi

τιον, ἀλλὰ τοιοῦτόν ἐστιν οἷου παρόντος οὐδὲν δεῖν τοῦ ξένου χυμοῦ. ἔλαιον μέντοι σαφῶς τὸ ἡμεδαπὸν ἄριστον, ἢν μὴ κρίνωσιν οἱ διεφθορότες τὴν δίαιταν ἐκεῖνοι μὲν γὰρ αὐτὸ ζυγοστατοῦσι, ῥοπῇ τὴν ἀρετὴν ἐξετάζοντες, καὶ τὸ μειαγωγοῦν ἐν πλεονεκτήματος μοίρᾳ λογίζονται· ἡμῖν δὲ (287) οὐ χαλκεύονται μὲν a ἐπὶ τοὔλαιον τάλαντα, φαμὲν δέ, εἴπερ αὐτὸ δέοι ποιεῖν, φύσιν εἶναι τὸ πλέον ἕλκον τιμᾶν. ἀμέλει τὸ θαυμαστὸν αὐτοῖς καὶ ὤνιον ἔλαιον ἐν ταῖς θρυαλλίσιν ὑπ' οὐδενείας ἀσθενεῖ θρέψαι φλόγα, τὸ δὲ αὐτόχθον ὑπὸ γενναιότητος πυρκαιὰν ὅλην ἀνίστησι, κᾆτ' ἐπειδὰν λύχνου δέῃ, χειροποίητον ἡμέραν ποιεῖ· ἀγαθὸν δὲ λιπῆναι μᾶζαν, ἀγαθὸν δὲ σωμασκοῦσι θρέψαι νεῦρα. ἡμῖν δὲ καὶ τὸ μουσικῆς χρῆμα ἐπιχώριον ὡς οὐδὲν ἄλλο, καὶ ἔστιν Ἀγχεμαχηταῖς λύριόν τι ποιμενικὸν b λιτὸν καὶ αὐτόσκευον, εὐφημίσαι τε καὶ ἄρρεν ἐπιεικῶς, οὐκ ἀνάξιον τοὺς ἐν τῇ Πλάτωνος πόλει παῖδας ἐκτρέφειν· ὡς οὐ λυγίζεται τοῦτο οὐδὲ ἀρετὴν ἔχει παμφώνως ἡρμόσθαι. τῷ δὲ ἁπλῷ τῶν χορδῶν συμβαίνουσιν οἱ προσᾴδοντες· οὐ γὰρ ἐπιτίθενται τρυφώσαις ὑποθέσεσιν, ἀλλ' ἔστιν ἡμῖν καλόν τι χρῆμα ᾠδῆς ἔπαινος ἐνόρχου κριοῦ, καὶ ὁ μείουρος κύων ἐγκωμίου τυγχάνει, ὅτι οἶμαι δίκαιός ἐστι τὰς ὑαίνας οὐκ ὀρρωδῶν καὶ λαρυγγίζων τοὺς λύκους. καὶ ὁ κυνηγέτης οὐχ ἥκιστα ᾠδῇ γίνεται ταῖς κατανομαῖς εἰρήνην ποιῶν c καὶ εὐωχῶν ἡμᾶς πανδαισίᾳ κρεῶν. ἥ τε διδυμοτόκος οἷς οὐκ ἀπαξιοῦται τῆς λύρας, ὅτι πλείω τῶν ἐτῶν ἐκτρέφει τὰ ἔκγονα· τὴν δὲ κράδην θαμὰ καὶ τὴν ἄμπελον ἐντείναντες ψάλλομεν. οὐδὲν δὲ ὅσον εὐχαί τινες· ἔτι τε ᾆσμα καὶ αἰτήσεις ἀγαθῶν ἀνθρώποις καὶ φυτοῖς καὶ βοτοῖς. ταῦτά σοι καὶ τοιαῦτα παρ' ἡμῖν ὥρια καὶ ἀρχαῖα καὶ πενήτων ἀγαθά· βασιλεὺς δὲ καὶ βασιλέως φίλοι καὶ δαίμονος ὄρχησις, οἷα δὴ d συνιόντες ἀκούομεν, ὀνόματά τινα καθάπερ οἱ φλόγες ἐπὶ μέγα τῆς δόξης ἐξαπτόμενα καὶ σβεννύμενα, ταῦτα δεῦρο ἐπιεικῶς σιγᾶται, καὶ σχολὴ ταῖς ἀκοαῖς τοιούτων ἀκροαμάτων. ἐπεὶ καὶ βασιλεὺς ὅτι μὲν ἀεὶ ἔῃ, τοῦτ' ἴσως ἐπίστανται σαφῶς (ὑπομιμνησκόμεθα γὰρ ἅπαν κατ' ἔτος ὑπὸ τῶν ἐκλεγόντων τοὺς φόρους)· ὅστις δὲ οὗτός ἐστιν, οὐ μάλα ἔτι τοῦτο σαφῶς, ἀλλ' ἐν ἡμῖν εἰσί τινες οἳ μέχρι καὶ νῦν Ἀγαμέμνονα κρατεῖν ἥγηνται τὸν Ἀτρείδην, (288) τὸν ἐπὶ a Τροίαν, τὸν μάλα καλόν τε κἀγαθόν· τοῦτο γὰρ παιδόθεν ἡμῖν ὡς βασιλικὸν παραδέδοται τοὔνομα. καὶ Ὀδυσσέα τινὰ αὐτοῦ φίλον ὀνομάζουσιν οἱ χρηστοὶ βουκόλοι, φαλακρὸν μὲν ἄνθρωπον, ἀλλὰ δεινὸν ὁμιλῆσαι πράγμασι καὶ πόρον ἐν ἀμηχάνοις εὑρεῖν. ἀμέλει γελῶσιν, ὅταν περὶ αὐτοῦ λέγωσιν, ἡγούμενοι πέρυσιν ἐκτετυφλῶσθαι τὸν Κύκλωπα, καὶ ὡς εἵλκετο μὲν ὑπὸ τῷ κριῷ τὸ γερόντιον, τὸ δὲ κάθαρμα τὴν θύραν ἐτήρει καὶ οὐραγεῖν ᾤετο τὸν ἡγεμόνα τῆς ποίμνης, οὐκ ἀχθόμενον τῷ φορτίῳ, τῇ δὲ αὖ-οὗ συμφορᾷ συναχθόμενον. ἐγένου βραχύ τι διὰ τῆς ἐπιστολῆς μεθ' ἡμῶν τῇ γνώμῃ· τεθέασαι τὸν ἀγρόν, b

est, ut eo praesente nihil sit quod peregrinum liquorem desideremus Inter olei vero genera haud dubie nostrum antecellit, si non iis arbitrium permittatur quorum vivendi depravata est ratio Nam hi appendere illud solent, pondere bonitatem metientes, et praecipuam eius notam in levitate collocant Nobis (287) nullae ad oleum trutinae cuduntur Quod si hoc tamen omnino faciendum est, naturae consentaneum esse dicimus, ut in eo genere quod ponderosius est praeferatur Et certe egregium illud oleum ac venale in ellychniis prae infirmitate alere flammam nequit Quod apud nos nascitur, qua est generositate, rogum excitaverit, ac dum lucerna opus est, manufactum quodammodo diem infert Ad haec pinguefaciendae mazae aptum est aptum item iis qui corpus exercent, ad nervos fovendos Sed et musica ipsa apud nos, ut si quid aliud, tralatitia est, estque Anchemachetis pastoralis quaedam exigua lyra, rudis et incondita, sed felicis concentus et cum primis virilis, quae non immerito instituendis in Platonis republica liberis accommodetur, propterea quod modulationis inflexionem non recipit, nec ad omne genus est vocis temperata Cui quidem fidium simplicitati ii qui accinunt accommodant sese Non enim fracta ac mollia argumenta tractant, sed praeclara nobis cantionis species est masculi arietis praeconium, aut cauda mutilatus canis laude sua afficitur, quod, opinor, merito id ei tribuatur, qui nec hyaenas formidet et lupos strangulet Ac praesertim venator eo carmine celebratur, pascuis securitatem pacemque concilians nobisque carnium generis omnis opiparum convivium praebens Nec gemellipara ovis a lyra reicitur, quod numerosiorem annis fetum enutriat Saepe etiam ficum aut vitem in numeros versusque conjectam canimus Sed nihil tam frequens quam vota quaedam, necnon in canticum rediguntur bonorum adeo postulationes, tum hominum tum stirpium peccudumque propria Haec et talia sunt apud nos tempestiva simul et antiqua et pauperum bona Caeterum imperator et imperatoris amici atque omnis illa sortis casusque veluti saltatio, cuiusmodi in quotidiana consuetudine nomina quaedam audimus flammarum instar ad summum gloriae excitata fastigium vicissimque restincta, de his, inquam, omnibus altum apud nos silentium, et ab eo genere acroamatum aures nostrae feriantur Etenim imperatorem semper aliquem vivere, probe hoc fortassis norunt revocatur enim nobis in memoriam annis singulis ab tributorum exactoribus Quisnam autem ille sit, non aeque istud accurate sciunt Nec desunt inter nos qui hodieque Agamemnonem imperare putent Atrei filium (288), eum qui ad Troiam profectus est, egregium illum atque optimum principem Hoc enim tanquam regium nomen a pueritia nobis traditum est Huius amicum Ulixem quemdam nominant optimi bubulci, calvum hominem, sed rerum agendarum ac difficillimorum quorumque expediendorum peritum Certe enim rident, cum de ipso narrant, anno superiore excaecatum Cyclopem putantes, et quemadmodum sub ariete senex trahebatur, ad ianuamque scelestus observabat, qui ducem gregis arbitrabatur non onere praegravatum, sed ipsius dolentem infortunio agmen claudere Paululum animo nobiscum epistolae beneficio fuisti, agrum contemplatus es, vivendi agendique simpli-

εἶδες ἀπλόην πολιτευμάτων. τὸν ἐπὶ Νῶε βίον ἐρεῖς, πρὶν γενέσθαι τὴν δίκην ἐν δουλείᾳ.

cctatem vidisti. Tale vitæ genus esse dixeris, quale sub Noe exstitit, antequam servitus in pœnam cederet.

ρμθ'. Τῷ αὐτῷ.

Ἡμῖν ἀεὶ καὶ ἀπὼν ἐπιδημεῖς τῇ μνήμῃ· καὶ γὰρ οὐδ' ἂν εἰ πάνυ βουληθείημεν, ἐπιλαθέσθαι δυναίμεθα τῆς γλυκυτάτης σου ψυχῆς καὶ τῶν ἀδολωτάτων ἠθῶν, ἀδελφὲ διὰ πάντα θαυμάσιε. ὡς οὐδὲν ἂν ἡμῖν γέ- c νοιτο τῆς περὶ σὲ μνήμης ἱερώτερον ἢ τὸ πάλιν περιπτύξασθαι τὴν σεβασμίαν σου κεφαλήν· ὃ δοίη ποτὲ θεός, καὶ ἴδοιμέν σε καὶ ἀκούσαιμέν σου τῆς ἡδίστης τῶν λόγων ἠχοῦς. ἦσας δὲ ἡμᾶς καὶ οἷς ἀπέστειλας· ἅπαντα γὰρ ἐκομισάμεθα. πλέον δ' ἠνίασας τῷ λογισμῷ τῷ ποίου τινὸς ἑταίρου ζῶντος ζῶντες στερείμεθα. ἔλθοι δή ποτε καὶ συντυχίας καιρός, καὶ εὐτυχήσαιμι τοῦτο παρὰ θεοῦ.

Nobis etiam absens semper in memoria versaris. Neque enim, ut maxime velimus, suavissimum animum tuum moresque sincerissimos oblivisci possumus, frater in omnibus admirande, quandoquidem nihil in nobis esse potest tui recordatione sanctius, nisi forte ut iterum venerabile tuum amplectamur caput. Quod utinam aliquando tandem deus concedat, ut et te videamus et suavissimam sermonis tui vocem audiamus! Cæterum iis quæ misisti magnam nobis voluptatem attulisti; accepimus enim omnia. Sed plus tamen mœroris ea cogitatione dedisti, cuiusmodi nos amico vivo ac spirante privaremur. Utinam tandem illud tempus adveniat, quo mutua consuetudine fruamur! utinam tanta mihi divino beneficio felicitas contingat!

ρμ'. Πυλαιμένει

Οὐδὲ τὴν σὴν Ἡράκλειαν ἀνήκοον οἶμαι γεγονέναι τοῦ παρ' ἡμῖν φιλοσοφήσαντος Ἀλεξάνδρου, ἀνδρὸς ἐπανταχοῦ διαβάντος μετὰ δόξης.

Neque tuam Heracleam puto de Alexandro celatam esse, qui apud nos philosophatus est, viro eiusmodi qui ubique magna est cum gloria et existimatione versatus.

κωφῷ ἀνήρ τις, ὃς Ἡρακλεῖ στόμα μὴ παραβάλλει.

Mutus homo est, qui non Alcidæ admoverit ora.

τούτου παῖς, ἐμὸς ἀνεψιός, ἐπιδώσει σοι τὴν ἐπιστολήν, τὸν πατρῷον ζῆλον ὑπεισελθὼν οὐ διὰ τῆς στολῆς ἀλλὰ διὰ τῆς γνώμης. στέλλεται γοῦν ἐπὶ πονηροὺς ἄνδρας, τὸν Ἡράκλειον τρόπον ἐκκαθαίρων αὐτῶν τὴν πατρίδα (289). θεοῦ δὲ ἔδει δήπου καὶ a Ἡρακλέους, οὐ μὴν ἀλλὰ καὶ Ἰόλεω συμμάχου καὶ παραστάτου. οὐκοῦν τὸν μὲν θεὸν ἑαυτῷ ποριεῖται τὸν ἐνόντα τρόπον, καὶ προσκλινεῖ βίου τε ἀρετῇ καὶ γνώμης εὐσεβείᾳ· τὴν δὲ σὴν φιλίαν ἀντὶ τῆς Ἰόλεω μνηστεύομεν ἡμεῖς αὐτῷ διὰ τῆς ἐπιστολῆς. συνέξῃ δὲ τοσαῦτα αὐτῷ ὅσα ἡμῖν. κἂν χρήσῃ τῇ φιλίᾳ τοῦ νεανίσκου, πάντως ἐρεῖς οὐ φαῦλον ἐπαινέτην ἐμέ.

Huius filius consobrinus meus has tibi litteras dabit, qui ad patris æmulationem non habitu ipso sed animo sese contulit. Igitur ad nequissimos homines vadit, ut Herculis more patriam ab iis repurget. (289) Scilicet et Hercule opus fuit; sed et Iolao socio atque adiutore. Itaque deum quidem ille sibi omni ope cum vitæ integritate tum animi pietate propitiabit ac flectet. Tuam vero illi per litteras pro Iolai amicitia conciliamus. Tantum porro illius consuetudini, quantum nostræ tribues. Quod si adolescentis familiaritate usus fueris, omnino me non b malum laudatorem fuisse dices.

ρνα'. Τῷ αὐτῷ.

Ἄρά μοι μένεις φιλόσοφος, ἆρα ἐκεῖνος ὃν ἀπολέλοιπα Πυλαιμένης, ἡ νεοτελὴς ψυχή, τὸ σπέρμα τὸ θεῖον; φοβοῦμαι τὸν χρόνον τὸν ἀπὸ γενέσεως, πλέον φοβοῦμαι τὴν ὁμιλίαν τῆς ἀγορᾶς, τὸ ἐγκαλινδεῖσθαι συχναῖς ἤδη τύχαις καὶ πράξεσι, μὴ μολύνῃ τὸν ἁγιώτατον νεών, τὸν νοῦν σου τὸν ἱερόν, ὃν ἐγὼ μετ' ὀλίγων ἀξιώτατον ἡγοῦμαι δοχέα θεοῦ. καὶ οἶδα μὲν συνοργιάσαι σοι τὰ τῆς φιλοσοφίας εὐχήν ποτε ποιησάμενος· ἐπεὶ δ' οὖν κρείττων ὁ τῆς πατρίδος ἔρως ἐγίγνετο, εὐξαίμην ἂν ὅπου ποτὲ γῆς εἴης φιλοσοφίαν ἐργάζεσθαί σε κατὰ δύναμιν. τοιγαροῦν ἀσπάζομαι τὴν φίλην c κεφαλήν, καὶ πάνυ πολλάκις ἀσπάζομαι τὴν φίλην κεφαλήν, καὶ σιγῶν καὶ λέγων καὶ γράφων καὶ μὴ γράφων.

Num tu mihi philosophus perseverabis? Num ille quem reliqui Pylæmenes, recens absoluta anima, divinumque semen? Tempus illud vereor, quod a generatione intercessit, multoque magis consuetudinem fori vereor, ne multiplicium casuum ac negotiorum tractatio sanctissimum templum inquinet, sacram mentem tuam intelligo, quam ego in paucis dignissimum dei conceptaculum esse arbitror. Memini me quidem olim in votis habuisse, una tecum philosophiæ sacra celebrare; sed quoniam plus apud te patriæ caritas potuit, hoc precatur, ut quacunque terræ in parte degeas, pro virili in philosophiam incumbas. Quamobrem sacrum tuum caput saluto, iterumque ac sæpius amicum caput saluto, sive tacens sive loquens sive scribens sive nihil scribens.

ρνβ Τῷ αὐτῷ

Οἵου με περιπτύσσεσθαι Πυλαιμένην, αὐτὴν τὴν ψυχὴν αὐτῇ τῇ ψυχῇ. ἀπορῶ λόγων οἷς ἂν ἐκχέοιτο ὅσον ἐστὶ τῆς γνώμης μου τὸ βουλόμενον, μᾶλλον δὲ οὐδ' d αὐτό μου τὸ κίθος ὅ τί ποτέ ἐστι τὸ περὶ σέ μου τῆς ψυχῆς ἐξευρίσκω. ἐγένετο δέ τις ἀνὴρ δεινὸς τὰ ἐρωτικά, Πλάτων ὁ Ἀρίστωνος, Ἀθηναῖος, εὔπορος εὑρεῖν εὔχολος εἰπεῖν ἐραστοῦ φύσιν, καὶ δὴ καὶ ὅ τι αὐτῷ γενέσθαι περὶ τὰ παιδικὰ βούλεται. καὶ ὑπὲρ ἐμοῦ τοίνυν ἐξευρηκώς τε ἔστω καὶ εἰρηκώς βούλοιτ' ἂν οὖν φησί Ἡφαίστου τέχνῃ συνταχθῆναί τε καὶ συμφυῆναι καὶ ἕνα ἄμφω γενέσθαι.

ρνγ' Τῷ αὐτῷ (290) a

Δι' ἔτους ἡμῖν ἀφικνεῖται παρὰ σοῦ γράμματα, ὥσπερ τῶν ὡρῶν καὶ τοῦτο φερουσῶν. ἐμοὶ μὲν οὖν ἴσως καρπὸς ἡδίων· οὗτος ἢ ὃν ἐκτρέφουσι μηνῶν κύκλοι καὶ γεωργοί, σὺ δὲ οὐκ ἂν εἰκότα ποιοίης τῆς ἐπὶ τούτοις ἡμᾶς εὐφροσύνης ἀποστερῶν. ἀλλὰ μετάδου τὴν γνώμην, καὶ ποίησον ἡμῖν τὸ γοῦν τῆτες εὐετηρίαν ἐπιστολῶν.

ρνδ' Τῇ φιλοσόφῳ b

Τῆτες ἐξήνεγκα δύο βιβλία, τὸ μὲν ὑπὸ θεοῦ κινηθείς, τὸ δὲ ὑπὸ λοιδορίας ἀνθρώπων. καὶ γὰρ τῶν ἐν λευκοῖς ἔνιοι τρίβωσι καὶ τῶν ἐν φαιοῖς ἔφασάν με παρανομεῖν εἰς φιλοσοφίαν, ἐπαίοντα κάλλους ἐν λέξεσι καὶ ῥυθμοῖς, καὶ περὶ Ὁμήρου τι λέγειν ἀξιοῦντα καὶ περὶ τῶν ἐν ταῖς ῥητορείαις σχημάτων, ὡς δὴ τὸν φιλόσοφον μισολόγον εἶναι προσῆκον καὶ μόνα περιεργάζεσθαι τὰ δαιμόνια πράγματα. καὶ αὐτοὶ μὲν θεωροὶ τοῦ νοητοῦ γεγονότες· ἐμὲ δὲ οὐ θέμις, διότι νέμω τινὰ C σχολὴν ἐκ τοῦ βίου τῷ καὶ τὴν γλῶτταν καθήρασθαι καὶ τὴν γνώμην ἡδίω γενέσθαι. ἐνῆγε δὲ αὐτοὺς εἰς τὸ καταδικάσαι μου πρὸς μόνην παιδιὰν ἐπιτήδειον εἶναι τὸ τὰς Κυνηγετικὰς ἐκ τῆς οἰκίας οὐκ οἶδ' ὅπως διαρροιήσας σπουδασθῆναι διαφερόντως ὑπὸ νεανίσκων ἐνίων, οἷς Ἑλληνισμοῦ τε καὶ χάριτος ἔμελε, καί τινα τῶν ἐκ ποιητικῆς ἐπιμελῶς ἔχοντα καὶ παραδεικνύντα τι τῆς ἀρχαίας χειρός, ὅπερ ἐπὶ τῶν ἀνδριάντων λέγειν εἰώθαμεν· ἀλλ' ἐκείνων οἱ μὲν ἀμαθίας ἡγουμένης τοῦ d θράσους προχειρότατοι πάντων εἰσὶ περὶ τοῦ θεοῦ διαλέγεσθαι (οἷς ἂν ἐντύχῃς, εὐθὺς ἀκούσῃ τινὰ περὶ τῶν ἀσυλλογίστων συλλογισμῶν), καὶ μὴ δεομένων ἐπαντλοῦσι τῶν λόγων, ἰδίᾳ τι δοκῶ μοι διαφέρον αὐτοῖς. ἀπὸ γὰρ τούτων ἐν ταῖς πόλεσιν οἱ δημοδιδάσκαλοι γίγνονται, ὃ ταὐτόν ἐστι καὶ τὸ κέρας τῆς Ἀμαλθείας, ᾧ οὗτοί γε δεῖν οἴονται χρῆσθαι. ἐπιγινώσκεις, οἶμαι, τὸ φῦλον τοῦτο τὸ ῥάδιον, ὃ διαβάλλει γενναίαν ὑπόθεσιν.

(291) Οὗτοί με μαθητιᾶν ἑαυτοῖς ἀξιοῦσι, καί φασιν a ἀποφανεῖν ἐντὸς ὀλίγου τὰ περὶ θεὸν παντολμότατον,

CLII. Eidem

Pylæmenem me puta, ipsum animum animo ipso com plec'i Desunt mihi verba quibus quanta est voluntatis animi mei vis effundatur, vel potius ne ipse quidem affectus cuiusmodi erga te in animo meo insit invenio Sed homo quidam exstitit amatoriarum rerum peritus, Plato, Aristonis filius, Atheniensis, in amatoris natura eoque quod circa delicias suas sibi accidere vellet inveniendo solers, in explicando disertus ac facilis Quare is pro me istud et inveniat et dicat Vellet igitur, ait ille, Vulcani quadam arte colliquari et coalescere, unumque ex ambobus effici

CLIII. Eidem (290)

Tuæ ad nos litteræ quotannis afferuntur, quasi is sit etiam tempestatum proventus Atque est ille quidem mihi fructus fortasse iucundior quam qui mensium vicissitudine et agricolarum labore profertur Tu vero unique facis, qui earum nobis voluptatem subtrahas Verum fac sententiam mutes, nobisque hoc saltem anno litterarum uberlatem præbeas

CLIV Philosophæ magistræ.

Duos hoc anno libros edidi alterum a deo, alterum convicis hominum impulsus Etenim nonnulli candidum, pullum alii amictum præferentium, peccare me in philosophiam iactabant, quod in verbis venustatem numerumque consectarer, quod de Homero proprusque oratorum artificii figuris mentionem ullam facerem quasi philosophum litterarum osorem esse oporteat solaque divinarum rerum investigatione distentum Et illi quidem eius quod intelligentia comprehenditur speculatores sunt, mihi autem nefas est, propterea quod otii aliquam e vita partem eximo ad linguam procudendam mentemque aliqua hilaritate recreandam Ideo autem adducti sunt ut me ad ludicra duntaxat idoneum esse dicerent, quod cum Cynegetica mea nescio quomodo meis ex ædibus erupissent, magnum imprimis in quibusdam adolescentibus excitarunt studium sui, qui Græcam facundiam et leporem adamarent, nonnullaque a poetica cum studio profecta et antiquæ manus aliquid præ se ferentia probarent, quod de statuis dicere solemus Sed inter illos alii, inscitia audaciæ præeunte, omnium sunt ad sermones de deo instituendos promptissimi (in quos si incidas, quædam statim de perperam collectis ratiocinationibus audies) ac vel aliud agentibus istiusmodi sermones infundunt, quod privatim sua, ut opinor, interest Ex iis enim concionatores in civitatibus fiunt, quod idem est ac si Amaltheæ cornu dixeris, quo quidem utendum esse illi putant Agnoscis, opinor, facilem ac proclivem hominum nationem, quæ generosum animi propositum eriminatur

(291) Hi me in suam venire disciplinam postulant, brevique repromittunt, me in divinis rebus audacissimum

ἡμέρας ἑξῆς καὶ νύκτας ἀγορεύειν δυνάμενον. ἕτεροι
δὲ οἱ κάλλιον ᾐσθημένοι, παρὰ πολὺ τούτων εἰσὶ κακο-
δαιμονέστεροι σοφισταί, καὶ βούλοιντο μὲν ἂν ἐπὶ τοῖς
αὐτοῖς εὐδοκιμεῖν, ἀλλ' εὐτυχοῦσι τὸ μηδὲ τοῦτο δύ-
νασθαι. καὶ οἶσθά τινας ἐν λογιστηρίοις ἀποδύντας ἢ
πάντως ἀπὸ μιᾶς γέ του συμφορᾶς ἀναπεισθέντας ἐν
μεσημβρίᾳ τοῦ βίου φιλοσοφεῖν, ἀπὸ μόνου τοῦ τὸν
θεὸν ἀπομόσαι ἢ κατομόσαι Πλατωνικῶς, οὓς φθά- b
σειεν ἂν ἡ σκιὰ φθεγξαμένη τι τῶν δεόντων. δεινὴ δὲ
ὅμως ἡ προσποίησις. ἥ τε γὰρ ὀφρῦς βαϐαὶ τῆς ἀνα-
τάσεως εἰς ὅσον ἦρται, καὶ ἡ χεὶρ ὑπερείδει τὸ γένειον
τά τε ἄλλα σεμνοπροσωποῦσιν ὑπὲρ τὰς Ξενοκράτους
εἰκόνας. οἵ γε καὶ νομοθετεῖν ἡμῖν ἀξιοῦσιν ἅττα
σφίσι λυσιτελέστατα, μηδένα μηδὲν ἀγαθὸν εἰδότα φα-
νερὸν εἶναι, ἡγούμενοι σφῶν αὐτῶν ἔλεγχον, εἴ τις
φιλόσοφος εἶναι δοκῶν ἐπιστήσεται φθέγγεσθαι· αὐτοὶ
γὰρ ἂν ὑπὸ τῇ προσποιήσει λαθεῖν καὶ δόξαι τἀνδο-
θεν εἶναι σοφίας ἀνάπλεῳ. ἄμφω με τούτω τὼ γένη
διαϐεϐλήκατον, ὡς ἐπὶ τοῖς οὐδενὸς ἀξίοις ἐσπουδα-
κότα· τὸ μὲν ὅτι μὴ ταὐτὰ φλυαρῶ, τὸ δὲ ὅτι μὴ τὸ
στόμα συγκλείσας ἔχω καὶ βοῦν τὸν ἐκείνων ἐπὶ
τῆς γλώττης τίθεμαι. ἐπὶ τούτοις συνετέθη τὸ σύγ-
γραμμα, καὶ ἀπήντησε τῶν μὲν τῇ φωνῇ τῶν δὲ τῇ
σιγῇ. προῆκται μὲν γὰρ ὡς ἐπὶ τούτους αὐτοὺς τοὺς
ἀφώνους τε καὶ βασκάνους (πῶς οἴει μετ' εὐπρεποῦς τοῦ
σχήματος;), οὐ μὴν ἀλλ' ἐξεῦρεν ὅπως ἂν κἀκείνους
συνεφελκύσαιτο. καὶ βούλεται μὲν πολυμαθείας οὐχ ἧτ- d
τον ἐπίδειξίς ἢ ἐγκώμιον εἶναι, οὐ γὰρ ἐξωμοσάμην τὰς
αἰτίας, ἀλλ' ἵν' ἔτι μᾶλλον ἀνίωντο, συχνὰ καὶ περιλο-
τίμημαι· προϊὸν δὲ βίων αἱρέσεις ἐξετάζειν ἐπαινεῖ τὴν
φιλοσοφίαν ὡς φιλοσοφωτάτην αἵρεσεων, ἣν ποίαν
τινὰ νομίζειν χρή, τοῦ βιϐλίου πυνθάνου. τελευτῶν
δὲ καὶ ὑπὲρ τῶν κιϐωτίων ἀπολελόγηται, σχόντων
τινὰ καὶ τούτων αἰτίαν, ἀδιόρθωτα κρύπτειν βιϐλία.
οὐδὲ γὰρ οὐδὲ τῶν τοιούτων (292) οἱ τελχῖνες ἀπέσχοντο. a
εἰ δὲ ἕκαστον ἐν τάξει τῇ προσηκούσῃ καὶ πάντα σὺν
ὥρᾳ καὶ ἀφορμαὶ δίκαιαι τῶν ἑκασταχοῦ προκεχειρι-
σμένων, καὶ εἰ μερίζεται μὲν πλείοσι κεφαλαίοις κατὰ
τὸ θεσπέσιον γράμμα, τὸν Φαῖδρον, ὃν περὶ πάντων
ὁμοῦ τῶν εἰδῶν τοῦ καλοῦ Πλάτων ἐξήνεγκε, μεμηχά-
νηται δὲ ἅπαντα συνεύειν εἰς ἕν τὸ προκείμενον, καὶ
εἴ που γέγονε πίστις ὑφέρπουσα τὸ ὑπτιάσαν διήγημα,
καὶ εἰ προῆλθεν ὡς ἐν τοιούτοις ἀπόδειξις ἐκ τῆς πί-
στεως καὶ εἰ τὸ δι' ἄλλο γενόμενον, ταῦτα μὲν τέχνης b
ἂν εἴη δῶρα καὶ φύσεως. ὅστις δὲ οὐκ ἀγύμναστος
ἐπιφράσαί τι καὶ πρόσωπον θεῖον ὑπὸ φαυλοτέρῳ
κρυπτόμενον σχήματι, ὥσπερ ἐποίουν Ἀθήνησιν οἱ
δημιουργοί, Ἀφροδίτην καὶ Χάριτας καὶ τοιαῦτα κάλλη
θεῶν ἀγάλμασι Σειληνῶν καὶ Σατύρων ἀμπίσχοντες,
τοῦτον οὐ λήσει τὸ γράμμα, συχνὰ καὶ τῶν ἀϐεϐή-
λων ἀποκαλύψαν δογμάτων ὑπὸ τῇ προσποιήσει τοῦ
παρέχειν ἑτέρους λανθάνοντα καὶ τῷ λίαν εἰκῇ καὶ
ὡς ἂν δόξειεν ἀφελῶς ἐγκατεσπάρθαι τῷ λόγῳ. τῶν
μὲν γὰρ ἐκ τῆς σεληνιακῆς αἰτίας ἀποψύξεων οἱ νοσοῦν- c

---

sua opera futurum, ut noctes deinceps cum diebus dis-
putando possim coniungere. Alii, splendidius amicti,
longe sunt his infeliciores sophistæ. Nam vellent hi
quidem eadem facultate florere, sed in eo felices sunt,
quod ne id quidem assequantur. Nosti aliquos, qui in
aulis rationariis spoliati aut ex alia omnino calamitate
compulsi sunt, ut in vitæ quasi meridie philosopharen-
tur, hoc ipso tantum, quod Platonico more iurando deos
negarent aliquid aut assererent, ut umbra prius utile
atque opportunum aliquid dictura videatur. Mira nihi-
lominus simulatio est. Nam supercilium, papæ, quan-
topere sublatum. Manus ipsa barbam suffulcit. In cæ-
teris Xenocratis imagines vultus gravitate superant. Qui
quidem etiam ea nobis iura præscribere contendunt, quæ
ipsis utilissima sint, ne quis, qui boni aliquid sciat,
palam illud habeat; sui ipsorum reprehensionem esse
rati, si quisquam, qui philosophus esse videatur, elo-
quendi sit non ignarus. Ita enim sub ea simulatione de-
litescere se putant posse, ut intus pleni esse sapientiæ
credantur. Ambo me hominum genera calumniantur,
quasi inutilium rerum studiis occupatum : illud quidem,
quod non eadem effutiam, hoc autem, quod ore clauso
non sim, neque bovem illum linguæ imposuerim. Ad-
versus istos opus illud elucubratum est, et illorum qui-
dem voci, horum vero silentio opposuit sese. Nam etsi
præcipue contra mutos illos et invidos progrediatur (at-
que hoc ipsum quam apta putas ac venusta figuratione),
nihilominus et illud invenit, quemadmodum alios una
quoque traheret, nec eruditionis minus specimen quam
præconium esse contendit. Neque enim obiectum cri-
men eiuravi, sed, quo amplius morderentur, pleraque
ambitiosius magnoque cum studio tractavi. Progressu
tandem ipso in vitæ status inquirens philosophiam com-
mendat, tanquam statuum omnium conditionumque vitæ
sapientissimam, quam cuiusmodi esse oportere putandum
sit, ex opere ipso disce. Demum scriniorum nostrorum
purgationem continet, quibus et ipsis nonnihil erat cri-
minationis aspersum, quod inemendatos libros haberent.
Nam ne (292) ab iis quidem furiosi ac livid homines
abstinuerunt. Iam si singula congruo ordine digesta et
omnia cum specie ac decore quodam explicata atque op-
portuni ad eas quæ ubique promuntur disputationes
transitus; si in plura capita distinguatur ad divini
operis imitationem, Phædri scilicet, quem de omnibus
simul generibus pulchri edidit Plato, ad unum tamen
omnia propositum scopumque collineant; si supina ac ia-
cens narratio idonea probatione suffulta est et ex proba-
tione, quatenus in eiusmodi rebus esse potest, orta de-
monstratio est et id quod causa alterius assumitur : hæc
omnia munus artis et naturæ fuerint. Sed quisquis ad
divinam aliquam faciem quæ sub viliori forma lateat
dignoscendam minime rudis est et inexercitatus, quem-
admodum Athenis artifices factitabant, qui Venerem aut
Gratias cæterasque id genus numinum pulchritudines
Silenorum ac Satyrorum simulacris vestiebant, facile is
deprehendet illo in opere innumera dogmata ex sacris
arcanisque declarari, quæ, quod supervacuorum atque
inutilium speciem habeant, quodque temere et, ut vide-
tur, simpliciter orationi inspersa sint, cæteros facillime
lateant. Quemadmodum enim quæ a luna oriuntur refri- c

τες ἐπιληψίαν αἰσθάνονται μόνοι, τῶν δὲ κατὰ νοῦν
ἐπιβολῶν μόνοι δέχονται τὰς ἐκλάμψεις. οἷς ὑγιαίνουσι
τὸ νοερὸν ὄμμα φῶς ἀνάπτει συγγενὲς ὁ θεός, ὃ τοῖς τε
νοεροῖς τοῦ νοεῖν καὶ τοῖς νοητοῖς αἴτιον τοῦ νοεῖσθαι
καθάπερ τὸ τῇδε φῶς ὄψιν συνάπτει χρώματι, κἂν
ἀφέλῃς, παρόντος ἡ πρὸς αὐτὸ δύναμις ἀνενέργητος
ὑπὲρ δὴ τούτων ἁπάντων σε κρίνουσαν περιμενοῦμεν
κἂν μὲν ψηφίσῃ προοιστέον εἶναι, ῥήτορσιν ἅμα καὶ
φιλοσόφοις ἐκκείσεται· τοὺς μὲν γὰρ ἥσει, τοὺς δὲ
ὀνήσει, πάντως γε, εἰ μὴ παρὰ σοῦ τῆς δυναμένης
κρίνειν διαγεγράψεται. εἰ δὲ μὴ φανεῖταί σοι τῆς τῶν
Ἑλλήνων ἀκοῆς ἄξιον, καὶ σὺ δὲ δήπου μετ᾽ Ἀριστο-
τέλους πρὸ τοῦ φίλου τὴν ἀλήθειαν θήσῃ, πυκνὸν καὶ
βαθὺ σκότος ἐπηλυγάσεται, καὶ λήσεται τοὺς ἀνθρώ-
πους λεγόμενον. ταῦτα μὲν περὶ τούτου θάτερον
δὲ ὁ θεὸς καὶ ἐπέταξε (293) καὶ ἐνέκρινεν, ὁ τῇ φαν-
ταστικῇ φύσει χαριστήριον ἀνατέθειται. ἔσκεπται δ᾽
ἐν αὐτῷ περὶ τῆς εἰδωλικῆς ἀπάσης ψυχῆς, καὶ ἕτερ᾽
ἄττα προκεχείρισται δόγματα τῶν οὔπω φιλοσοφηθέν-
των Ἕλλησι. καὶ τί ἄν τις ἀπομηχύνοι περὶ αὐτοῦ,
ἀλλ᾽ ἐξείργασται μὲν ἐπὶ μιᾶς ἅπαν νυκτός, μᾶλλον
δὲ λειψάνου νυκτός, ἣ καὶ τὴν ὄψιν ἤνεγκε τὴν περὶ
τοῦ δεῖν αὐτὸ συγγεγράφθαι. ἔστι δὲ οὗ τῶν λόγων
εἷς που καὶ τρίς, ὥσπερ τις ἕτερος ὤν, ἐμαυτοῦ γέγονα
μετὰ τῶν παρόντων ἀκροατής· καὶ νῦν ὁσάκις ἂν
ἐπίω τὸ σύγγραμμα, θαυμαστή τις περὶ ἐμὲ διάθεσις
γίνεται, καί τις ὀμφή με θεία περιχεῖται κατὰ τὴν
ποίησιν. εἰ δὲ μὴ μόνον τὸ πάθος ἐμοὶ καὶ περὶ
ἕτερον δ᾽ ἂν ταὐτὰ γένοιτο, σὺ καὶ τοῦτο μηνύσεις. σὺ
γὰρ δὴ μετ᾽ ἐμὲ πρώτη τῶν Ἑλλήνων ἐντεύξῃ ταῦτα
τῶν τέως ἀνεκδότων ἀπέστειλα καὶ ἵνα τέλειος ὁ
ἀριθμὸς ᾖ, προσέθηκα τὸν περὶ τοῦ Δώρου, πάλαι γε-
νόμενον ἐν τῷ καιρῷ τῆς πρεσβείας πρὸς ἄνδρα παρὰ
βασιλεῖ παραδυναστεύοντα καί τι τοῦ λόγου τε καὶ
τοῦ δώρου Πεντάπολις ὤνατο

ρνε´ Δομετιανῷ σχολαστικῷ

Πάνυ σαφῶς δι᾽ αὐτῶν καταμεμαθηκὼς τῶν ἔργων
τὴν σὴν θαυμασίαν κεφαλὴν χαίρουσάν τε φιλανθρω-
πίᾳ καὶ τοῖς δεομένοις χεῖρα βουλομένην ὀρέγειν, ἐπ᾽
αὐτὸ δὴ τοῦτο σε παρακαλῶ, ἵππον εἰς πεδίον (τοῦτο
δὴ τὸ τοῦ λόγου) προτρέπειν ἡγούμενος. καί σοι πλέον
ἢ πρότερον, ὦ φίλη κεφαλή, νῦν τὴν φιλανθρωπίαν
ἐπιδεικτέον, ὅσῳ καὶ τὸ πρόσωπον ἐλεεινότερόν ἐστι
νῦν τὸ εὖ πεισόμενον. γυνή τε γάρ ἐστιν αὕτη, καὶ
γυνὴ δυστυχήσασα χηρείαν, εἶτα σὺν ὀρφανῷ παιδίῳ
παθοῦσα ἃ πέπονθεν. ὅστις δέ ἐστιν ὁ ταύτην ἀδική-
σας καὶ ὅ τι καὶ ὅπως, αὐτὴ διδάξει τὴν σὴν καλοκα-
γαθίαν. ὅρα τοίνυν, ὦ θαυμάσιε, ὅπως ἐπαμυνεῖς τῇ
γυναικὶ καὶ διὰ τὸ καλῶς ἔχον καὶ διὰ τὸ σοὶ πρέπον
καὶ δι᾽ ἐμέ μεθέξω γὰρ ἔτι σοι κἀγὼ τῶν εἰς αὐτὴν
γινομένων, συγγενίδα τε οὖσαν ἐμὴν καὶ τεθραμμένην
ὑπὸ μητρὶ κοσμίᾳ σωφρόνως· παρ᾽ ἡμῖν.

---

gerationes ab iis duntaxat, qui comitiali morbo laborant,
sentiuntur, sic notionum mentis illustrationes soli illi
capiunt quibus sanum mentis oculum ac defæcatum ha-
bentibus cognatum deus lumen accendit quæ et intelli-
gentia prædilis intelligendi et iis quæ intelliguntur causa
est ut intelligantur Velut nostrum illud aspectabile lu-
men oculum cum colore coniungit, quo præsente si
lumen sustuleris, otiosa illius videndi facultas et sine
actione manet De iis omnibus tuum arbitrium exspect-
tabimus Ac si quidem proferendum opus istud esse
decreveris, oratoribus iuxta et philosophis proponetur
His enim voluptatem, utilitatem illis afferet, omnino,
nisi a te, quæ iudicare potes, reiectum atque inductum
fuerit Sin tibi Græcorum auribus indignum videatur
et cum Aristotele veritatem antiquiorem amico habeas
alta densaque caligine obvolvetur, nec ulla inter homines
de eo fiet mentio Sed de eo hactenus Alterum opus
dei mandato scriptum et ab eodem examinatum (293) ac
perpensum est, quod imaginandi vi tanquam grati animi
munus est consecratum Instituta vero in eo disputatio
est de anima simulacris affixa, aliaque nonnulla dogmata
promuntur, de quibus a nullo hactenus Græcorum est
disputatum De quo quidem illud plura dicere? Univer-
sum vero illud opus una nocte elaboratum est, seu noctis
potius reliqua parte, per quam et de eo conscribendo
oblata mihi visio est Quin etiam in quibusdam oratio-
nis partibus bis ferme vel ter, tanquam alius forem, mei
ipsius cum iis qui aderant factus sum auditor Et nunc
quoties opus percurro, miro quodam modo afficior et vox
me quædam iuxta poetas divina circumsonat Utrum
vero non ita ego solus afficiar, sed idem etiam alius con-
tingat, mihi et illud significabis Tu enim post me prima
omnium ex Græcis leges Hæc nondum edita hactenus
ad te misi, atque ut perfectus sit numerus, adieci librum
illum de Dono, quem olim legationis tempore ad virum
scripseram qui tum plurimum apud imperatorem pote-
rat Estque Pentapolis nonnihil ex eo libro donoque
utilitatis consecuta

CLV Domitiano scholastico

Cum illud perspicue ex rebus ipsis factisque didicerim,
te egregium ac præclarum caput ad omne humanitatis
officium esse propensum libenterque supplicibus manum
velle porrigere, ad id ipsum te provoco, æquum, ut
aiunt, ad campum hortari me existimans Tibi vero
magis quam antea, vir amicissime, præbendum humani-
tatis tuæ specimen est, quanto et miserabilior persona
est in quam beneficium contuleris Mulier quippe est,
et ad viduitatem redacta mulier tum ea passa cum pu-
pillo filio, quæcunque passa est A quonam vero iniuria
sit affecta et qua in re et quomodo, ipsa tuæ probitati
declarabit Quamobrem, vir eximie, vide ut mulierem
defendas, cum pro eo quod honestum est, tum quod
tuis moribus consentaneum, tum mei denique gratia
Ero enim omnium quæ in illam contuleris beneficiorum
particeps, propterea quod et cognatione coniuncta mecum
est, et apud nos sub honesta matre caste ac pudice est
educata

47

ρς'. Τῷ αὐτῷ (294).

Τὰ δίκαια χρήζει συμμάχων, καὶ γίγνοιντ' ἂν οἱ βοηθοῦντες αὐτοῖς εὐδαίμονες, τοῖς ὀρθῶς ἔχουσι συμπονοῦντες. εἱλόμην δή σε τούτων πρόβολον, γνώμῃ τε ἀμύνοντα καὶ τέχνῃ. τὸ μὲν οὖν ἐμὸν ἅπασιν εὖ ποιεῖν οἷς ἂν δύνωμαι. δίδου δὲ αὐτὸς ἀφορμάς· αἰσθήσῃ γὰρ φιλίας, ἣν οὔτ' αὐτὸς μέμψῃ, γελάσει τε ἴσως οὐδείς.

ρνζ'. Χρυσο.....

Τοῖς μὲν ἄλλοις ἅπασιν ἀνθρώποις ἡδὺ τὸ ἔαρ ὅτι τὴν ὄψιν τῆς γῆς ἄνθεσι καλλωπίζει καὶ πάντα δείκνυσι λειμῶνας, ἐμοὶ δὲ ὅτι καὶ τοῖς ἄνθεσι τοῖς ἐμοῖς συγγίνεσθαι διὰ γραμμάτων εὐκολίαν παρέχει πολλήν. ἐβουλόμην μὲν γὰρ καὶ αὐταῖς ὄψεσιν ὑμᾶς b θεωρεῖν· ἐπεὶ δὲ τοῦτο οὐκ ἔνι, ὅπερ ἔνι μετὰ πολλῆς ποιῶ τῆς προθυμίας, διὰ γραμμάτων ὑμῖν ὁμιλῶν. καὶ οὐχ οὕτω ναῦται καὶ πλωτῆρες μεθ' ἡδονῆς τὰ θαλάττια τέμνουσι νῶτα 'κείνης τοῦ ἔτους τῆς ὥρας ἐπιστάσης, ὡς ἐγὼ κάλαμον καὶ χάρτην καὶ μέλαν μεταχειρίζομαι, μέλλων ἐπιστέλλειν ὑμῶν τῇ ἐμμελείᾳ· παρὰ μὲν γὰρ τὸν τοῦ χειμῶνος καιρὸν τοῦ κρυμοῦ πάντα πηγνύντος καὶ τῆς ἀφάτου χιόνος τὰς ὁδοὺς ἀποτειχιζούσης οὐδὲ ἔξωθέν τις ἡμῖν ἐπιχωριάζειν ἠνείχετο οὔτε ἐντεῦθεν ἀναστῆναι. διὸ καὶ ἡμεῖς καθάπερ ἐν δεσμωτηρίῳ τοῖς ἐνταῦθα δωματίοις καθειργμέ- C νοι καὶ ὥσπερ τινὶ γλωττοπέδῃ τῇ τῶν γραμματηφόρων ἀπορίᾳ καὶ ἄκοντες τὴν μακρὰν ἐσιγῶμεν σιγήν. ἐπειδὴ δὲ λοιπὸν ἀνέῳξε τὰς λεωφόρους τῆς ὁδοιπορίας ὁ καιρὸς καὶ ἡμῶν τὰ δεσμὰ τῆς γλώττης ἔλυσε, τὸν σὺν ἡμῖν πρεσβύτερον ἐντεῦθεν ἀναστήσαντες ἀπεστάλκαμεν πρὸς τὴν ὑμετέραν εὐγένειαν, εἰσόμενοι τὰ περὶ τῆς ὑγιείας ὑμῶν. δεξάμενος τοίνυν αὐτόν, δέσποτα θαυμασιώτατε, καθ' ὅσον πρέπον ἐστί, καὶ ἰδὼν μετὰ τῆς σῆς πρεπούσης ἀγάπης, ἡνίκα ἂν ἐπανίῃ, τὰ περὶ τῆς ὑγιείας δηλῶσαι ἡμῖν παρακλήθητι· οἶσθα γὰρ ὅπως ἡμῖν περὶ ταύτης μανθάνειν.

ρνη'. Τῷ αὐτῷ.

Ὁ Λαέρτου παῖς ὁ πολύμητις Ὀδυσσεύς, ὅτε τοὺς d θησαυροὺς τῶν ἀνέμων ἐξ Αἰόλου λαβὼν τῆς κραναῆς Ἰθάκης ἐπέβαινε καὶ τῆς φωνῆς ἤδη τῶν πετεινῶν ἠνωτίζετο, ταῖς τῶν ἑταίρων βουλαῖς ἀποπλαγχθεὶς τῆς πατρίδος ἠλαύνετο· ἡμεῖς δὲ καὶ πετεινῶν φωνῆς καὶ κυνῶν ὑλακῆς, ἤδη δὲ καὶ τῶν φίλων αὐτῶν πλησίον γενόμενοι καὶ τῆς λαλιᾶς αὐτῶν σχεδὸν ἐπακούοντες αὖθις ἀπονοστοῦμεν τῶν ποθουμένων καὶ τῶν ποθούντων στερόμενοι, καὶ στέργομεν τύχην οὕτω κατορθουμένην ἡμῶν ἀκορέστως, καὶ χρόνῳ δουλεύομεν καὶ πράγμασιν εἴκομεν, οἷς δάμναται νοῦς καὶ ψυχὴ κάρτα παθαίνεται τῆς ἀνάγκης κατεπειγούσης. αὐτὸς δέ, γλυκύτατε, τὴν ἡμετέραν γινώσκων στοργὴν ἐπεὶ στέργεις ἡμᾶς συνεχῶς ἡμῖν ἐπειγόμενος, ἔρρωσο.

(294) Quæ iusta sunt socios desiderant, atque hi demum, qui iis auxilium præbuerint, felices habendi sunt, cum pro æquitate laborent. Quamobrem te horum patronum ac defensorem elegi, qui et animo et arte subsidium afferas. Ac quod ad me attinet, de quibuscunque possum bene mereri, sum paratissimus. Tu vero occasionem aliquam præbe. Amicitiam enim senties, quam neque ipse contemnas, nemo vero fortassis irrideat.

Ceteris omnibus hominibus ver acceptum est, quoniam terræ faciem floribus adornat omniaque in prata convertit; mihi, quoniam multam præbet opportunitatem per literas adire flores meos. Vellem equidem meis oculis vos videre; quod cum non liceat, lubentissime quod licet facio : per literas vobiscum mihi consuetudo est. Nec tanta cum voluptate nautæ et navigatores maris superficiem secant illo anni tempore, quanta ego calamum et chartam et atramentum moderari soleo, ad vestram venustatem literas daturus. Nam cum hiemali tempore gelu omnia consistant et nives infandæ vias obstruant, neque extrinsecus quisquam apud nos morari neque hinc surgere ausus est. Unde nos quoque in domos nostras velut in carcerem inclusi ac tanquam linguæ vinculo penuria tabellariorum angustati diuturnum silentium inviti tenuimus. Sed cum tandem tempestas peregrinationis aditus viasque aperuisset linguæque vincula solvisset, presbyterum, qui nobiscum degit, excitavimus et ad vestram nobilitatem misimus, ut de valetudinis tuæ conditione nobis afferretur. Itaque, domine summe admirande, accipe eum, ut convenit, et, cum propitio eum oculo aspexeris, sine nos exorare te, ut, cum ad nos revertatur, de valetudine tua nos certiores facias. Scis enim, quantum nobis intersit de ea edoceri.

Laerti filius, versutus Ulixes, cum ventorum thesauris ab Æolo acceptis Ithacam saxosam attingeret iamque vocem audiret avium, sociorum voluntate a patria propulsus fluctibus agitabatur; nos autem, cum et ab avium voce et canum latratu ipsisque amicis proxime abfuissemus eorumque pæne garritum excepissemus auribus, revertimus amatis et amantibus orbati, et acquiescimus in fortuna tam insatiabiliter nobis insultante, ac tempori servimus et eventis cedimus, quibus mens in servitutem redigitur atque animus vehementer concitatur urgente necessitate. Tu, dulcissime, qui amoris nostri non nescius continuo nos votis prosequeris, vale.

ρνθ'

Τὸ σοφώτατον γράμμα, τὸ μάλα μὲν ἐμμελὲς μάλα δὲ βραχύ, ἀλλὰ καὶ μάλα λιγύ, ὃ δή τοι ὁ θαυμαστός σοι νοῦς ἀπέτεκεν, ἡμῖν κομισθὲν ὤνησέ τε τὰ μέγιστα καὶ ᾖσεν ἅμα διπλῇ τῷ τε πρὸς ἀρίστου καὶ κομιδῇ τῶν ἐπαινετῶν ἑταίρου καὶ τῷ μετὰ σιγῆς δημιουργηθῆναι τῆς χάριτος. οὐ μὴν ἀλλὰ καὶ πρὸς ἄλλο τι μεῖζον ἠρέθισέ που καὶ τολμηρότερον, ὃ τάχ' ἄν, εἰ μὴ πόθος δήπουθεν παρελθών, ἅτ' εὖ ἔχων καὶ τὰ πόρρω διεστῶτα συνάπτειν καὶ τὰ πρὸς ἄλληλα ἐναντίως ἔχοντα πολλάκις συμφέρειν, συγγνώμην τῷ πράγματι παραιτήσαιτο, μετὰ τῶν νεμεσᾶσθαι δικαίων οὐ πολλῷ δεήσειε τοῦ ἡμᾶς στῆσαι. πρὸς ποῖον, ἴσως ἐρεῖς. τὸ πρὸς τηλικοῦτον ἄνδρα μούσαις οὐκ οἶδ' εἴ τις τετελεσμένον (ὃν ἂν ἰδὼν Δημοσθένης μεθ' ἡμῶν εἶπεν Ἑρμοῦ λογίου τύπον εἰς ἀνθρώπους ἥκειν) λοῖτ' -αν ὡς ὁρᾷς ἀντιδοῦναι τὴν ἡμετέραν, τὴν πάλαι μὲν οὐδ' ἄκρῳ λιχανῷ τοῦ κρείττονος μετασχοῦσαν, νῦν δὲ καὶ λίαν ἠγροικισμένην, ἢ μόγις οἶδε καὶ τὴν σκάφην σκάφην λέγειν. κοινοῦμαι γάρ σοι καὶ πάθος ἐξεμυθούμενον ἰδίως ἐμοὶ καὶ νῦν μᾶλλον οὕτω κινδυνεῦον κύριον ὡς εἵμαρτο γίγνεσθαι. τοῦτό τοι καὶ ταλανίζειν ἡμᾶς αὐτοὺς ἀλλ' οὐκ εὐδαιμονίζειν τὸ πεῖθον, οἷς οὐδὲ συμμῖξαί τῳ γέγονε βελτίστης ὄντι μοίρας ὁποίῳ σοι, ἵνα ἡμῶν τι τοῦ βαρβάρου μέρους ἐντεῦθεν τυχὸν ἀποσμιλευθείη καὶ οὕτω τοῦ μακροῦ γράσου τὰ ἡμῶν ἐκσταίη κατὰ βραχύ, νῦν ὅτι μὴ κατὰ καιρόν σοι τὸ ζητούμενον ἀνεφάνη, μᾶλλον τοῦ προτέρου ταλανίζειν παρέχεται. ὁ γὰρ ἔλαιον σύ τε ἀξιοῖς κἀγὼ βούλομαι ἢ τοῦτ' εἰπεῖν δι' εὐχῆς εἶχον πρὸς τοιοῦτόν τινα διαβῆναι, κατὰ χώραν μεμενηκός, ὡς ἡ τῶν τραγμάτων ἔδωκε φύσις, ἐπὶ τὰ πρὸς χρείαν κατέστη. τοίνυν οὐδ' ἔλαιά τις ἐστιν ἐνοφθαλμισμάτων ἐστερημένη (ἀνάσχου γάρ μου καὶ μικρὸν τῇ κοινῇ γλώττῃ χαρισαμένου), ἐφ' ᾗπερ ἂν ὁ ἡδὺς φίλος ἐγκεντρισθείη πεπλήρωται γὰρ ἑκάστη καὶ καρποδοτεῖν ὡς οἷόν τε ἤδη ἀπάρχεται. καὶ ταῦτα μὲν δὴ ταῦτα, τἄλλα δὲ καὶ ὁ παρὼν δῆλα θήσει, καὶ ὅπως ἅπερ ᾔτησας οὐκ ἔσχε καιρόν, -άχ' ἄν σοι διατρανώσαιτο. ἔρρωσο, καὶ εὐθύμει φιλοσοφίᾳ ἁπάσης ἀντιποιούμενος.

Sapientissimum scriptum, cum valde concinnum, tum valde breve, sed et valde argutum, quod mirifica tua mens peperit, ad nos delatum delectavit maxime, placuitque duplici simul nomine, quod et ab optimo eodemque laudatissimo sodali, et quod cum plurima conditum exstaret gratia Quin et pæne provocavit ad aliud quid maius audaciusque tentandum, quod utique, nisi amor vetus, utpote vim habens longe dissita coniungendi adversaque invicem plerumque conciliandi, veniam facto deprecaretur, parum abfuit quin nos in eorum ordinem redigeret quibus iure meritoque succenseatur Ad quidnam? fortasse quæris Nempe quod cum tanto viro haud scio an non interius quam quivis alter musis initiato (quem si videat Demosthenes inter nos, dicat Mercurii facundi simulacrum ad nos venisse) comparatio et commutatio attentanda est nostræ huius quam vides linguæ, nec olim exquisitioris elegantiæ vel per summi exploratonem digiti gustu imbutæ, et nunc longa rusticatione sic agrestis redditæ, ut vix sciat scapham scapham dicere Confiteor enim tibi vitium tacitum et clam in sinu habitum, nunc ita invalescens fato quodam meo, ut periculum sit ne in solidum mei deinceps dominetur Habemus unde persuademur miserari nos potius quam felices prædicare, quibus ne contigerit quidem cum quoquam ex optimo illo vestro genere ac ordine politissimorum congredi, cuius usu attrituque nos e fæce barbarorum abradere aliquantulum possemus de pingui hoc succido pastoritii horroris, quo vestrum delicate mundorum nitorem offendimus Sed maiorem ista priori miserandi et dolendi causam offeret quod modo accidit, petitionem videlicet tuam ad tempus non occurrisse Nam oleum, quod tu petis et ego velim aut, ut vere dicam, in volis habui ad aliquem isthuc talem qualis tu es transire, detentum in loco, prout rerum natura tulit, collatum in usum est, adeoque nec oliva iam super ulla est, supra quam inoculationi locus vacet (sine enim me exiguum quid linguæ communis indulgere), cui dulcis amicus inseratur Plena enim unaquæque est, iamque fructum edere pro se singulæ inceptant Hæc quidem hactenus, cætera tabellarius præsens exponet, et quomodo quæ postulasti opportunitatem non invenerint, utique ad liquidum edisseret Vale et bono animo incumbe in diuturnum captum ad omnem philosophiam impetum

47

ΘΑΛΟΥ ΕΠΙΣΤΟΛΑΙ.

THALETIS EPISTOLÆ.

α΄. Φερεκύδει.

Πυνθάνομαί σε πρῶτον Ἰώνων μέλλειν λόγους ἀμφὶ τῶν θείων χρημάτων ἐς τοὺς Ἕλληνας φαίνειν. καὶ τάχα μὲν ἡ γνώμη του δικαίη ἐς τὸ ξυνὸν καταθέσθαι γραφὴν ἢ ἐφ᾽ ὁποιοισοῦν ἐπιτρέπειν χρῆμα ἐς οὐδὲν ὄφελος. εἰ δή τοι ἥδιον, ἐθέλω γενέσθαι λεσχηνευτὴς περὶ ὁτέων γράφεις, καὶ ἢν κελεύῃς, παρὰ σὲ ἀφίξομαι ἐς Σῦρον. ἦ γὰρ ἂν οὐ φρενήρεες εἴημεν ἐγώ τε καὶ Σόλων ὁ Ἀθηναῖος, εἰ πλώσαντες μὲν ἐς Κρήτην κατὰ τὴν τῶν κεῖθι ἱστορίην, πλώσαντες δὲ ἐς Αἴγυπτον ὁμιλήσοντες τοῖς ἐκεῖ ὅσοι ἱερέες τε καὶ ἀστρολόγοι, παρὰ σὲ δὲ μὴ πλώσαιμεν; ἥξει γὰρ καὶ ὁ Σόλων, ἢν ἐπιτρέπῃς. σὺ μέντοι χωροφιλέων ὀλίγα φοιτέᾳς ἐς Ἰωνίην, οὐδέ σε ποθὴ ἴσχει ἀνδρῶν ξείνων· ἀλλά, ὡς ἔλπομαι, ἑνὶ μούνῳ χρήματι πρόσκεαι τῇ γραφῇ. ἡμέες δὲ οἱ μηδὲν γράφοντες περιχωρέομεν τήν τε Ἑλλάδα καὶ τὴν Ἀσίην.

β΄. Σόλωνι.

Ὑποστὰς ἐξ Ἀθηνέων δοκέεις ἄν μοι ἁρμοδιώτατα ἐν Μιλήτῳ οἶκον ποιέεσθαι παρὰ τοῖς ἀποίκοις ὑμέων· καὶ γὰρ ἐνθαῦτά τοι δεινὸν οὐδέν. εἰ δὲ ἀσχαλήσεις ὅτι καὶ Μιλήσιοι τυραννευόμεθα (ἐχθαίρεις γὰρ πάντως αἰσυμνήτας), ἀλλὰ τέρποιο ἂν σὺν τοῖς ἑτάροις ἡμῖν καταβιούς. ἐπέστειλε δέ τοι καὶ Βίης ἥκειν ἐς Πριήνην· σὺ δὲ εἰ προσηνέστερόν τοι τὸ Πριηνέων ἄστυ κεῖθι οἰκέειν, καὶ αὐτοὶ παρὰ σὲ οἰκήσομεν.

I. Pherecydi.

Audio te primum Ionum de divinis rebus apud Græcos librum esse editurum. Et rectius fortasse in commune quæ scripseris conferes, quam ut quibusvis aliis committas nullo emolumento. Iam si gratum tibi, eorum quæ scribis interpres esse volo, ac si iubes, Syrum ad te veniam. Sane enim mentis compotes non simus ego et Solon Atheniensis, si, qui Cretam ad ea quæ illic sunt exploranda navigavimus, quique Ægyptum, ut cum sacerdotibus istic et astrologis congrederemur navigavimus, ad te navigaturi non simus. Veniet enim Solon quoque, si annuas. Tu vero loci quo vivis amore captus raro in Ioniam transis, nec peregrinorum hominum desiderio teneris: sed uni tantum, ut spero, scribendi negotio incumbis. At nos, qui nihil scribimus, Græciam Asiamquo peragramus.

II. Soloni.

Athenis si excedas, Mileti, quæ vestra est colonia, meo iudicio commodissime habitare poteris: hic enim periculum nullum tibi imminet. Sin autem Milesios quoque tyranno parentes aspernaris (omnino enim tyrannos odisti), at cum amicis nobis vivere tibi erit iucundissimum. Scripsit ad te Bias quoque, ut Prienam venias: quam urbem si libentius inhabitaveris, et ipsi ibi tecum habitabimus.

ΘΕΜΙΣΤΟΚΛΕΟΥΣ ΕΠΙΣΤΟΛΑΙ.

THEMISTOCLIS EPISTOLÆ.

α'. Αἰσχύλῳ.

Ἀπερχόμενοι μὲν εἰς Δελφοὺς καταίρειν διεγνώκει-
μεν, ὡς ἐν Δελφοῖς, ἐφ' ὅσον δοκεῖ Ἀθηναίοις, βιωσό-
μενοι · καθ' ὁδὸν δὲ τῶν ἐξ Ἄργους μοι ξένων ἐντυγχά-
νουσι Νικίας καὶ Μελέαγρος, ὅ τε οὐ πρὸ πολλοῦ
Ἀθήνησι διατρίψας Εὐκράτης. καὶ περιστάντες ὡς
ᾔσθοντο πυνθανόμενοι τοῦ ἐξοστρακισμοῦ, ἠχθέσθησαν
μὲν εὐθὺς καὶ πολλὰ Ἀθηναίοις ἐνεκάλουν · ἐπεὶ δὲ ἔ-
γνωσαν ὅτι εἰς Δελφοὺς ὥρμημαι καταίρειν, παυσάμενοι
τοῖς Ἀθηναίοις ἐγκαλεῖν ἐμὲ ἐκάκιζον, καὶ ἠτιμάσθαι
μὲν ἑαυτοὺς ἔφασκον εἰ μὴ ἐπιτήδειοι ὑπελήφθησαν
αὐτοὶ τὸ ἀτύχημα ἡμῶν ἐκδέξασθαι (ἐμαρτύροντο δὲ
Νεοκλέα τὸν ἡμέτερον πατέρα ὡς ἐπὶ πλεῖστον βιώ-
σειεν ἐν Ἄργει, ἐγὼ δὲ ἀμελοίην αὐτοῦ ἀγαπήσαντος
Ἄργος τε καὶ τοὺς ἐν Ἄργει φίλους), οὐ μακρὰν δὲ
ἦσαν καὶ ἐπαινεῖν Ἀθηναίους ὡς δίκαια τινόντων
ἡμῶν. τελευτῶντες δὲ ἐδέοντο μὴ σφᾶς κατακρίνε-
σθαι τῆς ἐντυχίας μόνον τῆς ἡμετέρας αἰτίους γεγονέ-
ναι, μηδὲ ὑβρίσαι αὐτῶν τὸ εὐτύχημα τῆς ἀπαντή-
σεως, Νεοκλέα τε πάλιν προφέροντες καὶ ὡς ἄξιον εἴη
πόλει τε τῇ αὐτῇ τῷ πατρὶ καὶ οἴκῳ ἐμβιῶναι. ὥστε
ἀπῆγον ἡμᾶς ἔχοντες εἰς Ἄργος, Αἰσχύλε. καὶ νῦν
ἐν Ἄργει τὴν φυγὴν ἀνεπαύσαμεν, καὶ πολλὰ πάσχο-
μεν οὐδὲ λυπεῖν βουλόμενοι Ἀργείοι · ἀγανακτοῦσι γὰρ
ὡς ἀδικούμενοι, ἢν μὴ ἄρχωμεν. ἡμῖν δὲ ἀρέσκει
μηδὲ μεγάλοις εἶναι δοκεῖν, οὐ μόνον ὅτι ἔβλαψεν ἡμᾶς
ταῦτα, ἀλλὰ καὶ ὅτι ἀρκεῖ αὐτῶν ἐν δέοντι ἀπολελαυ-
κέναι.

β'. Παυσανίᾳ.

Ἐξωστρακίσμεθα, ὦ Παυσανία, ὑπ' Ἀθηναίων,
καὶ νῦν ἐν Ἄργει ἐσμέν, ὡς μή τι κακὸν ὑφ' ἡμῶν
Ἀθηναῖοι πάθοιεν · ἐδόξαζον γὰρ ὅτι πείσονται. καὶ οὐ-
δέν τι μέλλων ἐγὼ (ὥσπερ οὐδὲ ἐξῆν ἔτι μέλλειν) μετέ-
στην ἐξ Ἀθηνῶν καὶ ἀπέλυσα αὐτοὺς τοῦ φόβου. Ἀρ-
γεῖοι δὲ πλέον ἢ κατὰ φυγάδας προσάγονται ἡμῖν,
καὶ ἂν Ἀθηναῖοι εὖ ἔπαθον, οὕτοι ἀμείβεσθαι θέλου-
σιν, ὥστε καὶ στρατηγίας ἀξιοῦσιν ἡμᾶς ἀναλαμβάνειν
καὶ ἐπιστάτας ὅλου Ἄργους γενέσθαι, καὶ οὐ μικρὰ
ἀδικοῦσιν οὐκ ἐῶντες ἡμᾶς εἶναι φυγάδας, ὡς ἠθέλη-
σαν Ἀθηναῖοι. ἐγὼ δὲ καὶ ἀτιμάζειν αὐτῶν τὴν προ-
θυμίαν αἰδοῦμαι καὶ ἔτι μᾶλλον λαβεῖν ἃ διδόασιν οὐχ
ὑπομένω · ἢ γὰρ ἂν τὰ τοιαῦτα ἐγὼ διώκων εἰκότως ἂν

I. Æschylo.

Abeuntes Delphos nos conferre constitueramus, ut vi-
tam illic, quam diu placeret Atheniensibus, transigere-
mus; sed in itinere Argivorum amicorum obviam mihi
facti sunt Nicias et Meleager et qui non multo ante Athe-
nis versatus erat Eucrates. Hi circumstantes atque
sciscitantes quum ostracismo me eiectum accepissent,
statim indignati sunt ac multis Athenienses criminaban-
tur; ubi vero Delphos me tendere cognovissent, missa
Atheniensium criminatione me obiurgabant et se ipsos
dicebant despectui habitos, quos minus idoneos iudica-
verim ad calamitatem meam sublevandam, testemque
Neoclem, patrem meum, producebant, qui diutissime Ar-
gis vixerit, me vero ab illo desciscere, qui Argos quique
illic essent amicos diligat. Nec multum aberant a lau-
dandis adeo Atheniensibus, ut quibus iustas poenas
lucremur. (2) Postremo precabantur, ne se tanquam
accusationis meæ auctores solum criminarer, nec quod
opportune obviam mihi facti essent superbe aspernarer,
Neoclis iterum mentionem facientes, dignumque asseren-
tes, ut in urbe ac domo quam pater incoluit et ipse de-
gerem. Itaque captum me Argos deducebant, Æschyle,
atque Argis nunc fugæ nostræ terminum statuimus
Multa autem patimur, ut quibus non regamus, iniuriam
nolumus: ægre enim ferunt, si non regamus, iniuriam
se pati existimantes. At nobis nec magnos videri pla-
cet, non modo quod detrimentum hæc nobis attulere,
verum etiam quod satis iam, quum res ferebat, perfrui
eis licuit.

II. Pausaniæ.

Ostracismo eiecti sumus ab Atheniensibus, Pausania,
et nunc Argis degimus, ne quid mali a nobis patiantur
Athenienses: passuri enim sibi videbantur. Ac sine ulla
cunctatione, ut nec cunctari adhuc licebat, Athenis dis-
cessi et metu eos liberavi. Argivi vero supra conditio-
nem exulum nos tractant, proque beneficiis, quibus
Athenienses affecti sunt, hi gratiam referre volunt, adeo
ut et exercitibus nos praeesse iubeant et universæ civi-
tatis suæ suscipere gubernacula. Nec parum peccant,
dum nos exules esse non permittunt, ut voluere Athe-
nienses. Me vero quum pudet eorum aspernari erga
me studium, tum magis etiam ab eis quæ offerunt acci-
piendis animus abhorret: profecto enim, talia si perse-
querer, merito viderer eiectus in exilium, simulque in

ἐξωστρακίσθα δοκοίην. καταγνώσεώς τε ἐγγὺς εἶναι
μετασταθέντα με ὑπὸ Ἀθηναίων ὡς ἄρχειν ὀρεγόμενον
ἐξ Ἄργους φεύγειν ὅτι ἄρχειν ἀναγκάζομαι. ἀλλ'
ἐμοὶ μέν, ὦ Παυσανία, κουφότατον, εἰ χρείσσω πα-
ραιτήσεως τὴν σπουδὴν ποιοῖντο, μεταβάντι εἰς ἄλλην
πόλιν διάγειν, ὡς ὅπῃ ἂν φύγω, πάντῃ μοι φυλάσσε-
ται ἴσον τὸ μὴ ἐν Ἀθήναις εἶναι. σοὶ δὲ οὐκ οἶδα
ἐπὶ μέγα προχωροῦντι εἰ μὴ νῦν μάλιστα συνάχθεσθαι
δεῖ καὶ δεδιέναι περὶ σοῦ· τοῦ τε γὰρ Ἑλλησπόντου
σε ἅπαντος ἄχρι Βοσπόρου σχεδὸν ἄρχειν ἀκούω, πει-
ρᾶσθαί τέ σε καὶ τοῦ Ἰωνικοῦ καὶ ἤδη καὶ παρὰ βασι-
λεῖ τὸ σὸν ἀκούεσθαι ὄνομα, ὥστε οἱ τὰ βέλτιστα
εὐχόμενοι περὶ σοῦ πολύ σε βουλοίμεθα ἂν τῶν νῦν
ἐλάσσονα εἶναι. καὶ σὺ δέ, ὦ Παυσανία, ἄνες τῆς
εὐτυχίας, καὶ μὴ ἀγνόει ὅτι ἀτεχνῶς τοῖς ἀνθρώποις
τὰ ἀτυχήματα τρέφουσιν αἱ εὐπραγίαι, καὶ ὅτι τοῦτο
ἐν πᾶσι μὲν ἀεὶ νενίκηκε ταύτῃ ἔχειν, μάλιστα δ' ἐν
τοῖς ἐπὶ νόμοις τε καὶ δήμοις κειμένοις· δοῦλοι γὰρ
τοῦ πλήθους ὄντες, ὦ Παυσανία, ἀρχὴν λαμβάνομεν,
ἄρχοντες δὲ τοῖς δοῦσιν ἐπίφθονοι γινόμεθα. ἔπειτα
οὐκ ἐπὶ τὴν αὐτὴν ἡμᾶς ἀπολύουσι χώραν, ἐν ᾗ καὶ
πρὶν ἄρχειν ἦμεν, ἀλλὰ δοκιμάζοντες ἄρα τὴν ἑαυτῶν
ἐξουσίαν καὶ συλλαμβανόμενοι τῷ σάλῳ τῆς τύχης εἰς
φυγὰς καὶ θανάτους καταλύουσι τοὺς ἄρχοντας. δεῖ
ἄρα ἐν πόλει τοὺς εὖ πράσσειν θέλοντας τούτου αὐτοῦ
φείδεσθαι μάλιστα. σκόπει οὖν, ὦ Παυσανία, ὅπως
ἥκιστα ἐκ τῶν παρόντων μεγάλη σε δέξεται μεταβολή·
ἡμεῖς μὲν γὰρ ὧδε ἔχοντες οὐκέτι τὴν εὐτυχίαν διώ-
ξομεν.

γ'. Πολυγνώτῳ.

Φεύγομεν, ὥσπερ ἐγκελεύῃ, κατὰ τάχος, ὦ Πο-
λύγνωτε, καὶ ἐξελθόντες ἐξ Ἄργους ἐν θαλάσσῃ ἐσμέν,
ὅ τε πλοῦς ἐπὶ Κέρκυραν ἡμῖν τέταται, καὶ νεαλῆ
ἔχοντες τὰ πλοῖα ἀπερχόμεθα. τὸν μὲν οὖν ἄγγελον
τῆς σπουδῆς καὶ σὺ ἐπαινέσεις· ἀφεθεὶς γὰρ ᾗ ᾗ τὴν
ἐκκλησίαν ἔλυσαν Ἀθηναῖοι, οὐ πόρρω τῆς ἑσπέρας
ὡς φασιν οὔσης, τῇ μετὰ τὴν νύκτα ἐκείνην ἡμέρᾳ ἦν
ἐν Ἄργει, μηδὲ μεσημβρίας ἤδη ἐφισταμένης. δέος δέ
ἐστι μὴ ἀνωφελῆ ἡμῶν τὴν σπουδὴν ἐπιμένων ὁ χει-
μὼν ποιήσῃ ἢ καὶ βραδύτεροι τῶν ἀγγέλων οἱ φεύγον-
τες γενώμεθα. ἢν δὲ καὶ Λακεδαιμόνιοι τῆς φυγῆς
αἴσθωνται, διώξει χρώμενοι αὐτίκα αὐτοῖς ἀγαθὸς ἔσται
ὁ Παυσανίας, ταῦτα καὶ ἡμᾶς ἐργασάμενοι. σοὶ μὲν
οὖν, ὦ Πολύγνωτε, σωζόμεθα καὶ οὐδὲν ἡμᾶς οὔτε
χειμὼν οὔτε Λακεδαιμόνιοι σοί γε χάριν εἰδέναι κω-
λύουσιν, ἀλλὰ σὲ ἀγάμεθα καὶ τοῦ ἀγγεῖλαι σπουδῇ
τοσαύτῃ τά ἐκ Λακεδαιμονίων πραχθέντα καὶ τὴν
Ἀριστείδου σπουδήν, ἣν μόνος περὶ ἡμῶν καίπερ ἐχ-
θρὸς ὢν ἐπεδείξατο, καὶ τοῦ διαγορεῦσαι μὴ φεύγοντας
ἡμᾶς ὑπ' ἐχθροῦ καταληφθήσεσθαι καὶ διεγνωσμένου
ἤδη θανάτου. θεὸς δ' ἂν εἴη τὸ ἐκ τοῦδε αἴτιος, εἴ σοι
ἄρα τούτων καὶ τὰς ἀμοιβάς, ὦ Πολύγνωτε, ἀπο-
τίσομεν.

reprehensionem incurrerem, si, depulsus ab Atheniensi-
bus ut qui imperium affectarem, Argis profugerem,
quod imperare cogor. (2) Iam vero mihi quidem,
Pausania, proclive est, si plus mihi quam quod recu-
sari possit · studii deferant, relicta hac civitate in alia
vitam degere : quocunque enim confugiam, hoc pariter
ubivis mihi manet, ut non sim Athenis. Tu vero haud
scio an propter ingentem tuum successum nunc maxime
commiserandus nobis sis ac metu prosequendus : audio
enim te totum Hellespontum ad Bosporum usque tenere,
quin et Ioniam aggredi, et magni te iam nominis esse
apud regem Persarum. Quare qui tibi maxime cupimus,
vellemus te quam quo nunc es statu esse multo inferiore.
Tu quoque, Pausania, prosperitati moderare, scitoque
omnino secundas res hominibus alere miseriam. (3)
Quod quum apud omnes semper obtinuit, tum maxime
eis accidere solet, qui legibus et plebi subiecti sunt.
Nam multitudini servientes, Pausania, imperium nanci-
scimur, accepto autem imperio contrahimus odium,
deinde vero non in eundem locum nos dimittunt, quo
ante acceptum imperium fuimus, sed suae nimirum po-
testatis periculum facientes et fortunae mobilitatem magis
etiam conturbantes in exilia et exitia duces suos disper-
dunt. Necesse est igitur, ut in civitate, qui res sibi
prospere succedere volunt, ab hoc ipso maxime caveant.
Vide ergo, Pausania, ne praesentium rerum magna tibi
immineat mutatio : nos enim, ut nunc est, prosperam
fortunam non amplius persequemur.

III. Polygnoto.

Fugae nos dedimus festinanter, Polygnote, ut hortaris,
et egressi Argis iam in mari sumus. Navigatio nostra
Corcyram conversa est, recensque compactis navibus
devehimur. Iam nuntii celeritatem tu quoque collauda-
bis : emissus enim, quo tempore concionem Athenienses
dimisere, sub vesperam, ut aiunt, post ipsam illam
noctem postero die Argis fuit ante meridiem. Sed vereor
ne festinationem nostram diuturna tempestas irritam
faciat aut nos fugientes tardiores simus tabellariis. Quod
si et Lacedaemonii fugam nostram animadverterint, per-
sequentibus eis insons statim Pausanias, nos vero malo-
rum erimus auctores. (2) Tibi igitur, Polygnote, salutem
nostram debemus et quominus tibi certe gratiam refera-
mus neque tempestas neque Lacedaemonii quicquam nos
impediunt. Sed admiramur te, quod et tanta cum dili-
gentia quae a Lacedaemoniis acta sunt et Aristidis studium
nuntiavisti, quod licet inimicus solus nobis praestitit, et
quod certiores nos fecisti, fore ut, si fugam non capes-
samus, ab hoste comprehendamur iam damnati capite.
Ceterum si quando haec tua beneficia, Polygnote, pari-
bus rependam, hinc deus auctor fuerit.

δ΄ Ἀβρωνίχῳ

Οὐ τὸ παθεῖν Ἀθήνησιν ἀδίκως καὶ ἀναξίως, ὦ
Ἀβρώνιχε, καινὸν εἶναί μοι φαίνεται (ἐπεὶ αὐτὸ μὲν
τοῦτ᾽ ἐστὶ τὸ μὴ παθεῖν τι καινότερον), ἀλλ᾽ ὅτι τέως
μὲν ὀλιγοχρόνιός τις ἦν ὁ φθόνος καὶ ταχὺν ἴσχων τὸν
μετάμελον ἐν τῇ πόλει ἡμῶν, μᾶλλον δὲ ἐν τῇ ὑμε-
τέρᾳ πόλει (ἐμοὶ μὲν γὰρ ὡς περὶ ἀλλοτρίας ἤδη οἱ
λόγοι), τὰ νῦν δέ (ὁρᾷς γὰρ ὅσον ἐφ᾽ ἡμῶν τούτων ἐπι-
δίδωσι τοὐπιχώριον πάθος), ἐξωστρακισμένων ἡμῶν κα-
τεψηφίσαντο, τὸ καινόν γε τοῦτο ποιοῦντες, ἐκ τῆς
φυγῆς φυγαδεύοντες μὰ Δί᾽ ἀλλ᾽ οὐδὲ φεύγειν ἐῶσιν,
εὖ οἶδ᾽ ὅτι φήσεις καὶ γὰρ ἔγωγε πέπυσμαι διότι ἡ
φυγὴ κἂν ὀλίγον τι ἔδοξεν αὐτοῖς εἶναι τιμώρημα ἐπ᾽
ἄνδρα τοσαῦτα καὶ τηλικαῦτα κατειργασμένον αὐτῶν
τοὺς πολεμίους, θανάτῳ μέντοι δεδόχθαι. σφίσιν αὐτοῖς
κολάζειν ἡμᾶς αὐτοῦ γε τούτου ἕνεκα καὶ μαστῆρες
Ἀθηναίων εἰς Ἄργος ἴασιν σκοποῦντες, ἕπονται δὲ αὐ-
τοῖς καὶ Λακεδαιμόνιοι ἐμὲ δ᾽ οὐκ Ἀθηναίοις ἐλύ-
πουν, ὦ Ἀβρώνιχε, ἑπόμενοι Λακεδαιμόνιοι, Ἀθη-
ναῖοι δέ με ἀνιῶσι Σπαρτιάταις ἑπόμενοι καίτοι οὐ᾽
Ἀθηναίοις διαβάλλουσι πιστεύοντες οἱ τῶν Λακεδαιμο-
νίων ἔφοροι Παυσανίαν ἐκόλαζον, ἀλλ᾽ οὐδὲ τοῖς φίλοις
τοῖς Παυσανίου καὶ συνειδόσιν ἐκείνῳ τοὔργον ἅπαν,
μόλις δ᾽ αὐτῷ τῷ Παυσανίᾳ ὁμολογοῦντι. οἱ δ᾽ ὑμέτε-
ροι οὐδενὶ τῶν ἀλλοτρίων, οὐδ᾽ εἰ πολέμιος εἴη, ἐπὶ
τοῖς ἰδίοις ἀπιστοῦσιν. τὸ δ᾽ αἴτιον οἶμαι τούτου,
διότι ἥδιον οὗ-οι τοῖς φίλοις φθονοῦσιν ἥπερ ἄλλοι
τοὺς ἐχθροὺς μισοῦσιν. ἀλλ᾽ οὐκ Ἀθηναίους γὰρ
ἐλέγχειν ἐπιχειρῶν ἔγωγε λανθάνοντας τουτὶ γράφω(εἰ
γὰρ, ὦ θεοὶ φίλοι, ἐλάνθανον μόνον· νῦν δὲ τοῖς ἐπαι-
νοῦσιν αὐτοὺς μᾶλλον ἄπορος ἡ συνηγορία ἢ τοῖς ψέ-
γουσιν ἀναγκαῖος ὁ ἔλεγχος), ἀλλὰ προσοδύρασθαί τί
μοι ἔδοξεν ἀνδρὶ ἑταίρῳ ἐμαυτοῦ καὶ φίλῳ, ἔτι δὲ καὶ
ὑπομνῆσαι τῶν οἰκείων, περὶ ὧν εὐλαβεῖσθαι ἔοικε
μᾶλλον, ὅτι Λακεδαιμονίους ὁρῶμεν Ἀθηναίων ἄρχον-
τας καὶ ψηφιζομένους Ἀθήνῃσι κατὰ τῶν ἰδίων ἐχθρῶν
ψηφίσματα ἡ δὲ τῆς ὀργῆς αὐτῶν αἰτία οἶσθα, ὦ
τᾶν, ὅτι ὁμοία μὲν ἐφ᾽ ὑμᾶς ὁμοία δὲ ἐπ᾽ ἐμέ, ἐπείπερ
ἄμφω τὸ στρατήγημα τῆς περιτειχίσεως τοῦ ἄστεος
παρ᾽ αὐτοὺς ἐπρεσβεύσαμεν. τῷ μὲν γὰρ συμπρε-
σβευτῇ ἡμῶν ἅτε ἀνδρὶ δικαίῳ καὶ δεόντως τοῦτο
τοὔνομα εἰς τοὺς Ἕλληνας φερομένῳ ἁρπαγὴν ἔοικε
διάλυσις ἐῖναι πρὸς Λακεδαιμονίους ἡ σὺν αὐτοῖς ἐφ᾽
ἡμᾶς ὁμοφροσύνη ἀλλ᾽ ἐκεῖνος μὲν ἐρρώσθω ἐπί-
κηρος ὢν ἀεὶ καὶ δυσμενὴς καὶ φθονερὸς καί, ὥσπερ
ποτὲ ἔφη Καλλίσχρος ἐπ᾽ αὐτοῦ, μᾶλλον τῷ τρόπῳ
Ἀλωπεκῆθεν ἢ τῷ δήμῳ σὺ δ᾽ οὖν, Ἀβρώνιχε, τὰ
παρόντα εὖ τίθεσο καὶ περὶ τῶν μελλόντων ἐκ τοῦ
μηκίστου εὐλαβοῦ, καὶ δέδιθι Ἀθηναίοις πολλοῦ ἄξιος
εἶναι εἰ δὲ καὶ πεφύκοις, ὥσπερ πέφυκας, ἀλλ᾽
ἀποκρύπτου τὰ πλείω καὶ ἀγάπα λανθάνων ταυτὶ
μέν, ὦ βέλτιστε, περὶ σοῦ πρὸς σέ, τῶν δὲ ἐμῶν

IV Habronicho

Non videtur mihi, Habroniche, novum, Athenis ini-
qua et indigna pati, quoniam nihil novi pati novum de-
mum esset, sed quod hucusque quidem brevis invidia
fuit et mox in pœnitentiam conversa est urbi nostræ.
vel vestræ potius (iam enim de illa mihi tanquam aliena
loquendum est), nunc vero (vides enim quam longe in
nobis illorum procedat hoc malum patrium), ostracismo
nos erectos damnaverunt, hoc certe novum facientes, ut
e fuga fugent. At per Iovem ne fugere quidem permit-
tunt, inquies Scilicet ad me perlatum est, fugam eis
etiguam visum esse pœnam in virum, qui tot tantisque
malis ipsorum hostes afflixisset, sed mortis pœnam nobis
irrogare ipsis placuisse (2) Atque ad hoc missi sunt
Argos ab Atheniensibus exploratores, eosque et Lacedæ-
monii sequuntur Me vero non hoc, Habroniche, male
habet, quod Lacedæmonii sequuntur Athenienses, sed
dolet quod Spartanos sequuntur Athenienses Atqui
pœnas a Pausania Lacedæmoniorum ephori non sume-
bant, quod fidem haberent Atheniensium criminationi-
bus, qui ne Pausaniæ amicis quidem totius rei illi con-
sciis et vix ipsi Pausaniæ confitenti rem crediderint
vestri vero extraneorum nemini, etiam si hostis sit, in
suos fidem derogant Cuius rei caussam arbitror, quod
libentius hi amicis invident quam alii odium habent in
inimicos (3) At non quo Athenienses convincere velim
latentes hæc ego scribo (dum, dii boni, modo latent !
nunc vero maior est laudantibus eos defensionis inopia
quam vituperantibus convictionis necessitas), sed hæc
apud sodalem et amicum meum deflere aliquantum vo-
lui, deque domesticis rebus ipsum admonere De qui-
bus sollicitum esse magis etiam oportet, quia Lacedæ-
monios videmus dominari Athenienses et Athenis edere
in eos, quibus ipsi infensi sunt, decreta Cuius iræ
caussam in te, amice, scis æque atque in me esse posi-
tam, si quidem ambo nos legati apud eos, ut urbis muri
reficerentur, dolo effecimus (4) Nam collegæ nostro,
quippe viro iusto quoque merito hoc sibi cognomen ra-
puit, raptumque solus apud Græcos sibi habet, in gratiam
cum Lacedæmoniis redire placuit eo, ut in nos cum illis
conspiraret. Sed valeat homo morosus semper et infe-
stus et invidus et, ut Callæschrus aliquando de eo dixit,
animo magis quam pago Alopecensis (vulpinus) Tu
vero, Habroniche, præsentes res cura et futuris longis-
sime prospice et apud Athenienses gratiosum esse time,
ac licet in te sit, quæ est revera, gratia te tamen ut
plurimum abde et latere stude (5) Hæc ad te, vir
optime, de te, quod autem ad me attinet, sane res hæ
ego meas curabo, et effugiemus ad nos capiendos domo

τὰ μὲν ἐνθάδε ἐμοὶ μελήσει δῆλον ὅτι, καὶ διαφευξό-
μεθα τούς τε οἴκοθεν ἐπὶ τὴν θήραν ἡμῶν ὡρμημένους
κυνηγέτας καὶ τοὺς Λακωνικοὺς κύνας, οὐδὲ ἐπιχωρή-
σομεν Ἀθηναίοις μὲν ἐναγέσι γενέσθαι τοῦ ἡμετέρου
μύσους καὶ παλαμναῖον ἢ ἀλιτήριον προστρίψαι τῇ
πόλει οὐκ ἀκεστὸν οὐδὲ χαλκοῖς ἀνδριάσιν ἀποδιοπομ-
πησόμενον, οἷα περὶ Παυσανίου Σπαρτιάταις ὁ θεὸς
ἔχρησεν, ἀλλ' ἐνεργῇ τινὰ καὶ ἄφυκτον καὶ τοῦ Κυ-
λωνείου πέρα, τοῖς γε μὴν Λακεδαιμονίοις διπλῇ,
μᾶλλον δὲ τριπλῇ ἡσθῆναι ἡμᾶς μὲν ἀποτισαμένοις
ἀνθ' ὧν ὑπὲρ τῆς πρεσβείας τῆς μετὰ σοῦ δι' ἔχθους
ἡμῖν ἐγένοντο, ἀπάτην εἶναι λέγοντες ἡμετέραν τὴν
κωλύμην αὐτῶν τῆς ἀδικίας, ἀλάστορα δὲ ἀκέραιον
καὶ ποίνιμον εἰς τὰς κεφαλὰς τῶν Ἀθηναίων ἐξομορξα-
μένοις ἀνοσίως ἐμοῦ μιαιφονηθέντος ὑπ' αὐτῶν, τὴν δὲ
εἰς τοὺς Ἕλληνας αἰσχύνην, ἐπεὶ προυδίδω σφᾶς ὁ
βασιλεὺς τῆς Λακεδαίμονος, ἐπικουρεῖν οἰομένοις, εἰ
καὶ πρὸς Ἀθηναίοις ὁ στρατηγὸς αὐτῶν ἐγὼ προδότου
δίκην ὁμοίως φαινοίμην κεκολασμένος.   τούτων μὲν
οὖν ἵνα μηδὲν γένηται ἐγὼ προμηθήσομαι, ὥσπερ ἔφην,
κατὰ τὸ δυνατόν, καὶ τὰ δεινὰ ὡς ἐν ἀνθρωπίνῳ λο-
γισμῷ ἐξευλαβησόμεθα, καὶ τὸ λοιπόν, ἐπειδὰν τε-
λείως ἅπαντα ἐν ἀσφαλεῖ γένηται, πεύσῃ περὶ πάν-
των καὶ καθ' ἕκαστα ἐπιστελοῦμέν σοι·   τὰ δὲ αὐ-
τόθι ἀντιβολοῦμέν σε καὶ ἱκετεύομεν, ὦ κράτιστε
ἑταίρων, καὶ συλλαμβάνειν, ὡς ἂν οἷός τε ᾖς, καὶ
βοηθεῖν ἡμῖν ἄντικρυς, τὰ μὲν χρήματα μὴ φυλάτ-
τοντα ἐμοὶ μηδὲ τοῖς ἐμοῖς παισίν, ἀλλὰ καιρίως
ταῦτα καὶ δεξιῶς ὑπὲρ τῶν παίδων καὶ τῆς μητρὸς αὐ-
τῶν ἀναλοῦντα, αὐτὸ δὲ τοῦτο σκοπούμενος ὁσημέραι,
ὅπως τὸν Κλεόφαντον ἡμῖν καὶ τὰς ἀδελφὰς αὐτοῦ καὶ
τὴν μητέρα περισώσεις· ὕπεισι δέ σοι ἡ πρὸς αὐ-
τοὺς εὔνοια δι' ἡμᾶς ἴσως, ἢ σὺ θαρρεῖς, καὶ διὰ
Λυσικλέα δὲ τὸν υἱόν σου σοί τε αὐτῷ στερκτέα καὶ
ἐκείνῳ οὐκ ἀμελητέα, εἰ μὲν ἀξιωθησόμεθα κηδεσταὶ
ὑμῶν γενέσθαι, ὅτι σοὶ μὲν υἱός ἐστιν, ἐκείνῳ δὲ γυνή,
εἰ δὲ καὶ, ὅτι ἐμέλλησέ τε καὶ ἠλπίσθη ποτέ.   καὶ
οἶμαι μὲν οὔτε τοὺς Ἀθηναίους αὐτούς, εἰ καὶ πάνυ
ἐπιδοίη καὶ μέγας γένοιτο ὁ τῶν μισούντων ἡμᾶς φθό-
νος, εἰς γύναιον ἢ εἰς παιδάρια παροινήσειν ἐπιχειρή-
σειν, οὐθ' ἑτέροις ἐπιτρέψειν· εἰ δ' αὖ λεπτή τις ἐλπὶς
μόνον, μᾶλλον δ' ἀμυδρὰ εἴη ὑποψία χεῖρον αὐτοῖς ἔσε-
σθαι μένουσι, καὶ δὴ γενέσθω αὐτίκα δὴ βοήθεια τὸ
δέος.   τὸ δὲ ὅπη πεμπτέον αὐτοὺς καὶ ὅπως τὴν ἀπαλλα-
ξιν στελουμένους, τὸν παιδαγωγὸν οἶσθα τοῦ Κλεοφάν-
του, ὅς καμέ ποτε ἐθεράπευε· Σίκιννος αὐτῷ τοὔνομα.
ἐκείνῳ μόνον τὸ χρῆναι μὴ μένειν ὑπόθου, τὰ δὲ ἄλλα
ἐπίσταται καὶ δράσει αὐτός.   ἀλλὰ γὰρ οὐχ οὕτως
ἤδη μισητέον Ἀθηναίους ἡμῖν, ὥστε καὶ τοιαῦτά τινα
περὶ αὐτῶν ὑπολαμβάνειν οἷα οὐδὲ ἐγένετο πώποθ'
ὑπ' αὐτῶν, οἶμαι δὲ ὅτι οὔτε ἔστιν οὔτε ἂν γένοιτο
οὐδὲν γὰρ περιττὸν πάλιν ἐν τοῖς οὕτως ἀναγκαίοις.
δεδήλωκά σοι τὸ χρεὼν ὑπὸ σοῦ πραχθῆναι, καὶ σὺ
ποιήσεις δῆλον ὅτι ὥσπερ ἐγὼ ἐπισκήπτω.   ταῦτα

egressos venatores et Laconicos canes, nec patiamur
Athenienses quidem contaminare se admisso in nos sce-
lere et peste ac pernicie fœdare urbem non sanabili
quæque æneis statuis expiari nequeat (ut Pausaniæ
caussa Spartanis oraculum edixit), sed impigra et ine-
vitabili ac Cyloneo scelere maiore, Lacedæmonios vero
duplex, immo vero triplex gaudere gaudio, si et nos c b
susceptas in legatione tecum gesta inimicitias ulti fuerint,
fraudi nobis dantes, quod ipsorum iniuriis obstiterimus,
et me nefaria cæde ab Atheniensibus sublato recentem
illorum in capita sceleris vindicem elicuerint, dum ipsi
infamiam, qua laborant apud Græcos a Lacedæmoniorum
rege proditos, diminui posse opinantur, si ego quoque
Atheniensium dux apud hos ut proditor similes pœnas
sustinuisse videar. (6) Ut igitur nibil horum fiat, pro-
spiciam ego, ut iam dixi, pro viribus. Et hæc quidem
nunc diligenter pro humano captu cavemus, et ad futurum
deinceps quod attinet, ubi plane omnia in tuto nobis fue-
rint, scies universa, deque singulis ad te scribamus.
Quod autem ad ea, quæ Athenis gerenda sunt, attinet,
sodalium optime, oro atque obsecro ut adiuves, quantum
possis, et opem enixe nobis feras, pecuniasque neque
mihi neque liberis meis serves, sed in horum atque ma-
tris eorum commodum opportune impendas atque sapien-
ter, et nunquam non prospicias, ut Cleophantum nobis
eiusque sorores et matrem incolumes conserves. (7)
Præsto tibi est in reliquos benevolentia nostra fortasse
caussa, quibus bene cupio, quanquam et propter Lysi-
clem filium tuum et ipsi tibi colenda est neque illi ne-
gligenda, siquidem digni habebimur, qui vobiscum affi-
nitate devinciamur, quoniam tibi quidem filius est, illi
vero uxor, sin minus, at certe quoniam futurum erat
aliquando atque exspectatum. Ceterum nec ipsos Athe-
nienses puto, quantumvis licet odio nos persequentium
augeatur et crescat invidia, ut in feminam et puerulos
insultent a se impetraturos aut aliis permissuros esse.
At si levis quædam tantum spes supersit, immo obscura
fuerit suspicio, res nostras pessum ire, statim in subsi
dium vertatur metus. (8) Quo autem mittendi et qua
via subducendi sint, nosti Cleophanti pædagogum, qui
mihi quoque famulabatur olim : Sicinnus ei nomen : huic
significa tantum, non esse manendum, cetera novit ipse
et perficiet. Verum enimvero non tanto nobis odio per-
sequendi sunt Athenienses, ut et talia de eis opinemur,
qualia hucusque nunquam patraverunt. Neque tamen
opinor, nobis aut nunc aut in posterum quidquam in levi
habendum esse tanto in discrimine versantibus. Exposui
tibi, quod agendum a te sit, tuque facies sine dubio, ut
ego mando. Et hæc quidem impræsentiarum videbantur

μὲν νῦν ἐπείγουσιν ἡμῖν ἐδόκει γράφειν παρὰ σέ, μετὰ
ταῦτα δέ, ὅταν τὰ μετὰ ταῦτα γένηται, γράψομεν.

ε' Τιμενίδᾳ

Τὰ ἐν Ἀδμήτου οὕτως ἡμῖν ἐπράττετο, ὅπως σὺ
ἐδόξασας. ὅτε μὲν οὖν ἥκομεν εἰς αὐτοῦ, οὐκ ἔνδημος
ἦν, ἀλλ' ἀπεδήμει εἰς Χάονας ἐπιτυχόντες δὲ Κρα-
τησιπόλιδι καὶ Στρατολάῳ τοῖς σοῖς ἀπεδίδομεν ἐκείνῃ
τὰ γράμματα καὶ ὃ μὲν ἧκε δι' οὐ πολλῶν ἀλλ'
ὀκτὼ ἢ ἐννέα ἴσως ἡμερῶν, ἡμεῖς δὲ ἐφέστιοι ἐκαθεζό-
μεθα (οὕτω γὰρ ἐκέλευσεν ἡ Κρατησίπολις), Ἀρύββας
δὲ ὁ μικρὸς ὑποχείριος ἦν ἐμοὶ καὶ ξίφος ἐν θατέρᾳ
ἰδὼν οὖν ἐμὲ καὶ τὸ παιδίον ὁ Ἄδμητος ἐμὲ μὲν ἐγνώ-
ρισεν, καὶ εὖ οἶδ' ὅτι ἐμίσησε, τὸ δὲ παιδίον ᾤκτειρε,
τὸ δὲ ἐγχειρίδιον ἔδεισεν. ἀναστήσας τέ με οἴκοι
μὲν ἀπηρνεῖτο οἷός τε εἶναι περισώζεσθαι, Ἀθη-
ναίους ὀρρωδῶν καὶ μᾶλλον ἔτι Λακεδαιμονίους,
πέμψειν δ' ὅπῃ σώσομαι ὑπέσχετο καὶ πέπομφεν
Ἀλεξάνδρου γὰρ τοῦ Μακεδόνος ἐπέβην ὁλκάδι. εἰς
Πύδναν τὰ νῦν ὥρμητο ἡ ναῦς, ἐκεῖθεν δὲ ἐπίδοξος ἦν
εἰς τὴν Ἀσίαν καταίρειν. ταῦτά σοι τὰ περὶ τῆς
παρ' Ἀδμήτου ἦν ἀφίξεως καὶ ἵνα γράφῃς Ἀργόθεν,
οὐκ αὐτῷ δὲ Ἀδμήτῳ (ἐκεῖνος μὲν γὰρ οὐδὲ πάνυ τι
ἑῴκει βουλομένῳ με σῶν ἀφεῖναι), ἀλλὰ τῇ Κρατησι-
πόλιδι παρά τε τῆς ἀδελφῆς καὶ παρὰ σοῦ μέντοι·
οὐδὲ γὰρ σοῦ μεῖον ἢ ἐκείνης ἐδόκει μοι προμηθὴς
εἶναι.

ς' Φιλοστεφάνῳ

Ἄνιαμαι μέν, ὦ Φιλόστεφανε, τῆς σῆς ἀχαρι-
στίας καὶ καθόλου ἀδικίας εἰς ἐμαυτόν, ἄχθομαί
γε μὴν οὐκ ἐπὶ μεῖον ἀλλὰ τῷ παντὶ πλέον τῆς ἐμαυ-
τοῦ νωθείας καὶ ὅτι κινδυνεύω βλάξ τις βεβιωκέναι
πάντα τοῦτον τὸν βίον, οὐδ' ὑπὲρ ἑνὸς ἀνδρὸς ἐν τῇ
τριόδῳ καθεζομένου τῆς Ἑλλάδος γυμνοῦ τὰ ἤθη εἴα
τὴν τῆς ἐργασίας περιφάνειαν ἀληθές τι ἢ προσῆ-ον
ἐρρωμένως εἰκάσαι καὶ ὑπολαβεῖν. καίτοι ἡγοῦμαι
μέν σε καὶ δι' ἐμαυτοῦ εὐδαιμονέστερον καὶ λαμπρό-
τερον γεγονέναι οὐ μόνον τῶν ἐν Κορίνθῳ ἀλλὰ καὶ
τῶν ἄλλοθί που τῇ τοῦ τραπεζιτεύειν ἐργασίᾳ χρωμέ-
νων. ᾔδεα δὲ καὶ πρὶν ἐμέ σοι συμβαλεῖν εἰ καὶ μὴ
πλούσιος οὕτως, ἀλλὰ πιστός τε εὖ μάλα καὶ πιστότερός
γε ἢ νῦν εἶναι κινδυνεύεις, ὅτε περ καὶ δι' ἡμᾶς γέ-
γονας πλούσιος. ὥστε οὐδὲ μεγάλη ἁμαρτία, εὐεξε-
τάστῳ καὶ εὐθεωρήτῳ τὸν τρόπον ἀνδρὶ πιστεῦσαι,
ἐμὴ δὲ ἴσως τὸν δυστυχῆ αὐτὸν μηδὲ αὐτὸν ὑφ' ὧν
οὐδὲν ἀγαθὸν πέπονθεν, πιστὸν εἶναι τὰ πρὸς ἐμὲ μό-
νον, ὑφ' οὗ τὰ τηλικαῦτα ὤνηται, ἄδικον γεγονέναι.
πόθεν δέ μοι ταῦτα τισιννύειν; ἥκων εἰς Ἔφεσον
Ἀθήνηθεν ὁ Τίβιος ἔφραζέ μοι πεμφθῆναι ὑπὸ τῶν
ἀμφὶ Μείδωνα, δεῆσαν αὐτοῖς ἐκ τῶν ἐμῶν ὑπαργ-
μάτων ἑβδομήκοντα μνῶν ἀργυρίου, ταῦτα ἀποληψό-
μενος παρὰ σοῦ, βραχυτάτην μοῖραν ἐκ τετταράκοντα
ὅλων ταλάντων τοσαῦτα γὰρ ὁ τελευταῖος λογισμός,

---

properantibus nobis scribenda esse, quæ postea evenient,
postmodum scribemus

Apud Admetum ea ratione nobiscum actum est, qua tu
(non) credidisses Quum igitur ad ipsius ædes perveni-
mus, domi non erat, sed peregre ad Chaones profectus
erat In tuos ergo, Cratesipolidem et Stratolaum, quum
incidissemus, litteras illi reddidimus Admetus autem
non diu post, sed octavo vere vel nono die rediit, nos
vero ad focum sedebamus (sic enim iusserat Cratesipo-
lis), Arybbam parvulum in altera manu tenentes, in
altera gladium Quum igitur me et puerulum Admetus
conspexisset, me quidem agnovit et aperte aversatus est,
filiolum autem miserabatur et ensem metuebat (2) Inde
me surgere iusso negabat se posse me domi manentem
conservare, quod Athenienses timeret et multo magis
Lacedæmonios, sed eo me ubi salvus essem, missurum
promittebat, iamque misit navem enim Alexandri Mace-
donis conscendi Ea nunc Cydnam versus cursum tenet,
hinc, ut fama ferebat, in Asiam navigatura Hæc ad te
de meo apud Admetum adventu Atque ut Argis scri-
bas, quanquam non ipsi Admeto (nam iste me salvum
abire non admodum velle videbatur), sed Cratesipolidi
scribat soror tua et tu ipse . non enim tui minus quam
illius videbatur mihi esse studiosa

Doleo, Philostephane, quod ingrato et omnino iniquo
in me sis animo, sed non minus, immo multo magis me
pungit mea ipsius socordia, quodque per totam vitam
stolidum me et fatuum præstitisse videor, qui nec de uno
viro in Græciæ trivio sedentis, cuiusque mores ars palam
facilitata satis proderet, vere ac recte iudicare potuerim
et existimare Quanquam et mea caussa te arbitror opu-
lentiorem illustrioremque factum omnibus, qui non Co-
rinthi tantum, sed ubivis faciunt argentariam Eras
tamen, antequam mihi tecum esset commercium, etsi
non tam dives, at certe fidelis admodum, et fidelior
quidem , quam nunc videris esse , ubi propter nos dives
factus es Itaque non magnopere peccavi, quod homini
crediderim, cuius facile mores perspici explorarique po-
terant, sed mihi non putem potius fortasse malum, quod is, qui
infidus ne in alios quidem fuit, a quibus nullo affectu
erat beneficio, in me solum, a quo tantopere auctus
erat, iniquum se præstiterit (2) Rogas a quo hæc rescive
rim. Venit Athenis Ephesum Tibius et narravit, a Midone
se missum, quippe opus ipsis esse ex facultatibus tuis ar-
genti minus septuaginta, minima sane parte totius quadra
ginta talentorum summæ tot enim confectis postremo inter

ὃν ἐλογισάμεθα μετ' ἀλλήλων ἐν Ἰσθμίοις, ἀπέφαινεν
ἔτι παρὰ σοὶ περιεῖναι τῶν ἐμῶν. ἀναγνόντα τέ σε
τὰς ἐπιστολὰς πυθόμενόν τε τὴν χρείαν ἔπειτα ἀποφή-
νασθαι τῇ μὲν ἤπια καὶ ἐπιεικῆ, τῇ δ' αὖ ἀγνώμονά
τε καὶ μοχθηρά, ἐῶ γὰρ εἰπεῖν ἀνόσια. τὸ μὲν γὰρ
φάναι φιλότητός τε τῆς πρὸς ἡμᾶς ἕνεκα καὶ χρειῶν
ὅσας ἐτυγχάνομεν ἀλλήλοις κεχρημένοι προῖκα βού-
λεσθαι προέσθαι τἀργύριον ἐκεῖνο ἢ δάνεισμα δανεί-
ζοντα χρήστην ὑπάρχειν εἰς ἐμέ, τοῦτο μὲν ἀστεῖόν τε
ἐποίεις καὶ τῆς εὐνοίας τῆς πρὸς ἡμᾶς ἄξιον· ὁπότε
μέντοι, ὥς φησιν ὁ Τίβιος, ἔξαρνος ἦσθα καὶ διετείνου
πικρῶς μηδ' ὁτιοῦν ὀφείλειν ἐμοί, τοῦτο δὲ πολὺ μεῖζον
ἔπραττες κακὸν ἢ θάτερον ἀγαθόν. ἡ μὲν γὰρ χρη-
στότης σου ἑβδομήκοντα μνῶν ἐστιν ἀξία, ἡ δὲ πονηρία
τεσσαράκοντα ταλάντων. εἰ μὲν οὖν (γένοιτο γὰρ ἄν,
κἀγὼ καὶ νῦν ἔτι, καίπερ οὕτως ὑπὸ τοῦ παρ' ἐλπίδας
ἰλιγγιῶν, ὅμως οὔπω ταχέως οὕτως ἀφίσταμαι χρη-
στόν τι καὶ δίκαιον περὶ σοῦ ὑπολαμβάνειν) περὶ τοῦ
πιστοῦ ἄπιστος ἦσθα καὶ περὶ τοῦ δικαίου ἄδικος, οὐκ
εἰς τὸ σαυτοῦ κέρδος θρασυνόμενος καὶ ἀναισχυντῶν,

δὲ τοὐμὸν ὡς ἐδόκεις ὄφελος ἐξαρνούμενος, αὐτός
τε ἂν εἴης οὐ κακὸς, κἀμὲ ἀποφήνειας οὐ μωρόν, ὅτι
οὕτως ὑπὲρ σοῦ διετέθην· εἰ δ' ἀληθῶς οἰόμεθα καὶ
τοὐπὶ σοὶ εἶναι καὶ πανταχῇ πάντα ἀθηναίων γέμει,
οὔτε τοὺς θεοὺς ἀσεβῶν λήσεις, ὦ Φιλοστέφανε, οὔτε
ἐμὲ ἀδικῶν καταπροΐξῃ (οὐδ' εἰ κἀμοῦ καταφρονήσεις
καὶ τῶν θεῶν ἀμελήσεις), ἀλλὰ τελευτῶν Ἀθηναίους
γε οὐκ ἐκφεύξῃ. ἐπεὶ κἀγὼ τῷ παντὶ μᾶλλον ἄσμε-
νος ὑπὸ τῆς πατρίδος ἂν τῆς ἐμαυτοῦ καὶ ταῦτα ἀφαι-
ρεθείην, ὥσπερ καὶ τὰ ἄλλα πάντα, ἢ ὑπὸ Φιλοστε-
φάνου τοῦ Κορινθίου χρυσαμοιβοῦ. τοιγάρτοι ἤδη
μοι γράψε καὶ ἀντεπίστελλε ὅστις εἶ πρὸς ἐμὲ καὶ ὅπη
σοι διέγνωσται τὰ ἄλλα πρὸς σέ, ἵνα, εἰ μὲν εἶ ἐκεῖ-
νος ὁ εὔσημος φίλος καὶ διαμένεις ὃς ἦσθα, ὅπως μοι
σωθήσεται εἰς ἐπανόρθωσιν τῆς ἐμῆς δυστυχίας τἀμὰ
χρήματα βουλεύωμαι, εἰ δὲ μή, ὅπως μὴ παρὰ τὴν
..ὴν γνώμην ἀπολεῖται.

ζ'. Φιλοστεφάνῳ.

Ἧκέ μοι τὰς ἐπιστολὰς παρὰ σοῦ κομίζων εἰς Ἔφε-
σον, ὡς μὲν Ἀθηναῖοι λογίζονται βοηδρομιῶνος ἔνῃ καὶ
νέᾳ, ὡς δὲ ὑμεῖς, πανήμου δεκάτῃ (ἡ δὲ ἡμέρα ἡ αὐτή)
Μένυλλος ὁ Χαλκιδεὺς κυβερνήτης, ὁ καὶ τὴν παρὰ
Γέλωνός ποτε τοῦ Συρακοσίου τὴν μεγάλην ἐκείνην ὁλ-
κάδα τοῦ σίτου καταγαγὼν εἰς Πειραιᾶ. καὶ αὐτὸς μὲν
ἀπὸ γλώσσης ᾑνίξατο πρός με εἰδότα οὐκ εἰδὼς ἄττα
ᾑνίττετο, ἐγὼ δὲ ἐγνώριζον τοὺς πρός με σοὶ ξυντεθέν-
τας συμβόλους. καὶ μέντοιγε καὶ τὸ ἔγγραφον ἀπε-
δίδου, ἔνθα δυσφοροῦντι μὲν καὶ μεγάλως ἀσχάλλοντι
ἑώκεις, οὐκ ἀξιῶν ὅλως μὲν οὐδ' εἰς ἄλλον ἀνθρώπων
οὐδένα πρὸς ἡμῶν ὑποτιμηθῆναι ἄπιστος ἂν καὶ ἀπε-
χθὴς γενέσθαι, τῷ παντὶ μέντοι μᾶλλον ἢ εἰς ἐμέ.
ἔπειτα δὲ καὶ περὶ τῶν ἐμῶν χρημάτων ὑπηγό-

nos rationibus Isthmiis de meo apud te adhuc superesse
apparebat. Tum lectis litteris perspectaque necessitate
verba te fecisse partim humanitatis et benevolentiæ
plena, partim ingrati animi et improbi, ne dicam impii.
Nam quod dicebas, amicitiæ erga nos caussa propterque
consuetudinem, quæ inter nos intercederet, gratis malle
te pecuniam suppeditare quam mutua data feneratorem
nobis esse, urbanitatis hoc fuit et benevolentia erga nos
dignum : at quum negabas, ut ait Tibius, et cum acer-
bitate obtinebas te nihil mihi debere, hoc sane multo
quam bonum illud agebas malum. Probitas enim tua
septuaginta minarum pretii est, nequitia vero quadra-
ginta talentorum. (3) Quare si (fieri enim potest, et
etiamnum ego, licet inopinat. Illo casu quasi vacillans,
opinionem tamen, quam de te habeo ut probo atque in-
tegro homine, non protinus depono) in fidum fuisti
infidus et in æquum iniquus, neque ax temerario proter-
voque facinore lucrum ipse percepturus, verum quo mihi
prodesses, ut tibi videbare, negasti, nec tu ipse eris im-
probus, et me stultitiæ crimine liberabis, quod tali in
te fuerim animo : sin autem vere ludibrio nos tibi fui-
mus, et plena sunt ubique . . . . omnia,
nec deos scelera tua, Philostephane, latebunt, nec me
impune deludes, etiamsi me contemnas ac deos parvi
facias, sed Athenienses certe tandem aliquando non effu-
gies. Nam ipse quoque libentius omnino hæc quoque,
ut et reliqua omnia, a patria mihi eripi patiar, quam
a Philostephano Corinthio argentario. Iam igitur mihi
scribe et responde, quis sis erga me, quodque sit tibi
de tuis rebus consilium, ut, si ille mihi es manesque,
qui eras, amicus, quam facile a pravis distinguere liceat,
de servandis meis in rerum mearum afflictarum restitu-
tionem pecuniis deliberem, sin minus, ne præter meam
voluntatem pereant.

Venit Ephesum epistolas tuas afferens Boëdromionis
ultimo, ut Athenienses supputant, Panemo decimo, ut
vos numeratis (dies enim idem est), Menyllus Chalci-
densis gubernator, olim qui magnam illam frumenti na-
vem a Gelone Syracusio diem missam in Piræum deduxit.
Is nonnulla etiam verbis mihi subindicavit intelligenti,
ipse quo tenderent non intelligens, ego vero signa agno-
scebam inter nos composita. Et simul litteras mihi red-
debat, in quibus irasci videbaris et vehementer indignari,
nolens omnino in quenquam hominem infidus et infestus,
esse a nobis existimari, omnium vero minime in me
ipsum. Deinde et de pecuniis subortam suspicionem re-
cusabas, non negans eas te habere, et quando τuibusque

ρειες, ἔχειν τε οὐκ ἐξαρνούμενος καὶ ὁπηνίκα ἂν γαὶ
οἷστισιν ἂν προστάττοιμεν ἀποδώσειν ὑπισχνούμενος,
τά τε περὶ τοῦ Μείδωνος καὶ τοῦ Παμφίλου διεδή-
λους· ὅτι ἠγνόουν ἃ χρή, περί τε Τιβίου ὅτι ἠγνω-
μόνει οὑπίτριπτος. ἐγὼ δὲ αἰδοῦμαι μέν, ὦ Φιλο-
στέφανε, ὁμολογεῖν ὅτι τοιαῦτα σοῦ φρονοῦντος μὴ
τοῖς τετταράκοντα μᾶλλον ταλάντοις ἢ τῷ μὴ διε-
σφάλθαι τῶν ὑπὲρ σοῦ ἐλπίδων ἡδόμεθα εὖ μέντοι
οὕπω ἴσθι τὰ τετταράκοντα ταῦτα τάλαντα ἀποδώσειν
ἡμῖν ἔμελλες. οὐδὲ γὰρ εἰλήφεις πω αὐτά, καὶ τοῦ
λαβεῖν οὐ ταῦτα μόνον ἀλλὰ καὶ πρὸς τούτοις ἄλλα
τριάκοντα ἄξιος ἡμῖν ἐδόκεις εἶναι· ἑβδομήκοντα γὰρ
τὰ πλεῖστα τῶν ἡμετέρων παρὰ σοὶ ἐγένετο. οἱ δὲ
πολὺ πλειόνων ἢ τούτων σε προτιμῶντες οὐκ ἄν πως
δεόντως, εἰ τούτων σε τῶν ἐλαττόνων φαίημεν προτι-
μᾶν, ἀπιστοίμεθα. ἀλλὰ μὴν καὶ περὶ μὲν τοῦ διχ-
γαναχτεῖν ἐμαυτὸν ἑτοιμότερον καὶ προχειρότερον,
ἀπιστῆσαι δὲ ὡς ὑπὲρ ἀνδρὸς φίλου καὶ μὴ ταχέως οὕ-
τως ἐπιδραμεῖν σου τῇ διαβολῇ, ἐκεῖνο λέξας τἀληθέ-
στατον ἂν εἴποιμι, ὦ Φιλοστέφανε, διότι θορυβεῖσθαι
μὲν ἡμᾶς ἐποίησε τοῖς ὑπὲρ σοῦ ὁ μαστιγίας Τίβιος,
πιστεῦσαι δὲ ἐκείνῳ ἡμὴ τύχη καὶ ὑπὲρ μὲν τού-
των τοσαῦτα· τὸ δὲ ἀργύριον νῦν μὲν ἔστω σοι παρὰ
σοί, ἐπειδὰν δὲ ὑπὲρ τῶν καθόλου διαφερόντων εἰς
ἐμαυτὸν διαγνῶ γαὶ βουλεύσωμαι βεβαιότερον, ἐπι-
στελῶ σοι τηνικαῦτα.

η΄ Λεαγρῳ

Ἦπου Λεωβώτης ὁ Ἀγρυλεύς, ὦ Λέαγρε, καὶ
Λύσανδρος ὁ Σκαμβωνίδης καὶ Προνάπης ὁ Πρασιεὺς
νῦν μὲν ἀσπάζονται τὸν Ἀθηναίων δῆμον, ὃς οὕποτε
ἄλλοτε οὕτως μὲν αὐτοὺς πιστοὺς ὑπέλαβεν εἶναι, οὕτω
δὲ δικαίους καὶ εὐόρχους, ὥστε περὶ τοσούτου ἀδικήμα-
τος ἐπεχώρησεν ἐξομόσασθαι σφίσι, τῆς ξυμπάντων
τῶν Ἑλλήνων προδοσίας νῦν δ' ἐφ' αὑτοῖς φρονοῦσι
πάμμεγα δή τι ἄρα καὶ ἡλίκον οὐκ ἂν ἄλλοι φρονοῖεν,
οὐχ ἀπαλλαγέντες μόνον τῆς ὑποψίας καὶ τῆς βλασφη-
μίας τῆς εἰς αὐτοὺς γενομένης καὶ λεχθείσης, ἀλλὰ
μετὰ τοῦ εὐσεβεῖς καὶ ὅσιοι πεπιστεῦσθαι ἀπαλλαγέν-
τες. ἀλλ' οὐ γὰρ ὁ Γλαύκωνος μὲν υἱὸς Λέαγρος ἐμὸς
δὲ ἡλικιώτης καὶ συνέφηβος οὔτ' οὖν Ἀθηναίοις τού-
του γε ἕνεκα ἀγασθήσεται (τὰ δὲ ἄλλα ἀσπαζέσθω
καὶ ἀγαπάτω αὐτούς), οὔτε ἐπ' αὐτῷ σεμνυνεῖται ἀλλ'
αἰσχυνεῖται ὑμεῖς μὲν γὰρ, ὦ Λέαγρε, τῇ μὲν ὑμε-
τέρᾳ σωτηρίᾳ μόνῃ, ἐμὴ δὲ δυστυχίᾳ χάριν ἐπιστά-
μενοι οὐχ ἁμαρτήσεσθε, ὅτι ὥσπερ μεγάλου καὶ πίο-
νος θρέμματος καὶ ἀγρεύματος πεσόντος ἄδην ἔσχετε
τοῖς Ἀθηναίοις τῆς ἐμῆς θοίνης καί μοι τοῦτο γοῦν
μόνον (ἀποθαρρήσω γὰρ εἰπεῖν) εὐτύχηται, τὰ ἄλλα
πάντα οὕτως ἀρρήτως κακῶς πεπραγότι. ἀλλ' ὑμᾶς
γε τοὺς ἐμοὺς φίλους οὐ μετρίως ὤνησα ταῦτα παθὼν
ἃ πέπονθα· ἐπιθαρρεῖν δὲ καὶ τὸ μεῖζον ἔτι ἀγάλλε-
σθαι ἐ¬ι τῇ τοιαύτῃ σωτηρίᾳ τίς ἂν εὖ φρονῶν ὑπο-

manduverimus redditurum te promittens, prætereaque de
Midone et Pamphilo significabas, nescire eos quid rei
esset, de Tibio denique, iniuriam fecisse improbum (2)
Me autem, Philostephane, pudet fateri me, tali quum
in me sis animo, magnopere lætari me tam quadra-
ginta talentorum caussa quam quod meam de te spem
non fefelleris Tu vero nondum, scito, quadraginta ista
talenta nobis redditurus eras, nondum enim ea accepis-
sem, et dignus nobis videbaris esse, cui non hæc solum,
verum et alia triginta crederemus septuaginta enim ad
summum ex meis apud te erant Iam qui maiori etiam
summæ te anteposuerimus, digni sane sumus quibus
fides adhibeatur affirmantibus, minori huic summæ nos
te anteponere Quod autem promptius aliquanto ira in
te fuerim commotus, licet non crediderim amicitiæ no-
stræ memor, nec statim ad calumniam in te collatam
accesserim, dicam, Philostephane, id quod verissimum
est, nempe conturbavisse nos quæ de te narrasset ver-
bero Tibius, quin fidem vero illi haberem fortunam meam
prohibuisse Hæc hactenus de his, pecunia autem nunc
quidem apud te sit, ubi vero de rebus meis omnino de-
liberavero et certius consilium cepero, tunc ad te
scribam

VIII Leagro

Profecto Leobotes Agrylensis et Lysander Scambonides
et Pronapes Prasiensis studiosi nunc sunt populi Athe-
niensium, qui antea nunquam tam fidos eos habuit,
tamque iustos et religiosos, ut tanto in scelere, Græco-
rum omnium proditione, ipsos concesserit eiurare Nunc
sane magnifice admodum de se sentiunt, quantumque
non facile alii de se sentiant, quippe quum non solum
a suspicione absoluti sint et illatis sibi et divulgatis op
probriis, sed et cum fide piis ac sacrosanctis hominibus
debita absoluti sint Verum enim vero Glauconis filius
Leager meusque æqualis et in ephebis socius neque
hanc ob caussam magni Athenienses faciet, quanquam
alioqui probet eos atque amet, neque ob eandem sese
iactabit, immo vero erubescet Vos enim, Leager
si vestram salutem solam meæ calamitati acceptam ret-
tuleritis, non errabitis, quia tanquam immani et pingui
animali cæso aut fera prostrata affatim epularum mearum
Atheniensibus præbuistis Hoc igitur mihi solum, con-
fidenter enim dicam, prospere cessit, quum in reliquis
omnibus supra quam dici potest miser sim Sed vos ta-
men amicos meos non mediocriter eis quæ passus sum
adiuvi At confidere et, quod maius est, in eiusmodi
salute exsultare, quis sanæ mentis homo a se impetret?
an quia non ipsi quoque rumoris tam diri et acerbi
tamque iniqui atque falsi inter Græcos dispergendi aucto-

μείνειε; πρότερον οὐχ ὅτι καὶ οὗτοι καταβεβοῆσθαι καταβόησιν εἰς τοὺς Ἕλληνας οὕτω μὲν ἀνήκεστον καὶ δεινήν, οὕτω δὲ ἄδικον καὶ ψευδῆ, ἀλλ' ὅτι οἱ μὲν ἐπιορκοῦντες Ἀριστείδης ἦν καὶ Φαιδρίας καὶ Τισίνιχος καὶ Ἀλκμεωνίδης, οἱ δὲ ὀμνύντες ὑμεῖς; καὶ οὐ κατέπεσεν, ὦ θεοὶ καὶ δαίμονες οἱ τῆς ἀληθείας τῆς ἐν ἀνθρώποις ἵστορες, τὸ πρὸς ὑμῶν ὀμνυόμενον ἕδος τῆς θεοῦ, μᾶλλον δὲ αὐτὸς ὁ νεὼς ἐπὶ τὰ τῶν ἀλιτηρίων ἐκείνων βρέγματα τῶν τότε ὑμᾶς ὁρκούντων; ἀλλὰ νῦν μὲν ὑμῖν πιστεύουσιν ὅτι ὀμωμόκατε, πρὶν δ' ἄρα οὐκ ἐπίστευον; διὰ τί οὖν οὐχὶ κἀμὲ ὥρκωσαν, ἵνα κἀμοὶ πεισθῶσιν; εἰ δ' ἐμὲ μὲν πονηρὸν ἡγοῦντο, ὑμᾶς δὲ χρηστούς, διὰ τί οὐ καὶ ὑμᾶς ᾐτιῶντο τηνικαῦτα τοὺς χρηστούς, ὅτεπερ κἀμὲ τὸν πονηρόν; δεῖ γὰρ ἤτοι τὸν τρόπον τὸν ἐπὶ τῷ ἀνθρώπῳ ἢ τὸν ὅρκον τὸν ἐπὶ τῷ θεῷ πιστὸν εἶναι καὶ πιστοὺς μὲν ὑμῶν εἰδότες τοὺς τρόπους οὐκ ἂν ἐπὶ τὸν ὅρκον ᾖγον, πιστὸν δὲ εἰδότες τὸν ὅρκον οὐκ ἂν ἐφλυάρουν οὐδ' ᾐτιῶντο τὸν τρόπον. ἀλλ' οὐδέ ἐστι τούτων ὑγιὲς οὐδ' οὕτως ἔχον, ὦ Λέαγρε, ὥσπερ ἐκεῖνοί φασιν, ἀλλὰ τὰς μὲν παρούσας παροχάς, καθάπερ ἔλεγον, ὁ φθόνος αὐτῶν πεποίηται πρὸς ὑμᾶς, ὅτι οὔπω μετὰ Θεμιστοκλέα ἄλλου δέονται, ἀλλ' ὅτι ἐμοῦ πλήρεις εἰσίν. εἰ δ', οἷον εἰκός, ἔρρει τὰ κατ' ἐμὲ ἤδη, τηνικαῦτα δὴ ὀρρωδῶ μὲν ἐγὼ περὶ ὑμῶν, δεδιττέον δὲ ὑμῖν αὐτοῖς ὑπὲρ ὑμῶν αὐτῶν μὴ κενὸς ὑμῶν ὁ ὅρκος γένηται πεπιστευθˌαι μὲν οἰόμενοι, πιστεύσασι δὲ ἐξαπατωμένοι, κἀγὼ μὲν ὁ μὴ πιστευόμενος ὀμνὺς ἔξω βεβηκὼς ἀρκύων καὶ ἀρκυωρῶν τύχω, ὑμεῖς δὲ οἱ μαρτυρόμενοι ὅτι εὐσεβεῖς ἐστε καὶ εὔορκοι ἐς τάδε, ἐνασεβηθῆτε καὶ ἐνεπιορκηθῆτε ὑπὸ τῶν μαρτύρων. δεδίττει ἡμᾶς, ὦ Θεμιστόκλεις, καὶ δειματοῖς ταῦτα λέγων, φήσει τις ἴσως. σιωπῶν γὰρ ὑμᾶς οὐ δεδίττομαι, ἀλλ' εἰ μὲν λέγοιμι, ἀκούσεσθέ μου· εἰ δὲ μηδὲ τοῦτο, οὐ μέμνησθέ μου ὅτι ἐγὼ μὲν ὁ πᾶσιν Ἀθηναίοις προστάξας ἐκλιπεῖν μὲν τὸ ἄστυ εἰς δὲ τὰς ναῦς ἐμβαίνειν καὶ πείσας, μᾶλλον δὲ ὑπακουσθεὶς οὐκ ἔπεισα τοὺς αὐτοὺς τούτους ἵνα μοι ἐπιχωρήσειαν οἰκῆσαι μετ' αὐτῶν Ἀθήνησιν; καὶ τί μετ' αὐτῶν λέγω; οὐδὲ δίχα Ἀθηναίων ἐν τῇ Ἑλλάδι. ἀλλ' ὁ Πύθιος αὐτοῖς (καὶ γὰρ τοῦτό με ἐκάλουν, ὅτεπερ τὸν χρησμὸν αὐτοῖς ἐξηγησάμην) οὔτε Δελφῶν οὔτε Δήλου, τὸ δ' ἐπὶ τούτοις εἶναι οὐδὲ Ξάνθου μοῖράν ἔχω, εἰ μὴ τελευτῶν εἰς Ὑπερβορέους ἐκτοπίσαιμι· καὶ ᾧ ὑπανέστησαν οἱ Ἕλληνες Ὀλυμπίαζε παρελθόντι ἐπὶ τὴν θέαν τοῦ γυμνικοῦ ἀγῶνος, τούτῳ οὐχ ὅτι ἐν πανηγύρει καὶ θεάτρῳ τιμὴ καὶ προεδρία τὰ νῦν, ἀλλ' οὐδ' ἐν βεβήλῳ τῆς Ἑλλάδος οἴκησις, οὐδ' ἐν ἱερῷ ἱκετεία καὶ κατάφευξις. ταῦτα οὐκ ὀρρωδεῖτε, ὦ Λέαγρε, οὐδ' ὑπεισιν ὑμᾶς θάμβος, ἀλλὰ μετὰ τὸν ὅρκον πάντ' ἔχειν ὑμῖν οἴεσθε καλῶς; καὶ ἔχοι γάρ, ὦ δέσποινα Ἀθηνᾶ· ἀλλ' οὐδὲν οὕτως ἀνόητον ὡς ὅταν μὴ διαφέρωσιν εὐχαὶ καὶ ἐλπίδες. τί οὖν ποιητέον, ἐρήσῃ με. φεύγωμεν ἄρα μηδενὸς ἡμᾶς ἐλαύνοντος; οὐ λέγω τοῦτο,

res extitistis, sed quia qui peierarunt fuere Aristides et Phædrias et Tisinicus et Alcmæonides, vos autem, qui iurastis? neque, o dii ac dæmones veritatis inter homines tuendæ præsides, deæ simulacrum, in quod iurabatis, quin ipsum delubrum corruit in capita scelestorum hominum, qui ad iurandum vos adigebant? itaque nunc quidem fidem vobis habent, quod iurastis, antea vero non habebant? cur igitur a me quoque iusiurandum non exigebant, ut mihi quoque haberent fidem? sin vero me improbum, vos autem probos existimabant, cur vos scilicet probos criminabantur eo tempore, quo et me improbum? oportet enim aut moribus in homine conspicuis aut iuramento per deum præstito haberi fidem; quare si bonis vos esse moribus scivissent, non ad iurandum vos alegissent, sin vero falsum scivissent iusiurandum, non nugas egissent neque mores improbassent. Verum horum nihil, Leager, sanum est, nec sic se habet, ut illi dicunt, sed ipsorum invidia, ut dicebam, hisce me muneribus affecit, quia alio post Themistoclem non indigent, sed me fastidiunt. Quod si iam, ut apparet, res meæ pessum eunt, iam ego de vobis timeo, vobisque ipsis de vobis metuendum est, ne irritum iusiurandum vestrum fiat, qui, dum putatis vobis haberi fidem, ab eis qui habuere eludamini, et ipse, cui iuranti non crederent, retia atque venatores effugiam, vos autem, quibus pietatis sanctique iusiurandi testimonium hucusque suppetebat, impie ac perfide a testibus opprimamini. Timorem nobis incutis, Themistocles, struisque sollicitudinem his verbis, dicat aliquis. Certe tacendo timorem non incutio, sed dicentem me audietis; sin minus hoc, non meministis me cunctiş Atheniensibus ut urbe relicta naves conscenderent præcepisse, idque quum suasissem vel potius persuasissem, eosdem tamen adducere non potuisse, ut mihi permitterent Athenis secum habitare? quanquam quid secum dico? Sed ne procul quidem ab Atheniensibus in Græcia, sed Pythio illorum mihi, nam hoc quoque nomine, quum oraculum ipsis interpretabar, me vocabant, nec Delphis consistere licet, neque Deli, quin per illos ne Xanthi quidem liceret, nisi postremo ad Hyperboreos emigrabo. Et cui Olympiam profecto ad spectanda gymnica certamina assurrexerunt Græci, huic iam non modo in solemnibus conventibus ac theatris quivis honor et primæ sedis dignitas negatur, verum etiam in profanis Græciæ locis domicilium atque in fanis securitas et refugium. Hæc non pertimescitis, Leager, nec obstupescitis, sed omnia vobis post iuramentum in tuto esse putatis? atque utinam sint, o domina Minerva : sed nihil tam stultum est, quam si a votis spes non differat. Quid igitur agendum? rogabis me. Fugiamus igitur nemine nos persequente? non hoc dico, verum non obdormiendum esse. Nolite credere, sed timete; res ipsa iubebit aut recedere, si opus fuerit, aut aliquid istic agere, dum ad agendum sitis parati. Sin autem curam nullam adhibueritis, res vestras pro-

ἀλλὰ μὴ κοιμᾶσθε· ἀπιστεῖτε, φοβεῖσθε. ὑποθήσεται
τὸ τηνικάδε ἢ ἀποχωρεῖν, ἂν τούτου δέῃ, καὶ ποιον
τις αὐτη ἦν τοῦ ἔργου μόνον φροντίζητε ἣν δὲ ῥαθυ-
μῆτε πάντ' ἔχειν ἡγούμενοι κατὰ τρόπον, δέδοικα μή-
ποτε ὁ δυστυχὴς ἐγὼ ὅλας τὰς Ἀθήνας ἄντικρυς ἀφη-
ρημένος ὦ. μέχρι γὰρ νῦν ἔχω τι αὐτῶν καὶ μὰ Δί'
οὐχὶ τὸ φαυλότατον, ἀλλὰ τὸ βέλτιστον περιόντων ἔτι
καὶ ζώντων μοι τῶν φίλων. εἰ δ' οὖν ἐγὼ μὲν φυγὰς
ὅποι ποτὲ γῆς ἀλώμενος, οἱ δ' ἐχθροὶ οὑμοὶ λαμπροὶ
καὶ μέγα ἰσχύοντες, ὑμεῖς δὲ ἑταῖροι ὑμεῖς οὔτε αὐτόθι
οὔθ' ὁμοῦ, δουλεία δ' ἐν τῷ μέσῳ παιδαρίων ὀρφανῶν
πολλῶν, γυναικῶν ἐρήμων τῶν ὑμετέρων καὶ τῶν
ἐμῶν, ἐνίων δὲ καὶ πρεσβυτῶν καὶ πρεσβυτίδων (ἐνίοις
γὰρ αὐτῶν καὶ οἱ γονεῖς ἔτι εἰσίν), εἰ ταῦτα πάντα
ἀθρόα ὥσπερ ἔφην καταλαμβάνοι, ἆρά γε οὐχὶ κἀμοὶ
τῷ παντὶ ἄμεινον αὐτομολεῖν δεῦρο καὶ πάσχειν τὰ
τοῖς ἐχθροῖς δοκοῦντα ἢ τούτων τι ὁρᾶν γιγνόμενον
καὶ ἀκούειν λεγόμενον, τοιγάρτοι ταῦτά μοι οὕτως γε
ὁσημέραι καὶ νυκτὸς ἐκφροντίζε καὶ διακρίβου, ὦ Λέα-
γρε, καὶ τοῖς ἑταίροις ἡμῶν ἅπασιν ὑπο-ίθεσο καὶ
παρηγόρει καὶ πρὸς ταῦτα προηγεῖσθαι διαπειρῶ μὴ
μόνον τοῖς ὡρκωμένοις, ἀλλὰ καὶ τοῖς ἀνωμότοις,
οἶσθα δὲ πάντας αὐτούς· καὶ ταύτης γε αὐτῆς τῆς
ἐπιστολῆς ἄχρι τοῦδε τουτὶ πᾶν τὸ μέρος ἐπιδείκνυσο
αὐτοῖς, εἰ βούλει, καὶ παρανα-γίγνωσκε, τὰ μέντοι
μετὰ τοῦτο ἢ ἀπαλειψάμενος διάφθειρον ἢ ἀποτεμό-
μενος ἔχε, καὶ ἔξω μόνου σοῦ τοῖς ἄλλοις πᾶσιν ἀν-
θρώποις γενέσθω ἄγνωστον· ἐγὼ γὰρ οὐκ ἀγνοῶ μὲν
ὅτι καὶ θερμὸν καὶ θρασὺν καὶ ἀποκεκινδυνευκότα
μᾶλλον ἢ παρακεκινδυνευμένον ἀναρρίπτω κύβον, ἀλλ'
οὐδὲν ἧττον ἀναρρίπτω καὶ τολμῶ καὶ δέδοκταί μοι,
κἀμὲ μήτε Λέαγρος οὑμὸς ἑταῖρος ἐπισχεῖν θελήσει
τῆς ὁρμῆς (οὐ γὰρ ἐφέξει) μήτε Νεοκλῆς ὁ πατὴρ ἢ
Θεμιστοκλῆς ὁ θεῖος ἀναβιώσαντες νῦν καὶ δεῦρο ἀφι-
κόμενοι, ἀλλὰ μηδ' ὄρνις μηδὲ φήμη μηδ' αὐτὸς ὁ τὸ
ξύλινον τεῖχος περιτειχίσασθαι τοῖς πολίταις σου θεσπί-
σας ἀλλ' εὐφήμει, ὦ κράτιστε, καὶ θεοῖς εὔχου
σωτηρίαν καὶ νόστον ἡμῖν ἀπήμονα ὀπίσω πέμψαι
καὶ τὸ τέλος ὥστε τὴν ἐγχειρουμένην μὴ μόνον ὡς ἐλπίζο-
μεν ἀλλὰ καὶ ὡς ἄξιοί ἐσμεν οὕτως ἡμῖν ἐπιθέσθαι
διέγνωκα γὰρ ἀπαίρειν ἐκ τῆς Ἐφέσου αὐτίκα παρὰ
βασιλέα τὸν ὡς σὺ μὲν οἶσθα πολέμιον, ὡς δὲ Ἀθη-
ναῖοί φασι (καὶ μαντεύοιντο, ὦ Ζεῦ δέσποτα, καὶ
τἀληθῆ λέγοιεν) φίλον προπέμπεταί τέ μοι παρ'
αὐτὸν ἤδη, καὶ ἤπια τῷ ἀγγέλῳ ἀπεκρίνατο καὶ πρὸς
ἐμὲ ἐπέστειλεν, ὥστε με παντάπασιν ἐκπεπλῆχθαι
καὶ θαυμεῖν ἐσχάτως, εἰ μὴ τοσοῦτο μόνον, ὅτι οὐδὲ
ἡμεῖς ἀληθὲς οὐδὲν πώποτε οὔτ' εἴπομεν ἐκείνῳ οὔτ'
ἐπεστείλαμεν ἀλλ' οὐ γὰρ ἂν ἡμᾶς μιμούμενος τύχοι
βασιλεὺς ὁ μέγας, καὶ οὐδὲν οὗτος ψευδομένῳ χρήσι-
μον κακῶς ἡμᾶς ποιεῖν, παρὸν εἰ ἐβούλετο καὶ τἀληθῆ
λέγοντα. ἐγὼ μὲν οὖν εἰμι ὡς ἐκεῖνον, ὅ τι δὲ δρά-
σων ἣν δύναμαι, αἰσχύνομαι μὲν λέγειν, ἀλλ' ὅτι
βούλομαι πράττειν ἣν δύναμαι· σὺ δὲ αὐτόθι ἐπιμέλου

spere cedere opinantes, miser ego vereor ne integris
plane excidam Athenis Adhuc enim partem illarum ha-
beo et per Iovem non abiectissimam, sed præstantissi-
mam, dum superstites mihi sunt amici At si profu-
gus ego fuerim quavis terræ parte, inimici vero mei
clari et potentes vosque sodales neque istic neque una,
et servitus immineat tot puerorum parentibus orba-
torum, mulierum item vestro pariter ac nostro præsi-
dio privatarum, prætereaque et senum nonnullorum
atque anuum (quorundam enim et parentes adhuc vi-
vunt), si hæc omnia conferim, ut dixi, inciderint,
nonne mihi quoque satius fuerit omnino in fugam me
conicere et pati quicquid hostibus placuerit, quam ho-
rum ut quicquam aut fieri videam aut narrari audiam?
itaque hæc mihi, Leager, quotidie et noctu considera et
expende, cunctosque sodales nostros, iuratos et iniuratos
(nosti autem omnes), hortare atque admone, ut et his
omni cura prospiciant Atque huius quidem epistolæ
ipsius totam istam partem, si placet, illis ostende atque
lege, ea vero, quæ iam sequuntur, aut erasa dele aut
præcisa tecum habe, ut te excepto nulli unquam homi-
num pateliant Ego enim minime ignoro, iactare me
aleam fervidam et temerariam ac desperatam potius
quam periculosam, nihilominus tamen iacto et audeo et
constitutum mihi est, meque nec Leager sodalis meus a
proposito prohibere volet, non enim prohibebit, neque
Neocles pater vel Themistocles patruus ab inferis iam-
iam excitati atque huc delati, sed nec augurium, nec
omen, nec ipse qui oraculo civibus tuis, ut ligneo muro
se circumdarent, edixit Sed bene nobis ominare,
vir optime, deosque precare, ut salvos nos et incolumes
redire velint, et conatui nostro non modo quem spera-
mus, verum etiam quo digni sumus imponant finem
Constitui enim Epheso statim ad regem me conferre,
nobis, ut tu quidem scis, infensum, sed ut Athenienses
aiunt, atque utinam divinent et verum dicant, amicum
Iam enim ad eum misi et nuntio comiter respondit et ad
me scripsit, ut prorsus admirer et vehementer stupeam,
quanquam eatenus tantum, quod nos quoque illi nihil
veri unquam aut diximus aut scripsimus At non, si
nos imitaretur, magnus esset rex, neque eum iuvat tali-
bus mendaciis nos lædere, quum, si velit, idem facere
vera dicens possit Ego igitur ad illum me confero, at
quid facturus, si potero, pudet me dicere, dico tamen
velle me, si potero Tu vero istic res nostras cura,
quanquam haud palam, quoniam sic ambobus nobis con-
ducit maxime, at prudenter tamen, quemadmodum et
facturum te persuasum habeo, ac magis velim ut palam

τε τῶν ἡμετέρων ἥκιστα μὲν ἐπιφανῶς, ὅτι οὕτως
ἀμφοῖν συμφέρει, μάλιστα μέντοι πεφροντισμένως,
ὥσπερ καὶ ὅτι ποιήσεις εὖ οἶδα ἐγώ· καὶ μᾶλλον γέ-
νοιτο φανερῶς σε ἐπιμέλεσθαι τῶν ἐμῶν ἢ ἀμελῶς
αὐτὰ διατίθεσθαι δεδοικότα. ἀλλὰ κἀκεῖνό γε, εἴ με
στέργεις, εὐλαβοῦ, πρῶτον μὲν σαυτοῦ ἕνεκα, ὃς ἐμοὶ
τῆς ἐμῆς ψυχῆς ἄξιος εἶ, εἶτα καὶ δι' ἐμὲ καὶ τἀμά,
ἵνα πολὺν ἡμῖν χρόνον ὠφέλιμος ᾖς καὶ χρήσιμος.
ταυτὶ μὲν ὧδε ἐπέσταλται ἡμῖν ἧι ἐνόμιζον εἶναι παρὰ
σέ, πειράσομαι δὲ καὶ τὰ λοιπὰ ὅπως ἂν ἡμῖν ἔχῃ,
διαδηλοῦν σοι τάχιστα, ἵνα μηδὲν ἀγνοῇς τῶν ἐμῶν.

θ'. Καλλίᾳ.

Μὴ ζήλου, ὦ Καλλία, Ἀριστείδην τοῦ φθόνου·
οὐδὲ γὰρ ἐκεῖνος πολλά σε ἔφη ζηλῶσαι τοῦ πλούτου.
καίτοι μακρῷ ἄμεινον ἦν, ἃ πάντες εὔχονται σφί-
σιν αὐτοῖς καὶ γενεαῖς σφετέραις, κἀκεῖνον ἀσπάζε-
σθαι, ἢ ἃ πάντες ἐχθαίρουσι καὶ ἐπάρατα ἡγοῦν-
ται, ἐκεῖνά σε μιμεῖσθαι. μηδὲν οὖν αἰτιῶ μηδὲ
σωφρόνιζε Ἀθηναίους ὅτι εἰκαίως χειροτονοῦσι καὶ
ἐκ τῶν ἀναξίων αἱροῦνται προστάτας, εἰς ἐμὲ αἰνιτ-
τόμενος, ἀλλὰ πρῶτον ἐκεῖνο σκόπει, ὅτι ἐπιπλήττεις
αὐτοῖς νενικηκότας προστάτας κεχειροτονηκόσιν,
ἔπειτα ὅστις ὢν αὐτὸς ταῦτα ληρεῖς καὶ ὅτι οὐδὲ μετὰ
πολλοὺς ἄλλους Θεμιστοκλέας στρατηγὸς ὧδε ἀπο-
δειχθῆναι δεδύνημένος. οὐ γὰρ τῶν τυμβωρυχησάν-
των τοὺς ἐν τοῖς λάκκοις ἐν Μαραθῶνι κατατεσηπό-
τας Πέρσας, ἀλλὰ τῶν καταναυμαχησάντων καὶ ἀπο-
κτεινάντων τοὺς ἐν Σαλαμῖνι καὶ ἐν Εὐβοίᾳ παρα-
ταττομένους ἔδει στρατηγῶν τῇ πόλει, οὐδὲ καθόλου
ἡγεμόνων πολλὰ μὲν χρήματα κεκτημένων, ὁπόθεν δὲ
αὐτὰ κέκτηνται εἰπεῖν οὐ δυναμένων, ἀλλὰ μεγάλα
καὶ καλὰ ἔργα διαπραξαμένων. σὺ δὲ εἰ οἷς μὲν δυ-
νατώτατος ἦσθα αὐτὸς ἑαυτοῦ καὶ τῶν ἄλλων οὐδὲν
ὀνήσας τὴν πόλιν, ἐν οἷς δὲ ἀχρηστότατος εἶ πάντων
Ἀθηναίων, ἐν τούτοις περιεργάζεσθαι καὶ πολυπραγ-
μονεῖν ἐπιχειρεῖς, καὶ πλοῦτον μὲν τοσοῦτον ὄντα,
ὅσον οὐκ ὀλίγαι μυριάδες Περσῶν ἐπλούτουν, οὓς
πάντας σοι ἐκληρονομήσω, οὐκ οἶδ' ὅπως ἀφελόμενος
τοὺς μαχεσαμένους αὐτοῖς καὶ τὴν πόλιν σύμπασαν τὰ
λάφυρα, οὔτε μικρὸν οὔτε μέγα οὐδὲν ὤνησας οὐδέ-
ποτε τὴν πατρίδα, λόγοις δὲ ἄρα, ἐν οἷς σὺ ἀδυνα-
τώτατος, σωφρονίζειν αὐτὴν ἐπιχειρεῖς καὶ περὶ πο-
λεμικῶν ἔργων, ἐν οἷς ἀχρηστότατος εἶ καὶ ἀνανδρό-
τατος, ἐπιτιμᾷς Ἀθηναίοις οὕτω καὶ μὴ οὕτω διαγνοῦ-
σιν. ἀλλ' ὧδε ἔχει, ὦ Καλλία. τοὺς λέοντας
ζωοὺς μὲν ὄντας οὔτε οἱ ταῦροι ὑπομένουσιν οὔτε ἄλλο
τι τῶν παμμεγάλων καὶ ἀλκίμων θηρίων, πεσόντων
δὲ αὐτῶν καὶ κειμένων οὐδὲν θαυμαστὸν εἰ καὶ οἱ
μύες ἐπ' αὐτοὺς ἀναβαίνουσιν. ὥστε καὶ σὺ νῦν μὲν
ἐφάλλῃ ἡμῖν ᾗ βούλει καὶ ἐμπηδᾷς, ὅτι πᾶσιν ἐσμὲ
περίπατος· οὐδὲν μέντοι τῶν ἀδοκήτων, εἰ καὶ ἡμῖν
ποτὲ ἔτι γοῦν ἐμπνέουσι καὶ τὴν ψυχὴν ἔχουσι δώσει

rebus meis curam adhibeas quam ne quid earum negligas
præ timore. Verum illud quoque, si me amas, caveto, pri-
mum quidem tui ipsius caussa, tanti enim te quanti meam
animam facio, deinde vero et propter me measque res,
quo diu nobis adiumento et præsidio sis. Et hæc quidem
sic, ut necessarium videatur, ad te nobis perscripta
sunt : ad reliqua quod attinet, dabo operam, ut, quo-
modocunque nobis cadant, quam primum scias, ne quid
tibi mearum rerum sit ignotum.

IX. Calliæ.

Noli, Callia, invidiam Aristidi invidere : nam et ille se
non magnopere dixit invidere tibi opulentiam. Quanquam
longe præstitit, quod sibi omnes suisque posteris optant,
illum quoque diligere, quam ea, quæ omnes oderunt et
detestanda iudicant, te persequi. Noli igitur criminari
Athenienses atque castigare, quod magistratus creent
temere et ex indignis eligant, me significans. Sed pri-
mum hoc considera, quod ipsos reprehendis, qui magi-
stratus victoria reportata claros creant, deinde qui sis
ipse, qui hæc nugaris, quodque ne post multos quidem
Themistocles dux designari potueris. Non enim qui
sepulcris ad Marathonem effossis putrefacta Persarum
cadavera despoliavere, sed qui commisso ad Salaminem
et Euboram duces navali prœlio hostiles prostravere co-
pias, his opus erat civitati magistratibus, nec talibus,
qui multis corrasis pecuniis, unde has sibi comparaverint
dicere nequeant, sed qui magna et egregia facinora per-
petrarunt. Tu vero, qui, quo plurimum valebas inter
omnes, nullum civitati commodum attulisti, id ipsum,
in quo omnium Atheniensium minime ei utilis es, con-
sectari studes atque exercere, ac tantas licet possideas
opes, quantis affluebant non paucæ Persarum myriades,
quorum omnium tu heres factus es, nescio quomodo eis,
qui cum ipsis pugnaverant, ipsique urbi detractis spoliis
nec parvum nec magnum unquam patriæ commodum at-
tuleris, sermone vero, quo infantissimus es, illam casti-
gare audes, deque bellica re, in qua inertissimus es
atque ignavissimus, quod ita, neque aliter decreverint,
obiurges Athenienses. Sed res sic habet, Callia. Vi-
vos leones nec tauri sustinent nec ulla ferarum magni-
tudine et robore præstantium, prostratis vero ac iacen-
tibus non mirum si et mures insultant. Quare et tu
nunc quidem, ut lubet, insilis et irruis in nos, quum
ludibrio sumus omnibus. Neque vero præter exspecta-
tionem fiet, si nobis quoque spiritum adhuc ducentibus
animamque habentibus deus dederit, ut huius tuæ ora-

θεὸς ὑπομνῆσαι ταύτης τῆς δημηγορίας δώσει δ', εὖ οἶδ' ὅτι δώσει. οὐκ ἀρετᾷ κακὰ ἔργα, φασὶν οἱ ποιηταί.

tionis memoriam repetamus Dabit autem, sat scio Non succedunt male facta, aiunt poetæ

ι'. Ἀβρωνίχῳ.

\ Habronicho

Τεθάρρηταί μοι τὰ μεγάλα καὶ δεινὰ ἐκεῖνα, ὦ Ἀβρόνιχε. ἧκέ σοι παρ' ἡμῶν Εὐξίθεος ἀπὸ γλώττης διαλεξόμενος καὶ δηλώσων ὅπως μοι διέγνωσται, σὺ δ' ἐσιώπας, ὡς ἔφασκεν ἐκεῖνος, εἰς τὴν γῆν κύπτων, ἐπαινεῖν μὲν οὐκ ἔχων, ὡς ἐμὲ εἰκάσαι, κωλύειν δ' οὐκ ἐθέλων. καὶ καλῶς ἐποίεις· οὐ γὰρ ἂν ἐκώλυσας, βλασφημεῖν δ' οὐχ ἥρμοττεν· ἀλλ' εἶμί γε, εἶμι, καὶ ἐπὶ τῆς ἀπήνης ἤδη καθεζόμενος ταυτὶ γέγραφα· εὖ πρᾶττε καὶ περὶ ἡμῶν εὐθύμει.

Magnum illud ac grave facinus ausus sum, Habroniche, quod mihi propositum esse tibi quoque Euxitheus meo nomine coram declaravit, tu vero tacebas, ut ille aiebat, in terram defixis oculis, quod, ut conicio, probare non poteras, sed nolebas impedire Et recte quidem nam non impedivisses, obiurgare autem non conveniebat Sed eo iam, eo, sedensque in curru ista scripsi Vale, et quod ad nos attinet, bono sis animo

ια' Ἀμεινίᾳ

ΧΙ Aminiæ.

Εἰ καὶ μὴ κεχρήμεθα ἀλλήλοις πολὺν χρόνον, ἀλλ' ἐοίκαμεν ἀλλήλοις πάντα τὸν βίον, αἵ τε χρεῖαί μου κεκοινώνηνται, μεγάλαι δέ, ὥστε ἀποχρῆναι ἡμῖν τὴν ἡμέραν ἢ ἐναυμαχοῦμεν ἐν ταὐτῷ, οὐ στρατιᾶς μέρος ὄντες, ἀλλ' ἐγὼ μὲν ὃν σὺ οἶσθα καὶ οἱ πλείους τῶν νῦν ὄντων ἀνθρώπων, σὺ δὲ τριήραρχος ὢν τοῦ παντὸς ἀριστεύων ναυτικοῦ· ἧπερ μείζων καὶ βεβαιοτέρα φιλία ἢ συναριστῶσι καὶ συνδειπνοῦσιν ὁσημέραι ἀνθρώποις, εἰ καὶ δοίης τὸ Τιθωνοῦ δὴ λεγόμενον γῆρας, διὰ τὸν χρόνον ἂν γένοιτο. πρός γε ἂν οὕτως ἀνδρεῖόν ὄντα σε καὶ δίκαιον οὐδὲ ἀμνήμονα εἶναι· πείθομαι ὧν χρεὼν μεμνῆσθαι, ἀλλὰ τὸν καιρὸν ὁρᾶν ἐκεῖνον οἴεσθαι παρόντα, ἐν ᾧ σὺ μὲν ἐπιβόητος εἰς πάντας ἐγένου δι' ἡμᾶς, ἡμεῖς μέντοι διὰ σὲ πολλοῖς καὶ δυνατοῖς οὐκ Ἀθηναίων μόνον ἀλλὰ καὶ τῶν ἄλλων Ἑλλήνων προσεκρούσαμεν. ἢ πῶς οὐ δεινὸν ἂν γένοιτο Ἀλκιβιάδην μὲν καὶ Στράτιππον καὶ Λακρατίδην καὶ Ἑρμοκλέα τοὺς Ἀθηναίους, τὸν Αἰγινήτην δὲ Ἀριστείδην καὶ Δόρκωνα τὸν Ἐπιδαύριον καὶ Μόλωνα τὸν Τροιζήνιον καὶ πολλοὺς ἄλλους τῶν Ἑλλήνων προδοσίας τῆς ἐμῆς στρατηγίας καταδικάζειν, δι' ἣν αὐτὸ τοῦτο ὧν ἕκαστος βούλεται τοῖς ἄρχουσιν ὑπάρχει τὰς οἰκείας οἰκεῖν πατρίδας, ἀρκουμένοις ὅτι περὶ σοῦ μοι δι' ἀπεχθείας ἐγένοντο, καὶ ἐδικάσαντο ὀρθὴν τὴν ὑπὲρ τῶν ἀριστείων δίκην, ἐνεμέσησάν σε δὲ δι' ὃν ὑπ' ἐκείνων καὶ ἄλλων πολλῶν καὶ ἄγομαι καὶ φέρομαι, μὴ οὐχὶ τὸ ἑαυτοῦ τε καὶ τὸ ἀντὶ πάντων ἐκείνων εἶναί μοι φίλον. καὶ ἐρρωμενέστερον τῷ παντὶ τῆς εὐχαριστίας μετὰ τοῦ δικαίου ἡμῖν ὑπάρξει ἢ μετὰ τοῦ ἀδίκου μνησικακία, καὶ μεῖζον ἐκεῖνοι δυνήσονται κακοῦντες ἡμᾶς ἀδίκως ἢ σὺ δικαίως εὖ ποιῶν, ἀλλ' οὐ γὰρ πείθομαι ταῦτα ὑπὲρ Ἀμεινίου τοῦ Εὐφορίωνος, ἀνδρὸς οὐ τὴν πατρῴαν μόνον εὐγένειαν γενναίου ἀλλὰ καὶ τὴν τῶν συγγενῶν, Κυνεγείρου ἐν τῷ Μαραθωνικῷ πολέμῳ διενεγχόντος τὰ πολεμικά, Αἰσχύλου δὲ ἐν παντὶ τῷ βίῳ κατὰ πα-

Etsi diu inter nos non sumus conversati, per totam vitam tamen similes nobis fuimus, et alter alteri non crebro quidem, sed præclaram navavimus operam, ut nobis sufficiat unus ille dies, quo pugnam navalem simul pugnavimus, non ut exercitus pars, verum ego, quem tu nosti et plurimi hominum, tu vero trierarchus totius classis præstantissimus, quæ maior et firmior amicitia est, quam quæ prandia cœnasque communes quotidie agentibus, etiamsi Tithoni quæ fertur senectam eis offeras, ob diuturnitatem obtingat Hunc tam fortem qui es ac probus ad memoriam eorum, quæ meminisse oportet, excitandum esse persuasum habeo, itaque tempus illud coram cernere puteo, quo tu quidem apud omnes nominis famam nostra caussa adeptus es, nos vero propter te apud multos ac potentes non tantum Atheniensium, sed et aliorum Græcorum offendimus Aut qui tolerari possit, Alcibiadem et Stratippum et Lacratidam et Hermoclem Athenienses, Æginetam item Aristidem et Dorconem Epidaurium et Molonem Trœzenium multosque alios Græcorum proditionis me reum agere ob imperium gestum, propter quod id ipsum pro arbitrio facere ducibus licet suas habitare patrias satis habentibus, quia tua caussa eorum inimicitiam suscepi? et iustam quidem de victoriæ præmio deferendo sententiam tulerunt sed inviderunt tibi, propter quem ab illis aliisque multis agor atque feror, non tam quod . . . quam quod pro omnibus illis amicus mihi esses, iamque iniqua maleficiorum recordatio fortior omnino erit acceptorum a nobis beneficiorum iusta memoria, ac plus illi valebunt ad mala nobis præter ius inferenda quam tu ad res meas iuste tuendas Verum non credam hæc de Aminia Euphorionis filio, viro non paterna solum, sed et consanguineorum nobilitate illustri, Cynegiri, qui bello Marathonico egregia bellicæ virtutis opera præstitit, et Æschyli, qui per totam vitam eruditionis ac prudentiæ laude præstat Sed tu et te ipsum imitabere et fratrum

δείαν καὶ σωφροσύνην διαφέροντες. ἀλλὰ καὶ μιμήσῃ αὐτὸς ἑαυτὸν καὶ τοῖς ἀδελφοῖς ὅμοιος ἔσῃ καὶ τῷ σεαυτοῦ ναυάρχῳ βοηθήσεις. ἡ δὲ βοήθεια ἀρίστη ἀντέχειν ἐν ταῖς ἐκκλησίαις ἑκάστοτε. καὶ ἐν μὲν τοῖς δημοσίοις συλλόγοις εἴ τι καινότερον ἐφ' ἡμῖν ῥάπτοιτο καὶ μηχανῷτο ὑπὸ τῶν ἐξελασάντων ἡμᾶς ἢ κατὰ τῆς ἀθλίας μου γυναικός, εἰ καὶ σὺ τῶν ἡμετέρων ἐπαγγέλλοιο συλλαμβάνειν καὶ ὑπουργεῖν τὰ μέτρια, εὖ ποιήσεις· εἰ δὲ ἐπαγγέλλοιο, οὐδέν σε ὀχλήσει πλὴν ἐπιμελείας καὶ ἐπαχθοῦς φροντίδος.

ιβ'. Ἀριστείδῃ.

Ἤραμεν εἰς Πέρσας, ὦ Ἀριστείδη, ἤραμεν, καὶ οὐδὲν δεινὸν ἐπάθομεν ὑπ' αὐτῶν. οἶδα δὲ ὅτι κατὰ σαυτὸν μὲν θαυμάσῃ, τοῖς δὲ ** προσποιήσῃ μὴ παρ' ἐλπίδα σοι τοῦτον τὸν λόγον λελέχθαι, ἀλλὰ καὶ τεκμηρίῳ χρήσῃ πρὸς τὸ πλῆθος ὅτι βεβαιοῦταί μου ἡ διαβολὴ τῇ τ' ἐμῇ εἰς ἐκείνους ἐλπίδι τῇ τε ἐκείνων φιλοφροσύνῃ εἰς ἐμέ. ἀλλ' ὅταν ταῦτα ληρῇς ἔχων, ἐπιπεσέτω σοι τὸ ἐν Σαλαμῖνι τρόπαιον· ἔστι δὲ λίθινον, οἶσθα, καὶ νεανικῶς εὐμέγεθες. οὐκ ἂν ἔτι, ὡς ἔγωμαι, τὸν δῆμον ταράττοις οὐδ' ἄλλοις εὐεργέταις φθονοίης, εἴ τις ἄρα δαίμων, οὐ κατὰ τὴν σὴν ἀλαζονείαν δίκαιος ἀλλ' ἀληθινῶς, ἐκείνην τὴν πέτραν εἰς τὴν ἐπάρατόν σου καὶ ἀχάριστον κεφαλὴν ἐμβάλοι. ἐμὲ δὲ οὐκ ἀντευποιῶν περισώζεται βασιλεὺς ὁ μέγας (ἦπου τὰ μέγιστα ἂν ἡμῖν χαρίζοιτο ἀμειβόμενος, παθὼν δὲ ἐπεπόνθει), ἀλλὰ τὰ μὲν ἄλλα ἔχθρον ᾔδει με αὐτοῦ, τῆς δ' ἀρετῆς ἐθαύμαζεν καὶ τῆς τύχης ᾤκτειρε. τοιγάρτοι κινδυνεύειν αὐτοὶ περὶ ἐμοῦ ἐπιπρεσβεύεσθε παρ' ἐκεῖνον, ἤποιπερ αὐτοὶ ἠδικεῖτε, ἢν ἐκεῖνος βοηθοίη ἀδικουμένῳ, αὐτοί τε ἐλεεινὸν ἐποιεῖτε ἐκβάλλοντες, ὃ δὲ ἄρα ᾤκτειρεν εἰκότως ἐκδεδλημένον. ἀλλ' οὐ γὰρ ἐλεεινοὶ τὰ νῦν ἔτι οἱ φυγάδες ἡμεῖς. ὥστε πνιγέσθω μὲν ὁ Λυσιμάχου υἱὸς Ἀριστείδης, πνιγέσθω δὲ πᾶς, ὅτῳ μὴ καθ' ἡδονήν ἐστιν ὅτι δεξιώτερα ἡμῖν ἀπήντηκεν ὧν αὐτὸς ἤλπιζεν.

ιγ'. Πολυγνώτῳ.

Ἦπου σύ γε, ὦ Πολύγνωτε, τὰς ναυμαχίας ἡμῶν καὶ τὰς στρατηγίας ἐννοούμενος ἐγκελεύῃ καὶ τὴν ἐκ τῆς πατρίδος μετάστασιν ἡμᾶς γενναίως φέρειν. ἡμεῖς δ' ἀπιόντες μέν, ὅτε καὶ ἐν ὄψει εἴχομεν τὰ καταλειπόμενα, θρασύτερον αὐτοῖς ἐπηγγελλόμεθα καρτερήσειν τὴν ἀπουσίαν, καὶ αὐτοὶ τὰς ναυμαχίας ἐννοούμενοι καὶ ὅσα ἄλλα ὑπεμείναμεν ὅμοια ᾠόμεθα ὑπὸ γενναιότητος καὶ ταῦτα διενεγκεῖν, καὶ οἶσθα ὅτι οὐκ ἄγαν ὀδυρόμενοι μεθιστάμεθα. νῦν δ' ἡμῖν ὁ χρόνος, ὦ Πολύγνωτε, οὐ λήθην ὧν ἀπελείπομεν παρέχει οὐδὲ συνήθειαν τῆς φυγῆς, ἀλλ' ἡ μὲν φυγὴ κούφη ἂν ἦν μὴ μακρὰ οὖσα, τὰ δ' ἀπολειφθέντα ἔτι ποθεινότερα ὑπὸ τοῦ χρόνου γίγνεται, καὶ οὐ παραμυθία τίς ἐστιν ὅτι πολλὰ καὶ ἄλλα γενναίως ὑπέμεινα ἐγὼ μαχόμε-

---

eris similis, tuoque duci feres auxilium. Optimus vero ferendi auxilii modus est, continenter obniti in concionibus. Atque in publicis conventibus ubi novi quid mali in nos vel miseram meam uxorem consuatur et instituatur ab eis, qui nos in exilium eiecerunt, si tu quoque rebus nostris non defecturum, sed opem quantum par est te laturum polliceare, bene de nobis meritus fueris : quod si pollicearis, nihil plus molestiæ habebis quam quod diligentem laboriosamque curam susceperis.

XII. Aristidi.

Profecti sumus, Aristides, ad Persas, nec quicquam ab eis passi sumus mali. Ac tecum ipse, scio, miraberis, publice vero simulabis, quasi haud præter spem hic tibi sit allatus nuntius, simulque et hoc apud plebem utere argumento, quod in illis spem posuerim eique benigne in me se gesserint, calumniam in me collatam comprobari. At hæc ubi nugaberis, ruat in te tropæum Salamine erectum (lapideum illud esse nosti et mole permagnum), ne maiores in populo turbas commoveas; desinesque invidere aliis bene meritis, si quis deus non pro tua arrogantia sed vere iustus saxum illud in execrandum tuum et ingratum caput immiserit. Me vero vult salvum rex magnus non ut gratiam referat — nimirum summa nobis gratificabitur rependens post ea quæ perpessus est — verum alioqui quidem inimicum me sibi esse novit, sed virtutem meam admiratus est et fortunam miseratus. Itaque mea caussa si legatos ad eum miseritis, in periculum ipsi incidetis, siquidem et ipsi iniuriam committebatis, quo ille iniqua passo ferret opem, et ipsi miserandum reddebatis eicientes, quem ille eiectum miserabatur merito. Verum enimvero nunc quidem miseri non amplius sumus nos exules. Itaque dirumpatur Lysimachi filius Aristides et quivis alius, cui, quod commodius nobis res evenit quam ipse sperabat, displicet.

XIII. Polygnoto.

Tune igitur, Polygnote, navalia nostra prœlia et imperii dignitates considerans exilium quoque nos forti animo ferre hortaris? Nos vero abeuntes quidem, quum adhuc quæ relinquenda erant ante oculos habebamus, audacius nobis ipsis, absentiam toleraturos nos esse, promittebamus, atque ipsi navalia prœlia in mentem revocantes quæque eiusmodi alia sustinuimus, arbitrabamur quo sumus forti animo hæc quoque perlaturos, et scis non admodum lugentes nos discessisse : nunc vero tempus, Polygnote, neque in eorum quæ reliquimus oblivionem neque in exilii assuetudinem nos adducit. Iam leve quidem esset exilium non diuturnum , at eorum quæ reliquimus tempore crescit desiderium. Neque ulla consolatio est, quod pugnans cum barbaris periculaque

ος τοῖς βαρβάροις καὶ κινδυνεύων, ἀλλ' ὑπὸ τοῦ λο-
ισμοῦ καὶ ταῦτα ἐναντία γίγνεται· δοκῶ γὰρ δὴ καρ-
ιρῆσαι καὶ ταῦτα, ὅπως μοι παρῇ ἀπολαύειν Ἀθη-
ῶν. καὶ ὑπὸ τούτου μᾶλλον, ὦ Πολύγνωτε,
πιδιδόασιν αἱ φροντίδες, εἰ πολλοῖς μὲν ἄλλοις μηδὲ
ιαταῖς γενομένοις τῶν περὶ Εὔβοιαν ἢ ἐν Σαλαμῖνι
αυμαχιῶν ἔνεστε βιοῦν ἐν Ἀθήναις καὶ ἐκβάλλειν
ὃς βούλονται καὶ μετακαλεῖν εἰ δόξειεν, ἡμῖν δὲ
οἷς εἰ καὶ βραχὺ συλλαβομένοις φυλαχθῆναι ταύτην
ιθηναίοις τὴν ἐξουσίαν μόνοις οὔτε ταύτης οὔτ' Ἀθη-
ῶν μέτεστιν, ἀλλὰ καλούμεθά τε ὃ τοῖς ἐχθίστοις
διστον καλεῖν, φυγάδες, αὐτοί τε ὅτι τοῦτ' ἐσμὲν
ἰσθανόμεθα, ἔρημοι μὲν ὑμῶν τῶν φίλων, ἔρημοι δὲ
ἵκων καὶ ἑστίας ἐφ' ἧς τὰ κατὰ Μήδων ἐπινίκια
ύσαμεν, πάροικοι δ' ἀλλοτρίας γῆς τε καὶ πόλεως,
αἱ τάχα καὶ ἀποθανούμεθα φυγάδες ἀκμὴν μένοντες
μάλα γὰρ ἄψυχοι ἐμαχόμεθ' ἂν τοῖς πολεμίοις, εἰ
αὐτά τις ἐλπὶς ἡμῖν προύφαινεν. ἢ μετεξιώκομεν
ν ταῦτα φέρουσαν τὴν νίκην, εἰ μετὰ Μήδους παρὰ
ιακεδαιμονίοις περὶ τῆς Ἀθηναίων πόλεως ἐκινδυνεύο-
εν; Ἀργεῖοι γὰρ ἀποδεινεναειν καὶ Ἀργείοις τἀγαθὰ
ὔχεσθαι καὶ ἄλλῃ τινί πως καὶ πάσῃ πόλει, ἐπείπερ
ἄσης ἡμῖν μέτεστιν ἔξω Ἀθηνῶν· ἀλλὰ σχέτλιά γε
αἱ ταῦθ' ὑπὸ τῆς φυγῆς ἠναγκάσμεθα εἰπεῖν ὥσπερ
πὸ μανίας. τί γὰρ ἡμᾶς Ἀθηναῖοι κακόν, ὦ Πολύ-
νωτε, τί δ' οὐκ ἀγαθὸν εἰργάσαντο, ἢ πῶς οὐ ψευσό-
εθα, καὶ οὗτοι οἱ λόγοι ἔργου ἐλθόντος ἀποδράσονται,
ὃ γάρ, εἰ Μῆδοι πάλιν τῇ Ἀττικῇ ἐπιχειροῖεν, ἀκίνυ-
νος, ὅτι μὲν φυγάς εἰμι, δόξω εἶναι, οὐδὲ τῶν μὴ
ιαῦτα πεπονθότων τὸν ἀγῶνα ἡγήσομαι, ἀλλ' εἰ καὶ
ιὴ ναύαρχος ἢ στρατηγός, ὦ Πολύγνωτε, φυγάς γε
ιαχοῦμαι, καὶ οὔθ' ἱππάσασθαι παρὰ τοῦτο χεῖρον ἄν
ιοι γένοιτο οὔτε νηΐ χρήσασθαι, πολὺ δ' ἂν καὶ εἰ-
είην νῦν ὑπ' ἐμπειρίας ἀμείνων ἢ τότε μαχητὴς γενέ-
θαι. καὶ φυγάδας μὲν ἡμᾶς δύναιντ' ἂν οἱ κάκιστοι
Ἀθηναίων ποιεῖν, κακοὺς δὲ οὐδέποτε. ἔδει δὲ ἄρα
ιμᾶς καὶ ἐν ταῖς καθ' ἡμῶν αὐτῶν κολάσεσιν αἰσθέ-
θαι ἧς Ἀθηναίοις ἐσώσαμεν ἐξουσίας· καὶ ταῦτα
ιὲν ἐνθυμεῖσθαί τε πολλάκις ἡμῖν ἔστι καὶ λόγων
ιληροῦσθαι μυρίων, καὶ ἀντιμάχεσθαι δοκῶ ταῖς φρον-
ίσιν, ἢ δὲ παροῦσα ἐρημία δεινὴ ἀντίκειται μεθέλ-
ιουσα καὶ ἑαυτῆς ποιοῦσα τὸν νοῦν, καὶ δὴ καὶ ἀπάγει
ἡμᾶς τῶν ἰσχυροτέρων λογισμῶν· καὶ οὐδὲ Ἀργείων
οἱ πλεῖστοι παρόντες ἡμῖν ἀντεροῦσι μὴ ἐρημίαν
ʾναι ταῦτα, ἀλλ' ἅμα τῷ πλήθει τῷ τούτων καὶ ἡ τῶν
ιλων τε καὶ οἰκείων ἀπουσία φαίνεται· ἀλλ' εἰ μὲν
ἔρρωται ἤδη σοι τὸ θυγάτριον, ἣν προυτείνου τῆς κα-
ιοχῆς αἰτίαν, ἀφικνοῦ πολλὰ τῶν λυπούντων ἡμᾶς
ἀφαιρησόμενος ὅ τι δ' ἂν ᾖ τὸ κατέχον, ταῦτα μὲν λυ-
θῆναι εὐχόμεθα, Μεγακλέα δὲ μᾶλλον ἔτι καὶ σὺ πα-
ρὼν αὐτῷ καὶ ἐγὼ γράφων ἀναπείθωμεν ἐκτελέσαι
ποτὲ ἐλθόντα τὴν ἡμετέραν ἐλπίδα καὶ παύσασθαι
ʾπισχνούμενον.

sustinens multa aha etiam fortiter pertulerim, verum
cogitatio hæc animum in contrariam trahit partem vi-
deor enim ista tolerasse, quo frui hceret mihi Athenis,
atque hinc mihi augescunt, Polygnote, curæ, si multis
aliis, qui ne spectatores quidem fuere navalium certa-
minum at Euboeam et Salaminem, liceat Athenis vitam
agere et eicere quos velint et si libuerit revocare, nobis
vero solis, qui aliquantulum certe ad hanc servandam
Atheniensibus potestatem contulimus, neque huius ipsius,
neque Atheniensibus potestatem contulimus, neque huius ipsius,
mur nomine, quo inimicissimi libentissime utuntur, exu-
les, ipsique hoc nos esse persentiscimus, orbati quippe
vobis amicis, domoque orbati atque aris, in quibus ob
partam victoriam sacra fecimus, alienæ terræ civitatis-
que inquilini, immo fortasse mortem quoque appetemus
de exilio nondum revocati (3) Num enim fortiter cum
hostibus pugnavissemus, si quæ suspicio hæc nobis præ
monstrasset, an hæc ferentem victoriam essemus con-
sectati, si post devictos Medos ob Lacedæmonios civita-
tis Atheniensium amittendæ periculum nobis fuisset sub-
eundum ? Argivi igitur   , et pro Argivis
vota suscipienda proque alia quavis civitate, siquidem
ad omnes præter Athenas nobis patet aditus Sed hæc
quoque impia verba ut expromerem exilium me tanquam
furor impulit Quo enim malo Athenienses, Polygnote
quove non beneficio me affecere ? Aut quomodo fieri
potest ut non ipsi hæc fallamus, neque verba ista agendi
tempore oblato sponte dilabantur? (4) Non enim, si ite-
rum Medi adoriantur Atticam, a periculo, quippe exul,
censebo me esse abstinendum, neque eorum, qui
tale nihil quicquam passi sunt, certamen esse arbitra-
bor, sed etsi non classi aut exercitui præfectus, exul
tamen dimicabo, neque hinc contigerit mihi, ut equo
aut navi deterius utar, immo experientia firmatus aptior
quam antea ad pugnandum fuerim Atque in exilium
quidem proicere nos potuerint nequissimi Atheniensium,
at pravos nunquam fecerint Fieri itaque non potuit
quin ipso nobis supplicio irrogato, quam Atheniensibus
servassemus potestatem experiremur Et hæc qui-
dem accidit ut sæpenumero perpendam, atque cogita-
tionibus abundans ærumnis istis repugnare mihi videor,
sed præsens ab altera parte gravis præponderat solitudo
et mentem ad se pertrahit, iamque a gravioribus nos
avocat cogitationibus Neque Argivorum plurimi, quos
habeo præsentes, negabunt hanc esse solitudinem ve-
rum simul cum horum multitudine amicorum apparet et
necessariorum absentia Sed si iam tibi filiola valet,
quam te detinentem caussam obtendebas, veni multis
quæ nos mœrore affligunt liberaturus Sed quidquid est
quod te detineat, hoc quidem removeri exoptamus, Me-
gaclem autem magis etiam et tu coram et ego litteris
inducamus, ut suo adventu demum spem nostram expleat
et finem faciat promittendi

ιδ'. Παυσανίᾳ.

Ἀπολελόγησαι ὑπὲρ τῆς τύχης, ὦ Παυσανία· δι' ὧν
γὰρ οὕτως ἠτύχηκας δικαίως ἀφῄρησαι καὶ ἡμᾶς τοῦ
κατηγορεῖν ἔτι τῆς τύχης. σὺ γὰρ ἐπιχειρῶν Μῆδος
γενέσθαι Λακεδαιμόνιος ὤν, καὶ Μήδοις προστιθεὶς
τὴν Ἑλλάδα ἀρχῆς μὲν ἀπεστέρησαι ἧς ἐφ' Ἑλλησ-
πόντῳ εἶχες, καὶ ἐξουσίας δι' ἧς ταῦτα ἔπρασσες,
αὐτὸς δὲ περιειη καὶ κατὰ καιροῦ ποθεῖς, ἐν ᾧ τὰ
διεγνωσμένα καὶ δρᾶσαι δυνήσῃ, ὥστε σὺ τὴν τύχην
ἠδίκηκας, ἣν τότε εἶχες, οὐ σὲ ἐκείνη. καὶ νῦν ἔτι
εὐτυχεῖς, ὅτι κινδυνεύσεις ἀκμὴν καὶ μέλλεις ἀποθα-
νεῖσθαι ὑπὸ Λακεδαιμονίων· ἕξεις παραμυθίαν ὅτι
καὶ οὐκ ἀδίκως ἀποθνήσκεις. Ἀρταβάζῳ ὑπερφυῶς
ἔντπονδος εἶ καὶ βασιλέως γαμβρὸς εἶναι ὀρέγῃ. καὶ
πῶς ἴσα ἀντ' ἴσων οἴει διδόναι τε καὶ λαμβάνειν, ὅς
γε λαμβάνεις μὲν γυναῖκα βάρβαρον καὶ γῆν μετ' αὐ-
τῆς Καρῶν τάχα ἢ Φρυγῶν, δίδως δὲ γῆν τε τὴν
Ἑλληνίδα καὶ πόλεις τὰς Ἑλλήνων, καὶ οὐδὲ Λακε-
δαίμονα ἐξαιρεῖς; καὶ τελέσειν ἃ διέγνωκας, ὦ μάταιε,
ἐλπίζεις ἀποτυχών τε λήσειν, ὅτι σου τὸ φρόνημα
μόνον ἦν προδότου, τὰ δὲ ἔργα ὑστέρησεν; οὐ τοσοῦ-
τον ἡ Παυσανία διείργεται τῆς Πελοποννήσου ἥ τε
Τρωὰς ἀκτὴ καὶ Κολωναί, ἔνθα σοι καταδύντι τὰ βα-
σιλεῖ συμφέροντα μέλει, ὥστε τῶν σῶν ἔργων κωφὰ
τἀνθάδε εἶναι, ἀλλά σοι τὰ πρὸς βασιλέα ὁ τολυπεύων
ἐστὶ Γογγύλος ὁ κάκιστος Ἐρετριέων, εἴ γε τούτῳ
ἀγαθῷ κέχρησαι ἀγγελιαφόρῳ, εἰς δὲ τὴν Ἑλλάδα
φήμη ταῦτα ἀγγελιαφοροῦσι καὶ Μναστορίδας, ὃν σὺ
Λακεδαιμόνιον ὄντα καὶ μένειν τοῦτο βουλόμενον καὶ
σοι ῥῆσιν ἀεὶ ποιούμενον τὸν ἐν Σπάρτῃ νόμον ὑβρί-
σας ἔχεις καὶ μόνος τῆς προδοσίας ἀπολαύεις. ἀλλὰ
σκόπει, ὦ σχέτλιε, εἴ τί σε Ἀρτάβαζος ὀνήσει Λακε-
δαιμονίων χαλεσάντων ἢ ἡ βασιλέως θυγάτηρ ἤδη
οὖσα ὡραία γάμου. καὶ σοὶ ταῦτα ὑφ' ἡμῶν γραφό-
μενα πολὺ γενέσθω χαλεπώτερα καὶ δι' ἡμᾶς, ὅτι σοὶ
ταῦτα αὐτοὶ φυγάδες ὄντες ὀνειδίζομεν.

ιε'. Αὐτολύκῳ.

Ἧσσον, ὦ Αὐτόλυκε, παρηγορεῖν ἄν σε βουλοίμην
ἡμᾶς ἢ τἀληθῆ λέγειν, σὺ δὲ ἐπιστέλλων σφόδρα ἤδη
μεταμέλειν Ἀθηναίοις τῆς ἡμετέρας φυγῆς παρηγορεῖν
ἔμοιγε δοκεῖς μᾶλλον ἢ τἀληθῆ λέγειν. οἵ τε γὰρ τὸ
πλῆθος δι' ἡμᾶς διαβάλλοντες ἔτι ἰσχύουσι, καὶ και-
ρὸς οὐδεὶς καταλαμβάνει, ἐν ᾧ ἀχρεῖοι ἂν ἐν τῇ πό-
λει οἱ κακοὶ εἶεν καὶ ἅμα αἴσθησιν παρέχοντες ὅτι
κατειργάσαντο τοὺς ἀμείνους ἐκπεσεῖν, ἀλλὰ νῦν τῇ
κοινῇ εὐπραγίᾳ ἐπικαλυπτόμενοι ἀφανέστερον ἔχουσι
τὸ ἀχρεῖον. καὶ μενέτω τὰ ἀποκρύπτοντα αὐτούς, ἐφ'
ᾧ τε καὶ ἡ πόλις εὐπραγήσει. ἢ γὰρ ἂν ἡμᾶς ἐπιει-
κῶς τὰ ἐν Ἀθήναις ἀγαθὰ καὶ δι' ἀκοῆς εὐφραίνοι,
καὶ εἰ δοκεῖ μὴ ὑπὲρ ἡμῶν εἶναι ἐπιδεδωκέναι αὐτὰ
ἐξ ὅτου ἐφύγομεν· ἴσως γὰρ ἤδη καὶ ταῦτα ταῖς ἡμε-

Fortunam meam, Pausania, defendisti : his enim, in
quibus versaris, malis nobis iure fortunam adhuc accu-
sandi facultatem eripuisti. Nam tu quum, Lacedæmonius
qui sis, Medus esse velis ac Medis adiungas Græciam,
imperium, quod in Hellesponto tenebas, amisisti et qua
hæc agebas potestatem, ipse vero...............
......desideras opportunitatem, qua possis ea quæ de-
crevisti perficere. Itaque fortunam, quam tunc habebas,
tu læsisti, non illa te. Ac nunc prospera adhuc fortuna
uteris, quod prope tibi imminet periculum et mors a
Lacedæmoniis exspectanda. Solatium tibi erit quod
nec immerito mortis pœnam luis. Cum Artabazo
summa amicitia coniunctus es et regis esse gener expetis.
At quomodo te putas par pari referre, qui quidem uxo-
rem ducis barbaram, cum eaque Cariam fortasse aut
Phrygiam accipis, das autem Græciam et Græcorum ci-
vitates, ne Lacedæmone quidem excepta? Et perfectu-
rum te, quæ decrevisti, o stulte, speras, vel certe
latere, ubi non perfeceris, quoniam animus tantum tibi
proditoris fuit, facta abfuerunt? Non tam longe distant
a Peloponneso, Pausania, Troas ipsa et Colonæ, quo te
ad reg's negotia agenda abdidisti, ut huc tuorum ope-
rum fama non perveniat. Sed ad regis negotia internun-
tio uteris Gongylo, Eretriensium scelestissimo, siquidem
hunc habes fidum nuntium, in Græciam vero hæc fama
nuntiavit, et Mnastoridas, quem tu, quum Lacedæmonius
sit et manere velit, teque assiduo Spartanarum legum ad-
monet, contumeliis affecisti et solus proditione frueris.
At considera, miser, qua re Artabazus te iuvare queat
vocatum a Lacedæmoniis aut regis filia viro iam matura.
Atque hæc a nobis scripta molestiora tibi sunto et propter
nos, qui et ipsi exules hæc tibi probra obicimus.

Non tam consolari te nos, Autolyce, mallem quam vera
dicere, tu vero dum vehementer iam Athenienses exilii
nostri pœnitere scribis, videris mihi solatium afferre magis
quam vera dicere. Nam plebem qui mea caussa fallunt,
adhuc prævalent, neque incidit adhuc opportunitas, qua qui
mali sunt inutiles civitati se præbuerint, simulque sua
opera præstantiores viros eiectos esse declaraverint, ve-
rum in publica felicitate nunc illorum latet vilitas, ma-
neantque, sub quibus ipsi latent, integra, quo civitas se-
cundis rebus gaudeat. Profecto enim satis et auditu
comperta Athenarum felicitate lætamur, etiamsi non e
re nostra esse videatur, si, ex quo eiecti sumus, ipsa
creverit. Fortasse enim et hæc ex nostra provenerit rei-
publicæ gubernatione, ac bene constituta bene progre-

τέραις ἕπεται ἀρχαῖς καὶ εὖ κατασταθέντα εὖ προχω-
ρεῖ, καὶ ἡμεῖς ἴσως ἂν ἑαυτοὺς δικαίως αἰτιώμεθα
ἀνοίξαντας ὁδὸν τοῖς πράγμασιν εὐρεῖαν, δι' ἧς ἂν
οὐκέτι χρῄζοι τοῦ ἄγοντος. σὺ δ', ὦ Αὐτόλυκε, μὴ
ὡς αὐτὸς ἐθέλεις μεταμέλεσθαι Ἀθηναίους, ἀλλ' ὡς
αὐτοὶ ἔχουσιν ἐπίστελλε ἡμῖν, ἔχουσι δ', οἶμαι, καθὰ
ἂν αὐτοὺς τρέπωσιν οἱ ἀεὶ παρόντες, οἳ φανερώτεροι
ἂν ἦσαν τῆς κακίας μὴ φυγόντων ἡμῶν.

ις'. Ἀλκέτᾳ.

Εἰώθεις, ὦ Ἀλκέτα, ἅμα τὴν ἐμὴν ὀδυρόμενος
φυγὴν μακαρίσαι τὴν Παυσανίου τύχην, καὶ πολλά-
κις ἔγραψας σύ γε ὡς ἀποδρᾶσα ἡμῶν ἡ δαίμων ἑαυ-
τὴν προσθείη Παυσανίᾳ. οἴχεταί σοι μετ' αὐτῆς
ἀνὴρ ἐκεῖνος, ὦ Ἀλκέτα· οἴχεται μὲν ἡ ἐφ' Ἑλλησ-
πόντῳ ἀρχὴ τοσαύτη οὖσα, οἴχεται δὲ ὁ πλοῦτος καὶ
τὸ ἄχρι βασιλέως ὄνομα, καὶ οὐδὲ ταφῆναι αὐτῷ τε-
λευτήσαντι ἕτοιμον γέγονεν. οἱ δὲ μάλιστα θαυμά-
σαντες Παυσανίαν νῦν καὶ τοῦ ὀνόματος αὐτοῦ ἀπέ-
χονται πολλῶν τοὺς ἀκουσομένους κακῶν ἀναπλήσον-
τος. ὥστε σοι ὥρα μήτε μακαρίζειν ἔτι τοῦ μεγέθους
Παυσανίαν, μήτε μὴν ὀδύρεσθαι τῆς νῦν καταστροφῆς·
δίκαια γὰρ νῦν δὴ πέπονθε καὶ ἐπαινοῦμεν αὐτοῦ τὴν
τιμωρίαν. καὶ εἰ σφόδρα ἐκπέπληξαι τὸ ἄμετρον τῆς
μεταβολῆς ἐννοούμενος, ἀπολύσομέν σε τῆς ἐκπλή-
ξεως φήσαντες οἷς καὶ ἡμᾶς ἀπέλυσε θάμβους ἀνὴρ
ἐλθὼν ἑλώτης. καὶ μεταβαλλόμενος θαύμαζε, ὅτι
τοιοῦτος ὢν περιῆν ἐκεῖνος καὶ εὐτύχει ποτὲ καὶ χρό-
νου πολλοῦ τῆς προδοσίας ἀπέλαυεν. ἐπώλου Παυ-
σανίας βασιλεῖ τὴν Ἑλλάδα καὶ Μήδους ἐφίλει καὶ
ἐμιμεῖτο, καὶ ἤχθετο ὅτι Ἕλλην εἴη καὶ οὐ τῶν ἐπὶ
τὴν Ἑλλάδα ἐλθόντων. καὶ ἐπεὶ ἐδόκει ἀπολελογῆ-
σθαι τῷ ἐν Πλαταιαῖς ἔργῳ μὴ κακὸς εἶναι, πιστεύε-
ται τὴν ἐφ' Ἑλλησπόντῳ στρατηγίαν. καὶ αὐτίκα
διὰ τῆς στρατηγίας ἀπελογεῖτο Μήδοις ὅτι οὐδ' ἐν
Πλαταιαῖς ἑκὼν ἀγαθὸς ἐγένετο· ποιήγιν δὲ ἐκείνου τοῦ
ἔργου ἀντεδίδου τὴν Ἑλλάδα αὐτοῖς καὶ Ἀρταβάζῳ
συνετίθετο ὄντι σατράπῃ βασιλέως ἐπὶ τοῖς πρὸς θα-
θάσσῃ ἔθνεσιν, αὐτῷ τε βασιλεῖ ταῦτα ἤγγελλε καὶ
αὐτὸς ἤδη Μῆδος ἦν καὶ γνώμῃ καὶ διαίταις, καὶ οὐδὲ
ἡ ἐσθὴς αὐτὸν ἔτι Ἕλληνα ἐποίει. ταῦτα δ', ὥς που
καὶ αὐτὸς ἔγνωκας, ὀλίγη τὸ πρῶτον εἰς Λακεδαιμο-
νίους ἐκόμισεν ἀγγελία, καὶ αὐτίκα ἐκίνησε μέν, καί-
περ ὀλίγη οὖσα, πλέον δ' οὐδέν· ἐπεὶ δὲ μετεκλήθη,
ἀπέτισε Παυσανίας καὶ ἀφαιρεθεὶς τὴν ἀρχὴν ἰδιώτης
ἀντὶ στρατηγοῦ γίνεται. εὐθὺς γὰρ εἰς τὴν Ἀσίαν κομι-
σθεὶς καὶ ὀργῇ τε καὶ ἀμύνῃ φέρων τὴν ἀφαίρεσιν τῆς
στρατηγίας θερμότερον ἥπτετο τῶν πραγμάτων. κρύφ-
φα δὲ ἀκμὴν ἔπρασσεν, οὐκ αἰσχυνόμενος ἐπ' αὐτοῖς
εἰ μὴ λανθάνοι, ἀλλὰ φοβούμενος μὴ ἐκπέσοι ἀποτυ-
χεῖν. αὐτίκα γὰρ ἅπασαν συνθεὶς τὴν προδοσίαν
ἔμελλεν ἀναφανδὸν μεταστήσεσθαι πρὸς βασιλέα. τὸ
δ' οὖν μηχάνημα τῆς κρυφίου διαπέμψεως τοιοῦτον

diuntur, nec immerito fortasse nos ipsos accusabimus,
qui viam civitati amplam aperuerimus, in qua non amplius
esset opus duce. Tu vero, Autolyce, non quo modo
velis Athenienses pænitere, sed quo ipsi sint animo nobis
scribe, sunt autem opinor eo, ad quem inducunt eos qui
præsto ipsis sunt, quorum apertior esset nequitia, si non
ipsi nos exularemus.

Solebas, Alceta, quum meum exilium lugebas, simul.
et Pausaniæ fortunam beatam prædicare, et sæpe nu-
mero scripsisti tu quidem, nobis relictis ad Pausaniam
hanc deam transiisse. Periit vir ille tibi, Alceta, cum
ipsa, periit quæ tam ampla fuit præfectura Hellesponti,
periere opes et quod ad regis aures usque pertinuit no-
men, et ne mortuo quidem in promptu fuit sepultura.
Qui vero maxime admirati sunt Pausaniam, nunc maxime
vel ab eius nomine proferendo abstinent, quasi multis
audituros malis affecturo. Itaque tibi iam tempus est,
ut Pausaniam et ob magnitudinem beatum prædicare de-
sinas, neque ob exitum quem nunc invenit lugeas : iusta
enim nunc demum passus est , laudamusque supplicium
ei irrogatum. Quod si vehementer immodicam muta-
tionem considerans obstupescis , liberabimus te stupore
enarrantes ea, quibus indicatis nos quoque vir helotes
stupore liberavit. Itaque mutata sententia admirare, huius
modi virum vitam egisse et floruisse tamque diu prodit'one
fruitum esse. Vendebat Pausanias regi Græciam, Medos-
que amabat et æmulabatur, et moleste ferebat se Græ-
cum esse, neque eorum ex numero qui Græciam adorti
sunt. Et quoniam certamine ad Plateas commisso ab
improbitatis crimine sese defendere videbatur , Helles-
ponti præfectura ei concredebatur, atque hac adminis-
tranda statim Medis probabat, neque ad Platæas se
sponte bonum virum præstitisse, illudque certamen
Græcia ipsis prodenda redimebat, et iuncto fœdere cum
Artabazo, maritimarum gentium regi satrapa, ipse regi
hæc renuntiabat et ipse iam animo et vivendi ratione
Medus erat, ac ne vestis quidem Græcum eum adhuc
esse ostendebat. Hæc, ut tu quoque nosti, levis initio
fama ad Lacedæmonios pertulit, et statim conturbavit
illa quidem, tametsi levis , sed præterea nihil : sed post-
quam revocatus est Pausanias , pœnas dedit et abrogato
magistratu, qui dux erat, privatus factus est. Statim ita-
que in Asiam delatus atque ob abrogatum imperium ira
repletus et ulciscendi cupiditate iam calidiora consilia
capiebat, clam tamen adhuc agebat , non pudore motus
si non lateret, sed veritus ne res, si emanasset, secus ca-
deret : protinus enim parata proditione palam erat ad

48.

αὐτῷ κατεσκεύαστο, ὑφ' οὗ δὴ μάλιστα καὶ ἐσώθη
χρόνον τινὰ· καὶ αὖθις ἀπώλετο. ἄγγελον τὸν ἀεὶ
πεμπόμενον ὑπὸ Παυσανίου θάνατος παρὰ Ἀρταβάζῳ
ἐδέχετο· ἐπέστελλε γὰρ δὴ Παυσανίας οὐδενὸς ἀμελέ-
στερον τῶν τῆς προδοσίας καταχτείνειν τὸν ἄγγελον,
ὡς μηδαμῇ λόγος σωθείη τῶν ὑπ' αὐτοῦ πρασσομένων.
καὶ αὐτῷ ἄχρι μὲν τριῶν καὶ τεσσάρων ἀπωλείας ἀγγέ-
λων τὸ μηχάνημα εὐτύχει, ἐν τῷ πέμπτῳ δὲ ἔστη λανθά-
νουσα ἡ ἐπιχείρησις· δέος γὰρ ἔλαβε τοὺς ὑπηρετοῦν-
τας τοῦ Παυσανίου καὶ μᾶλλον τὸ μηδένα ἀπονοστῆσαι
τῶν πεμπομένων φοβερωτέρα μήνυσις ἐγένετο τοῖς
μήπω ἀπεσταλμένοις.   καὶ ἐπεὶ τὸ δεύτερον κληθεὶς
εἰς Λακεδαίμονα ἀφίκετο Παυσανίας, καὶ μᾶλλον,
ὅτε ἐν αἰτίαις ὧν ἔπεμπε πρὸς βασιλέα ἀγγέλους,
ἔδεισεν ὁ τελευταῖος τῶν πεμπομένων καὶ ἐν νῷ βάλ-
λεται τὴν ἑαυτοῦ ἀπώλειαν, καὶ πρὶν μαθεῖν οὐκ ἀξιῶν
αὐτῷ τῷ φόβῳ πιστεύειν, ἀπομάσσεται τὴν σφραγῖδα
τοῦ Παυσανίου, ὅπως ἔχοι σημήνασθαι ψευσθείς.
λύσας δὲ τὰς ἐπιστολὰς καὶ τὰ πολλὰ περὶ καταδου-
λώσεως τῶν Ἑλλήνων καὶ ἔσχατον περὶ τῆς ἑαυτοῦ
ἀπωλείας ἀναγνοὺς φέρων ἐπιδείκνυσι τοῖς ἐφόροις.
οἱ δὲ τοῖς γράμμασι καὶ τοῖς ἄλλοις κατὰ Παυ-
σανίου λόγοις ποιούμενοι τεκμήριον ἔτι καὶ γυμνὴν
κατανοῆσαι τὴν ἀλήθειαν ἐξειργάσαντο. καὶ καθί-
ζουσι τὸν ἄνθρωπον ὡς ἱκέτην ἄγοντες παρὰ Ταίναρον,
ἄνδρας ἐξ αὑτῶν κρύφα ἀποστείλαντες. ὡς δ' ἀφικό-
μενος ὁ Παυσανίας ἐξήταζεν ὑφ' ἧς αἰτίας ἱκέτης
γέγονεν ὃν αὐτὸς ἄγγελον εἰς τὴν Ἀσίαν ἐπεπόμπει,
αὐτίκα δ' ἄνθρωπος μάρτυρά τε αὐτὸν ποιεῖται Παυ-
σανίαν οὐδὲν παρ' αὐτῷ θανάτου ποτὲ ἄξιον ἐργάσα-
σθαι, προὔφερέ τε ὡς ἀπεστέλλετο ἀπολούμενος.
καὶ τῆς μὲν τῶν Ἑλλήνων δουλώσεως ὀλίγον ἑαυτῷ
μέλειν ἔφασκεν (οὐδὲ γὰρ νῦν ἀδεῶς ἐλεύθερον εἶναι),
ἑαυτὸν δὲ πρότερον ἀπολελύσθαι ἠξίου.   Παυσανίας
δὲ πιστοῦταί τε αὐτὸν περὶ τῆς ἀπωλείας καὶ κατά-
σχειν ἅπερ ἔγνω δεηθεὶς ἀναστήσας εἰς Λακεδαίμονα
ᾔει, καὶ εἵποντο οἱ ἄνδρες οὐδενὸς ἀνήκοοι γεγονότες.
ὡς δὲ τάχιστα πάντες οἱ ἔφοροι ταῦτα μαθόντες ἐφάνη-
σαν αὐτὸν συλληψόμενοι, φθάνει εἰσπεσὼν εἰς τὸ ἱερὸν
τῆς Χαλκιοίκου Ἀθηνᾶς καὶ ἱκέτης ἔν τινι οἴκῳ τοῦ
τεμένους· ἐκτέθειτο, οἱ δὲ ἀνοικοδομήσαντες τὴν εἴσο-
δον καὶ ὀφελόντες τὴν ὀροφὴν τοῦ οἴκου ὑπὸ ἐνδείας
αὐτῷ παρέσχον ἱκέτῃ μένοντι ἀπολέσθαι, καὶ ἐπεὶ
ἀποψύχοντα ἔγνωσαν, ἐξεκόμισαν ἔτι τεμένους καὶ ἐν
βουλῇ ἦσαν εἴτε δοῖεν αὐτῷ ταφῆναι εἴτε μή. τοιαῦτα,
ὦ Ἀλκέτα, τὰ τῆς εὐτυχίας πέρατα Παυσανίαν κα-
τέλαβε, καί σοι ἀποδέδωκα πάντα τὸν λόγον τοῦ εἱ-
λώτου ἀνδρός.   καὶ μηκέτι ἡμᾶς ὀδύρου τῆς φυγῆς·
τρισόλβιοι γὰρ ἡμεῖς ἄρα, οἳ φθόνῳ ἐμετρήθημεν καὶ
οὐκ ἐλάσσονες φθόνου ἐγενόμεθα, ἀλλὰ τὴν ἀρετὴν
τῶν παρόντων ἔχομεν αἰτιᾶσθαι καὶ τοῦ πέρατος οὗ
ἐτύχομεν τῆς ἐν δημοκρατίᾳ εὐπραγίας.   ἀλλ' εἴ που
ἄρα αὐτοῖς, ὅτι καὶ ταπεινοὶ ἤδη γεγόναμεν, ἔλεος
καὶ μεταμέλεια τὸ πάθος ἀντὶ φθόνου γίγνεται, μαν-

regem transiturus. Clandestinæ igitur missionis artificium
tale sibi paraverat, quo maxime per aliquod tempus salvus
evasit, deinde vero interiit.   Nuntium quemque a Pau-
sania missum apud Artabazum mors excepit : mandabat
enim, non minore adhibita ad hoc quam ad universam
proditionem diligentia, ut nuntium interficeret, ne quod
alicubi superesset indicium corum, quæ ab ipso age-
bantur.   Atque in tribus et quattuor necis nuntiis
hoc artificium ei prospere succedebat, in quinto vero
latere insidiæ desinebant.   Timor enim Pausaniæ minis-
tros subiit, et magis, quod missorum nuntiorum nullus
revertisset, formidolosum indicium fiebat nondum missis.
Quare quum iterum vocatus Pausanias Lacedæmonem
venisset, magisque ut reus factus ad regem nuntios
mitteret, extimuit is quem postremum mittebat.   Hic
igitur imminentem sibi animo volvit interitum, ac nolens,
antequam certo sciat, periculo se committere, sigillum
exprimit Pausaniæ, ut obsignare possit, si opinio ipsum
fefellisset, resignatioque epistolis, quum ibi complura
legisset de Græcis in servitutem redigendis et postremo
quædam de se ipso occidendo, statim ostendit ephoris.
Qui quum his ex litteris atque ex reliquis qui ferebantur
in Pausaniam sermonibus argumentum nacti essent, ut
ipsa quoque veritas nuda prostaret effecerunt. Considere
iusserunt hominem tanquam supplicem in Tænaro, viris
clam nonnullis ex se ipsis missis.   Iam quum Pau-
sanias caussam exploraret, ob quam supplex esset, quem
ipse nuntium in Asiam misisset, statim ille Pausaniam
ipsum obtestatur, nihil se unquam apud illum morte
dignum commisisse, simulque quod ad necem missus
esset obiciebat, et Græcos quidem subiugandos aiebat
parum se curare : neque nunc enim tuto esse liberum ;
se ipsum vero liberari antea rogabat.   Pausanias autem
de nece fide data confirmatum rogatumque, ut quæ
sciret secum haberet, erigebat, ipsumque Lacedæmonem
revertentem auditis omnibus illi s quebantur. Quæ quum
cognovissent ephori omnes, statim comprehendere eum
decrevere, ille vero perspectis insidiis in Chalciœcæ
Minervæ sacrum confugit et supplex in quodam templi
conclavi considebat. Tum illi obstructis ædis valvis tec-
tumque demoliti fame incluso supplici mortem attulere.
Quumque iam semianimem cognovissent, de templo ex-
tulerunt et terræ corpus redderent an non consiliati
sunt.   Hic fuit, Alceta, felicitatis Pausaniæ exitus.
Narravi tibi omnia, quæ a viro helote illo accepi. Quare
noli nos exules amplius lugere : ter enim felices nos,
quos invidiæ trutina pensavit quique non indigni invidia
habiti sunt. Sed in virtute causa conferenda est,
cur hoc in statu simus ac talem in administranda repu-
blica finem prosperitas nostra consequuta sit.   At si
forte illis, quod miseri iam sumus, in misericordiam et
pœnitentiam mutata fuerit invidia, simul atque cogno-

Θάνων ἐπίστελλε, ὦ Ἀλκέτα, καὶ τάχα ἂν ἤδη καὶ
Αὐτολύκῳ ταὐτὰ ἐπιστέλλοντι πειθοίμεθα.

ιζ΄ Νικίᾳ καὶ Μελεάγρῳ

Ἀφίγμεθα εἰς τὴν Κέρκυραν, ὥσπερ καὶ ἀναγόμε-
νοι διεγνώκειμεν, ὅ τε πλοῦς εὐπετὴς ἡμῖν ἐγένετο
καὶ πολὺ ἀφεῖλεν οὗ ἐπὶ Κυλλήνης κατεσχέθημεν
χρόνου. καὶ ἔτι τὴν τε ναῦν εὐθὺς ὑμῖν ἀπέπεμψα καὶ
τοὺς πλείους τῶν οἰκετῶν, ὡς ἂν μὴ βαρύτερόν που
διάγωμεν ἢ φυγάσι πρέπειν οἰόμεθα. Κερκυραῖοι
δὲ οὐκ οἶδ᾽ ὅπως ἔχοντες διαδύονται· μεμνῆσθαι μὲν
γὰρ τῆς ἡμετέρας ὁμολογοῦσιν εὐεργεσίας καὶ ὀφεί-
λειν χάριτας οὐδαμῶς ἀρνοῦνται, καιρῷ δὲ αὐτὰς οὐκ
ἀγαθῷ ἀπαιτεῖσθαί φασιν αὐτοὶ γὰρ ἀσθενέστεροι τῶν
ἡμᾶς διωκόντων εἶναι· ἀξιοῦσι δὲ μὴ σφᾶς ἀντὶ τῆς
εἰς ἕνα εὐχαριστίας ἅπαντας διαφθαρῆναι ἀναγκάσαι,
μηδ᾽ ὀνήσαντα τῇ εὐεργεσίᾳ ἀπολέσαι τῇ ἀμοιβῇ·
ὥστε εὐπρεπῶς ἡμᾶς ἀποπέμπονται, καὶ δέδια μὴ
μακροτέρας ταῦτα ἀρχὴ γένηται φυγῆς.

ιη΄ Ἀριστείδῃ

Τὴν μὲν ἔχθραν ἡμῶν τὸ ἀνόμοιον τῆς τύχης ἤδη
λέλυκε καὶ ἀσθένεια ἡ ἐγγορεύει φυγάσι, σὺ δὲ τοῦτο
καὶ ὑπερῆρας, ὦ Ἀριστείδη, καὶ εὐεργεσίας κατῆρξω
παρ᾽ ἐλπίδας εἰς ἀτυχοῦντας ἡμᾶς, καὶ οὐδὲ τοῦθ᾽
ἡμῖν ἐνέλιπεν εἰς τὸ μηδὲν ὧν προσεδοκήσαμεν γε-
νέναι. καί σοι οὐδὲν ἀπόλωλε τῆς ἐπὶ τούτοις χάρι-
τος· καὶ εἰ μὴ κατορθῶσαι ἴσχυσας, ἀλλὰ καὶ πλείονος
ἀρετῆς ἐξ οὗ προθυμίας εἰσυπερεδει αὐτὴν ἐσώθημεν
ᾐσθήμεθα ὅτι καὶ πρὸς οὕτως ἔχοντας Ἀθηναίους
ἐμοχέσω. περὶ δὲ τῆς φερούσης ἡμᾶς νῦν φυγῆς,
ὡς ἀντὶ μειζόνων αὐτῆς κακῶν κακόν γε καὶ αὐτὴν
οὖσαν ᾑρήμεθα, πῶς οὐχὶ καὶ σοὶ ταὐτὰ δόξει;
αὖθις καὶ Πολύγνωτος ἐπέστειλεν ἡμῖν· καὶ αὐτὸς
γὰρ τὸ φεύγειν κατὰ τάχος ὡς ἀπὸ τιμωρίας ἑτοίμης
παρεκελεύετο. καὶ οὐκ ἐδόκει μοι τούτου οὐκ ἂν γε-
νομένου εἰ μένοιμεν ἁμαρτάνειν Ἀθηναῖοι γὰρ
ἦγον ἐπὶ τὸ κοινὸν δικαστήριον τῶν Ἑλλήνων, ὅπου
πολὺ πλέον γε τὸ Δωρικὸν τοῦ Ἰωνικοῦ. καὶ τὸ
μὲν πλέον ἔμελλεν ἐναντίον γίγνεσθαι, τὸ δὲ ἔλασ-
σον ἀνωφελές, καὶ αὐτὸ δὲ οὐ φίλον ἦν τὸ ὑπηργμέ-
νον ὥστε εἰκότως ἂν ἡμᾶς τὸ ἄλλο ἅπαν δέξαιτο
ἀνθρώπων γένος, εἴτε βαρβάρων εἴτε Ἑλλήνων τύ-
χοι, παρ᾽ οἷς δυνήσεται ἡμᾶς καὶ ταῦτ᾽, ἐφ᾽ οἷς διω-
κόμεθα, ὠφελεῖν

ιθ΄ Ἀνταγόρᾳ

Ἐπηγγέλλεσθέ μοι πολλάκις, ὦ Ἀνταγόρα, σὺ
καὶ Αὐτόλυκος, ῥᾳδίως ἡμᾶς τοῦ ἐξοστρακισμοῦ ἀπο-
λύσειν· μαχεῖσθαι γὰρ τῷ ἐχθρῷ ἡμῶν Ἀριστείδῃ
ἐλέγετε καὶ πρὸς τὰ ἐναντία τὸ πλῆθος ἢ ἐκείνος
ἄξειν, καὶ ἤδη αὐτὸν ἔλασσον φέρεσθαι μὴ ἐθέλοντα

---

veris, Alceta, ad nos scribe, ac fortasse iam et Autolyco
habebimus eadem scribenti fidem

Pervenimus Corcyram, ut et solventes constituimus,
navigatio autem nobis fuit facilis, quæque plurimum
temporis Cyllene consumpti compensaret Ceterum
navem statim vobis remisi et servorum plurimos, ne
cui plus molestiæ afferamus quam exules decere arbitra-
mur Corcyræi vero quo sint erga nos animo nescio
Fatentur enim nostrorum quidem beneficiorum sese
meminisse, nec gratias se debere omnino infitiantur, sed
aiunt eas non opportune exigi se ipsos enim eis, qui
nos petant, esse infirmiores Rogant igitur, ne se ob
gratias uni debitas cogamus totam rempublicam periculo
committere, nec ob lucrum ex nostro beneficio susceptum
in remunerando interire Itaque speciose nos repellunt,
et vereor ne hoc longioris exilii sit initium

Inimicitias nostras fortunæ dissimilitudo iam extin-
xit imbecillitas, quæ subnascitur exulibus, tu vero hoc
etiam plus egisti et beneficia sponte præter expecta-
tionem in nos miseros contulisti, ut ne hoc quidem
desit ad explenda ea, quæ nunquam fore speravimus
Quare integra tibi, quæ ob hæc debetur, servatur gra-
tia, licet perlicere non potueris, immo maiorem etiam,
quam si, quod oportebat, opera tua servati essemus,
pro voluntate tua gratiam habebo, quod cum Athenien-
sibus ita etiam animatis pugnavisti De nostro autem
exilio, in quo nunc sumus, quod ipsum etsi malum ad
evitanda tamen maiora mala elegerimus, qui fieri possit
ut non idem sentias? Iterum et Polygnotus ad nos
scripsit ipse enim ut ab imminente pœna nos quam
celerrime in fugam coniceremus hortabatur, nec videba-
tur mihi a vero aberrare Namque Athenienses nos ad
commune Græcorum iudicium vocabant, in quo Dorien-
ses multo sunt plures quam Iones Et maior quidem
pars nos damnatura erat, minor vero nihil profectura,
neque grati ipsi, a quibus auxilium exspectarem Quare
quodlibet aliud genus hominum sive barbarorum sive
Græcorum nos excipiet, apud quos hæc ipsa quoque, quæ
crimini nobis dantur, prodesse nobis poterunt

Polliciti sæpe numero mihi estis tu, Antagora, et Auto-
lycus, facile nos exilio liberaturos pugnaturos enim
dicebatis cum Aristide inimico nostro ad plebem in
contrariam quam ille partem distracturos, iamque
ipsum auctoritate inferiorem esse, quod nolit remit-

ἀνεῖναι τῆς ἔχθρας. Ἀριστείδης δ' ἡμῖν Ἀνταγόρας γέγονε καὶ Ἀριστείδης Αὐτόλυκος, καὶ οὐδενὸς ἂν τῶν κακῶν μετέσχομεν, ὧν ἐμέλλομέν τε καὶ ἤδη μετέχομεν, εἴπερ ἡμῖν τοιοῦτοι τρεῖς ἢ τέσσαρες ἐγένεσθε ἐν Ἀθήναις φίλοι ὁποῖος Ἀριστείδης ἐχθρὸς εἷς, μᾶλλον δὲ εἰ καὶ ἐπείσθητε ἡμῶν τῷ ἐχθρῷ. νῦν δὲ διὰ τίνας μᾶλλον, ὦ Ἀνταγόρα, φεύγομεν ἢ δι' ὑμᾶς; οὐ γὰρ διὰ τοὺς ἐχθρούς γε ἀλλοτινὶ κατεργόμεθα ἀγγεῖλαι. ἀλλὰ νικήσατε, ὦ φίλοι, καὶ φεύγομεν οὐδένα οὐδαμοῦ αἰτιατόμενοι, καὶ εἰ τὰ οἴκτιστα πεισόμεθα.

κ'. Πολυγνώτῳ.

Ταῦτ' ἔστιν, ὦ Πολύγνωτε, τὰ συμβάντα ἡμῖν μετὰ τὴν ἐξ Ἄργους φυγήν, ἃ παρεκάλεις γραφῆναί σοι καὶ ἐγὼ γέγραφα. τοῦ γὰρ ἀγγέλου κατὰ σπουδὴν ἐλθόντος, ὅνπερ ἔστειλας ἡμῖν τά τε ἄλλα καὶ φεύγειν ἀγγελοῦντα, ἄρας αὐτίκα ἀπ' Ἄργους (συνήραντο δέ μοι καὶ τῶν ξένων Νικίας καὶ Μελέαγρος) κατῆλθον ἐπὶ Κυλλήνην τὸ Ἠλείων ἐπίνειον. ἐκεῖθι δὲ ἐκινδυνεύσαμεν ὑπὸ χειμῶνος ἀναμεῖναι τοὺς διώκοντας ἡμᾶς· πλεῖν γὰρ ἐπὶ Κέρκυραν ὡρμημένοι, χάριτος ἡμῖν ἐς Κερκυραίους προϋπηργμένης, τρεῖς ὅλας κατειχόμεθ' ἡμέρας, καὶ οὐκ ἐδόκει ὅτι φεύγομεν ἔτι Λακεδαιμονίοις ἄδηλον εἶναι. τετάρτῃ δὲ ἡμέρᾳ πλοῦς σφόδρα ἀγαθὸς ἡμῖν γίγνεται, κἀγὼ τοὺς μὲν ξένους ἀπέλυσα ἐπαινέσας (ἔτι γὰρ ἡμῖν καὶ πορρωτέρω ἠξίουν συμφεύγειν), νῆα δέ, ἣν παρέσχοντό μοι, ἀφεὶς ἐπὶ Κέρκυραν εὐπετῶς διεκομίσθην. Κερκυραῖοι δὲ οὐκ εὐχάριστοι μᾶλλον ἢ ἀκίνδυνοι ἐδούλοντο εἶναι καὶ ἀμοιβὴν ὧν εὐεργέτουντο ἀπαιτούμενοι εὐεργεσίαν ᾐτοῦντο μὴ ἐπὶ Κέρκυρα τὴν φυγὴν καταλύειν, ὥστε ἡμῖν ὅ τι δράσωμεν ἀπόρει ἡ γνώμη. ἤδη δὲ καὶ τὴν ναῦν τοῖς ξένοις ἀπεπεπόμφειν τοῖς Ἀργείοις, οἴχεται τέ μοι ἐλάσσονες ὧν ἀπέλυσα ἐλείποντο. ἐπεὶ δὲ Κερκυραῖοι καὶ τραχύτερα ἤδη ἐφθέγγοντο καὶ προδώσειν ἐῴκεσαν πολὺ μᾶλλον ἢ μαχεῖσθαι ὑπὲρ ἡμῶν, ἔγνων ἐπὶ Σικελίαν τε καὶ πρὸς Γέλωνα πλεῖν. Γέλων γὰρ δὴ τότε Συρηκοσίων ἐμονάρχει καὶ ᾔρητο οὐ παρέργως ἡμῶν καὶ οὐκ ἔμελλεν Ἀθηναίοις πεισθήσεσθαι. νῆα δὴ σκέπτομαι ἀνδρῶν Λευκαδίων, οἳ τῇ ἐπιούσῃ ἡμέρᾳ ἔμελλον εἰς τὸ Αὐσόνιον ἐμβάλλειν. καί με ἀπέστρεψεν κομισθεῖσα ἀγγελία· ἐτεθνήκει γὰρ ἤδη Γέλων καὶ πολλὴ περιειστήκει ταραχὴ Ἱέρωνα τὸν ἀδελφὸν αὐτοῦ ἄρτι εἰς τὴν μοναρχίαν καθιστάμενον, καὶ ἐγώ, ὥσπερ εἶχον, τῇ αὐτῇ νηὶ ἐπί τε Ἤπειρον πλέω, καὶ ἀποβὰς εἰς Μολοσσοὺς ἔρχομαι καὶ ἐπὶ τῇ ἑστίᾳ τῇ Ἀδμήτου ἐκαθεζόμην. Ἀδμήτῳ δὲ τότε ὑπήκουε τὸ Μολοσσῶν ἔθνος, καὶ ἐδόκει μάλιστα αὐτῷ δι' εὐσέβειαν ἡ βασιλεία ηὐξῆσθαι, καὶ οὐκ ἐφαίνετο περιόψεσθαι ἡμᾶς ἱκέτας γενομένους. τῶν δ' Ἀθηναίων καὶ Λακεδαιμονίων οἱ πεμφθέντες ὅπως βίᾳ πάντοθέν

tere inimicitiam. Aristides nobis evasit Antagoras et Aristides Autolycus. Certe in malis, quæ partim passuri sumus partim iamiam patimur, non essemus, si tres aut quattuor Athenis amici tales mihi fuissetis, qualis inimicus Aristides est, vel potius si nostrum audissetis inimicum. Nunc vero, Antagora, exilii nostri quinam maxime auctores fiunt? Vos estis : per inimicos enim non stetit quin iam dudum in patriam rediremus. Sed vincite vos, amici, nosque exulantes, etiamsi miserrima quæque patiamur, in nullum unquam culpam conferemus.

XX. Polygnòto.

Quæ nobis obtigerunt, Polygnote, postquam Argis profugimus, et scribi ad te iussisti, hæc sunt, quæ iam scribo. Scilicet quum ea qua par est celeritate venisset nuntius, quem scribis misisti quum de aliis cum de fuga admonentem, Argis sine mora relictis (simul ex hóspitibus Nicias et Meleager me prosequuti sunt) Cyllenem deveni portum Eleorum. Parum ibi abfuit quin insequentes nos exspectaremus propter tempestatem : Corcyram enim tendentes, quippe Corcyræis nobis collato in ipsos olim beneficio devinctis, tres integros dies retinebamur, nec Lacedæmonios fuga nostra adhuc latere posse videbatur. Verum quarto die perquam secunda nobis accidit navigatio. Et hospites quidem cum gratiarum actione dimisi, volebant enim et ultra nos fugientes prosequi, navi vero, quam mihi dederant, Corcyram celeriter sum devectus. Corcyræi vero non tam grati quam securi volebant esse, nobisque referendam pro beneficiis gratiam exigentibus vicissim beneficii loco postulabant, ne Corcyræ exilii statueremus exitum. Itaque quid facerem suspensus eram animi; iam enim et navem remiseram hospitibus Argivis et servi mihi pauciores supererant quam quos missos feceram. Sed quum Corcyræi asperius iam loqui cœpissent multoque magis proditurj quam pro nobis pugnaturi viderentur, in Siciliam constituebam ad Gelonem navigare. Scilicet Gelo Syracusanis imperabat et haud mediocriter nos colebat nec erat Athenienses auditurus. Quare navem hominum Leucadiorum exploro ac postridie Ausonio mari me eram commissurus. Sed allatus nuntius a proposito me avocavit : Gelo enim iam decesserat et frater eius Hiero in regnum succedens magnis turbis iactabatur. Protinus itaque eadem navi vehor in Epirum et egressus ad Molossos venio atque ad focum Admeti considebam. Admeto tunc parebat Molossorum gens videbaturque auctum ei regnum ob pietatem maxime et aperte nos supplices non erat neglecturas. Postero die appellentes ad Molossos advenere Atheniensium et Lacedæmoniorum,

τε ἀγάγωσι, τῇ ἐπιούσῃ ἡμέρᾳ καταπλεύσαντες ἐς
Μολοσσοὺς ἀφικνοῦνται, καὶ καταλαβόντες με αὐτόθι
χάρησαν καὶ ἄξειν προύλεγον, καταστάντες τε Ἀδ-
μήτῳ τοιαῦτα ἔλεγον. « προδότην, ὦ Ἄδμητε,
λάνθανες οἴκῳ τε τῷ σῷ καὶ ἑστίᾳ δεξάμενος οὗτος
ἐ ἧσσον οὐδὲν ἢ σὲ καὶ Μολοσσοὺς προεδίδου, καὶ
ἐκατώρθωσεν, ἡμεῖς, ὦ Ἄδμητε, ἱκέται τῆς Μήδων
γενοίμεθ᾽ ἂν ἑστίας; οὗτος δ᾽ ἂν ἴσως καὶ ἀντὶ σοῦ
βασιλεὺς Θεσπρωτῶν. νῦν δὲ ἄδικοι ἄρτι ἐς Παυ-
σανίαν ἐγενόμεθα· τῶν γὰρ αὐτῶν ἕνεκα βουλευμά-
ων ὁ μὲν τετιμώρηται ἤδη, ὃ δὲ σεσῶσθαι προσδοκᾷ
αἱ σὲ τοῦ ἀδίκου βοηθὸν ποιεῖται, Παυσανίᾳ δὲ
υδ᾽ ἡ Χαλκίοικος ἐπήρκεσεν. ἀλλὰ τοῦτον μὲν ἀνί-
τασθαι κέλευε καὶ παυσάσθω γε διαβάλλων καὶ τὴν
ἡν μιαίνων ἑστίαν, φίλοι δέ σοι ἔστωσαν Ἀθηναῖοι
αἱ Λακεδαιμόνιοι ἀνθ᾽ ἑνὸς προδότου καὶ φυγάδος »
αὖτα εἰποῦσιν αὐτοῖς ἐγὼ ἔμελλον ἀντιλέγειν ὑφ᾽
ιν ᾤμην αἰσχυνθέντας αὐτοὺς ἀπελαθήσεσθαι, ἀλλὰ
θάνει Ἄδμητος εἰπὼν « οὗτος μὲν ὁ καιρός, ὦ
Ἀθηναῖοι καὶ Λακεδαιμόνιοι, τὴν ἱκετείαν μόνον τὴν
Θεμιστοκλέους δικάσει· εἰ δὲ καὶ τὴν προδοσίαν
δίκαζον μήτε Ἀθηναίους μήτε Λακεδαιμονίους εὖ
οἰῶν, ἀπέλυον ἂν Θεμιστοκλέα. καί μοι ταῦτ᾽ ἔδο-
εν ἂν τήν τε ἐπ᾽ Ἀρτεμισίῳ ναυμαχίαν κελεύειν καὶ
ἡν ἐν Σαλαμῖνι, τήν τε Παυσανίου προδοσίαν, ἥτις
μῖν, κἂν ἐπὶ Θεμιστοκλέα διαιρῆτε αὐτήν, ἀεὶ μό-
ου ἔσται Παυσανίου καὶ ταῦθ᾽ ὑμεῖς τε ἐμὲ ἀγ-
οεῖν ἐδόξατε, ἐγώ τε ὡς ταῦτα ἀγνοῶν τὰ τῆς ἱκετ-
είας δικάζω. ἄνδρα τῆς ἐμῆς ἀψάμενον ἑστίας καὶ
εδιότα μὲν ἀνθρώπους, τοῖς δ᾽ ἐν Ἠπείρῳ θεοῖς πι-
τεύοντα σῶν τε φυλάσσω καὶ ἱκέτην ἀπήμαντον καὶ
ὅλαβῆ, καὶ οὐκ ἀνθρώπων τίσιν ἀπεύχομαι, ἀλλὰ θεοὺς
εδιέναι οὐκ ἀρνοῦμαι, θυσιῶν τε ἡγοῦμαι ἁπασῶν γά-
ιν ἀμείνω εἶναι θεῷ ἱκέτην φυλασσόμενον » οὗτω μὲν
ἢ ἐκεῖνοι κατηφήσαντες ἐκ Μολοσσῶν ἐχώρουν, ἐγὼ
ἐ εἰς Μακεδονίαν ὑπὸ Ἀδμήτου πεμφθεὶς καὶ εἰς
Ἰύδναν ἐλθὼν πρὸς Ἀλέξανδρον Μακεδόνων ἄρχοντα,
ἔμπομαι ὑπ᾽ Ἀλεξάνδρου ἐπὶ τὴν ἐκεῖ θάλασσαν
αἱ ἐπιτυχὼν ὁλκάδος εἰς Ἰωνίαν πλεούσης ἐμβὰς
κομιζόμην ταύτῃ γάρ τοι, βασιλέως δὴ μάλιστα
ισθημένου ὧν εἰργασάμεθα αὐτῶν κακῶν, ῥᾷστα
μέλλομεν εἰ δίκαια πεπόνθαμεν γνώσεσθαι. πλέοντας
᾽ οὐκέθ᾽ ἡμᾶς εὔπλοια ἦγεν, ὑφ᾽ ἧς καὶ ἀναχθῆναι
πείσθημεν, ἀλλ᾽ ἤδη καὶ ἰσχυρῷ χειμῶνι ἐχρώμεθα
αἱ οὐκέθ᾽ ὁ χειμὼν ἐμὲ τοσοῦτον ἐλύπει, ἀλλ᾽
ὅτι ἐπὶ Νάξον κατεφερόμεθα· Νάξον δὲ Ἀθηναῖοι
ὅτε ἐπόρθουν, καὶ ἐπὶ τὸ στρατόπεδον αὐτῶν κατε-
πλεύσαμεν ἐγὼ δὲ ἐν πολλῇ ἀμηχανίᾳ ἐκείμην
αἱ ἤδη ἐνόμιζον ἱκετείας τε ἀνωφελεῖς ἱκετεῦσαι καὶ
ἱλεθρίου ἅψασθαι φυγῆς ἀκμητὶ γὰρ ἔμελλον ἁλώσε-
σθαι Ἀθηναίοις πρὸς τοὺς διώκοντας ὁ φεύγων ἐληλυ-
θώς. ἀλλ᾽ ἐπὶ τοῖς τοῖς μὲν ἐν τῇ νηὶ ἀγνὼς ἅπασιν
ἵναι ἐδόκουν, τοῖς δὲ ἐν τῷ στρατοπέδῳ ἐπιγνωσθῆ-
αι ᾽δεδίειν, οὐκ ἐξέλιπον τὴν ναῦν, οἱ σύμπλοι δ᾽

qui ad me vi undecunque abducendum nissi erant Ii
me ibi deprehenso lætati sunt et secum me aiebant ab-
ducturos Admetum igitur adeunt atque hoc modo com-
pellant « Proditorem, Admete, domo et foco inscius ex-
cepisti, qui nihil moliebatur quam ut te et Molossos pro-
deret, et si res ei successisset, nos, Admete, ad Medorum
focum sederemus supplices, hi vero te eiecto regnum
fortasse Thesprotorum occuparet Ita in Pausaniam
iniqui exstitimus nam eorundem consiliorum ergo pœ-
nas iam dedit ille, hic vero evasurum se sperat, teque
iniquitatis adiutorem facit, at Pausaniæ nec Chalcioecus
opem tulit Verum tu hunc iube hinc surgere, ut frau-
des nectere desinat et tuum polluere focum Athenien-
ses autem et Lacedæmonii unius proditoris et exulis
loco amici tibi sint » (5) Contra hæc quum ea essem
ego dicturus, quibus putabam pudore suffusos reiectum
illos iri, antevertit Admetus et « hoc quidem » inquit
« tempore, Athenenses et Lacedæmonii, de supplici
Themistocle tantum agitur, sin vero et de proditore
ageretur, nec Athenensibus nec Lacedæmoniis gratifi-
catus, Themistoclem absolverem Et hoc a me postulare
videntur commissa ad Artemisium et ad Salaminem na-
valia prœlia atque ipsa Pausaniæ proditio, quæ vobis,
quamvis et Themistocli eam communem esse velitis,
semper solius erit Pausaniæ Et hæc vos me ignorare
censetis et ego tanquam ignorans de supplici solum iu-
dico Virum, qui ad focum meum confugit, et homines
quidem timentem, diis vero Epiroticis fretum pro viribus
tutor et suppliteter conservabo incolumem Nec homi-
num vindictam deprecor, verum deos me timere non
nego, et supplicem conservatum cunctis victimis deo
gratius opinor donum » Ita illi capite demisso e
Molossis abierunt, ego vero in Macedoniam ab Admeto
missus et Cydnam profectus ad Alexandrum principem
Macedonum mittor ab Alexandro ad vicinum mare, et
in onerariam incidens navem, quæ in Ioniam navigabat,
ea conscensa vehebar Ita enim, cum Persarum rex
maxime quæ mala ei intulimus persensit, facillime
num iustas penderemus pœnas intellecturi eramus Sed
non secunda nos excepit navigatio, cuius spe a terra
solveramus, verum magna tempestate iactabamur Nec
tamen tempestas tam me affligebat quam quod Naxum
deferebamur Naxus autem tum diripiebatur ab Athe-
niensibus ad quorum castra appropinquavimus Ego
igitur in summam consilii inopiam adductus iam frustra
censebam me supplicem fuisse et perniciosam capessivisse
fugam nullo negotio enim me capturos esse Athenien-
ses in persequentium manus irruentem ultro fugitivum
Sed quoniam omnibus, qui erant in navi, videbar esse
ignotus, timebam autem ne, qui in castris erant, me agnos-
cerent, non relinquebam navem Socus tamen, quibus-

ὕποπτοι ἐγίγνοντο, καί τι κακὸν αὐτοῖς γίγνεσθαι
ἐδόκουν καὶ οὐκ· ἐπιτήδειος εἶναι ἐν τῷ πλεῖν, ὥστε
καὶ ἐκβάλλειν με τῆς νεὼς ἐβούλοντο. ἐν τούτῳ δέ
μοι κινδύνου ἐστῶτι Διοπείθης ἀνὴρ τῶν συμπλεόντων
ἡμῖν, γένος Βαργυλιήτης, καὶ πρότερον ἑνορῶν τέ
μοι πολλάκις καὶ θαυμάζοντι ἐοικὼς ἔτι μᾶλλον τότε
ἐσκέπτετο, καὶ τούτῳ ἰσχυρῶς ὅνπερ ᾤετο αὐτὸς ὢν
ἐφάνην. καί μοι μόνος ἔγγιστα ἐλθὼν ὀλίγῃ τῇ φωνῇ
ἔλεγεν « ἀκλεῶς ἐνυβρίζει σοι τὸ δαιμόνιον, ὦ Θε-
μιστόκλεις, εἴ σοι ἐν μόνῳ τῷ ἀγνοηθῆναι Θεμιστο-
κλεῖ ὄντι τὸ σώζεσθαι κεῖται. ἀλλ' ἔγωγε καὶ ἔ-
γνωκά σε καὶ τοῦτο μάλισθ' ὡς ὀλέθριον δεδιότι σω-
τηρίαν ἴσως ἐργάσομαι. ἐγὼ γάρ τοι εἰμὶ ἐκεῖνος, ὃν
σὺ ἐρρύσω ὅτε με εἰς Ἀρτεμίσιον ἔμπορον καταπλεύ-
σαντα ἀνδρὸς Ἑστιαιέως ἐχθροῦ ἰδίου ἕνεκα ἀποθα-
νεῖν ὡς παρὰ βασιλέως πλέοντα ἠξίουν. σὺ δέ,
ὅπερ ἦν, ἀπιστήσας αὐτοῖς ἔτι καὶ ἐκάκισας τῆς ἐπι-
χειρήσεως, καὶ οὔτε εὖ ἐπεπόνθεις ὑφ' ἡμῶν πρότερον,
οὔτε πείσεσθαι προσεδόκας· ἡγεμὼν γὰρ ἧς βασιλεῖ
ἀντίπαλος καὶ ἄλλοις εὐεργεσίας παρείχου. καὶ ἐγὼ
ἀπεγνώκειν ἐκείνης τῆς χάριτος ἀμείψασθαι Θεμι-
στοκλέα καὶ οὐδὲ ἐβουλόμην· οὐ γάρ σε ὧδε πράξειν
ὥστε καὶ ἡμῶν δεηθῆναι ἠλπίσαμεν. » « ἀλλ' ὦ φέ-
ριστε » ἔφην ἐγώ, « οὐδ' ἐμοὶ τοῦτο νῦν ἀτύχημα γέγο-
νεν, εἰ καὶ ἐπὶ τὸ παρὰ σοῦ λαχεῖν ἀμοιβῆς ἀφῖγμαι
καὶ δύναταί γε ταῦτ' ὠφελεῖν. σὺ δὲ χαῖρέ τέ μοι καὶ
εὐτύχημα ἔσται, εἴ σοι δύναμις ὧδε ἔχει ὥστε σῶσαι
Θεμιστοκλέα. » αὐτίκα οὖν ἄγει τε πρός με τὸν
δεσπότην τῆς νεὼς ἑταῖρον ὄντα αὐτῷ, καὶ κοινωσά-
μενος ἐδεῖτο φεύγειν ἀπὸ τῆς Νάξου κατὰ τάχος· ὁ
δὲ ἠγανάκτει καὶ ὥρμησεν ὡς εἴ χεν ἐξελθὼν μηνύειν
εἰς τὸ στρατόπεδον. καὶ ἐγὼ δεήσει μὲν οὐδεμιᾷ
ἐχρησάμην, ἀπειλὴν δὲ αὐτῷ τίθεμαι ἐρεῖν εἰς Ἀθη-
ναίους ὅτι με οὐκ ἀγνοῶν ἀλλὰ χρήμασι διαφθαρεὶς
σώζει ἐκ τῆς Ἑλλάδος. καὶ ὅ τε ἄνθρωπος ἔδειξε
καὶ μεταβαλόμενος δωρεὰν τοῦ ἔργου ᾔτειτο, ἐγώ
θ' ὑπεσχόμην, καὶ νύκτωρ ἀναχθέντες ἐκομίσθημεν
εἰς Ἔφεσον. ἐκεῖ δὲ Περσῶν τινὰς καταλαμβάνω
φύλακας Καρίας ὑπ' Ἀρταβάζου καθεζομένους· καὶ
Ξέρξη μὲν ἤδη ἐδεῶς εἶχον ὅστις εἴην λέγειν, καὶ τό
τε ὄνομα ἔφραζον καὶ ὡς μέγα ὀνήσων τὸν βασιλέως
οἶκον ἐλήλυθα, οἱ δὲ τήν τε ἐπαγγελίαν τοῦ λόγου
πρὸς Ἀρτάβαζον ἐκόμιζον, ἐμέ τε ἦγον εἰς Φρύγας·
ἦν γὰρ Ἀρτάβαζος ἐν Φρυγίᾳ. ὁ δὲ ἐπεὶ τά τε
ἄλλα ἐξ ἐμοῦ καὶ ὡς διέγνωκα πρὸς βασιλέα βαδίζειν
ᾔσθετο, ἐπήνει τε καὶ ἔπεμπεν εὐθύς, καί μοι ἵππους
δύο καὶ τοὺς ἴσους οἰκέτας δωρεῖται, καὶ τρισκαίδεκα
δὲ ἄλλους Περσῶν συνέπεμψεν, οἷς ἥ τε ὁδὸς καὶ τὰ
ἐπιτήδεια ἔμελεν· αὐτοὶ δὲ καμήλοις ἐχρῶντο. ὁδεύων
δὲ ὄρη μὲν ὀλίγα κοίλην δὲ διῆλθον οὐχ ὑψηλήν,
πεδία δὲ ἐθεασάμην τε καὶ διώδευσα μεγάλα καὶ οὐ-
δαμῇ ἀνώμαλα. ᾠκεῖτο δὲ καὶ εἰργάζετο κάλλιστ'
αὐτῶν τὰ πλεῖστα, ἡ δὲ ἔρημος θηρία τε καὶ ζώων
ἄλλων ἔβοσκεν ἀγέλας. καὶ ποταμοὺς ἔπλευσα πολ-

cum vectus eram, suspicionem hoc movebat, videbarque
eis malum quoddam esse et nequaquam aptus naviga-
tioni, ut me etiam eicere de navi vellent. In hoc dis-
crimine quum essem, Diopithes quidam, unus eorum qui
mecum navigabant, Bargylietes patria, qui iam ante sæpe
numero intuitus in me erat admirantique fuerat similis,
nunc adhuc intentius considerabat, meque illum ipsum,
quem putabat esse, agnovit. Itaque solus ad me
proxime accedens submissa voce « turpiter tibi » inquit
« fortuna, Themistocles, insultat, dum tuam in hoc uno
salutem collocavit, si ignoreris, quum sis Themistocles
et evadere non possis nisi lateas. Ego vero et novi te,
et hoc ipsum licet ut maxime exitiosum timeas, in salu-
tem fortasse tibi convertam. Ego enim ille sum, quem
tu servasti, quum mercator Artemisium delatus propter
hominem quendam Hestiensem privatum inimicum ad
mortem petebar quasi regis explorator. Tu vero nec
accusantibus fidem habuisti, prætereaque et quod me
aggressi sint obiurgasti, quanquam nec ante ullo a nobis
beneficio affectus eras, nec in posterum te in conferen-
dum exspectabas. Dux enim eras regi adversarius et
beneficia in alios conferebas, et ego desperabam fore ut
Themistocli gratiam referrem, ac ne optabam quidem ;
nunquam enim ea fortuna te futurum arbitrabar, ut mea
opera indigeres. » « At nec mecum » inquam ego
« infeliciter nunc agitur, vir optime, si et ad persolven-
dam a te mihi gratiam deveni et hæc mihi prodesse pos-
sunt. Tu vero salve mihi, ac prospera hæc mihi sit for-
tuna, si tantum vales, ut salvum præstes Themistoclem. »
Statim igitur navis dominum ad me perducit, qui socius
ipsius erat, et communicata re rogabat, ut quam celer-
rime Naxo solveret. Ille vero indignabatur et quam
primum in Atheniensium castra delaturus erat. Huc ego
nullis precibus usus Atheniensibus me dicturum minor,
non ignarum, verum pecunia corruptum me de Græco-
rum manibus eripere. Tum metu perculsus homo mu-
tatoque consilio præmium operis postulabat, et ego pro-
mittebam, solventesque noctu Ephesum navigavimus.
Ibi Persas quosdam reperi Cariæ custodes ab Arta-
bazo constitutos. Et Xerxi quidem iam qui essem tuto
poteram aperire, itaque nomen profitebar et venisse me
aiebam multum commodi regis domui allaturus. Illi
promissa ad Artabazum perferebant meque ad Phryges
ducebant ; Artabazus enim erat in Phrygia. Is ex me
quum et cætera audisset et meum de adeundo rege con-
silium, probabat et sine mora deduci iussit. Equos etiam
duos totidemque mancipia dono mihi dedit, ac tredecim
simul alios Persas adiunxit socios, quibus itineris atque
commeatus cura demandata erat. Camelis ii vehebantur.
In itinere paucos traieci montes et valles haud profundas,
planitiemque conspexi atque peragravi magnam et nus-
quam inæqualem. Frequenter plurima eius habitaban-
tur et colebantur loca, deserta feras aliorumque ani-
malium pascebat greges. Flumina etiam traieci multa

λοὺς καὶ ἔθνεσι παντοίοις ἐμίγην. ἤδη δὲ ἀπὸ τῶν
συνόδων καὶ τῆς Περσίδος φωνῆς ἀντελαμβανόμην,
καί με οὐκέτι ἡ ὁδὸς χαλεπῶς ἔτριβεν ὑπὸ τοῦ ἔθους.
καὶ ἥ τε ὁδὸς ἡμῖν ἐτελεύτα, καὶ παρὰ βασιλεῖ, ὅποι-
περ ὡρμώμεθα, ἦμεν. ἐπεὶ δὲ ἐκομίσθη πρὸς αὐτὸν
ἀγγελία παρεῖναι ἐπὶ τὰς θύρας αὐτοῦ Θεμιστοκλέα τὸν
Ἀθηναῖον, ἄγομαί τε ἐγγὺς αὐτοῦ καὶ ἀχθεὶς ἀντικρὺς
τοῦ θρόνου ἀδεῶς εἱστήκειν, ὁ δ' ἠγανάκτει καὶ πα-
ραθεασάμενος ὧδ' ἔλεγεν. « ὦ ξένε Ἀθηναῖε, λόγος μὲν
ἤδη περὶ σοῦ πολὺς ἐν ἡμετέρῳ ἐφέρετο οἴκῳ, καὶ σύ
τε ἅμα καὶ Μῆδων ἢ ἐν Σαλαμῖνι συμφορὰ παντὶ ἀνὰ
στόμα ἦτε. σὺ δὲ λέγοις ἂν πρὸς ἡμᾶς, πῶς θράσος
ἔσχες ὄψει τε ἐμῇ ὀφθῆναι καὶ φωνῆς ἀκοῦσαι. καὶ
σὺ Θεμιστοκλῆς ἐκεῖνος ἐλήλυθας, ὃν Μῆδοι λέγουσιν
αἴτιον ἐμοὶ γενέσθαι καὶ πατρὶ ἐμῷ μὴ ἄρχειν Ἑλλή-
νων; ἀλλ' ἄμεινον μὲν ἐμοὶ ἦν Ἕλληνας ἔχειν ἢ σὲ
τιμωρεῖσθαι, σὺ δὲ τοῦτό γε ἀντ' ἐκείνου παρέσχηται
ἡμῖν, ὥστε σε ἐπαινέσαντες κολάσομεν. » ταῦτ' εἰπόν-
τος αὐτοῦ παρίσταταί μοι ὑπ' ἀνάγκης ἐπαινέσαι τὴν
ἀπάτην, ἣν καιρός τις ποιεῖ ἀγαθήν, χρῶμαί τε αὐτῇ
καὶ ἔλεγον « κόλασιν, ὦ βασιλεῦ, φεύγοντες ἐπὶ σὲ
βοηθὸν ἀφίγμεθα· κολάζειν γὰρ ἡμᾶς ἐμέλλον οἱ Ἕλ-
ληνες ἀντὶ τῆς εἰς πατέρα τὸν σὸν εὐεργεσίας, ὅτι
ὑμῖν φίλα ἐνθυμούμενοι τόν τε ἐπὶ Σαλαμῖνα πλοῦν
κατὰ τάχος ποιεῖσθαι ἠγγείλαμεν, διεστῶτος τότε
καὶ τεταραγμένου τοῦ Ἑλληνικοῦ καὶ μέλλοντος ἐπὶ
Πελοπόννησου φεύγειν καὶ καιρὸν χρηστὸν ἐπιχειρή-
σεως παρέχοντος, τό τε ζεῦγμα λύειν ἐθέλοντας ἐκω-
λύσαμεν. καὶ σοὶ Μῆδοι μὲν διὰ τοῦτο μάλιστα
ἀπενόστησαν ἐκ τῆς Εὐρώπης, ἐγὼ δὲ διὰ ταῦτα ἐπὶ
τιμωρίαν ἠγόμην. ἔφθην δὲ φυγὰς γενόμενος, ὡς ἂν
σέ τι ὀνήσω καὶ ἐμαυτῷ δίκας εὕρωμαι. καὶ ταῦτα
ποιήσειν ἐπαγγέλλεται Ἐρινύς, μεθ' ἧς ἐγὼ πλείω κακὰ
ἐργάσομαι τοὺς Ἕλληνας ἢ ἐδόκουν μετ' ἐκείνων ἐρ-
γάσασθαι. » ὁ δ' εἶπεν « ἐπειδὴ ἀποδώσεις ἡμῖν τὴν
Ἑλλάδα, ἣν διὰ σὲ ἀφῃρῆσθαι οἰόμεθα, χαῖρέ τε καὶ
οὐδενὸς χρηστοῦ ἀτυχήσεις, καί σου τοὺς λόγους πείρα
τε καὶ ἔργῳ δώσομεν. » ἐκ τούτου, ὦ Πολύγνωτε,
ἐνέτριβον ἐν τοῖς βασιλείοις τιμῆς τε λαγχάνων καὶ
ἀεὶ τὰ περὶ Ἑλλήνων ἐξεταζόμενος. καί μοι βασι-
λεὺς αὐτός, ἐπεὶ καὶ τῇ Περσῶν αὐτὸν ἤδη φωνῇ
πολλὰ ἠμειβόμην, χρυσοῦν τε δωρεῖται ἀκινάκην καὶ
Περσικὴν ἐσθῆτα χρυσῆν ὑφαντήν, ἐδωροῦντο δ' αὐτίκα
καὶ οἱ περὶ αὐτόν, ἐπεὶ τάχιστα ἤρξατο ἐκεῖνος. καί
μου ἤδη Ἀρτάβαζον ἧσσον ἐνόμιζε πιστὸν καὶ ἐπὶ
θαλάττῃ με κατέπεμπεν ἐπὶ τὴν ἐκείνου στρατηγίαν,
καὶ οὐκ ἐσθῆτας ἔτι ἡμῖν οὐδὲ χρυσόν, ἀλλὰ πόλεις
τε ἤδη καὶ πολλὴν γῆν ἐχαρίζετο· ἀφελὼν γὰρ τῆς
ἑαυτοῦ βασιλείας Μυοῦντα καὶ Λάμψακον τε καὶ τὴν
ἐπὶ Μαιάνδρῳ Μαγνησίαν ἐμοὶ δίδωσι. καὶ Λάμ-
ψακον μὲν ἠλευθέρωσα καὶ πολλῷ φόρῳ βαρυνομένην
ἅπαντος ἀφῆκα, Μυοῦντα δὲ τὴν ἐν Μαγνησίᾳ καὶ
αὐτὴν Μαγνησίαν καρποῦμαι. ἀλλ' οὔτε τῆς ἐξου-
σίας οὔτε τῶν χρημάτων μετά τινος τέρψεως αἰσθανό-

et cum gentibus variis congressus sum. Iamque ex con-
versatione linguam quoque Persicam discebam et iter
me iam assuetum non vexabat. Denique confecimus
iter et quo tendebamus ad regem pervenimus. Ut vero
nuntiatum illi est, ad fores eius adesse Themistoclem
Atheniensem, ducor ad ipsum, et ante solium ductus ego
impavide stabam, ille vero iracundia excanduit, oculis-
que lustrans me sic exortus est : « o hospes Atheniensis,
multus de te iam in nostris ædibus sermo erat, tuque una
cum Medorum ad Salaminem clade in omnium versabaris
ore. Age vero, dicas nobis, quomodo audes in conspectum
venire meum et vocem audire? tunc Themistocles ille
advenisti, quem Medi aiunt extitisse caussam, cur ego et
pater meus in Græcia non dominemur? satius certe mihi
foret Græcos habere quam te punire. Tu vero pro illo
hoc faciendi nobis fecisti potestatem, itaque laudato
consilio pœnas de te sumemus. » Quæ quum dixisset,
ad fraudem excogitandam necessitas me adegit, quam
probam suggerit opportunitas. Hac igitur utens dicebam
« supplicium fugientes, o rex, in tuam tutelam conces-
simus : pœnas enim a nobis repetituri erant Græci pro
beneficiis in patrem tuum collatis, quod amico in vos
animo significassemus, ut classis Salaminem celeriter na-
vigaret, Græcis tunc inter se dissidentibus ac turbatis,
fugamque parantibus in Peloponnesum et opportunam
impetus faciendi præbentibus occasionem, tum quod pon-
tem exscindere volentes retinuissemus. Atque hinc tibi
maxime Medi ex Europa rediere, ego vero propter hæc
ad supplicium vocabar, sed fuga me præripui, ut te aliqua
re iuvarem et me ulciscerer. Et hæc se facturam polli-
cetur Erinys, qua pluribus malis afficiam Græcos quam
una cum illis videbar fecisse. » Tum ille « quoniam » in-
quit « reddes nobis Græciam, qua per te privati videmur
nobis esse, salve nobis et nihil boni tibi deerit, atque hæc
tua verba iam re et facto probanda tibi permittimus ».
Hinc, Polygnote, in regia versabar honore ornatus deque
Græcorum statu assi lue consultus. Et ipse me rex, post-
quam cœpi Persarum lingua plerumque ei respondere,
aureo donavit acinace et Persica veste auro contexta, do-
naruntque mox etiam illius exemplum sequuti ipsius socii.
Iamque maiorem mihi quam Artabazo fidem habendam
censebat et ad mare me mittebat in eius præfecturam,
nec vestes adhuc nobis vel aurum, verum urbes et agri
plurimum largiebatur : subtractas enim de regno suo
Myuntem et Lampsacum et Magnesiam ad Mæandrum
mihi dat. Et Lampsacum liberam feci et gravi quo pre-
mebatur vectigali exsolvi, Myuntem Magnesiæ et Ma-
gnesiam ipsam ad meum usum habeo. Sed neque ex
potestate neque ex pecuniis ullam percipio voluptatem,

μεθα, ἀλλὰ χρημάτων μὲν ἅλις εἶναί μοι καὶ ὅσα ἐνεργῆ τὴν φυγὴν μόνον ἡμῶν ἔσωζεν· (τῆς γὰρ νῦν παρούσης ἀφθονίας οὐδ' οἱ φίλοι ὑμεῖς ἀπολαύετε), ἐξουσίαν δὲ τοιαύτην πῶς δυναίμεθ' ἂν Ἕλληνες ὄντες ἀγαπᾶν; ὥστε περίστασιν ἐγὼ καὶ ἀνάγκην τὰ παρόντα μᾶλλον ἢ εὐτυχίαν ἡγοῦμαι. νῦν δὲ δὴ καὶ μᾶλλον ὑπὸ συμφορᾶς καταλαμβανόμεθα· μέμηνε γὰρ καὶ ἐγείρει τὴν ἐπὶ τοὺς Ἕλληνας στρατείαν βασιλεύς, καὶ ταῦτα ὑπὸ δευτέρας ἤδη κεκόμισται ἀγγελίας. καὶ ἡμᾶς ἄρα τοῦ στρατοῦ προβαλεῖται ἡγεμόνας καὶ Μήδους ὑποτάξει Θεμιστοκλεῖ, καὶ στρατεύσομαι ἐπ' Ἀθήνας ἐγὼ καὶ τῷ Ἀθηναίων ναυαρχήσοντι μαχοῦμαι; πολλὰ ἄλλα ἔσται, τοῦτο δὲ οὐδέποτε.

κα'. Τημενίδᾳ.

Τῶν κρατήρων μοι τῶν ἀργυρῶν τοὺς μεγίστους τέσσαρας καὶ τῶν θυμιατηρίων τῶν χρυσῶν, ἐφ' οἷς ἐπιγέγραπται τὰ Ἀσσύρια τὰ παλαιὰ γράμματα, οὐχ ἃ Δαρεῖος ὁ πατὴρ Ξέρξου Πέρσαις ἔναγχος ἔγραψε, θώρακάς τε σιδηροῦς ἐκείνων, ὧν ἔδειξάς μοι, τῶν παρὰ Ἀδμήτου τοὺς ἡμίσεις ἀπόπεμψον, μὴ βραδέως μέντοι μηδὲ εἰκαίως, μηδὲ ἐκ Κορίνθου ἐνθέμενος, ἀλλὰ τάχιστα ἀποστείλας καὶ κάλλιστα πιστεύσας καὶ πάντοθεν μᾶλλον ἢ Κεγχρέαθεν ἀναγομένῳ τοὺς κομίζοντας ἐπιδήσας σκάφει, ἔρρωσο.

---

verum pecuniæ quidem satis mihi esse sentio, quantumque recentem conservat exilii nostri recordationem : nam quæ nunc mihi suppetit affluentiæ non omnes vos estis participes amici : potestate autem tali fortasse, si Græci essemus, contenti esse possimus. Itaque hæc ego periculum magis et necessitatem quam prosperitatem esse censeo. Nunc vero etiam maiore calamitate premimur : insanit enim rex et instigat ad expeditionem adversus Græcos suscipiendam et alter iam de hoc venit nuntius. Nempe exercitui me præficiet ducem et Medos Themistocli subiciet, et bellum inferam Atheniensibus, cumque præfecto classis Atheniensium pugnabo. Multa alia fient, hoc nunquam.

XXI. Temenidæ.

Craterum mihi argenteorum quattuor maximos et aurearum acerrarum eas, quibus inscriptæ sunt antiquæ Assyriorum litteræ, non quas Darius Xerxis pater recens Persis intulit, et ferreorum thoracum, quos ab Admeto acceptos mihi ostendisti, dimidiam partem ad me mitte, idque non tarde nec temere, nec Corintho devehenda, verum quam citissime mittas et optime reposita concredas, atque in navigium quovis e loco potius quam Cenchreis solvens ea laturos imponas. Vale

ΘΕΟΦΥΛΑΚΤΟΥ ΣΧΟΛΑΣΤΙΚΟΥ

ΤΟΥ ΣΙΜΟΚΑΤΟΥ ΕΠΙΣΤΟΛΑΙ ΗΘΙΚΑΙ ΑΓΡΟΙΚΙΚΑΙ ΕΤΑΙΡΙΚΑΙ

THEOPHYLACTI SIMOCATI SCHOLASTICI

EPISTOLÆ MORALES RUSTICÆ AMATORIÆ.

α΄ Κριτίας Πλωτίνῳ

Ὁ τέττιξ ὁ μουσικὸς ἦρος φανέντος τῆς μελῳδίας ἀπάρχεται· ᾠδικώτερος δὲ τοῖς ᾄσμασι καὶ τὴν φύσιν λαλίστερος ὥρα μεσημβρίας γνωρίζεται, ἀκτίνων ὥσπερ ἡλιακῶν μεθυσκόμενος τερετίζει γοῦν ὁ μελῳδός, βῆμα τὸ δένδρον ποιούμενος καὶ θέατρον τὸν ἀγρόν, καὶ τοῖς ὁδίταις τὴν μουσικὴν ἐπιδείκνυται. ᾆσαι γοῦν καὶ ἡμεῖς τὰς σὰς ἀρετὰς ἐπειγόμεθα· ἐνθάλπουσι γάρ πως καὶ ζωπυροῦσι πρὸς ἐγκώμιον τὰ ἡμέτερα. πάλαι γὰρ νεκρωθέντας ἡμᾶς τῷ ῥυπώδει βίῳ ἐκ τῶν σῶν γραμμάτων πρὸς ἀρετὴν ἀνεψύχωσας· οὕτω γενοίμην ὁ Κριτίας Πλωτῖνος· Πλωτῖνος γὰρ ἢ σώματος ἐκτὸς φιλοσοφεῖ ἐπὶ γῆς, ἢ Φιλοσοφία σωματωθεῖσα μετὰ τῶν ἀνθρώπων ὡς ἄνθρωπος ἀναστρέφεται.

β΄ Δόρκων Μόσχωνι

Ὁ ταξίαρχος τῶν προβάτων, ὁ θαυμαστός μοι κριὸς ἀπόλωλε, καὶ ποιμαντικῆς ἡγεμονίας χηρεύει τὰ θρέμματα. κακόν τι πεπόνθαμεν μέγιστον, καί τί μοι δοκῶ χαλεπαίνειν τὸν Πᾶν· οὐ γὰρ ταῖς τῶν σίμβλων αὐτὸν ἀπαρχαῖς ἐτιμήσαμεν· διὸ πρὸς ἄστυ χωρῶ τὸν ὀργίλον πρεσβευσόμενος, καὶ τοῖς πολίταις τὴν ἀπήνειαν διηγήσομαι, φήσας ὡς « διὰ μελιτοῦτταν ὁ Πᾶν τοῦ ποιμνίου μοι τὸν ἡγεμόνα διώλεσεν. »

γ΄ Θεανὼ Εὐρυδίκῃ

Ὁ φυσικός σοι κόσμος παρῴχηκε καὶ ῥυτίδων ἐγγὺς ἡ εὐπρέπεια· σὺ δὲ παραχαράττειν ἐπιχειρεῖς τὴν ἀλήθειαν, ἐπιπλάστῳ κόσμῳ τοὺς ἐραστὰς φενακίζουσα· πειθάρχει τοίνυν τῷ χρόνῳ, γραΐδιον· οὐ γὰρ εὐπρεπεῖς οἱ λειμῶνες ἐν μετοπώρῳ τοῖς ἄνθεσι. μέμνησο καὶ θανάτου (τούτῳ γὰρ ἐγειτνίασας) καὶ σωφροσύνην ἐξ ἀνάγκης ἀσκεῖν ἐπιτήδευε. καὶ γῆρας γὰρ ἀδικεῖς καὶ νεότητα· τὴν μὲν γὰρ ἐπαγγελλομένη διέψωσαι, τὸ δὲ κεκτημένη νενόθευκας.

I Critias Plotino

Cicada vocalis ineunte vere cantum suum auspicatur, canonor vero loquaciorque circa meridiem cognoscitur, radiis quasi solaribus inebriata. Stridet igitur vocalis ista, suggestus loco arborem obtinens, theatri agrum, et viatoribus offert musicam. Itaque nos quoque ad tuas virtutes canendas accingimur. Nimirum accendunt nos et inflammant ad laudandum, quos pridem sordida vita sepultos tuis litteris ad virtutem resuscitasti. Utinam sic et qui Critias sum fiam Plotinus. Plotinus enim aut extra corpus in terra philosophatur aut philosophia corpus nacta cum hominibus tanquam homo conversatur.

II Dorco Moschoni

Ductor ovium admirandus mihi aries mortuus est ac pastorali ducatu carent pecudes. Malum passi sumus maximum. Ac Panem credo mihi succensere non enim alvearium primitiis eum honoravimus. Quapropter ad urbem propero iratum deprecaturus. Et civibus duritiem eius narrabo dicens « propter placentam Pan gregis mihi ducem sustulit »

III Theano Eurydicæ

Naturalis tibi decor præteriit et ad rugas properat elegantia, tu vero fallere conaris veritatem, fucato ornatu eludens amatores. Concede tempori, anicula; non enim floribus splendent in affecta æstate prata. Memento et mortis, ad quam propius iam accedis, et temperantiam fac ut ex necessitate exerceas. Senectutem iniuria afficis et iuventutem, quarum hanc dum simulas ementita es, illam dum habes adulterasti.

763

δ'. Ἑρμαγόρας Ἀντιπάτρῳ.

Ὅρους ὁ δημιουργὸς καὶ τῷ θαλαττίῳ διετάξατο κλύδωνι, καὶ τοῖς αἰγιαλοῖς τὸ πελάγιον κεχαλίνωται ῥεῖθρον, καὶ ψάμμος τίς ἐστι μικρὰ ἠπείρῳ καὶ θαλάττῃ μεταίχμιον· οὐ γὰρ ἀδικεῖν ἡ θάλαττα τὴν γείτονα γῆν συγκεχώρηται, παλινδρομεῖ δὲ πρὸς ἑαυτὸ τὸ ῥεῖθρον μκινόμενον, μεγάλην ἀπειλῆσαν τῇ χέρσῳ τὴν ἔφοδον. ὅρους τοιγαροῦν, ὦ Ἀντίπατρε, τῷ σῷ νομοθέτει θυμῷ, ὑπηρέτιν τὴν χεῖρα τῆς ὀργῆς μὴ ποιούμενος. τὸ μὲν οὖν συμφιλοσοφεῖν ταῖς χερσὶ καὶ τὴν γλῶτταν ἐντελοῦς ἀρετῆς ὅρος ἀκρότατος· εἰ δὲ μὴ ταύτης κρατεῖν οἷός τ' εἶ, ὕβρεσι τὸν θυμὸν ψυχαγώγει, εἰ κυσὶν ὑλακτοῦσιν ἐοικέναι βεβούλησαι. οὕτω γὰρ καὶ χαλεπαίνουσα θάλαττα ἀφροῦ περαιτέρω καὶ σάλου τὰ τῆς ὀργῆς οὐκ ἐνδείκνυται.

ε'. Αἴγειρος Πλατάνῳ.

Κακὰς γείτονας, ὦ φίλος, τὰς γεράνους κεκτήμεθα, πόλεμον ἀθάνατον περὶ τὸ γῄδιον ἔχουσιν· οὔτε γὰρ τοῖς πατράσι τοῖς ἡμετέροις ἐσπείσαντο, οὔτε τοῖς μετ' ἐκείνους ἡμῖν τὸν πόλεμον διελύσαντο. καίτοι ταῖς ἀπαρχαῖς τοῦ θερισμοῦ πολλάκις αὐτὰς ἐτιμήσαμεν, ἀλλὰ καὶ μοῖραν τοῦ γῃδίου τινὰ ὥσπερ ὀργάδα θεῷ ταῖς ἀχαρίστοις δεδώκαμεν. ἀλλ' οὐκ αἰδέσιμα τὰ δῶρα παρ' ἐκείναις, ὡς ἔοικε. τοιγαροῦν ἅπαντες τῶν ἐντεῦθεν ἀπαίρομεν· πέτρας γὰρ ἡμῖν γεωργεῖν συμφορώτερον ἢ πεδία καὶ γηλόφους οἰκεῖν χαλεπὰς κεκτημένοις τὰς γείτονας.

ς'. Ἐρατὼ Τερψιθέᾳ.

Τὸν χρυσοῦν Καλλικράτην εἰκόνα σου γεγραφέναι φασί. τὴν δὲ γραφίδα οὐ Τερψιθέαν οἶμαι δηλοῦν, ἀλλὰ τὴν Λάκαιναν ἐκείνην Ἑλένην, ναὶ μὰ τοὺς ἀψευδεῖς Παρρασίου πίνακας. τοιγαροῦν καὶ τὴν τέχνην καὶ τὴν φύσιν ἠδίκησας, τὴν μὲν ὑβρίσασα τὴν δὲ σοφισαμένη· ψεύσασθαι γὰρ τὴν Παρρασίου τέχνην ἠνάγκασας, καὶ τὰ μὴ προσόντα σοι διαποικῖλαι τοῖς πίναξιν, ὥσπερ τὰ τῆς φύσεως καλλωπίζουσα σφάλματα καὶ πολλὴν ἐκείνης τὴν ἀτεχνίαν δεικνύουσα. ἐγὼ δὲ καὶ τοῦ γραφέως ἐπαινέτις εἰμί (οὐ γὰρ τῆς σῆς ἀμορφίας εἶναι ζωγράφος ἠνέσχετο), καὶ τῆς φύσεως τὴν σοφίαν τεθαύμακα κακίστῃ ψυχῇ σώματος εὐπρέπειαν μὴ καταπιστεύσασαν.

ζ'. Σωσίπατρος Τερπάνδρῳ.

Νόμος ἐστὶ ταῖς ἵπποις, ὥς γέ μοι δοκεῖ, καὶ μάλα σοφός· ἐπαινῶ γὰρ τὸ περὶ ταύτας λίαν φιλόστοργον. ἀλλὰ τίς ὁ νόμος αὐταῖς; τὸν ὑπομάζιον ἵππον ὅταν ἐνδεῆ τῆς θρεψαμένης θεάσωνται καὶ πόρρω που τὴν τεκοῦσαν οἷα συμβαίνει τοῦ γεννήματος, ὁρῶσί τι γεννικὸν· οὐ γὰρ ἐπιλανθάνονται τῆς ἑαυτῶν φύσεως. περιθάλπουσι τὸ μονωθὲν κατ' οὐδὲν δυσχεραίνουσαι,

Terminos mundi opifex et marino æstui constituit et littoribus pelagi coercuit fluctus, arenæque lacinia inter continentem atque mare porrigitur interstitium : non enim concessum est mari vicinam terram iniuria afficere, verum revolvitur in se ipsum fluctus furens, magnum minatus terræ impetum. Terminos igitur, Antipater, animo tuo constitue, non facta manu iræ adiutrice. Iam una cum manibus linguam quoque habere continentem perfectæ virtutis summus finis est. Sin vero huic non par sis coercendæ, contumeliis animum tuum oblecta, si canibus latrantibus fieri vis similis : sic enim iratum quoque mare iram ultra spumam atque æstum non producit.

V. Ægirus Platanæ.

Malas vicinas habemus, amice, grues. Bellum perpetuum circa hunc agrum gerunt. Nam neque cum patribus nostris in gratiam redierunt, neque cum nobis, qui illis successimus, bellum composuerunt, quamvis messis primitiis sæpenumero eas donaverimus, quin etiam agelli partem tanquam diis sacram ingratis istis obtulerimus. At non movent, ut videtur, dona apud illas reverentiam. Quare hinc iam omnes demigramus : saxa enim quam agros atque colles præstat nobis colere, quum tam molesti nobis sint vicini.

VI. Erato Terpsitheæ.

Aureum Callicratem imaginem tuam pinxisse dicunt, picturam vero non Terpsitheam referre arbitror, sed, per veraces Parrhasii tabulas, Lacænam Helenam. Iniuria igitur et artem et naturam affecisti, in illam contumelia, in hanc fraude commissa. Mentiri enim Parrhasii artem coegisti et quæ tibi desunt per tabulas subornare, quasi naturæ fucans vitia multamque eius inertiam arguens. Ego vero etiam pictorem laudo, quod deformitatis tuæ pictor esse noluit, et naturæ prudentiam admirata sum, quæ pessimæ animæ corporis decorem non concrediderit.

VII. Sosipater Terpandro.

Mos est equabus, ut mihi quidem videtur, prudentissimus : laudo enim, quod pullos suos vehementer amant Sed quis eis est mos ? Lactentem adhuc equum quum nutrice destitutum viderint et procul alicubi matrem, ut fieri solet, a prole abesse, præclarum quid faciunt : neque enim suæ ipsarum naturæ obliviscuntur, et æquo animo fovent relictum, quemadmodum proprios suos

ὥσπερ ἔκγονον προσεχές τε καὶ γνήσιον. καὶ φύσις μὲν ταύταις οὕτω φρονεῖν οὐ γὰρ Σόλωνος νόμος ἠνάγκασε. μετοχετεύσω τὸν λόγον πρὸς σέ τὸν ἀδελφιδοῦν ὑπερορᾷς θύραν ἐκ θύρας ἀμείβοντα, ἀθλιώτατον τριβώνιον ἀμπεχόμενον τῶν ἀλόγων ζώων ἀλογώτερόν σοι τὸ φρόνημα. κύνας ἀλλοτρίους σιτίζεις οὕτω γὰρ τοὺς περὶ σὲ κόλακας εἰπεῖν οἰκειότερον· εὐνούστατοι γὰρ εἶναί σοι δόξουσι μέχρις ὅτου τοῖς σοῖς ἐπεντρυφῶσιν, ὦ δείλαιε. ὑλακτήσουσι δὲ πάντως καὶ σέ, ἔτι τῆς κραιπάλης τῆς ἐναγ/ος ἐρευγόμενοι· κολάκων γὰρ φύσις καὶ μνημονικὸν πρὸς κακίαν καὶ τῶν ἀγαθῶν εὐεπίληστον. ὀψέ ποτε τὸν ἀδελφιδοῦν περίθαλπε, Τέρπανδρε εἰ δὲ μή, τὴν πρόνοιαν ἀκαταγώνιστον ἕξεις πολέμιον, τοῖς δακρύοις τῆς φύσεως τὴν ἑαυτῆς ἀκονήσασαν μάχαιραν.

η´ Δαρνων Μύρωνι

Μέχρι τίνος ἐπιχιλαίνεις τὸ γίδιον καὶ τὸ κατομβρίσαν ὕδωρ ἐπιρροφεῖς ὁ δείλαιος· ἢ τάχα μοι καὶ λιμώττειν τοὺς παῖδας διὰ τὸ κάταυχμον μηχανᾷ, τὸ σὸν μὲν γὰρ περιλιμνάζεται γίδιον, τὸ δ᾿ ἡμέτερον καὶ φύσιν ἠγνόησεν ὕδατος ἐρωτάσθωσαν πρὸς θεῶν αἱ νεφέλαι εἰ μόνῳ τῷ Μύρωνι ἀριᾶσι τὸ ὕδωρ. ἀνὴρ ἐπίφθονος μέγα κακόν· εἰ δὲ καὶ τὸ γείτων εἶναι κε κλήρωται, ἀπαραίτητον τὸ δυστύχημα καὶ θανάτῳ μόλις παυσόμενον.

θ´ Εὐρίππη Δεξικρατει

Ἐνάτη φθίνοντος ἀνθεστηριῶνος ἐπανήξειν πρὸς ἡμᾶς ἐπηγγείλω, καὶ διέψευσαι τὰς συνθήκας, Δεξίκρατες. ἐμοὶ δὲ καὶ ἀπηλαλώθησαν αἱ φρένες τῷ ἔρωτι, καὶ δαλοῦ δίκην τὸ περιστέρνιον κατεπεφλόγιστο ἀπεκοττάβιζον δὲ καθ᾽ ἑκάστην τὰ δάκρυα, καὶ τὴν σὴν ὠνειροπόλουν ἐπάνοδον, ὁ δὲ τῶν θυρῶν ψόφος ἀεί μοι φαντασία τῆς σῆς παρουσίας ἐγίγνετο σὺ δέ, Δεξίκρατες, μετοχετεύεις ἐφ᾽ ἕτερα τὸν ἔρωτα, καὶ σοι τὸ ξένον ἀεὶ τιμιώτερον· τῷ γὰρ ταχίστῳ κόρῳ αἱ τῶν ῥαθύμων ψυχαὶ δουλαγωγεῖσθαι εἰώθασιν. ἄπιστόν τι χρῆμα πόθος καὶ ἔρωτες. βληθήσῃ ποτέ καὶ αὐτός· τῶν γὰρ ἀδικουμένων αἱ συμφοραὶ ἐπὶ τοὺς ἀδικήσαντας μεταβαίνουσιν.

ι´ Ἑρμαγόρας Σωσπάτρῳ

Λίαν ἀγεννῶς ἀκήκοά σε τὴν πενίαν ὀδύρεσθαι, καὶ κακίζειν τὸν πλοῦτον ὡς ὄντα παρὰ τοῖς ἀνθρώποις ἀνώμαλον καὶ τοῖς μὲν ἐφικτὴν τοῖς δὲ δυσέφικτον τὴν ἑαυτοῦ παρεχόμενον κτῆσιν, ὥσπερ βασκαινούσης ἐπὶ τούτῳ τοῖς ἀνθρώποις τῆς φύσεως. εἰ γὰρ ἡλίου λαμπηδονικὴ τοῖς ἀνθρώποις ἐπίσης καὶ πυρὸς ἀφθονία τοῖς ὅλοις ἐστὶ προχειροτάτη, καὶ ποταμῶν ῥεῖθρα χειμάρρων τε καὶ ἀενάων ἅπασίν ἐστιν εὐπόριστα, τί δῆτα, ἔφης, τὸν χρυσὸν ἡ φύσις οὕτως ἀπηκριβωμένον τοῖς ἀνθρώποις διέθετο, καὶ φιλόνεικον ζῶον τοῖς ὑπὸ σε-

---

solent et genuinos pullos Et hæ quidem natura ita sunt affectæ non enim Solonis eas lex cogit Transferam sermonem ad te Nepotem tuum negligis aliorum ianuas obsidentem miserrimo indutum pallio Magis bruta sane tibi mens est quam brutis ipsis Canes alienos nutris Sic enim convenientius est appellare qui tecum conversantur adulatores nam optime tibi velle videbuntur, quousque tuis deliciis heluentur, o miser Allatrabunt autem omnino et te, hesterna crapula nondum tota eructata Nimirum adulatorum natura et mali inferendi memor est et acceptorum bonorum immemor Sed tandem nepotis curam suscipe, Terpander, sin minus vero, divinum numen inexpugnabilem habebis hostem, quod lacrimis naturæ gladium suum acuit

VIII Daphno Myroni

Quousque agellum excavabis cœloque delapsam aquam exhauries, o miser? An forte per hanc ariditatem liberis meis famam machinaris? Tuus enim ager undique inundatur, noster vero et naturam aquæ hactenus ignoravit Rogantor per deos nubes, an soli Myroni aquam demittant Vir invidus magnum est malum, si vero et vicinum esse contigerit, inevitabile infortunium et vix cum ipsa morte finem habiturum

IX Heurippe Dexicrati

Vigesimo primo anthesterionis rediturum ad nos te recepisti et fidem fregisti, Dexicrates Mihi vero concanduit cor amore et instar facis præcordia exarserunt Lacrimas profudi cum gemitu quotidie, tuumque somniavi reditum, et quoties ianuæ crepuere, te iam adesse opinabar Tu vero, Dexicrates, in alia amorem transfers et aliena quæque maiore tibi sunt in pretio nimirum inertium animæ celerrime solent exsatiari Infida res est desiderium atque amores Ferieris tu quoque aliquando nam calamitates eorum, qui iniuriam patiuntur, in eos, qui intulere, recidunt

X Hermagoras Sospatro

Perquam illiberaliter te paupertatem flere audivi atque in divitias invehi tanquam non æquo modo per homines dispertitas et aliis faciles, aliis difficiles sui copiam facientes, quasi hoc nomine hominibus invideat natura Si enim solis lux hominibus communis et ignis copia universis est promptissima, amniumque fluctus hieme fluentium ac perennium omnibus accessu faciles, quid tandem, inquis, est quod aurum natura tam parce hominibus dispensavit et contentionis præmium eis qui sub luna sunt attribuit, per quod maxima mala hominibus contin-

λήνην ἀπένειμε, δι' οὗ μέγιστα κακὰ τοῖς ἀνθρώποις
φοιτῶσιν· ἐγὼ δὲ πλατὺν γέλωτα τῶν σῶν καταχέω
δογμάτων· αὐτὸν γὰρ τὸν τῆς φύσεως ἔπαινον ὑπό-
θεσιν ψόγου πεποίησαι, καὶ ταυτὸν δοκεῖ τὰς πε-
γλαυκί· ἀβλεψίας γὰρ αἴτιον ἐκείνη δοκεῖ τὰς πε-
ριφανεῖς τοῦ ἡλίου ἐκλάμψεις. λυσιτελῶς λιμώττει
χρυσοῦ τὸ ἀνθρώπινον γένος, Σωσίπατρε. ἐντεῦθεν
γὰρ καὶ τέχναι τῷ βίῳ εἰσήχθησαν καὶ πόλεις ᾠκί-
σθησαν καὶ συναλλαγμάτων εὐμάρεια. εἰ δὲ δεῖ συλ-
λήβδην εἰπεῖν, πάσης εὐκοσμίας ἐστέρητο ἂν τὸ πε-
ρίγειον ἐνδιαίτημα, εἰ μὴ χρυσὸς τοὺς ἀνθρώπους
ἀλλήλων ἐπιδεεῖς ἐτεκτήνατο· οὐ γὰρ ἂν πλωτὴρ
ἐναυτίλλετο, οὐχ ὁδοιπόρος ἐνεπορεύετο, οὐκ ἀροτῆρα
βοῦν οἱ γεωργοῦντες ἐκέκτηντο, οὐ βασιλικῆς ἡγεμο-
νίας ἐπρεσβεύετο σκῆπτρα, οὐκ ἀρχαῖς προσφόροις
τὸ ὑπήκοον ἐκεκόσμητο, οὐ στρατηγὸς ἐδημαγώγει τὸ
στράτευμα. εἰ δὲ καὶ ἀπόρρητον λόγον θέλεις μα-
θεῖν, ἀρετῆς καὶ κακίας τὰς ἡνίας ὁ χρυσὸς ἐμπε-
πίστευται, καὶ βασανίζεται ἔρεσις ψυχῆς δι' αὐτοῦ
καὶ τῷ Κελτικῷ ποταμῷ ἐστὶν ἐφάμιλλος· νόθου γὰρ
ἀρετῆς καὶ κακίας ἔλεγχός ἐστιν ἀληθέστατος.

ια'. Καλλίσταχυς Κυπαρίσσωνι.

Τῶν ἀκάρπων καὶ ἀνημέρων δένδρων τὴν φύσιν ὁ
Σιμιχίδας χθὲς ἐνέπρησε· τοιαύτην γὰρ τὴν κατα-
δίκην τοῖς ἀτελεσφορήτοις ἐψηφίσατο. ἡ δὲ τοῦ παμ-
φάγου πυρὸς φύσις τὴν ὁρμὴν ἔσχεν ἀκόλαστον, καὶ τοῦ
ἀγρογείτονος ἄφνω τὸ χωρίον διώλεσεν. ὁ δὲ τὴν
διφθέραν ἀφεὶς καὶ τὴν δίκελλαν πρὸς ἄστυ χωρεῖ ῥή-
τορα ληψόμενος σύμμαχον, καὶ τῷ Σιμιχίδᾳ δικαστή-
ριον συγκεκρότηται. τοῦτο κἀγώ, Κυπάρισσων,
κατὰ σοῦ σκευωρήσομαι, εἰ μὴ ταῖς σαῖς μελίτταις
προστάξεις τῶν ἐμῶν λειμώνων ἀπέχεσθαι. καὶ
μαθήσῃ ἀλλοτρίοις πόνοις μὴ κεκτῆσθαι πρόσοδον
ἄδικον.

ιβ'. Μελπομένη Πραξιμέλλῃ.

Ἐπὶ τὸ Λεωκόριον τὰς διατριβὰς ἡ αὐλητρὶς Χρυ-
σογόνη πεποίηται, καὶ τάχα που καὶ τέρπειν οἴεται
τοὺς ἐμοὺς ἐραστάς, καὶ φησὶν ἡμᾶς τὸ πορνίδιον ἄγαν
δυσανασχετεῖν ἐπὶ τῷ πράγματι. ἐγὼ δὲ οὐ περὶ
πολλοῦ πεποίημαι τὸ πραττόμενον· τοὺς γὰρ ἐραστὰς
ὁποῖοι τυγχάνουσι τὰ τῆς Χρυσογόνης βασανίσειεν
ἤθη. ἀλλὰ γένοιτό μοι πρὸς θεῶν ἀψευδοῦς ἀποκρί-
σεως σαφέστατος ἄγγελος, καὶ τῇ Λακαίνῃ φράσον
« μεγίστας σοι χάριτας τούτου γε ἕνεκα, Χρυσογόνη,
ὀφείλομεν· τῇ σῇ γὰρ ἀμορφίᾳ σεμνότερα δειχθήσεται
τὰ ἡμέτερα. ἐπεὶ καὶ κολοιοῦ φανέντος κόραξ ἐν
τοῖς εὐπρεπέσιν καταλογισθήσεται ὄρνισιν.

ιγ'. Ἀρίστων Νικίᾳ.

Φιλομαθέστατον ζῷόν φασι τὸν ἐλέφαντα καὶ ἀν-

---

gunt? Ego vero magnum in risum ob hæc tua præcepta
effundo. Ipsam enim naturæ laudem vituperationis
fecisti argumentum atque idem quod noctua passus es :
namque cæcitatis suæ caussam splendidos solis fulgores
illa opinatur. Suo commodo aurum esurit humanum
genus, Sosipater. Hinc enim et artes. vitæ accesserunt
et civitates conditæ sunt et paciscendi orta est facilitas.
Sed si summatim dici debet, omni cultu carerent ubique
terrarum domicilia, si aurum non efficeret, ut homines
mutuo auxilio indigerent : non enim nauta navigaret,
neque viator iter faceret, neque bovem aratorem agri-
colæ possiderent, neque regiæ maiestatis magni haberen-
tur sceptra, neque magistratibus commodis ornarentur
subditi, neque imperator duceret exercitum. Sin vero
reconditum sermonem audire vis, virtutis et malitiæ ha-
benas concreditas habet aurum, animique per ipsum pro-
batur appetitus, ac Celtico simile est fluvio : spuriæ enim
virtutis et vitii verissimum et argumentum.

XI. Callistachys Cyparissoni.

Infecundas et feras arbores heri Simichidas exussit :
eiusmodi enim sententiam tulit adversus arbores fructus
ad maturitatem non perducentes. At vorax ignis impe-
tum habuit immoderatum vicinique fundum ex improviso
perdidit. Hic autem deposita pelle atque sarculo in
urbem properat oratoris auxilium assumpturus, iamque
in Simichidam convocati sedent iudices. Idem ego quo-
que, Cyparisso, in te molar, si tuas apes non iusseris a
meis pratis abstinere, ac disces alienis sudoribus non
acquirere iniustum reditum.

XII. Melpomene Praximellæ.

Ad Leocorium habitationem tibicina Chrysogone insti-
tuit. Forte et oblectare se putat meos amatores, quin
nos ait meretricula ægre hoc factum ferre. Ego vero
non magnopere factum curo : cujus enim farinæ sint
amatores Chrysogonæ mores probabunt. Sed sis mihi
per deos veri responsi certissimus nuntius et Lacænæ
dicas : « magnas tibi gratias hanc ob rem, Chryso-
gone, debemus : tua enim. deformitate venustiora no-
stra apparebunt, quia præsente graculo corvus decoris
adnumerabitur avibus. »

XIII. Aristo Niciæ

Admodum docile dicunt animal esse elephantum, hu-

Ὀρωπίνων διδαγμάτων μαθητὴν ἐπιδέξιον· οὐ γὰρ ὁ τοῦ σώματος ὄγκος ἐπ' αὐτῷ θαυμαστὸς ὅσον ὁ τῆς παιδείας κόσμος τετίμηται καὶ ταῦτα μὲν παῖδες περιθρυλοῦσιν Ἰνδῶν, ἐγὼ δὲ τοῦ Νικίου τεθαύμακα τῶν ἀλόγων ζῴων ἔχοντος τὸν λογισμὸν ἀλογιώτερον. ὑπάρχων γὰρ παῖς ἀνδρὸς σοφιστοῦ τὰς πατρῴας ἐκλελάκτικας ἀρετάς, περὶ δὲ κύβους καὶ παλαίστρας τὴν τοῦ βίου σχολὴν κατηνάλωσας, καὶ γέγονας πέρας εὐγενείας τῷ γένει. εἰ τοίνυν παῖς Ἑρμαγόρου θέλεις ἀκούειν, ὀψέ ποτε πρὸς τὸν ἐκείνου βίον ἐπάνηκε ἀγαθὸν γὰρ ὅτῳ κἂν ἐς γῆρας σοφία καὶ φρόνησις παρῆν, καθὰ δοκεῖ καὶ τῷ Πλάτωνι εἰ δὲ τῶν πάλαι κακῶν δυσαναχετεῖς μεθίστασθαι καὶ παῖδα σαυτὸν Ἑρμαγόρου κηρύττεις, τυμβωρύχος ἴσθι τοῦ πατρῴου τάφου γιγνόμενος· τῇ σῇ γὰρ κακίᾳ τὰς ἐκείνου ἀρετὰς καθυβρίζεις.

ιδ' Μύρῳ ἴδης Δαμάλῳ

Τὸ ποίμνιον ἅπαν ὁ σὸς ἐλυμήνατο παῖς τὸ κισσύβιον ἀεὶ πληρώσας τοῦ γάλακτος ἐπὶ τὰς πλατάνους ὁ λωποδύτης χωρεῖ, καὶ στιβάδα ποιήσας ἀμερίμνως ἀναπέπτωκε καὶ τὸν ἁβροδίαιτον βίον ἀσπάζεται, εἶτα τὴν σύριγγα κομισάμενος ὥσπερ ἐπιδείπνιον ᾠδὴν τὴν εὐθυμίαν προβάλλεται, καὶ τοὺς ἀγροικικοὺς παραχαράττει θεσμούς τὰ δὲ θρέμματα τῇδε κἀκεῖσε διέσπαρται καὶ πρὸς ἔφοδόν ἐστιν εὐάλωτα ναὶ δὴ καὶ τοὺς ὄνθους εὐώνως διαπιπράσκει ὁ δείλαιος, καὶ Μυρωνίδην ἀδικῶν οὐκ αἰσχύνεται. εἱστίων χθὲς τὸν Τρυγίαν λαμπρῶς· ἰσχάδες γὰρ ἦν μοι καὶ ἀκρίδες τὰ ὄψα ὁ δὲ θεσπέσιος οὗτος νεανίας τῶν ἰσχάδων τὰς πλείστας ἐκβέβρωχε, καὶ τὰς ἀκρίδας οὐκ οἶδ' ὅπως ἐξερρόφησεν (ὁ δὲ Τρυγίας ἐκεχήνει), καὶ μοῖράν τινα ᾔτει μετὰ κόρον κομίσασθαι οἴκαδε. ἀπί-ω μοι λοιπὸν τῶν ἀγρῶν ὁ Κλεινίας· τῶν γὰρ πόρρω κακῶν αἱρετώτερόν ἐστιν ἀνέχεσθαι ἢ πολέμιον οἴκοι τρέφειν κρυπτόμενον.

ιε' Ἀταλάντη Κορίννῃ

Ἐν τῇ παλαίστρᾳ τὸν Αὐγέαν τεθέαμαι, Κόριννα. τὴν δὲ θέαν οὔτε λόγος ἐκφράσειεν οὔτε ζωγράφου χεῖρες μιμήσαιτο· ἦν γὰρ ὁ νεανίας εὐσθενὴς ὄρθιος τὸ περιστέρνιον λάσιος, οἱ δὲ ὀφθαλμοὶ δορκάδος αὐτῷ, τὸ δὲ βλέμμα οὔτε θυμῷ φοινισσόμενον οὔτε μαλακώτερον ὑγρότητι, ἀλλ' ἀνδρεῖον καὶ πρᾶον ὁμοῦ. ἡ δὲ χροιὰ ἡ τοῦ σώματος οὔτε πρὸς τὸ θηλυπρεπὲς ἐλευκαίνετο, οὔτε πρὸς τὸ μελάντερον κατεσκίαστο ἡ δὲ θρὶξ ἠρέμα πως ὑπεκύμαινε τῇ οὐλότητι καὶ κυανίζουσαν ὥρᾳ γαλήνης τὴν θάλατταν εἰκόνιζετο, ὅτε καὶ τὴν γείτονα χέρσον ἁπαλῷ περιπτύσσεται ῥείθρῳ, τὸ μανιῶδες τοῦ κλύδωνος καὶ βάρβαρον παρείασασα. αἱ δὲ παρειαὶ οὔτε κατέρυθροι (γυναικῶδες γάρ) οὔτε πάλιν ὠχρότητι τὴν εὐτρέπειαν ἐτεστύγναζον. ἡ δὲ ῥὶς λίαν σεμνῶς ἐτετόρνευτο, καὶ πολλὴν τῆς δημιουρ-

---

manorumque præceptorum discipulum haud ineptum non enim in illo tam est miranda moles corporis, quam disciplinæ decus æstimandum Et hæc quidem Indorum pueri in vulgus efferunt, ego vero Niciam admiratus sum ipsis brutis animalibus magis brutam habentem rationem Nam quum sis viri eloquentis filius, paternis studus abiectis in aleæ ludo et palæstris vitæ tempus consumpsisti et nobilitatis laude genus tuum privavisti Quare si Hermagoræ filius audire vis, sero tandem ad illius redi vitam præstat enim, si cui vel seni sapientia adsit et prudentia, quemadmodum Platoni quoque videtur Sin vero a pristinis malis desistere molestum tibi est ac tamen Hermagoræ filium te ipsum iactitas, paterni sepulcri te esse prædatorem scito tua enim improbitate illius contaminas virtutes

XIV. Myronides Damalo

Universum gregem puer tuus perdidit Poculum semper lacte complens ad platanos secedit furcifer et in stramento incurioso recumbit suavique cibo vescitur, deinde fistula prehensa tanquam convivali cantu animi hilaritatem exprimit et agrestes adulterat modos Pecora vero hinc inde disperguntur et captu cuivis sunt prochvia Sane et fimum vili pretio divendit nebulo et sine pudore Myronidem iniuria afficit Trygiam heri convivio excepi splendide · caricæ nimirum erant mihi et locustæ obsonio Divinus autem iste adolescens caricas plurimas devoraverat et locustas nescio quomodo absorpserat (Trygias vero inhiabat) et partem, ubi satiatus esset, petebat domum referendam Absit in posterum ab agro meo Clinias satius est enim longinqua mala sustinere quem domi clandestinum hostem alere

XV Atalante Corinnæ

In palæstra Augeam conspicata sum, Corinna, spectaculum autem nec sermo expresserit nec pictoris manus facile imitentur Erat enim iuvenis robustus, erectus, pectore hirsutus, oculi ei dorcadis, visus neque ira rubens neque deliciis mollior, verum virilis simul atque placidus, corporis color neque ut in feminis candebat neque nimis nigricabat, capillus crispitudine modice fluctuabat et purpurans tranquillitatis tempore mare referebat, quum et vicinam terram leni unda alluit, furore fluctus et barbarie sedata Genæ neque rubebant, quod feminarum est, neque pallore tamen decorem obscurabant Nasus egregie tornatus insignem artificis scientiam

γοῦ φύσεως τὴν ἐπιστήμην ἀπήλεγχε. ** τὸ δὲ ἔλαιον ἐπιχεόμενον ἡλιοειδῶς περιήστραπτε, καὶ ταῖς μαρμαρυγαῖς τῶν ἐκλάμψεων τὴν παλαίστραν ἀκτίνων δίκην ἡγλάιζε. πέπονθα, Κόριννα, τὴν ψυχήν, καὶ δριμυτέρας τῆς ἀλγηδόνος αἰσθάνομαι· ἐρωτικὸν γὰρ διηγήσασθαι πάθος τὸ γυναικεῖον φῦλον αἰσχύνεται.

ις'. Γοργίας Ἀριστείδῃ.

Δανειζόμενος γέγηθας, εἰσπραττόμενος ἀνιᾷ, καὶ συναντῶν τοῖς δανεισταῖς καταπλήττῃ τῷ φόβῳ, ὥσπερ θηρίοις τισὶ φοβεροῖς καὶ ἀνημέροις ἐντυγχάνειν δοκῶν· καὶ περισκοπεῖς τὰς τριόδους καὶ πρὸς τὰς στοὰς ἀφορᾷς, τοὺς δανειστὰς δραπετεύειν γλιχόμενος, ὥσπερ οἱ ναυτιλλόμενοι ἐν μεγάλῳ τῷ κλύδωνι λιμένος τυγχάνειν ὀρέγονται. ἀλλὰ κακῷ τὸ κακὸν ἀκῇ· δανειζόμενος γὰρ παρ' ἄλλων ἄλλοις ἀποδίδως τὸ ὄφλημα, ταὐτόν τι ποιῶν τοῖς διὰ φόβον θανάτου κατακρημνίζουσιν ἑαυτούς. ἐπειδὴ τοίνυν τὸ δανείζεσθαι πολυσχιδές τι τοῖς ἀνθρώποις ἐστὶ κακόν, καὶ τῆς μυθικῆς ὕδρας τοῖς αὐτομάτοις γεννήμασίν ἐστι χαλεπώτερον, κἂν ἐν ταῖς καθ' ὕπνον φαντασίαις εὐλαβοῦ τὸ δανείζεσθαι· οὕτω γὰρ ἐλευθέρως τὰς ἡλιακὰς ἀκτῖνας προσβλέψειας καὶ τὸν ὑπὲρ γῆς ἀέρα λίαν προσηνῶς ἀναπνεύσειας.

ιζ'. Λόφων Πεδιάδι.

Μὴ ἵκοιτο ὥρας ὁ Λεύκιππος· κακὸν γὰρ ἡμῖν ἔτρεφε τὸ χωρίον θηρίον περὶ τὸν ὅρον τοῦ λοχμιδίου. ἐμοὶ καὶ Σωστράτῳ συνεκεκρότητο δικαστήριον, ὁ δὲ Λεύκιππος ὅλως τὰς φρένας διέφθαρτο καὶ χρυσοῦν τὸ δικαστήριον θεάσασθαι ὠρέγετο· τοιοῦτον φιλόχρυσον πάθος κατέχει τὸν δείλαιον. τοῦτο καὶ Σώστρατος ἐπιγνοὺς χρυσοῦ τὴν νίκην ὠνήσατο, καὶ τὸν λαιμὸν τοῦ Δευκίππου τοῖς δώροις ἐπέβυσεν. ἡ παρθένος Δίκη διέφθαρται, καὶ χρυσὸς τοῖς ἀνθρώποις τὸ νικᾶν ταλαντεύει· ἡ γὰρ ἰσόρροπος κρίσις ἀπόλωλε, δῶρα γὰρ μᾶλλον ἢ τὸ δίκαιον ἀξιόπιστον.

ιη'. Ἐρωτύλος Ὑψιπύλῃ.

Ὀργῶσι καὶ φοίνικες ἔρωτι φυσικῷ, καὶ τοῦ θήλεος τὸ ἄρρεν ἐφίεται, καὶ περικυρτοῦται ὁ ἄρρην τῷ ἔρωτι, καὶ τῇ κόμῃ τὴν ἐρωμένην περιπλέκει. εἰ δὲ καὶ πόρρω τὸ θῆλυ τοῦ ἄρρενός ἐστι, ψῆνας ἐκ τῆς θηλείας οἱ φυτουργοῦντες δράμενοι τῷ ἄρρενι περιάπτουσι καὶ τῷ σοφίσματι ψυχαγωγοῦσι τούτου τὸν ἔρωτα. εἰ τοίνυν ἐπανήκειν θᾶττον οὐχ οἷά τε εἶ πρὸς ἡμᾶς, παρηγόρει μοι διὰ ζωγράφου τὸν ἔρωτα, καὶ πίνακιν ἡ γραφὴ φαντασίαν τῆς σῆς παρεχέτω μοι θέας· ἱκανὴ γὰρ καὶ δόκησις τοὺς ἄγαν ἐρῶντας σοφίσασθαι.

arguebat. Oleum circumfusum solis in modum refulgebat et splendoris luminibus palæstram quasi radiis illustrabat. Affecta sum animo, Corinna, et acerbiorem sentio dolorem : amatorium enim affectum enarrare muliebre pudet genus.

XVI. Gorgias Aristidi.

Cum mutuo sumis, gaudes ; quum appellaris, doles et incidens in creditores metu percelleris quasi in horribiles quasdam et immanes bestias incidere visus, et circumspicis trivia et ad porticus oculos conicis creditores cupiens evitare, sicuti nautæ in magna tempestate portum assequi cupiunt. Verum tu malum malo sarcis : ab aliis enim mutuo sumens aliis solvis debitum, idemque facis quod qui mortis metu se præcipitant. Quoniam igitur alienum æs contrahere multiplex hominibus malum est et fabulosa illa hydra eis quæ sponte nascuntur inde adhuc gravius, in somnis saltem cave ne æs alienum facias : sic enim libere solis radios intueberis et aerem cœlestem suaviter admodum respirabis.

XVII. Lophon Pediadi.

Leucippus ne annum vertentem attingat : malam enim nobis ager aluit bestiam iuxta fines colliculi. Mihi et Sostrato constitutum est iudicium, Leucippus autem toto animo perditus est et aureum contemplari iudicium cupiebat, talis in aurum affectus tenet miserum. Quod cum Sostratus cognovisset, auro victoriam redemit et guttur Leucippi muneribus obturavit. Virgo Iustitia vitiata est et auro victoria appenditur hominibus. Periit æquum iudicium : munera enim maiorem quam quod iustum est fidem faciunt.

XVIII. Erotylus Hypsipylæ.

Turgent et palmæ amore naturali et feminam mas appetit, et incurvatur amore mas frondibusque amplectitur amatam : quod si autem longius a mare distet femina, fructus ex femina sublatos arboratores mari circumplicant atque hoc artificio huius amorem solantur. Quare si non cito ad nos reverti potes, pictoris opera amorem mihi mitiga et in tabulis pictura imaginem tuæ mihi præbeat præsentiæ : satis enim vel opinio fallere potest eos qui vehementer amant.

ιθ´ Διογενης Χρύση

Πλούτου σε ταμίαν, οὐ δεσπότην χρημάτων εἶναι φημί· τοιαύτην γὰρ τὴν καταδίκην οἱ σοὶ κατὰ σοῦ εἰσηνέγκαντο τρόποι· ἀγαθοῦ γὰρ μετέχειν τινὸς τὰς ἀνοσίους οὐ θέμις ψυχάς· κατόρυττε τοίνυν τὴν γῆν, καὶ τὸν χρυσὸν περιφρούρει, τρισάθλιε· οὐ γὰρ σός, ἀλλὰ παρὰ σοὶ ὁ πλοῦτος εἶναι πεπίστευται τοῦ Φρυγὸς γὰρ Μίδα τὴν κακίαν ζηλώσας λιμώττων πλουτεῖς, βρόχοις ὥσπερ χρυσοῖς ἀπαγχόμενος.

κ´ Χλοάζων Μήκωνι

Ἀχράδας χθές, Μήκων, πέπομφα τῇ ποθουμένη, ἡ δὲ τὴν κρόκην ἀπέρριψε καὶ τῆς ἱστουργίας εὐθὺς ἐξανίστατο, καὶ λαβοῦσα τὰ δῶρα τοῖς χοίροις διένειμε, καὶ τὸν πρέσβιν ὡς ἀπαίσιον ἄγγελον ἀπεπέμψατο· ἐγὼ δὲ κλάω φοβερὸς γὰρ ἔρως ἡμᾶ· ἀδικεῖ, ἀπρεποῦς κόρης ἐρᾶν βιαζόμενος τυφλώττουσι Τύχη καὶ Ἔρωτες, οἱ μὲν τὰς ἀλγηδόνας ἡ δὲ τὴν εὐδαιμονίαν εἰκῇ καὶ ὡς ἔτυχε παρεχομένη

κα´ Περικλῆς Ῥοδόπῃ

Ἄδεις ἀμούσως, καὶ λυπεῖς, οὐ τέρπεις τοὺς ἐραστάς· τραγωδίαν γὰρ ἀναμινύρῃ, οὐ θελκτήριον ᾠδὴν τοῖς ἀκούουσι. καὶ δακρύουσιν οἱ ἐρασταὶ ἀνιώμενοι σώφρονας γὰρ αὐτοὺς ἀντὶ λάγνων τὰ σὰ διδάσκουσιν ᾄσματα· οὐ γὰρ ἐπαγωγὸν τὴν μελῳδίαν πεποίησαι. ῥεῖσαι τοίνυν, πρὸς θεῶν, ἀνιωμένων ἡμῶν οὐ γὰρ αὐλητρὶ, ἀλλὰ θρηνήτρια τοῖς ἐρασταῖς εἶναι δοκεῖς, καὶ κηρῷ τὰ ὦτα πάντες ἐμφράξομεν, εἰ μελῳδίαν ἀσκήσειας. Σειρήνων γὰρ ἢ Μουσῶν ὀδυρομένων ἀκούομεν.

κβ´ Ἀντισθένης Περικλεῖ

Ὁ τοῦ Φιλίππου παῖς Ἀλέξανδρος ἐπὶ ταῖς εὐτυχίαις οὐδαμῶς ἐτετύφωτο, ἀλλ᾽ ἐφιλοσόφει τὰ τῆς τύχης φυσήματα, μεγίσταις εὐφημίαις οὐκ εἰωθὼς δελεάζεσθαι διά τοι τοῦτο καὶ ἐν τῇ τοῦ πολέμου ῥοπῇ, θεασάμενος πεπτωκότα τὸν Δαρεῖον τῇ χλαμύδι τὸν χθρὸν περιέσκεπεν, ἀρετῆς καὶ τύχης ἐνδεικνύμενος τὴν εὐμένειαν ἐντεῦθεν ἐλοιδόρει τὸν Ἀλέξανδρον τὸ ὑπήκοον, καὶ ἦν ἔγκλημα τῷ βασιλεῖ ἡ εὐμένεια. ὁ μὲν οὖν Ἀλέξανδρος ἅτε δὴ φιλόσοφος ὢν ἐδεδοίκει τὸ τῆς τύχης ὡς ἔοικεν ἄδηλον. διὸ καὶ πλείστων αὐτῷ ἐπελθόντων τῶν εὐτυχημάτων ἔφη, « ὦ Ζεῦ, μεῖζόν τι τοῖς ἀγαθοῖς καὶ δυστύχημα ». οὕτως ηὐλαβεῖτο τὰς εἰς ἄκρον εὐεξίας ἐμφρονέστατα ὁ Ἀλέξανδρος. εἰ μὲν οὖν γειτνιώσαν ταῖς τροπαῖς τὴν τύχην ἡγνόηκας, μετ᾽ οὐ πολὺ τὴν πεῖραν ὄψει διδάσκαλον, καὶ τῆς γνώσεως ἕξεις πρεσβύτερα τὰ παθήματα εἰ δὲ τυφλώττεις ἑκών, χαλεπωτέρας τῆς ποινῆς ἐπιτεύξῃ, πλημμελημάτων καὶ ἀγνωσίας εἰσπραττόμενος δίκας

ΧΙΧ Diogenes Chrysæ

Divitiarum te dispensatorem, non dominum esse dico Talem enim sententiam in te tulerunt mores tui nimirum non fas est, ut boni alicuius impiæ animæ sint participes Defode igitur terram et aurum custodi, miserrime non enim tuæ, sed penes te depositæ sunt divitiæ Nam Phrygis Midæ vitium æmulatus esuriens ditescis, veluti laqueo suspensus aureo

ΧΧ Chloazon Meconi

Pira heri, Meco, amasiæ misi, illa vero repente surgens ex lanificio abiecta trama accepta dona porcis prostravit et hominem a me missum ut infaustum nuntium remisit Ego vero fleo terribilis enim amor iniuriam mihi facit, quod indecoram puellam cogit me amare Cæcutiunt Fortuna et Amores, hi quidem dolores, illa autem felicitatem temere utque casus fert exhibens

ΧΧΙ Pericles Rhodopæ

Cantas incondite et tædio imples, non gaudio amatores tragœdiam enim querula voce profers, non cantum auditores delenientem, plorantque præ indignatione amatores Modestiam nimirum pro lascivia cantica tua eos docent non enim suavibus uteris modulis Parce igitur per deos nobis indignantibus namque non tibicina, verum præfica videris esse amatoribus Et omnes cera aures obturabimus, quoties cantum exerceas, Sirenum potius audimus quam Musarum nænias

ΧΧΙΙ Antisthenes Pericli

Philippi filius Alexander secunda fortuna minime superbiebat, sed ad philosophiam fortunæ flatus revocabat, summis laudibus non inescari solitus Quare quum ancipiti belli fortuna prostratum Darium conspexisset, chlamyde hostem contegebat, virtutis ac fortunæ ostendens mansuetudinem Hinc convicus Alexandrum sectabantur subditi et crimini regi mansuetudo vertebatur Alexander itaque ut philosophus fortunæ metuebat, ut videtur, incertitudinem Quare quum plurimos una aliquando lætos nuntios accepisset, « o Iuppiter, » dixit « misce bonis etiam aliquod infortunium » Ita extremæ prosperitatis successus metuebat Alexander prudentissime Si igitur obnoxiam vicissitudinibus fortunam ignorasti, brevi experientiam videbis magistram et cognitionis habebis antiquiorem afflictionem sin vero cæcutias sponte, graviorem incides in pœnam, delictorum et ignorantiæ mulctam subiturus

κγ'. Ἀσταχύων Μέλωνι.

ἀγρὸν τοῦ κωνείου ἐκκάθαιρε· τὰς ἐμὰς γὰρ
ἐλυμήνατο μελίττας. μὴ πάρεχε, πρὸς θεῶν, πράγ-
ματα ἀνδρὶ γεωργῷ. οὐδὲν κηφήνων ἡμῖν διενήνο-
χας. τί δῆτα χαλεπαίνεις ἀλόγως τῷ γείτονι; εἰ μὴ
τῆς κακίας ἀποσταίης, παμπόνηρε, τὴν σὴν ἀκολα-
σίαν ταῖς ἐμαῖς ἐπιγράψαιμαι θύραις, καὶ τοῖς ἀγρο-
γείτοσι τὴν ἀδικίαν ἐνδείξαιμι, ἵνα σε πάντες ὥσπερ
τι κακὸν δυσάντητον ἀποφεύξωνται.

κδ'. Τελέσιλλα Λαΐδι.

Οὔτε φλέβα χρυσοῦ μεταλλουργοὶ ἀνιχνεύοντες
οὔτε φρεωρύχοι τὰ τῆς γῆς ἐρευνοδιφῶντες ἀπόρρητα,
ὀφθαλμοὺς ὑδάτων ἀναζητοῦντες θεάσασθαι, οὕτω περὶ
τὴν ἑαυτῶν ἐσπουδάκασι τέχνην, ὡς ἐγὼ τὴν πόλιν
ἐσκινδαλάμιζον ἅπασαν, εἴ που τὸν Ἀγησίλαον ἦν μοι
θεάσασθαι. πότον γὰρ αὐτῷ τὴν μαινάδα Λευκίππην
ἡτοιμακέναι ἀκήκοα, καὶ ῥαγδαῖος σκηπτὸς ἡμῖν ἐνε-
δήμησε, καὶ τὸ πάθος ἀπαρηγόρητα φλεγμαίνει μοι
δάκρυα. διὸ τῆς τραγῳδίας συνέριθος ἔσομαι. οὐ
γὰρ ἀνίσχοντα λοιπὸν τὸν ἥλιον θεασόμεθα· οὕτω καὶ
Μηδείας καὶ Φαίδρας φοβερωτέρα γενήσομαι.

κε'. Σωσίπατρος Ἀξιόχῳ.

Τὸν ἀδελφὸν ἔναγχός σε θάψαι φασὶ καὶ λίαν ἐπὶ
τῷ πάθει ἀπαρηγόρητα δυσφορεῖν. καὶ πῶς σε φιλό-
σοφον ἄνδρα θαυμάσαιμι ὑπὸ πάθους ἐπὶ τοσοῦτον νι-
κώμενον; ὕπνος τίς ἐστιν ὁ παρ' ἡμῖν περιθρυλούμενος
θάνατος, τοῦ μὲν συνήθους τούτου μακρότερος, πρὸς
δὲ τὴν μέλλουσαν ἡμέραν βραχύτατος. ἐπὶ μακρὰν
ἀποδημίαν οἱ τεθνηκότες ἐστάλησαν· οὐκ ἐπὶ πολὺ
τούτων ἡμῖν ὁ χωρισμός. καρτέρησον τὴν διάζευξιν,
ἀνάμεινον αὖθις τὴν ἕνωσιν. μὴ πάθῃς τι φιλοσω-
μάτου ψυχῆς, ἐπεὶ καὶ Πλωτῖνος ἐφήκει αἰσχυνομένῳ
ὅτι ἐν σώματι εἴη· οὕτως ἐλύπει τὸν φιλόσοφον τὸ
θνητὸν τουτὶ περισκήνιον. στῆσόν μοι μέχρι τούτου
τὸ δάκρυον, ὅρους νομοθέτει τῇ λύπῃ, φρονήσει τὸ
πάθος θεράπευσον ἰατρὸς γενοῦ σεαυτοῦ. ἕξεις λόγον τὸ
φάρμακον

νηπενθὲς ἄχολόν τε, κακῶν ἐπίληθον ἁπάντων.

οὐκ ἐκ τοῦ κρείττονος ὁ δημιουργὸς ἐπὶ τὸ χεῖρον πα-
ράγει ποτὲ τὰ ποιήματα. τοῖς θνητοῖς τὰ θνητὰ κα-
ταλείψομεν· μεγάλαις γὰρ κηλῖσιν ἐνθάδε τὸ βασι-
λικὸν τῆς ψυχῆς κατακηλίζεται. ἐγὼ τὴν γένεσιν ἢ
τὸν θάνατον μᾶλλον δακρύσαιμι· τὸ μὲν γὰρ δακρύων
ἀρχή, τὸ δὲ τῶν ἀνιώντων κατάλυσις. ἄγνοια περι-
δεεῖς ἡμᾶς ἀπεργάζεται, καὶ θάνατον εὐλαβούμεθα,
οὐχ ὅτι κακὸν, ἀλλ' ὅτι τοῖς ἀνθρώποις ἠγνόηται. οὗ
γάρ τις τὴν γνῶσιν ἀφῄρηται, τούτου κατηγορεῖ προ-
χειρότατα. μὴ γένοιο τοίνυν τῇ Νιόβῃ ἐφάμιλλος,

Agrum cicuta exstirpa : meas enim corrupit apes.
Noli per deos negotia facessere homini agricolæ. Nihil a
fucis nobis differs. Quid quæso sine ratione irasceris
vicino? Quod si a malitia non destiteris, pessime, tuam
intemperantiam meis inscribam ianuis et iniuriam vicinis
indicabo, ut omnes te fugiant tanquam malum intole-
rabile.

XXIV. Telesilla Laidi.

Neque venam auri metallici indagantes neque putearii
terræ arcana perscrutantes, aquarum oculos quærentes
videre, tantum in sua arte studium collocant, quanto-
ego urbem excutiebam totam, an Agesilaum alicubi pos-
sem conspicari. Potum enim mænadem istam Leucippen
ei parasse audivi, et impetuosum fulmen in nos incidit,
animique sollicitudo insolabiles exprimit mihi lacrimas.
Quare ego quoque ero tragœdiæ peragendæ socia : non
enim orientem rursus solem contemplabimur, tam ego
Medea atque Phædra fiam sævior.

XXV. Soripater Axiocho.

Fratrem nuper te sepelivisse aiunt spretoque solatio
admodum ægre hunc casum ferre. Et quomodo philoso-
phum te admirer, qui tantum ab affectu te vinci passus
sis? Somnus enim quidem est quæ dicitur apud nos mors,
consueto isto quidem longior, sed ad futuram diem si
referas brevissimus. In longam peregrinationem mortui
se contulere. Non longe post futura et nostra secessio.
Perfer disiunctionem, exspecta futuram coniunctionem.
Ne afficiatur ita tuus animus, ut corporis amore trahi
videatur, quoniam Plotinum quoque puduit, quod esset
in corpore, tam molestum philosopho fuit mortale hoc
integumentum. Hucusque siste mihi lacrimas, terminos
pone tristitiæ, prudentia subveni affectui, medicus esto
tibi ipsi. Habes rationem medicamentum

nepenthes iram sedens malorumque omnium afferens obli-
[vionem.

Non ex meliore statu in peiorem deducit opera sua crea-
tor. Mortalibus mortalia relinquemus : magnis enim
maculis hic regia vis animi inquinatur. Ego nativitatem
potius quam mortem deploraverim : illa nimirum lacri-
marum est initium, hæc ab eis quæ dolorem afferunt
liberatio. Ignorantia timidos nos reddit, mortemque
timemus non tanquam malum, sed quod incognita est
hominibus. Cuius enim quis rei cognitione caret, hanc
incusat facillime. Noli igitur similis fieri Niobæ, ne vi-

ἵνα μή που δόξῃς καὶτὸς λίθῳ τὴν ἀνθρωπείαν φύσιν ἀμείβεσθαι

κς' Κεκροπὶς Δεξικρατει

Τὴν μαγνῆτιν λίθον ἐρᾶν τοῦ σιδήρου φασί, καὶ τοσοῦτον ζῆν ἱστοροῦσι τὴν λίθον, ὅσον τῷ ἐρωμένῳ καὶ σύνεστιν. ὁπηνίκα γὰρ ἡ λίθος τοῦ ὁμοζύγου χωρίζεται, παραυτίκα νεκροῦται καὶ τὴν ἑαυτῆς ἐνέργειαν ἀποτίθεται. τοιαῦται προσπάθειαι, Δεξί-χρατες, καὶ τοῖς ἀψύχοις ἐγγίνονται· ἐγὼ δὲ τί ἂν πάθοιμι, φίλτατε, ἐπὶ τοσοῦτον ἀπολιμπανομένη τῆς σῆς ἐνδημίας; οἶμαι καὶ τὸ φράσαι τοῦ παθεῖν χαλεπώτερον. οὕτω λυπήσαιμι τοὺς λυπήσαντας καὶ βέλος γενοίμην τοῖς ἐρῶσι. σπινθὴρ ἀφροδίσιος Αἰτναίας φλογὸς φλογωδέστερος

κζ'. Οερίστρων Σπείρωνι

Ἐπὶ τὴν Αἴτνην τὸ Σικελικὸν ὄρος ἀπαίρομεν, εἰπόντες χαίρειν τῇ Ἀττικῇ· οὐπώποτε γὰρ δυστυχε-στέραν γῆν πρὸς ἐπίδοσιν καρπῶν ἑωράκαμεν. ἀντὶ πυρῶν μυρρίνας, ἀντὶ κριθῶν κιττὸν ἡμῖν ἀπεκύησεν ἢ δὲ σιπύη κενή, καὶ ἡ ἅλως λιμοῦ πεπλήρωται διά τοι τοῦτο τῶν πρώτων μοι μὴ ἐκφυέντων σπερμάτων οὐκ ἂν αὖθις τῇ ἀγνώμονι ἕτερα καταβάλοιμι· οὐ δύναται γεωργὸς καὶ λιμὸν καὶ στρατιώτην ἔχειν πολέμιον, ὥσπερ οὐδὲ πλωτῆρες οἷοί τέ εἰσι πνεύμασιν ἅμα καὶ κεραυνοῖς ἀντιμάχεσθαι

κη' Ἡρακλείδης Ἀντισθενει

Οὔπω με τῆς ὀργῆς ἀφῆκας, Ἀντίσθενες, ἀλλ' ἔτι χαλεπαίνεις ἡμῖν καὶ κρύπτεις τὴν ἀνίαν προσηνῶν ῥημάτων προσχήματι, ὥσπερ οἱ ἐν αἰθάλῃ σπινθῆρα πυρὸς ταμιεύοντες· ἐκκάθαιρε λοιπὸν τῆς καρδίας τὴν λύπην· τοῦτο γὰρ οἱ ἡμέτεροι λόγοι πρεσβεύονται εἰ δὲ μή, καὶ θαλάττης ἀπηνέστερος ἔσῃ, κατευνάζει γὰρ ἐκείνη τὸ ἄγριον καὶ παρέχεται τοῖς πλωτῆρσιν ὄψιν φιλάνθρωπον, ὁπηνίκα τῷ ἐλαίῳ φιλορρονοῦνται ἄγαν τοῖς κύμασι χαλεπαίνουσαν

κθ' Λαχανων Πηγανωνι

Ἥκέ μοι πρὸς τοὔλαιον αὔριον· ἐκδημήσαιμι γὰρ τοῦ ἄστεος. ναὶ δαιτυμὼν ἔσο μοι, φίλτατε Νύμ-φαις γὰρ καὶ τῷ Πανὶ τοῦ ποιμνίου τὰς ἀπαρχὰς ἀναθήκαιμι· εὐνοοῦσι γὰρ ἡμῖν ὀψέ ποτε οἱ θεοί. τὰ κισσύβια πεπλήρωταί μοι τοῦ γάλακτος, αἱ οἷς εὐ-γόνως τετόκασι, περισκιρτῶσιν αἱ αἶγες, ἐπὶ ταῖς εὐ-τυχίαις ὥσπερ γηθόμεναι. πεπαύμεθα πενίᾳ μαχό-μενοι δυσνουθετήτῳ θηρίῳ καὶ δυσκόλῳ, ἣ δίκην ἕλκους τοῖς κεκτημένοις συμπλέκεται καὶ φιλο-σύνηθές ἐστι κακόν, ῥᾳθυμοποιὸν κατηφές, πρὸς λύπην ἀπαρηγόρητον πρὸς ἀνίαν ὀξύρροπον, ἄγρυπνον φι-

---

dearis et ipse in lapidem humanam naturam transmutare

Magnetem lapidem amare ferrum dicunt, tamque diu vivere narrant lapidem, quam diu cohæreat cum amato. Simul atque enim lapis a coniuge secernitur, statim emoritur et vim suam deponit Tales affectuum consensus, Dexicrates, etiam inanimatis insunt Ego vero quid patiar, amicissime, tam diu tua præsentia destituta? Puto id eloqui quam pati esse difficilius. Sic ego dolores doloribus rependam et amantibus telum fiam, scintilla venerea Ætnæi ignis ardentior

XXVII. Theristro Spironi

In Ætnam Siciliæ montem demigramus, valere iubentes Atticam nunquam enim infeliciorem ad fructus ferendos terram vidimus Pro tritico myrtos, pro hordeo hederam nobis edidit, panarium vero vacuum est et area plena mihi famis Quapropter primis seminibus mihi non enatis, non iterum ingratam terram conseram · non potest enim agricola famem simul et militem sustinere hostem, ut neque nautæ adversus ventos simul et fulmina pugnare queunt

XXVIII Heraclides Antistheni

Nondum mihi iram remisisti, Antisthenes, sed adhuc succenses nobis, blandorumque verborum prætextu occultas stomachum, ut qui in favilla ignis scintillam servant Exterge iam animi illuviem hoc enim a te petunt nostri sermones Sin minus, etiam mari eris implacatior sopit enim illud feritatem, nautisque benignum præbet vultum, ubi oleo deleniunt vehementer æstu indignans

XXIX Lachano Peganoni

Veni mihi ad forum olearium, relinquam enim urbem, et esto mihi conviva, amicissime Nymphis scilicet atque Pani gregis primitias volo consecrare propitii sunt enim tandem aliquando nobis dii Vasa lacte mihi sunt repleta, oves feliciter pepererunt, exsultant capræ quasi felicitate gaudentes Desimus cum paupertate conflictari, implacabili bestia et morosa ad ulceris modum eis qui habent inhæret, familiare est malum, languorem afferens, triste, ad ferendum dolorem ignavum, pronum ad lædendum, insomne, curarum amans, laboriosum, malorum inveniendorum artifex, inglorium, aspernabile,

49

λομέριμνον ἐπίμοχθον, κακῶν ἐφευρετικόν, ἄδοξον εὐκαταφρόνητον ἀνεπίφθονον· οὐ γάρ τις ἐθέλει τηλικούτῳ κακῷ συναντᾶν, οὐδ' εἰ τὴν Ὀρέστου μανίαν καταχριθείη νοσεῖν. ῥίψαντες τοίνυν τὰ τῆς πενίας τῇ πενίᾳ, ἐφ' ἑτέραν μεταβησόμεθα λῆξιν, μετὰ τῆς τύχης ἀμείψαντες καὶ τὸ φρόνημα.

λ'. Ῥοδίνη Καλλιόπῃ.

Ἐπὶ τῶν ἐραστῶν διασύρεις καὶ σκώπτεις ἡμᾶς, τὸ κεχαυνῶσθαί μοι τὸ σύντονον καὶ σφριγῶν τοῦ σώματος διαπαίζουσα· σὺ δὲ τὴν σὴν πανουργίαν κεκρύφθαι δοκεῖς. ἀτελεσφόρητα γὰρ τὰ κυήματα ἀποπατεῖς ἡ παμμίαρος, καὶ τὰς ἀμβλώσεις ἢ τοὺς τοκετοὺς αἱρετωτέρας πεποίησαι, δριμυτάτοις φαρμάκοις τὰ ζωογονούμενα ἐν τῇ σῇ γαστρὶ περιπνίγουσα, καὶ τῆς Κολχικῆς Μηδείας ἀπηνεστέρους ἀπεργάζῃ τοὺς φόνους. παιδοκτονεῖν ἐκείνη ἐδίδασκεν ἀγνωμονῶν ὁ ὁμόζυγος τὴν εὐεργέτιν καὶ τῶν ἀγώνων τὴν σύμμαχον, σὺ δὲ διὰ τὴν τοῦ κάλλους εὐπρέπειαν μυρίας συμφορὰς ἀπεργάζῃ, πορνίδιον. παῦσαι δῆτα καὶ τὴν σὴν ἀπανθρωπίαν καλύπτουσα καὶ τὴν ἡμετέραν εὐσέβειαν διαπαίζουσα. φιλανθρωπότερος γὰρ ἡμῖν ὁ τοκετὸς τῆς ἀμβλώσεως. ἴσθι δὲ καὶ τὴν Δίκην ἐπὶ σοὶ χαλεπαίνουσαν καὶ παιδοκτονίας ποινὰς οὐ ῥᾳθυμοῦσαν εἰσπράττεσθαι.

λα'. Ἡφαιστίων Θάλητι.

Τὸ Μηδικὸν ὄρνεον ὁ ταὼς τῶν Μήδων τὴν ὑπεροψίαν κεκλήρωται, μέγα τι καὶ ὑπέρογκον ἐπὶ τῷ κάλλει φρονῶν. τούτου καὶ τὴν θήλειαν ἡττᾶσθαι δοκεῖ. τὸ πτερὸν τοιγαροῦν οἷα δὴ κόμην ἀνίστησι καὶ περιφανέστατόν τι κάλλος τοῖς ὁρῶσι παρέχεται, καὶ κυκλικὸν ἀπεργάζεται σχῆμα, καὶ τὸν οὐράνιον εἰκονίζεται κόσμον, καὶ τοῖς ὀφθαλμοῖς τοῦ πτεροῦ τὴν τῶν ἄστρων διακόσμησιν ἀναπλάττεται. καὶ τοῦτο μὲν Μηδικῶν ὀρνέων ἦθος φιλόκαλον· οὐ γὰρ βασκαίνουσι τὴν ἑαυτῶν εὐκοσμίαν ζωγράφους διδάσκοντες· σὺ δὲ τοῖς σοῖς ἐπῳάζεις συγγράμμασι, καὶ τὰς σὰς ἀρετὰς ἐγκαλύπτεις, καὶ τοὺς πόνους ἀνεπιδείκτους ἔχῃς, τηλικαύτης ὠφελείας ἡμᾶς χηρεύοντας παρορῶν. εἰ μὲν οὖν βασκανία τίς ἐστιν ἡμᾶς τὸ λυποῦν, ἀφιλόσοφον τὸ ἐγχείρημα καὶ τῆς σῆς ἐπαγγελίας ἀλλότριον· εἰ δὲ ὄκνος τὴν ἀναβολὴν ταμιεύεται ταύτῃ τι πέπονθας ἀνδρὶ γεωργῷ πολλοὺς τοὺς ἱδρῶτας δεδαπανηκότι τῇ γῇ καὶ θέρους ἀκμῇ μὴ δρεπομένῳ τοὺς στάχυας.

λβ'. Πόας Ἀμπελίνῳ.

Δεῦρο ξυναυλίαν, γερόντιον, κλαύσωμεν. ὁ ποταμὸς ἀνεκίρτησε καὶ κακὸν ἡμῖν ὠρχήσατο σκίρτημα· ὅλον τὸν ἀγρὸν ἐπεκλύσατο, καὶ τὰ νεόγονα τῶν ἀμπέλων ὁ φοβερὸς ἐπεβύθισε. τὸ δὲ μεῖζον δυσ-

non invidendum : nemo enim in tantum malum incidere vult, ne si Orestis quidem insania laborare convincatur. Abiectis igitur quae paupertatis sunt cum ipsa paupertate ad aliam sortem obtinendam commigrabimus, mutato cum fortuna et sensu animi.

XXX. Rhodine Calliopæ.

Apud amatores calumniaris nos et proscindis, relaxatum mihi ventris ambitum et turgiditatem derideas, tu vero tuas fraudes occultas esse putas. Immaturos enim quos concepisti fœtus secernis, sceleratissima, et abortum quam partum habes potiorem, acerrimis medicamentis nascentes infantes in ventre suffocans, atque Colchica Medea crudeliores cædes perpetras. Hanc ut liberos suos interficeret adduxit ingratus maritus, auctorem beneficiorum in ipsum collatorum atque certaminum adiutricem, tu vero ne formam corrumpas innumerabiles edis clades, meretricula. Desine igitur inhumanitatem tuam celare et nostram pietatem deridere. Humanior apud nos est partus quam abortus. Scias vero etiam deam ultricem tibi succensentem liberorum occisorum pœnas haud cunctanter exacturam.

XXXI. Hephæstio Thaleti.

Medica avis pavo superbiam Medorum sortita est, mirifice sibi et supra modum placens ob pulcritudinem suam, qua et superari eius feminam constat. Pennas igitur veluti comam erigit et illustrissimam speciem exhibet spectantibus et circularem conficit figuram mundumque cœlestem exprimit atque oculis pennarum astrorum repræsentat ordines. Atque hæc quidem Medicarum est avium indoles magnifica : non enim invident ornatum suum, quibus exemplo sunt, pictoribus. Tu vero libris tuis incubas, tuasque virtutes contexis atque opera tua latere sinis abdita, nos nihil curans, qui tanto commodo caremus. Si igitur præ invidia nobis ægre facis, philosopho indigna res est et a tua professione aliena : sin vero inertia moram tibi suggerit, idem tibi accidit quod agricolæ, qui postquam multum sudoris in terram impendit, æstatis tempore spicas non demetit.

XXXII. Poas Ampelino.

Huc age coniuncto luctu, senex, comploremus. Fluvius exiliit et perniciosum nobis saltavit saltum. Totum agrum inundavit et novellas vites formidabilis ille demersit. Hoc vero maius est malum, quod non vult scelestus

τύχημα, οὐκ ἐθέλει ὁ μιαρὸς τῶν ἐντεῦθεν ἀπαίρειν,
ἀλλ' ἐμφιλοχωρεῖ γὰρ τῷ γηδίῳ καὶ κοίτην τὸν ἀγρὸν
πεποίηται τὸν ἡμέτερον καὶ δακρύων ἄξιόν ἐστιν
ἰδεῖν· ἀντὶ γὰρ ἀμπέλων τοὺς ἰχθῦας γεωργοῦμεν οἱ
τάλανες ὅταν ὁ ποταμὸς ἐθέλῃ, ἀγρεύομεν· ὅταν
ἐθέλῃ, λιμώττομεν, καὶ μέγα τί μοι δῶρον φιλοτι-
μεῖσθαι δοκεῖ. εἴθε τῷ θέρει μηδαμῶς τὰς νεφέλας
ἱκετεύομεν ὄμβρον ἡμῖν αὐχμῶσι χαρίζεσθαι· οὕτω
γὰρ ἅπερ κεκτήμεθα οὐκ ἂν ἀφηρήμεθα ποταμὸς
γὰρ αὐτὸς καθ' ἑαυτὸν ἐπαχθής· εἰ δὲ καὶ ὄμβροις
πλουτήσειεν, τοῦ πυρός ἐστιν ἀκρατέστερος, καὶ μέ-
τροις οὐ χαλινοῖ τὰ φρυάγματα.

λγ' Γαλάτεια Θετιδι

Ἐπαινῶ σου τὴν φρόνησιν, καὶ τὸ λίαν ἐμπειρό-
τατον ἄγαμαι ὥσπερ γὰρ ἐκ τρίποδός τινος Πυθικοῦ
τὰ μέλλοντα διηγήσω μοι καὶ τοῦ Λυγκέως ὀξύτερον
τὰ βαθύτερά τε καὶ ἀφανῆ τῶν πραγμάτων ἐσκόπησας·
ὁ Καλλίμαχος ἡμᾶς καταλέλοιπεν· ἀπέπτη μετεωρι-
ζόμενος ὀξυτάτῳ τῷ τοῦ χόρου πτερῷ ἐδραπέτευσεν
ἡμᾶς ὁ παμμίαρος, καὶ γέγονεν αὐτῷ τῆς ἐπιθυμίας
ὁ χόρος πρεσβύτερος σὺ δέ μοι παρήνεις πολλὰ
« ὅρκοις μὴ πείθου, Γαλάτεια ὅρκων ἐρῶσιν
οὐδὲν εὐχερέστερον. » ἐρωτικῶν γὰρ οἱ νέοι
μεθύοντες ἡδονῶν καὶ τὸ καλῶς ἀφαιροῦνται βου-
λεύεσθαι, καὶ πράττουσι φλεγμαίνοντες ἃ νομοθε-
τοῦσιν οἱ Ἔρωτες· οὐ γὰρ αὐτοκίνητον ἔχουσι τῶν
πραγμάτων τὴν ἔφεσιν. ἀπιστία πίστεως, ὡς ἔοικεν,
ἀσφαλέστερον, καὶ πρὸς ἀπάτην ὅρκος σοφιστής ἐ-
στιν ἀξιόχρεως

λδ' Θεμιστοκλῆς Χρυσίππῳ

Ἐπειδὴ σωφροσύνη καὶ παρὰ τῷ μύθῳ τετίμηται,
ἄγε δῆτα, Χρύσιππε, διαμυθολογήσω σοι μῦθον οὐκ
ἄσεμνον.
Ἀφίκοντο ποτὲ πρὸς τὸν Δία τὰ ὄρνεα καὶ τὸν Ὀ-
λύμπιον ἐπρεσβεύοντο ἡγεμόνα παρασχεῖν αὐτοῖς· ἦν
γὰρ ἀναρχία τοὺς ὄρνιθας τὸ λυποῦν, καὶ μεγίστου
τινὸς ἀγαθοῦ τῆς ἡγεμονίας ἐχήρευον, καὶ πολλὴν διὰ
τοῦτο τὴν ἀκοσμίαν ἐκέντηντο ἐπένευσε τοίνυν ὁ
Ζεύς, καὶ γέγονεν ἔργον τὸ βούλημα, καὶ δωρεῖται
δῶρον τοῖς ἱκετεύουσι θαυμαστὸν βασιλέως γὰρ ἦν
ἀξίωμα τὸ διδόμενον προσέταττε δῆτα τοῖς ὄρνισιν
ἐπὶ λίμνας καὶ πηγὰς ἀφικέσθαι καὶ τὸν ἑαυτῶν ἀπο-
σμήξασθαι ῥύπον, καὶ τοῖς ὕδασι τὴν βάσανον τῆς
ἡγεμονίας ἐπίστευσεν· ἦν γὰρ εὐπρέπεια παρὰ τῷ Διὶ
τὸ τιμώμενον. ἐλούσαντο δῆτα οἱ ὄρνιθες, εἶτα πρὸς
τὸν Δία παλινδρομοῦσιν εὐθύς, καὶ τὴν ἑαυτοῦ ἕκαστος
εὐπρέπειαν ἐπεδείκνυτο. ὁ δὲ κολοιὸς τὴν οἰκείαν
δεδιὼς ἀμορφίαν τὴν τῆς φύσεως δημιουργίαν ἐνόθευ-
σεν, ἀλλοτρίῳ κόσμῳ τὴν ἑαυτοῦ καλλωπίζων ἀπρέ-
πειαν. ἀλλ' ἤλεγξε τὴν ἀμορφίαν ἡ γλαὺξ καὶ τὸν

hinc recedere, sed gaudet in agro habitare et lectum sibi
constituit in nostro prædio Adspectu res sane flebilis
nam pro vitibus pisces colimus nos miseri Quum fluvio
lubet, piscamur, quum lubet, famem patimur, magnumque
sibi videtur largiri mihi donum Utinam æstate nubes
nunquam essemus precati, ut imbrem nobis largirentur.
sic enim quæ possidemus non erepta nobis essent Flu-
vius enim per se molestus ipse est, sin vero et imbribus
auctus, igne est violentior, neque ferociæ suæ frenos
imponit

XXXIII Galathæa Thetidi.

Laudo tuam prudentiam et summam tuam perit am
admiror velut enim ex tripode aliquo Delphico futura
mihi prædixisti et Lynceo acutius profundiores res et abs-
conditas per-pexisti Reliquit nos Callimachus, avolavit
in sublime evectus celerrimis satietatis aliis, aufugit a
nobis scelestissimus et satietas ei cupiditate fuit potior
Tu vero sæpe numero me monebas « iurmurando ne
fidem habeas, Galatea, iurisiurandis nihil est levius in
amantibus » Nimirum venereis voluptatibus ebrii iuvenes
etiam recte sibi consulendi amittunt potestatem et amore
concitati faciunt quicquid Amores iusserint non enim
sua sponte ad agendum pertrahuntur Perfidia tutior
apparet fide et ad fallendum idoneus est magister iusiu-
randum

XXXIV. Themistocles Chrysippo

Quoniam temperantia in fabulis etiam celebrata est,
age, Chrysippe, narrabo tibi fabulam haud spernendam
Convenerunt aliquando Iovem aves et Olympium ut sibi
præberet principem rogabant Nimirum moleste ferebant
aves, quod sine imperio essent, summoque carebant
bono, principatu, atque magnam ideo inciderant in rerum
perturbationem Annuit igitur Iuppiter et ad effectum
adductum est consilium, donumque dat petentibus ad-
mirandum regis enim dignitatem largiebatur Itaque
ad lacus et fontes aves profectas abluere sordes suas
iussit atque aquis principatus explorationem credidit
erat enim elegantia in pretio apud Iovem Lotæ igitur
aves ad Iovem protinus recurrunt, suamque unus quisque
elegantiam ostentabat Graculus vero deformitatem
suam cum metueret, naturæ opificium interpolavit,
alieno ornatu suam decorans fœditatem At redarguit
deformitatem noctua et affictitium ornatum common-
strabat quum enim suas pennas cognovisset, tanquam

ἐπίπλαστον κόσμον ἐδείκνυε· τὸ γὰρ οἰκεῖον ἐπιγνοῦσα πτερὸν ὡς ἴδιον ἀφείλετο καὶ τοῖς ἄλλοις ὀρνέοις ἐδίδου παράδειγμα ἕκαστον ἀφαιρεῖσθαι τὸ ἴδιον. καὶ γέγονεν αὖθις ὁ κολοιὸς κολοιός.

Ὁ μῦθος οὗτος, ὦ Χρύσιππε, καθάπερ ὕπαρ τὴν ἀλήθειαν φθέγγεται, πολλὴν σωφροσύνην ἡμῖν διηγούμενος. οὕτω γὰρ καὶ οἱ ἄνθρωποι οὐδὲν τῶν τῇδε κεκτήμεθα ἴδιον, ἀλλὰ ζῶντες μὲν πρὸς ὀλίγον ἐπιπλάστῳ σεμνυνόμεθα κόσμῳ, τεθνηκότες δὲ ἀφῃρήμεθα ἅπερ οὐκ ἔστιν ἡμέτερα. ὑπερόρα τοίνυν καὶ χρημάτων καὶ σώματος, ἀθανάτου δὲ πράγματος ἐπιμελοῦ τῆς ψυχῆς· τὸ μὲν γὰρ ἀΐδιον καὶ ἀθάνατον, τὰ δὲ θνητὰ καὶ πρὸς ὀλίγον ἐστὶν ἡμέτερα.

λε΄. Μυρωνίδης Μόσχωνι.

Τὸν ἀροτῆρα βοῦν κέχρηκα τῷ Τυκανίᾳ· οὐ γὰρ ἦν αὐτῷ τοῦ ζεύγους τὸ ἕτερον· ἐπηγγείλατο δέ μοι ὁ Τυκανίας τὸν ἑαυτοῦ ταῦρον παρέχεσθαι· βοὸς γὰρ ἐλειπόμην κἀγώ. ὁ γὰρ θαυμαστός μοι ταῦρος ἀπόλωλεν, ὁπότε ὁ χαλεπὸς ἐκεῖνος λοιμὸς τοῖς θρέμμασιν ἐπεδήμησεν. ὁ δὲ καλὸς Τυκανίας τὰς συνθήκας διέλυσε, καὶ μέχρις ὅτου ὁ σκοπὸς αὐτῷ διηνύετο, στέργειν ἐδόκει τὰ δόξαντα. ἐγὼ δὲ τὴν τύραννον ἀπάτην θρηνῶ· οὐ γὰρ ἀροτῆρας βόας κεκτήμεθα, ὁ δὲ καιρὸς τῶν ἀρότων ἤδη που συμπαρῴχηκε. δικαστήριον τοίνυν τῷ Τυκανίᾳ ὁπλίσομαι, καὶ δικαστὰς ἅπαν τὸ χωρίον προστήσομαι. καὶ τῆς ἀπάτης ἐκεῖνος δίκας ὑφέξεται· καὶ κακίας πείσομεν τοὺς ἀκολάστους ἀπέχεσθαι, ἑνὸς ἀνθρώπου φθορὰν σωφροσύνης διδάσκαλον ἔχοντες.

ις΄. Ἐράσμιος Λυσιστράτῳ.

Παίζουσι τοὺς ἀνθρώπους οἱ Ἔρωτες καὶ δουλαγωγοῦσι τοὺς ὑπὸ σελήνην παῖδες ὕποπτεροι, ἵνα τι καὶ τοῖς ζωγράφοις πεισθῶμεν. εἴθε γὰρ ἦν ὁρᾶν τὸν πολέμιον. οὕτω γὰρ ἂν βάλλοντες ἐβάλλοντο καὶ οἱ Ἔρωτες. ἀλλ᾽ αὐτὸ τοῦτο ἠδικήμεθα πλέον, ὅτι καὶ τοὺς ἐχθροὺς ἠγνοήκαμεν ὁποῖοι ὄντες τὴν φύσιν τυγχάνουσιν. οἵῳ γὰρ ἀλογίστῳ πάθει συμπέπλεγμαι. Μελανίππην Διοδώρου ἀπόγονον ἐκτόπως ποθῶ, μηδὲ ὄναρ ποτὲ τὸ γύναιον θεασάμενος, ἀλλὰ μόνον ἀκούσας ὑπό τινος ᾀδεῖν αὐτὴν θαυμαστῶς· καὶ βέβλημαι τὴν ψυχήν, μηδὲν ἐκ τῶν ὀφθαλμῶν ἀδικούμενος. ὅπερ εἴθε ἔπαθον, Λυσίστρατε· νῦν δὲ γεγόνασί μοι ὀφθαλμοὶ καὶ τὰ ὦτα. τοσαῦτα φύσις Ἐρώτων δεδύνηται. εἴτε οὖν βρενθής ἐστι τὴν θέαν ἠγνόηκα, εἴτε καὶ φαντασία τίς ἐστι τὸ λεχθὲν οὐκ ἐπίσταμαι· οἶμαι δ᾽ ἐγὼ εἷς μάρτυς πρὸς ἀλήθειαν ἀξιόχρεως. ἀλγῶ δὲ ὅμως τὴν ψυχὴν καὶ τῆς οὐχ ὁρωμένης ἐρῶ, καὶ πανικῆς μετειληφέναι μανίας δοκῶ. κἀκείνῳ ἀθέατον ἦν τὸ ποθούμενον, καὶ δόκησιν μόνην τῶν ζητουμένων εἶχε τὴν ὕπαρξιν.

proprias eas abstulit, reliquisque avibus ut suum quæque repeteret auctor exstitit. Sic graculus rursum factus est graculus. Hæc fabula, Chrysippe, veritatem quasi viva voce loquitur, multum nobis suadens temperantiam. Sic enim et nos homines nihil eorum quæ hic sunt proprium possidemus, sed viventes quidem in breve tempus fictitio gloriamur ornamento, mortui vero amittimus quæ non sunt nostra. Spretis igitur divitiis et corpore immortalem rem cura, animam : hæc enim sempiterna atque immortalis, illa mortalia et in breve tempus nostra sunt.

XXXV. Myronides Moschoni.

Bovem aratorem mutuo dedi Tycaniæ : non enim integrum ei erat iugum. Promisit vicissim Tycanias, sui tauri se mihi facturum copiam : nam ego quoque uno carebam bove. Nimirum admirandus mihi taurus occidit, quum gravis illa pestis in armentis grassaretur. At bonus Tycanias pactum dissolvit, et donec quod voluit assequutus est, manere in sententia videbatur. Ego vero diram fraudem lugeo : non enim habemus boves ad arandum et arandi tempus pene iam præteriit. Iudicium igitur Tycaniæ parabo et iudices universum agrum in auxilium vocabo, fraudisque suæ ille poenas dabit, atque ita protervis ut a malitia abstineant persuadebimus, unius hominis calamitatem magistram habentes temperantiæ.

XXXVI. Erasmius Lysistrato.

Illudunt hominibus Amores eosque, qui sub luna sunt, in servitutem redigunt pueri alati, ut etiam pictoribus fidem aliquam habeamus. Utinam liceret hostes intueri : tum enim qui iaculantur ipsi quoque telis Amores peterentur. Verum hoc ipso plus iniuriæ patimur, quod et quali natura instructi sint hostes ignoramus. Quam enim ab omni ratione alieno teneor affectu. Melanippen Diodori neptem misere amo, licet ne per somnium quidem hucusque hanc feminam viderim, sed solum audiverim ab aliquo admirabiliter eam canere, animoque vulneratus sum, nullam sim per oculos passus iniuriam, quod utinam accidisset mihi, Lysistrate : nunc vero mihi adeo pro oculis aures sunt. Tantum vis Amorum potuit. An igitur . . . . . sit adspectu ignoro, neque an commentum sit modo, quod dictum est, scio : non enim sufficit unus testis ad veritatem confirmandam. Attamen animo doleo et non visam amo, Panicoque furore correptus mihi videor. Et illi invisum erat, quod amabat, et opinatione sola eorum quæ quærebat materiam comprehendebat.

λζ′ Εὐρυβιάδης Κίμωνι

Ἐπαγγέλλῃ πολλὰ καὶ πράττεις ὀλίγα, καὶ τὴν γλῶτταν ἔχεις ὑψηλοτέραν τῆς πράξεως. ἀλλ' εἰ μὲν ῥημάτων κομψότης τεθαύμασται παρὰ σοί, οἱ ζωγράφοι τῆς σῆς δυνατώτεροι γλώττης, τοσαῦτα πλαστουργοῦντες τοῖς πίναξιν ὅσα πράττειν ἡ φύσις οὐ δύναται εἰ δὲ καὶ χαίρειν δοκεῖς ταῖς ὑποσχέσεσι τοὺς ἀκούοντας, πρὸς ὀλίγον μὲν εὐφραίνεις, ἀνιᾷς δὲ μετ' οὐ πολὺ χαλεπώτερον, ἐπεὶ καὶ τῶν ἐνυπνίων τὰ κάλλιστα οὐ τοσοῦτον ἡμᾶς εὐφραίνει καθεύδοντας, ὅσον ἐγρηγορότας ἐλύπησεν· αἱ γὰρ ἐλπίδες εὐθὺς μετὰ τοῦ ὕπνου συνανίπτανται σύμφωνα δῆτα τῇ γλώττῃ τὰ πράγματα κέκτησο, ἵνα μὴ καὶ τοῖς φίλοις ἀπεχθῇ καὶ τοῖς ἐχθροῖς ὑπόθεσιν ψόγου πορίσῃς ὡς ἀληθείας ὑπάρχων ἀμέτοχος.

λη′ Τεττίγων Ὀρτυγωνι

Τί δῆτα, τρισάθλιε, τὴν ἐσθῆτα διήλλαξας, καὶ τοὺς πέρδικας ἐξεπέτασας, οἶνός σοι γέγονε τὸ κακόν. οἶνω καὶ τοῦ Κύκλωπος τὸν ὀφθαλμὸν βλάψαι τὸν Ὀδυσσέα φασί. διὸ εἰ μὴ συναθροίσειας τοὺς ὄρνιθας, σὺν σοὶ καταχρημνίσαιμι ἐμαυτόν καὶ παῖδα γὰρ ἀκόλαστον ζῆν χαλεπὸν καὶ τάφον πρὸ τοῦ πατρὸς υἱὸν σφετερίσασθαι καὶ λίαν ἐστὶ δυσφορώτατον

λθ′ Θέτις Ἀναξάρχῳ

Οὐ δύνασαι Θέτιδος καὶ Γαλατείας ἐρᾶν, οὐ τεμαχίζεται πόθος· οἱ γὰρ Ἔρωτες οὐ μερίζονται ἀλλ' οὐδὲ διπλοῦν ἂν ἐνέγκαις τὸν ἔρωτα ὡς γὰρ ἡ γῆ δύο ἡλίοις οὐ δύναται θάλπεσθαι, οὕτω μία ψυχὴ δυάδος πυρσῶν ἐρωτικῶν οὐκ ἀνέχεται.

μ′ Σωκράτης Πλάτωνι

Ἀδικεῖται μὲν οὐδείς, ἀδικοῦσι δὲ πάντες, αὐτομάτως ἕκαστος ἑαυτὸν ἀδικῶν ἀρετῆς γὰρ καὶ κακίας ἐσμὲν αὐτοκράτορες ἀφείλετό σου Λεωνίδης τὸ γῄδιον. τοῦτο τῶν ἐκτός, καὶ τὴν σὴν ψυχὴν οὐδὲν ἐλυμήνατο. ζημιοῖ σε Φίλιππος καὶ τὸν δακτύλιον σφετερίζεται οὐδὲν ἠδικήθης αὐτός· τὸ γὰρ ἐπίκτητον οὐχ ἡμέτερον. τὸν σὸν υἱὸν ἀνεῖλον οἱ βάρβαροι. οὐ πέπονθάς τι δεινόν· οὐ γὰρ δίδιον τὸν παῖδα ἐκέκτησο ἐναγχός· οὐ μὴ κεκτημένῳ προσγέγονε, καὶ πάλιν οὐκ ἔστιν, ἐπείπερ οὐκ ἦν, ἀλλ' ἐγένετο. οὐκοῦν ἀδικοῦσιν, οὐκ ἀδικοῦνται οἱ ἄνθρωποι. διὸ καὶ τὸν Ὁμηρικὸν τεθαύμακα Κύκλωπα οὐδένα γὰρ βλάπτειν ἀδικούμενος ἔφασκε, καὶ ἦν τῷ ποιμένι ἀπόφασις ἡ τῆς ἀληθείας κατάφασις

μα′ Μάραθων Πηγάνωνι

Τοὺς πολιτικοὺς κλύδωνας ἐκφυγὼν καὶ τοὺς ἀπα-

XXXVII Eurybiades Cimoni

Polliceris multa et facis pauca linguamque habes actione superiorem Iam si verborum ornatus apud te in admiratione est, pictores tua lingua præstantiores sunt, quippe qui talia tabulis effingant, quæ nequit efficere natura Sin autem gaudere putas promissis auditores, parumper quidem oblectas, non multo vero post graviore afficis dolore, siquidem et somniorum pulcherrima non tantam nobis dormientibus voluptatem afferunt quantam expergefactis tristitiam protinus enim cum somno spes avolat Quare sic age, ut acta cum lingua tua congruant, ne et amicis mentiendo fias invisus et inimicis vituperandi materiem præbeas ut expers veritatis

XXXVIII Tettigo Ortygoni

Quid tandem, miserrime, ve tem mutasti et perdices dissipasti? Vinum tibi hoc malum peperit Vino etiam Cyclopis oculum læsisse Ulixem aiunt Quare si non collegeris aves, tecum præcipitem feram memet ipsum nam et puerum intemperanter vivere acerbum est, et ante patrem sepulcrum sibi comparare filium prorsus non est tolerandum

XXXIX. Thetis Anaxarcho

Non potes Thetidem simul et Galateam amare Non in frustra discinditur desiderium neque enim Amores dividuntur Sed neque ferre potueris duplicem amorem ut enim terra duobus solibus foveri nequit, sic unus animus duos ignes amatorios non sustinet

XL Socrates Platoni

Iniuriam quidem nemo patitur, at omnes iniuria afficiunt, sibi quisque sponte eam inferens virtutis enim et vitii sumus domini Eripuit tibi Leonidas prædium hoc e rebus externis est, neque ullam animus tuus huic fecit iacturam Damnum Philippus surrepto annulo tibi intulit nihil affectus ipse es iniuria, aliunde parta enim non sunt nostra Filium tuum barbari occiderunt nihil passus es mali, non enim sempiternum filium habuisti, nuper tibi non habenti natus est et rursum non est, siquidem et ante non fuit, sed natus est Inferunt igitur, non patiuntur iniuriam homines Atque admirari soleo Homericum Cyclopem neminem enim se iniuria affectum lædere dictitabat, eratque pastori negatio veritatis affirmatio

XLI. Maratho Peganoni

Civiles tempestates fugiens et inevitabiles urbis turbas

ραιτήτους θορύβους τοῦ ἄστεος ἐμισθωσάμην τὸν
ἀγρὸν τουτονί, καὶ μεταβολὴν τύχης ἐδόκουν εὑρεῖν.
ἀλλὰ μείζοσι κακοῖς ἐμβεβλήμεθα· ποτὲ μὲν γὰρ τὴν
ἐρυσίβην ἔχω πολέμιον, ποτὲ δὲ τὰς ἀκρίδας, ἄλλοτε
καὶ τὴν χάλαζαν· ἡ δὲ πάχνη λυμαίνεται τοὺς καρποὺς
ὡς ἀπαραίτητος τύραννος, καὶ τοὺς ἱδρῶτας ὁ τάλας
τοῖς ἀνέμοις χαρίζομαι. οἴμοι ὁ δύστηνος, ὦ ποῖ τρά-
πωμαι; ὅταν τῶν γεωργικῶν μόχθων ἐπιμνησθῶ, τὰς
τοῦ ἄστεος ἀσπάζομαι διατριβάς· ὅταν τῶν πολιτικῶν
ταράχων τὸ πλῆθος λογίσωμαι, τῆς ἀγροικίας ἐρῶ,
καὶ τοῦ παρόντος ἐστὶ τὸ μὴ παρὸν εὐτυχέστερον. μία
τῶν λυπηρῶν κατάλυσίς ἐστιν ὁ θάνατος, εἴτε φυσικός
ἐστιν εἴτε πάλιν αὐθαίρετος. οὐκοῦν ἀγχόνη μοι τὸ
φάρμακον· βδελύττεσθαι γὰρ τὸν θάνατον τοὺς δυσ-
τυχοῦντας ἠλίθιον.

μβ΄. Περικλῆς Ἀσπασίᾳ.

Εἰ δῶρα ζητεῖς, οὐ ποθεῖς· ἀδωροδόκητοι γὰρ οἱ
Ἔρωτες, καὶ τοὺς ποθοῦντας τοιούτους εἶναι διδά-
σκουσιν. εἰ μὲν οὖν ἐρᾷς, τὸ διδόναι ἢ τὸ λαβεῖν
οἰκειότερον· εἰ δὲ χρημάτων ὀρέγῃ καὶ δι' ἐμπορίαν
τὸ ποθεῖν πλάττῃ, τὴν γνώμην ἡ γλῶττα διήλεγξε,
πωλοῦσα χρυσοῦ τὰς ἡδονὰς τῷ ἐθέλοντι.

μγ΄. Διογένης Δημονίκῳ.

Τὸ τεχνητὸν γύναιον, τὸ διγενὲς ἡμιάνδριον, τὸ
παρὰ τὴν φύσιν κατὰ μηδὲν ἐντελές, ὁ Λυδὸς εὐνοῦχος
ὕβρισεν ἡμᾶς· ἅπαντα γὰρ τὰ τοῦ σώματος μέλη
γλώττας ἔχειν ἀσχήμονας ἐπαγγέλλεται. ἐγὼ δὲ
κατὰ τὸν Ὁμηρικὸν Ὀδυσσέα τῶν ἐκείνου βελῶν οὐκ
αἰσθάνομαι· ἀδρανὲς γὰρ πλήττειν τὸ γυναικεῖον φῦλον
τοὺς ἥρωας, ἵνα τί σοι καὶ σοβαρώτερον ἀποφθέγξω-
μαι τὸν Διομήδην μιμούμενος. ὑλακτεῖν δῆτα καὶ
μεμηνέναι τοῖς εὐνούχοις ἐστὶν ἁρμόδιον· τῆς τῶν
χειρῶν γὰρ ἐστερημένοι δυνάμεως ἅπαντα διὰ τῆς
γλώττης πράττειν ἐθέλουσιν. οἱ δὲ φίλοι πολλὴν
εὐήθειαν κατηγοροῦσιν ἡμῶν ἐπειδὴ τὸν ὑβριστὴν οὐ
ποιναῖς ἠμειψάμεθα. οὕτω γὰρ καί, ὄνος ἡμᾶς εἰ
λακτίσειεν, οὐκ ἂν δικαστήριον αὐτῷ συγκροτήσαι-
μεν. τοῦτο δέ τοι καὶ τῷ Σωφρονίσκου καλῶς διη-
γόρευται.

μδ΄. Πριαπίδης Κορύδωνι.

Αὔριον ἔσσο μοι δαιτυμών. ἅπαντα τὰ πρὸς τὸν
γάμον μοι παρεσκεύασται, ἔτνος ἐρέβινθος ἰσχάδες
πολλαί, καὶ γλεῦκος καὶ μελιτοῦττα καὶ πόπανα·
αὐτὸς δὲ κόμιζε τὴν ἔντεχνον σύριγγα, τὰς ὑπερ-
κυκλείους μελῳδίας ᾀσόμενος· ἦσθα γὰρ ποιμαντικῆς
μουσουργίας ἐπιστήμων, Κορύδων. τὴν γὰρ παστάδα
βεβούλημαι πρὸς ἡδονὴν κινεῖν ἀφροδίσιον τοῖς ἀπὸ
τῆς σύριγγος ὑποθελγόμενος ἠχήμασιν.

---

hunc agrum pretio conduxi et sortis meæ conversionem
putabam me assequuturum, at in maiora mala incidi-
mus. Modo enim robiginem hostem habeo, modo locu-
stas, interdum etiam grandinem, perditque pruina fru-
ctus tanquam inexorabilis tyrannus, et sudores meos ego
miser ventis largior. Heu me infelicem, quo me vertam?
Ubi rusticos recordor labores, urbanum appeto commer-
cium, ubi civilis tumultus in mentem revoco, rustica-
tionem amo, eoque quod in promptu est id quod non est
videtur esse fortunatius. Dolorum una solutio mors est,
sive naturalis illa sit sive sponte conscita. Itaque la-
queus mihi remedium est : formidare enim mortem mi-
seros stultum est.

XLII. Pericles Aspasiæ.

Si dona quæris, non amas: incorrupti sunt en'm Amores,
eandemque sequi legem docent amantes. Quare si amas,
dare potius quam accipere te convenit : sin vero pecu-
nias appetis et propter opes amorem simulas, animum
lingua redarguit, auro vendens cuicunque voluptatem.

XLIII. Diogenes Demonico.

Arte facta illa femina, duplicis sexus semivir, præter
naturam nulla parte perfectus contumelia nos affecit Ly-
dius eunuchus : nam omnia corporis membra linguas ha-
bere turpes profitentur. Ego vero secundum Homericum
Ulixem tela eius non sentio : nihil enim proficit mulie-
bris sexus heroas feriens, ut paullo dicam tibi magnifi-
centius Diomedem imitatus. Latrare sane et furere eu-
nuchis convenit : manuum enim vi privati per linguam
efficere tentant omnia. Amici vero magnæ stultitiæ nos
accusant, quod iniuriosum non pœnis remunerati sumus.
Sic enim etiam asinus si calcitret, hunc non in iudicium
vocaverimus, quod idem et a Sophronisci filio Socrate
pulchre dictum est.

XLIV. Priapides Corydoni.

Cras mihi esto conviva. Cuncta ad nuptias mihi pa-
rata sunt, puls, cicer, caricæ multæ et mustum, mel-
litaque placenta atque popana. Tu vero artificem affer
fistulam, qua cantum edas cygnorum cantilenas supe-
rantem : es enim pastoralis musicæ peritus, Corydo.
Scilicet thalamum venerea voluptate tentaturus sum fi-
stulæ cantibus consopitus.

με'. Λέανδρο: Πυλάδη.

Λίαν ἡμῖν οἱ Ἔρωτες ἀπεχθάνονται. Ἐγὼ μὲν
ἐρῶ, ἡ δὲ ποθουμένη μισεῖ. καὶ τί ἂν δράσαιμι ὁ
τρισάθλιος; οὐκ ἰσόρροπον ἔχουσιν οἱ Ἔρωτες πλά-
στιγγα· ἄνισα τοῖς ἀνθρώποις ζυγοστατοῦσι τὰ δάκρυα.
εἰ μὲν οὖν ἀδικοῦσι, θεοὶ μὴ κεκλήσθωσαν· εἰ δὲ τὴν
προσηγορίαν οὐ ψεύδονται, ὀρθὰ δικαζέτωσαν καὶ
τὰς ἀλγηδόνας ἐμοὶ κατὰ τὸ δίκαιον μεριζέτωσαν.

με'. Διογένης Ἀριστάρχῳ.

Κατέπληττε τὴν Μακεδονίαν Ἀλέξανδρος, τῷ βου-
κεφάλῳ ἐποχούμενος ἵππῳ, ὃν χαλινοῖς ἱστοροῦσι μὴ
πείθεσθαι μηδὲ χειροήθεσι κολακείαις μαλάττεσθαι· ἦν
γὰρ ἀτιθάσευτος καὶ τῷ θυμῷ τὸ ἵππος εἶναι ἀφῄ-
ρητο, καὶ κακόν τι ἀπρόσιτον ἦν καὶ τοῖς ἐντυγχάνουσι
λίαν δυσάντητον. ὅτε τοίνυν ἐπιβάτην Ἀλεξάνδρῳ
ἐκληρώσατο, τὴν ἀπήνειαν ὥσπερ πραότητι συνεκέ-
ρασεν, ἀμειβόμενος κατηφείᾳ τὸ φρύαγμα, καὶ ἦν
ἰδεῖν σώφρονα τὸν ἀκόλαστον· οὐ γὰρ Ἀλεξάνδρῳ
θέμις ἦν ἀντιμάχεσθαι. ἴσο τοίνυν, Ἀρίσταρχε, καὶ
σὺ τῆς τύχης ἐπήκοος· οὐ γὰρ Ἀλεξάνδρῳ ἀλλὰ τῇ
τύχῃ ὁ βουκέφαλος ἵππος ἐπείθετο.

μζ'. Ποιμνίων Ἄρνωνι.

Τὰ τῶν προβάτων οὔθατα ὑπὸ τοῦ γάλακτος μέλλει
μοι διαρρήγνυσθαι, καὶ κισσυβίων οὐκ οἶδ' ὅπως ἠπο-
ρήμεθα. διὸ δίδου μὲν αὐτὸς τὰ κισσύβια, ἐγὼ δέ σοι
γάλα παρέξομαι, μεγαλοδώροις παροχαῖς μικρὰς
ἀμειβόμενος χάριτας.

μη'. Χρυσογόνη Τερπάνδρῳ.

Μὴ μέμφου λοιδορουμένην τε καὶ ὑβρίζουσαν· οἱ
γὰρ ποθοῦντες γλυκείας καὶ τὰς ὕβρεις προσδέχονται,
καὶ πληγαῖς δὲ πολλάκις καὶ μώλωψιν ὡραΐζονται. εἰ
δὲ δυσανασχετεῖς ὑβριζόμενος, οὐδὲ ῥόδον τρυγήσεις
τὴν ἄκανθαν εὐλαβούμενος.

μθ'. Λεωνίδης Περιάνδρῳ.

Ἡδέσθη καὶ Πρίαμον ὁ τῆς Θέτιδος πρεσβευόμενος.
καὶ πολιὰν γὰρ ἐχθρῶν ὁ τοῦ Πηλέως ἠσχύνετο, καὶ
δίδωσι τῷ πατρὶ τεθνηκότα τὸν παῖδα, δυστυχεστάτῳ
φιλοτιμούμενος δώρῳ τὸν Πρίαμον. καὶ τοῦ μὲν τὴν
τόλμαν τεθαύμακα, τοῦ δὲ τὴν φιλανθρωπίαν ἐπῄ-
εσα. γενοῦ μοι καὶ αὐτὸς Αἰακίδης, καὶ πολιᾶς
προσίεσο δάκρυα, τὸν παῖδά μοι ζῶντα δωρούμενος,
δυστυχοῦμεν γὰρ ἡμεῖς ὥσπερ ὁ Πρίαμος· οὐ γὰρ ἂν
ὄντα σε πολέμιον ὑπὲρ παιδὸς ἐπρεσβεύομεν, δακρύοις
οὐ μέλανι τὰ τῆς ἐπιστολῆς ἐγχαράξαντες γράμματα.
ἀλλ' εἰ μὲν τῆς ἴσης καὶ σὺ φιλανθρωπίας ἐρᾷς ἐπι-
τεύξασθαι, προφθανέτω τὸ δῶρον τὴν αἴτησιν· εἰ δὲ
μὴ λόγος παρὰ σοὶ βασιλεύει, ἀλλὰ θυμὸς καὶ λύπη

XLV. Leander Pyladi.

Admodum infesti nobis sunt Amores. Ego quidem
amo, at amata odio me prosequitur. Quid igitur fa-
ciam miserrimus? Non æqualem habent Amores trutinam,
impares hominibus dependunt lacrimas. Quare si faciunt
iniuriam, dii ne vocentur, sin autem nomen non men-
tiuntur, recte iudicent, mihique dolores iusta ratione as-
signent.

XLVI. Diogenes Aristarcho.

Macedoniam exterruit Alexander Bucephalo equo vectus
quem equum aiunt frenis non obedire, neque mansuetis
blandimentis emolliri : erat enim indomitum animal et
præ furore equi exuerat naturam, malumque erat inac-
cessum atque eis, qui in ipsum inciderent, insuperabile.
Postquam igitur equitem Alexandrum sortitus est, im-
manitatem quasi lenitate temperavit, in remissionem
mutato furore, ut moderatus videretur qui fuerat effre-
nus : non enim fas erat Alexandro repugnare. Quare tu
quoque, Aristarche, obsequere fortunæ : non enim Ale-
xandro, sed fortunæ Bucephalus equus obedivit.

XLVII. Pœmnio Arnoni.

Ubera ovium nimia lactis copia disrumpentur, et mul-
ctris nescio quomodo caremus. Quare tu quidem da
mulctra, ego vero tibi lac præbebo, magnifica munera
parvis rependens gratiis.

XLVIII. Chrysogone Terpandro.

Ne reprehendas probris te insectantem et contumeliis :
amantes enim contumelias quoque pro cuppediis devo-
rant et verbera sæpe numero vibicesque ornamento sibi
ducunt. Si vero ægre fers contumelias, neque rosam
decerpes spinam metuens.

XLIX. Leonides Periandro.

Miseritus est Priami etiam Thetidis filius rogatus :
canos enim hostium quoque Pelides reverebatur, patrique
mortuum reddit filium, infelicissimo dono muneratus
Priamum. Et huius quidem audaciam admiror, illius
vero laudo humanitatem. Esto mihi tu quoque Æacides
et cani capitis admitte lacrimas filio mihi meo vivo red-
dito. Nam et nos in miseriis versamur quemadmodum
Priamus : non enim te hostem pro filio rogaremus, la-
crimis, non atramento huius epistolæ exarantes litteras.
At si parem tu quoque impetrare cupis humanitatem,
antevertat munus petitionem : sin vero ratio apud te non

τὰ πρεσβεῖα κεκλήρωται, πρὸς ὀλίγον μὲν εὐφρανθήσῃ, λυπηθήσῃ δὲ μειζόνως ἀφιλοσόφου θυμοῦ μεγάλας τὰς ποινὰς εἰσπραττόμενος.

ν΄. Καλάμων Σπείρωνι.

Εἰ γεωργὸς εἶναι βεβούλησαι, τῶν πολιτικῶν θορύβων ἀφίστασο· εἰ δὲ ῥήτορες παρὰ σοὶ καὶ δικαστήρια καὶ βήματα περισπούδαστα, τὴν δίκελλαν ἀφείς, καλαμίδα καὶ χάρτας ἀράμενος ἐς κόρακας χώρει, γερόντιον. τοὺς γὰρ συκοφάντας ἄνδρας καὶ τὸ « ἄνδρες δικασταί » φθεγγομένους πυκνότερον ἡ τῶν γεωργῶν πολιτεία οὐ προσίεται.

να΄. Ῥοδόκλεια Ὑψιπύλῃ.

Τὸν Πειραιᾶ χθὲς τῇ νυκτὶ περιεπόλουν καὶ τὸν σὸν ἐραστὴν μετὰ τῆς Χρυσίππης ἑώρακα, καὶ μειράκιον ἐδαδούχει, καὶ προπομπὸς ἡ φιλία γραῦς ὑπῆρχεν Ἀβρότονον. ὅτε δὲ τὴν προαγωγὸν προσεῖπον ἐγώ, ἀπέσβεσε τὴν δᾷδα ὁ παῖς· τοῦτο γὰρ ὁ σὸς ἐνετείλατο ἐραστής, ἵνα τῷ σκότῳ τὸ πραττόμενον διαλάθοι. οὐκοῦν μήτε ὀμνύντι μήτε κολακεύοντι πείθου· γλώττης γὰρ σόφισμα δεινότατόν ἐστιν ἑκάτερον.

νβ΄. Σωκράτης Κλέωνι.

Ὅταν οἱ λύκοι μεγάλῃ περιτύχωσι θήρᾳ καὶ τῷ κόρῳ φιλοσοφήσωσιν ὥσπερ ἐγκράτειαν, ἀρνῶν ἔχουσι τὸ ἦθος, καὶ τὸ ἄγριον εἰς τὸ φιλάνθρωπον μεταβάλλουσι. καὶ θαυμαστήν τινα δικαιοσύνην ὁ κόρος ἐκδιδάσκει τοὺς λύκους· μετὰ τῶν προβάτων συνέμονται, μηδὲν τὸ ποίμνιον λυμαινόμενοι, καὶ σπένδονται τοῖς ποιμέσι, καὶ τὴν σωφροσύνην γεραίρουσιν, ἄχρις ἂν αὐτοῖς ἡ γαστὴρ ἀναπνεύσῃ. ἀλλὰ σὺ καὶ τῶν λύκων τὸν τρόπον ἀναιδέστερον κέκτησαι καὶ μᾶλλον πλεονεκτικώτερον, ὅταν ὁ χρυσὸς ὑπεραναθλύσῃ τῶν σῶν θησαυρῶν, ὥσπερ οἱ μέθυσοι. διψῶσι γὰρ ὅταν κορεσθῶσι τοῦ οἴνου, καὶ σοφίζονται τῇ μέθῃ μέθης ἐπίτασιν· διὰ γὰρ τὴν εἰς ἄκρον εὐεξίαν πρὸς τὴν ἐναντίαν διάθεσιν μεταπίπτουσι, περιγαννύοντος τοῦ οἴνου τοὺς οἰνόφλυγας καὶ ἐκκάοντος. ἄπαγε τῆς ἀκολάστου μέθης, ἀκόλαστε, ἵνα μὴ πρὸς τὴν ἐναντίαν ῥοπὴν μεταχθῇς, ἀφαιρουμένης τῆς τύχης ἅπερ καὶ δέδωκε· τοιαύταις γὰρ τοὺς ἀχαρίστους ποιναῖς σωφρονίζει.

νγ΄. Μίνθων Ῥίζωνι.

Ὁ ποταμὸς ὁ Χρύσασπις τοῦ γηδίου τοῦ ἡμετέρου μοῖραν ἐσύλησε, καὶ τῷ σῷ ἀγρῷ προσεχύρωσε, μῶρόν τι ποιῶν καὶ ἠλίθιον· ἀλλοτρίοις γὰρ δώροις τὸ φιλότιμον ἐπαγγέλλεται. ἀλλ᾽ εἰ μὲν δικαστηρίων φόρτον ἐπὶ τοῖς ὤμοις φέρειν οὐχ οἷός τε εἶ, δῶρα ποταμῶν μὴ προσίεσο· εἰ δὲ τῶν ἀλλοτρίων ἐρᾷς, μετ᾽

regnat, sed ira atque odium antiquiora sint, parumper quidem lætabere, magis vero dolebis insani furoris magnas pœnas depensurus.

L. Calamo Spironi.

Si agricola esse vis, a civilibus turbis abstine, sin autem oratoribus et iudicibus et suggestibus operam das, abiecto surculo sumptaque calamaria theca atque charta in malam rem abi, senex. Non enim sycophantas et illud « viri iudices » crebrius dictitantes agricolarum respublica admittit.

LI. Rhodoclea Hypsipylæ.

Per Piræum hesterna nocte ambulans amatorem tuum cum Chrysippa vidi, et adolescens prælucebat, deducebatque eos amica anus Abrotonum. Quum autem alloquerer lenam, exstinxit facem puer; sic enim iubebat amator tuus, ut tenebris res lateret. Quare neque iuranti neque blandienti fidem habeas; turpis enim utrumque est linguæ dolus.

LII. Socrates Cleoniæ.

Quum lupi magna capta præda propter satietatem quasi temperantiæ student, ovium præ se ferunt indolem et feritatem in mansuetudinem convertunt. Admirabilem quandam iustitiam satietas docet lupos : cum ovibus una pascuntur nihil iniuriæ gregi inferentes et cum pastoribus in gratiam redeunt et temperantiam in pretio habent, donec venter ipsis respiraverit. Tu vero morem habes lupis impudentiorem et vehementius avaritiæ indulges, quum auro affluant tui thesauri, non secus atque temulenti. Qui quum vino saturati sunt, tamen sitiunt et ebrietate vim eludunt ebrietatis : nam e summa voluptate in contrariam conditionem delabuntur, exhilarante vino ebriosos atque exurente. Abice intemperantem illam temulentiam, intemperans, ne fortuna quæ dedit rursum auferente in contrariam partem traducare : eiusmodi enim ingratos castigat pœnis.

LIII. Mintho Rhizoni.

Flūvius Chrysaspis agri nostri partem abscissam tuo agro addidit, stultum quid committens atque vecors. alienis enim donis liberalitatem præ se fert. Iam si iudiciorum onus humeris tuis non potes sustinere, fluvii

οὐ πολὺ δακρύσεις τῶν οἰκείων στερόμενος κα ψήφοις αἰτητοῦ τιμωρούμενος.

νδ'. Μήδεια Ἰάσωνι.

Οὐδὲν τοῖς ἀνθρώποις οὔτε περισπούδαστον οὕτως οὔτε προσκορέστερον ἐρωτικῆς καθέστηκε χρήσεως. ποῦ σοι τῶν δακρύων τὰ ῥεῖθρα ἃ τοῖς ἡμετέροις ποσὶν ἐπεχύμαινε, ποῖ σοι διέπτησαν τὰ μυρία γένη τῶν λόγων ἐκείνων. τῶν τε ῥημάτων τὸ ὑφειμένον τε καὶ χαμαίζηλον; οἶμαι μήτε τοὺς δανειζομένους τοιούτοις πρὸς τοὺς δανειστὰς κεχρῆσθαι τοῖς ῥήμασι, μήτε τραυματίαν ταῖς τῶν πολεμίων ἁλόντα χερσίν. ἡ σύντονος ἀγρυπνία παρῴχηκε, τὰ ἑωθινὰ καταλέλοιπας ᾄσματα, παρεώσω τὰς μυρίας πρεσβείας, τὰς σπονδὰς ἃς διὰ τῶν προαγωγῶν γυναίων ἐσπείσω μοι. πρὸς ἑτέραν ἄφνω παρθένον ὠλίσθησας, ὥσπερ οἱ καθεύδοντες ἀμερίμνως πρὸς ἑτέραν ἐνυπνίων ὑπόθεσιν μεταβαίνουσιν. ἐπαινῶ τοὺς ζωγράφους· ὑποπτέρους γὰρ τοὺς Ἔρωτας ἀναγράφουσι, καὶ τοῖς πλάσμασι τὴν ἀλήθειαν τερατεύονται.

νε'. Παρμενίδης Χρυσοσθένει.

Τὸ μὲν ἐγρηγορέναι διὰ παντὸς ἀθανάτου φύσεως ἴδιον, ὑπνοῦν δὲ μετρίως τῶν καθ' ἡμᾶς ὡς ἔοικε καὶ ἀνθρώπινον, τὸ δὲ πέρα καθεύδειν τοῦ πρέποντος τοῖς τεθνηκόσι μᾶλλον ἤπερ τοῖς ζῶσιν ἁρμόδιον. τὰς πλείστας, Χρυσόσθενες, τῆς ζωῆς μοίρας ἀφῄρησαι· ἀεὶ γὰρ καθεύδεις καὶ τῆς ἐνθάδε μεταβέβηκας λήξεως οἷά τις Ὀδυσσεύς, τῆς καθ' ἡμᾶς οἰκουμένης ἔξω πλανώμενος, ὠκεανῷ τινι τῷ ὕπνῳ νηχόμενος καὶ μήτε ἀνίσχοντα μήτε δυόμενον προσβλέπων τὸν ἥλιον.

νς'. Δάφνων Αἰγείρῳ.

Αἱ συκαῖ σου πρὸς τὸ ἐμὸν γῄδιον τὰς ῥίζας ἥπλωσαν, ὑπὸ τὴν σὴν ἐξουσίαν ἔτι τελεῖν οὐκ ἐθέλουσαι, καὶ τὸ σὸν ἀφελόμεναι δίκαιον φιλοτιμοῦνταί μοι τὰ κυήματα· τοῖς ἐμοῖς γὰρ ηὐτομόλησαν ὅροις. καὶ τοῦτο νόμος ἐστὶ γεωργοῖς, καὶ γεγηρακόσι νόμοις πείθου, γερόντιον. εἰ δὲ τοῖς παρ' ἡμῖν ἔθεσιν ἀντιφθέγγεσθαι θέλεις, ὡς καινὸν ὄντα σε νομοθέτην καὶ πρόσφατον τῶν γεωργικῶν συλλόγων ἐκβαλοῦμεν, καὶ τῶν ἡμετέρων ὅρων ἐξοστρακίσομεν ὡς ἀλλότριον.

νζ'. Πυρρίας Φιλωνίδῃ.

Εἰ ἐρᾷς, μὴ κατηγόρει τῆς ἐρωμένης ἀπρέπειαν. οὐ δύναται γὰρ μὴ τυφλώττειν ἐρῶσα ψυχή· ἀήττητος γὰρ ἡ τῶν ἐρώντων προσπάθεια. εἰ δ' οὐκ ἐρᾷς, τί δακρύεις καὶ στένεις, καὶ κλύδωνα σαυτῷ προσφέρεις αὐθαίρετον; ἀδικεῖς οὖν ἑκάτερον, ποτὲ μὲν ὡς

dona ne admittas : sin vero aliena concupiscis, brevi lugebis tuis spoliatus et arbitri sententia damnatus.

LIV. Medœa Iasoni.

Nihil quicquam hominibus tanto est in pretio, neque vero tædium facilius affert quam amatoria affectio. Ubinam tibi lacrimarum flumina, quæ nostros pedes alluebant? Quonam avolarunt innumerabilia sermonum illorum genera verborumque submissio et humilitas? Puto neque qui pecuniam mutuo sumunt eiusmodi apud creditores uti verbis, neque vulneratum, ubi in hostium manum incidit. Continua illa præteriit insomnia, matutinas omisisti cantiones, abiecisti crebras preces, iuramenta, pacta, quæ mihi per internuntias feminas sancivisti. Ad aliam repente delapsus es puellam, quemadmodum dormientes ab alio insomniorum argumento ad aliud protinus transeunt. Laudo pictores : alatos enim Amores pingunt et figmentis in portenta convertunt veritatem.

LV. Parmenides Chrysostheni.

Perpetuo vigilare immortalis est naturæ proprium, modice vero somnum capere, ut videtur, nostrum est, at ultra quam decet dormire mortuis magis quam vivis convenit. Plurimas vitæ tuæ partes, Chrysosthenes, amisisti : semper enim dormis et his esse locis desiisti, veluti Ulixes quidam extra hunc terrarum oberrans orbem, somni cuidam oceano innatans, solemque neque orientem videns neque occidentem.

LVI. Daphno Ægiro.

Ficus tuæ in meum agrum radices protulere, sub tua ditione nolentes amplius esse, tuoque ablato iure mihi largiuntur suos proventus; in meos enim fines sponte transiere. Atque hæc lex est agricolis, tuque inveteratis legibus obedi, senex. Sin vero moribus nostris vis contradicere, ut novum te ac recentem legislatorem ex rusticis conciliis eiciemus atque nostris ex finibus ut alienum te exterminabimus.

LVII. Pyrrhia Philonidæ.

Si amas, noli deformitatem in amata reprehendere Non enim potest non cæcutire amans anima : scilicet invicta est amantium affectio. Sin vero non amas, quid fles et ingemiscis et tempestatem tibi arcessis volunta-

ἐραστὴς ἐφιέμενος, ποτὲ δὲ ὡς ἀνταγωνιστὴς βδελυτ-
τόμενος.

νη΄. Δαμάσκιος Ἀντιγόνῳ.

Εἰ μὴ βίου Σωκράτης ἐνέχυρα κέκτηται, παιδα-
γωγὸς τοῦ σοῦ μὴ προχειριζέσθω παιδός· ἐνέχυρα δὲ
βίου παῖδες νοείσθωσαν. ὃν γὰρ εἶναι πατέρα φύσις
ἐδίδαξε, τοῦτον καὶ παιδαγωγεῖν ἐστὶν ἀξιόπιστον,
πείρᾳ μαθόντα καὶ γεννήσεως σχέσιν καὶ στοργῆς ἀλ-
γηδόνας.

νθ. Κηπίας Κοράννῳ.

Συνέριθος ἔσο μοι μεσημβρίας ὥρᾳ, Κόριαννε·
αἱμασιᾷ γὰρ τὸν ἀγρὸν περιφράξαιμι· κακοὺς γὰρ
τοὺς ὁδίτας κεκτήμεθα γείτονας. οὐχ οἷός τέ εἰμι
καὶ ζῴοις ἀλόγοις καὶ τοῖς ἀνθρώποις συμπλέκεσθαι.
ὁ λαγὼς τὰς ἀμπέλους, ἡ δὲ κάμπη τὰ λάχανα ὄλ-
λυσι. τί δῆτα περὶ τῶν ἀσπαλάκων καὶ λέξαιμι;
φοβερὸν γὰρ τῷ γεωργῷ τὸ κακὸν καὶ δυσανταγώνιστον.
διό μοι συμπαρατάττου καὶ τῶν πόνων συλλαμβάνου,
κἀγώ σε αὖ τοῖς τοιούτοις ἔργοις ἀμείψομαι. οὕτω
γὰρ καὶ μύρμηκες συμμαχοῦντες ἀλλήλοις καὶ τὸν
μόχθον σοφίζονται καὶ τῶν μεγίστων πόνων ἐφά-
πτονται.

ξ΄. Ἄνθεια Ὠρίωνι.

Ἅπαντα τῷ γυναικείῳ φύλῳ δεδούλωται. Λαΐδος
ὁ Διογένης ἐρᾷ, Σωστράτης ὁ Φρύγιος. ἡ τῆς φιλο-
σοφίας κομψότης διόλωλε· τὸ σεμνὸν ἦθος παρεώσαντο,
τὸ αἰθέριον καταλελοίπασι φρόνημα, τὸ μετάρσιον
ἐπάγγελμα διεψεύσαντο· ἅπαντα φροῦδα τὰ πρὶν αὐ-
τοῖς μεμελετημένα πρὸς ἄσκησιν. ἄωρόν μοι παί-
γνιον εἶναι δοκεῖ ἄνδρα πρεσβύτην, πολιὰν αἰδέσιμον
ἔχοντα, ὑπερωρρυωμένον ἐπὶ σεμνότητι· νεάνιδος
ἑταίρας ἐρᾶν. ἐγὼ δὲ καγχάζω καὶ τὸν γέλωτα φέρειν
οὐ δύναμαι, ὁπηνίκα συναντήσαιμι τοῖς γεροντίοις·
πολλὰ γὰρ τῆς Ἀφροδίτης κατηγόρουν τὸ πάλαι, καὶ
τοὺς ἐρῶντας μανίαν νοσεῖν αὐθαίρετον ἔφασκον, ἔφε-
σιν ἀκολάστου ψυχῆς τοὺς ἔρωτας ὁριζόμενοι. ἅπαντα
φέρειν σοφόν, τὸ δὲ ἐλπίζειν λίαν ἐστὶν ἐμφρονέστε-
ρον· πολλὰ γὰρ χρόνος καὶ τύχη δεδύνηνται.

ξα΄. Σώστρατος Λυσιστράτῳ.

Ἐπειδή σοι πολλὰ καὶ θαυμαστὰ παραινέσαντες τὸν
τῆς Πηνελόπης ἐδόξαμεν ὑφαίνειν ἱστόν, φέρε δῆτα
φέρε καὶ μυθικῶν ἀπαρξώμεθα λόγων· ἴσως γὰρ τῆς
σῆς διανοίας ἐφίκοιτο δὴ τὰ λεγόμενα.
Ἐν τοῖς νεοβλάστοις τῶν δένδρων ὁ τέττιξ ὀχούμε-
νος ὥρᾳ καύματος ἐκελάδει διάτορον, καὶ τῆς ἑαυτοῦ
ἁρμονίας αἰσθανόμενος ἐπετέρπετο. ὁ δὲ μύρμηξ πα-
ρῆν τοῖς θερίζουσι καὶ περὶ τὴν ἅλω τὰς διατριβὰς

---

riam? Utrinque igitur peccas, modo ut amator cupiens,
modo ut inimicus detestans.

LVIII. Damassius Antigono.

Si vitæ pignora Socrates non habet, ne filii tui pæda-
gogus eligatur. Pignora autem vitæ liberi intelligantur.
Quem enim natura docuit esse patrem, hunc etiam pueros
educare posse consentaneum est, experientia edoctum
et generationis habitum et paterni in liberos amoris sol-
licitudines.

LIX. Cepias Corianno.

Socius mihi adesto sub meridiem, Corianne : sepis
enim munimento agrum meum cingam. Nimirum malos
vicinos habemus viatores. Non par sum et brutis anima-
libus et hominibus arcendis; lepus vineas, eruca olera
deperdit. Quid iam de talpis loquar? Horribile enim hoc
est malum rusticis et hostis pæne insuperabilis. Quare
fer mihi auxilium et partem laboris in te suscipe, et ego
eiusmodi operibus te remunerabor. Sic enim formicæ
quoque per mutuas operas molestiam fallunt, maximosque
labores aggrediuntur.

LX. Anthia Orioni.

Cuncta muliebri sexui subiecta sunt. Laidem Dioge-
nes amat, Sostratam Phrygius. Philosophiæ maiestas
periit, morum gravitatem abiecerunt, cælestem animum
amiserunt, sublimem professionem ementiti sunt, omnia
evanuerunt, in quibus exercendis ipsi olim studium po-
suerant. Intempestum videtur mihi esse ludicrum,
virum senem canis venerandum, gravitate superbientem,
iuvenis meretriculæ amore teneri. Ego vero cachinnor
neque risum tenere possum, quum obviam fio senibus :
multis enim in Venerem invehebantur olim, et amantes
insania laborare voluntaria dictitabant, appetitum intem-
perantis animi amorem definientes. Omnia ferre sapien-
tis est, sperare vero multo est prudentius : multum enim
tempus et fortuna possunt.

LXI. Sostratus Lysistrato.

Quoniam multis egregie monitis Penelopæ visi tibi su-
mus telam texere, agedum tandem age et fabulosam
narrationem exordiamur : fortasse enim in animum tuum
se dicta insinuabunt.
In virentibus arboribus insidens cicada æstivo tem-
pore clare canebat, suoque ipsius cantu delectaba-
tur. Formica vero messoribus aderat et circa aream
versabatur, terræque sinu cibaria sua recondebat, ut

ἐπεποίητο, καὶ τοῖς κόλποις τῆς γῆς τὴν ἑαυτοῦ τρο-
φὴν ἐθησαύριζεν, οἷα προμηθέστερος ὢν ὁ μύρμηξ τοῦ
τέττιγος. παρῴχηκει τοίνυν ἐκ τῶν βορείων ὁ ἥλιος,
ἀπῆν τὸ μετόπωρον, καὶ ὁ χειμὼν ἐπεφοίτα τῇ γῇ, ἡ
δὲ θάλαττα τὰς γαληναίας σπονδὰς διελύσατο. οἱ πλω-
τῆρες τοὺς λιμένας ὡς σωτῆρας ἠσπάζοντο, ὁ γεωρ-
γὸς ἐπὶ τὴν ἑαυτοῦ ἀλέαν κατέφευγε, καὶ ὁ μύρμηξ ἐν
ταῖς λαγόσι τῆς γῆς τοὺς πόνους εἶχεν ἑστίασιν ἐπιτή-
δειον. ἱκέτευε δὲ ὁ τέττιξ τὸν φιλόπονον μύρμηκα
τῶν θησαυρῶν μετασχεῖν· ὁ δὲ τὸν μελῳδὸν τῶν ἑαυ-
τοῦ θυρῶν ἀπεπέμπετο, πολὺν αὐτοῦ τῆς ἀργίας κα-
ταχέων τὸν γέλωτα, καὶ τῶν θερινῶν ᾀσμάτων αὐτὸν
ἀνεμίμνησκε. διόπερ ὁ μὲν εἶχε λιμὸν τὴν ᾠδήν, ὁ
δὲ τοὺς πόνους τροφήν.

Ἁρμόττει σοι ὁ μῦθος, Λυσίστρατε· ἀργὸς γὰρ ὢν
ἀθλιώτερος εἶ τοῦ πυρέσσοντος, ἐσθίων μάτην διπλά-
σια ἄπαγε δῆτα τῆς ἀργίας, ὦ βέλτιστε τὰ τῆς
φύσεως δῶρα κατήσχυνας, τηλικαύτην ῥώμην καὶ εὐ-
ρωστίαν τοῦ σώματος ἀκόσμητον παρεῶν, ἐπιστήμην
πόνων ἀσκεῖν μὴ βουλόμενος.

ξβ′. Τεττίγων Πορφυρίωνι

Ὁ Κορύδων εὐδαίμων ἀνὴρ καὶ τῆς τύχης φίλος,
ὡς ἔοικεν. αἱ ἄμπελοι ταῖς βότρυσιν ἄχθονται, αἱ
ἀχράδες βρίθουσι καὶ τῶν τρυγώντων ἀνθρώπων ὀρέ-
γονται, αἱ ἐλαῖαι τῇ γῇ προσενενεύκασι καὶ τῷ πλήθει
τοὺς ἐνεγκαμένους κλάδους βιάζονται, οἱ λειμῶνες κα-
τάκομοι, ἡ ἄλλως ταῖς Νειλῴαις ἐφάμιλλος αὐλαξιν
ἀλλὰ καὶ τὸ γύναιον μετὰ τῶν ἄλλων εὐφορεῖ τῷ ἀν-
δρὶ τοσοῦτοι γὰρ παῖδες αὐτῷ, ὡς καὶ Δαναὸν καὶ
Αἴγυπτον ταῖς εὐτεχνίαις νικᾶν. ἄλλος μὲν γάρ ἐστιν
ὑπομάζιος, ἄλλος τῆς γαλουχίας ἐπαύσατο, ἕτεροι δὲ
ἕρπουσι, μήπω τῆς ὀρθῆς βαδίσεως ἀπαρξάμενοι,
ἔνιοι παρατραυλίζουσι καὶ τοὺς ὀδόντας ἀμείβουσιν,
ἄλλοι τῆς ἀκμῆς ἐπιβαίνουσι καὶ τὸ βούπαιδος εἶναι
κεκλήρωνται, καὶ σύριγγος δίκην αὐλῶν ἡ τῆς ἡλικίας
αὐτοῖς τάξις συντέτακται οὐ δὲ παρήνεις τὸ θυγάτριον
μὴ παρεγγυᾶν τῷ Κορύδωνι, καὶ τὴν ἀγχιστείαν ἐκά-
κιζες, ὥσπερ ἀφοσιούμενος τὴν δυσγένειαν. οἴμοι
βεβουκόλημαι ὁ δείλαιος, καὶ κοῦφον ἔσχον τὸ φρό-
νημα. τοῖς ἀνθρώποις ἀνόνητον ἡ εὐγένεια πλούτου
γὰρ παρὰ πᾶσιν οὐδὲν ἐνδοξότερον.

ξγ′. Χρύσης Ἡφαιστίωνι

Οὐκέτι τῆς Διοδότης ἐρᾷς τὰς ἐρωτικὰς θρυαλλίδας
ἀπέσβεσας· οὐ γὰρ ζηλοτυπεῖς ἐπ᾽ αὐτῇ, ἐμφιλοχω-
ροῦσαν τῷ Λυσιστράτῳ θεώμενος. φιλονικότερον
Ἐρώτων οὐδέν. καὶ πῶς, εἰ ἐρᾷς, τηλικαύτης ἀλ-
γηδόνος φιλοσοφεῖς ἀνεχόμενος,

ξδ′. Σωκράτης Μελανιππίδη.

Γυμνασταὶ μὲν καὶ παιδοτρίβαι ἀπαραίτητοι τοῖς

---

quæ cicada esset prudentior Discessit igitur ex bo-
reali regione sol, præteriit auctumnus et iam hiems
terræ ingruebat, mare autem tranquillitatis rupit fœdera,
nautæque portus amplectebantur quasi servatores Ru-
sticus ad suum se recipiebat focum, formicaque in terræ
sinu suis laboribus parto victu fruebatur Iam supplex
cicada laboriosam formicam rogabat, ut sibi de repositis
opibus impertiret, hæc vero cantricem vehementer ob
inertiam irrisam a suis foribus ablegabat, eique æstivum
cantum in mentem revocabat Itaque alteri famem can-
tus afferebat, alteri labor alimentum

Quadrat in te fabula, Lysistrate etenim iners quum
sis, febricitante es miserior, duplum comedens frustra
Tandem fac missam inertiam, optime abuteris enim
naturæ donis, qui tantum robur tantumque corporis vi-
gorem laborum exercitio neglecto incultum esse pateris

LXII Tettigo Porphyrioni

Beatus vir est Corydo, fortunæque amicus, ut videtur
Vites uvis gravantur, piri fructibus onustæ messores
postulant, olivæ in terram pronutant et multitudine sua
ferentibus ramis vim faciunt, prata comantia, area ulcis
similis quos Nilus irrigat At et muliercula cum ceteris
fructuosa est coniugi tot enim sunt ei liberi, ut vel
Danaum et Ægyptum fœcunditate superet Namque
alius adhuc adhæret mammis, alius iam lactare desiit,
alii vero repunt, qui nondum recte incedere cœperunt,
nonnulli balbutiunt dentesque mutant, alii ad florem
ætatis accedunt et adolescentiam iam attingunt, atque ad
instar syringis fistularum composita eis est series ætatis
Tu vero monebas ne filiolam desponderem Corydoni, et
affinitatem vituperabas quasi ignobilitatem decutiens ge-
neris Heu me, deceptus sum et levi fui animo Nihil
prodest hominibus nobilitas divitiis enim apud omnes
nihil pretiosius

LXIII Chryses Hephæstioni

Non amplius Diodotam amas Amatoria ellychnia ex-
stinxisti non enim zelotypia moveris, quum eam cum
Lysistrato rem habere vides Invidiosius amoribus nihil
est Et quomodo, si amas, tantos dolores philosopho per-
fers animo ?

LXIV Socrates Melanippidæ

Præceptores et ludi magistri inexorabiles quidem sunt

παισὶ τῆς σωφροσύνης διδάσκαλοι. ἐπειδὴ γὰρ φρο-
νήσεως ἔτι καὶ νόμων οἱ παῖδές εἰσιν ἀνεπίδεκτοι,
ἀπειλαῖς χαλινοῦμεν τὸ τούτων ἀκόλαστον· τοὺς γὰρ
παῖδας λόγοις μᾶλλον ἢ μάστιξιν ἐκταράττομεν. ἐγὼ
δὲ τὴν σὴν ἀναίδειαν ἄγαμαι· οὔτε γὰρ κολάσεις δι-
καστηρίων σοι φοβεραί, οὔτε λόγος εἰσηγητικός ἐστιν
αἰδέσιμος. τῶν παίδων ἀφρονεστέραν ἐν γήρᾳ τὴν
διάνοιαν ἔχεις. ἴθι τοίνυν, εἰ βούλει, πρὸς βάραθρον.
ὃν γὰρ λόγος καὶ μάστιγες σωφρονεῖν οὐ διδάσκουσι,
τοῦτον πείθειν κακίας ἀπέχεσθαι λίαν ἐργῶδες καὶ τοῦ
καθαίρειν τὴν Αὐγέου κόπρον ἐστὶ δυσχερέστερον ἢ
κοτύλῃ τὸ Ἀτλαντικὸν ἅπαν ἐκμετρῆσαι πέλαγος.

ξε'. Βουβαλίων Κισσυβίωνι.

Ὁ Γοργίου παῖς ἡμᾶς ἀδικεῖ. ξυνωρικεύεται γὰρ
ἱππαζόμενος ὁ παμμίαρος, καὶ προσχήματι θήρας
περιπέττει τὴν πανουργίαν ὁ κάκιστος. οὔτε γὰρ λα-
γὼς φοιτᾷ παρ' ἡμῖν, οὔτε δορκὰς ἐνδημεῖ, οὐ βουβα-
λίδες, οὐκ ἔλαφοι, οὐκ ἄλλο τι τῶν πρὸς θήραν ἐπι-
τηδείων ὄντων. αἱ μὲν γὰρ εἴρκταί καὶ πάγαι τοὺς
λαγὼς ἀπελαύνουσι, δι' ὧν καὶ ἁλίσκονται τῶν στα-
φυλῶν ἐπιβαίνοντες, δορκάδας δὲ καὶ βουβαλίδας οἱ
γείτονες λέοντες. καὶ τί δῆτά σοι τὰ μυρία τῶν θη-
ρίων ἀπαριθμοῦμαι γένη, οἷς καὶ ἡμεῖς συλλιμώττο-
μεν; ἀνανδρίᾳ γὰρ ἡμᾶς, ἀθηρία δὲ τοὺς θῆρας κολά-
ζεται. ἐπειδὴ οὖν ἀγχιστεία σοι πρὸς τὸν ἀδικοῦντα,
Κισσυβίων, εἰσηγοῦ τὸ συμφέρον, καὶ σωφρονέστερον
τοῦτον οἱ σοὶ διδασκέτωσαν λόγοι. ἴσθι γὰρ αὐ-
τὸν κυσὶ σπαραξόμενον, εἰ ἐν τοῖς ἐμοῖς ἀγροῖς τὸ λοι-
πὸν ἐνδημήσει· ἤδη γὰρ καὶ ἡ θήλεια κύων σὺν τοῖς
τέκνοις περιφρουρεῖ μοι τὸ γῄδιον ἀνθρωπίνης ὀργῶσα
πιμελῆς ἐφάψασθαι.

ϛ'. Πειθὼ Ἱππολύτῳ.

Εὐπρέπειαν, οὐκ ἦθος σεμνὸν οἱ ποθοῦντες μᾶλλον
ἀσπάζονται· οὐ γὰρ σωφροσύνην οἱ Ἔρωτες ἐπαγγέλ-
λονται, ἀλλὰ κάλλει σώματος ὀφθαλμὸν ἀκόλαστον
δελεάζουσιν. εἰ τοίνυν διὰ τοὺς τρόπους τῆς Ῥοδο-
κλείας ἐρᾷς, τῶν σῶν ἡδονῶν οὐ βασιλεύουσιν Ἔρω-
τες· φιλοσοφοῦντος γὰρ λογισμοῦ βέλος ἀφροδίσιον οὐ
καθάπτεται.

ξζ'. Ἐρατοσθένης Αἰσχίνῃ.

Ἐσθίεις τοὺς ὅρκους ὡς λάχανα, καὶ κτύπος ὀδόν-
των εἶναί σοι δοκεῖ τὸ πραττόμενον, καὶ τοῖς ἐγκαλοῦ-
σιν ἀντιφθέγγῃ, παμπόνηρε,

« ἡ γλῶσσ' ὀμώμοχ', ἡ δὲ φρὴν ἀνώμοτος »,

οὐκ εἰδὼς ἀχαλίνωτον γλῶτταν μείζονα τοῦ πλημμε-
λήματος εἰσπραττομένην τὴν κόλασιν. ὧν γὰρ ἂν
λόγοις ἁμάρτωμεν, ἔργοις τὴν τιμωρίαν ὑφέξομεν.
τὴν γλῶτταν δῆτα σώφρονα κέκτησο, ὀμνύειν καὶ τὰ

---

in pueros, temperantiæ vero doctores. Quum enim pru-
dentiæ ac legum pueri nondum sint capaces, minis fre-
namus eorum intemperantiam : namque pueros verbis
magis quam flagris exterremus. Ego vero tuam impu-
dentiam admiror : non enim iudiciorum te terrent suppli-
cia, neque orationem adhortatoriam revereris. Pueris
stolidiorem senex habes mentem. Pergas igitur, si libet,
ad barathrum. Nam quem nec verba nec verbera ad
frugem adducere possunt, huic ut a malitia abstineat
persuadere nimis operosum est, ac difficilius quam Au-
giæ sordes expurgare vel cyatho totum Atlanticum mare
emetiri.

LXV. Bubulio Cissybio.

Gorgiæ filius iniuriam nobis infert. Biiugo enim curru
vehitur sceleratissimus et venationis prætextu nequitiam
suam tegit pessimus. Nam neque lepus apud nos cur-
rit, neque dorcas versatur, non bubali, non cervi, non
alia quæquam earum ferarum, quæ ad venandum sunt
idoneæ. Etenim retia atque laquei lepores abigunt,
quibus et capiuntur vites invadentes, dorcades autem
inopia et bubalos vicini leones. Sed quid quæso tibi in-
numerabilia ferarum genera recenseam, quibuscum simul
nos quoque esurimus? Nobis enim, quod homines hic
non sunt, feris vero, quod nullæ feræ, detrimento est.
Quoniam igitur tibi, Cissybio, cum iniurioso isto interce-
dit cognatio, .suade ei quod utile sit, moderatioremque
eum reddant a te iam habendi sermones. Scito enim,
canibus eum laceratum iri, si meos agros posthac inva-
serit : iam enim et femina canis cum catulis custodit
mihi prædium, humanum adipem gustare gestiens.

LXVI. Pitho Hippolyto.

Elegantiam magis quam morum gravitatem amantes
amplectuntur : non enim temperantiam Amores profiten-
tur, verum corporis venustate intemperantem inescant
oculum. Quare si ob mores Rhodocleam amas, tuas vo-
luptates non dominantur Amores : scilicet philosopham
mentem telum venereum non attingit.

LXVII. Eratosthenes Æschini.

Iureiuranda devoras tanquam olera, dentiumque fra-
gorem confectam esse putas, et si qui te vituperant,
his illud opponis, scelerate,

« lingua iuravit, mens vero iniurata est, »

effrenatam linguam graviores delicti pœnas dare ne-
sciens. Nam quæ verbis deliquerimus, horum pœnas
rebus dependemus. Fac igitur ut modestam linguam
habeas, iurare vel ad veritatem confirmandam dubitans:

πρὸς ἀλήθειαν εὐλαβούμενος· ἀβαρὲς γάρ τι χρῆμα ὁ
ὅρκος εἶναι δοκεῖ, καὶ παντὸς ἄχθους ἐστὶ δυσφορώτε-
ρον. ἐντεῦθεν καὶ Τάνταλος ἐκολάζετο· περὶ τὰ θεῖα
γὰρ ἔσχε τὴν γλῶτταν ἀκόλαστον.

levis enim res esse videtur iusiurandum, et omni tamen
onere est gravius Hinc etiam Tantalus pœnas subiit.
nam in divinis rebus linguam non continuit

ξη´. Σευτίων Κοριάννωνι

Εἷλον ὀψέ ποτε τὴν κακίστην ἀλώπεκα, καὶ λαβὼν
ποικίλοις δεσμοῖς περιφρουρῶ τὴν παμμίαρον, καὶ
ἄξω ἐπὶ τὴν λεωφόρον, Κοριάννων, καὶ τοὺς ἀγροί-
κους συγκαλεσάμενος ἅπαντας τὴν πολέμιον θριαμ-
βεύσω, καὶ δημοσίᾳ δίκας παρέξεται, ἀντὶ πολλῶν
ἀδικημάτων μίαν ὑφέξουσα κόλασιν.

Tandem aliquando pessimam cepi vu pem, captamque
variis vinculis custodio scelestissimam atque in viam pu-
blicam deducam, Corianno, et rusticis convocatis omni-
bus de hoste triumphabo Tum publice dabit pœnas,
pro multis iniuriis uno supplicio affecta

ξθ´ Καλλιόπη Λαΐδι

Κρωβύλῳ καὶ τέττιγι ὁ Γοργίας σεμνύνεται, μήπω
τοῖς ἰούλοις κατασκιάσας τὸ πρόσωπον, καὶ βρενθύεται
τῷ κάλλει, καὶ δέλεαρ ἀνοίας προτίθησιν ἡμῖν τὴν
εὐπρέπειαν. ἐγὼ δὲ καὶ γῆρας καὶ νόσον καὶ λύπην
πίνακιν ἐγχαράξαιμι, καὶ πρὸ τῶν θυρῶν ἀναθήκαιμι
τοῦ ἀγνώμονος· ταῦτα γὰρ ἕξει ποτὲ τῆς εὐπρεπείας
ἀντίπαλα.

Cincinno et cicada Gorgias gloriatur, nondum licet la-
nugine vultum obtegans, et pulcritudine superbit et
escam stultitiæ obicit nobis formæ elegantiam Ego vero
et senectutem et morbum et dolorem tabulis inscribam
et ante amentis ianuas suspendam hæc enim habebit
aliquando elegantiæ suæ adversaria

ο´ Πλάτων Ἀξιόχῳ

Ἡνίαις καὶ μάστιγι τοὺς ἵππους ἰθύνομεν, καὶ ναυ-
τιλλόμεθα πῇ μὲν τοῖς ἱστίοις τὴν ναῦν ἐκπετάσαντες,
πῇ δὲ ταῖς ἀγκύραις ταύτην χαλινώσαντες καθορμίζο-
μεν οὕτω κυβερνητέον καὶ τὴν γλῶτταν, Ἀξίοχε,
πῇ μὲν τοῖς λόγοις ὁπλίζοντες, πῇ δὲ τῇ σιωπῇ κατευ-
νάζοντες.

Loris et flagellis equos regimus, et navigamus modo
velis navem explicantes, modo ancoris frenantes conici-
mus in portum Sic etiam lingua gubernanda est,
Axioche, ut modo verbis eam instruamus, modo silentio
consopiamus

οα´ Ῥόδων Κυπαρίσσωνι

Τοὺς Λευκανοὺς ἐπιέναι πάλιν φασί, καὶ τὸ δρέ-
πανον ἀπορρίψας λόγχην καὶ σαυρωτῆρα χαλκεύσο-
μαι, καὶ τὴν ἐνυάλιον τέχνην ἀσκήσαιμι οὐκ ἐᾷ
γὰρ ἠρεμεῖν ὁ δαίμων ἡμᾶς· ἐμοὶ τοῦ χειμῶνος τὸ
θέρος ἐστὶ χρυσωδέστερον· τί γὰρ τοῦ πολέμου γένοιτ᾽
ἂν φρικωδέστερον, ἦρος φανέντος ἐδάκρυσα ὡς
κομᾷ τοῖς ἄνθεσιν ὁ ἀγρός, ὡς εὐώδης ἐν ταῖς μυρρί-
ναις τὸ γήδιον, ὡς κοσμία κομῶσα ἡ πλάτανος, ὡς
χλοάζει τὸ λήιον ἅπαντά μοι πρὸς εὐετηρίαν ἐπείγε-
ται. ἀλλ᾽ ἀδικοῦσιν ἡμᾶς οἱ πολέμιοι ἀρότρου γὰρ
αὐτοῖς ἡ μάχαιρα ποθεινότερον.

Lucanos iterum dicunt aggredi, atque ego abiecta
falce lanceam mihi et hastile fabricabor et bellicam artem
exercebo non enim patitur nos quiescere deus Mihi
hieme æstas est gelidior quid enim bello fuerit horri-
dius? Vere adveniente lacrimavi Quam abundat ager
floribus, quam odoratum a myrtis prædium, quam pul-
cre comata platanus, quam virent segetes Omnia mihi
ad abundantiam inclinant Sed iniuriam nobis hostes
inferunt aratro enim gladius eis est exoptatior

οβ´ Σωσίπατρος Τελεσίλλῃ

Εἰ μὴ ταῖς ἀφροδισίοις ἡδοναῖς τὸν ἀτερπῆ κόρον
ἡ φύσις ἐνέμιξεν, ἐδουλαγωγεῖτο τὸ ἄρρεν τῷ γυναικείῳ
φύλῳ, Τελέσιλλα μὴ τοίνυν μέγα φρόνει, πορνί-
διον. ὁ τῆς Ἀφροδίτης μοι πυρσὸς ἀπηθάλωται οὐ
γὰρ ἀθανάτους τὰς ἀλγηδόνας τὰ τῶν Ἐρώτων βέλη
παρέξεται.

Si veneris voluptatibus ingratam non admiscuisset
natura satietatem, in servitutem iam redactus esset viri-
lis sexus a muliebri, Telesilla Ne igitur superbias, me-
retricula Veneris flamma mihi exstincta est non enim
sempiternos dolores Amorum tela afferunt

ογ'. Πρόκλος Ἀρχιμήδει.

Τοὺς πολύποδάς φασιν ἀθηρίας τυγχάνοντας τοὺς ἑαυτῶν κατεσθίειν πλοκάμους, ὥσπερ ὄψον ἀληθῶς ἐμπαράσκευον τὰ ἑαυτῶν ἔχοντες μέλη. ἑστιῶνται γοῦν οἱ τάλανες τῶν ἑαυτῶν μορίων τὰ καίρια, καὶ δαιτυμόνες τῶν οἰκείων σαρκῶν ἀναδείκνυνται. ἆρά γε, Ἀρχίμηδες, οὐ πολύπους τοῖς ὅλοις εἶναι τὴν γνώμην δοκεῖς; ἐγὼ μὲν οἶμαι τοῦτο σαφέστατον· ἀδικεῖς γὰρ ἀπανθρωπότατα τὸν σὸν πατέρα, μήτε τὴν φύσιν αἰδούμενος, μήτε τὴν Δίκην ὡς βάραθρον εὐλαβούμενος. ἀλλ' εἰ μὲν μεταγνοίης, ἀμνήμονα τῶν παρῳχηκότων ἕξεις τὴν Πρόνοιαν· εἰ δὲ τὴν φιλό-χρυσον ἐρινὺν ἀμετακίνητον πάθος κεκλήρωσαι, τὴν ἰσόρροπον πλάστιγγα τὸ θεῖόν σοι ταλαντεύσεται, καὶ παῖδας ἕξεις πατρικῆς κακίας εἰκόνας ἀληθεῖς καὶ ἰν-δάλματα. οὕτω γὰρ καὶ τὰ τῆς ἐχίδνης κυήματα μητρικὴν ἀνοσιότητα διαδέχεται, τὴν κυοφόρον καὶ τιθηνὸν γαστέρα ῥηγνύοντα.

οδ'. Ἐλάφων Δόρκωνι.

Γόνιμος πρὸς εὐκαρπίαν τῇ γῇ ὁ τῶν θρεμμάτων ὄνθος καθέστηκεν. οὐκοῦν δίδου μοι τῶν σῶν θρεμμά-των τὴν κόπρον, καὶ λήψῃ καὐτὸς μισθοὺς εὐετηρίας ἀγράδας καὶ λάχανα, καὶ τὸ σὸν φιλότιμον λαμπροτέ-ραις ἀμείψομαι χάρισιν.

οε'. Ἀριστόξενος Πολυξένῃ.

Ἑταιρικῶν ἡδονῶν οὐδὲν ἀσθενέστερον. ἄπιστα τὰ τῶν σῶν χειλέων φιλήματα· ἀφύτευτος γὰρ πόθος θᾶτ-τον μαραίνεται. ἐγὼ τὴν σωφροσύνην λοιπόν, ἀνή-δονον οὖσαν παρὰ τοῖς πολλοῖς, μᾶλλον προσδέξομαι (τὸ γὰρ σταθερὸν ἐπαγγέλλεται), καὶ προικίων τὸν γάμον ὠνήσομαι· πρίασθαι γὰρ πίστιν ἑταιρικὴν χα-λεπώτατον.

ος'. Διογένης Σωτίωνι.

Τὸ μικρὸν τοῦτο δοξάριον ὕπαρ ἐνύπνιον εἶναι τοῖς εὖ φρονοῦσι δοκεῖ, καὶ τῶν πεπλασμένων μύθων τε-ρατωδέστερόν ἐστι καὶ φαυλότερον, ἄστατον κουφόνουν παίγνιον, ἤχων καὶ πνευμάτων φαντασιωδέστερον. τοῦτο καὶ μὴ παρὸν ἀνιᾷ, καὶ προσγενόμενον πλέον ἐλύπησε· μετ' οὐ πολὺ γὰρ τοὺς ἐραστὰς ἠγνοημένους· :αἱ πρὶν γενέσθαι πρὸς τὸ μὴ εἶναι μετέδραμε. μή σε καταπληττέτω τὰ τῆς τύχης φυσήματα· διαπαίζει γὰρ τοὺς ἀνθρώπους ὥσπερ καὶ βούλεται. εἴδωλα γὰρ εἰδώλων τὰ τῶν ἀνθρώπων τετύχηκε πράγματα.

οζ'. Βουκολίων Μυρωνίδῃ

Ὁ σὸς ἔγγονος ὑπερμαζᾷ, Μυρωνίδη. ἐρυθρῷ ῥάκει τὰ βουκόλια διετάραξε καὶ τὴν δάμαλιν τὴν πο-θεινὴν κατεκρήμνισεν, οἱ δὲ ἡλικιῶται τὴν συμφορὰν

Polypos aiunt praeda indigentes suos ipsorum cin-cinnos devorare, ita ut quasi cibo vere apparato suis membris utantur. Vescuntur nempe miseri membrorum suorum partibus maxime vitalibus, propriarumque car-nium se praebent esores. Nonne, Archimedes, polypus mente esse omnino videris? Ego certe manifestissimum h·c esse arbitror : iniuria enim patrem tuum afficis inhu-n·nissima, neque naturam reveritus, neque Iustitiam ti-mens quasi barathrum. At si resipiscas, immemorem praeteritorum malorum habebis providentiam, sin vero in furiosa ista auri fame immobili affectu perseveras, aequali trutina deus te pensabit, liberosque habebis veras paternae malitiae imagines atque simulacra referentes. Sic enim et viperini partus maternam impietatem exci-piunt, matricem et nutricem ventrem disrumpentes.

Utile est ad foecundandam terram stercus pecudum. Quare da mihi tuorum pecudum fimum, et contra tu quoque praemia fertilitatis pira accipies atque olera, tuamque liberalitatem splendidioribus remunerabor donis.

Meretriciis voluptatibus nihil inconstantius. Infida sunt tuorum labiorum oscula. Amor enim, qui radices non egit, citius marcescit. Ego temperantiam in poste-rum, ingratam licet vulgo, magis amplectar, stabilitatem enim pollicetur, et dotibus emam nuptias : nam fidem emere meretriciam difficillimum est.

Vilis gloriola ista insomnium revera videtur esse sa-pientibus, fictisque fabulis monstruosior est ac deterior, instabilis, levis, ludicrum repercussa voce et ventis ina-nior. Haec et absens molestiam parit, et ubi adsit·ma-iorem affert tristitiam : brevi enim iniqua fit in cultores suos et antequam sit ad nihilum redigitur. Ne fortunae flatus te concutiant : deludit enim homines pro libito. Nimirum imaginum imagines sunt res hominum.

Filius tuus nimis luxuriatur, Myronides. Rubro panno gregem terruit, vaccamque egregiam egit praecipitem, aequales eius autem calatoitatem istam pro ludicro ha-

πεπο.ηνται παίγνιον. μὴ παρέχου δυοῖν χοινίχοιν τῷ
παιδὶ περαιτέρω· οἱ γὰρ νέοι καὶ σφριγῶντες ἀκόλα-
στοι, καὶ τρυφῶντες εἰσὶν ἀκρατέστεροι.

ση' Περικλῆς Καλλιόπῃ

Παρθενικῶν ἡδονῶν ἐπιτεύξασθαι ἄγαν ἐστὶ δυσχε-
ρές· ἐγὼ δὲ ῥάθυμος τὴν ψυχήν· καὶ τί δράσαιμι
ἄν; ἀσύμβατος γὰρ ὁ Ἔρως ἐπιπέμπων τὸ βέλος.
αὐτή μοι δίκαζε καὶ τῷ Ἔρωτι, καὶ δίδου μοι ψῆφον
φιλάνθρωπον· βασκαίνουσι γὰρ οἱ Ἔρωτες, τὸ μὲν
ποθεῖν παρεχόμενοι, τὸ δὲ τυχεῖν ἀφαιρούμενοι

οθ'. Ἰσοκράτης Διονυσίῳ

Προπομποὶ καὶ ῥαβδοῦχοι καὶ κήρυκες καὶ θρόνων
ὑψηλοτάτων ἐπίτευξις φιλοσοφίας ἐστὶν ἀχλύς, καὶ
διαιρετιχώτατος πέφυκε τῶν ἀρετῶν χωρισμός· οὐκ
ἤμειψας μετὰ τῆς τύχης τὴν φύσιν· ἔτι τὸν θύλακον
ἔχεις δερμάτινον θνητὴν γὰρ ἔχεις ἐκ προοιμίου τὴν
σύστασιν· τί δῆτα τὸ κενὸν τοῦτο καὶ κοῦφον δοξάριον
ἐπὶ τοσοῦτον τὸν πήλινον ἀσκὸν διεφύσησε, μεγάλης
ἀνοίας ἐνεφορήθης, ὦ δύστηνε, καὶ τῆς φύσεως τὴν
γνῶσιν ἀφῄρησαι· οὕτω τὰ μετέωρα τῆς τύχης κινή-
μα-α ἐκστῆναί σε τῆς πάλαι θεωρίας ἠνάγκασε, καὶ
τῆς σώφρονος ἐκείνης μανίας ἀναχωρεῖν παρεσκεύασεν
ἦν σοι πάλαι μετάρσιον τὸ χαμαίζηλον νῦν δὲ καὶ
χθαμαλὸν καὶ περίγειον ὁ τῆς τύχης ὅρος ἄκρατος
οὐκοῦν τῆς ψευδοῦς εὐδαιμονίας ἀφίστασο, καὶ τὴν
δραπέτιν τύχην δραπέτευε· προφθάνων γὰρ τὴν ἀγνώ-
μονα, ἄφνω τὴν μεταβολὴν οὐ δυσφορήσεις προσπί-
πτουσαν.

π'. Κορυδὼν Ἀμπελῶνι

Οὐκ ἔστι τι γεωργῶν ἀθλιώτερον· τυραννούμεθα
καὶ τοῖς ἀνέμοις οἱ τάλανες. ἀπόλλυσιν ὁ νότος ἡμᾶς,
τοὺς ἀστάχυας ἐξιτήλους μοι ἀπειργάσατο, τὴν ἄμπε-
λον ἐλυμήνατο καὶ τὰς ῥᾶγας διέφθειρε, καὶ πρὸς
δικαστήριον ἕλκειν οὐχ οἷός τέ εἰμι τὸν λυπήσαντα.
διὸ καὶ τὸ δρέπανον καὶ τὴν ἄμην ἀπώσομαι, ἀσπίδα
δὲ καὶ ξίφος καὶ κράνος ἀράμενος στρατιώτης γενήσο-
μαι, καὶ τὴν τέχνην ἀμείψας τὴν τύχην σοφίσομαι

πα' Λέανδρος Καλλικόμῳ

Εἰ μέν τι τοῖς ἀνθρώποις χρυσοῦ τιμιώτερον δί-
δασκε, καὶ μείζοσι δώροις ἀμείψομαι τὴν ἀπόλαυσιν
εἰ δὲ μή, δίδου μοι τὰς χάριτας θᾶττον· οὐ γὰρ Δα-
νάης ἔχεις τὸ κάλλος οὔτε σὺ σεμνότερον, οὔτε Διὸς
ἐγὼ πλουσιώτερος, χρυσοῦ τὴν παρθένον ὠνούμενος.

πβ'. Σωκράτης Ἀλκιβιάδῃ.

Καὶ τὰ τῆς ποιήσεως παίγνια πάσης ἔμπλεα σοφίας
καθέστηκε. κηρῷ τοὺς Ὀδυσσέως ἑταίρους βεβῦσθαι

EPISTOLOGR.

Ne præbeas ultra duos chœnices puero iuvenes
enim cibo repleti petulantes sunt et ubi luxuriantur
adhuc immodestiores

LXXVIII Pericles Calliopæ

Virgineis potiri voluptatibus admodum est difficile, ego
vero levi sum animo Et quid faciam? implacabilis est
enim Amor, dum tela emittit Tu ipsa mihi et Amori
esto iudex et calculum mihi benevolum tribue invident
enim Amores, desiderium quidem suggerentes, successum
vero auferentes

LXXIX Isocrates Dionysio

Præcursores et lictores et præcones celsissimarumque
sedium adeptio caliginem philosophiæ obiciunt et maxima
sunt ad removendas virtutes adminicula Non mutavisti
cum fortuna naturam, adhuc pellem habes membrana-
ceam mortalibus enim ab initiis exorsus es Quid
tandem inanis hæc ac levis gloriola luteum utrem tanto-
pere inflavit? Magna stultitia plenus es, miser, et naturæ
cognitione orbatus Ita sublimes fortunæ motus desi-
stere te a pristina rerum contemplatione coegerunt et ut
a moderata ista insania recederes effecerunt Erat tibi
excelsum olim quicquid est humile, nunc vero et humile
et terrenum summus fortunæ gradus Quamobrem a
falsa felicitate abstine et fugitivam fortunam fuge nam-
que ubi anteverteris ingratam, non ægre feres vicissitu-
dinem subito tibi accidentem

LXXX Corydo Ampeloni

Non est rusticis quicquam miserabilius, etiam a ventis
superbe tractamur miseri Perdit nos auster, spicas mihi
reddidit evanidas, vites læsit et acinos corrupit, nec ta-
men in iudicium trahere possum iniuriæ auctorem
Quare et falcem et sarculum abiciam, et scuta galeaque
atque gladio sumptis miles fiam et mutata arte experiar
fortunam

LXXXI Leander Callicomo

Si quid auro hominibus est pretiosius, doce, et maio-
ribus donis rependam voluptatem, sin minus, gratificare
mihi quantocius Non enim Danae habes formam præ-
stantiorem, neque Iove ego sum opulentior, cum auro
virginitatem emo

LXXXII Socrates Alcibiadi

Poesis etiam lusus pleni sunt omni sapientia Cera
Ulixis socios aures obturasse Meletis ait filius, navibus

τὰ ὦτά φησιν ὁ τοῦ Μέλητος, ὅτε ταῖς ὀλκάσι πρὸς τὰς ἀκολάστους Σειρῆνας ἀνήγοντο, τὸν δὲ Λαέρτου ἐν δεσμοῖς ἀπείρχθαι ὡς ἐν εἰρκτῇ δυσφεύκτῳ τινί. μυθολογεῖται τὰ τῆς φιλοσοφίας ἀπόρρητα · Σειρῆνας γὰρ δοκῶ τὰς ἀσχήμονας ἡδονὰς τὴν ποίησιν ἀναπλάττεσθαι. καὶ θαυμάζω λίαν τὸν Ὅμηρον συγκιρνῶντα τοῖς πλάσμασι τὴν ἀλήθειαν καὶ κυκεῶνα νέκταρος προσηνέστερον ταῖς ἀκοαῖς ἡμῶν ἀναμίξαντα, οἷάπερ ὕδωρ τὸ ψεῦδος οἴνῳ ἡδυτάτῳ τινὶ τῇ ἀληθείᾳ κεράσαντα · οὕτω γὰρ οὔτε τοῖς πλάσμασιν ἀπατώμεθα, οὔτε τῇ δυσεφίκτῳ τῶν ὄντων καταλήψει τὸν νοῦν μεθυσκόμεθα. διὸ κηρῷ μὲν τὴν ἀπειρίην, δεσμῷ δὲ τὴν φιλοσοφίαν ἐδήλωσεν. ἐντεῦθεν Ὀδυσσέα μόνον τῶν ὑπερκυκλείων μελῶν ἀκούοντα τερατεύεται καὶ τοῖς δεσμοῖς τὴν ἔφεσιν διακόπτεσθαι. ἡ μὲν γὰρ τῶν κακῶν ἀπειρία ἀφιλόσοφος ἀρετή, ἡ δὲ τῶν ἡδονῶν ἀναχώρησις φιλοσοφίας ἐναγώνιον τρόπαιον. ἐπειδὴ τοίνυν, Ἀλκιβιάδη, τῆς Ὀδυσσέως πλάνης ὁ παρὼν βίος εἰκόνισμα, καὶ τῇ θαλάττῃ τῶν θορύβων ὁ δείλαιος ἄνθρωπος περινήχεται, καὶ σειρηνείων ἡμᾶς ᾠδῶν περιπολοῦσιν ἠχήματα, καὶ πνευμάτων δίκην ποτὲ μὲν ἐνθένδε ποτὲ δὲ ἀλλόθεν ποθεν περικρατοῦσιν ἐξαίσια, τὸν Πηνελόπης ὁμόζυγα μιμησώμεθα, ἄρρηκτόν τινα τῶν ἀρετῶν καὶ θεῖον δεσμὸν τὴν φιλοσοφίαν ἀσκήσαντες.

πγ'. Ἄνθινος Ἀμπελίνῳ.

Ὁ τρυγητὸς ἤδη προκέκυφε, καὶ ὁ βότρυς γλεύκους πεπλήρωται. περιφρούρει γοῦν τὴν λεωφόρον κάλλιστα, καὶ τὴν Κρῆσσαν κύνα συνέριθον κέκτησο· ὁδίτου γὰρ χεῖρες ἀκόλαστοι καὶ γεωργικοὺς ἱδρῶτας ἀδικεῖν ἑτοιμότκται.

πδ'. Χρύσιππη Σωσιπάτρῳ.

Ἐρωτικοῖς δικτύοις οὐχ ἑάλως, Σωσίπατρε, τῆς Ἀνθούσης ἐρῶν. φρονίμων ὀφθαλμῶν ἐστι τεκμήριον νεάνιδος ἐρᾶν εὐπρεποῦς. μὴ στέναζε κάλλει νικώμενος· μείζονα γὰρ τῶν πόνων τὴν ἀπόλαυσιν ἕξεις. ἐρωτικὸν δάκρυον προσηνές· ἡδονῇ γὰρ τὰ τῆς ἀνίας κεκέρασται, καὶ τέρπουσι λυποῦντες οἱ Ἔρωτες· ποικίλοις γὰρ πάθεσιν ὁ τῆς Ἀφροδίτης κεστὸς ἐγκεχάρακται.

πε'. Πλάτων Διονυσίῳ.

Εἰ λύπης ἐθέλεις κρατεῖν, περιπόλει τοὺς τάφους, καὶ τοῦ πάθους ἕξεις τὸ φάρμακον, καὶ τὰς μεγίστας τῶν ἀνθρώπων εὐδαιμονίας ἐπόψει περαιτέρω. κόνεως μὴ κεκτημένας τὸ φύσημα.

ad intemperantes Sirenes delatos, Laertis vero filium vinculis se quasi carcere quodam inevitabili constrinxisse. Quæ fabula philosophiæ enarrat secreta. Sirenes enim puto turpes voluptates poesin fingere, mirorque magnopere Homerum figmentis commiscentem veritatem et potum nectare suaviorem auribus nostris instillantem, cum aquæ instar mendacium veritate tanquam vino dulcissimo quodam temperet. Sic enim neque figmentis decipimur, neque difficili rerum comprehensione inebriamus mentem. Itaque cera quidem ignorantiam, vinculis autem philosophiam indicavit. Hinc solum Ulixem cygnis suaviores cantus audire fingit et vinculis reprimere cupiditatem. Malorum enim inexperientia virtus parum philosopha est, discessio vero a voluptatibus philosophiæ certamine partum tropæum. Quoniam igitur, Alcibiades, Ulixis errorum hæc vita imago est et in mari turbarum miser homo circumnavigat et sirenarum nos melodiarum soni circumsistunt, ventorumque instar modo hinc modo illinc adversaria circumstrepunt, Penelopæ coniugem imitemur, firmo quodam virtutum ac divino vinculo usi philosophia.

LXXXIII. Anthinus Ampelino.

Appropinquant iam vindemiæ, mustoque plenæ sunt uvæ Custodi igitur quam potes optime viam publicam et Cretensem canem in auxilium adhibe: viatoris enim manus haud sunt continentes et ad rusticis sudoribus iniuriam inferendam paratissimæ.

LXXXIV. Chrysippe Sosipatro.

Amatoriis retibus non captus es, Sosipater, Anthusam amans. Prudentium oculorum est indicium puellam amare formosam. Ne ingemiscas victus pulchritudine: maius enim laboribus oblectamentum habebis. Amatoria lacrima suavis est. Scilicet cum voluptate dolor iunctus est, oblectantque Amores mœrorem afferentes: variis enim affectibus Veneris cestus inscriptus est.

LXXXV. Plato Dionysio.

Si vis mœrorem vincere, sepulcra adi et affectus remedium habebis, maximasque hominum felicitates videbis non ultra pulverem superbiam retinentes.

ΘΡΑΣΥΒΟΥΛΟΥ ΕΠΙΣΤΟΛΗ.

THRASYBULI EPISTOLA.

Περιάνδρῳ.

Τῷ μὲν κήρυκί σευ οὐδὲν ὑπεκρινάμην, ἀγαγὼν δὲ αὐτὸν ἐς λήιον τοὺς ὑπερφυέας τῶν ἀσταχύων ῥάβδῳ παίων ἀπεθέριζον ὁμαρτέοντος ἐκείνου. καί σοι ἀναγγελέει εἰ ἐπέροιο ὅ τί μευ ἀκούσειεν ἢ ἴδοι. σὺ δὲ ποίει οὕτως, ἤν γ' ἐθέλῃς καρτύνασθαι τὴν αἰσυμνητίην. τοὺς ἐξόχους τῶν πολιτέων ἐξαίρειν, ἤν τέ τις ἐχθρός τοι φαίνηται, ἤν τε μή· ὕποπτος γὰρ ἀνδρὶ αἰσυμνήτῃ καὶ τῶν τις ἑτάρων.

Periandro.

Præconi quidem tuo nihil respondi, sed ipsum in agrum inducens eminentes spicas baculo feriens decutiebam illo prosequente. Ac referet tibi, si rogaveris, quicquid vel audiverit ex me vel viderit. Tu vero sic facito, si quidem tyrannidem tuto tenere cupis : civium principes tolle, sive inimicus quis tibi esse videatur sive non. Quippe viro tyranno et sodalium quivis suspectus.

50.

ΞΕΝΟΦΩΝΤΟΣ ΕΠΙΣΤΟΛΑΙ.

XENOPHONTIS EPISTOLÆ.

α'. Ἐκ τῆς ἐπιστολῆς τῆς πρὸς Αἰσχίνην.

Συντυχών μοι Ἑρμογένης τά τε ἄλλα διεξῄει καὶ περὶ σοῦ δὲ πυθομένου ἥντινα ἔχοις φιλοσοφίας ἐπιμέλειαν ἀπεκρίνατο τὴν αὐτὴν Σωκράτει. ἐγὼ δὲ καὶ ἡνίκα Ἀθήνησι διέτριβον, τῆς γνώμης σε ἠγάσθην. ὥσπερ οὖν ἠρξάμην σε θαυμάζων, οὕτω καὶ νῦν παρ' ἐντινοῦν τῶν σοφίαν ἀσπασαμένων τεθαύμακα τὸ ἀμετάκλαστόν σου τῆς γνώμης (μέγιστον γάρ, ὡς ἔγωμαι, τεκμήριον ἀρετῆς), ἁλόντος ὑπὸ τἀνδρὸς ἐκείνου, εἴπερ θνητὸν καλεῖν τὸν Σωκράτους οἷόν τε βίον. ὅτι μὲν γὰρ τὰ θεῖα ὑπὲρ ἡμᾶς, παντὶ δῆλον· ἀπόχρη δὲ τῷ κρείττονι τῆς διανοίας αὐτοὺς σέβειν· οἷοι δέ εἰσιν, οὔτε εὑρεῖν ῥάδιον οὔτε ζητεῖν θεμιτόν. οὐδὲ γὰρ δεσποτῶν φύσιν ἢ πρᾶξιν δούλους δεῖ εἰδέναι, οἷς οὐδὲν πλέον ὑπηρεσίας προσήκει. καὶ τὸ μέγιστον, ὅσῳ χρὴ ἄγασθαι τἀνθρώπινα διαπονουμένων, τοσῷδε τοῖς δόξης ἐκ πολλῶν ἀκαίρων καὶ κενῶν γλιχομένοις; ἄχθος φέρει. πότε γάρ, ὦ Αἰσχίνη, Σωκράτους ἀκήκοέ τις οὐρανίων πέρι λέγοντος ἢ γραμμὰς εἰς ἐπανόρθωσιν παραινοῦντος μανθάνειν; μουσικῆς μὲν γὰρ ἴσμεν αὐτὸν μέχρις ὤτων ξυνιέντα· διετέλει δὲ ἑκάστοτε λέγων τί καλὸν καὶ τί ἀνδρεία τε καὶ δικαιοσύνη καὶ αἱ ἄλλαι ἀρεταί. ἀνθρώπινα γοῦν αὐτὰ ἀγαθὰ ἐκάλει, τὰ δ' ἄλλα ἢ ἀδύνατα ἀνθρώπῳ ἀλλ' ὠνεὶ ἔφασκεν ἢ μύθων εἶναι συγγενῆ, μετὰ ὀφρύος σοφιστῶν παίγνια διεξιόντων. καὶ οὐκ ἔλεγε μὲν ταῦτα, οὐκ ᾔδει δὲ πράττειν. γράφειν δὲ τὰ πραχθέντα εἰδότι σοι, καίπερ οὐκ ἀηδὲς ἐσόμενον, χρόνον ἔχει, ἀνέγραψά τε ἄλλοθι. παυσάσθωσαν οὖν ἐλεγχόμενοι ἢ πρὸς τὸ εἰκὸς ἴτωσαν οἷς Σωκράτης οὐχ ἤρεσκεν, ᾧ ζῶντι μὲν ὁ θεὸς σοφίαν ἐμαρτύρησεν, οἱ δὲ κτείναντες τῆς μετανοίας ἀποκάθαρσιν οὐχ εὗρον. τὸ δὲ καλὸν ἄρα, Αἰγύπτου ἠράσθησαν καὶ τῆς Πυθαγόρου τερατώδους σοφίας, ὧν τὸ μὲν περιττὸν καὶ τὸ μὴ μόνιμον ἐπὶ Σωκράτει ἤλεγξεν ἔρως τυραννίδος καὶ ἀντὶ λιτῆς διαίτης Σικελιῶτις γαστρὸς ἀμέτρου τράπεζα.

β'. Ἐκ τῆς πρὸς Κρίτωνα ἐπιστολῆς.

Εὖ γὰρ ἴσθι Σωκράτην πρὸς ἡμᾶς πολλάκις εἰπόντα ὅτι οἱ τῶν υἱέων ἵνα πολλὴν μὲν ἔχωσιν οὐσίαν φροντίζοντες, ἵνα δὲ καλοὶ κἀγαθοὶ γένωνται ἀμελοῦντες ἴσον πεπόνθασι τοῖς ἱπποτροφοῦσι καὶ τὰ μὲν πολεμικὰ οὐ διδάσκουσι, τροφὴν δὲ παμπόλλην παρεχομένοις, οὗτοι

I. Ex epistola ad Æschinem.

Posteaquam me convenisset Hermogenes, cum alia quædam narravit, tum me de te interrogante, quodnam philosophiæ studium sequereris : idem, respondit, quod Socrates. Ego vero, etiam cum Athenis ageres, propter hunc animum te admiratus sum. Quemadmodum igitur tunc admirari te cepi, ita nunc etiam demiror animi tui constantiam, qua ceteros quoscunque philosophiæ studiosos antecellis. Maximum enim, ut mihi videtur, argumentum est virtutis tuæ, quod is te ceperit homo, si modo vita Socratis hominis mortalisve dicenda. Ceterum numina supra nos esse cuivis constat. Hos veneraŗi quantum mente possumus sufficit. Quales autem et qui sint, nec inveniri facile potest, nec inquiri fas est. Quippe servis etiam non licet naturam aut facta dominorum cognoscere, ut quibus nihil præterea conveniat, quam inservire. Quodque maximum est, quanto maiorem admirationem merentur qui res humanas tractant, tanto plus hoc iis affert oneris ac molestiæ qui gloriam in multis intempestivis ac vanis rebus affectant. Nam quando audivit quisquam, o Æschines, Socratem de rebus cœlestibus disserentem, vel ad lineas ac figuras emendandæ vitæ gratia discendas hortantem? Musicam enim scimus ipsum intellexisse non ultra iudicium aurium : at semper suis dicere non desinebat, quid esset pulcrum, quid esset fortitudo, quid iustitia, quid virtutes ceteræ. Vocabat autem hæc bona humana, reliqua vero vel homines adsequi non posse, vel fabulis esse cognata dicebat, qualia superciliosi sapientiæ professores ridicula commemorarent. Neque verbis hæc ita tradebat, ut factis eadem non præstaret. Verum ad te illa non ignorantem perscribi, quæ a Socrate gesta sunt, quanquam ingratum futurum non sit, tamen et prolixum fuerit, et alibi a nobis est præstitum. Desinant igitur convicti et discant tandem æquiore uti iudicio quibus Socrates non placuit, licet vivo ei sapientiæ testimonium deus exhibuerit, mortui vero interfectores expiationem non invenerint. Sed illi, quod erat sane bellissimum, Ægypti et prodigiosæ.Pythagoræ sapientiæ amore capti sunt, quorum supervacaneum et inconstans erga Socratem studium tyrannidis amor arguit, et Sicula ventris immoderati mensa frugalitati victus anteposita.

II. Ex epistola ad Critonem.

Scias, frequenter ad nos dixisse Socratem, eos, qui liberis suis multas quidem procurant facultates, ut autem boni ac egregii evadant, neglegunt, simile quid agere equos alentibus, qui ad bellicos usus eos non admittant et multum pabuli interea exhibeant · sic enim

ἀρ πιστέροις μὲν τοῖς ἵπποις χρήσονται, ἀπείροις δὲ ῶν χρή· εἶναι· γὰρ ἵππου ἀρετὴν οὐ τὴν εὐσαρκίαν, ἣν δὲ κατὰ πόλεμον εὐτολμίαν καὶ ἐμπειρίαν. τὰ ὑτὰ δ' οὖν ἐξαμαρτάνειν καὶ τοὺς γῆν πολλὴν κτω ίνους τοῖς υἱέσιν, αὐτῶν δὲ μὴ ἐπιμελομένους. ἃ γὰρ ἐκτήσονται, πολλοῦ ἄξια νομισθήσεται, αὐτοὶ δὲ λίγου· προσήκει δὲ τὸ φυλάττον τοῦ κτηθέντος ξιοτιμότερον εἶναι. καὶ τοίνυν ὁ τὸν ἑαυτοῦ παῖδα ολλοῦ ἄξιον ἀποδείξας, κἂν ὀλίγα καταλίπῃ, πολλὰ δωκε· γνώμῃ γὰρ ἢ πλείω ἢ ἐλάττω γίνεται, ἀγαθῇ μὲν ἔμμετρα, ἐκμελεῖ δὲ καὶ ἀπαιδεύτῳ ὀλίγα. σὺ ὲ οὐδὲν πλείω τῶν ἀναγκαίων παρέχεις, ἃ τοῖς μὲν ιὰ παιδεύσεως ἰοῦσιν ἀναγκαῖά τε καὶ πλούσια νομίζεται, τοῖς δ' ἀμαθέσι τὸ μὲν ἀλγεινὸν τῆς σαρκὸς κλύει, τὴν δὲ περὶ τοῦ μέλλοντος δυσελπιστίαν οὐ ειοῖ.

γ΄. Ἐκ τῆς πρὸς Σώτειραν ἐπιστολῆς

Ἐμοὶ δὲ δοκεῖ, ὦ Σώτειρα, οὔτε ὁ θάνατος αἰσχρὸν οὔτε τι καλὸν εἶναι· ὅρος δὲ ζωῆς οὐχ εἷς πάντων, ἀνισάριθμον ἐτῶν φέρων τὸ μὴ ὅμοιον τῆς γενέσεως, τῇ ἰσχύϊ ἢ ἀρρωστίᾳ τὴν δὲ πρόφασιν ποτὲ ἐν αἰσχρὰν οὖσαν ἐφέλκεσθαι θάνατον, ὅπου δὲ καλὴν καὶ πρεπώδη

Ἐκ τῆς αὐτῆς.

Ἀλλ' οὐδὲ ἐπὶ θανάτῳ προσήκει τοσοῦτον πένθος ρέσθαι ἐπισταμένῃ ὅτι ὁδοῦ ἀνθρωπίνης χρὴ νομίζειν ἀρχὴν μὲν γένεσιν, τέλος δὲ θάνατον. ἀπέθανε ἷ, ὅπερ ἂν καὶ μὴ θέλων ἔπαθε· τὸ δὲ καλῶς ἐχόνος τε ἔργου καὶ ἃ χρὴ παιδευθέντος μακάριος οὖν ἡ Γρύλλος καὶ ὅστις οὐ τὸ μήκιστον ἑλόμενος τοῦ ίου, τὸ δὲ μετὰ ἀρετῆς, καὶ εἰ βραχύν οἱ ἔδωκεν ῖῶνα ὁ θεός

δ΄. Ἐκ τῆς πρὸς Λαμπροκλέα ἐπιστολῆς

Πρῶτον γὰρ ἂν δέξαιο Σωκράτους ὑπερφυὲς δι- ιγμα, πλοῦτον μετρεῖν χρήσει· οὐ γὰρ ἔφη Σω- ράτης εἶναι τὴν ὑπέρμετρον κτῆσιν πλοῦτον, τὸ δ' ιοις προσήκει χρῆσθαι, ἔπειτα δὲ τούτων μὴ διαμαρ- άνειν· τῷ γὰρ ὄντι ταύτους κεκλῆσθαι εὐπόρους τοὺς ἄλλους πένητας ἀπεκάλει καὶ ἀνίατον αὐτοὺς ρασχε πενίαν πένεσθαι ψυχῆς γὰρ εἶναι τὸ ἀρρώ- τημα, οὐ κτήσεως.

ε΄.

Κακὸν οὐδὲν φύεται ἐν ἀνδρὶ θεμέλια θεμένῳ σο- ίας σωφροσύνην καὶ ἐγκράτειαν.

ζ΄. Ἐκ τῆς πρὸς Ἀγλαϊτάδαν ἐπιστολῆς·

Τὸ χαυνοῦσθαι ἐπὶ τῆς ὥρας τῷ κάλλει οὐ μόνον

---

equos quidem habituros esse pinguiores, sed eorum, quæ præstari oportebat imperitos, cum equi virtus et laus non in corporis mole, sed in audacia peritiaque bellici usus posita sit Eodem modo et illos peccare qui filiis multos agros comparant, ipsosmet vero negli- gunt. Nam eorum præda tantum magni erunt pretii, ipsi exigui prorsus aut nullius, quum contra deceret custodientem longe maioris quam rem possessam esse dignitatis et pretii Quamobrem si quis filium suum ma- gni pretii hominem effecerit quamvis paucas opes ei relinquat, multa tamen largitus est Animus enim possidentis facit, ut res appareant vel ampliæ vel exi- guæ Quippe animo bono, quantillum possidet, sufficit, rudis autem praveque institutus etiam in maximis opi- bus egenus videbitur Tu vero non plura, quam ne- cessitas postulat, filiis tuis commodas, quæ sane recte instituti ut necessaria, sic satis sibi copiosa existi- mant, imperitos vero ut præsenti quidem corporis mo- lestia levent, futuri tamen temporis exspectationem metu plenam non imminuent

III Ex epistola ad Sotiram

Mihi vero, o Sotira, mors ipsa nec turpe quid nec honestum esse videtur, sed tantum vitæ terminus, non idem omnium, quum annorum inæqualitatem afferat diversitas naturæ robore vel imbecillitate Caussa autem mortis alias turpis est, alias autem honesta ac decora

Ex eadem epistola

Neque mortis caussa vita functum lugere tantopere convenit, cum sciamus, initium itineris mortalium exi- stimari debere nativitatem, finem vero mortem Mor- tuus est quem lugemus, quod cuivis etiam invito ac repugnanti contigit Præclare vero mori hominis est sua voluntate utentis et præclare instituti Beatus est igitur Gryllus, et quicunque non longissimam, sed cum virtute coniunctam vitam elegit, etsi brevi tempus æta- tis illi deus concesserit

IV Ex epistola ad Lamproclem

Primum Socratis admirabile præceptum admirari de- bes, qui divitias ex usu metiri iubebat Divites enim dicebat possidentes non multa, sed tantum, quantum requiratur ad usum decentem, iisque nunquam exciden- tes Illos enim, quos divimus, revera divites reliquos vero pauperes appellabat, et immedicabili paupertate la- borare dicebat, quod animi esset indigentia, non posses- sionis

V.

Nihil innasci malum potest in homine, qui sapientiæ fundamenta iecerit temperantiam et continentiam.

VI Ex epistola ad Aglaitadam.

Tumorem et vanam de pulcritudinis flore persuasionem

Φιλλίδα τοῦ υἱέος σου φαῖμεν ἂν εἶναι ἁμάρτημα, ἀλλὰ καὶ σόν· δοκεῖς γάρ μοι οὔτε Λακωνικὸν παθεῖν οὔθ', ὅπερ χρὴ ἐννοεῖν τὸν σώφρονα, ἀληθεῖ καὶ δικαίῳ ἐπαίνῳ τὸν νοῦν προσέχειν. τίς γὰρ σαρκὸς οὐ πρὸς ἰσχὺν ἐρρωμένης, ἡδονῆς δὲ ὑπομνήσει ἐπαινουμένης ἐν δικαίῳ γένοιτ' ἂν λόγος ; σώματος γὰρ ἄνθρωποι ἠράσθησαν διὰ τὸ ἐπὶ ψυχῇ εἶναι· τῶν δὲ μικρῶν ὕστερον τὸν ἔπαινον ἀποδρασομένων δι' ὥρας ἀπάνθησιν ἥκιστα χρὴ φροντίζειν τὸν τῷ ὄντι Λάκωνα· ποιητῶν τε ὅσοι ἀρετὴν ἐπῄνεσαν σώματος ἢ οὐδὲν ἢ ὀλίγιστον ἐπαίνου πέρι ὕμνησαν, ἔργα δὲ ψυχῆς μεγάλα τε καὶ σοφίας ἐγγὺς ὄντα δι' ᾠδῆς αἰῶνι ἔδοσαν. σκόπει δέ, ὦ Ἀγλαϊτάδα, καὶ ἕπου θείῳ λόγῳ, ὃς πιστοῦται ὅτι ψυχὴν μετὰ θεοὺς χρὴ τιμᾶν, τρίτον δὲ Ὀλυμπίων τὸ σῶμα. ψυχῆς δὲ τιμὴ μάθησις καὶ νοῦς συντεταγμένος ἐπὶ φρόνησιν· ὡς οὐκ ἔστιν ὡς ἐπὶ τὸ πολὺ ἀνθρώποις ἄλλο συγγενείας τῆς πρὸς θεοὺς παίδευμα. καὶ τοίνυν τῶν μὲν ἀφρόνων τὸ σῶμα οὐδ' ἂν εὖ ἡρμοσμένον ἴδῃς, φήσεις καλὸν εἶναι· καὶ ἀνδριὰς γὰρ κάλλους ἔλαχεν ἔπαινον ἐπὶ φρονήσει τέχνης. τῷ γὰρ ὄντι ἂν φαίην τὰ στερόμενα νοῦ ἔμφρονος αἰσχρὰ πάντα καὶ ἄδικα ἐν ἀνθρώποις ἔσεσθαι. γεγενῆσθαι οὖν ἐν Λάκωσι τότε σοι ἔσται, ἐπειδὰν νόμων Λακωνικῶν ὑπηρέτην τὸν παῖδα ἀποδείξῃς. ἀὴρ δὲ οὔτε τις Λάκων οὔτε Ἀττικὸς ἐγένετο, ῥεῦμα δὲ ὑπὸ θεῶν ἐπὶ ζῴων γενέσει τῶν τε ἄλλων ὅσα ἡ γῆ ἀνίησι μετηγμένον.

ζ'. Ἐκ τῆς πρὸς Ἀγησίλαον ἐπιστολῆς.

Ἐπέστειλάς μοι δεόμενος παρὰ σὲ ἰέναι, φάσκων ἐθέλειν περὶ τοῦ υἱέος συμβουλεύεσθαι ὅπη τε καὶ ὅπως σώζων τὰ Λακωνικὰ ἤθη καὶ ξενικῶν παιδευμάτων κοινωνήσει. κάμνω δὲ οὐ μετρίως κἀγὼ· καὶ γὰρ τῆς ἡλικίας ὥσπερ οἶσθα πόρρω ἥκω, καὶ οἱ ἰατροὶ εὐθυμίας τι φροντίζουσιν, ὡς ἐμοῦ βουλευομένου ἄλλο τι ἢ ζωὴν δικαίαν αἱρουμένου θάνατόν τε μέχρι μὴ αἰσχρός ἐστι τιμῶντος. ἀλλ' εἰ μὲν σωζοίμεθα, ἅπερ ἐπέστειλα διὰ στόματος καὶ συγγινομένων ἀκούσῃ ἡμῶν· εἰ δέ τι τῶν εἰωθότων γένοιτο κακόν, τότε σοι δίδαγμα ἔστω ἡ ἐπιστολὴ φράζουσα ὑπὲρ ὧν μαθεῖν ἐβουλήθης. νόμος μὲν πρὸς τὸ εἰκὸς ἄγων, ὦ Ἀγησίλαε, ἀνθρώπου δόγμα πάντως, παντὸς δὲ ἀμείνων ὃν Λυκοῦργος εὖρε· νόθα δὲ ἐπὶ νόθοις θηρεύειν κενὸς ὁ πόνος. μηδὲν οὖν ἀνθρώπινον παίδευμα τῷ παιδὶ πρόσφερε, ἴθι δὲ ἐπὶ τὸν δεύτερον μὲν ἀναγεγραμμένον πρῶτον δὲ καὶ μόνον ἐν θεοῖς κείμενον, ὅς ἐστι νοῦς ἐπιστήμων κατὰ τὰ αὐτὰ ἔχων. πόθεν δέ, ὦ γενναῖε, φήσεις, ἐστὶ τοῦτο λαβεῖν; παρὰ φιλοσόφων ἀνδρῶν, οὓς θείους λέγων ὅσιος ἔσομαι· τούτων γὰρ νόμος οὐδεὶς ἄρχει γραφεὶς ὑπὸ φαύλων ἀνδρῶν δόξῃ ψευδεῖ ἐπικεχρωσμένος, τὸ δὲ ξυγγενὲς τῆς φύσεως ἄγει πρὸς τὰ κρείττω μαθήματα. οὐδὲ φεύξῃ φωραθεὶς παρανόμων δίκην· οὐ γὰρ ἀνθρωπίνων νόμων ἐραστὴς ἁλώσῃ, οὐδὲ ξενικῶν

---

non solum Phillidæ filii tui vitium esse dixerim, sed etiam tuum. Videris enim mihi neque Laconice sentire, neque ita animatus esse, quemadmodum decet virum honestum, id est veram et iustam laudem respicere. Nam qua ratione merito magni feceris carnem quæ non viribus valeat, sed voluptatis mentione laudetur ? Corpus enim admiratione dignum censent homines, quoniam animæ coniunctum est. Ista vera quæ paulo post laudem omnem amittent deflorescente forma, minime curare debet verus Laco. Quin etiam poetæ qui virtutem celebrarunt aut nihil aut parcissime de corporis laudibus dixerunt, magna vero animi facinora et sapientiæ finitima carminibus posteritati commendarunt. Vide igitur, o Aglaitada, et divinam sententiam sequere, qua præcipitur animam post deos colendam esse, corpus autem tertio loco a superis. Est autem animæ cultus disciplina et mens ad prudentiam composita. Non enim fere alia institutio homines diis cognatos efficere potest. Quamobrem corpus imprudentium etsi bene concinnatum esse videas, non tamen pulcrum dices, siquidem statua quoque propter artis sollertiam pulcritudinis laudem meretur. Revera enim dixeris ea quæ carent prudentia mentis omnia inter homines turpia iniustaque fore. Itaque Laconum genere tum gloriari poteris, cum Laconicis legibus filium inservire docueris. Aer vero nunquam aut Laco aut Atheniensis fuit, sed generatio tum animalium tum aliorum quæ terra producit influxio quædam est divinitus inmissa.

VII. Ex epistola ad Agesilaum.

Literas misisti ut ad te venirem; velle enim te de filio consultare, qua ille ratione in Laconicis moribus manens simul peregrinæ institutionis particeps fieri posset. Ego autem non mediocriter valetudine affectus sum. Nam et ætate provectum me non ignoras. . . . .
. . . .
Sed si convaluerimus, coram ex nobis ipsis audies ea, de quibus epistolam conscripsimus; sin quid humanitus nobis acciderit, in disciplinam te trades epistolæ, quæ suppeditabit tibi præcepta a te expetita. Lex ad honesta ducens, Agesilae, utique hominis dogma est, ac quavis lege præstantior est illa, quam Lycurgus repperit; labor autem inanis est venari spuria ex spuriis. Noli igitur filio præcipere quæ homines excogitaverunt, sed contende ad id, quod secundo quidem loco referri solet, sed quod primum et solum in deo positum est, mentem dico eruditam quæ quovis temporis momento una eademque est. Unde vero, amice, dices, hanc petere licet ? a philosophis hominibus, quos divinos dicere nefas non est. Horum enim non habebit potestatem lex a pravis hominibus scripta, mendaci opinatione illita, sed naturæ necessitudo ducit eos ad augustiorem doctrinam, et deprehensus non fles reus rogationis perperam latæ; neque enim deprehenderis esse amator humanarum legum neque laudator legum peregrinarum, sed divinarum et æternarum, quarum cognitio præstantior omnium ceterarum legum cognitione. Viam igitur tibi hisce aperui. Atque possum

ἴση ἐπαινέτης, θείων δὲ καὶ αἰωνίων παντὸς πάντῃ
ἀξιομαθητοτέρων εἶναι νομιζομένων. ὁδὸς μὲν οὖν
ὧδέ σοι δεδηλώσθω δύναμαι δέ σοι ἀφηγήσασθαι
ὅσα ἀρετῆς ἔρωτα ἐμβάλλει, τὰ δὲ μείζω καὶ πλείω
τῶν κρειττόνων ἂν εἴη τροφὴ μὲν οὖν ἔστω σώματος
ἥπερ ἐν Λάκωσι, ψυχῆς δὲ νέας καὶ ἀρτιφυοῦς λόγοι
ᾠδὰς ἔχοντες ἀνδρῶν ἐπ' ἀρετῇ τὸν βίον διενηνοχότων,
παιδιαὶ δὲ ἄκοσμοι ἢ μῦθοι γραῶν ἐμβάλλοντες φρό-
νημα ταπεινὸν ἀπίτωσαν, τὸ δὲ πλέον ἔστω σὺν ἀν-
δράσι σώφροσιν, ἔνθα ὅμοια ὄψεται ἴσα τε ἀκούσεται.
πέφυκε δὲ πάντων μὲν ζῴων κρατεῖν τὸ ἔθος, παντὸς
δὲ μᾶλλον ἀνθρώπου. κινδυνεύομεν δέ, ὦ Ἀγησί-
λαι, μιμηταὶ εἶναι τῶν λεγομένων τε καὶ δρωμένων

tibi nuntiare quidquid te virtutis amore perfundat, sed
maiora et ampliora penes illos sunt, qui plus me ipso
valent Ac nutrimentum quidem corporis idem esto
quod Lacones assumunt, animi autem recens nati ac
iuveniles enutriantur sermonibus carminibusque prædi-
cantibus de viris, qui per omnem vitam virtutem colue-
runt Abeant ludi turpes vel fabellæ aniles, quæ hominem
complent illiberalitate Maximam partem versetur cum
moderatis hominibus, ubi similia videbit ac paria au-
diet Natura enim ita constitutum est, ut in omnes
animantes dominationem habeat consuetudo, et maxime
in homines, ac videmur, Agesilae, imitatores esse eo-
rum quæ dicuntur et aguntur

ΖΗΝΩΝΟΣ ΕΠΙΣΤΟΛΗ.

ZENONIS EPISTOLA.

Βασιλεῖ Ἀντιγόνῳ Ζήνων χαίρειν.

Ἀποδέχομαί σου τὴν φιλομάθειαν καθ' ὅσον τῆς ἀληθινῆς καὶ εἰς ὄνησιν τεινούσης, ἀλλ' οὐχὶ τῆς δημώδους καὶ εἰς διαστροφὴν ἠθῶν ἀντέχῃ παιδείας. ὁ δὲ φιλοσοφίας ὀρωρεγμένος, ἐκκλίνων δὲ τὴν πολυθρύλητον ἡδονήν, ἥ τινων θηλύνει νέων ψυχάς, φανερός ἐστιν οὐ μόνον φύσει πρὸς εὐγένειαν κλίνων ἀλλὰ καὶ προαιρέσει. φύσις δὲ εὐγενὴς μετρίαν ἄσκησιν προσλαβοῦσα, ἔτι δὲ τὸν ἀφθόνως διδάξοντα ῥᾳδίως ἔρχεται πρὸς τὴν τελείαν ἀνάληψιν τῆς ἀρετῆς. ἐγὼ δὲ συνέχομαι σώματι ἀσθενεῖ διὰ γῆρας· ἐτῶν γάρ εἰμι ὀγδοήκοντα. διόπερ οὐ δύναμαί σοι συμμίξαι. ἀποστέλλω δέ σοί τινας τῶν ἐμαυτοῦ συσχολαστῶν, οἳ τοῖς μὲν κατὰ ψυχὴν οὐκ ἀπολείπονται ἐμοῦ, τοῖς δὲ κατὰ σῶμα προτεροῦσιν. οἷς συνὼν οὐδενὸς καθυστερήσεις τῶν πρὸς τὴν τελείαν εὐδαιμονίαν ἀνηκόντων.

Regi Antigono Zeno salutem.

Amplector tuum discendi studium in quantum quidem veram, utilem atque necessariam, non popularem et quæ ad pervertendos mores tendit eruditionem apprehendere instituis. Nam qui philosophiæ amore et studio tenetur, et multum celebratam illam voluptatem spernit, quæ quorundam adolescentulorum animos effeminat, ostendit se non solum natalibus, sed indole animi esse nobilem. Porro liberali ac nobili ingenio si adiciatur modica exercitatio néque desit præceptoris copia, mature ad perfectam virtutis evadit frugem. Ego vero invalido corpore utor ob senectutem (sum enim octogenarius), quare te convenire non possum. Ergo quosdam ex contubernalibus meis ad te mitto, qui animi bonis mihi non cedunt et corporis superant. Quorum consuetudine usus eorum qui ad summam pervenerunt felicitatem nemini eris inferior.

INDEX INITIORUM EPISTOLARUM

QUÆ HOC VOLUMINE COMPREHENDUNTUR.

INDEX.

INDEX

Π.

ὥρα καὶ λιμὸς Apollon 74
ὡς δύσερί σοι Philostr 27
ὡς ἔοικεν, ὦ λῷστε, τῶν Procop 69
ὡς ἐρώμενος αὐθαδέστερον Aristæn II, 6
ὡς εὐτυχῶ, ὡς μακαρίως πέπραγα Alciphr III 46
ὡς μεγαλα τῷ Νείλῳ Procop 136
ὡς μὲν οὐκ ἐχρῆν Phalar 125

ὡς μὲν παιδείας μεταλαβὼν Dionys 85
ὡς πικρα τὰ καθ' ἡμῶν Procop 38
ὡς ποθοῦντος ἄγαν οἱ Procop 158
ὡς πρὸς εὐτυχῇ Phalar 49
ὡς ὤνησε γε τὸ σύνθημα Iulian 72.
ὥσπερ ἄλλοτε πολλάκις Syncs 44
ὠφελεῖς ἅπαντας ἐν μεν Dionys 67.

A.

Glaucus Hippolochi f 345, 2.
GLYCERA Alciphr. I, 29 II, 3 4 59, 3 Glycerium 65, 8 489, 3
Glycera fabula Menandri 67 30
GLYCERA Aristæn II, 3 151, 43 152, 24 Glycerium 153, 2
Gnathæna scortum 60, 29
GNATHO Alciphr III, 34 44.
Gnipho homo parcus 78, 10
gnomon 69, 1 de membro virili 249, 7
γνωρίσματα 90, 8
Gnosidicus 289, 20
Gnossii canes 82, 37.
γνῶθι σαυτόν 2, 31 363, 7 726, 38
gobius 644, 13
Gongylus Eretriensis 754 25
GORDIUS Apollon T 46
GORGIAS Phalar. 37
GORGIAS Theophyl. 16
Gorgias Eteobutades 69, 17
Gorgias sophista 486, 29 42 Olympiæ coram Græcis contra barbaros ex templi crepidine disserуit 486, 40 eius oratio inflata 587, 15 lusus verborum frigidi 691, 11. 721, 45 eius sectatores plures 486, 36
Gorgias 782, 11. 783, 11.
Gothi 388, 7
graculus Æsopicus 773, 45
Græcia 26, 24 Græci 27, 42 737, 12 eorum commune iudicium 757, 34 ex Anacharsidis sententia nil sapientiores barbaris 102, 36 GRÆCARUM CIVITATUM EXULES Alexand 3 Græce moratus 590, 20
graphia furum instrumentum 150, 45
Gratiæ 14, 26 57, 12 81, 38 153, 15 367, 8 375, 44 397, 10. 550, 18 579, 10 tres secundum Hesiodum 140, 19 nudæ 469, 17 earum brachia 481, 35 in genis adolescentis pulcri tripudiantes 68, 4 item in oculis pulcræ puellæ 140, 19 vultui insidentes 133, 19 earum zona 134, 6 signa earum Satyrorum simulacris vestita 736, 48 templa 58, 11 propitii oculi 143, 26 ὦ Χάριτες 156, 45 πρὸς τῶν Χαρίτων 143, 2 νὴ τᾶς Χάριτας 136, 11 146, 23 150, 45 587, 6
GREGORIUS NAZIANZENUS 15, 20 16, 43 eius ad Nicobulum epistola 15, 20 16, 21
GREGORIUS Iulian 27 353, 14
griphi 258, 7
grossi 84, 28
grus 764, 15
Gryllio parasita 71, 25 81, 32.
Gryllus Xenophontis f 619, 18 621, 35 624, 10 789, 28
gubernatores navium Phœnicios Athenienses adhibebant 102, 11
Gygis anulus 619, 43
Gylippus 405, 23
gymnasium oboli multa constituta in eum, qui unctus pila non ludat 248, 44
GYMNACCHÆRON Alciphr III, 66

H.

HABROCOMAS Aristæn II, 21
HABRONICHUS Themist 4 10
Ἅδου ξυνή 619, 43
HÆRETIANUS Philostr 71
Halæ (τὸ Ἀλῆσι χωρίον) 36, 42
Halia navis Rhodia 295, 28 298, 28

Halia Apollinis festum Rhodi 251, 12
Haliartius funis 83, 38
Halicarnassus 294, 39
HALICTYPUS Alciphr I, 14-16
Halirrhothius Neptuni f 41, 7
Haloa festum 55, 4 63, 18 64, 45 79, 26.
HALOCUMINUS Alciphr III, 58
Halonnesus 463, 16
Halys 64, 31 120, 29
HANNO Anach 5
hariolus 544, 33
Harmodius 483, 13 eius statua 469, 5
Harmonius, Æschinis et Herodis pater 639, 13
Harpalus 223, 22 230, 45
HARPEDONE Aristæn II, 5
Harpocratio Heracliani subadiuva 729, 21
Hebe 282, 10
Hebræi 369, 40 370, 4 a sacerdotibus recti 668, 28. Hebraicæ literæ 218, 8 vide Iudæi
Hecalæ mensa 363, 41
Hecamede 732, 28
Hecatæus Abderita 218, 15.
hecatombæ 349, 52 360, 35.
εκατοντάδοχος 349, 54
ἐνατονταχρηπτις 349, 53
ἑκατόντανδρος 350, 4
εκατονταπεδος 349, 53
ἕκατος Apollo 349, 41
HECEBOLUS Iulian 18 42
HECTODIOCTES Alciphr. III, 5
Hector Troianus 558, 1
Hector Parmen onis f 378, 20
hedera redimitus histrio tragicus reportata victoria convivium instruebat 83, 12 hederaceæ coronæ 711, 36
HEDYDIPNUS Alciphr III, 68
Hegemo 42, 39
ΗΓΕΜΩΝ Synes 21 62
HEGESIPPUS Phalar 77
Hegesippus Aristonis f 496, 23
HEGESISTRATUS Aristæn II, 12
Helena 32, 5 133, 36 134, 14 384, 38 476, 24 480, 30 570, 30 730, 28 Tyndarei filia 239, 30 Lacæna 359, 8 764, 28 pastoribus se et citharœdis præbebat 479, 19
helepolis 82, 3 293, 32
Heliæa 63, 29 89, 17
Helicon Cyzicenus philosophus 529, 10
Helicon 28, 42 539, 19
HELIODORUS Synes 17 25 117
Heliupolis 628, 5
Helix 57, 24 51
Helladius Photii Præf p 653, 36
Helladius 695, 41
HELLANODICÆ Apollon T 24 35, 35
helleborus 298, 18 305, 41-306, 9 390, 3 617, 9 genera eius 68, 12 de hellebori purgatione dissertatio 307, 30-308, 35
Hellenismus 735, 33
Hellespontus 183, 27 204, 36 465, 15 593, 38 742, 9 754, 5
Hemero 17, 9
ἕνη καὶ νέα 79, 13 83, 44 746, 39.
Heniochi 235, 6
Hephæstio, Alexandri amasius 241, 8
HEPHÆSTIO Theophyl 31 63
Heraclea 700, 12 734, 15 χειμένη 721, 19
Heraclea Phthiotis 638, 18

ΕΠΙΣΤΟΛΟΓΡΑΦΟΙ ΕΛΛΗΝΙΚΟΙ.

EPISTOLOGRAPHI GRÆCI.

RECENSUIT, RECOGNOVIT,

ADNOTATIONE CRITICA ET INDICIBUS INSTRUXIT

RUDOLPHUS HERCHER.

ACCEDUNT FRANCISCI BOISSONADII AD SYNESIUM NOTÆ INEDITÆ.

PARISIIS,

EDITORE AMBROSIO FIRMIN-DIDOT,

INSTITUTI FRANCIÆ TYPOGRAPHO, VIA JACOB, 56.

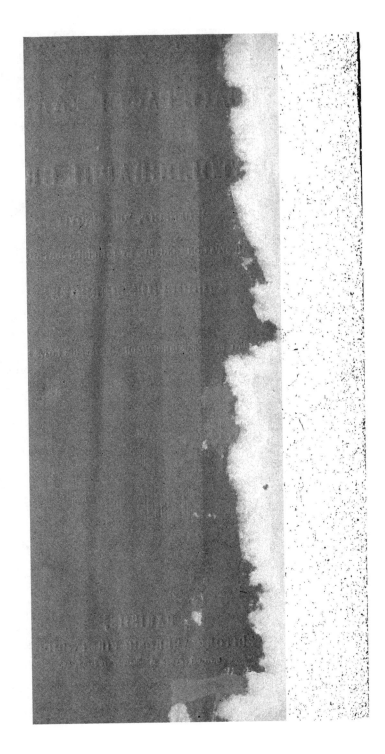

COLLECTION DES AUTEURS GRECS.

POËTES.

HOMÈRE, d'après la recension de G. Dindorf, et *Fragments des Cycliques*................... .12 fr. 50

HÉSIODE, *Apollonius Rhodius, Tryphiodorus, Coluthus, Quintus Smyrnæus, Tzetzès, Musée*, et Fragments d'*Antimaque, Chœrilus, Panyasis, Asius* et *Pisander*, publ. par Lehrs. 1 vol................... 15 fr.

THÉOCRITE, BION et **MOSCHUS**, et les poëtes didactiques **NICANDRE, OPPIEN, MARCELLUS SIDÉTÈS**, l'anonyme **DE VIRIBUS HERBARUM, PHILE**, fragmenta Poematum de re naturali et medica, **ARATUS, MANÉTHON, MAXIMUS**................... 15 fr.

SCOLIES DE THÉOCRITE, DE NICANDRE ET D'OPPIEN, par MM. Dübner et Bussemaker........ 15 fr.

ESCHYLE et *les fragments*; **SOPHOCLE** et *les fragments*, publ. par Ahrens. 1 vol................... 19 fr.

EURIPIDE. Texte nouveau, revu, et traduction toute nouvelle par M. le professeur Th. Fix. 1 vol....... 15 fr.

FRAGMENTS D'EURIPIDE et de tous les *Tragiques grecs*, suivis de tout ce qui reste des *Drames chrétiens*, par MM. Dübner et Wagner. 1 vol........... 15 fr.

ARISTOPHANE, publ. par G. Dindorf; *Ménandre et Philémon*, publ. par M. Dübner. 1 vol........... 15 fr.

SCOLIES complètes **d'ARISTOPHANE**, avec un Index tout nouveau, publiées par M. Dübner. 1 vol.... 15 fr.

FRAGMENTS DES COMIQUES GRECS, publiés d'après Meineke par M. le professeur Bothe, avec une notice par M. Dübner et une table générale. 1 vol......... 15 fr.

ANTHOLOGIE, par Boissonade, Jacobs, Dübner. 2 v. 30 fr.

HISTORIENS.

HÉRODOTE, texte établi par M. G. Dindorf, traduction revue. Suivi de Ctésias, et des chronographes Castor et Ératosthène, publiés par M. Th. Müller. 1 fort vol. 15 fr.

THUCYDIDE *avec les Scolies*, publ. par Haase. 1 v. 15 fr.

XÉNOPHON. Œuvres complètes, d'après la recension de L. Dindorf. 1 vol................... 15 fr.

DIODORE DE SICILE, avec tous les fragments. 2. v. 30 fr.

POLYBE et tous les fragments, par M. Dübner. 2e édit. 20 fr.

FLAVIUS JOSÈPHE, recension de G. Dindorf. 2 v. 30 fr.

APPIEN, 1 vol. par Dübner................... 15 fr.

ARRIEN. Ses ouvrages historiques, etc., suivis des *Fragments de tous les historiens d'Alexandre*, et de l'histoire fabuleuse de ce prince, attribuée à **CALLISTHÈNE**; publié par MM. Dübner et Ch. Müller. 1 fort vol.... 15 fr.

PLUTARQUE (les Vies), publié par M. Dübner. 2 v. 36 fr.

FRAGMENTA HISTORICORUM GRÆCORUM. Tomus I: *Hecatæi, Charonis, Xanthi, Hellanici, Pherecydis, Acusilai, Antiochi, Philisti, Timæi, Ephori, Theopompi, Phylarchi, Clitodemi, Phanodemi, Androtionis, Demonis, Philochori, Istri*, et **APOLLODORI BIBLIOTHECA** *cum fragmentis*, auxerunt notis et prolegomenis illustrarunt Car. et Theod. Mülleri; accedunt marmora Parium et Rosettanum, hoc cum Letronii, illud cum C. Mülleri Commentariis. 1 fort vol........... 20 fr.

FRAGMENTA HISTORICORUM GRÆCORUM. Tomus II, contenant ce qui reste des *soixante-douze* historiens et plusieurs fragments considérables inédits de Diodore de Sicile, de Polybe et de Denys d'Halicarnasse, recueillis à la bibliothèque de l'Escurial par M. C. Müller. 15 fr.

FRAGMENTA HISTORICORUM GRÆCORUM. Tome III, contenant la suite, par ordre chronologique, des fragments de *cent onze* historiens grecs, et particulièrement ceux de Nicolas de Damas, recueillis à la bibliothèque de l'Escurial par M. Ch. Müller, envoyé par MM. Didot pour collationner le précieux ms. Ω, pl. I, n° 11, contenant les

Excerpta ou recueil des 'Επιβουλῶν, exécuté par les ordres de Constantin Porphyrogénète........... 15 fr.

FRAGMENTA HISTORICORUM GRÆCORUM. Tom. IV et dernier contient ce qui reste de nombreux historiens, en partie inédits, et Table très-complète. 1 fort vol... 20 fr.

DENYS D'HALICARNASSE, par M. Kiesseling (*Sous p...*

ORATEURS, PHILOSOPHES, ETC.

DÉMOSTHÈNE, et fragments recueillis pour la première fois, publ. par M. Vömel. 1 vol............ 21 fr.

ORATORES ATTICI, *Isocrate, Antiphon, Andocide, Lysias, Isée, Lycurgue, Æschine, Hyperide, Dinarque, Lesbonax, Hérode*, etc., et tous les fragments et les scolies; par MM. Ahrens, Baiter et Ch. Müller. 2 v. 30 fr.

PLUTARQUE. Morales, publ. par M. Dübner. 2 v. 30 fr.

PLUTARCHI PERDITORUM OPERUM FRAGMENTA ET PSEUDO-PLUTARCHEA. 1 vol............ 10 fr.

PLATON (Œuvres complètes), texte entièrement revu par Schneider et Hirschig, traduction nouvelle. 2 vol. 30 fr.
— Table et opuscules................... 10 fr.

ARISTOTE, par MM. Bussemaker, Dübner, Heitz. Tome I, contient l'*Organon, Rhetorica, Poëtica, Politica*. 15 fr.
— Tome II, contient les *Ethica, Naturales auscultationes, de Cœlo, de Generatione, et Metaphysica*. 15 fr.
— Tome III, contient l'histoire, les parties, la marche, la génération des animaux, les *parva naturalia*, l'âme, les IV liv. de météorologie, etc................... 15 fr.
— Tome IV, *Physiognomonica, de Plantis, Mecanica, Mirabilibus, Problemata, Fragmenta*........... 15 fr.
— Tome V, Index général, fort volume........... 20 fr.

PLOTIN. Enneades cum Ficini interpretatione castigata publ. par MM. Fr. Creuzer et G. H. Moser. — En tête se trouve *Porphyrii institutiones*, suivis des *Institutiones theologicæ* de Proclus, et *Prisciani Quæstiones*. 1 vol. 15 fr.

THÉOPHRASTE, *Antonin, Épictète, Arrien, Simplicius, Cébès, Maxime de Tyr*, publ. par M. Dübner. 1 vol. 15 fr.

FRAGMENTS DES PHILOSOPHES, en prose et en vers, par M. Mullach. Tome 1er................... 15 fr.
— Tome 2................... 15 fr.
— Tome 3 (*Sous presse*).

LUCIEN. Œuvres compl., publ. par G. Dindorf. 1 vol. 14 fr.

DIOGÈNE LAERCE et *Jamblique* par MM. Westermann, Cobet et Boissonade................... 15 fr.

PHILOSTRATE. Œuvres complètes, par MM. Westermann; *Eunape*, Boissonade, *Himerius*, Dübner, lume................... 15 fr.

ÉLIEN, PHILO-BYZANTIUS, PORPHYRIUS, publ. par M. Hercher, 1 vol................... 15 fr.

PAUSANIAS, publ. par M. L. Dindorf. 1 vol.... 15 fr.

SANCTI JOANNIS CHRYSOSTOMI, opera selecta, græce et latine, codicibus antiquis denuo excussis emendavit Fr. Dübner................... 15 fr.

STRABON, publ. par MM. Dübner et Ch. Müller, avec atlas................... 15 fr.

GEOGRAPHI GRÆCI MINORES. 2 vol. Prix : 30 fr. 29 cartes coloriées................... 17 fr.

ROMANCIERS GRECS, *Achille Tatius, Longus, Xénophon, Chariton, Héliodore, Parthénius, Jamblique, Diogènes, Nicetas Eugenianus, Eumathe, Constantin Manassès, Apollonius de Tyr*, par MM. Boissonade, Hirschig. 1 vol................... 15 fr.

ÉPISTOLOGRAPHES, par MM. Hercher et Boissonade. 1 fort vol................... 20 fr.

ATHÉNÉE, texte nouveau par M. G. Dindorf, traduction toute nouvelle par M. Bothe.

BIBLE DES SEPTANTE, publ. par M. Jager, dédiée à Mgr l'archevêque de Paris. 2 vol............ 30 fr.
Le texte grec seul, en un volume................... 15 fr.

NOUVEAU TESTAMENT, publ. par Tischendorf, dédié à Mgr l'archevêque de Paris, 1 vol............ 12 fr.

Typographie Firmin-Didot. — Mesnil (Eure).

Ingram Content Group UK Ltd.
Milton Keynes UK
UKHW021445090323
418300UK00007B/798